Harenberg
Das Buch der 1000 Bücher

Autoren, Geschichte, Inhalt und Wirkung

Herausgegeben von Joachim Kaiser

Harenberg Verlag

Copyright © 2002 Harenberg Kommunikation
Verlags- und Medien GmbH & Co. KG, Dortmund

Idee Bodo Harenberg
Redaktion Ulrich Ernst Huse
Redaktionelle Beratung Gert Woerner
Bildredaktion Klaus zu Klampen
Produktion Angela Otmar
Buchgestaltung Prof. Dieter Lincke

Reproduktion Vogelsang Zander, Dortmund
Printed in Slovenia   ISBN 3-611-01059-6

Joachim Kaiser
Ein Wegweiser für Leser

Warum eine wertende Auswahl sinnvoll ist

I.

1930 veröffentlichte Sigmund Freud seine tiefgründige Abhandlung über *Das Unbehagen in der Kultur*. Dieser Text stellt dar, welche Opfer die Teilnahme an der Kultur uns Menschen auferlegt. Kultur müsse verteidigt werden gegen jene Einzelnen, die alle mit ihr verbundenen Zwänge als drückend empfinden. »Der Urmensch hatte es in der Tat darin besser, da er keine Triebeinschränkungen kannte«, schreibt Freud. Ein ähnliches Unbehagen scheint zu entstehen, wenn die scheinbar und anscheinend existierende Bildungs-Verpflichtung zur Diskussion steht, bestimmte traditionsgesättigte, bedeutungsschwere oder musterhafte Bücher gelesen haben zu »müssen«. Dieses Unbehagen, diesen Abscheu äußern, wie die neuerdings so heftig geführte »Kanon«-Debatte lehrt, bemerkenswerterweise häufig und gereizt (durchaus belesene) Literaten oder Professoren, die fortschrittlich und gesellschaftskritisch empfinden.

Skepsis solcher Art gab es freilich schon immer. »Kennen Sie etwas Langweiligeres als die *Ilias?*« fragte der Dichter Paul Valéry seinen französischen Schriftsteller-Kollegen André Gide. Die Antwort kam wie aus der Pistole: »Ja. Das *Rolandslied*.« Also immerhin jenes Epos aus dem 11. Jahrhundert, das in Frankreich fast so folgenreich war wie im deutschen Kulturbezirk die Nibelungensage.

Natürlich kannten die beiden illustren Spötter sehr wohl, was sie (auch, unter anderm) so enorm langweilte... Nie hätten gebildete Franzosen ihrer Art, ihres Ranges geleugnet, dass die Kenntnis »klassischer« Texte selbstverständlich vorauszusetzen sei bei denkenden, »kultivierten«, am öffentlichen Diskurs teilnehmenden Menschen, Staatsbürgern. Goethe hat diese Verpflichtung unnachsichtig streng ausgedrückt im *Buch des Unmuts* aus seinem *West-östlichen Divan*:

Wer nicht von dreitausend Jahren
Sich weiß Rechenschaft zu geben,
Bleib im Dunkeln unerfahren,
Mag von Tag zu Tage leben.

Da zuckt unsereiner schon zusammen: Man sei also »im Dunkeln unerfahren«, falls man sich nicht Rechenschaft zu geben vermöge über 3000 Jahre Menschheits-Vergangenheit. Ja, bei Goethes verächtlicher Formulierung erwägt man sogar einen schwachen Augenblick lang bildungsdefätistisch, ob der Traumtheater-Held des Karl Kraus nicht womöglich im Recht war, als er schwärmte: »Sie lebte dahin. Und eben dahin wollte ich sie begleiten.«

Wer würde nicht gern zugeben: Lebensmomente höchster Intensität schlagen gewiss alle Bücher tot – oder bringen gegebenenfalls welche hervor. Gegenüber dem Reiz, gegenüber der Gewalt glühend vitalen Rausches scheinen zunächst auch Meisterwerke zurückzuweichen. Aber bald treten sie wieder hervor und verlangen ihr Recht, unsere Aufmerksamkeit.

Freilich: Wer nicht unsterblich ist, wer keine Ewigkeiten an Lese-Zeit zur Verfügung hat (eine gespenstische Vorstellung), der muss für sich wählen! Muss zumindest einige jener Werke zur Kenntnis nehmen, welche Kulturen und Nationen prägen. Dazu aber kann ein »Kanon«, eine empfehlende, hilfreich kommentierte Auswahl sehr wohl nützlich sein – welchem jeder ehrgeizige Leser dann seinen eigenen Kanon, seine eigene Auswahl entgegensetzen mag.

Natürlich bereitet es Vergnügen, gegen kanonisch-dogmatische Setzungen oder noch so gediegene Auswahl-Entscheidungen aufzubegehren. Denn derartige Entscheidungen sind ihrem Wesen nach unbeweisbar. In seinen Erörterungen *Zur Ästhetik der Dichtkunst* zieht sich Arthur Schopenhauer auf die Formel zurück: »Meinem Gefühl zufolge (Beweise finden hier nicht statt).« Naturwissenschaftlich exakt lässt sich eben keineswegs beweisen, dass Goethe tiefer dichtete als Geibel. Oder dass Thomas Mann Recht hatte mit seiner Aussage: »Wo meine Bücher sind, da bin ich. Sie sind ja schließlich das Destilliert-Beste von mir.« Nur: Hochplausibel und zwingend nachempfindbar machen kann man solche Behauptungen durchaus. Mit solcher Plausibilität haben auch die Qualitäts-Kriterien und Kanon-Forderungen zu tun, von denen unsere Wahl abhängt.

Heinz Schlaffer, ein origineller Germanist, hat affirmativ ans »mahnende Gedächtnis des Kanons« erinnert und Kanon-freundlich befunden: »Der Kanon wandelt sich zwar unablässig, doch ist er nie außer Kraft gesetzt. Er erstellt einen Katalog von Dichtern und ist zugleich auf doppelte Weise deren Produkt, indem er jene exemplarischen Werke hervorhebt, die späteren Dichtern wieder zum Vorbild wurden...«

II.

Wer solche Kanon-Vorstellungen, wer das »Kanongedudel« verabscheut und es, wie der Philosophie-Professor Wolfgang Welsch, »skandalös« findet, »ein literarisches Schmalspurprogramm zum Bildungskanon der Gegenwart auszurufen«, auch ein kluger Kanon-Skeptiker dürfte kaum leugnen, dass mannigfache bedeutungsvolle Texte existieren, in denen ganze Kulturen, Zeitalter, Völker gleichsam zu sich selber fanden. Die Erinnerung ans kulturgeschichtlich Außerordentliche, ästhetisch Meisterhafte und Musterhafte soll schlicht wach gehalten werden durch Kanon-Forderungen, durch Auswahlen von 10, 100 oder 1000 gewichtigen Texten. Keineswegs zur Einschüchterung verwirrter Zeitgenossen wird Derartiges unternommen, sondern um denjenigen die Wahl zu erleichtern, die in Zeiten einer (nur für Fachleute halbwegs durchschaubaren) Informations-Überflutung das Schwindelgefühl totaler Des-Information empfinden.

Natürlich gab es immer schon prägende, dominierende, anerkannte, akzeptierte Texte. Die homerischen Epen, beispielsweise, gehörten zu jenen drei Grund-Elementen, die das sonst so zerstrittene Griechenland über alle Zwiespälte, Kontroversen und Unterschiede der Städte oder Stadtstaaten einten: Das waren erstens Delphi, das Heiligtum samt Orakel, zweitens die »Olympischen Spiele« als Nationalfest sowie eben drittens Homers *Ilias* und *Odyssee*. Ob sich die »alten Griechen« nun gleichsam im Charakter des listenreichen Odysseus wiedererkannten oder ob, umgekehrt, von jenen großen Epen über Troja und den Spätheimkehrer sprach- und menschenprägende Wirkungen ausgingen – wer möchte das auseinander klauben? Später, und bald ganz ausdrücklich als »Kanon« verehrt, wurden die großen »klassischen« Tragödien zum Muster. Und zwar über die Jahrtausende hin. Der *König Ödipus* des Sophokles hat noch Voltaire angeregt, hat um 1910 Freud bewogen zur Definition des Ödipus-Komplexes, wurde ein halbes Jahrhundert später zum kaum verborgenen Muster von Max Frischs Roman *Homo Faber*.

Einen unantastbaren Kanon bilden für die Gläubigen alle in die *Bibel* aufgenommenen heiligen Schriften. Dieser Kanon durchwirkt Sprache wie Kultur der westlichen Welt so weitreichend wie unauffällig, dass selbst wütend antichristliche, antireligiöse Verächter des Alten Testaments (zum Beispiel Hitler und Goebbels) sich immer wieder biblischer Wendungen bedienten, ohne es zu wissen. Freilich nahm die Kirche ihre »Kanon«-Auswahl so heilig ernst, dass bedeutende biblische Bücher nicht in diesen Kanon hineindurften, sondern als »Apokryphen« draußen bleiben mussten. Martin Luther unterschied prägnant: Sie seien »der Heiligen Schrift nicht gleich zu achten, aber doch gut und nützlich zu lesen«. Dazu gehörten immerhin so unvergängliche, unvergangene Stücke wie der *Judith*-Text oder die *Weisheit Salomos*.

Blickt man sich weiter um nach Werken von fraglos kanonischer Qualität, dann ist des elisabethanischen Englands Shakespeare – samt seinen unermesslichen Wirkungen auch auf den deutschen Geist – nach wie vor erdrückend gegenwärtig. Man braucht wirklich nicht nur den Hamlet, den König Lear, den Shylock zu beschwören – es genügt, sich daran zu erinnern, dass eine Gestalt wie Ophelia im vergangenen Jahrhundert viele Dutzend Gedichte und Lieder provozierte. Goethes Faust wiederum wurde in einer Weise zur Kult-Figur, der Mythos des »Faustischen« in einem Maße zum Element deutscher Selbst-Darstellung, Selbst-Feier, Mythologie, dass 1933 in Halle tatsächlich ein Buch von Wilhelm Böhm erscheinen konnte mit dem keineswegs absurden Titel: *Faust, der Nichtfaustische*.

III.

Zu Beginn des dritten Jahrtausends ist es riskant, einem Publikum, dessen »Lese-Alter« (in und nach der Pubertät las man einst als Heranwachsender leidenschaftlich und wahllos viel: egal ob Karl May, Charles Dickens, *Buddenbrooks, Fabian, Die vollkommene Ehe*, sanften Schmutz oder spannenden Schund) weithin vom Fernsehen weggeflimmert wurde, den Bestand großer Bücher nötigend nahe zu legen. Denn die bürgerliche Bildungs-Tradition, die Lust an Historie, die Bereitschaft zur Versenkung in Texte – alles das geriet seit 1970 aus vielen Gründen ins Abseits. Und wenn unsere Theater heute »Klassiker« aufführen, dann ist populistische Modernisierung fast die Regel. Schöne Verse werden kaum mehr rhythmisch gesprochen, antike Tragödien reduziert zu modernen Familien-Krächen, weil das Publikum dergleichen anders nicht mehr begreifen könne.

Gegen alles das ein geballtes »Bildungs«-Angebot auszuspielen mag seltsam konservativ, um nicht zu sagen: eklektisch anmuten. Auch neigen manche »Gebildeten« selber zum Defätismus und behaupten schein-souverän, »Bildung« sei das, was übrig bleibt, wenn man alles Gelesene vergessen hat. Solche Aussagen mögen gewitzt klingen – sind aber in Wahrheit witzlos. Kein Mensch, auch kein »Gebildeter«, kein »Professor«, muss all das kennen, wovon die Snobs so tun, als hätten sie es gelesen. Doch: Wer mitdenken, mitreden, sich beteiligen will an den Dingen unserer geistigen Welt, muss einige wichtige Texte gründlich in sich aufgenommen, Wort für Wort gelesen und zu verstehen gesucht haben. »Der Zerstreutheit«, so schreibt Hegel in seiner *Enzyklopädie der philosophischen Wissenschaften*, »steht die an allem ein Interesse nehmende Faselei gegenüber. Dieselbe entspringt aus dem Unvermögen, die Aufmerksamkeit auf irgendetwas Bestimmtes zu fixieren, und besteht in der Krankheit des Taumelns von einem Gegenstande zum andern. Dies Übel ist meistens unheilbar. Narren dieser Art sind die allerbeschwerlichsten.«

Man muss mithin einige Texte – es kann ein Drama sein, ein großer Roman, auch etwas Staatsrechtliches oder Philosophisches – ganz genau betrachten. Aus ihnen herauszulesen versuchen, was Logik ist, Stil, gedankliche Konsequenz, ästhetische Schönheit, psychologische Wahrheit. Dann aber dürfte sich der Appetit auf mehr wie von selbst einstellen, diesseits aller Zerstreutheit oder Faselei.

Zugegeben: Welches genau besagte 10, 100 oder 1000 »wesentlichen« Texte sein sollen, es ist und bleibt strittig. Wer einen Kanon entwerfen oder eine Auswahl festlegen will, sollte gewiss nicht nur seinen eigenen Geschmack befragen, sondern zudem erwägen, wie viel allgemeine Relevanz ein Buch besitzt. Man kann Max Frischs autobiografische *Montauk*-Erzählung, wo der Autor bereits im Motto »Aufrichtigkeit« verspricht, dann aber doch gerade im Zusammenhang mit Ingeborg Bachmann Beklemmendes eher verschweigt – man kann diese Erzählung meisterhaft geschrieben finden, luzide, faszinierend. Nur: Gehört sie darum bereits in einen Kanon? Was wir Frisch zu danken haben, die Bewältigung seines spannungsvollen Leidens an der Welt, in der jedermann dazu neige, sich folgenschwere »Bildnisse« zu machen – das erfährt der Frisch-ferne Leser gewichtiger und gewaltiger aus dem *Stiller*-Roman, dem *Andorra*-Drama, den frühen »Tagebüchern«. Solche Allgemeinbezüglichkeit ist wichtig. Mögen Hölderlins späte Hymnen sein Tiefstes, Wunderbarstes sein – kein noch so enger Kanon darf den Briefroman *Hyperion* übergehen, wo Hölderlin übrigens mit fast unheimlicher Klarsicht den Typus des verschwörerischen Revoluzzers, das Gespenst des inhuman selbstlosen Technikers durchschaut und überdies ein zeitlos gültiges Bild entwirft von der unmenschlichen, spezialisierten Tüchtigkeit der Deutschen...

Authentizität kanonischen oder verbindlichen Ranges kommt – im Bereich der schönen Literatur – nicht nur den gewichtigen, riesigen Werken zu. Wer ermessen will, wie viel Anmut, Witz und absurder Aberwitz auch in unserer Sprache möglich sind, der muss (und wird dann höchst vergnügt) Christian Morgenstern kennen lernen. Dessen Prägungen gehörten einst (und gehören immer noch ein wenig) so sehr in den vergnügten Zitaten-Schatz deutscher Leser, wie in England die Erlebnisse von Lewis Carrolls *Alice im Wunderland* als Allgemeingut in öffentlichen Debatten zitiert werden.

IV.

Wer mit Musik zu tun hat, ist kaum imstande, die überaus grundsätzlichen Kanon-Debatten deutscher Nur-Literaten ganz ernst zu nehmen. Gewiss, im Bereich des Wortes lässt sich die Beziehung zur Klassik, gar zum Barock oder zum hohen Mittelalter nicht so leicht herstellen. Selbst interessierte junge Deutsche, die durchaus bereit sein mögen, im Namen der Literatur zu leiden, die an Goethe oder Schiller heranzukommen versuchen, fremdeln doch sehr gegenüber zeitlich nicht so fernen Figuren wie Wilhelm Raabe oder Franz Grillparzer – und fühlen sich Jean Pauls Romanen oder Friedrich Gottlieb Klopstocks Oden schlechthin nicht gewachsen, von Älterem oder Bizarrerem zu schweigen. Einzig Matthias Claudius und Paul Gerhardt sind Ausnahmen von dieser traurigen Regel. Die deutsche Geschichte, der fatale historische Bruch, bewirkt von der Nazi-Katastrophe, dazu die Entwicklung unserer Hochsprache und unserer Medien mögen das alles verschuldet haben.

Nur: Dass es ganz klare Kanon-Bildungen geben kann, dass Vergangenes ohne Qual, sondern höchst freiwillig und sogar gierig verlangt, erwartet wird – lehrt es der klassikbesessene Musik-Betrieb nicht überdeutlich?

Johann Sebastian Bachs Passionen samt vielen seiner Instrumental-Werke, Haydns Quartette, Mozarts Meister-Opern, Beethovens Symphonien und Sonaten, Schuberts Lieder und »späte« Instrumental-Kompositionen, die poetischen Zyklen Schumanns, die innigen Finsternisse von Brahms: Alle diese (nur aus dem Bezirk der deutschen Musik gewählten) Werke stellen emphatisch durchaus Kanonisches und nach wie vor Lebendiges dar. Gewiss auch, weil Musik eine relativ »späte«, ihrer Abstraktheit wegen von gesellschaftlich-politischen Entwicklungen weniger behelligte Kunstform ist.

Legt diese Analogie es nicht zumindest nahe, auch im Bereich des Literarischen Brücken zum Vergangenen zu bauen?

Niemand sollte sich überdies davon beirren lassen, dass eine eindeutige Definition dessen unmöglich zu sein scheint, was nun kanon- oder anthologiewürdig sei und was nicht. Die Denkkonsequenz, wo solche Unschärfen herrschen, da lasse man doch besser ganz vom Gegenstand ab, ist bloßer Sophismus. Denn: Auch was »Romantik« sei, was mit dem Adjektiv »deutsch« gemeint ist, kann niemand exakt, absolut klar und eindeutig bestimmen. Nur: Soll man darum gleich auf die Sphäre des »Romantischen« verzichten? Oder um Himmels willen niemals etwas als »deutsch« bezeichnen? Wäre es nicht doch feige und unwahrhaftig zugleich, statt gewisse Unschärfen auf sich zu nehmen, es den »andern«, etwa den englischen Germanisten zu überlassen, beispielsweise die Form des Bildungsromans, der philosophischen Gedankenlyrik oder des von Immanuel Kant beeinflussten Ideen-Dramas als »typisch« deutsch zu bezeichnen?

V.

Sollte es also nicht doch, mit Max Weber zu reden, Ideal-Typen geben? Das heißt, idealtypische Kanon-Entwürfe, von bestimmten Niveau-Ansprüchen geprägte Textzusammenstellungen im Bereich auch der Literatur und keineswegs bloß dem der Musik?

Ästhetisch Schönes aus jüngst vergangener oder auch längst vergangener Zeit lässt sich nicht abkürzen. Und schon gar nicht auf Ja/Nein-Entscheidungen hin stilisieren, oder in irgendeiner anderen als seiner eigenen

Form vermitteln. Keine noch so langwierige, ehrgeizige Fernseh-Unternehmung, die Leo Tolstois *Krieg und Frieden* bietet, ersetzt die Lektüre dieses Romans. Während nämlich – grob gesagt – in den Naturwissenschaften der jeweils neueste Forschungsstand allein verbindlich ist, bleiben Inhalt und Gehalt einer Dichtung, einer Schiller-Ballade, eines Goethe-Dramas unauflöslich gebunden an die unüberholbare Sprachform. Ihr muss der Leser sich stellen, gewachsen sein. Damit ist Elitäres verbunden. Manche Kanon-Kritiker haben denn auch zu bedenken gegeben, dass leider wohl nur Abiturienten (günstigstenfalls) die Möglichkeit hätten, solche Lese-Angebote anzunehmen. Das lässt sich kaum widerlegen. Obwohl man, glücklicherweise, im Opernpublikum wie im Schauspielparkett auch Hörer und Zuschauer antreffen kann, die nicht aus der bürgerlichen Bildungsschicht stammen...

Bildungskanons können nur aufgestellt, an den Mann oder die Frau, auf die Lehrpläne und Prüfungsordnungen gebracht werden unter Berücksichtigung und Reflexion des Umstandes, dass aktive, gar produktive Teilnahme am geistigen Leben immer nur Sache einer verhältnismäßig kleinen Schicht gewesen ist. (Die erste Ausgabe von Goethes *West-östlichem Divan* war nach Jahrzehnten noch nicht vergriffen.) Solange unser aller Existenz den Regeln spezialisierender Arbeitsteilung unterworfen ist, gibt es bevorzugte »Klassen«, denen die Umstände der Reproduktion des Lebens es leichter machen, an Geistigem teilzuhaben – und benachteiligte andere, die sich mehr oder weniger ausgeschlossen fühlen.

Diese Ungerechtigkeit vermag kein noch so liebevoll hergestelltes *Buch der 1000 Bücher,* kein noch so leidenschaftlich verfochtener Kanon zu beheben.

Möglich ist es jedoch, Bereitwilligen, Aufgeschlossenen, Neugierigen zu helfen. Nicht mehr – aber auch nicht weniger.

Benutzerhinweise

Inhalt. Das *Harenberg Buch der 1000 Bücher* stellt 1000 wichtige, wegweisende und lesenswerte Bücher vor, indem es über ihre Autoren informiert und dann ebenso prägnant wie verständlich über Geschichte, Entstehung und Wirkung der ausgewählten Werke berichtet.

Berücksichtigt wurden nicht nur Romane, sondern auch bedeutende Novellen, eigenständige Lyriksammlungen und Kinderbuchklassiker, populäre Sachbücher, Reiseberichte und bedeutende Monografien. Auch die großen anonymen Werke der Kulturgeschichte wie *Bibel*, *Talmud* und *Koran, Edda, Nibelungenlied* und das *Gilgamesch-Epos* werden beschrieben. Dramen fanden grundsätzlich keine Aufnahme.

Hauptkriterium für die Auswahl war nicht die Bedeutung des Autors, sondern die Geschichte und Wirkung des einzelnen Werks. Das *Harenberg Buch der 1000 Bücher* enthält somit 1000 Bücher, die die Welt bewegten und selbst zu Geschichte geworden sind.

Autoren. Jeder Artikel gibt zunächst Auskunft über den Autor, ordnet ihn in die Literatur- oder Kulturgeschichte ein und informiert über seine Herkunft, Ausbildung und wichtigsten Leistungen. Die Anordnung erfolgt nach dem lexikalischen Prinzip von A wie Abe (Kobo) bis Z wie Zweig (Stefan).

Am Ende der Kurzbiografien werden – wo immer möglich – Literaturhinweise gegeben. Liegt eine Autobiografie vor, so ist diese ebenfalls genannt. Die Empfehlungen beschränken sich auf deutschsprachige und in Ausnahmefällen englischsprachige Werke.

Werke. Jedes der aufgenommenen 1000 Bücher wird in einem eigenen Werkartikel vorgestellt. Alle Artikel sind nach einem einheitlichen Prinzip gegliedert: Im ersten Absatz erfolgt eine kurze Einschätzung des Buchs. Daran schließen sich Abschnitte über Entstehung, Inhalt, Struktur / Aufbau und Wirkung an.

Die 1000 ausgewählten Bücher stammen von fast 890 Autoren. Besonders wichtige Autoren sind mit mehreren Werken vertreten. An der Spitze liegen Johann Wolfgang von Goethe, Günter Grass und Thomas Mann mit jeweils fünf Titeln.

Übersichten. Zu den meisten der 1000 Artikel gibt es informative Sonderelemente: »Die wichtigsten Bücher« stellen in chronologischer Reihenfolge weitere Werke von Autoren vor, die ein umfassendes Œuvre geschaffen haben, nennen das Erscheinungsdatum (immer der Originalausgabe) und geben eine kurze Inhaltsangabe; zu den großen Romanen der Weltliteratur gibt es Übersichten mit Kurzcharakteristiken der Hauptfiguren; Stichworterläuterungen zu Fachbegriffen wie »Elegie« oder »Stream of consciousness«, Gattungen, Gruppen und Strömungen (wie Frankfurter Schule oder Gruppe 47) geben Antworten immer dort, wo Fragen auftauchen könnten; Tabellen fassen Bücher zu einem Thema auf einen Blick zusammen.

Zitate. Zur Ergänzung der Hauptinformation wurden für die Marginalspalten Auszüge aus den Büchern oder Zitate ausgewählt, in denen sich entweder die Autoren selbst oder Dritte – Freunde, Kritiker, Literaturhistoriker – über das jeweilige Werk äußern. Ihre Lektüre vermittelt ein authentisches Bild des Schreibstils oder gibt einen Eindruck von der oft spannenden und wechselhaften Rezeptionsgeschichte.

Verweise. Alle Artikel sind durch ein Verweissystem miteinander verknüpft. Ein Pfeil (→) vor einem Namen zeigt an, dass der entsprechende Autor mit einem eigenen Artikel im *Harenberg Buch der 1000 Bücher* vertreten ist. Bei allen anderen Autoren sind hinter dem Namen in Klammern Geburts- und Sterbejahr vermerkt, um die zeitliche Einordnung zu ermöglichen.

Abbildungen. Mehr als 1250 überwiegend farbige Abbildungen begleiten und ergänzen die Texte.

Über 700 Schutzumschläge, Einbände oder Innentitel der Originalausgaben, deutschsprachigen Erstausgaben oder buchkünstlerisch herausragender Editionen machen die spannende Geschichte des Buchs visuell erfahrbar. Dazu treten Fotodokumente, die einen Einblick in die Arbeitszimmer der Autoren geben, sie bei der Arbeit oder im Kreis von Künstlerfreunden zeigen.

Verfasser. Die Texte wurden von Literaturwissenschaftlern, Historikern, Publizisten und anderen Fachautoren in einer auch für nicht fachwissenschaftlich vorgebildete Leser verständlichen Sprache geschrieben. Die Artikel sind am Ende mit dem Kürzel der Verfasser gekennzeichnet (siehe Übersicht auf Seite 10). Über die Verfasser informiert das Autorenverzeichnis ab Seite 1181.

Alphabetisierung. Die Autorennamen sind nach der mechanischen Buchstabenfolge geordnet. Die Umlaute ä, ö, ü werden wie Selbstlaute (a, o, u) behandelt, der Buchstabe ß wie ss. Namensartikel wie »de« und »von« sind im Allgemeinen nicht berücksichtigt. Der italienische Schriftsteller Gabriele D'Annunzio findet sich also unter Annunzio, der Niederländer Leon de Winter unter Winter. Nur wenn der Namenszusatz fester Bestandteil des Nachnamens ist, wird er für die Alphabetisierung herangezogen: Der amerikanische Autor Don DeLillo ist deshalb unter D, der französische Fabeldichter Jean de La Fontaine unter L eingeordnet.

Abkürzungen. Zur Entschlüsselung der benutzten Abkürzungen dient das Verzeichnis auf Seite 12.

Register. Zwei umfangreiche Register erschließen die Fülle der Informationen. Das Werkeregister führt in alphabetischer Reihenfolge alle im *Harenberg Buch der 1000 Bücher* beschriebenen Werke auf und nennt in Klammern den Namen des Autors. Das Personenregister verzeichnet alle Autoren, die in den 1000 Artikeln erwähnt werden. Fett hervorgehobene Seitenzahlen verweisen auf die Bücher, die im *Harenberg Buch der 1000 Bücher* ausführlich vorgestellt werden.

Die Autoren zeichnen mit folgenden Kürzeln

A.C.K.	Andreas C. Knigge	H.N.	Horst Nitschak	P.Z.	Petra Zwickert
A.E.	Andreas Ebbinghaus	H.P.	Heinrich Plett	R.B.	Rüdiger Brandt
A.Fe.	Arne Feddersen	H.R.B.	Hans Richard Brittnacher	R.D.	Regina Dohrmann
A.H.	Achim Hölter	H.S.	Heinz Schott	R.E.	Regina Erbentraud
A.He.	Antje Helmerich	H.S.S.	Henrike Stahl-Schwaetzer	R.F.	Rolf Fischer
A.K.	Andrea Kresimon	H.Sch.	Hermann Schreiber	R.Gr.	Ruth Groh
A.N.	Angelika Neuwirth	H.Z.	Horst Zilke	R.H.	Rüdiger Haude
B.A.	Barry Adams	J.C.	Jeanne Cortiel	R.J.S.	Regina Jung-Schmidt
B.B.	Berthold Budde	J.D.	Janina Daub	R.M.	Rüdiger Müller
B.Be.	Brigitte Beier	J.G.	Joachim Grage	R.Mi.	Richard Miklin
B.Br.	Bettina Brockmeyer	J.G.F.	Jörg Götting-Fronsinski	R.R.	Rudolf Rosenblatt
B.F.	Barbara Falk	J.Gr.	Jürgen Grimm	R.S.	Rebekka Stieve
B.G.	Beatrix Gehlhoff	J.K.	Josh Kavaloski	R.W.	Renate Werner
B.H.	Beate Haude	J.R.	Jörg Ramel	Sa.H.	Sara Hägi
B.S.	Britta Schröder	J.T.	Jutta Thellmann	S.B.	Stephanie Bauer
B.Sch.	Barbara Schmitz	J.V.	Jochen Vogt	S.C.B.	Sven-Claude Bettinger
B.W.B.	Barbara Wolf-Braun	J.W.	Jörg Werremeyer	S.D.	Sandra Degenhardt
C.Ha.	Christina Hammer	J.We.	Jan Wenzel	S.F.	Stephan Füssel
C.B.	Christiane Bocklenberg	K.F.	Katja Friedrich	S.H.	Sabine Heinlein
C.H.	Carola Hoécker	K.G.	Kirsten Gudd	S.Ha.	Stephan Havel
C.S.	Christian Schwaabe	K.K.	Kalliopi Koukou	S.He.	Silvana Heß
C.Sa.	Claudia Sand	K.L.	Kai Lückemeier	S.I.	Sören Ingwersen
C.V.	Christoph Vratz	K.M.	Kirsten Milhahn	S.M.	Stephan Malerius
C.W.	Christoph Wetzel	K.R.	Kerstin Rückwald	St.N.	Stefan Neumann
C.Z.	Christoph Zeller	K.V.	Kornelia Vogt	S.Na.	Susanne Nadolny
D.G.	Dietmar Götsch	K.v.H.	Kirsten von Hagen	S.S.	Saki Sugihara
D.I.	Dieter Ingenschay	M.C.	Maria Chevrekouko	S.St.	Siegfried Steinmann
D.L.	Dirk Lüddecke	M.D.	Martina Darga	S.W.	Stefan Wieland
D.M.	Dorothee Merschhemke	M.Di.	Maria Diedrich	S.Wa.	Susanne Wahl
D.Ma.	Doris Maurer	M.E.	Maria Ebert	T.J.	Traugott Jähnichen
D.O.	Dirk Oberwahrenbrock	M.F.	Marco Fuhrländer	T.K.	Thomas Kierstein
E.D.	Ebba Durstewitz	M.J.	Mathias Jung	T.R.	Tim Reinelt
E.E.	Erhard Engler	M.K.	Maren Krüger	T.S.	Till Schicketanz
E.E.K.	Elisabeth Einecke-Klövekorn	M.L.	Manfred Loimeier	T.S.G.	Thomas Schmidt-Grassee
E.H.	Eva Hölter	M.P.S.	Michael-Peter Schiltsky	T.Sch.	Tanja Schultz
E.L.	Elisabeth Lange	M.R.	Maja Rettig	U.C.S.	Ulrike-Christine Sander
F.A.	Franz-Josef Albersmeier	M.Ro.	Michael Rohrwasser	U.H.	Ulrich Huse
F.B.	Florian Balke	M.Rö.	Michael Rössner	U.S.	Ulf Schmidt
F.M.S.	Frank Maier-Solgk	M.S.	Marlies Schrons	V.M.	Veronika Müller
G.B.	Gisela Baumgart	M.S.S.	Martina Schnober-Sen	V.R.	Viola Rönsch
G.F.	Gudrun Fabian	M.Sch.	Manfred Schruba	V.W.	Valentin Wetzel
G.H.	Gabriele Haefs	M.Si.	Marion Siems	W.A.	Werner Arens
G.Ha.	Gisela Harras	N.B.	Nina Börnsen	W.Co.	Wolfgang Cortjaens
G.P.	Gert Pinkernell	N.H.	Nils Havemann	W.F.	Wolfgang Fenner
G.Pa.	Georg Patzer	N.S.	Neil Stewart	W.G.	Werner Gerabek
G.Pe.	Gerhard Persché	N.Sa.	Nele Saß	W.K.	Wolfgang Kasack
G.W.	Georg Wolschin	O.F.	Oliver Füglister	W.N.	Wolfram Naumann
G.Wi.	Gabriela Wittwer	P.B.	Peter Bayerlein	W.v.C.	Wolfgang von Collas
G.Woe.	Gert Woerner	P.E.	Pascal Echt	W.W.	Wolfgang Westphal
H.E.	Heinz Eickmans	P.G.	Petra Gallmeister	W.Z.	Welf Zöller
H.K.	Helga Kaussen	P.R.	Pamela Rumpel		

Abkürzungsverzeichnis

Bd.	Band	Hl.	Heilige/r
Bde	Bände	Hrsg.	Herausgeber
ca.	circa	n. Chr.	nach Christus
ders.	derselbe (Autor)	OA	Originalausgabe
d.Ä.	der Ältere	OT	Originaltitel
DE	deutschsprachige Erstausgabe	rm	Rowohlt Monographie
d.h.	das heißt	S.	Seite
d.J.	der Jüngere	sog.	so genannt
dies.	dieselbe (Autorin)	u.a.	unter anderem/n
dt.	deutsch(e/er)	UA	Uraufführung
EA	Erstausgabe	u.d.T.	unter dem Titel
ebd.	ebenda (am selben Ort)	v. Chr.	vor Christus
eigtl.	eigentlich	z.B.	zum Beispiel
entst.	entstanden		
etc.	et cetera (und so weiter)		
EZ	Entstehungszeit		
f.	folgende		
frz.	französische/r		
gen.	genannt		

In den Informationen, die den Autorenbiografien vorangestellt sind, werden die geografischen Angaben stets abgekürzt, indem die Endung -isch entfällt (Beispiel: amerikan. = amerikanisch).

Abe Kobo

(eigtl. Abe Kimifusa)

japan. Schriftsteller und Dramatiker

* 7.3.1924 Tokio, † 22.1.1993 ebd.

📖 *Die Frau in den Dünen*, 1962

Die Entfremdung des modernen Menschen in der kapitalistischen Gesellschaft gehört zu den zentralen Themen Abe Kobos, die er in Parabeln und Satiren oft lehrstückhaft umgesetzt hat. Darin unterscheidet sich sein Werk von der japanischen Literaturtradition.

Abe verbrachte seine Kindheit in Mukden (heute Shengyang) in der damals von Japan besetzten Mandschurei. 1945–48 studierte er Medizin in Tokio und begann während dieser Zeit zu schreiben. Heimatverlust und Kriegserfahrung bildeten die Bezugspunkte seiner schriftstellerischen Tätigkeit. Trotz materieller Not praktizierte Abe nie als Arzt und blieb freier Autor. Er trat in die Kommunistische Partei ein, die ihn jedoch 1962 wieder ausschloss. Bedingt durch seine biografischen Erfahrungen, setzte sich Abe mit dem Existenzialismus und Surrealismus auseinander, die sein Werk prägen. In Japan gilt er als Vertreter der literarischen Avantgarde.

Für seinen Roman *Die Mauer* (1950) wurde Abe mit dem Akutagawa-Preis (dem angesehensten Preis für junge Schriftsteller in Japan) ausgezeichnet. 1973 begründete er seine eigene Theatergruppe »Abe Kobo Studio«.

Die Frau in den Dünen

OT Suna no onna
OA 1962 **DE** 1967
Form Roman **Epoche** Moderne

Der Roman *Die Frau in den Dünen* behandelt den geistigen Entwicklungsprozess eines Menschen, der sich aus seiner Verzweiflung befreit, um eine positive Haltung zu den Möglichkeiten des Lebens zu finden. Die Darstellung der Isolation und Absurdität des Lebens zeigt deutlich den Einfluss von Franz → Kafka.

Entstehung: Die 1960 zunächst in einer Zeitschrift veröffentlichte Erzählung weitete Abe zum Roman aus. Die wüste Landschaft der Mandschurei bildet den (Ur-)Erfahrungshintergrund der Handlung.

Inhalt: Der verheiratete Lehrer Jumpei Niki fährt an die Küste und begibt sich in den Dünen auf Insektensuche. Am Abend verpasst er den Bus und muss bei einer Witwe im nahen Dorf übernachten, das halb im Sand verweht ist. Am nächsten Tag stellt sich heraus, dass er in der »Sandhöhle« gefangen ist. Seine Arbeitskraft wird benötigt, um den ständig drohenden Einsturz des Gebäudes zu verhindern. Von nun an bestimmt der Sisyphuskampf gegen den Sand sein Leben, das er mit einer Frau verbringen muss, die ihm nichts bedeutet. Mehrere Fluchtversuche aus der unerträglichen Situation scheitern, bringen Jumpei aber in Kontakt mit einem anderen Ich, das sich schließlich der neuen Welt anpasst. Als er die Möglichkeit erhält, sich zu retten, entscheidet er, nicht wieder in die Außenwelt zurückzukehren.

Wirkung: Ein Jahr nach Erscheinen erhielt Abe für *Die Frau in den Dünen* den Yomiuri-Literaturpreis für das beste literarische Werk des Vorjahrs. Das Buch wurde in mehr als 20 Sprachen übersetzt und mit weiteren Preisen ausgezeichnet. Nach diesem Erfolg arbeitete Abe den Stoff zu einem Drehbuch um, das Regisseur Hiroshi Teshigawara 1964 verfilmte. *S.S.*

Achebe, Chinua

nigerian. englischsprachiger Schriftsteller

* 15.11.1930 Ogidi (Ostnigeria)

📖 *Okonkwo oder Das Alte stürzt*, 1958

Chinua Achebe liefert mit seinen Romanen eine Chronik von der ersten Begegnung zwischen Europäern und Afrikanern über den Kolonialismus bis zur Unabhängigkeit (1960) und dem Zerfall der Zivilgesellschaft in Anarchie.

Achebe stammt aus einer christlich geprägten Lehrerfamilie und arbeitete nach dem Studium der Medizin, Literatur, Geschichte und Religion in Ibadan zuerst als Lehrer, dann als Rundfunkredakteur. Während des nigerianischen Bürgerkriegs 1967–70 versuchte er auf Auslandsreisen die internationale Staatengemeinschaft für die Position der um ihre Unabhängigkeit kämpfenden Provinz Biafra zu gewinnen. Nach Kriegsende unterrichtete Achebe an der Universität Nsukka, war als Lektor der renommierten African Writers Series des Londoner Heinemann Verlags tätig, übernahm Gastprofessuren vor allem in den USA und gründete die legendäre Literaturzeitschrift *Okike* sowie den Vorläuferverlag des engagierten Fourth Dimension Publishing House in Enugu, Nigeria.

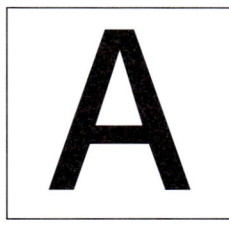

Abe Kobo am **8.6.1962** über *Die Frau in den Dünen:*

Man wünscht sich eine Art Freiheit, wie ein Vogel fliegen zu können. Man wünscht sich auch eine andere Art Freiheit, in seinem eigenen Nest von niemanden gestört zu werden. Durch den Kampf gegen den Sand habe ich versucht, diese beiden Arten Freiheit zu schreiben.

Abe Kobo, *Die Frau in den Dünen*, Umschlag der deutschsprachigen Erstausgabe 1967

Hauptfiguren in »Die Frau in den Dünen« von Abe Kobo

Jumpei Niki: Realschullehrer, der in seiner Freizeit Insekten sammelt. Weil er seinen Alltag nicht mehr ertragen kann, fährt er allein in die Dünen. Er verspricht sich von der Entdeckung einer neuen Insektenart Ruhm über seinen Tod hinaus.

Die Frau in den Dünen: Witwe um die 30; sieht ihr Lebensziel allein darin, ihr Haus vor dem Sand zu schützen. Sie zeigt kein Interesse an der Außenwelt, kümmert sich aber um Jumpeis leibliches Wohl. Sie muss aufgrund einer Eileiterschwangerschaft ins Krankenhaus, wodurch Jumpei die Chance zur Flucht erhält.

Der alte Mann im Dorf: Er vermittelt Jumpei das Quartier bei der Witwe und ist der einzige Mensch aus der Außenwelt, mit dem der »versandete« Jumpei Kontakt hat.

Die wichtigsten Bücher von Chinua Achebe	
Okonkwo oder Das Alte stürzt, 1958	Der reiche, einst mächtige Okonkwo muss wegen Verletzung der Stammesregeln für Jahre ins Exil und schafft nach seiner Rückkehr nicht die Anpassung an die Kolonialgesellschaft. → S. 14
Obi/Heimkehr in ein fremdes Land, 1960	Obi, Enkel des Okonkwo aus Okonkwo oder Das Alte stürzt, will nach seinem Studium in England in Nigeria die Korruption abschaffen, lässt sich aber im Erziehungsministerium bestechen.
Der Pfeil Gottes 1964	Ezeulu, ein Oberpriester, zerreibt sich im Konflikt mit Captain Winterbottom, dem Repräsentanten der britischen Verwaltung, und dem Priester Idemili als Vertreter der afrikanischen Religion.
Ein Mann des Volkes 1966	Chief Nanga, ein ehemaliger Lehrer und jetziger Minister, gerät in den Konflikt zwischen Regierung und Opposition. Wegen Aufruhrs putscht das Militär und verhaftet die korrupte Clique.
Termitenhügel in der Savanne 1987	Zwei Jahre nach einem Staatsstreich hat »Seine Exzellenz« das Land befriedet. Doch scheitert sein Plan, sich per Referendum zum Präsidenten auf Lebenszeit ernennen zu lassen.

Achebe, dessen Werk mit Literaturpreisen und Ehrendoktorwürden bedacht wurde, zeigt anhand von meist tragischen Figuren die individuelle Komponente gesellschaftlicher Veränderungen. Er malt die psychischen Deformationen aus und vermeidet plakative Ideologisierung.

Biografie: K. Turkington, *Chinua Achebe* (engl.), 1977.

Okonkwo oder Das Alte stürzt

OT Things Fall Apart
OA 1958 **DE** 1959 **Form** Roman **Epoche** Moderne

Chinua Achebes Roman schildert den Zusammenprall zweier unvereinbar scheinender Kulturen: der Igbos im Südosten Nigerias mit ihren religiösen Riten und ihrem eigenen Sozialsystem sowie des militärischen Pomps englischer Kolonialherren und christlicher Missionare.

Inhalt: Der Roman spielt in der Zeit von 1850 bis 1900 und zeigt den Wandel der Lebensweise in zwei Dörfern. Der Held Okonkwo, der sich in seiner Jugend als Ringkämpfer große Anerkennung verschafft hat, ist einer der geachtetsten, reichsten und mächtigsten Männer eines der Dörfer. Getrieben von der Furcht, wie sein musischer Vater als Schwächling und Versager zu gelten, hat er es bis zum höchsten Titel der Igbo-Gemeinschaft geschafft. Doch verkörpert er nicht Toleranz als höchstes Ideal der Igbo-Gesellschaft, sondern hat sich durch Jähzorn und rücksichtslosen Ehrgeiz Respekt verschafft. Dreimal verstößt er gegen Grundregeln der Igbo-Religionsauffassung, und als er aus Versehen ein Sippenmitglied

Chinua Achebe, *Okonkwo oder Das Alte stürzt*, Umschlag der Originalausgabe 1958

tötet, muss er für sieben Jahre ins Exil. Nach der Rückkehr erkennt Okonkwo, wie sehr sich sein Dorf unter dem Einfluss von Christentum und Kolonialismus verändert hat. Seiner Revolte gegen die Kolonialbeamten schließt sich niemand an. Unfähig, sich den neuen Lebensbedingungen anzupassen, erhängt er sich.

Aufbau: Achebe zeigt den Werdegang seines Helden in der Retrospektive. Die gemächliche Handlung lässt Raum für die Darstellung des vorkolonialen Lebens im Igbo-Dorf. Das Buch ist in 25 Kapitel eingeteilt, wovon die ersten zehn jeweils ein rituelles Ereignis im Verlauf eines Igbo-Jahres zeigen: u.a. Friedenswoche, Masken- und Erntefest. In Achebes Sprache finden den Sprichwörter und Bilder aus der Igbo-Kultur; seine Sätze sind zwar schmucklos kurz, aber kraftvoll. Die Kritik an Kolonialverwaltung und Christentum als Wegbereiter der Kolonisation entbehrt jegliches Pathos und agitatorische Rhetorik, sondern ist um Sachlichkeit und Objektivität bemüht. Zugleich vermeidet Achebe eine Idealisierung des traditionellen afrikanischen, »authentischen« Lebens.

Wirkung: *Okonkwo oder Das Alte stürzt* widerlegte beeindruckend die in der westlichen Welt bis kurz vor der Unabhängigkeit der afrikanischen Staaten weit verbreitete Meinung, dass es in Afrika vor der Ankunft der Europäer keine eigenständigen Kulturen gegeben habe und der Schwarze Kontinent erst durch die Europäer zivilisiert werden musste. Achebe gilt als einer der ersten Schriftsteller, die Afrikas Selbstbewusstsein durch Verwendung afrikanischer Sprachmuster, Metaphern und Rhythmen zum Ausdruck brachten; gerade der Roman *Okonkwo oder Das Alte stürzt* gibt ein Beispiel dafür, wie die englische Sprache kunstvoll und verständlich zugleich afrikanisiert werden kann. Das Buch wird seither als Klassiker der afrikanischen Gegenwartsliteratur gehandelt, wurde in mehr als vier Dutzend Sprachen übersetzt und begründete Achebes Ruf als »Vater der modernen afrikanischen Literatur«.

M. L.

Adorno, Theodor W.

(eigtl. Theodor Wiesengrund)
dt. Philosoph, Soziologe und Musiktheoretiker
* 11.9.1903 Frankfurt/M.
† 6.8.1969 Visp (Kanton Wallis)
📖 *Minima Moralia*, 1951
📖 *Einleitung in die Musiksoziologie*, 1962

Als Philosoph, Soziologe und Musikwissenschaftler zählt Theodor W. Adorno zu den herausragenden Theoretikern deutscher Sprache. Die *Dialektik der Aufklärung*, die er gemeinsam mit Max → Horkheimer verfasste, gilt als eine der wichtigsten philosophischen Arbeiten des 20. Jahrhunderts.

1921 begann Adorno ein Studium der Philosophie, Musikwissenschaften und Psychologie. Nach der Promotion ging er 1925 für zwei Jahre nach Wien, um bei Alban Berg (1885 bis 1935) und Eduard Steuermann (1892–1964) Komposition und Klavier zu studieren. 1931 habilitierte er sich bei Paul Tillich (1886 bis 1965) mit einer Arbeit über Søren → Kierkegaard und wirkte als Privatdozent in Frankfurt/Main.

Nachdem ihm 1933 die Lehrerlaubnis entzogen worden war, emigrierte Adorno 1934 nach Oxford, vier Jahre später folgte die Übersiedlung nach New York. In den Jahren in Los Angeles 1941–49 entstanden u. a. die *Dialektik der Aufklärung*, die *Studien zum autoritären Charakter* und die *Minima Moralia*. 1949 kehrte Adorno nach Frankfurt zurück, wurde Professor am Institut für Sozialforschung und an der Universität. Es folgten zahlreiche Veröffentlichungen, u. a. zur Musiksoziologie und zur ästhetischen Theorie. 1961 initiierte er den »Positivismusstreit« in der deutschen Soziologie und vertrat mit Jürgen → Habermas die Position der Kritischen Theorie (→ Stichwort S. 523) u. a. gegen den Kritischen Rationalismus von Hans Albert (*1921) und Karl Popper (1902–94).   *C. S./K. L.*

Biografien: H. Scheible, *Theodor W. Adorno* 1989 (rm 50 400); R. Wiggershaus, *Theodor W. Adorno*, 1987.

Theodor W. Adorno (r.) mit dem deutsch-argentinischen Komponisten Maurice Kagel in den 1960er Jahren

Minima Moralia

OA 1951 **Form** Aphorismen **Bereich** Philosophie

Es gibt kein vergleichbares Werk in der philosophischen Literatur des 20. Jahrhunderts: *Minima Moralia* von Theodor W. Adorno ist eine Sammlung von 153 *Reflexionen aus dem beschädigten Leben* (so der Untertitel), die in der Kultur- und Gesellschaftskritik neue Maßstäbe gesetzt hat und auch ein halbes Jahrhundert nach der Erstveröffentlichung gleichermaßen durch Aktualität und analytische Schärfe verblüfft.

Entstehung: Die Entstehungsgeschichte reicht bis in die Zeit des englischen Exils zurück. 1935 stellte Adorno seinem bereits in die USA emigrierten Freund Max Horkheimer ein »Aphorismenbüchlein« in Aussicht, das an dessen 1934 veröffentlichte *Dämmerungen*, eine Sammlung von Aphorismen und Notizen aus der Weimarer Zeit, anschließen sollte. Zu einer Publikation des geplanten Bandes kam es nicht. Es ist jedoch davon auszugehen, dass diverse Motive und Textfragmente in die *Minima Moralia* eingegangen sind, mit deren Niederschrift Adorno 1944 im kalifornischen Exil begann. Ein Jahr später waren die beiden ersten Teile fertig gestellt und konnten Horkheimer, dem das Buch

zugeeignet ist, zum 50. Geburtstag überreicht werden. Der dritte Teil des Buches wurde 1947 abgeschlossen. Eineinhalb Jahre nach Adornos Remigration erschien das Buch 1951 im Suhrkamp-Verlag.

Inhalt: Kein Satz ist geeigneter, die Methodik der *Minima Moralia* zu umschreiben, als Rainer Maria → Rilkes Bemerkung, man könne die Geschichte eines zerbrochenen Lebens nur in Bruchstücken erzählen. Adorno begann mit der Niederschrift zu einer Zeit, als ein Ende der nationalsozialistischen Herrschaft absehbar und zugleich das ganze schreckliche Ausmaß der begangenen Gräuel zu überschauen war. Die bürokratisch-industrielle Organisation der Barbarei, die falsche und deshalb von Beginn an bösartige Vergesellschaftung der »vereinzelten Einzelnen« in der Volksgemeinschaft, die Identifikation der Massen mit dem »Führer«, das totalitäre Bündnis von Arbeit und Kapital, alle diese konstitutiven Merkmale des Nationalsozialismus waren nicht gleichsam über Nacht

Frankfurter Schule

Entstehung: Die sozialphilosophische Richtung wurde in den 1920er Jahren in Frankfurt am Main im Umkreis der Mitarbeiter des Instituts für Sozialforschung entwickelt. Ihr Organ *Zeitschrift für Sozialforschung* erschien zunächst in Frankfurt, ab 1933 in Paris und ab 1939 in New York. Hauptvertreter der Frankfurter Schule sind Max → Horkheimer, der ab 1930 mehrere Grundlagentexte schrieb, Theodor W. Adorno und Herbert → Marcuse. In der von ihnen entwickelten Kritischen Theorie der Gesellschaft verbinden sich die sozialökonomischen Einsichten von Karl → Marx mit der Psychoanalyse Sigmund → Freuds, die Methode ist an der Dialektik von Georg Friedrich Wilhelm → Hegel geschult.

Frankfurter Schule: Der Soziologe Wolfgang Pohrt hat betont, dass beide gängigen Bezeichnungen irreführend sind. Der Ausdruck »Kritische Theorie« (→ Stichwort S. 523) ist nur sinnvoll, wenn man ihn vor dem Hintergrund des programmatischen Aufsatzes *Traditionelle und kritische Theorie* von Horkheimer (1937) begreift.

Erst recht ist die Bezeichnung Frankfurter Schule verwirrend, denn die Vertreter der Kritischen Theorie wollten nie eine Schule begründen. Die Kritische Theorie will weder doktrinär noch dogmatisch vorgehen und verneint gerade die Formelhaftigkeit der Lehrsätze, Axiome und methodologischen Regeln der anderen geisteswissenschaftlichen Schulen.

in Erscheinung getreten. Der Zivilisationsbruch war das Resultat der historischen Entwicklung der bürgerlichen Gesellschaft. Und auch nach der Zerschlagung des nationalsozialistischen »Volksstaats« steuerte die westliche Gesellschaft durchaus nicht auf ein Reich der Freiheit zu, sondern auf ein System global organisierter Unmündigkeit, eine verwaltete Welt, die – nach Adornos Diagnose – auf dem besten Weg war, das Subjekt und die Frage nach Sinn endgültig zu liquidieren.

Adorno reflektiert in seinen Aphorismen die gesellschaftliche Totalität durch den Rekurs auf individuelle Erfahrungen. Neben den philosophischen Stücken über Kierkegaard und Friedrich →Nietzsche, die Schönheit und die moderne Kunst finden sich deshalb bestechende Analysen zu den alltäglichsten Momenten des modernen Daseins, zur Sensation, dem Verfall des Wohnens und des Schenkens, dem Schließen einer Tür, der Erotik, der Kommunikation, dem Gestus des coolen Typen und, immer wieder, den Erfahrungen moderner Flüchtlinge.

Das Buch »insistiert«, wie es in der Zueignung heißt, »in Opposition zu →Hegels Verfahren und gleichwohl in der Konsequenz seines Gedankens auf der Negativität«, die dieser in der Vorrede zur *Phänomenologie des Geistes* als die Kraft des Geistes definiert hatte, dem Negativen ins Angesicht zu schauen, bei ihm zu verweilen. Das dialektische Verfahren zielt nicht mehr, wie in der philosophischen Tradition, darauf, dass durch die Figur einer Negation der Negation ein Positives sich herstelle, das angesichts des unwahren Ganzen nicht zu halten wäre. »Es ist keine Schönheit und kein Trost mehr«, heißt es bei Adorno, »außer in dem Blick, der aufs Grauen geht, ihm standhält und im ungemilderten Bewusstsein der Negativität die Möglichkeit des Besseren festhält.«

Wirkung: Schon wenige Monate nach dem Erscheinen machten die *Reflexionen aus dem beschädigten Leben* den Autor – wie er in einem Brief an Siegfried →Kracauer formulierte – »bekannt wie einen bunten Hund«. Mit einer Auflage von inzwischen mehr als 100 000 Exemplaren wurde die *Minima Moralia* wie kaum ein anderes gesellschaftstheoretisches Werk weit über die Grenzen der akademischen Zirkel hinaus rezipiert. *K. L.*

Einleitung in die Musiksoziologie

OA 1962 **Form** Sachbuch **Bereich** Musik

Theodor W. Adornos *Einleitung in die Musiksoziologie* nutzt die aus der Kritischen Theorie der Frankfurter Schule sich ableitende dialektische Verknüpfung von ästhetischer Formsprache und historischem Gehalt. Das Werk misst musikalische Erscheinungen an der sozialen Strukturiertheit der Gesellschaft, im klassischen marxistischen Sinne am Verhältnis von Produktivkräften (z. B. physischen und geistigen Fähigkeiten der Menschen, Stand von Wissenschaft und Technik) und Produktionsverhältnissen (z. B. Rechts- und Eigentumsverhältnissen).

Entstehung: Im amerikanischen Exil in den 1930er Jahren war Adorno an empirisch-soziologischen Forschungen beteiligt. Die im Untertitel der *Einleitung in die Musiksoziologie* angegebenen »Zwölf theoretischen Vorlesungen« wurden im Wintersemester 1961/62 an der Frankfurter Universität gehalten; sie gehen teilweise zurück auf Arbeiten in den USA sowie auf den Aufsatz *Ideen zur Musiksoziologie*, den Adorno 1958 für die *Schweizer Monatshefte* schrieb und später in *Klangfiguren* aufnahm.

Inhalt: »Ohne Gewaltsamkeit« sei die gesellschaftliche Frage nach dem Verhältnis von Produktivkräften und Produktionsverhältnissen auch auf die Musiksoziologie anzuwenden, schrieb Adorno 1968 in dem der 2., revidierten Auflage des Werks angefügten »enzyklopädischen Stichwort Musiksoziologie«. Zur Produktivkraft rechnete er nicht nur das Komponieren, sondern auch die »lebendige künstlerische Arbeit der Reproduzierenden« und die Verfahren mechanischer Reproduktion. Ihr gegenüber stehen die Produktionsverhältnisse, die »wirtschaftlichen und ideologischen Bedingungen, in die jeder Ton und die Reaktion auf jeden eingespannt ist«. Ein Aspekt der Letzteren sei »im Zeitalter der Bewusstseins- und Unbewusstseinsindustrie auch die musikalische Mentalität und der Geschmack der Hörer«.

Aufbau: Korrespondierend mit den Vorlesungen hat das Buch zwölf Kapitel: Typen musikalischen Verhaltens, Leichte Musik, Funktion, Klassen und Schichten, Oper, Kammermusik, Dirigent und Orchester (sozialpsychologische Aspekte), Musikleben, Öffentliche Meinung – Kritik, Nation, Moderne, Vermittlung. Hinzugefügt wurde in der Ausgabe von 1968 das enzyklopädische Stichwort »Musiksoziologie«, in dem Adorno betont, dass es sich beim vorliegenden Buch um eine bloße Einleitung handele, und die Frage aufwirft, wie eine »voll ausgeführte Musiksoziologie« auszusehen hätte.

Wirkung: So genannte bürgerliche Kritiker meldeten grundsätzliche Zweifel an der Methode der dialektischen Verbindung von ästhetischer Formsprache und historischem Gehalt an. Aber auch vom marxistisch-leninistischen Standpunkt her wurde Adorno Befangenheit vorgeworfen, etwa vom Komponisten Konrad Boehmer (*1941) in dem Aufsatz *Adorno, Musik, Gesellschaft* (1975): Adornos Musiksoziologie

Theodor W. Adorno, *Minima Moralia*, Umschlag der Sonderausgabe 2001 in der Gestaltung des Originals von 1951

Auszug aus *Minima Moralia* von Theodor W. Adorno:

Vielleicht wird die wahre Gesellschaft der Entfaltung überdrüssig und lässt aus Freiheit Möglichkeiten ungenützt, anstatt unter irrem Zwang auf fremde Sterne einzustürmen... Rien faire comme une bête, auf dem Wasser liegen und friedlich in den Himmel schauen, »sein, sonst nichts, ohne alle weitere Bestimmung und Erfüllung« könnte an die Stelle von Prozess, Tun, Erfüllen treten und so wahrhaft das Versprechen der dialektischen Logik einlösen, in ihren Ursprung zu münden.

OT = Originaltitel   **EZ** = Entstehungszeit   **OA** = Originalausgabe   **DE** = Deutsche Erstausgabe   📖 = Verweis auf Werkartikel

sei durchweg bürgerlich geprägt, dies zeige sich u.a. in der Verallgemeinerung der bürgerlichen Epoche als Maßstab aller Musik. Trotzdem hat die *Einleitung in die Musiksoziologie* ohne Zweifel das Denken vor allem des deutschen Musikfeuilletons viele Jahre mitbestimmt. *G. Pe.*

Agnon, Samuel Josef

(eigtl. Samuel Josef Czaczkes) hebrä. Schriftsteller

* 17.7.1888 Buczacz (Galizien)

† 17.2.1970 Rehovot bei Tel Aviv-Jaffa

📖 *Gestern, vorgestern*, 1945

Samuel Josef Agnon, der in seinen Romanen und Novellen den Übergang der alten Welt des Judentums in die Moderne thematisierte, ist der wichtigste Schriftsteller hebräischer Sprache des 20. Jahrhunderts. Vielfach preisgekrönt (u. a. Israel-Preis für Literatur 1954 und 1958), erhielt er 1966 als erster hebräischer Autor den Nobelpreis für Literatur (zusammen mit Nelly Sachs, 1891–1970).

Agnon wuchs in einer wohlhabenden jüdischen Kaufmannsfamilie auf. Sein Vater, ein Pelzhändler und qualifizierter Rabbi, erzählte ihm chassidische Geschichten, seine Mutter machte ihn mit der deutschen Literatur vertraut. Agnon besuchte eine Religionsschule und zeitweilig ein Lehrerseminar. Schon in jungen Jahren schloss er sich der zionistischen Bewegung an. Mit 15 Jahren veröffentlichte er erste Gedichte in der lokalen Presse. 1907 übersiedelte er nach Palästina, wo er sich zunächst in Jaffa und 1909 in Jerusalem niederließ. Dem Titel seiner berühmten Kurzgeschichte *Verlassene Frauen* (1907, *Agunot*) entnahm er sein Pseudonym Agnon (der Gebundene). Neben seiner schriftstellerischen Tätigkeit arbeitete er als Generalsekretär der Organisation der Freunde von Zion, später des Jüdischen Rats und schließlich einer Organisation für Rechtshilfe. 1913–24 lebte er in Deutschland, wo er sich intensiv mit deutscher und französischer Literatur beschäftigte.

In Jerusalem erschien 1931 sein Roman *Bräutigamssuche*. In dem Roman *Nur wie ein Gast zur Nacht* (1933) verarbeitete Agnon seine Eindrücke von einer Reise in seine galizische Heimatstadt. Jüdisches Leben in Jaffa und Jerusalem zur Jahrhundertwende ist das Thema des Romans *Gestern, vorgestern* (1945). Im Mittelpunkt seines postum erschienenen Spätwerks *Schira* (1971) stehen Intellektuelle, die in den 1930er Jahren Deutschland verlassen mussten und in Jerusalem einen Neuanfang versuchen.

Gestern, vorgestern

OT Tmol Shilschom

OA 1945 **DE** 1969 **Form** Roman **Epoche** Moderne

Der Roman *Gestern, vorgestern* von Samuel Josef Agnon schildert das Leben junger Pioniere in Jaffa und Jerusalem zu Beginn des 20. Jahrhunderts. Das tragikomische Scheitern des Helden, der schließlich fern seiner Wurzeln im Heiligen Land einen elenden Tod stirbt, ist exemplarisch für eine Generation von Einwanderern, die sich zwischen Tradition und Moderne entscheiden müssen.

Entstehung: Das Werk ist eine Art Fortsetzung des 1931 erschienenen Romans *Bräutigamssuche*, dessen Held Reb Judel die Blütezeit des Chassidismus in Galizien (um 1830) und dessen Romantik repräsentiert. Jizchak Kummer, der Held in *Gestern, vorgestern*, ist ein Enkel Judels, der sich jedoch von seiner chassidischen Umgebung trennt und nach Palästina auswandert.

Inhalt: Jizchak Kummer verlässt Galizien, um in Palästina ein Stück Land zu bebauen. Es gelingt ihm jedoch nicht, in der neuen Heimat Fuß zu fassen: Zu eng ist er mit der Tradition seiner Väter verbunden, zu fremd ist ihm die areligiöse Lebensweise der jungen Pioniere. Zu dem vergeistigten Kreis der bereits seit Generationen in Jerusalem ansässigen orthodoxen Juden findet er ebenfalls keinen Zugang. Der Zwiespalt zwi-

Samuel Josef Agnon, *Gestern, vorgestern*, Umschlag der deutschsprachigen Ausgabe 1996

Die beiden Literaturnobelpreisträger Nelly Sachs und Samuel Josef Agnon vor der Preisverleihung in Stockholm 1966

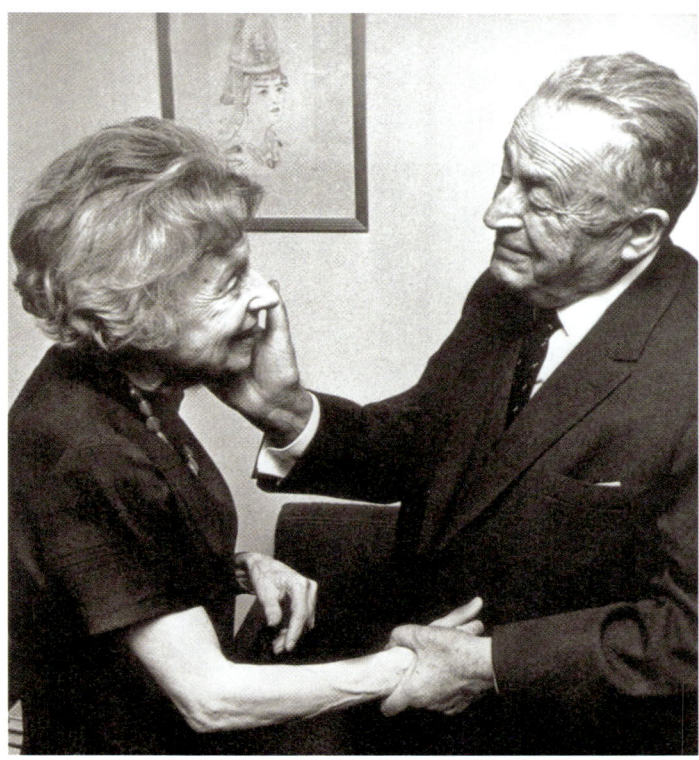

schen Tradition und Moderne belastet auch seine Ehe: Verheiratet mit einer Frau aus einer alteingesessenen jüdischen Familie, verliebt sich Jizchak in Sonja, eine moderne junge Frau aus Jaffa, die er kurz nach seiner Ankunft in Palästina kennen lernt und später wieder aus den Augen verliert. Er sehnt sich nach ihr, versucht aber, sie zu vergessen. Der Hund Balak, eine surrealistische Schlüsselfigur des Romans, besiegelt schließlich sein Schicksal: Kummer hatte ihm, als er eine Zeit lang als Anstreicher gearbeitet hatte, aus Übermut die Worte »Toller Hund« auf den Rücken gepinselt. Fortan wurde das Tier verfolgt und verspottet und hing seinen »hündisch-philosophischen« Grübeleien nach. Nach einem Biss von Balak stirbt Kummer an den Folgen einer Infektion.

Wirkung: Das Werk über das Scheitern einer verlorenen Seele ist angefüllt mit Anspielungen an die alte jüdische religiöse Literatur. Agnons ausgefeilter Stil und seine eindringliche Charakterschilderung machten den Roman zu einem Vorbild für zahlreiche nachfolgende Autoren.

D. M.

Aichinger, Ilse

österreich. Schriftstellerin, *1.11.1921 Wien

📖 *Die größere Hoffnung*, 1948

Ilse Aichinger ist eine der wichtigsten Autorinnen Österreichs. Ihr relativ schmales Gesamtwerk – Gedichte, Erzählungen sowie der Roman *Die größere Hoffnung* – ist geprägt von radikaler Sprachskepsis. Im Versuch, neue Wirklichkeitserfahrungen adäquat darzustellen, gelangt Aichinger zu einer immer knapperen, präzisen Bildsprache, in der innere und äußere Erlebnisse zu einer oft surreal verfremdeten Bilderwelt verschmelzen. Inhaltlich sind ihre nicht leicht zugänglichen Texte durchdrungen von Leid- und Todeserfahrung, aus der jedoch eine unerschütterliche Hoffnung erwächst.

Aichinger wurde (mit ihrer Zwillingsschwester Helga) als Tochter einer jüdischen Ärztin und eines »arischen« Vaters in Wien geboren. Während ihrer Schwester nach dem Einmarsch der Deutschen in Österreich 1939 noch die Flucht nach England gelang, wurden die jüngeren Geschwister der Mut-

Ilse Aichinger, *Die größere Hoffnung*, Umschlag der Originalausgabe 1948

ter und ihre Großmutter 1942 deportiert und ermordet. Aichinger selbst verbrachte die Kriegszeit mit ihrer Mutter in Wien. Nach dem Krieg begann sie ein Medizinstudium, das sie aber zu Gunsten ihrer literarischen Arbeit aufgab. 1952 erhielt sie für die *Spiegelgeschichte* den Preis der »Gruppe 47«. Aichinger erzählt die Lebensgeschichte einer Frau nach einer Abtreibung rückwärts, beginnend vom Ende her. 1953 heiratete sie den Lyriker und Hörspielautor Günter Eich (1907–72), mit dem sie zwei Kinder hatte. Nach Jahren in Bayern, Salzburg und Frankfurt/Main lebt Ilse Aichinger seit 1988 wieder in Wien.

Biografien: G. Lindemann, *Ilse Aichinger*, 1988; S. Moser (Hrsg.), *Ilse Aichinger. Leben und Werk*, 1995.

Die größere Hoffnung

OA 1948 **Form** Roman **Epoche** Moderne

Ilse Aichingers einziger Roman ist eine literarische Auseinandersetzung mit dem Nationalsozialismus und dem Zweiten Weltkrieg der unmittelbaren Nachkriegszeit. Er schildert das von Angst und Terror erfüllte, ständig zwischen Hoffnung und Verzweiflung pendelnde Leben einer Gruppe von rassisch verfolgten Kindern in einer großen Stadt, die unschwer als Wien zu erkennen ist.

Entstehung: Als »Halbarierin« war Aichinger in der NS-Zeit nicht unmittelbar bedroht, musste allerdings miterleben, wie nahe Verwandte deportiert wurden. Diese leidvollen Erfahrungen bilden die autobiografische Basis des Romans, dessen Hauptfigur Ellen ebenfalls zwei »falsche«, d. h. jüdische Großeltern hat. *Die größere Hoffnung* entstand in den ersten Nachkriegsjahren und nahm Aichinger dermaßen in Anspruch, dass sie ihr Medizinstudium abbrach.

Inhalt: Die etwa 15-jährige Ellen nährt vergeblich die große Hoffnung, ihrer Mutter in die Emigration folgen zu dürfen, und muss stattdessen bei ihrer »falschen« Großmutter bleiben. Alle ihre Freunde haben mindestens drei »falsche« Großeltern und leben in ständiger Angst vor der geheimen Polizei. Es ist ihnen nahezu alles verboten, sie dürfen nicht auf Parkbänken sitzen, müssen auf dem Friedhof spielen und den gelben Stern tragen. Ellen leidet darunter, nicht ganz zu ihnen zu gehören, da sie als »Halbjüdin« nicht den Rassegesetzen unterliegt.

Als sich ihre Großmutter aus Angst vor der Deportation das Leben nimmt und alle ihre Freunde verhaftet werden, läuft Ellen durch die heftig umkämpfte Stadt und wird bei dem Versuch, eine militärische Nachricht zu überbringen, durch eine explodierende Granate zerrissen. Kurz vor ihrem Tod erscheint Ellen ihr Freund

Georg, dem sie anstelle der zerstörten eine neue Brücke bauen will, die den Namen »die größere Hoffnung« tragen soll.

Aufbau: Der Roman besteht aus zehn Kapiteln. Er beginnt mit Ellens Versuch, ein Visum zu erlangen, und endet mit ihrer Entrückung und ihrem Tod. Die Chronologie der Ereignisse wird zwar gewahrt, doch ist es mehr ein assoziatives Fortschreiten, in dem Bilder aus der Traum- und Fantasiewelt mit solchen aus der Wirklichkeit zu einem vielschichtigen sprachlichen Gewebe verknüpft werden, das den Gesamteindruck des Romans stärker beherrscht als die eigentliche Handlung. Dieser Eindruck wird noch verstärkt durch die Vermeidung einer konkreten Ortsangabe – nie wird Wien als Schauplatz der Romanhandlung genannt – und jeder genauen historischen Fixierung. Die Worte Juden, Nationalsozialismus oder Hitler kommen im Text nicht vor, der konkrete Terror des Nationalsozialismus und die Schrecken des Zweiten Weltkriegs werden dadurch ins Symbolische überhöht.

Wirkung: Der Roman fand anfangs nur wenige Rezensenten und Leser. Offensichtlich erfüllte er nicht die Erwartungen, die viele Menschen nach dem Ende des Kriegs und des nationalsozialistischen Terrors an die Literatur stellten. Statt Anklage und Abrechnung mit dem Hitler-Regime zu liefern, ging Aichinger auf irritierende und schockierende Weise auf die Ängste, Demütigungen und Selbstanklagen der Opfer ein. *Die größere Hoffnung* ist zwar bis heute kein Bestseller geworden, doch ist es, nach einem Wort von Peter → Härtling, immer noch »ein Buch, das geduldig auf uns wartet«. *R. Mi.*

Ilse Aichinger in einem Wiener Kaffeehaus (Foto aus den 1980er Jahren)

Die wichtigsten Bücher von Ilse Aichinger	
Die größere Hoffnung 1948	Ilse Aichingers einziger Roman handelt vom Schicksal rassisch verfolgter Kinder im Nationalsozialismus. → S. 18
Der Gefesselte 1953	Die Erzählungen des Bandes richten sich gegen die Verdrängung von Tod und Krieg in der »Wiederaufbau«-Zeit. Er enthält die *Spiegelgeschichte*, mit der Aichinger bekannt wurde.
Eliza Eliza 1965	Die Erzählungen zerstören die »Wirklichkeit« und setzen sie neu zusammen, woraus sich zuvor ungeahnte neue Möglichkeiten der Wahrnehmung ergeben.
Schlechte Wörter 1976	Aichingers radikalster Erzählband ist ein Plädoyer für die poetische Autonomie der Sprache. Es gibt keinen nacherzählbaren Inhalt mehr, Beschreiben wird durch Definieren ersetzt.
Verschenkter Rat 1978	Der Band versammelt Gedichte aus 25 Jahren, die Beobachtungen und Erinnerungen surrealistisch verfremden.
Kleist, Moos, Fasane 1987	Kurze Prosatexte und Aufzeichnungen aus 35 Jahren sowie Bemerkungen zu Dichterkollegen wie Franz → Kafka.
Film und Verhängnis 2001	*Blitzlichter auf ein Leben* lautet der Untertitel dieser Sammlung von Kindheitserinnerungen und Filmkritiken der Kinogängerin.

Aitmatow, Tschingis

kirgis.-russ. Schriftsteller, * 12.12.1928 Scheker

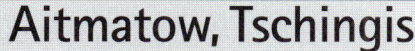 *Dshamilja*, 1958

Tschingis Aitmatow, der ab 1958 in der UdSSR hoch anerkannt war (Leninpreis für Literatur und Kunst 1963, Staatspreise 1968, 1983), hat außerhalb Kirgisiens und des riesigen postsowjetischen Gebiets die größte Lesergemeinde in Deutschland. In seiner Literatur finden Dramen und Tragödien des kirgisischen Volkes und der gesamten Menschheit, der modernen Zivilisation und ihrer Süchte, der Religion und der bedrohten Lebensgrundlagen der Welt ihren Ausdruck, stets unter der Perspektive einer menschenwürdigen Kultur.

Aitmatow, der seit 1951 journalistisch arbeitet, war 1956–58 Absolvent des Moskauer Gorki-Instituts für Literatur. 1957 wurde er in den sowjetischen Schriftstellerverband aufgenommen, 1984 Mitglied der Akademie der Wissenschaften und Künste in Paris. 1988–90 war er Vorsitzender des Autorenverbandes Kirgisiens. Unter der Perestroika Michael Gorbatschows (* 1931) war er Mitglied des Präsidialrats und des Obersten Sowjets sowie Volksdeputierter. 1994 erhielt Aitmatow den Großen Österreichischen Staatspreis, 1998 den Aleksandr-Men-Preis »Für die Ökumene der Kulturen«.

Biografie: N. Franz/B. Chlebnikov, *Tschingis Aitmatov*, 1993.

Dshamilja

OT Dzamilja
OA 1958 **DE** 1962 **Form** Erzählung **Epoche** Moderne

In seiner frühen Erzählung *Dshamilja*, die Louis →Aragon in seinem Vorwort zur französischen Ausgabe (1959) als »schönste Liebesgeschichte

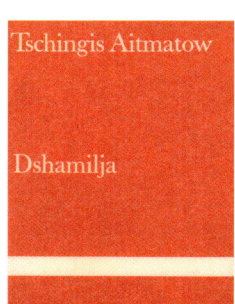

Tschingis Aitmatow, *Dshamilja*, Umschlag der deutschsprachigen Erstausgabe 1962

Tschingis Aitmatow 1985 mit seiner Frau Maria und seinen beiden Kindern Schirin und Eldar

Auszug aus *Dshamilja* von Tschingis Aitmatow:

Geh, Dshamilja, bereue nichts, du hast dein schweres Glück gefunden... Ich betrachte die beiden und höre die Stimme Danijars, er ruft mich zum Aufbruch. Ich werde durch die Steppe zu meinem Aul gehen, ich werde dort neue Farben finden, und in jedem meiner Bilder wird Danijars Lied erklingen, wird Dshamiljas Herz schlagen.

der Welt« bezeichnet, veranschaulicht Tschingis Aitmatow die Spannung zwischen mittelasiatischer Tradition und europäisch-kommunistischem Fortschritt. Zum Werk von dichterischem Rang wird die anekdotische Erzählung, die Aitmatow am Maxim-Gorki-Literaturinstitut in Moskau als Diplomarbeit schrieb, durch lyrische Elemente. Die Naturschilderungen faszinieren ebenso wie die Darstellung von orientalisch-traditionellen und modernen Lebensformen.

Inhalt: *Dshamilja* ist eine Liebesgeschichte in der Zeit des Zweiten Weltkriegs in einem kleinen Aul (Dorfsiedlung) im Nordosten Kirgisiens. Der 15-jährige Said erzählt die Geschichte seiner jungen, verheirateten Schwägerin Dshamilja und des früheren Soldaten Danijar. Während der ungeliebte Ehemann Sadyk in der Sowjetarmee dient, lernt die selbstbewusste, lebensfrohe Dshamilja den scheuen, träumerischen Frontheimkehrer Danijar kennen und lieben. Der junge Said erzählt mit den Augen eines

Kindes, das noch nichts von der Liebe weiß, das aber zu verstehen beginnt, was die beiden verbindet. Aus Liebe zu Danijar sagt Dshamilja sich von ihrem Heimatort und den alten Traditionen los und zieht mit ihm in die Ferne. Said versteht als Einziger das verfemte Paar. Dessen Liebe ist für ihn ein Gefühl, das er nur durch Zeichnen ausdrücken kann. Said fertigt am Tag des Abschieds ein Bild an, das ihn an die beiden und Danijars faszinierende Stimme erinnert. Auch er verlässt das Dorf, um die Kunstschule zu besuchen und findet seine Berufung in der Malerei.

Wirkung: *Dshamilja* wurde von der in- und ausländischen Kritik begeistert aufgenommen und gehört zu den meistübersetzten Werken der Sowjetliteratur. Die anspruchsvolle Novelle ist mehrfach filmisch gelungen umgesetzt worden (UdSSR, 1969, Regie: I. Poplavskaja; DDR 1975, Regie: K. Veth). *V.R.*

Die wichtigsten Bücher von Tschingis Aitmatow	
Aug in Auge 1958	Aitmatows Erstling, ein Jahr vor *Dshamilja* erschienen, schildert in völig neuer Weise Armut und Kriegsnot im Hinterland.
Dshamilja 1959	Im nordöstlichen Kirgisien spielt im Sommer des Kriegsjahrs 1943 »die schönste Liebesgeschichte der Welt« (Louis Aragon). → S. 19
Abschied von Gülsary 1967	Der Hirte Tanabai und sein Prachtpferd Gülsary haben ein Leben lang alle Ereignisse und Empfindungen geteilt: Arbeit und Feste, Siege und Niederlagen, Sehnsucht und Enttäuschung.
Du meine Pappel im roten Kopftuch 1970	Iljas, der Lastwagenfahrer, will das verschneite Pamirgebirge bezwingen. Dabei verspielt er die Liebe seines Lebens und scheitert an seiner Unfähigkeit, auf andere Menschen einzugehen.
Der weiße Dampfer 1970	Ein Junge erlebt zwei Märchen: Im Traum verwandelt er sich in einen Fisch, um zum Vater zu gelangen. Der Großvater erzählt den Mythos der Gehörnten Hirschmutter, Urahnin der Kirgisen.
Der Richtplatz 1986	Awdji Kallistratow, der ausgestoßene Priesterzögling, sucht auf einer Art Kreuzweg nach den Wurzeln der Kriminalität.
Karawane des Gewissens, 1988	Autobiografische Schriften, Essays und Interviews geben einen Einblick in die Erfahrungswelt und die Werkstatt von Aitmatow.

Alain-Fournier, Henri

(eigtl. Henri-Alban Fournier) frz. Schriftsteller

* 3.10.1886 La Chapelle d'Angillon bei Bourges

† 22.9.1914 Saint-Rémy bei Les Eparges

📖 *Der große Meaulnes*, 1913

Henri Alain-Fournier gelangte durch seinen einzigen vollendeten, unter dem Einfluss des Symbolismus entstandenen Roman *Der große Meaulnes* zu Ruhm.

Der Sohn eines Volksschullehrers besuchte zunächst die Handelsmarineschule in Brest, brach aber die Ausbildung ab. In Paris ging er auf das Lycée Lacanal, wo ihn sein späterer Schwager, der rührige Publizist Jacques Rivière, in symbolistische Zirkel einführte. 1905 nahm er eine Volontärsstelle in London an. Dort begeisterte er sich für die zeitgenössische englische Literatur, vor allem für das Werk von Thomas → Hardy und Robert Louis → Stevenson. Wieder in Paris, arbeitete Alain-Fournier ab 1909 als Literaturkritiker und lernte André → Gide und Paul Claudel kennen. Bei Ausbruch des Ersten Weltkriegs wurde er eingezogen und fiel im Wald von Saint-Rémy.

Biografie: E. Schoen, *Jugendbildnis Alain-Fournier*, 1954.

Der große Meaulnes

OT Le grand Meaulnes
OA 1913 **DE** 1930 **Form** Roman **Epoche** Moderne

Alain-Fournier bereitete mit *Der große Meaulnes* den Weg für den modernen, psychologischen Roman. Der fließende Wechsel zwischen

OT = Originaltitel **EZ** = Entstehungszeit **OA** = Originalausgabe **DE** = Deutsche Erstausgabe 📖 = Verweis auf Werkartikel

Wirklichkeit und Traum, Realität und Irrealität, Erdachtem und Erlebtem, entstanden aus der Sehnsucht nach Liebe, Glück und Geborgenheit, führt den Leser in eine Welt voller Symbole und Bilder, eine Welt des kindlichen Staunens.

Inhalt: François Seurel findet in dem 17-jährigen Augustin Meaulnes den lang ersehnten Freund. Doch bald verschwindet Augustin spurlos und kehrt erst nach Tagen zurück. Seine wundersamen Erlebnisse berichtet er François: Nach einer Irrfahrt mit der Kutsche der Seurels findet sich Augustin in einem geheimnisvollen Schloss wieder, wo eine Hochzeit gefeiert werden soll. Doch der junge Schlossherr Frantz de Galais wartet vergebens auf seine Braut Valentine. Bevor das Fest abgebrochen wird, lernt Augustin Yvonne, die Schwester des Bräutigams, kennen und verliebt sich in sie. Nach Hause zurückgekehrt, kann er sich nicht mehr an den Weg zum Schloss erinnern. Vergeblich suchen Augustin und François den mysteriösen Ort, den sie »das verlorene Land« nennen.

Eines Tages begegnen Augustin und François zufällig Frantz, der immer noch seine Braut sucht. Aber er kann Augustin sagen, wo sich Yvonne aufhält. Im Gegenzug muss er versprechen, Frantz bei der Suche nach Valentine zu helfen, wenn dieser es verlangt. Als er Yvonne findet, erkennt er, dass sein »Traum« Realität war. Obgleich des mythischen Zaubers der ersten Begegnung beraubt, heiratet Augustin Yvonne. In der Hochzeitsnacht muss er jedoch sein Versprechen, das er Frantz gegeben hatte, einlösen. Yvonne, inzwischen schwanger, stirbt kurze Zeit nach der Geburt, ohne ihren Mann wiedergesehen zu haben. Augustin kehrt noch einmal in das Schloss zurück, um seine Tochter von François entgegenzunehmen und dann mit ihr in die Welt zu ziehen.

Aufbau: Die Geschichte um das wundersame Abenteuer des großen Meaulnes wechselt von der Perspektive des Ich-Erzählers François Seurel in die Perspektive eines allwissenden Erzählers, der die Erlebnisse von Meaulnes schildert. Mit diesem Kunstgriff ist der Leser unmittelbar am Geschehen beteiligt und erlebt mit der Figur das Fest. Derselbe Perspektivenwechsel wird noch einmal am Ende des Buchs angewandt: Ein Erzähler fasst die Geschehnisse der Hochzeitsnacht zusammen. Durch die verschiedenen Erzählhaltungen stellt der Autor einen effektvollen Spannungsbogen zwischen subjektiver Wahrnehmung und objektiver Wiedergabe her.

Wirkung: Als der Roman kurz nach seinem Erscheinen für den Prix Goncourt vorgeschlagen wurde, erklärte Alain-Fournier, ihm sei es lieber, wenn der Roman gelesen werde. Doch die Suche eines jungen Mannes nach der Traumwelt seiner Jugend konnte die Zeitgenossen

---

Hauptfiguren in »Der große Meaulnes« von Henri Alain-Fournier

Augustin Meaulnes: Der Internatsschüler ist älter als seine Mitschüler und von kräftiger Gestalt. Deshalb übernimmt er schnell die Anführer- und Beschützerrolle und bekommt den Spitznamen »Der große Meaulnes«. Der Fantasiebegabte ist auch für das Außergewöhnliche offen: Neugierig nimmt er an dem fremden Fest teil, dem die leidenschaftliche Suche nach seiner »Traum«-Frau und dem Glücksschloss folgt.

François Seurel: Sohn eines Lehrers, später selbst Volksschullehrer. Der schwächliche Junge kann wegen eines Hüftleidens nicht mit anderen spielen und hat keine Freunde

außer Augustin, an dessen Leben er starken Anteil nimmt. Seurel beteiligt sich an der Suche nach Yvonne und dem Schloss. Er kümmert sich auch während Augustins Abwesenheit um dessen Frau und Kind.

Frantz de Galais: Der junge Adlige, zur großen Liebe fähig, ist nach geplatzter Hochzeit auf der Suche nach seiner Braut, die ihn sitzen ließ.

Yvonne de Galais: Die Schwester von Frantz und spätere Ehefrau Augustins wird von diesem erst für eine exzentrische Schauspielerin gehalten. Als er sie verlässt, stirbt sie vor Kummer.

nicht begeistern. Zu sehr standen sie unter dem Einfluss des drohenden Kriegs, als dass sie sich auf eine irreal anmutende Welt einlassen wollten. Erst nach 1920 faszinierte die deutliche Bildersprache die Leser.   *S. W.*

Henri Alain-Fournier, *Der große Meaulnes*; links: Umschlag der Ausgabe der Büchergilde Gutenberg 1968 (unter dem Titel *Der große Kamerad*); rechts: Umschlag der US-Erstausgabe 1946

Alemán, Mateo

span. Schriftsteller

* 28.9.1547 Sevilla (Taufe), † 1613/14 Mexiko

📖 *Guzmán de Alfarache*, 1599/1604

Neben Miguel de → Cervantes Saavedra, Baltasar → Gracián und Lope de Vega (1562–1635) zählt Mateo Alemán zu den wichtigsten Schriftstellern des spanischen Siglo de Oro.

Aus ärmlichen Verhältnissen stammend, studierte der Sohn eines Gefängnisarztes 1564–68 in Sevilla, später an den großen Universitäten von Salamanca und Alcalá de Henares Literatur, Philosophie und Medizin; zu einem Abschluss hat er es nie gebracht. Mehr schlecht als recht verdiente er sich als Arzt, Soldat, Rechnungs-

Mateo Alemán; zeitgenössischer Kupferstich (anonym)

führer und kleiner Untersuchungsbeamter im Dienst von Philipp II. (1527–98) seinen Lebensunterhalt. Erst der Schelmenroman *Guzmán de Alfarache* (1599/1604) begründete seinen Ruhm als Schriftsteller. Dagegen sind die Heiligenvita *Vida de San Antonio de Padua* (1604) und das Regelbuch *Ortografía castellana* (1609) bald in Vergessenheit geraten. Doch selbst nach dem enormen Publikumserfolg des *Guzmán* blieb Alemán arm; des Öfteren saß er in verschiedenen Schuldtürmen ein. Alemán war ein konvertierter Jude und bekam als solcher die Repressalien der Gegenreformation nach dem Tridentinischen Konzil besonders zu spüren. Dies und die Furcht vor seinen Gläubigern dürfte ihn bewogen haben, sein Heil in der Neuen Welt zu suchen. 1608 schiffte sich Alemán nach Mexiko ein. Eine Biografie des Erzbischofs Fray García Guerra von 1613 ist sein letztes Lebenszeugnis.

Guzmán de Alfarache

OT Guzmán de Alfarache
OA 1599/1604 **DE** 1615
Form Roman **Epoche** Siglo de Oro

Nach dem 1554 anonym veröffentlichten *Das Leben des Lazarillo de Tormes* bildet *Guzmán de Alfarache* von Mateo Alemán das gewichtigste Werk in der Tradition des spanischen Schelmenromans (novela picaresca).

Entstehung: Bereits 1597 war der erste Teil des *Guzmán* abgeschlossen, doch nachdem es vom Königlichen Rat, dem Zensor und einem Generalkorrektor abgesegnet war, wurde ihm 1599 das Druckprivileg erteilt. 1602 erschien ein apokrypher zweiter Teil, mit dem ein gewisser Juan Martí (unter dem Pseudonym Mateo Luján de Sayavedra) vom kommerziellen Erfolg des Romans profitieren wollte. Alemán rächte sich mit den Waffen der Literatur: In seiner eigenen Fortsetzung macht er eine Figur namens Sayavedra zum Diener seines Helden Guzmán. Ein geplanter dritter Teil wurde nie geschrieben.

Inhalt: Der mit autobiografischen Elementen versetzte Roman spiegelt die Zeit, da der Untergang des spanischen Weltreichs absehbar wird. Die Reichtümer aus den amerikanischen Kolonien sind verprasst oder verschwinden in dunklen Kanälen. Der unehelich gezeugte Guzmán de Alfarache verlässt als 14-Jähriger das heimatliche Sevilla, um, »an Träumen reich, aber an Gelde arm«, in der Fremde sein Glück zu versuchen. Landstraßen, Kneipen und Gefängnisse säumen seinen Lebensweg. Konfrontiert mit der allerorts herrschenden Heuchelei verliert er bald seinen Kinderglauben an das »Gute im Menschen«. Teils als Bettler, teils als wohlbetuchter Hochstapler und Betrüger schlägt er sich durch die spanischen und italienischen Lande. In Rom, wo er das Bettlerhandwerk erlernt hatte, dient er einem Kardinal und ist Hausnarr beim französischen Botschafter. In Madrid versucht er sich als Großkaufmann, nach einer Bekehrung zum tugendhaften Leben will er gar Priester werden. Doch ihn zieht – wie oft – das Ewigweibliche wieder hinab. So verdingt er sich als Zuhälter seiner eigenen Frau und wird schließlich als Strafgefangener auf eine Galeere verbannt.

Plötzliche Erhöhung und atemberaubender Fall wechseln für Guzmán nach den Gesetzen des Schicksals. Alemáns Roman steckt voller Welt und Witz, ohne auf den räsonierenden Aspekt zu verzichten, denn letztlich spielen sich all die Schurkereien und Schandtaten vor dem Horizont christlicher Heilssuche.

Aufbau: Die meist autobiografische Ich-Erzählung macht ausgiebig von der Möglichkeit der rückblickenden kritischen Bestandsaufnahme Gebrauch. Wie andere Helden der Gattung ist Guzmán ein Einzelgänger und Außenseiter aus unteren sozialen Schichten. Unverschuldet an den Rand der Gesellschaft gedrängt, reist er durch die Welt und dient verschiedenen Herren, wobei sein Blick durch alle Gesellschaftsschichten schweift.

Alemán verwendet als wichtiges Strukturmerkmal des Schelmenromans den initialen Schock, der schlagartig einer Illusion beraubt und das Wechselspiel von Täuschung und Enttäuschung initiiert. Guzmán verfügt wie alle seine literarischen Brüder und Schwestern über eine private, absolut gesetzte Moral, die er der offiziellen entgegenhält. Von politischen Umsturzplänen hält er sich fern, es geht ihm vielmehr um ein satirisches Bild der Gesellschaft, die er oft mit seinem beißenden Spott überzieht. Nicht zuletzt ist der Schelm am sinnlichen Genuss des Augenblicks interessiert, der seinen Wert freilich erst der Ahnung von Endlichkeit und Tod verdankt.

Wirkung: Bei seinen Zeitgenossen war *Guzmán de Alfarache* weit populärer als *Don Quijote de la Mancha* (1605) von Cervantes. Binnen kürzester Zeit wurde der Roman in fast alle europäischen Sprachen übersetzt und erreichte mehrere Auflagen. Aufgrund des gewandelten Zeitgeistes sind bei modernen Übertragungen und Bearbeitungen die ausufernden moralisierenden Passagen nach und nach gekürzt worden. In Johann Jakob Christoffel von → Grimmelshausen oder Alain-René → Lesage hat Alemán bedeutende Nachahmer gefunden. *J. V.*

Auszug aus dem Vorwort des Romans *Guzmán von Alfarache* von Mateo Alemán:

An den verständigen Leser

Ich brauche für den Verständigen nicht lange Einleitungen oder umständliche Ansprachen zu halten: Ihn blendet nicht die Eloquenz der Worte, ihn beeinflusst die Macht der Rede nicht über Gebühr, und seiner Seligkeit liegt nichts daran, ob ich versuche sein Wohlwollen zu erhaschen. Ich unterwerfe mich seinem Tadel, erbitte seinen Schutz und empfehle mich seiner Verteidigung.

Algren, Nelson

(eigtl. Nelson Ahlgren Abraham)

US-amerikan. Schriftsteller

*28.3.1909 Detroit (Michigan)

†9.5.1981 Sag Harbor (New York)

📖 *Der Mann mit dem goldenen Arm*, 1949

Nelson Algren schildert wie andere sozial engagierte US-Autoren (Theodore → Dreiser, Upton → Sinclair) die Vereinsamung des Einzelnen in der modernen Gesellschaft. Den Chicagoer Realismus führte er in seinem erfolgreichsten Roman *Der Mann mit dem goldenen Arm* (1949) zu einem künstlerischen Höhepunkt.

Algren, Abkömmling schwedischer Einwanderer, wuchs im polnischen Viertel Chicagos in ärmlichen Verhältnissen auf. Nach dem Studien-Abschluss in Journalistik an der University of Illinois (1931) kam er als Saisonarbeiter in den Südwesten der USA, wo er zu schreiben begann. Nach ersten, 1933 veröffentlichten Kurzgeschichten erschien der Landstreicher-Roman *Somebody in Boots* (1935), in dem bereits die wichtigsten Merkmale seines Werks auftauchen: Plädoyers für soziale Randgruppen, realistische, bisweilen symbolhafte Sprache und lyrische Bilder. Der Roman *Nacht ohne Morgen* (1942) erzählt die tragische Geschichte eines Boxers, in *Wildnis des Lebens* (1956) endet ein texanischer Jugendlicher während der Depression nach seiner Reise durch die USA als Pornostar in New Orleans. Ein Teil der rund 50 Kurzgeschichten Algrens erschien 1947 in dem Sammelband *Im Neon-Dschungel*. Im gleichen Jahr lernte er in den USA die französische Schriftstellerin Simone de → Beauvoir kennen und lieben; sie widmete ihm ihren Roman *Die Mandarins von Paris* (1954). Die Beziehung der beiden dauerte mit Unterbrechungen bis in die frühen 1960er Jahre.

Biografie: B. Drew, *Nelson Algren. A Life on the Wild Side*, 1989.

Der Mann mit dem goldenen Arm

OT The Man with the Golden Arm
OA 1949 **DE** 1952 **Form** Roman **Epoche** Moderne

In seinem Roman *Der Mann mit dem goldenen Arm* aus dem Milieu der Gauner, Prostituierten und Zocker im polnischen Viertel Chicagos zeichnet Nelson Algren ein realistisches Bild von Armut, Korruption und Kriminalität in der US-amerikanischen Großstadt der Nachkriegszeit.

Inhalt: Kriegsveteran Francis Majcinek, der sich gern Frankie Machine nennen lässt, hat einen »goldenen Arm« als gerissener Falschspieler in einem illegalen Poker-Klub. Durch eine Kriegsverletzung ist er morphiumsüchtig geworden und nun vom Gefühl geplagt, bei einem Verkehrsunfall die Verkrüppelung seiner Ehefrau Sophie verschuldet zu haben. Nach einer Entziehungskur landet er bald wieder im alten Milieu. Dort tötet er im Affekt einen Drogendealer, wird von der Polizei in die Enge getrieben und sieht im Selbstmord seinen einzigen Ausweg.

Aufbau: Algrens Figuren sind ambivalent aufgebaut. Anders als in seinen frühen Romanen erscheinen sie nicht mehr nur als Opfer ihrer sozialen Umgebung, sondern tragen selbst zu ihrem Elend bei. Der Spieler und Fixer Frankie träumt davon, mit der Prostituierten Molly ein neues Leben anzufangen und sein Geld als Schlagzeuger zu verdienen. Er hasst das Spieler- und Schiebermilieu inzwischen, doch es mangelt ihm an Willen und Disziplin, um von seinen Süchten loszukommen. Seine einst vitale Ehefrau Sophie versucht ihr Schicksal im Rollstuhl anzunehmen, treibt Frankie aber mit ihrer Tyrannei in die Flucht. Sein Kumpel Sparrow bewundert Frankie, verrät ihn jedoch im entscheidenden Moment. Die junge Violet hilft Sparrow aus der Not, spielt ihrem Ehemann aber übel mit.

Alle Figuren leben in einer Umgebung, die wenig Raum bietet für Menschlichkeit. Für sie ist der amerikanische Traum, der in der Verfassung von 1787 als »Streben nach Glück« (»Pursuit of Happiness«) definiert ist, zum Albtraum geworden. In Reflexionen und Kommentaren kritisiert Algren die Kehrseite des Erfolgsstrebens, die den Gescheiterten zum Versager stempele. In Amerika seien Besitz und Tugend ein und dasselbe und die Besitzlosen nichts. Sein soziales Engagement verleitet Algren auch in diesem Roman, in dem Gut und Böse klar verteilt sind, zu sentimentalen, manchmal lyrischen Tönen. Zu den Stärken des Buchs gehören die schonungslose Schilderung des Milieus und die mit Slang durchsetzten, an seinen Freund Ernest → Hemingway erinnernden realistischen Dialoge, die freilich kaum angemessen zu übersetzen sind.

Wirkung: Algren erhielt 1950 für *Der Mann mit dem goldenen Arm* den ersten National Book Award. Hemingway nannte ihn »einen unserer besten Romanautoren«, der Kritiker Malcolm Cowley den »Poeten der Chicagoer Slums«. 1955 verfilmte Otto Preminger das Buch mit Frank Sinatra in der Hauptrolle. *B. B.*

Nelson Algren im Gespräch mit H. E. F. Donohue (1964):

Ich dachte, ich könnte der amerikanischen Mittelklasse einen Schlag verpassen. Ich schaffte nicht den kleinsten Schlag. Es ist völlig unmöglich, sie davon zu überzeugen oder ihr auch nur den leisesten Eindruck zu vermitteln, dass es Menschen gibt, die keine Alternative haben, die in Angst und Schrecken leben, deren ganzes Leben ein Albtraum ist.

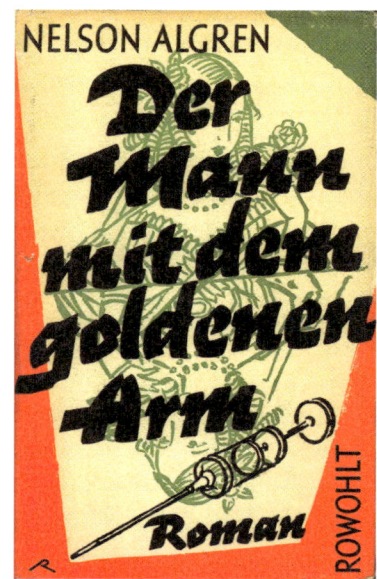

Nelson Algren, *Der Mann mit dem goldenen Arm*, Umschlag der deutschsprachigen Erstausgabe 1952

Allende, Isabel

US-amerikan. Schriftstellerin chilen. Herkunft

* 2.8.1942 Lima, Peru

📖 *Das Geisterhaus*, 1982

Isabel Allende, *Das Geisterhaus*, Umschlag der deutschsprachigen Erstausgabe 1984

Auszug aus *Das Geisterhaus* von Isabel Allende

Mein Großvater hat mir erzählt, dass Clara in Ohnmacht fiel, als er das Fell als Teppich ins Zimmer legte, um ihr eine Freude zu machen. Wir haben Tränen gelacht und beschlossen, im Keller die Haut des armen Barrabas zu suchen, der in seiner undefinierbaren biologischen Konstitution trotz der langen Zeit und der Verwahrlosung immer noch prächtig ist, und es auf diese Stelle zu legen, wo mein Großvater es vor einem halben Jahrhundert hingelegt hat, der Frau zu Gefallen, die er in seinem Leben am meisten geliebt hat.

Isabel Allende ist eine der erfolgreichsten Autorinnen südamerikanischer Herkunft. Wie in dem Welterfolg *Das Geisterhaus* (1982) erzählt sie in ihren Romanen Biografien und Familiengeschichten selbstbewusster Frauen. Die Kultur und Historie Chiles ist wesentlicher Bestandteil ihrer Werke. Häufig enthalten ihre Geschichten Bezüge zum eigenen Schicksal.

Allende wuchs in einem progressiv eingestellten Elternhaus in Chile auf. In den 1960er und 1970er Jahren arbeitete sie als Journalistin für regimekritische chilenische Zeitungen und TV-Sender. Bis zum gewaltsamen Umsturz der sozialistischen Regierung ihres Onkels Salvador Allende (1908–1973) wurden ihre ersten Theaterstücke aufgeführt, ihre journalistische Arbeit war Bestandteil chilenischer Kultur. Nach dem Putsch von General Augusto Pinochet (*1915) im Jahr 1973 flüchtete sie in die USA.

Ihr erster Roman *Das Geisterhaus* verhalf ihr 1982 zu literarischem Weltruhm. 1984 und 1987 erschienen ihre ebenfalls erfolgreichen Bücher *Von Liebe und Schatten* sowie *Eva Luna*. Den frühen Verlust ihrer Tochter 1993 verarbeitete sie in dem Roman *Paula* (1995).

Biografie: G. Wessel, *Die Allendes. Mit brennender Geduld für eine bessere Welt*, 2002

Das Geisterhaus

OT La casa de los espíritus

OA 1982 **DE** 1984 **Form** Roman **Epoche** Moderne

Isabel Allende erzählt in *Das Geisterhaus* die Geschichte zweier Familien des chilenischen Großbürgertums von den 1930er Jahren bis in die Gegenwart. Die Chronik der Familien entspricht zum Teil ihrer eigenen Biografie: Der 1973 erschossene chilenische Präsident Salvador Allende war ihr Onkel und auch sie musste wie ihre Romanheldin Blanca Garcia aus dem von General Augusto Pinochet regierten Land fliehen. Vor diesem historischen Hintergrund erzählt Allende eine Familiensaga, in der Übersinnliches mit den Erlebnissen der Personen verknüpft ist. Im Zentrum steht die Geschichte ungewöhnlicher Frauen aus vier Generationen.

Inhalt: Die junge Alba trifft beim Besuch des Hauses ihrer Ahnen auf den sterbenden Großvater Esteban Trueba. Anhand der Tagebücher ihrer Großmutter Clara beginnen beide, die bewegte Familiengeschichte zu rekonstruieren. Am Anfang der Geschichte steht die Verbindung zwischen dem Großgrundbesitzer Trueba und Clara de Valle, der Schwester der verstorbenen Verlobten Truebas. Er zeigt sich gegenüber seiner Familie und seinen Arbeitern als kompromissloser Patriarch. Ihm gegenüber stehen die Frauen der Familie: die hellseherisch begabte Clara und die Tochter Blanca, die sich in einen Anführer der kommunistischen Partei verliebt und auswandert. Trueba duldet die Beziehung nicht, er selbst kandidiert als Senator der konservativen Partei und unterstützt einen Militärputsch. Erst als seine Enkelin Alba in ein Konzentrationslager gebracht wird, begreift Trueba die Fehler seines Lebens.

Aufbau: Der Roman wird durch eine Rahmenhandlung eingeleitet und abgeschlossen. Durch diese Struktur stellt Allende schon zu Beginn Bezüge zur eigenen Biografie her. Dem *Geisterhaus* liegen laut der einleitenden Danksagung die Tagebücher von Allendes Großmutter zu Grunde. Ebenso beginnt Alba ihre Geschichte mit einem Zitat aus den Aufzeichnungen Claras. In ihrer Familiensaga verbindet Allende politisches Schreiben mit der weiblichen Perspektive. *Das Geisterhaus* ist nicht nur Schilderung der jüngeren Historie Chiles. Großen Raum nehmen die Liebesgeschichten der Protagonistinnen ein, die sich zu politisch aktiven Männern kommunistischer Überzeugung hingezogen fühlen und sich ebenso dem Klassenkampf verschreiben. Durch die Figur der Clara etabliert Allende das im Romantitel angedeutete Motiv der Geister. Konträr zu den weiblichen Figuren steht Esteban Trueba, die Verkörperung des familiären und gesellschaftlichen Konservatismus. Sprachlich fantasie- und kraftvoll gelingt es der Autorin, die dichte Geschichte von Liebe, Blut und Transzendenz fesselnd umzusetzen.

Wirkung: Allende lenkte mit dem Roman weltweite Aufmerksamkeit auf die chilenische Geschichte und die Werke anderer lateinamerikanischer Autoren. Es gelang ihr, die Form des Familienepos mit neuem Anspruch wieder zu beleben. *K. G.*

Die wichtigsten Bücher von Isabel Allende	
Das Geisterhaus 1982	Das breit angelegte Familienepos aus weiblicher Sicht spielt vor dem Hintergrund der bewegten Zeitgeschichte Chiles. → S. 24
Von Liebe und Schatten, 1984	Zwei Liebende aus verschiedenen sozialen und politischen Klassen leben und leiden in der Zeit der Diktatur Augusto Pinochets.
Eva Luna 1987	Der Roman handelt von einer modernen südamerikanischen Scheherazade, die das Leben rettet, indem sie Geschichten erzählt.
Der unendliche Plan 1991	Allende erzählt aus der Perspektive des jungen Gregory seinen Aufstieg aus den Elendsvierteln der Millionenstadt Los Angeles.
Paula 1995	In ihrem persönlichsten Roman schildert Allende in einem Zwiegespräch Gefühle und Ängste am Sterbebett ihrer Tochter.
Fortunas Tochter 1998	Das Buch ist Lebens- und Liebesgeschichte der selbstbewussten Eliza Sommers zwischen zwei Kulturen in Chile und in den USA.
Portrait in Sepia 2000	Die junge Aurora erforscht in San Francisco die Geschichte ihrer in Chile, Europa und den USA weit verzweigten Familie.

OT = Originaltitel **EZ** = Entstehungszeit **OA** = Originalausgabe **DE** = Deutsche Erstausgabe 📖 = Verweis auf Werkartikel

Amadisroman

OT Amadís de Gaula **EZ** 14. Jahrhundert (?) **OA** 1508
DE 1569–98 **Form** Ritterroman **Epoche** Mittelalter

Der *Amadisroman* wurde schon im 14. Jahrhundert in Spanien erwähnt; die älteste überlieferte Fassung stammt von Garcí Rodríguez (auch: Ordóñez) de Montalvo, einem spanischen Ratsherrn aus Medina del Campo. Montalvos Werk entstand um 1492 und erschien 1508 unter dem Titel *Vier Bücher über den sehr wackeren Ritter Amadis de Gaula.* Anspielungen auf Lanzelot und den Gral weisen auf den Einfluss französischer Epen des bretonischen Zyklus hin, Ursprung und Originalsprache des Stoffes sind jedoch umstritten.

Inhalt: Schauplätze und Chronologie des Ritterromans sind verwirrend und die Handlungsstränge daher nicht immer eindeutig zu verfolgen. Im Mittelpunkt steht die Liebe zwischen Amadis, dem illegitimen Sohn Perions von Gallien und Elisenas von England, und Oriane, der Tochter des Königs Lisuartes von Britannien. Um diesen Kern ranken sich fantastische Abenteuer mit Verzauberungen, magischen Künsten, Drachen, Feen und Zwergen, denen Amadis auf seiner »Aventiure«, durch die er sich der Liebe zu Oriana würdig zu erweisen hat, begegnet. Der Roman endet im dritten Buch mit der Vermählung von Amadis und Oriana, nachdem alle trennenden Hindernisse überwunden sind. Das vierte Buch, das wohl erst später hinzugefügt wurde und sich stark von den drei ersten unterscheidet, besteht in der Hauptsache aus Belehrungen über die Ideale ritterlichen Lebens.

Wirkung: Stilistisch prätentiös und in seiner Länge oft ermüdend, wird der *Amadisroman* doch zu Recht das schönste Werk seiner Gattung genannt. Als glanzvolle Verherrlichung des Ritterlebens wurde er das berühmteste und populärste Werk unter den Ritterromanen in ganz Europa. Er fand weite Verbreitung in zahlreichen Übersetzungen und Fortsetzungen u. a. durch Ludovico → Ariosto, Torquato Tasso (1544–1595) und vor allem Miguel de → Cervantes Saavedra, dessen *Don Quijote de la Mancha* (1605/15)) parodierend viele Züge des Amadis trägt. Der *Amadisroman* wurde im 16. Jahrhundert ins Deutsche übersetzt und trug vor allem im 18. Jahrhundert durch die Neufassung von Christian Martin → Wieland dazu bei, den Roman in Deutschland als Gattung zu etablieren. *J. T.*

Literatur: H. Weich, *Don Quijote im Dialog*, 1987.

Amadisroman, Titelblatt der in Venedig gedruckten spanischen Ausgabe 1533 mit der Darstellung eines fahrenden Ritters

Amado, Jorge

brasilian. Schriftsteller

* 10.8.1912 Ilhéus, † 6.8.2001 Salvador de Bahia

📖 *Gabriela wie Zimt und Nelken*, 1958

Jorge Amado verkörpert den rar gewordenen Typ des Volksschriftstellers und zählt zu den erfolgreichsten Autoren Lateinamerikas. Sein Werk erreicht weltweit eine Auflage von ca. 30 Millionen Exemplaren

Der Sohn eines verarmten Kakaoplantagenbesitzers und Schüler einer Jesuitenschule war unter anderem als Reporter und Jurist tätig. Die Jahre 1948–52 verbrachte er im Exil. Sein Werk ist in zwei Phasen gegliedert. Die frühen Werke zeichnen sich durch soziales und politisches Engagement aus, das den Romanen oft dokumentarischen Charakter verleiht. So schildert *Im Süden* (1933) das Elend der Kakaoplantagenarbeiter, *Herren des Strandes* (1937) erzählt vom

Jorge Amado in seinem Haus in Salvador im brasilianischen Bundesstaat Bahia

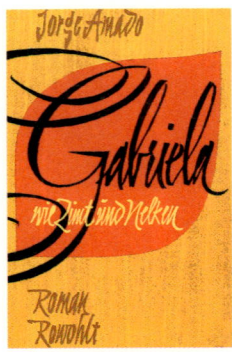

Jorge Amado, *Gabriela wie Zimt und Nelken*, Umschlag der BRD-Erstausgabe 1963

Auszug aus dem Roman *Gabriela wie Zimt und Nelken* von Jorge Amado:

João Fulgêncio umarmte ihn, doch Nacibs Blick war nachdenklich. »Bitte, antworten Sie mir offen: Meinen Sie nicht, dass ich eine Dummheit begehe?«
»Nacib, in diesen Dingen gibt man keine Ratschläge. Wer kann in die Zukunft sehen? Ich wünsche Ihnen das Beste. Sie haben es verdient. Aber...«
»Aber?«
»Es gibt Blumen, die wunderbar sind und herrlich duften, solange sie im Freien wachsen. Stellt man sie jedoch in eine Vase, und wäre es auch eine silberne, dann welken sie dahin und sterben.«
»Warum sollte Gabriela denn sterben?«

Leben einer Straßenkinderbande und der episch breit angelegte Roman *Kakao* (1942) dokumentiert Arbeiterschicksale in der Kakaoprovinz um Ilhéus. Ab 1950 wurde Amados Werk unpolitischer. Romane wie *Gabriela wie Zimt und Nelken* (1958), *Nächte in Bahia* (1964) oder *Dona Flor und ihre zwei Ehemänner* (1967) beschreiben zumeist auf sinnlich-humorvolle Art den Alltag einfacher Menschen in Brasiliens Nordosten.

Biografie: J. Amado, *Auf großer Fahrt*, 1997.

Gabriela wie Zimt und Nelken

OT Gabriela, Cravo e Canela. Crônica de uma cidade do interior **OA** 1958 **DE** 1962 (DDR), 1963 (BRD)
Form Roman **Epoche** Moderne

Gabriela wie Zimt und Nelken gilt als einer der populärsten Romane der brasilianischen Literatur und gehört zum Genre der »romances nordestinos«, deren Handlung also im Nordosten Brasiliens angesiedelt ist. Mit diesem Buch begann Jorge Amados zweite, weniger sozial engagierte, mehr an allgemeinen menschlichen Problemen orientierte Schaffensphase. Die Geschichte zwischen der Mulattin Gabriela und dem Araber Nacib spielt sich vor dem Hintergrund einer Gesellschaft im Übergang vom Feudalismus zum Frühkapitalismus ab.

Inhalt: Die ebenso verführerische wie naive Titelheldin Gabriela flüchtet 1925 vor dem Hunger und der Dürre des Sertão im Landesinnern Brasiliens in die reiche, an der Bahia-Küste gelegene Kakaostadt Ilhéus. Hier findet sie Arbeit als Köchin bei dem »syrischen Brasilianer« Nacib Saad, mit dem sie eine Affäre beginnt und den sie schließlich heiratet. Doch in bürgerlichen Zwängen gefangen, verkümmert Gabriela und

beginnt ein Verhältnis mit einem anderen Mann. Daraufhin lässt Nacib die Ehe, die ohnehin nur mit Hilfe gefälschter Papiere zustande gekommen war, annullieren. Gabriela, wieder in Freiheit, lebt auf, entdeckt ihre Leidenschaft für Nacib erneut und wird wieder seine Geliebte.

Der Untertitel des Romans, *Chronik einer Provinzstadt,* deutet einen weiteren Handlungsstrang an. Die Geschichte Gabrielas und Nacibs spielt vor dem Hintergrund einer Stadt, die sich, auf dem Höhepunkt des Kakaobooms, vielen Veränderungen ausgesetzt sieht. Bei den Vorbereitungen zu den Wahlen kommt es zwischen den Großgrundbesitzern, die den Status quo mit Gewalt bewahren wollen, und einer Gruppe politischer Neuerer zu blutigen Auseinandersetzungen. Zu beiden Gruppen bildet die instinktiv und altruistisch handelnde Gabriela einen Gegenpol. Am Ende präsentiert sich Ilhéus als eine Stadt, die offener geworden ist für den Fortschritt, dessen rein materialistische Seite jedoch vom Erzähler mit ironischer Distanz dargestellt wird. Am Beispiel Gabrielas wird deutlich, dass die Natur nicht mit allen Mitteln gezähmt werden kann.

Wirkung: Das Buch wurde gleich nach seinem Erscheinen ein großer Publikumserfolg und zählt heute zu den populärsten lateinamerikanischen Romanen. Für viele Leser symbolisiert Gabriela aufgrund ihrer unbezähmbaren Natur die brasilianische Volksseele. 1983 wurde der Roman erfolgreich mit Marcello Mastroianni in der Rolle des Nacib verfilmt. In der brasilianischen Musik, zu der Amado stets ein enges Verhältnis hatte, wurde die Geschichte der Gabriela mehrfach vertont.

E. D.

Hauptfiguren in »Gabriela wie Zimt und Nelken« von Jorge Amado

Gabriela: Prototyp der sinnlichen Mulattin und Inbegriff der Natürlichkeit, deren Unterdrückung nicht gelingen kann. Nach Nelken duftend und mit zimtfarbener Haut verdreht sie nach ihrer Ankunft in Ilhéus den dortigen Männern den Kopf; befindet sich in einem natürlichen Urzustand, alles Agieren passiert bei ihr instinktiv und selbstverständlich; versucht man sie zu zivilisieren, »verblüht« sie.
Nacib A. Saad: friedfertiger syrisch-stämmiger Brasilianer und Besitzer der Bar Vesuvio; Gabriela vermag er im Gefängnis der Ehe nicht zu halten; setzt in Ilhéus ein Zeichen für eine fortschrittlichere Gesinnung, indem er Gabrielas Ehebruch nicht mit der üblichen Gewalt ahndet, sondern ihr sogar verzeiht.
Ramiro Bastos: idealtypischer Vertreter des Feudalherrn; der autoritäre 83-Jährige ist politischer Anführer der Gruppe von Großgrundbesitzern, die ihre Jahrzehnte

währende Vormachtstellung mit allen Mitteln zu verteidigen sucht. Dem Zivilisationsprozess steht er, im öffentlichen wie im privaten Bereich, feindlich gegenüber.
Tonico Bastos: ein »sympathischer Lump«; als Anwalt tätiger Sohn des Ramiro Bastos und von Nacib bewunderter Frauenheld; mit ihm betrügt Gabriela ihren Mann.
Mundinho Falcão: politischer Vertreter der Modernisten; mit dem von auswärts stammenden Kakaoexporteur kommt der Fortschritt nach Ilhéus; investiert Kapital in die Modernisierung der Stadt und setzt sich für den Gewinn versprechenden Ausbau des Hafens ein.
Malvina: selbstständige, intelligente Tochter eines Großgrundbesitzers; leidet unter der überaus autoritären Erziehung ihres Vaters, der sie wie eine Sklavin hält. Als sie sich mit dem für den Ausbau des Hafens zuständigen Ingenieur einlässt, kommt es zum endgültigen Bruch mit dem Vater.

Ambjørnsen, Ingvar

norweg. Schriftsteller
*20.5.1956 Tønsberg
📖 *Elling-Tetralogie*, 1996

Mitte der 1990er Jahre wurde Ingvar Ambjørnsen zum »Popstar« der norwegischen Literatur; er gilt heute als der in seiner Heimat meistgelesene Autor.

Ambjørnsens Berufsweg wurde zunächst durch den technischen Fortschritt bestimmt: Gerade als er seine Schriftsetzerlehre abgeschlossen hatte, wurde das Blei abgeschafft. Er nahm Gelegenheitsjobs in Gärtnereien, Krankenhäusern und Fabriken an, eine Zeit, die er später als »informelle Ausbildung« zum Schriftsteller bezeichnete. 1981 erschien sein erster Roman *23 Salen,* der auf Erfahrungen seiner Arbeit in einer psychiatrischen Klinik basiert.

Der literarische Durchbruch gelang 1986 mit dem stark autobiografisch geprägten Roman

Weiße Nigger, der Anfang der 1980er Jahre in der norwegischen Provinz und im Hausbesetzer- und Drogenmilieu von Oslo spielt; er wurde mit dem Cappelen-Preis für Neue Literatur ausgezeichnet.

Neben weiteren Romanen über Aus- und Absteiger sowie Krimis entstanden zahlreiche erfolgreiche Kinder- und Jugendbücher (*Peter und der Prof,* 1987; *Samson und Roberto,* 1998) sowie die Elling-Tetralogie (1993–99). 1999 erhielt Ambjørnsen mit dem Riksmalsprisen die höchste literarische Auszeichnung Norwegens für sein Gesamtwerk. Der Autor lebt seit 1985 mit seiner Frau und Übersetzerin Gabriele Haefs in Hamburg.

Elling-Tetralogie

OT Utsikt til paradiset, Fugledansen, Brødre Blod, Elsk meg i morgen **OA** 1993, 1995, 1996, 1999
DE Ausblick auf das Paradies, 1995; Ententanz, 1996; Blutsbrüder, 1997; Lieb mich morgen, 2000
Form Roman-Tetralogie **Epoche** Moderne

Ingvar Ambjørnsens Figuren sind bevorzugt Randexistenzen, Havarierte in der Glitzerwelt des Konsums oder Verweigerer, die dem Getöse der beschleunigten Gesellschaft zu entkommen versuchen. Die Tetralogie um den Eigenbrötler Elling, der versucht, in einer Welt, die ihm über den Kopf gewachsen ist, nicht unterzugehen, bietet das präzise beobachtete Porträt eines Sonderlings und ist zugleich von tiefer menschlicher Komik.
Inhalt: Elling, 32 Jahre alt und Frührentner, sammelt leidenschaftlich Zeitungsfotos von Ministerpräsidentin Gro Harlem Brundtland. Mit seiner Mutter lebt er in einer Wohnblocksiedlung – drei Zimmer, Küche, Bad – an der Peripherie von Oslo; während sie sich um »das Praktische« kümmert, ist er für die »familiäre Ideologie« zuständig. Als die Mutter zu Beginn des ersten Romans, *Ausblick auf das Paradies,* stirbt, bricht dieses System zusammen, doch dank der Errungenschaften sozialdemokratischer Stadtplanung aus den 1950er Jahren ist Elling nun keinesfalls allein: Vom Ostzimmer aus hat er den Blick auf acht weitere Blocks und die »Fenster, die zu den Menschen führten«. Elling, dem die Menschen aus sicherer Distanz am liebsten sind, kauft sich ein Fernrohr und dokumentiert in einem Journal seine Einblicke in das Leben seiner Nachbarn, von deren Fernsehgewohnheiten bis zum Zustand ihrer Topfpflanzen.

Da Elling aber angeblich »wie ein Tier« lebt und bald »im ganzen Treppenhaus der Gestank zu riechen« ist, findet er sich im zweiten Roman *Ententanz* in einer Anstalt auf dem Land wieder. Hier muss er ein Zimmer mit Kjell Bjarne teilen, einem bäuerlichen Hünen mit ausgeprägtem Sexualtrieb, dem es jedoch schwer fällt, Frauen kennen zu lernen.

Ingvar Ambjørnsen 2001 in seiner Hamburger Wohnung

In *Blutsbrüder* beziehen die beiden Männer eine betreute Wohnung in Oslo und sollen langsam lernen, wieder »in die Wirklichkeit einzusteigen«. Kjell Bjarne lernt die schwangere Nachbarin Reidun Nordsletten kennen und verliebt sich. Elling freundet sich mit dem alten und längst vergessenen Lyriker Alfons Jørgensen an und beginnt selbst zu schreiben. Den Weg in die stets gemiedene Öffentlichkeit findet er, indem er seine Gedichte im Supermarkt heimlich in Sauerkrautpackungen versteckt – als mysteriöser »Sauerkraut-Poet« schafft er es so schließlich sogar in die Zeitung.

Die wichtigsten Bücher von Ingvar Ambjørnsen	
Der letzte Deal 1983	Der Roman über Kiffer und Dealer wurde in Norwegen zum Kultbuch und erlangte, so die Literaturwissenschaftlerin Eva Maagerø »binnen kurzem den ruhmreichen Status des meistgestohlenen Buchs«.
Weiße Nigger 1986	Rita, Charly und der junge Schriftsteller Erling suchen ihre Freiheit jenseits der bürgerlichen Normen und werden zu »weißen Niggern im Südafrika des Nordens«.
San Sebastian Blues 1988	Durch seinen Jugendfreund Skeie wird der ehemalige Journalist Alex in eine dunkle Affäre verwickelt und wittert den Stoff für eine Verbrecherbiografie.
Die mechanische Frau 1990	Durch eine Prostituierte mit künstlichen Beinen gerät der Privatdetektiv Victor von Falk im Hamburger Rotlichtviertel St. Georg in das Milieu der Heroindealer.
Ausblick auf das Paradies 1993	Abgekapselt lebt Elling in der Trabantenstadt bei seiner Mutter. Als die stirbt, gerät seine geordnete Welt, in der er Schutz fand, ins Wanken. → S. 27
Ententanz 1995	Elling wird in die Psychiatrie eingewiesen, freundet sich mit seinem schlicht strukturierten Zimmerkumpanen Kjell Bjarne an und versucht sich als Schriftsteller. → S. 27
Blutsbrüder 1996	Elling und Kjell Bjarne haben nach ihrer Entlassung eine betreute Wohnung bezogen und versuchen gemeinsam, den Weg zurück ins Leben zu finden. → S. 27
Lieb mich morgen 1999	Elling geht es schlecht, denn Kjell Bjarne ist ausgezogen. Doch dann lernt er an einem Imbiss die Würstchenverkäuferin Lone und ganz neue Gefühle kennen. → S. 27

Ingvar Ambjørnsen, *Blutsbrüder*, Umschlag der deutschsprachigen Erstausgabe 1997

Im letzten Band, *Lieb mich morgen,* verliebt sich Elling. Ambjørnsen vermeidet allerdings ein süßliches Happyend und lässt bei allen Versuchen seines Helden, die Würstchenverkäuferin Lone für sich zu interessieren, immer wieder dessen düstere und beängstigende Züge zu Tage treten.

Wirkung: »Elling« ist in Norwegen inzwischen zum Synonym für »leicht weggetreten« geworden; seinen Autor hat der liebenswert schrullige Antiheld in dessen Heimat »so bekannt wie Henrik Ibsen« (Erik Fosnes Hansen) gemacht. *Blutsbrüder* wurde 1999 in Oslo mit großem Erfolg als Theaterstück aufgeführt und 2001 von Petter Næss verfilmt: *Elling* zog in Norwegen 800 000 Besucher in die Kinos, knapp ein Fünftel der Gesamtbevölkerung, und erhielt 2002 eine Oscar-Nominierung in der Kategorie »Bester fremdsprachiger Film«.   *A. C. K.*

Ambler, Eric

engl. Schriftsteller

* 28.9.1909 London, † 22.10.1998 ebd.

📖 *Topkapi*, 1962

Eric Ambler ist es gelungen, dem Genre des Politthrillers ein internationales Renommee zu verschaffen. In 18 Romanen von durchweg hohem literarischem Niveau stellt er mit profunder Sachkenntnis die Gefährdung der Welt durch undurchsichtige politische Intrigen dar und arbeitet dabei die Figur des Flüchtlings, das Opfer der Politik, als zentralen Charakter des 20. Jahrhunderts heraus.

Der Sohn eines Schauspieler- und Entertainerehepaars arbeitete nach seiner Ausbildung zum Ingenieur zunächst als technischer Berater, dann als Werbetexter; nach dem Erfolg seiner ersten Romane ließ er sich als freier Schriftsteller nieder. Vor dem Krieg verfasste Ambler sechs Romane, die eine Analyse des präfaschistischen Europas liefern. Nach dem Krieg arbeitete er in den USA als Produzent und Drehbuchautor im Filmgeschäft; das Drehbuch für *Der große Atlantik* (1952) brachte ihm eine Oscar-Nominierung ein. Seine Karriere als Romancier setzte er mit *Der Fall Deltschew* (1951) fort, dem weitere elf Romane folgten. Für *Topkapi* (1962) und *Doktor Frigo* (1970) wurde ihm 1964 und 1975 der Edgar Allan Poe Award, die begehrteste amerikanische Auszeichnung für Kriminalromane, verliehen; 1973 erhielt er für *Der Levantiner* (1972) den Gold Dagger Award, die begehrteste britische Auszeichnung. In den 1980er Jahren kehrte Ambler nach Europa zurück, lebte abwechselnd in London und der Schweiz am Genfer See. Nach einem Unfall begann er 1982 seine Autobiografie zu schreiben.

Autobiografie: E. Ambler, *Ambler by Ambler. Eine Autobiographie*, 1985.

Topkapi

OT The Light of Day
OA 1962 **DE** 1969 **Form** Roman **Epoche** Moderne

Mit seinem Roman *Topkapi* erweiterte Eric Ambler das eher spröde und düstere Genre des Politthrillers um eine pikarische Variante und schuf mit seinem Helden Arthur Abdel Simpson die Figur eines britisch-ägyptischen Schwejk. Auch die Schelmenversion des Politthrillers bedient sich der in den anderen Romanen des Autors bewährten literarischen Mittel: ein systematischer Spannungsaufbau und eine gänzlich uneitle, lakonische Sprache, die präzise Beschreibung technischer Details und die gründliche politische Recherche.

Inhalt: Der in Athen lebende Angloägypter Arthur Abdel Simpson, Sohn eines britischen Messersergeanten und einer Ägypterin, ein Gauner und Schwindler ohne Pass, gerät bei einem missglückten Diebstahl in die Gewalt eines undurchsichtigen Schweizer Geschäftsmannes, der ihn dazu erpresst, einen Wagen nach Istanbul zu überführen. An der Grenze entdeckt der Zoll in der Türverkleidung des Fahrzeugs ein umfangreiches Waffenarsenal. Simpson wird unter der Bedingung auf freien Fuß gesetzt, dass er regelmäßig über seinen Auftraggeber und dessen Gefährten an den türkischen Ge

Die wichtigsten Bücher von Eric Ambler	
Der dunkle Grenzbezirk 1936	Der erste Roman Amblers erzählt neun Jahre vor dem Atombombenabwurf auf Hiroshima und Nagasaki von den Bemühungen eines Kleinstaats auf dem Balkan, eine Atombombe zu konstruieren.
Die Maske des Dimitrios 1939	Dieser Roman gilt neben *Topkapi* und *Der Fall Deltschew* als das Meisterwerk Amblers. Latimer, Krimiautor, reist auf der Suche nach der mythischen Figur eines politischen Attentäters durch die präfaschistischen Balkanstaaten, bis er dem für tot gehaltenen Dimitrios gegenübersteht.
Der Fall Deltschew 1951	Ambler, der lange Sympathisant des Marxismus war, rechnet hier am Beispiel eines Schauprozesses gegen das Staatsoberhaupt eines kommunistischen Balkanstaats mit dem Stalinismus ab.
Besuch bei Nacht, 1956	Ambler beschreibt einen Staatsstreich in Südostasien aus der Sicht eines in einem Penthouse festsitzenden englischen Ingenieurs.
Topkapi 1962	Die Geschichte eines staatenlosen Kleinganoven, der sich in Istanbul gegen Gangster und den türkischen Geheimdienst behauptet. → S. 28
Schmutzige Geschäfte 1967	In diesem Roman gerät Arthur Abdel Simpson in einen Grenzkrieg in Afrika, den Industriekonzerne, die an der Ausbeutung von Bodenschätzen interessiert sind, angezettelt haben.
Doktor Frigo 1970	Der Roman entwickelt die Geschichte eines Arztes in der Karibik vor dem Hintergrund der Konflikte zwischen einheimischen Diktatoren und den Geheimdiensten der Großmächte.
Der Levantiner 1972	Ambler erzählt hier von einem englischen Kaufmann zwischen den Fronten von Israelis, Palästinensern und Syrern.
Bitte keine Rosen 1977	Die Praktiken internationaler Wirtschaftskriminalität werden am Beispiel eines Konflikts zwischen einem Soziologieprofessor und einem internationalen Hochstapler durchleuchtet.

OT = Originaltitel   **EZ** = Entstehungszeit   **OA** = Originalausgabe   **DE** = Deutsche Erstausgabe   📖 = Verweis auf Werkartikel

heimdienst Bericht erstattet. Der Geheimdienst vermutet, dass der Schweizer und seine internationale Begleitung Terroristen sind, die in Istanbul ein Attentat ausführen wollen. Der zu doppeltem Spiel erpresste Simpson fügt sich, doch bald stellt sich heraus, dass es sich bei den mutmaßlichen Terroristen um eine Bande hochspezialisierter Gangster handelt, die bei einem sorgfältig ausgetüftelten Einbruch Juwelen aus dem Istanbuler Topkapi-Museum erbeuten wollen. Simpson wird gezwungen, anstelle eines verletzten Bandenmitglieds an dem Raubzug teilzunehmen. Der Einbruch gelingt; bei der Flucht setzt Simpson sich mit der Beute von seinen Begleitern ab, die sich mit einem Flugzeug nach Rom vor ihren Verfolgern in Sicherheit bringen. Simpson wird mit einer geringen Belohnung als Anerkennung für seine Unterstützung und mit einem behelfsmäßigen Reisedokument zurück nach Athen geschickt.

Struktur: Um das undurchsichtige Räderwerk politischer Komplotte anschaulich darzustellen, bedient sich Ambler zumeist durchschnittlicher Charaktere, die in eine gefährliche Situation geraten, in der sie gezwungen sind, gegen ihre Überzeugungen zu handeln.

In *Topkapi* hat Ambler dieses Prinzip noch gesteigert: Aus dem britischen Jedermann ist hier fast seine Karikatur geworden, ein schäbiger Kleinganove und Überlebenskünstler, der verzweifelt einen britischen Pass zu erlangen sucht. Dieser Simpson, Strandgut des Empires, Opfer einer überheblichen und anachronistischen Kolonialpolitik, wird nun zum unfreiwilligen »Doppelagenten«. Die Unbedenklichkeit, mit der sich die Gangster seiner bedienen, wiederholt sich in seiner Manipulation durch den Geheimdienst. Die Geschicklichkeit, die Simpson sich wie viele andere »displaced persons« auf dem politischen Schlachtfeld des Nachkriegseuropa erworben hat, hilft ihm, zwischen den Fronten einer Gangsterbande und eines Geheimdienstes zu überleben. Im Vergleich mit den Praktiken und der Moral der Gangsterbande und noch mehr des Geheimdienstes erscheint die Kleinkriminalität Simpsons als belanglos, sein schäbiger Charakter gewinnt sogar liebenswerte Züge.

Wirkung: Der desillusionierende Blick des Autors auf die sonst gern romantisierte Welt der Geheimdienste trug wesentlich zu einer Neuorientierung von Politthriller und Spionageroman bei. Ohne das Vorbild Ambler wären die Romane von Len Deighton (* 1929), Brian Freemantle (* 1936) und John →LeCarré nicht denkbar. Die seinerzeit erfolgreiche Verfilmung durch Jules Dassin im Jahr 1963 vernachlässigte den politischen Hintergrund des Romans zugunsten einer spektakulären Inszenierung des Einbruchs. *H. R. B.*

Melina Mercouri als Elizabeth Lipp und Peter Ustinov als Arthur Simpson in der Verfilmung des Romans *Topkapi* von Eric Ambler (USA 1963; Regie: Jules Dassin)

Améry, Jean

(eigtl. Hans Mayer) österreich. Schriftsteller und Publizist

* 31.10.1912 Wien, † 17.10.1978 Salzburg

📖 *Hand an sich legen*, 1976

In seinem Werk beschreibt Jean Améry Grenzsituationen des menschlichen Daseins und Denkens. Insbesondere durch die Philosophie von Jean-Paul →Sartre beeinflusst, thematisiert er in seinen gesellschaftskritischen Essays sowohl Probleme der Gegenwart als auch existenzielle Fragen und bezieht dabei eine kämpferische und zugleich aufklärerische Position, so z. B. in *Über das Altern* (1968).

Der aus einer jüdischen Familie stammende Améry studierte Literaturgeschichte und Philosophie in Wien. 1938 emigrierte er nach Belgien. Als Mitglied der Widerstandsbewegung gegen die deutsche Besatzungsmacht war er nach seiner Verhaftung 1943 bis 1945 in mehreren Konzentrationslagern interniert und lebte nach Kriegsende als freier Schriftsteller in Brüssel. 1978 nahm er sich in einem Salzburger Hotel mit Tabletten das Leben.

Améry verfasste autobiografische Schriften (u. a. *Jenseits von Schuld und Sühne*, 1966) und einen Roman-Essay (*Lefeu oder Der Abbruch*, 1974). Freiheit wird bei Améry denkbar radikal gefasst: Die menschliche Existenz ist absolute Freiheit, metaphysisch heimatlos und zu nichts verpflichtet oder gezwungen, da sie als das Eigenste begriffen wird. Diese Freiheit umfasst auch die Möglichkeit, den Zeitpunkt des eigenen Todes zu bestimmen.

Jean Améry, *Hand an sich legen – Diskurs über den Freitod*, Einband der Ausgabe 1978

Auszug aus dem Essay
Hand an sich legen von
Jean Améry:

Wer abspringt, ist nicht notwendigerweise dem Wahnsinn verfallen, ist nicht einmal unter allen Umständen »gestört« oder »verstört«. Der Hang zum Freitod ist keine Krankheit, von der man geheilt werden muss wie von den Masern.

Günther Anders, *Die Antiquiertheit des Menschen.* Umschlag von Band 2 der Originalausgabe 1980

Hand an sich legen

OA 1976 **Form** Essay **Epoche** Moderne

In seinem »Diskurs über den Freitod«, so der Untertitel des Essays, wählte Jean Améry einen zutiefst existenzialistischen, von allen wissenschaftlichen Forschungen zu diesem Thema sich unterscheidenden Zugang. Bereits die explizite Zurückweisung der Bezeichnung »Selbstmord« unterstreicht, dass der Autor alle Ansätze der sog. Suizidologie für völlig ungeeignet hält, diese Situation einer letzten, persönlichsten Freiheit zu erfassen. Letztlich ist seine Arbeit über den Freitod thematisch wie auch biografisch »logischer« Schlussstein eines nur dieser Freiheit verpflichteten Denkens und Lebens.

Inhalt: Zu Beginn des Essays beschreibt Améry die Standpunkte der Wissenschaften zum Freitod, um diese anschließend mit Gegenargumenten zu widerlegen. Seine Eingangsthese lautet, dass Psychologen, Psychiater, Soziologen und Seelsorger den Hang zum Selbstmord als zu behandelnde Krankheit begreifen und als einen subversiven, gegen die Gesellschaft gerichteten Akt. Wissenschaftler suchen nach Gründen für die Ablehnung und Aufgabe der als normal unterstellten Haltung der Lebensbejahung und entwickeln Therapien als kurative Maßnahmen. Améry weist diese Haltung vehement zurück, da sie, wie alle Suizidologie, den Freitod nur im Kontext allgemeingültiger Logik des Lebens beurteilt, statt nach einer davon unabhängig existierenden individuellen Auffassung. Im Grunde müsse jede Art von Logik bei dem Versuch scheitern, die Gefühlswelt desjenigen zu erfassen, der sich für den Freitod entscheidet, weil sich jeder potenzielle Selbstmörder in einer absurden und paradoxen seelischen Verfassung befindet.

Améry begreift den Freitod als einen langen Prozess des »Sich-Hinneigens« und seelischen Annäherns an ein Ende des Lebens und führt den Leser in eindringlicher Sprache an die Würde dieser definitiven Haltung heran. Tief empfundener Lebensüberdruss und Ekel vor dem Leben bilden für den Verfasser die Voraussetzung für die Zurückweisung des Lebens. Deshalb ist für den Autor der Freitod letztendlich ein Privileg des Humanen.

Wirkung: *Hand an sich legen* ist seit seiner Veröffentlichung ein äußerst umstrittenes Buch. Dabei will es durchaus keine allgemeingültige positive Darstellung des Freitods geben noch beweisen, dass die Wirklichkeit generell unerträglich ist. Der Autor wollte seine Ausführungen als Äußerung verstanden wissen. Die einzigartige Stellung des Werks beruht auf der Tatsache, dass es wie kein anderes den Entschluss zum Freitod tabulos, souverän und detailliert begründet.   *C. S.*

Anders, Günther

(eigtl. Günther Stern)

österreich. Schriftsteller und Philosoph

* 12.7.1902 Breslau, † 17.12. 1992 Wien

📖 *Die Antiquiertheit des Menschen,* 1956/1980

Günther Anders wurde als »Voltaire des 20. Jahrhunderts« gefeiert und ist für viele der (wie Jean →Améry es formulierte) »wahrscheinlich schärfste und luzideste Kritiker der technischen Welt«.

Anders, Sohn eines Psychologenehepaars, studierte Philosophie u. a. bei Ernst →Cassirer und Edmund Husserl (1859–1938), bei dem er 1923 promovierte. 1929 heiratete er seine Studienkollegin Hannah →Arendt, vier Jahre später flüchtete das Ehepaar nach Paris. 1937 trennten sich ihre Wege, Anders emigrierte in die USA. Nach einem kurzen Lehrauftrag an der New School for Social Research verdiente er seinen Lebensunterhalt durch diverse Gelegenheitsjobs, u. a. als Fabrikarbeiter in Los Angeles. Im Exil unterhielt er Kontakte zu Bert →Brecht, Theodor W. →Adorno, Herbert →Marcuse und Thomas →Mann. 1950 kehrte er nach Europa zurück und lebte fortan in Wien.

Bis ins hohe Alter war Anders in öffentlichen Auseinandersetzungen präsent. Er schrieb offene Briefe an den Sohn des NS-Verwaltungsmassenmörders Adolf Eichmann und an einen

Die wichtigsten Bücher von Günther Anders	
Die Antiquiertheit des Menschen 1956/1980	Das philosophische Hauptwerk versammelt Essays über das Lebensthema des Autors: die fortschreitende Verwüstung des Humanen durch eine technokratische Welt. → S. 31
Der Mann auf der Brücke, 1959	Tagebuch-Aufzeichnungen von der Reise nach Hiroshima und Nagasaki, die Günther Anders 1958 unternahm.
Wir Eichmannsöhne 1964	Offener Brief an Klaus Eichmann, Sohn Adolf Eichmanns, des Hauptverantwortlichen für die Deportation der europäischen Juden in die Vernichtungslager. Der unbeantwortete Brief wurde 1988 um einen zweiten (*Gegen die Gleichgültigkeit*) ergänzt.
Endzeit und Zeitende 1972	Gedanken über die atomare Situation. Seit Hiroshima hegte Günther Anders die Befürchtung, die Erde könnte so unbewohnbar werden wie der Mond, wenn sich die Menschheit nicht gegen die wachsende atomare Bedrohung wehre.
Mensch ohne Welt 1984	Sammlung von Essays und Schriften über herausragende Künstler des frühen 20. Jahrhunderts, u. a. über Kafka, Brecht und Heartfield.
Lieben gestern 1986	Notizen zur Geschichte des Fühlens. Eine Phänomenologie der Liebe, die Günther Anders vor allem aus Tagebuchaufzeichnungen aus den New Yorker Exiljahren entwickelte.
Günther Anders antwortet 1987	Interviews und Erklärungen. Verstreute Interviews aus den Jahren 1979–86 über die Rolle des Aufklärers, die Atombombe, die Kernkraft, das Exil und anderes mehr.
Die molussische Katakombe 1992	Die um fast 60 Jahre verspätete Veröffentlichung eines antifaschistischen Romans, den Günther Anders vor allem zwischen 1930–32 geschrieben und 1935 in Paris vollendet hatte.

OT = Originaltitel   **EZ** = Entstehungszeit   **OA** = Originalausgabe   **DE** = Deutsche Erstausgabe   📖 = Verweis auf Werkartikel

der US-Atombomberpiloten von Hiroshima, er war Mentor und Organisator der internationalen Anti-Atombewegung und engagierte sich im Russell-Tribunal gegen den Krieg in Vietnam.

Biografie: E. Schubert, *Günther Anders*, 1992 (rm 50 431).

Die Antiquiertheit des Menschen

OA 1956/1980
Form Sachbuch **Bereich** Philosophie

In seinem philosophischen Hauptwerk entwickelt Günther Anders aus pessimistischer Weltsicht die These, dass die Menschheit nicht mehr Herr über die von ihr selbst geschaffenen Maschinen sei. Anders' Lebensthema, das sowohl sein politisches Engagement als auch seine theoretische Arbeit motivierte, war die Verwüstung des Humanen, der Sprache und des Sozialen durch eine »Hypertrophie« der technischen Welt. In den späteren Jahren rückte zusehends die apokalyptische Bedrohung einer realen Vernichtung der Existenzgrundlagen des menschlichen Lebens in den Vordergrund.

Aufbau: *Die Antiquiertheit des Menschen* war dreibändig angelegt. Der erste Band mit dem Untertitel *Über die Seele im Zeitalter der zweiten industriellen Revolution* erschien 1956, der zweite, *Über die Zerstörung des Lebens im Zeitalter der dritten industriellen Revolution*, fast ein Vierteljahrhundert später. Zu dem geplanten dritten Band kam es nicht mehr.

Inhalt: Der erste Band der *Antiquiertheit des Menschen* enthält vier philosophische Abhandlungen. *Über prometheische Scham*, eine theoretische Verarbeitung seiner Erfahrungen als Fabrikarbeiter, ist eine Untersuchung über die Stellung des Menschen zur technischen Welt, über die moderne »Scham«, als Naturwesen geboren, nicht technisch perfekt gemacht zu sein. Mit seinem zweiten Essay – *Die Welt als Phantom und Matrize* – hat Anders eine der ersten und fundiertesten Studien über die veränderte Wahrnehmung des Wirklichen durch die Medien Rundfunk und Fernsehen vorgelegt. Neben einer Interpretation des Dramas *Warten auf Godot* von Samuel → Beckett enthält das Buch schließlich die vermutlich bekannteste Arbeit des Autors, seine Abhandlung *Über die Bombe und die Wurzeln unserer Apokalypse-Blindheit.*

Als der zweite Band 1980 erschien, war für Anders das Zeitalter der Technokratie endgültig angebrochen. Die Technik sei, so seine These, zum Subjekt der Geschichte geworden, der Mensch nur noch mitgeschichtlich, antiquiert. Eine ungeheure Kluft liege zwischen der Welt des technisch Möglichen und Machbaren sowie dem Vermögen der Fantasie, sich die möglichen verheerenden Konsequenzen dieses obsessiven Fortschreitens vorzustellen. Wie im ersten Band variiert Anders auch hier die drei zentralen Motive seines Werks: Die Menschen sind der Perfektion ihrer Produkte nicht gewachsen. Sie stellen mehr her, als sie verantworten können. Sie glauben zu dürfen, was sie können.

Wirkung: Der akademischen Denkrichtung gegenüber skeptisch, blieb Anders ein Außenseiter der modernen Philosophie. Während Karl → Jaspers' Schrift *Die Atombombe und die Zukunft des Menschen* von 1958 beträchtliches Aufsehen erregte, blieb der zwei Jahre ältere Aufsatz von Anders, wie viele seiner folgenden Studien, zunächst fast unbeachtet. Ein internationaler Bestseller von 1982, *Das Schicksal der Erde* von Jonathan Schell (*1943), enthielt, ohne den Namen von Anders zu nennen, viele Überlegungen, die zuvor präziser und konsequenter von Anders veröffentlicht worden waren. Erst durch die Anti-Atom- und die Friedensbewegung wurde schließlich auch die breitere Öffentlichkeit für jene Probleme sensibilisiert, die Anders schon früh behandelt hatte. *K. L.*

Günther Anders (r.) im Gespräch mit dem bayerischen Kultusminister Hans Maier 1978 in München anlässlich der Verleihung des Literaturpreises der Bayerischen Akademie der Schönen Künste für das Gesamtwerk von Anders

Michael Schwarze in der *Frankfurter Allgemeinen Zeitung* über Günther Anders:

Er ist ein Aufklärer alten Stils, ein Mann, der verstanden werden will, weil es im »Geradenoch-Sein« verhängnisvoll wäre, unverstanden zu bleiben. Das hat ihn, was Wunder, in eine Außenseiterrolle gebracht. Jedenfalls steht seine Reputation in keinem Verhältnis zu seinem Genie.

Andersch, Alfred

dt. Schriftsteller

* 4.2.1914 München, † 21.2.1980 Berzona (Tessin)

📖 *Sansibar oder der letzte Grund*, 1957

Alfred Andersch war als Autor und Publizist eine treibende Kraft der deutschen Literatur der Nachkriegszeit. Stets der gesellschaftlichen Realität verpflichtet, prägte der Glaube an die existentielle Entscheidungsfreiheit der Menschen sein Werk.

Alfred Andersch

Alfred Anders, *Sansibar oder der letzte Grund*, Umschlag der Originalausgabe 1957

Auszug aus dem Roman *Sansibar oder Der letzte Grund* (1957) von Alfred Andersch:

Man musste weg sein, aber man musste irgendwohin kommen. Man durfte es nicht so machen wie Vater, der weg gewollt hatte, aber immer nur ziellos auf die offene See hinausgefahren war. Wenn man kein anderes Ziel hatte als die offene See, so musste man immer wieder zurückkehren. Erst dann ist man weg, dachte der Junge, wenn man hinter der offenen See Land erreicht.

Andersch wuchs in München in bürgerlichen Kreisen auf. Früh orientierte er sich zur politischen Linken. Nach dem Reichstagsbrand 1933 wurde er für mehrere Monate im KZ Dachau inhaftiert. Aus Enttäuschung über den mangelnden Widerstand der KPD löste er sich vom Kommunismus und arbeitete als Industrieangestellter, bis er 1943 zur Wehrmacht eingezogen wurde. 1944 lief er zu den Amerikanern über. Während der Internierung gab er die Lagerzeitschrift *Der Ruf* heraus, die er nach Kriegsende in München weiterführte, bis er die Redaktion 1947 wegen politischer Maßregelung durch die Besatzungsbehörden niederlegte. Als Publizist arbeitete Andersch u.a. mit Erich → Kästner und der »Gruppe 47« (Stichwort → S. 430) zusammen, entwickelte das Kulturprogramm von Radio Frankfurt und dem NWDR und rief in Essays und Features zu einem kulturellen und gesellschaftlichen Neubeginn auf. Durch seine publizistische Tätigkeit förderte er Talente wie Ingeborg → Bachmann, Hans Magnus Enzensberger (*1929) und Arno → Schmidt.

1952 veröffentlichte Andersch sein erstes Buch, den autobiografischen Bericht *Die Kirschen der Freiheit* (1952). Erst mit dem Roman *Sansibar oder der letzte Grund* (1957) erzielte er einen Publikumserfolg. Kurz darauf zog sich der Autor wegen der Restaurationstendenzen in der deutschen Politik aus dem öffentlichen Leben zurück und siedelte in die Schweiz über. In der Folgezeit schrieb er Reisebilder, Hörspiele (*Fahrerflucht*, 1958) und weitere Romane (*Winterspelt*, 1974).　　*A. Fe.*

Biografien: G. Haffmans (Hrsg.), *Über Alfred Andersch*, 1974; B. Jendricke, *Alfred Andersch* (rm 50395).

Sansibar oder der letzte Grund

OA 1957　**Form** Roman　**Epoche** Moderne

Mit dem zentralen Motiv der Flucht knüpft Alfred Andersch in seinem Romanerstling an den autobiografischen Bericht *Die Kirschen der Freiheit* (1952) an. Gegenüber anderen zeitgenössischen Erzählwerken ist das Dritte Reich nicht so sehr Ausgangspunkt einer Rekonstruktion vergangener Realität, sondern Modellsituation für das Nachdenken über die individuelle Handlungsfreiheit in und gegenüber historischen Abläufen.

Inhalt: Im deutschen Ostseehafen Rerik treffen an einem Herbsttag 1937 zufällig fünf Menschen zusammen, die sich alle mit dem Gedanken der Flucht nach Schweden tragen. Innere Monologe beschreiben die Motive und Lebensumstände der Figuren: Einen namenlos bleibenden Jungen treibt die pure Abenteuerlust aus dem beengenden Elternhaus; der kommunistische Jugendfunktionär Gregor will einen illegalen Auftrag nutzen, um sich von der autoritären Partei und ihrem aussichtslosen Untergrundkampf abzusetzen. Sein Genosse, Fischer Knudsen, muss seine geistig verwirrte Frau vor den Nazis schützen und kann deshalb nicht fliehen. Dem Pfarrer Helan versagt eine neu aufgebrochene Kriegsverletzung die Flucht, er will aber Ernst Barlachs Plastik *Der lesende Klosterschüler* vor der Zerstörung durch die Nazis gerettet wissen. Die Jüdin Judith Levin, dem Abtransport ins Konzentrationslager entronnen, hofft nach Schweden ins neutrale Ausland zu gelangen.

Trotz Angst und Misstrauen und trotz vieler Unwägbarkeiten ergibt sich auf Betreiben Gregors zuletzt eine organisatorische Verknüpfung der einzelnen Fluchtvorhaben, an deren Ende die akut gefährdete Judith und der *Klosterschüler* gerettet werden. Die übrigen Figuren handeln jeweils entgegen ihren ursprünglichen Intentionen: Knudsen riskiert widerwillig die Überfahrt, Gregor verzichtet, der Junge kehrt wieder aus Schweden zurück, der Pfarrer tötet eine der Nazi-Chargen, die nach dem Verbleib der Plastik forschen. Die Figuren orientieren sich nicht an den durch Kirche und Partei vorgegebenen Normen; ihre Tat liegt, ganz im Sinn der existenzialistischen Philosophie des Autors, allein in freier individueller Entscheidung begründet.

Wirkung: *Sansibar oder der letzte Grund* gilt als das bedeutendste Buch von Andersch, da es die sich gegenüber Mächtigen behauptende Entscheidungsfreiheit des Einzelnen überzeugend darstellt. Wegen seiner strukturell klaren Komposition und seiner »existenziellen« Thematik ist es auch als schulische Lektüre beliebt.　　*J. V.*

Hauptfiguren in »Sansibar oder Der letzte Grund« von Alfred Andersch

Knudsen: Der Küstenfischer ist ein nicht mehr aktiver und nicht mehr von der Parteipolitik überzeugter Kommunist. Er kann schließlich dazu überredet werden, Verfolgte außer Landes zu bringen.

Bertha: Seine Frau, an der er hängt, ist sanft, freundlich, ein wenig geistesgestört.

Der Junge: Der 15 Jahre alte Lehrling Knudsens ist von Abenteuerbüchern begeistert und will aus Rerik fliehen, weil dort nichts los ist, weil er und die Leute hassen, die seinen auf See umgekommenen Vater für einen Säufer halten, und schließlich (der letzte Grund), weil er von Sansibar und der Ferne träumt.

Gregor: Der junge kommunistische Funktionär will aus den Untergrundaktionen aussteigen und aus Deutschland fliehen; er glaubt nicht mehr bedingungslos an die Partei und hat Angst.

Helander: Der Pfarrer in Rerik, der bei Verdun ein Bein verloren hat, will die als »entartet« bedrohte Figur *Der lesende Klosterschüler* vor der Konfiszierung durch die Nationalsozialisten retten und von Knudsen nach Schweden bringen lassen. Er wird schließlich erschossen.

Judith Levin: Die junge und hübsche Jüdin aus reichem Hamburger Haus will von Rerik aus ins Ausland fliehen.

Andersen, Hans Christian

dän. Schriftsteller

*2.4.1805 Odense, †4.8.1875 Kopenhagen

📖 *Märchen, für Kinder erzählt*, 1835–48

Weltruhm erlangte Hans Christian Andersen durch seine *Märchen, für Kinder erzählt*. Die literarische Bedeutung der Märchen erkannte zuerst der dänische Naturphilosoph und Physiker Hans Christian Ørsted (1777–1851), dessen pantheistische Weltsicht sich auch in Andersens Märchen widerspiegelt.

Als Sohn eines armen Schuhmachers erhielt Andersen nur eine unregelmäßige Schulbildung, gelangte jedoch, nachdem er mit 14 Jahren nach Kopenhagen gegangen war, durch glückliche Umstände an das Königliche Theater. Friedrich IV. erkannte Andersens Begabung und finanzierte ihm Schulbesuch und Studium, das er 1829 mit dem Philosophikum abschloss.

Andersen unternahm zahlreiche Reisen durch Deutschland, Frankreich und Italien, die ihn zu lebhaften impressionistischen Studien anregten. Zunächst fand er wegen seiner literarischen Arbeiten in der Bildungsschicht Anerkennung, seine Romane begründeten den Realismus in Dänemark. Für *Jugendleben und Träume eines italienischen Dichters* (1835) erhielt er ein staatliches Dichtergehalt. Seine Märchen und Erzählungen, die seinen Nachruhm begründeten, blieben in Dänemark lange Zeit unbeachtet. Erst in seiner späten Schaffenszeit wurde Andersen allgemeine Wertschätzung zuteil. Seine Beerdigung glich einem Staatsbegräbnis.

Biografien: H.C. Andersen, *Das Märchen meines Lebens* (Autobiografie), 1845/46; E. Bredsdorff, *H. C. Andersen, Des Märchendichters Leben und Werk*, München/Wien 1980; H. Haack, *Die Welt des Hans Christian Andersen*, 1986; E. Nielsen, *Hans Christian Andersen* (rm 50005).

Märchen

OT Eventyr, fortalte for børn **OA** 1835–48 **DE** 1835–48
Form Märchen **Epoche** Romantik

Den Stoff für seine 168 Märchen, die in über 80 Sprachen übersetzt sind, entnahm Andersen dänischen, deutschen und griechischen Quellen, Volkssagen und Legenden. Dabei veränderte er zum einen traditionelle Märchenmotive und kombinierte sie neu (z.B. *Das Feuerzeug, Der Schweinehirt, Die roten Schuhe*), schuf zum anderen aber auch neue, originale Märchen (u.a. *Die Schneekönigin, Das kleine Mädchen mit den Schwefelhölzern* oder *Das hässliche Entlein*). Die seiner sensibel-romantischen Fantasie entstam-

Die wichtigsten Bücher von Hans Christian Andersen	
Jugendleben und Träume eines italienischen Dichters 1835	Der Erstlingsroman von Andersen schildert die Lebensstationen des Dichters Antonio in verschiedenen Regionen Italiens. Der Autor verarbeitet hier die Erlebnisse seiner eigenen ersten großen Italienreise 1833/34.
Märchen 1835–48	Die in elf Heften gesammelten Volksmärchenbearbeitungen und Eigendichtungen entstanden beim Erzählen vor Kindern. Andersen ahmte in der Schriftfassung die Erzählsituation nach. →S. 33
Nur ein Geiger 1837	Roman über das Scheitern eines Geigentalents an der Unvereinbarkeit von Genieambitionen mit der gesellschaftlichen Wirklichkeit.
Bilderbuch ohne Bilder 1840	33 kleine märchenhafte Episoden in kindgerechtem Erzählton; der Mond erzählt einem jungen Maler, der sich in der Fremde einsam fühlt und nach Inspiration sucht, allabendlich eine Geschichte.
Das Märchen meines Lebens 1845/46	In der Autobiografie (Dänisch erst 1855) beschreibt Andersen nicht nur seinen märchenhaften Aufstieg zum Dichter, sondern auch seine Poetik, seine Gabe, das Wunderbare im Alltagsleben zu sehen.
Die zwei Baronessen, 1848	Roman über die moralische Überlegenheit des Geistesadels über den Geburtsadel und die Überwindung von Standesschranken.
Geschichten 1852	Andersen wendet sich von den traditionellen Märchenmotiven ab und legt seinen Märchen eigene Erfahrungen zugrunde.
Neue Märchen und Geschichten 1858–66	In diesen ungewöhnlich realistischen und zugleich poetischen Kunstmärchen transportiert Andersen Ideen und Anschauungen, die über das kindliche Verständnis weit hinausgehen.

Hans Christian Andersen, der seine Geschichten auch für den mündlichen Vortrag schrieb, im Kreis junger adeliger Damen auf Schloss Frijsenborg (Foto aus dem Jahr 1863)

menden Märchen verlassen nie gänzlich den Raum der Wirklichkeit. Die zuerst für Kinder geschriebenen Märchen erschließen sich mit ihrem oftmals hintergründigen, ironisch-humorvollen Sinn jedoch erst den Erwachsenen.

Andersen entwickelte das romantische Kunstmärchen in der Nachfolge E. T. A. → Hoffmanns weiter, wobei ihm eine entscheidende Neuerung auf sprachlicher Ebene gelang: Er wollte, dass der Leser »im Stil den Erzähler höre«. So unterscheiden sich seine Märchen stark von den traditionellen »geschriebenen« Märchen der Brüder → Grimm und der Romantiker.

Inhalt/Aufbau: Andersens umfassendster Versuch, seine Weltanschauung in einem Märchen zu manifestieren, ist *Die Schneekönigin.* Darin fertigt der Teufel einen Spiegel an, der nur das Lächerliche und Mangelhafte zeigt, das Schöne und Gute aber verkleinert oder gar nicht wiedergibt. In diesem Märchen vereint Andersen verschiedenste Motivkreise miteinander, neben die Allegorie treten die Personifizierungen abstrakten Denkens in der Gestalt der Schneekönigin, die reizvolle Parodie auf die beliebte Räuberromantik und poetische Genrebilder sowie etliche Märchenmotive wie hilfreiche Tiere, Verzauberung, gute und böse Hexen etc.

Neben den Märchen mit philosophischem Hintergrund schuf Andersen auch sog. Dingmärchen, eine Schöpfung Andersens, bei der eine Verlebendigung der Gegenstände auftritt. Hierzu zählt z. B. der *Standhafte Zinnsoldat,* das erste Märchen dieser Gruppe, in dem sich Motive wie der romantische Liebestod, das Polykrates- und Jonas-Motiv in der »heroischen« Gestalt eines Zinnsoldaten vereinen. Ein späteres Dingmärchen wie etwa *Die Stopfnadel* überzeugt vor allem durch die treffsichere Darstellung von Charakterzügen, die sich an spezifische Eigenschaften des jeweiligen Gegenstands knüpfen. Härte, Kleinheit und Glanz der Stopfnadel bezeichnen in liebenswürdig-ironischer Weise das Wesen eines Fräuleins, das trotz aller Schicksalsschläge unbeugsam bleibt (Härte), das sich selbst mehr schätzt als ihre Umgebung (Glanz). Auch biografische Elemente finden sich in den Märchen, so in *Das Liebespaar,* das sich auf ein Wiedersehen mit Riborg Voigt bezieht, der Andersen *Zwei braune Augen,* eines seiner berühmtesten Gedichte, widmete. Didaktische und philosophische Züge sind vor allem in den späteren Märchen zu finden, die nicht mehr den Zusatz »für Kinder« tragen.

Hans Christian Andersen über seinen Erzählstil:

Ich greife eine Idee auf, die für Ältere gedacht ist – und erzähle sie dann den Kleinen, während ich daran denke, dass Vater und Mutter oft zuhören, und ihnen muss man etwas für den Verstand geben.

Hans Christian Andersen, *Märchen,* Frontispiz einer deutschsprachigen Ausgabe 1850

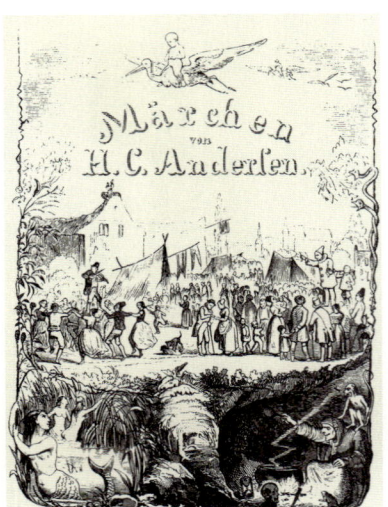

In seinen *Historier,* die 1858–66 unter dem Titel *Neue Märchen und Geschichten* erschienen, wird Reales und Irreales verbunden, liegt das Märchenland nicht im unkontrollierten Bereich der Fantasie, sondern trägt sich das Wunderbare rings um uns zu. Auf die Wahrnehmung kommt es an, es bedarf der Augen eines Dichters oder eines Kindes, um dieses Märchenland zu erkennen.

Andersen verwandelt in seiner späteren Schaffensperiode historische Sagen in Märchen *(Der Bischof auf Børglum und sein Verwandter),* erzählt von alltäglichen Schicksalen *(Sie taugte nicht),* berichtet von neuen technischen Erfindungen *(Die große Seeschlange)* – und vermag trotz dieser realistischen Details durch die Akzentsetzung und Interpretation der Handlung einen märchenhaften Charakter zu erzeugen. Während seine frühen Märchen eher einfach strukturiert sind, zeigt sich in seinen späteren oft eine eher gefühlsbetonte Prosa *(Der Wind erzählt von Waldemar Daae und seinen Töchtern).*

Wirkung: Andersens Märchen, die sich durch einen reichen Motivschatz, subtilen Humor, Selbstironie und Vielschichtigkeit auszeichnen, gehören heute zum unvergänglichen Schatz der Weltliteratur. *V. R.*

Andersen Nexø, Martin

(eigtl. Martin Andersen) dän. Schriftsteller

**26.6.1869 Kopenhagen, †1.6.1954 Dresden

📖 *Pelle der Eroberer,* 1906–10

Martin Andersen Nexø gehört zu der ersten Schriftstellergeneration Nordeuropas, die das soziale Problem aufgriff. Gleichermaßen geprägt vom Humanismus des evangelischen dänischen Theologen Nicolai Grundtvig (1783 bis 1872) und der marxistischen Ideologie, betrachtete Andersen Nexø den Sozialismus als Lösung für eine menschliche Gesellschaft.

Der populäre Schriftsteller stammte selbst aus proletarischen Verhältnissen und wuchs in Kopenhagen und in Neksø auf Bornholm auf. Nach einer Schuhmacherlehre und verschiedenen Gelegenheitsarbeiten besuchte er 1889–93 die Volkshochschule und trat anschließend eine Lehrerstelle an einer grundtvigschen Freischule in Odense an. Auf Reisen nach Italien und Spanien 1894–96 und 1902/03 lernte er die Armut in Südeuropa kennen. 1898 erschien seine erste Novellensammlung *Schatten.* Ab 1901 lebte Andersen Nexø ausschließlich von der Schriftstellerei. Wegen seiner kommunistischen Gesinnung in seinem Heimatland stark angefein-

OT = Originaltitel **EZ** = Entstehungszeit **OA** = Originalausgabe **DE** = Deutsche Erstausgabe 📖 = Verweis auf Werkartikel

Max von Sydow als Lasse und Pelle Hvenegaard als Pelle in der dänischen Verfilmung des Romans *Pelle der Eroberer* von Martin Andersen Nexø (Dänemark/Schweden 1987; Regie: Bille August)

det, übersiedelte er 1923 nach Deutschland (bis 1930) und schloss sich in Dresden den Kommunisten an. 1922, 1931 und 1933 unternahm er Reisen in die Sowjetunion. Während des Zweiten Weltkriegs wurde Andersen Nexø im besetzten Dänemark als Kommunist verfolgt, flüchtete erst nach Schweden, dann nach Sowjetrussland und lebte ab 1949 in der DDR.

Autobiografie: M. Andersen Nexø, *Erinnerungen* (4 Bde.), 1932–39.

Pelle der Eroberer

OA 1906–10 **DE** 1912 **Form** Roman **Epoche** Moderne

Mit *Pelle der Eroberer* machte Martin Andersen Nexø erstmals einen Vertreter des Proletariats zum Protagonisten eines Entwicklungsromans. Pelles Weg, der über die Ausbildung eines Klassenbewusstseins in den Klassenkampf führt, steht für die Entwicklung der gesamten Arbeiterschaft. Die realistische Milieuschilderung ist mit eindeutig sozialistischer Intention optimistisch auf eine Veränderung der Gesellschaft zum Guten hin ausgerichtet. Der Roman enthält stark autobiografische Bezüge, insbesondere hinsichtlich der Pelle-Figur.

Entstehung: Andersen Nexø wurde vor allem von dem dänischen Literaturnobelpreisträger des Jahres 1917, Henrik Pontoppidan (1857 bis 1944), beeinflusst, der bereits zuvor das einfache Volk als Gesellschaftsschicht in seinen Werken dargestellt hatte. Sein Bildungsroman *Hans im Glück* (1898–1904) inspirierte Andersen Nexø zu *Pelle der Eroberer*, einem proletarischen Gegenentwurf – mit optimistischem Ausgang – zur bürgerlichen, kulturpessimistischen Perspektive Pontoppidans.

Inhalt: Der Entwicklungsroman schildert den Lernprozess, den sein Protagonist Pelle durchläuft, um soziale Ungerechtigkeit zu erkennen, zu einem Klassenbewusstsein zu gelangen und gesellschaftlich handlungsfähig zu werden.

Als Junge kommt Pelle 1877 mit seinem Vater, einem schonischen Fremdarbeiter, nach Bornholm. Während das harte Leben im rechtlosen Landproletariat den Vater zum Alkoholiker werden lässt, lernt Pelle, sich nicht mit den gegebenen Verhältnissen abzufinden – er will die Welt verändern und zieht in die Stadt (Rønne), wo er Schusterjunge wird und ein noch raueres soziales Klima erlebt. Als die Schuhmacherwerkstatt der Industrieproduktion weichen muss, geht Pelle nach Kopenhagen und landet im Armenviertel Christianshavn. Er wendet sich der organisierten Arbeiterschaft zu, wird ein von den Massen geschätzter Agitator und heiratet die Tochter eines führenden Parteimitglieds. Nach einem erfolgreichen Arbeitskampf wird er für vier Jahre inhaftiert. Als er entlassen wird, muss er beobachten, dass seine einstigen Kampfgenossen sich gegen materielle Zugeständnisse mit der gegebenen Gesellschaftsordnung abgefunden haben; seine Forderung nach einer Veränderung der gesellschaftlichen Verhältnisse stößt auf taube Ohren. Nur auf Umwegen kann er schließlich die Einrichtung von Arbeitergenossenschaften erreichen.

Struktur: Der Roman ist in breiter epischer Form mit schlichter Sprache in poetischen Bildern erzählt und mit einer Vielzahl von Nebenhandlungen und -figuren ausgestattet. Seine Einteilung in vier Bände entspricht der inhaltlichen Strukturierung in Lebensphasen, die für die Entwicklung der Gesellschaft aus sozialis-

Martin Andersen Nexø, *Pelle der Eroberer*, Umschlag der DDR-Ausgabe 1975

Martin Andersen Nexø im Vorwort zu *Pelle der Eroberer* über seinen Roman:

...ein Buch über den Proletarier – also über den Menschen selbst –, der sich nackt, ausgestattet nur mit Gesundheit und Appetit, in des Lebens Sold begibt.

Die wichtigsten Bücher von Martin Andersen Nexø	
Pelle der Eroberer 1906–10	Die Lebensgeschichte des Proletariers Pelle, der sich aus der Ohnmacht des unmündig gehaltenen Landproletariats in die organisierte Arbeiterschaft Kopenhagens begibt. → S. 35
Ditte Menschenkind 1917–21	Andersen Nexø schildert den Weg eines Mädchens aus einer jütländischen Fischersiedlung nach Kopenhagen, wo sie ein Opfer von Armut, Ausbeutung und sozialer Ungerechtigkeit wird.
Morten der Rote 1945	Der »Erinnerungsroman« knüpft an *Pelle der Eroberer* an. Pelle, der inzwischen Ministerpräsident einer verbürgerlichten Sozialdemokratie geworden ist, wird zur Nebenfigur. Protagonist ist der idealisiert gezeichnete Arbeiterdichter Morten.
Die verlorene Generation, 1948	Der Fortsetzungsband von *Morten der Rote* reflektiert in agitatorischer Form das politische Klima in Europa während und nach dem Ersten Weltkrieg aus Sicht des Kommunisten Morten.

tischer Sicht stehen: Band 1 *(Kindheit)* erzählt von der Ankunft auf Bornholm, dem Leben des Landproletariats und Pelles Veranlagung zum Autodidakten sowie seinem Streben nach gesellschaftlichem Aufstieg; Band 2 *(Lehrjahre)* stellt die Zeit als Schusterjunge sowie das Erwachen seines sozialen und sexuellen Bewusstseins dar; Band 3 *(Der große Kampf)* schildert Pelles Weg als Agitator; in Band 4 *(Morgengrauen)* entwickelt Pelle in der Einsamkeit der Haft die genossenschaftliche Form der Arbeitsorganisation.

Wirkung: *Pelle der Eroberer* ist das Hauptwerk von Andersen Nexø und wurde in über 20 Sprachen übersetzt. In der Weimarer Republik viel gelesen, verboten die Nationalsozialisten 1933 die Bücher des dänischen Kommunisten und verbrannten sie. In der DDR wurde der Schriftsteller, der seine letzten Lebensjahre in Dresden verbrachte, als Klassiker verehrt. *C.B.*

Sherwood Anderson (r.) 1927 bei der Durchsicht von Druckfahnen in seiner Druckerei

Anderson, Sherwood

US-amerikan. Schriftsteller

* 13.9.1876 Camden (Ohio), † 8.3.1941 Colón, Panama

📖 *Winesburg Ohio*, 1923

Sherwood Andersons Kurzgeschichten beeinflussten in ihrer stilistischen Genauigkeit sowie in der sparsamen Schilderung von Figuren und Milieu Autoren wie Ernest →Hemingway, Henry →Miller, Sinclair →Lewis und John →Steinbeck.

Anderson zog nach Verlassen der Schule als Gelegenheitsarbeiter durch den Mittleren Westen. Nach Teilnahme am Spanisch-Amerikanischen Krieg (1898) wurde er Direktor einer Farbenfabrik. Bald verließ er Familie und Beruf und kam nach Chicago. Dort schloss er sich – ohne große literarische Vorbildung – dem Kreis um Carl Sandburg (1878–1967) und Theodore →Dreiser an. Auf Reisen traf er in Paris die Autoren Gertrude →Stein und James →Joyce.

Schon in den ersten Romanen kritisierte Anderson die Zerstörung der Pioniertradition Amerikas durch Industrialisierung und sozialen Wandel. Seine Werke sind zum Teil autobiografisch beeinflusst. In *Windy MacPherson's Son* (1916) gibt ein Junge vom Lande auf dem Höhepunkt seines Erfolges als Industrieller sein Leben auf, um »Wahrheit« zu suchen. Erst mit *Winesburg, Ohio* stellte sich für Anderson der Erfolg ein. Es folgten die Romane *Der arme Weiße* (1920), *Dunkles Lachen* (1925), *Death in the Woods* (1933) sowie Gedichte, Essays und die Autobiografie *A Story-Teller's Story* (1924). 1927 zog sich Anderson auf eine Farm in Virginia zurück und war Herausgeber zweier Zeitungen.

Biografie: J. Dierking, *Sherwood Anderson*, 1990.

Winesburg, Ohio

OT Winesburg, Ohio. A Group of Tales of Ohio Small Town Life **OA** 1923 **DE** 1958
Form Kurzgeschichtenzyklus **Epoche** Moderne

Das Hauptwerk von Sherwood Anderson, im programmatischen Untertitel als »Roman einer Kleinstadt« bezeichnet, vereint naturalistische Strömungen und Avantgarde-Tendenzen. Sein Interesse am modernen Individuum und die einfache, aber tiefgründige Sprache beeinflussten die amerikanische Literatur nachhaltig.

Inhalt: Die Sammlung von Porträts der Bewohner des fiktiven Städtchens Winesburg beginnt mit der einleitenden Erzählung von einem alten Dichter. Unter Todesahnungen entsinnt er sich der vielen Menschen in seinem Leben. Jede Figur hatte einen Makel, der sie auf die Suche nach dem Sinn ihrer Existenz gehen ließ. In dem Buch des Dichters finden die Figuren einen Sinn, der ihnen trotz Unzulänglichkeit Schönheit verleiht. Die Gedanken lassen den alten Mann wieder aufleben, er fasst seine Reflexionen im »Book of the Grotesque« zusammen.

Einsam, unter Zwängen angepasst und vom Schicksal besiegt – grotesk – sind auch die Bewohner von Winesburg, zu denen der Prolog überleitet. Sie vertrauen sich mehr oder minder dem jungen Reporter George Willard an, der ihre Probleme schon aus eigener Unvollkommenheit nicht erkennen oder lösen kann. Durch die Beobachtungen und den Austausch mit den Bewohnern durchläuft Willard aber als Einziger einen inneren Enwicklungsprozess und wird sich – anders als die Bewohner – von Winesburg lösen, um seinen Weg zu gehen.

Winesburg, Ohio beschreibt in skizzenartigen Kapiteln Narben, die das Leben in der Seele der Bewohner hinterlassen hat. Ungestillte und unterbewusste Sehnsüchte prägen die Menschen, sie suchen nach einem Leben, bevor das Unglück über sie hereinbrach oder nach einer Erklärung ihres als unglücklich empfundenen Daseins. Andersons Figuren sind einsam, weil sie ihr Leben nicht begreifen und ihr Leid anderen nicht mitteilen können. Die fehlende Kommunikation der Personen steht für die Entfremdung des modernen Menschen.

Aufbau: Die Kurzgeschichten sind nur durch die Einheit des Ortes und die Person George Willards verknüpft. Die Form des Buches als Sammlung getrennter Skizzen verdeutlicht die existenzielle Einsamkeit der Figuren und die Unfähigkeit zur Kommunikation miteinander. Beeinflusst von Gertrude Steins *Three Lives* verzichtet Anderson auf eine durchgehende Handlung, weil sie nicht der Beschreibung des Lebens nahe käme, das seiner Meinung nach nur eine Abfolge von Augenblicken sei. *Winesburg, Ohio* beschreibt kurze Momente, in denen sich für den Leser das Schicksal der Figuren blitzartig erhellt. Die einfache Sprache kommt dem Stil einer mündlichen Erzählung nahe. Anderson ist dem Werk →Mark Twains verpflichtet, dessen Realismus er übernimmt, um die seelische Verwundung der Bürger zu beschreiben.

Wirkung: Der nüchterne Stil, der mit wenigen Worten komplexe Seelenzustände beschreibt, beeinflusste u.a. Ernest →Hemingway, der sich in seiner Erzählung *In unserer Zeit* (1924) an *Winesburg, Ohio* anlehnt. Ebenso finden sich Elemente in den Werken William →Faulkners, Henry →Millers und John →Steinbecks wieder. Der Sprachstil wurde als Inbegriff nationalen Selbstausdrucks der USA gefeiert, in dem sich Moderne und »oral history« (mündliche Überlieferung) verbinden. *A. Fe.*

Andrade, Mário de

brasilian. Schriftsteller und Musikhistoriker

*9.10.1893 São Paulo, †25.2.1945 ebd.

📖 *Macunaíma. Der Held ohne jeden Charakter*, 1928

Mário de Andrade ist der bedeutendste literarische Vertreter des Modernismo Brasiliens. Seine Essays über Kunst, Literatur, Musik und Folklore erlangten in seiner Heimat große Bedeutung.

Andrade besuchte nach dem Abitur das Konservatorium in São Paulo, wo er 1917 das Diplom eines Klavierlehrers erlangte und später einen Lehrstuhl für Musikgeschichte inne hatte. 1929 war er an der Organisation der Demokratischen Partei beteiligt und ab 1935 als Kulturpolitiker in São Paulo aktiv. Ihm sind die Gründungen des Kulturamts, der Stadtbibliothek, der Gesellschaft für Ethnografie und Folklore sowie die ersten Kindergärten zu verdanken. 1938 folgte er einem Ruf der Universität des Bundesbezirks und wurde Direktor des Instituts für Bildende Künste in Rio. Ab 1939 leitete er das Instituto Nacional do Livro und begann Vorarbeiten zur »Enciclopédia Brasileira«.

Zu Andrades berühmtesten lyrischen Schöpfungen zählen der Gedichtband *Paulicéia Desvairada* (1922), 22 ironische, visionäre, zeitkritische Kompositionen über São Paulo, seine Gedichte *Losango Cáqui* (1926) und die posthumen Lyrikbände *Lira Paulistana* und *O Carro da Miséria* (beide 1946). Andrades Hauptwerk ist der Roman *Macunaíma*, eine wie er es nannte »Rhapsodie«, geschrieben in sechs Tagen im Dezember 1926.

Biografie: R. Schwaderer, *Ethnologie und Ideologiekritik. Zur Entwicklung des kulturellen Selbstverständnisses in der brasilianischen Literatur von José Alencars O Guaranly zu M. de Andrades »Macunaíma«*, in: *Romanistische Zeitschrift für Literaturgeschichte*, 6, 1985, S. 96–117.

Macunaíma

Der Held ohne jeden Charakter

OT Macunaíma, O Herói Sem Nenhum Caráter

OA 1928 **DE** 1982 **Form** Roman **Epoche** Modernismo

Macunaíma war Ausgangspunkt des brasilianischen Modernismo, eine Absage an Kolonialära, akademische Konventionen und pathetische Noblesse. Dieser moderne brasilianische Identitätsroman ist eine Satire des portugiesischen Purismus, ein amerikanisches Sprach- und Kulturkonzept, in dem das primitive und das futuristische Brasilien, die Urwaldmenschen und die Bewohner des Großstadtdschungels São Paulo aufeinander treffen.

Inhalt: *Macunaíma*, ein listiger, fauler, sentimentaler und zynischer, untreuer und aufrichtiger Antiheld, wurde in »der Tiefe des Urwalds« geboren. Im Amazonasgebiet wächst er auf,

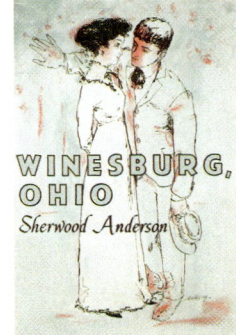

Sherwood Anderson, *Winesburg, Ohio*, Umschlag der US-Neuausgabe 1960

Auszug aus *Winesburg, Ohio* **von Sherwood Anderson:**

Es waren die Wahrheiten, die die Leute zu grotesken Figuren machten. Der alte Mann hatte eine ziemlich endgültige Theorie über diesen Punkt. Nach seiner Erfahrung wurde jemand mit dem Moment, wo er sich eine der Wahrheiten aneignete und sie seine Wahrheit nannte und sein Leben mit ihr zu führen versuchte, eine groteske Figur, und aus der Wahrheit, die er in den Armen hielt, wurde etwas Unwahres.

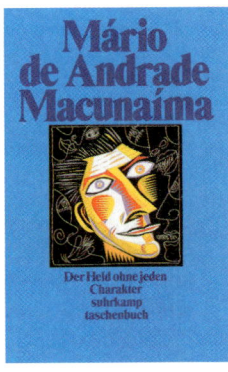

Mário de Andrade, *Macunaíma*, Umschlag der deutschsprachigen Taschenbuchausgabe 1992

Der Brasilianer hat keinen Charakter, weil er keine eigene Zivilisation besitzt und kein traditionelles Bewusstsein hat. Nun, als ich über diese Dinge nachgrübelte, stieß ich auf Macunaíma im deutschsprachigen Buch Koch-Grünbergs. Und Macunaíma ist ein Held, der überraschenderweise keinen Charakter besitzt. (Das gefiel mir).

Vorspann fehlt

Hier auf der steinernen Brüstung der Brücke werden die ersten Kirschen und Melonen verkauft, der morgendliche Trank, der Salep, und warme Brötchen. aber hier versammeln sich auch Bettler, Lahme und Kranke, ebenso wie die Jungen und Gesunden, die sich zeigen oder andere suchen wollen, wie auch alle, die irgend etwas Besonderes an Früchten, Kleidung oder Waffen vorzuweisen haben. Oft setzen sich hier die reifen, angesehenen Männer nieder, die jungen Burschen, die nichts als Scherze und Lieder im Kopf haben. Hier werden bei großen Ereignissen und historischen Veränderungen und Bekanntmachungen und Aufrufe angeschlagen (an jener erhöhten Wand, unter der Marmorplatte mit der türkischen Inschrift, über dem Quell), aber hier wurde auch, noch bis 1878, gehängt, oder es wurden die Köpfe aller derer aufgespießt, die aus irgendeinem Grunde hingerichtet wurden; und solcher Hinrichtungen gab es in dieser Stadt an der Grenze, besonders in unruhigen Jahren, viele; zu machen Zeiten, wie wir noch sehen werden, sogar täglich.

ohne Gedanken an die Zukunft, zu Abenteuern bereit. In einer Wunderquelle wäscht er sich weiß, heiratet Ci, die Königin der Amazonen bzw. Icamiabas, die als Sternbild zum Himmel aufsteigt. Zuvor jedoch gab sie ihrem Gemahl, dem neuen König der Icamiabas, einem Indianerstamm im nördlichsten Amazonas, den Zauberstein Muiraquitã. Macunaíma verliert das kostbare Geschenk, kommt nach São Paulo, wo ein menschenfressender Riese, der den Stein fand, mit dessen Zauberkraft reich geworden ist und ein kapitalistisches Imperium leitet. In der Großstadt lernt Macunaíma die »brasilianische Sprache, die gesprochen wird, und die portugiesische, die man schreibt«. In einem Brief an seinen Indianerstamm versucht er das Leben in der Stadt verständlich zu machen. Dort sei alles Maschine: Autos, Trams, Scheinwerfer, Leuchtreklamen, Telefone, Masten, Kamine. Nach vielen Episoden besiegt Macunaíma den profitgierigen Riesen durch Ertränken im Suppentopf. Macunaíma gewinnt den Zauberstein zurück, verwandelt São Paulo in ein riesiges steinernes Faultier und zieht enttäuscht in seine Heimat zurück. Selbst infiziert von den Krankheiten der Zivilisation, findet er keinen Gefallen mehr am Leben im Urwald, ja auf der Erde, und zieht in den Himmel. Dort verwandelt er sich zum Sternbild Großer Bär, wie seine Mutter, seine Geschwister und seine Geliebte Ci.

Aufbau: Satire, Parodie und Humor kennzeichnen den Roman. Andrade verstand sein Werk als witzig-ironische Rhapsodie. Der Leser taucht ein in die dunklen, magischen Tiefen des brasilianischen Volkstums, das eine eigene Sprache spricht, dessen Leben von mythisch-magischen Glaubensvorstellungen erfüllt ist und sich in Rätseln, Sprichwörtern und Liedern ausdrückt. Andrade baut sein Werk auf Mythen der im Grenzgebiet von Brasilien und Venezuela lebenden Taulipang- und Arekuna-Indianer auf und lehnt sich an Forschungen des deutschen Ethnologen Theodor Koch-Grünberg an, der 1913 dorthin eine Forschungsreise unternahm.

Wirkung: Mit Andrade begann sich Brasilien aus seiner literarischen Abhängigkeit von Europa zu lösen. Der Modernismo war eine Antwort auf den importierten Symbolismus, er veränderte den Wortschatz und Satzbau der portu-

giesischen Sprache und stellte die Herrschaft der Logik in Frage. *Macunaíma* beeinflusste vor allem das Werk der großen Vertreter des brasilianischen Gegenwartsromans wie Jorge → Amado und João Guimarães → Rosa. Die Verfilmung (1969) von Joaquim P. Andrade gilt als ein Höhepunkt des magisch-realistischen Cinema Nuovo in Brasilien. *V. R.*

Andrić, Ivo

jugoslaw. Schriftsteller

* 10.10.1892 Dolac (Bosnien), † 13.3.1975 Belgrad

📖 *Die Brücke über die Drina*, 1945

Mit seinen Werken um die ethnischen und politischen Auseinandersetzungen in Südosteuropa führte Ivo Andrić Bosnien als Landschaft in die Weltliteratur ein.

Aus katholischer Handwerkerfamilie stammend, absolvierte Andrić das Gymnasium in Sarajevo und studierte ab 1912 Slawistik und Geschichte in Zagreb, Krakau, Wien und Graz. Während des Ersten Weltkriegs wurde er wegen politischer Aktivitäten in der revolutionärnationalen Bewegung Bosniens interniert. 1918 war er Sekretär des Zagreber Nationalrates, der die Union der Serben, Kroaten und Slowenen, das spätere Jugoslawien, proklamierte. 1921–41 bekleidete Andrić eine Reihe diplomatischer Ämter, zuletzt als jugoslawischer Gesandter in Berlin, wo er von den Nationalsozialisten interniert und nach Belgrad entlassen wurde. Dort schrieb er zur Zeit der deutschen Okkupation seine Hauptwerke *Die Brücke über die Drina* (*Na Drini ćuprija*, 1945) sowie *Wesire und Konsuln* (*Travnička hronika*, 1945), die ihn international bekannt machten. Nach dem Krieg u. a. als Parlamentsabgeordneter und Vorsitzender des Schriftstellerverbandes tätig, erhielt er 1961 für seinen Roman *Die Brücke über die Drina* den Nobelpreis für Literatur.

Biografie: V. Singh Mukerji, *Ivo Andric* (engl.), 1990.

Die Brücke über die Drina

OT Na Drini ćuprija   OA 1945   DE 1953
Form Roman   **Epoche** Moderne

Andrić́s Werk um die Geschichte einer Brücke, die vier Jahrhunderte lang Abend- und Morgenland miteinander verband, ehe sie im Ersten Weltkrieg zerstört wurde, gehört zu den großen Romanen der Weltliteratur.

Inhalt: Um die steinerne Brücke über die Drina, jenen Fluss auf dem Balkan, der inmitten Europas Bosnien von Serbien, aber auch Okzident und Orient trennt, kreist das Geschehen in der

Die wichtigsten Bücher von Ivo Andrić	
Wesire und Konsuln 1945	Die Chronik der bosnischen Kleinstadt Travnik 1806–14 ist ein Bekenntnis zur Versöhnung der Völker, Kulturen und Religionen.
Die Brücke über die Drina, 1945	In der 400-jährigen Geschichte einer Brücke spiegelt sich das Schicksal von Menschen unterschiedlichster Herkunft. → S. 38
Das Fräulein 1945	Das Psychogramm einer krankhaft geldgierigen Frau ist eingebettet in die Geschichte Sarajevo und Belgrads 1900 bis 1920.
Der verdammte Hof 1954	In der Novelle um ein Gefängnis im Osmanischen Reich bilden die Insassen eine Welt aus Völkern, Kulturen und Religionen.

Stadt Višegrad. Die Brücke, so erzählt Andrić, sei im 16. Jahrhundert auf Geheiß des osmanischen Großwesirs Sokolovic gebaut worden, der einst als Knabe aus dieser Region nach Stambul verschleppt worden war. In langjähriger harter Fronarbeit schlagen die Menschen die elfbogige weiße Brücke über den reißenden Fluss. Seine Krönung findet das Bauwerk in einer weit ausholenden, im Scheitelpunkt gelegenen Terrasse, die rasch zum Mittelpunkt des Lebens und Treibens in Stadt und Region wird.

Als ruhender Pol geleitet die Brücke den Leser durch bewegte Zeiten: durch Glanz und Verfall des Osmanischen Reiches, österreichische Besatzung und serbischen Freiheitsdrang bis zum Anbruch jener neuen, modernen Zeit, die der Brücke das Ende bringen sollte – 1914. Gleich nach Beginn des Ersten Weltkriegs sprengen österreichische Pioniere beim Rückzug vor den Serben den Mittelpfeiler in die Luft. In der Zerstörung der Brücke kündigt sich eine Epoche an, in der alles, wofür das Bindeglied zwischen Völkern und Welten stand, zerstört wird.

Einzelschicksale auf und an der Brücke erlangen gleichnishafte Bedeutung. Ein Aufrührer wird auf der Terrasse gepfählt, eine unglückliche Braut springt während des Hochzeitszugs über die Brüstung, Würdenträger der Völkerschaften bereden dort die Bedingungen ihres Zusammenlebens. Die strategische Bedeutung der Brücke zieht die Menschen in die Konflikte zwischen den ethnischen und politischen Fronten. In der Geschichte der Brücke spiegelt sich die Geschichte Bosniens, des Balkans und der Welt. Es ist das wahre Leben, rätselhaft und schön, schmerzlich und versöhnlich in einem.

Aufbau: Mythen und Legenden, Fabeln und Schwänke hat Andrić in seiner Chronik verwoben. Grotesker Humor und zarte Liebesszenen, skurrile und ehrwürdige Gestalten, Leichtsinn und übermütiges Fabulieren stehen neben tiefgründigen Gesprächen. »Hauptfigur« des Romans ist die Brücke. Im Duktus eines orientalischen Märchenerzählers fügt der Autor mit breitem Atem Geschichte an Geschichte und verbindet die Abfolge menschlicher Schicksale mit Betrachtungen über die Zeit, die im Bild der Brücke, als Sinnbild des Überbrückens von Gegensätzen zusammenlaufen.

Wirkung: Schon in den 1950er Jahren fand der Roman *Die Brücke über die Drina* international Beachtung. Nach der Verleihung des Nobelpreises für Literatur an Andrić wurde das Buch in alle Weltsprachen übersetzt. Zu neuer Aktualität gelangte es durch den Jugoslawienkonflikt im letzten Jahrzehnt des 20. Jahrhunderts. *R. F.*

Ivo Andrić, *Die Brücke über die Drina*; links: Umschlag der deutschsprachigen Erstausgabe 1953; rechts: deutschsprachige Neuausgabe 1959

Auszug *aus Die Brücke über die Drina* von Ivo Andrić

An dieser Stelle, wo die Drina mit der ganzen Schwere ihrer grünen und überschäumten Wassermasse aus dem scheinbar geschlossenen Gefüge der schwarzen und steilen Berge hervorbricht, steht die große, gleichmäßig geschnittene, steinerne Brücke mit ihren elf weitgespannten Bögen.

Andrzejewski, Jerzy

poln. Prosaiker und Publizist

* 19.8.1909 Warschau, † 19.4.1983 ebd.

📖 *Asche und Diamant*, 1948

Zentrales Element der Romane und Erzählungen von Jerzy Andrzejewski ist die Gestaltung moralischer Konflikte als Ausdruck der Suche nach beständigen ethischen Werten. Seine Gestalten stehen vor dem Konflikt der Notwendigkeit, für ihre Überzeugungen kämpfen zu müssen, einerseits und der Einsicht in die Unmöglichkeit oder Sinnlosigkeit ihres Handelns bzw. der ethischen Zweifelhaftigkeit ihrer Vorgehensweise andererseits.

Andrzejewski war nach seinem Studium der polnischen Philologie zunächst für die Zeitschrift *Prosto z mostu* tätig. 1936 debütierte er mit einem Erzählungsband; 1938 folgte der Roman *Ordnung des Herzens* über einen katholi-

Der Zweite Weltkrieg in der polnischen Literatur	
Jerzy Andrzejewski 1945	*Warschauer Karwoche:* Roman über den Aufstand der Juden im Warschauer Getto zu Ostern 1943, der u.a. den latenten Antisemitismus der Polen thematisiert.
Melchior Wańkowicz 1945–47	*Die Schlacht um Monte Cassino:* Dreibändiger Zyklus von Kriegsreportagen über die verlustreichen Kämpfe des Zweiten Polnischen Korps an der italienischen Front im Mai 1944.
Stefan Wiechowski (Wiech) 1947	*Café »Neunauge«:* Humoristischer Abenteuerroman aus dem Kleinbürger- und Kleinganovenmilieu über das Leben in Warschau während der Okkupationszeit.
Jerzy Andrzejewski 1948	*Asche und Diamant:* Roman über die Situation in Polen nach der Okkupation durch die Nationalsozialisten. → S. 40
Jan Józef Szczepański 1955	*Der polnische Herbst:* Ein autobiografischer Roman über die totale militärische Niederlage der polnischen Armee während der ersten Septemberwochen 1939.
Jerzy Stefan Stawiński, 1956	*Der Kanal:* Roman über die gefahrvolle und verlustreiche Flucht der letzten Warschauer Aufständischen aus der zerstörten Stadt.
Roman Bratny 1957	*Kolumbus Jahrgang 20:* Roman über die Generation der um 1920 geborenen Warschauer, die ihre Jugendjahre im bewaffneten Kampf gegen die Deutschen verbrachten.

Jerzy Andrzejewski, *Asche und Diamant*, Umschlag der DDR-Erstausgabe 1964

Zbigniew Cybulski als M. Chelmicki in der Verfilmung des Romans *Asche und Diamant* von Jerzy Andrzejewski (PL 1958; Regie: Andrzej Wajda)

schen Priester in einer Glaubenskrise. Während des Kriegs blieb Andrzejewski in Warschau und nahm aktiv am konspirativen literarischen Leben teil. Die Machtübernahme durch die Kommunisten akzeptierte er als historische Notwendigkeit; während der Stalinzeit war er Kulturfunktionär.

Ende der 1950er Jahre distanzierte er sich von den Kommunisten und vertrat in den 1960er und 70er Jahren regimekritische Positionen; einige Bücher konnten deshalb nur im Ausland veröffentlicht werden. In späteren Werken wie *Finsternis bedeckt die Erde* (1957), *Die Pforten des Paradieses* (1960) und *Siehe, er kommt hüpfend über die Berge* (1963) beschäftigte sich Andrzejewski mit der Frage nach der Verantwortung des Einzelnen für die Gesellschaft und dem Verhältnis von Ideologie und Gewissen.

Biografie: W. Sadkowski, *Andrzejewski,* 1973.

Asche und Diamant

OT Popiól i diament **OA** 1948 **DE** 1961
Form Roman **Epoche** Nachkriegszeit

Mit seinem Roman zeichnet Jerzy Andrzejewski ein nüchternes Bild von der konfliktgeladenen politischen Situation in Polen nach dem Ende der Nazi-Okkupation, von den widersprüchlichen Stimmungen in der durch den Krieg traumatisierten, vor einem historischen Umbruch stehenden polnischen Gesellschaft. Aufgrund seiner ästhetischen Qualitäten – die lebendige, vielschichtige Handlung, das breite Panorama von ambivalenten Figuren ohne Schwarzweißmalerei – ist der Roman weit mehr als ein reines Zeitdokument.

Entstehung: Ursprünglich war das Buch als Serie von Reportagen angelegt, die 1947 unter dem Titel *Gleich nach dem Krieg* in Fortsetzungen in der Zeitschrift *Odrodzenie* veröffentlicht wurden. Der Titel *Asche und Diamant,* den Andrzejewski für die Buchausgabe wählte und der aus einem Gedicht von Cyprian Kamil Norwid (1821–83) stammt, steht sinnbildlich für die Suche nach beständigen ethischen Werten, die seine Hauptfiguren antreibt – nach Werten, auf die sich ihre eigene Zukunft und die des Landes gründen könnte.

Inhalt: Die Handlung spielt Anfang Mai 1945, kurz vor der Kapitulation Nazideutschlands, in der Provinzstadt Ostrowiec (Woiwodschaft Kielce). Zentrale Figur ist der 22-jährige Maciej (Maciek) Chelmicki, früherer Student und Teilnehmer des Warschauer Aufstands von 1944, nun Mitglied der lokalen Gruppe der antikommunistischen »Heimatarmee«, die Terroranschläge gegen Funktionäre der Polnischen Arbeiterpartei ausführt. Maciek, der von seinem Vorgesetzten Andrzej Kossecki den Befehl erhält, den Parteisekretär Stefan Szczuka zu ermorden, mietet sich im Hotel des Opfers ein. In der Hotelbar lernt er die Bardame Krystyna Rozbicka kennen. Nach der gemeinsam verbrachten Nacht will sich der verliebte Maciek aus der Konspiration zurückziehen, um mit Krystyna ein neues Leben anzufangen, doch der Preis für den Ausstieg ist die Vollendung des Anschlags. Maciek führt den Auftrag aus und erschießt Szczuka. Auf dem Weg zu einem Treffen mit Krystyna stößt er zufällig auf eine Armee-Patrouille, verliert die Nerven und wird auf der Flucht erschossen. Die Soldaten finden bei ihm kein belastendes Material.

Aufbau: Die parallel zur Geschichte Macieks verlaufenden Nebenhandlungsstränge modellieren die Charaktere einiger weiterer Figuren heraus. Wie Maciek stehen sie allesamt im Banne der Vergangenheit. Da ist zum einen der mit Sympathie dargestellte Ingenieur Szczuka, ehemaliger Häftling im Konzentrationslager

OT = Originaltitel **EZ** = Entstehungszeit **OA** = Originalausgabe **DE** = Deutsche Erstausgabe = Verweis auf Werkartikel

Groß-Rosen, Kommunist aus Überzeugung; er gedenkt ständig seiner im Konzentrationslager Ravensbrück ermordeten Ehefrau, was ihn der notwendigen politischen Tatkraft beraubt. Von der Vergangenheit gebrandmarkt ist auch Richter Antoni Kossecki, der Vater des Untergrundkämpfers Andrzej; für den ehemaligen Kapo des Konzentrationslagers Groß-Rosen erweist sich die Rückkehr zur Normalität der Vorkriegsjahre als unmöglich, nachdem ihn Szczuka als einen an Häftlingsmisshandlungen beteiligten Kollaborateur enttarnt. In der Vergangenheit lebt ebenfalls Kosseckis jüngerer Sohn Alek, der im Begriff ist, eine eigene konspirative Gruppe zu gründen; für ihn, der nichts anderes als Krieg und Gewalt kennen gelernt hat, ist Widerstand zum nihilistischen Selbstzweck geworden.

Wirkung: *Asche und Diamant* gehört zu den herausragenden polnischen Romanen des 20. Jahrhunderts. Das Buch wurde in über 25 Sprachen übersetzt und 1959 von Andrzej Wajda (*1926) verfilmt.   *M. Sch.*

Annunzio, Gabriele D'

(eigtl. Antonio Rapagnetta, ab 1924 Principe di Montenevoso)

italien. Schriftsteller und Politiker

* 12.3.1863 Pescara

† 1.3.1938 Cargnacco bei Gardone Riviera

📖 *Feuer*, 1900

Das Werk des wortgewaltigen, stark vom französischen Symbolismus beeinflussten Gabriele D'Annunzio ist der Ästhetik der Dekadenzdichtung verpflichtet. Der Schriftsteller, der sich zu einem heidnischen Sinnen- und Schönheitskult bekannte und den heroischen Übermenschen verehrte, ist aufgrund seiner Nähe zum Faschismus umstritten.

Der aus bürgerlichem Elternhaus stammende D'Annunzio sorgte bereits als 16-Jähriger mit seinem Gedichtband *Im ersten Frühling* (1879) für Aufsehen. In Rom, wo er ab 1881 als Journalist und Politiker (1898–1900 Abgeordneter im italienischen Parlament) tätig war, entstanden Gedichte und Erzählungen sowie sein erster Roman *Lust* (1889). 1898–1904 unterhielt er eine Liebesbeziehung zu der Schauspielerin Eleonora Duse (1858–1924), die ihn zu intensivem dramatischem Schaffen anregte (*Die Gioconda*, 1899). Als Pilot nahm er 1915–17 aktiv am Ersten Weltkrieg teil. 1919/20 war er Anführer eines Freikorps, das im Handstreich den Freistaat Fiume (Rijeka) ausrief. Nachdem Benito Mussolini (1883–1945) ihm ein politisches

Gabriele D'Annunzio 1923 im Garten seiner Villa »Il Vittoriale« in Gardone am Gardasee

Die wichtigsten Bücher von Gabriele D'Annunzio	
Lust 1889	Der Dichter Graf Andrea Sperelli verfällt den Frauen in hemmungsloser Leidenschaft. Als der dekadente Ästhet die Unerreichbarkeit seiner Idealvorstellung von Trieberfüllung erkennt, verlässt er sie ihn.
Der Triumph des Todes 1894	Giorgio Aurispa fühlt sich hin- und hergerissen zwischen Todessehnsucht und seiner Geliebten Ippolita, der er mit rasender Eifersucht hörig ist. Am Ende nimmt er Ippolita mit in den Tod.
Feuer 1900	Der Dichterkomponist Stelio Èffrena hat eine stürmische Liebesbeziehung zu der Schauspielerin Foscarina. Um seine künstlerische Entwicklung nicht zu hemmen, entsagt sie ihm und geht ins Ausland. → S. 41
Vielleicht – vielleicht auch nicht, 1910	Zwischen dem Flieger Paolo Tarsis und den Geschwistern Isabella, Vana und Aldo entwickeln sich komplizierte und einander überkreuzende Liebesverhältnisse, die schließlich tödlich enden.

Amt verweigert hatte, zog sich der Schriftsteller bis zu seinem Tod in sein Haus am Gardasee zurück, wo sein autobiografisch geprägtes Alterswerk entstand (*Notturno*, 1921).

Beeinflusst von Friedrich → Nietzsche und Richard Wagner (1813–83) sah D'Annunzio sich selbst als letzten Vertreter des Renaissance-Menschen, als Bewahrer der Klassik und zugleich als großen Neuerer. In einer überaus reichen Sprache betrieb er einen Kult des Wortes, den er zur formalen Perfektion trieb. Beim zeitgenössischen Bürgertum fand seine Fin-de-Siècle-Dichtung großen Anklang, während sich seine Wirkung auf nachfolgende Dichtergenerationen auf Formales beschränkte.

Feuer

OT Il Fuoco **OA** 1900 **DE** 1900
Form Roman **Epoche** Moderne

Das zentrale Motiv im Gesamtwerk von Gabriele D'Annunzio, der Übermensch, findet in diesem Roman seine vollkommenste Ausprägung. In Anlehnung an das Übermensch-Konzept des

Gabriele D'Annunzio, *Feuer*, Umschlag der deutschsprachigen Neuausgabe 1942

Auszug aus *Feuer* von Gabriele D'Annunzio:

Eine schwere Trauer drängte ihn zur letzten Liebe der einsamen, nomadenhaft wandernden Frau, die für ihn in den Falten ihrer Gewänder gesammelt und stumm die Raserei ferner Menschenmassen zu tragen schien, aus deren kompakter Bestialität sie den göttlich blitzenden Schauer der Kunst mit einem leidenschaftlichen Schrei oder mit schmerzender Qual oder mit tödlichem Schweigen hervorgerufen hatte.

Auszug aus *Das Handbuch der Inquisitoren* von António Lobo Antunes:

(A)ls der Professor Salazar das letzte Mal dort war, kamen in der Woche davor ein paar Jeeps der Guarda Republicana mit einem Hauptmann, der das Kommando hatte und mit der Maschinenpistole auf die Raben schoss, zig Raben stürzten in den Obstgarten, und der Hauptmann drehte sie mit dem Stiefel um. – Damit sie lernen, dass man sich über den Herrn Präsidenten nicht lustig macht...

Philosophen Friedrich → Nietzsche ist D'Annunzios Held wie der Autor selbst ein antidemokratischer und amoralischer Kunstliebhaber, der seine Sexualität hemmungslos auslebt.

Enstehung: D'Annunzio schrieb sein Werk in Settignano bei Florenz, wo er bis 1910 lebte. In Anlehnung an seinen dreiteiligen Zyklus der *Rosenromane* (1889–1894) plante der Autor eine Granatapfel-Trilogie, von der jedoch mit *Das Feuer* nur der erste Teil realisiert wurde. In dem stark autobiografisch geprägten Werk enthüllte D'Annunzio bis ins intimste Detail seine Liebesbeziehung zu der berühmten Schauspielerin Eleonora Duse (1858–1924).

Inhalt: Der von der Kunstwelt gefeierte Dichterkomponist Stelio Èffrena lebt getreu seinem Übermensch-Konzept frei von moralischen und gesellschaftlichen Zwängen. Der Aufenthalt Richard Wagners in Venedig versetzt ihn in derartige Erregung, dass er sich in die um vieles ältere Schauspielerin Foscarina verliebt, die seine Leidenschaft bis zur Selbstaufopferung erwidert. Die Romanze endet schließlich, als Foscarina erkennt, dass ihre Liaison Stelio von der Ausführung seiner höheren dichterischen Aufgaben abhalten könnte. Sie entsagt dem Geliebten und geht ins Ausland.

Form: In lyrisch-exaltierter, bisweilen von Pathos geprägter Sprache beschreibt D'Annunzio die dramatische Liebesbeziehung. Eingeschobene Diskussionen über künstlerische Themen wirken dagegen banal. Einzig die Beschreibung der Stadt Venedig und der Lagune überzeugen durch reinste melancholische Poesie.

Wirkung: Der bekannteste Roman D'Annunzios verdankt seinen Erfolg weniger der sprachlichen und formalen Perfektion als der Sensationsgier des Publikums. *D. M.*

Antunes, António Lobo

portugies. Schriftsteller

* 1.9.1942 Lissabon

📖 *Das Handbuch der Inquisitoren*, 1996

António Lobo Antunes, dessen Werk in alle Weltsprachen übersetzt worden ist, gilt neben Literaturnobelpreisträger José → Saramago als wichtigster zeitgenössischer Autor Portugals.

Der Arztsohn entstammt der portugiesischen Aristokratie. Sein Großvater war ein brasilianischer Kautschukhändler, seine Großmutter kam aus Deutschland. Antunes studierte Medizin und wurde anschließend zum Chirurgen ausgebildet. Während seines vierjährigen Militärdienstes in der damaligen portugiesischen Kolonie Angola 1968–72 wurde er als Psychiater zwangsverpflichtet. Nach seiner Heimkehr leitete er bis 1985 eine psychiatrische Klinik in Lissabon. Über die Beschäftigung mit Faschismus und Spätkolonialismus fand Antunes zur Kommunistischen Partei Portugals, während der Salazar-Diktatur wurde er zweimal verhaftet. Gleich mit seinem ersten, autobiografisch geprägten Roman *Der Judaskuss* (1979), einem langen Monolog über die Grauen des Angola-Kriegs, gelang ihm der literarische Durchbruch. Für *Reigen der Verdammten* erhielt Antunes 1985 den Preis des Portugiesischen Schriftstellerverbands. Als erster Teil einer »Tetralogie der Macht« erschien 1996 der von der Kritik gefeierte Roman *Das Handbuch der Inquisitoren*.

Das Handbuch der Inquisitoren

OT O manual dos inquisidores
OA 1996 **DE** 1997 **Form** Roman **Epoche** Moderne

Im ersten Teil seiner »Tetralogie der Macht« schildert António Lobo Antunes die Nachwirkungen der jüngeren Geschichte Portugals auf die neue Gesellschaft.

Inhalt: Die Handlung spielt kurz vor und nach der »Nelkenrevolution« 1974. Das ehemals stattliche Landgut des Ex-Ministers Francisco ist verfallen. Der stolze Besitzer, den seine Untergebenen »Herr Doktor« nannten, dämmert nach einem Schlaganfall in einem Altersheim vor sich hin. Zu Zeiten der Salazar-Diktatur empfing er Politiker und Offiziere, als rechte Hand des Generals konnte er selbstherrlich verhaften, schikanieren oder begnadigen lassen. Jetzt ist er ein weltfremder, einsamer Narr geworden, den sein Pfleger wie ein Kind behandelt. Während Francisco noch gegen die neue Zeit wütet, planen aalglatte Ge-

Die wichtigsten Bücher von António Lobo Antunes

Die Vögel kommen zurück, 1981	Ein Professor und Schriftsteller findet in der Gesellschaft des von 50 Jahren Diktatur geprägten Portugal keinen Platz.
Reigen der Verdammten, 1985	Ein im Sterben liegender Günstling des Salazar-Regimes hinterlässt seinen geldgierigen Erben nur einen Berg Schulden.
Die Rückkehr der Karavellen, 1988	In einer surrealen Zeitreise drängen sich die großen Seefahrer der Neuzeit mit Touristen durch die engen Gassen Lissabons.
Die Leidenschaften der Seele, 1990	Ein Ermittlungsrichter aus der Provinz wird zum Verhör eines Terroristen gezwungen, den er noch auch Kindertagen kennt.
Die natürliche Ordnung der Dinge 1992	In dem Roman über die gutbürgerliche Familie Valades untersucht Antunes die Frage nach dem Zusammenhang zwischen patriarchalisch geführter Sippschaft und autoritärem Staat.
Das Handbuch der Inquisitoren, 1996	Ein Großgrundbesitzer und ehemaliger Minister wütet gegen die neue Zeit nach der »Nelkenrevolution« der Offiziere. → S. 42
Der Tod des Carlos Gardel, 1996	Das Buch über einen argentinischen Tango-Star wurde 1996 in Frankreich zum besten ausländischen Roman gewählt.
Portugals strahlende Größe, 1997	Vor dem Hintergrund des Bürgerkriegs in Angola behandelt Antunes die Themen Macht, Gewalt, Missbrauch und Selbstbetrug.
Anweisungen an die Krokodile, 1999	Aus der Perspektive von vier Frauen erzählt Antunes über Angst und Machtgelüste der Terroristengruppe »Krokodile«.

OT = Originaltitel   **EZ** = Entstehungszeit   **OA** = Originalausgabe   **DE** = Deutsche Erstausgabe   📖 = Verweis auf Werkartikel

schäftsleute und clevere Opportunisten bereits Portugals strahlende Zukunft, die ihr Bankkonto füllen soll.

Aufbau: Im Buch kommen 18 Personen zu Wort, die unter dem Minister zu leiden hatten: u.a. sein Sohn, den der Vater für einen Trottel hält, der Chauffeur, die Köchin, der er die gemeinsame Tochter wegnahm, und das Dienstmädchen, das er vergewaltigte. Gegenüber einem anonymen Interviewer berichten die Personen – unerbittlich wie Inquisitoren und präzise wie Zeugen einer Gerichtsverhandlung – von ihren unbewältigten Erinnerungen. Die fragmentarischen Monologe werden unterbrochen von Bemerkungen und Einwänden des »Herrn Doktor«, der nicht begreifen kann, dass seine Zeit abgelaufen ist. Das Landgut ist ein Mikrokosmos der Gesellschaft. Es zeigt den Alltag in der Diktatur, ein Leben voller Rechtlosigkeit und Willkür. Der Auflösung der alten Ordnung entspricht literarisch die Abkehr von der chronologischen Erzählstruktur. Vergangenheit und Gegenwart fließen ineinander, das Geschehen ist nur durch die Aussagen der Figuren rekonstruierbar, die sich zum Teil sogar widersprechen. Wie in vielen Antunes-Romanen bestimmen leitmotivisch wiederholte Sätze den Erzählrhythmus. Aus der angelsächsischen Literatur hat er die Technik des Bewusstseinsstroms (Stream of consciousness, → Stichwort S. 1169) entlehnt, in dem die Gedanken frei fließen. Geschichte existiert für Antunes nur als subjektive Erinnerung in den Köpfen der Figuren. Die Frage nach der Wahrheit überlässt er dem Leser.

Wirkung: Der Roman wurde als »grandioses Welttheater« (Frankfurter Rundschau) voll »ungeheurer sprachlicher Kraft« (Marcel Reich-Ranicki) gerühmt. Die Werke von Antunes seien »die besten Portugal-Geschichtsbücher, die es gibt« (Süddeutsche Zeitung«), seine Untergangsszenarien beleuchteten »ein Größeres, das Menschen und Welt umschließt« (Weltwoche). *B.B.*

Maler wie Raoul Dufy (1877 bis 1953), Henri Rousseau (1844 bis 1910) und vor allem Pablo Picasso (1881–1973). Ihre Ideen beeinflussten nachhaltig sein vielgestaltiges Werk, das seinerseits auf die Arbeiten seiner Freunde zurückwirkte.

Apollinaire war das uneheliche Kind einer polnischen Mutter und eines italienischen Vaters. Reisen führten ihn nach Stavelot (Belgien), Bad Honnef, London, Berlin, Prag, München und Wien; die Ardennen, der Rhein und Mitteleuropa (Prag) sind daher bevorzugte Schauplätze seiner Lyrik und Erzählungen. Um die französische Staatsangehörigkeit zu erlangen, meldete Apollinaire sich bei Ausbruch des Kriegs freiwillig an die Front, erlitt 1915 eine Kopfverletzung und musste sich einer Schädeloperation unterziehen. Fünf Tage vor Kriegsende starb er, noch geschwächt, an der Spanischen Grippe.

Kosmopolitismus, grenzenlose Neugier und undoktrinäre Offenheit, begründet im Bewusstsein mangelnder familiärer und nationaler Identität, kennzeichnen das Werk von Apollinaire, dessen innovatorische Kraft erst nach dem Zweiten Weltkrieg allgemeine Anerkennung fand.

Biografie: J. Grimm, *Guillaume Apollinaire*, 1993.

António Lobo Antunes, *Das Handbuch der Inquisitoren*, Umschlag der deutschsprachigen Erstausgabe 1997

Alkohol

OT Alcools
OA 1913 **DE** 1969 **Form** Lyrik **Epoche** Moderne

Die Lyriksammlung *Alkohol* von Guillaume Apollinaire steht an der Schwelle zweier Epochen: An ihr lässt sich exemplarisch der Übergang vom Lebensüberdruss des ausgehenden 19. zur enthusiastischen, mitunter auch skeptisch nuancierten Verherrlichung der technisierten Welt des beginnenden 20. Jahrhunderts ablesen. Der Band enthält ca. 50 Gedichte, die zwischen 1898 und 1912 entstanden sind. Sein metaphorisch zu verstehender Titel ist Programm: Der Dichter ist ein Magier und Dichtung ein dionysischer Rausch, der alle inhaltlichen und formalen Konventionen zerstört und allein »das Leben« feiert.

Aufbau: Aufgrund der fast 15-jährigen Entstehungsgeschichte vermischen sich in *Alkohol* verschiedene Einflüsse und Erlebnisse. Das Eröffnungsgedicht *Zone* ist ein hymnischer Ausdruck der Faszination durch die im Eiffelturm symbolisierte Großstadt und pathetische

Apollinaire, Guillaume

frz. Schriftsteller

*26.8.1880 Rom, †9.11.1918 Paris

📖 Alkohol, 1913

Guillaume Apollinaire war Lyriker, Dramatiker, Novellenautor, Verfasser pornografischer Romane, Kunstkritiker und Journalist in einer Person. Ab 1899 in Paris lebend, fand er schnell Zugang zu den Künstlerzirkeln der Metropole. Zu seinen Freunden zählten bekannte Schriftsteller und

Guillaume Apollinaire während des Ersten Weltkriegs

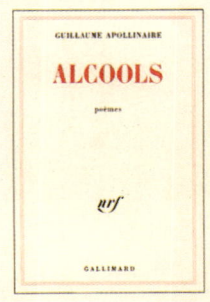

Guillaume Apollinaire, *Alkohol*, Einband der Ausgabe 2000

Absage an die »Alte Welt«; zugleich artikuliert es ein Lebensgefühl der Vereinsamung des Menschen in der anonymen Großstadt. Das Schlussgedicht *Weinmond* setzt der Verzweiflung über die Einsamkeit einen ekstatischen Hymnus auf die Welt und das Universum entgegen, die der Mensch dank der modernen Technik hat in Besitz nehmen können. Zwischen diesen Eckpfeilern ordnen sich die Gedichte nach Themengruppen.

Inhalt: Einige Gedichte stehen noch in der Tradition des Symbolismus, während zahlreiche *Herbstgedichte* bereits lebensbejahende Nuancen tragen. Volksliedhaften Charakter trägt der Zyklus der in Deutschland entstandenen *Rheingedichte*; der gleichgültig dahinfließende Rhein wird zum Symbol der Flucht der Zeit und der Vergänglichkeit der Liebe. In seinem bekanntesten Liebesgedicht, *Der Pont Mirabeau*, gelingt Apollinaire eine vollkommene Synthese von Bildern des fließenden Stroms als Spiegelbild der fliehenden Zeit und der Endlichkeit der Liebe; im Refrain setzt er im Bild des Pont Mirabeau dem Fließen des Stromes und der Zeit das Verlangen nach Dauer und Beständigkeit entgegen. Das stark autobiografische *Lied des Ungeliebten* umfasst 59 Strophen zu je fünf Achtsilbern; in einer Odyssee der Einsamkeit durchstreift seine Hauptfigur London und Paris und steigert in mythischen Bildern das Scheitern seiner Liebe in kosmische Dimensionen. In *Frauen* antizipiert Apollinaire die Technik späterer Konversationsgedichte.

Einen breiten Raum nimmt die Darstellung sozialer Außenseiter ein. In ihnen spiegelt sich das Selbstverständnis der avantgardistischen Künstler am Rand der bürgerlichen Gesellschaft. Das schönste Gedicht dieser Art, *Marizibill*, ist einer Kölner Prostituierten gleichen Namens gewidmet.

Stil: Formal zeigt *Alkohol* Apollinaires allmähliche Befreiung von der traditionellen Metrik; in den spätesten Gedichten bedient er sich freier Vers- und Strophenformen, die sich natürlich dem Rhythmus der Gedanken und Empfindungen anpassen. Kühne Bildassoziationen, freie Metaphernketten, Collagen, Aufhebung von Raum und Zeit stehen im Dienste einer von Apollinaire entwickelten »Ästhetik der Überraschung«. Bei Drucklegung strich der Dichter alle Interpunktionszeichen. Die daraus resultierende Mehrdeutigkeit von Gegenständen und Ereignissen verleiht vielen Gedichten ein erhöhtes Sinnpotenzial und bezieht den Leser intensiv in den Lektüreprozess ein.

Wertung: Bei Erscheinen der Sammlung hob die Kritik ihren heterogenen Charakter hervor und verglich sie mit einem Trödelladen. Heute gilt *Alkohol* unangefochten als die erste bedeutende Lyriksammlung des 20. Jahrhunderts.   *J. Gr.*

Die wichtigsten Bücher von Guillaume Apollinaire	
Die elftausend Ruten, 1907	In diesem »pornografischen« Roman schildert Apollinaire die Lebensgeschichte des rumänischen Fürsten Mony Vibescu.
Die Heldentaten eines jungen Don Juan, 1907/11	In Ichform erzählt der autobiografisch geprägte (Initiations-)Roman die sexuellen Erfahrungen eines frühreifen jungen Mannes. Im Mittelpunkt steht nicht die »Erziehung zur Liebe« im Sinne Flauberts, sondern der methodische Erwerb von Liebestechniken.
Der verwesende Zauberer 1909	Die von André Derain illustrierte Erzählung enthält bereits alle späteren Themen und Techniken Apollinaires: Aufhebung herkömmlicher Raum- und Zeitidentitäten, Vergänglichkeit der Liebe, Ununterscheidbarkeit von Wahrheit und Lüge, die magisch-schöpferische Kraft des Dichters, seine Vorliebe für Absonderliches, die Collage von Stilen und Gattungen.
Bestiarium oder Das Gefolge des Orpheus, 1911	Die meist vierzeiligen Gedichte des von Raoul Dufy illustrierten Bandes sind ein Selbstporträt des Dichters, der seine Träume auf Tierbilder projiziert.
Die Maler des Kubismus – Ästhetische Betrachtungen, 1913	Ein Jahr nach der »Erfindung« des Kubismus fasste Apollinaire in diesem Sammelband seine bisherigen kunstkritischen und -theoretischen Schriften zusammen und porträtierte 49 zeitgenössische Künstler.
Alkohol 1913	Die wichtigste Sammlung avantgardistischer französischer Lyrik des frühen 20. Jahrhunderts enthält den Großteil der von Apollinaire zwischen 1898 und 1912 abgefassten Gedichte. → S. 43
Der gemordete Dichter, 1916	In der Gestalt des ermordeten Croniamantal zeichnet Apollinaire das ideale Selbstporträt des magischen Dichters, eine Synthese aus Orpheus und Homer.
Die Brüste des Tiresias, 1917	Mit diesem »surrealistischen Drama« leistete Apollinaire einen wichtigen Beitrag zur Entwicklung des avantgardistischen Theaters und beeinflusste zugleich indirekt das »Theater des Absurden« von Samuel → Beckett und Eugène Ionesco (1909–94).
Die sitzende Frau 1917	Die collagehafte Kompositionstechnik dieses Romans, der im Künstlermilieu des Montparnasse zur Zeit des Ersten Weltkriegs spielt, erlaubt es Apollinaire, ein Maximum an zeitgenössischer Wirklichkeit in sein Werk aufzunehmen.
Kalligramme 1918	Die bahnbrechende Neuerung dieser Lyriksammlung liegt in der typografischen Anordnung zahlreicher Gedichte: Eine »kalligrafische« Auflösung der Wörter macht den Sinn dieser »Bildgedichte« anschaulich und intensiviert ihre Aussage.
Erzketzer & Co 1920	In den außergewöhnlichen Erzählungen verbinden sich Wirklichkeit und Fantastik zu befremdlicher Faszination.

Apuleius, Lucius

röm. Schriftsteller, Redner und Priester

* um 125 Madaura (Numidien), † um 180 unbekannt

📖 *Der goldene Esel*, entstanden ca. 180–190

Eher Literat denn origineller Philosoph, gilt Lucius Apuleius als typischer Vertreter der Zweiten Sophistik. Nur eine Handvoll Schriften sind von ihm überliefert, darunter wichtige Quellen über die platonische Philosophie seiner Zeit, wie *Über Platon und seine Lehre*.

Über die Person des Apuleius ist nicht viel bekannt. Er wuchs in Madaura im heutigen Algerien auf. Nachdem er in Karthago Rhetorik studiert hatte, reiste er nach Athen und Rom, um seine Ausbildung zu komplettieren. Nach Karthago zurückgekehrt heiratete er die wohlhabende Pudilla, eine Witwe, deren Zuneigung er sich angeblich durch Zauberei erworben haben soll. Es kam deswegen im Jahr 158 zu einer Anklage, gegen die sich Apuleius wohl erfolgreich mit einer erhaltenen Rede verteidigte *(Verteidigungsrede)*. In Nordafrika, an der Grenze zwischen zwei Kulturen lebend, beschäftigte er sich intensiv mit dem Isis-Kult und der Magie; zugleich bekleidete er das Priesteramt des römischen Kaiserkultes. Als Redner war er so berühmt, dass ihm bereits zu Lebzeiten Standbilder errichtet wurden.

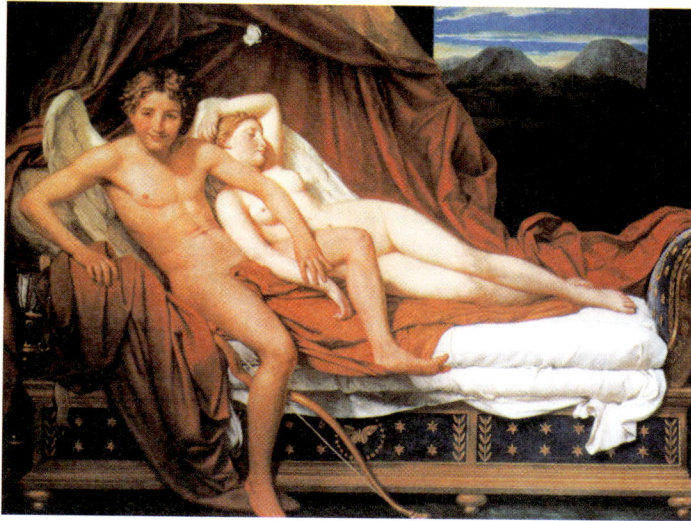

Der goldene Esel

OT *Metamorphoses,* auch *Asinus Aureus*
EZ entstanden ca. 180–190 **EA** 1469 **DE** 1538
Form Roman **Epoche** Römische Antike

Der goldene Esel ist der älteste vollständig erhaltene Roman der Literaturgeschichte. Die fiktive Autobiografie verbindet mystische Lehren mit einer Sittenschilderung des spätantiken Roms.
Entstehung: Die Vorlage für den Roman in elf Büchern ist ein verlorener griechischer Text des Lukios von Patrai mit dem Titel *Lukios oder Der Esel.* Das *Satyrikon* des Gaius → Petronius dürfte Apuleius gekannt haben, von dessen vulgärer Drastik hebt sich *Der goldene Esel* aber deutlich ab, wenn auch der Charakter einer Alltags-Odyssee beide Werke miteinander verbindet. Der Titel *Metamorphoses* verweist auf → Ovid. Im Unterschied zu dessen *Metamorphosen* ist der Roman des Apuleius in Prosa geschrieben und zugleich im Anspruch erheblich prosaischer als das gewaltige Werk von Ovid.
Inhalt: Lucius, der Held des Romans, schildert seine gefährlichen und amourösen Abenteuer in Nordafrika, berichtet von Begegnungen und märchenhaften Geschichten, die ihm unterwegs erzählt werden. Diese etwa 20 kleineren und größeren Erzählungen, deren umfangreichste und berühmteste das Märchen von Amor und Psyche ist, sind eingebettet in den Erzählstrom seiner Odyssee voller unerwarteter Wendungen.

Nachdem Lucius schon einige Abenteuer bestanden hat, entgeht er einer Anklage wegen Mordes an drei Räubern, weil sich vor Gericht herausstellt, dass die vermeintlichen Räuber nur drei Weinschläuche waren, die der betrunkene Lucius attackierte. Er erlebt eine rauschende Liebesnacht und lässt sich dazu hinreißen, eine Zaubersalbe zu benutzen. Daraufhin verwandelt er sich in einen Esel und fällt in die Hände von Pferdedieben. Er wird zum scharfsinnigen Beobachter seiner menschlichen Umwelt, die sich wegen seiner Eselsgestalt durch ihn nicht stören lässt. Immer wieder von Prügel und Schlachtung bedroht, gerät er nach der Flucht

vor den Räubern in die Hände eines grausamen Treibers, dient Priestern, die ihre Zeit mit Betrügereien und Perversitäten verbringen, muss bei einem Müller und seiner hemmungslos untreuen Frau die Mühle drehen. Er wird zu Kunststückchen abgerichtet und hat die sodomitischen Neigungen seiner Herrin zu befriedigen.

Schließlich erscheint ihm die Göttin Isis und weist ihm den Weg zur Erlösung. Er erhält seine menschliche Gestalt zurück und wird Priester der Göttin. Eingeweiht in ihre Mysterien reist er nach Rom, wird auch in die Mysterien des Osiris eingeweiht und zuletzt in den obersten Priesterstand dieses Gottes erhoben.
Wirkung: Die Wirkung des *Goldenen Esels* ist erheblich; insbesondere die Geschichte von Amor und Psyche hat viele Bildhauer, Schriftsteller und Maler inspiriert. Durch Giovanni → Boccaccio, der ein Manuskript besaß, fand *Der goldene Esel* Eingang in die Kunst. Schriftsteller, die sich inspirieren ließen, sind etwa Hugo von Hofmannsthal (1874 bis 1929) und Christoph Martin → Wieland. Die Hausmärchen der Brüder Grimm sind von Apuleius ebenso beeinflusst wie die Märchen und Sagen von der Schönen und dem Biest. Überraschend ist die Anknüpfung an den heidnischen Roman des Apuleius durch Augustinus, dessen *Bekenntnisse* die formale Gestalt der Verbindung von Autobiografie und Götterlehre aufnehmen und für die christliche Tradition umformen. *U. S.*

Amor und Psyche; Gemälde von Jacques-Louis David, inspiriert durch die gleichnamige Geschichte aus dem Roman *Der goldene Esel* von Lucius Apuleius

Lucius Apuleius, *Der goldene Esel,* Umschlag der deutschsprachigen Ausgabe 1956

APULEIUS

Metamorphosen
ODER
Der goldene Esel

Louis Aragon, *Die Glocken von Basel*, Umschlag der deutschsprachigen Ausgabe 1964

Auszug aus *Die Glocken von Basel* **von Louis Aragon:**

Jetzt, hier, beginnt das neue Lied. Hier endet der Ritterroman. Hier wird zum ersten Mal in der Welt der wahren Liebe Platz gemacht. Der Liebe, die nicht mehr befleckt ist durch die Unterordnung der Frau unter den Mann, durch die schmutzigen Geschichten von Unterröcken und Küssen, durch die Herrschaft des Geldes des Mannes über die Frau oder des Geldes der Frau über den Mann. Die Frau der neuen Zeit ist geboren, und sie besinge ich.

Und sie werde ich besingen.

Aragon, Louis

frz. Schriftsteller

*3.10.1897 Paris, †24.12.1982 ebd.

📖 *Die Glocken von Basel*, 1934

Louis Aragon gilt als einer der wichtigsten Vertreter des französischen Surrealismus. Berühmt wurde der glänzende Stilist durch seine patriotische Résistance-Lyrik und die Liebesgedichte für seine Frau. Nach dem Bruch mit den Surrealisten vertrat er in seinen Romanen die französische Variante des sozialistischen Realismus, der stalinistischen Kunsttheorie, von der er sich in seinem Spätwerk jedoch wieder abwandte.

Aragon wurde in Paris als unehelicher Sohn eines Rechtsanwalts geboren. Er begann ein Medizinstudium und nahm als Hilfsarzt am Ersten Weltkrieg teil. Nach Dichtungen unter dem Einfluss des Dadaismus gründete er mit André → Breton und Philippe Soupault (1897–1990) die Pariser Surrealisten-Gruppe. 1926 erschien sein Hauptwerk aus dieser Phase *Der Pariser Bauer (Le paysan de Paris).*

Von 1927 an war Aragon Mitglied der Kommunistischen Partei Frankreichs. Er engagierte sich im Spanischen Bürgerkrieg und arbeitete mit seiner Ehefrau, der französisch-russischen Autorin Elsa Triolet (1896–1970), während der Besatzungszeit als führendes Mitglied der französischen Widerstandsbewegung. Bis 1972 gab er die Kulturzeitschrift *Les Lettres françaises* heraus.

Biografien: Unda Hörner, *Elsa Triolet und Louis Aragon*, 1998; Jean Ristat, *Aragon: Commencez par me lire*, 1997.

Die wichtigsten Bücher von Louis Aragon

Der Bauer von Paris 1926	Aragons Hauptwerk aus der surrealistischen Periode ist eine Attacke gegen das morbide Bürgertum. Ausgangspunkt sind Beobachtungen und Gedanken auf Spaziergängen durch Paris.
Die Glocken von Basel 1934	Mit bisweilen satirischer Schärfe legt Aragon ein Sittengemälde der von ihm geschilderten Epoche vor und verweist auf die seiner Auffassung nach notwendige Revolution. → S. 46
Die Viertel der Reichen 1936	Anhand des Schicksals zweier Bürgersöhne zeichnet Aragon ein historisches Gemälde der todgeweihten bürgerlichen Gesellschaft der Vorkriegszeit. Das Buch erhielt 1936 den Prix Renaudot.
Die Reisenden der Oberklasse 1942	In Pierre Mercadier, dem Helden eines seiner bedeutendsten Bücher, beschreibt Aragon einen Individualisten, der vor familiären und gesellschaftlichen Verpflichtungen flieht.
Aurélien 1944	Der kurz nach dem Ende des Ersten Weltkriegs spielende Roman beschreibt die Unmöglichkeit der Liebe zwischen dem snobistischen Aurélien und der verheirateten Bérénice.
Die Kommunisten (6 Bde.), 1949–51	Als Weiterführung des Romanzyklus *Die wirkliche Welt* werden Perspektiven gesellschaftlicher Veränderungen aufgezeigt.
Die Karwoche 1958	Der historische Roman vom Ende des napoleonischen Kaiserreichs zur Zeit der Restauration erzählt von Verrat und Treue.
Spiegelbilder 1965	Eine Auseinandersetzung des Autors mit der eigenen Biografie, mit Fragen der Literatur, Philosophie, Geschichte und der Liebe.
Blanche oder Das Vergessen, 1967	Ein Linguist, der nach 20 Jahren von seiner Frau verlassen wurde, reflektiert über die Beziehung zwischen Sprache und Vergessen.

Die Glocken von Basel

OT *Les Cloches de Bâle*
OA 1934 DE 1936 **Form** Roman **Epoche** Moderne

Louis Aragons Roman *Die Glocken von Basel* bildet den Auftakt der Tetralogie *Die wirkliche Welt*, zu der auch noch die Romane *Die Viertel der Reichen* (1936), *Die Reisenden der Oberklasse* (1942) und *Aurélien* (1944) zählen. Aragons Auffassung von einem modernen Realismus liegt ein Konzept zu Grunde, das politisches Engagement und künstlerischen Anspruch verbindet. Mit den *Glocken von Basel* gelang dem Autor ein neuer Gesellschaftsroman, der in Einzelschicksalen zeitgenössische gesellschaftliche Veränderungen beschreibt.

Inhalt: Der in Sprache und Stil konventionelle Roman behandelt die Epoche von der Pariser Weltausstellung 1889 bis zum Baseler Sozialistenkongress 1912. Anhand von drei Frauengestalten beschreibt Aragon den Zerfall der bürgerlichen Welt und den Aufstieg einer neuen Klasse, des Proletariats. Seiner Kritik an der von Männern beherrschten kapitalistischen Welt stellt er das Engagement für die sozialistische Bewegung und die Rechte der Frau entgegen.

Der Roman besteht aus vier lose miteinander verbundenen Teilen. Im Mittelpunkt des 1. Teils steht die schöne Diane de Nettencourt, eine verarmte Adlige, die ihre Liebhaber nach dem Geld auswählt. Sie heiratet Georges Brunel, unterhält aber auch mit seinen Geschäftspartnern intime Beziehungen, um Einfluss nehmen zu können. Das vom Autor mit »Parasitismus« und »Prostitution« gleichgesetzte Verhalten Dianes, das als typisch für Frauen ihrer Gesellschaftsschicht geschildert wird, erscheint symptomatisch für das korrupte und dekadente Milieu der Pariser Vorkriegsgesellschaft.

Zentrale Figur des Romans ist die im 2. und 3. Teil beschriebene russische Emigrantin Catherine Simonidse, eine intellektuelle Bürgerstochter, die sich gegen die traditionelle Rolle der Frau auflehnt. Auf einer Reise mit ihrem ersten Liebhaber, einem französischen Offizier, geraten beide zufällig in eine blutige Auseinandersetzung zwischen streikenden Arbeitern und Besitzern einer Fabrik. Catherine stellt sich im Gegensatz zu ihrem Freund auf die Seite der Demonstranten, woran ihre Beziehung zerbricht. Die Konfrontation mit der Brutalität der herrschenden Klasse erschüttert sie, so dass sie sich in Paris anarchistischen Kreisen anschließt. Durch den Taxichauffeur Victor wird Catherine mit den Problemen der Arbeiterschaft konfrontiert und beginnt sich zu engagieren. Als sie sich eingehend mit der Geschichte der Arbeiterbewegung beschäftigt, wird ihr klar, dass sich die Unabhängigkeit der Frau nur durch eigene Arbeit erreichen lässt. Catherine erscheint als po-

OT = Originaltitel EZ = Entstehungszeit OA = Originalausgabe DE = Deutsche Erstausgabe 📖 = Verweis auf Werkartikel

sitive Figur, die jedoch hin und her gerissen ist zwischen bürgerlicher Herkunft, Anarchismus und zögerlichem sozialistischem Engagement.

Die eigentliche Heldin des Buches tritt erst im letzten Teil des Buches auf, der nicht in die Romanhandlung integriert ist. In der realen Figur der deutschen Sozialistin Clara Zetkin sieht Aragon die von ihm idealisierte »Frau von morgen«, gleichberechtigt und selbstbestimmt.

Wirkung: Das erfolgreiche Buch ordnete der Autor in einem später verfassten Nachwort dem sozialistischen Realismus zu, dessen »wohl erster Pionier« er in Frankreich wurde. Aragon legitimierte sich mit dem Romanzyklus *Die wirkliche Welt* als bedeutender Epiker. *S. Na.*

Arendt, Hannah

US-amerikan. Philosophin und Politologin dt. Herkunft

* 14.10.1906 Hannover, † 4.12.1975 New York

📖 *Eichmann in Jerusalem*, 1963

Sie wolle nicht wirken, sondern verstehen, äußerte Hannah Arendt 1964 in einem Gespräch mit dem Journalisten Günter Gaus. Dennoch war sie keineswegs nur eine politische Philosophin, sondern auch Prototyp einer engagierten und couragierten Intellektuellen.

Hannah Arendt studierte nach der Schulzeit Philosophie, protestantische Theologie und griechische Philologie; zu ihren Lehrern zählten Edmund Husserl (1859–1938), Karl → Jaspers und Martin → Heidegger, mit dem sie eine unglückliche Liebesaffäre verband.

Ab 1929 mit Günter Stern (Anders) verheiratet, emigrierte sie 1933 nach Paris. Dort engagierte sie sich für eine Gruppe, die jüdische Kinder aus Zentraleuropa nach Palästina brachte. 1936 begegnete sie ihrem zweiten Mann, Heinrich Blücher. Ab 1941 in New York, war sie zunächst als Lektorin tätig, dann Gastprofessorin an verschiedenen Universitäten, bis sie 1963 einen eigenen Lehrstuhl erhielt.

Biografien: W. Heuer, *Hannah Arendt* (rm 50379); E. Young-Bruehl, *Hannah Arendt. Leben, Werk und Zeit,* 1986.

Eichmann in Jerusalem

OT Eichmann in Jerusalem: A Report on the Banality of Evil
OA 1963 **DE** 1964
Form Sachbuch **Bereich** Politik/Soziologie

Selten hat eine Schrift so viel Aufsehen erregt, ihrem Autor so viele Schlagzeilen und persönliche Angriffe eingetragen wie *Eichmann in Jerusalem*. Es war, wie Hannah Arendt später an Karl → Jaspers schrieb, als wäre sie »in einen Hinterhalt geraten«. Dass der Name Eichmann zum Inbegriff des Verwaltungsmassenmörders (»Schreibtischtäter«) wurde, geht auf ihre Veröffentlichung zurück.

Entstehung: Arendt ging 1961 auf eigenen Wunsch als Gerichtsreporterin nach Jerusalem, um den Eichmann-Prozess zu verfolgen. Als Gesellschaftstheoretikerin und Überlebende des Holocaust fühlte sie sich verpflichtet, einem »dieser Leute«, die sie »noch nie leibhaftig gesehen« hatte, gegenüberzutreten. Mit dem Studium der Person Adolf Eichmann wollte sie »dem totalen moralischen Kollaps, den die Nazis in einer respektablen europäischen Gesellschaft herbeigeführt hatten«, auf den Grund gehen. Das Resultat dieser Bemühungen erschien zunächst als fünfteilige Serie im *New Yorker*, kurz darauf in Buchform mit dem Untertitel *Ein Bericht von der Banalität des Bösen*.

Struktur: Der Bericht stützt sich vor allem auf Prozessmaterial, das den Pressevertretern in Jerusalem ausgehändigt wurde. Wichtigstes Dokument ist das polizeiliche Protokoll des Verhörs, das aufgenommen und Eichmann zur handschriftlichen Korrektur vorgelegt worden war. Ergänzt wird es durch Dokumente der Anklage, die eidesstattlichen Erklärungen von 16 Entlastungszeugen und 70 Schreibmaschinenseiten, auf denen Eichmann Notizen über »die Maßnahmen« zur »Lösung

Hannah Arendt (Porträtfoto aus den 1960er Jahren)

Die wichtigsten Bücher von Hannah Arendt

Was ist Existenzphilosophie?, 1946	Essay über die Wurzeln der Existenzphilosophie, über Søren Kierkegaard, Martin Heidegger und Karl Jaspers.
Elemente und Ursprünge totaler Herrschaft, 1951	Hannah Arendts politisch-philosophisches Hauptwerk über Theorie und Geschichte des Totalitarismus mit den Teilen I. Antisemitismus, II. Imperialismus, III. Totalitäre Bewegung und totale Herrschaft.
Vita activa oder Vom tätigen Leben, 1958	Über den Menschen in der Moderne, hervorgegangen aus Vorlesungen der Autorin an der Universität von Chicago.
Rahel Varnhagen 1958	Lebensgeschichte einer emanzipierten deutschen Jüdin aus der Romantik. Das Buch war bis auf die letzten Seiten fertig, als Hannah Arendt Deutschland 1933 verlassen musste.
Zwischen Vergangenheit und Zukunft 1961	»Übungen im politischen Denken« werden die Essays im Untertitel genannt. Die drei Teile behandeln die philosophische Tradition, politische Grundbegriffe und Fragen der Gegenwart.
Eichmann in Jerusalem, 1963	Ein Bericht von der Banalität des Bösen: Geschildert wird der Eichmann-Prozess 1963 in Jerusalem. → S. 47
Über die Revolution 1963	Eine breit angelegte Untersuchung über den Ursprung und den Sinn von Revolutionen.
Macht und Gewalt 1970	Analyse zweier Schlüsselbegriffe am Beispiel des Vietnamkriegs, der Rassenkonflikte und der Studentenrevolte.
Vom Leben des Geistes 1977–82	Unvollendetes, postum erschienenes Werk über die dreigeteilte Tätigkeit des Geistes. Bd. 1: *Das Denken*, Bd. 2: *Das Wollen* und Bd. 3: *Das Urteilen* (1982).

Auszug aus der Essaysammlung *Nach Auschwitz.* (1989) von Hannah Arendt:

Das Einzigartige ist weder der Mord an sich noch die Zahl der Opfer... Viel eher ist es der ideologische Unsinn, die Mechanisierung der Vernichtung und die sorgfältige und kalkulierte Errichtung einer Welt, in der nur noch gestorben wurde, in der es keinen, aber auch gar keinen Sinn mehr gab.

Hannah Arendt, *Eichmann in Jerusalem*, Umschlag der deutschsprachigen Erstausgabe 1964

der Judenfrage« machte. Das Buch, unterteilt in 15 Kapitel, folgt dem Verhandlungsverlauf.

Inhalt: Die These von der »Banalität des Bösen« taucht im Bericht nur ein einziges Mal auf, ist jedoch immer präsent. Arendt äußert ihr Erstaunen über die Dümmlichkeit und Mediokrität des Angeklagten. Eichmann war »nicht Jago und nicht Macbeth, und nichts hätte ihm ferner gelegen, als mit Richard III. zu beschließen, ›ein Bösewicht zu werden‹. Außer einer ganz ungewöhnlichen Beflissenheit, alles zu tun, was seinem Fortkommen dienlich sein könnte, hatte er überhaupt keine Motive.«

Präzise verzeichnet Arendt die »schreckliche und erschreckende« Normalität dieses Verwaltungsmassenmörders, das Missverhältnis zwischen der Trivialität der Motive und Grauenhaftigkeit seines Handelns, die mitunter geradezu komische Unfähigkeit Eichmanns, ein Bewusstsein seiner Situation und seiner Taten zu entwickeln. Der Funktionär und Technokrat ist für Arendt der Prototyp einer völlig neuartigen Erscheinung des Bösen, vor der »das Wort versagt und das Denken scheitert«. Das gilt auch für das Gericht: Wie kann es einen Angeklagten als urteils- und schuldfähige Person behandeln, wenn ihr die Grundlage aller Schuldfähigkeit, nämlich Unrechtsbewusstsein, in einem so eklatanten Maß fehlt?

Wirkung: Wegen der Forderung, dem Angeklagten trotz seiner Verbrechen gerecht zu werden, der Kritik am Staatsanwalt sowie einiger Bemerkungen zur Rolle der Judenräte bei der Lagerverwaltung und der Deportation wurde Arendt von allen Seiten heftig attackiert – auch in Deutschland. Sie hatte von der Beteiligung der Bevölkerung und ihrer Elite gesprochen und auf die Tatsache hingewiesen, dass für den nationalkonservativen Widerstand des 20. Juni die Vernichtung der Juden als Handlungsmotiv keine Rolle spielte. Die öffentliche Auseinandersetzung, die etwa drei Jahre dauerte, war eine Mischung aus »organisierter Kampagne« – so Arendt in der Vorrede zur Buchausgabe – und engagierter Empörung. Viele Vorwürfe wie jene, sie habe Eichmanns Verhalten »entschuldigt« oder die Juden »verurteilt«, waren ungerechtfertigt. Ein Großteil der Debatte drehte sich tatsächlich um »ein Buch, das niemals geschrieben worden ist« (Hannah Arendt). Erst 2000 erschien *Eichmann in Jerusalem* in hebräischer Übersetzung. *K. L.*

Aretino, Pietro

italien. Schriftsteller

* 20.4.1492 Arezzo, † 21.10.1556 Venedig

📖 *Kurtisanengespräche*, 1533–36

Zu Lebzeiten war Pietro Aretino wegen seiner scharfzüngigen Satiren sowie seiner Droh- und Schmähbriefe gefürchtet. Außerdem verfasste er Komödien, Kunstkritiken, Heiligenviten sowie eine umfangreiche Korrespondenz: Mehr als 3000 Briefe geistreichen, frivolen, teils erpresserischen oder prahlerischen Inhalts sind von ihm überliefert. Trotz seiner umstrittenen Stellung hatte Aretino entscheidenden Einfluss auf die Kunstbeurteilung seiner Zeit und gilt als der erste Kunstkritiker.

Aretino, vermutlich der Sohn eines Schuhmachers, verbrachte seine Jugend in Rom, wo seine Spottverse seinen Ruf als »Geißel der Fürsten« begründeten. 1527 zog Aretino nach Venedig, wo er bis zu seinem Tod blieb. Mit 32 Jahren ernannte er sich selbst zum »Divino«, zum göttlichen Talent, das von keinen Regeln und Konventionen abhängig sei. Oft genug verstieß er gegen alle Regeln und musste wegen seiner erotischen Sonette aus Rom fliehen, da die Schergen von Papst Clemens VII. (1478–1534) einen Mordanschlag auf ihn verübten.

Neben den *Kurtisanengesprächen* gehören Komödien wie *Die Kurtisane* (1525/34), *Der Heuchler* (1542) und *Der Philosoph* (1546), seine einzige Tragödie *Die Horatier* (1546) sowie die *Briefe* (1537–57) zu seinen besten Werken.

Biografie: K. Thiele-Dohrmann, *Kurtisanenfreund und Fürstenplage. Pietro Aretino und die Kunst der Enthüllung,* 1998.

Kurtisanengespräche

OT Ragionamenti **OA** 1533–36 **DE** 1905
Form Dialog **Epoche** Renaissance

So genannte Liebeslehren, welche die Liebe idealisierten oder sie diskutierten, waren in der italienischen Literatur des 16. Jahrhunderts weit verbreitet. Pietro Aretino parodierte diese Traktate mit seinen *Kurtisanengesprächen*, die er ins Dirnenmilieu verlegte. Bewusst überschritt er die Schamschwelle in der Darstellung des Sexuellen. Die Geschichten haben häufig die Form deftiger Schwänke oder Burlesken.

Vorbilder: Zu den Vorläufern der *Kurtisanengespräche* gehören u.a. die *Hetärengespräche* des griechischen Satirikers → Lukian, die ebenfalls in Dialogform verfasst sind, und das *Dekameron* von Giovanni → Boccaccio mit seiner ausgeprägt erotischen Thematik.

Struktur: Die hauptsächlich aus Dialogen bestehenden *Kurtisanengespräche* gliedern sich in zwei Teile. Der erste erschien 1534 unter dem Titel *Gespräch zwischen Nanna und Antonia*, der zweite wurde 1536 veröffentlicht und trug den Titel *Dialog, in dem die Nanna ihr Töchterchen Pippa unterweist*. In den beiden Prologen stellt sich Aretino als »die Geißel der Fürsten, der Wahrheitsmann, der Göttliche« vor.

Inhalt: Im Prolog zur Unterhaltung der beiden erfahrenen Kurtisanen Nanna und Antonia widmet Aretino den ersten Teil des Werks seinem Äffchen Joko, das er mit den Menschen, vor allem den großen Herren seiner Zeit vergleicht. Ausgangspunkt des dreitägigen Gesprächs ist die Sorge Nannas über die Zukunft ihrer Tochter Pippa: Soll sie das Mädchen Nonne, Ehefrau oder Kurtisane werden lassen? Antonia bittet ihre Freundin, über ihr eigenes Leben als Nonne, verheiratete Frau und Kurtisane zu berichten, damit sie eine kluge Entscheidung fällen könne. Nanna berichtet am ersten Tag vom ausschweifenden Leben in den Klöstern, erwähnt am nächsten Tag Beispiele treuloser Ehefrauen und schildert am letzten ihr Leben als Hure, das sie als skandalös und betrügerisch beschreibt. Antonias Urteil ist eindeutig: Nanna soll die Tochter zur Hure ausbilden. Während Nonnen und Ehefrauen ihre Gelübde brechen müssten, um sich auszuleben, seien »Huren wie ein Soldat, der dafür bezahlt wird, dass er übel handelt«.

Der Einführung der Tochter in ihren zukünftigen Beruf hat Aretino den zweiten Teil seines Buchs gewidmet. Im Prolog rechtfertigt er sein Werk: »Aretino ist dem menschlichen Leben nötiger als die Predigten, denn diese bringen die einfachen Leute auf den rechten Weg, seine Schriften aber die großen Herren.«

In einem ebenfalls dreitägigen Gespräch zwischen Nanna und Pippa unterweist Nanna ihre Tochter zunächst in Fragen des Benehmens und führt sie in die Liebespraktiken ein. Der zweite Tag ist dem tragischen Schicksal der Huren gewidmet, die das Pech hatten, sich zu verlieben, der dritte den Praktiken der Kuppelei.

Wirkung: Trotz der eindeutigen erotischen Thematik zeichnet Aretino ein anschauliches, oft drastisches und groteskes Bild des Lebens in der Renaissance. Scharfsichtig und satirisch beschreibt er das Verhalten von Männern und Frauen in Liebesangelegenheiten – dabei behandelt er das einfache Volk meist nachsichtiger als die Hochgestellten. Seine sich an der Volkssprache orientierende, farben- und nuancenreiche Ausdrucksweise hat dem Werk trotz aller Freizügigkeit einen Platz in der Weltliteratur gesichert. Die zeitgenössische Kritik sprach Aretinos Dasein »etwas von der Garantielosigkeit und Brüchigkeit moderner Existenzformen« zu, oft wurde er einer der ersten typischen Vertreter der Neuzeit genannt.   *N. B.*

Ariosto, Ludovico

italien. Dichter

* 8.9.1474 Reggio nell'Emilia, † 6.7.1533 Ferrara

📖 *Der rasende Roland*, 1516/21/32

Ludovico Ariosto zählt insbesondere wegen seines Epos *Der rasende Roland* zu den meistgelesenen Autoren des 16. Jahrhunderts.

Der humanistisch gebildete Ariosto stand 1503–17 in Ferrara in Diensten des Kardinals Ippolito d'Este (1479–1520) und war ab 1518 für Herzog Alfonso I. von Ferrara (1476–1534) in diplomatischen Missionen tätig. 1527/28 übersiedelte er nach Mirasole und übernahm die Intendanz des Hoftheaters.

Schon im teils auf Latein, teils auf Italienisch geschriebenen Frühwerk erwies sich Ariosto als hervorragender Stilist, wenn er auch in der Gegenüberstellung von banalem Leben und idealer höfischer Kultur sowie im Topos des Frauenlobs konventionellen Mustern folgte. In der mittleren Schaffensperiode (1505–16) entstand neben weiterer Lyrik und einigen Komödien, die sich von antiken Vorbildern entfernen, sein Hauptwerk, das komische Versepos *Der rasende Roland*. Zu Ariostos Spätwerk gehören neben den Dramen *Der Nekromant* (1519/20) und *Lena, die Kupplerin* (1528) auch *Satiren* (posthum 1534), die politischen Ereignissen und persönlichen Erlebnissen gewidmet sind.

Der rasende Roland

OT Orlando furioso **OA** 1516/21/32 **DE** 1631–36
Form Epische Dichtung **Epoche** Renaissance

Obwohl er in der Darstellung der Ritterwelt mittelalterliche Motivik behandelt, ist *Der rasende Roland* ein zukunftsweisendes Werk, nicht zuletzt dank des subjektiven und ironischen Um-

Venus von Urbino, einer der ersten weiblichen Akte ohne mythologischen Hintergrund von Tizian, einem Freund des Dichters Pietro Aretino, dessen *Kurtisanengespäche* die zeitgenössische Schamgrenze bewusst überschritten

Pietro Aretino in einem Brief an einen befreundeten Priester:

Wenn ich sterbe, möchte ich, dass mich Gott zu einer Gondel macht oder zur Bank der Gondel. Oder wäre das zu viel, zum Ruder oder zu einem Nagel in der Gondel, zu einem Putzlappen oder wenigstens zu einem Besen, mit dem man die Gondel ausfegt. Oder – um etwas zu nennen, das besser zu mir passt – zu einem Schwan.

Auszug aus der zweiten Strophe des *Rasenden Roland* von Ludovico Ariosto:

*Ich will zugleich
von Roland Dinge sagen,
Die nimmer Reim und
Prosa noch gelehrt:
Wie ein Narren ward durch
Liebesplagen,
Da man ihn sonst für
so gescheit erklärt...*

Porträt des Ludovico Ariosto; Stich nach einer Zeichnung von Tizian; Frontispiz der Ausgabe *Die Historie vom rasenden Roland* 1532

gangs mit dem Stoff. Ludovico Ariosto erweist sich darin als Meister in der Verknüpfung entlegener Themen und Zeitebenen, verwickelter Ereignisse und einer großen Anzahl von Figuren.

Entstehung: Ariosto schrieb *Der rasende Roland* als Fortsetzung des unvollendet gebliebenen Ritterepos *Der verliebte Roland* (1486) von Matteo Maria Boiardo (um 1440–94); bei diesem ist die Verknüpfung zwischen den Legenden um die Gefolgsleute Karls des Großen im Kampf gegen die Heiden und dem bretonischen Sagenkreis der Artusritter mit dem höfischen Liebesideal bereits vollzogen. Direkt oder indirekt stützte sich Ariosto auf Boiardos Quellen, darunter das altfranzösische → *Rolandslied* (um 1100), ferner auf antike Dichter wie → Vergil, → Ovid oder → Lukian; außerdem ist eine fiktive Genealogie des Herrscherhauses der Este in den Text eingeflochten. Ohne klassische Vorbilder sind das Kokettieren des Autors mit der Leserschaft, das bewusst im Text aufscheinende erzählende Ich sowie die burlesken und bizarren Züge seines Epos.

Inhalt: *Der rasende Roland* spielt vor dem Hintergrund der Kämpfe zwischen dem Frankenkaiser Karl dem Großen und seinen Paladinen, darunter Roland, auf der einen sowie Sarazenen und Spaniern auf der anderen Seite. Die Auseinandersetzung zwischen den Christen und den in Frankreich eingefallenen Heiden wird auf den Schauplätzen Paris, Arles und Lampedusa schließlich zugunsten der Franken entschieden. Überlagert wird die Darstellung des Konflikts durch ausufernde Schilderungen der Abenteuer und Liebesepisoden einzelner höfischer Ritter, die in rasantem Tempo die Örtlichkeiten in Europa wechseln und bis nach Indien und China gelangen, begehrenswerten Frauen nachstellen, sich duellieren sowie in manche Fabelwelt geraten. Roland wird, da seine Liebe zu Angelica nicht erwidert wird, wahnsinnig (»rasend«), kann aber wundersam geheilt werden und trägt mit seinem Heldenmut entscheidend zum Sieg der Christen bei.

Aufbau: *Der rasende Roland* besteht aus 46 Gesängen, die unterschiedlich lang sind. Streng ist Ariosto hingegen in der Verwendung der Stanze (Oktave) als einziger Strophenform: Acht Verse zu je elf Silben fügen sich zu einer Strophe mit dem Reimschema ab ab ab cc.

Wirkung: Ariostos komisches Versepos gehört zu den einflussreichsten Werken der europäischen Literaturgeschichte. Das Epos, das sich als Unterhaltungsliteratur versteht, löste in Italien eine Flut von Parodien aus. An den *Rasenden Roland* knüpften u. a. der Spanier Miguel de → Cervantes mit dem Ritterroman *Don Quijote de la Mancha* (1605/15), der Franzose → Voltaire mit dem heroisch-komischen Versepos *Die Jungfrau von Orléans* (1762), der Deutsche Christoph Martin → Wieland mit dem ironisch-fantastischen Heldengedicht *Oberon* (1780) und der Engländer George Lord → Byron mit dem romantischen Versepos *Don Juan* (1824).

Im Zeichen einer klassizistischen Kunstauffassung war das Verständnis von Ariostos Epos lange erschwert, da mit den Kriterien der Einheit der Handlung sowie der epischen »Objektivität« Maßstäbe angelegt wurden, die dem *Rasenden Roland* fremd sind, verdankt er seinen Charme doch der Willkür der Handlungsführung, den raschen Stimmungswechseln und der Einmischung des Autors; damit weist es auf Romantik und Moderne voraus. *B. Be.*

Hauptfiguren in »Der rasende Roland« von Ludovico Ariosto

Roland/Orlando: Der Paladin Karls des Großen ist in Angelica verliebt. Als er erkennt, dass seine Liebe nicht erwidert wird, rast er wie toll durch die Welt. Astolfo kann ihm seinen Verstand zurückbringen und der geheilte Roland spielt eine herausragende Rolle in der letzten Schlacht der Christen gegen die Heiden bei Lampedusa.

Angelica: Die kapriziöse fernöstliche Prinzessin ist das Sehnsuchtsobjekt von Roland und anderen Rittern. Sie zieht allen Helden den einfachen Fußsoldaten Medoro vor und kehrt mit ihm in ihre Heimat zurück.

Ruggiero/Rüdiger: Er ist in Lehenstreue dem Heidenkönig Agramant verpflichtet, aber in Liebe zur Christin Bradamante entflammt. Erst nach etlichen Wirrnissen wird er getauft. Dem byzantinischen Thronfolger Leo, den Bradamantes Eltern als ihren Ehemann ausersehen haben, ist er zu Dankbarkeit verpflichtet, weil dieser ihn aus dem Gefängnis befreit hat – ein weiterer Konflikt.

Bradamante: Der edle weibliche Ritter heiratet, nachdem Leo auf seine Ansprüche auf sie verzichtet hat, Ruggiero/Rüdiger und begründet mit ihm das Geschlecht der Este.

Agramante: Der Sarazenenkönig fällt mit seinen afroasiatischen Heiden in Frankreich ein und zwingt die Christen zweimal hinter die Mauern von Paris zurück. Er wird mit seinen Soldaten nach Arles zurückgeschlagen. Dort kommt es erneut zur Schlacht; die Heiden werden ins Meer geworfen.

Astolfo: Der englische Herzog reist mit dem Evangelisten Johannes zum Mond, wo ihm die Eitelkeit des menschlichen Lebens in Allegorien begegnet. Er kann den dort in einem Krug aufbewahrten Verstand Rolands zur Erde zurückbringen. Nach der Schlacht bei Arles zerstört er die heidnische Hauptstadt Bizerta und lässt die letzten Schiffe vernichten, mit denen die Heiden zu fliehen versuchten.

OT = Originaltitel **EZ** = Entstehungszeit **OA** = Originalausgabe **DE** = Deutsche Erstausgabe ▢ = Verweis auf Werkartikel

Szene aus dem *Alexanderroman* über die Taten Alexanders des Großen: Aristoteles als Lehrer des jungen Alexander am Hofe des Makedonenkönigs Philipp II.; französische Buchmalerei des frühen 15. Jahrhunderts

Aristoteles

griech. Philosoph

*384 v. Chr. Stageira (Chalkidike)

+322 v. Chr. Chalkis (Euböa)

📖 *Poetik*, nach 335 v. Chr.; *Politik*, 329–26 v. Chr.

Aristoteles gilt neben Sokrates (um 470 v. Chr. bis 399 v. Chr.) und → Platon als Begründer der klassischen philosophischen Kultur des Abendlandes. Nach Aristoteles ist es das Ziel der Philosophie, die Natur ursächlich zu verstehen und die Welt des Menschen auszulegen.

Aristoteles, Sohn eines Arztes am makedonischen Königshof, kam im Alter von 17 Jahren nach Athen und trat dort in die platonische Akademie ein. Nach dem Tod Platons ging er zunächst nach Assos und Mytilene, 343/42 berief ihn Philipp II. von Makedonien (um 382 v. Chr.–336 v. Chr.) an den Hof nach Pella als Lehrer seines Sohnes Alexander. 334 kehrte Aristoteles nach Athen zurück, lehrte im Lykeion (Gymnasium) und gründete seine eigene Schule, den Peripatos. Als Alexander der Große (356 v. Chr.–323 v. Chr.) starb, wurde Aristoteles von Gegnern Makedoniens der Gottlosigkeit angeklagt und floh ins Exil nach Chalkis.

Die philosophischen Lehrschriften des Aristoteles, deren Entstehungszeiten zum großen Teil unbekannt sind, waren für die Hörer der Akademie verfasste Vorlesungsmanuskripte, die nicht für eine Veröffentlichung bestimmt waren. In seinen Schriften behandelt Aristoteles unterschiedliche Bereiche. Zu ihnen zählen die für die Entwicklung der Logik sowie der Erkenntnistheorie maßgeblichen Werke des *Organon* sowie die für die Geschichte der abendländischen Metaphysik grundlegenden Bücher *(Metaphysik)*. An die Stelle der platonischen Idee, welche die Allgemeinheit als erstes Seiendes betrachtet, tritt bei Aristoteles die konkrete Substanz (ousia). Ebenso behandelt Aristoteles die

Ethik (*Nikomachische, Eudemische* und *Große Ethik*) mit ihrer Lehre voden Tugenden, die Staatstheorie (*Politik*), in der er den Menschen als gemeinschaftsbildendes und sprachbegabtes Lebewesen herausstellt, die grundlegende Schrift zur abendländischen Dichtkunst *(Poetik)* und die in ihrer psychologischen Konzeption bis heute bedeutungsvolle *Rhetorik.*   D. L.

Literatur: O. Höffe, *Aristoteles,* 1996.

Poetik

OT Peri Poietikes
EZ nach 335 v. Chr.   **EA** 1481   **DE** 1753
Form Schrift   **Epoche** griech. Antike

Ursprünglich als Schrift für die Hörer der Athener Akademie verfasst, begründet die fragmentarische *Poetik* des Aristoteles die Tradition der Dichtungstheorie. In der Auseinandersetzung mit dem Drama, primär mit der Tragödie, stellt das Werk gleichsam eine Theorie der Gattung dar.

Aufbau: Die Schrift gliedert sich in drei Abschnitte: Ein allgemeiner Teil hebt hervor, dass das Wesen der Dichtung, die Nachahmung (Mimesis), der Natur des Menschen entspringt und deren oberstes Prinzip ist. Der folgende Teil behandelt die Tragödientheorie, die letzten Kapitel beschäftigen sich mit dem Epos. Im abschließenden Vergleich der beiden Gattungen entscheidet sich der Verfasser für die Tragödie, da sie »das Ziel der Nachahmung bei einem geringeren Umfang [erreicht]« und über szenische Mittel verfügt.

Aristoteles, *Politik,* älteste Überlieferung aus dem 1. Jahrhundert

Der Tragödiensatz des Aristoteles aus der *Poetik*:

Die Tragödie ist Nachahmung einer guten und in sich geschlossenen Handlung von bestimmter Größe, in anziehend geformter Sprache, wobei diese formenden Mittel in den einzelnen Abschnitten je verschieden angewandt werden – Nachahmung von Handelnden und nicht durch Bericht, die Jammer und Schaudern hervorruft und hierdurch eine Reinigung von derartigen Erregungszuständen bewirkt.

Auszug aus der *Politik* von Aristoteles (Buch I, Kap. 2, 1253 a1ff.):

Es ergibt sich, dass die Polis zu den naturgemäßen Gebilden gehört und dass der Mensch von Natur aus ein staatenbildendes Lebewesen ist.

Inhalt: Die Tragödie besteht nach Aristoteles aus den sechs qualitativen Elementen Handlung (Mythos), Charakter (Ethe), Sprache (Lexis), Schau (Opsis), Gedanke/Absicht (Diánoia) und Gesang (Melopoiia). Die Handlung besteht aus einer Verknüpfung von Begebenheiten zu einem einheitlichen Ganzen. Innerhalb des Handlungsverlaufs des Dramas muss ein Wendepunkt, die Peripetie, eintreten. Dieser Umschlag vom Glück ins Unglück wird durch das Handeln des Protagonisten erzeugt, der ein tüchtiger, aber fehlbarer Charakter sein sollte und durch seinen Fehler, sei es Unwissenheit oder Hybris, dem Zuschauer ähnelt. Die fehlerhafte Handlungsweise des tragischen Helden zwingt diesen, schweres Leid zu ertragen und führt, oft verbunden mit einem Umschlag von Unkenntnis in Kenntnis, zur Katastrophe. Die Wirkung der Tragödie auf den Zuschauer gründet sich auf die Erregung der physischen Affekte Jammer (eleos) und Schauder (phobos) mit dem Ziel der Katharsis, die als Erleichterung und Befreiung erlebt werden soll.

Rezeptionsgeschichte: Die *Poetik* des Aristoteles begründete neben der Schrift *Über die Dichtkunst* (*Ars Poetika*, um 18 v. Chr.) von → Horaz (65 v. Chr. – 8 v. Chr.) sowie einige Beispiele antiker griechisch-römischer Dramen das Dramenverständnis der Antike und der Neuzeit. In der Renaissance ergänzten vor allem französische Kommentatoren das vorhandene Wissen zu einem Regelsystem. Aufgrund des aristotelischen Verweises, die Tragödie suche bessere Menschen nachzuahmen, als sie in der Wirklichkeit vorkommen und die Komödie schlechtere, wurde seit dem 16. Jahrhundert die sog. Ständeklausel begründet, nach der die Tragödie hoch gestellte Personen behandelt, die Komödie niedrig gestellte. Die *Poetik* hatte ihre Blütezeit im europäischen Klassizismus, dem die Kunst und Literatur der Antike zum Leitbild wurde.

In der *Hamburgischen Dramaturgie* (1769) von Gotthold Ephraim Lessing (1729–81) dient der Vergleich mit der *Poetik* dem Versuch, dem bürgerlichen Trauerspiel ein theoretisches Fundament zu bereiten. Das Werk enthält Lessings falsche Deutung des Begriffspaars eleos und phobos zur Wirkung der Tragödie, die er mit »Mitleid« und »Furcht« als sittlich-moralische Wirkung im Sinne des philanthropischen Aufklärungsgedankens übersetzt. Das antiaristotelische Drama von Bertolt → Brecht zeugt von dem beträchtlichen Einfluss der Schrift bis ins 20. Jahrhundert hinein. *T. R.*

Stationen der Rezeption der »Politik« von Aristoteles	
Thomas von Aquin ca. 1265/73	*Von der Fürstenherrschaft:* Thomas übernimmt die politische Anthropologie des Aristoteles und erweitert sie um die christliche Bestimmung des Menschen. Politisch hat dies eine Nebeneinanderstellung der weltlichen und der geistlichen Gewalt zur Folge, die einen bedingten Vorrang der Letzteren zulässt.
Dante Alighieri 1317	*Die Monarchie:* Mit aristotelischen Argumenten streitet Dante für die Unabhängigkeit kaiserlicher Gewalt vom Papsttum. Dante feiert Aristoteles als den »Meister derer, die wissen«.
Marsilius von Padua 1324	*Der Verteidiger des Friedens:* Marsilius deutet die menschliche Gesellschaft und ihre gesetzliche Ordnung rational und säkular, um machtpolitisch das Papsttum in seine Schranken zu weisen.
Hermann Conring 1662	*Einzelnes Buch über die bürgerliche Klugheit:* Ziel der politischen Wissenschaft ist für Conring nicht der machtpolitische Nutzen für die Staaten, sondern – ganz aristotelisch – das Glück der menschlichen Gemeinschaft.
G. W. F. Hegel 1832	*Die Philosophie des Rechts:* Hegel will griechische Sittlichkeit, die Aristoteles in der Polis wirksam sah, mit den Rechten des modernen Menschen, die im politischen Denken der Neuzeit zentral sind, vereinbaren.
Friedrich C. Dahlmann 1835	*Die Politik:* Der Wortführer der »Göttinger Sieben« hat dem Werk einen Titel vorangestellt, der Programm ist: die Politik auf den Grund und das Maß gegebener Zustände zurückzuführen.
Hannah Arendt 1958	*Vita activa oder Vom tätigen Leben:* In ihrem Buch, dessen amerikanischer Originaltitel The Human Condition lautet, untersucht Arendt die Ursache neuzeitlicher Weltentfremdung.
Dolf Sternberger 1978	*Drei Wurzeln der Politik:* Sternbergers Schrift gehört zur neoaristotelischen Politikwissenschaft in Deutschland. Aristoteles' Politik wird zur Grundlage jeglicher »Politologik« erklärt.
Alasdair MacIntyre 1981	*Der Verlust der Tugend:* MacIntyre diagnostiziert eine moralische Krise der Gegenwart, deren Ursache im Versagen aufklärerischer Moralphilosophie liegt. Aristotelische Tugendethik wird als Heilmittel empfohlen.
Martha C. Nussbaum 1999	*Gerechtigkeit oder Das gute Leben:* Sammlung von Aufsätzen, in denen Nussbaum die menschliche Natur und Fähigkeiten zur Grundlage nimmt, um zu klären, was es heißt, gut zu leben.

Politik

OT Politika **EZ** zwischen 329/28 und 327/26 v. Chr. **EA** vor 1469 **DE** 1891 **Form** Schrift **Bereich** Philosophie

In der *Politik* und seiner Ethik begründet Aristoteles die praktische Philosophie. Die Schrift wurde zur Basis staatstheoretischer Reflexionen und Ausgangspunkt der politischen Wissenschaft vom Mittelalter bis ins 20. Jahrhundert mit ihren unterschiedlichen Formen politischer Ordnung.

Entstehung: Die *Politik* ist, wie andere überlieferte Schriften des Verfassers, aus Manuskripten von Vorträgen und Vorlesungen hervorgegangen. Die acht Bücher, aus denen sie besteht, bilden jedoch kein einheitliches Werk. Die Bücher VII und VIII, die den Entwurf einer idealen Polisordnung enthalten, gelten als die frühesten Teile. Die Untersuchungen zu den verschiedenen Verfassungen, ihrer Erhaltung und ihrem Wandel in den Büchern IV bis VI sind vermutlich später (um 329 v. Chr.) entstanden.

Inhalt: Der Mensch ist für Aristoteles von Natur aus ein politisches Lebewesen. In seiner politischen Gemeinschaft teilt der Mensch mit seinen Mitbürgern ein Verständnis für die Tugenden, durch deren Vollzug sein Leben glückt. Dazu zählen zentrale Tugenden wie Gerechtigkeit und Tapferkeit, Besonnenheit und die verbindende Freundschaft. Der Bürger des Aristoteles ist der politisch Mitbestimmende, der »am Richten und Regieren Anteil hat«. Politik besteht im Miteinander-Reden und Miteinander-Handeln. Deshalb ist es auch politisch bedeutsam, dass der Mensch von seinem Wesen her ein sprachbegabtes Sinnenwesen (zoon logon echon) ist.

Aristoteles unterscheidet sechs Verfassungsformen, drei seiner Ansicht nach gute (Königsherrschaft, Aristokratie, Politie) sowie drei entartete (Tyrannis, Oligarchie, Demokratie). Nicht einheitlich beantwortet Aristoteles jedoch die Frage, welche Verfassung die beste sei. Dahinter verbirgt sich keine philosophische Unentschlossenheit: Es gilt vielmehr bei der Frage nach der besten Verfassung jeweils die verschiedenen Umstände der historisch-politischen Konstellation zu berücksichtigen.

Wirkung: Nach ihrer Wiederentdeckung im 13. Jahrhundert wurde die *Politik* des Aristoteles zur maßgeblichen Schrift der politischen Wissenschaft für die kommenden Jahrhunderte. Dazu trug bei, dass Aristoteles im Mittelalter als »Meister derer, die wissen« (→ Dante Alighieri) galt. → Thomas von Aquin und Dante bauten ihre theologisch-politischen Vorstellungen ebenso auf Aristoteles auf, wie der Padovaner Philosoph und Mediziner Marsilius (1275–1342/43) seine säkulare Lehre von der Überordnung der weltlichen über die geistliche Gewalt. Wer, wie der englische Philosoph Thomas → Hobbes, eine eigenständige Wissenschaft von der Politik entwerfen wollte, kam nicht umhin, Aristoteles mit großem rhetorischem Aufwand zu umgehen. Im 19. Jahrhundert versuchte Georg Wilhelm Friedrich → Hegel in den *Grundlinien der Philosophie des Rechts* (1832) Aristoteles' Philosophie der Sittlichkeit in die Moderne zu übertragen, und Karl → Marx knüpfte an die Kritik der Ökonomie an, die der griechische Philosoph geübt hatte. Im 20. Jahrhundert wirkte das Werk auf den Kommunitarismus, den modernitätskritischen Entwurf von Alasdair MacIntyre (*1929) ebenso wie auf den sozialdemokratischen von Martha C. Nussbaum (*1947). *D.L.*

Arnim, Achim von / Brentano, Clemens

Arnim, Achim von, dt. Schriftsteller	
*26.1.1781 Berlin, †21.1.1831 Wiepersdorf	
Brentano, Clemens, dt. Schriftsteller → S. 156	
*8.9.1778 Ehrenbreitstein	
†28.7.1842 Aschaffenburg	
📖 *Des Knaben Wunderhorn*, 1805–08	

Jünger als die erste (»Jenaer«) Romantikergeneration, waren Achim von Arnim und Clemens → Brentano von deren Dichtungen begeistert.

Anstelle der Wiedererweckung des Hochmittelalters wandten sie sich jedoch dem Sammeln »alter deutscher Lieder« zu. Der preußische Student Arnim und der studierte Kaufmannssohn Brentano aus italienischer Familie lernten sich 1801 in Göttingen kennen und unternahmen im Folgejahr eine Rheinreise. 1804–06 arbeiteten sie an *Des Knaben Wunderhorn;* daneben gab Arnim in Heidelberg seine kurzlebige *Zeitung für Einsiedler* heraus.

Brentano wurde mit seiner Lyrik, den *Romanzen vom Rosenkranz* (entst. 1802–12), den kunst- und stimmungsvollen *Rheinmärchen* (Gesamtausgabe erst 1846) sowie der *Geschichte vom braven Kasperl und dem schönen Annerl* (1817) bekannt. Texte wie der frühe Roman *Godwi* (1801) sind aus dem Geist der romantischen Ironie geschrieben. 1817 rekonvertierte Brentano zum Katholizismus und entsagte der Literatur.

Arnim heiratete Brentanos Schwester, die Schriftstellerin Bettina von Arnim (1785 bis 1859), und zog sich auf sein Gut Wiepersdorf zurück. Neben Gedichten, publizistischen Artikeln und dem unvollendeten Roman *Die Kronenwächter* (1817) setzte er sich hauptsächlich mit virtuosen Novellen durch, darunter *Der tolle Invalide auf dem Fort Ratonneau* (1818).

Biografien: H. M. Kastinger Riley, *Achim von Arnim* (rm 50277); H. Schultz, *Clemens Brentano*, 1999.

Des Knaben Wunderhorn

OA 1805–08
Form Volksliedersammlung **Epoche** Romantik

Die Epoche machende Anthologie »alter deutscher Lieder« wurde zum Hauptwerk der »Heidelberger Romantik«.

Entstehung: Arnim und Brentano entwarfen dieses lyrische Kernstück ihres Schaffens im

links: Achim von Arnim, anonyme Zeichnung um 1800; rechts: Clemens Brentano, Ölgemälde von Emilie Lindner 1835

Auszug aus Achim von Arnims Aufsatz *Von Volksliedern*, dem Nachwort zum ersten Band von *Des Knaben Wunderhorn*:

...was der Reichthum unsres ganzen Volkes, was seine eigene innere lebende Kunst gebildet, das Gewebe langer Zeit und mächtiger Kräfte, den Glauben und das Wissen des Volkes, was sie begleitet in Lust und Tod, Lieder, Sagen, Kunden, Sprüche, Geschichten, Prophezeihungen und Melodieen, wir wollen allen alles wiedergeben.

Sommer 1805 am Neckar; den Plan hierzu hatten sie bereits während ihrer Rheinfahrt im Jahr 1802 gefasst. In Heidelberg und Kassel sammelten sie Texte von Liedern, Balladen und Romanzen, weitgehend aus schriftlichen Quellen. Der 1805 (mit dem Druckdatum 1806) erschienene erste Band war → Goethe gewidmet; dessen positive Rezension ermutigte Arnim und Brentano zum Weitermachen. Die Herausgeber riefen in Rundschreiben zur Mitarbeit auf, so dass von etwa 50 Beiträgern umfangreiches Material zusammenkam.

Inhalt: Brentano zufolge sollte *Des Knaben Wunderhorn* »Geistliche, Handwerks-, Tagewerks-, Tageszeits-, Jahrzeits- und Scherzlieder« enthalten. Insgesamt ist unter den etwa 700 Texten vom Kirchen- bis zum Liebeslied, vom kurzen Kinderreim bis zur langen historischen Chronik-Ballade, von Rollenliedern der Soldaten oder der Bettler bis zum Wanderlied,

Achim von Arnim und Clemens Brentano, *Des Kaben Wunderhorn. Alte deutsche Lieder*, Umschlag der Originalausgabe von Band 1 1806 (l.) und Band 2 1808

dem romantischen Genre schlechthin, alles vertreten. Brentano redigierte für den Abschluss des dritten Bandes *Kinderlieder*; heute noch populär sind z.B. *Schlaf, Kindlein, schlaf* oder *Guten Abend, gute Nacht*.

Neben den *Volksliedern* (1778/79) von Johann Gottfried Herder (1744–1803), deren Hauptvorbild eine Sammlung alter englischer Poesie von Thomas Percy (1729–1811) gewesen war, benutzten Arnim und Brentano die *Ungedruckten Reste alten Gesangs* (1784) von Anselm Elwert (1761–1825) und anonyme oder von benennbaren Dichtern stammende Texte aus weiteren etwa 140 Quellen. Dabei verfuhren sie oft recht unbefangen mit ihren Vorlagen, kürzten, dichteten um, ja fügten zuweilen Texte aus eigener Feder hinzu, was sich vor allem durch kryptische Quellenangaben wie »mündlich« verrät. Der fromm-andächtige, schauerlich-balladeske oder auch breit-historische Ton der Lieder wird nicht selten ironisch gebrochen. Umstritten war die Praxis, Lieder von beinahe zeitgenössischen Autoren aufzunehmen.

Aufbau: Die drei Bände sind mit Absicht weder thematisch noch nach Landschaften oder Konfessionen geordnet. Über kürzere Strecken lassen sich inhaltliche Muster erkennen, etwa das Abwechseln von Räuberhistorien und Marienliedern im 2. Teil; im Ganzen ist das *Wunderhorn* jedoch ein Beispiel für die romantische Idee der natürlichen Buntheit.

Die verschlungene Ikonografie der Titelkupfer, insbesondere das »Wunderhorn«-Frontispiz des 2. Teils, machte die Bände zu einem Gesamtkunstwerk, dem freilich keine Melodien beigegeben wurden. Dem gesamten Projekt sind noch die 1811 folgenden *Altdänischen Heldenlieder* von Wilhelm → Grimm hinzuzurechnen und letztlich auch – als ursprüngliches Zweigprodukt – die *Kinder- und Hausmärchen* der Brüder Grimm (1812–15).

Wirkung: *Des Knaben Wunderhorn* bot für viele romantische Lyriker der jüngeren Generation, von Joseph von → Eichendorff über Eduard → Mörike bis zu Heinrich → Heine, Vorbilder sowohl in formaler Hinsicht – besonders mit der vierzeiligen sog. Volksliedstrophe – wie auch durch seine Stimmung. Viele spätere Liedsammlungen übernahmen im Titel das Wort »Wunderhorn«, und die literarischen Anspielungen in der deutschen Literatur von Georg → Büchner bis zu Thomas → Mann sind vielfältig. Die bildenden Künstler des Biedermeier ließen sich ebenso inspirieren wie zahlreiche Komponisten, von Franz Schubert (1797 bis 1828) bis zu Hans Pfitzner (1869–1949), die aus dem Geist des »Volkslieds« mit *Wunderhorn*-Texten Kunstlieder schufen. Bei Gustav Mahler (1860–1911) wurden die *Wunderhorn*-Gesänge sogar zur Basis seiner frühen Symphonien. *A. H.*

Romantik und Volksliteratur

Herder: Schon im Sturm und Drang wandten sich die Literaten dem »Volk« zu. Besonders Herder sammelte, unter sporadischer Mithilfe → Goethes, Lyrik, die er nach dem Begriff einer »poésie populaire« von Michel Eyquem de Montaigne (1533–92) »Volkslieder« nannte und 1778/79 in zwei Bänden herausgab.

Die Romantiker: Die Generation der Romantiker griff die Idee der »Volkspoesie« in mehrfachem Sinn auf. Sie suchte primär Texte, die bei den weniger gebildeten Schichten, Bauern und Handwerkern, in Gebrauch geblieben waren, worin die Spätaufklärer eine Provokation sahen. Die Romantiker zählten auf das »Volk« als anonyme Basis für langlebige kulturelle Traditionen und erhofften davon in Napoleonischer Zeit einen Impuls für die Einigung der Nation. So kam es, dass Ludwig → Tieck 1797 *Volksmärchen* publizierte, die ironischerweise von ihm selbst stammten, dass Joseph von Görres (1776–1848) 1807 alte Erzählungen als *Die teutschen Volksbücher* und später Ludwig Uhland (1787 bis 1862) und weitere Literaten *Volkslieder* in Druck gaben.

Das »Wunderhorn«: Faktisch war das *Wunderhorn* die bedeutendste Volksliedersammlung und entsprach in seiner Modellhaftigkeit den *Kinder- und Hausmärchen* (1812/15) und den *Deutschen Sagen* (1816/18) der Brüder Grimm, die auf die Idee des »Volkes« nur im Titel verzichten.

Artmann, Hans Carl

österreich. Dichter

* 12.6.1921 Wien, † 4.12.2000 ebd.

📖 *med ana schwoazzn dintn*, 1958

Als Sprachspieler bewegte sich H.C. Artmann zwischen den Kulturen der Welt und ihren gesprochenen poetischen Abbildern. Seine Gedichte sind kunstvolle Lautgebilde, die surreale Fantasie mit der Bodenständigkeit des Dialekts, traditionellen Stilelementen und den Zufällen eigener Erfahrungen ironisch experimentierend zu einer »Poesie des Einfalls« (Klaus Reichert) verbinden.

Artmanns rastloses Leben war für seine Dichtungen ebenso wichtig wie die Abenteuer mit fremden Texten, von denen der vielsprachige Autor etliche ins Deutsche übersetzte, d.h. in das unverwechselbare, immer am Klang orientierte Artmann-Idiom. Neben literarischen Interessen, die z.B. mit dem Keltischen, Jiddischen und Persischen auch die Sprachgeschichte ins Blickfeld rückten, bestimmten erotische Erfahrungen seinen Weg (»Ich bin zum dritten Mal verheiratet und habe fünf Kinder mit fünf verschiedenen Frauen.«).

Nach frühen Kriegserlebnissen veröffentlichte Artmann in den späten 1940er Jahren seine ersten Gedichte, war Mitbegründer der »Wiener Gruppe«, von der er sich 1957 trennte, und bereiste in den 1960er und 70er Jahren alle Kontinente. Zeitweise ohne festen Wohnsitz lebte er u.a. in Berlin, Stockholm, Malmö, Graz, Salzburg und Wien. 1997 erhielt er den Büchner-Preis. Artmanns Werk umfasst außer Lyrikbänden (*ein lilienweißer brief aus lincolnshire*, 1969; *Aus meiner Botanisiertrommel*, 1975; *gedichte von der wollust des dichtens in worte gefasst*, 1989) auch Prosa und Theaterstücke.

Biografie: K. Hoffmann, *H.C. Artmann – ich bin abenteurer und nicht dichter*, 2001 (Gespräche).

---

med ana schwoazzn dintn

OA 1958 **Form** Gedichte **Epoche** Moderne

Artmanns erste Buchveröffentlichung machte ihn mit einem Schlag bekannt und wurde – bei moderner Lyrik eine Ausnahmeerscheinung – in kurzer Zeit ein Bestseller. Zu dem Erfolg trugen auch Schallplatten, gesprochen vom Autor und von Friedrich Polakovics, bei. In den »mit schwarzer Tinte« geschriebenen Gedichten, im Untertitel als *gedichta r aus bradnsee* (Breitensee, einem Wiener Stadtteil) lokalisiert, entdeckte Artmann die Mundart als künstlerisches Ausdrucksmittel neu. Hinter ihrer scheinbaren Volkstümlichkeit und dem Wiener schwarzen Humor scheinen die Traditionen der europäischen Poesie vom Barock bis zum 20. Jahrhundert durch.

Inhalt: Makabre Themen prägen die etwa 60 Gedichte, in denen selbst bei Liebeserklärungen und Naturbeobachtungen Alltägliches zum Unheimlichen gerinnt und das Verderben hinter jeder noch so harmlosen Ecke lauert. Zu den berühmtesten Figuren in diesem skurrilen Panoptikum gehören der Karussellbesitzer, der sich als Vorstadt-Blaubart entpuppt, und der böse Gärtner, der den Blumen nach dem Gießen mit sadistischer Lust die Köpfe abschlägt, Oft im Ton von Kinder- oder Volksliedern und als Rollengedichte in der Ich-Form geschrieben, entwerfen die poetischen Miniaturen grotesk bedrohliche Bilder. Die artifizielle Naivität und finstere Unschuld erteilt allem Herzschmerz eine rigorose Absage. »nua ka schmoez how e xogt!« (Nur kein Schmalz hab ich gesagt), lautet die programmatische Anfangszeile des ersten Gedichts: »reis s ausse dei heazz dei bluadex/und haus owe iwa r bruknglanda!/fomiaraus auf d fabindunxbaun/en otagring...«

Aufbau: Der durch Motive locker verbundene Gedichtzyklus verzichtet durchweg auf konventionelle Endreime und entfaltet in metrisch und rhythmisch freien Versen seinen klanglichen und semantischen Horizont in witzig variierten Wiederholungen. Wegen der phonetisch eigenwilligen Umschrift des Dialekts, deren Schriftbild jedes Wort verfremdet und neu auf die Probe stellt, erfordern die Texte ein lautes Lesen. Dann wird das Banale zur hintergründigen Poesie und begreiflich, dass ein Dichter, bevor ihm »das Herz austrocknet vor lauter Wörtern«, sein »blutiges Herz« ausreißen und »über ein Brückengeländer... hauen« soll.

Wirkung: Artmanns österreichische Mundart-Experimente befreiten den Dialekt von nationalistischen Belastungen, besinnlicher Innigkeit und betulicher Provinzialität. Sie fanden viele Nachfolger im deutschsprachigen Raum (in der österreichisch makabren Variante z.B. Georg Kreisler, in der Schweiz Kurt Martis hinterhältige Idyllen), auch unter Pop- und Rockmusikern. Die vertrackte Sinnlichkeit seiner Sprachkunst animierte bekannte Grafiker (z.B. Uwe Bremer, Ernst Fuchs und Ali Schindehütte) zu Illustrationen seiner oft in bibliophilen Ausgaben erschienenen Werke. Artmann selbst gab den Dialekt bald zugunsten subtilerer Sprachspiele auf. Es war sein respektlos souveräner Umgang mit Sprache, der die Lyrik in der zweiten Hälfte des 20. Jahrhunderts nachhaltig beeinflusste. *E.E.K.*

H. C. Artmann, *med ana schwoazzn dintn*, Umschlag der Originalausgabe 1958

Auszug aus *med ana schwoazzn dintn* von **H.C. Artmann:**

*med ana rodn dintn
how a da geschrim
das a de gean hob
med ana grinan dintn
how a da geschrim
wia e no qoat hob auf dii –
med ana schwoazzn dintn
owa mecht e da
jezt auf s weiße babia schreim
das ma r es heazz ausdroknt is
fua lauta woatn...*

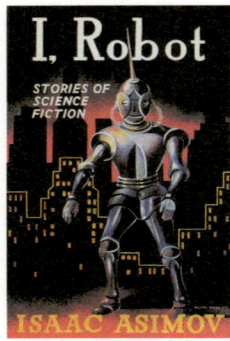

Isaac Asimov, *Ich, der Robot*,
Umschlag der britischen Erstausgabe von 1952

Asimov, Isaac

US-amerikan. Schriftsteller russ. Herkunft

*2.1.1920 Petrovichi, Russland, † 6.4.1992 New York

Ich, der Robot, 1950

Isaac Asimov ist einer der produktivsten Sciencefiction-Autoren. Seine Kurzgeschichten und Romane übten in den 1950er Jahren einen prägenden Einfluss auf die Sciencefiction-Literatur aus und ermöglichten eine intellektuelle Auseinandersetzung mit Erkenntnissen aus Soziologie, Geschichte, Mathematik und mit den Naturwissenschaften.

1923 wanderten die Asimovs in die USA aus und ließen sich in New York nieder. Asimov studierte dort Chemie, lernte 1938/39 einige Sciencefiction-Autoren kennen und begann selbst mit dem Schreiben von Sciencefiction-Literatur. Nach der Promotion 1948 wurde er Professor für Biochemie. Neben dieser Tätigkeit arbeitete er ab 1958 als freier Schriftsteller und schrieb im Lauf der Zeit fast 500 Bücher zu den verschiedensten Themen; er popularisierte erfolgreich wissenschaftliche Erkenntnisse aus unterschiedlichen Fachgebieten. Seine bekanntesten fiktionalen Werke sind zwei großen Zyklen zuzuordnen: den Roboter- und Foundation-Erzählungen. Sein wichtigster Kurzprosatext ist die vielfach preisgekrönte Short story *Einbruch der Nacht* (1941), in der der Sternenhimmel nur alle 2000 Jahre sichtbar wird.

Autobiografie: I. Asimov, *Memoir*, 1994.

Wichtige Bücher der Sciencefiction-Literatur

Aldous Huxley 1932	*Schöne Neue Welt:* In dem Roman werden Privatleben und Emotionen von den Machthabern kontrolliert. → S. 536
Isaac Asimov 1950	*Ich, der Robot:* In der Kurzgeschichtensammlung formuliert der Autor erstmalig die bekannt gewordenen Robotergesetze. → S. 56
Robert A. Heinlein 1961	*Fremder in einer fremden Welt:* Kultroman der späten 1960er Jahre, dessen menschliche Hauptfigur auf dem Planeten Mars mit zahlreichen telepathischen Fähigkeiten ausgestattet wird.
Stanislav Lem 1961	*Solaris:* Erforscht statt technologischer Neuerungen die Möglichkeit der Selbsterkenntnis in einer fernen Raumstation. → S.669
Frank Herbert 1965	*Der Wüstenplanet (Dune):* Der komplexe Roman um einen Planeten mit riesigen Sandwürmern und nomadischen Bewohnern brachte die Ökologie zum ersten Mal in das Bewusstsein des Genres.
Philip K. Dick 1968	*Träumen Androiden von elektrischen Schafen:* Zeichnet das Szenario einer zerstörten Welt, in der die Grenze zwischen dem natürlichen und dem künstlichen Menschen aufbricht.
Joanna Russ 1975	*Eine Weile entfernt:* In dem Roman treffen vier genetisch identische Frauen aus vier parallelen Universen zusammen.
Samuel R. Delany 1976	*Triton:* Eine »mehrdeutige Heterotopie«, die komplexe und unbequeme Fragen über Sexualität und Geschlecht aufwirft.
Octavia Butler 1979	*Vom gleichen Blut:* In dem alptraumhaft erzählten Roman wird eine schwarze Frau durch eine Zeitreise in den US-amerikanischen Süden des 19. Jahrhunderts versetzt, wo sie zur Sklavin wird.
William Gibson 1984	*Neuromancer:* Erster Teil einer Trilogie, die als der Ursprung des »Cyberpunk« gilt und deren desillusionierte Charaktere in der virtuellen Realität um ihr Überleben kämpfen müssen.

Ich, der Robot

OT I, Robot **OA** 1950
Form Kurzgeschichten **Epoche** Moderne

In den neun Geschichten der Sammlung *Ich, der Robot* legte Asimov zum ersten Mal seine berühmten Robotergesetze dar, welche die Basis für die logischen Verwirrspiele seiner Roboter-Erzählungen sind. Das erste und wichtigste Gesetz fordert dabei, dass kein Roboter einem Menschen Schaden zufügen darf, das zweite Gesetz verlangt absoluten Gehorsam und das dritte die Selbsterhaltung. Diese Gesetze und deren Implikationen für die Entwicklung künstlicher Intelligenz machen das Werk, trotz seiner konventionellen Form, zu einem Klassiker der Sciencefiction-Literatur.

Entstehung: Die Geschichten wurden bereits in den 1940er Jahren in den Zeitschriften *Super Science Stories* sowie *Astounding Science Fiction* veröffentlicht und sind die frühesten Roboter-Erzählungen. Ziel des Autors war, Alternativen zu den bösartigen Metallmonstren der Heftchenliteratur zu schaffen. Der zentrale Konflikt der Geschichten ist daher das Streben der Roboter nach psychologischer Tiefe und Menschlichkeit auf der Basis reinen Verstandes.

Inhalt: Zentrale Figur ist die Roboterpsychologin Dr. Susan Calvin. Die Rahmenhandlung beruht auf einem vom Erzähler geführten Interview mit Dr. Calvin, wobei der Erzähler auch als Redakteur der Kurzgeschichten auftritt, die chronologisch geordnete Anekdoten aus Dr. Calvins Zeit als Roboterpsychologin erzählen. Die Komplexität der Roboter und damit auch deren Nähe zu menschlichem Bewusstsein nimmt mit jeder Geschichte zu. Wegen der in sie zwingend eingebauten Robotergesetze entsprechen die Roboter höchsten ethischen Standards, die aber mit zunehmender intellektueller und emotionaler Komplexität der Roboter immer mehr im Konflikt mit deren »Menschlichkeit« stehen. Während die erste Geschichte *Robbie* die Beziehung zwischen einem Mädchen und einem psychologisch einfachen, für Fabrikarbeit konzipierten Roboter erzählt, werden in den folgenden Geschichten die Aufgaben der Roboter und deren Beziehungen zu Menschen tiefgründiger und ambivalenter. In der letzten Geschichte kontrollieren »Maschinen« die Welt, die eine perfekt ausbalancierte ökonomische und politische Ordnung aufrechterhalten können, da sie sich immer am größten Wohl für die Menschheit orientieren.

Aufbau: *Ich, der Robot* ist eine thematische Kurzgeschichtensammlung, die durch ihre Rahmenhandlung fast zu einem episodischen Roman wird. Immer wieder werden die von den drei Robotergesetzen aufgeworfenen Rätsel in einem Wettkampf zwischen menschlichem

OT = Originaltitel **EZ** = Entstehungszeit **OA** = Originalausgabe **DE** = Deutsche Erstausgabe = Verweis auf Werkartikel

Geist und positronischem Gehirn durchgespielt, das sich in den letzten beiden Geschichten als überlegen erweist.

Wirkung: Die literarische Darstellung der Robotergesetze eröffnete neue Möglichkeiten für humanoide Roboter als komplexe Figuren innerhalb des Genres. Die Kurzgeschichten in *Ich, der Robot* markieren den Beginn einer Reihe der einflussreichsten Texte des Autors, die spätere, postmoderne Experimente mit den Grenzen zwischen menschlicher und nicht menschlicher Existenz (wie z.B. bei Phillip K. Dick, Ursula Le Guin, William Gibson und anderen) im Zeitalter von Genforschung, nanotechnologischer Medizin und kosmetischer Chirurgie nachhaltig beeinflussten. *J. C.*

Äsop

(griech. Aisopos) griech. Fabeldichter

6. Jahrhundert v Chr.

📖 *Fabelsammlung*, 6. Jahrhundert v. Chr.

Äsop gilt als der wichtigste Vertreter der Fabeldichtung. In einfachen Geschichten betrachtet er ironisch die menschlichen Schwächen.

Obwohl den Griechen ältere Fabeln von den Dichtern → Hesiod und Archilochos (7. Jh. v. Chr.) bekannt waren, wurde Äsop, indem er ihre Fabeln zusammenfasste und seine eigenen Geschichten ergänzte, der Begründer dieser Gattung. Das Wissen über sein Leben geht vor allem aus historischen und gelehrten Quellen hervor. Nach der Überlieferung des griechischen Historikers → Herodot wurde Äsop in Thrakien an der Westküste des Schwarzen Meeres geboren. Auf der Insel Samos war er zunächst Sklave

eines Mannes namens Xanthes, dann eines Iadmon. Einer byzantinischen Quelle zufolge, die dem Gelehrten Maximos Planudes aus dem 13./14. Jahrhundert zugeschrieben wird, war er im Dienst des Königs von Lydien, Krösus, tätig und reiste in dessen Auftrag nach Delphi. Dort wurde er, weil er die Einwohner der Stadt beleidigt hatte, zum Tod verurteilt und von einem Felsen gestürzt.

Hauptwerke der Tierfabel–Literatur	
Äsop 6. Jahrhundert v. Chr. dt. 1476	Seine Fabeln gelten als Vorbild der europäischen Fabeldichtung, aber ihre Urquelle sind ältere Überlieferungen, z.T. aus dem Orient, zurückreichend bis ins 2. Jahrtausend. → S. 57
Phaedrus 1. Jahrhundert n. Chr. dt. 1696	*Fabulae Aesopiae:* Phaedrus führte mit seiner lateinischen Übersetzung der Dichtungen Äsops die Tierfabel in die römische Literatur ein und fügte eigene Fabeln in der Umgangssprache hinzu.
Pantschatantra (»Fünfbuch«) 3.-6. Jahrhundert, dt. 1483	Das Werk ist die Quelle und das Hauptwerk der indischen Fabelliteratur, angeblich von einem Vishnusarman. Es vermittelt Lebenslehren am Beispiel vermenschlichten Tierverhaltens. Die Sammlung wurde weltweit insgesamt über 200-mal übersetzt.
Ulrich Boner entstanden um 1350	*Der Edelstein:* Erste deutsche Übersetzung lateinischer Fabeln (in Schweizer Mundart). Ab 1461 ein früher »Bestseller«; Quelle für Luthers Fabeln zur Belehrung der Kinder und »Papisten«.
Jean de La Fontaine 1668-94	*Fabeln* (5 Bände): Die 237 gereimten Fabeln gehen auf antike, altfranzösische und orientalische Quellen zurück. Sie sind die am meisten zitierten Fabeln der europäischen Literatur. → S. 643
Gotthold Ephraim Lessing 1759	*Fabeln und Fünf Abhandlungen:* Die Hälfte der 90 Prosafabeln sind eigene Schöpfungen. Als Fabeltheoretiker sah → Lessing die optimale Wirkung in der größtmöglichen Kürze.
Gottlieb Konrad Pfeffel 1783	*Fabeln:* Der elsässische Pädagoge ersetzte den Plauderton der Rokoko-Fabeldichter Hagedorn, Gellert, Lichtwer und Gleim erstmals durch deutlich herrschaftskritische Tendenzen.
Iwan Krylow 1809, dt. 1842	*Fabeln:* Mutig nehmen die 200 Fabeln Missstände im Zarenreich und Schwächen des russischen Charakters aufs Korn. Viele Verse gingen in den russischen Sprichwörterschatz ein.
James Thurber 1940, dt. 1950	*Fabeln für Zeitgenossen:* Der US-amerikanische Satiriker setzte zeitgemäße Erfahrungen in Fabeln mit teils grotesken Pointen um. Eines der erfolgreichsten modernen Werke dieser Gattung.

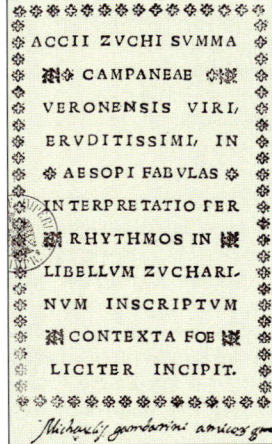   

Äsop, *Fabelsammlung;* von links: Titelblatt der Ausgabe 1479; Illustration zur Fabel *Die Bürger und die Ritter* der Ausgabe 1485 (Holzschnitt); Titelkupfer der Ausgabe 1486 von Gerhard Leus; Titelblatt der deutschsprachigen Neuausgabe 1548 von Burkard Waldis

Fabelsammlung

OT Mython synagoge
EZ 6. Jahrhundert v. Chr. **EA** 1470 **DE** 1476
Form Fabel **Epoche** Griechische Antike

Die Fabeln von Äsop gewannen aufgrund ihrer unkomplizierten, deutlichen Sprache und ihrer moralischen Botschaft unter der Bevölkerung sowie unter den Gelehrten große Beliebtheit. Der aus einfachen Verhältnissen stammende Dichter schrieb nicht für eine elitäre Gruppe, sondern für das Volk.

Inhalt: In den kleinen, in sich geschlossenen Geschichten werden menschliche Schwächen, Gewohnheiten und Verhältnisse auf sprechende Tiere, manchmal auch Pflanzen übertragen und kritisiert. Götter und Menschen treten hingegen selten auf. In den Erzählungen begegnen sich folgende personifizierte Lebewesen: Maus und Frosch, Adler und Taube, Pferd und Rind, Esel und Hund, Hirsch und Hase, Lerche, Rabe und Schwalbe, Löwe und Kamel, Fische, Füchse und Wölfe, Bienen und Flöhe, Schlangen und Zikaden, Schafe und Schweine, Krokodile und Affen, Eiche und Ölbaum, Dornstrauch und Tanne, Feigen- und Apfelbaum, Rosen und Reben. Daneben erscheinen auch Götter und Heroen wie Zeus, Apollon, Aphrodite, Athene, Helios, Prometheus, Herakles, Hermes, Teiresias, Plutos (Reichtum), Thanatos (Tod) sowie einfache Menschen wie Wanderer, Seemann, Händler und Greis.

Die Protagonisten verfolgen, von negativen Eigenschaften wie Habgier, Neid, Geiz, Unersättlichkeit und Überheblichkeit angetrieben, ihre Interessen und suchen diese auf Kosten der anderen durchzusetzen. Dabei kommt es zu einer unerwarteten Wende des Geschehens, durch welche die Agierenden nicht nur ihr angestrebtes Ziel verfehlen, sondern selbst Schaden davontragen. Die Handlung versinnbildlicht somit eine allgemeingültige moralische Botschaft: Sie zeigt, dass sich Eigennutz und materialistisches Denken nicht bezahlt machen.
Wirkung: Die Fabeln von Asop sind das einzige Werk aus der griechischen Antike, das über die Jahrhunderte hinweg in ganz Europa verbreitet war, und zwar in einer lateinischen Übersetzung des Phaedrus (1. Jahrhundert n.Chr.). Sie war die Grundlage für alle späteren Fabelsammlungen für den Schulgebrauch vom Mittelalter bis zur Moderne und galt als Volksbuch. Die Fabeln inspirierten darüber hinaus in allen Literaturen zu neuen Fabeln in Vers und Prosa, sie beeinflussten zahlreiche Autoren folgender Jahrhunderte, u.a. Martin → Luther, Jean de → La Fontaine und Gotthold Ephraim → Lessing. *K.K.*

Asturias, Miguel Ángel

guatemaltek. Schriftsteller

* 19.10.1899 Guatemala-Stadt, † 9.6.1974 Paris

📖 *Der Herr Präsident*, 1946

Miguel Ángel Asturias gehört zu den bedeutendsten Vertretern des magischen Realismus, der für die lateinamerikanische Literatur in der zweiten Hälfte des 20. Jahrhunderts prägend war, und erhielt 1967 den Nobelpreis für Literatur.

Asturias' entstammte der Verbindung einer Maya-Indianerin mit einem weißen Juristen. 1923 verließ er erstmals aus politischen Gründen seine Heimat, studierte in Paris Ethnologie und kam in Kontakt mit dem Kreis der Surrealisten. Seine folgenden Lebensjahrzehnte waren geprägt vom Wechsel zwischen Aufenthalten im Exil und diplomatischen Tätigkeiten für die guatemaltekische Regierung; ab 1966 lebte er in Paris.

Asturias Werk bewegt sich zwischen politischer Anklage und Mythos. Auf die Sammlung *Legenden aus Guatemala* (1930) folgten der Diktatorenroman *Der Herr Präsident* (1946) und die *Bananentrilogie* (*Der Sturm*, 1949; *Der grüne Papst*, 1954; *Die Augen der Begrabenen*, 1960) über Versuche der politschen und wirtschaftlichen Einflussnahme der USA in Lateinamerika. 1949 erschien der Roman *Die Maismenschen*, der um die Überlieferung der Maya kreist, dass der Mensch aus Maismehl geschaffen sei. Auch in *Eine gewisse Mulattin* (1964) geht es um eine indianische Legende.

Der Herr Präsident

OT El Señor Presidente **OA** 1946 **DE** 1957
Form Roman **Epoche** Moderne

In *Der Herr Präsident* gestaltet Miguel Ángel Asturias ein beklemmendes Bild der Terrorherrschaft eines Despoten, unter dessen Knute ein ganzes Land geistig und moralisch verdorrt.

Entstehung: Asturias arbeitete an dem Roman 1922–32. Erscheinen konnte er wegen Exil und Zensur erst 1946 in Mexiko.

Inhalt: Im Mittelpunkt der Handlung steht Miguel Cara de Ángel, ein Günstling des Präsidenten. Nachdem Oberst José Parrales Sonriente, ein enger Vertrauter des Diktators, von dem geisteskranken Bettler Pelele getötet worden ist, erhält Cara de Ángel den Auftrag, General Eusebio Canales und Rechtsanwalt Abel Carvajal als Schuldige festnehmen und den wirklichen Täter beseitigen zu lassen. Dies führt zu einer Reihe von Verwicklungen: Ein Bettler, der darauf besteht, dass Pelele der Täter sei, stirbt unter Folter; der gedungene Mörder an Pelele wird verhaftet und gefoltert, sein Freund Genaro, der geplaudert hat, ebenfalls. Dessen Frau ist zum Haus von General Canales gelaufen, um die Familie zu warnen, und wird dort festgenommen; ihr Kind stirbt, da sie ihm keine Milch geben kann, sie selbst wird gefoltert, ins Bordell verschleppt und verfällt dem Wahsinn. Der Plan Cara de Ángels, Canales durch Hinweis auf die gegen ihn erhobene Anschuldigung zur Flucht zu bewegen und dann auf der Flucht festnehmen zu lassen, scheitert: Dem General gelingt es tatsächlich zu entkommen. Auf dem Weg über die Grenze beschließt er, vom Ausland aus gegen den Präsidenten zu revoltieren, doch stirbt er, bevor er sein Vorhaben in die Tat umsetzen kann. Carvajal wird inhaftiert und auf Betreiben des Kriegsrichters hingerichtet. Cara de Ángel hat sich der Tochter des Generals, Camila, angenommen, da ihre Onkel nicht bereit sind, sie bei sich aufzunehmen. Er verliebt sich in sie und heiratet sie. Damit verliert er die Gunst des Präsidenten, wird unter einem Vorwand ins Ausland geschickt, auf der Reise als »flüchtig« verhaftet und unter schlimmsten Bedingungen eingekerkert. Während Camila in Ungewissheit über sein Schicksal bleibt, wird ihm die falsche Nachricht überbracht, seine Frau sei Konkubine des Präsidenten geworden – eine Information, an der er zu Grunde geht.

Struktur: Asturias orientiert sich an Vorkommnissen während der Herrschaft von Präsident Manuel Estrada Cabrera über Guatemela (1898–1920), gestaltet dabei aber das Bild einer Diktatur, die überall sein könnte. Der Präsident tritt als Figur selten auf, und doch beherrscht er mit Terror, Willkür und einer allgegenwärtigen Geheimpolizei das Geschehen. Unter seiner Des-

Miguel Ángel Asturias bei der Lektüre seines Buchs *Der Herr Präsident*

Die wichtigsten Diktatorenromane	
Ramón María de Valle-Inclán (Spanien) 1926	*Tyrann Banderas:* Der fratzenhaft gezeichnete Präsident eines lateinamerikanischen Staats lässt die indianische Bevölkerung ausbeuten und wird bei einem Aufstand erschossen.
Miguel Ángel Asturias (Guatemala) 1946	*Der Herr Präsident:* Aus persönlicher Niedertracht und verletzter Eitelkeit lässt der Diktator eines mittelamerikanischen Landes vermeintliche Gegner foltern und töten. → S. 59
Augusto Roa Bastos (Paraguay) 1974	*Ich der Allmächtige:* Ein paraguayischer Diktator des 19. Jahrhunderts mit Bewusstseinsspaltung unterhält sich mit seinem Sekretär über eine anonyme Schmähschrift.
Alejo Carpentier (Kuba) 1974	*Die Methode der Macht:* In einer Diktatur mit moderner Fassade und archaischer Wirklichkeit herrscht ein machtbesessener Spießer als »erster Magistrat«.
Gabriel García Márquez (Kolumbien) 1975	*Der Herbst des Patriarchen:* Ein despotischer Herrscher in der Karibik erfährt vor seinem Tod vom Ausverkauf seines Landes ans Ausland; erfüllte Liebe bleibt ihm versagt. → S. 390
Mario Vargas Llosa (Peru) 2000	*Das Fest des Ziegenbocks:* Gegenübergestellt wird das Schicksal von Günstlingen, Opfern und Widersachern des Diktators Rafael Leonidas Trujillo, der 1961 nach 30-jähriger Herrschaft über Santo Domingo einem Attentat zum Opfer fiel. → S. 1101

potie erscheinen nicht nur die Verhaltensweisen seiner Entourage aus Schmeichlern und Denunzianten abnorm, alle menschlichen Beziehungen sind durch die ständige Angst und Bedrohung pervertiert. Seine starke Wirkung entfaltet das Buch durch eine Sprache, in der die Banalität des Bösen unmittelbar zum Ausdruck kommt, sowie durch groteske Verzerrungen bei der Figurengestaltung. Selbst der Leser scheint sich so der Allmacht des Präsidenten nicht entziehen zu können.

Wirkung: *Der Herr Präsident* wurde zum Vorbild für zahlreiche Diktatorenromane lateinamerikanischer Autoren. Obwohl 1952 mit dem Internationalen Romanpreis bedacht, wurde das Buch in Europa nur zögernd rezipiert. Erst mit der Verleihung des Literaturnobelpreises an Asturias 1967, fand der Roman auch in Europa die ihm gebührende Beachtung. *B. Be.*

Atwood, Margaret

kanad. Schriftstellerin

* 18.11.1939 Ottawa

📖 *Der Report der Magd,* 1985

Margaret Atwood,
Der Report der Magd, Umschlag der deutschsprachigen
Erstausgabe 1987

Margaret Atwood ist die bedeutendste zeitgenössische Autorin Kanadas, die als Lyrikerin und als Erzählerin Erfolg hat. Zentrales Thema ihres Werks ist die Wechselwirkung zwischen den gesellschaftlichen Strukturen und dem Individuum, die sie aus feministischer Sicht schildert. Ihre Heldinnen versuchen in einer männerdominierten Gesellschaft zu bestehen.

Nach dem Literaturstudium in Toronto und an der Harvard Universität in Cambridge (Massachusetts) arbeitete Atwood als Dozentin an mehreren Hochschulen, als Literaturkritikerin und als Cartoonistin sowie für Rundfunk und TV. Mit der Abhandlung *Überleben: Ein thematischer Führer der kanadischen Literatur* legte sie 1972 ein wichtiges literaturtheoretisches Werk ihres Landes vor.

Die wichtigsten Bücher von Margaret Atwood

Die essbare Frau 1969	Die junge, attraktive, beruflich erfolgreiche Marian MacAlpin erstrebt mit einer Heirat ein bürgerliches Leben. Wegen dessen Einengungen verliert sie jedoch buchstäblich den Appetit.
Der lange Traum 1972	Die Suche nach ihrem Vater in den Weiten Kanadas wird für eine junge Frau zur Erkundung ihrer selbst und ihrer Vergangenheit. Sie erkennt die Möglichkeiten für ein selbstbestimmtes Leben.
Lady Orakel 1973	40 Kilo soll Joan abnehmen, um das Erbe ihrer ebenso übergewichtigen Tante antreten zu können. Sie lebt – auch als Dichterin mit Pseudonym – mit verschiedenen Identitäten.
Die Unmöglichkeit der Nähe, 1979	Voller Verständnis für menschliche Schwächen wird von der Dreiecksbeziehung zwischen einem Mann und zwei Frauen erzählt.
Verletzungen 1981	Nach einer Krebserkrankung will eine junge Journalistin in der Karibik erholen. Sie verliert dort ihre gewonnene Liebe und gerät in gewalttätige politische Auseinandersetzungen.
Der Report der Magd 1985	Desfred führt das versklavte Leben einer zu Gebärzwecken abgeordneten Zweitfrau in einem religiös-fundamentalistischen Staat, der die Frauen entmündigt. →S. 60
Katzenauge 1989	Die erfolgreiche Malerin Elaine erinnert sich bei einer Reise in ihre Heimatstadt Toronto an ihre beste Freundin Cordelia.
Die Räuberbraut 1993	Die schöne, aber böse Zenia raubt ihren drei Highschoolfreundinnen nacheinander die Ehemänner und die Selbstachtung. Im Krieg der Frauen können auch die Männer nicht überleben.
Alias Grace 1996	1843 soll die Dienstmagd Grace Marks ihren Arbeitgeber und dessen Haushälterin ermordet haben. Nach langer Haft wird sie mit Hilfe eines Arztes, der an ihre Unschuld glaubt, entlassen.
Der blinde Mörder 2000	Die alte Iris Chase erzählt die Saga ihrer Familie: vom Vater, einem Fabrikbesitzer, vom Gewerkschafter Alex, von der Schwester Laura, die Selbstmord begeht und von ihrer unglücklichen Ehe.

Der Report der Magd

OT The Handmaid's Tale
OA 1985 **DE** 1987
Form Roman **Epoche** Moderne

Das düstere Bild eines totalitären Staats aus der Sicht einer unterdrückten Frau, das Margaret Atwood im *Report der Magd* entwirft, ist ein typisches Beispiel für das Leitthema ihrer Romane und Gedichte: In einer männerdominierten und frauenverachtenden Welt kämpft das weibliche Individuum um seine Identität.

Inhalt: In einem fiktiven Staat in Nordamerika haben religiöse Fundamentalisten die totalitäre Republik Gilead errichtet. Nach einer atomaren Verseuchung ist ein großer Teil der weiblichen Bevölkerung unfruchtbar. Frauen werden entmündigt und in drei Gruppen eingeteilt: Ehefrauen von Führungskräften, Dienerinnen und Mägde. Letztere werden zur Fortpflanzung rekrutiert und sollen nach biblischem Vorbild für unfruchtbare Ehefrauen Kinder empfangen. Können sie ihre Aufgabe als Gebärmaschine nicht erfüllen, werden sie in entfernte Kolonien zu gefährlichen Arbeiten wie Giftmüllentsorgung abgeschoben.

Desfred, Hauptfigur und Erzählerin, wird dem Kommandanten Fred als Zweitfrau in dessen Haushalt zugewiesen, wo regelmäßig die entwürdigende Prozedur des Geschlechtsakts in Gegenwart der Ehefrau durchgeführt wird. Ihr Zimmer darf Desfred nur zu seltenen Einkäufen und zu öffentlichen Hinrichtungen verlassen. Sie hat sich dem totalitären Regime unterworfen, dem sie nur durch Zufall entfliehen kann.

Aufbau: Desfreds Tonbandaufzeichnungen schildern in einfachen Worten den Alltag in einer entmenschlichten Gesellschaft mit vollständiger Überwachung und grausamer Unterdrückung. Unterbrochen werden die Beschreibungen von Desfreds Erinnerungen an die alte Zeit: an Mann und Kind, aber auch an die Errichtung des Überwachungsstaats. Eindringlich entsteht das Bild der totalen Repression, das umso bedrückender auf die Leser wirkt, als es eine geringe Distanz zur Gegenwart aufweist: mit alltäglichen Requisiten wie Computer und Kreditkarte, die hier in den Dienst der Republik Gilead gestellt werden. Trotz offenkundiger Parallelen zu *1984* von George → Orwell ist *Der Report der Magd* aber weniger als Utopie denn als Stellungnahme zu aktuellen politischen Strukturen und Diktaturen zu verstehen.

Wirkung: Das Thema Unterdrückung der Frau, die mit Entmenschlichung der gesamten Gesellschaft einhergeht, hat dem Roman von Margaret Atwood große Breitenwirkung verschafft. Der Stoff wurde 1989 von Volker Schlöndorff unter dem Titel *Die Geschichte der Dienerin* verfilmt. *P. Z.*

OT = Originaltitel **EZ** = Entstehungszeit **OA** = Originalausgabe **DE** = Deutsche Erstausgabe 📖 = Verweis auf Werkartikel

Auden, Wystan H.

engl. Schriftsteller

*21.2.1907 York, †28.9.1973 Wien

📖 *Das Zeitalter der Angst*, 1947

Wystan Hugh Auden zählte in den 1930er Jahren zu den Hauptvertretern der roten Dekade in England. In avantgardistischen Gedichten trat er für radikalen gesellschaftlichen Wandel ein. Einem breiten Publikum wurde er bekannt durch sein religiös grundiertes Spätwerk über die Existenzangst des modernen Menschen.

Der Sohn eines Arztes und einer Krankenschwester wuchs in Birmingham auf. Während seiner Studienzeit in Oxford entstanden erste Gedichte (*Poems,* 1930). Unter dem Einfluss der Weltwirtschaftskrise und dem erstarkenden Faschismus näherte sich Auden den Kommunisten an. Gemeinsam mit anderen Literaten gründete er die politisch engagierte Gruppe Pylon Poets (auch Auden Group, → Stichwort S. 61). Seine inhaltlich von Karl → Marx und Sigmund → Freud beeinflussten, in lakonisch-distanziertem Ton gehaltenen Gedichte dieser Zeit waren vielen Lyrikern Vorbild.

Weniger erfolgreich blieben dagegen die von Bertolt → Brecht und dem deutschen Expressionismus geprägten Dramen, die Auden in den 1930er Jahren mit seinem Freund Christopher → Isherwood schrieb. 1935 heiratete Auden Thomas → Manns Tochter Erika, damit sie einen britischen Pass erhielt. Im Spanischen Bürgerkrieg engagierte er sich für die Republikaner.

1939 emigrierte Auden in die USA (ab 1946 US-Staatsbürger) und arbeitete als Dozent. In den 1940er Jahren brach er mit dem Kommunismus und wandte sich in der Auseinandersetzung mit dem dänischen Philosophen Søren → Kierkegaard sowie dem evangelischen US-Theologen Reinhold Niebuhr (1892–1971) dem christlichen Glauben zu. Daraus entstand Audens bekannteste Dichtung, *Das Zeitalter der Angst* (1947).

Das Zeitalter der Angst

OT The Age of Anxiety. A Baroque Eclogue
OA 1947 **DE** 1949
Form Vers- und Prosadichtung **Epoche** Moderne

Das Hauptwerk von Wystan H. Auden dokumentiert in Form eines lyrischen Versdialogs die Hinwendung des Autors zum Christentum. Im Mittelpunkt steht der Mensch als zugleich gefallenes und freies Wesen. Aus diesem Paradoxon resultiert die existenzielle Angst, die ihn lähmt und von seinen Mitmenschen trennt. Im Vertrauen auf Gottes Liebe und Erbarmen findet Auden einen versöhnlichen Ausklang.

Auden Group (The Pylons)

Während des Studiums am Christ Church College in Oxford in den 1930er Jahren gehörte Wystan H. → Auden zur Gruppe von politisch engagierten Linksintellektuellen, die als Pylon Poets oder Auden Group bekannt wurden. Literarisch beeinflusst von T. S. Eliot, politisch inspiriert vom Marxismus, suchten die Mitglieder nach neuen Ausdrucksformen für ihren sozialistischen Idealismus. In ihren Werken kritisierten sie Fehlentwicklungen in England und forderten eine neue soziale Ordnung.

Cecil Day-Lewis (1904–72): Ein revolutionärer Grundton durchzieht die Werke des angloirischen Lyrikers (*Der Magnetberg,* 1933, *The Magnetic Mountain*). Nach dem mäßigen Erfolg seines Versdramas *Noah und die Fluten* (1936) wandte sich Day-Lewis aber von der politisch-engagierten Lyrik ab. Einen eigenen Ton fand seine Dichtkunst erst nach der Loslösung von ideologischen Bindungen. 1951–56 war Day-Lewis Professor für Dichtkunst in Oxford, 1968 wurde er zum Poeta laureatus (Hofdichter) ernannt.

Stephen Spender (1909–95): Mit *Die Hochspannungsmasten* (1933), *The Pylons* (1933) und *Die Landschaft in der Nähe des Flugplatzes* (1933) war Spender einer der ersten Lyriker, der die Welt der Technik behandelte. In weiteren Werken verarbeitete er auch politisch-moralische Ereignisse wie den Reichstagsbrand (1939, *Van der Lubbe*) oder Kriegsthemen (1944, *War Poems*). Unter dem Eindruck des Spanischen Bürgerkriegs sagte sich Spender vom Kommunismus los und wandte sich einem humanitär geprägten Idealismus zu.

Inhalt: Vier Personen suchen an einem Allerseelentag während des Zweiten Weltkriegs in einer New Yorker Bar Zuflucht vor ihrer Einsamkeit. Aus dem Radio dröhnen Nachrichten von den Kriegsschauplätzen. Die vier kommen ins Gespräch, reden aber nicht wirklich miteinander. Jeder ist nur darauf bedacht, von seinen eigenen Sorgen zu berichten, niemand hört wirklich zu. Als die Bar schließt, fahren sie in die Wohnung der Jüdin Rosetta. Der Soldat Emblem und Rosetta kommen einander näher, woraufhin sich Quant und Malin, die beiden anderen Besucher, verabschieden. Doch bereits kurz darauf ist Emblem eingeschlafen, Rosetta ist enttäuscht, aber auch erleichtert. Quant und Malin tauschen Adressen aus, wissen aber, dass sie einander niemals schreiben werden. Am Schluss steht Malin auf der Manhattan-Brücke und sieht ein, dass er die halbe Nacht sinnlos zerredet hat.

Aufbau: Audens im Untertitel »Barocke Ekloge« (altrömisches Hirtenlied) genanntes Werk ist zweigeteilt: Die äußere Handlung beschreibt der Autor in knapper, präziser Prosa, die eine Art Gerüst bildet für das vielschichtige innere Erleben. Dieses wiederum ist in sechs Abschnitte gegliedert und im reimlosen altenglischen Alliterationsvers gehalten. Die Titel der Teile *(Prolog; Die sieben Lebensalter; Die sieben Stationen; Der Grabgesang; Das Maskenspiel; Epilog)* geben jeweils das sich in Gedanken und Visionen abspielende innere Geschehen wieder.

Wystan H. Auden 1960 bei einem Winterspaziergang in New York

Rudolf Augstein, *Jesus Menschensohn*, Umschlag der
Originalausgabe 1972

Wirkung: Aus dem Bewusstsein seiner Schuld erwächst für Auden die Angst des Menschen. In seinem Werk schildert er die Brüchigkeit und Heillosigkeit der Welt. Mit seiner Radikalität und der nüchternen Sprache nahm er Einfluss auf moderne Autoren wie Erich → Fried und Ernst → Jandl. Für *Das Zeitalter der Angst* erhielt Auden 1948 den Pulitzerpreis.   *D. M.*

Augstein, Rudolf

dt. Publizist und Schriftsteller

* 5.11.1923 Hannover

📖 *Jesus Menschensohn*, 1972

Als Herausgeber des Nachrichtenmagazins *Der Spiegel* war Rudolf Augstein ab den 1950er Jahren maßgeblich am Wiederaufbau der Presse in der Bundesrepublik als »vierte Gewalt im Staat« beteiligt.

Der Sohn eines Kaufmanns begann 1941 eine journalistische Ausbildung als Volontär beim *Hannoverschen Anzeiger*. 1942 wurde er zum Militärdienst eingezogen und kam 1945 in US-amerikanische Kriegsgefangenschaft. 1946 zunächst Mitarbeiter bei *Diese Woche!*, übernahm Augstein anstelle des englischen Presseoffiziers die Herausgeberschaft und Chefredaktion des Magazins, das ab 1.1.1947 unter dem Titel *Der Spiegel* erschien. Unter dem Pseudonym Jens Daniel gehörte Augstein zu den *Spiegel*-Kolumnisten. Mit *Deutschland – ein Rheinbund?* veröffentlichte er 1953 sein erstes Buch. 1962 führte die Verhaftung von Augstein und dem Redakteur Conrad Ahlers wegen angeblichen Verrats militärischer Geheimnisse zur *Spiegel*-Affäre, die mit dem Rücktritt von Verteidigungsminister Franz Josef Strauß (1915–88) endete. 1968 schrieb Augstein den Bestseller *Preußens Friedrich und die Deutschen*. Ein parlamentarisches Zwischenspiel blieb 1972/73 das Engagement des *Spiegel*-Verlegers als FDP-Bundestagsabgeordneter. 1973 realisierte Augstein in seinem Verlag ein Beteiligungsmodell; es macht Mitarbeiter zu Miteigentümern.

Biografie: O. Köhler, *Rudolf Augstein. Ein Leben für Deutschland*, 2002.

Jesus Menschensohn

OA 1972 **Form** Sachbuch **Bereich** Religion

Während sich die Kritik am Christentum in den meisten Fällen mit der Kirche befasst, stellt Rudolf Augstein in *Jesus Menschensohn* grundsätzlich die Berufung der Christen auf einen Menschen namens Jesus – wenn er denn je gelebt hat – in Frage.

Entstehung: Augstein, der aus einem katholischen Elternhaus stammt, gehörte in den 1950er Jahren politisch zu den schärfsten Kritikern der Regierung Konrad Adenauers (1876 bis 1967) einschließlich ihres »christlichen Fundaments«. Im Kulturressort setzte sich *Der Spiegel* darüber hinaus mit Problemen der Kirche auseinander, auf deren historische Voraussetzungen sich Augsteins Interesse richtete.

Inhalt: In den Mittelpunkt rückt Augstein die Entstehung des Christus-Mythos als Folge der neutestamentlichen Überlieferung. Die Unterschiede in den Darstellungen der – möglicherweise fiktiven – Gestalt des Menschen Jesus aus Nazareth und seiner Identifizierung als Gottessohn mit dem Messias werden auf unterschiedliche Missionsinteressen der neutestamentlichen Autoren zurückgeführt.

Ein zusätzlicher Schwerpunkt betrifft die Historizität des Religionsstifters Mose und der tradierten Entstehungsgeschichte des jüdischen Monotheismus: des Glaubens an den einen Gott Jahwe, der ursprünglich als Berggott verehrt wurde. Insofern ist die gesamte Bibel Gegenstand einer radikalen Kritik.

Wirkung: Die heftigen Reaktionen veranlassten Augstein zu einer Überarbeitung des Buchs (1999), allerdings ohne die Absicht einer Revision seines Standpunkts.   *C. W.*

Jesus-Romane und Leben-Jesu-Forschung	
David Friedrich Strauß 1835/36	*Das Leben Jesu:* Proteste gegen das »kritisch bearbeitete« Leben des Gottessohns und die Mythologisierung sakrosankter Wahrheiten beendeten die akademische / kirchliche Laufbahn des »Linkshegelianers«.
Ernest Renan 1863	*Das Leben Jesu:* Die erfolgreichste Jesus-Biografie des 19. Jahrhunderts. Der Pariser Klerus verurteilte die profane Seelenanalyse Jesu und erreichte Renans Entlassung als Professor der Orientalistik.
Albert Schweitzer 1906–13	*Geschichte der Leben-Jesu-Forschung:* Dieses Werk lenkte die Erforschung des Lebens und der Rolle Jesu in neue Bahnen. Die protestantische Theologie blieb der katholischen dabei auch künftig weit voraus.
Rudolf Bultmann 1926	*Jesus:* Für den Marburger evangelischen Theologen stand nicht das historisch schwer greifbare Leben Jesu im Vordergrund, sondern allein Christus als Verkünder unserer Glaubenslehre.
Johannes Lehmann 1970	*Jesus-Report:* Aufgrund des Inhalts der vor Christi Geburt entstandenen Qumran-Texte, verfasst von der Essener-Sekte, kann die Rolle Jesu als Urheber der christlichen Lehre in Frage gestellt werden.
Rudolf Augstein 1972	*Jesus Menschensohn:* Provokative Abrechnung mit den Wortführern der christlichen Lehre, die mangels authentischer Zeugnisse das theologische Kunstprodukt Jesus erschaffen haben. → S. 62
John Dominic Crossan 1991	*Der historische Jesus:* Der Chicagoer Theologe sieht Jesus als charismatischen Sozialrevolutionär, der das Volk begeistert, die religiösen und politischen Mächte aber gegen sich aufgebracht hat.
José Saramago 1991	*Das Evangelium nach Jesus Christus:* In der scharfen Verurteilung seines vieldeutigen Jesus-Romans sah der portugiesische Nobelpreisträger den unerbittlichen Machtanspruch des Vatikans bestätigt.
Patrick Roth 1996	*Corpus Christi:* Erzählerisch höchst eigenwilliger Roman über die Fahndung des Jüngers Judas Thomas nach dem Jesus-Leichnam als dramatische Auseinandersetzung zwischen Glauben und Realität.
Norman Mailer 1997	*Das Jesus-Evangelium:* In fiktiver Autobiografie und im schlichten Ton eines »fünften Evangeliums« schildert Jesus sein weltbewegendes Leben und weist seine selbst ernannten Nachfolger in die Schranken.

Augustinus

röm. Philosoph und Theologe

* 13.11.354 Tagaste (Numidien)

† 28.8.430 Hippo Regius

📖 *Bekenntnisse*, um 400

Aurelius Augustinus gehört – neben Ambrosius (339–397), Gregor I. (540–603) und Hieronymus (342–420) – zu den römischen Kirchenvätern, die die Lehre der römisch-katholischen Kirche prägten. Sein überliefertes schriftstellerisches Werk umfasst 113 Bücher, 218 Briefe und nahezu 1000 Predigten.

Nach einer Rhetorik-Ausbildung in Karthago sowie der Tätigkeit als Lehrer der Rhetorik und Grammatik reiste Augustinus 383 nach Rom und weiter nach Mailand, wo er als Lehrer und Redner tätig war. Er beschäftigte sich mit der Philosophie, vor allem mit → Cicero und → Platon, und war ein Anhänger der Manichäer – einer Religion, deren Hauptlehre die eigenständige Existenz eines Prinzips des Bösen gegenüber Gott war. 386 wurde Augustinus zum katholischen Glauben bekehrt, im Jahr darauf getauft und kehrte nach Afrika zurück. 391 wurde er zum Priester, 395 zum Bischof von Hippo Regius geweiht; er betrieb intensive Bibelstudien und publizierte.

Biografie: C. Horn, *Augustinus,* 1995; U. Neumann, *Augustinus* (rm 50617).

Bekenntnisse

OT Confessiones **EZ** entstanden um 400
EA vor 1470 **DE** 1672 **Form** Autobiografie
Epoche christlich-römische Spätantike

Die *Bekenntnisse* von Aurelius Augustinus schildern den Kampf zwischen den körperlichen und geistigen Dimensionen des Menschen, die Auseinandersetzung einer faszinierenden Person mit sich selbst und seiner Biografie, die dem Leser zugleich Wegweiser zu Gott sein soll. Es ist die Geschichte einer Bekehrung, fesselnd in ihrer Suche nach Ruhe und absoluter Wahrheit, erschreckend in der konsequenten Ablehnung des körperlichen Menschen.

Entstehung: Die *Bekenntnisse* zeugen von einer Epoche, die man als »Zeitalter der Angst« bezeichnet hat. Die römische Welt versank: Bereits in zwei Teile gespalten, wurde Rom von wandernden Völkern angegriffen, im Jahr 410 von den Goten erobert. Um 400 zogen die Wandalen durch römische Provinzen und eroberten 438 Karthago. Der christliche Glaube war Staatsreligion geworden und hatte den Kaiserkult abgelöst. Die Strukturen des römischen Reiches waren einem tief greifenden Wandel unterzogen; historisch kann vom Ende der Antike gesprochen werden. Mit Augustinus beginnt die Geistesgeschichte des christlichen Mittelalters, die in den *Bekenntnissen* ihren exemplarischen Ausgangspunkt erhält.

Inhalt: Augustinus beginnt mit harscher Kritik an den Bildungsinhalten, die er in der Schule erlernte, die ihn aber nur von Gott entfernten. Ebenso scharf geht er mit sinnlichen und körperlichen Vergnügungen ins Gericht. Ausführlich beschreibt er seine fehlgeleitete Leidenschaft, die er auf körperliche Genüsse und materiellen Reichtum zurückführte, anstatt sie als eine Sehnsucht nach Gott zu verstehen. Mit Verachtung schildert er seine Jugendzeit voller Irrtümer, Vergehen und Sünden, berichtet von seinem geistigen »Irrweg« zur heidnischen Philosophie und zum Manichäismus.

Über die Lehren Platons kommt Augustinus zu Paulus und zur Einsicht Gottes. »Nimm und lies« fordert ihn im 8. Buch eine Stimme auf. Er greift zum Römerbrief und wird von der zweifelsfreien Einsicht übermannt. In einem Akt der Erleuchtung begreift er Gott als das Zentrum seiner Hoffnungen, Wünsche und Sehnsüchte.

Zunächst nur eingestreut finden sich knappe Bestimmungen fundamentaler philosophischer Begriffe wie des Schönen. Nach der Schilderung seiner Bekehrung bestimmen diese theologisch-philosophischen Spekulationen und Reflexionen die weiteren Bücher. Augustinus entwirft darin eine Theorie des Geistes, der Sinne und des Gedächtnisses sowie eine Auslegung der *Genesis*. Berühmt ist die Abhandlung über die Zeit im 11. Buch.

Francesco Petrarca in
Vertrauliche Briefe:

Ich hasse meine Sündhaftigkeit, meine Gewohnheiten und mich, wie ich bin, denn ich habe von Augustinus gelernt, daß niemand so sein kann, wie er zu sein wünscht, wenn er sich nicht so, wie er ist, hasst.

Darstellung des Augustinus in einer Miniatur von Niccolo Polana, um 1459

Aufbau: Die *Bekenntnisse* sind eine Mischung aus verzweifelter Anrufung Gottes, philosophisch-theologischer Spekulation und Autobiografie. Die 13 Bücher richten sich an Gott, schildern den stilisierten Werdegang des Verfassers so, dass der Leser sich darin wiederfinden kann.

Wirkung: Die Schriften des Augustinus haben das christliche Abendland zutiefst geprägt; durch seine Verbindung von philosophischer Reflexion und christlichem Glauben kann er als Vater der Theologie gelten. Mit den *Bekenntnissen* schuf er das Genre der Autobiografie; er prägte eine Literaturform, die den eigenen Werdegang reflektiert, das Individuelle mit dem Allgemeinen verbindet und damit dem Leser Anleitung zur Selbstreflexion gibt. Bereits zu Lebzeiten, im Mittelalter, in der Renaissance und bis in die Moderne hinein war und ist Augstinus der wohl meistgelesene christliche Philosoph. *U. S.*

kannte, spirituell wesentlich vertiefte Bedeutung verleiht und die Grundzüge eines alle Religionen der Welt umfassenden Glaubensethos darlegt. 1926 übertrug Aurobindo die Leitung des Ashrams seiner Mitarbeiterin Mira Richard, genannt »Die Mutter« († 1973), und arbeitete bis zu seinem Tod in absoluter Zurückgezogenheit. 1968 begann die »Mutter« den Aufbau der Stadt Auroville als Zentrum einer internationalen Gemeinschaft zur Praktizierung, Auslegung und Verbreitung der von Aurobindo verkündeten Lehren.

Biografien: Satprem, *Sri Aurobindo oder Das Abenteuer des Bewusstseins,* 1991; O. Wolff, *Sri Aurobindo* (rm 50 121).

Das Göttliche Leben

OT The Life Divine
OA 1918-21, 3 Bde. **DE** 1974/75, 3 Bde.
Form Philosophisches Werk **Bereich** Hinduismus

Das Hauptwerk dieses am höchsten verehrten Hindu-Weisen des 20. Jahrhunderts gilt als Meilenstein der modernen hinduistischen Philosophie sowie als monumentales Denkgebäude der Yogalehre und -praxis.

Aufbau: Diese in jahrzehntelanger Arbeit entstandene Darlegung der gesamten Yoga-Philosophie basiert auf den altindischen Weisheitsbüchern (→ *Rigveda*, → *Upanishaden*) und ihrer Interpretation mit dem Ziel der Verwirklichung des Purna-Yoga, d. h. der vollkommenen Vereinigung mit dem Göttlichen. Die Voraussetzungen dafür sind in den Überschriften der Buchteile benannt: Überwindung der Unwissenheit, spirituelle Evolution und Erreichung des unendlichen Bewusstseins.

Inhalt: Aurobindo lehrt den Zugang zum »integralen Yoga«, dessen Theorie und Praxis nicht nur den Aufstieg des menschlichen Geistes zum Göttlichen oder »Supramentalen« ermöglichen soll, sondern auch »die Herabkunft des Göttlichen in den Alltag«. Zu erreichen sei dieses Stadium allein durch Integration des Göttlichen und Über-Irdischen in das Irdische unseres bewussten Lebens. Das größte Hindernis auf dem Weg dorthin ist der Mangel an Wissen, womit die Unkenntnis der Wahrheit, des Richtigen und Rechten gemeint ist. Aurobindo sieht die Möglichkeit nahezu unendlicher Ausweitung des Wissens durch eine spirituelle Evolution. Andererseits sei die Entscheidung gegen unrechtes Handeln keineswegs ein »spirituelles Geschenk«, sie werde vielmehr dem menschlichen Geist abverlangt. Das Ergebnis wäre der »gnostische Mensch«, der umfassend Erkennende, der durch universale Bewusstseins- und Urteilskraft und die Beherrschung des »integralen Yoga« zu jener absoluten Wahrheit gelangt, die der *Rigveda* zu vermitteln versucht.

Aurobindo, Sri

(eigtl. Aravinda Ghose)

ind. hinduistischer Philosoph und Schriftsteller

* 15.8.1872 Kalkutta, † 5.12.1950 Pondicherry

📖 *Das Göttliche Leben,* 1918–21

Der von den Hindus wie auch von anderen Menschen in aller Welt schon zu seinen Lebzeiten als Heiliger verehrte Weisheitslehrer war der Sohn eines Arztes und wurde ab 1879 in England erzogen. Nach dem Studium in Cambridge (klassische Philologie, Deutsch und Französisch) 1893 in seine Heimat zurückgekehrt, wirkte er als Dozent an Hochschulen in Baroda und Kalkutta. Seine entscheidende Lebenswende vollzog sich 1908, als er wegen Beteiligung an revolutionären Agitationen zur Befreiung Indiens vom britischen Joch inhaftiert wurde: Eine visionäre Gottesschau führte ihn zu dem Entschluss, sich fortan allein dem Studium der heiligen Schriften des Hinduismus zu widmen.

Aus der Haft entlassen, begab er sich, um weiteren Verfolgungen zu entgehen, in die französische Enklave Pondicherry, wo er einen Ashram (Zentrum für religiöse Studien) gründete und in der Zeitschrift Arya mit der Veröffentlichung seiner Werke begann, in denen er die Lehren des → *Rigveda* und der → *Upanishaden* neu interpretierte, der Yoga-Praxis eine bis dahin wenig be-

sri aurobindo **das göttliche leben**

erstes buch

verlag hinder+deelmann

OT = Originaltitel **EZ** = Entstehungszeit **OA** = Originalausgabe **DE** = Deutsche Erstausgabe 📖 = Verweis auf Werkartikel

Wirkung: Das vom Autor 1939/40 neu bearbeitete und angesichts aktueller Welterfahrung nun mit Skepsis hinsichtlich künftiger Chancen zu »kollektiver Selbstverwirklichung« durchsetzte Werk hat dennoch auch im Westen größte Bewunderung hervorgerufen. Die Literatur-Nobelpreisträgerinnen Pearl S. → Buck und Gabriela Mistral schlugen Aurobindo für den Nobelpreis vor mit der Begründung, dass »dieser Seher und Weise für immer Licht über alle Teile der Welt wirft«. Erläuterungen und Zusammenfassungen des umfangreichen und für westliche Leser nicht mühelos zugänglichen Werks bieten Sri Aurobindos Einführungsschrift *Der integrale Yoga* (1957) und seine *Briefe über den Yoga* (4 Bde., 1978–83). G. Woe.

Aust, Stefan

dt. Journalist, * 1.7.1946 Stade

📖 *Der Baader-Meinhof-Komplex*, 1985

Stefan Aust gehört zu den prominenten Vertretern des deutschen Aufklärungsjournalismus. Er ist für seinen unerschrockenen Umgang mit Themen von großer Brisanz ebenso bekannt wie für seine klare, informative und gut lesbare Sprache.

Austs Karriere begann in Hamburg bei der linken Zeitschrift »konkret«. 1969 wechselte er zum Norddeutschen Rundfunk, wo er u.a. als Redakteur für das Fernsehmagazin »Panorama« arbeitete. Daneben verfasste Aust Sach- und Drehbücher, in denen er politisch und gesellschaftlich brisante Themen journalistisch aufbereitete. 1985 erschien sein viel beachtetes Buch *Der Baader-Meinhof-Komplex*. 1988 sorgte er mit *Mauss – ein deutscher Agent* erneut für Aufsehen, weil er die fragwürdigen Praktiken des Verfassungsschutzes aufdeckte, Zwei Jahre später prangerte Aust in *Der Pirat*, einem Bericht über das Leben eines drogenabhängigen, AIDS-infizierten Dealers, sozialstaatliche Versäumnisse an.

Seit 1994 ist er Chefredakteur des Nachrichtenmagazins »Der Spiegel«. Daneben tritt er in den letzten Jahren immer wieder als Fernseh-Moderator, u. a. in SPIEGEL-TV, auf.

Der Baader-Meinhof-Komplex

OA 1985 **Form** Sachbuch **Bereich** Politik

Der Baader-Meinhof-Komplex des Journalisten Stefan Aust befasst sich mit der Entstehung und Entwicklung der Rote-Armee-Fraktion, der wichtigsten terroristischen Gruppierung in der Bundesrepublik Deutschland, zwischen 1970

und dem »heißen Herbst« 1977. Dabei werden sowohl die ideologischen Überzeugungen als auch die Aktivitäten selbst beleuchtet.

Entstehung: Aust verarbeitet in seiner Chronik neben zahlreichen Interviews mit Protagonisten und Zeitzeugen sowohl RAF-Dokumente als auch Polizei- und Gerichtsakten. Diese ausgewogene Quellenbasis wurde für die zweite Auflage von 1997 noch durch erst seit 1990 zugängliche Akten des Ministeriums für Staatssicherheit der DDR ergänzt.

Stefan Aust bei der Präsentation seines Films *Stammheim* (Regie: Reinhard Hauff) 1986

Inhalt: In den 1960er Jahren begannen in Westdeutschland Studentenunruhen, es kam zu gewalttätigen Auseinandersetzungen zwischen zunächst friedlich Protestierenden und Sicherheitskräften, 1970 brannten die ersten Kaufhäuser. In dieser brisanten politisch-gesellschaftlichen Situation entstand die RAF, deren erste Generation sich in ihren Anfangszeiten »Baader-Meinhof-Gruppe« nannte. Anhand der Lebenswege von Andreas Baader, Gudrun Ensslin und der Journalistin Ulrike Meinhof, die Aust persönlich kannte, schildert der Autor weitgehend chronologisch die Ereignisse bis Ende 1977. Obwohl sein Hauptaugenmerk der RAF gilt, gewährt er auch Einblicke in die Motivation derjenigen, die in Politik, Polizei und Justiz für die Bekämpfung des Terrorismus verantwortlich zeichneten. Auch Schwierigkeiten, Versäumnisse und Skandale kommen zur Sprache. Die Entwicklung der RAF in den 1980er und 90er Jahren wird lediglich am Schluss des Buches kurz erwähnt.

In besonderer Ausführlichkeit schildert Aust den Stammheimer Prozess (Mai 1975 bis April 1977), der den deutschen Rechtsstaat unter starken Druck setzte, Wellen der Sympathie mit den Inhaftierten auslöste und mit der Verurteilung der Angeklagten zu lebenslanger Haft endete. Einen weiteren Schwerpunkt bildet der sog. heiße Herbst 1977, als innerhalb von nur wenigen Wochen die Entführung der Lufthansa-Maschine »Landshut« durch ein mit der RAF befreundetes palästinensisches Kommando, der kollektive Selbstmord der in Stammheim Inhaftierten Baader, Ensslin und Jan-Carl Raspe sowie die Ermordung des zuvor entführten Arbeitgeberpräsidenten Hanns Martin Schleyer die westdeutsche Öffentlichkeit erschütterten.

Wirkung: *Der Baader-Meinhof-Komplex* ist bis heute das wichtigste Standardwerk zur Geschichte des linksrevolutionären Terrorismus in

Stefan Aust über *Der Baader-Meinhof-Komplex*:

Mein Buch ist ein möglichst ausgewogenes und wertungsfreies Protokoll, keine Anklageschrift, kein moralisches oder juristisches Urteil, aber auch kein Plädoyer eines Verteidigers.

Wichtige Bücher zu Terrorismus und RAF

Carlos Marighela 1969	*Minihandbuch der Stadtguerilla:* Der Vordenker des brasilianischen Guerillakampfs der 1960er Jahre gibt konkrete Anweisungen, wie ein Guerillero zu sein und zu handeln hat.
Richard Clutterbuck 1975	*Terrorismus ohne Chance:* Clutterbuck behandelt unter dem Topos der »Stadtguerilla« terroristische Gruppierungen weltweit und ihre Strategien wie Entführung und Lösegelderpressung.
Iring Fetscher 1977	*Terrorismus und Reaktion:* Fetscher beschreibt und analysiert den sozialrevolutionären Terrorismus der RAF und der italienischen Roten Brigaden von 1967 bis in die späten 1970er Jahre.
Walter Laqueur 1978	*Zeugnisse politischer Gewalt:* Der bekannte Terrorismus-Experte kommentiert wichtige »Dokumente zur Geschichte des Terrorismus« (so der Untertitel) von der Antike bis in die heutige Zeit.
Gerhart Baum und Horst Mahler 1980	*Der Minister und der Terrorist:* Der ehemalige Bundesinnenminister Baum und der einstige RAF-Mitbegründer Mahler streiten über terroristische Ziele und antiterroristische Maßnahmen.
Stefan Aust 1985	*Der Baader-Meinhof-Komplex:* Der Journalist Aust entwirft ein packendes, auf den Biografien der Protagonisten basierendes Porträt der ersten Generation der RAF bis 1977. → S. 66
Butz Peters 1991	*RAF. Terrorismus in Deutschland:* Der Journalist Peters schildert die Motive der drei »Generationen« der RAF, die staatlichen Maßnahmen und die Diskussion über die RAF in der Gesellschaft.
Bruce Hoffman 1998	*Terrorismus. Der unerklärte Krieg. Neue Gefahren politischer Gewalt:* Der US-amerikanische Autor beschäftigt sich mit unterschiedlichen Definitionsversuchen zum Phänomen Terrorismus.

Stefan Aust, *Der Baader-Meinhof-Komplex,* Umschlag der Originalausgabe 1995

Deutschland. Aust gelingt es, diese hochkomplexe, in der Öffentlichkeit immer wieder kontrovers diskutierte Thematik spannend, anschaulich und gut lesbar darzustellen. Zugleich wirkt die journalistische Chronik an keiner Stelle entschuldigend, idealisierend oder romantisierend. Indem Aust den Biografien der Protagonisten besondere Beachtung schenkt und Einblicke in zahlreiche interne Dokumente, die so genannten RAF-Kassiber, gewährt, zeichnet er eine Art »Psychogramm« der Organisation, deren Kampf Deutschland jahrelang in Atem hielt.   *A. He.*

Austen, Jane

engl. Schriftstellerin

* 16.12.1775 Steventon (Hampshire)

† 18.7.1817 Winchester (Hampshire)

📖 *Stolz und Vorurteil,* 1813

Die Romane von Jane Austen zählen zu den beliebtesten Klassikern Großbritanniens. Ihre humorvollen, ironischen Gesellschaftsromane sind vom geistreichen Konversationsstil des gesellschaftlich gewandten und literarisch gebildeten Mittelstandes geprägt.

Austen wurde als siebtes von acht Kindern eines gut situierten Pfarrers in Steventon (Hampshire) geboren, führte ein unspektakuläres Leben und blieb, da sie nie heiratete, zeitlebens an ihre Familie gebunden. Bereits ab 1787 be-

Auszug aus dem Roman *Stolz und Vorurteil* von Jane Austen:

Es ist eine allgemein anerkannte Wahrheit, dass ein Junggeselle im Besitz eines schönen Vermögens nichts dringender braucht als eine Frau.

gann sie kleinere Werke zu schreiben. Um 1795 entstand der Briefroman *Elinor and Marianne,* den sie zwei Jahre später zu ihrem ersten großen Roman *Vernunft und Gefühl* (*Sense and Sensibility,* 1811) umarbeitete. Zwischen 1800 und 1805 lebte die Schriftstellerin in Bath, wo der im gleichen Kurort spielende Roman *Die Abtei von Northanger* (*Northanger Abbey,* 1818) entstand, den die Autorin als Satire auf den damals modernen Schauerroman konzipierte. Nach dem Tod des Vaters (1805) übersiedelte die Mutter mit den beiden Töchtern Jane und Cassandra nach Southampton und ließ sich schließlich in Chawton Cottage (Hampshire) nieder. Dort schrieb Austen die Romane *Mansfield Park* (1814), → *Stolz und Vorurteil* sowie *Emma* (1816). Ihren letzten Roman *Sanditon* konnte sie nicht mehr vollenden. Einige der berühmtesten englischen Schriftsteller der Zeit (z. B. Walter Scott) lobten die Romane, ohne zu wissen, wer sie verfasst hatte; denn die Autorin veröffentlichte alle Bücher anonym und verschwieg ihre literarische Betätigung sogar den nächsten Angehörigen.

Biografien: C. Grawe, *Jane Austen,* 1988; A. Kindler, *Elisabeth und Darcy,* 1939; E. Maletzke, *Jane Austen,* 1997; W. Martynkewicz, *Jane Austen* (rm 50528).

Stolz und Vorurteil

OT Pride and Prejudice
OA 1813 **DE** 1948 **Form** Roman **Epoche** Romantik

Stolz und Vorurteil bildet den Höhepunkt und Abschluss der ersten Schaffensphase von Jane Austen.

Entstehung: Austen begann den Roman 1796 unter dem Titel *First Impressions* zunächst in Briefform, ersetzte diese jedoch in der ersten Fassung 1797 bereits durch die epische Form mit Dialogpassagen und Kommentaren der allwissenden Erzählerin. Erst 1813 erschien *Stolz und Vorurteil* in einer nochmals überarbeiteten Fassung.

Inhalt: Mit Ironie und scharfer Beobachtungsgabe behandelt Austen ein heikles Sozialthema der damaligen Zeit: die von den Eltern arrangierte Ehe. Erzählt wird die Geschichte Elizabeths, der zweitältesten von fünf unverheirateten Töchtern der Familie Bennet, deren Mutter stets darauf bedacht ist, geeignete Heiratskandidaten für ihre Töchter heranzuziehen. Sie wählt den neu in die Nachbarschaft gezogenen reichen Junggesellen Mr. Bingley als möglichen Ehemann für die älteste Tochter Jane aus. Die erste, die einen Heiratsantrag erhält, ist jedoch Elizabeth: Sie lehnt den Antrag von Mr. Collins, einem Pfarrer, ab, woraufhin dieser Elizabeths Freundin Charlotte Lucas ehelicht. Auch Mr. Darcy, ein Freund Bingleys, macht Elizabeth einen Antrag, den sie ebenfalls ablehnt. Auf dem Landsitz der Darcys treffen Elizabeth und Darcy erneut zusammen und kommen sich erst nach vielen Verwicklungen näher.

Struktur: Stolz und Vorurteil bilden die Leitmotive des Romans: Die Weigerung Elizabeths, auf die Heiratsvorschläge der Eltern einzugehen, ist Ausdruck des persönlichen Stolzes der Hauptfigur und gleichzeitig Auflehnung gegen gesellschaftliche Zwänge der Zeit. Während Elizabeth sich von Darcy ständig in ihrem Stolz verletzt sieht, halten diesen seine Vorurteile gegenüber ihrer standesmäßig niedrigeren Familie lange Zeit davon ab, sich selbst und Elisabeth seine Zuneigung einzugestehen.

Wirkung: *Stolz und Vorurteil*, als Bildungsroman angelegt, der die Entwicklung und Festigung der Charaktere darstellt, fand gleich nach Erscheinen 1813 große Resonanz beim Publikum. Einige Rezensenten bezweifelten, dass ein solcher Roman von einer Frau geschrieben sein könne (der Titel trug lediglich den Vermerk »Von der Verfasserin von *Vernunft und Gefühl*«). Bis heute ist das Werk der beliebteste Roman der Autorin. *E.H.*

Greer Garson als Elizabeth Brennet und Laurence Olivier als Fitzwilliam Darcy in der Verfilmung des Romans *Stolz und Vorurteil* von Jane Austen (USA 1940; Regie: Robert Z. Leonard)

Die Romane von Jane Austen	
Vernunft und Gefühl 1811	Die beiden höchst unterschiedlichen Schwestern Elinor und Marianne Dashwood, vernünftig die eine, romantisch die andere, finden auf zahlreichen Umwegen zur wahren Liebe.
Stolz und Vorurteil 1813	Die junge Elizabeth Bennet muss menschliche Schwächen und diverse Missverständnisse überwinden, bevor sie und der reiche Gutsbesitzer Fitzwilliam Darcy ein Paar werden. → S. 66
Mansfield Park 1814	Die unterprivilegierte Fanny schlägt die Hand des wohlhabenden, aber unmoralischen Henry Crawford aus und findet nach vielen Erniedrigungen doch noch ihr Glück mit Edmund, dem Pfarrers-Anwärter.
Emma 1816	Charakterroman über die Entwicklung der egozentrischen Emma Woodhouse, die zunächst Unheil und Verwirrung stiftet, sich dann aber wandelt und mit einem integeren Mann belohnt wird.
Überredung 1818	Die mit 29 Jahren älteste Heldin der Autorin, Anne Elliot, findet nach diversen Verwicklungen zu dem Offizier Wentworth.
Die Abtei von Northanger, 1818 (entst. 1797/98)	Im Mittelpunkt dieser Satire auf den modischen Schauerroman steht die wenig attraktive »Antiheldin« Catherine, die auf dem Landsitz Northanger Abbey sich selbst und einen guten Ehegatten findet.

Auster, Paul

US-amerikan. Schriftsteller, Drehbuchautor und Filmregisseur

*3.2.1947 Newark (New Jersey)

New York-Trilogie, 1987

Paul Auster ist einer der produktivsten und weltweit erfolgreichsten Vertreter der jüngeren Autorengeneration aus den USA, dessen Werke in mehr als 20 Sprachen übersetzt wurden.

Nach dem Studium der Anglistik und vergleichenden Literaturwissenschaft an der Columbia-Universität in New York lebte Auster einige Jahre in Frankreich, wo er u.a. Werke von Jean-Paul → Sartre und Stephane → Mallarmé ins Englische übersetzte. Seit seiner Rückkehr in die USA 1974 schreibt er Gedichte, Essays, Dramen, Kurzgeschichten, Drehbücher und Romane. Berühmt wurde er Mitte der 1980er Jahre mit seiner New York-Trilogie (*Stadt aus Glas*, 1985, *Schlagschatten, Hinter verschlossenen Türen*, beide 1986), drei kunstvoll verwobenen Kriminalromanen.

Auster erzählt in seinen Büchern überwiegend von einsamen Antihelden auf der Suche nach sich selbst. Weitere Themen sind das anonyme Leben in der Großstadt, der Zerfall der Sozialbeziehungen und der Verlust moralischer Ordnungen. Als Drehbuchautor war Auster an Wayne Wangs New-York-Filmen *Smoke* und *Blue in the Face* (beide 1995) beteiligt, 1999 führte Auster selbst Regie bei seinem Film *Lulu*

on the Bridge. Er lebt mit Ehefrau Siri Hustvedt (*1955), ebenfalls Autorin, und zwei Kindern in New York.

Biografie: G. de Cortanze, *Paul Austers New York*, 1998.

New York-Trilogie

OT City of Glass, Ghosts, The Locked Room
OA 1985, 1986, 1986, als Sammeltitel 1987
DE Stadt aus Glas, 1987, Schlagschatten, Hinter verschlossenen Türen, beide 1989
Form Roman-Trilogie **Epoche** Postmoderne

Paul Austers weltweit erfolgreiche Trilogie gehört zur Gattung der Anti-detective novel. Sie verwendet typische Krimimuster wie Ermittlung und Verfolgung, Spurensuche und Rekonstruktion, stellt aber das Genre infrage, da sie dem Leser die klassische Auflösung des Falles vorenthält.

Inhalt: Alle drei Romane beginnen wie ein normaler Krimi. In *Stadt aus Glas* wird Krimiautor Daniel Quinn unter dem Namen Paul Auster als Beschützer auf einen Mann angesetzt, der ermordet werden soll. Der Streifzug durch die Stadtschluchten New Yorks wird für Quinn zur Suche nach sich selbst. In *Schlagschatten* bekommt Detektiv Blue von einem gewissen White den Auftrag, Black zu beschatten. Während der komplizierten Ermittlung im Dunstkreis aus Täuschung und Verstellung lösen sich bei dem routinierten Profi Blue allmählich die Konturen seiner Persönlichkeit auf. In *Hinter verschlossenen Türen* verwaltet ein namenloser Ich-Erzähler den Nachlass des Schriftstellers und Jugendfreundes Fanshawe, der Frau und Kind verlassen hatte und spurlos verschwunden war. Als der Totgeglaubte wieder auftaucht, gerät der Erzähler, der dessen Platz eingenommen und Fanshawes Frau geheiratet hat, in eine Identitätskrise.

Aufbau: Auster spielt virtuos mit dem Genre des Kriminalromans. Die drei spannenden Geschichten ziehen den Leser mit raffiniert ausgelegten »Ködern« in ihren Bann. Doch bleiben die logischen Zusammenhänge absichtlich auf der Strecke. Die Rollen von Tätern und Opfern, Verfolgern und Verfolgten verschieben sich: »Schritt für Schritt wird der Beobachter – Detektiv, Autor, Leser – aus seiner sicheren Distanz gelockt und in ein Spiel mit seinen eigenen Erwartungen verstrickt« (Sunday Times). Die drei Hauptfiguren Quinn, Blue und der namenlose Ich-Erzähler aus *Hinter verschlossenen Türen* ermitteln in eigener Sache. Doch das Sammeln von Informationen, rationale Analyse und logische Schlussfolgerungen das Handwerkszeug des Detektivs, ermöglichen keinen Zugang zur rätselhaften Wirklichkeit; die Realität ist zufällig, chaotisch und nicht eindeutig interpretierbar. Das New York des Autors ist Sinnbild für die Suche des modernen Menschen nach Geborgenheit in einer verwirrenden, oft substanzlosen Welt. Hier sind Werte wie Freundschaft, Gemeinschaft, Vertrauen und Verantwortungsgefühl schwer zu finden.

Die Roman-Trilogie ist zugleich ein originelles Spiel mit Werken so unterschiedlicher literarischer Vorbilder wie Miguel de → Cervantes, John → Milton, Lewis → Carroll, Edgar Allan → Poe und Nathaniel → Hawthorne. Austers Selbstreflexion über das Schreiben und sein Spiel mit der Weltliteratur weist ihn, der an mehreren US-amerikanischen Universitäten Literatur lehrte, in diesem Werk als Vertreter der Postmoderne aus.

Wirkung: In den USA wurde Auster mit der New York-Trilogie über Nacht berühmt. Ein erster Versuch, den Auftaktroman *Stadt aus Glas* dem deutschen Lesepublikum nahe zu bringen, scheiterte 1987. Doch als zwei Jahre später die gesamte Trilogie sowie der Endzeit-Roman *Im Land der letzten Dinge* (*In The Country of Last Things*, 1987) auf Deutsch erschienen, wurde Auster binnen kurzer Zeit in Deutschland zu einem der meistgelesenen US-Autoren der Gegenwart. Von *Stadt aus Glas* gibt es eine 1998 in Deutschland mit dem Max-und-Moritz-Preis ausgezeichnete Comic-Version, bearbeitet von Paul Karasik und David Mazzucchelli. Für Auster kommt der Comic dem Roman näher als z. B. eine Verfilmung, »weil [er] etwas verdichtet und ausstrahlt, was nur in der Zeichnung erreicht werden kann«. *B. B.*

links: Paul Auster, *Die New York-Trilogie*, Umschlag der ersten deutschsprachigen Gesamtausgabe 1989; rechts: Paul Auster 1990

Die wichtigsten Bücher von Paul Auster	
Die Erfindung der Einsamkeit 1982	In einem autobiografischen Mosaik aus Erinnerungen, Assoziationen und Reflexionen nähert sich Auster seinem früh verstorbenen Vater, den er zu Lebzeiten kaum kennen lernte.
New York-Trilogie 1987	Im Stil des Anti-Detektivromans spielt Auster mit der Suche des Ermittlers nach den Hintergründen in drei Kriminalfällen, die zur Suche nach der eigenen Identität werden. → S. 67
Im Land der letzten Dinge 1987	In dem düsteren Endzeitroman sucht eine junge idealistische Frau inmitten einer von Tod und Zerstörung geprägten Großstadt-Landschaft ihren seit langem verschollenen Bruder.
Mond über Manhattan, 1989	Ein New Yorker Student entschlüsselt nach einer monatelangen Odyssee durch die USA das Geheimnis seiner Herkunft.
Die Musik des Zufalls 1992	Ein Bostoner Feuerwehrmann bricht nach dem Verlust von Ehefrau und Vater aus seiner bürgerlichen Existenz aus und lässt sich auf ein tödliches Spiel mit zwei Exzentrikern ein.
Leviathan 1992	Die Geschichte einer Männerfreundschaft vor dem Hintergrund der freiheitlichen Ideale der 1960er Jahre; der eine wird Schriftsteller, der andere – begabtere – Terrorist.
Von der Hand in den Mund 1997	Ein autobiografisches Porträt des Künstlers als hungernder Mann vor dem Hintergrund der bewegten 1960er und 70er Jahre, in dem sich alles um die grünen Dollarscheine dreht.
Timbuktu 1999	In dieser Tierfabel begibt sich ein melancholischer alter Hund nach dem Tod seines einzigen Freundes, eines Obdachlosen, auf die Suche nach dem geheimnisvollen Paradies Timbuktu.

Babel, Isaak

russ. Schriftsteller

* 13.7.1894 Odessa, † 17.3.1941 (?) in Haft

📖 *Die Reiterarmee*, 1923–25

Präzise Kürze und einprägsame Bildwahl zeichnen Isaak Babels avantgardistische Erzählungen aus. Sie sind den düsteren Kapiteln der Geschichte wie Krieg, Revolution und dem Leben der osteuropäischen Juden gewidmet und hinterfragen die Rolle der Kunst.

Babel stammte aus einer jüdischen Kaufmannsfamilie in Odessa. Jüdische Tradition und europäische Bildung setzten ihn dem Konflikt aus, seine Identität zwischen Isolation und Assimilation an das kulturelle Umfeld zu bestimmen, das die Juden mit Vernichtung bedrohte. 1916 begann seine Karriere als Schriftsteller. Unterstützt von Maxim →Gorki, veröffentlichte er erste Erzählungen. Die Zeit als Berichterstatter im polnisch-sowjetischen Krieg 1920 bildete die Basis für den Erzählzyklus über die Reiterarmee des legendären roten Generals Budjonny. In der Stalinzeit reagierte Babel auf die Verpflichtung zum Sozialistischen Realismus mit Schweigen. Schließlich fiel er an den »Säuberungen« zum Opfer. Nach Stalins Tod wurde Babel rehabilitiert, seine Werke wurden – nach strenger Zensur – der Sowjetliteratur einverleibt.

Biografie: M. Ehre, *Isaac Babel* (engl.), 1986.

Die Reiterarmee

OT Konarmija **OA** 1923–25 / 1926 **DE** 1926/1998
Form Erzählzyklus **Epoche** Avantgarde

In 34 Kurzgeschichten entwirft Isaak Babel ein Gegenbild zur offiziellen Darstellung des Feldzugs, der im Namen der bolschewistischen Revolution den Kommunismus zu verbreiten, die neuen Gebietsansprüche der Polen zurückzuschlagen und die Konterrevolution zu bekämpfen hatte.

Entstehung: Unter dem Pseudonym Kirill Ljutow (»der Grausame«), das seine jüdische Herkunft verdecken sollte, nahm Isaak Babel 1920 als Korrespondent am polnisch-sowjetischen Krieg teil. Er war der Roten Reiterarmee unter General Semjon Budjonny zugeordnet, der eine steile Sowjetkarriere machte. Babel hielt seine Beobachtungen in einem Tagebuch fest, das durch glückliche Umstände erhalten geblieben ist – erstmals unverändert wurde es in der deutschen Übersetzung 1990 veröffentlicht. Die Erzählungen der Reiterarmee wurden 1923–25 einzeln publiziert und erschienen 1926 als Zyklus. Spätestens zu dieser Zeit begann die Entstehung des ursprünglichen Textes durch Eingriffe der Zensur. Authentische Ausgaben wurden erst 1990 auf Russisch und 1994 auf Deutsch herausgebracht.

Inhalt: Babel führt die später erfolgreich vertuschte Realität eines Terrorzugs, der wider die Ideale einer kommunistischen Armee in willkürlichen Massakern und Plünderungen an Gegnern sowie Bevölkerung, mit Judenpogromen und sogar in antisowjetischer Haltung eine breite Blutspur hinter sich herzog, in einprägsamen Bildminiaturen vor Augen. Am Beispiel der Schicksale u.a. von Kriegern, Juden, katholischen Diakonen und Künstlern lässt er die Widersprüche der revolutionären Bewegung aufeinander prallen: So stößt die »Ethik« des Kriegers, der seinem Gefährten den Gnadentod gibt, mit der »Ethik« des Intellektuellen zusammen, der sich die Fähigkeit zum Töten erfleht. Weitere Kontraste bilden die Kraft der Kämpfer, ihr eigenes Leben genauso wenig zu schonen wie das ihrer Opfer, das Leiden der Tiere und des Landes unter den nicht weniger leidenden Soldaten, der Intellektuelle, der mit seinen Idealen der Revolution in Konflikt mit den Kämpfern gerät, welche den Kommunismus verbreiten sollen, durch die Eskalation der Gewalt aber bloßstellen, oder der Jude, der mit der Zeit gehen will und in der Vernichtung der erstarrten jüdischen Kultur von Wolhynien und Galizien Verlustschmerz bei gleichzeitiger Unaufhebbarkeit seiner Bindung an die Tradition erlebt.

Aufbau: Die Erzählungen enthalten historische Fakten, die ihren Wahrheitsanspruch betonen. Babel verarbeitet jedoch die Referenzen frei nach künstlerischen Gesichtspunkten, so dass Widersprüche mit den geschichtlichen Gegebenheiten entstehen, aber die tiefere Wahrheit sich umso deutlicher abzeichnen kann.

Extreme Kürze und Verdichtung durch Einsatz lyrischer Verfahren lassen die Erzählungen wie Gedichte in Prosa wirken. Statt Handlungen tauchen symbolträchtige Momentaufnahmen auf, die oft ganze Geschichten in sich bergen.

Isaak Babel

Die Reiterarmee

Bibliothek Suhrkamp

Isaak Babel, *Die Reiterarmee*, Umschlag der deutschsprachigen Neuausgabe 1994

Die wichtigsten Werke von Isaak Babel	
Geschichten aus Odessa, 1921–24	Humorvoll-ironische Erzählungen schildern das Leben von Kriminellen, Huren, Händlern im Judenviertel der Stadt Odessa.
Die Reiterarmee 1923–25	Die verheerenden Folgen des polnisch-sowjetischen Kriegs 1920 werden vor allem vom jüdischen Standpunkt dargestellt. → S. 69
Die Geschichte meines Taubenschlags 1925, 1931/32	Die autobiografisch stilisierten Erzählungen schildern den Kampf eines Jungen, aus den Begrenzungen durch die jüdische Familie und Kultur auszubrechen.
Der Sonnenuntergang, 1927	Das Drama in acht Bildern schildert einen Generationskonflikt im jüdischen Milieu von Moldovanka.
Guy de Maupassant 1932	Ein Autor hilft einer reichen Dilettantin bei der Übersetzung Maupassants, dessen Werk er existenzielle Wahrheit abgewinnt.
Maria 1935	In dem Drama in acht Bildern stehen die Probleme einer aristokratischen Familie nach der Revolution 1917 im Blickpunkt.
Di Grasso, 1937	Erzählung über das Verhältnis von Kunst (Theater) und Realität.

Der Ich-Erzähler Ljutow tritt mitunter das Wort
an Binnenerzähler ab. In der Erzählweise des
Skaz kommt die eigentümliche Sprache der
Kämpfer zur Geltung. Ungewöhnliche Bilder,
Unbeholfenheit und Naivität der Rede verleihen
ihren Erzählungen besondere Expressivität.
Wirkung: Die Zusammenschau von Tagebuch
und Erzählzyklus erlaubt den komplizierten
Prozess künstlerischer Darstellung gefahrvoller
historischer Wahrheit nachzuvollziehen. Babel
war massiven Denunziationen durch den General ausgesetzt, der sich und seine Armee
verleumdet sah; die für ihn gefährliche Kontroverse um seine ungeschminkte Darstellung
des Feldzugs wurde aber beigelegt.   *H.S.S.*

Bacchelli, Riccardo

italien. Schriftsteller

* 19.4.1891 Bologna, † 8.10.1985 Monza

📖 *Die Mühle am Po*, dreibändiger Roman 1938–40

Riccardo Bacchelli beeindruckt durch sein in
sechs Jahrzehnten gewachsenes, umfangreiches und vielseitiges Gesamtwerk, das literarische Essays und historische Abhandlungen,
Kritiken, Reisebeschreibungen und Lyrik sowie
historisch-politische Romane umfasst.

Nach dem Ersten Weltkrieg war Bacchelli
Mitglied einer literarischen Gruppe um die Zeitschrift *La Ronda*, die in Frontstellung zur Avantgarde ein traditionelles, klassizistisches Lite-
raturprogramm vertrat. Dabei gehörte er zum
Typus des gelehrten Dichters,
der für seine besonders ausgedehnten geschichtlichen,
ökonomischen und techni-
schen Kenntnisse im historischen Roman die adäquate
Form fand. Sie sicherte ihm
mit Werken wie *Der Teufel auf
dem Pontelungo* (1923) oder
Die Mühle am Po bleibenden
Nachruhm – zumindest bei
der italienischen Leserschaft,
der er farbige Bilder aus der
nationalen Vergangenheit
präsentierte. Nach dem
Zweiten Weltkrieg versuchte
sich der Romancier sowohl
an biblischen Stoffen (*Der
Sohn des Lais*, 1950) wie an
aktuell politischen (*Der Sohn
Stalins*, 1953), wobei sich
seine ausgeprägte Neigung
zu gelehrten Exkursen bisweilen störend bemerkbar
machte.

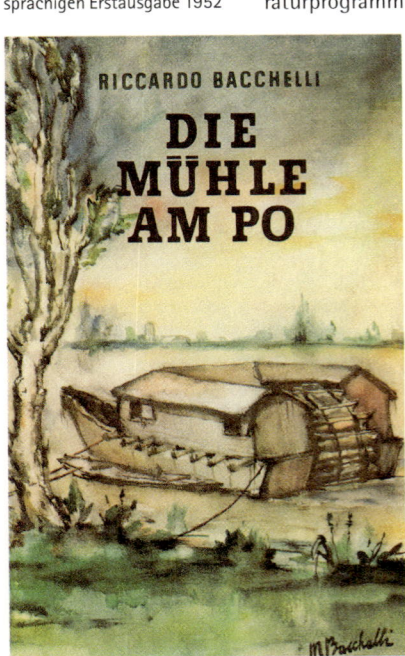

Riccardo Bacchelli, *Die Mühle
am Po*, Umschlag der deutschsprachigen Erstausgabe 1952

Die Mühle am Po

OT Il mulino del Po **OA** 1938–40 **DA** 1944–52
Form Roman-Trilogie **Epoche** Moderne

Im Schicksal einer Familie über drei Generationen hinweg spiegelt der dreibändige Roman *Die
Mühel am Po* den mühsamen Weg der italienischen Nation zu Einheit und Unabhängigkeit
und wird deshalb auch als ein »Nationalepos«
des modernen Italien bezeichnet.

Inhalt: Erzählt werden die Schicksale der Familie Scacerni aus der Provinz Emilia, die eine
Mühle am Po betreibt.

Im ersten Band *Möge Gott dich behüten* (1938)
kommt der Soldat Lazzaro Scacerni während
Napoleons Russland-Feldzug in den Besitz eines
Juwelenschatzes, der aus einem Kirchenraub
stammt. Vom Erlös kann er nach seiner Heimkehr die Mühle bauen, die der Roman-Trilogie
den Titel gibt. Zwischen Gewissensbissen und
Erwerbseifer hin und her gerissen, bringt er es zu
Ansehen und Wohlstand. Immer wieder ist es
vor allem das Hochwasser des Po, das Wohlstand und Leben der Familie bedroht. Mit seiner
Ehefrau Dosalina hat Lazzaro den Sohn Giuseppe, der seine Eltern jedoch verachtet und von
Grundstücksspekulationen lebt. Er zwingt die
vitale Cecilia, die der Vater einst aus den Fluten
des Po gerettet hatte, in eine unglückliche Ehe.

Im zweiten Band *Das Elend kommt im Boot,*
lernt Cecilia ihren charakterschwachen Mann
verachten, pflegt ihn jedoch aufopfernd, als er
nach einer weiteren Überschwemmung den
Verstand verliert.

Im dritten Band *Alte Welt, ewig neu,* muss Cecilia erleben, dass einer ihrer Söhne in Garibaldis Freiheitsarmee fällt, während der zweite für
einen Totschlag bestraft wird, mit dem er die
Ehre seiner Schwester zu verteidigen suchte.
Der dritte Sohn, Giovanni, adoptiert den unehelichen Lazzaro, der als »letzter Scacerni« im
Ersten Weltkrieg fällt.

Aufbau: Die Roman-Trilogie will Familienroman und »Roman einer Epoche« zugleich sein
– darin ist sie etwa Thomas →Manns *Buddenbrooks* eng verwandt. Die Schicksale der einzelnen Familienangehörigen fügen sich in einen
generationsübergreifenden Zusammenhang. Er
beschreibt Aufstieg und Niedergang einer Familie, die symbolisch durch ihr Haus – hier also
die Mühle am Po – repräsentiert wird. Zugleich
sind die familiären Ereignisse eingebunden in
die Geschichte des italienischen »Risorgiomen-
to«, also des Kampfes für nationale Einheit und
Unabhängigkeit im 19. Jahrhundert. Besonders
akzentuiert wird diese politische Dimension dadurch, dass der regionale Handlungsraum in der
Provinz Emilia als Grenzgebiet zwischen Habsburg und dem Kirchenstaat besonders umstritten ist. Ein klassisches Vorbild für diese Ver-

schränkung von Familien- und Nationalgeschichte fand Bacchelli in dem Roman *Die Verlobten* von Alessandro →Manzoni (1827).

Sein Sprachstil wechselt zwischen verschiedenen Tonlagen, ist einerseits pathetisch und melodramatisch, andererseits auch humoristisch. Sprichwörter, Redensarten und Dialekt geben die Sicht des Volkes wieder, werden insgesamt aber von einer rhetorisch geprägten und altertümlich wirkenden Erzählersprache überlagert. Die Kritik vieler Leser an der Neigung des Erzählers zur Belehrung hat den deutschen Übersetzer Stefan Andres die Konsequenz ziehen lassen, solche lehrhaften Exkurse zu streichen. **Wirkung:** *Die Mühle am Po* ist aus dem Kanon der italienischen Nationalliteratur nicht mehr wegzudenken: Inhaltlich bietet es sich als Projektionsfläche für den italienischen Patriotismus an; literarisch führt es die historische Erzählkunst in Manzonis Nachfolge mit den für Italien so wichtigen regionalistischen Traditionen zusammen. Film-und Fernsehfassungen haben seine Popularität erneuert.   *J. V.*

Ingeborg Bachmann 1953

Bachmann, Ingeborg

österreich. Lyrikerin und Schriftstellerin

*25.6.1926 Klagenfurt, †17.10.1973 Rom

📖 *Anrufung des Großen Bären*, Gedichte 1956

📖 *Malina*, Roman 1971

Mit ihrer intellektuell-abstrakten Gedankenlyrik wurde Ingeborg Bachmann Anfang der 1950er Jahre bekannt. In ihrem vielseitigen Werk verbindet sie meisterhaft sprachliche Präzision und bildschöpferische Intensität. Nach ihrem Tod wurde sie als Vorläuferin und Klassikerin einer »écriture féminine« neu entdeckt.

Die Lehrerstochter, aufgewachsen in Kärnten, schloss ihr Philosophiestudium in Innsbruck, Graz und Wien mit einer Dissertation über die Existenzphilosophie von Martin →Heidegger ab. Der Preis der »Gruppe 47« (1953) begründete Bachmanns frühen Ruhm. Sie zog nach Rom und arbeitete als freie Schriftstellerin, u.a. in Paris, München und Berlin. Nebenbei war sie für Rundfunk, Fernsehen und Zeitungen tätig. Ihre Beziehungen zu dem Dichter Paul →Celan und dem Schriftsteller Max →Frisch spiegeln sich in ihrem Werk. Sie schrieb Gedichte, Romane, Erzählungen, Hörspiele, Libretti und Essays. 1959/60 war sie erste Gastdozentin für Poetik an der Universität Frankfurt/M. Für ihr Werk erhielt sie 1964 den Georg-Büchner-Preis.

Biografien: J. Hoell, *Ingeborg Bachmann*, 2001; H. Höller, *Ingeborg Bachmann* (rm 50545).

Anrufung des Großen Bären

OA 1956 **Form** Lyrik **Epoche** Moderne

Die zweite und letzte Gedichtsammlung *Anrufung des Großen Bären* begründete zusammen mit dem drei Jahre zuvor erschienenen Lyrikband *Die gestundete Zeit* Bachmanns Ruhm als eine der wichtigsten deutschsprachigen Lyrikerinnen der Nachkriegszeit. Ihre als schwer zugänglich geltenden Verse beschreiben traumatische Erfahrungen und entwerfen eine Utopie. Geschichte, literarische Tradition und persönliches Leiden treten in ein Spannungsverhältnis. **Entstehung:** Die 1956 veröffentlichte Gedichtsammlung enthält zahlreiche Reminiszenzen an Bachmanns Leben in Italien. Besonders die Gedichte des dritten Teils zeugen von einer ambivalenten Faszination für die landschaftlichen und atmosphärischen Eigenarten Italiens, die sich aus der Wahrnehmung der Schönheit des Landes und zugleich einer tiefen Irritation zusammensetzt. Ihrer Italienerfahrung schrieb die Kritik ihre »neu entdeckte Sinnlichkeit« zu, die Liebe und Eros einen großen Raum zugesteht. **Inhalt:** Trotz der formalen Veränderung knüpft die Autorin inhaltlich an die Gedichte ihres vorhergehenden Bandes *Die gestundete Zeit* an. In mystisch-märchenhaften Bildern wird die Bedrohung der menschlichen Beziehungen in der gegenwärtigen Welt einer ersehnten Utopie gegenübergestellt, in der Unterdrückung und Ausbeutung abgeschafft sind. Die Verhältnisse der Gegenwart mit ihrer Entfremdung des Individuums werden vorbehaltlos abgelehnt. Als Heilmittel gegen die Entfremdung gelten für Bachmann Natur, Kunst, Religion, Märchen

Erklär mir, Liebe aus Ingeborg Bachmanns Gedichtband *Anrufung des Großen Bären*:

Erklär mir, Liebe, was ich nicht erklären kann:/sollt ich die kurze schauerliche Zeit/nur mit Gedanken Umgang haben und allein/nichts Liebes kennen und nichts Liebes tun?/ Muss einer denken? Wird er nicht vermisst?
Du sagst: es zählt ein andrer Geist auf ihn.../Erklär mir nichts. Ich seh den Salamander/durch jedes Feuer gehen./Kein Schauer jagt ihn, und es schmerzt ihn nichts.

Ingeborg Bachmann, *Anrufung des Großen Bären*, Umschlag der Originalausgabe 1956

und Liebe. Die Utopie wird verlagert in den Bereich der Imagination und nicht mehr rational fassbar. Im Zentrum der dichterischen Aussage steht als verbindendes Prinzip die Erfahrung des Sprachverlustes. Der geheime Sinn der Gedichte wird erhellt durch das Wissen der intensiven Auseinandersetzung Bachmanns mit der Sprachphilosophie Ludwig →Wittgensteins und dem Werk Heideggers.

Aufbau: Der Band mit insgesamt 41 Gedichten gliedert sich in vier unterschiedlich große Gruppen. Zwei Gedichte bilden jeweils einen eigenen Zyklus: *Von einem Land, einem Fluss und den Seen* besteht aus 10, *Lieder auf der Flucht* aus 15 Gedichten. Im Gegensatz zum ersten Lyrikband Bachmanns ist die Form strenger, wenngleich der freie Rhythmus erhalten bleibt. Mehr als die Hälfte der Gedichte ist gereimt. Die Kritik der 1950er Jahre rühmte die schönen Worte der »poésie pure« und sah Gedichte wie *Das Spiel ist aus* und *Erklär mir, Liebe* sowie die titelgebende *Anrufung des Großen Bären* als beispielhaft für ihr Werk. Die verharmlosende Interpretation ihrer Lyrik übersieht die dunkle Seite ihrer Dichtung, welche die Liebe märchenhaft überhöht und gleichzeitig eine existenzielle Verzweiflung zum Ausdruck bringt. Ihr liegt die Erfahrung einer geschichtlich bedingten Verstörung zu Grunde, die zunehmende »Sprachlosigkeit« zur Folge hat. Am Ende der *Lieder auf der Flucht* gipfelt die Verzweiflung in tiefe Resignation: »Die Liebe hat einen Triumph und der Tod hat einen,/die Zeit und die Zeit danach./Wir haben keinen.«

Wirkung: Nach Veröffentlichung ihres zweiten Gedichtbandes bescheinigte die Kritik der Autorin als erster deutschsprachiger Lyrikerin der Nachkriegsgeneration die Fortführung der großen Tradition der literarischen Moderne. Für

Anrufung des Großen Bären erhielt Ingeborg Bachmann den Bremer Literaturpreis. Nach diesem Lyrikband veröffentlichte sie nur noch wenige vereinzelte Gedichte.

Malina

OA 1971 **Form** Roman **Epoche** Moderne

Ingeborg Bachmanns einziger Roman, Auftakt des geplanten Todesarten-Zyklus, offenbart die psychische und physische Zerstörung eines weiblichen Ichs durch das männliche Prinzip. Die fragmentarischen Teile »Der Fall Franza« und »Requiem für Fanny Goldmann« erschienen erst nach dem frühen Tod der Autorin, die 1973 an den Folgen eines Brandunfalls starb.

Entstehung: Nach der Trennung von Max Frisch und einem psychischen Zusammenbruch zog Bachmann zunächst nach Berlin und 1965 nach Rom, wo sie weiter an ihrem vermutlich 1962 begonnenen Todesarten-Projekt arbeitete. Über Jahre entwarf sie neue Konzepte für den Zyklus, ohne ein Buch abschließen zu können, und geriet immer mehr unter den Druck der Verleger. 1970, zehn Jahre nach ihrem ersten Prosaband *Das dreißigste Jahr*, erschien *Malina* in ihrem neuen Verlag Suhrkamp.

Inhalt: Die namenlose Ich-Erzählerin des Romans, eine in Wien lebende bekannte Schriftstellerin, reflektiert und beschreibt ihre Situation als Geliebte zweier Männer. Vordergründig eine Dreiecksgeschichte zwischen Ich-Erzählerin, ihrem Geliebten Ivan und Malina, mit dem sie zusammenlebt, findet das eigentliche Geschehen im Innern der Protagonistin statt. Ihre seelischen Konflikte, ihre Wünsche, Sehnsüchte und Fantasien, ihre Vorstellung von Glück werden eindringlich und beklemmend dargestellt. Im ersten Kapitel *Glücklich mit Ivan* beschreibt die Erzählerin ihr Verhältnis zu ihrem unerreichbar erscheinenden Geliebten. Malina, der »dritte Mann« aus dem zweiten Kapitel, ist Repräsentant der Vernunft, der die materielle Grundlage ihres Zusammenlebens sichert. Er erscheint als der männliche Teil im Bewusstsein der Erzählerin. Seine Rationalität ist dem weiblichen Ich lebensnotwendig, sie kann jedoch ihre Ansprüche ihm gegenüber nicht geltend machen. Malina wirkt menschlich und gesellschaftlich überlegen. Die Unterdrückung nimmt das weibliche Ich trotz des Wunsches nach Selbstverwirklichung und Gleichberechtigung ohne Gegenwehr hin.

Die Traumsequenzen der Ich-Erzählerin im zweiten Kapitels kreisen um ihren Vater. Die Ich-Erzählerin setzt die Herrschaft des Vaters über das Kind mit der Herrschaft des Mannes über die Frau gleich. Die Unterdrückung wird zusätzlich in den historischen Kontext des Ho-

Die Französin Isabelle Huppert als namenlose Protagonistin in der Verfilmung des Romans *Malina* von Ingeborg Bachmann (BRD 1958; Regie: Werner Schroeter)

OT = Originaltitel **EZ** = Entstehungszeit **OA** = Originalausgabe **DE** = Deutsche Erstausgabe 📖 = Verweis auf Werkartikel

locaust gestellt. Das dritte Kapitel *Von letzten Dingen* ist als ein fiktiver Dialog zwischen der Erzählerin und Malina über das Schreiben.

Aufbau: Der nach einem kunstvollen musikalischen Kompositionsprinzip gestaltete Roman kommt ohne herkömmliche Handlung aus. Reflexionen und skizzenartige Beschreibungen stehen collageartig neben Traumsequenzen, Dialogen und Briefen. Den drei Kapiteln des Buches werden wie bei einem Theaterstück Personen, Zeit und Ort vorangestellt. Erst im Verlauf des Romans wird die Aufspaltung der weiblichen Hauptfigur in einen männlichen und einen weiblichen Teil deutlich, die einen erbitterten Kampf um Freiheit und Gleichberechtigung führen. Der weibliche Teil wird so lange an die Wand gedrängt, bis er am Ende des Romans in einer Wand verschwindet.

Wirkung: Die Kritik warf der Autorin die Entfernung von der Wirklichkeit und den Rückzug ins Innere vor. In den späten 1970er Jahren erfuhr der Roman auf der Grundlage feministischer Literaturtheorie eine neue Bewertung. Der Forschungsschwerpunkt verlagerte sich von der Lyrik auf die späte Prosa Bachmanns. *S. Na.*

Baldwin, James

afroamerikan. Schriftsteller, *2.8.1924 New York

† 1.12.1987 Saint-Paul-de-Vence, Frankreich

📖 *Gehe hin und verkünde es vom Berge*, 1953

📖 *Giovannis Zimmer*, 1956

Die Situation der Schwarzen in den USA, das Leben als Homosexueller und die aus der doppelten Diskriminierung erwachsende Einsamkeit, die in seinen Romanen oft als hoffnungslose, zum Scheitern verurteilte Suche nach Liebe Niederschlag findet, sind die zentralen literarischen Themen von James Baldwin.

Der Sohn eines Arbeiters und Baptistenpredigers engagierte sich aktiv in der schwarzen Bürgerrechtsbewegung und zählte bald zu deren meistgelesenen Wortführern. Schon an seiner High School, die er 1942 abschloss, hatte Baldwin eine Literaturzeitschrift herausgegeben; auch in den folgenden Jahren, während denen er als Gelegenheitsarbeiter zum Unterhalt der Familie beitrug, verfolgte er das Ziel, Schriftsteller zu werden und schrieb zunächst für Zeitungen. 1945 wurde er von Richard Wright (1908–60), dem Vorbild einer ganzen Generation schwarzer Autoren, entdeckt; er wurde Baldwins Mentor und verhalf ihm zu einem Stipendium. Baldwin setzte sich jedoch von der Protestliteratur der Wright-Schule ab und postulierte die individuelle Befreiung als Zukunftschance des schwarzen Amerika.

Ingeborg-Bachmann-Preis

Geschichte: Mitte der 1970er Jahre entwickelten der Kärntner Autor und Jounalist Humbert Fink und der damalige Landesintendant des Österreichischen Rundfunks (ORF) in Kärnten, Ernst Willner, die Idee, nach dem Vorbild der Tagungen der Gruppe 47 (→ Stichwort S. 430) in Klagenfurt einen Literaturwettbewerb ins Leben zu rufen. Der vom ORF gestiftete Hauptpreis für deutschsprachige erzählende Prosa wurde nach der österreichischen Schriftstellerin Ingeborg Bachmann benannt. Die erste Preisverleihung fand im Jahr 1977 statt.

Organisation: 1997 wurde das Verfahren der Preisvergabe reformiert. Jedes Jahr im Juni treffen sich nunmehr 16 Autor/innen und sieben Juror/innen zu dem einwöchigen Wettbewerb in Klagenfurt. Die Jurymitglieder erhalten eine Woche vor Beginn der Lesungen die eingereichten Texte, die aus nicht veröffentlichten Werken stammen müssen. Die Lesungen werden von 3sat live im Fernsehen übertragen.

Preise: Nach 23 Jahren wurde der Ingeborg-Bachmann-Wettbewerb 2000 umbenannt in »Tage der deutschsprachigen Literatur«. Der Hauptpreis trägt weiterhin den Namen der Autorin. Daneben werden der »Preis der Jury« (früher »Preis des Landes Kärnten«), der von Verlagen gestiftete Ernst Willner-Preis, der 3sat-Preis, ein Publikumspreis (seit 2002) sowie Stipendien vergeben. Zu den Preisträgern zählten u. a. Ulrich → Plenzdorf (1978), Sten → Nadolny (1980), Wolfgang → Hilbig (1989) und Birgit → Vanderbeke (1990).

Nach der Ermordung von Malcolm X (1925–1965) und Martin Luther King (1929–68) emigrierte Baldwin 1970 nach Frankreich, wo er bereits 1948–58 gelebt hatte. Der auch beim weißen Publikum populärste schwarze Romancier der 1960er Jahre schrieb außerdem Essays (*Schwarz und Weiß*, 1961; *Hundert Jahre Freiheit ohne Gleichberechtigung*, 1962), Dramen (*Amen Corner*, 1954; *Blues für Mr. Charly*, 1964), Erzählungen (*Des Menschen nackte Haut*, 1965) und Gedichte (*Jimmy's Blues*, 1983).

Biografie: C. W. Sylvander, *James Baldwin*, 1980.

Gehe hin und verkünde es vom Berge

OT Go Tell it on the Mountain
OA 1953 **DE** 1966 **Form** Roman **Epoche** Moderne

In seinem ersten, stark autobiografisch geprägten Roman, dessen Titel einem bekannten Gospel-Song entstammt, schildert James Baldwin die Familie des Laienpredigers Gabriel Grimes

Auszug aus *Eine Straße und kein Name*, dem letzten (1972) und radikalsten der fünf Essaybände von James Baldwin:

Eine alte Welt liegt im Sterben, eine neue strampelt im Leib ihrer Mutter, der Zeit, und kündigt an, dass sie bereit ist, geboren zu werden. Die Geburt wird schwer sein, viele von uns werden erkennen müssen, dass sie nicht zur Hebamme taugen. Aber das macht nichts, wenn wir uns unserer Verantwortung für das Neugeborene bewusst sind, werden wir uns die erforderlichen Fähigkeiten aneignen.

Die wichtigsten Bücher von James Baldwin

Gehe hin und verkünde es vom Berge 1953	Die Schicksalslinien dreier Generationen werden in der Geschichte einer schwarzen Familie verfolgt, in deren Mitte der fanatische Prediger Gabriel steht. → S. 73
Giovannis Zimmer 1956	Der weiße Amerikaner David erliegt in Paris der Anziehung des jungen Italieners Giovanni, bringt aber nicht den Mut auf, zu seiner Liebe zu stehen. → S. 74
Eine andere Welt 1962	Ein Jahr im Leben von sieben jungen Menschen, im New York der späten 1950er Jahre: Jeder von ihnen ist einsam und stürzt sich in die Arme eines anderen Einsamen.
Sag mir, wie lange ist der Zug schon fort 1968	Leo Proudhammer blickt zurück auf ein Leben zwischen Schwarzen und Weißen, Männern und Frauen, Liebe und Hass, der Kindheit als »Negerjunge« und seinem Weg zum Star.
Beale Street Blues 1974	Der junge Fonny gerät unschuldig ins Gefängnis und kann seine schwangere Geliebte Tish nur durch eine Glaswand sehen.
Zum Greifen nah 1978	Eine schwarze Familiensaga vor dem Hintergrund der Straßenschlachten und Friedensmärsche der Bürgerrechtsbewegung, der Betsäle und Soulmusik.

James Baldwin; von links:
Gehe hin und verkünde es vom Berge, Umschlag der DDR-Erstausgabe 1967; Einband der ersten deutschsprachigen Taschenbuchausgabe 1971 (Gestaltung: Werner Rebhuhn); *Giovannis Zimmer*, Umschlag der US-Ausgabe 2000; Einband der deutschsprachigen Taschenbuchausgabe 1967 (Gestaltung: Werner Rebhuhn)

bei einem Gottesdienst. Der Roman spielt an einem einzigen Tag des Jahres 1935 in Harlem, zeichnet in Rückblenden jedoch den Leidensweg der Familie über drei Generationen nach.

Inhalt: Erinnerungen führen die drei erwachsenen Hauptfiguren Gabriel, Florence und Elisabeth während ihrer Gebete an verschiedene Stationen ihrer Biografien zurück. Florence, Tochter einer ehemaligen Sklavin, verlässt das Haus der kranken Mutter im Süden, in dem sich alles nur um ihren jüngeren Bruder Gabriel dreht, um in Harlem ihr eigenes Leben zu leben. Gabriel, ein hemmungsloser Herumtreiber, findet schließlich den Weg zu Gott und heiratet die Nachbarstochter Deborah. Immer wieder jedoch »erwacht der Mann in ihm«: Gabriel betrügt Deborah mit der jüngeren Esther, die schwanger wird; der uneheliche Sohn, den Gabriel liebt und für den er gleichzeitig Schuld empfindet, wird später erstochen.

Nach Deborahs Tod zieht auch Gabriel nach Harlem. Er lernt durch Florence, zu der er 20 Jahre lang keinen Kontakt mehr hatte, Elisabeth kennen und heiratet sie. Von Richard, der sich das Leben nahm, nachdem er wegen eines nicht begangenen Diebstahls ins Gefängnis gekommen war, hat Elisabeth den unehelich gezeugten Sohn John. Der wird nun für Gabriel zu einer ständigen Erinnerung an dessen »Blutschuld« und dafür von ihm gehasst. Florence weiß als Einzige von der Verfehlung ihres Bruders und droht, sich für dessen Tyrannei, aber auch für die eigene verlorene Jugend zu rächen.

Aufbau: Den Hauptteil des Romans bilden die Gebete von Florence, Gabriel und Elisabeth, in die ihre Erinnerungen und Selbstreflexionen eingeflochten sind; sie verbinden sich zur Schicksalsgeschichte der Familie und ihres Weges vom Süden ins New Yorker Schwarzenghetto Harlem. Die Anrufungen, in deren Rhythmus die ekstatische Atmosphäre des Gottesdienstes widerscheint, sind in zwei weitere Kapitel eingebettet; im ersten werden die Protagonisten vorgestellt, im letzten erfährt Gabriels Stiefsohn John seine Erweckung.

Wirkung: Vielen Kritikern gilt *Gehe hin und verkünde es vom Berge* als Baldwins bestes Werk, wenn auch der militante soziologische Realismus seiner späteren Romane von größerem Einfluss auf andere Autoren war. *A. C. K.*

Giovannis Zimmer

OT Giovanni's Room
OA 1956 **DE** 1963 **Form** Roman **Epoche** Moderne

Nach seinem afroamerikanischen Debütwerk *Gehe hin und verkünde es vom Berge* (→ S. 73) machte James Baldwin in seinem zweiten, kurzen Roman die Homosexualität zum Thema. Baldwin hat sich hier auf weiße Protagonisten, Frankreich als Schauplatz und ein anderes Mi-

---

Hauptfiguren in »Gehe hin und verkünde es vom Berge« von J. Baldwin

Gabriel Grimes: Das 55-jährige Familienoberhaupt war einmal ein bekannter Prediger in den amerikanischen Südstaaten. Gabriel arbeitet nun in Harlem in einer Fabrik und ist Kirchendiener im »Tempel der Feuergetauften«, wo er den Gottesdienst für Jugendliche leitet. Von seiner Familie wird er gefürchtet; er ist streng, rigide, von bigotter Frömmigkeit und erfüllt von fanatischem Hass auf die Weißen.

Elisabeth: Gabriels 34-jährige, fatalistische und duldsame Frau wuchs nach dem frühen Tod ihrer Mutter getrennt vom Vater bei einer Tante in Maryland auf, zog dann nach Harlem und heiratete nach dem Selbstmord ihres unschuldig verhafteten Geliebten Richard Gabriel. Sie ist die Mutter des unehelich mit Richard gezeugten John und hat drei Kinder mit Gabriel.

John: Der 14-Jährige ist der Stiefsohn von Gabriel, das uneheliche Kind von Elisabeth und Richard. Er lehnt sich gegen seinen Stiefvater auf, der ihn hasst, weil er nicht

der leibliche Sohn ist, der ihm »von Gott versprochen« wurde. John fühlt sich in der Familie als Verstoßener. An seinem 14. Geburtstag erfährt er seine Erweckung.

Roy: Der Sohn von Gabriel und Elisabeth ist der Liebling des Vaters, obwohl er ein Herumtreiber ist, in Schlägereien verwickelt wird und den Mädchen nachstellt.

Sarah: Die Tochter von Gabriel und Elisabeth und jüngere Schwester Roys plappert viel und macht sich gern wichtig.

Ruth: Die jüngste Tochter von Gabriel und Elisabeth ist noch ein Baby.

Florence: Gabriels 61-jährige ältere Schwester kam im Jahr 1900 aus dem Süden nach Harlem. Sie war mit dem Bluessänger Frank verheiratet, der sie bereits vor 20 Jahren nach zehnjähriger Ehe verlassen hat. Florence wehrt sich gegen den Haustyrannen Gabriel und will ihn, der andere wegen ihrer vermeintlichen Verfehlungen geißelt, für seine eigenen Sünden büßen lassen.

lieu verlegt, doch beschäftigt ihn das gleiche Thema wie in seinem ersten Roman: das Schicksal der »schuldlos Ausgestoßenen« (Mikolaj Dutsch).

Aufbau: Der Roman ist in zwei Teile gegliedert. Der erste nimmt bereits zu Beginn das Ende der Handlung vorweg und zeigt den jungen Amerikaner David unmittelbar vor seiner Abreise aus Frankreich; daran anschließend wird erzählt, wie er in Paris Giovanni kennen lernt und sich verliebt. In der zweiten Hälfte wird die langsame Zerrüttung der Beziehung zwischen den beiden Männern geschildert, die Giovanni in den Abgrund stürzt.

Inhalt: Davids erstes sexuelles Erlebnis war eine Liebesnacht mit einem Klassenkameraden noch während seiner Schulzeit in Brooklyn; irritiert und aus Angst vor der Reaktion der Eltern brach er den Kontakt zu ihm ab.

Jahre später, er ist nun Mitte 20, lernt David in Paris Hella kennen und will sie heiraten. Sie spürt jedoch seine Unentschlossenheit und reist für mehrere Monate nach Spanien, um nachzudenken. Während dieser Zeit begegnet David Giovanni, Barmann in einer von Guillaume geführten Schwulenkneipe, verliebt sich in den »dunkelhaarigen, löwenhaften« Jungen und zieht mit ihm zusammen in dessen »beängstigend kleine Dienstmädchenkammer« am Stadtrand. Wenig später kündigt Guillaume Giovanni aus Eifersucht den Job. Doch auch David beginnt sich von Giovanni zu lösen; er vertraut dessen Liebe nicht und fürchtet, eines Tages allein zu sein – einer jener einsamen Alten, die im Schutz der Nacht in Guillaumes Bar ein Doppelleben führen und sich doch ständig durch »den Neid und die Begierde« in ihren Blicken verraten. Als Hella aus Spanien zurückkehrt, trennt sich David von Giovanni; der verkommt in seinem Schmerz zusehends, raubt schließlich Guillaume aus und bringt ihn in einer Affekthandlung um.

Nachdem Hella ihre Funktion erfüllt hat, David von der »verruchten« Liebe zu erlösen, verliert dieser bald wieder das Interesse an ihr. Sie ertappt ihn zufällig bei einem Liebesabenteuer mit einem Matrosen und verlässt ihn. Nun ist David tatsächlich allein, weil er den Mut nicht fand, sich zu seiner Liebe und damit zu sich selbst zu bekennen. Am Morgen vor Giovannis Hinrichtung verlässt er Frankreich und kehrt nach Amerika zurück.

Wirkung: Nach Erscheinen von *Giovannis Zimmer* wurde Baldwin ein rasches Ende seiner literarischen Laufbahn prophezeit: In dieser unverschlüsselten Deutlichkeit war das Thema Homosexualität in der amerikanischen Literatur zuvor kaum behandelt worden. *Giovannis Zimmer* wurde jedoch ein internationaler Erfolg und Baldwins berühmtestes Werk.   *A. C. K.*

Balzac, Honoré de

frz. Schriftsteller

* 20.5.1799 Tours, † 18.8.1850 Paris

📖 *Vater Goriot*, 1835

📖 *Verlorene Illusionen*, 1837–44

📖 *Glanz und Elend der Kurtisanen*, 1838–47

Honoré de Balzac ist der Begründer des Realismus im französischen Roman. Kennzeichnend dafür sind die detaillierten Beschreibungen unterschiedlichster Charaktere und ihrer Milieus sowie die Darstellung der zahlreichen Grundformen menschlichen Verhaltens. In seinem 91 Romane und Erzählungen umfassenden Zyklus *Die menschliche Komödie* (1829–50), als Gegenstück zu → Dante Alighieris *Die göttliche Komödie* (entstanden 1307–21) gedacht, schildert Balzac das gesamte Spektrum der Gesellschaft zur Zeit der Französischen Revolution, des napoleonischen Kaiserreichs und der Restaurations-Ära (1789–1830).

Ab 1807 besuchte Balzac die Schule des Oratorianer-Ordens in Vendôme und begann 1817 in Paris ein Jurastudium, das er bald abbrach, um sein Glück als Besitzer einer kleinen Drucke-

Victor Hugo am 21. August 1850 in seiner Grabrede für Honoré de Balzac:

Der Name Balzac wird eingehen in die leuchtende Spur, die von unserer Epoche einmal in der Zukunft künden wird… Ach, dieser gewaltige, nimmermüde Arbeiter, dieser Philosoph, dieser Denker, dieser Dichter, dieses Genie hat unter uns jenes Leben voll von Stürmen und Kämpfen gelebt, das allen großen Menschen beschieden ist.

Honoré de Balzac; Porträtaufnahme des französischen Fotografen Nadar, um 1850

Die wichtigsten Bücher von Honoré de Balzac

Die menschliche Komödie 1829–50	Für *Die menschliche Komödie*, ein umfangreiches Gesellschaftsporträt, plante Balzac 137 Romane, von denen die beiden ersten Bände 1830 erschienen. Als Balzac starb, hatte er 91 Romane und Novellen vollendet, in denen rund 3000 Personen auftreten.
Das Chagrinleder 1831	Raphaël de Valentin verspielt sein Geld, will Selbstmord begehen und gerät an ein Amulett, das ihm Reichtum verschafft.
Die Frau von dreißig Jahren, 1831–34	Die intelligente und schöne Julie d'Aiglemont begeht Ehebruch, ihre Tochter einen Geschwistermord.
Tolldreiste Geschichten, 1832–53	Balzacs erfolgreichstes Werk: 30 pikante Erzählungen im Stil des François → Rabelais, »gesammelt in den Abteien der Touraine«.
Oberst Chabert 1832	Das Schicksal eines angeblich im Krieg gefallenen Obersts, der nach Paris zurückkehrt und seine Identität zu beweisen versucht, aber nicht in die Gesellschaft zurückfindet.
Eugenie Grandet 1834	Mit ihren Ersparnissen unterstützt Eugenie ihren Geliebten Charles, dem sie während seiner jahrelangen Abwesenheit treu bleibt. Als er zurückkommt, will er nichts mehr von ihr wissen.
Vater Goriot 1834/35	Vater Goriot verliert sein Vermögen an seine habgierigen Töchter, die noch den letzten Franc aus ihm herauspressen. → S. 76
Verlorene Illusionen 1837–44	Der Versuch des Provinzlers Lucien de Rubempré, in der feinen Pariser Gesellschaft als Poet zu reüssieren, scheitert, worauf er einen »Teufelspakt« eingeht. → S. 77
Cäsar Birotteau 1838	Birotteau, Besitzer eines Parfümerieladens, glaubt an die Redlichkeit des Geschäftslebens und wird durch die Intrigen eines ehemaligen Angestellten in den Bankrott getrieben.
Glanz und Elend der Kurtisanen 1839–43	Lucien de Rubempré gewinnt in Paris Einfluss in höchsten Kreisen, für den er jedoch am Ende bitter bezahlen muss. Er begeht in einer Gefängniszelle Selbstmord. → S. 77
Das Antiquitätenkabinett 1839	Ein feiner Marquis unterhält einen Salon im altmodischen Stil, der von zahlreichen Adligen der jüngeren Generation besucht wird, bis sie schließlich zum Gespött der übrigen Gesellschaft werden.
Der Landpfarrer 1839	Véronique ändert ihr bisheriges Leben und begibt sich in die Obhut des Abbé Bonnet, als sie erfährt, dass der uneheliche Vater ihres Sohnes hingerichtet worden ist.
Vetter Pons oder Die beiden Musiker 1847	Der Musiker Pons besitzt eine beträchtliche Sammlung Kunstgegenstände. Erbschleicher führen seinen Tod herbei. Auch der rechtmäßige Erbe vermag gegen sie nichts auszurichten.

rei zu versuchen. Durch den Bankrott seines Unternehmens verschuldete er sich bis ans Lebensende.

Seine schriftstellerische Tätigkeit begann er mit Kolportageromanen, die er in den 1820er Jahren unter Pseudonym herausbrachte. 1829 ließ er erstmals ein Buch unter seinem eigenen Namen erscheinen. Mit dem Roman *Der letzte Chouan,* der die Royalistanaufstände in der Bretagne von 1799/1800 zum Thema hat, begann die Erfolgsserie seiner großen Gesellschaftsromane, die er in manischer Fronarbeit verfasste. Dabei ruinierte Balzac zwar seine Gesundheit, vernachlässigte hingegen nie seinen strikt realistischen Erzählstil, der für die nächsten Schriftstellergenerationen weit bis ins 20. Jahrhundert hinein zum Vorbild wurde.

Ein Jahr vor seinem Tod heiratete Balzac die polnische Gräfin Evelina Hanska, mit der er zuvor 18 Jahre lang einen intensiven Briefwechsel geführt hatte. *G. Woe.*

Biografien: G. Picon, *Honoré de Balzac* (rm 50030); S. Zweig, *Balzac*, 1946, NA 1996.

Balzac über Balzac:

Ich hasse sie, die Romane, vor allem die Romane, die zu Ende geschrieben werden müssen.

Vater Goriot

OT Le père Goriot
OA 1835 (Vorabdruck 1834/35 in *La Revue de Paris*)
DE 1835 **Form** Roman **Epoche** Realismus

In dem Roman *Vater Goriot*, der in *Die menschliche Komödie* 1843 als neunter Band erschien, stellt Honoré de Balzac die menschlichen Triebkräfte und Ängste seiner Zeit, den gesellschaftlichen Kampf um Geld und Macht, dar.

Inhalt: In der heruntergekommenen Pension von Madame Vauquer logieren im Restaurationsjahr 1819 der ehemals wohlhabende, aus dem Kleinbürgertum stammende Nudelfabrikant Goriot, der ambitionierte, aber mittellose Jurastudent Rastignac sowie der entlassene Häftling Vautrin. Rastignac interessiert sich für Goriots Töchter Anastasie, Gräfin de Restaud, und Delphine, eine mit einem Bankier verheiratete Baronin. Um ihnen ein luxuriöses Leben in der feinen Gesellschaft zu ermöglichen und sich ihre Liebe zu sichern, hat Goriot sein Vermögen geopfert.

Rastignac geht eine Liaison mit Delphine ein und findet dadurch Zugang zu den höheren Gesellschaft. Gleichzeitig erlebt er, wie die habgierigen Schwestern ihren Vater systematisch tiefer in die Armut stürzen, indem sie die letzten Wertgegenstände aus ihm herauspressen. Selbst in seiner Sterbestunde ruft Goriot noch nach seinen »beiden Engeln«, die er gleichermaßen verherrlicht wie verdammt.

Aufbau: Die breite Schilderung des Milieus und der Personen nehmen ca. ein Drittel des Romans ein. Balzac wendet in dem Roman erstmals die Technik der »wiederkehrenden Personen« an (Rastignac wurde bereits 1831 in *Das Chagrinleder* vorgestellt). Die Hauptfiguren stehen für die zentralen Themen des Romans. Goriot wird, auf dem Tiefpunkt seines Lebens angelangt, zu einer märtyrerhaften Vaterfigur – eine Abwandlung von → Shakespeares *König Lear* (1606). Nach Goriots Tod ist Rastignac zum bedenkenlosen Kampf um Macht, Ansehen und Erfolg entschlossen. Vautrin repräsentiert das Rebellische, eine gehässige Intelligenz, die als Gegenentwurf zu Goriots Leichtgläubigkeit konzipiert ist. Die beengte Atmosphäre des Kleinbürgerlichen steht einer ebenso festgefahrenen Welt gegenüber: der moralisch verkommenen Aristokratie.

Wirkung: Obwohl *Vater Goriot* zu den populärsten Romanen Balzacs gehört, zählt er für die Literaturkritik erst seit den 1930er Jahren eindeutig zum »Realismus«. Das Sittengemälde aus dem Leben der unterprivilegierten Schichten inspirierte andere Schriftsteller des 19. Jahrhunderts zu großen Romanen über das miserable Dasein »Erniedrigter und Beleidigter« (u. a. Fjodor → Dostojewski, Victor → Hugo). *C. V.*

OT = Originaltitel EZ = Entstehungszeit OA = Originalausgabe DE = Deutsche Erstausgabe ▭ = Verweis auf Werkartikel

Verlorene Illusionen

OT Illusions perdues
OA 1837–44 **DE** 1845 **Form** Roman **Epoche** Realismus

Der Roman *Verlorene Illusionen*, von Honoré de Balzac den »Szenen aus dem Provinzleben« innerhalb des Zyklus *Die menschliche Komödie* zugeordnet, erschien in drei Teilen: *Zwei Poeten* (1837), *Ein großer Mann aus der Provinz in Paris* (1839) sowie *Eva und David* (1844). Die Macht des Geldes, das Streben nach Liebe, Ruhm und sozialem Aufstieg in Paris, der Metropole der Verheißung, sind seine zentralen Themen.

Inhalt: Der ehrgeizige Dichter Lucien de Rubempré, der sich mit dem ehemaligen Adelstitel seiner Mutter schmückt, um in den vornehmen Kreisen verkehren zu können, kommt 1821 aus der westfranzösischen Provinzstadt Angoulême nach Paris, um sein Glück zu machen. Dort als Dichter wie auch in den von ihm besuchten Gesellschaftskreisen erfolglos, begegnet er dem Journalisten Lousteau, der ihn in die für Lucien faszinierende Intrigenwelt der Pariser Presse einführt. Es gelingt Lucien, ein einflussreicher Journalist zu werden, er überschätzt jedoch bald seinen Erfolg. Seine Geliebte, die Schauspielerin Coralie, zerbricht an den Machenschaften ihrer Rivalinnen am Theater und stirbt. Lucien, der sein schnell gewonnenes Vermögen verspielt hat, kehrt verarmt nach Angoulême zurück. Dort beschleunigt er durch seine Ungeschicklichkeit den finanziellen Ruin seines Schwagers David, eines Buchdruckers, und seiner Schwester Eva. David wird verhaftet und muss daraufhin die Rechte an einer erfolgversprechenden Erfindung verkaufen.

Als sich Lucien verzweifelt das Leben nehmen will, begegnet ihm der angebliche spanische Priester Carlos Herrera, der ihm das Geld für Davids Auslösung schenkt und ihn unter seiner Anleitung zur Rückkehr nach Paris treibt. Luciens weiteren Werdegang schildert Balzac in *Glanz und Elend der Kurtisanen* (1838–47).

Wirkung: Balzac hat mit *Verlorene Illusionen* einen Desillusionsroman geschrieben, der autobiografische Züge aufweist. In einer Widmung an Victor → Hugo nennt ihn der Autor selbst »eine mutige Handlung und zugleich eine Geschichte voller Wahrheit«. Lucien gelangt durch seine Erfahrungen zu der bitteren Erkenntnis, dass es neuer, nicht mit Moralvorstellungen in Einklang stehender Mittel bedarf, um in einer veränderten Welt zu bestehen. Der Verführer in Gestalt des Carlos Herrera – der als Vautrin auch in *Vater Goriot* (1835) und als Collin in *Glanz und Elend der Kurtisanen* auftritt – vermittelt ihm die Erkenntnis, dass es den stärksten und skrupellosesten Naturen vorbehalten ist, Paris, den zentralen Ort aller menschlichen Leidenschaften, zu erobern. *S. He.*

Im Salon der Rue des Moulins, Gemälde von Henri de Toulouse-Lautrec 1894

Glanz und Elend der Kurtisanen

OT Splendeurs et misères des courtisans
OA 1838–47 **DE** 1845 **Form** Roman **Epoche** Realismus

In *Glanz und Elend der Kurtisanen*, der Fortsetzung des Romans *Verlorene Illusionen*, zeigt Balzac die Konventionen der zeitgenössischen Gesellschaftsschichten am deutlichsten. Zugleich übt er scharfe Kritik am aufstrebenden Bürgertum. Rund 13 Jahre arbeitete Balzac an dem Roman. Die ersten Notizen reichen bis ins Jahr 1835 zurück, die geplante Fortführung blieb jedoch unvollendet.

Inhalt: Der nach Paris zurückgekehrte Lucien de Rubempré gewinnt das Vertrauen der Gesellschaft, verkehrt in den höheren Kreisen und beabsichtigt, Clothilde von Grandlieu zu heiraten. In diesem Fall könnte er einen Posten als Botschafter bekleiden und den Titel eines Marquis tragen. Anstifter dieses Glücks ist Jacques Collin alias Carlos Herrera, angeblich ein spanischer Abbé, tatsächlich jedoch ein Krimineller, der sich auch der Namen Vautrin und Trompe-la-Mort bedient. Mit ihm hatte Lucien einst einen Bund geschlossen, in dem er für die Erfüllung all seiner Träume seine Seele verpfändete.

Der Baron von Nucingen, ein vermögender Bankier aus Paris, verliebt sich in die Kurtisane Esther, die jedoch ein Verhältnis mit Lucien unterhält. Collin nutzt diese Konstellationen, um Nucingen zu erpressen, da Lucien für seine Heirat mit Clothilde Geld benötigt. Die Geheimpolizei entdeckt das Komplott der Verschwörer und Lucien verübt Selbstmord. Die Kurtisane, die von Nucingen ein Palais geschenkt bekam,

Honoré Balzac im Vorwort zu seinem Zyklus *Die menschliche Komödie:*

Die Unermesslichkeit eines Projekts, das zugleich die Geschichte und die Kritik der Gesellschaft, die Analyse und die Erörterung ihrer Prinzipien umfasst, ermächtigt mich, wie ich glaube, meinem Werk den Titel zu geben, unter dem es heute erscheint: Die menschliche Komödie. Ist er ehrgeizig? Ist er nur gerecht? Das möge, wenn das Werk erschienen ist, das Publikum entscheiden.

Auszug aus dem Roman
Glanz und Elend der Kurtisanen von Honoré de Balzac:

Beim letzten Opernball des Jahres 1824 fiel mehreren Masken die Schönheit eines jungen Herrn auf, der in den Gängen und im Foyer auf und ab ging; und zwar in der Haltung jemandes, der eine durch unvorhergesehene Umstände zu Hause zurückgehaltene Frau sucht. Das Geheimnis eines solchen bald eiligen, bald lässigen Schrittes ist nur alten Frauen und einigen ausgedienten Pflastertreterinnen bekannt.

Über den Irrtum, die Wehrmacht biete eine Form der Emigration, schreibt Peter Bamm in *Die unsichtbare Flagge:*

Erst als wir zu begreifen begannen, dass die im Laufe der Jahre langsam, aber unerbittlich in die Armee eindringende Fäulnis, diese schleichende Thrombose der Moral, von der obersten Führung ausging, wurde uns klar, dass wir alle des Teufels waren.

Peter Bamm, *Die unsichtbare Flagge,* Umschlag der Originalausgabe 1953

zerbricht daran, wieder ihr früheres Leben führen zu müssen, und vergiftet sich. Als Collin vom Tod Luciens erfährt, stellt er sich in den Dienst der Justiz, um den Kampf gegen die korrupte Gesellschaft voranzutreiben. Er überführt den Chef der Sicherheitspolizei eines Verbrechens und wird dessen Nachfolger.

Wirkung: *Glanz und Elend der Kurtisanen* porträtiert eingehend den Verfall der Gesellschaft und macht Balzacs Welt- und Menschenbild deutlich: Mit seiner detaillierten Schilderung der Pariser Unterwelt gelingt Balzac eine soziologische Studie über kleine und große Kriminelle sowie die Methoden von Polizei und Justiz. Der Roman lebt von zahlreichen, oft abrupten Umbrüchen: Glück / Unglück, Hoffnung / Enttäuschung, Liebe / Gewalt. Theodor W. → Adorno erkannte das Prinzip, dass sich bei Balzac oftmals die Bürger als die eigentlichen Verbrecher herausstellen, während die Verfemten humaner gesinnt sind, »fähig zur großen Passion und zur Selbstaufopferung«.

C. V.

Bamm, Peter

(eigtl. Curt Emmerich) dt. Schriftsteller

* 20.10.1897 Hochneukirch bei Grevenbroich

† 30.3.1975 Zollikon, Schweiz

📖 *Die unsichtbare Flagge,* 1953

Peter Bamm blieb vor allem als Autor des autobiografischen »Berichts« *Die unsichtbare Flagge* bekannt. Daneben erreichte er mit Essays und kulturgeschichtlichen Reiseberichten ein breites Publikum.

Nach der Teilnahme am Ersten Weltkrieg als Kriegsfreiwilliger studierte Bamm in Göttingen Medizin, um als Arzt zu praktizieren. Seine auf eine humanistische Schulausbildung gegründeten Interessen richteten sich dagegen auf Literatur, Philosophie, Theologie, Kunstgeschichte und Sinologie. 1926 bis 1934 führten ihn Reisen als Schiffsarzt nach Ostasien, Westindien, Südamerika und Ostafrika. Bamms Feuilletons in der *Allgemeinen Deutschen Zeitung* erschienen in den Sammlungen *Die kleine Weltlaterne* (1935) und *Der i-Punkt* (1937). Seine kritischen Beiträge in der *Deutschen Zukunft* brachten ihn ins Visier der Gestapo und er entschloss sich zur »Emigration« in den Sanitätsdienst der Wehr-

macht. Nach dem Krieg wurde Bamm in Hamburg für den Rundfunk tätig und reiste in die Türkei, nach Griechenland, Syrien, Palästina und Ägypten. Als eine Verbindung von Reisebericht und Sachbuch entstanden *Frühe Stätten der Christenheit* (1955), *Welten des Glaubens* (1959), *An den Küsten des Lichts* (1961) und *Alexander oder Die Verwandlung der Welt* (1965). Die Autobiografie *Eines Menschen Zeit* erschien 1972.

Die unsichtbare Flagge

OA 1953 **Form** Roman **Epoche** Moderne

Der autobiografische Roman berichtet über Peter Bamms Erfahrungen als Stabsarzt im Zweiten Weltkrieg. Sein Titel bezieht sich auf die »unsichtbare Flagge der Humanitas« über den Verbandsplätzen und Feldlazaretten.

Entstehung: Dem Roman liegen Vorträge im Hamburger Rundfunk, dem späteren NWDR, zu Grunde. Die Ausgabe als Buch widmete Bamm »allen denen zum Gedächtnis, die unter der unsichtbaren Flagge ihr Leben hingegeben haben um der Liebe zu ihrem Nächsten willen«.

Inhalt: Bamms Weg als Stabsarzt in einer »wilden Welt von Blut und Eiter, Gestank und Gefahr, Angst und Erbsensuppe, Kälte und Tapferkeit« führte nach Frankreich, Griechenland, in die Ukraine, zur Krim und zum Kaukasus, nach Polen und Ostpreußen; von hier aus gelang ihm zuletzt die Flucht nach Dänemark. Das zentrale Thema des Romans ist der unermüdliche Kampf um das Leben der Verwundeten, seien es deutsche oder russische Opfer des schicksalhaft auferlegten grauenhaften Krieges. Eingeflochten sind Erinnerungen an die mythischen Wurzeln der europäischen Kultur.

Wirkung: Das Bekenntnis zum unbesiegbaren Ethos der Humanität führte den autobiografischen Antikriegsroman zum Welterfolg. Am Erfolg in der Bundesrepublik war die allgemeine Form der Kritik am Nationalsozialismus beteiligt: Die Ärzte kämpften mittelbar gegen das Regime »der Anderen«, mit dem »primitiven Mann an der Spitze«.

C. W.

Bang, Herman

dän. Schriftsteller

* 20.4.1857 Adserballe (Insel Alsen)

† 29.1.1912 Ogden (Utah), USA

📖 *Am Wege,* 1886

Herman Bang zählt zu den wichtigsten dänischen Autoren der Jahrhundertwende und gilt als Begründer des dänischen Impressionismus.

In vielen seiner Romane und Novellen erzählt er einfühlsam, aber nicht sentimental von einsamen Menschen, Außenseitern und gescheiterten Künstlern. Als Journalist schuf er nach französischem Vorbild einen neuen Reportage-Stil.

Bang wuchs in einer Pastorenfamilie auf. Als der Vater geisteskrank geworden und die Mutter gestorben war, kam er auf ein Internat. Nach dem Abitur wollte er zunächst Schauspieler werden, scheiterte jedoch. Sein erster Roman *Hoffnungslose Geschlechter* wurde wegen angeblich unsittlicher Darstellungen verboten. Der Durchbruch als Erzähler gelang ihm mit seinen kürzeren Romanen und Novellen. Ausgedehnte Reisen in den deutschsprachigen Raum, nach Frankreich und in die skandinavischen Länder waren auch eine Flucht Bangs vor der dänischen Öffentlichkeit, in der er wegen seines dandyhaften Auftretens und seiner kaum verborgenen Homosexualität diffamiert wurde. Er starb auf einer Lesereise durch die USA. *J. G.*

Biografie: D. Willumsen, *Bang* (biogr. Roman), 1996.

Die wichtigsten Werke von Herman Bang	
Hoffnungslose Geschlechter, 1880	In dem naturalistischen Familienroman scheitert der künstlerisch begabte William Høg an seiner Antriebs- und Willenslosigkeit.
Exzentrische Novellen 1885	Enthält u. a. die Novelle *Franz Pander* über einen Hotelangestellten, der am mondänen Leben der Oberklasse teilhaben will, jedoch an seiner als abnorm empfundenen Sexualität zu Grunde geht.
Stille Existenzen 1886	Die Prosasammlung enthält u. a. den Roman *Am Wege* über das trostlose Leben einer jungen Ehefrau in der Provinz. →S. 79
Stuck 1887	Großstadtroman, in dem vor dem Hintergrund des hektischen Lebens im aufstrebenden Kopenhagen der Gründerzeit vom Aufstieg und Niedergang eines Unterhaltungstheaters erzählt wird.
Tine 1889	Vor dem Hintergrund des Deutsch-Dänischen Krieges 1864 wird von der Küsterstochter Tine erzählt, die an dem Verhältnis mit einem verheirateten Mann zu Grunde geht.
Ludvigshöhe 1896	Die Krankenschwester Ida Brandt kann ihre nostalgischen Träume und ihre romantischen Vorstellungen von Liebe in der modernen, vom Geld gesteuerten Welt nicht verwirklichen.
Das weiße Haus 1898	In dem Erinnerungsroman über eine idyllische Kindheit auf dem Lande ist die Mutter Hauptfigur; sie lebt in einer Welt der Poesie.
Das graue Haus 1901	Fortsetzung und kontrastives Gegenstück zu *Das weiße Haus*, in dem Bang die Atmosphäre im Hause seines Großvaters in Kopenhagen schildert, der für ihn während seiner Zeit im Internat sorgte.
Michael 1904	Erzählt wird die homosexuelle Liebe des Künstlers Claude Zoret zu seinem Pflegesohn Michael, der ihn ausnutzt und betrügt. Zoret kompensiert seinen Schmerz mit Hilfe seiner Kunst.
Die Vaterlandslosen 1906	In dem Künstlerroman über den Generationswechsel um 1900 wird ein alter Violinvirtuose von einem jungen Talent verdrängt.

Am Wege

OT Ved Vejen **OA** 1886 **DE** 1898
Form Roman **Epoche** Impressionismus

Wie viele der großen Werke der skandinavischen Literatur der Jahrhundertwende entstand der Roman im Ausland. Bang schrieb ihn in Wien unter schwierigen finanziellen und persönlichen Umständen. Der Roman erschien gemeinsam mit drei kürzeren Erzählungen in dem Band *Stille Existenzen*. Im Vorwort zu dieser Sammlung schreibt Bang, dass ihn ein Erlebnis während einer Zugreise in Nordjütland inspiriert habe: Während eines Halts habe er aus dem Abteil in das Fenster eines Hauses blicken können, wo eine Frau gesessen habe, aus deren Gesicht die Sehnsucht längst gewichen sei. Der Anblick habe ihn bis zur Niederschrift verfolgt.

Inhalt: »Am Wege« in einer dänischen Provinzstadt an einer Eisenbahnlinie lebt Katinka Bai in kinderloser Ehe mit dem wenig einfühlsamen Bahnhofsvorsteher, einem früheren Leutnant der Kavallerie. Sie ist still, empfindsam, von zarter Konstitution und hat sich längst damit abgefunden, dass ihre Sehnsucht nach Liebe, Verständnis und Geborgenheit unerfüllt bleibt. Dann kommt der neue Gutsverwalter Huus in die Stadt. Er ist gebildet, sanft und introvertiert und verkörpert eine völlig andere Art Männlichkeit als Bai, der die Ehe als zweckorientierte Einrichtung ansieht. Katinka und Huus erkennen sich als seelenverwandt und verlieben sich ineinander. Katinka blüht in ihrer Beziehung zu Huus auf, hat jedoch Skrupel vor dem Ehebruch und beendet das Verhältnis, woraufhin Huus die Gegend verlässt. Aus Leid über die unglück-

liche Liebe erkrankt sie. Ihr Mann, der nichts von ihrer schwärmerischen Liebesbeziehung geahnt hat, muss erleben, dass sie ihm nicht einmal mehr den Haushalt führen kann, immer schwächer wird und schließlich stirbt.

Aufbau: Das an sich unspektakuläre Schicksal Katinka Bais ist dennoch beklemmend. Die Gleichförmigkeit des Alltags, symbolisiert durch die fahrplanmäßig durchfahrenden Züge, bestimmt das Dasein der Figuren. Noch im Sterbezimmer werden die Anwesenden durch den Telegrafen aufgeschreckt, der die Ankunft eines Zuges meldet. Determiniert durch das Provinzmilieu, sind die Figuren zugleich von Trieben bestimmt, die sie in Konflikt mit der sozialen Ordnung zu treiben drohen. Eine Reihe von weiblichen Nebenfiguren ist um Katinka gruppiert, doch alle sind gefangen in ihrer Abhängigkeit von Männern, ohne sich daraus befreien zu können. Dem Leser wird dieses Geflecht von Lebensgeschichten durch die Aneinanderreihung von Szenen vermittelt, in denen die Figuren allein durch Handlungen und Reflexion in Form erlebter Rede charakterisiert werden. Der

Herman Bang: *Am Wege*, Einband der deutschsprachigen Neuausgabe 1915

Erzähler berichtet in schnellen Schnitten stets
von mehreren Personen und enthält sich fast
ganz erläuternder oder wertender Kommentare. Durch diese Zurückhaltung und die entstehenden Leerstellen, die der Leser füllen muss,
wirkt die Darstellung plastisch und suggestiv.

Wirkung: Der impressionistische Erzählstil, die
einfühlsame Darstellung der Figuren und die
pessimistische Auffassung von der Bestimmtheit durch den Trieb (die aber durch Humor gebrochen ist) machten Bang auch außerhalb Dä-
nemarks bekannt. Thomas Mann, der von Bang
»alles gelesen und viel gelernt« haben wollte
und sich ihm »tief verwandt« fühlte, schätzte
diesen Roman neben *Tine* besonders.   *J. G.*

Baricco, Alessandro

italien. Schriftsteller, *25.1.1958 Turin

 *Novecento. Die Legende vom Ozeanpianisten*, 1994

Alessandro Baricco gehört seit den frühen
1990er Jahren zu den erfolgreichsten Schriftstellern Italiens. Seine Romane *Land aus Glas*
(1991), *Oceano Mare* (1993), *Novecento* (1994),
Seide (1996) und *City* (1999)
wurden zu internationalen
Bestsellern.

Nachdem er sein Studium in
Turin mit einer Arbeit über Philosophie und Musik abge-
schlossen hatte, arbeitete Baricco zunächst als Musikkritiker
und Kulturjournalist für *La
Stampa* und *La Repubblica*.
Nach Radiosendungen mode-
rierte er bald die Literaturshow
»Pickwick« im italienischen
Fernsehen. Mittlerweile ist der
medial allseitig routinierte Baricco eine »Institution« im literarischen Turin. Dort hat er
1994 eine Erzählerschule gegründet, die nach Holden, dem
lernfaulen Protagonisten aus
dem Roman *Der Fänger im Roggen* (1951) von Jerome David →
Salinger, benannt ist. In verschiedenen Sektionen werden
die Erzähltechniken des Romans, Comics, Filmdrehbuchs
oder der Werbung eingeübt. Zum kleinen »Ba-
ricco-Imperium« gehört »Holden Libri«,
einer der originellsten Turiner Buchhandlungen, außerdem die Buchreihe »Holden Maps«,
in der vornehmlich Essays und Handbücher zur
Orientierung auf dem Feld diverser Erzählformen publiziert werden.

Alessandro Baricco, *Novecento, Die Legende vom
Ozeanpianisten*, Umschlag
der deutschsprachigen Erstausgabe 1999 (Gestaltung:
Roland Eschlbeck)

Novecento

OT Novecento. Un monologo
OA 1994 **DE** 1999 **Form** Roman **Epoche** Moderne

Alessandro Bariccos *Legende vom Ozeanpianisten* (so der deutsche Untertitel) mit dem eigentümlichen Namen Novecento schwebt zwischen romanhafter Erzählung und szenischem
Monolog.

Entstehung: Ursprünglich hatte Baricco seinen
Text als Theater-Monolog für den Schauspieler
Eugenio Allegri (*1956) und den Regisseur Gabriele Vacis (*1955) verfasst. Das Ein-Mann-
Stück wurde zuerst im Juli 1994 bei einem Festival in Asti aufgeführt. Erst danach entstand
die Buch-Fassung, die für den Autor das
»Gleichgewicht hält« zwischen einer »tatsächlichen Inszenierung« und einer »Erzählung, die
laut zu lesen ist«.

Inhalt: Die »Virginian« ist ein luxuriöser Ozean-
dampfer, der zwischen Alter und Neuer Welt
hin- und herpendelt. Im Jahr 1900 wird auf
dem Klavier im Ballsaal erster Klasse ein Baby
gefunden, das offenbar von Auswanderern
nach Amerika ausgesetzt wurde. Der Matrose
Danny Boodman zieht das Kind im Maschinen-
raum groß und gibt ihm den Namen Novecento
(Neunzehnhundert). Als sein Ziehvater stirbt,
entpuppt sich Novecento als genialer Musiker,
der fortan als Pianist der Bordkapelle zu einer
Legende wird. Als hätte er vier Hände, spielt er
seine Musik, in der »alle Melodien der Welt« auf
einmal enthalten sind. Sowohl die Tanzpartys
der Reichen als auch die unter Deck zusammen-
gepferchten Armen bekommen ihn zu hören.
Doch in der offiziellen Welt existiert Novecento
gar nicht; er hat weder Wohnsitz noch Geburts-
datum, Familie oder Heimat. Nie verlässt er das
Schiff, auf dem er geboren wurde. Dennoch
scheint er das Festland bis in seine Details zu
kennen. Mit einem sensiblen Gespür nimmt er
die Erzählungen, Gerüche und Blicke der Reisenden auf und setzt sie in Musik um.

Novecento wird so zur Metapher für die Le-
bensreise und Heimatlosigkeit des modernen
Menschen. Vor allem aber zeichnet der Text ein
poetisches Bild des Künstlers in seiner Weltangst. Auch als die »Virginian« im Zweiten
Weltkrieg zum Lazarettschiff umgerüstet wird
und anschließend verschrottet werden soll, hält
Novecento ihr die Treue. Erst am Ende des Romans erfährt man, warum er nie von Bord gegangen ist: Im Unterschied zum Mikrokosmos
seines Klaviers mit den 88 Tasten schien ihm die
vielfältige Welt in ihrer Unendlichkeit Furcht
einflößend; dieser äußeren zog er seine innere
Unendlichkeit vor.

Aufbau: Die Geschichte wird von einem Freund
Novecentos vorgetragen. Als Trompeter hatte er
gemeinsam mit ihm zwischen 1927 und 1933

auf der »Virginian« musiziert. Er erzählt aus der Rückschau, wie Novecento gefunden wurde und zur bewunderten Legende aufstieg. Nach dem Krieg, als der Trompeter von der geplanten Sprengung des Schiffs erfährt, kehrt er zurück, um seinen Freund zu suchen. In der letzten Szene sitzt der Ozeanpianist auf einem Pulverfass, mit dem das heruntergekommene Schiff versenkt werden soll. Durch Regieanweisungen zeigt Baricco an, welche Musik die einzelnen Textpassagen begleiten soll.

Wirkung: *Novecento* ist an mehreren europäischen Bühnen aufgeführt worden. Zu seiner internationalen Bekanntheit hat jedoch vor allem die Verfilmung des Stoffs durch Giuseppe Tornatore von 1999 beigetragen (mit Tim Roth in der Titelrolle); allerdings zog sich der Film die Kritik zu, den Text von Baricco in ein nahezu kitschiges Fin-de-Siècle-Melodrama verwandelt zu haben. *J.V.*

Barnes, Djuna

US-amerikan. Schriftstellerin

* 12.6.1892 Cornwall-on-Hudson (New York)

† 18.6.1982 New York

📖 *Nachtgewächs*, 1936

In einem Brief an ihren deutschen Übersetzer Wolfgang Hildesheimer (1916–91) nannte sich Djuna Barnes »die berühmteste Unbekannte ihrer Zeit«. Sie nimmt mit ihren experimentellen Kurzdramen, Gedichten, Erzählungen und Romanen einen herausragenden Platz unter den Außenseitern der literarischen Moderne ein.

Nach dem Studium der Malerei arbeitete Barnes 1913–20 als Reporterin und Illustratorin für New Yorker Zeitungen. Sie war Bühnenkritikerin, Mitglied der Theatre Guild und schrieb Stücke für die 1915 in Massachusetts gegründeten Provincetown Players. Während eines längeren Europaaufenthalts in den 1920er Jahren lernte sie u. a. die Autoren Gertrude → Stein und James → Joyce kennen. Ab 1940 lebte sie bis zu ihrem Tod zurückgezogen in New York.

Berühmt wurde Barnes mit ihrem von der Psychoanalyse beeinflussten Roman *Nachtgewächs* (*Nightwood*, 1936), einer sprachlich vielschichtigen Studie über fünf hoch neurotische Figuren. Poetischer Ausdruck und dunkle Metaphorik kennzeichnet auch ihr Drama *Antiphon* (1958). Von Kollegen wie T. S. → Eliot, William → Faulkner, André → Gide und Ezra → Pound wurde Barnes bewundert. Ihre schwer zugänglichen Werke blieben einem breiten Leserkreis aber weitgehend unbekannt.

Biografie: K. Stromberg, *Djuna Barnes – Leben und Werk einer Extravaganten*, 1989.

Nachtgewächs

OT Nightwood **OA** 1936 **DE** 1959
Form Roman **Epoche** Moderne

Auf dem Höhepunkt des sozialkritischen Realismus der 1930er Jahre in der US-Literatur, repräsentiert u. a. von John → Dos Passos und John → Steinbeck, setzte Djuna Barnes mit *Nachtgewächs* einen experimentellen Kontrapunkt.

Inhalt: Schauplätze sind die flirrenden Hauptstädte Europas, vor allem Paris in den 1920er Jahren, und New York. Die fünf neurotischen Hauptfiguren – die lesbischen Amerikanerinnen Robin, Nora und Jenny, der schwule irischamerikanische Arzt Matthew O'Connor und der österreichische Pseudobaron Felix Volkbein – sind durch Herkunft und Veranlagung dem

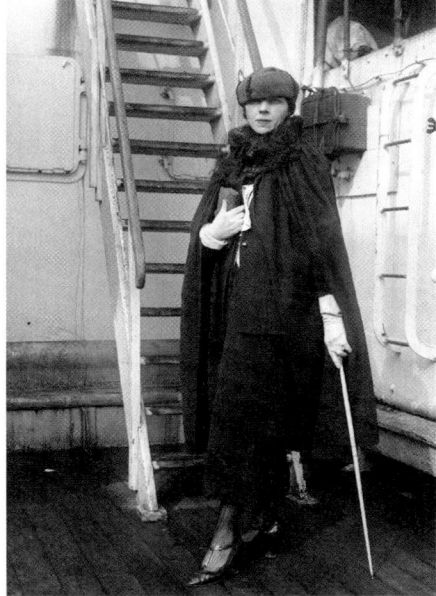

Djuna Barnes auf der Rückreise von Frankreich nach New York im Februar 1922

Die wichtigsten Werke von Djuna Barnes	
Eine Nacht mit den Pferden (*A Book*, 1923/29)	Die Sammlung von Dramen, Kurzgeschichten und Gedichten sind Charakterskizzen sowie Analysen einer Seelenverwandtschaft zwischen Menschen und Tieren.
Ryder 1928	In dem satirischen Roman über das Verhältnis eines Mannes zu Mutter, Ehefrau und Geliebter verwendet Barnes erstmals die literarische Technik des → Bewusstseinsstroms.
Ladies Almanach 1929	In dem in zwölf Monatskapiteln aufgeteilten Prosaband persifliert die Autorin die lesbischen Zirkel ihrer Zeit.
Nachtgewächs 1936	Der innovative Roman über Kontaktlosigkeit und menschliches Leid ist von der Psychoanalyse beeinflusst. → S. 81
Antiphon 1958	Die stilisierte Familientragödie in Blankversen über Rache aus Leidenschaft spielt 1939 auf einem Gut in England.
Portraits postum 1985	Interviews von Djuna Barnes mit bekannten und unbekannten Zeitgenossen von Coco Chanel bis James Joyce.
New York, 1987	Geschichten und Reportagen aus einer Metropole.

Djuna Barnes, *Nachtgewächs*, Einband der Taschenbuchausgabe 1988

»normalen« Leben entfremdet. Getrieben von dunklen religiösen und sexuellen Sehnsüchten, fallen sie einander in die Arme, um sich fortan gegenseitig zu verletzen. Die drei Lesbierinnen enden im Wahnsinn, der alkoholsüchtige Baron irrt mit seinem geistesgestörten Sohn und einer ehemaligen Artistin herum, der Arzt stirbt betrunken in einem Pariser Café.

Aufbau: Das eigentliche Thema des Romans ist die Nachtseite menschlicher Existenz. In den Figuren sind Lust und Leid archetypisch verkörpert. Unschuldig verstrickt, können die Figuren nicht anders, als sich weh zu tun: »Von Anfang an wurde der Mensch in Verdammnis und Unschuld geboren«, diagnostiziert Dr. O'Connor in einem seiner Monologe. Trotz seiner schmuddeligen Existenz ist er Weiser, Seelentröster und Ruhepol in einer trostlos-konfusen Umgebung.

Barnes verzichtet auf geradliniges Erzählen und chronologische Folge. Ihr Text ist eine Mischung aus Gleichnissen, Metaphern, Metonymien, Monologen und Zwiegesprächen. In direkter Rede drücken die Figuren Wandlungen, Erwartungen und Enttäuschungen aus.

Wirkung: Von literarischen Zeitgenossen wurde *Nachtgewächs* euphorisch aufgenommen. T. S. → Eliot würdigte in seinem Vorwort (1937) »große Stilvollendung, Schönheit des Ausdrucks, Brillanz und Geist in der Charakterisierung sowie den Geschmack von Grauen und Untergang, der elisabethanischen Tragödie sehr nahe verwandt«. Aus Barnes' schmalem Gesamtwerk ragt *Nachtgewächs* als funkelnder Stern heraus wegen seiner rhythmischen Erzählweise, der innovativen Bildersprache und dem stufenweise sich steigernden Aufbau. *B. B.*

Barnes, Julian (Patrick)

engl. Schriftsteller

* 19.1.1946 Leicester

📖 *Eine Geschichte der Welt in 10 ½ Kapiteln*, 1989

Julian Barnes zählt zu den erfolgreichsten und eigenwilligsten englischen Autoren der mittleren Generation. Seine internationale Reputation als Romancier verdankt er der produktiven Spannung zwischen englischer Erzähltradition und französischer Kultur und Theorie.

Barnes studierte Romanistik in Oxford; danach arbeitete er als Redakteur für das *Oxford English Dictionary*. In den 1970er und 1980er Jahren profilierte er sich als Literatur- und Fernsehkritiker für führende englische Blätter (*New Statesman, Sunday Times, Observer*). Als Romancier trat Barnes seit 1980 auf doppelte Weise hervor: Unter dem Pseudonym Dan Kavanagh (nach dem Mädchennamen seiner Ehefrau) verfasste er Kriminalromane mit dem unkonventionellen und »schwulen« Serienhelden »Duffy«; unter eigenem Namen feierte er besonders mit seinem dritten Roman *Flauberts Papagei* (1984) einen internationalen Erfolg. Dabei gelingt es Barnes auf intellektuell anspruchsvolle Weise, Themen und Thesen der »postmodernen« Theorie (besonders die Infragestellung von Begriffen wie »Wahrheit«, »Geschichte« und »Identität«) in originelle, unterhaltsame und oftmals amüsante Handlungen und Episoden umzusetzen.

Julian Barnes, über den der *Sunday Times Book Review* äußerte, seine Bücher seien »witzig und ernst zugleich, wie selten bei englischen Romanen«

OT = Originaltitel **EZ** = Entstehungszeit **OA** = Originalausgabe **DE** = Deutsche Erstausgabe 📖 = Verweis auf Werkartikel

Eine Geschichte der Welt in 10 ½ Kapiteln

OT A History of the World in 10 ½ Chapters
OA 1989 **DA** 1990
Gattung Roman **Epoche** Gegenwart/Postmoderne

Der international erfolgreiche Roman von Julian Barnes setzt Themen und Thesen der postmodernen Geschichtsauffassung in einfallsreiche und amüsante Handlungsepisoden um.

Inhalt: Die 10 ½ (eigentlich elf) Kapitel des Buches sind konsequent episodisch angelegt: als in sich abgeschlossene Erzählhandlungen mit jeweils verschiedenen Akteuren, Schauplätzen und Handlungszeiten. Dadurch entsteht zunächst der Eindruck einer extrem inhomogenen, sprunghaften Erzählung. Kapitel 1 erzählt z. B. die Geschichte der Sintflut aus der grotesken Perspektive eines auf der Arche Noah mitreisenden Holzwurms. Kapitel 2 berichtet vom Terrorangriff eines Palästinenserkommandos auf ein Kreuzfahrtschiff. In Kapitel 3 müssen die destruktiven Holzwürmer ein mittelalterliches Kirchengerichtsverfahren über sich ergehen lassen. Kapitel 4 springt in eine atomar verseuchte Zukunft und zeigt die Irrfahrt einer überlebenden jungen Frau – oder vielleicht doch nur ihre alltäglichen Wahnbilder? Kapitel 5 ist ein analytischer Essay über Théodore Géricaults »Floß der Medusa«, die monumentalste Gestaltung des Schiffbruchs in der Malerei usw. usf. – Im Schlusskapitel erwacht ein englischer Fußball-Fan im »neuen Himmel«, wo Geschichte zum Stillstand gekommen und der Luxus unendlich monoton ist. Aber hoffentlich, ist auch das nur ein Traum...

Aufbau: Die Episoden des Romans sind nicht nur inhaltlich disparat; sie werden auch aus wechselnden Perspektiven und in variierenden Erzähl- und Stilformen erzählt (z. B. subjektiver Bericht; dokumentarischer Aktenstil; Traum- und Wahnbilder; Brieffolge; analytische Bildbeschreibung). Andererseits sind sie durch wiederkehrende Themen und Motive miteinander »vernetzt«, insbesondere durch das zentrale Bildfeld von Schifffahrt und Schiffbruch – und dabei wieder durch das Motiv der »Arche Noah«.

Wirkung: *Eine Geschichte der Welt in 10 1/2 Kapiteln* beantwortet die Frage nach Fortgang und »Ziel« der Geschichte der Menschheit sowie nach der Möglichkeit, sie wahrhaft und eindeutig zu erzählen, im Sinne der postmodernen Theorie negativ: Geschichte zerfällt in Geschichten, die sich gegenseitig widersprechen, relativieren oder auch kommentieren und ergänzen können. Charakteristisch für Barnes ist jedoch die Einbettung dieses theoretischen Gehalts in überraschende Handlungen und einen ironischen Erzählton. *J. V.*

Barnet, Miguel

kuban. Schriftsteller und Ethnologe

*28.1.1940 Havanna

📖 *Der Cimarrón*, 1966

Miguel Barnet, der zu den bekanntesten Romanciers Kubas zählt, gilt als einer der Erneuerer der lateinamerikanischen Literatur. Mit seinem Hauptwerk *Der Cimarrón* (1966) schuf er eine neue Prosaform, den Augenzeugenroman. Barnet studierte Ethnologie und Sozialwissenschaften in Havanna. Bereits während seines Studiums veröffentlichte er ethnografische Schriften sowie zwei Gedichtsammlungen (1963/64). Nach seinem Examen arbeitete er als Universitätsdozent sowie als Redakteur und Lektor bei verschiedenen Zeitschriften und Verlagen. In dieser Zeit machte er sich einen Namen als fundierter Kritiker der kubanischen Kulturpolitik. Zahlreiche Reisen führten ihn u. a. in die UdSSR und die USA. 1967 erschien sein Gedichtband *Die heilige Familie*. Internationales Aufsehen erregte sein zwei Jahre später veröffentlichter Augenzeugenroman *Der Cimarrón*. Zu Beginn der 1970er Jahre wurde der Autor wegen seines Romans *Das Lied der Rachel* (1969) und seiner zu dieser Zeit bekannt gewordenen Homosexualität von Parteidogmatikern angefeindet und vorübergehend mit Schreibverbot belegt. Man warf Barnet vor, der Roman sei pornografisch und ideologisch bedenklich.

1994 gründete Barnet eine ethnologische Stiftung (Fundación Fernando Ortiz) für die Erforschung des multikulturellen kubanischen Erbes, deren Leitung er selbst übernahm. Zwei Jahre später wurde er zum UNESCO-Gesandten und Mitglied des Exekutivrats im kubanischen Außenministerium berufen.

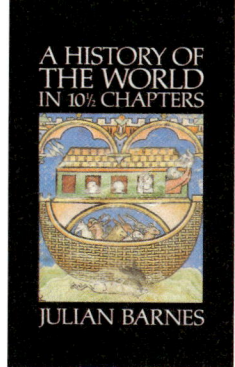

Julian Barnes, *Eine Geschichte der Welt in 10 ½ Kapiteln*, Umschlag der Originalausgabe 1989

Die wichtigsten Bücher von Miguel Barnet	
Der Cimarrón 1966	Der entflohene Sklave Esteban Montejo erzählt im hohen Alter zurückblickend sein Leben: von der Arbeit auf den Zuckerrohrplantagen, vom Überleben im Urwald, von afrikanischen Mythen und Riten sowie vom Unabhängigkeitskrieg. → S. 84
Das Lied der Rachel 1969	Rachel, einst gefeierte Sängerin und Tänzerin, lässt in ihren Lebenserinnerungen die mondäne Halbwelt der 1920er und 1930er Jahre wieder aufleben.
Alle träumten von Kuba 1981	Der 1916 von Galizien nach Kuba emigrierte Manuel Ruiz muss auf seiner Trauminsel als Lastenträger und Kohleverkäufer schuften. Aus Heimweh geht er zurück nach Spanien, wo er den Bürgerkrieg erlebt. Er flieht erneut nach Kuba.
Ein Kubaner in New York 1984	Der schwarze Einwanderer Julián Mesa aus Kuba scheitert bei dem Versuch, in der US-Gesellschaft Fuß zu fassen, ganz im Gegensatz zu seiner Tochter.
Das Handwerk des Engels 1989	In dem autobiografisch geprägten Roman schildert Barnet die Lebensgeschichte des Jungen Angel und zeichnet ein Bild von Havanna in den 1940er und 1950er Jahren, der Diktatur Batistas sowie der Revolution von Fidel Castro und Che Guevara.

Der Cimarrón. Die Lebensgeschichte eines entflohenen Negersklaven aus Cuba, von ihm selbst erzählt. Nach Tonbandaufnahmen herausgegeben von Miguel Barnet.

Insel

Miguel Barnet, *Der Cimarrón*, Umschlag der deutschsprachigen Erstausgabe 1969

Beginn der *Barmer Theologischen Erklärung* von Karl Barth, die im Mai 1934 von der Bekenntnissynode beschlossen wurde:

Wir bekennen uns angesichts der die Kirche verwüstenden und damit auch die Einheit der Deutschen Evangelischen Kirche sprengenden Irrtümer der »Deutschen Christen« und der gegenwärtigen Reichskirchenregierung zu folgenden evangelischen Wahrheiten...

Jesus Christus, wie er uns in der Heiligen Schrift bezeugt wird, ist das eine Wort Gottes, das wir zu hören, dem wir im Leben und im Sterben zu vertrauen und zu gehorchen haben. Wir verwerfen die falsche Lehre, als könne und müsse die Kirche als Quelle ihrer Verkündigung außer und neben diesem einen Worte Gottes auch noch andere Ereignisse und Mächte, Gestalten und Wahrheiten als Gottes Offenbarung anerkennen.

Der Cimarrón

OT Biografía de un cimarrón **OA** 1966 **DE** 1969
Form Roman **Epoche** Moderne

Mit seinem dokumentarischen Roman *Der Cimarrón* gelang Miguel Barnet die Verschmelzung von Ethnologie und Poesie. Das Werk basiert auf den Erinnerungen eines rund 100-jährigen Zeitzeugen, der seine persönliche Sicht der kubanischen Geschichte erzählt.
Entstehung: Zusammen mit einer Gruppe von Ethnologen suchte Barnet 1963 nach Zeugnissen afrikanischer Religion in Kuba. Dabei stieß er auf den ehemaligen Cimarrón (entlaufener, in den Bergen lebender Sklave) Esteban Montejo, dessen umfangreiche und auf Tonband aufgezeichnete Lebensgeschichte die Grundlage des Romans bildete. Das daraus entstehende Werk bewegt sich auf der Grenze von Fiktion, Ethnografie und Geschichtsschreibung.
Inhalt: Anonym gezeugt, geboren und verkauft arbeitet Esteban auf verschiedenen Plantagen, haust in verlausten Baracken und leidet unter den sadistischen Strafen der Aufseher. Als sich die Gelegenheit bietet, flieht er in den Urwald, wo er dank seines animistisch geprägten Glaubens afrikanischen Ursprungs jahrelang in Harmonie mit der Natur lebt. Nur mit einer Machete bewaffnet, schützt er sich vor Sklavenjägern und verräterischen Kumpanen. Als er von der Abschaffung der Sklaverei erfährt, verlässt er den Urwald, doch das Leben, das ihn erwartet, unterscheidet sich wenig von seiner früheren Sklavenexistenz. Im Unabhängigkeitskrieg gegen Spanien (1895–98) schließt er sich den Anführern Maceo und Máximo Gómez an und nimmt – nur mit der Machete bewaffnet – an der siegreichen Schlacht von Mal Tiempo teil. Er will sich nicht damit abfinden, dass sich die Amerikaner einmischen und nach Erringung der Unabhängigkeit nicht mehr weichen wollen.
Aufbau: Um den Sprachduktus und die Idiomatik des Erzählenden zu erhalten, behielt Barnet die Ich-Form der Tonbandaufzeichnung bei. Bei der Niederschrift strukturierte er den Text, korrigierte historische Unstimmigkeiten und ergänzte notwendige Detailinformationen. Neuere Forschungsarbeiten über das Werk belegen, dass Barnet durch inhaltliche Eingriffe den Bericht seines Informanten weit stärker eigenen ästhetischen und geschichtstheoretischen Prämissen unterwarf als zuvor angenommen.
Wirkung: Sein Roman brachte Barnet weltweite Anerkennung als Schriftsteller. Der Augenzeugenroman, dessen Charakteristika Barnet 1983 in einem Essay auch theoretisch festlegte, fand in der lateinamerikanischen Literatur großen Zuspruch. Eine Vertonung erfuhr *Der Cimarrón* 1970 durch Hans-Werner Henze (*1926). *D.M.*

Barth, Karl

Schweizer evangelischer Theologe

* 10.5.1886 Basel, † 20.12.1968 ebd.

📖 *Der Römerbrief*, 1919

Als Mitbegründer einer »Theologie der Krise« im Gegensatz zur liberalen Theologie trug Karl Barth ab den 1920er Jahren wesentlich zu einer Erneuerung des Protestantismus bei.

Nach einem Studium der Theologie in Bern, Berlin, Marburg und Tübingen wurde Barth 1910 Hilfsgeistlicher in Genf und war 1911–21 Pfarrer in Safenwil (Kanton Aargau), einer Landgemeinde, die sich vom Bauerndorf zum Industrieort entwickelte. Der Prediger griff in soziale Auseinandersetzungen ein und gehörte zeitweise der Sozialdemokratischen Partei an. Sein Lebensabschnitt in Deutschland umfasste ab 1921 Professuren in Göttingen, ab 1925 in Münster und ab 1930 in Bonn; 1934 schuf er mit der *Barmer Theologischen Erklärung* eine Grundlage der Bekennenden Kirche als kirchlicher Oppositionsbewegung gegen den NS-Staat. Nach der zwangsweisen Amtsenthebung folgte Barth 1935 dem Ruf an die Universität Basel, deren Lehrkörper er bis zur Emeritierung 1961 angehörte (1946/47 Gastvorlesungen in Bonn). Neben der Unterstützung der ökumenischen Bewegung (1948 Teilnahme an der Amsterdamer Konferenz des Weltkirchenrats) warnte Barth vor simplem Antikommunismus und der deutschen Wiederbewaffnung. Sein theologisches Hauptwerk *Kirchliche Dogmatik* (13 Bde., 1932–67) blieb unvollendet.

Biografien: E. Busch, *Karl Barths Lebenslauf*, München 1975; K. Kupisch, *Karl Barth*, 1996.

Der Römerbrief

OA 1919 (Neubearbeitung 1922)
Form Sachbuch **Bereich** Religion

Mit seinem ungewöhnlichen, sprachlich »expressiven« Kommentar zum Brief des Apostels Paulus an die christliche Gemeinde in Rom wurde Karl Barth, damals Prediger der Gemeinde Safenwil, schlagartig bekannt. Mit dem Widerspruch gegen den liberalen »protestantischen Modernismus« gab er den Anstoß zur dialektischen Theologie (Stichwort → S. 85).
Entstehung: Die im Ersten Weltkrieg auf katastrophale Weise offenkundig gewordene gesellschaftliche und kulturelle Krise zwang zu einer radikalen theologischen Neuorientierung. Sie musste sich vom Versuch einer Einheit von Christentum, Bildung und Kultur befreien, den z.B. Barths Berliner Lehrer, der seinerzeit in Hofkreisen verkehrende Kirchenhistoriker Adolf von Harnack (1851–1930), vertreten hatte.

OT = Originaltitel **EZ** = Entstehungszeit **OA** = Originalausgabe **DE** = Deutsche Erstausgabe 📖 = Verweis auf Werkartikel

Inhalt: Der Brief an die Römer steht – als eine Art »Testament des Paulus« – am Beginn der neutestamentlichen Sammlung paulinischer Briefe. Er enthält im 13. Kapitel die im Christentum vielfach missbrauchte Aufforderung zum Gehorsam gegenüber staatlicher Gewalt, denn »jede ist von Gott eingesetzt« (Röm 13,1). Dagegen versteht Barth als Kern der paulinischen Theologie – hierin dem Reformator Johannes Calvin folgend – den »unendlichen qualitativen Unterschied« zwischen Himmel und Erde, Gott und Mensch, Jenseits und Diesseits; ausgeschlossen ist jegliche »Vereinnahmung« Gottes. Die Begegnung mit Gottes Wort führt zur Erschütterung des Menschen angesichts der unüberbrückbaren Trennung zwischen dem Begrenzten und dem Unbegrenzten, zwischen Zeit und Ewigkeit: »Gott ist im Himmel und du auf der Erde.«

Wirkung: Die Bezeichnung der Art und Weise des Redens von Gott als dem »ganz Anderen« wurde nicht allein aufgrund der äußeren Zeitumstände, sondern auch und gerade wegen ihrer immanenten Gegensätze als »Theologie der Krise« bezeichnet. Auf den dialektischen Zusammenhang dieser Gegensätze zwischen der Negation einer Erkenntnis des »ganz Anderen« und der Offenbarung Gottes in Jesus Christus bezog sich bald darauf die Bezeichnung als dialektische Theologie. Eine Konsequenz aus der absoluten Transzendenz Gottes zog Barth in einer »Theologie des Wortes Gottes« (Aufsatzsammlung *Das Wort Gottes und die Theologie*, 1924). *C. W.*

Karl Barth während eines Vortrags in der Aula der Universität Frankfurt / M. am 15. Mai 1945

Dialektische Theologie

Bedeutung: Bezeichnung für eine theologische Richtung im Protestantismus. Sie betonte in den 1920er Jahren die absolute Transzendenz Gottes, die vom Menschen begrifflich nicht gefasst werden kann. Vorgebildet war die Auffassung eines unaufhebbaren Gegensatzes zwischen Gott und Mensch, Zeit und Ewigkeit in der Existenzphilosophie des dänischen Theologen und Philosophen Søren → Kierkegaard.

Vertreter: Zu den Begründern der dialektischen Theologie gehörte Karl → Barth, der die Bezeichnung selbst nicht verwendete; wichtiger Vertreter war Rudolf → Bultmann.

Barthes, Roland

frz. Soziologe, Linguist, Kritiker und Schriftsteller

* 12.11.1915 Cherbourg, † 26.3.1980 Paris

📖 *Mythen des Alltags*, 1964

Roland Barthes ging es stets darum, den Blick der Gesellschaft für das alltägliche Leben zu schärfen. In seinen Untersuchungen entlarvte er die Wirklichkeiten des zeitgenössischen Films, der Musik, der Kleidung, der Literatur und der Werbung als ein gesellschaftlich konstruiertes Zeichensystem, das von einer unbeweglichen, kleinbürgerlichen Ideologie getragen wird.

Barthes gehörte neben Claude → Lévi-Strauss, Jacques Derrida (* 1930), Michel → Foucault und Jacques Lacan (1901–81) zu einem der wichtigsten Vertreter des Strukturalismus. Nach seinem Studium der französischen und klassischen Literatur lehrte er an rumänischen und ägyptischen Universitäten und wurde Mitglied des staatlichen französischen Forschungszen-

trums CNRS (Centre National de Recherche Scientifique). An der Pariser École Pratique des Haute Études gründete er Anfang 1960 das Zentrum für Massenkommunikation. 1976 erhielt Barthes einen Lehrstuhl für literarische Semiologie am Collège de France, wo er bis zu seinem Unfalltod lehrte. Neben den *Mythen des Alltags* (1964) gehören *Die Sprache der Mode* (1967) sowie *Die helle Kammer* (1980) zu den wichtigsten Veröffentlichungen von Barthes.

Biografie: O. Ette, *Roland Barthes. Eine intellektuelle Biographie*, 1998.

Mythen des Alltags

OA 1957 **DE** 1964
Form Sachbuch **Bereich** Soziologie

Was haben Beefsteak und Pommes frites, Albert Einsteins Gehirn und Citroën, Plastik, Jean Racine und der Striptease gemeinsam? Die auf den ersten Blick banalen Erscheinungen der Medien sind die *Mythen des Alltags*, deren Zei-

Roland Barthes 1964 über den Mythos der Dinge:

Er schafft die Komplexität der menschlichen Handlungen ab und leiht ihnen die Einfachheit der Essenzen, er unterdrückt jede Dialektik... er organisiert eine Welt ohne Widersprüche, weil ohne Tiefe..., er begründet eine glückliche Klarheit. Die Dinge machen den Eindruck, als bedeuten sie von ganz alleine.

Roland Barthes, *Mythen des Alltags*; links: Umschlag der Originalausgabe 1957; rechts: Einband der Taschenbuchausgabe 1970

Der Mythos bei Roland Barthes

Begriff: Roland Barthes wandte den Begriff des Mythos als einer der ersten Wissenschaftler auf Phänomene der Volkskultur an und enthob ihn hiermit aus dem Bereich der Altertumsforschung und Altphilologie. Für Barthes ist der Mythos eine Aussage oder ein Mitteilungssystem, das etwas bezeichnet und anzeigt. Insofern gehört er als ein System von (sprachlichen und visuellen) Zeichen/Werten in die Semiologie. Jedoch sucht der Mythos den Verbraucher davon zu überzeugen, dass er ein System von unabänderlichen Fakten darstelle.

Verbreitung: Das Verbreitungssystem der Mythen sind die Medien, aber auch die individuelle sprachliche Kommunikation. Da jede Sprache auf einem zum Teil vorgefertigten System beruht, ist es schwierig, eine mythenfreie Sprache zu finden. Nur die Dichtkunst lehne sich gegen den Mythos auf, da sie sich auf die Suche nach dem nicht entfremdbaren Sinn der Dinge begibt.

Zweck: Barthes sieht den Zweck der Mythen darin, die Welt unbeweglich zu machen und die Hierarchie des Besitzes festzulegen. Er ruft den Leser dazu auf, dieses statische Weltbild in die Hand zu nehmen und zu verändern. Als einzige »Waffe gegen den Mythos« schlägt Barthes vor, »ihn selbst zu mystifizieren, das heißt einen künstlichen Mythos zu schaffen«.

Roland Barthes an seinem Schreibtisch

chencode Roland Barthes in seinen Untersuchungen zu entziffern suchte. Darüber hinaus entwickelte er die Zeichentheorie des Linguisten Ferdinand de Saussure (1857–1913) weiter und stellte die Verkettung von Konsumwelt und (sozialen) Machtverhältnissen dar.

Inhalt: Barthes hebt in seinen 19, in den Jahren 1954–56 entstandenen Essays hervor, dass der Wirklichkeit der zeitgenössischen Medien durch Zeichen eine Natürlichkeit verliehen werde, welche die geschichtlichen Grundlagen gesellschaftlicher Entwicklungen leugne. So kritisierte er in seinem Text über die Pariser Fotoausstellung *Die große Familie der Menschen* den gesetzten Mythos einer »identischen Natur«, der den verschiedenartigen Völkern auf den Fotos unterstellt wird. Durch die Gleichsetzung der Menschen würde die historische Bedingtheit der gegenwärtigen Situation (Kindersterblichkeit, Arbeitsbedingungen etc.) geleugnet. Mit Beispielen aus allen Lebensbereichen wird dem Leser deutlich gemacht, dass das Schweigen über bestimmte Sachverhalte und die vereinfachende Gleichsetzung komplizierter Phänomene einer Leugnung derselben gleichkommt.

Anhand des Titelbildes eines Magazins, das einen schwarzen Soldaten in französischer Uniform beim Salutieren vor der Trikolore zeigt, erklärt Barthes die fortwährende Bestätigung und Verteidigung des französischen Kolonialismus durch die Gesellschaft sowie die Tatsache, dass alles zum Mythos werden kann, wenn sich die Gesellschaft diesen Mythos zum Zweck einer bestimmten Botschaft aneignet.

Um ursprüngliche Zusammenhänge aufzulösen und dem Leser eine neue, unverbrauchte Sehweise zu ermöglichen, die den behandelten Gegenstand schließlich aus dem Bann des Mythos befreit, zieht Barthes in seinen Essays ungewöhnliche Vergleiche. Das Zeichensystem des Autos setzt er mit dem der großen gotischen Kathedralen gleich, aus Plastik wird bei ihm eine alchimistische Substanz.

In einem Essay widmet er sich dem *Gesicht der Garbo*, in einem anderen den »eigensinnigen Haarfransen«, die *Die Römer im Film* als Zeichen ihrer Herkunft tragen. Neben den Haarfransen sei das unaufhörliche Schwitzen des »römischen Volkes« ein »bastardhaftes Zeichen« für die »Intensität seiner Erregung und die rohe Natur seines Standes«. Mit solchen Beispielen zeigt Barthes, wie die Zeichen der Alltagsmedien übertreiben und zugleich doch ergänzungsbedürftig sind.

Wirkung: Barthes hat es mit seiner humorvollen Analyse populärer »Mythen« geschafft, die Grenze zwischen Hoch- und Massenkultur zu durchbrechen sowie eine breite Leserschaft für sich zu gewinnen. Die von ihm entwickelte Zeichentheorie hat internationale Anerkennung gefunden. Wissenschaftler und Schriftsteller wie Umberto →Eco und der US-amerikanische Körperzeichenanalytiker Greil Markus (*1945) wurden durch seine Schriften beeinflusst. Barthes regte die Erforschung der Volkskultur in den europäischen und US-amerikanischen Kulturwissenschaften entscheidend an.　　*S. H.*

Bartolini, Luigi

italien. Schriftsteller und Maler

*8.2.1892 Ancona, †16.5.1963 Rom

📖 *Fahrraddiebe*, 1946/48

Der italienische Radierer, Maler, Kunstkritiker und Schriftsteller Luigi Bartolini ist vor allem durch seinen Erfolgsroman *Fahrraddiebe* (1946/1948), einem Hauptwerk des literarischen Neorealismus, international bekannt geworden. Nach dem Zweiten Weltkrieg sah Bartolini als einer der ersten Autoren, welchen Reichtum an Stoff der banale Alltag bietet.

Seine ersten Erfolge hatte Bartolini als bildender Künstler. Nach einer Ausbildung in Rom und Florenz erwarb er ein Diplom als Zeichenlehrer. 1924–26 unterrichtete er am Technischen Institut von Camerino. Er schrieb für verschiedene Zeitungen und Zeitschriften. Wegen seiner häufig polemischen Artikel wurde er von den faschistischen Behörden mehrmals versetzt. 1928 stellte er erstmals auf der Biennale in Venedig aus. 1932 erhielt er mit Giorgio Morandi (1890–1964) und Umberto Boccioni (postum, 1882–1916) den Ersten Preis der Italienischen Radierungsausstellung in Florenz. Weitere Preise folgten. 1938 konnte Bartolini nach Rom zurückkehren. In den 1930er Jahren hatte der Künstler begonnen, auch Romane zu schreiben, deren Grundton eine mit Ironie gemischte Melancholie ist.

Biografie: *Luigi Bartolini 1892–1963*, Katalog 1989.

Fahrraddiebe

OT Ladri di biciclette **OA** 1946 (erweitert 1948)
DE 1952 **Form** Roman **Epoche** Neorealismus

Luigi Bartolinis Roman ist ein Hauptwerk des literarischen italienischen Neorealismus. Er schildert die Realität auf den Schwarzmärkten der Besatzungszeit in Rom nach der Vertreibung des Mussolini-Regimes. Mit drastischer Genauigkeit gibt der Autor das Leben in den Vierteln der Armen oder Kriminellen, dem Bereich um den Campo dei Fiori oder in Trastevere wieder. Vittorio de Sica, der 1948 seinen berühmten Film nach der Romanvorlage drehte, hat von Bartolini hauptsächlich das Milieu und dessen Darstellung übernommen. Thema des Romans ist die Jagd nach einem gestohlenen Fahrrad, bei der der Held vor allem die unteren gesellschaftlichen Schichten erlebt. Die Suche nach dem Rad wird für den Autor zu einer Parabel des Lebens, des Verlustes und des Gewinns, der unablässigen Anstrengung, die letztlich nichts einbringt.

Inhalt: Dem Ich-Erzähler – Maler und Schriftsteller wie der Autor – wird auf den Straßen von Rom sein Fahrrad gestohlen. Besessen und unermüdlich macht er sich auf die Suche nach dem Fahrzeug und recherchiert in allen Winkeln der Stadt. Die Altstadt um den Campo di Fiori gilt als Zentrum der Diebeswelt, die in diesen rechtlosen Zeiten selbstbewusst und furchtlos agiert: »Roms Diebeshöhle seit unvordenklichen Zeiten ist das Gassengewirr im Campo dei Fiori… Nur dass sich heute dort noch hundertmal mehr Diebe herumtreiben als früher«. Der Bestohlene sucht immer wieder auf dem schwarzen Markt, wo die Händler seine Bemühungen mit großem Misstrauen beobachten. Gestohlene Ware – auch Fahrräder – wird hier zu Dollarpreisen verkauft, zu einem Vielfachen ihres Werts.

Schließlich rotten sich die Diebe gegen den insistierenden Bestohlenen zusammen. Er zieht sich zunächst nach Trastevere zurück, den Stadtteil Roms, in dem die Armen leben, die Diebe und deren Helfer, die Dirnen und Zuhälter, die Schwarzhändler und ihnen nahe stehende Existenzen. Ein Versuch, die Polizei in die Suche nach dem Fahrrad einzuschalten, misslingt. Die Beamten haben andere Sorgen: »Die Aufgabe der Polizei besteht darin, sich etwas zu essen zu verschaffen, denn es ist nur zu wahr, dass unsere Regierung ihre Beamten nicht ausreichend bezahlt«, stellt der Ich-Erzähler fest. In Trastevere wendet er sich an das Malermodell, Dienst- und Freudenmädchen Florinda, die ihm wieder zu seinem Fahrrad verhelfen kann. Allerdings muss er sein Eigentum für den damals absurd hohen Preis von 6000 Lire zurückkaufen.

Besondere Kennzeichen des Neorealismus sind die präzise Wiedergabe der Alltagswirklichkeit und die Banalität des Umfelds. Die Handlung ist einfach und unkompliziert, entscheidend ist das Milieu, aus dem der Held stammt und in dem er sich bewegt. Auch er ist vergleichsweise unattraktiv gezeichnet und als

Plakat zur Verfilmung des Romans *Fahrraddiebe* von Luigi Bartolini (Italien 1948; Regie: Vittorio de Sica)

Es geht im Leben darum, Verlorenes wiederzufinden. Man kann es einmal, zweimal, dreimal wiederfinden, so wie es mir zweimal gelungen ist. Doch das dritte Mal wird kommen und nichts mehr werde ich finden. So ist es, wiederhole ich, mit dem ganzen Dasein. Es ist ein Lauf über Hindernisse, bis man endlich verliert oder stirbt.

Luigi Bartolini, 1948

Figur wenig ergiebig. Allein in der genauen Darstellung seiner Umwelt gelangt er zu Leben und Plastizität.

Wirkung: Mit seiner Darstellungsweise legt Bartolini die soziale und politische Wirklichkeit der Nachkriegszeit bloß: Der Schwarzmarkt, die Huren und ihre Zuhälter, Kriegsgewinnler, Spekulanten und andere Randexistenzen sind genau beobachtet und beschrieben. Der Autor zeigt die Verwahrlosung Roms nach den Kriegswirren, die deprimierten Überlebenden, die auftrumpfenden, skrupellosen Existenzen, die aus der chaotischen Situation in jeder Weise Gewinn zu ziehen vermögen, die Mitläufer, Schuldigen und Gleichgültigen.

Bartolini schildert den Zustand der Welt nach der Katastrophe des Zweiten Weltkriegs in einem neuen realistischen, mit melancholischer Ironie durchsetzten Stil, der Schule machte. Der italienische Regisseur Vittorio de Sica drehte 1948 nach der Romanvorlage seinen gleichnamigen Film, der zu einem Welterfolg wurde. Buch und Film gelten als wichtige Werke des italienischen Neorealismus. *N.B.*

Giorgio Bassani, *Die Gärten der Finzi-Contini,* Umschlag der deutschsprachigen Erstausgabe 1963

Bassani, Giorgio

italien. Schriftsteller

* 4.3.1916 Bologna, † 13.4.2000 Rom

📖 *Die Gärten der Finzi-Contini*, 1962

Das Werk von Giorgio Bassani kreist um das Schicksal der jüdischen Familien in Ferrara zur Zeit des Faschismus und in der unmittelbaren Nachkriegszeit. Ohne Pathos, leise, aber deshalb umso eindringlicher beschwört er den Untergang der Welt seiner Kindheit und Jugend.

Bassani wuchs in Ferrara auf, studierte Literatur und Kunstgeschichte und promovierte –

bereits unter Schwierigkeiten – 1939 im faschistischen Italien. Danach arbeitete er als Lehrer an einer jüdischen Schule, bevor er sich 1942 der Widerstandsbewegung anschloss und kurzeitig ins Gefängnis kam. Nach seiner Heirat 1943 lebte er in Florenz und Rom im Untergrund. Als Verlagsmitarbeiter, Rundfunk- und Drehbuchautor verdiente er nach Kriegsende seinen Lebensunterhalt; daneben war er Herausgeber zweier Literaturzeitschriften. Ab 1953 trat er als Erzähler und Romancier hervor. Neben zahlreichen italienischen Ehrungen erhielt Bassani 1969 den Nelly-Sachs-Preis der Stadt Dortmund.

Autobiografie: G. Bassani, *Erinnerungen des Herzens,* hrsg. v. E. Schmidt, 1984.

Die Gärten der Finzi-Contini

OT Il giardino dei Finzi-Contini
OA 1962 DE 1963 **Form** Roman **Epoche** Moderne

In seinem Hauptwerk stellt Giorgio Bassani sein Thema – den Untergang des jüdischen Bürgertums – am Beispiel des Schicksals einer Familie dar. Sachlich, fast kühl wird das Geschehen berichtet; einziges Zugeständnis an die Gefühlswelt ist die Verwendung eines Ich-Erzählers.

Inhalt: Die Familie Finzi-Contini hat sich deutlich von den anderen jüdischen Familien in Ferrara abgesetzt. Ihr großer Besitz ist für niemanden zugänglich, ihren Gottesdiensten gehen sie in einer Privatsynagoge nach. Der Ich-Erzähler hat nur einmal, als Schulkind, eine kurze Begegnung mit Micol, der Tochter des Hauses, gehabt, aber das Haus und den angrenzenden Park nie betreten. Als 1938 die Rassengesetze erlassen werden, die Juden u.a. auch die Mitgliedschaft in Sportvereinen verbieten, öffnet die Familie Finzi-Contini ihren Park und bietet den jungen Juden Ferraras ihren Tennisplatz an. Außerdem verzichtet sie auf den Besuch in ihrer Privatsynagoge und feiert den Vorabend des Sabbats gemeinsam mit anderen Glaubensgenossen in einer der städtischen Synagogen.

Der Ich-Erzähler kommt wegen seiner literaturgeschichtlichen Forschungen im Rahmen seiner Doktorarbeit in Kontakt mit dem Oberhaupt der Familie Finzi-Contini. Er darf die Bibliothek des Hauses benutzen und ist bald täglich dort zu finden. Zunehmend fasziniert von der kultivierten Atmosphäre des Hauses, den geistreichen Gesprächen und der unverbindlichen Art des Umgangs, kann sich der Ich-Erzähler keinen angenehmeren Aufenthaltsort vorstellen. Zudem verliebt er sich in die zurückhaltende, spröde erscheinende Micol. Scheu und ungelenk macht er der spöttischen Schönen den Hof, die sich seine Liebesbeweise gnädig gefallen lässt, ohne sie zu erwidern. Als sie

Die wichtigsten Bücher von Giorgio Bassani

Die Brille mit dem Goldrand, 1958	Ein homosexueller Arzt erlebt die gleiche Ausgrenzung aus der Gesellschaft wie die jüdische Bevölkerung.
Ferrareser Geschichten, 1960	Die Erzählungen aus der Zeit des Faschismus und der unmittelbaren Nachkriegszeit in Ferrara wurden ein weltweiter Erfolg.
Die Gärten der Finzi-Contini, 1962	In seinem preisgekrönten Roman führt Bassani den Untergang des jüdischen Bürgertums am Beispiel einer Familie vor. → S. 88
Hinter der Tür 1964	In dieser autobiografischen Erzählung berichtet Bassani über die z.T. als traumatisch erlebte Schulzeit.
Der Reiher 1968	Ein jüdischer Gutsbesitzer kann die Last der Vergangenheit nicht länger ertragen und verübt Selbstmord.

erkrankt ist, darf er sie endlich in ihrem Zimmer besuchen. Er überfällt sie auf eine plumpe Weise und bedrängt sie, doch sie reagiert kühl und überlegen. Dieses Zusammentreffen erscheint in seinen Augen als eine Katastrophe – er vermag nicht zu verstehen, dass Micol sich in der Zeit der Verfolgung und der täglichen Bedrohung den Luxus einer wirklichen Liebesbeziehung nicht erlaubt und keine Zukunft für sich sieht. So lässt sie sich nur auf eine rein sexuelle Affäre mit dem nicht jüdischen Freund des Ich-Erzählers ein, auf eine Beziehung, die von vornherein ihre Fortsetzung ausschließt.

1943 werden Micol und ihre Eltern deportiert; der Ich-Erzähler weiß um ihre Ermordung, wird aber niemals ihre Grabstätte besuchen können.

Aufbau: Der Roman beginnt mit dem Besuch des Ich-Erzählers in der etruskischen Gräberstadt von Cerveteri. Angesichts dieser pompösen Grabstätten erinnert er sich an das Mausoleum der Familie Finzi-Contini, in dem die Menschen, die er kannte und liebte, nicht ihre letzte Ruhe fanden. Der Ich-Erzähler berichtet aus der Erinnerung, bedauernd, melancholisch, unter dem Motto des »Zu spät«.

Wirkung: Der Roman, der Bassani den italienischen Literaturpreis »Premio Viareggio« einbrachte, machte den Autor nicht nur in Italien, sondern in ganz Europa bekannt. Die Verfilmung von 1970 unter der Regie von Vittorio de Sica (1902–74) trug zur weiteren Verbreitung des Romans bei. *D. Ma.*

Baudelaire, Charles

frz. Dichter, *9.4.1821 Paris, †31.8.1867 Paris
📖 *Die Blumen des Bösen*, 1857

Mit Charles Baudelaire begann eine neue Epoche in der Geschichte der europäischen Lyrik. Er brachte faszinierende Themen wie das Morbide, Paradoxe und Abgründige in die Poesie und verlieh als einer der Ersten dem Empfinden des modernen Großstadtmenschen Ausdruck. In einer hässlich gewordenen Welt wollte er das Schöne durch Imagination und Erinnerung in der Dichtung wiedergewinnen.

Baudelaires Kindheit und Jugend waren überschattet vom frühen Tod des Vaters und der Wiederheirat seiner Mutter mit einem autoritären Offizier. Das zur Melancholie neigende Kind kam ins Internat. Nach einem kurzen Jurastudium schloss sich Baudelaire der Pariser Künstler-Boheme an und führte mit den Mitteln aus dem väterlichen Erbe das verschwenderische Leben eines Dandys, bis ihn die Familie unter Vormundschaft stellte. Der begeisterte Revolutionär zog sich nach dem Staatsstreich von 1851 ganz auf die Literatur zurück. Er ar-

beitete als Kunstkritiker und Übersetzer (u.a. Edgar Allan →Poe) und veröffentlichte 1857 sein dichterisches Hauptwerk *Les fleurs du mal (Die Blumen des Bösen)*. 1867 starb er nach längerer Krankheit in einer Nervenklinik in Paris.

Biografie: C. Pichois/J. Ziegler, *Baudelaire*, 1994.

Die Blumen des Bösen

OT Les Fleurs du mal   **OA** 1857   **DE** 1901
Form Gedichtsammlung   **Epoche** Romantik

Charles Baudelaires epochales Werk bereitete formal und thematisch die moderne europäische Dichtung vor. Von der emotionalen Bekenntnislyrik der Romantik hob er sich klar ab. Dichtung war für ihn ein intellektueller Prozess. Die radikal veränderte Thematik ging einher mit unbedingtem Formwillen, der sich in der genauen Komposition und in strengen Gedichtformen niederschlug. Wesentliche Kennzeichen seines Stils sind suggestive Bilder und Metaphern, rhythmische Sprache und die poetische Kraft der Symbole.

Entstehung: Baudelaire plante zunächst die Veröffentlichung der ab Anfang der 1840er Jahre entstandenen Gedichte unter dem Titel *Les Lesbiennes* oder *Les limbes (Die Vorhölle)*. Zwei Monate nach Erscheinen musste sich der Verfasser der Gedichte nach einer polemischen Rezension wegen Beleidigung der öffentlichen Moral vor Gericht verantworten. Er wurde verurteilt, in der zweiten Auflage sechs Gedichte zu streichen. Spätere Neuauflagen enthalten zusätzliche Verse und auch die verbotenen Gedichte wurden wieder aufgenommen.

Inhalt: Das einleitende Gedicht *An den Leser* verweist auf die Eigenart des Zyklus als angebliche Ausgeburt einer höllischen Fantasie. L'ennui bezeichnet jenes Gefühl, zu dem der moderne Mensch verdammt ist, eine Mischung aus

Charles Baudelaire, *Die Blumen des Bösen*, Einband der Taschenbuchausgabe 1991

Die wichtigsten Bücher von Charles Baudelaire	
Die Blumen des Bösen, 1857	Baudelaires Hauptwerk, eine streng aufgebaute Gedichtsammlung mit radikal veränderter Thematik, wirkte stilbildend auf die nachfolgende Lyrik. → S. 89
Die künstlichen Paradiese, 1860	In den Prosatexten, in denen er u.a. eigene Erfahrungen einbaut, geht Baudelaire den Wirkungen von Wein und Haschisch nach.
Die Kunst der Romantik 1868 (postum)	In kritischen Schriften setzt sich Baudelaire mit Zeitgenossen wie Victor Hugo, Théophile Gautier, Marceline Desbordes-Valmore und dem Begriff der Moderne in der Kunst auseinander.
Ästhetische Merkwürdigkeiten 1868 (postum)	In der Sammlung theoretisch-kritischer Aufsätze über Malerei und Literatur (entstanden ab 1845) skizziert Baudelaire die Leitlinien seines ästhetischen Ideals.
Der Spleen von Paris 1869 (postum)	Baudelaire suchte in der poetischen Prosa von hoher Musikalität neue sprachliche Ausdrucksmöglichkeiten für die Darstellung des spezifisch »Modernen« in der Großstadtwelt.
Intime Tagebücher 1887 (postum)	In den zwischen 1855 und 1866 entstandenen unzusammenhängenden Aufzeichnungen formuliert Baudelaire wesentliche Elemente seines künstlerischen Selbstverständnisses.

Schwermut, Langeweile und Lebensüberdruss. Die Künstlichkeit der Großstadt, der Rausch und die Blasphemie bieten nur scheinbar Fluchtpunkte. Die Gedichte der ersten, umfangreichsten Gruppe *Spleen et idéal* (von Stefan →George mit *Trübsinn und Vergeistigung* übersetzt) spiegeln das Ringen des Dichters wider, seine Aufschwünge, Stürze und seine Resignation. Dem ennui bzw. spleen, den Walter →Benjamin als »Katastrophe in Permanenz« definierte, stellt Baudelaire die Sehnsucht nach dem Ideal entgegen. Die unter dem Titel *Tableaux parisiens (Pariser Bilder)* zusammengefassten Gedichte begründeten Baudelaires Ruhm, als Erster die zivilisatorischen Reize der modernen Großstadt in die Poesie einbezogen zu haben. Die Gedichte enthalten Bilder, Träume und Visionen von Paris, der »schrecklichen Landschaft«, das bevölkert wird von Blinden und Bettlern, Buckligen und Greisen. Selbst das Grauen kann den müßigen »flaneur« faszinieren. In den Gedichten der Gruppe *Le vin (Der Wein)* geht der Dichter den bewusstseinserweiternden Wirkungen von Rauschgiften nach und singt dem Wein ein Loblied, da er das Elend vergessen ließe und die Liebenden in das Paradies der Träume führe. Doch letztlich bringt auch die Flucht in den Rausch keine Erlösung. Aus den Gedichten der Gruppe *Fleurs du mal* und den blasphemischen Versen der *Révolte (Aufruhr)* spricht die Stimme der Verzweiflung, aus der kein Weg mehr hinauszuführen scheint. Die Gedichte *La mort (Der Tod)* und *Le voyage (Die Reise)* beschreiben die letzte Reise in den Tod, die Erlösung bringt vom ennui. Der Dichter unternimmt die Reise, gleich, ob sie zum Himmel oder zur Hölle führt, da er auf dem Grund des Unbekannten Neues zu finden hofft.

Wirkung: Der Erfolg des Gedichtbandes war zu Lebzeiten Baudelaires eher gering. Erst spätere Dichtergenerationen wie die Symbolisten und die Surrealisten erkannten die neuartige suggestive Sprachmagie der Lyrik. Baudelaires entscheidender Einfluss ist im Werk nachfolgender Dichter wie Stéphane →Mallarmé, Arthur →Rimbaud, Georg →Trakl oder Paul →Celan erkennbar. Der Gedichtband wurde mehrfach ins Deutsche übertragen, erstmals von George (1901). *S. Na.*

Vicki Baum in Paris

Baum, Vicki

österreich. Schriftstellerin

*24.1.1888 Wien †29.8.1960 Los Angeles

📖 *Menschen im Hotel*, 1929

Die Bedeutung von Vicki Baum beruht vor allem auf ihrer Fähigkeit, den Literaturmarkt mit Werken zu versorgen, die den Publikumsgeschmack trafen, aber dennoch unerwartete Wendungen zuließen. Ihre Texte verbinden zeitgemäße Gesellschaftskritik mit erfolgreichen Handlungsmustern, die vor allem die in den 1920er Jahren zu unabhängigem Denken gekommene bürgerliche Frau ansprachen, aber ihre Stellung nicht existenziell in Frage stellten. Die meisten ihrer Romane spielen in Künstlerkreisen und ähnlichen Milieus. Zentrale Themen sind Liebe und Abenteuer.

Baum wuchs in einem gutbürgerlichen Elternhaus auf und absolvierte eine musikalische Ausbildung als Harfenistin. Sie heiratete nach einer frühen ersten Ehe 1916 den Dirigenten Hans Lert und arbeitete ab 1926 als Redakteurin in Berlin. Wenn sie sich auch bis zur Geburt ihrer beiden Söhne primär als Musikerin sah, ging sie ihre Schriftstellerei als Handwerk mit großer Professionalität an. 1931 reiste sie wegen der Broadwaypremiere von *Menschen im Hotel* in die USA und entschloss sich 1932, wegen der drohenden Gefahr für die jüdische Familie, ganz auszuwandern.

Biografien: K. von Ankum, *Apropos Vicki Baum*, 1998; Vicki Baum, *Es war alles ganz anders: Erinnerungen*, 1962.

OT = Originaltitel **EZ** = Entstehungszeit **OA** = Originalausgabe **DE** = Deutsche Erstausgabe 📖 = Verweis auf Werkartikel

Menschen im Hotel

OA 1929 **Form** Roman **Epoche** Moderne

Obwohl Vicki Baum eine produktive Schriftstellerin war und bereits mit *Stud. chem. Helene Willfür* (1928) zur Bestsellerautorin wurde, ist es vor allem der Erfolg von *Menschen im Hotel*, mit dem sie in der Literaturgeschichte des 20. Jahrhunderts Erwähnung findet. Der Roman gilt als das erste Werk, welches das Muster des Gruppenromans – das scheinbar zufällige Zusammentreffen vollkommen unterschiedlicher Menschen und deren Verstrickungen an einem Ort für eine begrenzte Zeit – einem breiten Lesepublikum vorstellte.

Inhalt: Die Handlung konzentriert sich auf den Verlauf von vier Tagen und drei Nächten in einem Luxushotel in Berlin der 1920er Jahre. Das Hotel bietet Momentaufnahmen einzelner Lebensgeschichten, die sich überschneiden und dabei dramatische Veränderungen erfahren. Scheinbar unbedeutende Entscheidungen der Figuren stellen sich als folgenreich heraus und verändern ihr Leben grundlegend. Das Hotel ist Katalysator und bildet den Schnittpunkt der Handlungsstränge, indem es Menschen zusammenführt, die – jeder auf seine Weise – aus ihrem Leben auszubrechen versuchen.

Jede der Figuren tritt durch eine unerwartete Tat in eine neue Rolle. So lässt sich z.B. die alternde Primaballerina Grusinskaja nach einer mäßig erfolgreichen Vorstellung zu einer Liebesnacht mit dem jugendlichen Baron, der als Juwelendieb in ihr Zimmer eingedrungen ist, hinreißen. Der diebische Baron seinerseits begehrt plötzlich die Frau, nicht ihren Besitz.

Struktur: In sieben chronologisch organisierte Abschnitte gegliedert, reihen sich die verschiedenen sich zuspitzenden Handlungsstränge des Textes locker aneinander. Häufig brechen sie im Augenblick der größten Spannung ab, um zu einem anderen Handlungsschauplatz überzugehen. Im Zentrum stehen die völlig unterschiedlichen tragischen Konflikte der Hauptfiguren, deren innere Stärken und Schwächen bis zum Ende der vier Tage analysiert werden. Die Erzählerfigur trifft dabei immer wieder psychologische Diagnosen, die sich in intensiven Gesprächen der Figuren bestätigen und Distanz in den voyeuristisch schweifenden Blick des Romans erzeugen. Durchgängig lebt der Text von der Spannung zwischen den sich widersprechenden Neigungen zu Sensationslust und Nachdenklichkeit. Schon der Untertitel *Ein Kolportageroman mit Hintergründen* weist auf den Konflikt zwischen bürgerlicher Unterhaltung mit den Erfolgselementen Luxus, Liebe und Gewalt einerseits sowie dem Streben nach Gesellschaftskritik andererseits hin.

Hauptfiguren in »Menschen im Hotel« von Vicki Baum

Elisaweta Alexandrowna Grusinskaja: Die alternde Primaballerina findet nach einem enttäuschenden Ballettabend mit Baron von Gaigern ein kurzes, intensives Glück. Sie reist verjüngt zu ihrem nächsten Engagement, beginnt aber an ihrem Glück zu zweifeln, als Baron von Gaigern ihre Anrufe nicht entgegennehmen kann.

Felix Amadei Benvenuto Freiherr von Gaigern: Der jugendlich-romantische Lebemann, der als Anführer einer Diebesbande Grusinskajas Juwelen stehlen will, findet einen unlosen Tod unter dem von Generaldirektor Preysing in vermeintlicher Notwehr geschwungenen Tintenfass.

Otto Kringelein: Der todkranke Hilfsbuchhalter in Preysings Fabrik hat nur noch wenige Wochen zu leben und will sein gesamtes Erspartes im Luxus verprassen, um zum ersten Mal »wirklich« zu leben. Er verlässt das Hotel zwar immer noch todgeweiht, aber gut gekleidet in Begleitung einer attraktiven Frau.

Generaldirektor Preysing: Der spießbürgerliche Leiter einer vom Ruin bedrohten Baumwollfabrik, der zum ersten Mal von seinen Prinzipien abweicht, verstrickt sich in einer Geschäftslüge und betrügt seine Frau. Am Ende dieser vier Tage hat er nicht nur seine Ehe zerstört, sondern wird auch als Gaigerns Mörder abgeführt.

Fräulein Flamm, Die attraktive junge Frau wird auch »Flämmchen« genannt. Sie ist Sekretärin sowie Aktmodell und setzt ihre jugendliche Schönheit pragmatisch zunächst bei Gaigern, dann bei Preysing ein. Schließlich erkennt sie sich selbst im Spiegel der unverfälschten Bewunderung durch den todkranken Hilfsbuchhalter Kringelein, ohne jedoch ihren erotischen Pragmatismus zu verlieren.

Dr. Otternschlag: Für den durch eine Kriegsverletzung entstellten ehemaligen Militärarzt verändert sich als einziger Menschen nichts. Er lebt am Ende genauso einsam im Hotel wie zu Beginn.

Wirkung: Der Einfluss des Romans liegt in der Verbreitung seines Erfolgsmusters in der Medienkultur, was sich vor allem an den Schauplätzen zahlreicher Fernsehserien, ob in Hotels, Krankenhäusern oder am Strand, manifestiert. Das zeigen nicht zuletzt die Hörspielfassungen und die Verfilmungen als *Grand Hotel* (1932) und *Weekend im Waldorf* (1945) mit Ginger Rogers in der Hauptrolle sowie die Broadway-Musicals *At the Grand* (1958) und *Grand Hotel* (1989–92).   *J.C.*

Vicki Baum, *Menschen im Hotel*, Umschlag der Ausgabe 1973

Auszug aus dem Roman
Menschen im Hotel von Vicki Baum:

Jeder wohnt hinter Doppeltüren und hat nur sein Spiegelbild im Ankleidespiegel zum Gefährten oder seinen Schatten an der Wand. In den Gängen streifen sie aneinander, in der Halle grüßt man sich, manchmal kommt ein kurzes Gespräch zustande, aus den leeren Worten dieser Zeit kümmerlich zusammengebraut. Ein Blick, der auffliegt, gelangt nicht bis zu den Augen, er bleibt an den Kleidern hängen. Vielleicht kommt es vor, dass ein Tanz im gelben Pavillon zwei Körper nähert. Vielleicht schleicht nachts jemand aus seinem Zimmer in ein anderes. Das ist alles. Dahinter liegt eine abgrundtiefe Einsamkeit.

Beauvoir, Simone de

frz. Schriftstellerin

*9.1.1908 Paris, †14.4.1986 ebd.

📖 *Das andere Geschlecht*, 1949

Simone de Beauvoir war eine führende Vertreterin des Existenzialismus und eine der wichtigsten Theoretikerinnen und Verfechterinnen der Emanzipation der Frau. In ihren Büchern verband sie individuelle Erfahrungen mit philosophischen Grundthemen des Existenzialismus und entwickelte daraus einen eigenen literarischen Stil.

Beauvoir wuchs behütet in bürgerlichen Verhältnissen auf (*Memoiren einer Tochter aus gutem Hause*, 1958). Vor allem ihr Vater weckte in ihr die Liebe zur Literatur. An der Sorbonne studierte sie Literaturwissenschaft, Mathematik und Philosophie. 1929 lernte sie Jean-Paul → Sartre kennen, ihren künftigen Lebensgefährten. Sie war zunächst als Lehrerin in Marseille,

Auszug aus dem Essay
Das andere Geschlecht von
Simone de Beauvoir:

...der Körper der Frau ist eines der wesentlichen Elemente für die Situation, die sie in der Welt einnimmt. Aber andererseits genügt er auch nicht, um sie zu definieren; er hat nur gelebte Realität, sofern er vom Bewusstsein durch Handlungen und innerhalb einer Gesellschaft bejaht wird. Die Biologie reicht nicht aus, um eine Antwort auf die Frage zu geben, die uns beschäftigt: warum ist die Frau das Andere?

Rouen und Paris tätig. Seit 1943 arbeitete sie als freie Schriftstellerin. Ihr erstes Buch, *Sie kam und blieb* (1943), behandelt ein Dreiecksverhältnis. Zu ihren wichtigsten Werken gehören die Romane *Das Blut der anderen,* (1945), *Die Mandarins von Paris* (1954), für den sie den Prix Goncourt erhielt, sowie die Essays *Das andere Geschlecht* (1949) und *Das Alter* (1970). Mit Sartre engagierte sich Beauvoir politisch u.a. gegen den Algerien- und den Vietnamkrieg. Ab den 1970er Jahren unterstützte sie die französische Frauenbewegung.

Biografien: C. Francis/F. Gontier, *Simone de Beauvoir, Eine Biografie,* 1986; A. Madsen, *Jean-Paul Sartre und Simone de Beauvoir,* 1980; C. Zehl Romero, *Simone de Beauvoir,* (rm 50260).

Das andere Geschlecht

OT Le Deuxième Sexe **OA** 1949 **DE** 1951
Form Essay **Epoche** Moderne

Bis heute gilt Simone de Beauvoirs Essay *Das andere Geschlecht* mit dem Untertitel *Sitte und Sexus der Frau* über die Frau in der Gesellschaft als Standardwerk der Frauenbewegung und ist das meistgelesene Buch zur Emanzipation. In Details erscheint es überholt, im Wesentlichen jedoch aktuell. Weltanschaulich liegen dem Werk die Positionen des Existenzialismus zu Grunde, der Passivität und Erdulden verurteilt, die Beauvoir den Frauen vorwirft.

Inhalt: In der Einleitung definiert Beauvoir ihr Konzept des »anderen«: Der Mann sei in unserer Vorstellungswelt ohne Frau denkbar, während die Frau »mit Bezug auf den Mann determiniert und differenziert« werde. »Er ist das Subjekt, ist das Absolute«, heißt es, »sie das Andere.« Aus den jahrtausendealten Einschränkungen der Frau resultiere ihr Unterlegenheitsgefühl.

Das Werk besteht aus zwei Büchern, das erste trägt den Untertitel *Fakten und Mythen.* Die Autorin untersucht die physiologische, psychologische, ökonomische, historische und literarische Situation der Frau. Nüchtern betrachtet sie die biologischen Gegebenheiten, die Feststellungen der Psychoanalyse und des historischen Materialismus zur Rolle der Frau. Auch die überlegene Körperkraft des Mannes erkläre nicht, warum die Frau sich ihm untergeordnet habe, da beim Menschen »die biologischen Gegebenheiten den Wert, den der Existierende ihnen gibt«, bestimmten. An der Theorie von Sigmund →Freud bemängelt sie, dass er bei der weiblichen Psyche »einfach das männliche Modell zugrunde gelegt« habe. Dem historischen Materialismus billigt sie zu, »wichtige Wahrheiten« erkannt zu haben. Doch erkläre Friedrich →Engels nicht, warum »das Privateigentum notwendig die Versklavung der Frau zur Folge haben soll«. Beauvoir verfolgt die Rolle der Frau im Lauf der Geschichte von den primitiven Formen der menschlichen Gesellschaft bis zur gegenwärtigen, in der die Eltern »ihre Tochter immer noch mehr im Hinblick auf die Ehe« erziehen, anstatt ihre Entwicklung zu fördern.

Das zweite Buch, das *Gelebte Erfahrung* überschrieben ist, beginnt mit dem Satz: »Man kommt nicht als Frau zur Welt, man wird es.« Es beschreibt den exemplarischen Werdegang der Frauen von der Geburt bis zum Beginn der Sexualität, die Situation der erwachsenen Frau in der Gesellschaft. Beauvoir entmystifiziert dabei einschneidende körperliche Erfahrungen wie Menstruation, Liebesakt und Gebären als unerfreulich oder demütigend. Den Lesbierinnen widmet sie eine eigene Betrachtung, die von modernen Feministinnen kritisiert wurde, da sie letztlich die »Normalität« für erstrebenswert halte. Nicht selten sarkastisch beschreibt sie die »Rechtfertigungen« der Frauen, die aus Frustration vor einem selbst verantwortlichen Dasein in Rollen wie die der Narzisstin oder der unterwürfigen Liebenden flüchteten.

Wirkung: Unmittelbar nach seinem Erscheinen löste das Buch in Frankreich eine leidenschaftliche Diskussion aus. Innerhalb einer Woche wurden 22 000 Exemplare des ersten Bandes verkauft, der zweite hatte ähnlichen Erfolg. Im *Figaro Littéraire* ereiferte sich der katholische Schriftsteller François →Mauriac: »Wir haben auf dem Gebiet der Literatur die Grenze der

Die wichtigsten Bücher von Simone de Beauvoir	
Romane	
Sie kam und blieb 1943	Beauvoir beschreibt hier eine Dreiecksbeziehung, wie sie sie häufig mit ihrem Lebensgefährten Sartre erlebte. Eine Frau dringt in eine bestehende Verbindung zweier Menschen ein.
Das Blut der anderen 1945	Das Thema des Romans ist die Frage, ob ein Widerstandskämpfer mit seinen Aktionen gegen die deutsche Besatzung den Tod unschuldiger Menschen riskieren darf.
Alle Menschen sind sterblich 1945	Dieser einzige historische Roman von Beauvoir spielt am Hof Kaiser Karls V. (1338–80). Er behandelt die Sinnlosigkeit des menschlichen Strebens nach Unsterblichkeit.
Die Mandarins von Paris 1954	Ein Schlüsselroman über das Leben der Intellektuellen im Paris der IV. Republik. Nach Ansicht der Literaturkritik ist das Buch einer der repräsentativsten Romane der Nachkriegszeit.
Die Welt der schönen Bilder 1966	Im Mittelpunkt des Romans steht ein erfolgreiches Ehepaar – er ist ein Architekt, sie ist in der Werbung tätig –, das Karriere und Geld als die wichtigsten Werte im Leben ansieht.
Essays und Schriften	
Das andere Geschlecht 1949	Eine grundlegende Untersuchung des Daseins der Frauen unter allen denkbaren Gesichtspunkten. Das Buch wurde zum Standardwerk der Frauenbewegung und -emanzipation. →S. 92
Amerika – Tag und Nacht, 1950	Eine Liebeserklärung an die USA und zugleich scharfe Kritik am Chauvinismus amerikanischer Intellektueller gegenüber Europa.
China – das weitgesteckte Ziel 1957	Das Buch ist der Bericht über eine Reise, die Sartre und Beauvoir im Jahr 1955 nach China unternahmen. Sie selbst befand einige Jahre später, es sei ein »überladenes« Buch.
Das Alter 1972	Die Frage, wie ein Mensch im Alter in der Gesellschaft Mensch bleiben kann, steht im Zentrum dieser Dokumentation.

Simone de Beauvoir
im November 1945 in Paris

Verkommenheit erreicht.« Andere Literaten verteidigten die Autorin ebenso vehement. Die Zeitschrift *Paris Match* widmete dem Buch sieben Seiten und schrieb u. a.: »Eine Frau ruft die Frauen zur Freiheit.« Der Vatikan setzte das Buch auf den Index. Die feministischen Frauenbewegungen der Welt machten es zu ihrer theoretischen Grundlage. 1953 wurde es ins Englische, danach in andere Sprachen übersetzt und in Millionenauflagen verkauft. Es regte wissenschaftliche Untersuchungen und zahllose Dissertationen an.

In ihrer Lebensbilanz *Alles in allem* schrieb Beauvoir 1972: »*Das andere Geschlecht* mag für militante Feministen von Nutzen sein, doch ist es nicht eigentlich ein militantes Buch.« 1971 bis 1982 führte die deutsche Feministin Alice → Schwarzer Gespräche mit Beauvoir, die 1983 als Buch erschienen. 1992 ließ der Rowohlt-Verlag den fast 1000 Seiten umfassenden Essay neu übersetzen. Die Wirkung des Werks hält bis heute an. *N. B.*

Becher, Johannes R.

dt. Schriftsteller und Kulturpolitiker

*22.5.1891 München, † 11.10.1958 Ost-Berlin/DDR

📖 *Abschied*, 1940

Leben und Werk von Johannes R(obert) Becher sind geprägt durch Krieg, Revolution und Exil, aber auch durch Morphiumsucht und Suizidversuche. Als Dichter und SED-Parteigenosse schwankte er zwischen Selbsterhöhung (als radikaler Expressionist) und -preisgabe (als kommunistischer Kulturpolitiker).

Becher war Sohn eines Münchner Amtsrichters. Zum Einschnitt in seinem jungen Leben wurde ein im Vorfeld literarisch hochstilisierter Doppelselbstmordversuch aus Liebeskummer, den Becher überlebte. 1911–18 studierte er Philologie, Philosophie und Medizin in München, Berlin und Jena. 1914 verweigerte er den Kriegsdienst und beschäftigte sich erstmals mit kommunistischen Ideen (1919 KPD-Eintritt). Als Mitarbeiter der Zeitschriften *Aktion* und *Die neue Kunst* zählte er zu den Wortführern des Expressionismus. Nach der NS-Machtübernahme emigrierte er nach Prag und Paris, 1935 ins Moskauer Exil, wo er als Mitglied des Exil-ZK der KPD und Chefredakteur der *Internationalen Literatur – Deutsche Blätter* arbeitete.

Nach Kriegsende gründete er den »Kulturbund zur demokratischen Erneuerung Deutsch-

Curt Hohoff über Johannes R. Becher:

Sind Künstler ein Ausdruck ihrer Zeit, ihrer Stärke und Ohnmacht, ihrer Siege und Niederlagen, ihres geistigen und politischen Systemzwangs und ihrer Sehnsucht, so gibt es keinen reineren Niederschlag des Zeitgeistes und der seelischen Wetterkarte als Johannes R. Becher.

Die wichtigsten Bücher von Johannes R. Becher	
An Europa 1916	Die Sammlung hymnischer Gedichte ist eine Klage über Krieg und Zerfall. Der Dichter kündet vom Aufbruch in eine neue Zeit des Friedens, der Brüderlichkeit und Völkervereinigung Europas.
Leviste oder Der einzig gerechte Krieg 1925	Der experimentelle Roman lüftet zur Warnung das »Geheimnis künftiger Kriege«. Das folgende Verfahren gegen Becher wegen »literarischen Hochverrats« wurde nach Protesten eingestellt.
Maschinenrhythmen 1926	In Gedichten über den proletarischen Alltag in moderner Produktion postuliert Becher die Notwendigkeit revolutionären Kampfs.
Abschied 1940	In dem autobiografischen Roman gerät der Protagonist bei dem Versuch »anders zu sein«, im Prozess der Selbstfindung und der Absage an seine bürgerliche Existenz, auf Irrwege. → S. 94
Ausgewählte Dichtung aus der Zeit der Verbannung, 1945	Sonette über Bechers schmerzliche Gefühle im Exil: Einsamkeit, Sehnsucht nach Deutschland, Erinnerungen, aber auch Gedichte auf die Sowjetunion und über die Sinnlosigkeit des Krieges.
Verteidigung der Poesie, 1952	Theoretische Erörterungen zum Zwiespalt zwischen dem dichterischen Selbstverständnis und seiner politischer Funktion.
Schritt der Jahrhundertmitte, 1958	Bechers letzter Lyrikband gilt als Lebensbilanz und dichterischer Rückblick auf die vergangene Epoche.

Johannes R. Becher anlässlich seiner Auszeichnung mit dem Nationalpreis der DDR:

Meine eigentliche poetische Seele – wer kümmert sich darum… Ja, alle machen dort halt, wo bei mir die eigentliche Poesie beginnt, und doch ist nur von dorther alles andere erklärbar und deutbar.

lands«, den Aufbau-Verlag und die Wochenzeitung *Sonntag*. Ab 1949 war Becher Herausgeber der bedeutenden Literaturzeitschrift *Sinn und Form*. Inzwischen Mitglied des ZK der SED und Volkskammerabgeordneter, erhielt er für seinen Text der DDR-Hymne den Nationalpreis. 1954–58 war er erster DDR-Kulturminister.

Biografie: J.-F. Dwars, *Abgrund des Widerspruchs. Das Leben des Johannes R. Becher*, 1998.

Abschied

OT Abschied. Einer deutschen Tragödie erster Teil. 1900–1914 **OA** 1940 **Form** Roman **Epoche** Moderne

Im teils autobiografischen Epos *Abschied* inszeniert Becher den schmerzhaften Entwicklungsprozess eines »jungen Menschen im Wilhelminischen Zeitalter« zum besseren Individuum.

Entstehung: Becher plante das Buch als ersten Band einer Romantrilogie, doch kamen ihm Zweifel, ob er das Thema episch bewältigen könne. Er erwog, den Roman in Gedichtzyklen aufzulösen. *Abschied*, so Becher in seinen *Tagebüchern* (1950), sei eine Art Kommentar zum eigenen dichterischen Werk.

Inhalt: In der Silvesternacht 1899/1900 gelobt Hans Gastl, Spross eines Staatsanwalts aus geordneten bürgerlichen Verhältnissen, dass als anders werde. Angesichts des Anbruchs einer neuen Zeit nimmt er sich vor, zum »guten Menschen« zu reifen. Er will sich aus dem Trott der Zeit, dem allgemeinen »Dahindämmern« der Gesellschaft verabschieden und sich auch in einem Befreiungsschlag von der Übermacht des autoritären Vaters lösen, der das Bestehende fanatisch verteidigt. Gastl muss sich zwischen »Strammstehen« und »Standhaft bleiben« entscheiden. Das aber macht ihn verführbar; er verbündet sich gegen seinen besten Freund, Arbeitersohn Hartinger, was in brutaler Gewalt gegen den »Hungerleider« gipfelt. Seiner Großmutter, der stillen Verbündeten, stiehlt er Geld.

Wegen des Verdachts, Gastl habe ein Verhältnis mit einem Dienstmädchen, zwingt ihn der Vater in die Obhut einer Internatsschule, wo er zum Untertanen dressiert werden soll. Nach gescheiterter Karriere als Schwimmer flüchtet er sich in die Bücher, um so viel Wissen wie möglich aufzusaugen. Einen Seelenverwandten findet er im »Jüdlein«, einem progressiven Geist, der ihn mit den Ideen des Sozialismus bekannt macht. An den Besuchen und Kontakten in einem Künstlercafé wachsen Gastls poetische Versuche. Er verweigert entgegen allgemeiner Kriegseuphorie den Dienst an der Front und wird vom Vater verstoßen. »Sie werden Ihr Leben als Dichtung fortsetzen«, prophezeit ihm der Dichter Sack.

Wirkung: *Abschied* gilt nicht nur als Schlüsselwerk Bechers, für Georg →Lukács empfahl er sich als einer der »ersten deutschen Erzähler der Gegenwart« (1941), der sich der »allermodernsten« Form bedient – des Ich-Romans im radikalen Sinn. Im »Erlebnisstrom« des jungen Gastl ortet Lukács den Einfluss von James →Joyce. Becher gelänge durch das Beleuchten innerer Entwicklungen ein Bild von der »intellektuellen und moralischen Physiognomie des heutigen Deutschen«. *R. M.*

Johannes R. Becher, *Abschied*, Umschlag der DDR-Ausgabe 1977 (Gestaltung: Manfred Kloppert)

Becker, Jurek

dt.-poln. Schriftsteller und Drehbuchautor

*30.9.1937 Lódź (Polen), † 14.3.1997 Berlin

📖 *Jakob der Lügner*, 1969

Jurek Becker hat in vielen Romanen die Erfahrungen seiner polnisch-jüdischen Kindheit und des Lebens in der DDR verarbeitet. Bereits sein erster Roman *Jakob der Lügner* über den Alltag im Warschauer Ghetto begründete seinen Erfolg weit über die Grenzen der DDR hinaus.

Becker wuchs ab 1939 im Warschauer Ghetto auf und war später in den Konzentrationslagern Ravensbrück und Sachsenhausen inhaftiert. Als Mitglied von FDJ und SED studierte er ab 1957 Philosophie in Ostberlin. Dort lebte er bis 1977 als Drehbuchautor und freiberuflicher Schriftsteller. Nachdem er 1976 öffentlich gegen den Ausschluss von Reiner Kunze (* 1933) aus dem Autorenverband der DDR sowie gegen die Ausbürgerung von Wolf Biermann (* 1936) protestiert hatte, wurde er aus der SED ausgeschlossen. Ab 1977 hielt er sich mit Genehmigung der DDR-Behörden in Westdeutschland auf, wo er u.a. die Drehbücher zur preisgekrönten ARD-Anwaltsserie *Liebling Kreuzberg* schrieb.

Biografie: S. L. Gilman, *Jurek Becker*, 2002.

Jakob der Lügner

OA 1969 **Form** Roman **Epoche** Moderne

Jurek Beckers Erstlingsroman, in den persönliche Erfahrungen einflossen, gehört zu den gelungenen Versuchen, das Grauen der Judenvernichtung während des Zweiten Weltkriegs literarisch zu verarbeiten. Becker selbst wuchs im Warschauer Ghetto sowie in den Konzentrationslagern von Ravensbrück und Sachsenhausen auf. Von 1960 bis 1977 lebte Becker, der erst nach 1945 Deutsch lernte, in Ostberlin, wo auch der Roman entstand.

Inhalt: Der Ich-Erzähler, Überlebender eines polnischen Ghettos, schildert die Geschichte des Ghettobewohners Jakob Heym, der durch Zufall im deutschen Polizeirevier aus dem Radio Satzfetzen einer Meldung vernimmt, die fortan das Leben im Ghetto verändern sollte: »In einer erbitterten Abwehrschlacht gelang es unseren heldenhaft kämpfenden Truppen, den bolschewistischen Angriff 20 km vor Bezanika zum Stehen zu bringen.« Jakob kennt diesen Ort nur vom Hörensagen, doch weiß er, dass Bezanika nicht sehr weit vom Ghetto entfernt liegt. Gleichzeitig wird ihm bewusst, dass diese Nachricht den Ghettobewohnern einen konkreten Anlass zum Durchhalten und Weiterleben geben würde, denn mit dem sowjetischen Vormarsch näherte sich auch die Befreiung.

Um die Glaubwürdigkeit seiner Informationen zu erhöhen, behauptet Jakob, selbst über ein Radio zu verfügen, dessen Besitz streng verboten ist. Durch die Notlüge gerät er unversehens in die Zwangslage, ständig neue Nachrichten erfinden zu müssen; sein Lügengewebe führt zu tragikomischen Situationen und das technische Medium wird zum Symbol von Verheißung und Gefahr. Einerseits schöpfen die Ghettobewohner wieder Hoffnung; sie schmieden Pläne, die Selbstmordrate ist rückläufig. Andererseits befürchten einige seiner Leidensgenossen, dass die Entdeckung des Radios durch die deutschen Besatzer letztlich alle gefährden könne.

Jakob tritt seinen Kritikern entgegen, indem er die Wahrheit enthüllt, doch sein Eingeständnis wird nicht erkannt. Als die Lügen seine Kräfte zu übersteigen beginnen, vertraut er sich seinem Freund Kowalski an, der mit dem Geständnis scheinbar gleichgültig umgeht, in der Nacht aber Selbstmord begeht. Jakob begreift, dass er seine Leidensgenossen weiterhin mit Informationen über die bevorstehende Befreiung versorgen muss, doch schon am darauf folgenden Tag werden die Ghettobewohner ins Konzentrationslager abtransportiert. Der Roman bietet dem Leser zwei Schlüsse an: Das »blasswangige und verdrießliche, das wirkliche und einfallslose Ende« schildert den Abtransport aller Ghettobewohner. Doch gegen diesen Schluss erfindet sich der Erzähler ein hoffnungsvolles Ende aus eigener Fantasie: Zwar stirbt Jakob, der Lügner, bei seinem Fluchtversuch, aber das Ghetto wird von den russischen Truppen befreit.

Wirkung: Die außergewöhnliche Leistung des Romans liegt in seiner unpathetischen Darstellungsweise. Becker erzählt mit distanzierter Iro-

Erwin Geschonnek (l.) als Kowalski und Vlastimil Brodsky als Jakob in der Verfilmung des Romans *Jakob der Lügner* von Jurek Becker (DDR/ČSSR 1975; Regie: Frank Beyer)

Wichtige Bücher von Jurek Becker	
Jakob der Lügner 1969	Jakob Heym gibt in einem jüdischen Ghetto während des Zweiten Weltkriegs vor, im Besitz eines Radios zu sein und deshalb zu wissen, dass sich die Rote Armee nähert. → S. 94
Irreführung der Behörden 1973	Roman um Gregor Bienek, einen jungen Schriftsteller in der DDR, der pro forma ein Jurastudium betreibt und sich damit den Freiraum für seine schriftstellerische Arbeit schafft.
Der Boxer 1976	Becker schildert in diesem Roman die Geschichte des ehemaligen KZ-Häftlings Aron Blank, der um eine neue Existenz im Ostberlin der Nachkriegszeit ringt undnach seinem verschollenen Sohn sucht.
Schlaflose Tage 1978	Der Lehrer Karl Simrock versucht in diesem Roman dem enttäuschenden Alltagsleben auszuweichen, indem er alles aufgibt und Hilfsdienste in einer Brotfabrik aufnimmt.
Bronsteins Kinder 1986	Becker konfrontiert in diesem Roman die jüdische Nachkriegsgeneration mit der Vergangenheit ihrer Eltern und wirft die Frage nach der Rechtmäßigkeit von Selbstjustiz auf.
Amanda herzlos 1992	Das Leben von Amanda Weniger im letzten Jahrzehnt der DDR wird aus der Perspektive dreier Männer geschildert.

nie vom Alltag der Ghettobewohner und verdeutlicht umso mehr Schrecken und Irrwitz der Situation im von Deutschen besetzten Polen. Der Roman wurde 1974 in der DDR verfilmt (Regie: Frank Beyer; Titelrolle: Vlastimil Brodsky); 1999 folgte eine weitere Verfilmung mit Robin Williams in der Hauptrolle (USA, Regie: Peter Kassovitz). *J. R.*

Beckett, Samuel

ir. Schriftsteller

* 13.4.1906 Dublin, † 22.12.1989 Paris

📖 *Molloy*, 1951

Samuel Beckett, dessen Werk Romane, Erzählungen, Theaterstücke, Hörspiele und Essays in englischer und französischer Sprache umfasst, zählt zu den einflussreichsten Autoren des 20. Jahrhunderts.

Auszug aus dem Roman
Jakob der Lügner von
Jurek Becker:

Bleiben Sie mir doch vom Leib mit Ihrem »trotzdem«! Genügt es Ihnen nicht, dass wir so gut wie nichts zu fressen haben, dass jeder fünfte von uns im Winter erfriert, dass jeden Tag eine halbe Straße zum Transport geht? Das alles reicht noch nicht aus? Und wenn ich versuche, die allerletzte Möglichkeit zu nutzen, die sie davon abhält, sich gleich hinzulegen und zu krepieren, mit Worten, verstehen Sie, mit Worten versuche ich das! Weil ich nämlich nichts anderes habe! Und da kommen Sie mir und sagen, es ist verboten.

Die wichtigsten Romane von Samuel Beckett	
Murphy 1938	Roman über einen Menschen, der sich konsequent der von ihm als unerheblich empfundenen Realität entzieht, um die hermetische Abgeschlossenheit seines Geistes zu vervollkommnen.
Watt 1953	In der Geschichte des Titelhelden Watt, der als Diener im Haus von Mr. Knott lebt und sich fortwährend intellektuellen Spielereien hingibt, verarbeitet Beckett die klaustrophobische Abgeschiedenheit seines Exils in Südfrankreich.
Mercier und Camier 1970	1946 entstanden, ist *Mercier und Camier* der erste Roman, den Beckett in französischer Sprache verfasste. Er berichtet von einer Reise zweier skurriler Freunde, die sich zur Irrfahrt entwickelt.
Molloy 1951	Zweiteiliger Roman, der die Identitätssuche des Vagabunden Molloy und seines Verfolgers Moran nachzeichnet. Das Werk bildet mit *Malone stirbt* und *Der Namenlose* eine Trilogie. → S. 96
Malone stirbt 1951	Der in *Molloy* beschriebene Prozess einer Ich-Auflösung findet seinen Fortgang in der Figur des ans Bett gefesselten Malone.
Der Namenlose 1953	Nach *Malone stirbt* der dritte Teil der Trilogie. Das erzählende Ich existiert, fast körperlos, nur noch in endlosen Reflexionen.

Auszug aus dem Roman
Molloy von Samuel Beckett:

Und da ich zu der Zeit, als ich noch meinte, mich bilden oder ablenken oder betäuben oder mir die Zeit vertreiben zu sollen, gehört oder wahrscheinlich irgendwo gelesen hatte, dass man in einem Wald, wenn man geradeaus zu gehen glaubt, in Wirklichkeit nur im Kreise herumläuft, so gab ich mir die größte Mühe, im Kreise umherzuwandern, weil ich hoffte, auf diese Weise geradeaus zu gehen.

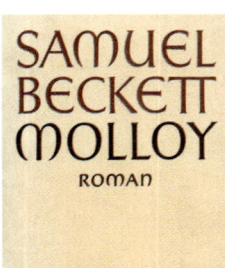

Samuel Beckett, *Molloy*, Umschlag der deutschsprachigen Erstausgabe 1954

Beckett wuchs in gutbürgerlichen Verhältnissen auf. 1923–27 studierte er am Dubliner Trinity College Französisch, Italienisch und Neuere Literatur. Ab 1928 arbeitete er zwei Jahre als Englischlektor an der Pariser École Normale Supérieure. In dieser Zeit lernte er James → Joyce kennen, zu dessen engstem Freundeskreis er bald zählte. 1937 ließ sich Beckett nach erneuter Lehrtätigkeit (am Trinity College) endgültig in Paris nieder. Als Mitglied der Résistance war er 1942 zur Flucht ins unbesetzte Südfrankreich gezwungen. 1945 kehrte er aus dem Exil zurück.

Das Theaterstück *Warten auf Godot* (*En attendant Godot*, 1953) begründete Becketts Weltruhm. Es steht am Anfang eines literarischen Reduktionsprozesses, der nicht nur das Werk des Autors prägte, sondern das gesamte moderne Theater veränderte. Als Beckett 1969 den Nobelpreis für Literatur erhielt, würdigte das Nobelkomitee »eine Dichtung, die in neuen Formen des Romans und des Dramas aus der Verlassenheit des modernen Menschen ihre künstlerische Überhöhung erreicht«.

Biografien: D. Bair, *Samuel Beckett*, 1978; K. Birkenhauer, *Samuel Beckett* (rm 50 176).

Molloy

OT Molloy **OA** 1951 **DE** 1954
Form Roman **Epoche** Moderne

Samuel Becketts 1947/48 entstandener Roman *Molloy* bildet den ersten Band einer Trilogie, die in einer bis heute einzigartigen literarischen Konsequenz die Begrenztheit menschlicher (Ich-)Erkenntnis und das Scheitern der Sprache an sich selbst behandelt.

Inhalt: Zu Beginn des Romans findet sich der Titelheld Molloy im Zimmer seiner verstorbenen Mutter wieder. Er erinnert sich nicht, wie er dort hingelangt ist, noch kennt er den Besucher, der ihm regelmäßig einige Seiten seiner niedergeschriebenen Erinnerungen abverlangt. Molloys Bericht setzt mit der Schilderung einer Begegnung ein, die er beobachtet hat: Von einem Felsen aus folgt er dem Pfad zweier Männer. Während der eine sich aus der Stadt, in der Molloy seine Mutter zu finden hoffte, entfernt, bewegt sich der andere darauf zu. Als ihre Wege sich kreuzen, bleibt unklar, ob sie einander kennen.

Der immer hinfälligere Molloy verirrt sich zunächst ans Meeresufer, dann in einen dichten Wald. Kriechend gelangt er schließlich wieder nach Bally – die Handlung verläuft im Kreis und endet dort, wo sie begann.

Im zweiten Teil des Romans berichtet der Agent Jacques Moran, wie er von Gaber, einem Boten seines Chefs, den Auftrag erhielt, Molloy ausfindig zu machen. Gemeinsam mit seinem Sohn begibt sich Moran auf die Suche. Er begegnet einem Fremden, bei dem es sich der Beschreibung nach um einen der beiden Männer handeln könnte, die Molloy zu Beginn seines Berichts beobachtet hat. Am nächsten Tag nähert sich Moran ein weiterer Mann, der ihn nach dem ersten fragt. Moran tötet ihn, ohne recht zu wissen, warum. Moran lässt sich von seinem Sohn in die Gegend von Bally bringen. Gaber taucht auf und eröffnet ihm, dass die Angelegenheit Molloy erledigt sei, und Moran kehrt zurück nach Hause. Dem Befehl einer Stimme folgend, beginnt er, einen Bericht zu verfassen. Wie Molloys Geschichte endet auch die von Moran dort, wo sie begann.

Aufbau: In ihrem Aufbau entsprechen die zwei Teile des Romans den Bewusstseinszuständen der beiden Ich-Erzähler Molloy und Moran. Während der gleichmäßige Erzählfluss Molloys nur durch einen einzigen Absatz unterbrochen wird, ist der Bericht des bürgerlichen und gewissenhaften Moran vielfach durch Absätze gegliedert. Beide sind auf ihrer Reise im Kreis gelaufen und keiner von ihnen hat diejenige Person gefunden, die er suchte.

Wirkung: Beckett hat den in *Molloy* beschriebenen Prozess der allmählichen Paralyse und des Ich-Verlusts in den Romanen *Malone stirbt* (*Malone meurt*, 1948) und *Der Namenlose* (*L'innommable*, 1952) fortgesetzt. In der New York Times wurde Beckett 1956 mit den Worten zitiert: »Im letzten Buch, *Der Namenlose*, kommt es zu einer vollkommenen Auflösung. Kein ICH, kein HABEN, kein SEIN. Kein Nominativ, kein Akkusativ, kein Verb. Es ist nichts mehr da, um weiterzumachen.« Mit seiner Trilogie gab Beckett dem zeitgenössischen Romanschaffen entscheidende Impulse, deren Stärke mit dem Einfluss Franz → Kafkas auf dieselbe Generation vergleichbar ist.

B.S.

Beecher Stowe, Harriet

US-amerikan. Schriftstellerin
*14.6.1811 Litchfield (Connecticut)
† 1.7. 1896 Hartford (Connecticut)
📖 *Onkel Toms Hütte*, 1852

Harriet Beecher Stowe, die sich in ihren Werken für die Aufhebung der Sklaverei in den Südstaaten und für die Rechte der Frauen engagierte, gehört zu den berühmtesten Schriftstellerinnen der amerikanischen Literaturgeschichte.

Beecher Stowe wuchs als Tochter des angesehenen Theologen Lyman Beecher in einem gut situierten, politisch aktiven Haushalt auf. Sie war Schülerin und später Lehrerin in der von ihrer älteren Schwester in Boston gegründeten Mädchenschule. 1832 siedelte sie mit ihrer Familie nach Cincinnati (Ohio) über, wo ihr Vater als Präsident des theologischen Lane-Seminars beschäftigt war. 1836 heiratete sie den Theologie-Professor Calvin E. Stowe.

In Cincinnati kam Beecher Stowe erstmals direkt mit entflohenen Sklaven in Kontakt, da im angrenzenden Staat Kentucky die Haltung von Sklaven gestattet war. Nachdem sie sich schon vorher als Autorin von Erzählungen und Zeitschriftenartikeln betätigt hatte, begann sie 1850 mit der Abfassung ihres in der ganzen Welt berühmt gewordenen Romans *Onkel Toms Hütte* (1852). 1850–53 lebte Beecher Stowe mit ihrer Familie in Brunswick (Maine), später in Andover (Massachusetts) und ab 1864 in Hartford (Connecticut), in Nachbarschaft zu → Mark Twain. Ihre letzten Lebensjahre lebte sie in geistiger Umnachtung.

Biografie: N. Johnston, *The Life and World of Harriet Beecher Stowe*, 1994.

sich daher bereit, seinen Sklaven Tom und den kleinen Sohn seiner Hausdienerin Elisa Harris an den skrupellosen Sklavenhändler Dan Haley zu verkaufen. Als Shelby seiner Frau Emily von dem Verkauf erzählt, wird Elisa zufällig Zeugin ihrer Unterredung. Von Panik ergriffen beschließt sie, mit ihrem Sohn Harry in die Nordstaaten zu fliehen. Auch ihr Mann Georg, der als Sklave auf einer benachbarten Farm arbeitet, hat sich inzwischen zur Flucht Richtung Kanada entschlossen.

Mit der Unterstützung zweier Helfer gelingt es Elisa und Harry, ihrem Verfolger Haley zu entkommen. Bis zu ihrer sicheren Unterbringung in einer Quäkersiedlung, in der später auch Georg wohlbehalten eintrifft, finden Elisa und Harry im Haus des Senators John Bird und seiner Frau Mary Unterschlupf.

In einem parallelen Handlungsstrang wird die Geschichte Onkel Toms erzählt. Tom, der Arthur Shelby schon seit dessen Kindheit als ergebener Diener zur Seite steht, erfährt, dass dieser ihn an Haley verkauft hat. Er soll in den Süden überführt werden, wo ihm als Sklaven, wie er weiß, schwerste körperliche Misshandlungen drohen. Dennoch entscheidet er sich aus Sorge um die Folgen, die Shelby zu tragen hätte, gegen eine Flucht.

Während seines Transports über den Mississippi lernt er Eva (Evangeline) kennen, die Tochter des wohlhabenden Augustin St. Clare aus New Orleans. Als sie bei einem Unfall über Bord geht, stürzt sich Tom beherzt in den Fluss und rettet sie vor dem Ertrinken. Augustin St. Clare gibt daraufhin den Bitten seiner kleinen Tochter nach und kauft Tom dem stets auf Profit bedachten Haley ab. Gemeinsam mit Augustin, Eva und ihrer Tante Ophelia trifft Tom in New Orleans ein, wo er mit der Betreuung Evas beauftragt wird.

Links: Harriet Beecher Stowe, *Onkel Toms Hütte*, Titelblatt der Originalausgabe 1852; rechts: Werbeplakat zu *Onkel Toms Hütte* aus dem Jahr 1859

Onkel Toms Hütte

OT Uncle Tom's Cabin, or, Life among the Lowly
OA 1852 **DE** 1852
Form Roman **Epoche** Amerikanische Renaissance

Mit ihrem 1852 erschienenen Roman *Onkel Toms Hütte* schuf Harriet Beecher Stowe das erfolgreichste amerikanische Erzählwerk des 19. Jahrhunderts. Obwohl kontrovers diskutiert, gilt der als zeitgenössische Polemik gegen das Unrechtssystem der Sklaverei angelegte Roman noch heute als ein Klassiker der sozialkritischen Weltliteratur.
Inhalt: Schauplatz des Romans ist zunächst die in Kentucky gelegene Plantage Arthur Shelbys. Dieser ist durch leichtsinnige Spekulationsgeschäfte in finanzielle Not geraten und erklärt

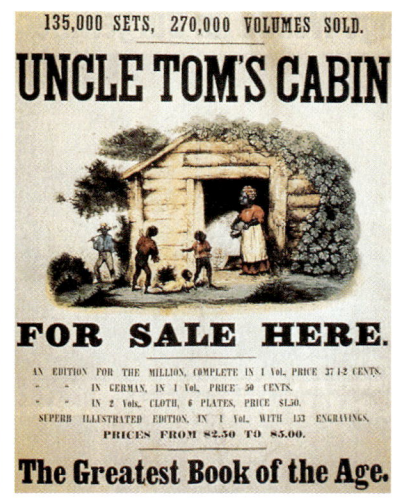

135,000 SETS, 270,000 VOLUMES SOLD.
UNCLE TOM'S CABIN
FOR SALE HERE.
AN EDITION FOR THE MILLION, COMPLETE IN 1 Vol. PRICE 37 1-2 CENTS.
" IN GERMAN, IN 1 Vol. PRICE 50 CENTS.
" IN 2 Vols. CLOTH, 6 PLATES, PRICE $1.50.
SUPERB ILLUSTRATED EDITION, IN 1 Vol. WITH 153 ENGRAVINGS.
PRICES FROM $2.50 TO $5.00.
The Greatest Book of the Age.

Hauptfiguren in »Onkel Toms Hütte« von Harriet Beecher Stowe

»Onkel Tom«: Er ist langjähriger Sklave Arthur Shelbys. Als Shelby ihn an den Sklavenhändler Haley verkauft, beginnt für ihn eine Reise ins Ungewisse. Doch Tom, der ausschließlich von christlichen Idealen geleitet wird, bleibt trotz aller ihm widerfahrenen Ungerechtigkeiten unbeirrbar in seiner Gottergebenheit und Nächstenliebe.

Arthur Shelby: Er lebt mit seiner Frau Emily und seinem Sohn George auf einer von Sklaven bewirtschafteten Plantage in Kentucky. Hoch verschuldet entschließt er sich zum Verkauf seines Sklaven Tom und des kleinen Harry Harris an den Sklavenhändler Haley.

George Shelby: Der gutmütige Sohn Arthur Shelbys begibt sich Jahre nach dem Verkauf Toms auf die Suche nach dem väterlichen Freund, den er aus seiner Versklavung freizukaufen hofft. Doch als er ihn findet, ist es zu spät: Tom liegt bereits im Sterben. Um die Schuld seiner Familie zu sühnen, gibt George seinen Sklaven die Freiheit.

Elisa Harris: Als die langjährige Hausdienerin der Shelbys von dem geplanten Verkauf ihres kleinen Sohnes Harry erfährt, entschließt sie sich zur Flucht.

Georg Harris: Der selbstbewusste und aufgeklärte Ehemann Elisas und Vater des kleinen Harry entschließt sich noch vor Elisa zur Flucht Richtung Kanada, wo er das nötige Geld für die Befreiung seiner Familie aus der Versklavung aufzubringen hofft.

Augustin St. Clare: Der Vater der kleinen Evangeline kauft Tom, der Eva vor dem Ertrinken gerettet hat, von Haley ab und nimmt ihn mit nach New Orleans. Hinter seinem spöttisch-distanzierten Auftreten entpuppt er sich als warmherziger und zutiefst moralischer Mensch. Nach dem Tod Evangelines beschließt er, seine Sklaven in die Freiheit zu entlassen.

Evangeline (Eva): Die bezaubernde Tochter Augustin und Marie St. Clares kennt, anders als ihre Mutter, weder Vorurteile noch Standesdünkel. Ihrem Namen entsprechend erscheint sie in ihrer engelsgleichen Unschuld und Güte als kindliche Bekehrerin der Verblendeten.

Marie St. Clare: Die verwöhnte und hypochondrische Ehefrau Augustin St. Clares erscheint in ihrem durch nichts zu erschütternden Überlegenheitsanspruch als Verkörperung der dekadenten Südstaaten-Aristokratie.

Auszug aus dem Roman
Lügen in Zeiten des Krieges
von Louis Begley

Tanja wollte mir wenigstens beibringen, was ein Jude zu tun hat, wenn sein Tod kommt: den Kopf bedecken, notfalls nur mit den Händen, und dann mit lauter Stimme beten: Sch'ma Israel, Adonai elocheinu, Adonai echad. Höre, Israel, der Herr, unser Gott, der Herr ist Einer. Ein Jude, der das ruft, stirbt nicht allein, er ist im Tod verbunden mit allen, die gewesen sind und noch sein werden.

Louis Begley 1997 über sein literarisches Schaffen:

Ich arbeite wie meine Steine schleppenden fernen Vorfahren in Ägypten, ich reihe ein Wort ans andere und lösche das Ganze und fange wieder von vorn an, alles nur, um einen vierten Roman zu Ende zu bringen. Und was kommt danach? Da müsste ich raten.

Etwa zwei Jahre später erkrankt das Mädchen schwer und stirbt. Von ihrem Tod zutiefst erschüttert, entschließt sich St. Clare zur Freilassung seiner Sklaven. Doch bevor er seinen Plan in die Tat umsetzen kann, wird er bei der Schlichtung eines Streits erstochen. Seine Frau Marie verkauft daraufhin den Familienbesitz und die Sklaven. Tom gelangt in die Hände des grobschlächtigen und tyrannischen Plantagenbesitzers Simon Legree. Unter dessen Sklaven befindet sich auch Cassy, die Legree seit Jahren als Liebesdienerin unterworfen ist. Als Tom sich nach der geglückten Flucht Cassys und ihrer Freundin Emmeline weigert, das Versteck der beiden preiszugeben, schlägt ihn Legree blindwütig nieder. Tom erliegt seinen Verletzungen an demselben Tag, an dem Arthur Shelbys Sohn George auf Legrees Plantage erscheint, um ihn freizukaufen.

Wirkung: Der Roman *Onkel Toms Hütte* wurde unmittelbar nach seinem Erscheinen zu einem internationalen Bestseller und machte Beecher Stowe zu einer der erfolgreichsten und zugleich umstrittensten Autorinnen des 19. Jahrhunderts. Bei allem Engagement der Autorin für die Abschaffung der Sklaverei bleibt der Vorwurf einer eindeutig rassistischen Darstellung gerechtfertigt. Diese äußert sich vor allem in der pauschalen Charakterisierung des »Negers« als kindlich, harmlos und einfältig. Kritisch zu betrachten ist auch die idealisierte Duldsamkeit Toms, der zweimal die Gelegenheit zur Flucht verstreichen lässt und sich stets gottergeben in sein vermeintliches Schicksal fügt. *B. S.*

Begley, Louis

US-amerikan. Schriftsteller poln. Herkunft

* 6.10.1933 Stryi, Polen

📖 *Lügen in Zeiten des Krieges*, 1991

Louis Begley gehört zu den Autoren, die bereits in einem anderen Beruf erfolgreich waren, bevor sie begannen, Bestseller zu schreiben. Seine Bücher behandeln Existenzfragen, ohne je schwerfällig zu sein.

Begley, Kind jüdischer Eltern, wurde im polnischen Galizien geboren. Den Holocaust überlebten er und seine Mutter als katholische Polen getarnt. Nach Kriegsende fand die Familie wieder zusammen und ging nach Paris. Im März 1947 wanderte sie in die USA aus und ließ sich in Flatbush / Brooklyn nieder.

Begley erhielt 1950 ein Harvard-Stipendium. Vier Jahre später absolvierte er gemeinsam mit John → Updike den Studiengang Englische Literatur. Nach seinem Militärdienst, den Begley in Deutschland ableistete, schrieb er sich erneut in Harvard ein – dieses Mal für Jura. Nach dem Abschluss (1959) arbeitete er in der New Yorker Kanzlei Debevoise & Plimpton, deren Teilhaber er 1968 wurde. Mit dem Schreiben begann der renommierte Anwalt 1990. Ein Jahr später erschien sein erster Roman *Lügen in Zeiten des Krieges*. Begley bevorzugt Themen, die ihn »sehr hart getroffen haben«. Dies gilt für *Wie Max es sah* (1995), den Roman über den schwulen Architekten Charlie Swan, dessen schöner junger Liebhaber an Aids stirbt, ebenso wie für *Mistlers Abschied* (1998), die Venedigreise eines vom Tod gekennzeichneten krebskranken Besitzers einer Werbeagentur.

Lügen in Zeiten des Krieges

OT Wartime Lies
OA 1991 **DE** 1994 **Form** Roman **Epoche** Moderne

Lügen in Zeiten des Krieges von Louis Begley gehört zu den wichtigsten Holocaust-Romanen des 20. Jahrhunderts. Insbesondere die Schilderung des Warschauer Aufstands aus der Sicht eines Kindes macht das Buch zu einem Dokument, dessen Lektüre unter die Haut geht.

Entstehung: Begley war 57, als er 1991 seinen ersten Roman veröffentlichte. Um *Lügen in Zeiten des Krieges* zu schreiben, ließ er sich vier Monate von seiner New Yorker Rechtsanwaltskanzlei beurlauben. Der Roman trägt stark autobiografische Züge.

Inhalt: *Lügen in Zeiten des Krieges* schildert die Kindheit des polnischen Jungen Maciek während des Zweiten Weltkriegs. Maciek stammt aus einer gut situierten jüdischen Arztfamilie. Seine Mutter starb im Kindbett; einen Mutterersatz fand der Junge in seiner Tante Tanja. Aus der Perspektive von Maciek wird beschrieben, wie es dem Jungen und seiner einfallsreichen, mit allen Wassern der Verstellungskunst gewaschenen Tante gelingt, ihr Leben zu retten. Als Mutter und Sohn katholischen Glaubens getarnt, schlagen sie sich von Versteck zu Versteck durch. Die Lüge wird für die beiden zur wesentlichen Existenzgrundlage. Tanja denkt sich stets aufs Neue eine möglichst überzeugende Geschichte aus und studiert mit dem kleinen Maciek die Version ein, die er im Fall einer Befragung wiedergeben soll.

Parallel zu dem Lügengebäude, mit dem Tante und Neffe den Holocaust überleben, bemüht sich Tanja um die Erziehung und Bildung des ihr anvertrauten Kindes. Dazu gehört Unterricht im Luftschutzkeller ebenso wie die – parallel zu den offiziellen Vorbereitungsstunden auf die Erstkommunion erfolgende – heimliche Einführung in den jüdischen Glauben.

Aufbau: Dem Romangeschehen hat Begley eine kurze Rahmenhandlung vorangestellt, die auf vier Seiten einen 50-jährigen Mann beschreibt, der sich aus dem Kind Maciek entwickelt haben könnte. In Interviews danach befragt, beteuerte Begley immer wieder, dass sich hinter dieser Person nicht er selbst verberge.

Die Binnenhandlung ist in sieben Kapitel gegliedert. Im achten Kapitel wechselt Begley – für den Leser überraschend – die Perspektive: Ein allwissender Erzähler berichtet, wie es dem heranwachsenden Maciek in den Nachkriegsjahren ergangen ist. Seinen jüdischen Namen konnte er auch nach Kriegsende nicht wieder annehmen, denn im befreiten Polen wurde bereits kurz nach dem Krieg das nächste Pogrom ausgerufen. Und auch in dieser Zeit trugen Lügen dazu bei, das Überleben zu sichern.

Wirkung: Begleys Erstling *Lügen in Zeiten des Krieges* wurde unmittelbar nach Erscheinen zu einem Bestseller. Die Kritik lobte neben der eindrucksvollen Schilderung einer verlorenen Kindheit vor allem die Sprache, die trotz der grausamen Umgebung, in der die Handlung spielt, mal schlicht und dann wieder fantasievoll, fast lyrisch ist. Das Buch wurde mit zahlreichen Preisen ausgezeichnet.   *M. E.*

weltweit immer wieder auf den Spielplänen. Seine Beliebtheit verdankt er u. a. seinem Bemühen um eine literarische Neubelebung der gälischen Sprache.

Behan wuchs in den Slums von Dublin auf. Im Alter von 13 Jahren verließ er die Schule und schlug sich mit Gelegenheitsjobs, u. a. als Anstreicher, durch. Als 14-Jähriger schloss er sich der IRA an und verbrachte als Folge mehrere Jahre im Gefängnis.

In den 1940er Jahren begann Behan zu schreiben, ab 1950 arbeitete er, nach dreijährigem Aufenthalt in Paris, in Dublin als Journalist. Auf einen Schlag berühmt wurde er 1956 mit seinem Stück *Der Mann von morgen früh*, das zunächst in Dublin und wenig später in London auf die Bühne kam. Neben Dramen veröffentlichte Behan außerdem Erzählungen und Gedichte sowie die Romane *Borstal Boy* (1958) und *Der Spanner* (1964).

Behan starb vom exzessiven Alkoholkonsum und einer 1963 aufgetretenen Diabetes gezeichnet. Postum erschien seine Autobiografie *Aufzeichnungen eines irischen Rebellen* (1965).

Biografie: J. Kästner, *Brendan Behan*, 1978.

Louis Begley; *Lügen in Zeiten des Krieges*; links: Umschlag der deutschsprachigen Erstausgabe 1994; rechts: Einband der ersten US-Taschenbuchausgabe 1992

Günter Blöcker in der *Frankfurter Allgemeinen Zeitung* **über Brendan Behan**:

Wer in der jüngeren Literatur nach einer Symbolfigur für das sucht, was im Guten wie im Schlimmen den irischen Genius ausmacht, braucht sich nicht lange umzusehen – der Name Brendan Behan drängt sich förmlich auf.

Behan, Brendan

ir. Schriftsteller

*9.2.1923 Dublin, †20.3.1964 Dublin

📖 *Borstal Boy*, 1958

Trotz seines schmalen Œuvres zählt Brendan Behan in seiner irischen Heimat bis heute zu den populärsten Autoren; seine Dramen stehen

Borstal Boy

OT Borstal Boy   **OA** 1958   **DE** 1963
Form Roman   **Epoche** Moderne

Brendan Behans in einer einfachen und klaren, mit gälischen Wendungen durchsetzten Sprache gehaltener autobiografischer Bericht über den Alltag in einer Erziehungsanstalt erreichte Anfang der 1960er Jahre unter jungen Menschen einen ähnlichen Kultstatus wie der Roman *Unterwegs* (1959) von Jack → Kerouac.

Brendan Behan im August 1952 in einem Dubliner Pub

Auszug aus dem Roman *Borstal Boy* **von Brendan Behan:**

Ich heiße Brendan Behan. Ich bin herübergekommen, um für die irische Arbeiter- und Kleinbauernrepublik zu kämpfen, für ein ungeteiltes freies Leben, für meine Landsleute im Norden wie im Süden, wie auch dafür, dass der verderbliche Einfluss des britischen Imperialismus auf irische Angelegenheiten beseitigt wird.

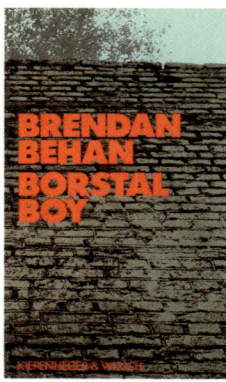

Brendan Behan, *Borstal Boy*, Umschlag der deutschsprachigen Erstausgabe 1963

Entstehung: Schon als 14-Jähriger war Behan in die IRA eingetreten. 1938 wurde er in Liverpool als Sprengstoffkurier festgenommen und für drei Jahre in eine Erziehungsanstalt eingewiesen. Nach der Freilassung dauerte es nicht lange bis zur nächsten Verhaftung: Weil er einen Polizisten mit einer Waffe bedroht hatte, wurde Behan zu 14 Jahren Haft verurteilt, von denen er aber nur fünf absitzen musste. Den Bericht über sein »Knastleben« veröffentlichte der Autor, nachdem er mit zwei Theaterstücken bereits zu Weltruhm gelangt war.

Inhalt: *Borstal Boy* ist das Porträt eines temperamentvollen Jugendlichen, der keine Gelegenheit auslässt, sich für den irischen Freiheitskampf stark zu machen, der aber Mithäftlingen und Aufsehern in der Erziehungsanstalt ohne Hass begegnet. Er steht seiner Umgebung aufgeschlossen und vorurteilslos gegenüber und weiß Chancen wie etwa das Angebot zur Lektüre literarischer Texte zu nutzen.

Daneben erfährt der Leser viel über das Alltagsleben in der Erziehungsanstalt, auch über Schikanen und Vorurteile seitens der Aufseher, über Querelen und Machtkämpfe unter den jugendlichen Insassen sowie über pubertätstypische Themen und Konflikte.

Wirkung: Mit seinem lebensnahen, die Umstände nicht beschönigenden Roman begeisterte Behan seine Landsleute wie auch Jugendliche in aller Welt. 2000 wurde das Buch von Regisseur Peter Sheridan verfilmt. *B. G.*

Bellman, Carl Michael

schwed. Schriftsteller

* 4.2.1740 Stockholm, † 11.2.1795 ebd.

📖 *Fredmans Episteln*, 1790

Durch seine parodistischen Ausdrucksformen führte Carl Michael Bellman die Tradition des Trinklieds im 18. Jahrhundert zur literarischen Blüte und wurde zu einem der bedeutendsten schwedischen Lyriker, dessen Popularität bis in die Gegenwart hinein ungebrochen ist.

Als Sohn einer Beamtenfamilie schlug Bellman 1759 eine Laufbahn bei der Reichsbank ein. Wegen hoher Schulden musste er 1763 nach Norwegen flüchten, kehrte aber im folgenden Jahr nach Stockholm zurück und wurde 1776 zum Hofsekretär ernannt. Ein Jahr später heiratete er die 15 Jahre jüngere Lovisa Grönlund. Trotz einer Pension, die König Gustav III. ihm seit 1775 für seine Leistungen als Dichter und Sänger gewährte, befand sich Bellman wegen seines freigebigen Lebenswandels bis zuletzt in finanziellen Schwierigkeiten. Seit den 1760er Jahren nahm er regen Anteil am Stockholmer Gesellschaftsleben. Es bot ihm ein Forum für seine Gesangs- und Schauspielkunst, eine ihm eigene parodistische Darstellungsweise, die sich von seinem aus moralischen Schriften und religiöser Dichtung bestehenden Frühwerk deutlich unterscheidet.

Biografie: P. B. Austin, *The Life and Songs of Carl Michael Bellman*, 1970 (dt. 1998).

Fredmans Episteln

OT Fredmans Epistlar **OA** 1790
DE 1856 (Auswahl), 1909 (Gesamtausgabe)
Form Lyrik **Epoche** Rokoko

Mit der Lieder- und Gedichtsammlung *Fredmans Episteln* hat Carl Michael Bellman eine eigene Welt mit charakteristischen Figuren und Stilformen sowie mit komplexen Bezügen zu literarischen, mythischen und religiösen Motiven geschaffen, welche die Ausdrucksmöglichkeiten des Trinkliedes entschieden erweiterte.

Entstehung: Die Sammlung von 82 Liedern ist nach dem Uhrmacher Jean Fredman (1712 bis 1767) benannt, einem einst angesehenen Stockholmer Bürger, der in die Stellung des königlichen Hofuhrmachers aufstieg, dann jedoch der Trunksucht verfiel. In der Fiktion von Bellmans Texten erscheint die Figur Fredmans im Sinne einer Bibelparodie als Apostel. Wie sich Paulus ehedem in seinen Episteln an die Epheser und Korinther wandte, zieht Fredman durch Kneipen, um seinen »lieben Brüdern« in Episteln die Offenbarung des Weingottes Bacchus zu verkünden. Die meisten Lieder entstanden in der ersten Hälfte der 1770er Jahre, die letzten erst 1790, dem Jahr der Veröffentlichung.

Inhalt: Die Figur Fredmans agiert in den Liedern als darstellender Vermittler, der nicht nur dem Wein huldigt, sondern auch andere Figuren anspricht und eine Szenerie entwirft. Insbesondere in den ersten Episteln gibt es viele Anklänge ans Neue Testament. An die Stelle der dort verkündeten Dreieinigkeit Gottes treten bei Fredman Bacchus, Venus und Charon, der Fährmann des Todes. Durst, Liebe und Tod sind die drei zentralen Themen der Lieder, die häufig ineinander geblendet werden. Wie der Genuss von Alkohol und sinnlicher Liebe einerseits immer schon vom nahenden Lebensende überschattet sind, behaupten sie sich andererseits doch auch im Anblick des Todes noch als Ausdruck der Lebensfreude. In der Betonung des Augenblicks in seiner Fülle und Vergänglichkeit, welche durch die gegenwartsbezogene Darstellungsform der Lieder unterstrichen wird, zeigt sich deutlich der Gegensatz zu der durch das Neue Testament verkündeten Lehre vom ewigen Leben.

In weiteren Episteln werden die Parodien auf andere literarische Traditionen ausgedehnt, z. B. auf die im 18. Jahrhundert beliebten Formen bukolischer Dichtung. Besungen werden Wirtshausszenen, erotische Begebenheiten, Begräbnisse und Feste sowie Ausflüge in die umliegende Natur und Wasserfahrten. Fredman tritt zunehmend in den Hintergrund, um weiteren Figuren, meist bürgerlichen Randexistenzen mit Vorlieben für ein ausschweifendes Leben, größere Entfaltung einzuräumen. Charakteristisch für Bellman ist die Verknüpfung der Figuren mit antiken Mythen. Fredman erscheint zugleich als trunksüchtiger Uhrmacher und als Apostel. Ulla Winblad, die weibliche Hauptfigur, ist im Kneipenmilieu verankert und tritt zugleich als Nymphe im Dienste der Venus oder gar als Venus selbst auf. Literarische Traditionen und ein vermeintlich realistisches Kneipenmilieu brechen sich gegenseitig, wodurch ein Abgleiten ins Sentimentale, Verklärende oder Moralisierende unterlaufen wird.

Wirkung: Bereits zu Lebzeiten waren *Fredmans Episteln* in breiten Kreisen und nicht zuletzt bei König Gustav III. beliebt, wenngleich sie vom damals vorherrschenden Klassizismus erst spät anerkannt wurden. Aufgrund ihrer anhaltenden Popularität haben die Lieder eine eigene Tradition begründet, zu deren wichtigsten Vertretern Birger Sjöberg, Evert Taube und Cornelius Vreeswijk gehören. Durch Übersetzungen ins Englische und Deutsche fanden die Episteln im 20. Jahrhundert über Schweden hinaus große Verbreitung. *D. G*

Hauptfiguren in »Fredmans Episteln« von Carl Michael Bellman

Fredman: Die Titelfigur ist ein namhafter Uhrmacher in Stockholm, nunmehr jedoch ohne Uhr, Werkzeug und Betriebskapital.
Ulla Winblad: Die weibliche Hauptfigur ist Nymphe und Priesterin im Bacchus-Tempel, ihr Vater war Korporal bei der Garde.
Korporal Mollberg: Er besaß einst ein Haus im südlichen Stockholm, war zeitweilig Fabrikant, dann Reiter, ist nun jedoch ohne Haus, Pferd und Schabracke, ferner ein geschickter Tanzmeister.
Movitz: Der Unteroffizier bei der Artillerie, berühmt durch sein Konzert im Wirtshaus

»Drei Butten«, hat die Musik zu Herrn Selachius' »Frühlingsblume« komponiert.
Vater Berg: Der Tapetenmaler ist ein Virtuose auf verschiedenen Instrumenten.
Pehr Bergström: »Bruder Pehr« ist sehr gewandt bei Tanzkapriolen, insbesondere, wenn es darum geht, einen Rivalen im Takt aus der Polka zu schlenkern.
Christian Wingmark: »Wingmark mit der großen Perücke« spielt virtuos Blockflöte.
Jergen Puckel: Der Gerichtsdiener und Tanzkünstler stammt aus Deutschland.
Sophia ist Schankmädchen im Luchskrug.

Bellow, Saul

US-amerikan. Schriftsteller

* 10.6.1915 Montreal, Kanada

📖 *Die Abenteuer des Augie March,* 1953

📖 *Herzog,* 1964

In Romanen und Erzählungen schildert Saul Bellow den Kampf des entfremdeten Einzelnen ums Überleben in einer materialistischen Welt. Mit seinem ethischen Optimismus antwortet er auf die Tragik und Verzweiflung im Leben. Sein Werk ist bekannt für Ideenreichtum, Humor und Vitalität. Als intellektueller Autor ist Bellow von der europäischen Literatur und Philosophie stark beeinflusst, doch spielt in seinen Werken auch das Gefühlsleben eine große Rolle.

Bellow stammt aus einer jüdischen Familie russischer Herkunft, die 1924 über Kanada nach Chicago emigrierte. Dort besuchte er verschiedene Universitäten und wurde 1962 Professor. Als Krönung seiner langen Karriere als Schriftsteller erhielt er 1976 den Literaturnobelpreis. Obwohl Bellow eine direkte biografische Verbindung zu seinem Werk leugnet, spiegelt sein literarisches Schaffen Lebenserfahrungen. Oft ist seine Hauptfigur ein weltlicher Jude in Chicago, in Nebencharakteren sind Bellows Freunde und Bekannte zu finden.

Seine kraftvolle, aber spielerische Prosa und die hochgeistigen Themen überwinden die sachlich-journalistische Tendenz der US-Literatur seit Ernest →Hemingway. Bellows Werke erschienen zu einer Zeit in den USA, in der eine Wende von der kulturellen Vorherrschaft der weißen angelsächsischen Protestanten zu einer diverseren, multikulturellen Literatur stattfand.

Biografie: J. Atlas, *Bellow,* 2000.

Saul Bellow
1976 in Stockholm

Die wichtigsten Bücher von Saul Bellow

Der Mann in der Schwebe, 1944	In einem dunklen und bürokratischen Niemandsland wartet ein junger Mann darauf, von der Armee aufgenommen zu werden.
Das Opfer 1947	Zwei Männer mit radikal verschiedenen Perspektiven finden keine Ordnung in der modernen, chaotischen Welt.
Die Abenteuer des Augie March, 1953	Ein junger Amerikaner aus einem armen Familienhaus lernt durch seine lebhaften Erfahrungen die Welt kennen. →S. 102
Das Geschäft des Lebens, 1956	Getrennt von seiner Frau, entfremdet von seinem Vater sucht ein Einsamer Hilfe bei einem Therapeuten, der ihn betrügt.
Der Regenkönig, 1959	In Afrika begegnet ein reicher Amerikaner einer bizarren Welt.
Herzog, 1964	Ein Professor therapiert seine Krise mit Briefeschreiben. →S. 102
Mr. Sammlers Planet 1970	In den sozialen Unruhen der späten 1960er Jahre und in der eigenen Familie sieht ein alter Intellektueller nur Absurditäten.
Humboldts Vermächtnis, 1975	In seinen Erinnerungen an einen toten Freund reflektiert ein Dramatiker über materielle Werte wie Ruhm und Reichtum.
Der Dezember des Dekans, 1982	Während eine Amerikanerin mit einer kommunistischen Bürokratie kämpft, streitet ihr Mann mit einer kapitalistischen.
Mehr noch sterben am gebrochenen Herzen, 1987	Eine ironische Thematisierung der Körper-Geist-Dilemma: Ein Professor erlebt (u. a. erotische) Abenteuer als er versucht, sich in der materialistischen Welt zurecht zu finden.
Ravelstein, 2000	Romanhafte Erinnerungen an einen brillanten Philosophen.

Saul Bellow über *Die Abenteuer des Augie March*:

Augie war meine Lieblingsfantasie. Jedes Mal, dass ich deprimiert vom Schreiben am »finsteren« Werk wurde, habe ich mir mit dem anderen Werk einen Fantasieurlaub genehmigt.

Saul Bellow, *Die Abenteuer der Augie March*, Umschlag der Ausgabe 1995

Die Abenteuer des Augie March

OT The Adventures of Augie March
OA 1953 **DE** 1956 **Form** Roman **Epoche** Moderne

Das Buch *Die Abenteuer des Augie March* über die Selbstverwirklichung einer jungen, optimistischen und wissbegierigen Figur steht in der Tradition des amerikanischen Entwicklungsromans. Bellow modifiziert jedoch sein Vorbild für die Moderne: Trotz unzähliger Rückschläge und Schwierigkeiten verliert der Protagonist nie die Hoffnung. Im dritten Roman entdeckte Bellow seinen persönlichen Stil aus naturalistischer Beschreibung und brisanter Reflexion, Umgangssprache und Intellektualismus.

Entstehung: Ab 1948 schrieb Bellow an einem ernsthaften, eher »finsteren« Manuskript. Einige Jahre später verbrannte er verzweifelt die ca. 300 Seiten des Manuskripts und konzentrierte sich auf ein ursprünglich kleineres Nebenprojekt, das ihm als Flucht vor der Resignation mit seinem früheren Werk gedient hatte. Dieser lebensbejahende Roman erzählt die spekulative und fantasievolle Biografie eines seit 25 Jahren nicht mehr gesehenen Schulfreundes. Bellow schrieb den Roman in Paris, Rom, New York und in anderen Städten, nur nicht in seiner Heimat Chicago, in der die meisten Eeignisse des Romans stattfinden. Mit dem Abstand durch das Leben in der Fremde entdeckte er das Einzigartige an seiner Jugend in den USA.

Inhalt: Der amerikanische Jedermann Augie ist ein Außenseiter ohne Wurzeln, Ziel und festen Charakter. In der ersten Person erzählt der ältere Augie von früheren Lebensstationen und Personen, die er als Kind und als junger Mann kennen lernte. Er war u. a. Zeitungsbote, Chauffeur, Verkäufer, Hundeführer, Kohlenhändler, Gewerkschaftsagitator und Eidechsenjäger. Seine vielfältigen Jobs sind nicht nur Resultat seiner Neugierde, sondern auch des Bedürfnisses nach Selbstständigkeit. Jedem Beschäftigungsverhältnis steht eine Machtfigur vor, der er unterworfen ist. In seiner Kindheit erzieht ihn Oma Lausch streng. Er entkommt ihrem Einfluss, gerät aber in die zweifelhafte Welt des Geschäftsmannes Einhorn, für Augie eine Art Vaterfigur. Doch der gierige Einhorn nutzt seinen Fleiß aus. Danach arbeitet er für die reiche Familie Renling, aber er flieht, nachdem sie ihn adoptieren wollen. Beim Braunkohleunternehmen seines älteren, ehrgeizigen Bruders Simon ist er als Assistent tätig, doch als Augies Verlobung mit der reichen Kusine von Simons Frau schief geht, wird Augie von ihm rausgeworfen. Kurz danach verliebt er sich in Thea, eine hinreizende und reiche Frau. Mit ihr fährt er nach Mexiko, wo sie Eidechsen mit einem gezüchteten Adler jagen wollen, aber der Plan und die Beziehung scheitern nach einem Unfall. Am Ende des Romans befindet sich Augie allein in Europa nach dem Zweiten Weltkrieg. Durch die zahlreichen Rückschläge ist er zynisch geworden, seinen Optimismus verliert er aber nicht.

Wirkung: *Die Abenteuer des Augie March* erhielt meist positive Rezensionen für die erzählerische Energie und die dramatische Schilderung der schelmenhaften Hauptfigur. In den 1950er Jahren schockierte und fesselte das Buch die Leser durch seinen derben Humor, karnevalistischen Geist, Rebellion und Sexualität. Bellows Prosa, obwohl kreativ und brisant, wurde teilweise aber auch als verwirrend und zu anspruchsvoll kritisiert..

Herzog

OA 1964 **DE** 1965 **Form** Roman **Epoche** Moderne

Herzog bildet für viele den Höhepunkt in Saul Bellows Karriere. Die brillante Erzähltechnik und die Prägnanz der intellektuellen Abschweifungen sicherten dem Autor den Status als einer der wichtigsten US-Nachkriegsautoren.

Inhalt: Nach der Scheidung von seiner ersten Frau heiratet Professor Moses Herzog die schöne, aber neurotische Madeleine und bezieht mit ihr ein entlegenes Landhaus in Massachusetts. Hier schreibt Herzog mit Schwierigkeiten an seinem Buch über die europäische Romantik, die er wegen ihrer Lebensfeindlichkeit immer kritischer betrachtet. Herzog und seine Frau lernen ein anderes junges Pärchen, die Gersbachs, kennen. Der egozentrischen Madeleine gefällt das ländliche Leben bald nicht mehr, sie will wieder in einer großen Stadt leben. Mit ihrem Töchterchen ziehen sie nach Chicago, wo Herzog den Gersbachs Arbeit besorgt. Kurz nach der Ankunft lässt sich Madeleine von Herzog scheiden, woraufhin er fast zusammenbricht. Nachdem Herzog nach New York gezogen ist, erfährt er, dass Madeleine seit längerem mit seinem Freund Valentine Gersbach fremdgeht und alles geplant hatte. In New York lernt Herzog Ramona kennen, eine attraktive und natürliche Frau. Durch ihre Wärme und Güte erlangt er wieder ein positives Bild vom Leben. Mit gestärktem Selbstbewusstsein fliegt er nach Chicago, wo er die Ermordung von Madeleine und ihrem Liebhaber plant, den zerstörerischen Gedanken aber wieder verwirft. Danach kümmert er sich verstärkt um seine Tochter und besucht mit ihr ein Aquarium und hat einen Autounfall. Die Polizei nimmt ihn wegen einer unregistrierten Pistole fest, die in seiner Tasche gefunden wird. Nach kurzer Haft, seinem Tiefpunkt, kehrt er verzweifelt und allein zu seinem Landhaus zurück, wo er den Kontakt zur Welt abbricht. In seiner Einsamkeit zieht er Bilanz und schreibt fragmentarische Briefe. Der Besuch seines Bruders und Ramona deutet an, dass er sich wieder der Gesellschaft anschließen wird.

Aufbau: Ein kurzer Aufenthalt Herzogs in seinem Landhaus bildet den äußeren Rahmen des Romans. Die bruchstückhafte Struktur der inneren Geschichte in seinem Kopf spiegelt die Unruhe und Verwirrung der Titelfigur. Erinnerungen, Monologe, Briefe und philosophische Exkurse geraten durcheinander und bilden den Kern des Werks. Die auffälligen Brieffragmente, die er ständig aus Ärger und Frust schreibt, aber so gut wie nie vollendet oder abschickt, sind nicht nur Symptome seiner geistigen Krankheit, sondern auch Selbsttherapie. Am Ende des Romans bricht er aus seiner Introvertiertheit heraus und hört auf zu schreiben, was als Zeichen seiner Genesung angesehen werden kann.

Wirkung: *Herzog* erlebte gleichzeitig enormen Zuspruch und kritische Anerkennung. Der unterdrückte persönliche Frust im Werk nahm die sozialen Unruhen vorweg, die Ende der 1960er Jahre ihren Höhepunkt erreichten. Der Reichtum an philosophischen Ideen stieß auf große Resonanz, Bellows Ablehnung der Philosophie des Leidens, die der damals populäre Existenzialismus von den Romantikern erbte, wurde positiv aufgenommen. *J. K.*

Saul Bellow, *Herzog;* oben: Umschlag der britischen Erstausgabe 1964; links: Umschlag der deutschsprachigen Erstausgabe 1965

Belyj, Andrej

(eigtl. Boris Nikolajewitsch Bugajew) russ. Schriftsteller

* 26.10.1880 Moskau, † 8.1.1934 ebd.

📖 *Petersburg*, 1913/14

Der russische Symbolist Andrej Belyj vollzog eine Stilwende in der russischen Literatur durch die experimentelle die Zusammenführung literarischer Formen mit Kompositionsprinzipien anderer Künste.

Das Interesse für Natur- und Geisteswissenschaften, Kulturgeschichte, Theosophie und Anthroposophie erweiterte die formale Komplexität seiner Werke um einen Ideengehalt, der sich in einem weit gespannten literaturtheoretischen und kulturphilosophischen Œuvre niederschlug. Dem Bewusstseinsroman *Petersburg*, einem Hauptwerk der Moderne, verdankt der Autor den Ruf eines »russischen James →Joyce«.

Im ersten Dezennium des 20. Jahrhunderts war Belyj, Sohn eines Mathematikprofessors, ein maßgeblicher Mitgestalter der literarischen Landschaft von Moskau und Sankt Petersburg. 1912–16 lebte er im Umkreis von Rudolf →Steiner, dem Begründer der Anthroposophie, und war am Bau des ersten Goetheanums in Dornach bei Basel beteiligt. Nach der Revolution engagierte sich Belyj für die kulturelle Aufbauarbeit in Russland. 1921–23 nahm er regen Anteil am literarischen »russischen Berlin«. Nach 1924 verließ er die Sowjetunion nicht mehr und bemühte sich unter erschwerten politischen Umständen um eine spirituelle Kultur. Er starb an den Folgen einer Gehirnblutung.

Biografien: A. Belyj, *Ich, ein Symbolist. Eine Selbstbiographie*, 1987; T. Gut (Hrsg.), *Andrej Belyj. Symbolismus. Anthroposophie. Ein Weg. Texte – Bilder – Daten*, 1997 .

Auszug aus dem Roman Herzog von Saul Bellow:

Lieber Herr Nietzsche – Sehr geehrter Herr. Darf ich aus dem Zuschauerraum eine Frage an Sie richten? Sie sprechen von der Kraft des dionysischen Geistes, den Anblick des Furchtbaren, des Fragwürdigen zu ertragen, sich den Luxus der Vernichtung zu erlauben, den Verfall, das Entsetzliche, das Böse anzusehen… Jeder Philosoph, der mit der Menschlichkeit in Berührung bleiben will, sollte im Voraus sein eigenes System verfälschen, um zu sehen, wie es ein paar Jahrzehnte nach seiner Übernahme aussehen wird. Ich schicke Ihnen Grüße von diesem bloßen Saum grasumgebenen weltlichen Lichtes und wünschen Ihnen Glück, wo Sie auch sein mögen. Unter der Schleier der Maya, Ihr Moses Herzog.

Andrej Belyj, *Petersburg*, Umschlag der deutschsprachigen
Neuausgabe 1959

Petersburg

OT Peterburg
OA 1913/14 **DE** 1919 **Form** Roman **Epoche** Moderne

Petersburg von Andrej Belyj ist der erste russische Roman modernen Stils. Die realistische Erzählweise des 19. Jahrhunderts tritt zu Gunsten einer Verbindung von multiperspektivischem Bewusstseinsstrom mit Stilverfahren unterschiedlichster Genres und Künste zurück. Die Form korrespondiert mit der gleichfalls doppelt angelegten Thematik des Romans, die aus Literatur, Philosophie und Anthroposophie gespeist wird. Im Roman wird der Niedergang des Abendlandes behandelt, der schließlich in der Kulturkrise des Fin de Siècle gipfelt, die anhand der russischen revolutionären Unruhen von 1905 dargestellt wird. In der Zerstörung alter Werte liegt jedoch eine Zukunftsperspektive verborgen: die Entwicklung spiritueller Bewusstseinsfähigkeiten.

Inhalt: Die Handlung spielt in Sankt Petersburg im Herbst 1905, dem Jahr der ersten russischen Revolution. Der Sohn eines Senators hat einer terroristischen Gruppierung das Versprechen zum Mord am Vater gegeben. Ihm wird eine Zeitbombe zugespielt. Nachdem er den Zeitmechanismus ausgelöst hat, entscheidet er sich jedoch gegen den Mord. Die Bombe explodiert eines Nachts, ohne größere Zerstörung anzurichten. Dennoch erleiden die familiären Beziehungen und die psychische Konstitution des Sohns Schaden. Dieser kehrt erst nach dem Tod seiner Eltern als wandernder Weisheitssucher aus dem Ausland zurück. Zwei weitere Handlungsstränge verfolgen die Liebesbeziehung des Sohns und das Verhältnis des Terroristen, der ihm die Bombe übergibt, zum Chef der Partei.

Aufbau: Im Schauplatz Petersburg spiegelt sich der kulturelle Konflikt Russlands, symbolisiert durch die Zeitbombe. Die Problematik entspricht den philosophischen Konzepten des Dionysischen und Apollinischen nach Friedrich →Nietzsche und bestimmt die Struktur des Romans: Der Senator Apollon Apollonowitsch Ableuchow verkörpert wie der Gott Apollon Dominanz und Ordnung, während sein Gegenspieler, der terroristische Parteichef Nikolai Stepanowitsch Lippantschenko, für die Ausschweifung steht, ein Prinzip, das dem Gott Dionysos zugeschrieben wird. Indem auf latente Weise Apollon Merkmale seines Gegenspielers zugewiesen werden und umgekehrt, vermeidet Belyj nicht nur Typisierung der Figuren, sondern deutet

auch die Idee einer Vereinigung der Gegensätze in einer Person an; hierin sieht der Autor das Entwicklungsziel des Menschen und Russlands.

Die Väter-Generation ist dieser Aufgabe nicht gewachsen, die deshalb ihren »Söhnen« gestellt wird: dem Sohn des Senators Nikolai Apollonowitsch und dem Lippantschenko untergebenen Dudkin. Ihre Wege werden kontrastiert: Dudkin, der das Apollinische negiert, endet im Wahnsinn. In ihm gestaltet sich Belyjs Kritik an einer Vereinseitigung des Dionysischen und ihren Vertretern wie dem späten Nietzsche und der Décadence. In Nikolai Apollonowitsch, der zu gleichen Teilen apollinisch und dionysisch angelegt ist, zeigt sich die kulturelle Zeitbombe Russlands. Die Synthese der Pole bleibt Zukunftsperspektive. An der Erzähloberfläche wird Russland scheinbar eine kulturpessimistische Diagnose gestellt. Belyj deutet aber den Weg an, der aus der Krise herausführen soll und für den Russland sich in Gestalt Nikolais prädestiniert zeigt: die Entwicklung eines höheren spirituellen Bewusstseins.

Wirkung: Die ideelle Dimension des Romans war für die zeitgenössische Diskussion von Interesse. Formal hingegen gab *Petersburg* der sog. Ornamentalen Schule Anregungen und hatte maßgebliche Bedeutung für die Entwicklung der modernen russischen Prosa.   *H.S.S.*

Benjamin, Walter

dt. Philosoph, Essayist und Literaturkritiker
*15.7.1892 Berlin, † 26.9.1940 Port Bou, Spanien
📖 *Das Passagen-Werk*, 1982

Walter Benjamin zählt zu den wichtigsten geschichtsphilosophischen und kunstsoziologischen Denkern des 20. Jahrhunderts.

Benjamin, Sohn einer bürgerlichen deutschjüdischen Familie, studierte Philosophie und Literatur in Freiburg, Berlin und München und promovierte 1919 in der Schweiz über den Begriff der Kunstkritik. Eine akademische Karriere scheiterte jedoch an der Borniertheit und wohl auch am Antisemitismus seiner Professoren. Daraufhin wurde er freier Kritiker und Essayist. Was in den Jahren der Weimarer Republik noch einigermaßen gelang – Benjamin schrieb u.a. für die *Frankfurter Zeitung* und *Die Literarische Welt* – wurde in den Jahren des Exils (er lebte seit 1933 vornehmlich in Paris) zu einem aufzehrenden und demütigenden Existenzkampf. Eine bescheidene Unterstützung des von Max →Horkheimer und Theodor W. →Adorno geleiteten, in die USA exilierten Instituts für Sozialforschung sicherte nur notdürftig sein Überleben. Während dieser Zeit entwickelte und formulierte Benjamin seine theoretischen Ansprüche und Argumente in kleinen Gelegenheitsarbeiten, Aufsätzen und Rezensionen. Seine Themen reichen von der Geschichts- und Sprachphilosophie bis zu Kritiken über die Literatur der Moderne (u.a. Franz → Kafka, Bertolt → Brecht, Marcel → Proust) und zur Medienrevolution des Kinos. Dabei verbindet er auf unkonventionelle Art marxistische und jüdisch-messianische Ideen und Motive. Stilistisch wendet er sich von der spekulativen Sprache seiner Frühschriften zu einer Ausdrucksweise hin, die deskriptiv und detailgenau ist, thesenartig zugespitzt oder auch anschaulich-bildhaft, in jedem Fall aber einfach und prägnant klingt.

In dem Essay *Das Kunstwerk im Zeitalter der technischen Reproduzierbarkeit* (entst. 1936, ersch. 1955 postum) fordert Benjamin eine Kunst mit politischer Fundierung und argumentiert für den Film als Medium. Die geschichtsphilosophische Arbeit *Das Passagen-Werk* (entst. 1927 bis 1940, ersch. 1982) gilt als eines seiner Hauptwerke.

Nachdem Benjamin bereits in Frankreich interniert gewesen war, wählte er, obgleich im Besitz eines Visums für die USA, 1940 auf der Flucht über die Pyrenäen den Freitod.

Biografie: B. Witte, *Walter Benjamin*, (rm 50341).

Das Passagen-Werk

OA 1982 **Form** Sachbuch **Bereich** Kulturgeschichte

Das umfangreiche, aus Zitaten, Textmontagen und interpretierenden Kommentaren bestehende Werk, das unvollendet blieb, sollte am Beispiel von Paris, der »Hauptstadt des XIX. Jahrhunderts« eine »Urgeschichte der Moderne« präsentieren, die indirekt auch zur Erkenntnis der Gegenwart beitragen könnte.

Entstehung: 1927–30 und von 1935 bis zu seinem Tod arbeitete Benjamin an einer groß angelegten Studie über die Pariser Passagen, die er als sein Hauptwerk ansah, jedoch nicht in eine endgültige Form bringen konnte. Ob bei seinem Tod eine authentische Fassung verloren ging, ist ungewiss. Die Publikation von 1982 umfasst den gesamten hinterlassenen Materialfundus im Umfang von ca. 6000 Seiten.

Inhalt: Der Titel des Werkes ist abgeleitet von einer architektur- und kulturgeschichtlichen Besonderheit, den Pariser Passagen, weitläufigen und glasgedeckten Wandelgängen im Stadtzentrum, die zum Promenieren und Konsumieren einluden. In ihnen glaubt Benjamin ein Schlüsselphänomen für die gesellschaftliche Realität des 19. Jahrhunderts und in historischer Perspektive noch für die Gegenwart des 20. zu erkennen. Die Faszination der Passagen verdankt sich ihrem Doppelcharakter: Sie sind

Walter Benjamin 1937 in der Bibliothèque Nationale

Innen und Außen, Straße und Gebäude zugleich. Benjamin nennt sie die »Tempel der Ware«, aber auch die »Wohnung des Kollektivs« – womit jene beiden Pole genannt sind, die der marxistischen Theorie zufolge das kapitalistische System konstituieren: die produzierten und käuflichen Waren und die Massen, die sowohl als Produzenten wie als Konsumenten fungieren können. Benjamin legt aus marxistischen Sicht ein Bewusstsein der Bourgeoisie über die politische, künstlerische, und gesellschaftliche Stellung anhand ihrer Produkte dar. In der Darstellung und Deutung der Passagen sowie verwandter Phänome wie der Stahlbauweise (Eiffelturm), der großen Boulevards, der Straßenbeleuchtung und des Verkehrs, aber auch von großstädtischen Verhaltenstypen, wie z.B. dem Sammler oder dem »Flaneur«, will Benjamin eine »Urgeschichte der Moderne« nicht eigentlich schreiben, sondern »Geschichte zitieren« und »Konstellationen« sichtbar machen, in denen der historische Veränderungsprozess fixiert und deshalb »lesbar« wird. Mit seiner Betrachtungsweise distanziert sich Benjamin deutlich von den Prinzipien herkömmlicher Geschichtsschreibung.

Aufbau: Das *Passagen-Werk* ist nur als ein gewaltiger Materialfundes und zugleich als Fragment erhalten. Es ist aber erkennbar, dass die von Benjamin gewünschte Form äußerst »eigenwillig« ausgefallen wäre. Benjamin will das Prinzip der Montage, das er an den Stahlkonstruktionen des 19. Jahrhunderts bewunderte und das die Surrealisten in die Kunst eingeführt

Theodor W. Adorno über Walter Benjamin:

Das für Benjamin Bezeichnende war, dass bei ihm die philosophische Kraft sich erstreckte auf nichtphilosophische Gegenstände, auf scheinbar blinde, intentionslose Materialien. Man könnte beinahe sagen, dass er philosophisch um so leuchtender sich zeigte, je weniger das, worüber er redete, die sogenannten offiziellen Gegenstände der Philosophie waren.

*Und ich will dir soviel andeu-
ten, dass auch hier die Entfaltung eines überkommenen
Begriffs im Mittelpunkt stehen
wird. War es dort der Begriff
des Trauerspiels, so würde es
hier der des Fetischcharakters
der Ware sein.*

hatten, auch für die Geschichtstheorie und Geschichtsschreibung nutzen. Deshalb zitiert er
»montiert« er Texte und Textausschnitte von
Theoretikern und Historikern, aber auch von
Dichtern und Literaten des 19. Jahrhunderts (z.
B. Karl → Marx, Victor → Hugo oder Charles →
Baudelaire), die er mit Kommentaren und Einzelinterpretationen versieht. Sein Ziel ist nicht
eine abgerundete Darstellung, sondern ein Kaleidoskop, das uns je nach Position unterschiedliche Facetten und Bilder jener Epoche
zeigt, in der sich zugleich die Gegenwart spiegelt. Damit nimmt Benjamin Darstellungsprin-
zipien vorweg, die in der gegenwärtigen Literatur und Geschichtsschreibung erprobt werden.
Allerdings ist nicht zu verkennen, dass er dabei
durchaus mit konzeptionellen Problemen zu
kämpfen hatte. Auch aus diesem Grund hatte er
wohl den Essay *Charles Baudelaire – ein Lyriker
im Zeitalter des Hochkapitalismus* ausgegliedert
und für eine selbstständige Publikation vorgesehen. Leser finden hier wie in dem Exposé
Paris, die Hauptstadt des XIX. Jahrhunderts eine
geeignete Hinführung zum Passagen-Werk
selbst.

Wirkung: *Das Passagen-Werk* hat nicht zuletzt wegen seines fragmentarischen Charakters in den vergangenen zwei Jahrzehnten die
Neugier zahlreicher Literatur- und Kulturwissenschaftler gefunden und zahlreiche Einzel-
untersuchungen, etwa zur Figur des »Flaneurs«
angeregt. Zugleich hat Benjamin mit den Dar-
stellungsprinzipien des dokumentarischen Zi-
tierens, der Montage und der Diskontinuität
Tendenzen vorweggenommen, die in der Literatur und Geschichtsschreibung des ausgehenden 20. Jahrhunderts intensiv benutzt und weiterentwickelt wurden.   *J. V.*

Tahar Ben Jelloun (r.) 1987
mit dem französischen
Schriftsteller René-Jean Clot
anlässlich der Verleihung des
Prix Goncourt, den Jelloun für
seinen Roman *Die Nacht der
Unschuld* erhielt

Ben Jelloun, Tahar

marokkan. französischsprachiger Schriftsteller

* 21.12.1944 Fes

▢ Die Nacht der Unschuld, 1987

Die Romane und Gedichte von Tahar Ben Jelloun sind von einem metaphorischen Stil und
einer poetischen Sprache geprägt, von Sinnlichkeit und einer bisweilen derben Körperlichkeit. Seine autobiografisch gefärbte Gedächt-
nisliteratur kreist um die Frage nach den
historischen und kulturellen Wurzeln, nach
dem Verhältnis zwischen marokkanisch-arabi-
schen und französisch-europäischen Einflüssen. Zentrale Themen seines Werkes sind Emigration, bikulturelles Leben, Geschlechterrollen
sowie die Korruption in seiner Heimat.

Ben Jelloun, Sohn einer einfachen Tuchhänd-
lerfamilie, besuchte das französische Gymnasium in Tanger. Unter dem Eindruck des algerischen Unabhängigkeitskriegs wandte er sich
dem Marxismus zu und studierte Philosophie in
Rabat. Nach drei Jahren Lehrtätigkeit und der
Publikation seines ersten Gedichtbands (*Hommes sous linceul de silence*, 1971) emigrierte Ben
Jelloun nach Paris und studierte Sozialpsychia-
trie. Er arbeitete über die Situation magh-
rebinischer Immigranten, schrieb für die Zeitung *Le Monde* und leitete eine wöchentliche
Radiosendung.

Mit dem Prix Goncourt 1987 für seinen
Roman *Die Nacht der Unschuld* wurde Ben Jelloun der auflagenstärkste Autor des französischsprachigen Maghreb. Während er bis Mitte
der 1980er Jahre vorwiegend Lyrik und Theaterstücke publizierte, erscheinen seither vornehmlich Romane und Essays.

Biografie: R. Spiller, *Tahar Ben Jelloun – Schreiben zwischen den Kulturen*, 2000.

Die Nacht der Unschuld

OT *La nuit sacrée*
OA 1987 **DE** 1988 **Form** Roman **Epoche** Moderne

Die Nacht der Unschuld setzt den zwei Jahre
zuvor veröffentlichten Roman *Sohn ihres Vaters*
(1985) fort und variiert die darin aufgegriffenen Themen, etwa die Emanzipation der Frau,
die Verletzungen der Kindheit, die Kraft der
Träume, die Problematik des Erzählens und der
Identitätsfindung, die Entdeckung der Sexualität sowie die soziale Gewalt.

Inhalt: Zahra, die achte Tochter ihres Vaters,
musste wie ein Sohn aufwachsen. Nach dem
Tod ihres Vaters in der Nacht auf den 27. Tag
des Ramadan, in der islamischen Nacht der
Bestimmung, beginnt für Zahra ein neues
Leben als Frau. Ihre Emanzipation stellt sich als

eine Serie sexueller Abenteuer dar, die dezent beginnt und in enthemmter Leidenschaft endet. Mit einem Blinden entdeckt Zahra schließlich die Weite ihrer Sinnlichkeit und Sexualität, doch wird das Glück von einem Gefängnisaufenthalt unterbrochen. Wieder in Freiheit, findet Zahra ihren Geliebten im Süden des Landes wieder, wo er wie ein Heiliger verehrt wird.

Stil: Der Roman wird aus der Sicht der weiblichen Hauptfigur als Rückblick auf ihr Leben erzählt. In die Handlung mischen sich Traumszenen, die manchmal klar als solche gekennzeichnet sind, manchmal mit der erzählten Wirklichkeit verschwimmen. Eine erotische Begegnung im Dampfbad lässt sich zum Beispiel weder der Traumebene noch der Haupthandlung eindeutig zuordnen.

Diese erzählerische Mehrdeutigkeit ist typisch für die Literatur von Ben Jelloun, die auch von stilistischen Verschachtelungen und zeitlichen Verschiebungen geprägt ist. Der Autor hebt die realistische Erzählweise nach dem Muster orientalischer Märchen, der fantastischen Literatur und einer assoziativen Schreibweise auf. Seine Vorbilder sind James → Joyce, Jorge Luis → Borges und Friedrich → Nietzsche, dessen Vernunftkritik im französischen Originaltitel von *Die Nacht der Unschuld* anklingt. Zugleich erweist sich Ben Jelloun als Meister des Selbstzitats, der »Réécriture« und Intertextualität, indem er eigene und fremde Texte collagiert, wiederholt und verfremdet.

Wirkung: *Die Nacht der Unschuld* löste eine heftige Diskussion darüber aus, ob sich die weibliche Hauptfigur tatsächlich emanzipiert, ob sie ihre sexuelle Befreiung aktiv erlebt oder nur weiter in den patriarchalen Klischees von der sexuellen Verfügbarkeit von Frauen verharrt. Gleichwohl wurde die Emanzipation nicht nur aus diesem Aspekt heraus erörtert, sondern auch als Beispiel für die Unterdrückung des marokkanischen Volks durch Frankreich im Einzelnen und des Maghreb im Ganzen gesehen: *Die Nacht der Unschuld* wurde als politische Parabel gelesen, die die Etappen der Entkolonisierung umschreibt.

Die Verleihung des renommiertesten französischen Literaturpreises, des Prix Goncourt, an Ben Jelloun für seinen Roman *Die Nacht der Unschuld* steigerte erheblich den Marktwert der maghrebinischen Literatur französischer Sprache und führte zu einer verspäteten Anerkennung marokkanischer und vor allem algerischer Autoren, deren Werke im Folgenden in ganz Europa zunehmend Beachtung fanden. Die Preisverleihung 1987 setzte zudem ein politisches Signal, da sie zu Zeiten heftiger Auseinandersetzungen zwischen Franzosen und Einwanderern aus dem Maghreb erfolgte.   *M. L.*

Die wichtigsten Bücher von Tahar Ben Jelloun	
Harrouda 1973	Kinder träumen in den labyrinthisch verwinkelten Gassen von Fes von Sexualität und erleben nicht zuletzt die Beschneidung als Ausdruck einer repressiven Gesellschaftsordnung.
Die tiefste der Einsamkeiten, 1977	Eine aus Ben Jellouns Dissertation hervorgegangene Studie über die Einwanderungsproblematik in Frankreich.
Der Gedächtnisbaum 1978	Der in einem Baum lebende Protagonist Moha ist ein weiser Narr, dessen Erzählungen die Geschichte Marokkos in Erinnerung rufen und den marokkanischen Alltag kritisieren.
Das Gebet für den Abwesenden 1981	Zwei Vagabunden, die auf einem Friedhof von Fes leben, entdecken dort ein Kind und wollen es in den Süden des Landes bringen. Ihre Reise wird zu einem Porträt des Landes.
Die Nacht der Unschuld 1987	Die junge Zahra geht nach dem Tod ihres Vaters den Weg in die Selbstständigkeit. Ihre Emanzipation steht für die Befreiung Nordafrikas von Frankreich. → S. 106
Mit gesenktem Blick 1991	Das Berbermädchen Fathma wächst in einem entlegenen Dorf im Atlas auf und folgt ihrem Vater nach Paris. Zwar erlebt sie Fremdenfeindlichkeit und Rassismus, muss aber erkennen, dass sie sich von ihrer alten Heimat entfremdet hat.
Der blinde Engel 1992	Erzählungen über eine Reise Ben Jellouns mit seinem Übersetzer durch Italien und das Leben im Schatten der Mafia.
Der korrumpierte Mann 1994	Mourad ist ein ehrlicher, unglücklich verheirateter Büroangestellter. Er beginnt eine Affäre mit einer Geliebten und beteiligt sich an der allgemein üblichen Korruption.
Zina oder Die Nacht des Irrtums 1997	Zinas Vater nimmt im Marokko der 1950er Jahre am Befreiungskampf gegen die Franzosen teil, weshalb die Familie umziehen muss. In Tanger entdeckt Zina, dass sie über den bösen Blick verfügt, und sie demütigt eine Reihe Männer.
Papa, was ist ein Fremder? 1998	Das als Dialog zwischen Autor und seiner zehnjährigen Tochter angelegte Plädoyer gegen Fremdenfeindlichkeit und Rassismus erläutert Ursachen und Folgen von Kolonialismus und Diskriminierung.

Benn, Gottfried

dt. Arzt und Schriftsteller

*2.5.1886 Mansfeld (Brandenburg), †7.7.1956 Berlin

📖 *Morgue und andere Gedichte*, 1912

Aus dem Widerspruch naturwissenschaftlichexakter Welterkenntnis und ästhetisch-subjektiver Erfahrung leitet sich Benns Formideal her. Es steht für die Präzision einer »reinen« Sprache wie für die in der Kunst wirksamen mythischunbewussten Traditionen des Menschen.

Benn wurde als Sohn eines lutherischen Pfarrers in der Westpriegnitz geboren, wuchs in Sellin/Neumark auf und besuchte das Gymnasium in Frankfurt/Oder. Dem Kurzstudium der Theologie und Philosophie in Marburg folgte 1904 bis 1910 die Ausbildung zum Mediziner in Berlin und 1911/12 der Militärdienst. Der Dissertation schloss sich unmittelbar die Publikation der als Provokation und Sensation empfundenen Gedichte *Morgue* an. Benn sammelte Erfahrungen als Assistenz-, Schiffs- und Militärarzt im Ersten Weltkrieg, ehe er in Berlin eine Praxis für Haut- und Geschlechtskrankheiten eröffnete. Sein Werk erweiterte er um Prosa und Essays. Eine Auszeichnung bedeutete für ihn die Aufnahme in die Preußische Akademie der

Auszug aus dem *Doppelleben*, der Autobiografie von Gottfried Benn:

Wir lebten etwas anderes, als wir waren, wir schrieben etwas anderes, als wir dachten, wir dachten etwas anderes, als wir erwarteten, und was übrigbleibt, ist etwas anderes, als wir vorhatten.

Gottfried Benn (Porträtfoto aus den 1950er Jahren)

Morgue und andere Gedichte

OA 1912 **Form** Lyrik **Epoche** Moderne

Der Zyklus von nur neun Gedichten des damals unbekannten 26-jährigen Arztes war eine Provokation des bürgerlichen Establishments. Es verwarf das gültige Kunstverständnis und die überkommenen Wertsetzungen seiner Zeit. Die vor allem in intellektuellen Zirkeln des aufkommenden Expressionismus beachteten Gedichte erschienen als »Flugblatt« im Verlag Alfred Richard Meyer. Die Auflage von 500 Exemplaren war innerhalb von acht Tagen verkauft und wurde 1916 nachträglich beschlagnahmt.

Inhalt: Den Menschen begreift Benn von seiner Krankheit her, als »etwas, das winselt«, einen »Klumpen Fett und faule Säfte«. Der auf das bloß Kreatürliche reduzierten Existenz fehlt jede höhere Bestimmung und mit dem vom Verfall gezeichneten Körper steht zugleich das Gebäude moralischer Glaubenssätze in Frage. Die Verwertung des Organischen zu anderen Zwecken erfährt eine zynische Steigerung, wenn z.B. »junge Ratten« in der Leiche eines Mädchens »ein Nest« finden und der goldene »Backenzahn einer Dirne« dem Leichendiener einen vergnügten Tanzabend ermöglicht.

Aufbau: Der Skandal der Gedichte bestand im Widerstand gegen eingeübte Erwartungen an die Poesie. Die Titel erinnern an das dem Wahren, Schönen und Guten verpflichtete ästhetische Ideal einer vergangenen Epoche *(Schöne Jugend, Kleine Aster, Requiem)*, während im lässig-distanzierten Blick auf Krankes und Totes vertraute, nun ebenso für »tot« erklärte Sprechweisen absurd und grotesk nachgeahmt werden. Wie der menschliche Leib zerlegt wird, so bedeutet das Spiel mit verbrauchten Sprachformen eine schöpferische Befreiung. Kennzeichnend ist die souveräne Anwendung der Montagetechnik. Im dichterischen Exprimient stellt Benn dem Krisenbewusstsein der Epoche die »Form als Sein« entgegen.

Wirkung: Benns vom Nihilismus eines Friedrich → Nietzsche sowie den Werken von Charles → Baudelaire und Arthur → Rimbaud, Georg Heym (1887–1912) und Rainer Maria → Rilke beeinflusster Versuch, im formalen Gebilde der Kunst eine »neue ›ethische‹ Realität« zu sehen, wendet sich gegen die alte gesellschaftliche Ordnung und eine verkrustete dichterische Tradition, die an der sprachlichen Sinnstiftung scheitert. Für die dichterische Avantgarde war die auf Konfrontation angelegte frühe Lyrik Benns von ebenso großer Bedeutung wie das eher elegische Spätwerk in der Nachkriegszeit. Der Band *Morgue* begründete seinen Ruhm als einflussreiche und bildgewaltige Stimme der literarischen Moderne. *C.Z.*

Künste 1932. Die fatale Hoffnung, im Nationalsozialismus fänden Kunst und Macht zur sinnstiftenden Einheit, sah er bald enttäuscht. Er verlor seine Ämter und die Möglichkeit zur Publikation. Eine »aristokratische Form der Emigrierung« sollte der erneute militärärztliche Dienst im Zweiten Weltkrieg sein. In dieser Zeit entstanden u.a. die Benns Ruhm in der Nachkriegszeit begründenden *Statischen Gedichte* (1948), die Autobiografie *Doppelleben* und die »absolute Prosa« *(Weinhaus Wolf; Der Ptolemäer)*. Wieder in Berlin, wo Benn seine Praxis weiterführte, zeichneten ihn öffentliche Ehrungen (Georg-Büchner-Preis 1951) als einen der einflussreichsten Lyriker der Moderne aus.

Biografien: W. Lennig, *Gottfried Benn* (rm 50071); F. J. Raddatz, *Gottfried Benn. Leben – niederer Wahn*, 2001; W. Rühe, *Provoziertes Leben. Gottfried Benn*, 1993.

Expressionismus

Herkunft: Der Begriff Expressionismus (auch: Ausdruckskunst) wurde zuerst in der europäischen Malerei verwendet und bezeichnete später eine Phase vor allem in der deutschen Literatur 1910–20, die der inneren Krise nach der Kulturkritik Sigmund → Freuds und Friedrich → Nietzsches mit neuer, lebensbejahender Darstellung begegnet (vgl. Kurt Hiller: »Wir sind Expressionisten. Es kommt wieder auf den Gehalt, das Wollen, das Ethos an«, Juli 1911).

Bedeutung: Der Expressionismus richtete sich gegen ein naturwissenschaftlich-materialistisches Weltbild und überkommene künstlerische Traditionen, indem es einem gesteigerten Ich-Gefühl Raum gab. Stilmittel wie Sprachverknappung, Abstraktion, Wortneuschöpfungen oder kühne Metaphern förderten die Tendenz des Aus- und

Umbruchs besonders in der Lyrik (rhythmisch und metrisch freie Verse), aber auch in Drama und Prosa. Motivisch geprägt war die Epoche von der Auflehnung gegen jegliche väterliche Autorität, apokalyptischen Visionen vom Weltende und der Utopie vom neuen Menschen.

Wirkung: In Zeitschriften (*Der Sturm, Der Brenner, Die Aktion*), Pamphleten und Manifesten entwickelten die Expressionisten ihr Programm, das in den literarischen Arbeiten von Georg Heym, Ernst Stadler, Else Lasker-Schüler, August Stramm, Yvan Goll, Gottfried Benn u.a. zur Anschauung kam. In bedeutenden Nebenströmungen (z.B. Dadaismus) entfaltete der uneinheitliche Expressionismus, der unter dem NS-Regime als »entartete Kunst« verboten war, einen bis heute wirksamen Einfluss.

Beowulf

OT Beowulf **EZ** 7./8. Jahrhundert ? **OA** 1815 **DE** 1840
Form Epos **Epoche** Frühes Mittelalter

Unter den Nationalepen der Völker stellt *Beowulf* einen kuriosen Sonderfall dar: Es ist das einzige, das kein Thema aus der nationalen Geschichte oder Sagenwelt behandelt. Die Verbindung zu England besteht allein darin, dass das einzige erhaltene Manuskript um das Jahr 1000 von einem Geistlichen in einem altenglischen Idiom niedergeschrieben wurde und im Britischen Museum in London aufbewahrt wird.

Ob es sich bei dem kostbaren Literaturdenkmal um einen Originaltext, eine Abschrift oder eine Übersetzung handelt und wer ca. 300 Jahre zuvor der eigentliche Urheber des Werks war, ist unbekannt. Zweifellos aber gilt dieses 3182 Langverse umfassende Epos als die älteste vollständig überlieferte germanische Heldendichtung.

Entstehung: Außergewöhnlich ist die Tatsache, dass der Verfasser Märchen- und Sagenmotive sowie sprachliche Ausdrucksformen aus allen Himmelsrichtungen verarbeitet hat, z. B. aus Irland und Skandinavien, aus Mittel- und Südeuropa. Besonders deutlich ist der Einfluss von → Vergil und seiner *Aeneis* (30–19 v. Chr.).

Mut und Toleranz beweist das Bestreben des *Beowulf*-Dichters, nordisch-heidnische Bräuche und Ideale mit antiken und christlichen zu verbinden. Seine Vorliebe für die schon bei den alten Griechen beliebte Alliteration bezeugt die konsequente Verwendung des Stabreims. Dass der Autor kein Spannungselement erfahrener Barden, kein Gruselrequisit der Volksfantasie zu nutzen versäumt und andererseits keine Gelegenheit zu frommer Moralpredigt ausgelassen hat, spricht für den Ehrgeiz des Erzählers, seinem Werk die größtmögliche Breitenwirkung zu sichern.

Inhalt: Im ersten Teil geht es um ein seit dem Altertum beliebtes Horror-Szenario: eine Drachenplage. Ort des Schreckens ist die Festhalle der Residenz des Dänenkönigs Hrothgar, in die immer wieder ein Ungeheuer, genannt Grendel, eindringt, um die nach ihren Trinkgelagen in tiefen Schlaf gefallenen Edelleute und Wächter zu töten oder ins Moor zu verschleppen, wo die Bestie ihr Versteck hat. Daraufhin meiden die Leute zwölf Jahre lang die Halle, bis ein fremder Ritter, der Fürstensohn Beowulf (d. h. Bienenwolf, ein Fabelname für den Braunbär) aus dem südschwedischen Gautenreich, mit 14 auserwählten Kriegern eintrifft und »das leibhaftige Grauen aus Kains Geschlecht« unschädlich zu machen verspricht. Beowulf stellt Grendel eine Falle, vermag ihm im Zweikampf einen Arm auszureißen, aber die Flucht des Verwundeten

nicht zu verhindern. Man feiert den Sieg über das Monstrum, jubelt aber zu früh. Denn nun erscheint seine Mutter, um die Verstümmelung des Sohns zu rächen, und richtet ebenfalls ein Blutbad an. Beowulf verfolgt sie bis in ihre Behausung unterm Grendelsee und tötet die beiden Unholde mit einem Riesenschwert, das er an Ort und Stelle findet.

Die wichtigsten Nationalepen der Welt

Babylonien *Gilgamesch-Epos* 2110–1200 v. Chr.	Das erste Großepos der Weltliteratur, auf zwölf Tontafeln (3500 Verse) aus der Bibliothek des Assurbanipal (7. Jh. v. Chr.) erhalten, erzählt die Geschichte des Halbgott-Königs Gilgamesch. → S. 397
Griechenland *Ilias/Odyssee* 2. Hälfte 8. Jh. v. Chr.	Homers Epen (je 24 Gesänge, je ca. 15 000 Verse) über den Trojanischen Krieg sind die ältesten überlieferten Dichtungen der europäischen Literatur. → S. 519
Indien *Mahabharata* und *Ramayana* ab 5. Jh. v. Chr.	Das Heldengedicht vom Kampf der Bharata-Nachkommen (106 000 Doppelverse) und das bis heute besonders beliebte höfische Liebesepos um Prinz Rama (24 000 Verse) gehören zu den umfangreichsten Nationalepen. → S. 706 und 891
Römisches Reich *Aeneis* 30–19 v. Chr.	Das Epos des Vergil (zwölf Gesänge) über die Gründung und den Aufstieg Roms gehört zu den fundamentalen poetischen Beiträgen des Abendlands zur Weltliteratur. → S. 1108
Irland *Táin Bó Cuailnge* 7. Jahrhundert	Berühmteste, längste, vielleicht älteste irische Heldensage, angeblich überliefert durch die visionäre Rezitation des Helden Fergus. Sie berichtet von einem kriegerischen Rinderraub.
England *Beowulf* 7./8. Jahrhundert (?)	Die erste, zugleich bedeutendste Dichtung der altenglischen Literatur erzählt eine skandinavische Legende (3182 Verse). Es ist das einzige Nationalepos ohne nationalen Stoff. → S. 109
Persien *Das Königsbuch* 980–1010	Das Epos des Nationaldichters Ferdausi über die legendäre und historische Landesgeschichte (110 000 Verse) gilt als Höhepunkt der persischen Literatur. → S. 345
Frankreich *Rolandslied*, um 1100	Das anonyme Heldenepos (4002 Zehnsilber) handelt vom Kampf des jungen Ritters Roland gegen die Mauren. → S. 916
Spanien *El Cid* um 1140	Heldenepos (3730 Verse) um den El Cid genannten Heerführer im turbulenten Kampf gegen die Mauren. Es ist die älteste und berühmteste spanische Dichtung.
Deutschland *Nibelungenlied* um 1200	Das anonyme mittelhochdeutsche Heldenepos (9520 Verse) schildert mythische Ereignisse im Burgunder-, Germanen- und Hunnen-Reich zur Zeit der Völkerwanderung. → S. 816
Russland *Igorlied* um 1185 (?)	Das kurze heroische Poem nicht gesicherten Ursprungs über einen Feldzug des Fürsten Igor von Nowgorod (1185) ist das bedeutendste weltliche Werk der altrussischen Literatur.
Georgien *Der Mann im Pantherfell*, um 1200	Das 1600 Strophen umfassende Ritter- und Liebesepos des königlichen Geheimschreibers Schota Rustaweli gilt als bedeutendste Schöpfung der georgischen Literatur.
Tibet *Gesar-Epos* Anfang 13. Jh.	Die 24 Bände berichten von den Dämonenkämpfen und Kriegszügen des mythischen Königs Gesar, der im 8. Jahrhundert in Nordtibet regiert haben soll.
Portugal *Die Lusiaden*, 1572	Das Epos (zehn Gesänge) des Luís de Camões bildet das geistige Fundament des portugiesischen Nationalgefühls. → S. 205
Schweden *Frithiofssaga* 1825	Mit diesem romantischen Epos (24 Gesänge) nach einer nordischen Sage wurde Esaias Tegnér (1782–1846) zum bedeutendsten schwedischen Klassiker und zum Nationaldichter.
Polen *Pan Tadeusz*, 1834	Das handlungsreiche vaterländische Epos von Adam Mickiewicz gilt vielen Polen als ein heiliges Buch. → S. 765
Finnland *Kalevala*, 1849	Elias Lönnrots planvolle Gestaltung altfinnischer Gesänge (22 795 Verse) zu einem kunstvoll schlichten Epos. → S. 694
Estland *Kalevipoeg* 1857–61	Das Versepos (28 Gesänge) des Arztes Friedrich Reinhold Kreutzwald (1803–1882) erzählt das abenteuerliche Leben des legendären estnischen Volkshelden Prinz Kalevipoeg.

Erste Seite der einzigen erhaltenen Handschrift des altenglischen Heldenepos Beowulf aus dem 8. Jahrhundert; Abschrift aus dem 10. Jahrhundert

J.R.R. Tolkien in seinem Vortrag über *Beowulf* vor den Mitgliedern der Königlich Britischen Akademie in London am 25.11.1936:

In der Literatur der Welt gibt es nicht viel, was sich mit Beowulf vergleichen lässt, und das Werk büßt seine Wirkung nicht dadurch ein, dass es in einer unbekannten Zeit an einem unbekannten Ort geschrieben worden ist. Beowulf wurde jedenfalls in diesem Land geschaffen, er ist heimisch in unserer nördlichen Welt, und bei allen, die in diesem Lande geboren sind und seine Sprache sprechen, muss er immer eine tiefe Resonanz wecken – bis dass der Drache kommt.

Der zweite Teil des Epos berichtet von der weiteren Karriere Beowulfs. Er ist reich belohnt für seine Heldentaten in seine Heimat zurückgekehrt und nach dem Tod des Königs der Gauten zu dessen Nachfolger gewählt worden. Nach 50 Jahren friedlicher Regierungszeit sieht sich der inzwischen hochbetagte Held noch einmal zu einem Drachenkampf herausgefordert: Er überwältigt zwar die Ausgeburt der Hölle, die Teile seines Landes verwüstet hat, stirbt jedoch selbst an einem Biss in den Hals und durch den giftigen Atem. Die Untertanen bestatten ihren König in einem weithin sichtbaren Grabhügel am Meer und mit ihm auch den fluchbeladenen goldenen Drachenhort.

Wirkung: Die Forschung hat bis heute keine schlüssige Erklärung dafür gefunden, warum ein Heldenepos von derart hohem sprachlichem Niveau und mit einer so publikumswirksamen Handlung das Mittelalter in nur einem Exemplar überdauert und in der späteren Dichtung keine Spuren hinterlassen hat. Immerhin hat der Mythenforscher J.R.R. → Tolkien 1936 auf die magische Wirkungskraft der archetypischen Fantasiegestalten im *Beowulf* hingewiesen und sich dann von ihnen bei der Arbeit an seinem Hauptwerk, *Der Herr der Ringe* (1954/55), dem berühmtesten Mythen-Epos des 20. Jahrhunderts, inspirieren lassen.

Heute gelten die Figur des Beowulf und das Ungeheuer Grendel als Urtypen und Markenzeichen der Fantasy-Literatur. *G. Woe.*

Monografie: J.R.R. Tolkien, *Die Ungeheuer und ihre Kritiker*, 1987.

Berendt, Joachim Ernst

dt. Musikredakteur, -kritiker und -schriftsteller

* 20.7.1922 Berlin, † 4.2.2000 Hamburg

📖 *Das Jazzbuch*, 1953

Kaum ein anderer Kritiker und Musikautor setzte sich mit einer solchen Begeisterung und Hartnäckigkeit für die Anerkennung des Jazz in Deutschland ein wie Joachim Ernst Berendt.

Er war der Sohn eines evangelischen Pfarrers, der als Widerstandskämpfer gegen das NS-Regime im Konzentrationslager Dachau ermordet wurde. Berendt gehörte 1945 zu den Mitbegründern des Südwestfunks (SWF) in Baden-Baden und leitete 1950–87 dessen Jazzredaktion. In über 10 000 Sendungen, auf rund 250 Schallplatten brachte er dem deutschen Publikum den lange verpönten Jazz nahe. Unter seinen rund 30 Büchern wurde *Das Jazzbuch* ein Weltbestseller. Ab 1954 moderierte Berendt die ARD-Fernsehreihe »Jazz – gehört und gesehen«. Er initiierte die seit 1964 veranstalteten »Berliner Jazztage«, 1967 das weltweit erste Festival für World Music in Berlin, 1970 das World Jazz Festival zur Weltausstellung in Osaka (Japan), 1972 das Olympic Jazz Festival in München und in den 1980er Jahren den World Music Event im Lincoln Center in New York.

In späteren Jahren wandte er sich esoterischen Themen zu und wurde Anhänger der Bhagwan-Bewegung. Unter diesem Einfluss erschienen 1983 *Nada Brahma. Die Welt ist Klang* sowie 1985 *Das Dritte Ohr. Vom Hören der Welt.*

Das Jazzbuch

OA 1953 **Form** Sachbuch **Bereich** Musik

Das Jazzbuch ist mit (bis 2002) zehn Auflagen (sechs überarbeitet und aktualisiert), mit Übersetzungen in 16 Sprachen und 1,5 Mio verkauften Exemplaren das weltweit erfolgreichste Buch über dieses Genre. Mit ihm ebnete Joachim Ernst Berendt einer ganzen Generation den Zugang zum Jazz.

Entstehung: 1950 veröffentlichte Berendt sein erstes Buch, *Der Jazz,* in dem er die Musikform in die geistigen Strömungen des 20. Jahrhunderts einzuordnen versuchte. Dieses Vorhaben und Erfahrungen seiner im gleichen Jahr unternommenen Reise durch die USA, in das Ursprungsland des Jazz, vereinte er zwei Jahre später in seinem *Jazzbuch.*

Inhalt: Berendt behandelt die Geschichte des Jazz, seine Entwicklungen und Stile, die wichtigsten Musiker, Big Bands und Combos. Daneben untersucht der Autor (und sein Mitarbeiter, der Jazzschriftsteller Günther Huesmann, der die Arbeit seit Berendts Tod fortführt) die in dieser Musikform gebräuchlichen Instrumente, ihre Entwicklung und Möglichkeiten sowie die für sie typischen Instrumentalisten. Die Kapitel behandeln nacheinander Stile, Musiker, Elemente, Interpreten, Big Bands und Combos sowie den Jazz der 1970er und 1980er Jahre. Den Schluss bilden ein »Versuch über die ›Qualität Jazz‹« und als Anhang die wichtigsten Aufnahmen. In der Fortschreibung der Kapitel mussten die Autoren einer mittlerweile breit gefächerten Entwicklung Rechnung tragen, in der es seit den 1980er Jahren als Stil gilt, stilistische Grenzen zu überschreiten.

Wirkung: In den Nachrufen auf Berendt, der im Februar 2000 von einem Auto angefahren und tödlich verletzt wurde, schrieb der Hamburger Jazzpianist und Kritiker Michael Naura im Berliner »Tagesspiegel«: »(E)s war eine Fibel, die wir fledderten, weil wir wissen wollten, wer war wo und wer könnten unsere Vorbilder sein... *Das Jazzbuch* ist aus heutiger Sicht auch kurios. Es hat etwas Oberlehrerhaftes, weil es nicht eigentlich wertet. Berendt hat alle Informationen, die er kriegen konnte, zusammengefegt, geordnet, aber nicht wirklich reflektiert. Erst später hat er sich zu Wertungen durchgerungen. Aber er war ein Mann der ersten Stunde, und ich preise ihn sehr.«   *G. Pe.*

Bergengruen, Werner

dt. Schriftsteller

* 16.9.1892 Riga, † 4.9.1964 Baden-Baden

📖 *Der Großtyrann und das Gericht,* 1935

Die bittere Erfahrung zweier Weltkriege begründete Werner Bergengruens skeptisch-konservative Weltsicht, getragen vom tief gläubigen Christentum. Seine formal strengen, auch beim Volkstümlich-Anekdotischen stets präzise durchkomponierten Dichtungen sind verwurzelt in den Traditionen der europäischen Kultur. Der oft erhobene Vorwurf des Epigonentums greift ebenso zu kurz wie die Reduktion seines Werkes auf *Die heile Welt* (Titel einer Sammlung seiner Gedichte, 1950).

Im damals noch russischen Riga als Sohn eines Arztes geboren, lebte der bedeutende Lyriker, Erzähler und höchst gebildete Literaturkenner u. a. in Berlin, München, Achensee (Tirol), Zürich und Baden-Baden. Seiner baltischen Heimat blieb er stets verbunden und übersetzte mehrere Werke aus dem Russischen. Zu seinen wichtigsten, unter verschiedenen Titeln zusammengefassten lyrischen Arbeiten gehören die Zyklen *Die Rose von Jericho* (1934) und *Dies irae* (1945). Bergengruens sprachliche Meisterschaft und Fähigkeit zur erzählerischen Verknappung zeigt sich vor allem in den Novellen (z. B. *Die Feuerprobe,* 1933; *Die drei Falken,* 1937; *Die Flamme im Säulenholz,* 1953), die Höhepunkte der Gattung im 20. Jahrhundert sind. Neben *Der Großtyrann und das Gericht* gehören *Am Himmel wie auf Erden* (1942), *Das Feuerzeichen* (1949) und die unterschwellig autobiografische *Rittmeister-Trilogie* (1952–62) zu seinen großen Romanen.

Biografie: H. Bänziger, *Werner Bergengruen. Weg und Werk,* 4. Aufl. 1983.

Der Großtyrann und das Gericht

OA 1935 **Form** Roman **Epoche** Moderne

Das vorangestellte Motto aus dem christlichen Vaterunser »Und führe uns nicht in Versuchung« umreißt das Thema des Romans. Ein Diktator spielt mit den Schwächen seiner Untertanen und führt die Stadt in Versuchungen, die nur ein Opfer aus christlichem Gemeinschaftssinn in eine höhere Ordnung zurückbindet.

Inhalt: Der Mord an dem Mönch Fra Agostino versetzt die norditalienische Renaissance-Stadt Cassano in Aufregung. Der nach langen politischen Kämpfen unumschränkt herrschende Großtyrann verlangt die Aufklärung der Tötung seines Geheimkuriers. Sein langjähriger Polizeichef Nespoli muss den Schuldigen mit seinen bewährten menschlichen Spürhunden schnell finden, um nicht selbst hingerichtet zu werden. Verzweifelt konstruiert er mögliche Täterspuren, an die er selbst nicht glaubt. Seiner Geliebten Vittoria Confini gesteht er die Gefahr. Vittorias deutlich älterer Mann erkrankt, wird von seiner Schwester Mafalda zu Tode gepflegt und hinterlässt ein schriftliches Schuldgeständnis, dessen Echtheit bezweifelt wird. Nach vielen Verdächtigungen nimmt der Färber Sperone schließlich die Schuld auf sich, um durch das Opfer seines Lebens die erschütterte Ordnung wiederherzustellen. Bei der Gerichtsverhandlung unter Vorsitz des Großtyrannen gesteht er selbst den Mord. Der Priester Don Luca klagt

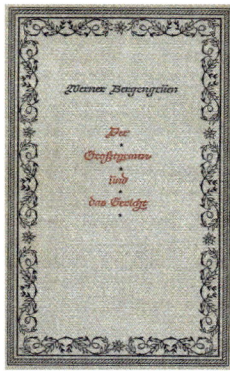

Werner Bergengruen, *Der Großtyrann und das Gericht,* Umschlag der Originalausgabe 1935

Hauptfiguren in »Der Großtyrann und das Gericht« von W. Bergengruen

Großtyrann: Der Namenlose ist mit »Herrlichkeit« anzusprechen. Der schöne Mann von kühler, selbstreflexiver Geistigkeit ist auf dem einsamen Gipfel der Macht und will in seinen Bauwerken überleben. Seine Stadt stellt er auf die Probe: »Und Gott will ja auch, dass Versuchungen seien... Und es ist dem Menschen wohl auch eine besondere Lust an der Verrichtung dieses Auftrags eingeboren.«

Massimo Nespoli: Der Leiter der Sicherheitsbehörde des Großtyrannen ist von niederer Herkunft, hat es aber mit scharfer Intelligenz und unbestechlicher Loyalität zur zweitmächtigsten Position in Cassano gebracht. Sein Dienst ist sein Lebensinhalt. Unter den verstörenden Zweifeln an sich selbst und an der bestehenden Ordnung leidet auch seine Liebe zu Vittoria.

Vittoria Confini: Der Leitspruch der jungen, kinderlosen Frau von Pandolfo Confini lautet: »Nichts ist vielgestaltiger als die Liebe.« Die Verwirrung ihres Herzens stürzt sie in einen unlösbaren Konflikt zwischen Pflicht und Gefühl.

Pandolfo Confini: Aus altem Adel, ist er in zweiter Ehe verheiratet mit Vittoria. Die

Geschäfte bestimmen sein Leben, das er nach gleichgültig ertragener kurzer Krankheit verliert.

Diomede Confini: Pandolfos Sohn aus erster Ehe ist ein geradlinig moralisch denkender Jurastudent, dessen jugendliche Unbefangenheit den Großtyrannen beeindruckt. Umgekehrt fasziniert ihn dessen überragende Persönlichkeit.

Mafalda: Pandolfos Schwester, reich, gutmütig, aber hässlich, bringt mit ihrer Hilfsbereitschaft und ihren wohlmeinenden Intrigen die Familie in Gefahr.

Sperone: Der arme, ungebildete Färber vernachlässigt seinen Beruf zugunsten religiösen Sektierertums. Sein radikales Verständnis christlicher Nächstenliebe treibt ihn dazu, sich als Sündenbock und neuer Christus zu opfern.

Das Perlhühnchen: Die stadtbekannte, naiv-gutwillige Hure profitiert mit Unterstützung ihrer Familie von den Verwirrungen und ihrem neuen Ruhm.

Don Luca: Der ehrliche alte Priester bricht unter massiven Drohungen beinahe das Beichtgeheimnis, stellt jedoch am Schluss den Großtyrannen mutig zur Rede.

ihn in einer flammenden Rede an, sich in einem »widergöttlichen Spiel« mit menschlichen Schicksalen ein nur Gott zustehendes Weltenrichteramt angemaßt zu haben. Erschüttert gibt der Herrscher seine Verfehlung zu. Die Versöhnung bleibt nach den bitteren Erfahrungen jedoch ein Probezustand.

Aufbau: Die novellistische Handlung orientiert sich klassisch an einer »unerhörten Begebenheit«, deren Folgen mit der dramatischen Spannung eines Kriminalromans aufgezeigt werden. Gegliedert ist das Werk in fünf Bücher, die jeweils eine der Hauptfiguren ins Zentrum stellen, ohne perspektivisch die auktoriale, psychologisch zwischen Beobachtung von außen und Nachvollzug von innen wechselnde Erzählweise aufzugeben. Sprachlich komplex und streckenweise historisierend lebt der Roman vor allem von den politischen und philosophischen Gesprächen und den leitmotivischen symbolischen Orten und Stimmungen.

Wirkung: Auch wenn der Roman die historische Ferne sucht und gegenüber neueren Strömungen der ersten Hälfte des 20. Jahrhunderts eher altmodisch wirkt, macht ihn die konzentrierte, hoch reflektierte Form zum Meisterwerk. Jenseits seiner allgemeinen staats- und religionstheoretischen Implikationen wurde er als Schlüsselwerk verstanden gegen die Hybris aller Diktaturen und die Versuchung der Macht, die mit Menschen spielt. *E.E.K.*

Berger, Thomas Louis

US-amerikan. Schriftsteller

*20.7.1924 Cincinnati (Ohio)

📖 *Der letzte Held*, 1964

Mit seiner Western-Parodie *Der letzte Held* (1964) schuf Thomas L. Berger ein neues Genre der modernen amerikanischen Literatur: den »New Western«. Sein Werk räumt auf mit Überlegenheitsansprüchen der weißen oder der indianischen Kultur, wie sie typisch sind für den klassisch-trivialen Western.

Nach seinem Schulabschluss besuchte Berger die Universität in Cincinnati und die Columbia-Universität in New York. Anschließend arbeitete er als Redakteur, Bibliothekar und Filmkritiker. Seine Erfahrungen bei der US-Army (1943–46) im besetzten Nachkriegs-Deutschland fasste er in seinem ersten Roman *Verrückt in Berlin* (1958) zusammen. 1962 erschien der Roman *Der verliebte Reinhart*, der vor dem Hintergrund der Nachkriegszeit in den USA spielt. Die Romane *Lebenswichtige Teile* (1970) und *Reinharts Frauen* (1981) schlossen die Reinhart-Saga ab.

Der letzte Held

OT Little Big Man **OA** 1964 **DE** 1980
Form Roman **Epoche** Moderne

Im Gegensatz zum klassischen Western ist Bergers Held Jack Crabb nicht das typische Raubein, das mit Gewalt für Recht und Gesetz kämpft, sondern eher ein Schelm (Picaro), der sich mit List und Schläue gegen widrige Umstände an verschiedenen Fronten behauptet. Da er den Wilden Westen in alle Richtungen durchstreift, ist *Der letzte Held* auch als zeitgenössischer amerikanischer Schelmenroman zu verstehen.

Inhalt: Im Alter von zehn Jahren wird der weiße Junge Jack beim Überfall auf den Treck seiner Familie von Cheyenne-Indianern entführt. Als Adoptivsohn von Häuptling »Alte Zeltbahn« erlernt er Lebensweise und Kultur der Ureinwohner. Seinem Stiefbruder »Jüngerer Bär« rettet er das Leben und wird wegen seines Mutes »Little Big Man« getauft. Fünf Jahre später kommt Jack während eines Kampfes gegen die US-Kavallerie in die Obhut der weißen Pfarrersleute Pendrake. Den Zwängen dieses Lebens entflieht er bald und schlägt sich als Goldsucher, Büffeljäger und Eisenbahnbauarbeiter durch. Dabei wechselt er immer wieder die Fronten zwischen Weiß und Rot. Als er mit Squaw und Kind wieder bei den Cheyenne lebt, wird der Stamm von General George Armstrong Custer überfallen und niedergemetzelt. Crabb lässt sich als Maultiertreiber auf Custers Feldzug zum Little Bighorn anheuern, da er sich an ihm rächen will. Fasziniert von Custers exzentrischer Persönlichkeit, kämpft Crabb jedoch an der Seite des Generals und überlebt 1876 als einziger Weißer die legendäre Schlacht der Kavallerie gegen eine Übermacht verschiedener Indianerstämme.

Aufbau: Die pikareske Stuktur des Romans – vorgegeben durch Crabbs ständigen Wechsel der Fronten – verhindert eine eindimensionale

Die wichtigsten Romane von Thomas Berger	
Verrückt in Berlin 1958	Carlo Reinhart erkennt im Nachkriegs-Berlin, dass er seinen Glauben an den amerikanischen Traum von Erfolg, Wohlstand und Glück aufgeben muss, um dort überleben zu können.
Der verliebte Reinhart, 1962	Aus Deutschland in die USA zurückgekehrt, erfährt Reinhart die politischen und sozialen Veränderungen in seinem Heimatland.
Der letzte Held 1964	Als Kind von Cheyenne entführt, lebt Jack Crabb abwechselnd bei Weißen und Indianern zwischen allen Fronten. Als einziger Weißer überlebt er die Schlacht am Little Big Horn. →S. 112
Lebenswichtige Teile 1970	Als medizinisches Versuchskaninchen erlebt Reinhart, dass Individualität und Selbstwertgefühl persönliche Freiheit bedeuten.
Reinharts Frauen 1981	Ein gelassenerer und gereifter Reinhart lebt in Frieden mit Frau und Tochter und verdient seinen Lebensunterhalt als TV-Koch.

Darstellung der Ereignisse. Berger nutzt die Figur eines fiktiven Erzählers, der auch immer wieder kommentierend zu Wort kommt: Da Jack Crabb zum Zeitpunkt der Erzählung bereits 111 Jahre alt ist, spricht er seine abenteuerliche Lebensgeschichte dem Journalisten und Pseudoliteraten Ralph Fielding Snell auf Band. Die direkte, unaufdringliche Sprache trägt wesentlich dazu bei, einen Mikrokosmos menschlicher Absurditäten entstehen zu lassen.

Wirkung: Bergers Parodie auf den Wildwest-Roman und seinen Helden-Mythos zeigt einen Teufelskreis von Gewalt, Arroganz und gegenseitigem Unverständnis, der schließlich zur größten Niederlage der US-Armee im Kampf gegen die Indianer führte (265 Tote). Nach der Verfilmung (1969) von Arthur Penn (mit Dustin Hoffman in der Hauptrolle) wurde der Roman auch international ein großer Erfolg.　　*D. M.*

Dustin Hoffman als Jack Crabb und Faye Dunaway als Mrs. Pendrake in der Verfilmung des Romans *Der letzte Held* von Thomas Louis Berger (USA 1970; Regie: Arthur Penn), der unter dem Originaltitel *Little Big Man* in die deutschen Kinos kam

Bergson, Henri

frz. Philosoph

* 18.10.1859, Paris, † 4.1.1941 ebd.

📖 *Das Lachen*, 1900

Henri Bergson brach in seinen Schriften mit den Denkmustern des 19. Jahrhunderts – insbesondere dem Positivismus – und widmete sich vor allem den unmittelbar gegebenen Tatsachen des physischen und psychischen Lebens, wie etwa der subjektiven Zeit (durée).

Dem Sohn eines jüdisch-polnischen Vaters und einer irischen Mutter gelang eine beeindruckende akademische, politische und literarische Karriere. Nach dem Studium der Philosophie an der Ecole Normale Supérieure und seiner Promotion unterrichtete Bergson zunächst in der Provinz, schließlich wieder an der Ecole Normale in Paris. 1900 erhielt er einen Ruf ans Collège de France, 1914 wurde er in die Académie Française gewählt. Während des Ersten Weltkriegs als französischer Diplomat in Spanien und den USA tätig, engagierte sich Bergson in den 1920er Jahren für europäische Zusammenarbeit und Friedenspolitik. Inzwischen war er mit philosophischen Werken wie *Materie und Gedächtnis* (1896) und *Schöpferische Entwicklung* (1907) sowie seinem zentralen Konzept des *élan vital (Lebenstrieb)* nicht nur zum wichtigsten Philosophen Frankreichs, sondern zu einer zentralen Figur der europäischen »Lebensphilosophie« geworden. Seine Schriften haben weit über die Schulphilosophie hinaus – etwa auf Künstler und Schriftsteller wie Marcel → Proust – gewirkt und wurden auch in Deutschland intensiv wahrgenommen. 1927 erhielt Bergson den Nobelpreis für Literatur.

Das Lachen

OT Le rire **OA** 1900 **DA** 1914
Gattung Philosophischer Essay **Epoche** Moderne

Entstehung: *Das Lachen* als psychisches und soziales Phänomen beschäftigt Bergson schon früh. 1894 hält er in Clérmont-Ferrand bereits eine Vorlesung zu diesem Thema. Drei kurze Essays, die 1899 in der »Revue de Paris« erscheinen, fasst er dann ohne weitere Veränderungen zu einem schmalen Buch zusammen (1900).

Inhalt: Bergson sieht das Lachen bzw. die Komik, die es stimuliert, als menschliche Erfahrung an, die quer zu den Kategorien der Wissenschaft steht: »eine spitzbübische Herausforderung« auch und besonders der Philosophie. Deshalb will Bergson das Lachen nicht in eine Definition zwingen, sondern als lebendiges, körperlich-seelisches Phänomen mit erheblicher sozialer Reichweite beschreiben. Er geht von der Beobachtung aus, dass es Komik nur im »menschlichen« Bereich gebe; dass das Lachen »mit einer gewissen Empfindungslosigkeit« verbunden sei und ein »Echo« benötigt: »Unser Lachen ist immer das Lachen einer Gruppe.« Das Komische ist einerseits »unbewusst«, das Lachen aber sehr wohl eine »soziale Geste«.

Die Essenz des Komischen glaubt Bergson in einem »zentralen Bild« zu fassen: »Mechanisches als Kruste über Lebendigem« (du mécanique plaqué sur du vivant) wirkt komisch und provoziert das Lachen. »Stellungen, Gebärden und Bewegungen des menschlichen Körpers sind in dem Maße komisch, als uns dieser Körper dabei an einen bloßen Mechanismus erinnert.« Solche Situationen, in denen eine Person momentan »in eine Sache« verwandelt wird, ergeben sich »von selbst« im Alltag (Pleiten, Pech

Henri Bergson, *Das Lachen*, Umschlag der Ausgabe 1994

und Pannen), sie werden aber auch unbewusst (rituelle oder übertriebene Gebärden) oder bewusst und mit künstlerischem Anspruch produziert (Clownerien, Marionettentheater, Schwank).

Von derartiger Situations- oder auch Wortkomik, die durch Wiederholungen, Umkehrungen und Interferenz der Ereignisse gesteigert wird, unterscheidet Bergson im Anschluss an die französische Moralistik des 17. Jahrhunderts die Charakterkomik, ohne seinen analytischen Ansatz aufzugeben. So wie ein Körper komisch wirkt, der in einer gewissen Situation nicht flexibel reagieren kann, so wird ein Charakter komisch, der in »Versteifung gegen das soziale Leben« erstarrt. Er wird, anders gesagt, zum komischen Typus. Dabei kann man eine liebenswürdige und eine abstoßende Variante unterscheiden, wie Bergson an bekannten Beispielen aus verschiedenen Komödien Molières erläutert – allen komischen Charakteren gemeinsam ist aber die »Zerstreutheit«. »Eine systematische Zerstreutheit wie die Don Quijotes ist das Komischste, was man sich auf der Welt denken kann: Sie ist die Komik selber, unmittelbar aus der Quelle.«

Aufbau: Mit seiner essayistischen, an konkreten Alltagsbeobachtungen orientierten Darstellungsweise distanziert sich Bergson von der akademischen Philosophie und praktiziert eine phänomenologische Beschreibung, die allerdings auch ein Grundphänomen seiner Epoche, die fortschreitende Mechanisierung der Lebensverhältnisse, reflektiert (man denke an die späteren Filme Chaplins). Im ersten Kapitel nähert er sich »der Komik im allgemeinen«, das zweite Kapitel handelt von »Situationskomik« und »Wortkomik«, das dritte von der »Charakterkomik«. In einem Nachtrag setzt sich Bergson mit seinem Kritiker Yves Delage auseinander und verdeutlicht nochmals seine Intention: »Während ich die Entstehungsarten des Lächerlichen zu bestimmen suchte, wollte ich gleichzeitig herausfinden, welche Absicht die Gesellschaft verfolgt, wenn sie lacht.«

Wirkung: Bergsons schmale Schrift ist durch die Jahrzehnte hindurch in verschiedenen Zusammenhängen aktuell geblieben und diskutiert worden. In Frankreich hat sie auf den philosophischen Existenzialismus eingewirkt, aber auch die moderne Molière-Forschung geprägt und wesentliche Argumente noch zur neueren Filmtheorie (Gilles Deleuze) beigetragen. In Deutschland hat Bergson sowohl inhaltlich, mit der philosophischen Ausdeutung von Alltagsphänomenen, wie auch formal, durch seine essayistische Darstellung, die phänomenologische Schule (Georg Simmel) wie auch die Kritische Theorie (Siegfried → Kracauer, Theodor W. → Adorno u. a.) inspiriert. *J.V.*

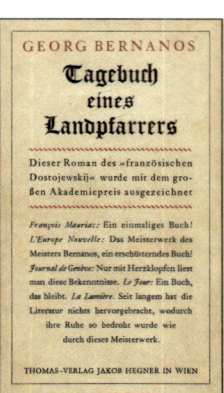

Georges Bernanos, *Tagebuch eines Landpfarrers*, Umschlag der deutschsprachigen Erstausgabe 1936

Georges Bernanos in *Les enfants humiliés* (1949): *Ich weiß nicht, für wen ich schreibe, aber ich weiß, warum ich schreibe. Ich schreibe, um mich zu rechtfertigen. – In wessen Augen? … In den Augen des Kindes, das ich einst war. Es kommt nicht darauf an, ob es aufgehört hat, mit mir zu sprechen oder nicht; ich werde nie in sein Schweigen einwilligen, ich werde ihm immer antworten.*

Bernanos, Georges

frz. Schriftsteller

* 20.2.1888 Paris, † 5.7.1948 Neuilly-sur-Seine

📖 *Tagebuch eines Landpfarrers*, 1936

Georges Bernanos hat sich in seinen Romanen, zu deren berühmtesten *Die Sonne Satans* (1926) und das *Tagebuch eines Landpfarrers* zählen, in der Nachfolge von Charles Péguy (1873–1914) und ähnlich wie Paul Claudel (1868–1955) vor allem mit der Rolle der menschlichen Natur in der christlichen Gemeinschaft auseinander gesetzt.

Bernanos erhielt auf verschiedenen katholischen Schulen eine humanistische Ausbildung und beschäftigte sich früh mit den Werken von Honoré de → Balzac, Fjodor → Dostojewski und vor allem Émile → Zola. Während seines Studiums der Philologie und der Rechte (1906–13) verfasste er Gedichte und dachte an eine Laufbahn als Dramatiker. Nach dem Ersten Weltkrieg wurde er Versicherungsinspektor. 1926 veröffentlichte er seinen ersten Roman *Die Sonne Satans,* der ihm auf Anhieb literarische Anerkennung verschaffte; es folgten die Romane *Der Betrug* (1927) und *Die Freude* (1929). Nach einem schweren Unfall verließ Bernanos mit seiner Familie Frankreich und ließ sich auf Mallorca nieder, wo er Zeuge des Spanischen Bürgerkriegs wurde und 1937 sein Hauptwerk, das *Tagebuch eines Landpfarrers*, schrieb. Nach einem kurzen Aufenthalt in Frankreich brach er 1938 nach Brasilien auf, von wo aus er mit der französischen Widerstandsbewegung kollaborierte. 1945 kehrte er nach Paris zurück und schrieb sein einziges Theaterstück *Die begnadete Angst* (1948).

Biografie: H. Bänziger, *Werner Bergengruen*, 1961.

Tagebuch eines Landpfarrers

OT Journal d'un curé de campagne **OA** 1936 **DE** 1936
Form Roman **Epoche** Christlicher Existenzialismus

Der Roman von Georges Bernanos ist vom protestantischen Rigorismus Sören → Kierkegaards beeinflusst und schildert in Tagebuchform das Ringen eines jungen Landpfarrers um die Durchsetzung des wahren Christentums gegen die erstarrten Konventionen der klerikalen Institution und die Gleichgültigkeit ihrer Mitglieder.

Inhalt: Ein junger Priester aus sehr armen Verhältnissen und mit äußerst schwacher Gesundheit ist zum Pfarrer der kleinen flandrischen Gemeinde Ambricourt berufen worden. Der Pfarrer der Nachbargemeinde Torcy weiht ihn in die örtlichen Verhältnisse ein und versucht dem jungen Priester seinen rigorosen Anspruch, als Instrument Gottes die Ordnung der Liebe herstellen zu wollen, auszureden. Stattdessen solle er sich um die verlorenen Schafe der Gemeinde kümmern, denn dies sei die wahre Aufgabe eines Pfarrers. Im Schloss von Ambricourt lernt der junge Priester den Grafen, die Gräfin sowie deren Tochter Chantal kennen. Eines Abends begegnet er in seiner Kirche Chantal, die ihm ihren ganzen Hass auf ihre Familie entgegenschleudert und ihren Vater beschuldigt, ein Verhältnis mit ihrer Lehrerin zu haben. Der junge Priester begibt sich zur Gräfin, um Näheres zu erfahren. Diese enthüllt ihm, dass sie ihren heiß geliebten Sohn im Alter von 18 Monaten verloren hat und diesen Verlust nur mit Hass auf ihren Gatten und ihre Tochter ertragen kann. In einem zähen und dramatischen Ringen versucht der junge Priester sie dem Hass – und damit der Hölle – zu entreißen, um die Ordnung der Liebe herzustellen. Die Gräfin gibt schließlich nach und öffnet sich dem Einwand des jungen Priesters, dass es kein gesondertes Reich der Toten und der Lebenden gebe, sondern nur das Reich Gottes, das Reich der Liebe, in dem alle leben. Die letzte Erinnerung an ihren Sohn, eine Haarlocke, wirft sie ins Kaminfeuer und stirbt in der folgenden Nacht. Nach den Begräbnisfeierlichkeiten häufen sich in der Gemeinde die Gerüchte über die Umstände ihres Todes sowie über die Rolle des jungen Priesters; der Graf will seine Amtsenthebung bewirken. Inzwischen wird der Gesundheitszustand des jungen Priesters immer besorgniserregender. Er sucht einen Arzt auf und erfährt, dass er Magenkrebs hat. Mit Gott und seinem Schicksal versöhnt, stirbt er.

Aufbau: Die Tagebuchform wird durch Kommentare eines zweiten Erzählers unterbrochen, die über den Zustand des Tagebuchs Auskunft geben, etwa dass es Auslassungen, Korrekturen oder unleserliche Passagen gibt. Das Ende des jungen Priesters wird in einem Brief einer seiner Freunde an den Pfarrer von Torcy mitgeteilt.

Auffällig ist die zwiespältige Haltung des Tagebuchschreibers zur Kraft seiner Sprache: Einerseits vertraut er ihr so stark, dass er seinen Aufzeichnungen einen höheren Grad an Wirklichkeit einräumt als den erlebten Ereignissen selbst, andererseits misstraut er seinen Ausdrucksmöglichkeiten immer dann, wenn er seine eigenen Befindlichkeiten beschreiben will, insbesondere, wenn es sich um Grenzerfahrungen handelt.

Wirkung: Der Roman wurde kurz nach seinem Erscheinen 1936 bereits als ein wichtiges Werk des christlichen Existenzialismus gewürdigt und mit dem »Prix du roman« ausgezeichnet. 1952 kam die Verfilmung von Robert Bresson (1901–99) mit Claude Laydu in der Titelrolle in die Kinos. *G. Ha.*

Christlicher Existenzialismus bei Georges Bernanos

Christliche Lebensprinzipien: Ebenso wie es eine menschliche Würde (»honneur humain«) als Lebensziel gibt, gibt es eine christliche Würde (honneur chrétien), ohne die menschliche Würde nicht gelebt werden könnte und umgekehrt. Das Streben nach Glück ist der geheimnisvollen Verbindung von Menschenwürde und der Liebe Christi (»la charité du Christ«) unterworfen. **Bedrückender Antagonismus:** Die Protagonisten der Romane von Georges → Bernanos' leiden an der Unverträglichkeit dieser beiden Lebens-prinzipien, die besonders durch die materielle und geistige Armut in der modernen Welt bedingt ist, und stoßen sich schmerzhaft an dem Antagonismus von sozialer Wirklichkeit und christlicher Lehre. Diese predigt Armut als fruchtbaren Nährboden für die Liebe Christi; menschenwürdiges Leben ist aber in Armut nicht möglich, es sei denn, die Liebe zu Christus (oder die Liebe Christi) schließt die Liebe des Individuums zu sich selbst als Teil Christi ein. Die Protagonisten müssen den durch materielle und geistige Armut gespeisten Hass auf sich selbst, auf andere Menschen und auf Gott überwinden, um das Glück zu finden.

Bernhard, Thomas

österreich. Schriftsteller

*9.2.1931 Heerlen / Niederlande

† 12.2.1989 Gmunden, Österreich

📖 *Frost,* 1963

Thomas Bernhard gehört zu den erfolgreichsten und zugleich umstrittensten zeitgenössischen Autoren. Die künstlerisch polemisch formulierte Kritik an Österreich, die endlosen Hass-Tiraden der monologisierenden Hauptfiguren und der von Wiederholungen geprägte Redestil kennzeichnen das literarische Gesamtwerk des programmatischen Außenseiters. Bis 1972 nahm Bernhard literarische Auszeichnungen entgegen, so u.a. 1968 den österreichischen Staatspreis und 1970 den Georg-Büchner-Preis. Danach lehnte er fast jeden Preis ab.

Nicolaas Thomas Bernhard, als uneheliches Kind in Holland geboren, verbrachte seine Kindheit überwiegend bei seinen Großeltern. 1948 erkrankte er lebensgefährlich an einer Rippenfell-

Auszug aus dem Roman *Frost* von Thomas Bernhard:

»Hier ist jeder Stein für mich eine Menschheitsgeschichte«, sagt der Maler. »Sie müssen wissen, ich bin diesem Ort verfallen. Alles, jeder Geruch, ist hier an ein Verbrechen geket-tet, an eine Misshandlung, an den Krieg, an irgendeinen infamen Zugriff... Wenn das auch alles vom Schnee zugedeckt ist«, sagt er. »Hunderte und Tausende Geschwüre, die dauernd aufgehen. Stimmen, die fortwährend schreien.«

Thomas Bernhard
in den 1970er Jahren

Die wichtigsten Bücher von Thomas Bernhard

Frost 1963	Der von seiner Umwelt für verrückt gehaltene einstige Maler Strauch lässt einen ihm zur Beobachtung geschickten Medizinstudenten an seiner selbstzerstörerischen Gedankenwelt teilhaben. → S. 116
Verstörung 1967	Der Sohn eines Landarztes begleitet seinen Vater bei dessen Krankenbesuchen und lernt eine sinnentleerte Welt kennen, die durchdrungen ist von Verbrechen, Verstörung und Tod.
Das Kalkwerk 1970	In der Weihnachtsnacht ermordet Konrad seine verkrüppelte Frau, mit der er jahrelang in einem stillgelegten Kalkwerk zurückgezogen gelebt und die ihm als Objekt für seine manischen Gehörstudien gedient hat. Berichte versuchen Hintergrund und Motiv der Tat zu rekonstruieren.
Korrektur 1975	Der Forscher Roithammer errichtet für seine Schwester einen Kegel als Wohngebäude, der ihr statt des vorgesehenen Glücks den Tod bringt. Roithammer korrigiert seine Existenz, indem er sich das Leben nimmt.
Der Untergeher 1983	Zwei Pianisten, der Ich-Erzähler und sein Freund Wertheimer, geben ihre Musikerlaufbahn angesichts der genialen Virtuosität Glen Goulds auf, mit dem sie einen Kurs von Horowitz besucht haben. 28 Jahre später löst Wertheimers Freitod die Erinnerungen des Erzählers aus.
Holzfällen. Eine Erregung 1984	Dieser polemisch-satirische Roman aus dem Milieu des Wiener Kulturbetriebs beschreibt den Verlauf einer Abendgesellschaft bei dem Künstlerehepaar Auersberger.
Auslöschung. Ein Zerfall 1986	Um sich gänzlich von seiner österreichisch-deutschen Herkunft zu befreien, verschenkt der Geistesmensch Franz-Josef Murau das geerbte Familiengut Wolfsegg, wo er von seinen opportunistischen Eltern katholisch-nationalsozialistisch aufgezogen wurde. Unter dem Titel »Auslöschung« verfertigt er zusätzlich den lang geplanten Bericht über seine Herkunft, um das dort Beschriebene auszulöschen.

entzündung, kurz darauf an einer Lungentuberkulose – eine traumatische Zeit, die der Autor u.a. in seinen autobiografischen Werken *Die Ursache* (1975), *Der Keller* (1976) und *Ein Kind* (1982) verarbeitete. 1952–57 studierte Bernhard Musik und Schauspiel am Mozarteum in Salzburg und arbeitete als Gerichtsreporter. Nach ersten Gedichtbänden (*Auf der Erde und in der Hölle*, 1957), in denen Bernhard den Verlust von Glaube, Heimat und Identität thematisierte, erschien 1963 sein Roman *Frost*, mit dem er als Schriftsteller bekannt wurde. Hier wie in seinen weiteren Prosawerken (*Verstörung*, 1967; *Das Kalkwerk*, 1970; *Auslöschung*, 1986) richtet sich Bernhards tragikomische Perspektive auf die Sinnlosigkeit allen Daseins angesichts des Todes. Als Hausautor von Claus Peymann (*1937) schrieb Bernhard ebenso skandalträchtige wie erfolgreiche Theaterstücke (*Die Macht der Gewohnheit*, 1974; *Am Ziel*, 1981; *Der Theatermacher*, 1984), hauptsächlich für das Wiener Burgtheater. Die vor allem den Antisemitismus in Österreich und Deutschland thematisierenden Dramen (*Vor dem Ruhestand*, 1979; *Heldenplatz*, 1988) polarisieren bis heute das Publikum.

Biografie: H. Höller, *Thomas Bernhard* (rm 50504).

Thomas Bernhard, *Frost*, Einband der Taschenbuchausgabe 1972

Frost

OA 1963 **Form** Roman **Epoche** Moderne

Gleich mit seinem ersten Roman *Frost* gelang Thomas Bernhard der literarische Durchbruch. Inhaltlich wie formal stellt er die Basis für seine weiteren Werke dar. So herrschen – wie bereits in seiner zuvor erschienenen Lyrik – die Themen Einsamkeit, Kälte, Finsternis und Tod vor; Charakterzüge der Hauptfigur sowie das erzählerische Grundmodell werden in folgenden Arbeiten weiterentwickelt und abgewandelt.

Inhalt: Ein Medizinstudent wird während seiner Famulatur in Schwarzach von einem Assistenzarzt beauftragt, dessen Bruder, den einstigen Kunstmaler Strauch, zu beobachten. Dieser lebt zurückgezogen in einem verkommenen Gasthaus des abgeschiedenen, düsteren Gebirgsdorfs Weng im Salzburger Land. Von seiner Umwelt wird der Außenseiter für verrückt gehalten. Er selbst wiederum lebt mit dem Gefühl permanenter Bedrohung, fürchtet sich vor dem Weiblichen und menschlichen Ansammlungen. Seine resig-native, depressive Weltsicht teilt er in ausufernden Monologen und Visionen dem Studenten mit, der zunehmend ergriffen wird von der selbstzerstörerischen Gedankenwelt Strauchs. Nach Schwarzach zurückgekehrt, erfährt der Student durch eine Zeitungsnotiz, dass Strauch verschwunden ist und eine Suchaktion wegen der Witterung abgebrochen werden musste.

Der pessimistischen Bewusstseinshaltung des Malers entspricht die Landschaftsschilderung: Statt Bergluft herrscht der Geruch von Fäulnis und Verwesung, der Himmel wird zur Hölle; als Folge des Weltkriegs und der fortschreitenden Technisierung stellt selbst die ländliche Provinz keine Idylle mehr dar und so hat sich auch die herkömmliche Heimatliteratur verkehrt.

Aufbau: Der nicht näher charakterisierte Ich-Erzähler schreibt 27 Tage lang über seine Begegnungen und Gespräche mit dem Maler und berichtet davon in sechs Briefen an seinen Auftraggeber. Durch die direkte Wiedergabe der kaum enden wollenden Monologe des Malers dominiert die Perspektive Strauchs.

Der thematisierten Kälte gemäß ist die Sprache reduziert und karg. Die in den Monologen in einzelne, sich wiederholende Worte zerfallenden Sätze demonstrieren den allmählichen körperlichen und geistigen Verfall des Malers.

Wirkung: Neben größtenteils enthusiastischen Rezensionen erhielt Bernhard noch im Erscheinungsjahr einen ersten Literaturpreis für *Frost*; andere Auszeichnungen folgten, so 1964 der Julius-Campe-Preis und der Bremer Literaturpreis. Die Kritik war überwältigt von der neuen Sprache, der eigenwilligen Form und dem aufwühlenden Inhalt.   *M. Si.*

Bettelheim, Bruno

US-amerikan. Kinderpsychologe österreich. Herkunft

*25.8.1903 Wien, †13.3.1990 Silver Spring (Maryland)

📖 *Kinder brauchen Märchen*, 1976

Als Anwalt einer gewaltfreien Erziehung gewann Bruno Bettelheim internationales Ansehen als Reformpädagoge und Therapeut.

Bettelheim stammte aus einer jüdischen Familie der Mittelschicht. Unmittelbar nach der Promotion in Philosophie an der Universität Wien wurde er 1938 im Konzentrationslager Dachau, danach im Konzentrationslager Buchenwald inhaftiert. Auf Fürsprache von Eleanor Roosevelt (1884–1962), der Frau des US-Präsidenten, erhielt er 1939 die Freiheit und emigrierte in die USA. An der Universität Chicago lehrte er 1944 bis zur Emeritierung 1973 als Professor für Kinder- und Jugendpsychologie, Psychiatrie und Pädagogik. Daneben leitete er die Orthogenic School für verhaltensgestörte Kinder in Chicago. 1950 veröffentlichte er *Liebe allein genügt nicht. Die Erziehung emotional gestörter Kinder.*

1954 diente ein Aufenthalt in Israel dem Studium der Gemeinschaftserziehung im Kibbuz; Bettelheims hier gewonnene Argumente gegen die in den USA verbreitete Überzeugung, dass »kleine Kinder die individuelle Pflege ihrer Eltern brauchen und sich in der Gruppe schlecht entwickeln«, enthält der Erfahrungsbericht *Die Kinder der Zukunft. Gemeinschaftserziehung als Weg einer neuen Pädagogik* (1969). In seinen letzten Lebensjahren sah sich Bettelheim heftigen Verleumdungen ausgesetzt. So habe er sich als Schüler von Sigmund → Freud ausgegeben, ohne ihm je begegnet zu sein. 1990 nahm sich Bettelheim das Leben.

Biografie: B. Bettelheim, *Leben für Kinder*, 1987.

Kinder brauchen Märchen

OT The Uses of Enchantment
OA 1976 **DE** 1977 **Form** Sachbuch **Bereich** Pädagogik

Bruno Bettelheims Beitrag zur Märchenforschung will Eltern und Lehrer ermutigen, Märchen »wieder die zentrale Rolle im Leben des Kindes einzuräumen, die sie jahrhundertelang innehatten«.

Entstehung: Die Gelegenheit, »genauer zu erforschen, warum Volksmärchen für die Erziehung der Kinder so wertvoll sind«, ergab sich in Verbindung mit einem von der Spencer Foundation geförderten Forschungsauftrag über den Beitrag der Psychoanalyse zur Kindererziehung. Es ging um das »Lesen und Vorlesen als wichtige Erziehungsmittel«. Was aber sollten Kinder lesen oder hören?

Inhalt: Einleitend postuliert Bettelheim die Analogie von Märchen und Psychoanalyse, wobei er sich an Sigmund → Freud (1856–1939) orientiert. Der erste Teil des Buchs unterscheidet zwischen Märchen einerseits, Fabel, Mythos und Sage andererseits und begründet die Notwendigkeit des Zauberhaften für das Kind. Der zweite Teil konzentriert sich auf die exemplarische psychoanalytische Dechiffrierung ausgewählter Märchen wie *Hänsel und Gretel* (Überwindung ungezügelter oraler Befriedigung, Doppelgestalt Mutter/Hexe), *Schneewittchen* (Überwindung des kindlichen Narzissmus, Probleme der Adoleszenz, wobei die Zwerge als Phallussymbole fungieren), *Rotkäppchen* (Pubertät), *Dornröschen* (»Fluch« der Menstruation) und *Aschenputtel* (Rivalität unter Geschwistern). Neben Volksmärchen in der Überlieferung durch Charles Perrault (1628 bis 1703) und die Brüder Jacob und Wilhelm → Grimm werden antike Märchen *(Amor und Psyche)* und die arabischen Märchen aus → *Tausendundeiner Nacht* herangezogen, um auf vielfältige Weise zu illustrieren: Märchen führen stets zu einem guten Ende, spenden Trost und weisen Wege im Ringen um den Sinn des Lebens.

Wirkung: *Kinder brauchen Märchen* erreichte allein als Taschenbuch eine Auflage von fast 300000 Exemplaren. Die Popularität dieses Beitrags zur Märchenforschung erklärt sich aus der breit geführten Diskussion um die Notwendigkeit, die »irrealen« Volksmärchen durch »realistische« Kindergeschichten zu ersetzen. Bettelheims Plädoyer für den pädagogischen Wert von Märchen bot zugleich eine Einführung in die Kinderpsychologie und war geeignet, Erwachsene von der »Furcht vor der Fantasie« zu befreien. *C. W.*

Bruno Bettelheim, *Kinder brauchen Märchen*, Umschlag der deutschsprachigen Erstausgabe 1977

Auszug aus *Kinder brauchen Märchen* (1976) von Bruno Bettelheim:

Um ihren Trost, ihren symbolischen Sinn und vor allem ihre zwischenmenschliche Bedeutung auszuschöpfen, sollte man Märchen lieber erzählen als vorlesen. Zum Vorlesen gehört emotionale Anteilnahme an der Geschichte und am Kind, das sie hört, aber auch die Fähigkeit, sich vorzustellen, was das Märchen gerade diesem Kind bedeuten könnte. Erzählen ist besser als Vorlesen, weil es Flexibilität erlaubt.

Märchenforschung

Begriff: Gegenstand der Forschung sind Sammlungen wie die *Kinder- und Hausmärchen* (2 Bde., 1812/15) der Brüder Jacob und Wilhelm → Grimm als schriftliche Fixierung einer mündlichen Überlieferung. Als »Volkspoesie« wurden Märchen ein Gegenstand der Literaturwissenschaft. Deren Erkenntnisse über gattungsspezifische Merkmale dienen anderen Disziplinen als Grundlage ihrer Beiträge zur Märchenforschung.
Interdisziplinäre Forschung: Das Spektrum solcher Mitbewerber reicht vom Formalismus und Strukturalismus über die historische Soziologie (Märchen als Widerspiegelung gesellschaftlicher Verhältnisse) bis zur Kriminologie: Aus deren Sicht gibt das Märchen *Hans im Glück* mustergültige Antworten auf die Frage »Was prädestiniert ein Opfer zum Opfer?« Bruno Bettelheim repräsentiert die tiefenpsychologische Sicht als Grundlage einer pädagogisch verwertbaren Märchenforschung, ohne diese als unabdingbare Voraussetzung des Umgangs mit Märchen zu inthronisieren. Vielmehr fordert er die Sensibilisierung der Erwachsenen wie der Kinder für die ästhetische Qualität von Märchen als Literatur.

Bibel

EZ ca. 10. Jahrhundert v. Chr. – 2. Jahrhundert n. Chr.
Form Sammlung heiliger Schriften **Epoche** Antike

Der Philosoph und Soziologe Max Horkheimer über die Bibel:

Wer das Evangelium liest und nicht sieht, dass Jesus gegen seine heutigen Vertreter gestorben ist, kann nicht lesen. Diese Theologie ist der grimmigste Hohn, der je einem Gedanken widerfuhr.

Die Aussage, bei der *Bibel* handele es sich um den Weltbestseller der Buchgeschichte, ist eine gelinde Untertreibung. Über die Weltgesamtauflage sind verlässliche Zahlen nicht zu erlangen, doch die jährliche Produktion von Bibeln und Bibelteilen soll zwischen 500 Millionen und 700 Millionen Exemplaren liegen. Anfang 2002 ist die *Bibel* ganz oder in Teilen in 2287 Sprachen übersetzt. Bedenkt man überdies die ideologische Macht, die dieses »Buch der Bücher« über Jahrtausende entfaltet hat, so erhellt sich die exzeptionelle Bedeutung der Bibel in der Geschichte des Buchwesens.

Die Bücher der Bibel (Reihenfolge gemäß der Luther-Bibel)

1. Buch Mose	Die Urgeschichte (Erschaffung der Welt, Sintflut, Turmbau zu Babel); Patriarchenerzählungen (Abraham, Isaak, Jakob, Joseph)
2. bis 5. Buch Mose	Wunderbare Befreiung der Israeliten aus ägyptischer Knechtschaft unter Führung von Mose; ihr 40-jähriger Aufenthalt in der Wüste; Gesetzessammlungen
Josua und Richter	Eroberung des Gelobten Landes Kanaan; wiederkehrende militärische Bedrängnisse dortselbst und Rettung durch »Richter«; gesellschaftliches Leben ohne Könige
Ruth	Lehrerzählung über Treue und über die Leviratsehe
Samuel- und Königsbücher	Entstehung des Königtums; Leben der ersten Könige Saul, David und Salomo; Chronik der Königreiche Israel und Juda bis zu deren Untergang
Chronik	Reformulierung und zeitliche Ausdehnung des Inhalts der Königsbücher mit stärkerem Akzent auf kultischen Fragen
Esra und Nehemia	Beendigung des babylonischen Exils, Rückkehr der Exilanten; Wiederaufbau Jerusalems und des Tempels
Esther	Dramatische Erzählung über die Verhinderung eines Judenpogroms im persischen Reich durch die Jüdin Esther
Hiob	Erbauliche Lehrerzählung über Standhaftigkeit im Glauben
Psalter	Sammlung von liturgischen Liedern, die großteils den Königen David und Salomo zugeschrieben werden
Sprüche, Prediger	König Salomo zugeschriebene Sammlungen von Weisheitstexten in Form von Sprichworten respektive kurzen Predigten
Hoheslied	Sammlung von Liebesliedern, dem Salomo zugeschrieben
Propheten-Bücher	Sammlungen von Unheils- und Heilsankündigungen der großen Schriftpropheten Jesaja, Jeremia (nebst den Klageliedern Jeremias) und Hesekiel (Ezechiel) sowie der zwölf »kleinen« Propheten, teilweise mit scharfer Sozialkritik. Die Propheten, deren Texte aus dem 8. bis 3. Jh. v. Chr. stammen, rufen zur Umkehr auf und kündigen göttliches Gericht, aber auch göttliche Gnade an. Im Daniel-Buch deutet der gleichnamige jüdische Seher Träume und Omina (»Mene Tekel«) am babylonischen Hof.
Evangelien	Leben und Leiden, Reden und Taten Jesu nach den vier Evangelisten Matthäus, Markus, Lukas und Johannes
Apostelgeschichte	Geschichte der christlichen Urgemeinden; Missionsreisen des Apostels Paulus in die hellenische Welt und nach Rom
Paulusbriefe	14 Briefe des Paulus an frühchristliche Gemeinden oder deren »Hirten«, denen er autoritativ Hinweise über das religiös richtige Leben und die Interpretation des Evangeliums gibt
Katholische Briefe	Sieben den Uraposteln Petrus, Johannes, Jakobus und Judas zugeschriebene Lehrbriefe aus Anlass theologischer Konflikte
Offenbarung des Johannes	Apokalyptische Vision von den endzeitlichen Kämpfen zwischen den Mächten des Guten und des Bösen

Entstehung: Wohl kaum ein Werk in der Literaturgeschichte hat eine derartig lange Entstehungsgeschichte wie die *Bibel*. Diese Geschichte zu rekonstruieren, ist u.a. Aufgabe der historisch-kritischen Exegese. Sie hat bereits vor über 100 Jahren im »Pentateuch« – den fünf Büchern Mose, der Thora – mit sprachanalytischen Methoden vier Quellenschichten herausgearbeitet, deren älteste ins 10. Jahrhundert v. Chr. zurückreicht. Eine Beeinflussung durch weit ältere altorientalische Literatur zeigt sich vor allem in der Sintflutgeschichte (→ *Gilgamesch-Epos*). Aber auch einzelne autochthone, namentlich poetische Texte, wie vor allem das Deborah-Lied im Richter-Buch, dürften älter sein als die frühesten Kompilatoren und in Zeiten zurückreichen, da Israel über keine staatliche politische Struktur verfügte. Solche herrschaftsfreie archaische Literatur stellt ein spektakuläres literaturgeschichtliches Ausnahmephänomen dar, da die Geschichte der Schrift sonst eng an staatliche Verhältnisse geknüpft ist. Die Kanonisierung (Stichwort → S. 119) der Thora wurde wahrscheinlich nach dem Ende des babylonischen Exils im 6. Jahrhundert v. Chr. abgeschlossen.

Auch die späteren Schriften der *Hebräischen Bibel* und die Texte des christlichen Neuen Testaments haben je eigene, meist komplizierte Entstehungs- und Kanonisierungsgeschichten, deren Erforschung auch heute noch teilweise kontrovers ist. Es lässt sich sowohl schwer sagen, wann die einzelnen Bücher ihre nicht mehr veränderbare Gestalt gewannen, als auch, ab wann sie als »heilige« etwa Gegenstand synagogaler bzw. kirchlicher Lesungen wurden. Der heute verbindliche Kanon der *Hebräischen Bibel* wurde, nachdem bereits im babylonischen Exil wichtige Kanonisierungsschritte vollzogen wurden, nach der Zerstörung des Jerusalemer Tempels im Jahr 70 von den »Masoreten« festgelegt und seither mit bemerkenswerter Texttreue überliefert. Er blieb das wichtigste Element des jüdischen kollektiven Bewusstseins unter den Bedingungen der Diaspora. Die altertümliche »Buch«-Form der Schriftrollen wurde dabei im liturgischen Bereich bis heute beibehalten, ebenso wie die althebräische Sprache.

Die christliche Kanonisierung des Alten Testaments lief parallel zur jüdischen Kanonisierung der *Hebräischen Bibel* und es bestehen bis heute Unterschiede im Textkörper zwischen den verschiedenen Konfessionen. Zudem stellte sich der jungen christlichen Kirche mit der Verzögerung der zunächst rasch erwarteten Wiederkehr Christi und mit der infolge zeitlichen Abstands und geografischer Ausdehnung prekär werdenden mündlichen Jesus-Überlieferung die Frage nach der Festlegung verbindlicher Texte ihrer eigenen, auf Jesus von Nazareth bezogenen

Geschichte. In der Mitte des 2. Jahrhunderts wurden Evangelienschriften im christlichen Gottesdienst gleichberechtigt mit den Propheten behandelt und Sammlungen von Paulusbriefen (die als älteste Texte des Neuen Testaments in die Mitte des 1. Jahrhunderts zurückreichen) wurden zunehmend als »heilige Schriften« betrachtet. Der heutige Kanon von 27 neutestamentlichen Schriften wurde gegen Ende des 4. Jahrhunderts von den griechischen, römischen und afrikanischen Kirchen anerkannt. Hiervon ausgeschiedene Schriften werden, wie beim Alten Testament, teilweise als »Apokryphen« geführt.

Inhalt: *Die Bibel* ist eine Sammlung heiliger Schriften, die von außerordentlich heterogenem Charakter ist. Zu den vertretenen Literaturgattungen zählen Geschichtsschreibung, Mythen, Fabeln, Genealogien, Biografien, Gesetzestexte, Gedichte, Klage-, Fest- und Liebeslieder, Spruchweisheiten, sozialkritische Pamphletik, Novellen und Briefe. Ein Schwerpunkt all dieser Texte liegt auf dem Verhältnis zwischen den Menschen und ihrem Gott. Dieser ist als allein zu verehrender, später als allein existenter Gott gedacht. Er ist der Schöpfer der Welt, der sich immer wieder genötigt sieht, aufgrund des falschen Verhaltens der von ihm geschaffenen Menschen in deren Geschichte einzugreifen. Nach der Sintflut grenzt er dieses Engagement auf die Gruppe der Erzväter und schließlich auf das von diesen abstammende Volk Israel ein, das er durch Vermittlung von Mose aus der ägyptischen Knechtschaft befreit. Diese Befreiungstat ist der Gründungsmythos derer, die sich auf die *Bibel* berufen. Im Gelobten Land muss Gott immer wieder gegen die von ihm abfallenden Israeliten intervenieren; zu diesem Zweck erweckt er Propheten, die die Abgötterei der Menschen sowie die soziale Aus-

beutung und politische Unterdrückung durch die Mächtigen anprangern. Das in militärischer Not erworbene Königtum ist Schutz und Strafe Gottes zugleich. Unter David wird Israel zur regionalen Großmacht; sein Sohn Salomo gilt als Verkörperung der Weisheit, dem viele poetische Schriften der *Bibel* zugeschrieben werden. Nach Salomos Tod kommt es zur Spaltung des israelitischen Reichs und die fortgesetzte Groß-

Bibel; von links: der heilige Matthäus im *Book of Lindisfarne,* 7. Jahrhundert; Jonas' Rettung und Samson mit den Toren von Gaza in der *Biblia Pauperum,* um 1425; erste Seite aus dem Buch *Deuteronomium* der Wenzelsbibel, Prag, 14. Jahrhundert

---

Kanon/Kanonisierung

Begriff: Im antiken Griechenland bezeichnete »Kanon« zunächst eine Richtlatte, ein Werkzeug beim Hausbau. Von hier aus strahlte der Begriff in zahlreiche Bereiche und gewann die allgemeine Bedeutung eines Maßstabs des Richtigen. Im Wesentlichen geht es darum, bei Wiederholungen verbindlichen Vorgaben treu zu sein.

Entstehung: Die Texten beigefügte »Kanonformel«, wonach an einem Dokument nichts hinzugefügt, verändert oder weggelassen werden darf (bzw. worden ist), entstammt eigentlich der rechtlichen Sphäre. Historisch ist sie zuerst in einem hethitischen Vertragstext, den Pestgebeten des Muršiliš aus dem 13. Jahrhundert v. Chr. nachgewiesen. Das »Kanonische Recht« der katholischen Kirche basiert auf Synodalbeschlüssen und Dekretalen; auf solche Weise kommt auch die Festlegung des Korpus heiliger Schriften zustande.

Es gibt in der Geschichte nur zwei selbstständige religiöse Kanonbildungen, auf die sich alle übrigen stützen: die *Hebräische Bibel* und den buddhistischen *Tripithaka.* Die Kanonformel taucht in der Bibel lediglich im 5. Buch Mose (4, 2) auf. Dieses kann als eigentlicher Kern des biblischen Kanons gelten, der erst später zur Thora und schließlich zum Tanach ausgebaut wurde. Am Beginn nicht religiöser Kanonisierung von Literatur steht die autoritative Liste griechischer Klassiker seitens der alexandrinischen »Grammatiker«.

Bedeutung: Als Stillstellung der Tradition negiert jeder Kanon geschichtlichen Wandel. Dabei geschehen Kanonbildungen gerade in Zeiten beschleunigten gesellschaftlichen Wandels und gesteigerter Konflikte; sie sind identitätsstiftende Mittel der kollektiven Selbstvergewisserung, also auch der Grenzziehung. Die für die Überlieferungstreue wichtige »Schließung« des Kanons setzt das »Aufhören des Geistes« voraus. Die Existenz eines Kanons bedingt spezifische Institutionen: Zensurinstanzen sowie ein Spezialistentum der »Textpflege« (z. B. Skriptorien) sowie der »Sinnpflege« (aktualisierende Exegese). Die Sinnpflege führt typischerweise zu einer üppigen Kommentar-Literatur, die wiederum hierarchisch strukturiert und im weiteren Sinn kanonisiert sein kann.

Die Wirksamkeit eines Kanons bedingt damit die Existenz spezieller, intellektueller Eliten. Je nach gesellschaftlicher Konstellation kann der Kanon, der nicht nur bewahrt, sondern auch befolgt sein will, dann politisch unterschiedlich wirken: als Reservoir an Zentralsymboliken zur Festigung überlokaler Herrschaft oder umgekehrt als Reservoir an Symbolen der Herrschaftsbestreitung. Die *Bibel,* bei der der letztere Aspekt besonders ausgeprägt ist, stellt eine Mischform dar. Beide Wirkrichtungen verblassen aber derzeit mit der allgemeinen Erosion der Verbindlichkeit von Kanons für große Kollektive.

Erste Seite der Gutenbergbibel 1452–56. Von der 200 Stück starken Auflage, die der Erfinder des Buchdrucks Johannes Gutenberg (zwischen 1397 und 1400–68) in Mainz fertigte, sind heute noch 47 Exemplare erhalten. Die Bibel hat einen Umfang von 1280 Seiten und wurde mit 290 beweglichen Metalllettern gedruckt.

als der von den heiligen Schriften verheißene Messias aufgefasst wird, sein in der Kreuzigung gipfelndes Leiden und seine geheimnisvolle Wiederauferstehung. In der Apostelgeschichte wird das Leben der christlichen Urgemeinden und die mit Pfingsten einsetzende christliche Mission behandelt, insbesondere die ausgedehnten Reisen des Apostels Paulus. Konflikte in den Gemeinden sind auch Gegenstand der Sammlung apostolischer Briefe, vor allem des Paulus. In den Paulusbriefen wird ferner die nachjesuanische Theologie entwickelt, deren zentrale Leitidee die Liebe Gottes ist. Der Textkorpus wird abgeschlossen von den apokalyptischen Endzeitvisionen der Offenbarung des Johannes. Das Bild Gottes ist im Neuen Testament von allen partikularen Aspekten entkleidet: Er ist der eine Gott für alle Völker.

Aufbau: Die 39 »Bücher« der *Hebräischen Bibel* sind in drei Abteilungen gegliedert. Die erste bilden die fünf Bücher Mose, die Thora, das Allerheiligste des Schriftkorpus. Hieran schließen sich die »Propheten« an, gefolgt von den »Schriften«. Nach den hebräischen Anfangsbuchstaben dieser drei Teile (Thora, Nebi'im, Ketubim) wird die *Hebräische Bibel* auch »Tanach« genannt. Die christlichen Bibeln haben im Wesentlichen diesen gesamten Textkorpus als Altes Testament übernommen, in der Reihenfolge und Zuordnung der Bücher aber Umstellungen vorgenommen. So nimmt die Luther-Bibel ebenfalls eine Dreiteilung vor – in »Geschichtsbücher«, »Lehrbücher« und »prophetische Bücher« –, rechnet aber die Samuel- und Königsbücher u.a. zu den »Geschichtsbüchern«, die im Tanach als »Propheten« geführt werden. Stärker als in der *Hebräischen Bibel* ist bei den Übersetzungen die Absicht zu erkennen, das Material in eine möglichst chronologische Form zu bringen.

Das Neue Testament, den zweiten wesentlichen Teil der christlichen Bibeln, unterteilt die Luther-Bibel ebenfalls in die drei Kategorien der »Geschichtsbücher«, »Lehrbücher« und »prophetischen Bücher«, wobei letztere Kategorie mit der Offenbarung des Johannes nur einen Vertreter hat. Die »Lehrbücher« bestehen aus den paulinischen und sonstigen Briefen, die »Geschichtsbücher« aus den vier Evangelien und der Apostelgeschichte.

Wirkung: Die *Hebräische Bibel* ist als der Juden »portatives Vaterland« (Heinrich Heine) stets von zentraler Wichtigkeit für diese gewesen, als solche aber in ihrer Wirkung klar auf die relativ abgeschlossene jüdische Glaubensgemeinschaft beschränkt. Erst die christliche Botschaft mit ihrem weltweiten Missionsauftrag sorgte für die universale kulturelle Durchschlagskraft dieses Buches. Sie beruht einerseits auf der herrschaftslegitimierenden Funktion der *Bibel*,

machtpolitik der Könige führt schließlich zum Untergang beider Teile. Die Oberschichten des Südstaats Juda werden in die Babylonische Gefangenschaft entführt, aus der der Perserkönig Kyros sie nach etwa 50 Jahren wieder entlässt. Im Exil nimmt die jüdische Theologie neue Gestalt an: Gott wird zunehmend als universaler Gott angesehen und die Hoffnung auf einen erlösenden »Messias« entsteht. Mit der nachexilischen kulturellen Unabhängigkeit unter den Persern, die den Neubau des Tempels in Jerusalem gestatten, enden die historischen Schilderungen der *Hebräischen Bibel*.

Das Neue Testament geht von der Situation der Besatzung Palästinas durch die Römer aus, die das Erbe der hellenistischen Reiche antraten, welche die Epoche der persischen Toleranz beendeten. Die Evangelien überliefern Reden und Wundertaten des Jesus von Nazareth, der

die im Zuge der »Entdeckungen« neuer Kontinente, des Kolonialismus und des Imperialismus zu einem zentralen Unterdrückungsinstrument wurde; andererseits aber beruht sie auch auf dem subversiven Potenzial der biblischen Sozialkritik, die immer wieder Emanzipationsbewegungen, Rebellionen und Revolutionen motivierte. Dies gilt von den millenaristischen Bewegungen des Mittelalters über die Bauernkriege, die Amerikanische Revolution bis hin zur heutigen »Theologie der Befreiung«. Man kann leicht vereinfacht formulieren, dass, je intensiver breite Bevölkerungskreise sich mit den biblischen Texten beschäftigten, desto mehr die letztgenannte, die subversive herrschaftskritische Wirkung des Buches ins Gewicht fiel – daher auch das im Rahmen der katholischen Kirche lang anhaltende Verbot für Laien, die Bibel selbst zu lesen.

Zu den Wirkungen der *Bibel* gehört auch der paradigmatische Charakter der Bibelübersetzungen für das Übersetzen von Büchern insgesamt. Am Beginn steht die Übertragung der *Hebräischen Bibel* ins Griechische im 3. Jahrhundert v. Chr., die »Septuaginta«. Wegweisende Gedanken zum Problem getreuer Übertragungen in andere Sprachen liegen u. a. von den deutschen Bibelübersetzern Martin → Luther (*Sendbrief vom Dolmetschen*, 1530) sowie Martin → Buber und Franz Rosenzweig (1886 bis 1929; Gemeinschaftswerk *Die Schrift und ihre Verdeutschung*, 1936) vor. Die kulturellen Wirkungen der Bibelübersetzungen sind wieder ambivalent: Einerseits bewirken sie als Missionsinstrument die Zerstörung »vor«christlicher Religiosität und damit kultureller Vielfalt; andererseits stellen sie für viele Sprachen das einzige oder doch wichtigste Mittel ihrer historischen Konservierung dar. Schon die Herausbildung der europäischen Nationalsprachen aus der Vielzahl regionaler Dialekte verdankt den jeweiligen Bibelübersetzungen viel.   *R. H.*

Bichsel, Peter

Schweizer Schriftsteller, *24.3.1935 Luzern

📖 *Eigentlich möchte Frau Blum den Milchmann kennen lernen*, 1964

Peter Bichsel nahm Anfang der 1960er Jahre die Gattung der Kalendergeschichte wieder auf. Seine minimalistische Kurzprosa fand schnell internationale Anerkennung.

Bichsel, der in kleinbürgerlichen Verhältnissen in Olten aufwuchs, lebt heute als Publizist und Dozent in Solothurn. Er arbeitete 1955–68 als Volksschullehrer. Vier Jahre nach dem literarischen Debüt *Versuche über Gino* (1960) stießen seine Milchmann-Geschichten bei Kritik und Lesepublikum einhellig auf Zustimmung. Ein Jahr später erhielt er den Literaturpreis der Gruppe 47 für vier Abschnitte seines bis dahin noch nicht erschienenen einzigen Romans *Die Jahreszeiten*, der von den meisten Lesern kaum geschätzt wurde. Die *Kindergeschichten* (1969) konnten schließlich den guten Ruf des Autors wiederherstellen. 1985 erschien der Erzählband *Der Busant*. Bichsel wurde 1957 Mitglied der Sozialdemokratischen Partei, seit 1968 äußert er sich regelmäßig u.a. in der *Schweizer Illustrierten* zu aktuellen politischen Fragen.

Biografie: H. Bänzinger, *Über Peter Bichsel*, 1984.

Eigentlich möchte Frau Blum den Milchmann kennen lernen

OA 1964 **Form** Kurzprosa **Epoche** Moderne

Peter Bichsels erstes Buch enthält 21 kurze, nur wenige Seiten lange Geschichten. Zentrales Thema ist die menschliche Vereinsamung und die Unfähigkeit, sich dem anderen mitzuteilen. Mit der Form der Kurzprosa misstraut Bichsel der Möglichkeit, Zusammenhänge durch Sprache adäquat erfassen zu können.

Peter Bichsel in einem Gespräch mit Rudolf Bussmann:

Alle Sätze, die ich schreibe, sind schon gebraucht. Ich erfinde keine neuen Sätze, sondern bin ein Occasionshändler.

Peter Bichsel 1981 bei seiner Einsetzung als Stadtschreiber von Bergen-Enkheim (Frankfurt / Main); rechts im Bildvordergrund Peter Härtling, der Stadtschreiber 1977/78

Peter Bichsel, *Eigentlich möchte Frau Blum den Milchmann kennen lernen*, Umschlag der Originalausgabe 1964

Manfred Bieler stellte seinem *Mädchenkrieg* ein Zitat aus Franz Palackys *Geschichte Böhmens* (1836) voran:

Die wunderlichste Sage der böhmischen Vorzeit ist die von einem nach dem Tode Libussas ausgebrochenen angeblichen Kriege zwischen dem männlichen und dem weiblichen Geschlechte... bis es den Männern gelungen sei, ihre dem Wyschehrade gegenüber mit hohen Thürmen und Zinnen prangende feste Burg Dëwin (Mädchenburg) einzunehmen und zu zerstören...

Manfred Bieler, *Der Mädchenkrieg*, Umschlag der Originalausgabe 1975

Inhalt: Bichsels Geschichten sind im kleinbürgerlichen Milieu angesiedelt. Die geschilderten Vorgänge sind in ihrem Ablauf gewohnheitsmäßig und von beklemmender Unveränderlichkeit. Auch die Sehnsucht der Figuren nach einem anderen Leben vermag ihre Stagnation nicht zu durchbrechen. In San Salvador schreibt ein Familienvater: »Mir ist es hier zu kalt, ich gehe nach Südamerika.« Dabei wollte er nur seine neue Schreibfeder ausprobieren.

Bichsels Figuren sprechen kaum. Wortwechsel wie in *Blumen* finden meist nur in Gedanken statt. Die Tristesse der äußerlichen Verhältnisse fungiert als Spiegel einer inneren Befindlichkeit. In *Stockwerke* und *Die Beamten* sind die Menschen nur noch Schablonen. Voneinander nicht zu unterscheiden, finden sie sich in die immer gleichen Abläufe des Stadtlebens eingebunden. Die Beziehungslosigkeit der Figuren und ihre Anonymität sind in allen Geschichten auffällig.

In *Eigentlich möchte Frau Blum den Milchmann kennen lernen* erfährt der Leser kaum mehr über Frau Blum, als der Milchmann über sie weiß; und der hat Frau Blum noch nie gesehen. Die Kluft zwischen dem, was die Figur eigentlich möchte und dem, was sie tatsächlich realisiert, ist groß. Immer gründet die Tragik der Figuren in phlegmatischer Sprachlosigkeit. Nur die Gedanken wenden sich von der tristen Oberfläche ab, um hinter die Fassade zu schauen.

Aufbau: Bichsels Geschichten sind von einer lyrischen Kargheit, die in der mündlichen Tradition verhaftet ist und zugleich scheinbar wie ein Lehrbuch zwischen gesprochener und geschriebener Sprache vermitteln möchte. Bichsel selbst bezeichnet die deutsche Hochsprache als eine Fremdsprache, deren Gebrauch ihm Schwierigkeiten bereite. Auffällig ist der restringierte Sprachstil und die Reihung von Sätzen gleicher Wichtigkeit. Ihre Beziehung untereinander wird oft nur angedeutet. Ungewöhnliche Abfolgen der Satztempi (z.B. Sprünge vom Präteritum ins Plusquamperfekt) erzeugen Brüche und Leerstellen im Text, die der Leser ausfüllen muss. Bichsel liefert Momentaufnahmen, Beobachtungen und Gedanken, die sich in kein episches Kontinuum einfügen, sondern mit einem meist auktorialen Erzähler zur Episode montiert werden. Dabei stellt Bichsel die Verbindlichkeit der Erzählinstanz (z.B. durch Konjunktiv) oft infrage. Geschichten wie *Blumen* oder *Der Tierfreund* sind sogar vollständig im Konjunktiv verfasst.

Wirkung: Mit seinen Milchmann-Geschichten hatte der Autor 1964 durchschlagenden Erfolg und wurde zu einem der wichtigsten Vertreter deutschsprachiger Kurzprosa. Die Literaturkritik vergleicht seine minimalistische Erzählweise mit der von Johann Peter → Hebel und Robert → Walser. *S. I.*

Bieler, Manfred

dt. Schriftsteller

* 3.7.1934 Zerbst (Anhalt), † 23.4.2002 München

📖 *Der Mädchenkrieg*, 1975

Manfred Bieler setzt sich in seinen Erzählungen, Romanen sowie Hör- und Fernsehspielen mit der deutschen Geschichte und mit seinen in beiden deutschen Staaten gemachten Erfahrungen auseinander. Dabei vermeidet er jede Sentimentalität. Seine Beschreibungen der Schauplätze und Figuren sowie die sicher gesetzten Pointen lösen seinen Anspruch ein, den Leser zu unterhalten.

Bieler studierte Germanistik, arbeitete beim Deutschen Schriftstellerverband in Ost-Berlin und machte sich ab 1957 als freier Schriftsteller mit Hörspielen und den Parodien *Der Schuss auf der Kanzel* (1958) einen Namen. 1960 fuhr der Autor als Fischfiletierer mit dem Fang- und Verarbeitungsschiff »Bertolt Brecht« nach Kanada und verarbeitete die Erlebnisse in dem zeitkritischen Schelmenroman *Bonifaz oder Der Matrose in der Flasche* (1963. Ein erster großer Erfolg wurde der satirische Roman *Das Kaninchen bin ich* (1963). In der DDR verboten, erschien er in der Bundesrepublik 1969 unter dem Titel *Maria Morzeck*. Bieler übersiedelte 1965 nach Prag. Nach dem Scheitern des Prager Frühlings zog er 1968 nach München.

In der Bundesrepublik wurde Bieler, seit 1973 Mitglied der Bayerischen Akademie der Schönen Künste, vor allem durch seine Familienchronik *Der Mädchenkrieg* bekannt, in der er anhand des Schicksals dreier deutscher Bankierstöchter den trügerischen Glanz, die Furcht und das Elend des Dritten Reichs schildert. Einen viel diskutierten »preußischen« Roman mit friedenspolitischem Engagement schrieb Bieler mit dem deutsch-deutschen Familienepos *Der Bär* (1983). Es erzählt die Geschichte des Zerbster Baumeisters, Landrats, schließlich Staatsgefangenen Hermann Donath und seines nach Westdeutschland geflüchteten Jugendfreundes Lothar Witte. *M. J.*

Der Mädchenkrieg

OA 1975 **Form** Roman **Epoche** Moderne

Manfred Bieler entwirft mit der Geschichte einer deutschen Familie in Prag ein Panorama der Zeit von den 1930er Jahren bis zum Ende des Zweiten Weltkriegs.

Inhalt: Der deutsche Bankier Dr. Sellmann wird auf Veranlassung der »Saxonia«-Bank und des böhmisch-jüdischen Finanziers Eugen Lustig von Zerbst nach Prag versetzt. Zeitpunkt und Mission sind heikel: Hitler hat in Berlin die

Macht ergriffen und das Auswärtige Amt wie die Herren des deutschen Finanzkapitals sondieren vorsichtig den tschechischen Industriebesitz, um »Arisierung« und spätere Okkupation vorzubereiten. Mit Sellmann ziehen seine Frau Betty, Sohn Heinrich und die drei ehrgeizigen Töchter Christine, Sophie und Katharina nach Prag. Der apolitische Sellmann, der versucht, zwischen den Fronten zu taktieren und 1945 von tschechischen Patrioten erschossen wird, bleibt eine farblose Figur.

Struktur: Die wechselvollen Ereignisse der 1930er Jahre und die Wirren der Befreiung werden abwechselnd aus der Sicht der drei Töchter erzählt. Christine, die älteste, geht eine Vernunftehe mit dem Porzellanfabrikanten Jan Amery ein und wird von ihm mit ihrer Schwester Sophie betrogen. Sophie tritt in ein Kloster ein, verlässt es aber wieder im letzten Kriegsjahr und flüchtet sich in kurzfristige Liebschaften. Katharina, die unbändige Jüngste, findet an der Seite ihres kommunistischen Freundes Karl ihren Platz im tschechischen Widerstand.

Am Ende des von Bieler kühl und mit sprödem Witz gezeichneten Gesellschaftsszenarios werden alle Familienmitglieder als Deutsche aus Prag vertrieben. Die familiäre wie die historische Tragödie haben ihre Opfer gefordert.

Wirkung: Der Roman wurde von der Literaturkritik positiv aufgenommen, da er auf anspruchsvolle Weise durch seine bildhafte Sprache und seine spannende Handlungsführung dem Leser Vergnügen bereitet. *M.J.*

Bienek, Horst

dt. Schriftsteller
*7.5.1930 Gleiwitz / Oberschlesien
†7.12.1990 München
📖 *Die Zelle*, 1968

Die Gedichte, Erzählungen und Romane des Schlesiers Horst Bienek sind stark geprägt von Kriegs- und Nachkriegserlebnissen.

Bienek übersiedelte 1946 von Gleiwitz nach Potsdam. Nach eigener Aussage »lernte« er beim 1. Schriftsteller-Lehrgang der DDR, wie später auch in der Theaterklasse von Bertolt → Brecht am Berliner Ensemble. Im November 1951 wurde er vom Staatssicherheitsdienst verhaftet, später wegen angeblicher Spionage und antisowjetischer Hetze zu 25 Jahren Zwangsarbeit in einem russischen Arbeitslager verurteilt. Nach vier Jahren kam er im Zuge einer Amnestie frei und ging in die Bundesrepublik, wo er zunächst als Kulturredakteur und Verlagslektor tätig war, bevor er sich als freier Schriftsteller bei München niederließ.

Bieneks Motivation zum Erzählen wird in dem 1968 entstandenen Gedicht *Sagen Schweigen Sagen* deutlich: Er möchte die Geschichte, das »Geschehen« im Nachtrag zu einem Teil aktueller Wirklichkeit werden lassen. Immer wieder thematisieren die frühen Veröffentlichungen die eindrückliche Erfahrung des Gefangenseins im Arbeitslager. Konkrete biografische Angaben weichen dabei zurück hinter dem Versuch, die angemessene Form für die Verarbeitung der Lagerzeit zu finden. Das scheint gelungen mit dem Roman → *Die Zelle* (1968), der die Gedanken eines kranken, isolierten Gefangenen in der Form des inneren Monologs wiedergibt.

In den folgenden Jahren rückten für Bienek das »verlorene Land«, Heimat und Kindheit mehr in den Mittelpunkt der Auseinandersetzung mit (nicht nur) seiner Geschichte – und damit auch in den Mittelpunkt seiner vierteiligen Romanreihe (*Die erste Polka*, 1975; *Septemberlicht*, 1977; *Zeit ohne Glocken*, 1979; *Erde und Feuer*, 1982), die – ähnlich wie die »Danziger Trilogie« von Günter → Grass – die Stadt der Herkunft und Kindheit zum Ort des Geschehens macht. Dabei ist Gleiwitz »eine Metapher mehr denn als eine wirkliche Stadt: Symbol für die verlorene und wiedergefundene Kindheit«, so Bienek in seiner Dankrede anlässlich der Verleihung des Nelly-Sachs-Preises 1981. In diesem Zusammenhang stehen auch die *Beschreibung einer Provinz* (1983), die *Reise in die Kindheit* (1988), *Der nichtververlorene Sohn* (1988) sowie *Birken und Hochöfen* (1990).

Literatur: M. Krüger (Hrsg.), *Bienek lesen*, 1980; T. Urbach (Hrsg.), *Horst Bienek – Aufsätze, Materialien, Bibliografie*, 1990.

Horst Bienek in *Reise in die Kindheit* (1988) über seine schlesische Heimatstadt Gleiwitz:

*Mitgebracht habe ich
ein Stück schwarzer Kohle
aus der Gleiwitzer Erde.*

*Mitgebracht habe ich einen
Rosenkranz vom Annaberg.
Mitgebracht habe ich die*

*einen kleinen versilberten
Löwen, nachgemacht dem
schlafenden Löwen von*

*Kalide im Stadtpark von
Gleiwitz. Ich nehme die Dinge
manchmal in die Hand,*

*das Stück Kohle, den
Rosenkranz, den Löwen.
Und erinnere mich.*

Horst Bienek in seinem Arbeitszimmer

Horst Bienek, Die Zelle, Umschlag der Originalausgabe 1968

Die Zelle

OA 1968 **Form** Roman
Epoche Moderne

Mit seinem ersten Roman *Die Zelle* hatte Horst Bienek die Form gefunden, mit der er seine Haft- und Lagererlebnisse (zuvor schon Gegenstand von Gedichten und Prosa) in künstlerisch angemessener Weise verarbeiten konnte. Das Biografische ist hier nur noch Anlass für eine allgemeinere Darstellung des isolierten Gefangenen, wie es ihn zu Millionen während der Kriegs- und Nachkriegszeit gab. Zwar hat der Roman einen realen politisch-historischen Hintergrund (Ost-Berlin zu Beginn der 1950er Jahre), doch könnte es ebensogut ein anderer sein.

Inhalt: Im Vordergrund steht in der Form des inneren Monologs die Beschreibung einer existenziellen Situation, in der sich das namenlose, durch Krankheit kaum bewegungsfähige Individuum befindet und die durch die Zelle, dieses »Gehäuse der Unterdrückung«, definiert ist. Die Existenz wird mehr und mehr als unausweichliche, ja vorherbestimmte erkannt; Veränderungen, früher noch Quelle für momenthaftes Glück, werden vom leidenden Subjekt nicht mehr wirklich erwartet. Damit verliert die Zeit jedes Maß und doch behauptet sich das Individuum gegen diesen Verlust durch das Setzen eines neuen Maßes, das die Zeitspanne zwischen zwei (Ent-)Täuschungen beschreibt. Um zu überleben wird die Zelle zu »meiner Zelle« – das Leben vor der »Zellenzeit« wird zurückgedrängt; alles begann in jenem »Augenblick, in dem ich das Licht der Zelle erblickte«. Aber die Erinnerung an das andere, das vorherige Leben ist zu stark – Erinnerung muss am Ende doch als Grundbedingung jeder menschlichen Existenz auch von dem isolierten Ich anerkannt werden.

Struktur: Der Roman gibt auch dem Leser keine Möglichkeit, der Zelle zu entfliehen. Die monologische Struktur sowie die Unterteilung in einzelne einsätzige Abschnitte mit offenem Anfang und Ende – Bienek selbst nannte diese Abschnitte »Erzähl-Zellen« – entlässt den Leser nicht aus der hermetischen Gedanken-Existenz des Subjekts.

Wirkung: Erst nach diesem – 1971 vom Autor selbst unter weitgehendem Verzicht auf äußere Aktion verfilmten – Roman fand Bienek zum ausgreifenden epischen Erzählen dessen, wogegen das Ich in der Zelle noch ankämpft – die Erinnerung an das Vergangene, die Kindheit, die er in seiner »Gleiwitzer Tetralogie« ausgreifend beschrieben hat. *S. St.*

Bierce, Ambrose

US-amerikan. Schriftsteller
* 24.6.1842 Meigs County (Ohio)
† 11.1.1914 (?) Mexiko (?)
📖 *Aus dem Wörterbuch des Teufels,* 1906/11

Der wegen makabrer und satirischer Geschichten sowie illusionslos-sachlicher Kriegsschilderungen als »Bitter Bierce« bekannte, in Mexiko verschollene Autor Ambrose Bierce fasst seine zynische Weltsicht in bis heute viel gelesenen Notationen *Aus dem Wörterbuch des Teufels* (1906/11) zusammen.

Als zehntes Kind einer Farmerfamilie in Ohio geboren, litt Bierce unter Armut, schwerer Arbeit und strenger calvinistischer Erziehung. Nach Abschluss einer Setzerlehre kam er auf eine Kadettenschule in Kentucky. Während des Bürgerkriegs (1861–65) stieg er in der Nordstaaten-Armee bis zum Major auf. Seine journalistische Arbeit führte ihn über San Francisco und London (1872–75) nach Washington (ab 1900). 1913 reiste er als Kriegsreporter nach Mexiko, wo er vermutlich in den Wirren der Revolution ums Leben kam.

Bereits 1867 war Bierce' Gedichtband *Basilica* erschienen. Literarischen Ruhm erlangte er mit seinen psychologisch-realistischen Kurzgeschichten über den Bürgerkrieg wie *Eine Begebenheit an der Owl-Creek-Brücke* (1891) über die trügerische Fluchtvorstellung eines Saboteurs kurz vor seiner Hinrichtung. Bierce' sozial- und kulturkritisches Engagement kommt in seinen *Phantastischen Fabeln* (1899) zum Ausdruck. Seine Misanthropie steigerte er im *Wörterbuch des Teufels* zu einem sarkastischen Rundumschlag.

Die wichtigsten Bücher von Ambrose Bierce	
Eine Begebenheit an der Owl-Creek-Brücke, 1891	Kurzgeschichte über einen Pflanzer aus den Südstaaten, der im Bürgerkrieg wegen Sabotage von Nordstaatlern gehängt wird. Sekunden vor dem Tod malt er sich seine Flucht aus.
Ein Sohn der Götter 1891	In der *Studie im Präsens* (Untertitel) opfert sich ein freiwilliger Kundschafter im Bürgerkrieg; sein Heldenmut treibt seine Kameraden ohne Befehl zum verlustreichen Angriff.
Eine wiedergewonnene Identität 1893	In der Kurzgeschichte verliert ein am Kopf verletzter Leutnant sein Gedächtnis, streift jahrelang umher, erkennt sich als alter Mann im Spiegelbild des Wassers wieder und stirbt.
Phantastische Fabeln, 1899	In satirischen Skizzen attackiert Bierce u.a. selbst ernannte Experten, Journalisten, Millionäre und selbstsüchtige Frauen.
Aus dem Wörterbuch des Teufels 1906/11	In rund 1000 geschliffenen Definitionen, Wortspielen, Spottgedichten und Zitaten erfundener Gelehrter gibt sich Bierce als geistreicher Zyniker und Nihilist zu erkennen. → S. 125

OT = Originaltitel   EZ = Entstehungszeit   OA = Originalausgabe   DE = Deutsche Erstausgabe   📖 = Verweis auf Werkartikel

Bierce' nüchternen Realismus in den Kriegserzählungen nahm Ernest → Hemingway auf, seine oft in der Provinz spielenden Lügengeschichten wirkten auf den Regionalismus von → Mark Twain. Der Wechsel sich widersprechender Erzählperspektiven und die Frage der Selbsttäuschung beeinflussten lateinamerikanische Autoren wie Jorge Luis → Borges und Carlos → Fuentes.

Biografie: R. Saunders, *Ambrose Bierce* (engl.), 1985.

Aus dem Wörterbuch des Teufels

OT The Cynic's Word Book/The Devil's Dictionary
OA 1906/11 **DE** 1964
Form Aphorismensammlung **Epoche** Moderne

Das *Wörterbuch des Teufels* von Ambrose Bierce ist das literarische Vermächtnis eines geistreichen Zynikers, glänzenden Stilisten, politischen Anarchisten und philosophischen Nihilisten.

Entstehung: Bierce begann seine Serie bissiger Definitionen 1881 in der satirischen Wochenzeitschrift *The Wasp* in San Francisco. 25 Jahre setzte er sie – ohne System und mit langen Unterbrechungen – in verschiedenen Zeitungen fort. 1906 erschienen sie unter dem Titel *The Cynic's Word Book*. Erst die Ausgabe von 1911 trug den Titel, unter dem das Buch Weltruhm erlangte: *Aus dem Wörterbuch des Teufels.*

Inhalt: Bierce liefert rund 1000 meist bitterböse Worterklärungen. Die Definitionen sind selten mehr als zwei bis vier Sätze lang und schließen mit einer zielsicheren Pointe. So bezeichnet der kriegserfahrene Autor z.B. die Armee als »unproduktive Einrichtung, die eine Nation verteidigt, indem sie alles verschlingt, was einen Feind zur Invasion reizen könnte«. Diplomatie hält Bierce für »die patriotische Kunst, gegen Bezahlung für sein Vaterland zu lügen«, Ehrlichkeit im Geschäftsleben für eine schwere Behinderung. Ziel seines beißenden Spotts sind vor allem Geistliche, Politiker und Kapitalisten, deren auf göttliche oder irdische Fügung sich berufende Autorität Bierce angriffslustig auseinander nimmt.

Aufbau: Zum satirischen Programm des »teuflischen Wörterbuchs« gehören u.a. Spottgedichte, Wortspiele, Zitate und Kauderwelsch frei erfundener Experten sowie persönliche Beleidigungen. Bierce hat keine Hemmungen, die Grenzen des guten Geschmacks zu überschreiten. Er wendet sich gegen Engstirnigkeit, Heuchelei, Selbstbetrug und geistige Trägheit im öffentlichen Leben der USA. Der verbitterte Autor ist im Grunde ein tief verletzter Patriot und Moralist, der den Siegeszug der Spießbürger, der für ihn einzigen wirklichen Weltmacht, nicht verwindet. Inmitten lärmenden Spotts

sind auch selbstkritische Töne zu vernehmen: »Ein Zyniker ist ein Schuft, dessen mangelhafte Wahrnehmung Dinge sieht, wie sie sind, statt wie sie sein sollten.«

Wirkung: Als weithin geduldeter Exzentriker gehörte Bierce zum Kreis von Journalisten und Publizisten, die dem Geistesleben der USA nach den furchtbaren Erfahrungen des Bürgerkriegs und dem nüchtern-rationalistischen Denken der erwachenden Wirtschaftsmacht neue Impulse geben wollten. Der Kritiker Henry Louis Mencken (1880–1956) sah sich in der Tradition von Bierce, dessen schwarzer Humor u.a. den Stil von Joseph → Heller und Kurt → Vonnegut beeinflusste.

B. B.

Bioy Casares, Adolfo

argentin. Schriftsteller

* 15.9.1914 Buenos Aires, † 8.3.1999 ebd.

📖 *Morels Erfindung*, 1940

Adolfo Bioy Casares, der im Schatten seines jahrzehntelangen Freunds Jorge Luis → Borges stand, ist einer der wichtigsten Erzähler Lateinamerikas, der intellektuelles Spiel und detektivisches Rätsel mit der Tradition des Magischen verbindet.

Bioy Casares studierte Jura und Literatur und gehörte mit Borges, dem er ab 1932 in enger Freundschaft verbunden war, zum Kreis junger Autoren um die von Victoria Ocampo herausgegebene Zeitschrift *Sur* in Buenos Aires. 1940 heiratete er die Schriftstellerin Silvina Ocampo. Mit Borges veröffentlichte er mehrere Bücher unter den Doppelpseudonymen H. Bustos Domecq und B. Suárez Lynch. In den 1970er Jahren begann sein eigenständiger Ruhm, der ihm in Frankreich die Légion d'Honneur und in Spanien den Premio Cervantes einbrachte.

Fantastische Literatur in Argentinien

Ausgangspunkt: Nach Tzvetan Todorov muss in der fantastischen Literatur der Leser unschlüssig sein, ob geschilderte Ereignisse sich auf natürliche Weise erklären lassen, und diese Unsicherheit soll von der handelnden Person geteilt werden. Jorge Luis Borges schrieb im Vorwort zu *Morels Erfindung*: »Im Spanischen sind Werke vernunftbegründeter Fantasie nicht häufig, ja äußerst selten.« Das änderte sich durch ihn und seinen Freund Adolfo Bioy Casares.

Frühe Vertreter: Die argentinische Literatur der ersten Hälfte des 20. Jh.s wandte sich vehement dem Fantastischen zu, schon in Gestalt von Leopoldo Lugones mit seinen Erzählungen *Die seltsamen Kräfte* (1906, darin *Yzur* oder *Ein unerklärliches Phänomen*), mit dem aus Uruguay stammenden Horacio Quiroga, der in *Der Vampir* (1927) ein altes Motiv in die Großstadt transferiert, und mit Macedonio Fernández, der in seinen experimentellen Texten Fiktion und Philosophie verband.

Borges und Bioy Casares: Diese Synthese übernahmen von ihm Bioy Casares, besonders in seinen Kurzromanen *Morels Erfindung* (1940) und *Fluchtplan* (1945), dessen Ehefrau Silvina Ocampo und insbesondere sein Freund Borges.

Jüngere Vertreter: Die folgende Generation führte diese interne Tradition weiter, Felisberto Hernández mit den traumhaftsurrealen Erzählungen von *Die Hortensien* (1949) und Julio Cortázar schon in der unheimlichen Kurzgeschichte *Das besetzte Haus* (1951) und vielen folgenden.

Bioy Casares ist ein Meister des fantastischen Erzählens und der Kriminalistik, wobei er besonders auf logische und narrative Geschlossenheit achtet. Mit Borges publizierte er 1942 sechs Kriminalfälle für Isidro Parodi, der aus einer Zelle heraus ermittelt (in *Mord nach Modell*), später auch die *Chroniken und neuen Erzählungen* von »Bustos Domecq«. Hinzu kamen ab den späten 1920er Jahren Erzählungen, besonders Liebesgeschichten. Weitere bedeutende Werke sind die Romane *Fluchtplan* (1945), *Der Traum der Helden* (1954), *Tagebuch eines Schweinekrieges* (1969), *Schlaf in der Sonne* (1973), *Abenteuer eines Fotografen in La Plata* (1985) und *Ein schwankender Champion* (1993).

Morels Erfindung

OT La invención de Morel
OA 1940 **DE** 1965 **Form** Roman **Epoche** Moderne

Der kurze Roman ist ein frühes, beeindruckendes Beispiel der eigenständigen fantastischen Literatur in Lateinamerika.

Inhalt: Mehrfach ließ sich Adolfo Bioy Casares durch den Roman *Dr. Moreaus Insel* (1896) von H.G. →Wells inspirieren, erstmals in diesem fiktiven Tagebuch eines Mannes, der auf eine vermeintlich menschenleere Insel im Pazifik flieht und dort eine robinsonähnliche Existenz führt. In einem hotel- oder museumsartigen Haus, das er erkundet, tauchen überraschend elegante, Französisch sprechende Sommergäste auf. Er beobachtet sie zunächst, bevor er versucht, vor allem aus Liebe zu Faustine, Kontakt mit ihnen aufzunehmen. Doch weder sie noch ein Mann namens Morel, der ihr den Hof zu machen scheint, registrieren ihn. Der Erzähler – darin besteht der intellektuelle Reiz des Buches – sucht verzweifelt nach Erklärungen für das befremdliche Verhalten, bis er zufällig hört, wie Morel seinen Freunden eröffnet, er habe eine technische Erfindung gemacht, mit der menschliche Körper mitsamt ihren Handlungen für eine bestimmte Zeit »aufgezeichnet« werden könnten. Die Maschine hat die Inselbewohner während einer Woche hologrammartig »fotographiert« und solange die gewaltigen Motoren im »Museum« laufen, projiziert der Apparat vollständig in die Wirklichkeit, zusätzlich zur Realität der Insel, eine Woche lang, in ewigem Zirkel, und sogar über den Tod der Betroffenen hinaus, denn die Kopien überleben ihre Urbilder.

Adolfo Bioy Casares, *Morels Erfindung*, Umschlag der französischen Taschenbuchausgabe 1992

Da die Apparatur den Personen ermöglicht, ihren physischen Tod virtuell zu überleben, können sie in der Tat schon gestorben sein: »Ich begriff, dass zutraf, was Morel vor Stunden gesagt hatte (aber möglicherweise hatte er das nicht zum ersten Mal gesagt, sondern Jahre vorher; er wiederholte die Szene, weil sie in der Woche, in der ewigen Schallplatte enthalten war).« Aus Liebe zu Faustine, in deren Bewusstsein er noch immer nicht einzudringen vermag, beschließt der Erzähler, die eigene Sterblichkeit gegen die technische Immortalität einzutauschen und mit Morels Erfindung in die ewige Schöpfungswoche einzutreten. Die Aufzeichnungen enden, als er allmählich ins Bild eingeht.

Aufbau: Weniger Science-Fiction als analytisch erzählte, streng logische Geschichte, beruht der Roman auf einer einzigen – überrealen – Voraussetzung. Strukturell ähnelt er den Krimi-Problemen, die Bioy Casares mit seinem Freund Jorge Luis →Borges unter dem Pseudonym H. Bustos Domecq publizierte. Borges betonte im knappen Vorwort zu dem Roman, der Protagonist müsse zunächst glauben, er träume, halluziniere, habe es (was nicht ganz falsch ist) mit Toten zu tun, oder der Leser werde das Ganze nicht real, sondern symbolisch auffassen. Doch das Dilemma des scheinbar Unmöglichen löst sich »mittels eines einzigen fantastischen, jedoch nicht übernatürlichen Postulats« auf. So entsteht Distanz zu gewohnten Denk- und Erklärungsmustern, die der Reihe nach verworfen werden. *A.H.*

Bismarck, Otto von

dt. Politiker, *1.4.1815 Schönhausen (Altmark)
†30.7.1898 Friedrichsruh (Lauenburg)
📖 *Gedanken und Erinnerungen*, 1898

Otto von Bismarck führte als Ministerpräsident Preußens (1862–71) den deutschen Nationalstaat herbei und etablierte als Reichskanzler (1871–90) das Deutsche Reich im europäischen Staatensystem.

Der Abkömmling eines alten märkischen Adelsgeschlechts studierte 1832–35 Rechtswissenschaften, arbeitete bis 1839 als Referendar und bewirtschaftete danach seine Güter in Pommern. Zur Politik kam Bismarck 1847 als Mitglied des Vereinigten Landtags; erbittert bekämpfte er die bürgerliche deutsche Revolution von 1848. Ein Jahr später wurde er Mitglied der Zweiten Preußischen Kammer, 1851 Legationsrat und Gesandter am Frankfurter Bundestag, wo er gegenüber der österreichischen Präsidialmacht Gleichberechtigung für Preußen und dessen Vorherrschaft nördlich des Mains for-

Otto von Bismarck beim Empfang Kaiser Willhelms II. (r.) im Oktober 1888 auf Schloss Friedrichsruh

derte. Nach seiner Tätigkeit als Gesandter in Sankt Petersburg und Paris wurde er 1862 von König Wilhelm I. (1797–1888) zum preußischen Ministerpräsidenten ernannt. In dieser Funktion verteidigte er hartnäckig die monarchischen Vorrechte. Um den daraus resultierenden Verfassungskonflikt zu überspielen, initiierte er eine Reihe außenpolitischer Aktivitäten und Kriege, die zur Gründung des Deutschen Reichs führten. Seiner weitsichtigen Außenpolitik, durch die er das Gleichgewicht im europäischen Staatssystem aufrecht erhielt, stand eine kompromisslose Innenpolitik gegenüber, die ihn in Konflikt mit den Sozialisten und dem Katholizismus brachte. 1890 wurde Bismarck von Kaiser Wilhelm II. (1859–1941) wegen persönlicher und politischer Differenzen entlassen.

Biografien: L. Gall, *Bismarck. Der weiße Revolutionär*, 1980; O. Pflanze, *Bismarck*, 2 Bde., 1997/98; V. Ullrich, *Otto von Bismarck* (rm 50 602).

lende Motivation des ehemaligen Reichskanzlers äußerte sich darin, dass er jegliche Systematik vermissen ließ und teilweise sehr sprunghaft vorging. Bismarck schloss die Arbeit an dem Mammutwerk 1892 ab; die endgültige Ausgabe verzögerte sich bis in sein Todesjahr.

Inhalt: Bismarcks *Gedanken und Erinnerungen* geben keine geschlossene Darstellung der Zeit bis 1890. Vielmehr befasst sich der Autor über die Schilderung seiner Tätigkeit hinaus mit einzelnen politischen Fragen, die ihn zeitlebens beschäftigten, z. B. die Stellung der Krone im preußischen Verfassungsstreit, die Etablierung des Deutschen Reichs und die Erhaltung des europäischen Gleichgewichts. Das Alterswerk fasst die Prinzipien zusammen, nach denen Bismarck seine staatsmännische Strategie ausrichtete, und offenbart die Tendenz, rückblickend auch in die früheren Jahrzehnte seines Han-

Otto von Bismarck über *Gott und die Welt:*

Wie Gott will, es ist ja alles doch nur eine Zeitfrage, Völker und Menschen, Torheit und Weisheit, Krieg und Frieden, sie kommen und gehen wie Wasserwogen, und das Meer bleibt. Was sind ihre Staaten und ihre Macht und Ehre vor Gott anders als Ameisenhaufen und Bienenstöcke, die der Huf eines Ochsen zertritt oder das Geschick in Gestalt eines Honigbauern ereilt. (...) Man kann nur abwarten, bis man den Schritt Gottes durch die Ereignisse hallen hört, dann vorspringen, um den Zipfel seines Mantels zu fassen.

Gedanken und Erinnerungen

OA 1898 (2 Bde.) **Form** Memoiren **Bereich** Geschichte

Die Memoiren Otto von Bismarcks vermitteln nicht nur einen subjektiv gefärbten Einblick in Leben und Wirken des Staatsmanns, sondern zeugen auch von der großen Sprachkraft des Autors.

Entstehung: Das Werk entstand in den ersten Jahren nach seiner Entlassung (1890) unter Mitarbeit des langjährigen Wegbegleiters Lothar Bucher. Er sammelte das Material, das Bismarck dann in *Gedanken und Erinnerungen* verwertete, und hielt ihn immer wieder dazu an, seine Memoiren zu diktieren. Die bisweilen feh-

Otto von Bismarck und Kaiser Wilhelm II.

Verzögerung: Aufgrund seiner streng monarchischen Gesinnung hatte Bismarck Bedenken, seine *Gedanken und Erinnerungen* zu veröffentlichen. Die Ereignisse des Jahres 1890, die zum Bruch mit Kaiser Wilhelm II. und schließlich zur Entlassung Bismarcks geführt hatten, verleiteten ihn zu einer leidenschaftlichen Anklage gegen den Monarchen. Da er aber dem Ansehen des monarchischen Prinzips mit seiner Kritik in der Öffentlichkeit keinen Schaden zufügen wollte, zögerte er die Veröffentlichung seines Werks hinaus.

Zurückhaltung: Auch bei seinen öffentlichen Auftritten nach der Entlassung übte Bismarck in der Kritik an der Regierung Zurückhaltung, obwohl ihm missfiel, dass seine Nachfolger einen neuen Kurs ein-

schlugen. Er betonte aber immer wieder sein enges Verhältnis zu Wilhelm I., der ihn 1862 zum preußischen Ministerpräsidenten ernannt hatte.

Zerwürfnis: Zu einem Eklat mit Wilhelm II. kam es 1892, als Bismarck bei einem Aufenthalt in Wien auch den österreichischen Kaiser Franz Joseph I. besuchen wollte. Ein taktloser Brief Wilhelms II. machte die bereits zugesagte Audienz beim Habsburger Monarchen unmöglich. Bismarcks Verbitterung über diesen Lapsus hielt ihn allerdings nicht davon ab, 1894 anlässlich eines Empfangs beim entlassenen Kaiser sich zumindest der Außenwelt gegenüber versöhnlich zu zeigen. Das Ansehen der Krone war für ihn wichtiger als die Begleichung einer persönlichen Rechnung.

delns das 1871 Erreichte hineinzudeuten. Besonders eindrucksvoll ist die Charakteristik von Personen und Situationen mit farbenprächtigen Metaphern, scheinbar absichtslosen Pointierungen und boshaften Doppeldeutigkeiten, die Bismarcks *Gedanken und Erinnerungen* bisweilen zur amüsanten Lektüre werden lassen.

Wirkung: Als das Buch kurz nach Bismarcks Tod erschien, wurde es von Zeitgenossen als Versuch des ehemaligen Reichskanzlers gedeutet, mit den darin formulierten Maximen die Politik seiner Nachfolger zu beeinflussen. Diese Interpretation fußte auf der Tatsache, dass damals das Deutsche Reich einen neuen politischen Kurs eingeschlagen hatte, der zur Zerstörung von Bismarcks außenpolitischem Werk führte. Wenngleich das Werk nur höchst eingeschränkt Zugang zu einem historisch gerechten Urteil eröffnet, erlangte es mit der Zeit in der politischen Memoirenliteratur einen besonderen Rang, der sich vor allem aus seiner sprachlichen Brillanz erklärt. *N. H.*

Karlheinz Kasper 1982 im Nachwort zu Andrej Bitows Roman *Die ungeliebte Albina*:

Das Grundproblem, um dessen Lösung Andrej Bitow unermüdlich ringt, ist moralischer und sozialer Natur. Es geht ihm um die Überwindung des Trägheitsmoments, des bequemen Mechanismus, der zwischen Wollen und Handeln steht und – wenn er nicht rechtzeitig und konsequent bekämpft wird – den Menschen daran hindert, seiner Verantwortung vor sich und der Gesellschaft gerecht zu werden.

Andrej Bitow, Das Puschkinhaus, Einband der »Jubiläumsausgabe« 1999

Bitow, Andrej

russ. Schriftsteller, *27.5.1937 Leningrad

📖 *Das Puschkinhaus*, 1978

Andrej Bitow zählt zu den bedeutendsten russischen Vertretern der Postmoderne. Unter dem Einfluss westeuropäischer Erzähltraditionen und der Theorien des russischen Formalismus wandte er sich vom sozialistischen Realismus ab und entwickelte neue erzählerische Mittel. Naturwissenschaftlich präzise lotet Bitow die Psyche seiner Figuren aus. Im Zentrum seiner Werke stehen Reflexionen über Literatur, Literaturgeschichte und den Akt des Schreibens.

Bitow wuchs in Leningrad auf. Während der Belagerung der Stadt im Zweiten Weltkrieg war er im Ural und Zentralasien evakuiert. 1955–62 studierte er in Leningrad Bergbau und nahm dann als Bohrleiter an geologischen Expeditionen teil. Erste literarische Versuche unternahm Bitow gegen Ende der politischen Tauwetter-Periode; 1965 wurde er Mitglied des sowjetischen Schriftstellerverbands. Obwohl der Autor wegen der Konzentration auf das Innenleben seiner Helden und Publikationen im westlichen Ausland kritisiert

wurde, etablierte er sich fest im Literaturbetrieb seiner Heimat. 1992 wurde er Vorsitzender des russischen PEN-Clubs.

Biografie: E. Chances, *Andrei Bitov,* 1993.

Das Puschkinhaus

OT Puschkinski Dom
OA 1978 **DE** 1983 **Form** Roman **Epoche** Postmoderne

Andrej Bitows einziger, experimenteller Roman bricht mit Erzähltraditionen und besitzt keine herkömmliche Handlung. Hauptthema ist das über Literatur und literarische Traditionen reflektierende Schreiben.

Entstehung: Bitow begann die Arbeit an dem Roman 1964 und vollendete ihn 1971. Fragmente veröffentlichte er in den 1970er Jahren in Zeitschriften und Sammelbänden, doch war in der UdSSR kein Verlag bereit, das gesamte Manuskript drucken zu lassen. Bitow ließ das Buch 1978 in den USA verlegen; in der Sowjetunion erschien *Das Puschkinhaus* erst 1989.

Inhalt: Der junge Philologe Lew Odojewzew stammt aus einer Aristokratenfamilie. Er arbeitet im Puschkinhaus, einem Leningrader Stadtpalais, in dem das Institut für Literaturwissenschaft und ein Puschkinmuseum untergebracht sind. Der erste Teil des Buchs schildert das Heranwachsen des Helden und seine Beziehungen zu seiner Familie, der zweite seine Verhältnisse mit den drei Freundinnen Fanja, Albina und Ljubascha.

Der dritte Teil spielt am 8. November 1961, dem Jahrestag der Oktoberrevolution, als Odojewzew im Puschkinhaus Wache hält und für die bevorstehende Verteidigung seiner Dissertation lernt. Es tauchen Freunde auf, die ihm Gesellschaft leisten wollen, darunter Mitischajew, ein Doppelgänger Lews, der ihn um seine adelige Herkunft beneidet. Von Minderwertigkeitskomplexen, Neid und Hass auf Lew zerfressen, bricht Mitischajew einen Streit vom Zaun. Bei einer wüsten Schlägerei werden die Exponate des Museums zerstört. Odojewzew wird von Mitischajew im Duell erschossen, lebt aber im Epilog des Romans plötzlich wieder auf, so dass der Schluss offen bleibt.

Aufbau: Die Geschichte Odojewzews wird nicht linear erzählt. In immer neuen Anläufen spielt der Erzähler mögliche Varianten im Lebenslauf seines Helden durch. In eingeschobenen Kommentaren vermerkt er, dass er »Desorientiertheit« abbilden wolle. *Das Puschkinhaus* ist auch ein Buch über Literatur: Der Leser erlebt den (unabgeschlossenen) Schreibprozess mit, der Autor schafft ein dichtes Geflecht literarischer Bezüge und erweitert »Sprachspielerei zu Literaturspielerei« (Georg Witte). So deutet z. B. der Name des adeligen Helden Lew Nikolajewitsch

OT = Originaltitel **EZ** = Entstehungszeit **OA** = Originalausgabe **DE** = Deutsche Erstausgabe 📖 = Verweis auf Werkartikel

Odojewzew auf zwei Schriftsteller des 19. Jahrhunderts hin, Lew N. →Tolstoi und Fürst Wladimir Odojewski (1803–1869).

Die drei Teile des Buchs sind nach drei russischen Klassikern benannt: *Väter und Söhne* (Iwan →Turgenjew, 1862), *Ein Held unserer Zeit* (Michail →Lermontow, 1840) und in Anspielung auf Alexander →Puschkins Poem *Der Eherne Reiter* (1833), »Der Arme Reiter«. Der dämonische Mitischajew ist eine Doppelgängerfigur, wie sie in Fjodor →Dostojewskis Frühwerk auftaucht (z. B. in *Der Doppelgänger*, 1846), und die dramatische Schlussszene verweist auf den Duelltod Puschkins und Lermontows.

Wirkung: Obwohl das Werk in der UdSSR nicht erscheinen durfte, wurde es zu einem der programmatischen Texte der sowjetischen Literatur in den 1970er Jahren. Fragmente, Abschriften des Gesamtmanuskripts und literaturkritische Kommentare kursierten im Samisdat (einer Art Selbstverlag), was seine breite Rezeption noch zu Sowjetzeiten bezeugt. *B. F.*

Die wichtigsten Bücher von Andrej Bitow	
Leben im windigen Wetter 1967	Der Umzug aufs Land löst Sergejs fest gefügte Vorstellung von der Ordnung der Dinge und menschlichen Beziehungen auf und wird für den jungen Schriftsteller zum Beginn einer Neuorientierung.
Apothekerinsel 1968	Autobiografisch gefärbte Erzählung über die Kindheitserlebnisse des Schülers Sajzew im Leningrader Stadtteil »Apothekerinsel«.
Armenische Lektionen, 1968	Einfühlsame, mit psychologischen Reflexionen des Autors durchsetzte Skizzen geben Eindrücke einer Armenienreise wieder.
Das Puschkinhaus 1978	Der postmoderne Roman über einen jungen Literaturwissenschaftler ist ein virtuoses Spiel mit literarischen Formen. →S. 128
Puschkins Hase 1999	In Erzählungen geht Bitow der Frage nach, wie sich eine anders verlaufene Biografie des nach einem Duell gestorbenen Alexander Puschkin auf die russische (Literatur)geschichte ausgewirkt hätte.

Blake, William

engl. Dichter und Maler

*28.9.1757 London, † 12.8.1827 ebd.

📖 *Lieder der Unschuld und Erfahrung*, 1789/94

William Blake gehört als revolutionärer Dichter und tiefsinniger Visionär zu den herausragenden Gestalten der englischen Literatur. Der Romantiker, der sich auch als Maler und Grafiker große Verdienste erwarb, schuf eine von mystischem Erleben sowie von politisch-gesellschaftlicher Radikalität geprägte Kunst.

Bereits die frühe Lyrik des gelernten Kupferstechers, die 1783 veröffentlichten *Poetischen Skizzen*, offenbaren, dass Blake die Dinge nicht als Realität begriff, sondern als Symbole einer transzendentalen Welt. Die Lehre des schwedischen Mystikers Emanuel Swedenborg (1688 bis 1772) beeinflusste ihn genauso nachhaltig wie seine Kontakte zu den revolutionären Denkern William Godwin (1756–1836) und Thomas Paine (1737–1809). 1789 veröffentlichte Blake seine *Lieder der Unschuld,* fünf Jahre später ergänzte er sie durch die *Lieder der Erfahrung* (1794).

In den großen Epen *Die vier Zoas* (1795–1814), *Milton* (1803–08) und *Jerusalem* (1804–1820) thematisierte Blake die zunehmende Vereinzelung des Menschen und entfaltete seine Vision einer umfassenden geistig-seelischen Einheit von Mensch und Kosmos. Düsterer Mystizismus und übersteigerte Symbolik beherrschen Blakes Spätwerk, wie etwa das Gedichtfragment *Das ewige Evangelium* (1818).

Originalseite des Gedichts *The Little Girl Lost* aus *Lieder der Unschuld* in der Ausgabe von 1789/94; niedergeschrieben und illustriert von William Blake selbst

Silvio Blatter, *Kein schöner Land*, Umschlag der Originalausgabe 1983

Auszug aus dem Roman
Kein schöner Land von
Silvio Blatter:

Die verstreut um die alten Siedlungen herum neugebauten Häuser sprengten das Dorfbild. Ohne jedes Gefühl (Gschpüri), sagte Pablo, habe man Kaninchenställe (Chüngelistäl) für die Menschen errichtet. Umzäunt. Voneinander abgegrenzt. Rasen. Ein für nachbarliche Beziehungen vermintes Gelände habe man erschaffen, sagte Pablo, als sei jeder Haushalt ein verseuchter Ort.

Zu Lebzeiten weitgehend unbeachtet, wurde Blake von den Präraffeliten, deren Kunstauffassung er nachhaltig beeinflusste, wieder entdeckt. Als William Butler Yeats (1865–1939) 1893 Blakes kompliziertes Symbolsystem entschlüsselte, fand der Dichter auch internationale Anerkennung. James → Joyce und Stefan → Zweig gehörten ebenso zu seinen Bewunderern wie später etwa André → Gide, Aldous → Huxley und D.H. → Lawrence.

Lieder der Unschuld und Erfahrung

OT Songs of Innocence, Songs of Experience
OA 1789, 1794 **DE** 1958
Form Gedichtfolgen **Epoche** Romantik

Die komplementären Gedichtfolgen *Lieder der Unschuld* und *Lieder der Erfahrung* gehören zu William Blakes Frühwerk, das von dem kosmisch-visionären Pathos und den komplizierten mythologischen Systemen späterer Werke noch weitgehend frei ist. Der Dichter entfaltet hier bereits die zentralen Themen seines Gesamtwerks – gesellschaftliche Versklavung, religiöser Zwang, heuchlerische Moral und soziales Elend. Die eingängigen Gedichte zeichnen sich durch einen nahezu naiven Volksliedton aus. Erst die Zusammenschau der beiden Folgen offenbart ihre Dialektik und gedankliche Tiefe.

Inhalt: In den *Liedern der Unschuld* herrscht die vornehmlich statische Beschreibung kindlich-naiven Glücksgefühls vor. In einer von Ängsten und Konflikten freien Welt lebt der Mensch noch in Harmonie mit der Natur. Löwe und Lamm liegen friedlich beieinander, Engel beschützen die Schafe vor dem Wolf und dem Tiger. In den *Liedern der Erfahrung* hingegen schildert der Dichter, wie die Erfahrungen des heranwachsenden Menschen die kindliche Unschuld nach und nach zerstören. Konnten sich die Kinder zuvor z.B. noch uneingeschränkt dem Spiel hingeben, so werden sie nun von einer strengen Amme wegen der Nutzlosigkeit ihres Spiels gescholten. Während die Kinder etwa in dem Gedicht *The Echoing Green* noch frei in ihrer eigenen und der sie umgebenden Natur aufgehen, herrschen im *Garten der Liebe* Verbote und Zwänge vor, religiöse und soziale Restriktionen unterdrücken alle Freuden und Wünsche.

Aufbau: Die im Versmaß der traditionellen Lieder und Hymnen gehaltenen Gedichte sind dialektisch aufeinander bezogen. Nahezu jedem Gedicht der ersten Folge entspricht eines der zweiten. In *Das Lamm* besingt Blake z.B. die Unschuld, in *Der Tiger* erscheint das Tier hingegen als Inbegriff destruktiver Gewalt.

Wirkung: Lange Zeit wurde Blakes *Liedern* nur eine untergeordnete Rolle in seinem Gesamtwerk zugeschrieben. Erst die Blake-Forschung im 20. Jahrhundert erkannte hinter der formalen Schlichtheit und Verständlichkeit der einzelnen Gedichte das komplexe Strukturprinzip und die inhaltlichen Bezüge der Sammlungen. *D. M.*

Blatter, Silvio

Schweizer Schriftsteller

*25.1.1946 in Bremgarten

📖 *Kein schöner Land*, 1983

Silvio Blatters zentrales Thema ist die Heimat bzw. der Verlust von Heimat in der modernen Gesellschaft. Seine Figuren kämpfen in der scheinbaren Enge einer Umgebung, in die sie hineingeboren sind, gegen Erstarrung und Abstumpfung in einem von materiellen Zwängen dominierten Leben. Blatters Stärken sind die präzise, detailreiche Beschreibung sowie das Gefühl für Landschaft und Menschen des Schweizer Mittellands.

In Wettingen zum Grundschullehrer ausgebildet, unterrichtete Blatter sechs Jahre in Aarau. 1970 begann er als Maschinenarbeiter in der Metall- und ab 1974 in der Kunststoffindustrie zu arbeiten. Nach einem abgebrochenen Germanistikstudium absolvierte er die Ausbildung zum Funkregisseur. 1976 wurde er freier Schriftsteller. In den 1990er Jahren widmete sich Blatter zunehmend auch der Malerei. Der Autor lebt heute in Zürich.

Blatter, der in den 1960er Jahren durch die Studentenbewegung seine politische Sozialisation erfuhr, machte erstmals mit Erzählungen aus dem Arbeitsalltag eines Maschinenarbeiters auf sich aufmerksam (*Schaltfehler*, 1972). Darin stellt er das monotone und trostlose Leben in der Industriegesellschaft dar, indem er das zunehmend mechanisierte Leben des modernen Menschen über Wort- und Satzwiederholungen sowie visuelle Anordnung des Textes vergegenwärtigt. Als Blatters Hauptwerk gilt die Trilogie *Tage im Freiamt* (*Zunehmendes Heimweh*, 1978; *Kein schöner Land*, 1983; *Das sanfte Gesetz*, 1988).

Kein schöner Land

OA 1983 **Form** Roman **Epoche** Gegenwart

Kein schöner Land ist der zweite Teil der Trilogie *Tage im Freiamt* (*Zunehmendes Heimweh*, 1978; *Das sanfte Gesetz*, 1988), in der Silvio Blatter Familienschicksale verfolgt und so verschiedene Formen von Heimatbewältigung durchspielt.

Inhalt: Der Roman wirft ein Schlaglicht auf die bedrohte Freiheit und Selbstbestimmtheit des Menschen und legt die persönliche, oft uneingestandene Heimat- und Haltlosigkeit der Menschen bloß. Die moderne Gesellschaft ist hier mit all ihren Folgen in die ländliche Gesellschaft eingebrochen. Die Bindung an das Land schwindet, denn Bodenspekulation und Bauwahn, Folgen der zunehmenden Verstädterung, zerstören nicht nur die Lebensgrundlage der Landwirte und zwingen sie zur Auswanderung, sondern bringen erstmals die Trostlosigkeit städtischer Mietskasernen auf das Land. Die Menschen vergraben sich in ihren Wohnungen und grenzen sich voneinander ab; nur während der tradierten Festtage scheinen sie sich noch näher zu kommen und für kurze Zeit eine Gemeinschaft zu werden.

Soziale Kälte macht sich breit: In Altersheimen vegetieren alte Menschen dahin, Jugendliche gleiten in eine alternative Protestkultur ab, die oft zu Kleinkriminalität oder Drogenkonsum führt, Arbeiterfamilien brechen aufgrund von Trunksucht und Wahnsinn auseinander. Ein Ausbruch aus der bürgerlich-katholischen, konsumorientierten Welt scheint nur durch Distanz möglich zu sein, durch die Auswanderung.

Wer bleibt, ist hin und her gerissen zwischen der faszinierenden, schillernd-schönen Flusslandschaft des Reußtals und der engstirnigen, tief verwurzelten konservativen Lebenseinstellung der Menschen. Diesem unangenehmen Gefühl verleiht der Lehrer und Historiker Hans Villiger eine Stimme, wenn er sagt, dass ihm letztlich nur der »Rückhalt« in der anderen, der geliebten Person eine »Lebenszuversicht trotz des beängstigenden Zustands der Welt« vermittle.

Aufbau: Im Zentrum der *Tage im Freiamt* stehen jeweils einige meist über eine größere Zeitspanne verteilte entscheidende Tage im Leben verschiedener Personen. *Kein schöner Land* schildert fünf Tage innerhalb von ungefähr 15 Monaten. Fünf Gemälde von Pieter Breughel d. Ä. geben dabei den Rahmen und Hintergrund für den jeweiligen Tag ab. Diese Teile sind wiederum in je acht »Kapitel« unterteilt, in denen abwechselnd eine Figur des Romans ihre Lebenswelt und ihr Denken entfaltet.

Blatter perfektioniert eine filmische, assoziative Erzählweise, indem er Gedankensplitter und Erinnerungsfetzen nebeneinander montiert und in harten Schnitten oft mehrere Perspektiven in den Fluss der Erzählung einfügt. Diese Technik ermöglicht es ihm, ein breites Panorama an Stimmungen und kleinsten Details aufzufangen, und macht letztlich die Faszination des Romans aus.

Das Motiv des titelgebenden Volkslieds, das im Roman in vier paradoxen Schlüsselmomenten gesungen wird, zieht sich als Zeichen der

---

Hauptfiguren in »Kein schöner Land« von Silvio Blatter

René Villiger: In einer Welt voller Grenzen und verdrängter Aggressionen profitiert er von der zunehmenden Verunsicherung seiner Mitmenschen, die sich voneinander abgrenzen und schließlich nur hinter Zäunen und Stacheldrähten sicher fühlen. Er stirbt durch einen Verkehrsunfall.
Barbara Villiger: Renés Frau befreit sich nach seinem Tod von der Hausfrauenrolle und beginnt ein neues Leben in der »Großstadt« Zürich, um sich von der früheren Umwelt und Heimat abzulösen.
Jo Villiger: Die Tochter der Villigers ist Altenpflegerin und revoltiert gegen die Eltern-Generation, indem sie alle überkommenen Werte ablehnt. Ihre Verweigerung endet in einer zunehmenden sozialen Isolation, da sie ihre eigenen, hauptsächlich pazifistischen Werte dogmatisch und stur vertritt.
Hans Villiger: Der Bruder Renés ist Lehrer und Historiker. Er erkennt in seinen Studien über die nationalsozialistische Schweizer Frontenbewegung in der Zwischenkriegszeit die Probleme der Gegenwart: das Widerstreben gegen ein moder-

nes Denken und eine offene Gesellschaft.
Katrin Villiger: Die Schwester Renés zieht vier Jahre nach ihrer Scheidung als Töpferin ins Haus des Malers Pablo. Ihre sinnliche Bindung an das Freiamt als Landschaft macht sie zum Ruhepol der Familie Villiger.
Pablo: Der Maler und spätere Freund von Katrin Villiger versucht über die Aktualisierung von Breughel'schen Gemälden an die moderne Heimat heranzukommen; so zeichnet er statt eines Pferdewagens einen Traktor ins Bild.
Francis Fischer: Der Pfarrhelfer wird durch seine Liebe zur Sozialarbeiterin Lea in eine Gewissenskrise gestürzt. Der Bruch des Zölibats zwingt die beiden zur Auswanderung.
Flip: Der Automechaniker hat den Tod Renés durch seine Raserei provoziert. Seine Familie zerbrach am Alkoholismus des Vaters und an der Schizophrenie der Mutter. Flip macht sich mit dem Verkauf von Sicherheitsschlössern selbstständig. Er sieht sein alleiniges Glück in einem eigenen Stück »Heimat«-Land, auf dem er ein Haus bauen will.

Sehnsucht nach einer Heimat durch den Roman: »Man hat nur eine Heimat, und in der sind schon viele Welten verloren.«

Wirkung: Durch die vielschichtige Perspektive vermag *Kein schöner Land* die gegensätzlichen Strömungen der frühen 1980er Jahre, die zunehmende Kommerzialisierung und Materialisierung aller Lebensbezüge in der modernen Gesellschaft einzufangen. Dass Blatter seine Erzählung in der realen Landschaft des Freiamts spielen lässt, verschafft ihr zusätzliche Brisanz und eine Echtheit, die von fast dokumentarischem Charakter ist und wesentlich zum Erfolg des Romans beigetragen hat. *O. F.*

Tania Blixen, *Afrika, dunkel lockende Welt*, Umschlag der deutschsprachigen Ausgabe 1986 mit einem Gemälde (»Mädchen«) der Autorin

Blixen, Tania

(eigtl. Karen Christence Baronin-Blixen-Finecke geb. Dinesen) dän. Schriftstellerin

*17.4.1885 Rungstedlund, †7.9.1962 ebd.

📖 *Afrika, dunkel lockende Welt*, 1937

Mit einer romantisch inspirierten Prosa und meist mystischen Themen nahm Tania Blixen ab 1934 eine Sonderstellung in der von sozialkritischen Tendenzen dominierten dänischen Literaturszene ein.

Tania Blixen stammte aus einer gut situierten Kaufmannsfamilie mit Verbindungen zur Aristokratie. Sie studierte Malerei in Kopenhagen, Paris und Rom. 1913 folgte sie ihrem Verlobten Baron Bror Blixen-Finecke nach Britisch-Ostafrika. Nach der Heirat in Mombasa baute sich das Paar eine Kaffeeplantage im kenianischen

Auszug aus Tania Blixens Vortrag *Schwarze und Weiße in Afrika* (1938):

Für mich war dieses Erlebnis eine Art Offenbarung, nicht nur der Welt, sondern meiner selbst. Und ich kann behaupten, es war ein großes, unerwartetes Glück, eine Befreiung. Hier konnte man endlich auf alle Konventionen pfeifen; hier entdeckte man eine neue Art der Freiheit, die man bis dahin nur in seinen Träumen erlebt hatte.

Die wichtigsten Bücher von Tania Blixen

Sieben fantastische Erzählungen 1934	Die Rahmenerzählung der Tausendundeine Nacht-artigen Geschichte ist *Die Sindflut von Norderney*. Sie handelt von vier Menschen, die freiwillig ihr Rettungsboot gegen einen Heuboden tauschen. Eine Nacht lang erzählen sie sich gegenseitig ihre Schicksalsgeschichten, bis sie am Morgen in der Flut ertrinken.
Afrika, dunkel lockende Welt 1937	Die Erinnerungen der Autorin an ihren 17-jährigen Aufenthalt in Britsch-Ostafrika als Kaffeefarmerin; im Erleben der Erzählerin wird das koloniale Afrika zu einem Paradies stilisiert. → S. 132
Wintergeschichten 1942	Elf Erzählungen, die überwiegend in Skandinavien spielen. Die Themen sind das Geheimnisvolle, Schicksalhafte, die Verbindung von Mensch und Natur und das Erfüllen einer Bestimmung.
Babettes Gastmahl 1950	Die Geschichte von der französischen Chefköchin Babette, die es in einen abgelegenen Ort in der Arktis verschlagen hat und die mit großem Aufwand eine Mahlzeit für Menschen bereitet, die ihre kulinarische Kunst gar nicht zu schätzen wissen.
Letzte Erzählungen 1957	Die in eine Rahmensituation gefügten Erzählungen suchen nach der Antwort auf die Frage nach Identität, dem eigenen wahrhaftigen Wesen, zu dem sich der Mensch bekennen muss.
Schatten wandern übers Gras, 1960	Erinnerungen Tania Blixens, die das Afrika-Thema noch einmal aufgreifen, aber in einer ausgereifteren Form reflektieren.
Ehrengard 1963	Eine Episode aus adeligem Milieu aus dem Nachlass Tania Blixens über Erotik und Verführung, Ästhetik und Kunst.

Hochland auf, die Blixen nach der Trennung von ihrem Mann 1921 noch zehn Jahre allein betrieb. Mangelnde Kenntnisse der Farmwirtschaft führten jedoch zum Ruin, so dass sie sich schließlich zur Aufgabe der Farm gezwungen sah. 1931 kehrte Blixen in die Heimat zurück, wo sie mit 50 Jahren ihre Karriere als Schriftstellerin begann. Ihre letzten Lebensjahre waren geprägt von den Spätfolgen einer Syphilis, die sie sich zu Beginn ihres Afrikaaufenthalts zugezogen hatte.

Biografien: D. Brennecke, *Tania Blixen* (rm 50 561); J. Thurman, *Tania Blixen. Ihr Leben und Werk,* 1989.

Afrika, dunkel lockende Welt

OT Out of Africa **OA** 1937 **DE** 1938
Form Autobiografie **Epoche** Moderne

Afrika, dunkel lockende Welt ist das zweite und bis heute erfolgreichste Buch von Tania Blixen. Im Gegensatz zu ihren Erzählungen liegt diesem Werk ein authentischer Stoff zu Grunde. Blixen verarbeitete darin ihre Erinnerungen – allerdings nicht rein dokumentarisch, sondern literarisch-ästhetisch – zu einem idealisierten Bild jenes kolonialen Afrika, in dem die Autorin fern der bürgerlichen Heimat zu ihrer Identität gefunden hatte.
Entstehung: Fünf Jahre nach ihrer Rückkehr aus Kenia baute Blixen ihre Entwürfe aus den Jahren 1925/26 *(Massai-Hefte)* und ihre Vorarbeiten zu dem Gedicht *Ex Africa* (1915) zu einem umfangreichen Werk aus. Sie schrieb auf Englisch und veröffentlichte *Out of Africa* zunächst in England unter dem Pseudonym Isak Dinesen, dann erst in eigener Übersetzung unter dem Namen Karen Blixen in Dänemark.
Inhalt: Die Erinnerungen Tanja Blixens umfassen die Jahre 1913–31, die sie im Hochland des kenianischen Ngong-Gebirges als Kaffeefarmerin zubrachte. Das erzählende Ich beschreibt nicht nur das Leben auf der Farm, sondern auch die Welt der ausgehenden Kolonialzeit. Die Schilderungen bieten eine Gegenüberstellung der Gesellschaftsstrukturen und Wertvorstellungen Europas und Afrikas.

Die Autorin verficht in ihrem Buch aristokratische Ideale und eine Lebensführung, die durch innere Berufung bestimmt ist und damit einem höheren Zweck dient. Im Leben der Eingeborenen erkennt die Erzählerin eine solche Haltung. Afrika erscheint ihr als ein Paradies, das ihr die Freiheit gewährt, die sie in der bürgerlichen Ge-

Oben: Tania Blixen um 1915 vor ihrem Farmhaus in Kenia; unten: Meryl Streep als Tania Blixen in der Verfilmung *Jenseits von Afrika* nach dem Roman *Afrika, dunkel lockende Welt* von Tania Blixen (USA 1985; Regie: Sydney Pollack)

sellschaft nicht zu finden vermochte. Als die Erzählerin die Farm nicht mehr retten kann und gezwungen ist, das Land zu verlassen, wird Afrika zur Metapher des verlorenen Paradieses.

Struktur: Blixen arbeitet mit Erzählmotiven aus der Bibel, der Mythologie und der klassischen Literatur. Die Anordnung der Kapitel folgt dem Fünf-Akte-Schema der klassischen Tragödie. Der einleitende Teil *Kamante und Lulu* handelt von der ostafrikanischen Landschaft, dem Einklang von Mensch und Tier mit der Natur und einem idyllischen Farmleben. Im Mittelpunkt stehen der Kikuju-Junge Kamante, der, nach schwerer Krankheit geheilt, als Koch auf der Farm bleibt, und das verwaiste Antilopenkitz Lulu. Der zweite Teil *Unfall auf der Farm* stellt die Andersartigkeit der Sitten und Gebräuche sowie des Rechtsempfindens der Afrikaner am Beispiel des Unfalltodes eines kleinen Jungen dar. Der dritte Abschnitt *Gäste auf der Farm* schildert das gesellschaftliche Leben auf der Farm und stellt die Freunde der Erzählerin vor. Darunter ist auch der Engländer Denys Finch Hatton, ein romantischer Abenteurer und die große Liebe ihres Lebens. Der vierte Abschnitt *Lose Blätter* erzählt in lockerer Folge weitere Episoden aus dem Farmalltag. Im fünften Teil *Abschied von der Farm* mündet das Geschehen in die Katastrophe – den Tod des Geliebten und den Verlust der Farm.

Wirkung: Mit ihren romantischen Geschichten lag Blixen abseits der Literaturströmungen ihrer Zeit. Besonders ihre aristokratische Haltung wurde in der dänischen Öffentlichkeit, die sich zunehmend sozialen Fragen und demokratischen Vorstellungen zuwandte, als elitär und reaktionär kritisiert. In Amerika fand ihr Werk dagegen großen Anklang. Heute gehört Blixen auch in Dänemark zu den viel gelesenen Schriftstellerinnen. Ihre Erinnerungen aus Afrika liegen in mehr als 20 Sprachen vor. 1985 entstand in der Regie von Sydney Pollack der mit fünf Oscars ausgezeichnete Film *Jenseits von Afrika* mit Meryl Streep, Robert Redford (als Hatton) und Klaus Maria Brandauer (als Bror Blixen). *C.B.*

Bloch, Ernst

dt. Philosoph

*8.7.1885 Ludwigshafen am Rhein, †4.8.1977 Tübingen

📖 *Das Prinzip Hoffnung*, 1954–59

Ernst Bloch entwickelte auf marxistischer Grundlage, verbunden mit Elementen der jüdisch-christlichen Eschatologie, eine Philosophie der Hoffnung auf eine Humanisierung der Welt.

Der Sohn eines jüdischen Bahnbeamten studierte ab 1905 in München und Würzburg Germanistik, Musik, Physik, Philosophie und promovierte 1908. In Berlin schloss Bloch Freundschaft mit dem ungarischen Philosophen und Literaturtheoretiker Georg → Lukács; gemeinsam gehörten sie in Heidelberg zum Kreis um den Soziologen Max → Weber. Als Pazifist emigrierte Bloch 1917 in die Schweiz und kehrte 1919 nach Deutschland zurück. In den 1920er Jahren lebte er als freier Publizist vorwiegend in Berlin. 1933–38 emigrierte er über die Schweiz (Ausweisung), Wien und Prag (Mitarbeiter der *Neuen Weltbühne*) schließlich in die USA und sah sich zu einem »Schreiben in der Stille« gezwungen. 1949 folgte Bloch einem Ruf an die Universität Leipzig und erhielt den Lehrstuhl für Philosophie. Acht Jahre später wurde er als Kritiker des SED-Regimes zwangsemeritiert und kehrte 1961 von einer Reise in den Westen nicht mehr in die DDR zurück. Im selben Jahr wurde er Gastprofessor der Universität Tübingen (Antrittsvorlesung »Kann Hoffnung enttäuscht werden?«) und veröffentlichte *Naturrecht und menschliche Würde*. Politisch engagierte sich Bloch gegen die Notstandsgesetze, Berufsverbote, den Bau der Neutronenbombe und wurde zu einem Mentor der Studentenbewegung. Den Schriften *Das Materialismusproblem, seine Geschichte und Substanz* (1972) und *Experimentum mundi* (1975) folgte 1977, als Ergänzung zur Gesamtausgabe der Werke, *Zwischenwelten der Philosophiegeschichte. Tendenz – Latenz – Utopie.* 1967 erhielt Bloch den Friedenspreis des Deutschen Buchhandels.

Biografie: S. Markun, *Ernst Bloch* (rm 50258).

Das Prinzip Hoffnung

OA 1954–59 (3 Bde.)
Form Sachbuch **Bereich** Philosophie

Ernst Blochs Opus magnum einer Seinslehre (Ontologie) des Noch-nicht-Seins enthält eine Menschheitsgeschichte, die von jeher für qualitativ Neues offen ist. Unter dem Titel *Der Traum vom besseren Leben* entstand *Das Prinzip Hoffnung* während der Emigration in den USA. Der Plan einer Veröffentlichung in der Oxford University Press zerschlug sich.

Inhalt: Ein Schwerpunkt der philosophischen Untersuchung Blochs ist die Kategorie der Möglichkeit. Der Mensch ist »die reale Möglichkeit all dessen, was in der Geschichte aus ihm geworden ist und vor allem mit ungesperrtem Fortschritt noch werden kann«. Möglichkeit ist der »Seinszustand der Welt«, dem Bloch eine enzyklopädische Gesamtschau von Indizien des Noch-nicht-Erschienenen widmet. Insofern

Hannah Arendt 1968 in *Isak Denisen 1885–1962*:

Erst als sie verloren hatte, was ihr Leben gewesen war, ihr Heim in Afrika und ihren Geliebten, erst als sie als vollständiger »Versager« nach Rungstedlund heimgekehrt war, mit nichts in Händen als Trauer, Sorgen und Erinnerungen, wurde sie zu der Künstlerin, errang sie jenen »Erfolg«, den sie sonst niemals errungen hätte.

Auszug aus *Afrika, dunkel lockende Welt* von Tanja Blixen:

Der Himmel ist selten mehr als blassblau oder violett, und mächtige, aller Schwere bare, immerfort sich wandelnde Wolken türmen sich allenthalben und segeln an ihm dahin; aber die Bläue hat etwas Leuchtendes und färbt die Umrisse der Berge und nahen Wälder mit frischem tiefem Blau. Um die Tagesmitte beginnt die Luft über dem Lande sich zu regen wie eine aufsteigende Flamme, sie flimmert, wogt und schimmert wie rieselndes Wasser, spiegelt und verdoppelt alle Gegenstände und schafft große Fata Morganen. Es atmet sich leicht in der hohen Luft, man saugt Lebensgewissheit und Unbeschwertheit der Seele in sich. Im Hochland erwacht man in der Frühe und weiß: hier bin ich, wo ich sein sollte.

ERNST BLOCH

Das Prinzip

Hoffnung

Teil I-V
Kap. 38-55 Suhrkamp

Ernst Bloch, *Das Prinzip Hoffnung*, Umschlag der BRD-Erstausgabe 1959

In *Das Prinzip Hoffnung* (1954–59) verbildlicht Ernst Bloch die »utopische Richtung«:

Sie ist überall verwandt, ja in ihrem noch verdeckten Ziel die gleiche: sie erscheint als das einzig Unveränderliche in der Geschichte. Glück, Freiheit, Nicht-Entfremdung, Goldenes Zeitalter, Land, wo Milch und Honig fließt, das Ewig-Weibliche, Trompetensignal im Fidelio und das Christförmige des Auferstehungstags danach: es sind so viele und verschiedenwertige Zeichen und Bilder, doch alle um das hier aufgestellt, was für sich selber spricht, indem es noch schweigt.

handelt *Das Prinzip Hoffnung* von Kunst, Literatur, Musik, von Religion und Sozialtheorien, der Technik und den Einzelwissenschaften sowie deren vorwissenschaftlichen Frühstadien. In philosophiegeschichtlicher Hinsicht bekennt sich Bloch zur Humanität des Marxismus.

Wirkung: In dem von Emigranten unter Beteiligung von Bloch gegründeten Aurora-Verlag (New York) erschien 1946 *Freiheit und Ordnung*, ein Abriss der Sozialutopien. Dieser Vorabdruck aus *Das Prinzip Hoffnung* bereitete den Einfluss Blochs auf die jüngere Studentengeneration vor, nicht zuletzt durch den Appell einer Verbindung von Theorie und Praxis. Die Veröffentlichung im Ostberliner Aufbau-Verlag ab 1954 fiel in eine Zeit der ideologischen Verkrustung in der DDR (Bloch geriet als »Utopist« in den Verdacht des Revisionismus) und der politischen wie wissenschaftlichen Grabenkämpfe des Kalten Krieges. *Das Prinzip Hoffnung* erwies sich nach und nach als umfassende konkrete Utopie des Mensch-Seins.   *C. W.*

Boccaccio, Sohn eines florentinischen Kaufmanns und einer adeligen Französin, verfasste schon mit zehn Jahren erste Gedichte. Nach einer kaufmännischen Lehre in Florenz begann er 1332 ein Rechtsstudium, das er aber nicht vollendete. Vielmehr fesselte ihn die klassische lateinische Dichtung. Um 1340 war Boccaccio wieder in Florenz, arbeitete als Notar und Richter. 1346 schuf er sein bestes Frühwerk, das idyllische Gedicht *Ninfale fiesolano*. Sein Meisterwerk *Decamerone* begann er nach der Pest 1348, der auch sein Vater zum Opfer fiel. 1350 erhielt Boccaccio den Auftrag, Petrarca zur Übernahme einer Professur in Florenz einzuladen. Es entwickelte sich eine tiefe Freundschaft mit dem Humanisten. Boccaccio veranlasste die erste vollständige Übersetzung Homers in lateinischer Sprache und setzte sich für das Studium des Griechischen ein. Ab 1373 hielt er in Florenz Vorlesungen über die *Göttliche Komödie* von Dante, über den er eine Biografie verfasste.

Biografie: P. Brockmeier (Hrsg.), *Boccaccios Decameron*, 1974; H.-J. Neuschäfer, *Boccaccio und der Beginn der Novelle*, 1968.

Boccaccio, Giovanni

Giovanni Boccaccio, *Das Dekameron*, Umschlag der deutschsprachigen Sonderausgabe 1979

italien. Dichter und Humanist

* 1313 Paris oder Certaldo/Florenz

† 21.12.1375 Certaldo/Florenz

📖 *Das Dekameron*, 1470 (entstanden um 1350)

Boccaccio zählt mit → Dante Alighieri und Francesco → Petrarca zum Dreigestirn der italienischen Literatur des 14. Jahrhunderts. Er schuf die ersten bukolischen (Hirten-)Dichtungen in italienischer Sprache und erhob die Stanze zur Versform des italienischen Epos. Mit seinem Hauptwerk *Das Dekameron* begründete er die italienische Novelle.

Das Dekameron

OT Il Decamerone   **EZ** um 1350   **OA** 1470   **DE** 1471
Form Novellensammlung   **Epoche** Frührenaissance

Mit seinem Hauptwerk, einem der bedeutendsten Schöpfungen der Literatur, schuf Giovanni Boccaccio das Ur- und Vorbild aller Novellensammlungen des Abendlands, aus dessen reicher Quelle Generationen von Dramatikern und Erzählern schöpften. Die besondere Leistung Boccaccios ist aber vor allem in der Legitimierung der sinnlichen Liebe und des erotischen Instinkts zu sehen, die *Das Dekameron* von der mittelalterlichen und von der antiken Tradition abgrenzt und lange Zeit unübertroffen blieb.

Inhalt: *Das Dekameron* enthält »hundert Geschichten, Fabeln, Parabeln oder wirkliche Begebenheiten«, so Boccaccio, »die zur verderblichen Zeit der letzten Pest von sieben Damen und drei jungen Männern erzählt wurden«. Den Namen Dekameron bildete Boccaccio aus den griechischen Wörtern deka (zehn) und hemera (Tag). Zehn junge Adelige erzählen an zehn Tagen jeweils zehn Geschichten. Mit der alten heiligen Zahl Zehn war Boccaccio durch das ptolemäische Himmelssystem vertraut, in ihrem symbolischen Bezug kannte er sie aus →Dantes *Göttliche Komödie* mit ihren 100 Gesängen.

Jeden Tag wird einer der Teilnehmer zum König oder zur Königin gewählt und legt ein Leitthema fest, zu dem jeder eine Geschichte erzählen soll. Nur am ersten Tag, an dem das Reglement noch nicht befolgt wird, und am neunten Tag, an dem man von ihm ausruhen

---

Die wichtigsten Werke von Giovanni Boccaccio

Caccia di Diana 1335–37	Das bukolische Gedicht beschreibt die Revolte von Jägerinnen Dianas, die beabsichtigen, in die Dienste von Venus zu treten.
Il Filocolò 1336–39	Der Roman erzählt von der gewaltsamen Trennung, Abenteuern und der Zusammenführung des Paars Florio und Biancofioret.
Il Filostrato 1340	Versepos von der tragischen Liebe des trojanischen Königssohns Troilus zu Kressida, der Tochter des Sehers Kalchas.
Elegia di Madonna Fiammetta, 1343	Prosawerk über eine Dame, die in stilistischer Anlehnung an → Ovids *Heroides* die Treulosigkeit ihres Geliebten beklagt.
Ninfale Fiesolano 1346	Ein idyllisches Gedicht vom Mythos der Nymphe Mensola und dem Hirten Africo, der zur Strafe in einen Fluss verwandelt wird.
Il Decamerone 1349–53	Boccaccios weltberühmtes Hauptwerk, das zum Vorbild für alle Novellensammlungen des Abendlandes wurde. → S. 134
Trattatello in laude di Dante, 1360	Eine Biografie Dantes, aufgrund derer Boccaccio einen Lehrstuhl zur Deutung von → Dantes *Göttlicher Komödie* erhielt.
De casibus virorum illustrium, 1360–62	Sammlung von Biografien berühmter Männer in Lateinisch; das Buch über berühmte Frauen heißt *De claris mulieribus* (1360–62).

---

will, wird kein Leitthema bestimmt. Nach dem zehnten Tag wird einstimmig beschlossen, dass die Gesellschaft ins pestverseuchte Florenz heimkehrt.

Die 100 ernsten und heiteren, erbaulichen und frivolen Geschichten sind in eine Rahmenerzählung – Florentiner Adelige fliehen vor der Pest auf ein Landgut – kunstvoll eingeflochten. Boccaccio verleiht dem Werk trotz seiner Mannigfaltigkeit eine Einheit. Ist die Gattung der Rahmenerzählung aus dem Orient seit Jahrhunderten bekannt, so brachte Boccaccio sie in Europa als Erster zu klassischer Vollkommenheit. Der Rahmen dient nicht rein ästhetischen und Kompositionsaspekten, sondern bildet den Hintergrund für treffende Gesellschafts- und Landschaftsschilderungen. Lebensprall sind seine amourösen Szenen, deren Sprache trotz ihrer schwankhaften, drastischen Derbheit nie lasziv, sondern in ihrer sinnlichen Direktheit bisweilen komisch wirkt. Neben frivolen Szenen wird auch das Bild aufopferungsvoller Liebe wie in der Geschichte von Griselda heraufbeschworen, die trotz Qualen dem Geliebten treu bleibt.

Wirkung: *Das Dekameron* beeinflusste in seiner kunstvollen und doch lebensnahen Erscheinungsform nachhaltig die abendländische Literatur und blieb in seiner Form über zweieinhalb Jahrhunderte vorbildlich. Erst mit den *Exemplarischen Novellen* von Miguel de →Cervantes trat ein neues Leitbild auf den Plan. Doch wirkte Boccaccios Meisterwerk auch auf die weitere Entwicklung der Gattung. *V.R.*

Böll, Heinrich

dt. Schriftsteller, *21.12.1917 Köln

† 16.7.1985 Langenbroich/Eifel

📖 *Und sagte kein einziges Wort*, 1953

📖 *Gruppenbild mit Dame*, 1971

📖 *Die verlorene Ehre der Katharina Blum*, 1974

Heinrich Böll zählt im In- und Ausland zu den bedeutendsten deutschen Literaten der Nachkriegszeit. Mit seinen Romanen, Erzählungen, Reden und Essays übte er großen moralischen Einfluss auf das öffentliche Leben der Bundesrepublik Deutschland aus.

Nach sechsjährigem Kriegsdienst trat Böll ab 1947 gegen jede Form von Verdrängung, für den Beginn einer neuen Literatur ein. Schicksale aus Kriegszeit und Nachkriegsdeutschland stehen im Mittelpunkt seiner im Band *Wanderer, kommst du nach Spa...* (1950) versammelten Kurzgeschichten und seiner Romane *Wo warst du, Adam* (1951), *Und sagte kein einziges Wort* (1953) sowie *Haus ohne Hüter* (1954). Mit den Familien- und Epochenromanen *Billard um halbzehn* (1959), *Ansichten eines Clowns* (1963) und *Gruppenbild mit Dame* (1971) wurde Böll zum literarischen Chronisten deutscher Geschichte. Trotz zahlreicher Auszeichnungen (1967 Büchner-Preis, 1972 Nobelpreis für Literatur) sah sich der einstige PEN-Präsident dem Vorwurf ausgesetzt, dass sein Ruhm weniger auf seinen Qualitäten als Autor beruhe als auf seinem moralisch-politischen Engagement.

Biografie: K. Schröter, *Heinrich Böll* (rm 50310).

Und sagte kein einziges Wort

OA 1953 **Form** Roman **Epoche** Moderne

Und sagte kein einziges Wort schildert als einer der ersten deutschen Nachkriegsromane die Folgen des Krieges. Die realistische Beschreibung eines Wochenendes in einer westdeutschen Großstadt kurz nach der Währungsreform 1948 aus der Perspektive zweier Eheleute war Heinrich Bölls erster großer Erfolg.

Entstehung: 1952 fasste Böll Prosafragmente unter dem Arbeitstitel *Die Imbissstube* zusammen, benannt nach dem einzigen Ort im späte-

Die Miniatur aus einer Boccaccio-Handschrift aus dem Jahr 1355 zeigt berühmte Männer und Frauen, die in Boccaccios Studierzimmer kommen, um den Autor zu bitten, ihre unglückliche Lebensgeschichte aufzuschreiben. Die Reihe der literarischen Porträts reicht von Adam bis zu Zeitgenossen Boccaccios, etwa der Abenteurerin Philippa von Catania, die als ehemalige Waschfrau zur persönlichen Ratgeberin der Königin Johanna von Neapel aufstieg, oder dem assyrische König Assurbanipal, dessen Gesicht vom Rauch des Scheiterhaufens geschwärzt ist

ren Roman, der den Menschen Wärme und Geborgenheit vermittelt. Noch im selben Jahr verfasste Böll das Hörspiel *Ich begegne meiner Frau* (Arbeitstitel *Unverhofftes Rendezvous*), das der Hessische Rundfunk am 8. April 1953 sendete. Darauf basierte der im Herbst 1953 erschienene Roman. Titelgebend ist die Zeile des im vierten Kapitel erwähnten Spirituals über die Leiden Jesu, *Und sagte kein einziges Wort.*

Inhalt: Der 44-jährige Fred Bogner hat seine Frau Käte und seine drei Kinder vor zwei Monaten allein gelassen, weil er Lärm und Schmutz in der engen Einzimmerwohnung nicht mehr ertragen konnte. Seitdem treibt er sich – von

Krieg und Armut innerlich wie äußerlich gezeichnet – in der zerbombten Stadt herum. Das Geld, das er als Telefonist in einer kirchlichen Behörde verdient, gibt er seiner Frau. Zigaretten, Alkohol, Automatenspiele und regelmäßige Treffen mit seiner Frau in billigen Hotels finanziert er meist von geliehenem Geld.

Die 38-jährige Käte möchte ebenso gern dem trostlosen Alltag und der bigotten katholischen Hauptmieterin entfliehen, doch ist sie durch ihre Kinder gezwungen, ein geordnetes Leben in der kläglichen Unterkunft zu führen. Obwohl sie erneut schwanger ist und ihren Mann liebt, fasst sie während einer gemeinsamen Nacht im Hotel den Entschluss, sich nach 15 Jahren Ehe von ihm zu trennen.

Aufbau: Die 13 Kapitel schildern abwechselnd 48 Stunden aus der Sicht beider Hauptfiguren. In den Abschnitten, in denen das Paar zusammen ist, dominieren dialogische Passagen über monologische. Der nüchterne, schlichte Ton ist Ausdruck der geschilderten Tristesse. Böll kritisiert soziale Ungerechtigkeit und Not trotz beginnenden Wirtschaftsaufschwungs, im Roman u. a. sichtbar in der mit Werbeaufwand stattfindenden Drogisten-Tagung, und wirft der wohlhabenden katholischen Kirche Untätigkeit vor.

Wirkung: Böll erhielt für *Und sagte kein einziges Wort* mehrere Literaturpreise und fand in der Gruppe 47 (Stichwort → S. 430) große Anerkennung. Aus kirchlichen Kreisen kam hingegen heftige Kritik an der Darstellung des katholischen Milieus. Zeitgenössische Leser diskutierten eher über die Inhalte, heutige Besprechungen heben formale Mängel des Romans hervor, darunter Schematismus, Durchsichtigkeit der Motive und teilweise klischeehafte Darstellung. Unbestritten ist jedoch, dass mit diesem Roman Bölls stetig wachsender Einfluss auf die öffentliche Meinung in Westdeutschland begann.

Heinrich Böll (l.) mit Günter Grass, Foto aus den 1970er Jahren

Gruppenbild mit Dame

OA 1971 **Form** Roman **Epoche** Moderne

Heinrich Bölls umfangreichster Roman *Gruppenbild mit Dame* gilt als sein bedeutendster. Die Erstauflage von 50 000 Exemplaren war bereits bei Erscheinen vergriffen, eine zweite Auflage in gleicher Höhe wurde sofort nachgedruckt. Die Geschichte einer illegalen Liebe ist durchdrungen von politischen Aspekten und variiert Motive aus Bölls früheren Werken.

Inhalt: Ein Erzähler, der sich selbst als »Verf.« bezeichnet, recherchiert die Lebensgeschichte der 48-jährigen Leni, die jede gesellschaftliche Anpassung ablehnt und den Hass der konsum-, leistungs- und gewinnorientierten Umwelt auf sich zieht. Helene Maria Pfeiffer (Leni), 1922 als Tochter des Bauunternehmers Gruyten gebo-

Die wichtigsten Bücher von Heinrich Böll	
Wo warst du, Adam? 1951	Einzelne Episoden über den Rückzug der deutschen Wehrmacht aus Osteuropa 1944 demonstrieren die Sinnlosigkeit des Kriegs.
Und sagte kein einziges Wort 1953	Aus den Perspektiven zweier notleidender Eheleute wird katholische Doppelmoral und soziale Ungerechtigkeit im wirtschaftlich aufstrebenden Nachkriegsdeutschland dargestellt. → S. 135
Haus ohne Hüter 1954	Am Beispiel zweier Familien aus verschiedenen sozialen Schichten schildert Böll das Schicksal von Frauen und Kindern, die ihre Männer und Väter im Zweiten Weltkrieg verloren haben.
Das Brot der frühen Jahre, 1955	Ein Elektriker erinnert sich an die Hungerjahre und überwindet nach der Begegnung mit einem Mädchen seine Depression.
Billard um halbzehn 1959	Die Geschichte dreier Generationen einer rheinischen Architektenfamilie spiegelt die deutsche Geschichte von 1900 bis 1950.
Ansichten eines Clowns 1963	Mit dem Verlust seiner Freundin an einen einflussreichen Katholiken beginnt der soziale Abstieg eines sentimentalen Komikers, der seine Freiheit gegen jegliche Macht zu verteidigen suchte.
Gruppenbild mit Dame, 1971	Von einem fiktiven Verfasser montierte Protokolle, Briefe, Zeugenaussage u. a. erzählen von einer unabhängigen Frau, die mit ihrer Weigerung sich einzufügen auf Hass zieht. → S. 136
Die verlorene Ehre der Katharina Blum 1974	Die verleumderische Berichterstattung einer Boulevardzeitung stellt eine unbescholtene Hausangestellte als »Terroristenbraut« dar, worauf sie schließlich den Journalisten erschießt. → S. 137
Fürsorgliche Belagerung, 1979	Der Polizeischutz des Präsidenten eines Unternehmerverbandes weitet sich aus zur Überwachung seiner gesamten Familie.
Frauen vor Flusslandschaft, 1985	Dialoge und Selbstgespräche fiktiver Bonner Politiker und ihrer Frauen dokumentieren Intrigen in einer korrupten Welt.

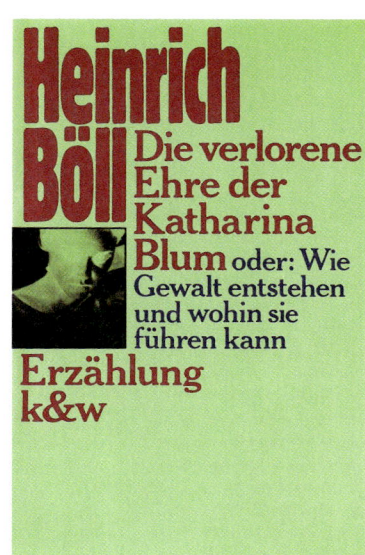

Heinrich Böll; von links: *Und sagte kein einziges Wort*, Umschlag der Originalausgabe 1953 (Gestaltung: Werner Labbé); *Gruppenbild mit Dame*, Umschlag der Originalausgabe 1971; *Die verlorene Ehre der Katharina Blum*, Umschlag der Originalausgabe 1974

ren, wurde in einer Klosterschule erzogen, war Mitglied beim Bund deutscher Mädel und heiratete nach einer flüchtigen Liebesbeziehung den Unteroffizier Alois Pfeiffer, der bald an der Ostfront starb. Leni wurde als Kranzbinderin in einer Friedhofsgärtnerei dienstverpflichtet, wo sie sich in den russischen Kriegsgefangenen Boris Koltowski verliebte. Nach dem Krieg kam er – von Leni mit einem gefälschten deutschen Militärpass ausgestattet – in französische Gefangenschaft und starb bei einem Bergwerksunglück in Lothringen. Ihren gemeinsamen Sohn Lev erzog Leni zu einem Menschen, der sich jeglicher Art von Profitdenken entgegenstellt. Nun sitzt der 23-jährige Müllmann wegen Urkundenfälschung für drei Monate im Gefängnis. Er wollte seiner Mutter helfen, die vor der Zwangsräumung ihrer Wohnung steht, weil sie sich der Angleichung ihrer Miete an die Marktpreise verweigert. Eine Straßenblockade durch Wagen der Müllabfuhr und ein extra gegründetes Hilfskomitee, dem zuletzt auch der »Verf.« beigetreten ist, verhindert, dass Leni ihr Elternhaus räumen muss.

Aufbau: Die vom fiktiven Verfasser gesammelten und montierten fiktiven und authentischen Protokolle, Briefe, Schriftstücke und Zeugenaussagen werden u.a. im Original wiedergegeben, zitiert oder nacherzählt. Hinzu kommen die bei der Befragung der 51 Auskunftspersonen zu Tage tretenden persönlichen und politischen Erlebnisse, so dass sich in 14 Kapiteln ein Panorama von Schicksalen quer durch die deutsche Geschichte von 1922 bis 1970 entfaltet. Mit dem Leser plaudernd, kommentiert der Verfasser häufig ironisch und mit trockenem Humor die Ergebnisse seiner Recherche, womit er zum Kritiker der geschilderten gesellschaftlichen Verhältnisse wird. Auch verlässt er zunehmend die durch den nachgeahmten juristisch-dokumentarischen Tonfall vermeintlich vorgegebene Ebene objektiver Berichterstattung und wird selbst Teil der Erzählung.

Wirkung: Kritik und Forschung widmeten sich insbesondere der Form des Romans. Neben dem häufig geäußerten Vorwurf der willkürlichen Anordnung des Materials gab es vielfältige Versuche, das Kompositionsprinzip zu verstehen. Die Struktur wurde u. a. mit dem Ablauf eines Gerichtsprozesses und mit einer Seligsprechung verglichen, da Leni mehrfach mit der Mutter Gottes in Beziehung gesetzt wird. Ein Jahr nach Erscheinen seines kontrovers diskutierten Romans erhielt Böll den Literaturnobelpreis.

Die verlorene Ehre der Katharina Blum

OA 1974   **Form** Erzählung   **Epoche** Moderne

Wie Gewalt entstehen und wohin sie führen kann, lautet der Untertitel von Heinrich Bölls Erzählung. Bevor *Die verlorene Ehre der Katharina Blum* mit einer Startauflage von 100 000 Exemplaren auf den Markt kam, druckte *Der Spiegel* Bölls erfolgreichstes Werk in mehreren Folgen ab. Das Buch wurde in mehrere Sprachen übersetzt, für die Bühne dramatisiert und 1975 von Volker Schlöndorff verfilmt.

Entstehung: Anfang 1972 plädierte Böll in dem *Spiegel*-Artikel »Will Ulrike Gnade oder freies Geleit?« für eine sachliche Berichterstattung und gegen die Kampagnen der *BILD*-Zeitung über die Baader-Meinhof-Gruppe. Von diver-

Auszug aus dem Roman *Gruppenbild mit Dame* von Heinrich Böll:

Die Umwelt möchte Leni am liebsten ab- oder wegschaffen; es wird sogar hinter ihr hergerufen: »Ab mit dir« oder »Weg mit dir«, und es ist nachgewiesen, dass man hin und wieder nach Vergasung verlangt, der Wunsch danach ist verbürgt, ob die Möglichkeit dazu bestünde, ist dem Verf. unbekannt; hinzufügen kann er nur noch, dass der Wunsch heftig geäußert wird.

Auszug aus Heinrich Bölls Erzählung *Die verlorene Ehre der Katharina Blum*:

In diesem Augenblick erst zog Katharina die beiden Ausgaben der ZEITUNG aus der Tasche und fragte, ob der Staat – so drückte sie es aus – nichts tun könne, um sie gegen diesen Schmutz zu schützen und ihre verlorene Ehre wiederherzustellen. Sie wisse inzwischen sehr wohl, dass ihre Vernehmung durchaus gerechtfertigt sei, wenn ihr auch dieses »Bis-ins-letzte-Lebensdetail-Gehen« nicht einleuchte, aber es sei ihr unbegreiflich, wie Einzelheiten aus der Vernehmung – etwa der Herrenbesuch – hätten zur Kenntnis der ZEITUNG gelangen können, und alle diese erlogenen und erschwindelten Aussagen.

Waldemar Bonsels, *Die Biene Maja und ihre Abenteuer*, Umschlag der illustrierten Ausgabe 1960

Auszug aus dem Roman *Die Biene Maja und ihre Abenteuer* von Waldemar Bonsels:

Bei allen Tieren, wie auch unter den Menschen, kommt es vor, dass einzelne Charaktere sich nicht in die Gewohnheiten aller schicken können, und man muss vorsichtig sein und ernstlich prüfen, bevor man solch ein Wesen verurteilt. Denn es ist keineswegs immer nur Trägheit oder Eigensinn, sondern häufig verbirgt sich hinter solchem Drang eine tiefe Sehnsucht nach Höherem oder Besserem, als der Alltag zu bieten vermag.

sen Medien wurde Böll als Sympathisant der Terroristen diffamiert, im Zuge einer Fahndung wurde sein Landhaus in der Eifel durchsucht. Vor diesem Hintergrund beauftragte Böll einen Mitarbeiter, sensationslüsterne Artikel von Boulevardblättern zu sammeln, die Menschen in Wort und Bild verleumden. Die kleinen skandalösen Geschichten von bekannten und unbekannten Personen bildeten das Material für Bölls Erzählung von einer unpolitischen Frau, die durch die Berichterstattung der Presse zur politischen Verbrecherin gemacht und dann zur Mörderin an einem Journalisten wird.

Inhalt: Die junge anständige Haushälterin Katharina Blum lernt beim Tanzen den Betrüger und Bundeswehrdeserteur Ludwig Götten kennen, verliebt sich, verbringt die Nacht mit ihm und verhilft ihm am nächsten Tag zur Flucht. In der Annahme, sie sei eine Komplizin des vermeintlichen Terroristen Götten, wird die unbescholtene, von Bekannten als prüde angesehene Blum am Morgen verhaftet und gerät sofort ins erbarmungslose Visier einer auflagenstarken Boulevardzeitung.

Nach der verleumderischen, verlogenen Berichterstattung und dem Tod von Katharinas Mutter, nach beruflicher und sozialer Degradierung durch ihren einstigen Arbeitgeber und unter wachsendem psychischem Druck entlädt sich Katharinas Verzweiflung in der Ermordung des skrupellosen Reporters Tötges.

Aufbau: Ein Erzähler berichtet in 58 Abschnitten Hintergründe des Mordes an dem Journalisten. Er stützt sich auf fiktive Quellen, insbesondere auf Vernehmungsprotokolle. Sein Bericht ist angereichert mit persönlichen, oft ironischen Kommentaren, die seine Sympathie mit Katharina und den anderen Opfern der Hetzkampagne widerspiegeln.

Bölls Kritik richtet sich nicht allein gegen die Bedrohung der persönlichen Freiheit durch die Gewalt des Sensationsjournalismus, sondern auch gegen Menschen, die Boulevardzeitungen mit ihren kriminellen Praktiken zur Meinungsmache lesen und deren Existenz finanzieren.

Wirkung: Der Springer-Verlag, den Böll u. a. im Visier hatte, ließ in seinen Zeitungen so lange keine Bestsellerlisten mehr veröffentlichen, wie *Die verlorene Ehre der Katharina Blum* an deren Spitze stand. In den 1970er Jahren wurde die Erzählung oft als Rechtfertigung von Gewalt gelesen und der Autor verurteilt. Mit zeitlichem Abstand zur damaligen restriktiven politischen Situation versachlichte sich die Rezeption. Die Forschung entdeckte literarische Vorbilder wie *Verbrecher aus verlorener Ehre* (1787, Friedrich →Schiller) und *Michael Kohlhaas* (1810, Heinrich von → Kleist), beschäftigte sich mit Form und Sprache der Erzählung und entkräftete teilweise den Vorwurf des stilistischen Mangels.   *M. Si.*

Bonsels, Waldemar

dt. Schriftsteller

*21.2.1880 Ahrensburg (Holstein)

+31.7.1952 Holzhausen (Starnberger See)

📖 *Die Biene Maja und ihre Abenteuer*, 1912

Mit seinem märchenhaften Kinderbuch *Die Biene Maja und ihre Abenteuer* (1912) erzielte Waldemar Bonsels einen Welterfolg, der bis heute andauert. Keines seiner übrigen zahlreichen Bücher, die meist eine mythisch-beseelte Natur zum Thema haben, erreichte einen vergleichbaren Widerhall. Zu Lebzeiten des Schriftstellers wurden vor allem seine Reiseberichte viel gelesen.

Schon früh zeigte sich bei Bonsels, Sohn eines Arztes, die Neigung zu einem unsteten Wanderleben. Mit 17 verließ er das Gymnasium seiner Heimatstadt Ahrensburg und zog durch Deutschland sowie die europäischen Länder. Als seine ersten Bücher ihm Geld einzubringen begannen, folgten Reisen nach Ägypten, Ceylon, Indien und dem amerikanischen Kontinent. Zu seinen frühen Erfolgen gehörte *Die Biene Maja und ihre Abenteuer* (1912). 1913 erschien die Erzählung *Das Anjekind*, 1915 das *Himmelsvolk, ein Buch von Blumen, Tieren und Gott*. 1916 veröffentlichte Bonsels den Bericht über seine *Indienfahrt*, der ein weiterer Erfolg und an den Universitäten der USA als deutsches Lesebuch eingeführt wurde. Im Ersten Weltkrieg wirkte Bonsels als Kriegsberichterstatter.

1918 ließ sich Bonsels am Starnberger See nieder, wo er bis zu seinem Lebensende blieb. Dort entstanden unter anderem der Roman *Eros und die Evangelien* (1920), die *Notizen eines Vagabunden* (3 Bde., 1930) und die Trilogie *Mario, ein Leben im Walde* (1927/30/34). Erfolgreich waren der Amerikabericht *Der Reiter in der Wüste* (1935) sowie die Autobiografie *Fröhliche Tage der Kindheit* (1931). Zu seinen letzten Werken gehören *Dositos, ein mythischer Bericht aus der Zeitwende* über die Entstehung des Christentums sowie *Runen und Wahrzeichen* (beide 1948). Das Werk des Autors umfasst außerdem Dramen und Gedichte.

Biografie: L. Hübsch-Pfleger, *Waldemar Bonsels*, 1980.

Die Biene Maja und ihre Abenteuer

OA 1912 **Form** Kinderroman **Epoche** Neuromantik

Der Roman *Die Biene Maja und ihre Abenteuer* von Waldemar Bonsels über die Abenteuer einer pummeligen, vermenschlichten Biene ist eines der erfolgreichsten Kinderbücher.

OT = Originaltitel   **EZ** = Entstehungszeit   **OA** = Originalausgabe   **DE** = Deutsche Erstausgabe   📖 = Verweis auf Werkartikel

Inhalt: Kurz nach dem Schlüpfen aus ihrer Zelle im Bienenstock kommt die Biene Maja in die Obhut der strengen Erzieherin Kassandra und wird von dieser über ihre Pflichten als zukünftige Arbeitsbiene und Honigsammlerin belehrt. So soll sie unter anderem die wichtigste Regel der Staatsordnung der Bienen beherzigen: Sie muss in allem, was sie tut, den anderen gleichen und das Wohlergehen aller bedenken. Die Betreuerin erfüllt mit Sorge, dass das Bienenkind alles kritisch beobachtet. Maja sei eine »Ausnahmenatur« und dies sei etwas Unschickliches.

Majas Neugier und Wissensdrang verleiten sie dazu, von ihrem ersten Ausflug in die Natur zum Honigsammeln nicht in den Bienenstock zurückzukehren, sondern allein die Welt zu erkunden. Auf ihrem Ausflug trifft sie unter anderem den Grashüpfer Flip, die Fliege Puck, die Spinne Thekla, den Borkenkäfer Fridolin und den Weberknecht Hannibal; das Buch vermittelt so einen informativen Einblick in den vielfältigen Insektenkosmos der Wiesen, Felder und Wälder. Maja erlebt freundliche Begegnungen, aber auch Gefahren. Obwohl der Roman die Natur überwiegend als Idyll schildert, verschweigt er nicht, dass Fressen und Gefressenwerden zu deren stärksten Triebkräften gehören. Als Maja von den Hornissen gefangen gehalten wird, belauscht sie den Plan für einen Überfall auf das Bienenvolk. Ihr gelingt die Flucht und sie, die Aufmüpfige und Freiheitsdurstige, fliegt zurück, um ihr Volk zu warnen. Die Bienenkönigin Helene VIII. verzeiht ihr und ernennt Maja zu ihrer Beraterin. Der Bienenjunge Willi, der heute bei den Kindern fast so beliebt ist wie Maja, ist keine von Bonsels erdachte Figur, sondern wurde später hinzugedichtet.

Das Buch, das noch im Kaiserreich entstand, ist vielfältig interpretiert worden. So hat man in der Darstellung des Bienenstaats mit dem strikten Prinzip der Pflichterfüllung die Enge der Gesellschaft im Kaiserreich sehen wollen. Majas Freiheitswille sowie ihr Drang nach Wissen und Welterfahrung stehen den starren Ordnungsprinzipien entgegen; Bonsels warnt in seinem Buch davor, solche Einzelgänger zu verurteilen. Dass Maja schließlich aus freien Stücken in den Bienenstaat zurückkehrt, um ihre Erfahrungen in dessen Dienst zu stellen und sich einzuordnen, ist von der Pädagogik unterschiedlich bewertet worden: Während die einen den Freiheitsdrang betonten, stellten andere die folgende Unterordnung in den Vordergrund.

Wirkung: Der Roman fand weltweite Verbreitung. 1972 und 1976 entstanden Trickfilme, die noch heute regelmäßig gezeigt werden. 2001 hatte ein Maja-Musical in Köln Premiere und ging von dort auf Tournee. Die Figur der Maja hat im Lauf der Zeit nichts von ihrer Anziehungskraft auf Kinder verloren. *N. B.*

Jorge Luis Borges 1981; ab Ende der 1950er Jahre war der Autor erblindet

Die wichtigsten Bücher von Jorge Luis Borges	
Universalgeschichte der Niedertracht, 1935	Sieben Geschichten von Schurken und Verbrechern fassen diese Figuren als immerwährende Inventarteile der Weltliteratur auf.
Geschichte der Ewigkeit, 1936	Die Essays dieses Bandes spielen, vom Platonismus ausgehend, mit Spekulationen, Lehrmeinungen und Paradoxien.
Sechs Probleme für Don Isidro Parodi 1942	Die gemeinsam mit Adolfo →Bioy Casares unter dem Pseudonym H. Bustos Domecq verfassten parodistischen Kriminalfälle werden durch reines Nachdenken von einem inhaftierten Detektiv gelöst.
Fiktionen 1944	Die erste der für Borges typischen Sammlungen aus 17 Texten spinnt literarische Traditionen weiter und spiegelt traumähnlich fantastische Ideen oder philosophische Fragen. →S. 140
Das Aleph 1949	Wiederum 17 meisterhafte Erzählungen meist fantastischer oder mythischer Art, darunter *Das Aleph* und *Der Zahir*.
Borges und ich 1960	Hier mischen sich Lyrik und kurze Prosa, in der Borges seine private Person von der des »Wortzauberers« hypothetisch trennt.
Lob des Schattens 1969	Der Gedichtband zeigt beispielhaft Themen, Motive und Formen von Borges' Lyrik in der Phase seiner endgültigen Erblindung.
David Brodies Bericht 1970	In elf lakonischen Erzählungen greift Borges auf frühe Sujets, Gaucho-Milieu und Vorstadtleben in Buenos Aires zurück.
Das Sandbuch 1975	Die Titelerzählung des Bandes mit 13 Texten greift bekannte Borges-Motive auf und spielt mit der Unendlichkeit der Literatur.

Borges, Jorge Luis

argentin. Schriftsteller

*24.8.1899 Buenos Aires, † 14.6.1986 Genf, Schweiz

📖 *Fiktionen*, 1944

Mit Gedichten, Essays und kurzen Erzähltexten, die philosophische Grundprobleme mit den Mitteln des Fantastischen reflektieren, wurde Borges ab den 1940er Jahren zu einem der bedeutendsten Autoren Lateinamerikas.

Als junger Mann hatte er mit seiner begüterten Familie in der Schweiz und in Spanien gelebt, ab 1921 in Argentinien zunächst versucht, den metaphernreichen Stil des Ultraismus Spaniens zu importieren und die einheimische Gaucho-Kultur literarisch zu stilisieren. Poetisch und menschlich fruchtbare Freundschaften schloss er mit Adolfo → Bioy Casares und den Schwestern Ocampo. Seine universelle Belesenheit wurde zum Fundament für weit reichende literaturtheoretische Überlegungen, die ihn zum Hauptvorläufer der Postmoderne machten.

Borges gab Anthologien über Fabelwesen und Traumliteratur sowie wie *Die Bibliothek von Babel* heraus. Sein Schreiben kreist um ein eng umrissenes Inventar unergründlicher Denkfiguren und Metaphern: Schatten und Spiegel, Dolch und Münze, Bibliothek und Labyrinth. Vom Diktator Juan Perón (1895–1974) unterdrückt, blieb Borges ein Geheimtipp, bis ihm 1955 die Leitung der Nationalbibliothek übertragen wurde, ironischerweise zu einer Zeit, als er rapide zu erblinden begann. Mit internationalen Ehren überhäuft, verließ er Argentinien mit seiner jungen Mitarbeiterin Maria Kodama, die er zwei Monate vor seinem Tod heiratete.

Biografien: H. Schlaffer, *Borges,* 1993; J. Woodall, *Borges. Der Mann im Spiegel seiner Bücher,* 1996.

Fiktionen

OT Ficciones **OA** 1944 **DE** 1959
Form Erzählungen **Epoche** Moderne

Mit dem Sammelband beginnt die Schaffensphase, durch die Jorge Luis Borges als Wortmagier schon zu Lebzeiten eine Legende wurde.
Entstehung: Die 17 Texte des Bandes entstanden nicht alle gleichzeitig. 1941 erschienen sieben von ihnen unter dem Titel der gleichnamigen Erzählung *Der Garten der Pfade, die sich verzweigen;* 1944 erweiterte Borges die Kompilation unter neuem Namen auf 14 Texte, 1956 fügte er drei weitere hinzu, darunter *Der Süden.*
Inhalt: Die Erzählungen geben vor, Sachtexte zu sein, fantastische Gedankenspiele, die eine irreale Grundannahme mit äußerster Präzision verfolgen. Die *Fiktionen* sind künstliche Realitäten ohne epische Ausgestaltung, ohne breite Schilderung, karg und exakt formuliert. Borges erfindet, wie in *Tlön, Uqbar, Orbis Tertius,* ganze Welten und gibt ihnen den Anstrich des Tatsächlichen, indem er sein »Wissen« als Lexikonartikel oder Bibliografie verkleidet. Er ersinnt Autoren mitsamt fiktiven Büchern wie in *Untersuchung des Werks von Herbert Quain* und *Pierre Menard, den*

Autor des »Quijote«. Das labyrinthische Denkmodell, in dem Erzählen und Zeit identisch scheinen, prägt u.a. die verschachtelte Geschichte *Der Garten der Pfade, die sich verzweigen.* Was wäre, wenn die Zeit nicht linear, sondern vielfach verflochten wäre, wenn man sie subjektiv anhalten könnte? *Das geheime Wunder* berichtet von einem Schriftsteller, dem in der Sekunde seiner Hinrichtung von Gott das Jahr geschenkt wird, das er für die Vollendung eines Dramas erbeten hat. Geradezu besessen ist Borges von George Berkeleys (1685–1753) These, das Sein basiere ganz auf dem Bewusstsein (eines anderen). Daraus erklärt sich die Pointe von *Die kreisförmigen Ruinen,* deren Protagonist einen Menschen erträumen will, aber selbst Traum eines mächtigeren Subjekts ist. Hinzu kommen spannende Spekulationen zwischen Mythologie, Philosophie und Religion. Borges schafft Metaliteratur, nennt Kollegen und sich selbst explizit; die Erzählerinstanz, wie sie die Philologie systematisch entwickelte, wird spielerisch in Frage gestellt.
Wirkung: Viele Autoren seit den 1980er Jahren beziehen sich respektvoll auf Borges wie Umberto → Eco, der ihm in *Der Name der Rose* als Jorge von Burgos ein parodistisches Denkmal setzt. Dass die gesamte Literatur in der endlos scheinenden, aber bezifferbaren Menge möglicher Buchstabenkombinationen enthalten ist, veranschaulicht in den *Fiktionen* die als Schlagwort berühmt gewordene *Bibliothek von Babel.* Parabelartig kann sie als Bild für das Universum gelesen werden. Dieses universelle Archiv wurde zur Denkfigur des Neostrukturalismus und der Postmoderne, die das Entstehen von Literatur aus Literatur und die Bedeutungslosigkeit des Autors hervorhoben. Deshalb sei es weder möglich noch nötig, Neues zu schaffen. Bis heute resultiert daraus die Akzentverlagerung vom Erfinden auf das Finden, vom Komponieren auf das Arrangieren.   *A. H.*

Jorge Luis Borges, *Fiktionen,* Umschlag der deutschsprachigen Ausgabe 1994

**Jorge Luis Borges
Fiktionen
Fischer**

Born, Nicolas

(eigtl. Klaus-Jürgen Born) dt. Schriftsteller
*31.12.1937 Duisburg
†7.12.1979 Bresse (Lüchow-Dannenberg)
📖 *Die Fälschung,* 1979

Nicolas Born gilt als einer der wichtigsten Vertreter der Neuen Innerlichkeit in der deutschen Literatur. Sein Werk ist bestimmt von der Auseinandersetzung mit dem Versuch, die Position des Individuums gegenüber einer Gemeinschaft zu orten.

Nach dem Volksschulabschluss und einer Lehre arbeitete Born bis 1963 als Chemiegraf in

Essen. Von Walter Höllerer (* 1922) eingeladen, ging er im selben Jahr als Stipendiat zum Literarischen Kolloquium nach Berlin und nahm 1965 an Tagungen der »Gruppe 47« teil. Seit der Veröffentlichung seines ersten Romans *Der zweite Tag* (1965) arbeitete er als freier Schriftsteller. 1967 erschien sein erster Lyrikband *Marktlage,* in dem Born Gedichte von isolierten Details seines Lebensraumes ohne Metaphern und Symbole gestaltet.

Der politisch engagierte Born gehörte mit zu den Autoren, die 1969 den Wahlkampf für Willy Brandt unterstützten, an dem Boykottaufruf gegen den Springer-Verlag teilnahmen wie auch 1968 am Internationalen Vietnam-Kongress in Berlin. Aktuelle Ereignisse jener Zeit nahm Born zum Anlass, politische Lyrik zu schreiben (*Wo mir der Kopf steht,* 1970).

1975 lehrte Born als Gastdozent für Gegenwartsliteratur an der Universität Essen und wurde Mitherausgeber des Literaturmagazins beim Rowohlt Verlag. 1976 wurde er mit dem Roman *Die erdabgewandte Seite der Geschichte* über zwei Menschen, die aufgrund ihrer verschiedenen Lebensrealitäten aneinander scheitern, auch einem größeren Publikum bekannt. Hier wie auch in dem 1979 veröffentlichten Roman *Die Fälschung* ist die Konfrontation von Innen- und Außenwelt der Charaktere und der daraus resultierende Identitätskonflikt beherrschendes Thema.

Die Fälschung

OA 1979 **Form** Roman **Epoche** Gegenwart

Der innere Konflikt im äußeren Konflikt, die verzweifelte Suche nach Identität des Individuums, ist das zentrale Thema des Romans *Die Fälschung.* Nicolas Born gelingt es, den Konflikt durch eine klare Sprache und anschauliche Bilder im Wechselspiel von Alltagswelt und Vorstellungswelt gegenwärtig zu machen.

Inhalt: Der Roman schildert den äußeren Weg des Georg Laschen, der während des Bürgerkrieges im Libanon in Begleitung des Fotografen Hoffmann nach Beirut reist. Der zeitliche Ablauf beschränkt sich auf etwa vier Wochen. Innerhalb der Berichte über die Fahrten durch das zerstörte Land, die Konfrontation mit den geschundenen Menschen, die Liebesgeschichte von Laschen und Ariane Nassar, einer Mitarbeiterin der deutschen Botschaft, ist der Roman wesentlich bestimmt von dem inneren Monolog, in dem Laschen seine Lebenssituation zu klären versucht. In diesem inneren Monolog versucht Laschen herauszufinden, wie er angesichts der Schrecken des Krieges in beruflicher und privater Hinsicht selbstverantwortlich wei-

terleben soll. Er empfindet das Lesbarmachen des Erlebten und Gesehenen – verbrannte Leichen, Erschießungen, Plünderungen, sterbende Leiber –, das »Zurechtschreiben« für den deutschen Leser in Hamburg als Fälschung. Indem er seinen Beruf aufgibt und zu seiner Frau und seinen Kindern zurückkehrt, kann er schließlich zu sich selbst finden. Dabei erscheint diese Rückkehr nicht als Happy End, sondern eher als unbekannter Weg mit unbekanntem Ziel.

Wirkung: Die Kritik verstand den Roman häufig allein als Abrechnung mit den gängigen Formen des Journalismus und übersah seine Bedeutung als Porträt einer Generation, die sich in den 1960er Jahren politisch engagiert hatte. *Die Fälschung* wurde 1981 als deutsch-französische Co-Produktion von Volker Schlöndorff mit Bruno Ganz (als Georg Laschen) und Hanna Schygulla verfilmt. Der Film gilt als gelungene Adaption der komplexen literarischen Vorlage. Es gelang Schlöndorff, die handelnden Personen als Menschen mit ihren Problemen mit sich selbst und untereinander sowie in ihrer Auseinandersetzung mit ihrem Umfeld (politischen Lage, gesellschaftliche Gegebenheiten) zu zeigen. *M. P. S.*

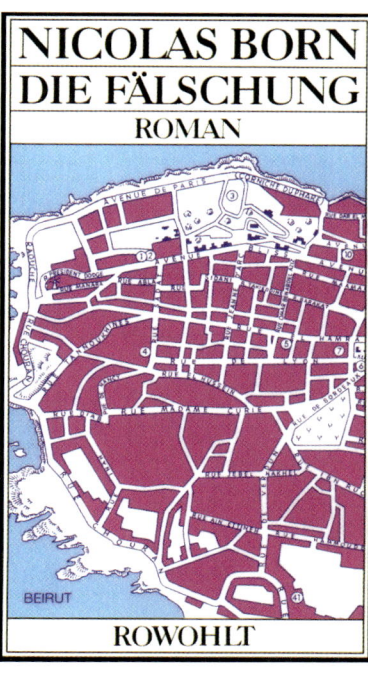

Nicolas Born, *Die Fälschung,* Umschlag der Originalausgabe 1979

Bruno Ganz (mit dem Maschinengewehr im Rücken) als Georg Laschen in der Verfilmung des Romans *Die Fälschung* von Nicolas Born (D/F 1981; Regie: Volker Schlöndorff).

Bote, Hermann

dt. Zollschreiber und Schriftsteller

*um 1465 ?, † um 1520 Braunschweig

📖 *Till Eulenspiegel*, 1510/11

Hermann Bote, *Till Eulenspiegel*, Titelblatt des Straßburger Drucks 1515

Der gemeinhin als Braunschweiger Zollschreiber titulierte Hermann Bote war ein produktiver Autor der bewegten Jahre kurz vor der Reformation (1517). In seinen Werken nahm er Partei für die alte Ständeordnung, die er gleichermaßen durch die an die Macht drängenden Zunft- und Gildenmeister wie durch den Egoismus des Patriziats bedroht sah.

Bote war der Sohn eines durch Heirat zum Meister und Ratsherrn in Braunschweig aufgestiegenen Schmiedegesellen. Da zeitgenössische Spottverse ihn als »Humpler« und »Umpenplump« bezeichnen, könnte er verwachsen und deshalb unfähig gewesen sein, den schweren Beruf eines Schmieds zu erlernen. So war Bote u.a. als Zollschreiber, Hogreve (Landrichter) und Verwalter des Braunschweiger Ratskellers tätig. Durch diese Arbeiten wie durch seine Veröffentlichungen machte er sich bei vielen verhasst und musste mehrfach Amtsenthebungen und Gefängnisstrafen erdulden. Mehrere Jahre lebte er in Lübeck.

Keines der ihm zugeschriebenen Werke hat Bote unter seinem Namen veröffentlicht. Aufgrund eines von ihm handgeschriebenen Zollverzeichnisses der Stadt Braunschweig konnte er aber als Autor mehrerer niederdeutscher Werke nachgewiesen werden: Von ihm stammen das *Radbuch* (eine Ständedichtung, 1492/1493), das *Schichtbuch* (eine Braunschweiger Stadtchronik, um 1510/14), *Der Köcher* (eine Spruchdichtung, um 1520) sowie zwei Weltchroniken. Seit 1971 gilt als gesichert, dass er nicht nur ein Bearbeiter, sondern der eigentliche Autor des (hochdeutsch geschriebenen) Volksbuchs von *Till Eulenspiegel* ist.

Literatur: H. Blume/W. Wunderlich (Hrsg.), *Hermann Bote. Bilanz und Perspektiven der Forschung*, 1982.

Till Eulenspiegel

OT Ein kurtzweilig lesen von Dyl Ulenspiegel geboren uß dem land zu Brunßwick. Wie er sein leben vollbracht hat **OA** 1510/11 **Form** Volksbuch **Epoche** Frühe Neuzeit

Mit *Till Eulenspiegel* schuf Hermann Bote den Prototyp des hemmungslosen Schalks und das langlebigste deutsche Volksbuch. Es ist nicht nur ein kritischer Spiegel der gesellschaftlichen Zustände um 1500, sondern zugleich eine vielschichtige Sammlung zeitloser Schwänke um menschliche Schwächen aller Art.

Entstehung: Das Volksbuch gliedert sich in 96 Historien, die chronologisch die Lebensgeschichte des angeblich im niedersächsischen Kneitlingen (bei Braunschweig) geborenen und 1350 im lauenburgischen Mölln gestorbenen Till Eulenspiegel erzählen. Belege für die Existenz der historischen Gestalt fehlen, doch geht die germanistische Forschung davon aus, dass Bote auf Schwänke zurückgriff, die um die Eulenspiegel-Figur kreisten und meist mündlich überliefert wurden. Bote hat sie ab etwa 1500 gesammelt, frei bearbeitet und zu einem eigenständigen literarischen Werk geformt.

Inhalt: Von Kindheit an treibt Till Eulenspiegel seine nicht selten bösartigen Späße mit allen, die seinen Weg kreuzen. Auf seinem unsteten Wanderleben entlarvt er die Ungerechtigkeit der Menschen ebenso gern wie er selbst ungerecht ist, zahlt er es den Bösen ebenso oft heim, wie er die Hilfsbereitschaft der Guten ausnutzt, schadet er den Reichen und Mächtigen ebenso sehr wie den Armen und Unterdrückten. Er geißelt Hochmut, Eitelkeit, Habgier, Scheinheiligkeit, Faulheit, Herrschsucht, Aberglaube, Selbstgefälligkeit, Bestechlichkeit, Scharlatanerie und macht dabei vor nichts und niemandem Halt.

Die beliebtesten »deutschen Volksbücher«	
Griseldis 1471	Das erste Volksbuch: Heinrich Steinhöwels Version einer Erzählung aus Giovanni → Boccaccios *Dekameron* über die grausame Treueprüfung einer braven Ehefrau ist bis heute lebendig.
Alexanderroman 1472	Der Roman des Münchner Arztes Johannes Hartlieb († 1468) nach einer lateinischen Vorlage ist eine der vielen Varianten der abenteuerlichen Lebensgeschichte Alexanders des Großen.
Melusine 1474	Der Berner Ratsherr Thüring von Ringoltingen (um 1415–1483) schuf nach dem französischen Versroman von Couldrette (1400) einen viel gelesenen Prosaroman um die zauberkundige Meerfee.
Herzog Ernst 1476	Die spannungsreiche »Empörergeschichte«, eine frühe deutsche Historien- und Kreuzfahrerdichtung (1170/80) in gereimten Versen, erfuhr mehrere volkstümliche Prosabearbeitungen.
Fortunatus 1509	Der erste bürgerliche Familienroman (von einem Augsburger Anonymus) erzählt vom rechten Umgang mit Glück und Reichtum und wurde zum literarischen Höhepunkt der deutschen Volksbuchliteratur.
Till Eulenspiegel 1510/11	Das erste der deutschen Schwankbücher erzählt von den Streichen des berühmtesten Schalks der europäischen Literatur. → S. 142
Die schöne Magelone 1535	Zugleich orientalischen und provenzalischen Ursprungs ist die höfische Liebesgeschichte, die der Prosaroman des sächsischen Diplomaten Veit Warbeck (1490–1534) erzählt.
Faust 1587	Die anonyme *Historia von D. Johann Fausten* ist das erste Buch über den historischen Schwarzkünstler Faust aus Knittlingen (1480? bis 1538?) und Keimzelle der Faust-Literatur in aller Welt.
Die Schildbürger 1598	Aus den närrischen Helden des *Lalebuchs* (1597) wurden in der zweiten Ausgabe der beliebten Schwanksammlung die Schildbürger mit ihren absurd komisch wirkenden Streichen.

Eulenspiegels bevorzugte Waffe ist die Sprache: Er nimmt einen Auftrag, eine Redensart oder einen Fachbegriff wörtlich und deckt die Diskrepanz zwischen Gemeintem und Gesagtem auf. Wenn er seine Mitmenschen aufs Kreuz legt, ernten diese nicht nur Spott, sondern erleiden auch körperliche oder materielle Schädigung. Meist gelingt es Eulenspiegel, sich einer Bestrafung zu entziehen, denn »welcher thut das man in heißt, der würt nit geschlagen« (Historie 43).

Eulenspiegel kann in der Maske des Schalks rücksichtslos die Missstände seiner Zeit bloßlegen und so – im Sinne Botes – die Unstimmigkeit zwischen Anspruch und Wirklichkeit der Ständegesellschaft offenbaren. Bote schien nicht mehr überzeugt von der Wirksamkeit einer sachlichen Gesellschaftsbeschreibung, wie er sie fast 20 Jahre zuvor mit dem *Radbuch* vorgelegt hatte. Seine neue Bestandsaufnahme sollte durch Ironie und Überspitzung entlarven und so Bewusstsein schaffen für die Notwendigkeit, dem von ihm konstatierten Verfall der Ordnung Einhalt zu gebieten.

Wirkung: Der Erfolg des *Till Eulenspiegel* setzte kurz nach den Straßburger Erstdrucken ein: Allein im deutschen Sprachraum sind für das 16. Jahrhundert bereits 35 Ausgaben nachweisbar. Parallel wurde das Volksbuch in die Hauptsprachen Europas übersetzt. Der Eulenspiegel-Stoff ist seit seiner Veröffentlichung mehr als 500mal dichterisch bearbeitet worden, die berühmteste Fassung stammt von dem Flamen Charles de → Coster (*Die Legende von Ulenspiegel*, 1868). Auch im Kinder- und Jugendbuch hat die (allerdings »gereinigte«, auf die Komik der Wortspiele reduzierte) Eulenspiegel-Figur Karriere gemacht: Seit Mitte des 18. Jahrhunderts wurde der Stoff weit über 250mal »für die Jugend« bearbeitet. *U. H.*

Bowles, Paul

US-amerikan. Schriftsteller und Komponist

*30.12.1910 Long Island, †18.11.1999 Tanger

📖 *Himmel über der Wüste*, 1949

Paul Bowles zählt zu den bedeutendsten Vertretern des literarischen Existenzialismus. im englischsprachigen Bereich. Im Mittelpunkt seiner nur vier Romane stehen der westlichen Zivilisation überdrüssige Amerikaner, die ihre innere Leere durch Flucht in den Rausch der Exotik zu überwinden suchen. Die bedrohliche Schönheit der Landschaft Nordafrikas bzw. Südamerikas bietet jedoch keine Erlösung. Der zunehmende Orientierungsverlust treibt die Figuren unaufhaltsam in die Selbstzerstörung.

Die wichtigsten Bücher von Paul Bowles	
Himmel über der Wüste 1949	In Nordafrika glauben Port und Kit Moresby sich selbst wiederfinden den und ihre Ehe retten zu können, doch die Reise wird für das Paar zum Verhängnis. → S. 143
So mag er fallen 1952	Nelson Dyar entflieht der Leere seines New Yorker Bankangestellten-Daseins und verliert sich im Tanger der späten 1940er Jahre in einem Labyrinth aus Intrigen.
Das Haus der Spinne 1955	Im marokkanischen Fes geraten der Schriftsteller John Stenham, die Touristin Polly und der junge, strenggläubige Marokkaner Amar in die blutigen Wirren des Aufstands von 1954.
Gesang der Insekten, 1966	Der Arzt Dr. Slade und seine junge Frau reisen nach Südamerika. Zu spät bemerken sie, dass sie in ein tödliches Netz geraten sind.

Bowles publizierte 1928 Gedichte in der französischen Avantgarde-Zeitschrift *transition* und komponierte ab 1930 vorwiegend Bühnenmusik, u.a. für Orson Welles und Tennessee Williams. 1938 heiratete er die lesbische Schriftstellerin Jane Auer, mit der er bis zu deren Tod (1973) zusammenlebte. Nach ausgedehnten Reisen durch Europa, Nordafrika und Lateinamerika veröffentlichte er ab 1944 regelmäßig Erzählungen und 1949 seinen ersten Roman, *Himmel über der Wüste*. Ab 1947 lebte Bowles in Tanger, wo er die Geschichten marokkanischer Erzähler, die weder lesen noch schreiben gelernt hatten, aufzeichnete und übersetzte, allen voran die seines späteren Lebensgefährten Mohammed Mrabet in über zehn Bänden.

Biografien: P. Bowles, *Rastlos*, 1990; R. Briatte, *Paul Bowles*, 1991.

Dieter Arendt in *Eulenspiegel, ein Narrenspiegel der Gesellschaft* (1978):

Eulenspiegel ist als schadenfroher Schalk zugleich ein ungebundener Gaukler und Vagant, sein Ethos ist nicht nur vage, sondern in doppelter Hinsicht gefährlich: Der böse Schalk richtet nicht nur Schaden an und ist als warnendes Exempel aus der Position des christlichen Glaubens zu verurteilen, seine bösartige Lust ist sogar ansteckend, weil angelegt in jedem Menschen.

Himmel über der Wüste

OT The Sheltering Sky
OA 1949 **DE** 1952 **Form** Roman **Epoche** Moderne

In *Himmel über der Wüste* hat Paul Bowles bereits das Thema vorgegeben, das ihn auch in seinen weiteren Romanen beschäftigte: die Suche des von der Zivilisation gelangweilten Menschen nach Wahrhaftigkeit. Doch die Ver-

John Malkovich als Port Moresby und Debra Winger als seine Frau Kit (r.) in der Verfilmung des Romans *Himmel über der Wüste* von Paul Bowles (GB 1989/90; Regie: Bernado Bertolucci)

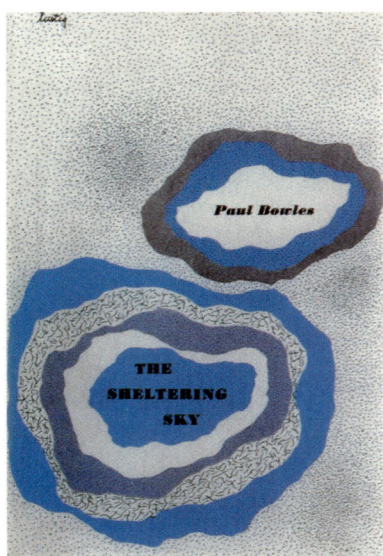

Paul Bowles, *Himmel über der Wüste*, Umschlag der Originalausgabe 1949

Paul Bowles in seiner Autobiografie *Rastlos* über seine erste Reise nach Tanger, zu der ihn Gertrude Stein 1931 in Paris ermuntert hatte:

Die Reise nach Marokko sollte eine Erholung sein, ein Jux, ein kurzes Gastspiel. Die Idee entsprach meiner Sehnsucht, New York so weit wie möglich zu entfliehen. Da ich keine Ahnung hatte, was mich erwartete, war ich vollkommen unbefangen. Man hatte mir gesagt, irgendwo würde es ein Haus geben, irgendwie ein Klavier und jeden Tag Sonne. Das schien mir genug.

heißungen von Abenteuer, Rausch und Erotik sind trügerisch. Sie vermögen die kranken Seelen, deren Zustand sich in der kargen, trockenen Wüste spiegelt, nicht zu heilen. Der Grenzübertritt – hier zur islamisch-orientalischen Welt – hat aber fatale Konsequenzen: Wer ihn überlebt, ist nun auch seiner letzten Illusion beraubt: »Der schützende Himmel« (so der englische Originaltitel) bietet keinen Schutz mehr.

Entstehung: Anfang 1947 war Bowles der »Gebrauchsmusik«-Produktion überdrüssig und plante, einen Band mit Erzählungen herauszugeben, erhielt vom Verlag jedoch einen Vertrag für einen Roman. Er beschloss, in Marokko zu schreiben, und begann in Fes mit der Arbeit, die er auch während mehrerer Reisen fortsetzte. In Tanger probierte er das Rauschmittel Majoun und fühlte sich dadurch erstmals in der Lage, den Tod einer seiner Hauptfiguren (Port Moresby) zu schildern. Während einer neun Monate währenden Exkursion durch die algerische Sahara schrieb er in abgelegenen Karawansereien.

Dem Verlag geriet der Roman zu nihilistisch. Daraufhin publizierte Bowles ihn in London in einer Auflage von 4000 Exemplaren. Obwohl von der Kritik positiv aufgenommen, wurde das Buch erst im Lauf der Jahre zum Erfolg.

Inhalt: Erzählt wird die Geschichte einer Reise durch die algerische Sahara. Kit und Port Moresby, ein Paar ohne Ziel und Verpflichtungen, sind seit zwölf Jahren verheiratet, mögen und achten sich, haben sich jedoch auch längst verloren. Die gemeinsame Exkursion ist der Versuch einer Wiederbelebung ihrer erloschenen Liebe, der jedoch schon zu Anfang durch die Anwesenheit des jüngeren Tunner, von dem sich Kit angezogen fühlt, zum Scheitern verurteilt ist. Port lässt sich noch vor dem Aufbruch in die Wüste mit einem einheimischen Mädchen ein. Als eine verschrobene Reiseschriftstellerin und ihr Sohn den Moresbys zwei Plätze in ihrem Wagen nach Boussif anbieten, beschließt Kit, zusammen mit Tunner den Zug zu nehmen und schläft mit ihm, während Port den bequemeren Weg mit dem Auto wählt.

Der weitere Verlauf der Reise gerät zum Albtraum: Port erkrankt an Typhus und stirbt, Kit schließt sich der Karawane zweier arabischer Händler an, wird von ihnen vergewaltigt und findet sich schließlich im Harem des Jüngeren wieder, dem sie in ihrer Flucht in den Sex hörig wird. Als der das Interesse an ihr verliert, verliert sie den Verstand und flieht zurück an die Küste, doch die Rückkehr nach Amerika ist ihr nicht mehr möglich: Kit hat jeden Bezug zu ihrem früheren Leben verloren.

Wirkung: Das Werk wurde häufig als Schlüsselroman mit Bezügen zur Ehe von Jane und Paul Bowles interpretiert, wogegen sich der Autor stets verwahrte. *Himmel über der Wüste* und der ebenfalls erfolgreiche Roman *So mag er fallen* machten ihn in den 50er Jahren zur Kultfigur der Beatniks. Beat-Schriftsteller wie William S. → Burroughs, Allen Ginsberg und Jack → Kerouac, denen er oft unzutreffend zugerechnet wurde, aber auch Truman → Capote und Tennessee Williams folgten ihm nach Tanger. Doch nur Bowles blieb und geriet langsam in Vergessenheit. Bernardo Bertoluccis bildgewaltige Verfilmung von *Himmel über der Wüste* (1989/90) mit John Malkovich und Debra Winger bewirkte eine Wiederentdeckung seiner Hauptwerke. Bowles selbst trat im Film in einem Café sitzend als Off-Erzähler auf. *A. C. K.*

Boyle, T(homas) Coraghessan

US-amerikan. Schriftsteller

*2.12.1948 Peekskill (New York)

📖 *World's End*, 1987

Thomas Coraghessan Boyle gilt wegen seines schwarzen Humors und der extravaganten Themenwahl als Enfant terrible der US-Gegenwartsliteratur.

Boyle stammt aus kleinbürgerlichem Milieu. Die Großeltern flüchteten vor Hunger und Gewalt aus Irland in die USA, sein Vater war Busfahrer, seine Mutter Sekretärin. Als Jugendlicher legte sich Boyle seinen Fantasienamen Coraghessan zu. Nach dem Musikstudium am College in Potsdam (New York), kurzer Zeit als Lehrer und privaten Krisen mit Drogenexzessen begann er an der Iowa State University ein Literaturstudium. Seine Dissertation, eine Sammlung von Kurzgeschichten, erschien 1979 unter dem Titel *Descent of Man*. Seit 1978 lehrt Boyle an der University of Southern California in Los Angeles, seit 1986 als Englisch-Professor.

Einen Sensationserfolg feierte Boyle 1987 mit seinem Roman *World's End*, einem schwarzhumorigen, bizarren Panorama von 300 Jahren nordamerikanischer Geschichte. Sein Roman *Wassermusik* (1987) verquickt das Leben des englischen Afrikaforschers Mungo Park mit dem eines kriminellen Überlebenskünstlers. Im Roman *Der Samurai von Savannah* (1990) löst ein illegal in die USA gekommener Japaner in einer Künstlerkolonie rassistische Reaktionen aus. *Willkommen in Wellville* (1993) ist eine derbe Satire auf den Gesundheitswahn, der Roman *América* (1996) widmet sich erneut dem Thema illegaler Einwanderung. Zuletzt erschienen auf Deutsch der Erzählband *Fleischeslust* (1999) und der Roman *Ein Freund der Erde* (2001).

Literatur: M. Schröder, *Nice guys finish last: Sozialkritik in den Romanen von T. Coraghessan Boyle*, 1997.

World's End

OT World's End
OA 1987 DE 1989 **Form** Roman **Epoche** Moderne

Das bitterböse Epos über zwei verfeindete Einwandererfamilien und ihr Verhältnis zu den indianischen Ureinwohnern im Nordosten der USA umspannt 300 Jahre Geschichte. Mit schwarzem Humor und überbordender Fabulierlust schildert Boyle die feudalen, antidemokratischen Ursprünge der US-Gesellschaft und deren Fortwirken bis in die jüngste Gegenwart.
Inhalt: In wechselnden Kapitelblöcken erzählt *World's End* die Geschichte der Grafschaft Westchester nördlich von New York im 17. und 20. Jahrhundert. Im Zentrum stehen zwei aus den Niederlanden eingewanderte Familien, die Großgrundbesitzer van Wart und die verarmten van Brunts, die für sie arbeiten müssen, weil die van Warts für sie die Seereise bezahlt haben. In beiden Jahrhunderten verraten Angehörige der van Brunts ihre Sippschaft und müssen dafür teuer bezahlen. Ein dritter Erzählstrang verfolgt das Schicksal des Indianerstammes der Kitchawanken, der durch Blutsbande mit beiden »bleichgesichtigen« Familien verbunden ist.
Aufbau: *World's End* folgt musikalischen Kompositionstechniken, der Autor nennt den vielstimmigen Roman »eine historische Fuge«. Boyle nimmt ein erzählerisches Grundthema auf, verfolgt es mit Einschüben, Variationen und Abweichungen kontrapunktisch weiter und kehrt immer wieder zum Ursprung zurück. Die Lebens- und Leidensgeschichten von rund 60 Figuren überschneiden sich. Im 17. Jahrhundert stehen sich entrechtete Indianer, bodenständige Farmer und gerissene Kaufleute gegenüber. Im 20. Jahrhundert kämpfen linksgerichtete Hippies gegen religiöse Fanatiker und bornierte Patrioten. Frauen opfern sich aus Liebe oder verraten sie, Söhne verachten ihre Väter, Freunde liefern sich den Erzfeinden aus. Den historischen Wandel, so Boyle, durchzieht tragische Kontinuität: Menschen verstricken sich unabwendbar in Schuld, Geschichte wirkt in ihren Mythen bis in die Gegenwart, die Gewalt der Mächtigen bestimmt Leben und Tod der Besitzlosen. Mit surrealer Fantasie und un-

Hauptfiguren in »World's End« von T. Coraghessan Boyle

■ **17. JAHRHUNDERT**
Jeremias van Brunt: Der jüngste Sohn des Sippengründers begehrt als Erster gegen die Gutsbesitzerfamilie van Wart auf, wird aber brutal zurückgestoßen.
Katrinchee van Brunt: Die Schwester von Jeremias hat mit dem Indianer Mohonk (Mohewoneck) einen Sohn. Sie wird von Weißen und Roten zugleich geächtet.
Wouter van Brunt: Um seine Haut zu retten, liefert der Sohn Jeremias' seinen halbindianischen Cousin Jeremy Mohonk dem Henker der van Warts aus.
Jeremy Mohonk (Squagganeek): Der Mischling ist das erste Blutsband zwischen den Kitchawanken und den van Brunts.
■ **20. JAHRHUNDERT**
Truman van Brunt: Der Kommunist wechselt 1949 zu rechten Patrioten. Er ist schuldig am Tod seiner Frau und flieht nach Alaska ans »Ende der Welt« (World's End).

Walter van Brunt: Der Hippie und Träumer ist der Sohn Trumans. Er verliert 1968 durch zwei Motorradunfälle beide Füße und stellt seinen Vater in Alaska zur Rede.
Rombout van Brunt: Der elfte Erbe der Gutsbesitzer büßt 1929 beim Börsenkrach sein Vermögen ein. Er ist rücksichtslos bei indianischen Besitzansprüchen.
Depeyster van Wart: Der Sohn Rombouts ist ein erfolgreicher Geschäftsmann mit einer untreuen Gattin. Sein sehnsüchtig erwarteter Erbe erweist sich als Sohn seines indianischen Erzfeindes Jeremy Mohonk.
Jeremy Mohonk: Der »Letzte der Kitchawanken« zeugt einen Sohn mit der Frau seines verhassten Feindes, Depeyster van Wart.
Tom Crane: Der Freund Walter van Brunts ist ein idealistischer Umweltschützer. Er wird von Walter verraten, der dafür mit seinem Leben bezahlt.

gehemmter Freude am Detail liefert Boyle aus verschiedenen Perspektiven eine dunkle Lesart der amerikanischen Geschichte, nach der die Nachfahren die Sünden der Ahnen wiederholen.
Wirkung: *World's End* erhielt zahlreiche Auszeichnungen, darunter 1988 den PEN-Faulkner-Award. Motive und Themen erinnern an große amerikanische Erzähler wie James F. → Cooper, William → Faulkner, Washington → Irving und Mark → Twain. Der Roman machte den exzentrischen Autor außerhalb der USA bekannt und wurde in mehr als ein Dutzend Sprachen übersetzt. *B. B.*

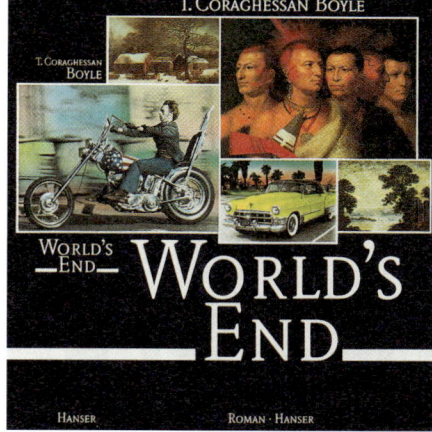

Thomas Coraghessan Boyle, *World's End*, Umschlag der deutschsprachigen Erstausgabe 1989

Bradbury, Ray

US-amerikan. Schriftsteller
*22.8.1920 Waukegan (Illinois)
📖 *Fahrenheit 451*, 1953

Ray Bradbury ist einer der bedeutendsten Science-Fiction-Autoren des 20. Jahrhunderts, der mit seinen Kurzgeschichten und Romanen ein Millionenpublikum fand und das Genre gesellschafts- und technologiekritisch weiterentwickelte. Er arbeitete seit 1943 als Schriftsteller und publizierte zahlreiche Kurzgeschichten in Zeitschriften, bevor er 1947 eine erste Sammlung unter dem Titel *Dark Carnival* herausgab. Zu seinen bekanntesten Werken gehören die Erzählungsbände *Die Mars-Chroniken* (1950), *Der illustrierte Mann* (1951) und *Die goldenen Äpfel der Sonne* (1953) sowie die Romane *Fahrenheit 451* (1953), *Das Böse kommt auf leisen Sohlen* (1962) und *Der Tod ist ein einsames Geschäft* (1985).

Bradbury schrieb auch Theaterstücke und Drehbücher und wurde für seinen Zeichentrickfilm *Ikarus Montgolfier Wright* für den Oscar nominiert. Den Fernsehpreis Emmy erhielt er für das TV-Spiel *Der Halloween-Baum*.

Fahrenheit 451

OT Fahrenheit 451
OA 1953 **DE** 1955 **Form** Roman **Epoche** Moderne

Fahrenheit 451 gehört mit Aldous →Huxleys *Schöne neue Welt* und George →Orwells *1984* zu den großen Negativ-Utopien der Moderne.
Inhalt: Im totalitären Amerika der Zukunft haben das allgegenwärtige Fernsehen und das Verbot jeglicher Bücher eine entindividualisierte, denkfreie, gleichgültige Massengesellschaft geschaffen. Die Feuerwehr löscht keine Brände mehr, sondern vernichtet gefundene Bücher mit einer 451 Grad Fahrenheit heißen Kerosinlösung. Feuerwehrmann Guy Montag beginnt, immer stärker an diesem System zu zweifeln und wird, ermutigt von der jungen Clarisse Mc Clellan, bald zum Anarchisten: Er nimmt unerlaubt bei Einsätzen Bücher mit nach Hause und beginnt zu lesen. Auch der indirekte Druck seines Vorgesetzten Captain Beatty, der den Sachverhalt ahnt, bringt ihn nicht mehr von der Idee ab, von nun an Bücher zu retten. Mit Hilfe seines Freundes Faber, eines ehemaligen Literaturdozenten, geht Montag in den Untergrund. Als seine ihm längst völlig entfremdete Frau Mildred ihn bei der Feuerwehr denunziert, tötet er in einer dramatischen Begegnung Captain Beatty und flieht aus der von einem Atomkrieg bedrohten Stadt. In einem ländlichen Idyll trifft er auf eine Gruppe von Männern, denen er sich anschließt. Jeder hat einen Text der Weltliteratur memoriert und ist Teil eines weltumspannenden, personifizierten kulturellen Gedächtnisses, das in die Zukunft getragen wird.

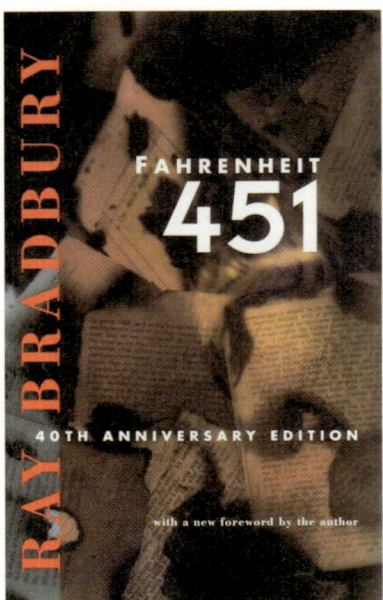

Ray Bradbury, *Fahrenheit 451*, Umschlag der Jubiläumsausgabe 1993

Aufbau: Durch seine Konzentration auf wenige Charaktere erhält der Roman trotz gesamtgesellschaftlicher Aussage eine fast kammerspielartige, dichte Atmosphäre. Montag muss sich zwischen zwei Männern und zwei Frauen entscheiden: seiner emotionslosen Frau Millie oder der träumerischen Clarisse, seinem charismatischen Vorgesetzten Beatty oder dem stillen Mentor Faber. Beide Male wählt er den unkonventionellen, gefährlichen Weg. Der Roman ist in drei etwa gleich lange Teile untergliedert, die der inneren Entwicklung Montags entsprechen: Der erste Teil schildert seine zunehmende Entfremdung von seiner Arbeit bei der Feuerwehr, im zweiten Teil nimmt Montag Kontakt zu Faber auf und ergreift offensiv Partei für die Bücher. Der dritte Teil schildert seinen Weg hinaus aus der totalitären Gesellschaft zur Idealgesellschaft der »Büchermenschen«. Hier findet die Dystopie (Stichwort →S. 197) Bradburys doch ein hoffnungsvolles Ende. Der Roman ist durchzogen vom Leitmotiv des Feuers, dem früheren Symbol menschlichen Wissens- und Schaffensdrangs (Prometheus), das zur zerstörerischen Macht geworden ist. Doch wie der Vogel Phönix entsteigt die Literatur der Asche einer zerstörten Stadt in Gestalt von Menschen, die das kulturelle Erbe weitertragen.
Wirkung: Der Roman begründete Bradburys Ruf als »großer Dichter« (Wystan H. →Auden). Zur Bekanntheit trug 1966 die Verfilmung von François Truffaut bei mit Oskar Werner als Montag und Julie Christie als Clarisse. *E.H.*

Bräker, Ulrich

deutschsprachiger Schweizer Schriftsteller

* 22.12.1735 Näbis im Toggenburg (Sankt Gallen)

† 11.9.1798 Wattwil (Sankt Gallen)

📖 *Der arme Mann im Tockenburg*, 1789

Ulrich Bräker nimmt in der Literaturgeschichte eine Sonderstellung ein, da er, wie der Literaturhistoriker Hans Mayer (1907 bis 2001) hervorhob, der erste »plebejische Schriftsteller« deutscher Sprache war.

Bräker wurde 1735 im Kanton Sankt Gallen als Kind armer Bauern geboren. Seine Jugend verbrachte er ohne Schulbildung als Hirtenjunge und Tagelöhner. 1754 wurde Bräker von betrügerischen Werbern in das Söldnerheer Friedrichs des Großen gepresst, desertierte aber nach der ersten Schlacht bei Lobowitz (1756).

Zurück in der Schweiz, wurde Bräker Kleinbauer und Wollhändler, konnte seinen Lebensunterhalt jedoch nur äußerst mühevoll bestreiten. Er las und schrieb, um den drückenden Lebensumständen zu entfliehen. Eine Preisschrift trug ihm 1776 die Mitgliedschaft in einer »Moralischen Gesellschaft« ein, wodurch Bräker Zugang zur Bücherei der Gesellschaft erhielt und autodidaktische Studien betreiben konnte. Es folgte die Veröffentlichung kleiner Texte, 1789 wurde das Tagebuch publiziert. Bräkers materielle Verhältnisse verbesserten sich trotz der literarischen Erfolge nicht; kurz vor seinem Tod musste er seine Zahlungsunfähigkeit melden.

Biografie: H. Böning, *Ulrich Bräker. Der arme Mann aus dem Toggenburg. Eine Biografie,* 1998.

Ulrich Bräker mit seiner Frau Salome (Druck nach einem zeitgenössischen Gemälde des deutschen Malers Johann Christian Reinhard)

Der arme Mann im Tockenburg

OA 1789
Form Autobiografie **Epoche** Pietismus/Aufklärung

Ulrich Bräkers Autobiografie, bestehend aus seinen Tagebüchern, beschreibt die Lebenswirklichkeit einer breiten Bevölkerungsschicht, die in der bildungsbürgerlichen Literatur des ausgehenden 18. Jahrhunderts entweder idealisiert oder ignoriert wurde.

Entstehung: Bräker begann 1781 als 45-Jähriger mit der Niederschrift seiner »Lebensgeschichte und natürlichen Ebentheuer«. Ohne literarische Ambitionen, »zusammengeflickt« aus den »kuderwelschen Papieren« seines 4000 Seiten umfassenden Tagebuchs, beabsichtigte er eine wirklichkeitsgetreue Dokumentation seiner Erlebnisse und Empfindungen. An eine Veröffentlichung dieser »Kritzeleien«, die ihm Ablenkung von den drückenden materiellen Sorgen und dem unfrohen Eheleben gewährten, dachte er nicht.

Durch einen Zufall gelangte der Pfarrer des Ortes 1785 an die Aufzeichnungen und schickte sie nach der Lektüre an den Verleger Johann Heinrich Füßli in Zürich. 1788/89 wurden in der Zeitschrift *Schweizermuseum* die ersten Abschnitte aus Bräkers Autobiografie veröffentlicht und fanden große Beachtung.

Inhalt: Die Lebenserinnerungen von Bräker, für die der Pfarrer Martin Imhof ein Geleitwort verfasste, berühren alle Bereiche eines ebenso erfahrungs- wie entbehrungsreichen Lebens und beginnen mit Kindheitserinnerungen, dem Verhältnis zum Vater und den Nachbarn sowie den Beschreibungen der ärmlichen Lebensumstände. Im Anschluss berichtet Bräker von seiner Zeit als Hirte, seinen Erlebnissen im preußischen Söldnerheer, seiner Tätigkeit als Salpetersieder und als hausierender Garn- und Tuchhändler. Er erzählt die Liebesgeschichte mit dem Aennchen, reflektiert aber auch über theologische und weltliche Fragen, über das Wohlleben der Großen und das Los der Kleinen.

Wirkung: Das bürgerliche Lesepublikum der zweiten Hälfte des 18. Jahrhunderts besaß eine Vorliebe für autobiografische Werke, für Briefromane und psychologische Deutungen. Durch sprachliche Ausdruckskraft gelingt es Bräker, dem Leser sowohl die Glücksmomente wie auch die Notsituationen dieses Lebens zu veranschaulichen, ohne wie andere zeitgenössische Autoren aus der unteren Bevölkerungsschicht in einen larmoyanten Ton zu verfallen.

Bräkers Lebensgeschichte wurde im gesamten deutschen Sprachraum bekannt. Der Literaturkritiker und Verleger Friedrich Nicolai (1733 bis 1811) würdigte die »Szenen aus der schlichten Natur«. Die Wertschätzung bürgerlicher Kreise galt Bräkers poetischer Kraft, auch wenn diese Anerkennung gelegentlich nicht frei von Standesdünkel war.

Hans Mayer in *Das unglückliche Bewusstsein. Zur deutschen Literaturgeschichte von Lessing bis Heine* (1989) über *Der arme Mann im Tockenburg* von Ulrich Bräker:

Nüchternheit, Kraft des Wortes, Lauterkeit des Gefühls, Schärfe der Beobachtung machen Bräkers berühmtes Buch nach wie vor zu einem der wichtigsten poetischen und kulturhistorischen Dokumente der damaligen Zeit.

Die Shakespeare-Studien von Ulrich Bräker

Shakespeare-Erlebnis: 1780 entlieh Ulrich Bräker aus der Gesellschaftsbibliothek die zwölfbändige Shakespeare-Ausgabe, die er gründlich studierte. Der Shakespeare-Kommentar, den er nach der Lektüre verfasste, ist sowohl scharfsinnig als auch unbeeinflusst von literarischen Moden. Er hält den bäuerlich-plebejischen Ursprung des Autors insofern die Treue, als dieser die Stücke weniger als Kunsterlebnisse behandelt, sondern sie vielmehr fast wie Wirklichkeitserfahrungen interpretiert.

Shakespeare-Kommentar: Obwohl Bräker weder → Goethes noch Johann Gottfried Herders (1744–1803) Shakespeare-Auffassung kannte, stimmt er doch bis in die Formulierungen hinein mit Goethes Auffassung vom »Naturgenie« überein.

Die Interpretation der einzelnen Stücke ist realistisch-bäuerlich. Im Drama *Der Sturm* genießt Bräker die Komposition, aber die Gestalt Prosperos ist ihm ebenso fremd wie die Liebesraserei eines Romeo. Feierliche Hohlköpfe wie den Haushofmeister Malvolio, alberne Schwätzer wie die Gerichtsdiener Holzapfel und Schlehwein kennt er dagegen zur Genüge; er hatte selbst mit Typen wie ihnen zu tun. Am meisten gefallen ihm die Tragödien *Julius Cäsar, König Lear* und *Hamlet*, wobei seine Interpretation sich der damals herrschenden Ansicht gelegentlich entgegenstellt.

Von der Nachwelt wurde das Werk lange Zeit ignoriert. Herman Grimm, der Sohn von Wilhelm →Grimm, wies auf die einzigartige Bedeutung der Lebenserinnerungen und der →Shakespeare-Studien Bräkers hin, Gustav → Freytag wählte die Passagen über das friderizianische Preußen, um sie in seinen *Bildern aus der deutschen Vergangenheit* (1859) den heroisierenden Schilderungen Friedrichs des Großen gegenüberzustellen.

In den Literaturgeschichten des 19. Jahrhunderts ist Bräkers Name nur selten aufgeführt; gelegentliche Erwähnungen sind stets in gönnerhaftem Ton gehalten. Wenn seine Stellung in der Literaturgeschichte heute unumstritten ist, so ist das primär der Verdienst von Hans Mayer. *K. L.*

Auszug aus dem
Warschauer Tagebuch
von Kazimierz Brandys

Falls ich die wichtigsten Erscheinungen in der Geschichte unseres Zeitalters nennen sollte, würde ich sagen: die römische Kirche, die Reformation, der Sozialismus. Ich würde hinzufügen, dass dies die historische Dreifaltigkeit ist, die meinen Begriff von Christentum umreißt.

Brandys, Kazimierz

poln. Schriftsteller

* 27.10.1916 Lodz, † 11.3.2000 Paris

📖 *Warschauer Tagebuch. Die Monate davor*, 1981–87

Im Mittelpunkt der Romane und Tagebücher von Kazimierz Brandys steht das Verhältnis des polnischen Intellektuellen zu Geschichte und Macht. Sein Werk bezeugt exemplarisch das Schicksal Polens im 20. Jahrhundert.

Brandys, Spross einer jüdischen Familie aus Lodz, beendete 1939 sein Jurastudium in Warschau, wo er während des Zweiten Weltkriegs einer kommunistischen Studentengruppe angehörte. Sein literarisches Schaffen gliedert sich in zwei Phasen: Vom Debütroman *Das Holzpferd* (1946) bis Mitte der 1950er Jahre waren seine Werke, darunter auch der Roman *Bürger* (1954), dem sozialistischen Realismus verhaf-

tet. Mit der Erzählung *Die Verteidigung Granadas* (1956, dt. 1959), einem der Hauptwerke der »Tauwetter«-Periode in Polen, begann seine Wandlung zum Dissidenten. 1966 gab Brandys sein Parteibuch zurück, ab Anfang der 1970er Jahre war er in der Opposition aktiv. Von der Verhängung des Kriegsrechts in Polen 1981 erfuhr Brandys in den USA, ab 1983 lebte er in Paris.

Warschauer Tagebuch. Die Monate davor

OT Miesiące
OA 1981–87, 4 Bde. **DE** 1984 (Bde 1 und 2 gekürzt)
Form Tagebuch **Epoche** Moderne

Das *Warschauer Tagebuch* von Kazimierz Brandys ist eines der wichtigsten literarischen Zeugnisse der Oppositionsbewegung im sozialistischen Polen in den 1970er und 80er Jahren.
Inhalt: In einer Mischung aus alltäglicher Beobachtung, literarischem Exkurs und politisch-humanistischer Reflexion schreibt Brandys über Geschichte, Kultur, Politik und Privatleben. Die Schilderung aktueller Ereignisse dient als Folie für die Gestaltung der drei für Brandys' Werk typischen Leitmotive: Zweiter Weltkrieg, Stalinismus und die innenpolitische Krise in Polen Anfang der 1980er Jahre.

In den ersten beiden Bänden des *Warschauer Tagebuchs* (1978 / 81) greift Brandys auf persönliche Erfahrungen zurück. Ab Anfang der 1970er Jahre Mitglied der demokratischen Opposition in Polen, unterstützte er seit 1976 das »Komitee zur Verteidigung der Arbeiter« (KOR), eine Keimzelle der »Solidarnosc«-Bewegung. In *Zapis*, der ersten unabhängigen Literaturzeitschrift in Polen nach 1945, veröffentlichte er erstmals einige Kapitel des *Warschauer Tagebuchs*. In den letzten beiden Bänden (1982 / 1987), entstanden in New York und Paris und bisher nicht auf Deutsch erschienen, rückt die Beschreibung der polnischen Ereignisse in den Hintergrund.
Aufbau: Brandys verwendet eine belletristische Form der Tagebuch-Gattung und fasst die Geschehnisse längerer Zeitabschnitte in größeren Kapiteln zusammen. Der Titel des polnischen Originals, *Miesiące* (Monate), ist programmatisch. Doch lässt Brandys Chronik sowie Reflexion in eine größere Traditionslinie fließen und fügt dem von Witold → Gombrowicz und Gustaw Herling-Grudziński (1919–2000) begründeten polnischen Tagebuch-Genre eine Facette hinzu. Die gewählte Gattung kann auch als Reaktion auf die Fülle politischer Ereignisse in Polen Ende der 1970er Jahre verstanden werden, denen nur dokumentarisch-autobiografische Formen angemessen schienen.

Die wichtigsten Bücher von Kazimierz Brandys	
Die unbesiegte Stadt, 1946	Autobiografische Erzählung über das Leben in Warschau während des Zweiten Weltkriegs und den Aufstand im Ghetto.
Bürger 1954	Erzählung im Stil des sozialistischen Realismus über den gesellschaftlichen Wiederaufbau in Polen in den 1950er Jahren.
Die Verteidigung Granadas 1956	Eine sozialistische Theatergruppe will das Stück »Banja« des russischen Dramatikers Wladimir Majakowski aufführen, wird aber gezwungen, ein positives stalinistisches Drama zu spielen.
Die Mutter der Könige, 1957	Der fälschlich denunzierte Kommunist Klemens Król stirbt im Gefängnis; die Verfilmung von 1982 kam erst 1987 in die Kinos.
Briefe an Frau Z. 1960/61	Fiktive Essays in Briefform. Gespräch mit einer stilisierten Warschauer Intellektuellen über den geistigen, gesellschaftlichen und kulturellen Zustand der polnischen Intelligenz.
Variationen in Briefen 1972	Stilisierte Briefe aufeinander folgender Generationen polnischer Intellektueller, beginnend im 18. Jahrhundert, in denen die Frage nach den Grenzen menschlicher Verantwortung gestellt wird.
Warschauer Tagebuch, 1981–87	Autobiografische Reflexion eines Intellektuellen über die Gesellschaft vor und während der »Solidarnosc«-Zeit. → S. 148

OT = Originaltitel **EZ** = Entstehungszeit **OA** = Originalausgabe **DE** = Deutsche Erstausgabe 📖 = Verweis auf Werkartikel

Das *Warschauer Tagebuch* ist symmetrisch aufgebaut: Die ersten beiden Kapitel zeigen den privaten Blick des Intellektuellen auf die politische Realität in Polen. Sie werden abgeschlossen durch eine Zäsur am Ende des zweiten Bandes. Kurz nach der Ankunft in New York schreibt Brandys die später viel zitierten Sätze: »Nachricht von der Verhängung des Kriegszustandes in Polen. Alle Verbindungen unterbrochen.« In den letzten beiden Bänden wird die Situation in Polen von außen beleuchtet.

Wirkung: Das *Warschauer Tagebuch* ist ein Klassiker der polnischen Literatur des 20. Jahrhunderts. Durch seinen eigenen Stil und seine Perspektive fand das Werk nicht nur in Polen sofort einen großen Leserkreis, es wurde, wie Konstanty Jeleński im Nachwort zur deutschen Ausgabe schreibt, zur eindringlichen »Einweihung eines nicht polnischen Lesers in den Kern dessen..., was polnisch ist«. *S. M.*

Brant, Sebastian

dt. Schriftsteller und Humanist

*um 1457 Straßburg, †10.5.1521 ebd.

📖 *Das Narrenschiff*, 1494

Das Wirken des Volksaufklärers Sebastian Brant war geprägt von der Sorge um den Bestand der alten Ordnung am Vorabend der Reformation. Der fromme Katholik besaß eine konservative, reichstreue Überzeugung und trat mit seiner regen publizistischen Tätigkeit für die Wiederbelebung der mittelalterlichen Reichsidee sowie einen neuen Kreuzzug gegen die Türken ein.

Der humanistisch gebildete Sohn aus großbürgerlichem Haus besuchte ab 1475 die Baseler Universität, wo er 1477 das Baccalaureat und 1489 den Grad eines Doktors beider Rechte erwarb. Seine Lehrtätigkeit in Basel endete 1499, als er aus Protest über das Ausscheiden Basels aus dem Heiligen Römischen Reich zu Gunsten der Eidgenossenschaft nach Straßburg zog, wo er Stadtschreiber wurde. Seine publizistische Tätigkeit für Kaiser Maximilian I. (1459–1519) trug ihm die Ernennung zum kaiserlichen Rat und zum Beisitzer des Hofgerichts zu Speyer ein.

In diversen Flugschriften erprobte Brant die Kombination volkssprachlicher gereimter Texte mit dem neuen Medium des Holzschnitts (→ Stichwort, S. 150), die auch für sein berühmtestes Werk *Das Narrenschiff* charakteristisch ist. Damit trug er entscheidend zur sozialen Ausbreitung des Mediums Text bzw. Buch bei.

Biografie: J. Knape, *Sebastian Brant (1457–1521)*. In: S. Füssel (Hrsg.), *Deutsche Dichter der frühen Neuzeit*, 1993, S. 156–172.

Das Narrenschiff

OT Das Narren Schyff
OA 1494 **Form** Moralsatire **Epoche** Renaissance

Das Narrenschiff war am Ausgang des 15. Jahrhunderts ein in mehrfacher Hinsicht epochemachendes Werk. Die Idee, eine Tugendlehre erstmals unter einen einheitlichen Gesichtspunkt – den des Narren – zu stellen, bedeutete eine wichtige Fortentwicklung dieses Genres. Die Poesie des in Reimpaaren verfassten Werks gilt zugleich als Zeugnis des Wiederauflebens der deutschen Dichtkunst nach Jahrhunderten des Verfalls im Spätmittelalter. Schließlich begründete die besonders schöne Ausstattung des Buchs mit mehr als 100 Holzschnitten von teilweise herausragender Qualität seinen Ruf als Volksbuch. Die Mehrzahl der Illustrationen wird

Sebastian Brant, *Das Narrenschiff*, Titelblatt und Buchseite der Originalausgabe 1494

Holzschnitt

Geschichte: Die Holzschnitt-Technik (Xylografie) ist das älteste grafische Druckverfahren und das erste bildbezogene Massenmedium. Erstmals im 6. Jahrhundert in China nachgewiesen, gelangte die Technik im 14. Jahrhundert nach Mitteleuropa und wurde zunächst zur Herstellung von Spielkarten verwandt. Von Holzschnittblöcken gedruckte Bücher, bei denen Bilder und Text auf derselben Platte geschnitten wurden, sind seit Mitte des 15. Jahrhunderts belegt. Eines der ersten ist die lateinische »Armenbibel« mit (je nach Auflage) bis zu 50 Abbildungen. Nach der Erfindung beweglicher Lettern durch Johannes Gutenberg (1397/1400–1468) ging man zur Kombination der Bildblöcke mit dem Letternsatz über. In der Renaissance erhoben Künstler wie Albrecht Dürer und Hans Holbein d. J. den Holzschnitt zu einer eigenständigen Kunstform. Ab der zweiten Hälfte des 16. Jahrhunderts wurde der Holzschnitt als Mittel der Buchillustration zunehmend von der Technik des Kupfer-stichs abgelöst. Noch bis ins frühe 20. Jahrhundert hatten Holzschnitte eine wichtige Funktion als Illustrationsmedium im Zeitungswesen.

Wirkung: Mit der Holzschnitt-Technik ging eine radikale »Demokratisierung« der Verfügung über Bilder einher. Auch in den Bürger- und Bauernstuben hielten nun Heiligenbilder und profane Abbildungen Einzug. Mit dem Bild und Text kombinierenden Einblattdruck entstand auch das Massenkommunikationsmittel der Flugschrift, das zur Reformationszeit eine beachtliche politische Bedeutung gewann. Indem das Bildelement auch Analphabeten ansprach, verschaffte es ihnen unmittelbaren Kontakt zur Schriftkultur und förderte auf diese Weise die Literalität. Von Hartmann → Schedels *Weltchronik* (1493) mit ihren 1809 Holzschnitten bis zum Zeitungswesen des 19. und 20. Jahrhunderts trugen Holzschnitte zur Popularisierung vieler Wissensbereiche bei, die weit über den Alltag der Rezipienten hinauswiesen.

heute Albrecht Dürer (1471–1528) zugerechnet. *Das Narrenschiff* erlebte bis 1507 bereits fünf Auflagen der Originalausgabe und mehrere unautorisierte Nachdrucke. 1497 wurde es ins Lateinische und von dort bald ins Französische, Englische und Niederländische übersetzt. Es war das erfolgreichste deutschsprachige Buch vor → Goethes *Die Leiden des jungen Werthers* (1774).

Inhalt: Die ganze Menschheit besteht aus einer Vielzahl unterschiedlicher Narren – das ist die zentrale Botschaft des *Narrenschiffs*. Im Narren-Begriff treffen das christliche Konzept der Sünde und das humanistische der Unvernunft zusammen; entsprechend ambivalent ist der dem Narrentum didaktisch entgegengehaltene Begriff der Weisheit. Die Narren als solche haben hier jedoch ihre sowohl in der Volkskultur als auch im höfischen Leben deutliche Ambivalenz, nach der sie auch Monopolisten der Weisheit sein konnten, nahezu vollständig eingebüßt. Das Buch will ein Narrenspiegel sein, verkennt aber, dass ein solches Instrument der Weisheit doch ein Werkzeug der Narren ist.

Brants Moralvorstellungen sind einerseits rückwärtsgewandt, andererseits vertritt er eine Ethik stadtbürgerlichen Gemeinsinns. Jeder soll sich mit dem Ort bescheiden, an den das Schicksal ihn gestellt hat – doch zugleich wird die Wechselhaftigkeit des Schicksals im Bild des Fortunarads betont. Kaiser Maximilian 1. wird ausdrücklich unterstützt (»Dem kommt ohn Zweifel in die Hand/Die heilge Erd, das gelobte Land«), doch im gleichen Kapitel als Beispiel des antiken Rom eine antimonarchische Lehre entwickelt (»Da fing die Macht zu zerfallen an,/Wardst einem Kaiser untertan«). Dies und

andere Widersprüche sind Zeichen einer epochenbedingten Doppeldeutigkeit, die sich auch darin äußert, dass im Belegmaterial für jeden Narren-Typus unbefangen Beispiele aus dem Alten Testament und aus klassischen lateinischen Werken durcheinander gewürfelt sind.

Aufbau: In 112 Kapiteln werden, additiv aneinandergereiht, immer neue Formen der Narrheit vorgestellt und gegeißelt. Jedem Kapitel geht ein Holzschnitt voraus, der sich (teils nur recht frei) auf den Text bezieht. Jedem Holzschnitt ist ein meist dreizeiliger Mottovers beigegeben, der die Moral des Kapitels benennt.

Wirkung: *Das Narrenschiff* zog im 16. und 17. Jahrhundert eine üppige Narrenliteratur nach sich und beeinflusste noch den *Simplicius Simplicissimus* des Christoffel von → Grimmelshausen. Die von Brant erfundene Figur des Grobian entwickelte sich zu einem eigenen Genre, der grobianischen Dichtung. Der Einfluss des *Narrenschiffs* auf die deutschsprachige Dichtung kann kaum überschätzt werden. Heute liegt seine kulturgeschichtliche Bedeutung vor allem darin, das Verständnis der Welt um 1500 in Text und Bild zu fördern. *R. H.*

Brasch, Thomas

dt. Schriftsteller, Theater- und Filmregisseur

* 19.2.1945 Westow, England, † 3.11.2001 Berlin

📖 Vor den Vätern sterben die Söhne, 1977

Im Mittelpunkt der kompromisslosen Texte von Thomas Brasch steht die Auflehnung des Einzelnen gegen einengende gesellschaftliche und politische Verhältnisse, wobei sich der radikale Kampf seiner Helden für Freiheit und Unabhängigkeit meistens als aussichtslos erweist.

Als Sohn deutsch-jüdischer Emigranten in England geboren, wuchs Brasch in der DDR auf, wo er wiederholt wegen »staatsfeindlicher Gesinnung« exmatrikuliert wurde. Weil er Flugblätter gegen den Einmarsch der Warschauer-Pakt-Staaten in die ČSSR verteilt hatte, wurde er 1968 zu 27 Monaten Gefängnis verurteilt. Ab 1972 arbeitete Brasch als Übersetzer, Filmregisseur und Autor von Prosa, Dramen und Lyrik.

Nach seiner Ausreise 1976 in die Bundesrepublik wurde er mit seinem ersten veröffentlichten Prosaband *Vor den Vätern sterben die Söhne* sofort bekannt. Ihm wurden Literaturpreise verliehen (Gerhart-Hauptmann-Preis 1977, Kleist-Preis 1987), die großen Bühnen spielten seine in der Tradition von Heiner Müller (1929 bis 1995), Bert → Brecht und Antonin Artaud (1896 bis 1948) stehenden Theaterstücke wie *Lovely Rita* (1977), *Rotter* (1978), *Lieber Georg* (1979) und *Mercedes* (1984).

Vor den Vätern sterben die Söhne

OA 1977 **Form** Prosasammlung **Epoche** Moderne

In den 1970er Jahren begannen Schriftsteller in der DDR die unübersehbare Kluft zwischen sozialistischem Anspruch und Wirklichkeit in ihrer Prosa zu verarbeiten. Thomas Brasch, dessen Vater SED-Funktionär und Vize-Kultusminister war, lässt in *Vor den Vätern sterben die Söhne* seine Generation zu Wort kommen, die – im Gegensatz zu ihren Eltern – den Sozialismus nicht als Alternative zum Faschismus oder Kapitalismus betrachtet, sondern als Einschränkung der persönlichen Freiheit.

Entstehung: Ein DDR-Verlag hatte das Manuskript dem Autor mit der Aufforderung zurückgegeben, erhebliche Veränderungen vorzunehmen. Als die Veröffentlichung durch den Westberliner Rotbuch Verlag in Aussicht stand, drohte Brasch ein ständiges Publikationsverbot in der DDR. Ihm wurde die Ausreise nahe gelegt.

Inhalt: Auf dem Weg zur Grenze trifft Robert auf einen alten einsamen Mann, der sich als Veteran der Arbeiterbewegung ausgibt. Robert bekennt sich zur bevorstehenden Flucht aus dem Staat, den der Alte mit aufgebaut hat. Dass sein Fluchtversuch aus der DDR tödlich endet, erfährt der Leser in einer weiteren Geschichte, in der sich Roberts Freund während seiner Vernehmung durch die DDR-Behörden an die gemeinsame Zeit erinnert.

Im zweiten Kapitel stirbt der Fräser Ramtur durch eine falsch eingestellte Maschine. Er hinterlässt einen Briefwechsel zwischen ihm und seinem Chef, der die unmenschlichen Arbeitsbedingungen in der DDR veranschaulicht.

In Gesprächen, Briefen, Gedanken u. a. erzählt Brasch im dritten Kapitel vom Aufstieg und Fall des Arbeiters Fastnacht, der zum Leiter des Neuererbüros befördert wurde und zuletzt doch wieder an der Maschine steht.

Aufbau: Die drei Kapitel bestehen aus insgesamt elf thematisch zusammengehörigen Texten. Eingeschobene Parabeltexte heben die Geschichten auf eine allgemein gültige Ebene, vertiefen und kommentieren sie. Die geschilderte gefühlskalte Realität wird durch einen trockenen, nüchternen Ton unterstrichen.

Wirkung: Die positive Resonanz auf Braschs Prosaband, der mit seinem Erscheinen 1977 sofort auf den Bestsellerlisten landete, ist abgesehen von der literarischen Qualität auch durch den Publikationskontext begründet. Brasch war einer der ersten Schriftsteller, die im Zuge der Ausbürgerung Wolf Biermanns (*1936) die DDR verließen. Vor diesem Hintergrund sind seine Texte als Alltagsgeschichten aus dem anderen Teil Deutschlands gelesen worden. Noch im selben

Jahr verfasste Brasch das auf seinem Prosaband basierende und vom RIAS Berlin ausgestrahlte Hörspiel *Robert, ich, Fastnacht und die anderen* (Ernst-Reuter-Preis 1978). Sein Buch wurde in mehrere Sprachen übersetzt, für die Bühne adaptiert und 1981 vom ZDF verfilmt. *M. Si.*

Thomas Brasch bei einer Präsentation seines 1977 erschienenen Buchs *Kargo*

Auszug aus *Vor den Vätern sterben die Söhne* von Thomas Brasch:

Robert stand auf und stellte sich in die Mitte des Zimmers. Ihm schien, als habe er diese Sätze schon hundertmal gesagt und seiner eigenen Stimme dabei zugehört.
Was ich will, schrie er, diese Nabelschnur durchreißen. Die drückt mir die Kehle ab. Alles anders machen. Ohne Fabriken, ohne Autos, ohne Zensuren, ohne Stechuhren.
Ohne Angst. Ohne Polizei.
Er schlug mit der Faust gegen das Regal, aber die Müdigkeit blieb in seiner Stimme.
Von vorn anfangen, in einer offenen Gegend.
Setz dich doch hin, sagte der Alte.
Ich weiß, schrie Robert weiter, das war alles schon da, das klingt alles pathetisch, das ist alles nichts Neues. Wenn ich was Besseres wüsste, würde ich jetzt nicht hier stehen.

Brecht, Bertolt

dt. Schriftsteller

* 10.2.1898 Augsburg, † 14.8.1956 Ost-Berlin

📖 *Dreigroschenroman*, 1934
📖 *Geschichten vom Herrn Keuner*, 1949

Bertolt Brecht zählt wie Franz → Kafka und Thomas → Mann zu den deutschsprachigen Autoren des 20. Jahrhunderts, die bis heute weltweit als »Klassiker der Moderne« gelten.

Brecht stammte aus dem protestantischen süddeutschen Bürgertum; schon als Schüler trug er eigene Lieder zur Gitarre vor. Im Berlin der 1920er Jahre war »Bert« Brecht ein Trendsetter des Literaturbetriebs, studierte (in Maßen) marxistische Theorie, brachte einen ersten Gedichtband heraus (*Die Hauspostille*, 1927) und feierte mit der *Dreigroschenoper* (1928) einen stürmischen Theatererfolg. Lebenslang charakteristisch war seine prozesshafte und häufig kollektive Arbeitsweise, die sich in zahlreichen Umarbeitungen einzelner Texte und in der Suche nach möglichst wirkungsvollen Modellen ausdrückte. So wandte er sich im skandinavischen (seit 1933) und amerikani-

Lion Feuchtwanger in *Bertolt Brecht* (1957):

Deutschland hat viele große Sprachmeister. Sprachschöpfer hatte es in diesem zwanzigsten Jahrhundert einen einzigen: Brecht. Brecht hat bewirkt, dass die deutsche Sprache heute Spürungen und Gedanken ausdrücken kann, die sie, als Brecht zu dichten anfing, nicht auszusagen vermochte.

schen Exil (nach 1941) vom Konzept der politischen Lehrstücke ab und entwickelte den Typus der epischen Schaustücke (*Mutter Courage und ihre Kinder,* 1939; *Leben des Galilei,* 1938/45, *Der kaukasische Kreidekreis,* 1944), die nach Kriegsende ihre Uraufführung fanden. Ab 1949 verfügte Brecht in Ostberlin über das Berliner Ensemble am Schiffbauerdamm, wo er mit seiner Ehefrau Helene Weigel (1900–71) u.a. Maßstab setzende Inszenierungen seiner großen Stücke erarbeitete; dabei geriet er oft in Konflikt mit der SED, die seine experimentelle Arbeitsweise stets misstrauisch beobachtete. Brecht hat sich von Anfang an vor allem als Dramatiker und Theoretiker des Theaters (*Der Messingkauf,* 1937/51) hervorgetan. Heute wird seine lebenslange lyrische Produktion (ca. 4000 Gedichte) jedoch als mindestens gleichwertig angesehen, aus der mehrere Zyklen herausragen (*Svendborger Gedichte,* 1939). Auch als Erzähler hat Brecht sich gelegentlich versucht.

Biografie: M. Kesting, *Bertolt Brecht* (rm 50037); K. Völker, *Bertolt Brecht,* 1976.

Dreigroschenroman

OA 1934 **Form** Roman **Epoche** Moderne

Der ehrgeizigste Versuch von Bertolt Brecht im Bereich der erzählenden Literatur und sein einziger abgeschlossener Roman versucht eine satirische Analyse der Zusammenhänge von Kriminalität, Kapitalismus und Faschismus, steht aber insgesamt im Schatten der älteren, stofflich verwandten *Dreigroschenoper.*

Entstehung: Brecht verfasste den Roman 1933/34 in Dänemark für den Amsterdamer Verlag Allert de Lange, der sich auf deutsche Exil-Literatur spezialisiert hatte. Neben der inhaltlichen Herausforderung und dem Anspruch, ein neuartiges Erzählmodell zu entwickeln, war der erst kurz zuvor aus Deutschland geflohene Brecht auch durch das großzügige Honorarangebot motiviert.

Bertolt Brecht, *Der Dreigroschenroman,* Umschlag der Originalausgabe 1934

Inhalt: Ort der Handlung ist die Londoner City im Jahr 1902, als Großbritannien den imperialistischen Burenkrieg führt. Hauptfiguren sind Macheath und der Geschäftsmann Peachum sowie dessen Tochter Polly, deren »Sinnlichkeit« in den Geschäftsplänen der Männer immer wieder funktional eingesetzt wird. Macheath beherrscht die Einbruchsbranche und verkauft das Beutegut in seinen »B-Läden«. Es gelingt ihm, seine Konkurrenten zu verdrängen und mit sei-

nem neuen ABC-Syndikat zum Monopolisten aufzusteigen. Peachum, der die Londoner Bettler »ausrüstet«, ihren Einsatz organisiert und sie abkassiert, versucht seine anrüchigen Geschäfte in respektable zu überführen. Zu diesem Zweck muss er sich allerhand unmoralischer, ja verbrecherischer Maßnahmen bedienen – vom mehrfachen Verschachern der eigenen Tochter Polly bis zur Ermordung des gefährlichsten Geschäftspartners und Widersachers Coax, in dessen gigantische Geschäfte Peachum einsteigt. Macheath, inzwischen mit Polly verehelicht, hat einige Mühe, sich der Anklage des Mordes an seiner Ex-Geliebten Mary zu entziehen. Auf geschäftlicher wie auf privater Ebene zeigt sich, dass die Verbindung Macheath-Peachum bzw. Macheath-Polly für beide Seiten die profitabelste ist. Sie wird daher am Schluss mit einem bombastisch-sentimentalen Hochzeitsfest gefeiert, während die noch ungeklärten Verbrechen Unschuldigen in die Schuhe geschoben werden.

Aufbau: Der Roman hat – wie Brechts episches Theater – eine parabolische Ebene. Im Aufstieg der Ganoven Macheath und Peachum zu Geschäftsleuten großen Stils und Handlangern der Politik beabsichtigt Brecht, seiner marxistischen Überzeugung gemäß, den verbrecherischen Charakter der »Geschäfte« überhaupt sowie den unaufhaltsamen Zug des Kapitalismus zum Faschismus sichtbar machen. Anregungen hierzu erhielt der Autor von seinem marxistischen »Lehrer« Karl Korsch (1886 bis 1961) und der Schrift *Der Imperialismus als höchstes Stadium des Kapitalismus* (1916) von Wladimir Iljitsch → Lenin. Daneben benutzte er wirtschaftshistorische Quellen, insbesondere über die »großen amerikanischen Vermögen«.

Die Realitätsbezüge – etwa auf Hitler und seine »Machtergreifung« – werden in ein komplexes Erzählmodell eingebettet. Brecht wollte ein kritisches Gegenmodell zur traditionellen, am Individuum und seinen Gefühlen orientierten Erzählweise schaffen. Er blendete daher mehrere epische Gattungsmuster (Unternehmergeschichte, Kriminalroman, Liebesroman) übereinander und arbeitete mit der »verfremdenden« Montage sowie anderen filmischen Mitteln. Die Figuren erscheinen ironisch gebrochen; sie halten pathetische oder sentimentale Reden, in denen sie sich permanent selbst entlarven.

Wirkung: Das ehrgeizige Werk wurde von einigen Zeitgenossen hoch gelobt, hat aber insgesamt nicht die Wertschätzung gefunden, die es verdient hätte. Dazu haben die schwierigen Umstände der Zeit nach 1933, aber auch die Tatsache beigetragen, dass Brecht dieses Erzähl-Experiment nicht energisch fortgesetzt hat. *J. V.*

Geschichten vom Herrn Keuner

OA 1949 **Form** Kurzprosa **Epoche** Moderne

Die kurzen Prosastücke teils erzählerischen, teils philosophischen Inhalts von Bertolt Brecht spielen anhand von exemplarischen Situationen und der fiktiven Figur »Herr Keuner« mögliche Verhaltensweisen in einer sich verändernden Welt durch.

Entstehung: Brecht hat über 30 Jahre hinweg, von 1926 bis zu seinem Tod, Keunergeschichten verfasst und sie in Gruppen veröffentlicht. Der Schwerpunkt der Arbeit fällt – parallel zur Entstehung der Lehrstücke – in die späten 1920er Jahre. Eine durchkomponierte Gesamtausgabe hat Brecht offenbar nicht angestrebt; die umfassendste Publikation von seiner Hand (39 Geschichten) findet sich neben anderer Prosa in dem Band *Kalendergeschichten* (1949). Die nach Brechts Tod erschienenen Werkausgaben enthalten 87 Keuner-Geschichten.

Inhalt: Parallel zu den Lehrstücken versuchte Brecht ein kurzes Prosa-Modell zu entwickeln, mit dessen Hilfe Fragen des Verhaltens im politisch-sozialen Kontext sowie Probleme der Erkenntnistheorie abgehandelt werden können. Dazu benutzte er die Kunstfigur des Herrn Keuner, dessen Name als süddeutsche Form von »keiner«, aber auch als Anspielung auf das griech. koinos (das Allgemeine betreffend = das Politische) verstanden werden kann. Brecht bezeichnete ihn auch als »den Denkenden« und ließ ihn in seinen Beispielgeschichten einerseits als Handlungsfigur auftreten, die sich zu einer überraschenden Situation oder Frage verhalten muss und dabei verschiedene Möglichkeiten abwägt oder erprobt, andererseits aber auch als Lehrerfigur, die ihre aus Erfahrung gewonnenen Erkenntnisse als Lebensweisheit weitergibt. Damit greift Brecht alte, insbesondere fernöstliche Traditionen auf, die er mit Motiven des Behaviourismus und der marxistischen Theorie verbindet.

Die *Geschichten vom Herrn Keuner* sollen also nicht als rein erzählende, sondern müssen nach Brechts Absicht als philosophische Texte gelesen werden; damit weisen sie Querverbindungen nicht nur zu seinem ähnlich strukturierten Werk *Me-ti. Das Buch der Wendungen* (1965), sondern auch zu seinen *Marxistischen Studien* (1967) auf. Zentral für das Philosophieren des Autors ist die Kategorie der Veränderung, sowohl als historischer Prozess wie als aktives »Eingreifen«. Deshalb »erbleicht« Herr Keuner, als ihm jemand sagt, er habe »sich gar nicht verändert«. Wie man sich zu den (historischen, sozialen) Veränderungen verhalten soll, kann nicht abstrakt gelehrt, sondern muss erprobt

Bertolt Brecht 1939 mit der Schauspielerin Helene Weigel, Brechts zweiter Ehefrau, mit der er zehn Jahre später das Berliner Ensemble gründete

werden. Deshalb gilt die Maxime: »Weise am Weisen ist die Haltung« (und nicht die Lehre an sich). Eine auf Erfahrung gegründete Lehre aber vermag die Kluft zwischen Theorie und Praxis – oder Philosophie und Leben – zu überwinden. Es gilt daher der Satz: »Denken heißt verändern.«

Aufbau: Die Geschichten weisen in struktureller Hinsicht eine gewisse Variationsbreite auf. Typisch ist ein zweigliedriger Aufbau, der aus einer Minimalhandlung (wie z.B. einem Wortwechsel) und einer Konsequenz besteht, die als »Lehre« ausformuliert werden kann (aber nicht immer muss). Diese eigenwillige Form ist mit lehrhaften Kurzformen wie Fabel, Parabel, Anekdote oder Exemplum verwandt, ohne einer von ihnen ganz zu entsprechen.

Wirkung: Die *Geschichten vom Herrn Keuner* sind vor allem von jüngeren marxistischen Autoren als Modell benutzt worden. So formuliert Volker Braun (* 1939) seine immanente Kritik am Gesellschaftszustand der DDR in seinen Geschichten von *Hinze und Kunze* (1983). Wichtiger noch ist die Resonanz, die die Geschichten wegen ihrer Kürze, ihres Modellcharakters und ihrer Impulse zum Weiterdenken im Literaturunterricht in Ost und West gefunden haben. *J. V.*

Brehm, Alfred Edmund

dt. Naturforscher und Schriftsteller

*2.2.1829 Renthendorf/Thüringen, † 11.11.1884 ebd.

📖 *Tierleben*, 1864–69 (6 Bde.)

1864 erschien nach zahlreichen Veröffentlichungen das wohl berühmteste Werk des Naturforschers und Schriftstellers Alfred Edmund Brehm: *Das Illustrirte Thierleben.*

Alfred Edmund Brehm, *Tierleben*; links: Titelblatt der Originalausgabe 1864 (Stich von Illner nach einer Zeichnung von Robert Kretschmer); rechts: »Hummer und Languste«, Farblithografie aus Band 10 der Ausgabe 1893

Sein Vater, Pastor und Vogelkundler, lehrte ihn die Schönheit des Thüringer Waldes; dennoch zog es Brehm früh in die Ferne. 1847 reiste er mit einer Expedition durch Nordafrika. Die fünfjährige Unternehmung wurde zum Wegbereiter für sein späteres Schaffen. Er entdeckte seinen Sammeleifer und dokumentierte alles, was ihm auf seiner Reise begegnete. Nach der Rückkehr in die Heimat veröffentlichte Brehm die gesammelten Eindrücke in dem dreibändigen Werk *Reiseskizzen aus Nordostafrika* und beendete 1855 sein Studium der Naturwissenschaften in Jena. Ein Jahr später siedelte Brehm als Schriftsteller nach Leipzig über; 1863 wurde er erster Direktor des Zoologischen Gartens in Hamburg. Kurz darauf erschien der erste Band seines *Thierleben* und *Die Tiere des Waldes* (1864). Im Oktober kündigte er sein Stellung im Hamburger Zoo. 1869 übernahm er die Leitung des Berliner Aquariums, legte das Amt aber nach fünf Jahren nieder. Nach einer Reise nach Westsibirien arbeitete er fortan wieder als Schriftsteller und Vortragsreisender. 1884 kehrte Brehm mit seiner Familie ins thüringische Renthendorf zurück.

Prof. Dr. Theo Jahn in Alfred Edmund Brehms *Neuer Tierenzyklopädie* (1974):

Die meisterlich dargebotenen, fesselnden Tierschilderungen sind ein eindrucksvolles Zeugnis eines im hohen Grade engagierten Naturforschers...

Tierleben

OT Illustrirtes Thierleben. Eine allgemeine Kunde des Thierreichs **OA** 1864–69 (6 Bde.)
Form Enzyklopädie **Bereich** Biologie

Wohl kaum ein anderes deutschsprachiges Tierlexikon hat so viele Generationen in die Welt der Tiere eingeführt wie Alfred Edmund Brehms *Tierleben*. Obwohl die 1. Auflage bereits vor mehr als 100 Jahren erschien, hat das Werk bis heute kaum an Aktualität verloren. In über 5000

farbigen Großfotografien (in früheren Auflagen schwarzweiße grafische Darstellungen) werden die unterschiedlichen Tierarten dabei in möglichst verschiedenen Aktionen vorgeführt.

Entstehung: Viele Jahre trug sich Brehm mit der Idee, ein Buch zu schaffen, dass Menschen das Leben der Tiere packend und möglichst genau nahe bringt. Über Jahre sammelte er auf seinen Reisen Wissenswertes über Tierarten, ihre Lebensräume und Verhaltensweisen. Die sorgfältig zusammengetragenen Beschreibungen stellte Brehm in einem kompletten Nachschlagewerk zusammen, das er bis zum Jahre 1869 auf sechs Bände vervollständigte. Dabei legte er selbst größten Wert auf die wirklichkeitsgetreue zeichnerische Darstellung der Tiere in ihrer natürlichen Umgebung.

Inhalt: Brehm teilt alle Lebewesen des Tierreichs in Kategorien ein, vom höher entwickelten Säugetier bis hin zum Einzeller. Schon Carl von Linné (1707–78), der Vater der Tierkunde, gliederte die Fauna in Großgruppen, deren Grundeinheit die Art bildet. Arten werden entsprechend der Übereinstimmung von Merkmalen zu Gattungen und diese zu Familien zusammengefasst. Verwandte Familien ergeben Ordnungen; diese bilden Klassen, die einen gemeinsamen Stamm ergeben. Die Gesamtheit aller Stämme bildet letztendlich das Tierreich. Je weiter sich die Einteilung von der Grundeinheit »Art« entfernt, desto weitläufiger wird der Verwandtschaftsgrad und umso weniger ähnlich sind sich die Tiere.

Text und Bild geben die besonderen Merkmale, das typische Verhalten, das Vorkommen und die näheren Verwandten der beschriebenen Arten wieder. Dabei verwertet die Neuauflage aktuelle Erkenntnisse aus der Biologie, da mittlerweile

Tierarten neu entdeckt und andere ausgerottet wurden. Hinzu kommen neue Kenntnisse in der Verhaltensforschung und stammesgeschichtlichen Entwicklung der Arten. Den größten Raum in der Enzyklopädie nehmen Säugetiere und Vögel ein. In insgesamt sechs Bänden werden neben diesen beiden Klassen des Tierreichs Amphibien und Reptilien, Fische und Wirbellose beschrieben. Brehms *Tierleben* gibt eine annähernd lückenlose Gesamtdarstellung der wichtigsten Vertreter der Fauna unserer Erde.

Wirkung: Nach dem Erscheinen der Erstausgabe seines *Illustrirten Thierleben* im Jahr 1869 entwickelte sich das mehrbändige Werk in Kürze zu einem wahren Volksbuch. Die Nachfrage war so groß, dass schon 1876 eine zweite, auf zehn Bände erweitere Auflage erschien. Mittlerweile ist der neu aufgelegte Klassiker in zwölf Bänden erhältlich und zählt zu den populärsten deutschsprachigen Enzyklopädien der Tierwelt. *K. M.*

Brentano, Bernard von

dt. Journalist und Schriftsteller

* 15.10.1901 Offenbach/Main, † 29.12.1964 Wiesbaden

📖 *Theodor Chindler*, 1936

Bernard von Brentano, Romancier und Erzähler, Lyriker und Journalist, galt vielen seiner Zeitgenossen als Instanz, da er zu den wenigen gehörte, die in politischen ebenso wie in literarischen Fragen Stellung bezogen. Sein vielseitiges Werk zeichnet sich durch eine realitätsnahe Schilderung von Personen und Situationen aus. Der Urgroßneffe des romantischen Dichters Clemens → Brentano engagierte sich schon in jungen Jahren in der Politik. 1925–30 arbeitete er als Berliner Korrespondent der *Frankfurter Zeitung*. 1932 machte er mit der Kampfschrift *Der Beginn der Barbarei* in Deutschland seine Haltung als Hitler-Gegner publik. Ein Jahr später wurden seine Bücher von den Nationalsozialisten öffentlich verbrannt und Brentano übersiedelte ins Schweizer Küsnacht, wo er u. a. mit Thomas → Mann verkehrte.

Die Emigration hat die literarische Karriere von Brentano nicht nur unterbrochen, sondern quasi beendet. Spätestens nach Veröffentlichung seines großen Familienepos *Theodor Chindler* galt er als prominenter Autor, aber lesen konnten das in der Schweiz veröffentlichte Buch nur wenige Deutsche. Als der Cotta Verlag 1943 die Biografie *August Wilhelm von Schlegel* von Brentano herausbringen wollte, wurde die Auflage beschlagnahmt.

Erst 1949 kehrte der Autor, bereits gesundheitlich angeschlagen, nach Deutschland zurück. Unter dem Titel *Du Land der Liebe* erschienen 1952 seine Erinnerungen an die Jahre in der Schweiz.

Biografie: B. Heidenreich, *Geist und Macht. Die Brentanos*, 2000.

Theodor Chindler

OA 1936 **Form** Roman **Epoche** Moderne

In seinem *Roman einer deutschen Familie*, so der Untertitel, beschreibt Bernard von Brentano am Beispiel der Familie Chindler den Untergang der Wilhelminischen Epoche. Der gesellschaftskritische Roman wird häufig mit den *Buddenbrooks* (1901) von Thomas → Mann verglichen und ist das wichtigste sowie erfolgreichste Werk von Brentano.

Entstehung: Brentano schrieb den Roman im Schweizer Exil. Als literarisches Vorbild diente ihm der Roman *Professor Unrat* (1905) von Heinrich → Mann. *Theodor Chindler* war als erster Teil einer Trilogie geplant, deren zweiter Band *Franziska Scheler* 1945 erschien; der dritte Teil blieb ungeschrieben.

Inhalt: Theodor Chindler, erzkatholischer Protagonist des Romans, engagiert sich während des Kulturkampfs so für die Interessen Roms und gegen Bismarck, dass er seine Lehrtätigkeit an der Bonner Universität aufgeben muss. Die Zentrumspartei von Neustadt, einer fiktiven hessischen Kleinstadt, wählt ihn daraufhin in den Reichstag. Die eigentliche Handlung beginnt am Tag der Mobilmachung für den Ersten Weltkrieg und endet vier Jahre später mit der Novemberrevolution. Chindler, der mit der bigotten Katholikin Elisabeth verheiratet ist, lässt sich von nationalistischen Parolen nicht beeindrucken und gerät deshalb immer wieder in Konflikt mit seiner Fraktion. Chindler verkörpert somit die Probleme, die viele gebildete Bürger der Wilhelminischen Ära mit der kriegstreiberischen Politik von Kaiser Wilhelm II. hatten. Parallel zu Chindlers Entwicklung wird die seiner Familie dargestellt: Seine Kinder kämpfen gegen die autoritären Verhältnisse in ihrem Elternhaus, die Söhne allerdings ohne wirklichen Erfolg. Konsequent bleibt nur Chindlers Tochter Maggie, die sich dem Spartakusbund anschließt und dafür ins Gefängnis kommt – ein für Chind-

Der Limes Verlag 1964 über seinen Autor Bernard von Brentano:

Die Flut der Literaturpreise ging an ihm vorbei, seine Bücher erreichten nicht die Auflagen, die sie verdient hatten.

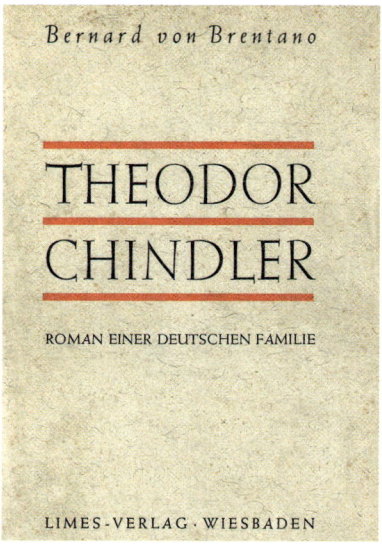

Bernard von Brentano, *Theodor Chindler*, Umschlag der Ausgabe 1945

ler kompromittierender Vorfall. Aber er geht auch dieses Mal nicht unter: Nach Kriegsende wird er als Minister in eine sozialdemokratische Landesregierung berufen.

Brentano verfolgt die Wurzeln der bürgerlichen Familienstruktur bis ins 19. Jahrhundert, um dadurch das Verhalten der Familie Chindler zu Beginn des 20. Jahrhunderts deutlich zu machen. Sein Roman zeigt die grundlegende Orientierungslosigkeit der wilhelminischen Gesellschaft am Vorabend ihres Untergangs.

Wirkung: *Theodor Chindler* erschien 1936 in der Schweiz und erst 1951 in der Bundesrepublik Deutschland. Das Buch erreichte die deutschen Leser zu spät, denn das Interesse am Ersten Weltkrieg war 1951 gering. Die Kritik reagierte allerdings begeistert. Auch im Ausland wurde dem Familienepos großes Lob zuteil: Der französische *Figaro littéraire* lobte den Roman als das »zweifellos bemerkenswerteste« Werk eines großen Schriftstellers. Ignazio → Silone nannte Brentano einen der gescheitesten und tapfersten Deutschen. 1979 wurde *Theodor Chindler* unter der Regie von Hans W. Geissendörfer (* 1941) mit über 4000 Komparsen verfilmt und als achtteilige TV-Serie ausgestrahlt. Der Film bewirkte eine Wiederentdeckung des literarischen Soziogramms einer untergegangenen Epoche. *M. E.*

Arnim und dem Publizisten Joseph Görres (1776–1848) zählte er zu den führenden Köpfen der Heidelberger Romantik. Ab 1809 lebte Brentano unter anderem in Berlin, wo er gemeinsam mit Arnim die wegen ihrer antisemitischen Tendenz berüchtigte »Christlich-deutsche Tischgesellschaft« gründete.

Als Dramatiker erfolglos, schrieb Brentano zwischen 1815 und 1817 vor allem Erzählungen, darunter die *Geschichte vom braven Kasperl und dem schönen Annerl* (1817/38). Zweifel am Sinn seiner Schriftstellerexistenz führten ihn zur religiösen Erbauungsliteratur. Erst in den 1830er Jahren kehrte er zur »weltlichen« Dichtung zurück. Eine neue geistige Heimat fand er im katholischen Kreis der Münchener Spätromantiker.

Biografie: H. Schultz, *Clemens Brentano*, 1999.

Geschichte vom braven Kasperl und dem schönen Annerl

OA 1838 (Journal-Druck 1817)
Form Novelle **Epoche** Spätromantik

Die *Geschichte vom braven Kasperl und dem schönen Annerl* zählt zu den Höhepunkten der romantischen Novellistik. Brentano verband darin trivialliterarische Elemente mit einem kritischen Blick auf weltliche Wertvorstellungen und die eigene Schriftstellerexistenz.

Inhalt: Ein Schriftsteller begegnet auf dem abendlichen Heimweg einer alten Bäuerin. Die tiefgläubige Frau bittet ihn, eine Petition an den Herzog aufzusetzen, damit »zwei Liebende beieinander ruhen« können. Sie erzählt ihm die Geschichte von Kasperl, ihrem Enkel, und Annerl, ihrem Patenkind, die einander liebten.

Dem Ulanen Kasperl wurden wenige Tage zuvor auf dem Heimweg Pferd und Felleisen gestohlen – vom eigenen Vater und vom Stiefbruder. Kasperl überlieferte beide dem Gericht und erschoss sich, weil er es nicht ertrug, der Sohn eines Diebes zu sein. Während seiner Dienstzeit war Annerl in der Hauptstadt als Magd tätig. Von Kasperl vernachlässigt, erlag sie den Verführungskünsten eines Adligen und wurde schwanger. Um der Schande zu entgehen, tötete sie ihr Kind nach der Geburt. Vor Gericht gab sie jedoch den Namen des Vaters nicht preis. Am nächsten Morgen soll sie hingerichtet werden.

Der Schriftsteller begibt sich noch in der Nacht in die Hauptstadt, um für Annerl »Pardon« zu erbitten. Tatsächlich schickt der Herzog den Grafen Grossinger mit der Begnadigung zum Richtplatz, doch der Graf kommt zu spät. Da bekennt er, selbst der Verführer Annerls zu sein, und vergiftet sich. Beim späteren kirchlichen Begräbnis Kasperls und Annerls sinkt die

Brentano, Clemens

dt. Schriftsteller

*9.9.1778 Ehrenbreitstein, † 28.7.1842 Aschaffenburg

📖 *Geschichte vom braven Kasperl und dem schönen Annerl*, 1817/38

Clemens Brentano zählt zu den Hauptvertretern der jüngeren Romantik. Seinen Ruhm begründen vor allem die Volkslied-Sammlung *Des Knaben Wunderhorn* (1805/08, gemeinsam mit Achim von → Arnim), seine klangvolle Lyrik sowie seine Erzählungen und Märchen.

Brentano entstammte einem deutsch-italienischen Elternhaus. Nach dem Tod seines Vaters (1797), eines erfolgreichen Unternehmers, ermöglichten ihm die Zinsen seines Erbteils eine unabhängige Existenz.

Während seines nie abgeschlossenen Medizinstudiums in Jena knüpfte Brentano Kontakt mit den Frühromantikern um August Wilhelm (1767–1845) und Friedrich Schlegel (1772 bis 1829), deren Forderung nach einer »progressiven Universalpoesie« er mit seinem Roman *Godwi* (1801) zu erfüllen versuchte. 1803 verfasste er sein bedeutendstes Drama *Ponce de Leon*. 1804 siedelte Brentano nach Heidelberg über, wo *Des Knaben Wunderhorn* entstand. Mit

Bäuerin dem Schriftsteller tot in die Arme. Das Grab ihrer Lieben wird mit den Allegorien der wahren und der falschen Ehre, der Gerechtigkeit und der Gnade geschmückt, die sich vor dem Kreuz beugen.

Aufbau: Die Novelle besteht aus einer Rahmenerzählung (Schriftsteller) und einer Binnenerzählung (Bäuerin) in der Ich-Form. Die unterschiedlichen Zeitebenen beider Erzählungen verschmelzen miteinander, als der Schriftsteller die Geschichte von Kasperl und Annerl gehört hat und in die Handlung eingreift. Die Einheit des Textes stiftet das Leitmotiv der Ehre: Während Kasperl und Annerl das Beharren auf einer weltlich verstandenen Ehre zum Verhängnis wird, weiß die alte Frau, dass »Gott allein« die Ehre gebührt.

Die Darstellung des religiösen Werteverlusts sowie seiner Folgen erzielt ihre Wirkung durch Elemente des Schauerromans und ein dichtes Netz von Symbolen. Realistisches mischt sich mit Märchenhaftem, so in der Figur des Herzogs, die an den »guten König« erinnert. Und immer wieder wird das Literarische selbst zum Thema – in Selbstzitaten wie den Grabmals-Allegorien, vor allem aber in der Figur des Schriftstellers, der am Sinn seines Berufs zweifelt. Durch all dies verweist sich die Novelle als typisch spätromantisches Werk.

Wirkung: Die durch zahlreiche Nachdrucke weit verbreitete *Geschichte vom braven Kasperl und dem schönen Annerl* fand große Resonanz, unter anderem bei Heinrich → Heine und Wilhelm → Raabe. Søren → Kierkegaard deutete sie im Sinne seiner Philosophie der drei »Stadien des Lebens« (ästhetisch, ethisch, religiös). Heute zählt die Novelle zu den am häufigsten interpretierten literarischen Texten.　　　*P. E.*

André Breton 1960

Breton, André

frz. Schriftsteller

* 18.2.1896 Tinchebray (Normandie), † 28.9.1966 Paris

📖 *Manifeste des Surrealismus*, 1924 und 1930

📖 *Nadja*, 1928

Als Theoretiker einer neuen Beziehung zwischen Kunst und Wirklichkeit, als Schriftsteller, Publizist und Organisator besaß André Breton für vier Jahrzehnte eine führende Rolle in der Bewegung des Surrealismus.

Der Übersiedlung der Familie nach Paris (1900) folgte 1906–12 die Vorbereitung auf ein Studium der Medizin. Im Militärdienst arbeitete Breton ab 1916 in einer psychiatrischen Klinik und beschäftigte sich mit den Theorien Sigmund → Freuds. 1919 war er Mitbegründer der Zeitschrift *Littérature* und veröffentlichte erste

Texte einer »automatischen Schreibweise«. 1920–22 gehörte er zu den Pariser Dadaisten. In enger Verbindung mit dem Dichter Paul Eluard (1895–1952) und dem Maler Max Ernst (1891–1976) stand er im Mittelpunkt der »Révolution surréaliste«, die er in seiner gleichnamigen Zeitschrift ab 1924 proklamierte.

1927–35 war Breton Mitglied der Kommunistischen Partei; danach formulierte er die institutionell nicht fixierte »Position politique du surréalisme«, gefolgt vom Plädoyer für die Liebe jenseits bürgerlicher Konventionen *L'amour fou* (1937; dt. *Verrückte Liebe*). Literarischen Erfolg erzielte Breton 1928 mit dem Roman *Nadja* über eine Somnambulin. Die *Anthologie des schwarzen Humors* (1940) handelt von der Bändigung der »dunklen« Kräfte der menschlichen Natur durch Lachen. 1941–45 lebte Breton in den USA im Exil. Zum Spätwerk gehört die an den Sozialphilosophen und Utopisten des frühen 19. Jahrhunderts gerichtete *Ode an Charles Fourier* (1947).　　　*C. W.*

Biografien: M. Polizzotti, *Revolution des Geistes. Das Leben des André Breton*, 1996; V. H. M. Zotz, *André Breton* (rm 50374).

Auszug aus der Erzählung *Nadja* von André Breton:

Vom ersten bis zum letzten Tag habe ich Nadja für einen freien Geist gehalten, für so etwas wie einen jener Luftgeister, die man durch gewisse magische Praktiken für Augenblicke an sich binden kann, nie aber sich unterwerfen könnte. Ihr, weiß ich, ist es in der ganzen Bedeutung dieses Wortes widerfahren, dass sie mich für einen Gott hielt, dass sie glaubte, ich sei die Sonne.

Surrealismus

Entstehung: Aus Protest gegen die Absurditäten des Ersten Weltkriegs und als Reaktion auf die nihilistische Anarchie der Dadaisten gründeten Louis → Aragon, André → Breton und Philippe Soupault (1897 bis 1990) 1924 gemeinsam die Pariser Bewegung der Surrealisten. Sie beriefen sich auf Vorläufer wie die deutschen Romantiker und die Symbolisten, rebellierten gegen Rationalismus und Konvention und suchten nach neuen Ausdrucksmöglichkeiten jenseits bürgerlicher Ästhetik.
Ziele: Die Surrealisten definierten Literatur neu als Mittel gesellschaftlicher Veränderung und, unter Einbeziehung der Psychoanalyse, als einen Weg zur Erkenntnis des Unterbewussten.
Verfahren: Unter dem Einfluss der freudschen Traumdeutung entwickelte die Gruppe das »automatische Schreiben« (»écriture automatique«), ein Verfahren zur Erstellung literarischer Texte, bei dem Traumbilder unkontrolliert niedergeschrieben wer-

den. Bekanntestes Beispiel ist die Gemeinschaftsdichtung *Die magnetischen Felder* (1920) von Breton und Soupault.
Mitglieder: Breton, von Yvan Goll »Papst des Surrealismus« getauft, galt als Chefideologe der Bewegung. Zu den Gründungsmitgliedern gesellten sich u.a. Paul Éluard, Robert Desnos, René Crevel, Antonin Artaud und Benjamin Péret.
Entwicklung: Die zunächst auf Skandale zielenden Aktionen der Gruppe wurden zunehmend politisch. Gemeinsam traten die Mitglieder 1927 in die Kommunistische Partei ein, von der sich ein Teil der Gruppe 1934 aufgrund der realpolitischen Ausrichtung der Partei wieder trennte. Breton neigte zur Dogmatisierung, verlangte eiserne Gruppendisziplin und schloss einige der einstigen Gefährten aus der Gruppe aus. Nach dem Zweiten Weltkrieg hatte die Bewegung den Großteil ihres Einflusses eingebüßt. Die Protestbewegung von 1968 griff die Ideen der Surrealisten z.T. wieder auf.

Zu André Bretons zahlreichen Verweisen im Manifest des Surrealismus (1924) auf Sigmund Freud gehört der Begriff der Fehlleistung:

Betrachten wir noch einmal den Wachzustand. Ich kann nicht umhin, ihn für ein Interferenz-Phänomen zu halten. Nicht nur, dass der Geist in diesem Zustand eine merkwürdige Neigung zur Verwirrung zeigt (hierher gehören das Versprechen und alle Arten der Fehlleistung, deren Geheimnis uns soeben erst entdeckt wurde); es scheint auch, dass er in normaler Funktion weitgehend Suggestionen aus jener tiefen Nacht folgt, aus der ich ihn herleite.

André Breton, *Nadja*, Umschlag der Originalausgabe 1928

Manifeste des Surrealismus

OT Manifeste du surréalisme **OA** 1924 **DE** 1968
OT Second manifeste du surréalisme **OA** 1930 **DE** 1968
Form Essay **Bereich** Kunst

Das *Erste Manifest des Surrealismus* erweitert eine fiktive lexikalische Definition des Begriffs (»reiner, psychischer Automatismus«) durch die Theorie einer von André Breton zuvor entwickelten Technik der literarischen Produktion. Diese dient als im Prinzip unbewusste Schreibweise einer exemplarischen Verknüpfung von Traum und Wirklichkeit; sie lässt sich von der Sprache auf andere Medien übertragen.
Entstehung: Ab 1922 sammelten sich in Paris ehemals dadaistische Schriftsteller und Künstler, die mit anderen Gruppen rivalisierten. Klare Abgrenzung schien geboten. Vor dem Hintergrund avantgardistischer Bewegungen ab 1905 mit selbst gewählten oder aus Spottnamen abgeleiteten Bezeichnungen wie Fauvismus, Kubismus und Futurismus entschieden sich Breton und seine Freunde dafür, die eigene Position als Surrealismus (= Überwirklichkeit) zu etikettieren. Breton verteidigte den Titel seines 30-seitigen Manifests »Nur böser Wille vermöchte uns das Recht streitig machen, das Wort Surrealismus in dem von uns verstandenen Sinne zu gebrauchen; denn es ist klar, dass es vor uns keinen Erfolg gehabt hat.« Bald nach seinem Eintritt in die Kommunistische Partei (1927) musste Breton die politische Position des Surrealismus klären. Diesem Zweck diente 1930 das *Zweite Manifest des Surréalismus*.
Inhalt: Das *Erste Manifest des Surrealismus* proklamiert die radikale Absage an den traditionellen Realismus. Zugrunde liegen Tendenzen, die bereits im Manierismus, in Romantik und im

Symbolismus wirksam waren, vor allem aber die Tiefenpsychologie Sigmund → Freuds, den Breton 1921 in Wien besucht hatte. Ein Sinnbild des im Namen der Vernunft vom Rationalismus beherrschten Geistes ist der Käfig – ein in der surrealistischen Objektkunst häufiger Gegenstand –, in dem sich die Erfahrung »windet«; Surrealismus bedeutet, Erfahrung durch eine neue Dimension des Ästhetischen zu befreien. Angesichts der Katastrophen in einer vernunftgeleiteten Welt »unter der Herrschaft der Logik« proklamiert Breton als neue Dimension »ein für allemal: das Wunderbare«; es ist »immer schön, gleich welches Wunderbare, es ist sogar nur das Wunderbare schön«. Eine Absicht seines Manifestes ist es, »dem Hass auf das Wunderbare, der bei gewissen Menschen herrscht, und der Lächerlichkeit, der sie es preisgeben wollen, den Prozess zu machen«.

Zwar steht die surrealistische Ästhetik laut dem ab 1934 neuen Titel von Bretons Zeitschrift »im Dienst der Revolution«, wobei Revolution für ihn gleichbedeutend ist mit Kommunismus. Zugleich kritisiert das zweite Manifest den kommunistischen Revolutionsbegriff. Zwar bestehen Analogien zwischen dem dialektischen Materialismus und dem Surrealismus, indem dieser ebenfalls »von dem ›kolossalen Fehlschlag‹ des Hegel'schen Systems ausgeht«. Aber: »Wie könnte man zugeben, dass sich die dialektische Methode in gültiger Weise nur auf die Lösung sozialer Probleme anwenden ließe?« Noch geht Breton von Gemeinsamkeiten aus: »Ich sehe wirklich nicht (mag das auch einigen bornierten Revolutionären wenig gefallen), warum wir darauf verzichten sollten, wenn wir es nur unter dem gleichen Gesichtspunkt tun, unter dem sie – und wir – die Revolution sehen: nämlich die Probleme der Liebe, des Traums, des Wahnsinns, der Kunst und der Religion aufzurühren.«
Wirkung: Das erste Manifest trug wesentlich zur engen Gruppenbildung bei (verbunden mit Ausgrenzungen) und setzte die weitere Theoriebildung innerhalb des Surrealismus in Gang. Mit dem zweiten Manifest verschärfte Breton die interne politische Auseinandersetzung; die KPF schloss ihn 1935 aus der Partei aus.   *C.W.*

Nadja

OT Nadja **OA** 1928 **DE** 1960
Form Erzählung **Epoche** Moderne

Nadja gilt als das literarische Beispiel einer surrealistischen Weltsicht, in der die Trennung von Kunst und Leben negiert wird. Poesie vollzog sich für André Breton im realen Leben. *Nadja* ist Erzählung und Anti-Roman zugleich. Der fiktionale Text erscheint als Dokument einer tatsächlichen Begegnung zwischen dem Autor und der mit intuitiven Kräften begabten Nadja, die der »objektive Zufall« zusammenführte.

Inhalt: Auf einem Spaziergang durch Paris trifft der Erzähler Breton eine junge, geheimnisvolle Frau. Fasziniert von ihren Augen spricht er Nadja an. Die beiden haben bald das Gefühl, sich schon immer gekannt zu haben. Sie verabreden ein Wiedersehen, doch auch ohne Abmachungen treffen sie in abgelegenen Gegenden zu unterschiedlichen Zeiten zusammen. Es entsteht eine tiefe Vertrautheit zwischen beiden. Nadja verfügt offenbar über seherische Gaben, da sie ohne Erklärung Einzelheiten aus Bretons Leben und Denken kennt. Ihre Fähigkeiten versetzen sie in die Lage, Dinge vorauszusagen, Zeichen zu erkennen und scheinbare Zufälle herbeizuführen. Alles, was Nadja tut und spricht, scheint aus einer anderen, jenseitigen Welt zu kommen, die sie Breton zu vermitteln versucht. Bretons Leben gerät durch diese Begegnung außer Kontrolle. Trotz der Faszination erfährt er Nadjas Nähe zunehmend als Bedrohung, so dass er sich schließlich von ihr zurückzieht. Später erfährt er von Nadjas Einlieferung in eine psychiatrische Anstalt.

Aufbau: Die in einem losen Geflecht miteinander verbundenen Episoden enthalten eine Fülle philosophisch-ästhetischer Reflexionen über zufällige Eindrücke und Alltagsereignisse. In z. T. komplizierten Schachtelsätzen gibt Breton diese Erlebnisse wieder, die seine Überzeugung stärken, dass eine Wirklichkeit jenseits der objektiven Welt existiert.

Die Begegnung mit Nadja bildet das Kernstück der surrealistischen Erzählung. Tagebuchartig protokolliert und datiert Breton die verschiedenen Treffen mit der jungen Frau. An die zentrale *Nadja*-Geschichte schließt sich die hymnische, an ein »Du« gerichtete Beschreibung surrealer Liebe und Schönheit an, die schließlich mit dem vielfach zitierten Satz endet: »Die Schönheit wird KONVULSIV sein oder nicht sein.« Zusätzlich enthält das Buch Fotos und Zeichnungen, die auf die Authentizität des Geschehens verweisen. Breton deutet die Erlebnisse nicht. In der Existenz der nur in der rationalen Welt »verrückt« erscheinenden Nadja sieht Breton seine Idealvorstellung von einer »surrealistischen« Frau verwirklicht, die das Poetische und Schöne, das Wunderbare und Alogische täglich lebt.

Wirkung: Noch im Erscheinungsjahr brachte es das Buch auf 20 Auflagen. *Nadja* wurde zur »Muse« des Surrealismus. Heute gilt das Werk, das 1963 in einer vom Autor überarbeiteten Fassung erschien, neben dem 1926 veröffentlichten *Der Bauer von Paris* von Bretons Freund Louis → Aragon, als klassisches Meisterstück surrealistischer Prosa.   S. Na.

Breytenbach, Breyten

südafrikan.-frz. Schriftsteller

* 16.9.1939 Bonnievale, Südafrika

📖 *Wahre Bekenntnisse eines Albino-Terroristen,* 1984

Obwohl Breyten Breytenbach zunächst als Maler assoziativ-surrealer Bilder international bekannt wurde, gilt er seit den 1960er Jahren auch als einer der bedeutendsten Lyriker Südafrikas und hat mehrfach den wichtigsten Literaturpreis seiner Heimat erhalten.

Für Breytenbach kommt der Literatur eine politische Funktion zu: zuerst im Engagement gegen die Apartheidpolitik (Stichwort, → S. 159)

Breyten Breytenbach 1989

Frank Schirrmacher am 2. Juli 1987 in der *Frankfurter Allgemeinen Zeitung* über Breyten Breytenbach:

Breytenbach ist der intellektuelle Repräsentant der südafrikanischen Literatur. Anders als viele seiner Kollegen kennt er die kanonischen Texte der Moderne sehr genau. Er weicht ihren gedanklichen und formalen Problemen nicht aus... Für Breyten Breytenbach wird die ästhetische Verunsicherung zum moralischen Kardinalproblem seiner künstlerischen Existenz.

Apartheid

Herkunft: Kurz nach dem Zweiten Weltkrieg wurde das Wort Apartheid, das auf Afrikaans – der Sprache der Buren – Trennung, Auseinanderhalten bedeutet, zum politischen Begriff und beschrieb die getrennte Entwicklung beziehungsweise die Trennung der Lebensbereiche der vielgestaltigen Bevölkerung Südafrikas.

Bedeutung: Die Apartheid-Gesetzgebung, die nach dem Wahlsieg der Nationalen Partei 1948 betrieben wurde, trennte die Bevölkerung Südafrikas in Weiße, Farbige, Inder sowie neun so genannte schwarze Nationen, denen bestimmte Reservate (Homelands genannt) zugewiesen wurden. Schwarzen ohne Arbeit war es untersagt, sich länger als 72 Stunden in städtischem Gebiet aufzuhalten, bestimmte Arbeitsplätze waren Weißen vorbehalten, die schwarze Bevölkerung hatte keinen Zugang zum allgemeinen Bildungswesen, Ehen oder Partnerschaften zwischen Weißen und anderen Südafrikanern waren verboten.

Folgen: Die Proteste gegen die Apartheid, gegen die von der Apartheidpolitik betriebene Umsiedelung und Passgesetzgebung, führten im Gegenzug zu zahlreichen Massakern an der schwarzen Bevölkerung (u. a. Sharpeville 1960, Soweto 1976, Crossroads 1985), die ihrerseits Südafrika international ins politische Abseits rückten. Die jahrzehntelange Auseinandersetzung zwischen der regierenden National Party und dem African National Congress (ANC) wurde erst Ende der 1980er Jahre und mit der Aufhebung der wichtigsten Apartheidgesetze 1991 sowie der Wahl des ANC-Führers Nelson Mandela am 29. April 1994 zum Präsidenten Südafrikas beigelegt.

in Südafrika, dann – seit dem Ende der offiziellen Apartheid 1991 – in der Integration und Verständigung der divergierenden gesellschaftlichen Gruppen. Sein literarisches Werk schwankt zwischen Anklage, Zynismus sowie Desillusionierung, die in seinem Leben begründet sind. Breytenbach, der aus einer gut situierten Burenfamilie kommt und in Kapstadt und Paris Kunst studierte, konnte wegen seiner Heirat mit einer Asiatin nicht nach Südafrika zurückkehren. In Paris gründete er eine Widerstandsgruppe und wurde nach einer illegalen Einreise in Südafrika zu neun Jahren Gefängnis verurteilt. Nach sieben Jahren Haft kehrte Breytenbach nach Paris zurück. 1992 gründete er ein Kulturzentrum auf der ehemaligen Sklaveninsel Gorée vor Senegals Hauptstadt Dakar.
Biografie: F. Galloway, *Breyten Breytenbach*, 1990.

Wahre Bekenntnisse eines Albino-Terroristen

OT The True Confessions of an Albino Terrorist **OA** 1984
DE 1984 **Form** Erinnerungen **Epoche** Moderne

Die *Bekenntnisse* von Breyten Breytenbach sind nicht nur ein Bericht aus seiner Zeit als politischer Gefangener, sondern der Versuch einer Fiktionalisierung dieser Erfahrungen, niedergeschrieben unmittelbar nach der Haftentlassung unter Zuhilfenahme der im Gefängnis gemachten Aufzeichnungen.

Inhalt: Breytenbach berichtet von seiner illegalen Einreise nach Südafrika, um Kontakte zur dortigen Gewerkschaftsbewegung zu knüpfen, erzählt von der Flucht durch das halbe Land, von der zu seiner Verhaftung führenden Verfolgungsjagd und den sich anschließenden Verhören. Der Autor berichtet auch von Mitgefangenen, versetzt sich in das Gefängnispersonal und bemüht sich, die Motive der Sicherheitspolizisten zu ergründen. Breytenbach schildert die sadistische Grausamkeit in den Haftanstalten, die perverse Gewaltanwendung und den Hass der Aufseher auf einen abtrünnigen Privilegierten, der freiwillig zum Außenseiter wurde. Breytenbach zeigt den Kampf der Inhaftierten ums Überleben – auch mithilfe gedanklicher Fluchten in eine erträumte Gegenwelt.
Form: Breytenbach setzt in seinem Buch fiktiv die Gespräche mit seinem Verhörer fort, der nun

Breyten Breytenbach, *Wahre Bekenntnisse eines Albino-Terroristen*, Einband der US-Taschenbuchausgabe 1994 (Nachdruck der US-Erstausgabe 1985)

nicht als Feind, sondern als intimer Vertrauter auftritt. Der Gesprächspartner entpuppt sich als Spiegelbild des Autors, als sein eigener burischer, weißer Konterpart, als Afrikaaner. Formal schwanken die Texte sprunghaft zwischen Reflexionen und Beschreibungen, Traumvisionen und Berichten, Assoziationen und Dokumentationen sowie zwischen Selbstkritik und politischen Analysen; das Buch enthält Gedichte und das Pamphlet der »Okhela«-Widerstandsgruppe. Die Vielfalt an Textformen spiegelt die widrigen Bedingungen, unter denen Breytenbach seine Notizen verfasste: Er schrieb sie teilweise nach dem Löschen des Lichts in einer Art surrealer »écriture automatique«.
Wirkung: *Wahre Bekenntnisse eines Albino-Terroristen* ist ein erschütterndes Dokument der Gefängnispraxis im Apartheidregime, die zuvor noch nicht aus der Sicht eines Betroffenen ausführlich dargestellt worden war. Der Schriftsteller wurde 1982 aufgrund internationaler Proteste vorzeitig aus der Haft entlassen, so dass seinem Bericht eine besondere Aufmerksamkeit zuteil wurde.

Die Jahre des Gefängnisses hinterließen auch im lyrischen Werk von Breytenbach Spuren, der seit dieser Zeit »die Nabelschnur, die ihn mit Südafrika verband«, als definitiv getrennt betrachtet und 1983 die französische Staatsbürgerschaft annahm. Bemerkenswert ist auch die radikale und polarisierende Kritik an den weißen Liberalen, an der intellektuellen weißen Elite Südafrikas, der Breytenbach Scheinheiligkeit in ihrem Einsatz gegen die Apartheid vorwarf.
M. L.

Brillat-Savarin, Jean Anthèlme

frz. Jurist und Schriftsteller

*2.4.1755 Belley (Ain), †2.2.1826 Paris

📖 *Die Physiologie des Geschmacks,* 1826

Jean Anthèlme Brillat-Savarin verdankt seinen Ruf als geistreicher Verkünder des »savoir vivre«, der »Lebenskunst«, seinen im Alter verfassten *Betrachtungen über das höhere Tafelvergnügen*.

Die berufliche Karriere des wohlhabenden Juristen aus einer Familie höherer Beamter führte über seine Ämter als Richter und Präsident des Zivilgerichtshofes seines Départements im zweiten Jahr der Französischen Revolution an den neuen Kassationshof in Paris (1791). Als Mitglied der Verfassunggebenden Nationalversammlung gehörte Brillat-Savarin zu den Gemäßigten und musste 1793 als Royalist fliehen. Er lebte während der Schreckensherrschaft der Jakobiner in Lausanne und in New York im Exil. Nach dem 18. Brumaire (Staatsstreich Napoleon Bonapartes am 9.11.1799) kehrte Brillat-Savarin an den Kassationshof zurück und gehörte während des Kaiserreichs und der bourbonischen Restauration zur gehobenen Pariser Gesellschaft, die ihn als Feinschmecker wie als Virtuosen im Umgang mit der Violine schätzte.

Die Physiologie des Geschmacks

OT Physiologie du goût **OA** 1826 **DE** 1865
Form Sachbuch **Bereich** Kulturgeschichte

Die Physiologie des Geschmacks bereitet ein Menü für literarische Feinschmecker. Die Zutaten reichen von Betrachtungen der Weltgeschichte im Spiegel des Essens und Trinkens über Anekdoten und Porträts prominenter Gourmets (und deren Antipoden) bis zu Rezepten erlesener Gerichte.

Inhalt: Die anonyme Erstausgabe von 1826 des Werks mit dem Untertitel *Betrachtungen über das höhere Tafelvergnügen* nennt als Verfasser einen Professor, der Mitglied mehrerer gelehrter Gesellschaften sei. Diese Fiktion entspricht Brillat-Savarins wissenschaftlichem Ehrgeiz, das Interesse der Physiologie, die sich vorwiegend mit den »höheren« Sinnesorganen Auge und Ohr beschäftigt, auf jene »niederen« Geschmacksorgane zu lenken, die am Vorgang des Essens und Trinkens beteiligt sind. Als roter Faden dient die Unterscheidung zwischen dem Feinschmecker und einem Esser, dem es – aus physiologischer Sicht – an jener Feinheit der Organe fehlt, »ohne die das opulenteste Mahl ungewürdigt bleibt«. Brillat-Savarin erinnert sich an eine konkrete Verkörperung dieser Typen, die aus physiologischen, aber ebenso aus psychologischen Gründen »nur essen, um satt zu werden« und stellt fest: »In diesen Kreis gehört auch Napoleon. Unregelmäßig in seinen Mahlzeiten, aß er schnell und schlecht. Auch hier findet man diesen absoluten Willen, den er überall kundgetan. Kaum spürte er Appetit, sofort musste er gestillt werden, und seine Leute waren darauf dressiert, an jedem Ort und zu jeder Stunde ihm sofort beim ersten Befehl Geflügel, Koteletten und Kaffee vorzusetzen.«

Weit davon entfernt, die Feinschmeckerei als Zeichen von Luxus zu definieren, gibt Brillat-Savarin Ratschläge für Haushalte mit unterschiedlichem Einkommen, beschreibt die wohltuenden Wirkungen der Tafelfreuden (im Gegensatz zu Befriedigung von Esslust) und gelangt zu einer Geschichte der Nahrungsauf-

nahme beim Menschen. Nach einem Exkurs über die *Philosophie der Küche* steuert der Autor für ihn neue Rezepte bei, u.a. das in der Schweiz kennen gelernte Fondue.

Wirkung: Brillat-Savarins literarische Meisterschaft der Verknüpfung präziser Beobachtungen mit pointierten Schlussfolgerungen fand bereits bei Honoré de → Balzac höchste Wertschätzung. Über den kulturgeschichtlichen Quellenwert hinaus behielt die *Physiologie des Geschmacks* ihren Reiz als Fundgrube »zeitloser« Einsichten, etwa in den Einfluss des Essens auf Geschäfte aller Art. Eine Backware, die nach dem in zahlreiche Sprachen übersetzten Autor benannt wurde, ist der Savarin: ein ringförmiger, mit einer alkoholischen Flüssigkeit getränkter Hefekuchen. *C. W.*

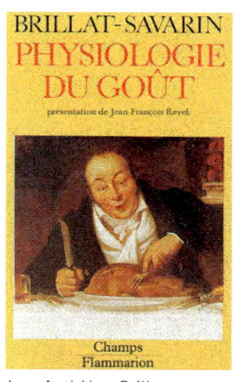

Jean Anthèlme Brillat-Savarin, *Physiologie des Geschmacks*, Umschlag der Ausgabe 1981

Broch, Hermann

österreich. Schriftsteller

* 1.11.1886 Wien, † 30.5.1951 New Haven (Connecticut)

📖 *Die Schlafwandler*, 1931/32

📖 *Der Tod des Vergil*, 1945

Dichtung ist nach Hermann Broch ein Mittel zur Erkenntnis, mit dem sich der für die Moderne charakteristische Zerfall der Werte nicht nur darstellen, sondern in experimentellem Stil die Ausdrucksmöglichkeit der Ethik erproben lasse.

Entgegen seiner musischen und wissenschaftlichen Interessen absolvierte Broch ein Ingenieurstudium und leitete ab 1915 die väterliche Textilfabrik. Ab 1908 erschienen erste literatur- und kulturkritische Aufsätze, mit denen der scharfe Analytiker nicht nur in den

Jean Anthèlme Brillat-Savarin über das Tafelvergnügen:

Tafelvergnügen gehört jedem Alter, jedem Stande, allen Ländern und Zeiten; es schließt sich allen anderen Genüssen an und bleibt uns am Ende, um uns über deren Verlust zu trösten.

Die wichtigsten Bücher von Hermann Broch	
Die Schlafwandler 1930/31	Die Romantrilogie über den Wertezerfall in der Wilhelminischen Epoche zeigt den gesellschaftlichen Wandel zur Moderne an Einzelbeispielen auf. → S. 162
Der Tod des Vergil 1945	Der römische Dichter Vergilius Publius Maro äußert in den letzten 18 Stunden seines Lebens Zweifel am Sinn der Kunst in einer Zeit der Gewalt und des zivilisatorischen Niedergangs. → S. 162
Die Verzauberung 1953	Der Roman der Verführung einer bäuerlichen Dorfgemeinschaft durch den Wanderprediger Marius Ratti, einem hitlerähnlichen »Scharlatan«, »Hypnotiseur« und »Menschenfänger«.
Die Schuldlosen 1950	Das Problem des Schuldigseins am Phänomen des Nationalsozialismus durch Gleichgültigkeit und Passivität wird in diesem »Roman in elf Erzählungen« in 13 über die Jahre 1913, 1923 und 1933 verteilten Novellen dargestellt.
Massenpsychologie 1959	Eine Theorie der politischen Willensbildung, die aus Brochs antifaschistischem Antrieb und seinen massenpsychologischen und sozialhistorischen Untersuchungen hervorgegangen ist.
Hofmannsthal und seine Zeit 1964	Eine literarhistorische Studie über den österreichischen Schriftsteller Hugo von Hofmannsthal und die Wende vom 19. zum 20. Jahrhundert, einer von gesellschaftlicher Dekadenz geprägten und in dekorativen Stilen prunkenden Zeit.

intellektuellen Caféhaus-Zirkeln der Hauptstadt bekannt wurde. 1909 erfolgte der Übertritt vom jüdischen zum katholischen Glauben. Die Beschäftigung mit der Philosophie, Mathematik und Psychologie führte zu einem zweiten Universitätsstudium (1925–29). 1927 verkaufte Broch die Fabrik und erreichte mit dem 1931/32 erschienenen Roman *Die Schlafwandler* einen internationalen Kritikererfolg. Zweifel an der Funktion der Dichtung angesichts einer von Gewalt geprägten weltpolitischen Situation sind nicht allein Thema von *Der Tod des Vergil*, sondern führten zu einem intensiven Engagement für den Völkerbundgedanken und zu sozialpsychologischen Studien *(Massenwahntheorie)*. Nach kurzer Haft 1938 emigrierte Broch, unterstützt von Thomas → Mann und Albert → Einstein, in die USA. Geplagt von Geldsorgen und der überhand nehmenden Arbeit starb Broch im Alter von 64 Jahren.

Biografien: M. Durzak, *Hermann Broch* (rm 50537); P. M. Lützeler, *Hermann Broch*, 1986.

Die Schlafwandler

OA 1931/32 **Form** Romantrilogie **Epoche** Moderne

Die chronologisch auf die Jahre 1888, 1903 und 1918 verteilte Romantrilogie von Hermann Broch gibt einen Querschnitt der Wilhelminischen Epoche, der den allmählichen Verlust einer veralteten Werteordnung und das Aufkommen der rational und funktional orientierten Moderne an Charakterbeispielen darstellt.

Inhalt: Im ersten Teil, *Pasenow oder die Romantik*, geraten unter dem Einfluss des Kaufmanns Eduard von Bertrand die religiösen Überzeugungen und das patriotische Pflichtgefühl des Gutsbesitzersohns Joachim von Pasenow ins Wanken. Dennoch entzieht er sich der unglücklichen Affäre mit dem Animiermädchen Ruzena, um in der Ehe mit der zum Tugendideal verklärten Elisabeth von Baddensen einen den starren gesellschaftlichen Konventionen entsprechenden Ersatz für die metaphysische Leere seiner Existenz zu finden.

Der entlassene Buchhalter August Esch, Vertreter des kleinbürgerlich-proletarischen Milieus, begegnet seiner als willkürlich erlebten Umwelt im zweiten Teil, *Esch oder die Anarchie*, mit zunehmendem Realitätsverlust. Eine »anarchische« Opfer- und Erlösungsfantasie leitet seinen Plan, den für den Kopf einer Weltverschwörung gehaltenen Mannheimer Industriellen Bertrand zu beseitigen. Die Ehe mit der älteren Gastwirtin Gertrud Hentjen zügelt den »falschen« Idealismus.

Gegen Ende des Ersten Weltkriegs gelangt der gelernte Kaufmann Wilhelm Huguenau, Hauptfigur des dritten Teils, *Huguenau oder die Sachlichkeit*, durch Betrug und mit Hilfe des Stadtkommandanten Joachim von Pasenow in den Besitz der Druckerei des ermordeten August Esch. Die Geschichte des Opportunisten ist um die Parallelerzählungen des Leutnants Jaretzki, des Maurers Gödicke und der Hanna Wendling ergänzt, die für Vereinsamung und körperliche wie geistige Versehrtheit stehen. Der vom Intellektuellen Bertrand Müller vorgetragenen Abhandlung über den Zerfall der Werte steht zudem die Geschichte eines Heilsarmeemädchens in Berlin als poetischer Kontrast gegenüber.

Aufbau: Ein traumartiger Schwebezustand, in dem das »Nicht mehr« und das »Noch nicht« eines eminenten gesellschaftlichen Umbruchs als irrational und vorbewusst erlebt wird, bestimmt das Handeln der Figuren. Der Versuch, sich einen Lebenssinn zu geben, scheitert am Konflikt der individuellen Werteordnung mit der Realität. Wurde Pasenow von einer »romantisch«-religiösen Fantasie geleitet, war es bei Esch ein »anarchisches« Ideal der Befreiung, das durch erotische Abenteuer kompensiert wurde. Huguenau typisiert den »sachlichen«, modernen, d.h. »wertfreien«, egoistischen Menschen einer neuen Zeit.

Broch stellt den Wandel in unterschiedlichen Stilen dar. Die Geschlossenheit des ersten Teils bricht gegen Ende des Romans auf, um in einer parallelen Anordnung verschiedener Erzählstränge die plurale, polyphone Wirklichkeit abzubilden. Dabei sind die Romanteile durch Wiederholungen und Anspielungen, Motive, Symbole und Namen kunstvoll miteinander verbunden. Der Unmöglichkeit, die Welt in ihren zahlreichen Facetten zu erkennen, setzt

---

Hauptfiguren in »Die Schlafwandler« von Hermann Broch

Joachim von Pasenow: Militärlaufbahn und Lebensstil des preußischen Gutsbesitzersohns stehen im Zeichen überholter Traditionen. Trotz Verunsicherung hält er an äußerlichen, sinnentleerten Konventionen fest. Im 3. Teil ist er Stadtkommandant.

Eduard von Bertrand: Der Jugendfreund Joachim von Pasenows ist Kaufmann sowie ironischer Beobachter des Zeitgeschehens und der oberflächlichen gesellschaftlichen Selbstdarstellung. Im zweiten Teil ist er der Präsident der »Mittelrheinischen Reederei-AG« in Mannheim. Er macht Esch mit der Signatur der Zeit – Vereinsamung und Wertverlust – vertraut und wird Opfer von dessen Denunziation.

Ruzena: Das aus Böhmen stammende Animiermädchen, Geliebte Pasenows, ist das sinnlicheGegenbild zu Elisabeth. Standesunterschiede beenden die Liebe.

Elisabeth von Baddensen: Die Landadlige, Tugendideal und religiös verbrämte Erlösungsfigur, heiratet Pasenow und schwört ihrer Neigung zu Bertrand ab.

August Esch: Der entlassene Buchhalter will den «Buchungsfehler in der Welt« rückgängig machen. Er ist geleitet von einem idealistischen, »anarchistischen« Opfer- und Erlösungswahn. Die Heirat mit Gertrud Hentjen holt ihn in eine ernüchternde Realität zurück. Später wird er Druckereibesitzer an der Mosel.

Gertrud Hentjen: Die verwitwete Wirtin wird »Mutter Hentjen« genannt. Sie beugt sich der gewalttätigen Zudringlichkeit Eschs.

Wilhelm Huguenau: Der elsässische Kaufmann und Deserteur verkörpert den »sachlichen«, »wertfreien« Opportunisten, der Betrug und Mord als legitime Mittel zur Erreichung seiner Ziele ansieht. Er eignet sich Eschs Druckerei als Basis seines gesellschaftlichen Aufstiegs an.

Bertrand Müller: Er ist der intellektuelle Ich-Erzähler der Geschichte des Heilsarmeemädchens in Berlin. Darüber hinaus verfasste er den Traktat über den *Zerfall der Werte*.

Broch unter dem Einfluss so unterschiedlicher Denker wie Ernst → Bloch, James → Joyce, Immanuel → Kant, Sören → Kierkegaard, Georg → Lukács oder Heinrich → Mann den Nachweis einer über die Form des Romans herstellbaren Totalität entgegen und beendet den Text mit einer paulinischen Erlösungsutopie.

Wirkung: Besonders unter Schriftstellern sind *Die Schlafwandler*, denen ein Erfolg aufgrund der nationalsozialistischen Machtergreifung zunächst nicht vergönnt war, von größtem Einfluss. Die gesellschaftliche Analyse in souverän angewandten Stillagen, die Einbindung unterschiedlicher Gattungen, die durch Zitate und Anspielungen erzeugte Offenheit und das hohe Maß an dichterischer Selbstreflexion wirken bis auf die Romanproduktion der Gegenwart. *C.Z.*

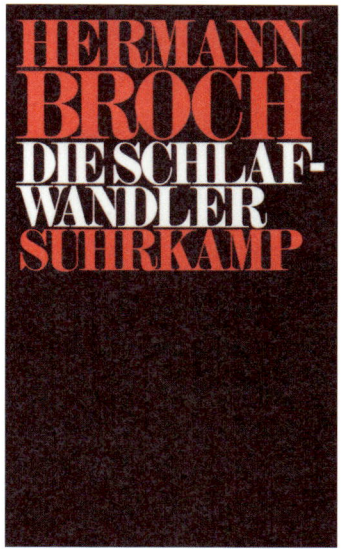

Der Tod des Vergil

OA 1945 **Form** Roman **Epoche** Moderne

Als »eines der ungewöhnlichsten und gründlichsten Experimente, das je mit dem flexiblen Medium des Romans unternommen wurde« (Thomas → Mann) stellt *Der Tod des Vergil* von Hermann Broch die Frage nach dem Sinn der Dichtung in einer Zeit der Inhumanität und kulturellen Krise.

Inhalt: Der erste Teil *(Wasser – Die Ankuft)* beschreibt die Rückkehr des todkranken Dichters Vergilius Publius Maro mit der kaiserlichen Flotte des Augustus in Brundisium. In Kontrast zum sonst entrückten Dasein des Künstlers führt der Weg durch die Elendsviertel am Hafen und die sich in »Massentiere« verwandelnden Menschen hinauf in den Palast. Die Sänfte begleitet ein Knabe, der, später nur für Vergil sichtbar, als Lysanias (der Leidenlösende) eine messianische Botschaft veranschaulicht. In der darauf folgenden letzten Nacht *(Feuer – Der Abstieg)* bezweifelt Vergil den Zweck seines Lebens und verdammt seine dem »Scheinweg« der Schönheit verpflichtete Dichtung. Die »Äneis«, sein Hauptwerk, zu verbrennen ist seine zwischen Fieberfantasien geäußerte Absicht. Im Gespräch mit den Freunden Plotius Tucca, Lucius Varius und Cäsar *(Erde – Die Erwartung)* erkennt Vergil, obwohl nicht von der religiös-moralischen Sendung seines Werks überzeugt, die das Ethische begründende »Erkenntnistat« des Dichtens an und überlässt seine Schriften der Nachwelt.

Der letzte Teil *(Äther – die Heimkehr)* zeigt einen dem Tod zustrebenden Dichter: Vor dem beobachtenden »Auge« kehrt die Schöpfung an ihren Ursprung zurück, mischt sich Wirkliches mit Mythologischem, Sinnbildern und Assoziationen, die von der Erinnerung an die einstige Geliebte Plotia beeinflusst sind.

Aufbau: 18 Stunden umfasst das von Erinnerungsbildern und aktuellen Eindrücken überlagerte Geschehen, das in Form des inneren Monologs erzählt wird. Broch spielt dabei mit Genres und Gattungen, baut Lyrik, Dialoge und philosophische Essays in den oft hymnischen Vortrag Vergils ein, der sowohl sprachlich wie gedanklich eine Grenzerfahrung bedeutet. Der Tod ist die äußerste Lebenssituation, von der aus die Rolle des Künstlers als eines »falschen Heilbringers« kritisiert und in Bezug zur dekadenten und von Verlust bedrohten Zivilisation gesetzt wird. Die von zahlreichen Zitaten und Anspielungen geprägte und unter Einfluss sowohl antiker wie neuzeitlicher Autoren – u. a. Sigmund → Freud, Georg F. W. → Hegel, James → Joyce, Carl Gustav → Jung, Franz → Kafka, Thomas → Mann – entstandene Dichtung vom Ende der Dichtung erzeugt einen Schwebezustand zwischen Traum und Realität, den Vergil bei seiner doppelten Rückkehr in die Heimat und das Jenseits erlebt. Die in den Kapitelüberschriften genannten Elemente deuten auf einen geschlossenen Kreislauf, dem das Leben nicht weniger als die Kunst – auch in der Darstellung ihrer Grenzen – verpflichtet bleibt.

Wirkung: Der unter den Eindrücken des universalen Wertverlusts während der Naziherrschaft entstandene Roman weist auf die in der Literatur der Nachkriegszeit diskutierte Funktion einer notwendigen neuen Ethik voraus. Der Dichtung stehe es dabei zu, nach dem Ende einer absoluten Wahrheit auch irrationale Elemente formal zu binden. Mit den Mitteln der Sprache den Bereich des Schweigens, den »Sekundenabgrund zwischen den Worten« auszuloten, ist das Ziel zahlreicher Autoren in der Folge Brochs. *C.Z.*

Hermann Broch; links: *Der Schlafwandler*, Umschlag von Band 4 der Gesamtneuausgabe 1987; rechts: *Der Tod des Vergil*, Umschlag der Gesamtneuausgabe als Taschenbuch 1995 (Gestaltung: Willy Fleckenhaus und Rolf Staudt)

Auszug aus dem Roman
Der Tod des Vergil von
Hermann Broch:

Nichts vermag der Dichter, keinem Übel vermag er abzuhelfen; er wird nur dann gehört, wenn er die Welt verherrlicht, nicht jedoch, wenn er sie darstellt, wie sie ist. Bloß die Lüge ist Ruhm, nicht die Erkenntnis!

Nur im Gleichnis ist das Leben zu erfassen, nur im Gleichnis ist das Gleichnis auszudrücken; endlos ist die Gleichniskette, und gleichnislos ist bloß der Tod, zu dem sie sich hinspannt, als wäre er ihr letztes Glied, dennoch schon außerhalb der Kette – als wären all die Gleichnisse lediglich seinetwegen geformt, um seine Gleichnislosigkeit zu erfassen, ja als könnte erst an ihm die Sprache ihre ursprüngliche Schlichtheit wiedergewinnen.

*Die Sprache und vermutlich
auch die Literatur sind älter
und notwendig dauerhafter
als jede Form sozialer Organisation. Wenn die Literatur den
Staat verabscheut, sich über
ihn lustig macht oder ihm die
kalte Schulter zeigt, so ist dies
wesentlich eine Reaktion des
Überzeitlichen, vielleicht
sogar des Unendlichen, gegen
das Zeitliche.*

Joseph Brodsky, *Römische
Elegien*, Umschlag der
deutschsprachigen Ausgabe
1985

Brodsky, Joseph

(eigtl. Iosif Aleksandrowitsch Brodski)

russ.-US-amerikan. Schriftsteller

* 24.5.1940 Leningrad, † 28.1.1996 New York

📖 *Römische Elegien*, 1981

Joseph Brodsky steht sowohl biografisch als
auch poetisch in der direkten Nachfolge der
großen Dichter des Goldenen und des Silbernen
Zeitalters der russischen Literatur.

Als einziges Kind jüdischer Eltern wuchs Brodsky im Leningrad nach der Blockade auf. 1957
schrieb er erste Gedichte und veröffentlichte
Übersetzungen aus dem Englischen und Polnischen. In der Sowjetunion wurde Brodsky mit
wenigen Ausnahmen nicht gedruckt, seine Gedichte waren aber durch Untergrundverlage bekannt. Sein öffentliches Debüt war ein Vers den
die große Anna Achmatova einem ihrer Gedichte
voranstellte. 1963 gelang ihm mit der *Großen
Elegie auf John Donne* der literarische Durchbruch. 1964 wurde er wegen »Parasitentums« –
er ging keiner geregelten Arbeit nach – zu fünf
Jahren Verbannung verurteilt, 1965 nach internationalen Protesten vorzeitig begnadigt. Im
Juni 1972 erfolgte die erzwungene Ausreise aus
der Sowjetunion, ab Ende 1972 lebte Brodsky in
den USA. Ende der 1970er Jahre verstärkte sich
sein Interesse an römisch-lateinischer Dichtung
(*Römische Elegien*, 1981; *Venezianische Strophen*,
1982). 1986 wurde Brodskys erste englischsprachige Essaysammlung *(Less than One)* zum besten literaturkritischen Buch des Jahres in den
USA gewählt. 1987 erhielt Brodsky den Literaturnobelpreis; 1992 wurde er für zwei Jahre zum
Poeta laureatus der USA ernannt.

Autobiografie: J. Brodsky, *Erinnerungen an Leningrad*,
1987/90.

Elegie

Herkunft: Der Begriff Elegie ist eine Ableitung aus dem griechischen élegos (Trauergesang), bezeichnet also ein im Ton lamen-
tativer Wehmut gehaltenes Klagelied. Die
Herkunft der Gattung ist unbekannt; die ältesten Elegien in der griechischen Antike
weisen bereits einen voll ausgebildeten metrischen Bau auf, der auf das Spiel der
zweitönigen lydischen Flöte zurückgeht, die
abwechselnd in Dur und Moll erklang.
Bedeutung: Charakteristisch für Weltsicht
und Lebenshaltung in der Elegie ist die
Gleichzeitigkeit gegensätzlicher Gefühle
wie Trauer und Freude, prägnant formuliert
im Begriff der vermischten Empfindung.
Dieser Kontrast wird metrisch realisiert
durch das elegische Distichon – das Nebeneinander von lebendigem Pentameter und
majestätischem Hexameter.
Entwicklung: Die Elegie spaltet sich in der
griechischen und lateinischen Literatur in
zwei Unterformen auf. Während in der

threnetischen Elegie der Tod das Hauptthema bildet, etabliert sich in der erotischen
Elegie, der dominierenden lyrischen Gattung in der römischen Klassik, die Liebe als
zweites großes elegisches Thema. Beim Gesang auf eine verlorene Geliebte bleibt
häufig der klagende Akzent erhalten.
Wichtigste Vertreter: Einer der ersten Elegiker, dessen Elegien erhalten sind, ist Kalli-
nos von Ephesos (7. Jh. v. Chr.). In der römischen Klassik verhelfen Catull (um 84 v.
Chr.–um 54 v. Chr.), Tibull (um 50 v. Chr.–um
17 v. Chr.), Ovid und Properz der Gattung zu
einer neuen Blüte. Die *Römischen Elegien*
von Goethe knüpfen an die Tradition der
erotischen Elegie an. Sie sind der Ausgangspunkt für die klassische deutsche
Elegie, die später mit Friedrich → Hölderlin
einen weiteren herausragenden Vertreter
hat. Im 20. Jahrhundert führen die *Duineser
Elegien* (1922) von Rainer Maria → Rilke
diese Gattungstradition fort.

Römische Elegien

OT Rimskie elegii **OA** 1981 **DE** 1985
Form Gedichtzyklus **Epoche** Moderne

Die Elegie (Stichwort → S. 164) als Gattung mit
ihrer langen Tradition ist für Joseph Brodsky die
Grundlage, auf der er in seinen *Römischen Elegien* zentrale Motive der Weltliteratur aufgreift
und sie in einem – häufig ironischen – Dialog
mit den großen Dichtern v.a. der lateinischen,
deutschen und russischen Literatur entwickelt.
Inhalt: Die zentralen Themen in den *Römischen
Elegien* sind die Liebe und der Tod. Damit steht
der Zyklus sowohl in der antiken Tradition der
Elegie als Trauergesang als auch in der Traditi-
on der erotischen Elegie bei den lateinischen
Klassikern. Liebe und Tod werden von Brodsky
in zahlreichen thematischen und motivischen
Spannungen wie Raum und Zeit, Licht und
Dunkelheit oder Einheit und Vielfalt gestaltet.
Rom als Ewige Stadt, als Schwelle zwischen
Vergangenheit und Zukunft sowie zwischen
Realität und Literatur ist ein weiterer inhaltli-
cher Schwerpunkt des Zyklus.

Der Sprecher in den *Römischen Elegien* ist als
Dichter im Exil erkennbar und trägt deutlich
autobiografische Züge. Dichtung und Exil sind
hier wie im gesamten Werk Brodskys nach 1972
von großer Bedeutung. Ausgangspunkt ist die
subjektive Erfahrung des Dichters in Rom, der
wiederholt seinen individuellen Standpunkt im
Kontinuum von Zeit und Raum definiert. Zugleich versucht er eine distanzierte Perspektive
einzunehmen, aus der er in dem persönlichen
Erlebnis eine universelle Ebene erkennt. Eine
Metapher für diese Haltung ist der Dichter, der
ein Foto von sich selbst im schlafenden Zustand
betrachtet.
Aufbau: Die *Römischen Elegien* sind ein Gedichtzyklus aus zwölf Strophen zu je 16 Versen,
die überwiegend mit einem weiblichen Kreuz-
reim (ABAB) enden. Sie sind in einem unregelmäßigen Dolnik geschrieben, dem wichtigsten
nicht klassischen Versmaß der russischen Dichtung. Der Bau des Zyklus ist streng symmetrisch: Er beginnt in der ersten Elegie mit der
Beschreibung der körperlichen Nacktheit des
Sprechers in einem mondänen Zimmer, durch
die der Eindruck eines embryonalen Zustands
entsteht. Die letzte Elegie ist der Epilog zum
Zyklus. Es ist die einzige Strophe, in der eine retrospektive Perspektive dominiert, mit der aus
einer Position nach dem Tod auf das Leben ge-
blickt zu werden scheint. Die beiden Elegien
rahmen die Gedichtpaare 2–10, 3–9, 4–8 und 5
bis 7 ein. Den lyrischen Höhepunkt bildet die
11. Elegie. Nachdem er hier die Geliebten aus
den Gedichten der großen römischen Elegiker
namentlich eingeführt hat, entwirft Brodsky ein
üppiges erotisches Gemälde, vor dem der Kon-

trast zwischen Sterblichkeit und Unsterblichkeit diskutiert wird. Der Mittelpunkt des Zyklus ist die 6. Elegie, in der in einer barocken Vision die Ruinen Roms beschrieben werden.

Die *Römischen Elegien* sind überreich an literarischen Anspielungen. In erster Linie beziehen sie sich auf die römischen Elegiker → Ovid, Properz (um 50 v. Chr.–nach 16 v. Chr.), Tibull (um 50 v. Chr.–um 17 v. Chr.), auf die *Römischen Elegien* (1795) von → Goethe sowie auf die großen Dichter der russischen Literatur des 19. und 20. Jahrhunderts wie Alexander → Puschkin und Ossip Mandelstam (1891 bis 1938?). Dabei knüpft Brodsky auf thematischer, motivischer und gedanklicher Ebene an die Gattungstradition an, entwickelt sie gleichzeitig aber weiter. Mit den Themen Liebe und Tod ist die existenzielle Bedeutung der elegischen Situation für den Menschen markiert. Die Besonderheit der Dichtung Brodskys besteht darin, dass seine lyrischen Helden – wie der Sprecher in den *Römischen Elegien* – auf diese existenzielle Situation emotional und subjektiv, zugleich aber auch distanziert und gelassen reagieren.

Wirkung: Erst ab 1988, nach Verleihung des Literaturnobelpreises und im Zug der von Michail Gorbatschow eingeleiteten »Perestroika«, wurden größere Teile des in russischer Sprache geschriebenen lyrischen und essayistischen Werks von Brodsky auch in sowjetischen Zeitschriften publiziert und damit für die Leser seiner Heimat greifbar. *S. M.*

Die Brontë-Schwestern (1833); Ölgemälde von ihrem Bruder Branwell Brontë (1817–48); von links: Anne (1820–49), Emily (1818–48) und Charlotte (1816–55).

Brontë, Charlotte

engl. Schriftstellerin

* 16.4.1816 Thornton (Yorkshire)

† 31.3.1855 Haworth (Yorkshire)

📖 *Jane Eyre*, 1847

Die wichtigsten Bücher von Charlotte Brontë	
The Professor 1845/46	Im einzigen Brontë-Roman mit männlicher Hauptfigur sucht der Selfmademan William Crimsworth in Brüssel sein Glück und muss sich zwischen zwei ungleichen Frauen entscheiden.
Jane Eyre 1847	Literarisches Hauptwerk der Autorin. Eine junge unscheinbare Erzieherin findet nach trostloser Kindheit in einer Erziehungsanstalt und zahlreichen Wendungen zu sich selbst. → S. 166
Shirley 1849	Die Liebesgeschichte mit sozialkritischen Untertönen spielt in der Zeit der industriellen Revolution und der napoleonischen Kriege.
Villette 1853	Die unkonventionelle Heldin Lucy Snowe entflieht ihrem tristen Dasein in England, um eine Stellung als Erzieherin in der fiktiven französischen Stadt Villette anzutreten.

»Ich hätte lieber Kritiker, die mich als Autor beurteilen, nicht als Frau!«, schrieb Charlotte Brontë im Januar 1850, nachdem ihr Roman *Shirley* in der *Edinburgh Review* als Frauenroman besprochen wurde. Zu Lebzeiten war sie die erfolgreichste der drei Brontë-Schwestern. In ihrem schmalen Œuvre verband sie psychologische Beobachtungsgabe mit scharfer Analyse sozialer Missstände in der viktorianischen Gesellschaft. In ihren vier Romanen griff sie wiederholt das englische Erziehungssystem an.

Nach einer eher freudlosen Kindheit in der abgeschiedenen Moorlandschaft Yorkshires kam die Pfarrerstochter 1831 an die Lehranstalt Roe Head, zunächst als Schülerin, ab 1835 auch als Erzieherin. Es folgten mehrere Anstellungen als Gouvernante, die sie jedoch jedesmal nach kurzer Zeit wieder abbrach. Nachdem der 1842 gefasste Plan, unter Charlottes Leitung in Haworth eine Lehranstalt zu gründen, gescheitert war, konzentrierten sich die Schwestern Brontë auf ihre literarischen Aktivitäten: 1846 veröffentlichten sie – erfolglos – eine Auswahl ihrer Gedichte unter den Pseudonymen Currer (Charlotte), Ellis (Emily) und Acton (Anne) Bell. 1847 folgte erneut unter Pseudonym Charlottes gefeierter Roman *Jane Eyre*.

Anders als ihre früh verstorbenen Schwestern Emily und Anne fand Charlotte Brontë schnell Anschluss an die literarischen Zirkel Londons, u. a. an den von ihr bewunderten William M. →Thackeray (ihm hatte sie *Jane Eyre* gewidmet) und an ihre spätere Biografin Elizabeth Gaskell (1810–1865). 1854 stimmte die 38-Jährige der

Ja, das Unglück war schrecklich nahe, und es kam über mich wie ein gewappneter Mann, die Fluten brausten über mir dahin und rissen mich mit sich. Das ganze Elend meines einsamen Lebens, meiner verlorenen Liebe, meiner zertretenen Hoffnungen kam mir zum Bewusstsein und drückte mich wie eine Last von Eisen. Die Bitternis dieser Stunde lässt sich nicht beschreiben, die Wasser überfluteten meine Seele, ich sank in einen tiefen Pfuhl, ich sank in tiefes Wasser, und die Fluten zogen mich in den Abgrund der Verzweiflung.

Charlotte Gainsbourg als Jane Eyre und William Hurt als Mr. Rochester in der Verfilmung des Romans *Jane Eyre* von Charlotte Brontë (USA 1995; Regie: Franco Zeffirelli)

Vernunftheirat mit Reverend A.B. Nicholls zu. Sie starb während ihrer ersten Schwangerschaft an einer Lungenentzündung. Postum erschien 1857 ihr Erstlingsroman *The Professor*; im gleichen Jahr kam ihre Biografie *The life of Charlotte Brontë* von Gaskell heraus, die bis heute eine wichtige Quelle der Brontë-Forschung ist.

Jane Eyre

OT Jane Eyre **OA** 1847 **DE** 1854
Form Roman **Epoche** Viktorianische Ära

Jane Eyre ist der archetypische Frauenroman des 19. Jahrhunderts, ein Musterbeispiel disziplinierter Erzählkunst. Mit dramaturgischen Elementen der Gothic novels (Schauerroman) und des Sensationsromans schuf Charlotte Brontë eines der bis dahin differenziertesten Frauenporträts der englischen Literatur.

Entstehung: Nachdem die Veröffentlichung ihres Romanerstlings *The Professor* (1845/46, postum 1857) abgelehnt worden war, erschien 1847 *Jane Eyre* unter dem Decknamen Currer Bell. Erst im Zuge der Veröffentlichung ihres nächsten Romans *Shirley* (1849) wurde die wahre Identität der Verfasserin aufgedeckt. Dennoch behielt Brontë ihr Pseudonym bei.

Inhalt: Die Vollwaise Jane Eyre wächst im Haus ihrer Verwandten auf. Von allen verachtet und ungeliebt, wird sie in die berüchtigte Erziehungsanstalt Lowood gesteckt. Als Erwachsene nimmt sie eine Stellung als Erzieherin auf dem Herrensitz Thornfield des egozentrischen Mr. Rochester an, der sich von der äußerlich unscheinbaren, aber intelligenten jungen Frau sofort angezogen fühlt. Jane willigt in die Heirat ein. Am Traualtar erfährt sie Rochesters grausiges Geheimnis: Er hält seit Jahren seine gesetzlich angetraute, wahnsinnige Frau im Haus ge-

fangen. Schockiert reist Jane ab, mittellos und gesundheitlich angegriffen. Ihre Odyssee führt sie ins Haus eines jungen Geistlichen, der in ihr eine ideale Gefährtin für seine Missionstätigkeit in Indien sieht und ihr einen Antrag macht. Erst jetzt erkennt Jane – durch eine unverhoffte Erbschaft finanziell unabhängig – ihre Liebe zu Rochester. Sie kehrt nach Thornfield zurück, wo sie das Schloss in Ruinen und den Geliebten nach einem Unfall erblindet und hilflos vorfindet. Sie pflegt ihn gesund, beide finden endlich Ruhe und Geborgenheit.

Aufbau: Von der feministischen Literaturkritik wird *Jane Eyre* häufig als rationalistischer Gegenentwurf zu *Sturmhöhe*, dem Hauptwerk Emily →Brontës, interpretiert. Die dort radikal eingeforderte schrankenlose Hingabe und romantische Obsession tritt bei Charlotte Brontë zugunsten eines rationalistischen Lebensentwurfs zurück, der sich in der vom Verstand und scharfer Beobachtungsgabe geleiteten, äußerlich unscheinbaren Titelheldin artikuliert.

Wirkung: *Jane Eyre* markierte Charlotte Brontës Durchbruch und trug ihr wegen der freimütigen Ansichten ihrer Heldin zeitlebens den Ruf einer moralischen Umstürzlerin ein. Eine kaum werkgetreue Hollywood-Adaptation von 1944 mit Joan Fontaine und Orson Welles reduzierte die Handlung auf die romantischen Aspekte. *W.Co.*

Brontë, Emily Jane

engl. Schriftstellerin

*30.7.1818 Thornton (Yorkshire)

†19.12.1848 Haworth (Yorkshire)

📖 *Die Sturmhöhe*, 1847

Emily Brontë schuf mit ihrem einzigen Roman *Die Sturmhöhe* das bekannteste Werk der drei als Literatinnen bekannt gewordenen Brontë-Schwestern. Zugleich gilt es als eines der kühnsten Bücher der Viktorianischen Epoche.

Emily wuchs mit ihren Geschwistern Charlotte, Anne und Branwell in Haworth auf, wo ihr Vater als Geistlicher tätig war. Der frühe Tod der Mutter und zweier älterer Schwestern, die finanziell schwierige Situation der Familie, ihr Mangel an sozialen Kontakten und die karge Landschaft der Yorkshire-Moore hatten einen Zustand der Begrenzung und Isolation geschaffen, dem die vier Kinder mit Fantasie und Kreativität begegneten. Früh begannen sie Gedichte und Geschichten über zwei geheimnisvoll-exotische Reiche *(Angria und Gondal)* zu verfassen. Die Gedichte der Schwestern *(Poems)* erschienen 1846 unter den Pseudonymen Currer (Charlotte), Ellis (Emily) und Acton (Anne) Bell in London.

Emily, die ab 1837 als Gouvernante gearbeitet hatte, kehrte nach dem Tod ihrer Tante 1842 nach Haworth zurück. 1845 begann sie mit ihrer Arbeit an *Die Sturmhöhe*. 1847 wurde der Roman in einem Band mit Anne Brontës Erstlingswerk *Agnes Grey* veröffentlicht.

Biografie: W. Waldmann, *Die Schwestern Brontë*, 1990.

Die Sturmhöhe

OT Wuthering Heights **OA** 1847 **DE** 1851
Form Roman **Epoche** Viktorianischer Roman

Emily Brontës Roman zählt wegen seiner Unkonventionalität und Modernität zu den literarischen Skandalerfolgen der Viktorianischen Epoche und gilt heute als eines der bedeutendsten englischen Werke des 19. Jahrhunderts.

Die Romanhandlung, die sich fern aller gesellschaftlich und religiös verankerten Normen der Zeit in der ländlichen Abgeschiedenheit Yorkshires entwickelt, ist geprägt von einer außergewöhnlichen Mischung aus Mystizismus und Naturalismus. Brontës intensive Darstellung der rauen, von Stürmen und Gewittern geprägten Landschaft spiegelt persönliche Naturerlebnisse und die Beschäftigung der jungen Autorin mit romantischer Dichtung wider. Die bedrohliche Atmosphäre und die nuancierte Schilderung psychischer Ausnahmezustände führte vielfach zu Vergleichen mit den Schauerromanen von Lord →Byron und Percy Shelley.

Inhalt. Handlungsorte des Romans, der die Geschichte zweier Familien über zwei Generationen erzählt, sind die ländlichen Besitztümer Wuthering Heights und Thrushcross Grange. Das Findelkind Heathcliff und Catherine, die Tochter seines Ziehvaters Mr. Earnshaw, verbindet eine tiefe Seelenverwandtschaft. Doch Catherine heiratet den Gentleman Edgar Linton. Nachdem Heathcliff unter mysteriösen Umständen reich geworden ist, nimmt er Rache an Linton und Catherines Bruder Hindley, der ihn in seiner Jugend zum Außenseiter degradiert hat. Nach Catherines frühem Tod wird Heathcliff in seinen Träumen von ihrem Geist heimgesucht. Erst in seinem eigenen Tod findet er in der Vereinigung mit der Geliebten Frieden. Nun können sich durch die Heirat von Edgars und Catherines Tochter Cathy und Hindleys Sohn Hareton die positiven Charakterzüge der Lintons und der Earnshaws vereinigen.

Aufbau. Die Romanhandlung umspannt einen Zeitraum von 32 Jahren (1771–1803) und wird aus der Perspektive zweier Nebenfiguren in achronologischen Rückblenden wiedergegeben. Die verschachtelte Erzählstruktur und die mitunter fragwürdige Zuverlässigkeit der beiden Erzähler tragen zu der von der Autorin beabsichtigten Rätselhaftigkeit der Ereignisse bei.

Hauptfiguren in »Die Sturmhöhe« von Emily Brontë

Mr. Earnshaw: Der Besitzer von Wuthering Heights sowie Vater von Catherine und Hindley Earnshaw nimmt sich des Findelkindes Heathcliff an.

Hindley Earnshaw: Der Sohn von Mr. Earnshaw und Bruder Catherines benutzt nach dem Tod des Vaters seine Herrschaft über Wuthering Heights, um Heathcliff zu demütigen. Durch den Tod seiner Frau Frances gerät er in eine Krise und vernachlässigt seinen Sohn Hareton. Durch Glücksspiel verliert er seinen Besitz an Heathcliff.

Heathcliff: Das Findelkind aus den Elendsvierteln Liverpools entbrennt als Adoptivsohn von Mr. Earnshaw in leidenschaftliche Liebe zu dessen Tochter Catherine. Als sie Edgar Linton heiratet, stürzt seine Rache die Earnshaws und Lintons in Verzweiflung und Wahnsinn. Heathcliff stirbt unter mysteriösen Umständen.

Catherine Earnshaw: Die Tochter von Mr. Earnshaw und Schwester von Hindley begeht durch ihre Vernunftehe mit Edgar Linton Verrat an ihrer Liebe zu Heathcliff. Als Heathcliff nach Jahren der Trennung wieder auftaucht, stirbt sie geistig umnachtet.

Edgar Linton: Der Gentleman und Besitzer von Thrushcross Grange heiratet Catherine Earnshaw.

Isabella Linton: Die Schwester von Edgar Linton lässt sich von Heathcliff täuschen und heiratet ihn. Als sie seine Grausamkeit erkennt, flieht sie von Wuthering Heights.

Cathy (Catherine) Linton: Die Tochter von Catherine Earnshaw und Edgar Linton heiratet, von Heathcliff gezwungen, dessen Sohn Linton Heathcliff. Nach dem Tod Lintons entdeckt sie ihre Zuneigung für Hareton Earnshaw, den sie 1803 heiratet.

Linton Heathcliff: Der Sohn von Heathcliff und Isabella Linton stirbt bald nach der Heirat mit Catherine Linton 1801.

Hareton Earnshaw: Der Sohn von Hindley und Frances Earnshaw wächst nach dem Tod seiner Eltern bei Heathcliff auf und heiratet Cathy Linton.

Nelly (Ellen) Dean/Mr. Lockwood: Ellen Dean, einst Amme auf Wuthering Heights und dann Hausangestellte in Thrushcross Grange, erzählt Mr. Lockwood, dem neuen Pächter von Thrushcross Grange, die Geschichte der Earnshaws und Lintons.

Wirkung. Als *Die Sturmhöhe* 1847 unter dem Pseudonym Ellis Bell in London erschien, reagierte die Öffentlichkeit mit Empörung. Die atmosphärische Düsterkeit der Handlung und die kraftvolle Sprache sowie die dämonisch anmutende Leidenschaft der Protagonisten waren mit den literarischen und moralischen Konventionen der viktorianischen Gesellschaft nicht zu vereinen. Erst gegen Ende des 19. Jahrhunderts erhielt der Roman die ihm gebührende Anerkennung. *Die Sturmhöhe* wurde mehrfach verfilmt, u.a. 1939 von William Wyler mit Laurence Olivier als Heathcliff und Merle Oberon als Catherine. *B. S.*

Auszug aus *Die Sturmhöhe* von Emily Brontë:

Am Tage, als sie begraben wurde, schneite es. Abends ging ich zum Friedhof. Es blies rau wie im Winter, ringsum war alles einsam. [...] Ich war allein und war mir bewusst, dass nur zwei Ellen lockerer Erde uns voneinander trennten. Darum sagte ich zu mir: »Ich will sie wieder in den Armen halten. Wenn sie kalt ist, will ich denken, dass es der Nordwind ist, der mich erschauern lässt, und wenn sie regungslos bleibt, dass es der Schlaf ist.« Ich holte einen Spaten aus dem Geräteschuppen und begann mit aller Kraft zu graben...

Brown, Dee

US-amerikan. Historiker, Bibliothekar und Publizist

*28.2.1908, Alberta (Louisiana)

📖 Begrabt mein Herz an der Biegung des Flusses, 1970

Als auf dem Höhepunkt des Vietnamkrieges das Selbstwertgefühl vieler Amerikaner bereits erheblich angeschlagen war, traf sie das Werk eines bis dahin in der Öffentlichkeit kaum bekannten Bibliothekars »mitten ins Herz«: Schon wenige Tage nach Veröffentlichung stieg Dee Alexander Browns *Begrabt mein Herz an der Biegung des Flusses* über den Untergang der letzten freien Indianerstämme Nordamerikas bis an die Spitze der Bestseller-Listen und wurde das bis heute am häufigsten verkaufte Sachbuch in den USA.

Brown verließ nach der Ausbildung zum Lehrer seine Heimat Arkansas und ging nach Washington, wo er als Bibliothekar in einem Ministerium arbeitete und gleichzeitig Geschichte und Bibliothekswesen studierte. Nach Abschluss des Studiums war er in den folgenden Jahrzehnten fast ausschließlich in Bibliotheken beschäftigt.

Bereits kurz vor Ausbruch des Zweiten Weltkriegs begann Brown Bücher zu schreiben. Er veröffentlichte u.a. eine romantische Novelle über den legendären Westernhelden Davy Crockett (*Wave High the Banner*, 1943) und zahlreiche historische Sachbücher über die Zeit der Eroberung des amerikanischen »Wilden Westens« (u.a. *Im Westen ging die Sonne auf*, 1980).

Begrabt mein Herz an der Biegung des Flusses

OT Bury My Heart at Wounded Knee
OA 1970 **DE** 1972 **Form** Sachbuch **Bereich** Geschichte

Begrabt mein Herz an der Biegung des Flusses, eine Darstellung des letzten Indianer-Krieges in Nordamerika (1860–90) aus der Sicht der Indianer, machte Dee Alexander Brown in kürzester Zeit zu einem der bekanntesten Autoren zur amerikanischen Geschichte. Der Autor stellt mit dem Buch viele Legenden und Geschichten über die Eroberung des Westens schonungslos in Frage.

Inhalt: Das Werk beschreibt die Eroberung des nordamerikanischen Westens, speziell von der Mississippi-Missouri-Linie bis an die Pazifikküste. Allerdings stehen in dieser Darstellung nicht die heldenhaften Siedler im Mittelpunkt, sondern die Indianer, Brown greift nicht nur auf offizielle Protokolle zurück, die während der zahllosen Verhandlungen zwischen der US-Regierung und Vertretern der Indianerstämme mitgeschrieben wurden, sondern auch auf Zeitungsinterviews, die bereits zu jener Zeit einige engagierte Reporter aufgezeichnet hatten. Mithilfe dieser relativ begrenzten Quellen rekonstruiert Brown in jeweils abgeschlossenen Einzelepisoden die wichtigsten Ereignisse, erzählt von berühmten Massakern an und von Indianern und beschreibt den langjährigen Guerillakrieg der Apachen und Comanchen. Er berichtet ausführlich vom Krieg der US-Armee gegen die Prärieindianer, die Cheyenne und Sioux, der 1876 in der Schlacht am Little Bighorn River im Untergang der 7. US-Cavallerie unter General Custer gipfelte. Das Buch ist eine unerbittliche Anklageschrift gegen alle »weißen« Amerikaner, den guten und naturliebenden Indianern stehen die verlogenen und umweltfeindlichen »weißen« Eindringlinge gegenüber.

Wirkung: Nach anfänglichen Protesten überwog der Schock über den von Brown schonungslos offen gelegten Genozid an den Indianern, wie er in den USA vorher noch nie in dieser Deutlichkeit beschrieben worden war. Dies löste in erster Linie unter liberalen Intellektuellen eine enorme Betroffenheit aus, die in folgenden Jahren viele Amerikaner zu einer völligen Kehrtwendung bei der Betrachtung ihrer eigenen Geschichte bewegte. In den USA wurde *Begrabt mein Herz an der Biegung des Flusses* bis heute über 5 Millionen Mal verkauft und im Jahr 2001 wählten die Leser der *New York Times* es zu einem der vier einflussreichsten Bücher des 20. Jahrhunderts. *P.B.*

Auszug aus *Begrabt mein Herz an der Biegung des Flusses* **von Dee Alexander Brown:**

Als das Massaker [wounded knee]endete, waren Big Foot und über die Hälfte seiner Leute tot oder schwer verwundet; 153 Tote wurden gezählt, doch viele Verwundete krochen fort und starben später. Einer Schätzung zufolge kamen fast dreihundert von den 350 Männern, Frauen und Kindern ums Leben. Von den Soldaten fielen fünfundzwanzig, und neunundreißig wurden verwundet; die meisten waren von ihren eigenen Kugeln und Schrapnells getroffen worden...

Dee Brown, *Begrabt mein Herz an der Biegung des Flusses,* Umschlag der deutschsprachigen Ausgabe 1973

Brückner, Christine

dt. Schriftstellerin

* 10.12.1921 Schmillinghausen/Waldeck
† 21.12.1996 Kassel
📖 *Jauche und Levkojen*, 1975

Christine Brückner bezeichnete den Schriftsteller als »das Gedächtnis der Nation«. Durch ihren unverwechselbaren Erzählstil hat sich die Autorin selbst in die Erinnerung eingeschrieben.

1938 absolvierte Brückner, die als Tochter eines Kirchenrats in einem protestantischen und antinationalsozialistischen Milieu aufwuchs, ein Pflichtjahr für deutsche Mädchen; 1939–45 wurde sie zu diversen Kriegsverpflichtungen herangezogen. Nach dem 1944 abgelegten Abitur wurde sie Bibliothekarin, studierte zwei Jahre Volkswirtschaft, Kunstgeschichte, Literaturwissenschaft und Psychologie und arbeitete an einem kunsthistorischen Institut.

Später war Brückner als freie Journalistin sowie Redakteurin tätig und verfasste als Autorin vor allem Romane, Dramen, Hörspiele und Erzählungen. Ab 1960 lebte sie in Kassel; von der Stadt wurde sie mehrfach ausgezeichnet. 1980–84 war sie Vizepräsidentin des PEN-Zentrums der Bundesrepublik, 1991 erhielt sie das Bundesverdienstkreuz 1. Klasse. Brückner verstand sich als gläubige Christin und Moralistin; insbesondere Letzteres prägte zeitlebens ihr literarisches Schaffen.

Autobiografie: C. Brückner, *Mein schwarzes Sofa*, 1981.

OT = Originaltitel **EZ** = Entstehungszeit **OA** = Originalausgabe **DE** = Deutsche Erstausgabe 📖 = Verweis auf Werkartikel

Jauche und Levkojen

OA 1975 **Form** Roman **Epoche** Moderne

Mit dem ersten Teil ihrer Poenichen-Trilogie, die aus den Romanen *Jauche und Levkojen*, *Nirgendwo ist Poenichen* (1977) und *Die Quints* (1985) besteht, lässt Christine Brückner eine untergegangene Welt wieder aufleben: In der Erzählweise ihres literarischen Vorbilds Theodor → Fontane schreibt sie über das Leben einer Gutsfamilie in Pommern in der ersten Hälfte des 20. Jahrhunderts.

Entstehung: 1972 erlitt Brückner einen schweren Autounfall. Dieses Erlebnis bezeichnet sie in ihrer Autobiografie *Mein schwarzes Sofa* als einen »Lebenseinschnitt«, aus dem sie mit einem umso größeren Lebenswillen hervorging. Dieses intensive Lebensgefühl floss in die Poenichen-Romane ein. Fünf Jahre schrieb Brückner an den ersten zwei Bänden, die von Anfang an als Einheit gedacht waren. Sie war während des Kriegs zweimal je eine Woche in Pommern gewesen. Die Eindrücke dieser Aufenthalte fanden Eingang in die Romane der Trilogie; die Handlung ist Fiktion.

Inhalt: Am 8. August 1918 wird Maximiliane von Quindt auf Gut Poenichen in Hinterpommern geboren. Ihre Mutter zieht es nach Berlin zurück, bevor sie schließlich ins Exil geht; der Vater fällt im Ersten Weltkrieg. So wird das Kind vor allem von den Großeltern Sophie Charlotte und Joachim von Quindt, der dominierenden Figur des Romans, erzogen. Maximiliane wächst am Poenicher See und in den weitläufigen Wäldern als Naturkind auf. Der Schule bleibt sie fern und wird schließlich in ein Internat gebracht. Sie heiratet den entfernten schlesischen Verwandten Viktor Quint, der sie auf das heimatliche Gut zurückbringt. Sein Parteibuch – er ist überzeugter Nationalsozialist – bietet der Familie während zwölfjähriger Diktatur Schutz. Auf dem Gut ist er im Grunde nur zur Zeugung der drei Kinder anwesend. Als Quint kurz nach dem Tod Hitlers umkommt und die Großeltern den Freitod wählen, sind Maximiliane und ihre Kinder die einzigen übrig gebliebenen Mitglieder der Familie Quindt; sie begeben sich auf den langen Weg der Vertriebenen in Richtung Westen.

Aufbau: »Autor und Leser sind Partner; und das ist ein intimes Verhältnis«, sagte Brückner in einem Interview. In *Jauche und Levkojen* sind Autor und Leser Verbündete in ihrem Wissensvorsprung – vor allem hinsichtlich der Zeitgeschichte – und ihrem Interesse an den Figuren. Souverän führt Brückner den Leser durch ihren Roman und verleiht ihm so einen lockeren Ton. Zudem orientiert sie sich explizit an der Erzählweise von Fontane: Ein Zitat des Dichters bildet das Motto des Romans, dessen Figuren wiederholt Fontanes Werke lesen; auch Motivik, Landschaften und Charaktere ähneln sich. So ist etwa die Figur Joachim von Quindt stark an den alten Briest aus Fontanes *Effi Briest* (1985) sowie an den alten Dubslav von Stechlin aus dem Roman *Der Stechlin* (1897) angelent.

Wirkung: Der erste Teil der Poenichen-Trilogie, der zu einem Bestseller wurde, erfuhr eine überaus positive Aufnahme und machte Brückner zu einer der erfolgreichsten deutschsprachigen Autorinnen. Durch den direkten Bezug auf Fontane musste sie sich allerdings den Vergleich zu dessen Werk gefallen lassen: So nannten sie die einen eine »Enkelin Fontanes«, die anderen vermissten jedoch den symbolischen Tiefgang des Vorbilds. Bezeichnend – und darin unterscheidet sich Brückner besonders von Fontane – ist für alle drei Poenichen-Romane ein ausgeprägtes Versöhnungsmotiv. *B. Br.*

Christine Brückner, *Jauche und Levkojen*, Umschlag der Originalausgabe 1975 (Gestaltung W. Rebhuhn und H. Linde)

Die wichtigsten Bücher von Christine Brückner	
Ehe die Spuren verwehen 1954	Eine Frau stirbt zu Beginn der 1950er Jahre bei einem Verkehrsunfall. Ein sich schuldig fühlender Mann rollt daraufhin ihr Leben auf. Er verliebt sich in die Tote, findet am Ende jedoch zur Familie zurück.
Ein Frühling im Tessin 1960	Die Komödie mit klassischem Ende erzählt von Susanne, die durch eine Inszenierung ihres Eheglücks eine Nebenbuhlerin belehren möchte und sich dabei selbst belehrt.
Letztes Jahr auf Ischia 1964	Ein unproduktives Filmteam befindet sich auf der Insel, die selbst die Hauptrolle in diesem Roman spielt. Selbstbezogene Menschen versuchen erfolglos, ihre Vergangenheit abzulegen.
Der Kokon 1966	Wiepe, Witwe eines Juristen, Tochter eines Zoologen und Mutter einer Journalistin, beschließt an ihrem 50. Geburtstag sämtliche dieser Zuschreibungen sowie ihren Besitz hinter sich zu lassen und als Außenseiter frei wie ein Vogel zu leben.
Überlebensgeschichten 1973	Die authentischen Lebensläufe schildern das Schicksal von »aus der Bahn geworfenen« Menschen wie Migranten, Ausgebombten, Vertriebenen, Heimkehrern, Witwen und Waisen.
Jauche und Levkojen 1975	Der Roman schildert das Leben von Maximiliane und ihren Großeltern auf dem Gut des alten Adelsgeschlechts von Quindt in Pommern in der ersten Hälfte des 20. Jahrhunderts. → S. 169
Nirgendwo ist Poenichen, 1977	Ein buntes Nachkriegspanorama, dargestellt am Leben der Quints. Maximiliane schließt ihren Frieden mit dem Verlust Poenichens.
Mein schwarzes Sofa 1981	Während *Das glückliche Buch der a.p.* (1970) Autobiografie und Fiktion mischt, handelt es sich hier um eine unverschlüsselte Darstellung des Lebens, Denkens und Arbeitens der Autorin.
Wenn du geredet hättest, Desdemona 1983	»Ungehaltene Reden ungehaltener Frauen« quer durch die Epochen: Desdemona entwaffnet ihren Othello, Effi Briest und Christiane von Goethe kommen zu Wort ebenso wie Katharina Luther und Sappho; den Abschluss bildet Gudrun Ensslins Gefängnismonolog.
Die Quints 1985	Die Quints, Mutter Maximiliane und vier Kinder, finden erfolgreich ihren Weg in der Bundesrepublik.

Bruno, Giordano

(eigtl. Filippo Bruno, auch: Il Nolano)

italien. Philosoph, Astronom und Mathematiker

* 1548 Nola bei Neapel, † 17.2.1600 Rom

📖 *Von der Ursache, dem Prinzip und dem Einen*, 1584

Die Theorien von Giordano Bruno nahmen wesentliche Elemente heutiger naturwissenschaftlicher Weltsicht vorweg. Dies betrifft vor allem seine Vorstellung eines unendlichen Universums und einer »Vielzahl von Welten«, in der er die traditionelle geozentrische Astronomie zurückwies und intuitiv über das heliozentrische kopernikanische Weltbild hinausging, das an einem endlichen Universum mit einer Fixstern-Sphäre festhielt. Seine unorthodoxen Ideen vertrat Bruno zu einer Zeit, als sowohl die katholische als auch die reformierten Kirchen rigide aristotelische und scholastische Prinzipien vertraten.

Bruno, Sohn eines Soldaten, studierte in Neapel Geisteswissenschaften, Logik und Dialektik. Nach seinem Eintritt in den neapolitanischen Dominikanerorden 1565 trug er den Namen Giordano. 1572 erhielt er die Priesterweihe. Vier Jahre später wurde er jedoch wegen Häresieverdachts angeklagt, floh und lebte dann in Genf. Bruno trat zum Calvinismus über und gelangte über Frankreich nach England, wo er 1584 seine berühmten sechs italienischen Dialoge verfasste, drei über die Theorie des Universums und drei über Moral. 1592 kehrte er schließlich nach Italien zurück, wo ihn im Jahr darauf sein venezianischer Gastgeber bei der Inquisition anzeigte. Nach seiner Verhaftung folgten jahrelange Untersuchungen. 1597 wurde er angeklagt, 1599 weigerte er sich, seinen Thesen abzuschwören. Am 20. Januar 1600 ordnete Papst Clemens VIII. (1536–1605) Brunos Verurteilung an; am 17. Februar 1600 wurde er in Rom öffentlich auf dem Scheiterhaufen verbrannt.

Biografien: G. Aquilecchia, *Giordano Bruno,* 1971; J. Kirchhoff, *Giordano Bruno* (rm 50285); F. A. Yates, *Giordano Bruno and the Hermetic Tradition,* 1964;.

Auszug aus dem »Einleitungsschreiben« zu *Von der Ursache, dem Prinzip und dem Einen* von Giordano Bruno:

Hier also nehmt diese Art Philosophie, in der man gewiss und wahrlich das findet, was man in den entgegengesetzten und von ihr verschiedenen vergeblich sucht. Und als erstes biete ich Euch mit äußerster Knappheit in fünf Dialogen alles, was zur realen Betrachtung der Ursache, des Prinzips und des Einen gehört.

Von der Ursache, dem Prinzip und dem Einen

OT De la causa, principio e uno
OA 1584 **DE** in Auszügen 1789; 1872
Form Sachbuch **Bereich** Philosophie

In *Von der Ursache, dem Prinzip und dem Einen* legte Bruno in exemplarischer und systematischer Weise seine Naturphilosophie dar.
Entstehung: Die Dialoge *Von der Ursache, dem Prinzip und dem Einen* entstanden – wie *Das Aschermittwochsmahl* und *Vom Unendlichen,*

dem All und den Welten (beide 1584) – während Brunos Aufenthalt in England. Er schrieb das Buch 1584 und publizierte es in einem fiktiven Druckort »Venedig«.
Struktur: Das Werk beginnt mit einem ausführlichen Einleitungsschreiben. Anschließend fasst Bruno den Inhalt der fünf Dialoge in knapper Form Punkt für Punkt zusammen. Es folgen vier Gedichte, die nicht in direktem Zusammenhang mit den nachfolgenden Dialogen stehen, aber in poetischer Verschlüsselung Grundmotive von Brunos Philosophie vorstellen: an die Prinzipien des Universums, an den eigenen Geist, an die Zeit und von der Liebe.

Es schließen sich die Dialoge an. Die dialogische Form ist für Bruno die Voraussetzung, um seine eigene geistige und historische Situation zu beschreiben: Sein kosmologisches Gedankengebäude steht der aristotelischen Physik entgegen (obwohl Teile seines Denkens ohne sie nicht vorstellbar sind). Er folgt der kopernikanischen Reform, propagiert jedoch ein unendliches Universum und eine unendliche Zahl von Welten in ihm – und beansprucht, die Erkenntnis des Kopernikus, dass die Erde nicht Zentrum des Universums ist, radikal vollendet zu haben.

Inhalt: In den Dialogen geht es primär um metaphysische Fragen: Wodurch wird das Universum (»Das Sein im Ganzen«) zu einer in sich beziehungsreichen Einheit? Was sind deren bewegende Kräfte? Die Antworten, die Bruno im Verlauf dieser Dialoge gibt, betreffen verschiedene Problemkreise: die Funktion und den Wirkungsbereich von »Prinzip« und »Ursache« – Gott ist zugleich oberstes Prinzip und erste Ursache; Sein und Wirken der Weltseele als Bewegungs- und Lebensprinzip des Universums; den Begriff der Materie, an der die Gestalten des Ganzen sich zeigen; das Verhältnis von Materie und Form; das Sein des Einen als göttliches Prinzip und als schaffendes und einigendes Wirken, in dem auch die Wirkung der einzelnen Kräfte (Ursachen) gründet. Der Mensch ist dabei der Reflektierende, dessen Blick ins Universum reicht, der aber selbst und in Bezug auf seine »Stellung« im Universum kaum erscheint.

Wirkung: Obwohl Brunos Ideen auch nach seinem gewaltsamen Tod vielfach unbegriffen blieben, hatten sie doch Einfluss auf die wissenschaftlichen und philosophischen Strömungen im darauf folgenden 17. Jahrhundert. Friedrich Wilhelm Schelling (1775–1854) entwickelte Brunos Denkansätze in seiner Identitätsphilosophie weiter. Auch → Goethe hatte eine deutliche Affinität zu Bruno. Dessen intuitive kosmologische Vorstellungen antizipierten einige fundamentale Aspekte heutiger naturwissenschaftlicher Konzeptionen des Universums.

G. W.

Brussig, Thomas

dt. Schriftsteller

* 19.12.1965 Ostberlin

📖 *Helden wie wir*, 1995

Thomas Brussig setzt sich in seinen Werken in satirischer Form mit der Geschichte der DDR auseinander.

Brussig wuchs im Ostteil Berlins auf, wo er nach der Ausbildung zum Baufacharbeiter und dem Abitur verschiedenen Aushilfstätigkeiten nachging; er arbeitete u. a. als Fremdenführer und Möbelträger. Nach der Wende nahm er an der Freien Universität Berlin ein Soziologie-Studium auf, das er jedoch nicht abschloss. Ab 1993 studierte er Dramaturgie an der Konrad-Wolf-Filmhochschule in Potsdam-Babelsberg. Seit 1995 ist er als freier Schriftsteller tätig.

Brussigs literarisches Debüt, der Roman *Wasserfarben* (1991 unter dem Pseudonym Cordt Berneburger erschienen) blieb noch weitgehend unbeachtet. Umso durchschlagender war 1995 der Erfolg des Romans *Helden wie wir*. 1999 erschien *Am kürzeren Ende der Sonnenallee,* eine humorvolle Betrachtung der DDR-Jugend in den 1980er Jahren. Grundlage dieses Romans war das gemeinsam mit dem Regisseur Leander Haußmann erstellte Drehbuch zum Film *Sonnenallee,* für das die Autoren den Drehbuchpreis der Bundesregierung erhalten hatten.

Helden wie wir

OA 1995 **Form** Roman **Epoche** Gegenwart

Helden wie wir wurde von der Kritik als »heiß ersehnter Wenderoman« gefeiert und machte den Autor Thomas Brussig schnell bekannt. Mit beißender Satire behandelt das Werk Hierarchien und Vorbilder der ehemaligen DDR.
Inhalt: Der Ich-Erzähler Klaus Uhltzscht behauptet von sich, er allein habe die Berliner Mauer zu Fall gebracht. Auf die Frage eines Reporters der *New York Times,* wie ihm dies gelungen sei, erzählt er seine Lebensgeschichte. Uhltzscht wird am 20. August 1968, dem Tag des Einmarschs der Warschauer-Pakt-Truppen in die Tschechoslowakei, geboren. Er wächst im Ostteil Berlins auf, wo seine Familie in einer Wohnung direkt gegenüber dem Ministerium für Staatssicherheit lebt. Von seinem Vater wird Klaus für einen Versager gehalten, die hygienebewusste Mutter tritt seinem erwachenden Interesse am Geschlechtlichen mit einer lustfeindlichen Tabuisierung entgegen. Dabei interessiert sich Klaus nahezu ausschließlich für seine sexuelle Entwicklung: Die stete Sorge um sein zu klein geratenes Glied bildet den zentralen Bezugspunkt seiner Existenz.

Als Erwachsener wird Uhltzscht zum gewissenhaften Mitarbeiter der Staatssicherheit und rettet 1989 Erich Honecker durch eine Bluttransfusion das Leben. Während der Demonstrationen am 4. November desselben Jahres stürzt er und verletzt sich an seinem Geschlecht, das sich als Folge der notwendigen Operation immens vergrößert. Am 9. November ist Uhltzscht dabei, als sich Menschenmassen vor dem Grenzübergang an der Bornholmer Straße versammeln und dessen Öffnung fordern. Er beobachtet die vergeblichen Versuche der Anwesenden, die Grenzbeamten zu überzeugen. Einem plötzlichen Einfall folgend entblößt Uhltzscht sein Glied und nutzt den Moment ungläubigen Staunens bei den Grenzern, um das Gitter aufzustoßen. Nicht das Volk bewirkte die Grenzöffnung, sondern allein Klaus Uhltzscht – so will es der Bericht des Erzählers.
Aufbau: *Helden wie wir* ist in der Art eines Schelmenromans geschrieben. Brussig lässt seinen Erzähler aus der Perspektive des Außenseiters, des Versagers berichten – der sich allerdings seiner »historischen Bedeutung« bewusst ist. Der Protagonist trägt nicht umsonst den komplizierten Nachnamen Uhltzscht, der ihn bereits bei der Einschulung aus der Klassengemeinschaft aussondert, da die Lehrerin diesen Zungenbrecher nicht auszusprechen vermag. Mit naivem Blick bewegt sich der Erzähler

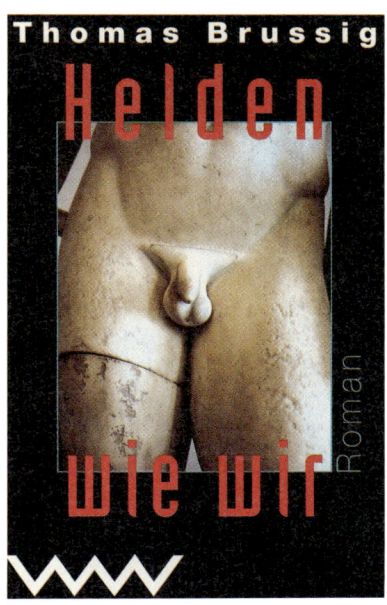

Thomas Brussig, *Helden wie wir,* Umschlag der deutschsprachigen Erstausgabe 1995 (Gestaltung: Lothar Reher)

Die wichtigsten Bücher zum Thema »Wende«	
Stefan Heym 1990	*Auf Sand gebaut:* In »Sieben Geschichten aus dem ostdeutschen Alltag« wirft Heym einen kritischen Blick auf die unruhige Zeit zwischen Wende und Wiedervereinigung.
Hermann Kant 1994	*Kormoran:* Im Juni 1992 feiert der Kritiker und Publizist Kormoran seinen 66. Geburtstag. Die Gespräche der Gäste kreisen um das Thema der Wende und ihre Folgen.
Brigitte Burmeister 1994	*Unter dem Namen Norma:* Die Ich-Erzählerin des Romans berichtet ihren Bekannten im Westen nach der Wende die Lüge, sie sei eine ehemalige Mitarbeiterin der Staatssicherheit.
Thomas Brussig 1995	*Helden wie wir:* In seinem Wenderoman« erzählt Klaus Uhltzscht, wie es ihm allein gelang, die Berliner Mauer zu Fall zu bringen. → S. 171
Erich Loest 1995	*Nikolaikirche:* Die Friedensgebete in der Leipziger Nikolaikirche stehen im Mittelpunkt dieses Romans, der vor allem durch die gleichnamige Verfilmung bekannt wurde. → S. 691
Günter Grass 1995	*Ein weites Feld:* Grass verknüpft die Zeit zwischen Mauerfall und Wiedervereinigung mit den Ereignissen der deutschen Geschichte seit der Märzrevolution im Jahr 1848.
Ingo Schulze 1999	*Simple Storys:* In 29 Geschichten, die das Alltagsleben in einer ostthüringischen Stadt nachzeichnen, erzählt der Autor vom Umgang mit der deutschen Wiedervereinigung. → S. 977

durch 20 Jahre DDR-Geschichte. Zwar wird er mit allen erdenklichen Auswüchsen des Staatsapparats konfrontiert, doch bleibt er hiervon weitgehend unberührt, da er viel zu sehr auf sich und seinen Geschlechtsapparat konzentriert ist. Unfreiwillig und passiv, ein reiner Mitläufer, gerät Uhltzscht immer wieder in Kontakt mit den politischen Ereignissen. Historische Geschichte wird so im Kontext einer privaten Lebensgeschichte ironisch gebrochen; Brussig lässt seinen Erzähler den entscheidenden Verknüpfungspunkt gleich zu Beginn ansprechen: »Die Geschichte des Mauerfalls ist die Geschichte meines Pinsels.«

Brussig nimmt mehrmals Bezug auf literarische und nicht literarische Werke. Von besonderer Bedeutung ist hierbei die Auseinandersetzung mit Christa → Wolf im letzten Kapitel; ihre Rede am 4. November 1989 auf dem Alexanderplatz wird wörtlich zitiert und ironisch kommentiert.

Wirkung: In den Medien hoch gelobt, wurde *Helden wie wir* zum Bestseller. Brussig ließ seinem Roman eine dramatisierte Fassung folgen, die 1996 uraufgeführt wurde. Am 9. November 1999, dem zehnten Jahrestag der Grenzöffnung, hatte die ebenfalls sehr erfolgreiche Verfilmung unter gleichem Titel Premiere.   *S. D.*

Die wichtigsten Schriften von Martin Buber	
Die Geschichten des Rabbi Nachman 1906	Erster Band der von Buber bearbeiteten chassidischen Legenden. Die in die Einleitung integrierte Abhandlung über die jüdische Mystik stieß auf große Resonanz unter den jungen Kulturzionisten.
Die Legende des Baalschem, 1908	Zweite Bearbeitung chassidischer Erzählungen, die ebenso wie *Die Geschichten des Rabbi Nachman* auf große Resonanz stießen.
Drei Reden über das Judentum, 1911	1909–11 vor dem Prager Studentenverein Bar Kochba gehalten. Buber weist auf die nationalen Werte des Judentums hin.
Daniel. Gespräche von der Verwirklichung, 1913	Im sokratischen Dialog zwischen Daniel und Leonhard spiegeln sich bereits die Anfänge des dialogischen Prinzips Bubers wider. *Daniel* wurde neben *Die Lehhre des Tao* als einzige Abhandlung des Frühwerks in die *Schriften zur Philosophie* aufgenommen.
Der Jude. Monatsschrift, 1916–24	Buber war Herausgeber dieses wichtigsten Organs der so genannten Jüdischen Renaissance-Bewegung.
Ich und Du, 1923	Dialogische Philosophie über das Leben als Begegnung. → S. 172
Zwiesprache, 1930	In dieser Schrift arbeitet Buber das dialogische Prinzip aus.
Die Frage an den Einzelnen, 1936	In Anlehnung an den dänischen Philosophen Søren → Kierkegaard erörtert Buber die existentielle Kategorie des Einzelnen.
Gog und Magog 1941	Hebräische Erstveröffentlichung der chassidischen Legenden um Jaakob Jizchak von Lublin, den Kosnitzer Maggid, Menachem Mendel von Rymanow und den Jehudi.
Das Problem des Menschen, 1942	Hebräische Erstveröffentlichung der geschichtsphilosophischen Betrachtungen über die Existenz des Menschen.
Pfade in Utopia, 1945	Hebräische Erstveröffentlichung über den utopischen Sozialismus, chlieztig Bubers sozialphilosophisches Hauptwerk.
Die Erzählungen der Chassidim, 1946	Bubers erfolgreichste Legendensammlung basiert u. a. auf den beiden Bänden *Der große Maggid und seine Nachfolge* (1921) und *Das verborgene Licht* (1924). → S. 173
Zwei Glaubensweisen, 1950	Gegenüberstellung von jüdischem und christlichem Glauben. Nach Buber beruht der Glaube des Judentums auf dem Kontakt des ganzen Menschen zu Gott.

Buber, Martin

österreich. Philosoph, Pädagoge und Zionist

*8.2.1878 Wien, †13.6.1965 Jerusalem

📖 *Ich und Du*, 1923

📖 *Die Erzählungen der Chassidim*, 1946

Der bekannteste jüdische Religionsphilosoph des 20. Jahrhunderts verbrachte seine Kindheit im Haus seines Großvaters in Lemberg. 1896 bis 1904 studierte Buber in Wien, Leipzig, Zürich und Berlin. 1898 trat er der zionistischen Bewegung bei und begründete 1901 gemeinsam mit Freunden den Kulturzionismus. Fortan setzte er sich für die geistige und kulturelle Erneuerung des Judentums in der Diaspora ein und sah in der ostjüdischen Kultur das Vorbild einer autarken jüdischen Gemeinschaft. Buber wurde einer der wichtigsten Vertreter des zionistischen Lebens in Deutschland.

Seit Anfang der 1920er Jahre widmete er sich vermehrt philosophischen und religionswissenschaftlichen Themen. Gemeinsam mit Franz Rosenzweig (1886–1929) übersetzte er *Die Schrift* (dem *Alten Testament* entsprechend) aus dem Hebräischen ins Deutsche. 1938 siedelte Buber nach Jerusalem über und lehrte an der dortigen Hebräischen Universität bis zu seiner Emeritierung 1951 Sozialphilosophie.

Biografien: F. Hetmann, *Martin Buber. Biografie eines deutschen Juden*, 2001; G. Wehr, *Martin Buber* (rm 50147).

Ich und Du

OA 1923 **Form** Abhandlung **Bereich** Philosophie

Die bekannteste philosophische Schrift von Martin Buber entstand seit 1916 und wurde 1919 erstmals niedergeschrieben. Sie steht für den Anfang seiner dialogischen Philosophie, die vom Gedanken des Lebens als Begegnung getragen wird.

Inhalt: In *Ich und Du* wird das Verhältnis des Menschen zur Welt in zwei Beziehungsbereiche aufgeteilt, die Buber durch die Wortpaare Ich-Du und Ich-Es repräsentiert sieht. Die Ich-Es-Beziehung stellt das alltägliche und neutrale Verhältnis des Menschen zu den Dingen und Mitmenschen dar und wird mit dem Begriff der Erfahrung verknüpft. Die Ich-Du-Beziehung steht für ein besonderes Verhältnis, in dem das Ich sein Gegenüber in seiner Wesensform, in seiner ganzen Existenz, erfährt. Diese absolute Begegnung, bei der ein Ich-Es-Verhältnis kurzfristig zu einem intensiven Ich-Du-Verhältnis wird, sodass sich beide Partner gegenseitig erfahren, ist für Buber eine Spiegelung der Begegnung des Menschen mit Gott, der das ewige Du aller Begegnungen verkörpert. Findet ein wahrer Dialog zwischen Ich und Du statt, impliziert er stets den Dialog mit Gott. Die Gegenwart des Göttlichen lässt jedoch auch das Ich vom Eigenwesen zur Person werden; erst als solche kann der Mensch die Wirklichkeit des Seins erfahren.

Aufbau: Aufgeteilt in drei Bücher, wird in kurzen Abhandlungen, die zum Teil an die Sinnsprüche der chassidischen Erzählungen erinnern, das Verhältnis des Ichs zur Welt, zu Gott und den Dingen dargelegt. Im ersten Buch definiert Buber die Unterschiede zwischen Ich-Es- und Ich-Du-Beziehung, die letzten beiden Bücher befassen sich mit der Charakterisierung und Bedeutung der Ich-Du-Welt auch in ihrem Verhältnis zu Gott.

Wirkung: Bubers Philosophie des Dialogs stieß vor allem unter christlichen Theologen auf große Resonanz und trug entscheidend zu Religionsgesprächen über Judentum und Christentum bei. Die Idee vom lebendigen Glauben als Dialog zwischen Mensch und Gott wurde von verschiedenen Theologen aufgenommen. Bereits in den 1920er Jahren veranlasste sein dialogisches Prinzip Buber dazu, gemeinsam mit dem Katholiken Joseph Wittig (1879–1949) und dem Protestanten Viktor von Weizsäcker (1886 bis 1957) die Zeitschrift *Die Kreatur* herauszugeben. Sie sollte die gemeinsame Weltverantwortung von Christen und Juden dokumentieren. *K. R.*

Martin Buber, in dessen Denken das »dialogische Prinzip« eine zentrale Stellung einnahm

Die Erzählungen der Chassidim

OA 1946 **DE** 1949
Form Legendensammlung **Epoche** Moderne

Die Sammlung chassidischer Legenden gewährt einen Einblick in Leben und Denken des osteuropäischen Judentums.

Entstehung: Ab 1904 beschäftigte sich Martin Buber intensiv mit chassidischen Quellenschriften. Als erster Ertrag erschienen 1906 die Nacherzählungen der *Geschichten des Rabbi Nachman* und 1908 *Die Legende des Baalschem*. Beide Sammlungen bildeten die Basis für Bubers fortdauernde Auseinandersetzung mit dem Chassidismus. Sie wurden allerdings aufgrund der zu freien Bearbeitung des Quellenmaterials nicht in die späteren Erzählungen aufgenommen. Nach Änderung der Bearbeitungsmethode und weiterer Studien veröffentlichte Buber 1921 *Der große Maggid und seine Nachfolge* sowie 1924 *Das verborgene Licht*. Beide Sammlungen sind neben weiteren erst in Jerusalem entstandenen Legenden in *Die Erzählungen der Chassidim* eingegangen.

Inhalt: Die Legenden erzählen vom Leben und Wirken der großen Zaddikim (Gerechten), den

Chassidismus

Ursprung: Die mystisch-religiöse Bewegung des Chassidismus entstand Mitte des 18. Jahrhunderts im Südosten Polens. Durch den Wunderheiler und Charismatiker Israel ben Elieser (1700–1760) ins Leben gerufen, breitete sich der chassidische Glaube über mehrere Generationen bis in die Ukraine, nach Galizien, Weißrussland, Zentralpolen und Ungarn aus. Die Zaddikim, die geistigen Führer der Bewegung, galten als Vermittler zwischen Gott und den Chassidim (den Frommen) der ostjüdischen Gemeinden.
Lehre: Der Chassidismus nimmt wesentliche Elemente der lurijanischen *Kabbala* auf. Durch Ekstase, Tanz und Gesang beabsichtigt der Chassid, sich Gott zu nähern. Bis auf den heutigen Tag gibt es chassidische Gemeinden vorwiegend in Israel und den USA.

geistigen Führern der osteuropäischen chassidischen Gemeinden. Eröffnet wird die Sammlung mit Berichten über den Begründer des Chassidismus Israel Ben Elieser, dem Baal Schem Tow. Der Zyklus umfasst Berichte über das Elternhaus, die ersten Anhänger, über Israel ben Elesiers göttliche Berufung sowie Weisheit und Wirken des großen Zaddiks. Dem Zyklus schließen sich weitere Erzählungen über seine bedeutendsten Nachfolger und deren Schulen an. Im Mittelpunkt der Legenden steht die lebensbejahende Religiosität der Chassidim, die durch einfaches, aber fröhliches Leben, durch Nächstenliebe und Gemeinschaftssinn Gott ihre Demut und Verehrung darbringen.

Aufbau: Die Sammlung überliefert Leben und Wirken der ersten sechs Generationen der chassidischen Bewegung. In kleinen Episoden werden Wundergeschichten, Lebensweisheiten und Begebenheiten wiedergegeben, die einen Einblick in die chassidische Glaubens- und Lebensweise gewähren. Geschichten über den Baal Schem Tow nehmen den größten Raum ein.

Wirkung: Auch wenn Buber kontinuierlich die allzu freie und zu persönliche Auslegung der chassidischen Legenden vorgeworfen wurde, ist ihre Wirkung ungebrochen geblieben. Die *Erzählungen der Chassidim* gehören bis heute zu den Standardwerken über das osteuropäische Judentum.   *K. R.*

Das Buch der Wandlungen

OT Yijing (auch I Ging, I-ching)
EZ zwischen 1050 und 256 v. Chr.   **OA** 955   **DE** 1924
Form Orakelbuch   **Epoche** Altertum

Der Sinologe Frank Fiedeler im Vorwort zu seiner Yijing-Übersetzung und -Neuentschlüsselung (1996):

Häufig haben sich im Vergleich zu den bekannten Interpretationen völlig andersartige, bisher unverstandene Sinnzusammenhänge ergeben... Das Buch der Wandlungen ist nicht zuletzt ein grandioses Stück Dichtung, ein sprachliches Kunstwerk hohen Ranges, das in einzigartiger Weise einen assoziativen Zusammenhang zwischen Himmel und Erde herstellt und sinnfällig werden lässt.

Das Buch der Wandlungen zählt zu den fünf Klassikern des Konfuzianismus (→ Konfuzius). Dieses berühmteste Orakelbuch Chinas ist eines der ältesten Literaturdenkmäler der ostasiatischen Kultur und sicherlich eines der geheimnisvollsten. Es basiert auf einer mündlichen Tradition, die von einem oder mehreren Autoren fixiert wurde. Das Werk ist in unterschiedlichen Fassungen überliefert. Der älteste erhaltene Text stammt aus dem 2. Jahrhundert v. Chr., doch dürfte die Urfassung mehrere Jahrhunderte früher entstanden sein.

Inhalt: Der Kerntext legt die Dynamik des Universums dar und beschreibt verschiedene Stadien seines Wandels, die jeweils von einem Hexagramm (Sechsstern) versinnbildlicht werden. Diesen Hexagrammen liegen Trigramme zugrunde, deren Erfindung auf den mythischen Kaiser Fu Xi (um 2800 v. Chr.) zurückgehen soll. Ein Trigramm besteht aus drei übereinander liegenden Linien, wobei eine durchbrochene Linie Yin, das weibliche, passive Prinzip, repräsentiert und eine durchgezogene Linie Yang, das männliche, aktive Prinzip. Die möglichen Kombinationen von je zwei Trigrammen ergeben 64 Hexagramme. Jedes einzelne symbolisiert einen spezifischen Zustand und hat einen bedeutungsvollen Namen, etwa »Wiederkehr«, »Stockung« oder »Dauer«.

Die 64 Zustände oder Situationen sind in den ewigen Kreislauf der Wandlungen eingebettet, dem bestimmte Ordnungsprinzipien zugrunde liegen. Die wichtigsten sind: das Wechselspiel der komplementären Kräfte Yin und Yang und die fünf Wandlungsphasen Holz, Feuer, Erde, Metall und Wasser. Alles im Universum steht zueinander in Beziehung und beeinflusst sich gegenseitig.

Den Hexagrammen sind – mehr oder weniger verschlüsselt – Erklärungen beigefügt, die teilweise nur aus einzelnen Worten bestehen. Grundsubstanz dieser Texte ist vermutlich das Vokabular von uralten Orakelsprüchen, Volksweisheiten und Liedern. Vor allem dient der Kerntext der Weissagung – allerdings unterscheidet sich das chinesische Verständnis dieses Begriffs deutlich von der abendländischen Vorstellung. Es geht nicht um spekulative Prophetie, sondern um die tiefste Erkenntnis des Menschenwesens und des Weltverstehens. Der Fragende ermittelt durch eine bestimmte Art der Auszählung von Schafgarbenstängeln ein Hexagramm. Dieses zeigt die Qualität der jeweiligen Situation auf, d. h. das Charakteristische des Wandlungsvorgangs. Unter Einbeziehung der Interpretation der einzelnen Linien lassen sich daraus Vorzeichen für künftige Entwicklungen ablesen, und der »Eingeweihte«, der die Vieldeutigkeit der Aussagen zu berücksichtigen weiß, erhält Hinweise für richtiges Verhalten in der Zukunft.

Außer dem Kerntext enthält das *Yijing* mehrere Kommentare, die so genannten *Zehn Flügel*. Sie stammen wohl aus dem 4. bis 2. Jahrhundert v. Chr. Der sechste und siebte Kommentar gehen der Überlieferung nach auf Konfuzius zurück. Die *Zehn Flügel* umfassen Erläuterungen zu Namen und Texten der Hexagramme, ethische und moralische Aspekte, philosophische Darlegungen im Geist der Lehre des Konfuzius sowie Erklärungen zur Symbolik der Hexagramme und zum Aufbau des schwer zugänglich erscheinenden Kerntexts.

Wirkung: Der Einfluss des *Yijing* auf das chinesische Denken war und ist immens. Schon die Vielzahl der Kommentare, die zu diesem Buch existieren, deutet auf seinen hohen Stellenwert hin. Die im *Buch der Wandlungen* dargelegte Weltanschauung war nicht nur für Konfuzianer von großer Bedeutung, sondern sie spielen auch eine wesentliche Rolle im Daoismus. Während des 17. Jahrhunderts machten jesuitische China-Missionare das Werk in Europa bekannt. Der Philosoph und Mathematiker Gottfried Wilhelm → Leibniz regte die Beschäftigung mit den Hexagrammen 1679 zur Entwicklung seines binären Zahlensystems an, das 250 Jahre später zur Basis der Computertechnik wurde. Bis heute wird das *Yijing* weltweit als Instrument der Zukunftsschau benutzt oder als eine Quelle der Weisheit studiert und die Zahl der spirituellen, okkulten oder banalen Deutungsversuche wächst ständig weiter.   *M. D.*

Literatur: F. Adrian, *Die Schule des I Ging*, 2 Bde., 1994/ 1995; C. Anthony, *Handbuch zum klassischen I Ging*, 1989.

Buchheim, Lothar-Günther

dt. Schriftsteller, Maler und Kunstsammler

* 6.2.1918 Weimar

📖 *Das Boot,* 1973

Mit *Das Boot* gelang Lothar-Günther Buchheim eine der nachhaltigsten und konsequentesten literarischen Auseinandersetzungen mit den Schrecken des Krieges. Trotz weltweiten Erfolgs bleibt das Werk jedoch umstritten und sein Autor ein streitbarer Zeitgenosse.

Buchheim galt bereits mit 14 Jahren als »Wunderkind«. Er zeichnete, malte, schrieb und erfuhr entsprechende Förderung. Schon früh arbeitete er für Zeitungen und Zeitschriften. Literarisch machte er erstmals 1939 mit einem Reisebericht über eine Faltboot-Tour über die Donau zum Schwarzen Meer auf sich aufmerksam (*Tage und Nächte steigen aus dem Strom,* 1939). Buchheim studierte an den Kunstakademien in Dresden und München. Im Zweiten Weltkrieg wurde er zunächst als Kriegsmaler, dann als Kriegsberichterstatter auf Minenräumbooten, Zerstörern und vor allem U-Booten eingesetzt. Nach Kriegsende gründete er eine Kunstgalerie sowie einen Kunstverlag. Buchheim ist bekannt als Autor zahlreicher Werke über den künstlerischen Expressionismus; daneben verfasste er Sachbücher, Fernsehfilme und Reportagen zum Thema »U-Boot-Krieg«.

Buchheim lebt und arbeitet in Feldafing am Starnberger See, wo er sich im Jahr 2000 mit der Eröffnung seines »Museums der Phantasie«, das seine international hoch geschätzte Sammlung expressionistischer Kunst präsentiert, einen Lebenstraum erfüllte.

Das Boot

OA 1973 **Form** Roman **Epoche** Moderne

Der erfolgreichste Roman von Lothar-Günther Buchheim erschien nach jahrzehntelanger Vorarbeit und verarbeitet seine persönlichen Erlebnisse als Berichterstatter im deutschen U-Boot-Krieg. Sein knapper, prägnanter Stil zeichnet ein fesselndes Bild vom Schicksal einer deutschen U-Boot-Besatzung im Zweiten Weltkrieg.

Inhalt: Im Herbst 1941 bereitet sich die Mannschaft der U 96 im von Deutschland besetzten französischen Hafen von La Rochelle auf den nächsten Kriegseinsatz vor. Hitler hoffte, mit Hilfe seiner U-Boot-Flotte eine Handelsblockade um England legen und den Feind aushungern zu können. Doch die Gegner sind er-

schreckend gut gerüstet, die »Schlacht im Atlantik« entscheidet sich immer häufiger gegen die Deutschen. Trotzdem leistet die Besatzung einmal mehr ihren Dienst – 50 mehr oder weniger überzeugte Soldaten unter Führung ihres charismatischen Kommandanten, des »Alten«, zusammengepfercht in der Enge ihres U-Boots, auf Gedeih und Verderb einander ausgeliefert.

Lothar-Günther Buchheim 1981 auf einer Pressekonferenz anlässlich der Verfilmung seines Romans *Das Boot* (BRD 1979–81; Regie: Wolfgang Petersen)

Die wichtigsten Bücher von Lothar-Günther Buchheim	
Das Boot 1973	Die Geschichte eines U-Boots und seiner Besatzung im Zweiten Weltkrieg bietet eine detaillierte Dokumentation des »Lebens im Schattenreich des U-Boot-Krieges«. → S. 175
Die Festung 1997	Das kriegsgeschüttelte und gleichgeschaltete Deutschland, aber auch Paris, die Invasionsfront und die Festung Brest sind Stationen der aberwitzigen Odyssee des Kriegsberichterstatters Buchheim durch die Wirklichkeit des Jahres 1944.
Der Abschied 2000	Der Roman eines dreifachen Abschieds: von der »Otto Hahn«, dem einzigen atombetriebenen Schiff unter deutscher Flagge, das Buchheim 1978 auf seiner letzten Fahrt begleitete, vom Kapitän, seinem einstigen U-96-Kommandanten, und von der See.

Michael König in der Titelrolle der Verfilmung der Erzählung *Lenz* von Georg Büchner (BRD 1971; Regie: George Moorse)

Als Gast an Bord ist Werner, der junge, unerfahrene Kriegsberichterstatter und Ich-Erzähler des Romans. Angesichts beklemmender Enge, der Todesangst im »Stahlsarg«, der Wasserbomben und endlosen Schleichfahrten verflüchtigen sich Werners Fantasien vom heroischen Unterwasser-Kampf schneller als geglaubt.

Nach zermürbenden Tagen auf See, einer Zeit des endlosen, gespannten Wartens machen sich Resignation und Aggression breit – eine Spannung, die sich schließlich auch im brutalen Versenken zweier britischer Frachter entlädt. Nicht ohne Folgen für »das Boot« – selbst stark beschädigt, muss die U 96 unter dramatischen Bedingungen eine Blockade vor der Meeresenge von Gibraltar durchbrechen. Von Wasserbomben und Tieffliegern getroffen sackt das Boot manövrierunfähig in Tiefen, für die es nicht gebaut ist. Der Sauerstoff wird knapp, wie eine riesige Faust preßt der Wasserdruck den Stahlkörper zusammen. Doch der Mannschaft gelingt das Unerwartete – nach notdürftiger Reparatur machen sie wieder Fahrt, zurück in den »rettenden« Hafen von La Rochelle, wo ein plötzlicher Luftangriff doch noch seine Opfer fordert.

Wirkung: *Das Boot* entwickelte sich weltweit zum viel beachteten Millionenseller. Das Buch hat die Debatte um die NS-Zeit in- und vor allem außerhalb Deutschlands beeinflusst. Kritische Stimmen verweisen auf die mangelnde Distanznahme des Autors zum Nationalsozialismus. Stattdessen halte sich Buchheim, verhaftet in seiner Rolle als »ehemaliger Kriegspropagandist«, an die Ausschmückung soldatischer und mannhafter Tugenden.

Für eine noch größere Breitenwirkung sorgte schließlich Wolfgang Petersens (*1941) filmische, für sechs Oscars nominierte Adaption des Romans, von der sich Buchheim – nach Ableh-

nung des eigenen Drehbuchs – distanzierte. Allein mit der weniger »actionlastigen«, sechsstündigen TV-Fassung konnte sich der Autor arrangieren. *R. M.*

Büchner, Georg

dt. Dichter

* 17.10.1813 Goddelau bei Darmstadt
† 19.2.1837 Zürich
📖 *Lenz*, 1839

Das Werk von Georg Büchner ist geprägt von sozialpolitischer Gesellschaftskritik und individualpsychologischer Beobachtung. Als Vertreter des Jungen Deutschland und des Vormärz nahm er Elemente des Naturalismus und des Expressionismus vorweg. Seine Erzählweise deutet voraus auf die Moderne.

Büchner wuchs als Sohn eines Arztes in Darmstadt auf und erlangte durch Elternhaus und Schule eine umfassende geistes- und naturwissenschaftliche Bildung. Auf Wunsch des Vaters nahm er 1831 in Straßburg ein Medizinstudium auf, das er – durch die Landesgesetze genötigt – nach zwei Jahren in Gießen fortsetzen musste. Bedrückt von der kleinstädtischen Enge, berichten seine Briefe von Melancholie und Krankheit, aber auch von der intensiven Beschäftigung mit Philosophie und der Geschichte der französischen Revolution. Er engagierte sich gegen die reaktionären Verhältnisse im Großherzogtum Hessen und gründete 1834 die »Gießener Gesellschaft der Menschenrechte«. Nach der Verbreitung seiner sozialrevolutionären Flugschrift *Der hessische Landbote* floh Büchner 1835 vor einer drohenden Verhaftung nach Straßburg. Im darauf folgenden Jahr siedelte er nach Zürich um und war an der dortigen Universität als Privatdozent für Anatomie tätig. Mit nur 23 Jahren starb Büchner an einer Gehirnentzündung. Wichtiger Bestandteil seines Werks sind die Dramen *Dantons Tod* (1835), *Leonce und Lena* (1838) und *Woyzek* (1878).

Biografien: J.-C. Hauschild, *Georg Büchner*, (rm 50503); J. Seidel, *Georg Büchner*, 1998.

Lenz

OA 1839 **Form** Erzählung **Epoche** Vormärz

Die Erzählung schildert einen Lebensabschnitt des psychisch erkrankten Sturm-und-Drang-Dichters Jakob Michael Reinhold Lenz (1751 bis 1792). Mit einer innovativen Erzähltechnik ermöglicht Georg Büchner dem Leser ein Miterleben des Wahns, der entgegen damaliger Einschätzungen nicht als selbstverschuldet er-

scheint, sondern als nachvollziehbare Reaktion auf die umgebende Welt. Aus der Sicht des psychisch Kranken konnte Büchner auch den Zweifel an Gott formulieren, ohne sich angreifbar zu machen. Wichtiger Bestandteil der Erzählung sind die von Lenz formulierten kunsttheoretischen Betrachtungen, die in ihrer antiidealistischen Ausrichtung auch das poetologische Konzept von Büchner kennzeichnen.

Entstehung: Hauptquelle der Erzählung ist der Bericht des Pfarrers Oberlin über Lenz, der sich 1778 mit deutlichen Anzeichen einer Psychose bei ihm aufgehalten hatte. Den beobachtenden Blick Oberlins verwandelt Büchner zu Gunsten der Einblicknahme in die Wahrnehmungswelt des Kranken. Des Weiteren bezieht Büchner sich auf → Goethes Bemerkungen über Lenz in *Dichtung und Wahrheit* (1811–33), wobei er Goethes distanzierter Darstellung ein mitfühlendes Psychogramm entgegenstellt. Die 1835 entstandene Erzählung wurde 1839 aus dem Nachlass veröffentlicht.

Inhalt: Die Schilderung von Lenzens Weg ins Steintal ist geprägt von seiner stark subjektiven Naturwahrnehmung. Lenz erscheint die Natur fremd und bedrohlich, sein Empfinden ist gekennzeichnet von dem Gefühl der Entfremdung und Isolation. Der Dichter fühlt sich vom Wahnsinn verfolgt und erreicht mit Erleichterung das Haus Oberlins, in dessen wohltuender Atmosphäre er sich zunächst beruhigt. Schon bald kommt es aber erneut zu einem psychotischen Schub. Oberlin nimmt den Dichter in den folgenden Tagen mit auf seine seelsorgerischen Besuche bei der Landbevölkerung. Lenz fühlt sich zu den einfachen Leuten hingezogen und in Momenten der pantheistischen Naturwahrnehmung sieht er sich im Einklang mit der Welt und mit Gott. Als der Dichter Christian Kaufmann einen Besuch im Steintal macht, hält Lenz ein Plädoyer für eine Kunst, die geprägt ist von unverklärter Wirklichkeitsdarstellung und sympathetischer Auseinandersetzung mit dem einfachen Menschen und seinem Leid.

Wenig später verreist Oberlin; der Zustand von Lenz verschlechtert sich wieder und er wird von religiösen Zweifeln geplagt. Als er vergeblich versucht, ein totes Kind zum Leben zu erwecken, fällt er in tiefe Verzweiflung. Hier offenbart sich die maßgebliche Ursache seiner Krankheit: Büchner zeigt einen Menschen, der krank geworden ist am Leiden der Welt und an der eigenen Unfähigkeit, dieses Leiden zu mildern. Das Nicht-Eingreifen Gottes führt Lenz zum Atheismus. Der Zustand des Dichters verschlechtert sich rapide und nach einem Selbstmordversuch lässt Oberlin ihn nach Straßburg bringen. Lenz reagiert resigniert und apathisch.

Struktur: Große Passagen der Erzählung sind von einer personalen Erzählhaltung, einer Schilderung aus der Sicht des Protagonisten, geprägt. Büchner ermöglicht mit dieser Erzählform, die sich erst um 1900 etablierte, eine besondere Nähe zur Hauptfigur. Den gestörten Geisteszustand Lenzens bildet der Autor auf sprachlicher Ebene mit zahlreichen Wortauslassungen und Satzabbrüchen mimetisch ab.

Wirkung: Die Würdigung Büchners setzte erst mit den Naturalisten ein und auch *Lenz* fand erst um 1900 Resonanz. Mittlerweile gilt der Text als Beginn der modernen deutschen Prosa. Nachdem er lange als Fragment betrachtet wurde, wird seine Bruchstückhaftigkeit heute auch als Erzählstrategie verstanden. *A. K.*

Auszug aus der Erzählung *Lenz* von Georg Büchner:

Sein Zustand war indessen immer trostloser geworden, alles was er an Ruhe aus der Nähe Oberlins und aus der Stille des Tals geschöpft hatte, war weg: Die Welt, die er hatte nutzen wollen, hatte einen ungeheuren Riss, er hatte keinen Hass, keine Liebe, keine Hoffnung, eine schreckliche Leere und doch eine folternde Unruhe, sie auszufüllen. Er hatte nichts.

Buck, Pearl S.

US-amerikan. Schriftstellerin

* 26.6.1892 Hillsboro (West Virginia)

† 9.3.1973 Danby (Vermont)

📖 *Die gute Erde*, 1931

Mit ihren China-Romanen brachte Pearl S(eidenstricker) Buck den westlichen Lesern erstmals die fernöstliche Kultur und Lebensweise nahe.

Das Leben in Fernost, das sie in ihren Werken schildert, kannte die Autorin aus eigener Anschauung: Sie wuchs als Tochter eines Missionars in China auf und kehrte nach dem Studium in den USA dorthin zurück. 1921–31 war sie Professorin für englische Literatur an der Universität Nanking. Bereits mit ihrem Erstlingswerk *Ostwind – Westwind* (1930) erreichte sie internationale Beachtung und auch die Trilogie *Das Haus der Erde*, bestehend aus *Die gute Erde*

Pearl S. Buck am 14. November 1935 bei der Auszeichnung mit der Howells Medal für Literatur durch Robert Grant von der Amerikanischen Akademie der Künste in New York

Die wichtigsten Bücher von Pearl S. Buck

Ostwind–Westwind 1930	Eine junge Chinesin, die mit einem in den USA ausgebildeten Mann verheiratet ist, erlebt den Zusammenstoß östlicher und westlicher Wertemuster.
Die gute Erde 1931	(*Das Haus der Erde*, Teil 1) Der einfache Landwirt Wang Lung steigt zu Wohlstand auf, muss aber erfahren, dass seinen Söhnen die Bindung an die Erde fehlt, die ein Bauer braucht. → S. 178
Söhne 1932	(*Das Haus der Erde*, Teil 2) Wang Lungs ältester Sohn führt ein faules Leben als Grundherr, der zweite als skrupelloser Geschäftemacher, der jüngste als Kriegsherr mit Robin-Hood-Gehabe.
Das geteilte Haus 1935	(*Das Haus der Erde*, Teil 3) Der Sohn des Kriegsherrn, Yuan, lernt das moderne Stadtleben kennen, studiert in den USA und stellt sich bei der Rückkehr in den Dienst eines moderaten Fortschritts.
Die Frau des Missionars/Der Engel mit dem Schwert, 1936	Eindringlich schildert Pearl S. Buck in diesem autobiografischen Werk das Leben ihrer Eltern, die sich einer christlichen Missionstätigkeit in China verschrieben haben.
Land der Hoffnung. Land der Trauer 1939	Der Roman gibt einen genauen Einblick in die politische und wirtschaftliche Situation Chinas in den Jahren 1926–37 im Spannungsfeld zwischen Nationalisten und Kommunisten.
Und weiter führt der Weg nach Westen 1952	Der historische Roman, den Pearl S. Buck nach ihrer Rückkehr in die USA unter dem Pseudonym John Sedges veröffentlichte, handelt davon, wie Siedler Kansas in Besitz nehmen.

Pearl S. Buck, *Die gute Erde*, Einband der US-Taschenbuchausgabe 1938

(1931), *Söhne* (1932) und *Das geteilte Haus* (1935), fand eine große Leserschaft, nicht zuletzt wegen der eindringlichen Sprache und des exotischen Sujets. Während Buck in ihren ersten Werken noch genaue Schilderungen des Alltagslebens in China in die Romanhandlung einflicht, nutzt sie die fernöstliche Kulisse später für erfolgreiche Unterhaltungsromane. Nach ihrer zweiten Eheschließung 1935 zog Buck wieder in die USA, wo sie unter Pseudonym auch populäre Romane mit Stoffen aus der Geschichte der USA publizierte. 1938 wurde sie mit dem Literaturnobelpreis ausgezeichnet.

Autobiografie: P.S.Buck, *Von Morgen bis Mitternacht. Der Roman meines Lebens*, 1990.

Die gute Erde

OT The Good Earth **OA** 1931 **DE** 1933
Form Roman **Epoche** Moderne

In *Die gute Erde,* dem ersten Teil einer Romantrilogie, gibt Pearl S. Buck in einer Sprache von fast biblischer Wucht ein Bild vom Leben der Landbevölkerung in China und registriert an einem exemplarischen Schicksal Anzeichen des gesellschaftlichen Wandels, ausgelöst durch den Kontakt mit der modernen Zivilisation.

Inhalt: Buck zeichnet die Lebensgeschichte des Wang Lung von seiner Hochzeit bis zum Tode nach. Er lebt mit seinem alten Vater als Bauer vom Ertrag eines kleinen Landes und kann sich daher nur die hässliche O-lan, die der angesehenen städtischen Familie der Hwang als Sklavin dient, als Ehefrau leisten. O-lan erweist sich als tüchtige Arbeiterin und gebiert ihm zwei Söhne und eine Tochter, die, wie sich bald he-

Pearl S. Buck in *Die gute Erde* über die sozialen Gegensätze in der Stadt im Süden Chinas, in die Wang Lung wegen einer Hungersnot gezogen ist:

Männer schufteten den ganzen Tag, um Brot und Kuchen für die Gastmähler der Reichen zu backen, und Kinder arbeiteten von Sonnenaufgang bis Mitternacht und warfen sich schmierig, wie sie waren, zum Schlaf auf den Boden, und sie erhielten nicht Geld genug, um einen Laib des guten Brotes zu kaufen, welches sie für andere buken.

rausstellt, schwachsinnig ist. Durch einen glücklichen Umstand kann Wang Lung gutes Land von der Familie Hwang dazukaufen, doch die Hungersnot, die infolge der Dürre ausbricht, trifft auch ihn. Die völlig abgezehrte Familie entschließt sich, nach Süden zu gehen; O-lan tötet vor dem Aufbruch ihr viertes Kind unmittelbar nach der Geburt, um die Familie nicht mit einem weiteren Esser zu belasten. Wang Lung verkauft, um die Reise zu finanzieren, auf Anraten seiner Frau Möbel und Gerätschaften, nicht jedoch sein Land. Während seine Frau und die beiden Söhne in der Stadt im Süden betteln, verdingt er sich als Rikscha-Fahrer und erfährt so vom Leben der wohlhabenden Chinesen und der dort lebenden Weißen. An eine Rückkehr in die Heimat ist wegen des geringen Einkommens nicht zu denken, bis Wang Lung und O-lan sich bei Revolutionswirren an der Plünderung des Hauses einer reichen Familie beteiligen und viel Geld sowie Schmuck erbeuten. Damit können sie nicht nur zurückkehren, sondern auch im großen Stil weiteres Land von der Familie Hwang kaufen.

Wang Lung steigt zum Großgrundbesitzer auf, der sein Land nicht mehr allein bewirtschaften kann, seine Frau schenkt ihm ein Zwillingspaar. Er entschließt sich, eine sinnliche und verwöhnte Frau aus dem Freudenhaus in sein Haus aufzunehmen, was O-lan verbittert. Auch sein verhasster Onkel zieht mit Frau und Sohn bei ihm ein. Nach O-lan stirbt auch Wang Lungs Vater. Während seine beiden älteren Söhne die Schule besuchen, als »Gelehrter« bzw. Kaufmann tätig sind und heiraten, hat er seinen jüngsten Sohn als Nachfolger vorgesehen; dieser weigert sich jedoch, Bauer bzw. Grundbesitzer zu werden, und schließt sich den Revolutionären an. Auf Betreiben des ältesten Sohnes zieht die Familie in die Stadt und übernimmt das Haus der verarmten Familie Hwang. Wang Lung, der noch eine späte Liebe mit einer Sklavin erlebt, sieht weiterhin »die gute Erde«, also sein Land, als Fundament seines Reichtums an, doch die beiden ältesten Söhne planen den Grund nach seinem Tod zu verkaufen.

Wirkung: *Die gute Erde* stand zwei Jahre an der Spitze der US-amerikanischen Bestsellerliste, wurde dramatisiert und 1937 verfilmt. In der westlichen Kritik hieß es, Buck sei mit dem Buch eine eindringliche Schilderung des chinesischen Alltags gelungen; dies war zweifellos die Intention der Autorin, die sich als Mittlerin zwischen Ost und West verstand. Chinesische Stimmen warfen ihr jedoch vor, sie habe die prägende Wirkung der konfuzianischen Lehre auf die Denkweise der Chinesen vernachlässigt und auch ihre Darstellung des Generationen- und Geschlechterverhältnisses verfälsche die tatsächlichen Gegebenheiten. *B. Be.*

OT = Originaltitel **EZ** = Entstehungszeit **OA** = Originalausgabe **DE** = Deutsche Erstausgabe 📖 = Verweis auf Werkartikel

Buddha

(d. i. Siddhartha Gautama Shakyamuni)

ind. Religionsbegründer

* um 566 v. Chr. Lumbini-Hain bei Kapilavastu (heute Nepal), † um 480 v. Chr. Kusinara

📖 *Reden des Buddha*, 6.–4. Jahrhundert v. Chr.

Der »historische Buddha«, wie Siddhartha als »Erwachter, Erleuchteter« zur Unterscheidung von den Buddhas früherer Weltzeitalter genannt wird, wurde als Sohn des Regenten Suddhodana aus dem Adelsgeschlecht Shakya geboren und wuchs in begüterten Verhältnissen sorgenfrei auf.

16-jährig heiratete er eine Kusine, die ihm einen Sohn gebar. Mit 29 Jahren fasste Siddhartha den für sich und die Nachwelt entscheidenden Entschluss: Von Begegnungen mit Armut und Siechtum berührt, von der Einsicht in die Leidensfülle alles Irdischen ergriffen, gab er sein feudales Leben auf und wählte die »Hauslosigkeit«, ein Dasein auf Wanderschaft und in strengster Askese.

Mit 35 Jahren, nach einer langen Periode des Schweigens und der Meditation, erfuhr er in äußerster körperlicher Schwäche unter einem Feigenbaum in dem später Bodh-Gaya genannten Dorf Bodhi die Erleuchtung, d. h. »das wahre Wesen aller Dinge«, und begann – von den Mitgliedern der von ihm gegründeten Mönchsgemeinde gedrängt – seine Erleuchtungserfahrungen darzulegen. Mit einer ständig wachsenden Zahl von Schülern zog er als Shakyamuni (»der weise Shakya«) bis zu seinem Tod von Ort zu Ort und lehrte die rechte Lebensführung, die den Weg zur Überwindung des Leidens und zum Nirvana, der Erlösung aus dem Kreislauf der Wiedergeburten, weisen, also jene Lehre, die seither im Zentrum des Buddhismus steht.

Es entspricht hingegen nicht Buddhas Lehre, dass seine Anhänger ihn schon bald nach seinem Ableben als Gott verehrten. Die europäische Geisteswelt sieht in ihm einen der »vier maßgebenden Menschen« (Sokrates, Buddha, Konfuzius, Jesus) »mit einer geschichtlichen Wirkung von unvergleichlichem Umfang und Tiefengang« (Karl Jaspers).

Biografie: V. Zotz, *Buddha* (rm 50 477).

Reden des Buddha

OT Sutta-Pitaka **EZ** 6.–4. Jh. v. Chr. **DE** 1896
Form Lehrreden **Bereich** Buddhismus

Es ist charakteristisch für die Initiatoren der großen Religionen, dass sie keine eigenen Schriftwerke hinterlassen haben. Auch der Buddha genannte Siddhartha Gautama hat allein durch mündlichen Vortrag gewirkt. Was er in den 40 Jahren seiner Wanderschaft durch Nordindien gelehrt und in Gesprächen geäußert hat, haben seine Schüler – vor allem Ananda, der eifrigste unter den zehn großen Jüngern Buddhas – aufgezeichnet.

Entstehung: Der Wortlaut der Reden in der mittelindischen Pali-Sprache und die Zusammenstellung der Texte zu einem für die Lehre verbindlichen Werk ist bis zum 3. Jahrhundert v. Chr. mehrfach bearbeitet worden. Die abschließende Redaktion soll auf Geheiß des indischen Kaisers Aschoka (272–237 v. Chr.) im Rahmen eines buddhistischen Konzils stattgefunden haben. Der absolute Authentizitätsanspruch des Sutta-Pitaka (»Korb der Lehrtexte«) ist zwar umstritten, doch bildet er unangefochten den zentralen Teil des Tripitaka (Sanskrit: »Dreikorb«) genannten Kanons der maßgeblichen Schriften des Buddhismus.

Inhalt: Aus dem umfangreichen, fünf »Sammlungen« umfassenden Konvolut der Reden Buddhas wird in den deutschen Übersetzungsausgaben zumeist nur eine Auswahl der für Europäer bzw. Nicht-Buddhisten zugänglichsten Unterweisungen in der Lehre geboten, wobei jedoch alle wichtigen Aspekte der »Vier Edlen Wahrheiten« und des »Achtfachen Pfades« zur Sprache kommen.

Größeren Raum nehmen oft die Erzählungen über das Leben und Wirken Buddhas ein sowie Lehrgedichte und die beliebten Jatakas: lebensvolle Geschichten, Tierfabeln und Gleichnisse aus dem indischen Volksgut, deren moralische Nutzanwendung in buddhistischem Sinn pointiert wird. Es entsteht dadurch eine weise Mischung aus Belehrung, Unterhaltung und Besinnung, die dem Leser den Buddhismus näher bringt als reine Theorie, denn »niemals wird dem Menschen Erlösung allein durch die Lehre zuteil« (Buddha).

Wirkung: Die zeitlose, alles andere religiöse Schrifttum überragende Bedeutung der Reden des Buddha für jeden Buddhisten ist mit der Wertschätzung der Bibel für die Christenheit zu vergleichen, aber es haftet Buddhas Worten kein Gebotszwang an.

Das eindrucksvollste Zeugnis der vom 18. Jahrhundert bis heute anhaltenden Nachwirkung des Siddhartha Buddha, seiner Reden und seiner Lehre in der deutschen Literatur ist Hermann → Hesses »indische Dichtung« *Siddhartha* (1922).

G. Woe.

Siddharta Gautama (Buddha); Fresko an einer Tempelwand in Ladakh (Indien)

Hermann Hesse in seiner Rezension der Reden des Buddha (1921):

Die Modedame, die neben ihren bronzenen Buddha aus Ceylon die Reden Buddhas legt, wird ebenso wenig den Weg finden wie der Asket, der sich zum Opium eines dogmatischen Buddhismus flüchtet.

Bukowski, Charles

US-amerikan. Schriftsteller

* 16.8.1920 Andernach, Deutschland

† 9.3.1994 San Pedro (Kalifornien)

📖 *Der Mann mit der Ledertasche*, 1971

Charles Bukowski schildert in seiner illusionslosen Lyrik und seinen milieugetränkten, nicht selten rüden Erzähltexten die Kehrseite des amerikanischen Traums von Erfolg und Glück.

Mit seinem polnischen Vater und seiner deutschen Mutter kam Bukowski als Kleinkind nach Amerika, wo die Familie an der Ostküste, danach in Kalifornien lebte. Der Junge wuchs auf mit den Folgen der Weltwirtschaftskrise und den Prügeln des Vaters. Auch in der Schule ein Underdog, suchte er Zuflucht in Jugendgangs und trank exzessiv. Nach dem Abitur 1939 studierte er bis 1941 Journalistik in Los Angeles, machte sich selbstständig und bereiste im Bus die USA. Seine Militäruntauglichkeit erlaubte es ihm, sich dem Schreiben zu widmen.

1944 veröffentlichte er seine erste Story, der zahlreiche Publikationen in Underground-Zeitschriften folgten. Bukowski lebte von Gelegenheitsjobs und verbrachte seine Abende im Rotlichtmilieu. Während der Arbeit bei der Post wohnte er in Hollywood, hielt Lesungen und wurde 1963 für die Zeitschrift *Outsider* entdeckt; ab 1966 schrieb er für ein anderes Magazin die Wochenkolumne *Notes of a Dirty Old Man*. Zu seinen Freundinnen und Lebensgefährtinnen hatte er bewegte, auch gewalttätige Beziehungen. Nach der Heirat 1985 mit Linda Lee lebte er in San Pedro, wo er 1993 an Leukämie erkrankte und ein Jahr später starb.

Biografie: N. Cherkovski, *Das Leben des Charles Bukowski*, 1991.

Charles Bukowski, *Der Mann mit der Ledertasche*; links: Umschlag der Originalausgabe 1971; rechts: Umschlag der deutschsprachigen Erstausgabe 1974 (Gestaltung: Hannes Jähn)

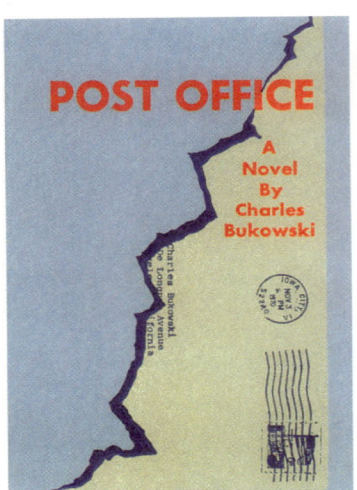

Die wichtigsten Bücher von Charles Bukowski

Aufzeichnungen eines Außenseiters 1969	Für die Underground-Zeitschrift *Open City* schrieb Bukowski 14 Monate Kolumnen voller alltäglicher Geschichten, in denen er sich mit Vorliebe als »schmutziger alter Mann« stilisierte.
Der Mann mit der Ledertasche, 1971	Der aberwitzige Alltag des Trinkers Henry Chinaski als Postbote in Los Angeles zwischen Frauen, Suff und Pferderennbahn. → S. 180
Faktotum 1975	Ein desillusionierter junger Mann berichtet über seinen Alltag in US-Großstädten auf der Suche nach Arbeit, Geld und Sex.
Das Liebesleben der Hyäne 1979	Henry Chinaski hat als Autor endlich Erfolg. Das erleichtert es ihm, seine Sucht nach Frauen zu befriedigen und daraus eine schonungslose, auch obszöne Kette von Episoden zu gestalten.
Das Schlimmste kommt noch oder Fast eine Jugend, 1982	Bukowskis autobiografischer Roman erzählt die Vorgeschichte des notorischen Außenseiters, seine wilde Jugend in Amerika der 1920er und 1930er Jahre bis zum Zweiten Weltkrieg.
Hollywood 1989	1987 drehte Barbet Schroeder auf der Basis eines Bukowski-Drehbuchs den Kinofilm *Barfly* mit Mickey Rourke in der Hauptrolle, in dem Bukowski selbst am Rande auftritt.
Ausgeträumt 1994	In seinem letzten Roman spielt Bukowski mit Versatzstücken des Detektivromans. Im Mittelpunkt steht der private Ermittler Nick Belane, der von Lady Death einen Auftrag annimmt.

Der Mann mit der Ledertasche

OT Post Office **OA** 1971 **DE** 1974
Form Roman **Epoche** Moderne

Der Roman schildert das Leben eines Arbeiters, Spielers, Trinkers und Autors an der prosperierenden Westküste der USA nicht ohne Selbstironie aus der Sicht des Außenseiters.

Entstehung: Bukowski lebte acht Jahre mit der ebenfalls alkoholsüchtigen Jane Cooney Baker zusammen, war 1955–58 mit Barbara Frye verheiratet und bekam 1964 mit Frances Smith eine Tochter. 1952–55 arbeitete er auf unterster Rangstufe der Amtshierarchie bei der Post in Los Angeles, trat nach seiner Scheidung wieder in den Dienst ein und wurde 1969 wegen seines exzessiven Lebenswandels entlassen. Aus kürzeren Prosatexten, in denen er sein Alter Ego wie sonst auch Henry Chinaski nennt, stellte er schließlich den Roman zusammen.

Inhalt: Die gelungensten Episoden schildern den tragikomischen Alltag des Briefzustellers in der ersten Phase als ausgebeutete Aushilfskraft, einem Spießrutenlauf zwischen Hitze und Wolkenbruch, aberwitzigen Normen und Regeln, dem zynisch-bürokratischen Chef und mitleidlosen, psychotischen Postempfängern inklusive der Klischees von zähnefletschenden Hunden bis zu nymphomanischen Hausfrauen. Viele Missgeschicke erhalten durch den sarkastischen Ton, absurde Steigerung und Wiederholung und Großbuchstaben, die Gebrüll markieren, etwas Comicartiges. Der subalterne Arbeiter unterwirft sich nur des Lohns wegen der täglichen Routine. Sie wird satirisch überzeichnet, ohne dass der Roman durchgehend komisch wäre; vielmehr ist er skeptisch und lapidar erzählt.

OT = Originaltitel **EZ** = Entstehungszeit **OA** = Originalausgabe **DE** = Deutsche Erstausgabe 📖 = Verweis auf Werkartikel

Aufbau: »Dies ist ein Roman. Er ist niemandem gewidmet.« Nach diesem Motto führen die relativ schmalen sechs Kapitel im Kreis und ein Stück darüber hinaus. Jedes enthält kurze Episoden, Szenen, Momentaufnahmen von einer halben bis zu wenigen Seiten. Nicht alle haben Pointen, aber alle vermitteln den gleichen Lakonismus. Am Ende quittiert Chinaski nach elf Jahren vor seinem 50. Geburtstag den Dienst, um den Roman zu schreiben, nachdem er zuvor schon auf dienstliche Verwarnungen mit einer 42-seitigen Gegendarstellung reagiert hat.

Wirkung: Neben den Kultautoren der Beat Generation hat Bukowski den Themen Alkoholismus, Spielsucht und Promiskuität in schonungsloser Sprache die Bahn gebrochen. Für bürgerliche Leser war er an seiner Misere selbst schuld; um so größer ist die Fangemeinde, die der Underground-Status anlockte und die durch stereotype Geschichten bedient wurde. Neben Internetseiten gibt es heute eine Charles-Bukowski-Gesellschaft, die nach seinem Spitznamen »Buk« ein Jahrbuch herausgibt.*A. H.*

Die wichtigsten Bücher von Michail Bulgakow	
Teufeliade 1924	Eine grotesk-fantastische Erzählung über einen kleinen Angestellten, der nach seiner Entlassung im Kampf mit den Mühlen der Bürokratie den Verstand verliert.
Schicksalhafte Eier 1925	Eine satirische Sciencefiction-Novelle über eine Erfindung, die das Wachstum von Hühnereiern beschleunigt und die durch falsche Anwendung zu einer Reptilienplage führt.
Hundeherz 1925	In der satirischen Novelle werden einem Hund menschliche Organe eingepflanzt; er verwandelt sich hierauf in einen Menschen, einen asozialen Proleten.
Die weiße Garde 1925	Ein Roman über das Schicksal der Familie eines Arztes, der als Offizier der Weißgardisten am Bürgerkrieg teilnimmt.
Theaterroman. Aufzeichnungen eines Toten, 1937	Der tragikomische autobiografische Roman berichtet über die vergeblichen Versuche eines Schriftstellers, in der von Intrigen erfüllten Welt eines Moskauer Theaters zu reüssieren.
Der Meister und Margarita, 1966	In seinem vielschichtigen Hauptwerk lässt Bulgakow den Teufel höchstpersönlich in Moskau auftauchen. → S. 181

Bulgakow, Michail

(eigtl. Michail Afanasjewitsch Bulgakow)

russ. Prosaiker und Dramatiker

* 15.5.1891 Kiew, † 10.3.1940 Moskau

▭ *Der Meister und Margarita*, 1929–40

Michail Bulgakow ist ein Meister der bitterbösen, tiefsinnigen Satire. Zu den zentralen Themen seines Werks gehören das Schicksal der alten russischen Intelligenz angesichts der Revolution sowie die Konfrontation des herausragenden Individuums mit einer von Dummheit, Missgunst, Mittelmaß, Willkür, Unehrlichkeit und Heuchelei geprägten Umwelt.

Noch während seines Medizinstudiums wurde Bulgakow zu Beginn des Ersten Weltkriegs als Chirurg an der österreichischen Front eingesetzt. Während des Bürgerkriegs (1918–21) war er Militärarzt in Kiew – nacheinander bei Rotgardisten, ukrainischen Nationalisten und Weißgardisten. Ab 1921 lebte er als Autor in Moskau. Seine satirischen Texte (eine 1925 erschienene Auswahl blieb die einzige größere Buchpublikation in Sowjetrussland zu Lebzeiten) und seine Werke aus dem Milieu der mit Sympathie geschilderten »Weißen« brachten ihn in steten Konflikt mit der sowjetischen Kulturbürokratie; 1930 wurden seine Stücke abgesetzt; Bulgakow erhielt Publikationsverbot. Durch persönliches Eingreifen Stalins konnte er in den 1930er Jahren als Regieassistent am Moskauer Künstlerischen Theater arbeiten.

Biografien: E. Wolffheim, *Michail Bulgakow* (rm 50526).

Der Meister und Margarita

OT Master i Margarita **OA** 1966 **DE** 1968
Form Roman **Epoche** Moderne

Das vielschichtige Hauptwerk von Michail Bulgakow vereint mehrere Genremerkmale, Stilhaltungen und Problemstellungen. Es ist nicht nur eine fantastische Abenteuergeschichte und beißende Zeitsatire, sondern auch eine philosophische Parabel über das Wesen von Gut und Böse, über menschliche Schwächen, demoralisierende Auswirkungen von Unfreiheit und Unterdrückung, die Macht der Kunst und die Ohnmacht des Künstlers. Zentrales Thema ist die Entlarvung der Lüge in der Kunst wie im Leben.

Entstehung: Bulgakow begann 1929 mit der Arbeit an dem Roman und vernichtete 1930 eine erste Fassung. Letzte Korrekturen diktierte er, todkrank und erblindet, auf dem Sterbebett. Der Roman konnte erst Jahrzehnte später publi-

Michail Bulgakow, *Der Meister und Margarita*; links: Umschlag der Ausgabe 2000; rechts: Umschlag von Band 3 der deutschsprachigen Gesamtausgabe 1994

Auszug aus dem Roman
Der Meister und Margarita
von Michail Bulgakow:

Der Artist streckte entschieden die Hand aus, an der edle Steine funkelten, als wolle er dem Kantinenwirt die Lippen verschließen, dann sagte er sehr energisch: »Nein, nein, nein! Kein Wort weiter! Unter keinen Umständen und niemals werde ich in Ihrer Kantine etwas in dem Mund nehmen! Gestern, mein Verehrtester, bin ich an Ihrer Theke vorbeigegangen und sehe noch jetzt den Stör und den Schafkäse vor mir! Teurer Freund! Schafkäse darf nicht grün sein, da hat man Sie betrogen. Weiß muss er sein.« [...] »Der Stör wurde im zweiten Frischegrad geliefert«, teilte der Kantinenwirt mit. »Das ist Blödsinn, Verehrtester!« »Was ist Blödsinn?« »Zweiter Frischegrad, das ist Blödsinn! Es gibt nur einen Frischegrad, den ersten, und der ist zugleich der letzte. Wenn der Stör von zweitem Frischegrad war, heißt das, er war verfault.«

ziert werden; er erschien 1966 in der Zeitschrift *Moskva* mit willkürlichen Kürzungen der Redaktion. Nach vollständiger Publikation 1966 im Ausland erschien die erste ungekürzte sowjetische Ausgabe 1973.

Inhalt: Ende der 1920er Jahre taucht während der Karwoche in Moskau der Satan Voland mit Gefolge auf, um Freitagnacht seinen alljährlichen Ball zu geben. Einige Tage lang wird Moskau vom Teufelsspuk heimgesucht. Den Menschen, die mit Volands Gefolge in Berührung kommen, wird übel mitgespielt – doch sie verdienen es nicht anders, denn sie sind fast allesamt verlogen, geldgierig und anmaßend. Eine Ausnahme bilden der namenlose Meister, der geniale Autor eines Pilatus-Romans, und seine Geliebte Margarita. Sie verloren einander aus den Augen, als der Meister, dessen Roman von Literaturfunktionären als konterrevolutionär eingestuft und für den Druck abgelehnt wurde, einen Nervenzusammenbruch erlitt, das Manuskript verbrannte und in eine Nervenheilanstalt eingewiesen wurde. In der Hoffnung, etwas über ihren Geliebten zu erfahren, ist Margarita bereit, die Gastgeberin auf dem Ball beim Satan zu spielen. Als Lohn für ihren selbstlosen Einsatz wird sie wieder mit dem Meister zusammengeführt; sein Roman wird vor dem Vergessenwerden gerettet.

Aufbau: Die Handlung des Romans spielt sich in drei unterschiedlichen Welten ab. Die erste ist die reale Welt der Moskauer Gegenwart. In zahlreichen temporeichen und aberwitzigen Episoden zeichnet Bulgakow ein satirisches Porträt der durch ideologische Gängelung verrohten und demoralisierten sowjetischen Gesellschaft; sein besonderes Augenmerk gilt den unbegabt-opportunistischen Vertretern des offiziösen Literaturbetriebs. Die zweite ist die überzeitliche Parallelwelt des Übersinnlichen und Jenseitigen. Dort tummeln sich Voland und sein Gefolge, Hexen, Vampire und die zum Leben erweckten Besucher des Satansballs – Giftmischer, Massenmörder und sonstige Großverbrecher. Die dritte schließlich ist die vergangene Welt des alten Jerusalem – der Hand-

lungsort des vom Meister verfassten Passions-Romans über Pilatus und Jeschua han-Nasri, der als Roman im Roman eingeschoben ist. Alle drei Welten sind miteinander durch ein komplexes Netz gemeinsamer Motive, paralleler Figuren und Handlungsmomente verknüpft. So korrespondiert beispielsweise die Gestalt Jeschua han-Nasris mit der Gestalt des Meisters, die wiederum autobiografische Züge des realen Romanautors Bulgakow trägt.

Wirkung: Übersetzungen in mehrere Weltsprachen, zahlreiche Werkanalysen, Bühnenfassungen und Verfilmungen zeugen von der künstlerischen Kraft des Romans und von der von ihm ausgehenden Faszination. *M. Sch.*

Bultmann, Rudolf

dt. Theologe, *20.8.1884 Wiefelstede bei Oldenburg
†30.7.1976 Marburg

📖 *Neues Testament und Mythologie*, 1941

Obwohl Kerngedanken seiner Theologie mitten in der Zeit des Nationalsozialismus entstanden, sind Rudolf Bultmanns Sprache und Stil klar und unpathetisch. Seine intellektuelle Redlichkeit wurde in Kollegenkreisen ebenso geschätzt wie sie Ausgangspunkt anhaltender theologischer Debatten war. Rätselhaft bleibt, warum der Theologe während des Nationalsozialismus nicht nennenswert behelligt wurde.

Der in Oldenburg aufgewachsene Pfarrerssohn verbrachte die meiste Zeit seines Lebens in Marburg, wo er (neben Tübingen und Berlin) studierte, seine erste Dozentur für Neues Testament antrat und nach kurzer Unterbrechung auch als Professor blieb. Dort setzte er sich mit der dialektischen Theologie auseinander und begegnete dem Philosophen Martin →Heidegger. Mit ihm begann ein fruchtbarer Dialog, der lebenslang anhielt, wenigstens in Form des Briefkontakts. Ab 1934 war Bultmann Mitglied der Bekennenden Kirche. Sein Programm der »Entmythologisierung« (→S. 182) bewirkte in der theologischen Fachwelt heftigen Streit, der bis weit nach seiner Emeritierung 1951 andauerte.

Literatur: *Rudolf Bultmanns Werk und Wirkung* (Hg. B. Jaspert), 1984.

Neues Testament und Mythologie

OA 1941 **Form** Sachbuch **Bereich** Theologie

Neues Testament und Mythologie war der Titel eines schmalen Buchs, das Rudolf Bultmann 1941 auf der Basis eines im selben Jahr für die

---

Entmythologisierung

Begriff: Das Stichwort »Entmythologisierung« meint die Suche des Wesentlichen, existenziellen Gehalts der neutestamentlichen Verkündigung in einer modernen Welt. Es bedeutet nicht die Eliminierung mythologischer Vorstellungen im Neuen Testament oder das Fortlassen unglaubwürdiger biblischer Einzelheiten. Der Bibeltext soll als Ganzer sachgemäß interpretiert werden, um die für den Menschen entscheidenden Glaubenswahrheiten der biblischen Botschaft unabhängig vom mythischen Weltbild der Verfasser zu verstehen. Dies nennt Bultmann auch »existen-

ziale Interpretation«. Ihr liegt die These zu Grunde, dass der, der von Gott redet, auch vom Menschen reden muss.

Alternativen: Fraglich ist, ob die Kritik an Bultmann derart heftig ausgefallen wäre, wenn er statt des Begriffs »Entmythologisierung« lediglich die Bezeichnung »Existenziale Interpretation« gebraucht hätte. Offenbar löste Ersterer häufig den Reflex zum Protest aus, ohne dass Bultmanns Anliegen, die neutestamentliche Botschaft für den Menschen der Gegenwart verständlich zu machen, wirklich zur Kenntnis genommen worden war.

»Konferenz der Gesellschaft für evangelische Theologie« gehaltenen Vortrags der Öffentlichkeit zugänglich machte. Es sollte eine knappe hermeneutische Grundsatzerklärung sein und die wesentlichen Aufgaben der Bibelauslegung erläutern. Aus Vorlesungen und Publikationen mussten Bultmanns Thesen seinen Studenten und Lesern weitgehend bekannt sein. Dennoch löste das Buch Provokationen aus.

Inhalt: *Neues Testament und Mythologie* geht der Frage nach, wie man im Zeitalter der Wissenschaften an biblische Phänomene glauben kann. Da sich Menschen z. B. bei Krankheiten auf medizinische Fachleute verließen, statt auf das Wirken dämonischer Kräfte, erscheine ein biblisches Heilungswunder naiv betrachtet als nicht reelle Angelegenheit.

Nach Bultmann ist das Weltbild des Neuen Testaments dreigeteilt. Himmel, Erde und Unterwelt bilden drei Stockwerke, in ihnen wohnen Geister und Dämonen: In das natürliche Geschehen sowie in das Denken, Wollen und Handeln des Menschen greifen übernatürliche Mächte ein. In neutestamentlicher Zeit herrscht die Vorstellung des nahen Endes der Welt. Etliche Zeichen und Wunder des Neuen Testaments seien nur als Grundbefindlichkeit der damaligen Menschen zu verstehen, weshalb Mirakel, ein im Himmel sitzender Gott u.a. mehr für heutige Menschen »erledigt« seien.

Bultmann geht es um die Frage, welche Wahrheit das Neue Testament vermittelt, auch wenn man das mythische Weltbild des Altertums nicht mehr anerkennt. Diese Suche führt zur »Entmythologisierung« der Bibel, zur »existenzialen Interpretation«, die eine den gegenwärtigen Menschen auf sich selbst ansprechende Auslegung der neutestamentlichen Botschaft von Gottes Handeln an den Menschen durch Jesus Christus fordert. Hier reiche es nicht aus, die Bibel durch Auswahl oder Abstriche auf Glaubwürdiges zu reduzieren.

Wie schon Martin →Luther oder später Søren →Kierkegaard, sieht Bultmann die Botschaft des Neuen Testaments in der Befreiung des Menschen von den Zwängen des Sichtbaren, Verfügbaren, Vergänglichen. Frei werde der Mensch erst, wenn er die selbst geschaffene Sicherheit als Schein erkenne und aus dem Vertrauen leben könne, das Unsichtbare, Unverfügbare, Unbekannte werde ihm im Medium der Liebe begegnen und ihn retten. Diese Rettung aber könne nur Gott herbeiführen.

Für Bultmann ist das eigentliche Symbol der Rettung und Zuwendung Gottes das Kreuz Christi. Doch auch die Auferstehung kann nicht als historisches Ereignis, als Mirakel, relevant sein. Historisch fassbar ist für den Theologen lediglich der Osterglaube der ersten Jünger. Sie erkennen, dass im Tod am Kreuz eine Heilstat

an ihnen geschieht: Derjenige erfährt Gott, welcher Gottes Zuwendung durch das Elend des Kreuzes Christi im Paradox erkennt.

Aufbau: *Neues Testament und Mythologie* ist nach dem dialektischen Prinzip aufgebaut. Auf die These (antikes Weltbild) folgen Antithese (moderne Existenz), Synthese (Entmythologisierung) und die Exemplifizierung anhand des Phänomens der Auferstehung.

Wirkung: Viele Katholiken und einige Protestanten kommentierten das Buch ablehnend, darunter Hans Asmussen (1898–1968) aus dem Kreis der Bekennenden Kirche, der auch Bultmann angehörte, und Hans Joachim Iwand (1899–1960). Allerdings äußerte sich Dietrich Bonhoeffer (1906–1945) erfreut über Bultmanns intellektuelle Redlichkeit und kritisierte die Dünkel aus der BK als »wirkliche Schande«. Kritisch und fruchtbar beschäftigte sich Karl →Barth mit Bultmann. Das Buch wurde 1948 im Sammelband *Kerygma und Mythos I* erneut abgedruckt und mehrfach neu aufgelegt. *B. H.*

Der Theologe Rudolf Bultmann, dessen Forderung nach einer Entmythologisierung des Neuen Testaments von weit reichender Bedeutung für Kirche und Theologie wurde

Bulwer-Lytton, Edward

(eigtl. Edward George Earle Lytton, ab 1866 Baron Lytton of Knebworth) engl. Schriftsteller und Politiker

* 25.5.1803 London, † 18.1.1873 Torquay (Devon)

📖 *Die letzten Tage von Pompeji*, 1834

Edward Bulwer-Lytton verdankte seinen Publikumserfolg einer vielseitigen Produktion als Dramatiker und Romancier.

Nach einem Studium in Cambridge und Bonn fiel Bulwer-Lytton 1827 durch die Heirat mit einer Irin bei den Eltern in Ungnade und wid-

Auszug aus dem historischen Roman *Die letzten Tage von Pompeji* von Edward Bulwer-Lytton:

Da lag ein geisterbleiches Gesicht zwischen den niedergestürzten Säulen, es erstarrte aus den Trümmern in grässlicher Todesangst und Verzweiflung. Die herabgestürzte Säule hatte den Kopf vom Rumpf getrennt. Die Augen öffneten sich und schlossen sich rasch, als könnte das Haupt noch denken und seine unermessliche Qual empfinden. Die Lippen zuckten krampfhaft – erst dann sanken die Züge regungslos zusammen, nun war das Gesicht still und starr geworden – aber der Ausdruck blieb grausig und furchtbar. So starb der weise Magier, der große Arbazes, der Hermes vom glühenden Gürtel, der Letzte aus ägyptischem Königsstamm.

Laurence Olivier als Caius in der Verfilmung des Romans *Die letzten Tage von Pompeji* von Edward Bulwer-Lytton (GB/USA 1984; Regie: Peter R. Hunt)

mete sich der Literatur als Broterwerb. Seine politische Karriere begann 1831 mit dem Einzug ins Unterhaus als Abgeordneter der Liberalen. Den Erfolg des 1834 erschienenen Romans *Die letzten Tage von Pompeji* setzte bereits im darauf folgenden Jahr der ebenfalls historische Roman *Rienzi* fort; Richard Wagner (1813–83) las ihn 1837, entwickelte daraus ein Libretto und brachte 1842 in Dresden seine Oper *Rienzi, der Letzte der Tribunen* zur Uraufführung. Eine literarische Kuriosität ist der Roman *Die Caxtons* (1849), in dem Bulwer-Lytton zeitgenössische Schriftsteller wie Charles →Dickens, mit dem er später in enger Verbindung stand, imitierte. Zu Bulwer-Lyttons Gesellschaftsromanen gehört *Was will er damit machen?* (1859). 1851 gab er den Anstoß zur Gründung des Sozialfonds für Künstler »Guild of Art and Literature« und stellte Teile seines Landsitzes Knebworth für den Bau von Künstlerwohnungen zur Verfügung. Politisch wechselte er zu den Konservativen, gehörte ab 1852 dem Oberhaus an und bekleid

Die letzten Tage von Pompeji

OT The Last Days of Pompeii **OA** 1834 **DE** 1834
Form Roman **Epoche** Viktorianisches Zeitalter

Der historische Roman von Edward Bulwer-Lytton stellt den Ausbruch des Vesuv am 24. August 79 als Naturkatastrophe dar, der Schuldige auf grausame Weise zum Opfer fallen, während Unschuldige gerettet werden.

Entstehung: Die ab 1748 freigelegten, durch einen vulkanischen Ascheregen konservierten Überreste von Pompeji gehörten bereits im 18. Jahrhundert zum Programm einer Italienreise. Das wachsende Interesse an den spektakulären Funden legte den Versuch nahe, die »mumifizierte« Stadt getreu den archäologischen und kulturgeschichtlichen Kenntnissen literarisch zum Leben zu erwecken.

Inhalt: Ein umfangreiches Personal aus Römern, Griechen und Ägyptern veranschaulicht Pompeji als hellenistischen Schmelztiegel, in dem der (betrügerische) Mysterien- und Orakelkult der Göttin Isis mit der Heilslehre der »Nazarener« konkurriert. Das Spektrum der Figuren reicht vom Sklaven bis zum Großhändler, das der Szenen vom Gladiatorenkampf in der Arena bis zum Festmahl. Die teilweise kriminalistische Handlung mit der Entlarvung eines Mörders wird durch die Feindschaft zwischen dem Ägypter Arbazes und dem Athener Glaukus vorangetrieben. Letzterer entgeht mit der Geliebten Jone dem Verderben und beide nehmen das Christentum an.

Wirkung: Das literarische Historienbild begeisterte auf Anhieb eine breite Leserschaft und bereits 1835 konnte das Londoner Adelphi Theatre für den »extraordinary hit« der Bühnenfassung werben. *Die letzten Tage von Pompeji* erfuhr zahlreiche Verfilmungen. *C.W.*

Bunin, Iwan

russ. Schriftsteller

*22.10.1870 Woronesch, †8.11.1953 Paris

📖 *Das Leben Arsenjews*, 1928–39

Iwan Bunin war der bedeutendste Dichter der russischen Emigration und erhielt 1933 als erster Russe den Literaturnobelpreis. Als Prosaist führte er in der Nachfolge Anton →Tschechows und Lew N. →Tolstois die realistische Erzähltradition fort; in seiner Lyrik war er dem Erbe Alexander →Puschkins verbunden.

Aus verarmtem Adel stammend, arbeitete Bunin zunächst als Bibliothekar in der Provinz und zog 1895 nach Moskau, wo er u.a. Tschechow und Maxim →Gorki kennen lernte. Bunin trat zunächst als Lyriker hervor; 1903 und 1909 erhielt er den Puschkin-Preis. Ab 1909 führten ihn ausgedehnte Reisen u.a. nach Griechenland, Palästina, Ägypten und Indien. Erste Erzählungen veröffentlichte Bunin bereits in den 1890er Jahren, doch erst um 1910 fand er zu seinem neuklassischen, höchst kunstfertigen Stil. Als Gegner der Oktoberrevolution emigrierte er 1920 nach Frankreich.

Biografie: V. Muromceva-Bunina, *Schisn Bunina*, 1958.

OT = Originaltitel **EZ** = Entstehungszeit **OA** = Originalausgabe **DE** = Deutsche Erstausgabe 📖 = Verweis auf Werkartikel

Das Leben Arsenjews

OT Schisn Arsenjewa
OA fünf Bände 1928–39 **DE** 1934 (Bd. 1–4)
Form Roman **Epoche** Realismus

Das Leben Arsenjews ist das bedeutendste Erzählwerk des russischen Literaturnobelpreisträgers Iwan Bunin. In dem stark autobiografisch geprägten Roman zeichnet er das Panorama eines bewegten Lebens in Zarenzeit, Revolution und Emigration und entfaltet seinen lyrischen Sprachstil in höchster Vollendung.

Entstehung: Memoiren waren unter den Schriftstellern der russischen Emigration ein verbreitetes Genre, dem sich in den 1920er Jahren auch der in Frankreich lebende Bunin zuwandte. Sein Bemühen, über die bloße Aufzeichnung von Erinnerungen hinaus eine neue literarische Form zu entwickeln, mündete in *Das Leben Arsenjews,* der »Autobiografie einer erfundenen Person« (W. Chodassjewitsch), in der Dichtung und biografische Fakten verwoben sind: In der Liebesgeschichte seines Helden Arsenjew verarbeitete der alternde Bunin z. B. die Beziehung zu seiner letzten großen Liebe Galina Kuznezova, die 1929 zerbrach. Die ersten vier Bände des Romans erschienen 1928 bis 1930, der fünfte erst 1939.

Inhalt: Aus der Perspektive des fiktiven Erzählers Alexej Arsenjew werden dessen Jugend im vorrevolutionären Russland, sein künstlerischer Werdegang und seine tragische Liebe zu einer jungen Schriftstellerin erzählt. Der Roman zeichnet darüber hinaus ein genaues Bild der sozialen Verhältnisse in Russland, vor allem des provinziellen Kleinadelsmilieus, dem Bunin selbst entstammte. Aus der nostalgischen Sicht der Emigration wirft Arsenjew/Bunin ein verklärtes Licht auf die zaristische Vergangenheit und philosophiert über das Schicksal Russlands.

Aufbau: Wie die meisten Autobiografien hat der Roman keine kontinuierlich entwickelte, geschlossene Handlung, sondern zerfällt in die Schilderung einzelner Ereignisse, Personen und seelischer Konflikte. Die Darstellungsform kam Bunin entgegen, der in erster Linie Novellist war und bis dahin mit *Das Dorf* (1910) nur einen Roman veröffentlicht hatte. Einige Episoden sind novellistische Miniaturen, in denen Bunins meisterhafte Beherrschung der kurzen Form aufscheint. Aufgrund des ausgefeilten lyrischen Tons aller Schilderungen wurde *Das Leben Arsenjews* mit Iwan →Turgenjews *Gedichten in Prosa* (1883) verglichen.

Wirkung: Wie die gesamte russische Exilliteratur war auch das Werk Bunins von der Rezeption in der Heimat lange abgeschnitten. 1966 erschien in Moskau eine Werkausgabe mit gekürzten Fassung von *Das Leben Arsenjews.* Erst nach dem Ende der UdSSR 1991 wurde sein Werk in Russland wiederentdeckt. *B. F.*

Die wichtigsten Werke von Iwan Bunin	
Die Antonsäpfel 1900	In einer seiner ersten Prosaarbeiten setzt der Autor dem verklärten altrussischen Dorfleben ein literarisches Denkmal.
Herbst 1901	1903 mit dem Puschkin-Preis der Russischen Akademie der Wissenschaften ausgezeichnet, begründete das Poem Bunins Ruhm.
Das Dorf 1910	Am Beispiel eines dörflichen Mikrokosmos behandelt der Roman die sozialen Konflikte Russlands nach der Revolution von 1905.
Mitjas Liebe 1925	In der Geschichte des jungen Mitja, der sich aus enttäuschter Liebe erschießt, gestaltet Bunin das Thema Begehren und Tod.
Das Leben Arsenjews 1928–39	Die Lebenserinnerungen Bunins und erdichtete Elemente verschmelzen zur fiktiven Autobiografie der Hauptfigur. →S. 185
Dunkle Alleen 1943	In der Novelle trifft ein alternder Offizier auf Dienstreise in der Wirtin einer Poststation seine Jugendliebe Nadeschda wieder.

Bunyan, John

engl. Schriftsteller

* 28.11.1628 Elstow bei Bedford, † 31.8.1688 London

📖 *Die Pilgerreise,* 1678

John Bunyan repräsentiert in seinem Werk die plebejische Erscheinungsform des Puritanismus. Seine Bildung hatte ihre Wurzeln nicht in humanistischen Studien, sondern vornehmlich in der Bibel und theologischen Schriften. Aus ihnen gewann Bunyan seine charakteristischen Themen (Heilssuche), Motive (Seelenreise, Identitätssuche) und Darstellungsverfahren der Allegorie sowie der Parabel. In der Verwendung eines schlichten Sprachstils und realistischer Situationselemente nahm Bunyan Eigenschaften des Romans des 18. Jahrhunderts vorweg.

Der Sohn eines Kupferschmieds, der den Beruf seines Vaters erlernte, wuchs in einfachen Verhältnissen auf. Mit 16 Jahren wurde Bunyan für die Parlamentsarmee Oliver Cromwells rekrutiert.

Mark Aldanow 1932 über Iwan Bunins Roman *Das Leben Arsenjews* :

Ich glaube, Das Leben Arsenjews nimmt den ersten Platz unter Bunins Büchern ein. Und damit ist gleichzeitig gesagt, welch hervorragende Stellung es in der russischen Literatur innehat. Schon früher habe ich auf eine selten anzutreffende Besonderheit Bunins hingewiesen – auf die nicht endende Steigerung seines künstlerischen Niveaus: Jedes seiner Werke ist besser als die vorhergehenden.

John Bunyan, *Die Pilgerreise,* Frontispiz und Titelblatt von Teil 2 der Ausgabe 1684

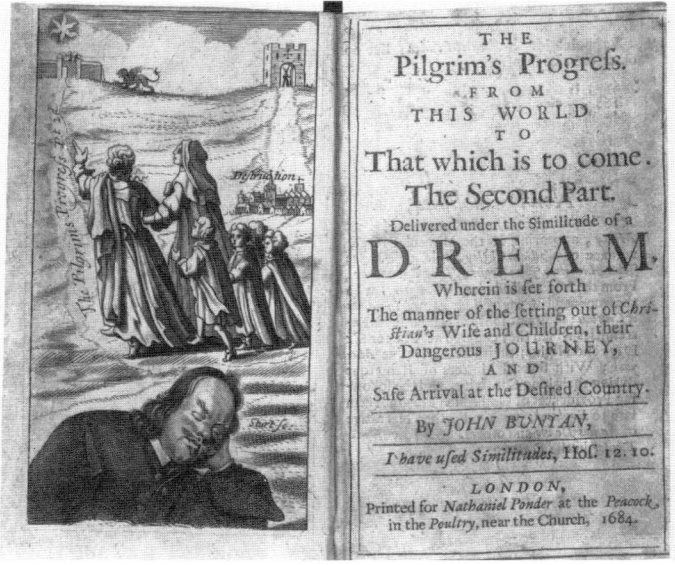

1653 trat er einer Baptistengemeinde in Bedford bei und predigte dort. Ein Konflikt mit Anhängern der Quäker bildete den Anlass zu ersten religiösen Schriften: *Eröffnung einiger evangelischer Wahrheiten* (1656) sowie *Eine Rechtfertigung der Eröffnung einiger evangelischer Wahrheiten* (1657). Mit dem Beginn der Restauration wurde er als nicht lizenzierter Laienprediger verhaftet und verbrachte zwölf Jahre im Gefängnis. Während der Haftzeit schrieb Bunyan neun Bücher. Das wichtigste von ihnen ist *Die Gnade Gottes Welche sich erstrecket auf die größten Sünder* (1666), eine Autobiografie, in der die Bekehrung des Autors von einem Zustand der Sünde zu einem solchen der Gnade beschrieben wird.

Das Hauptwerk des Autors ist *Die Pilgerreise*. 1684 erschien eine Fortsetzung. Bunyan verfasste außerdem eine Vielzahl von Predigten und Traktaten. Bei seinem Tod war er ein weit über England hinaus geachteter Autor.

Biografie: E. B. Batson, *John Bunyan*, 1984.

gen, Verführungen) und physische Auseinandersetzungen (z.B. Zweikämpfe), die zum Teil den Ritterromanzen entlehnt sind. Die allegorische Darstellung vermischt Heils-, Kirchen- und Seelengeschichte und schafft somit ein vieldeutiges Geflecht von Metaphern und typologischen Bezügen, das Bunyan in der einleitenden Apologie mit Hinweis auf die Bibel gegen die puritanischen Bilderstürmer verteidigt. Trotz dieser Komplexität ist das Werk in einem schlichten Stil geschrieben und wird daher von vielen Kritikern als Beispiel für den »Realismus« des Autors angeführt.

Wirkung: Das Werk übte großen Einfluss auf den Roman des 18. Jahrhunderts aus, vor allem auf Schriftsteller wie Daniel → Defoe und Henry → Fielding. *Die Pilgerreise* gehört zu den meistgelesenen Erbauungsbüchern der angelsächsischen Welt. Sie erreichte allein in den ersten neun Jahren eine Auflage von 100 000 Exemplaren und wurde in mehr als 100 Sprachen übersetzt. *H.P.*

John Bunyan, *Pilgerreise*, Umschlag der deutschsprachigen Ausgabe 1998

Die Pilgerreise

OT The Pilgrim's Progress from This World, to That Which Is to Come **OA** 1678 **DE** 1685
Form Erbauungsbuch **Epoche** Restauration

Die Pilgerreise von John Bunyan ist nicht nur eine puritanische Seelenallegorie, sondern markiert den Beginn des englischen Prosaromans der Neuzeit.

Inhalt: Eingebettet in den Rahmen einer Traumerzählung, besteht die eigentliche Romanhandlung in der Pilgerschaft des Jedermanns Christian von der Stadt der Zerstörung hin zur Himmlischen Stadt Jerusalem. Die Reise dorthin führt ihn über Orte wie das Haus des Auslegers, das Tal des Todesschattens, der Jahrmarkt der Eitelkeiten und die Heiteren Berge – Stationen des Zuspruchs und des Trostes oder der Gefahr und des Todes. Unterwegs trifft Christian auf positive und negative Personifikationen menschlicher Verhaltensweisen wie der Figur Gläubig (Faithful), Herrn Weltklug (Mr. Worldly-Wiseman) und den Riesen Verzweiflung (Giant Despair). Am Ende seiner Pilgerschaft stirbt er und wird in das Himmlische Jerusalem aufgenommen. In der Romanfortsetzung begeben sich seine Frau Christiana und seine Kinder auf den gleichen Weg und gelangen schließlich zu ihrer Bestimmung.

Aufbau: In dem Buch verwendet Bunyan die traditionelle Reiseallegorie, um die individuelle Heilssuche des Christen zu veranschaulichen. Mit der Reiseallegorie verknüpft ist die des Seelenkampfes (bellum intestinum): Gut und Böse ringen in mannigfacher Personifizierung um die Seele des Menschen. Dies geschieht in Gestalt von argumentativen Dialogen (Belehrun-

Burckhardt, Jacob

Schweizer Kultur- und Kunsthistoriker

* 25.5.1818 Basel, † 8.8.1897 ebd.

📖 *Die Kultur der Renaissance in Italien*, 1860

Mit seinen Büchern hat Jacob Burckhardt noch heute gültige Standardwerke geschaffen und eine neue wissenschaftliche Sicht der Kunstgeschichte begründet.

Burckhardt studierte Geschichte und Philosophie, zunächst in Basel, später in Berlin und Bonn. Nach der Promotion schrieb er Kunstkritiken für Zeitungen. Mit seinem Stil suchte er von Anfang an ein breites Publikum zu erreichen. 1844 erhielt Burckhardt in Basel eine Privatdozentur und wurde 1845 Extraordinarius. 1852 erschien sein Buch *Die Zeit Constantins des Großen*, 1855 sein Reiseführer *Cicerone*, nach eigenen Worten eine »Anleitung zum Genuss der Kunstwerke Italiens«. 1855–58 wirkte Burckhardt als Professor in Zürich und wurde 1858 als Ordinarius für Geschichte, später auch für Kunstgeschichte nach Basel zurückberufen, wo er bis zu seinem Tod lebte. 1860 publizierte er sein Hauptwerk *Die Kultur der Renaissance in Italien*. 1867 folgte die *Geschichte der Renaissance in Italien;* das Werk blieb fragmentarisch. Nach seinem Tod erschienen die vierbändige *Griechische Kulturgeschichte* (1898–1902), eine Zusammenfassung seiner Vorlesungen, und die *Weltgeschichtlichen Betrachtungen* (1905), eine Art kulturpessimistisches Vermächtnis.

Biografie: H.R. Guggisberg (Hrsg.), *Umgang mit Jacob Burckhardt*, 1994.

Die Kultur der Renaissance in Italien

OA 1860 **Form** Sachbuch **Bereich** Kulturgeschichte

Die Kultur der Renaissance in Italien ist das populärste Buch von Jakob Burckhardt, das die Vorstellungen von der Renaissance nachhaltig prägte. Dem Werk liegt ein völlig neuer, von Burckhardt entwickelter vielschichtiger Kulturbegriff zu Grunde, der die gesamte menschliche Lebensgestaltung umfasst. Er schließt den Staat als kulturelle Äußerung ebenso ein wie die Religion und die Produktion von Kunst aller Art sowie die Formen der Geselligkeit und der Feste. Der große anhaltende Erfolg des Buches ist auch seiner erzählerischen Qualität zu verdanken.

Inhalt: Das Werk ist in sechs Abschnitte gegliedert, von denen der erste und der letzte dem Staat bzw. der Religion als den tragenden Kräften gewidmet ist. Die vier dazwischen liegenden Abschnitte behandeln die Entwicklung des Individuums, die Wiedererweckung des Altertums, die Entdeckung der Welt und des Menschen sowie die Geselligkeit und die Feste als besondere Merkmale des neuen Zeitalters. Der Autor beschränkt sich räumlich auf das italienische Gebiet und zeitlich auf das 15. und frühe 16. Jahrhundert, nicht ohne notwendige Rückgriffe auf das Mittelalter. Während die Menschen im Mittelalter in einer von der Religion bestimmten Ordnung lebten, sind jetzt die moralischen Werte verloren gegangen.

In dieser chaotischen Zeit versuchen die Humanisten und Künstler einen Standpunkt zu finden, sind jedoch macht- und ruhmsüchtig und setzen sich und ihr Schaffen absolut. Dennoch entfalteten sich vor diesem wirren Hintergrund ein neues Menschenideal, dem umfassende Bildung als hohes Gut galt, und eine kulturelle Blüte von noch heute sichtbarer Ausprägung. Burckhardt beschreibt die wissenschaftlichen und kulturellen Leistungen der Zeit von den Entdeckungsreisen des Kolumbus über die Sternkunde, die Botanik, die Zoologie bis zur Kunst der Poesie bei → Dante Alighieri, Giovanni → Boccaccio oder Francesco → Petrarca. Des Weiteren widmet er sich der neuen Stellung der Frau in der Renaissance. In den höheren Ständen erhielten Frauen die gleiche Bildung wie die Männer und erbrachten auch bemerkenswerte künstlerische Leistungen in Malerei und Dichtkunst. Schließlich untersucht Burckhardt die moralische Situation des Landes einschließlich der Kirchen und ihrer Vertreter. Er stellt fest, dass Italien sich zu Beginn des 16. Jahrhunderts in einer schweren sittlichen Krise befand, die sich auf alle gesellschaftlichen Kräfte auswirkte. Der Glauben war erschüttert und das Misstrauen gegenüber der Kirche groß.

Wirkung: In seiner Darstellung der Epoche der Renaissance hat Burckhardt zahlreiche Bezüge zur modernen Zeit hergestellt. Für die Kunst- und Kulturgeschichte schuf er ein bahnbrechendes Werk, auf das bis heute Bezug genommen wird. Es gelang ihm, eine unüberschaubare Fülle von Einzelwissen in einen Zusammenhang zu ordnen und dem Kulturbegriff eine neue, erweiterte Bedeutung zu geben. Burckhardt band das Kunstwerk ein in die Gesamtheit historischer Entwicklungen. Wenn die Renaissance-Forschung auch in vielen Punkten zu neuen Erkenntnissen gelangt ist, so ist sie ohne Burckhardt nicht denkbar.   *N. B.*

Literatur: I. Siebert, *Jacob Burckhardt. Studien zur Kunst- und Kulturgeschichtsschreibung*, 1991.

Jacob Burckhardt, *Die Kultur der Renaissance in Italien*; von links: Einband der Ausgabe 1956; Umschlag der Ausgabe 1952; Umschlag der Ausgabe 1936

Heinrich Wölfflin 1918 über Jacob Burckhardt:

Die Historiker der Kunstgeschichtsschreibung werden einmal einen Abschnitt machen mit dem Einsetzen von Burckhardts Arbeit, denn die ganze Entwicklung der italienischen Kunst ist doch eigentlich von ihm erst in ihrem Zusammenhang erfasst worden, und mit einer merkwürdigen Unabhängigkeit des Urteils hat er die Wertakzente verteilt.

Jacob Burckhard 1877 in einem Brief:

In der Kunstgeschichte ist meine individuelle Aufgabe, wie mir vorkommt, diejenige, über die Fantasie vergangener Zeiten Rechenschaft zu geben; zu sagen, was diese und jene Meister und Schulen für eine Vision der Welt vor sich gehabt haben. Andere schildern mehr die Mittel der vergangenen Kunst, ich mehr den Willen (das heißt so gut ich kann).

Bürger, Gottfried August

dt. Schriftsteller

*31.12.1747 Molmerswende (Harz)

†8.6.1794 Göttingen

📖 *Wunderbare Reisen zu Wasser und Lande, Feldzüge und lustige Abenteuer des Freiherrn von Münchhausen*, 1786

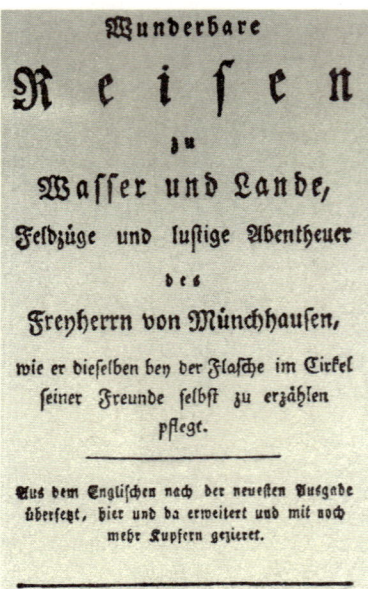

Gottfried August Bürger, *Wunderbare Reisen zu Wasser und Lande, Feldzüge und lustige Abenteuer des Freiherrn von Münchhausen*, Titelseite der Originalausgabe 1786

Als Lyriker und Begründer der deutschen Kunstballade gehört Gottfried August Bürger zu den wichtigen Figuren der Sturm-und-Drang-Epoche, auch wenn → Schillers vernichtende Kritik an der mangelnden Idealisierung seiner Gedichte, der Distanzlosigkeit zu den Gegenständen und der Anpassung an die »Fassungskraft des großen Haufens« die Wirkung seines Werks beträchtlich schmälerte.

Während seines Jurastudiums in Göttingen 1768–72 wandte sich der in ärmlichen Verhältnissen aufgewachsene Pfarrerssohn der Philologie und Literatur zu und schloss sich der Dichtergruppe »Göttinger Hain« an, deren Göttinger Musenalmanach er ab 1779 herausgab. Seinen Brotberuf als Provinzamtmann gab er nach Streitereien mit seinen Dienstherren 1783 auf und lehrte danach als unbesoldeter Dozent an der Universität Göttingen. Ständige Geldnöte zehrten ebenso an seinen Kräften wie seine drei unglücklichen Ehen.

Viele von Bürgers – durchaus formstrengen – Gedichten sind wenig bedeutsame Gelegenheitswerke in der Tradition der Anakreontik und Aufklärung. In etlichen politischen Gedichten nimmt er Stellung gegen Adelswillkür und Tyrannei. Einen neuen, eigenen Ton findet Bürger in den sinnlich-bildkräftigen Liebesgedichten an Molly (mit der eigentlich geliebten jüngeren Schwester seiner ersten Frau lebte Bürger jahrelang in einer heiklen Dreierbeziehung; beide Frauen starben im Kindbett) und vor allem den Balladen (*Lenore*, 1773; *Das Lied vom braven Mann*, 1777; *Der wilde Jäger*), die dramatische Spannung mit sprachlicher Stimmungsmalerei verbinden.

Biografie: G. Häntzschel, *Gottfried August Bürger*, 1988.

Wunderbare Reisen zu Wasser und Lande, Feldzüge und lustige Abenteuer des Freiherrn von Münchhausen

OA 1786 **Form** Erzählungen **Epoche** Sturm und Drang

Die populären Münchhausen-Geschichten sicherten Gottfried August Bürger seinen Nachruhm, auch wenn er als deren Autor fast in Vergessenheit geriet.

Entstehung: Bürger hat sich selbst zu seiner Autorschaft an diesem Werk nicht bekannt, einerseits um sich als Verfasser von Lügengeschichten in seiner ungesicherten gesellschaftlichen Position nicht in Verruf zu bringen, andererseits aus Rücksicht auf den in Bodenwerder/Weser lebenden realen Karl Friedrich Hieronymus Freiherr von Münchhausen (1720 bis 1797). Die nur mündlich berichteten Geschichten dieses begabten Fabulierers wurden 1781 in Berlin anonym in einer Anekdotensammlung publiziert und fanden 1785 größere Verbreitung in einer englischen Version. Diese lieferte die Grundlage für Bürgers freie, stilistisch verfeinerte Rückübersetzung, die er mit etlichen eigenen Zutaten anreicherte. Der berühmte Ritt auf der Kanonenkugel, die Rettung aus dem Sumpf am eigenen Schopf und der Fang von mehreren Dutzend Enten mit einem Speckstück am Faden z. B. sind seine Erfindungen. Die stofflichen Grundlagen sind zum Teil wesentlich älter; einzelne Episoden finden sich schon in den lateinischen Satiren von Lukian (ca. 120–180 n.Chr.) sowie in den Schwanksammlungen des Mittelalters und des 15. und 16. Jahrhunderts.

Inhalt: Auf einer beschwerlichen Reise nach Russland findet Münchhausen sein Pferd, das er

Münchhauseniaden

Herkunft: Karl Friedrich Hieronymus Freiherr von Münchhausen war als leidenschaftlicher Jäger, Teilnehmer an zwei Türkenkriegen, weit gereister Abenteurer und Geschichtenerzähler das Vorbild für den fiktiven Lügenbaron. Die ersten Aufzeichnungen seiner ›Erlebnisse‹ wurden noch zu seinen Lebzeiten publiziert.

Bearbeitungen: Bürgers volkstümliche Darstellung machte Münchhausen zu einer eigenständigen fiktiven Figur. Schon 1789 berichtete Heinrich Theodor Ludwig Schnorr (1760–1835) die Münchhausen-Erzählungen u. a. um (zum Teil frivole) Ehegeschichten und den tapferen Tod des Helden. Ludwig von Alvensleben (1800–68) verbürgerlichte ihn in seinem *Lügenkaiser* (1833) mit politisch-satirischen Zügen und modernisierte seine Abenteuer durch die technischen Errungenschaften des frühen 19. Jahrhunderts. Auch Karl Leberecht Immermann (1796–1840) verwendete den

Stoff für einen zeitkritischen Roman (*Münchhausen*, 4 Bde., 1838/39) gegen den Schwindelgeist der Zeit. Paul Scheerbart (1863–1915) nutzte ihn für seine skurril utopischen Visionen (*Münchhausen und Clarissa*, 1906), Carl Haensel widmete ihm 1933 den Roman *Das war Münchhausen* und Börries Freiherr von Münchhausen (1874–1945) verfolgte die Spuren seines Ahnherrn in den *Geschichten aus der Geschichte* (1934). Das dramatische Potenzial der Erzählungen entdeckte u. a. Walter Hasenclever (1890–1940). Erich Kästner (1899–1974) schrieb 1942/43 das Drehbuch zur der Verfilmung mit Hans Albers in der Titelrolle.

Bedeutung: Die Münchhauseniaden sind eine Sonderform der Lügendichtung. Ihre episodische Reihung und populäre Komik machen sie geeignet für beliebige Erweiterungen und zeitkritische satirische Anspielungen.

an einen Stecken angebunden zu haben glaubte, nach der plötzlichen Schneeschmelze auf der Kirchturmspitze wieder, holt es mit einem Schuss durch den Halfter herunter und reitet zu weiteren Abenteuern. Von ähnlicher Qualität sind seine unwahrscheinlichen Jagderfolge und Erlebnisse mit wilden oder fabelhaften Tieren. Das Glück bleibt ihm auch bei kriegerischen Auseinandersetzungen treu. Wenn sein Hengst entzweigehauen wird, reitet der Held auf dem Vorderteil weiter, während das Hinterteil sich selbstständig und an einem Dutzend Stuten zu schaffen macht. Zwar gerät Münchhausen in türkische Gefangenschaft, doch kehrt er nach vielen mit List und Körperkraft bestandenen Gefahren wohlbehalten in seine Heimat zurück. Seine Seeabenteuer führen ihn durch alle Meere und Kontinente sowie zu den Mächtigen der Erde, als neuen Jonas durch den Bauch von riesigen Fischen, in den Krater des Ätna und sogar bis auf den Mond.

Aufbau: In lockerer anekdotischer Reihung berichtet Münchhausen von seinen Abenteuern, beglaubigt durch die Ich-Form, die auch das Unglaublichste als selbst Erlebtes präsentiert. Im ersten Teil dominieren die Tiere, die der aktive Held besiegt oder als Helfer benutzt. Im zweiten Teil stehen die fremden Welten im Vordergrund, deren Herausforderungen der Erzähler neugierig begegnet.

Wirkung: Als erfolgreicher und tatenlustiger Kraftkerl, der mit seiner Respektlosigkeit gegenüber politischen Herrschern und seiner ursprünglichen, unverbildeten Intelligenz allen Unbilden der Natur und der Zivilisation trotzt, ist der fiktive Münchhausen ein typisches Produkt des Sturm und Drang. Bürgers volkstümlich-witziger Sprachgestus machte ihn zu einer Identifikationsfigur des aufstrebenden Bürgertums. 1788 veröffentlichte er eine erweiterte Fassung des Werkes, dessen Episoden in der Tradition der Lügenliteratur und der fantastischen Reiseberichte zum erzählerischen Gemeingut wurden und etliche Nachfolger zu neuen Erfindungen um den großsprecherischen Aufschneider inspirierten. *E.E.K.*

Hermann Burger bei der Verleihung des Ingeborg-Bachmann-Preises 1985

Die wichtigsten Bücher von Hermann Burger	
Schilten 1976	Roman über den verzweifelten Kampf eines Dorfschulmeisters, der zwischen Friedhof und Unterricht wahnsinnig wird. → S. 190
Diabelli 1979	Drei Erzählungen über die Paradoxien von Kunst und Leben: Der unmusikalische Schramm bewirbt sich als Orchesterdiener, der Zauberer Diabelli kapituliert vor der eigenen Meisterschaft, der Privatgelehrte Zentgraf setzt seinen Tod als Kontrapunkt gegen ein Erdbeben.
Die künstliche Mutter 1982	Der Privatdozent Schöllkopf sucht die Heilung seiner Neurosen und Sexualstörungen durch die schwesterliche Zuwendung in einer unterirdischen Klinik im magischen Mutterschoß des Gotthardmassivs.
Blankenburg 1986	Erzählungen. Hauptfigur der Titelgeschichte ist ein unter Leselosigkeit (»Morbus lexis«) leidender Briefschreiber, der Hilfe bei der bibliophilen Herrin des »Bücherschlosses« Blankenburg findet.
Brenner 1989–92	Zwei postum erschienene Teile einer autobiografischen Romantetralogie, in denen poetologische Reflexionen überwiegen. Im Zentrum der überbordenden Wortkaskaden steht der Tabak und Literatur liebende Hermann Arbogast Brenner als Alter Ego des Autors.

Burger, Hermann

deutschsprachiger Schweizer Schriftsteller

* 10.7.1942 Menziken (Aargau)
† 18.2.1989 Brunegg (ebd.)
📖 *Schilten*, 1976

Die präzise formulierten Erzählwerke des versierten Literturwissenschaftlers Hermann Burger bewegen sich zwischen obsessiver Beschreibungswut und surrealer Künstlichkeit. Die existenzielle Fremdheit seiner durchweg als subjektive Ich-Erzähler agierenden Figuren in der Lebensenge der Schweizer Provinz sowie die verzweifelte Suche nach kreatürlicher und gesellschaftlicher Geborgenheit spiegeln sich im artifiziellen Gebrauch von Helvetismen, in ironischen Sprachspielen sowie einer fantastischen Fabulierlust mit einer Fülle von Anspielungen an literarische Vorbilder und intertextuellen Bezügen innerhalb des eigenen Werks. Die Wirklichkeitsnähe seiner Texte bestimmen detailverliebt recherchierte Elemente verschiedenster Fachsprachen; die fast barocke Allgegenwart des Todes rückt sie dennoch in eine hoch reflektierte Lebensferne.

Burger studierte Germanistik und habilitierte sich 1975. Er arbeitete im Aargau als Lehrer und Journalist, später als Universitätsdozent in Zürich, Bern und Freiburg. 1986 hielt er als bis dahin jüngster Dozent die renommierten »Frankfurter Poetikvorlesungen«. Seit 1972 von

Gert Ueding über die Werke von Hermann Burger:

Burgers Romane und Geschichten sind kompromisslos gegen den Zeitgeist geschrieben...

Depressionen und »Unterleibsmigräne« geplagt, suchte er zeitlebens Hilfe bei Psychotherapeuten. Die Erkrankung steigerte sich in manischen Phasen, die nach privaten Verlusterlebnissen zum Selbstmord führten.

Nach einem wenig erfolgreichen Debüt als Lyriker veröffentlichte Burger 1970 seine ersten Erzählungen. Der literarische Durchbruch gelang ihm 1976 mit dem Roman *Schilten;* populär machte ihn vor allem der skurrile Therapie-Roman *Die künstliche Mutter* (1982). *Ein Mann aus Wörtern* (1983) ist nicht nur eine Sammlung von Essays, Rezensionen und Reportagen, sondern auch ein Selbstporträt des Autors. Zahlreiche Stipendien und Preise würdigten Burgers poetische und poetologische Leistungen. Trotz ihrer Traditionsverbundenheit beschreiben seine Werke präzis psychische Befindlichkeiten des späten 20. Jahrhunderts. Ihre Wirkung entfalten sie eher unterschwellig in der Sprache als brüchigem Lebensmedium, dessen Vitalität zwar immer von einem Todeskeim infiziert ist, dabei aber auch eine eigenwillige artistische Komik entfaltet.

Hermann Burger, *Schilten,* Umschlag der Taschenbuchneuausgabe 2000

Gerda Zeltner über den Roman *Schilten* von Hermann Burger:

Gewiss ist Burgers Schilten *ein anspruchsvoller Text, ein Text aber, der mit völlig irrationalen, unintellektuellen menschlichen Ängsten zu tun hat und der so tief in dieser Bedrängnis engagiert ist, dass er sie nicht mehr einfach nur beschreibt, sondern gleichsam in der Sprache und mit der Sprache selber erleidet...*

Schilten

OA 1976 **Form** Roman **Epoche** Moderne

Der erste Roman von Hermann Burger mit dem Untertitel *Schulbericht zuhanden der Inspektorenkonferenz* vermischt Fiktion und authentisch Erlebtes. Das Schulhaus *Schilten* (real: Schiltwald) kannte der Autor seit seiner Kindheit, die pädagogischen Depravierungen als Dorflehrer hatte er selbst erfahren.

Inhalt: Nach zehnjähriger Tätigkeit als Lehrer einer »Einheitsförderklasse«, die Schüler verschiedener Jahrgänge und (Un-)Fähigkeiten zusammenfasst, schreibt der 30-jährige »Scholarch« Peter Stirner unter dem Pseudonym Armin Schildknecht an die ferne Behörde, die ihm wegen seiner eigentümlichen Didaktik die Entlassung angedroht hat. Sein Rechtfertigungsbericht, den er den Schülern wortreich in ihre »Generalsudelhefte« diktiert, gerät immer mehr zu einer Beschreibung seiner privaten und institutionellen Hoffnungslosigkeit, die geprägt ist von der unmittelbaren Nähe des Schulhauses zum Friedhof: Die Turnhalle dient zu Begräbnisfeiern, die Pausenklingel vermischt sich mit der Totenglocke und der widerborstige Hausmeister Wiederkehr ist gleichzeitig Totengräber, dessen Handwerk als Realitätseinbruch in die künstliche Schulwelt sorgfältig registriert wird. Heimatkunde wird zur Todeskunde. Am Harmonium komponiert Schildknecht den Verstorbenen ihren vergangenen Lebenslauf und improvisiert seine Unterrichtsstunden als musikalische Etüden. Winterlicher Nebel lässt die Menschen »verschellen«. Als Verschollener beendet Schildknecht, dem die Schüler entzogen werden, einsam seine Schulkarriere.

Aufbau: In 20 »Quartheften« schildert der überdimensionale Brief das Dasein im Schulhaus. Thematische Schwerpunkte machen die meisten dieser Kapitel zu kleinen Abhandlungen, z.B. über Architektur, Wetter, Kommunikations- und Verkehrswesen, den Scheintod, das Präparieren von Vögeln, Instrumentenkunde oder Begräbnisrituale. Was zunächst als objektiver Lehrstoff erscheint, gerät im Genauigkeitswahn zwischen Scheinleben und Scheintod immer mehr zum selbstbezüglichen Irrsinn, der sich im letzten Quartheft in der Vision einer orgiastischen Karnevalsnacht entlädt. Ein kurzes Nachwort des Inspektors, an den der Brief gerichtet ist, verspricht dem aus der Rolle und der Weltordnung gefallenen Schulmeister psychiatrische Hilfe.

Wirkung: Der Roman erregte vor allem wegen seiner sprachlichen Virtuosität Aufsehen und gehört zu den wichtigsten Werken der modernen Schweizer Literatur. *E. E. K.*

Burgess, Anthony

(eigtl. John Anthony Burgess Wilson) engl. Schriftsteller
*25.2.1917 Manchester, †25.11.1993 London
📖 *Uhrwerk Orange,*1962

Anthony Burgess, Autor von über 40 Romanen, zahlreichen linguistischen und musikwissenschaftlichen Abhandlungen, Biografien, Opern-Libretti, Film-Skripts, Kinderbüchern, Rezensionen, Essays und einer zweiteiligen Autobiografie, war einer der vielseitigsten und produktivsten englischen Schriftsteller des 20. Jahrhunderts.

Burgess studierte in Manchester englische Literatur und Musik. Nach seinem Abschluss 1940 stand er sechs Jahre lang im Dienst der britischen Armee und war dann bis 1954 als Lehrer an verschiedenen Schulen und Colleges tätig. Bis 1959 arbeitete er als Erziehungsoffizier in Malaya und Brunei (Borneo). Nach einem Kollaps 1959 wurde bei ihm fälschlicherweise ein Gehirntumor diagnostiziert. In den ihm aus ärztlicher Sicht verbleibenden zwölf Monaten konzentrierte sich Burgess ausschließlich auf seine literarischen Projekte und schrieb fünf Romane. In der Folge gab er jährlich etwa zwei Werke heraus. Burgess komponierte mehrere Symphonien und beherrschte außer Russisch und Indonesisch u.a. auch die französische und italienische Sprache.

Autobiografie: A. Burgess, *Little Wilson and Big God,* 1987; ders.: *You've had your Time,* 1990.

Uhrwerk Orange

OT A Clockwork Orange **OA** 1962 **DE** 1972
Form Roman **Epoche** Moderne

In *Uhrwerk Orange,* seinem bekanntesten Roman, setzte sich Anthony Burgess mit der Frage auseinander, inwieweit die persönliche Willensentwicklung des Menschen von den Machtinstrumentarien einer konventionalisierten und mechanisierten Gesellschaft gesteuert werden kann. In der gleichermaßen Grauen erregenden wie faszinierenden Schilderung unterschiedlicher Gewaltformen – einer individuellen, entfesselten Brutalität einerseits und einer staatlich kontrollierten Gewaltanwendung andererseits – erzählt dieses sprachlich innovative Werk von der höllenhaften Identitätssuche des Ich-Erzählers Alex.

Inhalt: Allabendlich trifft sich der 16-jährige Alex mit seinen »Droogs« Pete, Georgie und Dim in der Korova-Milchbar, von wo aus sie zu ihren Beutezügen durch die nächtliche Großstadt aufbrechen. Die vierköpfige Gang, die Nadsat, einen von Burgess genial konzipierten, slawisch geprägten Teenagerslang spricht, wird von pathologischer Gewaltlust getrieben. Der Roman beginnt mit der Schilderung eines Abends, an dem Alex mit seinen Kumpanen einen alten Mann auf der Straße niederschlägt, ein Geschäft überfällt, in ein Privathaus eindringt und die Hausherrin brutal vergewaltigt. Alex' zunehmende Gewaltbereitschaft gipfelt am nächsten Abend in dem Mord an einer alten Frau.

Alex kommt ins Gefängnis, wo es ihm gelingt, sich durch die Weitergabe von Häftlingsgeheimnissen bei dem Gefängnisgeistlichen anzubiedern. Als ein Zellengenosse von Alex nach einer Auseinandersetzung tot aufgefunden wird, erhält die Gefängnisleitung das Plazet des Innenministers, den Delinquenten einer noch unausgereiften Konditionierungs-Maßnahme für Straftäter zu unterziehen. Als erster Proband soll Alex innerhalb von 14 Tagen zum gesetzestreuen Bürger umerzogen werden. Gefesselt und unter dem Einfluss von Medikamenten muss er sich zweimal täglich Filmaufnahmen von Folterungen und Tötungen ansehen.

Tatsächlich bewirkt die barbarische Behandlung, dass Alex schon bei dem Gedanken an Gewalt Schmerz und Ekel zu empfinden beginnt. Doch seiner Abkehr vom Bösen liegt keine freie moralische Entscheidung, sondern lediglich eine Programmierung zugrunde. Er wird zutiefst verstört aus dem Gefängnis entlassen. Nach der Abweisung durch seine Eltern sowie der Misshandlung durch ein früheres Opfer und einen ehemaligen Bandenfeind wird Alex im Wahlkampf als politischer Märtyrer missbraucht, bis er einen Selbstmordversuch unternimmt.

Malcolm McDowell als Alex in der Verfilmung des Romans *Uhrwerk Orange* von Anthony Burgess (GB 1970/71; Regie: Stanley Kubrick)

Um die Öffentlichkeit zu beruhigen, leitet die Regierung schließlich Maßnahmen zu seiner Rekonditionierung ein, und so findet sich der inzwischen 19-jährige Alex im letzten Kapitel in der Korova-Milchbar wieder, diesmal in der Gesellschaft seiner neuen »Droogs«. Am Ende jedoch verlässt er die Bar mit dem Wunsch, sich ein bürgerliches Leben aufzubauen und eine Familie zu gründen. Seine Abkehr von der Gewalt hat er nunmehr selbstständig vollzogen.

Aufbau: Die retrospektiv erzählte Romanhandlung gliedert sich in drei Teile mit jeweils sieben Kapiteln. Der erste Teil schildert die Ereignisse vor Alex' Inhaftierung, der zweite seinen Gefängnis-Aufenthalt und der dritte die Zeit nach seiner Freilassung. In der Entwicklung des Protagonisten vom unbewussten zum bewussten, vom verantwortungslosen zum verantwortungsvollen, vom fremdbestimmten zum freien

Die wichtigsten Bücher von Anthony Burgess	
Ein-Hand-Klatschen 1961	Unter dem Pseudonym Joseph Kell veröffentlichte Burgess den Roman über das Leben von Janet Shirley und ihrem Ehemann Howard. Der Alltag der beiden erfährt eine Wendung, als Howard an einem Fernseh-Quiz teilnimmt.
Uhrwerk Orange 1962	Der Roman erzählt von der Identitätssuche des jugendlichen Gewalttäters Alex, der durch ein Konditionierungsprogramm zum gesetzestreuen Bürger erzogen werden soll. → S. 191
1985 1978	In Auseinandersetzung mit George Orwells *1984* entstand dieses Werk. Den ersten Teil nimmt ein interpretatorischer Essay ein, in dem Burgess die Utopie Orwells auf bestimmte Punkte hin beleuchtet. Im zweiten Teil entwirft er mit der Geschichte des unbeugsamen Revolutionärs Bev Jones eine alternative Utopie.
Der Fürst der Phantome 1980	In seinem umfangreichsten Roman setzt sich Burgess mit den religionsphilosophischen konträren Positionen des Augustinismus und des Pelagianismus auseinander. Erzählt wird die Geschichte des 81-jährigen katholischen Homosexuellen Kenneth Toomey.
Erlöse uns, Lynx 1982	In diesem vom Fernsehen inspirierten Roman hat Burgess die seiner Ansicht nach wichtigsten Ereignisse des 20. Jahrhunderts – die Entdeckung des Unbewussten durch Sigmund Freud, die Lehre Trotzkis vom Weltsozialismus und die Erfindung der Weltraumrakete – in einem einzigen Werk verarbeitet. Das Ergebnis ist eine skurrile Verbindung aus Freud-Biografie, Trotzki-Musical und Sciencefiction-Thriller.

Auszug aus dem Roman
Uhrwerk Orange (1962)
von Anthony Burgess:

Ich möchte nicht beschreiben, Brüder, welche anderen entsetzlichen Dinge ich an diesem Nachmittag zu sehen gezwungen wurde. Die Gesinnung von diesen Dr. Brodsky und Dr. Branom und den anderen in den weißen Mänteln [...], sie mussten grausamer und schmutziger sein als die Gesinnungen der schlimmsten Prestupniks im alten Knast.

Menschen spiegeln sich die beiden konträren religionsphilosophischen Positionen des Augustinismus und Pelagianismus, aber auch die manichäische Vorstellung vom ewigen Kampf zwischen Gut und Böse wider.

Wirkung: Die umstrittene Verfilmung von Stanley Kubrick (1928–99) 1971 trug entscheidend zum Weltruhm von *Uhrwerk Orange* bei. Burgess lehnte den Film jedoch ab, weil er (wie die amerikanische Buchversion) das letzte (21.) Kapitel übergeht und damit die moralische Aussage des Romans wesentlich verändert. *B. S.*

Burnett, Frances Hodgson

angloamerikan. Schriftstellerin
*24.11.1849 Manchester
+29.10.1924 Plandome (Long Island)
📖 *Der kleine Lord*, 1886

Mit dem Roman *Der kleine Lord* (1886) schrieb Frances Hodgson Burnett einen Bestseller, dessen Erfolg von kaum einem anderen Kinderbuch übertroffen wurde.

Als 16-jähriges Mädchen wanderte Burnett nach dem wirtschaftlichen Ruin und dem Tod ihres Vaters in die Vereinigten Staaten aus, wo sie als Lehrerin und Ehefrau eines Arztes auch ihre jüngeren Geschwister versorgte. Ab 1868 veröffentlichte sie erste Erzählungen in verschiedenen Zeitschriften, die ihr bald einigen Erfolg einbrachten. Ihr erster Roman *That Lass o' Lowries* (1877) wurde mit den Meisterwerken von Henry → James verglichen. Nach der Trennung von ihrem Ehemann und einer kurzen zweiten Ehe lebte sie ab 1901 als amerikanische Staatsbürgerin auf Long Island.

Frances Hodgson Burnett, *Der kleine Lord*, Umschlag der britischen Neuausgabe 1995

Als Autorin verarbeitete Burnett ihre Kontrasterfahrungen von Wohlstand und Armut, England und Amerika; sie verlegte sich mehr und mehr auf Erzählungen und Romane für Kinder. Unter ihnen waren vor allem *Sara Crewe* (1888) und *Der heimliche Garten* (1910) große Publikumserfolge im angloamerikanischen Bereich. Von der Kritik werden sie bis heute auf die gleiche Stufe gestellt wie ihr populärstes Kinderroman *Der kleine Lord*.

Biografie: A. Thwaite, *Waiting for the Party: The life of Frances Hodgson Burnett*, 1974.

Der kleine Lord

OA Little Lord Fauntleroy **OA** 1886 **DE** 1889
Form Kinderroman **Epoche** Realismus

Die Erzählung vom kleinen Cedric aus New York, dem es gelingt, die Menschenfeindschaft seines englischen Großvaters, des alten Earl of Dorincourt, zu besiegen und die Familie zu versöhnen gilt als ein Klassiker der internationalen Kinderliteratur.

Entstehung: *Der kleine Lord* ist der erste Kinderroman von Burnett; sie verfasste ihn zur Unterhaltung ihres Sohnes Vivian, der offensichtlich auch die Züge des charmanten kleinen Helden prägte. Der Abdruck in einer Kinderzeitschrift (1885) rief so große Begeisterung hervor, dass das Buch gleich danach erschien.

Inhalt: Cedric Erroll, genannt Ceddie, blond und blauäugig, ist das siebenjährige Kind eines früh verstorbenen englischen Grafensohns und seiner jungen amerikanischen Frau. Mutter und Sohn leben sehr bescheiden in New York, als der Rechtsanwalt Havisham sie mit der Nachricht überrascht, dass Ceddie künftig der Erbe eines Grafentitels (Earl of Dorincourt) und eines riesigen Vermögens sein wird. Zwei Brüder seines Vaters sind kinderlos verstorben, so dass der alte Earl nun den Sprössling seines dritten Sohnes, den er wegen seiner amerikanischen Heirat verstoßen hatte, anerkennen und auf seine künftige Rolle vorbereiten muss. Ceddie soll nun auf Schloss Dorincourt leben, während seine Mama im Dorf bleiben muss – worauf sie nur um ihres Sohnes willen eingeht. Ceddie selbst jedoch, der nicht nur besonders hübsch, sondern auch gewitzt und überaus mitfühlend gegenüber seinen Mitmenschen ist, gewinnt durch seine freundliche Art die Herzen aller – von den Dienstboten bis zu seinem mürrischen Großvater, der ihn zunächst sehr skeptisch empfangen hatte. Ceddies Mutter wird wegen ihres karitativen Handelns bald von den Dorfbewohnern verehrt. Das absehbare Glück aller wird nochmals in Frage gestellt, als die Witwe des ältesten Grafensohnes auftaucht und einen Sohn präsentiert, der vor Ceddie in die Erbfolge eintreten dürfte. Rettung bringen zwei alte New Yorker »Freunde«, der Schuhputzer Dick und Mr. Hobbs, der Kolonialwarenhändler. Sie haben aus der Presse von der Sensation erfahren und Dick erkennt in der Grafenwitwe und ihrem Jungen die ehemalige Frau seines Bruders Ben und deren gemeinsamen Sohn. Nun eilen die beiden nach England, um in einer dramatischen Gegenüberstellung die Betrügerin zu entlarven. Der achte Geburtstag des kleinen Lord Fauntleroy wird auf Dorincourt als klassenübergreifendes Freudenfest gefeiert: Der Earl versöhnt sich endlich mit seiner Schwiegertochter und sogar der Erzdemokrat

Mr. Hobbs entwickelt so viel Sympathie für die Aristokratie, dass er sich als Schlosslieferant im Dorf ansiedelt.

Aufbau: Der Roman gewinnt seinen Reiz aus dem durchgängigen Gegensatz von amerikanisch-demokratischer und britisch-aristokratischer Lebensweise und Wertordnung. Hinzu kommt eine ausbalancierte Mischung von realistischen und idealisierten Zügen, wie etwa der Andeutung sozialer Missstände einerseits und dem Mythos vom »idealen Kind« andererseits. Stilistisch macht ein sicheres Gefühl für humoristische Wirkung selbst die sentimentalen oder moralisierenden Passagen des Buchs auch heute noch erträglich. Dass nicht nur Vorurteile und private Verbitterung, sondern auch soziale Ungerechtigkeiten überwunden werden durch die natürliche Güte eines Kindes (die wiederum in seiner Liebe zur Mutter wurzelt) – diese Botschaft der Erzählung macht zugleich ihre historischen und ideologischen Grenzen deutlich.

Wirkung: *Der kleine Lord* war sofort ein großer Publikumserfolg, der durch eine Dramatisierung (1888) noch verstärkt wurde und zu einer buchstäblichen Lord-Fauntleroy-Mode für Kinder führte. Übersetzungen in alle Weltsprachen (darunter 23 deutsche seit 1889) zeugen vom Erfolg des Romans. Unter mehr als einem halben Dutzend Filmfassungen ragt die 1980 gedrehte Version mit Sir Alec Guinness (1914–2000) und Ricky Schroder (* 1970) als Großvater und Enkelsohn heraus. Nicht nur diese Besetzung, sondern auch die straffe und effektsichere Erzählweise machen den *Kleinen Lord* bis heute zu einem vorweihnachtlichen Kultfilm. *J. V.*

Burroughs, Edgar Rice

US-amerikan. Schriftsteller

* 1.9.1875 Chicago, † 19.3.1950 Los Angeles

📖 *Tarzan bei den Affen*, 1914

Burroughs entwickelte aus seinen Fantasien von Abenteuer und Exotismus die Figur des unter Affen aufgewachsenen Urwaldhelden Tarzan, der zu einer der bekanntesten Figuren der Abenteuerliteratur wurde.

Burroughs wurde in gut situierte Verhältnisse geboren. Als junger Mann ging er zur Kavallerie, erfolglos versuchte er danach sein Glück in unterschiedlichen Berufen. Seine erste Geschichte, eine Sciencefiction-Story, schrieb er für das Magazin *All Story*. Die 1912 veröffentlichte zweite Geschichte spielte im afrikanischen Dschungel, wo ein Waisenkind unter Gorillas heranwächst. Die Geschichte *Tarzan of the Apes* wurde ein Bestseller, dem weitere folgten. Burroughs schrieb insgesamt 90 Romane, davon 26 über Tarzan. Er sicherte sich als einer der Ersten für seine Figur nicht nur das Copyright, sondern ließ ihn auch als Warenzeichen eintragen. Film- und Comic-Industrie begeisterten sich für die Figur, Hörspiele und Artikel, die mit dem Namen warben, folgten. Burroughs starb als reicher Mann. *P. R.*

Biografie: I. Porges, *Edgar Rice Burroughs* (engl.), 1976; J. Schiele, *Tarzan, der barfüßige Held*, 1981.

Tarzan bei den Affen

OT Tarzan of the Apes
OA 1914 **DE** 1924 **Form** Roman **Epoche** Moderne

Die Figur »Tarzan« hat im antiken Herkules ihr mythisches Urbild. Er ist ein mit gewaltigen Körperkräften ausgestatteter Mensch, von vollendeter Statur, der nur das Fell eines von ihm erlegten Tieres um den Leib trägt. Burroughs selbst sah die mythologischen Gründer Roms, die von einer Wölfin aufgezogenen Romulus und Remus, als Urväter seiner Schöpfung. Auch Mowgli, Held des *Dschungelbuchs* von Rudyard →Kipling, ein von Wölfen aufgezogener Tier-

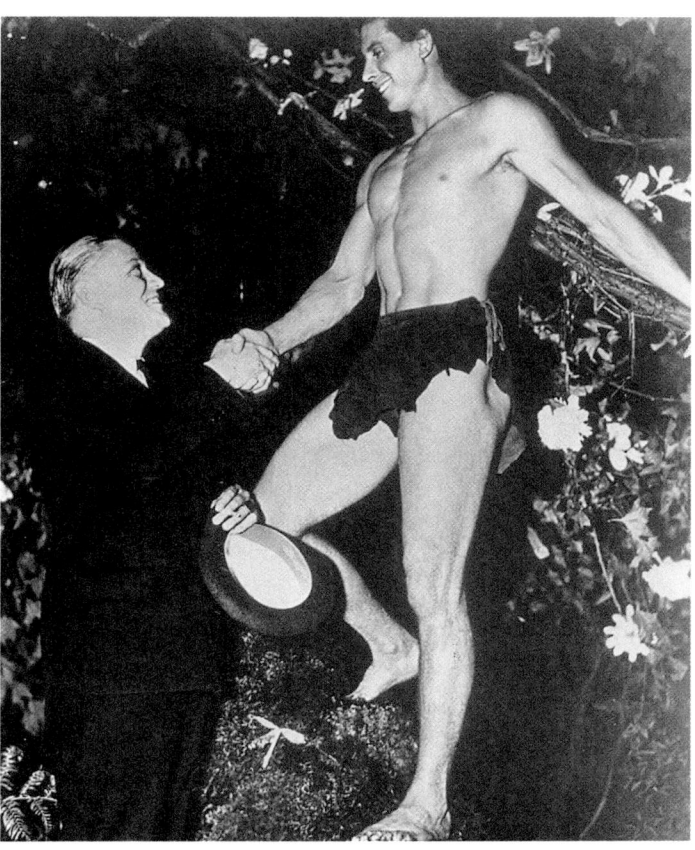

Edgar Rice Burroughs mit einem Tarzan-Darsteller

193

Tiermensch

Herkunft: Im 7. Buch der Naturgeschichte naturalis historia des römischen Schriftstellers und Historikers Plinius der Ältere († 79) wird von einem Stamm hundeköpfiger Menschen berichtet.
Bedeutung: Der Begriff bezeichnet zuerst die ein Wesen gewordene Verbindung von Mensch und Tier, dann wird er auf Menschen erweitert, die unter Tieren aufwachsen. Der Begriff deutet auf die tierischen Aspekte in der menschlichen Natur hin.

Anwendung: Ein früher Bericht über einen unter Wölfen herangewachsenen Jungen erschien in der Chronik Scriptores rerum a Germanis gestarum (1619). Der bedeutendste neuzeitliche Bericht über einen bei Tieren groß gewordenen Menschen findet sich bei J.L.A. Singh, Die Wolfskinder von Midnapore (1964). In der Literatur taucht er u.a. in Rudyard →Kiplings Dschungelbuch (1894) und als Urwaldheld bei Edgar Rice Burroughs Tarzan bei den Affen auf.

Edgar Rice Burroughs, *Tarzan bei den Affen*, Umschlag der ersten britischen Taschenbuchausgabe 1973

mensch (Stichwort → S. 194), gehört ebenso dazu wie der Überlebenskünstler *Robinson Crusoe* von Daniel →Defoe. Tarzan kämpft mit wilden Tieren im Dschungel, findet verwunschene Städte voller Schätze sowie Überlebende aus längst vergangenen Zeiten und muss sich mit der Gier moderner Menschen ebenso auseinander setzen wie mit den Intrigen exotischer Herrscherinnen. Zuletzt kommt er in ein im Inneren der Erde gelegenes Land. Seine Stärke macht ihn zum weißen Herrn des Dschungels, er ist die gelungene Mischung vom weißen Kraftmenschen, wie ihn Jack →London in *Der Seewolf* beschreibt, und dem »Träger der Bürde«, wie ihn Kipling nennt, der geborene Herrscher über alle nicht weißen Völker.
Inhalt: Das Ehepaar Lord und Lady Greystoke wird an der Küste Afrikas von Meuterern ausgesetzt. Nach der Geburt ihres Sohnes stirbt die Lady, der Vater wird von Gorillas getötet. Ihr Sohn wird von einem Affenweibchen, dessen Kind gestorben ist, adoptiert und wächst unter den Affen heran. Der Junge entdeckt die Hütte, die sein Vater baute, bringt sich anhand von Büchern selbst das Lesen bei. Das Messer seines Vaters verhilft ihm zu einer Waffe, die ihm in Verbindung mit seiner menschlichen Intelli-

genz überlegen macht. Im Dschungel besteht er Duelle mit Tieren und Eingeborenen, bis er »Herr des Dschungels« ist. Wieder landet eine Schar Meuterer. Unter ihren Gefangenen ist Jane, Tochter eines zerstreuten Professors, und Lord Clayton, Sohn des Bruders von Lord Greystoke. Sie entdecken die Hütte und glauben, das dort die gesamte Familie starb. Als ein Gorilla Jane entführt, rettet sie Tarzan, der sich in das Mädchen verliebt hat. Ein Kreuzer findet die von den Meuterern Zurückgelassenen. Als Eingeborene den französischen Offizier D'Arnot entführen, rettet ihn Tarzan und pflegt ihn. Im Gegensatz zu Jane halten die anderen Tarzan für ein wildes Tier. Man verlässt die Insel, da man den Offizier für tot hält. Tarzan, der ihn gesundpflegt, lernt von ihm die menschliche Sprache. D'Arnot kehrt mit Tarzan in die Zivilisation zurück. In England kommt es zu einem Wiedersehen zwischen Jane und Tarzan, seiner Bitte, ihn zu heiraten, steht sie unentschlossen gegenüber. Anhand der Fingerabdrücke stellt man fest, wer Tarzan in Wahrheit ist.
Wirkung: Der erste Tarzanfilm 1918 war ein Kassenschlager, dem weitere folgten. Der ehemalige Olympiasieger im Schwimmen, Johnny Weissmuller (1904–1984), spielte 1932 den ersten Tonfilm-Tarzan. Als Idealfigur für das Medium Comic wurde Tarzan zusammen mit der Figur eines Raumfahrers zu einer der ersten ernsthaften Comicfiguren. *P.R.*

Burroughs, William S(eward)

US-amerik. Schriftsteller
* 5.2.1914 Saint Louis (Missouri)
† 2.8.1997 Lawrence (Kansas)
▯ *Naked Lunch*, 1959

Mit seinem experimentellen, vom Drogenkonsum geprägten literarischen Werk und seinem exzessiven Lebensstil beeinflusste der noch zu Lebzeiten zur Legende gewordene Schriftsteller William S. Burroughs nicht nur die Literatur der sog. Beat Generation, sondern auch die Rockmusik.

Als Sohn eines renommierten Firmenbesitzers absolvierte Burroughs 1936 ein Literatur- und Ethnologiestudium an der Harvard-Universität und begann in Wien ein Medizinstudium; 1943/44 wurde er drogensüchtig. Unter dem Pseudonym William Lee veröffentlichte er in *Junkie* (1953) seine Erfahrungen als Abhängiger. Nach einem von exzessivem Drogenkonsum beherrschten Aufenthalt in Tanger machte er 1957 eine Entziehungskur in London. In kurzen Zeit-

Beat Generation

Begriff: Der englische Begriff »beat« für »Schlag« hat neben seiner rhythmischen Bezeichnung im Jazz mehrere Bedeutungen. So steht er beispielsweise für »geschlagen« bzw. »erschöpft sein« und amerikanisch auch für »betrügen«. Mit der klanglichen Nähe zu »beatitude« (»Glückseligkeit«) erhält der Begriff zudem eine transzendente Dimension. Mit diesen Konnotationen beschreibt »beat« das Lebensgefühl der Generation, die in der zweiten Hälfte der 1950er Jahre in den USA bürgerliche Werte und Normen ablehnte, gesellschaftliche Tabus brach sowie den Traum von Freiheit und Unabhängigkeit propagierte. Aus der Beat Generation entwickelte sich in den 1960ern die Hippie-Bewegung.
Anhänger: Mit Hilfe von Alkohol, Drogen und Meditation (Zen-Buddhismus) suchten die sog. Beatniks nach Bewusstseinserweiterung. Den Kern der vorwiegend in New

York und San Francisco angesiedelten, produktiven Beat Generation bildeten William S. → Burroughs, Allen Ginsberg (1926–97) und Jack → Kerouac. Zahlreiche weitere Autoren sind ihr zuzuschreiben, so z.B. die Lyriker Lawrence Ferlinghetti (*1919) und Gary Snyder (*1930) sowie der Dramatiker Jack Gelber (*1932). Zu den Sympathisanten gehörten Henry → Miller und J.D. → Salinger. Vorbilder waren u.a. Guillaume → Apollinaire, André → Breton, Arthur → Rimbaud und Walt → Whitman.
Werke: Die literarischen Werke der Beat Generation folgen keinerlei Gattungsregeln. Slang-Ausdrücke prägen die Sprache, die Hauptfiguren sind wie ihre Autoren programmatische gesellschaftliche Außenseiter. Zu den Hauptwerken gehören Burroughs Naked Lunch (1959), Ginsbergs Lyrik (*Das Geheul und andere Gedichte*, 1956) und Kerouacs Unterwegs (1957).

abständen folgten seine u.a. durch radikale Sprachexperimente ausgezeichneten, von Drogen, Sex und Kriminalität handelnden Romane *Naked Lunch* (1959), *The Soft Machine* (1961), *The Ticket That Exploded* (1962) und *Nova Express* (1964). In seinen weiteren Werken (*Die wilden Boys,* 1971, *Die Städte der roten Nacht,* 1981) orientierte sich Burroughs in Stil und Struktur am Medium Film und kehrte zu einem narrativen Schreibstil zurück. Gemeinsam mit Tom Waits (*1949) und Robert Wilson (*1941) schrieb Burroughs das 1990 in Hamburg uraufgeführte Erfolgsmusical *The Black Rider.*

Biografie: B. Miles, *William S. Burroughs,* 1999.

Naked Lunch

OT The Naked Lunch **OA** 1959 **DE** 1962
Form Roman **Epoche** Moderne

Mit dem in Amerika zunächst verbotenen und zuerst in Paris veröffentlichten Roman *Naked Lunch* etablierte sich William S. Burroughs als bedeutender und umstrittener Schriftsteller der USA.
Entstehung: *Naked Lunch* besteht u.a. aus Aufzeichnungen, die Burroughs im Drogenrausch, Delirium und während diverser Entziehungskuren gemacht hatte. Einige dieser Notizen hatte er bereits in seinem Erfahrungsbericht *Junkie* (1953) veröffentlicht. Nach eigenen Aussagen des Autors ist *Naked Lunch* Teil eines 1000-seitigen Manuskripts, wobei sich die Reihenfolge der Kapitel nach der Arbeitsabfolge des Setzers richtete. Mit dem übrig gebliebenen Material schrieb Burroughs weitere Romane. Der von Jack → Kerouac vorgeschlagene Titel bezeichnet laut Burroughs den nackten, eingefrorenen Augenblick, in dem man erkennt, was man auf der Gabel hat.
Inhalt: Aus der Perspektive eines Süchtigen wird die Beschaffung von Drogen beschrieben, der Rausch, das Delirium und der Entzug, die Verfolgung durch Polizei und FBI-Agenten, sexuelle Ausschweifungen sowie ekstatische Orgien. Dabei schieben sich Wahnvorstellungen vor die Wirklichkeit; Gegenstände werden lebendig, Menschen deformieren zu Ungeheuern und lösen sich vollends auf. Die dargestellte Welt ist durchdrungen von Kriminalität, Korruption, Gewalttätigkeit und Perversion. In einem Anhang findet sich neben dem Erfahrungsbericht des Autors als ehemaliger Süchtiger ein sog. Protokoll über seine Krankheit, in dem er u.a. von der Behandlung seiner 15-jährigen Drogensucht mit Apomorphin erzählt.
Aufbau: Die von Elementen des Surrealismus, der Satire, des Psycho-Thrillers und der Sciencefiction durchdrungenen, nur manchmal mit Überschriften versehenen Abschnitte folgen

ohne Zusammenhang aufeinander, wobei die Erzählhaltungen wechseln. Gesetze von Zeit und Raum sind – einem Drogentrip entsprechend – oft außer Kraft gesetzt, so dass eine lineare Handlung kaum zu erkennen ist. Vielmehr werden Sinnzusammenhänge zerstückelt, Horrorvisionen und Alptraumsequenzen aneinander montiert. Die meist nüchterne Sprache ist von Slang-Ausdrücken geprägt.
Wirkung: Burroughs schonungsloser Einblick in die Drogenwelt, seine radikale Darstellung eines totalitären Amerikas und die pornografischen, vorwiegend homosexuellen Fantasien schockierten und faszinierten die Öffentlichkeit. Der von der Zensur bekämpfte und von der Kritik teilweise enthusiastisch besprochene, 1962 schließlich auch in New York veröffentlichte Roman beeinflusste insbesondere die Beat Generation (Stichwort → S. 194). Unter dem Titel *Naked Lunch* verfilmte David Cronenberg 1991 Teile des Romans und einzelne Handlungsstränge aus verschiedenen anderen Werken Burroughs. *M. Si.*

Peter Weller als William Lee in der Verfilmung des Romans *Naked Lunch* von William S. Burroughs (GB/Kanada 1991; Regie: David Cronenberg)

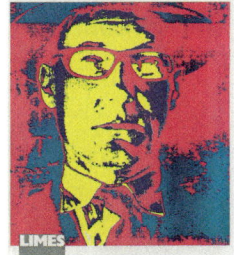

William S. Burroughs, *Naked Lunch,* Umschlag der deutschsprachigen Ausgabe 1988

Busch, Wilhelm

dt. Schriftsteller, Zeichner und Maler

* 15.4.1832 Wiedensahl (Niedersachsen)

✝ 9.1.1908 Mechtshausen (Niedersachsen)

▦ *Max und Moritz,* 1865

Wilhelm Busch wurde durch satirische Bildgeschichten weltberühmt. In seinen populären Verserzählungen entlarvte er lakonisch und mit bestechender Logik die Scheinheiligkeit des deutschen Spießbürgertums seiner Zeit. Er ist der letzte große Vertreter des komischen Heldengedichts und wurde mit schadenfrohem Bildwitz und treffsicheren Karikaturen Vorbild u.a. für Verfasser von Comics und Cartoons.

Die wichtigsten Werke von Wilhelm Busch

Max und Moritz 1865	Die satirische Lausbubengeschichte in sieben Streichen mit Bildern verspottet das bürgerliche Spießertum seiner Zeit. → S. 196
Hans Huckebein der Unglücksrabe 1867	Satirische Bildgeschichte über einen Raben, der sich durch sein ungestümes Temperament und seine Genusssucht selbst zu Tode bringt und als klassischer Pechvogel gilt.
Die fromme Helene 1872	Die Sünderin, die ihre Triebhaftigkeit hinter Sittsamkeit und Frömmelei zu verbergen sucht, muss aber in der Hölle büßen.
Kritik des Herzens, 1874	Prosa und Gedankenlyrik im Geiste Arthur → Schopenhauers.
Knopp-Trilogie: 1875–77	*Abenteuer eines Junggesellen, Herr und Frau Knopp, Julchen.* Satirische Bildgeschichte über das deutsche Kleinbürgertum.
Fipps der Affe 1879	Ironisch-bissige Bildgeschichte eines Affen, der zwei Seelen in seiner Brust vereint und sich als Bürgerschreck entpuppt.
Balduin Bählamm 1883	Hintergründige Parabel auf Eigentumsideologie, Bigotterie und borniertes Literaturverständnis des Kleinbürgertums.
Maler Klecksel 1884	Diese satirische Geschichte spiegelt die Sorgen und Nöte eines armen Studenten der Malerei wider.
Eduards Traum 1891	Fantastische Erzählung, in der ein Mann im Traum zu einem winzigen Punkt schrumpft und sich in der Welt herumtreibt.

Illustrationen zum ersten Streich in *Max und Moritz* von Wilhelm Busch

Als Sohn eines erfolgreichen Kaufmanns erhielt Busch eine umfangreiche Bildung. 1851 ging er als Malschüler nach Düsseldorf, 1852 nach Antwerpen und 1854 an die Akademie der Bildenden Künste in München. Seine karikaturistischen Fähigkeiten stellte er als Zeichner und Mitarbeiter der »Fliegenden Blätter« und des »Münchener Bilderbogens« unter Beweis. 1865 erschien seine erste Bildergeschichte *Max und Moritz*, der weitere Serien folgten, zuletzt 1884 *Maler Klecksel*. Sein Bruder Otto machte Busch mit dem Werk des Philosophen Arthur →Schopenhauer bekannt, in dem er seine pessimistische Weltanschauung bestätigt sah (*Kritik des Herzens*, 1874). Mehr als 1000 Ölgemälde und -skizzen im Stil des Frühimpressionismus zeigen Busch auch als ernst zu nehmenden Maler.

Biografien: W. Busch, *Von mir über mich*, 1893; J. Kraus, *Wilhelm Busch in Selbstzeugnissen und Bilddokumenten* (rm 50163); U. Miehr, *Wilhelm Busch*, 1983.

Max und Moritz

OA 1865 **DE** 1865
Form Verserzählung **Epoche** Realismus

Max und Moritz, eine satirische Bubengeschichte in sieben Streichen mit Bildern von Wilhelm Busch, ist die erfolgreichste deutsche satirische Verserzählung. Busch verspottet das kleinbürgerliche Spießertum, entlarvt durch ironische Desillusionierung die bürgerliche Sentimentalität mit ihrer innewohnenden Grausamkeit, entzieht seinem skeptischen Pessimismus aber durch pointierten Humor die Schärfe. Neben Heinrich →Hoffmanns *Struwwelpeter* wurde es zum beliebtesten deutschen Kinderbuch.

Inhalt: In sieben Fabeln wird das biedere Bürgertum durch die Bosheiten von Max und Moritz stark überzeichnet angegriffen. Die Lausbuben werden erst durch das triste Reglement der Älteren, z.B. in der Person des Lehrers Lämpel, zu Schandtaten provoziert. Der Streich gegen Witwe Bolte richtet sich gegen ihren zweifelhaften Lebensinhalt, drei Hühnern und einem Hahn, der durch den grausigen Mord an ihren Lieblingen zunichte gemacht wird. Gegen allzu viel Demut und mangelnde Zivilcourage zielt der Streich gegen Schneider Böck, der bei der Jagd nach den Spitzbuben ins Wasser fällt. Lehrer Lämpel wird mit seiner Pfeife in die Luft gejagt und Onkel Fritz mit Maikäfern geplagt. Wenn es dem Bäcker auch nicht gelang, die beiden bösen Knaben zu Brot zu verbacken, so macht der Müller Max und Moritz den Garaus, indem er sie verschrotet. Partout ist die kleinbürgerliche Ruhe wiederhergestellt: »Als man dies erfuhr,/War von Trauer keine Spur... Kurz, im ganzen Ort herum/Ging ein freudiges Gebrumm:/›Gott sei Dank! Nun ist's vorbei/Mit der Übeltäterei!«.

Wirkung: Die Gesamtauflage von *Max und Moritz* geht in die Millionen, das Werk wurde in zahlreiche Sprachen übersetzt, sogar ins Lateinische, Altgriechische und in die Blindenschrift. Burleske Vertonungen (Joseph Mraczek, 1912), Tanzszenen (Heinrich Sutermeister, Bern 1951) und Verfilmungen (BRD 1956, Regie: Norbert Schultze; Österreich 1968, Regie: V. Hudecek) zeugen von der Beliebtheit des Stoffs. *V. R.*

Butler, Samuel d. J.

engl. Schriftsteller

*4.12.1835 Langar (Nottinghamshire)

†18.6.1902 London

📖 *Der Weg allen Fleisches*, 1903 (postum)

In seinen Romanen kritisiert Samuel Butler d. J. die Grundpfeiler des Viktorianischen Zeitalters: Sittenstrenge, den Glauben an den unaufhaltsamen industriellen Fortschritt sowie die Autorität von Staat und Kirche. Butler schrieb ebenfalls zahlreiche Essays und Schriften zur Kunsttheorie.

Der Sohn eines Geistlichen besuchte das St. John's College in Cambridge. 1859 führte eine Auseinandersetzung mit seinem Vater zu Butlers Flucht nach Neuseeland, wo er sich vor-

OT = Originaltitel EZ = Entstehungszeit OA = Originalausgabe DE = Deutsche Erstausgabe 📖 = Verweis auf Werkartikel

übergehend als Schafzüchter niederließ. Fünf Jahre später kehrte er wieder nach England zurück und beschäftigte sich mit Literatur, Malerei und Musik.

Nach verschiedenen Abhandlungen über die Evolutionstheorie von Charles → Darwin veröffentlichte Butler 1872 seinen ersten Roman *Erewhon*. Darin setzt er sich auf ironisch-kritische Weise mit der gesellschaftlichen Situation in seiner Heimat auseinander. Mit dem postum erschienenen Roman *Der Weg allen Fleisches* lieferte Butler eine Satire auf das viktorianische Familienleben.

Biografie: P. Raby, *Samuel Butler. A biography*, 1991.

Der Weg allen Fleisches

OT The Way of All Flesh **OA** 1903 (postum) **DE** 1929
Form Roman **Epoche** Viktorianisches Zeitalter

Samuel Butlers autobiografischer Roman *Der Weg allen Fleisches* zählt zu den aufschlussreichsten literarischen Dokumenten über die viktorianische Gesellschaft mit ihrem bigotten Moral- und Ehrenkodex.

Entstehung: Butler stellte die Rohfassung des autobiografisch geprägten Romans 1884 fertig und legte ihn zur späteren Überarbeitung beiseite. Sein Tod 1902 vereitelte diesen Plan, sodass im Folgejahr die Manuskriptfassung veröffentlicht wurde.

Inhalt: Das Werk – erzählt vom Freund der Familie, Edward Overton – stellt mehrere Generationen der Familie Pontifex vor. Im Mittelpunkt des Geschehens steht Ernest, der nach dem Willen seines Vaters, Pastor Theobald Pontifex, ebenfalls eine geistliche Laufbahn einschlagen soll. Ernest studiert Theologie in Cambridge und wird anschließend Hilfsgeistlicher in London. Doch bald kommt er vom »rechten Weg« ab: Bei einem Streit mit einer Hure, die ihn um sein Vermögen betrügt, wird er verhaftet und muss für sechs Monate ins Gefängnis. Nach seiner Entlassung heiratet er eine ehemalige Hausangestellte seiner Familie. Doch die Ehe verläuft problematisch. Die junge Frau verfällt dem Alkohol, darüber hinaus erfährt Ernest, dass sie bereits verheiratet ist. Als ihm eine Erbschaft zufällt, nutzt Ernest die Chance und wird Schriftsteller.

Wirkung: *Der Weg allen Fleisches* leitete mit seiner deutlichen Kritik an der verlogenen viktorianischen Gesellschaft die Abkehr der zeitgenössischen Sinnesart ein und übte großen Einfluss auf nachfolgende Autoren des 20. Jahrhunderts wie W. Somerset → Maugham und D. H. → Lawrence aus. Besonders deutlich werden Anklänge des Werks in dem Roman *Ein Porträt des Künstlers als junger Mann* (1916) von James → Joyce. *D. M.*

Dystopie

Herkunft: Im Gegensatz zum neutralen Begriff »Utopie«, der sich vom griechischen »u-topos« ableitet und »Nicht-Ort« bedeutet, ist »Dystopie« eindeutig negativ besetzt und bedeutet »schlechter Ort«.

Bedeutung: Ebenso wie die Utopie schildert die Dystopie eine fiktive, zeitlich oder räumlich entfernte Welt. Die Utopie entwirft ideale Gesellschaftsformen und hinterfragt bestehende Zustände kritisch oder satirisch. Die Dystopie zeigt warnend die Schreckensvisionen einer meist künftigen Welt. Zu den häufigsten Szenarien gehört der totalitäre Staat, in dem die Bürger, ihrer individuellen Freiheit beraubt, in ständiger Furcht vor Denunziation oder der Willkür der Obrigkeit leben. Im Unterschied zum verwandten Sciencefiction-Roman wird der Fortschritt der Technik kritisch gesehen und oft als weiteres Mittel der völligen staatlichen Kontrolle geschildert. Auch die permanente Bedrohung durch Krieg gehört zum Motivrepertoire des dystopischen Romans. Im Gegensatz zur Utopie, die auf die Schilderung eines idealen, gesamtgesellschaftlichen Zustandes hin ausgerichtet ist, steht in der Dystopie meist die Geschichte eines sich auflehnenden Individuums im Mittelpunkt.

Anwendung: Die Dystopie ist eine Gattung des 20. Jahrhunderts, auch wenn Samuel Butlers *Erewhon* oder *Jenseits der Berge* (1872), eine berühmte Satire auf das viktorianische England, als Vorläufer angesehen werden kann. Den Beginn der negativen Utopien bilden *Die Zeitmaschine* (1895) und *Wenn der Schläfer erwacht* (1899) von H. G. → Wells. Zu den bekanntesten Dystopien über totalitäre Staats- und Gesellschaftsformen gehören Jevgenij → Samjatins *Wir* (1920), Aldous → Huxleys *Schöne neue Welt* (1932) und George → Orwells *1984* (1948). Ein aktuelleres Beispiel bietet Robert Harris' Roman *Vaterland* (1992), der die Fiktion zu Grunde legt, Adolf Hitler habe den Krieg gewonnen.

Buzzati, Dino

italien. Schriftsteller

* 16.10.1906 San Pellegrino, † 28.01.1972 Mailand

📖 *Die Tatarenwüste*, 1940

Alle Lebewesen außer den Menschen wissen, dass der Hauptzweck des Lebens darin besteht, es zu genießen.

Samuel Butler d. J.

Dino Buzzati verbindet in seinem umfangreichen literarischen Werk fantastische und realistische Erzählweise. Von Kritikern wird er häufig als »italienischer Kafka« bezeichnet.

Buzzati stammte aus einem wohlhabenden Elternhaus. Schon in seiner Jugend entwickelte er bleibendes Interesse für Poesie, Musik, Zeichnen und die Dolomiten. Nach Abschluss des Jurastudiums veröffentlichte er 1933 mit großem Erfolg sein erstes Buch *Bàrnabo delle montagne* (dt. *Die Männer vom Gravetal*, 1935), sieben Jahre später erschien sein bis heute populärster Roman *Il deserto dei tartari* (dt. *Die Tatarenwüste*). Im Zweiten Weltkrieg arbeitete Buzzati als Marineoffizier und Kriegsberichterstatter in Äthiopien und Sizilien. Nach 1945 war er Chefredakteur der liberalen Mailänder Zeitung *cor-*

Die wichtigsten Werke von Dino Buzzati	
Die Männer vom Gravetal, 1933	(*Bàrnabo delle montagne*): Der Psychologe Gabriel verliebt sich in die rätselhafte Schneiderin Marie.
Das Geheimnis des Alten Waldes, 1935	(*Il segreto del bosco vecchio*) Eine teils fantastische, teils realistische Parabel über den Kampf des Menschen mit der Natur.
Die Tatarenwüste 1940	(*Il deserto dei tartari*): Buzzatis bekanntester Roman erzählt gleichnishaft von der Absurdität menschlichen Lebens. → S. 198
Das Haus mit den sieben Stockwerken 1942	(*I sette messaggeri*): Nach der Schwere ihrer Krankheiten liegen die Patienten einer Klinik in verschiedenen Etagen. Die Einweisung in ein neues Stockwerk ist unwiderruflich.
Panik in der Skala 1949	(*Paura alla scala*): Die satirische Erzählung über einen elitären Opernabend hat eine überraschende Wendung.
Amore, 1963	Die große Liebe eines 50-Jährigen ist eine zehn Jahre ältere Frau.

Nach Tagen erst wird Drogo begreifen, was mit ihm passiert ist. Es wird ein böses Erwachen. Ungläubig blickt er um sich; dann hört er hinter sich Fußgetrappel näher kommen, sieht Menschen, die früher aufgewacht sind, atemlos herantasten und ihn überholen, um vor ihm anzukommen. Er wird hören, wie der Takt der Zeit gierig das Leben verschlingt.

riere della sera. Buzzatis Werk umfasst Romane und Erzählungen, Libretti, Dramen und Comic Strips. Besonders bekannt wurde er durch seine Kurzgeschichten, darunter *I sette messaggeri* (1942; dt. *Die sieben Stockwerke*, 1957), für die ihm 1958 der Premio Strega verliehen wurde.

Die Tatarenwüste

OT Il deserto dei tartari
OA 1940 **DE** (Im vergessenen Fort) 1942
Form Roman **Epoche** Moderne

Die Tatarenwüste ist eine Parabel auf die Sinnlosigkeit menschlicher Existenz. In surrealen Bildern schildert Buzzati das Dasein eines Soldaten, der sich auf einer abgeschiedenen Festung in Illusionen zeitlang, während seine Lebenszeit sinnlos verrinnt.

Inhalt: Der junge Leutnant Giovanni Drogo wird nach seiner militärischen Ausbildung auf die abgelegene Festung Bastiani entsandt. Sie liegt am Rand einer Tatarenwüste, in der es seit Jahrzehnten keine militärischen Konflikte mehr gegeben hat. Obwohl die Möglichkeit einer Versetzung besteht, beschließt Drogo in Aussicht einer militärischen Karriere seine zweijährige Dienstzeit auf der Festung abzudienen. Er gewöhnt sich an die militärische Routine. Stetig fesselt ihn der Blick auf die endlose Weite der Wüste und die Hoffnung auf einen Krieg. Als er in seine Heimat zurückkehrt, kann er sich dem dörflichen Alltag nicht anpassen und kehrt auf die Festung zurück.

Dino Buzzati, *Die Tatarenwüste*, Umschlag der deutschsprachigen Ausgabe 1990

Durch die Abgeschiedenheit verliert er jedes Zeitgefühl. In der vergeblichen Hoffnung auf einen Angriff der Tataren wird Drogo ein alter Mann. Todkrank stirbt er im nahe gelegenen Gasthaus. Nun erstürmen die Tataren aus der Wüste die Bastion.

Aufbau: In realistischem Sprachstil schildert Buzzati eine Geschichte, in der weder Zeit noch Ort konkretisiert werden. Die surrealen Beschreibungen von Festung und Wüste schaffen ein fantastisches Ambiente. Insbesondere in Drogos Todesahnungen finden sich Elemente des Übernatürlichen.

Die Festung Bastiani ist, wie von faschistischen Kritikern bei Erscheinen des Buchs angenommen, keine Anspielung auf einen realen Stützpunkt. Vielmehr ist der Ort des Geschehens eine Metapher für die alltägliche Routine, von der sich die Menschen nicht zu lösen vermögen, während die ihnen zugemessene Zeit verstreicht.

Illusionslos schildert Buzzati das Voranschreiten der Lebenszeit des Protagonisten. Durch das pessimistische Romanende wird die Frage nach dem Sinn des menschlichen Daseins gestellt. In der Darstellung der Charaktere wird allein der Protagonist aus einem psychologischen Blickwinkel betrachtet. Obgleich eine physische Beschreibung fehlt, werden Drogos Seelenzustände im Verlauf seines Älterwerdens anhand eingehender Charakterstudien geschildert. Die Nebenfiguren, z.B. der früh vom Leben resignierte Angostina, sind hingegen eindimensional gestaltet. Sie repräsentieren Seelenzustände oder Lebensentwürfe. Die Geschichte wird auf zwei Erzählebenen geschildert. Auf der ersten gibt Buzzati die Stimmung des Protagonisten aus dessen Perspektive wieder. Gleichzeitig existiert eine kommentierende Erzählinstanz, die schon zu Beginn Drogos Schicksal andeutet.

Wirkung: Buzzati etablierte durch *Die Tatarenwüste* einen Stil zwischen Realismus und Absurdität. Seine metaphorischen Geschichten sind nicht zuletzt dank ihrer zeitlosen Aktualität einer weltweiten Leserschaft bekannt. *K. G.*

Byron, George

(eigtl. George Gordon Noël Lord Byron)

engl. Schriftsteller, *22.1.1788 London

†19.4.1824 Mesolongion (Griechenland)

📖 *Ritter Harolds Pilgerfahrt*, 1812–18

Subjektivität des Erlebens, Leidenschaftlichkeit und Melancholie verschmelzen in den Verserzählungen von George Byron, dem berühmtesten Vertreter der englischen Romantik. Sein ausschweifender Lebenswandel machte ihn zur schillerndsten Gestalt seiner Generation.

Der Sohn eines Gardeoffiziers verlor seinen Vater im Alter von drei Jahren. Als Zehnjähriger erbte er von einem Großonkel den Titel eines Lords sowie dessen Vermögen. Nach seinem Studium in Cambridge wurde er 1809 Mitglied des Oberhauses. Sein erster Welterfolg, die Versdichtung *Ritter Harolds Pilgerfahrt*, erschien 1812–18. Als seine 1815 geschlossene Ehe nach nur einem Jahr – u. a. aufgrund seines inzestuösen Verhältnisses zur Halbschwester – scheiterte, war Byron in England geächtet. Er lebte fortan im Ausland, vornehmlich in der Schweiz und in Italien. Am Genfer See lernte er Percy Bysshe Shelley (1792–1822) kennen, in Italien unterhielt er Kontakt zu Freiheitskämpfern. In dieser Zeit entstanden seine bedeutenden Versdramen *Manfred* (1817) und *Don Juan*

(1819–24). 1823 ging er nach Griechenland, wo er sich im Freiheitskampf engagierte und im Folgejahr einer fiebrigen Erkrankung erlag.

Die Grunderfahrungen seiner Generation – das Leiden am Scheitern der Französischen Revolution, die Heuchelei der Gesellschaft nach dem Wiener Kongress – prägten Byrons Werk ebenso wie die Widersprüchlichkeit seiner Persönlichkeit: Er war radikaler Republikaner, verachtete aber zugleich die »Pöbelherrschaft«, Egozentriker und Altruist, Kirchenfeind und Sympathisant der katholischen Kirche, Dandy und Einsamer. Der von tief empfundenem Weltschmerz geprägte »Byronismus« fand zahlreiche Nachahmer und Bewunderer (→ Goethe, Heinrich → Heine, Alexander → Puschkin).

Biografie: H. Müller, *Lord Byron*, 1981 (rm 50297).

Ritter Harolds Pilgerfahrt

OT Childe Harold's Pilgrimage **OA** 1812/18 **DE** 1836
Form Episches Gedicht **Epoche** Romantik

Das epische Gedicht *Ritter Harolds Pilgerfahrt* von George Byron gehört zu den bedeutendsten Werken der englischen Romantik. Der Dichter verbindet hier subjektives Erleben, Weltschmerz und Selbstenthüllung mit fundierten Kommentaren zu Politik, Geschichte und dem Zustand Europas.

Entstehung: 1909 unternahm Byron eine zweijährige Mittelmeer- und Orientreise. Seine Erlebnisse auf dieser Reise sowie im Schweizer und italienischen Exil in den Jahren 1816–18 fanden Eingang in sein Werk, das in zwei Teilen mit sechs Jahren Abstand entstand.

Inhalt: Ritter Harolds Reise führt ihn zunächst nach Portugal, Spanien und über Malta in das türkisch besetzte Albanien sowie nach Istanbul und Griechenland. Er beschreibt dabei Landschaften, Menschen, Ereignisse wie einen Stierkampf oder Begegnungen mit Herrschern. Byron wird zum Fürsprecher unterdrückter Völker und kritisiert die Innen- und Außenpolitik seines Heimatlands. Zu den Höhepunkten der Dichtung gehören die Strophen über die Schlacht bei Waterloo und Harolds Rheinreise sowie die Naturbeschreibungen am Genfer See, die Byron einrahmt in Porträts von Edward Gibbon (1737–94), → Voltaire und Jean-Jacques → Rousseau. Das Epos endet in Italien: Harold erlebt die Melancholie auslösende Unfreiheit und den Verfall Venedigs und kommt schließlich nach Rom, dessen Ruinen und verlorene Größe der Pilger beklagt.

Aufbau: Die in vier Gesänge unterteilte Reisebeschreibung ist in klassizistischen Versen gehalten. Der fiktive Ritter tritt nach den ersten beiden Gesängen immer stärker zu Gunsten des kommentierenden Autors in den Hintergrund.

Wirkung: Mit *Ritter Harolds Pilgerfahrt* wurde Byron – seinen eigenen Worten zufolge – über Nacht berühmt. Während seine Zeitgenossen die romantische Schwermut seines Werks schätzten, wurden im 20. Jahrhundert seine satirischen Arbeiten (z. B. *Don Juan,* 1819–24) höher bewertet. *D. M.*

Lord Byron, 1813 gemalt von Thomas Phillips

Die wichtigsten Vertreter der englischen Romantik	
William Wordsworth 1770–1850	Seine *Lyrischen Balladen* (1789, zusammen mit Coleridge) markieren den Beginn der englischen Hochromantik. *Das Vorspiel oder Die geistige Entwicklung eines Dichters* (1798–1805) ist ein philosophisch-autobiografischer Bildungsroman in Versen.
Samuel Taylor Coleridge 1772–1834	Er gilt als bedeutendster Lyriker der englischen Romantik und verfasste *Lyrische Balladen* (1789), *Kublai Khan, Christabel* (beide 1816, unvollendet) sowie Dramen, philosophische, theologische und literaturtheoretische Essays.
George Byron 1788–1824	Byron schuf von romantischem Weltschmerz geprägte antibürgerliche Helden in Werken wie dem epischen Gedicht *Ritter Harolds Pilgerfahrt* (1812–18). → S. 199
Percy Bysshe Shelley 1793–1822	Leitgedanken seines Werks sind Freiheit und Selbstbestimmung sowie Sehnsucht nach Harmonie und Einswerdung mit der Natur (Versdrama *Der entfesselte Prometheus,* 1820)
John Keats 1795–1821	Keats schrieb visionäre Gedichte und Epen, in denen er neue Welten heraufbeschwor. Liebe zur antiken Mythologie und Kunst prägt sein fragmentarisches Epos *Endymion* (1818).

Cabrera Infante, Guillermo

kuban. Schriftsteller

*22.4.1929 Gibara

📖 *Drei traurige Tiger*, 1967

Guillermo Cabrera Infante zählt zu den wichtigsten spanischsprachigen Schriftstellern der Gegenwart. Sein Hauptwerk, *Drei traurige Tiger*, über das heruntergekommene Havanna gegen Ende der Batista-Diktatur, wurde mit *Ulysses* (1922) von James → Joyce und *Berlin Alexanderplatz* (1929) von Alfred → Döblin verglichen.

Der Autor wuchs in einem politisch aktiven Elternhaus auf: Sein Vater, ein Journalist und Schriftsetzer, war Mitbegründer der Kommunistischen Partei in Gibara, in der sich auch seine Mutter engagierte. Im Alter von zwölf Jahren kam der Junge nach Havanna, wo er nach dem Schulabschluss für kurze Zeit studierte. Anschließend arbeitete er als Übersetzer, Korrektor und Feuilletonredakteur für verschiedene Zeitschriften. In der Wochenzeitschrift *Carteles* veröffentlichte er ab 1954 Filmkritiken. Während der Diktatur Fulgencio Batistas (1952–59) hatte der aktive Befürworter der Revolution zeitweise Schreibverbot und war mehrfach im Gefängnis. Unter dem Titel *Wie im Frieden also auch im Krieg* veröffentlichte der Autor 1960 seinen ersten Band mit 14 Erzählungen, in denen er u.a. die politischen und sozialen Missstände während der Batista-Diktatur thematisierte. Nach dem Sturz Batistas durch Fidel Castro (*1926) wurde Cabrera Infante 1959 Direktor des nationalen Filminstituts und Chefredakteur der einflussreichen Zeitung *Luñes de Revolución*, die Castro 1962 verbieten ließ; Cabrera Infante wurde als Kulturattaché an die kubanische Botschaft in Brüssel abgeschoben. 1965 brach der Autor mit Castro und ging ins spanische Exil, zwei Jahre später ließ er sich in London nieder; er ist seit 1979 britischer Staatsbürger.

Internationales Ansehen als Romanautor erwarb sich Cabrera Infante mit seinem Hauptwerk *Drei traurige Tiger*. Eine stark autobiografisch gefärbte Geschichte erotischer Lehrjahre legte er 1979 mit seinem zweiten Roman *Havanna für einen verstorbenen Infanten* vor. Mit

Guillermo Cabrera Infante, *Drei traurige Tiger*, Einband der ersten deutschsprachigen Taschenbuchausgabe 1990

Auszug aus *Drei traurige Tiger* von Guillermo Cabrera Infante:

...und ich riss mich am Riemen und biss die Zähne zusammen und schiss auf die Kultur, die mit ihrer dämlichen Metaphysik immer der Glückseligkeit in die Quere kommt.

Rauchzeichen (1985), einer literarischen Kulturgeschichte des Rauchens, veröffentlichte er erstmals ein Buch in englischer Sprache. Der vielfach geehrte Autor erhielt 1997 den Cervantes-Preis, die wichtigste Auszeichnung für spanischsprachige Literatur.

Drei traurige Tiger

OT Tres tristes tigres **OA** 1967 **DE** 1987
Form Roman **Epoche** Moderne

Der Roman *Drei traurige Tiger* von Guillermo Cabrera Infante führt den Leser in die dekadente und faszinierende Nachtwelt Havannas, in die Zeit vor der Revolution (1959). Nepp und Korruption regieren die Stadt, die zum Amüsierbetrieb für Touristen verkommen ist. Zentrales Thema ist das Spiel mit Sprache und die Frage nach ihrer Authentizität.

Entstehung: Der Roman erschien bereits 1964 unter dem vorläufigen Titel *Vista del amanecer desde el Trópico* und erhielt im selben Jahr den Premio Biblioteca Breve für den besten Roman in spanischer Sprache. Nachdem Cabrera Infante nach seinem Bruch mit dem Castro-Regime 1965 ins spanische Exil gegangen war, erschien die überarbeitete Fassung 1967 in Barcelona.

Inhalt: Die komplexe, aus vielen Erzählsträngen bestehende Handlung lässt eine geschlossene Rekonstruktion der Geschichte nicht zu. Der Roman beginnt in einem hauptsächlich von Amerikanern und einheimischen Bohémiens besuchten Nachtclub. Vier männliche Protagonisten, der Werbefotograf Códac, der Bongotrommler Eribó, der Journalist Silvestre und der Fernsehschauspieler Arsenio Cué, erzählen einander von ihren beruflichen Problemen und erotischen Eskapaden. Sie durchstreifen dabei den Dschungel aus nächtlichen Straßen, Bars und Absteigen. Die Details ihrer Erzählungen geraten in den Hintergrund, wesentlicher ist der Gesamteindruck, der beim Leser entsteht: die Vorstellung von einer ungeordneten, im Umbruch befindlichen Welt, in der die Menschen die Orientierung verloren haben.

Die Mehrdeutigkeit von Sprache verdeutlicht Cabrera Infante u.a. anhand der Figur Bustrofedóns, der Sprach- und Zahlenspielen verfallen ist. Meisterhaft parodiert Bustrofedón die Stile von acht verschiedenen kubanischen Schriftstellern sowie Übersetzern und führt dabei den Wahrheitsgehalt von Sprache ad absurdum. In einem anderen Kapitel berichtet ein amerikanisches Ehepaar von seinen Abenteuern in Kuba. Zunächst erzählt Mr. Campbell seine Version der Geschichte, dann folgt Mrs. Campbells Bericht, der die Heuchelei ihres Mannes entlarvt. Beide Varianten übersetzt der Autor anschließend in »besseres« Spanisch.

OT = Originaltitel **EZ** = Entstehungszeit **OA** = Originalausgabe **DE** = Deutsche Erstausgabe 📖 = Verweis auf Werkartikel

Aufbau: Cabrera Infante verwendet für seinen Roman eine für den Leser zunächst verwirrende Collage-Technik. Erst im Lauf der Lektüre treten die Zusammenhänge zwischen den einzelnen Erzählsträngen klarer hervor. Das Werk besteht aus acht Kapiteln, zu denen jeweils Prologe und Epiloge gehören. Hinzu kommen zwei weitere unabhängige Handlungsstränge, die immer wieder eingeschoben werden.

Wirkung: Der in der Tradition von Lewis → Carroll und Joyce stehende Roman nutzt nahezu alle Möglichkeiten von Sprache spielerisch aus. Von der internationalen Kritik wurde das Werk begeistert aufgenommen, in Kuba ist es bis heute verboten. *D. M.*

Caesar

(eigtl. Gaius Iulius Caesar) röm. Staatsmann und Schriftsteller

* 13.7.100 (oder 102) v. Chr. Rom

† 15.3.44 v. Chr. ebd.

📖 *Der gallische Krieg*, 52 / 51 v. Chr.

Der römische Hohpriester, Feldherr, Schriftsteller und Diktator Caesar gehört zu den bekanntesten Persönlichkeiten der Weltgeschichte. Schon deshalb zählt sein Bericht über die Eroberung Galliens in den Jahren 58–51 v. Chr., *Der gallische Krieg*, zu den populärsten Werken der antiken Geschichtsschreibung.

Caesar wurde als Sohn einer aristokratischen Familie geboren. Mit der Wahl zum Priester des Jupiter erhielt er im Jahr 85 v. Chr. sein erstes Amt. 62 v. Chr. erreichte er mit der Wahl zum Praetor die Beteiligung an der Macht. Zwei Jahre später schloss er mit dem gefeierten Feldherrn Pompeius (106–48 v. Chr.), seinem Schwiegersohn, und mit Crassus (115–53 v. Chr.) ein privates Bündnis, das als »Triumvirat« in die Geschichte einging. Dieses Zweckbündnis sicherte ihm für das Jahr 59 v. Chr. das Konsulat, das höchste Amt der Republik. Im Jahr darauf übernahm er als Prokonsul die Verwaltung der beiden Provinzen Gallia Cisalpina (Oberitalien) und Gallia Transalpina (Südfrankreich). Gestützt auf diese Machtbasis unterwarf er Gallien westlich der Alpen bis zum Rhein. Als sich seine Amtszeit als Prokonsul ihrem Ende zuneigte und er sich in Abwesenheit um das Konsulat für das Jahr 48 v. Chr. bewerben wollte, forderte der Senat, Caesar möge zuerst sein militärisches Kommando niederlegen. Da der Senat gleichzeitig seinem früheren Verbündeten Pompeius zusätzliche Befugnisse einräumte und Caesar mit Ablauf seiner Amtszeit eine Anklage befürchtete, überschritt er den Fluss Rubikon und eröffnete damit den Bürgerkrieg. Nach dem Sieg über Pompeius und den Senat

wurde er zum Dictator auf Lebenszeit ernannt, aber schon kurze Zeit später von politischen Gegnern ermordet.

Biografien: L. Canfora, *Caesar. Der demokratische Diktator*, 2001; H. Oppermann, *Julius Ceasar* (rm 50135).

Der gallische Krieg

OT Commentarii de bello Gallico
OA 52/51 v. Chr.   **Form** Sachbuch **Bereich** Geschichte

Die Eroberung Galliens und nicht das Buch *Der gallische Krieg* war der Grundstein zur historischen »Unsterblichkeit« von Caesar. Aber die von ihm selbst verfasste Geschichte dieses Feldzugs hat einen nicht unerheblichen Anteil an seinem Ruhm, denn mit dem ebenso knappen wie brillanten Bericht wusste er nicht nur seine Zeitgenossen in Rom zu überzeugen, es gelang ihm damit bis heute, auch die meisten Historiker für sich einzunehmen.

Entstehung: Noch vor Abschluss des Kriegs in Gallien veröffentlichte Caesar in Rom seine persönliche Darstellung der Kriegsereignisse. Er verfolgte damit einen politischen Zweck, der sich u. a. in der willkürlichen Festlegung der Grenzen Galliens zeigt, denn das Land, das er unterwarf, war weder ethnisch noch kulturell eine Einheit.

Aufbau: Das Werk ist in acht Bücher unterteilt, wobei jedes einem Kriegsjahr entspricht. Das achte Buch, das die Jahre 51 und 50 beschreibt, wurde von Caesars Freund, dem Feldherrn Aulus Hirtius, verfasst. In die Darstellung der Feldzüge flocht Caesar mehrfach ethnografische Notizen über die Völker ein, gegen die er Krieg führte.

Inhalt: Im Mittelpunkt des Buchs stehen der Kampf und die politischen Intrigen gegen die

Caesar in *Der gallische Krieg* (52/53 v. Chr.) über das dritte Kriegsjahr:

Durch diese Schlacht [an der bretonischen Küste] wurde der Krieg gegen die Veneter beendet... Nach allen diesen Verlusten hatten die Übriggebliebenen keine Zufluchtstätte mehr, noch irgendeine Möglichkeit, ihre Städte zu verteidigen. Daher ergaben sie sich Caesar mitsamt ihrer Habe. Caesar hielt es für angebracht, mit ihnen strenger zu verfahren, damit für die Zukunft das Gesandtenrecht umso peinlicher gewahrt werde. Daher ließ er den gesamten Rat der Ältesten hinrichten und die übrigen Veneter als Sklaven verkaufen.

Wichtige Ereignisse, über die Caesar in »Der gallische Krieg« berichtet

58 v. Chr.: Krieg gegen die Helvetier an der Rhône, Besetzung des Landes der Haeduer, Krieg gegen die Germanen am Oberrhein unter ihrem Fürsten Ariovist; Vordringen der Römer bis in die Gebiete an der mittleren Mosel und Maas.

57 v. Chr.: Zerschlagung der Konföderation der Belger unter König Galba; Unterwerfung der Stämme der Aremorika (das Land am Meer) zwischen Rheinmündung und Bretagne; Caesar hält Gallien für unterworfen.

56 v. Chr.: Unterwerfung der keltischen Stämme in den Alpen südlich des Genfer Sees; Niederschlagung von Aufständen in der Bretagne und an der Kanalküste; Unterwerfung der Belger und Kampf gegen die Aquitanier.

55 v. Chr.: Unterwerfung der germanischen Stämme am Niederrhein; Caesar lässt eine Brücke über den Rhein (bei Neu-

wied) schlagen und führt seine Legionen für 18 Tage auf das rechte Ufer. Im Herbst setzt Cäsar nach Britannien über und kehrt nach einem Monat wieder aufs Festland zurück.

54 v. Chr.: Zweite Landung in Britannien; Kampf mit den Kelten unter König Cassivellaunus an der Themse; Aufstand der Belger unter Führung des eburonischen Königs Ambiorix; Vernichtung von 15 Kohorten.

53 v. Chr.: Niederschlagung der Aufstände in Nordgallien, zweite Überquerung des Rheins, Vernichtung der Eburonen; Hinrichtung des carnutischen Fürsten Acco.

52 v. Chr.: Aufstand in Zentralgallien, beginnend bei den Carnuten; Anführer aller Kelten wird der Averner Vercingetorix; Massaker von Avaricum; die Niederlage bei Gergovia zieht den Abfall auch der Haeduer nach sich; Belagerung und Einnahme von Alesia, Kapitulation des Vercingetorix.

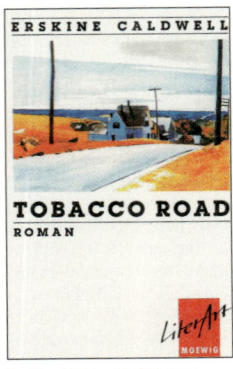

Erskine Caldwell, *Tobacco Road*, Einband der deutschsprachigen Taschenbuchausgabe von 1988

Erskine Caldwell beim Signieren seiner Bücher während eines Paris-Besuchs 1961

Kelten, Belger und Aquitanier. Nach einigen überraschenden Siegen betrachtet Caesar nach dem zweiten Jahr ganz »Gallien« als unterworfen und behandelt alle, die sich nicht dem römischen Joch beugen, als »Aufrührer«. Der römische Feldherr schildert detailliert seine Feldzüge, übertreibt dabei aber meist die Stärke der Kelten und sagt wenig über die Stärke und Positionen seiner eigenen Truppen aus. Seinen Höhepunkt erreicht der Kriegsbericht mit der dramatischen Darstellung des Aufstands der keltischen Stämme unter der Führung des Averners Vercingetorix, dem es noch einmal gelingt, die Römer in die Defensive zu drängen. Gerade hier zeigt Caesar sich als geschickter Propagandist und weiß selbst die Niederlage von Gergovia als »Beinahe-Sieg« darzustellen. Mit der Belagerung und Eroberung von Alesia, der letzten Festung der Gallier, endet das Buch.

Wirkung: Das Werk, dessen prägnanter Stil bei den Zeitgenossen große Bewunderung hervorgerufen hatte, wurde im Mittelalter wenig gelesen. Erst in der Renaissance wurde es für die Schüler, die Latein lernen durften, die wichtigste Anfangslektüre. Von den meisten Althistorikern geschätzt, wird es von vielen Militärhistorikern wegen seiner zahlreichen verschleiernden Ungenauigkeiten eher kritisiert.   *P. B.*

Caldwell, Erskine

US-amerikan. Schriftsteller

* 17.12.1903 Moreland (Georgia)

† 11.4.1987 Paradise Valley (Arizona)

📖 *Tobacco Road*, 1932

In 25 Romanen und 150 Kurzgeschichten schilderte Erskine Caldwell die Lage der verarmten Bevölkerung im Süden der USA. Seine Erzählkunst ist dem amerikanischen Naturalismus verbunden; seine Personen erscheinen als Opfer der Umstände und ihrer Erbanlagen. Mit 80 Millionen verkauften Büchern in 43 Sprachen zählt Caldwell zu den meistgelesenen Autoren des 20. Jahrhunderts.

In Georgia aufgewachsen lernte der Sohn eines presbyterianischen Geistlichen den Süden auf zahlreichen Fahrten kennen. Nach einem ziellosen Studium (1921–26) schlug er sich als Gelegenheitsarbeiter, Journalist und Rundfunkreporter durch. Er dehnte seine Reisen aus und lieferte u. a. Berichte über Mexiko, Spanien, China sowie die Tschechoslowakei. Anfang der 1940er Jahre arbeitete er als Kriegsberichterstatter in der Sowjetunion.

Zuvor schon hatte er sich literarischen Ruhm erworben, 1932 mit *Tobacco Road*, ein Jahr darauf mit *Gottes kleiner Acker*. Es folgten u. a. *Der Wanderprediger* (1935), *Ein heißer Tag* (1940) sowie der Kurzgeschichtenband *Ein Junge aus Georgia* (1943).

Tobacco Road

OT Tobacco Road   **OA** 1932   **DE** 1948
Form Roman   **Epoche** Moderne

Das Leben der »Poor White«, der armen weißen Bevölkerung im Süden der USA, wird exemplarisch am Beispiel einer Pächterfamilie dargestellt. Erskine Caldwell überzeichnet seine Figuren teilweise bis zur Groteske.

Inhalt: Jeeter Lester müht sich vergeblich, als Kleinpächter ein Auskommen zu finden. Das Land, auf dem er Baumwolle anbauen will, gehörte einst seinem Großvater, wird nun aber von einem Großgrundbesitzer ausgebeutet. In der Stadt auf Arbeitssuche zu gehen oder sich bei einer der großen Tabakplantagen zu verpflichten, lehnt er hartnäckig ab. Ebenso wenig versucht er die bestehenden Verhältnisse zu verändern, ja, er gerät durch eigene Dummheit und Ungeschicklichkeit noch tiefer ins Elend. Jeeters Familie ist moralisch verkommen. Seine Tochter Pearl hat schon als Zwölfjährige Lov Bensey geheiratet, ihre Schwester Ellie May ist sexuell unersättlich. Der 16-jährige Dude Lester heiratet eine 38-jährige Witwe, weil diese ihm ein Auto kauft.

OT = Originaltitel   **EZ** = Entstehungszeit   **OA** = Originalausgabe   **DE** = Deutsche Erstausgabe   📖 = Verweis auf Werkartikel

Am Ende sterben Jeeter und seine Frau Ada bei einem Feuer, das Jeeter selbst entfacht hat, um das Unkraut auf dem Feld abzubrennen – nicht etwa, weil er sich davon einen größeren Ernteerfolg versprochen hätte, sondern weil man es immer so gemacht hat. Nach dem Tod des Vaters übernimmt der junge Dude das Land.

Wirkung: Die Dramatisierung des Stoffs durch Jack Kirkland (1901–69) – das Stück lief nach verhaltenem Start über sieben Jahre lang an einem New Yorker Theater – verhalf auch dem Roman *Tobacco Road* zum Durchbruch. Ebenso wie der ein Jahr später entstandene Roman *Gottes kleiner Acker* war *Tobacco Road* zunächst heftig umstritten. Die drastische Darstellung schockierte die Leser, aus öffentlichen Bibliotheken wurden die Bücher verbannt. Der Erfolg der Romane war jedoch letztlich nicht aufzuhalten; Caldwells Attacken gegen Armut, Ignoranz, Rassismus und das System der Farmpächter beeinflussten stark die öffentliche Meinung.   *B. G.*

Calvino, Italo

italien. Schriftsteller

* 15.10.1923 Santiago de las Vegas (Kuba)

† 19.9.1985 Siena (Toskana)

📖 *Der Baron auf den Bäumen*, 1957

Die literarische Vielseitigkeit Italo Calvinos ermöglicht keine klare Zuordnung seines Werks zu einer Gattung. Zahlreiche seiner Bücher, von der neorealistischen Partisanenerzählung über die Märchensammlung bis zum fantastischen Roman, wurden mit Literaturpreisen ausgezeichnet und in alle Weltsprachen übersetzt.

Calvino wuchs als Sohn eines Akademikerehepaars in San Remo auf. Ab 1942 studierte er Agrarwissenschaft in Turin. 1943 schloss er sich im Widerstandskampf gegen die deutsche Besatzung den Partisanen an. Seine Kriegserlebnisse verarbeitete er in mehreren Erzählungen und in seinem ersten Roman *Wo Spinnen ihre Nester bauen* (1947). 1945–47 studierte Calvino Literatur und Philosophie in Turin. Nach seiner Promotion war er einige Jahre als Lektor im Turiner Verlag Einaudi beschäftigt. Von Elio Vittorini (1908–1966) und Cesare → Pavese gefördert, wurde Calvino Mitarbeiter in Vittorinis Zeitschrift *Il Politecnico* und schrieb für Tageszeitungen. 1956 trat er aus der Kommunistischen Partei aus, der er seit 1943 angehört hatte. In den 1950 und 60er Jahren entstand u.a. die fantastische Romantrilogie *Unsere Vorfahren*. Ab 1964 lebte Calvino als freier Schriftsteller in Paris, Rom und Siena.

Red Decade

Entstehung: Die wirtschaftliche Depression, die Ende der 1920er Jahre die USA erfasste und bis weit in die 1930er Jahre hinein anhielt, bedeutete für die amerikanischen Künstler eine Katastrophe. Da das Geld für den Kauf von Büchern oder den Besuch von Theatern und Konzerten fehlte, standen sie vor dem Ruin. Ausweichmöglichkeiten bot allein der Film, der eine Blütezeit erlebte. Im Rahmen des sog. New Deal, des Wirtschaftsprogramms von Präsident Franklin D. Roosevelt (reg. 1933–45), wurde auch die Kultur aus staatlichen Kassen unterstützt; u. a. entstand das Federal Writers Project für junge Schriftsteller.

Die eigene wirtschaftliche Not führte eine Reihe von Schriftstellern zur sozialkritischen Auseinandersetzung mit der Lage verarmter Bevölkerungsschichten. Als Ausweg wurde eine Veränderung der wirtschaftlichen Strukturen und der Gesellschaft hin zum Sozialismus gefordert. Das Jahrzehnt der US-Literatur zwischen 1930 und 1940 wurde zur »Red Decade«, dem »roten Jahrzehnt«.

Theater: Agitprop-Stücke und Social Plays dominierten in der »roten Dekade« das politische Theater in den USA. Neben kruder Propaganda entstanden literarisch anspruchsvolle Stücke, etwa von Clifford Odets (1906–63, *Warten auf Lefty*; *Verlorenes Paradies*, beide 1935) und Elmer Rice (1892–1967, *Straßenszenen*, 1929).

Roman: Zu den wichtigsten Romanciers der »Red Decade« zählen neben Caldwell James Farell (1904–79; *Studs-Lonigan-Trilogie*; 1932, 1934, 1935), Richard Wright (1908–60, *Onkel Toms Kinder*, 1938; *Sohn dieses Landes*, 1941) und John → Steinbeck (*Die Früchte des Zorns*, 1939).

Der Baron auf den Bäumen

OT Il barone rampante **OA** 1957 **DE** 1960
Form Roman **Epoche** Moderne

Italo Calvinos 1957 veröffentlichter Roman *Der Baron auf den Bäumen* ist Teil einer Romantrilogie, die 1960 unter dem Titel *Unsere Vorfahren* bekannt wurde und den Weltruhm des Schriftstellers mitbegründete. Wie die beiden anderen Teile der Trilogie, *Der geteilte Visconte* (1952) und *Der Ritter, den es nicht gab* (1959), ist *Der Baron auf den Bäumen* ein fantastischer Roman, in dem sich märchenhafte Elemente mit Motiven der klassischen Abenteuerliteratur verbinden.

Inhalt. Das fiktive Dorf Ombrosa könnte der Beschreibung nach an der ligurischen Küste liegen. Baron Arminio Piovasco di Rondò lebt hier mit seiner Ehefrau und den drei Kindern Cosimo, Biagio und Battista auf einem herrschaft-

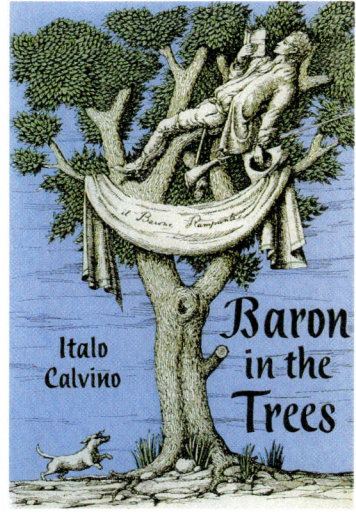

Italo Calvino, *Der Baron auf den Bäumen*; links: Umschlag der deutschsprachigen Erstausgabe 1960; rechts: Umschlag der britischen Erstausgabe 1959

Auszug aus *Der Baron auf den Bäumen* von Italo Calvino:

Jenes Bedürfnis, von einem schwer beherrschbaren Element Besitz zu ergreifen, das meinen Bruder zu seinen Baumwanderungen angespornt hatte, bohrte noch immer unbefriedigt in ihm und erfüllte ihn mit dem Verlangen nach einer eingehenderen Durchdringung, nach einer Beziehung, die ihn mit jedem Blatt, jedem Stückchen Rinde, jeder Feder, jedem Vogelschwirren verbinden sollte.

lichen Gut. Als der zwölfjährige Cosimo am 15. Juni 1767 in einem Akt der Rebellion gegen die väterliche Autorität beschließt, auf die Bäume zu klettern und den Erdboden fortan nicht mehr zu betreten, ahnt seine entsetzte Familie nicht, dass er sich bis an sein Lebensende an diese selbst gestellte Aufgabe halten wird.

Cosimo flieht jedoch nicht als Misanthrop vor seinen Mitmenschen. Vielmehr gewährt ihm der Abstand, den er durch sein Leben auf den Bäumen gewinnt, einen klaren und analytischen Blick auf die Ereignisse seiner Zeit. Trotz seiner Distanz gelingt es Cosimo, an allen Aspekten des aktiven Lebens teilzunehmen. Als eine der schillerndsten Personen seiner Zeit korrespondiert er mit Denis Diderot, wird von Voltaire besucht und begegnet Napoleon. Auf Streifzügen durch die Wälder lernt er Viola kennen, ein temperamentvolles und eigensinniges Mädchen, das in seiner Vergnügungslust mitunter destruktive Züge entwickelt. Cosimo und Viola verlieben sich ineinander. Cosimo spiegelt die Intellektualität, Universalität und Disziplin des Aufklärers, Viola die subjektivistische Weltsicht barocken oder romantischen Geistes. Auch andere Personen im Roman erscheinen als Vertreter unterschiedlicher, teils historisch verankerter Lebensentwürfe. So z.B. bleiben Cosimos Eltern gedanklich auf die von feudal-dynastischen Interessen bestimmten Erbfolgekriege fixiert.

Aufbau: Die aus der Perspektive Biagio di Rondòs erzählte Lebensgeschichte des Barons auf den Bäumen umspannt 53 Jahre. In der ersten Hälfte des Buches stehen die Jugendjahre Cosimos und seine aufklärerischen Utopien im Vordergrund. In der zweiten Hälfte kommt es, parallel zu den politischen Ereignissen der Zeit, zu einem allmählichen Verlust dieser Utopien. Der Roman endet in der Phase der Restauration, der Wiederkehr der alten Mächte, mit dem Verschwinden Cosimos in einer Montgolfiere. Als *Unsere Vorfahren* 1960 als Trilogie erschien, entsprach die Reihenfolge der drei Titel nicht den Erscheinungsjahren, sondern war nach den historischen Epochen geordnet, von denen die Romane handeln.

So lässt Calvino in *Der Ritter, den es nicht gab* das Reich Karls des Großen wieder erstehen. *Der geteilte Visconte* spielt zur Zeit der Türkenkriege im 17. Jahrhundert. *Der Baron auf den Bäumen* nimmt den letzten Teil des Sammelbandes ein. Alle drei Romane spielen in erdachten Gegenden, sind aus der Perspektive eines nur mittelbar ins Geschehen involvierten Beobachters in der Ich-Form geschrieben und beschäftigen sich mit den Möglichkeiten menschlicher Identitätssuche. Unter den drei Titelhelden gelingt es nur dem Baron auf den Bäumen durch eine selbst gewählte Beschränkung, verantwortungsvoll und in Harmonie mit sich selbst, mit der Natur und den Mitmenschen zu leben. *B. S.*

Camilleri, Andrea

italien. Schriftsteller, Drehbuchautor und Regisseur

* 6. 9. 1925 Porto Empedocle (Sizilien)

📖 *Die Form des Wassers*, 1994

Andrea Camilleri ist erst in fortgeschrittenem Alter durch seine Kriminalromane um den eigenbrötlerischen sizilianischen Commissario Montalbano zu einem der derzeit erfolgreichsten Autoren Italiens geworden.

Wie der Nobelpreisträger Luigi → Pirandello stammt der heute in Rom lebende Camilleri aus einem kleinen Ort in der sizilianischen Provinz Agrigent. Mit der *Biografia del figlio cambiato* (2000) hat er seinem berühmten Landsmann ein Denkmal gesetzt. Camilleri ist seit 1949 als Theater- und Filmregisseur sowie als Drehbuchautor hervorgetreten (u.a. für *Maigret*-Verfilmungen nach Georges → Simenon). Seit über 20 Jahren hat er eine Professur für Dramaturgie an der Accademia d'arte drammatica Silvio d'Amico in Rom inne. Sein erstes Werk, *Der Lauf der Dinge* (1978), wurde noch von 14 Verlagen abgelehnt. Die so genannten Essay-Romane, die der Autor seit den 1980er Jahren verfasst, sind in dem imaginären sizilianischen Städtchen Vigàta an der Schwelle vom 19. ins 20. Jahrhundert angesiedelt. Sie behandeln mit dem »Risorgimento« oder dem »Marsch der 1000« zentrale Ereignisse der sizilianischen bzw. italienischen Geschichte. Camilleri wurde für seine Romane mehrfach ausgezeichnet.

Die Montalbano-Romane von Andrea Camilleri

Die Form des Wassers 1994	Commissario Montalbano, ein liebenswerter Eigenbrötler, gelingt es, den Mord an einem christlichen Politiker aufzuklären und hinter die Abgründe der menschlichen Seele zu blicken. →S. 205
Der Hund aus Terrakotta 1996	Der flüchtige Mehrfachmörder Tano u Grecu bittet Montalbano um seine Verhaftung. Tano fürchtet die Mafia – mit Recht, wie sich herausstellt, denn wenig später wird er ermordet.
Der Dieb der süßen Dinge 1996	Auf einem Fischerboot wird nachts ein Tunesier erschossen und der sizilianische Geschäftsmann Lapecora wird im Aufzug seines Wohnhauses erstochen aufgefunden. Montalbano ermittelt.
Die Stimme der Violine 1997	Montalbano muss den Mord an einer jungen, reichen und schönen Arztgattin aufklären. Eine Violine bringt ihn auf die richtige Spur und nach und nach lüftet er das Geheimnis der Frau aus besseren Kreisen.
Das Paradies der kleinen Sünder 1998	Ein junger Mann wird in seiner Wohnung ermordet aufgefunden. Zur gleichen Zeit verschwinden zwei alte Leute spurlos. Sie kamen von einem Tagesausflug nicht zurück.
Das Spiel des Patriarchen 2000	Wenn es 8:8 steht und nicht der Stand eines Fußballspiels gemeint ist, sondern die tödliche Bilanz zweier verfeindeter Mafiafamilien, gibt es viel Arbeit für Commissario Montalbano.
Die Nacht des einsamen Träumers, 2001	Ein Zwei-Personen-Stück mit einer Leiche, aufgeführt von einem alten Schauspieler-Ehepaar, beschäftigt Montalbano ebenso wie der Mord an einer anständigen Prostituierten.

OT = Originaltitel   **EZ** = Entstehungszeit   **OA** = Originalausgabe   **DE** = Deutsche Erstausgabe   📖 = Verweis auf Werkartikel

Die Form des Wassers

OT La forma dell'acqua **OA** 1994 **DE** 1999
Form Kriminalroman **Epoche** Gegenwart

Die Form des Wassers von Andrea Camilleri ist der erste Band einer Reihe von Kriminalromanen, in denen der eigenbrötlerische sizilianische Commissario Montalbano den Dingen in seiner Wahrheitsliebe auf den Grund geht.

Inhalt: Salvo Montalbano ist Commissario bei der Polizei von Vigàta, einer typisch sizilianischen Stadt. Als dort am Strand die Leiche des christlichen Politikers Luparello gefunden wird, beginnt er mit der Untersuchung des Falls. Schnell zeichnet sich ein Netz von politischen, geschäftlichen und kriminellen Verbindungen sowie unsauberen Geschäften im Hintergrund ab. Die couragierte Witwe Luparellos gibt dem Kommissar einige Hinweise bezüglich des sexuellen Doppellebens ihres Ex-Gatten.

Die Partei wählt indessen einen alten Rivalen Luparellos, Professor Cardamone, zum Vorsitzenden. Der Advokat Rizzo, der dem Verstorbenen treu gedient hatte, wird sein Stellvertreter. Montalbano findet Indizien dafür, dass Cardamones Schwiegertochter Ingrid den Verstorbenen auf dem Gewissen haben könnte.

Aufbau: *Die Form des Wassers* ist – wie auch die nachfolgenden Krimis der Commissario-Montalbano-Reihe – durch eine spannende, nicht allzu komplizierte Konstruktion des Falls und durch ein schnelles Erzähltempo gekennzeichnet. Die Häufigkeit dialogischer Szenen und visuell-filmischer Partien verraten den Theater- und Filmpraktiker Camilleri. Die Figur des Detektivs ist als Sympathieträger angelegt – ein unaufgeregter Ermittler und gemäßigter Individualist mit einer Leidenschaft für die sizilianische Küche, das ist seine menschliche Schwäche. Seine Neigung zu diesem oder jenem Flirt wird durch die ernsthafte Beziehung zur Freundin Livia im fernen Genua ausbalanciert. Auch die zwanglosen Verweise auf politische Zusammenhänge und kriminelle Vorgänge in der italienischen Realität sowie literarische Anspielungen u.a. auf Luigi → Pirandello oder Leonardo Sciascia (1921–89) tragen zweifellos zur Beliebtheit der Serie bei.

Wirkung: Nach dem Erfolg beim italienischen Lesepublikum eroberten die Kriminalromane Camileris auch schnell die deutschen Bestsellerlisten. Die Film- und Fernsehfassungen der Serie trugen dazu bei, den sizilianischen Commissario zu einem der aktuellen Lieblingsermittler bei den deutschen Leserinnen und Lesern zu machen, zeichnet er doch ein sympathisches Bild von einer der in Deutschland beliebtesten italienischen Kulturlandschaften, die lange Jahre einseitig nur vom Schrecken der Mafia geprägt war . *J. V.*

Camões, Luís Vaz de

portugies. Dichter

* um 1524/25 Lissabon (?), † 10.6.1580 ebd.

📖 *Die Lusiaden*, 1572

Cameōs gilt nicht nur in der Literaturgeschichte als der bedeutendste portugiesische Dichter, er ist bis heute im Bewusstsein der Portugiesen der »Nationaldichter« schlechthin, weil er an vergangene Größe und historischen Niedergang erinnert und auch als tragische Dichterfigur zu mitfühlender Bewunderung einlädt.

Der Verfasser des portugiesischen Nationalepos *Die Lusiaden* gilt zugleich als der bedeutendste klassische Lyriker Portugals. Nur wenige Daten seiner abenteuerlichen Lebensgeschichte gelten als gesichert. Aus dem niederen Adel stammend, erwarb er sich an der Universität von Coimbra, einem Zentrum des Humanismus, eine profunde Bildung und nahm sodann in Lissabon am gesellig-kulturellen Hofleben unter König Johann III. (1502–57) teil. Im Jahr 1552 wurde er nach einer Schlägerei ins Gefängnis geworfen, bald jedoch begnadigt. 15 Jahre diente er daraufhin als Soldat in Portugals asiatischen Besitzungen Macao und Goa – eine Zeit voller Entbehrungen, Kämpfen, Intrigen und reicher dichterischer Produktion. Nach einer längeren, durch zwei Jahre in Mosambik unterbrochenen Heimreise gelang ihm in Lissabon die Publikation seines Hauptwerks, *Die Lusiaden*. Vom jungen König Sebastian (1554–78), dem das Epos zugeeignet ist, erhielt Camões eine bescheidene Altersversorgung. Erst nach dem Tod des Dichters wurden seine weiteren Werke, drei Versdramen und Gedichte, insbesondere Sonette in der Tradition von Francesco → Petrarca, gedruckt.

Biografie: R. Schneider, *Das Leiden des Camões*, 1930, 1977.

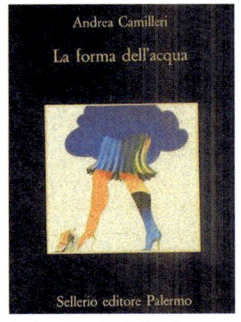

Andrea Camilleri, *Die Form des Wassers*, Umschlag der 20. Auflage der Originalausgabe von Selleri Editore, Palermo 2001

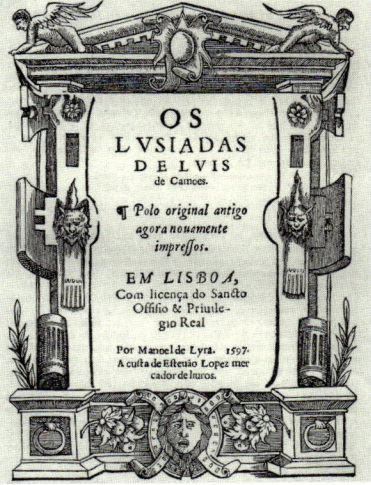

Luis Vaz de Camoes, *Die Lusiaden*, Titelholzschnitt der Lissabonner Ausgabe 1597

Die Lusiaden

OT Os Lusiadas **OA** 1572 **DA** 1806
Form Versepos **Epoche** Renaissance

In zehn Gesängen schildert und preist Luís Vaz de Camões die großen Entdeckungs- und Eroberungsfahrten der »Lusiaden«, also der portugiesischen Nachfahren des sagenhaften Stammvaters Lusus. In historischer und zugleich mythologischer Einbindung sollte das Werk das nationale Selbstbewusstsein stärken, aber auch gleichrangig neben die antiken Vorbilder, insbesondere der *Aeneis* (entst. 30–19 v. Chr.) von →Vergil, treten.

Inhalt: Erklärtes Ziel der Dichtung ist es, den Ruhm eines Volks zu singen, dessen Heldentum in der Entdeckung des Seewegs nach Indien und der Eroberung von asiatischen Besitzungen gründet. Die Handlung lehnt sich daher an die historischen Fahrten (1498/99) von Vasco da Gama (um 1469–1524) an, bezieht im Rückblick aber auch die gesamte Vorgeschichte Portugals ein. Zugleich wird die portugiesische Expansion als Mission zur Verbreitung des christlichen Glaubens gefeiert. Schließlich (und für den Autor offenbar ohne Widerspruch) wird die Abenteuerfahrt in den Rahmen eines Götterstreits auf dem Olymp gestellt und somit in Analogie zu der *Odyssee* (entst. 2. Hälfte 8. Jh. v. Chr) von →Homer und zur *Aeneis* gesetzt.

Jupiter will die Eroberungsfahrt der Lusiaden, deren Schiffe soeben die Südspitze Afrikas umrundet haben, nach Indien unterstützen. Ihm tritt Venus zur Seite, die gegen den listenreichen Widerstand des Bacchus die Portugiesen nach Melinde führt. Dem dortigen König erzählt Vasco da Gama die Geschichte der portugiesischen Könige sowie die letzten Abschnitte seiner Reise. Nach weiterer Seefahrt und Streit zwischen Bacchus und Venus erreichen die kühnen Seefahrer Kalkut, wo Paulo da Gama die Heldenerzählungen seines Bruders fortführt. Durch eine Intrige des Bacchus wird Vasco da Gama inhaftiert. Nach seiner Befreiung verlassen die Portugiesen Indien, werden von ihrer Schutzgöttin Venus in Gestalt der Thetis auf einer paradiesischen Liebesinsel empfangen und belohnt. Das Epos endet mit einer visionären Schau des Vasco da Gama auf das Planetensystem und die - immer mehr von den Portugiesen beherrschte - Erde.

Aufbau: *Die Lusiaden* verschmelzen Stoffe und Figuren unterschiedlicher Herkunft zu einem Epos, das sich mit antiken Vorbildern messen will, in der Form aber an andere Renaissancewerke, besonders den *Rasenden Roland* (1516/21/1532) von Ludovico →Ariosto anlehnt. Camões betont, nur die »reine, nackte Wahrheit« zu erzählen und benutzt zeitgenössische Chroniken als Quelle; dennoch bleiben die »historischen« Teile des Werks eher blass. Dagegen verleiht die Einbildungskraft des Dichters den mythologisch-fantastischen Partien einen außerordentlichen Reiz. Es geht ihm nicht so sehr um eine »realistische« oder abenteuerliche Erzählung, sondern vielmehr um die Beschwörung der vergangenen Heldentaten, die er seinem im Niedergang befindlichen Volk mahnend entgegenhält.

Wirkung: Der Ruhm seines Werks und die nur fragmentarisch bekannte Biografie ließen Camões schnell zu einer mythischen Gestalt

werden. Aus portugiesischer Sicht verkörpert er die Ambivalenz von nationaler Größe und der Vergänglichkeit von Weltmachtträumen. In Deutschland weckte Alexander von →Humboldt das Interesse an den *Lusiaden*, die er »das größte maritime Epos der Weltliteratur« nannte. *J. V.*

Albert Camus, *Der Fremde*, Einband der Taschenbuchausgabe 1972

Camus, Albert

frz. Schriftsteller
*7.11.1913 Mondovi, Algerien
†4.1.1960 bei Villeblevin (Provence)
📖 *Der Fremde*, 1942
📖 *Der Mythos von Sisyphos*, 1942
📖 *Die Pest*, 1947

Mit Romanen, Essays und Dramen profilierte sich der philosophische Dichter Albert Camus als eine der literarisch und moralisch gewichtigsten Stimmen Frankreichs. Grundlage seines Werks ist die Philosophie des Absurden, die auf der Erkenntnis der Sinnlosigkeit menschlicher Existenz beruht. In seinem Werk fordert Camus, dass der Mensch sein absurdes Dasein bewusst annehme und eigene ethische Prinzipien dem moralischen Nihilismus entgegensetze.

Camus wuchs in einem Arbeiterviertel in Algier als Halbwaise auf. Nach dem Abitur studierte er Philosophie und arbeitete als Schauspieler, Dramatiker, Schriftsteller und Journalist, u.a. für die Zeitung *Alger républicain*. Während des Zweiten Weltkriegs engagierte er sich in der Résistance. 1943 trat er als Lektor ins Verlagshaus Gallimard ein. Die zunächst enge Beziehung zu Jean-Paul →Sartre und den Existenzialisten scheiterte nach heftiger Kontroverse um Camus' Essay *Der Mensch in der Revolte*. 1957 wurde ihm der Literaturnobelpreis verliehen. Drei Jahre später verunglückte er tödlich im Auto seines Verlegers Gallimard. *S. Na.*

Biografie: B. Sändig, *Albert Camus* (rm 50544); O. Todd, *Albert Camus. Ein Leben*, 1999.

Der Fremde

OT L'étranger
OA 1942 DE 1948 **Form** Roman **Epoche** Moderne

Der im selben Jahr wie Camus' philosophisches Hauptwerk *Der Mythos von Sisyphos* erschienene Roman *Der Fremde* bringt das Lebensgefühl einer Generation zum Ausdruck, die sich angesichts traumatischer Kriegserfahrungen mit der Grundfrage nach dem Sinn des Lebens konfrontiert sah. In dem frühen Meisterwerk verkörpert Camus seine Idee des Absurden in der Figur des »Anti-Helden« Meursault, dessen Einzelschicksal ins Symbolische überhöht wird.

Inhalt: Meursault, ein kleiner Büroangestellter in Algier, erzählt seine Geschichte. Nach dem Tod seiner Mutter, der ihn nicht wirklich trifft, nimmt er sich zwei Tage frei, um an der Beerdigung teilzunehmen. Nach der Rückkehr beginnt er eine Liebesbeziehung mit seiner früheren Kollegin Maria. Sein Nachbar Raymond lädt ihn als Dank für eine Gefälligkeit zu einem Strandausflug ein, bei dem es zu einer Auseinandersetzung zwischen Raymond und einem Araber, dem Bruder seiner früheren Geliebten, kommt. Meursault, der Raymonds Waffe an sich genommen hatte, um Schlimmeres zu verhindern, trifft später allein auf den Araber und fühlt sich von dessen in der glühenden Mittagssonne aufblitzenden Messer so bedroht, dass er ihn erschießt. Im anschließenden Mordprozess wird versucht, die moralische Verdorbenheit Meursaults anhand seines Verhaltens in den Tagen vor dem Mord zu beweisen. Seine Äußerung, er habe den Araber eigentlich gar nicht erschießen wollen, allein die Sonne sei Schuld daran gewesen, wird mit Gelächter quittiert. Die Tröstungen des Gefängnisgeistlichen, der ihm Hoffnung auf ein Leben nach dem Tod machen will, weist er zurück. Er ist nicht bereit, Reue zu empfinden oder sie zu heucheln, und wird verurteilt. Im Angesicht der Hinrichtung erkennt und akzeptiert er die Absurdität seines Daseins.

Aufbau: Das Buch gliedert sich in den Bericht über die Ereignisse vor dem Mord und die Gerichtsverhandlung. Insgesamt beträgt die erzählte Zeit rund ein Jahr. Der erste Teil umfasst einen Zeitraum von 18 Tagen und erzählt in kurzen, aneinander gereihten Hauptsätzen die – von Meursault noch nicht als absurd empfundenen – Einzelepisoden, ohne sie in einen Sinnzusammenhang zu stellen. Der monotone Tonfall lässt Meursault sowohl bei der Beerdigung als auch beim Liebesakt als unbeteiligten Beobachter erscheinen. Gleichgültig beschreibt der Ich-Erzähler die zufälligen Begebenheiten in seinem Leben, ohne sie zu reflektieren.

Der zweite, aus fünf Kapiteln bestehende Teil des Buchs über Gefängnisaufenthalt, Gerichtsverhandlung mit Verurteilung, Auseinandersetzung mit dem Geistlichen und das Warten auf die Hinrichtung umfasst elf Monate. Erst jetzt werden die Einzelakte des ersten Teils in einen kausalen Zusammenhang gestellt, jedoch nicht von Meursault, sondern von den Juristen, die eine Gesetzmäßigkeit in seinem Handeln erkennen, welche die Wirklichkeit verzerrt. Die einzig mögliche Konsequenz aus seinem nun als absurd empfundenen Dasein sieht er im Lebensgenuss, ohne Sinn. Er fühlt sich glücklich.

Wirkung: Der »Pessimismus voll Hoffnung« ließ die literarische Sensation 1942 zum Klassiker der französischen Literatur werden. Die Figur

Albert Camus 1948 bei einer Radioansprache

Die wichtigsten Werke von Albert Camus	
Der Fremde 1942	Roman über den unbewussten und amoralischen Mersault, dessen Leben von Zufällen getrieben und der erst kurz vor seiner Hinrichtung als Mörder seiner selbst bewusst wird. →S. 206
Der Mythos von Sisiphos 1942	Am Beispiel des Sisyphos verdeutlicht Camus in dem moralphilosophischen Essay die Situation des Menschen und stellt die Frage, ob Selbstmord der Mühe des Lebens vorzuziehen sei. →S. 207
Die Pest 1947	Im Schlüsselroman über Camus' Idee der Solidarität kämpft ein Arzt inmitten von Verzweiflung mutig gegen die Seuche. →S. 208
Der Mensch in der Revolte, 1951	Camus entwickelt seine Philosophie des Absurden weiter in der Kritik u. a. des Christentums und moderner Ideologien.
Der Fall 1956	Als ironische Beichte gesteht ein ehemaliger Staranwalt seinen früheren Opportunismus ein und klagt zugleich die Welt an.
Das Exil und Das Reich, 1957	In Novellen beschreibt Camus Menschen in alltäglichen Situationen, die von einem anderen, erfüllteren Leben träumen.
Fragen der Zeit 1960	Essays, Briefe und Reden, in denen sich Camus leidenschaftlich gegen Totalitarismus, Unmenschlichkeit und Ideologie wendet.

des »absurden Helden« Meursault, der sich weigert, Lüge und Heuchelei in der Gesellschaft zu akzeptieren, fand bei Generationen von meist jungen Lesern große Sympathie. *S. Na.*

Der Mythos von Sisyphos

OT Le mythe de Sisyphe
OA 1942 **DE** 1950 **Form** Essay **Bereich** Philosophie

In seinem *Versuch über das Absurde* (Untertitel) greift Camus in bester französischer Essay-Tradition poetisch und philosophisch die Erschütterungen seiner Zeit auf. In der Auseinandersetzung mit der Existenzphilosophie Søren →Kierkegaards, Martin →Heideggers und Karl →Jaspers' wie auch der Phänomenologie von Edmund →Husserl (1859–1938), stark beeinflusst vom Literaten Fjodor →Dostojewski, verlieh Camus nicht nur den Fragen und Gefühlen

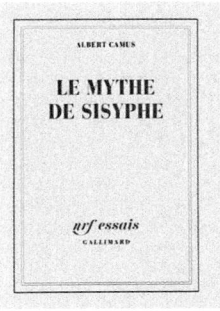

Albert Camus, *Der Mythos des Sisyphos*, Einband der Ausgabe 1953

Auszug aus *Der Mythos des Sisyphos* **von Albert Camus:**

Jedes Gran dieses Steins, jeder Splitter dieses durchnächtigten Berges bedeutet allein für ihn eine ganze Welt. Der Kampf gegen Gipfel vermag ein Menschenherz auszufüllen. Wir müssen uns Sisyphos als einen glücklichen Menschen vorstellen.

Auszug aus *Die Pest* **von Albert Camus:**

Während Rieux den Freudenschreien lauschte, die aus der Stadt empordrangen, erinnerte er sich nämlich daran, dass diese Fröhlichkeit ständig bedroht war. Denn er wusste, was diesem Freudenvolk unbekannt war und was in den Büchern zu lesen steht: dass der Pestbazillus niemals ausstirbt oder verschwindet, sondern jahrzehntelang in den Möbeln und der Wäsche schlummern kann... und dass vielleicht der Tag kommen wird, an dem die Pest zum Unglück und zur Belehrung der Menschen ihre Ratten wecken und erneut aussenden wird, damit sie in einer glücklichen Stadt sterben.

einer Generation Ausdruck, sondern legte mit nur 29 Jahren einen der philosophischen Schlüsseltexte des 20. Jahrhunderts vor.

Inhalt: Camus geht in seinem Essay von keiner geringeren als der Frage nach dem Sinn des Lebens aus. Er stellt sie denkbar radikal als die Frage, ob der Selbstmord angesichts einer sinnlosen Welt nicht die einzig aufrichtige Konsequenz sei. Der endliche Verstand des Menschen verzweifelt an der Unmöglichkeit, einen umfassenden Sinn zu erkennen – dies bedeutet für Camus das Absurde. Weil er aber dem Menschen und seinem Schicksal treu bleiben will, verbietet er sich jede Ausflucht in Mystik oder Glauben. Der absurde Mensch bejaht die Existenz in ihrer ganzen Sinnlosigkeit. Daraus erwachsen Stolz und Mut. Wo keine Versöhnung mehr möglich ist, gilt es, das Leben und seine Mannigfaltigkeit »auszuschöpfen«. Quantität und Intensität bewussten Erlebens gehen über die Qualität, wie sie in herkömmlichen Ethikkonzeptionen zentral ist. Die einzige Würde seiner Existenz findet der Mensch in seiner Freiheit und seiner stolzen Auflehnung. So wird Sisyphos zum »Helden des Absurden«: Er rebelliert gegen die Götter, die ihn strafen wollten, und macht sein Schicksal zu seinem eigenen.

Wirkung: *Der Mythos von Sisyphos* war eines der bedeutendsten Werke des Existenzialismus – auch wenn Camus sich dieser Richtung nicht zurechnen wollte. Erfolgreich war das Buch vor allem beim breiten Publikum. Mit anderen Philosophen wie Jean-Paul →Sartre kam es spätestens mit *Der Mensch in der Revolte* (1951) zu erheblichen Differenzen. Camus' undogmatische Menschlichkeit in allen seinen Werken wollte sich weder philosophisch noch ideologisch einengen lassen. Wohl auch deshalb hat der Mythos bis heute nichts von seiner existenziellen Lebendigkeit eingebüßt. *C.S.*

Die Pest

OT La peste
OA 1947 **DE** 1948 **Form** Roman **Epoche** Moderne

Mit dem in Form einer allegorischen Chronik angelegten Roman *Die Pest* gelang Camus eine der wichtigsten literarischen Vergangenheitsbewältigungen der französischen Nachkriegszeit. Camus verstand sein Werk als literarisches und historisches Dokument sowie Mahnmal gegen jede Art von Gewalt und Terror, als Aufruf zu gesellschaftlicher Solidarität und kollektivem Engagement in Zeiten der Not.

Inhalt: Die frei erfundene Handlung spielt in den 1940er Jahren in der nordafrikanischen Stadt Oran. Sterbende Ratten sind das erste Anzeichen der Pest, die das Volk zunächst nicht wahrhaben will. Als die Seuche immer mehr Menschenleben fordert, wird die Stadt unter Quarantäne gestellt. Der Arzt Rieux organisiert den Widerstand gegen die Seuche, unterstützt vom Pariser Journalisten Rambert, dem kleinen Angestellten Grand und dem gemäßigten Ideologen Tarrou. Die freiwilligen Hilfstrupps setzen sich unermüdlich für die Rettung von Menschenleben ein. Nutznießer der Tragödie sind der Kriminelle Cottard und der Jesuit Paneloux. Tarrou, mit dem sich Rieux angefreundet hat, stirbt als einer der Letzten an der Pest, als die Bevölkerung schon die Befreiung von der Seuche feiert. Sein Tod erscheint ebenso absurd wie das Sterben von Rieux' Frau, die er im Sanatorium außerhalb der Stadt in Sicherheit glaubte.

Camus beschreibt ein kollektives Leid, das eine Gemeinschaft ereilt. Er zeigt die Auswirkungen auf das moralische Klima in der Stadt und Verhaltensweisen einzelner Personen, die sich der Seuche entweder widersetzen oder sie für ihre Zwecke nutzen. Die Symptome einer allegorischen Bedeutung der Pest häufen sich im Verlauf des Textes und werden durch wiederholte Vergleiche von Pest und Krieg bestätigt. Mit der Beschreibung der Aktionen der Sanitäter, die sich gegen eine scheinbare Übermacht behaupten, würdigt Camus im literarischen Gleichnis die Leistung der französischen Widerstandsbewegung. Die Kollaboration besteht in der Nutznießung der Seuche durch Schmuggler, Kriminelle und den Geistlichen Paneloux. Auch wenn die Pest am Ende besiegt ist, wird davor gewarnt, dass der Triumph nicht endgültig sein kann.

Aufbau: Der Roman *Die Pest* ist wie das klassische Drama in fünf Teile gegliedert, die insgesamt 30 Kapitel umfassen. Im ersten Teil werden erste Anzeichen der Pest geschildert. Der zweite Teil zeigt das Fortschreiten der Seuche, die im dritten Teil ihren Höhepunkt erreicht. Am Ende des vierten Teils kündigt sich das Schwinden der Seuche an, das im fünften und

---

Hauptfiguren in »Die Pest« von Albert Camus

Rieux: Bernard Rieux, Arzt, fiktiver Verfasser und Hauptfigur der Geschichte, Prototyp des aufgeklärten Skeptikers, erkennt als einer der Ersten die Pest. Er setzt sich unermüdlich für die Rettung der Menschen ein, ohne sich Illusionen zu machen.

Rambert: Der junge Pariser Journalist wird von der Pest überrascht und darf die Stadt nicht mehr verlassen. Er stellt Liebe und Glück an die oberste Stelle aller Güter und entwickelt sich vom Egoisten zum Altruisten. Unter Einsatz seines Lebens engagiert er sich in den Sanitätstrupps.

Tarrou: Der Individualist beobachtet das Geschehen zunächst nur. Er verließ sein Zuhause, weil er es nicht ertragen konnte, dass sein Vater, ein Staatsanwalt, im Namen der Gerechtigkeit kaltblütig mordete. Nun stellt sich für ihn die Frage, ob man ein »Heiliger ohne Gott« sein kann. Tarrou wandelt sich schließlich zum Kämpfer, der

seinen Einsatz in der pestverseuchten Stadt mit dem Leben bezahlt.

Paneloux: Der Jesuitenpater erkennt in der Pest ein Gottesgericht, das er als gerechte Strafe für die Sünde empfindet. Er profitiert von der Seuche, da er sich von ihr eine Stärkung des religiösen Glaubens verspricht. Erst der Tod eines unschuldigen Kindes lässt ihn zweifeln. Er wird selbst ein Opfer der Seuche bei den Hilfstrupps.

Grand: Der kleine Angestellte ist besessen davon, einen Roman zu schreiben, kommt aber nie über den ersten Satz hinaus. Er findet eine sinnvolle Aufgabe, indem er die freiwilligen zivilen Hilfstrupps aufbaut.

Cottard: Der Kriminelle hat einen Selbstmordversuch hinter sich. Er ist Nutznießer der Tragödie, da seine Verbrechen im allgemeinen Tumult untergehen, wird aber bei einem Feuergefecht von der Polizei erschossen, als die Pest bereits vorüber ist.

　　　OT = Originaltitel 　EZ = Entstehungszeit 　OA = Originalausgabe 　DE = Deutsche Erstausgabe 　🕮 = Verweis auf Werkartikel

letzten Teil beschrieben wird. Der angebliche Chronist der Ereignisse, der Arzt Rieux, gibt an, das Geschehen direkt im Anschluss aufgezeichnet zu haben sowie objektiv und umfassend zu berichten. Trotzdem beschränkt er sich nicht auf Wiedergabe des äußeren Geschehens, sondern lässt den Leser an inneren Konflikten der Figuren teilhaben. Der Erzähler reflektiert auch über das Erzählen selbst, insbesondere über die Frage der wirklichkeitsgetreuen Darstellung.

Wirkung: Mit dem Roman gelang Camus endgültig der literarische Durchbruch. Von der Kritik durchweg gelobt, entwickelte sich das Buch schnell zum Verkaufsschlager. Der Bezug zur jüngsten (Kriegs-)Vergangenheit wurde 1947 in ganz Europa verstanden. Das Solidaritätskonzept, das Camus in seinem Werk entwickelt, beansprucht für jede vergleichbare Spannungssituationen Geltung. *S. Na.*

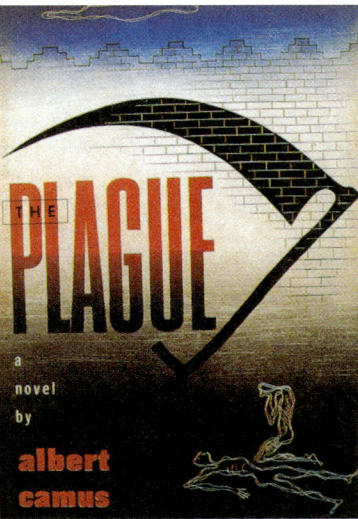

Albert Camus, *Die Pest*; links: Einband der ersten deutschsprachigen Taschenbuchausgabe 1950 (Gestaltung: Karl Gröning jr. und Gisela Pferdmenges); rechts: Umschlag der US-Erstausgabe 1948 (Gestaltung: Jean Carlu)

Canetti, Elias

deutschsprachiger Autor bulgar.-jüd. Herkunft

*25.7.1905 Rustschuk, Bulgarien, †14.8.1994 Zürich

📖 *Die Blendung*, 1935

📖 *Masse und Macht*, 1960

📖 *Die gerettete Zunge*, 1977

Das Werk von Elias Canetti richtet sich – unter dem Eindruck der bewegten Geschichte des 20. Jahrhunderts – gegen die auf Rationalität angelegte wissenschaftliche Welterfahrung. Zu den wiederkehrenden Themen gehören die Auflehnung gegen die Endlichkeit des Daseins und die Ablehnung abstrakter Denksysteme.

Das kosmopolitische Leben Canettis begann in einer bulgarischen Kreisstadt, von wo aus seine Eltern, Nachfahren sephardischer Juden, 1911 nach England emigrierten. Nach dem Tod des Vaters 1913 übersiedelte Canetti mit der Mutter nach Wien. Dort lernte er Deutsch als dritte Sprache (neben Englisch und seiner Muttersprache Ladinisch), in der er auch seine Werke schrieb. Nach Züricher Internatsschule und Abitur in Frankfurt/Main absolvierte Canetti ein Studium der Chemie in Wien.

Canetti trat mit seinem Roman *Die Blendung* (1935) erstmals an die Öffentlichkeit. In die frühe Schaffensphase fallen auch die zwei Theaterstücke *Hochzeit* (1932) und *Komödie der Eitelkeit* (1934). Berühmt wurde er durch seine literarischen und sozialwissenschaftlichen Studien zu Massenpsychologie, Machtmissbrauch und die Folgen für das Individuum – Leitmotive, die Canettis eigenen Erfahrungen im krisengeschüttelten Deutschland und Österreich der 1920er sowie des aufkommenden Faschismus

der frühen 30er Jahre entsprangen. Als Österreich an das nationalsozialistische Deutschland angegliedert wurde, emigrierte Canetti erst nach Paris, dann nach England.

Ab 1939 arbeitete er an seinem eklektischen sozialwissenschaftlich-philosophischen Hauptwerk *Masse und Macht* (1960). Die eigene Ethik verbot Canetti, sich während dieser Zeit erzählerischen oder dramatischen Werken zu widmen. Lediglich aphoristische Notizen sammelte der Autor als Ausgleich zu seiner theoretischen Arbeit. Sie erschienen 1973 unter dem Titel *Die Provinz des Menschen*. 1977-85 legte er eine dreibändige Autobiografie vor. 1981 wurde er für sein schriftstellerisches Werk mit dem Literaturnobelpreis geehrt. *B. A.*

Biografien: E. Canetti, *Die gerettete Zunge*, 1977; *Die Fackel im Ohr*, 1980; *Das Augenspiel*, 1985 (3 Bde.); C. Petersen, *Elias Canetti*, 1990.

Die wichtigsten Bücher von Elias Canetti	
Die Blendung 1935	Roman über den Zusammenhang von Macht und Gewalt, vorgeführt an wahnhaften Figuren, die jeweils für ein falsches Bildungsideal, Gier und Brutalität einstehen. → S. 210
Masse und Macht 1960	Philosophisch-dichterische Abhandlung über das Phänomen der Masse in ihrer zum Teil archaischen, jedoch in der Zeitgeschichte wiederkehrenden, symbolisch verwandelten Struktur. → S. 210
Die Stimmen von Marrakesch 1967	Sammlung von Prosastücken anlässlich einer Reise nach Nordafrika, in der die Begegnung der Kulturen im akustisch-magischen Widerspiel der Stimmen eingefangen ist.
Die Provinz des Menschen, 1973	Parallel zu *Masse und Macht* entstandene Notizen, Gedankenmitschriften und Aphorismen, die über die individuelle Existenz hinaus die Bedingungen des menschlichen Seins erörtern.
Der Ohrenzeuge. Fünfzig Charaktere, 1974	Kurzprosa, die der über Sprache vermittelten Identität einzelner, in »akustischen Masken« auftretenden Charakteren gewidmet ist. Typische Figuren treten neben erfundene, surreale Gestalten.
Die gerettete Zunge, 1977	Erster Band der Autobiografie (bis zum 16. Lebensjahr). In knapper Sprache verteidigt Canetti die dichterische Subjektivität, die den Werdegang auf ein humanes Ethos gründet. → S. 211

Die Blendung

OA 1935 **Form** Roman **Epoche** Moderne

Auszug aus *Die Blendung*
von Elias Canetti

Die Eigenart kritischer Naturen besteht in der Gewalt, mit der sie das einmal Erwählte verfolgen. Seit einer Stunde habe ich mich so intensiv und ausschließlich mit meiner Einbildung beschäftigt, dass ich mich jetzt nicht selbst von ihr befreien kann.

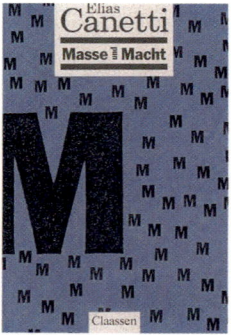

Elias Canetti, *Masse und Macht*, Umschlag der Ausgabe 1992

Elias Canettis Roman zeigt durch groteske Überzeichnung die wahnhafte »Verblendung« der in einer unmenschlichen, zweckorientierten gesellschaftlichen Situation sich orientierenden Figuren. Dominierende Denkschemata werden durch typische Sprechweisen und begriffliche Zwangssysteme dargestellt.

Inhalt: Dem berühmten Sinologen Peter Kien, Besitzer der größten Privatbibliothek der Stadt, mangelt es an Sinn für die Realität. Seine hässliche und dumme Haushälterin Therese nimmt er wegen ihres scheinbaren Interesses für Bücher, die ihm mehr bedeuten als Menschen, zur Frau. Auf ihren Vorteil und ein im Testament festgeschriebenes Erbe hoffend, erobert sie sich die Wiener Wohnung und wirft ihren psychisch wie physisch zugrunde gerichteten Mann hinaus. Im Zwerg Fischerle, der davon träumt, »Schachweltmeister« zu werden und nach Amerika auszureisen, findet der von zunehmenden Wahnvorstellungen geleitete Kien einen Begleiter, der ihn um sein Vermögen bringt: Der vor einer Pfandleihanstalt wartende Kien zahlt für immer das gleiche Bücherpaket eine Auslösesumme in der Überzeugung, dem Wahren und Guten zu dienen. Die Situation eskaliert, als Therese in Begleitung des gewalttätigen »Hausbesorgers« Benedikt Pfaff eintrifft. Fischerle kommt bald darauf ums Leben. Bis zur Ankunft des Bruders Georg bleibt Kien in der Wohnung des »Hausbesorgers«, der bereits Frau und Tochter zu Tode geprügelt hat, eingesperrt. Der in Paris lebende Leiter einer psychiatrischen Klinik, der jede Heilung als Verarmung bedauert und seine Patienten um ihre Fantasien beneidet, unterschätzt indes den Wahnsinn seines Bruders, nachdem er Therese und Pfaff entfernt und die

früheren Verhältnisse wiederhergestellt hat. Allein in der Wohnung erliegt Kien seinem Irrsinn und zündet die Bibliothek an.

Aufbau: Die auf acht Bände angelegte »Comédie Humaine des Irrsinns«, die das Wahnhafte durch Übertreibung am Typischen und Normalen aufzeigt, konzentriert in einem weltfremden Bildungsideal (Kien), einfältiger Gier (Therese) und nackter Brutalität (Pfaff) die heillos verschränkten Tendenzen in einer Zeit des gesellschaftlichen Umbruchs. Die Figuren weisen – auch in ihrem Versuch, für ein fehlendes gedankliches Ordnungsmodell Ersatz in symbolhaften Dingen und Handlungen (z.B. Bücher, Schachspiel, Schläge) zu suchen – auf den kommenden Faschismus. »Verblendet« von nutzlosem Wissen ist Kien ein »Kopf ohne Welt« (Überschrift des ersten Teils), der sich der instinkt- und triebgeleiteten »Welt ohne Kopf« (zweiter Teil) hilflos ausgeliefert sieht. Die Unversöhnlichkeit von Ideal und Wirklichkeit führt im dritten Teil (»Welt im Kopf«) zur Selbstzerstörung. Canettis Figuren zeichnen sich durch die von untergründiger Aggressivität zeugende Charakteristik ihrer Sprache, eine »akustische Maske« (Canetti), aus. Die zwanghafte Folgerichtigkeit ihrer Äußerungen macht sie zu Zerrbildern der modernen Gesellschaft.

Wirkung: Erst nach der dritten Auflage 1963 erhielt *Die Blendung* gebührende Aufmerksamkeit als eines auf Psychologisierung und Sinnstiftung verzichtenden Romans, der den Einfluss von James →Joyce, Franz →Kafka und Karl Kraus (1874–1936) zu einem nüchtern-beobachtenden Experiment sprachlicher Ausdrucksformen verbindet.

C.Z.

Hauptfiguren in »Die Blendung« von Elias Canetti

Peter Kien: Der Sinologe besitzt eine umfangreiche Privatbibliothek und sieht in der Wissenschaft den höchsten Wert. Kien fürchtet Blindheit und Feuer, obwohl er längst blind ist für die Vorgänge außerhalb seines Studierzimmers. Er heiratet irrtümlich seine Haushälterin und entwickelt zunehmende wahnhafte Fantasien.

Therese Krumbholz: Die Haushälterin und spätere Ehefrau Kiens; unansehnliche und mit nur geringem Wortschatz ausgestattete Verkörperung materieller Gier; versucht ihr Ziel, sich das Vermögen ihres Mannes anzueignen, mit erbarmungsloser Logik, psychischem Druck und sogar körperlicher Gewalt durchzusetzen.

Siegfried Fischer, genannt »Fischerle«: Parodie auf den Typus des assimilierten Juden; buckliger Zwerg, der in seinem Stammlokal

»Zum idealen Himmel« davon träumt, Schachweltmeister zu werden und nach Amerika auszuwandern. Betrügt Kien um seine Barschaft; wird grausam ermordet.

Benedikt Pfaff, genannt »Hausbesorger«: ehemaliger Polizist und gewalttätiger Opportunist, der nach Gelegenheit zum Gebrauch seiner gewaltigen Fäuste sucht; prügelte seine Frau und Tochter zu Tode; liebt Kanarienvögel.

Georg Kien: Bruder Peter Kiens; erfolgreicher Psychiater und Leiter einer Klinik für Geisteskranke in Paris; seine Patienten gelten ihm als besonders fantasiebegabt, deren Heilung indessen als bedauernswerte Auslöschung eines faszinierenden, eingebildeten Kosmos; stellt die Ordnung in seines Bruders Leben nur vorübergehend wieder her.

Masse und Macht

OA 1960 **Form** Sachbuch **Bereich** Soziologie

Mit seinem sozialwissenschaftlich-philosophischen Essay *Masse und Macht* wollte Elias Canetti zum Verständnis der politischen, sozialen und kulturellen Umwälzungen im Europa des 20. Jahrhunderts beitragen.

Inhalt: Canetti bietet eine systematische Darstellung der Masse als Phänomen mitsamt ihrer verschiedenen Ausprägungen und Funktionsweisen. Dabei analysiert er – scheinbar wertfrei – eine Reihe von Beispielen des Massenverhaltens aus primitiven und modernen Gesellschaften. Das Faszinierende und gleichzeitig Beunruhigende an der Vorgehensweise des Autors ist, dass er die Masse nicht in erster Linie als Instrument der politischen Macht oder Abart des menschlichen Verhaltens darstellt, sondern als eigene Existenzform, die irgendwo zwischen Vernunftmensch und Gesellschaft lauert und potenziell überall (beim Sport, im Theater, im

Gottesdienst oder im Krieg) ihr auf Handlungs-trieben basierendes Unwesen treibt. Dadurch zeichnet sich *Masse und Macht* als hervorragen-de soziologische Studie, aber auch politisches Werk aus.

Aufbau: Dem Werk liegt eine lose, sehr eigen-willige Struktur zu Grunde, die bereits im Titel angedeutet wird. So sind die ersten sechs Kapi-tel der Masse, die letzten vier der Macht gewid-met. Sie behandeln Hauptmerkmale dieser bei-den Begriffe wie *Masse und Geschichte* oder *Elemente der Macht* und sind wiederum in Un-terpunkte unterteilt, in denen Canetti Entste-hungsphasen (»Rhythmus«, »Stockung«) und Symbole (»Feuer«, »Fluss«, »Wald«, »Schatz«) der Macht darstellt, eine Kategorisierung vornimmt (»Die Jagdmeute«; »Die Kriegsmeute«; »Die Kla-gemeute« usw.) oder Beispiele aufführt.

Canetti leitet die starke Anziehungskraft der Masse tiefenpsychologisch von der Angst des Menschen vor der »Berührung durch Fremdes« ab, eine Angst, die der Mensch nur durch seine Integration in die Masse überwinden könne.

Wirkung: Obwohl *Masse und Macht* nie die Be-deutung des grundlegenden Werkes zum Mas-senverhalten, *Die Psychologie der Masse* (1895), von Gustave →LeBon erreichte, so sind Canettis Erkenntnisse von anderen Disziplinen als empi-risches Werkzeug genutzt worden, um bei-spielsweise das Verhalten von Soldaten in der Schlacht zu erklären. *B. A.*

Die gerettete Zunge

OA 1977 **Form** Autobiografie **Epoche** Moderne

Einer für chaotisch und unerklärlich geltenden Wirklichkeit setzt Canetti mit seiner Autobio-grafie (Untertitel: *Geschichte einer Jugend*) die Integrität des auf seine Entwicklung zurück-schauenden Individuums entgegen, das sich die Stationen seines Lebens im Akt des Schrei-bens zur selbstgewissen und bedeutungsvollen Einheit zu verknüpfen weiß.

Inhalt: Der erste Band der auf drei Bücher ange-legten Autobiografie, *Die gerettete Zunge*, reicht bis zum 16. Lebensjahr Canettis. Geburts- und zugleich symbolischer Ausgangsort des Schrift-stellers ist das bulgarische Rustschuk, ein multi-lingualer Schmelztiegel der Kulturen. Aus der Vielfalt der Sprachen – die Familien waren ehe-mals aus Spanien eingewanderte sephardische Juden, die einen auch heute noch bestehenden eigenen Dialekt pflegen, die Eltern in Wien er-zogen, Freunde kamen aus Russland, Hausan-gestellte aus Bulgarien, Armenien etc. – wählte Canetti das Deutsche zur »Muttersprache« (die Mutter unterrichtete ihn in der Schweiz). Alle Erinnerungen, die Historisches nur gelegentlich berühren, sind auf den späteren Schriftsteller

bezogen: neben der Entwicklung einer überrei-chen Fantasie, Bildungs- und Lektüreerfahrun-gen sind einzelne Ereignisse besonders heraus-gehoben, etwa der frühe Tod des Vaters und die damit verbundene Fixierung auf die Mutter. Mit den Bänden *Die Fackel im Ohr. Lebensge-schichte 1921–31*, die im Titel auf den Einfluss von Karl Kraus (1874–1936) und dessen Zeit-schrift *Die Fackel* hinweist, und *Das Augenspiel. Lebensgeschichte 1931–37* (erschienen 1980 bzw. 1985) komplettiert Canetti die metapho-risch angedeutete Ausbildung der Sinne (Spre-chen, Hören und Sehen) zu einem Credo dich-terischer Subjektivität.

Aufbau: Die Einteilung des Textes folgt dem Wechsel der Aufenthaltsorte des Autors über Manchester, Wien und Zürich. Der Lebensweg beginnt mit der Drohung, der erst Zweijährige könne seine Zunge verlieren, wenn das Liebes-verhältnis des Kindermädchens zu einem Unbe-kannten offenbar werde. Aus Angst hatte das Kind zehn Jahre geschwiegen und wird künftig darum bemüht sein, seine eigene, der äußeren Gefährdung trotzende Sprache zu finden. Hin-ter der Maske des Selbstbewusstseins verbirgt sich ein vom Sprachverlust und Ausschluss aus der symbolischen Welt der Worte bedrohtes Ich, das im Erzählen auch gegen den Tod ankämpft. Die selbst geschaffene Ordnung der Geschich-ten bewährt sich – so wird es dem Kind aus der Perspektive des erwachsenen Autors unterstellt – gegen das Unverstandene und Übermächtige.

Wirkung: Intensität erzeugt Canettis Autobio-grafie dort, wo sich der distanzierte Beobachter der intimen Sichtweise des sich seine Welt an-eignenden und erst schaffenden Kindes nähert. Die gegenständliche, auf jede Psychologie und Selbstzweifel verzichtende Beschreibung einer Jugend ist die konsequente Überführung des Lebens in den Text, bei der die Berufung zum Schriftsteller den vorgegebenen Fluchtpunkt darstellt. *C. Z.*

Cao Xueqin

(eigtl. Cao Zhan) chines. Schriftsteller

*um 1715 Nanking, †1764 Peking

📖 *Der Traum der Roten Kammer,* 1792

Die herausragende Stellung, die Cao Xueqin in der chinesischen Literaturgeschichte einnimmt, beruht ausschließlich auf einem einzigen Werk: *Der Traum der Roten Kammer,* das, beinahe 30 Jahre nach seinem Tod, in bearbeiteter und erweiterter Form veröffentlicht wurde.

Nur wenig ist über den Verfasser des Buches bekannt. Geboren um 1715 im ostchinesischen Nanking, verbrachte Cao Xueqin seine Kindheit in einer wohlhabenden aristokratischen Familie. Er war der Enkel des hoch angesehenen Textilhändlers Cao Yin, der u.a. von Kaiser Kangxi (1654–1722) persönlich beauftragt wurde. Nach dem Tod des Kunst und Wissenschaft fördernden Kaisers begann der finanzielle und soziale Abstieg der Familie. Als junger Mann arbeitete Cao Xueqin zeitweise als Lehrer in der kaiserlichen Privatschule, ließ sich dann aber aus ungeklärten Gründen westlich von Peking auf dem Land nieder. Zwischen 1740 und 1750 arbeitete er an seinem einzigen bekannten Roman *Der Traum der Roten Kammer,* der stark autobiografische Elemente enthält. Zu dieser Zeit lebte er bereits in Armut, die er durch den Verkauf eigener Gemälde abzuwenden versuchte. Bei seinem Tod war der Roman noch unvollendet. *J. D.*

Szene aus *Der Traum der Roten Kammer* von Cao Xuequin, gemalt von einem anonymen Künstler, Rollenbild auf Papier, 1744

Der Traum der Roten Kammer

OT Honglou meng **EZ** Mitte des 18. Jahrhunderts **OA** 1791 **DE** 1932 **Form** Roman

Der Roman von Cao Xueqin zeichnet anhand von über 400 Gestalten ein buntes Mosaik der Gesellschaft im alten China. Die in ihm spürbare Atmosphäre romantischer Nostalgie als Vorbote des Verfalls einer großen Zivilisation enthält zugleich Kritik an der Korruption der herrschenden Schicht. Das Werk bietet realistische, differenzierte Charakterdarstellungen, insbesondere subtile Frauenporträts.

Entstehung: Der unvollendete Roman (80 Kapitel) zirkulierte in Handschriften, bis er von Gao E (auch Gao Ngo, 1740–1815) nach Entwürfen des Autors mit 40 weiteren Kapiteln abgeschlossen wurde. Diese 120 Kapitel umfassende Version hatte Erfolg beim chinesischen Publikum und liegt auch der deutschen Übersetzung zu Grunde.

Inhalt: *Der Traum der Roten Kammer* enthält Merkmale älterer chinesischer Volksromane wie einen Prolog oder die Vermischung von Prosa mit Versen; neu ist jedoch die Existenz eines Hauptprotagonisten, mit dessen Geschichte das Buch beginnt und endet. Ein mythisches Leitmotiv des Romans ist die unerfüllte Liebe des Helden Baoyu zu seiner Kusine Daiyu.

Der Prolog handelt von der Neigung zwischen dem Edelstein der durchdringenden Geisterkraft und der Pflanze Purpurperle. Der Stein gelangt durch einen buddhistischen Mönch und einen daoistischen Priester in die Welt der Sterblichen und wird in Gestalt des jungen Herrn Baoyu im reichen Haus der Jia zum Leben erweckt. Purpurperle wächst an den Ufern des Geisterstromes und wird von dem Stein mit süßem Tau genährt, bis sie schließlich zum Leben erwacht. Sie wird als Baoyus Kusine Daiyu geboren.

Auf der irdischen Ebene wird die Atmosphäre der beiden luxuriösen Häuser der Familie Jia und des dazugehörenden Gartens beschrieben, der den idyllischen Rahmen für einen Teil der Handlung abgibt. Den Mädchen des Hauses wird erlaubt, im Garten zu wohnen, der junge Baoyu darf sich zu ihnen gesellen. Die Liebe zwischen Baoyu und Daiyu wird durch Baoyus gleichzeitige Neigung für eine andere Kusine überschattet. Er wird schließlich gegen seinen Willen mit dieser Kusine verheiratet, Daiyu stirbt im Verlauf der Trauungszeremonie. Baoyu erfüllt seine Familienpflichten, zieht sich am Ende von der Welt zurück und wird buddhistischer Mönch.

Wirkung: Das Buch gilt als Meisterwerk der klassischen chinesischen Romanliteratur und wurde in zahlreiche Sprachen übersetzt. Kritiker sind geteilter Meinung darüber, worin das

Hauptthema des Romans besteht: Manche sehen in ihm einen Liebesroman, andere einen Bildungsroman oder einen Bericht über daoistisch-buddhistische Entzauberung und Erleuchtung, andere wieder einen Sittenroman, der den Verfall einer aristokratischen Familie im 18. Jahrhundert beschreibt.   *G. F.*

Capote, Truman

(eigtl. T. Streckfus Parsons), US-amerikan. Schriftsteller

*30.9.1924 New Orleans (Louisiana)

†25.8.1984 Los Angeles (Kalifornien)

📖 *Kaltblütig*, 1966

Der Autor erfolgreicher Romane, unverbesserliche Klatschonkel und begnadete Selbstdarsteller war eine der schillerndsten Figuren der modernen US-Literatur.

Capotes traurige Kindheit prägte sein Werk maßgeblich. Nach der Scheidung seiner Eltern 1928 wuchs er bei Verwandten in Monroeville (Alabama) auf. Eine Freundin aus Kindertagen war die spätere Autorin Harper →Lee. Schon als 16-Jähriger schrieb er glänzende Stilist Capote Glossen für das Magazin *New Yorker*, als 22-Jähriger wurde er mit der Kurzgeschichte *Miriam* (1946) berühmt. Der heitere Roman *Die Grasharfe* (1951) schildert den gesellschaftlichen Ausstieg einiger skurriler Individualisten im Süden der USA. Dort spielt auch Capotes Roman *Andere Stimmen, andere Räume* (1952) über die Suche eines 13-Jährigen nach seinem Vater. In dem Welterfolg *Frühstück bei Tiffany* (1958), der 1961 von Blake Edwards mit Audrey Hepburn verfilmt wurde, porträtiert Capote satirisch die gelangweilten New Yorker Neureichen. Mit seinen minutiösen Aufzeichnungen über einen Raubmord in *Kaltblütig* begründete er 1966 das Genre des Tatsachenromans (Stichwort, → S. 213). Postum erschien 1987 sein Romanfragment *Erhörte Gebete*, in dem er Mitgliedern der New Yorker Schickeria ein wenig schmeichelhaftes Denkmal setzte.

Autobiografie: T. Capote, *Ich bin schwul. Ich bin süchtig. Ich bin ein Genie. Ein intimes Gespräch*, 1985.

Kaltblütig

OT In Cold Blood   **OA** 1966   **DE** 1966
Form Tatsachenroman   **Epoche** Moderne

Bereits mit seinem Untertitel *Wahrheitsgemäßer Bericht über einen mehrfachen Mord und seine Folgen* gibt sich das für ein neues literarisches Genre wegweisende Werk von Truman Capote als Tatsachenroman (Nonfiction novel) zu erkennen.

Truman Capote mit Marilyn Monroe 1955 in New York

Inhalt: Im November 1959 dringen die ehemaligen Zuchthäusler Richard Hickock und Perry Smith ins Haus des wohlhabenden Farmers Herbert Clutter in Holcomb (Kansas) ein, weil sie dort Geld vermuten. Als sie nur 40 Dollar finden, ermorden sie die vierköpfige Familie auf bestialische Weise und fliehen. In der Kleinstadt bricht Panik aus, ihre Bewohner fürchten, dass die Mörder mitten unter ihnen leben. Wenige Wochen später werden Hickock und Smith in Las Vegas (Nevada) gefasst. Truman Capote reist nach Kansas, um Ablauf, Motive und Hintergründe des grauenhaften Verbrechens vor Ort zu ermitteln. Er interviewt einfache Bürger, Polizisten, Justizbeamte und die inhaftierten Mörder. Sie werden zum Tod verurteilt und am 14. April 1965, fünfeinhalb Jahre nach der Tat, im Staatsgefängnis von Kansas gehängt.

Tatsachenroman (Nonfiction novel)

Begriff: Der Begriff der Nonfiction novel ist unter Kritikern und Literaturwissenschaftlern nicht unumstritten, da er von verwandten literarischen Formen wie z.B. dem New Journalism oder der Romanbiografie schwer abzugrenzen ist. Er umschreibt die wahrheitsgemäße Darstellung eines Sujets mit literarischen Mitteln. Gefühle, Gedanken und Urteile des Autors treten zugunsten exakt recherchierter Fakten und historischer Ereignisse in den Hintergrund.
Stilmittel: Die bevorzugte Form des Tatsachenromans ist der detailgetreue Bericht. Zu den Materialien des Autors gehören exakte Orts-, Personen- und Zeitangaben, Informationen über Lebensumstände und Milieus, Zeugenaussagen, Protokolle, Dokumente und Interviews. Aus diesem umfangreichen Recherchematerial formt der Autor eine packende Geschichte, die sich weitgehend an die Fakten hält.
Beispiele: Zum Tatsachenroman, der seinen Höhepunkt in den 1960er Jahren in den USA feierte, werden außer Capotes *Kaltblütig* (1966) u.a. Tom → Wolfes *Unter Strom* (1968) über eine Hippie-Kommune und Norman → Mailers *Heere aus der Nacht* (1968) über die Anti-Vietnamkriegs-Demonstrationen in Washington gerechnet. Im weiteren Sinn gehören z.B. auch Michael Herrs Vietnam-Kriegsbericht *Dispatches* (1977), Thomas → Keneallys Holocaust-Roman *Schindlers Liste* (1982) und Nicholas Pileggis von Martin Scorsese verfilmter Roman *Casino* (1996) über die Mafia in Las Vegas zur Nonfiction novel.

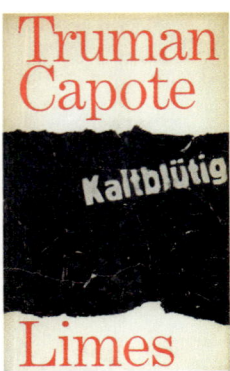

Truman Capote, *Kaltblütig*, Umschlag der deutschsprachigen Erstausgabe 1966

Auszug aus dem Tatsachenroman *Kaltblütig* von Truman Capote:

Wie die meisten amerikanischen Rechtsvollzugsbeamten ist Dewey überzeugt, dass die Todesstrafe im Hinblick auf Gewaltverbrechen abschreckend wirkt, und er war der Ansicht, dass sie in diesem Fall mehr als gerechtfertigt war. Die vorangegangene Exekution hatte ihn nicht sonderlich bewegt, er hatte nie viel übrig gehabt für Hickock, den er für einen ›kleinen, nichtsnutzigen, elenden Gauner‹ hielt, der ›den Boden unter den Füßen verloren‹ hatte. Aber Smith, obwohl er der eigentliche Mörder war, hatte etwas in ihm angesprochen, denn er hatte etwas von einem Ausgestoßenen an sich, von einem verwundeten Tier, das sich vor seinen Verfolgern ins Dickicht schleppte. Dewey hatte die Verlorenheit dieses Menschen empfunden.

Aufbau: Aus rund 6000 Seiten Notizen über die Ermittlungen des FBI, biografischen Angaben der Täter und atmosphärischen Details formte Capote eine »eigenartige Mischform«, die er für eine »große, unerforschte Kunstgattung« hielt. Sein Stil ist knapp und doch lückenlos, sachlich und anrührend zugleich. Das rastlose Leben auf der Straße während der Flucht der Gangster schildert Capote in Anlehnung an literarische Vorbilder wie Jack →Kerouac und Jack →London. Der Roman nutzt kriminologische (Rekonstruktion, Indiziensammlung), journalistische (Interview, Reportage) und filmische Techniken (Parallelmontage, Vorwärts- und Rückblende). Der Skrupellosigkeit des Verbrechens stellt Capote die moralische »Anständigkeit« des konservativen Westens der USA gegenüber. Die anfangs völlig verständnislose Tat erweist sich im Verlauf des Romans als tragisches Ergebnis sozialer und biografischer Umstände sowie psychopathischer Kurzschlusshandlungen.

Wirkung: Der Roman löste schon beim Vorabdruck in der Zeitschrift *New Yorker* heftige Reaktionen aus. Einige Kritiker wie der Engländer Ken Tynan warfen Capote vor, nichts getan zu haben, um die Mörder vor der Hinrichtung zu bewahren. Capote verwies auf die Chancenlosigkeit eines solchen Ersuchens angesichts des drakonischen Strafrechts in Kansas. *Kaltblütig* wurde 1967 von Richard Brooks als engagiertes Plädoyer gegen die Todesstrafe verfilmt. 1996 drehte Regisseur Jonathan Kaplan eine weitere Fassung für das US-Fernsehen. *B. B.*

Capra, Fritjof

österreich.-US-amerikan. Physiker und Denker

* 1.2.1939 Wien

📖 *Wendezeit*, 1982

Fritjof Capra gab der New-Age-Bewegung wichtige Impulse, indem er mit der Autorität eines Physikers die Abkehr von der bisherigen Praxis der Ausbeutung der Natur forderte.

Klassiker aus dem New-Age-Umfeld	
James Lovelock 1979	*Gaia:* Lovelock geht davon aus, dass die Erde ein Lebewesen ist, das über einen Mechanismus der Selbstregulierung verfügt.
Ken Wilber 1979	*Wege zum Selbst:* Der Versuch einer Verbindung östlicher Weisheitslehren mit den Erkenntnissen der Psychoanalyse.
Rupert Sheldrake 1981	*Das Gedächtnis der Natur:* Sheldrake behauptet, dass die Natur ein Gedächtnis – eine Erinnerung an vorheriges Ähnliches – besitze und dass es keine Naturgesetze, sondern nur Gewohnheiten der Natur gebe.
Fritjof Capra 1982	*Wendezeit:* Vor allem mit diesem Buch avancierte Capra zum Mitbegründer der New-Age-Bewegung. → S. 214
Ilya Prigogine 1993	*Die Gesetze des Chaos:* Prigogine will neue Naturgesetze für die Beschreibung dynamischer Prozesse der Selbstorganisation aufdecken.

Capra, Sohn einer österreichischen Lyrikerin und Hörspielautorin, promovierte an der Universität Wien in theoretischer Physik und nahm anschließend Lehr- und Forschungsaufträge u. a. an den Universitäten in Paris, Santa Cruz (Kalifornien), Stanford und London an. Neben seinen Arbeiten auf dem Gebiet der Elementarteilchen- und Hochenergiephysik beschäftigte er sich seit den 1970er Jahren mit den philosophischen und gesellschaftlichen Folgen der modernen Naturwissenschaften, insbesondere der Physik, der Systemtheorie und der Ökologie. Mit Büchern wie *Das Tao der Physik* (1975), *Wendezeit* (1982) und *Lebensnetz. Ein neues Verständnis der lebendigen Welt* (1996) wurde er zum Vordenker eines neuen Weltverständnisses, das die Erkenntnisse der modernen Physik mit fernöstlich-spiritualistischen Vorstellungen verknüpft. Capra, der so zum Mitbegründer der New-Age-Bewegung avancierte, ist Direktor des Zentrums für Öko-Alphabetisierung (Berkeley), dessen Ziel es ist, das ökologische und systemische Denken in der Früherziehung zu fördern.

Wendezeit

OT The Turning Point **OA** 1982 **DE** 1983
Form Sachbuch **Bereich** Kulturphilosophie

In einer Verquickung von Wissenschaftsgeschichte, Gesellschafts- und Zeitdiagnose mit esoterischen, mystischen und religiösen Vorstellungen postuliert Fritjof Capra in *Wendezeit* ein neues, von kosmischem Bewusstsein und ganzheitlichen Vorstellungen geprägtes Zeitalter, dessen Anbruch unmittelbar bevorstehe.

Entstehung: Nach eigenem Bekunden wurde Capra durch seine Auseinandersetzung mit dem Wandel, der in den ersten drei Jahrzehnten des 20. Jahrhunderts in grundlegenden Vorstellungen der Physik erfolgte, dazu veranlasst, sich mit der umfassenden Krise der Menschheit und mit möglichen Lösungen zu befassen. Als Anreger für sein Denken nennt er ganzheitliche und transpersonale Ansätze, aber auch den Zenbuddhismus, den Daoismus und naturreligiöse Vorstellungen, wie sie von dem Hippie-Kultautor Carlos Castaneda (* 1931) vermittelt wurden. Die Neuauflage der deutschen Übersetzung von 1985 enthält zusätzlich eine Darstellung zum ganzheitlich-ökologischen Denken in der deutschen Geistesgeschichte.

Inhalt: Laut Capra hat sich in der Physik Anfang des 20. Jahrhunderts ein Paradigmenwechsel vollzogen. An die Stelle des kartesisch-newtonischen mechanistischen Weltbilds sei ein neues getreten, in dem die Gegensätze zwischen Untersuchungsobjekt und untersuchendem Subjekt aufgehoben und das Kausalitäts-

OT = Originaltitel **EZ** = Entstehungszeit **OA** = Originalausgabe **DE** = Deutsche Erstausgabe 📖 = Verweis auf Werkartikel

prinzip (nichts geschieht ohne Ursache) zugunsten von Systemen, Netzwerken und Wahrscheinlichkeiten aufgeweicht sei. Andere Wissenschaften wie Biologie, Medizin, Psychologie und Ökonomie hielten an dem mechanistischen, auf Ausbeutung und Beherrschung der Natur ausgerichteten Paradigma jedoch noch fest – mit verheerenden Folgen.

Der Paradigmenwechsel muss, so Capra, ausgeweitet werden, um der epochalen Krise der Menschheit, die sich in den Bereichen von Politik, Wirtschaft, Gesundheitswesen und Ökologie manifestiere, zu begegnen und einen echten Wendepunkt einzuleiten. Dazu müsse erkannt werden, dass alle Erscheinungen vom kosmischen Bewusstsein durchdrungen seien, angesichts dessen die Gegensatzpaare Natur und Mensch, Geist und Bewusstsein, Subjekt und Objekt obsolet seien. Capra verweist in diesem Zusammenhang auf die Erkenntnisse vor allem östlicher Mystik. Vorreiter dieser neuen, ganzheitlichen Weltsicht seien die Frauen- und Friedensbewegung, Umweltschutz- und Bürgerinitiativen sowie Bewegungen für eine neue, Geist und Körper umfassende Medizin. Ihre Aufgabe bestehe darin, die ohnehin unaufhaltsame Bewegung zu einem neuen »Solarzeitalter« mit tief greifend veränderten gesellschaftlichen und politischen Strukturen zu beschleunigen und dafür zu sorgen, dass dieser Prozess möglichst konfliktfrei ablaufe.

Wirkung: Innerhalb der Naturwissenschaften fand *Wendezeit* wenig Resonanz. Capra wurden vor allem methodische Fehler bei der Darstellung der Erkenntnisse der modernen Physik vorgeworfen. Für die New-Age-Bewegung, die sich in den 1980er Jahren in den USA und in Westeuropa herausbildete, hatte das Buch aber eine kaum zu überschätzende Wirkung, auch wenn sich der Autor bald von dieser Bewegung distanzierte.   *B. Be.*

Carmina Burana

EZ aufgezeichnet vor 1250, Nachträge bis ins 14. Jh.
Form Text- und Liedersammlung **Epoche** Mittelalter

Die *Carmina Burana (Benediktbeuerner Lieder)* verdanken ihren Namen dem zeitweiligen Aufenthaltsort der Handschrift, des *Codex Buranus*, im Kloster Benediktbeuern. Sie sind aber wohl eher in Österreich (Steiermark, Tirol oder Kärnten) entstanden. Die Handschrift ist als Ganzes ein Unikat; für viele in ihr enthaltene Texte gibt es aber Parallelüberlieferungen. Die über 310 Einzeltexte sind meist mittellateinisch, aber auch auf Deutsch oder zweisprachig verfasst, z.T. mit Neumen (mittelalterlichen

Notenzeichen) und Illustrationen. Entstehungszeiten sind Antike, Spätantike und Mittelalter, zeitliche Schwerpunkte das 12. und frühe 13. Jahrhundert. Nur in wenigen Fällen ist den Texten ein Autorname beigegeben; die Forschung hat aber viele Autoren erschließen können, an deutschen Dichtern u.a. Walther von der Vogelweide, Heinrich von Morungen und Neidhart.

Inhalt: Die Einzeltexte sind inhaltlich bunt gemischt mit weltlichen und geistlichen Themen; nur die sechs dramatischen Texte sind religiös. Es geht u.a. um Liebesfreud und -leid, Bestechlichkeit, Geiz und geistlichen Ämterkauf, Unbeständigkeit des Glücks, Konkurrenz zwischen Fleiß und Fleischeslust bei Studenten, Kreuzzug, den Troja-Aeneas-Stoff, Tod, Schwangerschaft, Hofleben und das Schicksal umherziehender Künstler. Es finden sich Marienklagen

Carmina Burana, erste Seite aus der Handschrift um 1250; Rad der Fortuna und mittellateinisches Lied über die Macht und die Launenhaftigkeit des Schicksals

Auszug aus *Carmina Burana* **Nr. 206**

Sitzt so ein Bock
beim Weine,
Hemmungen kennt er dann
keine,
säuft er sich voll bis zum
Rande,
lügt ihn sein Mundwerk
in Schande.

Ich aber, bin ich betrunken,
mir sprühen die Verse
wie Funken.
Lassen sie trocken mich
hocken,
welch Stümpern und Stottern
und Stocken.

Dale Carnegie (r.) mit Moderator Douglas Edwards 1948 in der WCBS-TV-Filmquizsendung »Riddle Me This«

und Hymnen auf die heilige Katharina und die Parodie auf eine Messe. Kulturgeschichtlich interessant sind zwei Dämonenbeschwörungen; vereinzelt stößt der Leser auf Texte zu historischen Ereignissen.

Struktur: Für die *Carmina Burana* lässt sich im Hauptteil eine recht klare Blockbildung aufzeigen, jeweils mit Abweichungen: Auf einen Teil mit moralisierenden, z. T. satirischen Texten folgen Liebeslieder, daran schließt sich eine Abteilung mit Liedern zum Trinken und Glücksspiel an, schließlich kommen die dramatischen Texte. Innerhalb dieser vier großen Abteilungen gibt es kleinere thematische Blockbildungen, auf die in einigen Fällen durch Zwischenüberschriften verwiesen wird.

Wirkung: Literarisch wirkten die *Carmina Burana* im Mittelalter nicht als geschlossene Sammlung, sondern über die Rezeption einzelner Texte weiter. Wissenschaftlich sind sie seit ihrer Bekanntmachung durch Johann Christoph von Aretin immer im Gespräch geblieben, da sie wegen ihrer Besonderheiten und der Tatsache, dass sie die umfangreichste Sammlung mittellateinischer Lyrik des 13. Jahrhunderts darstellen, einzigartig sind. Zum allgemeinen »Bildungsgut« haben sie dagegen nie gehört – früher waren dafür viele ihrer Texte moralisch zu anstößig, heute sind sie für ein breiteres Publikum inhaltlich zu abgelegen. In breiteren Kreisen wurde ihr Name bekannt durch Carl Orff (1895–1982), der für sein gleichnamiges Werk mit dem Titelzusatz *Cantiones profanae = weltliche Gesänge* 24 mittellateinische Lieder vertonte (1935/36). Erst von diesem »meistgespielten Werk der Musikliteratur des 20. Jahrhunderts« (F. Willnauer) ausgehend ist auch eine – freilich mit der mittelalterlichen Vorlage

kaum noch in Zusammenhang stehende – populäre Wirkung zu beobachten: Orffs Vertonung von »O Fortuna« hat einige Beliebtheit als Begleitmusik zum Eiskunstlaufen erfahren und war zeitweise Auftrittsmusik des Boxweltmeisters Henry Maske (* 1964); US-Popstar Michael Jackson (* 1958) hat dasselbe Lied in Bühnenshows eingebaut; in Griechenland ließ es der Sozialist Andreas Papandreou (1919–1996) im Wahlkampf spielen; Werbespots wurden ebenso mit Ausschnitten unterlegt wie der US-Film *Excalibur* (1981) von John Boorman. Reflexe in der zeitgenössischen Kunst sind Kaltnadelradierungen von Edda Grossmann, Federzeichnungen von Caspar Neher, Grafiken von Henry Radeloff und Farbholzschnitte von HAP Grieshaber. *R. B.*

Carnegie, Dale

(eigtl. Dale Carnegey) US-amerikan. Autor

* 24.11.1888 Maryville (Missouri)

† 1.11.1956 Forest Hills (New York)

📖 *Sorge dich nicht – lebe!,* 1948

Mit seinen Büchern und den von ihm ins Leben gerufenen Trainingszentren hat sich Dale Carnegie einen festen Platz im Bereich der populär-psychologischen Lebens- und Managementberatung geschaffen, den er auch mehr als 40 Jahre nach seinem Tod noch innehat. Seine leicht verständlichen Formeln für ein glücklicheres und erfüllteres Leben haben Millionen Menschen erreicht und den Namen Carnegie zu einem Synonym für Ratgeberliteratur werden lassen.

Geboren und aufgewachsen in bescheidenen Verhältnissen auf einer Farm in Missouri, versuchte Carnegie bereits als junger Mann seiner Herkunft zu entfliehen. Er studierte zunächst Pädagogik, schlug sich dann als Handelsvertreter in Nebraska und als Schauspieler in New York durch und gelangte schließlich zu seiner wahren Bestimmung: Als Seminarleiter für Sprech- und Kommunikationskurse sowie Autor von praktischen Ratgebern für eine positive Lebensführung beeinflusste er das Leben zahlloser Menschen in allen Kontinenten.

Seine Erfahrungen als Rhetoriklehrer fasste er in *Wie man Freunde gewinnt* (1936) zusammen, das ursprünglich als Begleittext zu seinen Kursen gedacht war und auf Anhieb in die Bestsellerlisten kam. Weitere Veröffentlichungen befassten sich mit der Rolle der Rhetorik in beruflichen sowie in privaten Situationen. Mit seinem erfolgreichsten Buch, *Sorge dich nicht – lebe!,* setzte der Autor den Maßstab für die moderne Ratgeberliteratur.

Sorge dich nicht – lebe!

OT How to Stop Worrying and Start Living
OA 1948 **DE** 1949 **Form** Sachbuch **Bereich** Lebenshilfe

Mehr als 50 Jahre nach seiner Erstveröffentlichung ist *Sorge dich nicht – lebe!* von Dale Carnegie zu einem Standardwerk für positives Denken und optimistische Lebensführung geworden und konnte sich bislang auf dem boomenden Markt der Ratgeberliteratur gegen sämtliche Konkurrenztitel behaupten.

Entstehung: Während seiner Arbeit als Trainer für freies Sprechen in New York stellte Carnegie fest, dass die Angst seiner Schüler vor der öffentlichen Rede oftmals Hand in Hand mit einer tief sitzenden Lebensunsicherheit ging, mit der sie sich selbst jede Lebensfreude nahmen. Viele Jahre lang beschäftigte sich der Sprechtrainer mit dem Thema, informierte sich über die Fachliteratur und sprach mit Menschen aller Altersgruppen und sozialen Schichten über ihre Ängste und Sorgen. Seine Erfahrungen und Schlussfolgerungen hielt er in *Sorge dich nicht – lebe!* fest und machte sie so als Anleitung für ein sorgenfreies, erfülltes Leben einer breiten Öffentlichkeit zugänglich.

Inhalt: Die Botschaften, die Carnegie seinen Lesern vermittelt, sind – wie er im Text immer wieder betont – den meisten Menschen in der Theorie bereits bekannt: »Sorgen machen krank« und »Der Erfolg ist in dir« lauten zwei seiner zentralen Thesen. Das Wissen um diese Erkenntnisse allein könne aber nicht zu einem erfüllteren Leben führen. Der Autor verweist daher immer wieder auf die Notwendigkeit der praktischen Umsetzung dieser Lebensweisheiten im Alltag. Anhand von anschaulichen Fallbeispielen, die er mit Anekdoten aus seinem Leben spickt, und in einfachen Worten zeigt Carnegie seinen Lesern den Weg zu einem zufriedeneren Leben.

Struktur: Carnegie gliedert sein Buch systematisch in mehrere Teile, die dem Leser Schritt für Schritt den Weg zu mehr Lebensqualität erklären. Nach kurzer Einführung, in der er seine Beweggründe darlegt und eigene Erlebnisse beschreibt, beginnt er in – mittlerweile – klassischer Ratgebermanier damit, dass er zunächst Grundbegriffe klärt, dann das Problem und seine Entstehung analysiert und schließlich seine praktische Methode zur Problembewältigung vorstellt. Im Anhang lässt er ehemalige Schüler zu Wort kommen, die von ihrer erfolgreichen Angstbewältigung berichten.

Wirkung: In Deutschland steht die inzwischen schon klassische amerikanische Anleitung zu mehr Erfolg im Leben seit über 1000 Wochen ununterbrochen auf der Bestsellerliste. *Sorge dich nicht – lebe!* wurde in 17 Sprachen übersetzt und allein in Deutschland 2,8 Millionen Mal verkauft. Carnegies Bücher werden weltweit in 38 Sprachen vertrieben, in mehr als 70 Staaten praktizieren Niederlassungen sein Trainingskonzept. *J.D.*

Dale Carnegie, *Sorge dich nicht – lebe!*, Umschlag der deutschsprachigen Erstausgabe 1949

Carpentier, Alejo

kuban. Schriftsteller

* 26.12.1904 Havanna, † 24.4.1980 Paris

📖 *Barockkonzert,* 1974

Der lateinamerikanische Erzähler Alejo Carpentier verbindet in seinen Romanen kunstvoll karibische, insbesondere afroamerikanische, sowie europäische Kulturtraditionen und entwirft ein vielfarbiges Panorama der Geschichte und Gegenwart seiner südamerikanischen Heimat.

Die Eltern des Autors, ein französischer Architekt und eine russische Ärztin, wanderten 1902 nach Kuba aus. Nach der Schulausbildung in Paris und Havanna studierte Carpentier zunächst Architektur und Musik. Nachdem der Vater die Familie verlassen hatte, arbeitete er als Journalist und Herausgeber verschiedener Zeitschriften. Wegen seiner Opposition gegen den Diktator Gerardo Machado y Morales bedroht, floh er 1928 nach Paris. Im Exil lernte er die intellektuelle und künstlerische Avantgarde in Frankreich und Spanien kennen und schrieb für zahlreiche Zeitungen beider Länder. 1939 kehrte er nach Kuba zurück, schloss sich linksintellektuellen Strömungen an und erhielt eine Professur für Musikwissenschaft in Havanna. 1946 bis 1958 arbeitete er bei einer Werbeagentur in Venezuela und lehrte gleichzeitig Kulturge-

Auszug aus *Sorge dich nicht – lebe!* von Dale Carnegie:

Eine der tragischsten Eigenschaften der menschlichen Natur ist der Hang, das Leben aufzuschieben. Wir alle träumen von einem verzauberten Rosengarten hinter dem Horizont – statt uns über die Rosen zu freuen, die heute vor unserem Fenster blühen. Warum sind wir solche Dummköpfe – solche traurigen Dummköpfe?

Die wichtigsten Bücher von Alejo Carpentier	
Das Reich von dieser Welt, 1949	Die Geschichte der Rebellion schwarzer Sklaven in Haiti zur Zeit der Französischen Revolution und Napoleons I.
Die verlorenen Spuren, 1953	Das Reisetagebuch eines Musikwissenschaftlers, der auf der Suche nach primitiven indianischen Instrumenten die Macht und Schönheit des Urwalds entdeckt.
Die Hetzjagd 1958	Ein junger Mann flieht vor seinen Verfolgern in einen Konzertsaal. Beethovens 3. Symphonie (*Eroica*) ist Reflexionsfolie und zeitlicher Rahmen der Erzählung.
Explosion in der Kathedrale, 1962	Drei junge Kreolen erleben zur Zeit der Französischen Revolution die Perversion der Ideale von Freiheit, Gleichheit und Brüderlichkeit.
Barockkonzert 1974	Ein reicher Mexikaner reist Anfang des 18. Jahrhunderts nach Europa, trifft in Venedig die großen Komponisten des Barock und landet enttäuscht in der Gegenwart. → S. 218
Die Methode der Macht, 1976	In Anlehnung an den *Discours de la methode* von René Descartes missbraucht ein »aufgeklärter« Diktator seine Macht.
Le Sacre du printemps, 1978	In diesem Panorama Kubas zwischen dem spanischen Bürgerkrieg und der kubanischen Revolution erkennt eine russische Tänzerin, dass das berühmte Ballett von Igor Strawinsky eigentlich afrokubanischen Tänzern auf den Leib geschrieben ist.
Die Harfe und der Schatten, 1979	Eine fiktive Lebensbeichte von Christoph Kolumbus, der sich die Schiffe zur Eroberung Amerikas im Bett der Königin erkämpft.

Alejo Carpentier, *Barockkon-zert*, Umschlag der deutsch-sprachigen Erstausgabe 1976

schichte an der Universität von Caracas. Nach der Revolution Fidel Castros (*1926) wurde er Leiter des kubanischen Staatsverlags, lebte 1959–66 wieder in Havanna und danach als kubanischer Kulturattaché in Paris. Neben zahlreichen anderen Auszeichnungen erhielt er 1977 mit dem Premio Cervantes den wichtigsten spanischen Literaturpreis.

Das sozialkritische Engagement und der Antirassismus von Carpentier klingen in all seinen Werken an, die aber vor allem geprägt sind von dem »wunderbar Wirklichen« der neuen vitalen Welt Lateinamerikas, das er im Vorwort zu seinem ersten großen Roman *Das Reich von dieser Welt* (1949) programmatisch entwickelte.

Barockkonzert

OT Concierto barroco **OA** 1974 **DE** 1976
Form Novelle **Epoche** Moderne

Komponiert wie eine Suite spielt die Novelle von Alejo Carpentier mit Motiven, Rhythmen und ironischen Anspielungen (insbesondere auf die Barbarismen in den Dramen von → Shakespeare), bewegt sich witzig-anachronistisch in der Musikgeschichte und schlägt einen kühnen Bogen vom Barock zum Jazz.
Entstehung: Der Autor schrieb sich diese imaginäre musikalische Welt- und Zeitreise quasi als Geschenk zu seinem 70. Geburtstag. Angeregt wurde das kleine Meisterwerk durch die wenig bekannte Oper *Montezuma* (1733) von Antonio Vivaldi (1678–1741).
Inhalt: Zu Beginn des 18. Jahrhunderts begibt sich ein reicher, gebildeter mexikanischer Kreole auf die Reise nach Europa. In Havanna findet er in dem schwarzen Filomeno einen treuen und gewitzten Diener. Spanien als Land seiner Vorfahren enttäuscht den Mexikaner. Erst der venezianische Karneval hebt die Fremdheit der beiden ungleichen Reisenden im bunten, multikulturellen Getümmel auf. Sie treffen Antonio Vivaldi, Georg Friedrich Händel und Domenico Scarlatti und entfachen im Ospedale della Pietà – einem Kloster, in dem junge Waisenmädchen zu Musikerinnen ausgebildet wurden – gemeinsam ein turbulentes, auch erotisch polyphones »Concerto grosso«, das durch Filomenos afrikanische Mythenbeschwörungen und rhythmische Improvisationen als Jam-Session endet. Erschöpft findet sich die kleine Gesellschaft auf der Friedhofsinsel San Michele wieder, wo man am Grab von Igor Strawinsky über die neueren musikalischen Entwicklungen diskutiert. Auf dem Rückweg in die Stadt beobachteten sie, wie Richard Wagners Sarg zum Bahnhof transportiert wird. Wenig erbaut von den nur europäischen Theaterkonventionen gehorchenden historischen Verfälschungen in Vivaldis Oper, deren Proben er

kritisch beobachtet hat, reist der sich inzwischen mit Montezuma identifizierende Mexikaner ab. Der Neger, der die Trompete als sein neues Ausdrucksmittel entdeckt hat, bleibt in Venedig, um ein Konzert von Louis Armstrong zu hören.
Wirkung: *Barockkonzert* begründete den späten Ruhm des Autors in ganz Europa. Das Buch ist wegen seines sprachspielerischen Sarkasmus und der immanenten Kritik an der dekadenten europäischen Kultur, die der Zukunftsimpulse durch andere Kontinente bedarf, ein Schlüsselwerk nicht nur der kubanischen Literatur. *E. E. K.*

Carroll, Lewis

(eigtl. Charles Lutwidge Dodgson), engl. Schriftsteller

*27.1.1832 Daresbury, † 14.1.1898 Guildford

📖 *Alice im Wunderland*, 1865

Lewis Carroll ist Schöpfer eines der bekanntesten Kinderbücher, *Alice im Wunderland*, und Pionier der Nonsens-Literatur (Stichwort →S. 219), der Kunst des Absurden und des Surrealismus.

Der Sohn eines englischen Pfarrers wuchs in behüteten Verhältnissen auf dem Lande auf, studierte in Oxford Mathematik und blieb nach dem Examen bis zu seinem Lebensende mit einer bescheidenen Stelle als Tutor am College. Carroll galt unter den Kollegen als schüchtern, verschlossen und extrem pedantisch. Seinen Verleger und den Illustrator seiner Bücher trieb er mit ständigen Änderungswünschen fast zur Verzweiflung und klagte doch selber oft über die »schlechten Manieren« seiner Mitmenschen. Freunde hatte er kaum, Liebschaften keine. Nur in der Gesellschaft kleiner Mädchen blühte er auf, zeichnete, erfand fantastische Geschichten und schrieb ihnen lange, ernsthafte Briefe. Ihn faszinierten logische Paradoxe und Rätsel sowie ein zu seiner Zeit völlig neues Medium: Carroll war ein bedeutender Fotograf, der die literarischen Größen des viktorianischen England, aber auch zahlreiche kleine Mädchen porträtierte; Letztere nicht selten nackt, was bis heute zu manch haltlosem Gerücht über seine sexuelle Veranlagung Anlass gegeben hat.

Biografie: Th. Kleinspehn, *Lewis Carroll* (rm 50478).

Alice im Wunderland

OT Alice's Adventures in Wonderland
OA 1865 **DE** 1869
Form Kunstmärchen **Epoche** Viktorianismus

Carrolls *Alice*-Erzählung dürfte das weltweit erfolgreichste britische Kinderbuch vor Joanne →Rowlings *Harry Potter* sein. Mit der Fortset-

Martin Franzbach über die Novelle *Barockkonzert* von Alejo Carpentier:

Scheinbar mühelos vollzieht sich die Metamorphose der Realgeschichte und ihrer Gestalten über alle Zeiträume hinweg in Märchen und Mythologie.

Auszug aus der Novelle *Barockkonzert* von Alejo Carpentier:

Aus Märchen setzt sich die große Geschichte zusammen... Als Märchen erscheint den Hiesigen das Unsere, weil sie den Sinn für das Märchenhafte verloren haben. Märchenhaft nennen sie, was lange zurückliegt, was irrational ist, was gestern war... Sie begreifen nicht, dass das Märchenhafte in der Zukunft liegt.

zung *Hinter den Spiegeln* (1872) ist es bis heute der nach Shakespeares Werken und der King-James-Bibel meistzitierte englische Text.

Entstehung: Die Geschichte vom Wunderland erzählte Lewis Carroll der etwa zehnjährigen Alice Liddell und ihren Schwestern während einer Bootspartie im Sommer 1862. Die erste Manuskriptfassung war eigentlich als Geschenk für das Kind, nicht zur Veröffentlichung gedacht. Erst verschiedene Bekannte überredeten ihn nach drei Jahren zur Publikation, die ein durchschlagender Erfolg wurde. Seine Arbeitsweise beschrieb der Autor selbst als eine des Sammelns und Aufreihens einzelner Episoden – diese Technik hat die Struktur von *Alice im Wunderland* deutlich geprägt, Carroll bestand darauf, seine Stoffe meist völlig spontan erfunden oder geträumt zu haben.

Inhalt: Die kleine Alice folgt im Traum einem weißen Kaninchen in dessen Bau und gerät in das unterirdische »Wunderland«. Hier begegnen ihr merkwürdige Wesen und Fabeltiere: u. a. die Cheshire-Katze (die sich in Luft auflöst und »nur ihr Grinsen zurücklässt«), lebende Spielkarten, der Märzhase und eine falsche Suppenschildkröte. Sie leben nach einer eigenen Unsinnslogik, der die Heldin ihre in der Schule brav gelernte Erwachsenenvernunft entgegenzusetzen versucht, was immer wieder scheitert. Die Wunderlandbewohner drehen ihr ständig das Wort im Munde herum und benehmen sich ziemlich feindselig. Die Größeren drohen, sie zu fressen, die Kleineren fürchten, von ihr gefressen zu werden. Spiele mit Regeln werden durchgeführt, um deren Ungültigkeit vorzuführen, eine Gerichtsverhandlung wird zur Farce. Nach und nach geraten eherne Werte der viktorianischen Gesellschaft und grundlegende Ordnungskategorien durcheinander: Raum und Zeit, Rationalität und Moral, die Hierarchie von Mensch, Tier und Ding sowie die Logik der Sprache. Auch Alice, die mit Hilfe eines Zauberpilzes ihre Größe manipuliert und inmitten des allgemeinen Chaos mal kindlichen Trieben, mal vernünftigen (erwachsenen) Überlegungen gehorcht, kann sich ihrer eigenen Identität nicht sicher sein; ihre märchenhafte Traumwelt bewegt sich bisweilen am Rande des Alptraums.

Die von Carroll aus der Kinderliteratur der Zeit zitierten Lehr- und Sinnsprüche, die sich seine hilflose Heldin mit immer größerer Mühe ins Gedächtnis ruft, wirken wie Parodien. Schließlich hat Alice genug und erwacht mit einem zornigen Ruf: »Ihr seid doch nichts als ein paar blöde Karten!« Zurück in der heiteren Realität eines sonnigen Nachmittags erzählt sie den Traum ihrer Schwester.

Wirkung: Unter dem Einfluss der zeitgenössischen Illustrationen von John Tenniel und verstärkt durch eine Disney-Verfilmung von 1951

Der König und die Herzkönigin halten Gericht; Illustration von Sir John Tenniel zu Lewis Carrolls, *Alice im Wunderland*, Kapitel 11 der Originalausgabe 1865

sah man jahrzehntelang vor allem die idyllischen und niedlichen Aspekte der Geschichte. Ihre absurden und monströsen Seiten haben im 20. Jahrhundert zunehmend die psychoanalytische Literaturkritik beschäftigt. Die französischen Surrealisten begeisterten sich für Alice, weil sie in Carrolls Schreibweise ein frei sich artikulierendes Unterbewusstsein erblickten; James →Joyce bezog sich auf ihn in *Finnegan's Wake*. Die »psychedelische« Kultur der 1960er Jahre interpretierte Alices Abenteuer als halluzinierte Drogenvision – sie knabbert ständig am mysteriösen Pilz. Über Carrolls angeblichen Drogenkonsum ist freilich nichts bekannt. *N. S.*

Auszug aus *Alice im Wunderland* von Lewis Carroll:

»Hast du das Rätsel inzwischen gelöst?«, sagte der Hutmacher und drehte sich wieder zu Alice um. – »Nein, ich gebe es auf«, antwortete Alice, »was ist die Lösung?« – »Ich habe nicht die geringste Ahnung«, sagte der Hutmacher. – »Ich auch nicht«, sagte der Märzhase. – Alice seufzte müde: »Ich finde, ihr könntet die Zeit sinnvoller nutzen als sie zu verschwenden, indem ihr Rätsel aufgebt, die keine Lösung haben.« – »Wenn du Zeit so gut kennen würdest wie ich, dann würdest du nicht davon reden, sie zu verschwenden. Zeit ist ein er.« – »Ich weiss nicht, was du meinst«, sagte Alice. – »Natürlich nicht!«, sagte der Hutmacher und schüttelte verächtlich den Kopf, »ich wette, du hast mit dem alten Zeit noch nie ein Wort gesprochen.«

Nonsens-Literatur

Allgemein: Als »Unsinns«-Dichtung gelten Texte, die nicht auf Witz, Humor oder Ironie beruhen, sondern auf bloßer Absurdität, oft auf sprachlichen Klangeffekten. Typische Beispiele sind gewisse Kinderlieder und Abzählreime, als historisches Vorbild gilt die Sprache der Narrenfiguren in Shakespeares Dramen. Seit Mitte des 19. Jahrhunderts erscheint der Nonsens als selbstständige literarische Form, begründet durch den Dichter Edward Lear (1812 bis 1888), den Erfinder des »Limerick« – und durch Lewis Carroll. Fortgeführt wurde die Nonsens-Tradition u. a. im französischen Surrealismus und Dadaismus.

Viktorianische Literatur: Die Regierungszeit der sittenstrengen, religiösen Königin Viktoria (1837–1901) war eine Epoche rigider sozialer und moralischer Wertmaßstäbe, die sich auch in der Literatur bemerkbar machten. Viktorianische Kinderliteratur wirkt oft betulich, tendiert zum Kitsch und ist voll lehrreicher Sinnsprüche.

Lewis Carroll: In *Alice im Wunderland* fehlte nicht nur die oben erwähnte didaktische Tendenz weitgehend, sondern sie wurde geradezu lächerlich gemacht. Carroll entband die Sprache von der Notwendigkeit, etwas darzustellen, er ließ seinem eigenen Experimentier- und Spieltrieb genauso freien Lauf wie der Fantasie des Lesers. Berühmt ist z. B. sein Gedicht *Der Zipferlake* (»Verdaustig wars, und glasse Wieben,/Rotterten gorkicht im Gemank...«) am Anfang von *Hinter den Spiegeln*, wo eine Handlung fast ohne bekannte Worte vor das Auge des Lesers gezaubert wird. Freilich hat die Nonsens-Welt Carrolls immer auch etwas Verstörendes und Beängstigendes und es ist wohl kein Zufall, dass sich hinter dem Zipferlake ein menschenfressendes Monster verbirgt.

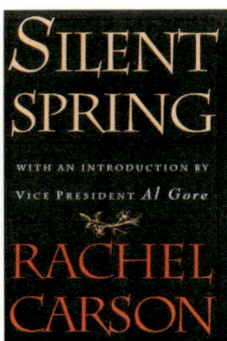

Rachel Carsen, *Der stumme Frühling*, Einband der Taschenbuchausgabe 1994

Theo Löbsack 1963 im Vorwort der deutschen Ausgabe von *Der stumme Frühling*:

Unsere Zivilisation droht zum Opfer ihrer eigenen Errungenschaften zu werden: Wir verpesten unsere Atemluft mit Abgasen, Rauch und Industriestaub; wir vergiften die Gewässer, wir verseuchen die Erde mit radioaktiven Strahlen. Und mit all dem benehmen wir uns unvernünftiger als jeder Vogel, dem es schwerlich einfiele, sein eigenes Nest zu beschmutzen.

Carson, Rachel Louise

US-amerikan. Biologin und Schriftstellerin

* 27.5.1907 Springdale (Pennsylvania)

† 14.4.1964 Silver Spring (Maryland)

📖 *Der stumme Frühling*, 1962

1962 sorgte die an Krebs erkrankte Biologin und Schriftstellerin Rachel Carson mit ihrem Buch *Der stumme Frühling* international für Aufsehen. Das Buch klärt erstmals über die Folgen der weltweiten Umweltverschmutzung und den Einsatz von Pestiziden auf.

Carson studierte bis 1932 Meeresbiologie. Sie übernahm die Leitung der Pressestelle beim U.S. Fish and Wildlife Service, schrieb Broschüren zu Natur- und Umweltschutz und gab zahlreiche wissenschaftliche Artikel heraus. Ab 1952 verfasste sie einige Bücher zu Natur- und Umwelt-Themen wie *Das Geheimnis des Meeres* (1951), *Am Saum der Gezeiten* (1955) und *Der stumme Frühling* und erlangte damit weltweiten Ruf. Als Wissenschaftlerin und Publizistin gelang es Carson, umweltschädigende Prozesse anschaulich darzustellen und somit eine Brücke zwischen Forschung und breiter Öffentlichkeit zu schlagen.

Carson geriet zu Beginn der 1960er Jahre stark ins Kreuzfeuer von US-Regierung und chemischer Industrie. Kurze Zeit später erlag sie ihrem Krebsleiden. Die Autorin gilt heute als eine der ersten Umweltschützerinnen des 20. Jahrhunderts.

Der stumme Frühling

OT The Silent Spring

OA 1962 **Form** Sachbuch **Bereich** Ökologie

Der stumme Frühling von Rachel Louise Carson ist ein Alarmsignal. Nachdem in den 1950er und 1960er Jahren Pestizide als neue Wunderwaffen gegen jede Art von Schädling gepriesen und nahezu unkontrolliert eingesetzt wurden, legt das Buch in einem eindringlichen Appell an Verantwortliche die Fragwürdigkeit des chemischen Pflanzenschutzes dar. Die schädlichen Auswirkungen dieser Umweltgifte auf Natur und Mensch sind bis heute ein brisantes Thema.

Entstehung: Nach dem Zweiten Weltkrieg setzte sich weltweit die chemische Substanz DDT durch, die zur hochgiftigen Gruppe der chlorierten Kohlenwasserstoffe gehört. Warnungen über mögliche Nebenwirkungen der Substanz beachtete bis in die 1950er Jahre niemand. In dieser Zeit recherchierte Carson, indem sie Fallbeispiele der todbringenden Wirkung dieser Pflanzenschutzmittel in den USA aufnahm, Wissenschaftler befragte und Statistiken auswertete. Die Aufsehen erregenden Ergebnisse ihrer Studien fasste sie 1962 in *Der stumme Frühling* zusammen.

Inhalt: Stichhaltig dokumentiert und belegt Carson die folgenschweren Auswirkungen der Pestizide auf die Umwelt. Die chemischen Pflanzenschutzmittel tilgen nicht nur Ernteschädlinge, sondern vernichten gleichzeitig alle anderen Lebewesen, vor allem aber die natürlichen Feinde des Schädlings.

Die Natur ist ein einzigartiges Geflecht von Wechselbeziehungen. Jede Art hat ihren festen Platz und reiht sich ein in eine Kette von Organismen, die sich voneinander ernähren. Durch massives Sprühen gelangen die Gifte ins Erdreich und beeinträchtigen die Bodenlebewesen. Sie werden in Flüsse gespült, von den Fischen aufgenommen und geraten sogar ins Meer. Auf diese Weise kommen sie in die Nahrungskette, werden dort angereichert und rotten unbeteiligte Arten aus: Regenwürmer, Singvögel und schließlich die Haustiere. Letztendlich erkrankt auch der Mensch, denn er steht selbst am Ende dieser Kette und nimmt die Gifte über die Nahrung auf.

Wie der stete Tropfen den Stein höhlt, reichern sich Stoffe wie Chlordan, Parathion oder DDT im menschlichen Körper an. Die Schädlinge selbst werden in kurzer Zeit gegen die Pestizide resistent. Größere Mengen des Giftes in höheren Konzentrationen werden erforderlich. Diesem scheinbaren Teufelskreis tritt die Autorin Carson mit Alternativen entgegen und nennt biologische Lösungen gegen Insektenplagen. Sterilisation der Schädlinge oder ein

Wichtige Bücher zu den Themen Natur und Umwelt

Rachel Louise Carson 1962	*Der stumme Frühling:* Das Buch ist ein Alarmsignal. Wissenschaftlich fundiert klärt die Autorin über die Folgen der Umweltverschmutzung durch den weltweiten Einsatz von Pestiziden auf.
Klaus Michael Meyer-Abich 1990	*Aufstand für die Natur. Von der Umwelt zur Mitwelt:* Das Buch ist ein Aufruf für die Natur als schützenswertes Gemeingut und gegen ihre industrielle Zerstörung in der heutigen Zeit.
Heinrich und Gerlinde Lamping 1995	*Naturkatastrophen. Spielt die Natur verrückt?:* Durch menschliche Einflüsse können Naturereignisse zu Katastrophen werden. Die Autoren geben Beispiele für Ursachen und Folgen.
Peter Nilson 1996	*Zurück zur Erde:* Das Buch erklärt globale Zusammenhänge von Mensch und Natur. Es verknüpft Natur- und Kulturgeschichte mit neuesten Forschungsergebnissen, Ethik und Philosophie.
Wolfgang Engelhardt 1997	*Das Ende der Artenvielfalt. Aussterben und Ausrottung von Tieren:* Das derzeitige Artensterben hat Dimensionen angenommen, die sich mit dem Sauriersterben vor Jahrmillionen vergleichen lassen. Der Autor erläutert Ursachen und ihre Folgen.
Ernst-Ulrich von Weizsäcker 1997	*Faktor vier. Doppelter Wohlstand – halbierter Verbrauch:* Das Knowhow für eine umweltschonende Wachstumspolitik ist längst vorhanden. Eine weitaus effizientere Nutzung von Naturgütern wäre mit politischer Unterstützung möglich.
Joachim Radkau 2000	*Natur und Macht. Eine Weltgeschichte der Umwelt:* Eine ungewöhnliche Sammlung historischer Beispiele – wann und wie hat der Mensch im Laufe der Geschichte in die Natur eingegriffen?

OT = Originaltitel **EZ** = Entstehungszeit **OA** = Originalausgabe **DE** = Deutsche Erstausgabe 📖 = Verweis auf Werkartikel

kontrolliertes Aussetzen ihrer natürlichen Feinde seien zwar gleichermaßen Erfolg versprechend, aber weniger zerstörerisch.

Wirkung: Das Buch löste Anfang der 1960er Jahre kritische Debatten über die übermäßige und unkontrollierte Verwendung von DDT aus. Carson sah sich heftigen Angriffen durch Industrie und Landwirtschaft ausgesetzt und wurde selbst von der amerikanischen Regierung als Panikmacherin und Unruhestifterin abqualifiziert. Für die beginnende Umweltbewegung wurde das Buch hingegen zum Manifest. Das leidenschaftliche Engagement der Autorin gegen die Umweltverschmutzung blieb nicht ohne Folgen: Ende der 1960er Jahre wurde der Einsatz von DDT in fast allen Industrieländern verboten. 1972 wurde es in Deutschland aus dem Verkehr gezogen. In der Dritten Welt wird es jedoch immer noch verwendet. *Der stumme Frühling* hat daher nichts von seiner Aktualität eingebüßt. *K.M.*

Carter, Howard

engl. Maler und Archäologe

*9.5.1874 Kensington (London), †2.3.1939 London

📖 *Das Grab des Tut-ench-Amun*, 1924–34

Am 4. November 1922 machte Howard Carter eine der sensationellsten archäologischen Entdeckungen aller Zeiten. Er entdeckte das Grab des Tut-ench-Amun, das bis heute einzige unversehrt gebliebene Grabmal eines altägyptischen Pharaos.

Der Sohn eines Künstlers kam 1891 als Grabungszeichner erstmals nach Ägypten, um an einer Ausgrabung des britischen »Egypt Exploration Funds« teilzunehmen. Bei einigen Ausgrabungen arbeitete Carter mit dem berühmten Archäologen William Matthew Flinders Petrie (1853–1942) zusammen und erlernte von diesem die praktische Arbeit der Ausgrabungstechnik. 1899–1904 war Carter Chefinspektor der ägyptischen Altertümerverwaltung (Service des Antiquités) für Oberägypten und 1904/05 für Unterägypten.

Nachdem er aus diesem Amt ausgeschieden war, arbeitete Carter zunächst 1905–07 als Aquarellmaler in Luxor und leitete später als angestellter Archäologe für Lord Carnarvon mehrere Ausgrabungen in Westtheben bzw. ab 1915 im Tal der Könige, wobei ihm die Entdeckung mehrerer neuer Gräber, u.a. das Grab des Königs Amenophis I., gelang. Trotz seiner großen Erfolge erhielt Carter nie die Anerkennung der Ägyptologen.

Literatur: H.V.F. Winstone, *Howard Carter und die Entdeckung des Grabmals von Tut-ench-Amun*, 1993.

Das Grab des Tut-ench-Amun

OT The Discovery of the Tomb of Tut. ankh. Amen – Discovered by the Late Earl of Carnarvon and Howard Carter (3 Bde.) **OA** 1923–33 **DE** 1924–34
Form Sachbuch **Bereich** Archäologie

Die Entdeckung eines unberaubten Grabmals eines altägyptischen Königs machte Howard Carter weltweit bekannt. Wegen der atemberaubenden Schätze, in die der Bestattete eingebettet war, wurde der unbedeutende Tut-ench-Amun zum heute bekanntesten König Ägyptens, obwohl, wie Carter es trocken formulierte, »das einzige Bemerkenswerte in seinem Leben darin bestand, dass er starb und begraben wurde«.

Entstehung: Die dreibändige Originalausgabe entstand im Zuge der Bergung der immensen Schätze und der Auswertung der Funde unmittelbar nach der Entdeckung des Grabs zwischen 1923 und 1933. 1972 (dt. 1980) erschien eine einbändige, gekürzte Ausgabe.

Inhalt: Das Buch ist der sachlich gehaltene Bericht über die Entdeckungsgeschichte des – neben den Pyramiden von Gizeh – berühmtesten Grabmals Ägyptens. Im Mittelpunkt des Berichts steht Tut-ench-Amun, der nur etwa 18 bis 20 Jahre alt wurde. In die wissenschaftliche Darstellung bringt Carter immer wieder seine eigenen Erlebnisse und Empfindungen mit ein. Nicht ohne Stolz berichtet er, wie er ab 1907/08 anhand mehrerer Funde US-amerikanischer Archäologen im Tal der Könige zur Überzeugung gelangte, dass das Grabmal von König Tut-ench-Amun noch seiner Entdeckung harrte. Doch erst als sein Auftraggeber (und zugleich

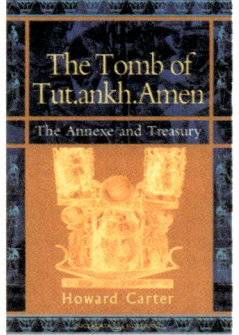

Howard Carter, *Das Grab des Tut-ench-Amun*, Umschlag von Band 3 der Originalausgabe 1933 (US-Reprint)

Howard Carter bei den Ausgrabungen der Königsgräber in Ägypten; im Winter 1925/1926 öffnete er den Sarg Tut-ench-Amuns

Auszug aus *Das Grab des Tut-ench-Amun* (1923–33) von Howard Carter:

»Als meine Augen sich an das Licht gewöhnten, tauchten Einzelheiten im Innern der Kammer aus dem Nebel auf, seltsame Tiere, Statuen und Gold – überall glänzendes, schimmerndes Gold! Für den Augenblick war ich vor Verwunderung stumm. Als Lord Carnarvon die Ungewissheit nicht länger ertragen konnte und ängstlich fragte »Können Sie etwas sehen?«, war alles, was ich hervorbringen konnte: »Ja, wunderbare Dinge!«

Mitausgräber) Lord Carnarvon 1915 eine Grabungslizenz erhielt, konnte Carter selbst systematisch im vermuteten Gebiet suchen. Carter stellt die eigentliche Entdeckungsgeschichte sowie die langwierige Bergung der zahlreichen Funde ausfühlich dar und lockert seine Ausführungen durch fachliche und historische Erläuterungen immer wieder auf.

Wirkung: Auch 80 Jahre nach der Entdeckung des Grabmals hat das Buch wenig von seiner Faszination verloren – obwohl bei den Neuausgaben die meisten der wissenschaftlichen Anhänge gestrichen wurden. Carters Buch brachte einem breiten Publikum die sensationellen Funde aus dem Tal der Könige nahe und bescherte durch das plötzliche rege Interesse an allen vorgeschichtlichen Funden den Archäologen in aller Welt für einige Zeit einen überraschenden Geldsegen. Die »Ägyptomanie«, die von der Entdeckung des Grabmals ausgelöst worden war, hat sich bis heute nicht gelegt, wie die zahlreichen Touristen in Kairo und Luxor tagtäglich beweisen. *P. B.*

Carver, Raymond

US-amerikan. Schriftsteller
*25.5.1938 Clatskanie (Oregon)
†2.8.1988 Port Angeles (Washington)

Raymond Carver gilt als wichtigster Vertreter eines literarischen Minimalismus, der sich durch gedrängten und kühlen realistischen Prosastil mit knapper Handlung auszeichnet. Entwickelt als Reaktion auf die literarischen Formen der Postmoderne, kennzeichnen die Geschichten von Carver die Abkehr von fantastischen Handlungselementen, absurden Sprachspielen und metafiktionalen Verweisen.

Als Sohn eines Sägewerkarbeiters wuchs Carver in einfachen Verhältnissen auf. Nach der Highschool und seiner Heirat mit der 16-jährigen Maryann Burk studierte er 1958–63 Literatur. Erste Veröffentlichungen von Erzählungen folgten ab 1961 in Zeitschriften. Nur mit Mühe konnte er seinen Lebensunterhalt bestreiten. Als erste Sammlung von Erzählungen erschien 1976 das Buch *Würdest du bitte ruhig sein, bitte.*

In der 1980er Jahren und mit dem Band *Worüber wir reden, wenn wir von Liebe reden* (1981) festigte sich sein Ruf als führender Short-Story-Erzähler Amerikas. Der letzte Band, *Kathedrale* (1983) zeigt den inzwischen schwer kranken Alkoholiker Carver in neuem Licht; seine Geschichten sind in ihrer Konzeption weniger minimalistisch. Im Alter von 50 Jahren starb er an Krebs.

Literatur: A. Meyer, *Raymond Carver*, 1985.

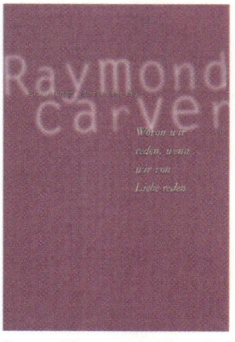

Ramond Carver, *Worüber wir reden, wenn wir von Liebe reden*, Umschlag der deutschsprachigen Neuausgabe 2000

Wovon wir reden, wenn wir von Liebe reden

OT What We Talk About When We Talk About Love
OA 1981 **DE** 1989
Form Kurzgeschichten **Epoche** Postmoderne

In den 17 Kurzgeschichten dieses Bandes beschreibt Raymond Carver anhand von Alltagssituationen Menschen, die am Rand der amerikanischen Wohlstandsgesellschaft leben oder schon nicht mehr dazugehören. Die Szenarien kommen mit minimalen Handlungselementen aus und lassen Spielräume für Interpretationen.

Entstehung: Wie seine frühen Einzelveröffentlichungen und den Band *Würdest du bitte endlich still sein, bitte* hat Carvers Lektor Gordon Lish auch die Erzählungen dieses Bandes stark bearbeitet. Die durch ihn vorgenommenen Änderungen sind, wie Fachleute eindeutig nachgewiesen haben, gravierend. So hat Lish *Wovon wir reden, wenn wir über Liebe reden* um etwa 50% gekürzt. Zehn der markanten offenen Schlüsse stammen von Lish – und nicht von Carver. So muss im vorliegenden Fall wohl von einer Gemeinschaftsproduktion von Carver und Lish gesprochen werden.

Inhalt: Menschen, die wissen, dass sie ihr Leben verpfuscht haben und keinen Ausweg mehr finden, sind die Protagonisten in Carvers Kurzprosa. Er schildert Alkoholiker und Einsame, die in Beziehungen leben oder sie hinter sich haben, Ehepaare, deren Kinder aus dem Haus sind und die nebeneinander her leben.

Carver stellt die Menschen in ihrem alltäglichen, auch dem Leser bekannten Umfeld dar: Der Autor präsentiert sie beim Kauf gebrauchter Möbel *(Warum tanzt ihr nicht?)*, beim gemeinsamen Betrinken *(Pavillion)*, einer Begegnung im Vorgarten bei der nächtlichen Jagd auf Schnecken *(Ich konnte die kleinsten Dinge erkennen)*, bei einem Gespräch zweier Paare über die Liebe *(Wovon wir reden, wenn wir über Liebe reden)*, einem Angelausflug, bei dem eine nackte Mädchenleiche gefunden wird *(So viel Wasser so nah bei uns)*. Aber auch Mord, Krankheit, die Tragödien des Alltags, Entfremdungen und Existenzangst sind immer wiederkehrende Themen der Kurzgeschichten.

Aufbau: Die Erzählungen folgen dem für amerikanische Kurzgeschichten typischen Muster. Zu Anfang führen sie den Leser mitten in das Geschehen, das mit knappen, kurzen Sätzen in einfacher Sprache beschrieben wird. Ebenso typisch für das Genre ist das offene Ende. Die schnörkellose Sprache erinnert an Klassiker der Short Story wie z. B. Ernest →Hemingway.

Die Erzählungen bestehen zu einem Großteil aus Dialogen oder Monologen einer Erzählerfigur. Fast immer schlägt die Verständigung dabei fehl. Laufende Fernseher, Schnellrestaurants und Waschsalons bilden den Hintergrund für die letztendlich hoffnungslosen Figuren, die stets mit großer Sympathie und Ernsthaftigkeit beschrieben werden.

Wirkung: Nachdem der literarische Durchbruch mit dem ersten Erzählungsband bereits gelungen war, stellte *Worüber wir reden, wenn wir von Liebe reden* 1981 den literarischen und wirtschaftlichen Erfolg Carvers auf eine breite Basis. Von der Literaturwissenschaft wird der Autor als hervorragender Vertreter der Schule des Minimalismus gefeiert. 1993 drehte Robert Altman (*1925) den Film *Short Cuts* nach verschiedenen Erzählungen Carvers, von denen zwei aus diesem Band stammen. *St. N.*

Casanova, Giacomo Girolamo

(eigtl. Chevalier de Seingalt) italien. Schriftsteller

*2.4.1725 Venedig, †4.6.1798 Dux (Böhmen)

📖 *Geschichte meines Lebens,* 1719

Sein Nomadenleben führte Giacomo Girolamo Casanova in zahlreiche europäische Städte, wo sich der Abenteurer u. a. durch politische Missionen seinen Lebensunterhalt sicherte und stets in Liebesaffären verstrickt war. Ab 1790 arbeitete er an der → *Geschichte meines Lebens* (1825–29), die neben den Satiren zu seinen glanzvollsten Werken zählt.

Casanovas Eltern waren Schauspieler. Er trat zunächst in den geistlichen Stand ein und erwarb in Padua den Doktor beider Rechte. Zeit seines Lebens war er rastlos in Europa unterwegs, immer wieder hielt er sich in Venedig auf. 1755 wurde er dort wegen seines lockeren Lebenswandels ins Gefängnis geworfen, doch konnte er sich ein Jahr später durch seine berühmt gewordene Flucht der Haft entziehen. 1774 kehrte er ein letztes Mal in seine Heimatstadt zurück, wurde dort Theaterimpresario, musste aber die Stadt endgültig wegen einer seiner scharfen Satiren verlassen. Von 1785 bis zu seinem Tode lebte er als Bibliothekar auf Schloss Dux und widmete sich dem Schreiben.

Neben dramatischen Werken, historischen und mathematischen Abhandlungen verfasste Casanova den »utopischen« Roman *Eduard und Elisabeth bei den Megamikren* (1788), der bis zu einem gewissen Grad aufklärerische Gedanken enthält. Zu politischen und sozialen Fragen nahm er kaum Stellung, kritisierte aber als Kind des Ancien Régime die Französische Revolution.

Biografien: J. R. Childs, *Giacomo Casanova de Seingalt* (rm 50048).; H. von Sauter, *Der wirkliche Casanova,* 1987.

Geschichte meines Lebens

OT Histoire de ma vie
OA 1825–29 (gekürzt; vollständig 1960–62)
DE 1822–28 (gekürzt ; vollständig 1964–67)
Form Memoiren **Epoche** Aufklärung/Rokoko

Die von Giacomo Girolamo Casanova mit historischer Zuverlässigkeit erzählten, zwischen 1790 und 1798 in Französisch, der Kultursprache des 18. Jahrhunderts, niedergeschriebenen Memoiren umfassen die Jahre 1733–74. Sie berichten von den Aufenthalten des Kosmopoliten und Libertins in zahlreichen europäischen Städten, porträtieren Menschen aller Stände und schildern u. a. die Begegnungen mit → Voltaire, Jean-Jacques → Rousseau, dem preußischen König Friedrich II., der Casanova zum Erzieher in einer Kadettenanstalt machen wollte, und mit der Zarin Katharina II. von Russland. In die Lebensgeschichte ist der Bericht von der spektakulären Flucht Casanovas 1756 aus dem venezianischen Staatsgefängnis eingearbeitet, die bereits 1788 als *Geschichte meiner Flucht* erschienen war.

Inhalt: Den Schwerpunkt der Memoiren bilden die zahllosen Liebesaffären, die stets mit dem Einverständnis der Frauen stattfanden: Liebe bedeutete für Casanova Sinnengenuss und Harmonie. Im Zentrum des Werks steht die Person des Autors mit den ihn umgebenden Zeitgenossen. Er schildert sich als den typischen Abenteurer an der Wende zum 19. Jahrhundert, den die in Auflösung begriffene aristokratische Gesellschaft hervorbrachte und zu der sich auch ein Nichtadeliger durch geschliffene Konversation leicht Zugang verschaffen konnte.

Dadurch, dass Casanova Alltäglichkeiten einen breiteren Raum gewährt als der Selbstergründung, historischen Ereignissen oder Reisebeschreibungen, werden seine Memoiren zu einem umfassenden Dokument jener Epoche, die Aufklärung und Rokoko umspannt. Literarisch ist das Werk geprägt durch »die große französische Schule der Menschenkenntnis; oft vermögen nur wenige Sätze, einer Persönlichkeit scharfe Konturen zu geben« (Erich Loos).

Wirkung: Das 19. Jahrhundert hatte nationalistische und moralische Vorbehalte gegen den »Europäer« und Libertin Casanova, so dass sich erst das 20. Jahrhundert kritisch mit seinen Memoiren auseinander setzte. *R. E.*

Donald Sutherland als Casanova in der Verfilmung der *Geschichte meines Lebens* von Giacomo Casanova (unter dem Titel *Fellinis Casanova,* Italien 1976; Regie: Federico Fellini)

Giacomo Girolamo Casanova, *Geschichte meines Lebens,* Einband der Taschenbuchausgabe 1993

Cassirer, Ernst

dt. Philosoph

*28.7.1874 Breslau, † 13.4.1945 New York

📖 *Philosophie der symbolischen Formen*, 1923–29

Ernst Cassirer gilt neben Hermann Cohen (1842 bis 1918) und Paul Natorp (1854–1924) als wichtigster Repräsentant des Marburger Neukantianismus.

Cassirer machte sich mit seiner philosophiehistorischen Darstellung *Das Erkenntnisproblem in der Philosophie und Wissenschaft der neueren Zeit* (4 Bde., 1906–50) einen Namen; aufgrund des ersten Bandes wurde er in Berlin habilitiert. Erst 1919 konnte er sich u. a. gegen antisemitische Vorurteile durchsetzen und erhielt seinen ersten Ruf auf einen Lehrstuhl an die neu gegründete Universität Hamburg. Dort entwickelte er seine *Philosophie der symbolischen Formen* und avancierte zu einem der führenden Philosophen in Deutschland. 1928 wurde er Rektor der Universität Hamburg. Die Machtübernahme der Nationalsozialisten zwang Cassirer 1933 ins Exil. Er ging zunächst nach England, später nach Schweden, zuletzt in die USA, wo er mit seinem Werk *Versuche über den Menschen*

(1944) eine Zusammenfassung seiner Philosophie verfasste. In seinem letzten Buch, *Vom Mythos des Staates* (1946), analysierte er die katastrophale politische Lage seines Heimatlands, in das er nicht mehr zurückkehren konnte.

Biografie: H. Paetzold, *Ernst Cassirer. Von Marburg nach New York*, 1995.

Philosophie der symbolischen Formen

OA 1923–29 (3 Bde.)
Form Fachbuch **Bereich** Philosophie

Ernst Cassirer beansprucht in seinem Hauptwerk, Kants Theorie der Erkenntnis auf alle Gebiete menschlichen Selbst- und Weltverstehens zu erweitern und dadurch die *Kritik der Vernunft* zu einer umfassenden Kritik der Kultur auszubauen. Unter symbolischen Formen versteht er dabei die allgemeinen Weisen des Menschen in sinnlich Erfahrbarem Sinn zu verstehen. Seine Philosophie kann somit als eine allgemeine Theorie der Bedeutung gelesen werden. Symbolische Formen sind nicht bloße Mittel der Abbildung einer fertig gegebenen Welt, sondern produktive Wege, auf denen sich der Mensch seine eigene Welt schafft.

Entstehung: Cassirer soll die grundlegende Intuition bei einer Fahrt mit der Straßenbahn gehabt haben. Ein Blick auf sein Gesamtwerk legt indes nahe, dass sich Cassirers Philosophie kontinuierlich entfaltet hat. In seiner Kulturphilosophie gelingt ihm eine eigenständige Synthese vielfältiger philosophischer Einflüsse.

Inhalt: Die Sprache bildet eine Grundfunktion des menschlichen Geistes. Durch sie baut sich dem Bewusstsein eine Gegenstandswelt auf, eine Welt von Emotionen und menschlichen Zielen. Cassirer versteht Sprache in der Tradition von Wilhelm von Humboldt (1767–1835) nicht als ein fertiges Werk, als ergon, sondern als energeia, als bildende Kraft. Er unterscheidet dabei drei verschiedene Symbolfunktionen: die des Ausdrucks, der Darstellung und der reinen Bedeutung. Die Ausdrucksfunktion kommt vor allem für das mythische Bewusstsein zum Tragen. Cassirer begreift den Mythos als eigenständige symbolische Form. Er analysiert ihn als Anschauungs-, Denk- und Lebensform, die auf ihre Weise wahrheitsfähig ist. Raum und Zeit werden in mythischer Weise getönt erfahren. Erst im monotheistischen religiösen Bewusstsein gelingt dem Menschen die Differenzierung zwischen dem, was Zeichen und Bild ist, und dem, wofür es steht. Obwohl Cassirer den Mythos als wahrheitsfähig anerkennt, bleiben auch für ihn Vernunft und Wissenschaft des Menschen allerhöchste Kraft.

Die wichtigsten Bücher von Ernst Cassirer	
Das Erkenntnisproblem in der Philosophie und Wissenschaft der neueren Zeit, 1906–50	Das vierbändige Werk ist eine philosophiegeschichtliche Darstellung der Erkenntnistheorie von Nikolaus von Kues (1401–64) bis Kant, der nachkantischen Systeme des deutschen Idealismus sowie zeitgenössischer Strömungen bis ins 20. Jahrhundert. Der erste Band bewirkte die Habilitation von Cassirer.
Substanzbegriff und Funktionsbegriff 1910	Cassirer zeigt hier die Notwendigkeit einer neuen Begriffslehre aufgrund der neueren Entwicklungen in Logik, Mathematik und Naturwissenschaft.
Freiheit und Form 1916	Mit seinen Studien zur Kontinuität der deutschen Geistesgeschichte kann Cassirer mitten im Ersten Weltkrieg zeigen, dass Deutschland und Europa keinen Gegensatz bilden.
Kants Leben und Lehre 1918	In Ergänzung zu der unter der Federführung von Cassirer herausgegebenen Ausgabe der Werke von Kant erschien diese Biografie und Gesamtdarstellung des Königsberger Philosophen.
Philosophie der symbolischen Formen 1923–29	Das systematische Hauptwerk weitet mit der Untersuchung von Sprache, Mythos und Erkenntnis die *Kritik der Vernunft* von Immanuel Kant zu einer allgemeinen Kritik der Kultur aus. → S. 224
Individuum und Kosmos in der Philosophie der Renaissance, 1927	Im geistigen Klima der Kulturwissenschaftlichen Bibliothek Warburg erschien diese Studie über den schöpferischen Geist und die Mentalität der Renaissancephilosophie. Von besonderem Interesse ist die Philosophie des Nikolaus von Knes, den Cassirer als ersten modernen Denker versteht.
Die Philosophie der Aufklärung 1932	Die Gesamtdarstellung der Aufklärung (Natur-, Rechts- und Geschichtsphilosophie sowie Ethik, Ästhetik und Religion) erschien zu einer Zeit, als die Lichter freiheitlicher Lebensformen in Deutschland am erlöschen waren.
Versuch über den Menschen 1944	Im US-amerikanischen Exil verfasste Cassirer die kürzere Gesamtdarstellung seiner *Philosophie der symbolischen Formen*, die den Menschen als animal symbolicum begreift.
Der Mythos des Staates 1946	Postum erschien der Versuch einer Deutung der politischen Katastrophe in seinem Heimatland, die er als verheerendes Wiedererwachen mythischen Denkens in der Politik begriff.

Wirkung: In Deutschland und Europa wurde die Philosophie des Exilanten Cassirer lange als neukantianische Schulphilosophie abgetan. Das hat sich heute geändert, da dem Phänomen des Symbolischen und dem Mythos wieder mehr Beachtung geschenkt wird. Anknüpfungen finden sich in der *Phänomenologie der Wahrnehmung* (1945) von Maurice Merleau-Ponty (1908–61) sowie bei Charles Sanders Peirce (1839–1914) und Nelson Goodman (1906–98). Die US-amerikanische Philosophin Susanne K. Langer (1895–1985) hat Anregungen von Cassirer in ihrer *Philosophie auf neuem Weg* (1942) aufgenommen. Ihr Interesse gilt besonders der Kunst und der symbolischen Ausdrucksvielfalt von Gefühlen. *D. L.*

Cela, Camilo José

span. Schriftsteller

*11.5.1916 Iria-Flavia, † 17.1.2002 Madrid

📖 *Der Bienenkorb*, 1951

Der spanische Nobelpreisträger Camilo José Cela hat sich in seinem Werk insbesondere mit den Spuren auseinander gesetzt, die der Spanische Bürgerkrieg (1936–39) in der Gesellschaft hinterlassen hat. Bekannt wurde Cela durch seinen brutalen Realismus, seine drastische Sprache und seinen experimentellen Erzählstil. Viel Aufmerksamkeit hat er Zeit seines Lebens aber auch durch zahlreiche Skandale, spektakuläre Provokationen sowie polemische Ausfälle gegen bekannte Persönlichkeiten des öffentlichen Lebens, Institutionen und tradierte Werte erregt.

Cela studierte in Madrid Jura. Im Bürgerkrieg kämpfte er noch auf der Seite der siegreichen franquistischen Truppen, in späteren Jahren distanzierte er sich entschieden vom autoritären Regime des Generals Franco (1892–1975). 1942 erschien sein erster Roman *Die Familie des Pascal Duarte*, in dem er in bisher unbekannter Deutlichkeit und Brutalität ein düsteres Bild des durch den Krieg zerstörten ländlichen Spanien zeichnet. Weitere Romane, aber auch Reisebücher, Operetten, Gedichtsbände, Essays und mehrere Wörterbücher folgten. Insgesamt verfasste Cela über 100 Werke, *Die Familie des Pascal Duarte* und *Der Bienenkorb* wurden in über 20 Sprachen übersetzt. Der Autor, Mitglied der Königlichen Spanischen Akademie, gilt als Vater des so genannten Tremendismo, einer besonders pessimistischen Form des Realismus. 1989 erhielt der Autor, der des Öfteren äußerte, ihm tue »Spanien weh«, den Literatur-Nobelpreis, sechs Jahre später den Miguel-de-Cervantes-Preis, die höchste spanische Literaturauszeichnung.

Die wichtigsten Bücher von Camilo José Cela

Die Familie von Pascal Duarte 1942	In diesem Roman beleuchtet Cela anhand einer Familie die Spuren der Gewalt, des Misstrauens und des Hasses in der spanischen Gesellschaft der 1940er Jahre.
Reise in die Alcarria 1949	Cela beschreibt wenige Jahre nach dem Ende des Bürgerkriegs die Alcarria, einen Landstrich im Nordosten Kastiliens, als das Abbild eines einfachen, rustikalen, bäuerlichen Spanien.
Der Bienenkorb 1951	In diesem Roman zeichnet Cela ein düsteres Porträt der von den Leiden des Bürgerkriegs und der wenig hoffnungsvollen Zukunft geprägten Gesellschaft im Madrid der 1940er Jahre. → S. 225
Mrs. Caldwell spricht mit ihrem Sohn, 1953	Der in der Thematik wie im Erzählstil experimentelle Roman besteht aus dem in Gedanken geführten Dialog einer alten, verwirrten Frau mit ihrem im Krieg gefallenen Sohn.
Geheimes Wörterbuch, 1968–72	Dieses Lexikon enthält eine ausgedehnte Sammlung sexuell anrüchiger, obszöner Wörter und Ausdrücke der spanischen Sprache.
San Camilo, 1936 1969	Dieser als innerer Monolog verfasste Roman beleuchtet das menschliche Elend und die moralische Verdorbenheit Spaniens nach dem Ende des Bürgerkriegs und gilt als bitterstes Werk des Autors.
Mazurka für zwei Tote 1983	In diesem in seiner Heimat Galizien angesiedelten Roman schildert Cela die verrohte, archaisch-bäuerliche Gesellschaft unmittelbar nach dem Ende des Spanischen Bürgerkriegs.

Der Bienenkorb

OT La colmena **OA** 1951 **DE** 1964
Form Roman **Epoche** Moderne

In *Der Bienenkorb* zeichnet Camilo José Cela ein düsteres Porträt Madrids unmittelbar nach dem Ende des Bürgerkrieges. Anhand einer Vielzahl von Einzelschicksalen prangert er die Hoffnungslosigkeit, das menschliche Elend, die verkommene Moral und den Opportunismus einer von den Schrecken des Kriegs, von bitterer Armut und gegenseitigem Misstrauen gezeichneten Gesellschaft an.

Inhalt: Die heruntergekommene Kneipe von Doña Rosa ist Treffpunkt und Zufluchtsort für die zahlreichen Protagonisten dieses Romans. Von hier aus führt der Autor in die Hinterhöfe der Großstadt, die verwahrlosten Parkanlagen, in Absteigen und auf die Straßen Madrids, in denen sich immer dieselben Szenen von Liebe, Hass, Streit, Ehebruch und Eifersucht abspielen. Für die Menschen, gezeichnet durch die Gräuel und Entbehrungen der Kriegsjahre, geht es nur noch um das Überleben in einer unmenschlich gewordenen, in die Enge getriebenen, angsterfüllten Gesellschaft. Ebenso einfühlsam wie zynisch beschreibt Cela die rastlose Suche nach Glück und die sich ein ums andere Mal grausam offenbarende Sinnlosigkeit des Seins. Er schildert die Gescheiterten und Anonymen wie Elvirita, die verbrauchte

Camilo José Cela, *Der Bienenkorb*, Einband der ersten deutschsprachigen Taschenbuchausgabe 1988

Auszug aus dem Roman *Der Bienenkorb* **von Camilo José Cela:**

Diese öffentlichen Bänke in den Straßen gleichen einer Anthologie von Kümmernissen und Freuden: Der Greis, den sein Asthma zum Ausruhen zwingt, der Priester, der sein Brevier liest, der Bettler, der sich laust, der Maurer, der Hand in Hand mit seiner Frau dort frühstückt, der Schwindsüchtige, den die Kräfte verlassen, der Verrückte mit den übergroßen erträumten Augen, der Straßenmusikant, der seine Trompete gegen die Knie lehnt, sie alle mit ihren kleinen und großen Plagen hinterlassen auf den Sitzen der Bank den Geruch der Übermüdung von Körpern, die nie wirklich dazukommen, das Geheimnis der Blutzirkulation zu begreifen.

Karl Krolow über den Dichterkollegen Paul Celan:

Als Celan in der damaligen literarischen Öffentlichkeit zum Vorschein kam und sich in ihr durchsetzte, war man über seine Sprechweise zugleich überrascht und hatte auf sie gewartet.[...]

Mohn und Gedächtnis erfüllte... für Jahre die Vorstellung von Veränderung der Struktur, der Thematik, des Wesens im Gedicht. Das Buch erfüllte es durch das, was neu an ihm war, durch seine unerhörte Qualität in jedem Fall.

Paul Celan um 1959 in Paris, fotografiert von seiner Ehefrau Gisèle Celan-Lestrange

Prostituierte, die umsonst auf Kundschaft wartet, oder die Witwe mit dem verstorbenen Sohn, die ihre Zimmer für amouröse Abenteuer vermietet. Die Kneipen-Besitzerin Doña Rosa und der Geldverleiher, der sich als feiner Herr gibt, gehören dagegen zu jenen, denen es gelungen ist, auch in schlechten Zeiten ihren Besitz zu wahren oder gar zu vermehren. Sie blicken mal mit grausamer Verachtung, mal mit einem gewissen Mitleid auf die Gestrandeten und sehen dabei nicht, dass jeder – auch sie selbst – im Spanien der 1940er Jahre ein Verlierer ist.

Aufbau: Cela verzichtet auf eine geradlinige Erzählweise, spielt mit unterschiedlichen Perspektiven, springt unvermittelt von einer Figur zur nächsten und verdeutlicht auf diese Weise die Verwirrung sowie das hektische Treiben im Madrid der Nachkriegszeit, in dem niemand zur Ruhe kommt und sich dennoch nichts verändert. Knapp 300 Protagonisten zählt der Roman, dessen Handlung sich über einen Zeitraum von nur drei Tagen erstreckt. Wie ein Filmregisseur setzt Cela aus unterschiedlichen Stimmen, Impressionen und Momentaufnahmen das überaus dichte Bildnis einer verlorenen Generation zusammen, die allein ihre Grundbedürfnisse nicht befriedigen kann. Die von Cela verwendete städtische, oft brutale Umgangssprache lässt die Figuren und ihre Dialoge sehr real erscheinen.

Wirkung: *Der Bienenkorb* wurde nach mehrjähriger Verlagssuche 1951 in Buenos Aires veröffentlicht, nachdem sich die franquistische Zensur gegen das Erscheinen ausgesprochen hatte. Schnell erwies sich der Roman als großer Erfolg im gesamten spanischsprachigen Raum; er wurde bis heute in mehr als 30 Sprachen übersetzt. *Der Bienenkorb* gilt als herausragender Beitrag zum sozialen Realismus, der in den 1950er Jahren einen Höhepunkt erlebte. *A. He.*

Celan, Paul

(eigtl. P. Antschel), dt. Lyriker und Übersetzer

*23.11.1920 Czernowitz (Bukowina)

†20.4.1970 Paris (Selbstmord)

📖 *Mohn und Gedächtnis*, 1952

Paul Celans hermetisch wirkende, einen komplexen geschichtlichen, biografischen und literarischen Kontext einbeziehende Lyrik bildet einen Höhepunkt der klassischen Moderne.

Celan, Sohn deutschsprachiger Juden, studierte Medizin, später Philologie. Seine Eltern starben in einem NS-Vernichtungslager, er selbst überlebte als Zwangsarbeiter. Nach dem Krieg kam er nach Bukarest und Wien, schließlich nach Paris, wo er als Lektor für deutsche Sprache und Literatur an der École Normale Supérieure sowie als Übersetzer arbeitete. 1952 heiratete er die Grafikerin Gisèle Lestrange, drei Jahre später nahm er die französische Staatsangehörigkeit an. Deutsch blieb die Sprache seiner Dichtung, aber auch die der Mörder seiner Eltern, ein Widerspruch, der ihn lebenslang verfolgte und sich in seinem labilen psychischen Zustand niederschlug. In Paris setzte er seinem Leben durch einen Sprung in die Seine ein Ende.

Biografien: W. Emmerich, *Paul Celan* (rm 50397); J. Felstiner, *Paul Celan*, 1997.

Mohn und Gedächtnis

OA 1952 **Form** Lyrik **Epoche** Moderne

Die Sammlung *Mohn und Gedächtnis* begründete den Ruhm des bis dahin unbekannten Paul Celan. In neuen, mitunter schwer verständlichen Bildern sprach er als einer der Ersten das dunkelste Kapitel der deutschen Geschichte an, den Holocaust. Ausgangspunkt seines Schaffens ist das Trauma des Überlebenden der Shoa. **Entstehung:** Bereits 1948 war Celans Gedichtband *Der Sand aus den Urnen* erschienen, der aber fast unbekannt blieb und, auch aufgrund der vielen Druckfehler, eingestampft wurde. Bei Celans umstrittener Lesung vor der Gruppe 47 wurde Willi Koch, der für die Deutsche Verlags-Anstalt (DVA) nach Talenten Ausschau hielt, auf Celan aufmerksam. Aufgrund seines positiven Lektoratsgutachtens entschied sich die DVA für die Veröffentlichung der von Celan eingereichten Lyriksammlung. Die Erstausgabe, die im ersten Teil Gedichte aus dem Band *Der Sand aus den Urnen* enthält, erschien Ende 1952 und wurde gleich ein Erfolg. Die zweite Auflage erschien bereits im Februar 1954.

Inhalt: *Mohn und Gedächtnis* enthält 56 Gedichte, die zwischen 1944/45 und 1952 entstanden und verschiedene Entwicklungsstufen des Dichters dokumentieren. Trotz der Eigenständigkeit der einzelnen Gedichte sind sie thematisch eng miteinander verbunden. Der Band gliedert sich in die vier Teile *Der Sand aus den Urnen, Todesfuge, Gegenlicht* und *Halme der Nacht*. Mit der Verwandlung vertrauter Worte in ungewohnte Bilder erfand Celan eine unverwechselbare poetische Sprache. In schwermütig wirkenden, assoziativen Versen verleiht er seiner Trauer um die Ermordung der Juden, insbesondere der eigenen Mutter, Ausdruck und klagt die Täter an. Tod und Liebe bilden die thematischen Schwerpunkte des Bandes.

Celans wohl berühmtestes Gedicht, die *Todesfuge*, das allein den zweiten Teil des Bandes ausmacht, wurde in den 1950er Jahren als Exempel für eine mögliche Lyrik »nach Auschwitz« bekannt. Das der musikalischen Fuge nachgebildete Gedicht führte zur Kontroverse um die Frage der ästhetischen Bewältigung des Grauens. Es beschreibt den Schrecken der Vernichtungslager, in denen man Häftlinge zwang zu musizieren, während andere Gräber aushoben.

Frühe Charakterisierungen seiner Lyrik als eine dem Surrealismus nahe stehende »poésie pure« steht die heutige Einsicht in den Realitätsbezug seiner Gedichte gegenüber. Einflüsse von Lyrikern wie Arthur →Rimbaud, Georg Trakl (1887 bis 1914), Rainer Maria →Rilke und Stephane →Mallarmé lassen sich anhand von Zitaten und Anspielungen in Celans Dichtung nachweisen. Die poetische Auseinandersetzung mit der europäischen Lyriktradition sowie der verrätselte, bewusst verschweigende Ausdruck ließen Celan eine »aktualisierte Sprache« finden, in der er das eigentlich Unsagbare auszudrücken vermochte.

Die Zitatstruktur der Todesfuge brachte Celan den Vorwurf des Plagiats seitens der Witwe des Dichters Yvan Goll ein (Stichwort, →S. 227).

Wirkung: Celans erster offizieller Gedichtband wurde von der literarischen Öffentlichkeit mit Begeisterung aufgenommen, obwohl sie an den Leser hohe Rezeptionsanforderungen stellt und oft missverstanden wurde. Die berühmt gewordene *Todesfuge* fand Aufnahme in zahlreiche deutsche Schulbücher. Die kaum noch überschaubare, stetig wachsende Zahl von Publikationen belegt Paul Celans Bedeutung als vielleicht wichtigster Lyriker dieses Jahrhunderts.   *S. Na.*

Die Goll-Affäre

Vorgeschichte: Ende der 1940er Jahre lernte Paul Celan in Paris den damals schon schwer kranken elsässischen Dichter Yvan Goll (1891–1950) sowie dessen Frau Claire kennen. Aus der gegenseitigen Bewunderung entstand eine freundschaftliche Beziehung, die das Dichterpaar sogar an eine Adoption des jüngeren Poeten denken ließ. Celan begann auf Golls Wunsch mit der Übersetzung einiger seiner Gedichte.

Vorwurf: Nach dem Tod Yvan Golls im Jahr 1950 lehnte die Witwe Claire Goll die von Celan angefertigten Übersetzungen ab und verhinderte die geplante Veröffentlichung. Nach Erscheinen von Celans Gedichtband *Mohn und Gedächtnis* erhob sie erstmals öffentlich den Vorwurf, er habe Gedichte ihres Mannes aus dem Lyrikband *Traumkraut* skrupellos kopiert und eine Vielzahl poetischer Metaphern übernommen. Diese zunächst im privaten Kreis geäußerten, dennoch von der Kritik aufgegriffenen Vorwürfe wiederholte sie nochmals nach der Verleihung des Darmstädter Georg-Büchner-Preises an Paul Celan im Jahr 1960. Die Reaktionen waren geteilt, die Kommentare reichten von »Beeinflussung« über »Abhängigkeit« bis hin zum »Meisterplagiat«. Sämtliche Vorwürfe erwiesen sich als haltlos, zumal Celans Gedichte nachweislich bereits vor Golls Lyrik entstanden waren.

Wirkung: Celan verstand den Plagiatsvorwurf in erster Linie als Kampagne aus dem Ungeist des Antisemitismus, zumal Claire Goll versuchte, ihn zusätzlich als Persönlichkeit zu verleumden, indem sie ihn der Erbschleicherei und der Heuchelei bezichtigte. Trotz des Beistands einer Vielzahl von Dichterkollegen fühlte sich Celan als Mensch und Autor zutiefst verletzt, verraten und misstraute fortan selbst guten Freunden. Ab 1962 litt er unter einer ernsthaften psychischen Erkrankung, die ihn schließlich 1970 in den Tod trieb.

Céline, Louis-Ferdinand

(eigtl. Louis-Ferdinand Destouches) frz. Schriftsteller

* 27.5.1894 Paris , † 1.7.1961 Meudon (Paris)

Reise ans Ende der Nacht, 1932

Mit seinem Erstling *Reise ans Ende der Nacht* gelang dem Armenarzt Louis-Ferdinand Céline 1932 als Außenseiter der fulminante Eintritt in die Pariser Literaturszene, in der er bis zu seinem Tod aufgrund seiner politischen und ästhetischen Positionen umstritten blieb.

Als behütetes Einzelkind handeltreibender Mittelstandseltern wuchs Céline am grauen Rand der Pariser Belle Epoque auf. Seine Jugend war ebenso geprägt von einer Reihe anarchistischer Attentate und der die französische

Louis-Ferdinand Céline in den 1950er Jahren in Paris

Die wichtigsten Bücher von Louis-Ferdinand Céline	
Reise ans Ende der Nacht, 1936	Ferdinand Bardamus Lehr- und Wanderjahre durch den Ersten Weltkrieg, einen afrikanischen Kolonialstützpunkt, New York und Detroit sowie das Elend der Pariser Vorstädte. → S. 228
Tod auf Kredit 1936	Des Erzählers (Ferdinands) Abrechnung mit seiner Jugend im Paris zwischen 1900 und 1910.
Von einem Schloss zum anderen 1957	Célines Nachkriegs-Comeback. Erster Teil seiner »deutschen Trilogie«: Célines Flucht nach Sigmaringen, dem Internierungsort der geflohenen Vichy-Größen.
Norden 1960	Im zweiten Teil seiner »deutschen Trilogie« schildert Céline das Umherirren in Deutschlands Norden.
Rigodon 1969	Dritter Teil der »deutschen Trilogie«: die letzten Peripetien im untergehenden Dritten Reich bis zur Ankunft an der dänischen Grenze.

Auszug aus *Reise ans Ende der Nacht* **von Louis-Ferdinand Céline:**

Die Reise, die wir hier machen,
ist gänzlich imaginär.
Darin liegt ihre Stärke.
Sie führt vom Leben zum
Tode...
Übrigens kann alle Welt
Dasselbe machen.
Man braucht nur
Die Augen zu schließen.
Auf der anderen Seite des Le-
bens.

Louis-Ferdinand Céline, *Reise ans Ende der Nacht,* Einband der Taschenbuchausgabe 1972

Gesellschaft spaltenden Dreyfus-Affäre mit ihrem latenten Antisemitismus wie von der Existenzangst seiner Eltern vor dem Aufkommen der großen Kaufhäuser und dem verbreiteten Fortschrittsglauben, der sich in der Pariser Weltausstellung 1900 manifestierte. Die kleinbürgerliche Hoffnung auf die Zukunft bewirkte, dass Céline zur Verbesserung seiner Sprachkenntnisse nach Deutschland und England geschickt wurde. Nach kurzen Versuchen als kaufmännischer Lehrling meldete er sich 1912 zu einem Reiterregiment, mit dem er die Schrecken des Ersten Weltkriegs als Meldereiter an der Flandernfront erlebte, wo er schwer verletzt und für seine Tapferkeit ausgezeichnet wurde. Nach der Rekonvaleszenz 1915/16 in London und Kamerun studierte er Medizin in Rennes und Paris (1919–24), bevor er für Rockefeller Foundation und Völkerbund in Nordamerika und Europa arbeitete. Ab 1927 war er als Armenarzt in Clichy tätig und ab 1929 auf dem Montmartre wohnhaft, bis er – wegen seiner antisemitisch gefärbten so genannten Pamphlete als Kollaborateur verfolgt – 1944 durch das zusammenbrechende Nazi-Deutschland nach Kopenhagen floh. In Dänemark interniert und in Paris verurteilt, kehrte er erst 1951 nach einer Generalamnestie nach Frankreich zurück und eröffnete eine Praxis in Meudon.

Biografien: F. Gibault, *Céline,* Bd. 1–3, 1977–85; N. Hewitt, *The Golden Age of Louis-Ferdinand Céline,* 1987.

Reise ans Ende der Nacht

OT Voyage au bout de la nuit **OA** 1932 **DE** 1933; 1958 **Form** Roman **Epoche** Moderne

Mit seinem Roman *Reise ans Ende der Nacht* gelang Louis-Ferdinand Céline ein Meilenstein in der französischen Literatur der Moderne, mit dem er an die europäische Erzähltradition des Schelmenromans anknüpfte.

Inhalt: Unter Verarbeitung eigener biografischer Erfahrungen erzählt *Reise ans Ende der Nacht* die Erlebnisse von Ferdinand Bardamu,

der hin- und herbewegt wird wie das Sturmgepäck eines Soldaten (frz.: barda) im Durchgang durch die unterschiedlichsten Situationen und Milieus und schließlich zu einer schonungslosen Sicht des Menschen in der Moderne gelangt.

Im Ersten Weltkrieg erleidet Bardamu die monströse Unmenschlichkeit und Sinnlosigkeit von Gewalt und den Sadismus der eigenen Befehlshaber im Schlamm der nordfranzösischen Schlachtfelder sowie im Kontakt mit dem Zynismus der Heimatfront. Um dem zu entgehen, engagiert er sich in Bikomimbo, einer Station im tiefen Busch von Kamerun, nur um dort die Unbarmherzigkeit und Verlogenheit des weißen Kolonialismus zu erleben. In der Folge verschlägt es ihn nach Amerika, wo seine Underdog-Perspektive den Glanz des kapitalistischen Amerikas an den Fließbändern der Ford-Werke und in der Ersatzwelt des neuen Mediums Kino als reine und herzlose Fassade enthüllt. Zurück in Frankreich folgt der Leser dem mittlerweile zum Armenarzt avancierten Bardamu durch das beklemmende, in seiner ganzen Erbärmlichkeit dargestellte Leben der Pariser Vorstädte, wo Misshandlung, Gewalt, Kindersterblichkeit, Prostitution und Abtreibung an der Tagesordnung sind. Im Kontakt mit dieser Realität erweist sich für Bardamu jeder theologische, philosophische oder ideologische Gegenentwurf als nicht tragfähig – seine Reise mündet nicht in ein optimistisches »Morgenrot«, sondern in das pessimistische, todesfahle Licht des »Morgengrauens« am Kanal St-Martin, nach dem Tod Robinsons, seines Alter Ego.

Aufbau: In der *Reise ans Ende der Nacht* gibt es keine Strukturierung in numerische oder durch Überschriften eingeleitete Kapitel. Trotzdem weist der Roman eine doppelte zyklische Struktur auf: Während in einem ersten Durchgang Bardamu die Weite der Welt reisend und erkennend durchmisst, führt ihn der zweite Durchgang im Laufe seiner Tätigkeit als Arzt in die Tiefe des sozialen, psychologischen und metaphysischen Elends menschlicher Existenz im Moloch Paris. Innerhalb dieser beiden großen Zyklen ordnen sich die Kapitel nach den in ihnen besuchten Orten zu Sequenzen zusammen. Die kunstvolle Doppelung in Erzähler- und Autor-Ich erlaubt es Céline, die Geschichte durch generalisierende Aphorismen und Kommentare zu spiegeln.

Wirkung: Von Anfang an polarisierte Célines Debütroman: Die politische Linke rühmte die Schonungslosigkeit in der Darstellung der sozialen Realitäten und der Kriegsschrecken, die Rechte fand Gefallen an der Radikalität seines Pessimismus. Durch die von Céline praktizierte Einbeziehung des Argot (des französischen Slang), seine permanente Vermischung der Stil-

OT = Originaltitel   **EZ** = Entstehungszeit   **OA** = Originalausgabe   **DE** = Deutsche Erstausgabe   □ = Verweis auf Werkartikel

ebenen, das Durchbrechen des klassischen festen Satzbaus durch die berühmten drei Punkte stellt die *Reise ans Ende der Nacht* ein Novum in der französischen Literatur dar: Céline symbolisiert zukunftsweisend die Möglichkeiten des Romans, unmittelbar über Stil Emotion erfahrbar zu machen. Zu Recht wird er deshalb in einem Atemzug mit Marcel → Proust, James → Joyce, Franz → Kafka und Thomas → Mann genannt. *T.S.G.*

Ceram, C. W.

(eigtl. Kurt W. Marek) dt. Schriftsteller

* 20.1.1915 Berlin † 12.4.1972 Hamburg

📖 *Götter, Gräber und Gelehrte*, 1949

Mit populärwissenschaftlichen Titeln wie → *Götter, Gräber und Gelehrte* (1949), *Enge Schlucht und schwarzer Berg* (1955, über die Entdeckung des Hethiter-Reichs) und *Der Erste Amerikaner* (1971, über die indianischen Kulturen in Nordamerika) wurde C. W. Ceram alias Kurt W. Marek zum Wegbereiter des modernen Sachbuchs in Deutschland.

Der gelernte Verlagsbuchhändler Marek hatte vor dem Zweiten Weltkrieg für verschiedene Zeitungen und Zeitschriften des Ullstein-Verlags gearbeitet. Nach seiner Rückkehr aus der Kriegsgefangenschaft wurde er Feuilletonredakteur der Hamburger Tageszeitung *Die Welt*, war Mitbegründer und Herausgeber der Jugendzeitschrift *Benjamin* sowie Autor von Beiträgen für den NWDR. 1947 trat er als Cheflektor in den Ernst Rowohlt Verlag ein.

1954 wanderte Ceram in die USA aus, wo er das Thema für seinen zweiten Bestseller fand: die Prähistorie Nordamerikas. Kein Sachbuch der Nachkriegszeit wurde in Deutschland so schnell zum Erfolg wie *Der Erste Amerikaner*: Ende 1972 – nach nur einem Jahr – waren bereits 225000 Exemplare verkauft, nach zwei Jahren fast 800000. Der Autor kehrte 1971 in seine Heimat zurück; sein früher Tod verhinderte aber die Realisierung weiterer Buchpläne.

Götter, Gräber und Gelehrte

OA 1949 **Form** Sachbuch **Bereich** Archäologie

Mit *Götter, Gräber und Gelehrte*, seinem »Roman der Archäologie« (so der Untertitel), schuf Kurt W. Marek 1949 unter dem Pseudonym C. W. Ceram den Prototyp des modernen Sachbuchs nach dem Zweiten Weltkrieg. Der im Rowohlt Verlag erschienene Bestseller verkaufte sich in 50 Jahren fast 5 Mio Mal und wurde in 28 Sprachen übersetzt.

Entstehung: Kurt W. Marek war Mitarbeiter von Ernst Rowohlt, als er diesem 1948 das Manuskript vorlegte. Der Verleger ahnte nicht, dass es sich bei dem Autor »C. W. Ceram« um das Pseudonym seines 33-jährigen Cheflektors handelte (»Marek bitte rückwärts lesen!«). Auch zweifelte er am Interesse des Publikums für Archäologie. Erst das überraschend positive Urteil einiger namhafter Buchhändler, denen Marek sein Werk vorangekündigt hatte, überzeugten Rowohlt von den Verkaufschancen.

Inhalt: In seinem 1944 im Feldlazarett begonnenen und 1948 abgeschlossenen Buch *Götter, Gräber und Gelehrte* berichtet Marek von den Erfolgen der archäologischen Forschung der vergangenen 200 Jahre. Er entschied sich aber gegen eine rein wissenschaftliche Darstellung und wählte die Form eines »Tatsachenromans«; seine Helden heißen Heinrich Schliemann (Troja), Robert Koldewey (Babylon) und William Petrie (Ägypten). Mareks Arbeitsprinzip und Erfolgsgeheimnis bestand darin, dem interessierten Laien eine spezielle wissenschaftliche Entdeckung verständlich zu machen, indem er diese als Arbeitsprozess beschrieb. Er führte den Leser genau denselben Weg, den zuvor bereits der Wissenschaftler genommen hatte, vom Augenblick der Eingebung bis zum Ergebnis.

Wirkung: *Götter, Gräber und Gelehrte* war ein Meilenstein der Buchgeschichte. Mit seiner Verbindung von Text und Bild (Zeichnungen und Fotodokumente) wurde es auch zum Vorbild für die heute selbstverständliche Sachbuchgestaltung. Mareks Methode, sich nur

Verleger Ernst Rowohlt (l.) und sein Cheflektor Kurt W. Marek alias C. W. Ceram 1949 beim Sichten von Manuskripten

C. W. Ceram, *Götter, Gräber und Gelehrte*, Umschlag der Originalausgabe 1949 (Gestaltung: Werner Rebhuhn)

an den Tatsachen zu orientieren und sie sachgerecht darzustellen, erntete auch von der Fachwissenschaft Zustimmung. Gespür für Marketing bewiesen Autor und Verleger mit der Wahl des Titels: Er adaptierte den Sprachrhythmus der seit 1937 erfolgreichen Zirkusshow »Menschen, Tiere, Sensationen« und trug ebenso zum Erfolg bei wie der erzählerische Ton, den Marek für sein Sachbuch wählte. *U. H.*

Thomas Mann in seinem Essay *Meerfahrt mit Don Quijote* (1934) über den Roman *Don Quijote* von Miguel de Cervantes Saavedra:

Don Quijote ist zwar ein Narr – die Ritterpuschel macht ihn dazu; aber die anachronistische Marotte ist auch die Quelle solcher wirklichen Noblesse, Reinheit, Adelsanmut, eines so gewinnenden und Achtung gebietenden Anstandes aller seiner Manieren, der körperlichen und geistigen, dass das Gelächter über seine »traurige«, seine groteske Figur immer mit staunendem Respekt gemischt ist und ihm niemand begegnet, der sich nicht kopfschüttelnd zu dem kläglich-großartigen, in einem Punkt verdrehten, sonst aber untadelhaften Edelmann hingezogen fühlte. Der Geist ist es, in Gestalt eines Spleens, der ihn trägt und adelt, der seine sittliche Würde unberührt aus jeder Erniedrigung hervorgehen lässt.

Cervantes Saavedra Miguel de

span. Schriftsteller

* 29.9.1547 Alcalá de Henares, † 23.4.1616 Madrid

📖 *Don Quijote*, 1605 /15

Miguel de Cervantes Saavedra, einer der größten Erzähler aller Zeiten, verfasste mit *Don Quijote* ein Meisterwerk der Weltliteratur. Mit Cervantes, der als Schöpfer des modernen Romans gilt, erreichte die spanische Literatur einen ihrer Höhepunkte.

Der Sohn eines Hidalgo besuchte ein Jesuitenkolleg und hielt sich zu Studienzwecken in Madrid auf. 1569 floh er wohl vor einem Gerichtsurteil nach Italien, wo er in den Dienst des Kardinals Acquaviva eintrat. Als Matrose in der spanischen Armada nahm er 1571 an der Seeschlacht von Lepanto teil, wobei seine linke Hand verstümmelt wurde. 1575 geriet er in Gefangenschaft von algerischen Piraten und verbrachte fünf Jahre als Sklave in Algier. Nach mehreren gescheiterten Fluchtversuchen wurde er schließlich freigekauft. Fortan lebte er überwiegend in Madrid und sah sich bis zu seinem Tod finanziellen Schwierigkeiten ausgesetzt; seine wirtschaftliche Lage nötigte ihn u.a. als Steuereinnehmer zu arbeiten. 1597/98 saß er wegen der Veruntreuung von Staatsgeldern in Sevilla im Gefängnis.

Das Werk von Cervantes umfasst alle literarischen Gattungen – Lyrik, Drama, Roman und Novelle. Nach wenig beachteten lyrischen Versuchen erzielte er mit dem Schäferroman *La Galatea* (1585) einen ersten Erfolg. Als Dramenautor stand er jedoch stets im Schatten des damals führenden Dramatikers Lope de Vega (1562–1635). Zwölf seiner insgesamt 15 Novellen vereinte Cervantes unter dem Titel *Exemplarische Novellen* (1613) in einem Band; sie gelten nach *Don Quijote* als das meistgelesene Werk des Dichters.

Zu seiner Zeit wenig beachtet und nach seinem Tod bald vergessen, wurde Cervantes von den deutschen Romantikern wieder entdeckt.

Biografien: A. Dieterich, *Miguel de Cervantes*, 1984; C. Strosetzki, *Miguel de Cervantes*, 1991.

Don Quijote

OT El Ingenioso hidalgo Don Quixote de la Mancha
OA 1605/15 **DE** 1621
Form Roman **Epoche** Spaniens »Goldenes Zeitalter«

Mit seinem Hauptwerk *Der sinnreiche Junker Don Quijote de la Mancha*, formal eine Satire auf das Genre des Ritterromans, gelang Miguel de Cervantes Saavedra ein mehrschichtiges, kunstreich verflochtenes Romanepos, das erstmals auch literarische Erörterungen in den Roman einbrachte. Aus der parodistischen Gegenüberstellung der Ritterideale mit den Realitäten der spanischen Gesellschaft am Ende des 16. Jahrhunderts gewann Cervantes seine nüchternen, oft pessimistischen Lehren. Erstmals in der neuzeitlichen Dichtung wird die persönliche Tragik eines Menschen dargestellt, der in einer Welt der Vorstellung die Wirklichkeit nicht erkennen will.

Inhalt: Der tragikomische, verarmte Adlige Don Quijote verliert durch kontinuierliche Lektüre unrealistisch-märchenhafter Ritterromane den Verstand und bildet sich ein, selbst ein Ritter aus längst vergangener Zeit zu sein. Notdürftig ausgerüstet zieht er auf seinem alten, ausgedienten Pferd Rocinante in die Welt, um nach Art der alten Ritter Jungfrauen und Waisen zu beschützen. Begleitet wird er bald von dem bäuerlich-nüchternen Sancho Pansa, den er als Knappen gewinnen kann.

Den ersten Teil des Romans durchziehen drei Hauptthemen: parodistische Anspielungen auf den Ritterroman, das Liebes-Thema im Sinne mittelalterlicher Minne und platonischer Idea-

Die wichtigsten Bücher von Miguel de Cervantes Saavedra	
Die Belagerung von Numancia, 1584	In dem dramatischen Nationalepos setzt sich die hispanische Stadt Numancia gegen die römischen Eroberer zur Wehr.
La Galatea 1585	In diesem Hirtenroman entwarf Cervantes ein kunstvolles Bild möglicher Vollkommenheit und Schönheit des Menschen, wie es der Philosophie der Renaissance (»uomo universale« - allseits gebildeter Mensch) und der neuplatonischen Liebeslehre entsprach.
Don Quijote 1605/15	Der weltberühmte Roman, der zunächst als Satire auf die Ritterbücher gedacht war, schildert die tragikomischen Abenteuer Don Quijotes, eines armen Adligen, der in einer Traumwelt verflossener Ritterherrlichkeit lebt. → S. 230
Exemplarische Novellen 1613	Die Musternovellen, in denen Cervantes zeitgenössische spanische Lebensweisheit einfing, gelten als literarisch besonders wertvoll. Sie hatten auf die Ausbildung der Gattung im 19. Jahrhundert große Wirkung.
Die Reise zum Parnaß, 1614	Das heroisch-komische Kleinepos parodiert stellenweise die *Göttliche Komödie* von Dante → Alighieri.
Die Mühen und Leiden des Persiles und der Sigismunda 1617	Cervantes hatte dieses Werk bereits zwischen 1599 und 1605 begonnen und konnte es vor seinem Tod gerade noch eilig beenden. Das postum erschienene Werk vereint, wie der Dichter selbst erklärte, als Muster alle Romanaspekte seiner Zeit.

lität sowie Kunstgespräche. Don Quijote bleibt hier trotz seiner Misserfolge – wie dem berühmten Kampf gegen Windmühlen, die er für Riesen hält – stets siegesgewiss. Ist er im ersten Teil ein Tatmensch, der sein Denken und Wollen in Handeln umsetzt, so erscheint er im zweiten Teil als Träumer und Melancholiker, dessen Drama sich in seinem Innern abspielt. Er wird nunmehr zum Spielball jener, die vorgeben, seine Narrheit ernst zu nehmen.

Der Zusammenbruch Don Quijotes kommt, als er von dem als Ritter maskierten Sansón Carrasco besiegt und zur Aufgabe seines Rittertums gezwungen wird. Er kehrt nach Hause zurück, stirbt aber in heiterer Gelassenheit, nachdem er sein wahres, gütiges Wesen – das des Alonso Quijano, der er vor seinem Ritterwahn war – erkannt hat. Der Roman beinhaltet somit nicht nur die pessimistische Sicht der Unerfüllbarkeit von Idealen, sondern setzt dieser eine optimistische entgegen: die Gewissheit, dass die menschlichen Fähigkeiten den Erfordernissen des Lebens sehr wohl gerecht werden können.

Aufbau: In der unterschiedlichen Wesensart von Don Quijote und Sancho Pansa ist der Gegensatz zwischen weltfremdem Idealismus und praktischer Vernunft genial verkörpert. Neben den Helden treten mehr als 300 Figuren aus allen Schichten der damaligen Gesellschaft Spaniens auf. So wurde aus der ursprünglich geplanten Satire auf die Ritterbücher ein umfassendes Bild der spanischen Gesellschaft, ja des menschlichen Lebens überhaupt.

Während Cervantes im ersten Teil des Romans zahlreiche Novellen einfügte, verzichtete er im zweiten Teil darauf, nicht zuletzt, um mehr Einheit und Konzentration zu erzielen. So wendet er sich von der Form des »Literaturromans«

im zweiten Teil dem »Metaroman« zu (bezieht also die Entstehung des Textes in die Handlung mit ein).

Wirkung: Sahen die deutschen Romantiker, darunter Ludwig → Tieck und August Wilhelm von Schlegel (1767–1845), *Don Quijote* als tragischen Kampf des Idealisten gegen die Wirklichkeit und nahmen sie den Roman als »Hieroglyphe genuin romantischer Erzählkunst« auf, so galt er den Spaniern am Ende des 19. Jahrhunderts als Ausdruck des spanischen Wesens schlechthin. Der in über 68 Sprachen übersetzte Roman, der mittlerweile 2300 Auflagen in aller Welt erreichte, kann als das wirkungsvollste, volkstümlichste Werk nach der → *Bibel* bezeichnet werden. Neben Parodien und Plagiaten erschienen zahlreiche Bearbeitungen. Der Typus des »Ritters von der traurigen Gestalt« fand in der bildenden Kunst, in Ballett und Oper sowie im Film Aufnahme. *V. R.*

Miguel de Cervantes Saavedra, *Don Quijote*; links: Titelblatt der Originalausgabe 1605; rechts: Illustration einer Ausgabe des frühen 17. Jahrhunderts

Chamisso, Adelbert von

(eigtl. Louis Charles Adélaïde de Chamisso de Boncourt)

dt. Dichter

*30.1.1781 Schloss Boncourt (Champagne)

†21.8.1838 Berlin

📖 *Peter Schlemihl's wundersame Geschichte*, 1814

Adelbert von Chamisso ist den meisten heute nur noch durch seine Erzählung *Peter Schlemihl's wundersame Geschichte* bekannt.

Chamisso kam mit 15 Jahren mit seiner Familie, die vor den Folgen der Französischen Revolution geflüchtet war, nach Berlin. 1798 bis

Adelbert von Chamisso, *Peter Schlemihl's wundersame Geschichte*, Illustration von George Cruikshank für die englische Ausgabe 1835

Auszug aus der Erzählung
Peter Schlemihl's wundersame Geschichte **von Adelbert von Chamisso:**

Du aber, mein Freund, willst du unter den Menschen leben, so lerne verehren zuvörderst den Schatten, sodann das Geld. Willst du nur dir und deinem bessern Selbst leben, o so brauchst du keinen Rat.

1808 diente er in einem preußischen Regiment. 1812 begann er ein Studium der Medizin und Botanik und unternahm 1815–18 eine dreijährige Reise als Botaniker auf einem Forschungsschiff. Nach seiner Rückkehr entstanden botanische und ethnografische Schriften, die Anerkennung fanden; er erhielt eine feste Anstellung am Königlichen Herbarium und empfing akademische Ehren. Chamisso verkehrte in den literarischen Zirkeln Berlins und war mit Achim von → Arnim, Clemens → Brentano, Ludwig Uhland (1787–1862) und E.T.A. → Hoffmann bekannt. 1832 wurde er Mitherausgeber des *Deutschen Musenalmanachs.*

Als Dichter bekannt wurde Chamisso durch seine Erzählung *Peter Schlemihl's wundersame Geschichte.* In seiner Lyrik bediente er sich aller Formen der romantischen Dichtkunst; populär wurden Gedichte wie *Die alte Waschfrau* und

Schloss Boncourt sowie der Gedichtzyklus *Frauen-Liebe und -Leben* (1831). Obwohl oft der Spätromantik zugerechnet, weist das Werk des Dichters durch soziale und zeitkritische Themen bereits auf den beginnenden Realismus voraus und beeinflusste Dichter wie Theodor → Fontane und Gottfried → Keller.

Peter Schlemihl's wundersame Geschichte

OA 1814 **Form** Erzählung **Epoche** Romantik

Adelbert von Chamisso schuf mit dieser Ezählung ein romantisches Kunstmärchen mit autobiografischen Bezügen und realistischem Ton.
Entstehung: Um sich im Kriegsjahr 1813 abzulenken, schrieb Chamisso für die Kinder eines Freundes das Märchen von *Peter Schlemihl, der dem Teufel seinen Schatten verkauft.* Nachdem Friedrich Baron de la Motte Fouqué (1777 bis 1843) das Manuskript gelesen hatte, übermittelte er es heimlich einem Verleger.
Inhalt: Nach seiner Ankunft in einer fremden Stadt begibt sich Peter Schlemihl auf ein Gartenfest des Herrn John; er hat ein Empfehlungsschreiben und sucht Arbeit. Mit Erstaunen und zunehmendem Entsetzen beobachtet er im Park einen Mann im grauen Anzug, der alle Wünsche der Gäste erfüllt, indem er Ferngläser, Teppiche und sogar Kutschen mitsamt Pferden aus der Tasche zieht. Schlemihl flieht voller Grauen. Der Graue holt ihn ein und bietet ihm einen nie versiegenden Geldbeutel im Gegenzug für seinen Schatten an. Schlemihl wird schwach und sein Elend beginnt. Er kann sich jetzt zwar alles kaufen, ist aber nicht mehr gesellschaftsfähig. Sobald man seine Schattenlosigkeit bemerkt, wird er gemieden oder verhöhnt. Er wagt sich nur noch in der Dunkelheit auf die Straße oder im Schutz seines treuen Dieners Bendel, den er eingeweiht hat.

Als besonders schmerzlich erweist sich der fehlende Schatten für Schlemihl, als auch seine Liebe zur sanften, schönen Mina an seinem Makel scheitert. Das Mädchen muss stattdessen – auf Geheiß ihrer Eltern – den schurkischen Rascal heiraten, der Schlemihl erfolgreich bestohlen hat, aber über einen intakten Schatten verfügt. Trotz dieses Unglücks geht Schlemihl nicht auf das Angebot des Grauen ein, ihm die Seele für den Schatten zu überschreiben. Stattdessen wirft Schlemihl den unheimlichen Geldbeutel weg und begibt sich auf die Wanderschaft. Mit Hilfe von zufällig erstandenen Siebenmeilenstiefeln führt er in der ganzen Welt botanische Studien durch und begnügt sich mit der Arbeit eines Privatgelehrten. Zur Gesellschaft hat er lediglich seinen Pudel.

Struktur: In elf Kapiteln erzählt Peter Schlemihl seinem Freund Chamisso seine Geschichte; er spricht als Ich-Erzähler den Autor immer wieder direkt an und verleiht dem Berichteten dadurch Unmittelbarkeit und Echtheit, wobei die autobiografischen Züge – bis hin zu der detailliert beschriebenen Kleidung Schlemihls/Chamissos – nicht zu übersehen sind.

Wirkung: Die Erzählung war überaus erfolgreich. E.T.A.→Hoffmann schrieb seine Parallelgeschichte vom verlorenen Spiegelbild (*Die Abenteuer der Silvesternacht,* 1815). Es gab eine Dramatisierung (1819 in Wien), und die Erzählung wurde ins Englische sowie Französische übersetzt. Verschiedene Deutungsmöglichkeiten erregten schon die Gemüter der Zeitgenossen und beschäftigen immer noch die Literaturwissenschaft. *D.Ma.*

Chandler, Raymond

US-amerikan. Schriftsteller

*23.7.1888 Chicago (Illinois)

†26.3.1959 San Diego (Kalifornien)

📖 *Der große Schlaf,* 1939

Raymond Chandler gilt heute – neben Dashiell →Hammett – als Vater der »hard-boiled«- oder »tough-guy«-Detektivgeschichte.

Chandler wurde in England, Frankreich und Deutschland erzogen; für den kulturellen Unterschied zwischen Amerika und Europa hat er sich immer interessiert. Nach Tätigkeiten im Journalismus, Bankwesen und Ölgeschäft kam Chandler erst im Alter von fast 50 Jahren zum Schreiben. Er begann mit lyrischen Versuchen und veröffentliche Erzählungen in Kriminalmagazinen wie *Black Mask,* aus denen er die Handlung seiner sieben Romane um den Privatdetektiv Philip Marlowe entwickelte. Chandler wollte – am europäischen Vorbild geschulte – Gesellschaftsromane schreiben und hat sich stets gegen die Bewertung, seine Texte seinen Krimis, gewehrt. 1939 gelang ihm mit *Der große Schlaf* der Durchbruch. Auch seine weiteren Kriminalromane wurden, z.T. bedingt durch ihre Verfilmungen, große Erfolge.

Biografie: T. Degering, *Raymond Chandler* (rm 50377).

Der große Schlaf

OT The Big Sleep
OA 1939 **DE** 1956 **Form** Roman **Epoche** Moderne

Der große Schlaf ist der erste Kriminalroman von Raymond Chandler um den Privatdetektiv Philip Marlowe und brachte seinem Autor den Durchbruch.

Inhalt: Philip Marlowe, Privatdetektiv, wird von General Sternwood engagiert, der zum wiederholten Male erpresst wird – seine jüngere Tochter hat offensichtlich Schuldscheine beim Roulette unterzeichnet. Der todkranke General hat Probleme mit seinen Töchtern: Carmen ist neurotisch, triebhaft, verschwenderisch und leicht auszunutzen; die wesentlich intelligentere, ältere Vivian vermisst seit einem Monat ihren dritten Ehemann Rusty Regan.

Marlowe entdeckt, dass der Erpresser eine Leihbibliothek mit pornografischen Büchern betreibt. Als er bald darauf ermordet wird, sitzt am Tatort die von Drogen berauschte, nackte Carmen Sternwood, die Marlowe nach Hause bringt. Am nächsten Morgen wird der Chauffeur der Familie Sternwood, ein ehemaliger Liebhaber Carmens, tot aufgefunden; Marlowe entschließt sich, seinen Auftrag zu erweitern und nicht nur in dem Erpressungsfall zu ermitteln. Vor allem interessiert er sich für Vivians verschwundenen Ehemann Rusty Regan, der angeblich mit der Ehefrau des Nachtklubbesitzers Eddie Mars durchgebrannt ist. Marlowe klärt auf, dass der Chauffeur Sternwoods den

Auszug aus dem Roman *Der große Schlaf* von Raymond Chandler:

Ich setze mich auf den Rand eines tiefen, weichen Sessels und blickte auf Mrs. Regan. Sie war einen Blick wert. Sie war das pure Unheil.

Raymond Chandler, *Der große Schlaf*; links: Umschlag der deutschsprachigen Taschenbuchausgabe 1974; rechts: Umschlag der Faksimile-Edition (1996) der Originalausgabe von 1939

Die wichtigsten Bücher von Raymond Chandler	
Der große Schlaf 1939	In seinem ersten Fall ist der Privatdetektiv Philip Marlowe einem gefährlichen Erpresser auf der Spur. → S. 233
Lebwohl, mein Liebling, 1940	Philip Marlowe wird zufällig Zeuge, als ein Ex-Sträfling, der seine ehemalige Geliebte sucht, einen Mord begeht.
Das hohe Fenster 1943	Eine schüchterne Hausangestellte beobachtet zufällig einen scheinbar perfekten Mord und lebt fortan gefährlich.
Die kleine Schwester 1949	Philip Marlowe muss erkennen, dass es Frauen, die wie Bibliothekarinnen aussehen, faustdick hinter den Ohren haben.
Der lange Abschied 1953	Marlowe wird nach den Erfahrungen, die er in diesem Roman macht, nie mehr einem scheinbar hilflosen Betrunkenen helfen.
Playback 1958	Auch die Heirat mit einer reichen Frau kann Philip Marlowe nicht vor der Konfrontation mit dem Verbrechen bewahren.

Erpresser erschossen hat, weil er Carmen immer noch liebte, und dass ein ehemaliger Mitarbeiter des Ermordeten versuchte, Carmen und ihren Vater zu erpressen. Aber auch der verschwundene Ehemann Vivian Sternwoods, der mit allen Beteiligten bekannt war, ist verdächtig. Ein fingierter Raubüberfall auf Vivian auf dem Parkplatz der Spielbank, wo er sie retten darf, lässt Marlowe zusätzlich stutzen. Gegen die sexuellen Attacken ihrer Schwester Carmen kann er sich dagegen kaum noch wehren.

Da Marlowe das ruhige Verhalten von Eddie auffällig findet, dessen Frau immerhin angeblich durchgebrannt ist, heftet er sich an die Fersen der verschwundenen Vera Mars. Sie verhilft ihm, als er auf dem Weg zu ihr überwältigt wird, zur Flucht. Der Privatdetektiv weiß mittlerweile, dass Eddie Mars der Drahtzieher des Geschehens ist: Er hat Sternwood und seine Töchter erpresst und einige Mitwisser ermorden lassen.

Als Marlowe den General davon überzeugt hat, nach dem verschwundenen Ehemann Vivians, Rusty Regan, zu suchen, begibt er sich in Lebensgefahr. Gemeinsam mit Carmen will er auf einem Ölfeld Schiessübungen durchführen. Die junge Frau, die sich von ihm zurückgestoßen fühlt, plant einen Mordanschlag auf Marlowe, der das Attentat geahnt und ihre Munition durch Platzpatronen ersetzt hat. Er erfährt, dass Carmen auch den Mann ihrer Schwester Vivian erschossen hat. Vivian hat die Tat – ihrem kranken Vater zuliebe – gemeinsam mit Eddie Mars vertuscht, der sie nun deshalb erpresst. Marlowe verspricht Vivian, dass der General nichts von der ganzen Angelegenheit erfahren soll, dass er mit Mars reden und Carmen in ein Sanatorium bringen werde. Am Ende muss Marlowe (wie in allen folgenden Romanen) allein versuchen, Unschuldige zu schützen und minimale Gerechtigkeit zu erlangen.

Aufbau: Der Roman ist konsequent aus der Perspektive Marlowes geschildert. Der Leser erhält, genau wie der Privatdetektiv, nur bruchstückhaft Einblicke in das Geschehen. Der Showdown auf dem Ölfeld bringt die große desillusionierende Überraschung.

Wirkung: Mit Philip Marlowe erfand Chandler einen der bekanntesten literarischen Privatdetektive. Die Verfilmung des Romans 1946 (Regie: Howard Hawks) etablierte Marlowe in der Krimiszene und gilt bis heute als Kultfilm des »schwarzen« Hollywood-Kinos. *D. Ma.*

Auszug aus dem Roman *Traumpfade* (1987) von Bruce Chatwin:

Die Alten sangen ihren Weg durch die ganze Welt. Sie sangen die Flüsse und Bergketten, die Salzpfannen und Sanddünen, aßen, liebten, tanzten, töteten: Wo immer ihre Pfade hinführten, hinterließen sie eine musikalische Spur.
Sie hüllten die ganze Welt in ein Liednetz ein, und als die Erde schließlich gesungen war, fühlten sie sich müde.

Bruce Chatwin, *Traumpfade*, Umschlag der deutschsprachigen Erstausgabe 1987 (Gestaltung: Helmut Schade)

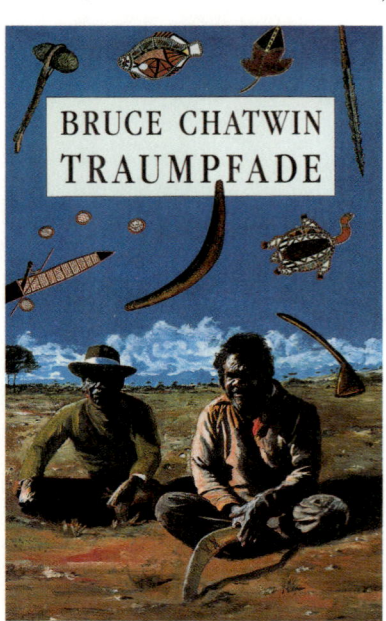

Chatwin, Bruce

engl. Schriftsteller

* 13.5.1940 Sheffield, † 18.1.1989 Nizza (Frankreich)

📖 *Traumpfade*, 1987

Wegen seines impressionistischen Stils, der archäologische und ethnografische Kenntnisse, skurrile Geschichten und virtuose Landschaftsschilderungen verknüpft, gilt Bruce Chatwin als einer der innovativsten Reiseschriftsteller.

1959–66 arbeitete Chatwin für das Londoner Auktionshaus Sotheby's, wo er als Botenjunge begann und bereits mit 22 Jahren die Impressionisten-Abteilung leitete. Ein 1966 aufgenommenes Archäologiestudium in Edinburgh brach er nach einem Jahr ab. Ausgedehnte Reisen führten ihn u.a. nach Afghanistan, Russland, Indien, Nord- und Südamerika, Westafrika und Australien. 1972–75 schrieb Chatwin Reisereportagen für die *Sunday Times*. Gleich mit seinem ersten Buch, dem Reisebericht *In Patagonien* (1977), erzielte er hohe Resonanz bei Kritik und Publikum. Es folgten Romane wie *Auf dem Schwarzen Berg* (1982) und *Utz* (1988). Ein Welterfolg wurde der Roman *Traumpfade* (1987) über die Kultur der australischen Ureinwohner. Chatwin starb mit 48 Jahren an den Folgen der Immunschwächekrankheit Aids. Postum erschienen u.a. journalistische Arbeiten in *Was mache ich hier* (1996).

Biografie: N. Shakespeare, *Bruce Chatwin*, 1999.

Traumpfade

OT Songlines **OA** 1987 **DE** 1990
Form Roman **Epoche** Moderne

In seinem Hauptwerk – exotischer Roman, wissenschaftlicher Essay und Reisebericht in einem – taucht Bruce Chatwin ein in die Schöpfungsmythologie der australischen Ureinwohner.

Entstehung: Wegen finanzieller Not nach der Aufgabe lukrativer Tätigkeiten als Auktionator und Journalist konnte Chatwin seinen Traum nie verwirklichen, auf Reisen in aller Welt Material für eine wissenschaftlich fundierte Theorie des Nomadentums zusammenzutragen. Seine »verrückte Mammutidee« (so Chatwin) sollte belegen, dass der Mensch während der Evolution außer aufrechtem Gang und Gebrauch von Werkzeugen einen jahreszeitlichen Hang zur Wanderschaft entwickelte. Dieser Instinkt sei im Zuge der Sesshaftwerdung ins kollektive Unbewusste verdrängt worden, mit fatalen psychologischen Folgen: aggressive Verteidigung des Territoriums, Habsucht und Statusdenken. Mit seiner Nomadentheorie im Gepäck folgte Chatwin in den endlosen Weiten des australischen Busches den Traumpfaden (Songlines der Ureinwohner, auf denen die Ahnen im Glauben der Aborigines den fünften Kontinent erwandert haben. Was Chatwin als Forscher nicht erreicht hatte, suchte er in einem ungewöhnlichen Roman zu verwirklichen.

Inhalt: Arkady Wolschok, ein Australier russischer Herkunft, führt den Erzähler in die mysteriöse Welt der Aborigines ein. Der Kosmopolit mit Universitätsabschluss hat Java, Indien, Afghanistan und große Teile Europas bereist. Nun versucht er im trocken-heißen Nordterritorium Australiens beim Straßen- und Eisenbahnbau oder bei Ölbohrungen zu verhindern, dass die heiligen Stätten der Aborigines zerstört werden.

Aufbau: *Traumpfade* ist Reisebuch, Abenteuergeschichte, Ideenroman und Fortschrittssatire, geistige Autobiografie und romantische Komödie zugleich. Auf seiner Initiationsreise begegnet der Erzähler einem Panoptikum schräger Persönlichkeiten. Militante Ureinwohner verteidigen ihr Land gegen die Einflüsse der Zivilisation wie Fast Food, Alkoholismus und Umweltverschmutzung. Christliche Missionare wachen eifersüchtig über ihre »eingeborenen« Schafe, weiße Siedler breiten sich mit rücksichtsloser Arroganz aus. Bei seiner Wanderung durch das Land, das im 18. Jahrhundert von Sträflingen aus Großbritannien besiedelt wurde, trifft der Erzähler Trunkenbolde, Verrückte, Schurken und Heilige. Den Roman durchziehen Anekdoten und exotische Geschichten, grandiose Landschaftsbeschreibungen und Reflexionen über die menschliche Natur. Mitten im Erzählfluss tauchen Tagebuchnotizen und Interviews auf, u. a. mit dem Verhaltensforscher Konrad →Lorenz. Sagen, Legenden und Zitate von Buddha bis Arthur →Rimbaud, von →Herodot bis Søren →Kierkegaard verdichten das künstlerische Anliegen.

Wirkung: *Traumpfade* wurde ein internationaler Bestseller und nahezu einhellig gerühmt, als »fantastischer Irrgarten« (*New York Times*) und »kosmisches Buch« (Thomas Keneally). Hans Magnus Enzensberger (*1929) und Mario →Vargas Llosa begrüßten die Überschreitung der Genres, die *Sunday Times* empfahl den Roman Königin Elizabeth II. (*1926) wärmstens als Sommerlektüre. *B. B.*

Die wichtigsten Bücher von Bruce Chatwin	
In Patagonien 1977	Chatwins Bericht über seine Abenteuerreise durch die karge Landschaft Süd-Argentiniens wurde ein internationaler Erfolg.
Der Vizekönig von Ouidah, 1980	In Benin (Westafrika) folgt Chatwin den Spuren des brasilianischen Sklavenhändlers de Souza und wird in einen Putsch verwickelt.
Auf dem Schwarzen Berg, 1982	In seinem ersten Roman schildert Chatwin das archaische Leben zweier Zwillingsbrüder auf einem einsamen Bauernhof in Wales.
Traumpfade 1987	Der Roman, ethnografische Essay und Reisebericht erzählt von der bedrohten Kultur der australischen Ureinwohner. → S. 234
Utz 1988	Komischer Roman über einen kauzigen Prager Privatdozenten mit einer Leidenschaft für Meißner Porzellan und üppige Operndiven.
Was mache ich hier 1989	Die postum erschienenen Reiseberichte, Porträts und Geschichten aus allen Teilen der Welt sind das persönlichste Buch des Autors.
Der Traum des Ruhelosen, 1996	Geschichten, Reiseskizzen, Artikel und Essays aus dem Nachlass über Fernweh, Exotik, Sammellust und die Schönheit der Dinge.

den – unvollendeten – *Canterbury-Erzählungen*. Mit der anschaulichen, meisterhaften Sprache sowie seiner realistischen und zugleich humorvollen Weltsicht in diesem Werk setzte er Maßstäbe für die nachfolgende englische Literatur.

Von 1357 an diente Chaucer, Sohn eines wohlhabenden Londoner Weinhändlers, als Page im Hause von Elisabeth, der Gräfin von Ulster, Ehefrau des dritten Sohns des englischen Königs Edward III. (1327–77), und kam dadurch schon früh in Berührung mit dem Hof. Im Hundertjährigen Krieg zwischen England und Frankreich (1337–1453) war er 1359/60 als Soldat in Frankreich, geriet dort in Gefangenschaft und wurde mit Hilfe des Königs freigekauft. 1367 wurde er Junker im Hofstaat. Chaucer erhielt königliche Ämter, unter anderem als Zollinspektor des Londoner Hafens. In diplomatischer Mission reiste er nach Flandern, Frankreich und Italien (1372/73 und 1378) und lernte das Werk der italienischen Dichter Giovanni →Boccaccio und Francesco →Petrarca kennen. Vermutlich verlor er Ende 1386 die Gunst des

Geoffrey Chaucer, *Canterbury-Erzählungen*, Prolog mit einem Porträt des Dichters im Initial aus der Originalhandschrift (um 1400)

Chaucer, Geoffrey

engl. Dichter

*um 1340 London, †25.10.1400 ebd.

📖 *Die Canterbury-Erzählungen*, um 1387–1400

Geoffrey Chaucer steht mit seinem Werk an der Schwelle vom Mittelalter zur Renaissance. Der Übergang zur neuen Epoche zeigt sich in seinem bedeutendsten und dauerhaftesten Werk,

Dieser in der Welt des Bürgertums und des Adels gleichermaßen heimische Dichter war einer der belesensten Männer seiner Zeit. Er war vertraut nicht nur mit den damals bekannten lateinischen Klassikern und der zeitgenössischen französischen und italienischen Literatur, sondern auch mit einer stattlichen Anzahl philosophischer und theologischer Abhandlungen, und er kannte sich aus in verschiedenen Zweigen der Naturwissenschaften einschließlich der Alchimie.

Geoffrey Chaucer; Darstellung in einer Handschrift der *Canterbury-Erzählungen* um 1380

Hofes. Erst König Richard II. (1367–1400) gewährte ihm 1394 eine Pension, die dessen Nachfolger Heinrich IV. (1367–1413) erhöhte.

In der frühen Phase seines Werks übersetzte Chaucer den altfranzösischen *Rosenroman* (entst. 13. Jh.). In der zweiten Phase griff er Anregungen der italienischen Literatur auf, die bereits von der Renaissance geprägt war. Hier entstand die Versdichtung *Das Vogelparlament* (1382), die Bezug nimmt auf die Vermählung von Richard II. Das Epos *Troilus and Cresseyde* (1385) hat nach dem Vorbild von Petrarca die höfische Liebe zum Thema. Sein Hauptwerk, die *Canterbury-Erzählungen*, konnte Chaucer vor seinem Tod nicht mehr vollenden.

Biografien: S. Knight, *Geoffrey Chaucer*, 1986; W. Riehle, *Geoffrey Chaucer* (rm 50422).

Die Canterbury-Erzählungen

OT The Canterbury Tales **OA** 1478 **DE** 1827
Form Erzählung in Vers und Prosa
Epoche Mittelalter/Renaissance

In der noch dem Mittelalter angehörenden literarischen Form der Rahmenerzählung präsentierte Geoffrey Chaucer in seinen *Canterbury-Erzählungen* eine neue Literatur. Nie zuvor hatte ein Autor die Lebenswirklichkeit in einer volkstümlichen, jedoch zugleich vollendeten Sprache geschildert.

Entstehung: Die *Canterbury-Erzählungen* entstanden zwischen 1387 und dem Todesjahr des Dichters. Ihr Vorbild war das *Das Dekameron* (1348–53) von Giovanni → Boccaccio, eine Sammlung von Geschichten, die in eine Rahmenhandlung eingebettet sind. Die Stoffe der *Canterbury-Erzählungen* stammen von antiken Autoren, aus mittelalterlichen Quellen oder lehnen sich an Boccaccio an. Trotz dieser Vorbilder ist das Werk von Chaucer eigenständig.

Aufbau: Chaucer unternimmt in seinem Werk mit 29 Frauen und Männern eine Pilgerreise zu Pferd von London nach Canterbury an das Grab des heiligen Thomas Becket. Der Wirt einer Taverne, selbst mit von der Partie, schlägt vor, dass die Reisenden sich unterwegs die Zeit mit dem Erzählen von Geschichten vertreiben. Jeder Pilger soll zwei Geschichten auf der Hin- und zwei auf der Rückreise erzählen. Der Tod Chaucers verhinderte, dass dieses ehrgeizige Projekt von 120 Geschichten zu Stande kam; 24 sind überliefert, zwei von

ihnen blieben unvollendet. Viele Geschichten sind durch Zwischenstücke miteinander verbunden, in denen verschiedene Reisende sich zu den Erzählungen äußern. Häufig fehlen diese Einschübe jedoch und bis heute ist die geplante Reihenfolge der Geschichten nicht ganz geklärt.

In einem lebendigen Prolog, in dem die erwachende Natur und der Aufbruch der Menschen in Einklang gebracht sind, stellt der Autor die Mitreisenden vor, die aus unterschiedlichen Ständen – der höchste und niedrigste Stand ausgenommen – stammen. So repräsentieren die Mitglieder der Reisegruppe einen Querschnitt der mittelalterlichen Gesellschaft vom Ritter über Junker, Dienst- und Kaufmann, Nonne, Mönch, Pfarrer, Ablasskrämer bis zum Müller, Pflüger und Koch. Die Reisenden wirken auf den ersten Blick typisiert, sind jedoch mit scharf beobachteten, ausgeprägt individuellen Zügen ausgestattet. Sie werden teils mit Humor, teils mit beißender Satire, allerdings auch idealisierend dargestellt wie der Ritter, der einem untergehenden Stand angehört. Chaucer spielt virtuos mit allen mittelalterlichen Literaturformen; jeder Person ist eine bestimmte Form zugeordnet, von der Romanze *(Geschichte des Ritters)* und Heiligenlegende *(Geschichte der Priorin)* bis zur Predigt oder Tierfabel.

Inhalt: Die meisten der Geschichten handeln von der Liebe, so die Geschichte des Ritters, die die Romanze zwischen einer Dame und zwei sie verehrenden Rittern wiedergibt, oder die der Frau aus Bath, die fünf Ehemänner überlebt hat; Souveränität, so lautet der Kern ihrer Geschichte, ist der höchste Wunsch der Frauen. Mit Schwänken von gehörnten Ehemännern unterhalten die Müller, der Verwalter und andere Pilger ihre Mitreisenden. Eine der amüsantesten Geschichten ist die Tierfabel, die der Nonnenpriester vorträgt. Sie handelt vom Hahn Chantecleer, der sich zunächst vom Fuchs übertölpeln lässt, weil er auf dessen Schmeicheleien hin mit geschlossenen Augen singt, danach jedoch dem Fuchs durch eine List entwischt.

Wirkung: Die für ihre Zeit ungewöhnlich lebendige und umfassende Darstellung menschlicher Verhaltensweisen und Eigenarten sowie ihre humoristische Grundhaltung machten die *Canterbury-Erzählungen* zu einem bahnbrechenden Werk und schon im 15. Jahrhundert zu einem Publikumserfolg. Sie wurden beispielhaft für viele andere Dichter, die Chaucers Erzählweise imitierten. Bis ins 20. Jahrhundert wurde dieses Werk immer wieder gedruckt und nacherzählt. Unter dem Titel *Tolldreiste Geschichten* verfilmte 1972 Pier Paolo Pasolini (1922–75) Teile der *Canterbury-Erzählungen*. Noch 600 Jahre nach seiner Entstehung gilt das Buch als Meisterwerk der Weltliteratur.   *N. B*

Chesterton, Gilbert Keith

engl. Schriftsteller

*29.5.1874 London, † 14.6.1936 Beaconsfield

📖 *Die Geschichten von Pater Brown*, 1911–35

Als streitbarer Verfechter ideeller Werte hat sich Gilbert Keith Chesterton in seinen journalistischen Arbeiten und in eigentümlichen, metaphysisch inspirierten Romanen wie *Der Mann, der Donnerstag war* (1908) oder *Ballspiel mit Ideen* (1909) einen Ruf als fantastischer Autor des Viktorianischen Zeitalters erworben. Zudem hat er das von Sir Arthur Conan → Doyle geprägte Paradigma des Detektivs durch seine Figur des Pater Brown revolutioniert.

Chesterton wurde in London als Sohn reicher Eltern geboren. Seine literarische Begabung zeigte sich früh; schon während der Schulzeit erhielt er den Milton Prize for English Verse. Er studierte in London und Oxford und veröffentlichte neben seinen philosophisch-christlich inspirierten Romanen und den *Pater-Brown*-Geschichten auch literaturhistorische und kulturgeschichtliche Arbeiten. Chesterton heiratete 1901 und lebte auf dem Land. Das bedeutendste Ereignis in seinem Leben war wohl die Konversion zum Katholizismus 1922.

Biografie: M. Wörther, *G. K. Chesterton – das unterhaltsame Dogma*, 1984.

Die Geschichten von Pater Brown

OT The Father Brown Stories **OA** 1911–35 **DE** 1920–48
Form Erzählungen **Epoche** Moderne

Mit seinen Geschichten um den Pater Brown bereicherte Gilbert Keith Chesterton das eher profane Genre der Kriminalerzählung um eine theologische Perspektive; sein Held, ein ungeschickter und harmlos wirkender Geistlicher, will eher Verbrechen verhindern als aufklären und zieht es vor, den Täter zur Einsicht zu bekehren, statt ihn der irdischen Gerichtsbarkeit auszuliefern. Die Verbrechen, die Pater Brown aufdeckt, erlauben dem Autor eine Kritik am Egoismus und der selbstgerechten Brutalität der ökonomischen Verhältnisse in der viktorianischen Ära.

Entstehung: Die 50 *Pater-Brown*-Geschichten, die zwischen 1910 und 1935 entstanden und zunächst in verschiedenen Zeitschriften gedruckt wurden, erschienen anschließend in fünf Sammelbänden mit jeweils eigenem Obertitel. Die Titelfigur des Pater Brown ist als Gegenfigur zu den asketischen und sportlichen Gentlemandetektiven in der Nachfolge von Sir Arthur Conan → Doyle konzipiert und sollte nicht so

sehr das kriminalistische Interesse des Publikums ansprechen, sondern den antipapistischen Zeitgenossen den Katholizismus näher bringen.

Inhalt: Pater Brown, der in einer kleinen Gemeinde in Essex und später in einem heruntergekommenen Londoner Vorort arbeitet, kennt das Verbrechen in all seinen Varianten aus dem Beichtstuhl. Von seinen detektivischen Berufskollegen unterscheidet ihn nicht nur seine physische Harmlosigkeit, sondern auch das Wissen um die Anfälligkeit der menschlichen Natur für das Böse sowie sein unerschütterliches Vertrauen in die Güte Gottes. Sein Kampf gegen das Verbrechen ist in erster Linie ein Kampf um die Seele des Verbrechers: Statt wie Sherlock Holmes mit den Erkenntnissen der Forensik zu arbeiten, versetzt sich Pater Brown in die Psyche seiner Mitmenschen. Wegen der metaphysi-

Heinz Rühmann als Pater Brown (l.) und Siegfried Lowitz als Flambeau in der Verfilmung *Das schwarze Schaf* nach *Die Geschichten von Pater Brown* von Gilbert Keith Chesterton (BRD 1960; Regie: Helmuth Ashley)

Die wichtigsten Bücher von Gilbert Keith Chesterton	
Der Held von Notting Hill 1904	Der skurrile, in der Zukunft (1984) angesiedelte Roman spielt bereits mit dem für Chesterton typischen Motiv vom Demiurgen, der sich die Welt zum Vergnügen erschaffen hat, und vom Menschen, der sich dieser Herausforderung des Glaubens stellt.
Ketzer 1905	Chesterton liefert hier eine witzige und geistreiche Verteidigung der Orthodoxie des Glaubens und eine streitbare Polemik gegen sozialistische und materialistische Dichter und Denker seiner Epoche.
Der Mann, der Donnerstag war 1908	In diesem bizarren und temporeichen Meisterwerk kämpft Gabriel Syme, ein Dichter und Philosoph, den die Londoner Polizei als Agent angeworben hat, gegen eine siebenköpfige Anarchistengruppe, deren Mitglieder die Namen der sieben Wochentage angenommen haben.
Ballspiel mit Ideen 1909	Die zwei Helden dieses Ideenromans, ein erklärter Atheist und ein überzeugter Katholik, wollen ein Duell über ihre Standpunkte entscheiden lassen. Zur Austragung kommt es jedoch nicht, weil die beiden Protagonisten auf einer aberwitzigen Flucht vor der Polizei immer wieder in den intellektuellen Kampf mit anderen Ideologien verwickelt werden.
Die Geschichten von Pater Brown 1911–35	Der als Gegenentwurf zu den Detektivfiguren von Doyle konzipierte Pater Brown jagt Verbrecher nicht nur, um sie der weltlichen Gerichtsbarkeit zu übergeben, sondern auch um eine seelische Läuterung des vom rechten Weg Abgekommenen zu bewirken. → S. 237
Das fliegende Wirtshaus 1914	In diesem satirischen Roman versucht ein unter dem Einfluss des Islam stehender Lord vergeblich, alle englischen Wirtshäuser wegen des Alkoholausschanks schließen zu lassen.

Auszug aus der Erzählung
Father Browns Geheimnis
(1927) von Gilbert Keith
Chesterton:

*Was aber meinen die Leute...,
wenn sie sagen, Kriminologie
ist eine Wissenschaft? Sie
meinen, dass sie sich außerhalb des Mannes begeben und
ihn studieren, als sei er ein riesiges Subjekt; ...dass sie auf die
Form seines »kriminellen«
Schädels starren, als handele
es sich um einen unheimlichen
Ausdruck wie das Horn auf der
Nase eines Nashorns... Ich versuche nicht, mich außerhalb
des Menschen zu begeben.
Ich versuche vielmehr, in den
Mörder hineinzukommen...
Ich bin im Innern eines Mannes. Ich bin immer in Inneren
eines Menschen und bewege
seine Arme und Beine; aber ich
warte, bis ich weiß, dass ich im
Inneren eines Mörders bin,
seine Gedanken denke, mit
seinen Leidenschaften ringe;
...bis ich mich selbst in die Haltung seines kauernden und
spähenden Hasses gebeugt
habe; bis ich die Welt durch
seine blutunterlaufenen und
argwöhnischen Augen
erblicke und zwischen den
Scheuklappen seiner
schwachsinnigen Konzentration herausschaue; ...bis ich
wirklich ein Mörder bin.*

schen Dimensionierung des Verbrechens haben einige von Chestertons Geschichten einen nahezu märchen- oder legendenhaften Charakter; im Szenario einer Detektivgeschichte wird der ewige Kampf zwischen Gut und Böse ausgetragen. In dem von Täuschung und Maskerade bestimmten Milieu des Verbrechens erscheint Pater Brown als der gute Hirte und zugleich als analytischer Detektiv, der die teilweise zu abstrusen Gedankenspielen verkomplizierten Tathergänge regelmäßig in seinem Schlussauftritt enthüllt und dabei den Täter entlarvt, wobei ihm eher an dessen seelischer Läuterung als an seiner Bestrafung gelegen ist.
Wirkung: Chestertons Geschichten hatten wegen ihrer anschaulichen moralischen Dimension einen großen Erfolg beim Publikum und sind immer wieder verfilmt worden. Die Figur des Pater Brown hat in den zahlreichen Amateurdetektiven vor allem des englischen Kriminalromans eine kaum zu überschätzende Resonanz gefunden. Die Kriminalromane von Harry Kemelmann (1908–96) um den Rabbi David Small dürfen als jüdische Replik auf die katholischen *Pater-Brown*-Geschichten verstanden werden.   *H.R.B.*

Chirbes, Rafael

span. Schriftsteller

* 27.6.1949 Tabernés de Valldigna

📖 *Der lange Marsch*, 1996

Der Schriftsteller und Publizist Rafael Chirbes zählt spätestens seit dem Erscheinen seines Romans *Der lange Marsch* (1996) auch im Ausland zu den meistgelesenen spanischsprachigen Autoren. In seinen Romanen zeigt er sich nicht nur als einfühlsamer und zugleich wortgewaltiger Erzähler im Stil eines Lew N. → Tolstoi oder

Honoré de → Balzac, sondern zudem als kritischer Chronist der jüngeren Geschichte seiner spanischen Heimat.

1949 in der Nähe von Valencia geboren, studierte Chirbes in Madrid Neue und Neueste Geschichte. Mehrere Jahre arbeitete er als Literaturkritiker und schrieb Reiseberichte für das Magazin *Sobremesa*. 1988 erschien sein erster Roman *Mimoun*. Heute lebt und arbeitet Chirbes als freier Publizist in Denia am Mittelmeer und in einem Dorf in der Estremadura.

Chirbes selbst nannte sich einmal einen »zutiefst altmodischen Erzähler«, der das Genre des klassischen Bildungsromans favorisiere. Zugleich wirkt er jedoch durch seine Themenwahl ausgesprochen modern. So sind die meisten seiner Werke geprägt von einer überaus kritischen, wenn auch literarisch verbrämten Auseinandersetzung mit dem Spanischen Bürgerkrieg, den langen Jahren des Franquismus und dem Übergang zur Demokratie in den 1970er Jahren.

Der lange Marsch

OT *La larga marcha* **OA** 1996 **DE** 1998
Form Roman **Epoche** Moderne

Der lange Marsch ist ein vielschichtiges Porträt des spanischen Franquismus. An den Schicksalen zweier Generationen zeichnet Rafael Chirbes die Jahre zwischen dem Ende des Bürgerkriegs 1939 und der nach dem Tod des Diktators Francisco Franco Bahamonde 1975 beginnenden Demokratisierung nach.
Inhalt: Der Autor entwirft in *Der lange Marsch* eine Reihe von Lebenssituationen an Schauplätzen in ganz Spanien. Er erzählt von einer galizischen Bauernfamilie, vom alkoholkranken Schuhputzer, vom Aufsteiger, vom Eisenbahner, der sich von seinem republikanischen Bruder verraten fühlt, vom Tagelöhner und seiner Frau, die das Geld in den Betten fremder Männer verdient, von der Frau, die an der Seite eines Emporkömmlings auf ein Leben in Reichtum hofft und vom verbitterten republikanischen Arzt, der sich mit illegalen Abtreibungen über Wasser hält und die Repressionen der Franquisten befürchtet. Das Spanien der unmittelbaren Nachkriegszeit ist ein Schauplatz des Elends, der Zukunftsängste und des Misstrauens in einer durch den Kriegsausgang in Sieger und Besiegte gespaltenen Gesellschaft. Bescheidener Wohlstand wird sich erst allmählich in den 1950er Jahren entwickeln, einer Zeit des großen Aufbruchs und der tief greifenden Veränderungen. Dennoch und unabhängig von ihrem politischen Credo bleibt die Elterngeneration Zeit ihres Lebens vom Bürgerkrieg geprägt. Dieser hat es ihnen verwehrt, ihre Jugendträume, Visionen und Sehnsüchte zu leben und ihr Schicksal in die

Die wichtigsten Werke von Rafael Chirbes

Mimoun 1988	Ein junger spanischer Lehrer sucht in Marokko ein neues, erfülltes Leben und literarische Inspiration. Der Roman zeichnet zugleich ein weitgehend unbekanntes Bild Marokkos.
Die schöne Schrift 1991	Eine alte Frau blickt in Notizen an ihren Sohn auf ihr Leben zurück, das von den Entbehrungen des Bürgerkriegs und dem unaufhaltsamen Zerbrechen ihrer Familie geprägt war.
Der Schuss des Jägers 1994	Chirbes schildert in Rückblicken den Lebensweg eines skrupellosen Emporkömmlings, dem es nach seiner Heirat mit einer Tochter aus gutem Hause gelingt, unterm Franco-Regime Karriere zu machen.
Der lange Marsch 1996	Der international besonders erfolgreiche Roman zeichnet ein facettenreiches Porträt zweier Generationen, ihrer Ängste und Sehnsüchte während der 40-jährigen Franco-Herrschaft. → S. 238
Der Fall von Madrid 2000	Am Tag unmittelbar vor Francos Tod sprechen die Protagonisten des Romans von ihren sehr unterschiedlichen Ängsten und Erwartungen angesichts einer unklaren Zukunft.
Am Mittelmeer 2000	Literarische Porträts berühmter Städte am Mittelmeer, der »Wiege Europas«, mit Einblicken in ihre Geschichte, Kultur und Gegenwart.

eigenen Hände zu nehmen. So ruht ihre ganze Hoffnung auf den Kindern.

Diese Kindergeneration steht im Mittelpunkt des zweiten Teils von *Der lange Marsch*. Die erwachsenen Söhne und Töchter der Familien begegnen einander in den 1960er Jahren im großen Schmelztiegel Madrid. Ihre Sorgen sind nicht mehr die ihrer Eltern, zwischen beiden Generationen tut sich eine Kluft aus Schweigen und Unverständnis auf. Die Kinder träumen vom politischen Umbruch und von revolutionären Idealen, sie studieren ausländische Philosophen, diskutieren nächtelang über die Zukunft, engagieren sich in der Illegalität und erleben die Härte und Gewaltbereitschaft des franquistischen Regimes am eigenen Leib. Letztlich scheitern sie an der Unmöglichkeit, die lang gehegten Illusionen und die ersehnte Freiheit zu verwirklichen.

Aufbau: *Der lange Marsch* besteht aus zwei Teilen mit kurzen, absatzlosen, überaus dichten Kapiteln. Meisterhaft gelingt es Chirbes, rund 30 Protagonisten durch die 25 Jahre zu führen, die der Roman beschreibt, und die spanische Geschichte aus ebenso vielen, zuweilen einander strikt entgegengesetzten Blickwinkeln zu durchleuchten. Gerade in der gekonnten Verbindung historischer Realität und dem Entwurf zutiefst persönlicher Schicksale besteht die besondere Stärke des Romans.

Wirkung: Mit *Der lange Marsch* wurde Chirbes, der sich in seiner spanischen Heimat schon Ende der 1980er Jahre einen Namen gemacht hatte, weltweit bekannt. Der Roman wurde von der Kritik im In- und Ausland einhellig als »Sternstunde der Erzählkunst« gelobt, sein Autor gilt seitdem als ebenso kritischer wie leidenschaftlicher Chronist der jüngeren spanischen Geschichte. *A. He.*

Choderlos de Laclos, Pierre François

frz. Schriftsteller

* 18.10.1741 Amiens, † 5.9.1803 Tarent, Italien

📖 *Gefährliche Liebschaften*, 1782

Choderlos de Laclos ist heute vor allem wegen seines einzigen Romans *Gefährliche Liebschaften* bekannt, in dem er ein Bild der dekadenten höfischen Gesellschaft am Vorabend der Französischen Revolution 1789 zeichnet. Aufgrund präziser Analyse und satirischer Betrachtungsweise hat der Autor einen zeitlosen Roman über die dunkle Seite der menschlichen Ratio geschaffen.

Der Autor entstammte dem niederen Adel des Ancien Régime und schlug mit 18 Jahren die Militärlaufbahn ein. Nebenher veröffentlichte er ab 1767 Gedichte (u.a. *L'Epître à Margot*), Essays über die Bildung der Frau sowie literarische Rezensionen. Seinen einzigen Roman brachte er 1782 anonym heraus. Er war verheiratet und hatte drei Kinder. 1786 ließ er sich vom Militärdienst beurlauben und arbeitete für den Herzog von Orléans. Choderlos de Laclos war politisch engagiert im Jakobinerklub und arbeitete als Journalist. 1792 kehrte er in die Armee zurück; der Guillotine entkam er während der Terrorherrschaft der Jakobiner nur knapp. 1799 unterstützte er Napoléons Staatsstreich. 1803 starb er an der Ruhr.

Biografie: M. Delon, *P.-A. Choderlos de Laclos*, 1986.

Rafael Chirbes, *Der lange Marsch*, Umschlag der deutschsprachigen Erstausgabe 1998 (Gestaltung: Heinz Edelmann)

Gefährliche Liebschaften

OT Les liaisons dangereuses **OA** 1782 **DE** 1783
Form Briefroman **Epoche** Aufklärung

Choderlos de Laclos schildert im Briefroman die Machenschaften der Libertins, skrupelloser Verführer in den aristokratischen Salons des Ancien Régime. In einer Gesellschaft, die annimmt, alles menschliche Verhalten sei logisch und gesetzmäßig, also rational erfassbar, systematisieren sie ihre Intrigen und Verführungskünste zum eigenen Nutzen. Als Wissenschaftler der Erotik führen sie psychologische Experimente durch. Der Roman gehört einer antirationalistischen Strömung des späten 18. Jahrhunderts an und entwirft ein zynisches Bild einer nur noch instrumentalisierten Vernunft.

Inhalt: Die Sittsamkeit mimende Marquise von Merteuil will sich an ihrem ehemaligen Geliebten Gercourt rächen. Der Vicomte von Valmont, auch ein ehemaliger Liebhaber, soll ihr helfen, indem er Gercourts naive Braut Céline verführt. Valmont will jedoch die keusche und tugendhafte Frau von Tourvel erobern. Merteuil wählt den jungen Chevalier Danceny für Céline. Die beiden verlieben sich. Als Célines Mutter Valmont bei Tourvel verleumdet, geht Valmont auf den Plan der Marquise ein und verführt Céline. Frau von Tourvel vernachlässigt er nicht; nach langem Sträuben gibt sie ihm nach. Die Marquise sieht in Valmonts Verhältnis zu seiner neuen Eroberung Gefühlsduselei, es kommt zum Bruch. Valmont spielt Danceny gegen die Marquise aus; sie gibt diesem die Briefe des Vicomte. Nach dem Duell gibt der sterbende Valmont Dancey seinen Briefwechsel mit der Mar-

Rafael Chirbes über *Der lange Marsch:*

Die Geschichte an sich ist nicht so wichtig, denn jede ist schon 2000-mal erzählt worden. Wenn ich einen Roman beginne, interessiert mich nur der erste Satz. Ich weiß nie, wie der Roman weitergehen wird. Auch bei Der lange Marsch *hatte ich keinen präzisen Plan. Es ist eine Art Tanz, der mich von einer Figur zur nächsten trägt. Ein Tanz auf der Suche nach dem Zusammenhalt des Romans.*

Pierre François Choderlos de Laclos; Pastellporträt von Joseph Ducreux (1735–1802)

Auszug aus *Gefährliche Liebschaften* **von Pierre Choderlos de Laclos:**

Heben Sie Ihre Ratschläge und Ihre Ängste für die bewusstlos wollüstigen Frauen auf und für die anderen, die mit den »Gefühlen«, deren exaltierte Fantasie glauben macht, die Natur habe ihnen die Sinne im Kopfe angebracht, die niemals dachten und deshalb immer die Liebe mit dem Geliebten verwechseln, die in ihrer verrückten Illusion glauben, dass der allein, mit dem sie das Vergnügen suchten, der einzige Besitzer desselben wäre und abergläubig für den Priester Glauben und Respekt haben, die nur der Gottheit gebühren!

quise. Sie wird geächtet und flieht von den Blattern gezeichnet nach Holland.

Aufbau: Der Roman besteht aus Briefwechseln der beiden Libertins Valmont und Merteuil sowie an ihrem Experiment Beteiligten. Die Ereignisse und Personen werden von unterschiedlichen Seiten beleuchtet und die Methode der erotischen Manipulation enthüllt. Die Libertins beherrschen die Etikette der höfischen Gesellschaft und ahmen, je nach Empfänger ihrer Briefe, deren Sprache nach. Durch die gemischte Reihenfolge der Schreiben werden dem Leser Täuschungsmanöver und Zweideutigkeiten offen gelegt; selbst Charaktertypen wie die Tugendhafte (Tourvel) und die Naive (Céline) erscheinen neben den Libertins nicht authentisch. Choderlos de Laclos hat seine Libertins komplex entworfen. Ihr Genuss ist rein intellektueller Art. Sie reduzieren Liebe auf eine Technik der Verführung, ihre Opfer auf Objekte und somit auch sich selbst. Ihr Erkenntnisdrang ist selbstzerstörerisch. Der Autor stellt dem Roman

zwei Vorworte voran, die sich widersprüchlich mit der Authentizität der Briefe auseinander setzen. Mancher Leser mag sich die Frage stellen, ob nicht auch er vom Autor »verführt« wird.

Wirkung: Wegen seiner moralischen Unklarheit löste der Roman bei der Veröffentlichung einen Skandal aus. Lange galt er vorrangig als moralisch verwerflich. 1979 wurde er in die »Bibliothèque de la Pléade« aufgenommen. *Gefährliche Liebschaften* wurde mehrfach verfilmt, darunter von Roger Vadim (1959), Stephen Frears (1989) und Milos Forman (1990).   *R. S.*

Michelle Pfeiffer als Frau von Tourvel und John Malkovich als Valmont in der Verfilmung des Romans *Gefährliche Liebschaften* von Pierre Choderlos de Laclos (USA/GB 1989)

Hauptfiguren in »Gefährliche Liebschaften« von Choderlos de Laclos

Marquise von Merteuil: Die philosophierende Verführerin lernte früh die Kunst der Maskierung und Manipulation und weiß ihren ehrenwerten Ruf und Status perfekt zu bewahren. Um ihr Geschlecht, ewiges Opfer der Hofintrigen, zu rächen, ruiniert sie den wegen seiner Verführungskünste berüchtigten Libertin Prévan. Ihren Jünger Valmont fordert sie zum Kampf heraus, als sie ihre Macht über ihn verliert.

Vicomte von Valmont: Der selbstgefällige Libertin erklärt der Tugendhaftigkeit und Keuschheit Frau von Tourvels den Krieg. Ihm ist jedes Mittel recht, um sie zu verführen. Dabei vergisst er aber seine eigenen Emotionen, die schließlich der Grund für den Bruch mit seiner Komplizin Merteuil

sind. Er ist es seinem Ruf schuldig, Tourvel – und somit sich selbst – zu vernichten.

Frau von Tourvel: Weil sie an das Gute im Menschen glaubt, ist sie Valmonts ideale Beute. Mal erscheint er ihr als Bruder, bescheidener Gönner, mal als leidenschaftlicher, mit Selbstmord drohender Werber. Sie kämpft um ihre Ehre und hat sie bereits verloren, wenn sie sich Valmont hingibt.

Céline von Volanges: Erzogen im Kloster, gerät sie blauäugig in die Machenschaften der Marquise. Sie verliebt sich in all ihrer Unschuld in den holden Jüngling Danceny. Von Valmont wird sie vergewaltigt und schließlich in eine Liebesdienerin umerzogen. Nach Aufdeckung der Intrige, kehrt sie gebrochen ins Kloster zurück.

Chomsky, Noam

US-amerikan. Linguist und Sprachphilosoph

* 7.12.1928 Philadelphia (Pennsylvania)

📖 *Reflexionen über die Sprache*, 1975

Noam Chomsky hat mit seinen Werken wie *Aspekte der Syntaxtheorie* (1965) und *Reflexionen über die Sprache* (1975) die Vorstellungen über Sprache und Denken revolutioniert.

Chomsky ist seit 1955 Professor für Linguistik am Massachusetts Institute of Technology. In seinem ersten Buch *Strukturen der Syntax* (1957) stellte er seine generative Transformationsgrammatik (Stichwort →S. 241) vor, die als Gegenentwurf zur so genannten deskriptiven Schule konzipiert war, die den Spracherwerb als das Ergebnis von Lernprozessen nach dem Reiz-Reaktions-Schema betrachtet. Sprachphilosophisch knüpfte Chomsky hiermit an den Rationalismus des 17. und 18. Jahrhunderts sowie an Wilhelm von Humboldt (1776–1835) an und wandte sich gegen den Behaviourismus, wie er von B. F. Skinner (1904–90) vertreten wurde. In den 1960er Jahren bezog Chomsky mit kultur- und politikkritischen Schriften Position gegen den Vietnamkrieg und wurde zu einem wichtigen Wortführer der neuen Linken. Auch in den folgenden Jahrzehnten setzte er sich stets kritisch mit Gesellschaft, Politik und der Macht der Medien auseinander.

Biografie: Robert F. Barsky, *Noam Chomsky*, 1999.

Reflexionen über die Sprache

OT Reflections on Language **OA** 1975 **DE** 1977
Form Sachbuch **Bereich** Linguistik

Noam Chomsky geht es in seinen *Reflexionen über die Sprache* darum, dem interessierten Laien verständlich zu machen, warum die Linguistik auch für ihn von Interesse sein kann. Anhand seines Modells einer Sprachstruktur versucht Chomsky eine Theorie der menschlichen Natur aufzustellen.

Inhalt: Chomsky geht auf die kognitiven Bedingungen und die allgemeine Bedeutung von Sprache ein. Er stellt die These auf, dass über die nähere Betrachtung der natürlichen Sprache und ihres Aufbaus spezifische Merkmale der menschlichen Intelligenz abgeleitet werden können.

Das Phänomen Sprache ist für Chomsky der »Spiegel des Geistes« und gibt Einblick in die Strukturen des Denkens. Er erforschte die kognitiven Grundlagen der Sprachverarbeitung und ist von einer angeborenen und universellen Sprachkompetenz überzeugt, die aus Regeln zur Generierung grammatikalisch korrekter Sätze besteht.

Aufbau: Aus der Kritik am Deskriptivismus (eine in der Tradition des Behaviorismus stehende Variante des Strukturalismus) von Leonard Bloomfield (1887–1949) und Zellig Sabbetai Harris (1909–92) entwickelte Chomsky ein Grammatik-Konzept, das bis heute in modifizierter Form von großer Bedeutung für die Linguistik ist. Seine *Reflexionen über die Sprache* setzen sich aus zwei Hauptteilen zusammen. Im ersten Teil, einer erweiterten Fassung seiner Vorlesungen an der McMaster University 1975, stellt er grundlegende Thesen über seine Sprachtheorie auf, um im zweiten Teil einige Überlegungen über Sprache und ihre bisherigen Betrachtungsweisen anzustellen. Dabei kommt der Diskussion über die Sprache und ihren Strukturen eine zentrale Bedeutung zu. Chomsky vermittelt einen Überblick über die von ihm entwickelte generative Transformationsgrammatik und stellt einige zum Teil von der Linguistik anerkannte sowie vertiefte Thesen und Ansätze vor. So diskutiert er unter anderem die Sprachtheroien von B. F. Skinner (1904–90) und Ludwig →Wittgenstein.

Wirkung: Das Buch bietet eine gut strukturierte Darstellung von fundiertem Überblickswissen und Detailfakten. Obwohl in einigen Grundthesen zur generativen Transformationsgrammatik durch die moderne Linguistik widerlegt, ist Chomsky ein noch heute gültiges Standardwerk gelungen, das erhellende Einblicke in die Methodik und die Grundfragen der Linguistik enthält.   *S. Wa.*

Noam Chomsky am 1. Februar 2002 auf dem World-Wide Social Forum in Porto Alegre

Generative Transformationsgrammatik

Entstehung: Die Geschichte der generativen Transformationsgrammatik (GTG) beginnt mit der Publikation des Buchs *Strukturen der Syntax* von Chomsky im Jahr 1957 und ist bis heute eng mit diesem Namen verbunden geblieben. Die GTG gilt als eine der prominentesten Richtungen theoretischer Ansätze, die sich mit dem Verhältnis von Grammatik, Semantik und Pragmatik beschäftigen und die Stellung der Grammatik in der Sprachwissenschaft untersuchen.

Begriff: Während traditionelle Grammatiken ihr Augenmerk meistens auf Oberflächenstrukturen richteten, unterscheidet die GTG zwischen empirischer Oberfläche- und rationaler Tiefenstruktur der menschlichen Sprache und versteht sich daher als Teil einer kognitiven Linguistik. Vertreter dieser Theorie begreifen Sprache als Teil des menschlichen Wissens und stellen die Fähigkeit des Individuums zum Gebrauch von Sprache in den Mittelpunkt.

Chrétien de Troyes

frz. Epiker
*vor 1150, † vor 1190
📖 *Erec und Enide*, um 1170

Über die Persönlichkeit und das Leben von Chrétien de Troyes, dem bedeutendsten französischen Epiker des Mittelalters, ist wenig überliefert. Aus seinen Werken lässt sich lediglich erschließen, dass er in jungen Jahren in Diensten der Gräfin Marie de Champagne stand, möglicherweise schon als Hofdichter, und später zum Gefolge des Grafen Philipp von Flandern gehörte. Gewiss ist nur, dass er nicht nur außergewöhnlich gebildet war, sondern auch Übersetzer antiker Literatur.

Sechs seiner Romane, die auf die europäische Epik der folgenden Jahrhunderte größten Einfluss ausübten, sind überliefert; fünf davon behandeln Themen aus der weitverzweigten Sagenwelt um den bretonisch-britischen König Artus: *Erec und Enide, Cligès, Lancelot oder Der Karrenritter, Yvain oder Der Löwenritter* und *Perceval*, der erste Roman um den Heiligen Gral. Das sechste Werk, *Wilhelm von England*, ist ein zeittypischer Abenteuerroman. Ein Buch, das vom Schicksal von Tristan und Isolde erzählte, ging verloren. Mit seiner qualitativen und quantitativen Leistung als Schriftsteller überragte der Unbekannte aus Troyes alle anderen Belletristen des Mittelalters und nur einer übertraf ihn an Gedankentiefe: → Wolfram von Eschenbach, dessen *Parzival* (um 1205) auf Chrétiens *Perceval* basiert.

Biografie: S. Hofer, *Chrétien de Troyes. Leben und Werke des altfranzösischen Epikers,* 1954.

Der Wiener Romanist Stefan Hofer in seiner Werkbiografie (1954) über Chrétien de Troyes:

Der Einfall, die Artus-Zeit für die Dichtung zu verwerten, ist Chrétiens große Tat, die ihm als Erfinder und Begründer einer neuen Dichtungsgattung schon bei seinen Zeitgenossen allgemeine Anerkennung verschaffte.

Erec und Enide

OT Érec et Énide **EZ** um 1170 **OA** 1856 **DE** 1977 **Form** Versepos **Epoche** Mittelalter

Mit seinem ersten Werk schuf Chrétien de Troyes einen literarischen Prototyp von einzigartiger Bedeutung: *Erec und Enide* ist der erste Roman um den sagenumwobenen König Artus und seinen Hofstaat. Mit diesem Versepos setzte die »Mode« der sog. höfischen Epik ein, die zur weltlichen Lieblingslektüre der Europäer des Hochmittelalters wurde.

Entstehung: Aus den zahlreichen Abenteuer- und Liebesgeschichten, die zu seiner Zeit kursierten, wählte der junge Chrétien einen Stoff aus, der ihm ideal erschien für die weitere Ausgestaltung mit märchenhaften, mystischen und minneseligen Handlungselementen, mit ritterlichen und gänzlich unritterlichen Charakteren, Vertretern der Feudalgesellschaft und der dienenden Klasse, mit Zauberwesen und »wunderhaften« Frauen. In 6958 Reimpaar-Versen gestaltet er ein bravouröses Epos, das als der erste Großroman seit der Antike bezeichnet worden ist.

Inhalt: Im Mittelpunkt des breit gefächerten Geschehens steht die problematische Ehe von Erec und Enide. Der Königssohn Erec, Jagdgast am Hof von König Artus, hat – um eine Dankesschuld abzutragen, aber auch aus Liebe – die schöne Tochter eines verarmten Ritters geheiratet. Als sie ihm nach einiger Zeit sein »Verliegen«, also seine Untätigkeit und Kampfesunlust vorwirft, bricht er zu ritterlichen Abenteuern auf – allerdings unter einer seltsamen Bedingung: Enide soll ihm stets vorausreiten und muss schweigen, was immer auch passieren mag. Erec gerät alsbald in tödliche Gefahren und Enide im Widerstreit zwischen ihrem Gelübde und den Erfordernissen fortwährender Notsituationen in unerträgliche Gewissenskonflikte. Als sie schließlich den totgeglaubten Gatten stumm betrauert und dabei von einem fremden Ritter belästigt wird, stößt sie, um das Schweigen nicht zu brechen, einen gellenden Schrei aus, der Erec wieder ins Leben zurückholt. Enides Treue und Umsicht haben gesiegt. In Liebe wieder vereint, machen sie sich auf den Rückweg zum Artushof. Doch vor dem Ziel erlegt sich Erec selbst noch eine letzte Bewährungsprobe auf: Im Zaubergarten »Zur Hofesfreude« fordert er den monströsen Ritter Mabonagrain, der 80 Edelfrauen zu Witwen gemacht hat und gefangen hält, zum Kampf heraus und bringt ihn zur Strecke.

Wirkung: Chrétiens Pionierwerk der altfranzösischen Literatur diente zwei Jahrzehnte später dem jungen → Hartmann von Aue als Vorlage für sein noch wesentlich umfangreicheres, aber nicht vollständig erhaltenes *Erec*-Epos (nach 1180, 10135 Verse), den ersten deutschen Beitrag zur *Artus*-Epik. *G. Woe.*

Hauptwerke der Artus-Epik	
Chrétien de Troyes um 1170	*Erec und Enide:* Mit dem ersten seiner fünf Artus-Romane begründet der Hauptrepräsentant der altfranzösischen Literatur die umfangreiche europäische Artus-Epik. → S. 242
Eilhart von Oberge 1170–80	*Tristrant und Isalde:* Der Dienstmann Braunschweiger Herzöge verbindet die bekannteste Liebestragödie seiner Zeit in einem volkstümlich gehaltenen Versepos mit der Artus-Geschichte.
Robert de Boron um 1180	*Geschichte vom Heiligen Gral:* Der nordfranzösische Edelmann verknüpft den aus einer Christuslegende hervorgegangenen Gralsmythos mit dem Artus-Stoff und fügt die bretonische Sage vom Zauberer Merlin hinzu.
Hartmann von Aue, um 1185 bzw. 1200	*Erec* und *Iwein:* Auf Chrétien fußende erste Beispiele höfischer Artus-Epik der mittelhochdeutschen Literatur: Spannungs-, Bildungs- und Minneromane im Geist des christlichen Rittertums.
Ulrich von Zatzikhoven 1195-1200	*Lanzelet:* Kunstlos gereimte Aneinanderreihung der Abenteuer des Artusritters Lancelot zur reinen Unterhaltung, verfasst nach französischen Quellen von einem Schweizer »Leutpriester«.
Wolfram von Eschenbach 1200-10	*Parzival:* Das Hauptwerk der deutschen Literatur des Mittelalters. Eindrucksvollste Darstellung des ritterlichen Lebens- und Bildungsideals. Nachwirkung bis ins 20. Jahrhundert. → S. 1166
Gottfried von Straßburg um 1210	*Tristan und Isolde:* Das unvollendete höfische Versepos ist neben *Parzival* die zweite Gipfelleistung der deutschen Literatur des Mittelalters und ein Höhepunkt der europäischen Liebesdichtung. → S. 421
Thomas Malory 1485	*Der Tod Arthurs:* Einzige Gesamtdarstellung des Artus-Stoffes in englischer Sprache, von einem Parlamentarier und Offizier, der mit seinem Roman eine Art Nationalepos anstrebte.

Christiane F. – Wir Kinder vom Bahnhof Zoo

OA 1978 **Form** Sachbuch **Bereich** Gesellschaft

Christiane F. wurde mit 15 Jahren zur berühmtesten Drogensüchtigen Deutschlands. Auch heute noch wirkt ihr beklemmender Bericht über Abhängigkeit, Verzweiflung und Isolation abschreckend und faszinierend zugleich.

Entstehung: Kai Hermann und Horst Rieck wollten als Mitarbeiter der Illustrierten *stern* die damals 15-jährige Christiane F. interviewen, um ihre Recherchen über die Situation der Jugendlichen zu vervollständigen. Aus dem geplanten Zwei-Stunden-Gespräch wurden zwölf Monate, in denen Christiane F. über ihr Leben als Drogenabhängige berichtete. Ebenso wie ihre Eltern unterstützen auch alle Überlebenden aus ihrer Szene das Projekt. Mit ihren Fotos und Namen trugen sie zum dokumentarischen Charakter von *Wir Kinder vom Bahnhof Zoo* bei.

Inhalt: Mit schonungsloser Offenheit schildert Christiane F. das Elend ihrer eigenen Abhängigkeit und das ihrer Freunde und Freundinnen in Berlin und liefert so einen eindringlichen Bericht über den Teufelskreis von Abhängigkeit, Beschaffungskriminalität und Prostitution.

Christiane ist sechs Jahre alt, als sie mit ihren Eltern und ihrer Schwester nach Berlin zieht. Die bedrückenden Wohnverhältnisse in der Hochhaussiedlung Gropiusstadt, der gewalttätige Vater, der seine Frau und Kinder schlägt, schließlich die Scheidung der Eltern sind Erfahrungen, die den Weg Christianes in die Drogenszene ebnen. In der Schule schließt sie Freundschaft mit Kessi, die sie zu einem evangelischen Jugendzentrum mitnimmt, in dem Christiane im Alter von zwölf Jahren erstmals Haschisch raucht. In der Diskothek »Sound« kommt sie in Kontakt mit der Drogenszene. Sie beginnt Heroin zu spritzen und geht auf den Kinderstrich am Bahnhof Zoo, um das Geld für die Drogen zu beschaffen.

Erst nach fast zwei Jahren entdeckt Christianes Mutter das Drogenproblem ihrer Tochter. Eine Entziehungskur bleibt erfolglos; mehrmals reißt Christiane von zu Hause aus. Erst als sie zu ihrer Tante und Oma aufs Land geschickt wird, gelingt es ihr, von den harten Drogen loszukommen.

Wirkung: Die Lebensbeichte von Christiane F. hat nicht nur abgeschreckt, sondern auch wachgerüttelt. Zum ersten Mal kam das Drogenproblem und das damit verbundene Elend ungeschminkt an die Öffentlichkeit. Das Buch wurde ein Bestseller und 1981 verfilmt. Nach turbulenten Jahren in den USA lebt Christiane F. heute zusammen mit ihrem Sohn Jan-Niklas wieder in Berlin. Den Kampf gegen die Drogen hat sie nie aufgegeben. *S. Wa.*

Hauptpersonen in »Christiane F. – Wir Kinder vom Bahnhof Zoo«

Detlef R.: Christianes Freund, den sie in der Disco »Sound« kennen lernt.
Lutz F., »Lufo«: Auch er gehörte zu Christianes »Sound«-Clique und imponierte ihr, weil er zunächst nur am Wochenende fixte. Er starb am 25. Januar 1978.
Catherine Sch., »Stella«: Sie war Christianes Freundin und wohnte zeitweise mit ihr zusammen. Mit 14 kam sie ins Frauengefängnis Lehrter Straße.
Andreas W., »Atze«: Er war der erste Junge, in den sich Christiane verliebte. Er starb am 7. April 1977 nach einer absichtlich injizierten Überdosis Heroin und hinterließ einen Abschiedsbrief, in dem er alle Jugendlichen vor Heroin warnte.
Babette D., »Babsi«: Christianes beste Freundin starb am 19. Juli 1977. Die Stief-tochter eines berühmten Pianisten war mit 14 Jahren die bislang jüngste Heroin-Tote in Berlin.
Pfarrer Jürgen Quandt: Der Leiter des »Haus der Mitte«, Treffpunkt der Jugend von Gropiusstadt, musste tatenlos mit ansehen, wie auch der Jugendclub zum Drogenzentrum wurde.
Livia S.: Sie begann mit 15 zu drücken und starb mit 18 in der öffentlichen Toilette am Hansaplatz. In der Tasche der Toten wurde ein Brief an das Sozialamt mit der Bitte um einen Therapieplatz gefunden: »Ich bitte sie nochmals innig, da jeder überflüssige Tag sozusagen mein Leben kosten könnte. Ich bitte um Ihre Mithilfe, wieder einen gesunden, arbeitsfähigen Menschen aus mir zu machen.«

---

romane zu schreiben. Nach der Scheidung 1928 lernte sie ihren späteren zweiten Ehemann, den Archäologen Max Mallowan, kennen und begleitete ihn auf Reisen in den Orient. Diese Erfahrungen bilden den atmosphärischen Hintergrund für Krimis wie *Mord im Orient-Express* (1934) und *Tod auf dem Nil* (1937).

Das Werk der Vielschreiberin umfasst 84 Romane, über 150 Kurzgeschichten und 19 Theaterstücke, darunter *Die Mausefalle* (1952), das seit 50 Jahren regelmäßig im Londoner West End aufgeführt wird. 1956 erhielt Christie für ihr Gesamtwerk den »Order of the British Empire«, 1971 wurde sie zur Dame geadelt.

Biografien: A. Christie, *Meine gute alte Zeit*, 1977; M. Gripenberg, *Agatha Christie* (rm 50493); J. Morgan, *Agatha Christie*, 1984.

Christiane F. Wir Kinder vom Bahnhof Zoo, Einband der Originalausgabe 1978

Christie, Agatha

engl. Schriftstellerin, * 15.9.1890 Torquay (Devon)
† 12.1.1976 Wallingford (Oxfordshire)
📖 *Das fehlende Glied in der Kette*, 1920

Agatha Christie schildert in dramaturgisch ausgeklügelten Kriminalromanen die Abgründe der menschlichen Seele. Mit ihren Figuren Hercule Poirot sowie der altjüngferlichen Jane Marple schuf die als »Queen of Crime« bezeichnete Autorin die berühmtesten Detektive der Literaturszene. Ihre Bücher wurden in 104 Sprachen übersetzt und gut zwei Milliarden Mal verkauft.

Agatha Mary Clarissa Miller sollte nach dem Willen ihrer Eltern Sängerin werden. Trotz Klavier- und Gesangsunterricht musste sie die musikalische Karriere mangels Talent aufgeben. 1914 heiratete sie Colonel Archibald Christie und arbeitete während des Ersten Weltkriegs in einem Hospital ihrer Heimatstadt als Krankenschwester. In dieser Zeit begann sie Kriminal-

---

Das fehlende Glied in der Kette

OT The Mysterious Affair at Styles **OA** 1920 **OT** 1929
Form Detektivroman **Epoche** Moderne

In ihrem ersten Roman *Das fehlende Glied in der Kette* erschuf Agatha Christie mit der Figur des Hercule Poirot einen der skurrilsten Detektive der Weltliteratur. Die Leistung der Autorin liegt in der ausgewogenen Präsentation von Verrätselung, Ermittlung und Auflösung, den Unterhaltungseffekten des Detektivromans.

Entstehung: Während ihrer Tätigkeit als Krankenschwester im Hospital in Devon gab ein Vorfall aus dem Jahr 1916 der 26-jährigen Agatha Christie den Anstoß für den Roman. Aus dem Giftschrank der Krankenhausapotheke war eine nicht unbeträchtliche Menge Arsen verschwunden. Christie eignete sich Wissen über Gifte an, erfand Hercule Poirot, einen pensionierten Kriminalbeamten, und ersann eine Geschichte.

Inhalt: Hauptmann Hastings wird von seinem Jugendfreund John Cavendish auf den Land-

---

Auszug aus dem Roman *Das fehlende Glied in der Kette* von Agatha Christie:

Monsieur Poirot zu Captain Arthur Hastings: »Voyons! Die erste Tatsache führt zur zweiten, und passt die dritte dazu? Ja – merveilleux! Also weiter! Nun folgt eine ganz unscheinbare Kleinigkeit – aber nein – sonderbar – hier fehlt etwas. Ein Glied in der Kette fehlt. Wir müssen es finden, wir müssen weitersuchen, denn selbst die kleinste, unwichtig erscheinende Einzelheit mag von ausschlaggebender Bedeutung sein. Wehe dem Detektiv, der sagt: ›Ach was, vergessen wir diese unwichtige Einzelheit.‹ Nein, mon ami, so kommt man nicht weiter. Alles ist wichtig, merken Sie sich das.«

sitz Styles eingeladen, wo dessen Familie und einige weitere Personen leben. Als die Besitzerin des Anwesens, Johns Mutter Emily Inglethorp, eines Nachts an den Folgen einer Strychninvergiftung stirbt, übernimmt Hercule Poirot die Aufklärung des Falls.

Aufbau: Der Roman gliedert sich in drei Teile und folgt dem klassischen Muster eines Rätselromans (Whodunnit, engl.: Wer hat's getan). Die Welt des Krimis ist reduziert auf einen Ausschnitt, von der realen Welt isoliert – hier das Landhaus Styles. In der Exposition werden die Hauptfiguren vorgestellt, der Mord geschildert und die Rätselspannung aufgebaut, welche die Fragen nach Täter, Motiv und Tathergang aufwirft. Erschwert wird die Aufklärung durch das Locked-room-Motiv, der Tat in einem scheinbar abgeschlossenen Raum. Im Hauptteil erfolgt die deduktive Ermittlung in Form der Befragung der Verdächtigen durch den Detektiv. Der Leser wird auf zahlreiche falsche Fährten gelenkt. Hauptmann Hastings, die sog. Watson-Figur, vermittelt wie bei Sherlock Holmes (Arthur Conan →Doyle) in der Rolle des Assistenten zwischen dem hochintelligenten Detektiv und dem Leser. Aus diesem Grund wird der Roman aus der Ich-Perspektive des Hauptmanns erzählt. Im Schlussteil wird der Mord rekonstruiert und von Poirot aufgeklärt mit der für die Gattung typischen überraschenden Lösung.

Wirkung: Der Roman bildete das Fundament für den Welterfolg der Schriftstellerin. Die Wiederherstellung der alten Ordnung und der heilen Welt am Schluss des Romans entsprach den Kompensationswünschen der Lesergruppe aus der Mittelschicht, die sich nach den Schrecken des Ersten Weltkriegs nach einer hierarchischen Gesellschaftsstruktur und festen Wertvorstellungen sehnte.

T.R.

Agatha Christie 1950 in Bagdad, wo die Autorin an ihrem Roman *Sie kamen nach Bagdad* arbeitete

Die wichtigsten Bücher von Agatha Christie

Das fehlende Glied in der Kette, 1920	In seinem ersten Fall klärt der belgische Meisterdetektiv Hercule Poirot den Mord an der Besitzerin eines Landguts auf. →S. 243
Alibi 1926	Der Mord an dem Fabrikanten Roger Ackroyd in King's Abbot stört die dörfliche Idylle. Detektiv Poirot, der sich dort zur Ruhe gesetzt hatte, um Kürbisse zu züchten, untersucht den Fall.
Mord im Pfarrhaus 1930	Sogar der Pfarrer von St. Mary Mead bemerkt, dass derjenige, der Oberst Protheroe umbringt, der Welt einen Dienst erweist. Als der Oberst wirklich ermordet wird, forscht Miss Marple nach.
Mord im Orient-Express 1934	Auf der Reise im Zug von Paris nach Istanbul wird Hercule Poirot von einem Mitreisenden um Beistand gebeten. Kurz darauf wird er ermordet, Poiret löst den Fall noch während der Fahrt.
Die Morde des Herrn ABC 1936	Ein Mörder, der nach dem Alphabet tötet und an den Tatorten einen ABC-Fahrplan hinterlässt, bildet den Ausgangspunkt für die detektivischen Ermittlungen von Hercule Poirot.
Tod auf dem Nil 1937	Auf einer Kreuzfahrt wird eine jung vermählte Braut erschossen im Bett aufgefunden. Poirot und Colonel Race klären den Fall.
Zehn kleine Negerlein 1939	Der unbekannte U.N. lädt zehn Menschen auf seinen Landsitz ein. Nacheinander werden fast alle Gäste umgebracht.
16 Uhr 50 ab Paddington, 1957	Mrs. McGillicuddy sieht einen Mord in einem vorbeifahrenden Zug, eine Leiche wird aber nicht gefunden. Miss Marple ermittelt.

Churchill, Winston

engl. Politiker

*30.11.1874 Blenheim Palace, Woodstock (Oxfordshire)

†24.1.1965 London

📖 *Der Zweite Weltkrieg*, 1948–54

Winston Churchill gilt als einer der bedeutendsten Staatsmänner des 20. Jahrhunderts. Im Zweiten Weltkrieg führte er Großbritannien mit großer Entschlossenheit und beeinflusste während seiner über 60-jährigen politischen Karriere maßgeblich den Lauf der europäischen Geschichte.

Der Nachkomme des ersten Herzogs von Marlborough trat nach der Kadettenausbildung 1895 als Offizier in das Heer ein. Er beteiligte sich an kriegerischen Konflikten in Kuba, Indien und Ägypten, machte den Burenkrieg als Zeitungsberichterstatter mit und begann 1900 seine politische Karriere als Abgeordneter der Konservativen im Unterhaus. Sein Aufstieg beschleunigte sich mit seinem spektakulären Parteiwechsel zu den Liberalen (1904), für die er bis 1924 verschiedene Regierungsposten bekleidete. Nach einem erneuten Parteiübertritt zu den Konservativen war Churchill zunächst Schatzkanzler (1924–29), 1939 Erster Lord der Admiralität und ab 1940 Premier- und Verteidigungsminister im Zweiten Weltkrieg, in dem er die Allianz zwischen Großbritannien, den USA und der UdSSR gegen das Deutsche Reich herbeiführte. Nicht nur als Staatsmann, sondern auch als Schriftsteller trat Churchill hervor. Für seine politischen und historischen Schriften sowie seine autobiografischen Werke (*Die Weltkrisis,* 1923–31; *Marlborough,* 1933–38) wurde er 1953 mit dem Literaturnobelpreis ausgezeichnet.

Biografien: S. Haffner, *Winston Chuchill* (rm 50129); C. Graf von Krockow, *Churchill. Eine Biografie des 20. Jahrhunderts,* 2001.

Der Zweite Weltkrieg

OT The Second World War **OA** 1948–54 **DE** 1948–54
Form Memoiren **Bereich** Geschichte

Der *Zweite Weltkrieg* ist ein monumentales Memorienwerk, in dem Churchill den grandiosen Versuch unternimmt, die eigene Biografie mit der Geschichte einer entscheidenden Epoche des 20. Jahrhunderts eng zu verknüpfen.

Entstehung: *Der Zweite Weltkrieg* entstand nach 1945 zu einer Zeit, als Churchill durch die Anstrengungen der Regierungszeit physisch erschöpft war. Er wirkte auf seine Umwelt reizbar, fahrig und gelegentlich auch böse. Doch trotz seines fortgeschrittenen Alters schrieb er dieses sechsbändige Werk eher nebenbei, weil er nach seiner Abwahl im Juli 1945 als Führer der konservativen Opposition an seinem politischen Comeback arbeitete, das ihm 1951 mit der Wahl zum Premierminister gelang. Die Arbeitsbelastung als Politiker, gefragter Redner im Ausland und Schriftsteller war so groß, dass Churchill 1953 einen Schlaganfall erlitt.

Inhalt: In dem Werk erzählt Churchill den Zweiten Weltkrieg aus seiner persönlichen Perspektive als Premierminister Großbritanniens. Er stellt den Krieg als das herausragende Ereignis des Jahrhunderts dar, das alle freiheitsliebenden Nationen vor eine große Herausforderung gestellt habe. Das Buch schildert, wie das nationalsozialistische Deutschland – im Wesentlichen durch die Politik des Autors selbst – zerstört wurde. Allerdings zeigt das Werk auch auf, wie der Kommunismus in Europa gestärkt aus dem verheerenden Waffengang hervorging. Churchill zieht eine direkte Linie zwischen dem Ende des Zweiten Weltkriegs und dem Beginn des Kalten Kriegs, der zur Teilung Europas durch einen »Eisernen Vorhang« führte.

Wirkung: Das Echo auf Churchills Werk war zunächst geteilt. Die Kritik warf ihm vor, keine objektive Geschichte des Zweiten Weltkriegs geschrieben zu haben. Er sei in hohem Maße voreingenommen und habe sich zu sehr darum bemüht, sich selbst als Held darzustellen. Sein Buch habe einen stark moralisierenden Charakter, sein Verfasser sei zu stark der Geschichtsauffassung des 19. Jahrhunderts und ihrer Hervorhebung britischer Größe verpflichtet. Trotz dieser Vorbehalte setzte sich rasch die Erkenntnis durch, dass das Werk eben nicht als Produkt einer objektiven Historiografie, sondern als

Winston Churchill in seinem Amtssitz No. 10 Downing Street in London

großes Memoirenwerk über eine Zeit zu lesen ist, als Großbritannien gegen das Deutsche Reich den opferreichsten Krieg seiner Geschichte führte. Vor allem aber faszinierte die große Sprachkraft Churchills, die ihn in den Rang eines großen Literaten des 20. Jahrhunderts erhob. *N. H.*

Cicero

röm. Politiker, Philosoph und Redner
*3.1.106 v. Chr. Arpinum
† 7.12.43 v. Chr. Formiae (ermordet)
Über den Redner, 55 v. Chr.

Cicero ging in die Geschichte ein als bedeutender Politiker des 1. Jahrhunderts v. Chr., als engagierter Redner und philosophisch gebildeter Schriftsteller. Er verband Lehren verschiedener Philosophen und ist selbst eine Hauptquelle für die Beschäftigung mit der Geschichte und dem Geistesleben Roms.

Cicero studierte in Rom Rhetorik, Philosophie und Rechtswissenschaft. Neben seiner Tätigkeit als Anwalt und Redner begann er eine politische Karriere, wurde 74 v. Chr. in den Senat gewählt und übernahm in den folgenden Jahren hohe Staatsämter. 63 v. Chr. wurde er Consul, 58 v. Chr. musste er ins Exil. Ein Jahr später kehrte er zwar ehrenvoll zurück, hatte aber seinen politischen Einfluss eingebüßt. In der Folgezeit entstanden seine Hauptwerke *Über den Redner, Über den Staat* (54–51 v. Chr.) und *Über die Gesetze* (postum). Im Bürgerkrieg schloss er sich zunächst Pompejus (106 v. Chr.–48 v. Chr.), nach dessen Niederlage 48 v. Chr. dem Sieger → Caesar an. Nach dessen Ermordung spielte Cicero eine wichtige Rolle im Senat, er unterstützte Augustus (63 v. Chr.–14) gegen Marcus Antonius (um 82–30 v. Chr.). Nachdem sich

Der französische Präsident Charles de Gaulle über Winston Churchill:

Churchill erschien mir als ein Mann, der der gröbsten Arbeit gewachsen war – vorausgesetzt, sie war gleichzeitig grandios. Seine Urteilssicherheit, seine hohe Kultur, seine Vertrautheit mit den meisten Problemen, Ländern und Personen, um die es ging, schließlich seine Passion für das Kriegshandwerk – alles entfaltete sich spielend. Vor allem, er war, seiner ganzen Art nach, gemacht für die Aktion, für die Gefahr, für die große Rolle; er füllte sie prall und unbefangen aus.

Dies eine ist doch unser wesentlicher Vorzug vor den Tieren, dass wir miteinander reden und unseren Gedanken durch die Sprache Ausdruck geben können. Wer sollte darum nicht mit Recht bewundernd daran denken und es der höchsten Mühe wert erachten, in dem der einen Punkt, in dem die Menschen einen wesentlichen Vorzug vor den Tieren haben, die Menschen selbst zu übertreffen?

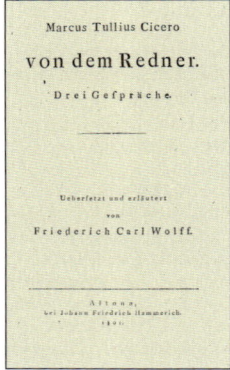

Cicero, *Über den Redner*, Titelblatt der deutschsprachigen Ausgabe 1801 in der Übersetzung von Friedrich Carl Wolff

diese verbündet hatten, wurde Cicero im Jahr 43 v. Chr. auf Befehl des Marcus Antonius von Soldaten ermordet. Von Cicero ist das umfangreichste Werk der römischen Antike überliefert; neben rhetorischen und philosophischen Schriften sind 58 Reden und über 800 Briefe erhalten.

Biografien: M. Fuhrmann, *Cicero und die römische Republik. Eine Biographie*, 1999; M Giebel, *Cicero* (rm 50261).

Über den Redner

OT De Oratore **OA** 55 v. Chr.
Form Philosophischer Dialog **Epoche** Römische Antike

Dem Dialog *Über den Redner* von Marcus Tullius Cicero kommt der große Verdienst zu, der Redekunst, die immer unter dem Verdacht stand, Demagogie und Überredung an die Stelle von Sachargumenten und Überzeugung zu setzen, ihren Platz als maßvolle Kunst der anziehenden und wohl geordneten Rede zugewiesen zu haben.

Inhalt: In den drei Büchern des philosophischen Dialogs finden sich zwar reichhaltige Ausführungen über die Gestaltung einer überzeugenden Rede, doch ist das Werk nicht in erster Linie ein Lehrbuch wie etwa die *Rhetorik* des → Aristoteles. Im Zentrum steht der perfekte Redner als Bildungsideal, der verantwortungsbewusste, sachkundige Gelehrte, der sich der Rede zur Vermittlung seines Wissens und Standpunkts zu bedienen weiß. Der ideale Redner müsse nicht nur ein Wortkünstler sein, sondern habe sich vor allem auch durch Sachverstand auszuzeichnen. Die Redekunst sei eine Sache, von der der Redner Bescheid wissen müsse, über die er nachgedacht, deren Möglichkeiten und Gefahren er kennen muss. Ciceros Buch besteht aus kunstvollen Reden von Personen, die selbst mehr oder minder gewandte Redner waren. Die Ausübung der Rhetorik ist an Philosophie und Rechtskenntnis geknüpft, da sie nicht bloße Technik sein soll, sondern eine klare Darstellung zum Ziel hat, um dem Zuhörer ein ausgewogenes Urteil zu erlauben. Ciceros Redekunst beschränkt sich nicht allein auf die Gestaltung der Rede, sondern bezieht den ganzen Menschen ein, sein Sprechen, sein Denken, seinen Körper, seine Verantwortung für die Hörerschaft und das Thema, über das er sich verbreitet.

Struktur: Cicero erzählt Gespräche nach, die an zwei Tagen des Jahres 91 v. Chr. in Tusculum stattgefunden haben sollen. Der Hausherr Crassus und Marcus Antonius sind die Hauptpersonen der Unterredung, die den ersten Tag (Erstes Buch) fast allein bestreiten. Für Crassus ist der ideale Redner der Garant eines jeden Glücks, des privaten wie des öffentlich-staatlichen. An-

tonius vertritt dagegen eine eher realistisch-pragmatische Position, stellt das von Crassus geschilderte Redner-Ideal als zwar erstrebenswert aber unrealistisch dar. Wahrhaft umfassende Bildung zu erwerben trägt Crassus dem idealen Redner auf, Antonius dagegen will den Rede-Schülern zwar ebenfalls Bildung und Urteilsfähigkeit vermitteln, ihnen aber keine umfassende wissenschaftliche Ausbildung vorschreiben. Den ersten Teil des zweiten Tags (Zweites Buch) bestreitet Antonius mit seiner Schilderung der Ausbildung des Redners, die in erster Linie auf der Nachahmung klassischer Vorbilder, in zweiter Linie in theoretischen Studien besteht. Die Ausführungen des Crassus im zweiten Teil des zweiten Tags (Drittes Buch) stellen die universale Gelehrsamkeit des Redners in den Mittelpunkt. Beide schildern ihr Verständnis von Zielen und Aufgaben des Redners und die jeweils geeignete Ausbildung.

Wirkung: Durch seine Reden, seine Ausführungen über die Redekunst und seine philosophisch-politischen Schriften ist Cicero das Idealbild der Beredsamkeit geworden. Die Beschäftigung mit der Rede als Kunst und Methode kam und kommt an Cicero nicht vorbei. *U. S.*

Claudius, Matthias

dt. Schriftsteller

* 15.8.1740 Reinfeld (Holstein), † 21.1.1815 Hamburg

📖 *Sämtliche Werke des Wandsbecker Boten*, 1775–1812

Mit seinem Gesamtwerk, das Gedichte, Lieder und vielfältige kurze Prosastücke umfasst, versuchte Matthias Claudius protestantische Religiosität und aufklärerische Gedanken zu verbinden und als »Lebenshilfe« vor allem für die ländliche Bevölkerung des 18. Jahrhunderts zu präsentieren; damit ist er ein wichtiger Vertreter der sog. Volksaufklärung. Einige seiner Gedichte haben darüber hinaus bis ins 20. Jahrhundert größte Bekanntheit gewonnen und werden oft als »Volkslieder« verstanden.

Als Sohn aus einer alten norddeutschen Pfarrerfamilie studierte Claudius Theologie, aber auch Volkswirtschaft und Rechtswissenschaften in Jena. Er verließ die Universität ohne akademischen Abschluss und schlug sich in den folgenden Jahren als Sekretär, Verwaltungsbeamter und Redakteur vor allem in Hamburg durch. Die von Claudius geleitete Lokalzeitschrift »Der Wandsbecker Bote« (1771–75) konnte zwar die prominentesten Autoren der Zeit wie → Goethe, Johann Gottfried von Herder (1744–1803), Friedrich → Klopstock und Gotthold Ephraim Lessing (1729–81) zu seinen Mitarbeitern zählen, war aber unternehmerisch ein

Misserfolg. Claudius übernahm den Titel der Zeitung als eine Art von Künstlernamen, als er nach 1777 in Hamburg-Wandsbek ein Auskommen für sich und seine große Familie als freier Schriftsteller suchte. Dies gelang, in aller Bescheidenheit, durch den Rückhalt in Ehe und Familie (die er in seinen Schriften immer wieder anspricht) und durch die Förderung von Freunden und Gönnern, etwa dem dänischen Kronprinzen Friedrich VI. (1768–1839), der ihm mit einer eher repräsentativen Stellung als Bankrevisor in Altona ein festes Einkommen sicherte. Wie alle Zeitgenossen setzte Claudius sich mit der Französischen Revolution auseinander. Er hatte im Alter noch Kontakt zur jungen Generation der Romantiker und starb 1815, erschöpft von einigen fluchtartigen Reisen, zu denen ihn die Wirren der Befreiungskriege gezwungen hatten.

Biografie: P. Berglar, *Matthias Claudius* (rm 50192).

Sämtliche Werke des Wandsbecker Boten

OT Asmus omnia sua secum portans oder Sämmtliche Werke des Wandsbecker Bothen **OA** 1775–1812 (8 Teile) **Form** Sammelwerk **Epoche** Aufklärung

Matthias Claudius publizierte in dieser Sammlung zahlreiche literarische Arbeiten aus seiner Redakteurszeit sowie neu verfasste Texte.

Inhalt: Der *Wandsbecker Bote* erscheint auf den ersten Blick als zufälliges, auf den zweiten aber als wohl komponiertes Mosaik von Gedichten und Prosastücken. Thematisch sind sie der Frage nach einer christlichen Lebensführung, den Freuden und Leiden des alltäglichen Lebens, besonders in der Familie, aber auch historischen Ereignissen und nicht zuletzt dem literarischen Leben gewidmet.

Der »Wandsbecker Bote« – nach dem ursprünglichen Titel auch »Asmus, der all seine Habe mit sich trägt« – ist dabei eine literarische Rolle, die der Autor bisweilen einnimmt und in der er mit anderen, etwa seinem fiktiven Freund Anders, dialogisiert. Nicht nur dieser kommunikative Kunstgriff, sondern auch die Verbindung aufklärerischer Gedanken, besonders des Toleranzgebots, mit evangelischer Frömmigkeit erinnert an den süddeutschen Zeitgenossen des Autors, Johann Peter → Hebel. Wie er ordnet auch Claudius all sein Schreiben einer praktischen Ethik, der Erziehung zum rechten und gottgefälligen Leben unter, wobei sein besonderes Augenmerk den einfachen und ländlichen Bevölkerungsschichten gilt. Das hat zur Konsequenz, dass er seine profunde religiöse und literarische Bildung nur anklingen lässt und in Prosa wie in der Lyrik einen nur scheinbar naiven, einfachen und »volkstümlichen« Sprachstil pflegt, der tatsächlich jedoch sehr reflektiert ist. In den besten seiner Lieder und Gedichte, die seinen Nachruhm begründeten, gelingt, was Sturm und Drang sowie Romantik als poetisches Ideal postulierten: eine bruchlose Verschmelzung von Kunstcharakter und Volkston.

Aufbau: Der Mosaikcharakter des Werks lässt erkennen, dass Claudius als Gebrauchsschriftsteller tätig war. Heutigen Lesern mag er überraschend »modern« erscheinen; das erklärt auch schon die Wertschätzung durch die jüngere Generation der Romantiker.

Formal nutzte Claudius eine Vielfalt von prosaischen Zweck- und Kleinformen wie Abhandlung, Rezension (etwa zu *Emilia Galotti* von Lessing und *Die Leiden des jungen Werthers* von Goethe), Beispielgeschichte, biblische Erzählung, Bibelauslegung, Brief und Aphorismus. In der Lyrik dominieren kommunikativ-liedhafte Formen, auch in Anlehnung an das Kirchenlied oder das Kinderlied. Insgesamt verschiebt sich im Verlauf von 37 Jahren das Interesse des Autors von aktuellen literarischen Ereignissen zu den Grundfragen menschlicher Existenz und schließlich zu religiösen Erörterungen.

Wirkung: Die Wertschätzung der Nachwelt für das Werk des Dichters ist, bedingt durch die Zeitgebundenheit mancher Themen, außerordentlich selektiv. Einige Texte, vor allem Gedichte, gewannen jedoch eine kaum vergleichbare Popularität bis ins 20. Jahrhundert hinein und wurden gleichzeitig als Meisterwerke deutschsprachiger Lyrik anerkannt. Mit diesen wenigen liedhaften Gedichten, so vor allem dem *Abendlied* (»Der Mond ist aufgegangen«), dem Gedicht *Der Mensch*, dem *Kriegslied* oder auch dem Dialoggedicht *Der Tod und das Mädchen*, hat Claudius nicht nur die Herzen unzähliger Menschen erreicht, sondern sich auch – auf der gleichen Stufe wie Bertolt → Brecht, Goethe und → Luther – in den bleibenden Kanon der deutschen Poesie eingereiht. *J. V.*

Matthias Claudius, *Sämtliche Werke des Wandsbecker Bothen*, Titelseite von Band 4 der Originalausgabe 1798

Claus, Hugo

niederländischsprachiger belg. Schriftsteller

*5.4.1929 Brügge

📖 *Der Kummer von Flandern*, 1983

Der Flame Hugo Claus zählt zu den bedeutendsten niederländischsprachigen Autoren der Gegenwart. Auch als Maler, Drehbuchautor und Filmregisseur hat er sich einen Namen gemacht. Sein literarisches Werk umfasst bisher mehr als 30 Romane und Novellen, etwa ebenso viele Gedichtbände und ca. 40 Theaterstücke. Er wurde national und international mit zahlreichen Literaturpreisen ausgezeichnet.

Hugo Claus in einem Gespräch mit dem flämischen Literaten Paul Claes:

Ich huldige dem für manche Menschen wahrscheinlich abscheulichen Prinzip, dass der Autor sich amusieren sollte. Er soll nicht seine Seele offenbaren und seine Gequältheit ausdrücken, er soll spielen und darf zwischendurch nur etwas erahnen lassen von seinen tieferen Qualen.

Hugo Claus 1999 in Gent

Der belgische Literaturwissenschaftler Jean Weisgerber über den Roman *Der Kummer von Flandern* von Hugo Claus:

Der Kummer von Flandern *ist für unser Land das Äquivalent zu James Joyce'* Ulysses.

Im Alter von 17 Jahren verließ Claus 1947 sein Elternhaus und schlug sich zunächst mit Gelegenheitsjobs durch. 1950–55 lebte er in Paris und Rom, bevor er nach Belgien zurückkehrte. Den größten Ruhm erwarb der vielseitige Künstler – er war u.a. Mitglied der internationalen Malergruppe »COBRA« – als Schriftsteller, der in seinem Werk die Grundfragen der individuellen Existenz mit einer kritischen Analyse der Gesellschaft verbindet. In den 1950er Jahren wurde er zu einem der experimentellen Erneuerer der flämischen Nachkriegsliteratur. Seinen Ruf als literarisches Multitalent festigte er in den folgenden Jahrzehnten durch seine sprachlich virtuose Lyrik ebenso wie durch eine Reihe herausragender Romane, insbesondere

Die Verwunderung (1962), *Der Kummer von Flandern* (1983) und *Das Stillschweigen* (1996). Auch viele seiner Stücke wurden zu Marksteinen der Entwicklung des Theaters in Belgien und den Niederlanden.

Der Kummer von Flandern

OT Het verdriet van België
OA 1983 **DE** 1986 **Form** Roman **Epoche** Moderne

Der groß angelegte, zeitgeschichtliche Familien- und Bildungsroman von Hugo Claus beschreibt die Entwicklung des Jungen Louis Seynaeve, der während des Zweiten Weltkriegs vom Kind zum jungen Mann heranreift. Zugleich spiegelt das Buch die Geschichte Belgiens während dieser Zeit, in der viele Flamen in den deutschen Besatzern willkommene Bundesgenossen im innerbelgischen Konflikt mit den Wallonen sahen.

Inhalt: Der kleine Louis, Sohn eines Druckereibesitzers in der flämischen Kleinstadt Walle, ist zu Beginn des Romans (1939) gerade elf Jahre alt und besucht ein von Nonnen geführtes Jungeninternat. Mit einigen Klassenkameraden gründet er den Geheimbund der »Fünf Apostel«. Bei ihren Abenteuern und Versuchen, hinter die Geheimnisse der Erwachsenenwelt zu kommen, zeichnet sich vor allem Louis durch eine blühende Fantasie aus.

Wenn Louis während der Ferien zuhause ist, lauscht er aufmerksam den Gesprächen der Erwachsenen, in denen immer häufiger vom drohenden Krieg die Rede ist. Als dieser schließlich auch auf Belgien überzugreifen droht, wird der Junge von seinen Eltern nach Hause geholt.

Der zweite Teil des Buchs beschreibt die Entwicklung der Verhältnisse in Flandern während des Kriegs und unmittelbar danach. Louis besucht nun ein bischöfliches Kolleg, gerät jedoch zunehmend in Konflikt mit dem autoritären Katholizismus und wird zeitweise vom Unterricht suspendiert. Politisch orientiert sich seine Weltsicht zunächst an der flämisch-nationalistischen Gesinnung des Vaters. Louis wird Mitglied der »Nationalsozialistischen Jugend Flanderns«, die er später aus eigenem Antrieb wieder verlässt. Die Distanzierung vom nationalistischen Gedankengut wird nicht zuletzt durch die Lektüre von Büchern, die von den Deutschen verboten sind, bewirkt. Überhaupt spielt die Literatur eine entscheidende Rolle im Entwicklungsprozess des Jungen, der schließlich den Wunsch verspürt, selbst Schriftsteller zu werden.

Nach Kriegsende beginnt Louis zunächst eine Druckerlehre. Gleichzeitig versucht er sich jedoch als Schriftsteller und gewinnt 1948 mit der Novelle »Der Kummer« den ersten Preis bei einem Literaturwettbewerb.

Die wichtigsten Romane von Hugo Claus	
Die Verwunderung 1962	Die Lebenskrisen des Lehrers de Rijckel, der geistige Orientierung und menschlichen Halt sucht, spiegeln die zunehmende Infragestellung des gesellschaftlichen Wertesystems.
Das Sakrament 1963	Das Familientreffen der Heylens im Haus des katholischen Pfarrers Deedee offenbart unter dem Einfluss maßlosen Alkoholgenusses einen Abgrund an familiären Konflikten und verdrängter Sexualität.
Jakobs Verlangen 1978	Eine Reise nach Las Vegas, bei der sie von den in der Heimat zurückgelassenen Problemen eingeholt werden, wird für die leidenschaftlichen Spieler Jaak und Michel zum Albtraum.
Der Kummer von Flandern 1983	Der kleine Louis Seynaeve entwickelt sich während des Zweiten Weltkriegs im von Deutschen besetzten Belgien vom Kind zum jungen Mann. Das Buch ist psychologischer Bildungsroman und zeitgeschichtliches Panorama in einem. → S. 248
Belladonna 1994	Der Roman ist eine beißende Satire auf die Mechanismen staatlicher Kulturförderung, in der die Personen zu grotesken Karikaturen überzeichnet werden.
Das Stillschweigen 1996	Eine Reihe mysteriöser Todesfälle, als deren Verursacher der aus dem Kongo heimgekehrte Soldat René verdächtigt wird, versetzt die Bewohner eines flämischen Dorfs in kollektive Hysterie.
Unvollendete Vergangenheit 1998	Das Buch greift aktuelle Themen wie Kindesmissbrauch und Drogenhandel auf. In einem Verhör offenbart der geistig leicht behinderte Noël eine Reihe von Verbrechen, die er in dem Wahn begangen hat, damit für größere Gerechtigkeit zu sorgen.

OT = Originaltitel   **EZ** = Entstehungszeit   **OA** = Originalausgabe   **DE** = Deutsche Erstausgabe   ▭ = Verweis auf Werkartikel

Aufbau: Der Roman, der einen deutlich autobiografischen Hintergrund hat, gliedert sich in zwei Teile. Der erste trägt den Titel *Der Kummer* und ist konventionell in Kapitel gegliedert. Er ist mit Namen und Datum unterzeichnet und entpuppt sich damit am Ende des Buchs als die Erzählung, mit der Louis sich nach dem Krieg die ersten Meriten als Autor verdient hat.

Der zweite Teil mit dem Titel *Von Flandern* ist ein Mosaik aus ca. 200 Texteinheiten, die zwischen einer Zeile und mehreren Seiten Umfang variieren und grafisch lediglich durch eine Leerzeile voneinander abgesetzt sind. Diese Fragmentierung der Erzählung korrespondiert mit der fragmentarischen Wahrnehmung der verwirrenden Realität der Kriegsjahre, die vom Erzähler nicht mehr als eine linear geordnete Geschichte begriffen werden kann.

Die Vielschichtigkeit des Romans ermöglicht unterschiedliche Interpretationsansätze. Auf einer realistischen Erzählebene ist *Der Kummer von Flandern* ein großer Bildungs- und Familienroman, der ein breites zeitgeschichtliches Panorama entfaltet. Jenseits davon eröffnen sich weitere, z. T. nur schwer zu entschlüsselnde Bedeutungsebenen, wobei vor allem der für Claus typische Rückgriff auf mythische Motive dem Text eine universelle Dimension verleiht.

Wirkung: Der Roman, der heute als eines der bedeutendsten Werke der niederländischsprachigen Literatur des 20. Jahrhunderts gilt, gab bei seinem Erscheinen Anlass zu unterschiedlichen Reaktionen. Während besonders die katholische Presse in Flandern eher kritisch reagierte, sprachen die niederländischen Rezensenten fast einhellig von einem Meisterwerk. 1994 entstand auf der Grundlage des Romans ein dreiteiliger Fernsehfilm unter der Regie von Claude Goretta (*1929), der in vielen europäischen Ländern ausgestrahlt wurde. *H. E.*

Clausewitz, Carl von

dt. Schriftsteller

*1.6.1780 Burg bei Magdeburg, †16.11.1831 Breslau

Vom Kriege, 1832/33

Die *Hinterlassenen Werke über Krieg und Kriegsführung* (10 Bde., 1832–37; Bde. 1–3 *Vom Kriege*) von Carl von Clausewitz gehören mit zu den berühmtesten Büchern der Welt – und sie teilen das Schicksal vieler berühmter Bücher: Alle reden darüber, viele zitieren daraus, aber nur wenige lesen es wirklich.

Schon mit zwölf Jahren trat Clausewitz auf Wunsch seines Vaters in die preußische Armee ein. 1801 wurde er für die Kriegsschule in Berlin empfohlen, wo er neben Kriegswissenschaften auch andere Fächer wie Philosophie und Literatur studierte. Auf Empfehlung seines Mentors Gerhard von Scharnhorst (1755–1813) kam er 1803 als militärischer Adjutant von Prinz August von Preußen (1779 bis 1843) an den Hof. Als dessen Adjutant diente Clausewitz im Krieg von 1806 und geriet nach der Schlacht von Jena zusammen mit dem Prinzen in französische Kriegsgefangenschaft, aus der er erst 1808 wieder entlassen wurde. Nach seiner Rückkehr in den Kreis der Reformer aufgenommen, wurde er als Lehrer an der Allgemeinen Kriegsschule 1810 dazu berufen, Kronprinz Friedrich Wilhelm (1770–1840) Privatunterricht zu erteilen. Kurz vor dem französischen Angriff auf Russland 1812 quittierte er jedoch den preußischen Dienst und trat in den russischen über. Erst nach mehreren Bittschriften wurde er 1815 in Preußen wieder aufgenommen.

1818–30 war Clausewitz Direktor der Allgemeinen Kriegsschule in Berlin. In dieser Zeit verfasste er die meisten seiner Werke. Als Preußen 1830 wegen des Aufstands im russischen Teil Polens eine Observationsarmee aufstellte, wurde er zu deren Generalstabschef ernannt, erlag jedoch kurze Zeit später der Cholera.

Biografie: D. Schössler, *Carl von Clausewitz* (rm 50 448).

Vom Kriege

DE 1832–37 **Form** Sachbuch
Bereich Kriegswissenschaft, Politologie

Vom Kriege gilt neben dem Kompendium des chinesischen Philosophen Sun Tzu (3. Jh. v. Chr.) als das einflussreichste Werk über die Theorie der Strategie. Es führt den Krieg und die Kriegsführung auf ihre einfachsten Elemente zurück. Aus diesem Grund ist das Buch noch heute interessant – nicht nur für Soldaten, sondern auch für Politik- und Wirtschaftswissenschaftler oder für Mathematiker, die komplexe Systeme untersuchen.

Entstehung: Die von seiner Witwe Marie von Clausewitz herausgegebenen *Hinterlassenen Werke über Krieg und Kriegsführung* (10 Bde., 1832–37) hatte Clausewitz während seiner Zeit als Direktor der Allgemeinen Kriegsschule in Berlin nur für den eigenen Gebrauch niedergeschrieben und erst kurz vor seinem Tod begonnen, einen Teil davon für eine spätere Veröf-

Hugo Claus, *Der Kummer von Flandern*, Umschlag der deutschsprachigen Erstausgabe 1986

Carl von Clausewitz in seinem Werk *Vom Kriege* (1932–37) über den Einfluss der Friktion (Reibungsverluste):

Es ist alles im Kriege sehr einfach, aber das Einfachste ist schwierig. Diese Schwierigkeiten häufen sich und bringen eine Friktion hervor, die sich niemand richtig vorstellt, der den Krieg nicht gesehen hat. Man denke sich einen Reisenden, der zwei Stationen am Ende seiner Tagereise noch gegen Abend zurückzulegen denkt, vier bis fünf Stunden mit Postpferden auf der Chaussee; es ist nichts. Nun kommt er auf der vorletzten Station an, findet keine oder schlechte Pferde, dann eine bergige Gegend, verdorbene Wege, es wird finstere Nacht, und er ist froh, die nächste Station nach vielen Mühseligkeiten erreicht zu haben und eine dürftige Unterkunft dort zu finden. So stimmt sich im Kriege durch den Einfluss unzähliger kleiner Umstände, die auf dem Papier nie gehörig in Betrachtung kommen können, alles herab, und man bleibt weit hinter dem Ziel...

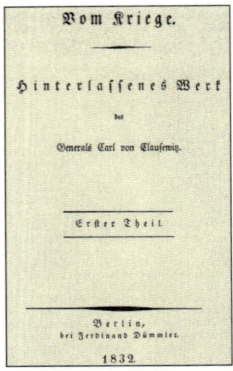

Carl von Clausewitz, *Vom Kriege*, Titelblatt der Originalausgabe 1832

Auszug aus *Die Memoiren der Fanny Hill* **von John Cleland:**

Die Worte Freuden, Leidenschaft, Entzücken, Ekstase und ähnliche hochtrabende Ausdrücke, die auf das Liebesspiel angewandt werden, verlieren durch die häufige Anwendung in einem Bericht, der in der Hauptsache die Anwendung dieses Spiels zum Inhalt hat, ihren wahren Gehalt und ihre Kraft. Ich muss mich daher auf Ihre Güte verlassen und hoffen, dass Sie der Ursachen wegen meine Zwangslage entschuldigen. Zugleich hoffe ich, dass Ihre Fantasie und Ihr Einfühlungsvermögen meine Schilderung dort, wo es ihr an Kraft und Vollendung fehlt, ausschmücken und ergänzen werden.

fentlichung vorzubereiten. Die Bände 4 bis 10 umfassen historische Studien von Kriegen und Feldzügen der Neuzeit (etwa ab 1618), auf deren Analyse die philosophischen Betrachtungen über das Wesen des Kriegs in den ersten drei Bänden aufbaut. Diese Bände erschienen 1853 in leicht überarbeiteter Form unter dem Titel *Vom Kriege*. Auf dieser Ausgabe beruhen die meisten späteren Auflagen und Nachdrucke.

Inhalt: Das Buch analysiert, wie der ursprüngliche Titel besagt, Krieg und Kriegsführung, und zwar als ein allgemeines Phänomen. Zwar erkennt auch Clausewitz an, dass der Krieg ein »Akt der Gewalt [ist], um unseren Gegner zu zwingen, unseren Willen zu tun«, aber sieht ihn immer als einen Teil der Politik.

Clausewitz liefert mit seinem Werk keine einfachen strategischen Regeln zur sofortigen Anwendung, sondern formuliert allgemeine Erkenntnisse, die den Leser zu eigenen Schlüssen und Einsichten führen sollen. Darüber hinaus betont er bei der Darstellung der Strategie immer das psychologische Moment und den unvorhersehbaren Einfluss des Zufalls, die beide zwangsläufig dazu führen, dass Kriegsführung – oder Strategie im Allgemeinen – keine exakte Wissenschaft sein kann. Schon wegen solcher Einsichten nähert er sich dem Problem weit vielschichtiger an, als dies das bekannteste Zitat aus dem Werk vermuten lässt, nach dem der Krieg bloß die Fortsetzung der Politik mit anderen Mitteln sei.

Wirkung: Seit seinem ersten Erscheinen wurde das Werk in jede der großen Weltsprachen übersetzt und übt bis heute einen starken Einfluss auf alle aus, die sich mit Strategie beschäftigen. Wegen seiner Komplexität wurde und wird es jedoch häufig nur in Teilen rezipiert, was nicht selten zu Fehlurteilen führte. *P. B.*

Cleland, John

engl. Schriftsteller

getauft 24.9.1710 Kingston-upon-Thames

†23.1.1789 Petty France/London

📖 *Die Memoiren der Fanny Hill*, 1749

John Cleland besuchte die Westminster School und ging dann für die East India Company in den Orient, wo er Posten in Smyrna (heute Izmir, Türkei) innehatte, bevor er ins indische Bombay versetzt wurde. Neben der Tätigkeit für die Company, durch die er im Empire herumreisen und Eindrücke sammeln konnte, schrieb Cleland rege. 1748/49 erschien *Memoirs of a Woman of Pleasure*, auch bekannt als *Fanny Hill*. 1751 folgte *Memoirs of a Coxcomb*, 1764 *The Surprises of Love*. Beruf und Bücher machten ihn jedoch nicht reich, die Festlegung auf erotische Romane (vier Bücher) isolierte ihn gesellschaftlich. Cleland schrieb auch Theaterstücke und betätigte sich als Korrespondent und Journalist. 1766–69 veröffentlichte er sprachwissenschaftliche Studien.

Biografie: W. H. Epstein (Hrsg.), *John Cleland. Images of a Life,* 1975.

Die Memoiren der Fanny Hill

OT Memoirs of a Woman of Pleasure
OA 1749 (2 Bde.), 1750 (1 Bd.) **DE** 1963
Form Briefroman **Epoche** Klassizismus

Fanny Hill galt 200 Jahre als eines der Hauptwerke der erotischen Literatur, überzogen mit Verboten, Indexierungen und Gerichtsverfahren. Der erste erotische Roman der englischen Literatur ist zugleich ein Bildungsroman über die moralische Entwicklung einer Frau.

Inhalt: Im Rückblick beschreibt *Fanny Hill* einer als »Madam« titulierten Freundin ihre Zeit als Lebedame. Als Dorfkind gerät sie in die Hände einer Kupplerin. Nach der Verführung durch die lesbische Phoebe soll Fanny als Prostituierte im Bordell der Mrs. Bown arbeiten. Unter den Kunden befindet sich Charles, der in ihr die wahre (Herzens-)Liebe weckt und sie aus dem Milieu retten will. Als Charles unvermutet auf eine längere Reise ins Ausland geht, kehrt Fanny aus Verzweiflung ins Luxusbordell zurück und gibt sich willenlos und depressiv sexuellen Ausschweifungen hin. Von reichen Männern umringt, erlangt sie finanzielle Unabhängigkeit, als ein Freier ihr sein Vermögen hinterlässt.

Fanny verwendet ihren Reichtum, um Charles wiederzufinden und beendet nach geglückter Suche bewusst ihr bisheriges Leben. An der Seite von Charles wandelt sie sich zur glücklichen Ehefrau und Mutter.

Erotische Werke der Weltliteratur	
Hohelied 2./3. Jh. v. Chr.	Salomos Liebeslied aus dem Alten Testament beschreibt einzigartig die Liebe zu Gott ebenso wie die körperliche Hingabe.
Ovid vor 2 n. Chr.	*Ars Amatoria:* Das Liebes- und Lehrgedicht in drei Büchern gibt Ratschläge, wie sich eine Frau begehrt und geliebt machen kann.
Giovanni Boccaccio 1348 geschrieben, 1470 erschienen	*Das Dekameron:* Der Zyklus aus 100 Novellen, die sich Freunde erzählen, während sie von der Pest bedroht werden, ist ein bunter Reigen des Lebens im spätmittelalterlichen Italien. →S. 134
Pierre Choderlos de Laclos, 1782	*Gefährliche Liebschaften:* Der Briefroman schildert Sittenverfall und erotische Intrigen im vorrevolutionären Frankreich. →S. 239
Giacomo Casanova 1825–29, unvollst.	*Mein Leben:* Die Erinnerungen des Verführers par excellence erregten wegen der frivolen Beschreibungen Aufsehen. →S. 223
Anonymus 1906	*Josefine Mutzenbacher:* Derber Roman um das Leben einer Prostituierten mit eingehenden anatomischen Schilderungen.
Vladimir Nabokov 1955	*Lolita:* In dem Roman verfällt ein 37 Jahre alter Mann einer zwölfjährigen frühreifen, verführerischen Kindfrau. →S. 807
Henry Miller 1934	*Wendekreis des Krebses:* In drastischer Sprache beschreibt Miller ein Bohemien-Leben in Paris zwischen Kunst und Sex. →S. 767

Aufbau: Die Aufrichtigkeit und Wahrheitsliebe zeigt sich in Fannys gewissenhafter, sich selbst nicht schonender Erzählung. Der Einfluss von Erziehung auf die Integrität von Mann und Frau wird immer wieder betont. Zwar schildert Cleland detailliert und plastisch jede körperliche Gefühlsregung, vermeidet aber die offene oder zotige Beschreibung. Im Zusammentreffen von physiologischer Akkuratesse mit den moralischen Erläuterungen Fannys ergibt sich ein fast ironischer Grundton. Clelands Interesse gilt im gesamten Werk der Beschreibung der Entwicklung zur Tugendhaftigkeit. Basierend auf den Erziehungsideen von John → Locke und Jean-Jacques → Rousseau übt er in *Fanny Hill* Kritik an Samuel Richardsons *Pamela* (ersch. 1740) und deren zweckorientierter Moral.

Der Leser wird in Briefen an »Madam« über Fannys Entwicklung informiert. Die locker strukturierten Sätze spiegeln den atemlosen Eifer des Erzählers/der Erzählerin; im Buch werden fast alle Variationen der sexuellen Verbindung durchgespielt. Fanny Hill ist als Charakter präsent, aber recht eindimensional beschrieben in Hinblick auf ihr sexuelles Empfinden und die damit verbunden moralischen Fragen. Durch die Beschreibung der moralischen Entwicklung Fannys rückt der Roman in die Nähe der Bildungsromane wie →Goethes *Wilhelm Meister* oder *Tom Jones* von Henry →Fielding.

Wirkung: Bald nach Erscheinen wurde *Fanny Hill* ein äußerst erfolgreiches Buch, das seinem Verleger 10000 Pfund bescherte, Cleland aber nur 20 Guineas Provision. Vor Gericht musste er sich wegen des Vorwurfs der Unzüchtigkeit verantworten, wurde aber freigesprochen. Wegen des erotischen Gehalts wurde das Buch immer wieder heimlich aufgelegt und mit entsprechenden Bildern versehen. Bis in die 1960er Jahre stand das Buch in Deutschland auf dem Index, erst um 1980 begann die ernsthafte Auseinandersetzung mit dem Roman und die literaturhistorische Würdigung des Autors.　　*A. Fe.*

Jean Cocteau
in den 1940er Jahren

Cocteau, Jean

frz. Schriftsteller, Maler und Filmregisseur
*5.7.1889 Maisons-Laffitte (bei Paris)
†11.10.1963 Milly-la-Forêt
📖 *Kinder der Nacht*, 1929

Jean Cocteau gilt als Universaltalent, war Lyriker, Dramatiker, Romancier, Essayist, Maler, Filmregisseur und Kunstkritiker in einer Person. Für Igor Strawinsky (1882–1971), Arthur Honegger (1892–1955) und Darius Milhaud (1892 bis 1974) schrieb er Opernlibretti sowie Ballettvorlagen und entwarf die Dekorationen und Kostüme für ihre Aufführungen. Bei den Filmen, deren Drehbücher er verfasste, führte er auch Regie.

Cocteau entstammte großbürgerlichen Verhältnissen. Ab ca. 1912 kam er mit vielen namhaften Dichtern, Malern, Musikern und Choreografen seiner Zeit in Kontakt. Entscheidend war die Begegnung mit Sergej Diaghilew (1872–1929), dem Leiter der einflussreichen »Ballets Russes«, der ihn aufforderte: »Überraschen Sie mich!«. Zeitlebens trachtete Cocteau fortan danach, sein Publikum zu überraschen, indem er den künstlerischen Strömungen einen Schritt vorauszueilen suchte. Seine größten Erfolge sind der Künstlerroman *Thomas der Schwindler* (1923), eine eigenwillige »Bewältigung« des Ersten Weltkriegs, das den antiken Mythos aufgreifende Drama *Orpheus* (1926) sowie der Roman *Kinder der Nacht* (1929). 1955 wurde Cocteau in die Académie Française aufgenommen.

Biografien: F. Brown, *Ein Skandal fürs Leben*, 1980; F. Steegmuller, *Cocteau*, 1973.

Kinder der Nacht

OT Les enfants terribles
OA 1929　**DE** 1930　**Form** Roman　**Epoche** Moderne

In *Kinder der Nacht* greift Jean Cocteau die Themen Kindheit und Künstlertum auf, die er bereits in *Thomas der Schwindler* behandelt hat. Im Zentrum steht ein Geschwisterpaar, das

Die Cocteau-Biografin Bettina L. Knapp 1989 über Jean Cocteau:

Cocteau war ein Mann von gewaltigem Einfallsreichtum, Talent und Genie und versuchte immer wieder der schmerzlichen Wahrheit über sich selbst zu entgehen – nämlich dass er kein richtiger Schöpfer im Sinne eines Picasso oder Balzac war... So brauchte er immer eine Antriebskraft von außen, die seinen eigenen Schaffensprozess in Gang setzte.

zur Wirklichkeit ein kindlich-amoralisches, spielerisches Verhältnis hat. Doch ihr Spiel mündet in den Tod. Der Untergang der Kinder wird zum Symbol des Untergangs einer ganzen Epoche, der »goldenen Zwanziger« (»Années Folles«). Der Roman wurde schnell zum Welterfolg und 1949 unter der Regie von Jean-Pierre Melville verfilmt.

Jean Cocteau, *Kinder der Nacht*; Links: Umschlag der Ausgabe 1971 (Gestaltung Jean Cocteau); rechts: deutschsprachige Neuausgabe 1953

Kindermythos zu Beginn des 20. Jahrhunderts

Jules Renard 1894	*Rotfuchs:* In seinem sozialkritischen Erfolgsroman erzählt Renard die Geschichte eines von seiner bigotten Mutter tyrannisierten Kindes, das jedoch »den rechten Weg« findet.
Ellen Key 1900	*Das Jahrhundert des Kindes:* In dem Erfolgsbuch, das die schwedische Pädagogin weltberühmt machte, vertritt sie im Sinne von Jean-Jacques → Rousseau eine um 1900 als revolutionär erachtete »Pädagogik vom Kinde aus«, die den Begabungen des Kindes Rechnung trägt. → S. 601
Henri Alain-Fournier 1913	*Der große Meaulnes:* Mit märchenhaft-mythischen Elementen spielend, beschwört der Roman das immer unerreichbare Glück eines verlorenen Kinderparadieses. → S. 20
Marcel Proust 1913–27	*Auf der Suche nach der verlorenen Zeit:* In diesem monumentalen Romanzyklus begibt sich der junge Marcel auf die Suche nach seiner Vergangenheit. Der Genuss einer Madeleine lässt in ihm alle Einzelheiten seiner Kindheit wieder aufleben. → S. 878/9
Valéry Larbaud 1918	*Kinderseelen:* In acht Erzählungen schildert der Autor mit großer Sensibilität kindliches Fühlen und Denken sowie das Leiden an dem Widerspruch zwischen Wunsch und Wirklichkeit.
Jean Cocteau 1923	*Thomas der Schwindler:* Der 16-jährige Thomas nimmt als Sanitätshelfer am Krieg teil, den er als ein faszinierendes Schauspiel erlebt.
Raymond Radiguet 1923	*Den Teufel im Leib:* Cocteaus frühreifer Freund Radiguet erzählt die leidenschaftliche Beziehung eines Gymnasiasten zur Frau eines Frontsoldaten. Der Krieg ist als die Fortsetzung der »Großen Ferien«; erst sein Ende bedeutet die Rückkehr zur bürgerlichen Ordnung.
André Breton 1924	*Manifest des Surrealismus:* In einer berühmten Formel beschreibt Breton den Surrealismus »als eine Rückkehr in die Kindheit, in ein authentisches Dasein«, ins »wahre Leben«. → S. 158
Thomas Mann 1925	*Unordnung und frühes Leid:* In seiner Erzählung schildert Mann das distanzierte Verhältnis eines Geschichtsprofessors zu seinen Kindern und die Beziehung zur fünfjährigen Lieblingstochter.
Jean Cocteau 1929	*Kinder der Nacht:* Das mystische Spiel eines Geschwisterpaars mit einem amoralischen Verhältnis zur Wirklichkeit und mit eigenen Gesetzen führt in den Tod. → S. 251

Inhalt: Elisabeth und ihr jüngerer Bruder Paul leben in einem gemeinsamen Zimmer, das sie in einem geheimnisvollen Spiel allabendlich in ein Traumreich jenseits von Gut und Böse verwandeln. Eine rot verhängte Lampe und eine Schatzschatulle sind die magischen Requisiten dieser somnambulen Welt, zu der nur der blasse Gérard und die Waise Agathe Zugang haben und das in der Wirklichkeit nur wie im Traum existiert. Nach einiger Zeit finden Veränderungen in der Figurenkonstellation statt: Gérard, der bisher Paul liebt, wendet sich Elisabeth zu, Agathe überträgt ihre Liebe zu Elisabeth auf Paul. Elisabeth, die »Jungfrau des Tempels«, verlobt sich mit einem Amerikaner, der kurz nach der Heirat bei einem Autounfall stirbt. Die Kinder ziehen in dessen Haus und errichten in der Galerie ein Reich des Bösen, in dem sie die befremdlichen Riten der frühen Jahre fortsetzen und steigern.

Mit List verhindert die eifersüchtige Elisabeth, dass Paul Agathe seine Liebe gesteht. Aus Rache verheiratet sie Agathe mit Gérard. Damit ist die Ausgangssituation wieder hergestellt: Die Außenseiter Elisabeth und Paul stehen, in inzestuöser Hassliebe aneinander gekettet, den bürgerlich verheirateten Agathe und Gérard gegenüber. Doch Paul hat Elisabeths Betrug durchschaut und begeht Selbstmord. Als er auf dem Sterbebett Agathe seine Liebe gestehen will, hindert Elisabeth ihn erneut daran. Sie tötet sich durch einen Revolverschuss und bindet damit Paul im »Liebestod« endgültig an sich.

Wertung: Schon in *Thomas der Schwindler* hatte Cocteau das problematische Verhältnis des Künstlers zur Wirklichkeit am Beispiel eines Kindes dargestellt, das den Krieg wie ein faszinierendes Schauspiel erlebt, eine Leichtfertigkeit, die der Autor seinen Protagonisten mit dem Tod sühnen lässt. In zahlreichen anderen Texten, dem surrealistischen Dramolett *Die Hochzeit auf dem Eiffelturm* (1922), den Tragödien *Antigone* (1922) und *Orpheus*, sind Kinder oder junge Heroen des Mythos die Hoffnungsträger einer neuen Ordnung. Im Spiel erschaffen sie Gegenwelten, die jedoch an der Wirklichkeit zerschellen. In *Kinder der Nacht* ist Realität nur noch als magisch verwandelter Innenraum (Zimmer, Galerie) vorhanden, in dem Riten und Kulte, Inzest und Mord herrschen – eine Welt, die sich selbst zerstört –, oder Realität erscheint in Gestalt eines alsbald durch einen Unfall eliminierten amerikanischen Verlobten. Kinder sind bei Cocteau meist Künstler und umgekehrt. Die Scheinwelt der *Kinder der Nacht* steht daher stellvertretend für Cocteaus eigenes spielerisches Verhältnis zur Wirklichkeit, das die Figuren durch ihren Tod läutern (wie in *Thomas der Schwindler*) und der Künstler Cocteau durch die Abfassung seines Romans.

OT = Originaltitel   **EZ** = Entstehungszeit   **OA** = Originalausgabe   **DE** = Deutsche Erstausgabe   📖 = Verweis auf Werkartikel

Wirkung: *Kinder der Nacht* ist nicht zuletzt eine resignierte Absage an einen optimistischen Kindermythos des beginnenden 20. Jahrhunderts (Übersicht → S. 252), den sich insbesondere der Surrealismus zu Eigen gemacht hatte. 1929, dem Jahr der Weltwirtschaftskrise, kam dem Untergang der »Kinder der Nacht« hohe symbolische Bedeutung zu: In ihm spiegelt sich die Krise der avantgardistischen Werte und die künstlerische Resignation gegenüber einer übermächtigen politischen und gesellschaftlichen Wirklichkeit ebenso wie das Ende der »goldenen Zwanziger«.   *J. Gr.*

Die wichtigsten Bücher von Paulo Coelho	
Auf dem Jakobsweg 1987	In dem autobiografischen Tagebuch einer Pilgerreise werden die Erfahrungen der Wallfahrt nach Santiago de Compostela beschrieben.
Der Alchimist 1987	Ein andalusischer Hirtenjunge findet sein Glück, indem er seiner inneren Bestimmung folgt und sich auf eine gefährliche Reise durch Nordafrika begibt. → S. 251
Am Ufer des Rio Piedra saß ich und weinte, 1994	Die Begegnung mit ihrer Jugendliebe, einem vor der Priesterweihe stehenden Seminaristen, wird für Pilar zum Wendepunkt ihres Lebens. Sie gewinnt ihren Glauben an Gott zurück.
Der Fünfte Berg, 1996	Der Prophet Elija meistert sein Schicksal im Exil im Vertrauen auf Gott, die Liebe und seine eigene Kraft.
Veronika beschließt zu sterben, 1998	Die Slowenin Veronika gewinnt in der Psychiatrie ihren Lebenswillen zurück und erlebt ihre erste, unerwartete Liebe.
Der Dämon und Fräulein Prym, 1999	Binnen sieben Tagen muss sich die Kellnerin Chantal zwischen Gut und Böse entscheiden; sie kämpft schließlich für ihren Lebenstraum.

Coelho, Paulo

brasilian. Schriftsteller

*24.8.1947 Rio de Janeiro

📖 *Der Alchimist*, 1987

Paulo Coelho ist einer der meistgelesenen, gleichzeitig aber auch meistkritisierten Autoren der Welt. Seine Romane wurden in 50 Sprachen übersetzt und werden in 150 Ländern gelesen.

Nach einem abgebrochenen Jurastudium bereiste Coelho zwei Jahre lang Europa, Nordafrika und Südamerika. Der Anhänger der Hippie-Bewegung arbeitete als Redakteur und verfasste Theaterstücke sowie Liedtexte für brasilianische Popstars. In Spanien lebte er fünf Jahre in einem katholischen Orden und pilgerte 1986 nach Santiago de Compostela. Diese Erfahrungen flossen ein in seine beiden ersten Romane *Auf dem Jakobsweg* (1987) und *Der Alchimist*. In einfacher, oft symbolischer Sprache erzählen auch die weiteren gleichnishaften Romane von Ängsten genauso wie von den immer gleichen Träumen der Menschen, die damit ermuntert werden, ihren Lebenstraum zu verwirklichen.

Der Alchimist

OT O Alquimista **OA** 1987 **DE** 1991
Form Roman **Epoche** Moderne

Mit *Der Alchimist* begründete Paulo Coelho seinen Ruhm als Bestsellerautor, dessen Werk weltweit Millionenauflagen erreicht.

Inhalt: Der andalusische Hirtenjunge Santiago folgt mutig seinem Traum von einem Schatz an den Pyramiden und begibt sich auf eine gefährliche Reise in die Welt hinaus. Er erlebt Abenteuer, besteht Prüfungen und trifft die Frau seines Lebens. Dennoch verlässt er die schöne Fatima zunächst, um weiter der Schatzsuche, seiner Bestimmung, zu folgen. An den Pyramiden erfährt Santiago, dass der Goldschatz in der kleinen Kirche in seiner Heimat verborgen ist, wo er ihn schließlich findet.

Einfache Wahrheiten und Lehren christlichen und muslimischen Ursprungs werden dem Helden von Bekanntschaften auf der Reise mitgegeben. Zum wichtigsten Lehrer wird der Alchimist, der ihm deutlich macht, dass der Weg auch immer das Ziel sei. Die einfache, märchenhafte Fabel von der gefährlichen Reise, die zu-

Paulo Coelho ist ein Alchimist der Literatur.

Kenzaburo Oe

Paulo Coelho, *Der Alchimist*; von links: Umschlag der italienischen Ausgabe 1995; Umschlag der deutschsprachigen Erstausgabe 1996; Umschlag der Originalausgabe 1987; Umschlag der französischen Ausgabe 1995 mit Illustrationen von Möbius

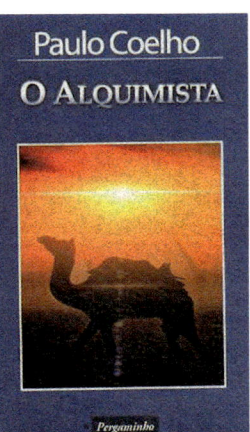
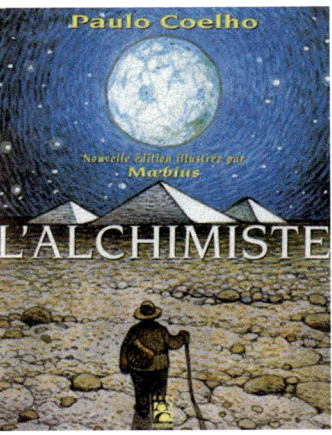

Auszug aus dem Roman *Der Alchimist* **von Paulo Coelho:**

Und dass noch kein Herz gelitten hat, als es sich aufmachte, seine Träume zu erfüllen, denn jeder Augenblick des Suchens ist ein Augenblick der Begegnung mit Gott und mit der Ewigkeit.

gleich eine Reise zu sich selbst ist, verkündet die Botschaft, dass jeder seinen Träumen treu bleiben und sie leben soll. Nur so könne das tiefste innere Glück im Einklang mit der Welt – der Weltenseele – erreicht werden.

Wirkung: Der Roman war weltweit eines der meistverkauften Bücher, das in fast 30 Ländern gleichzeitig die Bestsellerlisten anführte. Gelobt wurde sein poetischer, philosophischer Stil, dessen symbolische Sprache die Herzen der Leser erreiche, sie verzaubere und ihnen Mut mache. Das Buch erreichte Kultstatus, wurde jedoch gleichzeitig von der Kritik auch als esoterische Erbauungsliteratur beurteilt. *P.Z.*

später siedelte er in die USA über. Anfang der 1970er Jahre kehrte Coetzee nach Südafrika zurück. An der Universität von Kapstadt lehrte er zunächst als Dozent, 1984 wurde er dort Professor für allgemeine Literatur. Mit dem Erzählband *Duskland* gab er 1974 sein literarisches Debüt. Bekannt wurde Coetzee mit der Parabel *Im Herzen des Landes* (1977) und mit *Warten auf die Barbaren* (1980), der Lebensbeichte eines Magistrats. Kafkaeske Elemente prägen den Roman *Leben und Zeit des Michael K.* (1983) für den Coetzee den Booker Prize erhielt, ebenso wie für sein 1999 erschienenes Werk *Schande*. *D.M.*

Biografie: D. Attwell, *J. M. Coetzee*, 1993.

Coetzee, John M.

südafrikan. Schriftsteller

*9.2.1940 Kapstadt

📖 *Schande*, 1999

Mit seinem mehrfach preisgekrönten Werk, das die psychischen Folgen des Lebens unter dem Apartheidregime schildert, gehört John M(arie) Coetzee zu den wichtigsten zeitgenössischen Autoren seines Landes.

Coetzee stammt aus einer alten burischen Farmerfamilie, die im 18. Jahrhundert nach Südafrika übersiedelte. Der Sohn eines Rechtsanwalts und einer Lehrerin studierte in Kapstadt Mathematik und Literatur. 1962 verließ er sein Heimatland und ging nach England, wo er als Computerprogrammierer arbeitete. Drei Jahre

Die wichtigsten Bücher von John M. Coetzee	
Duskland 1974	In dem Erzählband befasst sich Coetzee u. a. mit der Rolle eines seiner Vorfahren bei der Ausrottung eines Hugenotten-Stamms.
Im Herzen des Landes, 1977	Magda, eine unverheiratete ältere Farmerstochter, beschreibt in Tagebucheintragungen die Zeit der Schwarzenaufstände in Soweto.
Warten auf die Barbaren, 1980	In seiner Lebensbeichte schildert ein Richter seine Beteiligung an 30 Jahren Barbarei und Folter.
Zeit und Leben des Michael K. 1983	Michael K. zuerst mit seiner todkranken Mutter und dann mit ihrer Asche durch ein von bürgerkriegsähnlichen Wirren zerstörtes Afrika, um sie in ihrem Heimatort beizusetzen.
Mr. Cruso, Mrs. Barton und Mr. Foe, 1986	Neue Version des Romans *Robinson Crusoe* von Daniel → Defoe: Eine Frau stößt zu Robinson und Freitag und erzählt ihnen ihre Geschichte vom Ausgestoßensein.
Eiserne Zeit 1990	An dem Tag, als Elisabeth Curren erfährt, dass sie unheilbar an Krebs erkrankt ist, nimmt sie einen obdachlosen Schwarzen in ihr Haus auf.
Der Meister von Petersburg 1994	In diesem fiktionalisierten Porträt Fjodor Dostojewskis versucht der russische Dichter den rätselhaften Mord an seinem Stiefsohn Pawel, einem politisch engagierten Anarchisten, aufzuklären.
Der Junge. Eine afrikanische Kindheit, 1997	Autobiografisch geprägte Geschichte eines intelligenten und sensiblen Jungen, der in Zeiten der Rassentrennung in der südafrikanischen Provinz aufwächst.
Schande 1999	Prof. Lurie verliert nach einer Liaison mit einer Studentin seinen Job und zieht zu seiner Tochter aufs Land. Dort erlebt er Gewalt und Rechtlosigkeit als Folge der jahrzehntelangen Apartheid. → S. 254

Schande

OT Disgrace
OA 1999 **DE** 2000 **Form** Roman **Epoche** Moderne

John M. Coetzee thematisiert in diesem Roman das Spannungsfeld zwischen dem Schuldempfinden und den Verlustängsten der weißen Bevölkerungsminderheit in der Republik Südafrika nach dem Ende der offiziellen Apartheidspolitik einerseits und dem Verlangen nach Vergeltung und Bestrafung auf Seiten der bis dahin unterdrückten schwarzen Mehrheit andererseits.

Inhalt: David Lurie, Anfang 50, Professor für Kommunikationswissenschaft, nutzt seine Autorität aus, um »mit Studentinnen in Form zu bleiben« – wie er es selbst nennt. Auch die junge Melanie geht widerstrebend auf seine Avancen ein. Als die Affäre öffentlich wird, muss Lurie nach einem Disziplinarverfahren die Universität verlassen. Lurie findet Unterschlupf bei seiner Tochter Lucy, die mit Hilfe schwarzer Landarbeiter eine abgelegene Farm bewirtschaftet. Als Lucy eines Tages von ihren Arbeitern vergewaltigt und Lurie niedergeschlagen wird, plädiert dieser dafür, vorübergehend das Land zu verlassen. Lucy akzeptiert indessen nüchtern den Vorfall und auch das Heiratsangebot, das einer der Vergewaltiger ihr macht, als er von ihrer Schwangerschaft erfährt. Lurie sucht seinerseits vergeblich bei Melanies Eltern um Vergebung nach und scheitert auch mit seinem Versuch, in der intellektuellen Welt mit einer Oper über Lord Byron wieder Fuß zu fassen. Zuletzt zieht Lurie zu seiner Tochter aufs Land, um in einer Tierklinik zu arbeiten.

Stil: *Schande* ist ein allegorischer Roman, eine Parabel mit mehreren Bedeutungsebenen: der schlichten Schilderung der individuellen Welt eines alternden Mannes, der politischen Dimension einer Vergewaltigung, der moralischen Erörterung von Rache und Gerechtigkeit, von Schuld und Sühne. Die Handlung verläuft geradlinig und trotz der szenisch fantasievollen Ausgestaltung schnörkellos. Sprache und Dialoge sind lakonisch und präzise. Diese sparsam reduzierte Prosa ist in ihrem Tonfall vorwurfslos, ohne Postulat – scheinbar nur mitteilende Sätze ohne Anteilnahme, obwohl eine stille Sympathie für Lurie durchschimmert. Ein unsichtbarer, nicht benannter Erzähler schildert das Geschehen in der Gegenwartsform, sodass es zügig und temporeich verläuft. Die Kulisse der südafrikanischen Landschaft ist weit in den Hintergrund gerückt. Die Hauptfiguren Lurie und Lucy sind doppeldeutig charakterisiert: David Lurie entpuppt sich in seiner Verweigerung einer allein als politisch korrekt erwarteten Entschuldigung als redlicher, aufrechter Wissenschaftler, während Lucy, die schwach und nachgiebig erscheinende Frau, sich in ihrem Pragmatismus und ihrer Beharrlichkeit als starke Persönlichkeit herausstellt. Dieser Wandel findet sich auch in der Bewertung ihrer beiden Schicksale wieder: Während Lurie der Nötigung angeklagt ist und sich als Opfer sieht – und damit stellvertretend für die Weißen in Südafrika steht, die sich nach dem Ende der Apartheid einer erheblich gestiegenen Kriminalität ausgeliefert sehen –, arrangiert sich Lucy als reales Opfer mit den Tätern.

Wirkung: *Schande* ist ein bedeutender Beitrag zur Diskussion über den Umgang mit der südafrikanischen Apartheidvergangenheit und über die Probleme der Akzeptanz einer neuen Herrschaft. Er dokumentiert die Neukonstituierung eines Staatssystems und zeigt die Entwertung bislang gültiger gesellschaftlicher Grundlagen sowie die Umwertung eines Rechtskonsens'. Während es bislang als Schande galt, wenn Weiße eine Beziehung zu Schwarzen eingingen, wird diese Möglichkeit hier im übertragenen Sinn als einzig gangbarer Weg zur Aussöhnung dargestellt. Zugleich wird die westliche Form der Justiz um Elemente traditioneller afrikanischer Rechtsprechung erweitert, in der ein Täter dazu verpflichtet werden kann, über eine Heirat Verantwortung für die von ihm geschädigte Familie zu übernehmen und damit für Entschädigung zu sorgen. *M. L.*

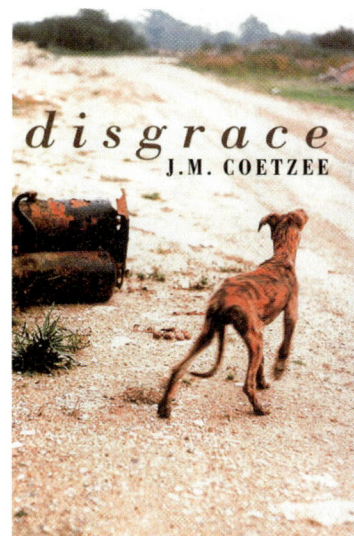 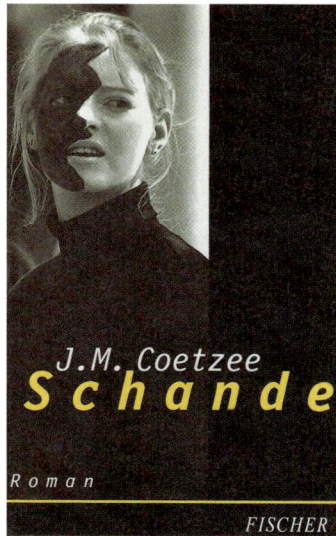

John M. Coetzee, *Schande*; links: Umschlag der Originalausgabe 1999; rechts: Umschlag der deutschsprachigen Erstausgabe 2000

Liebe in all ihren Schattierungen und verlieh als eine der Ersten dem sich wandelnden Selbstverständnis der Frau Ausdruck. Leitmotive ihrer kunstvollen Prosa sind die konfliktreiche Geschlechterbeziehung, das sinnliche Erleben des eigenen Körpers und die Freude an der Natur.

Colette wuchs wohl behütet in einer Kleinstadt auf. Mit 20 Jahren heiratete sie den 15 Jahre älteren Pariser Journalisten und Schriftsteller Henry Gauthier-Villars (1859–1931), der sie zum Schreiben drängte; ihre ersten Werke erschienen unter seinem Pseudonym »Willy«. Nach der Trennung von ihrem Mann arbeitete sie als Tänzerin, Schauspielerin und Kritikerin. Colette, die dreimal verheiratet war, machte durch einen extravaganten Lebensstil, skandalöse Auftritte und zahlreiche – auch homosexuelle – Affären Schlagzeilen. Für ihr umfangreiches Werk wurde sie vielfach ausgezeichnet. Als erste Frau wurde die populäre Schriftstellerin 1944 in die Académie Goncourt gewählt und 1954 mit einem Staatsbegräbnis geehrt.

Biografien: C. Francis / F. Gontier, *Ich habe das Glück, nur zur Hälfte Frau zu sein. Colette*, 2000; J. Thurman, *Colette. Roman ihres Lebens*, 2001.

Colette, Sidonie-Gabrielle

frz. Schriftstellerin
*28.1.1873 Saint-Sauveur-en-Puisaye (Burgund)
†3.8.1954 Paris
📖 Claudine-Romane, 1900–03

Noch zu Lebzeiten avancierte Sidonie-Gabrielle Colette vom Enfant terrible der Belle Epoque zur anerkannten großen Schriftstellerin. Nuancenreich und einfühlsam schrieb sie über die

Claudine-Romane

OT Claudine à l'école, Claudine à Paris, Claudine en ménage, Claudine s'en va
OA 1900, 1901, 1902, 1903
DE Claudine erwacht, Claudine in Paris, Claudine in der Ehe, Claudine geht, alle 1957
Form Roman-Zyklus **Epoche** Moderne

In den Claudine-Romanen beschreibt Sidonie-Gabrielle Colette den schwierigen Weg der eigenen Emanzipation und zeichnet zugleich das Porträt einer ganzen Epoche. Mit großem psy-

Auszug aus dem Roman
Claudine in Paris von Sidonie-Gabrielle Colette:

Ich tue zwar so, als wäre mir nichts Menschliches fremd, schreie über alle Dächer: »Mir kann man nichts vormachen! Mir nicht! Ich lese alles! Ich verstehe alles! Obwohl ich erst siebzehn Jahre alt bin!« – doch es genügt, dass mich ein Herr in den Hintern zwickt, dass meine kleine Freundin tut, was ich zu lesen pflege, und schon bin ich entsetzt, schon schwinge ich den Regenschirm, schon fliehe ich das Laster mit theatralischer Gebärde. Claudine, Claudine! Im Grunde genommen bist du nichts als ein ganz gewöhnliches, anständiges Mädchen!

Sidonie-Gabrielle Collette 1900, dem Jahr des Erscheinens ihres ersten *Claudine*-Romans

Die bekanntesten Bücher von Sidonie-Gabrielle Colette	
Claudine-Romane 1900–03	Die z.T. autobiografische Roman-Serie über die frivol-freche Kindfrau Claudine zeichnet Colettes schwierigen Weg der eigenen Emanzipation nach. → S. 255
La Vagabonde 1910	Der stark autobiografische Roman schildert die innere Zerrissenheit der Tänzerin Renée Néré zwischen künstlerischer Verwirklichung und Sehnsucht nach Liebe.
Die Fessel 1913	Die älter und der Bühnenauftritte müde gewordene Varieté-Künstlerin Renée Néré schwankt erneut zwischen bedingungsloser Hingabe an einen Mann und ihrem Bedürfnis nach Unabhängigkeit.
Chéri 1920	Colettes bedeutendster Roman ist die differenzierte psychologische Studie der alternden Kurtisane Léa, deren Liebesbeziehung mit dem jüngeren Gigolo Fred, genannt Chéri, scheitert.
Mein Elternhaus, 1922	(auch unter dem Titel *Mädchenjahre* erschienen) In den 26 Erzählungen in Ich-Form beschreibt die reife Schriftstellerin im melancholischen Rückblick Erlebnisse aus ihrer Kindheit.
Erwachende Herzen, 1923	Colette beschreibt die mit dem Heranwachsen und dem Erwachen der Sexualität zunehmenden Konflikte in der Beziehung von Phil und Vinca, die seit ihrer Kindheit eng miteinander befreundet sind.
Chéris Ende 1926	Nach seiner Rückkehr aus dem Ersten Weltkrieg und der Trennung von seiner Ehefrau versucht Chéri erfolglos, seine Beziehung mit Léa wieder aufzunehmen. Er begeht schließlich Selbstmord.
Die Katze 1933	Aus Eifersucht wirft Camille ihre »Konkurrentin«, die Katze ihres Ehemanns Alain, aus dem Fenster. Sie überlebt; Alain trennt sich dennoch von Camille, ohne sich mit deren Motiven zu beschäftigen.
Gigi 1944	In dem einzigen Roman Colettes mit glücklichem Ausgang erreicht die von Großmutter und Tante zur Kokotte erzogene Gigi, dass der reiche Gaston in aller Form um ihre Hand anhält.

chologischem Einfühlungsvermögen schildert sie die Entwicklung einer modernen jungen Frau vom rebellischen Schulmädchen zur enttäuschten Ehefrau. Claudine wurde eine der bekanntesten Figuren der französischen Literatur. Charakteristisch – auch für Colettes weiteres Werk – ist die rückhaltlose, nie anstößig wirkende Darstellung erotischer Empfindungen.

Entstehung: Auf Drängen ihres von Schulden geplagten Ehemanns schrieb Colette Erlebnisse aus ihrer Schulzeit auf. Gauthier-Villars veröffentlichte das Buch *Claudine in der Schule* unter seinem Pseudonym Willy. Der Erfolg war überwältigend, sodass Gauthier-Villars seine junge Frau nötigte, weiterzuschreiben. Innerhalb von drei Jahren folgten drei weitere Bände. Erst nach der Trennung des Ehepaars gab Colette zu, dass sie die eigentliche Verfasserin der Bücher war.

Inhalt: In *Claudine erwacht* geht die 15-jährige Heldin noch zur Schule. Schauplatz des Geschehens ist das fiktive Dorf Montigny, das Colettes Geburtsort nachgebildet ist. Nach dem frühen Tod der Mutter wächst Claudine bei ihrem Vater auf, der ganz in seine Arbeit als Verfasser wissenschaftlicher Werke versunken ist. Er ist liebevoll, interessiert sich aber nicht wirklich für das Leben seiner Tochter. Claudine, das freche und begabte Schulmädchen vom Lande mit erfrischend unverblümter Ausdrucksweise, erzählt von den großen und kleinen Ereignissen ihrer Schulzeit. Sie ist sportlich, intelligent, naturverbunden und beobachtet mit ungewöhnlich klarem Blick ihre Umgebung. Das intime Verhältnis der Schuldirektorin mit einer Hilfslehrerin, die plumpen Annäherungsversuche des Schularztes, die provinzielle Aufregung der Dorfbewohner beim Besuch eines Politikers, aber auch die eigenen Eitelkeiten werden mit schonungsloser Offenheit beschrieben. Im zweiten Band *Claudine in Paris* verliebt sich das junge Mädchen in ihren Cousin, den 40-jährigen Journalisten und Lebemann Renaud, der sich ihrem ungeduldigen Verlangen, seine Geliebte zu werden, widersetzt und auf eine Heirat besteht. In *Claudine in der Ehe* entdeckt die Ich-Erzählerin die Freuden der körperlichen Liebe mit ihrem Mann, wird sich nach einiger Zeit jedoch ihrer Unzufriedenheit bewusst. Ihr Ehemann drängt sie zu einem Verhältnis mit der schönen Rézi. Als diese sich auch auf eine Affäre mit Renaud einlässt, kehrt Claudine enttäuscht in ihr Heimatdorf zurück. Sie erkennt bald, dass sie ihren Mann trotz seiner Unaufrichtigkeit liebt, und wünscht ihn sehnlichst herbei. Der vierte Band *Claudine geht* wird aus der Sicht Annies, einer Art Alter Ego Claudines, erzählt. Als ihr Ehemann verreist ist, wird sich Annie seines Egoismus und seiner Untreue bewusst und verlässt die gemeinsame Wohnung. Ihre Freundin und Ratgeberin Claudine scheint weiterhin glücklich mit ihrem Ehemann zu sein.

Wirkung: Die von Kritikern z.T. als »hervorragende Literatur«, z.T. als »moralisch verwerflich« eingestuften Claudine-Bände machten Colette auf einen Schlag berühmt und wurden zu Bestsellern. Die Figur des Teenagers Claudi-

OT = Originaltitel   EZ = Entstehungszeit   OA = Originalausgabe   DE = Deutsche Erstausgabe   📖 = Verweis auf Werkartikel

ne, dessen Erkennungszeichen die kurzen Haare und der große weiße Kragen waren, erreichte große Popularität und wurde in Kosmetik und Mode erfolgreich vermarktet. Später setzte Colette die Serie mit *Claudine findet zu sich selbst* (*La retraite sentimentale*, 1907) und *Mein Elternhaus* (*La Maison de Claudine*, 1922) fort. S. Na.

Collins, Wilkie

engl. Schriftsteller

* 8.1.1824 London, † 23.9.1889 ebd.

📖 *Die Frau in Weiß*, 1960

Wilkie Collins gilt noch vor Arthur Conan → Doyle als »Erfinder« des modernen englischen Detektivromans. Obwohl er auch Theaterstücke und zahlreiche Kurzgeschichten verfasst hat, gründet sein Ruhm vor allem auf einer Reihe spannungsgeladener Sensationsromane aus den 1860er und 1870er Jahren, die ihn zu einem der meistgelesenen Autoren der Viktorianischen Ära werden ließen.

Der älteste Sohn des bekannten Landschaftsmalers William Collins (1788–1847) erregte erstmals 1848 mit einer Biografie seines Vaters, *The Memoirs of the Life of William Collins*, größere Aufmerksamkeit; 1850 folgte der historische Roman *Antonina*. In den 1850er Jahren schrieb Collins häufig für Zeitschriften, u. a. für die von Charles → Dickens herausgegebenen *Household News*; mit Dickens verband ihn auch privat eine enge Freundschaft.

Den endgültigen Durchbruch brachte 1860 *Die Frau in Weiß*. Meisterhaft verwob Collins Elemente des Brief- und Sensationsromans mit der Tradition der Gothic novels. Diesem Erfolgsrezept blieb er in seinen folgenden Romanen treu (*No Name*, 1862; *Der rote Schal*, 1866). Den Zenit seiner Karriere erreichte Collins mit *Der Monddiamant* (1868), den T. S. → Eliot als »ersten und größten englischen Detektivroman« bezeichnete. Auch hier wandte er die für ihn charakteristische verschachtelte Erzählstruktur an.

Collins hat sich in seinen besten Werken als scharfer Beobachter mit einem Gespür für psychologische Charakterzeichnung und soziale Probleme erwiesen. Seine starken Frauenfiguren haben ihm in jüngster Zeit die Anerkennung der feministischen Literaturkritik eingetragen. Selbst für seinen unorthodoxen Lebensstil bekannt, karikierte er mit beißendem Spott Bigotterie und Standesdünkel seines Zeitalters.

Biografien: L. Nayder, *Wilkie Collins*, 1997; C. Peters, *The King of Inventors*, 1999; K. Robinson, *Wilkie Collins*, 1951.

Die Frau in Weiß

OT The Woman in White **OA** 1860 **DE** 1965
Form Roman **Epoche** Viktorianisches Zeitalter

Von dunklen Familiengeheimnissen in einer nach außen heilen Gesellschaftsordnung, von Giftmischerei, Intrigen, Geheimbünden und vom sporadischen Einbruch des Übernatürlichen in Form erschreckender Visionen handelt dieser »viktorianische Bestseller«.

Entstehung: Der Legende zufolge basiert die Ausgangssituation – das nächtliche Zusammentreffen des Helden und hauptsächlichen Erzählers, Walter Hartright, mit der geheimnisvollen, aus einer Irrenanstalt entflohenen Frau in Weiß – auf einem wahren Erlebnis des Autors: In Begleitung seines Bruders Charles und des Malers John Millais (1829–96) sei Collins 1858 einer ganz in Weiß gekleideten Frau begegnet, die aus einer Villa im Regent's Park geflüchtet war, wo sie unter dem Einfluss magnetischer Kräfte gefangen gehalten worden sei. Die Dame hieß im wirklichen Leben Caroline Graves und war ab 1858 für 30 Jahre die Lebensgefährtin von Collins.

Inhalt: Die Begegnung Walter Hartrights mit der geistig verwirrten Anne Catherick löst eine Kette schicksalhafter Ereignisse aus: Als Walter kurze Zeit später als Zeichenlehrer auf das Gut Limmeridge in Cumberland kommt, erkennt er in seiner Schülerin Laura Fairlie eine Doppelgängerin der mysteriösen Fremden. Die beiden

Hauptfiguren in »Die Frau in Weiß« von Wilkie Collins

Walter Hartright: Der positive Held ist Zeichenlehrer in London, Initiator der von verschiedenen Personen verfassten Niederschrift der Ereignisse und hauptsächlicher Erzähler.

Laura Fairlie, Lady Glyde: Sie wird nach der Heirat mit Sir Percival zum wehrlosen Opfer einer auf ihr Vermögen abzielenden Verschwörung. Als Figur innerhalb der Romankonstellation bleibt sie eher Projektionsfläche für die Wünsche, Ziele und Begierden der übrigen Personen denn eigenständig handelnde Persönlichkeit.

Anne Catherick: Die geistig zurückgebliebene Doppelgängerin und illegitime Halbschwester von Laura Fairlie wird auf Geheiß von Sir Percival Glyde in einem Sanatorium versteckt, da sie für die Mitwisserin seines Geheimnisses gehalten wird. Sie ein Opfer des Conte wird, erliegt sie in dessen Haus einem schweren Herzleiden.

Marian Halcombe: Lauras Halbschwester mütterlicherseits ist die eigentliche Heldin der Geschichte. Sie ist von herb-maskulinem Aussehen, aber gebildet, aufrichtig und energisch – der positive Archetyp der tatkräftigen Collins-Heldinnen, die unter den Beschränkungen gesellschaftlicher Konventionen leiden. Ihr negatives Gegenstück ist die schöne Schurkin in Armadale (*Der rote Schal*, 1966).

Sir Percival Glyde: Der angesehene Baron, der Titel und Güter einem Betrug verdankt, ist der Komplize und Busenfreund Conte Foscos. Er brüskiert seine Gattin durch sein rohes, brutales Auftreten und stirbt bei einem Brand in der Sakristei von Alt-Welmingham, wo er das von ihm gefälschte Kirchenbuch zu vernichten suchte.

Conte Fosco: Der Hauptschurke des Romans, ein italienischer Würdenträger mit dubioser Vergangenheit, ist fett, eitel, von öligem Charme und einer eigenen verbrecherischen Ethik. Er ist der rechtmäßige Ehemann von Eleanor Fairlie. Als Walter Hartright als verräterisches Mitglied einer Geheimloge entlarvt, wird er von seinen ehemaligen Mitstreitern gerichtet.

Madame Fosco, geb. Fairlie: Von ihrem Mann ebenso domestiziert wie sein privater Kleintierzirkus, ist sie ein willfähriges Instrument der Verschwörung. Durch ihren Verwandtschaftsgrad ist sie der indirekte Anlass des Komplotts, da ihr nach Lauras Tod eine große Geldsumme zufällt.

Frau Catherick: Annes Mutter ist eine desillusionierte, bigotte Matrone, die in ihrer Jugend Sir Percival Glyde bei der Fälschung des Kirchenbuchs half und von ihm daraufhin gegen Schweigegeld nach Welmingham verbannt wurde.

verlieben sich, doch Laura ist einem anderen versprochen. Obwohl er durch das erneute Erscheinen von Anne auf Limmerigde beunruhigt ist, reist Walter aus Taktgefühl ab. Die scheinbar zusammenhanglosen Warnungen der Frau in Weiß erfüllen sich: Die Ehe von Laura und Sir Percival Glyde entpuppt sich als reine Geldheirat. Glydes Busenfreund Conte Fosco schmiedet einen perfiden Plan, der die Identitäten von Laura und ihrer Doppelgängerin vertauscht: Die unter einem Vorwand nach London gelockte Anne stirbt im Haus des Conte an einem Herzleiden und wird in Limmeridge unter Lauras Namen beigesetzt, während die echte Lady Glyde – durch die Ereignisse psychisch und körperlich zerrüttet – im Irrenhaus landet. Lauras tatkräftiger Halbschwester Marian gelingt es, sie aus dem Sanatorium zu befreien. Indem er die Geschichte der Frau in Weiß – in Wirklichkeit Lauras illegitime Halbschwester väterlicherseits – rekonstruiert, gelingt es Walter Hartright, die Ehre und den guten Namen Lauras wiederherzustellen. Als seine Frau wird sie in ihre alten Rechte wieder eingesetzt, ihr neugeborener Sohn wird der Erbe von Limmerigde.

Wilkie Collins, *Die Frau in Weiß*, Einband der Ausgabe 1982 als »Buch zur Fernsehserie« der BBC

Birgit Dankert 2001 über das Kinderbuch *Pinocchio* von Carlo Collodi:

Pinocchio wäre aber ganz sicher nicht seit über 100 Jahren bei den Kindern beliebt, wenn die Abenteuer nur geschrieben worden wären, um etwas daraus zu lernen. Jede Geschichte erzählt gleichzeitig von ganz anderen Erfahrungen. Lebenslust, Leichtsinn, ungestüme Zuneigung und blindes Vertrauen haben in Pinocchios Leben ebenso Platz und geben seinen Abenteuern die nötige Portion Fröhlichkeit, Überraschung und Lebendigkeit.

Aufbau: Collins bedient sich einer verschachtelten Erzählweise, die Augenzeugenberichte, Tagebuchaufzeichnungen und Briefe der beteiligten Personen kombiniert. Die verschiedenen Perspektiven gaben dem Autor Gelegenheit, in den Tonarten und Sprachrhythmen aller Gesellschaftsschichten zu brillieren. Ganz in der Tradition des Fortsetzungsromans »dosiert« Collins die Informationen und Andeutungen, legt falsche Fährten und lässt die Spannungskurve zum Ende der Kapitel rapide ansteigen.

Wirkung: Schon die dreibändige Erstausgabe wurde von Publikum und Kritik begeistert aufgenommen und erfuhr allein im Erscheinungsjahr sieben Auflagen. Alle Arten von Gebrauchsartikeln, Kleidungsstücke, sogar ein Walzer wurden nach der Frau in Weiß benannt. Der Stoff wurde mehrfach für Kino und Fernsehen verfilmt, u.a. in der Sowjetunion, wo das Buch große Popularität genoss. In Deutschland setzte eine verstärkte Collins-Rezeption erst Mitte der 1960er Jahre ein, nachdem Arno → Schmidt 1965 den hierzulande fast vergessenen Autor wieder entdeckt und seine brillante Übersetzung der *Frau in Weiß* vorgelegt hatte. **W. Co.**

Collodi, Carlo

(eigtl. Carlo Lorenzini) italien. Schriftsteller

*24.11.1826 Florenz, †26.10.1890 ebd.

▢ *Die Abenteuer des Pinocchio,* 1881–83

Der florentinische Schriftsteller Carlo Collodi hat durch sein Kinderbuch *Pinocchio* Weltruhm erreicht. Seine übrigen Dramen und Romane, häufig pädagogischen Inhalts, die er in der zweiten Hälfte des 19. Jahrhunderts verfasste, sind weitgehend in Vergessenheit geraten.

Nach seinem Studium der Philosophie und Rhetorik arbeitete Collodi als Redakteur, Bibliothekar und Kunstkritiker. Er gehörte in der Mitte des 19. Jahrhunderts zu den italienischen Intellektuellen, die sich für das Risorgimento, die italienische Vereinigungsbewegung, engagierten. 1848 gründete er die satirischen Zeitschriften *Il Lampione* und später *La Scaramucchia.* Da seine Artikel überwiegend kritisch waren, legte er sich das Pseudonym »Collodi« zu. Als nach der Einigung Italiens (1870) 1876 die allgemeine Schulpflicht eingeführt wurde, widmete sich Collodi fast nur noch Erziehungsfragen und schrieb Kinder- und Schulbücher.

Biografie: D. Richter, *Pinocchio oder vom Roman der Kindheit,* 1996.

Pinocchio

OT Le Avventure di Pinocchio **OA** 1883 **DE** 1905
Form Kinderroman

Mit seinem Kinderbuch *Pinocchio* schrieb Carlo Collodi einen Schelmenroman, der durch den häufigen Wechsel vom Alltäglichen zum Fantastischen, vom Fabelcharakter zum Sozialsatirischen besticht. Der bewusst didaktische Charakter des Werks tritt durch das toskanische Lokalkolorit und die humorvolle Schilderung in den Hintergrund. Mit seinen einzelnen, abgeschlossenen Abenteuern, die 1881–83 in Fortsetzungen in der Zeitschrift *Giornale dei Bambini* erschienen, wirkt das Buch wie eine Vorwegnahme der modernen Medienserie.

Inhalt: Der Held, die Holzpuppe Pinocchio, durchläuft in 36 Kapiteln die Wandlung von einem nichtsnutzigen, egoistischen, leichtsinnigen Lausbuben zu einem mitfühlenden, hilfsbereiten und überlegt handelnden Menschen. Aus einem Stück Holz schnitzt der Meister Geppetto eine Holzpuppe, die von Anfang an aufmüpfige Züge trägt. Als der ganze Kerl fertig ist, läuft er seinem Schöpfer davon und bringt ihn sogar ins Gefängnis. Der arme Meister gibt danach seinen schäbigen Rock in Zahlung, um seinem Geschöpf eine Fibel für die Schule kaufen zu können. Die Holzpuppe verkauft diese jedoch, um neue Abenteuer erleben zu können. Als der Puppenspieler

Feuerfresser Pinocchio fünf Goldstücke schenkt, damit dieser seinem Vater einen neuen Rock kaufen kann, kommt Pinocchio trotz bester Vorsätze wieder vom rechten Weg ab. Er folgt einem Räuberpaar – Fuchs und Kater –, verliert das Geld und gerät in Gefahr. Hier taucht eine Fee auf, die seinen weiteren Lebensweg schützend und immer wieder rettend begleiten soll. Denn noch hat Pinocchio aus seinen Abenteuer nichts gelernt, sondern fällt immer neuen Versuchungen anheim. Zugleich erfährt er, dass es wichtig ist, sich gegenseitig zu helfen: Ein Hund rettet ihn aus einer Bratpfanne, weil Pinocchio ihn zuvor vor dem Ertrinken gerettet hat. Pinocchio folgt – nach einigem Widerstreben – einem Schulfreund und Tunichtgut in das Spielzeugland, in dem die Kinder nur spielen und nicht lernen müssen. Dort wird er in einen Esel verwandelt, wie all die anderen Kinder, die der Verlockung des Spielzeuglands gefolgt waren. Erst in großer Lebensgefahr verwandelt Pinocchio sich in eine Holzpuppe zurück. Immer wieder kann er sich aus Gefahrensituationen retten, gerät jedoch stets durch Unbedachtheit und die Unfähigkeit, einer trügerischen Verheißung zu widerstehen, in noch schlimmere. Nach all seinen skurrilen und gefährlichen Abenteuern reift Pinocchio schließlich zu einem verständigen, mitfühlenden und sorgenden Menschenjungen heran.

Collodi stammte aus armen Verhältnissen und wollte den Kindern seines Lands in unterhaltsamer und spannender Form deutlich machen, dass sie ihre Zukunft nur bewältigen können, wenn sie lernen. Nur durch Arbeit und Wissen, so lautet die Botschaft seines Buchs, kann man ein besseres Leben erreichen. Trotz dessen märchenhaften Charakters vermittelt Collodi auch einen Eindruck von den armseligen Lebensbe-

dingungen im vorindustriellen Italien vor der Jahrhundertwende. Zugleich symbolisiert Pinocchios Geschichte wehmütig den Abschied von der Kindheit.

Wirkung: *Pinocchio* wurde in Italien zum beliebtesten Kinderbuch. In mehr als 100 Sprachen übersetzt, zählt das Werk zur Weltliteratur. Es wurde immer wieder bearbeitet, durch neue Geschichten ergänzt und 1939 von Walt Disney (1901–66) verfilmt. Die österreichische Schriftstellerin Christine Nöstlinger (*1936) schrieb das Buch *Der neue Pinocchio* (1988) um eine Holzpuppe, die sich nicht so schnell domestizieren lässt.   *N. B.*

Carlo Collodi, *Pinocchio*; links: Umschlag der italienischen Ausgabe um 1900 (Gestaltung: Roberto Innocenti); rechts: Der letzte Narr; Illustration von Ivo Montagnani

Auszug aus dem Kinderbuch *Pinocchio* von Carlo Collodi:

»Armer Pinocchio, du tust mir wirklich Leid!« sagte die Grille. »Weil du eine Puppe bist und, was noch viel schlimmer ist, weil du einen Holzkopf hast!«

Conrad, Joseph

(eigtl. Teodor Józef Konrad Korzeniowski)
engl. Schriftsteller
*3.12.1857 Berdiczew/Ukraine
+3.8.1924 Bishopsbourne (Kent)
📖 *Das Herz der Finsternis*, 1899
📖 *Lord Jim*, 1900

Joseph Conrad gehört zu den großen europäischen Erzählern der frühen Moderne.

Der Sohn polnischer Eltern hatte ein wechselvolles Leben: Als er fünf Jahre alt war, wurde sein Vater wegen der Beteiligung an einem Aufstandsversuch nach Sibirien verbannt, wohin ihn die Familie begleitete. Die Mutter starb in der Verbannung, der Vater kurz nach der Freilassung. Conrad wuchs bei seinem Onkel in Krakau auf und ging 1874 zur Marine nach Marseille, vier Jahre später zur britischen Handelsmarine. Die Liebe zum Meer sollte ihn sein

André Gide 1924 über Joseph Conrad:

Und ich glaube, das was ich am meisten an ihm liebe, war eine Art von angeborener Vornehmheit, kraftvoll, hochmütig, ein wenig verzweifelt, die gleiche Eigenschaft, die er Lord Jim verlieh und die dieses Buch zu einem der schönsten macht, das ich kenne, zugleich auch zu einem der traurigsten und ergreifendsten.

Auszug aus der Erzählung *Das Herz der Finsternis* von Joseph Conrad:

Den Fluss hinaufzufahren war wie eine Reise zurück zu den frühesten Anfängen der Welt, als noch die Pflanzen zügellos die Erde überwucherten und die großen Bäume Könige waren. Ein leerer Strom, ein großes Schweigen, ein undurchdringlicher Wald. Die Luft war warm, schwer, drückend, träge. Im Glanz des Sonnenscheins war keine Freude, die langen Abschnitte des öden Flusslaufs führten tiefer und tiefer in die Düsternis der beschatteten Ferne hinein.

Leben lang begleiten und wurde zu einem zentralen Motiv seines Schreibens. 1886 erwarb er die britische Staatsangehörigkeit und wurde Kapitän. Während seiner Seemannszeit bereiste er u.a. den Kongo, Südafrika, Indien, Malaysia, Thailand und Australien.

1893 gab Conrad nach schwerer Krankheit seinen Beruf auf und lebte fortan als freier Schriftsteller in England. 1895 veröffentlichte er mit *Almayers Wahn* seinen ersten Roman. Viele seiner Romane und Kurzgeschichten spielen an exotischen Schauplätzen, die er aufgrund seiner Reiseerfahrungen besonders anschaulich zu schildern wusste. Nicht selten müssen seine Protagonisten sich am Rand der Zivilisation behaupten, sei es im Dschungel wie in *Das Herz der Finsternis* (1899), auf hoher See wie in der Erzählung *Der Nigger von der »Narcissus«* (1897) oder auch wie in *Der Geheimagent* (1907), im Dickicht der Großstadt. Obgleich er die Sprache erst als Erwachsener erlernte, schrieb Conrad ausschließlich auf Englisch und brachte es darin zu einer Meisterschaft des Stils.

Biografie: P. Nicolaisen, *Joseph Conrad* (rm 50384).

Die wichtigsten Bücher von Joseph Conrad	
Almayers Wahn 1895	In seinem ersten Roman schildert Conrad den schrittweisen Abstieg und moralischen Verfall des holländischen Handelsvertreters Almayer im tropischen Borneo.
Der Verdammte der Inseln 1896	Conrad erzählt hier die Vorgeschichte zu Almayers Wahn. Sein Teilhaber und Gegenspieler Willems gerät zwischen die Welt der Weißen und der Eingeborenen und geht daran zu Grunde.
Lord Jim 1900	Der junge Seeoffizier Jim erliegt einem kurzen Moment der Feigheit und desertiert mit dem Kapitän von seinem leckgeschlagenen Schiff, wodurch er Beruf und Ehre verliert, die er schließlich auf einer malaiischen Insel zurückzugewinnen sucht. → S. 261
Jugend: Drei Erzählungen 1902	In diesem Erzählband erschien Conrads bedeutende Erzählung *Das Herz der Finsternis* (entstanden 1898/99), in der Kapitän Marlow in den Dschungel des Kongo reist, erstmals in Buchform. → S. 260
Nostromo 1904	In einem imaginären südamerikanischen Land verfällt der Italiener Fidanza, von seinen Mitarbeitern »Nostromo« (»unser Mann«, ital. »Bootsmann«) genannt, mehr und mehr dem Bann des Silbers, an dessen Transport er arbeitet.
Der Geheimagent 1907	Der Londoner Kleinbürger Verloc schlägt sich nebenbei als ausländischer Agent, Anarchist und Polizeispitzel durch, bis seine Welt durch einen missglückten Sprengstoffanschlag aus den Fugen gerät.
Mit den Augen des Westens, 1910/11	Der russische Student Rasumow verrät einen Revolutionär an die Polizei und wird von dieser Tat ein Leben lang verfolgt.
Spiel des Zufalls 1912	In diesem eher untypischen Roman erzählt Conrad die Liebesgeschichte zwischen der von der Gesellschaft ausgestoßenen Flora de Barral und dem Kapitän Anthony.
Sieg 1915	Der Schwede Axel Heyst versucht auf einer malaiischen Insel der Welt zu entfliehen, wird jedoch von der Außenwelt eingeholt.
Die Rettung 1920	Der Kapitän Tom Lingard, der allein auf seinem Schiff in der tropischen Inselwelt Malaysias lebt, vergisst durch das Erscheinen einer englischen Yacht ein Versprechen gegenüber seinen malaiischen Freunden und wird so mitschuldig an deren Tod.
Der Freibeuter 1922	Der ehemalige Freibeuter Peyrol, der sich am Ort seiner Kindheit zur Ruhe gesetzt hat, vollbringt noch einmal eine verwegene Tat, als es ihm gelingt, während der Kontinentalsperre Nelsons Flotte aufzuhalten und Napoleon damit zum Sieg zu verhelfen.

Das Herz der Finsternis

OT Heart of darkness
OA 1902 (Zeitschriftabdruck 1899) **DE** 1926
Form Erzählung **Epoche** Moderne

Die für Joseph Conrads Schaffen zentrale Erzählung zeichnet sich aus durch eine spannende Handlung, eine geheimnisvolle Atmosphäre und ein dichtes Netz von Symbolen.

Entstehung: Im Winter 1889 nahm Conrad das Angebot einer belgischen Handelsfirma an, einen Flussdampfer auf dem Kongo zu führen, und verbrachte knapp acht Monate in Afrika. Nach seinen Aufzeichnungen zu schließen, haben seine Erlebnisse in der belgischen Kolonie ihn tief geprägt und zu einer kritischen Haltung gegenüber den Aktivitäten der Weißen in Afrika geführt. Viele seiner Erfahrungen sind in die Erzählung *Das Herz der Finsternis* eingeflossen, die Conrad in nur zwei Monaten im Winter 1898/99 niederschrieb.

Inhalt: Der Flussdampferkapitän Marlow fährt im Auftrag einer belgischen Handelsgesellschaft den Kongo hinauf. In den auf seinem Weg liegenden Handelsposten, von der Gesellschaft gedacht als »Leuchtfeuer auf der Straße zum Besseren«, erlebt er sinnloses Durcheinander sowie die brutale Ausbeutung und Misshandlung der Schwarzen. Auf einer dieser Stationen hört er zum ersten Mal von Kurtz, einem angeblich besonders erfolgreichen Elfenbeinagenten tief im Inneren des Kongo. Die Reise zu Kurtz wird für Marlow mehr und mehr zu einer Reise in sein eigenes unbewusstes Inneres. Der Fluss, von Anfang an diabolisch und unheimlich »wie eine Schlange«, führt immer weiter fort vom Licht der Zivilisation in die Dunkelheit der Wildnis, in das »Herz der Finsternis« und zum Zentrum des Bösen, in dem der ominöse Kurtz sein Reich hat. Er beutet sein Gebiet skrupellos aus, schreckt weder vor Raub noch vor Mord zurück und folgt in wilden Ausschweifungen seinen niederen Instinkten, völlig von »schweren, stummen Bann der Wildnis« gefangen. Marlow beschließt, den offensichtlich Kranken mit sich zurückzunehmen, denn »seine Seele war wahnsinnig«. Auf der Rückreise flussabwärts stirbt Kurtz mit dem Ausruf »Das Grauen! Das Grauen!«, der zugleich als Bekenntnis seiner Schuld und Absage an die Mächte der Finsternis interpretiert werden kann. Kapitän Marlow bringt es nach seiner Rückkehr nach Brüssel nicht über sich, Kurtz' trauernder Verlobter die Wahrheit über dessen Leben im Kongo und seine letzten Worte zu sagen: »Ich riß mich zusammen und sprach langsam. ›Das letzte Wort, das er aussprach, war – Ihr Name.«

Aufbau: *Das Herz der Finsternis* ist eine klassische Rahmenerzählung: Auf einem Boot an der Themsemündung erzählt Kapitän Marlow in einer langen Rückblende von seiner Reise ins innerste Afrika. Der gesamte Text ist in drei gleich lange Teile untergliedert: Der erste umfasst den Beginn der Erzählung und den Beginn von Marlows Reise den Fluss hinauf; der zweite schildert die allmähliche Annäherung an Kurtz und das Zusammentreffen mit ihm; der dritte Teil umfasst die Rückreise den Fluss hinunter, Kurtz' Tod und Marlows Rückkehr nach Brüssel, bevor sich mit dem Ende seiner Erzählung auch der Rahmen wieder schließt.

Wirkung: *Das Herz der Finsternis* hat von Anfang an die Leser und Interpreten fasziniert und zu einer bis heute anhaltenden Auseinandersetzung eingeladen. Der auf Conrads Erzählung basierende Film *Apokalypse Now* (1979) von Francis Ford Coppola (*1939) ist mindestens ebenso berühmt geworden wie die Vorlage.

Szene aus dem Film *Apokalypse Now* nach der Erzählung *Herz der Finsternis* von Joseph Conrad (USA 1976–79; Regie: Francis Ford Coppola)

Lord Jim

OT Lord Jim
OA 1900 **DE** 1927 **Form** Roman **Epoche** Moderne

Der bekannteste Roman von Joseph Conrad ist wie fast alle Werke des Autors sowohl Abenteuerroman wie auch psychologische Studie.

Entstehung: Wie Conrad selbst in einer späteren Vorrede schreibt, war der Roman ursprünglich als Kurzgeschichte angelegt, die lediglich die Anfangsepisode auf dem Pilgerschiff umfasste. Erst später erkannte Conrad, dass dies »ein guter Ausgangspunkt für eine freie und weit ausholende Geschichte war« und schrieb das Schicksal von Jim weiter.

Inhalt: Der junge, von heroischen Abenteuern träumende Offizier Jim versagt im Augenblick der Bewährung, als der Dampfer »Patna« leckschlägt und zu sinken droht. Zusammen mit dem Kapitän verlässt er das Schiff und überlässt die 800 Passagiere, Pilger auf der Reise nach Mekka, ihrem Schicksal. Das Schiff sinkt jedoch nicht und wird in Sicherheit geschleppt. Jim muss sich vor Gericht verantworten und verliert sein Seemannspatent und seine Ehre. Im ständigen Bewusstsein seines Versagens zieht er von da an ruhelos von Ort zu Ort auf der steten Suche nach einer Bewährungsmöglichkeit, die ihm seine Selbstachtung zurückgeben könnte. Doch fast scheint es, als sei die Welt »nicht groß genug für ihn«. Die Flucht vor seiner Verfehlung treibt ihn als Hafenagenten immer weiter nach Osten, bis sich endlich auf der entlegenen Südseeinsel Patusan ein Ruhepunkt zu bieten scheint. Jim lässt sich dort nieder und steigt innerhalb kurzer Zeit zum »weißen Lord« auf, der von den Eingeborenen als Heilsbringer verehrt wird. Doch das idyllische Inselglück ist nicht von Dauer und wird durch das brutale Eindringen einer Horde Weißer unter Führung des Pi-

raten Brown jäh zerstört. Jim, gehemmt durch die Erinnerung an sein Versagen, unterliegt durch Unentschlossenheit seinen Feinden und wird so mitschuldig am Tod seines einheimischen Freundes. In der Erkenntnis, dass seine selbst errichtete Existenz »über seinem Haupt zusammengebrochen« ist, stellt er sich unbewaffnet dem Vater seines Freundes, der seinen Sohn rächt und Jim erschießt.

Aufbau: Conrads berühmteste Erzählerfigur, sein Alter Ego Marlow, der schon in den Erzählungen *Jugend* und *Das Herz der Finsternis* (→ S. 260) auftritt und den er später noch einmal in dem Roman *Spiel des Zufalls* verwendete, erzählt hier die Geschichte von Jim. Marlow fällt der jungen Offizier unter den Zuschauern bei seinem Prozess auf. Obgleich sie sich nicht wiedersehen, zeigt sich Marlow später »oftmals bereit, Jims zu gedenken«. Eine dieser Erinnerungen Marlows, die er einer Gruppe von Zuhörern erzählt, bildet den Roman, in dem sich einmal mehr Conrads meisterhafte Beherrschung der Standpunkttechnik beweist.

Wirkung: Zu seiner Hauptfigur bezieht Conrad bewusst keine Stellung und lässt am Schluss Raum für verschiedenste Interpretationen: Jims Opfertod kann sowohl als letztendlicher Sieg durch Selbstüberwindung, aber auch als erneutes Versagen ausgelegt werden. Gerade diese Ambivalenz macht die Modernität und Attraktivität der Conrad'schen Erzählungen und Romane bis heute aus. Wie viele

Joseph Conrad, *Lord Jim*, Umschlag der Ausgabe der Büchergilde Gutenberg 1962

der erfolgreichen Romane Conrads wurde auch *Lord Jim* verfilmt (1964), wobei jedoch die Psychologisierung der Hauptperson in Richard Brooks ansonsten eindrucksvollem Film auf der Strecke blieb.   *E. H.*

Cooper, James Fenimore

US-amerikan. Schriftsteller
* 15.9.1789 Burlington (New Jersey)
† 14.9.1851 Cooperstown (New York)
📖 *Lederstrumpf*-Erzählungen, 1823–41

James Fenimore Cooper ist einer der ersten bedeutenden Autoren der USA. Er hat mit seinen historischen Romanen, Seefahrergeschichten und *Lederstrumpf*-Erzählungen die amerikanische Literatur und Populärkultur bis ins 20. Jahrhundert hinein beeinflusst. Der amerikanische Western ist ohne die Frontier-(Grenz-)Romane von Cooper nicht denkbar, mit denen er wesentlich zum nationalen Mythos beitrug.

Cooper wuchs in Cooperstown auf, einer typischen Frontier-Siedlung, die sein Vater gegründet hatte und die Vorbild für seinen ersten *Lederstrumpf*-Roman *Die Ansiedler* (1823) wurde. Er besuchte das Yale College und ging später zur Marine. 1811 heiratete er Susan De Lancey, kam aber bald in finanzielle Schwierigkeiten und begann – angeblich nach einer Wette – zu schreiben. Sein erster Roman *Der Spion* (1821) war bereits ein großer Erfolg; 1826 konnte er mit seiner Familie für einige Jahre nach Europa gehen, wo er unter anderem in Paris und Dresden lebte und sich schriftstellerisch mit europäischer und amerikanischer Kultur sowie Geschichte auseinander setzte und die zwei unterschiedlichen Welten miteinander verglich. Cooper schrieb insgesamt 35 Romane sowie 15 weitere Prosawerke, u.a. Reiseberichte, Memoiren und politische Essays, in denen er Demokratie und Freiheit einerseits sowie Grundbesitz und Standesschranken andererseits vertrat.

Während seines Europa-Aufenthalts setze er sich für republikanische Prinzipien ein und war deshalb umso mehr enttäuscht, als er sich in den USA heftiger Kritik ausgesetzt sah.

Biografie: D. A. Ringe, *James Fenimore Cooper*, 1988.

Die Lederstrumpf-Erzählungen

OT The Leatherstocking Tales
OA 1823–41 **DE** 1824–41
Form Roman **Epoche** Romantik

Die *Lederstrumpf*-Erzählungen entwarfen zum ersten Mal in der Literatur historische Prozesse als Erfahrung des Einzelnen in der Weite der neu gegründeten Nation. Die Romanreihe mit ihrem zwiespältigen Helden Natty Bumppo trug auf diese Weise zur Suche nach einer eigenständigen Literatur in der amerikanischen Romantik bei. *Lederstrumpf* wurde somit auch Teil des zutiefst widersprüchlichen, aber identitätsstiftenden Frontier-Mythos, der den amerikanischen Bürger als neuen Menschen in der Wildnis entstehen lässt.

Entstehung: Modell für die fünf *Lederstrumpf*-Erzählungen waren die *Waverly*-Romane (1814) des schottischen Schriftstellers Sir Walter → Scott. Auch Elemente des sentimentalen Romans und des Schauerromans flossen unter Verwendung spezifisch amerikanischer Themen in Coopers Romane ein, die ursprünglich nicht als Reihe geplant waren, sondern wegen ihres Erfolgs nach Ergänzung verlangten.

Inhalt: Obwohl die Romanserie das Leben des Jägers und Pfadfinders Bumppo von seiner Jugend bis zum Tod erzählt, stellt sie keine ungebrochene Biografie dar. Jeder der Romane bietet ein neues Panorama der Siedlungsgrenze, an der Lederstrumpf als moralische Instanz demokratische Prinzipien und eine besondere Ethik der Männlichkeit vertritt. Die Gewalt, durch die in fast jedem der Romane eine moralisch wie erotisch ideale junge Frau gerettet wird, verweist auf den tragischen Widerspruch im Akt der Landbesiedlung. Der Mythos der »notwendigen« Ausdehnung Amerikas ist hier mit dem Mythos des »unweigerlichen« Verschwindens der amerikanischen Ureinwohner verknüpft. Die Romanserie bleibt in diesem Punkt ambivalent: weder verurteilt sie die euroamerikanischen Ansiedler pauschal noch begrüßt sie die Vernichtung der indianischen Kultur.

Struktur: Die Literaturkritik stellt immer wieder die Frage nach der geeigneten Reihenfolge bei der Lektüre der Romane, da die Chronologie der Publikation nicht mit dem Lebenslauf der Hauptfigur übereinstimmt. Die Reihe beginnt mit Lederstrumpf als alterndes, jedoch Respekt gebietendes Faktotum in *Die Ansiedler* (1823) und endet mit Bumppo als jugendlichem Jäger auf dem ersten Kriegspfad in *Der Wildtöter* (1841). Im kurz davor erschienen *Der Pfadfinder* (1840) ist er etwa 40 Jahre und zum ersten Mal in eine romantische Affäre verwickelt. Der bis

OT = Originaltitel   EZ = Entstehungszeit   OA = Originalausgabe   DE = Deutsche Erstausgabe   📖 = Verweis auf Werkartikel

heute populärste Roman der Serie, *Der letzte Mohikaner* (1826), zeigt Lederstrumpf als reifen Mann und *Die Prärie* (1827) erzählt von seinem hohen Alter und erhabenem Tod.

Wirkung: Die *Lederstrumpf*-Erzählungen haben einzelne Autoren der Weltliteratur wie Honoré de → Balzac, Alexandre → Dumas, Gustave Aimard (1818–83), Charles Sealsfield (1793–1864) und Karl → May auf unterschiedliche Weise beeinflusst. Eine breitere und diffusere Wirkung hatten sie über die Populär- und Jugendliteratur durch Bearbeitungen und Verfilmungen. Schwerer fassbar, aber umso wichtiger ist jedoch ihr Einfluss auf das amerikanische Selbstverständnis insgesamt, das sich als der rechtmäßig gewalttätige Kampf des einzelnen Helden in der Weite des unergründlichen Raums auch in den Weltallfantasien der Science-Fiction fortsetzt. *J. C.*

Hauptfiguren in den »Lederstrumpf«-Erzählungen von James F. Cooper

Nathaniel »Natty« Bumppo wird im Verlauf der Serie immer mehr zum zentralen Helden. Sein bester Freund ist der Delaware-Häuptling Chingachgook und sein ständiger Begleiter sein Gewehr. Er trägt in den Romanen verschiedene beschreibende Ehrennamen: Lederstrumpf, Falkenauge, Die lange Büchse, Pfadfinder und Wildtöter.

Chingachgook repräsentiert als Häuptling eines zum Untergang verurteilten Stammes den Typus des »edlen Wilden«, stellt aber das erste komplexe Porträt eines Indianers aus euroamerikanischer Sicht dar.

Uncas ist Sohn von Chingachgook in *Der Letzte Mohikaner;* ebenso edelmütig wie sein Vater. Durch seine Liebe zu Cora kann er seine »Wildheit« überwinden, diese Liebe führt ihn aber letztendlich in den Tod.

Elizabeth Temple: Sie ist die weibliche Hauptfigur in *Die Ansiedler.* Mutig, schön und intelligent repräsentiert sie einen Frauentyp, der in ähnlicher Form in jeder *Lederstrumpf*-Erzählung wiederkehrt. Sie wird mit Bumppos Hilfe aus scheinbar unüberwindlicher Gefahr gerettet und heiratet den jungen Helden.

Oliver Effingham: Der jugendliche Held in *Die Ansiedler* ist von edler Geburt und gibt sich als armer Jäger aus. Letztendlich lüftet er das Geheimnis und kann Elizabeth Temple heiraten. Wie die gerettete Jungfrau hat auch sein Typus Entsprechungen in den anderen Lederstrumpf-Romanen.

Judith Hutter: Sie ist eine für ihre Schönheit und Intelligenz berühmte Frauenfigur in *Der Wildtöter.* Judith widersetzt sich letztendlich dem männlichen Schutzanspruch und bleibt unverheiratet, schenkt aber dem jungen Lederstrumpf das legendär präzise Gewehr, das ihn bis zu seinem Tod begleiten wird.

Ishmael Bush: Er ist der tyrannische Patriarch der Squatterfamilie in *Die Prärie.* Bush will sich keinem Gesetz unterwerfen, sucht deshalb die Freiheit in der Wildnis und nimmt sich das Recht des Stärkeren.

Cortázar, Julio

argentin. Schriftsteller und Übersetzer

* 26.8.1914 Brüssel, † 12.2.1984 Paris

📖 *Rayuela – Himmel-und-Hölle,* 1963

Gemeinsamer Zug aller Texte von Julio Cortázar ist der bisweilen sarkastische, aber immer zutiefst humane Humor, den die Protagonisten als Mittel einsetzen, um dem Absurden ihrer Existenz den lebensbedrohenden Stachel zu nehmen. Dieser Humor und die formale Kühnheit sichern Cortázars Werk innerhalb der modernen lateinamerikanischen Literatur eine herausragende Stellung.

Cortázar verbrachte die ersten Lebensjahre in Europa. Ab 1918 wuchs er in kleinbürgerlichem Milieu in Buenos Aires auf. Nach der Ausbildung zum Lehrer arbeitete er bis 1946 in verschiedenen Provinzstädten, zunächst als Gymnasien, dann als Universitätsdozent für französische Literatur. Aus Protest gegen den Peronismus gab er diese Laufbahn auf und wurde freier Übersetzer. 1951 verließ er Argentinien, um sich in Paris niederzulassen. Dort war er als Dolmetscher für die UNESCO tätig. Neben literarischen Übersetzungen (u. a. Daniel → Defoe, Edgar Allan → Poe, André → Gide und Marguerite → Yourcenar) veröffentlichte er ab 1951 Erzählungen, Romane, Essays und Collage-Bände. Da er politisch dem Sozialismus nahe stand, engagierte er sich für Kuba und Nicaragua.

Cortázars literarisches Schaffen begann mit fantastischen Erzählungen, deren klare Sprache und ausgewogene Komposition an Jorge Luis → Borges erinnern. Wie dieser führt er den Leser zunächst in eine völlig »normale« Alltagswelt, auf die dann unmerklich das Unerklärliche einzuwirken beginnt. Viele Erzählungen verraten Cortázars Nähe zum Surrealismus, den er als »das wichtigste Unternehmen des zeitgenössischen Menschen« bezeichnete.

Cortázars Romanschaffen setzte erst relativ spät ein mit *Die Gewinner* (1960), einer mit grotesk-unheimlichen Elementen durchmengten Studie des argentinischen Bürgertums. Schon in diesem Erstling wird deutlich, worauf der Romancier abzielt: Er will die Realität in ihrem wahren Wesen als ein magischen Einflüssen ausgesetztes Perpetuum mobile erfassen, das die Individuen und ihre Schicksale nach der Logik von Träumen miteinander verknüpft. Die formalen Konsequenzen dieses Ansatzes zeigt der experimentelle Roman *Rayuela – Himmel-*

Der chilenische Literaturnobelpreisträger Pablo Neruda über Julio Cortázar:

Wer sie (seine Bücher) nicht liest, ist verloren. Sie nicht zu lesen ist eine schwere, schleichende Krankheit, die mit der Zeit schreckliche Folgen haben kann. Ähnlich wie jemand, der nie einen Pfirsich gekostet hat. Er würde langsam melancholisch werden und immer blasser, und vielleicht würde ihm nach und nach die Haare ausfallen.

Julio Cortázar, Meister der fantastischen Erzählung

Die wichtigsten Bücher von Julio Cortázar	
Bestiarium 1951	Der erste Band fantastischer Erzählungen (u.a. *Das besetzte Haus, Omnibus*) machte Cortázar als Meister dieser Gattung berühmt.
Die Gewinner 1960	20 Personen aus ganz verschiedenen sozialen Schichten treten in Buenos Aires eine Luxuskreuzfahrt an, die sie in der Staatslotterie gewonnen haben. An Bord erwarten sie mysteriöse Zustände.
Rayuela – Himmel-und-Hölle 1963	Cortázars zweiter Roman erzählt von einem Argentinier im Pariser Exil – einem verzweifelten Intellektuellen, dessen Identitätssuche zwischen zwei Kulturen zum Scheitern verurteilt ist. → S. 264
62/Modell zum Zusammensetzen 1968	Cortázars Versuch einer literarischen Umsetzung des literaturtheoretischen Kapitels 62 aus *Rayuela - Himmel-und-Hölle*, bei dem der Leser selbst den »roten Faden« knüpfen muss.
Album für Manuel 1973	Politischer Roman um die Entführung eines argentinischen Diplomaten durch in Paris lebende Exilkreise.

und-Hölle (1963). Darin löst Cortázar die Charaktere und die Linearität von Handlung und Chronologie so weit auf, dass mehrere Lesarten des Textes möglich werden.

Biografie: W. B. Berg, *Grenz-Zeichen Cortázar*, 1989.

Rayuela – Himmel-und-Hölle

OT Rayuela
OA 1963 **DE** 1980 **Form** Roman **Epoche** Moderne

Der zweite Roman von Julio Cortázar spiegelt den Werdegang des Autors im Paris der 1950er Jahre. Nach seiner Emigration dorthin begann er im täglichen Kontakt mit der in Lateinamerika von jeher von einer mythischen Aura umgebenen Stadt einen Roman zu konzipieren – zunächst als Konglomerat einzelner Szenen und essayistischer Skizzen, die sich um den Exilargentinier Horacio Oliveira anordnen. Cortázar bezeichnete den Roman nach seinem Erscheinen als »Super-Exorzismus«, der ihm in einer existenziellen Krise das Überleben ermöglicht habe.

Inhalt: Der Titel *Rayuela* (spanisch für das Hüpfkastenspiel Himmel-und-Hölle) ist für den Roman in doppelter Hinsicht bedeutsam. Formal, weil er sich unmittelbar auf die Lektüre bezieht, die nicht linear fortschreitet, sondern vom Leser ein Vor- und Zurückspringen innerhalb der drei Teile verlangt. Der erste Teil schildert Oliveiras Leben in Paris, der zweite zeigt ihn nach der Rückkehr in seine Heimat; der dritte Teil enthält »entbehrliche« Kapitel, die beim Lesen der ersten beiden Teile zwischengeschaltet werden können.

Auf inhaltlicher Ebene kommt dem »Rayuela«-Spiel leitmotivische Funktion zu: Oliveira

Julio Cortázar, *Rayuela - Himmel-und-Hölle*, Umschlag der deutschsprachigen Ausgabe 1983 (Gestaltung: Mathias Hohl-Stein und Günter Woinke)

begegnet dem Kreidestrichgebilde mehrmals bei seinen ziellosen Gängen durch die Straßen von Paris und beginnt es als Symbol zu interpretieren: Himmel und Hölle der menschlichen Existenz sollen wie die Kästchen des Spiels auf einer Horizontalen liegen und so dem Individuum mühelos zugänglich werden. Oliveira sieht diese Möglichkeit in der traditionellen Metaphysik nicht gegeben. Er präsentiert sich dem Leser als ein an sich und der Welt zweifelnder sowie mehr und mehr verzweifelnder Intellektueller, der auf seiner Odyssee zwischen zwei Ländern die Kernfrage des modernen Argentiniens stellt: Wer bin ich?

Das Identitätsproblem der kulturell weitgehend von Europa geprägten La-Plata-Staaten wird an dem Einzelgänger Oliveira und seiner mit grimmigem Sarkasmus durchexerzierten mentalen Selbstzerstörung beispielhaft deutlich. Am Ende seines Pariser Wegs durch die intellektuelle Boheme, durch die Trübsal einer scheiternden Liebesbeziehung zur intuitiv glücklich lebenden Maga, erlebt Oliveira unter seiner Seine-Brücke für einen Moment die Vision eines glückseligen »Kibbutz des Verlangens«. Nach seiner Ausweisung und Rückkehr findet er in Argentinien keinen neuen Halt mehr: Er stürzt sich aus dem Fenster einer Irrenanstalt auf eine »Rayuela«, die Kinder auf das Pflaster gemalt haben.

Fortsetzung: Mit dem Roman *62/Modell zum Zusammensetzen* (1968) versuchte Cortázar das literaturtheoretische 62. Kapitel aus *Rayuela* zu realisieren: Er führt den Leser in eine Welt, die ohne Logik und psychologische Motivation auskommt. Eine Handvoll Personen treten trotz räumlicher Trennung auf geheimnisvolle Weise miteinander in Verbindung und werden zu Spielbällen eines kosmischen Billards.

Wirkung: Literaturgeschichtlich kommt Cortázars Roman eine bahnbrechende Bedeutung zu: *Rayuela* gehört zu jenen Werken, die den so genannten Boom der lateinamerikanischen Dichtung in Europa auslösten. *S. Ha.*

Coster, Charles de

belg. Schriftsteller
*20.8.1827 München, †7.5.1879 Ixelles, Belgien
📖 *Die Geschichte von Ulenspiegel*, 1867

Mit seinem Werk begründete Charles de Coster die moderne belgische Literatur. Es verherrlicht, ganz im Sinne der Romantik, ein mythisches Flandern und feiert – in französischer Sprache – den nationalen Freiheitswillen. Zusammen mit Georges → Simenon ist Coster bis heute der meistgelesene belgische Autor.

Costers Vater war Intendant am Münchner Hof. Kurz nach der Belgischen Revolution von 1830 zog die Familie nach Brüssel. Nach dem Abitur arbeitete Coster als Bankangestellter und studierte dann Jura. Der Künstler und Bohemien fand später nur selten eine feste Anstellung.

1856 lud der Künstler Félicien Rops (1833 bis 1898) Coster zur Mitarbeit an seiner satirischen, antiklerikalen Wochenzeitschrift *Uylenspiegel* ein, für die der Autor bis 1864 tätig war. 1858 erschienen die *Flämischen Legenden,* 1861 die *Brabantischen Märchen* und 1867 schließlich das bekannteste Werk Costers, *Die Legende von Ulenspiegel.* Costers Bücher verkauften sich schlecht, der Autor hielt sich daher mit dem Schreiben von Komödien über Wasser. Gefürchtet waren seine politischen Kommentare, in denen er für Freiheitsbewegungen und emanzipatorische Bestrebungen aller Art Partei ergriff.

Die Legende von Ulenspiegel

OT La légende d'Ulenspiegel **OA** 1867 **DE** 1910
Form Erzählung **Epoche** Spätromantik

Mit der *Legende von Ulenspiegel* schrieb Charles de Coster das erste bedeutende belgische Werk in französischer Sprache.

Entstehung: Coster griff die im deutschen und niederländischen Sprachraum verbreitete Legende vom Taugenichts Dil Ulenspiegel auf. Er ergänzte die lustigen Streiche des Heranwachsenden um das Leben des Erwachsenen und verlegte die Geschichte ins 16. Jahrhundert, in dem Ulenspiegel und die Seinen gegen die Spanier und die Inquisition kämpfen. Coster stützte sich bei seiner Erzählung auf historische Quellen, die er stark romantisierte.

Inhalt: Die Geschichte beginnt mit der burlesken Geburt und mehrfachen Taufe Ulenspiegels. In seinem derben, ehrlichen Milieu wächst er zum Volksjungen heran und streift später durch Flandern, um seine Mitmenschen, oft Gastwirte und Geistliche, zu necken. Eines Tages gesellt sich Lamme Goedzak hinzu, ein etwas schwerfälliger Typ, der sich auf die Suche nach seiner weggelaufenen Ehefrau begeben hat. In diese Handlung eingestreut sind Berichte über die strenge Erziehung des späteren spanischen Königs Philipp II.

Nach jahrelangen Streifzügen kehrt Ulenspiegel in seinen Geburtsort Damme bei Brügge zurück. Sein Vater wird als angeblicher Ketzer hingerichtet. Ulenspiegel und seine Mutter werden gefoltert, um das Versteck ihres ererbten Vermögens preiszugeben, das als rechtmäßiger Tribut für den König beschlagnahmt werden soll. Da entscheidet sich Ulenspiegel,

am Kampf der aufständischen Geuzen gegen die Spanier und die Inquisition teilzunehmen. Der Schluss suggeriert den Sieg und spielt auf die erfolgreiche belgische Revolution von 1830 an. Ulenspiegel und seine Frau Nele können sich nun ganz ihrer Liebe widmen.

Aufbau: Die historische Chronologie verleiht der *Legende von Ulenspiegel* ihre Struktur – sowohl Ulenspiegel als auch der spätere König Philipp II. werden 1527 geboren. Die Erzählung ist wie ein Hausbuch zum Vorlesen in fünf Bücher und insgesamt 176 Kapitel aufgeteilt. Im Mittelpunkt stehen die archetypisch charakterisierten Personen. Die *Legende von Ulenspiegel* ist in einem von François → Rabelais beeinflussten archaischen Französisch abgefasst.

Wirkung: Die Erzählung fand zunächst nur wenig Anklang. Erst die folgenden Generationen der »Jeune Belgique« und der Flämischen Bewegung bezogen sich auf sie. Sowohl Maurice Maeterlinck (1862–1949) als auch Émile Verhaeren (1855–1916) setzten sich mit der flämisch-belgischen Vergangenheit in französischer Sprache auseinander. Der Flame Felix → Timmermans entwarf in seinem Roman *Pallieter* (1916) auf Niederländisch ein Ulenspiegel-artiges, archetypisches Flandern. Um 1900 begann der Siegeszug der *Legende von Ulenspiegel* in aller Welt. Und der französische Literaturnobelpreisträger Romain Roland (1866–1944) schrieb: »Das ganze Leben Ulenspiegels ist die heldhafte Umsetzung des Elften Gebotes, das unser Erstes Gebot ist: Ich habe auf meine Fahne ›Leben‹ geschrieben, ein Leben im ewigen Licht.«   *S. C. B.*

Charles de Coster, *Die Legende von Ulenspiegel,* Umschlag der deutschsprachigen Ausgabe 1926 (mit einem Holzschnitt von Frans Masereel)

Belgische Literatur des 19. Jahrhunderts

Anfänge: 1880 gründeten einige Studenten der Universität Löwen die Zeitschrift *La Jeune Belgique* (»Jung-Belgien«), die zum Forum der frankophonen Avantgarde wurde. Sie besann sich auf die eigene Vergangenheit und schuf ein formal kühnes Idiom. **Maeterlinck:** Das Theaterstück *Pelleas und Melisande* (1892) von Maeterlinck ist ein Meilenstein. In einer Mischung von Statik und zyklischer Bewegung verhindern überspannte Gefühle jedwede Kommunikation. Debussy und andere Komponisten, die Dichter Jung-Wiens, Surrealisten, das absurde Theater und der Nouveau roman wurden stark von Maeterlinck beeinflusst. **Weitere Autoren:** Wie Maeterlinck war auch Verhaeren eine europäische Figur. In

Ganz Flandern (1904-11) verherrlichte er seine Heimat, mit *Die Verführung der Städte* (1895) ging er auf die neuen gesellschaftlichen Umwälzungen ein. Die von Stefan → Zweig übersetzten Gedichte prägten den deutschen Expressionismus, die italienischen Futuristen und die russische Avantgarde.

Nicht weniger wirksam war der Kultroman *Das tote Brügge* (1892) von Georges Rodenbach (1855-98). Einige Autoren entschieden sich, niederländisch zu schreiben. Die beeindruckenden Gedichte von Guido Gezelle (1830-99), die die flämische Literatur bis zum Zweiten Weltkrieg prägten, fanden dadurch aber außerhalb des eigenen Sprachgebiets kaum Widerhall.

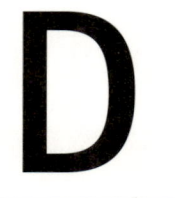

Dahrendorf, Ralf

dt. Soziologe

* 1.5.1929 Hamburg

📖 *Homo sociologicus*, 1958

Ralf Dahrendorfs bewegtes Leben zwischen Politik und Wissenschaft begann in Hamburg als Sohn eines sozialdemokratischen Politikers. 1944 wegen seines Widerstands gegen das nationalsozialistische Regime von der Gestapo verhaftet, studierte Dahrendorf nach dem Krieg in Hamburg Philosophie und Klassische Philologie. Er promovierte 1952 in Philosophie, um dann an der London School of Economics (LSE) Soziologie zu studieren. Nach Professuren in Hamburg (1958–60), Tübingen (1960–66) und Konstanz (seit 1966–84) wurde Dahrendorf, der seit 1967 Mitglied der FDP war, in den Bundestag gewählt. Er diente als Parlamentarischer Staatssekretär im Auswärtigen Amt, danach als Mitglied der Europäischen Kommission (1970 bis 1972 zuständig für die Außenbeziehungen der EG; 1972–74 für Bildungs-, Forschungs- und Wissenschaftsfragen). 1974–84 war Dahrendorf Direktor der LSE, 1987–97 Rektor von Saint Antony's College der Oxford-Universität.

Seine zahlreichen soziologischen Veröffentlichungen – darunter *Soziale Klassen und Klassenkonflikt* (1957) und *Homo Sociologicus* – sind vorwiegend der Rollentheorie und dem sozialen Konflikt gewidmet; in anderen Schriften setzt sich Dahrendorf mit Demokratie, Europa und Liberalismus auseinander. 1993 wurde er in den britischen Adelsstand (Lord) erhoben.

Autobiografie: R. Dahrendorf, *Über Grenzen. Lebenserinnerungen,* 2002.

Ralf Dahrendorf, *Homo Sociologicus*, Einband der Taschenbuchausgabe 1971

Homo sociologicus

OA 1958 **Form** Sachbuch **Bereich** Soziologie

Das Buch *Homo sociologicus* bietet erstmalig eine kritische Auseinandersetzung mit der Geschichte und Bedeutung der Kategorie sozialen Handelns. Hierfür setzt Dahrendorf den in angelsächsischen Wissenschaftskreisen bereits geläufigen Begriff der »sozialen Rolle« ein.

Aufbau: Als Begleitung auf der Suche nach den Schlüsselbegriffen der Soziologie führt Dahrendorf das Konstrukt des Homo sociologicus ein, anhand dessen er erklärt, wie die Gesellschaft den Einzelnen prägt, und zeigt die Grenzen dieser Prägung auf. Seine Ausführungen sind leicht nachvollziehbar, wirken niemals verschachtelt und bieten auch Fachfremden einen guten Einstieg in die Denkweise und Methodik des Soziologen.

Inhalt: Zuerst stellt Dahrendorf die wissenschaftliche Praxis der Konstruktbildung vor, bei

welcher der Forscher sich auf ein bestimmtes Element der menschlichen Existenz aus dem Wesen des Einzelnen konzentriert, um ihn einer wissenschaftlichen Analyse zugänglich zu machen (z.B. Homo oeconomicus als hypothetischer Nutzenmaximierer).

Dem Homo sociologicus – dem Menschen in der Schnittstelle zwischen dem Einzelnen und der Gesellschaft – nähert sich Dahrendorf über die Begrifflichkeit des Theaters. Wie der Schauspieler seine vorgegebene Rolle spiele, erscheine der Einzelne als »Träger gesellschaftlich vorgeformter Attribute und Verhaltensweisen«. So hat er verschiedene soziale Positionen inne – z.B. die des Deutschen, des Studienrats oder des Skatspielers –, die aber allein das Verhalten nicht ausreichend erklären können. Vielmehr sei Verhalten von der Rolle eines Positionsinhabers geprägt und durch die Erwartungen der dazugehörigen Bezugsgruppe sowie durch harte Sanktionen geformt. Der Homo sociologicus entfremde sich dadurch jedoch zunehmend von einem freien Individuum.

In Anlehnung an den Schriftsteller Robert → Musil beschreibt Dahrendorf die verschiedenen Charaktere, wie z.B. Berufs- oder Klassencharaktere, die den »Landesbewohner« ausmachen. Neben diesen Charakteren bliebe noch ein weiterer, privater Charakter, den Dahrendorf dem Homo sociologicus an die Seite stellt. Dabei erinnert er an die ursprünglich doppelte Intention der Soziologie, neben der Analyse des Individuums auch »den einzelnen Menschen zur Freiheit selbst gewählter Zwecke zu führen«.

Da man das Paradox zwischen dem durch gesellschaftliche Rollen vorgeprägten »empirischen« Charakter des Menschen und seinem zur Freiheit fähigen, »intelligiblen« Charakter (nach Immanuel → Kant) genauso wenig auflösen könne, wie man die Trennung zwischen Wissenschaft und Werturteil anzweifeln dürfe, plädiert Dahrendorf für eine Akzentverlagerung. Indem der Soziologe seine Theorien »im Hinblick auf die Erweiterung des Spielraums des Einzelnen formuliert«, könne er »vom Hemmschuh zum Motor der Entwicklung einer Gesellschaft freier Menschen« werden.

Wirkung: Mit *Homo sociologicus* ist es Dahrendorf gelungen, den Rollenbegriff in die soziologische Diskussion in Deutschland einzuführen. Darüber hinaus bot das Werk dem Autor eine Gelegenheit, das Phänomen der sich widersprechenden Rollenerwartungen (interrole conflict) zu erläutern, die ein späteres Hauptforschungsgebiet Dahrendorfs darstellen sollte.

Die kritischen Anmerkungen des Autors zum eigenen Fach haben genauso wenig wie seine Überlegungen zum Verhältnis von Wissenschaft und Alltagswelt an Aktualität eingebüßt.

B. A.

Däniken, Erich von

deutschsprachiger Schweizer Schriftsteller und
Hobby-Archäologe

* 14.4.1935 Zofingen

📖 *Erinnerungen an die Zukunft*, 1968

Erich Anton Paul von Däniken gilt als Hauptvertreter der sog. Prä-Astronautik, die zu belegen versucht, dass die Götter der Frühkulturen extraterrestrische Raumfahrer waren.

Däniken, der als Sohn eines Kleiderfabrikanten in Schaffhausen und Fribourg aufwuchs, begann seine Berufstätigkeit im Gastgewerbe, setzte sich allerdings schon immer mit Archäologie, Futurologie und der Weltraumfahrt auseinander. Seit Ende der 1960er Jahre beschäftigt sich Däniken mit der These, dass vor mehreren tausend Jahren eine technisch hoch entwickelte außerirdische Zivilisation mit der ehemals primitiven Menschheit in Kontakt getreten sei, um dieser ihr Wissen zu vermitteln und sich mit ihr fortzupflanzen. Um seine These zu belegen, unternahm der Autor zahlreiche archäologische Expeditionen und hat bis heute über 30 Bücher veröffentlicht, die in 32 Sprachen übersetzt wurden und deren Gesamtauflage nach Angabe des Verlags bei etwa 60 Mio Exemplaren liegt.

Fernseh-Dokumentationen von und mit Däniken stoßen beim Publikum auf großes Interesse. Zur Zeit arbeitet Däniken an der Realisation seines Erlebnisparks Mysteries of the World in Interlaken im Berner Oberland.

Biografie: W. Grieder, *Erich von Däniken – Auf den Spuren eines Phänomens*, 1993.

Erinnerungen an die Zukunft

OA 1968 **Form** Sachbuch **Bereich** Entdeckungen

Mit seinem ersten Buch möchte Erich von Däniken seine Leser überzeugen, dass es menschenähnliches Leben im Kosmos gibt und dass Beweise hierfür auf der Erde zu finden sind. In archäologischen Artefakten sucht der Autor nach Spuren »prähistorischer Astronauten«.

Inhalt: Däniken berichtet von archäologischen Fundstücken, deren Herkunft oder Entstehung wissenschaftlich schwer zu bestimmen sind. Der Autor bemüht sich, die diesbezüglichen »Schulweisheiten« als fadenscheinig zu entlarven. Wissenschaft und Religion würden nach vorgefertigten Denkschemata verfahren und seien somit blind für alles, was nicht ihrem Weltbild entspräche.

Sein eigenes vorgefertigtes Denkschema erläutert Däniken in Form einer Sciencefiction-Erzählung: Die Menschen der Zukunft landen mit ihrem Raumschiff auf einem Planeten mit primitiver Zivilisation. Die Raumfahrer werden dort aufgrund ihrer fortgeschrittenen Technologie als Götter verehrt und als solche in Mythen und kulturellen Artefakten tradiert. Ein solches Szenario habe mit umgekehrter Rollenverteilung vor 8000 Jahren auf der Erde stattgefunden. So berichtet der Autor von alten Landkarten, denen seiner Meinung nach Luftaufnahmen der Erdoberfläche vorangegangen sein mussten, von prähistorischen Flugplätzen, deren Landebahnen heute noch sichtbar seien, von nicht oxydierenden Metalllegierungen, elektrischen Anlagen, Atom- und Wasserstoffexplosionen, die es im Altertum gegeben haben soll. Die zahlreichen bildlichen und schriftlichen Überlieferungen von aus dem Himmel mit »Fahrzeugen« herabfahrenden Göttern wertet Däniken als Beweis dafür, dass extraterrestrische Raumfahrer einst auf der Erde gelandet sind, um eine intelligente Menschenrasse

Erich von Däniken in *Erinnerungen an die Zukunft:*

Der wahrheitssuchende Priester muss wieder beginnen, an allem Etablierten zu zweifeln.

Erich von Däniken im Januar 1975 in seinem Arbeitszimmer in Bonstetten bei Zürich

Eine Auswahl der Bücher von Erich von Däniken	
Erinnerungen an die Zukunft 1968	Anhand altertümlicher Artefakte versucht der Autor zu belegen, dass bereits vor vielen tausend Jahren fremde Astronauten auf der Erde gelandet sind, um eine intelligente Rasse zu züchten. → S. 267
Aussaat und Kosmos 1972	Das hier beschriebene unbekannte Höhlensystem in Ecuador, in dem sich eine »Metallbibliothek« und Möbel aus »Kunststoff« befinden sollen, löste heftigste Diskussionen aus.
Meine Welt in Bildern, 1973	Mit 375 Abbildungen von historischen Funden versucht Däniken seine These der prähistorischen Astronautik zu stützen.
Ich liebe die ganze Welt, 1983	In fiktiven und autobiografischen Geschichten mit heiterem Unterton durchwandert der Autor die Kontinente.
Wir sind alle Kinder der Götter 1987	Auf den Spuren des Alten Testaments reist Däniken nach Nord-Jemen und berichtet vom fliegenden Thron des König Salomon und genmanipulierten Urmenschen.
Der jüngste Tag hat längst begonnen, 1955	In Betrachtung religiöser Schriften und Sciencefiction-Geschichten beschäftigt sich Däniken mit der Messiaserwartung. Außerirdische versprachen, auf die Erde zurückzukehren.

Erich von Däniken, *Erinnerungen an die Zukunft*, Umschlag der Originalausgabe 1968 (Gestaltung: G. und U. Scholl)

heranzuzüchten. Nach künstlicher Befruchtung vernichteten die Raumfahrer die misslungenen Exemplare jedoch wieder.

Däniken datiert seine Spekulationen bis ins Jung-Paläolithikum (ca. 40000–1000 v. Chr.) zurück. Seine Rassentheorie, nach der die heutige »zivilisierte« Menschheit von technologisch hoch entwickelten Göttern abstammt, findet sich bereits Anfang des 20. Jahrhunderts bei dem Neutempler Jörg Lanz von Liebenfels (1874–1954). Wie Lanz, beruft sich Däniken u.a. auf die → *Bibel* (1455) und die Schriften der Theosophie. Obwohl der Autor sich von mystischen und religiösen Anschauungen distanziert, deutet der Titel des Buchs sein kosmogonisch-zyklisches Weltbild an, in dem er die Bestimmung der »Urheimat« und »Urzeugung« des Menschen hervorhebt, um das Universum zu besiedeln.

Wirkung: Das erste Buch von Däniken gelangte weltweit auf die Bestsellerlisten und wurde bereits ein Jahr später verfilmt. Bis heute werden die Ansichten des Autors äußerst kontrovers diskutiert. Kommentare zu seinen Büchern, etwa in *Auf den Spuren des Erich von Däniken* (1982) von Peter Kaufhold oder in *Phantastische Wissenschaft* (2000) von Markus Pössel, lassen Dänikens Beschreibungen archäologischer Fundstellen allerdings zweifelhaft und seine Argumentationsführung oft wenig überzeugend erscheinen. *S. I.*

Allegorie

Herkunft: Der Begriff leitet sich her aus dem griechischen Verb »allegorein«, das so viel bedeutet wie »anders reden«, »etwas anders sagen«.

Bedeutung: Unter einer Allegorie versteht man die Versinnbildlichung eines abstrakten Begriffs oder Gedankengangs, häufig unter Verwendung von Personifikationen, z. B. eine Frau mit verbundenen Augen (Justitia) = Gerechtigkeit. Wichtig ist dieses Verfahren vor allem für das Verständnis mittelalterlicher Texte, die nach der auf den Traktat *Über die christliche Lehre* (397/426) von → Augustinus zurückgehenden Theorie des mehrfachen Schriftsinns auf vierfache Weise ausgelegt werden können (historisch, allegorisch, moralisch und anagogisch). Die Auslegung der Allegorie geschieht im Verfahren der Allegorese, in dem eine oder mehrere Bedeutungsebenen hinter dem buchstäblichen Sinn eines Texts entschlüsselt werden.

Anwendung: Die Allegorie gründet in den mittellateinischen Literaturen und etablierte sich in der europäischen Literatur. Angewendet wurde sie auch auf antike Autoren, die durch Aufdecken eines verborgenen »christlichen« Sinns in ihren Texten im Literaturkanon verbleiben konnten (z. B. Vergil). Bis ins 17. Jahrhundert war die Allegorie eine weit verbreitete Denk- und Schreibform. Berühmte allegorische Texte sind u. a. der mittelalterliche *Rosenroman* (entst. ca. 1230–80) von Guillaume de Lorris und Jean de Meung oder *Die Pilgerreise* von John → Bunyan. Die Allegorie erlebte eine zweite Blüte in der Romantik als Ausdrucksmittel des Untergründigen, Geheimnisvollen und Verborgenen und ist bis hin zu politischen Allegorien des 20. Jahrhunderts, wie dem Roman *Farm der Tiere* (1945) von George → Orwell, ein verbreitetes Mittel der didaktischen und politischen Dichtung geblieben.

Dante Alighieri

ital. Schriftsteller

* zw. 14.5. und 13.6.1265 Florenz, † 14.9.1321 Ravenna

📖 *Die göttliche Komödie*, entst. ca. 1307–21

Dante Alighieri ist der Nationaldichter Italiens und bis heute einer der großen europäischen Klassiker. Berühmt wurde er vor allem durch seine *Göttliche Komödie*.

Dante wuchs in Florenz auf und erhielt eine gute Ausbildung in klassischen Sprachen und Rhetorik. Kindheit und Jugend waren geprägt durch die schwärmerische Verehrung der jungen Beatrice Portinari, die Dante später in der allegorischen Liebesdichtung *Das neue Leben* (entst. zw. 1283 und 1293/95) und in der *Göttlichen Komödie* literarisch verewigte. Früh schon war er in die inneritalienischen Auseinandersetzungen zwischen Anhängern des Kaisers und des Papstes involviert; 1289 kämpfte er in der Schlacht von Campaldino gegen Arrezzo. Ab 1295 war er aktiv auf Seiten der kaisertreuen »weißen« Guelfen an der florentinischen Politik beteiligt. Nach dem Sieg der päpstlichen Anhänger wurde Dante im März 1302 aus Florenz verbannt. Im Exil entstand sein Hauptwerk, die *Göttliche Komödie*. Dante verfasste außerdem Liebeslyrik sowie Abhandlungen über Sprache, Philosophie, Naturwissenschaften und den Staat; überliefert sind auch seine Briefe. Mit seiner Verwendung der Volkssprache statt des üblichen Latein legte Dante den Grundstein für das heutige Italienisch.

Biografien: A. Altomonte, *Dante. Eine Biographie*, 1985; K. Leonhard, *Dante* (rm 50167).

Die göttliche Komödie

OT La Divina Commedia
EZ ca. 1307–21 **OA** 1472 **DE** 1767–69
Form Episches Gedicht **Epoche** Mittelalter

Die Göttliche Komödie von Dante Alighieri ist das große Epos des Mittelalters, in dem sich Theologie, Geschichte, Politik, Astronomie, Physik, Philosophie, Mystik und Scholastik literarisch zur Summe eines Zeitalters vereinigen.

Entstehung: Das berühmteste Werk von Dante entstand während der Zeit seines Exils, vermutlich ab 1307, und war bei seinem Tod 1321 gerade abgeschlossen. Bereits kurz darauf waren zahlreiche Kopien in ganz Italien verbreitet; Das Attribut »göttlich« stammt von Giovanni →Boccaccio. Dante selbst hatte sein Werk nur eine »Komödie« genannt und begründet dies in einem Brief an seinen Gönner Can Grande della Scala mit der Tatsache, dass die Dichtung im Gegensatz zu einer Tragödie schlecht beginne und gut ende.

Inhalt: *Die göttliche Komödie* ist eine allegorische (Stichwort → S. 268) Vision, die in 100 Gesängen den Weg durch die drei Jenseitsreiche Hölle, Fegefeuer und Paradies schildert. Der Autor Dante ist zugleich die Hauptfigur seiner Dichtung. Zu Beginn irrt er im dunklen Wald der Sünde umher und wird von den Lastern in Gestalt wilder Tiere bedrängt, als ihm der antike Epiker → Vergil als Führer erscheint. In Begleitung seines dichterischen Vorbilds durchwandert Dante das Inferno (Hölle) und das Purgatorium (Fegefeuer). Vergil, die Personifikation der menschlichen Vernunft, wird an der Schwelle des Paradieses abgelöst von der Jugendliebe des Dichters, Beatrice, dem Sinnbild der göttlichen Offenbarung. Sie führt den geläuterten Dante stufenweise durch das Paradies bis hinauf zur Erkenntnis der Liebe und der Anschauung Gottes. Auf dem Weg durch die drei Reiche begegnen die Wanderer den Seelen der Verstorbenen, unter denen sich berühmte mythologische und historische Persönlichkeiten, aber auch persönliche Bekannte aus Florenz befinden. Die Seelen erzählen in bewegenden Worten ihr irdisches Schicksal und geben so dieser theologischen Dichtung eine zutiefst menschliche Dimension.

Aufbau: *Die Göttliche Komödie* ist streng symmetrisch aufgebaut und zahlensymbolisch strukturiert auf der Grundlage der dem Mittelalter heiligen Zahlen Drei und Zehn. Sie besteht aus drei Teilen, der Hölle, dem Fegefeuer und dem Paradies. Jeder dieser Teile besteht aus 33 Gesängen, die zusammen mit dem einleitenden Gesang die Zahl 100 ergeben. Die Zahl Drei erstreckt sich hinunter bis in das von Dante erstmals benutzte Versmaß der Terzine, den nur schwer ins Deutsche zu übertragenden Dreireim. Der Aufbau der drei Reiche entspricht dem ptolemäischen Weltbild: Um die im Mittelpunkt ruhende Erde kreisen die neun Sphären, über denen sich der Sitz Gottes befindet, das unbewegliche Empyreum. Die in neun Kreisen sich trichterartig nach unten verengende Hölle reicht bis zum Erdmittelpunkt, an dem Luzifer seinen Sitz hat. Gegenüber dem Höllentrichter erhebt sich auf der anderen Erdseite der ebenfalls neunfach gestufte Läuterungsberg, auf dessen Gipfel sich das irdische Paradies befindet. Der klaren topografischen Struktur folgt die strenge Einteilung der Seelen auf verschiedene Stufen der Jenseitsreiche, je nach ihren Sünden oder Verdiensten.

Wirkung: *Die göttliche Komödie* ist der seltene Fall einer Dichtung, die den Beginn einer Nationalliteratur bildet und zugleich ihr Hauptwerk geblieben ist. Dem praktisch ungebrochenen Ruhm als Nationaldichter Italiens steht eine späte Rezeption in Deutschland gegenüber, die erst Mitte des 18. Jahrhunderts begann. Bis in die Gegenwart gehört die *Göttliche Komödie* zum europäischen Bildungskanon. Zahlreiche Episoden haben sich literarisch verselbstständigt und sind ihrerseits Grundlage von Literatur, Musik und bildender Kunst geworden.   *E. H.*

Dante Alighieri, Porträt; Buchmalerei aus der italienischen Handschrift der *Göttlichen Komödie* mit dem Kommentar des Jacopo della Lana 1403

Darwin, Charles

engl. Naturforscher

* 12.2.1809 Shrewsbury (Shropshire)

† 19.4.1882 Down bei London

📖 *Über die Entstehung der Arten durch natürliche Zuchtwahl*, 1859

Charles Darwin entdeckte den biologischen Mechanismus der Artenwandlung und bewirkte mit seiner Theorie eine grundlegende Änderung des Menschenbildes. Bevor 1859 *Über die Entstehung der Arten durch natürliche Zuchtwahl* erschien, hatte er sich bereits mit einem Reise-

Georg F. W. Hegel über *Die göttliche Komödie* (entst. 1307–21) von Dante Alighieri:

Das in sich gediegenste und reichhaltigste Werk aber, das eigentliche Kunstepos des christlichen katholischen Mittelalters, der größte Stoff und das größte Gedicht ist in diesem Gebiete Dantes Göttliche Komödie.

Charles Darwin in seinen letzten Lebensjahren; Porträtfoto auf der Veranda von Down House in Kent, wo der Naturforscher von 1842 bis zu seinem Tod im Jahr 1882 lebte

Der britische Zoologe Alfred Russel Wallace in einem Brief an Charles Darwin:

Was die Theorie der natürlichen Zuchtwahl betrifft, so werde ich stets behaupten, dass es sich um Ihre Lehre handelt, und zwar ausschließlich um die Ihrige. Sie haben diese Theorie in Einzelheiten ausgearbeitet, an die ich nie dachte... Ich hatte einen »Lichtblick« über diesen Gegenstand, aber meine Arbeit hätte nie jemanden überzeugt und wäre höchstens als geistreiche Spekulation aufgefasst worden. Ihr Buch dagegen revolutionierte die Naturwissenschaft und hat die Besten unseres Zeitalters mitgerissen.

tagebuch und Arbeiten über Korallenriffe, Vulkaninseln und geologische Betrachtungen in Fachkreisen einen Namen gemacht.

Darwin stammte aus einer reichen Arztfamilie, die ihm ein finanziell sorgenfreies Leben als Privatgelehrter ermöglichte. Nach Versuchen in der Medizin und Theologie fand er in der Naturforschung seine Bestimmung. Das herausragende Ereignis seines Lebens war die Teilnahme an der fünf Jahre dauernden Weltumsegelung mit dem Schiff »H.M.S. Beagle« (1831–36). Danach verbrachte er sein Leben in England mit dem Ordnen und Auswerten seiner naturkundlichen Beobachtungen, die er durch eigene Zuchtversuche ergänzte.

Aus Darwins 1839 geschlossener Ehe mit Emma Wedgwood gingen zehn Kinder hervor. Die Stabilität seines Familienlebens und die Fürsorge seiner Frau ermöglichten es dem Naturforscher, trotz seiner schwachen Gesundheit ein enormes Arbeitspensum zu bewältigen.

Biografien: C. Darwin, *Mein Leben,* 1993; A. Desmond/ J. Morris, *Darwin,* 1992; J. Hemleben, *Charles Darwin* (rm 50 137).

Über die Entstehung der Arten durch natürliche Zuchtwahl

OT On the Origin of Species by Means of Natural Selection **OA** 1859 **DE** 1860 **Form** Sachbuch **Bereich** Biologie

Im Gegensatz zur herrschenden Kirchenmeinung ihrer jeweiligen Zeit glaubten schon → Goethe und Jean-Baptiste de Lamarck (1744–1829) nicht mehr, dass die Vielfalt der Arten unter den Lebewesen auf einem einmaligen Schöpfungsakt beruht. Sie nahmen vielmehr an, dass eine veränderte Art mittels eines natürlichen Zeugungsvorgangs aus einer bereits vorhandenen Art hervorgegangen sein müsse. Sie kannten jedoch den Mechanismus diese Abstammungsvorgangs nicht. Als Charles Darwin und der Zoologe Alfred Russel Wallace (1823–1913) in einer Fachzeitschrift über ihre Entdeckung des Ausleseverfahrens (»der Passendste überlebt und pflanzt sich fort«) berichteten, stieg die Erwartung der Fachleute. Die erste Auflage von *Über die Entstehung der Arten durch natürliche Zuchtwahl* (1250 Exemplare) war sogleich ausverkauft.

Entstehung: Angeregt durch seine Beobachtungen verwandter und doch unterschiedlicher Tier- und Pflanzenpopulationen auf den nahe beieinander liegenden Galapagosinseln sowie von Versteinerungen ausgestorbener Arten notierte Darwin schon 1837 die ersten Überlegungen zur Veränderlichkeit der Arten. 1838 las er die Abhandlung über das Bevölkerungsgesetz von dem britischen Sozialphilosophen Thomas Robert Malthus (1766–1834), die seinen Überlegungen die entscheidende Richtung gab.

20 Jahre lang forschte Darwin intensiv. Er sah sich jedoch gezwungen, seine Theorie vorab als Skizze zu veröffentlichen, um zu verhindern, dass ihm Wallace zuvorkam. Noch bis zur 6. Auflage nahm er zahlreiche Korrekturen und Ergänzungen an seinem Werk vor.

Inhalt: In 15 Kapiteln legt Darwin den Mechanismus dar, nach dem sich Arten von Lebewesen über Generationen entwickeln und verändern. Er beschreibt zunächst die Auswahl und Vererbung von Merkmalen bei der (künstlichen) Züchtung von Haustieren, um danach zu zeigen, dass sich Ähnliches auch in der Natur findet, wo nicht der Züchter, sondern der Existenzkampf Ursache der Veränderung ist.

Darwinismus und Evolutionstheorie

Darwinismus: Unter Darwinismus im engeren Sinne versteht man Charles Darwins Lehre von der zufälligen Verschiedenheit des Erbguts und der Vererbung von veränderten Merkmalen, die durch eine natürliche Auslese der jeweils am besten an eine Umgebung angepassten Artvertreter bewirkt wird. Daraus folgt eine Abstammungslehre, nach der alle Lebewesen aus einer oder wenigen Grundformen hervorgegangen sein müssen. Fast 150 Jahre nach Darwins erster Entdeckung sind längst nicht alle Fragen des Entwicklungsvorgangs erklärt. Durch die moderne Genetik wurden die Vorgänge noch komplexer und es stellt sich u.a. die zentrale Frage nach dem eigentlichen Objekt der Evolution: Ist es das Gen, das Individuum oder die Art – und wie sind die Zusammenhänge?

Evolutionstheorien sind zunächst wertfreie Erklärungsmodelle für biologische und gesellschaftliche Veränderungen oder Entwicklungen. D.h., ein Merkmal oder eine Eigenschaft, die in einer bestimmten Umwelt und zu einer bestimmten Zeit »gut« oder »ungünstig« ist, kann in einer anderen Umwelt oder Zeit entgegengesetzt gewertet werden. In der Regel wird dem Begriff Evolution jedoch die Bedeutung einer Entwicklung von unstrukturiert zu strukturiert, von niederer zu höherer Ordnung gegeben, womit eine Wertung verbunden wird.

Sozialdarwinismus: Eine solche einseitige Interpretation ist besonders fragwürdig, wenn das Darwin'sche Selektionsschema analog auf die Entwicklung menschlicher Gesellschaften übertragen wird. So kann der zuerst von dem englischen Philosophen Herbert Spencer (1820–1903) formulierte »Sozialdarwinismus« leicht zu Rassismus führen und der Rechtfertigung von ethnischen Aussonderungsmaßnahmen dienen, wie dies bereits im Kolonialismus und in totalitären Regimen geschehen ist. Nach der Entwicklungstheorie des Marxismus werden die Naturgesetze der biologischen Evolution durch die Gesellschaftsentwicklung beherrschbar.

OT = Originaltitel **EZ** = Entstehungszeit **OA** = Originalausgabe **DE** = Deutsche Erstausgabe ▭ = Verweis auf Werkartikel

Darwin formuliert die Gesetze der Abänderung und weist auf die Schwierigkeiten seiner Theorie hin, formuliert auch selbst Einwände gegen die Theorie der natürlichen Zuchtwahl, die er zu entkräften versucht.

Darwins Ergebnisse lassen sich folgendermaßen zusammenfassen: Die Evolutionstheorie beruht auf den Grundannahmen, dass es eine Vielfalt von Arten gibt, dass begrenzte Nahrungsvorräte zur Verfügung stehen und dass die Geburtenrate mehr als 1 beträgt. Die Erfahrung lehrt, dass jedes Lebewesen versucht, zu überleben und sich fortzupflanzen. Vor dem Hintergrund der hohen Fortpflanzungsrate führt die Begrenzung von Raum und Nahrung zu einem Konkurrenzkampf der Lebewesen um ökologische Nischen, der die notwendige Verringerung der Bevölkerungszahl zur Folge hat. Dies führt zu der Notwendigkeit der Reduktion und zu einem Konkurrenzkampf der Lebewesen um ökologische Nischen. Mechanismen, die auf die Lebewesen verändernd einwirken können, um Vorteile im Überleben des Lebewesens und seiner Nachkommen hervorzubringen, sind physikalische Einflüsse (z. B. Klima), Immigration (Änderung im Zahlenverhältnis der Bevölkerung eines Gebiets, was einen Kampf um die Ressourcen bewirkt), Abänderung in unterschiedlichen Lebensphasen und Abänderungen in der Struktur (z. B. Verhalten, Hierarchie).

Wirkung: *Über die Entstehung der Arten durch natürliche Zuchtwahl* gilt als das Aufsehen erregendste Buch der Naturwissenschaft des 19. Jahrhunderts. Darwins Theorie hat zu einer Neuordnung des gesamten Materials der zur damaligen Zeit rein beschreibenden Naturkunde geführt und der zukünftigen Forschung eine neue Richtung gegeben. Doch hat Darwins Lehre – weiterentwickelt im zweiten Hauptwerk *Die Abstammung des Menschen* (1871) – auch auf die Geistes-, Sozial- und Gesellschaftswissenschaft eingewirkt. Die stärkste Erschütterung erfuhr jedoch die Theologie, die bis dahin das Dogma des einmaligen in der Genesis beschriebenen Schöpfungsakts vertrat und zum Teil bis heute daran festhält. *R. D.*

De Crescenzo, Luciano

ital. Schriftsteller

* 20.8.1928 Neapel

📖 *Also sprach Bellavista*, 1977

Luciano De Crescenzo zählt zu den wichtigsten zeitgenössischen Autoren Italiens. Seine Werke sind sowohl Romane als auch philosophische oder historische Lehrbücher und stellen nicht zuletzt deshalb eine literarische Ausnahmeerscheinung dar. De Crescenzo vermag es, das Genre der Philosophie mit Humor darzustellen, indem er die Erkenntnisse der Klassiker durch Geschichten aus dem chaotischen und korrupten Umfeld Neapels belegt.

Seit den 1970er Jahren kennt die italienische Öffentlichkeit De Crescenzo als Autor, Regisseur, Schauspieler und Moderator. Tatsächlich ist diese Laufbahn für ihn ein »zweiter Bildungsweg«: Bis zum Erscheinen seines ersten Buchs *Also sprach Bellavista* (1977) war er als leitender Ingenieur in einem amerikanischen Computerkonzern tätig.

Nach seinem schriftstellerischen Sensationserfolg schrieb De Crescenzo weitere Bücher über Philosophie und die Antike, in denen er auf humoristische Weise antike Stoffe und Motive, z. B. der *Illias* oder die *Odyssee* von → Homer, aufgriff (*Der Listenreiche*, 1997). De Crescenzo lebt in der Stadt, in der er geboren wurde und deren Atmosphäre seine Romane um Bellavista (zuletzt *Bellavista und die Liebe*, 1999) inspirierte: Neapel.

Also sprach Bellavista

OT Così parlò Bellavista. Napoli, amore e libertà
OA 1977 **DE** 1986
Form Roman/Sachbuch **Epoche** Moderne

In *Also sprach Bellavista* bringt Luciano De Crescenzo die Lehren alter Philosophen mit amüsanten neapolitanischen Alltagssituationen und der aktuellen politischen Entwicklung Italiens in Verbindung. Das Buch besteht aus erzählerisch dargebotenen Lehrgesprächen sokratischer Tradition, in denen die Hauptfigur Bellavista seinen Besuchern die neapolitanische Lebensphilosophie anhand von Autoren der abendländischen Philosophie erklärt. Die Dialoge handeln aber auch von der Kluft zwischen Nord- und Süditalien, zwischen der modernen Konsumgesellschaft und der natürlichen Lebensweisheit des Philosophen Epikur (Stichwort → S. 272), den Bellavista als Vordenker süditalienischer Lebensform betrachtet.

Inhalt: Der pensionierte Gymnasiallehrer Bellavista spricht in seiner Wohnung in Neapel zu einer Gruppe interessierter Zuhörer, die ein Panorama verschiedener sozialer und politi-

Auszug aus *Also sprach Bellavista* von **Luciano De Crescenzo:**

»Da haben wir es schon wieder!« protestiert der Professor. »Jetzt wird auch schon Epikur in den Dreck gezogen!« – »Da ist doch der Doktor schuld, der gesagt hat, dass die Cavaliere Epikur ein Lebemann war.« – »Ihr habt wirklich nichts verstanden. Wenn ihr erlaubt, erkläre ich euch kurz mal in fünf Minuten die Lehre Epikurs, der wir Neapolitaner im guten und im schlechten Sinne unseren Charakter verdanken.«

Luciano De Crescenzo, *Also sprach Bellavista*, Umschlag der deutschsprachigen Erstausgabe 1986

Bellavista und die Philosophie Epikurs

Herkunft: Begründet durch die Athener Schule des Philosophen Epikur (341 v. Chr. bis 270 v. Chr.).
Bedeutung: Philosophie bedeutet für die Epikureer vor allem Anleitung zu rechter Lebensführung (Ethik). Die Menschen sollen in Lust und Freude leben, doch gleichzeitig edel und vernünftig sein, um anderen nicht zu schaden. Wichtig für die Erlangung von Glückseligkeit ist die richtige Gewichtung menschlicher Bedürfnisse. Diese sind unterteilt in (1) naturbedingt und notwendig, (2) naturbedingt und nicht notwendig und (3) weder naturbedingt noch notwendig. Auf die ersten (z. B. essen, schlafen) sollen sich die Menschen konzentrieren, die zweiten (z. B. musizieren) nur nach Abwägung und die dritten (z. B. tyrannisieren) gar nicht ausführen.
Anwendung: In *Also sprach Bellavista* konstatiert Luciano De Crescenzo, dass die Neapolitaner ihre Lebenseinstellung der Philosophie Epikurs zu verdanken haben. Neapel erfüllt demnach den von Epikur vertretenen angemessenen Einsatz von Arbeitseifer. Im Gegensatz zum karrieristischen Machtstreben des italienischen Nordens beinhalte die neapolitanische Kultur eine menschliche Dimension, die sich nicht durch die Maxime der Effizienz, sondern durch Nächstenliebe definiert. Doch allein durch das Befolgen der Lehre Epikurs ist ein Streben nach Fortschritt nicht gewährleistet, da dieses nicht zu den primären Bedürfnissen des Menschen gehört. Dies zeige sich in der sozialen und infrastrukturellen Unterentwicklung Neapels. Dennoch sieht Bellavista in der selbstgenügsamen Lebenseinstellung der einfachen Bewohner der Stadt einen Weg, der jedem ermöglicht, sein persönliches Glück zu finden.

scher Ansichten vertreten: der kommunistische Ersatzhausmeister Salvatore, der naive Saverio, ein technokratischer Norditaliener, der Hauspoet Luigino und schließlich De Crescenzo selbst. Die Gespräche finden in ungezwungener Atmosphäre statt und fördern überraschende philosophische Erkenntnisse über Neapel, Italien und die weltpolitische Entwicklung zu Tage. Ausgehend von den Schriften Epikurs schildert Bellavista seine Theorie der unvereinbaren Prinzipien des Begehrens nach der bindenden Liebe und der nach Autarkie strebenden Freiheit. In der Lehre der Abstufung menschlicher Bedürfnisse sieht Bellavista ein von den Neapolitanern gelebtes und vorbildhaftes Modell der Mitmenschlichkeit.

Aufbau: De Crescenzo mischt in seinem Buch humanistische Lehrgespräche mit Anekdoten aus dem neapolitanischen Alltag. Der Text ist nach dem Grundsatz-Beweis-Prinzip alter mathematischer Lehrbücher aufgebaut. Die Geschichten der gerade bezifferten Kapitel stellen somit die praktische Beweisführung der Theorien Bellavistas dar. Dieser nimmt in den Gesprächen die Rolle des Sokrates ein, seine Zuhörer die der Philosophieschüler. Ihre humoristischen Kommentare und die illustrierenden alltagsphilosophischen Trivialbetrachtungen machen das Buch von De Crescenzo zu einem philosophischen Lehrbuch und Unterhaltungsroman zugleich. Der Schauplatz Neapel ist für den Autor nicht allein seine süditalienische Heimatstadt, sondern auch eine Metapher für eine Komponente der menschlichen Seele, die jeder Neapolitaner in sich trägt.
Wirkung: Auch in seinen folgenden Werken verband De Crescenzo unterhaltsame Auseinandersetzung über Alltagsprobleme mit humanistischen Lektionen. Durch seine Bücher entdeckte eine große Leserschaft die Zeitlosigkeit der Philosophie und der Antike.   *K. G.*

Defoe, Daniel

(eigtl. Daniel Foe), engl. Schriftsteller
* (September?)1660 London, † 26.4.1731 ebd.
📖 *Robinson Crusoe*, 1719
📖 *Moll Flanders*, 1722

Daniel Defoe veröffentlichte über 500 Schriften, hauptsächlich Journale und Pamphlete. Seine heutige Bedeutung beruht vor allem auf seinem Spätwerk, den Romanen, mit denen er als Begründer dieser Gattung in England gilt. Der Autor verstand das Schreiben als Möglichkeit, aktuelle Zeitfragen politischer, sozialer und moralischer Natur zu erörtern.

Defoe, Sohn eines Metzgers und Dissenters, wurde nach einer Ausbildung zum presbyterianischen Pfarrer Kaufmann. 1692 musste er Konkurs anmelden und kam in Schuldhaft, avancierte jedoch später zum Steuereinnehmer und Aufseher über die staatliche Lotterie und erwarb eine Ziegelei. 1702 brachte ihm seine Satire *Kurzer Prozess mit den Nonkonformisten* eine Gefängnisstrafe ein. 1703–14 war Defoe als Agent im Dienst des gemäßigt konservativen Premierministers Robert Harley (1661–1724) tätig und verfasste in der von ihm gegründeten Zeitschrift *The Review* regierungsfreundliche Artikel. Erst mit 59 Jahren schrieb er seinen ersten Roman: *Robinson Crusoe*.
Biografie: G. Kalb, *Daniel Defoe*, 1985.

Die wichtigsten Werke von Daniel Defoe

Der waschechte Engländer, 1701	Satirisches Gedicht, in dem Defoe mit den Feinden von König Wilhelm III. (reg. 1689–1702) abrechnet.
Kurzer Prozess mit den Nonkonformisten, 1702	Satirisches, gegen den konservativen Flügel und die religiöse Intoleranz der anglikanischen Staatskirche gerichtetes Pamphlet, das Defoe 1703 ins Gefängnis und an den Pranger brachte.
Robinson Crusoe 1719	Für 28 Jahre auf eine einsame Insel verschlagen, schildert der Ich-Erzähler detailliert seinen Überlebenskampf. → S. 273
Kapitän Singleton 1720	Der Titelheld und Ich-Erzähler entwickelt sich vom Abenteurer und Piraten zu einem soliden Ehemann und Christen.
Moll Flanders 1722	Als reumütige Sünderin liefert die ehemalige Hure und Diebin Moll Flanders die Beichte ihres ereignisreichen Lebens ab. → S. 274
Die Pest zu London, 1722	Ein fiktiver, sehr realistisch geschilderter Augenzeugenbericht über die große Pest in London (1664/65).
Colonel Jack 1722	Nach einem abenteuerlichen Leben findet der Ich-Erzähler und Dieb Colonel Jack zu Reichtum und gesellschaftlichem Ansehen.
Die glückliche Mätresse, 1724	Rückblickend schildert die Titelheldin Roxana reumütig ihr abenteuerliches Leben als Dirne und Ehefrau zweier Männer.
Memoiren eines Kavaliers, 1724	Schilderungen eines Offiziers über seine Erlebnisse in den Heeren der Könige Gustav Adolf (1594–1632) und Karl I. (1600–49).
Reise durch die gesamte Britische Insel, 1724–26	Mit seinen lebendig geschilderten Beobachtungen gewährt der reisende Ich-Erzähler dem Leser anschauliche Einblicke in die britische Geografie, Wirtschaft und Kultur seiner Zeit.

Robinson Crusoe

OT The Life and Strange Surprising Adventures of Robinson Crusoe, of York, Mariner. Written by himself
OA 1719 **DE** 1720 **Form** Roman **Epoche** Klassizismus

Das Leben und die seltsamen Abenteuer des Robinson Crusoe, eines Seemanns aus York gehört zu den großen Romanen der Weltliteratur und ist gleichermaßen ein beliebtes Jugendbuch. Daniel Defoe vereint unterschiedliche Formen zeitgenössischer Literatur wie Robinsonade, Abenteuerroman, Reisebericht, Utopie, Bekehrungsliteratur und Seelentagebuch zu einem neuen Ganzen. Angeblich nur der Herausgeber des Werks erhebt Defoe im Vorwort Anspruch auf Authentizität des Geschilderten und grenzt den Roman explizit zu der bis dato üblichen Form der fiktiven Romanze ab. Die Authentizitätsfiktion entwickelte sich seitdem zum entscheidenden Merkmal des Romans.

Entstehung: Defoe griff z. T. auf zeitgenössische Quellen zurück, u. a. auf die Erlebnisse des Matrosen Alexander Selkirk und einen Bericht von Robert Knox. Selkirk hatte jahrelang auf der Pazifikinsel Juan Fernandez gelebt, bevor er 1709 von Kapitän Woodes Rogers gerettet wurde, Knox hatte 19 Jahre auf Ceylon in Gefangenschaft verbracht und 1681 einen Bericht über seine Erfahrungen veröffentlicht.

Inhalt: Der fiktive Erzähler Robinson Crusoe schildert seine Reiseerlebnisse aus der Retrospektive. Robinson, Sohn eines Kaufmanns aus York, der gegen den Willen der Eltern zur See fährt, besteht dort einige Abenteuer und wird nach einem Schiffbruch als einziger Überlebender auf eine einsame Insel verschlagen. Detailliert schildert er, wie er sich mühsam auf der Insel einrichtet und sich nach und nach seine eigene »Zivilisation« schafft. Sein Überleben sichert sich Robinson durch Ausdauer, Geschicklichkeit und Beobachtungsgabe, jedoch auch durch ein neu gewonnenes Gottvertrauen. Eines Tages rettet er einem Eingeborenen das Leben, nennt ihn Freitag, erzieht ihn zu einem Diener und bekehrt ihn zum Christentum. Nach über 28 Jahren wird Robinson von einem englischen Kapitän gerettet und nimmt Freitag nach England mit.

Wirkung: Der Roman lässt in seiner Vielschichtigkeit unterschiedliche Deutungsschwerpunkte zu, was die Rezeptionsgeschichte des Werks zeigt. Als Robinsonade grenzt sich *Robinson Crusoe* von seinen Vorgängern ab, weil Crusoe auf seiner Insel keine alternative Lebensform entwickelt, sondern die europäische Zivilisation nachzubauen versucht. Indem er auch den Eingeborenen Freitag dem zivilisatorisch-europäischen Ideal unterwirft, wird das für die Zeitgenossen aktuelle Thema des Kolonialismus zu einem wichtigen Aspekt des Romans.

Das Werk kann auch als Utopie vom einfachen Leben gelesen werden. Der sich zunehmend arbeitsteilig entwickelnden Gesellschaft des frühkapitalistischen England tritt Robinson als Universaltalent entgegen, das auf seiner Insel für Geld keine Verwendung hat. Die Zielstrebigkeit, mit der sich Robinson die Insel aneignet, und sein Pragmatismus lassen ihn andererseits als Homo oeconomicus erscheinen, den Prototyp des aufstrebenden Unternehmers und Kolonisators des 18. Jahrhunderts.

Die Ähnlichkeit mit einem puritanischen Seelentagebuch (spiritual autobiography) lässt auch eine religiöse Interpretation des Werks zu. Robinson führt ein Inseltagebuch, in dem er auf der Suche nach dem Sinn seines Schicksals seine Bekehrung zum Glauben schildert. Nicht zuletzt führt *Robinson Crusoe* als zentrales Thema vor Augen, dass der Mensch mithilfe von Gottvertrauen, Ausdauer, Tat- und Willenskraft Widerstände der Natur überwinden kann.

Autoren wie der Pädagoge Joachim Heinrich Campe (1746–1818) Jules → Verne, Robert Louis → Stevenson und der Schweizer Johann David Wyss (1743–1818) ließen sich von Robinson Crusoe inspirieren. Das Werk erfuhr zahlreiche Nachahmungen, ebenso entwickelten sich die sog. Robinsonaden, von denen *Die Insel Felsenburg* (1731–43) von Johann Gottfried → Schnabel am bekanntesten ist. Defoe schrieb mit *Die weiteren Abenteuer des Robinson Crusoe* (1719) und *Ernstliche und wichtige Betrachtungen des Robinson Crusoe, welche er bei den erstaunungsvollen Begebenheiten seines Lebens gemacht hat* (1720) zwei Fortsetzungen des Romans. Die erste beschreibt Robinsons Rückkehr auf die Insel, in der zweiten, weitgehend unbekannten Fortsetzung setzt Defoe die Inselerfahrungen des Robinson in gleichnishaften Bezug zu seinem eigenen Leben. *K. F.*

Daniel Defoe, *Robinson Crusoe*; links: Umschlag der deutschsprachigen Ausgabe 1882; rechts: Umschlag der französischen Ausgabe 1881

Auszug aus dem Roman
Robinson Crusoe von Daniel Defoe:

Eines Tages, da ich gegen Mittag zu meinem Boot ging, gewahrte ich zu meiner großen Bestürzung am Strand den Abdruck eines nackten, menschlichen Fußes, der im Sand ganz deutlich zu sehen war. Ich stand da wie vom Donner gerührt oder als hätte ich ein Gespenst gesehen; ich horchte, ich blickte um mich, aber es war nichts zu hören noch zu sehen. Ich stieg auf eine Erhöhung, um weiter zu sehen, ich ging den Strand auf und ab, aber es war umsonst, ich sah nichts als nur diese eine Spur. Ich trat wieder näher, um zu sehen, ob noch andere Spuren dabei wären, und um zu prüfen, ob ich mir das nicht alles eingebildet hätte. Aber für eine Einbildung war nicht Raum, denn da war der Fußtritt, ganz deutlich, Zehen, Fersen und alles übrige; wie der Mensch hierher kam, wusste ich nicht und konnte ich mir nicht im entferntesten vorstellen.

Als ich nun so planlos herumstreifte, kam ich in der Leadenhall Street an einer Apotheke vorbei. Da lag auf einem Hocker gerade vor dem Ladentisch ein kleines, in ein weißes Tuch eingeschlagenes Bündel. Auf der anderen Seite stand eine Magd, mit dem Rücken zum Hocker, und blickte zum Apothekerlehrling hinauf. Dieser war mit einer Kerze auf den Ladentisch gestiegen und langte mit der Hand nach dem obersten Regal, anscheinend um etwas herunterzuholen. Auch er kehrte der Eingangstür den Rücken zu. Jedenfalls waren alle beide sehr beschäftigt, und außer ihnen war niemand im Laden. Das war der Köder, mit dem mich der Teufel zum Bösen verlocken wollte. Noch heute höre ich es ganz deutlich und werde es, solange ich lebe, nie vergessen, wie mir eine Stimme hinter meinem Rücken zuflüsterte: »Nimm das Bündel! Ei! di ich! Der Augenblick ist günstig.«

Moll Flanders

OT The Fortunes and Misfortunes of the Famous Moll Flanders **OA** 1722 **DE** 1723
Form Roman **Epoche** Klassizismus

In *Glück und Unglück der berühmten Moll Flanders* schrieb Daniel Defoe als erster Romanautor seiner Zeit aus der Perspektive einer Frau und wählte das kriminelle Milieu als Schauplatz seiner fiktiven Autobiografie. Damit verlieh er seinem Interesse an den Außenseitern der Gesellschaft Ausdruck. Wie schon in *Robinson Crusoe* gibt sich der Autor im Vorwort als Herausgeber aus, um dem Roman höhere Akzeptanz zu verschaffen. Hinzu kommt sein Anspruch auf moralische Belehrung, mit dem er die von seinen puritanischen Lesern geschätzte moralische Funktion des Romans über dessen Unterhaltungswert stellt.

Inhalt: Die Erzählerin mit dem Pseudonym Moll Flanders kommt als Tochter einer Diebin im Londoner Newgate-Gefängnis zur Welt. Als Dienstmädchen lässt sie sich gegen Geld vom Sohn des Hauses verführen, der sie später zur Heirat mit seinem jüngeren Bruder überredet. Bald verwitwet, heiratet sie einen Tuchhändler, der als Bankrotteur im Gefängnis landet und sich dann aus dem Staub macht. Mit ihrem dritten Ehemann emigriert Moll nach Virginia. Als sich jedoch herausstellt, dass er ihr Bruder ist, kehrt sie nach England zurück. Von ihrem vierten Ehemann, der aus Lancashire stammt, trennt sich Moll, nachdem beide dahinter gekommen sind, dass sie sich über ihre Besitzverhältnisse getäuscht haben. Es folgt die Heirat mit einem Banker, der nach fünf Ehejahren stirbt. Von den Kindern aus ihren diversen Ehen trennt sich Moll jeweils ohne großes Bedauern. Mit 48 Jahren ist sie zu alt, um

sich erneut durch Heirat aus ihrer finanziellen Not zu retten. Sie beginnt eine Diebeskarriere und arbeitet als Hure, bis sie im Newgate-Gefängnis landet. Als ihr die Todesstrafe droht, bereut sie zum ersten Mal ihre Missetaten und wird von einem Pastor zum Glauben bekehrt. Begnadigt, emigriert sie mit ihrem Lancashire-Ehemann nach Virginia, gründet eine Plantage und führt ein redliches Leben, an dessen Ende sie nach England zurückzukehrt.

Struktur: Der Roman erzählt episodenhaft, wie sich Moll in immer neue kriminelle Taten verstrickt. Mit ihrer Bekehrung in Newgate kommt es zum Wendepunkt der Erzählung. Ein wichtiges Strukturelement ist das Geld, das die einzelnen Episoden miteinander verbindet und auf Molls Verhaltensweise entscheidenden Einfluss nimmt. Der Roman ist von einer Spannung zwischen erlebender und erzählender Protagonistin geprägt. Während die Erzählerin Moll sich als reumütige Sünderin ausgibt, ist die Protagonistin Moll ihrem Schicksal gegenüber blind und begibt sich meist ungerührt immer tiefer in die Londoner Verbrecherszene.

Wirkung: Für den individuellen Erzählstil und die realistische Schilderung wurde Defoe vielfach gelobt. Das Spannungsverhältnis in der Konzeption und Darstellung der Hauptfigur sowie der eine ironische Deutung zulassende Ausgang des Romans – die »Belohnung« des kriminellen Verhaltens – wurden hingegen kritisiert. Moll ist jedoch mehr als Opfer einer auf Gewinnstreben fixierten vorkapitalistischen Gesellschaft zu sehen, das keine vorschnelle moralische Verurteilung verdient hat.

Wie *Robinson Crusoe* ist *Moll Flanders* als Seelentagebuch (spiritual autobiography) lesbar. Die spirituelle Wiedergeburt Molls auf dem Tiefpunkt ihrer Karriere und die daraufhin folgende Reue lassen sich als Botschaft Defoes verstehen, dass auch gesellschaftliche Außenseiter göttlicher Gnade würdig sind. *K.F.*

Hauptfiguren in »Moll Flanders« von Daniel Defoe

Moll Flanders: Arme, aber hübsche und clevere Tochter einer Diebin; mit Raffinesse, Energie und Zielstrebigkeit will sie sich gesellschaftlich etablieren; sie ist bereit, dafür moralische Prinzipien zu verletzen, ohne aber gewalttätig zu sein; heiratet mehrmals des Geldes wegen, kann aber auch Zuneigung empfinden; zu mütterlichen Gefühlen nicht fähig; wenig religiös, findet sie zuletzt aber doch zu Reue und einem straffreien Leben.

Der älteste Sohn des Bürgermeisters (Molls erster Liebhaber): »Lebenslustiger junger Mann«, der Moll mit Komplimenten verführt.

Robert/Robin (jüngster Sohn des Bürgermeisters, Molls erster Ehemann): »Offener und ehrlicher Mensch«, der Moll wirklich liebt; stirbt nach kurzer Ehe.

Der Tuchhändler (Molls zweiter Ehemann): »Durch und durch Kavalier« und ein verschwendungssüchtiger Mensch; wird wegen Bankrotts verhaftet; setzt sich später nach Frankreich ab.

Humphrey (Molls Bruder, dritter Ehemann): »Sehr gütiger Mensch«, mit dem Moll nach Virginia geht; stirbt nach der Trennung.

Der Gentleman aus Bath (Molls zweiter Liebhaber): »Sehr vornehmer Mann«, der sich nach einigen Jahren von Moll trennt.

James (Molls vierter Ehemann): »Außerordentlich vornehme Erscheinung, groß, von tadelloser Figur und äußerst gewandt«; ein Straßenräuber, den Moll von allen Männern am meisten liebt; sie verbringen ihren Lebensabend gemeinsam.

Der Bankier (Molls fünfter Ehemann): »Stiller und feinfühliger Mann, dabei tugendhaft, bescheiden und ehrlich«; lässt sich scheiden, um Moll zu heiraten; stirbt nach fünf Jahren Ehe.

Die Pflegemutter/Hebamme: Prinzipienlos und rein materiell orientiert; nimmt Huren und ledige Mütter auf; besitzt ein Pfandhaus und macht Geschäfte mit Dieben, auch mit Moll; unmenschlich, kalt und immun gegenüber (Schuld-)Gefühlen.

DeLillo, Don

US-amerikan. Schriftsteller

*20.11.1936 New York

📖 *Unterwelt*, 1997

Don DeLillo erhielt für sein umfangreiches Werk – rund ein Dutzend Romane, zwei Theaterstücke, zahlreiche Essays und Kurzgeschichten – hohe Auszeichnungen und gilt als bedeutender kritischer US-Autor der Gegenwart.

Der Sohn italienischer Einwanderer wuchs im New Yorker Stadtteil Bronx im katholischen Milieu auf. Seine Freizeit verbrachte der sportbegeisterte Junge mit Baseball, Basketball und

Football. Ende der 1950er Jahre studierte De-Lillo an der Fordham University und arbeitete danach bis 1963 in der Werbebranche. Mitte der 1960er Jahre begann er Kurzgeschichten zu schreiben. 1971 erschien sein erster Roman *Americana*. Eindrücke einer mehrjährigen Reise durch Griechenland, den Mittleren Osten und Indien verarbeitete er in seinem Thriller *Die Namen* (1982). Der Durchbruch gelang DeLillo mit dem College-Roman *Weißes Rauschen* (1984), der 1985 mit dem American Book Award ausgezeichnet wurde. Für den Roman *Sieben Sekunden* über den Kennedy-Mord 1963 erhielt er 1988 den National Book Award, für *Mao II* (1991) 1992 den PEN-Faulkner-Preis. Zentrale Themen seines Werks sind u. a. die moderne Massengesellschaft, die Manipulationsmacht der Medien, religiöser und politischer Fanatismus, die sprachlose Einsamkeit der Menschen und die expressive Kraft der Kunst.

Literatur: A. Weber, *Im (weißen) Rausche der Postmoderne. White Noise – Don DeLillo und seine hyperreale Welt*, 1998.

Die wichtigsten Bücher von Don DeLillo	
Americana 1971	Ein Fernsehmanager scheitert beim Versuch, seine Lebenskrise auf einer Kamera-Tour durch Amerika zu überwinden.
Spieler 1977	Das Leben eines erfolgreichen Ehepaars in Manhattan gerät durch die Verwicklung in einen Terrorfall aus den Fugen.
Bluthunde 1978	Mehrere Parteien jagen einem Film nach, auf dem Adolf Hitler bei einer Sexparty im Führerbunker zu sehen sein soll.
Die Namen 1982	Ein Amerikaner, der als Versicherungsagent im Nahen Osten arbeitet, klärt eine Reihe geheimnisvoller Ritualmorde auf.
Weißes Rauschen, 1984	Das betuliche Provinzleben eines College-Lehrers ändert sich schlagartig nach einem Unfall in einer Chemiefabrik.
Sieben Sekunden, 1988	DeLillo schildert in einer Mischung aus Fakten und Fiktion Hintergründe der Ermordung von US-Präsident John F. Kennedy.
Mao II 1991	Ein Autor gerät auf einer Reise von New York über London nach Beirut in ein irrwitziges Spiel auf Leben und Tod.
Unterwelt 1997	In dem Zeitroman entwirft DeLillo ein breites Panorama der US-Geschichte von den 1950er bis in die 1990er Jahre. → S. 275
Valparaiso 1999	In dem Theaterstück steigt ein Mann ins falsche Flugzeug und wird durch einen grotesken Irrtum zum Medienstar.
Körperzeit 2001	Eine Künstlerin verwandelt die Trauer über ihren Mann, der sich umgebracht hat, in eine für sie heilsame Performance.

Unterwelt

OT Underworld
OA 1997 DE 1998 Form Roman Epoche Moderne

Das Hauptwerk von Don DeLillo ist ein dicht komponierter Zeitroman über die wechselvolle Geschichte der USA als Geburtsstätte der westlichen Kultur in der zweiten Hälfte des 20. Jahrhunderts.

Inhalt: In großen Bogen spannt der Autor die Handlung des fast 1000 Seiten umfassenden Romans von den 1950er Jahren bis ins Internet-Zeitalter der 1990er Jahre und zurück. Er reist von New York durch die unendlichen Weiten Amerikas, das seine Bewohner »Gottes eigenes Land« nennen, bis in die Wüste von Arizona. Im Mittelpunkt stehen der Italoamerikaner Nick Shay und Klara Sax. Beide hatten vor Jahrzehnten in New York eine leidenschaftliche, aber kurze Affäre, nun leben und arbeiten sie in Arizona. Familienvater und Topmanager Nick entsorgt Müll jeder Art, darunter Atomschrott nach Kasachstan. Konzeptkünstlerin Klara verarbeitet den Abfall der Geschichte auf ihre Art; mitten in der Wüste konstruiert sie aus abgewrackten Teilen von B-52-Bombern ein gigantisches Metallobjekt als künstlerischen Protest gegen die Militärmacht USA. Die Lebensläufe dieser beiden Figuren sind mit einer Vielzahl menschlicher Originale, wirklichen und erfundenen Ereignissen in Alltag, Politik, Kultur und Sport verknüpft. Einer der Fixpunkte ist ein legendäres Baseball-Match am 3. Oktober 1951 in New York. Die Giants aus Manhattan und ihre Erzrivalen aus Brooklyn, die Dodgers,

kämpften um den Titel. DeLillo war damals knapp 15 und ein Fan der Dodgers, die das Finale durch einen einmaligen Schlag des Giants-Spielers Bobby Thomson verloren. Im Roman landet der entscheidende Ball in den Zuschauerrängen, wo der Weiße Bill Waterson und der junge Schwarze Cotter Martin verbissen um die Trophäe kämpfen. Cotter trägt sie am Ende im Triumph nach Hause. Während die Giants-Fans in New York jubeln, feiert die kommunistische Führung in Moskau einen Sieg in der Politik. Die UdSSR hat mit der Zündung ihrer zweiten Atombombe das Nuklearmonopol der USA endgültig gebrochen, das atomare Wettrüsten der Supermächte beginnt.

Don DeLillo, *Unterwelt*, Umschlag der deutschsprachigen Erstausgabe 1998 (Gestaltung: Rudolf Linn)

Aufbau: Trotz seines Umfangs ist *Unterwelt* ein kurzweiliger Episodenroman ohne durchgängige Helden und feste Bezugspunkte. Wie an einer Perlenkette reihen sich Lebensgeschichten um den berühmten Baseball, der ab 1951 mehrfach den Besitzer wechselt, zur teuren Reliquie wird und dann beim Müllexperten Nick Shay landet.

DeLillo zieht die wichtigsten literarischen Register: Wie James → Joyce und Virginia → Woolf nutzt er die Technik des Bewusstseinsstroms, von Thomas → Mann hat er die erzählerische Leitmotivik übernommen, in Anlehnung an John → Dos Passos treiben filmische Schnitte

Sehnsucht im großen Maß-stab, so wird Geschichte ge-schrieben. Dieser Junge hier hat überschaubare Wünsche, aber er gehört zu der sich sam-melnden Menge, den anony-men Tausendschaften in Bus-sen und Zügen, Menschen in dicht gedrängten Schlangen, die auf der Drehbrücke den Fluss überqueren, und auch wenn dies keine Völkerwande-rung oder Revolution ist, keine tiefe Erschütterung der Seele, sie bringen die Körperhitze einer großen Stadt mit, ihre kleinen Träumereien und Ent-täuschungen, das unsichtbare Etwas, das den Alltag heim-sucht – Männer in Filzhüten und Matrosen auf Landgang, das streunende Durcheinan-der ihrer Gedanken, alle auf dem Weg zu einem Spiel.

und Montagen die Handlung von *Unterwelt* voran: Sportbegeisterung, Showbusiness und Kalter Krieg, Vietnamprotest, Drogenkonsum und Rockmusik, Pop-Art und Graffiti-Kunst, Yuppiekultur und Internetboom, Aids und Jugendkriminalität. Mit jedem Thema sind unverwechselbare Persönlichkeiten verbunden: u. a. Frank Sinatra und die Rolling Stones, der Komiker Lenny Bruce und FBI-Chef J. Edgar Hoover, der nicht im Verdacht stand, besonders humorvoll zu sein – DeLillo setzt ein großflächiges Puzzle menschlicher Träume, Fehler und Verluste zusammen, das für den Leser schlüssig aufbereitet und leicht durch-schaubar ist.

Wirkung: *Unterwelt* erhielt wichtige Literatur-preise u. a. in Israel, Italien und den USA, wo der Roman monatelang auf den Bestsellerlisten stand. Die deutsche Presse würdigte das Buch als »Meisterleistung in erzählerischer Organisa-tion« *(Der Tagesspiegel)* und »überwältigenden Chorus, in dem jede einzelne Stimme auf ihre Weise nachhallt« *(Frankfurter Rundschau)*. De-Lillo wurde mit Joyce verglichen, denn er habe »einen angemessenen Ausdruck für unser Jahr-hundert gefunden« *(Süddeutsche Zeitung)*. *B. B.*

Nach seiner Ausbildung am jesuitischen Collège Royal in La Flèche begann Descartes eine rege Reisetätigkeit, die ihn mit führenden Gelehrten seiner Zeit zusammenführte. Unter ihnen war der Kreis von Mathematikern und Physikern um Marin Mersenne (1588–1648), seinem zukünftigen Mentor. Der Lebensmittel-punkt des Philosophen war zunächst Paris.

Descartes lebte in einer unsicheren, durch Kriege geprägten Zeit. In diesem Umfeld setzte er seine Hoffnung auf eine neue Wissenschaft, deren sichere Grundlage klare und deutliche Begriffe sein sollten. Doch seine Ideen sorgten für zahlreiche Kontroversen. 1628 emigrierte Descartes in die Niederlande, wo er sich mit ma-thematischen, physikalischen, medizinischen und metaphysischen Fragen befasste. Sein kos-mologisches Werk *Le monde* ließ er vorsorglich unveröffentlicht, nachdem er von der Anklage gegen Galileo → Galilei erfahren hatte. 1637 er-schien die programmatische *Abhandlung über die Methode des richtigen Vernunftgebrauchs und der wissenschaftlichen Forschung* sowie 1641 die *Meditationen über die Erste Philoso-phie*. Descartes stand in Briefkontakt mit der schwedischen Königin Christine (1626–89), die ihn 1649 schließlich überzeugte, nach Stock-holm zu kommen, wo er im Jahr darauf starb.

Biografie: R. Specht, *Descartes* (rm 50117).

Descartes, René

frz. Philosoph

*31.3.1596 La Haye, † 11.2.1650 Stockholm

📖 *Abhandlung über die Methode des richtigen Ver-nunftgebrauchs und der wissenschaftlichen Forschung, 1637*

René Descartes gilt als Begründer der theoreti-schen Philosophie der Neuzeit. Er hob die An-nahmen des bisherigen scholastischen Wissens auf und gründete die Sicherheit der Erkenntnis in der Selbstgewissheit des Cogito, des denken-den Ichs.

Philosophische Werke am Beginn der Neuzeit	
Francis Bacon 1620	*Neues Organon:* Die Aphorismensammlung enthält die Grundlagen einer neuen, den scholastischen Aristotelismus ablösenden Wissen-schaftsphilosophie aufgrund von Beobachtungen und Experimenten.
Galileo Galilei 1632	*Dialog über die zwei hauptsächlichen Weltsysteme, das ptolemäische und das kopernikanische:* In seinem astronomischen Hauptwerk woll-te Galilei den physikalischen Nachweis der Erdbewegung erbringen.
René Descartes 1637	*Abhandlung über die Methode...:* Vor allem wegen seiner wissenschaft-lichen Methode, den Grundzügen der cartesischen Metaphysik und der Vorstellung vom denkenden Ich steht der Diskurs am Beginn der neuzeitlichen Vernunft- und Subjektphilosophie. → S. 276
René Descartes 1641	*Meditationen über die Erste Philosophie:* In seinem philosophischen Hauptwerk führt Descartes den Leser die Stationen seines Erkenntnis-wegs vor Augen und entfaltet die Metaphysik des Discours.
Thomas Hobbes 1651	*Leviathan:* Eine staatsphilosophische Begründung des Absolutismus zur Abwehr der Bürgerkriegswirren in England. → S. 511

Abhandlung über die Methode des richtigen Vernunftgebrauchs und der wissenschaftlichen Forschung

OT Discours de la méthode pour bien conduire sa raison, et chercher la verité dans les sciences
OA 1637 **DE** 1863 **Form** Sachbuch **Bereich** Philosophie

Aristoteles lässt das Philosophieren mit dem Zweifeln beginnen; sein Zweifeln ruht auf der Grundlage eigener Gewissheiten. Mit Descartes wird das methodische Zweifeln und Infragestel-len zum Signum der Neuzeit, die ihrer Grundla-gen selbst nicht mehr gewiss ist. Descartes lehnt die bloße Übernahme traditioneller Wissensbe-stände ab und versucht menschliches Wissen auf das sichere Fundament der Selbstgewissheit des denkenden Ichs zu stellen. Damit wird er zum Begründer der Philosophie der Neuzeit.

Entstehung: Nach einem Tagebucheintrag will Descartes seinen methodischen Grundgedan-ken bereits am 10. November 1619 gefasst haben. Seine mathematischen und naturphilo-sophischen Studien flossen zunächst nicht in eine Veröffentlichung ein, weil ihn der Fall → Galileis zutiefst verunsichert und seine literari-schen Pläne verändert hatte. Über seine Gründe, die mit autobiografischen Motiven durchsetzte *Abhandlung* schließlich 1637 doch zu veröffentlichen, legt Descartes ausführlich im sechsten Kapitel des Werks Rechenschaft ab. Vor allem bewegte ihn die Aussicht auf die kooperative Fortsetzung seiner Forschungen.

Inhalt: Vorbild aller Wissenschaften ist für Descartes die Mathematik. An ihr schätzte er die »Sicherheit und Evidenz ihrer Beweisgründe«. Auf dem Weg seiner Methode gelangt Descartes zu den Fundamenten seiner Metaphysik. Von gleicher Sicherheit wie die mathematischen Wahrheiten war für ihn der erste Grundsatz der Philosophie, »Ich denke, also bin ich.« (»cogito, ergo sum.«). Die Natur dieses Ichs ist es, eine Substanz zu sein, die völlig vom körperlichen Sein unterschieden ist. Dem liegt die dualistische Ontologie des französischen Philosophen zugrunde, also seine Auffassung, dass alle Wirklichkeit aus zwei völlig verschiedenen Seinsweisen besteht, aus Immateriell-Denkendem (»res cogitans«) und Materiell-Ausgedehntem (»res extensa«). Da er glaubt, selbst ein unvollkommenes Wesen zu sein, fragt sich Descartes nach der Ursache des Begriffs von einem vollkommenen Wesen und er sieht sich zur Vorstellung Gottes als eines vollkommenen Wesens hingeführt. Gottes Vollkommenheit setzt aber begrifflich seine Existenz voraus (sog. ontologischer Gottesbeweis). Von hier aus zurückblickend erkennt der menschliche Verstand, dass erst die Existenz Gottes alle Erkenntnisse für den Menschen sicherstellt.

Wirkung: Das 17. Jahrhundert gilt philosophiegeschichtlich als das »Jahrhundert der Methode«. Daran hat Descartes maßgeblichen Anteil. Er begründete darüber hinaus eine philosophische Strömung, den Cartesianismus, der Philosophen aus ganz Europa angehörten. Seine Philosophie der Selbstgewissheit des denkenden Ich bestimmte die Subjektivitätsphilosophie der Neuzeit, sie beeinflusste die Vernunftphilosophie von Immanuel → Kant sowie die Phänomenologie von Edmund Husserl (1859–1938). *D. L.*

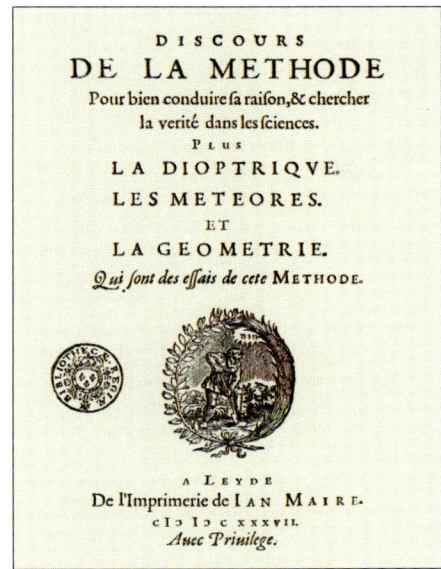

René Descartes, *Abhandlung über die Methode des richtigen Vernunftgebrauchs und der wissenschaftlichen Forschung*, Titelblatt der Originalausgabe 1637

Auszug aus der *Abhandlung über die Methode des richtigen Vernunftgebrauchs und der wissenschaftlichen Forschung* (1637) von René Descartes:

Indem ich erkannte, dass diese Wahrheit: »ich denke, also bin ich« so fest und sicher ist, das die ausgefallensten Unterstellungen der Skeptiker sie nicht zu erschüttern vermöchten, so entschied ich, dass ich sie ohne Bedenken als ersten Grundsatz der Philosophie, die ich suchte, ansetzen könne.

Deschner erhielt seine schulische Ausbildung bei Franziskanern und Karmelitern und meldete sich 1942 nach dem Abitur als Kriegsfreiwilliger. Nach einem Studium der Neuen Deutschen Literaturwissenschaft, Philosophie und Geschichte in Würzburg promovierte er 1951 und wurde freier Autor. Neben Streitschriften zum Literaturbetrieb wie *Kitsch, Konvention und Kunst* (1957) sowie *Talente, Dichter, Dilettanten* (1964) publizierte er Beiträge zur Kirchenkritik (*Mit Gott und den Faschisten*, 1965; *Warum ich aus der Kirche ausgetreten bin*, 1970) und stand 1971 in Nürnberg »wegen Kirchenbeschimpfung« vor Gericht. 1988 wurde er mit dem Arno-Schmidt-Preis ausgezeichnet.

Deschner, Karlheinz

dt. Schriftsteller

*23.5.1924 Bamberg

📖 *Kriminalgeschichte des Christentums*, ab 1986

Der Romancier, »literarische Landschaftsmaler«, Essayist und Aphoristiker Karlheinz Deschner profilierte sich als Kritiker in der Tradition der Aufklärung; 1993 erhielt er den Alternativen Büchnerpreis und – als erster Deutscher – den International Humanist Award.

Kriminalgeschichte des Christentums

OA ab 1986 (7 Bde.) **Form** Sachbuch **Bereich** Religion

Unter Berufung auf sein ethisches Engagement und ein Studium der Geschichte unter dem Gesichtspunkt des Humanismus verfasste Karlheinz Deschner eine »Geschichte des Christentums, seiner Dynastien und Kriege, seiner Schrecken und Scheußlichkeiten«.

Entstehung: Im Verlauf von drei Jahrzehnten entwickelte sich die Kirchenkritik von Deschner (*Was halten Sie vom Christentum?*, 1957; *Das Kreuz mit der Kirche*, 1974) von der Zeitgeschichte (*Das Jahrhundert der Barbarei*, 1966) zur Konzeption einer historischen Gesamtdarstellung des Christentums. Von dem auf zehn Bände angelegten Magnum opus seiner Kirchen- und Re-

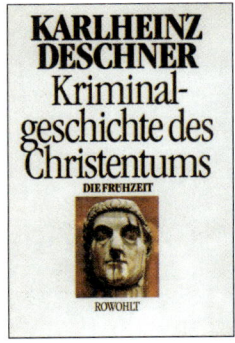

Karlheinz Deschner, *Kriminalgeschichte des Christentums*, Umschlag der Originalausgabe 1986

Karlheinz Deschner 1990 in einem Interview mit der spanischen Zeitung *El Independiente* zur wachsenden Kritik innerhalb der katholischen Kirche, etwa an der vom Papst verordneten Sexualmoral:

Die fortschrittlichen Theologen sind die schlimmsten. Es gibt sie seit Paulus. Sie betreiben eine Adaption des Christentums an den jeweiligen Zeitgeist. Wenn aber ein Theologe wirklich fortschreitet, ist er kein Theologe mehr!

Charles Dickens 1858, fotografiert von Herbert Watkins

ligionskritik legte Deschner 1986–90 drei Bände über das Christentum in der Antike vor; 1994–2000 folgten vier Bände vom Frühmittelalter bis zum 13. und 14. Jahrhundert.

Inhalt: Ein roter Faden des Werks ist die Demaskierung von Akteuren der politischen Gewalttaten, die unter christlichem Vorzeichen stattgefunden haben, z. B. der »heiligen« Herrscher seit Kaiser Konstantin und Päpsten wie Gregor I. Die gründliche Revision stützt sich auf unzählige Quellen, die im Zweifel gegen den Angeklagten verwendet werden. Angestrebt ist eine »Geschichte der Handlungs- und Verhaltensformen der Christenheit jenseits aller institutionellen und konfessionellen Schranken«.

Wirkung: 1987, im Jahr nach dem Erscheinen des ersten Bands, nahm Deschner an der Universität Münster einen Lehrauftrag zur Kriminalgeschichte des Christentums wahr. Der anhaltende Publikumserfolg erzwang schließlich 1992 eine kirchliche Reaktion – ein Symposium der Katholischen Akademie Schwerte unter dem Titel »Kriminalisierung des Christentums? Karlheinz Deschners *Kirchengeschichte* auf dem Prüfstand« (als Buch 1993). Der Internationale Bund der Konfessionslosen und Atheisten e.V. verlieh dem »Nestor der Kirchenkritik« 2001 den Erwin-Fischer-Preis.   *C. W.*

Dickens, Charles

engl. Schriftsteller

*7.2.1812 Landport bei Portsea, †9.6.1870 Gadshill

📖 *Oliver Twist*, 1837

📖 *David Copperfield*, 1849/50

📖 *Große Erwartungen*, 1861

Charles Dickens gilt als Begründer des sozialen Romans und Meister des Humors. Er schuf unvergessliche Figuren voller Skurrilität, war aber zugleich ein scharfer Beobachter und Kritiker der gesellschaftlichen Verhältnisse seiner Zeit.

Dickens verlebte eine glückliche Kindheit, bis sein Vater in das Schuldgefängnis kam. Dickens musste daraufhin seinen Unterricht an einer höheren Schule abbrechen und sein Brot als Arbeiter in einer Fabrik verdienen; so lernte er bereits früh das schwere Leben der Arbeiter im Hafenviertel Londons und die demütigenden Verhältnisse in Haftanstalten kennen. Nachdem sein Vater nach einigen Monaten aus dem Gefängnis entlassen wurde, durfte Dickens seinen Schulbesuch an einer Mittelschule fortsetzen. 1826 trat er eine Tätigkeit als Rechtsanwaltsgehilfe an, wandte sich aber bald dem Journalistenberuf zu und war als Reporter des *Morning Chronicle* tätig. In Zeitungsfeuilletons erschienen seine ersten Schilderungen des Londoner Lebens, die 1836 in dem Buch *Skizzen von Boz* zusammengefasst wurden. Erste Berühmtheit erlangte Dickens mit seinem Roman *Die Pickwickier* (1837). 1841/42 unternahm er seine erste Amerikareise, der 1867 eine zweite folgte. Nach England zurückgekehrt, wurde er Herausgeber der großen liberalen Zeitung *Daily News*. Weitere Romane entstanden in kurzer Folge. In seiner mittleren Schaffensperiode verwandte Dickens mehr Zeit auf die Ausarbeitung seiner Romane und vollendete in seinem Spätwerk seine Meisterschaft. Der vitale, hoch engagierte Dickens, zu dessen großem Freundeskreis u.a. Wilkie → Collins zählte, war zum gefeiertsten Dichter seiner Zeit geworden.

Biografien: W. Dohrmann, *Charles Dickens*, 1981; P. Goetsch, *Dickens*, 1986; J. N. Schmidt, *Charles Dickens* (rm 50262).

Oliver Twist

OT Oliver Twist **OA** 1837 **DE** 1838
Form Roman **Epoche** Viktorianisches Zeitalter

Mit *Oliver Twist,* seinem zweiten Roman, sicherte sich Charles Dickens seinen Ruf als hervorragender Erzähler. Der Roman schildert das Armeleute- und Verbrechermilieu in realistischer und beklemmender Weise, enthält aber auch melodramatische und groteske Effekte. *Oliver*

Twist ist ein meisterhaftes Gesellschaftspanorama der Viktorianischen Zeit, das die »Parias der Unterwelt« fassettenreich schildert und auf beeindruckende Weise Verzweiflung und Verlorenheit zu vermitteln vermag. Der Roman gehört zu den meistgelesenen Werken von Dickens.

Inhalt: Oliver wächst als Findelkind im Armenhaus einer Kleinstadt unter dem unbarmherzigen Regiment des Büttels, Mr. Bumble, auf. Von dort wird er in die Lehre zu dem grausamen Leichenbestatter Mr. Sowerberry gegeben, nachdem er es gewagt hatte, gegen die äußerst kargen Essensrationen im Armenhaus zu protestieren. Dem Leidensdruck bei Sowerberry entzieht sich Oliver schließlich durch seine Flucht nach London, wo er bei einer Bande von Taschendieben Anschluss findet. Dem Führer der Bande, dem jüdischen Hehler Fagin, gelingt es mit Hilfe seiner Komplizin Nancy, Oliver in einen nächtlichen Einbruch in einer Villa zu verwickeln. Er wird verwundet und entdeckt, doch die Hausbesitzerin Mrs. Maylie, die seine »innere Unschuld« erkennt, schützt ihn vor der Polizei. Bei ihr und ihrer Pflegetochter Rose findet Oliver Unterschlupf, Liebe und Fürsorge. Die inzwischen reuig gewordene Nancy berichtet den beiden Frauen von Monks, einem Freund Fagins, der Oliver zu vernichten trachtet. Sie lüftet das Geheimnis um Monks, den unehelich geborenen Halbbruder Olivers, der dessen väterliches Erbteil unterschlagen hat. Nancy wird wegen ihres Verrats von dem Bandenmitglied Bill Sikes ermordet. Die skrupellosen Verbrecher finden ihre gerechte Strafe: Sikes richtet sich selber, indem er sich auf der Flucht versehentlich erdrosselt, Fagin wird verhaftet und hingerichtet und auch Monks büßt seine Tat. Der Held des Romans aber, der allen widrigen Umständen zum Trotz dem Bösen letztlich widerstanden und das Gute in sich bewahrt hat, wird von Mr. Bronlow, einem früheren Opfer der Bande, bei dem sich Oliver kurze Zeit aufhielt, adoptiert und erhält seinen angestammten Platz in der Gesellschaft. Der Zufall führt Mr. Brownlow, den Freund des verstorbenen Vaters von Oliver, und Mrs. Maylie, die Ziehmutter seiner Tante Rose, zusammen.

Aufbau: Dickens hat in diesem Werk erstmals eine geschlossene epische Großform mit einer durchgehenden Handlung und einem reich abgestuften Figurenensemble geschaffen und in überzeugender Weise Tiefen der menschlichen Seele beleuchtet. Ein meisterliches Exempel seines karikierenden Humors stellt der Armenhausvorsteher Bumble dar, der in England zum Prototyp des bornierter und mitleidslosen kleinen Beamten wurde.

Dickens stellt die Nachtseite, die Kriminellen der Gesellschaft, einer heilen bürgerlichen Welt gegenüber. Er prangert soziale Missstände an und tastet hierbei zwar das bestehende gesellschaftliche System nicht unmittelbar an, will jedoch den Anstoß für Besserungen geben.

Wirkung: Durch die überaus sensible, psychologisch glaubwürdige Schilderung der Figuren wurde der Roman zu einem Meilenstein der englischen Literatur der Viktorianischen Zeit.

Die wichtigsten Bücher von Charles Dickens	
Die Pickwickier 1837	Mit den *Pickwickiern*, einem pikaresken Roman, dessen zahlreiche Episoden um Mr. Pickwick, einem Don Quijote des Biedermeier, und den Diener Sam Weller, seinen Sancho Pansa, kreisen, wurde Dickens mit 25 Jahren weltberühmt.
Oliver Twist 1838	In diesem Roman schildert Dickens den Weg eines Fürsorgezöglings sowie das Arbeiter- und Verbrechermilieu. → S. 278
Nicholas Nickleby 1839	Dickens prangert die misslichen Zustände des englischen Schulwesens im 19. Jahrhunderts an: Titelheld Nicholas Nickleby erlebt die grausame Welt einer gefängnisartigen Internatsschule.
Leben und Abenteuer Martin Chuzzlewit's, 1844	In Martin Chuzzlewits Lebensbeschreibung wird eine Welt der Selbstsucht und bürgerlichen Moralheuchelei offenbar. Dickens hatte den Roman unter dem Eindruck seiner ersten Amerikareise (1842) geschrieben.
Dombey und Sohn 1847	Mit aller Schärfe übt Dickens in diesem Roman Kritik an den elenden Lebens- und Arbeitsbedingungen der unteren Schichten im viktorianischen England.
David Copperfield 1850	In diesem stark autobiografisch geprägten Roman schildert Dickens den Werdegang des Titelhelden. → S. 279
Harte Zeiten 1854	In dem Fabrikanten Gradgrind karikiert Dickens die Lehren der Utilitarier und klassischen Nationalökonomen; die Schicksale von Gradgrinds Kindern widerlegen sein System.
Große Erwartungen 1861	Pip vermag sich dem Einfluss der von Materialismus und Moralheuchelei geprägten bürgerlichen Gesellschaft zu entziehen und durchläuft einen Prozess der inneren Reife. → S. 280
Unser gemeinschaftlicher Freund, 1865	John Harmon, dem »Freund«, gelingt es, sich den verderblichen Verlockungen einer äußerlich glanzvollen, aber sinnentleerten Welt zu entziehen.

Charles Dickens, *David Copperfield*, Einband der deutschsprachigen Ausgabe 1888

David Copperfield

OT David Copperfield **OA** 1849/50 **DE** 1851
Form Roman **Epoche** Viktorianisches Zeitalter

Mit dem stark autobiografisch geprägten Roman *David Copperfield,* den er selbst als seinen »Lieblingsroman« bezeichnete, schuf Charles Dickens einen der wenigen großen Bildungsromane der englischen Literatur, der sich vor allem durch seine überzeugende Schilderung der Demütigungen und Ängste der Kindheit auszeichnet.

Inhalt: Der Titelheld David verbringt nach dem frühen Tod des Vaters und dem der Mutter, die von seinem Stiefvater Murdstone und dessen herrschsüchtiger Schwester Jane allmählich zu Tode gequält wird, einige Zeit in der Schule des brutalen Mr. Creakle. Bereits mit zehn Jahren wird er zur Arbeit in die Fabrik Murdstones geschickt. Den unerträglichen Bedingungen entzieht er sich durch Flucht zu seiner Tante Betsey Trotwood nach Dover, die ihm den Besuch der reformpädagogischen Schule des Dr. Strong

Elizabeth Allan, Freddie Bartholomew und Jessie Ralph (v. l.) in der Verfilmung des Romans *David Copperfield* von Charles Dickens (USA 1935; Regie: George Cukor)

Charles Dickens, *Große Erwartungen*, Umschlag der deutschsprachigen Ausgabe 1977 mit Illustrationen von F. W. Pailthorpe

Der deutsche Anglist Ludwig Borinski über Charles Dickens:

Dickens erfasst bereits in der Art der Moderne alle Bezirke des inneren Erlebens, neben dem Handeln auch Stimmungen, Erinnerungen, Assoziationen und Empfindungen aller Art, bis in die Bereiche des Neurotischen.

in Canterbury ermöglicht. Bei dem Londoner Advokaten Wickfield findet er schließlich herzliche Aufnahme. Nun beginnt Davids beruflicher Aufstieg vom Lehrling bei der Anwaltsfirma Spenlow und Jorkins hin zum Parlamentsreporter und Schriftsteller.

Zahlreiche Nebenhandlungen sind in diese Handlung eingewoben. So entführt der adelige James Steerforth, die Verkörperung des Hochmuts höherer Klassen, die Adoptivtochter des Fischers Pegotty, Emilie. Der Verlobte Emilies, Ham, verfolgt die beiden und entdeckt die mittlerweile von dem Entführer Verlassene. Bei dem selbstlosen Versuch, Steerforth vor dem Ertrinken zu retten, ertrinkt Ham selbst.

Eine weitere Nebenhandlung befasst sich mit dem Erzschurken Uriah Heep, Wickfields Angestelltem, der gegen seinen Arbeitgeber intrigiert und von Mr. Miccawber entlarvt wird, mit dem David eine enge Freundschaft verbindet. David verliebt sich in die kindliche Tochter seines Arbeitgebers Mr. Spenlow. Nach deren Tod findet David, inzwischen ein erfolgreicher Schriftsteller, die wirkliche Erfüllung in der Ehe mit seiner Jugendfreundin Agnes Wickfield.

Wirkung: *David Copperfield* wird bis heute als einer der bedeutendsten Kindheits- und Jugendromane der Weltliteratur angesehen. In diesem Roman, der die deutlichsten autobiografischen Züge aufweist, in dem der Titelheld ähnliche Stationen wie Dickens in seiner Jugend durchläuft, zeigt sich Dickens' überragendes Talent für die Darstellung von Stimmungen, Erlebnissen und Gefühlen der Kindheit. Mit der Kritik an der Missachtung des Kindes, die der Kritik an sozialen Missständen vorangeht, appellierte er an das Gewissen und wollte den Weg für soziale Reformen ebnen. *V. R.*

Große Erwartungen

OT Great Expectations **OA** 1861 **DE** 1862
Form Roman **Epoche** Viktorianisches Zeitalter

In diesem Kindheits- und Jugendroman, in dem er seine eigenen bedrückenden Kindheitserlebnisse verarbeitete, thematisiert Charles Dickens das erbärmliche Leben der Menschen im England des 19. Jahrhunderts in außergewöhnlich verdichteter Atmosphäre. Er zeichnet ein lebendiges Gesellschaftsgemälde der Viktorianischen Zeit, in dem sich Charakteristika seiner Werke wie scharfe Beobachtungsgabe, psychologisches Feingefühl und Sozialkritik vereinen. Dickens kritisiert in diesem Spätwerk das Gentleman-Ideal der von Materialismus und Moralheuchelei geprägten viktorianischen Gesellschaft. Die geradezu surrealistisch anmutende Erzähltechnik kündigt eine Hinwendung zur Moderne an.

Inhalt: Der kleine Junge Pip, eine Vollwaise, lebt im öden, nebligen Marschland. Aufgezogen wird er von seiner älteren Schwester und deren Mann, dem biederen Dorfschmied Joe Gargery, in bescheidenen Verhältnissen. Pip begegnet auf dem Friedhof dem geflohenen Zuchthäusler Magwith, dem er hilft, sich von seinen Ketten zu befreien. Eine ihm unbekannte Welt lernt er kennen, als er der exzentrischen Miss Havisham und ihrer Pflegetochter Estella vorgestellt wird. Nachdem Miss Havisham am Hochzeitstag von ihrem Bräutigam verlassen wurde, hat sie der Männerwelt Rache geschworen und Estella zu einem lieblosen Wesen erzogen, das an ihrer Stelle Vergeltung am männlichen Geschlecht üben soll. Pip verliebt sich nichtsahnend in Estella und träumt davon, selbst ein Gentleman zu sein.

Im zweiten Drittel des Buchs lebt Pip in London und ist vor allem mit Geldausgeben beschäftigt, hat ihm doch ein unbekannter Wohltäter eine vornehme Erziehung bezahlt und ein großes Vermögen in Aussicht gestellt. Er bricht mit den schlichten Verwandten und führt das Leben eines Snobs. Im letzten Drittel des Romans kehrt Pips Gönner – eben jener Zuchthäusler, dem er einst half – illegal aus der Deportation in Australien zurück, wo er reich geworden war. Nicht nur das Geheimnis um den unbekannten Wohltäter Magwith, der von dem »Gentleman« Compeyson zum Verbrechen angestiftet wurde, wird nun gelüftet, sondern auch mehrere in der Vorgeschichte geschilderte Verbrechen werden aufgeklärt sowie komplizierte Beziehungen zwischen einigen Haupt- und Nebenfiguren beleuchtet. So erfährt Pip, dass Estella, die mittlerweile einen brutalen Nichtsnutz geheiratet hat, Magwiths Tochter ist. Pip versucht Magwith bei der Flucht außer Landes zu helfen, was aber misslingt. Magwith,

OT = Originaltitel   **EZ** = Entstehungszeit   **OA** = Originalausgabe   **DE** = Deutsche Erstausgabe   □ = Verweis auf Werkartikel

der zum Tode verurteilt wird, stirbt in Gegenwart Pips an den Folgen seines Fluchtversuchs. Sein Vermögen wird eingezogen und damit enden die »großen Erwartungen« Pips, der sein Geld fortan im Ausland verdient. Als er nach Jahren wieder in Joe Gargerys Schmiede zurückkehrt, finden die verwitwete, mittlerweile geläuterte Estella und Pip schließlich zusammen.

Wirkung: Der trotz seiner Komplexität im Handlungsablauf geradlinige Roman kann als reifstes Werk Dickens' angesehen werden. Mit großem Verständnis erfasste der Autor die kindliche Psyche. Stilistisch gesehen steht der Roman mit seinen differenzierten Stimmungs- und Assoziationsebenen an der Schwelle zwischen der Literatur des 19. und 20. Jahrhunderts. *V. R.*

Goethe entdeckt und übersetzt und erst später in Französisch erschienen, ist eine Satire auf die Gegner des Kreises um Diderot. Der vielschichtige Antiroman *Jacques der Fatalist und sein Herr* (1796; dt. 1792), die hoch reflektierte Parodie eines Reiseromans, ist dank seiner sehr modernen Erzählstrategien auch heute noch ein Lesevergnügen. *R. Gr.*

Biografien: J. Borek, *Denis Diderot* (rm 50447); R. Groh, *Ironie und Moral im Werk Diderots*, 1984; K. Rosenkranz, *Diderots Leben und Werk*, 2 Bde., 1866 (Repr. 1964); J. Schlobach, *Denis Diderot*, 1992.

Enzyklopädie

OT Encyclopédie ou Dictionnaire raisonné des sciences, des arts et des métiers, par une societé des gens de lettres
OA 1751–81 **DE** 1972
Form Sachwörterbuch **Epoche** Aufklärung

1751 erschien (nachdem ein Jahr zuvor quasi als Werbemaßnahme der Prospectus veröffentlicht worden war) der erste Band der *Enzyklopädie*, ein Werk, das als ein Kulturdenkmal der Menschheit angesehen werden muss. Das Mammutwerk, für dessen Entstehung anfangs nur zwei Jahre veranschlagt worden waren, dessen letzte Textbände zusammen mit vier Bildbänden aber erst 1765 erschienen, umfasste, als nach 22 Jahren 1772 auch die letzten Bildbände herauskamen, 17 Bände Text und elf Bände mit Kupferstichen. Zusammen mit fünf Ergänzungsbänden, die 1776/77 folgten, und den 1780/81 in Amsterdam erschienenen *Tables*

Diderot, Denis

frz. Schriftsteller, Philosoph und Enzyklopädist

* 5.10.1713 Langres, † 31.7.1784 Paris

📖 *Enzyklopädie*, 1751–81

📖 *Rameaus Neffe*, 1805

Der Ruhm von Denis Diderot als Wegbereiter der Aufklärung gründet sich vor allem auf seine Tätigkeit als Autor und Hauptherausgeber der *Enzyklopädie oder Methodisches Sachwörterbuch der Wissenschaften, Künste und Berufe* (1751–81). Mehr als 5000 Beiträge, darunter wichtige programmatische, schrieb er selbst.

Diderot, Sohn eines wohlhabenden Messerschmieds, wurde von Jesuiten erzogen. Mit 15 Jahren ging er nach Paris zum Studium, das er 1732 mit dem Magister abschloss. Erst ab 1746 trat er als Verfasser eigener Schriften in Erscheinung, die ihn bald in Konflikt mit der Zensur brachten. 1749 wurde er dreieinhalb Monate in Vincennes inhaftiert.

Neben der Arbeit an der *Enzyklopädie* (ab 1750) verfasste Diderot eine große Zahl vielfältiger Schriften: philosophische, ästhetische und literaturtheoretische Traktate und Dialoge sowie kunstkritische Essays, verfassungs- und bildungspolitische Denkschriften, Romane, Erzählungen und Theaterstücke. Wie die radikaleren unter seinen theoretischen Schriften blieb auch sein literarisches Werk bis auf seinen ersten Roman und zwei Theaterstücke zu seinen Lebzeiten unveröffentlicht: Es war entweder in der Form zu neu oder im Gehalt zu brisant. Abschriften kursierten lediglich im Freundeskreis und erschienen wenige Jahre vor seinem Tod in der handgeschriebenen Auswahl.

Der dauerhafte Ruhm Diderots als Erzähler gründet vor allem auf zwei Romanen: Der Dialogroman *Rameaus Neffe* (1805, frz. 1891), von

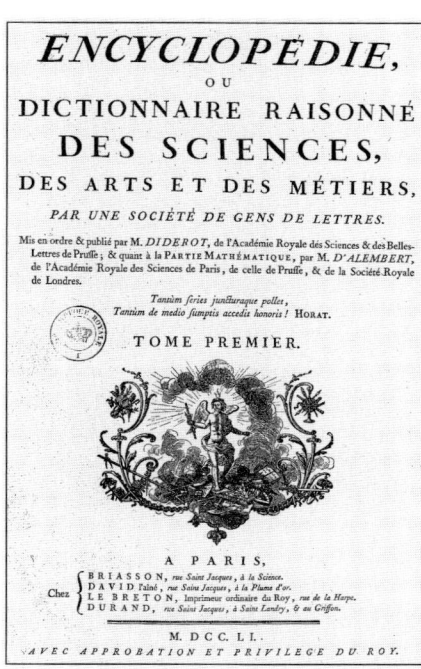

Denis Diderot, *Encyclopédie*, Titelblatt von Band 1 der Originalausgabe 1751

analitiques von Pierre Mouchon aus Genf bildeten letztendlich 35 Bände mit 23 135 Seiten
und über 3000 Kupferstichen die *Enzyklopädie*.

Entstehung: Ursprünglich wollte der Pariser
Verleger André François Breton 1745 die 1728
von Ephraim Chambers 1728 in London herausgegebene zweibändige *Cyclopaedia, or
Universal Dictionary of Art and Sciences* übersetzen lassen. Zur Finanzierung des Projekts
verband sich Breton mit drei anderen Verlegern
und übertrug dem Abt Jean Baptiste De Gua de
Malves die Aufarbeitung und Zusammenstellung des Textes für die französische Ausgabe.
1747 wurde, nach der Entlassung des Abts, der
Literat und Philosoph Denis Diderot mit der
Aufgabe betraut. Er gewann für den naturwissenschaftlichen Teil den Mathematiker und
Physiker Jean-Baptiste D'Alembert (1717–83)
als Mitarbeiter. Sie luden für die verschiedenen
Artikel die bedeutendsten Geister der Zeit ein.
Zu den später so genannten Enzyklopädisten
(Stichwort → S. 282) gehörten über 160 Wissen-
schaftler, Schriftsteller und Handwerker.

Inhalt: Wesentliches Ereignis der *Enzyklopädie*
ist die Tatsache, dass sie sich als eine Geschichte
des menschlichen Geistes, als das Ergebnis der
zur Erkenntnis gelangten menschlichen Wahrnehmung des Universums darstellt und nicht
mehr die in der Tradition der Kirche vertretene
Sicht der Gottgegebenheit allen Seins fort-
schreibt. So wird Aufklärung zum Prinzip und
der vernunftbegabte Mensch zum Adressat der
Botschaft »Enzyclopädie«.

Abgesehen von der historischen Dimension,
von der Bedeutung für den Wissenschaftler, der
sich mit der Entwicklung der Technik befasst,
dem Handwerker, der in den Bildtafeln anschaulich handwerkliche Techniken nachvollziehen
kann, die im heutigen Lehrbetrieb nicht mehr erfahrbar sind, dem Musiker, der in den Abschnitten über Musik etwas über vergessene Spieltech-
niken finden kann, dem Techniker, der Demut
lernt angesichts der vor rund 250 Jahren dargestellten Errungenschaften dessen, was menschlicher Erfindergeist bis dahin bereits vollbracht
hatte, abgesehen von der Bewunderung für den
Geist der Aufklärung und die Menge der zusammengetragenen Fakten, in einer Zeit in der das
Netzwerk der Erkenntnisse noch nicht so eng geknüpft war wie im Internetzeitalter, sind die
Bände der *Enzyklopädie* mit ihren Kupferstichen
auch ein großartiges Bilderbuch, ein »orbis pic-
tus« von außerordentlicher Schönheit. Die Stiche
wurden – überwiegend nach detaillierten Vorgaben Diderots – von den besten Kupferstechern
des späten 18. Jahrhunderts gestochen. Selbst
wenn ein großer Teil der Texte aus der *Enzyklopädie* aus heutiger oder zukünftiger Sicht der
Wissenschaften überholt sein und sich ihr Wert
nur dem Wissenschaftshistoriker erschließen
mag, werden die Kupferstiche auch in Zukunft
für den Betrachter einen unerschöpflichen
Schatz der Anschaulichkeit darstellen.

Wirkung: Die *Enzyklopädie*, das größte verle-
gerische Unternehmen des 18. Jahrhunderts,
wurde ein Verkaufserfolg und bescherte Breton
einen beträchtlichen Gewinn. Der Erfolg lässt
sich auch daran messen, dass bereits in der Zeit
der Entstehung zwischen 1758 und 1771 eine
italienische Ausgabe herausgegeben wurde. Die
Revolutionskritiker sahen in den Enzyklopädisten Mitverantwortliche für die Revolution von
1789 und damit des zentralen Ereignisses der
modernen Zeit. *M. P. S.*

Die Enzyklopädisten

Bedeutung und Repräsentanten: Als »Die
Enzyklopädisten« werden heute die Herausgeber und Mitarbeiter an der französischen *Encyclopédie ou Dictionnaire raisonné des sciences, des arts et des métiers*
bezeichnet. Denis Diderot und Jean-Baptiste D'Alembert (bis 1759) war es als Herausgebern der *Encyclopédie* gelungen, die
bedeutendsten Geister ihrer Zeit für die
Mitarbeit an dem für damalige Verhältnisse
gigantischen Werk zu gewinnen. Neben
Diderot und D'Alembert sind u.a. Etienne
Bonnot, Abbé de Condillac (Philosophie),
Paul Henri Thiry, Baron d'Holbach (Naturwissenschaft), Jean-François Marmontel
(Literaturkritik), Charles Baron de Montesquieu (Artikel »goût«), François Quesnay
(Medizin und Ökonomie), Jean-Jacques
Rousseau (bes. Musik), Anne-Robert-
Jacques Turgot (Volkswirtschaft) und Vol-
taire (Philosophie) zu nennen.

Zielsetzung: »Die Enzyklopädisten« sind die
Schöpfer eines außergewöhnlichen Ge-
meinschaftswerks von etwa 160 Wissen-

schaftlern, die nicht etwa eine gemeinsame
weltanschauliche Position oder politische
Anschauung verband, sondern die in der
Überzeugung vereint waren, durch das
Sammeln und anschauliche Verfügbar-
machen des gesamten Wissens ihrer Zeit,
der Erkenntnis der Dinge in der Welt durch
Anschauung und somit der Entwicklung der
Menschheit zu dienen. Nicht nur die Naturwissenschaften und die Philosophie, sondern auch die Künste, die Entwicklung der
Handwerke und der Technik, das Manufak-
turwesen, die Kriegskunst, die Landwirtschaft, der Handel u.a.m. wurden eingehend behandelt.

Triebfeder der Aufklärung: Die zeitweilige Anfeindung durch Kirche und Staat, die
sich auch in Verboten äußerte, konnte der
Enzyklopädie nicht schaden, sondern leistete ihrer Verbreitung eher Vorschub. So
wurde das große Gemeinschaftswerk der
Enzyklopädisten eine wesentliche Antriebskraft der Aufklärung im Vorfeld der
Französischen Revolution.

Rameaus Neffe

OT Le neveu de Rameau **EZ** ab 1761 **OA** 1891 **DE** 1805
Form Dialogroman **Epoche** Aufklärung

Begonnen als Antwort auf die Komödie *Die Philosophen* (1760) von Charles Palissot (1730 bis
1814), der Denis Diderot und seine Freunde ver-
höhnte, ist *Rameaus Neffe* eine vernichtende
Satire auf seine Gegner, eine kritische Entlarvung der Pariser Gesellschaft am Ende des Ancien Régime und zugleich ein in seiner ironisch-
spielerischen Dialektik höchst verwirrender
philosophischer Dialog.

Inhalt: Wie schon der Titel vermuten lässt, hat
Rameaus Neffe, der unter der Chiffre »Er« auf-
tritt, die dominante Gesprächsrolle inne. Sein
Partner »Ich« spielt zumeist nur den Stichwort-
geber und fungiert außerdem als Erzähler, dies
aber nur marginal und vor allem nicht in der
Rolle des Überlegenen, richtungweisenden
Kommentators.

Im Café de la Régence begegnen sich »Ich« und »Er«, zwei satirisch verdichtete Kunstfiguren, die mit dem realen Diderot und dem historisch verbürgten Jean-François Rameau nur wenige Züge gemein haben. »Ich« tritt als idealistischer Moralphilosoph für die bürgerlichen Werte Anstand, Ehre, Liebe, Freundschaft, Vaterland ein. Dem amoralischen Musiker, Schmarotzer und Schmeichler in den Häusern der Reichen ist dagegen nichts heilig. Um was es in ihrem sprunghaft geführten, von zahlreichen Pantomimen des Titelhelden unterbrochenen Gespräch auch geht, stets wird das Leitthema Moral in Beziehung gesetzt zu Themen wie Glück, Genie, Reichtum, Identität, Schicksal. Wie These und Antithese stehen die konventionelle, idealistische, illusionäre Position des »Ich« und die subversive, materialistische, realistische des Neffen einander unversöhnlich gegenüber.

In seiner unerschöpflichen Lust an Paradoxien verdreht »Er« alle anerkannten Ideale in ihr Gegenteil, beschreibt aus der Perspektive des Außenseiters die Laster der Gesellschaft und verbindet sein eigenes Bekenntnis zur Amoral mit einer Anklage gegen die ungerechte Verteilung der Güter. Die pure Not zwinge ihn zur Pose des Bettlers, Heuchlers und Schmeichlers, eine These, die sogleich verallgemeinert wird: Die Pantomime des Bedürftigen ist der große Reigen der Welt, Selbstentfremdung, »zerrissenes Bewusstsein« (Georg Wilhelm Friedrich → Hegel) der Preis für das Leben in der Gesellschaft mit ihren vielfältigen Abhängigkeiten. Dies ist der Punkt der größten Annäherung beider Kontrahenten.

Wirkung: Der von unabhängigen Geistern wie Goethe, → Schiller, Hegel und E. T. A. → Hoffmann schon früh als Meisterwerk erkannte Dialogroman hat bis heute seine Faszination behalten. Das Buch erschien zuerst 1805 in der deutschen Übersetzung von Goethe, die französische Originalfassung kam erst 1891 heraus. Eine Dramatisierung wurde 1963 in Paris uraufgeführt. *R. G.*

Hoimar von Ditfurth mit seiner Tochter und Grünen-Politikerin Jutta Ditfurth während einer Pressekonferenz der Frankfurter Grünen im September 1982

(1989) gelang es ihm, das breite Publikum für aktuelle Probleme zu sensibilisieren.

Ditfurth promovierte 1946 in Medizin und arbeitete anschließend als Arzt an der Würzburger Universitätsklinik. 1968 erhielt er eine Professur an der Medizinischen Fakultät der Universität Heidelberg. »Um nicht mein geistiges Eigenleben opfern zu müssen...«, lehnte er die Geschäftsführerposition in einem Pharmakonzern ab und wurde freier Publizist. Zahlreiche Zeitungsartikel, Rundfunk- und Fernsehbeiträge sowie Bücher zu Themen aus Natur, Umwelt und Politik machten ihn schon nach wenigen Jahren zu einem der erfolgreichsten Wissenschaftsjournalisten Deutschlands. 1971 bis 1983 moderierte er die populärwissen-

Ditfurth, Hoimar von

dt. Neurologe und Wissenschaftsjournalist

* 15.10.1921 Berlin, † 1.11.1989 Freiburg im Breisgau

📖 *So laßt uns denn ein Apfelbäumchen pflanzen*, 1985

Hoimar von Ditfurth gilt als einer der bedeutendsten Wissenschaftspublizisten der Nachkriegszeit. Mit *Wir sind nicht von dieser Welt* (1981), *So laßt uns denn ein Apfelbäumchen pflanzen* und *Innenansichten eines Artgenossen*

Die wichtigsten Bücher von Hoimar von Ditfurth	
Im Anfang war der Wasserstoff 1972	Die Natur ist der perfekte Erfinder und alles baut logisch aufeinander auf, vom Urknall bis zur Entstehung des menschlichen Geistes – so die These dieses Buchs.
Der Geist fiel nicht vom Himmel 1976	Verläuft die Evolution zielgerichtet? Hat nicht die Biologie dem Menschen zu all seinen geistigen Fähigkeiten verholfen? Dies ist laut Ditfurth möglicherweise ein Grund zu Rückbesinnung.
Wir sind nicht nur von dieser Welt, 1981	Sind Religion und Wissenschaft unvereinbar? Ditfurth sucht die Antwort auf eine der brisantesten Fragen unserer Zeit.
So laßt uns denn ein Apfelbäumchen pflanzen, 1985	Das Buch analysiert die aktuellen Probleme unserer Zeit: Krieg, Umweltverschmutzung und Bevölkerungswachstum. Und ist es gleichermaßen ein leidenschaftliches Bekenntnis zur Menschlichkeit. → S. 284
Unbegreifliche Realität, 1987	Der Sammelband enthält bisher in Buchform unveröffentlichte Aufsätze, Reden und Essays des Autors.
Innenansichten eines Artgenossen 1989	In autobiografischen Zügen porträtiert der Autor einen menschlichen Artgenossen, der sich irrtümlich als reines Geisteswesen betrachtet und seine biologische Herkunft verleugnet.
Das Erbe des Neandertalers 1992	Aus dem Nachlass des Autors wurden diese Schriften der Jahre 1946–89 veröffentlicht, die die vielseitige Anteilnahme des Publizisten am Weltgeschehen unserer Zeit dokumentieren.
Die Wirklichkeit des Homo sapiens 1995	In einem naturwissenschaftlichen Ansatz geht der Autor der Frage nach, wie der Geist in die Materie kommt – ein Werk über die Herkunft des menschlichen Bewusstseins.

schaftliche ZDF-Reihe *Querschnitte*. Für sein publizistisches Wirken wurde ihm zweimal der Adolf-Grimme-Preis (1968, 1974) und 1980 der Kalinga-Preis der UNESCO verliehen.

Hoimar von Ditfurth, *So lasst uns denn ein Apfelbäumchen pflanzen*, Umschlag der Originalausgabe 1985

So lasst uns denn ein Apfelbäumchen pflanzen

OA 1985 **Form** Sachbuch **Bereich** Gesellschaft, Politik

In seinem Buch *So lasst uns denn ein Apfelbäumchen pflanzen* versucht Hoimar von Ditfurth die Situation der menschlichen Spezies nüchtern und objektiv einzuschätzen.

Inhalt: Durch atomare Hochrüstung, Biowaffen und chemische Kampfstoffe droht sich der Mensch selbst zu vernichten. Sechs Milliarden Menschen leben auf der Erde, die Wälder sterben, die Ressourcen werden knapp. Dennoch scheint die Mehrheit der Gesellschaft unfähig, das eigene Verhalten als Ursache für die Bedrohung ihrer Existenz zu erkennen und einen rechtzeitigen Kurswechsel zu vollziehen.

Mit wissenschaftlicher Präzision analysiert Ditfurth Mitte der 1980er Jahre die Ursachen dieser misslichen Lage und unternimmt den Versuch, ihre Folgen zu prognostizieren. Ein Beispiel: Die Bevölkerungszahlen steigen, obwohl die Erde nur begrenzt Raum und Nahrung bieten kann. Wo sollen die Menschen hin und wie sollen sie ernährt werden? Konflikte und Landflucht seien die logische Konsequenz, folgert Ditfurth.

Eine sichere Überlebensgarantie mit uneingeschränkter Lebensdauer gibt es für keine Spezies; irgendwann ist die Zeit gekommen, wo auch der Mensch sich verabschieden wird. Für Ditfurth ist diese Zeit bereits angebrochen. Das Auftreten des Homo sapiens auf der Erde ist wie das aller Lebewesen naturgewollt und kann notwendigerweise nur vorübergehenden Charakter haben. Einen Grund zur Verzweiflung an der eigenen Lage gibt es laut Ditfurth für all jene nicht, die sie wahrhaft ernst nehmen.

Wirkung: Ditfurths Buch löste heftige Debatten aus. Seine Kritiker warfen ihm Pessimismus vor und bezeichneten ihn als Panikmacher. Trotz solcher Vorbehalte eroberte das Werk in kurzer Zeit die Bestsellerlisten. Für den Autor wurde es die wichtigste literarische Veröffentlichung. *K. M.*

Assia Djebar, *Die Schattenkönigin*, Einband der deutschsprachigen Ausgabe 1991

Djebar, Assia

(eigtl. Fatima-Zohra Imalayène) alger. Schriftstellerin

*30.6.1936 Cherchell

📖 *Die Schattenkönigin*, 1987

Assia Djebar gilt als bedeutendste Autorin des modernen Maghreb. In ihren Romanen und Erzählungen sowie ihren Dokumentarfilmen setzt sie sich mit dem kolonialen Erbe ihrer Heimat sowie dem Islam auseinander und verleiht insbesondere den algerischen Frauen eine Stimme, die aus einem traditionellen Gesellschaftssystem auszubrechen suchen.

Djebar besuchte ein französisches Gymnasium und studierte anschließend in Frankreich Geschichte. 1962, nach Erlangung der Unabhängigkeit Algeriens, kehrte sie erstmals für einige Jahre zurück in ihre Heimat. Seit ihrem ersten Roman, *Der Durst* (1957), der sie schnell berühmt machte, sind weibliche Selbstfindung und Selbsterfahrung ihr Thema. Djebar zeichnet den Anspruch der algerischen Frauen auf Selbstbestimmung und Gleichberechtigung ebenso nach, wie sie das Lebensgefühl der Frauen einfängt, die, abgeschlossen von der Außenwelt, auf den häuslichen Bereich verwiesen sind *(Die Schattenkönigin)*. In ihren mehrstimmigen, oft eine filmähnliche Montagetechnik aufweisenden Romanen mischen sich Individual- und Sozialgeschichte sowie autobiografische Erinnerungen und historische Quellen über die von Gewalt gezeichnete Geschichte ihres Landes: die Kolonialisierung, den Unabhängigkeitskrieg und die bürgerkriegsähnlichen Auseinandersetzungen mit den Islamisten *(Die Frauen von Algier, 1980, Fantasia, 1985, Oran – Algerische Nacht, 1997)*. 2000 erhielt Djebar, die in ihrem Werk die Opfer jeglicher Unterdrückung zu Wort kommen lässt, den Friedenspreis des Deutschen Buchhandels.

Die Schattenkönigin

OT Ombre Sultane **OA** 1987 **DE** 1988
Form Roman **Epoche** Moderne

Der Roman *Die Schattenkönigin* von Assia Djebar dreht sich um den Wunsch muslimischer Frauen nach persönlicher Freiheit, um ihren Ausbruch aus den Fesseln der Tradition, die sie in den häuslichen Bereich verbannt.

Inhalt: Im Mittelpunkt stehen zwei junge Frauen, Isma und Hajila, deren Existenz zunächst von einem Mann bestimmt wird, der als Prototyp aller Männer in einer patriarchalischen Gesellschaft erscheint. Nachdem Isma, die anfangs ganz in der Liebesbeziehung zu ihrem Mann aufging, ihn und ihre Tochter verlassen hat, sucht sie ihm eine zweite Frau aus, die spröde, aus ärmlichen Verhältnissen stammende Hajila. Die Heirat mit einem aus der Emigration zurückgekehrten, gut situierten Mann erscheint als Glücksfall, doch Hajila will sich nicht auf den häuslichen Bereich begrenzen lassen. Sie wagt es, allein hinauszugehen, sogar den Schleier abzulegen und die ihr fremde Welt draußen zu erkunden. Erstmals erlebt sie ein Gefühl von Freiheit, doch als ihr Mann von ihren heimlichen Ausgängen erfährt, schlägt er sie und sperrt sie in der Wohnung ein. Als Isma, die zuvor ihre Tochter zu sich geholt hat, um ihr ein freieres Aufwachsen zu ermöglichen, davon hört, steckt sie Hajila im Hammam, dem öffentlichen Bad, das die »Schattenschwester« aufsuchen darf, einen zweiten Wohnungsschlüssel zu.

Aufbau: Erzählt wird die Geschichte von Isma, die Hajilas Weg nachzeichnet, sich die Außenwelt anzueignen und dabei selbst zu entdecken. Zudem erinnert sich Isma an die Liebesnächte mit ihrem Mann sowie an ihre Kindheit in der abgeschlossenen Frauenwelt des Hauses und die Schicksale einzelner Frauen, wie der »Ausgestoßenen«, die aufgrund des vagen Gerüchts einer verbotenen Kontaktaufnahme mit einem Mann verbannt wurde und später im Unabhängigkeitskrieg Gefangene besuchte. Eingewoben in die kunstvoll komponierte Handlung ist zudem das Geschick von Scheherazade aus den Märchen aus Tausendundeiner Nacht, die nicht nur dank ihres Erzähltalents, sondern auch der Wachsamkeit ihrer Schwester überlebt. Solch weibliche Solidarität erscheint als Zielpunkt, als Chance für die Frauen auf dem Weg ihrer Befreiung.

Wirkung: Für ihren Roman über Frauen, die aus dem Schattendasein heraustreten, erhielt Djebar 1989 den Literaturpreis des Ökumenischen Zentrums in Frankfurt/Main, der Autorinnen der Dritten Welt gewidmet ist.   *P. G.*

Djian, Philippe

frz. Schriftsteller

*3.5.1949 Paris

📖 *Betty Blue. 37,2° am Morgen,* 1985

In seinen freimütigen Romanen und Erzählungen über die Trivialitäten des Lebens, die Schwierigkeiten der Liebe und des Schreibens stürzt Philippe Djian seine Figuren immer wieder in ausweglos erscheinende Situationen, aus der sie nur mit größter Überwindung und zumeist am Rand der Legalität entkommen.

Djian wuchs in Paris als Sohn eines Handwerkers armenischer Abstammung auf. Nach einem abgebrochenen Studium der Literaturwissenschaft und Journalistik schlug er sich mit verschiedenen Gelegenheitsjobs in Frankreich und zeitweise in den USA durch. 1981 veröffentlichte er seinen ersten autobiografischen Roman *Blau wie die Hölle,* ein Road-Movie nach dem Muster seiner literarischen Vorbilder Richard Brautigan (1935–84) und Jack → Kerouac. Der Roman *Betty Blue. 37,2° am Morgen* (1985) bildet den zweiten Teil einer autobiografisch gefärbten Romantrilogie (*Erogene Zone,* 1984; *Verraten und verkauft,* 1986), in deren Mittelpunkt die Existenzkrisen und Frustrationserlebnisse eines werdenden Schriftstellers stehen.

In der französischen Literaturszene gilt Djian mit seinem extrovertierten »amerikanischen« Schreibstil als Einzelgänger. Als freier Autor hält es ihn wie seine Romanhelden nur wenige Jahre an einem Ort, so wohnte er u. a. in Biarritz, Boston (Massachusetts), Florenz, Bordeaux und Lausanne. Seit 1999 lebt er in Paris.

Betty Blue. 37,2° am Morgen

OT 37,2° le matin **OA** 1985 **DE** 1986
Form Roman **Epoche** Moderne

In dem frechen französischen Umgangston des Argot sowie einer direkten, lebensnahen Sprache, die am Stil der amerikanischen Beat Generation geschult ist und alle Extreme auslotet, erzählt Djian die Geschichte einer atemlosen »amour fou« zwischen dem Gelegenheitsarbeiter und Schriftsteller Zorg und der jungen, verführerischen Betty.

Inhalt: Betty zieht zu Zorg und hilft ihm bei seinen Arbeiten in der Feriensiedlung eines südfranzösischen Provinznestes. Zufällig stößt sie eines Tages auf ein altes Manuskript ihres Freundes, das sie von dessen Begabung überzeugt. Endlich hat sie eine Aufgabe entdeckt, die ihrem Leben einen Sinn geben soll: Sie möchte Zorg zum Schriftsteller machen und schickt das von ihr abgetippte Manuskript an zahlreiche Verlage, die es aber allesamt abweisen. Diese ständigen Frustrationserlebnisse lassen in Betty unkontrollierte Aggressionen entstehen, die sie schließlich gegen sich selbst richtet. Nachdem sie erfahren hat, dass sie trotz eines zunächst positiven Tests nicht schwanger ist, verstümmelt sie sich selbst und landet in einer psychiatrischen Klinik. Dort setzt Zorg ihrem sinnlosen Leiden ein Ende, indem er sie mit einem Kissen erstickt. Erst nach ihrem Tod erfährt er, dass sein Manuskript veröffentlicht werden soll, und beginnt wieder zu schreiben.

Wirkung: Der Roman *Betty Blue* verhalf Philippe Djian zum literarischen Durchbruch und machte ihn international bekannt. Das Kultbuch der 1980er-Generation wurde auch ein großer Kinoerfolg (1986, Regie: Jean-Jacques Beineix).   *C. H.*

Aus der Begründung zur Verleihung des Friedenspreises des Deutschen Buchhandels an Assia Djebar 2000:

Sie hat mit ihrem Werk ein Zeichen der Hoffnung gesetzt für die demokratische Erneuerung Algeriens... Den vielfältigen Wurzeln ihrer Kultur verpflichtet, hat Assia Djebar einen wichtigen Beitrag zu einem neuen Selbstbewusstsein der Frauen in der arabischen Welt geleistet.

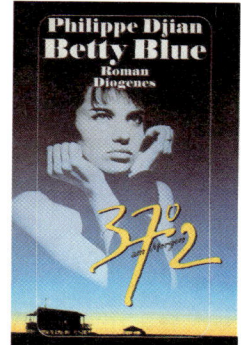

Philippe Djian, *Betty Blue,* Einband der ersten Taschenbuchausgabe 1988 (Gestaltung: Nina Rothfos und Patrick Gabler)

Mein Denken und Arbeiten geistiger Art gehört, ob ausgesprochen oder nicht ausgesprochen, zu Berlin. Von hier hat es angefangen und erfährt seine entscheidenden Einflüsse und seine Richtung, in diesem großen, nüchternen Berlin bin ich aufgewachsen, dies ist der Mutterboden, dieses Steinmeer der Mutterboden all meiner Gedanken.

Alfred Döblin um 1930 mit seinen beiden jüngsten Söhnen in seiner Bibliothek

Döblin, Alfred

dt. Schriftsteller

* 10.8.1878 Stettin

† 26.6.1957 Emmendingen bei Freiburg

📖 *Berlin Alexanderplatz*, 1929

Alfred Döblin gilt als einer der wichtigsten deutschen Vertreter der modernen Erzählkunst.

Thematische Konstante seines Werks ist der Aufeinanderprall von individuellem Selbstbehauptungswillen und der Ohnmachtserfahrung gegenüber inneren und äußeren Kräften. Vor allem sein Frühwerk (*Die Ermordung einer Butterblume*, 1913; *Die drei Sprünge des Wang-lun*, 1915) ist dem Expressionismus zuzurechnen.

Die Kindheit Döblins war geprägt von familiären und finanziellen Schwierigkeiten; der Weggang des Vaters wurde zum lebenslangen Trauma. 1888 zog die Familie nach Berlin um. Döblin nahm im Alter von 22 Jahren ein Medizinstudium auf und wurde 1905 Facharzt für Neurologie und Psychiatrie. Die Erfahrungen aus seiner Tätigkeit als Arzt lieferten ihm wichtige Anregungen für sein literarisches Schaffen. 1933 emigrierte Döblin nach Frankreich, 1940

flüchtete er in die USA. Dort lebte er in ärmlichen Verhältnissen und sozialer Isolation, die sich durch seine Konversion zum Katholizismus noch verstärkte. Nach Kriegsende kehrte Döblin nach Deutschland zurück, fühlte sich dort aber politisch und beruflich enttäuscht. Erst nach seiner erneuten Übersiedlung nach Paris im Jahr 1953 kam es zu einer Wiederentdeckung seines Werks. Die Veröffentlichung des Romans *Hamlet oder die lange Nacht* nimmt ein Ende wurde 1956 ein letzter großer Erfolg. Einen Tag vor der Zuerkennung des Literaturpreises der Bayerischen Akademie der schönen Künste verstarb Döblin nach langer Krankheit.

Biografien: A. Arnold, *Alfred Döblin*, 1996; K. Schröter, *Alfred Döblin* (rm 50226).

Berlin Alexanderplatz

OA 1928

Form Roman **Epoche** Expressionismus/Moderne

Berlin Alexanderplatz von Alfred Döblin gilt als erster und bedeutendster deutscher Großstadtroman. Der Zusatztitel *Die Geschichte vom Franz Biberkopf* deutet die ambivalente Struktur des Werks an: Die Stadt Berlin und die Figur des Biberkopf sind gleichermaßen Protagonisten des Romans. So geht es um die chaotische Lebendigkeit der Metropole – und um einen Menschen, der in dieser Stadt immer wieder scheitert. Döblin zeigt mit Biberkopf ein Individuum, das den Widrigkeiten des Großstadtlebens ausgesetzt ist und von Schicksalsschlägen getroffen wird; begründet ist sein Scheitern aber letztlich durch einen übersteigerten Selbstbehauptungswillen, der sich in Selbstüberschätzung, ständiger Demonstration der vermeintlichen eigenen Stärke und mangelnder Anpassung an die Außenwelt manifestiert.

Inhalt: Der ehemalige Transportarbeiter Franz Biberkopf hat wegen der Ermordung seiner Geliebten eine vierjährige Haftstrafe verbüßt. Nach der Entlassung aus dem Zuchthaus will er ein anständiges Leben führen; er findet sich jedoch nicht zurecht, wird menschlich enttäuscht, gerät in kriminelle Kreise und lässt sich auf ein Kräftemessen mit Reinhold, dem dämonischen Anführer einer Verbrecherbande, ein. Bei einer Diebestour stößt Reinhold Biberkopf aus dem Auto; Franz verliert dadurch einen Arm und wird zum Invaliden. Wild entschlossen, sich nicht unterkriegen zu lassen, sucht Biberkopf erneut die Konfrontation mit Reinhold und prahlt ihm gegenüber mit seiner Braut Mieze. Reinhold versucht daraufhin, die junge Frau für sich zu gewinnen; als ihm dies nicht gelingt, bringt er sie um. Biberkopf erkennt seine Mitschuld, bricht zusammen, wird unter Mordverdacht verhaftet und in die Irrenanstalt eingeliefert. Im Angesicht des Todes vergegenwärtigt er sich seinen Unheil bringenden Hochmut und legt seine alte Persönlichkeitsstruktur ab. Nach Freispruch und Entlassung stellt er sich zum ersten Mal bewusst dem Leben.

Struktur: Dem Konzept des Futurismus entsprechend schafft Döblin ein Kunstwerk der Bewegung. Um die Vielschichtigkeit der Stadt abzubilden, schöpft er die Möglichkeiten der literarischen Montage voll aus: Verschiedene Textsorten wie Zeitungsausschnitte, Reklameslogans, Bibelzitate, Nachrichtenmeldungen, Wetterberichte und Liedtexte stehen übergangslos nebeneinander. Hinzu kommt der Einsatz disparater Sprachstile, vom Jargon bis zu lyrischen Passagen. Auch die Erzählhaltung wechselt ständig: Mit der Konzentration auf die Figur des Franz Biberkopf dominiert eine personale Erzählsituation, die sich des inneren Monologs, der erlebten Rede und langer Stream-of-consciousness-Passagen bedient. Immer wieder meldet sich dazwischen ein kommentierender Erzähler zu Wort.

Wirkung: *Berlin Alexanderplatz* war der erste große Erfolg Döblins, der ihm zu zeitweiliger finanzieller Unabhängigkeit verhalf. Schon in den 1930er Jahren wurde der Roman in mehrere Sprachen übersetzt. Zu seiner frühen Popularität trugen auch eine Hörspielfassung und die Verfilmung von Piel Jutzi (1896–1946) aus dem Jahr 1931 bei. 1980 erreichte die mehrteilige Fernsehserie von Rainer Werner Fassbinder (1945–82) hohe Einschaltquoten. Döblins Großstadtroman ist eines der wichtigen großen Epen des 20. Jahrhunderts; sein Autor wurde mit diesem Roman und anderen Werken zum Vorbild für Literaten wie Günter → Grass und Arno → Schmidt. *A. K.*

Alfred Döblin, *Berlin Alexanderpatz*, Originalausgabe 1929 (Gestaltung: Georg Salter)

Doctorow, E(dgar) L(awrence)

| US-amerikan. Schriftsteller |
| *6.1.1931 New York |
| 📖 *Ragtime*, 1975 |

E. L. Doctorow, einer der Hauptvertreter der postmodernen Literatur in den USA, variiert den historischen Roman. In spannenden Geschichten verknüpft er tatsächliche und erfundene Ereignisse und Personen, hebt die Trennung zwischen Geschichtsschreibung und Literatur auf und entlarvt die stets subjektive Deutung der Vergangenheit.

Nach Philosophiestudium (bis 1953) und Militärdienst (bis 1955) arbeitete Doctorow als Lektor in verschiedenen Verlagen und ab 1969

Großstadtdichtung

Charakteristik: Der Terminus bezeichnet die literarische Auseinandersetzung mit den Lebensbedingungen des Individuums in der modernen Großstadt. Im Vordergrund stehen Aspekte wie Komplexität, Simultanität und Anonymität. Während Vorläufer wie Victor → Hugo, Charles → Dickens und Emile → Zola sich noch interpretierend und erzählerisch ordnend mit diesen Phänomenen auseinander gesetzt haben, spiegelt sich die erfahrene Zusammenhanglosigkeit im 20. Jahrhundert auch erzähltechnisch wider. Das literarische Werk hat die Großstadt nicht nur zum Thema, sondern wird auch von ihr geprägt und bildet sie ab. Wichtiges Charakteristikum der Großstadtdichtung ist neben der Vielschichtigkeit der Perspektiven die Collage bzw. Montage. Durch den Gebrauch dieses Stilmittels nähert sich die Großstadtdichtung der Darstellung von simultanem Geschehen und bruchstückhaftem Erleben im Medium Film an.

Werke: Mit Döblins *Berlin Alexanderplatz* gelten *Ulysses* (1922) von James → Joyce und *Manhattan Transfer* (1925) von John → Dos Passos als die wichtigsten Werke der Großstadtdichtung, deren bevorzugte Gattung der Roman ist. In der Lyrik steht die Stadt vor allem im Expressionismus häufig als Chiffre für Bedrohung, so bei Gottfried → Benn, Georg Heym (1887–1912) und Georg Trakl (1887 bis 1914). Vereinzelt finden sich auch Dramen, die der Großstadtdichtung zuzurechnen sind (Bertolt → Brecht, Albert → Camus).

Die wichtigsten Bücher von E. L. Doctorow

Willkommen in Hard Times, 1960	In dem ironischen Western entlarvt Doctorow das populäre Genre als Ausdruck eines nationalen Selbstbetrugs der USA.
Das Buch Daniel 1971	Erzählt wird der Fall des wegen Spionage für die UdSSR 1953 hingerichteten US-Ehepaars Julius und Ethel Rosenberg.
Ragtime 1975	In den USA nach 1900 überlappen sich die Lebenslinien dreier sozial und kulturell höchst unterschiedlicher Familien. → S. 288
Sterntaucher 1979	In diesem Roman relativiert Doctorow ironisch den amerikanischen Erfolgsmythos »vom Tellerwäscher zum Millionär«.
Weltausstellung 1985	Am berührenden Schicksal eines Jungen in New York um 1930 wird die Sozialgeschichte der USA beispielhaft dargestellt.
Billy Bathgate 1989	In den 1930er Jahren in New York wird der berüchtigte Gangster Dutch Schultz für den 15-jährigen Billy zum Ersatzvater.

E. L. Doctorow in *Essays and Conversations* (1983):

Die Geschichte hat mit der Fiktion ein Verfahren der Vermittlung von Welt zur Schaffung von Bedeutung gemeinsam... Fakten sind die Bilder der Geschichte, ebenso wie Bilder die Daten der Fiktion sind.

E. L. Doctorow, *Ragtime*, Umschlag der deutschsprachigen Erstausgabe 1976

als Hochschullehrer. Den Romanen *Willkommen in Hard Times* (1960) und *Das Buch Daniel* (1971) folgte der Welterfolg *Ragtime* (1975), den Milos Forman (*1932) 1981 verfilmte. Doctorows jüngster Roman *City of God* (2000) schildert Politik, Wirtschaft und Religion in New York kurz vor der Jahrtausendwende.

Doctorows Werk wurde in rund 30 Sprachen übersetzt. Er erhielt den National Book Award (für *Das Buch Daniel*) und zweimal den National Book Critics Circle Award (für *Ragtime* und *Billy Bathgate*).

Biografie: P. Levine, *E. L. Doctorow* (engl.), 1985.

Ragtime

OT Ragtime **OA** 1975 **DE** 1976
Form Roman **Epoche** Postmoderne

E.L. Doctorow erzählt in einer Mischung aus historischen Fakten und Fiktion das Schicksal dreier Familien von der Jahrhundertwende bis zum Eintritt der USA in den Ersten Weltkrieg 1917.

Inhalt: Eine liberale weiße Industriellenfamilie in New Rochelle (New York) nimmt ein schwarzes Findelkind und später auch dessen Mutter auf. Um sie wirbt der erfolgreiche farbige Jazzpianist Coalhouse Walker. Als sein Auto, das legendäre Ford-Modell T, von weißen Rassisten demoliert wird, versucht er auf juristischem Weg Schadenersatz zu erlangen. Doch die Gesellschaft verweigert ihm seine verfassungsmäßigen Rechte. Seine Verlobte, die beim Vizepräsidenten der USA um Hilfe bittet, wird von Leibwächtern schwer verletzt und stirbt. Walker sammelt eine Gruppe desillusionierter schwarzer Jugendlicher

um sich und startet als bewaffneter Revolutionär einen Rachefeldzug. Er gipfelt in der Besetzung der mit Kunstschätzen angefüllten Bibliothek des Großbankiers John P. Morgan. Zum Schein geht die Polizei auf Walkers Forderungen ein, erschießt ihn aber, als er das Gebäude verlässt. Die dritte Familie ist die des jüdischen Sozialisten Tateh, der als Einwanderer mit dem Daumenkino einen Verkaufshit landet und zum erfolgreichen Filmproduzenten aufsteigt.

Aufbau: Der Roman ist eine moderne Variation des *Michael Kohlhaas* (1810) von Heinrich von → Kleist. Wie in Kleists Novelle scheitert Doctorows Held Coalhouse am Glauben an die gesellschaftlichen Ideale. Statt Freiheit und Gleichheit herrschen Egoismus, Ungerechtigkeit und Rassismus. Wer die Gesellschaft beim Wort nimmt, fällt ihr zum Opfer. Der Autor baut in seine erfundene Geschichte zahlreiche historische Personen ein, u.a. den Autopionier Henry Ford (1863–1947), den Polarforscher Robert Peary (1856–1920) und den Psychoanalytiker Sigmund Freud (1856–1939).

Der komplexen Erzählstruktur des Romans entspricht eine vielstimmige Sprache. Wie im Ragtime, dem Vorläufer des Jazz mit seiner synkopischen Taktverschiebung und musikalischen Phrasierung, spielt der Autor auf seiner Klaviatur mit Witz, Ironie und Metaphorik. Reale und erfundene Episoden verschmelzen zu einer subjektiven Deutung der Geschichte, deren Ausläufer bis in die moderne Kommerzkultur reichen.

Wirkung: *Ragtime* wurde ein Weltbestseller; die US-Buchkritiker würdigten den Roman 1975 wegen der gelungenen Mischung aus Nostalgie, Unterhaltung und Sozialkritik mit ihrem Hauptpreis. *B. B.*

Doderer, Heimito von

österr. Erzähler

*5.9.1896 Weidlingau bei Wien, †23.12.1966 Wien

📖 *Die Strudlhofstiege*, 1951

📖 *Die Dämonen*, 1956

Heimito von Doderer ist einer der bedeutendsten Erzähler des 20. Jahrhunderts. Seine stimmungsvollen Romane veranschaulichen die Phänomene Zeit, Erinnerung und Schicksal.

Der jüngste Sohn eines wohlhabenden, erfolg- und einflussreichen Oberbaurats verbrachte seine Jugend im Wien der ausgehenden k.u.k. Monarchie. Nach seiner Reifeprüfung 1914 musste er als Dragoner am Ersten Weltkrieg teilnehmen. Die Jahre 1916–20 verbrachte er in russischer Kriegsgefangenschaft; nach seiner Rückkehr war die Entscheidung für den Schriftstellerberuf gefallen. Doderer studierte in Wien Geschichte und Psychologie, schloss Freundschaft mit dem Maler und Autor Albert Paris Gütersloh (1887–1973) und wurde 1925 promoviert. Spätestens seit *Ein Mord den jeder begeht* (1938) galt sein Hauptinteresse dem Sichtbarmachen von Schicksalsmechanismen. Zeitweise erlag Doderer der Verführung des Nationalsozialismus und nahm 1940–45 als Offizier am Krieg teil; zu dieser Zeit konzipierte er schon *Die Strudlhofstiege*, mit der ihm 1951 der Durchbruch gelang. Auch nach seiner Heirat 1952 führte Doderer, nach Erscheinen der *Dämonen* 1956 berühmt, sein Wiener Junggesellenleben in einer winzigen Wohnung weiter und frequentierte Kaffeehäuser, wo er gern groteske Texte vortrug. Seine kontinuierlich geführten, z.T. erst jüngst edierten Tagebücher (*Tangenten*, 1964; *Commentarii*, 1976/86) voller Chiffren und in oft sentenziösem Stil, der zuweilen in die Romane einfließt, auch seine Aufsätze *(Die Wiederkehr der Drachen)* führen den hohen Reflexionsgrad von Doderers Schreiben vor Augen. Die Vollendung des auf vier Teile angelegten *Romans No 7* vereitelte sein Krebstod.

Biografien: W. Fleischer, *Das verleugnete Leben. Die Biographie des Heimito von Doderer*, 1996; L. W. Wolff, *Heimito von Doderer* (rm 50557).

Die wichtigsten Bücher von Heimito von Doderer	
Ein Mord den jeder begeht 1938	Der für sein eigenes Leben blinde Conrad Castiletz ist davon besessen, den lange zurückliegenden Mord an der Schwester seiner Frau aufzuklären. Nach Umwegen muss er erkennen, dass er selbst als junger Mann durch einen Streich ihren Tod verursacht hat.
Ein Umweg 1940	Neufassung eines Romans von 1931, der im 17. Jahrhundert spielt. Das Mädchen Hanna rettet Korporal Brandtner vom Tod am Galgen. Später spürt Wachtleutnant Cuendias, der Hanna liebt, das Paar auf. Er wird von Brandtner erstochen, der nun doch am Galgen stirbt.
Die erleuchteten Fenster 1951	Kurzer Roman über den pensionierten Amtsrat Julius Zihal, der als Voyeur mit bürokratischem System die Nachbarsfenster ausspioniert, bis ihn eine Krise stürzt, die seine im Untertitel angekündigte »Menschwerdung« erst möglich macht.
Die Strudlhof-stiege, 1951	Die Schicksale des ehemaligen Majors Melzer und seiner Bekannten im Umkreis des 9. Wiener Gemeindebezirks. Im Wechsel zwischen den Jahren vor und nach dem Ersten Weltkrieg eröffnet sich perspektivisch die »Tiefe der Jahre«. → S. 289
Die Dämonen 1956	1926/27 erlebt die Gruppe der »Unsrigen« die Spannungen der facettenreich geschilderten österreichischen Gesellschaft und deren Gefährdung durch Ideologien im Wien des Präfaschismus. → S. 290
Die Merowinger oder Die totale Familie, 1962	Die groteske Geschichte des letzten Merowingersprosses Childerich III. Der zu schweren Wutanfällen neigende kleine Mann will durch eine ausgeklügelte Heirats- und Familienpolitik sein eigener Vater, Großvater, Sohn, Enkel, Neffe usw. werden.
Die Wasserfälle von Slunj 1963	Im ersten Teil des *Romans No 7* stirbt der noch junge Donald Clayton nach einem Leben voller versäumter Gelegenheiten vor Schreck am Ort seiner Zeugung. Mit seinen zahlreichen Figuren macht der Roman vor allem den 3. Wiener Gemeindebezirk lebendig.
Der Grenzwald 1967	Postum erschienenes Fragment des von Doderer so betitelten *Romans No 7/II*. Ernst von Rottenstein wird Opfer eines Schicksals, »von dessen Aufbau und Einsturz er selbst nichts weiß noch erfährt«, da der Oberleutnant Zienhammer sich des vermeintlichen Zeugen seines Verrats im Ersten Weltkrieg entledigen muss.

Die Strudlhofstiege

OA 1951 **Form** Roman **Epoche** Moderne

Der 900-seitige Roman *Die Strudlhofstiege oder Melzer und die Tiefe der Jahre* gilt als das Meisterwerk von Heimito von Doderer, in dem formale Ambitionen, souveränes, humorvolles Fabulieren, Einfangen der Wiener Atmosphäre, Gesellschafts- und Zeitanalyse sowie das Erforschen der Kräfte, die ein Leben bestimmen, zu harmonischer Balance brachte.

Entstehung: Als Wehrmachtsoffizier im französischen Mont de Marsan 1941 und als Gefangener in Norwegen begann Doderer diesen reifen, die Summe seiner bisherigen Erzähltexte ziehenden Roman aus seinen Tage- und Notizbüchern zu entwickeln, die den Schreibprozess minuziös schildern. Als ihm der erste große Textabschnitt zwischenzeitlich abhanden kam, entwarf er zwecks Rekonstruktion, später aber auch im Vorgriff auf das zu Schreibende, großformatige grafische Planskizzen, die er systematisch abarbeitete.

Inhalt: Die Strudlhofstiege, eine Treppenanlage im 9. Gemeindebezirk (Alsergrund), ist mit ihrer Aura »der eigentliche Hauptacteur«. Sie ist Zentrum eines breit angelegten Zeitromans mit vielen gleichberechtigten Figuren, unter denen der im Grunde unbedeutende Melzer, verabschiedeter Major, Beamter der staatlichen Tabakregie, eher formal hervorragt. Den Hintergrund des Geschehens bildet seine gescheiterte Beziehung zu Mary K., die 1925 bei einem Trambahnunfall, auf den die Gesamthandlung perspektivisch zuläuft, ein Bein verliert, während Melzer seine Liebe zu der schlichten, aber warmherzigen und sehr attraktiven Thea Rokitzer als richtig erkennt. Ein weiterer Brennpunkt ist die Familie Stangeler mit René und dessen beiden Schwestern Asta und Etelka, die Selbstmord begeht.

Die Stiege symbolisiert das Hin- und Hersteigen zwischen den beiden Haupthandlungszeiträumen 1911 und 1925. Die Art, unmittelbare Erinnerung zu simulieren, entspricht dabei weitgehend der von Marcel → Proust, wenn im »kurzen Kontakt-Schluss zwischen Vergangenheit und Gegenwart« die beiden Punkte »identisch« sind wie bei Melzers assoziativem »Vorbeisturz« an sich selbst durch die »Tiefe der Jahre« am 22. August 1925. Die Erforschung der Strukturen menschlichen Schicksals nannte Doderer »Fatologie« (von latein. *fatum*), die unvoreingenommene Erkenntnis »Apperzeption«.

Heimito von Doderer scheibt in seinem Tagebuch *Tangenten* am 28. Januar 1948 folgenden Verlagstext für *Die Strudlhofstiege*:

Das Buch zeigt, was alles zum Dasein eines verhältnismäßig einfachen Menschen gehört. Und welcher langer Hebel – von Konstantinopel bis Wien, von Budapest bis Buenos Aires – das Leben bedarf und sich bedient und wie vielerlei Kräfte es daran wendet, um auch nur einen einzigen schlichten einfachen Mann durch die Etappen seines Schicksals zu bewegen; welches so sehr zum Kreuzungspunkte vieler Schicksale wird, dass es mitunter fast nur als deren Verbindendes erscheint.

erscheinenden auktorialen Instanz unmittelbar nach dem Zweiten Weltkrieg. Doderer spielt mit der Chronologie: Das Buch beginnt 1923, doch nimmt bereits der erste Satz Bezug auf den Schluss. Die beiden ersten Teile sind komplex verschachtelt mit häufigen Rückgriffen auf 1911, aber auch auf andere Phasen nach dem Ersten Weltkrieg, der planvoll ausgespart bleibt. Der dritte und vierte Teil hingegen sind vom Sommer bis zum Herbst 1925 durcherzählt. Die Spiegelung der gleichen Jahreszeiten erzeugt beim Leser den Eindruck, als stehe die Zeit, als herrsche (wie oft bei Doderer) ein immer während der Wiener Spätsommer.

Wirkung: *Die Strudlhofstiege* bedeutete den Durchbruch des 55-Jährigen. Bis heute ist er der beliebteste Roman des Autors, eine anspruchsvolle Lektüre und zugleich der Schlüssel zum übrigen Werk.

Heimito von Doderer in den 1960er Jahren vor der Strudlhofstiege in Wien

Und »Menschwerdung«, eine meist positive Entwicklung, ist das grundlegende Konzept seiner Romanpoetik: mit dem eigenen Leben eins werden, Erwachsenwerden, die Welt erkennen. Eine absichtlich banale Intrige – Melzer soll mit Hilfe der Zwillinge Editha und Mimi Pastré für einen Tabakschmuggel missbraucht werden – und eine glückliche Liebeshandlung verdeutlichen, dass Doderer den Inhalt geringer schätzte als die Form des Erzählens. Generell fallen die reiche, ironische Metaphernsprache sowie das österreichische Beamtendeutsch (»Zihalismus«) und auch eine Neigung zu Latinismen auf.

Aufbau: Der Roman besteht aus vier Teilen ohne Kapitelgliederung; seine Textmassen sind wie ein Werk der Architektur oder eine Symphonie komponiert. Erzählt wird von einer kaum

Die Dämonen

OA 1956 **Form** Roman **Epoche** Moderne

Das monumentale Werk erhöhte den Rang von Heimito von Doderer als Analytiker auch der politisch-sozialen Verfassung des vorfaschistischen Österreich. Zugleich machte es die Problematik transparent, zur Zeit des Nationalsozialismus eine Haltung zu finden und zur Grundlage eines homogenen Werks zu machen.

Entstehung: Doderer arbeitete 1930–36 an dem Buch, bis er die Konzeption als ausweglos liegen ließ. Erst nach der Klärung seiner ideologischen Position und der Beendigung der *Strudlhofstiege*, die er als »Rampe« für dieses noch umfangreichere Opus betrachtete, widmete er sich wiederum sechs Jahre, bis 1956, den *Dämonen*. Von der gestaffelten Entstehung zeugt die komplexe Erzählerkonstruktion.

Hauptfiguren in »Die Strudlhofstiege« und »Die Dämonen« von Heimito von Doderer

Melzer: Der Major a.D. und Beamter bei der staatlichen Tabakregie, Protagonist der *Strudlhofstiege*, hat als junger Mann die Beziehung zu Mary K. abbrechen lassen. Er ist sympathisch, beeinflussbar, klug, aber nicht intellektuell, verführbar, aber vielfach zu lethargisch. Dank der Entwicklung eines »Zivilverstandes« ist er auf dem Weg zur richtigen Partnerin.

Mary K: Die attraktive Jüdin aus bürgerlichem Haus ist lebensklug. Einst war sie folgenlos mit Melzer liiert; nach dem Tod ihres Gatten Oskar ist sie viel begehrt. Am 21.9.1925 verliert sie bei einem Trambahnunfall ein Bein, lernt aber ihr Leben zu meistern. Am Ende findet sie zum Glück mit Leonhard Kakabsa.

René Stangeler: Er hat auffällig schräg stehende Augen. Der intelligente Spross aus begüterter Familie, die seinen Charakter freilich beargwöhnt, ist untreu und unerwachsen. Ihn verbindet eine Jugendliebe mit Paula Pichler, die später mit Thea

befreundet ist. Er schläft mit beiden Pastré-Schwestern und quält sich mit der Beziehung zu Grete. Er sucht seinen Platz im Leben.

Grete Siebenschein: Die Tochter eines jüdischen Rechtsanwalts ist schwarzhaarig, intelligent, musikalisch und emanzipiert. Sie ist die Dauerverlobte von René Stangeler und Nachbarin von Mary K.

Otto Eulenfeld: Der Freiherr und Rittmeister ist ein kosmopolitischer Deutscher mit bewegter, unseriöser Vergangenheit, lebenslustig, trunksüchtig, ohne Moral, aber charismatisch. Als Frauenheld ist er Kern einer Gruppe (»troupeau«, Herde genannt) von Vergnügen suchenden jüngeren Menschen.

Kajetan von Schlaggenberg: Ein kluger Schriftsteller am Rande der Lebensuntüchtigkeit, melancholisch, aber auch maliziös und zeitweilig der Faszination korpulenter Frauen verfallen. In den *Dämonen* ist er der vermeintliche Bruder von

Charlotte von Schlaggenberg, genannt »Quapp«. Er tritt unter dem Schreibnamen »Doktor Döblinger« auf und neigt als solcher trotz eines seriösen Kerns zu Respektlosigkeiten.

Georg von Geyrenhoff: Dr. jur., Sektionsrat im Finanzministerium, lässt sich, da vermögend, pensionieren und wird, da unkünstlerisch, aber intelligent, zeitweise zum Chronisten der »Unsrigen« in den *Dämonen*. Er heiratet spät Friederike Ruthmayr. In der *Strudlhofstiege* ist er im Umkreis der Familie Stangeler eine Nebenfigur.

Leonhard Kakabsa: Die exzeptionell positive Figur der *Dämonen* ist zunächst Arbeiter in einer Gurtweberei. Er ist athletisch, rechtschaffen, taktvoll, mit geistigen Anlagen und kommt über Geruchserlebnisse zur tieferen Reflexion seines Lebens. Er widersteht diversen erotischen Versuchungen und gewinnt mit Mary K. die richtige Frau, lernt Latein und wird Bibliothekar eines Prinzen.

Inhalt: Die Grundkonstellation, auch der mit »G-ff« abgekürzte Chronist, ist aus dem gleichnamigen Roman (1871/72) von Fjodor → Dostojewski übernommen. Eine Gruppe von – individuellen und heterogenen – Wienern und Zugereisten gibt sich unter der Bezeichnung »Die Unsrigen« geselligen Vergnügen hin, einige von ihnen mit faschistischen und antisemitischen Tendenzen. Über 30 Kern- und Randfiguren aus dem Roman *Die Strudlhofstiege* (1951) begegnen hier wieder (Hauptfiguren → S. 290), doch sind *Die Dämonen* keine inhaltliche Fortsetzung.

Auch in diesem Roman ist die eigentliche Intrige ohne Belang: Der Kammerrat Levielle versucht vergeblich das Erbe Charlotte von Schlaggenbergs zu unterschlagen, deren Herkunft und Zukunft sich nebenher klären. Etwa 50 Romanfiguren repräsentieren in differenzierter Darstellung die Erfahrungswelt des Autors vom kultivierten Groß- bis zum Kleinbürgertum der Hausmeister, aber auch die unheimliche Unterwelt der Kaschemmen bis zum brutalen Mörder Meisgeier sowie das Milieu der Proletarier. Allmählich schält sich der Entwicklungsroman Leonhard Kakabsas heraus, eines idealisierten, zu Höherem berufenen Arbeiters, der programmatisch den Traktat *Über die Würde des Menschen* (1496) von Pico della Mirandola (1463–94) liest.

Doderer weist die Psychoanalyse von Sigmund Freud (1856–1939) zurück, spürt aber seinerseits dem – oft mit Raummetaphern erfassten – Innenleben seiner Figuren nach, die häufig – weil sie sich der Wahrnehmung des Eigentlichen verweigern – befangen sind in einer »zweiten Wirklichkeit«. Darunter versteht er eine Ideologie wie den Faschismus, blinde Wut, Extremismus, Gewalt, auch eine erotische Obsession wie Schlaggenbergs komische, systematische Jagd nach »dicken Damen« oder den Sadismus, den er an Jan Herzka sowie an einem fingierten frühneuhochdeutschen Manuskript, dem Protokoll eines Hexenprozesses, veranschaulicht.

Aufbau: Der Untertitel des Romans lautet »Nach der Chronik des Sektionsrates Geyrenhoff«. Doderer schrieb auktorial, verflocht aber seine Berichterstatter mit den Ereignissen selbst, sodass Geyrenhoff als Chronist scheitert, und tendierte zum Ausschluss der Erzählerstimme. Damit nähert Doderer sich dem »totalen Roman« (Albert Paris Gütersloh), der weder reines Konstrukt noch beliebig offen sein sollte. Das über 1300-seitige Buch besteht aus einer »Ouvertüre« und drei Hauptteilen, die sich wiederum in 13, neun bzw. zwölf Kapitel gliedern, welche meist lapidar-symbolische *(Auf offener Strecke, Das Feuer)* oder ironische Titel tragen *(Der Eintopf)*.

Die Chronologie ist undeutlich, aber rekonstruierbar: Von 1955 aus erzählt, spielen die Ereignisse, im Herbst 1925 anknüpfend an *Die Strudlhofstiege*, hauptsächlich vom Herbst 1926 bis zum Sommer 1927. Die Stimmung dieser Jahreszeiten in der Großstadt wird mit Sensibilität für Düfte und Gerüche eingefangen. Der Einstieg *Draußen am Rande* ist exzentrisch; er führt über die Nebenfiguren Williams und Drobila behutsam zum Zentrum; der Schluss zerstreut auf dem Bahnhof die Reste der »Unsrigen«. Fluchtpunkt der Handlung aber ist der historische Brand des Justizpalasts am 15.7.1925, als opferreiche revolutionsähnliche Unruhen das Ende des inneren Friedens signalisieren; eine unbeteiligte Frau mit Milchflaschen wird erschossen und stirbt in einer symbolischen weiß-roten Lache.

Wirkung: Im Erscheinungsjahr der *Dämonen* erhielt Doderer den Großen Österreichischen Staatspreis; der *Spiegel* widmete ihm eine Titelgeschichte. Der Autor galt nun vollends als der Repräsentant der Nachkriegsliteratur in Wien. *A. H.*

Heimito von Doderer, *Die Dämonen*, Umschlag der Originalausgabe 1956

Auszug aus dem Roman *Die Dämonen* von Heimito von Doderer:

... gälte es nur, den Faden an einer beliebigen Stelle aus dem Geweb' des Lebens zu ziehen, und er liefe durchs Ganze, und in der nun breiteren offenen Bahn würden auch die anderen, sich ablösend, einzelweis sichtbar. Denn im kleinsten Ausschnitte jeder Lebensgeschichte ist deren Ganzes enthalten.

Dos Passos, John (Roderigo)

US-amerikan. Romanschriftsteller

* 14.1.1896 Chicago, † 28. 9. 1970 Baltimore (Maryland)

📖 *Manhattan Transfer*, 1925

Der Enkelsohn eines portugiesischen Einwanderers und Sohn eines erfolgreichen Anwalts wurde mit seinen Romanen zum wichtigsten kritischen Chronisten der modernen US-amerikanischen Gesellschaft. Nach dem Studium in

John Dos Passos 1949 in Venedig

Harvard dient Dos Passos als Sanitäter im Ersten Weltkrieg und verarbeitet seine Erfahrungen u. a. in dem Roman *Drei Soldaten* (1921).

In einer Reihe von großangelegten Romanen, neben Manhattan Transfer vor allem die Trilogie *U.S.A.* (1930–36) und die Epochenbilanz Jahrhundertmitte (1963) arbeitet er am Projekt einer epischen Gesamt- und Bestandsaufnahme der zeitgenössischen US-Gesellschaft in all ihrer Komplexität und Widersprüchlichkeit. Um diesen neuartigen »kollektiven Roman« zu verwirklichen, setzte er – teilweise an James Joyce anschließend – innovative Erzählformen, insbesondere die Montage verschiedener Textelemente und die Technik des »stream of consciousness« ein. Auch als einflussreicher und umstrittener politischer Intellektueller machte sich Dos Passos immer wieder vernehmlich, wobei er eine nach amerikanischem Sprachgebrauch »radikale«, d.h. kapitalismuskritische und auf Reformen drängende Haltung durchaus mit dem Nationalstolz des US-Bürgers zu verbinden wusste.

Biografie: J.H. Wrenn, *John Dos Passos*, 1961

John Dos Passos, *Manhattan Transfer*, Umschlag der Ausgabe 1946 (Gestaltung: Georg Salter)

Manhattan Transfer

OT Manhattan Transfer
OA 1925 **DE** 1927
Form Roman **Epoche** Moderne

Als facettenreiches Bild des Lebens in der Metropole New York wird dieser Roman zu einer kritischen Auseinandersetzung mit dem »American way of life«, zum Prototyp des Großstadtromans im 20. Jahrhundert und zu einem international einflussreichen Erzählwerk der klassischen Moderne.

Inhalt: Der Roman zeigt uns das New York der frühen zwanziger Jahre, das »moderne Ninive«, als Durchgangsstation und Umsteigebahnhof der jungen, durch Heterogenität und große Dynamik gekennzeichneten amerikanischen Gesellschaft. Darauf spielt der Titel – Manhattan Transfer war der wichtigste Fernbahnhof der Stadt – symbolisch an. Dos Passos montiert dieses Gesamtbild aus mehr als hundert Einzelschicksalen, die wir teils nur flüchtig, teils ausführlicher und wiederkehrend verfolgen. Eine durchgehende Handlung wird nicht entworfen, es gibt aber einige zentrale Figuren, besonders das Mädchen Elaine, dessen Geburt wir zu Beginn des Romans miterleben und die dann zur Schauspielerin und Journalistin heranwächst. Unter den zahlreichen Männern, die ihre Karrie-re begleiten, ist ihr zweiter Ehemann, der Journalist Jim Herf von besonderem Interesse, der aus Abscheu vor der umfassenden Herrschaft von Geld und »Business« am Ende des Romans die Stadt verlässt und in der Weite des Landes einer ungewissen Zukunft entgegenfährt. Soziologisch gesehen lässt Dos Passos Repräsentanten der wichtigsten Schichten und Gruppen auftreten: Unternehmer, Politiker und Spekulanten; Intellektuelle und Künstler; legale und illegale Einwanderer; Land- und Industriearbeiter; Dienstpersonal; Landstreicher, Bettler und Kriminelle. Die Gesamtdynamik der Erzählung resultiert aus dem zufälligen Zusammentreffen dieser so unterschiedlichen Figuren, besonders aber aus den vielfach sich überkreuzenden Linien des – meist unerwarteten – sozialen Aufstiegs oder des Niedergangs und Scheiterns.

Aufbau: Der aktuelle Erfolg und die historische Bedeutung des Romans sind wesentlich durch die bruchlose Entsprechung von Thema und Erzählform begründet. Das zentrale Thema der unaufhörlichen sozialen Veränderung findet Ausdruck in der Technik der Montage, in der zahlreiche Einzelbilder oder Sequenzen auf annähernd filmische Weise »zusammengeschnitten« werden. Dies bewirkt Effekte der Unmittelbarkeit, der Vielfalt, der Kontraste, der Unabgeschlossenheit – also eine anschauliche Analogie zur alltäglichen Erfahrung der Großstadt: Die Leser können das Schicksal der Figuren, die aus der Masse kommen und wieder in ihr verschwinden, immer nur ein Stück weit verfolgen. In den einzelnen Szenen dominieren direkte Rede (oder auch der »Bewusstseinsstrom«) der Figuren.

Dos Passos verzichtet auf eine herkömmliche Erzählerinstanz; seine Erzähloptik ist eher die einer Kamera. Dennoch gibt er dem szenischen Material eine gewisse Struktur und »Bedeutung«. Dies geschieht z. B. durch die Gliederung in drei große Teile nach dem Schema von Ankunft, Aufenthalt und Abschied, sowie in 18 einzelne Kapitel mit mythologischen oder realsymbolischen Titeln (z. B. »Metropolis« oder »Wolkenkratzer«) und jeweils einem kurzen atmosphärischen Vorspann. Auch die mediale Wirklichkeit der Millionenstadt (Reklame, Zeitungsschlagzeilen) wird eingeblendet und dient oft der Ironisierung des Geschehens.

Wirkung: Mit der innovativen Kombination von Großstadt-Thematik und montierender Erzählweise war Manhattan Transfer nicht nur in den USA ein Erfolg, sondern wirkte auch international anregend. Ohne Zweifel ist ihm auch der wichtigste deutsche Großstadtroman, Berlin Alexanderplatz von Alfred Döblin (1929) verpflichtet. Eine deutsche Übersetzung war 1927 in Berlin erschienen. *J. W*

OT = Originaltitel   **EZ** = Entstehungszeit   **OA** = Originalausgabe   **DE** = Deutsche Erstausgabe   ⬚ = Verweis auf Werkartik

Dostojewski, Fjodor

russ. Schriftsteller

* 11.11.1821 Moskau, †9.2.1881 Sankt Petersburg

📖 *Schuld und Sühne*, 1866

📖 *Der Idiot*, 1868/69

📖 *Die Dämonen*, 1871/72

📖 *Die Brüder Karamasow*, 1879/80

Fjodor Dostojewski gilt als einer der bedeutendsten Romanautoren der Weltliteratur. Thomas → Mann empfahl, seine Texte, welche die Abgründe des menschlichen Wesens ausleuchten, vorsichtshalber nur »mit Maßen« zu konsumieren. Friedrich → Nietzsche hielt Dostojewski für den einzigen Psychologen, von dem er etwas lernen konnte.

Dostojewski war der Sohn eines Moskauer Armenarztes. Nach ersten literarischen Erfolgen wurde er im März 1849 als Mitglied eines revolutionären Geheimbunds verhaftet; erst auf dem Hinrichtungsplatz milderte Zar Nikolaus I. (1796–1855) die verhängte Todesstrafe zu Zwangsarbeit und Verbannung ab. Diese Erfahrung wandelte den Schriftsteller vom Atheisten zum gläubigen Christen und Konservativen. Als solcher verfasste er, nach der Rückkehr aus Sibirien 1859, seine großen Romane zum Teil unter elenden Bedingungen. Er war zeitlebens von schwacher Gesundheit, dem Glücksspiel verfallen und musste wiederholt vor seinen Gläubigern ins Ausland fliehen.

Biografien: W. Kasack, *Dostojewski. Leben und Werk*, 1998; J. Lavrin; *Fjodor Dostojewski* (rm 50088).

Schuld und Sühne

OT Prestuplenie i nakazanie
OA 1866 **DE** 1882 (unter dem Titel *Raskolnikow*)
Form Roman **Epoche** Realismus

Schuld und Sühne ist der erste von Fjodor Dostojewskis großen Romanen und vielleicht sein bekanntestes Werk. Die spannende Kriminalhandlung, die harmonische Komposition und die psychologisch brisanten Charaktere machen den Text zu einem Höhepunkt realistischer Erzählkunst.

Entstehung: Dostojewski arbeitete an *Schuld und Sühne* seit Sommer 1865. Den frühen Entwürfen zufolge war eigentlich der Trinker Marmeladow, eine spätere Nebenfigur, als Held vorgesehen, bevor die Geschichte eines Studenten, der zum Mörder wird, in den Mittelpunkt des Interesses rückte und dem Roman eine völlig neue Richtung gab.

Inhalt: Der junge Habenichts Rodion Raskolnikow tötet die alte Pfandleiherin und ist gezwungen, auch ihre Schwester zu erschlagen, um das Verbrechen zu vertuschen. Zur Tat treibt ihn einerseits die blanke Not, andererseits seine Weltanschauung: Er rechnet sich vor, die Alte sei für niemanden von Nutzen, »nicht besser als eine Laus«, und ihr Geld wäre anderswo sinnvoller angelegt. Außerdem möchte sich Raskolnikow selbst beweisen, dass er wie die großen Männer der Weltgeschichte im Stande ist, um eines großen Zieles willen Menschen-

Die Bücher von Fjodor Dostojewski

Arme Leute 1846	Dostojewskis erfolgreiches Erstlingswerk erzählt von der hoffnungslosen Liebe eines kleinen Beamten zu einem Mädchen, das schließlich einen reichen Mann heiraten muss.
Das Gut Stepanitschkowo und seine Bewohner, 1859	Die an Molières Komödie *Tartuffe* (1664) erinnernde, satirische Erzählung handelt von dem Heuchler und Parasiten Opiskin, der die Großherzigkeit seines Gönners schamlos ausnutzt.
Aufzeichnungen aus einem Totenhaus 1860–62	In dem zwischen autobiografischem Bericht, realistischer Reportage und Roman angesiedelten Text schildert Dostojewski Leben und Erlebtes im sibirischen Arbeitslager.
Aufzeichnungen aus einem Kellerloch 1864	Ein »kranker und böser Mensch« lehnt sich gegen die Tyrannei der Vernunft auf. Die Erzählung skizziert modellhaft das typische Dostojewski-Thema die »nadryv« (Stichwort → S. 296).
Schuld und Sühne 1866	Ein armer Student ermordet eine alte Pfandleiherin und deren Schwester, wird von seinem Gewissen geplagt und ringt sich dazu durch, seine Strafe auf sich zu nehmen. → S. 293
Der Spieler 1867	In diesem Roman wird, wiederum stark autobiografisch motiviert, das Psychogramm eines Spielsüchtigen entworfen.
Der Idiot 1868/69	Der epileptische Fürst Myschkin, ein christusähnlicher Charakter, versucht verständnisvoll helfend auf seine Mitmenschen einzuwirken, erreicht aber das Gegenteil. → S. 294
Die Dämonen 1871/72	Im Zentrum des politischen Romans steht eine Gruppe nihilistischer Verschwörer: Ein Abtrünniger wird ermordet, der düster-charismatische Stawrogin tötet sich selbst. → S. 295
Der Jüngling 1875	Die Tagebuchaufzeichnungen des halbwüchsigen Arkadi sind eine Art Entwicklungsroman, in dessen Verlauf sich der Held mit seiner unehelichen Herkunft auseinander setzt.
Die Brüder Karamasow, 1879/80	Der Roman erzählt die Geschichte dreier Brüder. Der Älteste wird zu Unrecht als Vatermörder verurteilt, der Mittlere ist Atheist, der Jüngste findet als Mönch zu Gott. → S. 296

Napoleon

Geschichte: Mit dem Namen von Napoleon Bonaparte (1769–1821) verband sich im Russland des 19. Jahrhunderts vor allem die Erinnerung an den Angriff des französischen Revolutionsheers und den Brand von Moskau (1812). Dieser große »Vaterländische Krieg« war zum einen eine traumatische Erfahrung gewesen, zum anderen wurde das russische Reich durch seinen Sieg über Napoleon zum »Retter Europas« und gewann ein internationales Prestige, von dem noch kurz zuvor niemand zu träumen gewagt hätte. Der patriotische Opfermut der Russen, die ihre Hauptstadt eigenhändig anzündeten, um sie nicht dem Feind überlassen zu müssen, wurde zum regelrechten Mythos, auch in der russischen Literatur (vgl. etwa *Krieg und Frieden* von Lew N. → Tolstoi). Die Gestalt des französischen Kaisers behielt ihre Faszination: War der Sieg der Russen ein Sieg der Volksmassen gewesen, so stand Napoleon stellvertretend für das große Individuum, den Übermenschen, der nicht von der Geschichte bewegt wird, sondern der die Geschichte selbst bewegt (oder dies zumindest versucht).

Bedeutung: Während Dostojewski noch an *Schuld und Sühne* arbeitete, erschien 1865 in Paris der erste Band einer von Napoleon III. verfassten Geschichte der Caesaren. Der Franzose verteidigte hier seinen großen Vorfahren unter Verweis auf die »außergewöhnlichen historischen Persönlichkeiten«, für die die moralischen Gesetze der Durchschnittsmenschen nicht gelten. Bei Dostojewski stand die »Napoleon-Idee« fortan als Chiffre für die illegitime Auflehnung des Einzelnen gegen die göttliche Weltordnung. Raskolnikow handelt ausdrücklich auch aus geschichtsphilosophischen Erwägungen heraus: Er tötet, weil er keine »zitternde Kreatur«, sondern »ein Napoleon« sein will.

Auszug aus dem Roman
Schuld und Sühne (1866) von
Fjodor Dostojewski:

Sie kümmerte sich einige Se-
kunden überhaupt nicht um
ihn und wandte ihm den
Rücken zu. Er knöpfte sich den
Mantel auf und befreite das
Beil aus der Schlinge, zog es
aber nicht ganz heraus, son-
dern hielt es nur mit der Rech-
ten unter dem Mantel fest.
Seine Hände waren ganz
schwach; er spürte, wie sie mit
jedem Augenblick tauber und
gefühlloser wurden. Er fürch-
tete, er würde das Beil nicht
halten können und es fallen
lassen... Plötzlich schwindelte
ihn.

Fjodor Dostojewski, *Der Idiot*,
Manuskriptseite aus dem Jahr
1867 des 1868/69 erschienen
Romans

leben zu opfern. Da es seiner Überzeugung
nach keinen Gott gibt, ist alles erlaubt, was sich
logisch begründen lässt. Nach dem Mord allerdings setzen ihm der scharfsinnige Untersuchungsrichter Porfiri Petrowitsch und vor allem
sein eigenes Gewissen zu. Raskolnikow wird
von Fieberträumen verfolgt und siecht dahin,
bis ihn Sonja, eine junge Frau, die ihre heruntergekommene Familie als Prostituierte ernährt,
durch ihre Liebe und ihren Glauben auf den
rechten Weg zurückführt. Sie liest ihm aus der
Bibel von der Auferstehung des Lazarus vor und
bewegt ihn, seine eigene, spirituelle Auferstehung in Angriff zu nehmen: Raskolnikow gesteht die Tat und büßt seine Schuld in Sibirien.
Darin, dass sein Held dem Druck seines Gewissens nicht standhält, liegt Dostojewskis eigenwilliger Gottesbeweis und darin liegt auch seine
Kritik an den atheistischen Gesellschaftstheo-
rien, die zu seiner Zeit in Mode waren.

Struktur: Die Ereignisse sind so angeordnet,
dass der Mord bereits im ersten der sechs Teile
geschildert wird, während der Prozess der Läuterung die nächsten fünf Teile einnimmt; die
biblische Lazarus-Episode dient dabei als Leit-

bild. Der Held ist von Charakteren umgeben, die
helle und dunkle Fassetten seines eigenen Charakters symbolisieren: Sonja und dem treuen
Freund Rasumichin stehen der perfide Kleinbürger Luschin und der moralisch verkommene
Swidrigailow gegenüber. Auch die einzelnen Figuren sind nach dem Kontrastprinzip und gerade deshalb so spannungsvoll konzipiert: Raskolnikow ist ein widerwilliger Mörder, Sonja
eine ehrbare Prostituierte und Porfiri Petrowitsch will den Studenten zwar überführen,
zeigt ihm gegenüber aber auch väterliches Verantwortungsbewusstsein.

Wirkung: Ein russischer Kritiker, der in Raskol-
nikows nihilistischen Thesen seine eigenen wie-
dererkannte, soll bei der Lektüre in Tränen ausgebrochen sein. *Schuld und Sühne* fand in ganz
Europa großen Widerhall. Im Zuge eines immer
größer werdenden Interesses an Psychologie
rühmte man an dem Roman besonders die
glaubwürdige Darstellung pathologischer Zustände. Direkt unter seinem Einfluss stehen z.B.
Mit dem Augen des Westens (1911) von Joseph →
Conrad sowie *Leviathan* (1929) von Julien
→ Green. Der Text ist in ungezählte Sprachen
übersetzt, dramatisiert, als Oper inszeniert und
vielfach verfilmt worden. Er könnte das international populärste Werk der russischen Literatur überhaupt sein. *N. S.*

Der Idiot

OT Idiot **OA** 1868/69 **DE** 1889
Form Roman **Epoche** Realismus

Dieser Roman stellt Fjodor Dostojewskis ersten
großen Versuch dar, einen vollkommen guten
Charakter, »einen im positiven Sinne schönen
Menschen« künstlerisch glaubhaft zu machen.
Sein Schaffen gewinnt damit eine religiös-uto-
pische Note. Der christusähnliche Fürst Myschkin wird mit der rauen Realität der russischen
Gegenwart konfrontiert, scheitert aber schließlich – und mit ihm scheitert Dostojewskis kühnes Experiment. Jahre später, in den *Brüdern*
Karamasow, wird er es wieder aufnehmen.

Entstehung: Während der Arbeit an *Der Idiot*
befand sich der Verfasser auf der Flucht vor seinen Gläubigern im Ausland: in Deutschland, in
der Schweiz und in Italien. Die Entwürfe belegen, wie Dostojewski – fieberhaft gegen seine
Schulden anschreibend – die Konzeption immer
wieder änderte und sich nach und nach dazu
durchrang, seinen problematisch gewordenen
Idealhelden zu opfern.

Inhalt: Lew Myschkin, der letzte Spross eines
verarmten Fürstengeschlechts, der nicht nur
wegen seiner schweren Epilepsie (Stichwort →
S. 295), sondern auch wegen seines demütigen
und kindlich-naiven Wesens als »Idiot« be-

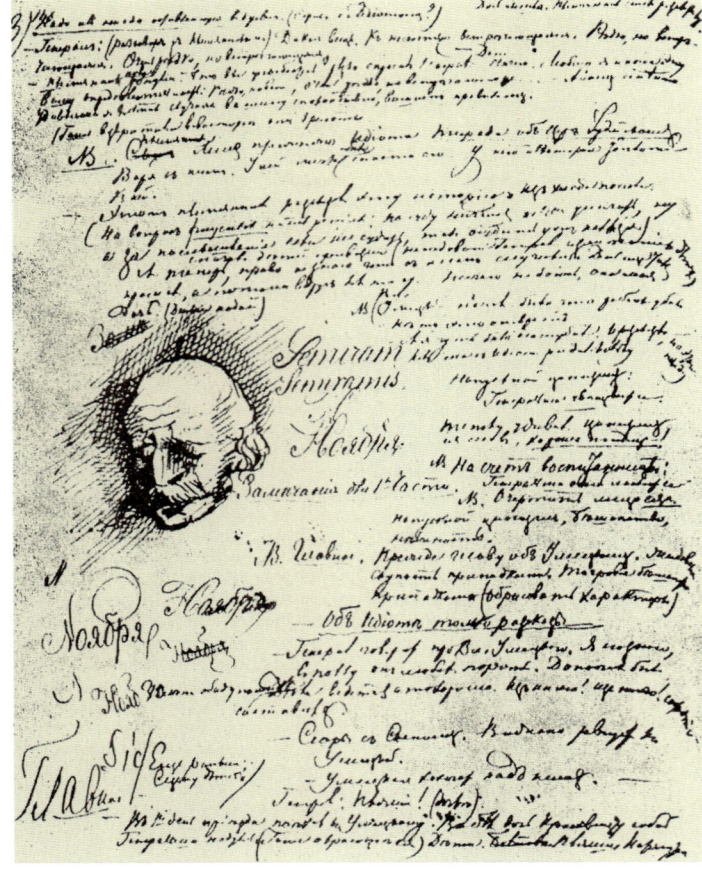

OT = Originaltitel **EZ** = Entstehungszeit **OA** = Originalausgabe **DE** = Deutsche Erstausgabe 📖 = Verweis auf Werkartikel

zeichnet wird, kehrt von einem Schweizer Sanatoriumsaufenthalt nach Russland zurück, wo er auf seine Mitmenschen eine unerhörte Anziehungskraft ausübt. Insbesondere lieben ihn zwei schöne Frauen: die junge Generalstochter Aglaja und die lasterhafte, zynische, aber tief unglückliche Nastasja Filippowna. Letztere wird zugleich von dem dämonischen und brutalen Kaufmann Rogoschin begehrt, der als eine Art Kontrastfigur zu Myschkin all die Eigenschaften aufweist, welche jenem fehlen. Der Fürst entscheidet sich schließlich für »die große Sünderin« Nastasja, vor allem aus Mitleid und weil er sie vor Rogoschin schützen möchte. Die stolze Aglaja kann diese Kränkung nicht verwinden; sie wirft sich einem dahergelaufenen Anarchisten an den Hals, folgt diesem ins Ausland und stürzt damit ihre Familie ins Unglück. Nastasja Filippowna flieht kurz vor der Trauung mit Myschkin zu Rogoschin, der sie noch in derselben Nacht vor pathologischer Eifersucht ersticht. In einer gespenstischen Szene halten der Fürst und Rogoschin Totenwache am Bett der Ermordeten. Als man sie am nächsten Morgen findet, ist Myschkins Bewusstsein praktisch erloschen. Er wird ins Sanatorium zurückgebracht, wo er den Rest seines Lebens vor sich hindämmert.

Das moralische Grundproblem des Romans besteht darin, dass der Held all seiner Güte zum Trotz Chaos und Verderben über seine Umwelt bringt. Myschkin erweist sich nämlich als durchaus nicht vollkommen. Er ist zu sehr Heiliger und zu wenig Mensch und kann daher Aglaja bzw. Nastasja kein vollwertiger Partner sein; so entscheidet sich der Fürst zwischen ihnen nicht aus Liebe, sondern aus Mitleid. Die von Gewissensbissen geplagte Nastasja findet bei ihm, dem das in Dostojewskis gesamtem Schaffen so zentrale Thema »Schuld« völlig fremd ist, keine Hilfe und ist gezwungen, sich ihre Strafe selbst, im Messer Rogoschins, zu suchen.

Dostojewski kam im Laufe seiner Arbeit an diesem Roman immer mehr zu der Überzeugung, dass ein »im positiven Sinne schöner Mensch«, kein einseitig naiver Charakter sein könne. Freilich hat er Myschkin noch eine andere, eine nationalistische Utopie in den Mund gelegt, die ihn selbst zu jener Zeit stark beschäftigte, und zwar eine radikale Kritik am Westen und am Katholizismus sowie die Prophezeiung einer Erlösung der Welt durch das russische Volk.

Wirkung: Wie alle großen Romane von Dostojewski wurde *Der Idiot,* dessen Katastrophenhandlung Walter → Benjamin mit »einem ungeheuren Kratereinsturz« verglich, vielfach übersetzt, dramatisiert und verfilmt. Fürst Myschkin gehört mit *Don Quijote* von Miguel de → Cervantes Saavedra und *Mr. Pickwick* von Charles → Dickens zu den großen tragikomischen Idealisten der Weltliteratur. *N. S.*

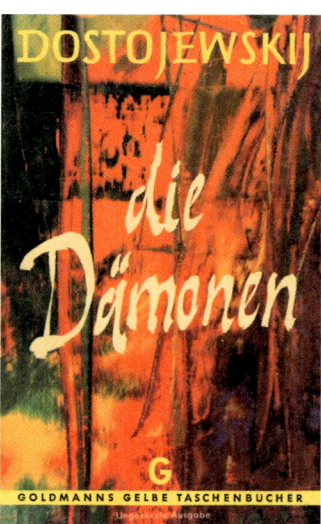

Fjodor Dostojewski, links: *Der Idiot*, Einband der deutschsprachigen Ausgabe 1910 (Gestaltung Karl Walser); rechts: *Die Dämonen*, Umschlag der deutschsprachigen Ausgabe 1959

Die Dämonen

OT Besy **OA** 1871/72
DE 1888 (unter dem Titel *Die Besessenen*)
Form Roman **Epoche** Realismus

Die Dämonen ist unter den Hauptwerken von Fjodor Dostojewski dasjenige, welches am stärksten an der Tagespolitik orientiert ist, am konkretesten auf reale Ereignisse und Personen Bezug nimmt. Zugleich handelt es sich um den am heftigsten umstrittenen seiner Romane.

Entstehung: Der Verfasser hatte zunächst ein Traktat unter dem Titel *Die Atheisten* geplant, in dem er mit den sozialistischen und anarchistischen Umtrieben abrechnen wollte, die seinerzeit die russische Gesellschaft erschütterten. Als unmittelbare Quelle dienten ihm Berichte der

---

»Epilepsie«

Mythos: Der Epilepsie, einer Nervenkrankheit, deren Hintergründe auch heute noch nicht restlos aufgeklärt sind, haftet traditionell eine Aura des Geheimnisvollen an; sie galt schon in der Antike als Morbus sacer, als »heilige Krankheit«. Mystische Ereignisse wie die Vision des Paulus in der → Bibel oder die Paradiesreise Mohammeds im → Koran wurden und werden in diesem Sinne ausgelegt; in der medizinischen Literatur zur Zeit von Dostojewski betrachtete man den christlichen Apostel und den islamischen Propheten als Epileptiker.

Biografisches: Dostojewski war selbst von Kindheit an Epileptiker, wenngleich er bisweilen behauptete, die Krankheit sei während der Verbannung nach Sibirien erstmals aufgetreten. Zeit seines Lebens litt er unter Anfällen; Ende der 1860er Jahre, als *Der Idiot* entstand, waren sie besonders heftig. Sein zweijähriger Sohn Aljoscha starb 1878 an Epilepsie.

Den Mythos, der sein Leiden umgab, wusste sich Dostojewski durchaus zu Nutze machen. Er stilisierte sich gern zum visionär begabten Künstler, verwies aber auch nach der Verhaftung 1849 auf seine Nervenerkrankung, um die Beteiligung an einem illegalen Zirkel zu entschuldigen.

Bedeutung: In den Romanen von Dostojewski ist Krankheit niemals etwas Zufälliges, sondern als Motiv immer sorgfältig bedacht. So auch in *Der Idiot*: Wenn Fürst Myschkin seine epileptischen Anfälle als Visionen voller Harmonie beschreibt, darf nicht vergessen werden, dass es sich dabei um eine nur scheinbare, abstrakte und in der Lebenswelt nicht zu verwirklichende Harmonie handelt. Ganz wie die Lichtgestalt Myschkin durch das Auftreten ihres »Zwillings« Rogoschin immer wieder relativiert wird, so folgen für den Epileptiker auf einen kurzen Glücksmoment lange Phasen todähnlicher Bewusstlosigkeit.

Auszug aus dem Roman
Die Dämonen (1871/72)
von Fjodor Dostojewski:

Ich sagte Ihnen schon, wir durchdringen das ganze Volk. Wissen Sie, dass wir schon jetzt furchtbar stark sind? Hören Sie, ich habe sie alle zusammengezählt: der Lehrer, der mit den Kindern zusammen über Gott und ihre Wiege lacht, ist schon unser. Die Schüler, die einen Bauern totschlagen, um das Gefühl, das man dabei empfindet, zu erfahren, sind unser. Die Geschworenen, die die Verbrecher durchweg freisprechen, sind unser. Der Staatsanwalt, der bei Gericht zittert, dass er auch liberal genug erscheine, ist unser, unser. Die Verwaltungsbeamten, die Literaten – oh, unser sind viele, schrecklich viele, doch selbst wissen sie es noch nicht.

Fjodor Dostojewski; Atelieraufnahme aus dem Jahr 1860

Boulevardpresse über das Verfahren gegen den Terroristen Netschajew, einen jungen Fanatiker, der 1869 einen Mitverschwörer ermordet hatte.

Inhalt: Anhand der Vorgänge in einer namenlosen russischen Provinzstadt wird das Bild einer aus den Fugen geratenen, gleichsam von bösen Geistern besessenen Welt entworfen. Der Autor porträtiert eine Gruppe von Revolutionären um den Nihilisten Pjotr Werchowenski und dem amoralischen, jenseits von Gut und Böse agierenden »Übermenschen« Nikolai Stawrogin. Der eine ermordet willkürlich den Studenten Schatow, weil von diesem angeblich Denunziation drohe, der andere – eine ebenso dämonische wie charismatische und darin für Dostojewski typische Figur – ist ein tief unglücklicher, am Verlust seines Glaubens leidender Ästhet, zugleich aber abscheulicher Verbrechen fähig: Er vergewaltigt ein elfjähriges Mädchen (das sich das Leben nimmt) und erlaubt, dass seine »aus Lust an der Qual« geheiratete, geistesschwache und hinkende Frau von Pjotr Werchowenski getötet wird. Der muss schließlich ins Ausland fliehen, Stawrogin erhängt sich mit einer Seidenschnur.

In der Person des ehemaligen Hochschuldozenten Stepan Werchowenski lässt Dostojewski einen typischen Vertreter des Liberalismus westlicher Prägung auftreten und zeigt, wohin dieser seiner Meinung nach geführt hat: Gutmütiger Idealist und sympathischer Mensch, ist der alte Werchowenski doch zugleich der Vater des Ungeheuers Pjotr und der Erzieher Stawrogins. In derselben Tradition steht der schöngeistige Schreiberling Karmasinow, welcher sich in idyllischen Beschreibungen wie »Eine Nixe flötet im Gebüsch, Gluck spielt im Schilf Geige« ergeht – und eine gehässige Karikatur des mit Dostojewski zerstrittenen Iwan → Turgenjew darstellt, der ihm diesen Karmasinow sehr übel genommen hat.

Struktur: Das bemerkenswerteste Strukturmerkmal der *Dämonen* ist der von Dostojewski eingesetzte anonyme Ich-Erzähler, eine Art Biedermann, welcher die Geschichte nicht immer zuverlässig sowie bisweilen parteiisch wiedergibt. Indem er sich bemüht, das Gewirr von Intrigen in seiner Stadt zu durchschauen, wird die düstere Situation dem Leser erst Schritt für Schritt zugänglich. Dieser Kunstgriff bewirkt eine gewisse Unübersichtlichkeit der Handlung, gleichzeitig aber bezieht sie gerade von hier aus besondere Eindringlichkeit und Dynamik.

Wirkung: Die Urteile über diesen Roman sind ausgesprochen widersprüchlich. Während *Die Dämonen* den einen als chaotisches Durcheinander und als plattes ideologisches Pamphlet gilt, halten andere den Text für die künstlerisch vollkommenste Werk Dostojewskis, ja sogar – obwohl er fast ausschließlich politisch gewirkt hat – für den ersten surrealistischen Roman der Weltliteratur. Die sowjetische Kritik hatte es mit diesem russischen Klassiker und seiner antisozialistischen Tendenz nicht leicht; er wurde bis 1957 unterdrückt. Lenin (1870–1924) meinte, *Die Dämonen* sei »genial, aber widerwärtig«. Im Westen ließen sich Joseph → Conrad und Heimito von → Doderer, vor allem aber Albert → Camus, der 1959 eine Bühnenfassung schrieb, durch das Werk inspirieren. *N. S.*

Die Brüder Karamasow

OT Brat'ja Karamazovy **OA** 1879/80 **DE** 1884
Form Roman **Epoche** Realismus

Der letzte Roman Fjodor Dostojewskis übertrifft alle vorausgegangenen in der Breite und Komplexität der Anlage. Er kann als Vermächtnis, als die Summe seines Schaffens gelten: Hier laufen alle philosophischen und thematischen Hauptlinien zusammen. Eine geplante Fortsetzung kam wegen des frühen Todes des Autors nicht mehr zu Stande.

Inhalt: Es scheint beinahe unmöglich, die auf verschiedenen Ebenen sich entfaltende Handlung bündig zu referieren, zu Grunde liegt aber auch diesem Roman die bei Dostojewski typische Fabel einer Kriminalerzählung: Die drei Söhne von Fjodor Karamasow, einem alten Lüstling und Possenreißer, kehren als Erwachsene ins Elternhaus zurück und müssen sich mit ihrem Hass auf den Vater auseinander setzen, dessen Tod sie alle mehr oder minder offen wünschen. Mit dem Ältesten, dem sinnlichen und aufbrausenden Dmitri, konkurriert er um die Gunst der schönen Gruschenka. Der zweite Bruder, Iwan, ist ein stolzer Intellektueller und atheistischer Rationalist. Seine Weltanschauung erläutert er mithilfe der selbst gedichteten

---

Das »nadryv«-Phänomen

Wortbedeutung: Das russische Wort »nadryv« – es hängt zusammen mit dem Verb »nadryvat'« (»an- oder einreißen«, auch »überanstrengen«) – lässt sich im Deutschen kaum eindeutig wiedergeben. In der Alltagssprache kann es schlicht eine eingerissene Stelle, z. B. an einem Stück Stoff, bezeichnen oder aber das schmerzhafte Ziehen, das der verspürt, der sich an einem schweren Gegenstand verhoben hat.

Übertragene Bedeutung: Berühmt geworden ist der »nadryv« als Bezeichnung des tragischen inneren Konflikts, mit dem sich die Charaktere bei Dostojewski typischerweise plagen. Diese agieren oftmals selbstzerstörerisch, unberechenbar (also unlogisch) und bewusst gegen die eigenen Interessen. Nastasja (*Der Idiot*), Stawrogin (*Die Dämonen*), Iwan (*Die Brüder Karamasow*) und viele andere scheinen sich grundlos und mit voller Absicht quälen zu wollen. Dabei handelt es sich um eine psychologische Entdeckung von Dostojewski, für die ihn Friedrich → Nietzsche und Sigmund → Freud sehr bewundert haben: Der Mensch ist ein irrationales Wesen, das weniger auf den eigenen Vorteil als auf seine Freiheit bedacht ist und das freiwillig zu Grunde gehen wird, als sich von der Vernunft zur berechenbaren Größe erniedrigen zu lassen. Der anonyme Erzähler der *Aufzeichnungen aus einem Kellerloch* (1864) z. B. zwingt sich geradezu in dauernder Selbstvergewaltigung, böse zu sein, und schon die Grundregeln der Arithmetik hält er für eine unerträgliche Beleidigung seiner Würde. In *Die Brüder Karamasow* wird das Phänomen des »nadryv« besonders umfassend behandelt, ein langes Kapitel ist ausdrücklich nach ihm benannt.

»Legende vom Großinquisitor«: Christus erscheint im mittelalterlichen Spanien und wird eingekerkert. Der greise Großinquisitor – ein Vertreter des von Dostojewski gehassten Katholizismus – beschuldigt den Heiland, die Menschheit mit falschen Versprechungen ins Unglück zu stürzen, während die totalitäre Macht der Kirche ihnen zumindest eine bescheidene weltliche Illusion des Glücks bieten könne. Christus küsst den Inquisitor, geht wortlos seiner Wege und kehrt nie zurück. Der jüngste Sohn, Aljoscha, lebt meistenteils im nahen Kloster in der Obhut des Abts Sosima, dessen einer Heiligenvita ähnelnde Lebensbeschreibung von Aljoscha niedergeschrieben und im Text ausführlich zitiert wird. Schließlich ist es aber ein vierter Sohn, der uneheliche, von Fjodor Karamasow mit der schwachsinnigen Lisaweta gezeugte Smerdjakow, der den Alten hinterrücks erschlägt. Der Täter begeht aus Langeweile und Ekel vor dem Leben, aber ohne jede Spur von Reue Selbstmord. An seiner Stelle wird Dmitri als Vatermörder verurteilt und als Zwangsarbeiter verschickt, auch deshalb, weil er in dem Bewusstsein, eine moralische Mitschuld am Tode des Vaters zu tragen, die Strafe resigniert annimmt. Die Zeugenaussage von Iwan, der den Mörder mit losen Bemerkungen zur Tat inspiriert hatte, kann den Schuldspruch nicht abwenden, er selbst wird von einem schweren Fieber befallen und schwebt am Ende des Romans zwischen Leben und Tod.

Dostojewskis Sympathien und Hoffnungen liegen ganz eindeutig bei dem frommen Aljoscha. Dieser ist in ideeller Hinsicht am wenigsten ein Nachkomme des alten Karamasow, sondern Ziehsohn und Lieblingsschüler des »heiligen« Sosima. Er geht ganz in tätiger Nächstenliebe auf und schart – wie Fürst Myschkin in *Der Idiot* – mit Vorliebe Kinder um sich. Anders als Myschkin ist Aljoscha Karamasow freilich kein handlungsunfähiger Idealist: Von seinen Brüdern zunächst nicht recht ernst genommen und als »Mönchlein« belächelt, wird er im Verlauf des Romans mehr und mehr zu einer moralischen Autorität. Die nicht mehr zu Stande gekommene Fortsetzung sollte Aljoscha als verheirateten Mann zeigen und seine Prüfungen in der Welt beschreiben.

Wirkung: Für Sigmund → Freud war *Die Brüder Karamasow* »der großartigste Roman, der je geschrieben wurde«. Thomas → Mann und James → Joyce lobten ihn und spielten in ihren eigenen Texten mehrfach auf Motive des Werks an. Eine höchst sinistere, aber durchaus »dostojewskische« Reverenz erwies ihm Truman → Capote in dem Roman *Kaltblütig* (1966): Capotes Held, ein stiller Student, erschießt seine ganze Familie, nachdem er zuvor noch in aller Ruhe *Die Brüder Karamasow* ausgelesen hat.　　　*N. S.*

Yul Brynner als Dimitri Karamasow und Maria Schell als Gruschenka in der Verfilmung des Romans *Die Brüder Karamasow* von Fjodor Dostojewski (USA 1957; Regie: Richard Brooks)

Doyle, Sir Arthur Conan

engl. Schriftsteller

*22.5.1859 Edinburgh

† 7.7.1930 Crowborough (Sussex)

📖 *Sherlock Holmes' Abenteuer*, 1891 / 92

Sir Arthur Conan Doyle war ein vielseitiger Schriftsteller, der u. a. historische und Abenteuerromane schrieb; seinen Nachruhm verdankt er jedoch vor allem seinem Beitrag zum Detektivroman (Stichwort → S. 298). Mit Sherlock Holmes schuf er eine Figur, die dank der Kombination von intellektueller Brillanz, fundierter forensischer Kenntnisse, einer phänomenalen Begabung zum logischen Kombinieren und seiner persönlichen Exzentrik zum Prototyp des modernen Detektivs wurde.

Doyle, Sohn eines Kunstmalers, besuchte zunächst in Stonyhurst und dann in Feldkirch (Österreich) die Jesuitenschule, bevor er in Edinburgh ein Medizinstudium aufnahm. Nach seiner Tätigkeit als Schiffschirurg auf einem Walfänger in der Arktis erhielt er sein Arztdiplom und ließ sich in Southsea bei Portsmouth nieder, wo er 1885 promovierte. Als Arzt nicht sehr erfolgreich, versuchte er sich als Schriftsteller. Nach einigen historischen Romanen verfasste er 1887 seinen ersten Detektivroman mit der Figur des Sherlock Holmes. 1891 gab Doyle den Arztberuf auf und widmete sich ausschließlich dem Schreiben. Ihm selbst waren seine historischen Romane und Abhandlungen wichtiger als die ungeliebten Sherlock-Holmes-Geschichten, die ihm jedoch Ruhm und finanzielle Sicherheit einbrachten. Der auch politisch aktive Doyle, 1902 geadelt, beschäftigte sich in seinen letzten Lebensjahren zunehmend mit dem Spiritismus.

Auszug aus dem Roman *Die Brüder Karamasow* (1879/80) von Fjodor Dostojewski:

»Wie willst du denn leben, wie denn lieben«, rief Aljoscha schmerzlich, »ist das denn möglich mit einer solchen Hölle in der Brust?« – »Es gibt eine Kraft, die alles erträgt«, sagte Iwan mit einem kalten Lächeln. – »Und was ist das für eine Kraft?« – »Die karamasowsche… die Kraft der karamasowschen Niedertracht.« – »Das heißt: im Laster ertrinken, die Seele in Schande ersticken, nicht wahr?« – »Am Ende auch das… nur werde ich dem vielleicht doch bis zu meinem dreißigsten Lebensjahr entgehen, dann aber…« – »Wie willst dem entgehen? Wodurch? Bei deinen Anschauungen ist das unmöglich.« – »Wiederum auf karamasowsche Weise.« – »Du meinst wohl damit jenes ›Alles ist erlaubt‹? ›Alles ist erlaubt‹, nicht wahr, das meinst Du doch?« – Iwans Gesicht verzog sich und wurde plötzlich seltsam bleich.

Arthur Conan Doyle, der Schöpfer von Sherlock Holmes, in seinem Garten (Foto um 1910)

Detektivroman

Begriff: Während der Kriminalroman ein Verbrechen schildert, behandelt der Detektivroman seine Aufklärung. Zu den Regeln des Genres gehört es, dass es sich bei dem Detektiv zumeist um einen Amateur handelt, der durch seine besonderen Begabungen der Polizei überlegen ist. Ihn charakterisiert außerdem eine gewisse Exzentrik, die ihn über die gesellschaftliche Ordnung erhebt, was ihn besser als andere dazu befähigt, den außerhalb der gesellschaftlichen Ordnung stehenden Verbrecher zu überführen oder zu ergreifen.

Der Detektivroman ist das moderne, städtische Hohelied von Heldentum und Individualismus, in dem ein Einzelner, oft unter Einsatz seines Lebens und gegen ge-

ringe Entlohnung, die durch ein Verbrechen beschädigte Ordnung wiederherstellt – dabei steht, je nach sozialer oder nationaler Tradition, Scharfsinn, Tapferkeit oder Körperkraft des Detektivs im Vordergrund.

Autoren: Während der englische Detektivroman – etwa von Agatha → Christie oder Dorothy L. → Sayers – vornehmlich um das »Whodunit«, also um die Frage nach dem Täter kreist und dabei oft an denkakrobatische Übungen erinnert, greift der amerikanische Detektivroman der sog. hard-boiled school (wie Raymond → Chandler und Dashiell → Hammett.) gern auf den uramerikanischen Mythos des wortkargen Grenzers zurück, der die »bedrohte Unschuld« im Dschungel der Großstadt schützt.

Sherlock Holmes' Abenteuer

OT The Adventures of Sherlock Holmes
OA 1891 / 92 **DE** 1895
Form Kurzgeschichten **Epoche** Moderne

In seinen Erzählungen um den Londoner Detektiv Sherlock Holmes hat Arthur Conan Doyle das von Edgar Allan → Poe entwickelte Modell der modernen Detektivstory ausgebaut und damit ein heute noch gültiges Modell kriminalistischer Rätselgeschichten entwickelt und in der Gestalt des charismatischen Holmes einen Archetyp des modernen Helden kreiert.

Entstehung: Die ersten beiden Romane, in deren Zentrum Sherlock Holmes stand (*Eine Studie in Scharlachrot*, 1887; *Das Zeichen der Vier*, 1888), waren nur mäßig erfolgreich. Erst

die kleinere Holmes-Erzählung *Ein Skandal in Böhmen*, die 1891 im *Strand Magazine* erschien, machte die Figur des Detektivs und seines Autors weltberühmt. Doyles Versuch, sich der ihm verhassten Figur zu entledigen, indem er sie in der Erzählung *Das letzte Problem* (1893) in eine Schlucht stürzen ließ, musste er unter dem Druck der aufgebrachten Leserschaft zurücknehmen. Insgesamt handeln vier Romane und 56 Erzählungen – davon 32 nach dem »Tod« Holmes' – vom phänomenalen kriminalistischen Spürsinn des Helden.

Obwohl Doyle seinen Detektiv auch in vier Romanen auftreten ließ, fand Holmes' Begabung, aus der Interpretation minimaler Spuren zu verblüffenden Schlussfolgerungen zu gelangen und gleichsam beiläufig Verbrechen aufzuklären, in der Kurzgeschichte ihre ideale ästhetische Form; da das Personal sich gleich bleibt und die einzelnen Protagonisten mit jeder Erzählung um neue Facetten bereichert werden, bot sich eine zyklische Präsentation der Einzelgeschichten an.

Inhalt: Die meisten der Geschichten folgen dem gleichen Handlungsgerüst. Klienten, die Holmes in seinem Domizil in der Baker Street 221 b aufsuchen, erhalten zunächst eine Kostprobe seiner genialen Deduktionskünste. Dann nimmt sich der Gentlemandetektiv, gegebenenfalls auch ohne Honorar, der Sache seiner Klienten an, ermittelt auf eigene Faust und löst den Fall. In der Schlussszene erläutert Holmes dem perplexen Dr. Watson seine Methode, eine Mischung aus profundem forensischem Wissen und kühler logischer Kombinatorik.

Holmes neigt in seinem persönlichen Verhalten zum Exzentrischen, wenn er etwa mit seiner Pistole die Initialen der Königin in die Wand schießt; er ist ein frauenfeindlicher Dandy, tüchtiger Sportsmann und begabter Geigenspieler und vor allem ein moderner Großstadtbewohner, der es sich leisten kann, nur selten zu arbeiten und sich die Langeweile mit Opium und Kunstgenuss vertreibt. In Dr. Watson hat er einen verlässlichen Freund und Helfer, der sich als Chronist der Abenteuer seines Freundes betätigt. In dem durchschnittlichen Helden findet der Leser eine Identifikationsfigur, die dem genialen Detektiv all jene Fragen stellt, die auch dem Leser auf der Zunge liegen.

Wirkung: Doyle hat nicht nur den Prototyp des Detektivs geschaffen, auch die Kombination von genialem Ermittler und eher durchschnittlichem Helfer sollte zum Standard des Detektivromans werden: In Gestalten wie Captain Hastings, der Agatha → Christies Helden Hercule Poirot zur Seite steht, oder Archibald Goodwin, der den schwergewichtigen Nero Wolfe in den Romanen von Rex Stout (1886–1975) unterstützt, wiederholt sich das von Doyle etabliert

Schema. Auch andere Figuren wären ohne das Vorbild Holmes' nicht denkbar: Gilbert Keith → Chestertons Pater Brown wurde als weniger physische, nachdenkliche Variante von Holmes konzipiert sowie Raymond → Chandlers Philipp Marlowe als seine robuste, amerikanische Version. Zahlreiche Verfilmungen und die Arbeit einer Sherlock-Holmes-Gesellschaft haben die Figur zu einem universal bekannten, modernen Mythos werden lassen.   *H. R. B.*

Drach, Albert

österreich. Schriftsteller

* 17.12.1902 Wien, † 27.3.1995 Mödling

📖 *Das große Protokoll gegen Zwetschkenbaum,* 1964

In bitter-ironischem Ton erzählt der glänzende Stilist Albert Drach in seinen Werken vom Leben und Leiden der Bedrängten, vor allem Juden, in der sogenannten Heimat und im Exil. Der Autor ging als Schöpfer des »Protokollstils« in die Literaturgeschichte ein. Die von ihm meisterhaft persiflierte Sprache der Kanzleien und Amtsstuben – zunächst vor allem komisch und bemüht wirkend – offenbart im Wissen um den Fortgang der Geschichte ihren wahren, menschenfeindlichen Charakter.

Albert Drach, 1902 in Wien als Sohn eines jüdischen Mathematikprofessors geboren, studierte Jura, promovierte 1926 und arbeitete bis 1938 als Rechtsanwalt. Vor der Judenverfolgung floh Drach Ende 1938 über Jugoslawien und Italien nach Frankreich, wo er in zahlreichen französischen Sammellagern interniert war. Mit Hilfe von Dokumenten einer Halbschwester entkam er und verbarg sich bis Ende des Krieges in den französischen Seealpen. 1947 kehrte er in sein Elternhaus in Mödling bei Wien zurück, wo er bis zu seinem Tod 1995 als Rechtsanwalt und Schriftsteller lebte.

Das große Protokoll gegen Zwetschkenbaum

OA 1964 **Form** Roman **Epoche** Moderne

Die Geschichte von Schmul Zwetschkenbaum, einem k. u. k.-Ahasver, der das Unglück anzieht wie das Licht die Motten, wurde bei ihrem Erscheinen zu einem großem Erfolg und verhalf Drach zu seinem literarischen Durchbruch. Der Roman bietet neben der eindrücklichen Schilderung altösterreichischer sozialer Welten eine der intelligentesten Interpretationen dessen, was gemeinhin als Antisemitismus bezeichnet wird.

Inhalt: Leib Schmul Zwetschkenbaum, 24 Jahre alt, ledig, von Beruf Talmudschüler und ohne festen Wohnsitz, gerät gegen Ende des Ersten Weltkriegs wegen Vagabundage und Diebstahlverdachts in die Fänge der österreichischen Justiz. Die Rast unter einem Zwetschkenbaum ist ihm zum Verhängnis geworden. Frisch ausgespuckte Zwetschkenkerne sind einem Gendarm Beweis genug, dass sich der dort vorgefundene und über keine Papiere verfügende Jude sich des Diebstahls schuldig gemacht habe und der Justiz zuzuführen sei.

Den Arretierten ficht das nicht allzu sehr an. Auch im Gewahrsam vertieft er sich unbeirrt in seine Gebetsbücher, preist Gott und die Schönheit der Welt. Von seinen Mitgefangenen unverstanden und verprügelt, attestieren ihm drei Gutachter jeweils unterschiedliche Formen der Geisteskrankheit und veranlassen seine Überstellung in eine Irrenanstalt. Unwahrheit und Nichtigkeit der ursprünglichen Anklage geraten dabei bald außer Acht. Es beginnt eine groteske Odyssee voller Missverständnisse, Böswilligkeiten und bedeutungsvoller Banalitäten. Zwetschkenbaum verhält sich völlig passiv, er tut nichts, ihm wird angetan – und was ihm angetan wird, wird ihm zur Last gelegt.

Unverhofft scheint sich das Blatt zu wenden: Aufgrund der Einsicht eines Beteiligten, dass Zwetschkenbaum Unrecht widerfahren ist, wird er zum verhätschelten Vorzugsinsassen und gewinnt schließlich die Freiheit wieder. Gerissene Betrüger, Glaubensbrüder noch zudem, nutzen jedoch seine Naivität aus und lassen ihn gestohlene Ware verkaufen. Wegen Hehlerei wird er erneut verhaftet – der Teufelskreis schließt sich. Zwetschkenbaum bleibt nichts als die abschließende Beteuerung, er habe die Zwetschken nicht gestohlen.

Struktur: Erst auf der letzten Seite erfährt der Leser, was es mit diesem Protokoll auf sich hat. Dort nämlich trägt der Richter im »Fall Zwetschkenbaum« einem jungen Gerichtsreferendar auf, die Vorkommnisse um den verdächtigen Juden gehörig zu belichten und in adäquater Form niederzuschreiben. Das Ergebnis dieses Auftrags ist das Drachsche Paradestück in Kanzleideutsch, ein Dokument der Vorurteile und Gemeinheiten, der Bürokratenallmacht und der Missachtung des Individuums, die sich im Missbrauch der Sprache spiegelt.

Wirkung: Als der bereits 1939 geschriebene Roman 1964 veröffentlicht wurde, begrüßte ihn die Kritik als künstlerisch originelles Werk und bedachte ihn mit großem Lob. Um Drach wurde es jedoch rasch wieder still und erst als dem Autor 1988 der angesehene Büchner-Preis verliehen worden war, wurde neben anderen Werken auch *Das große Protokoll gegen Zwetschkenbaum* neu aufgelegt.   *R. F.*

Auszug aus *Das große Protokoll gegen Zwetschkenbaum* **von Albert Drach:**

In dem Sammelgefängnis des österreichischen Bezirksgerichtes verhielt sich Schmul Leib Zwetschkenbaum zunächst verhältnismäßig still und hörte nicht auf Anrufe seiner Zellengenossen, die ihn, in Unkenntnis seines Namens, aber in Kenntnis sonstiger, offen ersichtlicher Umstände, in kerniger, launiger, doch völlig harmloser Art mit »stinkender Mausche« ansprachen. Zu seiner ängstlichen und verschlossenen Haltung kann ein Grund nicht leicht gefunden werden, wenn man sie nicht als Zeichen der Reue oder Furcht, sich zu verraten, oder ganz allgemein als das Ergebnis arteigentümlicher Überheblichkeit ansprechen will. Denn die willige und unbedingte Einfügung in die stattlichen Personenverwahrungs- oder Strafeinrichtungsanstalten und die in diesen hergebrachte Ordnung ist wohl das Mindeste, das billigerweise von einem Verdächtigen oder Überwiesenen verlangt werden kann …

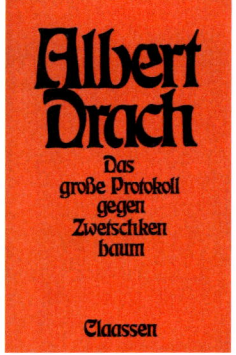

Albert Drach, *Das große Protokoll gegen Zwetschgenbaum,* Einband der Originalausgabe 1964

Dreiser, Theodore

US-amerikan. Schriftsteller

* 27.8.1871 Terre Haute (Indiana)

† 28. (?) 12.1945 Hollywood

📖 *Eine amerikanische Tragödie*, 1925

Neben Stephen Crane (1871–1900) und Frank Norris (1870–1902) gilt Theodore Dreiser als Hauptvertreter des US-amerikanischen Naturalismus. Sein Werk zeigt deutliche Einflüse von den französischen Schriftstellern Honoré de → Balzac und Émile → Zola sowie den Evolutions- und Milieutheorien von Charles → Darwin, Herbert Spencer (1820 bis 1903) und Julian Huxley (1887–1975). Nahezu sämtliche Romane von Dreiser haben mit Sexualität, Geld und Macht zu tun, mit dem Überlebenskampf in der Großstadt, mit Verbrechen als Resultat von Armut und Unwissenheit.

Dreiser wuchs als zwölftes Kind bigotter deutscher Immigranten in bitterer Armut auf und verbrachte den größten Teil seiner Jugend in Indiana, bis er als Autodidakt und nach nur einjährigem Universitätsstudium die Laufbahn eines Journalisten und Schriftstellers einschlug.

Sein Debütroman *Schwester Carrie* (1900) blieb zunächst ohne größeren Widerhall. Sittenstrenge Leser waren empört, dass die Hauptfigur für ihre zweifache wilde Ehe auch noch mit Erfolg belohnt wird. Erst 1911 verschaffte sich Dreiser mit dem Roman *Jennie Gerhardt* breitere Anerkennung. Zu seinem größten Erfolg wurde aber *Eine amerikanische Tragödie* (1925). 1927 nahm Dreiser eine Einladung in die Sowjetunion an, die er monatelang bereiste; sein anschließender Reisebericht *Sowjet-Russland* (1928) enthält viel Lob für das sozialistische Land.

Außer Romanen und Reiseberichten schrieb Dreiser auch Autobiografien, Lyrik, Dramen (u. a. *Ton in des Schöpfers Hand*, 1918, eine Vorstudie zu *Eine amerikanische Tragödie*), Essays und Kurzgeschichten. In seinem letzten Lebensjahr wurde Dreiser Mitglied der Kommunistischen Partei der USA.

Die Bücher von Dreiser wurden in den 1920er Jahren in Europa und der Sowjetunion teils lebhafter aufgenommen als in der Heimat des Autors. Literaturkritiker beklagten häufig seinen schwerfällig-wuchtigen Stil und die ermüdenden moralisierenden Exkurse in seinen Romanen; gewürdigt wurde hingegen Dreisers kompromissloser Humanismus sowie die Treffsicherheit seiner Kritik an den heimischen Verhältnissen.　　　　　*R. R.*

Biografie: C. Shapiro, *Theodore Dreiser*, 1962.

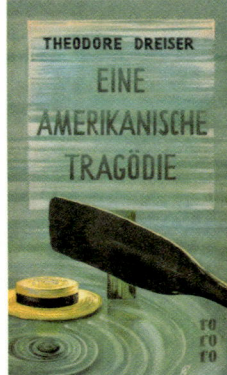

Theodore Dreiser, *Eine amerikanische Tragödie*, Einband der deutschsprachigen Taschenbuchausgabe 1951

Eine amerikanische Tragödie

OT An American Tragedy　**OA** 1925　**DE** 1927
Form Roman　**Epoche** Moderne

Der 800 Seiten starke Roman, das erfolgreichste Buch von Theodore Dreiser, schildert minutiös den Aufstieg und Fall eines jungen Amerikaners im Dschungel großer Städte, sozialer Normen und psychischer Nöte.

Inhalt: Mit Mühe gelingt es Clyde Griffiths, dem Sohn eines beruflichen Versagers und Straßenpredigers, sich aus der Armut und religiösen Borniertheit seiner Familie zu befreien. Als Hoteljunge erringt er erste finanzielle Unabhängigkeit, zunächst in Kansas City, später in Chicago, wo er eines Tages auf seinen schwerreichen Onkel aus dem Staat New York trifft, der ihm eine Anstellung in seiner Fabrik anbietet. Clyde nimmt die Stelle an, wird aber von den Verwandten so stark isoliert, dass er sich (entgegen einem Verbot der Firma) in Roberta, eine der Arbeiterinnen, die unter seiner Aufsicht stehen, verliebt. Kurz nach Beginn dieser Affäre erhält er Zugang zum »Geldadel« der kleinen Stadt und verliebt sich in ein wohlhabendes Mädchen, das seine Zuneigung erwidert; nur die inzwischen von ihm schwangere Roberta steht diesem »Paradies« noch im Wege: Sie will eine Heirat mit ihm erzwingen. In seiner Not beschließt Clyde, sie bei einer Bootsfahrt ertrinken zu lassen und einen Unfall vorzutäuschen. Zwar nimmt er im letzten Moment von dem Mordplan Abstand, doch kentert das Boot aufgrund unglücklicher Umstände und Roberta ertrinkt tatsächlich vor Clydes Augen. Die Fahndung nach dem Täter gerät zur Farce: Clyde endet auf dem elektrischen Stuhl, obgleich seine Schuld nicht erwiesen ist, weil die Staatsanwaltschaft wegen bevorstehender Wahlen Beweismittel fälscht.

Wirkung: Mit seinem (dramatisierten und verfilmten) Roman über einen zeitgenössischen Mordfall gelang Dreiser endgültig der Durchbruch bei Lesern und Kritikern.　　*R. R.*

Die wichtigsten Bücher von Theodore Dreiser	
Schwester Carrie 1900	Dreisers Erstling ist einer der ersten naturalistischen Großstadtromane der amerikanischen Moderne und beschreibt die Auflösung der traditionellen Moralvorstellungen in den Metropolen.
Jennie Gerhardt 1911	Roman über ein Mädchen aus einfachen Verhältnissen, das seine persönliche Würde wahrt, obwohl es zweimal zur Lebensgefährtin einflussreicher Männer wird, bevor es verlassen zurückbleibt.
Cowperwood-Trilogie 1912/1914/1947	Für *Der Finanzier*, *Der Titan* und *Der Unentwegte* nahm Dreiser die Biografie des Industriemagnaten Charles T. Yerkes zum Vorbild und verband seine faktenreiche Studie über einen mächtigen Mann mit einem Abriss der Finanzgeschichte der USA vom Bürgerkrieg bis zum Ende des 19. Jahrhunderts.
Das Genie 1915	Teils schlüpfriger, teils konfus anmutender Künstlerroman, der gleich nach Erscheinen der Zensur zum Opfer fiel.
Eine amerikanische Tragödie, 1925	Der »amerikanische Traum« vom erheirateten Reichtum wird durch einen Justizmord zur »amerikanischen Tragödie«. → S. 300

Droste-Hülshoff, Annette von

dt. Schriftstellerin

* 10.1.1797 Schloss Hülshoff bei Münster

† 24.5.1848 Meersburg (Bodensee)

📖 *Die Judenbuche*, 1842

Die von ihrer westfälischen Heimatlandschaft und einer tiefen Religiosität geprägte Annette von Droste-Hülshoff ist bis heute eine der bedeutendsten deutschen Lyrikerinnen. Mit scharfer Beobachtungsgabe und einem Blick für das Detail schuf sie Gedichte von eigenwilliger, herber Schönheit, in denen sie düstere Visionen, subtiles Grauen und die mythisch-dämonischen Kräfte der Natur schildert. Zu ihren Werken zählen neben Natur- und Landschaftsdichtungen auch Verserzählungen, Bekenntnisse und geistliche Lieder sowie Romanfragmente und dramatische Versuche.

Droste-Hülshoff entstammte einem alten westfälischen Adelsgeschlecht. Obwohl sie in ihrer Jugend kränkelte, erhielt sie eine hervorragende Bildung und begann früh zu komponieren und zu schreiben. Ab 1820 entstand mit dem religiösen Gedichtzyklus *Das Geistliche Jahr* ihre erste bedeutende Dichtung; ihre erste Lyriksammlung erschien 1838. In den Jahren 1840–42 lebte sie vorwiegend am Bodensee auf Schloss Meersburg; hier entstanden die meisten ihrer Naturgedichte und zahlreiche Balladen, die die Grundlage ihres zweiten Gedichtbandes bildeten. 1844 erwarb Droste-Hülshoff ein Haus bei Meersburg und wohnte dort, unterbrochen nur von einem kurzen Besuch in Westfalen 1845/46, bis zu ihrem Tod.

Biografie: H. Kraft, *Annette von Droste-Hülshoff* (rm 50517).

Die Judenbuche

OA 1842 **Form** Novelle **Epoche** Biedermeier

Annette von Droste-Hülshoff schuf mit ihrem *Sittengemälde aus dem gebirgichten Westfalen* eine der bekanntesten deutschen Novellen. Der klaren, fast kargen Sprache und der genau durchkomponierten Struktur kontrastiert inhaltlich ein ständiges Spiel mit Schein und Sein, das den Leser in die Unsicherheit der Figuren hineinzieht.

Entstehung: Der Stoff geht auf eine wahre Begebenheit aus dem Umkreis der Dichterin zurück. Im Gutsbezirk ihres Großvaters erschlug 1783 der Knecht Johann Georg Winkelhagen den Juden Soestmann-Behrens, floh vor der Verhaftung aus seiner Heimat und geriet in algerische Sklaverei. Erst 1805 kehrte er zurück und erhängte sich bald darauf am Ort des Verbrechens. Neben der mündlichen Überlieferung diente Droste-Hülshoff vor allem die schriftliche Fassung dieses Vorfalls als Quelle, die ihr Onkel August von Haxthausen 1818 als *Geschichte eines Algierer-Sklaven* veröffentlicht hatte.

Inhalt: Friedrich Mergel wächst in der Mitte des 18. Jahrhunderts als Sohn des chronischen Trinkers Hermann Mergel und dessen zweiter Frau Margaret in einem abgeschiedenen Ort in Westfalen auf, in dem Gesetzesübertretungen an der Tagesordnung sind. Nach dem ungeklärten Tod des Vaters im Brederholz verfällt der zu aggressivem Stolz veranlagte Junge seinem diabolischen Onkel Simon Semmler, dem die Rolle eines Verführers zum Bösen zukommt. Mehr und mehr unterliegt Friedrich der im Dorf und in der Familie gegenwärtigen Ursünde des Hochmuts, die als Leitmotiv die Novelle durchzieht. Mit 18 Jahren wird er mitschuldig am Tod des Försters Brandis, den er wissentlich einer gefährlichen Bande von Holzfrevlern in die Arme treibt. Vier Jahre später erschlägt er den Juden Aaron, von dem er sich öffentlich gedemütigt fühlt, im Brederholz unter einer Buche. Er flieht gemeinsam mit seinem ständigen Begleiter Johannes Niemand aus dem Dorf und kann daher nicht für seine Tat belangt werden. Als 28 Jahre später ein verkrüppelter Mann aus türkischer Gefangenschaft ins Dorf zurückkehrt, glaubt man in ihm Johannes Niemand zu erkennen. Einige Monate später findet man ihn erhängt an der so genannten Judenbuche und identifiziert ihn durch eine Narbe als Friedrich Mergel. Das Doppelgängermotiv wird damit auf die Spitze getrieben, die beiden Figuren Friedrich und Johannes entpuppen sich als zwei Facetten ein und derselben Person. In Friedrichs Selbstmord

Auszug aus der Novelle *Die Judenbuche* von Annette von Droste-Hülshoff:

Ein furchtbarer Donnerschlag. Alle fuhren zusammen; dann furchtbares Geschrei und Getümmel die Treppe heran. »Um Gottes willen! brennt es?« rief Frau von S. und sank mit dem Gesichte auf den Stuhl. Die Türe ward aufgerissen, und herein stürzte die Frau des Juden Aaron, bleich wie der Tod, das Haar wild um den Kopf, von Regen triefend. Sie warf sich vor dem Gutsherrn auf die Knie. »Gerechtigkeit!«, rief sie, »Gerechtigkeit! mein Mann ist erschlagen!« und sank ohnmächtig zusammen.

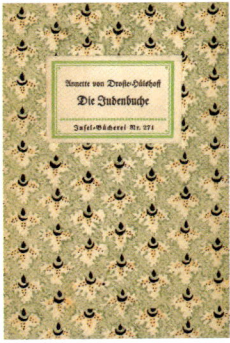

Annette von Droste-Hülshoff, *Die Judenbuche*, Einband der Ausgabe von 1919 mit Zeichnungen von Max Unold

---

Hauptfiguren in »Die Judenbuche« von Annette von Droste-Hülshoff

Friedrich Mergel: Milieu, Vererbung und eine mangelhafte religiöse Erziehung prägen den Sohn von Hermann Mergel und Margaret Semmler ebenso wie der Tod seines Vaters. Der aggressiv-melancholische Einzelgänger mit verhängnisvoller Neigung zum Stolz wird mit 18 Jahren mitschuldig am Tod des Försters Brandis, erschlägt einige Jahre später nach einem Streit den Juden Aaron und flieht vor der Verhaftung. 28 Jahre später kehrt er als Johannes Niemand zurück und erhängt sich an der Judenbuche.

Johannes Niemand: Er wird als Simons Schweinehirt vorgestellt und gilt als dessen illegitimer Sohn. Er ist ein Doppelgänger Friedrichs und dessen Spiegelbild in die Vergangenheit. Johannes verschwindet am gleichen Tag wie dieser und kehrt 28 Jahre später verkrüppelt und alt zurück. Nicht lange darauf wird er erhängt an der Judenbuche gefunden und aufgrund einer Narbe als Friedrich Mergel identifiziert.

Simon Semmler: Der jüngere Bruder von Margaret ist »ein unheimlicher Geselle«. Er nimmt sich des zwölfjährigen Friedrich an. Seiner Funktion als Seelenfänger entspricht sein diabolisches Äußeres. Er ist ein vorweggenommenes Spiegelbild des zukünftigen Friedrich.

Margaret Semmler: Sie war früher eine Dorfschönheit und heiratet in fortgeschrittenem Alter Hermann Mergel. Sie ist selbstbewusst und zeigt eine Neigung zum Stolz, die sich auf Friedrich vererbt. Nach Hermanns Tod entgleitet ihr zunehmend die Kontrolle über ihren Sohn, der unter Simons Einfluss gerät.

Hermann Mergel: Friedrichs Vater wird wegen seines Hangs zu Alkoholkonsum und Gewalt von seiner ersten Frau bereits in der Hochzeitsnacht verlassen. Er heiratet in zweiter Ehe Margaret Semmler. Neun Jahre nach der Geburt Friedrichs wird er im Wald tot aufgefunden und als Wiedergänger zum Gespenst des Brederholzes.

erfüllt sich der hebräische Spruch, den die Juden nach dem Mord an Aaron an der Buche anbringen ließen: »Wenn du dich diesem Orte nahest, so wird es dir ergehen, wie du mir getan hast.« Unaufhaltsam hat der Baum den Täter zu sich herangezogen, bis er sich schließlich wie Judas – dieses ist der deutlichste von zahlreichen biblischen Bezügen – am Baum erhängt hat.

Wirkung: Von den Zeitgenossen zunächst wenig beachtet, verdankt *Die Judenbuche* ihre Popularität vor allem der Aufnahme in den *Deutschen Novellenschatz* (1876) von Paul Heyse (1830–1914). Heute ist sie millionenfach verbreitet, in viele Sprachen übersetzt und Gegenstand zahlreicher literaturwissenschaftlicher Forschungen.   *E. H.*

Dumas, Alexandre d. Ä.

(Dumas père, eigtl. A. Davy de la Pailleterie)

frz. Schriftsteller

* 24.7.1802 Villers-Cotterets

† 5.12.1870 Puys bei Dieppe, Belgien

📖 *Die drei Musketiere*, 1844

📖 *Der Graf von Monte Christo*, 1845/46

Alexandre Dumas d. Ä. wurde vor allem durch seine publikumswirksamen Abenteuerromane bekannt. Er gehörte in den 1830er Jahren mit ungefähr 300 Bänden zu den wichtigsten Romanlieferanten für Zeitungen, die Romane in Fortsetzungen druckten. Um die große Nachfrage bewältigen zu können, stellte er sogar anonyme Lohnschreiber an.

Dumas, Sohn eines Generals aus der Revolutionszeit und einer aus dem Bürgertum stammenden Mutter, wuchs in bescheidenen Verhältnissen auf. Er arbeitete zunächst in einem Anwaltsbüro, kam 1822 nach Paris und wurde dort Schreiber des Herzogs von Orléans. Neben Victor → Hugo wurde Dumas zum Mitbegründer des romantischen Theaters, nachdem er mit *Heinrich III. und sein Hof* (1829) einen ersten großen Erfolg erzielt hatte. Einem breiteren Publikum wurde er vor allem durch seine Romane *Die drei Musketiere* sowie *Der Graf von Monte Christo* bekannt. Durch seine Erfolge erwarb er sich ein ansehnliches Vermögen, bedingt durch den Misserfolg des Theaters aufgrund der Revolution 1848 geriet Dumas jedoch in finanzielle Schwierigkeiten. 1851 ging er auf der Flucht vor seinen Gläubigern für einige Jahre nach Brüssel. Dort schrieb er seine Autobiografie (*Memoiren*, 1852–54). Nach Reisen in den Kaukasus und nach Russland lebte Dumas vier Jahre lang in Neapel und kämpfte 1860 für die Republikaner im italienischen Unabhängigkeitskrieg. Als er im Alter von 68 Jahren starb, war er fast vergessen.

Biografie: A. Maurois, *Die drei Dumas*, 1957.

Die wichtigsten Bücher von Alexandre Dumas d. Ä.

Die drei Musketiere 1844	Der Roman handelt vom Abenteurer d'Artagnan und seinen drei Freunden, den Musketieren, die sich auf den Weg nach England begeben, um die Spionin de Winter zu enttarnen. → S. 302
Der Graf von Monte Christo 1845/46	Abenteuerroman um Edmond Dantès, der als geheimnisvoller Graf von Monte Christo nach Paris geht, um sich systematisch an seinen alten Rivalen zu rächen. → S. 303
Zwanzig Jahre später, 1845	Erste Fortsetzung des Romans *Die drei Musketiere*. D'Artagnan und Porthos kämpfen aus politischer Überzeugung gegen Aramis und Athos. Später finden alle zur alten Freundschaft zurück.
Die Bartholomäusnacht oder Die Königin Margot, 1845	Roman um die Ereignisse vom August 1572. Zwei Edelleute, der Graf de La Mòle und der Graf de Cocannas, werden zu erbitterten Feinden und später zu Freunden.
Joseph Balsamo 1846–48	Teil 1 der Erinnerungen eines Arztes. Joseph Balsamo besitzt hypnotische Kräfte, mit denen er Ludwig XV. stürzen möchte.
Das Halsband der Königin 1849/50	Teil 2 der Erinnerungen eines Arztes. Erzählt wird die berühmte Halsbandaffäre um Marie-Antoinette; sie handelt von Betrug und dem Gerücht um eine Affäre mit Kardinal Louis de Rohan.
Ange Pitou 1851	Teil 3 der Erinnerungen eines Arztes. Ein Waisenkind profitiert von der Französischen Revolution, indem es am Sturz auf die Bastille teilnimmt und nachher ein führender Politiker wird.
Die Comtesse von Charny 1852–55	Teil 4 der Erinnerungen eines Arztes. Der Roman schildert die Zeit der Revolution und rückt die Geschehnisse um die Flucht der Königsfamilie nach Varennes in den Mittelpunkt.

Die drei Musketiere

OT Les trois mousquetaires
OA 1844 **DE** 1845 **Form** Roman **Epoche** Romantik

Der Abenteuerroman *Die drei Musketiere,* der zur Zeit König Ludwigs XIII. (1610–43) spielt, erzählt auf unterhaltsame Weise historische Stoffe der französischen Geschichte.

Entstehung: Als Quelle dienten Dumas *Artagnans Erinnerungen* von Courtilz de Sandras (1701/02). Ein Jahr nach der Buchausgabe von 1844, die bereits kurze Zeit nach dem Vorabdruck in der Zeitung *Le siècle* erschienen war, schrieb Dumas einen ersten Fortsetzungsband: *Zwanzig Jahre später*; mit dem *Vicomte de Bragelonne* folgte 1847 der insgesamt dritte Teil. *Die Jugend der Musketiere* lautet der Titel eines Schauspiels, das Dumas und der Historiker Adrien Maquet 1849 veröffentlichten.

Inhalt: Der junge, draufgängerische d'Artagnan aus der Gascogne macht sich 1625 auf den Weg nach Paris und wird zum Freund dreier Musketiere. Diese sind der prahlsüchtige, naiv-heldische Porthos, der undurchschaubare Athos, ein edler Ritter, dessen Ehe gescheitert ist, sowie Aramis, ein ehemaliger Geistlicher. Alle vier kämpfen gegen die Leibgarde des Staatsmanns und Kardinals Armand-Jean Richelieu (1585 bis 1642) und dessen Spionin Mylady de Winter.

Mylady jedoch ist Athos' Ex-Frau, die sich zu einem intrigenreichen Kampf gegen die Musketiere rüstet: Sie soll im Auftrag Richelieus die Königin Anna von Österreich und spanische Gemahlin Ludwigs XIII. bloßstellen. Ihr wird ein Liebesverhältnis mit dem Herzog von Buckingham nachgesagt. Dieser soll auf Geheiß des eifersüchtigen Richelieu durch Mylady de Winter ermordet werden, weil er sich zuvor mit den Protestanten von La Rochelle, wo die Musketiere zu Helden aufgestiegen waren, verbündet hatte.

Richelieu fädelt eine weitere Intrige ein. Die Königin hatte dem Herzog einst zwölf Diamantenspangen geschenkt, die ursprünglich ein Geschenk des Königs an die Königin gewesen waren. Richelieu empfiehlt dem König, seine Frau zu bitten, den Schmuck bei einem Ball zu tragen. Die vier Musketiere erfahren von dem Plan, reiten nach England, um den Schmuck zu beschaffen und der Königin zu Hilfe zu eilen. Bevor die Musketiere am Hof eintreffen, lässt Mylady de Winter den Herzog von Buckingham ermorden und die Kammerzofe der Königin vergiften. Diese Zofe, Constance Bonacieux, ist d'Artagnans Geliebte. Der Roman endet mit der Hinrichtung der Spionin.

Aufbau: Der Roman weist in seiner Konzeption Ähnlichkeit mit dem historischen Roman auf, wie ihn Walter → Scott geprägt hat. Das Werk lebt von der großen Zahl kurzer Episoden, die für das Feuilleton in Zeitungen oder Zeitschriften bestens geeignet sind. Auf diese Weise gelingt es Dumas, seinem Publikum eine fiktionale Geschichte vor dem historischen Hintergrund der Epoche Ludwigs XIII. näher zu bringen.

Wirkung: Dank der zahlreichen Abenteuer, Duelle, Liebesaffären und Intrigen sowie aufgrund der Dialoge und eines stimmungsvollen Lokalkolorits erfreut sich der Roman größter Beliebtheit und wurde ein Welterfolg. Auch Komponisten interessierten sich für den Stoff: Manuel Manrique De Lara (1863–1929) schrieb eine Oper, die 1912 in Marseille uraufgeführt wurde, Ralph Benatzky (1884–1957) 1930 eine Operette. In den Kinos gab es seit 1909 mehr als ein Dutzend Verfilmungen zu sehen, allein zehn Leinwandversionen stammen aus den USA. Auch in Mexiko und Argentinien wurden Filme mit den tapferen Musketieren gedreht. *C. V.*

Der Graf von Monte Christo

OT Le Comte de Monte-Cristo
OA 1845/46 (1844 Vorabdruck in *Journal des Débats*)
DE 1846 **Form** Roman **Epoche** Romantik

Der Roman *Der Graf von Monte Christo* behandelt die Themen Liebe, Ehre und Rache und zählt zu den spannendsten Romanen von Alexandre Dumas d.Ä.

Alexandre Dumas d.Ä., *Die drei Musketiere*, Illustration zum Vorwort der Originalausgabe 1844

Entstehung: Die Handlung basiert auf der Vorlage eines gewissen Peuchet (*Der Diamant und die Rache*, 1837), die wiederum auf historisches Polizeimaterial zurückgeht. Ab 1848 arbeitete Dumas mit dem Historiker Adrien Maques an einer Dramatisierung, deren vier Teile zwischen 1848 und 1851 an zwei Pariser Theatern uraufgeführt wurden.

Inhalt: Im Jahr 1815 wird der 19-jährige wohlhabende Kapitän Edmond Dantès am Tag seiner Hochzeit aufgrund der Skrupellosigkeit seiner Rivalen Danglars und Fernand Mondego in Marseille verhaftet und fälschlicherweise von dem politisch ambitionierten Richter Gérard Villefort der Treue zu Napoleon angeklagt. Ohne ein ordentliches Verfahren kommt Dantès ins Gefängnis Château d'If und bleibt dort 14 Jahre lang eingeschlossen.

Einer seiner Mitinsassen, Abbé Faria, vermacht ihm einen Schatz, der auf einer kleinen italienischen Insel mit Namen Monte Christo lagert. Als der Abbé stirbt, lässt sich Dantès als dessen angebliche Leiche ins Wasser werfen und begibt sich nach Monte Christo. Mit dem dort gefundenen Vermögen führt ihn sein Weg nach Paris, wo er als geheimnisumwobener Graf

Jim Carviezel (l.) als Edmond Dantès und Richard Harris als Abbé Faria in der Verfilmung des Romans *Der Graf von Monte Christo* von Alexandre Dumas d.Ä. (GB / 2002; Regie: Kevin Reynolds)

der zeitgenössischen Kritiker warfen dem Verfasser vor, die Charaktere und Episoden zu kühn und bar aller psychologischen Wahrscheinlichkeit entworfen zu haben. Gerade das aber bewirkte die anhaltende Beliebtheit beim Publikum. Die erste Verfilmung stammt von 1942. Weitere Kino-Fassungen folgten 1961 und 1974. Ende des 20. Jahrhunderts feierte Gérard Dépardieu als Edmond Dantès Erfolge in einer mehrteiligen Fernseh-Version.   *C. V.*

von Monte Christo erscheint und alle ehemaligen Widersacher antrifft. Danglars ist mittlerweile Baron und ein mächtiger Bankier, Villefort hat es bis zum obersten Staatsanwalt gebracht und Fernand firmiert als General Graf von Morcerf. Der Graf knüpft zu seinen Rivalen Kontakt, ohne dass sie in ihm den ehemaligen Häftling Dantès erkennen. Diesem gelingt es mit Hilfe seines Geldes, alle Gegner mitsamt ihren Familien ins Verderben zu führen. Fernand begeht Selbstmord, Villefort fällt dem Wahnsinn anheim, während Danglars schlimmste Erniedrigungen zu erdulden hat.

Aufbau: Der Roman lebt von dem Kontrast zwischen guten und schlechten Charakteren, um die Dumas eine fantasievolle Geschichte erzählt. Ein Novum besteht in der Tatsache, dass die Hauptfigur allein mit Hilfe ihres Geldes imstande ist, Rache zu üben. Dantès wirkt wie die Inkarnation eines strafenden Gottes, der sich seine eigenen Normen geschaffen hat.

Wirkung: Bis heute gilt der Roman als mitreißende Lektüre, der jedoch nicht an ihrer Glaubwürdigkeit gemessen werden darf. Einige

links: Alexandre Dumas d.Ä.; rechts: Alexandre Dumas d.J. 1964

Dumas, Alexandre d.J.

(Dumas fils) frz. Schriftsteller

*27.7.1824 Paris, †27.11.1895 Marly-le Roi bei Paris

📖 *Die Kameliendame*, 1848

Der Schriftsteller und Dramatiker Alexandre Dumas d.J. gilt als Schöpfer des modernen Gesellschaftsdramas; er setzte sich in seinen Romanen und Komödien für Randfiguren ein, u.a. für die Gleichheit von Mann und Frau sowie gegen soziale Ungerechtigkeit. Dumas, der Idealist und Moralist war, verarbeitete ein hohes Maß an Polemik in seinem Werk, um seinen Vorstellungen Nachdruck zu verleihen.

Dumas war der uneheliche Sohn von Alexandre Dumas d.Ä., der ihn erst nach einem von der Mutter angestrengten Gerichtsprozess als Sohn anerkannte. Seine oft soziale Themenwahl, die in seinen Werken zu finden ist, beruht auf diesen Erfahrungen. Trotz aller moralisierenden Kritik war es immer seine Absicht, mit Romanen und Theaterstücken Leser und Publikum zu unterhalten und moralisch zu erbauen. 1874 wurde er dank der Unterstützung des Bischofs von Orléans zum Mitglied der Académie Française gewählt. Zu seinen Werken zählen Romane wie *Die Abenteuer vierer Frauen und eines Papageis* (1846 f.) oder *Die Affäre Clémenceau* (1866) und Dramen wie *Die Halbwelt* (1855), *Eine Frage des Geldes* (1857), *Der natürliche Sohn* (1858), *Die Ideen der Madame Aubray* (1867) und *Francillon* (1887).

Biografie: A. Maurois, *Die drei Dumas*, 1957.

Die Kameliendame

OT La Dame aux camélias
OA 1848 **DE** 1850 **Form** Roman **Epoche** Realismus

In dem Roman *Die Kameliendame* erzählt Alexandre Dumas d.J. die Beziehung der edlen Kurtisane zu einem reichen Bürgersohn, ein Thema, das dem Publikumsgeschmack des 19. Jahrhunderts entsprach.

OT = Originaltitel   **EZ** = Entstehungszeit   **OA** = Originalausgabe   **DE** = Deutsche Erstausgabe   📖 = Verweis auf Werkartikel

Entstehung: Die Handlung basiert auf der Liebe des 20-jährigen Dumas zu der Kurtisane Alphonsine Plessis (1824–47), die allgemein unter dem Namen Marie Duplessis bekannt war.

Inhalt: Bei der Besitzversteigerung der toten Marguerite Gautier, einer nach ihrer Lieblingsblume »Kameliendame« genannte Kurtisane, trifft der Erzähler auf ihren ehemaligen Geliebten, Armand Duval, der die Geschichte seiner Liebe erzählt. Nachdem sie sich kennen gelernt und ineinander verliebt haben, gibt Marguerite ihr früheres Leben auf, um mit ihm zusammenzuleben. Armands Vater ergreift Maßnahmen, um die Beziehung zu unterbinden, da Marguerite dem Glück und dem Ansehen seines Sohnes sowie der Familie im Wege steht. Marguerite verlässt schließlich aus Liebe zu Armand das Anwesen. Später erfährt Armand, dass sie ihr bisheriges Leben wieder aufgenommen hat. Von den wahren Beweggründen ihres Handelns weiß er nichts. Im Ausland erfährt Armand von Marguerites Krankheit, die ihr ausschweifendes Leben noch intensiviert hat, um auf diese Weise ihren Tod zu beschleunigen. In Toulon erfährt er schließlich von ihrem Tod. Die wahren Gründe ihres Verhaltens erfährt er erst durch einige Briefe Marguerites.

Wirkung: Da die Romanfassung ein großer Erfolg war, bearbeitete Dumas den Stoff mit sicherem Gespür für dramatische Höhepunkte für die Bühne. In dieser Version hat Dumas die emotionalen und rührseligen Momente auf eine Versöhnungsszene zwischen beiden Liebenden am Ende des Stücks hin konzipiert. Der Triumph dieser Fassung, die am 2. Februar 1852 im Théâtre Vaudeville Premiere hatte, übertraf den des Romans. Das Werk inspirierte Giuseppe Verdi (1813–1901) zu seiner 1853 uraufgeführten Oper *La Traviata* (Stichwort → S. 305). Zwischen 1907 und 1917 entstanden acht Filmfassungen; in Italien, Frankreich und den USA wurden jeweils zwei Versionen produziert. Sarah Bernhardt (1911) spielte die *Kameliendame* ebenso wie später Greta Garbo (1936). Gustaf Gründgens inszenierte 1937 in Berlin die Bühnenfassung mit Käthe Dorsch als Marguerite Gautier. *C. V.*

Du Maurier, Daphne

engl. Schriftstellerin
* 12.5.1907 London
† 18.4.1989 Fowey (Cornwall)
📖 *Rebecca*, 1940

Daphne du Maurier hat in ihrer Literatur ihre persönliche konfliktreiche Suche nach einer kreativen und sexuellen Identität verarbeitet. In

---

ihren Romanen konnte sie Rollen leben, die keinen Raum in ihrem wirklichen Leben fanden, – oft die eines männlichen Icherzählers. Der für ihre Literatur kennzeichnende Einsatz des Unheimlichen ermöglichte ihr dabei nicht nur, Spannung zu erzeugen, sondern auch Identitätsunsicherheiten zu veranschaulichen.

Daphne du Maurier stammte aus einer renommierten Künstlerfamilie. Sie wuchs in London und Paris auf. 1928 veröffentlichte sie erste Kurzgeschichten. Sie verfasste mehr als 15 Romane (*Rebecca*, 1938; *Der Mann mit meinem Gesicht*, 1957; *Ein Tropfen Zeit*, 1969), diverse Biografien, Kurzgeschichten *(Die Vögel)* und Reiseberichte. 1969 verlieh ihr die britische Königin den Titel Dame. Die Autorin führte ein zurückgezogenes Leben und hörte 1977 auf zu schreiben. Seitdem litt sie verstärkt an Depressionen und hungerte sich 1989 zu Tode.

Biografien: D. du Maurier, *The Rebecca Notebook and other Memories*, 1981; M. Forster, *Daphne du Maurier*, 1993.

Rebecca

OT Rebecca **OA** 1940 **DE** 1941
Form Roman **Epoche** Moderne

Sowohl als Liebesgeschichte als auch als Krimi angelegt, beschäftigt sich *Rebecca* weniger mit romantischer Liebe als mit Machtverhältnissen innerhalb einer Ehe. Daphne du Maurier erzeugt eine beunruhigende Stimmung, indem sie ihre Erzählerin bewusst verstört darstellt. Nicht, was tatsächlich um sie herum passiert, sondern was in ihrem Kopf vorgeht, steht im Zentrum der Erzählung.

Auszug aus dem Roman *Die Kameliendame* von Alexandre Dumas d.J.:

Unablässig verfolgte mich der Gedanke an Marguerite. Ich hatte diese Frau zu sehr geliebt und liebte sie noch zu sehr, als dass sie mir mit einem Schlage hätte gleichgültig werden können. Entweder musste ich sie lieben, oder ich musste sie hassen. Zuvor aber musste ich sie wiedersehen, welches Gefühl ich auch hegte, sie wiedersehen, und zwar sofort.«

Die wichtigsten Bücher von Daphne du Maurier

Gasthaus Jamaika, 1936	Eine Piraten- und Schmugglergeschichte, in deren Zentrum eine junge Frau steht, die ihrem gewalttätigen Onkel und dessen Bruder ausgesetzt ist. Sein Gasthof ist das Hauptquartier der Piraten.
Rebecca 1938	Eine junge Frau wird mit der bedrückenden Vergangenheit ihres Ehemannes und dessen erster Ehefrau konfrontiert. → S. 305
Die Bucht des Franzosen 1941	Die Liebesgeschichte zwischen einer Adeligen und einem abgeklärten Piraten, dessen Figur an einen Liebhaber du Mauriers angelehnt ist, spielt während der britischen Restauration.
Die Erben von Clonmere, 1943	Eine Familiensaga über die grausame Fehde zwischen einem Kupferminenbesitzer und dem ehemaligen Landherrn von Hungry Hill in Irland.
Die Parasiten 1949	Die Geschichte einer Theaterfamilie, in der die drei Hauptfiguren verschiedene Persönlichkeitsfacetten du Mauriers verkörpern.
Meine Cousine Rachel, 1951	Ein Mann, dessen Cousin unter mysteriösen Umständen gestorben ist, verdächtigt dessen Frau. Ein Roman über Eifersucht und Misstrauen.
Der Mann mit meinem Gesicht 1957	Ein reisender Engländer trifft seinen Doppelgänger, einen französischen Aristokraten, und tauscht mit ihm sein Leben. Sein altes Ich verliert mehr und mehr an Bedeutung.
Ein Tropfen Zeit 1969	Ein Mann experimentiert mit einer Droge, die ihn zeitweilig in das 14. Jahrhundert transportieren kann. Bald ist er besessen von seinen Zeitreisen und lebt in parallelen Zeiten.
Die standhafte Lady, 1972	Ein utopischer Roman, der den Zerfall des britischen Empires anhand eines von Amerikanern besetzten Großbritanniens versinnbildlicht.

Inhalt: Die Erzählerin, eine schüchterne Gesellschafterin, lernt den wohlhabenden Witwer Maxim de Winter kennen und verliebt sich in ihn. Sie heiraten und ziehen nach Manderley, Maxims Familiensitz. Der Haushalt trägt immer noch die Handschrift seiner verstorbenen ersten Frau Rebecca und wird von der sie abgöttisch liebenden Mrs. Danvers geführt. Nach und nach erfährt die Erzählerin mehr über Rebecca und deren Unfalltod bei einem Bootsunglück. Eines Tages wird das damals vermisste Boot gefunden – und im Innern Rebeccas Leiche. Maxim gesteht seiner Frau, dass er Rebecca im Affekt

Joan Fontaine (l.) als Mrs. de Winter und Judith Anderson als Mrs. Danvers in der Verfilmung des Romans *Rebecca* von Daphne du Maurier (USA 1940; Regie: Alfred Hitchcock)

erschossen hat, da sie ein Kind von ihrem Vetter erwartete. Die Erzählerin steht zu ihm. Bei dem Gerichtsverfahren wird bekundet, dass Rebecca Selbstmord begangen haben soll. Ihr Vetter zweifelt dies an und erpresst Maxim. Nach einiger Recherche des zuständigen Polizisten stellt sich heraus, dass Rebecca an unheilbarem Krebs litt und Maxim provoziert hatte, sie zu töten.

Struktur: Du Maurier zeichnet ihre namenlose Ich-Erzählerin als eine devote Ehefrau, von der man nichts weiter erfährt, als dass sie auf ihren Ehemann, der an die Märchenfigur Blaubart erinnert, fixiert ist; er ist autoritär, erniedrigt sie wiederholt und verschließt lange die Wahrheit über Rebecca vor ihr. Auf Grund ihres Unwissens ist sie ihm und Manderley ausgeliefert. Du Maurier untermalt diesen Zustand des Ausgeliefertseins mit vielen Motiven aus dem Schauerroman des 19. Jahrhunderts, wie z. B. dem bedrohlichen Herrensitz Manderley und dem weiblichen Vampir Rebecca. Außerdem wird durch den steten Wechsel realistischer Beschreibungen und romantischer Tagträume der Erzählerin eine traumartige Atmosphäre erzeugt.

Rebecca wird von der Erzählerin gegensätzlich wahrgenommen: anfangs als perfekte Frau, nach Maxims Geständnis als maßlose Femme fatale. Rebecca ist schließlich die Verkörperung des Bösen; Maxims Mord an ihr wird dadurch gerechtfertigt, dass sie an Gebärmutterkrebs litt, der symbolisch für ihre Liebesunfähigkeit steht.

Die Spannung des Buches wird durch das erzeugt, was der Leser nicht erfährt. Bis zum Ende bleibt die vollständige Geschichte im Dunkeln – zurück bleibt ein beklemmendes Gefühl und die Ungewissheit, ob es sich bei dem Geschehenen um reine Zwangsvorstellungen der Erzählerin oder tatsächlich erfahrene schauerliche Begebenheiten handelt.

Wirkung: Mit *Rebecca* wurde du Maurier zwar weltberühmt, doch von Kritikern und Lesern oft missverstanden. Dazu trug auch Alfred Hitchcocks Verfilmung (1940) bei, die den Roman eher trivialisierte und entscheidend veränderte: Maxim tötet Rebecca darin nicht. *R. S.*

Duras, Marguerite

(eigtl. Marguerite Donnadieu)
frz. Schriftstellerin
* 4.4.1914 Gia Dinh, (Vietnam), † 3.3.1996 Paris
📖 *Der Liebhaber*, 1984

Marguerite Duras zählt zu den herausragenden und zugleich umstrittensten Autorinnen der französischen Nachkriegsliteratur. In ihren überwiegend autobiografischen Texten verar beitete sie die Erfahrungen ihrer frühen Jugend in Indochina und während des Zweiten Weltkriegs in Paris. Die Unerfüllbarkeit der Liebe angesichts kollektiver Dramen und der Tod sind die zentralen Themen ihrer Prosawerke.

Duras wuchs als jüngstes Kind einer französischen, früh verwitweten Volksschullehrerin in Indochina (Vietnam) auf. 1931 übersiedelte sie nach Frankreich. Dort arbeitete sie nach dem Jura- und Mathematikstudium als Sekretärin im Ministère des Colonies in Paris, wo sie sich 1943 der Résistance und später auch der Kommunistischen Partei anschloss. 1943/44 debütierte sie mit den Romanen *Les Impudents* und *Ein ruhiges Leben* über die Ausweglosigkeit kleinbürgerlicher Familienstrukturen. Ihre Erzählweise, anfangs noch vom modernen amerikanischen Roman beeinflusst, näherte sich mit *Moderato cantabile* (1958) dem Nouveau Roman. Der internationale Durchbruch gelang ihr 1959 mit dem Drehbuch zu dem Film *Hiroshima mon amour* von Alain Resnais, 1960 mit der Goldenen Palme von Cannes prämiert und als Novelle veröffentlicht. 1983 wurde ihr umfangreiches Gesamtwerk mit dem Grand Prix du théâtre de l'Académie Française ausgezeichnet. In den 1980er Jahren entstanden nach mehreren Alkohol-Entziehungskuren und Klinikaufenthalten die bedeutendsten Prosatexte: *Der Liebhaber* und *Der Schmerz* (1985).

Biografien: F. Lebelley, *Marguerite Duras, Ein Leben*, 1994; D. Kolesch/ G. Lehnert, *Marguerite Duras*, 1996.

Der Liebhaber

OT L'amant **OA** 1984 **DE** 1985
Form Roman **Epoche** Moderne

Marguerite Duras gelingt es in dem eng mit ihrer Lebensgeschichte verknüpften Roman *Der Liebhaber* die bedingungslose sexuelle Begierde und Lusterfüllung einer jungen Französin mit einem Chinesen zu schildern, die aber nicht in Liebe aufgehen darf, da sie den gesellschaftlichen Normen widerspricht.

Inhalt: Bei der Betrachtung ihres gealterten und durch den Alkohol zerstörten Gesichts kehrt eine französische Schriftstellerin in Gedanken an den Ort ihrer Kindheit und Jugend zurück: Mit 15$\frac{1}{2}$ Jahren lernt sie in Indochina während einer Flussüberfahrt – Symbol des Übergangs in die Erwachsenenwelt – einen reichen, zwölf Jahre älteren Chinesen kennen, den sie sofort in ihren Bann zieht. Von nun an holt er sie täglich mit seiner Limousine vom Mädchengymnasium in Saigon ab. Auf ihr Verlangen hin weiht er sie in die sexuelle Lust ein, die sie mit ihm bis zur Ekstase heimlich auskostet. Obwohl er ihr seine Liebe gesteht, möchte sie, dass er sie wie eine Prostituierte behandelt

und aushält. Sie erzählt ihm von ihrer verarmten Familie, dem problematischen Verhältnis zu ihrer verwitweten Mutter und ihrem älteren, gewalttätigen Bruder, den ihre Mutter dem schwächeren jüngeren Sohn und der Tochter vorzieht. Ihre Familie lässt sich vom Chinesen bereitwillig in teure Restaurants einladen, demütigt ihn aber, indem sie ihn ignoriert und nicht mit ihm spricht, ist doch der Umgang mit einem Chinesen in der weißen Kolonie gleichbedeutend mit einem sozialen Abstieg. Die Mutter akzeptiert das Verhältnis nur, solange sie davon finanziell profitieren kann und ihre Tochter sich nicht in den Chinesen verliebt. Dieser zahlt die Spielschulden des älteren Bruders und schließlich auch die Schiffsreise, damit die Familie nach Frankreich zurückkehren kann. Trotz seiner leidenschaftlichen Liebe zu der jungen Französin beugt auch er sich den familiären und gesellschaftlichen Verpflichtungen und heiratet eine Frau aus der chinesischen Oberschicht, die sein Vater für ihn erwählt hat.

Auf der Rückreise nach Frankreich wird der inzwischen 18-Jährigen schmerzvoll bewusst, dass sie den Chinesen geliebt hat. Gleichzeitig

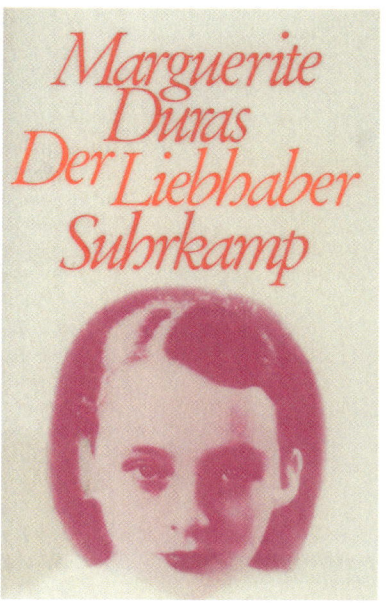

Marguerite Duras, *Der Liebhaber*, Umschlag der deutschsprachigen Ausgabe 1985

Die wichtigsten Bücher von Marguerite Duras	
Ein ruhiges Leben, 1944	Ein tyrannisches Familienoberhaupt wird von seinen Angehörigen ermordet. Die ersehnten Veränderungen treten jedoch nicht ein, sondern es kommt zu weiteren familiären Katastrophen.
Heiße Küste 1950	Die Geschichte einer ausweglosen Armut in Indochina. Ein Mädchen prostituiert sich für ihre verarmte französische Familie.
Der Matrose von Gibraltar 1952	Eine allein stehende Amerikanerin ist auf der Suche nach einem verschwundenen Mann, den sie liebt. Nach zahlreichen Affären mit anderen Männern setzt sie ihre Suche mit ihrem letzten Geliebten fort.
Moderato cantabile 1958	In einem Lokal erschießt ein Mann seine Geliebte. Eine reiche Fabrikantengattin, die Genaueres über die tragische Liebesgeschichte des Paars zu erfahren sucht, verstrickt sich in eine ähnliche, absolute Liebe mit einem einfachen Arbeiter.
Hiroshima mon amour 1960	Unverarbeitete Erinnerungen an die Schrecken des Zweiten Weltkriegs und die Katastrophe von Hiroshima verurteilen die Liebe zwischen einem Japaner und einer Französin in Hiroshima zum Scheitern.
Die Verzückung der Lol V. Stein 1966	Eine Frau namens Lol V. Stein beobachtet ein Liebespaar bei deren heimlichen Treffen. Mit diesem sexuellen Voyeurismus möchte sie die Erinnerung an ihren Ex-Verlobten für immer zerstören.
Der Liebhaber 1984	Die zukunftslose, nicht gesellschaftsfähige Liebe zwischen einem Chinesen und einer französischen Kindfrau in Indochina steht im Mittelpunkt dieses autobiografischen Romans. → S. 307
Der Schmerz 1985	Das Ende der deutschen Okkupationszeit aus der Sicht der weiblichen Hinterbliebenen und Opfer, u. a. einer französischen Widerstandskämpferin, deren Mann in ein Konzentrationslager deportiert wurde.

Auszug aus dem Roman
Der Liebhaber (1984) von
Marguerite Duras:

Eine Fähre überquert den Mekong. Das Bild währt die ganze Überfahrt. Ich bin fünfzehneinhalb, es gibt keine Jahreszeiten in diesem Land, wir leben in einer einzigen heißen, eintönigen Jahreszeit, wir leben in einer langen heißen Zone der Erde, kein Frühling, keine Wiederkehr.

erkennt sie, dass sie sich nach der Trennung dem Schreiben widmen kann und versucht ihn zu vergessen. Nach Jahrzehnten ruft er sie in Paris an, um ihr seine noch immer während Liebe zu gestehen, die sie sprachlos lässt.

Aufbau: In bildhaften und knappen, fast bruchstückhaften Textsequenzen fängt Duras die Unbedingtheit der Liebesbeziehung zwischen der jungen Französin und dem reichen Chinesen ein. Verschiedene Erzählperspektiven und Zeitebenen sind geschickt ineinander verwoben. Die Erzählerin bleibt namenlos; in ihrer Selbstdarstellung wechselt sie zwischen der ersten und dritten Person, vor allem in den erotischen Szenen, und versucht damit ihrer Betroffenheit durch Distanz Einhalt zu gebieten.

Wirkung: Für ihren autobiografischen Roman erhielt Duras 1984 den Prix Goncourt. Der internationale Bestseller, 1992 von Jean-Jacques Annaud (* 1943) verfilmt, erreichte eine Auflage von fast drei Millionen Exemplaren und wurde in 42 Sprachen übersetzt. *C. H.*

Lawrence Durrell, *Das Alexandria-Quartett*, US-Taschenbuchgesamtausgabe 1991

Durrell, Lawrence

engl. Schriftsteller

* 27.2.1912 Jullundur, Indien

† 7.11.1990 Sommières, Frankreich

📖 *Das Alexandria-Quartett*, 1957–60

Die Romane von Lawrence Durrell bereicherten mithilfe moderner Erzählverfahren die englische Nachkriegsliteratur um eine offene Darstellung von Sexualität und rückten mit dem Mittelmeer und der Levante einen Schauplatz vom Rand Europas ins Zentrum des Erzählens.

Durrell entstammte einer britischen Familie in Indien. Er besuchte zunächst das Jesuitenkolleg in Darjeeling, danach wurde er zum Schulbesuch nach England geschickt. Ohne eine Universität besucht zu haben, versuchte er sich in London, Paris und auf Korfu als Schriftsteller und schloss Freundschaften mit Henry → Miller, Anaïs → Nin und T. S. → Eliot. 1941–45 lebte er in Ägypten, wo er Presseattaché der britischen Botschaft war, nach dem Krieg auf Rhodos, in Argentinien und Jugoslawien, auf Zypern und ab 1957 in Südfrankreich. Durrell war viermal verheiratet und veröffentlichte zahlreiche Reise- und Landschaftsbücher sowie mehrere Romane.

Das Alexandria-Quartett

OT *Justine, Balthazar, Mountolive, Clea*
OA 1957, 1958, 1958, 1960
DE *Justine*, 1958, *Balthasar*, 1959, *Mountolive*, 1960, *Clea*, 1961 **Form** Romantetralogie **Epoche** Moderne

Die Romantetralogie *Das Alexandria-Quartett* von Lawrence Durrell befragt in ihrer komplizierten Konstruktion das Wesen literarischer Fiktionen.

Inhalt: *Das Alexandria-Quartett* schildert die Beziehungen einer Gruppe von Freunden im ägyptischen Alexandria um den Beginn des Zweiten Weltkriegs. In *Justine* hat sich Darley, der Erzähler, aus Alexandria nach Zypern zurückgezogen. Schreibend versucht er sich Klarheit über seine leidenschaftliche Affäre mit Justine Hosnani, der Frau seines Freundes Nessim, zu verschaffen und seine untreue Liebe zur verstorbenen Melissa zu verarbeiten. In *Balthazar* erhält Darley von seinem Freund Balthazar aus Alexandria eine korrigierte Version seines Manuskriptes von *Justine*, die Darley und dem Leser zeigt, dass Darley sich in seiner Interpretation der Ereignisse völlig geirrt hat: Justine benutzte Darley nur als Tarnung für eine Affäre mit dem Schriftsteller Pursewarden. Darley arbeitet Balthazars »Interlinearversion« in seinen eigenen Text ein, der die Ereignisse in *Justine* nun ein zweites Mal schildert. In *Mountolive* kehrt David Mountolive nach Jahren im Ausland als britischer Botschafter nach Ägypten zurück. Der Zweite Weltkrieg rückt näher. Im noch immer unter britischer Vorherrschaft stehenden Ägypten und im britischen Völkerbundsmandat Palästina deckt der britische Geheimdienst eine projüdische und antibritische Verschwörung auf, als deren Drahtzieher sich Justine und Nessim erweisen. *Clea* beginnt mit Darleys Rückkehr nach Alexandria im Jahr 1942, als Ägypten vom deutschen Vormarsch bedroht ist und Alexandria jede Nacht bombardiert wird. Clea und Darley beginnen eine Beziehung.

Hauptfiguren in »Das Alexandria-Quartett« von Lawrence Durrell

Darley: Der verarmte Sprachlehrer irischer Herkunft ist der Liebhaber von Melissa, Justine und Clea. Zu seinen Versuchen als Schriftsteller gehören große Teile von *Justine*, *Balthazar* und *Clea*.

Justine: Eine rätselhafte Angehörige der alexandrinischen Gesellschaft von armer jüdischer Herkunft.

Nessim: Der Geschäftsmann in Alexandria und Ehemann von Justine ist gebildet, reich, koptisch-christlicher Herkunft und Kopf einer antibritischen Verschwörung.

Balthazar: Er ist kabbalistischer Mystiker, Arzt und schwuler Dichter.

Melissa: Die sanfte, unbeholfene und magere Stripteasetänzerin in einer miesen Bar hat eine Tochter von Nessim.

Clea: Eine englische Malerin, die eine kurze Beziehung mit Justine hat. Sie verliert in *Clea* beim Segeln mit Darley und Balthazar durch einen Unfall ihre rechte Hand. Durch ihre neue künstliche Hand findet sie zu der Kunstfertigkeit, die sie ersehnt hat.

Mountolive: Er ist der einstige Liebhaber Leila Hosnanis, der Mutter Nessims, die den zurückhaltenden und unsicheren Engländer in einem jahrelangen Briefwechsel zum gewandten Diplomaten erzieht.

Pursewarden: Der englische Schriftsteller und Kolonialbeamte ist ein Feind englischer Prüderie. Er hat eine Affäre mit Justine und schreibt an einem erfolgreichen mehrbändigen Roman.

Liza: Die erblindete Schwester Pursewardens ist ihrem Bruder in inzestuöser Liebe verbunden. Nach dessen Selbstmord verbrennt sie gemeinsam mit Darley ihren Briefwechsel mit Pursewarden, obwohl beide wissen, dass dieser dessen bestes Werk ist. In *Clea* beginnt ihre Liebe zu Mountolive.

Scobie: Der ältere ehemalige Matrose ist Geheimdienstmitarbeiter, Transvestit und schwul. Für die koptischen Christen seines Viertels wird er nach seinem Tod zum wundertätigen Heiligen.

Aufbau: So wie sich die Stadt Alexandria aus den unterschiedlichsten Völkern, Religionen und Spuren vergangener Zeiten zusammensetzt und das Bewusstsein der Personen des Textes in Erinnerungen, Empfindungen und Wahrnehmungen zersplittert ist, so besteht auch *Das Alexandria-Quartett* aus unterschiedlichen Perspektiven und Textarten: so Balthazars »Interlinearversion« von *Justine*, »Moeurs«, ein Schlüsselroman über Justine und die alexandrinische Gesellschaft, den Justines erster Ehemann verfasst hat und aus dem Darley in *Justine* viel zitiert. Hinzu treten einige Gedichte des bedeutenden griechischen Dichters Konstantinos Kafavis (1863–1933), Pursewardens »Notizen für Clea« am Ende von *Clea* und die sog. »Workpoints«, die von Roman zu Roman überleiten sowie Notizen und Ideen für weitere Handlungsstränge enthalten.

Wirkung: Für die Schilderung der hybriden und kolonialen Stadt Alexandria entwickelte Durrell ein vielstimmiges Erzählen, das auf die englischsprachige postkoloniale Literatur großen Einfluss hatte. In Durrells Schuld steht so z. B. *Das Reich der Sahibs* (1966–75) von Paul Scott (1920–78) über die letzten Jahre der Briten in Indien. *F. B.*

Dürrenmatt, Friedrich

deutschsprachiger Schweizer Schriftsteller

* 5.1.1921 Konolfingen, † 14.12.1990 Neuenburg

📖 *Der Richter und sein Henker*, 1952

📖 *Der Tunnel*, 1952

Friedrich Dürrenmatt begriff sich als kritischer Opponent, der der Gesellschaft mit Humor und Sarkasmus, mit Satire und Groteske den Spiegel vorhält. Mit seiner Diagnose der Welt als Labyrinth und seinem Zweifel am Sinn, die er sowohl in Dramen als auch in Erzählungen, Kriminalromanen und Hörspielen zum Ausdruck brachte, wollte er das Publikum irritieren und zu kritischer Reflexion anregen. Zahlreiche seiner Werke wurden zu Klassikern der Moderne.

Nach seinem Studium der Literatur, Philosophie und Naturwissenschaften entschied sich Dürrenmatt gegen seinen Wunsch Maler zu werden und für die Schriftstellerei, die er anfangs mit Auftragsarbeiten finanzierte. Der Autor schuf anstelle des klassischen Helden den mutigen Menschen, häufig in Tragikomödien, bei denen die Handlung durch den Zufall die schlimmstmögliche Wendung nimmt und dem Zuschauer das Lachen über die grotesk verfremdeten Figuren im Halse stecken bleibt.

Friedrich Dürrenmatt am 18. Juni 1988 in Schwetzingen; mit der Inszenierung seiner Komödie *Achterloo* nahm der Autor Abschied vom Theater und schrieb fortan nur noch Prosa

Die wichtigsten Bücher von Friedrich Dürrenmatt	
Der Richter und sein Henker, 1952	Kriminalroman, in dem Kommissar Bärlach den Verbrecher Gastmann mit unlauteren Mitteln zur Strecke bringt. → S. 310
Der Tunnel 1952	Erzählung, in der ein Student in einem Zug in einen Tunnel hineinfährt und dann eindeutig hinab ins Erdinnere rast. → S. 310
Der Verdacht 1953	Kriminalroman, in dem Kommissar Bärlach den Nobel-Arzt Dr. Fritz Emmenberger als ehemaligen KZ-Arzt entlarven will.
Grieche sucht Griechin 1955	Unterhaltsamer Roman, in dem der dickliche Unterbuchhalter Arnolph Archilochos per Heiratsanzeige die reizende Chloé kennen lernt, die nur einen Fehler hat.
Die Panne 1956	Erzählung, in der Alfredo Traps, dessen Wagen eine Panne hat, in die Villa von vier Ex-Richtern, Staatsanwälten und Verteidigern kommt, die Gericht spielen. Traps wird ihr Angeklagter.
Das Versprechen 1958	In dem »Requiem auf einen Kriminalroman« sucht Kommissar Matthäi nach einem zuvor verfassten Drehbuch nach einem Kindsmörder.
Der Sturz 1971	Erzählung, in der die Abwesenheit des Atomministers bei einer Sitzung des politischen Sekretariats die übrigen Teilnehmer verunsichert.
Der Mitmacher. Ein Komplex 1976	Geschichte vom Mitmacher Doc, entlassener Biologe, der nun als Leichenauflöser für ein Mordsyndikat arbeitet. Unter den Toten befinden sich seine Geliebte und sein Sohn.
Die Justiz 1985	Ein Kantonsrat begeht einen Mord und wird verurteilt. Dann beauftragt er einen jungen Juristen, den Fall erneut zu untersuchen, und die Macht beginnt, die Realität zu verändern.

Gleich mit seinem ersten aufgeführten Stück *Es steht geschrieben* (1947) löste Dürrenmatt deutlichen Widerspruch aus. Die vielgelesenen Romane *Der Richter und sein Henker* (1952), *Der Verdacht* (1953) und *Das Versprechen* (1958) sowie der in den 1950er Jahren begonnene und 1985 publizierte Roman *Die Justiz* zeugen von Dürrenmatts Vorliebe für die Kriminalgeschichte. Weitere Werke wie *Der Besuch der alten Dame* (1956) und *Die Physiker* (1962) trugen ihm Weltruhm sowie zahlreiche internationale Ehrungen und Preise ein, u. a. 1986 den Georg-Büchner-Preis.

Biografien: E. Brock-Sulzer, *Friedrich Dürrenmatt. Stationen seines Werkes*, 1986; H. Goertz, *Friedrich Dürrenmatt* (rm 50 380).

Der Literaturwissenschaftler Hans Mayer über Friedrich Dürrenmatt:

Dürrenmatt gehört zu den ganz wenigen Genies der Nachkriegsliteratur deutscher Sprache. Ein Meteor wie Büchner und Kafka. Dieser geniale Mensch hatte eine unheimliche Witterung von wirklichen Zuständen und man hat es überhaupt nicht wahrgenommen, man hielt ihn für einen Clown, weil er einen Clown gespielt hat. Dabei ist er einer der tiefsten Denker und einer der klügsten politischen Schriftsteller.

Friedrich Dürrenmatt, *Der Richter und sein Henker*, links: Umschlag der Originalausgabe 1952 (Gestaltung: Gerhard Kreische); rechts: Einband der Taschenbucherstausgabe 1955 (Gestaltung: Werner Rebhuhn)

Der Richter und sein Henker

OA 1952 **Form** Kriminalroman **Epoche** Moderne

Ausgangspunkt der Kriminalromane von Friedrich Dürrenmatt ist die Nichtberechenbarkeit der Welt. Damit verletzt er die üblichen Regeln des Genres, das die Berechenbarkeit des menschlichen Handelns und die innere Ordnung der Welt durch ausgleichende Gerechtigkeit voraussetzt. In Dürrenmatts Kriminalromanen spielt wie in seinen Dramen der Zufall die Hauptrolle. In *Der Richter und sein Henker* werden weitere Genre-Erwartungen enttäuscht: Der Kommissar macht sich schuldig – er ist dem Verbrecher in seinem Verhältnis zur Gerechtigkeit sehr ähnlich – und der Verbrecher wird für ein nicht begangenes Verbrechen bestraft. Diese Erweiterung der Spielart des Krimis trug zur Attraktivität und zum Fortbestand des Genres bei.

Entstehung: Dürrenmatt verfasste *Der Richter und sein Henker* aus finanziellen Gründen zunächst als Fortsetzungsroman für den *Schweizerischen Beobachter*. Der Qualität des Kriminalromans schadete dies keineswegs; Dürrenmatt folgte hier ganz seinem Grundsatz: »Kunst da tun, wo sie niemand vermutet.«

Inhalt: Zentrale Figur des Kriminalromans ist der alte, kranke Kommissar Bärlach, der in seiner Jugend eine Wette mit dem Verbrecher Gastmann abschloss. Während Bärlach meinte, dass »die menschliche Unvollkommenheit, die Tatsache, dass wir die Handlungsweise anderer nie mit Sicherheit voraussagen können, und dass ferner der Zufall, der in alles hineinspielt, der Grund sei, der die meisten Verbrechen zwangsläufig zu Tage fördern müsse«, erkannte Gastmann gerade darin die Möglichkeit, ein nicht aufzuklärendes Verbrechen zu begehen. Vor den Augen Bärlachs stieß er einen Unbeteiligten von einer Brücke. Die Polizei ging von Selbstmord aus. Gastmann wurde trotz der Hinweise des Kommissars nicht zur Rechenschaft gezogen und machte eine große Gangster-Karriere.

Am Ende seiner Laufbahn sieht Bärlach nun die Chance, Gastmann nach 40 Jahren der vergeblichen Jagd endlich zu überführen. Ein Kollege Bärlachs wird in der Nähe des Schweizer Dorfes Twann ermordet. Der Kommissar meint den Mörder zu kennen, lenkt den Verdacht aber geschickt auf Gastmann. In einem raffinierten und verwirrenden Spiel benutzt Bärlach den tatsächlichen Täter, seinen Kollegen Tschanz, als Henker. Tschanz erschießt Gastmann in angeblicher Notwehr, um sich selbst zu decken. Der »Sieg« Bärlachs ist kein Sieg der Gerechtigkeit; er kann Gastmann – das Böse – nur mit dessen eigenen Waffen schlagen.

Wirkung: Kommissar Bärlach reiht sich ein in die Riege der einsamen Roman-Polizisten, wie sie Georges → Simenon mit Maigret oder Raymond → Chandler mit Philip Marlowe schuf. Doch ist er nicht der einsame Verfechter der Gerechtigkeit, im Gegenteil, die Gerechtigkeit wird als Mythos entlarvt. Diese beunruhigende Variante des Kriminalromans, die die Regeln dieses Genres erst verletzt, dann ad absurdum führt, fand schnell ein breites Publikum. Die Kriminalromane von Dürrenmatt, alle drei Prosawerke von literarischem Rang, wurden in 20 Sprachen übersetzt und erreichten eine Millionenauflage. Auch als Film und in jüngster Vergangenheit als Remake der Originalverfilmung feierten sie Erfolge.

Hauptfiguren in »Der Richter und sein Henker« von F. Dürrenmatt

Kommissar Bärlach: Ein todkranker Polizist kurz vor dem Ruhestand, der den Verbrecher Gastmann 40 Jahre lang vergeblich verfolgte und nun die Chance sieht, ihn zur Strecke zu bringen – mit kriminellen Mitteln.
Dr. Lucius Lust: Er ist der Vorgesetzte von Bärlach und ein Befürworter der modernen Kriminalistik mit ihren wissenschaftlich fundierten Methoden.
Ulrich Schmied: Der Stadtpolizist von Bern wird von Bärlach »under cover« auf den Verbrecher Gastmann angesetzt.

Tschanz: Er ist ebenfalls Polizist und Bärlachs Stellvertreter in der Mordsache Schmied. Tschanz, der Schmied glühend um dessen Posten beneidet, wird von »Richter« Bärlach als Henker benutzt, der den Verbrecher Gastmann tötet.
Gastmann: Ein Nihilist, der aufgrund der Wette mit Bärlach und angespornt durch dessen Ohnmacht ihm gegenüber immer wieder neue Verbrechen begeht.
Anna: Die Braut Schmieds verspricht nach dessen Tod Tschanz die Ehe, wenn er den Mörder Schmieds überführt.

Der Tunnel

OA 1952 **Form** Erzählung **Epoche** Moderne

Der Tunnel ist eine der meistgelesenen und bekanntesten Erzählungen von Friedrich Dürrenmatt. Die Geschichte gilt als literarisch beste frühe Prosaarbeit des Autors.

OT = Originaltitel **EZ** = Entstehungszeit **OA** = Originalausgabe **DE** = Deutsche Erstausgabe ▭ = Verweis auf Werkartikel

Entstehung: Die Erzählung *Der Tunnel* entstand 1951 oder 1952 und wurde neben Geschichten aus den Jahren 1943–46 in dem Prosaband *Die Stadt* (1952) veröffentlicht. Dürrenmatt selbst bezeichnete seine frühen Prosawerke als Vorarbeiten für die dramatische Arbeit: Sie enthalten bereits die ausweglose Situation, den Untergang und das Verlorensein des Menschen in der labyrinthischen Welt.

Inhalt: Ein 24-jähriger Student steigt sonntagnachmittags in den gewohnten Zug zu seiner Universitätsstadt. Der junge Mann ist fett, trägt eine Brille und darüber eine Sonnenbrille sowie Wattebüschel in den Ohren, damit das Schreckliche, das er hinter den Kulissen wahrnehmen kann, nicht zu nahe an ihn herankommt. Der Zug ist voll, der Student geht ins hintere Abteil. Nach 20 Minuten führt die Fahrt durch einen Tunnel. Als die Durchfahrt länger als gewöhnlich dauert, wird der Student unruhig. Er fragt den Schaffner, ob er vielleicht im falschen Zug sitze, aber es ist der richtige. Er geht durch den Zug nach vorn zum Zugführer. Niemand sonst im Zug ist beunruhigt über die lange Tunnelfahrt. Der Zugführer bringt ihn in den Packwagen, dann in einer sturmumtosten, halsbrecherischen Klettertour zur Maschine des Zugs, der inzwischen mit großer Geschwindigkeit eindeutig abwärts, ins Erdinnere rast. Der Führerstand ist leer, die Maschine reagiert nicht mehr auf die Bedienung von Schaltern und Hebeln; der Lokomotivführer, so erzählt der Zugführer jetzt, ist bereits nach fünf Minuten Tunnelfahrt abgesprungen. Die Fahrt wird immer schneller und geht nun fast senkrecht hinab ins Erdinnere. Der Student, der dem Schrecklichen hinter den Kulissen doch immer entgehen wollte, antwortet auf die Frage, was sie jetzt tun sollen: »Nichts. Gott ließ uns fallen, und so stürzen wir denn auf ihn zu.«

Struktur: Die Erzählung besteht aus einem einzigen Abschnitt. Sie ist von äußerster Geradlinigkeit und Geschlossenheit. Dürrenmatt verzichtete auf jegliche Rahmenhandlung; schon nach wenigen Zeilen beginnt die rasante Tunnelfahrt ins Erdinnere.

Wirkung: Während einige Interpreten in der Erzählung eine neue Sicht Dürrenmatts auf Gott als erbarmenden, helfenden Gott zu erkennen meinten, mit dessen Hilfe auch die absurde, ausweglose Welt zu bestehen ist, wiesen andere auf den Zusammenhang mit Søren → Kierkegaards Philosophie der Angst als Möglichkeit der Freiheit hin. Die Angst des Studenten ist demnach die Angst, die durch den Glauben erlöst. Der Gott, der den Zug ins Erdinnere rasen lässt, erscheint als Möglichkeit. Das erzählerische Werk von Dürrenmatt, das lange hinter den Dramen zurücktrat, gewann mit der Zeit mehr und mehr an Bedeutung. *M.S.S.*

Ebner-Eschenbach, Marie von

österr. Schriftstellerin

* 13.9.1830 Zdislawitz (Mähren), † 12.3.1916 Wien

📖 *Krambambuli*, 1883

Marie von Ebner-Eschenbach ist die bedeutendste österreichische Schriftstellerin des 19. Jahrhunderts. Sie gilt als Wegbereiterin des Naturalismus, die sich in ihrem sozial engagierten, der Spätaufklärung verpflichteten Werk für die Außenseiter der Gesellschaft und die Angehörigen der sozialen Unterschicht einsetzte. Gleichzeitig übte sie heftige Kritik am Standesdünkel des Hochadels, dem sie selbst angehörte.

Geboren als Marie Freiin von Dubsky im väterlichen mährischen Schloss, war sie früh vertraut mit den Sorgen und Nöten der tschechischen Dienstboten und Landbevölkerung. 1848 heiratete sie ihren Neffen, den späteren Feldmarschallleutnant Moritz von Ebner-Eschenbach (1815–98). Nach anfänglichen Versuchen als Dramatikerin wandte sie sich der Prosadichtung zu und wurde mit der Künstlernovelle *Ein Spätgeborener* (1875) bekannt. Ihren größten Erfolg erzielte sie mit ihren in zwei Bänden 1883 und 1885 erschienenen *Dorf- und Schlossgeschichten*, die auch ihre berühmteste Novelle, *Krambambuli*, enthielten. Ebner-Eschenbach lebte abwechselnd auf ihrem Schloss in Mähren und in Wien.

Biografie: S. Gräfin Schönfeldt, *Marie von Ebner-Eschenbach*, 1997

Marie von Ebner-Eschenbach (Porträtfoto um 1900)

Krambambuli

OA 1883 **Form** Novelle **Epoche** Realismus

Die Novelle *Krambambuli* aus den *Dorf- und Schlossgeschichten* (1883, 1885) von Marie von Ebner-Eschenbach ist eine der bekanntesten deutschsprachigen Tiererzählungen. Ihr zentrales Thema ist die Treue in ihrer tragischen Dimension.

Inhalt: Der Jäger Hopp erwirbt von einem Vagabunden den reinrassigen Jagdhund Krambambuli. Es braucht lange, bis der Hund den neuen Herrn akzeptiert; er ist ihm dann aber bedingungslos ergeben. Als der Jäger jedoch den Vagabunden als einen lang gesuchten Wilddieb und Mörder stellt, gerät Krambambuli in einen Treuekonflikt, in dem er sich schließlich für seinen früheren Besitzer entscheidet. Der Jäger erschießt den Wilddieb, als dieser von Krambambuli freudig angesprungen wird, und jagt den Hund davon, der verwildert an Hopps Schwelle verendet.

Auszug aus der Novelle *Krambambuli* von Marie von Ebner-Eschenbach:

Zuletzt hat das arme Tier den trostlos unnötigen Kampf aufgegeben und seinen Zweifeln ein Ende gemacht, aber nicht seiner Qual. Bellend, heulend, den Bauch am Boden, den Körper gespannt wie eine Sehne, den Kopf emporgehoben, als riefe es den Himmel zum Zeugen seines Seelenschmerzes an, kriecht es – seinem ersten Herrn zu.

Die wichtigsten Werke von Marie von Ebner-Eschenbach	
Božena 1876	Im Mittelpunkt dieses Dienstbotenromans steht die zwei Generationen einer Kaufmannsfamilie dienende Magd Božena.
Die Freiherrn von Gemperlein 1881	Humoristische Erzählung um ein gegensätzlich veranlagtes, ewig streitendes und politisch verfeindetes Brüderpaar, das sich aber menschlich sehr zugetan ist.
Der Kreisphysikus, 1883	Die Erzählung schildert die innere Läuterung eines anfänglich gefühlskalten Egoisten zur Zeit des Polenaufstands 1846.
Krambambuli 1883	Die bekannteste Novelle der Autorin gipfelt in der dramatischen Beschreibung des Treuekonflikts eines Jagdhunds. → S. 311
Er lässt die Hand küssen 1885	Die Erzählung klagt die Gefühllosigkeit einer Gräfin an, die sich einerseits schöngeistigen Beschäftigungen hingibt und andererseits ihren Diener totprügeln lässt.
Das Gemeindekind, 1887	Der Roman ist ein Plädoyer für die Besserungsfähigkeit des Menschen durch Erziehung und Milieuwechsel.

Struktur: Die Novelle ist ganz auf die pseudomenschliche Tragödie des Hundes hin aufgebaut, der sich zwischen zwei Herren entscheiden muss und den Tod dessen verursacht, dem er die Treue hält. Die fragwürdigen menschlichen Eigenschaften Hopps und die sozialen Aspekte der Erzählung bleiben im Hintergrund. Die Spannung der kurzen Erzählung ergibt sich aus dem raffinierten Wechsel von Präteritum und historischem Präsens, in der auch die entscheidende Szene von Krambambulis »Seelenschmerz« erzählt ist.

Wirkung: Mit der Novelle *Die Spitzin* (1901/02) hat Ebner-Eschenbach noch eine zweite Hundegeschichte geschrieben, in der ebenfalls die Beziehung zwischen Mensch und Tier im Mittelpunkt steht. Sie erreicht jedoch nicht die Dramatik der Novelle *Krambambuli*, die seit Jahrzehnten ein fixer Bestandteil österreichischer Lesebücher ist. *R. Mi.*

Eça de Queiroz, José Maria

port. Erzähler und Romancier

*25.11.1845 Póvoa de Varzim/Porto

†16.8.1900 Neuilly/Paris

📖 *Das Verbrechen des Paters Amaro,* 1876

José Maria Eça de Queiroz ist der wichtigste Repräsentant einer Generation portugiesischer Intellektueller und Schriftsteller, die im letzten Drittel des 19. Jahrhunderts für die Modernisierung der portugiesischen Gesellschaft und ein realistisches Literaturkonzept nach französischem oder englischem Vorbild eintraten.

Dem unehelichen Sohn eines hohen Justizbeamten war die soziale Hierarchie ebenso vertraut wie die von starren Konventionen verdeckten Fehltritte und Skandale. Nach dem Jurastudium in Coimbra arbeitete Eça de Queiroz in Lissabon als Rechtsanwalt sowie in den Provinzstädten Evora und Leiria als Redakteur und Beamter. Ab 1871 war er im diplomatischen Dienst, u.a. in Havanna, London und Paris tätig.

In seinen zahlreichen Romanen und Erzählungen, die ähnlich wie bei Honoré de → Balzac oder Émile → Zola verschiedene Segmente der portugiesischen Gesellschaft detailgenau beschreiben und kritisch durchleuchten, prangert Eça de Queiroz unreflektierten Chauvinismus, Zynismus, Doppelmoral und Frömmelei als herrschende Verhaltensformen an. Dabei profitiert er einerseits von intimer Kenntnis gerade auch provinzieller portugiesischer Verhältnisse, andererseits von der geografischen Distanz zu seiner Heimat, die er in eine kritisch distanzierte, zumeist ironisch bis satirisch gefärbte Erzählperspektive umzusetzen versteht.

Biografie: L. Viana Filho, *A Vida de Eça de Queiroz,* 1983.

Das Verbrechen des Paters Amaro

OT O Crime do Padre Amaro
OA 1876 **DE** 1930 **Form** Roman **Epoche** Realismus

In diesem vom Naturalismus beeinflussten Roman übt José Maria Eça de Queiroz scharfe und ironische Kritik an der portugiesischen Gesellschaft, insbesondere an der Scheinheiligkeit der Kirchenmänner und der Borniertheit der kleinstädtisch-bürgerlichen Gemeinschaft.

Entstehung: Eça de Queiroz verwendete die Eindrücke einer zweijährigen Tätigkeit als Redakteur in der Provinzstadt Leiria für die gestaltung von Milieu und Personal seines Romans. Eine erste Fassung wurde 1875 als Fortsetzungsroman in einer Zeitschrift gedruckt; 1876 folgte eine umgearbeitete Buchfassung, 1880 eine dritte, konzeptionell deutlich veränderte Version.

Inhalt: Der junge Amaro Vieira, Sohn eines Dienerehepaars, gerät nach dem Tod der Eltern eher zufällig ins Priesterseminar und bereitet sich auf die geistliche Laufbahn vor, was ihm »nicht unangenehm war«. Sein hübsches Aussehen und devotes Wesen verschaffen ihm allerlei Protektion und schließlich eine Pfarrstelle in Leiria. Sein ehemaliger Lehrer, der Domherr und Lebemann Dias, quartiert ihn im Hause seiner Geliebten Dona Joaneira ein. Bei den dortigen Geselligkeiten, die von Klerikern und örtlichen Betschwestern besucht werden, wächst eine leidenschaftliche Beziehung zwischen dem jungen Pater und Amélia, der Tochter des Hauses. Auch nachdem Amaro das Haus verlassen hat, führt er die Liebschaft weiter: Das alte Glöcknerhaus seiner Kirche wird zum Schauplatz heimlicher Rendezvous. Amélias Schwangerschaft versetzt den Pater in Panik; er schickt das Mädchen aufs Land, wo es sein Kind zur Welt bringen soll. In Angst um sein Ansehen und vor allem seine künftige Karriere übergibt er das Neugeborene einer dörflichen Engelmacherin zur »Pflege«. Als er den unausgesprochenen, aber eindeutigen Auftrag zur Kindstötung bereut und das Neugeborene retten will, ist es bereits zu spät. Er hat sich beurlauben lassen und ist bereits auf dem Weg nach Lissabon, als er von Tod und Bestattung Amélias erfährt. In Lissabon plaudert er am Ende des Romans mit Freunden über das neueste Weltgeschehen und bereitet durch Besuche in der einflussreichen Gesellschaft seine Bewerbung für eine neue, attraktivere Pfarrstelle vor.

Aufbau: An französischen Vorbildern wie Gustave → Flaubert und Émile → Zola geschult, entwickelte Eça de Queiroz aus genauer Milieubeschreibung, sich selbst entlarvenden Gesprächen der Figuren und einem sachlichen, aber leicht ins Ironische schweifenden Erzählton seine eigene Romankonzeption. Die dritte Fassung des Romans ist bemüht, das Programm des Naturalismus im Sinne von Zola einzulösen, das heißt die Determinierung der Figuren und des Verhaltens durch Biologie, Erziehung und Milieu deutlich zu machen. Zu diesem Zweck wird die kommentierende Figur des Dr. Gouveia eingeführt; auch bleibt Amélia am Leben und wird vom »guten« Pater Ferrao auf den rechten Weg zurückgeleitet. Hiermit geht einiges von der stilistischen Geschlossenheit und analytischen Schärfe der zweiten Fassung verloren.

Wirkung: Dieser Roman war thematisch eine unerhörte Herausforderung für Leser und Kritiker. Seine scharfe Verurteilung der Zurückgebliebenheit der portugiesischen Gesellschaft sowie der Heuchelei und Lasterhaftigkeit der so genannten guten Gesellschaft wurde mit Ablehnung, ja mit Totschweigen von Seiten der Kritik beantwortet. Hinzu kam der Vorwurf, das Vorbild Zola plagiiert zu haben. Langfristig begründete dieser Roman jedoch den Ruhm von Eça de Queiroz als der bedeutendste realistisch-naturalistische Erzähler Portugals, der den Vergleich mit seinen europäischen Zeitgenossen nicht zu scheuen braucht.   *J. V.*

Eckermann, Johann Peter

dt. Essayist

*21.9.1792 Winsen/Luhe, †3.12.1854 Weimar

📖 *Gespräche mit Goethe in den letzten Jahren seines Lebens*, 1836–48

Johann Peter Eckermann war neun Jahre lang engster Vertrauter und Mitarbeiter → Goethes bis zu dessen Tod. Die für die Literatur bedeutende Leistung von Eckermann liegt vor allem in der Mitherausgeberschaft der Werke des Weimarer Dichters (Ausgabe letzter Hand) sowie in den dokumentarischen Arbeiten *Gespräche mit Goethe in den letzten Jahren seines Lebens* (3 Bde., 1836–48).

Eckermann stammte aus ärmlichsten Verhältnissen und verdankte seinen Aufstieg in erster Linie seiner Charakterstärke. Mit 16 Jahren wurde er Schreiber, zunächst in seiner Heimat Winsen, dann in verschiedenen Ämtern der Präfektur Lüneburg. Als es ihn nach Hannover verschlug, wollte er Maler werden. Das Unternehmen scheiterte jedoch an seinen begrenzten

Goethe an Carl Friedrich Zelter, 10./14. Dezember 1830:

Der getreue Eckert ist mir von großer Beihülfe. Reinen und redlichen Gesinnungen treu, wächst er täglich an Kenntnis, Ein- und Übersicht und bleibt wegen fördernder Teilnahme ganz unschätzbar.

von links: Johann Wolfgang von Goethe, Porträt nach einer Zeichnung von Karl August Schwerdgeburth 1831; Vertrag zwischen Goethe und Eckermann über die Herausgabe der *Gespräche mit Goethe in den letzten Jahren seines Lebens* mit einem Nachsatz von Goethe, datiert und mit beider Unterschrift; Johann Peter Eckermann, Bleistiftzeichnung von Ernst Förster 1825

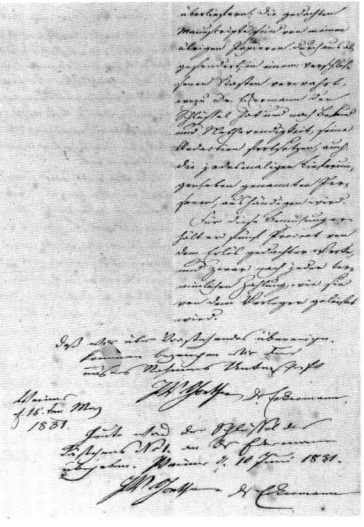

Gespräch

Aufbau: Gespräche sind keine eigenständige literarische Gattung. Man versteht darunter meist – im Gegensatz zur fiktiven Form des Dialogs – eine Unterhaltung, die wirklich stattgefunden hat, und deren schriftlich fixierte Form. Entscheidend ist, dass sich beim Gespräch drei Ebenen wechselseitig überlagern: 1. der logische Aspekt – Aufzeichnung eines Gesprächs als Weg der Erkenntnis, 2. der ästhetische Aspekt – der Dialog als literarische Form, die sich im Grunde in allen Gattungen wiederfindet, 3. der normative Aspekt – die gesellschaftliche Begegnung, bei der die Unterredung zum Kunstwerk stilisiert wird. Gesprächsaufzeichnungen dienen entweder dazu, summarische Einblicke in die Gedankenwelt einer Person zu liefern oder einzelne Begegnungen möglichst detailgenau festzuhalten.

Anwendung: Bereits in der Antike findet sich der sokratische Dialog, dem → Platon in seinen Dialogen in einer großen Formenvielfalt folgt. Das Mittelalter kannte vor allem das Zwiegespräch, meist als ein Dialog mit Gott oder als magistrales Lehrgespräch. Zwei der Höhepunkte sind Johannes von Tepl (um 1350–1414?) mit *Der Ackermann und der Tod* und Martin → Luthers *Tischgespräche* (1566). Der logische Aspekt des Gesprächs tritt in der Renaissance in den Vordergrund und entwickelte sich bis zur Aufklärung weiter. Oftmals werden Gespräche auch als eine Form des Essays betrachtet, etwa Gotthold Ephraim → Lessings *Ernst und Falk. Gespräche für Freimaurer* (1778). Daraus entwickelte sich im 19. Jahrhundert eine Ich-Du-Beziehung, die zunehmend als Grundlage für philosophische Untersuchungen diente.

Schwerpunkt Klassik: Nach den Aufzeichnungen der Gespräche Lessings wurde die Klassik zu einem Schwerpunkt. Neben den Bearbeitungen der Gespräche → Schillers von Flodoard Freiherr von Biedermann sind vor allem Goethes Reden oft festgehalten worden: neben Eckermann insbesondere von Friedrich Wilhelm Riemer (1774 bis 1845), Frédéric Soret (1795–1865) und dem Kanzler Friedrich von Müller (1779–1849). Zu unterscheiden ist der jeweils unterschiedliche Grad an Zuverlässigkeit. Dieser ist abhängig von der Glaubwürdigkeit der Zeugen und vom Zeitabstand zur Aufzeichnung.

Johann Peter Eckermann, *Gespräche mit Goethe in den letzten Jahren seines Lebens*, Umschlag der Ausgabe des Aufbau-Verlags 1982

Johann Peter Eckermann am 15. [12.] Oktober 1825 über Goethe:

Ich fand Goethe diesen Abend in besonders hoher Stimmung und hatte die Freude, aus seinem Munde abermals manches Bedeutende zu hören. Wir sprachen über den Zustand der neuesten Literatur, wo denn Goethe sich folgendermaßen äußerte: »Mangel an Charakter der einzelnen forschenden und schreibenden Individuen«, *sagte er,* »ist die Quelle alles Übels unserer neusten Literatur.«

finanziellen Mitteln. Zwischen 1815 und 1821 arbeitete er in verschiedenen Kanzleien und begann mit schriftstellerischen Arbeiten. Er verfasste zunächst Gedichte und dann die *Beiträge zur Poesie mit besonderer Hinweisung auf Goethe* (1823). Beides schickte er 1821 bzw. 1823 an Goethe. Dieser stellte Eckermann – schlecht besoldet – bei sich ein. Nach dem Tod Goethes wurde er herzoglicher Bibliothekar, 1842 erhielt er den Titel eines Hofrats, der ihm ein kärgliches Einkommen sicherte.

Biografie: E. Lüth, *Johann Peter Eckermann zwischen Elbe, Heide und Weimar*, 1978.

Gespräche mit Goethe in den letzten Jahren seines Lebens

OA 1836–48 (3 Bde.) **Form** Gespräch **Epoche** Klassik

Die von → Goethe autorisierten, zur Veröffentlichung nach seinem Tod bestimmten *Gespräche mit Goethe in den letzten Jahren seines Lebens* von Johann Peter Eckermann sind die wichtigsten Zeugnisse zum Verständnis des reifen Goethe. Die beiden ersten Bände mit 196 Gesprächen erschienen 1836, der dritte Band folgte mit 119 Gesprächen 1848 unter Benutzung von Tagebüchern des Genfer Naturforschers Frédéric Soret (1795–1865).

Inhalt: Die Gespräche erstrecken sich über einen Zeitraum von knapp neun Jahren, angefangen vom 10. Juni 1823 bis zum 11. März 1832. Sie gehen intensiv auf Goethes Alltag ein, schildern seinen Umgang mit Tischgästen und Beratern, handeln von seinen Theaterbesuchen ebenso wie von seinen Ausfahrten. Dabei spiegeln die Aufzeichnungen das gesamte Spektrum von Goethes literarischen und naturwissenschaftlichen Vorlieben und Aufgaben. Sie enthalten Goethes Meinungen über soziale Fragen der Zeit sowie über moralische und religiöse Themen. Eckermann konnte sich dabei auf Tagebuchnotizen und Briefe berufen – und vor allem auf sein hervorragendes Gedächtnis. Er verfiel nicht in den Fehler, Weisheiten und Sentenzen zusammenzustellen, sondern er verstand das Beliebige vom Bedeutenden zu trennen. Der Bericht über seinen letzten Besuch, bei dem er vom toten Goethe Abschied nimmt, zählt zu den ergreifenden Dokumenten deutscher Erzählkunst.

Aufbau: Nicht zuletzt wegen der bisweilen nachträglichen Rekonstruktionen sind die Gespräche nicht immer wörtlich zu nehmen, gelten aber sinngemäß als verlässlich. Die Texte rücken die einzelnen Szenen geschickt in einen passenden thematischen Hintergrund. Eckermann hinterließ der Nachwelt keine Protokolle, sondern stellte die Aufzeichnungen so zusammen, dass sie bisweilen romanhaft wirken.

Das Bild, das Eckermann von Goethe zeichnet, entsprach dessen Wünschen und Vorstellungen. Er wirkt als ein von den Ereignissen des politischen Alltags weitgehend befreiter Dichter und Forscher, dem viel daran gelegen ist, seine Hauptwerke noch vollenden zu können. Würdevoll und erhaben wirkt Goethe, gelassen und milde. Dennoch bleiben hinter diesem ersten Eindruck einige innerliche Spannungen nicht verborgen, die Eckermann jedoch geschickt zu minimieren wusste – wohl auch, weil er sich nicht anmaßen wollte, die Komplexität von Goethes Denkens oder gar eine psychologische Betrachtung seiner Person zu schildern.

Wirkung: Bereits kurze Zeit nach ihrer Veröffentlichung wurden die Gespräche zum meistgelesenen Buch über Goethe. Dennoch gingen die Meinungen zum Teil weit auseinander. Die einen würdigten die Sammlung als eine der wichtigsten Quellen zum Verständnis des goetheschen Œuvres, andere sahen in ihr lediglich einen Abklatsch seiner tiefgründigen Ansichten. Heinrich → Heine sah in Eckermann den »Papagei Goethes« (*Reisebilder. Erster Teil*, 1826), Friedrich → Nietzsche dagegen zollte dem Werk Hochachtung und nannte es das »beste deutsche Buch, das es gibt« (*Menschliches, Allzumenschliches*, 1878/79). Gerade die Wissenschaft entwickelte ein hohes Interesse an den Gesprächen, konnte man doch – etwa anhand von Goethes Tagebüchern und Briefen – nachweisen, wo Eckermanns [sich geirrt hat und wo seine] Aussagen einen hohen Wahrscheinlichkeitswert besitzen.

C. V

OT = Originaltitel   **EZ** = Entstehungszeit   **OA** = Originalausgabe   **DE** = Deutsche Erstausgabe   📖 = Verweis auf Werkartike

(Meister) Eckhart

dt. Mystiker

*um 1260 Hochheim bei Gotha

† vor 30.4.1328 Avignon

📖 *Das Buch der göttlichen Tröstung*, 1308–11

Der Erfurter Dominikanermönch Eckhart, in dem man erst Jahrhunderte später den Hauptrepräsentanten der deutschen Mystik erkannte, studierte ab 1277 an der Pariser Universität sowie in Köln Theologie und Philosophie im Geist der zeitgenössischen Scholastik. 1302 erwarb er den Magistergrad – daher fortan »Meister Eckhart« genannt – und lehrte danach in Paris, Straßburg und Köln. Er bekleidete hohe Ordensämter und erregte Aufsehen durch seine ebenso geistvollen wie eigenwilligen Predigten in deutscher (statt wie üblich lateinischer) Sprache. Seine oft der Kirchenlehre widersprechenden Auslegungen des Evangeliums trugen ihm ein Inquisitionsverfahren ein. Er starb kurz bevor er sich vor Papst Johannes XXII. in dessen südfranzösischer Exilresidenz Avignon rechtfertigen konnte.

Meister Eckharts Bedeutung als Schöpfer einer »spekulativen Theologie«, einer neuen metaphysischen Ausdrucksform des Glaubens und einer bis dahin im deutschen Sprachraum unbekannten Art mystischer Volksfrömmigkeit ist erst im 19. Jahrhundert erkannt worden und kommt erst seit einigen Jahrzehnten durch die weite Verbreitung seiner Schriften sowie die seiner herausragenden Schüler Heinrich Seuse (um 1295–1365) und Johannes Tauler (um 1300–61; »das mystische Dreigestirn« genannt; → Übersicht »Hauptwerke der deutschen Mystik«, → S. 506) gebührend zur Geltung.

Biografien: K. Ruh, *Meister Eckhart. Theologe – Prediger – Mystiker*, 1985; G. Wehr, *Meister Eckhart*, 1989.

Das Buch der göttlichen Tröstung

EZ 1308–11 oder ab 1314 **DE** 1857
Form Traktat **Bereich** Religion

Alle Schriften, alle Worte des Meisters Eckhart waren aus dogmatischer Sicht gewagt. Dies gilt schon für sein Frühwerk *Reden der Unterweisung,* in dem er forderte, sich nicht mit einem in der Kindheit angewöhnten Gott und verordneten Glauben zu begnügen, sondern Gott zu verinnerlichen, als wäre er ein Teil vom eigenen Selbst.

Entstehung: Der gleiche Gedanke ist auch die Quintessenz des für Agnes von Österreich, Witwe des Ungarnkönigs Andreas III. († 1301), geschriebenen Trostbuchs. Ihm angeschlossen ist der Text der Predigt *Vom edlen Menschen.*

Trostbedürftig war Agnes 1308 wegen der Ermordung ihres Vaters, König Albrecht I. von Habsburg, durch seinen Neffen, Herzog Johann von Schwaben. (Friedrich Schiller hat diesen Mord im 5. Akt von *Wilhelm Tell* behandelt.) Es ist jedoch mehr als nur ein Trostbuch, was sein anspruchsvoller lateinischer Titel *Liber benedictus (Gesegnetes Buch)* zum Ausdruck bringt.

Inhalt: Zwar weiß Eckhart im ersten Teil des Werks den drei hauptsächlichen Leidensgründen des Menschen wie jeder gute Seelsorger das Zehnfache an Trostgründen entgegenzusetzen und erinnert an die vorbildliche Haltung berühmter Persönlichkeiten im Leid, aber im Wesentlichen geht es ihm um seine Lehre vom »Entbildetwerden«, die er im zweiten Teil und der anschließenden Predigt darlegt: Leidbewältigung als Selbstfindung durch die Bereitschaft, in der vom Ich befreiten Seele von Gott »überbildet« und dadurch eins mit ihm zu werden.

Eckhart gibt damit eine Anleitung, jenen von den Mystikern des frühen Mittelalters als »unio mystica« bezeichneten Gnadenzustand des Einsseins mit dem Schöpfer zu erleben, und er versäumt nicht, seine Auffassung gegen die zu erwartenden neuerlichen Vorwürfe der klerikalen Obrigkeit energisch zu verteidigen.

Wirkung: Das als Ketzerei betrachtete Streben nach unmittelbarer Gemeinschaft mit Gott fand bei den für eine solche Vervollkommnung des religiösen Innenlebens Empfänglichen großen Anklang und Meister Eckharts poetische, kühn wortschöpferische Sprache inspirierte den geistigen Austausch und das Schrifttum der nächsten Generationen sowie die christlichesoterische Literatur vom 16. Jahrhundert bis in die Gegenwart. *G. Woe.*

Meister Eckhart

Der Mensch soll sich nicht begnügen mit einem gedachten Gott. Denn: Wenn der Gedanke vergeht, so vergeht auch Gott.

C. G. Jung in *Aion* **(1951) über Meister Eckhart:**

Der weltumspannende Geist Meister Eckharts ist die schönste Blüte am Baum des freien Geistes.

Erich Fromm in *Haben oder Sein* **(1976):**

Eckhart hat den Unterschied zwischen Haben und Sein mit einer Eindringlichkeit und Klarheit beschrieben und analysiert, wie sie von niemandem wieder erreicht worden ist.

Umberto Eco 1995 bei einer Präsentation seines Romans *Die Insel des vorigen Tages* in München

Eco, Umberto

italien. Semiotiker und Schriftsteller

*5.1.1932 Alessandria

📖 *Der Name der Rose*, 1980

Der renommierte Semiotiker, Literatur- und Kulturwissenschaftler Umberto Eco erreicht mit seinen Zeitschriftenkolumnen in Italien regelmäßig ein Massenpublikum und besitzt mit seinen mittlerweile vier vielfach aufgelegten und übersetzten, typisch postmodernen Romanen einen festen Platz im Spektrum der Gegenwartsliteratur. Die Besonderheit seiner

Fiktion liegt darin, dass sie auf spielerische Weise Probleme seines theoretischen Arbeitens veranschaulicht und dieses zugleich ironisch spiegelt, d.h., sie behandelt das Dechiffrieren von Zeichencodes und deren Bedeutung für kulturelle Systeme sowie die Möglichkeit von Interpretationen.

Eco wurde im Piemont geboren; die dortigen Kindheitserfahrungen sind verschlüsselt in seine Romane eingewoben. Eco promovierte 1955 in Turin über → Thomas von Aquin, gehörte dem avantgardistischen Gruppo 63 an und wurde 1975 Professor für Semiotik in Bologna. Er lebt hauptsächlich in Mailand. Seine vielen zeichentheoretischen Arbeiten, die um den Ausgleich zwischen fachlicher Innovation und Verständlichkeit bemüht sind, trugen ihm zahlreiche Gastdozenturen und Ehrenpromotionen ein. Seine Romane, die ihren gelehrten Hintergrund nicht verleugnen, stießen auf ein geteiltes Echo. Fast einhellige Zustimmung erfuhr sein erstes Erzählwerk *Der Name der Rose* (1980), für das Eco bedeutende Preise zuerkannt wurden.

Biografie: D. Mersch, *Umberto Eco zur Einführung*, 1993.

Umberto Eco, *Der Name der Rose*, Umschlag der deutschsprachigen Erstausgabe 1982

Die wichtigsten Bücher von Umberto Eco

Das offene Kunstwerk 1962	Hauptsächlich am Beispiel der Poetik von James → Joyce demonstriert Eco, wie sich das Prinzip der Unbestimmtheit und der nicht fixierbaren Deutbarkeit in allen modernen Künsten durchgesetzt hat.
Einführung in die Semiotik 1968	Das Standardwerk der Wissenschaft von den Zeichen zeigt deren Allgegenwart in unserer Kultur und erläutert die verschiedenen Codes, mit denen die modernen Künste funktionieren.
Der Name der Rose 1980	Dieser Welterfolg vereint die Strukturen des Kriminalromans, der in einem mittelalterlichen Kloster spielt, mit den intertextuellen Spielen der Postmoderne. → S. 316
Das Foucaultsche Pendel 1988	Ecos zweiter Roman führt drei Mailänder Verlagslektoren zusammen, die aus Übermut einen Papierfetzen zu einer Weltverschwörung ausfabulieren, bis diese in Paris tödliche Wahrheit wird.
Die Suche nach der vollkommenen Sprache, 1993	Vorlesungsreihe zu einem Menschheitstraum, von der Idee einer einheitlichen Ursprache über Magie und Kabbala bis zu moderner Semiotik, Welthilfssprachen und künstlicher Intelligenz.
Die Grenzen der Interpretation 1990	Nachdem er wiederholt die Offenheit des Textes und die Rolle des Lesers herausgearbeitet hat, sieht sich Eco durch die weitergehenden Thesen der Dekonstruktion veranlasst, für Interpretationen Regeln zu fordern, die der Willkür Grenzen setzen.
Die Insel des vorigen Tages 1994	In Ecos drittem Roman erleidet Roberto de La Grive 1643 auf der Suche nach dem Fixpunkt für die Festlegung der Erdlängengrade in der Südsee in unmittelbarer Nähe der Datumsgrenze Schiffbruch.
Baudolino 2000	Im Jahr 1204 erzählt der Titelheld, ein Lügner und Geschichtenerfinder, sein Leben und dessen Verwicklung in die große Politik, wobei er Wahres und Erdachtes ununterscheidbar vermischt.

Der Name der Rose

OT Il nome della rosa
OA 1980 **DE** 1982 **Form** Roman **Epoche** Postmoderne

Der erste Roman von Umberto Eco, eine Kombination aus intelligentem, glänzend recherchiertem Historienthriller und spannender Verarbeitung der postmodernen Erzähl- und Interpretationstheorie, wie sie der Autor selbst in mehreren Abhandlungen dargestellt hatte, fachte zugleich die Mittelalter-Begeisterung der 1980er Jahre und ein überwältigendes Interesse für die neuere italienische Literatur an.

Inhalt: Der Franziskanermönch William von Baskerville, ein ins Mittelalter versetzter Sherlock Holmes und zugleich das Alter Ego des Autors, kommt im Jahr 1327 gemeinsam mit dem Novizen Adson von Melk, dem späteren Erzähler, in ein fiktives Benediktinerkloster Norditaliens. Hier hat soeben der gewaltsame Tod eines Bruders den Abt in Unruhe versetzt, weil seiner Abtei brisanter Besuch ins Haus steht. Delegationen des Franziskanerordens und des Avignon-Papstes sollen über Glaubensfragen verhandeln, die sich um die Armut Christi drehen. Unter ihnen ist Williams Erzfeind, der Inquisitor Bernard Gui. Wie ein Detektiv macht sich William an die Aufklärung des Todesfalls, dem weitere Morde folgen.

Im Mittelpunkt der verwickelten Ereignisse steht die Suche nach der einzigen Abschrift des in Wirklichkeit nicht erhaltenen zweiten Buches der *Poetik* von → Aristoteles, das die Komödie und damit das subversive Lachen gerechtfertigt hätte. Räumliches Zentrum ist die Bibliothek oberhalb des Skriptoriums, deren dem Buch auch als Zeichnung beigegebener labyrinthischer Bauplan der universalen Bibliothek bei Jorge Luis → Borges entspricht. Nur wer das Geheimnis dieser Bibliothek und des blinden Mönchs Jorge von Burgos ergründet, entschlüsselt auch die Kette von Verbrechen.

Aufbau: Innerhalb des komplexen Rahmens einer mehrschichtigen Buch- bzw. Manuskriptfiktion wird die eigentliche Handlung, die genau eine Woche dauert, von dem alten Adson aufgezeichnet. Jeder Tag ist in die Zeiten der klösterlichen Hauptgebete untergliedert. Dieses Zeitgerüst trägt ebenso zur Spannung bei wie die am 4. Tag aufkommende Vermutung, die Todesarten der bisherigen Opfer wiesen auf die Johannes-Apokalypse als Serienmuster hin. Die Hypothese erweist sich als falsch, ist aber von dem eigentlich Verantwortlichen geschickt genutzt worden. William zählt sich zu den Nominalisten, die einen entschieden empiristischen Standpunkt einnehmen, und erliegt dennoch der Verlockung, eine kriminalistische Theorie zu bilden. Der Spurenleser findet zwar Buch und Mörder, aber des Rätsels Lösung ist absurd

»Es gab keine Intrige, und ich habe sie aus Versehen aufgedeckt.« Obgleich William erfolgreich ist, geht die größte Büchersammlung des Abendlandes im apokalyptischen Feuer unter. Typisch für postmodernes Schreiben, das die Literatur als unendlichen Dialog der Bücher auffasst, ist das Montieren zahlreicher Quellen, von denen einige – wie die Offenbarung des Johannes – die Struktur tragen. Andere illustrieren das zeitlich bedingte Wissen der Mönche, wobei Eco, wenn er in verdeckter Form Gedanken moderner Theoretiker zitiert, bewusst anachronistisch verfährt.

Wirkung: Eco selbst hat es in einer *Nachschrift* (1983) zu seinem Roman abgelehnt, zu einzelnen Fragen Stellung zu nehmen, etwa dem Titel einen eindeutigen Sinn zuzuweisen. Unmittelbar nach dem Erscheinen des Romans entstand eine Vielzahl von Detailstudien der Literaturwissenschaft, die den zahlreichen verbalen und motivlichen Zitaten nachspürte. Den Erfolg des Buches wiederholte die Verfilmung durch Jean-Jacques Annaud (1986).   *A. H.*

Edda

OT Edda **EZ** entstanden im 13. Jahrhundert
EA 1787–1828 **DE** 1814
Form Liedsammlung **Epoche** Mittelalter

Die *Edda*, auch *Lieder-Edda* genannt, stellt eine Sammlung von altnordischen Helden- und Götterliedern, Spruchdichtung (→ Kasten S. 317) und unterschiedlichen Sinnliedern dar. Sie enthält Stücke aus der frühen Wikingerzeit von 800 bis zum 12. Jahrhundert, der Zeit des europäischen Mittelalters.

Begriffsbestimmung: Von der *Lieder-Edda* zu unterscheiden ist die so genannte »jüngere Edda«, die von dem Dichter Snorri Sturluson (1178/79 bis 1241) als ein poetisches Lehrbuch verfasst wurde. Die Bedeutung des Ausdrucks »Edda« ist bis heute umstritten; vermutet wurden »Großmuttergeschichten«, »Poetik« oder auch »Buch von Oddi«, nach dem Hof, auf der der mystische Schreiber der *Edda* lebte.

Inhalt: Die Heldendichtung enthält Lieder zu verschiedenen Sagen. Die größte Liedreihe behandelt Stücke aus dem Nibelungensagenkreis (→ *Nibelungenlied*), hauptsächlich verschiedene Varianten des Brünhild-, Gudrun- und Sigurdstoffes; es wird von Liebe, Verrat und blutiger Rache berichtet. Bruchstücke verschiedener Heldengeschichten schließen sich an, unter denen das *Herwödlied* besonders hervorzuheben ist; hier wird von einer Frau erzählt, die als Krieger verkleidet auszieht und es als Einzige wagt, die Nacht neben dem Grabhügel ihres Va-

ters zu verbringen. Ihr Lohn ist ein herrliches Schwert, das ihr der Tote auf ihre Forderung hin übergibt.

In der Götterdichtung werden zum einen verschiedene Abenteuer der nordischen Götter erzählt. Man erfährt hier von Odins Ritt zum Totenreich, dem Wettangeln Thors mit einem Riesen und wie Loki, der zwiespältigste der nordischen Götter, in Zankreden die anderen Götter lächerlich macht. Mystisches Wissen vermittelt ein Frage- und Antwortspiel. Das Lied *Der Seherin Gesicht*, das den Höhepunkt altnordischer Dichtkunst bildet, entfaltet die mystische Geschichte der Welt bis zu ihrem Untergang und Neubeginn.

Die Lehrlieder überliefern Ratschläge für das alltägliche Leben und allgemeine Weisheiten. Im *Rätsellied* wird eine Reihe Rätselbilder aufgereiht, in den *Zauberliedern* und der *Runenweisheit* findet sich magisches Gedankengut; mit dem *Urfehdebann* liegt ein Zeugnis nordischen Rechtsempfindens vor.

Wirkung: In der *Edda* wird grundlegendes Wissen über die Göttermythen und großen Heldensagen der Germanen übermittelt. Richard Wagner (1813–83) gaben sie Stoff für seine Opern.   *P. R.*

Spruchdichtung

Herkunft: Der deutsche Germanist und Schriftsteller Karl Simrock (1802–76) führte den Begriff in seiner Ausgabe der Werke des mittelhochdeutschen Dichters Walther von der Vogelweide (um 1170–1230) von 1833 ein.
Bedeutung: Simrock bezeichnete mit dem Begriff der Spruchdichtung die mittelhochdeutschen Lieder und Gedichte, die sich thematisch und zum Teil auch formal vom Minnesang unterschieden. Sie behandeln Fragen der Moral, üben Kritik an politischen sowie religiösen Zuständen und enthalten Lebensweisheiten. Sie sind meistens einstrophig, können aber auch zu

Strophenreihen oder Zyklen zusammengeschlossen auftreten.
Anwendung: Der Begriff wird u.a. als Bezeichnung für die in der *Edda* enthaltenen Sittengedichte verwandt; sie sind meistens im gnomischen Sechsversmaß gehalten. Das bedeutendste Sittengedicht der *Edda* ist *Die Sprüche des Hohen*. Es enthält Ratschläge für das tägliche Leben – etwa wie man sich beim Besuch unter fremdem Dach verhält, welchen Schaden zu großes Sorgen und Sparen mit sich bringen kann oder welcher Art der Umgang mit Freund und Feind zu sein hat – und belehrt über den Wert der Lebensgüter.

Edgü, Ferit

türk. Schriftsteller

*24.2.1936 Istanbul

📖 *Ein Winter in Hakkari*, 1977

Ferit Edgü gehört zu den literarischen Vertretern der städtischen experimentellen Literatur der Türkei. Die Absurdität des Lebens, menschliche Obsessionen und die Entfremdung des Intellektuellen sind seine Hauptthemen, die er in einer mal poetischen, mal prägnant-sezierenden Sprache und mit stets wechselnden Erzählebenen und -perspektiven gestaltet.

Auszug aus dem Lied
Der Seherin Gesicht aus
der Liedsammlung *Edda*:

*Yggdrasils Stamm
steht erzitternd,
es rauscht der Baumgreis;
der Riese kommt los.
Alles erbebt
in der Unterwelt,
bricht die Bande
der Blutsfreund Surts.*

*Was gibts bei den Asen?
Was gibts bei den Alben?
Riesenheim rast;
beim Rat sind die Götter.
Vor Steintoren
stöhnen Zwerge,
die Weisen der Felswand –
wißt ihr noch mehr?*

*Gellend heult Garm
vor Gnipahellir:
es reißt die Fessel,
es rennt der Wolf.
Vieles weiß ich,
fernes schau ich:
der Rater Schicksal,
der Schlachtgötter Sturz.*

Auszug aus *Ein Winter in Hakkari* **von Ferit Edgü:**

Ich strandete wenigstens unter Menschen. Ich verstehe ihre Sprache nicht, ihre natürlichen und gesellschaftlichen Bedingungen sind nicht die, die ich gewöhnt bin. Ich bin aber nicht allein auf einer einsamen Insel. Ich bin nicht in einem Kerker eingesperrt. Ich werde nicht gefoltert. Ich werde nicht gegen meinen Willen zu einer Arbeit gezwungen. Offen gestanden, bin ich als ein Verunglückter unter guten Umständen. Ich habe eine Klasse. Ich habe Schüler... Ich bin ein Lehrer und ein Schüler. Es gibt also einiges, das ich lernen kann. Ist das nicht auch ein Glück? Wie die Bedingungen auch sein mögen – ist das nicht ein Glück?

Ferit Edgü, *Ein Winter in Hakkari*, Umschlag der deutschsprachigen Erstausgabe 1987

Der in der Metropole Istanbul aufgewachsene Edgü ging nach dem Studium der Malerei 1959 nach Paris und kehrte erst 1964 in seine Heimat zurück, um dort seinen Militärersatzdienst zu absolvieren. Er wurde als Lehrer in das Dorf Pikanis in die ostanatolische Provinz Hakkari geschickt, wo er ein Jahr blieb. Anschließend arbeitete er in Istanbul als Werbetexter, führte eine Galerie und einen Verlag. Er veröffentlichte mehrere Romane, darunter *Jemand* (1976) und *Ein Winter in Hakkari* (1977) sowie zahlreiche Sammlungen mit Kurzgeschichten.

Ein Winter in Hakkari

OT O (türk. »Er«)   **OA** 1977   **DE** 1987
Form Roman   **Epoche** Moderne

In seinem zweiten, stark autobiografischen Roman hat Ferit Edgü seine Erlebnisse in der Abgeschiedenheit der von Kurden bewohnten Hochgebirgsregion Hakkari nahe der türkisch-iranischen Grenze verarbeitet. *Ein Winter in Hakkari* ist eine außergewöhnliche Mischung aus Selbsterfahrungsbericht, Sozialroman und Sprachkunstwerk, das mit seinem Wechsel von Erzählpassagen, Tagebucheintragungen, Dialogszenen und Prosagedichten immer wieder die klassische Form des Romans durchbricht und in seiner Rätselhaftigkeit an das Werk von Franz → Kafka erinnert.

Inhalt: Der Ich-Erzähler, ein namenloser Türke aus der fernen Großstadt (Istanbul), kommt als Lehrer in ein kurdisches Dorf im äußersten Südosten des Landes. Der Grund für seine Verbannung bleibt unklar, er selbst fühlt sich als gestrandeter Kapitän, dem man das Ruder zur Kursbestimmung des eigenen Lebens aus der Hand genommen hat. Wie ein Schiffbrüchiger ist der Intellektuelle in dem isolierten Bergdorf hilflos und fremd, argwöhnisch beäugt von den Einheimischen, von denen kaum einer seine Sprache spricht.

Trotz aller Widrigkeiten stellt »Er« (so der türkische Originaltitel des Romans) sich der Aufgabe, Kindern, mit denen er sich nur durch nonverbale Kommunikation verständigen kann, die Welt außerhalb ihres unwirtlichen Heimatdorfs ohne Straßen, ohne Elektrizität und Wasserversorgung zu erklären. In den langen Wintermonaten, in denen das Dorf vom Schnee eingeschlossen ist und eine Epidemie alle Säuglinge tötet, erwirbt der Lehrer das Vertrauen der Kinder wie der Erwachsenen. Gleichzeitig verlieren in der Einsamkeit und Sprachlosigkeit alle aus der Zivilisation mitgebrachten Normen, Werte und Träume ihre Bedeutung. Um bei Verstand zu bleiben, beginnt er seine Eindrücke und Erlebnisse niederzuschreiben.

Als im Frühling der Schulinspektor ins Dorf kommt und dem Lehrer die Nachricht überbringt, dass sein Zwangsaufenthalt beendet und er frei sei zu gehen, wohin er wolle, hat dieser fast vergessen, dass er ein Verbannter war. Trotzdem begibt er sich ohne Ziel »auf eine ganz neue Reise« und lässt seine Schulkinder mit der einzigen »Wahrheit« zurück, die ihm wichtig erscheint: »Nichts ist Schicksal.«

Wirkung: Der Roman von Edgü erlangte in der Türkei wegen seines artifiziellen und daher teilweise antirealistisch wirkenden Charakters erst durch die Verfilmung 1982 (*Eine Saison in Hakkari*, Regie: Erden Kiral) größere Aufmerksamkeit. Der 1983 in Berlin mit dem »Silbernen Bären« ausgezeichnete Film wurde zunächst von der Zensur freigegeben, gleich darauf aber von der Militärregierung verboten und kam erst 1988 in die türkischen Kinos. Obwohl Kiral auf jede vordergründig politische Aussage verzichtet hat, wirkt sein Film durch die dokumentarisch-ethnografische Schilderung des trostlosen Lebens in Kurdistan wie »ein schweigender Schrei« (Kiral) gegen die Kurdenpolitik der türkischen Regierung.   *U. H.*

Ehrenburg, Ilja Grigorjewitsch

russ. Schriftsteller und Journalist
*27.1.1891 Kiew, †31.8.1967 Moskau
📖 *Tauwetter*, 1954–56

Ilja Ehrenburg war überzeugter Kommunist, der sein Werk in den Dienst der sozialistischen Idee stellte. Der Glaube an den baldigen Untergang der kapitalistischen Ordnung ist Grundthema seiner im Stil des sozialistischen Realismus verfassten Werke. Sein Roman *Tauwetter* (1954 bis 1956) gab der Phase der politischen Entspannung nach dem Tod von Josef Stalin (1878 bis 1953) ihren Namen (Stichwort → S. 319).

Bereits 1908 emigrierte Ehrenburg nach Paris, wo er als Korrespondent für russische Zeitungen tätig war. Als Befürworter der Revolution ging er 1917 nach Russland; ab 1921 lebte er als Auslandskorrespondent der sowjetischen Zeitung *Iswestija* wieder im Westen. Erst 1940 kehrte er nach Moskau zurück und arbeitete während des Zweiten Weltkriegs als Kriegsberichterstatter.

OT = Originaltitel   **EZ** = Entstehungszeit   **OA** = Originalausgabe   **DE** = Deutsche Erstausgabe   📖 = Verweis auf Werkartikel

Der Journalist wählte auch für seine Romane stets aktuelle Themen, wobei ihm die Botschaft wichtiger war als die literarisch-formale Bewältigung des Stoffs (z.B. *Das bewegte Leben des Lasik Roitschwantz,* 1928; *Der Fall von Paris,* 1941). Ein bedeutendes Zeitdokument sind seine Memoiren *Menschen, Jahre, Leben* (1960 bis 1965), in denen er u.a. seine Begegnungen mit namhaften Zeitgenossen wie Albert → Einstein, Ernest → Hemingway und Pablo Picasso (1881–1973) schildert.

Autobiografie: I. Ehrenburg, *Menschen, Jahre, Leben,* 1960–65.

Ilja Grigorjewitsch Ehrenburg in Paris bei der Arbeit an seinem 1946 erschienenen Buch *Sturm*

Tauwetter

OT Ottepel' **OA** 1954 (Teil 1); 1956 (Teil 2)
DE 1957 **Form** Roman **Epoche** Moderne

Der Kurzroman *Tauwetter* war Ilja Ehrenburgs Reaktion auf die gesellschaftlichen Veränderungen, die sich mit dem Tod von Josef Stalin (Mai 1953) in der Sowjetunion ankündigten. Als programmatisches literarisches Werk, das erstmals der Hoffnung auf innenpolitische Entspannung und kulturelle Liberalisierung Ausdruck verlieh, hat sein Titel der gesamten poststalinistischen Epoche ihren Namen gegeben.

Entstehung: Ehrenburg begann die Arbeit an *Tauwetter* im September 1953 nach der Entmachtung des Innenministers Lawrenti Berija, dem nach Stalin zweiten Mann im Staat. 1954 erschien der erste Teil in der Literaturzeitschrift *Znamja.* Den 1955 verfassten und 1956 veröffentlichten zweiten Teil bezeichnete Ehrenburg selbst später als »künstlerisch überflüssig«; er habe ihn geschrieben, um auf die kontroverse Diskussion, die das Erscheinen des ersten Teils ausgelöst hatte, zu reagieren und seinen Standpunkt weiter zu untermauern.

Inhalt: Am Beispiel der Bewohner einer Provinzstadt, deren Leben von einem großen Industriekombinat geprägt ist, beschreibt Ehrenburg das »Seelenklima«, dem die Menschen im Umbruchsjahr 1953 ausgesetzt sind, die Veränderungen in ihrem Bewusstsein und Gefühlsleben. Lena, die Frau des Fabrikleiters Schurawljow, findet die Kraft, ihren Mann zu verlassen, und knüpft eine neue Liebesbeziehung zu dem Ingenieur Korotejew an. Die jüdische Ärztin Wera Scherer und der alternde Ingenieur Sokolowski lernen einander zu vertrauen und finden zueinander. Das dogmatische Weltbild der Ingenieurin Sonja Puchow gerät ins Wanken, als sie sich in den romantischen Schwärmer Sawtschenko verliebt.

Einen Gegenpol zu den zur Veränderung fähigen Figuren stellt der Fabrikleiter Schurawljow dar, ein gefühlskalter Bürokrat und uneinsichtiger Repräsentant der Stalin-Ära. Er setzt eine Verleumdungskampagne gegen Sokolowski in Gang, der als »politisch verdächtig« gilt, weil seine geschiedene Frau in den Westen emigriert ist, scheitert jedoch mit seiner Intrige.

Darüber hinaus wird in *Tauwetter* die Rolle der Kunst in der Gesellschaft anhand zweier gegensätzlicher Figuren behandelt: des einzig für die Kunst lebenden Malers Saburow, der sich den offiziellen Darstellungsnormen nicht unterwerfen mag und unter schwierigsten Bedingungen weiter arbeitet, sowie seines hochbegabten Kollegen Wolodja Puchow, der sich von seiner Sehnsucht nach Anerkennung und Ruhm korrumpieren lässt.

Aufbau: Trotz der kritischen Inhalte folgt *Tauwetter* in der Form weitgehend den Darstellungsnormen des sozialistischen Realismus, doch werden die Figuren nicht holzschnittartig positiv oder negativ gezeichnet, sondern als entwicklungsfähig. Ehrenburg verlagert sein Interesse vom äußeren Geschehen auf die innere Entwicklung der Helden, die mittels innerer Monologe und erlebter Rede aufgezeigt wird.

Ilja Ehrenburg
Über Literatur
Essays, Reden, Aufsätze
Tauwetter
Roman

Ilja G. Ehrenburg, *Tauwetter,* Umschlag der deutschsprachigen Neuausgabe 1986

Tauwetter-Literatur

Herkunft: Der Begriff leitet sich von dem gleichnamigen Roman Ilja Ehrenburgs her, der 1954–56 erschien, und bezeichnet die Phase der innenpolitischen Entspannung und kulturellen Liberalisierung in der Sowjetunion, die nach dem Tod von Josef Stalin (1953) einsetzte und bis zum Sturz von Nikita Chruschtschow (1964) andauerte. Den wichtigsten politischen Impuls erhielt das Tauwetter durch die Geheimrede Chruschtschows auf dem 20. Parteitag der KPdSU im Jahr 1956, in der dieser zahlreiche Verbrechen des verstorbenen Diktators enthüllte und damit die Entstalinisierung einleitete.

Autoren und Werke: Die Schriftsteller des Tauwetters, deren wichtigste Plattform die Literaturzeitschrift *Novy Mir* war, traten vehement für eine Lockerung der Zensur sowie eine ungeschönte und wahrheitsge-treue Darstellung der sowjetischen Wirklichkeit ein. Zu den im Westen bekanntesten Werken zählen Wladimir Dudinzews (*1918) Roman *Der Mensch lebt nicht vom Brot allein,* (1957) und Alexander → Solschenizyns Lagergeschichte *Ein Tag im Leben des Iwan Denissowitsch* (1962).

Wirkung: Das Aufblühen der Literatur im Tauwetter war lediglich von kurzer Dauer. Die von Chruschtschow selbst ausgelöste Hetzkampagne gegen Boris → Pasternak, der 1958 genötigt wurde, den ihm zuerkannten Literaturnobelpreis abzulehnen, zeigte die Grenzen der »Liberalisierung« auf. Nach 1964 verengte sich der Spielraum für kritische Literatur stark und aus der Tauwetter-Literatur entwickelten sich die Anfänge des Samisdat (Untergrundpresse).

Auszug aus Ilja Ehrenburgs Autobiografie *Menschen, Jahre, Leben* (1965):

Ich wollte zeigen, wie sich große historische Ereignisse auf das Leben von Menschen in einer kleinen Stadt auswirken, ich wollte mein Gefühl des Auftauens, meine Hoffnungen wiedergeben. Es war eine Übergangszeit, und manche Leser lösten sich nur schwer von der jüngsten Vergangenheit... Ich bin zufrieden, dieses kleine Buch geschrieben zu haben, obwohl ich seinetwegen allerlei auszustehen hatte.

Aus dem Vorwort zu *Die Biologie des menschlichen Verhaltens* (1984) von Irenäus von Eibl-Eibesfeld:

Unsere Hoffnung ist, durch Einsicht in die biologischen Abläufe eine Überlebensethik zu entwickeln. Aber sicher nicht mit kaltem Verstand, sondern mit dem warmen Gefühl des engagierten Herzens, dem am Glück kommender Generationen gelegen ist. Zu einer solchen Betrachtungsweise möge das Buch einen Beitrag leisten.

Wirkung: Von den Lesern wurde der Roman zumeist sehr positiv aufgenommen, während die Kulturbürokratie zurückhaltend reagierte. Auf dem Schriftstellerkongress 1954 sah sich Ehrenburg schweren Angriffen ausgesetzt – hatte er doch begonnen, den Kanon der schönfärberischen, konfliktlosen Literatur zu demontieren und als erster Sowjetschriftsteller, wenn auch nur in Andeutungen, die Massenrepressionen der 1930er Jahre angesprochen. Mit *Tauwetter* bereitete er einer neuen Literatur und einer jungen Generation von Schriftstellern den Weg. Darin liegt, bei allen künstlerischen Mängeln, die bleibende Bedeutung dieses Romans.   *B.F.*

Eibl-Eibesfeldt, Irenäus von

österreich. Verhaltensforscher

* 15.6.1928 Wien

📖 *Die Biologie menschlichen Verhaltens*, 1984

Irenäus von Eibl-Eibesfeldt begann seine wissenschaftliche Laufbahn als Zoologe. Heute gilt er als der Begründer der modernen Humanethologie.

Mit dem berühmten Verhaltensforscher Konrad → Lorenz teilte Eibl-Eibesfeldt nicht nur wissenschaftliche Ansichten, sondern auch die Liebe zur Natur. 1951 folgte er Lorenz nach Deutschland an das neu gegründete Max-Planck-Institut für Verhaltenphysiologie in Seewiesen bei Starnberg. Sein Interesse galt vor allem der Herkunft und Entwicklung des menschlichen Verhaltens. In den 1960er Jahren begann Eibl-Eibesfeldt mit dem Aufbau eines Filmarchivs. Auf vielen Forschungsreisen dokumentierte und interpretierte er das Alltagsverhalten traditioneller Kulturen. Eibl-Eibesfeldt ist heute Leiter des Humanethologischen Filmarchivs der Max-Planck-Gesellschaft in Andechs und emeritierter Professor an der Universität München.

Die Biologie des menschlichen Verhaltens

OA 1984 **Form** Sachbuch **Bereich** Biologie

In einer Zeit, in der unsere Gesellschaft vor scheinbar unlösbaren Problemen des menschlichen Miteinanders steht, setzt Irenäus von Eibl-Eibesfeldt auf einen Weg zu Selbsterkenntnis und Toleranz. *Die Biologie des menschlichen Verhaltens* rangiert seit Jahrzehnten auf Bestsellerlisten und wurde in mehr als 16 Sprachen übersetzt.

Entstehung: Die entscheidenden Gedankenanstöße zu einem neuen, menschlichen Ansatz in der Verhaltensforschung gaben die Erkenntnisse von Konrad → Lorenz und seinem Kollegen Nikolaas Tinbergen (1907–88). Entgegen der bestehenden Lehrmeinung zeigten beide Forscher, dass tierisches Verhalten in bestimmter Weise stammesgeschichtlich vorprogrammiert ist und nicht nur formenden Einflüssen der Umgebung unterworfen sein kann. Ihren Vermutungen zufolge sollten vergleichbare Mechanismen des tierischen Verhaltens auch auf menschliches Gebaren zutreffen.

Die frühen Beobachtungen des Spielverhaltens seines zahmen Dachses ließen Eibl-Eibesfeldt erste gedankliche Brücken zum Menschen schlagen. Mitte der 1960er Jahre reichten die am Tier erarbeiteten Theorien nicht mehr aus. Die Erforschung menschlicher Handlungsweisen war gefordert.

Inhalt: Was sind die Motive für unser Handeln? Können wir durch ein besseres Verständnis unserer Verhaltensweisen kulturelle Missverständnisse und Konflikte überwinden? Diesen Fragen widmet sich *Die Biologie des menschlichen Verhaltens*. Jahrzehntelang zusammengetragenes Filmmaterial verschiedenster Kulturen in unterschiedlichen Entwicklungsstufen liefert das Fundament zu diesem Buch. Aus biologischer Sicht befasst sich Eibl-Eibesfeldt mit dem Ursprung unseres Sozialverhaltens, den Wurzeln unserer Geselligkeit, der Liebe und Fürsorge für unsere Kinder, der Partnerfindung, dem männlichen und weiblichen Rollenverhalten, gesellschaftlichen Rangordnungen, aber auch mit dem Ursprung von Aggression und Krieg. Ver-

Die wichtigsten Bücher von Irenäus von Eibl-Eibesfeldt	
Galapagos. Die Arche Noah im Pazifik, 1960	Eine Expedition führt den Autor in die Karibische See und auf die Galapagosinseln. Dort entdeckt er Verhaltensauffälligkeiten bei Korallenfischen.
Grundriss der vergleichenden Verhaltensforschung, 1967	In anschaulicher Weise diskutiert Eibl-Eibesfeldt die Ergebnisse in der Tierethologie und die Theorien der modernen Soziobiologie – nicht zuletzt vor einem philosophischen Hintergrund.
Liebe und Hass 1970	Das Buch bietet einen Exkurs in die Welt der menschlichen Kommunikation und ihre Ursprünge.
Krieg und Frieden 1975	Eibl-Eibesfeldt widmet sich der Frage, ob Menschen von Natur aus unverträglich sind oder die Chance auf eine friedliche Lösung der weltweiten Konflikte haben.
Die Biologie menschlichen Verhaltens, 1984	Woher stammen Verhaltensweisen, welche Notwendigkeiten erfüllen sie im Zusammenleben? Beobachtungen aus verschiedenen Kulturen helfen, den Menschen zu verstehen. → S. 320
Der Mensch – das riskierte Wesen, 1988	Das Buch widmet sich der Frage, ob der Mensch für die Welt, wie er sie sich geschaffen hat, biologisch noch geeignet ist.
Wider die Misstrauensgesellschaft 1994	In brisanter Weise erörtert Eibl-Eibesfeldt die Probleme der Menschen im 21. Jahrhundert: Bevölkerungswachstum, Umweltgefährdung, Fremdenhass und Gewalt.
In der Falle des Kurzzeitdenkens 1998	Obwohl wir unsere Probleme kennen, sind wir unfähig sie zu lösen. Gibt es einen Ausweg aus dem Dilemma? Eibl-Eibesfeldt sorgt sich in diesem Buch um die Zukunft der Menschheit.

gleiche von Verhaltensmustern in der verbalen und nicht verbalen Kommunikation zwischen Kindern und Eltern, kindlichen Spielgefährten und Erwachsenen lassen erkennen, dass sich bei Menschen, wie bei allen Säugetieren, Angeborenes und Erlerntes im Verhalten vereinen.

Wirkung: Das Buch wurde von Fachkundigen und Interessierten gleichermaßen gut aufgenommen und gilt als das einheitliche Lehrbuch der Humanethologie. Es wurde nicht nur ins Englische, Spanische und Italienische übersetzt, sondern auch Lesern in Japan, Rumänien und Russland zugänglich gemacht. Neuauflagen des Werks berücksichtigen die aktuellen Forschungsergebnisse auf dem Gebiet der Humanethologie und Genetik. *K.M.*

Eichendorff, Joseph Freiherr von

dt. Schriftsteller

* 10.3.1788 Schloss Lubowitz (Oberschlesien)

† 26.11.1857 Neiße

📖 *Aus dem Leben eines Taugenichts*, 1826

Joseph von Eichendorff gilt als der bekannteste deutsche Romantiker. Viele seiner Gedichte, Wanderlieder und Erzählungen schildern die Landschaft seiner Heimat. Eichendorffs dichterisches Credo lautete: »Die Poesie liegt in einer fortwährend begeisterten Anschauung der Welt und der menschlichen Dinge.«

Eichendorff, Sohn eines Offiziers aus dem schlesischen Landadel, wurde streng katholisch erzogen. Nach einem Jurastudium in Halle, Heidelberg, Berlin und Wien, wo er die Bekanntschaft einiger Dichter der Romantik wie Achim von → Arnim und Clemens → Brentano machte, absolvierte er ab 1816 ein Referendariat in Breslau. 1824 wurde er für drei Jahre Schulrat in Danzig, ab 1831 Regierungsrat im Kultusministerium von Berlin. 1844 schied Eichendorff aus dem Staatsdienst aus.

Die frühe Lyrik von Eichendorff entstand unter dem Einfluss der Volksliedersammlung *Des Knaben Wunderhorn* (1806–08) von Arnim und Brentano. Die frühe Schaffensphase wurde als Höhepunkt romantisch-volksliednaher Poesie gewertet. Volkstümliche Motivwahl zeichnet auch die spätere Lyrik des Dichters aus. Wie seine Gedichte sind auch Eichendorffs Romane und Erzählungen (u. a. *Das Marmorbild*, 1819, *Aus dem Leben eines Taugenichts* und *Das Schloss Dürande*, 1836) durch eine starke Naturnähe und -verbundenheit, Sehnsucht sowie eine weltoffene Lebensfreude gekennzeichnet.

Biografie: H. Korte, *Joseph von Eichendorff* (rm 50568).

Aus dem Leben eines Taugenichts

OA 1826 **Form** Novelle **Epoche** Romantik

Mit der Novelle schuf Joseph von Eichendorff eine eigene romantische Gattungsform, den sog. »Taugenichts-Roman«. Die Urfassung – zwei kurze Kapitel, die vermutlich schon in Breslau entstanden – trug den Titel *Der neue Troubadour. Ein Kapitel aus dem Leben eines armen Taugenichts*. Bereits 1822 oder 1823 vollendete Eichendorff das Werk, ließ es aber erst 1826 drucken, zusammen mit *Das Marmorbild* und einigen Gedichten.

Inhalt: Ein junger Müllerssohn wird von seinem Vater als Taugenichts beschimpft und in die Welt geschickt, damit er lernt, für sich selbst zu sorgen. Daraufhin zieht er mit seiner Geige, auf Gott vertrauend, in die Welt. Nachdem ihn zwei vornehme Damen im Reisewagen zu ihrem Schloss mitgenommen haben, findet er eine Anstellung als Gärtnerbursche, anschließend als Zolleinnehmer. Er verliebt sich in eine der beiden Damen, glaubt aber, sie sei eine Gräfin und

Hugo von Hofmannsthal an Eleonora Duse:

Und dann gibt es Künstler, die waren viel kleinere Spiegel, wie enge stille Brunnen, in denen nur ein einziger Stern blinkt: die gossen den Schmelz ihrer Seele um ein einziges Ding und tauchten ein einziges Fühlen in Schönheit. So einer war Eichendorff, der das sehnende Suchen offenbarte und das rätselhafte Rufen der atmenden Nacht, wenn die Brunnen plätschern.

Joseph Freiherr von Eichendorff, *Aus dem Leben eines Taugenichts*, Titelkupfer der Ausgabe 1842

Die wichtigsten Bücher von Joseph von Eichendorff

Die Zauberei im Herbste 1809/1906	Die märchenhafte Erzählung um den Ritter Raimund, der einer Frau verfällt und am Ende eines Traums seinen Wandel erkennt, ist die erste Novelle von Eichendorff.
Ahnung und Gegenwart 1815	Erster Roman, in dem mit den Helden Friedrich und Leontin zwei unterschiedliche Lebenskonzepte vorgestellt werden: das Leben für den Ruhm und die Zurückgezogenheit klösterlicher Strenge.
Das Marmorbild 1818	Der Jüngling Florio bewundert ein Marmorbild, das sich einmal im Jahr zu einer verführerischen Frau wandelt.
Aus dem Leben eines Taugenichts 1826	Eine Novelle um einen Müllerssohn, den Taugenichts, der sorglos durch die Welt reist und schließlich sein Glück in einer zuvor als unerreichbar erklärten Frau findet. → S. 321
Auch ich war in Arkadien, 1832/66	Satire, in der das Hambacher Fest als Walpurgisnacht beschrieben wird. Auf den Erzähler wirkt das Ereignis wie ein Albtraum.
Dichter und ihre Gesellen 1834	In Eichendorffs zweitem Roman werden »die verschiedenen Richtungen des Dichterlebens« geschildert – die romantisch-schwärmerische und die bürgerliche, philisterhafte Lebensweise.
Das Schloss Dürande 1836	Die Novelle handelt von den Auswirkungen der Französischen Revolution auf den ländlichen Adel und hebt die Reformbedürftigkeit gesellschaftlicher Strukturen hervor.
Die Entführung 1838	Die im 18. Jahrhundert angesiedelte Novelle handelt von Verwechslungen und einer liebreizenden jungen Frau.
Die Glücksritter 1841	Die Novelle spielt um 1648 und schildert die Erfahrungen des ziellos umherstreifenden Musikanten Klarinett.
Libertas und ihre Freier, 1849	Satire um den Großindustriellen Baron Pinkus. Eichendorff kritisiert die wieder in Mode gekommene Welle der Aufklärung.

Wirkung: Die ersten Kritiken – erschienen im Literaturblatt, der Beilage zum *Morgenblatt für gebildete Stände* – waren vernichtend. Spätere Rezensionen stellten die Echtheit des Gemüts und die liebliche Darstellungsweise in den Vordergrund. Theodor → Fontane und auch Thomas → Mann sahen im Taugenichts den Urtyp des deutschen musischen Wesens.

Einige der in den Text eingestreuten Gedichte wurden vertont, so z.B. *Wem Gott will rechte Gunst erweisen* von Robert Schumann (1810 bis 1856) und Felix Mendelssohn Bartholdy (1809 bis 1847). Doch gerade dieser Text wurde auch zum Beispiel für einen bewusst fehlgedeuteten Umgang mit Eichendorff: Er wurde von der Wandervogelbewegung verharmlost und von den Nationalsozialisten missinterpretiert.　　*C.V.*

Einstein, Albert

dt. Physiker

* 14.3.1879 Ulm

† 18.4.1955 Princeton (New Jersey), USA

📖 *Über die spezielle und die allgemeine Relativitätstheorie,* 1916

Albert Einstein wurde durch seine Arbeiten zum bedeutendsten Physiker des 20. Jahrhunderts. Herausragende Leistungen des Forschers sind u.a. die spezielle Relativitätstheorie, die Theorie des Fotoeffektes und die Theorie der Brownschen Bewegung. 1916 vollendete er die allgemeine Relativitätstheorie, mit der er eine neue Grundlage für die Gravitationstheorie – und die Kosmologie – schuf.

Die Schulzeit in München beendete Einstein 1895 zunächst ohne Abschluss, um seiner Familie nach Pavia zu folgen. Nach Ende des Studiums an der ETH Zürich wurde er 1901 Schweizer Staatsbürger, arbeitete dann als Lehrer und seit 1902 am Patentamt in Bern. Seine Dissertation vollendete er 1905. Er wurde 1909 außerordentlicher Professor in Zürich, dann Professor in Prag, Zürich und Berlin (1913) – dort erschien auch seine erste Arbeit über Gravitationswellen (1916) – und 1917 übernahm er die Leitung des Berliner Kaiser-Wilhelm-Instituts für Physik. Nach der experimentellen Bestätigung seiner allgemeinen Relativitätstheorie 1919 erhielt er 1921 während einer Reise nach Japan den Physiknobelpreis für seine Theorie des Fotoeffekts. Ende 1932 reiste Einstein in die USA und kehrte nie wieder nach Deutschland zurück. 1940 wurde er amerikanischer Staatsbürger und lebte bis zu seinem Tod in Princeton.

Biografien: B. Hoffman/H. Dukas, *Albert Einstein: Create and Rebel,* 1972; A. Pais, *Raffiniert ist der Herrgott...,* 1986; J. Wickert, *Albert Einstein* (rm 50162).

daher für ihn unerreichbar. Daher macht er sich erneut auf die Reise und schließt sich zwei abenteuerlich anmutenden Gestalten an, die sich als Maler entpuppen und mit dem Taugenichts nach Italien ziehen. Er erhält einen Brief, von dem er glaubt, dass seine angebetete »Gräfin« ihn geschickt habe. Um sie zu finden, eilt er nach Rom. Ein deutscher Maler erklärt ihm, die Gesuchte sei in der Stadt – eine Verwechslung. Enttäuscht tritt der Taugenichts die Heimreise an. Er gelangt wieder auf das Schloss, wo sich alle Umstände aufklären. Die beiden angeblichen Maler sind ein Graf und seine inkognito reisende Geliebte; die heimlich geliebte Dame ist keine Gräfin, sondern eine Waise, die in der Obhut eines Grafen großgezogen wurde. Am Schluss heiratet die Dame den Taugenichts.

Aufbau: Die spärliche Handlung wird in zehn Kapiteln aus der Perspektive des Müllerssohns erzählt und gibt der lyrischen Grundstimmung der Novelle, verdeutlicht in den Wanderliedern sowie dem Gemüt des Taugenichts, genügend Raum. Hinter dem Begriff Taugenichts verbirgt sich ein am Rande gesellschaftlich akzeptierter Vorstellungen lebender Romantiker. Damit steht er im Gegensatz zum Typ des Philisters, der in bürgerlicher Enge lebt und eine geruhsame und materiell gesicherte Existenz als höchsten Wert ansieht. Im Text findet sich typische Motive eichendorffscher Romantik: Schlösser, Liebe, Musik, Malerei, Mondnächte, Gottvertrauen und am Ende eine heile, märchenhaft glückliche Welt.

Auszug aus einem Gutachten von Max Planck 1910 über Albert Einstein anlässlich dessen Bewerbung in Prag:

Einsteins Arbeit über Relativität übersteigt in ihrer Kühnheit alles, was von der spekulativen Wissenschaft und auch von der Epistemologie bisher erreicht werden konnte; im Vergleich dazu ist die Nicht-Euklidische Geometrie ein Kinderspiel.

OT = Originaltitel EZ = Entstehungszeit OA = Originalausgabe DE = Deutsche Erstausgabe 📖 = Verweis auf Werkarti

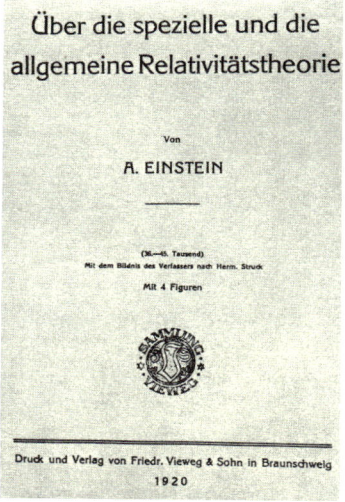

Über die spezielle und die allgemeine Relativitätstheorie

Von

A. EINSTEIN

(36.–45. Tausend)
Mit dem Bildnis des Verfassers nach Herm. Struck
Mit 4 Figuren

Druck und Verlag von Friedr. Vieweg & Sohn in Braunschweig
1920

Über die spezielle und die allgemeine Relativitätstheorie

OA 1916 **Form** Sachbuch **Bereich** Physik

In seinem allgemeinverständlichen Buch *Über spezielle und allgemeine Relativitätstheorie* stellte Albert Einstein die Hauptgedanken beider Theorien in der Reihenfolge und den Zusammenhängen vor, in denen sie tatsächlich entstanden waren. Die Relativitätstheorien eröffneten vollkommen neue Wege der Beschreibung von Raum, Zeit und Gravitation.

Entstehung: Anfang 1916 hatte Einstein seine allgemeine Relativitätstheorie vollendet. Zwei Monate später hatte er einen ersten Überblick verfasst, den er bis Dezember 1916 zu seinem »gemeinverständlichen« Werk ausbaute.

Struktur: In 17 Paragrafen gibt Einstein einen Überblick über seine spezielle Relativitätstheorie, es folgen weitere zwölf Paragrafen über die allgemeine Relativitätstheorie, drei zu *Betrachtungen über die Welt als Ganzes*.

In einem Anhang wird eine Ableitung der – für die spezielle Relativitätstheorie grundlegenden – Lorentz-Transformation gegeben, die vierdimensionale Raum-Zeit-Welt von Hermann Minkowski (1864–1909) erläutert und die für die Akzeptanz der Theorie ganz entscheidende Bestätigung der allgemeinen Relativität durch die Erfahrung beschrieben.

Inhalt: Einstein erklärt zunächst die Grundbegriffe der klassischen Physik – z. B. die Addition von Geschwindigkeiten. Bei sehr hohen Geschwindigkeiten in der Nähe der Lichtgeschwindigkeit (die im Vakuum konstant ist und nicht überschritten werden kann) gelten jedoch andere Gesetze, die durch die Lorentz-Transformation und die spezielle Relativitätstheorie

präzise beschrieben werden. Die Begriffe der »Gleichzeitigkeit« und der »räumlichen Entfernung« werden dadurch »relativ.« Einstein betont die Äquivalenz von Masse und Energie (»E=mc²«): Die zugehörigen beiden Erhaltungssätze verschmelzen zu einem.

Nach dem speziellen kommt das allgemeine Relativitätsprinzip, nach dem alle Bezugskörper für die Naturbeschreibung gleichwertig sind – nicht nur die gleichförmig bewegten. Es folgt daraus die Gleichheit von träger und schwerer Masse. Aus diesem Prinzip leitet Einstein Eigenschaften von Gravitationsfeldern ab, gewinnt schließlich das allgemeine Gesetz der Gravitation und verallgemeinert so das Newtonsche Gesetz. Dies ist als Spezialfall schwacher Felder und kleiner Geschwindigkeiten in den Gleichungen der allgemeinen Relativität enthalten.

Das raum-zeitliche Kontinuum ist in der allgemeinen Theorie nicht mehr euklidisch wie in der speziellen Theorie, ebenso hängt die Lichtgeschwindigkeit von den Koordinaten ab. Lichtstrahlen werden im Gravitationsfeld gekrümmt: ein Resultat, das bei den Sonnenfinsternis-Expeditionen 1919 bestätigt wurde und – zusammen mit der genauen Berechnung der Merkur-Periheldrehung – für den Durchbruch der allgemeinen Relativitätstheorie sorgte.

Wirkung: Einsteins knappe und relativ gut verständliche Darstellung der speziellen und der allgemeinen Relativitätstheorie mit nur wenigen Formeln erreichte viele Leser und wurde zum Vorläufer zahlreicher populärwissenschaftlicher Darstellungen anderer Autoren. Die Nachfrage nach dem Werk stieg sprunghaft an, als die Resultate der Sonnenfinsternisexpeditionen 1919 mit den Vorhersagen der allgemeinen Relativitätstheorie übereinstimmten und

Links: Albert Einstein in den 1940er Jahren; rechts: Albert Einstein, *Über die spezielle und die allgemeine Relativitätstheorie*, Einband der Ausgabe 1920

Auszug aus der Schlusspassage der Empfehlungen von Max Planck, Walther Nernst, Heinrich Rubens und Otto Warburg 1913, als sie Einstein für die Mitgliedschaft in der Preußischen Akademie vorschlugen:

Zusammenfassend kann man sagen, dass es unter den großen Problemen, an denen die moderne Physik so reich ist, kaum eines gibt, zu dem nicht Einstein in bemerkenswerter Weise Stellung genommen hätte. Dass er in seinen Spekulationen gelegentlich auch einmal über das Ziel hinausgeschossen haben mag, wie z. B. in seiner Hypothese der Lichtquanten, wird man ihm nicht allzu schwer anrechnen dürfen; denn ohne einmal ein Risiko zu wagen, lässt sich auch in der exaktesten Naturwissenschaft keinerlei wirkliche Neuerung einführen.

großes Aufsehen erregten. Seine Hauptwirkung erreichte Einstein jedoch als Autor der zu Grunde liegenden fachlichen Arbeiten über spezielle und allgemeine Relativitätstheorie, und auch der Beiträge über den Fotoeffekt (Lichtquantenhypothese) und die Brownsche Molekularbewegung, die der Beginn einer neuen Epoche der Physik waren. Heute sind beispielsweise globale Navigationssatelliten- und Positionierungssysteme (wie GPS) ohne präzise Berücksichtigung der relativistischen Effekte undenkbar geworden.   *G. W.*

Mircea Eliade, *Geschichte der religiösen Ideen*, Umschlag von Band 1 der deutschsprachigen Erstausgabe 1978

Mircea Eliade
Geschichte der religiösen Ideen

Band 1:
Von der Steinzeit bis zu den Mysterien von Eleusis

Eliade, Mircea

rumän. Religionswissenschaftler

*9.3.1907 Bukarest

†22.4.1986 Chicago

📖 *Geschichte der religiösen Ideen*, 1976–78

Der Historiker, Kulturphilosoph und Schriftsteller Mircea Eliade zählt zu den bedeutendsten Religionswissenschaftlern des 20. Jahrhunderts. In zahlreichen Veröffentlichungen wie auch als Herausgeber der Zeitschrift *History of Religions* trug Eliade, der auch als Romanautor hervorgetreten ist, zu einem neuen Verständnis des Mythos bei.

Eliade begann 1925 an der Universität Bukarest mit dem Studium der Philosophie und schloss 1928 in Kalkutta ein dreijähriges Studium der indischen Philosophie und der Sanskritistik an. Danach lebte er sechs Monate in einem Ashram in Rishikesh (Himalaja). 1933 promovierte er in Bukarest und war bis 1945 als Assistenzprofessor an der Universität Bukarest tätig. 1940 und 1941 wirkte Eliade als Kulturattaché in London und Lissabon. Zwischen 1945 und 1956 lehrte er an der Sorbonne (Paris) und wurde 1958 zum Professor für vergleichende Religionswissenschaften an die Universität Chicago (Illinois) berufen, wo er bis zu seinem Tod blieb und die einflussreiche Schule der Chicagoer Religionswissenschaft begründete. Eine editorische Glanzleistung stellt das 1995 postum und unter Mitwirkung von Iona P. Culianu (†1991), einem engen Mitarbeiter Eliades, erschienene »Handbuch der Religionen« dar.

Literatur: Axel Michaelis (Hrsg.), *Klassiker der Religionswissenschaft. Von Friedrich Schleiermacher bis Mircea Eliade*, 1997.

Geschichte der religiösen Ideen

OT Histoire des croynces et des idées religieusis **OA** 1976–78 **DE** 1978 **Form** Sachbuch **Bereich** Religionswissenschaften

Das Alterswerk von Mircea Eliade gilt als Standardwerk der Religionsgeschichte. Sachkundig und spannend zugleich konzentriert sich die fünfbändige Ausgabe nicht nur auf die chronologische Darstellung religiöser Ideen, sie gestattet auch einen Einblick in die Vielfältigkeit religiöser Existenz aller Kulturen und Kontinente.

Entstehung: Die *Geschichte der religiösen Ideen* beinhaltet im Wesentlichen die Vorlesungen über Religionsgeschichte, die Eliade zwischen 1933 und 1939 an der Universität in Bukarest, 1946 und 1948 an der École des Hautes Études in Paris und ab 1956 an der Universität von Chicago gehalten hat.

Aufbau: Der erste Band führt von den magischen Welten der Steinzeit bis zu den Religionen der antiken Hochkulturen und der biblischen Offenbarungsreligion. Band 2 ist den großen Religionen der Antike in China, Indien, der römisch-griechischen, hellenistischen und germanischen Welt, der jüdischen Religion und dem frühen Christentum gewidmet. Band 3/1 stellt die Religionen und ihre Traditionen vom ausgehenden Altertum über das Hochmittelalter bis hin zur Reformationszeit und zur Aufklärung vor. In Band 3/2 leitet Eliade den Leser vom Zeitalter der Entdeckungen bis in die Gegenwart, wobei er auch über die Phänomene des Religiösen im australisch-ozeanischen Raum, in Japan, China, Süd-, Mittel- und Nord-

Die wichtigsten Bücher von Mircea Eliade

Ewige Bilder und Sinnbilder 1952	In mehreren Aufsätzen, die zwischen 1938 und 1951 entstanden und sich gegen die positivistische Mytheninterpretation von Tylor und Frazer wenden, definiert Eliade hier das bildhaft-symbolische Denken als eine eigengesetzliche Form der Erkenntnis.
Kosmos u. Geschichte. Der Mythos der ewigen Wiederkehr 1953	Eliade untersucht das Verstehen von Zeit und erörtert die Frage, wie der Mensch das Leid und die Katastrophen erträgt, denen er hilflos ausgeliefert ist, wie er das historische Geschehen deutet und damit seinem Leben einen Sinn gibt.
Das Heilige und das Profane. Vom Wesen des Religiösen 1957	Eine allgemeine Theorie des Religiösen entwickelnd, zeigt Eliade anhand zahlreicher Beispiele, wie räumlich und zeitlich voneinander entfernte Völker und Kulturen strukturell identische religiöse Symbole geschaffen haben.
Schamanismus und archaische Ekstasetechnik 1957	Eliade bezeichnet Schamanismus nicht als eigenständige Religion, sondern als Technik der Ekstase und bietet seinen Lesern eine Fülle grundlegender Information zum Weltbild und zur Technik des Schamanismus zu allen Zeiten und an allen Orten.
Geschichte der religiösen Ideen 1976–78	Das Standardwerk der Religionsgeschichte vermittelt einen tiefen Einblick in die Religionen der Vorzeit, der antiken Hochkulturen sowie den religiösen Systemen und Denkstrukturen. → S. 324
Handbuch der Religionen 1995	Eindrucksvoller Überblick über die Religionen der Welt und ihre Geschichte, von den großen Religionen wie Christentum, Judentum, Islam, Buddhismus und Hinduismus bis hin zu den Religionen Afrikas und dem Zoroastrismus, mit umfangreichem Quellenmaterial versehen und postum erschienen.

amerika berichtet. Ein für das Eigenstudium konzipierter Quellenband, der die Ausgabe sinnvoll ergänzt, ermöglicht die unmittelbare Begegnung mit ursprünglichen religiösen Vorgängen im Leben der Völker und bietet neben bereits bekannten Texten der asiatischen Hochreligionen (Buddhismus und Hinduismus), den Religionen der antiken Welt und des Islam auch eine breite Palette von Zeugnissen aus den traditionellen Religionen der afrikanischen, australischen und amerikanischen Ureinwohner.

Wirkung: Die *Geschichte der religiösen Ideen*, die auch für den Laien verständlich ist, hat nachhaltig die moderne Religionswissenschaft, die Völkerkunde und andere Kulturwissenschaften wie auch die Werbe- und Medienkultur der Gegenwart geprägt. *W. W.*

Der Kulturforscher Norbert Elias (Foto aus den 1980er Jahren) verbrachte seinen Lebensabend in den Niederlanden, wo sein Forschungsansatz schulbildend gewirkt hat

Elias, Norbert

dt. Soziologe

*22.6.1898 Breslau, †1.8.1990 Amsterdam

📖 *Über den Prozess der Zivilisation*, 1939

Norbert Elias gehört zu jenen deutschen Intellektuellen, deren Lebenslauf durch den Nationalsozialismus massiv gebrochen wurde. Sein Forschungsprogramm – eine Untersuchung langfristiger gesellschaftlicher und psychologischer Entwicklungsprozesse, die er in Büchern wie *Über den Prozess der Zivilisation* (1939), *Die höfische Gesellschaft* (1969), den *Studien über die Deutschen* (1989) oder der biografischen Studie über *Mozart* (1991 postum) publizierte – wurde in seinem Heimatland erst mit erheblicher Verzögerung rezipiert, ließ ihn dann aber zu einem der einflussreichsten deutschen Soziologen des 20. Jahrhunderts werden.

Nach Kindheit und Jugend in Breslau sowie einem Kriegseinsatz an der Westfront studierte Elias Medizin und Philosophie in Breslau, Heidelberg und Freiburg. Zur Soziologie gelangte er 1930 als Assistent von Karl Mannheim (1893 bis 1947) am Soziologischen Seminar in Frankfurt/Main. Den Abschluss seines Habilitationsverfahrens vereitelte die Machtübertragung an die Nationalsozialisten, vor denen Elias zunächst nach Paris, dann nach England floh. Hier entstand sein Opus magnum *Über den Prozess der Zivilisation*. Elias war zunächst mehr als zehn Jahre in der Erwachsenenbildung und als Gruppentherapeut tätig, bevor er 1954 an der Universität von Leicester einen Lehrstuhl für Soziologie erhielt; in der Folge lehrte er u. a. in Münster, Konstanz, Aachen und Frankfurt/M.

Biografien: Norbert Elias, *Norbert Elias über sich selbst* (Autobiografie), 1990; H. Korte, *Über Norbert Elias. Das Werden eines Menschenwissenschaftlers*, 1988.

Über den Prozess der Zivilisation

OA 1939 **Form** Sachbuch **Bereich** Soziologie

Das einflussreichste Buch von Norbert Elias war bei seinem Erscheinen, aber auch noch zu Beginn seiner breiteren Rezeption mehr als 35 Jahre später, gleich in mehrfacher Hinsicht bahnbrechend: Es setzte an die Stelle der vorherrschenden soziologischen Annahmen stabiler Gesellschaftszustände eine Theorie und Beschreibung langfristiger sozialer Prozesse, zeigte die Verflochtenheit von Wandlungsprozessen auf individueller und gesellschaftlicher Ebene und überwand die eifersüchtig bewachten Disziplingrenzen zwischen Psychologie, Soziologie und Geschichtswissenschaft.

Entstehung: Seine Arbeit an *Über den Prozess der Zivilisation* begann Elias nach seiner Exilierung in London, wo er Zugang zur Bibliothek des Britischen Museums hatte. Dort stieß er auf die seit dem Mittelalter überlieferten Manierenbücher als das empirische Instrument, das ihm ermöglichte, langfristige Wandlungen der Trieb- und Affektmodulierung in den europäischen Oberschichten zu beschreiben. *Über den Prozess der Zivilisation* erschien 1939 in einem Schweizer Verlag, aber erst mit der dritten Auflage 1976 wurde es zu einem wissenschaftlichen Bestseller.

Inhalt: Gegenstand des Buchs sind langfristige historische Entwicklungsprozesse in den Bereichen der Persönlichkeits- und der Gesellschaftsstruktur, wobei die Verflechtung beider Bereiche betont wird. Der politischen Entwicklung Europas aus der feudalen Zersplitterung in kleine und kleinste Herrschaftszentren hin zu einer immer weiteren Zentralisierung staatlicher Macht entspricht das Abschneiden der

Auszug aus dem Buch *Über den Prozeß der Zivilisation* (1939) von Norbert Elias:

Immer wieder kehrt, sobald sich das Taschentuch einzuführen beginnt, das Verbot einer neuen »Unsitte«, die mit der neuen »Sitte« zugleich auftaucht, das Verbot sein Taschentuch zu betrachten, wenn man sich geschneuzt hat. Es scheint fast, als ob Neigungen, die mit der Einführung des Taschentuchs einer gewissen Regelung und Zurückhaltung unterworfen sind, sich in dieser Form zunächst einen neuen Ausweg suchen.

Die wichtigsten Bücher von Norbert Elias

Über den Prozess der Zivilisation, 1939	Zusammenhänge zwischen Entwicklungsprozessen der Persönlichkeits- und der Gesellschaftsstruktur. → S. 325
Die höfische Gesellschaft, 1969	Erweiterte Fassung der Habilitationsschrift (1933) von Elias zur Soziologie des Königtums und der Aristokratie.
Was ist Soziologie? 1970	Eine Einführung ins Fach, in der Elias die Sichtweise gesellschaftlicher Prozesse als »Figurationsströme« bzw. Verflechtungszusammenhänge entwickelt.
Über die Einsamkeit der Sterbenden, 1982	Ein problematischer Aspekt der Individualisierungsprozesse, die ein Aspekt der Zivilisationsprozesse sind.
Sport im Zivilisationsprozess (Co-Autor) 1983	Aufsatzsammlung figurationssoziologischer Analysen sportlicher Phänomene – vom Ritterturnier bis zur Entstehung des Fußballspiels im mittelalterlichen England.
Engagement und Distanzierung, 1983	Eine wissenssoziologische Arbeit über ein methodologisches Dilemma sozialwissenschaftlicher Forschung.
Über die Zeit 1984	Eine Untersuchung der langfristigen Entwicklung kultureller Zeitkonzepte, hin zu immer feingliedrigeren Zeitrastern.
Die Gesellschaft der Individuen 1987	Elias entwickelt seine grundlegende Einsicht, wonach Individuum und Gesellschaft »lediglich zwei verschiedene Beobachtungsebenen« desselben Sachverhalts darstellen.
Studien über die Deutschen 1989	Sammlung von Aufsätzen zu der Frage, warum sich der deutsche »Nationalcharakter« im 19. und 20. Jahrhundert signifikant anders entwickelte als z. B. in Frankreich.
Mozart 1991	Theorie des Genies als Ergebnis von individuellen Sublimierungen und gesellschaftlichen Schaffensbedingungen.

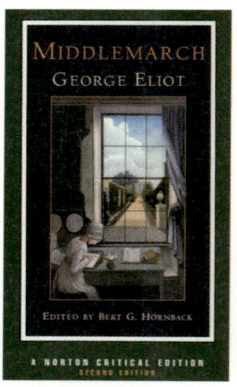

George Eliot, *Middlemarch*, Einband der englischsprachigen Ausgabe 2000

George Eliot über ihr Werk:

Der einzige Effekt, den mit meinen Texten zu erreichen ich brennend bemüht bin, ist derjenige, dass ihre Leser auch die Schmerzen und Freuden derer besser verstehen und fühlen können, die, mit Ausnahme der einen Tatsache, ebenfalls kämpfende und irrende menschliche Geschöpfe zu sein, völlig anders sind als sie selbst.

meisten Angehörigen der Oberschichten von einer selbstständigen militärischen Betätigung. Elias beschreibt, wie frühere Fremdzwänge zunehmend zu unbewussten Selbstzwängen umgestaltet werden. Die wachsende Einhegung des Gebrauchs von Messern bei Tisch ist ein Beispiel dafür, wie sich solche Innenzwänge faktisch und symbolisch durchsetzen. Aus Kriegern werden auf diese Weise Höflinge. Das staatliche Monopol militärischer Gewalt und das damit verbundene Monopol der Steuereinziehung ermöglichen dann weitere Zentralisierungsschritte.

Aufbau: Elias beginnt seine Arbeit mit einer Diskussion der Unterschiede zwischen den Begriffen »Zivilisation« und »Kultur«, wobei er zeigt, wie sich in Deutschland dieses Begriffspaar im 19. Jahrhundert von einer klassenbezogenen zu einer nationalen Unterscheidung wandelt. Von hier wendet er sich zurück zu den langfristigen »psychogenetischen« Wandlungsprozessen, die vor allem in Frankreich zum Konzept der Zivilisiertheit geführt haben. Im zweiten Band rekonstruiert Elias die mit diesen »psychogenetischen« Prozessen verschränkte »Soziogenese der abendländischen Zivilisation«: vor allem die dem »Monopolmechanismus« geschuldeten Zentralisierungsprozesse. Abschließend synthetisiert er den »soziogenetischen« und den »psychogenetischen« Aspekt in seinem Entwurf einer allgemeinen Theorie der Zivilisation.

Wirkung: Unter den Stichworten »Prozess-Soziologie« und »Figurationsstudien« hat der Ansatz von Elias international eine anhaltende Schulbildung bewirkt. Auch die heftige Kritik,

die *Über den Prozess der Zivilisation* durch Hans Peter Duerr (*Nacktheit und Scham*, 1988) erfuhr, der insbesondere den Prozesscharakter menschlicher Scham durch eine erneute Wesensbestimmung menschlicher Schamhaftigkeit ersetzen wollte, zählt letztlich zu den produktiven Folgen des Buchs von Elias. *R. H.*

Eliot, George

(eigtl. Mary Ann Evans) engl. Schriftstellerin

* 22.11.1819 South Farm (Warwickshire)

† 22.12.1880 London

📖 *Middlemarch*, 1871/72

Die Gesellschaftsromane von George Eliot haben das Bild des Realismus im 19. Jahrhundert wesentlich geprägt. Die Autorin gilt als eine der Wegbereiterinnen des psychologisch orientierten Romans.

Eliot wuchs in der englischen Provinz auf und führte den Haushalt ihres Vaters, der einen Gutsbesitz verwaltete. Ihre Bildung eignete sie sich selbst an. 1841 zog sie nach Coventry; eine Krise ihres christlichen Glaubens machte sie zur moralistischen Skeptikerin. Ab 1849 lebte Eliot in London, wo sie 1851–53 Redakteurin des *Westminster Review* war. Sie schaffte es, aus eigener Kraft zu einer der bewundertsten Figuren des britischen literarischen Lebens zu werden, obwohl sie von 1854 an offen mit dem bereits verheirateten Literaturkritiker George Henry Lewes (1817–78) zusammenlebte. Nach ihrem Debüt mit *Szenen aus dem Leben der Geistlichkeit* (1858) veröffentlichte sie mit großem Erfolg mehrere Romane: *Adam Bede* (1859) und *Die Mühle am Floß* (1860) bieten eine unverfälschte Darstellung der Landbevölkerung; der historische Roman *Romola* (1863) und der letzte Roman Eliots *Daniel Deronda* (1876) zeigen die für das Werk der Autorin typische Kontrastierung egoistischer und altruistischer Figuren.

Biografie: Elsemarie Maletzke, *George Eliot: ihr Leben*, 1993

Middlemarch

OT *Middlemarch. A Study of Provincial Life* OA 1871/72 DE 1872/73 **Form** Roman **Epoche** Realismus

Der Roman *Middlemarch* gilt durch seine inhaltliche Fülle und seinen Reichtum an erzählerischen Verfahren als Höhepunkt im Schaffen von George Eliot.

Entstehung: *Middlemarch* ging aus der Verbindung von zwei Romanen hervor, an denen Eliot zunächst gleichzeitig gearbeitet hatte. Sie kombinierte die beiden Projekte durch einen gemeinsamen Schauplatz: die fiktive Provinzstadt Middlemarch in den Jahren um 1830. Mit Hilfe einer Fülle von Figuren und Handlungen konnte Eliot den realistischen Roman zum Abbild einer ganzen Gemeinschaft entwickeln.

Inhalt: Gegenstand von *Middlemarch* sind die miteinander verbundenen Themen Selbstfindung, sozialer Fortschritt und politische Reform. Im Zentrum der Haupthandlung steht die junge Dorothea Brooke, die nach einer unglücklichen Ehe mit dem Priester Edward Casaubon ihr Glück mit Casaubons Neffen, dem Journalisten Will Ladislaw, findet. Dieses Geschehen findet vor dem Hintergrund der Wahlrechtsreform von 1832 statt, die die Zahl der Wahlberechtigten für die Parlamentswahlen bedeutend vergrößerte und in der Zeit vor ihrer Verabschiedung das Bürgertum von Middlemarch spaltet. Mit der Haupthandlung um Dorothea, Will und Casaubon verbunden ist das Geschehen um den fortschrittlichen jungen Arzt Tertius Lydgate und dessen berufliches Scheitern. Lydgates glückliche Werbung um Rosamond Vincy und die folgende unglückliche Ehe finden ihr Gegenbild in der unglücklichen Werbung und glücklichen Ehe von Rosamonds Bruder Fred.

Aufbau: Wie auch in anderen Romanen Eliots ist in *Middlemarch* die Stimme des Erzählers von entscheidender Bedeutung. Sie lenkt nicht nur die Leser durch einen Roman, in dem eine Vielzahl von Meinungen vertreten wird und alle Personen beständig Einfluss auf das Leben anderer ausüben, sondern äußert auch dezidierte eigene Anschauungen (die mit Eliots eigenen Ansichten weitgehend übereinstimmen). Die Erzählerstimme wendet sich gleichzeitig an die Romanfiguren, die Leser und sich selbst und verbindet distanziertes Beobachten mit Witz und mitfühlender Anteilnahme. Diese Vielstimmigkeit des Romans äußert sich z. B. in einer halb ernsten und halb ironischen Verwendung antiker Mythen: So erblickt Will Dorothea zum ersten Mal vor der Statue der »Schlafenden Ariadne« in den Vatikanischen Museen. Casaubon wird zum Minotauros, der Dorothea als Ariadne im Labyrinth ihrer Ehe zu verschlingen droht, bevor sie von Will als Held und Gott, als Theseus und Dionysos, gerettet wird.

Wirkung: *Middlemarch* weist in seiner für den realistischen Roman typischen Schilderung der Kämpfe um gesellschaftliche Teilhabe und persönliche Emanzipation auf moderne Erzählverfahren voraus. Während des Erzählens und Lesens werden der mitdenkende und mitfühlende Erzähler sowie der mitdenkende und mitfühlende Leser zu gleichberechtigten Teilhabern an der Sinnkonstruktion. Virginia →Woolf bezeichnete *Middlemarch* deshalb als »einen der wenigen englischen Romane für erwachsen gewordene Menschen«. *F.B.*

Hauptfiguren in »Middlemarch« von George Eliot

Dorothea Brooke: Tiefgläubig und idealistisch, sehnt sie sich nach der Bildung, die sie als Frau ihrer Zeit nicht erlangen konnte, und träumt von einem sinnvollen Leben zum Nutzen anderer. Nach Casaubons Tod heiratet sie Will gegen den Widerstand ihrer Familie und gegen einen böswilligen Zusatz in Casaubons Testament: Durch ihre Heirat mit Will verliert Dorothea ihr gesamtes Vermögen.

Casaubon: Der Geistliche ist der Autor eines gescheiterten wissenschaftlichen Werks, das er bei seinem Tod unvollendet zurücklässt. Während Dorothea meint, in Hilfsdiensten am Ehemann und seinem Werk ein erfülltes Leben finden zu können, bleibt er kalt und lieblos.

Will Ladislaw: Casaubons Neffe ist zunächst ohne rechte Vorstellung, was er aus sich machen könne und finanziell von Casaubon abhängig. Seine warmherzige Liebe zu Dorothea beflügelt ihn zur Tat: Er kommt als Journalist nach Middlemarch und engagiert sich nach der Heirat mit Dorothea in London für Reformpolitik.

Lydgate: Der junge idealistische Arzt will die medizinischen Fortschritte, die er im Studium kennen gelernt hat, auch in seiner neuen Praxis in Middlemarch anwenden. Er scheitert an Intrigen in der Stadt und an seinem Ehrgeiz genau in dem Moment, in dem er sein ersehntes Ziel, Rosamond Vincy zu heiraten, erreicht.

Rosamond Vincy: Sie ist ebenso schön wie materialistisch und zwingt Lydgate zu einer Karriere als Gesellschaftsarzt in London. Dieser empfindet sich als Versager und stirbt jung.

Fred Vincy: Der sorglose Sohn reicher Eltern ist liebenswert und liebevoll. Zu seiner Rettung wird ihm seine starke Zuneigung zu Mary Garth.

Mary Garth: Freds Freundin aus Kindertagen ist intelligent und humorvoll.

Eliot, T(homas) S(tearns)

engl. Dichter US-amerik. Herkunft

*26.9.1888 Saint Louis (Missouri), †4.1.1965 London

📖 *Das wüste Land*, 1922

T. S. Eliot gilt als einer der bedeutendsten Autoren der literarischen Moderne. Eliots Lyrik zeigt die formalen Innovationen und inhaltlichen Anliegen dieser Epoche auf.

Eliot entstammte einer Familie des amerikanischen Bürgertums und studierte 1906–10 in Harvard. Anschließend arbeitete er in Harvard

T. S. Eliot (M.) während der Eröffnung des akademischen Jahrs an der Pariser Sorbonne am 1. Dezember 1951 neben Professor Hugo Theorell vom Stockholmer Nobel-Institut und Professor Vivario von der Universität Lüttich (l.)

Auszug aus dem Gedicht *Das wüste Land* von T. S. Eliot:

IV. Tod durch Wasser

Phlebas der Phönizier,
14 Tage tot,
Vergaß den Schrei der Möwen,
Und das tiefe Schwellen
der See
Und Gewinn und Verlust.
Eine unterseeische Strömung
Benagte flüsternd
seine Knochen.
Als er stieg und fiel
Passierte er die Zeiten
Seines Alters, seiner Jugend,
Hinein in den Strudel.
Heide oder Jude,
O du, der du
das Rad drehst
und windwärts schaust,
Bedenke Phlebas,
Der einst
groß und schön war
wie du.

bis 1914 an einer Dissertation und studierte an der Sorbonne, in Marburg und Oxford. Ab 1917 arbeitete Eliot als Bankangestellter in London. 1922 gründete er die Zeitschrift *Criterion*. Noch im gleichen Jahr erschien *Das wüste Land* und begründete seinen internationalen Ruhm. Seit 1925 arbeitete Eliot als Direktor beim Londoner Verlag Faber & Faber. Als Dichter, Kritiker, Verleger und Herausgeber war er seitdem für Jahrzehnte eine einflussreiche Schlüsselfigur der britischen Literatur. 1927 nahm Eliot die britische Staatsbürgerschaft an und trat in die anglikanische Kirche ein. 1948 erhielt er den Nobelpreis für Literatur.

Biografie: J. Kleinstück, *T. S. Eliot* (rm 50119).

Das wüste Land

OT The Waste Land **OA** 1922 **DE** 1927
Form Gedichtzyklus **Epoche** Moderne

Das wüste Land von T. S. Eliot nimmt in der Geschichte der englischsprachigen Lyrik die Position ein, die in der Prosa dem *Ulysses* (1922) von James → Joyce zukommt: Der Gedichtzyklus wurde zu einem Schlüsselwerk der literarischen Moderne.

Entstehung: Anfang 1922 übergab Eliot sein im Jahr zuvor entstandenes Werk seinem Freund Ezra → Pound. Dieser kürzte den Text radikal auf 433 Verse und steigerte so die thematische und formale Eigenart des Textes. In

die erste Buchausgabe des Werks fügte Eliot 1923 den berühmt gewordenen Anmerkungsapparat ein: In ihm gab Eliot vor, seine überaus zahlreichen Zitate aus den unterschiedlichsten Werken der Weltliteratur zu belegen und einige der Leitmotive von *Das wüste Land* zu erklären; er machte den Text so jedoch absichtlich noch vieldeutiger.

Inhalt: *Das wüste Land* schildert den vollständigen Zusammenbruch jeglicher Ordnung, an deren Stelle das »wüste Land« der Moderne – Gewalt, Leere und Tod – getreten ist. Obwohl das erzählende Gedicht durchaus Personen, Ereignisse und Handlungen wiedergibt, bleibt das Erkennen einer inhaltlichen Ordnung schwierig; einige Episoden lassen sich dennoch identifizieren. Im ersten Teil, *Das Totenamt*, trifft der Erzähler das Mädchen aus dem Hyazinthengarten, im Münchner Hofgarten eine baltendeutsche Adlige mit zu vielen Erinnerungen und zu wenig Schlaf, danach Madame Sosostris, die berühmte Hellseherin, und auf der London Bridge schließlich Stetson, seinen Kameraden aus einem altgriechischen Krieg. Der zweite Teil, *Eine Schachpartie*, vereint eine Verführung beim Schachspiel mit dem Gespräch zweier Frauen im Pub. Ihre nächtliche Unterhaltung über den Ehemann, die schlechten Zähne und die vielen Schwangerschaften ihrer Freundin Lil wird unterbrochen von den mahnenden Ausrufen des Wirts, der an die nahende Sperrstunde erinnert. Der dritte Teil, *Die Feuerpredigt*, zeigt eine Sekretärin und einen kleinen Angestellten beim Sex, den blinden Seher Teiresias und den Gesang der vergewaltigten Töchter der Themse. Der vierte Teil, *Tod durch Wasser*, präsentiert den Tod des phönizischen Seemanns Phlebas als Leben und Reinigung. Im fünften Teil, *Was der Donner sprach*, deutet sich danach im dreifachen Wort des Donners eine Wende zum Besseren an. Eine dreifache Bitte um den Frieden, der »höher ist als alle Vernunft«, beschließt das Gedicht.

Aufbau: Dem »wüsten Land« des Inhalts entspricht die Form des Gedichts: Sinn ergibt sich erst aus der von jedem Leser zu leistenden Verknüpfung der einzelnen Fragmente. Dabei sind, wie das Zitat aus dem Gedichtband *Die Blumen des Bösen* (1857) von Charles → Baudelaire am Ende des ersten Teils erklärt, das Gedicht und seine Leser »semblables«: Bilder des jeweils anderen.

Wirkung: *Das wüste Land* eroberte der Lyrik der Moderne völlig neue Themen und schuf zu deren Ausdruck eine gänzlich neue Sprache, die nun nicht mehr dazu diente, einen Inhalt zu schildern, sondern selbst zum Inhalt des Kunstwerks wurde. *Das wüste Land* übte einen tiefen Einfluss auf die Lyrik des 20. Jahrhunderts aus.

F. B.

Die wichtigsten Bücher von T. S. Eliot	
Prufrock und andere Beobachtungen 1917	Eliots Debüt-Gedichtsammlung enthält *J. Alfred Prufrocks Liebesgesang*, den 1911 entstandenen dramatischen Monolog eines einsamen Singles, und zehn Kurzgedichte.
Das wüste Land 1922	In diesem Schlüsselwerk der Moderne schildert Eliot den Zusammenbruch der Ordnung in der modernen Welt. → S. 328
Aschermittwoch 1930	Programmatisches Gedicht zu Eliots Wende zur christlichen Religion und zum moralisierenden Dichterpapst, die nach seinem Tod eine heftige Abwendung von Dichter und Werk auslöste.
Mord im Dom 1935	In diesem religiösen Drama, das Eliot für die Kathedrale von Canterbury schrieb, wird Thomas à Beckett, der Erzbischof von Canterbury, 1170 von vier Rittern des Königs in seiner Kathedrale ermordet und so zum Märtyrer des Glaubens.
Old Possum's Katzenbuch 1939	Die 15 Gedichte über Eliots Lieblingstiere waren 1981 Vorlage für Andrew Lloyd Webbers Musical *Cats* und sind ein Beleg für den skurrilen Humor des Autors.
Der Familientag 1939	Die erste von vier Komödien, in denen Eliot in einer Mischung aus Konversationskomödie, altgriechischem Mythos und christlicher Parabel seine Anschauungen unters Volk brachte.
Vier Quartette 1943	Die vier Gedichte sind Meditationen über das Wesen der Zeit, die dem Modell der späten Streichquartette Beethovens folgen.
Die Cocktail-Party 1949	Die erfolgreichste der Komödien schildert nach dem Mythos von Alkestis eine Familie zwischen Entfremdung und Versöhnung im Akzeptieren des Anderen und des Todes.
Ein verdienter Staatsmann 1958	Die Komödie um einen erfolgreichen Staatsmann, der erst nach seinem Rücktritt ein sinnvolles Leben zurückgewinnt, ist eine Anspielung auf Eliots eigenes Leben.

OT = Originaltitel **EZ** = Entstehungszeit **OA** = Originalausgabe **DE** = Deutsche Erstausgabe ⌶ = Verweis auf Werkartikel

Ellison, Ralph Waldo

afroamerikan. Schriftsteller

* 1.3.1914 Oklahoma City (Oklahoma)

† 16.4.1994 New York

📖 *Unsichtbar*, 1952

Seine Bewunderung für den afroamerikanischen Autor Richard Wright (1908–60) bewegte Ralph Waldo Ellison, statt einer Karriere als Musiker oder Bildhauer die des Schriftstellers einzuschlagen; sein Selbstverständnis als Renaissance-Mensch und seine Einsicht in die enge Beziehung zwischen Jazz und der Dichtung der Moderne ermöglichten es ihm, sich von der Pathologie-These Wrights und der Wright-Schule zu lösen und ein affirmativ universalistisches Verständnis afroamerikanischer Kultur zu propagieren.

In Oklahoma City aufgewachsen, studierte Ellison Musik am Tuskegee-Institut und Bildhauerei in New York. Unter dem Einfluss von Wright begann er zu schreiben; seine Essays und Kurzgeschichten erschienen ab 1938 in Zeitschriften, die der amerikanischen Kommunistischen Partei nahe standen. Nach Trennung von der Partei und als Koch der Handelsmarine verfasste Ellison Kurzgeschichten, die seine Abwendung von der Wright-Schule dokumentieren. Sie enthalten Versuche einer Definition afroamerikanischer Identität unter Zurückweisung der Hypothese, die Afrikaner lebten in einem kulturellen Vakuum, und unter Hervorhebung der kreativ-konstruktiven Elemente der schwarzen Volkskultur. 1952 erschien der Roman *Unsichtbar*. Mit *Schatten und Tat* (1964) und *Ins Schutzgebiet* (1986) publizierte Ellison Essaysammlungen, die sein Literaturkonzept erläutern; gegen die Protestliteratur setzte er einen universalistischen Kulturbegriff. Ab 1964 war er Mitglied der »American Academy of Arts and Literature«. Er lehrte an verschiedenen amerikanischen Universitäten. Sein zweiter Roman, *Juneteenth*, erschien 1999 postum.   *M.Di.*

Literatur: K. W. Benston, *Speaking for You: The Vision of Ralph Ellison*, 1987; M. Diedrich, *Kommunismus im afroamerikanischen Roman*, 1979.

greift seinen Roman – unter Anspielung auf James → Joyce – als Bildnis des Künstlers als Volksaufwiegler, ohne ihn als Protestroman zu definieren. Ohne die Leiden des Afroamerikaners am Rassismus zu verschleiern, strebte Ellison die künstlerische Transformation dieser Problematik aus der Überzeugung heraus an, dass das Kunstwerk grundsätzlich gesellschaftliche Aktion sei.

Inhalt: Bei der Flucht vor Verfolgern stürzt der namenlose Held in ein Kellerloch. Hier rekapituliert er in dem Versuch, seine ethnische und künstlerische Identität zu bestimmen, seine Lebensgeschichte, die symbolisch die Geschichte des schwarzen Amerika von der Sklaverei bis zur Urbanisierung nachvollzieht. In einem langen Prozess werden falsche Rollenerwartungen zurückgewiesen. Erst als er radikal seine fremdbestimmte soziale Existenz tilgt, befreit sich der Held von allen kollektiven Merkmalen seines Seins, um sich in einem Akt existenzialistischer Setzung als Selbst zu proklamieren.

Wirkung: Gemäß Ellisons These, dass Minoritäten- und dominante Kultur in den USA miteinander verflochten sind, ist *Unsichtbar* die Synthese aus zentralen Elementen der afroamerikanischen (Blues, Jazz, Volkserzählung und -idiom) und klassischen Mythen der westlichen Kultur. Die gestalterische Umsetzung verrät die Einflüsse nicht nur der schwarzen Literatur, sondern auch eines T.S. → Eliot, Ernest → Hemingway, Franz → Kafka und André → Malraux. Die ästhetische Leistung Ellisons basiert auf einer genuinen Verknüpfung von Elementen des Naturalismus, Surrealismus, Expressionismus und Existenzialismus mit der afroamerikanischen Tradition mündlicher Volkskunst.   *M. D.*

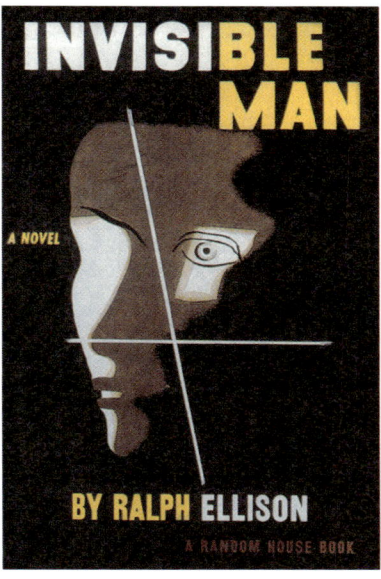

Ralph Ellison, *Der unsichtbare Mann*, Umschlag der Originalausgabe 1952

Unsichtbar

OT Invisible Man **OA** 1952 **DE** 1954

Form Roman **Epoche** Moderne

Unsichtbar gilt als Klassiker der afroamerikanischen, aber auch der amerikanischen Literatur. Wie sein Vorbild Richard Wright gestaltete auch Ralph Waldo Ellison die existenzielle Bedrohung schwarzen Seins durch die von der weißen Gesellschaft ausgehende Gewalt, und er be-

Ende, Michael

dt. Schriftsteller

* 12.11.1929 Garmisch-Partenkirchen

† 28.8.1995 Stuttgart

📖 *Die unendliche Geschichte*, 1979

Seinen internationalen Erfolg verdankte Michael Ende dem Talent zu mehrdimensionalen Texten, die er ganz unterschiedlichen Lesergruppen zugänglich zu machen wusste. Endes

Auszug aus *Die unendliche Geschichte* von Michael Ende:

...Und nichts gibt größere Macht über die Menschen als die Lüge. Denn die Menschen, Söhnchen, leben von Vorstellungen. Und die kann man lenken.

Die wichtigsten Bücher von Michael Ende	
Jim Knopf und Lukas der Lokomotivführer 1960	Jim Knopf, das Findelkind, wird zum sechsten Bewohner der Insel Lummerland. Da die Insel jedoch zu klein ist, soll die Lokomotive Emma Lummerland verlassen, doch ohne sie kann Lukas nicht leben. So begeben sich Jim, Lukas und Emma auf eine gemeinsame Reise.
Jim Knopf und die Wilde 13 1962	Auf ihrer zweiten Reise lösen Lukas und Jim das Geheimnis der Herkunft des Findelkindes und besiegen die Seeräuber, die am Kinderhandel mit dem Drachen Frau Mahlzahn verdient haben.
Momo 1973	»Zeit ist Leben« und »Zeit ist Geld« lauten die beiden Konzepte, die in diesem Märchenroman in Gestalt der zehnjährigen Momo und den »grauen Herren« einander gegenüberstehen. Endes Votum gegen das »Schattendasein« im Banne von Zeitersparnis und Profitmaximierung erschloss dem Kinderbuchautor auch die Gruppe der Erwachsenen.
Die unendliche Geschichte 1979	Der zehnjährige Balthasar Bux wird zum Helden eines abenteuerlichen Buchs in diesem Roman über die Rolle und Bedeutung der Fantasie für das Leben. → S. 330
Der satanarchäolügenialkohöllische Wunschpunsch 1989	Beelzebub Irrwitzer und die Geldhexe Tyrannja Vamperl sind im Minus mit ihrem Kontingent an bösen Taten. Doch hoffen sie, mit dem Wunschpunsch, der alle guten in böse Wünsche verwandelt, ihr Soll noch rechtzeitig ausgleichen zu können. Witzige Parabel auf die Bedrohung des Lebens durch die Umweltkatastrophe.

Michael Ende, *Die unendliche Geschichte*, Umschlag der Originalausgabe 1979

Abenteuergeschichten vereinen Elemente der Fantasy-Literatur mit solchen der Romantik, auf deren mythische Bilderwelten und reflexive Gestaltungsprinzipien der Autor bevorzugt zurückgriff. Auch inhaltlich stellte er sich in die Tradition des Antirationalismus und vertrat Fantasie und Intuition gegenüber begrifflichem Denken und naturwissenschaftlichem Weltbild.

Der Sohn eines Kunstmalers wuchs in Schwabing auf. 1943 erhielt er in Garmisch seinen Stellungsbefehl, desertierte aber nach München, wo er 1948 die Aufnahmeprüfung an der Schauspielschule Falckenberg bestand. Vom ersten Engagement an einer Provinzbühne kehrte er enttäuscht zurück. Seinen Lebensunterhalt verdiente er mit Texten für Kleinkunstbühnen und Kabarett. Endes Karriere als Kinderbuchautor begann 1960 mit dem Buch *Jim Knopf und Lukas der Lokomotivführer*. 1971 zog der Autor nach Italien, wo er bis zu seiner Rückkehr nach München 1985 lebte und arbeitete.

Biografie: P. Boccarius, *Michael Ende*, 1990.

Die unendliche Geschichte

OA 1979 **Form** Roman **Epoche** Postmoderne

Zentrales Thema des Jugendromans, der zum Kultbuch für Erwachsene avancierte, ist das Verhältnis von Realität und Fantasie. In *Die unendliche Geschichte* behaupten sich Kunst und Poesie als Medien der Selbst- und Welterfahrung, Fantasie erweist sich als wirksame Möglichkeit, Realität zu verändern. Die Thematisierung des wechselseitigen Einflusses von Vorstellungs- und Ideenwelten eröffnete der bis dahin vor allem an der altersgerechten Aufbereitung sozialer Themen und pädagogischer Ziele orientierten Jugendliteratur neue Perspektiven.

Inhalt: Der zehnjährige dickliche Balthasar Bux flüchtet sich vor den Nachstellungen der Schulkameraden in ein Antiquariat, wo ihn der Beginn eines Buches fasziniert, dessen Titel immer währendes Träumen verspricht. Balthasar entwendet *Die unendliche Geschichte* und verliert sich auf dem Schulspeicher immer mehr in deren Lektüre: Die zunehmende Identifikation mit dem Helden Atréju ermöglicht ihm den Eintritt in die »Anderswelt«, in der er zum entscheidenden Protagonisten wird. Als Grenzgänger aus der Menschenwelt kommt ihm die Aufgabe zu, das vom »Nichts« bedrohte Phantásien und mit ihm dessen sterbenskranke »Kindliche Kaiserin« zu retten. Nach zahllosen Abenteuern auf dem Weg zu sich selbst, der von fantastischen Gestalten und mystischen Erkenntnissen gesäumt ist, löst Balthasar mit Hilfe des »Wahren Willens« nicht nur seine Aufgabe, ihm gelingt auch die Rückkehr in die Realität, die er nun bewältigen kann.

Aufbau: *Die unendliche Geschichte* ist in 26 Kapitel eingeteilt, von denen jedes fortlaufend mit einem anderen, illustrierten Buchstaben des Alphabets beginnt. Die Trennung von Lebens- und Vorstellungswelt, die über den ganzen Text hin in Frage gestellt und aus verschiedenen Perspektiven reflektiert und schließlich auch unterlaufen wird, findet ihr formales Äquivalent in unterschiedlichen Druckfarben: Die fantastische Binnenerzählung ist grün gedruckt, die Rahmenhandlung rot. Mit dem roten bzw. grünen Faden ist dem Leser eine Orientierungshilfe in die Hand gegeben, die ihn durch das Labyrinth der verschiedenen Reflexions- und Realitätsebenen leitet.

Wirkung: *Die unendliche Geschichte* wurde zu einem internationalen Bestseller. Der außergewöhnliche und anhaltende Erfolg dieses Jugendbuchs, das ebenso gern von Erwachsenen gelesen wurde, gründete wohl nicht zuletzt auf der Thematik »Medienzeitalter«, die seit den 1980er Jahren immer mehr an Aktualität gewann. Ende entwarf die Rolle der Fantasie als Gegenmacht zu den bunten Traum- und Lügenwelten der sich zu jener Zeit gerade formierenden Infotainmentgesellschaft. Wesentlich zur Verbreitung des Buches beigetragen hat auch die berühmt gewordene Hollywood-gerechte Verfilmung aus dem Jahr 1983, von der sich Ende distanziert hat. *H. K*

OT = Originaltitel **EZ** = Entstehungszeit **OA** = Originalausgabe **DE** = Deutsche Erstausgabe ▭ = Verweis auf Werkartikel

Engelmann, Bernt

dt. Schriftsteller und Sachbuchautor

*20.1.1921 Berlin, †14.4.1994 München

📖 *Wir Untertanen*, 1974

Bernt Engelmann war einer der engagiertesten Autoren der Bundesrepublik. Er stand in der Tradition jener kritischen und aufklärerischen Publizistik, wie sie in Deutschland von Heinrich → Heine, Johann Jacoby (1740–1814) und Carl von Ossietzky (1889–1938) geprägt wurde.

Als junger Mann schloss sich Engelmann dem Widerstand gegen den Nationalsozialismus an und wurde 1944/45 in Konzentrationslagern inhaftiert. Nach dem Krieg arbeitete er als Journalist u. a. beim *Spiegel*, ehe er ab den 1960er Jahren als freier Schriftsteller einem breiten Publikum bekannt wurde. In seinen Tatsachenromanen und Sachbüchern zur Gesellschaft der Bundesrepublik und zur deutschen Geschichte kritisierte er scharf die wirtschaftlichen und politischen Machtverflechtungen sowie die untergründigen Kontinuitäten zwischen den Eliten des Dritten Reichs und denen der Bundesrepublik. Von 1972 an bezog Engelmann mit seinen diversen *Schwarzbüchern* u. a. zu Helmut Kohl (* 1930) und Franz Josef Strauß (1915–88) gegen die Unionsparteien Stellung. In den Jahren 1977–84 war Engelmann Vorsitzender des Verbands deutscher Schriftsteller.

Wir Untertanen

OA 1974 **Form** Sachbuch **Bereich** Geschichte

Mit *Wir Untertanen* schrieb Bernt Engelmann ein kritisches und provokantes Buch zur deutschen Geschichte. Dieses »deutsche Anti-Geschichtsbuch«, wie es der Schriftsteller selbst im Untertitel nennt, ist aus der Perspektive der Beherrschten, der Masse der Untertanen, verfasst. Detailreich und in pointiertem Stil weist es die Kontinuität von selbstgerechter Herrschaft und allgegenwärtiger Unterdrückung auf, welche die deutsche Geschichte durch die Jahrhunderte durchzieht und deren Folgen bis die Gegenwart wirksam sind.

Inhalt: Das Buch behandelt die Geschichte der Deutschen vom Mittelalter bis zum Ende des Ersten Weltkriegs. Das herkömmliche, durch Schule, Geschichtsschreibung und Medien vermittelte Wissen der Deutschen von der eigenen Geschichte verkürzt sich auf die Geschichte von Staaten und Herrscherhäusern. Der Blick in die Vergangenheit fällt meist nur auf diejenigen, die »im Lichte stehen«, auf die Klasse der Mächtigen und Besitzenden, nicht auf die in oft leidvolle Lebensumstände gezwungene Masse des Volks. Engelmann rückt mit den Leibeigenen, besitz-

losen Landarbeitern, Tagelöhnern, einfachen Handwerkern, gemeinen Soldaten und Fabrikarbeitern jene Männer und Frauen ins Zentrum seiner Geschichtsschreibung, auf deren Rücken die »große Geschichte« ausgetragen wurde. Sie finanzierten durch ihre oft erpressten Abgaben den gehobenen Lebensstil der Oberschicht. Sie waren es, die am meisten unter den Kriegen litten, welche von den gekrönten Häuptern – von jenen des Mittelalters bis zu denen des wilhelminischen Reichs – aus eigennützigem Machtkalkül geführt wurden und die – von den Fuggern bis zu den Schlotbaronen – oft nur der Besitzvermehrung der Wohlhabenden dienten. Die unterschiedlichen Kriegsziele der Herrscherhäuser und die ständig wechselnden Kriegskoalitionen waren für das gemeine Volk meist unverständlich und nur insoweit von Bedeutung, als dass es dafür mit Leib und Gut bezahlen musste. Die deutschen Landesväter hatten kaum einmal das Wohl des Volks im Sinn, vielmehr dessen Disziplinierung. Engelmann beschreibt ausführlich die die Jahrhunderte durchziehenden Unterdrückungspraktiken, wie die drakonischen Strafgesetze, die Folter, die Zensur, die rechtlose Stellung der Untertanen, die oft willkürlich ausgeübte hoheitliche Gewalt und nicht zuletzt die grausame Rache, welche die Herrscher immer dann nahmen, wenn das Volk sich gegen ihr despotisches Regiment zu erheben wagte.

Wirkung: Das Verdienst von Engelmann liegt nicht zuletzt in der Schärfung des historischen Bewusstseins für jene Persönlichkeiten der deutschen Geschichte, welche sich für Recht und Gerechtigkeit, für Freiheit und Selbstbestimmung einsetzten, wie der Bundschuhführer Joß Fritz (um 1470–um 1525), der Demokrat in der Revolution von 1848 Robert Blum (1807–48) oder der Arbeiterführer August Bebel (1840–1913). *W. v. C.*

Die Auswahl dessen, was unser Geschichtsbild geformt hat, wurde meist von anderen bestimmt, die sie für uns trafen.

Bernt Engelmann

Bernt Engelmann, *Wir Untertanen*, Umschlag der Originalausgabe 1974

Die wichtigsten Bücher von Bernt Engelmann	
Meine Freunde, die Millionäre, 1963	Eine kritische Sicht auf die Jahre des Wirtschaftswunders in der Bundesrepublik und ihre wirtschaftliche Elite.
Deutschland ohne Juden 1970	Eine Darstellung des großen kulturellen und geistigen Verlusts, den Deutschland durch die Vertreibung und Ermordung der Juden durch die Nationalsozialisten erlitt.
Großes Bundesverdienstkreuz mit Stern, 1974	Ein Tatsachenroman um die Verstrickung konservativer Kreise der Bundesrepublik in den Massenmord an den Juden und in das Wirtschaftsimperium der SS im Dritten Reich.
Wir Untertanen 1974	Die Geschichte der Deutschen vom Mittelalter bis 1918, geschrieben aus der Sicht der Masse der Untertanen. → S. 331
Einig gegen Recht und Freiheit, 1975	Das zweite deutsche »Anti-Geschichtsbuch« befasst sich mit der Weimarer Republik und dem Dritten Reich.
Trotz alledem. Deutsche Radikale 1777–1977 1977	Ein Buch über jene, die durch ihre demokratische und freiheitliche Haltung von den Herrschenden als »Staatsfeinde« geächtet und verfolgt wurden – von dem Philosophen Johann Gottlieb Fichte bis zum Friedensnobelpreisträger Carl von Ossietzky.
Berlin. Eine Stadt wie keine andere, 1986	Die Geschichte Berlins als stets weltoffene Stadt, verfasst aus der Perspektive ihrer Bewohner.

Enquist, Anna

(eigtl. Christa de Boer) niederländ. Schriftstellerin

* 19.7.1945 Amsterdam

📖 *Das Meisterstück*, 1994

Anna Enquist gilt – neben Margriet de → Moor – als die bekannteste niederländische Autorin der Gegenwart. Ihre Werke sind zum Teil ins Deutsche, Französische und Schwedische übersetzt.

Enquist studierte Psychologie in Leiden und Klavier am Konservatorium in Den Haag. Seit dem Ende ihrer Karriere als Pianistin ist sie als Psychoanalytikerin tätig. Die Musik spielt im literarischen Werk von Anna Enquist eine große Rolle. 1991 veröffentlichte sie ihre erste Gedichtsammlung *Soldatenlieder*. Bis heute liegen insgesamt fünf Lyrikbände vor. Als Romanautorin debütierte sie 1994 mit *Das Meisterstück*, das sich im Handlungsablauf an der Oper *Don Giovanni* (UA 1787) von Wolfgang Amadeus Mozart orientiert. Auch ihr zweiter Roman *Die Erbschaft des Herrn de Leon* (1997) ist wie ein musikalisches Werk komponiert: Im Mittelpunkt steht eine Pianistin, die sich in die Einsamkeit flüchtet, als sie aufgrund eines Schocks nicht mehr spielen kann.

Auszug aus *Das Meisterstück* von Anna Enquist:

Im Grunde wollen wir nur bei unserem Vater auf dem Schoß sitzen, für immer und ewig. Nicht bei der Mutter. Beim Vater.

Anna Enquist, *Das Meisterstück*, Umschlag der deutschsprachigen Erstausgabe 1995

Das Meisterstück

OT Het meesterstuk
OA 1994 **DE** 1995
Form Roman **Epoche** Moderne

Mit *Das Meisterstück*, 1995 in den Niederlanden als bester Erstlingsroman ausgezeichnet, gelang der bis dahin nur als Lyrikerin hervorgetretenen Anna Enquist ein fulminantes Debüt als Prosaschriftstellerin.

Struktur: Der Roman besteht aus drei Teilen mit je drei Unterkapiteln und orientiert sich grob am Geschehen der Oper *Don Giovanni* von Wolfgang Amadeus Mozart. Die Motti der einzelnen Teile stammen aus Arien des Leporello, der Elvira und des Don Giovanni. Die Schlussszene des Romans weist eindeutige Bezüge zum großen Finale der Oper auf.

Inhalt: Der Maler Johan Steenkamer lädt zur Werkschau ins städtische Museum. Eingeladen sind seine Ehefrau Ellen, deren beste Freundin Lisa, Johans Mutter Alma, sein Bruder Oscar, seine Söhne und seine Geliebte. Im Lauf des Geschehens wird das höchst explosive Beziehungsgeflecht aller Beteiligten aufgedeckt.

Johan, Egomane, Frauenheld, überzeugter Macho, leidet unter der Missbilligung seines Bruders Oscar. Der Kunsthistoriker lehnt dessen – zur Gegenständlichkeit zurückgekehrtes – Werk als opportunistisch ab und bezichtigt ihn, die Kunst wegen des Geldes verraten zu haben. Johans Ehefrau Ellen, die sich nach jahrelangen schmerzlichen Erfahrungen von ihrem Mann getrennt hat, scheint das Alleinleben sehr gut zu bekommen und ist nicht mehr verfügbar. Aber die größte Belastung ist Alma, die Mutter Johans und Oscars. Die alte Frau hat es nie verwunden, dass ihr Mann, auch ein Maler, sie vor Jahrzehnten verlassen hat, um mit einer Sängerin in Amerika zu leben. Aus der Ferne hat sie seinen Weg verfolgt, nahm aber nie mehr Kontakt zu ihm auf.

Im Verlauf der Vorbereitung zur Ausstellungseröffnung verrennt sich Alma immer mehr in die fixe Idee, ihr ehemaliger Mann käme zu diesem Ereignis. Ihre Erregung verrät, dass sie ihn immer noch liebt. Nachdem er sie verlassen hatte, konzentrierte sich Alma ganz auf ihre Söhne, wobei sie den schüchternen, ungelenken Oscar als eine Art Ersatzmann, als Mustersohn abgerichtet hat, dem kaum Luft für ein eigenes Leben bleibt. In Johan, der sie mehr an ihren früheren Mann erinnert, sieht sie das Genie. Sie kompensiert ihre psychischen Verletzungen dadurch, dass sie ihre Söhne gegeneinander aufhetzt.

Im Verlauf der Handlung erfährt der Leser die näheren Einzelheiten, die nach dem Tod einer Tochter zum endgültigen Scheitern der Ehe Johans führten. Seine Frau Ellen hat eine wirklich emotionale und vertrauensvolle Beziehung nur noch zu ihrer Freundin Lisa, einer Psychoanalytikerin, die das Geschehen scheinbar distanziert betrachtet und gelegentlich kommentiert. Lisa ist nach einer höchst problematischen Verbindung mit einem älteren Mann bewusst eine Vernunftehe eingegangen. Diese respektvolle Partenerschaft gibt ihr Halt.

Bei der Ausstellungeröffnung überstürzen sich die Ereignisse und nur mit Mühe kann ein Skandal verhindert werden. Oscar hat aus dem Magazin des Museums ein verschollen geglaubtes Gemälde seines Vaters geholt, das Johans Meisterstück als Plagiat erscheinen lässt. Aus einer Kindheitserinnerung heraus hat er dasselbe Motiv – Frau mit Fisch – gemalt. Am Ende verlässt Ellen Johan für immer, Oscar kommt ums Leben und in einer Vision erscheint dem Maler sein verschwundener Vater.

Wirkung: Der geschickt gebaute, ebenso spannende wie psychologisch überzeugende Familienroman erhielt sowohl in den Niederlanden als auch in Deutschland sehr gute Kritiken und stand wochenlang auf der niederländischen Bestsellerliste. *D. Ma...*

Enquist, Per Olov

schwed. Schriftsteller

*23.9.1934 Hjoggböle (Nordschweden)

📖 *Kapitän Nemos Bibliothek*, 1991

Im umfangreichen Werk von Per Olov Enquist zeichnen sich vor allem zwei Konstanten ab: die Vorliebe für historische Stoffe und authentische Begebenheiten, die in den literarischen Texten ins Exemplarische erweitert werden, sowie die Bevorzugung eines collagehaften Erzählstils, in dem sich die Stimme des Autors mit dokumentarischen Texten mischt. Selten wird dem Leser eine fertige Geschichte dargeboten, vielmehr muss er Unverbundenes zusammenfügen und selbst einen Zusammenhang konstruieren.

Per Olov Enquist, als junger Mann ein erfolgreicher Leichtathlet, begann in den 1960er Jahren zunächst mit experimentellen Texten. Seinen Durchbruch als Romanautor hatte er mit dem dokumentarischen Roman *Die Ausgelieferten* (*Legionärerna*, 1968), für den er den Literaturpreis des Nordischen Ministerrates erhielt. Internationale Bekanntheit errang er als Dramatiker mit *Die Nacht der Tribaden* (*Tribadernas natt*, 1975), einem Stück über August → Strindberg, das größtenteils aus Originalzitaten besteht. Enquist ist außerdem als Drehbuchautor z.B. von biografischen Filmen über Strindberg und Knut → Hamsun hervorgetreten. Seit Mitte der 1970er Jahre lebt er in Kopenhagen.

Kapitän Nemos Bibliothek

OT Kapten Nemos bibliotek **OA** 1991 **DE** 1994
Form Roman **Epoche** Postmoderne

Kapitän Nemos Bibliothek von Per Olov Enquist thematisiert die Aufarbeitung traumatischer Kindheitserfahrungen, die in der Selbstanalyse eines Ich-Erzählers allmählich zu Tage treten.

Entstehung: In Nordschweden wurden in den 1940er Jahren zwei Jungen nach der Geburt verwechselt und, nachdem dieser Vorfall wenige Jahre später bekannt wurde, in die Familien ihrer leiblichen Eltern »zurückgetauscht«. Enquist nimmt den authentischen Fall als Handlungsfolie für seinen Roman, fiktionalisiert diesen jedoch drastisch.

Inhalt: Ein namenloser Ich-Erzähler berichtet über Ereignisse seiner Kindheit, die über 40 Jahre zurückliegen. Damals lebte er mit seinem gleichaltrigen Freund Johannes in der Abgeschiedenheit und der pietistisch-frommen Enge Nordschwedens in einer kindlichen Traumwelt. Als sich herausstellt, dass die beiden Jungen bei ihrer Geburt verwechselt worden sind, sorgen die Behörden dafür, dass sie ihren leiblichen Müttern übergeben werden. Während die Kin-

der diesen Schock zu überstehen versuchen, indem sie sich weiter in ihre Fantasiewelt zurückziehen und einen Kapitän Nemo imaginieren, der sie als ihr Wohltäter in seinem Unterseeboot Nautilus aus der Welt der Schmerzen befreien soll, geht die Mutter des Ich-Erzählers

Per Olov Enquist, *Kapitän Nemos Bibliothek*, Einband der Taschenbucherstausgabe 1995 mit einem Porträtfoto des Autors

Die wichtigsten Bücher von Per Olov Enquist	
Der fünfte Winter des Magnetiseurs 1964	Ein Arzt, dessen Tochter von einem Magnetiseur geheilt wurde, wird dessen Mitarbeiter, entlarvt ihn aber später als Scharlatan, als er begreift, welche Macht das Irrationale über Menschen ausüben kann.
Die Ausgelieferten 1968	Der Dokumentarroman behandelt den authentischen Fall von baltischen Soldaten, die am Ende des Zweiten Weltkriegs vor der Roten Armee nach Schweden geflohen sind, und deren umstrittene Auslieferung an die damalige Sowjetunion.
Der Sekundant 1971	Ein Leichtathlet manipuliert seinen Wurfhammer, um bessere Leistungen zu erzielen. Der Roman kritisiert die Indienstnahme des Sports für kommerzielle und politische Zwecke.
Die Nacht der Tribaden 1975	Schauspiel über den Dichter August Strindberg, der mit seiner Frau und einer weiteren Schauspielerin bei Theaterproben in einen heftigen Streit gerät und sich als wahnhafter Frauenhasser entlarvt.
Auszug der Musikanten 1978	Anfang des 20. Jahrhunderts versuchen einige Arbeiter ihre Kollegen in den nordschwedischen Sägewerken in die Arbeiterbewegung einzubinden, scheitern aber am religiös motivierten Sozialistenhass.
Gestürzter Engel 1985	Drei Geschichten über Liebesbeziehungen jenseits der Normalität und des Fassbaren werden kunstvoll miteinander verflochten, um das Wesen der Liebe zu erforschen.
Kapitän Nemos Bibliothek 1991	Ein Junge, der aus seiner Familie gerissen wird, weil er nach seiner Geburt vertauscht wurde, flüchtet sich in eine Fantasiewelt, um dieses Trauma überstehen zu können. → S. 333
Der Besuch des Leibarztes 1999	Der Arzt Struensee gewinnt das Vertrauen des geisteskranken dänischen Königs Christian VII. und kann im Alleingang Reformen durchsetzen. Seine Hinrichtung verhindert eine friedliche Revolution.

Per Olov Enquist 1991 in einem Interview über seinen Roman *Kapitän Nemos Bibliothek*:

Ich glaube, dass man während eines langen Lebens sich selbst verlässt und etwas anderes wird, was mal hier, mal dort liegt, aber dass es alles in allem Rekonstruktionen einer Identität sind, die einmal relativ einfach war und die von einem langen, komplizierten Leben zersplittert wurde. Nicht dass ich glaube, man könne die Einfachheit, die es einmal gab, als man Kind war, wiederherstellen; das wäre nur eine weitere Lebenslüge. Aber vielleicht kann man eine innere Ruhe wiederherstellen oder etwas von dem, was man selbst war und um was man seitdem alle möglichen merkwürdigen Identitäten gelegt hat, die man sich unterwegs angeeignet hat.

Martin Luther 1533 über *Das Lob der Torheit* (1509 oder 1510):

Da Erasmus seine Moria schrieb, hat er eine Tochter gezeugt, die seiner wert ist. Es ziemte den wortwendigen Vertumnus [Gott der Wandelbarkeit], so seine Schwänze zu ringeln und als Narr eine Närrin zu zeugen.

an dem Kindertausch zu Grunde: Sie verwandelt sich in ein Pferd und wird schließlich in Verwahrung genommen.

Johannes bekommt zum Trost eine Pflegeschwester, die sechs Jahre ältere Waise Eeva-Lisa. Als die Jungen zehn sind, wird Eeva-Lisa schwanger. Sie bittet den Erzähler um Hilfe, doch dieser muss zusehen, wie das Mädchen bei einer Fehlgeburt verblutet. Er nimmt das tote Kind an sich und versenkt es im See. Später baut er auf Anweisung Kapitän Nemos ein Floß und sucht mit Johannes nach dem Leichnam, wobei Johannes ums Leben kommt. Der Erzähler flüchtet sich in eine Höhle, wo er nach einiger Zeit schließlich aufgefunden und in behördliche Obhut genommen wird.

Aufbau: Die fragmentarische und retrospektive Erzählweise des Romans spiegelt den Prozess wider, in dem sich der Erzähler seiner Vergangenheit und den Wunden seiner Kindheit nähert. Erst langsam kristallisiert sich für den Leser aus Erinnerungsfetzen des Erzählers und aus Aufzeichnungen von Johannes die Geschichte heraus, wobei vieles unklar bleibt. Trotz der Betrachtung des Geschehens aus zeitlicher Distanz wird aus der Perspektive des Kindes erzählt. Die fantastischen Elemente des Romans (u.a. Verwandlung der Mutter in ein Pferd; die reale Gegenwart Kapitän Nemos) ergeben sich daher direkt aus der Fantasiewelt des Kindes, in die der Erzähler eintaucht und die sich über das reale Geschehen legt.

Die kindliche Erlebniswelt speist sich aus Abenteuerromanen, vor allen aus dem literarischen Kosmos von Jules →Verne. Das Kind imaginiert sich Kapitän Nemo als inneren Helfer und die Nautilus als Ort der Geborgenheit, um die traumatischen Erfahrungen in der Wirklichkeit überleben zu können. Die Welt der literarischen Fiktion wird so zur Ersatzreligion. Der christliche Glaube wird dagegen nur als düsteres Evangelium des Schmerzes und der Schuld

wahrgenommen, ohne Erlösung von den eigenen Schmerzen geben zu können. Erst die bewusste Auseinandersetzung mit den Traumata der Kindheit, das erneute Abtauchen in den grausamen kindlichen Kosmos mit seinen erträumten Erlösungsmysterien und die narrative Bewältigung der Vergangenheit ermöglichen dem Erzähler die erlittenen Qualen und die Verstrickung in den Tod Johannes' und Eeva-Lisas seelisch zu verarbeiten.   *J.G.*

Erasmus von Rotterdam

(eigtl. Geert Geerts) niederländ. Humanist und Theologe
* 27. oder 28.10.1469 (?) Rotterdam, † 12.7.1536 Basel
📖 *Das Lob der Torheit*, 1509 oder 1510

Erasmus von Rotterdam gilt als bedeutendster Vertreter des europäischen Humanismus und wirkte als Philologe sowie als Kultur- und Kirchenkritiker bahnbrechend.

Der uneheliche Sohn eines Priesters besuchte die Schule der Brüder vom Gemeinsamen Leben in Deventer, in der insbesondere die Werke antiker Autoren gelesen wurden. 1487 trat er in das Augustinerkloster Steyn ein und empfing fünf Jahre später die Priesterweihe. Seine Wandlung zu einem Kritiker kirchlicher Missstände begann während seiner Studienjahre in Paris (1496–99). In England (1499/1500, 1505/06, 1509–14), wo er u.a. die Bekanntschaft des späteren Königs Heinrich VIII. (1491–1547) und Thomas →More machte, wuchs er schließlich in einen christlich-biblischen Humanismus (Stichwort →S. 334) hinein, der die traditionelle Scholastik zu überwinden versuchte. Weitere Aufenthalte in Deutschland und der Schweiz zeugen von seinem unsteten Leben. 1521 ging Erasmus nach Basel, wo er seine Beziehungen zu den führenden Intellektuellen in fast allen Ländern Europas ausbaute. Er hinterließ ein umfangreiches Werk, aus dem neben dem *Lob der Torheit* u.a. das *Handbuch des christlichen Streiters* (1503) und *Vertraute Gespräche* (1518) herausragen.

Biografien: A. J. Gail, *Erasmus von Rotterdam* (rm 50214); L. Jardine, *Erasmus, Man of Letters*, 1994.

Das Lob der Torheit

OT Encomium moriae **OA** 1509 oder 1510
Form Traktat **Bereich** Philosophie

Das Lob der Torheit von Erasmus von Rotterdam ist ein Werk künstlerischer Vollkommenheit, das seine Bedeutung durch den Versuch erlangte,

---

Humanismus

Begriff: Der Humanismus (von lat. humanus, menschlich) beschreibt im engeren Sinn die philologische, kulturelle und wissenschaftliche Bewegung vom 14. bis 16. Jahrhundert. Gelegentlich wird diese Bewegung auch als Renaissance-Humanismus bezeichnet.

Inhalt: Der Humanismus wandte sich zum Zweck einer von der kirchlichen Dogmatik befreiten und diesseitigen Lebensgestaltung gegen die Scholastik, indem er die Wiederentdeckung und Pflege der griechischen und lateinischen bzw. römischen Sprache, Literatur und Wissenschaft forderte. Oft werden die Begriffe Humanismus und Renaissance synonym gebraucht, wobei herauszustellen ist, dass der Humanismus zunächst lediglich auf die lateini-

schen Schriften zurückgriff und sich erst durch die Wiederentdeckung des griechischen Gedankenguts zur Renaissance ausweitete.

Folgen: Der Humanismus fand über gelehrte Zirkel in zahlreichen Städten Eingang in die Universitäten und leitete die Trennung von Bildung und Religion ein. Wenngleich insbesondere der Humanismus des Erasmus von Rotterdam Elemente der Aufklärung enthielt, wie z.B. den Kampf gegen Aberglauben und dogmatische Verhärtung, fand die geistige Bewegung noch nicht zu einer vollständig an der Vernunft orientierten Selbstständigkeit und stellt entgegen dem Selbstverständnis seiner Vertreter noch keinen endgültigen Bruch mit dem Mittelalter dar.

---

mittels heiter-satirischer Selbstbespiegelung die Missstände seiner Zeit zu beleuchten. Zugleich will es eine neue Sicht vermitteln, in der das Leben in seiner freudvollen und zugleich bitteren Absurdität zu lieben ist.

Entstehung: Erasmus verfasste *Das Lob der Torheit* unmittelbar nach seiner Reise nach Italien 1509 im Haus von Thomas → More. In dem auf Latein geschriebenen Werk verfolgte der Autor die Absicht, seinen Zeitgenossen einen Spiegel vorzuhalten und ihnen zu zeigen, dass der Mensch sich selbst verfehlt, wenn er seine Bildung versäumt. In den Gesprächen mit More gelangte Erasmus allerdings auch zur Erkenntnis, dass der Mensch nicht durch Bildung allein zum Menschen wird.

Inhalt: Erasmus legt *Das Lob der Torheit* der sich selbst preisenden Stultitia (Einfalt) in den Mund. Diese betont ihre Allgegenwart in der menschlichen Gesellschaft anhand zahlreicher Beispiele, in denen immer wieder zum Vorschein kommt, dass die Triebfeder menschlichen Handelns eine Art von Wahnsinn ist, die verschiedenste Phänomene zu erzeugen vermag. Die Herrschaft der Torheit zeigt sich danach nicht nur in der Eitelkeit, Trunkenheit, Infantilität oder Senilität, sondern ebenfalls in der Begeisterung, die auch positive Dinge hervorbringen kann. Ohne die Torheit gäbe es keine Gesellschaft, keine guten und dauerhaften Vereinigungen. Stultitia zieht den Schluss, dass die wahre Torheit die angemaßte Weisheit sei.

Wirkung: Obwohl Erasmus mit dem *Lob der Torheit* seinen Ruf als einer der größten Gelehrten seiner Zeit begründete, provozierte er mit dem Buch unter den Zeitgenossen auch heftige Kritik. Es wurde in Zusammenhang mit seinem Gesamtwerk betrachtet, das Katholiken verurteilten, weil es nach ihrer Überzeugung mit seiner beißenden Beschreibung kirchlicher Missstände die Reformation vorbereitet habe. Im Zeitalter der Aufklärung, das die Glaubensstreitereien zu überwinden versuchte, wurde das Gesamtwerk von Erasmus und insbesondere *Das Lob der Torheit* wieder entdeckt und als Ausdruck eines neuen Bildungsdenkens gewürdigt, das die veraltete kirchliche Scholastik überwand.　*N. H.*

Erasmus von Rotterdam; Gravur von Albrecht Dürer aus dem Jahr 1526

Esterházy, Péter

ungar. Schriftsteller

* 14.4.1950 Budapest

📖 *Harmonia Caelestis*, 2000

Péter Esterházy zählt zu den großen Erneuerern der ungarischen Literatur. In seinen Büchern ist die Kontinuität des Erzählens zu Gunsten eines kunstvollen ironischen Spiels mit dem Text aufgebrochen. Sein vor allem von der jüngeren Generation enthusiastisch aufgenommenes Werk ließ ihn in Ungarn zum Kultautor aufsteigen.

Esterházy entstammt einem der ältesten und bedeutendsten Adelsgeschlechter Ungarns. Die ersten Jahre seines Lebens verbrachte er auf dem Land, wohin seine Familie – wie andere Repräsentanten der alten Ordnung – zwecks »Umerziehung« verbracht worden war. Im Gegensatz zu den meisten anderen Aristokraten blieb die Familie 1956 in Ungarn. Das Gymnasium absolvierte Esterházy bei den Budapester Piaristen, in einer der wenigen kirchlichen Schulen, die nicht geschlossen worden waren. Nach einem Studium der Mathematik arbeitete er zunächst in der Datenverarbeitung, bevor er sich 1978 ganz dem Schreiben zuwandte.

Mit seinem *Produktionsroman* von 1979 wurde Esterházy auf einen Schlag zu einem der populärsten Autoren seines Landes. Die seither erschienenen Bücher zeichnen sich allesamt durch ein ungewöhnlich virtuoses und intelligentes Spiel mit dem Text aus und bieten ein amüsantes Lektüreerlebnis jenseits der ausgetretenen Pfade der Literatur.

Auszug aus dem Roman *Harmonia Caelestis* (2000) von Péter Esterházy:

Eure Exzellenz, ich würde es so sagen, bitte schön, die Kommunisten sind hier. Das hat der alte Menyhért Tóth, der Menyus, gar nicht gesagt, eher nur so hingehaucht oder –genickt, als hätte er gehofft, wenn er es nicht ausspricht, ist es vielleicht gar nicht wahr. Was er daraufhin sah, erschreckte ihn noch mehr, denn er sah etwas, was er bis dahin noch nie gesehen hatte: Schrecken im harten Gesicht seiner Herrin.

Péter Esterházy auf der Frankfurter Buchmesse 2001 zur Vorstellung von *Harmonia Caelestis*

Die wichtigsten Bücher von Péter Esterházy	
Produktions-roman, 1979	Die grandiose Parodie auf die literarischen Erzeugnisse des sozialistischen Realismus machte Esterházy auf einen Schlag bekannt.
Die Hilfsverben des Herzens, 1983	Der Roman beschreibt die Hilflosigkeit eines 30-jährigen Mannes angesichts des Todes seiner Mutter.
Einführung in die schöne Literatur 1986	Bereits erschienene und neue Werke wurden hier zu einem monumentalen Block zusammengeführt. Es entstand eine Montage von Texten, typografischen und bildlichen Elementen.
Donau abwärts 1992	Das Tagebuch einer Reise ins Innere Mitteleuropas ist eine melancholisch-amüsante Erkundung der Donauregionen.
Eine Frau 1995	97 Kapitel über scheinbar unterschiedliche Frauen fügen sich zum faszinierenden Porträt einer einzigen Frau zusammen.
Harmonia Caelestis 2000	Mit einer Überfülle an Episoden, Mythen und Anekdoten aus der Geschichte (s)einer traditionsreichen Familie treibt der Autor ein kluges wie verwirrendes Spiel mit der Vergangenheit. → S. 336

Harmonia Caelestis

OT Harmonia caelestis **OA** 2000 **DE** 2001
Form Roman **Epoche** Moderne

In *Harmonia Caelestis* (»Himmlische Harmonie«) entwirft Péter Esterházy auf über 900 Seiten das faszinierende, sich über mehrere Jahrhunderte erstreckende Lebenspanorama der ungarischen Aristokratenfamilie Esterházy, also seiner eigenen Familie. Statt eines Familienromans traditioneller Art hat der Autor aus Einzelgeschichten, Episoden und Stimmungsbildern eine Chronik geschaffen, in der sich Authentisches und Erdachtes zu einem beeindruckenden literarischen Vexierspiel vereinen, in dem sich der Mythos einer der einflussreichsten europäischen Familien nahezu auflöst.
Inhalt: Im ersten Teil der Chronik, *Nummerierte Sätze aus dem Leben der Familie Esterházy*, reiht der Autor 371 anekdotisch zugespitzte Splitter aus der Geschichte des namhaften Geschlechts aneinander, wobei die Hauptfiguren, Menschen des 17. Jahrhunderts wie der Gegenwart, vom Erzähler sämtlich als »mein Vater« bezeichnet

Péter Esterházy, *Harmonia Caelestis*, Umschlag der deutschsprachigen Erstausgabe 2002

werden. Dieser Vater erscheint dem Leser so als großer Heerführer wie als Bischof, als Revoluzzer wie als Räuber, als Komponist wie als Koch. Er wird zwangsweise beim Bau des Donaukanals eingesetzt, verhandelt als Bischof mit Bauern über die Erlassung des Zehnten und schließlich ist er es, der nach der politischen Wende von 1989 den roten Stern auf dem Parlamentsgebäude demontiert. Ohne Chronologie und durchlaufenden Handlungsstrang fügen sich die Sätze mit köstlichen Details, barocker Pracht und sprachlicher Artistik zu einem Zusammenhang, der allein in dem geschaffenen Text besteht.

Der zweite Teil, *Bekenntnisse einer Familie Esterházy*, trägt einen deutlicher zu erkennenden autobiografischen Charakter. Er erzählt in 201 Abschnitten die Geschichte der Familie Esterházy im 20. Jahrhundert, einsetzend mit der Revolution von 1919, als der Diener der Herrschaft die bittere Realität zu verkünden hat: »bitte schön, die Kommunisten sind hier.« Mit Weltfremdheit und Größenwahn, aber auch mit Noblesse und Humor fügen sich die Angehörigen der Familie in den fortschreitenden Niedergang, den Verlust einstigen Reichtums und allumfassenden Einflusses. War der Großvater noch für kurze Zeit Ministerpräsident des Landes, so wird der Vater zur Zeit der Räterepublik geboren und muss seinen Lebensunterhalt mit Handlanger-Jobs, später als Übersetzer verdienen. Zu Beginn der 1950er Jahre, der Stalinismus herrscht in Ungarn, werden die Esterházys aufs Land verbannt und erfahren dort eine Reihe weiterer Demütigungen. Die Liberalisierung des Regimes lenkt die Geschicke der Familie in geordnetere Bahnen, doch in Ordnung kommen sie nicht. Contenance wird jedoch immer bewahrt.

Struktur: Der Roman stellt einigen Anspruch an das Aufnahmevermögen des Lesers. Längere lineare Erzählstränge lassen sich in dem aus 572 durchnummerierten Textbausteinen bestehenden Buch nur selten finden. Auch die Chronologie bietet nur in wenigen Passagen einen Orientierungsrahmen. Das Erzählen kreist ohne Anfang und Ende sowie ohne konventionelles Ziel weitgehend um sich selbst. Über die Familie Esterházy erfährt man letztlich wenig, umso größer ist jedoch das intellektuelle Vergnügen, eine Harmonia Caelestis in Text und Sprache zu erfahren und der sanften Subversion aller Ordnung beizuwohnen.

Wirkung: Obwohl das Buch nichts von dem hat, was einen Bestseller gewöhnlich ausmacht, stand es in Ungarn für Monate an der Spitze der einschlägigen Listen. Auch in Deutschland wurde es von der Kritik begeistert aufgenommen und fand, im Gegensatz zu Übersetzungen früherer Werke Esterházys, eine breite Leserschaft.   R.

OT = Originaltitel EZ = Entstehungszeit OA = Originalausgabe DE = Deutsche Erstausgabe 📖 = Verweis auf Werkartikel

Faldbakken, Knut

norweg. Schriftsteller

*31.8.1941 Oslo

📖 *Pan in Oslo*, 1985

Knut Faldbakken ist ein Schriftsteller der 1968er-Generation, der provozierend über moralische und gesellschaftliche Themen schreibt. Seine Romane, Erzählungen und Dramen, in denen er die Beziehung der Geschlechter beleuchtet, stehen in der Tradition des psychologischen Realismus.

Faldbakken brach sein 1960 begonnenes Psychologiestudium 1962 ab und begann für Zeitungen zu schreiben. 1965 gab er den Journalistenberuf zu Gunsten einer Schriftstellerkarriere auf. Danach lebte und schrieb er insgesamt zehn Jahre im europäischen Ausland. 1967 debütierte er mit *Der graue Regenbogen*, doch erst *Seiner Mutter Haus* (1969) bescherte ihm den ersten Erfolg als Schriftsteller. 1975–80 war Faldbakken Redakteur der norwegischen Literaturzeitschrift *Vinduet*. Repräsentativ für sein Werk sind neben *Pan in Oslo* (1985) der Pubertätsroman *Insektensommer* (1972), der gesellschaftskritische Öko-Science-Fiction-Roman *Unjahre* (1974/76) und der Beziehungsroman *Adams Tagebuch* (1978). Faldbakken lebt als Autor und Literaturkritiker im südnorwegischen Hamar (Hedmark).

Pan in Oslo

OT Glahn **OA** 1985 **DE** 1987
Form Roman **Epoche** Moderne

Pan in Oslo von Knut Faldbakken ist ein Beitrag zum Geschlechterthema und gleichzeitig ein Metaroman über Knut → Hamsuns *Pan. Aus Leutnant Thomas Glahns Papieren* (1894).
Inhalt: Glahn, Leutnant a. D., liest während seines Aufenthalts in einer psychiatrischen Anstalt Hamsuns *Pan*. Gleichzeitig schreibt er auf Anraten seines Arztes die Ereignisse des Sommers vor zwei Jahren auf: Glahn lebte damals schon seit einigen Jahren als Stadtstreicher, nachdem er eine viel versprechende Karriere beim Militär abgebrochen hatte. Nach 18 Jahren trifft er seinen ehemaligen Vorgesetzten und Kameraden Carl Mack, Unteroffizier a. D., in Oslo wieder. Aus Solidarität mit dem alten Kameraden und Rücksicht auf gute alte Zeiten überlässt der reiche Mack ihm eine Hütte und unterstützt ihn finanziell. Glahn verliebt sich in seine Tochter, die 18-jährige Schülerin Edvarda. Nach einer kurzen Affäre wendet sie sich von ihm ab und nimmt sich einen anderen Liebhaber. Glahn stellt darauf nicht mehr nur ihr, sondern der ganzen Familie nach. Seine Leidenschaft für

Edvarda hält ihn nicht davon ab, sich ab und zu eine drogensüchtige Prostituierte einzuladen, die er wie eine Hündin behandelt und später mit Macks Hilfe in einem Müllcontainer entsorgt. Nachdem Edvarda Glahn wiederholt abgewiesen hat, wird Eva, Macks gelangweilte Frau, seine Geliebte; das wird von Mack, der seinerseits fremdgeht, billigend in Kauf genommen. In der Nacht, als Glahn schließlich auch mit Mack sexuell anbandelt, versucht dieser – von Glahn angestachelt – vom Haus aus die Lampe im Bootshaus auszuschießen; hierbei fängt das Bootshaus Feuer und Eva, die dort auf Glahn wartet, stirbt in den Flammen.

Nachdem Glahn aus der Psychiatrie fliehen konnte, führt sein erster Weg zu Mack. Glahn provoziert ihn so lange, bis dieser ihn erschießt.
Struktur: Ich-Erzähler ist der psychotische Glahn, dessen Geschichte sich zunächst wie die einer ganz normalen unglücklichen Liebe liest; auch ist schwer auszumachen, wer der Verführte und wer der Verführer ist. Erst nach und nach erschließt sich dem Leser die Rahmensituation und es wird deutlich, dass die Perspektive die eines Zwangsneurotikers ist, der schon seit Jahren in einer geschlossenen Anstalt sitzt. In den Aufzeichnungen vermischt sich Erlebtes mit der Lektüre von *Pan*, insbesondere da, wo Glahn eine Rechtfertigung für sein Handeln sucht und der Selbsterkenntnis ausweichen will. Der Arzt spricht Glahn schließlich jede Liebesfähigkeit ab und diagnostiziert bei ihm reinen Narzissmus. Ein letztes Kapitel in Form eines Polizeiprotokolls fasst die Ereignisse des Sommers nochmals kurz aus der Sicht Macks zusammen und berichtet vom Tod Glahns, der hier ganz deutlich als Psychopath gezeichnet wird.

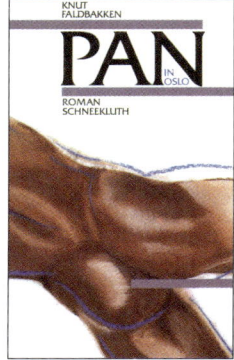

Knut Faldbakken, *Pan in Oslo*, Umschlag der deutschsprachigen Erstausgabe 1987

Faldbakkens »Pan in Oslo« als moderne Lesart von Knut Hamsuns »Pan«

Hamsuns »Pan«: Leutnant Glahn schreibt seine Erinnerungen an den Nordlandsommer vor zwei Jahren auf: Diesen verbringt er mit seinem Hund Äsop in einer Hütte in der Nähe des Küstenortes Sirilund. Er gibt sich den Natureindrücken und der Liebe zu Edvarda hin, der Tochter des reichen Kaufmanns Mack. Nach kurzem Glück beginnt ein zerstörerisches Spiel aus Abweisung und Annäherung. Glahn wendet sich der natürlichen Eva zu, der Geliebten Macks. Aus Eifersucht zündet Mack Glahns Hütte an. Glahn wiederum ist eifersüchtig auf den finnischen Baron, den Edvarda heiraten soll. Als dessen Schiff ausläuft, lässt Glahn einen Felsen als hämischen Salut die Bucht hinunterstürzen. Eva, die von Mack am Strand zur Arbeit eingesetzt worden war, wird von dem Felsen zermalmt. Als Glahn Sirilund verlassen will, bittet Edvarda ihn, ihr als Andenken seinen Hund zu überlassen. Diesen erschießt Glahn, bevor er ihn ihr

schickt. Glahn kommt jedoch innerlich nicht von Edvarda los.

An die Aufzeichnungen schließt sich der Bericht eines Jagdkameraden aus Indien an, den Glahn so eifersüchtig machte, dass er ihn schließlich erschoss.
Faldbakkens »Pan«: Faldbakken entnimmt Hamsuns Roman den äußeren Aufbau, die Erzählstruktur sowie das Personal und versetzt den Protagonisten Glahn in das sommerliche Oslo der 1980er Jahre. Was bei Hamsun als Wesensnatur des Mannes dargestellt ist, wird bei Faldbakken ein Fall für die Psychiatrie. Das Selbstbild des Mannes, das sich bei Hamsun in der Schilderung eines Jägers und Kraftmenschen sowie in einer Naturmystik konkretisiert, analysiert Faldbakken nach freudscher Theorie als Resultat von Frustrationen und unterdrückten Trieben, die er aus dem Unterbewusstsein eines narzisstischen Psychopathen ans Licht bringt.

Wirkung: *Pan in Oslo* kam im Ausland besser an als in Norwegen selbst, insbesondere aufgrund seines Bezugs zu Hamsun (Stichwort, → S. 337). Dieser wurde in seiner Heimat zum Zeitpunkt des Erscheinens von Faldbakkens Roman wenig gelesen, da die Literaturwissenschaft ihm seit den 1970er Jahren faschistische Tendenzen nachgewiesen hatte. *C.B.*

Fallaci, Oriana

ital. Journalistin und Schriftstellerin

*29.6.1930 Florenz

📖 *Ein Mann*, 1979

Oriana Fallaci ist eine der bekanntesten politischen Autorinnen des 20. Jahrhunderts. In den 1960er Jahren avancierte sie zur internationalen Starreporterin, die unter anderem für die Zeitschriften *L'Epoca*, *Look* und *Life* sowie die Zeitungen *New York Times* und die Londoner *Times* schrieb.

Von ihrem Vater, der im faschistischen Italien ein engagierter Widerstandskämpfer gewesen war, übernahm Fallaci eine parteiunabhängige linke Position. Schon mit 16 Jahren begann sie zu schreiben. 1954 zog sie nach Rom, ein Jahr später kam sie nach Mailand in die Redaktion der Zeitschrift *L'Europeo*. Sie reiste viel, so etwa 1956, im Jahr des Aufstands, nach Ungarn; 1958 unternahm sie eine Weltreise, um Reportagen über Frauen zu schreiben. Aufsehen erregten später ihre streitbaren Interviews, z.B. mit Golda Meir, Fidel Castro oder Muammar al-

Oriana Fallaci 1980 in einem Interview über *Ein Mann*:

Es handelt sich um ein so komplexes Buch, um ein Buch voller Bücher. Ich könnte sagen, dass es ein ideologischer Roman ist: viele, die das Buch gelesen haben, behaupten, dass es vor allem ein ideologischer Roman ist. Ich könnte sagen, dass es eine wahre Geschichte ist. Und das ist wahr, es ist zweifellos eine wahre Geschichte...

Oriana Fallaci; Foto aus den 1970er Jahren

Gaddafi. Mut und ein aggressiver Interviewstil, mit denen sie die Mächtigen herausforderte, waren ihre Markenzeichen.

Daneben schrieb Fallaci einige erfolgreiche Bücher. Zu den bekanntesten gehören *Brief an ein nie geborenes Kind* (1977), *Ein Mann* und *Inschallah* (1992) über den Krieg im Libanon. 2002 veröffentlichte die krebskranke, seit 1963 in New York lebende Autorin in Frankreich das polemische anti-islamische Buch *La Rage et l'Orgueil (Die Wut und der Stolz)*.

Ein Mann

OT *Un uomo* **OA** 1979 **DE** 1980
Form Dokumentar-Roman **Epoche** 20. Jahrhundert

Mit ihren Büchern, die Reportagen zu authentischen Ereignissen in die Form einer Fiktion kleiden, entwickelte Oriana Fallaci einen neuen Romanstil, mit dem sie zugleich die Darstellungsformen des Journalismus erweiterte. Diese literarische Form hat Fallaci auch in ihrem Buch *Ein Mann* über Leben und Tod des griechischen Dichters und Widerstandskämpfers Alexandros Panagoulis angewandt, der drei Jahre lang ihr Lebensgefährte war. Die Liebesgeschichte hatte mit einem Interview begonnen, das die damals bereits berühmte Journalistin 1973 mit Panagoulis unmittelbar nach seiner Entlassung aus fünfjähriger Einzelhaft führte. Sie endete mit einem Verkehrsunfall in der Nacht zum 1.5.1976, bei dem Panagoulis ums Leben kam und den Fallaci als Mordanschlag der europaweit agierenden neofaschistischen Organisation »Die Spinne« entlarvte.

Inhalt: Die tumultuarischen Szenen bei der Beisetzung von Panagoulis, die Fallaci im Prolog mit ihrem emotionalen und zugleich präzisen Stil beschreibt, eröffnen das Buch. Wie der Dichter in seinen letzten Monaten vorausgesagt hatte, musste er sterben, »um verstanden zu werden«.

Der eigentliche Bericht beginnt mit dem Bombenanschlag, den Panagoulis im August 1968 gegen den griechischen Junta-Diktator Georgios Papadopoulos unternahm, der am 21.4.1967 durch einen Armeeputsch an die Macht gekommen war. Doch das Attentat missglückte; Panagoulis wurde gefasst und sofort schwerster Folter unterworfen. Fallaci beschreibt die Foltermethoden des griechischen Geheimdienstes ESA, denen Panagoulis bis zuletzt seinen intellektuellen Widerstand entgegensetzte, mit quälender Genauigkeit. Auch die Folterer, authentische Figuren, sind detailreich porträtiert. Die Autorin legt Mechanismen bloß, die Diktaturen, Folterungen und sich ständig steigernde Grausamkeiten ermöglichen. Bei einem fünftägigen Prozess, der einer Farce glich, wurde Panagoulis im November 196 zum Tode verurteilt. Die Vollstreckung des Urteils wurde jedoch auf Proteste der Weltöffentlichkeit hin schließlich ausgesetzt. Fünf Jahre verbrachte der Dichter in Einzelhaft, bis er im August 1973 bei einer allgemeinen Amnestie freigelassen wurde. In der Freiheit setzte er seinen Widerstand fort, ständig von Morddrohungen begleitet, auch nachdem er als Abgeordneter der Zentrumsunion ins Parlament eingezogen war.

Eingeflochten in diesen Bericht ist die Geschichte der tiefen und qualvollen Liebe zwischen der Journalistin und dem Dichter. Bei einer Auseinandersetzung tötete Panagoulis ihr noch ungeborenes Kind; dieses tragische Ereignis ist Thema des Buchs *Brief an ein nie geborenes Kind* (1977).

Wirkung: Fallaci schrieb einen Roman und zugleich ein politisch brisantes Buch. Schon ein halbes Jahr nach seinem Erscheinen waren allein in Italien 600 000 Exemplare verkauft. Das Werk wurde in mehrere Sprachen übersetzt und kam auch in Deutschland auf die Bestsellerliste. Mit der Rekonstruktion seines Lebens verbreitete die Autorin Ideen von Panagoulis weit über Griechenland hinaus. Durch ihre Recherchen und die Veröffentlichung von Dokumenten über die Junta, in deren Besitz Panagoulis noch kurz vor seinem Tod gelangt war, konnte sie die Brutalität des Obristen-Regimes und dessen politische Verstrickungen weltweit bekannt machen. *N. B.*

Fallada, Hans

(eigtl. Rudolf Ditzen), dt. Schriftsteller

*21.7.1893 Greifswald, †5.2.1947 Berlin

📖 *Kleiner Mann – was nun?*, 1932

📖 *Wer einmal aus dem Blechnapf frisst*, 1934

Hans Fallada gehört zu den bekanntesten deutschen Literaten des 20. Jahrhunderts. In seinen Romanen widmete er sich vor allem den Sorgen und Nöten des Kleinbürgers in den wechselvollen Jahrzehnten nach dem Ersten Weltkrieg.

Der Sohn eines Landrichters und späteren Reichsgerichtsrats besuchte ab 1901 das Gymnasium, zunächst in Berlin, dann in Leipzig und Rudolstadt. Nachdem er 1911 bei einem Duell einen Mitschüler getötet und einen Selbstmordversuch begangen hatte, wurde er in die Nervenheilanstalt Tannenberg in Sachsen eingewiesen. 1913 begann Fallada eine landwirtschaftliche Lehre. In den folgenden Jahren arbeitete er u.a. als Assistent der Landwirtschaftskammer, musste sich jedoch wegen seiner Alkohol- und Rauschgiftsucht wiederholt Entziehungskuren unterziehen.

1920 erschien Falladas erster Roman *Der junge Godeschal*. Als Rechnungsführer auf verschiedenen Gütern beschäftigt, wurde er 1923 wegen Unterschlagung zu mehreren Monaten Gefängnishaft verurteilt. Ab 1926 verbüßte er eine zweieinhalbjährige Haftstrafe in Neumünster. 1932 gelangte er mit dem Roman *Kleiner Mann – was nun?* zu Weltruhm. Bis zu seinem Tod arbeitete Fallada, wegen seiner Drogensucht immer wieder zu längeren Aufenthalten in Nervenkliniken gezwungen, als freier Autor.

Biografie: J. Manthey, *Hans Fallada* (rm 50078); G. Müller-Waldeck / R. Ulrich, *Hans Fallada – Sein Leben in Bildern und Briefen*, 1997.

Auszug aus dem Dokumentar-Roman *Ein Mann* von Oriana Fallaci:

Widerstand in einem Verhör zu leisten, bedeutet nicht nur, heroisch zu sein... es bedeutet auch, das berufliche und geistige Tun des Inquisitors bloßzustellen, in ihm Zweifel an sich selbst herauszufordern und an dem System, das er repräsentiert.

Kleiner Mann – was nun?

OA 1932 **Form** Roman **Epoche** Moderne

Mit seinem 1932 erschienenen Roman *Kleiner Mann – was nun?* begründete Hans Fallada seinen internationalen Ruhm als sozialkritischer Volksautor.

Inhalt: Die Geschichte beginnt mit einem *Die Sorglosen* betitelten kurzen *Vorspiel*, in dem Johannes Pinneberg, ein junger Buchhalter, und seine Freundin Emma, genannt Lämmchen, erfahren, dass Emma ein Kind erwartet. Pinneberg macht ihr einen Heiratsantrag und stellt sich ihrer Familie vor.

Im ersten der zwei umfangreicheren Romanteile haben Pinneberg und seine frisch vermählte Ehefrau eine bescheidene Wohnung in dem kleinen Dorf Ducherow bezogen, als sein Arbeitgeber Kleinholz zufällig von der noch geheim gehaltenen Heirat erfährt. Kleinholz, der

Herbert Jhering 1932 im *Berliner Börsenkurier*:

Kein Buch wird so verliehen, kein Buch wandert so von Hand zu Hand. Wie man früher einen Chaplin-Film in den größten Theatern und den kleinsten Bumskinos sehen konnte, so wird Kleiner Mann – was nun? *in allen Lebenslagen gelesen.*

Die wichtigsten Bücher von Hans Fallada	
Bauern, Bonzen und Bomben 1931	In dem sozialkritischen Roman geht es um eine von Bauern organisierte Demonstration und den Prozess gegen die Demonstrationsführer in der Zeit der Weimarer Republik.
Kleiner Mann – was nun? 1932	Der wirklichkeitsnahe Roman beschreibt die verschiedenen Überlebensstrategien des jungen, immer von Geldnöten und Arbeitslosigkeit geplagten Ehepaares Pinneberg. → S. 339
Wer einmal aus dem Blechnapf frisst, 1934	Der aus dem Gefängnis entlassene Sträfling Willi Kufalt ist entschlossen, ein neues Leben zu beginnen, und scheitert schließlich an den Vorurteilen der Gesellschaft. → S. 340
Wolf unter Wölfen 1937	Der Roman schildert das Schicksal dreier ehemaliger Soldaten, die in den Wirren des Inflationsjahrs 1923 versuchen, sich eine eigene Existenz aufzubauen. Das Buch gilt als das gelungenste des Autors.
Der eiserne Gustav, 1938	In dem episodenhaften Roman stellt Fallada das Leben des starrsinnigen Droschkenkutschers Gustav Hackendahl dar, dessen Familie in den Kriegs- und Nachkriegsjahren allmählich zerbricht.
Ein Mann will hinauf, 1942	Der Waisenjunge Karl Siebknecht kommt nach Berlin, wo er es zu Reichtum und Ruhm bringen will. Zunächst jedoch muss er sich mit allerlei Handlangerarbeiten durchs Leben schlagen.
Jeder stirbt für sich allein 1947	Nach Gestapo-Akten geschriebener Roman über das Arbeiter-Ehepaar Quangel, das nach dem Tod des Sohnes an der Front auf eigene Faust den Widerstand gegen das Naziregime wagt.

Hertha Thiele als Emma Morchel, genannt Lämmchen, und Hermann Thiming als Pinneberg in der Verfilmung des Romans *Kleiner Mann – was nun?* von Hans Fallada (D 1933; Regie: Fritz Wendhausen)

Auszug aus dem Roman *Kleiner Mann – was nun?* von Hans Fallada:

Und plötzlich begreift Pinneberg alles, angesichts dieses Schupo, dieser ordentlichen Leute, dieser blanken Scheibe begreift er, dass er draußen ist, dass er hier nicht mehr hingehört, dass man ihn zu Recht wegjagt: ausgerutscht, versunken, erledigt. Ordnung und Sauberkeit: es war einmal. Arbeit und Brot: es war einmal. Vorwärtskommen und Hoffen: es war einmal. Armut ist nicht nur Elend, Armut ist auch strafwürdig. Armut ist Makel, Armut heißt Verdacht.

seine Tochter mit Pinneberg zu verkuppeln hoffte, sieht seine Pläne vereitelt und entlässt den Angestellten. In dieser schwierigen Situation trifft ein Brief von Pinnebergs verwitweter Mutter Mia aus Berlin ein, in dem sie ihren Sohn und Lämmchen auffordert, zu ihr zu ziehen.

Im zweiten Teil des Romans nimmt Mia die beiden bei sich auf; ihr etwas zwielichtiger Liebhaber Jachmann vermittelt Pinneberg eine Anstellung in einem Warenhaus, bei der er unter dem anhaltenden Druck steht, sich gegen die übrigen Verkäufer durchsetzen zu müssen.

Als Pinneberg begreift, dass seine Mutter ein Bordell betreibt, beziehen er und Lämmchen eine eigene kleine Wohnung. Ihr Sohn Horst wird geboren. Während sich das Paar um äußerste Sparsamkeit bemüht und ständig mit neuen Sorgen kämpft, wird es von Jachmann und Achim Heilbutt, einem Arbeitskollegen Pinnebergs, unterstützt. Wie seine ahnungslosen Freunde später erfahren müssen, wird Jachmann als Falschspieler und Hochstapler von der Polizei gesucht und schließlich verhaftet. Heilbutt verliert seine Anstellung im Warenhaus, als bekannt wird, dass er in Nudistenkreisen verkehrt und Aktfotos von sich verkauft. Auch dem erfolglosen Pinneberg wird gekündigt.

In einem *Nachspiel* mit dem Titel *Alles geht weiter* ist Pinneberg mit Frau und Kind in ein Schreberhäuschen gezogen. Da er noch immer arbeitslos ist, muss seine Frau die Familie mit Handarbeiten ernähren. Als er die Hoffnung verliert, jemals wieder Arbeit finden und ein akzeptables Leben führen zu können, wird er depressiv, doch die Liebe seiner Frau und ihr gemeinsames Familienglück fangen ihn auf.

Fallada hat mit seinem Roman um die Überlebensstrategien des Ehepaars Pinneberg eine

ebenso detaillierte wie warmherzige Studie der alltäglichen Sorgen des Kleinbürgertums in den Jahren vor der nationalsozialistischen Machtübernahme geliefert. Die Stärke der beiden Protagonisten, deren Liebe zueinander noch den widrigsten Umständen trotzt, besteht nicht zuletzt in ihrer Fähigkeit, sich auch in scheinbar ausweglosen Situationen das Bewusstsein ihres gemeinsamen Glücks zu bewahren. Diese Fähigkeit ermöglicht es ihnen, in einer von Egoismus, Feindseligkeit und Intrigen beherrschten Welt aufrichtig, gutmütig und integer zu bleiben.

Wirkung: *Kleiner Mann – was nun?* gehört zu den international bekanntesten Werken der deutschsprachigen Literatur im 20. Jahrhundert. Es wurde in 20 Sprachen übersetzt und 1933, 1967 und 1981 verfilmt. **B. S.**

Wer einmal aus dem Blechnapf frisst

OA 1934 **Form** Roman **Epoche** Moderne

Zwei Jahre nach seinem Welterfolg *Kleiner Mann – was nun?* (→ S. 339) erschien Hans Falladas Roman *Wer einmal aus dem Blechnapf frisst.* Dieses Buch, das die Odyssee des Sträflings Willi Kufalt beschreibt, bestätigte den Ruhm des Schriftstellers als wirklichkeitsnaher Chronist seiner Zeit.

Inhalt: Willi Kufalt, der eine Haftstrafe wegen Unterschlagung verbüßt hat, macht sich nach seiner Entlassung auf den Weg nach Hamburg mit dem Entschluss, ein neues Leben zu beginnen. Er kommt in einem Fürsorgeheim für ehemalige Gefängnisinsassen unter, wo er Unterstützung für seine Rückkehr in die Gesellschaft zu finden hofft. Kufalt erfährt jedoch nur erneut Demütigung und willkürliche Unterdrückung: Man gewährt ihm keinen freien Ausgang und seine Arbeit wird schlecht bezahlt.

Als er sich auf die Suche nach einer eigenen Wohnung begeben kann, stößt Kufalt wegen seiner Vergangenheit auf Misstrauen und Ablehnung. Erst als er seine Zeit im Gefängnis verschweigt, findet er eine Bleibe. Kufalt ergreift die Chance, sich mit einigen Bekannten selbstständig zu machen, doch das Unternehmen scheitert. Enttäuscht kehrt er in die Kleinstadt zurück, in der er seine Haftstrafe verbüßt hat. Hier kommt er als Anzeigen- und Abonnentenakquisiteur bei einer Lokalzeitung unter.

Kufalt lernt Hilde kennen, eine junge Frau, die mit ihrem unehelichen Sohn bei ihren Eltern lebt. Sie ahnt nichts von seiner Vergangenheit und verlobt sich mit ihm. Für eine Weile scheint es so, als könnte er sich eine ehrbare Existenz aufbauen, doch dann wendet sich das Blatt. Kufalt wird zu Unrecht eines Diebstahls bezichtigt und von einem voreingenommenen Kriminalbeamten eingesperrt. In dem Moment, da seine Unschuld bewiesen ist, hat er die Hoffnung auf ein normales Leben schon verloren. Kurzerhand verlässt er seine Braut und macht sich erneut auf den Weg nach Hamburg. Anders als bei seiner ersten Reise ist er nun entschlossen, sein Geld auf illegale Weise zu verdienen.

Auch Kufalts ehemaliger Mithäftling Emil Bruhn ist nach seiner Entlassung an den Vorurteilen der Gesellschaft gescheitert. Kufalt erfährt, dass Bruhn für einen Großbrand in seiner Holzfabrik verantwortlich gemacht wird und flüchtig ist. Hierdurch in seinem Fatalismus bestärkt, entwirft Kufalt den Plan für einen Juwelenraub. Auf der Suche nach einem Komplizen wendet er sich an Batzke, einen früheren Mitinsassen und verschlagenen Ganoven. Batzke lehnt das Angebot ab, da ihm der Plan vorgeblich zu riskant erscheint.

Während Kufalt ziellos in den Tag hineinlebt und Handtaschen stiehlt, gelingt es Batzke, den Coup auf eigene Faust durchzuführen. Als Kufalt davon erfährt, sinnt er auf Rache und versucht Batzke zu erpressen. Nachdem die Erpressung fehlgeschlagen ist, bestiehlt er seine Vermieterin und flieht. Die Polizei kommt ihm auf die Spur; er wird festgenommen und zu sieben Jahren Haft verurteilt. Kufalt, dem das Gefängnis inzwischen als der einzige Ort erscheint, an dem er ein geregeltes und ruhiges Leben führen kann, nimmt das Urteil erleichtert auf.

Der Roman beschreibt einen Teufelskreis, dem Kufalt nicht entkommen kann. Doch nicht nur die Schuld einer von Vorurteilen beherrschten Gesellschaft bringt ihn zurück ins Gefängnis. Kufalt selbst begeht den Fehler, indem er aus mangelnder Eigenverantwortlichkeit beschließt, sich an der Gesellschaft zu rächen.

Wirkung: Erste Kritiken äußerten sich zunächst verhalten positiv. Die nationalsozialistischen Pressestimmen hingegen verrissen das Buch mit dem Ziel, den Autor mundtot zu machen. Empfehlungsschreiben an die Buchhändler sollten eine Warnung für andersdenkende Kritiker sein und eine »Gleichschaltung der deutschen Literaturkritik« vorantreiben.   *B. S.*

Farah, Nuruddin

englischsprachiger somal. Schriftsteller

*24.11.1945 Baidoa

📖 *Geheimnisse*, 1998

Nuruddin Farah widmet sich in seinen Romanen der Geschichte Somalias im Allgemeinen und den Fragen nach der Legitimation von Militärherrschaft im Besonderen. Er schreibt bevorzugt Trilogien, deren einzelne Romane durchaus für sich stehen. Auffällig sind die starken Frauenfiguren, die Farahs Werk bevölkern (*Tochter Frau*, 1981), sowie die Elemente der mündlich überlieferten Literatur Somalias.

Farah kommt aus einer Familie, in der das mündliche Wort einen hohen Stellenwert hatte. Seine Mutter war eine traditionelle Erzählerin, der Vater arbeitete als Dolmetscher des britischen Gouverneurs. Farah studierte in Indien Literatur, Philosophie sowie Soziologie und unterrichtete an der Universität in Mogadischu. Nach einem Auslandsaufenthalt 1974 kehrte er 22 Jahre lang nicht mehr nach Somalia zurück, weil ihn der Militärherrscher Siad Barre (1919–95) nach Erscheinen des Romans *Aus einer Rippe gebaut* (1970) in Abwesenheit zum Tod verurteilt hatte.

Wiederkehrende Inhalte von Farahs Romanen sind die vorkoloniale und präislamische Geschichte Ostafrikas sowie Fragen zum Macht- und Abhängigkeitsverhältnis zwischen Erster und Dritter Welt (*Maps*, 1986; *Duniyas Gaben*, 1992). Farah erhielt u. a. den Neustadt-Literaturpreis Oklahoma und gilt als Kandidat für den Literatur-Nobelpreis.

Literatur: D. Wright, *The Novels of Nuruddin Farah*, 1994.

Geheimnisse

OT Secrets **OA** 1998 **DE** 2000
Form Roman **Epoche** Moderne

In dieser Familiengeschichte über drei Generationen lässt Nuruddin Farah am Vorabend des somalischen Bürgerkriegs die mythische Welt des Großvaters, die traditionell afrikanische Welt des Vaters und die rationale Welt der Hauptfigur aufeinander treffen.

Inhalt: Kalaman lebt als gut verdienender Leiter eines Computerunternehmens in Mogadischu, als eines Tages seine Jugendbekanntschaft Sholoongo aus den USA auftaucht und sich von ihm ein Kind wünscht. Wegen der zunehmenden Kämpfe der Milizen in Mogadischu 1991 fährt Kalaman zu seinen Eltern aufs Land, wo auch sein Großvater lebt. Sholoongo taucht ebenfalls bald auf dem Land auf und mit ihr kehren Bilder aus der Vergangenheit zurück, steigen Erinnerungen hoch. Die Reaktionen seiner Familie auf Sholoongos Ankunft schüren in Kalaman den Verdacht, dass ein Geheimnis über seiner Geburt liegt. Nach und nach

Nuruddin Farah, *Geheimnisse*, Umschlag der deutschsprachigen Erstausgabe 2000

Hauptfiguren in »Geheimnisse« von Nuruddin Farah

Kalaman: Der Leiter eines mittelständischen florierenden Computerbüros mit internationalen Verbindungen in Mogadischu ist modern, gebildet, rücksichtsvoll, sensibel und höflich. Problemen zwischenmenschlicher Art geht er lieber aus dem Weg, als dass er eine Aussprache sucht. Er kann schlecht Nein sagen und hat ein positives Verhältnis zu seinen Eltern sowie zu seinem Großvater. Im Alter von etwa 30 Jahren erfährt er die Hintergründe seiner bis dahin verborgen gehaltenen Herkunft.
Nonno: Kalamans Großvater wird, der somalischen Kolonialsprache Italienisch folgend, schlicht Nonno genannt. Er ist ein weiser, lebenserfahrener Mann, ein würdevoller, autoritärer Familienpatriarch und einer der Dorfältesten, der die Fäden der Macht im Hintergrund zu ziehen versteht. Er musste aus seiner Heimat fliehen, lässt die Gründe dafür aber im Dunkeln. Distanziert steht er über dem Geschehen und bewegt sich gedanklich in einer jenseitigen Welt der Mystik und Kabbalistik.

Mutter: Dominanz und Leidenschaftlichkeit verbergen die Furcht vor der Entdeckung ihrer Vergangenheit, der Vergewaltigung, Zwangsheirat und Erpressung aufgrund der angeblich illegitimen zweiten Ehe mit Kalamans Vater. Sie reagiert panisch und hektisch, wenn sie die labile familiäre Sicherheit gefährdet sieht. Kalaman bemuttert sie bis zur Aufdringlichkeit.
Sholoongo: Sie wurde als Neugeborenes wegen einer ungünstigen Sternenkonstellation von ihrer Mutter in der Wildnis ausgesetzt und angeblich von Löwen großgezogen. Die zwielichtige Figur ist eine Femme fatale, deren ausgeprägte Weiblichkeit Urfrau-Mythen in Erinnerung ruft und sexuelles Begehren weckt. Sie arbeitet in den USA als Model und Schamanin und soll somalische Bürgerkriegsmilizen finanzieren. Von Kalamans Mutter wird sie fälschlich der Erpressung verdächtigt. Eine jugendliche Romanze verbindet sie mit dem etwas jüngeren Kalaman. Sie hat Affären mit Kalamans Vater und seinem Großvater.

haben eine totemistische Bedeutung; ein Dorfbewohner begattet eine Kuh und verwandelt sich dabei selbst in ein Tier. Auch Sholoongo durchläuft die Metamorphose in ein Tier. Insbesondere Kalamans Großvater repräsentiert die spirituelle Welt; er beschäftigt sich mit alchemistischen Formeln, kabbalistischen Regeln und spricht mit den Tieren, die ihm tags und in seinen Träumen erscheinen. Indem er Figuren der gemeinsamen Religionsgeschichte – wie etwa Maria – nachspürt, betont Farah außerdem die Berührungspunkte zwischen Islam, Judentum und Christentum.

Wirkung: Das weltweite Echo, das *Geheimnisse* fand, gab der Rezeption afrikanischer Literatur auch in Deutschland einen neuen Impuls und lenkte das Augenmerk der Öffentlichkeit auf die Seite derer, die bis dahin nur als Objekte des Globalisierungsprozesses betrachtet wurden. Zugleich korrigierte der Roman ein Geschichtsbild, wie es in dieser differenzierten Form kaum gesehen worden war. *M.L.*

stellt sich heraus, dass er nicht der leibliche Sohn seines Vaters ist; dieser hatte Kalamans Mutter nach einer Zwangsheirat und Massenvergewaltigung geheiratet, um ihr Schmach zu ersparen. Kalamans Großvater klärt diese Familiengeschichte auf und stirbt, kurz nachdem er das Geheimnis gelüftet hat.

Aufbau: Anhand des Zerfalls einer Familie stellt Farah den Zerfall der somalischen Gesellschaft in divergierende Clan-Interessen dar. Die Frage nach der Identität der Hauptfigur lässt sich auch als Frage nach der nationalen Identität eines zersplitterten Volks verstehen.

Farah erzählt seinen Roman aus wechselnden Perspektiven und teilt ihn in Prolog, zwölf Kapitel und Epilog ein. Die strenge Struktur dieses Aufbaus wird inhaltlich durch sinnliche, nicht selten minutiös geschilderte Liebesszenen aufgehoben, die zu den besten Passagen des Buchs gehören und sich in ihrer Faszination so nicht in anderen Werken Farahs finden. In der von ihm gern verwendeten Patchwork-Technik formen Anekdoten, Geschichten, historische Exkurse, Parabeln, Fabeln, Märchen, Sprichwörter, Analogien, politische Debatten und Kommentare das imposante Mosaik dieses Romans, dessen Spannungsbogen dramaturgisch brillant einem fesselnden Finale entgegengeführt.

Mythologie: In keinem seiner anderen Romane nimmt Farah so umfangreich Bezug auf Mythologie und Religion wie in *Geheimnisse*. Motive des griechischen Mythos sowie die Muster antiker Tragödien finden sich hier ebenso wie Szenen afrikanischer Mystik. Ein Elefant rächt sich an einem Großwildjäger, Kalamans Mutter hat drei Brüste, eine Krähe verfügt über heilsame Kräfte; Geier, Affen und Wassermolche

Faulkner, William

US-amerikan. Schriftsteller
* 25.9.1897 New Albany (Mississippi)
† 6.7.1962 Oxford (ebd.)
📖 *Schall und Wahn*, 1929
📖 *Licht im August*, 1932

William Faulkner gilt als einer der bedeutendsten amerikanischen Autoren des 20. Jahrhunderts. Aus einer prominenten Südstaatenfamilie stammend, machte er Geschichte und Gegenwart der Südstaaten zum Stoff seines Erzählens. Der Niedergang einer traditionell-aristokratischen Lebensform bildet dabei den Hintergrund für zahlreiche Familien- und Einzelschicksale, in denen Sexualität, Gewalt und Wahn häufig eine zentrale Rolle spielen.

Seine Heimatstadt Oxford (Mississippi) und die ländliche Umgebung prägten Faulkner und wurden zum Schauplatz vieler Werke. Seine literarische Karriere begann der junge Faulkner zunächst mit der Veröffentlichung romantischer Gedichte in Zeitschriften. Er begann ein Studium der französischen Literatur, schloss es jedoch nicht ab. Mit seinen ersten Romanen (u. a. *Soldatenlohn*, 1926 und *Sartoris*, 1929) verband Faulkner die Themenkreise Kriegsfliegerei und Südstaaten. Der bescheidene kommerzielle Erfolg zwang ihn lange Zeit zu Brotarbeiten; als Drehbuchautor war er für verschiedene Hollywood-Klassiker (*Haben und Nichthaben* (1944) nach Ernest → Hemingway; *Der Tiefe Schlaf* (1946) nach Raymond → Chandler) verantwortlich. Seine ihn charakterisierende »rhetorische Stimme« erreich te Faulkner vor allem durch die Romane *Licht im August* und *Absalom, Absalom* (1936), in denen er das Rassenproblem behandelt.

Faulkner nahm formale Merkmale der europäischen Moderne (James → Joyce und Virginia → Woolf) wie die Mehrfachperspektive sowie die Bewusstseinsstrom-Technik (Stichwort → S. 1169) auf und entwickelte sie weiter. So prägte er eine eigenständig amerikanische Variante der klassischen Moderne aus, die mit der Verleihung des Nobelpreises für Literatur im Jahr 1950 auch internationale Anerkennung fand.

Biografie: P. Nicolaisen, *William Faulkner* (rm 50300).

Schall und Wahn

OT The Sound and the Fury
OA 1929 **DA** 1959 **Form** Roman **Epoche** Moderne

Der Roman *Schall und Wahn* stellt ein maßstabsetzendes Werk dar, das europäische Impulse mit einer eigenständigen amerikanischen Stofflichkeit verbindet und als Klassiker des modernen Romans gilt.

Inhalt: Der Roman erzählt bruchstückhaft die Verfalls-Geschichte der Familie Compson aus Jefferson (Mississippi), zu deren Stammvätern einst ein Gouverneur und ein General gehörten, im Zeitraum zwischen 1898 und 1928.

Im Zentrum stehen die drei Brüder Benjamin, (Benjy) Quentin und Jason sowie ihre Schwester Candice, und deren Beziehungen zueinander. Rekonstruieren lässt sich die Geschichte vom Tod des Großvaters im Jahr 1898 über das Jahr 1910, in dem der idealistische Student Quentin Selbstmord verübt, während seine lebenslustige Schwester eine Ehe schließt, die nach der Geburt einer außerehelichen Tochter aufgelöst wird. Der resignierte und dem Alkohol verfallene Vater stirbt 1913.

Im Jahr 1928 reißt die junge Quentin mit einem Zirkusarbeiter und dem Geld von Onkel Jason aus. Während Quentin möglicherweise ein Leben jenseits der beengenden Konventionen und Gewaltverhältnisse finden wird, bleiben – ohne positive Zukunftsperspektive – die hypochondrische Mutter, der schwachsinnige Benjy sowie die schwarze Haushälterin Dilsey zurück, die über alle Krisen und Katastrophen hinweg Vitalität, Fürsorglichkeit und Dauer verkörpert.

Aufbau: *Schall und Wahn* bereitet eine gewisse Lektüre-Schwierigkeit durch die nicht chronikale Erzählform, die Faulkner in seiner Familienchronik anwendet. Sie ist durch den Wechsel verschiedener Figurenperspektiven und Varianten der Bewusstseinsstrom-Technik geprägt.

Das erste Kapitel (7. April 1928) umfasst die Wahrnehmungen des schwachsinnigen Benjy. Das folgende Kapitel (2. Juni 1910) ist als innerer Monolog Quentins an seinem letzten Le-

William Faulkner in den späten 1940er Jahren

Die wichtigsten Bücher von William Faulkner	
Soldatenlohn 1926	Die enttäuschten Heimkehrer aus dem Ersten Weltkrieg – »the lost generation« – kommen in eine verfallende Gesellschaft zurück.
Sartoris 1929	Noch ein Heimkehrer-Roman, den Faulkner wegen der vielen Südstaaten-Motive als »Keimzelle« seiner erzählten Welt verstand.
Schall und Wahn 1929	Anhand der aristokratischen Familie Compson aus Jefferson (Mississippi) stellt Faulkner die Geschichte eines Verfalls dar. → S. 343
Als ich im Sterben lag, 1930	Auf der Fahrt zur Beerdigung der Mutter wird in zahllosen Monologen teils tragisch, teils grotesk an die Geschichte der Bundrens erinnert.
Die Freistatt 1931	Provozierende Themen wie Kriminalität und Korruption, Sexualität und Gewalt machten den Roman zum »Skandalerfolg«; erst der zweite Blick zeigt ihn als tragische Parabel über die Macht des Bösen.
Licht im August 1932	Der Roman, in dem drei Erzählstränge miteinander verknüpft werden, prangert Rassenhass und religiösen Fanatismus an. → S. 344
Absalom, Absalom! 1936	Quentin Compson erzählt kurz vor seinem Selbstmord (Schall und Rauch) die Geschichte der Familie Sutpen, ihres Verfalls und ihrer fortwirkenden Schuld, durch die sich auch Quentin belastet fühlt.
Das Dorf, 1940 *Die Stadt*, 1957 *Das Haus*, 1959	Eine groß angelegte Romantrilogie beschreibt die verschiedenen Schicksale der Familie Snopes, die als Emporkömmlinge einen Kontrast zum Niedergang der alten Südstaatenaristokratie bilden.
Das verworfene Erbe, 1942	(*Go Down, Moses*): Die Erzählungen über Rassenproblematik und die Schuld der Weißen sind bis heute ein amerikanischer Klassiker.
Eine Legende	Ein Roman aus dem Ersten Weltkrieg (mit symbolisierender Tendenz) über Möglichkeit des Einzelnen, sich dem Kriegswahn zu verweigern.

benstag zu verstehen. Unfähig, eine eigene Orientierung zu finden, bleibt er in überholte Ehrbegriffe einerseits, in das auf Caddy gerichtete sexuelle Begehren andererseits verwickelt. Das dritte Kapitel (6. April 1928) lehnt sich eng an die derbe Redeweise Jasons an, der dadurch als geldgierig und engstirnig entlarvt wird. Das letzte Kapitel schließlich wird aus der Perspek-

William Faulkner, *Schall und Wahn*, Umschlag der deutschsprachigen Erstausgabe 1956

tive eines allwissenden Erzählers beschrieben und konzentriert sich auf die Figur Dilsey.

Anhand dieser experimentellen Erzählform gelingt es Faulkner, die Vielschichtigkeit individueller Erfahrung und die Komplexität zwischenmenschlicher Beziehungen zu veranschaulichen.

Wirkung: Mit *Schall und Wahn* etablierte sich Faulkner als profiliertester Vertreter der amerikanischen Moderne in der Erzählkunst. Ungeachtet seiner spezifisch »südstaatlichen« Stofflichkeit wirkte er stark auf die europäische Entwicklung, so z.B. auf den französischen Existenzialismus (Jean-Paul → Sartre) und die deutsche Nachkriegsliteratur (u.a. Alfred → Andersch und Uwe → Johnson). *J. V.*

Licht im August

OT Light in August **OA** 1932 **DA** 1935
Gattung Roman **Epoche** Moderne

In seinem wohl bekanntesten Werk *Licht im August* zeichnet Faulkner anhand individueller Schicksale die kritische Innenansicht einer in Fanatismus und Rassismus erstarrten Gesellschaft. Er zeigt jedoch auch Möglichkeiten, sie im Vertrauen auf die vitale Kraft der Menschen zu überwinden.

Inhalt: Die dichte und detailreiche Handlung weist drei miteinander verwobene Haupt-Handlungsstränge auf. Erzählt wird die Geschichte der schwangeren Lena Grove, einer naiv-vitalen jungen Frau, die sich aufgemacht hat, um den Vater ihres Kindes, Lucas Burch, aufzustöbern. Dies gelingt ihr mit Hilfe eines neuen Verehrers jedoch nur vorläufig.

In der Stadt Jefferson, in Faulkners fiktivem Yoknapatawpha-County, kreuzen Lenas Wege

William Faulkner, *Licht im August*, Umschlag der Originalausgabe 1932 (Gestaltung: Arthur Hawkins)

sodann die von Joe Christmas, einem neurotisch-getriebenen Wanderarbeiter, der nach einer Kindheit voller Unterdrückung und Gewalt weder innere Stabilität noch einen Platz im Leben finden kann. Sein letzter Versuch, die Liebschaft mit einer alternden Frau, endet in doppeltem Desaster – er ermordet sie im Affekt und wird nach einwöchiger Flucht gefangen, kastriert und gelyncht. Der ehemalige Geistliche Gail Hightower durchschaut das Gewebe aus religiösem und rassischem Fanatismus, unterdrückter Sexualität und offener Gewal, ist jedoch unfähig zu handeln, weil er in einer Welt der verklärten Erinnerung an die »glorreiche« Südstaaten-Vergangenheit lebt.

Aufbau: Faulkner ordnet seine experimentellen Techniken, besonders den sog. Bewusstseinsstrom, in diesem Werk stärker als etwa in *Schall und Wahn* seinem Thema unter. Die drei Handlungsstränge sind jedoch durch gemeinsame Bilder und Symbole sowie durch grundlegende Gegensätze (Mann/Frau, Schwarz/Weiß) und durch figurale Gestaltung (Christmas/Christus) miteinander verknüpft.

Von besonderer Bedeutung ist die Zeitgestaltung des Romans: eine Gegenwartshandlung von wenigen Tagen (im Präsens) wird durch weite Rückblicke im Präteritum (z.B. die Kindheit von Christmas) ergänzt. Daneben sind Momente der Vergangenheit in der Gegenwart der Figuren stets präsent – im Sinne von Faulkners Credo: »Die Vergangenheit ist nicht tot, sie ist nicht einmal vergangen.«

Wirkung: *Licht im August* ist bis heute das bekannteste Werk Faulkners und wurde auch in Europa begeistert aufgenommen. Gottfried → Benn bezeichnete das Werk als seinen »letzten stärksten Eindruck vor dem Kriege«; nach 1949 wurde es wieder aufgelegt. Die für Faulkner typische Verknüpfung von existenziellen Themen und formalen Neuerungen begründete wesentlich seinen starken Einfluss auf die Neuorientierung der jungen deutschen Literatur. *J. V.*

Ferdausi, Abu'l-Kasim Mansur

(auch Ferdousi, Firdousi) pers. Epiker
*3.1.940 Tus (Provinz Chorassan)
†zwischen 1020 und 1026 Tus
📖 *Das Königsbuch*, 982–1014

Bis in die Mitte seines Lebens bewirtschaftete der Angehörige des Kleinadels den ererbten Bauernhof. Erst in reifen Jahren begann er mit der Niederschrift jenes Werks, das ihn schließlich zum Nationaldichter der Perser werden ließ: das *Königsbuch (Shah-name)*.

Die Arbeit an dem künftigen Nationalepos und dessen anfänglich enttäuschende Aufnahme bestimmte Ferdausis Schicksal bis zu seinem tragischen Tod. Weil Sultan Mahmud von Ghasna, dem der Verfasser seine Dichtung gewidmet und seine finanzielle Not geklagt hatte, nicht in der erhofften Weise reagierte, soll Ferdausi seinem Manuskript Schmähverse auf den Fürsten hinzugefügt haben, worauf er vor dem Zorn des Beleidigten in den Irak fliehen musste. Eine von Heinrich Heine übermittelte Legende besagt, dass der Dichter hochbetagt als Bettler in seine Heimat zurückgekehrt und dort zufällig genau an jenem Tag beerdigt worden sei, als eine Karawane des Sultans von Ghasna mit kostbaren Geschenken zur späten Belohnung für sein *Königsbuch* eintraf. Seit 1934 erhebt sich über Ferdausis Grab in Tus ein monumentales Mausoleum.

Das Königsbuch

OT Shah-name **EZ** 982–1014 **OA** 1811 (Auszüge) **DE** 1820 (Auszüge) **Form** Epos **Epoche** Mittelalter

Ferdausis Lebenswerk, das persische Nationalepos *Shah-name,* ist mit seinen 110000 Versen nach dem indischen → *Mahabharata* das umfangreichste unter den Nationalepen der Welt (→ Tabelle S. 109).

Entstehung: Das *Königsbuch* stellt chronikartig, fabulierfreudig und poesievoll die mythische, legendäre und im letzten Teil auch historisch fundierte Geschichte der Perser dar, die der Verfasser mit der Erschaffung der Erde beginnen lässt und mit dem Ende der Sassaniden-Dynastie (Mitte des 7. Jahrhunderts) im Zuge der Eroberung des Landes durch die Araber beschließt. 35 Jahre seines Lebens verbrachte Ferdausi mit der Auswertung aller verfügbaren schriftlichen Quellen, frühen Herrschaftschroniken und mündlichen Überlieferungen. Vom ersten *Shah-name* in Form eines Heldenepos, dessen Dichter, Ahmad Dakiki, um 978 von einem seiner Sklaven ermordet worden war, übernahm Ferdausi die hinterlassenen 1000 Doppelverse in sein eigenes Werk.

Inhalt: Dieses ausführlichste aller orientalischen Königsbücher behandelt in 50 Abschnitten von unterschiedlicher Länge ausführlich die Leistungen der nur aus Sagen bekannten frühen persischen Könige und ihre Kriege mit den Nachbarvölkern, aber noch breiteren Raum nehmen die Beschreibungen der Heldentaten Rustams ein, des bis heute bewunderten persischen Nationalhelden. Die höchst lebendige, oft übersetzte Schilderung seiner Zweikämpfe mit gleichstarken Gegnern wie auch seine Siege über Drachen und Dämonen lassen das in seiner ganzen Länge kaum zu bewältigende Monumentalwerk streckenweise als atemraubenden Spannungsroman erscheinen.

Einen weiteren Höhepunkt bildet die abenteuerliche Lebensgeschichte Alexanders des Großen, der als persischer Königssohn Iskander ausgegeben wird, wodurch seine Eroberung Persiens den Nationalstolz der Geschlagenen etwas weniger kränkt. In den letzten Kapiteln des *Shah-name* geht es realistischer zu und es kommen nüchterne Themen zur Sprache, so die Entstehung des Schachspiels, der Fortschritt der Kriegsstrategie sowie der Diplomatie, das Missliche der Hofintrigen, aber auch die Freuden der Jagd, die Errungenschaften von Kultur und Wissenschaft und im Gegensatz dazu die Nöte der Ungebildeten und Armen.

Oft wird die reine »Geschichtsschreibung« unterbrochen durch nachdenkliche Exkurse, z.B. über die Unbeständigkeit des Glücks und über das eigene beklagenswerte Schicksal. Andererseits vergisst der Dichter nie darauf hinzuweisen, dass als das höchste Lebensziel das Wohlergehen des persischen Staats zu gelten habe.

Wirkung: Die politische Tendenz hat die Rolle des *Königsbuches* als »National-Fundament Persiens« (Goethe) zweifellos gestärkt, seine

Der Held Rustam im Kampf mit einem Drachen; Seite aus einer um 1800 entstandenen persischen *Königsbuch*-Handschrift

Hauptwerke der Blütezeit persischer Literatur

Rudaki, Abu Abdollah +941	Vater der persischen Lyrik und erster poetischer Bearbeiter der Sindbadsage. Der in Ungnade gefallene Hofpoet starb in Armut.
Ferdausi, Abu'l Kasim Mansur, 940–1020/26	Sein *Königsbuch* ist der erste Höhepunkt der klassischen Literaturperiode Persiens und gilt als Nationalepos. → S. 345
Naser-e Chosrau, Abu Mo'in 1004–72(?)	Verfasser religiöser Lyrik und Lehrschriften (z.B. das *Buch der Erleuchtung*). Seine Beschreibung einer Ägyptenreise *(Safarname)* ist ein frühes Meisterwerk der Reiseliteratur.
Omar Chayyam 1048?–1131(?)	Universalgelehrter mit prophetischer Begabung. Bedeutendster Epigrammatiker des Orients. Seine Vierzeiler sind Höhepunkte der metaphysischen Aphoristik.
Nezami, Mohammad Elyas, 1141–1209	Das Liebesepos *Chosrau und Shirin*, ein Hauptwerk der persischen Romantik, liegt auch in deutscher Übersetzung (1980) vor.
Attar, Farid od-Din Mohammad 1142/43–1220	Reisender, Philosoph, Pädagoge, Heilkundiger, Dichter. *Die Vogelgespräche* (dt. 1988) gehören zu den schönsten mythischen Fabeldichtungen der Weltliteratur.
Sa'di, Scheich Abu Abdollah um 1215–92	Das Lehrgedicht *Bustan* (dt. *Lustgarten*, 1856) und der Erzählungsband *Golestan* (dt. *Rosengarten*, 1636, 1982) gelten bis heute als probate Lebensratgeber.
Rumi (gen. Maulawi) 1207–73	Gründer des Ordens der tanzenden Derwische. Sein mystisches Lehrgedicht *Mesnevi oder Das geistige Matnawi* (dt. 1849, 1997) ist ein Hauptwerk des Sufismus.
Nachshabi, Scheich Diya o'Din, +1350	Auch in Europa wurde sein *Papageienbuch*, eine Erzählungssammlung, berühmt (dt. 1822, 1969). Sie geht auf eine indische Vorlage zurück und hat u.a. Thomas → Mann inspiriert.
Hafis (auch Hafez) um 1320–89/90	Berühmtester Lyriker der persischen Literatur. Sein *Diwan* (dt. 1812,1973) regte Goethe zum *West-östlichen Diwan* (1819) an.

Lion Feuchtwanger, *Jud Süß*,
Originalausgabe 1925

Lion Feuchtwanger 1958 über seinen Roman *Jud Süß*:

Das deutsche Volk hatte infolge der Niederlage im Ersten Weltkrieg einen starken Inferioritätskomplex, der sich Luft machte in antisemitischen Regungen, die dann später zu jenen schauerlichen Ausbrüchen führen sollten. Das war vorgeahnt und typisch dargestellt in dem Roman. Er rührte an den Nerv des Volkes. Das ist vielleicht eine der Ursachen, die den Erfolg des Werkes in Deutschland erklärt.

überragende Bedeutung als literarisches Kunstwerk und objektives Volksporträt jedoch nicht beeinträchtigt.

In Deutschland wird dieses kulturhistorische Hauptwerk aller Literaturen des Orients seit der Romantik besonders als völkerkundliche Quelle geschätzt, doch haben der enorme Umfang und die Notwendigkeit eines ebenso ausführlichen Kommentars eine deutsche Übersetzung des gesamten *Königsbuches* bisher verhindert; es existieren nur Auswahlausgaben (z.B. von Friedrich Rückert, 3 Bde., 1890–95) mit den erzählerisch attraktivsten Episoden in Vers- oder Prosaform. *G. Woe.*

Feuchtwanger, Lion

dt. Schriftsteller

*7.7.1884 München, +21.12.1958 Los Angeles

📖 *Jud Süß*, 1925

📖 *Exil*, 1940

Lion Feuchtwanger wurde zu einem der großen Erneuerer des historischen Romans, indem er aktuelle Fragen und Probleme in die Geschichte einfließen ließ. Er schrieb aus einer aufklärerischen Haltung heraus, um Vernunft und Humanität den Weg zu bahnen, wollte mit seinen spannungsreichen Romanen und Dramen aber auch unterhalten.

Nach dem Studium der Germanistik und Geschichte arbeitete Feuchtwanger für Zeitschriften und verfasste zunächst Dramen. Seinen Durchbruch als Schriftsteller erlebte er mit seinem ersten historischen Roman, *Jud Süß* (1925). Fragen jüdischer Identität, Kultur und Geschichte sollten den aus einem jüdisch-orthodoxen Elternhaus stammenden Autor sein Leben lang begleiten.

Das Aufkommen der Nationalsozialisten bewirkte bei Feuchtwanger eine Politisierung des Denkens und Handelns, die sich bereits in seinem ersten zeitkritischen Roman *Erfolg* (1930) niederschlug. Danach fragte er immer wieder, etwa in *Exil* (1940) oder *Goya* (1951), nach der Rolle des Künstlers in der Gesellschaft. Im Exil in Frankreich nahm Feuchtwanger an den antifaschistischen Aktivitäten der Emigranten teil und näherte sich, auch angesichts der Appeasement-Politik der Westmächte, dem Kommunismus an. 1940 floh er mit seiner Frau in die USA, wo er bis zu seinem Tod lebte.

Biografie: R. Jaretzky, *Lion Feuchtwanger* (rm 50334).

Jud Süß

OA 1925 **Form** Roman **Epoche** Moderne

Der erste historische Roman von Lion Feuchtwanger stellt die Geschichte vom Aufstieg und Fall des jüdischen Finanzrats Josef Süß Oppenheimer als exemplarisch für das Schicksal des jüdischen Volks dar. In Reaktion auf den zunehmenden Antisemitismus nach dem Ersten Weltkrieg lieferte der Autor eine als Warnung zu verstehende, beklemmende Analyse antisemitischer Mechanismen.

Inhalt: Josef Süß Oppenheimer steigt dank seiner Finanzbegabung und gewandten Umgangsformen in den 1730er Jahren als geheimer Finanzrat von Herzog Karl Alexander (1684 bis 1737) zum mächtigsten Mann Württembergs auf. Mit dem Herzog durch ein Band wechselseitigen Nutzens verbunden und ebenso machthungrig, genusssüchtig und prunkliebend wie dieser, beschafft Jud Süß durch ausgeklügelte Methoden zur steuerlichen Ausbeutung des Landes die Mittel für Karl Alexanders militärpolitische wie repräsentative Vorhaben.

Doch als der Herzog seiner Tochter Naemi nachstellt und diese sich nur durch einen Sprung in den Tod vor der Vergewaltigung zu retten weiß, kommt es zum Bruch. Jud Süß verrät Karl Alexanders Pläne, im protestantischen Württemberg eine katholische Militärautokratie zu errichten, und lässt sich nach dem plötzlichen Tod des Herzogs gefangen nehmen. Lange aufgestauter Unmut entlädt sich nun gegen ihn, den Handlanger fürstlicher Willkür, der als Angehöriger einer allseits verachteten und vielfach verfolgten Minderheit zum Sündenbock gemacht wird. Unter Beugung des Rechts wird er zum Tod verurteilt.

Die mögliche Rettung durch einen Übertritt zum Christentum schlägt Jud Süß aus, denn er hat nach Naemis Tod zu seinen jüdischen Wurzeln, seiner kulturellen Identität zurückgefunden und hält an seinem Glauben fest.

Aufbau: In fünf Büchern entwickelt Feuchtwanger ein lebendiges Panorama gesellschaftlichen und politischen Lebens sowie sozialer und religiöser Gegensätze im frühen 18. Jahrhundert. Seine Darstellung, die auf einer Oppenheimer-Biografie von 1874 fußt, hält sich weitgehend an die historische Überlieferung. Doch auch erfundene Figuren und Begebenheiten, wie etwa Naemi und ihr Schicksal, tragen zur Entwicklung der Handlung bei. Der chronologisch erzählte Werdegang von Josef Süß Oppenheimer lässt sich unter dem Aspekt von Assimilation und (gescheiterter) jüdischer Emanzipation lesen, als Auseinandersetzung mit den Verlockungen der Macht und ihrem Preis oder als Weg vom Aktivismus zu einer kontemplativen Lebensphilosophie, die Feuchtwanger nach dem Ersten Weltkrieg als vorbildlich erschien, da das Handeln durch den Krieg diskreditiert worden war.

Wirkung: Gleich mit seinem ersten historischen Roman erwies sich Feuchtwanger als wirkungsvoller Erneuerer dieses Genres, das im Lauf des 19. Jahrhunderts zum Kostüm- und Unterhaltungsroman herabgesunken war. Sein Ansatz, in der lebendigen Schilderung der Vergangenheit Tendenzen und Probleme der Gegenwart zu gestalten, überzeugte Leser wie Kritiker. *Jud Süß* wurde zum Weltbestseller und begründete Feuchtwangers Geltung als Romancier. Der antisemitische Hetzfilm *Jud Süß* (1940) von Veit Harlan (1899–1964) beruhte nicht, wie oft angenommen, auf Feuchtwangers Roman.   *P.G.*

Die wichtigsten Bücher von Lion Feuchtwanger	
Jud Süß 1925	Der historisch verbürgte Hofjude Josef Süß Oppenheimer steigt zum mächtigsten Mann Württembergs auf, wird dann aber aufgrund antisemitischer Vorurteile zum Tod verurteilt. → S. 346
Erfolg 1930	Der Kampf um die Freilassung eines zu Unrecht verurteilten liberalen Kunsthistorikers und der Putschversuch der »Wahrhaft Deutschen« (Nazis) formen ein Bild von Bayern 1921–24.
Der jüdische Krieg, Die Söhne, Der Tag wird kommen 1932, 1935, 1941	Der jüdische Historiker Flavius Josephus, Held der Josephus-Trilogie, versucht nach einem gescheiterten Aufstand gegen die Römer zwischen Juden und Rom zu vermitteln, aber sein Weltbürgertum kommt zu früh.
Exil 1940	Die Aktivitäten eines Komponisten für die Freilassung eines von den Nazis verschleppten Journalisten und seine Wendung zu engagierter Musik zeigen die Rolle des Künstlers im Exil. → S. 347
Unholdes Frankreich, auch *Der Teufel in Frankreich*, 1941	Autobiografischer Bericht über die Internierungslager in Frankreich, in die die exilierten Deutschen nach Ausbruch des Zweiten Weltkriegs eingewiesen wurden.
Waffen für Amerika, später *Die Füchse im Weinberg*, 1947	Benjamin Franklin, während des amerikanischen Unabhängigkeitskriegs Unterhändler in Frankreich, und Beaumarchais, Autor des *Figaro*, erscheinen als Vorreiter politischen Fortschritts.
Goya oder *Der arge Weg der Erkenntnis* 1951	Der spanische Maler entwickelt sich durch persönliches Leid und das Walten der Inquisition vom apolitischen gefälligen Hofmaler zum engagierten politischen Künstler.
Die Jüdin von Toledo 1955	Der jüdische Politiker Jehuda bringt seine schöne Tochter mit König Alfonso zusammen, um – zumindest für einige Jahre – im Spanien des 12. Jahrhunderts den Frieden zu wahren.

Lion Feuchtwanger (mit heller Schirmmütze) bei seiner Ankunft in Moskau 1936

Exil

OA 1940 **Form** Roman **Epoche** Moderne

In *Exil* verbindet Lion Feuchtwanger eine fassettenreiche Schilderung der Exilsituation der aus Nazi-Deutschland Emigrierten bzw. Vertriebenen mit einer Selbstverständigung über die künstlerischen sowie politischen Aufgaben und Wirkungen der Emigranten.

Entstehung: Feuchtwanger schrieb *Exil* zwischen 1935 und 1939 in Frankreich, seinem ersten Zufluchtsland. Der Roman schließt seine *Wartesaal-Trilogie* ab, die sich mit dem Aufkommen des Nationalsozialismus und Reaktionen darauf auseinander setzt. Der erste Teil, *Erfolg* (1930), behandelt u.a. den Hitler-Putsch von 1923; der zweite Teil, *Die Geschwister Op-*

permann (1933), befasst sich mit der nach der Machtübernahme der Nazis einsetzenden Verfolgung der Juden.

Für *Exil* griff Feuchtwanger authentische Figuren und Ereignisse auf, insbesondere die Entführung des emigrierten Journalisten Berthold Jacob nach Deutschland und einen Skandal um eine Emigrantenzeitschrift; tatsächlich von den Nazis lahm gelegt wurde allerdings die *Westland*, nicht das ansonsten als Modell dienende *Pariser Tageblatt*.

Hauptfiguren in »Exil« von Lion Feuchtwanger

Sepp Trautwein: Der oft impulsiv reagierende Komponist und Redakteur einer Emigrantenzeitschrift gewinnt durch den Aufstieg der Nazis politisches Bewusstsein und sieht sich zum Handeln gedrängt. Der demokratische Humanist vertraut der Macht des Wortes bzw. der Kunst.

Anna Trautwein: Sepps Ehefrau wird von der Mühsal, ihre Familie im Exil durchzubringen, und der zunehmenden Entfremdung von ihrem Mann allmählich zermürbt.

Hanns Trautwein: Ihr 18-jähriger Sohn ist davon überzeugt, dass die Nazis nur durch Taten besiegt werden können, und schließt sich den Kommunisten an.

Erich Wiesener: Der hoch gebildete, weltmännische Starjournalist des Dritten Reichs stellt sein Schreibtalent in den Dienst der Macht, möchte aber auch an sei-ner Beziehung zu einer »Vierteljüdin« festhalten. Der Prototyp des zynischen Mitläufers trägt Züge des Publizisten Friedrich Sieburg.

Walther von Gehrke: Er wird Spitzi genannt und ist ein skrupelloser und leichtlebiger Sekretär an der deutschen Botschaft in Paris. Um seine Stellung wieder zu festigen, setzt er die Verschleppung Friedrich Benjamins nach Deutschland in Gang.

Konrad Heydebregg: Der vierschrötige »alte Kämpfer« ist ein Sondergesandter der Nazis in Paris.

Lea de Chassefierre: Die Dame der Pariser Gesellschaft hält trotz ihrer Vorbehalte gegen die Nazis lange an Wiesener fest, den sie liebt und von dem sie einen Sohn hat, um schließlich demonstrativ mit ihm zu brechen.

Lion Feuchtwanger, *Exil*, Einband der Originalausgabe 1940

Inhalt: *Exil* spielt 1935 in Paris. Im Mittelpunkt steht der Komponist Sepp Trautwein, der aus Ablehnung der Nazi-Ideologie mit seiner Frau Anna und seinem Sohn Hanns aus Deutschland emigriert ist. Aus moralischer Empörung über die Entführung des Journalisten Friedrich Benjamin durch die Gestapo übernimmt er dessen Stelle bei der Emigrantenzeitschrift »Pariser Nachrichten«. Einst unpolitisch, sieht Trautwein politisches Eingreifen nun als notwendig an und lässt dafür zeitweilig seine Musik ruhen. Seine flammenden Artikel tragen zur Befreiung Benjamins aus dem Konzentrationslager bei, verstärken jedoch auch die Bestrebungen der Nazis, die Emigrantenpresse zum Schweigen zu bringen. Der zynische Mitläufer Erich Wiesener, Frankreich-Korrespondent deutscher Zeitungen und angreifbar durch seine Beziehung zu einer Französin mit jüdischen Vorfahren, schmiedet das Komplott, über die Erpressung des Verlegers an die Zeitschrift heranzukommen. Sein Plan scheitert, weil die Redakteure sich den Eingriffen ihres Verlegers widersetzen und eine eigene Zeitschrift herausbringen.

Ein weiterer Handlungsschwerpunkt liegt auf der Darstellung der Mühsal des alltäglichen Lebens im Exil mit seinen Sorgen ums Überleben und dem häufigen Abgleiten in Armut oder Resignation. Anna, auf der die ganze Sorge lastet, ihre Familie über Wasser zu halten, fühlt sich, als die Einnahmen schwinden, dem Druck nicht mehr gewachsen und begeht Selbstmord. Einen Gegenpol zu ihrer Verzweiflung bildet Hanns, der seine Hoffnung auf den Kommunismus setzt, die damals vielfach propagierte Idee einer Volksfront gegen die Nazis vertritt und schließlich nach Moskau geht.

Sepp wiederum, der sich zu einem radikalen Humanismus bekennt, vollzieht im Exil den Weg vom Ästhetizismus zur engagierten Kunst. Seine am Schluss vollendete »Wartesaal«-Sinfo-nie wird zum Gleichnis für das Exil, einer Zeit bitteren Wartens, einer Übergangszeit, aber auch eines Aufbruchs zu neuen Zielen.

Wirkung: Der in einem Exilverlag erschienene Roman wurde gleich ins Englische und Russische übersetzt. Die erste deutsche Ausgabe kam in der DDR heraus; in der Bundesrepublik erschien *Exil* erst 1979 – seine prokommunistischen Äußerungen hatten während des Kalten Krieges den Blick auf das Werk als zeitgeschichtliches Panorama verstellt. Zu einer neuen Annäherung trug die Fernseh-Verfilmung (1981) von Egon Günther bei. *P. G.*

Fielding, Henry

engl. Schriftsteller

* 22.4.1707 Sharpham Park (Somersetshire)

† 8.10.1754 Lissabon

📖 *Die Geschichte des Tom Jones, eines Findlings*, 1749

Henry Fielding, einer der scharfsinnigsten und ironischsten englischen Dichter des 18. Jahrhunderts, gilt neben Daniel →Defoe und Samuel →Richardson als Mitbegründer des modernen realistischen Romans.

Fielding wuchs in einer aristokratischen Familie auf. Nach seiner standesgemäßen Erziehung in Eton und einigen Jahren in London nahm er ein geisteswissenschaftliches Studium im niederländischen Leyden auf. Er kehrte jedoch 1729, nach kaum einem Jahr, wieder nach London zurück, wo er als Bühnenautor sehr bald Karriere machte. 1731 ließ ihn seine politische Komödie *The Welsh opera*, eine noch milde, gegen den Hof gerichtete Satire, erstmals in Konflikt mit der Zensur geraten. In *The historical register for the year 1736* richteten sich Fieldings unverhohlene Attacken gegen den reaktionären Premierminister Sir Robert Walpole (1676–1745). Dieser reagierte 1737 mit dem Erlass des Theaterzensurgesetzes, das bis auf zwei Ausnahmen sämtliche Theater der Stadt einer Zensur unterwarf und Fieldings Laufbahn als Bühnenautor beendete. Zu dieser Zeit hatte Fielding insgesamt 26 Farcen und Komödien verfasst. Er begann eine juristische Ausbildung, wurde 1748 zum Friedensrichter von Westminster und Middlesex ernannt und setzte sich für die Verbesserung sozialer Missstände ein. 1742 veröffentlichte er sein erstes Erzählwerk, *Die Geschichte von den Abenteuern Joseph Andrews'.*

Die letzten Jahre des Schriftstellers waren von einer schweren rheumatischen Erkrankung überschattet. Fielding starb auf einer Erholungsreise durch Portugal.

Biografie: W. Iser (Hrsg.), *Henry Fielding und der englische Roman des 18. Jahrhunderts*, 1972.

Die Geschichte des Tom Jones, eines Findlings

OT The history of Tom Jones, a foundling
OA 1749 **DE** 1771 **Form** Roman **Epoche** Aufklärung

Mit diesem brillant geschriebenen und unterhaltsamen Roman über das Schicksal des sympathischen Titelhelden Tom Jones schuf Henry Fielding ein frühes Meisterwerk des modernen, realistischen Gesellschaftsromans.

Inhalt: Der verwitwete Adelige Squire Allworthy lebt mit seiner unverheirateten Schwester auf einem ländlichen Gut in Somersetshire. Als er eines Nachts ein ausgesetztes Kind in seinem Zimmer findet, nimmt er sich liebevoll des kleinen Jungen an. Die Suche nach dessen Eltern führt Allworthy zu Jenny Jones, die in seinem Haus und in dem des Dorfschullehrers Partridge als Magd arbeitet. Nach einer Unterredung mit ihr hilft Allworthy der von den Dorfbewohnern nunmehr geächteten Jenny, sich in einem anderen Bezirk eine neue Existenz aufzubauen. Der vermeintliche Kindsvater Partridge verlässt kurz darauf die Gegend.

Allworthy nimmt indes den elternlosen Knaben, dem er den Namen Tom Jones gibt, an Sohnes Statt bei sich auf. Wenig später heiratet seine Schwester Bridget den Mitgiftjäger Captain Blifil, der noch vor der Geburt ihres gemeinsamen Sohnes stirbt. Während Tom zu einem ungezwungenen, stürmischen und liebenswerten Jungen heranwächst, entwickelt sich der kaum jüngere Blifil zu einem bösartigen und erbitterten Rivalen. Blifil gelingt es, Tom vor Allworthy zu verleumden. Von seinem zu Unrecht enttäuschten Adoptivvater verstoßen, tritt Tom eine Reise an. Sein Abschied fällt ihm umso schwerer, als er sich leidenschaftlich in Sophie, die Tochter des benachbarten Squire Western, verliebt hat. Sophie ihrerseits, die Toms Liebe erwidert, muss erfahren, dass ihr Vater sie mit Blifil zu verheiraten plant. Sie sieht keinen anderen Ausweg, als nach London zu fliehen.

Tom hat inzwischen den Entschluss gefasst, sein Glück in der Seefahrt zu suchen. Auf dem Weg nach Bristol lernt er zufällig Partridge kennen, der ihm glaubwürdig versichert, nicht sein Vater zu sein. In einem Gasthof in Upton lässt sich Tom auf ein Tête-à-tête mit Mrs. Waters ein. Zu spät erfährt er, dass Sophie in demselben Gasthof übernachtet hat und von dem Rendezvous weiß. Wie der mittlerweile in Upton eingetroffene Squire Western verfolgt nun auch Tom die Spur Sophies bis nach London, wo schließlich alle Handlungsfäden zusammenlaufen.

Tom, der Mr. Fitzpatrick in einem Duell getötet hat, wird verhaftet und kommt ins Gefängnis. Blifil, unterdessen mit Allworthy in London

eingetroffen, spinnt eine gefährliche Intrige gegen seinen Kontrahenten, mit der er ihn an den Galgen zu bringen versucht. Als sein Plan misslingt und Tom freikommt, erkennt Allworthy die Charakterlosigkeit Blifils und seine eigene Ungerechtigkeit gegen Tom. Es kommt zur Versöhnung zwischen ihnen. Als sich zu guter

Henry Fielding, *Die Geschichte des Tom Jones, eines Findlings*, Illustration zu Kapitel 9 der Originalausgabe 1750 von Hubert Gravelot (1684–1759)

Hauptfiguren in »Tom Jones« von Henry Fielding

Squire Allworthy lebt mit seiner Schwester Bridget als Gutsbesitzer im ländlichen Somersetshire. In seinem Großmut und seiner Tugendhaftigkeit nimmt er den Findling Tom Jones an Sohnes Statt bei sich auf.

Jenny Jones arbeitet als Magd im Hause Squire Allworthys und im Hause des Dorfschullehrers Partridge. Von Allworthy fälschlich als Mutter des Findlings identifiziert, sieht sie sich gezwungen, die Gegend zu verlassen.

Mr. Partridge, der Dorfschullehrer, wird aufgrund falscher Verdächtigungen und einer Intrige von Allworthy für den Vater Tom Jones' gehalten und aus dem Schuldienst entlassen. Wie Jenny Jones verlässt auch er die Gegend. Jahre später lernt er Tom kennen und schließt sich ihm auf seiner Reise an.

Bridget Allworthy, Schwester des Squire Allworthy. Scheinbar sittenstreng und doch naiver und weit weniger moralisch als ihr Bruder lässt sie sich vor ihrer Ehe mit Captain Blifil auf eine Affäre mit einem Schützling Allworthys ein. Sie bringt heimlich ein Kind zur Welt: Tom Jones. Ihr zweiter Sohn aus ihrer Ehe mit dem Kapitän ist Blifil.

Tom Jones wächst als Adoptivsohn Allworthys mit dem kaum jüngeren Blifil auf. Seine Naturverbundenheit, sein Gerechtigkeitssinn und seine Leidenschaftlichkeit lassen ihn als durchweg sympathischen Helden auftreten. Er verliebt sich in die Nachbarstochter Sophie, die auf ihrer Flucht vor einer Heirat mit Blifil.

Captain Blifil heiratet Bridget Allworthy wegen ihres Reichtums. Er stirbt jedoch noch vor der Geburt ihres gemeinsamen Sohnes Blifil.

Blifil, der charakterlose Sohn Bridget Allworthys und Captain Blifils, wächst gemeinsam mit Tom Jones auf, den er als Rivalen betrachtet und bei jeder sich bietenden Gelegenheit verleumdet.

Squire Western, ein Nachbar von Allworthy und der Vater von Sophie, die er abgöttisch liebt. In seiner Verschrobenheit versucht er, Sophie mit Blifil zu verheiraten.

Sophie Western, die schöne, tugendhafte und eigenwillige Tochter des Squire Western. Als ihr Vater sie zu einer Ehe mit Blifil zwingen will, flieht sie mit ihrer Magd Mrs. Honour nach London, denn ihre wahre Liebe gehört Tom Jones.

Auszug aus dem Roman *Die Geschichte des Tom Jones, eines Findlings* von Henry Fielding:

Von der gegenwärtigen Gemütsverfassung Mr. Jones' und von den Qualen, die ihn nun peinigten, können wir dem Leser keinen besseren Begriff geben als durch die Versicherung: Sein Elend war so groß, daß selbst Thwackum ihn fast bedauert haben würde.

Letzt auch noch herausstellt, dass Tom der uneheliche Sohn Bridget Allworthys ist, akzeptiert ihn Squire Western als Schwiegersohn.

Aufbau. Der Roman ist in 18 Bücher unterteilt, lässt sich jedoch inhaltlich in drei etwa gleich lange Abschnitte gliedern. Während der erste Teil das ländliche Leben und der zweite die abenteuerliche Reise Toms beschreibt, steht im dritten Teil das städtische Leben im Vordergrund.

Wirkung. Der enorme und lang anhaltende Erfolg des Romans begann unmittelbar nach seinem Erscheinen. Zur Reihe der von Fielding beeinflussten Schriftsteller gehörten neben Charles → Dickens auch Georg Christoph → Lichtenberg und Christoph Martin → Wieland.   *B. S.*

Fitzgerald, Francis Scott Key

US-amerikan. Schriftsteller

* 24.9.1896 in St. Paul (Minnesota)

† 21.12.1940 Hollywood (Kalifornien)

📖 *Der große Gatsby*, 1925

Die Literatur von Francis Scott Fitzgerald verkörpert die widersprüchlichen »goldenen zwanziger Jahre«, das Jazz-Zeitalter mit seinem äußeren Reichtum und Glanz, dem die innere Verlorenheit und Entwurzelung des Einzelnen gegenübersteht. Fitzgeralds Prosa spielt in einer Gesellschaft, die während der Prohibition Partys mit alkoholischen Drinks als Abenteuer erlebt, während kriminelle Geschäftsleute mit Alkoholschmuggel ein Vermögen verdienen und in die oberen Gesellschaftsschichten aufsteigen. In ihr drückte sich das Gefühl der Lost Generation aus, die sich mit dem Verlust der moralischen Werte abfinden muss.

1913 kam Fitzgerald aus der Provinzstadt St. Paul zum Literaturstudium an die Princeton University bei New York. Ohne Abschluss meldete er sich 1917 freiwillig, kam aber im Ersten Weltkrieg nicht mehr zum Einsatz. 1919, nach der Entlassung aus der Armee, arbeitete er in New York zunächst als Werbetexter und verkaufte erste Kurzgeschichten an Zeitschriften und Magazine. 1920 erschien der erste Roman *Diesseits vom Paradies,* der ein großer Erfolg wurde. Zur gleichen Zeit entwickelte sich Fitzgerald zu einem von den Zeitschriften gut

bezahlten Kurzgeschichtsautor. Nach der Heirat mit Zelda Sayre stürzten sich die Fitzgeralds in das rastlose Leben der 1920er Jahre. Ausgedehnte Europaaufenthalte, bei denen sie Ernest → Hemingway, Gertrude → Stein und andere Vertreter der Lost Generation kennen lernten, schlossen sich an, während Fitzgerald seinen literarischen Erfolg mit zahlreichen Erzählungen und den Romanen *Die Schönen und die Verdammten* (1922) sowie *Der große Gatsby* (1925) weiter ausbauen konnte.

Nach einem Nervenzusammenbruch 1930 kam seine Frau dauerhaft in ein Sanatorium. Nach dem Börsencrash von 1929 waren die »goldenen Zwanziger« plötzlich vorbei; Fitzgerald wurde vom bestbezahlten Kurzgeschichtenautor Amerikas zu einem hochverschuldeten, alkoholkranken und entwurzelten Mann, der sein Geld schließlich als Drehbuchautor in Hollywood verdienen musste. Sein letzter vollendeter Roman, *Zärtlich ist die Nacht* (1934), fand kaum noch ein Publikum. Nachdem er kurz zuvor das Trinken aufgegeben hatte, starb Fitzgerald 1940 an einem Herzinfarkt.

Biografien: J.R. Mellow, *Invented Lives: F. Scott and Zelda Fitzgerald,* 1984; J. Meyers, *Scott Fitzgerald. A Biography,* 1994.

Der große Gatsby

OT The Great Gatsby **OA** 1925 **DE** 1953
Form Roman **Epoche** Moderne

Dieser kurze Roman bietet ein Sittengemälde der amerikanischen 1920er Jahre und beleuchtet den Zwiespalt zwischen Geld und Liebe, Machtgier und Treue. Sprache und Erzählstil machen den Roman zu einem der herausragenden poetischen Werke Amerikas in der ersten Hälfte des 20. Jahrhunderts.

Inhalt: Nick Carraway kommt 1922 aus dem Mittelwesten nach New York, um in den Börsenhandel einzusteigen. Er mietet einen Bungalow auf Long Island, wo er seinen Nachbarn Gatsby kennen lernt, einen Geschäftsmann, der zu großem Reichtum gekommen ist. Mit diesem Reichtum will er Daisy Fay erobern, die jedoch inzwischen mit dem wohlhabenden, aber ungebildeten und rohen Tom Buchanan verheiratet ist. Ihretwegen hat Gatsby, ein Romantiker, sich in West Egg niedergelassen. Nick, der zunächst widerstrebend, zum Vertrauten Gatsbys wird, bringt diesen mit Daisy, seiner entfernten Cousine, zusammen. Daisy wird Gatsbys Geliebte, trennt sich jedoch nicht von Tom, dessen gute Herkunft und solider Reichtum ihr mehr bedeutet als die tiefen Gefühle und das Geld des neureichen Gatsby. Tom hat bereits seit längerer Zeit eine Affäre mit Myrtle Wilson, der Frau eines Tankwarts. Nach einem alkoholreichen Tag in New York, dem 30. Geburtstag

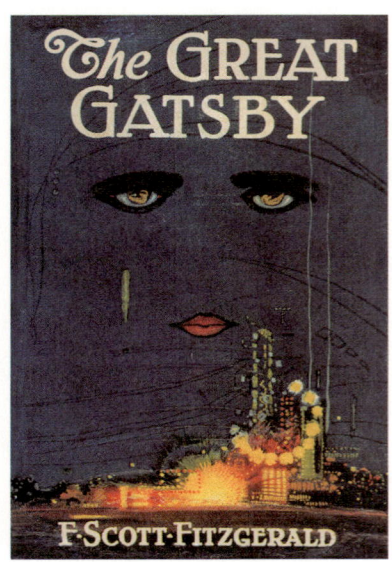

Francis Scott Fitzgerald, *Der große Gatsby*, Umschlag der Originalausgabe 1925

Nicks, überfährt Daisy versehentlich Myrtle mit Gatsbys Auto. Daisy und Tom söhnen sich in der Nacht darauf aus und lenken den Verdacht auf Gatsby. Myrtles Ehemann, der Gatsby sowohl für den Geliebten als auch für den Mörder seiner Frau hält, erschießt diesen und richtet anschließend sich selbst.

Aufbau: Nick Carraway dient in dieser Geschichte als Ich-Erzähler und Vermittler zwischen den beiden Welten, zwischen die er gerät, zu denen er aber selbst nicht gehört. In der Handlung des Romans spielt Nick lediglich eine Nebenrolle. Er ist der Außenseiter aus der Provinz und weil er deshalb von allen unterschätzt wird, hat er Zugang zu allen Kreisen. Die Sprache, in der dieser Roman erzählt wird, ist knapp, sehr dicht und arbeitet mit vielen Aussparungen. So entsteht ein dichtes Geflecht aus Symbolen und Metaphern, das das amerikanische Selbstverständnis und seine sozialen sowie kulturellen Grundfeste beleuchtet.

Wirkung: Bei Erscheinen des Romans war Fitzgerald bereits ein bekannter und angesehener Autor in den USA. *Der große Gatsby* wurde von den Kritikern sehr positiv aufgenommen, war jedoch mit 22 000 verkauften Exemplaren von einem Bestseller weit entfernt. Sein Autor fühlte sich zutiefst missverstanden, da der Roman vom Publikum als Zeitdokument, als Spiegel bestimmter Teile der amerikanischen Gesellschaft verstanden wurde und dem amerikanischen Selbstverständnis zuwiderlief. Erst im Zuge der Fitzgerald-Renaissance, die nach dem Zweiten Weltkrieg einsetzte, rückte zunehmend die literarische Kunstfertigkeit des Werks ins Blickfeld, das seither zu den modernen Klassikern der amerikanischen Literatur gehört. *St. N.*

Biografie: H. Bloom (Hg.), *F. Scott Fitzgerald's »The Great Gatzby«*, 1986.

Robert Redford als Jay Gatsby in der Verfilmung des Romans *Der große Gatsby* von Francis Scott Fitzgerald (USA 1974; Regie: Jack Clayton)

solute Sehweise«. Mit dieser Art der Präsentation, die ein literarisches Novum war, erneuerte er die zeitgenössische Literatur und wurde damit zum Vorbild modernen Erzählens in ganz Europa.

Flaubert, Sohn eines Chirurgen, studierte ab 1841–44 erfolglos Jura in Paris. Seine ersten Schreibversuche lassen sich bis 1835 zurückdatieren. Als man ihn aufgrund eines Nervenleidens für das Berufsleben als untauglich einstufte, widmete er sich ganz der Schriftstellerei. Nach dem Tod des Vaters zog sich Flaubert 1846 auf das elterliche Gut in Croisset zurück.

Flaubert, Gustave

frz. Schriftsteller
*12.12.1821 Rouen, †8.5.1880 Croisset
📖 *Madame Bovary*, 1856
📖 *Lehrjahre des Gefühls*, 1869

Gustave Flaubert war einer der führenden Vertreter des französischen Realismus (Stichwort → S. 351). Er betonte vor allem die Objektivität des Schriftstellers um das »rechte Wort« (mot juste) und lehnte die Alltagssprache in seinen Werken ab. Objektive Darstellung erreichte Flaubert durch erlebte Rede und eine ironische Erzählweise. Seinen zur Verwissenschaftlichung des Romans neigenden Schreibstil, der auf der dokumentarischen Erarbeitung des literarischen Materials basiert, definierte Flaubert selbst als »ab-

Der französische Realismus

Ziele: Der für die Mitte des 19. Jahrhunderts kennzeichnende Epochenbegriff des »Realismus« vereinigt das Bemühen, die Wirklichkeit mit allen Interessen und zeitgenössischen Konflikten literarisch abzubilden. Seit Mitte der 1820er Jahre versteht man darunter die Abkehr von idealistischen Verhaltens- und Figurendarstellungen. Théophile Gautier nannte dies in einer Ausgabe der Zeitschrift *Revue de Paris* vom April 1841 die »Nachahmung der Natur, so wie sie ist«. Die Lebenspraxis der Menschen, ihr Alltag und die ihn bestimmenden äußeren Bedingungen werden auf diese Weise erstmals literaturwürdig.

Umsetzung: Der französische Realismus orientiert sich vor allem an den historischen Ereignissen der Zeit um 1830: an der industriellen Revolution, am modernen Kapitalismus sowie an Korruption und politischem Liberalismus. Auch der aufkommende Positivismus um Auguste Comte, der die Erkenntnisfähigkeit des Menschen auf das rein Faktische beschränkte, hatte auf die Literatur dieser Zeit großen Einfluss. Allerdings rückt an die Stelle einer einheitlichen

Programmatik eine Vielfalt an Realismus-Definitionen. Eine lebhafte Diskussion über die Inhalte und deren Umsetzung wurde u.a. in der Zeitschrift *Réalisme* (1856/57) geführt. Umstritten war beispielsweise das Selbstverständnis der Autoren und die Frage, inwieweit ein Schriftsteller aufgrund seiner Wirklichkeitsnähe eine eher nützende oder eine mehr unterhaltende Funktion hat.

Autoren: Zu den führenden Vertretern des französischen Realismus zählen Honoré de Balzac, der mit seiner Analyse der sich für das Geldwesen interessierenden bürgerlichen Gesellschaft die Periode des Realismus einleitete, Guy de Maupassant, Henri Murger und Gustave Flaubert, für den der Roman eine objektivierende Funktion und dadurch zu einer Art zeitgenössischen Sittengeschichte wurde. Die Literatur sollte aktuell sein, die verschiedenen Milieus schildern und sie psychologisch durchleuchten. Abgelöst wurde der Realismus durch die Werke der Brüder Goncourt und die Romane Emile Zolas, die den Naturalismus begründeten.

Links: Lithografie der Romanfigur Emma Bovary aus *Madame Bovary* von Gustave Flaubert; rechts: Gustave Flaubert; Gemälde des Malers und (Flaubert-)Karikaturisten Pierre François Eugéne Giraud, um 1870

Madame Bovary – das bin ich.

Gustave Flaubert

Als ich die Vergiftung der Emma Bovary beschrieb, fühlte ich den Geschmack des Arsen auf meiner Zunge.

Gustave Flaubert

Hugo von Hofmannsthal an den Übersetzer Alfred Gold am 16.9.1904 über *Lehrjahre des Gefühls* von Gustave Flaubert:

Für mich gehört die Éducation sentimentale zu jenen Büchern – wie wenige gibt es ihrer, wie sehr wenige! –, die uns durchs Leben begleiten. Eines jener seltenen Bücher scheint sie mir zu sein, die sich auf das Ganze des Lebens beziehen.

Er reiste zwischen 1849 und 1851 nach Ägypten, Palästina, Syrien und in die Türkei. Flaubert starb wahrscheinlich an den Folgen von Syphilis, die er sich im Orient zugezogen hatte. Zu seinen bekanntesten Werken zählen neben *Madame Bovary* und *Lehrjahre des Gefühls* die *Drei Erzählungen* (1877) sowie der Antikeroman *Salammbô* (1862) und der als »Sammlung menschlicher Dummheit« konzipierte unvollendete Roman *Bouvard und Pécuchet*, der postum 1881 publiziert wurde.

Biografien: J.-P. Sartre, *Der Idiot der Familie*, 1971ff.; J. de la Varende, *Gustave Flaubert* (rm 50020).

Madame Bovary

OT Madame Bovary
OA 1857 (Vorabdruck 1856 in *Revue de Paris*)
DE 1892 **Form** Roman **Epoche** Realismus

Der Ehebruch-Roman *Madame Bovary* von Gustave Flaubert gilt nicht wegen seines Inhalts als bedeutendes Werk französischer Literatur, sondern aufgrund seiner neuartigen Art der Erzählweise durch die erlebte Rede, mit der die innere Welt der Figuren ironisch präsentiert wird.

Indem der Autor seine Heldin zu Grunde gehen lässt, weil sie Wunschwelt nicht von Wirklichkeitswelt unterscheiden kann, bricht Flaubert mit der Romantik in der Literatur und trägt damit entscheidend zur Entwicklung des modernen realistischen Romans bei. Der Untertitel *Ein Sittenbild aus der Provinz* deutet bereits auf das Ziel einer realitätsnahen Darstellungsweise hin. Im Roman findet dies auch seine Umsetzung in präzisen Orts- und Zeitangaben sowie in zahlreichen medizinischen Details.

Entstehung: Freunde hatten Flaubert geraten, er möge für seinen nächsten Roman einen Stoff aus dem Alltag wählen. In Zeitungen fand er die Notiz über eine unglückliche Ehefrau, die fremd ging und sich schließlich vergiftete.

Inhalt: Der zur Passivität neigende Landarzt Charles Bovary heiratet Emma Rouault, Tochter eines Landwirts. Sie wurde in einem Kloster erzogen und fand dort die Gelegenheit, durch die Lektüre von François-René Vicomte de Chateaubriand (1768–1848), Jacques-Henri Bernardin de Saint-Pierre (1737–1814) und Sir Walter → Scott ihrem Hang zum Romantisieren nachzugehen. Kurz nach ihrer Heirat macht sich bei Emma die Gleichförmigkeit ihres Alltags bemerkbar. Selbst die Geburt einer Tochter vermag daran nichts zu ändern. Der Notariatsangestellte Léon Dupuis weckt ihr Interesse, doch dieser zieht bald nach Paris. Allmählich wächst mit Emmas Vereinsamung auch der Hass gegen ihren Mann. Dann lernt sie den wohlhabenden Rodolphe Boulanger kennen, ein Verführernaturell, in dem sie die Verwirklichung ihrer Träume zu erkennen glaubt. Schnell finden beide zueinander. Doch als Rodolphe sie verlässt, sind ihre Illusionen zerstört.

In der Oper sieht sie Léon wieder und trifft sich in der Folgezeit regelmäßig mit ihm. Trotzdem wird auch diese Beziehung schnell zur Gewohnheit für sie. Um sich abzulenken, kauft Emma ständig neue Luxusgüter und verschuldet sich. Angesichts einer bevorstehenden Pfändung erkennt Emma die Sackgasse, in die sie geraten ist, und vergiftet sich schließlich mit Arsen.

Wirkung: Die schonungslose, wirklichkeitsnahe Beschreibung der Figuren führte dazu, dass die Zensurbehörde Flaubert der Verletzung der öffentlichen Moral bezichtigte. Man warf ihm vor, dass er es versäumt habe, Emma mit Charakterzügen auszustatten, die ihre Verurteilung erleichterten. Es kam zu einem Aufsehen erregenden Prozess, zumal man in der Erstausgabe – gegen Flauberts ausdrücklichen Willen – einige Passagen gestrichen hatte. Das Gericht folgte der Anklage jedoch nicht. Charles → Baudelaire, Guy de → Maupassant, Émile → Zola und Marcel → Proust wurden zu Befürwortern des Werkes; auf ihrer Gegenseite stand noch im 20. Jahrhundert Jean-Paul → Sartre. Andere, wie Theodor → Fontane in *Effi Briest* (1895), griffen zentrale Motive in ihren Werken auf. Der »Bovarismus« wurde sprichwörtlich.   *C. V.*

Lehrjahre des Gefühls

OT L'Éducation sentimentale **OA** 1869 **DE** 1904
Form Roman **Epoche** Realismus

Gustave Flaubert wollte die Geschichte des moralischen Versagens seiner Generation schildern und verband dieses Anliegen mit den Geschehnissen der Februarrevolution von 1848.

Inhalt: Der labile Jurastudent Frédéric Moreau, der 1840 aus der Provinz nach Paris gekommen ist, unterhält Beziehungen zu Frauen aus unter schiedlichen Kreisen. Eine seiner Leidenschaften gilt Madame Arnoux, der Frau eines Kunsthändlers am Montmartre. Frédéric erkennt nicht, dass sie nur ein Spiel mit ihm treibt, in dem sie kühl zwischen Zuneigung und Distanz auslotet.

Als Madame Arnoux ihn abweist, stürzt sich Frédéric in zahlreiche Liebesabenteuer: mit Rosanette – sie ist zugleich die Geliebte des Herrn Arnoux –, mit Madame Dambreuse, der Frau eines Bankiers, und mit Louise, zu der es Frédéric immer dann hinzieht, wenn er sich nach Unbeschwertheit und Heimatnähe sehnt. Die Liebe dient ihm als Weg auf einer komplizierten Suche nach dem Sinn des Lebens.

Sein ambitionierter Freund Deslaurier vermittelt Frédéric den Kontakt zu Künstlern und Journalisten mit revolutionärer Gesinnung. Frédéric gibt sich erneut Illusionen hin, indem er davon träumt, der »Walter Scott Frankreichs« werden zu wollen. Das Geschehen der Revolution kann er jedoch erst richtig einschätzen, als er im Wald von Fontainebleau von der Verwundung eines Freundes erfährt – ein Beleg dafür, wie wenig der auf Ansehen und Geltung bedachte Frédéric die wirklichen Zustände einer heterogenen Gesellschaft richtig einzuschätzen vermag. Später muss er miterleben, wie Dussardier, einer seiner aufrichtigsten Bekannten, bei Kämpfen getötet wird.

Die nächsten 20 Jahre übergeht der Roman. Dann begegnet Frédéric, inzwischen dem Leben gegenüber völlig gleichgültig geworden, noch einmal Madame Arnoux, die ihm ihre Liebe gesteht. Resigniert stellt Frédéric fest, dass er seine Träume von einer glücklichen Liebe nicht verwirklichen konnte.

Aufbau: Flauberts Roman verzichtet vordergründig auf eine zusammenhängende, spannende Handlung. Das Geschehen kreist um Alltagssituationen, in deren Mittelpunkt ein Antiheld steht. Die einzelnen Situationen zeigen das bloße Verstreichen der Zeit, die damit zu einem wichtigen strukturellen Merkmal wird. Daneben erhält das Spiel mit Gegensätzen eine zentrale formale Funktion. Auf der einen Seite steht das private Leben im Vordergrund, auf der anderen Seite werden historische Ereignisse ausführlich dargestellt. Auch der Kontrast von Willensstärke und anfälliger Gefühlswelt sowie die Gegenüberstellung von Jugend und Alter prägen das Geschehen.

Wirkung: Auf die zeitgenössische Kritik, die an Werke von → Stendhal und Honoré de → Balzac gewöhnt war, wirkten *Die Lehrjahre des Gefühls* befremdlich, da ein traditionelles Handlungsschema fehlt. Mit Flauberts Vorstellung, ein »Buch über nichts« zu schreiben, konnten zeitgenössische Kritiker wenig anfangen. Dass jedoch Struktur und sprachliche Präzision als Vorbereitung des Naturalismus diente, hat man

erst später erkannt. Erst im 20. Jahrhundert würdigte man Flauberts antiromantischen Roman. Marcel → Proust, für den dieser Roman zum Vorbild und Maßstab wurde, Georg → Lukács und Walter → Benjamin wiesen auf den hohen Rang des Buches hin. *C. V.*

Follett, Ken

brit. Schriftsteller

* 5.6.1949 Cardiff

📖 *Die Nadel*, 1978

Kenneth Martin Follett hat sich beim internationalen Lesepublikum als Thriller-Autor sowie Verfasser historischer Romane einen Namen gemacht. Er gilt als Meister der fiktionalen Darstellung vor einem historischen Hintergrund.

Follett, der einer alten walisischen Bergarbeiterfamilie entstammt, absolvierte eine öffentliche Grammar School, ein Technisches College und erwarb seinen Abschluss in Philosophie am University College in London. Er schlug eine Journalistenkarriere ein und schrieb für das *South Wales Echo*, die Londoner *Evening News* und arbeitete später als stellvertretender Verlagsleiter. Als Romanautor erprobte er seit 1974 verschiedene Varianten des Agentenromans und des Thrillers. Bereits im Alter von 27 Jahren schrieb Follett den Spionageroman *Die Nadel*, mit dem ihm ein internationaler Durchbruch gelang und der bis heute ein Weltbestseller ist. Mit seinen historischen Romanen (u. a. *Die Säulen der Erde*, 1989) schrieb er sich ebenfalls in der Spitzengruppe der internationalen Spannungs- und Bestsellerautoren. Der politisch als

Ken Follett (l.) mit seinem deutschen Verleger Gustav Lübbe auf der Frankfurter Buchmesse 1980

Michael Denning

Das neue Erzählmuster könnte man »Geheimgeschichte« nennen. Diese Thriller erzählen detailgenaue, aber erfundene Geschichten die logischerweise nicht überprüfbar sind, aber in das Muster der dokumentierten Geschichtsschreibung hineingewoben werden. Ihre Grundannahme formuliert Follett im Vorwort zu Die Nadel: »Soweit die Geschichte. Was folgt, ist Erfindung. Aber wir vermuten doch alle, dass etwas Ähnliches geschehen sein muss.«

Ken Follett, *Die Nadel*, Einband der Taschenbuch-Ausgabe in der Neuausgabe 1996

Mitglied der Labour-Partei engagierte Follett lebt mit seiner Frau Barbara, seit 1997 Abgeordnete des britischen Unterhauses, und ihren Kindern in London.

Die Nadel

OT The Eye of the Needle   **OA** 1978   **DA** 1979
Form Agentenroman   **Epoche** Moderne Gegenwart

In seinem ersten großen Bestseller nutzt Follett das populäre Interesse an zeithistorischen Stoffen, besonders aus dem Zweiten Weltkrieg, für eine spannungsbetonte Erneuerung des traditionellen englischen Agentenromans.

Inhalt: Im Jahr 1944 planen Briten und Amerikaner die Invasion in der Normandie und zugleich ein gigantisches Täuschungsmanöver, das den Deutschen eine andere Angriffszone suggerieren soll. Der einzig hoch qualifizierte deutsche Geheimagent, ehemaliger Offizier mit dem Decknamen »Die Nadel«, dem sogar Hitler persönlich vertraut, hat die Täuschung entdeckt und versucht mit Fotodokumenten die deutsche Heeresleitung zu überzeugen. Ein U-Boot soll ihn vor der schottischen Küste aufnehmen und zurückbringen. Auf seiner Flucht durch Großbritannien begeht er skrupellos mehrere Morde. Währenddessen rückt ihm die britische Spionageabwehr MI5 immer näher. Für die operativen Einsätze ist der ehemalige Scotland-Yard-Kommissar Bloggs zuständig. Am Ende seiner Flucht gerät die »Nadel« mit einem Fischerboot in einen Orkan, der ihn an den Strand von Storm Island wirft. Auf der Insel lebt Lucy mit ihrem Ehemann David, einem Jagdflieger, der bei einem Autounfall beide Beine verloren hat. David entdeckt das Geheimnis der »Nadel« und wird in einem Kampf getötet. Während die Verfolger die Spur der »Nadel« aufgenommen haben und sich dem Eiland nähern, gelingt es Lucy, den Eindringling von der Felsenkante in den Tod zu stürzen. Die Täuschung der deutschen Heeresleitung und des Führers gelingt, die Invasion kann beginnen. Der Epilog zeigt Lucy und Bloggs 1970 als glückliches Großelternpaar. England hat gerade ein Fußball-Weltmeisterschaftsspiel gegen die Deutschen verloren.

Aufbau/Wirkung: Follett scheint zunächst ein traditionelles Muster des Spionageromans aufzugreifen, das nach Graham →Greene und John →le Carré bereits als eher überholt galt. Die historische Konfrontation Großbritannien-Deutschland wird als Kampf zwischen Gut und Böse gestaltet, auf eine Problematisierung der »eigenen« Seite fast völlig verzichtet.

Der Kunstgriff, der entscheidend zum Bestsellererfolg des Romans beitrug, ist jedoch die Kombination mit Handlungselementen anderer populärer Genres – insbesondere des historischen Romans, des Polit- und Erotik-Thrillers sowie der Horror-Story. Dadurch werden verschiedene Leserinteressen bedient und zusätzliche Spannungselemente eingebaut. Ähnlich wie auch in Frederick →Forsyths Bestseller *Der Schakal* von 1971 – ist die Kombination eines historischen Rahmens (Invasion 1944) und authentischer Figuren (Churchill, Hitler, Rommel) mit einer erfundenen »Geheimgeschichte«, die dem Leser die »wahren« und dramatischen Ursachen des allgemein bekannten historischen Geschehens verspricht.   *J. V.*

Fontane, Theodor

dt. Schriftsteller

*30.12.1819 Neuruppin, †20.9.1898 Berlin

📖 *Schach von Wuthenow*, 1883

📖 *Effi Briest*, 1895

📖 *Der Stechlin*, 1899

Theodor Fontane verfasste im ausgehenden 19. Jahrhundert gesellschaftskritische Romane für ein breiteres Publikum und gilt heute als der bedeutendste Vertreter des bürgerlichen Realismus. Erst im Alter von fast 60 Jahren begann er seine Romane zu schreiben, in denen sich eine präzise Zeitanalyse mit einem meisterhaft beherrschten Plauderton verbindet.

Nach einer Apothekerausbildung und recht kurzer Arbeitszeit im erlernten Beruf wirkte Fontane als Journalist, u.a. als Korrespondent in England, sowie als Theaterkritiker. In literarischen Kreisen machte er sich einen Namen als Balladendichter und Reiseschriftsteller (*Wanderungen durch die Mark Brandenburg*, 1862 bis 1882). 1878 trat er mit seinem ersten Zeitroman *Vor dem Sturm* hervor, in dem er die Jahre der Befreiungskriege gegen Napoleon einer kritischen Betrachtung unterzog. In weiteren 16

Die wichtigsten Bücher von Theodor Fontane	
L'Adultera 1882	Die Ehebrecherin Melanie erlebt in ihrer zweiten Ehe höchstes Glück – ein Skandal für das damalige Lesepublikum.
Schach von Wuthenow, 1883	Der eitle Rittmeister von Schach vermag seine Heirat mit einer entstellten Frau nicht zu rechtfertigen und entzieht sich dem Spott seiner Kameraden durch Selbstmord. → S. 355
Irrungen, Wirrungen 1888	Auch die bitter-süße Liebesgeschichte zwischen Baron Rienäcker und der Weißnäherin Lene Nimptsch schockierte Kritik und Leser.
Frau Jenny Treibel 1893	Dem Typus der neureichen, sentimentalen Bourgeoisie begegnet Fontane mit großer Ironie und unverhohlener Kritik.
Effi Briest 1895	Mit seinem Roman um die Ehebrecherin Effi Briest übt Fontane Kritik am Diktat der Gesellschaft und dem Duell. → S. 356
Der Stechlin 1899	In seinem Altersroman liefert Fontane eine umfassende Analyse der Gesellschaft des ausgehenden 19. Jahrhunderts. → S. 357
Mathilde Möhring postum 1906	Fontane zeichnet hier das respektvolle Porträt einer ehrgeizigen, zähen und intelligenten Frau aus dem Kleinbürgertum.

OT = Originaltitel   **EZ** = Entstehungszeit   **OA** = Originalausgabe   **DE** = Deutsche Erstausgabe   📖 = Verweis auf Werkartikel

Romanen, die häufig weibliche Hauptfiguren haben, schilderte Fontane zumeist seinen Lebensraum Berlin, die preußische Ständegesellschaft und die oft grausame Macht der Konvention, die ihre Opfer fordert.

Biografie: G. Erler / E. Ziegler, *Theodor Fontane. Lebensraum und Phantasiewelt. Eine Biografie,* 1996; H. Nürnberger, *Theodor Fontane* (rm 50145).

Schach von Wuthenow

OA 1883 **Form** Novelle **Epoche** Realismus

In der Novelle um den eitlen und schwachen Rittmeister von Schach hält Theodor Fontane dem preußischen Militär einen Spiegel vor.

Entstehung: 1815 erschoss sich in Berlin Major von Schack, weil er vor seinen Kameraden die geplante Heirat mit einer hässlichen, nicht ebenbürtigen Frau nicht zu rechtfertigen verstand. Fontane verlegte diesen Stoff in die Jahre 1805/06, sodass der Selbstmord eine symbolisch-politische Bedeutung erhält – als Ankündigung des Niedergangs der preußischen Armee durch die napoleonischen Truppen in der Schlacht bei Jena und Auerstedt.

Inhalt: Rittmeister von Schach aus dem elitären Regiment Gendarmes ist ein gern gesehener Gast im Salon der verwitweten Frau von Carayon und ihrer Tochter Victoire. Schach bemüht sich so offensichtlich um die schöne Mutter, dass man von einer bevorstehenden Heirat munkelt. Doch Offiziere, die Schach kennen, sind sich sicher, dass es zu keiner Eheschließung kommen kann, da sich der Rittmeister durch die hässliche Victoire geniert fühle. Schach gilt als ungeheuer eitel; er ist vollkommen abhängig von der Wertschätzung seiner Standesgenossen. Die durch Blatternarben entstellte Victoire beleidigt sein ästhetisches Empfinden. Ihre positiven Eigenschaften wie Charme, Intelligenz und Herzenswärme vermag der auf Äußerlichkeiten Fixierte nicht zu schätzen. Bei einem Ausflug nimmt er nur so lange Victoires Arm, als man sich auf freiem Feld befindet, wechselt aber zur schönen Mutter, als man sich einer besetzten Gartenwirtschaft nähert. Victoire ist gekränkt, durchschaut ihn, kann aber nichts gegen ihre Gefühle tun: Sie hat sich in Schach verliebt. Als dieser bei einer Abendgesellschaft des Prinzen Louis Ferdinand dessen süffisanten Betrachtungen über langweilige ebenmäßige Schönheit und wahre Schönheit im Hässlichen lauscht, ist er zutiefst beeindruckt.

Bei seinem nächsten Besuch im Hause Carayon trifft Schach die erkrankte Victoire allein an. Das leichte Fieber verschönt ihren Teint, die Gedanken des Prinzen sind noch präsent – Schach verführt Victoire, die sich ihm bereitwillig hingibt. Nach diesem Abend meidet Schach Frau von Carayon und ihre Tochter. Victoire gesteht ihrer Mutter jedoch alles, denn sie ist schwanger; Frau von Carayon besteht auf einer Heirat. Als die bevorstehende Verbindung Schachs mit der unschönen Tochter der einst umworbenen Mutter bekannt wird, trifft ihn der Spott seiner Kameraden. Schach flieht auf sein Gut, um sich der Schande zu entziehen. In ihrer Verzweiflung bittet Frau von Carayon den König, auf seinen Offizier einzuwirken. Schach wird nach Potsdam bestellt und Friedrich Wilhelm III. befiehlt ihm die Eheschließung mit Victoire von Carayon. Schach gehorcht und erschießt sich nach der Trauung. Victoire lebt am Ende mit ihrem Kind in Rom, verzeiht Schach und dankt ihm für die empfangene Liebe.

Theodor Fontane, *Schach von Wuthenow,* Umschlag der Neuausgabe 1966

Auszug aus dem Roman *Effi Briest* von Theodor Fontane:

Er wird sie nicht in einer geistigen Öde lassen, dazu ist er zu klug und zu weltmännisch, aber er wird sie auch nicht sonderlich amüsieren. Und was das Schlimmste ist, er wird sie nicht einmal recht mit der Frage beschäftigen, wie das wohl anzufangen sei. Das wird eine Weile so gehen, ohne viel Schaden anzurichten, aber zuletzt wird sie's merken, und dann wird es sie beleidigen. Und dann weiß ich nicht, was geschieht. Denn so weich und nachgiebig sie ist, sie hat auch was Rabiates und lässt es auf alles ankommen.

Horst Schulz als Instetten und Angelica Domröse in der Titelrolle der Verfilmung des Romans *Effi Briest* von Theodor Fontane (DDR 1970; Regie: Wolfgang Luderer)

Wirkung: Die Novelle war bei Publikum und Kritik gleichermaßen ein Erfolg. Nur wenige Rezensenten erkannten jedoch die zeitkritische Tendenz und werteten Schach als Symbolgestalt für das hybride preußische Militär.

Effi Briest

OA 1895 **Form** Roman **Epoche** Realismus

In seinem wohl berühmtesten Roman verknüpft Theodor Fontane das im 19. Jahrhundert beliebte Thema der unschuldig-schuldigen Ehebrecherin mit einer Kritik am »Gesellschaftsgötzen« und am Unwesen des Duells.
Entstehung: Der Roman geht auf eine wahre Begebenheit zurück. 1886 hatte sich der preußische Offizier Armand von Ardenne mit dem Amtsrichter Emil Hartwich duelliert, den er des Ehebruchs mit seiner Frau Elisabeth von Ardenne bezichtigte. Der Fall hatte in den 1880er Jahren großes Aufsehen in der Öffentlichkeit erregt und wurde in der Presse vielfach erörtert. Fontane verarbeitete diesen Stoff 1890–94.

Inhalt: Die 17-jährige Effi verlobt sich auf Zureden ihrer Mutter mit deren ehemaligem Verehrer, dem 21 Jahre älteren Landrat Geert von Instetten. Effi ist aus gesellschaftlichem Ehrgeiz bereit, den Mann zu heiraten, obwohl sie sich vor ihm fürchtet.
Nach der Hochzeitsreise trifft das Paar im Seebad Kessin, Instettens Wohnsitz, ein. Von Anfang an fühlt sich Effi in dem düsteren Haus nicht wohl, zumal sie häufig allein ist. Ihre Ängstlichkeit schürt Instetten noch, indem er ihr eine unheimliche Geschichte von einem Chinesen erzählt, der einst in dem Haus gelebt hat. Erst später wird Effi klar, dass diese Spukerzählung auch dazu diente, sie einzuschüchtern und dadurch zu domestizieren. In ihrem Ehealltag vermisst Effi kleine Aufmerksamkeiten und Zärtlichkeit. Lediglich die Besuche des verwachsenen Apothekers Gieshübler bringen ein wenig Freude in ihren Tag.
Nach der Geburt ihrer Tochter Annie verbringt Effi eine lange Zeit in ihrem Elternhaus, wo sie auflebt und fast vergisst, dass sie verheiratet ist. Zurück in Kessin, lernt sie den neuen Bezirkskommandanten Crampas kennen, einen gut aussehenden Offizier, der ein berüchtigter Frauenheld sein soll. Crampas, ein ehemaliger Kamerad Instettens, kommt häufig zu Besuch, macht der jungen Frau den Hof, klärt sie über den »Erzieher« Instetten auf und stürzt sie damit zusehends in Verwirrung.
Bei einer nächtlichen Kutschfahrt teilen sich Crampas und Effi allein ein Gefährt – es kommt zur Verführung. Von nun an trifft sich Effi heimlich mit ihrem Geliebten, wobei die Lügen und Vertuschungen sie mehr belasten als der Ehebruch selbst. Sie liebt Crampas nicht, ist aber zu schwach, um die Affäre zu beenden.
Als Instetten nach Berlin versetzt wird, glaubt Effi sich gerettet. Die nächsten Jahre verlaufen glücklich; die Ehe ist harmonisch, Effi scheint Crampas vergessen zu haben und Instetten macht Karriere. Doch während seine Frau in einem Kurort weilt, entdeckt Instetten durch Zufall die Liebesbriefe, die Effi von Crampas erhielt. Er fordert den Liebhaber zum Duell und erschießt ihn. Effi wird geschieden und von ihren Eltern verstoßen; die gemeinsame Tochter bleibt bei Instetten. Allein mit ihrer treuen Dienerin Roswitha bewohnt sie eine kleine Wohnung in Berlin und ist gesellschaftlich isoliert. Ein von ihr erzwungener Besuch ihrer Tochter erweist sich als Fiasko. Effi wird schwermütig und erkrankt so sehr, dass der Hausarzt ihre Eltern auffordert, sie nach Hause zu holen. Effi stirbt nach wenigen Wochen, hat sich jedoch vorher noch mit ihrem Schicksal ausgesöhnt.
Wirkung: Fontane war nicht damit einverstanden, dass die meisten Leser und Kritiker nur mit Effi sympathisierten und Instetten nicht auch

Hauptfiguren in »Effi Briest« von Theodor Fontane

Effi Briest: Ein fröhliches, früh verheiratetes Mädchen, sehnt sich in der Ehe mit dem 20 Jahre älteren korrekten Instetten nach Glanz und Abwechslung, stirbt nach der Scheidung wegen einer Affäre jung – gebrochen durch die Trennung von der Tochter.
Baron Geert von Instetten: Effis Gatte, Jugendfreund ihrer Mutter, Landrat in Hinterpommern, ehrgeizig, fantasielos, korrekt und konventionell, folgt seine Überzeugung überkommenen Regeln.
Major Crampas: Bezirkskommandant, erfahrener und leichtfertiger »Damenmann«, der alle Konventionen ablehnt, Liebhaber Effis, stirbt im Duell durch Instettens Hand.
Ritterschaftsrat von Briest: Effis Vater, ein weiser und zurückhaltender Landadeliger von prosaischem Gemüt, bisweilen frivol.

Frau von Briest: Effis Mutter und beratende Freundin, in konventioneller Ehe lebend, heiratete den viel älteren von Briest und überging das Werben Instettens.
Geheimrat Wüllersdorf: Freund Instettens, wider Willen einziger Mitwisser von Effis Fehltritt, weshalb Instetten sich zum Duell und zur Scheidung gezwungen sieht.
Annie: Effis Tochter, nach der Scheidung durch den Einfluss des Vaters der Mutter entfremdet.
Alonzo Gieshübler: Apotheker, verschüchterter, höflicher Schöngeist, verehrt Effi, aber ohne Mut zur erotischen Offensive. Er ist ihr eigentlicher Freund in Kessin.
Niemeyer: Ein alter Dorfpastor, gefühlvoller Rhetoriker mit sanftem Gemüt, tauft, traut und begräbt schließlich Effi.

als Opfer der starren Konventionen begriffen. Thomas →Mann wertete *Effi Briest* als den besten deutschen Roman seit den *Wahlverwandtschaften* von →Goethe.

Wirkung: Die nachhaltige Breitenwirkung des Romans lässt sich auch ablesen an den vier Verfilmungen, die es bisher nach der literarischen Vorlage gegeben hat: 1939 unter dem Titel *Der Schritt vom Wege* unter der Regie von Gustaf Gründgens mit Marianne Hoppe als Effi, 1956 die nur leicht an Fontane angelehnte sentimentale Version *Rosen im Herbst* – mit Ruth Leuwerik in der Titelrolle, 1969 die sich um Werktreue bemühende DDR-Version mit Angelica Domröse als Effi und 1974 das ehrgeizigste Projekt, Fontanes Texte in Bilder umzusetzen: »Effi Briest« unter der Regie von Rainer Werner Fassbinder mit Hanna Schygulla.

Der Stechlin

OA 1899 (Vorabdruck 1897 in *Über Land und Meer*)
Form Roman **Epoche** Realismus

In seinem postum erschienenen Altersroman zeichnet Theodor Fontane ein monumentales und vielschichtiges Bild der Gesellschaft am Ende des 19. Jahrhunderts.

Inhalt: Es geschieht nicht viel, aber doch entschieden mehr als Fontanes Zusammenfassung – »Zum Schluss stirbt ein Alter und zwei Junge heiraten sich« – vermuten lässt. Den äußeren Rahmen bildet die Geschichte zweier Familien: Auf der einen Seite steht der ehemalige Gesandte Graf Barby, ein eleganter Weltmann, der mit seinen Töchtern, der schillernden Melusine und der soliden Armgard, in Berlin lebt, auf der anderen der alte Dubslav von Stechlin, ein märkischer Junker, mit seinem Sohn Woldemar. Der Name der Stechlins leitet sich vom sagenumwobenen Stechlin-See her, der seit jeher auf Naturkatastrophen in der ganzen Welt mit hohen Wasserfontänen reagiert.

Hauptperson des Romans ist Dubslav von Stechlin, der seine Mitmenschen und die Zeitläufte abgeklärt betrachtet. Von der Grunddisposition her konservativ, beobachtet er dennoch offen und liberal die Zeichen einer neuen Zeit. Im Gegensatz zu seiner adelsstolzen Schwester Adelheid, Äbtissin eines Damenstifts, sind Dubslavs hervorstechendste Charaktermerkmale Toleranz und (Selbst-)Ironie.

Das Romangeschehen erstreckt sich über sechs Monate, in denen sich Verlobung und Heirat Woldemars mit Armgard ereignen, Woldemar einen kurzen dienstlichen Aufenthalt in England absolviert und Dubslav von Stechlin als Kandidat der Konservativen im Wahlkampf gegen einen Sozialdemokraten unterliegt, was ihn nicht sonderlich berührt. Nach Dubslavs

Tod scheinen der ernsthafte Woldemar von Stechlin und seine sozial engagierte Frau Armgard gute Garanten für die Zukunft zu sein; hierin spiegelt sich Fontanes Wunsch nach einem neuen Preußentum.

Struktur: Fontane gestaltet seine Figuren, wie häufig, kontrastierend. So bekommt die herbe, verschlossen wirkende Armgard von Barby erst vor der Folie ihrer pikanten Schwester Melusine Konturen. Woldemar verlobt sich mit Armgard, während er Melusine, die den alten Stechlin nachhaltig entzückt, nicht gewachsen wäre. Melusine entbehrt wegen ihrer traumatischen Eheerfahrung nicht der Tragik, doch nur Pfarrer Lorenzen ahnt ihr wahres Ich. Lorenzen, als positiver Gegensatz zum blasierten Superintendenten Koseleger konzipiert, vertritt eine aufgeklärte, christliche, sozial verantwortliche Haltung, die der politischen Haltung des alten Fontane wohl entsprochen hat.

Über weite Strecken ist der Roman bestimmt durch Konversation; die Folge von Dialogen, Monologen und Gedanken rückt ihn bereits in die Nähe des modernen Bewusstseinsromans. Elementare Themen wie Vergänglichkeit, mitmenschliche Verantwortung, sinnvolle und sinnlose Konventionen werden scheinbar plaudernd aus verschiedenen Blickwinkeln beleuchtet. Die dezente Erzähler-Ironie verhindert, dass der Leser alle Äußerungen des alten Stechlin als fontanesches Vermächtnis interpretiert.

Wirkung: Bei zeitgenössischen Kritikern war der Roman wegen seiner Handlungsarmut umstritten. Häufig wurde die Figur Dubslav von Stechlin allzu sehr mit Fontane gleichgesetzt. Erst im 20. Jahrhundert erkannte man die Modernität dieses Romans, der heute als Höhepunkt von Fontanes Schaffen gilt.   *D. Ma.*

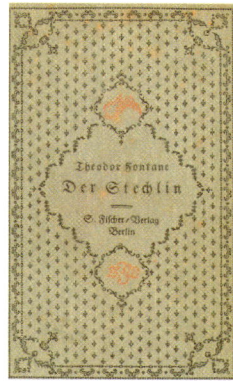

Theodor Fontane, *Der Stechlin*, Einband der Ausgabe 1918

Auszug aus dem Roman *Der Stechlin* (1899) von Theodor Fontane:

Ich liebe, hab auch Ursach dazu, die alten Familien und möchte beinah glauben, jeder liebt sie. Die alten Familien sind immer noch populär, auch heute noch. Aber sie vertun und verschütten diese Sympathien, die doch jeder braucht, jeder Mensch und jeder Stand. Unsere alten Familien kranken durchgängig an der Vorstellung, dass es ohne sie nicht gehe, was aber weit gefehlt ist, denn es geht sicher auch ohne sie...

Ford, Richard

US-amerikan. Schriftsteller

*16.2.1944 Jackson (Mississippi)

📖 *Unabhängigkeitstag*, 1995

Richard Ford gilt als einer der bedeutendsten Realisten der modernen US-Literatur in der Nachfolge von Ernest →Hemingway und William →Faulkner.

Ursprünglich wollte Ford Anwalt werden, brach sein Jurastudium aber ab und begann zu schreiben. Seine frühen Kurzgeschichten erschienen in renommierten US-Magazinen wie *Esquire, The Paris Review* und *The New Yorker.* Gleich mit seinem ersten Roman *Ein Stück meines Herzens* (1976) hatte er in den USA bei Publikum und Kritik Erfolg. Seit Ende der 1970er Jahre war er mit dem Schriftsteller Raymond →

Richard Ford, *Unabhängigkeitstag*; von links: Umschlag
der Originalausgabe 1995;
Umschlag der deutschspra-
chigen Erstausgabe 1995
(Gestaltung: Nina Rothfos
und Patrick Gabler); Einband
der Taschenbuchausgabe
1996

Richard Ford über Schmerz:

*Das menschliche Gedächtnis
spielt ein komisches Spiel mit
uns. Die meisten Menschen erinnern sich nicht an Schmerzen. Sie sind zwar gezwungen,
den Schmerz ihrer Gegenwart
zu leben, können ihn aber
nicht in ein Verhältnis setzen
zu ihrer Vergangenheit.*

Carver eng befreundet. In Deutschland wurde
Ford vor allem mit seiner Kurzgeschichten-
Sammlung *Rock Springs* (1987) und mit dem
Roman *Der Sportreporter* (1986) bekannt. Für
dessen Fortsetzung, den Roman *Unabhängig-
keitstag*, erhielt er 1995 als erster Autor gleich-
zeitig den Pulitzerpreis und den PEN-Faulkner-
Award. Ford lebt in New Orleans und Montana.
Biografie: H. Guagliardo (Hrsg.), *Perspectives on Richard
Ford*, 2000.

Unabhängigkeitstag

OT Independence Day **OA** 1995 **DE** 1995
Form Roman **Epoche** Moderne

Die Fortsetzung des Erfolgsromans *Der Sportreporter* (1986) von Richard Ford ist das Psychogramm eines Mannes in mittleren Jahren und
eine exemplarische Studie Amerikas am Ende
des 20. Jahrhunderts.

Die wichtigsten Bücher von Richard Ford	
Ein Stück meines Herzens 1976	Zwei Männer geraten auf einer Insel im Mississippi, die von einem alten Eigenbrötler und dessen Frau bewohnt wird, in einen verhäng-nisvollen Albtraum aus Gewalt und Leidenschaft.
Verdammtes Glück, 1981	Ein vereinsamter, emotional verkümmerter Vietnamveteran will seine alte Liebe zurückgewinnen, indem er ihren wegen Drogenhandels in Mexiko inhaftierten Bruder zu befreien versucht.
Der Sport-reporter, 1986	Nach dem Scheitern seiner Ehe und dem Tod seines Sohnes versucht Sportjournalist Frank Bascombe auf der Reise zu einem Interview seine chaotischen Gedanken und Gefühle zu ordnen.
Rock Springs 1987	In zehn Kurzgeschichten erzählt Richard Ford von einsamen Verlierern und Verlassenen am Rande der Gesellschaft, die versuchen, die Reste ihres verpfuschten Lebens zusammenzuhalten.
Wildlife – Wild Leben, 1990	Ein 16-jähriger Junge in Montana erlebt innerhalb von drei Tagen, wie die Ehe seiner Eltern Stück um Stück auseinander bricht.
Unabhängig-keitstag, 1995	Ex-Reporter Frank Bascombe, nun Makler, versucht am 4. Juli eine Annäherung an seinen 15-jährigen schwierigen Sohn. → S. 358
Women with Men, 1997	Die drei in den USA als Sammelband erschienenen Liebeserzählungen heißen auf Deutsch *Eifersüchtig* (1995), *Der Frauenheld* (1995) und *Abendländer* (1998). Gemeinsames Motiv ist die Einsamkeit.

Inhalt: Frank Bascombe, bekannt aus Fords
Roman *Der Sportreporter,* ist inzwischen 44
Jahre alt und lebt weiterhin in Haddam (New
Jersey). Doch berichtet er nicht mehr über
Sporthelden, sondern verkauft Häuser und
Grundstücke vornehmlich an gut situierte älte-
re Ehepaare. Er wohnt im Haus seiner Ex-Frau
Ann, die er immer noch liebt. Sie ist wieder ver-
heiratet und lebt mit den beiden gemeinsamen
Kindern und ihrem neuen Ehemann in Connec-
ticut. Frank hingegen unterhält nur eine locke-
re Beziehung zu einer jungen Frau.

Am 4. Juli, dem Unabhängigkeits- und Natio-
nalfeiertag der USA, will Frank mit seinem 15-
jährigen verschlossenen Sohn Paul, den er seit
seiner Scheidung nur selten gesehen hat, zu
den Ruhmeshallen der größten Baseball- und
Basketballspieler aller Zeiten fahren. Es kommt
aber ganz anders als erhofft: Der Junge wird
von einem Baseball am Auge schwer verletzt
und muss operiert werden, den Unabhängigkeitstag verbringt er mit seinen Eltern im Krankenhaus. Doch haben alle Glück im Unglück
und der Roman endet versöhnlich. Sohn Paul
will sich erneut mit seinem Vater treffen und
Frank denkt darüber nach, wieder zu heiraten.
Aufbau: Der routinierte Kurzgeschichtenautor
Ford schafft auch im Roman eine erzählerische
Verdichtung. Eindringlich enthüllt er in Beschreibungen, Reflexionen und Dialogen die
komplexe Gefühlswelt seiner Figuren. Das Treffen mit seinem Sohn löst bei Frank Bascombe
lange verdrängte Emotionen aus – Sorge,
Schuldgefühl, Hoffnung, Liebe. Am Ende
mischt sich der sonst eher menschenscheue
Mann unter die Leute auf den Straßen seiner
Heimatstadt, um den Unabhängigkeitstag zu
feiern. Als Gegenpol durchziehen dunkle Be-
drohungs- und Todesbilder den Roman. Wie in
fast allen Ford-Büchern taucht auch in *Unabhängigkeitstag* immer wieder Gewalt auf: Frank
wird von Jugendlichen niedergeschlagen, seine

Ex-Freundin und Kollegin Clair von unbekannten vergewaltigt und ermordet. Im Nebeneinander von Hoffnung und Verlust, Gewalt und Liebe, Erfolg und Niederlage zeigt sich in Fords Roman die Ambivalenz des amerikanischen Traums, der längst nicht für jeden Bürger wahr geworden ist.

Wirkung: Für *Unabhängigkeitstag* erhielt Richard Ford 1995 als erster Autor zwei der wichtigsten Literaturauszeichnungen der USA, den Pulitzer- und den PEN-Faulkner-Preis. Kritiker im In- und Ausland lobten die atmosphärische Dichte des Romans und die psychologisch stimmigen Charakterzeichnungen: »Wäre es möglich, den ›Großen Amerikanischen Roman‹ in unserer Zeit zu schreiben – so müsste er aussehen« *(Publishers Weekly)*. Einen unverhofften Absatz erfuhr das Buch in den USA durch den gleichnamigen Kinoschlager von Roland Emmerich. *B.B.*

Forster, E(dward) M(organ)

engl. Schriftsteller

* 1.1.1879 London, † 7.6.1970 Coventry

📖 *Zimmer mit Aussicht*, 1908

Das Werk des englischen Schriftstellers E. M. Forster ist geprägt durch einen engagierten Humanismus. Zentrales Thema seiner Romane und Erzählungen sind menschliche Beziehungen als soziales Problem. Häufig präsentiert er einen Konflikt zweier Welten mit unterschiedlichen Lebensauffassungen und Wertvorstellungen. Obwohl ein Autor des 20. Jahrhunderts, fühlte sich Forster dem Erzählstil des 19. Jahrhunderts verpflichtet, wie ihn u.a. Jane → Austen oder Thomas → Hardy entwickelten.

Forster, Sohn eines Architekten, studierte am King's College in Cambridge klassische Philologie sowie Geschichte und lehrte dort ab 1927. Zwischen 1901 und 1910 lebte er überwiegend in Italien und Griechenland. Forsters Erfahrungen spiegeln sich in seinen ersten literarischen Arbeiten (*Engel und Narren*, 1905; *Zimmer mit Aussicht*, 1908), in denen der Kontrast zwischen der britischen und der südeuropäischen Lebensweise dargestellt wird. Der Roman *Howards End* (auch *Wiedersehen in Howards End*, 1910) schildert Spannungen und Konflikte innerhalb des Bürgertums vor dem zeitlichen Hintergrund des Ersten Weltkriegs. 1912/13 sowie 1921/22 unternahm Forster Reisen nach Indien, die ihn zu dem Roman *Auf der Suche nach Indien* (1924) inspirierten. Auch hier bildet die Verschiedenheit der Kulturen das Hauptthema des Werks, in dem die Begegnungen zwischen Europäern

und Indern, die politischen und religiösen Verhältnisse sowie das Nebeneinander von Christen, Mohammedanern und Hindus eine differenzierte literarische Verarbeitung finden. Innovative Beiträge zum englischen Roman lieferte Forster ab Mitte der 1920er Jahre nicht mehr. Postum (1971) erschien der bereits 1914 verfasste Roman *Maurice*, den der Autor wegen seiner für die Zeit zu brisanten homosexuellen Thematik von der Veröffentlichung zurückgehalten hatte.

Biografie: J. R. Ackerley, *E. M. Forster. Ein Porträt*, 1970.

Zimmer mit Aussicht

OT A Room with a View **OA** 1908 **DE** 1986
Form Roman **Epoche** Moderne

In *Zimmer mit Aussicht* schildert E. M. Forster die Konfrontation des durch erstarrte Konventionen geprägten englischen Bürgertums mit der sinnlichen Mentalität Südeuropas. Anhand einer Liebesgeschichte werden auch die Grenzen der südländischen Lebensart aufgezeigt.

Auszug aus dem Roman
Zimmer mit Aussicht von E. M. Forster:
Frauen machen sich was aus einer schönen Aussicht; Männer nicht.

Edward Morgan Forster in den 1950er Jahren

Auszug aus dem Roman
Zimmer mit Aussicht von
E. M. Forster:

Eine Verlobung ist etwas so Mächtiges, dass alle, die darüber reden, früher oder später in einen Zustand fröhlicher Ehrfurcht versetzt werden... Sie übt eine merkwürdige Macht aus, denn sie bezwingt nicht nur die Lippen, sondern auch das Herz. Die größte Parallele – um eines mit dem anderen zu vergleichen – ist die Macht, die ein Tempel eines uns fremden Glaubens auf uns ausübt. Stehen wir draußen davor, machen wir uns darüber lustig oder widersetzen uns ihm; höchstens, dass wir schrecklich sentimental werden. Sind wir jedoch einmal eingetreten, werden wir – sofern echte Gläubige in der Nähe sind – selbst zu echten Gläubigen, und wenn die Heiligen und Götter zehnmal nicht die unseren sind.

Entstehung: Forster begann bereits 1901 während seines ersten Italienaufenthalts ein satirisches Porträt über englische Touristen in Italien zu schreiben. Der erzählerische Entwurf mit dem Titel *Lucy* blieb jedoch unvollendet. Nach weiteren zunächst erfolglosen Versuchen beendete er die Arbeiten schließlich 1908 unter dem heute bekannten Titel. Lediglich die Namen der Protagonisten und die Teilung in eine Italien- und eine Englandhandlung erinnern an die ursprünglichen Fassungen.

Inhalt: Die junge Lucy Honeychurch, die aus einer traditionsbewussten und auf gesellschaftliche Konventionen bedachten bürgerlichen englischen Familie stammt, unternimmt zu Beginn des 20. Jahrhunderts gemeinsam mit ihrer altjüngferlichen Cousine und Anstandsdame Charlotte Bartlett eine klassische Bildungsreise nach Italien. In einer Pension in Florenz begegnen sie dem unkonventionellen Mr. Emerson und seinem attraktiven Sohn George, die ihnen einen Zimmertausch vorschlagen, da das Zimmer der Damen nur zum Hof gelegen ist und keine schöne Aussicht hat, während das der Emersons ein wundervolles Panorama über die Stadt bietet. Lucy und Charlotte akzeptieren das Angebot nur ungern, da es für sie einen Verstoß gegen die gesellschaftlichen Regeln darstellt. Als Lucy beginnt sich für George zu interessieren, reist Charlotte mit Lucy überstürzt nach Rom ab, wo sie auf die Familie Vyse treffen. Zurück in England, in einer Welt viktorianischer Prüderie, spielt Lucy die Rolle einer perfekt angepassten Tochter. Sie verlobt sich auf Wunsch ihrer Eltern mit dem Londoner Snob und Gentleman Cecil Vyse, der es jedoch an Leidenschaft und Gefühlsäußerungen mangeln lässt. Das unerwartete Auftauchen George Emersons im Haus der Honeychurchs und sein Werben um Lucy fordern ihr eine Entscheidung ab, die schließlich zu Gunsten Georges ausfällt. Obwohl ihre Eltern mit der ihrer Meinung nach unstandesgemäßen Verbindung nicht einverstanden sind, heiratet sie George. Die Hochzeitsreise verbringt das Paar in Florenz.

Struktur: Forster ging es in *Zimmer mit Aussicht* nicht um eine realistische oder den Gesetzen der Wahrscheinlichkeit folgenden Handlungsführung, sondern um eine Darstellung der inneren Motivation seiner Charaktere. Schauplätze und Personal sind dabei bipolar angelegt. Der Roman gliedert sich in zwei Teile, eine Itali-

enhandlung im ersten sowie eine Englandhandlung im zweiten Teil, wobei die Figurenkonstellation bestehen bleibt. Ebenso wie die beiden Handlungsorte unterschiedliche Mentalitäten darstellen, verkörpern auch die von Forster als Kontrastfiguren konzipierten Charaktere Cecil und George unterschiedliche und nicht zu vereinbarende Lebensprinzipien sowie den Konflikt zwischen sozialer, konventioneller Vernunft und individuellem, unkonventionellem Gefühl: Während Cecil gesellschaftlichen Anforderungen gerecht wird, jedoch das lebensfeindliche, asketische Lebensprinzip verkörpert, widerspricht George dem Standesdünkel des Bürgertums und symbolisiert die vitale, lebensbejahende Kraft.

Wirkung: Rückblickend war Forster mit dem Happy End des Romans nicht einverstanden, da es eine in seinen Augen spätviktorianische Lösung darstellte. 1958 schrieb er einen Epilog mit dem Titel *Aussicht ohne Zimmer*, in dem er das weitere Leben der Hauptfiguren äußerst nüchtern und sachlich beschrieb und ihnen durch diese Art der Darstellung die Romantik und Idealisierung nahm. 1987 wurde *Zimmer mit Aussicht* von James Ivory verfilmt und mit drei Oscars ausgezeichnet. *T.R.*

Edward Morgan Foster, *Zimmer mit Aussicht*, Umschlag der US-amerikanischen Neuausgabe 1947 (Gestaltung: Alvin Lustig)

Forsyth, Frederick

engl. Schriftsteller

*25.8.1938 Ashford (Kent)

📖 *Der Schakal*, 1971

Frederick Forsyth zählt zu den auflagenstärksten Autoren von Politthrillern und Spionageromanen. Seine Romane, die vor dem Hintergrund aktueller zeitpolitischer Ereignisse oder gesellschaftlicher Umbrüche spielen, verbinden souverän den nüchternen Stil des versierten politischen Journalisten mit minutiöser Faktenrecherche und der geradlinigen, unpsychologischen Erzählweise von Abenteuerromanen.

Forsyth war mit 17 Jahren Stierkämpfer in Spanien, im Alter von nur 19 Jahren war er der jüngste Jet-Pilot der Royal Air Force. Danach arbeitete er für die Nachrichtenagentur Reuters als Auslandskorrespondent in mehreren europäischen Städten, u.a. Paris, Brüssel, Madrid, Berlin und in der ČSSR sowie als Fernsehreporter für die BBC.

Seit dem großen Erfolg seines ersten Thrillers *Der Schakal* lebt Forsyth als freier Schriftsteller in London. Politische Machenschaften, Geheimorganisationen und Agenten stehen im Mittelpunkt seiner Romane wie *Des Teufels Alternative* (1979), *McCreadys Doppelspiel* (1991) oder *Das schwarze Manifest* (1996).

OT = Originaltitel EZ = Entstehungszeit OA = Originalausgabe DE = Deutsche Erstausgabe 📖 = Verweis auf Werkartikel

Der Schakal

OT The Day of The Jackal **OA** 1971 **DE** 1972
Form Roman **Epoche** Moderne

Mit seinem Roman *Der Schakal* etablierte Frederick Forsyth einen neuen Typ des politischen Thrillers, der eine spannende, auch an exotischen Schauplätzen spielende Handlung mit einem illusionslosen politischen Blick, einer Fülle akribisch recherchierter Details und einer Tendenz zu sensationalistischer Gewaltdarstellung verbindet.

Inhalt: Der Roman spielt vor dem Hintergrund des bevorstehenden Rückzugs der Franzosen aus Algerien. Die OAS, eine geheime französische Terrororganisation, beauftragt einen anonymen Berufskiller mit dem titelgebenden Decknamen »Schakal«, den französischen Präsidenten Charles de Gaulle, der als Symbolfigur für die Aufgabe der algerischen Kolonie betrachtet wird, zu ermorden. Der Roman schildert zum einen ausführlich die Vorbereitungen des Attentats, die Informationsbeschaffung über den Tagesablauf und die Terminplanung des französischen Staatspräsidenten sowie den Kontakt des Schakals mit einem belgischen Waffenschmied, der ihm ein unauffälliges, leicht zerlegbares Scharfschützengewehr anfertigt. Zum anderen werden die Bemühungen der über den geplanten Anschlag informierten französischen Polizei dargestellt, den Präsidenten vor dem gesichtslosen Attentäter zu schützen. Dabei wird der biedere, aber tüchtige Polizist Lebel zum Gegenspieler des Killers. Trotz aller Schwierigkeiten verfolgt der Schakal unbeirrbar sein Ziel und verfehlt sein Opfer nur durch einen Zufall.

Struktur: Forsyth lässt die beiden Handlungsstränge um den Attentäter und den französischen Polizisten in konsequenter Parallelmontage aufeinander zulaufen, bis sie sich am Ende des Romans kreuzen. Die virtuos gehandhabte Mischung aus Fiktion und Fakten sowie der ostentative Verzicht auf moralische Wertungen unterscheidet Forsyth von anderen Verfassern von Spannungsromanen. Die bisweilen starke Annäherung des Erzählens an die Perspektive des Killers ist dem Autor als Sympathie für einen starken, autoritären Charakter ausgelegt worden, die sich auch in seiner emotionslosen Darstellung der brutalen Verhörmethoden des Geheimdienstes wiederfinde. Tatsächlich drückt sich darin wohl eher die Illusionslosigkeit des langjährigen Journalisten aus, der im Verlauf seines Berufslebens gelernt hat, an der moralischen Integrität staatlicher Organisationen zu zweifeln.

Wirkung: Wie andere Romane von Forsyth, wurde auch *Der Schakal* verfilmt (1972 von Fred Zinneman, 1987 von Michael Caton-Jones). Die nüchterne Darstellung vom Alltag eines Profikillers und der illusionslose Blick auf das politische Machtspiel, das auch vor dem Paktieren mit Kriminellen nicht zurückschreckt, befruchtete das Genre des Kriminalromans. Im Politthriller setzte sich ein neuer Typus des Attentäters durch: Es handelt sich nicht länger um einen politischen Fanatiker oder einen Verblendeten, sondern um einen gewieften Scharfschützen, der mit professioneller Nonchalance sein Gewerbe ausübt. Selbst in den trivialliterarischen Varianten des Genres gehört die Darstellung politischer Korruption mittlerweile zum selbstverständlichen Thema.   *H. R. B.*

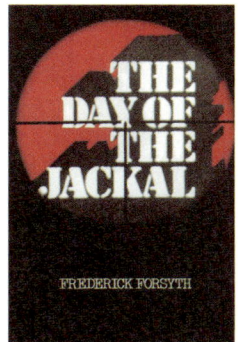

Frederick Forsyth, *Der Schakal*, Umschlag der Originalausgabe 1971

Frederick Forsyth in seinem Arbeitszimmer

Erik Fosnes Hansen, *Choral am Ende der Reise*, links: Einband der ersten Taschenbuchausgabe 1992; rechts: Umschlag der deutschsprachigen Erstausgabe 1995

Fosnes Hansen, Erik

norweg. Schriftsteller

* 6.6.1965 New York

📖 *Choral am Ende der Reise*, 1990

In den Romanen von Erik Fosnes Hansen verbinden sich Fiktion und Historisches. Seine Prosa zeichnet sich durch geschickte Komposition und psychologische Feinsinnigkeit aus. Mit seiner breit angelegten, traditionellen Erzählweise hebt sich der Verfasser deutlich von avantgardistischen Tendenzen ab.

Fosnes Hansen wuchs in Oslo auf. Er besuchte eine anthroposophische Schule und studierte später zwei Jahre in Stuttgart. Der Autor lebt heute in Norwegen und Italien. Neben seiner schriftstellerischen Tätigkeit arbeitet er als Rezensent und Literaturkritiker für die norwegische Tageszeitung *Aftenposten*.

Bereits im Alter von 20 Jahren gab Fosnes Hansen sein erstes Buch *Falkenturm* (1985) heraus, einen historischen Roman aus der Zeit der Kreuzzüge. 1990 folgte der Bestseller *Choral am Ende der Reise*, 1998 *Momente der Geborgenheit*, der erste Band einer Trilogie, die vier Geschichten aus verschiedenen Ländern und Jahrhunderten raffiniert miteinander verbindet.

Choral am Ende der Reise

OT Salme ved reisens slutt **OA** 1990 **DE** 1995
Form Roman **Epoche** Moderne

Erik Fosnes Hansen hat mit *Choral am Ende der Reise* einen Roman über die Titanic geschrieben, die 1912 mit etwa 1500 Menschen an Bord sank. In den sorgfältig recherchierten historischen Rahmen bettet er die fiktiven Lebenswe-

Auszug aus dem Roman
Choral am Ende der Reise von
Erik Fosnes Hansen:

Ein Sturm, ein Schiffbruch, und wenn du bis dahin keinen Gott hattest, wirst du erleben, dass du dann einen findest.

ge seiner sieben Protagonisten aus verschiedenen Ländern ein. Damit zeichnet er ein soziokulturelles Panorama Europas zu Beginn des 20. Jahrhunderts, einer Epoche, die geprägt ist von patriarchalischen Strukturen und Fortschrittsgläubigkeit. Die Havarie der Titanic wird bei Fosnes Hansen zum Symbol für den Untergang dieser Epoche.

Inhalt: Sieben Musiker aus verschiedenen Ländern finden sich auf der Titanic als Ensemble zusammen, um auf der Jungfernfahrt Ragtime, Märsche und Choräle für die Passagiere zu spielen. Jeden der Musiker führt ein besonderes Schicksal an Bord. Während das Schiff auf die Katastrophe zusteuert, werden ihre Geschichten beleuchtet. Da ist der Kapellmeister Jason Coward aus London, Sohn eines Armenarztes mit einer Begabung für Naturwissenschaften und Musik; der Tod seiner Eltern und der Selbstmord seiner schwangeren Freundin ließen ihn den Glauben an Gott und die Menschen verlieren. Er begann sich gegen seine Umwelt zu stellen und glitt sozial ab. Sein russischer Freund, der Violinist Alexander Bezhnikov, war nach dem Blutsonntag 1905 aus Sankt Petersburg nach London geflüchtet und hatte dabei seinen kleinen Bruder im Stich gelassen. Der kokainsüchtige Pianist, genannt »Spot«, der einst Leo Loewenhaupt hieß, aus Schwaben kam und ein blond gelocktes Wunderkind auf der Geige war, ging seinem Traum nach, Komponist zu werden; er endete arm, erfolglos und von seiner Familie verlassen. Der 18-jährige David Bleiernstern ist ein Jude aus der Wiener Bürgerschicht, dessen einziger Lebensinhalt die Liebe zu einem Mädchen war, das ihn verließ. Eher bizarr ist die Geschichte des alten Petronius Witt aus Rom. Sie handelt von einem seltsamen Vorfahren, der Liebe zum Marionettentheater und einem Geist in seinem Kontrabass. Der irische Bratschist Jim Reel ist gleichermaßen beseelt von dem Gefühl der Angst und der Freiheit auf dem Meer. Er ist befreundet mit dem Cellisten Georges Donner, einem feinsinnigen belesenen Franzosen, der die Kollegen über das Göttergeschlecht der Titanen, den Namensgebern der Titanic, aufklärt und dabei die griechische Mythologie anschaulich und chauvinistisch zugleich auf den Montmartre verlegt. Als auf dem sinkenden Schiff die Panik ausbricht, spielen die Musiker das Largo von Händel, bis auch sie bei dem Versuch sich zu retten getrennt werden.

Struktur: Die Rahmenhandlung spielt sich chronologisch in jenen historischen fünf Tagen von 10. bis zum 14. April 1912 ab, die die Jungfernfahrt der Titanic dauerte, bevor sie sank. Als Rahmengeschehen, das die Rückblicke der Musiker motiviert und verknüpft, werden das Schiff, sein Kapitän, die Mannschaft, die Bordküche, di

OT = Originaltitel   **EZ** = Entstehungszeit   **OA** = Originalausgabe   **DE** = Deutsche Erstausgabe   📖 = Verweis auf Werkartikel

Stimmung sowie die Passagiere beschrieben. Historische Details der Überfahrt werden mit dokumentarischer Genauigkeit wiedergegeben. Die Schicksale der Musiker, die jeweils eigene Kapitel bilden, sind hingegen frei erfunden; in inneren Monologen, im Gespräch oder in Form eines Briefs blicken sie auf ihr Leben zurück. Die historische und fiktive Ebene verbindet das parallele Motiv des Scheiterns; so sicher wie die Unsinkbarkeit der Titanic schien, so sicher schien auch der Weg der sieben Musiker in ein erfolgreiches Leben vorgezeichnet zu sein, doch ihre Träume und Hoffnungen erfüllten sich nicht.

Wirkung: *Choral am Ende der Reise* wurde in etwa 30 Sprachen übersetzt und stand in Europa auf den Bestsellerlisten. Für den Roman erhielt Fosnes Hansen den norwegischen Literaturpreis »Riksmålsprisen« (1990). *C. B.*

Foucault, Michel

frz. Philosoph

* 15.10.1926 Poitiers, † 25.6.1984 Paris

📖 *Die Ordnung der Dinge*, 1966

Michel Foucault zählt zu den wichtigsten französischen Denkern des 20. Jahrhunderts, der versuchte, eine Geschichte der Zivilisation mit strukturalistischen Methoden zu schreiben. Das Leben, das Werk und die Philosophie von Foucault widersetzen sich einer klaren Einteilung.

Foucault studierte an der École Normale Supérieure in Paris Philosophie und Psychologie. Danach war er Assistent für Psychologie an der Universität von Lille und praktizierender Psychologe am psychiatrischen Krankenhaus Sainte-Anne in Paris. Während einiger Auslandsaufenthalte entstand *Wahnsinn und Gesellschaft* (1961), in dem der Autor den historischen Wandel in der Darstellung und Behandlung von Geisteskranken nachzeichnet.

Nach weiteren Auslandsaufenthalten in São Paulo und Tunis erschien 1966 das einflussreiche Werk, *Die Ordnung der Dinge,* mit dem Foucault seine Diskurstheorie vertiefte. Angesichts seiner hier und in anderen Werken vorgenommen Betonung des Einflusses von Denkkategorien auf den Inhalt von Diskursen wurde Foucault häufig zu den Strukturalisten gezählt.

1970 hatte Foucault einen Lehrstuhl für die Geschichte der Denksysteme am Collège de France inne. In späteren Jahren ging eine Radikalisierung seiner Thesen mit seiner politischen und journalistischen Tätigkeit einher. Zu seinen wichtigen Werken zählen u.a. *Archäologie des Wissens* (1969) und *Geschichte der Sexualität* 1976–84).

Biografie: B. H. F. Taureck, *Michel Foucault* (rm 50506).

Die Ordnung der Dinge

OT Les Mots et les choses. Une archéologie des sciences humaines **OA** 1966 **Form** Sachbuch **Bereich** Philosophie

Mit *Die Ordnung der Dinge* begibt sich der Psychologe Michel Foucault nach intensiven Forschungen zum ersten Mal in einem größeren Werk auf das Gebiet der Ideengeschichte. Das Buch markiert gleichzeitig Foucaults erste systematische Darstellung der Diskurstheorie.

Aufbau: Foucault untersucht den Wandel der Idee der Wissenschaft von der Renaissance über das »klassische Zeitalter« des 17. und 18. Jahrhunderts bis hin zum 19. Jahrhundert. Dabei konzentriert er sich auf die sprachlichen Kategorien und die elementaren Denkmuster, nach denen Wissen geordnet sei und die daher die Diskursinhalte vorbestimmen. So entstehe Wissen laut Foucault nicht als Ergebnis des rationalen Denkprozesses der Menschen, sondern ergebe sich aus der grundlegenden Struktur des Diskurses, die teils auf zufällige »Entdeckungen« zurückgehe, teils von politischen Machtinstanzen durchgesetzt werde.

Inhalt: War das Denksystem der Renaissance vom bestimmenden Prinzip der Verwandtschaft der Dinge untereinander gekennzeichnet, so existiere laut Foucault im klassischen Zeitalter eine neue, wesentlich andere Ordnung, in der es sich »nicht mehr um die Frage der Ähnlichkeiten, sondern um die der Identitäten und der Unterschiede handelt«.

Diese Änderung des Denksystems erklärt Foucault im Einzelnen durch einen Rückgriff auf die Semiotik, in dem er für das klassische Zeitalter eine neue »dualistische Theorie des Zeichens« feststellt, welche drei Elemente impliziere: »das, was markiert wurde, das, was markierend war, und das, was gestattete, im

Michel Foucault, *Die Ordnung der Dinge*, Umschlag der deutschsprachigen Erstausgabe 1971

Michel Foucault Mitte der 1960er Jahre

Auszug aus dem Roman *Was am Ende bleibt* **von Paula Fox:**

...sie lächelte weiter bis zu der Sekunde, als die Katze ihre Zähne in den Rücken ihrer linken Hand grub und sich so an ihr Fleisch hängte, dass sie beinahe nach vorne fiel, fassungslos und entsetzt, doch war sie sich der Anwesenheit Ottos bewusst genug, um den Schrei zu unterdrücken, der in ihrer Kehle aufstieg, als sie ihre Hand mit einem Ruck aus diesem mit Widerhaken besetzten Kreis zurückzog.

Paula Fox, *Was am Ende bleibt*, Umschlag der deutschsprachigen Erstausgabe 2000 (Gestaltung: L. Eisenmann)

Einem die Markierung des Anderen zu sehen.« Dieses auf der Repräsentation basierende Zeichensystem sei die Grundlage einer allgemeinen Ordnungswissenschaft gewesen, deren Begriffsraster Foucault rekonstruiert. Anschließend zeichnet er dieses System in drei scheinbar unterschiedlichen Teildiskurse der Zeit, in der allgemeinen Grammatik, in der Naturgeschichte und in der Analyse der Reichtümer, nach. So leite sich beispielsweise der Wert vom Geld nicht mehr aus seinem Edelmetallbestand ab, sondern aus der auf ihm abgebildeten Repräsentation des Souveräns.

Im zweiten Teil des Werks widmet sich Foucault einem erneuten Wandel des Denksystems im 18. Jahrhundert: in einer Analyse schildert er, wie aus der Betonung der Zirkulation von Geld die bestimmende Rolle der Arbeit entstanden sei, wie die Analyse der äußeren Merkmale von Pflanzen und Tieren in der Naturgeschichte der Vorstellung von Organisation und Funktion in der sich formierenden Biologie gewichen sei, und wie anstelle einer reinen Kategorisierung der Unterschiede der Sprachen durch die Entdeckung der Flexion ihre gemeinsamen Verbindungen festgestellt wurden.

Wirkung: Für Foucault habe seine »Archäologie des Denkens« weit reichende Folgen für die menschliche Existenz. Indem er der Sprache eine konstituierende Rolle einräumt, relativiert er gleichzeitig die bisweilen als absolut empfundene Bedeutung der menschlichen Vernunft. Daher proklamiert er den Tod des Menschen als autonomes Wesen, was die teils sehr kritische Rezeption des Werks erklärt. *B. A.*

In den USA veröffentlichte Fox neben zahlreichen Kinderbüchern, für die sie 1978 mit dem Hans-Christian-Andersen-Preis ausgezeichnet wurde, ab 1967 sechs Romane sowie ihre Autobiografie. Drei ihrer Romane wurden – mit erheblicher Verspätung – ins Deutsche übersetzt: *Was am Ende bleibt* (1970), *Kalifornische Jahre* (1973) über eine 17-Jährige, die 1940 von New York nach Kalifornien geht und dort, auch in der Begegnung mit Männern, erwachsen wird, und *Lauras Schweigen* (1976).

Autobiografie: P. Fox, *Borrowed Finery. A Memoir*, 2001.

Was am Ende bleibt

OT Desperate Characters   **OA** 1970   **DE** 2000
Form Roman   **Epoche** Moderne

Ohne Pathos, doch mit großer Eindringlichkeit erzählt Paula Fox in *Was am Ende bleibt*, wie ein glücklich wirkendes, gut situiertes Paar mittleren Alters nach einer Reihe eher kleiner Katastrophen vor den Scherben seines Lebens und seiner Beziehung steht.

Inhalt: Geschildert werden drei Tage im Leben von Sophie und Otto Bentwood. Gut 40 Jahre alt, seit 15 Jahren verheiratet und kinderlos, führen die beiden ein wohl geordnetes Leben in einem Backsteinhaus im New Yorker Stadtteil Brooklyn. Er ist erfolgreicher Anwalt, sie hat früher als Drehbuchautorin und Übersetzerin gearbeitet, allerdings seit einiger Zeit die Lust daran verloren. Als Sophie am Freitag eine streunende Katze füttert, wird sie in die Hand gebissen. Otto erzählt, dass sein Kompagnon Charlie Russel die seit Jahren gemeinsam geführte Kanzlei verlassen hat – ein Ereignis, auf das er mit Trotz, Wut und Hilflosigkeit reagiert. In der Nacht darauf kommt unerwartet Charlie vorbei, der Otto sprechen möchte, dann aber mit Sophie in eine Bar geht. Charlie beklagt sich über Ottos Gefühllosigkeit; Sophie lässt sich dazu hinreißen, von einer Affäre zu erzählen, die sie vor fünf Jahren hatte. Gegenüber einer Bekannten, die sie am Tag darauf besucht, erklärt Sophie ihre depressive Verfassung mit ihrem Nichtstun. Ihre Stimmung verdüstert sich weiter, als sie nach ihrer Rückkehr nach Hause mit Charlies Frau Ruth telefoniert und mit ihrem Vorschlag, sich über alles auszusprechen, auf Ablehnung stößt. Beim Abendessen beklagt sich Otto über Charlies Illoyalität. Danach gehen beide ins Krankenhaus, weil Sophies Hand immer noch geschwollen ist und sie Angst hat, sich mit Tollwut infiziert zu haben. Sophie bekommt eine Spritze und erhält die Auskunft, dass der Vorfall meldepflichtig sei. Otto fängt das Tier und bringt es ins Tierheim. Von dort soll bis Montagmittag ein Anruf kommen, sofern die Katze tollwütig ist. Am Sonnta...

Fox, Paula

US-amerikan. Schriftstellerin
*22.4.1923 New York City
Was am Ende bleibt, 1971

Seit ihrer Wiederentdeckung durch den US-amerikanischen Schriftsteller Jonathan Franzen (*1959) im Jahr 1991 wird Paula Fox zu den wichtigsten Autorinnen der US-Gegenwartsliteratur gerechnet.

Fox wuchs zunächst bei einem Pastor auf und kam mit sechs Jahren in ein Kinderheim in Kalifornien. Zwei Jahre darauf zog sie zur Familie ihrer Mutter nach Kuba und lebte dort auf einer Zuckerrohrplantage. 1933 kehrte sie mit ihrer Großmutter nach New York zurück, wo sie heute noch lebt.

OT = Originaltitel   **EZ** = Entstehungszeit   **OA** = Originalausgabe   **DE** = Deutsche Erstausgabe   = Verweis auf Werkartikel

fahren Otto und Sophie nach Long Island und machen die Entdeckung, dass in ihrem Sommerhaus eingebrochen wurde und die Einrichtung verwüstet ist. Am nächsten Tag ruft statt des Tierheims Charlie an. Er ist verzweifelt, so wie Otto und Sophie, die sich trotz allen Überdrusses aneinander und ihres untergründigen Hasses in ihrer Verzweiflung umarmen.

Struktur: In klarer, nüchterner Sprache und chronologischer Folge erzählt Fox, was Otto und Sophie in den drei Tagen widerfährt, und setzt dabei äußere Ereignisse und innere Verfassung parallel. Nach dem Katzenbiss reagiert Sophie mit gesteigerter Sensibilität und Nervenanspannung auf den Müll auf den Straßen, einen Steinwurf in das Haus eines befreundeten Paars oder einen Anrufer, der am Telefon schweigt. So entsteht mit nur wenigen Pinselstrichen das triste Bild vom Zerfallsprozess einer Gesellschaft und einer Mittelschichtsehe, in der beide Partner den Zumutungen der Welt nicht gewachsen sind und bemerken müssen, wie sehr sie sich voneinander entfernt haben.

Wirkung: *Was am Ende bleibt* ist der erfolgreichste Roman von Paula Fox. Er wurde 1971 verfilmt, stand bei der Wiederentdeckung der Autorin in den 1990er Jahren in den USA im Zentrum der Aufmerksamkeit und fand auch in Deutschland eine große Leserschaft. *B. Be.*

New York als literarischer Schauplatz	
John Dos Passos 1925	*Manhattan Transfer:* Momentaufnahmen aus dem Alltag in New York, wie ihn Einwanderer, Angehörige der Mittelschicht, des Proletariats und der Obdachlosen erleben. → S. 292
F. Scott Fitzgerald 1925	*Der große Gatsby:* Um die Frau, die er liebt, zurückzugewinnen, gibt der aus der Unterschicht stammende, zu Reichtum gelangte Gatsby auf Long Island sagenhafte Partys. → S. 350
Henry Miller 1949/53/60	*Die fruchtbare Kreuzigung:* Die autobiografisch unterfütterte Romantrilogie, bestehend aus *Sexus, Plexus* und *Nexus,* spielt in den 1920er Jahren in New York und handelt von einem jungen Autor, seinem Sexualleben und seinen Schreibversuchen.
Hubert Selby 1957	*Letzte Ausfahrt Brooklyn:* Eine trostlose Existenz führen die geschundenen, verhöhnten New Yorker vom Transvestiten über das Strichmädchen bis zum Gewerkschafter. → S. 988
Paula Fox 1970	*Was am Ende bleibt:* Ein in Brooklyn lebendes wohlhabendes und gebildetes Paar mittleren Alters erlebt binnen drei Tagen, wie seine wohl geordnete Welt zusammenbricht. → S. 364
Paul Auster 1985/86	*New-York-Trilogie:* Die drei New-York-Romane *Stadt aus Glas, Schlagschatten* und *Hinter verschlossenen Türen* wirken wie klassische Kriminalgeschichten, doch die logischen Zusammenhänge lösen sich auf, nichts passt zueinander. → S. 67
Tom Wolfe 1987	*Fegefeuer der Eitelkeiten:* Wolfe schildert den Niedergang eines zu Reichtum gelangten Brokers an der Wall Street. → S. 1165
Bret Easton Ellis 1991	*American Psycho:* Der Held des Romans geht tagsüber harmlos seinen Geschäften an der New Yorker Börse nach und wird nachts zu einem brutalen Serienkiller von Frauen.
Siri Hustved 1992	*Die unsichtbare Frau:* Eine in New York studierende junge Frau wird zum Objekt sexueller Männerfantasien und hat das Gefühl, von einem schwarzen Loch aufgesogen zu werden.
Salman Rushdie 2001	*Wut:* Um seine Familie vor den eigenen Wutausbrüchen zu schützen, flieht ein Professor aus Cambridge nach New York und sieht sich auch dort mit Gewalt konfrontiert.

Frame, Janet

neuseeländ. Schriftstellerin

*28.8.1924 Dunedin

Ein Engel an meiner Tafel, 1983–85

Janet Frame ist eine der bedeutendsten Schriftstellerinnen Neuseelands. In ihrem Roman *Ein Engel an meiner Tafel* (1983–85) schildert sie in der ihr eigenen poetischen Sprache die erschütternde Geschichte ihres bewegten Lebens.

Frame wuchs im Neuseeland der 1920er Jahre in ärmlichen Verhältnissen auf. Schon in der Kindheit begann sie Gedichte zu schreiben; ihr außergewöhnliches Talent wurde früh erkannt. In ihrer Studienzeit unternahm Frame, bedingt durch familiäre Schicksalsschläge, einen Suizidversuch und wurde daraufhin mit diagnostizierter Schizophrenie in eine geschlossene Anstalt eingewiesen. Die folgenden sieben Jahre, in denen sie weiterhin künstlerisch aktiv blieb, verbrachte sie in verschiedenen Kliniken und wurde mit aus heutiger Sicht desaströsen medizinischen Methoden behandelt. Durch die Veröffentlichung ihres ersten Buchs *Wenn Eulen schreien* (1957) auf sie aufmerksam geworden, veranlasste ein Arzt kurz vor der geplanten Hirnoperation ihre Entlassung aus der Psychia-

trie; die Diagnose der Schizophrenie wurde später revidiert. In den folgenden Jahren wurden ihre Werke einer größeren Öffentlichkeit bekannt. Frame erhielt ein Auslandsstipendium und lebte für sieben Jahre in Europa; nach Neuseeland zurückgekehrt, schrieb sie weitere Romane, Novellen und Gedichte, in denen sie häufig ihre Erfahrungen in der Psychiatrie verarbeitete.

Ein Engel an meiner Tafel

OT To the Is-Land, An Angel At My Table,
The Envoy from Mirror City **OA** 1983, 1984, 1985
DE Ein Engel an meiner Tafel, 1993, Der Gesandte aus der Spiegelstadt, 1994 (zweibändige Ausgabe)
Form Roman **Epoche** Moderne

In ihrem dreiteiligen autobiografischen Roman, in Deutschland gesammelt unter dem Titel *Ein Engel an meiner Tafel* erschienen, erzählt Janet Frame von ihrer außergewöhnlichen Entwicklung, die nicht nur von ihrem Umfeld, dem proletarischen Neuseeland der Kriegs- und Nachkriegszeit, sondern auch von verschiedenen Autoren der Weltliteratur beeinflusst wurde.

Inhalt: Im ersten Teil, *Zu den Inseln,* berichtet Frame von ihrer von Armut und Schicksalsschlägen geprägten Kindheit. Ihr Bruder

Janet Frame, *Ein Engel an meiner Tafel,* Einband der dreiteiligen englischsprachigen Taschenbuch-Ausgabe 1991

Alexia Keogh als Janet Frame (als Kind) in der Verfilmung der Autobiografie *Ein Engel an meiner Tafel* von Janet Frame (Neuseeland 1990; Regie: Jane Campion)

Schizophrenie im Werk von Janet Frame

Geschehen: Janet Frame verbrachte in den 1940er Jahren mit diagnostizierter Schizophrenie sieben Jahre in verschiedenen neuseeländischen Anstalten. Sie fiel damals vor allem durch ihr altersungemäßes introvertiertes Verhalten auf. Die poetische Sprache ihrer Aufsätze, die ihren späteren Stil kennzeichnen sollte, schien ihren Dozenten an der Universität verschroben. Tatsächlich waren diese Auffälligkeiten jedoch nicht Indikatoren für eine problematische Persönlichkeit, sondern für ihr Übermaß an Talent und Kreativität.
Einfluss: Die Krankheit hatte, auch wenn sie fälschlich diagnostiziert wurde, wesentlichen Einfluss auf die Arbeiten der Au-

torin. Frame betrachtet Schizophrenie in ihren Werken als Metapher für die Flucht vor den Einschränkungen der Gesellschaft. Für sie war die Fehldiagnose auch die Möglichkeit, von ihrer Umwelt als besonderes Individuum wahrgenommen zu werden. Die Intellektuellen verglichen sie in den 1940er/50er Jahren mit dem ebenfalls an Schizophrenie erkrankten Maler Vincent van Gogh (1853–90) oder dem Komponisten Hugo Wolf (1860–1903). Auch die spätere Rezeption der Werke Frames ist von ihren Erfahrungen mit der Psychiatrie beeinflusst; noch heute haftet der Autorin vor allem in ihrer neuseeländischen Heimat zu Unrecht der Ruf des verrückten Genies an.

Auszug aus dem Roman
Ein Engel an meiner Tafel von Janet Frame:

Ich sah mich im Waggon nach den »normalen« Leuten um. Wussten sie, wo ich gewesen war? Und wenn sie es wussten, würden sie mich ansehen und dann schnell wieder wegsehen, um die Angst und die faszinierende Neugier zu verbergen, als ob sie einen Geschmack von einer Erfahrung bekämen, die sie – Gott sei Dank, dachten sie – nie machen würden, die ihnen Angst einflößte, sie jedoch auch unbändig interessierte?

erkrankt früh an Epilepsie, ihre zwei lebenslustigen Schwestern ertrinken bei einem Badeausflug. Frame, von allen »Jean« genannt, wird schon als Kind durch ihre roten Locken und ihre Liebe zur Literatur zur Außenseiterin.

Im zweiten Teil, *Ein Engel an meiner Tafel*, wird geschildert, wie sich die hoch begabte Frau aufgrund ihrer Unsicherheit und Schüchternheit völlig aus der Umwelt zurückzieht. Als sie in einem universitären Essay von ihrem Suizidversuch schreibt, veranlasst einer der Dozenten ihre Einweisung in eine psychiatrische Anstalt, wo sie die nächsten Jahre verbringt. Erst die Publikation ihres ersten Romans bewahrt sie vor der geplanten Lobotomie. Frame wird aus der Klinik entlassen und beginnt ihre professionelle schriftstellerische Karriere.

Der dritte Teil der Autobiografie, *Der Gesandte aus der Spiegelstadt*, beginnt mit dem Erhalt eines Stipendiums, das Frame einen längeren Aufenthalt in Europa ermöglicht. Dort knüpft sie Kontakte zu anderen Schriftstellern, ihr Talent erfährt große Aufmerksamkeit. In Spanien

lernt Frame außerdem ihre erste Liebe kennen. Mit einem gestärkten Selbstbewusstsein beginnt sie ihren eigenen literarischen Stil zu festigen und reist als renommierte Künstlerin in ihre Heimat zurück.

Aufbau: Frame stellt in ihrem Roman die Frage nach der literarischen Umsetzung der Realität. Misstrauisch gegenüber tradierten Formen der Autobiografie, entwickelt sie einen Stil, der sowohl detailgetreu als auch reflektierend poetisiert ist. Der Romantitel *Ein Engel an meiner Tafel* ist ein Zitat aus dem dichterischen Werk von Rainer Maria → Rilke. Ebenso wie durch ihre eigenen Erlebnisse zeigt sich Frame durch andere Autoren der Weltliteratu beeinflusst, u.a. von → Shakespeare, Maurice Duggan (1922 bis 1974) und Katherine → Mansfield.

Der autobiografische Roman trägt auch an seinen erschütterndsten Stellen, in denen die Autorin den Tod ihrer Schwestern oder die an ihr vorgenommene Behandlung mit Elektroschocks schildert, häufig Züge der Lyrik oder des subtilen Humors. Die bei ihr fälschlich diagnostizierte Schizophrenie betrachtet Frame nicht als Stigma, sondern als Erweiterung ihres persönlichen und dichterischen Horizonts.

Wirkung: Noch stärker als in ihren anderen Werken gelang es Frame in *Ein Engel an meiner Tafel* ihren außergewöhnlich expressiven Stil umzusetzen. Das Genre der Biografie belebte die Neuseeländerin mit einem neuen literarischen Anspruch. *K. G.*

France, Anatole

(eigtl. Jacques-Anatole Thibault) frz. Schriftsteller
* 16.4.1844 Paris, † 13.10.1924 La Béchellerie/Tours
📖 *Die Götter dürsten*, 1912

Als aufgeklärter Epikureer und Verfechter sozial engagierter Ideen vertrat Anatole France die Gegenposition zum morbiden Irrationalismus der symbolistischen Literatur des ausgehenden 19. Jahrhunderts.

Der Sohn eines Buchhändlers wuchs ganz im Geist des Humanismus auf. Sein literarisches Schaffen, das sich parallel zu seiner Tätigkeit als Bibliothekar und Lektor entwickelte, konzentriert sich im Wesentlichen auf den historischen Roman. Sein Hauptwerk, der Romanzyklus *Zeitgenössische Geschichte*, der zwischen 1897 und 1901 in vier Bänden mit verschiedenen Titeln erschien, beleuchtet mit bitterem Scharfsinn und Humor die gesellschaftlichen Missstände im Frankreich der Jahrhundertwende. 1897 engagierte sich France anlässlich der Dreyfusaffäre auf Seiten der Sozialisten für eine rückhaltlose Aufklärung sämtlicher Hintergründe.

OT = Originaltitel **EZ** = Entstehungszeit **OA** = Originalausgabe **DE** = Deutsche Erstausgabe 📖 = Verweis auf Werkartikel

Seine kritische Haltung gegenüber Staat und Kirche ließ France in zunehmendem Maße zum Kommunismus tendieren. Einen Vergleich mit → Voltaire legen sowohl sein Eintreten für Toleranz und individuelle Freiheit als auch sein eleganter, von Ironie und Skeptizismus durchzogener Stil nahe. Stärker ausgeprägt als bei Voltaire ist bei France allerdings die persönliche Anteilnahme am menschlichen Leid, so etwa im Erzählband *Crainquebille* (1901). 1914 zog er sich durch die Aufforderung, im Falle eines Sieges die Deutschen als Freunde zu behandeln, den Vorwurf des Defätismus zu. 1921 erhielt France den Nobelpreis für Literatur »in Anerkennung seiner glänzenden Leistungen, die sich durch Adel und Kraft des Stils, hochherzige Menschlichkeit, echten Charme und französisches Temperament auszeichnen« (so das Nobelkomitee in seiner Begründung). *D. O.*

Literatur: A. Gier, *Ein Skeptiker im Gespräch mit dem Leser,* 1985.

Die Götter dürsten

OT Les dieux ont soif **OA** 1912 **DE** 1912
Form Roman **Epoche** ??

In seinem meistgelesenen Roman *Die Götter dürsten* schildert Anatole France den politischen Fanatismus im revolutionären Paris der Schreckensjahre 1793/94.
Inhalt: Der junge, erfolglose Maler Evariste Gamelin, ein begeisterter Anhänger der Revolution, bekommt durch Beziehungen einen Platz als Geschworener im gefürchteten Revolutionstribunal. Aus dem empfindsamen, von glühenden Idealen erfüllten Jüngling entwickelt sich rasch ein fanatischer Befürworter des revolutionären Schreckens, der selbst die Hinrichtung des eigenen Schwagers gutheißt. Auch die Liebe seiner warmherzigen Freundin Elodie Blaise kann seinen inneren Verhärtungsprozess nicht aufhalten. Mit dem Sturz Robespierres endet jedoch auch die Karriere von Evariste. Von den Menschen verachtet und gehasst, erwartet ihn – wie die meisten der ehemaligen Betreiber des Schreckens – der Tod unter der Guillotine. Am Beispiel menschlicher Einzelschicksale aus den unterschiedlichsten sozialen Schichten führt France vor Augen, wie der private Lebensbereich unaufhaltsam unter den Einfluss der politischen Vorgänge gelangt. Durch die vielen Diskussionen der Romanfiguren über den Stellenwert der Künste (und vor allem der Malerei) wird deutlich, dass Frankreich während der Revolution auch Brennpunkt moralischer und ästhetischer Kontroversen war.
Wirkung: *Die Götter dürsten* ist eine Anklage gegen Fanatismus jeglicher Art. Der Erfolg des nuancenreichen Romans gründet in der subli-

men Geschichtskenntnis und der umfassenden Bildung des Autors, der – ein glänzender Stilist – den alltäglichen Schrecken der Jahre 1793/94 für den modernen Leser erfahrbar macht. *D. O.*

Frank, Anne

niederländischsprachiges Mädchen dt. Herkunft

*12.6.1929 Frankfurt/Main

† März 1945 Konzentrationslager Bergen-Belsen

📖 *Anne Frank Tagebuch,* 1947

Anne Frank in der Schule

Annelies Marie Frank, genannt Anne, emigrierte 1933 mit ihrer Familie nach Amsterdam. Ihr Vater, der jüdische Fabrikant Otto Frank, hatte an der Prinsengracht 263 eine Firma gegründet. Nach der Besetzung der Niederlande durch die deutsche Wehrmacht und der Zunahme von antijüdischen Maßnahmen bereitete Otto Frank im Hinterhaus seines Büros ein Versteck für seine Familie vor. Hier tauchte die Familie zwei Jahre später, 1942, gemeinsam mit vier weiteren Personen unter.

Mit Hilfe von Otto Franks engsten Mitarbeitern konnten sich die acht Menschen zwei Jahre lang verborgen halten, bis sie 1944 entdeckt, verraten und mit dem letzten Transport von Westerbork nach Auschwitz deportiert wurden. Allein Otto Frank überlebte. Er veröffentlichte das Tagebuch seiner im Konzentrationslager Bergen-Belsen zu Tode gekommenen Tochter. Neben ihrem Tagebuch schrieb Anne auch kleine Erzählungen, Märchen und Betrachtungen, die in dem Band *Geschichten und Ereignisse aus dem Hinterhaus* (1960) erschienen sind.

Anne Franks größter Wunsch war es, Journalistin oder Schriftstellerin zu werden. Ihr Tagebuch zeugt von scharfer Beobachtungsgabe, ausgeprägtem Ehrgeiz und der Fähigkeit, Ereignisse präzise zu beschreiben.

Biografie: Carol A. Lee, *Anne Frank. Die Biografie,* 1999.

Anne Frank Tagebuch

OT Het Achterhuis. Dagboekbrieven 12 Juni 1942 – 1 Augustus 1944 **OA** 1947 **DE** 1950
Form Tagebuch **Epoche** Drittes Reich

Dramatisiert, verfilmt, in mehr als 55 Sprachen übersetzt und in über 20 Millionen Exemplaren verbreitet, ist das *Tagebuch* der Anne Frank weltberühmt geworden. Anne Frank wird heute als Symbolgestalt für das Leiden des jüdischen Volkes gesehen.

Tagebucheintrag von Anne Frank am 20. Juni 1942:

Es ist für jemanden wie mich ein eigenartiges Gefühl, Tagebuch zu schreiben. Nicht nur, dass ich noch nie geschrieben habe, sondern ich denke auch, dass sich später keiner, weder ich noch ein anderer, für die Herzensergüsse eines dreizehnjährigen Schulmädchens interessieren wird.

Hauptpersonen in »Anne Frank Tagebuch«

■ **DIE UNTERGETAUCHTEN**

Otto Heinrich Frank, Anne Franks Vater, wurde am 27. Januar 1945 im KZ Auschwitz von der Roten Armee befreit. Er kehrte im Juni 1945 nach Amsterdam zurück.

Edith Frank, Annes Mutter, starb am 6. Januar 1945 im KZ Auschwitz-Birkenau.

Margot Betti Marie Frank, Annes ältere Schwester, starb Anfang März 1945 im KZ Bergen-Belsen.

Anne (eigtl. Annelies Marie) Frank, die jüngere Tochter von Otto und Edith, starb wenige Tage später in Bergen-Belsen.

Hermann van Pels, Geschäftspartner von Otto Frank, floh 1937 mit seiner Familie von Osnabrück nach Amsterdam. Er wurde 1944 im KZ Auschwitz-Birkenau ermordet.

Auguste van Pels, seine Frau, starb vermutlich im Frühjahr 1945 in Theresienstadt.

Peter van Pels, ihr Sohn, starb am 5. Mai 1945 in Mauthausen, drei Tage vor der Befreiung des Konzentrationslagers.

Fritz Pfeffer, Zahnarzt, floh 1938 aus Frankfurt/Main nach Amsterdam. Er kam am 20. Dezember 1944 im KZ Neuengamme ums Leben.

■ **DIE HELFER**

Victor Kugler wurde nach dem Verrat des Verstecks ins holländische KZ Amersfoort gebracht. Im März 1945 konnte er bei einem Transport fliehen und bis Kriegsende untertauchen.

Johannes Kleiman wurde ebenfalls im KZ Amersfoort interniert, erkrankte dort und wurde auf Vermittlung des Roten Kreuzes im September 1944 nach Hause entlassen.

Miep Gies und **Elli Voiskuijl** wurden nicht verhaftet.

Anne Frank Tagebuch, Umschlag der deutschsprachigen Erstausgabe 1950

Entstehung: Kurz bevor sich die Familie Frank vor den Nationalsozialisten verstecken musste, hatte Anne zu ihrem 13. Geburtstag ein Tagebuch geschenkt bekommen. Die darin enthaltenen Briefe an die erdachte Freundin Kitty schrieb sie zunächst nur für sich selbst (Fassung a). Im März 1944 entschloss sich Anne, ein Buch über das Leben im Hinterhaus zu veröffentlichen. Zu diesem Zweck überarbeitete sie ihre Eintragungen (Fassung b).

Eine der Helferinnen, Miep Gies, verwahrte Annes Aufzeichnungen und übergab sie nach dem Krieg Otto Frank. Dieser stellte aus beiden Manuskripten einen – aus persönlichen Gründen gekürzten – Text zur Veröffentlichung zusammen (Fassung c). Leugner des Holocaust behaupteten, dass das Tagebuch eine Fälschung sei, und führten die Eingriffe des Vaters als Beleg an. Um die Vorwürfe zu entkräften, veröffentlichte das Institut für Kriegsdokumentation in Amsterdam 1988 eine textkritische Ausgabe, mit der die Echtheit des Tagebuchs bewiesen ist. Die heute vorliegende Buchversion ist vom Anne Frank-Fonds, Basel, um gestrichene Passagen erweitert worden.

Inhalt: Vor dem Hintergrund der Judenverfolgung und des Zweiten Weltkriegs spiegeln die Briefe an Kitty vor allem den Alltag der Notgemeinschaft wider und dokumentieren die unvermeidlichen Spannungen unter den Versteckten, die der täglichen Angst vor Entdeckung ausgesetzt waren. Zugleich geben sie Aufschluss über Annes persönliche Entwicklung und zeichnen ihren Weg nach, den sie sich zwischen Kindsein und Erwachsenwerden suchen musste.

Wirkung: Mehr als 800 000 Menschen besuchen jährlich das zum Museum eingerichtete »Anne Frank Huis« an der Amsterdamer Prinsengracht 263. Die Beschäftigung mit dem *Tagebuch* der Anne Frank war und ist für viele Menschen die erste und oft auch einzige Auseinandersetzung mit dem Holocaust.   *M. Si.*

Freud, Sigmund

österreich. Arzt und Gelehrter

* 6.5.1856 Freiberg (Mähren), † 23.9.1939 London

▢ *Die Traumdeutung,* 1900

▢ *Das Ich und das Es,* 1923

▢ *Das Unbehagen in der Kultur,* 1927

Sigmund Freud, dessen Name untrennbar mit der von ihm begründeten Psychoanalyse (Stichwort → S. 370) verbunden ist, gehört zu den wohl bedeutendsten und weit über die Wissenschaft hinaus bekanntesten Gestalten des 20. Jahrhunderts.

Nach seinem Studium an der Wiener medizinischen Fakultät war Freud Dozent und TitularProfessor (1902), wurde jedoch nie auf einen Lehrstuhl berufen. Umso wichtiger waren für Freud, der sich schon früh zur Psychopathologie hinwendete, Arbeit und Beobachtungen in seiner Privatpraxis. Dort beschäftigte er sich intensiv mit Hysterie und anderen Neuroseformen. Die hier gesammelten Erkenntnisse dienten ihm als Grundlage seines eigenen wissenschaftlichen Ansatzes, der von ihm zeit seines Lebens fortentwickelten Psychoanalyse als einer eigenen Behandlungs- und Forschungsmethode. Freud hat mit seinem Werk nicht nur zur Entwicklung und Verbreitung der Psychologie maßgeblich beigetragen; er hat ebenso Soziologie, Kulturanthropologie und Philosophie inspiriert und beeinflusst. In diesem weiteren Sinne ist Freud zu den bedeutendsten Denkern zu zählen, die die conditio humana in der Moderne auf den Begriff gebracht haben. Freud starb kurz nach seiner Emigration (1938) in London.   *C. S.*

Biografie: P. Gray, *Freud. Eine Biografie für unsere Zeit,* 1995; H.–M. Lohmann, *Sigmund Freud* (rm 50 601).

Die Traumdeutung

OA 1900 **Form** Sachbuch **Bereich** Psychologie

Dieses Buch gilt als das Hauptwerk Sigmund Freuds. Darin legt er zum ersten Mal die wissenschaftlichen Grundlagen der Psychoanalyse systematisch dar.

Voraussetzungen: Freud intensivierte 1895 seine Selbstanalyse. Aufgrund seiner medizinischen Ausbildung arbeitete er in einem besonderen Spannungsfeld: auf der einen Seite die Neurophysiologie, die auf Neuroanatomie gründete und die Mechanismen des Seelenlebens aus den energetischen Vorgängen in den Strukturen des Nervensystems ableitete; auf der anderen Seite die aufkommende Psychotherapie, deren Behandlungsmethoden aus dem Mesmerismus und dem nachfolgenden Konzept von Hypnotismus und Suggestion entsprangen. Die Selbstanalyse und damit die Grundlegung der Psychoanalyse in der *Traumdeutung* wird nur verständlich, wenn man beide Pole, objektive Nervenforschung und subjektive Seelenforschung sowie ihre Wechselwirkungen im freudschen Werk im Auge behält.

Inhalt: In dem über 600 Seiten langen Text stellt Freud in erster Linie die Deutung eigener Träume dar und leitet aus seiner Selbstanalyse die psychoanalytischen Grundbegriffe ab. Der selbstanalytische Prozess oszilliert zwischen beiden oben genannten Polen, die Freud nun als »Deutungsarbeit« und »Traumarbeit« bezeichnet. Der Selbstanalytiker Freud versucht durch seine subjektiv erfahrbaren Kraftanstrengungen, durch seine »psychische Arbeit« die objektiv vorgestellten Hindernisse im Passagenwerk seiner Seele zu überspringen, um die im Unbewussten verborgenen »Heiligtümer« zugänglich zu machen. Er will den Traum als eine »heilige Schrift«, welche die verborgene Natur und Geschichte des Menschen offenbart, entziffern lernen.

Wichtigste Methode der Deutung von Traumelementen ist die »kritiklose Selbstbeobachtung«, jener schwer fassbare Schwebezustand beim »freien Assoziieren«. »Was immer die Fortsetzung der Arbeit stört, ist ein Widerstand«, lautet Freuds Regel. Widerstand bedeutet auch »Macht der psychischen Zensur«, die es zu überwinden gelte.

Freud will mit seiner *Traumdeutung* dem Leser nicht nur theoretisch die »psychische Realität« des Unbewussten aufzeigen, sondern ihm zugleich eine praktische Methode an die Hand geben, mit der er sich – selbstanalytisch – von der Realität des eigenen Unbewussten überzeugen kann.

Wirkung: Freud war sich von Anfang an sicher, ein Jahrhundertwerk geschaffen zu haben. *Die Traumdeutung* antizipierte das Lehrgebäude der Psychoanalyse, das nach und nach Gestalt annahm: von der *Psychopathologie des Alltagslebens* (1901), die sich nahtlos an die *Traumdeutung* anschließt, über die Sexualtheorie, die psychoanalytische Behandlungstechnik, die Trieb- und Neurosenlehre bis hin zur Kritik von Kultur und Religion. *H. S.*

Das Ich und das Es

OA 1923 **Form** Sachbuch **Bereich** Psychologie

In dieser Schrift führt Freud sein Modell von den drei psychischen Instanzen »Ich«, »Es« und »Über-Ich« ein, womit die Entwicklung des (»orthodoxen«) psychoanalytischen Lehrgebäudes im wesentlichen abgeschlossen ist.

Voraussetzungen: Freud führte in seiner Schrift *Jenseits des Lustprinzips* (1920) den Begriff des Todestriebs in seine Lehre ein, an dem er bis zu seinem Lebensende festhielt und mit dem er seine Trieblehre sowie das darauf basierende Menschenbild grundlegend modifizierte. Während er zuvor vom Dualismus zwischen Sexualtrieben und Ich- oder Selbsterhaltungstrieben ausgegangen war, stellt er nun dem »Eros« (Lebenstriebe, Libido) den »Todestrieb« (Aggressions- und Destruktionstrieb, Selbstdestruktion) gegenüber.

Inhalt: Die programmatische Schrift *Das Ich und das Es* setzte die Gedankengänge von *Jenseits des Lustprinzips* fort. Freud will nun seine bisherige Modellvorstellung vom »psychischen Apparat« verändern, wie er ihn im Schlusskapitel der *Traumdeutung* entworfen hatte. Dieser ist aus drei Systemen oder »Instanzen« aufgebaut: »Unbewusst«, »Vorbewusst« und »Bewusst«. Zwischen den Systemen »Unbewusst« (dem »Verdrängten«) und »Vorbewusst« nimmt Freud eine »Zensur« an, die den unbewussten Inhalten und Vorgängen nicht erlaubt, ohne vorherige Umwandlung im Sinne einer »Kompromissbildung« ins Vorbewusste zu gelangen. Die vorbewussten Regungen und Inhalte sind zwar nicht aktuell bewusst, jedoch ohne weitere Umwandlungen dem Bewusstsein zugänglich. Diese Theorie wird auch als die »erste Topik« bezeichnet. Freud argumentiert hier aus der Perspektive des Unbewussten (Verdrängten), das er zugleich als kreative seelische Macht anerkennt.

Auszug aus dem Vorwort zur 2. Aufl. der *Traumdeutung* von Sigmund Freud:

Für mich hat dieses Buch... noch eine andere subjektive Bedeutung, die ich erst nach seiner Beendigung verstehen konnte. Es erwies sich mir als ein Stück meiner Selbstanalyse, als Reaktion auf den Tod meines Vaters, also auf das bedeutsamste Ereignis, den einscheidendsten Verlust im Leben eines Mannes.

Sigmund Freud in seinem Sprechzimmer in Wien Ende der 1930er Jahre

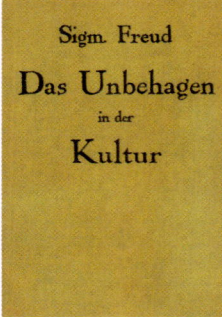

Sigmund Freud, *Das Unbeha-gen in der Kultur*, Einband der Ausgabe 1931

Auszug aus *Das Unbehagen in der Kultur* (1927), in dem sich Sigmund Freund zum Aggressionstrieb des Men-schen äußert:

...daher auch das Idealgebot, den Nächsten so zu lieben wie sich selbst, das sich wirklich dadurch rechtfertigt, dass nichts anderes der ursprüngli-chen menschlichen Natur so sehr zuwiderläuft.

Die »zweite Topik« unterscheidet die Instan-zen »Ich«, »Es« und »Über-Ich«. Durch die Er-kenntnis unbewusster Abwehrmechanismen im Dienste der Gesamtpersönlichkeit rückt nun das »Ich« ins Zentrum der Betrachtung. Das »Es« ist Reservoir der Triebe, der angeborenen wie der verdrängten, die mit »Ich« und »Über-Ich« in Konflikt treten. Diese haben sich ihrerseits ent-wicklungsgeschichtlich aus dem »Es« heraus entwickelt. Das »Über-Ich« ist die Instanz des Gewissens, die vor allem durch Verinnerlichung elterlicher Gebote und Verbote entsteht und Triebverzicht fordert. Das »Ich« als Vermitt-lungsinstanz ist von drei Seiten bedroht: »Von der Außenwelt her, von der Libido des ‚Es‘ und von der Strenge des ‚Über-Ichs‘«. Die Zielset-zung der psychoanalytischen Therapie ist dem-entsprechend auf eine Stärkung des »Ich« aus-gerichtet: Der Neurotiker soll autonom werden und sich von psychischen Zwängen befreien, unter denen sein »Ich« leidet.

Wirkung: »Das Ich und das Es« bedeutet eine Zäsur für die psychoanalytische Theoriebildung. Die weitere Entfaltung der Psychoanalyse in ihren verschiedenen Schulrichtungen setzt sich vor allem mit dieser »Ichpsychologie« Freuds ausein-ander, deren Modell in kulturanthropologischer Hinsicht das 20. Jahrhundert geprägt hat.   *H. S.*

Das Unbehagen in der Kultur

OA 1927 **Form** Essay **Bereich** Psychologie

Mit dem *Unbehagen in der Kultur* legte Sigmund Freud eine kulturtheoretische Betrachtung vor, die auf den ersten Blick schwer in sein übriges Werk einzuordnen ist, die aber vielleicht gerade deshalb weit über die Psychoanalyse (Stichwort

→ S. 370) hinaus Aufmerksamkeit erregte. Ent-gegen dem weit verbreiteten Vorurteil, dass die Psychoanalyse nach Freud auf den Einzelnen, sein Innenleben und sein persönliches Umfeld beschränkt ist, wird gerade an diesem Beitrag deutlich, wie sehr sich Freud auch mit gesell-schaftlichen und kulturellen Phänomenen be-schäftigt hat. Die Wechselwirkung von Indivi-duum und Kultur durchzieht sein gesamtes Werk. Während aber der Antagonismus von Kultur und Triebleben zunächst vor allem als Gegeneinander von Luststreben und morali-schem Verbot thematisiert wird, wendet sich Freud im *Unbehagen in der Kultur* dem Aggressi-onstrieb und seinen kulturellen Implikationen zu.

Inhalt: Zunächst geht Freud, durchaus im Sinne der klassischen Psychoanalyse, von einem fun-damentalen Widerspruch zwischen menschlicher Natur (Trieb) und Kultur aus. Das Lustprinzip setzt den Lebenszweck, sucht nach Befriedigung und Glück – und stößt doch immer und überall auf nicht zuletzt gesellschaftliche Widerstände und Grenzen. Die Absicht, dass der Mensch glücklich sein soll, scheint, so Freud, im Plan der Schöpfung nicht enthalten. Freud differenziert das spannungsreiche Verhältnis von Natur und Kultur durch eine Neukonzeption der Triebtheo-rie: Nun tritt die Spannung von Eros und To-destrieb in den Vordergrund. Letzterer ist eine dauernde Bedrohung für das friedliche Zusam-menleben der Menschen. Der Destruktionstrieb, Abkömmling und Hauptvertreter des Todestrie-bes, bedroht die Kultur und ihre Errungenschaf-ten. Zugleich erscheint die Kultur jetzt deutlich als notwendige Zwangsapparatur, die zum Wohl des Menschen einige seiner fundamentalen ne-gativen Triebregungen, die »primäre Feind-seligkeit der Menschen gegeneinander«, unter-drückt bzw. zivilisiert. Kultur und Eros werden nun positiv aufeinander bezogen; Kultur wird als Prozess im Dienste des Eros aufgefasst. Die ge-samte Kulturentwicklung beschreibt Freud als Kampf zwischen Eros und Tod, zwischen Lebenstrieb und Destruktionstrieb. Der Todes-trieb, tief im Inneren des Menschen verankert und keineswegs nur durch gesellschaftliche Ein-flüsse erklärbar, äußert sich als Schuldgefühl eines Individuums, das seine aggressiven Impul-se nicht ausleben kann und so gegen sich selbst wendet. Manchmal aber entlädt sich der Todes-trieb und lässt gleichsam in die dunklen Abgrün-de des Menschen blicken.

Wirkung: *Das Unbehagen in der Kultur* hat gera-de unter den Anhängern der Psychoanalyse er-hebliche Irritation, ja Ablehnung hervorgerufen. Zum einen relativiert bzw. ergänzt Freud hier deutlich die ursprüngliche Libidotheorie, zum anderen schlägt er mit seiner kulturtheore-tischen Betrachtung einen pessimistischen, ja

---

Psychoanalyse

Herkunft: Im Kontext seiner Beschäftigung mit der Hysterie und den Möglichkeiten hypnotischer Behandlung benutzte Sig-mund → Freud zunächst die Ausdrücke »Analyse«, »psychische Analyse«, »hypnoti-sche Analyse«, ehe er 1896 erstmals von »Psychoanalyse« sprach. Endgültig etablier-te Freud den Begriff mit seinem Hauptwerk *Die Traumdeutung*. Freud wollte bewusst Assoziationen an eine chemische Analyse oder anatomische Sektion (»Seelenzergli-ederung«) wecken, um sein Verfahren auf eine Stufe mit anderen wissenschaftlich anerkannten Methoden in Medizin und Na-turwissenschaft zu stellen.

Bedeutung: Freuds Definition von 1922 lautete: »Psychoanalyse ist der Name 1. eines Verfahrens zur Untersuchung seeli-scher Vorgänge, welche sonst kaum zu-gänglich sind; 2. einer Behandlungsmetho-de neurotischer Störungen, die sich auf diese Untersuchung gründet; 3. einer Reihe von psychologischen, auf solchem Wege

gewonnenen Einsichten, die allmählich zu einer neuen wissenschaftlichen Disziplin zusammenwachsen.«

Die für die Kulturgeschichte des 20. Jahr-hunderts überragende Bedeutung der Psy-choanalyse ergab sich aus ihrer spezifischen Kombination von individueller und gesell-schaftlicher Blickrichtung – sowohl in dia-gnostischer als auch therapeutischer Hin-sicht. Freud machte dabei einen für ihn typischen Dreischritt: Selbstanalyse – Fremd-analyse – Menschheitsanalyse.

Folgen: Bekanntlich haben sich schon bald nach der Entstehung der »psychoanalyti-schen Bewegung« ursprüngliche Anhänger und Schüler von Freud abgewandt und ei-gene, z. T. bedeutende psychologische bzw. psychotherapeutische Schulen gegründet: u. a. Alfred Adler (1870–1937) und Carl Gustav → Jung. Die »Psychoanalyse« wurde letztlich auch von den Abtrünnigen als der Mutterboden der Psychotherapie – und Freud als »Urvater« – anerkannt.

---

düsteren Ton an, der das Werk zu einem der bedeutendsten Dokumente des 20. Jahrhunderts gemacht hat. Gerade in der Analyse der tiefen Ambivalenz menschlicher Existenz liegt die bleibende Bedeutung dieses Buchs. *C. S.*

Freytag, Gustav

dt. Schriftsteller

* 13.7.1816 Kreuzburg (Schlesien)

† 30.4.1895 Wiesbaden

📖 *Soll und Haben*, 1855

Gustav Freytag gilt neben Theodor → Fontane und Theodor → Storm als bedeutendster Vertreter der deutschsprachigen Erzähllitteratur des bürgerlichen Realismus und zählte bis ins 20. Jahrhundert zu den meistgelesenen Autoren Deutschlands. Sein Hauptinteresse galt der kritisch-ironischen Schilderung der bürgerlichen Gesellschaft in den Jahrzehnten nach der deutschen Revolution von 1848.

Freytag, der einer angesehenen Familie entstammte – der Vater war Arzt und Bürgermeister –, schlug nach dem Studium der Philologie die Laufbahn des Hochschullehrers ein. Mit Übernahme der Schriftleitung der Zeitschrift *Die Grenzboten* begann seine erfolgreiche Karriere als Journalist. Vor dem Hintergrund der gescheiterten Revolution von 1848 trat Freytag für eine bürgerlich-liberale Erneuerung Deutschlands und die Gründung eines deutschen Einheitsstaats ein. Parallel zur schriftstellerischen Tätigkeit, die sich zunächst auf das Theater (*Die Journalisten*, 1852), später auf kulturhistorische Themen konzentrierte (*Bilder aus der deutschen Vergangenheit*, 5 Bde., 1859–67), engagierte sich Freytag nach seiner Ernennung zum Hofrat (1854) verstärkt in der Politik. Nachdem er 1867–70 als Abgeordneter im Reichstag des Norddeutschen Bundes amtiert hatte, seine nationalliberalen Vorstellungen jedoch wenig Gehör fanden, zog er sich ins Privatleben zurück und widmete sich – nach der Teilnahme als Berichterstatter am Deutsch-Französischen Krieg 1870/71 – seinem literarischen Alterswerk (*Die Ahnen*, 6 Bde., 1872–80).

Autobiografie: G. Freytag, *Erinnerungen aus meinem Leben*, 1996.

Soll und Haben

OA 1855 **Form** Roman **Epoche** Realismus

Soll und Haben liefert ein farbenprächtiges Panorama der sozialen, politischen und kulturellen Lebenswirklichkeit des 19. Jahrhunderts. Angesichts der gesellschaftlichen Umbrüche

Die wichtigsten Bücher von Sigmund Freud	
Studien über Hysterie (zus. mit Josef Breuer) 1895	Das Buch enthält die von Josef Breuer verfasste »Krankengeschichte Fr. Anna O. …«. Die darin beschriebene sog. »kathartische Methode« antizipiert die spätere Technik von Freud.
Die Infantile Cerebrallähmung 1897	Der umfassende Handbuchartikel, der Freuds neurologische Studien zur zerebralen Kinderlähmung zusammenfasst, gilt bis heute als grundlegender Klassiker zu dieser Thematik.
Die Traumdeutung 1900	Das Hauptwerk von Freud ist das Ergebnis seiner jahrelangen Selbstanalyse und begründete die Pychoanalyse. → S. 368
Drei Abhandlungen zur Sexualtheorie 1905	In Anlehnung an biologische Lehren entwickelte Freud sein erstes Stufen- oder Phasenmodell der Sexualität (»Libidoentwicklung«), das später noch weiter modifiziert wurde.
Totem und Tabu 1912	Freud entwickelt in dieser Studie seine kulturhistorische These vom »Urvatermord« sowie von der »Totemmahlzeit« und begreift sie als einen kannibalischen Akt der Identifizierung.
Vorlesungen zur Einführung in die Psychoanalyse 1917	Eine systematische Darstellung der bis dahin entwickelten Psychoanalyse in drei Abschnitten: I. *Die Fehlleistungen*, II. *Der Traum* und III. *Allgemeine Neurosenlehre*. Sie sind ein didaktisches Meisterwerk der Vermittlung der freudschen Lehre.
Jenseits des Lustprinzips 1920	Freud führt das These des (selbst)destruktiven »Todestriebs« ein, der sämtlichen Lebenstrieben (»Eros«) gegenübersteht. Die Einführung bedeutet eine fundamentale Revision der Trieblehre.
Massenpsychologie und Ich-Analyse 1921	Im Rückgriff auf die *Psychologie der Massen* (1895) von Gustave LeBon erklärt Freud, dass der »Führer« als kollektives Ideal einer Masse an die Stelle der einzelnen »Ich-Ideale« gesetzt wird.
Das Ich und das Es 1923	Der psychische Apparat wird revidiert. Die Instanzen sind jetzt »Ich«, »Es« und »Über-Ich«. → S. 369
Das Unbehagen in der Kultur 1927	Freud überträgt die Neurosenlehre auf die Gesellschaft und zeigt, dass Kulturleistungen Triebverzicht voraussetzen und deshalb unvermeidbar neurotisches Unbehagen erzeugen. → S. 370

seiner Zeit plädiert Gustav Freytag in seinem Roman für ein Erstarken bürgerlicher Wertvorstellungen und Tugenden, die von ihm zum Fundament jedes liberal gesinnten Gemeinwesens erklärt werden.

Inhalt: Der dreibändige Roman kontrastiert, verteilt auf sechs »Bücher«, die Lebensläufe zweier Männer: Anton Wohlfahrt, Sohn eines Beamten und zum Kaufmann bestimmt, absolviert eine Ausbildung in einem angesehenen Handelshaus und gelangt durch Pflichtbewusstsein, Arbeitseifer, Ehrlichkeit und Willensstärke zu Wohlstand und Ansehen. Sein Gegenspieler, der arme Jude Veitel Itzig, der den Lebensweg des Protagonisten wiederholt kreuzt, scheitert hingegen an den eigenen Charakterschwächen: intelligent, aber unmoralisch, geldgierig und von Ehrgeiz besessen, stürzt er nach der Lehre bei einem Makler ins selbst verschuldete Unheil.

Beide Lebenswege verknüpfen sich schicksalhaft, als Anton und Veitel Bekanntschaft mit der Familie von Rothsattel machen: Zu spät merkt Anton, dass der faszinierende Lebensstil der Adeligen nur vorgespielt ist und die Familie vor dem Bankrott steht. Als sie durch die kriminellen Machenschaften Veitels in den Ruin gestürzt wird, gelingt es Anton, die Existenz der Adelsfamilie zu sichern, die Spekulanten zu entlarven und Veitel zu Fall zu bringen. Unge-

Gustav Freytag, *Soll und Haben*, Einband der Ausgabe 1901

Auszug aus dem Roman
Soll und Haben **von Gustav Freytag:**

Schmücke dich, du altes Patrizierhaus, freue dich, sorgliche Tante, tanzet, ihr fleißigen Hausgeister im dämmerigen Flur, schlage Purzelbäume auf deinem Schreibtisch, du lustiger Gips! Die poetischen Träume, welche der Knabe Anton in seinem Vaterhause unter den Segenswünschen guter Eltern gehegt hat, sind ehrliche Träume gewesen. Ihnen wurde Erfüllung. Was ihn verlockte und störte und im Leben umherwarf, das hat er mit männlichem Gemüt überwunden. Das alte Buch seines Lebens ist zu Ende, und in eurem Geheimbuch, ihr guten Geister des Hauses, wird fortan »mit Gott« verzeichnet: sein neues Soll und Haben.

achtet seiner selbstlosen Hilfe wird dem Bürgerlichen die Ehe mit der Aristokratentochter Leonore versagt, die aus Standesgründen den adeligen Stutzer Herrn von Fink heiratet. Anton, den die Ereignisse erschüttert, aber charakterlich gestärkt haben, kehrt ins angestammte Handelshaus zurück, wird Firmenteilhaber und nimmt die Schwester seines Kompagnons zur Frau, um ein beruflich erfolgreiches und privat erfülltes Leben zu führen.

Aufbau: Die Gestaltung von *Soll und Haben* basiert auf den dramentheoretischen Erkenntnissen (*Die Technik des Dramas*, 1863) des Autors, der seinen Roman einem Theaterstück vergleichbar aufbaute. Er verschmolz Elemente des Zeit-, Bildungs- sowie Gesellschaftsromans und verknüpfte drei dramatische Handlungsfäden: Das »Schauspiel« vom Aufstieg des gutherzigen Kaufmanns wird in der »Tragödie« des betrügerischen Spekulanten gespiegelt; beider Schicksale verknüpfen sich auf dem Höhepunkt gleichnishaft mit dem »Adelsdrama« der Familie von Rothsattel. Diese Kontrasttechnik bestimmt auch die didaktisierende Figurengestaltung von Freytag: Dem »bösen Juden« Itzig, der nur auf den eigenen Vorteil bedacht ist, wird als

Verkörperung der frivol-mondänen Aristokratie Herr von Fink gegenübergestellt. Die Negativwirkung der beiden Figuren wird gesteigert, indem Itzig der verbrecherische Makler Hirsch Ehrenthal, von Fink der bankrotte Freiherr von Rothsattel zugeordnet werden. Klischeehaft dominieren Anton Wohlfahrt, die Personifikation bürgerlich-liberaler Rechtschaffenheit, bzw. sein allseits geachteter Lehrherr Schröter die Handlung. Als Konsequenz der antithetischen Figurengestaltung gewinnt der Held nicht die stürmische Leonore von Rothsattel, sondern die sanftmütige Schwester seines Kompagnons.

Wirkung: Der überaus erfolgreiche Hymnus auf einen liberalen, tugendhaften Kaufmannsstand, der den Auswüchsen eines maßlosen Kapitalismus ebenso widersteht wie dem dekadenten Lebensstil des Adels, wirkte bewusstseinsbildend vor allem auf das Selbstbild des aufstrebenden Bürgertums. Lang anhaltende Kritik, gegen die sich der Autor später erfolglos verteidigte, trug Freytag die unglückliche, einseitig-negative Gestaltung der auftretenden Judenfiguren ein, in der die Verfechter des bürgerlichen Antisemitismus ihre eigenen Vorurteile bestätigt zu sehen glaubten. *T. S.*

Die großen Romane des deutschen Realismus	
Jeremias Gotthelf 1841/46	*Wie Uli der Knecht glücklich wird / Uli, der Pächter:* Die Entwicklungsromane zeichnen den schicksalsvollen Lebensweg eines tugendhaften Bauern in der Schweiz nach. → S. 422
Gottfried Keller 1854/55 (1. Fassung)	*Der grüne Heinrich:* Der Entwicklungsroman schildert den Werdegang eines Malers, seinen Kampf um materielle Unabhängigkeit und die Suche nach künstlerischer Autonomie. → S. 588
Gustav Freytag 1855	*Soll und Haben:* In seiner ironisch-gesellschaftskritischen Romantrilogie erzählt Freytag vom ungleichen Werdegang zweier Jugendfreunde im bürgerlichen Kaufmannsgewerbe. → S. 371
Otto Ludwig 1856	*Zwischen Himmel und Erde:* Die psychologisch-wirklichkeitsnahe Familiengeschichte befasst sich mit dem tragischen Kampf und Untergang eines ungleichen Brüderpaars.
Adalbert Stifter 1857	*Der Nachsommer:* Ein autobiografischer Erziehungs- bzw. Bildungsroman über die Jugendjahre und den gesellschaftlichen Aufstieg eines bürgerlichen Kaufmannssohns. → S. 1038
Fritz Reuter 1860, 1862, 1863/64	*Ut de Franzosentid / Ut mine Festungstid / Ut mine Stromtid:* Die historisch-biografischen Romane in niederdeutschem Dialekt behandeln die französische Besatzung Mecklenburgs, die Festungshaft von Reuter und das norddeutsche Dorfleben.
Conrad Ferdinand Meyer 1876	*Jürg Jenatsch:* Der historische Roman handelt vom Aufstieg, Fall und der Ermordung eines Schweizer Geistlichen und Freiheitskämpfers während der Religionskriege. → S. 762
Wilhelm Raabe 1891	*Stopfkuchen:* Eine humorvoll-ironisch geschilderte Lebensgeschichte eines Außenseiters, der den Materialismus und die Spießbürgerlichkeit seiner Umwelt entlarvt. → S. 887
Theodor Fontane 1895	*Effi Briest:* Ein Roman über die tragische Ehe eines ungleichen Paars vor dem Hintergrund der moralischen Zwänge der preußischen Bürger- und Adelsgesellschaft. → S. 356
Theodor Fontane 1899	*Der Stechlin:* Der Roman beschreibt den Niedergang des Adels und den Aufstieg des Bürgertums im späten 19. Jahrhundert. → S. 357
Georg Hermann 1906/1908	*Jettchen Gebert/Henriette Jacoby:* Die gesellschaftskritischen Zeitromane schildern das Schicksal einer Berliner großbürgerlichen Familie um die Mitte des 19. Jahrhunderts.

Fried, Erich

österreich. Schriftsteller

*6.5.1921 Wien, † 22.11.1988 Baden-Baden

📖 *Warngedichte*, 1964

Die zahlreichen politisch-kritischen Stellungnahmen des äußerst produktiven Lyrikers lösten ab Mitte der 1960er Jahre immer wieder heftige Kontroversen aus. Zum Vietnamkrieg, zur Terrorismusbekämpfung in Westdeutschland, zur Palästinapolitik Israels und zu Menschenrechtsverletzungen in aller Welt ergriff Erich Fried als überzeugender Redner das Wort, vor allem aber, indem er die Sprache der Herrschenden in der wortspielerischen Verdichtung seiner Gedichte auf die Probe stellte. Er zählte auch zu den wichtigsten Übersetzern englischer und amerikanischer Autoren der Moderne.

Als einziges Kind einer jüdischen Familie wuchs Fried in Wien auf und emigrierte 1938 kurz nach der Ermordung seines Vaters durch die Gestapo nach London. Fried war Mitarbeiter etlicher Exilpublikationen und 1952–68 politischer Kommentator des »German Service« der BBC. Neben der Übersetzung mehrerer wichtiger englischer und amerikanischer Autoren der Moderne wurde er vor allem mit seinen neuen Übertragungen von → Shakespeares Dramen bekannt.

1958 erschien Frieds erster selbstständiger Lyrikband in Deutschland. In seinem einzigen

OT = Originaltitel   EZ = Entstehungszeit   OA = Originalausgabe   DE = Deutsche Erstausgabe   📖 = Verweis auf Werkartikel

Roman *Ein Soldat und ein Mädchen* (1960) versuchte er in der Liebesgeschichte zwischen einer ehemaligen KZ-Aufseherin und einem antifaschistischen Soldaten die subjektiven Verfehlungen des Dritten Reichs aufzuarbeiten. Große Aufmerksamkeit erregten 1964 seine *Warngedichte* mit ihrem charakteristischen, aphoristisch verknappten und präzis durchgeformten Sprachstil. Die »ernsten Wortspiele« in der lyrischen Auseinandersetzung mit der gegenwärtigen moralischen Unzulänglichkeit blieben von da an Frieds Hauptarbeitsfeld. Der Titel seiner Gedichtsammlung *und Vietnam und* (1966) wurde zum Signal für eine neue politisch engagierte Poetik, die der Autor mit fast jährlich erscheinenden neuen Gedichtbänden zeitlebens fortschrieb: u. a. *Die Beine der größeren Lügen* (1969), *Höre, Israel* (1974), *So kam ich unter die Deutschen* (1977), *Um Klarheit* (1985).

1963 wurde Fried Mitglied der »Gruppe 47«, 1967/68 schloss er sich der studentischen Protestbewegung an. Trotz des Scheiterns der Hoffnungen der 1960er und 70er Jahre blieb Fried seinen zornigen Gegenwartsbefragungen treu, wandte sich aber in seinem letzten Lebensjahrzehnt auch privaten Themen zu. Seine oft als Rückzug in die Innerlichkeit missverstandenen *Liebesgedichte* (1979) wurden zu einem der größten lyrischen Publikumserfolge der 1980er Jahre. Von einer Galionsfigur der Linken entwickelte sich der Autor zu einer moralischen Instanz, die trotz aller Anfechtungen breite Anerkennung fand.

Biografie: G. Lampe, *»Ich will mich erinnern an alles was man vergisst«. Erich Fried Biografie und Werk,* 1989

Erich Fried bei einer Lesung im Sommer 1987

iert. Inhaltliche Verschiebungen werden durch subtile Kontextwechsel, syntaktische Umstellungen und lautliche Zuspitzungen evoziert.
Inhalt: Die Warnungen mischen surreale Traum- und Angstbilder mit satirischen und parabolischen Elementen, mit Techniken der Konkreten Poesie und der traditionellen Spruchdichtung. Sie stellen in artifizieller Reduktion die Widersprüche der erlebten Sprache heraus und machen damit das Besondere das allgemein Bedrohliche kenntlich.
Wirkung: Als Warner vor dem alltäglichen Unheil – »Warngedichte« sind auch all seine folgenden lyrischen Werke – wurde Fried mit diesem Gedichtband zum Sprachrohr der kritischen Gegenwartsdichtung und zur ebenso umstrittenen wie populären Ikone der streitbaren Einmischung in den Zusammenhang zwischen Worten und Taten. *E. E. K.*

Betty Friedan 1995 auf der IV. UN-Weltfrauenkonferenz

Warngedichte

OA 1964 **Form** Lyrik **Epoche** Moderne

Während Erich Fried in späteren Gedichten seine politischen Gegner und Freunde oft direkt benannte, weisen seine scharfsinnigen Denkanstöße hier über individuelle Erfahrungen hinaus.
Entstehung: In seinem mehrere Jahre lang geplanten Gedichtband versammelt Fried überwiegend noch nicht veröffentlichte Texte, deren Entstehung bis in die 1950er Jahre zurückreichte. Er markiert in seinem Schaffen einen Wendepunkt von der Rückschau auf die schmerzhaften Erlebnisse der Kriegs- und Nachkriegszeit zur politisch engagierten Lyrik.
Aufbau: In fünf lose gereihten Zyklen werden ca. 115 Gedichte thematisch zusammengebunden. Es sind keine Agitations- oder Gelegenheitstexte, sondern warnende Stellungnahmen zu Sachverhalten, die sich als falsches Bewusstsein in der Sprache spiegeln. Trotz ihrer scheinbaren Einfachheit sind die reimlosen Gedichte rhetorisch präzis auf paradoxe Pointen hin durchkonstru-

Friedan, Betty

US-amerikan. Journalistin, Autorin und Psychologin

* 4.2.1921 Peoria (Illinois)

Der Weiblichkeitswahn oder Die Mystifizierung der Frau, 1963

Betty Friedan gehört zu den Wegbereiterinnen der US-amerikanischen Frauenbewegung. Lange bevor sich Frauen auf breiter Ebene organisierten, um für Gleichberechtigung zu kämpfen, veröffentlichte die Autorin 1963 *Der Weiblichkeitswahn oder Die Mystifizierung der Frau,* in dem sie das frustrierende Leben US-amerikanischer Kleinstadt-Hausfrau-

Betty Friedan, *Der Weiblichkeitswahn*, Umschlag der deutschsprachigen Erstausgabe 1966

en beklagt. Bis heute zählt sie zu den wichtigsten Vertreterinnen der Emanzipationsbewegung.

Die Tochter eines Juweliers und einer Journalistin studierte Psychologie und arbeitete ab 1944 in New York als Journalistin bei der Tageszeitung *Worker's Press*. Nach Kriegsende kehrten viele Männer an ihre Arbeitsplätze in den Redaktionen zurück, die Frauen wurden entlassen. Dieses Schicksal ereilte auch Friedan. Ihr als diskriminierend empfundenes Hausfrauendasein bildete den Anlass zu ihrem ersten Buch. Nach dem überraschend großen Erfolg von *Der Weiblichkeitswahn* gründete sie 1966 zusammen mit anderen Frauen die Vereinigung NOW (National Organization for Women), die bis heute einflussreichste Organisation der US-amerikanischen Frauenlobby. Friedan veröffentlichte weitere Bücher zu Frauenthemen und beschäftigte sich in den 1990er Jahren mit der Benachteiligung älterer Menschen in der Gesellschaft (*Mythos Alter*, 1993).

Der Weiblichkeitswahn oder Die Mystifizierung der Frau

OT The Feminine Mystique **OA** 1963 **DE** 1966
Form Sachbuch **Bereich** Gesellschaft

Der Weiblichkeitswahn oder Die Mystifizierung der Frau von Betty Friedan gab den Startschuss für die Entwicklung einer organisierten US-amerikanischen Frauenbewegung, die es bis zu diesem Zeitpunkt de facto nicht gegeben hatte. Viele Frauen wurden sich ihrer gesellschaftlichen Benachteiligung bewusst und fanden sich erstmals zusammen, um für die Gleichberechtigung des weiblichen Geschlechts zu kämpfen.

Entstehung: In den 1950er Jahren lebte Friedan mit ihrem Mann und ihren drei Kindern als Hausfrau in der Vorstadt. Die Leere ihrer Situation konnten viele andere Ehefrauen bestätigen. Friedan initiierte eine Fragebogenaktion, bei der sie das wahre Ausmaß der Frustration von Frauen erfuhr, die nach gesellschaftlicher Norm glücklich mit ihrer Situation sein sollten. Als sie keine Frauenzeitschrift fand, die ihre Ergebnisse veröffentlichte, entschloss sie sich zu einer Publikation als Buch. Doch erst 1963 wurde *Der Weiblichkeitswahn* gedruckt.

Inhalt: Die Autorin sucht nach Ursachen für das »Problem ohne Namen«, die ernüchternde Situation US-amerikanischer Hausfrauen nach dem Zweiten Weltkrieg, die dem von der Gesellschaft entworfenen Rollenmodell emotional nicht entsprechen können. Dabei geht sie einerseits empirisch vor, indem sie zahlreiche Frauen interviewt und Fragebogen verteilt. Andererseits setzt sie sich mit der sozialwissenschaftlichen, psychoanalytischen und anthropologischen Forschung auseinander.

Friedan sieht die Fehlentwicklung, die zu der unbefriedigenden Stellung der Frauen führt, in der frühesten Erziehung begründet. Systematisch werde die Frau auf ein Dasein als Hausfrau und Mutter vorbereitet und so in ein »komfortables Gefängnis« verwiesen. Die Autorin schließt ihre Untersuchung mit einem Entwurf eines möglichen Lebensplans für Frauen. Sie schlägt ihren Geschlechtsgenossinnen vor, sich eine eigene Identität zu suchen, sich von der Rolle als Hausfrau zu verabschieden und nach Möglichkeit einen eigenen Beruf auszuüben oder sich anderweitig eigene Ziele zu suchen.

Wirkung: Völlig unerwartet für Friedan entwickelte sich *Der Weiblichkeitswahn oder Die Mystifizierung der Frau* rasch zum Bestseller. Nach nur drei Jahren waren bereits über drei Millionen Exemplare des Buchs verkauft. Frauen im gesamten Land fühlten sich von den Thesen der Autorin angesprochen und verstanden. Die organisierte Frauenbewegung begann sich zu formieren. Friedans NOW gewann schnell an Einfluss und stellt noch heute eine wichtige Säule der US-Frauenbewegung dar, auch wenn Friedan mitunter als zu gemäßigt und zu männerfreundlich kritisiert wurde. *J. D.*

Friedell, Egon

(eigtl. Egon Friedmann) österreich. Publizist

* 21.1.1878 in Wien

† 16.3.1938 in ebd. (Freitod)

📖 *Kulturgeschichte der Neuzeit*, 1927–31

Der Schriftsteller, Schauspieler, Kabarettist und Theaterkritiker Egon Friedell wurde dem Lesepublikum vor allem mit seinen Büchern *Kulturgeschichte des Altertums* (1936–49) sowie der *Kulturgeschichte der Neuzeit* bekannt.

Kurz nach Friedells Geburt als zweiter Sohn eines jüdischen Ehepaars verließ seine Mutter die Familie. Nach dem Tod seines Vaters elf Jahre später wurde Friedell von seinen zwei Geschwistern getrennt und von einer Tante in Frankfurt aufgenommen. Nach dem Besuch verschiedener Schulen bestand Friedell 1899 das Abitur im vierten Anlauf.

OT = Originaltitel **EZ** = Entstehungszeit **OA** = Originalausgabe **DE** = Deutsche Erstausgabe 📖 = Verweis auf Werkartikel

Schon während des anschließenden Philosophie-Studiums in Wien schrieb Friedell erste Theaterkritiken; nach seiner Promotion 1905 trat er mit zunehmender Häufigkeit im Theater auf. 1913 spielte er unter Max Reinhardt (1873–1943) in Wien und am Deutschen Theater in Berlin. In den folgenden Jahren kam eine Tätigkeit als Dramaturg, Autor, Übersetzer, und Herausgeber hinzu. Friedell pflegte in seinen Werken einen sehr eigenwilligen Stil, der durch seine betonte Gläubigkeit (Friedell war bereits 1897 zum Augsburger Bekenntnis konvertiert), Geistigkeit und Ironie einerseits, durch seine Ablehnung der Moderne (samt Rationalismus, Kapitalismus und Sozialismus) andererseits gekennzeichnet war.

Seine feste Größe in der österreichischen Theater- und Literaturszene konnte Friedell indes nicht von weiteren Schicksalsschlägen bewahren: verfolgt von Geldnot, Diabetes sowie der Furcht, seine kritische *Kulturgeschichte der Neuzeit* habe Hitler dem Weg geebnet, konnte sich Friedell nach dem deutschen Einmarsch in Österreich nicht zur Flucht durchringen und sprang 1938 bei der Festnahme durch die SA aus dem Fenster seiner Wiener Wohnung.

Biografie: W. Lorenz, *Egon Friedell*, 1994.

Kulturgeschichte der Neuzeit

OA Einleitung und 1. Buch 1927, 2. und 3. Buch 1928, 4. und 5. Buch, Epilog 1931
Form Sachbuch **Bereich** Geschichte

Die monumentale Kulturgeschichte der Neuzeit, deren einzelnen Bände bis 1931 erschienen, stellt die kulturelle Entwicklung des westlichen Menschen vom Beginn der Renaissance bis zum Ersten Weltkrieg dar. Im Werk schildert Friedell auf originelle und feinsinnige Weise zahlreiche historische Ereignisse und bedeutungsvolle Persönlichkeiten.

Aufbau: Die *Kulturgeschichte der Neuzeit* besteht aus einer Einleitung, in der Friedell seine Methodologie erläutet (im wesentlichen ein feierliches Bekenntnis zur subjektiven Geschichtsschreibung als Kunst), aus fünf chronologisch geordneten Büchern, sowie aus einem kurzen Epilog. Das Werk steht im Spannungsverhältnis zweier divergenter Ordnungsprinzipien: einerseits des Versuchs, die die Neuzeit bestimmenden Strömungen über die Jahrhunderte zu verfolgen; andererseits des Anspruchs, in lebendiger Abfolge die wichtigsten sozialen, geistigen und politischen Entwicklungen dieses europäischen Zeitalters sowie seine schillerndsten Persönlichkeiten zu streifen. Letzteres macht eine anekdotenhafte Erzählweise erforderlich, so dass mehrere Unterkapitel als in sich geschlossene Essays aufgefasst werden können.

Unmittelbar ausschlaggebend für die Zeitwende, so Friedell, sei die Schwarze Pest gewesen, wobei er diese Zäsur sowohl willkürlich als auch symbolisch setzt. Die Metapher Krankheit und Psychose begleiten durchgehend Friedells Darstellung der Neuzeit, dieser »ununterbrochenen Krisis der europäischen Seele«. So sieht er im ausgehenden Mittelalter die »Inkubationszeit«, in Rinascita und Reformation (»Säkularisation der Menschen«) den »Ausbruch der Krankheit« und in der Barockzeit den Versuch, dem »Giftstoff« des Rationalismus zu widerstehen. Doch sogar Gegenströmungen zum Rationalismus bedienen sich nach Friedells Ansicht der Mittel des Rationalismus, so sei die Romantik, eine »Revolte gegen den Intellektualismus, mit rein intellektuellen Mitteln« gewesen. Daher sei der Sieg der »naturwissenschaftlichen Weltanschauung« in der 2. Hälfte des 19. Jahrhunderts unaufhaltsam gewesen, eine Weltanschauung, die sich im Nihilismus jedoch selbst negiert habe und in der »naturnotwendigen Katastrophe des Weltkriegs« in sich zusammengebrochen sei. Dieser Krieg sei zugleich Finale und Auftakt zu einem neuen Zeitalter des Irrationalismus.

Inhalt: Aus dem enzyklopädischen Wissensschatz von Friedell lernt der Leser, warum man nur von einer italienischen Renaissance sprechen könne, wieso es keine zufälligen Erfindungen gebe, worin der Unterschied zwischen Schönheit und Güte liege, wieso Faust als Realpolitiker endete und wie sich Jesus zur sozialen Frage verhalte. Der Leser begegnet der Dramaturgin Roswitha, dem göttlichen Aretino, einem kindlichen Luther, dem keineswegs liebenswürdigen Michelangelo, dem Mephisto der Romantik, dem Sänger aus Thule, und wird Zeuge von 500 Jahren Haartracht, Mode und Esskultur.

Dabei meidet Friedel genausowenig die Verwendung anachronistischer Schlagwörter der zeitgenössischen Debatte (z.B. Materialismus und Nihilismus) wie subjektive Ansichten. Er nimmt häufig auf seinem christlichen Glauben Bezug und analysiert seine Sujets mit Vorzug nach ihrem Nationalcharakter.

Wirkung: Gerade heute – in Zeiten der Political Correctness – macht dieser eigentümliche Stil Friedells die Lektüre so erfrischend, auch wenn seine Fundamentalkritik der Moderne, zu seiner Zeit von rechten Kräften missbraucht, heute ohne größeren Einfluss bleibt. *B. A.*

Egon Friedell, Kulturgeschichte der Neuzeit, Umschlag der 18. Auflage 1948

Frisch, Max

deutschsprachiger Schweizer Schriftsteller

*15.5.1911 Zürich, †4.4.1991 ebd.

📖 *Stiller*, 1954

📖 *Homo Faber*, 1957

Max Frisch gilt als einer der wichtigsten deutschsprachigen Autoren der Nachkriegszeit; aus individualpsychologischer Sicht setzt er sich mit den Problemen dieser Ära auseinander. Zentrale Themenkreise seines Werks sind Ich-Findung, Selbstverleugnung und -akzeptanz, Vorurteil und Schuld, Liebe und Ehe. Darüber hinaus liefert das Werk des engagierten Sozial-demokraten auch eine literarische Auseinandersetzung mit dem nationalen und politischen Selbstverständnis der Schweiz.

Frisch verlebte eine bürgerlich geprägte Kindheit und Jugend. Ein Germanistikstudium brach er ab und war anschließend mehrere Jahre als freier Journalist tätig; in diese Zeit fallen erste literarische Veröffentlichungen. 1936 begann Frisch ein Architekturstudium und war nach dessen Abschluss bis 1957 als Architekt tätig. Nach dem literarischen Durchbruch mit dem Roman *Stiller* (1954) lebte Frisch wechselweise in Zürich, Berlin, Rom, New York und im Tessin. Sein Werk umfasst neben Romanen zahlreiche Dramen, Erzählungen und autobiografische Schriften. Frisch erhielt mehrere renommierte Literaturpreise, darunter den Georg-Büchner-Preis (1958) und den Friedenspreis des Deutschen Buchhandels (1976).

Biografie: V. Hage, *Max Frisch* (rbm 50 616); L. Walelzek, *Max Frisch*, 2001.

Max Frisch
in den 1980er Jahren

Die wichtigsten Bücher von Max Frisch	
Biedermann und die Brandstifter 1948	Auf dem Dachboden des Haarwasserfabrikanten Jakob Biedermann nistet sich eine Brandstifterbande ein. Parabelhaftes Drama über kleinbürgerliche Blindheit und politisches Mitläufertum.
Tagebuch 1946–1949 1950	Das für die Öffentlichkeit konzipierte Tagebuch kombiniert Notizen über Politik und Kunst vor dem Hintergrund der Reisen des Autors durch das Nachkriegs-Europa mit schriftstellerischen Entwürfen.
Stiller 1954	Der angebliche Amerikaner Jim Lark White wird verdächtigt, mit dem Schweizer Anatol Stiller identisch zu sein. Es entsteht ein Verwirrspiel um die Identität des Protagonisten. → S. 376
Homo Faber 1957	Der Ingenieur Walter Faber gerät durch die Begegnung mit seiner Tochter in eine weltanschauliche Verunsicherung. → S. 377
Andorra 1961	Das Drama um den Außenseiter Andri ist eine modellhafte Studie über die Kraft des Vorurteils und den Antisemitismus.
Mein Name sei Gantenbein 1964	Der Protagonist imaginiert verschiedene Identitäts- und Lebensentwürfe und findet sich in der Figur Gantenbein wieder, der als angeblich Blinder die Welt besonders scharf beobachten kann.
Tagebuch 1966 bis 1971, 1972	Biografische, dokumentarische und fiktionale Texte mit aktuellen politischen Bezügen setzten die Arbeit von 1950 fort.
Montauk 1975	Selbstkritische autobiografische Erzählung über Beziehungen, Männlichkeit, Schuld, Altern und die Schriftstellerei.
Der Mensch erscheint im Holozän, 1979	Eine resignativ anmutende Erzählung über den alternden Herrn Geiser, der von der Außenwelt abgeschnitten wird und mit einer Zettelsammlung das menschliche Wissen bewahren will.

Stiller

OA 1954 **Form** Roman **Epoche** Moderne

Im Zentrum des Romans steht die für Max Frisch so typische Identitätsproblematik. Als Leitmotiv fungiert das auf den Menschen umgedeutete biblische Gebot »Du sollst dir kein Bildnis machen«. Gezeigt wird ein Protagonist, der sich in dem Bild, das andere sich von ihm gemacht haben, nicht wiederfinden kann. Um der Festlegung zu entkommen, nimmt er eine neue Identität an – seinen eigenen Unzulänglichkeiten entkommt er damit nicht.

Inhalt: Jim Larkin White, ein Mann mit amerikanischem Pass, der sich später als gefälscht erweist, wird bei der Einreise in die Schweiz festgenommen. Man verdächtigt ihn, mit dem seit fast sieben Jahren verschwundenen Schweizer Bildhauer Anatol Stiller identisch zu sein, der in eine Spionageaffäre verwickelt gewesen sein soll. White streitet diese Identität beharrlich ab. Durch die Schilderungen von Personen aus dem ehemaligen Umfeld Stillers, die alle in White den Verschollenen erkennen wollen, entsteht ein Bild von dem Künstler:

Konstituierend für dessen Persönlichkeit ist das selbst empfundene Versagen. Als Freiwilliger im Spanischen Bürgerkrieg zeigte er sich außer Stande, einen Menschen zu erschießen. Gegen das Gefühl des Versagens ankämpfend, machte er später die Beziehung zu seiner Frau Julika zu einer neuen Bewährungsprobe. Vergeblich wollte Stiller seine Frau aus ihrer kühlen Distanziertheit lösen und Nähe schaffen.

Trotz immer wieder auftauchender Irritationen wird im Verlauf der Lektüre klar, dass White mit Stiller identisch ist, sich aber subjektiv als ein anderer fühlt. Nach seinem Weggang aus de

Schweiz nach Amerika und einem gescheiterten Selbstmordversuch hatte er sich deshalb zur Annahme einer neuen Identität entschlossen.

Struktur: Der Hauptteil des Romans besteht aus den Tagebuchaufzeichnungen des Protagonisten. Betrachtungen während der Haft, protokollierte Aussagen anderer Personen über Stiller, tatsächliche und erfundene Episoden aus der Zeit in Amerika und zahlreiche Geschichten über andere Figuren ergeben ein komplexes Textgefüge. Die Aufzeichnungen enden unmittelbar nach der Gerichtsverhandlung, bei der die objektive Identitätsentsprechung zwischen den Personen White und Stiller festgestellt worden ist. Der Roman schließt mit einem Nachwort des Staatsanwalts, der Stiller während der Untersuchungshaft zum Freund geworden ist. Er berichtet von dem weiteren Leben Stillers: Gerichtlich dazu »verurteilt«, Stiller zu sein, gibt der Protagonist seinen Widerstand auf. Nachdem er bewiesen hat, nicht in die Agentenaffäre verwickelt gewesen zu sein, lässt er sich mit Julika in der Nähe des Genfer Sees nieder und baut eine neue Existenz als Töpfer auf. In der Beziehung zu seiner Frau tritt die gewünschte Veränderung nicht ein. Nachdem Julika verstorben ist, führt Stiller ein einsames Leben. Der Kampf um ein authentisches Leben dauert an – es bleibt die Aufgabe, die eigenen Begrenztheiten zu akzeptieren.

Wirkung: *Stiller* gilt als erster bedeutender Roman des Autors Frisch und wurde von der Kritik vor allem für seine Stilistik gelobt. Als fortführende Variation der Thematik kann der Roman *Mein Name sei Gantenbein* (1964) gelten, in dem der Icherzähler mit verschiedenen Identitäts- und Lebensentwürfen experimentiert und auch vom Leser nicht mehr als festlegbare Person greifbar wird.

Homo Faber. Ein Bericht

OA 1957 **Form** Roman **Epoche** Moderne

In seinem Roman *Homo Faber* bearbeitet Frisch ein aktuelles Phänomen der 1950er Jahre: die fortschreitende Technisierung der westlichen Welt und den damit einhergehenden Glauben an die völlige Erklärbarkeit und Durchschaubarkeit des Lebens. Der lateinische Terminus »Homo faber« bezeichnet den »Mensch als Verfertiger«, der sich mit Hilfe von Werkzeugen die Welt zu Nutze macht. Mit seinem Protagonisten Walter Faber zeigt Frisch einen solchen handlungsorientierten Menschen, in dessen durchweg rationalem und technokratischem Weltbild Schicksalsgläubigkeit keinen Platz hat. Tragischerweise wird das Leben des Selbstsicheren durch eine Reihe von schicksalhaften Zufällen zerstört.

Inhalt: Mit einem Flug nach Caracas beginnt für den Ingenieur Faber eine Reise in seine Vergangenheit. Im Flugzeug sitzt er neben dem Bruder seines ehemaligen Freundes Johannes und erfährt, dass Johannes Hanna geheiratet hat, die in den 1930er Jahren ein Kind von Faber erwartete. Faber schlug damals eine Heirat vor, akzeptierte das Kind aber nur widerwillig. Hanna trennte sich daraufhin von ihm und zeigte sich zu einer Abtreibung entschlossen.

Nach einer Notlandung in der mexikanischen Wüste reisen die beiden Männer gemeinsam nach Guatemala, um Johannes zu besuchen. Sie finden ihn tot vor: Er hat sich erhängt. Auf der Überfahrt nach Europa – die er spontan einem Flug vorgezogen hat – lernt Faber die junge Sabeth kennen, die ihn an Hanna erinnert. Die beiden verlieben sich ineinander und unternehmen eine gemeinsame Europareise, auf der sich herausstellt, dass Sabeth tatsächlich die Tochter der seit vielen Jahren in Athen lebenden Hanna ist. Sabeth hält Johannes für ihren Vater; Faber ist nur zu gern bereit, diesen Glauben zu teilen und die beiden verbringen eine Nacht miteinander. Tage später wird Sabeth am Strand von einer Schlange gebissen, weicht vor dem ihr zur Hilfe eilenden Faber zurück und schlägt mit dem Kopf auf. Im Athener Krankenhaus wird ein Gegengift verabreicht; da Faber aber nicht von dem Sturz be-

Max Frisch, *Stiller*, Umschlag der Originalausgabe 1954

Auszug aus dem Roman
Stiller von Max Frisch:

Dass ein Leben ein wirkliches Leben gewesen ist, es ist schwer zu sagen, worauf es ankommt. Ich nenne es Wirklichkeit, doch was heißt das! Sie können auch sagen: dass einer mit sich selbst identisch wird. Andernfalls ist er nie gewesen!

Der Ödipus-Mythos

Herkunft: Der griechischen Mythologie nach ist Ödipus der Sohn der Iokaste und des Laios, König von Theben. Nachdem das Orakel von Delphi dem Vater weisgesagt hat, er werde durch die Hand seines eigenen Sohnes fallen, soll Ödipus mit durchbohrten Knöcheln ausgesetzt werden. Der mit dieser Aufgabe betraute Hirte hat jedoch Mitleid und übergibt das Kind an einen anderen Hirten, der es wegen der Wunden an seinen Füßen Ödipus (Schwellfuß) nennt und an den Hof von Korinth bringt. Dort wächst Ödipus als Sohn des Königs Polybos auf. Als Jüngling prophezeit ihm das Orakel, er werde den Vater töten und die Mutter heiraten. Das korinthische Königspaar für seine Eltern haltend, verlässt Ödipus das Land, um dem Schicksal zu entgehen. Auf dem Weg nach Theben begegnet er Laios und tötet den – unerkannten – Vater in einem Streit. Wenig später erlöst Ödipus die Stadt Theben von einer Sphinx, woraufhin ihm die Hand der Köni-

gin zugesprochen wird. Aus der Verbindung gehen vier Kinder hervor. Als die Stadt Jahre später von der Pest heimgesucht wird, gibt das Orakel den ungesühnten Königsmord als Ursache des Unglücks an. Ein um Rat befragter Seher offenbart die wahre Geschichte. Nach dieser Enthüllung beraubt Ödipus sich des Augenlichts und irrt bis zu seinem Tod als Bettler umher.

Wirkung: Der Ödipus-Mythos gehört zu den bekanntesten Stoffen der Weltliteratur. In der Antike u.a. von Sophokles (um 496 v.Chr.–um 406 v.Chr.) dramatisiert, wurde er seit dem 17. Jahrhundert – etwa von Pierre Corneille (1606–84) und → Voltaire – immer wieder neu gestaltet. Im 20. Jahrhundert interessierte Dichter wie Jean → Cocteau und T.S. → Eliot vor allem die psychologische Dimension des Mythos.

Sigmund Freud (1856–1939) prägte 1910 den psychoanalytischen Terminus »Ödipus-Komplex« für die frühkindliche libidinöse Beziehung zu den Eltern.

Sam Shepard in der Titelrolle der Verfilmung des Romans *Homo Faber* von Max Frisch (BRD/F/Griechenland 1991; Regie: Volker Schlöndorff)

Auszug aus dem Roman *Homo Faber* von Max Frisch:

Ich glaube nicht an Fügung und Schicksal, als Techniker bin ich gewohnt, mit den Formeln der Wahrscheinlichkeit zu rechnen... Es ist aber, wenn einmal das Unwahrscheinliche eintritt, nicht Höheres dabei, keinerlei Wunder oder derartiges, wie es der Laie so gerne haben möchte. Indem wir vom Wahrscheinlichen sprechen, ist ja das Unwahrscheinliche immer schon einbegriffen...

richtet, bleibt eine Gehirnblutung unerkannt, an der Sabeth stirbt. Mittlerweile hat Faber von Hanna erfahren, was er eigentlich schon wusste: Er selber ist Sabeths Vater. Allen Versuchen der Selbstrechtfertigung zum Trotz fühlt Faber sich schuldig. Wieder auf Reisen, entschließt er sich zu einer neuen Lebensweise und erfährt einen direkteren, sinnlichen Zugang zur Welt. Ein Zusammenleben mit Hanna erwägend kehrt er nach Athen zurück.

Mit seinen zahlreichen Hinweisen auf die griechische Antike kann der Roman nicht nur wegen der Inzest-Thematik als moderne Variante des Ödipus-Mythos (Stichwort → S. 377) gelesen werden. Wie Ödipus, der meint, seinem Schicksal entgehen zu können, ist auch Faber, der das ganze Leben für kalkulierbar hält, Überheblichkeit vorzuwerfen. Einig sind die beiden Figuren schließlich auch in ihrer erlebten Schuldhaftigkeit, vor der sie das Wissen um die eigene Unwissenheit nicht bewahren kann.

Struktur: Frisch macht seinen Protagonisten zum Erzähler der eigenen Geschichte. Der Roman besteht aus den Aufzeichnungen Fabers, in denen sich ein rückblickender Bericht mit aktuellen Tagebuchaufzeichnungen vermischt. Die Reflexionen Fabers sind dabei von selbstentlarvender Subjektivität – noch in der Rückschau verharrt er in alten Denkmustern und hadert mit dem Unerkärlichen. Der Bericht endet unmittelbar vor einer Magenoperation, der Faber sich unterziehen muss – der tragische Held des Romans scheint diese nicht zu überleben.

Wirkung: Seit seinem Erscheinen ist der Roman ein großer Publikumserfolg von ungebrochener thematischer Aktualität. Der Text gehört zu den beliebtesten Stoffen für die (Schul)unterrichtslektüre und wurde 1991 von Volker Schlöndorff (*1939) verfilmt. *A. K.*

Fromm, Erich

US-amerikan. Psychoanalytiker, Kulturphilosoph und Schriftsteller dt. Herkunft

* 23.3.1900 Frankfurt/M.

† 18.3.1980 Muralto (Tessin)

📖 *Haben oder Sein*, 1976

Neben seiner psychoanalytisch theoretischen und praktischen Arbeit, die sich mit dem Charakter der Gesellschaft sowie der kulturellen Überformung der Persönlichkeitsentwicklung des Menschen auseinander setzte, war Erich Pinchas Fromm sozialpolitisch engagiert und gehörte zu den Leitfiguren der Friedensbewegung in den 1970er Jahren. Berühmt wurde Fromm mit seinen Bestsellerwerken *Die Kunst des Liebens* (1956) und *Haben oder Sein* (1976).

Aufgewachsen in einem jüdisch-orthodoxen Elternhaus, studierte Fromm in Heidelberg Soziologie. Nach seiner Promotion und einer psychoanalytischen Ausbildung in Berlin war er 1929 in Frankfurt/Main Mitbegründer des Instituts für Psychoanalyse und arbeitete 1930 bis 1939 als Privatdozent am Institut für Sozialforschung des Soziologen Max → Horkheimer.

1934 emigrierte Fromm in die USA (Staatsbürgerschaft 1940), wo er mit seinem den autoritären Gesellschaftscharakter analysierenden und kritisierenden Buch *Die Furcht vor der Freiheit* (1941) bekannt wurde. Geprägt wurde Fromm durch die Lehre von Sigmund → Freud und Karl → Marx, wobei er sich bereits Mitte der 1930er Jahre von wesentlichen Gedanken ihrer Anschauungen kritisch distanziert hatte.

Seit 1935 war Fromm Professor u.a. an den Universitäten Michigan, New York und Mexiko-Stadt, bis er aus gesundheitlichen Gründen 1965 seinen Hauptwohnsitz nach Muralto (Locarno) verlegte und dort knapp 80-jährig an einem vierten Herzinfarkt starb.

Biografie: R. Funk, *Erich Fromm*, (rm 50 322).

Haben oder Sein

OT To have or to be? **OA** 1976 **DE** 1976
Form Sachbuch **Bereich** Psychologie

Mit seinem sozialpsychologischen Alterswerk *Haben oder Sein. Die seelischen Grundlagen einer neuen Gesellschaft* wendet sich der Kulturphilosoph und Autor Erich Fromm an die breite Öffentlichkeit. Anschaulich fasst er Überlegungen seiner früheren Werke zusammen und versucht ein Bewusstsein dafür zu schaffen, dass grundlegende gesellschaftliche Veränderungen nötig sind, um dem Menschen ein erfülltes Leben zu ermöglichen.

Inhalt: Die Begriffe »Haben« und »Sein« stehen für zwei Existenzweisen, die Fromm empirisch psychologisch und gesellschaftlich analysiert. Mit der Existenzweise des Seins verbindet er ein Leben, in dem der aktive Mensch nichts zu haben begehrt, sondern seine Fähigkeiten produktiv nutzt und eins ist mit der Welt. Im Gegensatz dazu ist das auf der Existenzweise des Habens basierende Leben dominiert durch das Streben nach materiellen Gütern, Geld, Ruhm, Macht, Wissen usw. Fromm untersucht die Faktoren, die das in der modernen Zivilisation ausgeprägte, am Haben orientierte Leben fördern und führt die Voraussetzungen an, die ein am Sein orientiertes, harmonisches Leben ermöglichen. Er beschreibt *Die seelischen Grundlagen einer neuen Gesellschaft,* die nicht vom Konsum in seinen vielfältigen Ausformungen geprägt ist und verweist auf die vehementen Gefahren, die drohen, wenn weiterhin der Besitz von Profit und Macht eine wesentliche Triebkraft des Menschen darstellt. Fromm fordert einen radikal-humanistischen Geist, um eine menschliche und gesellschaftliche Veränderung herbeiführen zu können.

Wirkung: Auch wenn angesichts der Entwicklung des gesellschaftlichen Klimas in den vergangenen 30 Jahren das Hauptwerk von Fromm ohne nachhaltige Wirkung geblieben zu sein scheint, wird *Haben oder Sein* immer noch weltweit gelesen. Der auflagenstarke, in viele Sprachen übersetzte Bestseller gehört zu den Klassikern der mittlerweile populär gewordenen, individuellen Lebensratgeber.   *M. Si.*

Erich Fromm um 1946 in New York

Die wichtigsten Bücher von Erich Fromm	
Die Furcht vor der Freiheit 1941	In seinem u.a. den Nationalsozialismus kritisierenden Werk geht Fromm der Frage nach, warum sich der Mensch vor der Freiheit fürchtet und analysiert den autoritären Gesellschaftscharakter.
Psychoanalyse und Ethik 1947	In seiner psychoanalytisch-philosophischen Schrift setzt sich Fromm für die natürliche Entfaltung des Menschen ein und betont die Wechselwirkung von glücklichen Menschen und gesunder Gesellschaft.
Die Kunst des Liebens 1956	In seinem wohl erfolgreichsten Buch analysiert Fromm das Wesen der Liebe und zeigt, dass der Mensch erst dann wirklich fähig ist zu lieben, wenn es ihm möglich wird, seine ganze Persönlichkeit zu entfalten.
Anatomie der menschlichen Destruktivität 1973	Anhand der Biografien von Himmler, Hitler und Stalin beschreibt Fromm detailliert, warum der entfremdete Mensch der Industriegesellschaft gewalttätig ist und behandelt ausführlich die Destruktivität als ein grundlegendes soziales und zivilisatorisches Problem.
Haben oder Sein 1976	In seinem sozialpsychologischen Hauptwerk analysiert Fromm Haben und Sein als zwei grundlegend verschiedene Formen menschlichen Erlebens und veranschaulicht die seelischen Grundlagen einer neuen gesunden Gesellschaft. → S. 378

Fruttero, Carlo & Lucentini, Franco

italien. Schriftsteller

Fruttero, Carlo * 19.9.1926 Turin

Lucentini, Franco * 24.12.1920 Rom

📖 *Die Wahrheit über den Fall D.,* 1989

Die beiden in Turin lebenden Autoren Carlo Fruttero und Franco Lucentini – kurz »die Firma« genannt – gelten als das erfolgreichste Autorenduo der Welt. Gemeinsam verfassten sie eine Reihe viel beachteter Romane vor allem kriminalistischen Inhalts. Doch ihre Bücher sind mehr als reine Kriminalromane; die Autoren, gebildet und belesen, verbinden in ihnen Satire, Zeit- und Gesellschaftskritik, literarische Spielereien, philosophische Betrachtungen und Irreales.

Fruttero begann nach abenteuerlichen Jahren mit wechselvollen Tätigkeiten 1945 beim Turiner Verlag Einaudi als Lektor und Übersetzer zu arbeiten. Dort lernte er den aus Rom stammenden Journalisten und Autor Lucentini kennen, der 1958 als Lektor zu Enaudi kam. Nach seinem Studium war Lucentini 1942 in der antifaschistischen Bewegung aktiv gewesen, zu Gefängnis und Verbannung verurteilt worden. Nach dem Krieg arbeitete er als Journalist, Lektor und Autor in Prag, Wien und Paris. Beim Verfassen von Klappentexten stellten Fruttero und Lucentini fest, dass sie zum gemeinsamen Schreiben prädestiniert waren.

Ihr erster Roman *Die Sonntagsfrau* (1972) spielt in der piemontesischen Hauptstadt Turin. Dort ist auch der Roman *Wie weit ist die Nacht* (1981) angesiedelt, in dem die Macht des Fiat-Konzerns durchleuchtet wird. Schauplatz des mysteriösen *Palio der toten Reiter* (1986) ist Siena; der zwei Jahre später erschienene Roman *Liebhaber ohne festen Wohnsitz,* in dem sich Reales und Mythologisches mischen, spielt in Venedig. Weitere Bücher des Duos sind der

Auszug aus *Haben oder Sein* **von Erich Fromm:**

Mit den Begriffen Sein oder Haben meine ich nicht bestimmte einzelne Eigenschaften eines Subjekts, wie sie in Feststellungen wie »ich habe ein Auto«, »ich bin weiß« oder »ich bin glücklich« Ausdruck finden. Ich meine zwei grundlegende Existenzweisen, zwei verschiedene Arten der Orientierung sich selbst und der Welt gegenüber, zwei verschiedene Arten der Charakterstruktur, deren jeweilige Dominanz die Totalität dessen bestimmt, was ein Mensch denkt, fühlt und handelt.

Das Autorenduo Carlo Fruttero (l.) und Franco Lucentini

»philosophische« Roman *Der rätselhafte Sinn des Lebens* (1972) und *Das Geheimnis der Pineta* (1993). Beide Autoren wurden 1989 mit dem Ennio-Flaiano- und 1990 mit dem Hemingway-Preis ausgezeichnet.

Carlo Fruttero und Franco Lucentini, *Die Wahrheit über den Fall D.*, Umschlag der deutschsprachigen Erstausgabe 1991

Die Wahrheit über den Fall D.

OT La verità sul caso D. **OA** 1989 **DE** 1991
Form Roman **Epoche** Moderne

Kernstück des Romans von Carlo Fruttero und Franco Lucentini ist das von Charles → Dickens hinterlassene Fragment *Das Geheimnis um Edwin Drood (1870)*. Die 22 Kapitel dieses Werks sind eingebettet in eine in der Gegenwart spielende, von Fruttero & Lucentini verfasste Rahmenhandlung.
Inhalt: In Rom treffen bei strömendem Regen die Teilnehmer eines Kongresses in dem als Tagungsort dienenden, in einem Randbezirk gelegenen Hotel Urbis et Orbis ein. Die Tagung nennt sich »Internationales Forum über die Vervollständigung unvollendeter oder fragmentarischer Werke in Musik und Literatur«. Eine Arbeitsgruppe soll sich mit der Komplettierung des Fragments »Das Geheimnis um Edwin Drood« von Dickens befassen. Das Verblüffende an diesem Ausschuss

sind die teilnehmenden Experten, die aus »allen Zeiten« der Kriminalliteratur stammen. Von Porfiri Petrowitsch, dem russischen Untersuchungsrichter, der in dem Roman *Schuld und Sühne* (1866) von Fjodor → Dostojewski Raskolnikow als Mörder überführt, über Auguste Dupin, Sherlock Holmes, Nero Wolfe, Philip Marlowe, Pater Brown, Kommissar Maigret etc. sind alle berühmten beamteten oder privaten Ermittler der Detektivromane versammelt. Kurz nach der Schilderung der Tagungseröffnung setzt die Wiedergabe des Dickens-Romans ein, dessen Fortgang immer wieder von Berichten über den Kongressverlauf, die Diskussionen der Detektive oder die ironischen Kommentare der Autoren unterbrochen wird.

In der Vorlage von Dickens sollen Edwin Drood, ein seiner Karriere entgegenstrebender junger Mann, und Rosa, die sich in einem Internat befindet, nach dem Willen ihrer früh verstorbenen Eltern heiraten. Misstrauisch beobachtet wird diese Verbindung von Jasper, dem Kantor der englischen Gemeinde Cloisterham, dem Schauplatz des Geschehens. Er ist Edwins Onkel, jedoch nur wenige Jahre älter als dieser. Und er liebt Rosa, die jedoch keinen von beiden schätzt, wie sich herausstellt. Jasper, einen Psychopathen und Opiumkonsumenten, verabscheut sie geradezu. In Cloisterham taucht plötzlich das exotische Zwillingspaar Neville und Helena auf – sind sie tatsächlich Geschwister? –, das eine unheilvolle Rolle zu spielen beginnt. Neville, der sich in Rosa verliebt, und Edwin geraten aneinander, versöhnen sich jedoch wieder am Weihnachtsabend. Und genau an diesem Abend verschwindet Edwin spurlos nach einem Spaziergang mit Neville. Kurz zuvor hatten er und Rosa beschlossen, ihre Verlobung zu lösen. Später werden in einem Wehr Edwins Uhr und Krawattennadel gefunden. Ist er umgebracht worden? Hat er Selbstmord begangen?

Dickens hat, als er 1870 an einem Schlaganfall starb, das Geheimnis des Edwin Drood mit ins Grab genommen. Seit dieser Zeit haben sich Dutzende von Schriftstellern, Wissenschaftlern und Detektiven an einer Lösung des Falls versucht, ohne überzeugende Erklärungen zu finden. Auch die Arbeitsgruppe bleibt, trotz der versammelten scharfsinnigen Köpfe und vielen Theorien, letztlich eine Antwort schuldig. Dafür klärt sie völlig überraschend den plötzlichen Tod des Autors Dickens als Mord auf.
Wirkung: Fruttero & Lucentini haben mit ihrem Roman um einen Roman eine mehrschichtige, kompliziert, aber virtuos konstruierte Geschichte geschaffen. Zugleich ist diese Kriminal- und Gesellschaftssatire eine geistreiche Auseinandersetzung mit der Literatur, mit den Techniken und Tricks der Schreiber. *N.B.*

OT = Originaltitel **EZ** = Entstehungszeit **OA** = Originalausgabe **DE** = Deutsche Erstausgabe 📖 = Verweis auf Werkartikel

Fuentes, Carlos

mexikan. Schriftsteller

* 11.11.1928 Mexico City

📖 *Terra Nostra*, 1975

📖 *Die Jahre mit Laura Díaz*, 1999

Carlos Fuentes ist einer der originellsten und stilistisch interessantesten mexikanischen Romanciers der Gegenwart und machte sich um die formale Fortbildung der Romantechnik verdient. In seinem vielschichtigen Werk zeigt er sich als kritischer, antidogmatischer Geist, der sich gegen erstarrte politische und kulturelle Haltungen wendet; in seinen späteren Werken steht soziale Kritik im Vordergrund.

Fuentes, Sohn eines Diplomaten, wuchs in Panama, Ecuador, Uruguay, Brasilien, den USA, Chile, Argentinien sowie Mexiko auf und entwickelte so eine polyglotte, multikulturelle Einstellung. Nach dem Studium der Rechtswissenschaften besuchte er wirtschaftswissenschaftliche Seminare an der Hochschule für Internationale Studien in Genf. 1956/57 war er Stipendiat des Centro Mexicano de Escritores. Fuentes schrieb für die Zeitschrift *Espectador* sowie für wichtige Blätter in den USA, in Europa sowie Lateinamerika und war außerdem als Herausgeber tätig. Nach vehementen Angriffen auf die Regierung wegen der blutigen Unterdrückung der Studentenunruhen ging Fuentes 1968 für drei Jahre ins Exil nach Paris. Für das mexikanische Außenministerium war er 1972 bis 1979 unter anderem als Botschafter in Frankreich tätig. Danach lebte er zeitweise in den USA, wo er an der Harvard University lehrte. Seit 1990 hat er seinen Wohnsitz in London.

Für sein umfangreiches Werk erhielt Fuentes zahlreiche Preise, darunter 1987 die höchste Auszeichnung der spanischsprachigen Welt, den Premio Miguel de Cervantes.

Biografie: R. Brody / C. H. Rossmann, *Carlos Fuentes*, 1982.

Terra Nostra

OT Terra Nostra **OA** 1975 **DE** 1979
Form Roman **Epoche** Moderne

Mit dem enzyklopädischen Bildungsroman *Terra Nostra*, einem seiner Hauptwerke, hat Carlos Fuentes ein monumentales Werk geschaffen, das in seinem Anspruch und Umfang von einem beachtlichen historischen Wissen und großer Belesenheit des Autors zeugt.

Aufbau: In *Terra Nostra* verknüpft Fuentes kontrapunktisch historische Realitäten und nicht verwirklichte Möglichkeiten der Vergangenheit, anhand derer er die Geschichte Spaniens zu deuten versucht. Er bearbeitet zahlreiche Ereignisse von Christi Geburt bis zum Jahr 2000;

Eckdaten der Handlung sind die Jahre 1492 – die Entdeckung Amerikas –, 1521 – die Erhebung der spanischen Comuneros und die Eroberung Tenochtitláns – sowie 1598, das Todesjahr von Philipp II. (1527–98).

Der Roman, in dem mehrere Handlungsstränge nebeneinander laufen, verarbeitet eine Vielzahl narrativer Methoden; es treten zahlreiche Erzähler auf, die sich oftmals als Nacherzähler der Berichte anderer entpuppen, so dass eine Folge von verschachtelten Erzählungen entsteht. Es gibt jedoch einen Chronisten, der das Geschehen aufzeichnet – der spanische Dichter Miguel de → Cervantes, der hier »Don Miguel« genannt wird. Seine »ungebetene Fantasie« widersetzt sich allerdings einer getreuen Aufzeichnung geschichtlicher Ereignisse in zeitlich genauer Reihenfolge, so dass es sich bei *Terra Nostra* nicht um einen historischen Roman im engeren Sinne handelt.

Der in drei Hauptabschnitte – *Alte Welt, Neue Welt, Andere Welt* – gegliederte Roman bezieht sich mit Ausnahme des ersten Kapitels auf das Spanien des 16. Jahrhunderts, dem Hof des habsburgischen Regenten Philipp II.; zentraler Schauplatz ist der Escorial.

Inhalt: Im Mittelpunkt der Handlung stehen drei junge Männer, die nach einem Schiffbruch an einem spanischen Strand aufgefunden werden; es handelt sich um außereheliche Söhne von Philipp dem Schönen (1478–1506), die zu verschiedenen Zeiten an unterschiedlichen Schauplätzen auftreten und sich im Escorial begegnen, wohin sich der Regent Philipp II. zur

Carlos Fuentes in einem Interview auf die Frage nach der zentralen These seines Geschichtsbilds:

Es ist das Schicksal Lateinamerikas, dass es nicht von einem demokratischen, sondern von einem tyrannischen Spanien erobert wurde.

Carlos Fuentes bei der Präsentation seines Buches *Die Jahre mit Laura Díaz* in Los Angeles am 26. März 1999

Die wichtigsten Bücher von Carlos Fuentes

Los días enmas-carados, 1954	In sechs Erzählungen zieht Fuentes alle Register sprachlicher Gestaltung und vereint Reales, Irreales und Symbolisches.
Landschaft bei klarem Licht 1958	Mit diesem Roman gelangte Fuentes zu internationaler Berühmtheit. Er beinhaltet eine Montage von bruchstückhaften Handlungen, inneren Monologen, lyrischen Kommentaren etc., die ein sarkastisch-kritisches Bild von Mexiko-Stadt im Jahr 1951 geben.
Nichts als das Leben 1962	(später unter dem Titel *Der Tod des Artemio Cruz*). Hier beschreibt Fuentes das Leben eines Vertreters der herrschenden Schicht und beleuchtet 50 Jahre mexikanischer Geschichte.
Hautwechsel 1966	Fuentes thematisiert die durch den Kapitalismus bewirkte Entfremdung und den kulturellen Identitätsverlust der mexikanischen Oberschicht anhand von vier individuellen Schicksalen.
Terra Nostra 1975	In diesem monumentalen Werk, einer faszinierenden Synthese von Mythos und Geschichte, Literatur, Architektur und Malerei, versucht Fuentes eine Deutung der Geschichte Spaniens und Lateinamerikas in kontrapunktischer Verflechtung von historischen Realitäten und nicht realisierten Möglichkeiten. → S. 381
Das Haupt der Hydra, 1978	Ein Spionageroman oder eine Parodie dieses Genres über den Kampf der Geheimdienste um die Daten der mexikanischen Erdölfunde.
Die Jahre mit Laura Díaz 1999	Der Roman führt den Leser anhand des wechselvollen Geschicks von Laura Díaz, in deren Familiensaga Fuentes Elemente der eigenen Biografie gewoben hat, durch die neuere Geschichte Mexikos. → S. 382

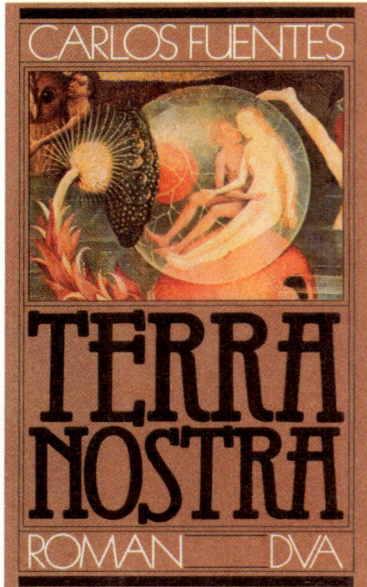

Carlos Fuentes, *Terra Nostra*, Umschlag der deutschsprachigen Ausgabe 1980

Carlos Fuentes über seinen Roman *Die Jahre mit Laura Díaz*:

Ich erzähle von Dingen, die mich sehr stark geprägt haben. Zum Beispiel, der Spanische Bürgerkrieg aufgrund der vielen Republikaner, die in Mexiko Zuflucht suchten und die uns halfen, eine moderne Gesellschaft aufzubauen...

Kontemplation zurückgezogen hat. Dieser starrköpfige, nur seine eigene Meinung duldende Herrscher, der verschiedene Züge der Habsburger-Dynastie in sich vereint, vernichtet jedwede demokratischen Tendenzen; den Aufstand der kastilischen Städte lässt er rücksichtslos niederschlagen, Andersgläubigen gegenüber kennt er keine Nachsicht und lässt sie mitleidlos durch die Inquisition verfolgen. Auch das Vorhandensein einer neuen, bisher unentdeckten Welt negiert er. Literarische Gestalten – Don Quijote, Don Juan und die Kupplerin Celestina – bilden einen Gegenpol zu der starren Geisteshaltung Felipes. Sie personifizieren den Glauben an die Möglichkeit einer Welt, die frei ist von Unterdrückung, frei von Verboten und Göttern – die Vision eines goldenen Zeitalters.

Wirkung: In *Terra Nostra* hat Fuentes ein für Lateinamerika wichtiges Kapitel spanischer Geschichte aus lateinamerikanischer Perspektive neu- bzw. umgeschrieben. Der Chronist Don Miguel – das Alter Ego des Autors – trachtet danach, die Geschichte aufzuschreiben, »damit sie sich nicht wiederholt«; er versucht darzustellen, wie Lateinamerika seine eigene Identität, fernab vom spanischen Joch, erleben könnte. Das vielschichtige Werk hatte großen Einfluss auf die Gegenwartsliteratur Lateinamerikas und ermutigte dazu, eigene Wege zu gehen.

Die Jahre mit Laura Díaz

OT Los años con Laura Díaz
OA 1999 **DE** 2000 **Form** Roman **Epoche** Moderne

Der Roman *Die Jahre mit Laura Díaz* wird als Krönung des literarischen Werks von Carlos Fuentes angesehen. Die Zeitung *El País* erklärte das Buch zum bedeutendsten spanischsprachigen Roman des ausgehenden Jahrhunderts.

Inhalt: Fuentes schildert anhand der Vita von Laura Díaz Ereignisse und Personen, die das heutige Mexiko entscheidend geprägt haben und flicht dabei Figuren seiner eigenen Familiengeschichte ein.

Laura entstammt einer alten, bürgerlichen Familie und wächst in ein neues, unsicheres Mexiko hinein. Ihr wechselvoller Lebensweg, der von ihrem Urenkel rekonstruiert wird, führt sie durch die Wirren der Zeit – mexikanische Revolution, spanischer Bürgerkrieg, Zweiter Weltkrieg und der andauernde Kampf um Freiheit und Gleichheit im eigenen Land spiegeln sich in kaleidoskopischer Sicht in ihrem Schicksal wider.

Fernab der mexikanischen Revolution verlebt Laura ihre Kindheit auf der Kaffeeplantage ihres deutschen Großvaters. Mit 20 Jahren heiratet sie einen mexikanischen Revolutionär, mit dem sie in die Hauptstadt zieht. Dieser einst gefeierte Arbeiterführer entwickelt sich dort zu einem bürokratischen Gewerkschaftsfunktionär. Aus ihrer Ehe flüchtet sich Laura in die Bohème der 1930er Jahre, trifft auf das mexikanische Paar schlechthin, die Künstler Diego Rivera und Frida Kahlo, deren Sekretärin und Vertraute sie wird. Und noch ein sinnbildhaftes Paar tritt auf: Jorge Maura, die große Liebe Lauras, ein bedeutender Vertreter der gegen die Franquisten kämpfenden spanischen Republik, und Raquel Mendes-Alemán, eine Nachfahrin sephardischer Juden, die im Konzentrationslager Buchenwald ums Leben kommt. Weitere Männerfiguren erscheinen, darunter Lauras Enkel, der gegen seinen Vater und die korrupte Gesellschaft rebelliert und kurz vor der Eröffnung der Olympischen Spiele 1968 Opfer des Massakers von Tlatelolco wird. Diesen brutal niedergeschlagenen Studentenaufstand dokumentiert die inzwischen über 60-Jährige mit ihrer Kamera. Durch ihre Bilder des Elends und der Gewalt bereits eine berühmte Fotografin, wird Laura nun zur »Dichterin, die mit Licht schreibt«, und auch hier zu einer Bewahrerin der Erinnerung.

Wirkung. Mit dem begeistert aufgenommenen Roman *Die Jahre mit Laura Díaz* schuf Fuentes ein vielschichtiges Werk, das den Emanzipationsweg einer beeindruckenden Frauengestalt schildert und sich als Reflexion über das Verhältnis von Geschichte, Gesellschaft und Kunst versteht. *V. R.*

OT = Originaltitel **EZ** = Entstehungszeit **OA** = Originalausgabe **DE** = Deutsche Erstausgabe 📖 = Verweis auf Werkartikel

Gaarder, Jostein

norweg. Schriftsteller

*8.8.1952 Oslo

📖 *Sofies Welt*, 1991

Jostein Gaarder ist mit seinem Buch *Sofies Welt* (1991), dessen Erfolgsrezept er in neueren Publikationen variiert, in der ganzen Welt populär geworden.

Der Sohn eines Lehrerehepaars studierte bis 1976 in Oslo Nordistik und Philosophie und unterrichtete anschließend zehn Jahre in Bergen; er lebt heute als freier Autor in Oslo.

Zum Schriftsteller wurde Gaarder mit der Novelle *Katalog* (1982), doch der Durchbruch gelang ihm erst mit dem Roman *Sofies Welt*. Gaarders Bücher basieren auf liebevoll-einfühlsamer Kenntnis der Psyche von Jugendlichen, richten sich aber auch an Erwachsene. Neben Kinderbüchern (*Das Froschschloss*, 1988; *Hallo, ist da jemand?*, 1996) und der Novelle *Das Leben ist kurz* (1996) erschienen mehrere Romane wie *Das Kartengeheimnis* (1990) über eine dreifache Reise – einer wirklichen nach Griechenland, einer fiktiven auf eine fantastische Insel und einer imaginierten in die Welt der Philosophie – und *Durch einen Spiegel, in einem dunklen Wort* (1993) über das Sterben der leukämiekranken Cecilie.

Sofies Welt

OT Sofies Verden

OA 1991 **DE** 1993 **Form** Roman **Epoche** Postmoderne

Dem Untertitel nach ein »Roman über die Geschichte der Philosophie«, ist der Roman *Sofies Welt* von Jostein Gaarder zugleich ein postmodernes Erzählspiel.

Inhalt: Sofie Amundsen wird kurz vor ihrem 15. Geburtstag in einer Serie ominöser Briefe von einem mysteriösen Absender zu einem privaten Philosophiekurs eingeladen. Zunächst vollziehen sich die Lektionen schriftlich, doch bald lernt Sofie ihren Lehrer Alberto Knox per Videokassette und schließlich in Person kennen. In Brief- und Dialogform erfährt sie die Grundzüge der abendländischen Philosophiegeschichte. Zugleich findet sie an den verschiedensten Orten Postkarten, die an die ihr völlig unbekannte gleichaltrige Hilde Møller Knag adressiert sind und von deren Vater, einem norwegischen UN-Offizier aus dem Libanon, stammen. In einer Waldhütte stößt Sofie auf Hildes Bild in einem Zauberspiegel.

Wirkt das Buch bis hierher wie eine Teenagergeschichte, so muss der Leser bald die im Roman ausgesprochene These, dass das Sein auf dem bloßen Wahrgenommenwerden beruhe, beim Wort nehmen: Die eigentliche Wirklichkeit ist das Leben Hildes, deren Vater ihr mit einem Aktenordner zur Philosophiegeschichte und zahllosen Geburtstagskarten gratuliert. Major Knag hat Alberto und Sofie erfunden; Sofies Welt ist die Fantasie, in der sich bei einer aus dem Ruder laufenden Gartenparty die Konventionen der Realität verlieren. Als der Erzähler aus Beirut zurückkehrt, machen sich Sofie und ihr Lehrer selbstständig. Sie treffen auf bekannte literarische Figuren und erkennen, dass sie nicht wirklich leben, aber: »Zum Ausgleich werden wir auch nie sterben.«

Aufbau: Das 600-seitige Buch ist durch Namens- und Sachregister sowie durch schlagwortartige Kapitelüberschriften wie »Aristoteles... ein peinlich genauer Mann der Ordnung, der in den Begriffen der Menschen aufräumen wollte« als didaktisches Werk ausgewiesen. Es arbeitet mit verschiedenen Typografien: Außer der Kursivierung für Zitate wird eine Drucktype für die wirkliche und eine für die fiktive Welt inklusive der Lehrinhalte verwendet. Dieses Prinzip dreht sich, als klar wird, dass die vermeintliche Realität Fiktion ist und umgekehrt.

Wirkung: *Sofies Welt* wurde binnen kurzem zum internationalen Bestseller und zum Modell für zahlreiche kommerzielle Nachahmungsversuche. Gleich mehrere Publikumsschichten konnte Gaarder mit seinem Roman erreichen: Jugendliche Leser werden über die Identifikation mit der Titelfigur zum spielerischen Erlernen der Reflexion animiert. Angeboten wird eine elementare Einübung in das staunende Denken und den Umgang mit den Grundfragen des Menschen, aber ebenso ein kapitelweise konsumierbarer Abriss der Philosophiegeschichte. In dieser nur leicht maskierten Präsentation ernsthaften Lernstoffs wird das Konzept einer Jugendliteratur aufgegriffen, wie sie schon in der Aufklärung floriert hatte. Gaarders Philosophiegeschichte selbst ist denn auch traditionell; faktisch endet sie im 19. Jahrhundert.

Auch von Erwachsenen wurde das Buch gern gelesen. Dieses Interesse erklärt sich aus einer Eigenart des Buchs: Es inszeniert selbstbezüglich das Eigenleben der Fiktion und hierin liegt eine gewisse literarische Raffinesse. *Sofies Welt* wurde in über 40 Sprachen übersetzt und trug dem Autor zahlreiche Preise ein. Auf der Grundlage des Romans entstanden Spiele, CDs, Hörspielversionen und 1999 ein Spielfilm. *A. H.*

Jostein Gaarder, *Sofies Welt*, Umschlag der deutschsprachigen Erstausgabe 1991

Auszug aus dem Roman *Sofies Welt* von Jostein Gaarder:

Wir leben unsere Leben in einer erfundenen Wirklichkeit, hinter den Worten einer langen Erzählung. Jeder einzelne Buchstabe davon wird vom Major in eine billige Reiseschreibmaschine getippt. Nichts von dem, was geschrieben ist, kann deshalb seiner Aufmerksamkeit entgehen.

Auszug aus dem Werk *Wahrheit und Methode* (1960) von Hans-Georg Gadamer:

In der Angewiesenheit auf immer neue Aneignung und Auslegung besteht das geschichtliche Leben der Überlieferung. Eine richtige Auslegung an sich wäre ein gedankenloses Ideal, das das Wesen der Überlieferung verkennt. Jede Auslegung hat sich in die hermeneutische Situation zu fügen, der sie zugehört.

Gadamer, Hans-Georg

dt. Philosoph

* 11.2.1900 Marburg/Lahn, † 13.3.2002 Heidelberg

📖 *Wahrheit und Methode*, 1960

Hans-Georg Gadamer gehörte in der zweiten Hälfte des 20. Jahrhunderts zu den international beachteten Philosophen. Als Schüler von Martin → Heidegger geriet er in Kontroversen mit Vertretern der kritischen Theorie der Frankfurter Schule.

Der Sohn eines Chemikers wuchs in Breslau auf. 1919 ging die Familie nach Marburg zurück, wo Gadamer sein im Vorjahr in Breslau begonnenes Studium der Philosophie fortsetzte. 1921 wechselte er nach München und promovierte dort 1922. 1924–27 studierte er klassische Philologie, legte das Staatsexamen für das höhere Lehramt ab und habilitierte sich 1929 bei Heidegger. Gadamer lehrte 1934–37 in Kiel und Marburg, 1939 folgte er der Berufung an die Universität Leipzig. Nach einer Lehrtätigkeit in Frankfurt/Main (ab 1947) wurde Gadamer 1949 der Nachfolger von Karl → Jaspers an der Universität Heidelberg; hier lehrte er auch nach seiner Emeritierung 1968. Gadamers »tätiger Ruhestand« diente der Herausgabe seiner Schriften von der Aufsatzsammlung *Vernunft im Zeitalter der Wissenschaft* (1976) über die Autobiografie *Philosophische Lehrjahre. Eine Rückschau* (1977) bis zu den *Gesammelten Werken* (10 Bde., 1985–95).

Biografie: J. Grondin, *Hans-Georg Gadamer*, 1999.

Hans-Georg Gadamer (l.) bei der akademischen Feier zu seinem 100. Geburtstag 2000 in Leipzig; neben ihm Rektor Volker Bigl

Wahrheit und Methode

OA 1960 **Form** Sachbuch **Bereich** Philosophie

In *Wahrheit und Methode* entwickelte Hans-Georg Gadamer »Grundzüge einer philosophischen Hermeneutik« (Untertitel) im Hinblick auf die Erfahrung von Wahrheit.

Entstehung: Den Entschluss, eine Theorie der Hermeneutik auszuarbeiten, fasste Gadamer 1950, nachdem er in Heidelberg die Nachfolge von Karl → Jaspers angetreten hatte. Zu dieser Zeit stand er erneut und in verstärktem Maße unter dem Einfluss von Martin → Heidegger.

Inhalt: Die beiden im Titel durch ein unscheinbares »und« verbundenen Begriffe bezeichnen ein bipolares Verhältnis angesichts des neuzeitlichen wissenschaftlichen Methodenbewusstseins. Gadamers Verständnis der Hermeneutik als Lehre des Verstehens schließt die Dimensionen der Selbst- und Welterfahrung ein. Innerhalb dieses weiten Horizonts widmet er sich den Erkenntniswegen in der Begegnung mit der philosophischen und literarischen Überlieferung. Insbesondere untersucht er fachwissenschaftliche Verfahren wie die Geschichtswissenschaft und deren Verwendung von Sprache. Gadamer insistiert auf der Reflexion von Begriffen, die z.B. bei der Beschreibung historischer Phänomene verwendet werden. Der Historiker unterwirft andernfalls seine Gegenstände den eigenen »Vorbegriffen«. Indem diese unweigerlich am Verstehen beteiligt sind, wäre es jedoch ebenso naiv, sie stillschweigend beiseite zu lassen. Vielmehr verlangt das Verstehen beispielsweise eines Textes, »die eigenen Vorbegriffe mit ins Spiel zu bringen, damit die Meinung des Textes für uns wirklich zum Sprechen gebracht wird«. Die Vorbegriffe sind, fernab bloßer Subjektivität, eine Brücke auf dem Weg zur Wahrheit. Ein Beispiel für sein hermeneutisches Verfahren im Umgang mit Literatur gab Gadamer 1973 mit *Wer bin Ich und wer bist Du? Kommentar zu Paul Celans Gedichtfolge »Atemkristall«*.

Wirkung: Das zu Beginn des 20. Jahrhunderts von Wilhelm Dilthey (1833–1911) vertretene geisteswissenschaftliche Prinzip der Einfühlung (*Das Erlebnis und die Dichtung*, 1906) erweiterte Gadamer zu einer menschheitsgeschichtlich ausgestalteten philosophischen Hermeneutik. Sie führte zu einer 1967–71 öffentlich geführten Auseinandersetzung mit Jürgen → Habermas, der Gadamer als »traditionshörig« brandmarkte. Zugleich stärkte *Wahrheit und Methode* das Selbstverständnis der Geisteswissenschaft als Alternative zum vorherrschenden naturwissenschaftlichen Empirismus sowie zum Soziologismus. Das Werk beeinflusste in den 1980er Jahren z.B. die Literaturwissenschaft.　　*C. W*

OT = Originaltitel **EZ** = Entstehungszeit **OA** = Originalausgabe **DE** = Deutsche Erstausgabe 📖 = Verweis auf Werkartikel

Galbraith, John Kenneth

kanad.-US-amerikan. Nationalökonom

* 15.10.1908 Iona Station (Provinz Ontario/Kanada)

📖 *Gesellschaft im Überfluss*, 1958

Bereits Anfang der 1950er Jahre machte John Kenneth Galbraith mit Büchern wie *Der amerikanische Kapitalismus im Gleichgewicht der Wirtschaftskräfte* (1952) auf sich aufmerksam. Sein Werk *Gesellschaft im Überfluss* (1958) wurde ein Weltbestseller, der seinen Ruf als einer der einflussreichsten Ökonomen der Nachkriegszeit und als Vorbote des Wohlfahrtsstaats begründete.

Galbraith studierte Agrar-, später Wirtschaftswissenschaften. 1933 promovierte er an der Universität von Kalifornien in Berkeley und übernahm im folgenden Jahr einen Lehrauftrag an der Harvard University in Cambridge (Massachusetts). Seine Tätigkeit als Assistenzprofessor in Princeton (New Jersey), die er 1939 angetreten hatte, gab er nach kurzer Zeit wieder auf, um die Leitung der Preisabteilung im Büro für Preispolitik und öffentliche Versorgung in Washington D.C. zu übernehmen. 1948 kehrte er nach Harvard zurück, wo er als Professor für Wirtschaftswissenschaften bis zu seiner Emeritierung 1975 lehrte.

Autobiografie: J. K. Galbraith, *Leben in entscheidender Zeit*, 1982.

Gesellschaft im Überfluss

OT The Affluent Society
OA 1958 **DE** 1959 **Form** Sachbuch
Bereich Sozial- und Wirtschaftswissenschaften

In seinem gesellschaftskritischen Buch *Gesellschaft im Überfluss*, das gleich ein Bestseller wurde, erläutert Galbraith stilistisch brillant und mit satirischen Zuspitzungen seine These vom Übermaß privater Güter und dem Mangel öffentlicher Dienste. Es verweist insbesondere auf die in modernen Industriegesellschaften bestehende Abhängigkeit zwischen der zunehmenden Konsumgüterproduktion und den von ihr künstlich geschaffenen Bedürfnissen. Nicht nur wegen seiner populärwissenschaftlichen Texte, sondern auch als Exponent der ökonomischen Linken ist Galbraith ein Außenseiter der zumeist konservativ geprägten Zunft geblieben.

Inhalt: In dem in 25 Kapiteln unterteilten Buch versucht Galbraith die Unzulänglichkeit der in den USA in den 1950er Jahren vorherrschenden liberalen Wirtschaftsideologie nachzuweisen, die sich in einem Missverhältnis von privater Verschwendung und öffentlicher Armut ausdrücke. Zunächst widmet er sich der Entstehung der liberalen Wirtschaftstheorie, deren Vertreter Armut, Ungleichheit und Überbevölkerung als naturgegebene Parameter akzeptierten und ungehemmten Wettbewerb predigten. Spätestens die ökonomische Krise der 1930er Jahre habe aber offenkundig werden lassen, dass eine solche Wettbewerbsvorstellung die bestehenden wirtschaftlichen und sozialen Probleme verschlimmere. In einer Überflussgesellschaft wie den USA verliere die liberale Lehre die Verbindung zur Realität. Nach wie vor, so Galbraith, hänge die liberale Ökonomie den Überzeugungen einer Theorie nach, die der Vergangenheit angehöre: Obwohl die moderne Industriegesellschaft die Bedürfnisse der Bevölkerung befriedigen könne, strebe sie weiter nach mehr Wachstum und erzeuge bis dahin unbekannte Bedürfnisse. Der private Konsum werde durch aufwändiges Marketing gesteigert, für den Bereich der öffentlichen Güter sei dagegen kein vergleichbarer Mechanismus vorhanden. Im Gegenteil: Ausgaben der öffentlichen Hand würden zumeist als Verschwendung empfunden und vernachlässigt. Das Ungleichgewicht zwischen Privatwirtschaft und Staat zeige sich in heruntergekommenen Städten und in Armut.

Grundprobleme der Wirtschaft wie Inflation, Arbeitslosigkeit und die Finanzierung künstlich geschaffener Bedürfnisse könnten nur gelöst werden, wenn sich die moderne Ökonomie vom liberalen Wettbewerbsmodell verabschiede. In seiner Theorie des »sozialen Gleichgewichts« fordert Galbraith die Verwirklichung einer Balance von privatem und öffentlichem Reichtum und empfiehlt u.a. die Einführung einer flexiblen Arbeitslosenunterstützung sowie die Neuverteilung des Steuereinkommens, um Gesundheitsvorsorge, Wohnungsbauprogramme und eine bessere Ausbildung zu gewährleisten.

Wirkung: Zunächst wurde Galbraith' sozialkritische Studie mit Begeisterung aufgenommen. Erst allmählich setzte sich die Erkenntnis durch, dass der Begriff »Überflussgesellschaft« nicht auf alle Bevölkerungsschichten der USA angewendet werden kann. Dass sich aber in der Folgezeit mehr Ökonomen mit Disziplinen wie der Wohlfahrtsökonomie auseinander setzten, ist auch das Verdienst von Galbraith. *J. R.*

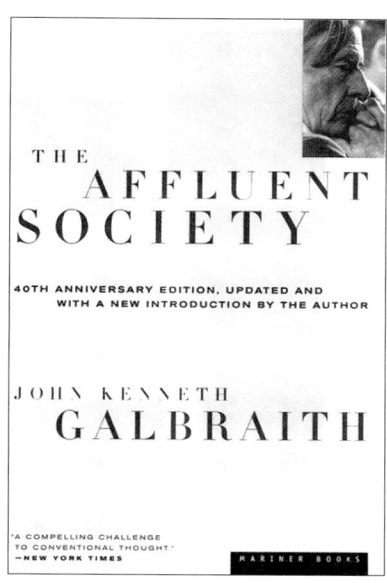

John Kenneth Galbraith, *Gesellschaft im Überfluss*, Einband der englischsprachigen Jubiläumsausgabe 1998

Auszug aus *Gesellschaft im Überfluss* von **John Kenneth Galbraith:**

Die Familie, die ihr lilakirschrotes, automatisch geschaltetes, automatisch gebremstes, mit raffinierter Luftheizung und -kühlung ausgestattetes Auto aus der Garage holt, fährt durch Orte mit schlecht gepflasterten und ungereinigten Straßen, verfallenen Häusern, scheußlichen Reklameschildern und Hochspannungs- oder Telegrafenmasten, deren Leitungen man längst schon unter die Erde hätte verlegen müssen... Unsere Familie genießt am Ufer eines verdreckten Flusses die köstlichen Konserven aus der transportablen Kühlbox und übernachtet dann auf einem Parkgelände, das für die Volksgesundheit und öffentliche Moral eine Gefahr ist.

Galileos Dialog über die beiden hauptsächlichsten Weltsysteme ist eine Fundgrube für jeden, der sich für die Geistesgeschichte des Westens und für deren Rückwirkung auf die ökonomische und politische Entwicklung interessiert. Da offenbart sich ein Mann, der den leidenschaftlichen Willen, die Intelligenz und den Mut hat, sich als Vertreter des vernünftigen Denkens der Schar derjenigen entgegenzustellen, die auf die Unwissenheit des Volkes und die Indolenz der Lehrenden in Priester- und Professoren-Gewande sich stützend, ihre Machtpositionen einnehmen und verteidigen.

Salviati als Anwalt der kopernikanischen Lehre im *Dialog* von Galileo Galilei:

Auf derartige Übelstände stoßen wir aber nicht, wenn wir die Erde sich bewegen lassen, einen so kleinen, unbeträchtlichen Körper im Vergleich zum gesamten Weltall, welcher eben darum diesem keinerlei Gewalt anzutun vermag.

Simplicio darauf als Vertreter der aristotelischen und ptolemäischen Lehre:

Die Frage ist nur, wie die Erde zu bewegen ist, ohne dass tausend Übelstände sich herausstellten.

Galilei, Galileo

italien. Mathematiker, Astronom und Physiker

* 15.2.1564 Pisa, † 8.1.1642 Arcetri bei Florenz

📖 *Dialog über die beiden hauptsächlichen Weltsysteme, das ptolemäische und das kopernikanische, 1632*

Der Renaissance-Wissenschaftler Galileo Galilei wurde zum Begründer der modernen Mechanik und der experimentellen Methode in den Naturwissenschaften.

Galilei besuchte eine Klosterschule in der Nähe von Florenz, studierte anschließend Medizin an der Universität Pisa und Mathematik mit einem Privatlehrer. Im Alter von 25 Jahren wurde er Mathematik-Dozent an der Universität Pisa, später Professor an der Universität Padua auf einem Lehrstuhl, für den sich auch Johannes → Kepler interessiert hatte.

Galilei sprach sich für die kopernikanische Lehre aus, dass die Planeten sich um die Sonne bewegen, und geriet darüber in Konflikt mit der katholischen Kirche. Ein wesentlicher Teil seines Werks betrifft die Mechanik; hier setzte er als Erster mathematische Methoden ein. Er schlug den Gebrauch von Uhrpendeln vor und die für alle fallenden Körper gleiche Gravitationsbeschleunigung. Im Frühjahr 1609 erreichte ihn aus Holland die Nachricht von der Erfindung des Teleskops und er baute eigene Exemplare, die er als Erster für astronomische Beobachtungen einsetzte. Galilei benutzte sie zur Entdeckung oder Untersuchung von Mondkratern, Sonnenflecken, Phasen der Venus und der Jupitermonde Io, Europa, Ganymed, Callisto (1610); auch gelang es ihm zu zeigen, dass die Milchstraße aus Sternen besteht. Vor der Inquisition widerrief er 1633 seinen Einsatz für die kopernikanische Lehre. Die letzten acht Jahre seines Lebens stand er unter Hausarrest in Arcetri. Dort schrieb er mit den *Unterredungen und mathematischen Demonstrationen über zwei neue Wissenszweige, die Mechanik und die Fallgesetze betreffend* (1638) das Werk, auf dem sein Ruhm als Wissenschaftler beruht.

Biografie: S. Drake, *Galileo at work: His scientific biography*, 1978; J. Hemleben, *Galileo Galilei* (rm 50156); K. Mainzer, *Galileo Galilei – Naturphilosoph und Begründer der neuzeitlichen Physik*, 1992.

Dialog

OT Dialogo sopra i due massimi sistemi del mondo, tolemaico e copernicano **OA** 1632 **DE** 1891
Form Sachbuch **Bereich** Philosophie, Astronomie

Der *Dialog über die beiden hauptsächlichsten Weltsysteme, das ptolemäische und das kopernikanische* von Galileo Galilei wurde nach seinem Erscheinen (und dem Verbot durch die Inquisi-

tion im darauf folgenden Jahr) in ganz Europa als literarisches und philosophisches Meisterwerk gepriesen. Das Buch wurde für Laien in italienischer Sprache geschrieben, die astronomischen Modelle sind teilweise sehr vereinfacht dargestellt. Anstelle einer nüchternen Präsentation wählte Galilei die platonische Dialogform. Zwar hatte die päpstliche Zensur vorgegeben, die kopernikanische Lehre dürfe »weder verteidigt noch behauptet« werden, doch war durch die Kraft der im Buch vorgetragenen Argumente für die kopernikanische Lehre klar, auf welcher Seite Galilei stand. Nach entsprechenden Hinweisen der Jesuiten an Papst Urban VIII. (1568–1644) wurde er ein Jahr nach Erscheinen des Buchs von der Inquisition zu einer Gefängnisstrafe verurteilt, die der Papst in lebenslangen Hausarrest umwandelte, nachdem Galilei der kopernikanischen Sichtweise formell abgeschworen hatte.

Entstehung: Ab 1610 war Galilei Philosoph und Mathematiker beim Großherzog von Toskana. Bei einem Rombesuch 1624 erhielt er die Erlaubnis des Papstes, ein Buch über die »Weltsysteme« zu verfassen und das ptolemäische sowie das kopernikanische System zu diskutieren, obwohl die Kirche 1616 das Buch von Nikolaus Kopernikus (1473–1543) verboten und seine Lehre für falsch erklärt hatte. Galilei wurden dementsprechend für sein Projekt schriftliche Auflagen von der päpstlichen Zensur gemacht. Das Werk erschien nach langjährigen Arbeiten 1632, zunächst mit Genehmigung der Zensoren.

Struktur: Nach einer Widmung an den Großherzog folgt eine Vorrede, die – wie auch Textabschnitte im Buch – von Galilei entsprechend den Anforderungen des Zensors geändert worden war. Den anschließenden Dialog führen drei Personen in vier Tagen. Salviati, der Anwalt der kopernikanischen Lehre ist, vertritt die Gelehrten-Sicht von Galilei. Dabei assistiert als vermeintlich Unparteiischer Sagredo. Der einfältige Simplicio soll die Lehren von → Aristoteles und Ptolemäus (um 100–um 160) verteidigen, agiert dabei aber recht unbeholfen.

Inhalt: Der erste Tag ist – in allgemeiner und literarisch ansprechender Weise – der aristotelischen und platonischen Weltsicht samt derer Widerlegung gewidmet. So greift Sagredo den Dualismus von himmlischer Vollkommenheit und irdischer Veränderlichkeit bei → Platon an. Am zweiten Tag beginnt die Auseinandersetzung um die Lehre des Kopernikus: »...dass wir die Frage prüfen, ob die Erde für unbeweglich zu halten..., oder für beweglich«. Zunächst werden die seinerzeit gängigen Vorbehalte gegen jede Bewegung der Erde (Rotation um die eigene Achse und um die Sonne) durch physikalisch begründete Argumente entkräftet. Salviati gibt sieben allgemeine Bestätigungen der täglichen Bewegung der Erde, dann werden zahlreiche Details diskutiert.

Am dritten Tag werden astronomische Argumente für oder gegen Kopernikus untersucht. Die Entdeckung der Jupitermonde mit ihren Umläufen um den Planeten und der Venusphasen durch Galilei sprechen zweifellos für das kopernikanische System. Gesteht man der Erde die jährliche Bewegung zu, muss man ihr auch die tägliche beilegen.

Am vierten Tag breitet Galilei seine Theorie der Gezeiten aus – die ursprünglich im Titel stehen sollte – und erklärt deren tägliche, monatliche und jährliche Variationen. Als Ursache der Gezeiten sieht er das ungleichmäßige Zusammenspiel von täglicher und jährlicher Rotation der Erde. Den korrekten Ansatz zur Darstellung der Gezeiten als Folge der Anziehungskraft des Mondes von Kepler verwirft er, die Gravitation hält er für eine okkulte Eigenschaft.

Wirkung: Das Werk fand trotz des Verbots rasche Verbreitung in ganz Europa. Ein Exemplar wurde nach Prozessende aus Italien zu Keplers Freund Bernegger nach Straßburg geschmuggelt, zwei Jahre später erschien die lateinische Übersetzung. Sie trug entscheidend zum Durchbruch der kopernikanischen Lehre und der Trennung von Wissenschaft und kirchlicher Doktrin bei. Auch der Widerruf von Galilei vor der Inquisition hinsichtlich der Weltsysteme konnte den Siegeszug der neuen naturwissenschaftlichen Erkenntnisse und Methoden – insbesondere der Verbindung von Experimenten und Berechnungen, von Physik und Mathematik – nicht nachhaltig verzögern. *G.W.*

Galsworthy, John

engl. Schriftsteller

* 14.8.1867, Kingston Hill (Surrey)

† 29.1.1933, Bury Hill (ebd.)

📖 Die Forsyte Saga, 1906/20/21

John Galsworthy war zu Lebzeiten auch international einer der meistgelesenen und -gespielten englischsprachigen Autoren. Seine Technik, Gesellschaftskritik mit packenden Familiendramen und lockerer Ironie zu paaren, galt für die nachfolgende britische Autorengeneration als beispielhaft.

Der aus begütertem Haus stammende Galsworthy absolvierte auf Wunsch seines Vaters ein Jurastudium. Während dieser Zeit erwachte sein Interesse an sozialen Fragen, das ihn in der Folge auf Kollisionskurs mit seiner Klasse brachte. Seine Beziehung zu einer in unglücklicher Ehe lebenden Frau, deren Mann die Schei-

dung verweigerte, ließ ihn auch an der herrschenden Sexualmoral zweifeln; dieser Konflikt prägte seine wenig gelesenen Roman-Erstlinge. Bekannter wurde der Autor zunächst durch seine Theaterstücke, die als skandalös galten und ihm den Titel eines »der gefährlichsten Männer Englands« (H.G. Wells) eintrugen; zu nennen sind vor allem *Der Zigarettenkasten* (1906) zum Thema Klassenjustiz, *The Mob* (1914), in dem Galsworthy am Vorabend des Ersten Weltkriegs das Recht der Kriegsdienstverweigerung aus Gewissensgründen verteidigt, und *Gesellschaft* (1922), das den Antisemitismus der britischen Oberklasse behandelt.

Erst die 1922 erschienene vollständige Ausgabe der *Forsyte Saga* machten Galsworthy zum in aller Welt gelesenen Bestsellerautor. Die Erhebung in den Adelsstand lehnte er ab; den Nobelpreis für Literatur, der ihm 1932 zugesprochen wurde, konnte er aufgrund seiner Tumorerkrankung nicht mehr persönlich entgegennehmen.

Biografien: D. Barker, *John Galsworthy, Gentleman und Poet*, 1964; L.L. Schalit, *John Galsworthy. Der Mensch und sein Werk*, 1928, NA 1970.

Thomas Mann über John Galsworthy:

Ich werde die Bekanntschaft mit Galsworthy, dem dichterischen Historiker des englischen Bürgertums, immer als einen Gewinn ersten Ranges betrachten.

John Galsworthy steht dem walisischen Bildhauer David Evans Modell, 1928

Entstehung: P.E.N.-Club ist die englische Abkürzung für »Poets (Dichter), Essayists (Essayisten), Novelists« (Romanciers) und bezeichnet die internationale Autorenvereinigung mit Sekretariat im Londoner Globe House. Der Autoren-Club wurde am 5. Oktober 1921 von der britischen Romanschriftstellerin Catherine Amy Dawson-Scott (1865–1934) gegründet. Erster Präsident war der Schriftsteller und spätere Nobelpreisträger John Galsworthy.

Ziele: Der P.E.N. hat sich zur Aufgabe gemacht, den Austausch zwischen den Intellektuellen unterschiedlicher Nationen zu fördern sowie die Rassen- und Völkerdiskriminierung zu bekämpfen. Er setzt sich durch das mit der UNESCO herausgegebene P.E.N. Bulletin of Selected Books für die ungehinderte Verbreitung von Literatur junger Staaten ein. Daneben engagiert sich der Club für politisch verfolgte Autoren. Der erste deutsche Schriftsteller, der dem Internationalen P.E.N. vorstand, war Heinrich Böll (1971–74). Die Schriftstellervereinigung ist weltweit in 134 Zentren organisiert. *K.K.*

Die wichtigsten Bücher von John Galsworthy	
Die Forsyte Saga 1906/20/21	(3 Bde.). Eine allwissende Erzählerstimme schildert die Schicksale der weit verzweigten Forsyte-Sippe im London des ausgehenden 19. Jahrhunderts. → S. 388
Moderne Komödie 1924/26/28	(3 Bde. *Der weiße Affe, Der silberne Löffel, Schwanengesang*). Fleur und Jon Forsyte begegnen sich in dieser Romantrilogie noch einmal, doch Jon, inzwischen verheiratet, will seine Ehe nicht aufs Spiel setzen; Soames rettet seine verzweifelte Tochter vor einem Selbstmordversuch und findet dabei selbst den Tod.
Das Ende vom Lied 1931/32/33	(3 Bde. *Ein Mädchen wartet, Blühende Wildnis, Über den Strom*). Die adligen Charwells, verschwägert mit den Forsytes, pochen trotz materieller Verarmung auf ihre alten Privilegien und stellen fest, dass die britische Klassengesellschaft Weltkrieg, Generalstreik und Depression unbeschadet überstanden hat.

Die Forsyte Saga

OT The Man of Property, In Chancery, To Let
OA 1906, 1920, 1921; als Sammeltitel 1922
DE Der reiche Mann, 1906; In Fesseln, 1920; Zu Vermieten, 1921 **Form** Romantrilogie **Epoche** Moderne

Mit der *Forsyte Saga* lieferte John Galsworthy ein Zeit- und Sittengemälde, das heute zu den wichtigsten Werken der englischen Literaturgeschichte gehört. Am Beispiel einer Ehetragödie, die eine ganze Familie in Mitleidenschaft zieht, zeigt er ein Bürgertum, das sich für den Höhepunkt aller bisherigen Kulturen hält, dem zugleich jedoch Moral und Religion nur als Fassaden dienen, und dessen treibende Kräfte Nationalismus und Geldgier sind.

Entstehung: Galsworthy schrieb den ersten Band seiner geplanten Trilogie als Rechtfertigung für seine spätere Ehefrau, die nach den damaligen Gesetzen nur eine Scheidung erlangen konnte, wenn sie sich des Ehebruchs schuldig erklärte, was sie gesellschaftlich zur Ausgestoßenen machte. Nach einem anfänglichen Achtungserfolg bei Publikum und Kritik gelangte das Buch im Laufe mehrerer Jahre zu so großer Beliebtheit, dass Galsworthy die Trilogie bis 1921 vollendete und noch weitere Romane und Erzählungen folgen ließ, in denen das Schicksal der weit verzweigten Forsyte-Sippe untersucht wird.

Inhalt: Die Trilogie erzählt die Geschichte der schönen und kultivierten, aber hilflosen Irene Forsyte, die sich nicht aus ihrer unglücklichen Ehe mit dem Juristen Soames lösen kann. Soames, korrekt und fantasielos, begreift nicht, warum sie ihn ablehnt. Die Ehe wird für beide zur Hölle, doch erst nachdem Irenes Geliebter, der Architekt Philip Bosinney, bei einem Unfall den Tod gefunden hat, findet Irene die Kraft, Soames zu verlassen. Um seinem Nachstellungen zu entgehen, sucht sie bei seinem Vetter Jolyon Schutz. Jolyon, Maler und von der Sippe wegen seines unkonventionellen Lebenswandels längst ausgestoßen, wird ihr Geliebter und liefert damit die Möglichkeit zur Scheidung.

Soames, der sich nach einer Familie sehnt, heiratet aus große Illusionen eine junge Französin. Zwei Jahrzehnte später begegnen Soames' Tochter Fleur und Irenes Sohn Jon sich durch einen Zufall und verlieben sich ineinander. Irene, für die ihre erste Ehe weiterhin ein Trauma ist, überredet ihren Sohn, Fleur aufzugeben; nicht einmal die Bitten von Soames, die nächste Generation nicht unter alten Fehlern leiden zu lassen, können sie umstimmen. Fleur heiratet aus Trotz Michael Mont, einen jungen Politiker.

Wirkung: *Die Forsyte Saga* wurde zu einem Dauererfolg, einerseits als perfekt komponierte Sippensaga, andererseits, weil der als Bürgerschreck verschriene Autor einige seiner Lieblingsthemen (Frauenrechte, Sexualmoral, Pazifismus, Anti-Imperialismus) problematisierte und seinen Gesinnungsgenossen aus dem Herzen sprach. Dieses gesellschaftskritische Element erschließt sich dem heutigen Blick kaum noch, die Anziehungskraft des Romans hat sich jedoch aufgrund der dargestellten persönlichen Konflikte erhalten. Verfilmungen und die von der BBC 1970 produzierte gleichnamige Fernsehserie, in denen die Gesellschaftskritik der Romanvorlage vollständig ausgespart wurde, haben den Ruf des 1924–33 um zwei weitere Trilogien erweiterten Forsyte-Zyklus als hervorragende Unterhaltungsliteratur gefestigt. *G.H.*

García Márquez, Gabriel

kolumbian. Schriftsteller, * 6.3.1927 Aracataca

📖 *Hundert Jahre Einsamkeit*, 1967
📖 *Der Herbst des Patriarchen*, 1975
📖 *Die Liebe in den Zeiten der Cholera*, 1985

Gabriel García Márquez ist der berühmteste Autor Lateinamerikas und gilt spätestens seit seinem Roman *Hundert Jahre Einsamkeit* auch als Chronist des südamerikanischen Kontinents. In seinen Werken versteht es der Autor meisterhaft, seine vom kolumbianischen Volksglauben geprägte Erzählkunst mit politischem und sozialkritischem Engagement zu verbinden.

1927 im kolumbianischen Aracataca geboren, studierte García Márquez Jura in Bogotá, wandte sich jedoch bereits früh dem Journalismus zu. Schon in jener Zeit erschienen Kurzgeschichten und der erste Roman *Laubsturm* (1954). In den 1950er Jahren arbeitete der bekennende Sozialist für eine kubanische Nachrichtenagentur. Nach Aufenthalten in Paris, Kuba und den USA kehrte er zunächst nach Kolumbien zurück. Dem Rummel um seine Person nach dem Erscheinen von *Hundert Jahre Ein*

Der englische Dichter Siegfried Sassoon (1886 bis 1967) über John Galsworthy:

Ich ziehe den Hut vor ihm und vor all seinen Forsytes; dass diese Familie ein Teil des englischen Nationalbewusstseins sein wird, steht für mich nun sicherer als je.

Zitat aus dem Roman
Hundert Jahre Einsamkeit von Gabriel García Márquez:

Doch bevor er zum letzten Vers kam, hatte er schon begriffen, dass er nie aus diesem Zimmer gelangen würde, da es bereits feststand, dass die Stadt der Spiegel (oder der Spiegelungen) vom Wind vernichtet und aus dem Gedächtnis der Menschen in dem Augenblick getilgt sein würde, in dem Aureliano Babilonia die Pergamente endgültig entziffert hätte, und dass alles in ihnen Geschriebene seit immer und für immer unwiederholbar war, weil die zu hundert Jahren Einsamkeit verurteilten Sippen keine zweite Chance auf Erden bekamen.

OT = Originaltitel   EZ = Entstehungszeit   OA = Originalausgabe   DE = Deutsche Erstausgabe   📖 = Verweis auf Werkartikel

samkeit versuchte er durch einen mehrjährigen Aufenthalt in Barcelona zu entfliehen. Seit 1975 zurück in Lateinamerika, engagierte er sich insbesondere im Kampf gegen den chilenischen Diktator Augusto Pinochet. Im Oktober 1982 erhielt er den Nobelpreis für Literatur.

Biografie: D. Ploetz, *Gabriel García Márquez* (rm 50461).

Hundert Jahre Einsamkeit

OT Cien años de soledad **OA** 1967 **DE** 1970
Form Roman **Epoche** Moderne

In seinem Roman *Hundert Jahre Einsamkeit*, der oft auch als Nationalepos Lateinamerikas bezeichnet wird, schildert Gabriel García Márquez die Geschichte vom Aufstieg und Niedergang der Familie Buendía und des von ihr gegründeten Dorfes Macondo, das schließlich durch einen apokalyptisch anmutenden Sturm vernichtet wird. Gleichzeitig zeichnet der Kolumbianer ein eigenwilliges Bild seiner von langjähriger Gewalt geprägten Heimat und des gesamten lateinamerikanischen Kontinents.

Inhalt: Das Dorf Macondo liegt unerreichbar mitten im Urwald, nur von Zigeunern regelmäßig besucht. Im Laufe weniger Jahrzehnte durchlebt der einst ruhige, scheinbar idyllische Ort alle Stufen der Menschheitsgeschichte: große Erfindungen, blutige, langjährige Bürgerkriege mit hohen Opferzahlen, wirtschaftlichen Aufschwung durch ausländische Firmen, die Ausbeutung der Einheimischen sowie gewaltige Naturkatastrophen, deren zerstörerischer Kraft die Menschen letztlich wehrlos ausgeliefert sind.

Das Haus von Ursula und José Arcadio Buendía, der Begründer der Sippe und des Orts, bildet den Mittelpunkt des Geschehens, von welchem aus das Leben der nachfolgenden Generationen erzählt wird: die Schicksale der drei Kinder des Ehepaars und der zahlreichen unehelichen Abkömmlinge. Der Erzähler beschreibt Eifersucht und Inzest, unerfüllte Fantasien sowie die fatale Sinnlichkeit und Vitalität der Männer und der Klugheit der Frauen. Immer wieder kehrt er jedoch auf die beiden Kernthemen des Romans zurück, die im Kolumbien des 19. und 20. Jahrhunderts allgegenwärtige Gewalt und die alle Mitglieder der Familie Buendía in der einen oder anderen Weise prägende, oftmals zermürbende Einsamkeit. Letztendlich erfüllt sich die von Melquíades, dem Zigeuner, vor langer Zeit in Pergamenten niedergeschriebene Prophezeiung. Der Letzte der Sippe – hervorgegangen aus einer inzestuösen Beziehung – kommt mit einem Schweineschwanz zur Welt, kurz bevor ein »biblischer Taifun« den Ort und alles Leben in ihm für immer auslöscht.

Gabriel Garcia Márques im Juli 1994 in seinem Haus in Cartagena (Kolumbien)

Die wichtigsten Bücher von Gabriel García Márquez	
Laubsturm 1954	In Rückblicken erzählt García Márquez aus der Sicht unterschiedlicher Personen vom Leben und Sterben eines verhassten Kleinstadtbürgers und seiner Familie.
Der Oberst hat niemand, der ihm schreibt, 1961	Der Roman erzählt die Geschichte eines alten Obersts, der in einem verlassenen Dorf an der kolumbianischen Küste auf seine Pension wartet und von einer besseren Welt träumt.
Hundert Jahre Einsamkeit 1967	In der breit angelegten Chronik schildert García Márquez die Gründung und den unaufhaltsamen Niedergang der Familie Buendía im fiktiven lateinamerikanischen Ort Macondo. → S. 389
Der Herbst des Patriarchen 1975	In dem Diktatorenroman beschreibt García Márquez das Leben und den einsamen Tod eines uralten, längst von seinem Volk entfremdeten lateinamerikanischen Despoten. → S. 390
Chronik eines angekündigten Todes 1981	Der Mord an einem jungen Mann, der zwar mehrmals angekündigt, aber dennoch von keinem der Dorfbewohner verhindert wird, bildet den Mittelpunkt dieses Romans.
Der Geruch der Guayave 1982	In Gesprächen mit seinem Jugendfreund Plinio Apuleyo Mendoza äußert sich García Márquez zu seinem Leben und Werk sowie zu literarischen und politischen Themen.
Die Liebe in den Zeiten der Cholera 1985	Erst im Alter, den nahenden Tod bereits vor Augen, gelingt es Florentino Ariza, die schon in seiner Jugend angebetete Fermina Daza erneut für sich zu gewinnen. → S. 391
Der General in seinem Labyrinth 1989	Dieser Roman über die letzten Monate im Leben des großen lateinamerikanischen Freiheitskämpfers Simón Bolívar ist zugleich eine Reflexion über die Vergänglichkeit des Ruhms.

Aufbau: Ein chronologischer Aufbau der Geschichten fehlt in *Hundert Jahre Einsamkeit*. Vielmehr vermischen sich in den Überlegungen und bildreichen Beobachtungen Vergangenheit und Gegenwart. Biblische Elemente, Begebenheiten aus der kolumbianischen Geschichte und Anekdoten, in die zum Teil die vom kolumbianischen Volksglauben geprägten Erzählungen seiner Großmutter einfließen, stellt der Autor nebeneinander, fantastisch-magische und realistische Momente wechseln einander ab. So entsteht ein dichtes, vielschichtiges Porträt einer sippschaft, eines Ortes und eines Landes. Eines ist allen Protagonisten gemein – und

Gabriel García Márquez, *Hundert Jahre Einsamkeit*, Umschlag der deutschsprachigen Erstausgabe 1970

spiegelt sich auch im Titel des Romans wider – ihre schier unüberwindbare Einsamkeit.

Wirkung: Der 1967 zunächst in Buenos Aires, Argentinien, veröffentlichte Roman von García Márquez, der sich bis zu diesem Zeitpunkt vor allem durch Erzählungen und Kurzgeschichten einen Namen gemacht hatte, löste einen weltweiten Boom lateinamerikanischer Literatur aus. *Hundert Jahre Einsamkeit* wurde hochgelobt und in über 20 Sprachen übersetzt, in nur zwei Jahren erschienen zwölf Auflagen und in den letzten 30 Jahren unzählige Interpretationen. Der Autor sprach indes in einem Interview von einem eher oberflächlichen Buch, das längst nicht sein Bestes sei.

Der Herbst des Patriarchen

OT El otoño del patriarca
OA 1975 **DE** 1978 **Form** Roman **Epoche** Moderne

In *Der Herbst des Patriarchen* erzählt Gabriel García Márquez vom Aufstieg und Fall eines lateinamerikanischen Diktators. Dessen Lebensweg ist eine Geschichte von großer Macht und noch größerer Einsamkeit. Auch wenn der Autor nach Erscheinen des Romans immer wieder betont hat, der Patriarch sei »bloße Fiktion«, hat er ihm doch Charakterzüge zahlreicher Despoten der spanischsprachigen Welt verliehen.

Inhalt: In seinem verfallenen Palast wird die verwesende Leiche des Diktators gefunden. Sein Volk begreift erst langsam, dass er, der schon einmal seinen Tod inszenieren ließ und dessen Herrschaft schon lange andauert, dass sich selbst die Ältesten kaum an die Zeit vor ihm erinnern, nun wirklich und endgültig tot ist.

Lange Zeit hat der Patriarch, gefangen in einem Labyrinth aus Machenschaften, Verrat und repressiver Gewalt ohne demokratische Legitimation regiert und sein Reich in den Bankrott gesteuert. Schließlich muss er sogar das Karibische Meer verkaufen, das in Kartons abtransportiert wird und eine öde Salpeterwüste hinterlässt. Während er in frühen Jahren die Sorgen seines Volkes gekannt hat, zieht er sich im Alter mehr und mehr in die Isolation seines von Kühen bevölkerten Palastes zurück. Immer noch wird er gehasst, gefürchtet und wegen seiner angeblich magischen Kräfte auch bewundert. Doch längst ist ihm selbst seine Macht zur Qual geworden. Liebe, Freundschaft und Zärtlichkeit kennt er nicht, sucht sie vergebens bei Konkubinen, verräterischen Beratern und seinem Doppelgänger, versucht sie zu erkaufen und zu erzwingen, wird jedoch immer wieder enttäuscht. García Márquez, den der Zusammenhang von Einsamkeit und Macht fasziniert, stellt den Patriarchen als brutalen, aber durch zum Teil groteske Überzeichnung zugleich auch als bedauernswerten Menschen dar.

Aufbau: Der Roman beginnt mit dem Tod des uralten Patriarchen, Herrscher eines namenlosen karibischen Staats und zeichnet von diesem vorweggenommenen Ende aus in Rückblicken die Stationen seines Lebens nach. Hierbei geht García Márquez jedoch wie schon in Hundert Jahre Einsamkeit nicht chronologisch vor. Vielmehr wird zu Beginn jedes Kapitels unmittelbar an den Tod des Protagonisten angeknüpft, in jedem Kapitel macht sich der Autor die Perspektive eines anderen Zeitzeugen zu Eigen und beleuchtet eine andere Sequenz der Biografie des Patriarchen. Mal steht die Furcht der Untertannen, mal seine unerwiderte Liebe, mal sein Herrschaftsstreben im Mittelpunkt. Die Zeitebenen verwischen, Mythos und Gegenwart stehen nebeneinander, auch geschichtliche Ereignisse wie die Fahrten des Kolumbus werden in die Erzählung eingebaut.

Wirkung: *Der Herbst des Patriarchen* gehört zur Gattung des Diktatorenromans. Mit dieser Thematik beschäftigten sich in den 1970er Jahren ebenso andere lateinamerikanische Autoren (u. a. Alejo → Carpentier. Von Kritikern wurde das Werk vor allem wegen der Sprachgewalt, des avantgardistischen Umgangs mit der lateinamerikanischen Geschichte sowie seiner hinter bitterer Ironie versteckten sozialkritischen Haltung begeistert aufgenommen. García Márquez selbst sprach von dem Patriarchen als dem »großen mythologischen Tier«, der »einzigen originären Figur, die der lateinamerikanische Kontinent je hervorgebracht« habe. _A. He._

Die Liebe
in den Zeiten der Cholera

OT El amor en los tiempos de cólera
OA 1985 **DE** 1987 **Form** Roman **Epoche** Moderne

Die »sintflutartige« Liebe zweier Menschen zueinander, die auch vor dem Alter und dem nahenden Tod nicht Halt macht, steht im Mittelpunkt des 1985 erschienenen Romans *Die Liebe in den Zeiten der Cholera*. Zugleich gelingt dem Autor mit dieser Chronik einer karibischen Provinzgesellschaft im Übergang vom 19. zum 20. Jahrhundert wie schon in früheren Werken erneut ein reichhaltiges, vielschichtiges Porträt der geschichtlichen und kulturellen Identität Lateinamerikas.

Inhalt: Über 50 Jahre hat der mittlerweile über 70-jährige Florentino Ariza auf seine Jugendliebe Fermina gewartet. Damals hatte sie ihn, den jungen, romantischen Taugenichts, abgewiesen und den angesehenen Arzt Dr. Juvenal Urbino geheiratet. Sogleich nach dem Tod des Ehemanns, mit dem Fermina in einer leidenschaftslosen, aber dennoch glücklichen, auf gegenseitigem Respekt beruhenden Vernunftehe verbunden war, beginnt der einst Abgewiesene erneut um die Witwe zu werben. Trotz vieler Affären hat er, längst zu Geld und Ansehen gekommen, seine Jugendliebe nicht vergessen. Fermina, ebenso wie ihr Verehrer alt geworden, vom Leben gezeichnet und charakterlich verändert, lässt sich nach einigem Zögern schließlich auf das Wagnis einer späten, von den eigenen Kindern als unappetitlich abgelehnten Liebesbeziehung ein. Und doch versucht sie im Gegensatz zu Florentino nicht an die einstige Jugendliebe anzuknüpfen, sondern ist begierig, mit dem alt gewordenen Partner eine erwachsene Liebe zu erleben. Unbeeindruckt von der Welt um sie herum begeben sich die Liebenden auf ein Schiff und lassen die Choleraflagge hissen, um sich ihre Zweisamkeit zu bewahren und bis an ihr Lebensende ungestört den Magdalena-Fluss auf- und abfahren zu können.

Aufbau: *Die Liebe in den Zeiten der Cholera* beginnt mit dem tragikomischen Tod von Ferminas Ehemann Juvenal Urbino, einer breit angelegten Einführung in die Lebensumstände einer fiktiven karibischen Stadt am Anfang des 20. Jahrhunderts sowie einer ersten Reflexion über die ungeheure Macht der Liebe, die in den folgenden Kapiteln vertieft wird. Aus der Perspektive eines allwissenden Erzählers schildert García Márquez die Lebensgeschichten von Fermina, die an der Seite ihres Ehemanns ein gutbürgerliches Leben führt, und Florentino, der Karriere in der Schifffahrtsgesellschaft macht und seine Sehnsucht in unzähligen Affären zu ersticken sucht.

Wie schon in früheren Romanen und Erzählungen zeigt sich in *Die Liebe in den Zeiten der Cholera* erneut das Gespür des Literaturnobelpreisträgers für eine unterhaltsame und zugleich zutiefst berührende, niemals oberflächliche Mischung komischer, zuweilen grotesker Momente, tiefer Traurigkeit und ernsthafter, lebenskluger Reflexion über die Liebe, das Alter und den Tod.

Wirkung: Zuweilen wurde Kritik am Fehlen jeglichen sozialkritischen Engagements in *Die Liebe in den Zeiten der Cholera* geübt. Und doch ist García Márquez mit dem auf eine sorgfältige und sehr einfühlsame Ausgestaltung der Charaktere basierenden Roman vor allem eine Hommage an die Liebe gelungen, die sich – so der Autor – den Liebenden »immer auf die gleiche Weise« offenbare, egal in welchem Lebensalter. A. He.

Gabriel García Márquez, *Die Liebe in den Zeiten der Cholera*, Umschlag der deutschsprachigen Erstausgabe 1987

Genet, Jean

frz. Schriftsteller
* 19.12.1910 Paris, † 15.4.1986 ebd.
📖 *Querelle*, 1947

Jean Genet wuchs als Waise auf und begegnete der damit verbundenen Identitätskrise mit jener Umkehrung der Werte, die sein Schreiben prägt. Die bewusste Annahme der Rolle als Außenseiter der Gesellschaft, der sich mit Diebstahl, Bettelei, Verrat und Prostitution durchs Leben schlägt und dies in Romanen und Theaterstücken verherrlicht, sowie der Versuch, einen literarischen Kosmos aufzubauen, der sich eigenwilliger Metaphern und Symbole bedient, sind die Konstituenten eines Werks, das zwiespältige Reaktionen hervorgerufen hat. Er war Skandalautor, »Märtyrer der Gesellschaft« (Jean-Paul → Sartre) und Faszinosum für zahlreiche Theater- und Filmregisseure. Erst die neuere Kritik setzt sich mit den literarischen Qualitäten seines Œuvre auseinander.

Die 1920er und 30er Jahre verbrachte Genet in Gefängnissen, bei der Fremdenlegion und auf Reisen quer durch Europa. Seine schriftstellerische Arbeit begann er zu Beginn der 1940er Jahre in der Strafanstalt Fresnes mit dem Gedicht *Der zum Tode Verurteilte* (1942), dem die Romane *Notre-Dame-des-Fleurs* (1944), *Wun-*

Zitat aus dem Roman
Die Liebe in den Zeiten der Cholera von Gabriel García Márquez:

Der Kapitän sah Fermina Daza an und entdeckte auf ihren Wimpern das erste Glitzern winterlichen Reifs. Dann schaute er Florentino Ariza an, sah seine unerschrockene Liebe und erschrak über den späten Verdacht, dass nicht so sehr der Tod, vielmehr das Leben keine Grenzen kennt. »Und was glauben Sie, wie lange wir dieses Scheiß-Hin-und-Zurück durchhalten können?«

Florentino Ariza war seit dreiundfünfzig Jahren, sieben Monaten und elf Tagen und Nächten auf die Frage vorbereitet: »Das ganze Leben«, sagte er.

Jean Genet mit einer Schauspielerin des Essener Grillo-Theaters anlässlich der westdeutschen Erstaufführung seines Stücks *Die Wände* in Essen am 18. November 1967

Jean Genet, *Querelle*, Umschlag der deutschsprachigen Neuausgabe 1965

der der Rose (1946), *Das Totenfest* und *Querelle* (beide 1947) folgten. Aufgrund eines Gnadengesuchs von Jean → Cocteau, Sartre, Simone de → Beauvoir u. a. wurde er 1948 aus der Haft entlassen.

In *Das Totenfest* verarbeitete Genet seine Erlebnisse im nationalsozialistischen Deutschland und denunzierte eine über das individuelle Erleben hinausgehende historisch-soziale Dimension des Verbrechens. Nach einer Schaffenspause entstanden zwischen 1955 und 1961 die Dramen, mit denen er seine größten Erfolge erzielte. In ihnen stellte er das gesellschaftlich anerkannte Wertesystem in Frage und entfaltete eine Ästhetik des Bösen.

Nach dem Drama *Die Wände* (1961) wandte sich Genet von der Literatur ab und engagierte sich seit dem Ende der 1960er Jahre gegen den Vietnamkrieg, für die Black Panther und geradezu vorausschauend für die palästinensische Befreiungsbewegung von Jasir Arafat (* 1929). In einem Artikel in *Le Monde* bekundete er seine Sympathie für die deutsche Rote-Armee-Fraktion. 1947 erhielt er den Prix de la Pléiade und 1983 den Grand Prix National.

Biografie: J.-P. Sartre, *Saint Genet*, 1952; J. Winkler, *Das Zöglingsheft des Jean Genet*, 1992; M.-C. Hubert, *L'esthétique de Genet*, 1996.

Querelle

OT *Querelle de Brest* **OA** 1947 **DE** 1955
Form Roman **Epoche** Moderne

Jean Genet evoziert in diesem Roman die Halbwelt des Verbrechens und schildert die emotionalen Verstrickungen der handelnden Personen in einem Universum, in dem die Lust am Töten den höchsten Rang einnimmt und die Anpassung an konventionelle moralische Wertmaßstäbe sanktioniert wird. Brutale pornografische Szenen werden mit differenzierten Reflexionen verknüpft und entwerfen eine den gesellschaftlichen Normen entgegengesetzte Hierarchie.

Inhalt: Den Rahmen der Handlung bilden die Tagebuchaufzeichnungen des Schiffsoffiziers Seblon, der den Matrosen Georges Querelle liebt, seine homosexuellen Neigungen jedoch hinter einer streng puritanischen Haltung zu verbergen versucht.

Querelle verkörpert als skrupelloser Dieb, Mörder, Schmuggler und Freundesverräter den Typus des nach Genet absolut freien Menschen, der sich über alle Konventionen hinwegsetzt. Ihm steht als Gegentypus der Maurer Gil gegenüber, der sich trotz seiner Verbrechen an überkommenen Werten orientiert und dafür von Querelle an die Polizei ausgeliefert wird. Auch in anderen Figurenkonstellationen wird die Funktion bestimmter Normen, ihre Beliebigkeit und die schwierige Grenzziehung thematisiert. So verfließen in der verwirrenden Beziehung zwischen der Bordellchefin Lysiane und dem Bruder Querelles die Grenzen zwischen Homo- und Heterosexualität.

Wirkung: Die formale und inhaltliche Vielschichtigkeit, der Perspektivenwechsel und die desillusionierende Analyse des menschlichen Zusammenlebens erklären die intensive Rezeption des Romans und die Anerkennung durch die Kritik. Rainer Werner Fassbinder (1945–82) beschränkt sich in seiner Verfilmung (*Querelle – Ein Pakt mit dem Teufel*, 1982) im Wesentlichen auf das Thema der Homosexualität.   *E. L.*

George, Stefan

dt. Lyriker

*	12.7.1868 Büdesheim bei Bingen am Rhein
†	4.12.1933 Minusio / Locarno
📖	*Der siebente Ring*, 1907

Wie kein Zweiter hat Stefan George der lyrischen Dichtung um 1900 durch die Orientierung an französischen Autoren wie Charles → Baudelaire und Stephane → Mallarmé sowie durch ein nahezu religiöses Verständnis der Literatur zu einem bedingungslosen und auratischen Ästhetizismus verholfen. Gegen die profanen Tendenzen seiner Zeit beharren die streng komponierten Gedichtbände von George mit ihrem unverwechselbaren hohen Stil und dem radikalen Willen nach Besonderheit auf dem Gestus einer mal eschatologischen, mal symbolistischen ästhetischen Opposition.

Der Sohn einer wohlhabenden Winzerfamilie besuchte in Bingen die Realschule und anschließend das humanistische Gymnasium in Darmstadt. Auf ausgedehnten Reisen nach Montreux, Mailand, London, Paris, München und Wien knüpfte er Kontakte zu bedeutenden Dichtern seines Zeitalters wie André → Gide, Hugo von Hofmannsthal (1874–1929) und Mallarmé. Vor allem die Begegnung mit dem französischen Symbolismus – u.a. übertrug George eine Reihe von Gedichten Baudelaires – wurde ihm zum Anlass, im bewussten Affront zur Kunst des Naturalismus mit seinen Gedichten und den Beiträgen in seiner Zeitschrift *Blätter für die Kunst* für eine allein dem Geist der Schönheit verpflichtete Dichtung zu werben. Er scharte einen Kreis ihm tief ergebener junger Männer um sich, mit denen er einen von esoterischen und kultischen Tendenzen nicht freien, elitären und homoerotisch geprägten Bund gründete, der sich als ästhetische Opposition zur materialistischen und profanen Gesinnung des wilhelminischen Deutschlands verstand und seine geistige Erneuerung anstrebte.

Nach dem Bruch der wichtigen Bindungen mit Friedrich Gundolf (1880–1931) und Max Kommerell (1902–44) zog sich George in sein schweizerisches Refugium in der Nähe von Locarno zurück. Auf das drängende Bitten der Nationalsozialisten, sich zu ihrer Sache zu bekennen, reagierte George mit konsequentem Schweigen.

Biografie: F. Schonauer, *Stefan George* (rm 50044).

Der siebente Ring

OA 1907 **Form** Gedichtzyklus **Epoche** Moderne

Der siebente Ring markiert den Übergang vom ästhetizistischen Frühwerk von Stefan George zu einer kunstreligiösen Neubestimmung der Lyrik, die weiterhin in unversöhnlicher Opposition zur materialistischen und profanen Misere der Zeit steht, aber in ihren eschatologischen Visionen auch die Konturen eines neuen Zeitalters der Schönheit und des Gottesdienstes erkennen lässt.

Entstehung: 1902 hatte George in München den damals 14-jährigen Gymnasiasten Max Kronberger kennen gelernt. Zunächst kümmerte sich George als Mentor um den Jungen und führte ihn in seinen Kreis ein; bald überlagerten uneingestandene erotische Besitzansprüche das Lehrer-Schüler-Verhältnis. Als Max einen Tag nach seinem 16. Geburtstag starb, wurde dies für George zu einer existenziellen Erschütterung, die seine Selbststilisierung als Einzelgänger und schmerzensreicher Seher noch intensivierte. Ein Teil der Gedichte aus dem *Siebenten Ring* ist dem jetzt »Maximin« Genannten gewidmet. Der *Siebente Ring* stellt einen Wendepunkt in der Biografie und Poetik von George dar: Die Artistik des Frühwerks wird zu Gunsten einer Neubestimmung der Dichtung als Verkündigung und des Dichters als Seher verabschiedet, der seinen Freunden, die entscheidenden geistigen Orientierungen mitteilt.

Auszug aus der Gedichtsammlung *Der siebente Ring* von Stefan George:

... Hier frommt kein kauf.
Das gut was euch vor allem galt ist schutt.
Nur sieben sind gerettet die einst kamen
Und denen unsre kinder zugelächelt.
Euch all trifft tod. Schon eure zahl ist frevel.
Geht mit dem falschen prunk der unsren knaben
Zum ekel wird! Seht wie ihr nackter fuss
Ihn übers riff hinab zum meere stösst.

Stefan George (2. v. l.) als Dante auf einem Maskenfest in der Wohnung des Dichters Karl Wolfskehl (als Homer, 2. v. r.) in München 1904; der Literatenkreis um Stefan George vertrat eine mythisch-religiöse Weltsicht, die sich an antiken Vorbildern und der Philosophie von Friedrich Nietzsche orientierte.

Die wichtigsten Bücher von Stefan George	
Algabal 1892	Die Gedichte des Algabal-Zyklus zeigen sich von der verführerischen Schönheit von Amoral und Grausamkeit und den herrscherlichen Gebärden des Sonnenkaisers beeindruckt.
Das Jahr der Seele 1897	Die Gedichte dieser Sammlung beeindrucken durch den Ton kunstvoller Schlichtheit und parallelisieren die Stimmungen der Seele mit dem Wechsel der Jahreszeiten.
Der Siebente Ring 1907	In diesem Zyklus erfolgt die Hinwendung des Lyrikers zur Besinnung auf die kunstreligiösen Aufgaben der Dichtung im Kontext von Tradition, historischer Dekadenz und der Verkündigung eines neuen Zeitalters. → S. 393
Der Stern des Bundes 1914	Die Sammlung von exakt 100 Gedichten verstärkt den bereits im *Siebenten Ring* erhobenen Anspruch des Dichters als Seher und Führer, dessen Aufgabe es ist, Unbefugten den Zugang zum Geheimnis zu verwehren.
Das neue Reich 1928	Reflexionen über die Aufgabe der Dichtung in einer von George ob ihrer Profanität beklagten Zeit bestimmen den Zyklus. Die gleichwohl beibehaltene Pose des Sehers und Mahners, die verächtliche Aburteilung der demokratischen Tendenzen seines Zeitalters, die Apotheose von Volk, Heimat und Führertum sowie der unglücklich gewählte Titel seines Zyklus haben es den Nationalsozialisten leicht gemacht, sich – gegen den erklärten Willen des Lyrikers – auf George als einen ihrer Propheten zu berufen.

Friedrich Gerstäcker 1870 in einer autobiografischen Skizze in der *Gartenlaube*:

Was mich so in die Welt hinausgetrieben? – Will ich aufrichtig sein, so war der, der den ersten Anstoß dazu gab, ein alter Bekannter von uns allen, und zwar niemand anders als Robinson Crusoe. Mit meinem achten Jahr schon fasste ich den Entschluss, ebenfalls eine unbewohnte Insel aufzusuchen, und wenn ich auch, herangewachsen, von der Letzteren absah, blieb doch für mich, wie für tausend andere, das Wort Amerika eine gewisse Zauberformel.

Aufbau: Die titelgebende Zahl Sieben stellt das Ordnungsprinzip der umfangreichsten Gedichtsammlung von George dar. Sie ist in sieben Unterzyklen gegliedert *(Zeitgedichte, Gestalten, Gezeiten, Maximin, Traumdunkel, Lieder, Tafeln)*, wobei jeder Zyklus eine durch sieben teilbare Anzahl von Gedichten beherbergt. Im Zentrum stehen die *Maximin*-Gedichte.

Inhalt: Die zentralen Themen zeigen das neue Selbstverständnis der Dichtung als Verkündigung der Religion einer neuen Gottheit. Die Preisung von Gefolgschaft, geistiger Erneuerung und Sehertum wird zu ihrer neuen Aufgabe. Vor allem in den *Zeitgedichten* betätigt sich George als unerbittlicher Ankläger und Richter seiner Gegenwart, deren Untergang beschlossene Sache sei, und zugleich als Künder eines neuen Zeitalters. Die Erhebung Maximins in den Rang eines Gottes legitimiert das Selbstverständnis des Autors als Prophet und Zuchtmeister. Vor allem die gelegentlichen apokalyptischen Dimensionen seiner Dichtung und ihr Fasziniert-Sein durch die Ideen der Macht, des Kampfes und der Tat dürften auf die Begegnung des Autors mit dem Irrationalismus der Münchener Kosmiker zurückgehen.

Wirkung: Das Werk von George blieb ohne direkte Nachahmer, prägte gleichwohl die Literatur und Wissenschaft seiner Zeit. Die Werke von Dichtern wie Albert Verwey (1865–1937) und Karl Wolfskehl (1869–1948) wäre ohne die Auseinandersetzung mit George kaum vorstellbar. Schülern von George wie Friedrich Gundolf (1880–1931), Ernst Kantorowics (1899–1979) und Max Kommerell (1902–44) verdanken Germanistik und Geschichtswissenschaften wesentliche Werke. *H. R. B.*

Gerstäcker, Friedrich

dt. Schriftsteller

* 10.5.1816 Hamburg, † 31.5.1872 Braunschweig

📖 *Die Flusspiraten des Mississippi*, 1848

Mit 22 Romanen sowie einer großen Zahl von Erzählungen und Reiseberichten war Friedrich Gerstäcker einer der populärsten deutschen Autoren seiner Zeit.

Durch wechselnde Engagements des Vaters, eines Operntenors, war die Kindheit von Gerstäcker durch häufige Ortswechsel geprägt; tiefere soziale Bindungen gab es kaum. Inspiriert durch Abenteuerromane, vor allem von James Fenimore → Cooper und Daniel → Defoe, reifte in Gerstäcker schon früh die Sehnsucht nach fremden Ländern. Im Sommer 1837 reiste er nach New York und dann fünf Jahre durch die Staaten am Mississippi und Arkansas.

Zurück in Deutschland verarbeitete Gerstäcker seine Beobachtungen des Lebens der weißen Siedler und Indianer sowie eigene Erlebnisse als Gelegenheitsarbeiter und Jäger zu dem Reisebuch *Streif- und Jagdzüge durch die Vereinigten Staaten Nord-Amerikas* (1844). Informationen über Amerika waren rar zu einer Zeit, als sich Abertausende aus ganz Europa auf den Weg in die Neue Welt machten. Gerstäcker sprach sein potenzielles Publikum gezielt mit Titeln wie *Der deutsche Auswanderer, Fahrten und Schicksale* (1847) und einer großen Zahl von Abhandlungen in verschiedenen Zeitschriften wie *Fliegende Blätter* oder *Die Gartenlaube* an. Sein erster Roman, *Die Regulatoren in Arkansas*, erschien 1846 und wurde schnell ein Erfolg. Weitere Reisen u. a. nach Südamerika, Kalifornien, Tahiti sowie Südaustralien wurden Gegenstand abenteuerlicher Romane und Reiseberichte. 1862 begleitete Gerstäcker eine Expedition u. a. nach Afrika.

Biografie: T. Ostwald, *Friedrich Gerstäcker*, 1976.

Die Flusspiraten des Mississippi

OA 1848 **Form** Roman **Epoche** Realismus

Die Flusspiraten des Mississippi von Friedrich Gerstäcker, einer der ersten deutschen Amerika-Romane, zählt zum Kanon der großen Klassiker der Abenteuerliteratur.

Inhalt: Von einer unbewohnten Mississippi-Insel aus treibt eine Räuberbande, die auch vor Mord nicht zurückschreckt und der zwei Pferdediebe angehören, ihr Unwesen. Angeführ wird sie von dem Piraten Kelly, der ein Doppelleben führt: Als Squire Dayton ist er Friedensrichter im nahe gelegenen Helena. Nachdem einer der Pferdediebe gefasst wird und gesteht, erkundet Patrick O'Toole, ein Bürger des Marktfleckens, die Insel in einer abenteuerlichen nächtlichen Aktion. Unterstützt von Soldaten gelingt es den Siedlern, die Bande zu zerschlagen. Kelly wird erstochen, seine Männer sterben bei der Explosion eines Dampfboots auf dem Mississippi; Recht und Ordnung sind in dem Außenposten der Zivilisation wiederhergestellt.

Wirkung: Da sich die oft detailgenauen Ausführungen von Gerstäcker im Gegensatz etwa zu denen von Karl → May auf eigene Beobachtungen stützen und von dem Vorsatz geprägt sind, »wahr nach dem Leben zu schildern«, wurde von der Kritik in der Regel seine realitätsnahe Beschreibung von Land und Leuten hervorgehoben. Dieser Einschätzung stehen jedoch klischeehafte Darstellungen wie etwa die chronisch fauler Lateinamerikaner entgegen. Im Vergleich mit seinen Zeitgenossen Charles Sealsfield (1793–1864) und Frederic Marryat (1792–1848) haben die Werke von Gerstäcker im Lauf der Zeit an Leuchtkraft verloren; sie wurden nach dem Ersten Weltkrieg als Jugendliteratur abgetan und sind nach einer kurzen Phase der Wiederentdeckung in den 1970er Jahren heute nahezu vergessen. *A. C. K.*

Die wichtigsten Bücher von Friedrich Gerstäcker	
Die Regulatoren in Arkansas 1846	Im Mittelpunkt des ersten Abenteuerromans von Gerstäcker steht das Leben der Siedler und Jäger an der westlichen Zivilisationsgrenze der jungen amerikanischen Nation.
Die Flusspiraten des Mississippi 1848	Die Fortsetzung von *Die Regulatoren in Arkansas* greift Figuren und Motive des Vorgängers auf, betont mit der Jagd auf eine Räuberbande aber stärker die spannungsreiche Handlung. → S. 394
Nach Amerika 1855	Das in sechs Bänden erschienene »Volksbuch« beschreibt die Schicksale verschiedener nach Amerika Ausgewanderter.
Die beiden Sträflinge, 1856	Während einer Reise durch die Südsee nach Südaustralien hatte Gerstäcker Material für seine abenteuerliche Schilderung des Lebens in der »Sträflingskolonie« gesammelt.
Gold! Ein californisches Lebensbild, 1858	1849 war Gerstäcker über Südamerika nach Kalifornien gereist. In seinem lebendigen und anschaulichen Roman verarbeitet sind seine Erfahrungen, die er dort u.a. als Goldgräber machte.
In Mexiko 1871	In dem zweibändigen Roman über das Schicksal von Kaiser Maximilian (1832–67) wertete Gerstäcker in der ihm üblichen Weise Eindrücke seiner 1867 unternommenen Mexiko-Reise aus.
In Amerika 1872	Der später auch unter dem Titel *Sklavenkrieg* erschienene Roman berichtet vom Bürgerkrieg, der Befreiung der schwarzen Sklaven und vom Schicksal deutscher Auswanderer.

Friedrich Gerstäcker, *Die Flusspiraten des Mississippi*, Umschlag der Ausgabe 1937 (Gestaltung: Karl Stratil)

Die Geschichte vom Prinzen Genji

OT Genji monogatari **EZ** Anfang des 11. Jahrhunderts
Form höfische Erzählung   **Epoche** Mittelalter

Dieses voluminöse Opus aus der Mitte der Heian-Zeit (794–1192), der klassischen Epoche der japanischen Literatur und Sprache, wird aufgrund von zeitgenössischen Belegen ganz oder teilweise der Hofdame Murasaki Shikibu (um 978– um 1014) zugeschrieben; da die heutigen Editionen jedoch auf Handschriften des 13. Jahrhunderts zurückgehen, ist der ursprüngliche Umfang unbekannt.

Inhalt: Der größte Teil des Werks – 41 von 54 Kapiteln – handelt vom Lebensweg des Helden Genji. Seine Eltern sind der regierende Kaiser und dessen Lieblingsnebenfrau; auch er selbst wird vom Vater bevorzugt, jedoch nicht zum Thronfolger bestimmt. So erklärt sich auch der Name Genji, der eigentlich »Herr Minamoto« bedeutet: So heißen die Angehörigen der Sippe, die aus den aus der kaiserlichen Hauptfamilie ausgeschiedenen Mitgliedern besteht. Da Genjis Mutter früh stirbt, erhebt der Kaiser eine

ihr ähnliche Dame zur neuen Favoritin. Der heranwachsende Genji teilt diese Neigung: Er zeugt mit seiner Stiefmutter einen Sohn, der zum Thronfolger erkoren wird, da seine illegitime Geburt unentdeckt bleibt. Der unwiderstehlich schöne, begabte und feinsinnige Prinz »nimmt« eine Frau nach der anderen; seine hemmungslose Promiskuität führt zu einer gefährlichen Liaison und der Vertreibung ins Exil an das als trostlos empfundene Meer.

Nach seiner Heimkehr in die Residenz erlebt Genji einen ungeahnten Aufstieg, da sein natürlicher Sohn den Thron besteigt. Der Tod seiner früh geehelichten, neben all den anderen immer geliebten Lieblingsfrau Murasaki no Ue verdüstert jedoch seine letzten Lebensjahre. Er stirbt 51-jährig. Die letzten 13 Kapitel befassen sich vor allem mit dem Schicksal seines vermeintlichen Sohnes Kaoru.

Holzschnitt von Fugiwara, 1677; Illustration einer japanischen Ausgabe von *Die Geschichte vom Prinzen Genji*

André Gide in seiner Bibliothek (Foto um 1940)

Wirkung: Die Faszination, die das *Genji monogatari* auf die Zeitgenossen nachweislich ausgeübt hat, erklärt sich aus seinen vielfachen Wirklichkeitsbezügen. Gewiss ließ sich das Werk als Schlüsselroman lesen; Verhältnisse und Skandale der beschriebenen Art charakterisierten die polygyne japanische Adelsgesellschaft. Mag der Held auch eher einem Idol oder einer Kunstfigur gleichen, erfunden zur erschöpfenden Demonstration erotischer Verstrickungen, so scheinen doch Spiegelungen historischer Persönlichkeiten wie des Kaisersohns Minamoto no Takaakira (914–982) und eine Parteinahme für die Minamoto-Sippe gegen den dominierenden Fujiwara-Clan erkennbar.

Für die Kulturgeschichte ist das *Genji monogatari* mit seinen präzisen Schilderungen von höfischen Festen, Unterhaltungen, Kostümen, Geräten usw. eine ergiebige Quelle; auch der Sprachforschung liefert es wertvolles Material für die Ausdrucksmöglichkeiten des höfischen Idioms im Bereich des Mitteljapanischen.

Vulgärbuddhistischem Verständnis blieb das Werk fremd: Es wurde im 12. Jahrhundert als sündig verdammt. Umso enthusiastischer feierte der führende Vertreter der volkstümelnden Literaturdogmatik des 18. Jahrhunderts, Motoori Norinaga (1730–1801), das gefühls- und triebbetonte Verhalten Genjis als genuin japanisch. *W. N.*

Gide, André

frz. Schriftsteller

*22.11.1869 Paris, †19.2.1951 ebd.

📖 *Die Falschmünzer*, 1925

André Gide, zu seiner Zeit eine der vielseitigsten und einflussreichsten Persönlichkeiten des literarischen Lebens in Frankreich, gestaltete in seinem Werk das Recht des Menschen auf Freiheit und ein authentisches Leben. 1947 erfuhr er durch die Verleihung des Literaturnobelpreises weltweite Anerkennung.

Gide wurde in Paris als Sohn eines Juraprofessors in großbürgerlich-protestantischem Milieu geboren und wuchs nach dem frühen Tod de

Vaters in einem Frauenhaushalt auf. Schon früh fasste er den Entschluss, sich der Literatur zu widmen. Ab 1890 verkehrte er in den Kreisen der Symbolisten und korrespondierte jahrzehntelang u.a. mit Paul Valéry (1871–1945), Paul Claudel (1868–1955) sowie Rainer Maria → Rilke.

Im Verlauf einer Nordafrika-Reise 1893/94 entdeckte Gide seine homosexuelle Neigung, heiratete jedoch 1895 seine Cousine Madeleine Rondeaux. 1908 wurde er als einer der Mitbegründer der Zeitschrift *Nouvelle Revue Française* (NRF) zu einer einflussreichen »Institution« im Pariser Literaturleben. In den Jahren bis 1938 entstanden die bedeutendsten Werke von Gide, der sich 1930 dem Kommunismus zuwandte, von dem er sich jedoch nach einer Reise in die Sowjetunion 1936 wieder distanzierte. Während des Zweiten Weltkriegs bereiste er Nordafrika. In Betonung all seiner Widersprüche ließ er sich 1951 neben seiner 1938 verstorbenen Frau Madeleine begraben. Die katholische Kirche indizierte sein Werk postum.

Biografien: K. Mann, *André Gide und die Krise des modernen Denkens*, 1963; C. Martin, *André Gide*, 1966 (rm 50089).

Die Falschmünzer

OT Les faux-monnayeurs
OA 1925 **DE** 1928 **Form** Roman **Epoche** Moderne

Die Falschmünzer ist das einzige Werk von André Gide, das er – in einer Widmung an Roger Martin du Gard (1881–1958), den späteren Literaturnobelpreisträger (1937) – explizit als Roman bezeichnet hat. Es stellt zugleich den Höhepunkt der gideschen Reflexionen über Möglichkeiten und Grenzen der Gattung Roman dar.

Inhalt: Schon der Titel ist auf Ambivalenz in mehrere Richtungen hin angelegt: In Karikierung des traditionellen französischen Romans erzählen *Die Falschmünzer* von den Verwicklungen eines Netzwerks von Personen, von denen sich erst allmählich herausstellt, dass sie alle untereinander in Beziehung stehen – die Mitglieder der Familien Profitendieu und Molinier sind nicht nur beruflich, sondern auch familiär und freundschaftlich miteinander verbunden: Die Väter sind Untersuchungsrichter, die Söhne Bernard und Olivier beste Freunde. Für beide wird der Sommer des Abiturs zur lebensbestimmenden Probe. Als Bernard erfährt, dass er eigentlich kein Profitendieu ist und die Familie verlässt, tritt er als Sekretär in die Dienste von Oliviers Onkel Édouard, der als Schriftsteller versucht, sein Romanprojekt *Die Falschmünzer* zu vollenden. Bernard, nicht der in seinen Onkel verliebte Olivier, begleitet den Autor in die Ferien nach Saas Fee. Oliviers Weg kreuzt jenen des Schriftstellers Comte de Passavent, der seine homosexuellen Neigungen unter dem Deckmantel der Förderung junger literarischer Talente auslebt, Olivier die Leitung einer Avantgarde-Literaturzeitschrift anträgt und ihn zu einem Segeltörn im Mittelmeer einlädt.

Oliviers kleiner Bruder Léon gerät in die Fänge einer Falschmünzerbande, die sich Léons und seiner Freunde bedient, um falsche Goldmünzen in Umlauf zu bringen. Die Machenschaften bleiben der Polizei und den Ermittlungsrichtern Molinier und Profitendieu nicht verborgen. Der Rädelsführer der Bande treibt schließlich den jungen Boris, einen Mitschüler Léons, dazu, sich beim russischen Roulette mit der Pistole seines im Internat aufsichtführenden Großvaters vor dessen Augen zu erschießen.

Aufbau: *Die Falschmünzer* sind formal in drei Teile nach dem jeweiligen Ort der Handlung gegliedert, wobei sich eine Symmetrie in der Benennung und Binnengliederung der Teile 1 und 3 ergibt: Beide sind mit *Paris* betitelt, der zweite Teil heißt *Saas Fee*. Charakteristisch für das Werk ist, dass Gide mit der Autoren- und Erzählerrolle spielt und dabei den klassischen Roman persifliert: Vor allem in den poetologischen Passagen des zweiten Teils unterstellt er die tatsächliche Autonomie seiner Romanfiguren, sich seiner Allwissenheit als Erzähler entzögen. Zum anderen sind *Die Falschmünzer* geprägt von der Diskussion über die Frage, was ein Roman ist, vorzugsweise in den Passagen des in den Text integrierten Tagebuchs von Édouard. *Die Falschmünzer* sind aber auch das nicht vollendete Romanprojekt Édouards: Sie werden so zu einem sich selbst erfüllenden Roman eines Romans auf einer Metaebene, in dem der Autor/Erzähler mit seiner Allwissenheit spielt und den Leser direkt in die Handlung einbezieht.

Wirkung: Erst ab den 1950er Jahren wurde die experimentelle Komplexität der *Falschmünzer* analytisch erschlossen und das Werk als Markstein der Entwicklung des französischen Romans im 20. Jahrhundert gewürdigt.　　*T.S.G.*

André Gide, *Der Falschmünzer*, Umschlag der deutschsprachigen Ausgabe 1929

Auszug aus dem Roman *Die Falschmünzer* von André Gide:

- Und das Thema des Romans?
- Er hat keins, erwiderte Edouard brüsk. – Und das ist vielleicht das Erstaunlichste. Mein Roman hat kein Thema. Ja, ich weiß, das klingt dumm, was ich sage. Nehmen wir an, dass er nicht ein Thema haben wird. »Ein Ausschnitt des Lebens«, sagte die naturalistische Schule. Der große Mangel der Schule ist, die Scheibe immer im selben Sinne zu schneiden: im Sinne der Zeit, der Länge. Warum nicht in der Breite? Oder in der Tiefe?

Gilgamesch-Epos

OT Scha naqba imuru (»Der alles schaute«)
EZ ca. 21.–12. Jahrhundert v.Chr. **DE** 1891
Form Epos **Epoche** Babylonisches Altertum

Das *Gilgamesch-Epos*, das erste Großepos der Weltliteratur, war schon zu seiner Zeit berühmt und kanonisch. Eine nachträgliche Einfügung »aktueller« bedeutender Gottheiten fand in der Folge der Abschriften nicht statt. Die besondere Hochschätzung der alten Stadt Uruk, die im Epos zum Ausdruck kommt, hängt u.a. damit

Auszug aus dem *Gilgamesch-Epos* (Ratschlag der Schenkin an Gilgamesch):

*Denn als die Götter einst
die Menschen schufen,
Da teilten sie den Tod
der Menschheit zu,
Das Leben aber nahmen sie
für sich!
Drum fülle dir, o Gilgamesch,
den Bauch,
Ergötze dich bei Tage
und bei Nacht,
Bereite täglich dir ein
Freudenfest
Mit Tanz und Spiel bei Tage
und bei Nacht!
Lass deine Kleider strahlend
sauber sein,
Wasch dir das Haupt und bade
dich in Wasser,
Blick' auf das Kind, das an
die Hand dich fasst,
Beglückt sei deine Frau
an deiner Brust –
Denn solches alles ist der
Menschen Lust!*

zusammen, dass in jener Stadt die Schrift zu einer solchen Form entwickelt wurde, dass sie die Gesamtheit der (sumerischen) Sprache auszudrücken vermochte. Uruk ist damit gewissermaßen der Geburtsort der Weltliteratur.

Entstehung: Gilgamesch war ein König der mesopotamischen Stadt Uruk, der zwischen 2750 und 2600 v. Chr. (in der »frühdynastischen« Epoche) geherrscht haben muss. Kürzere epische Dichtungen über Gilgamesch in sumerischer Sprache liegen aus der 3. Dynastie von Ur (ca. 2000 v. Chr.) vor, deren Herrscher aus Uruk stammten. Unter Verwendung dieses Materials schuf ein Dichter der mittelbabylonischen Zeit (ca. 1200 v. Chr.) eine zusammenhängende Komposition in akkadischer Sprache: das eigentliche Gilgamesch-Epos. Ein Exemplar dieses auf zwölf Tontafeln in Keilschrift niedergeschriebenen Zyklus wurde in der Bibliothek des assyrischen Königs Assurbanipal (669–627 v. Chr.) gefunden. Ein Fragment eines literarischen Katalogs aus derselben Bibliothek nennt als Verfasser des Epos einen Sin-leqe-uninni. Nachdem der Text mehr als 2000 Jahre verschollen war, wurde er ab 1872 von dem britischen Assyriologen George Smith entdeckt. Zerstörte Teile des Textes werden seither in dem Maße ergänzt, wie an verschiedenen Orten Textfragmente (vor allem der sumerischen Varianten) gefunden werden.

Inhalt: Um der Fronherrschaft des Königs Gilgamesch über die Bewohner Uruks abzuhelfen, schaffen die Götter einen Gefährten für ihn: den »Tiermenschen« Enkidu. Dieser wird zum Menschen zivilisiert, indem ihm eine Tempelprostituierte zugeführt wird. Gemeinsam begehen Gilgamesch und Enkidu Heldentaten: Sie töten den Wächter des Zedernwaldes (Libanon), Chuwawa, und fällen die heilige Zeder. Zurückgekehrt, wird Gilgamesch von der Liebesgöttin Ischtar aufgefordert, die heilige Hochzeit zu vollziehen. Er lehnt das Angebot ab und verhöhnt die Göttin. Darauf muss er mit Enkidu gegen den Himmelsstier kämpfen, den sie töten. Aufgrund eines Ratsschlusses der Götterversammlung erkrankt Enkidu und stirbt. Gilgamesch trauert um den Freund und wird fortan von der Angst zu sterben umgetrieben. Auf der Suche nach Unsterblichkeit macht er sich auf die Suche nach Utnapischtim, dem einst von den Göttern die Unsterblichkeit verliehen wurde. Auf dem Weg vollbringt er weitere Heldentaten; weder Gefahren noch der Rat der Schenkin Siduri, sich auf den Genuss des diesseitigen Lebens zu konzentrieren, können ihn bremsen. Der Fährmann Urschanabi setzt Gilgamesch schließlich über das Todeswasser zu Utnapischtim über. Dieser berichtet ihm, dass die Unsterblichkeit erlangte, als er die Sintflut durch den Bau einer Arche überlebte. Mit Urschanabi kehrt Gilgamesch zurück zur Stadtmauer von Uruk. Sie, die von Gilgamesch gebaut wurde, erweist sich als das Mittel, seinen Namen unsterblich zu machen.

Aufbau: Die Abenteuer des Helden bilden einen Kreis, beginnend und endend mit der (ihrerseits annähernd kreisförmigen) Stadtmauer Uruks. Daran angehängt ist als zwölfte Tafel eine Art Epilog, worin Enkidu seinem Freund Nachricht aus der Unterwelt erteilt. Ein wichtiges Element der einzelnen Abenteuer sind die großzügig eingearbeiteten Träume der Helden und deren Deutung als Omina.

Wirkung: Der Sintflut-Bericht der → *Bibel* ist von seinem mesopotamischen Gegenstück offensichtlich beeinflusst; der Letztere ist aber nicht exklusiv im *Gilgamesch-Epos* enthalten, sondern auch separat, als Atrachasis-Mythos, überliefert. Motive des *Gilgamesch-Epos* haben spätere Heldenerzählungen beeinflusst, so jene über Herakles, und lassen sich noch in den Erzählungen aus → *Tausendundeiner Nacht* finden.

Nach 2000 Jahren Rezeptionsabriss gelangte *Gilgamesch* erneut zu großer Popularität. Neben den diversen Editionen des Epos selbst wurde der Stoff in Opern von Ture Rangström (1884–1947) und Bohuslav Martinů (1890 bis 1959) sowie in diversen Romanen verarbeitet (zuletzt Stephan Grundy, *Gilgamesch. Herr des Zweistromlandes*, 2000). *R. H.*

Keilschrift-Literatur

Entstehung: Gegen Ende des 4. Jahrtausends gelang es den südmesopotamischen Sumerern erstmals, ein Aufzeichnungssystem zu entwickeln, das die gesprochene Sprache vollständig und eindeutig wiederzugeben vermochte: die erste Schrift. Die in frischen Ton geritzten Zeichen, die teilweise stark gegenständlich-bildlichen Charakter hatten, wurden im Laufe mehrerer Jahrhunderte zunehmend stilisiert, vor allem durch die überlegene Technik, den Ton nicht mehr zu ritzen, sondern durch Eindrücke des Schreibgriffels zu bearbeiten.

Die bezeichnende Keilform dieser Eindrücke gab der sumerischen Schrift den Namen Keilschrift. Die Keilschrift war zweieinhalb Jahrtausende lang in Gebrauch. Mit ihr wurde nicht nur die sumerische Sprache aufgezeichnet, sondern auch die nachfolgenden semitischen Sprachen Mesopotamiens, Babylonisch und Assyrisch (Akkadisch); darüber hinaus auch Elamisch, Churritisch, Urartäisch und schließlich Hethitisch.

Die Perser entwickelten im Verlauf der Zeit für ihre Sprache eine eigene Keilschrift, die den aus Wortzeichen, Silbenzeichen und Determinativen zusammengesetzten Charakter der mesopotamischen Systeme zu Gunsten einer reinen Silbenschrift modifizierte. In Ugarit schließlich wurde eines der ältesten Alphabete ebenfalls mit einer Keilschrift notiert.

Bedeutung: Die archäologische Bedeutung der Keilschrift ist immens: durch die Funde zehntausender von Schrifttafeln oder ihrer Fragmente konnte die Geschichte der altorientalischen Zivilisationen wesentlich erhellt werden, der Gegenstandsbereich der Geschichtswissenschaft um mehr als zwei Jahrtausende über Homer zurück erweitert werden. Das Schreibmedium Ton kam der Konservierung der Schriftquellen dabei besonders entgegen, da die Vernichtung eines Palasts oder Tempels durch Feuer dazu führte, dass der Ton gebrannt und dadurch besonders haltbar wurde.

Anwendung: Die Gattungen der Keilschriftliteratur sind sehr vielfältig: Neben der Buchführung, die in Mesopotamien bei der Schrifterfindung Pate stand, stehen Dokumente der Rechtsetzung, der Diplomatie, Mythen, Epen, Briefe, Annalen und Königsinschriften (Letztere in Stein gehauen, wobei aber die Keilform der Toneindrücke nachgeahmt wurde). Berühmt ist u. a. die »Amarna-Korrespondenz« zwischen dem ägyptischen Pharao und seinen Vasallen in Palästina aus dem letzten Drittel des 2. Jahrtausends v. Chr., die nicht zuletzt als Hintergrund für die Geschichtsschreibung der *Bibel* von großer Bedeutung ist. Dass sie nicht in ägyptischer Hieroglyphenschrift, sondern in akkadischer Keilschrift geführt wurde, belegt die diplomatische Bedeutung dieser Schrift.

Ginzburg, Natalia

italien. Schriftstellerin

* 14.7.1916 Palermo, † 8.10.1991 Rom

📖 *Mein Familienlexikon*, 1963

Neben Cesare → Pavese und Ignazio → Silone gehört auch Natalia Ginzburg zu den italienischen Schriftstellern, deren Leben und Werk geprägt sind durch die Erfahrung des Faschismus und der unmittelbaren Nachkriegszeit mit ihrer Hoffnung auf einen völligen Neubeginn und der bald daraus resultierenden großen Enttäuschung.

Die Tochter des Biologieprofessors Giuseppe Levi wuchs in Turin auf. Sie erhielt keine abgeschlossene Schulausbildung. 1938 heiratete sie den kommunistischen Publizisten Leone Ginzburg und folgte ihm bald in die Verbannung. Kurz vor der Befreiung Italiens starb ihr Mann an den Folgen der Folter durch die SS. Um sich und ihre Kinder zu ernähren, begann Natalia Ginzburg als Lektorin und Übersetzerin im Verlag Einaudi zu arbeiten. Ab 1952 lebte sie als freie Schriftstellerin und Journalistin in Rom.

Ihre Erzählungen und Romane sind geprägt durch eine nüchterne, oft karge Sprache – das Gegenteil der faschistischen Rhetorik – und zeichnen sich durch die oft schmerzhafte und gnadenlose Analyse der gescheiterten menschlichen Beziehungen, insbesondere in der Familie, aus. Ihr Grundthema ist die Vereinsamung des Einzelnen und sein Verstummen in einer gleichgültigen Umgebung.

Biografie: M. Pflug, *Natalia Ginzburg. Eine Biographie*, 1995.

Familienlexikon

OT Lessico familiare **OA** 1963 **DE** 1965
Form autobiografischer Roman **Epoche** Moderne

Die Erinnerungen Natalia Ginzburgs, in denen sie in Episoden die Geschichte ihrer Familie in den 1930er und 40er Jahren in Turin schildert, sind ihr vielleicht heiterstes Buch. Trotz der Bedrohung durch den Faschismus, trotz vieler schwerer Erlebnisse bis hin zur Ermordung ihres Mannes ist der Grundton weder resignativ noch pessimistisch.

Inhalt: Über weite Strecken ironisch bis amüsiert zeichnet die Autorin das Bild einer Familie, deren Mitglieder sich – trotz all des vordergründigen Chaos – aufeinander verlassen können. Da ist zunächst die alle und alles bestimmende Gestalt des Vaters: laut, polternd, kauzig. Seine Gewaltmärsche im Gebirge, seine tagelangen Wanderungen werden ebenso liebevoll-distanziert beschrieben wie seine Angst vor Bazillen, seine konservative Grundhaltung. Im Gegensatz zu ihm steht die meist heitere Mutter, deren Klagen über schlechte Wohnungen, Geldmangel, den launischen Ehemann und streitende Kinder schnell versiegen. Sobald sie singt – mit Vorliebe Wagner –, weiß sich die Familie wieder sicher und geborgen.

Während die ersten Kapitel eine glückliche Kindheit inmitten einer leicht schrulligen Familie erzählen, verändert sich der Ton der Erinnerungen, als das Aufkommen des Faschismus auch die Familie Levi zu beeinflussen beginnt. Ein Bruder wird verhaftet, der Vater zum Verhör geladen und ins Gefängnis gebracht – die Bedrohung der jüdischen Familie, die sich politisch am Sozialismus orientiert, wächst täglich. Aber es gibt auch beruhigende Beweise von Solidarität. So kommt etwa der umstrittene Autor Pitigrilli, den Natalia nicht lesen darf, weil er als obszön gilt, ins Elternhaus und berät die Mutter, was sie ihrem Mann ins Gefängnis mitbringen soll – er hat einschlägige Erfahrungen. Nach seiner Entlassung ist der Vater stolz auf Verhaftung und Einkerkerung und stolz auf seine antifaschistischen Söhne, obwohl er sich große Sorgen macht. Er ist deshalb auch nicht erfreut, als Natalia ihn mit mütterlicher Hilfe davon zu überzeugen sucht, dass sie Leone Ginzburg heiraten will. Durch diesen bekannten Regimegegner sieht der Vater auch seine jüngste Tochter gefährdet. Doch sie setzt sich durch, ihre lapidaren Berichte über ihre Unerfahrenheit und Unfähigkeit als Hausfrau gewähren dem Leser eine angenehme Pause in der Schilderung der zunehmenden Bedrängnis, zumal deutlich wird, wie sehr sich das junge Paar liebt.

Die wichtigsten Bücher von Natalia Ginzburg	
Die Straße in die Stadt 1942	Die Geschichte der jungen Delia, die in einem kleinen Provinznest lebt und für die die Straße aus dem Heimatort in die Stadt zum Synonym für den Traum vom anderen, besseren Leben wird.
So ist es gewesen 1947	Die Geschichte vom Ende einer Liebe voller Leidenschaft, Verzweiflung und Eifersucht, lakonisch erzählt von einer Frau, die gerade ihren Ehemann erschossen hat.
Die Stimmen des Abends, 1961	Roman über die Zerstörung einer Piemonteser Fabrikantenfamilie während des Faschismus.
Caro Michele 1973	Briefroman über die zerbrochenen Illusionen und gescheiterten Hoffnungen eines jungen Mannes, der ständig auf der Flucht ist.
Ein Mann und eine Frau, 1977	Eindringliche Erzählung über die Unmöglichkeit einer wahren Beziehung zwischen Mann und Frau.
Die Familie Manzoni, 1963	Historischer Roman über die Familie, aus der der bedeutende Schriftsteller Alessandro Manzoni (1785–1873) hervorging.

Natalia Ginzburg, *Familienlexikon*, Einband der Ausgabe 1999

Ich schrieb nur, was ich in Erinnerung hatte. Darum wird, wer dieses Buch als Chronik liest, einwenden, dass es unendlich viele Lücken enthält. Auch wenn es aus der Wirklichkeit geschöpft wurde, glaube ich, sollte man es lesen, als wäre es ein Roman: d. h., man sollte weder mehr noch weniger von ihm verlangen, als ein Roman geben kann.

Als der Vater seinen Lehrstuhl verliert und der Krieg ausbricht, wird das Verlagshaus Einaudi zur Zelle des Widerstands. Natalia Ginzburg folgt ihrem Mann in die Abruzzen, wohin er verbannt wird. 1943 gehen sie zurück nach Rom. 20 Tage später wird Leone Ginzburg verhaftet. Natalia, inzwischen Mutter von drei kleinen Kindern, sieht ihren Mann nie wieder.

Je entsetzlicher das Berichtete wird, desto knapper, kälter, distanzierter wird die Sprache – ein Schutzwall vor dem Schmerz. Die Hilfe der Freunde wird ebenso »nebenbei« erzählt wie das Sich-Arrangieren nach 1945, das Scheitern der Hoffnungen, Paveses Selbstmord und Natalias zweite Heirat. Über den Erinnerungen könnte lakonisch der Titel eines ihrer frühen Romane stehen: »So ist es gewesen.«

Wirkung: *Familienlexikon* wurde das erfolgreichste Buch von Natalia Ginzburg. Sie erhielt nicht nur – wie sonst – Lob von Kritikern und Kollegen, erstmals eroberte sie auch das Publikum. Der finanzielle Erfolg war enorm. Für ihren autobiografischen Roman erhielt die Autorin – gegen bedeutende Konkurrenten – 1963 den Premio Strega, einen der wichtigsten italienischen Literaturpreise. *D. Ma.*

Friedrich Glauser in Nervi (Italien) während seines letzten Sommers 1938

Die wichtigsten Bücher von Friedrich Glauser	
Wachtmeister Studer 1936	Intuition und Menschenkenntnis sind das wichtigste Handwerkszeug des behäbigen Berner Wachtmeisters Jakob Studer, der bei den Ermittlungen ein Herz für die Außenseiter zeigt und es vielleicht deshalb auf der Karriereleiter nicht weit gebracht hat.
Matto regiert 1936	Der Direktor und ein Patient einer psychiatrischen Anstalt sind spurlos verschwunden; Studer begibt sich in einer Welt zwischen Wahn und Wirklichkeit auf die Suche. → S. 400
Die Fieberkurve 1937	Sein zweiter Fall führt Studer bis nach Marokko, das Glauser aus seinen Jahren bei der Fremdenlegion kannte.
Krock & Co 1937	Im Hotel »Zum Hirschen« feiert Studer die Hochzeit seiner Tochter mit einem Polizeikollegen. Im Garten des Gasthauses stolpert er über eine Leiche – einen Angestellten der dubiosen Maklerfirma Krock & Co.
Der Chinese 1938	Ein Mann, wegen seiner Reiselust der »Chinese« genannt, wird nach seiner Heimkehr in sein Dorf ermordet. Wie oft bei Glauser geht es auch hier weniger um den Kriminalfall als um die Atmosphäre, in der das Verbrechen begangen wurde.
Der Tee der drei alten Damen 1939	Glausers erster Kriminalroman, bereits Ende der 1920er Jahre entstanden, spielt in Genf. Es geht u. a. um Spionage und internationale Intrigen, um geheimnisvolle Sekten sowie Giftmorde bzw. Mordversuche.
Gourrama 1940	Der *Roman aus der Fremdenlegion* entstand schon 1928/29, wurde aber erst neun Jahre später als Fortsetzungsroman in der Wochenschrift *ABC* veröffentlicht und erschien 1940 in gebundener Ausgabe.

Glauser, Friedrich

Schweizer Erzähler und Kriminalschriftsteller

* 4.2.1896 Wien, † 8.12.1938 Nervi, Italien

📖 *Matto regiert*, 1936

Literarische Milieustudien in Form des Kriminalromans sind Friedrich Glausers Beitrag zur deutschsprachigen, insbesondere zur Schweizer Literatur. Der von ihm eingeschlagene Weg führte weiter u. a. zu Friedrich Dürrenmatts *Der Richter und sein Henker*.

Glauser, Sohn eines Französischlehrers, verlor mit vier Jahren seine Mutter; der Vater war streng, suchte aber Zuflucht im Alkohol. Die Schulzeit, zeitweilig in Internaten, verlief schwierig; 1916 bestand Glauser das Abitur und schrieb sich in Zürich als Student ein. Er verkehrte mit den dortigen Dadaisten und führte ein unstetes Leben. 1918 ließ der Vater ihn wegen »liederlichem und ausschweifendem Lebenswandel« entmündigen; mehrfach saß Glauser, inzwischen morphiumsüchtig, in psychiatrischen Anstalten ein. 1921 verpflichtete er sich bei der Fremdenlegion und verbrachte die nächsten beiden Jahre in Nordafrika, bis er 1923 wegen eines Herzleidens ausgemustert wurde. Nach der Rückkehr folgten wiederum Aufenthalte in Anstalten und im Gefängnis, doch begann Glauser auch zu schreiben und absolvierte eine Ausbildung als Gärtner. Mehrfach fasste er den Entschluss zu einer Neuorientierung seines Lebens, konnte ihn aber trotz des sich einstellenden literarischen Erfolgs nicht umsetzen. Glauser starb einen Tag vor seiner geplanten Heirat.

Biografie: G. Saner, *Friedrich Glauser. Eine Biografie*, 1981.

Matto regiert

OA 1936 **Form** Kriminalroman **Epoche** Moderne

Friedrich Glauser führt seinen Wachtmeister Jakob Studer in seinem dritten Fall in eine psychiatrische Anstalt. Wie schon in den beiden vorangegangenen Romanen (*Wachtmeister Studer*, 1936; *Die Fieberkurve*, 1937) ist die Sprache mit Schweizer Dialekt durchsetzt.

Inhalt: Wachtmeister Studer wird von Dr. Ernst Laduner in eine Irrenanstalt gerufen. Der Direktor ist verschwunden und wird wenig später tot aufgefunden. War es Mord oder ein Unfall? Gleichzeitig ist einer der Insassen, Pierre Pieterlen, der sein neugeborenes Kind ermordete und später in der Haft verrückt wurde, offenbar ausgebrochen. Studer gerät in eine verwirrende Welt von Schein und Sein; jedes Indiz, jede Beobachtung kann je nach Interessenlage vielfältig interpretiert werden. Schuld hat am Ende nicht nur der Täter auf sich geladen.

Glauser nutzt das ihm so vertraute Milieu der psychiatrischen Anstalt zu Fallstudien, zu einer detaillierten Darstellung der Situation der Patienten, aber auch der Pfleger und der behandelnden Ärzte. Sein Dr. Laduner ist experimentierfreudig in seinen Behandlungsmethoden, nimmt dafür aber den Tod seiner Patienten in Kauf. Besonders die Figur des Pflegers Gilgen gibt Anlass zu einer bedrückenden Schilderung ärmlicher sozialer Verhältnisse. Auch die Frage nach der grundsätzlichen Definition des »Verrücktseins« kommt zur Sprache, nicht zuletzt vor dem Hintergrund der politischen Entwicklung im Nachbarland Deutschland.

Wirkung: Die Kriminalromane um den Wachtmeister Studer fanden nach ihrem Erscheinen in der Schweiz ein breites Echo; der erste Band wurde 1939, *Matto regiert* 1946 von Leopold Lindtberg (1902–84) verfilmt. Danach gerieten die Bücher weitgehend in Vergessenheit und wurden erst um 1980 neu entdeckt. Heute gilt Glauser als Begründer des deutschsprachigen literarischen Kriminalromans. Seit 1987 wird alljährlich der »Glauser« als Krimipreis verliehen und 1995 wurde in München eine Friedrich-Glauser-Gesellschaft gegründet. *B. G.*

Goes, Albrecht

dt. Schriftsteller

* 22.3.1908 Langenbeutingen (Kreis Heilbronn)

† 23.2.2000 Stuttgart

📖 *Das Brandopfer*, 1954

Das Werk von Albrecht Goes ist von christlich-humanistischem Gedankengut bestimmt; sein zentrales Thema ist die Verantwortung des Einzelnen für Ereignisse in seinem Umfeld.

Nach dem Studium der Theologie in Tübingen und Berlin war Goes 1930–52 als evangelischer Pfarrer in verschiedenen schwäbischen Gemeinden tätig. 1953 wurde er vom Kirchendienst freigestellt und arbeitete fortan als freier Schriftsteller. Goes sah sich als Lyriker und Erzähler in der Tradition des von ihm verehrten Eduard → Mörike; wie dieser war er stark mit seiner schwäbischen Heimat verbunden. Mit den Erzählungen *Unruhige Nacht* (1950) und *Das Brandopfer* erlangte Goes internationale Anerkennung. Der vielfach ausgezeichnete Autor (u.a. Lessing-Preis der Stadt Hamburg 1953) veröffentlichte außerdem Essays, Hörspiele, biografische Porträts und Predigten.

Biografie: G. Wirth, *Albrecht Goes*, 1989.

Das Brandopfer

OA 1954 **Form** Erzählung **Epoche** Moderne

Mit seiner in einer schnörkellosen Sprache geschriebenen Erzählung *Das Brandopfer* ist es Albrecht Goes gelungen, die Problematik von Schuld und Nicht-Schuld während des Dritten Reiches für jeden erkennbar werden zu lassen.

Inhalt: Die Metzgersfrau Margarete Walker wird, nachdem ihr Mann eingezogen worden ist, von den Nationalsozialisten »zu einer besonderen Aufgabe ausersehen«: Man macht sie zur »Judenmetzig«. Die Juden der süddeutschen Kleinstadt dürfen ihre Fleischzuteilung nur noch bei ihr einkaufen. Dazu hat sie Freitagnachmittag zwischen fünf und sieben Uhr für die »nicht arische Bevölkerung« den Laden offen zuhalten. Sie versteht bald, was diese zeitliche Einschränkung für die Betroffenen bedeutet und bemüht sich zu helfen. Dabei erfährt sie von der Verzweiflung und Angst der Gedemütigten und droht selbst an ihrer Hilflosigkeit zu verzweifeln.

Als der Metzgerladen in einer Bombennacht Feuer fängt, beschließt Frau Walker, sich als Opfer darzubringen. Doch ein jüdischer Kunde, dem der Einlass in den Luftschutzbunker verwehrt worden ist, rettet sie im letzten Augenblick. In ihrem Gesicht bleibt allerdings ein Brandmal zurück, das als »Zeichen der Liebe, jener Liebe, welche die Welt erhält«, gedeutet wird.

Aufbau: Die eigentliche Geschichte setzt sich mosaikartig aus verschiedenen Elementen zusammen: Der Ich-Erzähler, Assistent an der Stadtbibliothek, wohnt nach dem Krieg als Untermieter bei Frau Walker. Er berichtet, was er aus Gesprächen mit der Metzgersfrau, aber auch durch Briefe und Mitteilungen Dritter über

Friedrich Glauser in *Morphium. Eine Beichte*:

Während einer Erkältung bekam ich mitten in der Nacht eine starke Lungenblutung, musste um Mitternacht einen Arzt aufsuchen; dieser machte mir eine Morphiumeinspritzung und ließ mich konzentriertes Salzwasser trinken. Ich erinnere mich noch genau an die Wirkung dieser Einspritzung. Plötzlich wurde ich ganz wach. Ein sonderbares, schwer zu beschreibendes Glücksgefühl »nahm von mir Besitz« (man kann es kaum anders ausdrücken). Trotzdem es mir damals materiell sehr schlecht ging, war alles plötzlich verändert, die Not hatte ihre Wichtigkeit verloren, sie war nicht mehr vorhanden, ich hielt das Glück in den Händen; es war, um einen schlechten Vergleich zu gebrauchen, so, als ob mein Körper ein einziges Lächeln wäre.

Albrecht Goes, *Das Brandopfer*, Umschlag der Originalausgabe 1954

ihre Lebensgeschichte erfahren hat – eine Ge-
schichte, die ihn – über seine Geliebte Sabine
Berendson – auf sonderbare Weise mit seiner
Vermieterin verbindet.

Sabines Vater ist ein jüdischer Verleger, dem
es in letzter Minute gelungen war, nach England zu fliehen, während seine Tochter – als
Arierin getarnt – in Hitler-Deutschland überlebte. In einen Brief an Sabine outet sich Berendson als der Mann, der Frau Walker in der
Brandnacht vor dem Tod rettete.

Wirkung: Mit seiner Erzählung machte Goes
deutlich, was von der im Nachkriegsdeutschland weit verbreiteten Aussage »Davon haben
wir nichts gewusst« zu halten war. Da der Autor
aber auf jede politische Analyse des Nationalsozialismus verzichtete und sich ganz auf die
moralische Haltung seiner Figuren konzentrierte, fand er in der Bundesrepublik der 1950er
Jahre sein Publikum.   *M.P.S.*

Goethe, Johann Wolfgang von

dt. Dichter, Staatsmann und Naturforscher

* 28.8.1749 Frankfurt/Main, † 22.3.1832 Weimar

- *Die Leiden des jungen Werthers*, 1774
- *Wilhelm Meisters Lehrjahre –
Wilhelm Meisters Wanderjahre*, 1795/96; 1821, 1829
- *Die Wahlverwandtschaften*, 1809
- *Zur Farbenlehre*, 1810
- *Aus meinem Leben. Dichtung und Wahrheit*,
1811–14; 1833

Johann Wolfgang von Goethe gilt als der uni-
versellste deutschsprachige Autor, der durch
seine Hauptwerke, durch die Breite seiner poetischen Produktion, aber auch durch seine Briefe, Tagebücher, Aufzeichnungen, Gespräche
die klassische Epoche so sehr verkörpert, dass
man von »Goethezeit« spricht. Bis heute übt
sein Werk großen Einfluss auf die internationale Literatur aus.

Als Kind einer wohlhabenden Frankfurter Patrizierfamilie genoss Goethe eine umfassende
musisch-sprachliche Ausbildung. Er studierte in
Leipzig und Straßburg, wo er als Jurist promovierte. Dort wurde er durch Freunde wie Johann
Gottfried Herder (1744–1803) und Jakob
Michael Reinhold Lenz (1751–92) für die Poesie
des Mittelalters, des Volks und für → Shakespeare (1564–1616) begeistert. Indem er sich
an diesem orientierte, initiierte er, vor allem mit
dem Schauspiel *Götz von Berlichingen* (1773),
die geistige Periode des Sturm und Drang, der
gegen starre Dichtungsregeln opponierte. Der
Briefroman *Die Leiden des jungen Werthers*, der

auf einem eigenen schmerzlichen Liebeserlebnis in seiner Zeit 1772 als Referendar am
Reichskammergericht in Wetzlar basiert, machte Goethe auf einen Schlag berühmt.

Sein wachsendes Renommee trug ihm 1776
die Berufung als Gesellschafter des jungen Herzogs Carl August an den Hof der Herzogin Anna
Amalia nach Weimar ein. Dort wurde Goethe
einerseits mit vielfältigen Regierungs- und Ver-
waltungsaufgaben belastet, andererseits genoss er weit reichende Freiheiten und materiellen Wohlstand.

Dennoch floh Goethe 1786 aus der Enge Wei-
mars und der Beziehung zu Charlotte von Stein,
um heimlich nach Italien zu gehen. Er schrieb
dort an der Verfassung seines Dramas *Torquato Tasso* und einen Teil seines Lebensprojekts,
Faust (*Fragment*: 1790, *Der Tragödie erster Teil*:
1808), und kehrte 1788 wieder nach Weimar
zurück. Diese *Italienische Reise* (1816; 1829),
die er in Berichtsform beschrieb, war schon
wegen des Antikenerlebnisses der wichtigste
seiner Aufenthalte in der Fremde, von denen
noch Reisen in die Schweiz, ins Rheinland, nach
Venedig und in böhmische Badeorte zu nennen
sind. Nach seiner Rückkehr schloss er eine für
beide fruchtbare Freundschaft mit → Schiller,
die u.a. einen wichtigen Briefwechsel, aber
auch Balladen (1797) und satirische Gedichte
hervorbrachte. Zu dieser Zeit schrieb Goethe
den Roman *Wilhelm Meisters Lehrjahre*, der ihn
auch für die nächste Generation zum Vorbild
machte. Seine Hinwendung zum ästhetischen
Ideal des Klassizismus ist in dem Drama *Iphige-
nie auf Tauris* (UA 1779) abzulesen, aber auch in
der klaren, stilisierten Fiktion seiner *Wahlverwandtschaften* (1809).

Frauen inspirierten Goethe von Jugend an vor
allem zu lyrischer Bewältigung, von Friederike
Brion, Lili Schönemann und Charlotte Buff
über Charlotte von Stein, Marianne von Wille-
mer bis zur späten Leidenschaft Ulrike von
Levetzow. Seit 1788 lebte er mit Christiane Vulpius (1765–1816) zusammen, die ihm im Folgejahr den Sohn August (1789–1830) gebar,
die er jedoch erst 1806 heiratete. Die Französische Revolution hatte er, wie im Epos *Hermann
und Dorothea* (1797) erkennbar wird, abgelehnt; in den Napoleonischen Kriegen zeigte er
sich als Kosmopolit. Als Naturwissenschaftler
pflegte Goethe besonders die Mineralogie und,
da er sein zeichnerisches Talent lange als eben-
bürtig betrachtete, insbesondere die sinnbildlich verstandene *Farbenlehre* (1810).

Das Alterswerk, das mit seiner Autobiografie
Aus meinem Leben. Dichtung und Wahrheit (ab
1811) und deutlich mit dem Gedichtzyklus
West-östlicher Divan (1819) einsetzt, ist durch
einen souveränen Umgang mit offenen Formen
sowie symbolischen Stil gekennzeichnet, die

zeigt sich an *Wilhelm Meisters Wanderjahre* (1821) ebenso wie am *Faust II* (1832), der erst nach Goethes Tod erschien. *A.H.*

Biografien: P. Boerner, *Johann Wolfgang von Goethe* (rm 50577); R. Friedenthal, *Goethe – Sein Leben und seine Zeit*, 1963; K. O. Conrady, *Goethe – Leben und Werk*, 1994; G. von Wilpert, *Goethe-Lexikon*, 1998.

Die Leiden des jungen Werthers

OA 1774 **Form** Roman **Epoche** Sturm und Drang

Als Ausdruck radikaler, leidenschaftlicher Subjektivität schlug Goethes Briefroman eine ganze Generation von Lesern in seinen Bann und verkörpert wie kein anderer Erzähltext die emotionale Kompromisslosigkeit des Sturm und Drang.

Entstehung: Als Goethe 1772 in Wetzlar arbeitete, befreundete er sich mit Johann Christian Kestner und warb vergeblich um dessen Braut Charlotte Buff (1753–1828). Auf der abrupten Heimkehr nach Frankfurt erfasste ihn eine Leidenschaft für die junge Maximiliane La Roche. Am 30.10. erschoss sich der unglücklich verliebte Legationssekretär Carl Wilhelm Jerusalem in Wetzlar mit einer von Kestner geliehenen Waffe. Als der Frankfurter Kaufmann Peter Brentano Maximiliane heiratete, war dies für Goethe ein letzter Anlass, der ihn 1774 zur spontanen Niederschrift des Werks innerhalb von vier Wochen trieb. Er betrachtete es als künstlerischen Befreiungsschlag, das ihn aus dem »stürmischen Elemente« gerettet habe. In einer 1787 erscheinenden Neufassung, die Goethe, da er selbst kein authentisches Exemplar mehr besaß, auf der Grundlage eines unrechtmäßigen Nachdrucks herstellte, milderte er den impulsiven Sturm-und-Drang-Stil und arbeitete zwischenzeitliche Erfahrungen ein.

Inhalt: Werther, ein intelligenter, hochsensibler, schwärmerischer junger Mann, schreibt zwischen dem 4.5.1771 und dem 23.12.1772 seinem Freund Wilhelm Briefe aus »Wahlheim«, in denen er ihm sein Innerstes eröffnet, seine Begeisterung über Natur und Liebe, seine Verzweiflung über deren Aussichtslosigkeit und über gesellschaftliche Zurücksetzung. Werther verliebt sich in Lotte, die zumindest seine aus der empfindsamen Literatur gespeiste Gefühlssprache erwidert.

Als ihr Verlobter, der brave Albert, von einer Reise heimkehrt, schließt man Freundschaft, doch Werthers Eifersucht wird, wie seine Briefe verraten, immer drängender. So schlägt die anfangs enthusiastische Stimmung, die ihn auch das ländliche Idyll im Horizont seiner →Homerlektüre interpretieren lässt, allmählich in

Johann Wolfgang von Goethe; anonymes allegorisches Gemälde

Pessimismus und Todessehnsucht, symbolisiert durch das Lesen in James McPhersons (1736 bis 1796) *Ossian*. Als er die Geliebte allein antrifft, kommt es noch einmal zu einer harmonischen Szene; beide sind »fürchterlich« bewegt, ihre Gefühle füreinander sprechen sich in Tränen aus, doch begegnet Lotte Werthers Küssen durch die Flucht ins Nebenzimmer. Der junge Mann schreibt einen Abschiedsbrief, leiht von Albert ein Paar Pistolen, kleidet sich wie beim Kennenlernen Lottes – es ist die nachmals berühmte »Werther«-Tracht mit blauem Frack und gelber Weste – und erschießt sich.

Aufbau: Die zunächst unkommentierte Abfolge von Werthers Briefen erlaubt das unmittelbare Mitempfinden des seelischen Auf und Ab und die Einsicht in seine Verblendung. Der aufsteigenden Linie des 1. Buches mit der Gewitterszene als Gipfel, die zum scheinbaren Einklang der Herzen führt, folgt der Weg in die Katastrophe des 2. Teils. Schließlich schaltet

Niederschrift von Johann Christian Kestner 1772 über Johann Wolfgang Goethe:

Im Frühjahr kam hier ein gewisser Goethe aus Frankfurt, seiner Hantierung nach Dr. juris, 23 Jahre alt, einziger Sohn eines sehr reichen Vaters – das war hier in Wetzlar – das war seines Vaters Absicht – in Praxi umzusehen, der seinigen nach aber, den Homer, Pindar usw. zu studieren und was sein Genie, seine Denkungsart und sein Herz ihm weiter für Beschäftigungen eingeben würden.

Das Wertherfieber

Einfluss: Dass Leser die Grenze zwischen Fiktion und eigenem Leben nicht mehr ziehen können, ist durch viele Phänomene bekannt. Beeinflusst durch Goethes Roman, benutzten Zeitgenossen schon bald Wörter wie »wertherisieren«, »Wertherfieber«.

Vorwurf: Goethes Roman entfaltete eine immense Breitenwirkung. Da er auf einer wahren Begebenheit basierte, trauten ihm Kritiker zu, genauso auf die Realität zurückzuwirken. Vor allem von theologischer Seite warf man dem Buch vor, den Selbstmord zu entschuldigen, ja indirekt dazu aufzufordern. Am Druckort Leipzig wurde *Die Leiden des jungen Werthers* verboten. Goethe selbst fügte der 2. Auflage 1775 den Vers »Sei ein Mann, und folge mir nicht nach« ein und verwahrte sich im Übrigen, auch später, gegen die Anklagen.

Übertragung: Das Bild vom »Wertherfieber« suggeriert eine epidemische Zunahme von Suiziden unter direktem, nachweisbarem Einfluss des Romans als Nachahmungstaten liebeskranker junger Männer, aber auch Frauen. Tatsächlich lässt sich international etwa ein Dutzend Selbsttötungen nachweisen, die zumindest von den Zeitgenossen mit Goethes Briefroman in Verbindung gebracht wurden, doch ist dies zu keiner Zeit ein Massenphänomen gewesen, wie die literarhistorische Legendenbildung will.

Da jedoch Goethes Erfolgs- und Skandalroman den Modellfall für die negative Wirkung von Medienrezeption darstellt, wird in der Soziologie bei der Untersuchung solcher Fälle inzwischen weltweit vom »Werther-Effekt« gesprochen.

Johann Wolfgang von Goethe, *Die Leiden des jungen Werthers*, Titelblatt von Band 1 der anonym erschienenen Originalausgabe 1774; Titelvignette von Goethes Zeichenlehrer Adam Friedr. Oeser

sich der Herausgeber, der zu Beginn das »Büchlein« leidenden Seelen als »Freund« empfohlen hat, mit seinem Bericht ein, um die letzten Tage Werthers zu schildern.

Wirkung: Mit dem Aufbegehren der jungen Generation, dem Recht auf Gefühle statt Vernunft und dem vorrevolutionären Affekt gegen die Ständehierarchie hatte Goethe den Nerv seiner Zeit getroffen; er bezeichnete die Wirkung später als »groß, ja ungeheuer«. Zur Publizität des zunächst anonym veröffentlichten Buchs, die sich auch in Mode und Populärkultur niederschlug, trug der Skandal bei, dass hier ein Selbstmord gerechtfertigt würde, aber auch Neugier auf die authentischen Lebensumstände und Fakten hinter der fiktionalisierten Handlung, weswegen Goethe zeitlebens behelligt wurde. Angeblich kam es als Folge des »Wertherfiebers« (Stichwort → S. 404) sogar zu Nachahmungstaten. Die Kritiker setzten sich mit dem Buch in Abhandlungen oder Parodien

auseinander, Trittbrettfahrer und Bewunderer imitierten es in sog. »Wertheriaden«. Goethe blickte 1827 in dem Gedicht *Werther* auf den »viel beweinten Schatten« zurück. Nach Jahrzehnten erschienen im Ausland noch Bücher, die deutliche Spuren des Vorbilds tragen wie *Letzte Briefe des Jacopo Ortis* (1802) von Ugo Foscolo (1778–1827) und *Obermann* (1804) von Étienne Pivert de Senancour (1770–1846). Thomas → Mann griff ein tatsächliches Wiedersehen des alten Goethe mit seiner Jugendliebe auf in *Lotte in Weimar* (1939). Das Scheitern eines jungen Menschen an der restriktiven Gesellschaft der DDR schilderte Ulrich → Plenzdorf 1972 in seinem Roman *Die neuen Leiden des jungen W.* A. H.

Wilhelm Meisters Lehrjahre – Wilhelm Meisters Wanderjahre

OA 1795/96; 1821, 1829
Form Roman **Epoche** Klassik

Der erste Teil repräsentiert den Roman der deutschen Klassik im Typus des Bildungsromans (Stichwort → S. 404), wie er von Goethe und Christoph Martin → Wieland geschaffen wurde und behandelt die paradigmatische innere Entwicklung eines Individuums sowie dessen geistige Bildung. Der zweite Teil stellt ein offenes Erzählkonzept in Goethes Altersstil dar, in dem die Lebenserfahrung und das Weltbild des Protagonisten erweitert wird.

Entstehung: Seit seiner Berufung nach Weimar bis 1786 hatte Goethe an einer ersten Fassung des Romans gearbeitet, deren Torso später als *Wilhelm Meisters theatralische Sendung* herausgegeben wurde. Im Austausch mit → Schiller gelang ihm 1794–96 schließlich die Vollendung der *Lehrjahre*, die in vier Bänden erschienen. Schon der übertragen zu verstehende Titel versprach eine Weiterführung, die Goethe allerdings erst 1821 – und dann in einer endgültigen Version 1829 veröffentlichte.

Inhalt: Der Kaufmannssohn Wilhelm Meister, der mit der Schauspielerin Mariane ein Verhältnis hat, wird von ihr betrogen, aber auch zu einer Theaterlaufbahn motiviert. Nach Jahren verlässt er seine Heimatstadt und schließt sich einer Komödiantentruppe um den Akteur Melina an. Die erotische Attraktion der leichtsinnigen Philine beeindruckt ihn ebenso wie das schwermütige, männlich gekleidete, letztlich lebensunfähige Mädchen Mignon und ein unter alter Schuld leidender Harfner. Als die Truppe zum Gastspiel auf ein Grafenschloss geladen wird, lernt Wilhelm nicht nur eine schöne Gräfin, sondern auch den Theaterdirektor Serlo und dessen überspannte Schwester Aurelie

Bildungsroman

Herkunft: Der deutsche Philosoph und Literaturwissenschaftler Wilhelm Dilthey (1833–1911) prägte den Begriff 1870 für den spezifisch deutschen Typ des Entwicklungsromans seit der Klassik und Romantik.

Bedeutung: Er verstand darunter Romane, in denen ein Mensch die Stationen Jugend –»Wanderjahre«–Reife durchläuft und dabei durch Erziehung, Erfahrungen, Krisen, Konflikte mit sich selbst und der Welt die in ihm angelegte Persönlichkeit ausbildet. Am Ziel des Weges, der zugleich organisch und reich an Wendepunkten ist, steht die Harmonie des Individuums mit dem großen Ganzen. Wenngleich im Künstlerroman auch die Vollendung eines ästhetischen Talents gemeint sein kann, geht es nicht primär um Wissenserwerb oder gar um die renaissancehafte Vorstellung eines starken Menschen mit universellen Fähig-

keiten, sondern um die Formung und Festigung eines Charakters im Ausgleich mit der Gesellschaft - Bildung im allgemeinhumanistischen, Erwachsenwerden im höchsten Sinn.

Beispiele: Goethes *Wilhelm Meister* (1795–1829) gilt als Prototyp, aber auch *Hyperion* (1797–99) von Friedrich → Hölderlin, die romantischen Künstlerromane von Novalis und Tieck, Jean → Pauls *Hesperus* (1795) und *Titan* (1800–03) sowie *Die Geschichte des Agathon* (zuerst 1773) von Wieland gehören zur Geschichte des Genres. Betrachtet man die Möglichkeit des Scheiterns oder die Umdefinition des Bildungsziels ebenfalls als zum Genre gehörig, so zählen u.a. auch Bücher wie *Maler Nolten* von Eduard Mörike (1832), *Der grüne Heinrich* (Zweitfassung 1879/80) von Gottfried → Keller dazu.

OT = Originaltitel **EZ** = Entstehungszeit **OA** = Originalausgabe **DE** = Deutsche Erstausgabe 🕮 = Verweis auf Werkarti

kennen. Man will → Shakespeares *Hamlet* (um 1600) aufführen. Wilhelm studiert den Autor gründlich und spielt die Titelrolle, dann zersprengt der Brand des Theaters vorerst die Schauspieler.

Wilhelm soll Lothario aufsuchen, den untreuen Liebhaber der sterbenden Aurelie. Die eingefügten *Bekenntnisse einer schönen Seele* setzen eine Zäsur. Dieses Manuskript bleibt zunächst rätselhaft, entpuppt sich nachher als Aufzeichnung einer Verwandten der Schlossbewohner, auf deren Schicksal die »schöne Seele« Einfluss genommen hat. Wilhelm lernt zu seiner Überraschung in Lothario und seinen Geschwistern aktive, verantwortungsbewusste, aufgeklärte Adlige kennen, die eine »Turmgesellschaft« bilden. Ihr Ziel ist es, im Hintergrund Gutes zu wirken und Menschen mit reicher Anlage wie Wilhelm zur Selbstfindung anzuleiten. Viele der Personen sind ihm schon zuvor begegnet, der ernste Jarno, der Abbé, vor allem aber eine schöne Reiterin namens Natalie, die den Reisenden gepflegt hat, als er Opfer eines Überfalls geworden war. Sie wird Wilhelms Frau, während er in dem Knaben Felix den Sohn seiner frühen Liebe Mariane findet.

Da Wilhelm im Turm einen Lehrbrief erhält, möchte man seinen Weg als Ausbildung in Stufen begreifen, die ihn von der Theaterleidenschaft weglenkt hin zu praktischer Verantwortung in der Gesellschaft. Als Ideal scheint am Schluss die Selbstfindung, das Übernehmen von Verantwortung und eine Harmonie zwischen den Geschlechtern zu stehen. Bildung aber erscheint auch als Produkt einer Risikobereitschaft des Protagonisten.

Wilhelm Meisters Wanderjahre trägt den Untertitel *die Entsagenden*. Von ihnen, d.h. der Turmgesellschaft, ist Wilhelm verpflichtet worden, gemeinsam mit seinem Sohn Felix, den er später einer »Pädagogischen Provinz« anvertraut, auf Wanderschaft nie mehr als drei Tage an einem Ort zu verbringen. In einer typisierten Landschaft lernt er Orte, Menschen und Berufe kennen, wird in Beziehungen verwickelt. Figuren aus dem ersten Teil begegnen ihm wieder, nunmehr stark allegorisiert, so taucht u.a. Jarno jetzt unter dem Namen »Montan« auf. Handwerklichen Beschäftigungsprojekten in der Heimat steht eine Gruppe von Auswanderern um Lothario gegenüber, die der vom Wandergebot entbundene, zum Wundarzt ausgebildete Wilhelm begleiten wird, der seine Kunst sogleich am verunglückten Felix beweisen kann. Nicht mehr das Ich, sondern der Ausgleich gesellschaftlicher Interessen in der Ära beginnender Industrialisierung steht im Zentrum des Werks.

Aufbau: Die acht Bücher der *Lehrjahre*, homogen mit wenigen Lyrikeinlagen, schildern Wilhelms Jugendliebe (1), seinen Auszug in die

Welt (2), den Aufenthalt im Schloss (3), die Reise zu Serlo (4), die *Hamlet*-Aufführung (5), die *Bekenntnisse* (6), das Kennenlernen der Turmgesellschaft (7) und den Abschluss der Handlungsstränge mit der Auflösung vieler Rätsel (8).

Die *Wanderjahre* erscheinen harmonisch in drei Bücher gegliedert. Diese sind jedoch durchsetzt mit Novellen wie *Das nussbraune Mädchen* oder *Der Mann von funfzig Jahren*, mit Briefen und Tagebuchaufzeichnungen sowie Aphorismensammlungen. Der Erzähler greift stark ein; Topografie und Details von Personen, Gebäuden, Kunstwerken erscheinen extrem symbolisch.

Wirkung: Die junge Generation um die Brüder August Wilhelm (1767–1845) und Friedrich Schlegel (1772–1829) propagierte *Wilhelm Meisters Lehrjahre* wegen seiner Universalität und Vielgestaltigkeit sogleich als Muster des romantischen Romans. → Novalis, der bewusst und im Gegensatz zu Goethe am Ideal des Poetischen festhielt, bezog sich mit dem *Heinrich von Ofterdingen* (1802) auf das Werk, das auch großen Einfluss auf *Der junge Tischlermeister* (1836) von Ludwig → Tieck und *Der Nachsommer* (1857) von Adalbert → Stifter ausübte.

Wilhelm Meisters Wanderjahre, der keine ganzheitliche Romanhandlung bietet oder den Vorgängerroman steigernd fortsetzt, traf auf Enttäuschung und Unverständnis; selbst die Literaturwissenschaft ist seit langem um eine Rechtfertigung bemüht, und sei es durch den Nachweis verschiedenster Konzepte von moderner Offenheit.   *A. H.*

Johann Wolfgang von Goethe; links: *Wilhelm Meisters Lehrjahre*, Titelblatt von Band 1 der Originalausgabe 1795; rechts: *Wilhelm Meisters Wanderjahre*, Titelblatt von Teil 1 der Originalausgabe 1821

Auszug aus *Wilhelm Meisters Lehrjahre* von Johann Wolfgang von Goethe:

...mich selbst, ganz wie ich da bin, auszubilden, das war dunkel von Jugend auf mein Wunsch und meine Absicht.

Auszug aus *Wilhelm Meisters Wanderjahre* von Johann Wolfgang von Goethe:

Denken und Tun, Tun und Denken, das ist die Summe aller Weisheit, von jeher anerkannt, von jeher geübt, nicht eingesehen von einem jeden. Beides muss wie Aus- und Einatmen sich im Leben ewig fort hin und wider bewegen; wie Frage und Antwort sollte eins ohne das andere nicht stattfinden.

Jean-Hugues Anglade, Isa-
belle Huppert und Fabrizio
Bentivoglio (v. l.) in der Verfilmung des Romans *Die Wahlverwandtschaften* von Goethe
(I/F 1996; Regie: Paolo und
Vittorio Taviani)

Die Wahlverwandtschaften

OA 1809 **Form** Roman **Epoche** Klassik

Eine wechselnde Liebesbeziehung zwischen
vier Menschen, die in eine Katastrophe mündet,
wird von Goethe in Bild und Terminologie eines
chemischen Prozesses wie eine Versuchsanord-
nung betrachtet.

Entstehung: Einem von dem schwedischen
Chemiker Torbern Bergman 1775 beschriebenen Sachverhalt bezeichnet der Mineraloge
Goethe als »Wahlverwandtschaft«, wobei er
einer Naturgesetzlichkeit bewusst menschlichen Charakter verleiht: Manche chemische
Verbindungen werden durch das Hinzukom-
men anderer Stoffe aufgelöst, so dass die Elemente neue Verbindungen eingehen. So interpretiert der Roman das Verhalten vierer
Personen wie etwas »Anorganisches«, etwas
Unausweichliches.

Inhalt: Baron Eduard hat seine Jugendliebe
Charlotte geheiratet und kann sich nun der
gärtnerisch-architektonischen Umgestaltung
seines Landguts widmen. Als er seinen Freund,
den Hauptmann Otto, als Dauergast aufnimmt,
lädt seine Frau aus Vorahnung ihre unschuldig-

jugendliche Nichte Ottilie ein. Dem Titel entsprechend, entstehen zwei unheilvolle Liebesbeziehungen. Charlotte und Otto versagen sich
zunächst ihre Neigung zueinander, während
Eduard sich rückhaltlos in Ottilie verliebt. In
einer Nacht »doppelten Ehebruchs«, in der
beide Ehepartner an den jeweils anderen denken, wird ein Kind gezeugt; die beiden Liebes-
paare aber gestehen einander ihre Gefühle.

Die Situation ist für alle Personen unhaltbar
geworden; Otto reist ab und Eduard zieht in
den Krieg, während die zwei Frauen zurückbleiben. Als das Kind von Charlotte geboren wird,
fällt seine Ähnlichkeit mit den beiden nur geistig Beteiligten auf. Bei der Heimkehr Eduards
entsteht zunächst die Hoffnung, den Konflikt
gütlich durch Scheidung zu lösen. Doch bei
einer Bootsfahrt, bei der erstmals auch Ottilie
ihrer Neigung zu Eduard nachgibt, wird sie
schuldig am Ertrinken des Kindes. Sie beschließt, sich von der Welt zurückzuziehen. Als
Eduard nicht verzichten und sie aus dem Pen-
sionat zurückholen will, hungert sie sich zu
Tode. Sie gewinnt die Aura einer Märtyrerin
und wird mit dem kurz darauf gestorbenen
Eduard in der Gutskapelle bestattet.

Aufbau: »Gleichnisreden sind artig und unterhaltend, und wer spielt nicht gern mit Ähnlichkeiten«, so erläutert Charlotte selbst die symbolische Bauart des Romans. Die innere
Verwandtschaft und Anfälligkeit der Figuren
für die Attraktivität des jeweils anderen zeigt
sich schon in der drei Vornamen gemeinsamen
Silbe »ott«. Die symmetrische Konstruktion,
dem Weimarer Klassizismus entsprechend, wird
auch formal eingehalten: Beide Teile, die Kom-
plikation (bis zur Abreise der Männer) und die
Katastrophe umfassend, enthalten je 18 Kapitel; in der zweiten Hälfte sind Auszüge aus Otti-
liens Tagebuch verwendet.

Goethes Geschick zeigt sich besonders in dem
Ausgleich zwischen vorhersagbarem Verhängnis und dem schleichenden Entstehen der Leidenschaften. Er veranschaulicht den Gegensatz
zwischen der moralischen Forderung, einer Leidenschaft aus Freiheit zu entsagen, und der na-
turgesetzlichen Dämonie, der sich der
schwächere Mensch nicht widersetzen kann.
Ottilie, obgleich selbst zurückhaltend, wird in
die Viererbeziehung verstrickt und muss in ihr
untergehen. Den negativen Ausgang deuten
zahlreiche Todessymbole vom Beginn der zweiten Romanhälfte an. Besucher, ein Paar, das in
»wilder Ehe« lebt, Charlottes Tochter, dienen als
Kontrastfiguren und Katalysatoren.

Wirkung: Das Zerbrechen der Ehe erscheint zugleich symptomatisch für den funktionslos gewordenen Landadel, was dessen schreibend
Angehörige, z. B. Achim von → Arnim, erkannten. Als Beziehungsroman sind *Die Wahlver-*

Hauptfiguren in »Die Wahlverwandtschaften« von J. W. von Goethe

Eduard: Der Baron ist zuerst eine Pflicht-
ehe eingegangen und heiratet nach dem
Tod seiner ersten Frau seine Jugendliebe
Charlotte. Er ist wohlhabend und daran gewöhnt, sich keinen Wunsch zu versagen,
daher hat er nicht die Kraft, der Passion für
Ottilie zu widerstehen.

Charlotte: Auch sie ist von einer ersten Ehe
befreit, als sie Eduard heiratet. Im Gegensatz zu ihm ist sie jedoch prinzipientreu
genug, um die in ihr aufkeimende Neigung
zu Otto zu unterdrücken und die gesellschaftlichen Konventionen zu wahren.

Otto: Der attraktive und mittellose Hauptmann ist das Element, das die Ehe von
Charlotte und Eduard destabilisiert, zu-

nächst aber nur indirekt, weil Charlotte, um
seine Anziehungskraft auszubalancieren,
Ottilie hinzulädt.

Ottilie: Die junge Nichte und Pflegetochter
der Baronin Charlotte besitzt einen reinen,
pflichtbewussten und unschuldigen Charakter. Auch sie verfällt der Leidenschaft.
Sie liebt Eduard und wird dafür bestraft,
indem sie am Tod des Kindes schuldig wird.
Ihrem Wesen gemäß stirbt sie wie eine Heilige.

Mittler: Der ehemalige Geistliche, dessen
Name sein Wesen symbolisiert, reist umher,
um diverse Streitigkeiten, u. a. Ehekonflikte,
zu schlichten. Er deutet das 6. Gebot und
trägt dadurch zu Ottilies Tod bei.

wandtschaften ein Vorläufer zahlreicher Texte um die Jahrhundertwende (u.a. die Romane von Theodor → Fontane); gerade die im Bereich des Realen angesiedelte, aber stark allegorische Handlung lässt das Buch nicht nur formal modern wirken, sondern bietet Anknüpfungspunkte etwa für Walter → Benjamin, der 1925 den Satz: »Die Hoffnung fuhr wie ein Stern, der vom Himmel fällt, über ihre Häupter weg«, so deutete, dass die »letzte Hoffnung niemals dem eine ist, der sie hegt, sondern jenen allein, für die sie gehegt wird«.   *A.H.*

Zur Farbenlehre

OA 1810 **Form** Sachbuch **Bereich** Naturwissenschaft

In seiner naturwissenschaftlichen Abhandlung untersucht Goethe die lebendige Beziehung zwischen dem menschlichen Auge und dem Licht im Spiegel der Wahrnehmung von Farben und ihrer Geschichte.

Entstehung: Goethes Beschäftigung mit den verschiedenen Aspekten des Phänomens Farbe lässt sich bis zur Begegnung mit Meisterwerken der Malerei während der Italienreise (1786 angetreten) zurückverfolgen. Die Widmung an Herzogin Luise von Sachsen-Weimar-Eisenach (»Weimar, den 30. Januar 1808«) nennt als unmittelbaren Anlass der Niederschrift das Interesse, das sein Vortrag über »Farbenlehre sowie verwandte Naturerscheinungen« gefunden hatte. Anlass zu erbitterter Polemik bot ihm das erstmals 1704 erschienene, aus seiner Sicht mechanistische physikalische Standardwerk *Optik oder Abhandlung über Spiegelungen, Brechungen, Beugungen und Farben des Lichts* von Isaac Newton (1643–1727).

Inhalt: Das zweibändige Werk gliedert sich in den didaktischen Teil *(Entwurf einer Farbenlehre)*, die Newton-Polemik und einen historischen Teil *(Materialien zur Geschichte der Farbenlehre)*. Der *Entwurf* befasst sich mit den »physiologischen Farben«, den »physikalischen Farben« und den »chemischen Farben«. Den als »Taten und Leiden des Lichts« im Auge erzeugten Farben folgen die mittels Prismen erzeugten Farbwahrnehmungen, schließlich die Gegenstandsfarben bei Mineralien, im Pflanzen- und Tierreich. Die Erörterung der Farbpsychologie (Gelb, Rotgelb, Gelbrot über Blau, Rot und Grün bis zum Bunten) schließt aus der »sinnlich-sittlichen Wirkung der Farbe«, dass diese, »als ein Element der Kunst betrachtet, zu den höchsten ästhetischen Zwecken mitwirkend genutzt werden kann«. Hieran knüpft als »Zugabe« ein Brief von Philipp Otto Runge (1777 bis 1810) an, dessen Beschäftigung mit der Farbenlehre Goethes als Anzeichen für den Übergang von der Theorie zur Praxis gelten kann.

Goethe akzeptiert, dass Runge den Farbenkreis aus den drei Grundfarben Gelb, Rot und Blau sowie deren Mischfarben (Komplimentärfarben) Orange, Violett und Grün zusammensetzt, während er selbst seine auf die Farben angewandte Suche nach den Urphänomenen auf Gelb und Blau konzentriert, verbunden mit dem Prinzip der Polarität; das Prinzip der Steigerung verkörpert das Purpur. Durch diese beiden Prinzipien ist in Goethes Verständnis die Wahrnehmung von Farben aufs das Engste mit der Natur des Menschen verbunden.

Wirkung: Entgegen der eigenen Bewertung seines Beitrags zur Farbenlehre, den er mitunter höher einschätzte als sein dichterisches Schaffen, fand Goethe weder in der Fachwelt noch beim allgemeinen Publikum die erhoffte Anerkennung. Genau diese auf Irrtümer und Unterstellungen gegründete Polemik brachte *Zur Farbenlehre* für lange Zeit in Misskredit. Dabei wurde der physikalische Gesichtspunkt entgegen Goethes ganzheitlicher Auffassung aus dem sinnlich-organischen, physiologischen sowie kulturgeschichtlichen Themenspektrum isoliert. Erst die jüngere Goetheforschung versteht die Abhandlung als einen – nicht zuletzt unter sprachlichem und kunsttheoretischem Gesichtspunkt – integralen Bestandteil des Gesamtwerks.   *C.W.*

Erste Tafel des Buchs *Zur Farbenlehre* von Goethe, deren elf Figuren verschiedene Farbschemata und -phänomene darstellen

Aus meinem Leben. Dichtung und Wahrheit

OA 1811–14/ 1833
Form Autobiografie **Epoche** Klassik

Die erste moderne Autobiografie eines deutschen Dichters gibt Aufschluss über das Ineinander von Wollen und Sollen in Goethes Leben, wie er es sah.

Entstehung: Seit Ende 1809 arbeitete Goethe an dem Projekt. Da er selbst mehrere Künstlerbiografien geschrieben bzw. übersetzt hatte (Benvenuto Cellini, Johann Joachim Winckelmann, Philipp Hackert), war dem 60-Jährigen bewusst, wie schwer die Strukturen der eigenen Vita zu erkennen und für Leser interessant zu erzählen seien. Die ersten drei Teile erschienen kontinuierlich 1811, 1812 und 1814. Den vierten Teil skizzierte Goethe 1816, schrieb ihn aber erst im Jahr vor seinem Tod nieder. Indirekt schließen sich die *Italienische Reise* der Jahre 1786–88 (1829), die Feldzugsberichte über

Auszug aus *Dichtung und Wahrheit* von Johann Wolfgang von Goethe:

Bei Behandlung einer mannigfaltig vorschreitenden Lebensgeschichte, wie die ist, die wir zu unternehmen gewagt haben, kommen wir, um gewisse Ereignisse fasslich und lesbar zu machen, in den Fall, einiges, was in der Zeit sich verschlingt, notwendig zu trennen, anderes, was nur durch eine Folge begriffen werden kann, in sich selbst zusammenzuziehn und so das Ganze in Teile zusammenzustellen, die man sinnig überschauend beurteilen und sich davon manches zueignen mag.

Autobiografie

Herkunft: Die Autobiografie (von griech. autós: »selbst«, bíos, »Leben« und gráphein, »schreiben«) wird erstmals 1809 von dem englischen Dichter Robert Southey (1774–1843) so genannt.

Kriterien: Im Gegensatz zu Memoiren steht ganz die Entfaltung des Ich im Mittelpunkt und, zwar, anders als im Tagebuch, von einem einheitlichen Standpunkt aus. Daher werden, meist aus der Rückschau eines fortgeschrittenen Alters, die Etappen und Wendepunkte des eigenen Lebens markiert, Einflüsse darauf, eigene Leistungen, aber auch Probleme, Krisen, Fehler möglichst ungeschönt berichtet, ohne dabei auf ansprechende, spannende Gestaltung zu verzichten. Im Normalfall ist eine Autobiografie in der 1. Person geschrieben.

Anwendung: Sie begegnet zwar seit der Spätantike, als Augustinus 397 mit seinen *Bekenntnissen* sein eigenes Leben als religiösen Bekehrungs- und Läuterungsprozess vorstellt, ist aber, seit Jean-Jacques → Rousseau 1782–89 in seinem gleichnamigen Buch das Schreibmodell aufgreift und psychologisch vertieft, eine typisch moderne Form. Selbstbiografischen Texten der Antike fehlt noch das eigentliche Subjektivität; im Mittelalter beginnen Intellektuelle wie Peter Abaelard (1079–1142) und → Dante Alighieri in Briefform und poetischer Einkleidung ihre Leidenswege zu stilisieren. Erst seit der Renaissance blüht die Autobiografie. Im 18. Jahrhundert setzte sich der Individualismus durch. Goethes unmittelbare Vorgänger Jung-Stilling (1740–1817) und Karl Philipp → Moritz mit seinem autobiografischen Roman *Anton Reiser* (1785–90) betrieben kritische Selbsterforschung aus dem Geist des Pietismus. *Dichtung und Wahrheit* lieferte das Muster für die Selbstdarstellung von Genies. Die unüberschaubare Masse autobiografischer Literatur, gerade auch von Schriftsteller(inne)n, zeugt heute oft von Skepsis gegenüber der Möglichkeit, einen einheitlichen Standpunkt zu finden, von Fremdbestimmung oder gar Zufälligkeit des Schicksals.

Johann Wolfgang von Goethe, *Dichtung und Wahrheit*, Titelblatt von Teil 2 der Originalausgabe, 1812

1792–93 und die rein faktenorientierten *Tag- und Jahreshefte* an. Goethes über 50 Jahre währendes Leben in Weimar hat er dagegen erzählerisch nicht gestaltet.

Inhalt: Goethe schildert seine Kindheit in Frankfurt, die planvolle Erziehung des Vaters, die humorvolle Güte der Mutter, wie er früh, u.a. durch ein eigenes Puppentheater, mit der Bühne in Berührung kommt und der Literatur zuneigt und wie er durch französische Einquartierung die Folgen der Politik und die Nachbarkultur kennen lernt. Die Krönung Kaiser Josephs II. erlebt der 15-Jährige als Stadtfest und zugleich als Kulisse seiner ersten Liebe, die er »Gretchen« nennt.

Im zweiten Teil zieht Goethe 1765 nach Leipzig, von wo er ohne entscheidende Förderung und schwer krank nach Frankfurt heimkehrt. Dort kümmert sich eine pietistische Freundin der Mutter um ihn, bevor er, genesen, das Studium 1770 in Straßburg fortsetzt. Neben der Bekanntschaft mit Johann Gottfried Herder (1744–1803) schildert Goethe seine Beziehung zu Friederike Brion in dem Dorf Sesenheim.

Im dritten Teil wird er als Dichter selbstständig und schildert sein Leben in Wetzlar, Frankfurt und Darmstadt, beschreibt auch seine Freundschaften. Der frühe Erfolg des *Götz von Berlichingen* (1773) und des *Werther* geben ihm eine neue Richtung.

Der Schlussteil behandelt das scheiternde Verlöbnis Goethes mit Lili Schönemann, die Schweiz-Reise mit den Brüdern Stolberg und die, beinahe schon nach Italien führende, Vorgeschichte seiner Berufung nach Weimar durch einen Boten des Herzogs.

Aufbau: Die vier Teile sind jeweils in fünf Bücher unterteilt, die Kindheit, Erwachsenwerden, Orientierung zur Dichtkunst und Weichenstellung für Weimar umfassen. Schon diese Symmetrie verdeutlicht Goethes Willen, sein Leben gestaltend zu interpretieren, zu erkunden, wo sich sein Charakter behauptet und eigengesetzlich entwickelt, wo Schicksal und Umstände hemmend oder fördernd eingegriffen haben. Dabei gerät auch in den Blick, was alternativ aus ihm hätte werden können. Gemäß der Maxime, dass ein »Factum unseres Lebens« nicht gilt, »insofern es wahr ist, sondern insofern es etwas zu bedeuten hat«, geht der alternde Goethe, wie der Untertitel verrät, frei mit den Ereignissen und ihrer Chronologie um.

Wirkung: Goethe war fasziniert von Bildungsprozessen. Er betrachtet die eigene Persönlichkeit, bei aller ironischen Distanz im Bewusstsein ihrer Bedeutung, exemplarisch, und bietet sie den Lesern als Medium für die Reflexion des eigenen Werdegangs an. Da er seine Werke nur spärlich kommentiert, gewann die Nachwelt hauptsächlich eine eigenständige, auch sozialhistorisch bedeutsame Synthese aus Dokumentation und subjektivem Selbstporträt. *A.H.*

Gogol, Nikolai

russ. Schriftsteller und Theaterautor

* 1.4.1809 Welikije Sorotschinzy, † 4.3.1852 Moskau

📖 *Tote Seelen*, 1842

Nikolai Gogol bereicherte die Weltliteratur um einige der besten romantischen Novellen, klassische Komödien sowie den ersten bedeutenden russischen Prosa-Roman. Obwohl ganz der Romantik verhaftet, wurde der Autor, nachdem er ab 1835 neue, urbane Wirklichkeitsbereiche erschlossen hatte, zum Ahnen der jungen Realisten in Russland (Fjodor → Dostojewski).

Geboren in der ukrainischen Provinz, kam Gogol 1828 nach Petersburg, wo er sich als Beamter, Gymnasial- und Hochschullehrer versuchte. 1831 debütierte er erfolgreich mit ukrainisch-volkstümlichen Erzählungen voller Leben und Poesie. Die Präsentation durch Erzähler aus dem Volk ist meisterhaft stilisiert; die Sujets weisen einzelne Berührungen mit der deutschen Romantik auf. Künstlerisch komplex wird die Illusion einer mündlich vortragenden Erzählerstimme in den in Petersburg spielender späten Novellen (vor allem in *Der Mantel*, 1843). Das Groteske und die Fantastik verweisen hier wie auch in den Komödien und dem Roman *Tote Seelen* (1842) auf den dämonologischen Kern der gogolschen Weltsicht. Mit seinen Werken »den Teufel zu bändigen« gelang Gogol i den letzten Lebensjahren allerdings immer weniger. Von Ängsten und Selbstvorwürfen geplagt, verließ er Russland mehrfach für längere Zeit, geriet aus dem psychischen Gleichgewicht und flüchtete sich, künstlerisch unproduktiv geworden, in politische, religiöse und moralische Ideen, die von den Zeitgenossen als reaktionär abgelehnt wurden.

Biografie: R.-D. Keil, *Nikolai W. Gogol* (rm 50342).

Tote Seelen

OT Mjortwyje Duschi
OA 1842 **DE** 1846 **Form** Roman **Epoche** Romantik

Der in Russland lebendigen Tradition des Schelmenromans verlieh Nikolai Gogol mit *Tote Seelen* eine neue, tiefgründige Form. Seinen »Poem« untertitelten Roman konzipierte der von psychischen und religiösen Krisen erschütterte Autor als Epos der Reinigung der Seele.

Inhalt: Der ehemalige Petersburger Kollegienrat Tschitschikow führt sich in einer russischen Gouvernementsstadt in die Gesellschaft ein und macht bei Privatbesuchen fünf Gutsbesitzern den sonderbaren Vorschlag, ihnen »tote Seelen«, d. h. kürzlich verstorbene Leibeigene abzukaufen, die bis zur nächsten Revision weiter in den Büchern geführt werden; nur in einem Fall bleibt er erfolglos. Auf einem Ball sorgt der Gutsbesitzer Nosdrjow für erste Irritationen mit der laut zugerufenen Frage, wie viele Tote er eingekauft habe. Weitere Gerüchte (u. a. über eine geplante Entführung der Tochter des Gouverneurs und über Tschitschikows Identität mit Napoleon) verbreiten sich schnell. Die alte Gutsbesitzerin Korobotschka, die einzige Frau unter den Geschäftspartnern Tschitschikows, bringt mit ihrer Befürchtung, die toten Seelen zu billig verkauft zu haben, den Skandal endgültig ins Rollen. Fluchtartig reist Tschitschikow ab. Erst am Ende des Romans erfährt der Leser den betrügerischen Hintergrund seiner Geschäfte: Er wollte die gekauften Leibeigenen verpfänden und sich mit dem erschwindelten Kredit aus dem Staub machen.

Aufbau: Die eigenartige Platzierung der umfangreichen Biografie des Helden erst am Ende des Romans zeugt vom ursprünglichen Plan, in Anlehnung an die Stationen Hölle, Fegefeuer und Paradies in der *Göttlichen Komödie* (1321) von → Dante Alighieri den Haupthelden in drei Bänden von der Sünde zu Reue und Vergebung zu führen. Gogol hat indes nur die Negativität, die Schlechtigkeit der Gegenwart darzustellen vermocht – der wenig überzeugende zweite Teil blieb Fragment, der dritte ist nie begonnen worden. Für den Autor stand – anders als für die Leserschaft im 19. und 20. Jahrhundert – nicht die Satire im Mittelpunkt, sondern ein religiöses

Die wichtigsten Werke von Nikolai Gogol	
Abende auf einem Weiler bei Dikanka 1831/32	Der zweiteilige, ganz in der ukrainischen Heimat des Autors spielende Erzählzyklus vereint folkloristische Fantastik und volkstümliche Legendensujets in melancholisch-humorvollem Ton.
Arabesken 1835	Theoretischen Abhandlungen stehen neben ersten »Petersburger Erzählungen« mit Parallelen zur westeuropäischen Romantik, so in den Motiven des Wahnsinns *(Aufzeichnungen eines Wahnsinnigen)* und des Künstlertums *(Der Newski-Prospekt)*.
Mirgorod 1835	Weitere Erzählungen aus dem ukrainischen Volksleben, dem Volksglauben und der Geschichte Kleinrusslands *(Taras Bulba)*
Der Revisor 1836	Ein mittelloser Beamter auf der Durchreise wird in dieser Komödie in einer Kleinstadt für den angekündigten Revisor gehalten und bringt so unbeabsichtigt die geordnete Welt in Konfusion.
Die Heirat 1842	Mit der Reduktion auf die Brautwerbung und der abschließenden Flucht des Bräutigams vor der Eheschließung spielt das Stück ironisch mit den Konventionen der Gattung Komödie.
Tote Seelen 1842	Der in einer russischen Gouvernementsstadt auftauchende Tschitschikow kauft in betrügerischer Absicht die Leichen verstorbener Leibeigener auf. → S. 409

Konzept. Die Welt wird vor allem als trivial begriffen: Alles ist gewöhnlich, mittelmäßig, platt und geistlos. Trivialität aber ist bei Gogol das Merkmal einer Welt, die gegen alles Transzendente abgeriegelt, aus der das religiöse Heil, das Wahre und Sinnhafte, vertrieben ist.

Ebenso wie die Komik im Werk stets mit der Trivialität der gezeigten Welt zusammenhängt, dienen auch die Eigentümlichkeiten des grotesken Stils der Erniedrigung des nur scheinbar Geistigen, Bedeutenden, Erhabenen. So sind die Figuren im Roman wahrhaft »tote Seelen« in der ersten der beiden möglichen Bedeutungen des Titels; die andere Bedeutung, nach der die Verstorbenen »tote Seelen« sind, ließ schon den Zensor empört auf die Unsterblichkeit der Seele hinweisen. Das durch den Verkauf der »Seelen« erworbene Geld, dessentwegen sich der Held – nicht zufällig ein ehemaliger Zöllner (ein Hinweis auf das Neue Testament) – versündigt, wird zum Sinnbild des Übels in der Welt.

Wirkung: An Gogols Werk knüpfte in der frühen sowjetischen Literatur Michail → Bulgakow an (*Tschitschikows Abenteuer*, 1922). Auch bei anderen Autoren erlebte das Genre eine Renaissance bis in die späte sowjetische Zeit, so bei Ilja → Ehrenburg (*Das bewegte Leben des Lasik Roitschwantz*, 1928), Wladimir Wojnowitsch (*1932; *Die denkwürdigen Abenteuer des Soldaten Iwan Tschonkin*, 1969) und Fasil Iskander (*1929; *Onkel Sandro aus dem Tschegem*, 1973).

A. E.

Nicolai Gogol, *Tote Seelen*, Frontispiz der Originalausgabe 1842

Golding, William

engl. Schriftsteller

* 19.9.1911 St. Columb Minor (Cornwall)

† 19.6.1993 Falmouth (ebd.)

📖 *Herr der Fliegen*, 1954

William Golding, *Herr der Fliegen*; links: Umschlag der Originalausgabe 1954 (Gestaltung: Anthony Gross); rechts: Umschlag der Taschenbuchausgabe 1972

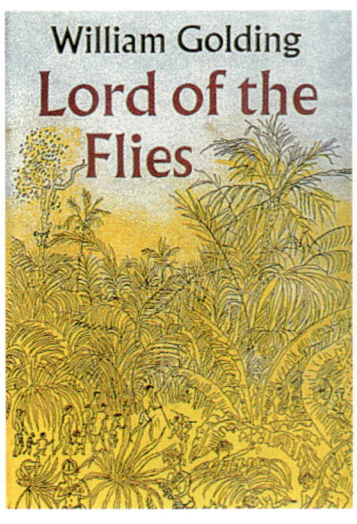
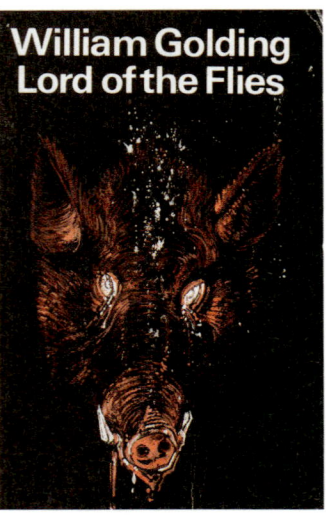

Das Werk von William Golding ist geprägt von einer pessimistischen Weltanschauung, derzufolge der Mensch aufgrund seiner bösen Natur immer wieder »fällt«, so dass die Geschichte der Menschheit eine »Chronik der Erbsünde« darstellt. Goldings Glaube an anthropologische Konstanten, die sich nach seiner Auffassung am überzeugendsten mittels archetypischer Symbole, allegorischer Figurenkonstellationen und mythologischer Motivkomplexe umsetzen lassen, begründet auch seine Anlehnung an die griechische Tragödie. Der Autor zog deshalb die Charakterisierung als Moralist und Mythengestalter einer Einstufung als Erzähler vor.

Golding stammte aus einer Lehrerfamilie, studierte Naturwissenschaften und Anglistik in Oxford und unterrichtete 1939–61 als Lehrer in Salisbury. Ab 1961 war er freier Schriftsteller. 1983 erhielt er den Literaturnobelpreis.

Herr der Fliegen (1954), Goldings erster Roman, der ihn weltbekannt machte, belegt bereits sein bevorzugtes Darstellungsmuster: Vor dem Hintergrund der Robinsonade britischer Jungen gestaltet Golding Schritt für Schritt die Regression »unschuldiger« junger Menschen in die Barbarei, um den bösen Wesenskern des Menschen aufzudecken. Golding ist dabei ein herausragender Stilist und Sprachkünstler, der seine Fabeln bei aller symbolisch-mythischen Überhöhung seiner anthropologisch zentralen Fragestellungen in einer realistischen Lebenswirklichkeit ansiedelt.

Literatur: M. Kinkead-Weekes / I. Gregor, *William Golding*, 1967 (Repr. 1984); S. Medcalf, *William Golding*, 1975.

Herr der Fliegen

OT Lord of the Flies

OA 1954 **DE** 1956 **Form** Roman **Epoche** Moderne

Der Roman, der mit Millionenauflagen William Goldings internationalen Ruhm begründete, ist eine pessimistische Robinsonade. In Anlehnung an Robert Michael Ballantynes Roman *Die Koralleninsel* (1857) über drei tapfere englische Jungen auf einer Südseeinsel nimmt Golding das Muster populärer Abenteuer- und Jugendliteratur des 19. Jahrhunderts auf und führt dessen naiven Romantizismus ad absurdum.

Inhalt: Eine Gruppe sechs- bis zwölfjähriger englischer Schuljungen überlebt während eines Atomkriegs einen Flugzeugabsturz auf einer unbewohnten Pazifikinsel. In dieser Lage ist die Gruppe gezwungen, ihr Zusammenleben zu organisieren. Einer der älteren Jungen, Ralph, wird zum Führer bestimmt; zu ihm gesellen sich u.a. der intellektuelle Piggy und der »visionäre« Simon. Jack, der Anführer einer zweiten Gruppe, der Jäger, beginnt einen brutalen Machtkampf, in dessen Verlauf die Gruppe alle zivilisatorischen Hemmungen verliert. Diese Regression zu paradiesischer Unschuld zu barbarischer Primitivität äußert sich zum einen in Opferzeremonien, zum anderen in Ritualmorden an den Außenseitern Simon und Piggy. Bei der anschließenden Hetzjagd auf Ralph wird di

Die wichtigsten Romane von William Golding	
Herr der Fliegen 1954	Die moderne Robinsonade mit tödlichem Ausgang begründete den Weltruhm des späteren Literaturnobelpreisträgers. → S. 410
Die Erben 1955	Der in vorparadiesischer Zeit spielende Roman stellt das Leben von Neandertalern dar. Golding geht es um die Rolle von Bewusstsein und Wissen beim Übergang von der Unschuld zur Erfahrung des »Bösen«: Reflexion bedeutet das Ende des Paradieses.
Der Felsen des zweiten Todes 1956	Im Augenblick des Todes verschafft sich Pincher Martin aus Protest gegen Gott und in Verweigerung des Todes sein eigenes Universum, muss sich dann aber einem zweiten Tod unterwerfen.
Freier Fall 1959	Ein junger Künstler stellt sich angesichts der Verführung seiner Jugendliebe Beatrice und der anschließenden Heiratsverweigerung, die das Mädchen in den Wahnsinn treibt, die moralphilosophische Frage: »Wann und wo habe ich meine Freiheit verloren?«
Der Turm der Kathedrale 1964	Domherr Jocelin vollendet in visionärem Sendungsbewusstsein trotz Einspruchs sein Werk. Auf dem Sterbebett wird er mit neuen Erkenntnissen über das wahre Menschsein zugleich gedemütigt und beglückt.
Äquatortaufe 1980	Protagonist James Colley wird in einer brutalen Klassengesellschaft vom romantischen Idealismus zur realen Finsternis im eigenen Herzen geführt und zerbricht aus Scham daran.
Papiermänner 1984	Der Roman gibt sich zunächst als Biografie von Barclay/Golding, handelt aber von einer falschen Religion aus Druck und Papier und travestiert mit seinem Ideal des Künstlers als Märtyrer das Christentum.
Mit doppelter Zunge, 1995	Der Roman aus dem Nachlass des leidenschaftlichen Gräzisten Golding spielt im Delphi des ersten Jahrhunderts v. Chr. Erzählerin ist die Pythia des vom Niedergang bedrohten Orakels.

OT = Originaltitel **EZ** = Entstehungszeit **OA** = Originalausgabe **DE** = Deutsche Erstausgabe 📖 = Verweis auf Werkartikel

gesamte Insel in Brand gesteckt und verwüstet. Erst ein britisches Kriegsschiff beendet als Deus ex machina den fehlgeschlagenen Versuch, ohne Erwachsene eine neue, bessere Welt aufzubauen.

Goldings Anti-Utopie zeigt die irrationalen Potenziale des Menschen, die von der zivilisatorischen Fassade moderner Gesellschaften verdeckt werden. Für Golding ist das Böse keine von außen einwirkende Kraft, sondern als zerstörerische Macht im Menschen selbst angelegt. Ihr kann nur durch sittliches Bewusstsein und ethisches Handeln begegnet werden.

Wirkung: Während *Herr der Fliegen* in Großbritannien kontrovers aufgenommen wurde, avancierte der Roman in den USA rasch zum Kultbuch, ähnlich wie Jerome D. → Salingers *Der Fänger im Roggen* (1951). Dabei galt die Aufmerksamkeit zunächst stärker dem Charakter des Romans als religiösem, psychologischem und soziologischem Traktat. Über diese Ebene hinaus ist Goldings Werk jedoch auch eine Parabel über das Ende menschlicher Unschuld, deren lyrisch bestimmte Sprachgebung die mythisch-symbolische Bedeutung des Geschehens noch vertieft. *W. A.*

Goldsmith, Oliver

angloir. Schriftsteller

* 10.11.1728 Pallasmore (Irland), † 4.4.1774 London

📖 *Der Pfarrer von Wakefield*, 1766

Die literarische Stärke von Oliver Goldsmith liegt in der Erzeugung unaffektierter, häufig zwischen Heiterkeit und Melancholie schwankender Stimmungen, die vor allem in seinen lyrischen Gedichten spürbar werden. Auf formaler Ebene zeichnet sich sein Werk durch seine unprätentiöse, bisweilen naiv anmutende stilistische Klarheit aus. Der geistreiche Sarkasmus war ihm ebenso fremd wie die übertriebene Sentimentalität im Bereich der zeitgenössischen Theaterstücke und der Prosa.

Aus einer Pastorenfamilie stammend, war Goldsmith ursprünglich für den Beruf des Geistlichen vorgesehen. Er brach jedoch das Theologiestudium ab, studierte Medizin und schloss dieses Studium nach einigen Wanderjahren auf dem Kontinent, wahrscheinlich in Padua, ab. 1757 nach London zurückgekehrt, lebte er in ärmlichsten Verhältnissen. Gleichwohl war Goldsmith zeitlebens extravagant und von überschäumender Lebensfreude.

Goldsmith war ein Autor, für den der 1759 von Edward Young (1683–1765) geprägte Begriff des genialen, an keine Regeln gebundenen Schriftstellers zutrifft. Beachtung fand er zunächst durch eine 1762 unter dem Titel *Der Weltbürger* veröffentlichte Sammlung von Reise-Essays. Breite Popularität erlangte er durch den humorvollen Roman *Der Pfarrer von Wakefield* (1766) sowie durch seine noch heute bühnenwirksame Komödie *Irrtümer einer Nacht* (1773). Goldsmith ergriff Partei für den einfachen Menschen und das ehrliche, kreatürliche Leben. So war er schon zu Lebzeiten als volkstümlicher und naturverbundener Autor beliebt. Sein unmittelbarer Einfluss reichte – nicht zuletzt durch seine Wirkung auf Johann Wolfgang von → Goethe und Walter → Scott – bis in die Romantik hinein. *D. O.*

Biografie: K. Eichenberger, *Oliver Goldsmith,* 1954; R. Quintana, *Oliver Goldsmith,* 1969.

William Golding 1965 in
The Hot Gates:

Unsere Humanität basiert auf der Fähigkeit, Werturteile zu fällen, unwissenschaftliche Einschätzungen vorzunehmen, auf dem Vermögen zu entscheiden, dass dies richtig, jenes falsch, dies hässlich, jenes schön, dies gerecht, jenes ungerecht ist.

Der Pfarrer mit den wandernden Komödianten; Illustration aus der englischen Ausgabe (1817) von *Der Pfarrer von Wakefield* von Oliver Goldsmith

Johann Wolfgang von Goethe 1812 in *Aus meinem Leben. Dichtung und Wahrheit* (10. Buch) über *Der Pfarrer von Wakefield* von Oliver Goldsmith:

Der Roman hat den großen Vorzug, dass er ganz sittlich, ja im reinen Sinne christlich ist, die Belohnung des guten Willens, des Beharrens bei dem Rechten darstellt, das unbedingte Zutrauen auf Gott bestätigt und den endlichen Triumph des Guten über das Böse beglaubigt, und dies alles ohne eine Spur von Frömmelei oder Pedantismus. Vor beiden hatte den Verfasser der hohe Sinn bewahrt, der sich hier durchgängig als Ironie zeigt, wodurch dieses Werkchen uns ebenso weise als liebenswürdig entgegenkommen muss.

Auszug aus der Einleitung der *Geschichte der Kunst* von Ernst Gombrich:

Genau genommen gibt es »die Kunst« gar nicht. Es gibt nur Künstler. Einstmals waren das Leute, die farbigen Lehm nahmen und die rohen Umrisse eines Büffels auf eine Höhlenwand malten. Heute kaufen sie ihre Farben und entwerfen Plakate für Fleischextrakt; dazwischen taten sie noch manches andere. Es schadet natürlich nichts, wenn man alle diese Tätigkeiten Kunst nennt, man darf nur nicht vergessen, dass dieses Wort in verschiedenen Ländern und zu verschiedenen Zeiten etwas ganz Verschiedenes bedeuten kann, und man muss sich vor allem merken, dass es »die Kunst« eigentlich nicht gibt.

Der Pfarrer von Wakefield

OT The Vicar of Wakefield **OA** 1766 **DE** 1767
Form Roman **Epoche** Empfindsamkeit

Mit seinem einzigen, der Empfindsamkeit zugehörigen Roman ist Oliver Goldsmith in die Literaturgeschichte eingegangen.

Inhalt: Im Mittelpunkt steht der Landpfarrer Primrose, der mit seiner vielköpfigen Familie ein einfaches, aber zufriedenes Leben in der idyllischen Abgeschiedenheit der mittelenglischen Provinz führt. Durch eine Reihe von Schicksalsschlägen wird der geduldige Optimismus des Pfarrers jedoch auf die Probe gestellt. Gefahr droht durch den skrupellosen Landjunker Thornhill, der anfangs als Freund der Familie auftritt, es in Wahrheit aber auf die beiden Töchter abgesehen hat. Als sein Spiel durchschaut wird, veranlasst Thornhill, dass der verschuldete Primrose mitsamt seiner Familie ins Gefängnis wandert. Durch das Einschreiten des guten Sir William, Thornhills Onkel, wird der böse Landjunker schließlich doch bestraft und die Familie Primrose großzügig entschädigt.

Interessant für den zeitgeschichtlichen Hintergrund des Romans ist in der zweiten Hälfte die pointierte Schilderung der Londoner Literaturszene durch Primroses Sohn George. Hier wie an den Stellen, wo George über seine Reisen durch den Kontinent berichtet, weist die Erzählung autobiografische Bezüge auf.

Wirkung: *Der Pfarrer von Wakefield* wurde schon von Goldsmith' Zeitgenossen als pastoral-romantische Erbauungslektüre missverstanden (und geliebt). In Wirklichkeit ging es dem Autor um die komisch-satirische Zeichnung des Landpfarrers Primrose, der durch seine Mischung aus Gutherzigkeit, Naivität, Weltfremdheit und Starrsinn ein geradezu ideales Opfer für die Schlechtigkeit der Welt abgibt. Es zeigt sich allerdings, dass der kunstlos-aufrichtige Stil von Goldsmith kaum geeignet ist, eine kritische Distanz zwischen dem Ich-Erzähler Primrose und dem Leser entstehen zu lassen. So wirkt die Erzählung über weite Strecken wie ein bloßer Appell an das Mitgefühl. *D. O.*

Gombrich, Ernst

engl. Kunsthistoriker

*30.3.1909 Wien, †3.11.2001 London

📖 *Die Geschichte der Kunst*, 1950

Als »Jahrhundertgestalt« und »Lessing der Kunst« wurde der aus Wien stammende englische Kunsthistoriker Ernst Gombrich gewürdigt. Er ist einer der bedeutendsten Kunsthistoriker des 20. Jahrhunderts, der in seinen Schriften eine wissenschaftlich tief gehende Durchdringung der Materie mit einer klaren, prägnanten Sprache verband. Ein besonderes Verdienst von Gombrich ist die Anwendung psychoanalytischer Erkenntnisse auf die kunstgeschichtliche Forschung.

Gombrich wuchs in einem kultivierten jüdischen Elternhaus auf. Er studierte in Wien und schrieb seinen ersten Bestseller, eine *Weltgeschichte für junge Leser* (1936), die in fünf Sprachen übersetzt wurde. 1936 ging er nach London an das Warburg-Institut für Kulturwissenschaft, dessen Direktor er 1959 wurde. Im selben Jahr erhielt er einen Lehrstuhl an der Universität London. Sein Ruhm wuchs u. a. durch seine Veröffentlichungen und er erhielt zahlreiche Lehraufträge in den USA. In seinem Buch *Kunst und Illusion* (1959) versuchte er die Beobachtungen zur Psychologie der Wahrnehmung auszubauen. 1970 veröffentlichte er eine Biografie des Kunsthistorikers Aby Warburg. Das Hauptthema zahlreicher weiterer kunsthistorischer Werke (*Das symbolische Bild*, 1972; *Ornament und Kunst*, 1979) war die Kunsttheorie der Renaissance.

Biografie: K. Lepsky, *Ernst H. Gombrich, Theorie und Methode*, 1991.

Die Geschichte der Kunst

OA 1950 **Form** Sachbuch **Bereich** Kunstgeschichte

Die *Geschichte der Kunst* von Ernst Gombrich ist eins der erfolgreichsten, beliebtesten und engagiertesten Bücher über Kunst. Die Absicht des Autors war, dem »Neuling in diesem Bereich die großen Linien« zu ziehen, »ohne ihn durch allzu viele Einzelheiten zu verwirren«. Dabei bedient er sich einer einfachen, jedoch genauen, anschaulichen und humorvollen Sprache.

Inhalt: Gombrich behandelt seinen Stoff chronologisch, beginnend mit der Kunst der Urzeit. Er vergleicht die Grundlagen und Erscheinungsformen der ägyptischen und griechischen Kunst und schreitet Epoche für Epoche über die römische, jüdische und frühchristliche Kunst bis zur Kunst der Gegenwart voran. Auch den wichtigsten Architekturentwicklungen gilt seine Aufmerksamkeit. Sein Streifzug reicht bis zum Ende des 20. Jahrhunderts. Das letzte Kapitel, das er erst 1994 hinzufügte, überschrieb er für die 14. Auflage *Eine endlose Geschichte* mit dem Untertitel *Der Triumph der Moderne*. Für die modernen Künstler sei die Form oft wichtiger als das Thema. Das bemerkenswerteste Phänomen der zweiten Hälfte des 20. Jahrhunderts ist für Gombrich, dass kein Mensch mehr durch gewagte Kunstexperimente zu schockieren sei. Hilfreich vor allem für Kunststudenten ist die Einführung in die wichtigen Werke der Literatur zur Kunst im Anhang.

Wirkung: Seit seinem Erscheinen 1950 hat das Buch bis heute 16 Auflagen erlebt, die letzte vom Autor überarbeitete und erweiterte wurde 1995 publiziert. Es wurde in 25 Sprachen übersetzt und erreichte ein Millionenpublikum. Bis zur letzten Auflage, die er noch erlebte, ergänzte der Autor sein Werk, schrieb zu jeder ein Vorwort, in dem er Rechenschaft ablegte über seinen Standpunkt zum Buch und über Veränderungen. Gombrichs Blick auf die Kunst hat zahllosen Kunstfreunden einen Weg zu deren Verständnis gewiesen. *N.B.*

Gombrowicz, Witold

poln. Schriftsteller

* 4.8.1904 Maloszyce bei Opatów

† 24.7.1969 Vence, Frankreich

📖 *Ferdydurke*, 1938

Das zentrale Thema des Werks von Witold Gombrowicz ist die Analyse der moralischen, gesellschaftlichen, intellektuellen und kulturellen Konventionen, die den Menschen prägen und zugleich verhüllen. Die Demaskierung und Verspottung dieser Konventionen ist eine Möglichkeit für den Autor, einen Augenblick der Wahrheit über den Menschen herauszuarbeiten, bevor dieser die Hülle einer neuen Konvention annimmt.

Der aus dem Landadel stammende Gombrowicz absolvierte 1922–27 ein Jurastudium in Warschau. Er debütierte 1933 mit dem Erzählungsband *Tagebuch aus der Epoche der Reifung*. Im August 1939 unternahm er eine Schiffsreise nach Argentinien, wo er vom Ausbruch des Zweiten Weltkrieges überrascht wurde. Er blieb für 24 Jahre in Buenos Aires: Auf die ersten acht Jahre, in denen er sich als Bohemien mit Gelegenheitsjobs über Wasser hielt, folgten acht Jahre Beschäftigung als Bankangestellter; jedoch kündigte er, um die nächsten acht Jahre der Schriftstellerei zu widmen. 1963 kehrte Gombrowicz nach Europa zurück, als er ein Jahresstipendium der Ford-Stiftung in Berlin erhielt. 1964 siedelte er sich zunächst in Paris, dann in Südfrankreich an, wo er die letzten Lebensjahre verbrachte. Der literarische Erfolg von Gombrowicz ging von Paris aus, wo die meisten seiner Werke erschienen. Die Zeitschrift *Kultura*, ein Zentrum polnischen Geistes im Exil, unterstützte Autor und Werk. 1967 erhielt Gombrowicz für den Roman *Kosmos* (1965) den Internationalen Verlegerpreis.

Autobiografie: *W. Gombrowicz. Argentinische Streifzüge und andere Schriften* (Werke, Bd. 11), 1991.

Ferdydurke

OT Ferdydurke OA 1938 DE 1960
Form Roman **Epoche** Moderne, Zwischenkriegszeit

In seinem von grotesker Komik und von anarchischem Sprachwitz erfüllten »Rückbildungsroman« kritisiert Witold Gombrowicz drei gesellschaftliche Lebensumfelder: die Schule, das liberal-fortschrittliche städtische Milieu und das konservative Milieu des polnischen Landadels. Mit einer Darstellungstechnik, die fiktionale und nicht fiktionale Elemente vermischt, macht Gombrowicz auch den Akt der künstlerischen Formgebung und damit den Prozess des Schreibens selbst zum Thema.

Inhalt: Der Held und Ich-Erzähler, der 30-jährige Autor Józio, dessen Erstling von der Kritik als künstlerisch unreif abgetan wurde, wird von Schulmeister Pimko in einen 17-Jährigen verwandelt und nochmal auf das Gymnasium geschickt. Dort ist er gezwungen, die Qualen der »Popoisierung« (Infantilisierung) und einer altmodischen, geisttötenden Schulausbildung über sich ergehen zu lassen. Seine Mitschüler Siphon und Mjentus zetteln einen pubertären Streit an, der in einem Duell im Grimassenschneiden und in einer Schlägerei endet. Die zwangsweise »Popoisierung« Józios wird fortgesetzt, als er von Pimko als Logiergast in dem »progressiven« Haushalt der Ingenieursfamilie Mlodziak (Jungmann) untergebracht wird. Mit großer Mühe befreit er sich von dem ihm aufgezwungenen Verliebtsein in die »moderne« Tochter des Hauses, die Oberschülerin Sutka, als er durch eine Intrige Pimko und einen Mitschüler nachts in Sutkas Zimmer einbestellt und einen Skandal inszeniert; das Doppel-Rendezvous endet im Chaos und Handgemenge. Zusammen mit Mjentus, der von der Idee besessen ist, sich mit dem Volk zu verbrüdern, zieht Józio aufs Dorf, wo es sie zum Landsitz seiner aristokratischen Verwandten verschlägt. Der

Ernst Gombrich, *Die Geschichte der Kunst*, Umschlag der deutschsprachigen Neuausgabe 1996

Die wichtigsten Bücher von Gombrowicz	
Ferdydurke 1938	Ein philosophischer Roman über die Macht der Konventionen und eine Satire auf das Polen der 30er Jahre. → S. 413
Die Besessenen 1939	Sensations-, Kolportage- und Schauerroman aus dem Milieu des polnischen Landadels – ein Experiment mit der Trivialliteratur.
Trans-Atlantik 1953	Ein Roman über einen Polen namens Gombrowicz, der zu Kriegsanfang nach Argentinien kommt und in polnische Emigranten- und argentinische Homosexuellenkreise gerät.
Tagebuch 1957–66	Das dreibändige Tagebuch fixiert keine äußeren Ereignisse, sondern das Innenleben des Autors: Gedanken zu Kunst und Politik sowie philosophische Betrachtungen und Persönliches.
Pornographie 1960	Ein in Polen während der Kriegszeit angesiedelter Roman über den Versuch älterer Männer, ein junges Pärchen erotisch und politisch zu manipulieren.
Kosmos 1965	Ein Roman über den Versuch zweier Freunde, in das Chaos der Zeichen, von denen sie sich an ihrem Urlaubsort Zakopane umgeben wähnen, eine Ordnung hineinzubringen.

Auszug aus dem Roman
Ferdydurke von Witold Gombrowicz:

»Meine Anstalt ist ohne Zweifel einer Unterstützung wert; unsere Methoden, Popos herzustellen, haben nicht ihresgleichen, und der Lehrkörper ist in dieser Hinsicht auf das sorgfältigste ausgewählt. Möchten Sie den Körper sehen?« »Mit dem größten Vergnügen«, antwortete Pimko, »ist es doch eine bekannte Tatsache, daß nichts so auf den Geist einwirkt wie der Körper.« Der Direktor öffnete ein wenig die Tür zur Kanzlei, beide Herren spähten diskret hinein und ich auch. Ich erschrak nicht wenig! In einem großen Zimmer saßen Lehrer am Tisch, tranken Tee und aßen dazu Semmeln. Noch nie hatte ich Gelegenheit gehabt, so viele und so hoffnungslose Alterchen versammelt zu sehen. Die meisten schlürften laut, der eine schmatzte, ein anderer lutschte, ein dritter schlabberte, ein vierter sabbelte den Tee in sich hinein, der fünfte war traurig und kahl, und der Französischlehrerin tränten die Augen, und sie wischte sie mit dem Zipfel ihres Taschentuchs.

Versuch von Mjentus, sich mit einem »Bauernbengel« zu verbrüdern, bringt die althergebrachte Ordnung der Landadeligen ins Wanken und führt zu einem Aufruhr unter den Bauern.

Aufbau: Der Roman gliedert sich in drei Teile, die den drei Haupthandlungsorten entsprechen (Gymnasium, Ingenieurshaushalt und Adelshaus) sowie den drei Phasen der Infantilisierung des Helden und seiner Aufbäumung gegen die Zwänge der Form. Der Ablauf der Episoden ist immer wieder derselbe: Die Beteiligten werden mit der »Fresse« (»gęba«), mit einem fremden Formprinzip konfrontiert; durch die Infantilisierung, den »Popo« (»pupa«), wird ihre Reife infrage gestellt; was zum »Haufen« (»kupa«), zum chaotischen Durcheinander und Kampfgetümmel führt. Gombrowicz verdeutlicht die Dreiteilung noch dadurch, dass er zwischen die Episoden zwei allegorische Erzählungen mit essayistischen Vorworten einfügt. Die fiktionalen Einschübe sind mit der eigentlichen Romanhandlung durch gemeinsame Motive (vor allem das des Duells) verknüpft. In den nicht fiktionalen Einschüben werden die Leitideen des Romans von der Unausweichlichkeit der Konventionen, von dem Zustand des Menschen zwischen Reife und Unreife, zwischen Form und Formlosigkeit theoretisch begründet und variiert.

Wirkung: *Ferdydurke* brachte Gombrowicz 1968 eine Nominierung für den Nobelpreis ein. Von dem Roman liegen Übersetzungen in über einem Dutzend Sprachen, mehrere Bühnen- und eine Filmfassung vor. *M. Sch.*

Tagebücher der Weltliteratur	
Samuel Pepys 1825	*Geheimes Tagebuch 1659–69:* Tägliche offenherzige Eintragungen eines Londoner Beamten.
Johann Wolfgang Goethe, 1829	*Italienische Reise, 1786–88:* Das berühmteste deutsche Reisetagebuch wurde nachträglich gründlich bearbeitet.
August Graf von Platen, 1860	*Tagebücher, 1813–35:* Der homosexuelle Dichter notierte die »fortlaufende Geschichte meiner Empfindungen«.
Edmond und Jules de Goncourt, 1887–96	*Tagebuch, 1851–95:* Die Brüder porträtieren amüsant das Pariser Kultur- und Gesellschaftsleben. → S. 414
Ernst Jünger 1920	*In Stahlgewittern, 1915–18:* Die literarisierten Kriegstagebücher gehören zu den umstrittensten Diarien. → S. 571
Julien Green 1938–2000	*Tagebücher, 1926–98:* Das Tagebuch des französischen Romanciers bezeugt seinen inneren Glaubenskampf.
André Gide 1939–50	*Tagebuch, 1889–1949:* Tagebuchführung war lebenslang die bevorzugte Form der literarischen Arbeit von Gide.
Anne Frank 1947	*Anne Frank Tagebuch 1942–44:* Dokument der Judenverfolgung aus der Feder eines jüdischen Mädchens. → S. 367
Franz Kafka 1951	*Tagebücher, 1910–23:* Das literarische und doch ehrliche Autopsychogramm einer genialen Verunsicherung.
Anaïs Nin 1966–83	*Tagebücher, 1914–74:* Die fast tabulosen, literarisch-psychologischen Diarien einer faszinierenden Frau. → S. 819
Thomas Mann 1977–95	*Tagebücher, 1918–21, 1933–55:* Das ideale Tagebuch – zugleich monumentales Zeitpanorama und intime Konfession.
Victor Klemperer 1995	*Ich will Zeugnis ablegen bis zum letzten, 1933–45:* Bewusste Dokumentation des Zeitgeschehens für die Nachwelt. → S. 616

Goncourt, Edmond und Jules

Goncourt, Edmond Huot de, frz. Schriftsteller
*26.5.1822 Nancy, †16.7.1896 Champrosay
Goncourt, Jules Huot de, frz. Schriftsteller
*17.12.1830 Paris, †20.6.1870 Auteuil
📖 *Tagebücher der Brüder Goncourt,* 1887–96

Einst mit ihren zum Teil gemeinsam geschriebenen Romanen und Biografien sehr bekannt, werden Edmond und Jules Huot de Goncourt heute vor allem als Verfasser ihres umfangreichen Tagebuchs geschätzt und zitiert

Kurz vor der Revolution geadelt, erwarb sich die Familie Goncourt durch den Vater der Brüder militärischen Ruhm unter Napoleon 1. (1769 bis 1821). Das Vermögen, das Edmond und Jules später ein auskömmliches Leben sicherte, kam aus der Familie der Mutter. Zunächst stark an Kunst und Geschichte interessiert, begannen die Brüder Goncourt an Zeitschriften mitzuarbeiten, ihre Kritiken zu sammeln und Verbindungen zu Künstlern anzuknüpfen und auf eigene Kosten historische Werke über das 18. Jahrhundert zu publizieren. Wachsenden Erfolg hatten sie mit realistischen Romanen, in denen detaillierte Bebilderungen Anstoß erregten. Gustave → Flaubert sowie andere Autoren und Künstler bildeten den sonntäglichen Zirkel der Goncourts; später traten Victor → Hugo und Alphonse Daudet (1840–97) hinzu. Der Zirkel blieb bestehen, als Jules früh starb.

Durch die immer wieder gedruckten Romane *Germinie Lacerteux* und *Renée Mauperin* (beide 1864) über den moralischen Verfall und Selbsthass des Großbürgertums gelten die Goncourts als repräsentativ für den rechten Flügel des erzählerischen Realismus und wurden Anreger u. a. für Thomas → Mann. Kurz vor seinem Tod bestimmte Edmond Haus- und Kunstbesitz seines Erbes als Stiftungskapital der bis heute tätigen Académie Goncourt.

Literatur: M. F. Gothier, *Jules und Edmond de Goncourt. Ihr Selbstverständnis und literarischer Standpunkt im Lichte des »Journal«,* 1982

Tagebuch der Brüder Goncourt

OT Journal des Goncourt. Mémoires de la vie littéraire
OA 1887–96 (Auswahl); 1989ff (vollständig)
DE 1905 (Auswahl) **Form** Tagebücher **Epoche** Zweites Kaiserreich

Das *Tagebuch der Brüder Goncourt* gilt als das wichtigste literarische Tagebuch des 19. Jahrhunderts und die amüsanteste Berichterstattung aus den Pariser Salons dieser Zeit.

Entstehung: Die Brüder Goncourt verfassten zunächst sporadisch, ab 1855 regelmäßig Tagebuch-Eintragungen über das gesellschaftliche, künstlerische und literarische Leben in Paris. Das erste Drittel dieses Werkes wurde weitgehend von Jules verfasst, die weiteren Bände von Edmond. Obwohl die Brüder zunächst den Vorsatz hatten, eher flüchtig und anspruchslos zu notieren, wandten sie dem Tagebuch bald ihre größte Aufmerksamkeit zu und bemühten sich, allabendlich einzutragen.

Inhalt: In ihren Tagebüchern überliefern die Brüder Goncourt Spontan-Äußerungen wie Gespräche, Kommentare, Anekdoten, Berichte von Einladungen und aus den Salons der Zeit, seien diese hochadelig wie bei Prinzessin Mathilde Bonaparte oder anrüchig wie bei der Paiva, einer mit einem Grafen Henckel Donnersmarck verheirateten Lebedame aus dem Getto von Minsk. Da die Brüder kein Blatt vor den Mund nahmen, ist nicht nur der Unterhaltungswert beträchtlich, auch der Zeitkolorit erreicht Dichte und Buntheit wie sonst nur in poetischen Schöpfungen. Vieles, was sich später in den Romanen der Brüder findet, ist in den Tagebüchern vorgeformt. Zahllose Ereignisse des geistigen Lebens im Zweiten Kaiserreich sind ausschließlich in den Bänden des Tagebuchs dokumentiert.

Für den heutigen Leser überraschend ist der immer wieder erkennbare Antisemitismus; er erklärt sich nur zum Teil aus dem Umstand, dass zahlreiche wohlhabende jüdische Familien aus dem Elsass nach 1871 ihren Wohnsitz in Frankreich nahmen, sich mit dem französischen protestantischen Milieu wirtschaftlich verbanden, große Banken gründeten und beherrschend auftraten. Ebenso auffällig sind abfällige Äußerungen über das weibliche Geschlecht, dem die unverheiratet gebliebenen Brüder jedoch eifrig huldigten.

Trotz allem Sarkasmus und vieler berühmt gewordener Höhepunkte der Polemik darf nicht verkannt werden, dass die Verfasser des Tagebuchs persönlich integer, schrankenlos aufrichtig und ehrlich um die Künste sowie künstlerischen Werte bemüht waren. Sicherlich führte Edmond das Tagebuch nach 1870 auch weiter, um über den Tod des Bruders hinwegzukommen; noch auf der vorletzten Seite des Journals spricht er von Jules und dessen Tod.

Wirkung: Wegen der außerordentlichen Unverblümtheit der Aufzeichnungen wurde die Sperrfrist, die Edmond gesetzt hatte, von der Académie Goncourt noch um 20 Jahre verlängert. Noch 1956 unterdrückte die Académie Goncourt ein gutes Dutzend prominenter Namen. Erst 1989 konnte eine vollständige, wissenschaftlich kommentierte Ausgabe des *Tagebuchs* erscheinen. *H. Sch.*

Die Brüder Edmond und Jules Goncourt, Foto aus den 1860er Jahren

Gontscharow, Iwan

russ. Schriftsteller

* 18.6.1812 Simbirsk, † 27.9.1891 Sankt Petersburg

📖 *Oblomow*, 1859

Iwan Gontscharow zählt neben Fjodor → Dostojewski, Lew N. → Tolstoi und Iwan → Turgenjew zu den großen Realisten der russischen Literatur des 19. Jahrhunderts. Der Meister der sozialen Typisierung verband in seinen Romanen und Erzählungen detailgenaue Schilderungen der aufkommenden Industrie- und der untergehenden Adelsgesellschaft mit psychologischen Analysen der Figuren sowie der philosophischen Frage nach Sinn und Ziel des Lebens.

Der Sohn eines Kaufmanns besuchte zunächst die Handelsschule in Moskau und studierte 1831–35 Sprachen an der Lomonossow-Universität. 1835 trat er in den Staatsdienst ein, arbeitete zunächst als Übersetzer im Finanzministerium und später u. a. in der Zensurbehörde. In seiner Freizeit übersetzte Gontscharow Werke von → Goethe und → Schiller ins Russi-

Auszug aus der Sammlung *Idées et Sensations,* mit der die Goncourts 1866 in sorgfältiger Auswahl Auszüge aus dem Journal zu publizieren begannen:

Alles in allem finde ich die leichten Mädchen durchaus nicht unerfreulich: Sie unterbrechen die Eintönigkeit, die Geordnetheit der Gesellschaft und bringen ein klein wenig Narretei in die Welt. Sie repräsentieren die losgelassene, bare und freie Laune inmitten einer Welt von Notaren und Moralkrämern mit falschen Maßen und Gewichten.

Die wichtigsten Bücher von Iwan Gontscharow	
Eine gewöhnliche Geschichte 1847	Ein Roman um den naiven Provinzadeligen Adujew, der zunächst angewidert ist von der Beamtenstreberei in Petersburg, jedoch schnell seine Lektion lernt, ein Mädchen mit großer Mitgift heiratet und Karriere macht.
Oblomow 1849	Der berühmteste Roman des Autors ist eine Fallstudie über die Lebensuntüchtigkeit der russischen Adelsschicht. → S. 416
Die Fregatte Pallas 1855–57	Eine literarische Verarbeitung der Schiffsexpedition von Gontscharow nach Afrika und Ostasien.
Die Schlucht 1869	Den Widerstreit zwischen der untergehenden Ordnung der alten Adelsgesellschaft und den Ideen der russischen revolutionären Bewegung gestaltet der Autor in der Liebesgeschichte des »Nihilisten« Wolochow und der Gutsbesitzertochter Vera.
Besser spät als nie 1879	In der literaturkritischen Abhandlung und Selbstdeutung seiner Romane liefert der Autor wichtige Anhaltspunkte für die Interpretation seines Werks.

sche und schrieb erste eigene Erzählungen. 1852–54 nahm er als Sekretär eines Vize-Admirals an einer Schiffsexpedition nach Südafrika, China, Japan und den Philippinen teil. 1867 quittierte er den Dienst, um sich ganz dem Schreiben zu widmen.

Biografien: V. Setschkareff, *Iwan Goncharov. His Life and His Works*, 1974; P. Thiergen (Hg.), *Iwan Alexandrowitsch Gontscharow. Leben, Werke, Wirkung*, 1994.

Iwan Gontscharow, *Oblomow*, Umschlag der deutschsprachigen Ausgabe 1951

Auszug aus dem Roman *Oblomow* von Iwan Gontscharow:

Oblomow gehörte durchaus nicht etwa zu den kleinen Leuten, die den fertigen Gedanken eines anderen übernehmen und ausführen. Nein, er war selber Schöpfer, und seine Ideen wollte er auch selber ausführen. War er morgens aufgestanden, so legte er sich gleich nach dem Tee auf den Diwan, stützte den Kopf in die Hand und überlegte, ohne seine Kräfte zu schonen, so lange, bis der Kopf zu guter Letzt von der schweren Arbeit müde wurde und bis ihm sein Gewissen sagte: Heute habe ich für das Allgemeinwohl genug getan.

Oblomow

OT Oblomow **OA** 1859 **DE** 1869
Form Roman **Epoche** Realismus

Der Roman *Oblomow* von Iwan Gontscharow ist eines der klassischen Werke des russischen Realismus. Um den Menschen einen »Spiegel vorzuhalten«, um so »ihre Erziehung zu vollenden«, verwob der Autor detaillierte Milieuschilderungen, satirische Elemente, psychologische Analysen und philosophische Fragestellungen zu einem Sittenbild des russischen Adels in der Mitte des 19. Jahrhunderts. Mit dem adeligen Gutsbesitzer Oblomow, der ständig neue, hochfliegende Pläne fasst, jedoch zu träge ist, sie in die Wirklichkeit umzusetzen, schuf Gontscharow einen »überflüssigen Helden«, einen typischen Vertreter der russischen Adelsschicht seiner Zeit, welche durch die beginnende Industrialisierung stark an politischer Bedeutung verlor und in eine Sinnkrise geriet.

Inhalt: Die Romanhandlung kreist um den lebensuntüchtigen Gutsbesitzer Ilja Iljitsch Oblomow, der, erst 32-jährig, den Staatsdienst quittiert hat und immer mehr in Träumerei, Schlaf und grenzenloser Faulheit versinkt. Ein Maulheld und schwärmerischer Idealist, entwirft er immer neue Pläne – etwa das soziale Los seiner Dienstboten zu verbessern oder sein Landgut in einen agrarwirtschaftlichen Musterbetrieb umzuwandeln. Tatsächlich schafft er es kaum, einen Umzug zu organisieren, einen Brief an Andrei Stolz, seinen Gutsverwalter, aufzusetzen oder auch nur das Bett zu verlassen. Ohne seinen Diener Sachar, der die alltäglichsten Handreichungen für ihn erledigt, wäre er gänzlich verloren. Die Liebe zu der tatkräftigen Olga reißt Oblomow nur kurz aus seiner Apathie. Diese verlässt ihn, als sie erkennt, dass er sich aus seiner Tatenlosigkeit nicht zu befreien vermag, und heiratet den tüchtigen Geschäftsmann Stolz. Oblomow ehelicht schließlich die einfältige Agafja Pschenizyna, die ständig Pasteten bäckt, ihm den Schlafrock flickt und ihn umsorgt, so dass er ungestört in geistiger Anspruchslosigkeit dahinvegetieren und schließlich friedlich im Bett sterben kann.

Aufbau: Der Roman bezieht seine Spannung nicht aus einer aktionsreichen Handlung, son-

dern aus der bedächtigen Enthüllung eines tiefen menschlichen Dramas. Geduldig schildert Gontscharow, aus der Perspektive eines auktorialen (allwissenden) Erzählers sowie in langen, direkten Dialogpassagen der Figuren, den ewig gleichen Tagesablauf Oblomows im Rhythmus von Schlafen, Essen und erneutem Schlafen, lässt ihn seine »weltverbessernden« Ideen bis ins Detail ausspinnen und führt so das vertane, nicht gelebte Leben seines Helden vor, der nie ernsthaft versucht, sein Schicksal aktiv zu gestalten. Als Kontrastfiguren zu Oblomow fungieren dessen umtriebiger Freund Stolz, der vergeblich versucht, den ewigen Träumer zu einem tatkräftigen Menschen zu »bekehren«, sowie Olga, die zwischen den beiden steht und sich schließlich für Stolz entscheidet. Zentrale Bedeutung für die Deutung des Romangeschehens besitzt das neunte Kapitel, *Oblomows Traum*, das Gontscharow bereits 1849 als eigenständige Erzählung veröffentlichte. In einer Rückblende wird Oblomows Kindheit erzählt, die die innere Motivierung seines (Nicht)handelns erklärt: Nur weil sein adeliger Stand ihm von vornherein materielle Sicherheit garantiert, kann sich die Schüchternheit des in sich gekehrten Knaben zu einer unüberwindlichen Trägheit auswachsen. Diese wiederum ist nur möglich wegen eines Grundübels der russischen Gesellschaft: der Leibeigenschaft der Bauern, die im Roman von Oblomows Diener Sachar repräsentiert wird. Im Figurenpaar Oblomow/Sachar zeigen sich am deutlichsten die ironischen Brechungen, welche die Romanhandlung durchziehen. Oblomow erscheint als russisches Gegenstück des Don Quichote von Miguel de → Cervantes, der mit Sachar als treuem Sancho Pansa auszieht (oder dies zumindest plant), um das Leben zu meistern.

Wirkung: Mit Ilja Oblomow schuf Gontscharow eine kulturelle Symbolfigur, die in ihrer Bedeutung mit Hamlet von → Shakespeare in der englischen oder Faust von → Goethe in der deutschen Literaturgeschichte vergleichbar ist. Der Ausdruck »Oblomowerei« ist, als Kennwort für (liebenswürdige) Faulheit, in die russische Alltagssprache eingegangen.

B. F.

Gordimer, Nadine

südafrikan. englischsprachige Schriftstellerin
*20.11.1923 Springs (Transvaal)
📖 *Burgers Tochter*, 1979
📖 *Die Hauswaffe*, 1997

Nadine Gordimer beschreibt in Romanen und Erzählungen das Unrechtssystem der Rassentrennung (Apartheid) in Südafrika. Nach dessen

Abschaffung 1991 schildert sie in ihren jüngsten Werken u.a. die seelischen Deformationen von Schwarzen und Weißen durch die Tradition von Hass und Gewalt in ihrem Heimatland.

Gordimer entstammt einem jüdisch-englischen Elternhaus und gehört zur kaufmännisch und städtisch orientierten, meist liberalen weißen Minderheit Südafrikas. Bereits mit 16 Jahren veröffentlichte sie ihre erste Kurzgeschichte, ab 1952 erschienen Erzählungen und Romane in England sowie in den USA. Seit den 1960er Jahren erhielt sie mehrere Literaturauszeichnungen, u.a. 1991 den Literaturnobelpreis sowie 1974 den britischen Booker-Preis. Trotz Repressalien durch die weiße Justiz hielt sie am Wohnsitz Johannesburg fest.

Hauptthemen ihrer Romane und Erzählungen, die überwiegend in Südafrika spielen, sind die gesellschaftliche Prägung des Einzelnen (*Anlass zu lieben*, 1963), die Stellung der Weißen zum Unrechtssystem (*Burgers Tochter*, 1979), die Frage der Selbstbestimmung der Schwarzen (*Julys Leute*, 1981) sowie die individuellen und gesellschaftlichen Konflikte seit dem Ende der Apartheid (*Die Hauswaffe*, 1997).

Biografie: K. Kreimeier, *Nadine Gordimer*, 1991.

Burgers Tochter

OT Burger's Daughter **OA** 1979 **DE** 1982
Form Roman **Epoche** Moderne

Das poetische Porträt einer jungen weißen Frau in Südafrika, die sich nach einem Reifeprozess dem politischen Vermächtnis ihrer Eltern, zwei radikalen Kämpfern gegen die Apartheid, stellt, ist zugleich ein großer politischer Roman.

Inhalt: Rosa Burger wächst als Tochter des angesehenen Arztes Lionel Burger in Johannesburg in einem hochpolitischen Umfeld auf. Ihre Eltern engagieren sich in der Kommunistischen Partei Südafrikas gegen das Regime der Rassentrennung. Als sie im Gefängnis landen, muss Rosa mit 14 Jahren den Haushalt allein organisieren. Mit 18 verlobt sie sich zum Schein mit einem Regimegegner, zu dem politische Kontakte aufrecht erhalten werden sollen. Mit 20 Jahren ist sie als Tochter ihres zu lebenslanger Haft verurteilten Vaters politisch abgestempelt und als Bürgerin ohne Reisepass.

Nach dem Tod ihrer Eltern fühlt sich die 25-jährige Rosa zunächst verpflichtet, deren Arbeit fortzusetzen. Doch dann weigert sie sich zum ersten Mal, die erwartete Rolle zu übernehmen. Nachdem sie endlich ihren Pass erhalten hat, reist sie nach Europa. In Frankreich lernt sie Katya, die erste Frau ihres Vaters, kennen und den linksgerichteten Intellektuellen Bernard lieben. In London trifft sie ihren im Exil lebenden schwarzen Ziehbruder Baasie wieder, der

sie als Weiße zurückweist. Inmitten des kultiviert-dekadenten Lebens in Europa erkennt Rosa, wo sie hingehört. Sie kehrt zurück nach Südafrika und nimmt den Kampf gegen die Apartheid wieder auf.

Aufbau: Der Roman erzählt eine politische Ge-

Nadine Gordimer bei einer Autogrammstunde auf der Frankfurter Buchmesse 1991

Nadine Gordimer in einem Interview über ihren Roman *Burgers Tochter*:

Ich weiß nicht sehr viel über die [Kommunistische] Partei, aber ich bin einer Reihe ihrer Anhänger sehr verbunden, ich habe gesehen, wie mutig sie sich einsetzen – und das hat mich wiederum ermutigt, ›Burgers Tochter‹ zu schreiben. Es geht mir nicht um Ideologie. Es geht um das Leiden. Und wie dem Leiden ein Ende bereitet werden kann.

Die wichtigsten Bücher von Nadine Gordimer	
Entzauberung 1953	Ein weißes Mädchen löst sich von seinem gut situierten Elternhaus und findet trotz der Schrecken des allgegenwärtigen Apartheidregimes schließlich seinen individuellen Lebensweg.
Fremdling unter Fremden 1958	Ein junger weißer Engländer aus progressivem Elternhaus erfährt in Südafrika durch den Alltag der Apartheid und persönliche Kontakte seine politische Reife zu Regimekritikern.
Anlass zu lieben 1963	Eine Liebe zwischen Schwarz und Weiß scheitert weniger an staatlicher Repression und Willkür als an den in beiden psychisch wirksamen Vorbehalten wegen ihrer Rassenunterschiede.
Der Ehrengast 1970	Wechselvolle Erlebnisse eines liberalen Weißen in einem fiktiven afrikanischen Staat nach Erlangung der Unabhängigkeit.
Der Besitzer 1974	Ein wohlhabender Weißer muss erkennen, dass sein Traum vom harmonischen Landleben Illusion bleibt, solange die in der Gesellschaft unterdrückten, ihm fremden Schwarzen für ihn arbeiten.
Burgers Tochter 1979	Im Mittelpunkt steht die Suche der Tochter eines weißen inhaftierten Anti-Apartheid-Aktivisten nach ihrer Identität und Stellung in der rassistischen Gesellschaft Südafrikas. → S. 417
Julys Leute 1981	Ein schwarzer Diener gerät nach der Revolte der Schwarzen in einen Loyalitätskonflikt zu seiner weißen Herrenfamilie.
Ein Spiel der Natur, 1987	Eine weiße Südafrikanerin heiratet den Präsidenten eines schwarzafrikanischen Staates; aus der Ferne erlebt sie das glückliche Ende des jahrzehntelangen Rassendramas in ihrem Heimatland.
Die Geschichte meines Sohnes 1991	Liebesgeschichte eines verheirateten schwarzen Lehrers mit einer weißen jungen Frau, die sich aktiv für die Rechte der unterdrückten schwarzen Bevölkerungsmehrheit in ihrem Land einsetzt.
Die Hauswaffe 1997	Ein liberales weißes Ehepaar gerät in eine Identitätskrise, als ihr psychisch labiler Sohn aus Leidenschaft zum Mörder wird. → S. 418

Hauptfiguren in »Burgers Tochter« von Nadine Gordimer

Rosa Burger: Tochter kommunistischer Regimegegner; Krankenschwester; früh selbstständig und couragiert; verliert Mutter und Vater in jungen Jahren; setzt nach einer Selbstfindung in Europa die politische Arbeit ihrer Eltern fort.

Lionel Burger: Rosas Vater, Arzt und Kommunist; politisch und menschlich ein Vorbild für Schwarze und Weiße in seiner Umgebung; kompromisslos und kämpferisch; stirbt nach jahrelanger Haft im Gefängnis.

Cathy Burger: Rosas Mutter, zweite Ehefrau von Lionel Burger; kommunistische Gewerkschafterin; warmherzig und gütig zu ihrer Tochter, loyale Gefährtin ihres Mannes in der politischen Arbeit; stirbt an einer Krankheit.

Katya/Madame Bagnelli: Geschiedene erste Frau Lionel Burgers; ehemalige Tänzerin; lebt mit Müßiggängern aus verschiedenen Ländern im mondänen Milieu an der Côte d'Azur.

Bernard: Rosas Geliebter in Frankreich; Lehrer und linksgerichteter Intellektueller; schreibt an einer Dissertation über farbige Einwanderer in Frankreich.

Baasie: Schwarzer, Sohn eines Funktionärs des Afrikanischen Nationalkongresses, der in Haft stirbt – wahrscheinlich von Polizisten ermordet; er wächst bei den Burgers auf; lebt orientierungslos und verbittert im Exil in London, wo er Rosa als Weiße schroff zurückweist.

Conrad: Ehemaliger Liebhaber von Rosa; liberal, individualistisch, skeptisch gegenüber den kommunistischen Ideen im Hause Burger; fiktiver Dialogpartner Rosas, der ihre kritische Selbstreflexion in Gang setzt.

Man muss von Afrika aus die Welt betrachten, um ein afrikanischer Schriftsteller zu sein, und nicht vom Standpunkt der Welt auf Afrika schauen.

Nadine Gordimer

Nadine Gordimer; von links: *Burgers Tochter*, Umschlag der Originalausgabe 1979; *Burgers Tochter*, Umschlag der deutschsprachigen Erstausgabe 1982; *Die Hauswaffe*, Umschlag der deutschsprachigen Erstausgabe 1998; *Die Hauswaffe*, Umschlag der britischen Erstausgabe 1998

schichte als Einzelschicksal. Das brutale Regime der Rassentrennung dringt in jede Privatsphäre ein. Wer sich – wie die Burgers – auflehnt, erfährt die gnadenlose Härte des staatlichen Sicherheitsapparats. Die politische Lage eskaliert 1976, als die unterdrückte Bevölkerungsmehrheit im Johannesburger Schwarzenviertel Soweto einen Aufstand beginnt, der von der Polizei niedergeschlagen wird und mehrere hundert Todesopfer fordert.

Der komplexen Entwicklungsgeschichte von Rosa entspricht eine vielschichtige Erzählstruktur. Der Roman ist aufgefächert in inneren Monolog, szenische Darstellung und Bericht, Erinnerung, Assoziation und philosophische Reflexion. Von allen Seiten lernt der Leser Denken und Fühlen Rosas kennen, sogar aus der Sicht der Polizei. Über weite Strecken spricht Rosa zu imaginären Zuhörern, die ihre persönliche Entwicklung spiegeln: zuerst mit Conrad, ihrem einstigen Geliebten in Südafrika, dann mit Katya. Zuletzt findet sie zum Vater zurück, dessen Figur an den südafrikanischen Kommu-

nistenführer Bram Fischer (1908–1975) erinnert. Nadine Gordimer stilisiert aber keine Helden, sondern folgt den Spuren engagierter Bürger, die aus persönlicher Erfahrung von Unrecht und Gewalt durch ihre Zivilcourage Beispiel geben.

Wirkung: Nach den Aufständen von Soweto 1976 bezog die englischsprachige Literatur Südafrikas aus verschiedenen Perspektiven Stellung zur Apartheid. Der sog. Tendenzroman schilderte die Ereignisse aus der Sicht der Schwarzen. Zur wichtigsten weißen Stimme wurde Nadine Gordimer. Ihr Roman *Burgers Tochter* wurde von den südafrikanischen Behörden wegen angeblicher kommunistischer Propaganda verboten und erst nach weltweiten Protesten von der Zensur freigegeben. Emotional bewegend und künstlerisch anspruchsvoll bekennt sich die Autorin in diesem Werk zu einem mutigen Humanismus, der als Lebenshaltung täglich neu bewiesen werden muss. *B. B.*

Die Hauswaffe

OT The House Gun **OA** 1997 **DE** 1998
Form Roman **Epoche** Moderne

Sechs Jahre nach dem Ende der Apartheid in Südafrika (1991) beschäftigt sich Nadine Gordimer in diesem Roman mit den Nachwirkungen der blutigen Vergangenheit und den Chancen auf ein friedliches Zusammenleben in Zukunft. Anhand einer Familiengeschichte aus dem liberalen weißen Milieu schildert sie Zweifel, Verunsicherungen, aber auch Hoffnungen der Menschen in einer nunmehr freien Gesellschaft, in der alle ihren Platz und ihr Verhältnis zur Geschichte noch finden müssen.

Inhalt: Die Ärztin Claudia und der Versicherungsvorstand Harald Lindgard sind ein geachtetes weißes Ehepaar aus Johannesburg. Ihr begütertes Leben gerät völlig aus den Fugen, als

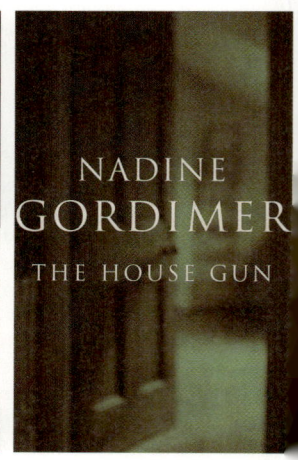

sie erfahren, dass ihr 27-jähriger Sohn Duncan, ein begabter Architekt, wegen Mordes verhaftet worden ist. Ihr sensibler Sohn soll Carl, einen seiner besten Freunde und Wohngenossen, erschossen haben, nachdem er ihn auf dem Sofa in flagranti mit seiner Freundin Natalie erwischt hatte. Tatwerkzeug ist die »Hauswaffe«, die im gefährlichen Johannesburg zum Schutz gegen Einbrecher in fast jeder Wohnung zu finden ist. Bei der Rekonstruktion des psychologisch vielschichtigen Falles stellen Duncans Eltern ihr gesamtes Leben infrage: ihre langjährige Ehe, die liebevolle Erziehung ihres Sohnes, das Verhältnis zu weißen Freunden und Kollegen. Ihre einzige Hoffnung verkörpert ausgerechnet ein Schwarzer, der brillante Verteidiger Hamilton Motsami, der ein mildes Urteil für Duncan erreicht. Der Richterspruch – sieben Jahre Haft – weckt Zuversicht, dass der Justizapparat, der zur Zeit der Apartheid ein Instrument staatlicher Repression war, im freien Südafrika zur Säule des Rechtsstaats werden kann.

Wirkung: Die Autorin beweist mit diesem Roman erneut, dass sie menschliche Dramen aus unterschiedlichen Perspektiven präzise und glaubhaft schildern kann – mal kühl und distanziert, mal mit tiefem Mitgefühl. Mit Elementen des Kriminalromans (Rekonstruktion, psychologische Motivation, Gerichtsverhandlung) variiert sie das Grundthema ihres umfangreichen Gesamtwerks, das Verhältnis zwischen Schwarz und Weiß. *Die Hauswaffe* wurde als Gordimers literarisches Bekenntnis zum demokratischen Südafrika gewertet. Die Figur des erfolgreichen schwarzen Anwalts steht für die Hoffnung der lange unterdrückten Bevölkerungsmehrheit auf Gerechtigkeit und Chancengleichheit. *B. B.*

Universität von Kasan aufgenommen zu werden, doch kam er dort erstmals in Kontakt mit sozialistischen Ideen. Er begann ein Leben als Wanderarbeiter, das ihn durch ganz Russland führte, und schrieb erste Erzählungen (*Makar Tschudra*, 1892; *Tschelkasch*, 1895). In St. Petersburg betrieb Gorki ab 1900 den Verlag »Wissen« und schuf mehrere Dramen (*Nachtasyl. Szenen aus der Tiefe*, 1902). 1905–13 lebte er im Exil, wo 1906 sein bedeutendster Roman *Die Mutter* entstand. Das Verhältnis des Autors zu den Bolschewiki war zwiespältig: 1921 verließ Gorki Russland ein zweites Mal und ließ sich erst 1931 zur Rückkehr in seine Heimat überreden, wo er mit Ehrungen überhäuft und u.a.

Maxim Gorki, *Die Mutter*, Umschlag der deutschsprachigen Ausgabe 1946 im Verlag der sowjetischen Militärverwaltung

erster Präsident des 1934 gegründeten Schriftstellerverbands wurde.

Autobiografie: M. Gorki, *Meine Universitäten*, 1923. **Biografie:** R. Gourfinkel, *Maxim Gorki* (rm 50009); H. Troyat, *Gorki – Sturmvogel der Revolution*, 1987.

Die Mutter

OT Mat **OA** 1907 (1906/07 in der Zeitschrift *Appleton's Magazine* in engl. Sprache)
DE 1907 **Form** Roman **Epoche** Realismus

Die Mutter ist der meistgelesene und einflussreichste Roman von Maxim Gorki; er wurde zum Vorbild einer ganzen Literaturgattung. Mit seiner Schilderung des proletarischen Kampfs in

---

Gorki, Maxim

(eigtl. Alexej Maximowitsch Peschkow)
russ. Schriftsteller
*28.3.1868 Nischni Nowgorod
†18.6.1936 Moskau
📖 *Die Mutter*, 1906/07

Maxim Gorki, der die große russische Erzähltradition des 19. Jahrhunderts weiterführte, betrachtete Literatur als einen aktiven Faktor demokratischer Entwicklung. Mit seinen Werken, in deren Mittelpunkt die von der Gesellschaft Benachteiligten stehen, begründete er die künstlerische und weltanschauliche Programmatik des sozialistischen Realismus .

Gorki wuchs bei seinem Großvater auf und verdingte sich in seiner Jugend als Tagelöhner. 1884 scheiterte sein Versuch, als Student an der

---

Sozialistischer Realismus

Entstehung: Der Begriff entstand in der Debatte um die Rolle der Literatur in der Sowjetunion Anfang der 1930er Jahre; 1934 schrieb das Statut des sowjetischen Schriftstellerverbands den sozialistischer Realismus als einzig zulässige literarische Darstellungsform fest.

Bedeutung: Ausgehend von der Widerspiegelungstheorie von Wladimir Iljitsch Lenin (1870–1924), nach der die Kunst die Wirklichkeit abzubilden hatte, und in Anlehnung an den Roman *Die Mutter* (1907) von Gorki sprach der sozialistische Realismus der Literatur einen Eigenwert als autonome Kunstform ab und reduzierte sie auf eine »dienende« Funktion für die sozialistische Gesellschaftsordnung: Literatur sollte die Leser im Sinne der kommunistischen Ideologie belehren und erziehen. Aus dieser Forderung ergaben sich strenge formale Vorgaben für literari-

sche Werke: Der Lebenswirklichkeit des Lesers entnommene Themen, realistische Erzählweise, eindeutige Zeichnung der positiven und negativen Figuren sowie die propagandistische Vermittlung der offiziellen politischen Werte.

Wirkung: Der sozialistische Realismus entfaltete sich vor allem im Roman, wobei verschiedene Typen entstanden, etwa der Produktionsroman, den Nikolai Ostrowski (1904–36) mit *Wie der Stahl gehärtet wurde* (1937) umsetzte, oder der Erziehungsroman, repräsentiert durch *Der Weg ins Leben* (1933–37) von Anton Makarenko (1888–1939). Sein Kanon beherrschte die Literatur der Sowjetunion (und nach dem Zweiten Weltkrieg auch die der anderen Ostblockstaaten) über Jahrzehnte. Erst im Tauwetter nach Stalins Tod 1953 begann sich Kritik an der »Schönschreiberei« der Wirklichkeit zu regen.

Der russische Schriftsteller
Juri Tynjanow 1938 über
Maxim Gorki:

*Wessen Kindheit und Jugend
mit den 90er Jahren des vorigen Jahrhunderts und der Provinz verbunden sind, der erinnert sich an die gewaltige
Wendung in der Literatur. Der
Name dieser Wendung war
Gorki. Die russischen Provinzstädte lebten von einer Erzählung Gorkis zur anderen.
Plötzlich begannen ihn Menschen zu lesen, die niemals
etwas gelesen hatten, und in
den Vorstädten lernte man das
ABC, um ihn lesen zu können …
Gorki veränderte die Bedeutung der Literatur selbst, und
darin unterscheidet sich ein
großer Schriftsteller von
einem nur bedeutenden.*

Auszug aus dem Epos *Tristan*
von Gottfried von Straßburg
(Vers 222ff.):

*Und wenn sie auch schon
lange tot sind, so lebt ihr lieblicher Name doch fort. Ihr Tod
aber soll der Welt zum Nutzen
noch lange weiterleben, den
Treuesuchenden Treue und
den Ehrsuchenden Ehre geben.
Ihr Tod soll auf ewig uns Lebenden lebendig sein und
immer wieder neu. Denn dort,
wo man noch erzählen hört
von ihrer Anhänglichkeit, der
Reinheit ihrer Treue, von dem
Glück und der Bitternis ihrer
Liebe: Dort finden alle Herzen
Brot. Hierdurch lebt ihr beider
Tod. Wir lesen von ihrem
Leben, wir lesen von ihrem Tod,
und es erscheint uns erquicklich wie Brot. Ihr Leben und ihr
Tod sind unser Brot. Also lebt
ihr Leben, lebt weiter ihr Tod.
Also leben sie auch noch und
sind doch tot, und ihr Tod ist
für die Lebenden Brot.*

Russland aus der Perspektive der Arbeitermutter
Pelageja Wlassowa entwickelte Gorki eine Darstellungsform, die im Sinne der sozialistischen
Idee aufklärerisch sowie parteilich war und später in der Sowjetunion als sozialistischer Realismus (Stichwort → S. 419) kanonisiert wurde.

Entstehung: Die erste Idee, »ein Buch über die
Arbeiter« zu schreiben, fasste Gorki bereits
1902, als er Zeuge der gewaltätigen Niederschlagung einer Maidemonstration in Nischni
Nowgorod wurde. Er sprach mit beteiligten Arbeitern und sammelte Material, doch erst unter
dem Eindruck der Revolution von 1905, die ihn
ins amerikanische Exil getrieben hatte, begann
er mit der Niederschrift von *Die Mutter*. Zuerst
1906/07 in New York auf Englisch veröffentlicht, konnte der Roman in Russland erst nach
der Revolution 1917 erscheinen.

Inhalt: Der Roman schildert die Entwicklung
des jungen Arbeiters Pawel Wlassow, der zu
einem überzeugten Sozialisten und Revolutionär wird, und seiner Mutter Pelageja Nilowna Wlassowa, die zunächst von Angst und
Sorge um den Sohn beherrscht wird, sich dann
aber zunehmend mit seiner Sache identifiziert.
Motiv ihres Handelns ist zunächst nur die Liebe
zu ihrem Kind, dann aber auch ihr allmählich
erwachendes politisches Bewusstsein. Sie lernt
lesen, verteilt als Kurierin Flugblätter. In einer
Schlüsselszene des Romans übernimmt sie, als
Pawel bei einer Maidemonstration verhaftet
wird, die rote Fahne aus dessen Hand und trägt
sie an der Spitze des Zugs weiter. Pelageja
Nilowna wird selbst Mitglied der sozialdemokratischen Partei und setzt die Arbeit ihres
Sohnes fort. Trotz einer äußeren Niederlage –
Pawel wird vor Gericht gestellt und nach Sibirien verbannt, seine Mutter von einem Spitzel
verraten und brutal zusammengeschlagen – erringen die beiden, stellvertretend für die Arbeiterklasse, einen moralischen Sieg: Pawel hält in
der Gerichtsverhandlung eine flammende Rede
für den Sozialismus und sagt den Sieg der proletarischen Revolution voraus; seine Mutter
verbreitet seine Worte auf Flugblättern, die sie
selbst dann noch unverdrossen in die Menge
streut, als sie in der Schlussszene des Buchs von
Gendarmen gestellt und verprügelt wird.

Aufbau: Das Romangeschehen wird streng
chronologisch dargestellt. Da der Autor mit der
inneren Wandlung der Pelageja Nilowna exemplarisch die von ihm geforderte Revolutionierung und Selbstbefreiung des einfachen russischen Volks darzustellen suchte, wählte er als
Erzählperspektive den Bewusstseinshorizont
der Heldin. Als Trägerin oder Beobachterin der
Romanhandlung ist die Figur der Mutter stets
präsent und bildet so das wichtigste Strukturelement im Textaufbau. Alle Romanfiguren
sind, als Verfechter oder Gegner der sozialistischen Idee, eindeutig positiv oder negativ besetzt und ihre Handlungen fast ausschließlich
politisch motiviert.

Wirkung: Die Schwarzweißzeichnung der Figuren und die klischeehaft düstere Schilderung
des Arbeitermilieus, das durch Armut, häusliche
Gewalt und Trunksucht gekennzeichnet ist,
welche, so die Botschaft, nur durch die Verbreitung der sozialistischen Idee überwunden werden können, wurden vielfach als tendenziös
und einseitig kritisiert. In der Interpretation der
sowjetischen Literaturkritik dagegen wurde *Die
Mutter* gerade wegen der Eindeutigkeit und
Verständlichkeit der Aussage zum Vorbild für
die Literatur des sozialistischen Realismus. Der
Stoff des Romans wurde mehrfach dramatisiert,
u.a. von Bertolt → Brecht (*Die Mutter. Leben der
Revolutionärin Pelageja Wlassowa*, UA 1932).*B. F.*

Gottfried von Straßburg

mittelhochdt. Epiker
† nach 1220
📖 *Tristan*, um 1210

Als Verfasser des *Tristan* zeichnen Gottfried von
Straßburg neben seiner Bildung vor allem
sprachliche und formale Meisterschaft sowie
die Art, in der er die Unbedingtheit der Liebe
gegen alle Konventionen verteidigt, aus.

Wie viele deutsche Autoren des Mittelalters vor
dem 15. Jahrhundert ist Gottfried biografisch so
gut wie gar nicht fassbar. Seinen Namen kennt
man nur aus Nennungen anderer mittelalterlicher Autoren. Der Namenszusatz »von Straßburg« kann eine bloße Herkunftsangabe sein,
hat aber Spekulationen über eine Tätigkeit
Gottfrieds am Straßburger Bischofshof in Gang
gesetzt. Dem *Tristan* nach zu urteilen muss er
sehr gebildet gewesen sein, was möglicherweise
auf einen Kleriker deutet. Tatsächlich hat es, der
Provenienz der *Tristan*-Handschriften nach zu
urteilen, im Elsass einen Schwerpunkt der Gottfried-Rezeption gegeben.

Literaturgeschichtlich weitergelebt hat Gottfried nur als Verfasser des *Tristan*; in Lyrik-Sammelhandschriften taucht sein Name als Verfasser eines Minnelieds, eines Preislieds auf Maria
und Christus sowie eines Spruchs auf die Armut
auf; diese Zuschreibung hält die Forschung
heute für falsch, sie diskutiert aber Gottfrieds
Verfasserschaft für zwei andere Sprüche, die
unter dem Namen Ulrichs von Lichtenstein (um
1200–1275/76) überliefert sind.

Literatur: C. Huber, *Gottfried von Straßburg: Tristan*
2001.

Tristan

EZ um 1210 **OA** 1821 **DE** 1844
Form Reimpaarepos **Epoche** Mittelalter

Gottfried von Straßburgs 19 000 Verse umfassendes, aus unbekannten Gründen unvollendet gebliebenes Epos gilt als ein Höhepunkt der deutschen höfischen Literatur des Mittelalters.

Entstehung: Der Stoff des *Tristan* entstand wahrscheinlich zwischen dem 9. und 11. Jahrhundert bei der keltischen Urbevölkerung Schottlands und gelangte von dort in die Bretagne. Eine hypothetische französische »Urfassung« wird für die Mitte des 12. Jahrhunderts angenommen. Anhand von erhaltenen Texten ist der Stoff in Frankreich nach der Jahrhundertmitte nachweisbar; eine erste deutsche Fassung stammt von Eilhart von Oberg. Gottfried stützt sich nach eigener Aussage auf die französische Bearbeitung des Thomas d'Angleterre. Im Mittelalter wurde das Verhalten der Ehebrecher Tristan und Isolde entsprechend der offiziellen Moral oft negativ bewertet; Gottfried dagegen feiert diese Liebe und konstruiert damit sozusagen einen Bereich eigenen Rechts.

Inhalt: Der früh verwaiste Tristan wird mit 14 Jahren nach England entführt. Seine höfische Art bringt ihn in Kontakt zu König Marke, der ihn, als er erkennt, dass Tristan der Sohn seiner Schwester ist, zum Erben seiner Herrschaft machen will. In einem Kampf gegen Morolt, der für den irischen König Tribut eintreiben will, siegt Tristan, wird aber schwer verwundet. Da die irische Königin, Morolts Schwester, für ihre Heilkünste berühmt ist, macht Tristan sich verkleidet nach Irland auf. Seine musikalischen Künste verschaffen ihm Zugang zum Königshof; die Königin heilt ihn und er gibt der Königstochter Isolde Musikunterricht. Nach England zurückgekehrt, übernimmt er den Auftrag, für Marke um Isolde zu werben. Erneut inkognito befreit er Irland von einem Drachen und erhält zum Dank Isolde zugesprochen; er bleibt jedoch seinem Auftrag treu und man gibt ihm Isolde für Marke mit. Auf der Überfahrt nach England nehmen Tristan und Isolde aus Versehen einen Liebestrank zu sich, der eigentlich für das künftige Ehepaar bestimmt war, aber auch bei den beiden seine Wirkung tut. Isoldes Dienerin muss in der Hochzeitsnacht deren Rolle übernehmen, um Marke über den Verlust von Isoldes Jungfernschaft zu täuschen. In der Folgezeit gelingt es Tristan und Isolde, unbeobachtete Treffen zu arrangieren, auch dann noch, als Marke und der Hof schon misstrauisch geworden sind. Marke sucht schließlich Gewissheit, indem er Isolde einem Gottesurteil unterwirft, das diese aber dank eines geschickten Schwurs unbeschadet übersteht. Schließlich werden sie und Tristan

vom Hof verbannt. In der aus heidnischer Zeit stammenden »Minnegrotte« führen Sie ein glückliches Leben und verbringen ihre Zeit mit Liebe, Gesprächen und Musizieren. Ein Jäger entdeckt sie und führt Marke zu der Grotte; Tristan, der Marke bemerkt, legt ein Schwert zwischen sich und Isolde als betrügerisches Symbol dafür, dass er Distanz zu Isolde hält. Marke, erneut getäuscht, lässt die beiden wieder an den Hof zurückkehren. Eines Tages überrascht er sie aber eng umschlungen auf einem Bett schlafend. Tristan flieht in das Herzogtum Arundel und verliebt sich in die Herzogstochter, die ebenfalls Isolde heißt. Mit einer Darstellung von Tristans Schwanken zwischen Treue und neuer Liebe endet Gottfrieds Text.

Zwei Fortsetzungen des 13. Jahrhunderts präsentieren einen anderen Ausgang: In der einen Fassung sterben Tristan und Isolde, in der zweiten führen sie ein Leben in Trennung.

Gottfried von Straßburg (im blauen Gewand) umringt von Gelehrten. Der Dichter ist dargestellt mit einem Diptychon, das auf die Kunst der Rhetorik anspielt; mittelalterliche Miniatur aus der *Manessischen Handschrift* (*Große Heidelberger Liederhandschrift*, früher *Pariser Handschrift*) aus dem 14. Jahrhundert. Mit zahlreichen Miniaturen illustriert stellt die Sammlung auch ein bedeutendes Zeugnis gotischer Buchmalerei dar.

Gottfried von Straßburg,
Tristan und Isolde, Einband der
Ausgabe 1923

Wirkung: Von Gottfrieds *Tristan* sind heute noch elf vollständige und 16 fragmentarische Handschriften erhalten, was als Indikator für eine recht breite Rezeption gilt. Ohne Zweifel beeindruckt haben sich die Zeitgenossen und Nachfahren von Gottfrieds Stil und Sprachkunst gezeigt. Konrad von Würzburg (†1287) und Rudolf von Ems (†vor 1254) nennen ihn explizit als ihr Vorbild und beide sind bemüht, seinen Stil nachzuahmen; Konrad von Würzburg (zw. 1220 und 1230–1287) bezieht aus der Unbedingtheit der Tristan-Liebe den Maßstab für die ideale Minne, die er selbst in seiner Verserzählung *Das Herzmäre* feiert. Gottfrieds Name blieb das ganze Mittelalter hindurch bekannt, aber der *Tristan* erfuhr insgesamt ein zwischen moralischer Verdammung und sprachästhetischer Anerkennung gespaltenes Urteil. Seit der Wiederentdeckung des Originaltexts im 18. Jahrhundert haben sich Autoren um Neugestaltungen und Nachdichtungen in Vers und Prosa bemüht. Ein eigenes Kapitel der Rezeption stellt die Oper *Tristan und Isolde* (UA 1865) von Richard Wagner (1813–83) dar. *R. B.*

Gotthelf, Jeremias

(eigtl. Albert Bitzius) Schweizer Schriftsteller

* 4.10.1797 Murten (Kanton Freiburg)

† 22.10.1854 Lützelflüh (Emmental)

📖 Uli-Romane, 1841 und 1849

Das Leben des Albert Bitzius, der unter dem Pseudonym Jeremias Gotthelf zu einem der bedeutendsten Erzähler der Schweiz und zum Begründer des deutschsprachigen Bauernromans wurde, verlief auf den ersten Blick in so ruhigen Bahnen wie selten ein Schriftstellerdasein.

Nach dem Studium der Theologie, Philosophie und Naturwissenschaften in Bern und Göttingen war Gotthelf viele Jahre Vikar in der Pfarrei seines Vaters, bevor er 1832 im Emmental eine eigene Pfarrstelle erhielt. Sein schon in jungen Jahren geweckltes sozialpädagogisches Interesse ging weit über das seelsorgerische Engagement hinaus und brachte ihn auch zum Schreiben über seine bäuerliche Umwelt, die er nicht zeittypisch romantisch geschönt darstellte, sondern mutig realistisch. Kritisch gegenüber der gnadenlosen weltlichen Macht, aber patriarchalisch-konservativ im Glauben, war er der Obrigkeit und den Radikalen gleichermaßen ein Ärgernis.

Sein erster Roman hieß *Bauernspiegel oder Lebensgeschichte des Jeremias Gotthelf, von ihm selbst erzählt* (1837) und den Namen des fiktiven Verfassers wählte er zum Pseudonym, unter dem fortan alle seine Werke erschienen. Sein Vorbild war der berühmte Schweizer Pädagoge Johann Heinrich Pestalozzi (1746–1827) mit seinem klassischen Erziehungsroman *Lienhard und Gertrud* (1781–87), den Gotthelf mit seinen 13 Romanen und zahlreichen Erzählungen, was die literarische Qualität angeht, durch Handlungsreichtum, Gegenwartsnähe und Sprachkraft übertraf. Die sog. *Uli-Romane* gehören zu den wichtigsten Beiträgen der Schweiz zur Weltliteratur, die spannende Erzählung *Die schwarze Spinne* (1842) wurde verfilmt, vertont und ist bis heute Schullektüre.

Biografie: H.P. Holl, *Jeremias Gotthelf. Leben – Werk – Zeit*, 1988.

Uli der Knecht – Uli der Pächter

OA 1841 bzw. 1849 **Form** Roman **Epoche** Realismus

Der umfangreiche Doppelroman, der als Hauptwerk von Jeremias Gotthelf gilt, ist zugleich das erste deutschsprachige Meisterwerk der Gattung »Bauernroman«.

Entstehung: Teil 1, zunächst unter dem Titel *Wie Uli der Knecht glücklich wird* erschienen, war noch bescheiden als »Gabe für Dienstboten und Meisterleute« gedacht; den zweiten Teil nannte der inzwischen populär gewordene Autor und Pfarrer kühn »ein Volksbuch«, wobei er Johann Heinrich → Pestalozzi nachstrebte, der seinen Erziehungsroman *Lienhard und Gertrud* ebenfalls »dem Volk« gewidmet hatte. Dank Gotthelfs urwüchsigem Erzähltalent sind die beiden Uli-Romane aber weit mehr als nur ein pädagogisches Lehrbeispiel.

Inhalt: Meister Johannes, der Bodenbauer, vermag durch seine vorbildliche Lebensführung den labilen Charakter seines Knechts Uli zu festigen, doch er verliert ihn an den Glunggenbauer Joggeli, der zwar ein schlechter Landwirt ist, aber besser zahlt. Uli bringt Ordnung in den heruntergewirtschafteten Hof, der viel umworbene junge Mann entscheidet sich für die tatkräftige Haustochter Vreneli und pachtet Joggelis Besitz mit finanzieller Hilfe des geheimnisvollen Paten Hagelhans. Es zeigt sich jedoch, dass »Meister Uli« der für ihn neuen Rolle moralisch nicht gewachsen ist. Er übertreibt sein Gewinnstreben, die Knechte widersetzen sich den rigorosen Maßnahmen ihres früheren Arbeitskollegen und auch Vreneli protestiert. Erst ein schweres Nervenfieber vermag Uli zur Einsicht zu bringen und die Ehe zu kitten.

Wirkung: Dass Ulis Lebensgeschichte trotz der mundartlich gefärbten Sprache überregionales Interesse erweckte, ist nicht allein auf die realistische Schilderung des unfreien, armseligen Bauernlebens zurückzuführen und auf Gott-

Jeremias Gotthelf 1841 an den Theologen Karl Rudolf Hagenbach:

Ich habe mich von Anfang an entschieden unter die freisinnige Fahne gestellt. Das gibt mir das Recht, ... gegen alle Missbräuche der Freiheit unumwunden derb und hart zu reden.

OT = Originaltitel EZ = Entstehungszeit OA = Originalausgabe DE = Deutsche Erstausgabe 📖 = Verweis auf Werkartikel

helfs satirische Ader, sondern ebenso auf die Tatsache, dass der Autor trotz aller Obrigkeitsschelte stets seine grundkonservative Einstellung erkennen lässt. Das Werk erschien zur Zeit der demokratischen Fortschrittsradikalität um 1848. Das bürgerliche Publikum sollte in Ulis unangenehm kapitalistischen Anwandlungen, nachdem er vom Knecht zum Herrn aufgestiegen war, ernste Gefahren für das künftige Zusammenleben in einer veränderten Gesellschaftsordnung erblicken. Der skeptische Optimist Gotthelf versuchte seine Leser zu überzeugen, dass soziale Missstände anstatt durch politischen Umsturz sehr wohl durch verantwortungsbewusstes Handeln der Untertanen wie der Machthaber behoben werden können – und wenn nicht durch Menschenverstand, dann durch Gott als höchste Gerechtigkeitsinstanz.
G. Woe.

Goytisolo, Juan

span. Schriftsteller

* 5.1.1931 Barcelona

📖 *Identitätszeichen*, 1966

Juan Goytisolo ist einer der im Ausland bekanntesten zeitgenössischen Romanautoren Spaniens. In seinem Werk übt er scharfe Kritik an den gesellschaftlichen und politischen Verhältnissen in seinem Heimatland. Sein wichtigster Roman *Identitätszeichen* (1966), eine aggressive Abrechnung mit der Franco-Ära, war in Spanien zeitweise verboten.

Goytisolo stammt aus einer wohlhabenden Familie; seine Brüder José Augustín (1928–99) und Luis (*1935) sind ebenfalls berühmte Schriftsteller. Im spanischen Bürgerkrieg verlor der damals Siebenjährige Juan bei einem Bombenangriff auf Barcelona seine Mutter. Goytisolo begann 1948 ein Jurastudium, das er 1953 abbrach. Nach seinem Militärdienst ging der in Spanien verfolgte Franco-Gegner 1957 ins freiwillige Exil nach Paris, wo er im Verlag Gallimard als Lektor arbeitete. Journalistische Reisen führten Goytisolo Anfang der 1960er Jahre nach Kuba, Algerien, Nordafrika und in den Nahen Osten. 1969–74 arbeitete er als Gastprofessor an verschiedenen Universitäten in den USA. In den 1990er Jahren veröffentlichte der in Paris, Spanien und Marrakesch lebende Autor verstärkt politische Schriften, u.a. Reportagen über Israel, Algerien und Tschetschenien.

1954 veröffentlichte Goytisolo seinen ersten Roman *Falschspieler*, dem *Das Fest der anderen* (1958) und *Strandgut* (1958) folgten. Die scharfe soziale Anklage dieser Werke radikalisierte sich in *Rückforderung des Conde Don Ju-*

Juan Goytisolo in seinem Arbeitszimmer, aufgenommen im Mai 1988

Die wichtigsten Bücher von Juan Goytisolo	
Falschspieler 1954	Eine Gruppe Jugendlicher aus bürgerlichem Elternhaus plant aus einem Gefühl der Langeweile ein Attentat. Als der schüchterne David bei der Ausführung des Vorhabens versagt, tötet ihn sein Freund.
Identitätszeichen 1966	Nach zehnjährigem Exil kehrt Alvaro nach Spanien zurück. Er scheitert bei dem Versuch, seine verloren gegangene Identität wiederherzustellen. → S. 423
Rückforderung des Conde Don Julián, 1970	Ein spanischer Exilant schlägt sich im modernen Tanger gleichsam auf die Seite des legendären Grafen Julián, der einst im Jahr 711 Spanien an die Araber verriet.
Jagdverbot 1994	In seiner Autobiografie schildert Goytisolo seine Jugend zur Zeit des Franco-Regimes, die Trennung von seiner bigotten Familie, die den Diktator unterstützt, und den Beginn seines Pariser Exils.

lián (1970) und richtete sich nunmehr gegen alle Gesellschaftsschichten. Dem Spanien der Araber und Juden wandte Goytisolo sich in seinem Roman *Johann ohne Land* (1975) zu, in dem er eine Symbiose aus abend- und morgenländischer Kultur fordet. Vom intellektuellen Überleben während des Bosnienkriegs handelt *Das Manuskript von Sarajevo* (1993).

Autobiografie: J. Goytisolo, *Jagdverbot. Eine spanische Jugend*, 1985; ders., *Die Häutung der Schlange*, 1986.

Identitätszeichen

OT Señas de identidad **OA** 1966 **DE** 1978
Form Roman **Epoche** Moderne

Juan Goytisolo ließ mit seinem autobiografisch geprägten Roman über eine gescheiterte Identitätsfindung den Stil des engagierten Objektivismus seines Frühwerks hinter sich. Er fand zu einer experimentellen Schreibweise, die *Identitätszeichen* zum wichtigsten Vorreiter des spanischen Neuen Romans (nueva novela) macht.

Inhalt: Nach einem Herzanfall kehrt der 32-jährige Journalist Alvaro Mendiola nach zehnjährigem Exil aus Paris in seine spanische Heimat zurück. Im Haus seiner Eltern in Barcelona versucht er seine Identität systematisch wieder

Nachwort von Carlos Fuentes zu *Rückforderung des Conde Don Julián* von Juan Goytisolo:

Der Conde Don Julián ist ein Aufschrei aus dem Herzen eines Spaniers von heute gegen den Triumph all dessen, was die Verheißung der Freiheit und Liebe und Freude in Spanien auslöschte... Er ist eine noch von keinem Schriftsteller gewagte Verspottung der hohlen imperialen Geste, mit der sich Spanien selbst vernichtete, auf verhängnisvolle Weise lostrennte von den menschlichen, kulturellen und ökonomischen Hilfsquellen, die mit der Vertreibung der Juden und der Niederlage der Araber verloren gingen.

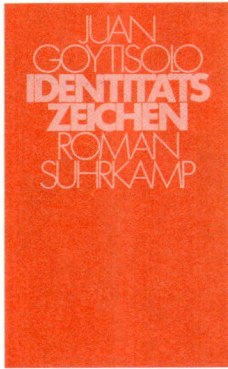

Juan Goytisolo, *Identitätszeichen*, Umschlag der deutschsprachigen Erstausgabe 1978

Baltasar Gracián y Morales, *Handorakel und Kunst der Weltklugheit*, Frontispiz der von Arthur Schopenhauer ins Deutsche übertragenen Buchklub-Ausgabe o. J. (Zeichnung von Gerhard Ulrich)

aufzubauen. Er beginnt mit der Kindheit, seiner Jugendzeit und dem Studium, doch schon bald entgleitet ihm die Recherche. Privates und historisch-kollektives Geschehen aus verschiedenen Zeitstufen überlagert und durchdringt einander: Ereignisse wie Stierkämpfe, die blutig niedergeschlagene Landrevolte von 1936 oder sein von der Polizei verhinderter Versuch, 1958 einen Dokumentarfilm zu drehen, ergeben ein grotesk verzerrtes Bild der spanischen Realität. Alvaros frustrierende Erlebnisse als Emigrant werden kontrastiert durch die Abhörprotokolle der Geheimpolizei über den Widerstandskämpfer Antonio, der als Alvaros Alter Ego fungiert.

Aufbau: Eine Vielzahl von Stilelementen, Brüchen in der Erzähltechnik sowie eine komplexe Raum-Zeit-Struktur prägen den Roman. Die Sprachbehandlung ist variabel – Fremdsprachen bleiben bisweilen unübersetzt. Auf diese Weise versucht Goytisolo mit sprachlichen Mitteln die gesellschaftlichen Machtstrukturen zu unterwandern und Widerstand zu leisten gegen die offizielle Interpretation von Vergangenheit und Gegenwart.

Wirkung: Der Roman, den Goytisolo in Kuba und Paris geschrieben hatte, wurde von der spanischen Zensur verboten; er erschien 1966 in Mexiko. Zunächst von der offiziellen Kritik totgeschwiegen, wurde in der Heimat des Autors erst Mitte der 1970er Jahre nach dem Ende der Franco-Diktatur die Bedeutung des Werks für die Entwicklung des spanischen Neuen Romans gewürdigt. *D. M.*

Der Sohn eines Arztes wurde jesuitisch erzogen und selbst Jesuitenpriester. Mit 30 Jahren war er bereits Professor der Moraltheologie. Seine Predigten gefielen am Königshof ebenso wie seine geistreichen Bonmots, weniger aber den Oberen seines Ordens. Den gesellschaftskritisch-philosophischen Roman *Das Kritikon* (1651–57) wie auch seine Traktate voller Aphorismen über weise Lebensführung und erfolgreiches Regieren ließ er unter Pseudonym und ohne jesuitisches Imprimatur drucken, was ihn jedoch nicht vor einem Publikationsverbot und der Verbannung in ein Kloster in den Pyrenäen bewahrte.

Kurz vor seinem Tod führte Graciáns hohes Ansehen als Lehrer der Staatskunst und Menschenführung zur Begnadigung des »spanischen Machiavelli«, der allerdings die von Niccolò → Machiavelli in seinem berühmten Buch *Der Fürst* (1532) empfohlenen Herrschaftsprinzipien ihrer moralischen Bedenkenlosigkeit wegen stets heftig verurteilt hatte.

Handorakel und Kunst der Weltklugheit

OT Oráculo manual y arte de prudencia
OA 1647 **DE** 1686
Form Spruchsammlung **Bereich** Philosophie

Den seltsamen Haupttitel, den der bedeutendste Aphoristiker Spaniens seinem Brevier über die Kunst der Weltklugheit gab, wollte Baltasar Gracián y Morales als »Handspiegel zur Selbsterkenntnis« verstanden wissen.

Entstehung: Als Herausgeber der 300 freimütigen Sentenzen, die der Kirche suspekt erscheinen mussten, fungierte der renommierte Gelehrte Juan Vicente de Lastanosa und angeblich handelte es sich um das Werk eines Lorenzo Gracián. Doch niemand hatte Zweifel an der wahren Verfasserschaft. Der Stil des *conceptismo* verriet den Autor. Die Manier, Denksprüche und Ratschläge für diplomatisches Verhalten durch äußerst knappe Formulierungen, bizarre Metaphern und Wortneuschöpfungen spielerisch zu verrätseln, war typisch für Gracián. Mit zwei Traktaten über die Idealvorstellung vom »Weltmann« bzw. vom »Helden« und mit einer Stilkunde (*Kunst der Erfindung*, 1642) gehörte er bereits zu den Meistern des Konzettismus.

Inhalt: Zu einer Zeit, in der die fortdauernde Gültigkeit des humanistischen Bildungsideals der Renaissance immer stärker in Zweifel gezogen wird, rät der weitblickende Philosoph von der Verklärung der Vergangenheit ab und empfiehlt bei allem Denken und Handeln »Geistes-Gegenwart«. Mal umsichtig abwägend, mal kategorisch fordernd erklärt er, was zu tun und

Gracián y Morales, Baltasar

span. Schriftsteller

*8.1.1601 Belmonte de Calatayud (Aragonien)

†6.12.1658 Tarazona de Aragón

📖 *Handorakel und Kunst der Weltklugheit*, 1647

Baltasar Gracián, einer der geistreichsten philosophischen Schriftsteller der klassischen spanischen Literatur, war ein Mann der Kirche mit den Ambitionen eines Aufklärers, Satirikers und »vollkommenen Weltmannes«. Dass diese Kombination seiner Karriere als Geistlicher nicht förderlich sein konnte, war ihm bewusst – und er ließ es darauf ankommen.

OT = Originaltitel **EZ** = Entstehungszeit **OA** = Originalausgabe **DE** = Deutsche Erstausgabe 📖 = Verweis auf Werkartikel

zu lassen sei, um sich in einer geistig, politisch und wirtschaftlich, aber auch im Alltag komplizierter gewordenen Welt zu behaupten – ohne freilich unklugerweise die Moralgesetze zu übertreten.

Wirkung: Bis heute gilt diese ganz vom Diesseits, von der Problematik des Allzumenschlichen und von Skepsis gegenüber der Vernunft der Machthaber geprägte »Schule der Weltklugheit« als einer der besten taktischen Lebensratgeber der Weltliteratur. Arthur → Schopenhauer sah in Gracián einen Gleichgesinnten, was seine Ansichten über die Unzulänglichkeit des menschlichen Charakters betraf, und übertrug »dieses Lehrbuch der Kunst, die alle Menschen üben sollten« kongenial ins Deutsche (1862). *G. Woe.*

Graf, Oskar Maria

(eigtl. Oskar Graf; Pseudonyme: Oskar Graf-Berg, Karos Farg) dt. Schriftsteller

* 22.7.1894 Berg (Starnberger See)

† 28.6.1967 New York

📖 *Bolwieser*, 1932

Mit Büchern wie *Bayrisches Lesebücherl. Weißblaue Kulturbilder* (1924) oder *Bayrisches Dekameron* (1928) erwarb sich Oskar Maria Graf in den 1920er Jahren einen Ruf als Spezialist für bäuerliche Derbheiten. Seine eigentliche Stärke waren aber Romane und Erzählungen, in denen er das wenig idyllische Landleben mit distanzierter Genauigkeit und erzählerischer Kraft darstellte (*Kalender-Geschichten*, 1929; *Unruhe um einen Friedfertigen*, 1947). In Romanen wie *Bolwieser* oder *Anton Sittinger* (1937) entwickelte sie die Meisterschaft, scheinbar banale Menschenschicksale so zu erzählen, dass in ihnen sich die »große Welt« spiegelt.

Graf wuchs am Starnberger See auf und arbeitete zunächst als Bäckerlehrling. Nach dem Tod des Vaters ging er mit 17 Jahren nach München, wo er sich als Tagelöhner durchschlug und Kontakt zur anarchistischen Boheme fand. Nach dem Ersten Weltkrieg gelang ihm die Selbstinszenierung auf dem Literaturmarkt. Seine Autobiografien *Wir sind Gefangene. Ein Bekenntnis aus diesem Jahrzehnt* (1927), *Das Leben meiner Mutter* (1946) oder *Gelächter von außen* (1966) schildern die Welt der frühen Unterdrückung, den Schrecken des Kriegs und die Unruhen in den Jahren der Weimarer Republik. Die Flucht aus dem nationalsozialistischen Deutschland führte Graf über Wien und Brünn nach New York, wo er Hilfsaktionen für europäische Künstler organisierte. Graf, der sich selbst als internationaler Sozialist und bayeri-

scher Katholik bezeichnete, blieb auch nach 1945 in den USA, ohne dort wirklich heimisch zu werden. Seine Urne wurde 1968 in München beigesetzt.

Biografie: G. Bauer, *Gefangenschaft und Lebenslust. Oskar Maria Graf*, 1987; G. Bollenbeck, *Oskar Maria Graf* (rm 50337).

Bolwieser

OA 1932 **Form** Roman **Epoche** Moderne

Der *Roman eines Ehemannes* – so der Untertitel – spielt nicht wie viele andere Bücher von Oskar Maria Graf im bäuerlichen, sondern im kleinstädtischen Milieu. Das unauffällige Werk kann zu den gewichtigsten Arbeiten des bayerischen Schriftstellers gerechnet werden. Er erfuhr 1964 unter dem Titel *Die Ehe des Herrn Bolwieser. Roman aus Niederbayern* eine Neuauflage.

Inhalt: Der Bahnhofsvorstand Xaver Bolwieser, ein Mann Mitte dreißig, hat mit der »appetitlichen« Tochter eines reichen Brauereibesitzers eine gute Partie gemacht. Der frisch gebackene Ehemann schaut mit »gieriger Zuversicht« in die Zukunft. Er fühlt sich als Sieger und wird von seiner Frau in diesem Gefühl bestärkt. Sein Abstieg erwächst nicht aus den politischen Unruhen, die im Hintergrund immer wieder anklingen, sondern aus den banalen Lügen des Alltags, dem dumpfen Sexus, dem Geschlechterkampf, dem Eheleben. Der Niedergang vollzieht sich schließlich durch einen Meineid, den Bolwieser unaufgefordert vor Gericht leistet. Er versucht damit vergeblich eine heile Ehewelt und die Treue seiner Gattin zu beschwören. Am Ende verliert er seine Beamtenstelle und wird zu einer Gefängnisstrafe verurteilt; seine Frau lässt sich von ihm scheiden. Nach der Entlassung fristet er ein Leben als Fährmann, in dem er demütig mit seiner Umgebung verschmilzt.

Oskar Maria Graf

Aufbau: Die der mündlichen Erzähltradition verpflichtete Ehegeschichte erzählt von einem verborgenen Geschlechterkrieg, von der verblendenden Macht des Sexus, dem Gegeneinander von Beamten und Geschäftsleuten in einer Kleinstadt, nicht zuletzt von der Macht des Klatschs. Der Erzähler erprobt die Beschränkung auf den kleinen Kosmos, Grafs Maxime gemäß, dass sich im Privaten stets das Allgemeine spiegle.

Die gesellschaftlichen Prozesse werden scheinbar als naturhafte geschildert. Die deutsche Kleinbürgerseele glaubt sich »versorgt und geborgen«; das politische Donnergrollen vermag Bolwieser nur Abscheu, aber keine Angst einzujagen. Mit einem strahlenden Sommermorgen setzt das Erzählen ein; in den regenschweren Tagen des Herbstes brauen sich die Wolken zusammen; dann bricht der Winter herein und Bolwieser schrumpft zusammen zu einem »geduldigen Pudel«.

Graf nimmt Anteil an seinen Figuren, aber weder ergreift er Partei noch denunziert er sie. Sein erzählerischer Ton ist durchaus boshafter als der seiner älteren Kollegen wie Ludwig → Thoma oder der seiner Zeitgenossen wie Adam Scharrer (1889–1948).

Wirkung: Die erzählerische Genauigkeit, mit der die große und kleine Welt, banale Privatheit und politische Bewegungen gespiegelt werden, ergibt in Verbindung mit der distanzierten Kraft des mündlichen Erzählers einen unverwechselbaren Ton, der Graf in den 1930er Jahren Anerkennung und Erfolg beschert hat. In den 1960er und 1970er Jahren sind Graf und sein Roman dann von jungen Autoren wie Martin Sperr (*1944), Herbert Achternbusch (*1938) oder Franz Xaver Kroetz (*1946) wieder entdeckt worden. Einen Höhepunkt der Wirkungsgeschichte stellt Rainer Werner Fassbinders (1945–82) kongeniale Verfilmung von 1976/77 dar.   *M. Ro.*

Grass, Günter

dt. Schriftsteller, Grafiker und Bildhauer

* 16.10.1927 Danzig

📖 *Die Blechtrommel*, 1959

📖 *Katz und Maus*, 1961

📖 *Der Butt*, 1977

📖 *Das Treffen in Telgte*, 1979

📖 *Im Krebsgang*, 2002

Günter Grass ist der weltweit bekannteste lebende deutschsprachige Autor mit einer Weltauflage von über zwölf Millionen. In allen literarischen Gattungen zu Hause, verbindet Grass meist satirische Gesellschaftskritik mit der Aufarbeitung der nationalsozialistischen Vergangenheit. Sein politisches Engagement, viele Jahre für die SPD, schlug sich vor allem in zahlreichen Essays und politischen Reden nieder.

Als Sohn eines Lebensmittelhändlers in Danzig geboren, besuchte Grass das dortige Gymnasium Conradinum. Am Ende des Zweiten Weltkriegs wurde er noch als Flakhelfer eingezogen, als Panzerschütze verwundet und geriet in Bayern in US-amerikanische Kriegsgefangenschaft, aus der er 1946 entlassen wurde. Nachdem er im Rheinland als Landarbeiter und im Bergbau tätig gewesen war, studierte er 1948–52 Bildhauerei und Grafik an der Kunstakademie in Düsseldorf, 1953–56 Bildhauerei bei Karl Hartung (1908–67) an der Berliner Akademie der Schönen Künste.

1955 wurde Grass Mitglied der »Gruppe 47« (Stichwort → S. 430), deren Literaturpreis er 1958 für *Die Blechtrommel* erhielt. Nach einem dreijährigen Aufenthalt in Paris gab er seine bildhauerische Arbeit auf und zog 1960 nach West-Berlin. Zwischen 1961 und 1972 unterstützte Grass mit zahlreichen effektbewussten Reden aktiv den Wahlkampf des SPD-Spitzenkandidaten Willy Brandt (1913–92). SPD-Mitglied wurde er jedoch erst 1982, aus Protest gegen die Asylpolitik der Partei trat er 1992 wieder aus. Zwischenzeitlich im holsteinischen Wewelsfleth und in Kalkutta lebend, wohnt Grass seit 1987 in Behlendorf bei Mölln.

Die wichtigsten Bücher von Günter Grass	
Die Blechtrommel 1959	Der Roman zeichnet aus der Perspektive des skurrilen Gnoms Oskar Matzerath ein Bild des Danziger Kleinbürgertums. → S. 427
Katz und Maus 1961	Die Novelle schildert die Versuche des Jugendlichen Joachim Mahlke, einem Heldenideal gerecht zu werden. → S. 428
Hundejahre 1963	Aus der Sicht dreier Erzähler entsteht ein Panorama kleinbürgerlicher Verhältnisse von den 1920er bis zu den 1950er Jahren, thematisch verbunden durch Adolf Hitlers Lieblingshund Harras.
Örtlich betäubt 1969	Während einer Zahnbehandlung arbeitet der Studienrat Eberhard Starusch die Vergangenheit auf.
Aus dem Tagebuch einer Schnecke 1972	Aus einzelnen Notizen des »Sudelbuchs«, das der Autor während seines Engagements im SPD-Bundestagswahlkampf geführt hat, legt Grass eine autobiografische Erzählung vor.
Der Butt 1977	Die Märchenparodie stellt kulinarisch das Geschlechterverhältnis von der Steinzeit bis in die Gegenwart dar. → S. 429
Das Treffen in Telgte, 1979	Die Novelle behandelt ein fiktives Literatentreffen 1647 und ist zugleich ein literarisches Denkmal der »Gruppe 47«. → S. 429
Die Rättin 1986	Der Roman zeichnet eine apokalyptische Vision der Ausrottung der Menschheit durch atomare und Umweltkatastrophen.
Ein weites Feld 1992	Der Roman setzt sich mit dem Prozess und Problem der deutschen Wiedervereinigung vor dem Hintergrund der deutschen Reichsgründung 1871 auseinander.
Mein Jahrhundert 1999	In 100 Geschichten beleuchtet Grass auf sehr unterschiedliche, oft ganz persönliche Weise jedes Jahr des 20. Jahrhunderts.
Im Krebsgang 2002	Bei seiner Recherche zum tragischen Untergang des KdF-Schiffes »Wilhelm Gustloff« erfährt ein Journalist von der rechtsextremen Gesinnung seines Sohnes. → S. 430

Einer breiten Öffentlichkeit bekannt ist Grass als Romancier, vor allem durch die *Danziger Trilogie* (*Die Blechtrommel*, 1959; *Katz und Maus*, 1961; *Hundejahre*, 1963), und streitbarer politischer Mahner, zuletzt vehement vor einer übereilten Wiedervereinigung der beiden deutschen Staaten. Sein Gesamtwerk umfasst jedoch auch Lyrikbände (u.a. *Die Vorzüge der Windhühner*, 1956) und Theaterstücke (u.a. *Noch zehn Minuten bis Buffalo*, 1958). 1965 wurde Grass mit dem Georg-Büchner-Preis ausgezeichnet, 1999 erhielt er den Nobelpreis für Literatur.

Biografien: V. Neuhaus, *Günter Grass,* 1979. H. Vormweg, *Günter Grass* (rm 50 359).

Die Blechtrommel

OA 1959 **Form** Roman **Epoche** Moderne

Das Romandebüt *Die Blechtrommel* des 32-jährigen Günter Grass ist ein eigenwilliger moderner Schelmenroman, durch den er zu einem der namhaftesten Autoren der westdeutschen Nachkriegsliteratur mit weltweitem Renommee wurde.

Inhalt: Nachdem sich der vor der Gendarmerie flüchtende Brandstifter Joseph Koljaiczek auf einem kaschubischen Kartoffelacker unter den Röcken Anna Bronskis versteckt hatte, bringt diese neun Monate später ihre Tochter Agnes zur Welt. Später heiratet Agnes den arglosen Rheinländer Alfred Matzerath, obwohl sie zugleich eine erotische Beziehung zu ihrem Vetter Jan führt.

Ihr Kind Oskar Matzerath, gezeugt von Jan, erblickt 1924 »das Licht dieser Welt in Gestalt zweier Sechzig-Watt-Glühbirnen«. Von Beginn an durchschaut er die Erwachsenenwelt und beschließt an seinem dritten Geburtstag, an dem er eine Blechtrommel geschenkt bekommt, durch einen beabsichtigten Sturz von der Kellertreppe sein Wachstum einzustellen.

Seine Größe, sein infantiles Benehmen und seine Blechtrommel täuschen über Oskars geistige und körperliche Reife hinweg, früh meldet sich sein sexuelles Begehren. Er erlebt die Machtergreifung der Nationalsozialisten, die Reichskristallnacht und den Kriegsausbruch.

Seiner Familie bringt Oskar nur wenig Glück: Am Tod seiner Mutter sowie seiner beiden Väter ist er nicht ganz unschuldig. Bei Kriegsende beschließt Oskar Matzerath wieder zu wachsen, doch ist dieses Vorhaben nur mäßig erfolgreich: Zwar wächst er tatsächlich einige Zentimeter, doch drückt sich seine Schuld nun auch äußerlich durch Verwachsungen aus, insbesondere durch einen Buckel. Mit seinem Kindermädchen Maria, der er vermutlich ein Kind geschenkt hat, zieht er nach Düsseldorf, wo er als Jazzschlagzeuger ein reicher Mann wird. Der Ermordung einer Krankenschwester angeklagt, wird er in ein Irrenhaus eingeliefert.

Aufbau: Die 46 Kapitel des Romans sind in drei Bücher gruppiert, welche die Vorkriegszeit, die Kriegszeit und die Nachkriegszeit umfassen. Als »Insasse einer Heil- und Pflegeanstalt« beschreibt Oskar Matzerath teils in erster, teils in dritter Person sein Leben, weshalb zwei Zeitebenen zu unterscheiden sind: Die Zeit der Niederschrift dauert etwa von September 1952 bis zu Oskars 30. Geburtstag im September 1954. Die Erzählfiktion dagegen dauert von der Zeugung Agnes Bronskis 1899 bis zu Oskars Verhaftung im Sommer 1954. Beide Ebenen gehen am Romanende ineinander über.

Oskars scharfe, skurril-sarkastische Weltsicht beruht auf seinem Außenseiterdasein: Aller Moral entbunden, nicht in die Verhältnisse involviert, ist Oskar ein hellsichtiger Protokollant des Dresdner Kleinbürgertums während des Dritten Reichs. Seine Teilnahmslosigkeit und Verantwortungslosigkeit, die er sich durch seinen eigenmächtigen Wachstumsstopp erwirbt, lässt ihn indes schuldig werden, da er die Geschehnisse völlig durchschaut.

Symbol seiner Weigerung, sich ins kleinbürgerliche Dasein zu fügen, ist seine Blechtrommel, ohne sie kann sich Oskar im Irrenhaus – als Zeichen seiner Schuld – nicht erinnern. Ein Erzählen ohne seine Trommel ist nicht möglich: »Hätte ich nicht meine Trommel, der bei geschicktem und geduldigem Gebrauch alles ein-

Günter Grass, *Die Blechtrommel*, Umschlag der Originalausgabe 1959

Von Links: Günter Grass, Blechtrommler-Darsteller David Bennent und Regisseur Volker Schlöndorff 1979 bei den Dreharbeiten zu der Verfilmung des Romans *Die Blechtrommel* in Danzig

Hauptfiguren in »Die Blechtrommel« von Günter Grass

Oskar Matzerath: Nach der Entscheidung, als Dreijähriger nicht mehr zu wachsen, wird Oskar zum Künstler auf der Trommel und Meister im Zersingen von Glas. Bösartig und unmoralisch, aber zugleich hellsichtig, wird er Kopf einer Jugendbande, Mitglied eines Liliputaner-Fronttheaters, Steinmetzgehilfe, Aktmodell, Jazzschlagzeuger und schließlich Insasse eines Irrenhauses, wo er seine Lebensgeschichte rückblickend erzählt.

Anna Bronski: Die vielen langen Röcke der Großmutter bieten Oskar lange Zeit Zuflucht vor dem unsinnigen Treiben der Erwachsenen in der Welt. Schließlich zeugt Anna mit Joseph Koljaiczek, den sie auch heiratet, Oskars Mutter Agnes auf einem kaschubischen Kartoffelacker. Sie führt einen Lebensmittelladen und heiratet nach Josephs Verschwinden dessen älteren Bruder Gregor, um die Existenz ihrer Tochter zu sichern.

Joseph Koljaiczek: In der Rolle eines Holzflößers und braven Ehemanns kann sich Oskars Großvater, ein gesuchter Brandstifter, lange Zeit vor der Polizei verstecken. Erst 1913 wird er entdeckt und verschwindet auf der Flucht in der Weichsel.

Agnes Matzerath, geb. Bronski: Oskars geliebte Mutter hat auch nach der Eheschließung mit Alfred Matzerath ein Verhältnis mit ihrem Vetter Jan. Sie nimmt sich das Leben, als sie mit einem zweiten verkrüppelten Kind schwanger wird.

Alfred Matzerath: Oskars gesetzlicher Vater wird NSDAP-Mitglied, als er sich durch das von ihm geduldete Liebesverhältnis zwischen seiner Frau und deren Vetter zu Hause gedemütigt fühlt. Oskar spielt ihm beim Einmarsch der Russen sein Parteiabzeichen zu, dass er es verschluckt und daran erstickt.

Jan Bronski: Oskars leiblicher Vater wird bei Kriegsausbruch 1939 von Oskar in die polnische Post geführt, wo er von deutschen Truppen erschossen wird.

Maria: Oskars Kindermädchen mag Brausepulver und riecht nach Vanille. Nach dem Tod von Oskars Mutter wird Maria Oskars Stiefmutter, bekommt von ihm ein Kind und zieht nach Kriegsende mit ihm nach Düsseldorf um.

Roswitha Raguna: Mit der Liliputaner-Artistin verbringt Oskar ein glückliches Jahr seines Lebens. Von Oskar dirigiert, wird sie von einer Tretmine zerrissen.

Die österreichische Schriftstellerin Elfriede Jelinek 1999 über Günter Grass:

Für meine Generation ist nicht so sehr der politische Grass wichtig, sondern der ästhetische: Die Ästhetik der Blechtrommel war für uns Autoren mit existenzieller Ausprägung so, dass man daran nicht vorbeigekommen ist. [...] Der Anfang der Blechtrommel ist einer der größten Anfänge der Literaturgeschichte.

Der britische Schriftsteller Salman Rushdie 1999 über Günter Grass:

Die Trommelschläge von Grass' großem Roman haben mich stets dazu angetrieben, immer aufs Ganze zu gehen, immer zu versuchen, mehr als alles zu geben; auf ein Sicherheitsnetz zu verzichten und nach den Sternen zu greifen.

fällt, was an Nebensächlichkeiten nötig ist, um die Hauptsache aufs Papier bringen zu können, ...wäre ich ein armer Mensch ohne nachweisliche Großeltern.«

Wirkung: Die Lesung aus dem Manuskript des Romans *Die Blechtrommel* in der »Gruppe 47« machte Grass beinahe über Nacht berühmt. Als eines der repräsentativen Werke der westdeutschen Nachkriegsliteratur wurde der Roman in 24 Sprachen übersetzt, die weltweite Gesamtauflage wird auf über drei Millionen geschätzt.

Neben der großen Masse jener, welche *Die Blechtrommel* als »Meisterwerk« feierten, erregte bei anderen die vermeintlich fehlende Sittlichkeit des Werks Anstoß. Wegen des Vorwurfs der Pornografie wurde Grass 1959 der Bremer Literaturpreis durch den Senat der Stadt verweigert und der Publizist Kurt Georg Ziesel erstritt sich 1968 vor Gericht das Recht, Grass »öffentlich als ›Verfasser übelster pornografischer Ferkeleien«« zu bezeichnen. Sehr erfolgreich war die Verfilmung des Werks durch den Regisseur Volker Schlöndorff (1978/79), die mit dem Bundesfilmpreis, der Goldenen Palme und dem Oscar für den besten ausländischen Film ausgezeichnet wurde. *M. F.*

Katz und Maus

OA 1961 **Form** Novelle **Epoche** Moderne

In seiner Novelle *Katz und Maus* schildert Günter Grass die Indoktrination jugendlicher Individualität durch das nationalsozialistische Helden-

ideal. Zugleich veranschaulicht das Werk die tragische Schuld der Mächtigen gegenüber den Ohnmächtigen, der Majorität gegenüber der Minorität – der Katze gegenüber der Maus.

Entstehung: Unter dem Titel *Der Ritterkreuzträger* war die Novelle ursprünglich Bestandteil von *Hundejahre* (1963), dem zweiten großen Roman nach der *Blechtrommel*. Da sie sich dem Roman nicht recht einfügen wollte, entschied sich Grass für eine getrennte Publikation. Die drei Texte wurden später als *Danziger Trilogie* bezeichnet, miteinander verwandt durch Personal, Erzählzeit und Schauplatz: Ich-Erzähler der bundesrepublikanischen Gegenwart beschreiben das Danziger Kleinbürgertum der Vorkriegs- und Kriegszeit, wobei sich die Handlung von *Katz und Maus* auf die Kriegszeit beschränkt.

Inhalt: Physiognomisches Kennzeichen des ewigen Außenseiterdaseins des Gymnasiasten Joachim Mahlke ist sein überdimensionaler Adamsapfel, eine körperliche Missbildung, die er durch Übererfüllung der sozialen Leistungsnormen auszugleichen sucht, sei es durch halsbrecherische Mutproben, sportliche Rekorde oder Höchstleistungen auf sexuellem Gebiet.

Auch verdeckt Mahlke seinen Mangel mit einem polnischen Orden, mit einem Medaillon, sogar mit einem Schraubenzieher, schließlich mit einem Ritterkreuz, das er einem Leutnant stiehlt, der früher die gleiche Schule wie er besuchte. Aufgrund dessen von der Schule verwiesen, sucht Mahlke verzweifelt sich durch eine steile Militärkarriere zu rehabilitieren.

Doch als ihm, durch besondere Tapferkeit an der Ostfront inzwischen selbst Ritterkreuzträger, wegen seines früheren Fehltritts seine eigene Rede vor den Schülern seines ehemaligen Gymnasiums verwehrt wird, kehrt er verzweifelt nicht mehr zur Truppe zurück, verunglückt vermutlich beim Tauchen im Wrack eines gekenterten Kriegsschiffes und bleibt verschollen.

Aufbau: Grass fügt seinem in 13 lose miteinander verknüpften Abschnitten unterteilten Text die Gattungsbezeichnung der Novelle bei. Gemäß der goetheschen Definition der Novelle nimmt Mahlkes Schicksal mit einer »unerhörten Begebenheit« seinen Lauf: Es ist Heini Pilenz, der den Adamsapfel seines Schulfreundes Mahlke mit einer Maus vergleicht, als sich zufällig eine streunende Katze in ihre Nähe setzt. Pilenz richtete dadurch für alle Zeit die Aufmerksamkeit der Umwelt auf Mahlkes anatomische Besonderheit: Wie eine Katze lauert die feindliche Außenwelt der Maus auf. Aus dieser Schuld heraus sieht sich Pilenz verpflichtet Mahlkes Biografie niederzuschreiben. Doch gleich an mehreren Textstellen spielt Grass mit der Erzählerinstanz, indem er Pilenz selbst als erzähler erscheinen lässt.

Wirkung: Der schnelle Sensationserfolg der *Blechtrommel* stellte sich für Grass schnell als janusköpfig heraus: Einerseits zum allgemein anerkannten Weltliteraten avanciert, mussten sich fortan alle seine weiteren Prosawerke an diesem großen Roman messen lassen. Bereits die kurze und konzise Novelle *Katz und Maus* wurde mit der episch ausladenden *Blechtrommel* verglichen, wobei sie als zweitrangig klassifiziert wurde. Von der Literaturkritik insgesamt dennoch freundlich aufgenommen, erntete das Werk Vorwürfe von Verbänden ehemaliger Wehrmachtssoldaten. Auch wurde wiederholt Antrag auf Indizierung wegen Jugendgefährdung gestellt, der indes abgelehnt wurde. *M.F.*

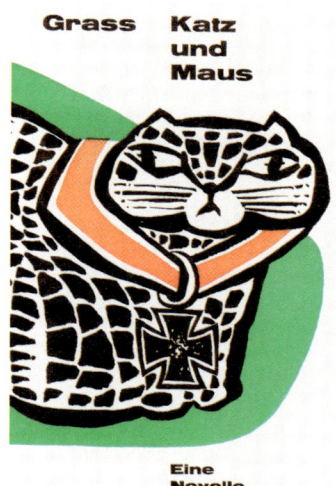

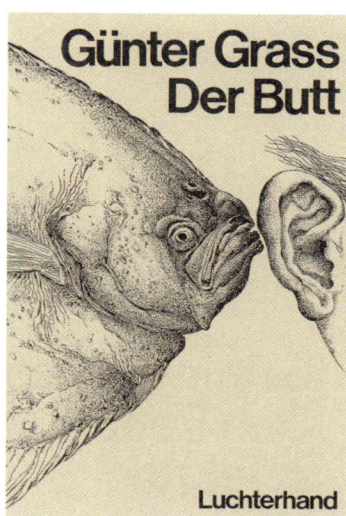

Günter Grass; links: *Katz und Maus*, Umschlag der Originalausgabe 1961 (Gestaltung: Günter Grass); rechts: *Der Butt*, Umschlag der Originalausgabe 1977 (Gestaltung: Günter Grass)

Der Butt

OA 1977 **Form** Roman **Epoche** Moderne

Auf das Volksmärchen *Vom Fischer und seiner Frau* rekurrierend, schildert Günter Grass in seinem Roman *Der Butt* die 3000-jährige Geschichte des Geschlechterverhältnisses. Während der Butt aus dem Märchen die maßlosen Wünsche der Fischersfrau erfüllt, steht er bei Grass' antifeministischer Abwandlung in den Diensten des Fischers.

Entstehung: Seine Periode starken politischen Engagements schloss Grass literarisch mit seinem *Tagebuch einer Schnecke* (1972) ab, womit auch die starke Konzentration auf den Themenkreis des Dritten Reichs ein Ende fand. Obwohl im Schauplatz mit den Werken der *Danziger Trilogie* übereinstimmend, erweitert Grass sein Interesse von spezifisch deutschen Fragestellungen auf die allgemeine Kulturgeschichte der Menschheit.

Inhalt: Parallel zu der Schwangerschaft seiner Frau Ilsebill erzählt der reinkarnierte steinzeitliche Fischer Edek Anfang der 1970er Jahre in neun »Monats«-Abschnitten sein Leben als Wiedergeborener in verschiedenen kulturgeschichtlichen Epochen. In der Jungsteinzeit fängt der Erzähler an der Weichselmündung, an der später Danzig entstehen wird, einen allwissenden Butt, der ihm bei der Errichtung eines Patriarchats behilflich sein und auch den weiteren Wiederverkörperungen Edeks bei der Abwehr matriarchalischer Bestrebungen beratend zur Seite stehen wird. Im Zentrum der neun Epochen – Steinzeit, Eisenzeit, Früh-, Hoch- und Spätmittelalter, Barock, Absolutismus, 19. und 20. Jahrhundert – stehen die Biografien von neun Köchinnen, von der bronzezeitlichen Wigga bis zur Verfasserin eines proletarischen Kochbuchs.

In den 1970er Jahren wird der Butt von drei Frauen geangelt, die ihm, gefangen in einer Zinkwanne, in einem Berliner Kino den Prozess machen. Das »Feminal«, wie sich das feministische Tribunal nennt, verurteilt den Butt dazu, fortan Vertreter der »Frauensache« zu sein.

Aufbau: Auf der Gegenwartsebene sind zwei Handlungsstränge zu unterscheiden: einerseits die Eheproblematik des Erzählers und seiner schwangeren Frau, andererseits das »Feminal«, an dem der Erzähler als Zuhörer teilnimmt. Die neun historischen »Monats«-Kapitel gliedern sich wiederum in mehrere Episoden auf und sind durch 46 Gedichte sowie Kochrezepte aufgelockert. Die Handlungsstränge werden am Ende zwar zusammengeführt, dennoch gestaltet Grass einen offenen Schluss.

Wirkung: Mit dem *Butt* gelang Grass die Anknüpfung an den Anfangserfolg der *Danziger Trilogie*, von den Verkaufszahlen her übertraf der Roman die früheren Werke sogar. Die Literaturkritik reagierte überwiegend milde bis positiv, als überstrapaziert galt einigen Rezensenten die enorme Komplexität des Werks. Als sexistisch bewertete den Text die Frauenbewegung, die Zeitschrift *Emma* kürte Grass im Juli 1977 zum »Pascha des Monats«. *M.F.*

Das Treffen in Telgte

OA 1979 **Form** Erzählung **Epoche** Moderne

In einer eigentümlichen Mischung aus Gegenwartsanalyse und Literarhistorie verarbeitet Günter Grass seine Erfahrungen bei Treffen der »Gruppe 47« (Stichwort→ S. 430), indem er sie auf ein fiktives Treffen von über 20 Dichtern, Verlegern und Kritikern aus der Barockzeit überträgt.

Entstehung: Bereits 1966 stellt Grass in seiner Rede *Vom mangelnden Selbstvertrauen der schreibenden Hofnarren unter Berücksichtigung nicht vorhandener Höfe* in Princeton die Fragen, die

Hans Werner Richter 1986 über sein Verhältnis zu Günter Grass:

Als er 1978 an meinem siebzigsten Geburtstag [...] aus dem Manuskript Das Treffen in Telgte *vorlas, empfand ich es als das schönste Geburtstagsgeschenk meines Lebens, nicht nur dieses Geburtstags, sondern überhaupt. Der Name Simon Dach aber blieb lange Zeit an mir haften.*

sein Leben als Bürger und Künstler bestimmen: »Soll sich der Schriftsteller engagieren?‹ – ›Wie weit darf sich ein Schriftsteller engagieren?‹ – ›Ist der Schriftsteller das Gewissen der Nation?‹« Nach Jahren des Engagements im Wahlkampf der SPD gab Grass in *Das Treffen in Telgte* resignative Antworten. Anlass für die Erzählung bildete der 70. Geburtstag von Hans Werner Richter (* 1908), Gründer der »Gruppe 47«.

Inhalt: Obwohl in poetologischen Fragen als auch konfessionell zerstritten, treffen sich im Jahr 1647 auf Einladung von Simon Dach (1605–59) zahlreiche Dichter und ihre Verleger in Oesede bei Osnabrück. Der Soldat Christoffel Gelnhausen (gemeint ist Hans Jacob Christoffel von → Grimmelshausen) bringt die Anwesenden 1670 auf dem Wirtshof der Courasche (der Protagonistin in *Trutz Simplex*) in Telgte unter, wo in der »Großen Diele« unter der Leitung von Simon Dach vornehmlich wirkungsästhetische Literaturdebatten stattfinden. Versammelt sind die größten Dichter der Zeit, u.a. Andreas Gryphius, Paul Gerhardt, Philipp von Zesen, Friedrich von Logau, Sigmund Birken und Johann Rist, sehr unterschiedliche und teilweise eitle Persönlichkeiten, die sich nur Dank Simon Dachs behutsamer Moderation als Gruppe empfinden.

Günter Grass, *Das Treffen in Telgte*, Umschlag der Originalausgabe 1979 (Gestaltung: Günter Grass)

Am Anfang der Zusammenkünfte steht die Lesung zunächst poetologischer, dann literarischer Texte, die anschließend besprochen und kritisiert werden. Als die Treffen zunehmend orgiastische Züge annehmen, gekennzeichnet durch Völlerei und Ausschweifungen mit Mägden, und der ungeladene Komponist Heinrich Schütz die unrechte Requirierung von Schweinen und Gänsen durch Gelnhausen anprangert, wird den Anwesenden die Tragik ihres Tuns klar. Obwohl die Dichter schuldlos sein wollen an den Verwüstungen des Dreißigjährigen Krieges, verstricken sie sich in Schuld: »Derweil das Vaterland zerrissen« ist und die Mächtigen den Westfälischen Frieden vorbereiten, führen die Poeten als arglose Nutznießer des Krieges wirkungslose Debatten. Sie ringen sich zwar zu einer Friedensresolution an die Kriegsparteien durch, doch wird diese durch ein Feuer auf dem Wirtshof vernichtet: Sie war zwischen »den Gräten des Fischgerichtes« vergessen worden.

Aufbau: In 23 Kapiteln, in der Taschenbuchausgabe 1981 um »dreiundvierzig Gedichte aus dem Barock« ergänzt, verschränkt Grass kunstvoll barocke Debatten um Literatur und Sprache (wobei er reichlich aus den Originalschriften zitiert) mit den zeitgenössischen Umständen um die »Gruppe 47« und oszilliert so zwischen zwei Zeitpunkten, die um drei Jahrhunderte versetzt liegen. Wie 1947 war Deutschland auch 1647 materiell wie moralisch ruiniert; in beiden Zeiten stellt sich die Frage nach Kunst und Macht, nach Literatur und Moral.

Wirkung: Die Erzählung wurde von der Kritik sehr positiv aufgenommen, einige Kritiker sahen sie aufgrund der liebenswürdigen, meist detailverliebten, niemals denunzierenden Porträts der Dichter sogar als ein »Meisterwerk« des Autors an.   *M.F.*

»Gruppe 47«

Entstehung: Als sich im September 1947 in München die ehemaligen Herausgeber der durch die US-Militärregierung verbotenen Zeitschrift *Der Ruf* (1946–47), Hans Werner Richter und Alfred → Andersch, mit anderen Autoren trafen, um eine neue – und später gleichfalls verbotene – Zeitschrift namens *Skorpion* zu konzipieren, beschloss man zur Wiederbelebung einer jungen deutschen Literatur die Gründung der »Gruppe 47«. Die erste Tagung fand am 8./9. November 1947 in Ulm statt.

Ziele: Ohne ein festes politisches oder ästhetisches Konzept zu formulieren, traten die Mitglieder, geprägt durch die Erfahrungen des Nazi-Regimes und des Zweiten Weltkriegs, für eine Demokratisierung Deutschlands und eine Literatur ein, die sich ihrer gesellschaftspolitischen Aufgabe bewusst ist.

Ablauf der Gruppentreffen: Auf Einladung Richters traf sich die »Gruppe 47« 1947–55 zu halbjährlichen, zwischen 1955 und 1967 dann zu jährlichen Treffen, die zunächst nur in der Bundesrepublik stattfanden, später auch im Ausland. Die Treffen waren stets stark ritualisiert: Geladene Nichtmitglieder lasen aus ihren unveröffentlichten Manuskripten vor und hatten sich der anschließenden ad-hoc-Kritik der Gruppenmitglieder zu stellen, wobei ihnen eine Verteidigung verwehrt wurde.

Wirkung: Sehr schnell setzte die enorme Wirkung der »Gruppe 47« ein. Zu ihren Mitgliedern zählte bald die gesamte bundesdeutsche Autorenelite – und so bestimmte sie die Gegenwartsliteratur der Bundesrepublik bis weit in die 1960er Jahre hinein, wobei ihre politische Bedeutung jedoch gering blieb. Die Preisträger des Literaturpreises der »Gruppe 47«, der ab 1950 verliehen wurde, wurden in der Folge allesamt sehr namhafte Autoren. Mitte der 1960er Jahre nahm ihre Bedeutung allmählich ab, 1968 fand das letzte Treffen statt. Belebungsversuche Hans Werner Richters scheiterten, die »Gruppe 47« löste sich 1977 endgültig auf.

Im Krebsgang

OA 2002 **Form** Novelle **Epoche** Gegenwart

Mit seiner ersten größeren Prosaarbeit seit der Verleihung des Literaturnobelpreises 1999 knüpft Günter Grass thematisch an die *Danziger Trilogie* an.

Inhalt: Die ineinander verschränkten Handlungsstränge des Werks sind fixiert auf das Datum des 30. Januars. An diesem Tag wurde 1895 der schweizerische NSDAP-Landesgruppenleiter Wilhelm Gustloff geboren, 38 Jahre später erfolgte die Machtergreifung der Nationalsozialisten und »am 30. Januar 1945 begann, auf den Tag genau 50 Jahre nach der Geburt des Blutzeugen, das auf ihn getaufte Schiff zu sinken«. Die größte Tragödie der Schifffahrtsgeschichte stellt die für die Gattung von → Goethe definierte »unerhörte Begeben heit« der Novelle dar: Wie der Volkswagen oder der Bau der Reichsautobahn gehörte die »Wilhelm Gustloff«, das klassenlose, luxuriöse Vorzeigeschiff der »Kraft-durch-Freude«-Flotte, zu den Mythen der nationalsozialistischen Ideologie. Völlig überladen mit bis zu 10 000 Flüchtlingen, Verwundeten und Soldaten, wurde es von einem russischen U-Boot versenkt.

Zu den nur etwa 1200 Überlebenden zählt auch die aus *Hundejahre* (1963) bekannte Ursula »Tulla« Pokriefke, die auf dem Schiff ihren unehelichen Sohn Paul zur Welt bringt. Während Tulla in Schwerin bleibt, schlägt sich Paul Pokriefke als mäßig erfolgreicher Journalist im Westen durch. Bei der Recherche für einen Artikel über die »Gustloff«-Katastrophe stößt er auf die Internet-Website »www.blutzeuge.de«, die den 1936 durch den Juden David Frankfurter ermordeten Wilhelm Gustloff als Märtyrer feiert.

Unter den Vornamen dieser beiden Protagonisten als Chatnamen befehdet sich hier – wie sich später herausstellt – Pauls Sohn Konrad mit seinem virtuellen »Freundfeind« David Stremplin. »Wie aisig die See jewesen is und wie die Kinderchen alle koppunter. Das musste aufschraiben. Biste ons schuldig als glicklich leberlebender« – so hatte Tulla einst auf Paul eingeredet, und nun indoktriniert sie ihren Enkel, der daraufhin die revisionistische Website ins Netz gestellt hat. Als sich Konrad und David persönlich gegegnen, kommt es zur Katastrophe: Um den Blutzeugen zu rächen, erschießt Konrad David, der sich, wie sich später zeigt, nur im Netz als Jude ausgegeben hatte. Paul muss schließlich entsetzt erfahren, wie sein inhaftierter Sohn als neuer Blutzeuge gefeiert wird, als er im Netz die Seite »www.kameradschaft-konrad-pokriefke.de« entdeckt.

Aufbau: Tullas Drängen, die »Gustloff«-Katastrophe aufzuschreiben, hatte sich Paul stets entzogen, nun aber wird er von einem »nörgligen Alten«, der »sich müde geschrieben« und Paul »nach langer Sucherei auf den Listen der Überlebenden wie eine Fundsache entdeckt« hat, zur Niederschrift genötigt. Hinter dem »Alten« verbirgt sich der Autor Grass, und mit diesem artifiziellen Spiel mit den Erzähler- und Autorinstanzen begründet Grass die Themenwahl für seine Novelle. Der Erzähler Paul Pokriefke, der »der Zeit eher schrägläufig in die Quere kommen muss, etwa nach Art der Krebse, die den Rückwärtsgang seitlich ausscherend vortäuschen, doch ziemlich schnell vorankommen«, beschreibt im ersten historischen Handlungsstrang die Biografien Gustloffs und des Attentäters David Frankfurter.

Ein zweiter historischer Handlungsstrang widmet sich dem Untergang der »Wilhelm Gustloff« und den Biografien ihrer Kapitäne sowie des trinkfesten U-Boot-Kommandanten Alexander Marinesko. Geschickt verwoben werden diese beiden historischen Handlungsstränge mit der journalistischen Internet-Recherche der fiktiven Figur Paul Pokriefke.

Wirkung: Die Novelle *Im Krebsgang* erntete Beifall bei vielen Kritikern, manche reagierten sogar euphorisch. Einige Rezensenten bemängelten jedoch eine angestrengte, gekünstelte Erzählerkonzeption sowie den kolportagehaften Schluss. Ein einmütig negatives Urteil erntete Grass für seine Selbststilisierung zum Tabubrecher (»Die Gustloff und ihre verfluchte Geschichte waren jahrzehntelang tabu, gesamtdeutsch sozusagen«), da er keineswegs als erster deutscher Autor das Kriegselend der vertriebenen Deutschen für die Literatur entdeckt hat. Zahlreiche Schriftsteller sind ihm bereits zuvorgekommen, u.a. Arno → Schmidt, Walter → Kempowski, Alexander → Kluge und schließlich Christa → Wolf. *M. F.*

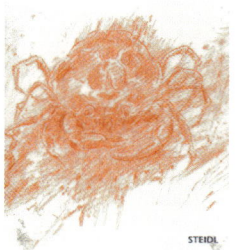

Günter Grass, Im Krebsgang, Umschlag der Originalausgabe 2002

Günter Grass in einem Interview der Deutschen Presse-Agentur zum Erscheinen seiner Novelle *Im Krebsgang*:

Es darf nicht vergessen werden, dass wir Deutsche zuallererst das Unrecht in die Welt gesetzt haben. Mit Vertreibungen, mit Totschlag, mit Konzentrationslagern, mit millionenfachem Mord. Dann ist dieses Unrecht rückläufig geworden, auf uns zurückgekommen.

Green, Julien

frz. Schriftsteller amerikan. Herkunft

* 6.9.1900 Paris † 13.8.1998 ebd.

📖 *Leviathan*, 1929

Julien Green war schon zu Lebzeiten ein Klassiker der französischen Literatur. Seine Romane und Dramen spiegeln seine innere Zerrissenheit zwischen Lebensgier und religiöser Jenseitssehnsucht wider: Für Green kann der zwischen Körper und Seele schwankende Mensch mit seinen beängstigenden Leidenschaften, seiner Triebverfallenheit, seinen Verbrechen und Träumen nur durch göttliche Gnade Erlösung finden.

Der konvertierte Katholik Green war ein literarischer Einzelgänger, der sowohl in Frankreich als auch in Amerika schulische und universitäre Ausbildung genoss. Er beherrschte gleichermaßen Französisch wie Englisch, in seinem umfangreichen Œuvre bediente er sich ausschließlich des Französischen. Den ersten literarischen Erfolg feierte Green 1926 mit dem Roman *Mont-Cinère*, weitere folgten in kurzen Abständen: *Adrienne Mesurat* 1927, *Leviathan* 1929, *Der andere Schlaf* 1930, *Treibgut* 1932, *Der Geisterseher* 1934. Nach seiner Rückkehr aus dem amerikanischen Exil legte Green 1950 mit *Moira* ein weiteres viel beachtetes Buch vor.

Über all seinen Romanen könnte das von Green selbst formulierte Motto stehen: »Man macht einen Roman aus der Sünde wie einen Tisch aus Holz.« Seine Figuren erscheinen wie im Bann von mythischen Gewalten. Die düsteren Szenarien spielen sich in der französischen Provinz als Dramen ab, die antiken Schicksals-

Ich habe immer nur zwei Menschentypen verstanden, den Mystiker und den Wüstling.

Julien Green

tragödien gleichen und ihre Helden unweigerlich in Verbrechen, Tod oder Wahnsinn führen. Kritiker wie Walter → Benjamin stellten Green neben Marcel → Proust und hoben seine einzigartige Bedeutung für die frühe Moderne hervor. Green ist jedoch immer ein Einzelgänger geblieben, der sich quer zu allen modernistischen Strömungen stellte, so dass er im Alter zunehmend in die Rolle eines Außenseiters geriet.

Neben Romanen hat Green eine Reihe von Dramen geschrieben. Seine Tagebücher (16 Bände), in denen er nach eigenem Bekunden sein »inneres Leben« beschreibt, aber so gut wie keine Einblicke in seine Person gewährt, gehören durch die Vielzahl der behandelten Themen zu den interessantesten Selbstzeugnissen der modernen Literatur.

(Auto-)Biografie: Green, J., *Fernes Land* (Autobiografie),1966; W. Matz: *Julien Green*, 1997.

Julien Green, *Leviathan*, Einband der deutschsprachigen Erstausgabe 1930

Julien Green in seinem Arbeitszimmer (Foto aus den 1930er Jahren)

Leviathan

OT Leviathan **OA** 1929 **DE** 1930
Form Roman **Epoche** frühe Moderne

In seinem Roman erzählt Julien Green, dass jemand zum Verbrecher wird, aber nicht wie. Der Erzähler ist nur ein genauer Beobachter, der seine Protokolle abliefert – und bleibt dies selbst in den Passagen, in denen er die Binnenperspektive seiner Figuren einnimmt.

Inhalt: Der Hauslehrer Guéret hat sich mit seiner Frau in einem kleinen Provinzstädtchen in der Nähe von Paris niedergelassen, wo er bei einem reichen Kaufmann dessen untalentierten Sohn unterrichtet. Er fühlt sich fremd unter den Bewohnern der Gegend; für seine Frau empfindet er schon lange nichts mehr. Angèle, ein junges Mädchen, das gegen Geld allen Männern der Stadt zu Willen ist, zieht ihn an, doch sie weist den plumpen und ungeschickten Mann kalt ab: Gerade ihm, der so anders ist als ihre Liebhaber, will sie sich verweigern. Als Guéret erfährt, dass Angèles Liebe käuflich ist, verschafft er sich eines Nachts unbemerkt Zugang zu ihrem Zimmer, doch es ist leer, das Bett zerwühlt. Er läuft ziellos durch die Umgebung der Stadt, bis er im Morgengrauen Angèle begegnet. Er zieht sie in ein Dickicht, gerät zunehmend in einen gewalttätigen Rauschzustand, würgt sie und schlägt ihr schließlich mit einem Ast mehrmals ins Gesicht. Im Glauben, er habe sie getötet, flieht er. Einen Kriegsveteranen erschlägt er mit dessen Stock, ohne dass ihm bewusst ist, was er tut. Gefühllos flieht er aus der Stadt.

Angèle ist nicht tot, aber übel zugerichtet. Sie wird Zeit ihres Lebens durch Narben im Gesicht entstellt sein. Guéret wird wegen Mordes und Vergewaltigung von der Polizei gesucht. Madame Grosgeorge, die Frau des ehemaligen Arbeitgebers von Guéret, fühlt sich auf eine merkwürdige Weise zu diesem hingezogen; sie sieht in ihm ihr eigenes Elend eines leeren und sinnlosen Lebens. Auf einer ihrer langen Wanderungen entdeckt sie Guéret, der zurückgekommen ist und inzwischen weiß, dass Angèle noch lebt. Sie bietet ihm Hilfe an, doch er flieht. Als er Angèle wiedersieht, fleht er sie an, mit ihm fortzugehen; das nötige Geld werde er schon auftreiben. Das Mädchen versucht ihn hinzuhalten, da sie selbst die Stadt verlassen will. Vergeblich bittet sie Frau Grosgeorge um Geld. Eines Abends steht Guéret vor der Villa seines ehemaligen Arbeitgebers. Frau Grosgeorge verspricht, ihm Geld zu geben; er solle aber bis zum Morgen in einem Salon ihres Hauses warten. Zögernd willigt Guéret ein. Während einer nächtlichen Unterredung der beiden wird sich Frau Grosgeorge schmerzlich ihrer Liebe zu Guéret bewusst. Als sie erfährt, dass dieser nur wegen Angèle zurückgekommen ist, empfindet sie grenzenlose Scham und Selbstverachtung. Einem Bediensteten gibt sie einen Brief an Angèle, in dem sie nur vermerkt, dass Guéret in ihrem Haus versteckt sei und man die Polizei benachrichtigen solle. Der Brief gerät in die Hände von Angèles Hauswirtin, die der Aufforderung sofort nachkommt. Als die Villa von Grosgeorge bereits von der Polizei umstellt ist, kommt es nochmals zu einer Begegnung zw schen Frau Grosgeorge und Guéret, in deren Verlauf Frau Grosgeorge nach ihrer Bemerkung, dass ihn Angèle nicht geliebt habe, mit einem Revolver auf sich schießt. Auf dem Boden liegend, fleht sie Guéret an, ein zweites Mal zu schießen, da sie nicht länger leben könne.

Aufbau: Der Roman besteht aus zwei Teilen. Der erste erzählt linear die Geschichte Guérets bis zu seinem vermeintlichen Mord und seiner Flucht. Der zweite Teil enthält in weiten Passagen Rückblenden (Guérets Flucht, Angèles Gefühle zu Guéret, Madame Grosgeorges Eheleben) und gipfelt in der Begegnung von Madame Grosgeorge und Guéret. In einer Art Abspann wird von den Gerüchten, die sich in der Stadt verbreiten, berichtet und schließlich von Angèles bevorstehendem Tod.

Der immoralistische Blick des Erzählers ist auf alle Romanfiguren gerichtet: Madame Grosgeorges Leiden an der Leere und Sinnlosigkeit ihres Lebens wird protokollarisch verzeichnet, ihre plötzlich erkannte Liebe zu Guéret als eine Art Naturereignis vermerkt. Gefühle, sofern sie erwähnt werden, sind selbstbezüglich, d.h. nur auf die fühlende Person selbst gerichtet: Von Angèle, die sich von Guéret geliebt fühlt, wird z.B. berichtet, dass sie sich in die Freude, geliebt zu werden, verliebt habe.

Wirkung: Kritiker wie Walter → Benjamin stellten Green neben Marcel → Proust und erkannten früh seine Bedeutung für die literarische Moderne. Doch Green war ein literarischer Einzelgänger, der am Rand aller gängigen Strömungen stand, so dass er keine Nachahmer gefunden hat. _G. Ha._

Greene, Graham

engl. Schriftsteller

*2.10.1904 Berkhamsted (Hertfordshire)

+3.4.1991 Vevey, Schweiz

📖 _Die Kraft und die Herrlichkeit_, 1940

📖 _Der dritte Mann_, 1950

Graham Greene ist der herausragendste Schriftsteller der auf Joseph → Conrad, Henry → James, D.H. → Lawrence und Virginia → Woolf folgenden Generation. Durch die Verfilmung des Buchs _Der dritte Mann_ wurden seine von ihm als »entertainments« bezeichneten Kriminalromane international bekannt; in seinem Hauptwerk, den »novels«, beschäftigte Greene sich als katholischer Autor mit dem Kampf der modernen Existenz um Wahrheit.

Nach der Ausbildung in Berkhamsted und Oxford arbeitete Greene 1926–30 bei der _Times_. In dieser Zeit konvertierte er zum Katholizismus, eine Reaktion auf seine anhaltenden Depressio-

Die wichtigsten Bücher von Graham Greene	
Brighton Rock 1938	Greenes erster wichtiger »katholischer« Roman über die relativen Begriffe von Gut und Böse: Der junge Ganove Pinkie begeht einen Mord, entzieht sich aber am Ende der weltlichen Strafe.
Die Kraft und die Herrlichkeit, 1940	In diesem Roman beschreibt Greene den Wandlungsprozess eines Priesters auf seiner Flucht vor einem Polizeileutnant. → S. 433
Das Herz aller Dinge, 1948	Major Scobie scheitert an seinen hohen moralischen Ansprüchen und geht an seinem unruhigen Gewissen zu Grunde.
Der dritte Mann 1950	Ein packendes Drama um Spionageintrigen und vertuschte Morde im Wien der Besatzungszeit. → S. 434
Das Ende der Affäre, 1951	Ein Schriftsteller versucht nach einer vor Jahren stattgefundenen Liebesaffäre mit sich ins Reine zu kommen und durchlebt die Vergangenheit von neuem.
Die Stunde der Komödianten 1966	In dem absurden Roman über das Haiti zur Zeit der Diktatur in den 1960er Jahren versuchen drei grundverschiedene Charaktere sich ebendort zu engagieren.
Der Honorarkonsul, 1973	Mit einem statt des Präsidenten entführten Honorarkonsuls sollen in diesem komisch-farcenhaften Roman mit ernster Aussage in Argentinien politische Häftlinge freigepresst werden.
Der menschliche Faktor, 1978	Im letzten großen Roman von Greene gerät ein Agent während des Kalten Kriegs in den Zwiespalt der Loyalität zum Staat oder zu seinen Idealen.

nen. In den späten 1930er Jahren wurde er als Filmkritiker für die _Times_ und den _Spectator_ bekannt. Greene reiste viel als Journalist und zog die Stoffe für seine Romane aus seinen Reisen; daneben ließ er Ereignisse aus Politik und Sozialgeschichte einfließen. Sein erster Erfolg war _Stamboul Train_ von 1932, doch erst mit _Brighton Rock_ gelang ihm 1938 der Durchbruch. Aus der Reise nach Mexiko im Jahr darauf resultierte _Die Kraft und die Herrlichkeit_. Nach der Tätigkeit als Herausgeber der Literaturbeilage der _Times_ arbeitete Greene 1941–44 für das englische Außenministerium in Sierra Leone. Seine Aufenthalte in den armen und vom Krieg heimgesuchten Ländern weckte sein Interesse für die Verlierer der Weltgeschichte, die er in seinen Büchern exemplarisch vorstellte. 1949 schrieb er das Drehbuch zu _Der dritte Mann_; nach dem Erfolg des Films wandte er sich dem Schreiben von Bühnentexten zu, die allerdings nicht das Niveau seiner Bücher erreichen. In den 1950er und 1960er Jahren konnte er weitere Erfolge erzielen, u.a. mit _Unser Mann in Havanna_ (1958), seinem einzigen Buch mit glücklichem Ende. In den 1980er Jahren wandte er sich ab von religiösen und hin zu rein weltlichen Themen.

Literatur: G. Greene, _A Man of Paradox_, 1994.

Die Kraft und die Herrlichkeit

OT The Power and the Glory **OA** 1940 **DE** 1948

Form Roman **Epoche** Moderne

Greene beschreibt exemplarisch die Rückkehr zur Moral eines durch Alkohol und Politik bedrohten Priesters. Seine Integrität kostet ihn das Leben, verändert aber das Leben seiner Umfelder.

Auszug aus dem Roman _Die Kraft und die Herrlichkeit_ **von Graham Greene:**

Ohne den Brief hätte er die ganze Existenz des Amerikaners angezweifelt – und wenn er nicht auch das tote Kind gesehen hätte. Er ging den kleinen stillen Pfad entlang der Hütte entgegen: Würden sie ihn erschießen, bevor er den Eingang erreicht hätte? Es war wie der Gang mit verbundenen Augen auf einem schmalen Brett: Man wusste nie, an welchem Punkt man ins Nichts fallen würde. Er stieß einmal auf und verschränkte seine Finger hinter seinem Rücken, um das Zittern zu beenden. Er war auf eine seltsame Weise froh, vor Mrs. Lehrs Gartenpforte umgekehrt zu sein – er hatte nie geglaubt, zur Gemeindearbeit und den täglichen Messen und den sorgsamen Inszenierungen von Pietät zurückkehren zu können, aber trotzdem musste man ein wenig betrunken sein zum Sterben. Er erreichte die Tür – nicht ein Laut umher; dann sagte eine Stimme »Vater.«

Inhalt: Im mexikanischen Bundesstaat Tabasco lebt zur Zeit der Revolution der anonym als »Whisky Priest« eingeführte Pfarrer. Die Religionsausübung ist vom Staat unter Strafe gestellt und viele Priester haben das Land bereits verlassen. Nur der alkoholabhängige »Whisky Priest« harrt noch aus. Er wird vom ebenfalls anonym bleibenden Polizeileutnant gejagt, der ihn und die Kirche wegen der Unterdrückung der Armen hasst. Auf der sich über sechs Wochen erstreckenden Flucht vor seinem Verfolger wird der »Whisky Priest« von zahlreichen Leuten gedeckt, so dass es dem Leutnant zunächst nicht gelingt, seiner habhaft zu werden. Während seiner Flucht löst der Priester sich Stück für Stück von seinen Lebenslügen und beginnt wieder priesterliche Verantwortung zu übernehmen. Er erreicht schließlich die Grenze des Nachbarstaats und findet sich in Sicherheit. Auf dem Weg in die Hauptstadt erreicht ihn die Nachricht, der Mörder Calver läge im Sterben und wolle die Beichte ablegen. Wohlwissend, dass dies eine Falle ist, kehrt der Pfarrer zurück und trifft den sterbenden Calver. Der Polizeileutnant verhaftet ihn kurz darauf und bringt ihn ins Gefängnis. Auf dem Weg dorthin diskutieren beide über ihre jeweilige Weltsicht, die religiös-transzendente und die diesseitig-sozialistische. Der Priester glaubt, sein Leben sei sinnlos gewesen; sein Vermächtnis zeigt sich erst nach seiner Hinrichtung: Die bis dahin statischen Nebenfiguren beginnen unter dem Eindruck der Wandlung des Priesters ihr Leben zu überdenken und nun auch zu ändern.

Aufbau: Der Roman ist ähnlich einem Triptychon aufgebaut; Anfang und Schluss – mit mehreren Erzählperspektiven und parallelen Handlungssträngen – umrahmen das eigentliche Geschehen um den »Whisky Priest«. Zu Beginn wird aus der Sicht der verantwortungslosen und trägen Nebenfiguren erzählt. Im Mittelteil konzentriert sich Greene allein auf die Schilderung der Flucht des Priesters. Im zentralen Kapitel dieses Abschnitts, das im Gefängnis spielt, erweitert sich die Isolierung der zum Schicksal des Priesters indifferenten Nebenpersonen zu einem universellen Panorama des gottfernen, sinnlosen Lebens.

Die Spannung des Buchs entsteht durch den Kontrast zwischen den in ihrer Stagnation gefangenen Nebenpersonen und dem sich entwickelnden Priester, dessen Flucht sich an die Kreuzwegstationen Jesu anlehnt. Der in Kauf genommene Tod ist nur letzte Konsequenz dieses Sinnfindungsprozesses, der den Charakter einer Lebensbeichte annimmt.

Wirkung: Das Buch verkaufte sich in den Kriegsjahren nur schleppend, wurde aber in den folgenden Jahren von Kritik und Publikum begeistert aufgenommen und zweimal verfilmt (1947, 1967). Greene schrieb außerdem eine Bühnenfassung des Buchs. *A. Fe.*

Der dritte Mann

OT The third Man   **OA** 1950   **DE** 1951
Form Erzählung   **Epoche** Moderne

Graham Greenes Erzählung um den gutgläubigen Rollo Martins und seinen kriminellen Jugendfreund Harry Lime war als Vorlage für ein Filmskript ursprünglich »nicht geschrieben, um gelesen, sondern um gesehen zu werden«, wie der Autor selbst im Vorwort berichtet.

Inhalt: Handlungsort der Erzählung ist das von den Siegermächten besetzte, winterliche Wien. Der Engländer Rollo Martins erhält von seinem Schulfreund Harry Lime die Einladung, einen Artikel über das von ihm vertretene Internationale Flüchtlingsamt in Wien zu verfassen. Dort eingetroffen, sucht Martins das Haus seines Freundes auf und erfährt, dass Lime wenige Tage zuvor von einem Auto erfasst und getötet wurde. Auf der Beerdigungsfeier lernt Martins mit dem Polizeioffizier Calloway den Ich-Erzähler der Geschichte kennen. Als Calloway ihm eröffnet, dass Lime ein gewissenloser Schwarzmarktschieber gewesen sei, weist Martins, der Lime seit der gemeinsamen Schulzeit wie einen Helden verehrt, die Anschuldigungen als Verleumdung zurück.

Fest entschlossen, Harrys Unschuld zu beweisen, bemüht er sich zunächst darum, die Hintergründe des tödlichen Unfalls zu klären. Sein Verdacht, Harry sei das Opfer eines Komplotts gewesen, scheint sich anfangs zu bestätigen. Wie sich herausstellt, waren alle bei dem Unfall anwesenden Personen mit Lime bekannt gewesen. Rätselhaft bleibt jedoch vor allem, um wen es sich bei dem geheimnisvollen »dritten Mann« handeln könnte, den ein Augenzeuge bei der Leiche Harry Limes gesehen haben will, den er aber in seiner Aussage vor der Polizei nicht erwähnt hat.

Noch am selben Abend nach seiner Unterredung mit Martins wird dieser Zeuge ermordet und Martins erkennt, in welche Gefahr er sich mit seinen Nachforschungen gebracht hat. Calloway, dem er die Ergebnisse seiner Recherchen unterbreitet, gelingt es schließlich, ihm anhand seines Beweismaterials die Beteiligung Harry Limes am Schwarzmarkthandel mit verdünn...

Deutsches Filmplakat (1950) zur Verfilmung der Erzählung *Der dritte Mann* von Graham Greene (GB 1949; Regie: Carol Reed)

Auszug aus der Erzählung
Der dritte Mann (1950) von
Graham Greene:

Als wir wegfuhren, fiel mir auf, dass Martins sich kein einziges Mal umwandte – es sind fast immer nur die Heuchler unter den Trauernden und unter den Liebenden, die sich ein letztes Mal umdrehen, die winkend am Bahnsteig stehen, statt sich rasch davonzumachen, ohne einen Blick zurück.

tem Penicillin glaubhaft zu machen. Als ihm klar wird, dass sein bewunderter Freund für zahlreiche Todesfälle verantwortlich ist, bricht für Martins eine Welt zusammen.

Er sucht Harrys Geliebte, die Schauspielerin Anna Schmidt auf, um sie über Harrys Machenschaften in Kenntnis zu setzen. Beim Verlassen ihres Hauses sieht er im Dunkel die Gestalt eines Mannes, in dem er Lime wiederzuerkennen glaubt. Calloway, dem er von der Begegnung erzählt und der nun ebenfalls an Harrys Unfalltod zu zweifeln beginnt, fordert Martins auf, sich als Lockvogel für eine Verhaftung zur Verfügung zu stellen, doch Martins lehnt ab.

Beim Riesenrad im Prater kommt es zu einem geheimen Treffen zwischen Rollo Martins und Harry Lime. Harry, der sich der unbedingten Loyalität seines Freundes noch immer sicher sein zu können glaubt, gesteht freimütig seine Vergehen und bietet Martins eine Beteiligung an seinen Geschäften an. Harry wird in eine Falle gelockt, kann jedoch kurz vor seiner Ergreifung noch einmal entkommen. Seine Flucht führt ihn und seine Verfolger durch die Kanalisation von Wien. In der dramatischen Schlussszene dieser Verfolgungsjagd ist es Rollo Martins selbst, der dem bereits verletzten Freund den Todesschuss versetzt.

Wirkung: Insbesondere durch die Verfilmung des Drehbuchs durch Carol Reed (1906–76) im Jahr 1949 mit Orson Welles (1915–85) und Joseph Cotten (1905–94) in den Hauptrollen wurde *Der dritte Mann* zum bekanntesten Werk von Greene. *B. S.*

Grillparzer, Franz

österr. Schriftsteller

* 15.1.1791 Wien, † 21.1.1872 ebd.

📖 *Der arme Spielmann*, 1847

Franz Grillparzer war in erster Linie Bühnenautor und galt schon zu Lebzeiten als der bedeutendste Dramatiker Österreichs. Mit Stücken wie *König Ottokars Glück und Ende* (1825) und *Ein Bruderzwist in Habsburg* (1872) avancierte er zum »Nationaldichter«. Sein Prosawerk, das neben den Erzählungen *Das Kloster bei Sendomir* (1827) und *Der arme Spielmann* eine *Selbstbiografie* (1853/54) und die *Tagebücher* (1903) umfasst, bietet einen einmaligen Einblick in das Wien der Biedermeier- und Vormärzzeit sowie in die psychische Befindlichkeit eines Autors, der sein Leben lang an dem Zwiespalt zwischen Beamtentum und Dichterdasein litt.

Der Advokatensohn studierte 1804–11 an der Universität Wien Rechtswissenschaften und Philosophie. Er war anschließend als Hauslehrer

und Bibliothekar tätig; 1814 trat er die Beamtenlaufbahn an. Seinen ersten Bühnenerfolg erzielte Grillparzer 1816 mit dem Trauerspiel *Die Ahnfrau*. Bald darauf wurde er zum Burgtheater-Dichter ernannt, gab aber trotz seiner anfangs steilen Karriere als Dramatiker seine Stellung als Beamter nie auf. Von 1832 bis zu seiner Pensionierung 1856 war er Direktor des Hofkammerarchivs. Nach dem Misserfolg seines Lustspiels *Weh dem, der lügt!* zog er sich ab 1838 immer mehr zurück und schrieb seine Alterswerke nur noch für die Schreibtischlade. Grillparzer blieb unverheiratet und vermachte seinen kompletten Nachlass seiner »ewigen Braut« Katharina Fröhlich.

Biografie: G. Scheit, *Franz Grillparzer* (rm 50 396).

Franz Grillparzer, zeitgenössischer Stich eines anonymen Künstlers

Der arme Spielmann

EA 1847 **Form** Novelle **Epoche** Realismus

Der arme Spielmann von Franz Grillparzer ist die erste realistische Novelle eines österreichischen Schriftstellers im 19. Jahrhundert. Die autobiografisch geprägte Erzählung bietet ein eindrucksvolles Bild der Wiener Gesellschaft im Biedermeier und gibt einen tiefen Einblick in Grillparzers eigene psychische Befindlichkeit und seine Kunstauffassung, die geprägt ist von einem Selbstverständnis des Künstlers als Außenseiter der Gesellschaft.

Der »habsburgische Mythos«

Bezeichnung: Der Begriff wurde von dem italienischen Germanisten Claudio Magris geprägt, dessen gleichnamige Dissertation 1963 in Buchform erschien.

Bedeutung: Die These vom »habsburgischen Mythos« besagt, dass ein maßgeblicher Teil der österreichischen Schriftsteller nach 1918 mit einem liebevoll-wehmütigen, wenn auch nicht unkritischen Blick auf die untergegangene Habsburgermonarchie zurückschaute.

In ihren Werken wurde – Magris zufolge – der Vielvölkerstaat zu einem utopischen Reich überhöht, in dem – ganz im Unterschied zur unsicheren Gegenwart der ersten Republik sowie des Austro- und Hitlerfaschismus – noch verbindliche Werte wie etwa Ehre und Toleranz sowie Sicherheit und Ordnung herrschten.

Als Kronzeugen für seine These nennt Magris u.a. Heimito von → Doderer, Robert → Musil, Joseph → Roth, Franz → Werfel

und Stefan → Zweig. Als die drei Grundmotive des » habsburgischen Mythos« bezeichnet er die Übernationalität, das Bürokratentum und den hedonistischen Lebensstil.

Entstehung: Der »habsburgische Mythos« entstand, so Magris, in der Biedermeierzeit und fand im Werk von Franz → Grillparzer seine erste umfassende Ausprägung. Marie von Ebner-Eschenbach, Ferdinand von Saar und Adalbert → Stifter sind weitere bekannte Autoren, in deren Werk seine Grundmotive zu finden sind.

Wirkung: Mit der These vom »habsburgischen Mythos« begann eine neue Diskussion über die Eigenständigkeit der österreichischen Literatur gegenüber der deutschen. Der Journalist, Politologe und Kritiker Ulrich Greiner verfolgte in seinen Analysen die Auswirkungen des »Mythos« bis in das Werk von Thomas → Bernhard und Peter → Handke.

Auszug aus der Novelle *Der arme Spielmann* **von Franz Grillparzer:**

Das ganze Wesen des alten Mannes war eigentlich wie gemacht, um meinen anthropologischen Heißhunger aufs Äußerste zu reizen. Die dürftige und doch edle Gestalt, seine unbesiegbare Heiterkeit, so viel Kunsteifer bei so viel Unbeholfenheit; [...] endlich die wenigen, aber mit der richtigsten Betonung gesprochenen lateinischen Worte. Der Mann hatte also eine sorgfältige Erziehung genossen, sich Kenntnisse eigen gemacht, und nun – ein Bettelmusikant! Ich zitterte vor Begierde nach dem Zusammenhange.

Jacob (u.) und Wilhelm Grimm, Lithografie des »Maler- bruders« Ludwig Emil Grimm

Inhalt: Auf seinem Weg zum Brigittenkirchtag, einem sommerlichen Wiener Volksfest, erregt ein alter Violinist das Interesse des Ich-Erzählers. Die Inbrunst, mit der der Alte sein Instrument bearbeitet, steht in seltsamem Gegensatz zu seinen hoffnungslosen Bemühungen, eine erkennbare Melodie hervorzubringen. Nachdem der Erzähler die Bekanntschaft des Alten gemacht hat, erzählt ihm dieser seine Lebensgeschichte. Jakob stammt aus einem reichen Elternhaus, fiel aber wegen schulischer Misserfolge bei seinem Vater in Ungnade und musste sein Leben als Kanzleischreiber fristen. Er verliebte sich in die Tochter eines Gemischtwarenhändlers, als diese ein Lied sang, von dem Jakob magisch angezogen wurde. Doch Barbara wies ihn wegen seines weltfremden Wesens zurück. Als er auch noch aus Dummheit und Gutgläubigkeit seine Erbschaft verlor, heiratete sie einen Fleischermeister, und Jakob wurde der einsame Bettelmusikant, als den ihn der Erzähler kennen lernte. Dieser verlässt für einige Zeit Wien und kommt erst nach einer Überschwemmung der Donau zurück, die auch Jakobs Haus in der Leopoldstadt erfasst hatte. Er erfährt, dass der Alte an einer Erkältung gestorben ist, nachdem er mehrere Kinder aus den Fluten gerettet hatte. Der Erzähler besucht auch Barbara, die inzwischen Mutter von zwei Kindern und ziemlich dick geworden ist, und sieht, wie ihr die Tränen »stromweise über die Backen« laufen.

Entstehung: Grillparzer hatte bereits 1831 mit der Erzählung begonnen, die zuerst als autobiografischer Roman konzipiert war. Die Figur des Spielmanns hatte ihr reales Vorbild in einem Geiger, den der Autor in einem Gasthaus kennen gelernt hatte. Die Beziehung zwischen Jakob und Barbara spiegelt auch Grillparzers Verhältnis zu Katharina Fröhlich wider, mit der er von 1821 bis zu seinem Tod verlobt war.

Aufbau: Grillparzer gestaltete die Novelle als Rahmenerzählung. Jakobs Lebensgeschichte, die ihn als tragikomische, aber nie würdelose Gestalt zeichnet, wird eingerahmt von dem Bericht des Ich-Erzählers. Die Erzählung bezieht ihre Spannung aus der Differenz zwischen der distanzierten, ironischen Sicht des Ich-Erzählers auf den Geiger und dessen Spiel auf der einen Seite und der Selbsteinschätzung des Musikanten, der sich kompromisslos jedem Publikumsgeschmack verweigert und ganz seiner Kunst lebt, auf der anderen.

Wirkung: Mit dem *Armen Spielmann* stand erstmals »der kleine Mann« im Zentrum einer Erzählung der österreichischen Literatur. Sie wurde zum Vorbild für die realistischen Autoren Österreichs wie Ludwig Anzengruber (1839 bis 1889), Marie von → Ebner-Eschenbach und Ferdinand von Saar (1833–1906).   *R. Mi.*

Grimm, Jacob und Wilhelm

dt. Schriftsteller, Sprach- und Altertumsforscher

Jacob *4.1.1785 Hanau, †20.9.1863 Berlin

Wilhelm *24.2.1786 Hanau, †16.12.1859 Berlin

📖 *Kinder- und Hausmärchen*, 1812/15

📖 *Deutsches Wörterbuch*, 1852–1960

Die Brüder Jacob und Wilhelm Grimm schufen in einer nahezu lebenslangen Haus- und Arbeitsgemeinschaft ein gewaltiges sprach- und literaturwissenschaftliches Werk, mit dem sie die Grundlagen der germanischen Altertumswissenschaften und der deutschen Philologie legten. Mit dem von ihnen initiierten *Deutschen Wörterbuch* setzen sie ein Mammutunternehmen in Gang, das erst 100 Jahre nach ihrem Tod abgeschlossen werden konnte. Als Märchensammler sind die Brüder Grimm auch für ein breites Publikum zum Begriff geworden.

Die Brüder wuchsen nach dem frühen Tod des Vaters in bescheidenen Verhältnissen auf. Die Hilfe einer Tante ermöglichte ihnen ein Jura-Studium in Marburg. Ihr Lehrer, der Rechtsgelehrte Friedrich Carl von Savigny (1779 bis 1861), regte sie zum Studium der altdeutschen Literatur an. Nach einer Laufbahn im Verwaltungs- und Auswärtigen Dienst nahmen beide Stellen als Bibliothekare in Kassel an, um sich ganz ihren Forschungen widmen zu können.

Auch Wilhelms Heirat 1825 änderte nichts daran, dass der Lebensweg der beiden Brüder weiterhin parallel verlief. 1830 gingen sie nach Göttingen. 1837 protestierten sie zusammen mit fünf weiteren Professoren (den »Göttinger Sieben«) gegen die Aufhebung der Landesverfassung durch den neuen König von Hannover und wurden deshalb aus dem Staatsdienst entlassen. Nach einigen Jahren in Kassel erhielten die Brüder 1840 einen Ruf nach Berlin, wo sie bis 1848 (Jacob) bzw. 1852 (Wilhelm) lehrten, um sich die letzten Jahre ihres Lebens auf ihre wissenschaftliche Arbeit zu konzentrieren.

Gemeinsam publizierten die Grimms neben Wörterbuch und Märchen althochdeutsche Literaturdenkmäler wie das *Hildebrandslied* und das *Wessobrunner Gebet* (beide 1812) sowie *Deutsche Sagen* (2 Bde, 1816/18). Zu Jacobs wichtigsten selbstständig erschienenen Arbeiten gehören die *Deutsche Grammatik* (1819–37), in der erstmals das Gesetz der Lautverschiebung formuliert ist, sowie die *Deutsche Mythologie* (1835). Unter Wilhelms eigenständigen Arbeiten ragt *Die deutsche Heldensage* (1829) hervor.

Biografien: L. Denecke, *Jacob Grimm und sein Bruder Wilhelm*, 1971; H. Gerstner, *Brüder Grimm* (rm 50201); F. Kluge, *Die Brüder Grimm in ihren Selbstbiografien*, 1985.

Kinder- und Hausmärchen

OA 1812/15 (2 Bde.) **Form** Märchen **Epoche** Romantik

Zu einer Zeit, als die Aufklärung allem Wunderbaren in der Dichtung den Stempel des Trivialen aufgedrückt und es in die Kinderstuben verwiesen hatte, machten Jacob und Wilhelm Grimm mit ihrer Sammlung von *Kinder- und Hausmärchen* eine gering geschätzte literarische Gattung salonfähig. Ihre überwiegend aus mündlicher Überlieferung stammenden Texte verknüpfen ganz selbstverständlich Übernatürliches mit Alltäglichem und zeichnen ein Weltbild, in dem das Gute über das Böse triumphiert und soziale Schranken überwunden werden können.

Entstehung: Die viel beachtete Sammlung von deutschen Volksliedern, die Achim von → Arnim und Clemens → Brentano unter dem Titel *Des Knaben Wunderhorn* ab 1805 veröffentlichten, schürte auch bei den Grimms die romantische Begeisterung für die »verlorenen Töne der Poesie« (Arnim). Sie reichten ihre zunächst sporadisch, ab 1807 systematisch gesammelten Volkslieder und -märchen an Brentano weiter, der die Herausgabe einer Märchensammlung plante. Als diese nicht zustandekam, planten die Brüder, selbst einen *Altdeutschen Sammler* zu begründen, der in jährlich erscheinenden Bänden die Ergebnisse planmäßigen Zusammentragens volkstümlicher Überlieferung enthalten sollte. Doch dieses Vorhaben kam ebensowenig voran wie das Brentanos, so dass Arnim die Grimms ermunterte, wenigstens das

Vorhandene zu publizieren. So erschien 1812 der erste Band der *Kinder- und Hausmärchen* mit 86 Texten, dem rasch (Anfang 1815) ein zweiter Band folgte. Die Veröffentlichung eines dritten Bandes erwies sich als überflüssig: Neue Texte fanden bei künftigen Auflagen Berücksichtigung, indem sie entweder im ersten Band gegen (meist in den Anhang verwiesene) Märchen ausgetauscht oder im zweiten Band an die ursprünglich 70 Nummern angehängt wurden. So wuchs die Zahl der Texte auf insgesamt 210.

Inhalt: Die *Kinder- und Hausmärchen* enthalten neben etwa 60 Märchen im heutigen Sinn alle Typen der Volkserzählung: Scherz-, Lügen- und Gruselgeschichten, Schwänke und Legenden, Tiererzählungen, Natursagen und andere sog. einfache Formen. Den Anfang machten *Der Froschkönig oder der eiserne Heinrich* (Band 1) bzw. *Der Arme und der Reiche* (Band 2), eine Version der schon in → Ovids *Metamorphosen* enthaltenen Sage von Philemon und Baucis.

Während die Grimms die Texte des ersten Bandes in sechs Jahren aus mündlichen und schriftlichen Quellen ihrer hessischen Heimat sammelten, stützten sie sich für den zweiten Band vor allem auf Erzählungen einer Bäuerin. Doch hielten sich die Brüder keineswegs an die von ihnen selbst geforderte getreue Wiedergabe der Texte. Vor allem Wilhelm (der die Märchensammlung ab der zweiten Auflage allein betreute) zögerte nicht, sein Material auszumalen, um die Handlung präziser zu motivieren und größere Anschaulichkeit zu erzielen. Außerdem ersetzte er indirekte durch direkte

Wilhelm Scherer 1886 über Wilhelm Grimm und dessen Arbeit an den *Kinder- und Hausmärchen:*

Wilhelm Grimm hat das einzige Kunstwerk von dauerhafter Fortwirkung geschaffen, das aus den Bestrebungen der Romantiker, die volkstümlichen Überlieferungen zu neuem Leben zu wecken, hervorging. Was Arnim und Brentano... versuchten, das hat Wilhelm Grimm für das Märchen geleistet.

Rede und feilte unermüdlich an der Sprache, bis der heute charakteristische Grimmsche Märchenton entstand. Ein pädagogisches Anliegen hatte er dabei zunächst nicht, auch wenn er nach und nach anstößige Stellen tilgte. Die Grimms glaubten vielmehr, dass sich in der mündlichen Erzähltradition des einfachen Volks Reste »uralter, wenn auch umgestalteter und zerbröckelter Mythen« erhalten hätten, deren »Urform« es zu rekonstruieren gelte, damit »die Poesie selbst, die darin lebendig ist, wirke und erfreue«. Erst allmählich setzte sich der Gedanke durch, dass die *Kinder- und Hausmärchen* auch (wie es in der Vorrede zur zweiten Auflage 1819 heißt) »als ein Erziehungsbuch« dienen sollten.

Wirkung: Schon zu Lebzeiten der Brüder Grimm erschienen sieben Ausgaben der *Kinder- und Hausmärchen*; eine von Wilhelm zusammengestellte kleine Ausgabe mit 50 Texten brachte es auf neun Auflagen. Der große Erfolg regte Sammler im In- und Ausland an, es den Grimms gleichzutun. Zur größten Konkurrenz wurde das *Deutsche Märchenbuch* (1845) von Ludwig Bechstein (1801–60), das in nur sieben Jahren eine Auflage von 63 000 Exemplaren erreichte. Trotz ihrer vielfältigen wissenschaftlichen Leistungen sind die *Kinder- und Hausmärchen* das bis heute populärste Vermächtnis der Grimms geblieben.

Jacob Grimm 1854 in der Vorrede zum ersten Band des *Deutschen Wörterbuchs*:

Es soll ein heiligtum der sprache gründen, ihren ganzen schatz bewahren, allen zu ihm den eingang offen halten. das niedergelegte gut wächst wie die wabe und wird ein hehres denkmal des volks, dessen vergangenheit und gegenwart in ihm sich verknüpfen.

Jacob und Wilhelm Grimm, *Deutsches Wörterbuch*, Titelblatt von Band 1 der Originalausgabe 1854

Deutsches Wörterbuch

OA 1852–1960 (Bd. 1–16, 32 Teilbde.) **Form** Wörterbuch

Das *Deutsche Wörterbuch*, begründet von Jacob und Wilhelm Grimm, ist das umfangreichste und wissenschaftlich bedeutendste Wörterbuch der deutschen Sprache. Es entstand zwischen 1838 und 1960 unter Mitarbeit mehrerer Generationen von Philologen und bietet einen einzigartigen Überblick über Bestand und Entwicklung der deutschen Sprache seit dem 15. Jahrhundert.

Entstehung: Nach ihrer Entlassung aus dem hannöverschen Staatsdienst 1837 und der Rückkehr nach Kassel erhielten die Brüder Grimm ein Angebot, das ihre ganze Arbeitskraft bis ans Ende ihrer beider Leben in Anspruch nehmen sollte: Salomon Hirzel (1804–77), der bis 1852 zusammen mit seinem Schwager Karl Reimer die Weidmannsche Buchhandlung in Leipzig betrieb, schlug den beiden Amtsenthobenen vor, die »unfreiwillige musze auszufüllen und ein neues, groszes wörterbuch der deutschen sprache abzufassen«. Als er sich von der Buchhandlung trennte und 1853 den S. Hirzel Verlag gründete, nahm er u. a. auch das im Entstehen befindliche Großprojekt mit.

Schon die Organisation des Ganzen war eine Meisterleistung: Die Grimms legten zunächst die zu exzerpierenden Quellen fest: literarische, wissenschaftliche, fach- und berufssprachliche, und zwar nicht nur zeitgenössische, sondern auch historische, um die ganze Spanne des Neuhochdeutschen »von Luther bis Goethe« zu erfassen. Dann gewannen sie mehr als 80 Mitarbeiter, darunter renommierte Wissenschaftler, Schriftsteller und Verleger, die 600 000 Belege lieferten.

Das Ordnen und Bearbeiten des Materials, das sich die Grimms vorbehalten hatten, kostete weit mehr Zeit als erwartet. 1852 erschien die erste Lieferung zum ersten Band, der 1854 vollständig vorlag (A-Biermolke). Bis zu Wilhelms Tod 1859 waren die Buchstaben A-D abgeschlossen. Jacob kam noch bis zum Stichwort »Frucht«; dort findet sich die einzige Fußnote des ganzes Werks: »Mit diesem satze muszte Jacob Grimm für immer die feder aus der hand legen.«

Nach dem Tod der geistigen Väter wurde das *Deutsche Wörterbuch* als Verlagswerk von Hirzel weiter vorangetrieben. Das Fehlen einer wissenschaftlichen Zentralredaktion führte jedoch zu großen Unterschieden in der Bearbeitung der einzelnen Stichwörter: Legendär ist Heinrich Meyer-Benfeys Artikel »stehen«, der sich über 328 Kolumnen erstreckt. Als das Projekt Anfang des 20. Jahrhunderts – es lagen zehn Bände vor – an organisatorischen Problemen zu scheitern drohte, wurde es in die Obhut der Preußischen Akademie der Wissenschaften genommen und in Göttingen eine Arbeitsstelle zum systematischen Sammeln von Belegstellen eingerichtet. 1930 folgte eine Arbeitsstelle bei der Berliner Akademie. Damit war die Vollendung des Großprojekts endgültig gesichert, das 1960 mit der 380. Lieferung für Band 32 abgeschlossen wurde.

Bereits 1957 war allerdings der Entschluss gefasst worden, die von den Brüdern Grimm selbst edierten Buchstaben neu zu bearbeiten, um Lücken zu schließen und das Gesamtwerk einheitlicher zu gestalten. Dies sollte in einer Beispiel gebenden deutsch-deutschen Kooperation erfolgen: In Berlin (DDR) wurden die Buchstaben A-C, in Göttingen D-F in Angriff genommen. Die veranschlagte Bearbeitungszeit von 15 Jahren erwies sich aber auch dieses Mal als viel zu niedrig: In Göttingen wird noch bis wenigstens 2005, in Berlin sogar bis voraussichtlich 2017 gearbeitet.

Inhalt: Den Plan für das *Deutsche Wörterbuc* der Grimms hat Jacob in seiner Vorrede zur ersten Band ausführlich dargelegt. Es ging de

OT = Originaltitel **EZ** = Entstehungszeit **OA** = Originalausgabe **DE** = Deutsche Erstausgabe 📖 = Verweis auf Werkartik

Brüdern darum, ein praktisches Nachschlagewerk zu schaffen, weshalb sie sich – anders als ihre Vorgänger – nicht für eine Gliederung nach Wortstämmen, sondern für die alphabetische Anordnung entschieden. Ihr Wörterbuch sollte nicht nur den zeitgenössischen, sondern den gesamten deutschen Wortschatz in seiner historischen Gewachsenheit dokumentieren und dabei Lehn- und eingedeutschte Fremdwörter ebenso berücksichtigen wie Mundarten und umgangsprachliche Ausdrücke.

Die Fortschrittlichkeit des Unternehmens zeigt sich auch in Jacobs Entscheidung für die konsequente Kleinschreibung und den Druck in einer modernen Antiqua-Schrift. Ganz bewusst verzichteten die Grimms auf jede sprachregelnde Absicht. Die insgesamt 32 Teilbände (Band 33 erschloss 1971 erstmals alle genutzten Quellen) mit 67744 Kolumnen enthalten etwa 350000 Stichwörter, die allesamt bis zu ihrem frühesten nachzuweisenden Auftreten zurückverfolgt und etymologisch erklärt werden.

Wirkung: Auch wenn das *Deutsche Wörterbuch* allein schon wegen seines Umfangs nie zu einem Volksbuch geworden ist, stellt »der Grimm« doch eine einzigartige Dokumentation der deutschen Sprache als Geistesgeschichte dar. Durch den einheitlichen Aufbau der Artikel und die Vielzahl der Anwendungsbeispiele ist er eine unerschöpfliche Quelle für das Verständnis der deutschen Sprache, die auch von Dichtern wie Rainer Maria → Rilke, Rudolf Alexander Schröder (1878–1962) und Sarah Kirsch (*1935) intensiv genutzt wurde bzw. wird.

Eine Verbreitung über den Kreis der wissenschaftlich Arbeitenden hinaus erfuhr das Werk, dessen Auflage anfangs 4000, später 2000 und nach 1945 noch 1500 Exemplare betrug, erst mit Erscheinen der 33-bändigen Taschenbuchausgabe bei dtv (1984). *U. H.*

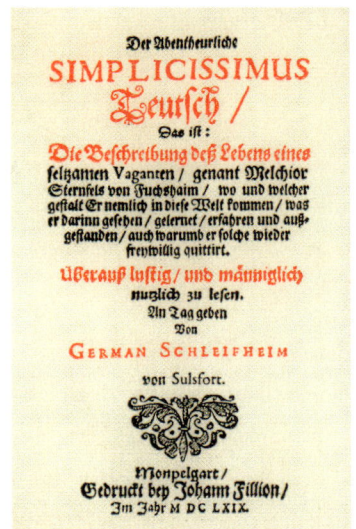

Hans Jacob Christoffel von Grimmelshausen, *Der Abenteurliche Simplicissimus,* links: Frontispiz der Originalausgabe 1668 (vordatiert auf 1669); rechts: Titelblatt der Originalausgabe, die unter Pseudonym erschien

Grimmelshausen, Hans Jacob Christoffel von

dt. Schriftsteller
*um 1621/22 Gelnhausen
†17.8.1676 Renchen (Baden)
📖 *Der Abenteurliche Simplicissimus*, 1668

Der Barockdichter Hans Jacob Christoffel von Grimmelshausen stellt in seinen satirischen Schelmenromanen die Missstände der zeitgenössischen Gesellschaft dar. Seine Werke zeichnen sich durch eine detaillierte Schilde-

rung und eine lebendige Darstellung aus. Vor allem der Dreißigjährige Krieg (1618–48) prägte sein Leben. Die unterschiedlichen Erfahrungen verarbeitete der Autor in seinem Werk auf realistisch-humoristische Weise.

Grimmelshausen stammte aus einer Adelsfamilie, die ihren Titel wegen der Ausübung bürgerlicher Berufe abgelegt hatte. Aufgewachsen ist er bei seinem Großvater, einem Bäcker. Mehrere Jahre besuchte er die Lateinschule, bis kaiserliche Truppen in Gelnhausen einmarschierten und die Bevölkerung in die Festung Hanau flüchtete. Grimmelshausen diente einige Zeit im kaiserlichen Heer und wurde Regimentsschreiber, Aufenthalte in Westfalen, Offenburg und Bayern sind belegt. Nach Kriegsende heiratete er und bekleidete das Amt eines Vermögensverwalters, dann war er Gastwirt. Als Burgvogt 1662–65 kam er in die Kreise einiger literarischer Gesellschaften in Straßburg, ab 1667 war er im Dienst des dortigen Bischofs. In diese Zeit fällt seine schriftstellerische Tätigkeit.

Neben dem Roman *Der Abenteurliche Simplicissimus* wurde Grimmelshausen auch durch die Werke *Trutz Simplex* (1670) sowie *Der seltsame Springinsfeld* (1670) berühmt.

Biografie: C. Hohoff, *Hans Jacob Christoffel von Grimmelshausen* (rm 50267); V. Meid, *Grimmelshausen*, 1984.

Der Abenteurliche Simplicissimus

OA 1668 (1669) **Form** Roman **Epoche** Barock

Unter dem Pseudonym German Schleifheim von Sulsfort erschien 1668 (vordatiert auf 1669) der wohl bedeutendste Roman des Barock und einer

Thomas Mann 1944 über *Der Abenteurliche Simplicissimus*:

Es ist ein Literatur- und Lebensdenkmal der seltensten Art, das in voller Frische fast drei Jahrhunderte überdauert hat und noch viele überdauern wird, ein Erzählwerk von unwillkürlicher Großartigkeit, bunt, wild, roh, amüsant, verliebt und verlumpt, kochend von Leben, mit Tod und Teufel auf Du und Du, zerknirscht am Ende und gründlich müde einer in Blut, Raub, Wollust sich vergeudenden Welt, aber unsterblich in der elenden Pracht seiner Sünden.

Der Barockroman

Epoche: Mit dem literarischen Barock (der Begriff leitete sich vom portugiesischen »barroco« ab, d.h. unregelmäßige, schiefe Perle) verbindet man die Zeit zwischen 1600 und 1720, die Zeit zwischen Späthumanismus und dem Beginn der Aufklärung. Die Epoche ist geprägt von zahlreichen, vornehmlich politisch bedingten polaren Spannungen, insbesondere des Dreißigjährigen Krieges. Daraus entstand ein Weltbild der Gegensätze, in dem sich Diesseitserfahrung und Jenseitshoffnungen, Lebenssehnsucht und Todesbangen, Vergänglichkeit und Ewigkeit gegenüberstanden.

Gattung: Mit dem Barock bildete sich in Deutschland auch eine Tendenz zur intensiven Sprachpflege heraus. Martin Opitz (1597–1639) tat einen wichtigen Schritt in diese Richtung mit seinem Werk *Das Buch von der Deutschen Poeterey* (1624). Neben dem Schäferroman wurde Grimmelshausens *Simplicissimus* zum formprägenden Roman der gesamten Epoche. Auch die zahlreichen Übersetzungen spanischer Schelmen-(Pikaro-)Romane trugen zum Erfolg dieser »neuen« Gattung bei. Im Mittelpunkt steht in der Regel ein Held niederer Herkunft, der eine Vielzahl von Abenteuern zu durchleben hat, die auf überwiegend satirisch-schwankhafte Weise beschrieben werden. Um die Was-Spannung auf eine Wie-Spannung zu lenken, stehen den einzelnen Kapiteln knappe Zusammenfassungen voran, durch die das Interesse des Lesers verstärkt auf den Erzählvorgang gerichtet wird.

Autoren: Für die romanhaften Lebensbeschreibungen hat sich in Anlehnung an Grimmelshausens Roman die Bezeichnung »Simpliciaden« allgemein eingebürgert. Beispiele sind Johann Beers (1655–1700) *Der Simplicianische Welt-Kucker*, 1677–79; Johann Georg Schielens *Deß Frantzösischen Kriegs-Simplicissimi... Lebens-Lauff* (1682) und Daniel Speers (1636–1707) *Ungarischer oder Dacianischer Simplicissimus* (1683).

Clemens Brentano 1803 über *Der Abenteurliche Simplicissimus*:

Eins der vortrefflichsten Bücher ist der Simplicissimus Sim-plicissimus. Tieck *hat ihn mir geliehen. Herr, das ist göttlich!*

Auszug aus *Architektur. Wege zu einer optischen Kultur* von Walter Gropius:

Unser Ehrgeiz ging dahin, den schöpferischen Künstler aus seiner Weltfremdheit aufzurütteln und seine Beziehung zur realen Werkwelt wiederherzustellen sowie gleichzeitig die starre, fast ausschließlich materielle Einstellung des Geschäftsmannes zu lockern und zu vermenschlichen. Unsere Auffassung von der fundamentalen Einheit allen Gestaltens im Hinblick auf das Leben selbst stand der Auffassung »l'art pour art« und der noch viel gefährlicheren Philosophie, der sie entspringt, nämlich des Geschäfts als Selbstzweck, diametral entgegen.

der ersten Schelmenromane seiner Zeit: *Der Abenteurliche Simplicissimus* – ein Buch vom und über den Dreißigjährigen Krieg. Sein Untertitel enthält zugleich auch Hinweise auf den Stoff: »Das ist: Die Beschreibung deß Lebens eines seltzamen Vaganten/genannt Melchior Sternfels von Fuchshaim/wo und welcher gestalt Er nemlich in diese Welt kommen/was er darinn gesehen/gelernet/erfahren und außgestanden/auch warumb er solche wieder freywillig quittiert. Überauß lustig/und männiglich nutzlich zu lesen.«

Inhalt: Grimmelshausen schildert das Leben des Romanhelden Simplicius Simplicissimus. Am Beginn steht der tragische Überfall auf den Bauernhof seines angeblichen Vaters im Spessart. Anschließend erfährt er in der Einsiedelei eines Eremiten, der sich später als sein wirklicher Vater herausstellt, eine christliche Erziehung. In die Welt entlassen, wird er in Hanau zum Narren, bevor man ihn entführt. Wenig später schließt er sich den kaiserlichen Truppen an, bis ihn der kommandierende Obrist zu einem Hofmeister gibt, der sich seiner annimmt. Im Kriegsgetümmel wird Simplicius zum »Jäger von Soest«; als Soldat und Kaufmann zieht er durch die Welt, von einem Abenteuer ins nächste gestoßen.

Der beschriebenen Wirklichkeit stehen verschiedene Utopien gegenüber, die sich jedoch alle als untauglich erweisen. »Jupiter« etwa predigt den ewigen Frieden und erscheint als wahnsinnig. Zuletzt formuliert Simplicius sein berühmt gewordenes »Adieu Welt« und zieht sich als Eremit in den Schwarzwald zurück. Dort hält er Rückschau und erzählt sein früheres Leben.

Aufbau: Wie alle Barockromane (Stichwort → S. 440), die vom spanischen Schelmenroman geprägt sind, besteht auch der *Simplicissimus* aus zahlreichen Episoden, an deren Beginn der Erzähler jeweils eine kurze Inhaltsübersicht über das sich anschließende Kapitel gibt. Allerdings kommt der Autor über das bloße Prinzip der Reihung hinaus, indem er den Erzähler in das Geschehen einbindet und dadurch der Prozess der Selbsterkenntnis bzw. der inneren Umkehr an Aussagekraft gewinnt. Das ständige Auf und Ab seiner Erfahrungen steht für das Schicksals-Prinzip (Fortuna), in dem sich das Lebensgefühl dieser Epoche widerspiegelt. Um dieses Kompendium an Ideen in eine passende Form bringen zu können, wählte Grimmelshausen eine satirische Darstellung, in der sich allegorischer und realistischer, hoher und niederer Stil adäquat miteinander verbinden.

Wirkung: Bereits im Frühjahr 1669 erschien eine zweite Ausgabe, vermehrt um die *Continuatio*. Der anhaltende Erfolg bewirkte eine recht komplizierte Folge von insgesamt sechs, zum Teil unautorisierten Fassungen. Auch in den folgenden Jahrhunderten zählte das Werk zu den wenigen Barockromanen, die auch außerhalb der Wissenschaft auf ein reges Interesse stießen. Seit der Romantik haben sich zahlreiche Dichter von dem Buch inspirieren lassen. Im 20. Jahrhundert adaptierten u.a. Bertolt Brecht in seinem Drama *Mutter Courage und ihre Kinder* (UA 1941) sowie Günter Grass in der Erzählung *Das Treffen in Telgte* (1979) den Stoff. Mehrere Künstler, darunter A. Paul Weber (1893–1980), fertigten Illustrationen an, Karl Amadeus Hartmann (1905–63) komponierte die Oper *Simplicius Simplicissimus* (entst. 1936; UA 1948). *C. V.*

Gropius, Walter

dt.-US-amerikan. Architekt, Designer u. Kunstpädagoge

*18.5.1883 Berlin, †5.7.1969 Boston (Massachusetts)

📖 *Architektur. Wege zu einer optischen Kultur*, 1955

Mit der Gründung des Bauhauses in Weimar (1919, ab 1925 Hochschule für Gestaltung in Dessau) zielte Walter Gropius auf die Integration von »freier« und »angewandter« Kunst, Handwerk und Industrie.

Nach einem Studium der Architektur in München und Berlin wurde Gropius Assistent von Peter Behrens (1868–1940) und arbeitete ab 1910 als freier Architekt, ab 1911 mit Adolf Meyer (1881–1929). Bereits 1910/11 verwendete er beim Bau der Schuhleistenfabrik Fagus in Alfeld/Leine Glaswände als Raumhülle ohne tragende Funktion. Ab 1919 Direktor des Staat lichen Bauhauses in Weimar , schuf Gropius 1925/26 den Bauhaus-Komplex. 1928 trat Hannes Mayer (1889 bis 1954) seine Nachfolge als Leiter des Bauhauses an. Gropius erhielt 1929 die Vizepräsidentschaft des CIAM (Congrès Internationaux d'Architecture Moderne) und hatte 1929/30 die Gesamtleitung bei der Errichtung der Berliner Siemensstadt inne. Zu seinen Arbeiten als Industriedesigner gehörte 1930 die Gestaltung von Autokarosserien für die Adler-Werke.

Gropius emigrierte 1934 nach England, dann in die USA und leitete 1937–52 die Architekturabteilung der Harvard University in Cambridge (Massachusetts). 1946 gründete er das Büro The Architect's Collaborative (TAC). Zu seinen wichtigsten Nachkriegsbauten zählen die US-Botschaft in Athen (1957–61) und die Porzellanfabrik Rosenthal in Selb (1963–67). Postum entstand 1976–78 nach seinen Plänen in Berlin das Gebäude für das Bauhaus-Archiv mit dem Museum für Gestaltung. Das 1976 restaurierte Schul- und Werkstattgebäude in Dessau ist seit 1986 wieder Sitz der Institution Bauhaus.

Literatur: H. Probst/C. Schädlich, *Walter Gropius*, 3 Bde., 1986/87.

Architektur. Wege zu einer optischen Kultur

OT Scope of total Architecture   **OA** 1955   **DE** 1956
Form Sachbuch   **Bereich** Architektur

Unterschiedliche Ausgangspunkte führen Walter Gropius zur zentralen Frage des Anteils von Architektur an der Lösung gesellschaftlicher Probleme des Industriezeitalters.

Entstehung: Das Buch enthält Vorlesungen und Vorträge aus der Zeit der Lehrtätigkeit an der Harvard University (1937–52). Als Einleitung dient ein Vortrag, den Gropius 1953 aus Anlass seines 70. Geburtstags am Illinois Institute of Technology in Chicago hielt.

Inhalt: Schwerpunkte der 16 Kapitel sind – mit einem Rückblick auf die Bauhaus-Konzeption – die Kunstpädagogik (Wissenschaft der Gestaltung, Erziehungsplan für Architekten), die Gesamtschau (kennzeichnend für den 1928 gegründeten CIAM) sowie der Wohn- und Städtebau (»Ein Ausweg aus der Wohnbaukalamität«). Mit dem Begriff der »modernen Baukunst« insistiert Gropius auf der schöpferischen Leistung der fortschrittlichen Architekten. Der Begriff einer »Totalen Architektur« im Titel der Originalausgabe bezieht sich auf die Siedlung der Zukunft. Sie setzt das Denken in Relationen voraus anstelle der Anwendung festgelegter ästhetischer Formeln. Solche Relationen sind die Stadt und die Landschaft, die Humanwis-

senschaften Biologie, Soziologie, die Bedingungen von Gesetzgebung und Wirtschaft, schließlich Kunst, Architektur und Technik. An die Stelle unterschiedlicher (Architektur-)Stile tritt die Gestaltung der Umwelt durch einen »kontinuierlichen, inneren Wachstumsprozess, der die Wahrheit immer neu erschafft im Dienst der Menschheit«.

Wirkung: Der Sammelband mit Gropius' Vorträgen zur Architektur begleitete als Fischer-Taschenbuch seine Teilnahme an der Berliner »Interbau« 1957 (mit einem Wohnblock im Hansaviertel) und trug zur Wiederentdeckung der von den Nationalsozialisten diffamierten Bauhaus-Konzeption bei. *C. W.*

Walter Gropius, *Architektur. Wege zu einer optischen Kultur*, Einband der Originalausgabe 1956

Grün, Max von der

dt. Schriftsteller
* 25.5.1926 Bayreuth
📖 *Irrlicht und Feuer*, 1963

Max von der Grün ist einer der international bekanntesten Autoren der deutschsprachigen Arbeiterliteratur. Er gehörte zu den Gründern der »Gruppe 61« (Stichwort → S. 441) und blieb ihr prominentestes Mitglied.

Nach der Rückkehr aus US-amerikanischer Kriegsgefangenschaft 1948 absolvierte von der Grün eine Maurerlehre und war bis 1951 im Baugewerbe tätig. Anschließend arbeitete er als Bergmann im Ruhrgebiet. Nach einem Unfall wurde er vom Hauer zum Grubenlokführer umgeschult. Seit 1964 ist er freier Schriftsteller.

Der Autor begann bereits 1953, Gedichte, Essays und Geschichten zu schreiben; bekannt wurde er jedoch erst, als durch die Gründung der »Gruppe 61« die Arbeitswelt als literarisches Thema ins Bewusstsein der Öffentlichkeit trat. Von der Grün, der sich als Autodidakt mit der Literatur bekannt machte, verarbeitet in seinen Werken eigene Erfahrungen. Den ersten Roman *Männer in zweifacher Nacht* (1962) schrieb er zwischen 1957 und 1960 tagsüber, während er nachts auf der Zeche arbeitete. Das folgende Werk *Irrlicht und Feuer* wurde aufgrund seines eminent kritischen Inhalts zum Politikum und führte zur Entlassung von der Grüns durch die Zechenleitung. Auch die weiteren Romane des Autors beschäftigen sich mit der Arbeitswelt (*Stellenweise Glatteis*, 1973), doch traten unter-

Max von der Grün, *Irrlicht und Feuer*, Umschlag der Originalausgabe 1963

Entstehung: 1961 trat in Dortmund auf Initiative von Max von der Grün ein Arbeitskreis zusammen, der sich aus Autoren, Kritikern und Journalisten zusammensetzte. In regelmäßig stattfindenden Tagungen wurden in den folgenden Jahren die Werke neuer Autoren diskutiert.
Programm: Der Arbeitskreis verstand sich als Gegengründung zur »Gruppe 47« und sollte der »Förderung zeitgenössischer Kräfte, die sich mit der modernen Arbeitswelt beschäftigen«, dienen. Die Gruppe richtete ihr Interesse nicht auf eine Literatur von Arbeitern für Arbeiter, sondern betonte die literarisch-ästhetische Umsetzung des Themas Arbeitswelt nach neorealistischem Programm.
Mitglieder: Neben von der Grün zählten u. a. Erika Runge (*1939), Angelika Mechtel (*1943) und Friedrich Christian Delius (*1943) zu den Autoren der Gruppe. Nach der 1970 erfolgten Abspaltung der Vereinigung »Werkkreis Literatur der Arbeitswelt«, der die Förderung des Arbeiters als Schreibendem in den Vordergrund rückte, löste sich die »Gruppe 61« auf.

haltende Elemente immer stärker in den Vordergrund. Von der Grün schreibt auch Hör- und Fernsehspiele sowie Jugendbücher (*Vorstadtkrokodile*, 1976).

Irrlicht und Feuer

OA 1963 **Form** Roman **Epoche** Gegenwart

Der Roman *Irrlicht und Feuer* markiert den Beginn der deutschsprachigen Arbeiterliteratur in den 1960er Jahren. Mit dieser Geschichte eines Bergmanns löste Max von der Grün einen handfesten Skandal aus und wurde zum Vorbild für zahlreiche Autoren der Arbeiterliteratur.
Inhalt: Der Ich-Erzähler Jürgen Fohrmann arbeitet seit 15 Jahren als Hauer in einer Zeche. Er schildert seine Arbeit unter Tage, den gesundheitsgefährdenden Lärm und Dreck, die übermenschliche Anstrengung, den nervenaufreibenden Zeitdruck. Nachdem er der Arbeit zweimal kurz hintereinander unentschuldigt fernbleibt, wird ihm mit sofortiger Kündigung gedroht, obwohl er sich während seiner gesamten Betriebszugehörigkeit nichts hat zu Schulden kommen lassen. Auf einer Betriebsversammlung lehnt er sich in betrunkenem Zustand gegen die mit der Zechenleitung verbändelten Gewerkschaften sowie gegen die materialistische Einstellung der Arbeiter, die sie vom Aufbegehren abhalte, auf. Kurze Zeit später wird bekannt, dass die Zeche geschlossen werden soll. Ein noch zu Versuchszwecken eingebauter neuer Kohlehobel verletzt zahlreiche Arbeiter zum Teil schwer und kostet einen Steiger das Leben.

Nach Schließung der Zeche arbeitet Fohrmann als Hilfsarbeiter u. a. auf dem Bau; schließlich ergattert er eine prestigeträchtigere Arbeit am Fließband einer Elektrofabrik. Doch auch hier wird er nicht glücklich. Immer deutlicher hatte sich im Verlauf seines Berufsweges abgezeichnet, dass ein höheres Einkommen insbesondere bei seiner Frau Ingeborg nur zu immer neuen Bedürfnissen führt und somit letztlich unbefriedigend bleibt.

Walter Helmut Fritz in *Die Welt* vom 8.11.1963 über den Roman *Irrlicht und Feuer* von Max von der Grün:

Max von der Grün arbeitet selbst seit langem unter Tage. Was er festhält, hat den Charakter des Authentischen. Das gilt für die Darstellung der Arbeitsvorgänge, Werkzeuge und Maschinen, vor allem aber auch für die der menschlichen Verwicklungen. Das Erzählen geschieht vergleichsweise direkt. Manches ist allerdings nicht umgesetzt. Auch das Klischee gibt es ... Entscheidend bleibt jedoch, dass hier einer aus genauer Kenntnis und langer Erfahrung von Bedingungen berichtet, unter denen Millionen täglich leben, dass er – durch ein paar Figuren – Nachricht gibt von der Not des Menschen und dass dies ... ohne Emphase, sachlich, glaubwürdig geschieht.

Parallel zu dieser Handlung läuft die Geschichte um die Familie Borowski, der Fohrmann freundschaftlich verbunden ist. Karl Borowski ist nach der Entlassung aus dem Konzentrationslager wahnsinnig geworden. Seine Tochter Rosi – sie ist eigentlich die Tochter eines ehemaligen Fremdarbeiters – bedrängt Fohrmann mit der Frage, warum auch er zur Zeit des Nationalsozialismus zum Mitläufer wurde. Während seines nächtlichen Wegs zur Arbeit lernt Fohrmann Irene und bald deren Lebensgefährten Viktor Polenz kennen. Nach dem Selbstmord Karls erfährt der Erzähler, dass Polenz zu jenen Folterknechten des Konzentrationslagers gehörte, die Karl einst quälten.
Wirkung: Am 19. März 1963 erschien ein Vorabdruck aus dem Roman *Irrlicht und Feuer* in der Wochenzeitung *Echo der Zeit*. Nur eine Woche später wurde von der Grün zum Betriebsdirektor seiner Zeche bestellt und wegen seiner Darstellung eines Kohlehobels und der durch ihn verursachten Unfälle gerügt. Bei einem weiteren Treffen wurde dem Autor nahe gelegt, diese Schilderungen zu ändern, da durch die negative Darstellung die Interessen der Herstellerfirma der Geräte (Westfalia Lünen) berührt würden. Diese Firma beantragte vor Gericht eine einstweilige Verfügung mit dem Ziel, ein Publikationsverbot des Romans zu erreichen, drang hiermit jedoch nicht durch. Das Werk konnte erscheinen, die Folgen für den Autor waren jedoch weitreichend: Er wurde fristlos entlassen und erhielt bei der folgenden Arbeitssuche nur noch Absagen.

S. D.

Grzimek, Bernhard

dt. Zoologe

*24.4.1909 Neisse (Niederschlesien)
+13.3.1987 Frankfurt/Main
📖 *Serengeti darf nicht sterben*, 1959

Bernhard Grzimek erkannte früh den schädlichen Einfluss des steigenden Zivilisationsdrucks auf die Tier- und Pflanzenwelt Afrikas. Als einer der ersten Wissenschaftler rückte er die Themen Natur- und Umweltschutz in das öffentliche Bewusstsein. Sein engagierter Einsatz für die bedrohte Natur Afrikas verschaffte ihm weltweite Aufmerksamkeit und Anerkennung.

Grzimek studierte in Leipzig Veterinärmedizin und Zoologie. Er promovierte 1932 in Berlin und fand dort eine Anstellung als Veterinär im Reichsernährungsministerium. Nach Kriegsende widmete er sich dem Wiederaufbau des Zoologischen Gartens in Frankfurt/Main, dessen Direktor er bis 1974 war. Aus dieser Zeit stammen viele wissenschaftliche und populärwis senschaftliche Veröffentlichungen. Sein 16 Bände umfassendes Werk *Grzimeks Tierleben* (1967–74) gilt bis heute als die moderne Fassung des Werks *Tierleben* (1864–69, 6 Bde.) von Alfred Edmund →Brehm.

Seine letzte Ruhe fand Grzimek am Rand des Ngorongoro-Kraters neben dem Grab seines Sohns Michael, der hier bei den Arbeiten für den Film *Serengeti darf nicht sterben* auf tragische Weise ums Leben gekommen war.

Serengeti darf nicht sterben

OA 1959 **Form** Sachbuch **Bereich** Zoologie

Bernhard Grzimek leistete mit diesem Buch einen grundlegenden Beitrag zum Naturschutz. Die Veröffentlichung wurde in alle wichtigen Sprachen übersetzt und lenkte die Aufmerksamkeit einer breiten Öffentlichkeit auf die Gefährdung der afrikanischen Tier- und Pflanzenwelt.

Entstehung: In den 1950er Jahren unternahm Grzimek im Rahmen seiner Tätigkeit als Zoodirektor in Frankfurt/Main zahlreiche Reisen ins Ausland. Sein besonderes Interesse galt der afrikanischen Tierwelt und dem ungenügenden Schutz der tierischen Lebensgrundlagen. Diese beschrieb er 1956 in seinem Buch *Kein Platz für wilde Tiere*, das er kurz darauf gemeinsam mit seinem Sohn Michael verfilmte. Die Gewinne sollten der Verwaltungsbehörde des Nationalparks von Tanganjika für die Ausweitung des Serengeti-Nationalparks zur Verfügung gestellt werden. Das wichtigste Anliegen der damaligen Verwaltung war aber die Zählung des Großtierbestandes und die kartografische Erfassung der Herdenwanderungen durch die Serengeti. Erst dadurch konnte die Grundlage für eine tiergerechte Grenzlegung des Nationalparks geschaffen werden. Grzimek beteiligte sich finanziell und persönlich an dem Projekt – zusammen mit seinem Sohn Michael.

Inhalt: Im Vordergrund steht die leidenschaftliche Beschreibung der Tierwelt der Region. Grzimek erzählt von den faszinierenden Beobachtungen, die durch das berühmte Flugzeug in Zebraoptik (D-ENTE) möglich wurden, aber auch von den Gefahren, die mit dieser Arbeit verbunden waren. Sein Sohn Michael kam während des Projekts bei einem Flugzeugabsturz ums Leben. Im Buch konzentriert sich Grzimek auf die spannende und anschauliche Schilderung des Projektalltags. Er beschreibt, wie Tiere betäubt und markiert wurden, um ihr Wanderverhalten zu beobachten. Die Erkenntnisse waren entscheidend für die Grenzziehung des Parks, die sich an den Wanderungsbewegungen der Tiere und nicht an menschlichen Interessen orientieren sollte.

Wirkung: Grzimek und sein Sohn Michael schufen mit ihrem Buch weltweit ein Bewusstsein für die Zerbrechlichkeit des Naturparadieses Serengeti. Sowohl das Buch als auch der gleichnamige Film (1960 mit einem Oscar als bester Dokumentarfilm ausgezeichnet) dokumentieren die Schönheit und Schutzwürdigkeit nicht nur einzelner abgetrennter Gebiete Ostafrikas, sondern der Ökosysteme in ihrer Gesamtheit. Grzimek machte deutlich, dass für das Überleben der Tiere nicht nur die Größe, sondern auch die Lage der Schutzzone entscheidend ist. Die Serengeti – zu der heute der Serengeti-Nationalpark, das Ngorongoro-Reservat und verschiedene weitere Schutzgebiete gezählt werden – umfasst etwa 30 000 km². Innerhalb dieses Areals sind zwei Bereiche zum Weltnaturerbe und zwei weitere zum Biosphärenreservat erklärt worden. *M. S.*

Dr. Bernhard Grzimek mit seinem Sohn Michael Grzimek (l.) und dem Präsidenten der japanischen Filmimportgesellschaft N. Watanabe 1956 in Frankfurt/Main vor dem Plakat des Films *Kein Platz für wilde Tiere*; der Expeditionsfilm sollte als erster deutscher Kulturfilm der Nachkriegszeit in Japan in synchronisierter Fassung ausgestrahlt werden

Auszug aus dem Buch
Serengeti darf nicht sterben von Bernhard Grzimek:

In der Serengeti sollen unsere Enkel und die Enkel der Schwarzen einmal sehen, wie Afrika aussah, ehe wir Europäer das Christentum und den Sklavenhandel, die Menschenrechte und die Maschinengewehre, die Impfspritze und die Autos hinbrachten.

Guareschi, Giovanni

italien. Schriftsteller
* 1.5.1908 Fontanelle di Roccabianca
† 22.7.1968 Cervia
📖 *Don Camillo und Peppone*, 1948

In seinem modernen Schelmenroman *Don Camillo und Peppone* kritisiert Giovanni Guareschi auf satirisch-heitere Weise Korruption, Konformismus und politischen Extremismus. Die unterhaltsamen, bisweilen sentimentalen Geschichten um den katholischen Pfarrer Don Camillo und seinen Widerpart, den kommunistischen Bürgermeister Peppone, gehören zu den erfolgreichsten Büchern der italienischen Nachkriegsliteratur.

Manch einer, der vor der Versuchung flieht, hofft doch heimlich, dass sie ihn einholt.
Giovanni Guareschi

Guareschi wuchs in der »Bassa« auf, dem Tiefland zwischen Alpen und dem Apennin. Strenge Erziehung, die urwüchsige, raue Umgebung und die eigensinnige Mentalität der Bewohner prägten seinen Charakter. Ab 1929 arbeitete er als Redakteur in Parma, 1936–43 war er Chefredakteur einer satirischen Zeitschrift in Mailand. Im Zweiten Weltkrieg geriet Guareschi 1943 in deutsche Gefangenschaft und kam in ein Arbeitslager.

Nach Kriegsende kehrte er nach Mailand zurück, wo er die humoristische Wochenzeitschrift *Candido* gründete und bis 1961 leitete. Darin veröffentlichte Guareschi ab 1948 zunächst als lose Fortsetzungsserie *Don Camillos kleine Welt*.

Der konservative und streng katholische Guareschi sah sich selber eher als Journalist denn als Schriftsteller. Wöchentlich schrieb er einen Leitartikel, einen politischen Kommentar, eine neue Don-Camillo-Geschichte und eine »Familienvatergeschichte«, eine andere, weniger bekannte Serie des Autors. Dem Wertewandel der italienischen Gesellschaft nach den 1950er Jahren und dem Reformkurs der katholischen Kirche durch das Zweite Vatikanische Konzil stand Guareschi verständnislos gegenüber. In seinen letzten Büchern versuchte er »die gute alte Zeit« zu beschwören, was manche Kritiker zu Unrecht als »faschistisch« interpretierten.

Giovanni Guareschi, *Don Camillo und Peppone*, Umschlag der deutschsprachigen Erstausgabe 1950

„Ein Angriff auf das Zwerchfell Europas . . ." ist „dieses entzückendste und großartigste Schelmenbuch . . ."
In 15 Ländern übersetzt
Über 1 Million Gesamtauflage
Mit neuen, farbigen Zeichnungen des Autors
14. Auflage, 131. — 140. Tausend
GUARESCHI
Don Camillo und Peppone
ROMAN
OTTO MÜLLER VERLAG SALZBURG

Don Camillo und Peppone

OT Mondo piccolo: »Don Camillo«
OA 1948 **DE** 1950 **Form** Roman **Epoche** Moderne

Der heitere Schelmenroman *Don Camillo und Peppone* avancierte in der Nachkriegszeit zum erfolgreichsten Buch von Giovanni Guaresci.

Inhalt: Der Roman, eine Folge von selbstständigen, räumlich und zeitlich voneinander getrennten Episoden, spielt in der »kleinen Welt«, einem Dorf irgendwo in der Po-Ebene. Der eigensinnige Pfarrer Don Camillo und der ebenso starrköpfige kommunistische Bürgermeister Peppone bestimmen mit ihrem täglichen Kleinkrieg um die Gunst ihrer Mitbürger das Geschehen. Wenn Don Camillo die Kommunisten wieder einmal etwas zu hitzig bekämpft hat, ruft ihn Jesus vom Kruzifix der Kirche aus im Zwiegespräch zur Ordnung. Zerknirscht muss sich Don Camillo den göttlichen Ratschlägen beugen – oder er nutzt sie geschickt zu seinem Vorteil aus. So verhärtet die ideologischen Fronten auch sein mögen, Guareschis Kontrahenten sind gutmütige Dickschädel. Im Notfall eilen der Kommunist und der Katholik einander – wenn auch widerstrebend – zur Hilfe. Die Konflikte zwischen den beiden Protagonisten werden letztlich stets bei einem Glas Rotwein überwunden.

Wirkung: In seinem Roman gelingt es Guareschi, die Gegensätze des Kalten Krieges, zwischen Ost und West, zwischen Katholizismus und Kommunismus in seine beiden satirisch überzeichneten Hauptfiguren zu projizieren. Nebenbei erläutert er, wie die größte kommunistische Partei diesseits des »Eisernen Vorhangs« entstehen konnte. Die einzelnen Episoden sind von großer Menschlichkeit geprägt, die letztlich alle Gegensätze überwinden hilft. Gerade hierfür wurde Guareschi am heftigsten kritisiert und ironischerweise kam diese Kritik sowohl von der Kirche als auch von den Kommunisten. Wegen seiner auf göttliche Hilfe vertrauenden Haltung wurde Guareschi auch politische Anspruchslosigkeit vorgeworfen.

1952 verfilmte der französische Regisseur Julien Duvivier den Roman mit Fernandel in der Rolle des listig-gewitzten Pfarrers und Gino Cervi als Bürgermeister *(Don Camillo und Peppone)*. Der pointenreiche Streifen wurde international ein großer Erfolg und machte den Autor international bekannt. Es folgten vier weitere Verfilmungen mit denselben Hauptdarstellern. Bis in die 1980er Jahre hinein gab es mehrere Neuverfilmungen (mit Mario Adorf, Terence Hill und Lionel Stander als Don Camillo), die aber nicht an den Welterfolg der frühen Filme anknüpfen konnten. *D.M̶*

Don-Camillo-Filme (mit Fernandel und Gino Cervi)	
Don Camillo und Peppone Frankreich/Italien 1952	Der sittenstrenge Dorfpfarrer Don Camillo und der kommunistische Bürgermeister Peppone kommen sich bei ihrem Werben um die Gunst ihrer Mitbürger auf komische Weise immer wieder ins Gehege (Regie: Julien Duvivier).
Don Camillos Rückkehr, Frankreich/Italien 1953	Diesmal treibt Don Camillo den Kleinkrieg mit Peppone zu weit: Der Bischof höchstpersönlich schreitet ein und verbannt den hitzköpfigen Geistlichen vorübergehend in ein entlegenes Bergdorf. (Regie: Julien Duvivier).
Die große Schlacht des Don Camillo Italien 1955	Während des Wahlkampfs bekämpft Don Camillo seinen Widersacher nach Kräften. Als Peppone jedoch einen frommen Handel vorschlägt, durch den die Kirche einen neuen Turm erhält, wechselt er die Fronten (Regie: Carmine Gallone).
Hochwürden Don Camillo Frankreich/Italien 1961	Inzwischen Prälat geworden, hat Don Camillo sein Heimatdorf verlassen. Für einige Zeit kehrt er zurück, um in altbekannter Manier seinen nunmehr zum Senator aufgestiegenen Widersacher Peppone zu bekämpfen (Regie: Carmine Gallone).
Genosse Don Camillo Frankreich/Italien 1965	Don Camillo begleitet Peppone bei einem Kolchosenbesuch in die Sowjetunion. Wieder daheim wird er zum Leiter einer Priester-Delegation für die USA berufen, in die sich Peppone im Ornat eines Monsignore einschmuggelt (Regie: Luigi Comencini).

OT = Originaltitel **EZ** = Entstehungszeit **OA** = Originalausgabe **DE** = Deutsche Erstausgabe 📖 = Verweis auf Werkartikel

Gustafsson, Lars

schwed. Schriftsteller

* 17.5.1936 Västerås

📖 *Herr Gustafsson persönlich*, 1971

Das Werk von Lars Gustafsson, das neben zahlreichen Romanen auch mehrere Lyriksammlungen und eine nicht unbeträchtliche Produktion essayistischer Beiträge umfasst, kann als ein paradigmatischer und zugleich eigentümlich verfremdender Brennspiegel der schwedischen Literatur in der zweiten Hälfte des 20. Jahrhunderts betrachtet werden. Die literarische Entwicklung des Autors führt vom mystifizierenden Intellektualismus der Frühphase über die subjektzentrierte Gesellschaftskritik der mittleren Periode bis hin zum späteren, vom Postmodernismus inspirierten Experiment mit religiösen und existenziellen Fragestellungen.

Schon bald nach Abschluss seines Studiums an den Universitäten Uppsala und Oxford gelang es Gustavsson, dessen Debütroman *Vägvila* 1957 erschienen war, sich innerhalb der schwedischen Literaturszene zu etablieren. 1966–72 leitete er die einflussreiche Zeitschrift *Bonniers Litteräre Magasin*. Entscheidend für seine internationale Anerkennung wurde die Rezeption im deutschsprachigen Raum, wo er 1966 mit dem Gedicht *Die Maschinen* einen Durchbruch erzielte. Zahlreiche akademische Auslandskontakte sowie ausgedehnte Reisen in Europa und Übersee gingen einher mit einer zunehmenden Distanzierung vom politischen und literarischen Milieu Schwedens.

Eine grundlegende Neuorientierung in weltanschaulicher Hinsicht markierte Gustafsson mit seinem Übertritt zum jüdischen Glauben (1982). Seit 1983 lehrt er als Professor für Literatur an der Universität von Austin, Texas.

Literatur: U.-C. Sander, *Ichverlust und fiktionaler Selbstentwurf. Die Romane Lars Gustafssons*, 1998.

Herr Gustafsson persönlich

OT Herr Gustafsson själv
OA 1971 **DE** 1972 **Form** Roman
Epoche gesellschaftskritischer Umbruch 1965–80

Der Roman *Herr Gustafsson persönlich* repräsentiert einen Einschnitt in der literarischen Produktion von Lars Gustafsson. Er bildet den Auftakt zu der Pentalogie *Die Risse in der Mauer*, die sich von der poetisch-mystifizierenden Ausrichtung des Frühwerkes entfernt. Nach wie vor konzentriert sich das Interesse des Autors auf die literarisch-experimentelle Auslotung des Identitätsproblems, das nun jedoch vor dem konkreten Hintergrund seines eigenen autobiografischen Erfahrungshorizonts sowie der von den Universitäten Westeuropas ausgehenden gesellschaftlichen Erschütterungen reflektiert wird. *Herr Gustafsson persönlich* und die sich anschließenden Teile der Pentalogie fügen sich ein in das bekenntnishafte Dokumentar-Genre, das sich in Schweden seit Mitte der 1960er Jahre etabliert hatte. Dennoch nimmt die Romanfolge in diesem Kontext aufgrund ihrer existenziellen Tiefendimension und ihrer ebenso intensiven wie undogmatischen Auseinandersetzung mit der literarischen Tradition Europas eine Sonderstellung ein.

Inhalt: In einer Wartehalle des Frankfurter Flughafens unternimmt der Ich-Erzähler des Romans, ausgestattet mit dem Namen des Autors sowie mit zahlreichen Elementen aus dessen eigener Biografie, den Versuch einer Standortbestimmung. Skizziert wird der persönliche Werdegang des scheinbar minderbegabten und verachteten Grundschülers bis hin zu der anerkannten Position eines einflussreichen Schriftstellers und Redakteurs. Ein Gefühl der Orientierungslosigkeit, der inneren Leere und der Einsamkeit beherrscht die Szenerie.

Lars Gustafsson

Die wichtigsten Bücher von Lars Gustafsson	
Herr Gustafsson persönlich 1971	Der erste Roman der Pentalogie *Die Risse in der Mauer* ist eine autobiografisch gefärbte Schilderung der Wiederentdeckung gemeinschaftstiftender Emotionalität vor dem Hintergrund des gesellschaftlichen Aufbruchs der 1960er Jahre. → S. 445
Wollsachen 1973	Im zweiten Roman seiner Pentalogie wird der durch den politischen Zentralismus heraufbeschworene »innerschwedische Kolonialismus« kritisiert, in dessen desolatem Umfeld dennoch Keime einer paradoxen Hoffnung sichtbar werden.
Das Familientreffen, 1975	Im dritten Roman der Pentalogie, nach Einschätzung des Autors Tiefpunkt der im Romanzyklus unternommenen »Infernowanderung«, verschiebt sich der Blickwinkel in das Zentrum der Macht.
Sigismund 1976	Im Erzählungsgeflecht des vierten Teils der Pentalogie verdichten sich historische, mythologische und autobiografische Elemente zu einer fantastischen Parabel von der Rückkehr des verlorenen Ich.
Der Tod eines Bienenzüchters 1978	Die Tagebuchnotizen des an Krebs erkrankten Protagonisten beschreiben im letzten Teil der Pentalogie das paradoxe »Paradies« einer im Leiden aufgehobenen Fragmentarizität des Selbst.
Trauermusik 1983	Die fiktionale Darstellung dreier Lebensläufe, in denen – vor dem Hintergrund dreier Kontinente – die unerfüllten Wünsche und verpassten Möglichkeiten einer Generation reflektiert werden.
Die dritte Rochade des Bernard Foy 1986	Im formalen Rahmen postmoderner Genremischung (Spionageroman, Dichterbiografie, kritischer Gesellschaftsroman) werden auf drei ineinander verschachtelten Fiktionsebenen Aspekte eines existenziellen Selbst- und Weltverständnisses ausgelotet.
Die Sache mit dem Hund 1993	Ein mystifizierendes Experiment mit der Kategorie des Bösen und verschiedenen Ansätzen einer Daseinsdeutung, realisiert mit den spannungserzeugenden Mitteln eines Kriminalromans.

Lars Gustafsson über Dichtung:

Nach meiner Vorstellung ist Dichtung die Kunst, sich verständlich zu machen. Verständlich in dem innersten eigenen Bereich, der so persönlich ist, dass er in einer paradoxen Weise anonym und für andere anwendbar wird.

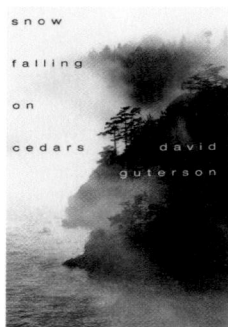

David Guterson, *Schnee der auf Zedern fällt*, Umschlag der Originalausgabe 1994

Auszug aus dem Roman
Schnee, der auf Zedern fällt
von David Guterson:

Was ich sehe, das ist immer die gleiche menschliche Schwäche, die von einer Generation in die nächste weitergegeben wird. Wir hassen einander; wir sind das Opfer unvernünftiger Ängste. Und nichts im Strom der Menschheitsgeschichte lässt hoffen, dass wir daran etwas ändern werden.

Während des Flugs nach Berlin macht Gustafsson die Bekanntschaft der marxistischen Philosophiedozentin Johanna Becker, deren mütterliche Ausstrahlung ihm die kurze, aber intensive Erfahrung »embryonaler Geborgenheit« vermittelt. Ein Besuch in ihrem Haus wird zum Initialereignis seines Aufbruchs aus dem Teufelskreis von Tod, Angst und Lüge. Johanna verspricht auf der ihm bevorstehenden Reise in sein persönliches »Inferno« die Rolle des »Vergilius« zu übernehmen. Das gegenseitige Vertrauensverhältnis wird bei einem späteren Zusammentreffen bekräftigt und in der Form eines »Bündnisses gegen den Tod« besiegelt.

In einem einsamen Turm bei der italienischen Stadt Cannobio am Lago Maggiore macht sich Gustafsson an die literarische Ausarbeitung seiner Abrechnung mit den beherrschenden Mächten der Zeit und seines eigenen Selbst. Begrifflich reflektierende Passagen wechseln mit deprimierenden Bildern einer gespaltenen Gesellschaft sowie schmerzvollen Erinnerungen an traumatisierende Fragmente der persönlichen Biografie. Im »innersten Höllenkreis« entdeckt der Protagonist sein eigenes Bündnis mit dem Tod, dem er die befreiende Kraft einer erneuerten Sensibilität und eines in persönlichen Begegnungen zurückgewonnenen »Wir-Gefühls« gegenüberstellt. Das Bild des bei der Ausfahrt aus dem Sankt-Gotthard-Tunnel erscheinenden Sternenhimmels – eine der zahlreichen Anspielungen auf *Die göttliche Komödie* (1321) von → Dante Alighieri – symbolisiert das Ende der »Infernowanderung«.

Aufbau: Die beiden grundlegenden Kompositionselemente sind die Begegnung des fiktional-biografischen Erzähler-Ichs mit Johanna Becker sowie die Niederschrift des Romans im Turm bei Cannobio. Beide Darstellungskomplexe sind unter weitgehender Auflösung des chronologischen Prinzips aufs Engste miteinander verwoben. Als Zwischenglieder dienen zahlreiche Mosaikteile autobiografischer Herkunft. Kennzeichnend für die Darstellung ist das Strukturelement der Autoreferenz: In der Thematisierung seiner als »Trauerarbeit« und »Infernowanderung« charakterisierten Niederschrift machen sich der Roman sowie die in ihm verwendete Sprache zu ihrem eigenen Gegenstand.

Wirkung: Zusammen mit den folgenden Teilen der Pentalogie *Die Risse in der Mauer* wurde das Werk zum literarischen Resonanzboden der in Schweden seit Mitte der 1970er Jahre deutlich anwachsenden Kritik am zentralistischen Volksheim-Modell. Der Roman gehörte zur Vorhut einer ihre Autonomie zurückgewinnenden Dichtung, die sich von der lähmenden Alternative zwischen Revolte und Reaktion emanzipierte.   *U. C. S.*

Guterson, David

US-amerikan. Schriftsteller

* 4.5.1956 Seattle

📖 *Schnee, der auf Zedern fällt*, 1994

Mit seinem Romandebüt *Schnee, der auf Zedern fällt* gelang David Guterson 1994 ein Sensationserfolg. Das sensible Werk, das die seelischen Spätfolgen des Kriegs zwischen Amerikanern und Japanern aufarbeitet, wurde von der Kritik euphorisch gefeiert.

Guterson studierte amerikanische Literatur in Washington D. C. Anschließend arbeitete er als Lehrer für Englisch und Geografie auf Bainbridge Island im Puget Sound, wo er heute mit seiner Familie lebt. 1989 erschienen seine viel beachteten Erzählungen *Das Land vor uns, das Land hinter uns*. Nach seinem erfolgreichen Romanerstling legte Guterson mit *Östlich der Berge* 1999 seinen zweiten Roman vor.

Schnee, der auf Zedern fällt

OT Snow Falling on Cedars   **OA** 1994   **DE** 1996
Form Roman   **Epoche** Moderne

Der atmosphärisch dichte Kriminal- und Sozialroman spielt an der Westküste Washingtons. David Gutersons sinnlich-komplexes Werk handelt von der Magie und vom Verlust der Jugend, von zerbrechender Liebe und Freundschaft sowie vom Hassen und Verzeihen.

Inhalt: Die Bewohner von San Piedro an der Nordwestküste der USA verfolgen gebannt den Prozess gegen den japanischstämmigen Fischer Kabuo, der des Mordes an seinem Kollegen Carl Heine angeklagt ist. Früher waren die Männer Freunde und besuchten gemeinsam die Schule – ebenso wie der Redakteur Ishmael Chambers, der über den Prozess berichtet. Das Mordmotiv sei Rache, behauptet die Anklage, Vergeltung für den Betrug um ein Stück Land, das Carl Heines Vater dem Vater Kabuos verkauft hatte.

In seiner Gefängniszelle erinnert sich Kabuo an seinen Kriegseinsatz, bei dem er in Italien einen jungen deutschen Soldaten erschossen hat. Chambers trifft im Gerichtssaal seine Jugendliebe Hatsue wieder, die inzwischen mit Kabuo verheiratet ist. Bei der Beschäftigung mit diesem Verlust und dem Mordfall erkennt Chambers den verborgenen Rassismus zwischen Amerikanern und Japanern, der das Zusammenleben nach wie vor prägt. Am Schluss kann er beweisen, dass es sich bei Heines Tod um einen Unfall handelte.

Wirkung: Mit zahlreichen Preisen geehrt und in viele Sprachen übersetzt, wurde *Schnee, der auf Zedern fällt* ein Welterfolg. Scott Hicks (* 1953) verfilmte die Vorlage 1999.   *D. M.*

OT = Originaltitel   **EZ** = Entstehungszeit   **OA** = Originalausgabe   **DE** = Deutsche Erstausgabe   📖 = Verweis auf Werkartikel

Habermas, Jürgen

dt. Philosoph und Soziologe

* 18.6.1929 Düsseldorf

📖 *Theorie des kommunikativen Handelns,* 1981

Als wichtigster Vertreter der Kritischen Theorie (Stichwort → S. 523) bzw. Frankfurter Schule in ihrer zweiten Generation ist Jürgen Habermas nicht nur der bekannteste lebende deutsche Philosoph, er gilt selbst vielen seiner Kritiker als der wohl bedeutendste seiner Zunft.

Habermas lehrte zunächst in Heidelberg, später in Frankfurt / M. Philosophie und Soziologie. Im sog. Positivismusstreit vertrat er die Position der Kritischen Theorie gegen den Kritischen Rationalismus (v.a. Karl Popper und Hans Albert). In diesem Streit ging es um die Frage, ob und wie weit die wissenschaftliche Beschreibung der Gesellschaft wertfrei sein kann und sollte.

1971–83 war Habermas Direktor am Max-Planck-Institut zur Erforschung der Lebensbedingungen der wissenschaftlich-technischen Welt. 2001 wurde ihm der Friedenspreis des Deutschen Buchhandels verliehen.

Habermas hat der Kritischen Theorie nach Theodor W. → Adorno und Max → Horkheimer entscheidende neue Impulse gegeben. Sein Ansatz wurde dabei bald, spätestens mit der Theorie des kommunikativen Handelns, als ein ganz eigenständiger sichtbar. In zahlreichen Wortmeldungen und kleineren Schriften hat sich Habermas in zentralen politischen Fragen stets am öffentlichen Diskurs beteiligt, so z.B. im sog. Historikerstreit der 1980er Jahre um die Bewertung der nationalsozialistischen Vergangenheit. Zuletzt hat Habermas auch in die Debatte um die Gentechnik eingegriffen.

Biografie: W. Reese-Schäfer, *Jürgen Habermas,* Campus 2001.

Theorie des kommunikativen Handelns

OA 1981 **Form** Sachbuch **Bereich** Soziologie

Mit der *Theorie des kommunikativen Handelns* hat Jürgen Habermas den imposanten Versuch unternommen, die kritische Gesellschaftstheorie neu zu begründen. Vom Ziel der Emanzipation geleitet, will Habermas ihre normativen Grundlagen deutlicher herausarbeiten, als es die frühen Vertreter der Kritischen Theorie (v.a. Theodor W. → Adorno und Max → Horkheimer) vermochten bzw. als sie es sich wegen ihres tiefen Pessimismus noch zutrauen wollten. Diese normativen Grundlagen eines »nachmetaphysischen Zeitalters« findet Habermas in der Sprache, in den Grundvoraussetzungen und Implikationen kommunikativen Handelns.

Inhalt: Die zwei Bände beinhalten auf weit über 1000 Seiten kritische Auseinandersetzungen mit den Problemen u.a. der Rationalität, der Modernisierung sowie der Handlungs- und Systemtheorie. Habermas entwickelt seine eigene Theorie in kritischer Auseinandersetzung mit einigen Klassikern der Soziologie, u.a. Max → Weber, George Herbert Mead (1863–1931) und Talcott Parsons (1902–79). Auf diesem Weg systematisiert er das kommunikative Handeln durch eine Universalpragmatik, die über jene Regeln und Voraussetzungen belehrt, die wir beim Sprechen automatisch und immer befolgen. Wenn wir uns mit anderen verständigen wollen, so greifen wir auf einen vertrauten Hintergrund und Erfahrungsschatz zurück, den wir in der sog. Lebenswelt erlernt und eingeübt haben. Als wichtige Unterscheidung bestimmt Habermas die zwischen strategischem und echtem kommunikativen Handeln: das erste dient der Durchsetzung egoistischer Interessen und der Beeinflussung anderer und ist erfolgsorientiert; das zweite ist verständigungsorientiert und weiß sich den Ansprüchen auf Wahrheit, Richtigkeit und Wahrhaftigkeit verpflichtet.

Habermas bringt nun diese Sprechakttheorie mit einer Theorie moderner Gesellschaften zusammen. Die moderne Gesellschaft ist u.a. dadurch gekennzeichnet, dass sich in ihr Systeme ausdifferenzieren, die durch entsprachlichte Medien wie Geld und Macht gesteuert werden, was ihre Effizienz enorm erhöht. Die Gesellschaft bleibt gleichwohl auf die Reproduktionsprozesse der Lebenswelt angewiesen. Wird die

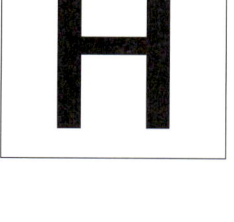

Jürgen Habermas 1981 in einem Gespräch über die Antriebe und Motive seiner Arbeit:

Ich habe überhaupt zu nichts ein unambivalentes Verhältnis, jedenfalls nur in sehr seltenen Augenblicken. [...] Ich bin kein Weltanschauungsproduzent, ich möchte tatsächlich ein paar kleine Wahrheiten produzieren, nicht die eine große Wahrheit.

Jürgen Habermas während einer Vorlesung 1991

Die wichtigsten Bücher von Jürgen Habermas

Erkenntnis und Interesse 1968	Es gibt nach Habermas keine »objektive Erkenntnis«, losgelöst von Interessen und Lebenspraxis. Radikale Erkenntniskritik ist nur als Gesellschaftstheorie möglich.
Theorie des kommu-nikativen Handelns 1981	Habermas entwirft eine Gesellschaftstheorie, die auf der Analyse von Kommunikation aufbaut und deren Prinzipien kritisch auf die Entwicklung moderner Gesellschaften bezieht. → S. 447
Vorstudien und Er-gänzungen (...), 1984	Habermas skizziert den gedanklichen Weg zur Theorie des kommunikativen Handelns und liefert Ergänzungen.
Der philosophische Diskurs der Moderne 1985	Um den normativen Gehalt der Moderne zu retten, muss die Philosophie von ihrem subjektzentrierten zu einem verständigungsorientierten Paradigma gelangen.
Eine Art Schadensabwicklung 1987	In den politischen Stellungnahmen, insbesondere zum Historikerstreit, kritisiert Habermas die Tendenz mancher Historiker, die Geschichte des Dritten Reichs zu historisieren.
Nachmetaphysisches Denken, 1988	Habermas kritisiert Versuche, zur Metaphysik zurückzukehren, ebenso wie eine allzu radikale Infragestellung der Vernunft und ihrer Bedeutung für die Moral.
Erläuterungen zur Diskursethik 1991	In diesem Werk setzt sich Habermas mit der Kritik an universalistischen Moralkonzepten auseinander und erläutert den Primat der Gerechtigkeit vor dem »Guten«.
Faktizität und Geltung, 1992	Das Buch vereint Beiträge zur Diskurstheorie des Rechts und des demokratischen Rechtsstaats, u.a. zu »deliberativer Politik«, Zivilgesellschaft und Öffentlichkeit.
Die Einbeziehung des Anderen 1996	Das Werk enthält Überlegungen zur Moral der Gerechtigkeit und gleichen Achtung eines jeden, die dennoch kulturelle Unterschiede beachtet und respektiert.
Wahrheit und Rechtfertigung 1999	Habermas setzt sich mit den erkenntnistheoretischen Grundlagen einer Moral der Gerechtigkeit in einer pluralistischen Welt, u.a. mit dem Philosophen Richard Rorty (* 1931), auseinander.
Die Zukunft der menschlichen Natur 2001	Habermas setzt sich kritisch mit den Möglichkeiten und Gefahren der Gentechnik auseinander, v.a. mit Blick auf die Würde des selbstbestimmten Wesens Mensch.

Lebenswelt durch die systemischen Medien zu stark beeinflusst (»kolonialisiert«), z.B in Gestalt von Verrechtlichungstendenzen, dann droht die kommunikativ strukturierte Lebenswelt samt ihres aufklärerischen, demokratischen und menschlichen Potenzials gleichsam zu verdorren. Aufgabe kritischer Gesellschaftstheorie muss es sein, solche Prozesse kenntlich zu machen und zu kritisieren.

Wirkung: Trotz seiner Komplexität ist dieser Text schnell zum Gegenstand internationaler Debatten geworden. Er hat, wie das gesamte Werk von Habermas, nicht nur die Soziologie, sondern auch (und vor allem) die politische und die Sozialphilosophie inspiriert und beschäftigt diese noch heute.   *C.S.*

Friedrich Hacker, *Aggression*, Umschlag der Neuausgabe 1985

Hacker, Friedrich

US-amerikan.-österreich. Psychiater und Psychoanalytiker

* 19.1.1914 Wien, † 23.6.1989 Mainz

📖 *Aggression*, 1971

Friedrich Hacker hat sich als Aggressionsforscher und kritischer Gesellschaftsanalytiker einen Namen gemacht. Er wirkte als Gutachter bei spektakulären Terror- und Mordfällen. Sein bekanntestes Buch *Aggression* gilt als grundlegendes Werk der Aggressionsforschung.

Hacker studierte Medizin in Wien. 1938 musste er aus Österreich emigrieren und schloss ein Jahr später sein Medizinstudium in Basel mit der Promotion ab. 1940 übersiedelte er in die USA und war u.a. an der Columbia University und der Menninger Clinic in Topeka (Kansas) tätig. Ab 1945 gründete er in Kalifornien eigene Kliniken, von denen die Prominentenklinik in Beverley Hills (Los Angeles) die bekannteste wurde. Zu den wichtigen Veröffentlichungen von Hacker zählen *Terror. Mythos, Realität, Analyse* (1973), *Freiheit, die sie meinen* (1978) über Manipulation und vermeintliche Freiheit menschlichen Handelns sowie *Drogen. Verhüten statt behandeln statt strafen* (1981). Der als Diskussionsteilnehmer gefragte Hacker starb während einer Fernsehdiskussion im Studio.

Aggression

OA 1971 **Form** Sachbuch **Bereich** Psychoanalyse

Friedrich Hacker hat eine der umfassendsten und zugleich populärsten Untersuchungen des Phänomens Aggression verfasst. Bald nach seinem Erscheinen wurde das Buch mit dem Untertitel *Die Brutalisierung der modernen Welt*, das in einer Zeit zunehmender Gewalttaten, Flugzeugentführungen und terroristischer Akte herauskam, zum Bestseller. Neuartig ist die Verbindung von eigenen Untersuchungen mit spektakulären Fallbeispielen. Das Buch besticht durch eine populäre, leicht verständliche Sprache, die auf Wissenschaftsterminologie weitgehend verzichtet.

Inhalt: Im Eingangskapitel von der *Zukunft der Unmenschlichkeit* bezeichnet Hacker als bedrohlichste Dimension der modernen Brutalisierung nicht allein die steigende Häufigkeit individueller und kollektiver Gewalt, sondern deren zunehmende Trivialisierung und Bagatellisierung. Die Öffentlichkeit sei derart abgestumpft, dass es immer erschreckenderer Gewaltakte bedürfe, um sie aufzurütteln. Hacker legt dar, dass zwar alle Gewalt als Aggression bezeichnet werden könne, aber nicht alle Aggression sich in Gewalt äußere. Die Aggression sei ebenso dynamisch, komplex und verwandlungsfähig wie die Gewalt starr und schablonenhaft. Er bezeichnet Gewalt als ein »Produkt von Denkfaulheit, Gefühlsarmut und Fantasielosigkeit«. Dabei predigt er nicht Gewaltverzicht um jeden Preis. Der Bedrohung durch Gewalttäter zum Beispiel könne man sich nicht wehrlos ausliefern. Vor allem an politischen Beispielen (z.B. Auseinandersetzung zwischen Iran und Irak, Afghanistan-Konflikt, Vietnamkrieg macht Hacker die mörderische Eskalation von Gewalt nach einfachen Mechanismen deutlich, wobei jede der betroffenen Parteien die von ihr ausgeübte Gewalt als »gerechtfertigt« betrachtet. Auch die gewaltfördernden oder -auslösenden Elemente von Sport, Werbung und Fernsehen entblößt der Autor.

Im Gegensatz zu vielen Forschern bezweifelt Hacker, dass Aggression ein angeborener Trieb oder Instinkt sei. Sie sei allerdings zumindest eine »organismische Bereitschaft, die biologisch verankert« sei. Genauso wie sie mobilisierbar sei, ist sie nach Hacker auch durch »soziale Einwirkung« lenkbar. Am Schluss des Buchs stellt er einen Katalog von Vorschlägen auf, wie individuelle, öffentliche oder staatliche Gewalt zu mindern seien.

Wirkung: Das Buch wurde auch von höchsten Stellen viel beachtet und diskutiert. Bei zahlreichen Gewalttaten, Terroranschlägen und Krisensituationen wurde der Psychoanalytiker von europäischen, süd- und US-amerikanischen Regierungsstellen oder Privatleuten als Berater hinzugezogen, so beim Anschlag auf die Olympischen Spiele in München (1972). Die Zunahme von Gewalttaten hat Hacker nicht mindern können, doch hat er wie kaum ein anderer Wissenschaftler deren Ursachen und die Gründe für Eskalationen überzeugend analysiert. *N. B.*

Haeckel, Ernst

dt. Biologe, Philosoph und Künstler

* 16.2.1834 Potsdam, † 9.8.1919 Jena

▭ *Die Welträtsel*, 1899

Mit den Arbeiten *Generelle Morphologie der Organismen* (1866) und *Natürliche Schöpfungsgeschichte* (1868) verhalf Ernst Haeckel der Evolutionstheorie von Charles → Darwin in Deutschland zum Durchbruch und löste gleichzeitig die heftige Diskussion um ihre wissenschaftlichen und weltanschaulichen Folgen aus. Seine philosophischen Überlegungen beschrieb er in dem Buch *Die Welträtsel*.

Haeckel wurde 1865 als erster ordentlicher Professor für Zoologie nach Jena berufen, wo er das Institut für Zoologie aufbaute. 1906 gründete er den Deutschen Monistenbund und begann 1909 mit dem Bau des Phyletischen Museums. Berufungen an andere Universitäten lehnte er stets ab. Mit großer Begeisterung für die Natur und stets auf der Grundlage beobachteter Tatsachen leistete er entscheidende Beiträge für die Begriffsfindung und die Theoriebildung in den Biowissenschaften.

Biografie: G. Heberer (Hrsg.), *Der gerechtfertigte Haeckel,* 1968.

Die Welträtsel

OA 1899
Form Sachbuch **Bereich** Philosophie der Biologie

In *Die Welträtsel* fasst Ernst Haeckel seine weltanschaulichen Überlegungen zur Einordnung biologischer Tatsachen zusammen. Er entwickelt als Alternative zu dem vorherrschenden theologischen Schöpfungsdogma seiner Zeit auf der einen und reinem Materialismus auf der anderen Seite einen Monismus von Geist und Materie.

Entstehung: Der Titel geht auf eine Rede des Physiologen Emil du Bois-Reymond (1818–96) 1880 zurück, in der dieser sieben Welträtsel benannte: 1. Wesen von Materie und Kraft, 2. Ursprung der Bewegung, 3. erste Entstehung des Lebens, 4. zweckmäßige Einrichtung der Natur, 5. Entstehen von Sinnesempfindung und Bewusstsein, 6. vernünftiges Denken und Ursprung der Sprache, 7. Willensfreiheit.

Nach Auffassung von Haeckel sind Rätsel 1, 2 und 5 durch seine Auffassung der Substanz, Rätsel 3, 4 und 6 durch die Entwicklungslehre gelöst; Rätsel 7 sei als reines Dogma kein Gegenstand wissenschaftlicher Untersuchung.

Inhalt: Das »Substanzgesetz« von Haeckel vereint das chemische Gesetz von der Erhaltung des Stoffs und das physikalische Gesetz von der Erhaltung der Kraft, welche er monistisch interpretiert. Sein Monismus bezeichnet hauptsächlich die Einheit von anorganischer und organischer Entwicklung, d. h. Einheit des Entstehens von Materie und Leben im Sinne gleicher chemischer Grundvorgänge mit nur unterschiedlichen Verbindungsstrukturen, aber nach dem

Auszug aus Die Welträtsel von Ernst Haeckel:

Der Dualismus (im weitesten Sinne!) zerlegt das Universum in zwei ganz verschiedene Substanzen, die materielle Welt und den immateriellen Gott, der ihr als Schöpfer, Erhalter und Regierer gegenübersteht. Der Monismus hingegen (ebenfalls im weitesten Sinn begriffen!) erkennt im Universum nur eine einzige Substanz, die »Gott und Natur« zugleich ist; Körper und Geist (oder Materie und Energie) sind für sie untrennbar verbunden. Der außerweltliche »persönliche« Gott des Dualismus führt zum Theismus, der innerweltliche Gott des Monismus zum Pantheismus.

Die wichtigsten Bücher von Ernst Haeckel	
Generelle Morphologie der Organismen 1866, 2 Bde.	Das Werk enthält u. a. die ersten detailliert ausgearbeiteten Stammbäume der Organismen sowie erste Formulierungen des biogenetischen Grundgesetzes und der Gastraeatheorie.
Natürliche Schöpfungsgeschichte 1868	Trotz der in Fachkreisen umstrittenen Wirkung der Erstausgabe, begründete dieses Buch den Weltruhm von Haeckel. Es wurde in zwölf Auflagen immer wieder überarbeitet und in 25 Sprachen übersetzt.
Die Gastraea-Theorie... 1874	Das Werk enthält die Entdeckung, dass alle verschiedenen Lebensformen im Beginn ihrer Keimesgeschichte dieselbe Stammform wiederholen.
Anthropogenie oder Entwicklungslehre – Geschichte des Menschen, 1874	In diesem Buch entwickelte Haeckel ein erstes evolutionistisches Modell zur Abstammung des Menschen von Primaten. Die Anthropologie wird als Teil der Zoologie aufgefasst. H. prägt den Namen Pithecanthropos (Affenmensch).
Systematische Phylogenie 1894–96, 3 Bde.	Haeckel schreibt eine Entwicklungsgeschichte der Arten oder Spezies, aus denen sich die Stämme zusammensetzen. Die Entdeckung, dass komplizierte Muster, in denen Lebewesen organisiert sind, auf mehrere Grundformen zurückgeführt werden können, war der Beleg für die Lehren von Charles → Darwin.
Die Welträtsel 1899	Haeckel entwirft eine monistische Weltanschauung, die sich an den Beobachtungen der Natur orientiert. → S. 449
Kunstformen der Natur, 1899–1904	Eine Folge von Heften mit jeweils zehn Zeichnungen von Strukturen, die eine natürliche Ordnung spiegeln.

gleichen kausalen Mechanismus. Haeckel leugnet das Psychische nicht, sondern leitet es vom Materiellen ab. Die Eckpunkte seines Monismus sind in der »kosmologischen Perspektive« enthalten, welche von einer Substanz mit den zwei Attributen Materie und Energie ausgeht und den Menschen erstmals in der Wissenschaftsgeschichte als vorübergehende Erscheinung der vergänglichen organischen Natur beschreibt.

Auch die Seele ist demnach eine Summe von Lebenserscheinungen, die an ein bestimmtes materielles Substrat gebunden ist. Dieses Substrat nennt Haeckel »Psychoplasma« und meint damit das im ganzen Körper nachgewiesene Plasma aus Kohlenstoffverbindungen, die sämtlichen Lebensvorgängen zu Grunde liegen. Bei höheren Tieren bildet es Neuroplasma (Nervensubstanz). Im Sinne von Reizempfindlichkeit, Abstoßung und Anziehung haben aber auch Einzeller Seelenleben. Das Seelenleben von Menschen ist lediglich ein komplexerer Vorgang auf der Basis von komplexeren chemischen Vorgängen.

Bewusstsein ist eine Gehirnfunktion und wie Sinneswahrnehmung sowie Sprache eine Seelenfunktion. Haeckel sieht darin eine phylogenetische Entwicklung hin zur Vereinigung von einstmals getrennten Funktionen zu einem höheren Grad an Integration oder Zentralisation. »Psyche« ist ein Kollektivbegriff für alle psychischen Funktionen dieses Plasmas und damit ebenso eine physiologische Abstraktion wie die Begriffe »Stoffwechsel« oder »Zeugung«. Der Unterschied zwischen Mensch und Tier ist nicht qualitativ, sondern nur stufenweise. In letzter Konsequenz gibt es für Haeckel keine leblose bzw. seelenlose Materie.

Wirkung: Das Buch *Die Welträtsel* wurde in insgesamt 400 000 Exemplaren aufgelegt und in 30 Sprachen übersetzt. Der Aufruhr, den Haeckel mit seinen Thesen erzeugte, ist vor dem Hintergrund einer dominanten idealistischen Schulphilosophie, einer die öffentliche Meinung dominierenden dogmatischen Theologie und einer bis dahin nur beschreibenden Biologie zu verstehen.   *R. D.*

Haffner, Sebastian

(eigtl. Raimund Pretzel) Journalist und Buchautor

*27.12.1907 Berlin, †2.1.1999 ebd.

📖 *Anmerkungen zu Hitler*, 1978

Sebastian Haffner war einer der bedeutendsten und umstrittensten deutschen Publizisten der Nachkriegszeit; sein Lebensthema war Hitler und die preußisch-deutsche Geschichte. Wie kein Zweiter verstand er es, komplizierte geschichtliche Zusammenhänge einem breiten Publikum verständlich zu machen und in scharfsinniger Analyse und unorthodoxer Fragestellung den scheinbar längst bekannten historischen Sachverhalten neue Perspektiven abzugewinnen.

Als Kind einer Familie preußischer Beamter erlebte Haffner das Kaiserreich und als Jurastudent den Untergang der Weimarer Republik. Nach der Machtergreifung von Adolf Hitler quittierte er den öffentlichen Dienst in der Verwaltung. Im Oktober 1938 folgte er seiner späteren Ehefrau Erika Hirsch, die nach den Nürnberger Gesetzen »Volljüdin« war, ins Exil nach England, wo er 1948 die britische Staatsbürgerschaft annahm. Unter dem Pseudonym Sebastian Haffner – zum Schutz seiner Verwandten in Deutschland – schlug er sich als Redakteur des deutschsprachigen Emigrantenblatts *Die Zeitung* durch und schrieb 1940 sein erstes Buch *Deutschland: Jekyll & Hyde,* mit dem er die Briten über das nationalsozialistische Deutschland aufklären wollte. Das Buch erregte die Aufmerksamkeit des Verlegers David Astor, der Haffner als freien Autor für die einflussreiche liberale Sonntagszeitung *Observer* einstellte. Innerhalb weniger Jahre stieg Haffner zu einem der einflussreichsten Journalisten und Buchautoren des Westens auf. 1954 kehrte er schließlich nach Deutschland zurück. In zahlreicher Korrespondentenberichten, Zeitungskolumnen, Fernsehbeiträgen und Büchern deutete Haffner die historischen Entwicklungen des 20. Jahrhunderts und hielt den Deutschen imme wieder einen Spiegel vor.

Biografie: U. Soukup, *Ich bin nun mal Deutscher. Sebastian Haffner,* 2001.

Auszug aus dem Buch
Anmerkungen zu Hitler
von Sebastian Haffner:

Weniger gut ist, dass die Erinnerung an Hitler von den älteren Deutschen verdrängt ist und dass die meisten jüngeren rein gar nichts mehr von ihm wissen. Und noch weniger gut ist, dass viele Deutsche sich seit Hitler nicht mehr trauen, Patrioten zu sein. Denn die deutsche Geschichte ist mit Hitler nicht zu Ende. Wer das Gegenteil glaubt und sich womöglich darüber freut, weiß gar nicht, wie sehr er damit Hitlers letzten Willen erfüllt.

Die wichtigsten Bücher von Sebastian Haffner

Deutschland: Jekyll & Hyde 1940	Geschrieben in der englischen Emigration, deutete Haffner in der Parabel von der gespaltenen Persönlichkeit Hitler als Typ des Selbstmörders, der sich nicht an sein Programm und seine Ideen gebunden fühle, sondern alles riskieren würde, um seine Macht zu vergrößern.
Anmerkungen zu Hitler 1978	In einem bis dahin unüblichen, knappen und nüchternen Blick stellt Haffner in sieben selbstständigen Kapiteln sowohl Hitlers Leben und Leistungen, als auch seine Fehler, Irrtümer und Vergehen dar.→ S. 451.
Der Verrat Deutschland 1918/19 1969	Das 1969 unter dem Titel *Die verratene Revolution* erschienene Buch übt eine vernichtende Kritik an der Rolle der SPD in der Novemberrevolution 1918/19, für deren Ende Haffner Gustav Noske und Friedrich Ebert verantwortlich sieht.
Von Bismarck zu Hitler 1987	Ausgehend von der Überlegung, ob das Deutsche Reich von 1871 nicht aufgrund seiner Größe von Anfang an eine Fehlkonstruktion für die deutsche Zivilisation war, reflektiert Haffner über das fehlgeschlagene Experiment des ersten Nationalstaats.
Geschichte eines Deutschen. Die Erinnerungen 1914–33, 2000	In dem 1939 geschriebenen, postum im Nachlass von Haffner gefundenen Werk wird die Geschichte Deutschlands aus dem Blickwinkel des heranwachsenden Autors durchlebt und eindrucksvoll erklärt, wie sich das Dritte Reich in Deutschland durchsetzen konnte.
Schreiben für die Freiheit 1942–49 2001	Das Buch stellt die besten Artikel aus Haffners quantitativ produktivster Zeit beim *Observer* zusammen. Die Vielfalt der Artikel reicht von Leitartikeln über Porträts bis zu Musikkritiken.

Anmerkungen zu Hitler

OA 1978 **Form** Sachbuch **Bereich** Geschichte

Mit seinen *Anmerkungen zu Hitler* reduzierte Sebastian Haffner nicht nur das unüberschaubare Dickicht der biografischen Literatur über Hitler auf wenige Fragen, sondern machte es aufgrund der nüchternen Alltagssprache auch für ein breites Publikum interessant.

Inhalt: Von verschiedenen Seiten, unter verschiedenen Aspekten und an verschiedenen Schlüsselstellen seiner Biografie versucht Haffner das Phänomen Adolf Hitler zu erhellen. Dabei geht es ihm nicht um eine detaillierte Darstellung der Geschichte des Hitler-Regimes, sondern um eine differenzierte Untersuchung der Person Hitlers. Haffner sucht die gezielte Auseinandersetzung mit den vorherrschenden Pauschal- und Vorurteilen.

Struktur: In dem nur 200 Seiten starken Werk verfolgt Haffner einen ungewöhnlich knappen und paraphrasierten Blick auf Hitler. Zunächst schildert er Hitlers Leben und Leistungen, demontiert ihn aber anschließend als Verräter und Verbrecher, indem er seine Fehler, Irrtümer und Vergehen beschreibt.

Wirkung: Monatelang führten die *Anmerkungen zu Hitler* die Bestsellerlisten an und brachten Haffner den Durchbruch zum Erfolgsautor. 1978 erhielt er für sein Buch den Heinrich-Heine-Preis der Stadt Düsseldorf. Unter Fachhistorikern riefen die *Anmerkungen zu Hitler* einen Skandal hervor, da den Leistungen von Hitler ein eigenes Kapitel gewidmet wurde. Damit bekam die Diskussion über die Vergangenheitsbewältigung einen neuen Schub, von dem die öffentliche Debatte mehrere Jahre lang zehrte. Das Buch ist bis heute das meistverkaufte Werk über Hitler. *T. K.*

Hahn, Ulla

dt. Lyrikerin und Romanautorin

*30.4.1946 Brachhausen (Sauerland)

Nach einer Büroausbildung und einem Studium der Germanistik, das sie 1978 mit einer Promotion über politisch-operative Literatur abschloss, war Hahn zunächst als Kulturredakteurin beim Rundfunk tätig. Ab 1970 veröffentlichte sie einzelne Gedichte; ihr erster Lyrikband *Herz über Kopf* wurde 1981 ein bemerkenswerter Erfolg – sicher nicht nur wegen der energischen Fürsprache des Literaturkritikers Marcel Reich-Ranicki. Kritische Stimmen wiesen auf den konventionell-kunsthandwerklichen Charakter ihrer Gedichte hin, die die Formtraditionen und den Bilderschatz der klassisch-romantischen Tradition ausbeuten. Thematisch handelt es sich zumeist um Liebeslyrik im weitesten Sinn: Die Gefühlslagen der Liebenden und die Facetten ihrer Beziehung werden, oftmals sehr pointiert, zum Ausdruck gebracht. Die Hinwendung Hahns zu dieser privaten Thematik ist durchaus typisch für die »Betroffenheitsliteratur« der späten 1970er und frühen 1980er Jahre. Von ihren beiden Romanen provozierte *Ein Mann im Haus* eine Kontroverse, während *Das verborgene Wort* (2001), ein autobiografisch gefärbter Roman über die 1950er Jahre, von Literaturkritik und Publikum überwiegend als gelungen gewürdigt wurde.

Ein Mann im Haus

OA 1991 **Gattung** Roman **Epoche** Gegenwart

Der relativ kurze Erzähltext von Ulla Hahn lebt ganz von einer provozierend-obszönen Idee, die er mehr oder weniger ironisch durchspielt.

Auszug aus dem Buch *Anmerkungen zu Hitler* von Sebastian Haffner:

Einige englische Historiker haben im Krieg zu beweisen versucht, dass Hitler das sozusagen vorherbestimmte Produkt der ganzen deutschen Geschichte gewesen sei; dass von Luther über Friedrich den Großen und Bismarck eine gerade Linie auf Hitler zulaufe. Das Gegenteil ist richtig. Hitler steht in keiner deutschen Tradition, am wenigsten in der protestantisch-preußischen, die, Friedrich und Bismarck nicht ausgenommen, eine Tradition nüchtern-selbstlosen Diensts am Staatswohl gewesen ist.

Sebastian Haffner, *Anmerkungen zu Hitler*, Umschlag der Originalausgabe 1978

Ulla Hahn in der Bibliothek ihrer Hamburger Wohnung, fotografiert im Herbst 2001

Das Buch erregte dadurch nicht nur in literarischen Kreisen einiges Aufsehen, sondern wurde auch von der Boulevardpresse beachtet.

Inhalt: Die Goldschmiedin Maria lebt in einer katholischen Kleinstadt im Rheinland und hat ein heimliches Verhältnis mit dem örtlichen Küster und Chorleiter. Der wiederum ist mit der gut situierten Erbin der Wurstfabrik verheiratet und will es auch bleiben. Darauf wird Maria aktiv: Sie lockt Hansegon, den »Küstermann«, in ihr gepflegtes Heim und legt dem bindungsscheuen Galan selbst geschmiedete Fesseln aus purem Gold, »innen mit weichem lila Samt gepolstert«, sowie einen soliden Knebel an. Hilflos und entblößt an die Bettpfosten gebunden, wird der bindungsunwillige Hansegon nun zum Objekt ihrer Begierden und ihrer Fürsorge. Er wird mit Sex und Sekt verwöhnt, erhält pürierte Bandnudeln mit Kalbssoße – diese werden ihm über ein selbst geschmiedetes Silberröhrchen verabreicht – sowie sorgfältige Waschungen und viel klassische Musik. »Sie hatte sich Küstermann verbunden, bis dass der Tod euch scheidet, anderes, mehr hatte sie nie gewollt.« Das Geschehen endet jedoch nicht tödlich, sondern lediglich mit einer saftigen Grippe. Nach einiger Zeit wird der Küster nackt auf den Rheinwiesen aufgegriffen.

Aufbau: Der kurze Roman wirkt von Beginn an ambivalent, weil er ein provozierendes und obszönes Geschehen mit einer biederen Figurenpsychologie und einer konventionellen Erzählweise kombiniert. Gewiss dominieren die Sichtweise und die Empfindungen des weiblichen Hauptperson – aber sie ist keineswegs eine radikale Feministin, sondern eine verschmähte Geliebte, die gern Ehefrau wäre. Ist diese Fabel ernst zu nehmen, steht sie symbolisch für den Geschlechterkampf oder den Drang nach weiblicher Emanzipation? Oder macht sich die Autorin nicht nur über das männliche Opfer, sondern auch über diese gefühlige Domina – und zuletzt auch über ihre Leser – lustig? Das bleibt bis zum Schluss des Buchs unklar. Streng genommen ist diese satanische Idylle kein Roman, sondern eine groteske Novelle, die ihre Effekte aus der überraschenden Kombination von Kleinstadtmuff und schwarzer Romantik zieht.

Wirkung: Aufgrund der Bekanntheit der Lyrikerin Hahn und des provokanten Themas wurde das Buch bei Erscheinen lebhaft diskutiert – auch außerhalb der literarischen Welt. Dabei spielte – etwa für die BILD-Zeitung – die im folgenden Jahr bekannt gewordene Beziehung der Autorin zu einem prominenten Politiker eine wesentliche Rolle. *J. V.*

Ulla Hahn, *Ein Mann im Haus*, Umschlag der Originalausgabe 1991 (Gestaltung: Brigitte und Hans-Peter Willberg mit einer Grafik von Aubrey Beardsley)

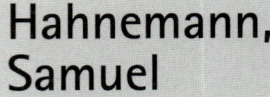

Hahnemann, Samuel

dt. Arzt

* 10.4.1755 Meißen, † 2.7.1843 Paris

📖 *Organon der rationellen Heilkunde*, 1810

Samuel Hahnemann ist eine der bekanntesten Persönlichkeiten der deutschen Medizingeschichte des 18./19. Jahrhunderts. Er gilt als Begründer der Homöopathie, die er in seiner 1810 erschienenen Schrift *Organon der rationellen Heilkunde* zusammenfassend darstellt.

Nach dem Besuch der Fürstenschule in Meißen studierte Hahnemann seit 1775 Medizin in Leipzig. 1779 wurde Hahnemann in Erlangen promoviert. In den folgenden Jahren bis 1784 arbeitete Hahnemann in Hettstedt und als Physikus in Gommern. Anschließend gab er seine Praxis auf und bildete sich in Dresden zum Gerichtsmediziner weiter.

1786 gab Hahnemann seine klassische Schrift *Über die Arsenikvergiftung* heraus; zwei Jahre später verließ er Dresden und führte ein unstetes Wanderleben. Erst 1805 wurde Hahnemann in Torgau ansässig. 1810 erschien sein *Organon der rationellen Heilkunde*, die Zusammenfassung seiner homöopathischen Lehre. 1811 siedelte er nach Leipzig über, wo er sich habilitierte. Wegen Streitereien mit der Apothekerschaft wurde er 1821 der Stadt verwiesen. Er ging nach Köthen, wo er eine Praxis aufbaute, die später durch sein Wirken international bekannt wurde. 1835 zog er nach Paris um, wo er erneut eine Praxis führte, die es ihm erlaubte, bis zu seinem Tod in luxuriösem Wohlstand zu leben.

Biografie: K. Schreiber, *Samuel Hahnemann in Leipzig. Förderer, Gegner und Patienten*, 1998.

Organon der rationellen Heilkunde

OA 1810 **Form** Abhandlung **Bereich** Medizin

In der medizinischen Abhandlung *Organon der rationellen Heilkunde* stellt Samuel Hahnemann die Lehre der Homöopathie dar, als deren Begründer er gilt.

Hintergrund: Um die Bedeutung des Buchs zu betonen, gab ihm Hahnemann den Titel *Organon* (griech.: »Werkzeug«), ein Terminus, de

OT = Originaltitel **EZ** = Entstehungszeit **OA** = Originalausgabe **DE** = Deutsche Erstausgabe 📖 = Verweis auf Werkartike

seit → Aristoteles für logische Hilfsmittel des wissenschaftlichen Argumentierens und des systematischen Aufbaus der Wissenschaften steht. In die gleiche Richtung weist der Begriff »rationell«. Schon im Titel des Buches, der auf die gesamte »Heilkunde« abzielt, wird Hahnemanns Absicht deutlich, seiner Lehre den Absolutheitsanspruch eines neuen medizinischen Systems zu verleihen.

Inhalt: Hahnemann stellt in seinem Hauptwerk grundlegend sein medizinisches Lehrgebäude der Homöopathie vor. Das Simile-Prinzip ist die Grundlage der homöopathischen Theorie. Es handelt sich um ein medikamentöses Therapieprinzip, das Krankheitserscheinungen nicht durch Verabreichung direkt gegen die Symptome gerichteter Arzneien behandelt, sondern bei dem meist in niedriger Dosierung Substanzen gegeben werden, die in hoher Dosis den Krankheitserscheinungen ähnliche Symptome hervorrufen. So wird beispielsweise Thallium in niedrigster Dosierung zur Behandlung krankhaften Haarausfalls (Alopezie) eingesetzt.

Sein berühmter Selbstversuch führte Hahnemann zur Genese des Simile-Prinzips: Er bemerkte bei der Beschäftigung mit William Cullens (1710–90) *Materia medica* (1789), einem bedeutenden Buch zur Arzneimittellehre, dass der Autor die heilende Wirkung der Chinarinde gegen Malaria in der Kräftigung des Verdauungssystems begründet sah. Die Rinde des Chinabaumes (Fieberrinde, Cortex Chinae) ist eine als Malaria-, Fieber- und Bittermittel eingesetzte Arzneidroge. Da Hahnemann diese Ansicht Cullens anzweifelte, überprüfte er die Wirksamkeit der Chinarinde an sich selbst. Er glaubte, im Laufe dieses Selbstversuchs am eigenen gesunden Körper solche Symptome feststellen zu können, wie sie sonst bei der Malaria auftauchen.

Hahnemann erläutert, wie Erkrankungen durch Fehlfunktion des gesamten Organismus, die an ihren Symptomen zu diagnostizieren ist, hervorgerufen werden. Nach der Diagnosestellung müsse der Arzt sich für ein Heilmittel entscheiden, das beim gesunden Menschen ähnliche Krankheitserscheinungen erzeuge. Anschließend geht Hahnemann auf die Herstellung und Aufbewahrung der homöopathisch wirkenden Heilmittel ein. Des Weiteren thematisiert er die sog. »Potenzierung« (Dynamisierung) der Medikamente: Bei der Herstellung eines homöopathischen Medikaments solle die Ausgangssubstanz des Arzneimittels mit einer Trägersubstanz in einem definierten Verhältnis vermischt werden, das Hahnemann durch empirische Beobachtung gewann. Er stellte fest, dass die Arzneien nicht an Wirkung verlieren, je stärker sie verdünnt worden waren, sondern an Heilkraft zunehmen.

Wirkung: Das *Organon der rationellen Heilkunde* ist eines der wirkungsmächtigsten medizinischen Bücher überhaupt. Seit seinem Erscheinen 1810 sind mehr als 120 Ausgaben nachweisbar, fünf immer wieder verbesserte und erweiterte Auflagen kamen zu Lebzeiten Hahnemanns heraus. Zahlreiche Übersetzungen des Textes in alle Weltsprachen liegen vor.

Die von Hahnemann begründete homöopathische Lehre forderte seit Anbeginn zahlreiche Kritiker heraus. Trotz – oder wegen – der immensen Fortschritte der naturwissenschaftlich ausgerichteten modernen Medizin kann sich die Homöopathie als beliebtes Naturheilverfahren bis heute behaupten.   *W. G.*

Haley, Alex

afroamerikan. Schriftsteller und Journalist

* 11.8.1922 Ithaca (New York)

† 10.2.1992 Seattle (Washington)

📖 *Wurzeln*, 1976

Alex Haley war kein Schriftsteller der literarischen Innovation. Seine Bedeutung für die schwarze Literatur liegt in der positiven Neubewertung der afrikanischen Ursprünge der afroamerikanischen Volkskultur und Geschichte.

Als Sohn von Akademikern im Süden aufgewachsen, diente Haley ab 1939 rund 20 Jahre in der US-Küstenwache, begann Kurzgeschichten

Auszug aus der medizinischen Abhandlung *Organon der rationellen Heilkunde*, § 18, von Samuel Hahnemann:

Fände sich dann ferner (wie sich auch in der That findet!), dass diejenige Arznei, welche in ihrer Einwirkung auf den gesunden menschlichen Körper alle die Symptome zu erkennen gegeben hat, die die zu heilende Krankheit in sich faßt, bei ihrem arzneilichen Gebrauche in derselben auch den ganzen Komplex der Krankheitssymptome, die ganze gegenwärtige Krankheit aufhebe und in Gesundheit verwandle, so ließe sich nicht zweifeln, daß das Gesetz gefunden sei, nach welchem diese Arznei auf diese Krankheit heilbringend gewirkt habe, das Gesetz: gleichartige Symptome dieser Arznei heben Symptomen gleicher Art in dieser gegebnen Krankheit auf.

Alex Haley mit Kisten, die die Taschenbuchausgabe seines Bestsellers *Roots* enthalten; aufgenommen im Februar 1978 in Hamburg

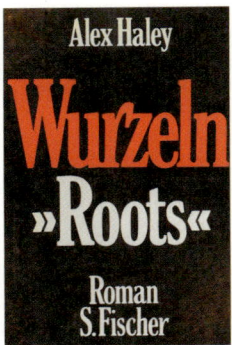

Alex Haley, *Wurzeln*, Umschlag der deutschsprachigen Erstausgabe 1977

1951 musste Dashiell Hammett sich vor dem McCarthy-Ausschuss wegen seiner kommunistischen Gesinnung verantworten; er weigerte sich, eine Aussage zu dem Vorwurf der staatsfeindlichen kommunistischen Konspiration zu machen und ging für fünf Monate ins Gefängnis

zu schreiben und wurde Marinejournalist. Ab 1959 veröffentlichte er u.a. in *Reader's Digest*, *Playboy* und der *Evening Standard Post*. Nach Interviews mit dem schwarzen Bürgerrechtler Malcolm X (eigtl. Malcolm Little, 1925 bis 1965) erhielt Haley den Auftrag, dessen Lebensgeschichte zu schreiben (*Der schwarze Tribun*, 1965). Angeregt durch Familienerzählungen, verfolgte Haley anschließend die Geschichte seiner Vorfahren bis zu ihren afrikanischen Ursprüngen zurück und veröffentlichte die Ergebnisse dieser Forschung 1976 in der Familiensaga *Wurzeln*.

Wurzeln

OT Roots **OA** 1976 **DE** 1977
Form Roman **Epoche** Moderne

Die Familiensaga verfolgt die Genealogie der Haleys zurück bis nach Gambia im Jahr 1750. Alex Haley definierte den Roman als »faction«, als Verbindung von »fact« und »fiction«.
Inhalt: 1767 verschleppen Sklavenhändler den 17-jährigen Kunta Kinte aus dem westafrikanischen Dorf Juffure (Gambia). Er überlebt die Qualen der »Middle Passage« und wird auf eine Plantage in Virginia verkauft. Nachdem ihm ein Fuß amputiert worden ist, um ihn von Fluchtversuchen abzuschrecken, heiratet er die Sklavin Bell. Seine Kinder und Kindeskinder, deren Schicksal der Roman über sieben Generationen bis zu Haleys Kindheit aufarbeitet, bewahren die Erinnerungen an »den Afrikaner« als Teil ihrer Identität.
Wirkung: Wegen seines Festhaltens an traditionellen, oft ins Triviale abgleitenden Form- und Stilmitteln sowie wegen seiner Melodramatik wurde der Roman auch von afroamerikanischen Literatur- und Kulturkritikern scharf angegriffen und besonders von Margaret Walker und Harold Courlander als Plagiat und historische Fälschung abgelehnt. Diese in vielen Punkten

berechtigte Kritik ignorierte jedoch die Bedeutung von *Wurzeln* im Prozess afroamerikanischer Bewusstseinsbildung: Das weiße Amerika verwehrte den Schwarzen eine identitätstragende Geschichte, indem es ihren afrikanischen Ursprungskontinent als geschichtslos denunzierte. Seit Afroamerikaner schreiben, haben sie die Frage nach ihrer historischen Identität in den Mittelpunkt ihres Schaffens gestellt. Haley argumentiert, dass die Afrikaner aus einem komplexen soziokulturellen Gefüge herausgerissen wurden. In der Verknüpfung von afrikanischer Geschichte und amerikanischer Gegenwart zeigt sein Roman afroamerikanische Identität als Resultat eines gewaltsamen Akkulturationsprozesses, in dem die schwarzen Amerikaner ihre ethnische Identität nur durch die Entwicklung einer eigenständigen Volkskultur wahren konnten. 1976 als Fernsehserie verfilmt, ausgezeichnet mit dem Pulitzer-Preis und einer Sonderauszeichnung im Rahmen des National Book Award, wurde Haleys Erstlingsroman trotz aller Kritik ein internationaler Erfolg. *M. Di.*

Hammett, Dashiell

US-amerikan. Schriftsteller

*27.5.1894 Saint Mary's County (Maryland)

† 10.1.1961 New York

📖 *Der Malteser Falke*, 1930

Obwohl Dashiell Hammett nur fünf Romane geschrieben hat, gilt er als bedeutender Wegbereiter des US-amerikanischen Kriminalromans, auf den sich viele Nachfolger beriefen. Schriftsteller wie William → Faulkner, André → Gide, Ernest → Hemingway und W. Somerset → Maugham lobten ihn als Spannungsspezialisten und Stilisten.

Hammett lebte nach abgebrochener Schulausbildung von Gelegenheitsjobs, bis er für acht Jahre als Privatdetektiv in der legendären Agentur Pinkerton (Chicago) arbeitete, wo er die entscheidenden Hinweise für seine Romane empfing. Nach einigen Kurzgeschichten und zwei Romanen, die einen dicklichen, namenlosen Ermittler zum Helden haben (*Rote Ernte*; *Der Fluch des Hauses Dain*, beide 1929*)*, gelang Hammett mit *Der Malteser Falke* der Durchbruch. Am populärsten wurde allerdings die Gestalt des Nick Charles aus Hammetts letztem Roman *Der dünne Mann* (1934). Hammett war lange Jahre als Drehbuchautor in Hollywood tätig, bevor ihn der McCarthy-Ausschuss wegen seines sozialistischen Engagements verfolgte, 1951 zu einer Gefängnisstrafe verurteilte, nahezu aller Publikationsmöglichkeiten beraubt und

zunehmend alkoholabhängig, schrieb Hammett bis zu seinem Tod kein Buch mehr und starb verarmt.

Biografie: D. Johnson, *Dashiell Hammett*, 1985.

Der Malteser Falke

OT The Maltese Falcon **OA** 1930 **DE** 1951
Form Roman **Epoche** Moderne

Der Malteser Falke von Dashiell Hammett gilt als klassisches Beispiel eines Kriminalromans, in dessen Mittelpunkt ein allein für die Gerechtigkeit kämpfender Privatdetektiv steht.

Inhalt: Der Partner des Privatdetektivs Sam Spade ist im Verlauf von Ermittlungen erschossen worden. Obwohl Spade den Kollegen nicht sonderlich schätzte und außerdem ein Verhältnis mit dessen Frau hatte, will er den Mord aufklären, um seiner Berufsehre Genüge zu tun. Er entdeckt, dass eine ganze Gruppe von Gangstern sich gegenseitig befehdet auf der Suche nach dem legendären Malteser Falken, einer kostbaren goldenen, mit Edelsteinen geschmückten Statue aus dem 16. Jahrhundert, die Malteser Ritter dem spanischen König stiften wollten. Auf der Jagd nach diesem Kleinod befinden sich u. a. der dubiose, übergewichtige Geschäftsmann Caspar Gutman, der skrupellose Joel Cairo und die schöne, unberechenbare Brigid O'Shaughnessy, auf die Sam Spade eine Zeit lang hereinfällt.

Während Spade sich noch orientierungslos zwischen den Rivalen bewegt, bekommt er massiven Ärger mit der Polizei, die ihn des Mordes an seinem Partner bezichtigt, u. a. weil er vor dessen Beerdigung bereits das Firmenschild am Büro auswechseln ließ. Nach vielen Verwechslungen, Morden und haarsträubenden Situationen für Spade stellt sich die Statue als grandiose Fälschung heraus. Spade kann alle Beteiligten der Polizei übergeben, auch die kaltschnäuzige Brigid, der er den Mord an seinem Partner nachweisen kann. Obwohl sie seine Geliebte war und ihn anfleht, sie zu verschonen, muss sie damit rechnen, als Mörderin gehängt zu werden.

Wirkung: Hammet hat mit Sam Spade den Prototyp des einsamen, zynischen Kämpfers für die Gerechtigkeit geschaffen, den »tough guy« in einem »hard-boiled«-Kriminalroman. Bewusst gegen die diskreten englischen Varianten des Genres angeschrieben, gespeist aus seiner Erfahrung als Privatdetektiv, gelingt es Hammett, eine realistische Verbrechensgeschichte mit überzeugenden Dialogen zu erzählen. Der einsame Kämpfer für das Recht, Sam Spade, zeigt in seinem Zynismus noch nicht die sentimentalen Züge Philip Marlowes bei Raymond → Chandler, dessen großes Vorbild Hammett war.

Weltruhm erlangte Hammetts Roman durch die Verfilmung von 1941 unter der Regie von John Huston (1906–87) mit Humphrey Bogart (1899 bis 1957) in der Rolle des Sam Spade.   *D. Ma.*

Dashiell Hammett, *Der Malteser Falke*; links: Umschlag der US-Ausgabe 1947; rechts: Einband der ersten deutschsprachigen Taschenbuchausgabe 1974 unter Verwendung eines Filmfotos mit Peter Lorre und Humphrey Bogart

Hamsun, Knut

norweg. Autor

* 4.8.1859 Lom (Gudbrandstal)

† 19.2.1952 Nørholm (Südnorwegen)

📖 *Hunger*, 1890

📖 *Segen der Erde*, 1917

In Abwendung von der etablierten Erzählkunst verfasste Knut Hamsun Romane, denen die literarische Avantgarde des 20. Jahrhunderts entscheidende Impulse verdankt. Sein experimenteller Subjektivismus, gekennzeichnet durch die expressive und vielschichtige Brechung der geschilderten Vorgänge im darstellenden Bewusstsein, wurde zu einer der wirkungsmächtigsten Inspirationsquellen des modernen Romans.

Hamsuns Kindheit war geprägt von Armut, mangelnder Schulbildung und früher Berufstätigkeit (ab 1868). Zwei gescheiterte Auswanderungsversuche nach Amerika (1882 und 86) bildeten den Ausgangspunkt einer fortdauernden antiamerikanischen und antidemokratischen Haltung.

Das eigentliche schriftstellerische Debüt erfolgte erst 1890 mit *Hunger*. Nachdem es Hamsun mit diesem Werk gelungen war, sich endgültig auf der literarischen Szene Europas zu etablieren, veröffentlichte er in dichtem Abstand zahlreiche weitere Schriften (vorwiegend Romane) und erhielt 1920 den Nobelpreis für *Segen der Erde*.

Knut Hamsun in seinem Vortrag *Vom unbewussten Seelenleben* (1890):

Wie, wenn nun die Literatur anfinge, sich etwas mehr mit seelischen Zuständen zu beschäftigen? [...] Wir erführen ein wenig von den heimlichen Bewegungen, die sich unbeachtet an entlegenen Stellen der Seele vollziehen, von dem unberechenbaren Wirrwarr der Gefühle, dem delikaten Fantasieleben unter der Lupe, diesen Wanderungen der Gedanken und Gefühle im Blauen, schrittlosen, spurlosen Reisen mit Hirn und Herz, seltsamen Nervenfunktionen, dem Raunen des Blutes, dem rasselnden Gebet der Knochen, dem ganzen unbewussten Seelenleben.

Die wichtigsten Bücher von Knut Hamsun	
Hunger 1890	Die Darstellung des psychosomatischen Überlebenskampfs eines namenlosen Schriftstellers in Kristiania ist ein literarisches Experiment in der Ich-Form, das sich die Intensivierung seelischer Prozesse unter den Bedingungen eines physischen Ausnahmezustands zu Nutze macht. → S. 456
Mysterien 1892	Johan Nilsen Nagel lebt einige Monate als Außenseiter in einer norwegischen Kleinstadt und nimmt sich schließlich das Leben. Im deutlichen Reflex auf Nietzsches Ich-Kritik problematisiert dieser Roman die Existenz des Künstlers.
Pan 1894	Der Roman behandelt die Problematik eines Grenzgängers zwischen Naturmystik und Zivilisation, dessen widersprüchliche Existenz den inneren Konflikt des modernen Menschen spiegelt und schließlich in die Katastrophe führt.
Benoni, 1908/ *Rosa*, 1909	Unter Berücksichtigung sozialhistorischer Aspekte bietet dieser Doppelroman eine ländlich-burleske Schilderung der nordnorwegischen Gesellschaft um 1870.
Kinder der Zeit 1913/ *Die Stadt Segelfoß* 1915	Der Doppelroman schildert Aufstieg und Verfall einer Großfamilie und einer norwegischen Kleinstadt. Charakteristisches Merkmal ist eine Tendenz zu rückwärts gewandter Gegenwartskritik, die bisweilen jedoch ironisch unterlaufen wird.
Segen der Erde 1917	Eine anachronistische Idealisierung und Glorifizierung des bäuerlichen Lebens im norwegischen Ödland mit biblischen Allusionen und programmatisch-utopischer Tendenz. → S. 457
August-Trilogie 1927–33 (*Landstreicher*, 1927; *August Weltumsegler*, 1930; *Nach Jahr und Tag*, 1933)	Die Trilogie entfaltet das groß angelegte Panorama einer epischen Studie der »Wurzellosigkeit«. Die Darstellung ist geprägt durch die ironisch-kritische und zugleich verständnisvolle Auseinandersetzung mit der Situation des ruhelosen Fantasten, in der sowohl die Antagonismen der Künstlerexistenz als auch der modernen Gesellschaft beleuchtet werden.
Auf überwachsenen Pfaden, 1949	In diesem Tagebuch-Roman, entstanden während der Inhaftierung des Autors wegen Landesverrats, erläutert Hamsun seine problematische Haltung während der norwegischen Okkupation.

Da Hamsun mit den Nationalsozialisten sympathisiert, anlässlich der deutschen Besetzung Norwegens zur Kollaboration aufgerufen und einen verherrlichenden Nekrolog auf Hitler verfasst hatte, wurde ihm 1947 der Prozess wegen Landesverrats gemacht. Nur zögernd vollzog sich nach dieser massiven Beschädigung seines persönlichen Ansehens die Rückkehr zu einer differenzierenden Beurteilung seines literarischen Werks.

Biografie: W. Baumgartner, *Knut Hamsun* (rm 50 543); R. Ferguson, *Knut Hamsun. Leben gegen den Strom*, 1987.

Auszug aus dem Roman
Hunger von Knut Hamsun:

Ich schob mich hinaus, krank vor Hunger und heiß vor Scham. Nein, nun sollte es ein Ende haben! Es war wirklich zu weit mit mir gekommen. Ich hatte mich so viele Jahre oben gehalten, war in so harten Stunden aufrecht gestanden, und nun war ich mit einemmal bis zur brutalen Bettelei herabgesunken. Dieser eine Tag hatte mein ganzes Denken verroht, mein Gemüt mit Schamlosigkeit beschmutzt.

Hunger

OT Sult **OA** 1890 **DE** 1890
Form Roman **Epoche** Moderne

Dieser »Anti-Roman« von Knut Hamsun, als Protestwerk gegen den gesellschaftskritischen, realistischen Roman gewendet, ist einer der zentralen Texte der modernen europäischen und amerikanischen Literatur, die hier infolge der Erschütterung des metaphysischen Weltbilds wesentliche thematische Anknüpfungspunkte fand: Sinnverlust, Desorientiertheit, Unbehaustheit, Isolation und Selbstentfremdung des Individuums.

Inhalt: Geschildert werden mehrere Monate im Leben eines namenlosen jungen Mannes, der versucht, in Kristiania (Oslo) unter schwersten materiellen Bedingungen als Journalist und Schriftsteller Anerkennung zu finden. Ohne soziale Anklage wird das Bild der Stadt – gebrochen durch eine extreme Egozentrik – präsentiert wie in einem Zerrspiegel: eine pervertierte Welt, das Labyrinth einer entfremdeten Existenz, bestimmt durch Groteskes, Absurdes und Unästhetisches. Auf eine paradoxe Weise wird der Hunger sogar zu einem Ersatz für die mangelnde Daseinsperspektive. Sensibilitätssteigernd führt er zu Entgrenzungszuständen, die in den Dienst künstlerischer Produktivität gestellt werden, und dient als Legitimation der theatralischen Selbstinszenierungen des Protagonisten, deren Konturen sich an der von Friedrich → Nietzsche kritisierten Künstlerexistenz zu orientieren scheinen.

Die Stufen eines zunehmenden physischen und moralischen Verfalls werden markiert durch Besuche beim Pfandleiher, vergebliche Arbeitssuche, Hungerzustände und ständig drohende Obdachlosigkeit. Charakterisiert durch intensive Selbstbeobachtung, soziales Schamgefühl, Stolz und irrationale Anwandlungen, lebt das von Ambivalenzen beherrschte Ich in einem Zustand dauerhaft gestörter Kommunikation mit seiner Umwelt. Als der Protagonist ein einziges Mal Offenheit und Vertrauen zeigt, stößt er auf Ablehnung und artikuliert daraufhin in kompensatorischem Trotz ein elitäres, »aristokratisches« Bewusstsein. Selbst der am Schluss des Romans angedeutete Aufbruch – das Verlassen Kristianias an Bord eines Schiffes – steht im Zwielicht eines pessimistischen Schattens: Das vordergründige Entrinnen des Protagonisten ist zugleich Sinnbild einer Universalisierung seiner existenziellen Problematik.

Aufbau: In seiner Bindung an die gebrochene Perspektive des Ich-Erzählers ist das Werk gekennzeichnet durch den weitgehenden Verzicht auf die Darstellung eines kontinuierlichen Handlungsverlaufs. Mit seinen vier Abschnitten folgt es dem Grundmuster des Stationenromans (Exposition, Wiederholung, Klimax und Katastrophe).

Wirkung: *Hunger* repräsentiert einen folgenreichen Entwicklungssprung in der Geschichte des modernen Romans. Mit der perspektivischen Konzentration auf die subjektive Sphäre des Ich-Erzählers, deren filigrane Ausleuchtung mit den Mitteln der erlebten Rede, des inneren Monologs und des Sekundenstils erfolgt, vollzieht das Werk eine entscheidende Weichenstellung in Richtung auf die im 20. Jahrhundert von Autoren wie William → Faulkner, James → Joyce oder Virginia → Woolf perfektionierte Stream-of-consciousness-Technik.

Segen der Erde

OT Markens Grøde **OA** 1917 **DE** 1918
Form Roman **Epoche** 20. Jahrhundert

Segen der Erde gehört zu den klassischen Texten zivilisationskritischer und utopisch-rückwärts gewandter Belletristik. In gewisser Hinsicht schafft Knut Hamsun mit diesem Roman ein Gegenmodell zu der in *Hunger* thematisierten Zerrissenheit des von den anonymen Mächten der städtischen Lebensform beherrschten und auf sich selbst zurückgeworfenen Individuums. Dennoch wird die einseitige Deutung im Sinne eines unreflektierten Anachronismus sowie einer ideologisch motivierten Remythisierung vorindustrieller Verhältnisse dem Werk nicht ganz gerecht. Es handelt sich um ein literarisches Arrangement, dessen – allerdings nahe liegende – programmatische Entgleisung durch das Korrektiv ironisch-gegenläufiger Zwischentöne verhindert wird.

Inhalt: Isak, ein wortkarger Mann von außerordentlicher physischer Kraft, dessen Vorgeschichte nicht mitgeteilt wird, siedelt und rodet als Pionier im norwegischen Ödland. Unterstützt durch seine Gehilfin und spätere Frau Inger vergrößert er von Jahr zu Jahr seinen Landbesitz und Viehbestand. Inger, die vor ihrer Ehe schwer unter der Entstellung durch eine Hasenscharte gelitten hatte, tötet ihr mit ebendiesem Makel behaftetes drittes Kind nach der Geburt, um ihm ein ähnliches Schicksal zu ersparen. Von ihrer Verwandten Oline denunziert, wird sie zu einer mehrjährigen Haftstrafe verurteilt. Zivilisationstechniken wie Lesen und Schreiben sowie städtische Sitten, die sie sich während ihres Gefängnisaufenthalts aneignet, werden zum Keim einer Unzufriedenheit mit Isak und dem einfachen Leben im Ödland. Erst als Isak eines Tages ihr gegenüber handgreiflich wird, erkennt sie seine Autorität wieder an. Doch auch danach kommt es immer wieder zu Anwandlungen von »Leichtfertigkeit« und »Eitelkeit«, die sich mit Zuständen religiöser Schwermut abwechseln. Eine Schlüsselrolle spielt die Figur des undurchsichtigen ehemaligen Lehnsmanns Geissler, der Isaks Anwesen den Namen »Sellanraa« verleiht und die Familie in allen Angelegenheiten unterstützt. In seinem pathetischen Schlussmonolog betont er den ewigen Wert der bäuerlichen Tätigkeit und bezeichnet sich selbst als jemanden, der »das Rechte weiß, es aber nicht tut«.

Anknüpfend an eine aktuelle norwegische Debatte rückt im zweiten Teil des Romans die Thematik des Kindermords in den Vordergrund. Barbro, eine junge Frau aus dem Ödland, tötet ihr neugeborenes Kind, durch das sie die von ihr geplante Zukunft in der Stadt gefährdet sieht. Dennoch wird sie auf Betreiben der feministisch engagierten Frau des Lehnsmanns Heyerdahl gerichtlich freigesprochen. Die negativen Auswirkungen der Zivilisation spiegeln sich auch im Werdegang von Isaks ältestem Sohn Eleseus, der ebenfalls durch den Kontakt mit der Stadt für das Leben im Ödland untauglich gemacht wird. Er wandert schließlich nach Amerika aus und kehrt nie wieder in seine Heimat zurück. Der zweite Sohn hingegen führt das Werk des Vaters fort. Den Abschluss des Romans bildet ein idealistisch verklärendes Tableau: Die goldene Abendsonne bescheint den säenden Isak, Inger beschirmt als »Vestalin« das Feuer des heimischen Herds.

Wirkung: *Segen der Erde* – nicht selten als Hamsuns bestes, aber häufig auch als sein untypischstes Werk bezeichnet – wurde 1920 mit dem Nobelpreis ausgezeichnet. Gerade in der Zeit nach dem Ersten Weltkrieg wurde der an Jean Jacques → Rousseau erinnernde Appell »zurück zur Natur« als scheinbar einzig verbleibende Alternative angesichts eines kompromittierten Fortschrittsglaubens enthusiastisch begrüßt. Andererseits wird bis in die Gegenwart hinein gerade aus diesem Roman zitiert, wenn es um den Nachweis geht, dass es sich bei Hamsuns Sympathien mit dem Nationalsozialismus nicht nur um die temporäre Verirrung eines senilen Mannes, sondern um eine substanziellere Affinität gehandelt habe. Weitgehend unbestritten hingegen erscheint die Notwendigkeit einer Abgrenzung gegenüber der Blut-und-Boden-Literatur des Dritten Reichs.   *U. C. S.*

Knut Hamsun, *Hunger*, Umschlag der deutschsprachigen Ausgabe 1896 (Gestaltung: Thomas Theodor Heine)

Auszug aus dem Roman *Segen der Erde* von Knut Hamsun:

Er ist Ödlandbauer bis in die Knochen und Landwirt vom Scheitel bis zur Sohle. Ein Wiederauferstandener aus der Vorzeit, der in die Zukunft hinausdeutet, ein Mann aus der ersten Zeit des Ackerbaus, ein Landnamsmann, neunhundert Jahre alt und doch auch wieder ein Mann des Tages.

Handke, Peter

österreich. Schriftsteller

*6.12.1942 Griffen (Kärnten)

📖 *Der kurze Brief zum langen Abschied*, 1972

📖 *Die Wiederholung*, 1986

Seit seinem Aufsehen erregenden Auftritt bei der »Gruppe 47« (Stichwort → S. 430) in Princeton (USA) 1966, wo er den Autoren des zeitgenössischen »Neuen Realismus« »Beschreibungsimpotenz« vorwarf, zählt Peter Handke zu den wichtigsten und umstrittensten Schriftstellern Österreichs.

Handke wurde in einem Dorf in Südkärnten, nahe der slowenischen Grenze, geboren und ist dort in sehr beengten Verhältnissen aufgewachsen. Nach dem Besuch der Volksschule in Griffen und eines katholischen Internats in Tanzenberg studierte er in Graz Rechtswissenschaften, brach das Studium aber ab, um sich ganz dem Schreiben zu widmen. Handke führt normalerweise ein sehr zurückgezogenes Leben; 1996 geriet er allerdings in die Schlagzeilen, nachdem er einen kritischen Essay über

Peter Handke; Porträtfoto aus den 1980er Jahren

den Zerfall Jugoslawiens und den Balkankrieg veröffentlicht hatte, in dem er die Haltung des Westens und der Presse gegenüber Serbien scharf angriff. Seit einigen Jahren lebt Handke in einem Vorort von Paris.

Das umfangreiche Prosawerk des Autors lässt sich in mehrere Phasen unterteilen: Handke begann mit experimentellen Texten, denen Werke folgten, die man der »Neuen Innerlichkeit« zurechnen kann, um schließlich seit der Tetralogie *Langsame Heimkehr* (1979–81) die autobiografische Selbstreflexion mit philosophisch begründeter dichtungstheoretischer Reflexion zu verbinden. Immer aufs Neue lotet Handke die Bedingungen und Möglichkeiten des Erzählens aus. Der Prototyp seiner Helden ist der einsame Wanderer auf der Suche nach Erkenntnis und dauerhaftem Glück.

Biografie: R. G. Renner, *Peter Handke*, 1985; A. Haslinger, *Peter Handke – Jugend eines Schriftstellers*, 1992.

Der kurze Brief zum langen Abschied

OA 1972 **Form** Erzählung **Epoche** Moderne

Der kurze Brief zum langen Abschied von Peter Handke ist die Geschichte eines Mannes, der sich auf einer Reise durch die USA von bedrückenden alten Denk- und Reaktionsmustern zu befreien lernt und zu einer neuen Art von Lebenslust gelangt.

Inhalt: Ein etwa 30-jähriger Schriftsteller reist auf der Suche nach seiner Frau Judith, die sich kurz zuvor von ihm getrennt hat, quer durch die Vereinigten Staaten, von der Ost- zur Westküste. Diese Irr- und Verfolgungsjagd – Judith ist auch hinter ihm her und will ihn vielleicht umbringen – ist gleichzeitig die Reise des Helden zu sich selbst, auf der er verschiedene Stationen seiner Entwicklung durchläuft. Langsam kann er sich von einem Ichbewusstsein, das vor allem von Angst, Entsetzen und Erschrecken bestimmt ist, befreien und gelangt durch das Reisen, durch die Begegnung mit Menschen, durch das Schauen und Lesen zu einem neuen, nicht länger selbstentfremdeten Bewusstsein. Als er Judith schließlich trifft, nimmt er ihr wie selbstverständlich den auf ihn gerichteten Revolver aus der Hand. Der Roman endet märchenhaft mit einem Besuch der beiden bei dem alten Westernregisseur John Ford, der sie auffordert, ihm ihre Geschichte zu erzählen. Durch dieses Erzählen gelingt es dem Paar, sich nunmehr friedlich zu trennen.

Aufbau: Handke kombiniert für die recht einfache Geschichte, die von einem Ich-Erzähler vorgetragen wird, die traditionellen Formen des Kriminalromans, des Entwicklungsromans un[...]

Die wichtigsten Bücher von Peter Handke

Die Angst des Tormanns beim Elfmeter, 1970	Der ehemalige Tormann Bloch gerät durch einen Mord in einen Prozess der Selbstentfremdung, in dem ihm die Welt der Dinge und die Welt der Sprache völlig auseinander brechen.
Der kurze Brief zum langen Abschied 1972	Die Erzählung, die den Ich-Erzähler auf der Suche nach seiner Frau quer durch die USA führt, steht in der Tradition des Entwicklungs- und empfindsamen Reiseromans. → S. 458
Wunschloses Unglück 1972	Handkes Biografie seiner Mutter, die 1971 Selbstmord beging, ist der Bericht eines exemplarischen Frauenlebens in der österreichischen Provinz von den 1920er Jahren bis in die Gegenwart.
Die Stunde der wahren Empfindung 1975	Um Selbstverlust und Selbstfindung geht es auch in diesem in Paris spielenden Roman, in dem dem Protagonisten beim Anblick völlig belangloser Dinge eine sinnvolle Zukunft aufleuchtet.
Langsame Heimkehr 1979	Die Erzählung ist Teil einer Tetralogie, die eine Wende in Handkes Poetologie darstellt. Die Heimkehr des Protagonisten ist gleichzeitig Handkes Hinwendung zum »klassischen« Erzählen.
Der Chinese des Schmerzes 1983	Der in Salzburg spielende Roman erzählt von dem Lehrer Andreas Loser, dessen Leben durch die Ermordung eines Hakenkreuz-Sprayers zu einer Passionsgeschichte wird.
Die Wiederholung 1986	Auf der Suche nach seinem Bruder reist der Kärntner Filip Kobal nach Slowenien und findet dabei zu sich selbst. → S. 459
Mein Jahr in der Niemandsbucht 1994	Dieses *Märchen aus den neuen Zeiten* ist ein monumentales Epos, in dem der Ich-Erzähler von seinem Alltag berichtet und die Geschichten seiner in alle Welt verstreuten Freunde erzählt.
In einer dunklen Nacht ging ich aus meinem stillen Haus 1997	Die Abenteuer- und Liebesgeschichte eines Apothekers aus dem salzburgischen Taxham ist ein Streifzug durch das bisherige Romanwerk von Handke, ständig begleitet von der Frage nach dem Eigentlichen des Erzählens.
Der Bildverlust 2002	Eine deutsche Bankfrau beauftragt einen Schriftsteller, ihr Leben und ihren Weg der Selbst- und Sinnsuche *Durch die Sierra de Gredos*, so der Untertitel des Romans, aufzuzeichnen.

OT = Originaltitel   **EZ** = Entstehungszeit   **OA** = Originalausgabe   **DE** = Deutsche Erstausgabe   📖 = Verweis auf Werkartikel

des empfindsamen Reiseromans. Das Buch ist in zwei Teile gegliedert, die mit *Der kurze Brief* und *Der lange Abschied* überschrieben sind, Letzteres eine Anspielung auf den Kriminalroman *Der lange Abschied* (1953) von Raymond → Chandler. Die Mottos für die Kapitel hat Handke dem Roman *Anton Reiser* (1785–90) von Karl Philipp → Moritz entnommen; der Ich-Erzähler liest auf seiner Reise in *Der grüne Heinrich* (1853–55) von Gottfried → Keller. Der Roman, den Handke als »Fiktion eines Entwicklungsromans« bezeichnete, ist also vielfach literarisch vermittelt.

Wirkung: *Der kurze Brief zum langen Abschied* erzählt von den Identitäts- und Lebenskrisen der Protagonisten, wobei das Hauptinteresse des Autors der jeweiligen subjektiven Befindlichkeit gilt. Damit wurde Handke zu einem der wichtigsten und einflussreichsten Autoren der so genannten neuen Innerlichkeit, einer literarischen Strömung der 1970er Jahre, deren vorrangiges Interesse – nach der engagiert ideologischen Literatur um 1968 – der Selbsterfahrung und Innenschau des Individuums galt. *R. Mi.*

Die Wiederholung

OA 1986 **Form** Roman **Epoche** Moderne

Die Wiederholung von Peter Handke handelt von einem Mann, der sich auf der Wanderung durch das Land seiner Vorfahren seiner Berufung zum Schriftsteller bewusst wird und ein Vierteljahrhundert später darüber berichtet. Das Erzählwerk ist ein äußerst kunstvoll gebauter Bildungs- und Entwicklungsroman, dessen Erzähler sein Tun ständig reflektiert.

Entstehung: *Die Wiederholung* ist kein autobiografischer Roman, enthält aber viele selbstbiografische Elemente, wie die starke Beziehung zum Slowenischen und zu Slowenien, die durch die Vorfahren von Handkes Mutter gegeben ist. Seine Vertrautheit mit dem Land sowie die starke Bindung an die Landschaft seiner Kindheit und Jugend bildet die Basis des Romans. Und nicht zuletzt war Handke, als er an dem Roman arbeitete, im gleichen Alter wie dessen Protagonist beim Erzählen.

Inhalt: Der 45-jährige Filip Kobal berichtet von einer Reise, die ihn als knapp 20-Jährigen im Sommer 1960 auf den Spuren seines verschollenen älteren Bruders Gregor vom heimatlichen Dorf Rinkenbach in Kärnten in das benachbarte Slowenien, das Land seiner Vorfahren, führte. Dabei erinnert sich Kobal auch an seine meist leidvolle Kindheit und Jugend im Dorf und im Internat; er erzählt vom armseligen Leben seiner Eltern und dem unterdrückten Volk der Slowenen. Auf der Suche nach seinem Bruder wird er von zwei Büchern aus dessen Besitz geleitet,

einem von Gregor in slowenischer Sprache geschriebenem Werkheft über Obstanbau aus seiner Schulzeit und einem slowenisch-deutschen Wörterbuch aus dem Jahr 1895. Der ursprüngliche Zweck der Reise, das Finden des Bruders, tritt im Verlauf der Wanderung immer mehr in den Hintergrund; wichtiger wird Filip das Erleben des Gegenwärtigen, der Menschen und der Natur. Das Ziel seiner Reise, das Karstgebiet auf der Hochebene über dem Golf von Triest, sieht er schließlich als »Land der Freiheit«, in der die Menschheit auch nach einem Atombombenabwurf einen Neubeginn wagen könnte. Der junge Filip kehrt nach Hause zurück in der Gewissheit, Schriftsteller werden zu wollen, und der alte beendet seine Geschichte mit einem Hymnus auf die Erzählung.

Aufbau: Die Struktur des bis ins kleinste Detail durchkomponierten Buchs wird von der titelgebenden Wiederholung bestimmt, die sich auf allen Ebenen ausmachen lässt. Nicht nur »wiederholt« Filip den Weg seines Bruders Gregor, er selbst »wiederholt« im Erzähl- und Schreibvorgang seine eigene Reise. »Wiederholen« heißt für ihn, Vergangenes durch das Erzählen zu beleben und damit zu vergegenwärtigen. Die Aufgabe des Erzählers bzw. Schriftstellers sieht er darin, das Erlebte in Wort und Schrift zu verwandeln, ihm damit Dauer zu verleihen und anderen zugänglich zu machen.

Der Roman ist in drei Teile gegliedert, deren Titel auch als Metaphern für die Entwicklung des Protagonisten anzusehen sind. *Das blinde Fenster* sagt ihm »Freund, du hast Zeit!«, *Die leeren Viehsteige* stehen für den bisherigen Lebensweg des jungen Mannes und *Die Savanne der Freiheit und das neunte Land*, Letzteres eine Bezeichnung für Slowenien, für das Ziel seiner Wanderung.

Wirkung: Handkes Roman wurde von der Kritik als »Summe seines bisherigen Werks« bezeichnet und gilt als sein dichtestes und bestes Buch seit seiner Hinwendung zum »klassischen« Erzählen. Als utopischer Entwurf ist er dem Roman *Der Nachsommer* (1857) von Adalbert → Stifter vergleichbar. Eine Art Nachtrag zum Roman ist der 1991 erschienene Essay *Abschied des Träumers vom Neunten Land. Eine Wirklichkeit, die vergangen ist: Erinnerungen an Slowenien*, in dem Handke die Loslösung Sloweniens von Jugoslawien beklagt. *R. Mi.*

Peter Handke, *Der kurze Brief zum langen Abschied*, Umschlag der Originalausgabe 1986

Auszug aus dem Roman
Die Wiederholung von Peter Handke:

Natürlich: Das Gehen, selbst das Gehen im Herzland, wird eines Tages nicht mehr sein können, oder auch nicht mehr wirken. Doch dann wird die Erzählung da sein und das Gehen wiederholen!

Peter Handke, *Die Wiederholung*, Umschlag der Originalausgabe 1972

Thomas Hardy (2. v. r.) bei einer Privatvorstellung der Dramatisierung seines Romans *Tess von den D'Urbervilles*, gespielt vom Ensemble des Garrick Theatre (London) in seinem Haus in der Nähe von Dorchester; Szene zwischen Tess (gespielt von Gwen Francon-Davies) und Angel Clare (Ion Swinley)

Hardy, Thomas

engl. Schriftsteller

* 2.7.1840 Higher Bockhampton (Dorset)

† 11.1.1928 Max Gate (Dorset)

📖 *Tess von den D'Urbervilles*, 1891

Thomas Hardy ist einer der wichtigsten Chronisten des gesellschaftlichen Wandels Englands im 19. Jahrhundert. Seine Romane spiegeln die wirtschaftlichen und sozialen Veränderungen wider, denen vor allem das ländliche England unterlag. Durch seine konservative und das Landleben romantisierende Haltung unterscheidet er sich von gesellschaftskritischeren Autoren z. B. dem politischer argumentierenden Charles → Dickens.

Thomas Hardy wuchs in Dorset auf und erfuhr dort auch seine Ausbildung bei einem örtlichen Architekten. Er eignete sich Französisch, Griechisch und Latein an und unternahm erste Schreibversuche. Durch die Arbeit unter dem Künstler Arthur Blomfield in London, wo er mit 22 eintraf, erwachte sein Interesse an der Kultur. Er begann ernsthaft zu schreiben und veröffentlichte 1865 seinen ersten Artikel »Wie ich mir ein Haus baute«. 1867 kehrte Hardy nach Dorset zurück, der die Grafschaft, der er sich seit der Jugend tief verbunden fühlte. Es dauerte bis 1873, bis Hardy sich entschied, professionell zu schreiben. In den Folgejahren erschienen seine zahlreichen Romane, die alle in Südengland angesiedelt sind. Erst später wandte er sich der Lyrik zu und schrieb bald ausschließlich Gedichte und historische Epen, so dass er sich ab 1898 gar als »ex-novelist« bezeichnete. Der Erfolg der Bücher und Gedichte Hardys brachte ihm viele Ehrenbürgerschaften und Preise ein, jedoch auch Kontroversen aufgrund der zivilisationskritischen Haltung. Als er 1928 starb, wurde er in der »Poet's Corner« in Westminster Abbey beigesetzt.

Literatur: *The Cambridge Companion to Thomas Hardy*, hrsg. Dale Kramer. Oxford 1999

Tess von den D'Urbervilles

OT Tess of the D'Urbervilles. A Pure Woman Faithfully Presented **OA** 1891 **Form** Roman **Epoche** Viktorianismus

Tess von den D'Urbervilles gehört wie seine anderen so genannten »Wessex«-Bücher zu den Hauptwerken Hardys und zu den wichtigsten Romanen der spätviktorianischen Epoche.

Inhalt: Der arme Vater Tess', John Durbeyfield, erfährt, dass er aus einem alten Adelsgeschlecht, den d'Urbervilles, entstammt. Verblendet von diesem Wissen, plant er große Dinge mit seiner Tochter. Er schickt sie für eine Anstellung zu gleichnamigen Verwandten

Die wichtigsten Romane von Thomas Hardy	
Am grünen Rand der Welt 1874	Bäuerin Bathseba wird vom treuen Schäfer Gabriel und dem achtlosen Sergeant Troy verehrt. Troy gewinnt ihr Herz, behandelt sie aber schlecht. Erst nach Troys Tod kommen Gabriel und Bathseba als wahres Liebespaar zusammen.
Die Rückkehr 1878	Ländliches Drama um das Streben nach Glück. Eustacia Vye zerstört ihr eigenes Leben und das ihres Geliebten durch ihre Eigensucht. Das Buch gilt als der ausgewogenste Roman von Hardy.
Der Bürgermeister von Casterbridge 1886	Michael Henchard arbeitet sich zum Bürgermeister empor, um letztlich doch verarmt in der Gosse zu enden, nachdem ihn seine Vergangenheit einholt und er an seinen Verfehlungen scheitert.
Tess von den D'Urbervilles 1889	Zerrissen zwischen den zwei eigensüchtigen Verehrern Angel und Alec, vollzieht sich der Untergang der unschuldigen jungen Frau Tess bis zum Mord und bis zu ihrem eigenen Tod. → S. 460
Juda der Unberühmte 1895	Der letzte Roman Hardys. Jude Fawley scheitert in seinem Streben nach bürgerlicher Normalität an seinem Temperament und liefert sich und seine Familie dem Untergang aus.
Die Dynasten 1904–08	Das epische Werk stellt in drei Teilen die Napoleonischen Kriege dar. Es wirkt überraschend modern wegen der Beschreibung der Ereignisse, die an Fahrten mit der Filmkamera erinnern.

nicht wissend, dass diese den Titel nur käuflich erworben haben. Dort trifft Tess auf Alex, den Sohn des Hauses, der sie bedrängt und schließlich vergewaltigt. Aus diesem Ereignis gebiert sie ein Kind, das jedoch früh stirbt. Drei Jahre darauf findet sie Anstellung im idyllischen Talbothays, lebt wieder auf und lernt den Pfarrerssohn Angel Clare kennen. Er umwirbt sie, Tess jedoch wagt wegen ihrer Gewissensbisse nicht, seinem Werben nachzugeben. Schließlich nimmt sie seinen Heiratsantrag an, erzählt ihm am Hochzeitsabend aber von der Vergewaltigung. Daraufhin verstößt er Tess und wandert nach Brasilien aus, sie bleibt als gebrochene Frau zurück und zieht wieder zu ihren Eltern.

Als der Winter kommt, arbeitet sie auf einer Farm in der Nähe. Dort trifft sie auf Alec, der mittlerweile als fanatischer Wanderprediger durchs Land zieht und sich ihr gegenüber als reuiger Sünder ausgibt. Erst nachdem Tess' Vater gestorben ist und die Familie in bitterste Not gestürzt hat, erhört sie Alecs Werben, denn insgeheim liebt sie immer noch Angel. Alec unterstützt von nun an Tess' Familie, bis eines Tages Angel von Reue zerfressen wieder auftaucht, um sich mit Tess zu versöhnen. Alec verhöhnt die beiden aufs ärgste, so dass Tess ihn in einem Akt der Selbstbefreiung ersticht. Auf der Flucht zieht sie mit Angel von Versteck zu Versteck, bis beide schließlich nahe der Kultstätte Stonehenge gefasst werden. Beide werden zum Tod durch Erhängen verurteilt. Der Roman endet, als Angel die gehisste schwarze Flagge im Gefängnis sieht – das Zeichen für die erfolgte Hängung von Tess.

Tess ist Spielzeug des Schicksals, das gnadenlos mit ihr umspringt. Die Vollbringer des Tess zugedachten Schicksals gleichen sich: Alec ist der scheinheilige, selbstgerechte Egoist und Angel ist scheinbar klug, gar intellektuell, aber sich blind an vollkommen überholten Moralbegriffen orientierend. Beide verfahren mit Tess gnadenlos und konsequent nach ihrem Dünkel. Hardy sah in beiden die typischen Vertreter des Viktorianismus: prüde, bigott und selbstgerecht. Bis zum Ende sind beide nicht zur Einsicht in ihr Tun fähig, trotz zwischenzeitlicher Anwandlungen von Reue.

Aufbau: Das Buch ist in Kapitel durchstrukturiert, deren Überschriften auf den wesentlichen Auf- und Abstieg der Heldin verweisen. Zudem ist die Handlung in den Ablauf der Jahreszeiten eingebettet: Beim Tanz in den Mai tritt Tess das erste Mal auf, im Sommer ist sie auf dem Höhepunkt ihrer Liebe zu Angel und im Winter tritt sie in Verzweiflung die Tätigkeit auf der Farm an. Auch durchzieht das Motiv des Todes in vielen Variationen das Buch, um dann mit der schwarzen Flagge nach Tess' Hängung zu kulminieren. Hardy tritt als allwissender Erzähler

auf, der sich immer wieder mit moralisierenden und philosophischen Kommentaren zu Wort meldet.

Entstehung: Hardy begann 1888 mit der Niederschrift von *Tess*, der als Arbeitstitel *Too Late, Beloved (Zu spät, Geliebte)* trug. Das Manuskript wurde zu Beginn von mehreren Zeitschriften wegen angeblicher Anstößigkeiten abgelehnt, bis 1891 eine stark gekürzte Fassung als Fortsetzungsroman in einer Wochenzeitung erschien. Noch im selben Jahr kam das Buch in seiner ursprünglichen Langform heraus.

Wirkung: Literaturgeschichtlich gesehen beschleunigte Hardy mit seinem Roman die endgültige Lösung von der Romantik, indem er die Situation der Landbevölkerung durchaus nicht so beschaulich schilderte, wie bis dahin getan, und auch die Vergewaltigung durch Alec als solche benannte. Diese Offenheit brachte ihm breite Kritik ein, aber gerade wegen dieser Offenheit hebt sich das Werk aus den sonst eher harmlosen Werken Hardys heraus.　　　*A. Fe.*

Harnoncourt, Nikolaus

(eigtl. Nikolaus de la Fontaine Graf d'Harnoncourt-Unverzagt) österreich. Dirigent und Cellist

*6.12.1929 Berlin

📖 *Musik als Klangrede*, 1982

Die Gründung des Ensembles »Concentus Musicus« im Jahr 1953 machte Nikolaus Harnoncourt zum Wegbereiter authentischer Interpretation vor allem alter Musik. In seinen Büchern *Musik als Klangrede* und *Der musikalische Dialog* (1984) hat er die in der Musizierpraxis gewonnenen Erfahrungen theoretisch fundiert.

Harnoncourt, als Spross einer österreichischen Aristokratenfamilie (mit Verbindungen zum ehemaligen Kaiserhaus) 1929 in Berlin geboren, aber im steirischen Graz aufgewachsen, war bis 1969 Cellist bei den Wiener Symphonikern. 1953 gründete er zur authentischen Aufführung alter Musik das Ensemble Concentus musicus, dem er neben seiner Tätigkeit als Orchestermusiker das Hauptaugenmerk widmete. Nach Aufgabe der Tätigkeit bei den Wiener Symphonikern seit 1970 vorrangig als Dirigent tätig, wandte sich Harnoncourt nach der Konzentration auf das Repertoire des Barock und der Wiener Klassik auch Werken von Ludwig van Beethoven, Robert Schumann und Carl Maria von Weber sowie in jüngeren Jahren vermehrt der Musik des späteren 19. und frühen 20. Jahrhunderts zu: Alban Berg, Johannes Brahms, Anton Bruckner, Johann Strauß und Giuseppe Verdi.

Musik als Klangrede

OA 1982 **Form** Sachbuch **Bereich** Musik

Musik als Klangrede von Nikolaus Harnoncourt ist das Schlüsselwerk eines über die Interpretation alter Musik hinausgehenden neuen Musikverständnisses und des »verstehenden« Hörens von beredter musikalischer Mitteilung.

Entstehung: Harnoncourt prägte die heutige Erkenntnis über alte Musik wie kein anderer Dirigent. Mit seinem Ensemble »Concentus Musicus« war er seit 1953 in dieser Hinsicht stilbildend. *Musik als Klangrede* entstand, wie auch *Der musikalische Dialog* (1984), aus Niederschriften vor allem seiner Vorträge und Vorlesungen. Den Begriff »Klangrede« entlieh Harnoncourt sich von Johann Mattheson (1681 bis 1764), der damit die lineare Rhetorik der Barockmusik kennzeichnete.

Inhalt: In der Einleitung des Buchs prangert der Autor an, historische Musik sei zum Genussmittel und Konsumgut, zum bloßen Ornament verkommen. Die Vorstellung, Alte Musik habe vor allem auf Schönheit und Harmonie abgehoben, sei ein eklatantes Missverständnis. Was Harnoncourt »verstehendes Hören« nennt – den von Interpreten und Hörern gemeinsam unternommenen Versuch, die musikalischen Spra-chen vergangener Jahrhunderte wieder zu erlernen –, exemplifiziert er in drei Schritten: I. Grundsätzliches zur Musik und zur Interpretation (u. a. mit allgemeinen Bemerkungen zur Funktion der Musik im gegenwärtigen Leben sowie Untersuchungen des Wandels im Verständnis musikalischer Parameter); II. Instrumentarium und Klangrede; III. Europäische Barockmusik – Mozart.

Mit *Musik als Klangrede* trat Harnoncourt auch dem Missverständnis eines quasi »nostalgischen« Musizierens entgegen. Die Beschäftigung mit alter Musik und authentischen Instrumenten ist ihm vielmehr Medium, um für die heutige Musizierpraxis neue und markante Impulse zu gewinnen.

Wirkung: Obwohl einige Kritiker Harnoncourt anfangs »Herrschaft der Philologie im restaurativen Geist« vorwarfen, sind seine in *Musik als Klangrede* geäußerten Ansichten wegweisend für die historische Aufführungspraxis geworden. »Ohne ihn«, schrieb eine deutsche Musikfachzeitschrift, »würden wir heute anders und Anderes hören«. Der Begriff »Klangrede« findet mittlerweile selbst in englischsprachigen Rezensionen Anwendung. *G. Pe.*

Reiseliteratur über Tibet und den Himalaja	
Samuel Turner 1749(?)–1802	*Gesandtschaftsreise an den Hof des Teshu Lama* (1800): Der britische Offizier und Diplomat sollte 1783 erste Handelsbeziehungen zwischen England und Tibet anknüpfen.
Régis Evariste Huc 1813–60	*Wanderungen durch die Mongolei nach Tibet* (1850): Als einer der ersten Europäer gelangte der französische Missionar 1844–46 zu Fuß quer durch Tibet nach Lhasa.
Sven Hedin 1865–1952	*Transhimalaja* (3 Bde., 1909–12): Der Bericht über die Entdeckungen des universellsten europäischen Asienkenners in Tibet gehört zu den Höhepunkten der Reiseliteratur.
Alexandra David-Néel 1868–1969	*Mein Weg durch Himmel und Höllen* (1964): Der »weibliche Sven Hedin« durchquerte 1921–24 als buddhistische Pilgerin verkleidet Tibet und erreichte als erste Europäerin Lhasa.
Lama Anagarika Govinda 1898–1985	*Der Weg der weißen Wolken* (1966): Die Beschreibung der Erlebnisse des deutschen buddhistischen Pilgers in Tibet gilt als Meisterwerk der spirituellen Literatur über die östlichen Weisheitslehren.
James Hilton 1900–54	*Der verlorene Horizont* (1933): Ein berühmter utopischer Roman über das legendäre tibetische Kloster Shangri-La als Refugium vor dem bevorstehenden Weltenbrand.
Heinrich Harrer *1912	*Sieben Jahre in Tibet* (1952): Der österreichische Alpinist und Forschungsreisende lebte 1944–51 als Berater am Hof des Dalai-Lama, bis zur Flucht vor Maos Besatzungsarmee. → S. 463
Karl M. Herrligkoffer 1916–91	*Nanga Parbat 1953* (1954): Expeditionsleiter Dr. Herrligkoffer konnte nicht verhindern, dass der Tiroler Hermann Buhl den Nanga-Parbat-Gipfel im Alleingang bestieg, der für ihn beinahe tödlich endete.
Edmund Percival Hillary *1919	*Ich stand auf dem Everest* (1955): Der Neuseeländer Hillary und der nepalesische Sherpa Tenzing Norgay erreichten am 29.5.1953 als erste den Gipfel des Mount Everest und hissen die Fahne der UNO.
Reinhold Messner *1944	*Überlebt. Alle 14 Achttausender* (1987): 1972–86 bezwang der Südtiroler Bergsteiger – teils im Alleingang bzw. ohne Sauerstoffgerät – alle mehr als 8000 m hohen Himalaja-Gipfel.

Harrer, Heinrich

österreich. Alpinist und Ethnograf

* 6.7.1912 Hüttenberg (Kärnten)

📖 *Sieben Jahre in Tibet*, 1952

Der Bericht von Heinrich Harrer über seine spektakuläre Flucht von Indien nach Tibet machten ihn in den 1950er Jahren des 20. Jahrhunderts weltweit bekannt.

Nach der Ausbildung zum Lehrer wurde Harrer 1936 als Abfahrtsläufer in die österreichische Olympiamannschaft berufen. Zwei Jahre später machte er durch die Erstbesteigung der Eiger-Nordwand als Bergsteiger auf sich aufmerksam. Diese Leistung sicherte ihm 1939 die Teilnahme an der deutschen Nanga-Parbat-Expedition und damit die Reise nach Indien. Nach Ausbruch des Zweiten Weltkriegs wurden die Teilnehmer der Expedition als »feindliche Ausländer« von den Briten verhaftet und in ein Gefangenenlager gebracht, aus dem Harrer 1944 die Flucht nach Tibet gelang. Dort lernte er den Dalai-Lama kennen. Diese Flucht und seinen Aufenthalt in Tibet schildert er in dem berühmten Buch *Sieben Jahre in Tibet*.

Nach der Rückkehr aus Tibet ging Harrer ab 1952 auf Vortragsreisen und bestieg als Alpinist mehrfach Gipfel in Amerika und Afrika. Später verlegte er sich zunehmend auf ethnografische Studien in den tropischen Wäldern Südamerikas, Indonesiens und Neuguineas. Harrer verfasste zahlreiche Bücher über seine Expeditionen und produzierte zwischen 1963 und 1984 für das Fernsehen 41 Filme.

Sieben Jahre in Tibet

OA 1952 **Form** Sachbuch **Bereich** Reisebeschreibung

Wie kaum ein anderes Werk beleuchtet das Buch von Heinrich Harrer die letzten Jahre der traditionellen tibetischen Gesellschaft. Der Autor, der wenige Jahre vor dem Einmarsch der chinesischen Volksbefreiungsarmee in die tibetische Hauptstadt kam, schildert in *Sieben Jahre in Tibet. Mein Leben am Hofe des Dalai-Lama* somit nicht nur seine persönlichen Erlebnisse nach der Flucht aus einem britischen Lager, sondern beschreibt mit dem Blick eines Außenstehenden das damals noch völlig isolierte Land jenseits des Himalaja.

Inhalt: Harrer schildert seine Flucht mit mehreren Kameraden aus einem britischen Internierungslager in Indien im April 1944. Dabei bleibt seine Darstellung recht zurückhaltend und beschränkt sich auf die Beschreibung der Ereignisse, Landschaften und Menschen, auf die sie trafen. Er zeichnet den Marsch der Flüchtlinge durch Nordindien nach und ihren Aufenthalt im Grenzgebiet West- und Südtibets, wo sie mit Duldung lokaler Behörden in kleinen Siedlungen leben. Als sie im Herbst 1945 endgültig aus Tibet abgeschoben werden sollen, flieht Harrer erneut in Begleitung von Peter Aufschnaiter. Auf dem Weg durch das zentrale Hochland, auf dem sie sich bei den Nomaden als indische Händler oder als einfache Pilger ausgeben, gelangen sie im Frühjahr 1946 in die tibetische Hauptstadt Lhasa. Trotz des Drucks der britischen Mission wird ihre Anwesenheit nicht nur toleriert, sie werden sogar Angestellte der tibetischen Regierung.

Im zweiten Teil des Buchs schildert Harrer Tibet und Lhasa daher stärker aus der Perspektive der Aristokratie und der großen Klöster. Über einflussreiche Gönner lernt er bald die Eltern des Dalai-Lama, einen seiner älteren Brüder und im Herbst 1949 auch den Dalai-Lama persönlich kennen, dem er zuletzt sogar Privatunterricht erteilt. Mit dem Einmarsch der chinesischen Volksbefreiungsarmee 1951 und der Flucht Harrers sowie des Dalai-Lama aus Lhasa endet das Buch.

Wirkung: *Sieben Jahre in Tibet* löste in Europa eine große Neugier auf Tibet aus. Der Aufstand der Tibeter, der 1959 endgültig zur Flucht des 14.) Dalai-Lama führte, steigerte noch die Anteilnahme. Seit seinem Erscheinen wurde das Buch fast vier Millionen Mal verkauft und in 48 Sprachen übersetzt. *P. B.*

Von links: Heinrich Harrer, Viktor Vörg, Andreas Heckmair und Fritz Kasparek am 24. Juli 1938 nach der Erstbesteigung der Eiger-Nordwand

Hart, Maarten 't

niederländ. Schriftsteller und Biologe

* 25.11.1944 Maassluis

📖 *Das Wüten der ganzen Welt*, 1993

Maarten 't Hart zählt zu den beliebtesten zeitgenössischen Autoren in den Niederlanden. In seinem Werk verarbeitet er Musik, Biologie, Religion und verbindet diese Themenkreise häufig mit einem kriminalistischen Handlungsgefüge.

Der Sohn eines Totengräbers wuchs in dem Städtchen Maassluis bei Rotterdam in einem streng calvinistischen Elternhaus auf. Hart studierte Biologie in Leiden, promovierte dort 1978 und war bis 1987 als Dozent für Verhaltensforschung tätig.

Der autobiografisch geprägte Roman *Ein Schwarm Regenbrachvögel* (1978) über einen sich in der Krise befindlichen Biologen avancierte schnell zu einem der populärsten Bücher des Autors in den Niederlanden. In den 1980er Jahren betätigte sich Hart auch als Moderator einer TV-Büchersendung sowie als Kolumnist. Mit seinem Lieblingskomponisten Johann Sebastian Bach (1685–1750) setzte sich der Autor in dem biografischen Werk *Bach und ich* (2000) auseinander; das Thema Musik verarbeitet Hart auch in seinen anderen Büchern.

In sein umfangreiches erzählerisches und essayistisches Werk lässt Hart sein akademisches Wissen einfließen, indem er häufig die Zwänge menschlichen Verhaltens darstellt. Häufig verwendet der Autor die Ich-Perspektive, bedient sich einer realistischen Erzählweise und verzichtet dabei auf experimentelle literarische Formen der Moderne und Postmoderne.

Der Dalai-Lama über Heinrich Harrer in *Sieben Jahre in Tibet* (Neuauflage 2000):

Heinrich Harrer war einer von uns geworden und jetzt, wo wir älter geworden sind, erinnern wir uns an die glücklichen Tage, die wir zusammen in einem freien Land gelebt haben. Es ist ein Zeichen von echter Freundschaft, die sich nicht ändert, was auch immer passiert... Sein größter Beitrag für unser Anliegen aber ist ohne Zweifel das Buch Sieben Jahre in Tibet, *welches Millionen von Menschen mit meinem Land bekannt gemacht hat.*

Maarten 't Hart, *Das Wüten der ganzen Welt,* Umschlag der deutschsprachigen Erst-ausgabe 1997

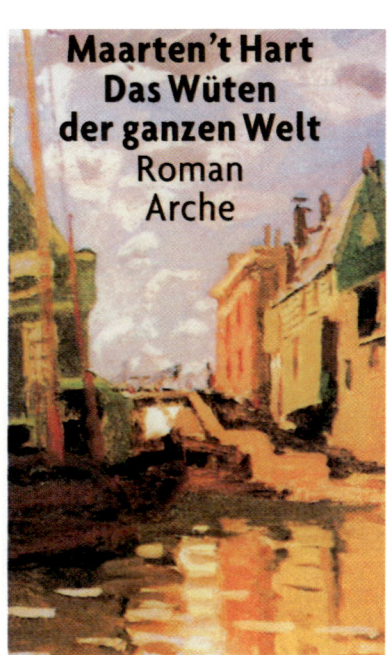

Das Wüten der ganzen Welt

OT Het woeden der gehele wereld
OA 1993 **DE** 1997 **Form** Roman **Epoche** Moderne

Der Roman *Das Wüten der ganzen Welt*, dessen Titel einer Zeile aus der Bach-Kantate 80 *(Eine feste Burg ist unser Gott)* entlehnt ist, spielt in der südholländischen Provinz der Nachkriegs-zeit. In seinem autobiografisch geprägten Werk, in dem eine düstere Atmosphäre ständi-gen Bedrohtseins vorherrscht, verbindet t'Hart eine spannende Kriminalgeschichte mit Ele-menten des Bildungs- und Erziehungsromans.

Inhalt: Als Sohn eines Lumpenhändlers wächst Alexander Goudevyl in einer Kleinstadt auf. Der Junge lebt mit den alten Geschichten vom Krieg und der ständigen Ermahnung, das Geld zusammenzuhalten. Von seinen Schulkamera-den nur gehänselt und verprügelt und vom Dorfpolizisten missbraucht, sucht Alexander Zuflucht in der Musik: Seine Passion ist das Kla-vierspiel, vor allem liebt er die Musik von Johann Sebastian Bach.

Das einschneidendste Erleb-nis seiner Kindheit ist der Mord an dem Ortspolizisten Vroom-bout, der unmittelbar hinter dem Rücken des klavierspielen-den Jungen getötet wird. Die Aufklärung des Verbrechens begleitet Alexander, der später als Komponist mit einem Pop-Song zu Weltruhm gelangt, während seiner ganzen Ju-gendzeit. Die Spuren führen zurück zu einem Kriegsverbre-chen im Jahr 1940: Bei der Flucht nach England wird ein holländisches Fischerboot mit sieben Juden an Bord von einem deutschen U-Boot ver-senkt. In einem Beiboot kön-nen jedoch die sieben Passagie-re und der Fischer Vroombout – der spätere Ortspolizist – ent-kommen. Als Alexander Jahre

später Klavierstunden nimmt und sich mit den Söhnen seiner Lehrerin anfreundet, ahnt er, dass hier eine Verbindung zum Verbrechen liegen könnte, genauso wie beim Apotheker, der ihn immer wieder zu sich einlädt.

Aufbau: Der Ich-Erzähler Goudevyl berichtet seine Lebensgeschichte rückblickend aus der Perspektive des inzwischen 30-Jährigen. Immer wiederkehrendes Element ist die mit der Hand-lung verwobene Musik Bachs.

Wirkung: In zahlreiche Sprachen übersetzt, wurde das Werk ein großer Kritiker- und Publi-kumserfolg. Der niederländische Buchhandel ehrte den Roman 1994 mit dem Gouden strop, dem Preis für das spannendste Buch. *D.M.*

Härtling, Peter

dt. Schriftsteller

* 13.11.1933 Chemnitz

📖 *Hölderlin*, 1976

Peter Härtling gehört zu den großen deutschen Gegenwartsautoren. Er schreibt anspruchsvolle Bücher sowohl für Erwachsene als auch für Kin-der und Jugendliche.

1941 zog Härtling mit seinen Eltern nach Ol-mütz in Mähren. Im Mai 1945 floh die Familie ins niederösterreichische Zwettl, wo der Vater in russische Kriegsgefangenschaft geriet und starb. Als die Familie, die inzwischen schon im württembergischen Nürtingen lebte, 1946 vom Tod des Vaters erfuhr, beging die Mutter Selbstmord; Härtling und seine Schwester wur-den von der Großmutter aufgezogen.

Härtling absolvierte 1952–54 ein Volontariat bei der *Nürtinger Zeitung* und wurde Journalist. Wie viele Autoren begann auch er als Lyriker, veröffentlichte aber bereits 1959 seinen ersten Roman *Im Schein der Kometen*. 1967–73 war Härtling Cheflektor des S. Fischer Verlags. An-lässlich seines 40. Geburtstags kündigte er und wurde freier Autor. Mit *Hölderlin* gelang ihm der literarische Durchbruch. Einige seiner Romane sind fiktive Biografien über Autoren, die Härt-ling vor dem Vergessen bewahren möchte (u.a. *Waiblingers Augen,* 1987).

Neben Büchern für Erwachsene schrieb Härt-ling auch zahlreiche Kinderbücher, die hohe Auflagen erreichten. Zu seinen wichtigsten Werken für junge Leser gehört *Ben liebt Anna* (1979), mit einer Gesamtauflage von mehr als 1,3 Millionen Exemplaren sein größter Buch-erfolg. Für sein kinderliterarisches Gesamtwerk erhielt Härtling 2001 den Sonderpreis des Deut-schen Jugendbuchpreises.

Literatur: P. Härtling, *Das andere Ich. Ein Gespräch mit Jürgen Krätzer,* 1998.

Die wichtigsten Bücher von Maarten 't Hart

Ein Schwarm Regenbrachvögel 1978	Ein 30-jähriger Biologe, Vogelbeobachter und Eigenbrötler, blickt auf seine trostlose Kindheit zurück. Erst ein Unfall bei einer Berg-wanderung versöhnt ihn mit seiner Vergangenheit.
Das Wüten der ganzen Welt 1993	Die Lebensgeschichte des Komponisten Alexander Goudevyl ist eng verbunden mit einem Verbrechen, dessen Hintergründe auf die Ver-senkung eines Flüchtlingsbootes im Krieg zurückgehen.
Die Netzflickerin 1996	Im Mittelpunkt der Lebensgeschichte des Apothekers Roemer Simon steht seine Liebe zur Netzflickerin Hillegonda während der deut-schen Besatzungszeit in den Niederlanden.
Die schwarzen Vögel, 1998	Der Pharmakologe Thomas Kuyper betrügt seine Frau mit der Biblio-thekarin Jenny. Später verschwindet sie spurlos.

Die wichtigsten Bücher von Peter Härtling	
Zwettl. Nachprüfung einer Erinnerung 1973	In diesem autobiografisch motivierten Text berichtet Härtling über einen Jungen, der im österreichischen Waldviertel das Kriegsende erlebt. Als erwachsener Mann erinnert er sich daran.
Hölderlin 1976	In der romanhaft ausgestatteten Biografie über Friedrich Hölderlin orientiert sich Härtling an Fakten über das Leben des Dichters, die er mit fiktiven Dialogen ausschmückt. → S. 465
Nachgetragene Liebe, 1980	In diesem Roman setzt sich Härtling mit der Erinnerung an seinen früh verstorbenen Vater auseinander.
Schubert 1992	Härtling zeichnet in diesem bewegenden Künstlerroman über den in jungen Jahren verstorbenen Komponisten Franz Schubert (1797–1828) das Leben des tragischen Genius vom Sängerknaben bis zum gefeierten Star der Wiener Salons nach.
Božena 1994	Die Novelle mit autobiografischem Hintergrund ist die Geschichte der tschechischen Sekretärin von Härtlings Vater. Ihr wurde ihr Leben lang vorgeworfen, bei einem Rechtsanwalt aus dem »Altreich« gearbeitet zu haben. Obwohl dieser kein Nazi war, wurde sie als Kollaborateurin geächtet.
Schumanns Schatten 1996	In seinen Künstlerroman über den Komponisten Robert Schumann (1810–56) flocht Härtling Details über den Klinikaufenthalt Schumanns ein, die er den Krankentagebüchern entnahm.

Hölderlin

OA 1976 **Form** Roman **Epoche** Moderne

Der Künstlerroman über das Dichtergenie Friedrich → Hölderlin machte den Autor Peter Härtling einem großen Publikum bekannt.
Entstehung: Der Roman *Hölderlin* war nicht die erste literarische Auseinandersetzung des Autors mit einer Dichterfigur; 1964 war der Roman *Niembsch oder Der Stillstand* über Nikolaus Lenau (1802–50) erschienen. Nach *Hölderlin* folgten weitere fiktive Autorenbiografien wie *Die dreifache Maria* (1982) über Eduard → Mörike. *Hölderlin* erschien in einer Zeit, in der die politische Bedeutung des Werks von Hölderlin heftig diskutiert wurde. Das Hauptverdienst von Härtling war es, den von vielen Literaturwissenschaftlern verklärten Dichter des *Hyperion* (1797–99) als Mensch abzubilden und ihn dadurch einem größeren Publikum zugänglich zu machen.
Inhalt: Härtling erklärt zu Beginn seines Romans: »Ich schreibe keine Biografie. Ich schreibe vielleicht eine Annäherung.« Er orientierte sich an den bekannten Informationen über Hölderlin, die aus Gedichten, Prosa, Briefen und anderen Zeugnissen überliefert sind. Nürtingen, die württembergische Stadt, die Hölderlin und Härtling viele Jahre Heimat gewesen ist, nimmt in der Darstellung einen breiten Raum ein. Aber Härtling folgt Hölderlin auch zu den übrigen Stationen seines Lebens. Kurz fasst er sich erst, als er zu den Jahren des »Wahnsinns« kommt, die Hölderlin zunächst in der Autenriethschen Klinik und dann bei der Familie Zimmer in dem heute nach dem Dichter benannten Tübinger Turm am Neckarufer verbrachte.

Aufbau: Härtling mischt die Fakten, die über das Leben von Hölderlin bekannt sind, mit als erfunden ausgewiesenen Dialogen (»So kann es gewesen sein«) zwischen Hölderlin und Personen aus dem Umfeld des Dichters. Außerdem werden persönliche Erinnerungen von Härtling eingebaut, die darstellen, wie und wo der heutige Hölderlin-Rezipient mit dem Autor in Berührung kommen kann. Härtling verwischt dabei teilweise die Grenzen zwischen der Vita seiner Titelfigur und seiner eigenen Geschichte.
Wirkung: Insgesamt wurde das Buch mit großer Begeisterung aufgenommen. Der Erfolg ist nicht zuletzt auf die intensive Auseinandersetzung mit Hölderlin Mitte der 1970er Jahre zurückzuführen. *M. E.*

Peter Härtling; aufgenommen im Dezember 2000

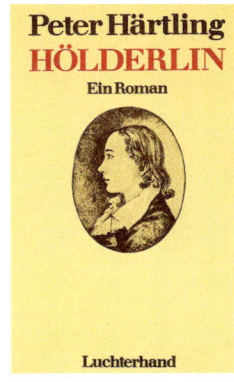

Peter Härtling, *Hölderlin*, Umschlag der Originalausgabe 1976

Hartmann von Aue

mittelhochdt. Autor

*um 1165, †nach 1210

📖 *Der arme Heinrich*, nach 1191

Hartmann von Aue ist neben → Wolfram von Eschenbach und → Gottfried von Straßburg der bekannteste deutsche Epiker der Zeit zwischen 1170 und 1250. Gegenüber Wolframs »dunklem« Stil vertritt er das Stilideal der »Klarheit« und »Durchsichtigkeit«, wofür er von Gottfried im Literaturexkurs des *Tristan* (entst. um 1210) emphatisch gelobt wird. Durch Bearbeitungen französischer Vorlagen hat Hartmann den Artus-Stoff in Deutschland heimisch gemacht.

Hartmanns Name ist uns aus Selbstnennungen in eigenen Werken und aus Nennungen anderer mittelalterlicher Autoren wie Gottfried und Rudolf von Ems (um 1200–um 1250) bekannt. Urkundliche Bezeugungen fehlen. Er selbst bezeichnet sich als Ritter und Ministeriale »zu Aue«. Der Sprache nach ist er dem alemannischen Raum zuzuordnen. Welches Aue (Au bei Freiburg, die Reichenau u. a.) Hartmann

Hartmann von Aue; Bildnis des Minnesängers aus dem Codex Manesse, 14. Jahrhundert

zu Recht für sich reklamieren kann, lässt sich nicht mehr feststellen. In den erhaltenen Handschriften seiner Werke fehlt jeder konkrete Hinweis auf einen Auftraggeber.

Literatur: C. Cormeau / W. Störmer, *Hartmann von Aue*, 1993.

Der arme Heinrich

EZ nach 1191 **DE** 1810
Form Verserzählung **Epoche** Mittelalter

Der *Arme Heinrich* stellt zusammen mit dem *Gregorius* und Hartmanns Kreuzliedern ein Beispiel für die Relevanz der religiösen Thematik in der höfischen Adelskultur dar. Erkennbar wird das Bemühen, weltliche und religiöse Werte in Übereinklang zu bringen.

Inhalt: Heinrich von Aue ist ein mit allen weltlichen Tugenden seines Standes ausgestatteter Adliger und führt ein Leben in Glück und Glanz. Dann jedoch erkrankt er auf Gottes Geheiß an Aussatz. Diese Krankheit isoliert ihn gesellschaftlich. Ein Arzt in Montpellier erklärt ihn für unheilbar, ein Arzt in Salerno teilt ihm mit, es gebe zwar ein Mittel gegen die Krankheit, aber dieses sei nicht erhältlich: Eine Jungfrau müsse sich für ihn töten lassen, damit er in ihrem Blut baden könne. Daraufhin resigniert Heinrich, verteilt seinen Besitz an Verwandte, Arme und die Kirche und zieht sich auf den Hof eines seiner Bauern zurück.

Die achtjährige Bauerstochter fühlt sich zu Heinrich hingezogen. Beide verbringen viel Zeit miteinander; im Scherz nennt er sie seine »Braut«. Als Heinrich drei Jahre später erzählt, was man ihm in Salerno mitgeteilt hat, fasst das Mädchen spontan den Entschluss, sich zu opfern, und lässt sich weder von den Eltern noch von Heinrich umstimmen. Als Heinrich das Messerwetzen des Arztes hört und die bereits Entkleidete und Festgebundene sieht, bricht er die Prozedur ab. Auch die lauten Klagen des Mädchens, das sich um den himmlischen Lohn für sein Opfer betrogen sieht, und der Vorwurf der Feigheit können Heinrich nicht umstimmen. Da er aber nun seine innere Wandlung und das Mädchen seinen Opferwillen unter Beweis gestellt haben, gewährt Gott als Lohn die Heilung. Heinrich nimmt seine alte Stellung wieder ein und ist bald noch reicher und mächtiger als vorher. Er heiratet die Bauerstochter und nach einem langen gemeinsamen Leben gehen beide in Gottes Reich ein.

Aufbau: Eine Quelle für Hartmanns gut 150[?] Verse umfassenden Text ist nicht bekannt. Der arme Heinrich weist mehrere Besonderheiten auf: Auffällig ist die Mesalliance zwischen dem hochadligen Heinrich und der Bauerstochter. Die Hauptfigur erscheint über die Namensge[...]

Die Werke von Hartmann von Aue	
Die Klage (undatierbar)	Minnelehre, allegorischer Disput zwischen Herz und Körper
Minne- und Kreuzlieder (undatierbar)	Knapp 20 Lieder, formal gekennzeichnet durch die Loslösung von provenzalischen Vorbildern
Erec (zw. 1179 und 1185)	Artusroman nach dem Versepos *Erec et Enide* (um 1170) des französischen Epikers → Chrétien de Troyes.
Gregorius vor 1187? / nach 1189?	Legendenhafte Verserzählung nach französischer Quelle über die Läuterung des aus einer Inzestverbindung stammenden, unbewusst selbst im Inzest lebenden Adligen Gregorius, der am Ende seines Bußweges auf Geheiß Gottes Papst wird.
Der arme Heinrich (nach 1191?)	Legendenhafte, moralische Verserzählung über die innere Wandlung und Heilung eines aussätzigen Ritters → S. 466
Iwein (zw. 1191 und 1203)	Artusroman nach dem Versepos *Yvain oder Der Löwenritter* (um 1170) von → Chrétien de Troyes .

bung als Mitglied/Vorfahr von Hartmanns Dienstherrengeschlecht. Ferner hat *Der arme Heinrich* für einen epischen Text seiner Zeit bemerkenswert wenig Handlung, dafür wird Reflexion und der Entwicklung psychischer Zustände breiter Raum gegeben. Eher konventionell wirken dagegen auf den ersten Blick die Hauptaussagen: Weltliches hat nur relative Bedeutung, weil es stets vergänglich ist; von Gott verhängtes Leid soll man geduldig ertragen. Auf diese Aussagen lässt sich der Text indes nicht reduzieren, da neben der Hauptfigur, an der die Lehre vorgeführt wird, auch die Bauerstochter eine bedeutende Rolle spielt, deren Verhalten sich in die genannten Lehren nicht einordnen lässt.

Wirkung: Zu Hartmanns Zeit scheint *Der arme Heinrich* recht bekannt gewesen zu sein; überliefert sind sieben (teils unvollständige) Handschriften. Zu diesen Primärzeugnissen für eine Rezeption treten Anspielungen und Zitate in Texten anderer Autoren. In der Neuzeit kann *Der arme Heinrich* als einer der bekanntesten mittelalterlichen deutschen Texte gelten; befördert wurde seine Bekanntheit durch rund 30 Übersetzungen ins Neuhochdeutsche seit 1810. Ferner existieren Volksbuchfassungen und dichterische Neubearbeitungen, darunter eine Erzählung von Ricarda Huch (1864-1947), lyrische Umsetzungen von Adelbert von → Chamisso und Conrad Ferdinand → Meyer sowie Dramatisierungen von Lion → Feuchtwanger, Gerhart → Hauptmann und Ludwig Uhland. *R. B.*

Hašek, Jaroslav

tschech. Schriftsteller

*30.4.1883 Prag, †3.1.1923 Lipnice (Böhmen)

📖 *Die Abenteuer des braven Soldaten Schwejk*, 1921–23

Mit seinem einzigen Roman *Die Abenteuer des braven Soldaten Schwejk* verhalf Jaroslav Hašek der böhmischen Literatur zu Weltruhm.

Der Sohn eines Mittelschullehrers absolvierte zunächst eine Ausbildung an der Handelsakademie. Hašeks Bemühen, sich eine bürgerliche Existenz aufzubauen, scheiterten kläglich. Er begann für Zeitungen Feuilletons und Humoresken zu schreiben; über 2000 Arbeiten unter mehr als 100 Pseudonymen sind bis heute bekannt geworden. In Prag führte Hašek das Leben eines Bohemien und Anarchisten. Er sprach mit Eifer dem Alkohol zu, nahm an zahlreichen Demonstrationen und Krawallen teil und war häufiger Gast auf den Polizeirevieren der Stadt. Im Ersten Weltkrieg lief Hašek zur Roten Armee über und wurde kommunistischer Funktionär. Erst sechs Jahre nach Kriegsbeginn

kehrte der in Prag Totgeglaubte in seine Heimatstadt zurück, nahm sein Boheme-Leben wieder auf und begann die Arbeit am *Schwejk*. Das Buch war noch nicht vollendet, als Hašek im Alter von nur 39 Jahren starb.

Die Abenteuer des braven Soldaten Schwejk

OT Osudy dobrého vojáka Švejka za světové války
OA 1921–23 **DE** 1926/27
Form Roman **Epoche** Moderne

Jaroslav Hašeks unvollendet gebliebener satirischer Roman um die Erlebnisse des Prager Hundehändlers Josef Schwejk im Ersten Weltkrieg gehört zu den unvergänglichen und zugleich amüsantesten Werken der Weltliteratur. Mit seinem Schwejk hat Hašek die Literatur um einen liebenswerten Schelm bereichert.

Entstehung: *Die Abenteuer des braven Soldaten Schwejk* erschienen zunächst als Fortsetzungsroman in einer broschierten Heftausgabe. Das erste Heft kam im März 1921 heraus, in einem eigens für dieses Projekt gegründeten Verlag. Der Autor widmete seine beiden letzten Lebensjahre ganz der Arbeit an diesem Werk, dessen Kapitel er einem Schreiber unter enormer Hast diktierte. Fünf Schwejk-Geschichten aus dem Jahr 1912 wurden später gemeinsam mit anderen Texten von Hašek als »Urschwejk« separat veröffentlicht.

Inhalt: Josef Schwejk, Hundehändler und Stammbaumfälscher, kommentiert in einem Prager Wirtshaus das Attentat auf den österreichischen Thronfolger; er dokumentiert durch diesen Kommentar seine vollständige Unkenntnis der politischen Verhältnisse und wird dennoch wegen Hochverrats verhaftet. Justiz und Psychiatrie beschäftigen sich mit Schwejk, der um beste Zusammenarbeit mit den Behörden bemüht ist und schließlich gesteht, den Erzherzog Ferdinand erschlagen zu haben. Er kommt ins Irrenhaus, aus dem er aber hinausgeworfen wird, weil er zu dumm ist. Auf Schwejks Dienste meint das Kriegsministerium jedoch nicht verzichten zu können und so lässt sich der Rheuma-Geplagte, der einst den Militärdienst quittierte und dem schwarz auf weiß bestätigt wurde, ein »behördlicher Idiot« zu sein, von seiner Wirtschafterin im Rollstuhl zur Meldestelle fahren. Ob dieser beispiellosen

Jaroslav Hašek, *Die Abenteuer des braven Soldaten Schwejk*, Einband der deutschsprachigen Taschenbuchausgabe 1975

Heinz Rühmann (Schwejk) und Franz Muxeneder (Woditschka) in der Hašek-Verfilmung des Romans *Die Abenteuer des braven Soldaten Schwejk* (BRD 1960; Regie: Axel von Ambesser)

Hauptfiguren in »Die Abenteuer des braven...« von Jaroslav Hašek

Josef Schwejk: Der Hundehändler und begnadete Erzähler von Anekdoten und wichtigen Begebenheiten, die den Sinn des Lebens erschließen, nimmt als Bursche und »Putzfleck« am Ersten Weltkrieg teil. Er hat nicht geringen Anteil daran, dass Österreich-Ungarn am Ende als einer der Verlierer dasteht.

Oberleutnant Lukasch: Der aktive Offizier der morschen Monarchie bekennt sich zu seinem Tschechentum, ist aber besorgt, dass jemand hiervon erfahren könnte. Der gutmütige Mensch hat Schwejk beim Kartenspielen gewonnen – ohne zu ahnen, dass er dieses Spiel besser verloren hätte.

Feldkurat Otto Katz: Der erste Dienstherr Schwejks ist ein spiel- und trunksüchtiger Feldgeistlicher, an dem nach eigenem Bekunden die Vatikan interessiert ist. Die Erkenntnis, dass es gemeiner Materialismus sei, Alkohol zu trinken, kommt ihm leider stets erst nach der dritten Flasche.

Sappeur Woditschka: Den Kameraden Schwejks, einen alten Fuchs und Haudegen, kümmern die tatsächlichen Kriegsereignisse und Frontverläufe nicht, da er einen Privatkrieg gegen die ungarische Waffenbrüder führt. Er sitzt mit Schwejk gemeinsam ein und träumt von der Freiheit, die »magyarischen Lackeln« zu vermöbeln.

Auszug aus dem Roman
Die Abenteuer des braven Soldaten Schwejk von Jaroslav Hašek:

Die beiden Herren Ärzte blickten einander an und einer von ihnen stellte an Schwejk die Frage: »Wurde Ihr Geisteszustand bereits einmal geprüft?«
»Beim Militär«, antwortete Schwejk feierlich und stolz, »bin ich von den Herren Militärärzten amtlich für einen notorischen Idioten erklärt worn.«
»Mir scheint, Sie sind ein Simulant!« schrie der zweite Arzt Schwejk an.
»Ich, meine Herren«, verteidigte sich Schwejk, »bin kein Simulant, ich bin ein wirklicher Idiot.«

Geste patriotischer Gesinnung wird er von Passanten und Zeitungen als Held gefeiert. Es beginnt eine Odyssee durch die Einheiten der k. u. k. Armee und die Narreteien des Kriegs, die Schwejk zunächst als Bursche zu einem trunksüchtigen Feldkuraten führt, der ihn aber beim Kartenspiel an den Oberleutnant Lukasch verliert. Auf dem Weg zur Front widerfährt ihm ein Missgeschick ums andere, doch er lässt sich die gute Laune nicht verderben, hat zu allem und für jeden ein Histörchen zur Hand und zerredet jede ausweglose Situation. Schwejk ist so autoritätsgläubig, dass er jede Autorität untergräbt, so loyal, dass Loyalität sinnlos wird, so ergeben, dass er für keinen Herrn zu ertragen ist. Der Kleinbürger wird durch unbedingten Gehorsam zum Anarchisten und gibt – ungewollt – eine praktische Anleitung zur Wehrkraftzersetzung. Sein Humor und seine einzigartige Lebensphilosophie lassen Schwejk auch die russische Kriegsgefangenschaft und die Gefahren der Russischen Revolution unversehrt überstehen, so dass der Leser ihn zum Schluss im festlich geschmückten Prag einziehen sieht.
Wirkung: Bereits die ersten beiden Kapitel des Romans in Heftform wurden ein durchschla-

gender Erfolg. Das Lesepublikum liebte die Geschichte des kleinen Mannes, der die Staatsmacht durch die buchstabengetreue Befolgung der Gesetze ad absurdum führte. Die tschechische Kritik hingegen lehnte das unkonventionelle Werk, das ästhetische und ideologische Prinzipien sprengte, lange Zeit ab. Tschechischen Intellektuellen war es peinlich, dass ihre Literatur im Ausland durch einen »unliterarischen« Roman repräsentiert wurde. Erst als der *Schwejk* vor allem dank der deutschen Übersetzung international anerkannt wurde, fand er auch in seiner Heimat offiziell Aufnahme.   *R. F.*

Haslinger, Josef

österreich. Schriftsteller

* 5.7.1955 Zwettl (Niederösterreich)

📖 *Opernball*, 1995

Josef Haslinger zählt zu den produktivsten und engagiertesten österreichischen Schriftstellern der Gegenwart. Seine Romane und Essays erreichten mit einer Mischung aus politischer Brisanz und literarischem Anspruch ein breites Publikum.

Nach dem Studium der Philosophie, Theaterwissenschaft und Germanistik in Wien promovierte Haslinger 1980. Neben Lehraufträgen an Universitäten in Kassel, Innsbruck und Wien engagierte er sich u. a. als Mitbegründer der antirassistischen Plattform »SOS Mitmensch« und als Mitherausgeber der Literaturzeitschrift *Wespennest* (1976–92) in der österreichischen Kulturszene. Dem interessierten Publikum war Haslinger bis zum Erscheinen seines ersten Romans *Opernball* vor allem durch seine zahlreichen prämierten Essays, darunter *Politik der Gefühle. Ein Essay über Österreich* (1985) und *Das Elend Amerikas* (1992), bekannt. Das Anliegen seiner politischen Werke ist das Hinweisen auf Entwicklung und Fortbestand rechtskonservativer Tendenzen in Österreich. Sein zweiter Roman mit dem Titel *Das Vaterspiel* erschien 2000. Auch Dramen (*Karfreitag*, 1988) gehören zum Œuvre des Autors, der in Wien, Leipzig und New York lebt und arbeitet.

Opernball

OA 1995   **Form** Roman   **Epoche** Moderne

Der erste Roman von Josef Haslinger ist ein anspruchsvoller Politthriller, in dem der Autor die Folgen und Motive eines Blausäure-Anschlags auf den Wiener Opernball schildert. Der Leser verfolgt die Suche des Protagonisten nach den Tätern, die in einen Abgrund krimineller und politischer Verwicklungen führt. Parallel zu diesen Spannungsmomenten zeichnet Haslinger mit Gespür für Zeit und Themen ein fiktives Panorama der österreichischen Gesellschaft, bei deren Lektüre zahlreiche Verweise auf die zeitgenössische Geschichte nahe gelegt werden.

Inhalt: Die Gäste des Wiener Opernballs werden Opfer eines Giftgasanschlags. Der renommierte amerikanische Fernsehjournalist Kurt Fraser beobachtet das Geschehen aus dem Übertragungswagen. Unter den Opfern sieht er seinen Sohn Fred, der auf dem Ball als Kameramann eingesetzt ist. Die Aufzeichnung läuft weiter, weltweit sehen Zuschauer das grauenhafte Sterben tausender Menschen. Das Attentat verändert die politische Landschaft Österreichs: Zahlreiche Politiker sind unter den Opfern des Anschlags, die Verbleibenden entscheiden sich für einen restriktiven Kurs gegenüber den verdächtigten Minderheiten. Fraser begibt sich auf die Suche nach den Tätern und findet sie schließlich im rechtsextremistischen Milieu.

Aufbau: In seinem Roman stellt Haslinger durch Figuren und Milieu zahlreiche Bezüge zur Gegenwart, insbesondere Österreichs, her. Seine Schilderung des Giftgastodes der Besucher des Wiener Opernballs ist drastisch, doch nicht realitätsfremd. Haslinger zeigt den Lesern die Wahrheit über eine Gesellschaft, in der Medien, Politik und Gewalt unlösbar miteinander verbunden sind. In *Opernball* thematisiert Haslinger die ständige Suche der Medien nach Reality-Katastrophen und wie der Massenmord zu einem Glücksfall für die Journalisten wird. Desillusioniert erzählt der Schriftsteller von rassistischen Polizisten, kriminellen Politikern und Rechtsextremisten aus bürgerlichem Milieu, die von der Gesellschaft toleriert zu dämonischen Propheten des »Dritten Tausendjährigen Reichs« werden.

Der Protagonist des Romans, der Fernsehjournalist Fraser, ist eine ambivalente Persönlichkeit. In Rückblenden erinnert er sich an seine Zeit als Kriegsjournalist und daran, wie er sein Kind zu Gunsten seiner Karriere vernachlässigte. In seinen Recherchen begegnet Fraser Personen, deren Leben mit dem Anschlag verknüpft sind: einem Polizist, der vor der Oper gegen Demonstranten kämpfte, einer Frau, die ihrem Vater mit dem Besuch des Balls seinen letzten Wunsch erfüllte, und schließlich den Attentätern, deren Biografie und Beweggründe er sorgsam aufarbeitet.

Wirkung: Haslinger gilt seit *Opernball* als der amerikanischste unter den deutschsprachigen Autoren. Sein mit pointiertem Stil packend erzählter Politthriller konnte einen großen Publikumserfolg erzielen. Auch Kritiker sehen in ihm seither einen der talentiertesten zeitgenössischen Romanciers.　　　　*K. G.*

Hauff, Wilhelm

dt. Schriftsteller und Dichter

* 28.11.1802 Stuttgart, † 18.11.1827 ebd.

📖 *Märchenalmanach auf das Jahr 1828 (Das Wirtshaus im Spessart)*

Der früh verstorbene Wilhelm Hauff ist heute vor allem durch seine Märchen bekannt – zu Unrecht, denn sein in nur wenigen Jahren entstandenes Œuvre zählt zu den vielseitigsten innerhalb der deutschen Romantik.

Hauff wurde am 29. November 1802 als zweites Kind des Regierungsbeamten August Hauff und seiner Frau Wilhelmine in Stuttgart geboren. Nach dem frühen Tod des Vaters (1809) und dem Umzug der Familie nach Tübingen wurde der Knabe am Seminar in Blaubeuren auf das Studium der Theologie vorbereitet. Nach der Promotion zum Dr. phil. verwarf er den geistlichen Stand jedoch zu Gunsten einer literarischen Karriere. Eine Stellung als Hauslehrer bei der Familie des württembergischen Kriegsministers Ernst Eugen Freiherr von Hügel ließ ihm genügend Freiheit, seinen früh ausgeprägten schriftstellerischen Neigungen nachzugehen. Bereits Hauffs erste Veröffentlichungen waren durchschlagende Publikumserfolge: Seine *Kriegs- und Volkslieder* (1824, enthält u.a. *Morgenrot*) gingen bald in das allgemeine Liedgut über; es folgten die ebenso unterhaltsamen wie intelligenten Satiren *Mitteilungen aus den Memoiren des Satans* (1825) und *Der Mann im Mond* (1826). Ein Bestseller wurde der von Walter → Scott inspirierte Ritterroman *Lichtenstein* (1826) über die Reformation in Württemberg, der in Deutschland das Genre des historischen Romans begründete und das viel versprechende Talent in literarischen Kreisen etablierte. Zu Hauffs Freundeskreis zählten bald Willibald Alexis (1798–1871), Clemens von → Brentano und Matthias → Claudius. Von einer

Josef Haslinger, *Opernball*, Umschlag der Ausgabe 1995

Auszug aus dem Roman *Opernball* von Josef Haslinger:

Ich sah den Massenmord auf zwanzig Bildschirmen gleichzeitig. Mein einziger Gedanke: Fred ist nicht dabei. Ich finde ihn nicht. Er hat eine neue Kassette geholt. Er hat Kamera fünf seinem Assistenten überlassen, ist rauchen gegangen. Fred ist starker Raucher. Er ist nicht im Saal. Und dennoch sehe ich, wie er den Mund aufreißt, wie er auf die am Boden liegende Frau fällt.

Almanach

Das Wort Almanach ist vom Arabischen abgeleitet (al-mana, arab. für Zeit, Maß). Gattungsgeschichtlich bezeichnet es die seit dem Spätmittelalter im Okzident verbreiteten kalenderartigen Tafeln und astrologischen Ephemeriden. Aus dem 14. und 15. Jahrhundert sind zahlreiche handschriftliche Exemplare erhalten. Der erste gedruckte Almanach des Georg von Peurbach entstand vermutlich um 1460 in Wien.

Das jährliche Erscheinen wurde erst im 16. Jahrhundert geläufig. Von Frankreich ausgehend, wurde im 17. Jahrhundert der Inhalt der Almanache durch ein breiteres Nachrichtenspektrum erweitert: Hoffeste, Messen und Märkte wurden nun ebenso aufgenommen wie Genealogien der regierenden Häuser oder der Geistlichkeit.

Im 18. Jahrhundert fanden Almanache zunehmend auch in Deutschland Verbreitung, zuerst in Preußen (1700) und Sachsen (1728). Die Almanach-Kultur erreichte in Deutschland ihren Höhepunkt in der Restaurationszeit, in den Jahren von 1815 bis 1830. Titel wie Musenalmanach, Damenalmanach oder diplomatischer Almanach trugen dem Inhalt Rechnung; Zusätze (wie bei Wilhelm Hauffs Märchenalmanachen für Töchter und Söhne gebildeter Stände) richteten sich direkt an die Zielgruppe.

Grundsätzlich ist zwischen offiziellen Almanachen und literarischen Almanachen zu unterscheiden. Während Erstere auf praktische Information abzielten, waren die Letztgenannten ein beliebtes Medium der Unterhaltung und Belehrung.

Vor vielen Jahren, als im Spessart die Wege noch schlecht und nicht so häufig als jetzt befahren waren, zogen zwei junge Burschen durch diesen Wald. Der eine mochte acht-zehn Jahre alt sein und war ein Zirkelschmied, der andere, ein Goldarbeiter, konnte nach sei-nem Aussehen kaum sechzehn Jahre alt sein; aber das wohl jetzt eben seine erste Reise in die Welt. Der Abend war schon heraufgekommen, und die Schatten der riesengroßen Fichten und Buchen verfins-terten den schmalen Weg, auf dem die beiden wanderten. Der Zirkelschmied schritt wacker vorwärts und pfiff ein Lied, schwatzte auch zuweilen mit Munter, seinem Hund, und schien sich nicht viel darum zu kümmern, dass die Nacht nicht mehr fern, desto ferner aber die nächste Herberge sei; aber Felix, der Goldarbeiter, sah sich oft ängstlich um. Wenn der Wind durch die Bäume rauschte, so war es ihm, als höre er Tritte hinter sich; wenn das Gesträuch am Wege hin und her wankte und sich teilte, glaubte er Gesich-ter hinter den Büschen lauern zu sehen.

»Wilhelm Hauff und seine Geisteskinder«; allegorische Lithografie auf Hauffs Werke von Arnold Baldinger

längeren Reise (u. a. in den Spessart, nach Nord-frankreich und Flandern) zurückgekehrt, über-nahm Hauff im Juli 1826 in Stuttgart die Re-daktion von Cottas Zeitschrift »Morgenblatt für gebildete Stände«. Für Cotta entstanden auch die in drei Almanachen (1826, 1827, 1828) ge-bündelten Märchensammlungen. Sie vor allem waren es, die Hauffs literarischen Ruhm dauer-haft festigten. Seine rastlose Produktivität – alle Hauptwerke entstanden in der immens kur-zen Zeitspanne von nur vier Jahren – forderte ihren Tribut. Sein letztes Projekt, ein Roman über den Tiroler Volkshelden Andreas Hofer, für den er noch im August 1827 in Tirol recher-chiert hatte, blieb unausgeführt. Körperlich ausgebrannt, starb Hauff erst 24-jährig am 18. November 1827 in Stuttgart.

Märchenalmanach auf das Jahr 1828 (Das Wirtshaus im Spessart)

OA 1827 **Form** Erzählung **Epoche** Romantik

Entstehung/Aufbau: Das erfolgreiche Prinzip der beiden vorangegangenen, deutlich von den Märchen aus 1001 Nacht beeinflussten Alma-nache bestand darin, eine spannende Rahmen-handlung mit märchenhaft-fantastischen Er-zählungen zu verbinden: Im *Märchenalmanach auf das Jahr 1826* bildete *Die Karawane* die Rah-menhandlung; die bekanntesten darin enthal-tenen Märchen waren *Kalif Storch, Die Ge-schichte vom kleinen Muck* und *Die Geschichte vom Gespensterschiff*. Die herausragende Erzäh-lung des unter Zeitdruck um Arbeiten anderer Autoren (u. a. der Brüder → Grimm) ergänzten *Märchenalmanachs auf das Jahr 1827* (Rahmen-handlung: *Der Scheik von Alessandria und seine Sklaven*) war *Zwerg Nase*. Im dritten Band verließ Hauff den Orient und siedelte die Rah-menhandlung im Spessart an, den er 1826 bereist hatte. Die Erzählungen des Bandes waren bereits Ende 1826 abgeschlos-sen, wurden aber erst Ende 1827 veröffentlicht.

Inhalt: Zwei Handwerksbur-schen auf Wanderschaft ge-raten im Spessart in ein zwie-lichtiges Wirtshaus. Auch die Reisegesellschaft der Gräfin Sandau wird durch einen Wa-genbruch gezwungen, hier ab-zusteigen. Alsbald erfahren die Reisenden, dass sie in eine Räu-berhöhle geraten sind; die Bande beabsichtigt, die Gräfin

zu entführen und Lösegeld zu erpressen. Der tapfere Goldschmiedegeselle Felix tauscht mit der Gräfin die Kleider und folgt den Räubern in ihr Waldversteck, während die Dame fliehen kann. Nach glücklicher Errettung stellt sich die Gräfin als Felix' Patin und langjährige un-bekannte Wohltäterin heraus. Die Zeit ihrer Gefangenschaft verkürzen sich die Helden mit reihum zum Besten gegebenen Erzählungen: *Die Sage vom Hirschgulden, Said's Schicksale, Die Höhle von Steenfoll – eine schottländische Sage* und – in zwei Hälften geteilt das Herz-stück des dritten Bandes bildend – *Das kalte Herz*.

Wirkung: Hauffs dritter und letzter Mär-chenalmanach belegte einmal mehr das Gespür des Autors für publikumswirksame Unterhal-tungsliteratur mit romantisch-fantastischem Einschlag. Wieder schildert Hauff Existenzen am Rande der Gesellschaft, diesmal sind es die schillernden Gesetzlosen. In seinem wohl schönsten Märchen *Das kalte Herz* (inspiriert von E. T. A. → Hoffmanns *Das steinerne Herz*) steht der von allen verachtete Köhler Peter Munk im Mittelpunkt. Seinen sozialen Aufstieg bezahlt er mit dem Verlust seiner Identität, indem ihm der böse Berggeist »Holländer-Mi-chel« ein steinernes Herz einpflanzt. Die im Ton einer Volksdichtung gehaltene Erzählung of-fenbart mit ihrer unverhohlenen Kritik an der zunehmenden Entfremdung des Menschen im Zeitalter der Industrialisierung die oft verkann-ten realistischen und zeitkritischen Bezüge im Œuvre Wilhelm Hauffs.

Die Rahmenhandlung von *Das Wirtshaus im Spessart* wurde 1956 von Kurt Hoffmann kon-genial verfilmt (u. a. mit Liselotte Pulver und dem Kabarettistenduo Wolfgang Neuss und Wolfgang Müller). Der Streifen gilt heute als einer der wenigen intelligenten bundesdeut-schen Unterhaltungsfilme der Nachkriegszeit, nicht zuletzt dank seiner erfrischend anarchi-schen Seitenhiebe auf Wirtschaftswunder und deutsche Gemütlichkeit. *W. Co.*

Hauptmann, Gerhart

dt. Schriftsteller

* 15.11.1862 Obersalzbrunn (Schlesien)

† 6.6.1946 Agnetendorf (Riesengebirge)

📖 *Bahnwärter Thiel*, 1888

Gerhart Hauptmann gilt als Hauptvertreter de Naturalismus (Stichwort → S. 471) in Deutsch land sowie als Begründer des modernen sozia len Dramas. Eindringlich stellte er die Wirklich keit der industrialisierten Gesellschaft dar. 1912 wurde er mit dem Literaturnobelpreis ausgezeichnet.

Der Sohn eines Hotelbesitzers zeigte sich nach dem Besuch der Realschule, die er ohne Abschluss verließ, zunächst unentschlossen. Er war ein Jahr lang Landwirtschaftseleve, schrieb sich für verschiedene Studiengänge ein, betätigte sich als Bildhauer und unternahm eine Romreise. Die Heirat mit einer Großkaufmannstochter 1885 ermöglichte ihm schließlich eine Existenz als freier Schriftsteller. Hauptmann lebte abwechselnd in Berlin, Agnetendorf sowie auf Hiddensee. Seine indifferente Haltung während des Nationalsozialismus blieb bis heute ein umstrittener Punkt seiner Biografie.

Bereits mit seinen ersten naturalistischen Dramen (*Vor Sonnenaufgang*, UA 1889; *Die Weber*, UA 1893) erregte Hauptmann großes Aufsehen, doch verschrieb er sich nicht allein dieser literarischen Strömung. Mythische und märchenhafte Elemente finden sich bereits in frühen Arbeiten (*Hanneles Himmelfahrt*, UA 1893) und durchziehen sein gesamtes Werk.

Biografie: W. Leppmann, *Gerhart Hauptmann*, 1996; K. L. Tank, *Gerhart Hauptmann* (rm 50027).

Bahnwärter Thiel

OA 1888 **Form** Novelle **Epoche** Naturalismus

Die »novellistische Studie« *Bahnwärter Thiel* brachte dem jungen Gerhart Hauptmann einen ersten Erfolg. Sie zählt heute zu den meistgelesenen Erzähltexten des 19. Jahrhunderts.

Entstehung: 1885 zog der lungenkranke Hauptmann gemeinsam mit seiner Frau Marie nach Erkner, einem ländlichen Vorort Berlins. Die folgenden vier Jahre, die der Autor dort verlebte, waren prägend für seine künstlerische Entwicklung. Hauptmann beobachtete das einfache Volk und machte sich Notizen, die zur Grundlage seiner literarischen Figurenzeichnung wurden. Im Berliner Literaturverein »Durch«, zu dem er Kontakt hielt, kam er mit dem Naturalismus in Berührung.

In Erkner entstanden die Novellen *Bahnwärter Thiel* und *Fasching* (1888) sowie das erste Drama *Vor Sonnenaufgang* (UA 1889). Die Umgebung seines Wohnortes, den märkischen Kiefernforst, machte Hauptmann zum Handlungsort des *Bahnwärter Thiel*. Wichtige Erfahrungen der Erkner-Zeit – die junge Ehe, die Geburt dreier Söhne, der Kampf gegen die Lungenkrankheit – begründeten den zentralen Themenkreis, innerhalb dessen sich die Novelle sowie auch das weitere Werk des Autors bewegt: Ehe, Geburt, Tod. 1888 wurde *Bahnwärter Thiel* erstmals in der Münchner naturalistischen Zeitschrift *Die Gesellschaft* abgedruckt.

Naturalismus

Entstehung: Unter dem Eindruck der gesellschaftlichen Umwälzungen im Zuge der industriellen Revolution bildete sich im letzten Drittel des 19. Jahrhunderts von Frankreich ausgehend eine neue europäische Literaturbewegung heraus. Literarisches Vorbild war die von Émile → Zola in seiner theoretischen Schrift *Der Experimentalroman* (1880) dargelegte experimentelle, am Kriterium der Wissenschaftlichkeit orientierte Schreibweise.

Bedeutung: Der Begriff verweist auf die Ablehnung jeglicher Form der Idealisierung, insbesondere der verklärenden Tendenz des bürgerlichen Realismus im 19. Jahrhundert. Nach dem Vorbild des Positivismus und der Naturwissenschaften sollte allein das tatsächlich Gegebene und wissenschaftlich Abgesicherte Gegenstand der Literatur sein. Der deutsche Autor Arno Holz (1863–1929) brachte diese Forderungen auf die Formel »K=N–x«, d.h. Kunst gleich Natur abzüglich der künstlerischen Subjektivität und der Unzulänglichkeiten des Materials. Bevorzugte Themen der Naturalisten waren das Elend des »vierten Standes« sowie die triebhafte, unbewusste Seite der menschlichen Existenz.

Anwendung: Zu den wichtigsten Werken zählen der Romanzyklus *Die Rougon-Macquart* (1871–93) von Zola, das Drama *Nora* (1879) des norwegischen Dramatikers Henrik Ibsen (1828–1906) sowie in Deutschland neben den frühen Werken Gerhart Hauptmanns die gemeinsam von Holz und Johannes Schlaf (1862–1941) verfasste Erzählung *Papa Hamlet* (1889) und ihr Drama *Die Familie Selicke* (1890).

Inhalt: Der Bahnwärter Thiel lebt in einem Dorf an der Spree und versieht seit zehn Jahren gewissenhaft seinen Dienst in einem Wärterhäuschen inmitten des märkischen Kiefernwaldes. Seine erste, kränkliche Frau Minna stirbt bereits nach zwei Jahren. Um den aus dieser Ehe hervorgegangenen Sohn Tobias gut versorgt zu wissen, heiratet Thiel erneut. Seine zweite Frau Lene, eine ehemalige Kuhmagd, ist kräftig, jähzornig und von unberechenbarer Leidenschaft. Bald muss Thiel erkennen, dass sie Tobias misshandelt, insbesondere nachdem sie ein eigenes Kind geboren hat. Der Bahnwärter vermag sich in seinem phlegmatischen Wesen nicht aufzulehnen, auch ist er von seiner Frau hochgradig abhängig geworden. Insgeheim trauert er jedoch Minna nach, die ihm während des nächtlichen Dienstes in einer Vision erscheint: Ein blutiges Bündel auf dem Arm, flieht sie über die Gleise, hinter sich den herannahenden Zug.

Als Lene eines Tages auf einem Kartoffelacker in der Nähe des Wärterhäuschens arbeitet, lässt sie Tobias unbeaufsichtigt, der von einem Schnellzug überfahren wird und stirbt. Thiel verfällt hierauf einem rasch fortschreitenden Wahnsinn. Er erschlägt Lene und das zweite Kind; Dorfbewohner bringen ihn ins Irrenhaus.

Aufbau: Hauptmann variiert in seiner »novellistischen Studie« zum einen die tradierte Form der Novelle, weist aber zum anderen mit dem Begriff »Studie« auf eine neuartige Konzeption hin. Er betont nicht nur die Vorläufigkeit des Erzählten, sondern stellt überdies die genaue

Gerhart Hauptmann, *Bahnwärter Thiel*, Umschlag der Ausgabe von 1892

Auszug aus der Novelle
Bahnwärter Thiel von Gerhart Hauptmann:

Zwei rote, runde Lichter durchdrangen wie die Glotzaugen eines riesigen Ungetüms die Dunkelheit. Ein blutiger Schein ging vor ihnen her, der die Regentropfen in seinem Bereich in Blutstropfen verwandelte. Es war, als fiele ein Blutregen vom Himmel. Thiel fühlte ein Grauen und, je näher der Zug kam, eine umso größere Angst; Traum und Wirklichkeit verschmolzen ihm in eins. Noch immer sah er das wandernde Weib auf den Schienen, und seine Hand irrte nach der Patronentasche, als habe er die Absicht, den rasenden Zug zum Stehen zu bringen. Zum Glück war es zu spät, denn schon flirrte es vor Thiels Augen von Lichtern, und der Zug raste vorüber.

Beobachtung als dessen Grundlage dar. Der Erzähler tritt in dem Werk vollkommen zurück, das Berichtete erhebt den Anspruch auf Wirklichkeit und Wissenschaftlichkeit. Folgt Hauptmann mit dieser Erzählweise den Prinzipien des Naturalismus (Stichwort → S. 471), so geht er doch mit der Anlage eines breiten symbolischen Beziehungsgeflechts bereits über diesen hinaus. Die Beschreibungen der Außenwelt dienen unmittelbar der Spiegelung innerer Vorgänge; hierbei erreicht Hauptmann eine Intensität der symbolischen Darstellung, die in der vorangegangenen Literatur noch nicht vorhanden war.

Wirkung: Die Reaktionen auf die Novelle fielen teils enthusiastisch, teils kritisch aus. Viele Zeitgenossen zeigten sich enttäuscht über die »moralische Impotenz« der Figur Thiel in ihrer Lethargie und ihrem Wahnsinn. Mit zeitlichem Abstand wurde die radikal neue Erzählform des *Bahnwärter Thiel* hervorgehoben. *S. D.*

Hawking, Stephen

engl. Physiker

*8.1.1942 Oxford

📖 *Eine kurze Geschichte der Zeit – Die Suche nach der Urkraft des Universums*, 1988

Stephen Hawking ist vor allem für eine Theorie der Schwarzen Löcher bekannt, die auf der allgemeinen Relativitätstheorie und der Quantenmechanik aufbaut. In seinem populärwissenschaftlichen Bestseller *Eine kurze Geschichte der Zeit* versuchte er, Erkenntnisse der modernen Naturwissenschaften über die Entwicklung des Universums einem breiten Publikum nahe zu bringen.

Nach seinem Physikstudium am University College in Oxford ging Hawking nach Cambridge und begann mit Forschungsarbeiten in Kosmologie. Kurz nach seinem 21. Geburtstag wurde bei ihm die unheilbare Amyotrophe Lateralsklerose (ALS; eine Krankheit des Nervensystems mit Degenerationserscheinungen der Muskulatur) diagnostiziert. Obwohl sich sein körperlicher Zustand seitdem stetig verschlimmerte – er sitzt im Rollstuhl und muss sich mittels eines Sprachcomputers verständigen –, konnte er seine wissenschaftliche Tätigkeit bis heute fortsetzen.

Stephen Hawking, *Eine kurze Geschichte der Zeit*, Umschlag der Originalausgabe 1988

Hawking promovierte 1966 in Cambridge. Die Royal Society wählte ihn 1974 als eines ihrer jüngsten Mitglieder. 1979 wurde er in Cambridge zum Lucasian-Professor für Mathematik ernannt; diese Stelle, 1663 von Henry Lucas gestiftet, hatten u.a. Isaac Newton (1643–1727) und Paul Dirac (1902–84) besetzt.

Hawkings Arbeit auf der Basis grundlegender Gesetze der Entwicklung des Universums bestätigt die Notwendigkeit, allgemeine Relativitätstheorie und Quantentheorie zu vereinigen. Eine Konsequenz ist die Theorie, dass Schwarze Löcher nicht komplett schwarz sind, sondern infolge quantenmechanischer Effekte (Quantenfluktuationen außerhalb des sog. Ereignishorizontes) auch Strahlung (»Hawking-Strahlung«) aussenden und auf diese Weise verschwinden (»evaporieren«) können.

Biografie: M. Withe/J. Gribbin, *Stephen Hawking – A Life in Science*, 1989.

Eine kurze Geschichte der Zeit – Die Suche nach der Urkraft des Universums

OT A Brief History of Time: From the Big Bang to Black Holes **OA** 1988 **DE** 1988
Form Sachbuch **Bereich** Physik

Das international ungewöhnlich erfolgreiche Buch *Eine kurze Geschichte der Zeit* von Stephen Hawking soll auf allgemein verständliche Weise die fundamentalen Fragen beantworten, die den Autor zu seinen Forschungsarbeiten in Kosmologie und Quantentheorie veranlasst hatten: Woher kommt das Universum? Wie und warum hat es begonnen? Wird es enden? Und wenn, wie wird dieses Ende aussehen?

Inhalt: In elf Kapiteln spannt Hawking den Bogen von unserer Vorstellung vom expandierenden Universum (die Galaxien bewegen sich voneinander fort; beim Urknall war das Universum unendlich klein und dicht) samt seiner mathematischen Abbildung in der allgemeinen Relativitätstheorie von Albert → Einstein über die Darstellung der Elementarteilchen und Naturkräfte zu den Schwarzen Löchern. Auch einen eigenen Forschungsbeitrag stellt Hawking allgemein verständlich dar: Ein Schwarzes Loch als Endstadium der Entwicklung eines sehr massereichen Sterns kann Teilchen und Strahlung als Folge von Quantenfluktuationen in genau der Menge aussenden, die der Zweite Hauptsatz der Thermodynamik zulässt. Schließlich würde es (sogar) in einem gewaltigen Strahlungsausbruch ganz verschwinden. Das gilt im Prinzip auch für Schwarze Löcher mit vielen hundert Millionen oder Milliarden Sonnenmassen, wie man sie in den Zentren der Galaxien und Quasare vermutet – aber je kleiner das Schwarze Loch ist, umso stärker wird die Strahlung. Auch beim Urknall wird das Gravitationsfeld so stark, dass Effekte der Quantenmechanik bedeutsam werden.

Über die Frage nach Ursprung und »Schicksal« des Universums kommt Hawking zum Zeitpfeil und der – heute immer noch nicht erreichten – Vereinheitlichung der Physik, bei der es darum geht, die bisher getrennt nebeneinander bestehenden Theorien der Gravitation und der Quantenmechanik bzw. Quantenfeldtheorien für starke, schwache und elektromagnetische Wechselwirkung miteinander zu vereinigen.

Das Werk schließt mit Charakterisierungen von Lebenswegen der berühmten Physiker, die sich Hawking zum Vorbild nimmt: Einstein, der mit seiner allgemeinen Relativitätstheorie eine entscheidende Grundlage der heutigen Gravitationstheorie und Kosmologie gelegt hat, Galileo → Galilei und Isaac Newton (1643–1727), den Begründer der »alten« Gravitationstheorie. **Wirkung:** Diese Darstellung der Kosmologie ohne Formeln wurde auch deshalb international ein großer Verkaufserfolg, weil Hawking als Person in Nachrichtenmagazinen und anderen Medien im Vergleich zu seinen Wissenschaftlerkollegen ungewöhnlich oft präsent ist. Das Buch ist Vorläufer vieler anderer populärer Präsentationen der Kosmologie und hat wesentlich zum allgemeinen Interesse für diesen Wissenschaftszweig beigetragen. *G. W.*

Hawthorne, Nathaniel

US-amerikan. Schriftsteller

* 4.7.1804 Salem (Massachusetts)

† 19.5.1864 Plymouth (New Hampshire)

📖 *Der scharlachrote Buchstabe*, 1850

Nathaniel Hawthorne gehört mit Edgar Allan → Poe und Washington → Irving zu den Begründern der amerikanischen Kurzgeschichte. Seine vier Romane sind symbolisch überhöhte Romanzen, die realistische und imaginative Elemente verknüpfen.

Hawthorne, Abkömmling einer alten puritanischen Familie aus Neuengland, studierte 1821–24 am Bowdoin College in Maine und schrieb schon als zurückgezogen lebender Jüngling erste Skizzen und Erzählungen, die in Zeitschriften erschienen. Einige von ihnen wurden 1837 als *Zweimal erzählte Geschichten* (erweitert 1842) wieder veröffentlicht. Später arbeitete Hawthorne als Zollinspektor (1846–49) im Hafen seiner Heimatstadt Salem und als

US-Konsul im englischen Liverpool (1853–57), bevor er sich auf eine mehrjährige Bildungsreise u. a. nach Italien begab.

Bereits mit seinem ersten Roman *Der scharlachrote Buchstabe* (1850) hatte Hawthorne Erfolg. Mit den Romanen *Das Haus der sieben Giebel* (1851), *Die Blithedale-Maskerade* (1852) und *Der Marmorfaun* (1860) festigte er seinen Ruf als einer der bedeutendsten US-Autoren vor dem Bürgerkrieg. Hawthorne stand den Transzendentalisten um Ralph Waldo Emerson (1803–82) nahe und beeinflusste mit geschliffenem Stil und klarer Handlungsführung den Symbolisten Herman → Melville ebenso wie den psychologischen Realisten Henry → James.

Biografie: F. Link, *Die Erzählkunst Nathaniel Hawthornes*, 1962; M.C. Conway, *Life of Nathaniel Hawthorne*, 1987.

Der scharlachrote Buchstabe

OT The Scarlet Letter **OA** 1850 **DE** 1851
Form Roman **Epoche** Transzendentalismus

Der erste Roman von Nathaniel Hawthorne wurde wegen seines Stoffs (Ehebruch), seiner symbolhaltigen Sprache und seiner humanistischen Botschaft zum Klassiker der US-amerikanischen Literatur.

Inhalt: Boston um 1640. Wegen eines unehelichen Kindes wird die dunkelhaarige Hester

Demi Moore als Hester Prynne in der Verfilmung des Romans *Der scharlachrote Buchstabe* von Nathaniel Hawthorne (USA 1995; Regie: Roland Joffé)

Die wichtigsten Bücher von Nathaniel Hawthorne	
Zweimal erzählte Geschichten 1837	Der Band vereint Meistererzählungen wie *Der sanfte Knabe*, *Des Pfarrers schwarzer Schleier*, *Der Maibaum von Merrymount*, *Ein Mann namens Wakefield*, *Endicott und das rote Kreuz*.
Der scharlachrote Buchstabe, 1850	Der Roman über einen Ehebruch-Skandal und die Schuld eines Priesters im puritanischen Neuengland um 1640. → S. 473
Das Haus der sieben Giebel, 1851	Ein zeitgenössischer Roman über ein 160 Jahre altes, unrechtmäßig erworbenes Haus, das mit einem Fluch beladen ist.
Die Blithedale-Maskerade, 1852	Das einfache Leben einer christlich begründeten Landkommune scheitert an Neid, Konkurrenzdenken und Eifersucht.
Der Marmorfaun 1860	In dem Schauerroman wird ein Künstlerpaar aus den USA in Rom in eine Romanze aus Liebe und Verbrechen verwickelt.

Prynne im puritanischen Neuengland verurteilt, als Zeichen ihrer moralischen Schande auf ihrem Kleid den roten Buchstaben A für Adulteress (Ehebrecherin) zu tragen. Sie hat ihre Tochter Pearl bekommen, während ihr Ehemann, ein eigenbrötlerischer Arzt und Alchimist, verschollen war. Als Hester am Pranger steht, ist er bereits zurückgekehrt und hat sich in der Stadt unter dem Namen Roger Chillingworth niedergelassen, um den Vater des Kindes zu finden. Hesters Geliebter ist ausgerechnet der allseits geschätzte junge Priester Arthur Dimmesdale. Ihn quälen Schuldgefühle, doch bringt er lange nicht den Mut auf, sich zu offenbaren. Hester will ihn zur gemeinsamen Flucht überreden, aber er stirbt nach einem öffentlichen Bekenntnis.

Aufbau: Der Roman besitzt zahlreiche Elemente einer Romance, der angloamerikanischen Variante des Liebes- und Abenteuerromans. Die vier Hauptfiguren stehen für markante, gegensätzliche Charaktere: der monomanische Racheengel Chillingworth, die sinnliche, rebellische Hester, das unschuldige Kind der Liebe Pearl und der idealistische, aber labile Dimmesdale. Natürliche Begierden und die strengen Normen der Gesellschaft stehen sich ebenso gegenüber wie Gefühl und Verstand, Ehrlichkeit und Täuschung, Demut und Stolz, Selbstbewusstsein und Schwäche. Der Roman ist mit Symbolen geradezu überfrachtet: für die Natur (Rose, Sonne, Wasser, Wald), bei Namen (Pearl=Perle) und Farben (rot=Leidenschaft). In der Einleitung seines Romans *(The Custom House)* distanziert sich der aufgeklärte Christ Hawthorne von der religiösen Inbrunst und dem starren Moralkodex seiner Vorfahren. Doch zeigt er auch die sozialen Folgen von Sünde und Schuld: Verbannung, Isolation und Einsamkeit.

Wirkung: Gleich mit seinem ersten Roman hatte Hawthorne bei Kritikern und Lesern Erfolg. 1876 wurde das Buch erstmals dramatisiert, 1896 feierte die Opernfassung von Walter Johannes Damrosch in Boston Premiere. Unter zahllosen Kinoversionen ragen die Stummfilmfassung von Victor Sjöström (1926) und der Farbfilm von Wim Wenders (1973) mit Senta Berger als Hester Prynne heraus. *B. B.*

Hebel, Johann Peter

dt. Schriftsteller

* 10.5.1760 Basel, † 22.9.1826 Schwetzingen

📖 *Schatzkästlein des Rheinländischen Hausfreundes,* 1811

Der freundlich-pastorale Ton der Dichtungen Johann Peter Hebels beeinflusste bis heute zahlreiche Autoren, auch außerhalb des deutschen Sprachraums. Mit seinen Gedichten, Anekdoten sowie volkstümlichen Kalendergeschichten (Stichwort → S. 474) aus der alemannischen Heimat wurde er zu einem der bedeutendsten Mundartdichter seiner Zeit.

Hebel wuchs in einfachen Verhältnissen auf. Nach dem frühen Tod seiner Eltern ermöglichten ihm Gönner zunächst den Besuch eines Karlsruher Gymnasiums und ab 1775 das Studium der evangelischen Theologie in Erlangen. Sein beruflicher Aufstieg (1792 Subdiakon, 1798 Gymnasial-Professor, 1805 Kirchenrat, 1809 Direktor des Gymnasiums, 1819 Prälat der badischen Landeskirche), der für den Sohn von Dienstboten und Webern in der damaligen Zeit ungewöhnlich erscheinen mag, ist die Karriere eines fleißigen Theologen im liberalen, reichen Baden, in dessen Hauptstadt Karlsruhe die von französischer Seite erzwungene Offenheit sich mit einer Geselligkeit vereinte, in welcher der geistreiche Hebel angesehen war.

Hebel begann erst spät mit der Publikation seiner Werke. Seine 1803 erschienenen *Alemannische Gedichte* gelten bis heute als Höhepunkt deutscher Dialektdichtung; sie beeindruckten → Goethe ebenso wie später Rainer Maria → Rilke. In weiten Kreisen berühmt wurde Hebel durch seine Kalendergeschichten, die 1811 in der Buchausgabe *Schatzkästlein des Rheinländischen Hausfreundes* herauskamen. *Biblische Geschichten* (1824), als Schullesebuch konzipiert, waren das letztes Werk von Hebel, der auf einer Dienstreise verstarb.

Schatzkästlein des Rheinländischen Hausfreundes

OA 1811 **Form** Kalendergeschichten **Epoche** Klassik

Seit 1804 schrieb Johann Peter Hebel Prosastücke für einen bäuerlichen Kalender, den e̶ ab dem Jahrgang 1808 als *Der Rheinländisch̶*

Kalendergeschichte

Herkunft: Kalender, die über Sonnenauf- und Untergänge, die mutmaßliche Witterung, Aussaatzeiten, Kirchenfeste, Maßeinheiten im Land und vieles andere informierten, gab es seit dem 17. Jahrhundert in jedem Haushalt. Weltnachrichten, erbauliche Geschichten und Anekdoten waren dafür erst Ergänzung, dann aber wichtiges Verkaufsargument.

Bedeutung: Die kurze, in einfachem Ton vorgetragene Erzählung mit moralischem Einschlag, wie sie Hans Jacob Christoffel von → Grimmelshausen, Friedrich Nicolai (1733–1811) und vor allem Hebel entwickelten, richtete sich zunächst als Lehrgeschichte ans Volk. Der Erfolg der klar strukturierten Kurzgeschichten von Hebel im Umfeld der Weimarer Klassik sowie die allmähliche Verdrängung des Kalenders durch die Zeitung lösten die Bindung des Begriffs an das Verbreitungsmedium.

Anwendung: Im 20. Jahrhundert wurde das Instrument klassischer Volksaufklärung vor allem von Brecht *(Geschichten vom Herrn K.)* wieder aufgenommen. Noch deutlicher als bei den Vorläufern steuert die Erzählung nun auf die oft leicht verrätselte Pointe zu. Weitere Kalendergeschichten schrieben auch Oskar Maria → Graf *(Kalendergeschichten,* 1929) und Erwin → Strittmatter *(Schulzenhofer Kramkalender,* 1966).

Hausfreund auch selbst herausgab. Der große Erfolg über das ursprüngliche Verbreitungsgebiet hinaus war Anlass für eine sprachlich leicht geglättete Sammlung in Buchform 1811.

Inhalt: Die gesammelten Beiträge des Werks decken das gesamte Spektrum des Kalenders ab: Rätsel, Lieder, Anleitungen für den bäuerlichen Alltag, Nachrichten aus der Welt, vor allem von den Napoleonischen Kriegen. Sie alle sind ebenso auf kunstvoll einfache Weise arrangiert wie die Erzählungen von Bauern, Handwerkern, Kaufleuten, Spitzbuben und Soldaten. Die bekanntesten sind *Unverhofftes Wiedersehen* (nach 50 Jahren wird im schwedischen Falun die unversehrte Leiche eines Bergmanns aus einem Schacht geborgen; seine greise Verlobte erkennt als einzige den Leichnam) und *Kannitverstan*, worin ein Tuttlinger Handwerksgeselle, der sich in Amsterdam nach dem Besitzer eines prächtigen Hauses und eines großen Schiffes erkundigt, immer zur Antwort erhält: »Kannitverstan«, also »Ich verstehe nicht«. Die Verwechslung, ein Herr Kannitverstan sei gemeint, hält sich, als der Handwerker angesichts eines Leichenzugs fragt, wer zu Grabe getragen wird, und dieselbe Antwort erhält.

Aufbau: Die Rührung, die den Handwerksgesellen gewissermaßen versehentlich überfällt, und die Moral, die der Erzähler daraus zieht, sind Beispiel für die Doppelbödigkeit in Hebels Erzählungen. Was auf ein eindeutiges Ziel hin erzählt zu sein scheint, wird bei näherer Betrachtung oft zum vertrackten Problem. Die Prosa von Hebel ist indes nur scheinbar naiv. Der Autor gibt sich als guter Kamerad, als »Hausfreund« des Lesers; das Wort hatte jedoch schon am Anfang des 19. Jahrhunderts seine zweifache Bedeutung.

Die Kalendergeschichten waren zunächst zum Vorlesen gedacht, etwa in einer größeren Abendrunde während handwerklich-bäuerlicher Tätigkeiten. Dementsprechend greifen sie Stoffe auf, die in derartigen Runden mündlich weitergegeben wurden. Hebel macht sie in der aufgeschriebenen Form zu Literatur, so wie es die Brüder →Grimm für die Märchen taten.

Wirkung: Ebenso wie der ursprüngliche Kalender hatte auch das *Schatzkästlein des Rheinländischen Hausfreundes* weit über das bäuerliche Baden hinaus Erfolg. Auf den »einfachen Ton« Hebels beriefen sich zahlreiche Autoren nach ihm. Einflüsse sind in den Erzählungen von Franz →Kafka zu finden und in Bertolt →Brechts *Geschichten von Herrn K.* Die Philosophen Walter →Benjamin und Martin →Heidegger beriefen sich auf ihn, Ernst →Bloch nannte *Unverhofftes Wiedersehen* die »schönste Geschichte der Welt« und Lew N. →Tolstoi soll die Erzählungen oft zur stillen Lektüre mit sich herumgetragen haben. *H.Z.*

Sven Hedin (l.) in einer Jurte am Edsin-Gol im Januar 1934; der Fluss in der inneren Mongolei war eine Station an der Seidenstraße, die Hedin auf seiner Expedition ins Innere Asiens bereiste

Hedin, Sven

schwed. Forschungsreisender

*19.2.1865 Stockholm, †26.11.1952 ebd.

📖 *Die Seidenstraße*, 1936

Zu Beginn des 20. Jahrhunderts war der Geograf Sven Hedin als Erforscher ferner Länder bekannt. In seinen Expeditionen folgte er u.a. den alten Seidenstraßen nach China und schrieb darüber Reisebeschreibungen. Vor allem in Deutschland erlebten seine Bücher hohe Auflagen und Nachdrucke.

Nach seinem Studium in Schweden und Deutschland, u.a. bei dem Geografen Ferdinand Freiherr von Richthofen (1833–1905), der den Begriff »Seidenstraße« geprägt hat, kam Hedin als Privatlehrer in den Kaukasus. Von dort brach er zu Fuß zum ersten Mal über das iranische Hochland nach Zentralasien auf. Als »offizieller« schwedischer Forschungsreisender unternahm Hedin ab 1893 mehrere Aufsehen erregende Expeditionen in das Innere Asiens und durchquerte dabei zu Fuß oder auf dem Rücken von Kamelen die Wüsten Gobi und Takla Makan sowie mit dem Yak das tibetische Hochland. Hedin überstieg den Pamir, den Himalaja und das Tianshan-Gebirge. Den Forschungsberichten und Landkarten ließ er populäre Vorträge folgen und veröffentlichte Erlebnisschilderungen für Erwachsene sowie Abenteuerbücher für die Jugend.

Da seine Familie deutsche Vorfahren hatte, trat Hedin während des Ersten Weltkriegs für Deutschland ein. Da er sich nach dem Zweiten Weltkrieg noch immer zum Land seiner Vorfahren bekannte, wurde und wird Hedin von vielen als Unterstützer der Nationalsozialisten gesehen, was er selbst nie so sah.

Biografie: D. Brennecke, *Sven Hedin* (rm 50 355); R. Essen, *Sven Hedin – Ein großes Leben*, 1959.

Auszug aus dem 18. Kapitel des Buchs *Die Seidenstraße* von Sven Hedin:

Auf unserer Fahrt sahen wir die Große Mauer. Sie zog sich Meile für Meile und Tag für Tag wie eine endlose graugelbe Schlange durch die Wüste. Ihre Aufgabe, das Reich der Mitte vor den Barbaren des Nordens zu schützen, war lange erfüllt. Wir erblickten die unzähligen Wachtürme, die längs der Straße stumm und doch so beredt von vergangener Größe zeugen. Als wollten sie dem Gesetz der Vergänglichkeit auf ewig Trotz bieten, schimmerten sie, regelmäßig wie der Pulsschlag, durch den Straßenstaub. Winternebel und Jahrhunderte hatten ihnen nichts anhaben können. Wir sahen heute die Seidenstraße in ihrem tiefsten Verfall!

Die wichtigsten Bücher von Sven Hedin

Durch Asiens Wüsten 1899	Hedin beschreibt Wüstendurchquerungen in Pamir, Lop-nor, Tibet und China sowie der Wüste Takla Makan 1893–97.
Zehntausend Kilometer auf unbekannten Pfaden (2 Bde.), 1903	In dem Werk berichtet Hedin über Reisen durch Asien, die später als Einzelbände erschienen: *Reise in Tibet* (1907); *Auf unbekannten Wegen* (1911); *Vom Tode umdroht* (1912); *Drei Jahre im innersten Asien* (1913) und *Abenteuer in Tibet* (1919).
Beschreibung der Tibet-Expedition 1899–1902	Hedin erzählt von der Tibet-Expedition; über Geschichte, das Leben tibetischer Lamas im Kloster sowie die Entdeckung der Überreste einer altbuddhistischen Stadt in der Wüste.
Abenteuer in Tibet 1904	(nicht identisch mit *Abenteuer in Tibet,* 1919). Das Buch ist eine Beschreibung der zweiten Expedition nach Asien 1899–1902.
Transhimalaja. Entdeckungen und Abenteuer in Tibet 1909–12 (3 Bde.)	Die Reisebeschreibungen erschienen auch als Einzelveröffentlichungen: *Entdeckungen und Abenteuer in Tibet* (1910); *Das Neujahrsfest in Taschi-lunpo* (1910); *Über den Transhimalaja* (1911); *Entdeckt* (1911); *Auf Schleichwegen durch Tibet* (1911).
Meine erste Reise 1922	Hedin schildert seine erste Reise 1885 durch Russland in den Kaukasus, nach Persien, Anatolien und Konstantinopel.
Mount Everest 1923	Das Werk enthält eine geografische Beschreibung der Bergregion um den Mount Everest sowie der Besteigungsversuche.
Mein Leben als Entdecker 1926	In der persönlichen Schilderung erzählt Hedin von seinen Reisen durch Asien. Auszüge publizierte er später in *Reisen und Abenteuer in Tibet. Von heiligen Städten, Bergen und Seen* (1943).
Die Seidenstraße 1936	Hedin berichtet von seiner letzten großen Expedition, die ihn unter anderem die »Seidenstraße« entlangführt. → S. 476

Sven Hedin, *Die Seidenstraße,* Einband der deutschsprachigen Ausgabe 1941

Auszug aus der Vorrede der *Phänomenologie des Geistes* von Georg Friedrich Wilhelm Hegel:

Das Sein ist absolut vermittelt –; es ist substanzieller Inhalt, der ebenso unmittelbar Eigentum des Ichs, selbstisch oder der Begriff ist.

Die Seidenstraße

OT Sidenvägen. En bilfärd genom Centralasien
OA 1936 **DE** 1936
Form Sachbuch **Bereich** Reiseberichte

Sein Leben lang war Sven Hedin von der Erforschung Zentralasiens beseelt. In dem Buch *Die Seidenstraße* beschreibt er seine letzte große Expedition, die er trotz des Bürgerkriegs in Sinkiang vor seinem 70. Geburtstag durchführte.

Inhalt: Das Buch beschreibt chronologisch eine Expedition, die Hedin im Auftrag der Regierung von Nanking unternimmt, um die Trasse für eine direkte Straßenverbindung zwischen Peking und Sinkiang zu erkunden. Über die politische Situation in China, das sich praktisch nicht nur im Krieg, sondern auch im Bürgerkrieg befindet, erfährt der Leser nur wenig.

Von Peking führt die Expedition in die Mongolei zum Kloster Bailingmiao und von dort aus quer durch die Wüste Gobi zu den Oasen am Fluss Edsin Gol. In Urumtschi, der Hauptstadt Sinkiangs, gerät die Expedition in die Wirren des großen Bürgerkriegs. Die Expeditionsmitglieder werden für Spione der Zentralregierung in Nanking gehalten und unter Hausarrest gestellt. Erst nach einigen Wochen kann die Expedition fortgesetzt werden.

Für die Rückfahrt benutzt Hedin die Route der »Seidenstraße«. In einem eigenen Kapitel stellt er zunächst die Geschichte dieser Straße dar, die bereits Kaiser Wudi (147–87 v. Chr.) während seiner Feldzüge gegen die Xiongnu (östliche Hunnen) unter dem Namen Kaiser-

straße hatte anlegen lassen und die seitdem die wichtigste Handelsroute zwischen den Metropolen des Reichs der Mitte und den großen Handelsstädten Zentralasiens ist. Ähnlich wie bei der Schilderung der Fahrt durch die Wüste Gobi, beschreibt Hedin tagebuchartig die etwa 3000 km lange Fahrt von Kutscha im Tarim-Becken nach Xi'an, der alten Hauptstadt Chinas. Hedin erläutert den genauen Verlauf der alten Kaiserstraße und berichtet über die in der Provinz Gansu hunderte von Kilometern parallel zur Seidenstraße verlaufende große Mauer. Über die Aussagen von Bezirksbürgermeistern, in deren Häusern die Expedition meist einkehrt, erfährt man indirekt etwas über die politische Situation im Land, über die lokalen Machthaber und über die Lage der armen Bevölkerung.

Im Februar 1935 erreicht die Gruppe schließlich Xi'an, von wo sie mit der Eisenbahn zur Hauptstadt Nanking weiterfährt.

Wirkung: Kurz nach Erscheinen des Buchs begann in Europa die politische Krise, die erst mit Ende des Zweiten Weltkriegs ausklang. In der Nachkriegszeit verloren Entdeckerberichte allgemein an Bedeutung. Trotz mehrfacher Nachdrucke erlangten die Bücher von Hedin daher nie mehr die große Popularität wie zu Beginn des Jahrhunderts. *P. B.*

Hegel, Georg Friedrich Wilhelm

dt. Philosoph
*27.8.1770 Stuttgart, †14.11.1831 Berlin
📖 *Phänomenologie des Geistes*, 1807

Georg Friedrich Wilhelm Hegel gilt als der bedeutendste und einflussreichste Philosoph des 19. Jahrhunderts. Er führte die Philosophie des deutschen Idealismus auf ihren Höhepunkt.

Hegel stammte aus einer Theologen- und Beamtenfamilie, besuchte die deutsche und die lateinische Schule seiner Vaterstadt und wechselte aufgrund seiner Leistungen zum Stuttgarter Gymnasium Illustre. 1788–93 studierte er am Tübinger Stift Philosophie und Theologie. Dort begegnete er Friedrich → Hölderlin und Friedrich Wilhelm Schelling (1775–1854), mit denen er sich ab dem Wintersemester 1790/91 ein Zimmer teilte. Zwischen den drei Studenten entwickelte sich eine intensive Freundschaft.

1793 legte Hegel die Magisterprüfung und das theologische Konsistorialexamen ab. Vier Jahre später ging er nach Frankfurt am Main, wo sich auch Hölderlin niedergelassen hatte, der ihm entscheidende Anstöße für seine wis

OT = Originaltitel **EZ** = Entstehungszeit **OA** = Originalausgabe **DE** = Deutsche Erstausgabe 📖 = Verweis auf Werkartikel

senschaftliche Arbeit gab. 1801, kurz nach Erscheinen seiner ersten philosophischen Schrift *Die Differenz des Fichteschen und Schellingschen Systems,* wurde Hegel durch Vermittlung von Schelling als Privatdozent an die Universität Jena berufen und dort 1805 zum außerordentlichen Professor für Philosophie ernannt. 1806 vollendete er sein grundlegendes Werk *Die Phänomenologie des Geistes,* flüchtete vor den napoleonischen Truppen nach Bamberg und übernahm die Redaktion der *Bamberger Zeitung.* 1816 folgte er einem Ruf an die Universität Heidelberg und trat 1818 die Nachfolge von Johann Gottlieb Fichte (1762–1814) in Berlin an, wo er bis zu seinem Tod blieb.

Biografie: F. Wiedmann, *Georg Wilhelm Friedrich Hegel* (rm 50 110).

Phänomenologie des Geistes

OA 1807 **Form** Sachbuch **Bereich** Philosophie

Die *Phänomenologie des Geistes* von Georg Friedrich Wilhelm Hegel stellt den Höhepunkt der philosophischen Entwicklung des deutschen Idealismus dar. Hegel beschreibt darin die Bildungsgeschichte des Bewusstseins und entfaltet programmatisch drei Stufen der Wissensbildung: Ausbildung der persönlichen Welterfahrung, individuelle Selbsterfahrung und Verständnis für die Geschichte.

Inhalt: Den Ausgangspunkt bildet das natürliche Bewusstsein, die »sinnliche Gewissheit«, die an das Hier und Jetzt gekoppelt ist. Dieses Bewusstsein der ersten Stufe ist abstrakt und allgemein und wird nur durch den Gegenstand konkret, auf den es gerichtet ist. Das Selbstbewusstsein der zweiten Stufe beschränkt sich auf die Individualität des von seinen Begierden beherrschten Ichs. Die nächst höhere Ebene, die Vernunft, verbindet die Abstraktheit der ersten mit der Konkretheit der zweiten Stufe. Sie ist zugleich Bewusstsein des Gegenstands und Selbstbewusstsein und erkennt sich als deren Einheit. Der Geist als verwirklichte Vernunft, die das tätige Selbstbewusstsein der Individuen generalisiert, verbindet auf einer weiteren Stufe, der Geist-Ebene, das Ich mit der Welt. Der wahre Geist ist die Sittlichkeit, die sich auf die Stufe der Religion erhebt. Als absoluter Geist, der sich eine eigene Wirklichkeit schafft, wird er sich selbst zum Gegenstand und kann die letzte Stufe, das absolute Wissen, erklimmen. Auf dieser letzten Stufe schaut der Geist nicht nur sich an, sondern er »weiß« sich auch selbst, womit das Werden der Wissenschaft in der Philosophie vollendet ist.

Wirkung: Das spekulative Denkgebäude beeinflusste vor allem die durch den Marxismus geprägten philosophischen Positionen der Neu-

zeit, wobei das Kapitel über Herrschaft und Knechtschaft zu einem Schlüsseltext der marxistischen Gesellschaftskritik und Geschichtsphilosophie avancierte. Wie kaum ein anderer philosophischer Text leistete die *Phänomenologie des Geistes* Wesentliches für die Erforschung des Selbstverständnisses des Menschen und übte starken Einfluss auf den Existenzialismus (Martin → Heidegger, Jean Paul → Sartre), die Hermeneutik (Hans-Georg → Gadamer) und die Soziologie (Jürgen → Habermas, Herbert → Marcuse) aus. *W. W.*

Georg Friedrich Wilhelm Hegel, *Die Phänomenologie des Geistes,* Titelseite der Originalausgabe 1807

Heidegger, Martin

dt. Philosoph

* 26.9.1889 Meßkirch (Baden)

✝ 26.5.1976 Freiburg im Breisgau

📖 *Sein und Zeit,* 1927

Martin Heidegger, einer der wichtigsten deutschen Philosophen des 20. Jahrhunderts, ist der wirkungsmächtigste Vertreter der Existenzialphilosophie, deren Mittelpunkt die menschliche Existenz bildet. Im Zentrum seiner philosophischen Arbeiten stehen die Fragen nach dem »Sinn des Seienden« und dem »Sein des Seienden«. Dem »Verstehen« räumt Heidegger in seinem Werk eine zentrale Position ein.

Nach dem Abitur studierte Heidegger zunächst katholische Theologie, bevor er sich 1911 der Philosophie zuwandte und sich ab 1913 auf die Phänomenologie von Edmund Husserl (1859–1938) konzentrierte. 1914 erschien seine Dissertation *Die Lehre vom Urteil im Psychologismus,* zwei Jahre später habilitierte er sich. 24-jährig erhielt Heidegger einen außerordentlichen Lehrstuhl für Philosophie in Marburg. Nach der Herausgabe von *Sein und Zeit*

Martin Heidegger (r.) mit Hans-Georg Gadamer 1923 vor Heideggers Berghütte in Todtnauberg (Südschwarzwald)

Martin Heidegger, *Sein und Zeit*, Umschlag der Ausgabe 1977

folgte er Husserl auf das Ordinariat für Philosophie an der Universität Freiburg. 1933 war Heidegger vorübergehend Rektor der Universität und Mitglied der NSDAP, distanzierte sich aber 1934 vom nationalsozialistischen Regime und wurde von diesem geächtet. Seine Auseinandersetzung mit der Frage nach dem Sinn von Sein führte nach dem Zweiten Weltkrieg zu einer Neuorientierung seines Denkens, die er mit dem Begriff »Kehre« kennzeichnete. 1945 verhängte die französische Besatzungsmacht ein Lehrverbot, das 1951 aufgehoben wurde. Nach seiner Emeritierung 1952 hielt Heidegger in Freiburg im Breisgau noch bis 1967 Seminare für einen kleinen Kreis von Hörern.

Biografie: W. Biemel, *Martin Heidegger* (rm 50 200).

Sein und Zeit

OA 1927 **Form** Sachbuch **Bereich** Philosophie

Sein und Zeit von Martin Heidegger zählt zu den philosophischen Höhepunkten des 20. Jahrhunderts. Ziel des Werks, dessen angekündigter zweiter Teil (»Zeit und Sein«) nie erschien, ist die Ausarbeitung der Frage nach dem Sinn von Sein. Diese Frage bildet als Ontologie bzw. Metaphysik seit → Platon und → Aristoteles den Kern philosophischer Forschung.

Entstehung: Das philosophische Konzept von Heidegger wurde maßgeblich durch die *Logischen Untersuchungen* (1900/01) seines Lehrers

Edmund Husserl (1859–1938) geprägt. Darüber hinaus wirkten die Dissertation *Von der mannigfachen Bedeutung des Seienden nach Aristoteles* von Franz Brentano (1838–1917) und die Schrift *Vom Sein. Abriss der Ontologie* von Carl Braig (1853–1923) entscheidend auf seinen Entwurf der Fundamentalontologie.

Inhalt: Die Erörterung der Frage nach dem Sein, die die gesamte abendländische Philosophie seit der griechischen Antike durchzieht, nimmt ihren Ausgangspunkt bei demjenigen Seienden, das diese Frage stellt und dem es dabei um sein eigenes Sein geht: dem Menschen. Damit rückt die Seinsweise des Menschen, die Heidegger »Dasein« nennt, als Fundamentalontologie ins Zentrum der philosophischen Untersuchung. Heidegger deutet die »Seinsvergessenheit« der Metaphysik als »Verhängnis des Abendlandes«: Nicht der Mensch ist das Subjekt der Geschichte, das Sein selbst ist es, indem es sich verhüllt und verbirgt; ihm ist der Mensch ausgeliefert. Heidegger bestimmt »Dasein« wesentlich als »In-der-Welt-Sein« und als »Sein-zum-Tode«, woraus sich die beiden Seinsweisen der »Eigentlichkeit« und der »Uneigentlichkeit« ableiten. »Uneigentlich« ist das alltägliche »Verfallen« an das »Man«, »eigentlich« dagegen ist die in der Stimmung der »Angst« sich eröffnende Möglichkeit der »Entschlossenheit«, die Heidegger auch als »Freiheit-zum-Tode« bezeichnet.

Wirkung: Die Deutung der Metaphysik, wie sie von Heidegger in *Sein und Zeit* ausgearbeitet wurde, beeinflusste nachhaltig die Philosophie des 20. Jahrhunderts und führte methodisch insbesondere in der Theologie, der Literaturwissenschaft, der Rechtswissenschaft und den Naturwissenschaften zu neuen Erkenntnissen.

W. W.

Die wichtigsten Bücher von Martin Heidegger	
Sein und Zeit 1927	In diesem Werk beschäftigt Heidegger sich mit der Frage nach dem Sinn von Sein. → S. 478
Holzwege 1950	Die sechs Abhandlungen aus der Zeit zwischen 1935 und 1946 betreffen Fragen der Kunst, der Wissenschaft, der Philosophie von Georg Friedrich Wilhelm → Hegel, der Religionskritik von Friedrich → Nietzsche sowie der Dichtung und der Ontologie des Anaximander (um 610–um 546 v. Chr.).
Einführung in die Metaphysik 1953	Die 1935 entstandene Vorlesung kreist um eine Fragestellung nach dem Sein, die über *Sein und Zeit* hinausgeht: Die Frage »Warum ist überhaupt Seiendes und nicht vielmehr Nichts?«, wird als rangmäßig erste und weiteste Frage gedeutet.
Unterwegs zur Sprache 1959	Der Sammelband zur Sprachphilosophie von Heidegger enthält sechs Abhandlungen aus den Jahren 1950–59, die sich dem Wesen der Sprache widmen. Das Sprachdenken von Heidegger hat die moderne Sprachwissenschaft nachhaltig beeinflusst.
Nietzsche 1961	Das zweibändige Werk enthält Vorlesungen aus den Jahren 1936–40 sowie Abhandlungen aus der Zeit 1940–46, die vor dem Hintergrund der Geschichte der Ästhetik entscheidend zur Nihilismusdebatte der Moderne beigetragen haben.
Wegmarken 1967	Zwölf Aufsätze aus den Jahren 1929–64, die im Anschluss an die Frage nach dem Sinn von Sein Heideggers Deutung der Metaphysik umkreisen. Der Aufsatz *Platons Lehre von der Wahrheit* ist für das metaphysische Verständnis von Heidegger besonders bedeutsam.
Erläuterungen zu Hölderlins Dichtung 1971	Die sechs Vorträge und Aufsätze von 1936–68 vereinigen unter der Leitfrage nach dem Wesen der Dichtung alle zu Lebzeiten von Heidegger erschienenen Schriften über Friedrich → Hölderlin, dessen Dichtung einen prägenden Einfluss auf das Denken von Heidegger ausübte.

Heijden, A. F. Th. van der

(eigtl. Adrianus Franciscus Theodorus van der Heijden; Pseudonym: Patrizio Canaponi)

niederländ. Schriftsteller

* 15.10.1951 Geldrop (bei Eindhoven)

▯ *Der Anwalt der Hähne*, 1990

A(drianus) F(ranciscus) Th(eodorus) van der Heijden gilt als der bedeutendste und sprachmächtigste Erzähler der nach dem Zweiten Weltkrieg geborenen Autorengeneration in den Niederlanden. Sein Ruhm gründet sich vor allem auf die sieben Bände umfassenden Romanzyklus *Die zahnlose Zeit,* der zwischen 1983 und 1996 erschien. Mit diesem Zyklus wurde van der Heijden zum Chronisten der 1970er und 80er Jahre. Jeder der sieben Romane, die durch Personen und Ereignisse vielfältig miteinander verzahnt sind, ist für sich lesbar, zusammengenommen aber ergeben sie das faszinierende Bild einer Epoche.

Der in einfachen Verhältnissen aufgewachsene Sohn eines Lackierers studierte zunächst Psychologie, dann Philosophie an der Katholischen Universität von Nimwegen, ab 1976 in Amsterdam. Die beiden ersten Bücher van der Heijdens, die Erzählsammlung *Een gondel in de Herengracht* (1978) und der Roman *Die Drehtür* (1979), erschienen unter dem Pseudonym Patrizio Canaponi. Parallel zur Arbeit am Zyklus *Die zahnlose Zeit* entstanden drei weitere Romane (*De sandwich*, 1986; *Ein Tag ein Leben*, 1988; *Asbestemming*, 1994). Seit einiger Zeit arbeitet der Autor an einem neuen, wiederum auf sieben Bände angelegten Romanzyklus unter dem Titel *Homo duplex*.

Der Anwalt der Hähne

OT Advocaat van de hanen
OA 1990 **DE** 1995 **Form** Roman **Epoche** Moderne

Der Anwalt der Hähne von A(drianus) F(ranciscus) Th(eodorus) van der Heijden ist ein von überschwänglicher Fabulierlust diktierter Roman, der am Beispiel Amsterdams gesellschaftliche Spannungen und psychologische Orientierungslosigkeit beschreibt, wie sie als typisch für die westeuropäische Kultur in den 1980er Jahren gelten dürfen. Obwohl das Buch als vierter und (vorläufig) letzter Teil des Zyklus *Die zahnlose Zeit* fungiert, war es ursprünglich als unabhängiger Roman konzipiert. Es ist daher nur lose durch wenige Personen und Handlungsstränge mit den übrigen Teilen des Zyklus verbunden.

Inhalt: Ernst Quispel betreibt als wohl situierter Rechtsanwalt eine Kanzlei in Amsterdam. Sein Privatleben ist äußerlich geordnet, seine bildhübsche Frau Zwanet erwartet ein Kind. Regelmäßig überkommt ihn jedoch der unwiderstehliche Drang, seinem bürgerlichen Dasein zu entfliehen, indem er sich in einer Phase vollkommener Euphorie dem Alkohol hingibt und dabei seiner Lebensgier und sexuellen Obsessionen freien Lauf lässt. Während dieser Zeit schläft er in einer als Arbeitsraum angemieteten Zelle eines ehemaligen Gefängnisses, in dem auch eine Gruppe von Punkern Unterschlupf gefunden hat, die wegen ihrer kammartigen Frisuren »Hähne« genannt werden.

Nachdem die Punker ein von der Stadt gesetztes Ultimatum zur Räumung haben verstreichen lassen, wird das Gebäude von der Polizei gestürmt. Der betrunkene Quispel wird

Augenzeuge der gewalttätigen Auseinandersetzungen, bei denen der Anführer der Hähne Kiliaan Noppen festgenommen wird. Noch in derselben Nacht stirbt Noppen unter ungeklärten Umständen im Polizeigewahrsam.

Die Eltern des Opfers betrauen Quispel mit der Wahrnehmung des Falls, über den der Anwalt offensichtlich mehr weiß, als er zugeben will. Vor Gericht kommt er in dieser Sache jedoch nicht recht weiter; er widmet sich zunächst einem anderen Fall. Unterdessen hat sein Familienleben durch die Geburt der Tochter Cynthia neu an Bedeutung ge-

A. F. Th. van der Heijden, *Der Anwalt der Hähne*, Umschlag der deutschsprachigen Erstausgabe 1995 (Gestaltung: Hermann Michels)

Der Romanzyklus »Die zahnlose Zeit« von A. F. Th. van der Heijden	
Die Schlacht um die Blaubrücke [Prolog] 1983	*Die Schlacht um die Blaubrücke* ist der Höhepunkt der schweren Unruhen anlässlich der Krönung von Königin Beatrix im April 1980. Mit dabei ist auch der Heroinsüchtige Albert Egberts, aus dessen Sicht in diesem Prolog die Motive, Personen und Themen für den gesamten Romanzyklus entfaltet werden.
Fallende Eltern [Teil 1] 1983	In der Universitätsstadt Nimwegen führt Albert Egberts Mitte der 1970er Jahre ein exzessives Studentenleben. In Rückblenden lässt er die bewegte Familiengeschichte der Egberts und seine von einem trunksüchtigen Vater traumatisierte Jugend in der Provinzstadt Geldrop Revue passieren.
Das Gefahrendreieck [Teil 2] 1985	Im »Gefahrendreieck« seines Wohnviertels erlebt Albert in den 1950er und 1960er Jahren mit seinen Freunden die abenteuerlichsten Geschichten. Kaum weniger abenteuerlich gestalten sich die ersten Beziehungen zu Frauen, die dem impotenten Studenten helfen, den »Zugang zur Welt« zu finden.
Der Widerborst [Intermezzo] 1992	Die Novelle *Der Widerborst* ist ein Requiem für Alberts Vetter Robby. Dieser will dem tristen Alltag entfliehen, indem er sich mit immer schnelleren Fahrzeugen in einen Geschwindigkeitsrausch hineinsteigert, bis er am Ende diese Sucht mit dem Leben bezahlt.
Der Gerichtshof der Barmherzigkeit [Teil 3.1] 1996	Um endgültig mit Jugend und Zuhause zu brechen, zieht Albert im Oktober 1976 nach Amsterdam, wo sich ihm eine neue Welt eröffnet. Eine durchzechte Nacht mit viel Sex und Kokain führt zu einer entscheidenden Wende in Alberts Leben, das künftig von Drogen bestimmt sein wird.
Unterm Pflaster der Morast [Teil 3.2] 1996	Nach dem Scheitern einer großen Liebe und dem tragischen Tod eines Freundes erkennt Albert, dass Drogen nicht die erhoffte Bewegung in sein Leben bringen. Um davon loszukommen, will er sich durch ein Attentat auf einen Politiker selbst ins Gefängnis bringen. Zu feige, diesen Plan in die Tat umzusetzen, erweist er sich abermals als Vertreter einer zahnlosen Zeit.
Der Anwalt der Hähne [Teil 4] 1990	Der Tod eines Punkers bedeutet für den Rechtsanwalt Ernst Quispel den Anfang vom Ende seiner Karriere und seines Liebesglücks. Das breit angelegte Gesellschaftspanorama, das die vergebliche Sinnsuche einer orientierungslosen Generation in den 1980er Jahren thematisiert, bildet den vorläufigen Schlusspunkt des Zyklus. → S. 479

A.F.Th. van der Heijden
1993 in einem Interview mit
der Zeitung *De Standaard*:
*Ich suche den Kern der Würde,
der übrig bleibt, wenn der
Mensch gebrochen am Boden
liegt.*

wonnen. Die Punker bedrohen das private Glück, indem sie Cynthia entführen, um Quispel zu zwingen, in der Sache Noppen nicht locker zu lassen.

Quispel sieht ungeachtet der absehbaren beruflichen Folgen keinen anderen Ausweg, als sich als Kronzeuge im Fall Noppen zu erkennen zu geben: Er war selbst am Rande der Auseinandersetzungen wegen Trunkenheit und Behinderung der Polizei festgenommen worden und hatte von seiner Zelle aus mit angesehen, wie zwei Polizisten dem toten Noppen eine Überdosis Heroin injizierten, um von der wahren Todesursache abzulenken. Durch die Aussage Quispels wird der Fall wieder aufgerollt, bei einer erneuten Autopsie wird eine durch äußere Gewalt verursachte Hirnverletzung als eigentliche Todesursache festgestellt.

Während Bürgermeister und Justizminister zurücktreten müssen, wird Quispel von der Anwaltskammer mit einem befristeten Berufsver-

Christoph Hein, aufgenommen im Januar 2001 in Berlin

bot belegt. Als in der Folge auch die Beziehung mit Zwanet zerbricht, beginnt er eine neue Trinkperiode, die zum Beginn einer langsamen Selbstvernichtung wird.

Aufbau: Der Roman gliedert sich in zwei Bücher, die mit den Titeln *Die Euphorie* und *Saturiert* überschrieben sind. Innerhalb einer komplex gegliederten, zwischen verschiedenen Zeitebenen wechselnden Erzählstruktur durchziehen drei thematische Hauptstränge das Buch: der Fall Kiliaan Noppen, die Alkoholeskapaden Quispels und seine glücklose Beziehung zu Zwanet.

Der Anwalt der Hähne kann gleichermaßen als fesselnder Kriminalroman und als breites Gesellschaftspanorama gelesen werden, vor allem aber entfaltet er in der Person Quispels das psychologische Porträt einer »verlorenen Generation«, deren Leben in seiner Saturiertheit jeden ursprünglichen Reiz verloren hat. Auch die Flucht in den Alkohol kann hierüber nicht dauerhaft hinwegtäuschen. Unter diesem Gesichtspunkt reiht sich *Der Anwalt der Hähne* in die Thematik des gesamten Romanzyklus ein, erweist sich doch Quispels Existenz als vergebliche Sinnsuche in einer »zahnlosen« Zeit.

Wirkung: Der Anwalt der Hähne ist von der Literaturkritik einhellig als ebenso tiefgründiger wie spannender Roman gefeiert worden. 1996 wurde er in den Niederlanden mit großem Erfolg verfilmt. *H.E.*

Hein, Christoph

dt. Schriftsteller

*8.4.1944 Heinzendorf (Schlesien)

Willenbrock, 2000

In seinen Romanen, Theaterstücken und Essays liefert Christoph Hein kühle, präzise Bestandsaufnahmen der gesellschaftlichen und politischen Wirklichkeit.

Hein wuchs in Bad Düben bei Leipzig auf. Da ihm als Pfarrerssohn in der DDR der Besuch des Gymnasiums verwehrt war, besuchte er ab 1958 ein Gymnasium in Westberlin. Der Mauerbau 1961 verhinderte den Schulabschluss. Hein arbeitete zunächst in verschiedenen Berufen, u.a. als Regieassistent. 1967–71 studierte er in Leipzig und Berlin Philosophie und Logik. Danach wurde er Dramaturg, später Autor bei der Berliner Volksbühne. Seit 1979 lebt er als freier Schriftsteller; nicht selten geriet er in Konflikt mit der DDR-Zensur. 1998 wurde Hein zum ersten Präsidenten des wieder vereinigten Schriftstellerverbands PEN gewählt.

Heins Theaterstücke setzen sich mit revolutionären Umbruchsituationen auseinander

Die wichtigsten Bücher von Christoph Hein	
Einladung zum Lever Bourgeois 1980	Heins Prosadebüt, ein Erzählungsband, zeigt Menschen in Abhängigkeitsverhältnissen, im Umgang mit Mächtigeren, z.B. Racine auf dem Weg zu einer Pflichtaudienz beim König.
Der fremde Freund, 1982	Die erfolgreiche Ärztin Claudia erzählt aus ihrem entfremdeten Leben, an dem auch eine kurze Liebesbeziehung nichts ändert. Die Novelle machte den Autor auch im Ausland berühmt.
Horns Ende 1985	Vier Bewohner einer DDR-Kleinstadt schildern in diesem Roman die Hintergründe des Selbstmordes des Historikers Horn.
Der Tangospieler 1989	Der Hochschulassistent Dallow, aus politischer Willkür für die Klavierbegleitung eines Tangos verhaftet, wird aus politischer Willkür auch wieder rehabilitiert. Darüber wird er zum Zyniker.
Das Napoleon-Spiel, 1993	Der vom Spieltrieb besessene Rechtsanwalt Wörle begeht in diesem Roman aus Langeweile einen Mord an einem Unbekannten.
Von allem Anfang an, 1997	Der 13-jährige Pfarrerssohn Daniel erzählt in dem autobiografisch gefärbten Werk aus seinem Leben in einer DDR-Kleinstadt.
Willenbrock 2000	Willenbrock, saturierter Gebrauchtwagenhändler, wird durch eine Serie von Raubüberfällen nachhaltig verstört. → S. 481

(*Cromwell*, 1978; *Lassalle*, 1980). Seine Komödie *Die Ritter der Tafelrunde* wurde 1989/90 zum meistgespielten Stück der Wende. Im Mittelpunkt seiner Romane und Erzählungen steht eine Reihe kühler, entfremdeter Helden, deren Gebrochenheit mal mehr (*Horns Ende*, 1985; *Der Tangospieler*, 1989), mal weniger direkt (*Der fremde Freund*; 1982) im Zusammenhang mit der politischen Praxis der DDR steht. Auch nach der Wiedervereinigung blieb Hein ein präziser Beobachter gesellschaftlicher Entwicklungen (*Das Napoleon-Spiel*, 1993; *Willenbrock*, 2000).

Willenbrock

OA 2000 **Form** Roman **Epoche** Moderne

Willenbrock ist die Geschichte einer Verstörung. Der Roman von Christoph Hein zeigt an einer exemplarischen Ostberliner Existenz, wie brüchig die Decke zivilisatorischer Sicherheiten ist, wie kurz der Weg vom Versagen des bürokratischen deutschen Rechtsstaats hin zu archaisch-anarchischen Formen der Selbstjustiz sein kann. **Inhalt:** Bernd Willenbrock ist ein stabiler, unproblematischer Charakter, ein Gewinner der Wende mit prosperierendem Gebrauchtwagenhandel in Ostberlin, dessen Kunden vorwiegend aus Polen und Russland kommen. Seine Ehe ist glücklich und nicht tangiert von seinen systematischen Seitensprüngen; sein festes Hobby ist das Handballspielen. Willenbrock ist zufrieden mit seinem Leben, weil er beschlossen hat, nicht, wie so viele andere, in einem ständigen Gefühl der Kränkung leben zu wollen. Als sieben Autos von seinem Hof gestohlen werden, ist er aber eben dies: gekränkt. Der Diebstahl ist jedoch nur der Beginn einer Serie von immer brutaler werdenden Raubüberfällen; in seinem Ferienhaus wird Willenbrock von einem der russischen Banditen fast erschlagen. Die Kränkung wird zur tieferen Verunsicherung, zumal Polizei und Justiz als entweder unwillig oder unfähig erscheinen: Die mutmaßlichen Einbrecher im Landhaus werden nicht verurteilt, sondern einfach abgeschoben, also auf freien Fuß gesetzt.

Willenbrock versucht zunächst das subjektive Sicherheitsgefühl mit aufwändigen Alarmvorrichtungen wiederherzustellen, doch schließlich nimmt er das »Geschenk« an, das Krylow, ein russischer Großkunde und mutmaßlicher Mafioso, ihm macht: einen Revolver. Krylow hatte Willenbrock bereits mehrfach seine Schlägertruppe angeboten, die der jedoch unter Berufung auf seine eigenen Prinzipen und die des Rechtsstaats wiederholt zurückgewiesen hatte.

Mit dem Revolver als ständigem Begleiter verliert Willenbrock zusehends die Nerven. Auch die übrigen Koordinaten seines Lebens geraten ins Wanken; seine Ehe scheint nun wesentlich von Lügen getragen, er gibt von einem Tag auf den anderen das Handballtraining auf und einem Kollegen aus DDR-Zeiten gegenüber, von dessen Denunziationen er erfährt, verliert er nun die Beherrschung, nachdem er ihm anfangs noch überlegen und pragmatisch begegnet war. Als er eines Nachts wieder verdächtige Geräusche hört, zum ersten Mal in seinem Berliner Privathaus, schießt er aus Angst auf den jungen Einbrecher. Der kann flüchten, und Willenbrock weiß nicht, ob er ihn schwer oder gar tödlich verwundet hat. Er offenbart sich niemandem und lebt fortan als ein endgültig Gezeichneter.

Aufbau: Der Roman ist in fortlaufend linearen Kapiteln und der für Hein typischen, stark zurückgenommenen und scheinbar unterkühlt registrierenden Sprache geschrieben, die kleinschrittig-detailliert und sehr dialoghaltig erzählt. Der Leser hat fortwährend zwischen Gesagtem und Ungesagtem, zwischen Oberfläche und Tiefe zu unterscheiden.

Wirkung: *Willenbrock* wurde von der Kritik überwiegend begrüßt, bisweilen als gültiger Wende-Kommentar bezeichnet. Dem Stil wurde Eleganz und lakonische Poesie bescheinigt; man hob die gekonnte Dramaturgie hervor, die Willenbrocks Veränderung so plausibel erscheinen lässt und die gleichzeitig die Spannung des Textes ausmacht. *M. R.*

Christoph Hein 1990 im Interview mit Sigrid Löffler:

Ich verstehe mich als Chronist, der mit großer Genauigkeit aufzeichnet, was er gesehen hat.

Christoph Hein, *Willenbrock*, Umschlag der Originalausgabe 2000

Heine, Heinrich

(eigtl. Harry Heine) dt. Schriftsteller

* 13.12.1797 Düsseldorf, † 17.2.1856 Paris

📖 *Buch der Lieder*, 1827

📖 *Deutschland. Ein Wintermärchen*, 1844

Seine lyrischen Werke, vor allem die volksliedhaften Gedichte mit romantischen Zügen, machten Heinrich Heine bereits zu Lebzeiten populär. Mit ironisch-satirischer und realistischer Darstellung überwand er jedoch die Romantik. Heftig kritisierte der Streiter für Demokratie die politischen und gesellschaftlichen Zustände in Deutschland. Wegen seiner politischen Überzeugung, seiner literarischen Arbeit und seiner jüdischen Abstammung war Heine zu Lebzeiten, aber auch noch lange danach umstritten, seine Werke wurden vom Deutschen Bund verboten.

Der Sohn eines jüdischen Tuchhändlers studierte nach einer kaufmännischen Ausbildung
Jura u.a. in Bonn und Berlin. Mit 27 Jahren trat
er zum protestantischen Glauben über. Nach
verschiedenen Reisen, u.a. nach England und
Italien, siedelte er 1831 nach Paris über. Hier arbeitete er auch an den *Deutsch-Französischen
Jahrbüchern* von Karl → Marx mit. Ein Rücken-
marksleiden mit fortschreitender Lähmung fesselte ihn ab 1848 ans Bett, von ihm selbst als
»Matratzengruft« ironisiert. Sein thematisch
vielfältiges Werk umfasst auch erzählerische
Prosa sowie Schriften zu Literatur, Philosophie
und Politik.

Biografien: W. Hädecke, *Heinrich Heine*, 1985; J.-C. Hauschild, *»Der Zweck des Lebens ist das Leben selbst«. Heinrich Heine*, 1997; C. Liedtke *Heinrich Heine* (rm 50 535).

Buch der Lieder

OA 1827 **Form** Gedichtsammlung **Epoche** Nachklassik

Die Sammlung seiner frühen Gedichte – vor allem die volksliedhaften Gedichte – im *Buch der
Lieder* begründete wesentlich den Ruhm des
Lyrikers Heinrich Heine. Sie markiert das Ende
der klassisch-romantischen Epoche in der Lyrik.
Inhalt: Zentrales Thema der Gedichte ist die
Liebe, die in unzähligen Variationen, aber
immer als unglückliche beschrieben wird: nicht
erwidert oder aussichtslos. Die Angebetete stellt
sich in den unterschiedlichsten Gestalten dar,
erscheint mal als verlockende Kindfrau, mal als
unnahbare Göttin, mal als »Dame, schön und
hold«, mal als »banges, bekümmertes Weib«.
Aufbau: Die Sammlung besteht aus fünf Zyklen, die teilweise vorab in Zeitschriften erschienen waren: *Junge Leiden, Lyrisches Intermezzo,
Die Heimkehr, Aus der Harzreise, Die Nordsee.*

Die konventionellen *Jungen Leiden* umfassen
die Gattungen Lieder, Romanzen und Sonette.
Sprachlich zwischen mittelalterlicher Minne-
lyrik und Barockmetaphern schwankend, klingt
aber auch hier schon kritische Distanz und Ironie an. Diese verstärken sich im *Lyrischen Intermezzo* und in der *Heimkehr*, die geprägt sind
vom liedhaften Gedicht. Heine greift hier nicht
nur in seiner Metrik auf das Volkslied zurück,
sondern zitiert wörtlich Zeilen und Strophen.
Der Widerspruch zwischen Sentimentalität und
Ironie wird hier besonders deutlich. Die *Nordsee*-Zyklen zeichnen sich durch die freien
Rhythmen und ihren großen Umfang aus.
Wirkung: Erst zehn Jahre nach der Erstausgabe
erschien die zweite Auflage, weitere folgten in
kürzer werdenden Abständen. Der Erfolg beruhte vor allem auf den Volksliedern mit ihren
romantischen Anklängen, die alles durchdringende Ironie wurde häufig nicht wahrgenommen. Einige deutsche Komponisten vertonten
zahlreiche Gedichte Heines, z.B. Johannes
Brahms, Franz Liszt, Franz Schubert, Robert
Schumann und Richard Wagner.

Deutschland.
Ein Wintermärchen

OA 1844 **Form** Versepos **Epoche** Vormärz

Das satirische Versepos *Deutschland. Ein Wintermärchen* gehört zu den bedeutendsten politischen Dichtungen deutscher Sprache. Wegen
ihrer scharfzüngigen Kritik an den politischen
und gesellschaftlichen Zuständen in den deutschen Ländern wurde es neben der *Harzreise*
und dem *Buch der Lieder* eines der populärsten
Werke von Heine.

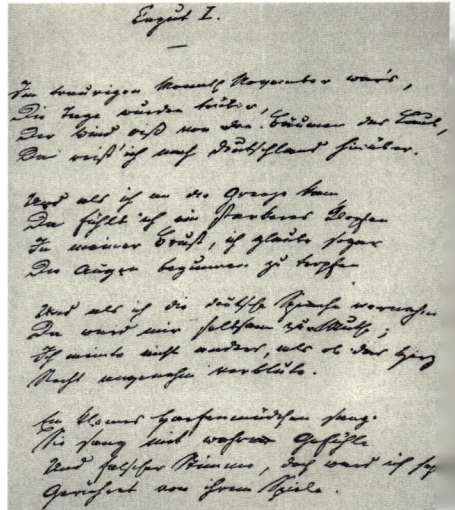

Entstehung: Der zeitkritische Reisebericht entstand in den ersten Monaten des Jahres 1844. Der im Pariser Exil lebende Heine verarbeitete in den Reisebildern seine Eindrücke vom letzten Besuch in der alten Heimat Ende 1843. Aus Zensurgründen erschien es in einem Band mit den *Neuen Gedichten* (1844) und wurde vor der Veröffentlichung in Auseinandersetzung mit Heines Verleger Julius Campe vom Autor mehrfach überarbeitet.

Inhalt: Heine beschreibt Deutschland im »Winter« aus der Sichtweise des im fortschrittlichen revolutionären Frankreich (also im »Sommer«) lebenden Demokraten. Die Reisestationen sind Anlass für die Kritik an Nationalismus, konservativem Katholizismus, Obrigkeitshörigkeit, Provinzialismus und romantischer Verklärung des Mittelalters. Diesem antidemokratischen rückwärtsgewandten Deutschland setzt Heine seine von den Frühsozialisten beeinflusste Vision entgegen: Er erteilt dem religiös begründeten Abfinden mit den desolaten Zuständen im Diesseits eine Absage und fordert stattdessen das »Himmelreich auf Erden« für jeden. Im letzten Kapitel klingt Hoffnung auf Veränderung an, wenn er als Adressaten das »neue Geschlecht... mit freien Gedanken, mit freier Lust« ausmacht. Ihm sagt er die Revolution voraus, die diese »Idylle« beenden wird.

Aufbau: In 27 Kapiteln und über 500 Strophen reihen sich Träume, Dialoge, Gedankenspielereien, Zukunftsentwürfe aneinander. Der unverbindliche Parlandoton geht unvermittelt in Ironie, Spott und ätzende Anklage über, Wehmütig-Hymnisches steht in den Volksliedstrophen neben Alltagssprache.

Wirkung: Bereits im Erscheinungsjahr in einigen deutschen Staaten verboten, wurde das Werk von Oppositionellen teilweise stürmisch gefeiert. Verschiedene Neuauflagen folgten ebenso wie Adaptionen, u.a. 1973 durch den Lyriker und Liedersänger Wolf Biermann (*1936). *P.Z.*

Heisenberg, Werner

dt. Physiker

*5.12.1901 Würzburg, † 1.2.1976 München

📖 *Der Teil und das Ganze – Gespräche im Umkreis der Atomphysik*, 1969

Der Name Werner Heisenberg ist vor allem mit der Entwicklung und Begründung der Quantenmechanik verbunden.

Heisenberg, Sohn eines Gymnasiallehrers, nahm 1920 das Studium der Physik bei Arnold Sommerfeld (1868–1951) in München auf. Nach der Promotion habilitierte er sich 1924 in

Göttingen bei dem Physiker Max Born (1882–1970). In der bahnbrechenden Arbeit *Über quantentheoretische Umdeutung kinematischer und mechanischer Beziehungen* (1925) formulierte er sein Prinzip, dass zur Beschreibung physikalischer Sachverhalte nur »prinzipiell beobachtbare« Größen verwendet werden dürfen. 1926/27 arbeitete Heisenberg bei Niels Bohr (1885–1962) in Kopenhagen als Assistent und Lektor. Ab 1927 hatte Heisenberg eine Professur in Leipzig inne, 1932 erhielt er den Physiknobelpreis für die Begründung der Quantenmechanik.

Heisenberg publizierte zahlreiche weitere Arbeiten über Quantenfeldtheorie, Kernphysik, kosmische Strahlung, Hochenergiephysik und gestaltete die Grundlagen der Kern- und Elementarteilchen-Physik mit. Obgleich er den Antisemitismus ablehnte und Angebote aus den USA hatte, blieb er im nationalsozialistischen Deutschland und arbeitete auch am Projekt des Heereswaffenamtes zur Anwendung der Uranspaltung. Nach dem Krieg und der Entlassung aus der Internierung stützte er den Wiederaufbau der Forschung.

Biografie: D. Cassidy, *Werner Heisenberg – Leben und Werk*, 1992; A. Herrmann, *Werner Heisenberg* (rm 50 240).

Der Teil und das Ganze – Gespräche im Umkreis der Atomphysik

OA 1969
Form Sachbuch **Bereich** Physik und Philosophie

1969 zeichnete Heisenberg durch die exemplarische Wiedergabe autobiografischer Gespräche die Entwicklung der Atomphysik in den zurück-

Werner Heisenberg Anfang der 1960er Jahre

Werner Heisenberg über seine Lehrer:

Von Sommerfeld hab' ich den Optimismus gelernt, von den Göttingern die Mathematik und von Bohr die Physik.

Carl Friedrich von Weizsäcker über Werner Heisenberg:

...in erster Linie spontaner Mensch, demnächst genialer Wissenschaftler, dann ein Künstler, nahe der produktiven Gabe, und erst in vierter Linie, aus Pflichtgefühl Homo politicus.

Werner Heisenberg im Abstrakt seiner grundlegenden Arbeit über Quantentheorie (1925):

In der Arbeit soll versucht werden, Grundlagen zu gewinnen für eine quantentheoretische Mechanik, die ausschließlich auf Beziehungen zwischen prinzipiell beobachtbaren Größen basiert ist.

Werner Heisenberg, *Der Teil und das Ganze*, Umschlag der Originalausgabe 1969

liegenden 50 Jahren auf. Mit dem Buch wollte er das Verständnis für die naturwissenschaftliche Disziplin fördern und grundlegende philosophische, ethische und politische Diskussionen und Zusammenhänge verdeutlichen.

Inhalt: Die 20 Kapitel umfassen den Zeitraum von 1919 bis 1965 und sind chronologisch angeordnet. Die Gespräche sind nicht wörtlich wiedergegeben; vielmehr hat der Verfasser sie gestrafft und manchmal auf historische Detailgenauigkeit verzichtet. Lediglich Briefstellen sind im Wortlaut angeführt.

Fragen erörtern die Gesprächspartner im beruflichen, aber auch im privaten Umfeld, persönliche und wissenschaftliche Erfahrungen sind dabei eng miteinander verbunden. So führt der Autor mit Oskar Klein (1894–1977) und Hendrik Kramers (1894–1952) ein Gespräch über das Verhältnis zwischen Biologie, Physik und Chemie u. a. auf einer Segelpartie.

Als zentrale Punkte in Heisenbergs Erinnerungen erweisen sich die Gespräche mit einigen zeitgenössischen Physikern, u. a. Niels Bohr (1885–1962), Albert → Einstein und Erwin Schrödinger (1887–1961). Die Gesprächspartner diskutieren u. a. über das Verhältnis von Naturwissenschaft und Religion. Bohr ist die Vorstellung eines persönlichen Gottes fremd, aber anders als Paul Dirac (1902–84) betont er, dass Sprache in der Religion in ganz anderer Weise als in der Wissenschaft gebraucht werde. Mit Grete Hermann (1901–84) und Carl Friedrich von → Weizsäcker führt Heisenberg in Leipzig philosophische Gespräche über die Philosophie von Immanuel → Kant, die sie der neuen, durch die Quantenmechanik entstandenen Erkenntnissituation gegenüberstellen.

Als Heisenberg nach ersten Amtsenthebungen seiner Kollegen durch die Nationalsozialisten 1933 bei Max Planck (1858–1947) Rat sucht,

sagt dieser nach einem Gespräch mit Hitler zu Heisenberg: »Ich habe keine Hoffnung mehr, dass sich die Katastrophe für Deutschland ... noch aufhalten lässt.« Dennoch bestärkt er Heisenberg, in Deutschland zu bleiben, um eine fernere Zukunft vorzubereiten. Die Beteiligung an der Erklärung der »18 Göttinger« vom 16.4.1957 und der Streit mit Konrad Adenauer (1876–1967) um die Frage einer eventuellen atomaren Bewaffnung der Bundeswehr zeigen, dass er diesen Weg konsequent gegangen ist.

Wirkung: Die durch Heisenberg Mitte der 1920er Jahre eingeleitete Entwicklung der Quantenmechanik hatte nicht nur die Neuausrichtung der Physik und der Naturwissenschaften zur Folge, sondern auch einen Umsturz des bisherigen Weltbildes. Wenngleich Heisenberg seine größte Wirkung durch die wissenschaftliche Arbeit an den Grundlagen der Quantenmechanik entfaltete, hat doch seine Arbeit an erkenntnistheoretischen, wissenschaftshistorischen, ethischen, philosophischen und politischen Fragen, sowie an der Vermittlung der Wissenschafts-Ergebnisse erhebliche Bedeutung für Verständnis und Akzeptanz einer durch die Naturwissenschaften geprägten Weltsicht. Ein beträchtlicher Teil dieser Wirkung geht auf das Buch zurück. *G. W.*

Joseph Heller, *Der IKS-Haken (Catch–22)*; links: Umschlag der Originalausgabe 1961; rechts: Umschlag der deutschsprachigen Erstausgabe 1964

Heller, Joseph

US-amerikan. Schriftsteller
* 1.5.1923 Brooklyn/New York
† 12.12.1999 Long Island/New York
📖 *Der IKS-Haken (Catch 22)*, 1961

Joseph Heller zählt zu den bekanntesten US-amerikanischen Kriegsromanautoren. Mit seinem Werk *Der IKS-Haken* gelang ihm eine bitterböse Satire auf die menschenverachtenden Mechanismen des Militärs.

Heller, Sohn jüdischer Einwanderer, stammt aus einfachen Verhältnissen. Im Zweiten Weltkrieg war er Bombenschütze eines Air-Force-Geschwaders. Auf Korsika stationiert, flog er 6(Kampfeinsätze. Nach dem Krieg studierte er i New York und Oxford; später unterrichtete e zeitweise an der Yale University. Seine Kriegs erlebnisse fanden Eingang in seinen erste Roman *Catch 22* (1961; deutscher Titel: *D IKS-Haken*) sowie in drei Theaterstücke. Zw. konnte Heller mit seinen späteren Werken de Erfolg seines Romanerstlings nicht wiederh len, doch zählt er zu Recht zu den wichtige Romanautoren der USA nach dem Zweite Weltkrieg.

Autobiografie: J. Heller, *Einst und jetzt. Von Coney Isla nach New York*, 1999.

Der IKS-Haken (Catch 22)

OT Catch 22 **OA** 1961 **DE** 1964
Form Roman **Epoche** (Post-)Moderne

Gut anderthalb Jahrzehnte nach dem Zweiten Weltkrieg, in dem die Handlung spielt, und 13 Jahre nach Norman→ Mailers *Die Nackten und die Toten* (1948) ist *Der IKS-Haken (Catch 22)* nicht nur ein (Anti-)Kriegsroman, sondern auch eine bissige Kritik der amerikanischen Nachkriegsgesellschaft. Anders als Mailer verzichtet Heller auf die realistische Darstellung des Krieges. Er bedient sich vielmehr des Grotesken, um die Schrecken und den Irrsinn des Krieges aufzuzeigen. Sein Roman steht damit an der Schwelle zur Postmoderne in der amerikanischen Literatur.

Inhalt: Von Pianosa, einer fiktiven italienischen Mittelmeerinsel aus, fliegt ein amerikanisches Bombergeschwader Feindeinsätze. »Held« des Geschehens ist der Bombenschütze John Yossarian. Er wehrt sich erst verdeckt, später offen gegen die ständige Erhöhung der Kampfeinsätze, die der ruhmsüchtige Colonel Cathcart verfügt. Einzige Möglichkeit, immer neuen Kommandos zu entgehen, wäre, sich vom Truppenarzt für verrückt und damit fluguntauglich erklären zu lassen. Doch die Sache hat einen Haken, genannt »Catch 22« (»Trick 17 mit Selbstüberlistung«): Wer immer wieder Einsätze fliegt, muss verrückt sein, wäre also fluguntauglich. Sich dies vom Arzt attestieren zu lassen, wäre aber höchst vernünftig und alles andere als verrückt – also muss derjenige weiterfliegen.

Der Roman stellt das Verhältnis von »normal« und »verrückt« fortwährend auf den Kopf. Yossarians Kameraden, die sich der ständigen Erhöhung der Einsätze nicht verweigern und einer nach dem anderen ums Leben kommen, halten den rebellierenden Yossarian für verrückt. Der wird, mit Zügen eines modernen Schwejk (vgl. *Die Abenteuer des braven Soldaten Schwejk* von Jaroslav → Hašek) als der einzig Normale dargestellt. Die anderen, von denen der Militärgehorsam oft selbstmörderisches Verhalten als selbstverständliches Verhalten verlangt, erscheinen wahnsinnig. Aus der Überzeichnung der absurden Handlungen und Dialoge bezieht *Der IKS-Haken (Catch 22)* seine Komik. Dabei bleiben Tragik und Grausamkeit des Krieges stets präsent. Am Ende der Entwicklung steht Yossarian vor der Alternative, sich zu arrangieren oder seine Identität und Integrität zu wahren. Er entscheidet sich für Letzteres und desertiert.

Wirkung: Der 1970 unter der Regie von Mike Nichols verfilmte Roman erreichte in einer Dramatisierung des Autors 1971 auch die New Yorker Bühne. Durch den Vietnamkrieg und zahlreiche Kriegsgegnerprozesse zur Zeit der Nixon-Administration (1969–74) erhielten Buch, Film und Stück neue Aktualität. *J. G. F.*

Die wichtigsten Bücher von Joseph Heller

Der IKS-Haken (Catch 22) 1961	Hellers Kultbuch über einen Schwejk des Zweiten Weltkriegs: Das militärische System zwingt Captain Yossarian zu immer verrückterem Verhalten, um dem Wahnsinn zu entgehen. → S. 485
Was geschah mit Slocum? 1974	Am Beispiel der äußerlich erfolgreichen Existenz des Angestellten Bob Slocum führt Heller die Fragwürdigkeit und Leere eines amerikanischen Mittelschichtslebens vor.
Gut wie Gold 1979	Roman»held« Bruce Gold ist Angehöriger einer sich immer verrückter gebärdenden Gesellschaft, deren Ordnung Chaos und deren Normalzustand der Wahnsinn zu sein scheint.
Weiß Gott 1984	Auf dem Sterbebett erzählt König David seine Lebensgeschichte. Heller setzt sie mit Witz, Ironie und teilnehmendem Ernst zum heutigen Zustand der Welt in Beziehung.
Endzeit 1994	Mit seinen Protagonisten, allesamt Kriegsveteranen, blickt Heller zurück auf die Nachkriegsjahrzehnte und entwirft das schrille Panorama einer in Auflösung befindlichen Gesellschaft.

Hemingway, Ernest

US-amerikan. Schriftsteller

*21.7.1899 Oak Park (Illinois)

†2.7.1961 Ketchum (Idaho)

📖 *In einem anderen Land*, 1929

📖 *Wem die Stunde schlägt*, 1940

📖 *Der alte Mann und das Meer*, 1952

Ernest Hemingway erneuerte die Gattung der Kurzgeschichte durch einen lakonischen Stil, präzise Wortwahl und knappe Sätze. Ein männlich geprägtes Tapferkeitsideal bestimmt sein Werk – damit setzte der Literaturnobelpreisträger von 1954 einerseits Leitbilder, andererseits provozierte er Widersprüche.

Der Sohn eines Landarztes wurde von seinem Vater früh zu Jagd und Fischfang animiert. Seine Mutter, eine ausgebildete Opernsängerin, förderte sein Interesse an Musik und Kunst. Ab

Ernest Hemingway beim Besuch eines Stierkampfs; Spanien 1960

Die wichtigsten Bücher von Ernest Hemingway

In unserer Zeit 1925	Kurzgeschichtensammlung über junge Amerikaner in Europa und die ersten Erzählungen über Nick Adams.
Fiesta 1926	In dem Roman suchen vom Krieg traumatisierte junge Leute der verlorenen Generation in Europa Zerstreuung.
Die Killer 1927	In der Kurzgeschichte warten zwei Mörder im Speiselokal vergeblich auf ihr Opfer und verschwinden wieder.
In einem anderen Land, 1929	Ein US-Leutnant erfährt an der Front in Oberitalien die Schrecken des Krieges und seine erste Liebe. → S. 486
Tod am Nachmittag, 1932	Essay über den modernen Stierkampf, seine Geschichte sowie Rolle und Funktion im zeitgenössischen Spanien.
Die grünen Hügel Afrikas, 1935	Autobiografische Erzählung über eine Großwildjagd in Afrika und literarische Diskussionen in der Steppe.
Das kurze glückliche Leben des Francis Macomber, 1936	In der Kurzgeschichte wird ein reicher US-Playboy auf einer Safari in Afrika aus Versehen von seiner Frau erschossen, als er seinen Mut unter Beweis stellen will.
Schnee auf dem Kilimandscharo, 1936	Symbolreiche Kurzgeschichte über einen verwundeten, im Sterben liegenden US-Schriftsteller im Safaricamp.
Wem die Stunde schlägt, 1940	Liebe und Heldentum eines gebrochenen idealistischen Amerikaners im Spanischen Bürgerkrieg. → S. 487
Der alte Mann und das Meer, 1952	Ein alter Fischer im Existenzkampf mit einem riesigen Schwertfisch, den er am Ende an Haie verliert. → S. 488

Auszug aus dem Roman
In einem anderen Land von Ernest Hemingway:

Mich verwirrten immer Worte wie heilig, ruhmreich und Opfer und der Ausdruck umsonst. Wir hatten sie manchmal im Regen stehend beinahe außer Hörweite vernommen... ich hatte nichts Heiliges gesehen und die ruhmreichen Dinge waren ohne Ruhm und die Blutopfer waren die Schlachthöfe in Chicago, wenn das Fleisch zu nichts benutzt, sondern nur begraben wurde.

1917 arbeitete Hemingway als Zeitungsvolontär beim *Kansas City Star*, 1918 ging er als Freiwilliger im Ersten Weltkrieg an die Front in Oberitalien und wurde am 8. Juli 1918 bei Fossalta di Piave verwundet. Die Erfahrung von Krieg, Verletzbarkeit und Tod kennzeichnete u. a. seinen Roman *In einem anderen Land*.

Nach Nordamerika zurückgekehrt, war Hemingway Journalist in Toronto und Chicago, ab 1921 Korrespondent in der Schweiz, Deutschland, Frankreich, Italien und Spanien. Den Spanischen Bürgerkrieg (1936–39, Stichwort → S. 488) erlebte er als Reporter hautnah und verarbeitete ihn 1940 in dem Roman *Wem die Stunde schlägt*. 1939–59 lebte er in Kuba.

Lost Generation

Begriff: Als Vertreter einer »verlorenen Generation« bezeichnete die US-Autorin Gertrude → Stein junge amerikanische Schriftsteller, die in den 1920er Jahren in Paris im selbst gewählten Exil lebten und zu ihren literarischen Treffs kamen. Einige hatten als Freiwillige im Ersten Weltkrieg gekämpft. Ihr Einsatz für idealistische Ziele, die nicht seiner reiner Abenteuerlust entsprang, mündete nach den desillusionierenden Kriegserlebnissen in eine persönliche Sinnkrise.
Vertreter: Zu den Bohemiens der Lost Generation gehörten u. a. Ernest Hemingway, Francis Scott → Fitzgerald, John → Dos Passos und Edward Estlin Cummings (1894 bis 1962). Sie trafen sich in den Cafés am Montparnasse, in Autorenklubs, Buchhandlungen und Wohnungen ihrer Förderer Stein, Ezra → Pound, Ford Madox Ford (1873–1939) und James → Joyce.

Standpunkte: Die überlieferten Werte ihrer Heimat und deren geistigen Provinzialismus ablehnend, predigten die Vertreter der Lost Generation ungehemmten Hedonismus. Ein günstiger Wechselkurs und niedrige Lebenshaltungskosten in Frankreich sowie Korrespondentenaufträge von Zeitungen in der Heimat erleichterten ihnen freilich den lockeren Lebenswandel.
Werke: Die Lost Generation war keine einheitliche literarische Bewegung. Sie versuchte, Steins Forderung nach Originalität durch individuelle Ausdrucksformen zu erfüllen. Ihre Arbeiten erschienen in kleinen Verlagen oder in Fords Magazin *Transatlantic Review*. Bedeutende Romane sind *Diesseits vom Paradies* (1920) von Fitzgerald, *Drei Soldaten* (1921) von Dos Passos, *Der endlose Raum* (1922) von Cummings sowie *Fiesta* (1926) und *In einem anderen Land* (1929) von Hemingway.

Vitalität, Männlichkeitskult und Abenteuerlust prägten Hemingways Leben. Er war viermal verheiratet und hatte zahlreiche Liebesaffären. Die Helden seiner Werke sind oft Kämpfernaturen wie Jäger, Matadoren und Kriegsteilnehmer. Hemingway, der selbst Jäger, Fischer, Boxer sowie ein standhafter Trinker war, trug dazu bei, dass er mit seinen Romanfiguren identifiziert wurde. Seine letzten Lebensjahre waren von Depressionen und Vereinsamung geprägt. Mit 61 Jahren erschoss er sich in seinem Haus in Idaho.

Biografien: C. Baker, *Ernest Hemingway. Der Schriftsteller und sein Werk*, 1967; K.S. Lynn, *Hemingway*, 1989; H.–P. Rodenberg, *Ernest Hemingway* (rm 50626).

In einem anderen Land

OT A Farewell to Arms **OA** 1929 **DE** 1930
Form Roman **Epoche** Moderne

In dem Roman, einem Schlüsselwerk der Lost Generation (Stichwort → S. 486), verarbeitet Ernest Hemingway eigene Kriegserfahrungen in Italien und entlarvt das falsche Pathos nationaler Begeisterung.

Inhalt: Der junge amerikanische Sanitätsleutnant Frederic Henry erlebt an der Front in Oberitalien die Schrecken des Ersten Weltkriegs. Als Verwundeter im Lazarett verliebt er sich in die englische Krankenschwester Catherine Barkley. Zur Truppe zurückgekehrt, wird er im Herbst 1917 Zeuge des Durchbruchs der feindlichen Truppen bei Caporetto. Nur knapp entkommt er durch Flucht der Erschießung als angeblicher Deserteur. Mit der Geliebten, die ein Kind von ihm erwartet, schlägt er sich bis in die Schweiz durch. Doch auch dort findet er keinen Frieden. Catherine bringt einen toten Jungen zur Welt und stirbt bei der Geburt.
Aufbau: Hemingways Stil ist kurz und bündig, er verknüpft klare Sätze ohne schmückende Kommentare. Die Dialoge sind geschliffen, Sprechen und Handeln wechseln in rhythmischer Folge. Symbolisch überhöht ist die Landschaft; in den Tälern herrschen Krieg, Verwüstung und Tod, im Gebirge Klarheit und Harmonie. Der permanente Regen ist Zeichen der Hoffnungslosigkeit aller Beteiligten.

Mit der Abkehr vom Krieg verabschiedet sich Frederic von einer Gesellschaft, die Waffengänge erst ermöglicht. Das Entfremdungsgefühl, die Besinnung auf den eigenen Weg ohne Rücksicht auf kollektive Normen, ist Charakterzug vieler Hemingway-Helden. Mit dem tragischen Ende seiner Liebe zu Catherine scheitert auch Frederics privater Seelenfrieden. Er ist persönlich besiegt – Teil einer verlorenen Generation, die auf den Schlachtfeldern ihre Ideale zurückgelassen hat. In der Lesart des Romans

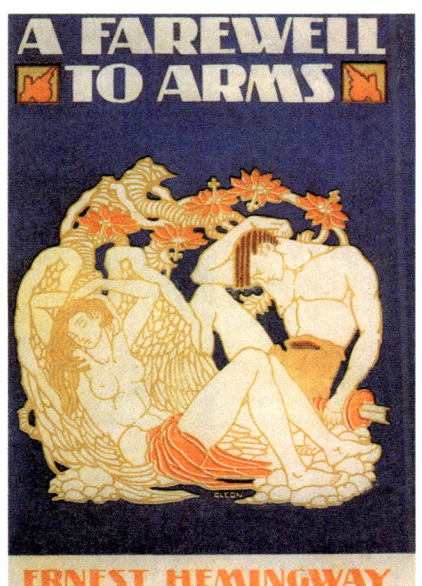

schlagen die Fährnisse des Lebens mit zufälliger Brutalität zu. Ein »echter« Mann im Sinne Hemingways hat sie klaglos zu akzeptieren.

Wirkung: Der Roman wurde ein internationaler Erfolg und etablierte Hemingway endgültig als Autor von Weltrang. Zwar bemängelten einige Kritiker, die Liebesgeschichte sei konstruiert und zu idealistisch, doch wurde vor allem die Verbindung von literarischer Technik und poetischer Kraft gewürdigt.

Wem die Stunde schlägt

OT For Whom the Bells Toll **OA** 1940 **DE** 1941
Form Roman **Epoche** Moderne

Das Buch ist *das* literarische Zeugnis aus den USA über den Spanischen Bürgerkrieg (1936 bis 1939), wurde einer der größten Publikumserfolge von Ernest Hemingway und bei Erscheinen von der Kritik als sein bis dahin bester Roman gewürdigt.

Entstehung: 1937/38 berichtete Hemingway für amerikanische Zeitungen über den Bürgerkrieg zwischen Republikanern, Sozialisten und Kommunisten gegen die rechtsgerichteten Einheiten von General Francisco Franco (1892 bis 1975). Hemingway, der mit der Linken sympathisierte, machte in den USA einen schmutzigen Krieg bekannt, den Franco mit deutscher und italienischer Hilfe gegen die frei gewählte republikanische Regierung führte. Die linken Truppen erhielten militärische Hilfe von der UdSSR und von 40 000 Freiwilligen der internationalen Brigaden, darunter viele Intellektuelle (André → Malraux, George → Orwell u. a.). He-

mingway hatte bereits 1937 begonnen, seine Eindrücke literarisch zu verarbeiten. Sein Schauspiel *Die fünfte Kolonne* (1938) wurde jedoch von der Kritik als politische Propaganda verrissen. Auf einhellige Begeisterung stieß dagegen sein Roman *Wem die Stunde schlägt.*

Inhalt: Robert Jordan, Spanischdozent an einem College in den USA, kämpft aus Idealismus auf Seiten der Linken. Mit einer Gruppe von Partisanen bereitet er im Gebirge nördlich von Segovia die Sprengung einer Brücke vor. In einer Höhle der Guerillas lernt er eine Reihe schillernder Persönlichkeiten kennen: den zwielichtigen Gruppenführer Pablo, seine scharfzüngige, aber gütige Ehefrau Pilar, den naiven Anselmo, den harten Kämpfer El Sordo und das elternlose, von den Franquisten misshandelte Mädchen Maria, in das sich Jordan verliebt. Nach der Sprengung, die für den Krieg unwichtig, für Jordans Selbstbewusstsein aber entscheidend ist, fliehen die Partisanen vor den Franco-Truppen. Schwer verwundet, den Tod vor Augen und den Rückzug seiner Freunde deckend, wartet Jordan auf die Feinde.

Aufbau: Hemingway zitiert im Titel den englischen Dichter John Donne (1572–1631) aus dessen *Devotions* (1624): »No man is an island... and therefore never send to know for whom the bells toll; it tolls for thee« (»Kein Mensch ist eine Insel... Deshalb frage nie, wem die Glocke schlägt; sie schlägt dir«). Die Glocke, die für Robert Jordan erklingt, ist Zeichen der Gemeinsamkeit aller Menschen im Tod. Er gehört zum Leben wie die Liebe. Für den Literaten Jordan, das Alter Ego des Autors, sind Taten wichtiger geworden als Worte. In einer Grenzsituation

Auszug aus dem Roman
Wem die Stunde schlägt
von Ernest Hemingway:

Wer, meinst du, hat es leichter? Der, an Gott glaubt, oder der, der es einfach hinnimmt? Der Glaube ist tröstlich, wir aber wissen, dass wir uns vor nichts zu fürchten brauchen. Schlimm ist's nur, wenn es lange dauert und so weh tut, dass man die Haltung verliert. Darin hast du Glück, verstanden? Das alles bleibt dir erspart. Wunderbar, dass sie entkommen sind! Jetzt ist mir alles egal.

Ernest Hemingway 1938 über den Spanischen Bürgerkrieg:

Man wird viele Stücke und Romane brauchen, um den Adel und die Würde der Sache, für die das spanische Volk kämpft, zu präsentieren, und die besten werden geschrieben werden, wenn der Krieg vorüber ist.

Literarische Werke über den Spanischen Bürgerkrieg	
George Orwell Großbritannien, 1938	*Mein Katalonien:* Bericht über die Erfahrungen des Autors als Mitglied der internationalen Brigaden 1937.
Ernest Hemingway USA, 1940	*Wem die Stunde schlägt:* Ein idealistischer Amerikaner opfert sich im Kampf auf Seiten der Republikaner. → S. 487
Max Aub Spanien, 1943–68	*Das magische Labyrinth:* Zyklus von fünf »Feld-Romanen« u. a. über die Rolle der Intellektuellen in dem Konflikt.
Louis Aragon Frankreich, 1949–51	*Die Kommunisten:* Randthema im fünfbändigen Romanzyklus über die kommunistische Weltbewegung.
Ana María Matute Spanien, 1960–69	*Die Krämer* (3 Bde.): *Erste Erinnerung* (1960), *Nachts weinen die Soldaten* (1964), *Die Zeit verlieren* (1969).
Hans M. Enzensberger Deutschland, 1972	*Der kurze Sommer der Anarchie:* Dokumentarischer Roman über den spanischen Anarchisten Buenaventura Durruti.
Jorge de Sena Portugal, postum 1979	*Feuerzeichen:* Ein siebenjähriger Junge trifft 1936 in Portugal Bürgerkriegsflüchtlinge aus Spanien.
Theodor Balk Jugoslawien, 1996	*Wen die Kugel vor Madrid nicht traf:* Tagebuch-Roman über den Bürgerkrieg und das Los der internationalen Brigaden.

wächst er über sich hinaus, selbst im Untergang bewahrt er Würde. Der Tod bringt ihn dem Land und der Wahrheit näher als die Literatur – sein geplantes Buch über Spanien.

Doch ist der Roman keine klassische Heldensaga. Jordan erfährt, dass der Krieg schmutzig ist. Auf beiden Seiten der Front herrschen Korruption, Intoleranz und Grausamkeit. Die Sache rechtfertigt jedes noch so fragwürdige Mittel.

Nicht minder zwiespältig ist der Stil des Romans. Der einfache Satzbau und der absichtlich dünne Wortschatz wirken monoton, das hispanisierte Englisch der Hauptfiguren manieristisch. Dem gegenüber stehen detaillierte und wortreiche Schilderungen, wie z. B. die Romanze zwischen Robert und Maria sowie die handlungsreichen Höhepunkte des Romans – die Plünderung der von den Faschisten verteidigten Stadt, der tödliche Kampf El Sordos und die Sprengung der Brücke, die zu den literarisch-virtuosen Passagen im Gesamtwerk von Hemingway zählen.

Wirkung: Unter dem Eindruck der dramatischen Ereignisse wurde der Roman als meisterhafte künstlerische Verdichtung der Zeitgeschichte gefeiert. Anfang des 21. Jahrhunderts überwiegen differenziertere Stimmen. Die eindringliche Schilderung des Krieges diente späteren Autoren als Vorbild (z.B. Norman → Mailer in *Die Nackten und die Toten,* 1948). *Wem die Stunde schlägt* wurde 1943 von Sam Wood mit Gary Cooper (Robert Jordan) und Ingrid Bergman (Maria) erfolgreich verfilmt..

Ernest Hemingway, *Der alte Mann und das Meer,* Umschlag der deutschsprachigen Erstausgabe 1952 (Gestaltung: A.+F. Ivancich)

Der alte Mann und das Meer

OT The Old Man and the Sea
OA 1952 DE 1952 Form Kurzroman Epoche Moderne

Für die bewegende Geschichte vom Kampf eines alten Kubaners mit einem Riesenfisch erhielt Hemingway 1953 den Pulitzerpreis. Bei der Verleihung des Literaturnobelpreises 1954 wurde das Buch ausdrücklich hervorgehoben.

Inhalt: Der greise Santiago fährt seit Wochen mit seinem alten Boot aufs Meer hinaus, ohne einen Fisch zu fangen. Nach 84 Tagen, weit draußen im Golfstrom, beißt ein gewaltiger Schwertfisch (Marlin) an. Zwei Tage und Nächte kämpft Santiago mit dem Ungetüm, das länger ist als sein Boot. Schließlich tötet er das erschöpfte Tier mit der Harpune und schleppt es hinter seinem Boot in Richtung Küste. Doch unterwegs zerreißen Haie Santiagos Beute.

Aufbau: Der Roman ist eine Parabel über die menschliche Existenz, den ewigen Kampf mit den rohen Kräften der Natur, in dem sich der Mensch beweisen kann. Über Sieg und Niederlage entscheidet oft der Zufall, doch muss jeder – laut Hemingway – bis zuletzt widerstehen. »Man kann vernichtet werden, aber man darf nicht aufgeben«, lautet das Credo Santiagos. In diesem Sinn ist der Held moralisch unbesiegbar. Die einfache Geschichte ist bewusst schlicht erzählt, die Botschaften sind offenkundig: Fischer (Mensch) und Marlin (Natur) verbindet eine brüderliche Eintracht. Das Blut des getöteten Fisches lockt neuen Tod durch die Haie an. Niemand bringt seine »märchenhafte« Beute ohne Schaden heim. Hemingway-Biograf Carlos Baker hat 1963 in Santiago den »Menschenfischer« Christus erkennen wollen. Als Indizien erwähnt er dessen Verlassenheit auf dem Meer, seine zerschundenen Hände und die Szene, in der Santiago am Strand mit dem Segelmast seines Bootes wie ein Kreuz auf den Schultern trägt.

Wirkung: Die Schwedische Akademie sprach 1954 in ihrer Laudatio auf den Literaturnobelpreisträger Hemingway von einem Meisterwerk. Nach dem künstlerischen Fiasko des Romans *Über den Fluss und in die Wälder* (1950) mit seinen selbstparodistischen Zügen hatten manche Kritiker den Autor für ausgebrannt erklärt. Doch mit der Fischergeschichte bewies Hemingway das Gegenteil. Rund 50 Jahre später wirken manche Originaldialoge im hispanisierten Englisch gekünstelt, trotz karger Sprache sind sentimentale Züge erkennbar. Doch bleibt der Roman als »epische Metapher für das Leben selbst« (Philip Young) eine fesselnde Lektüre. In der Verfilmung von John Sturges 1958 spielte Spencer Tracy die Hauptrolle. Der kubanische Fischer Gregorio Fuentes, der Hemingway zum Roman inspirierte, starb im Januar 2002 im Alter von 104 Jahren nahe Havanna.   *B. B.*

OT = Originaltitel   EZ = Entstehungszeit   OA = Originalausgabe   DE = Deutsche Erstausgabe   □ = Verweis auf Werkartikel

Henscheid, Eckhard

dt. Schriftsteller

* 14.9.1941 Amberg (Oberpfalz)

📖 *Die Vollidioten*, 1973

Mit feinem Gehör für Idiome und Sprachmetastasen kartografiert Eckhard Henscheid seit den 1970er Jahren Soziotope und gesellschaftliche »Orchideenhäuser« der Bundesrepublik Deutschland.

Henscheid wird der »Neuen Frankfurter Schule« zugerechnet, einer Gruppierung, die, wiewohl sie Theodor W. → Adornos »Kritische Theorie gern erwähnt, mit der philosophischen »Frankfurter Schule« um Adorno, Max → Horkheimer, Herbert → Marcuse u.a. vor allem den städtischen Standpunkt gemeinsam hat. In Frankfurt arbeitete Henscheid für die Satireblätter *Pardon* und *Titanic*, Letzteres wurde von ihm mitbegründet; mit einem Roman über die Kulturszene der Stadt (*Die Vollidioten*) betrat er 1973 die literarische Bühne. Spätere Buchveröffentlichungen befassen sich u.a. mit Franz → Kafka, dessen *Amerika*-Fragment Henscheid weiterschrieb (*Roßmann, Roßmann*, 1982).

Henscheids Schaffen geht dabei über das eines Satirikers als Humorist hinaus. Seine Polemiken ebenso wie die immer auch analytische Charakterisierung seiner Protagonisten durch ihren Sprachgebrauch zeichnen das Bild ihrer Zeit und erinnern in ihrer Detailtreue an die französischen Gesellschaftsromane des 19. Jahrhunderts. Wo Henscheid scheinbar Groteskes oder Absonderliches beschreibt, oszilliert diese Darstellung immer hin zum Hyperrealistischen: Werbesprache, Kneipenwitze und Spontisprüche kombiniert er mit dem hohen Ton des traditionellen Romanciers, mit dem er auch nüchterne, beinahe vulgäre Handlungsorte als Idyllen beschreibt.

Mit Karl Kraus (1874–1936) wiederum scheint Henscheid den Glauben an die moralische Kraft einer Sprachlehre zu teilen (*Dummdeutsch*, 1985). In diesem Sinne sammelt und dokumentiert er (vor allem in der *Titanic*) über lange Zeiträume und in allen Medien sprachliche Fragwürdigkeiten wie übermäßigen Bindestrichgebrauch bei Nachnamen, falsche Genitiv-Apostrophe oder die Inflation des »Kultur«-Begriffs.

Die Vollidioten

EA 1973 **Form** Roman **Epoche** Moderne

n seinem zweiten Roman überführt Henscheid die Frankfurter Kulturszene der frühen 1970er Jahre in eine wenig ehrenhafte, ans Alltägliche rückgebundene Zeitlosigkeit.

Entstehung: Der bis dahin wenig bekannte Autor kündigte seinen Roman 1972 in der Zeitschrift *Pardon* an – für den Fall, dass 2000 Leser noch vor Fertigstellung subskribierten und ihm jeweils 10 DM überwiesen. Es fanden sich zwar letztlich nur 500, deren Zahlungen aber teilweise das Geforderte übertrafen, und so erschienen *Die Vollidioten* im folgenden Jahr.

Inhalt: Der Roman beschreibt eine Woche des Jahres 1972 in Frankfurt, nach Henscheids Aussage authentische Vorgänge, die sich in seinem Bekanntenkreis abgespielt hätten. Mit abgewandelten Zitaten aus Fjodor → Dostojewskis *Dämonen* und den *Brüdern Karamasow* wird ein Reigen von Nichtigkeiten eingeleitet, in der die Liebesgeschichte des Schweizers Jackopp zu einem Fräulein Czernatzke den größten Raum einnimmt. Bekannte Personen aus der Frankfurter Szene (der Dichter Wolf Wondratschek, Kulturdezernent Hilmar Hoffmann, *Pardon*-Verleger Hans Nikel) treten auf, der neueste Klatsch wird herumerzählt, Pläne zum Weltumbau bekannt gegeben. In einem nicht endenden Strom der Banalitäten schwimmt der Ich-Erzähler, den der Leser mit Henscheid gleichsetzt, eifrig mit, so dass der Roman mit seinem Ende keinesfalls zu einem traditionellen Abschluss kommt.

Aufbau: Die Berufung auf Dostojewski, auch im Titel, ist sarkastisch zu nehmen: Die von Henscheid zitierten Sätze und der von ihm fortgesetzt hohe Ton entlarven gerade durch ihr Pathos die meisten Mitglieder der Szene als oberflächliche »Westentaschenrevolutionäre«. Die vollendeten Idioten aus Henscheids Frankfurt verharren in geruhsamer Selbstgefälligkeit, ihre Handlungen konzentrieren sich vor allem auf komplizierte Geldbesorgungen im Freundeskreis für den gemeinsamen oder getrennten Kneipenbesuch.

Wirkung: Der Roman bedeutete den Durchbruch für seinen Autor und war ein erster Bestseller für den Buchvertrieb Zweitausendeins, der *Die Vollidioten* zunächst exklusiv im Programm hatte. Er sorgte nicht nur für die Profilierung der »Neuen Frankfurter Schule« im Umfeld von *Pardon* und später *Titanic*, er nahm auch Entwicklungen des anspruchsvollen Unterhaltungsromans vorweg, die erst ab den 1980er Jahren zum Tragen kamen. Die literarische Verbindung von Sicherheit des Tons, Genauigkeit des Blicks und Kneipenrealismus gelang allerdings erst wieder Frank Schulz (*Kolks blonde Bräute*, 1991).   *H.Z.*

Eckhard Henscheid, *Die Vollidioten*, Umschlag der Originalausgabe 1973

Willem Frederik Hermans im Februar 1993 in Amsterdam

Hermans, Willem Frederik

niederländ. Schriftsteller

* 1.9.1921 Amsterdam, † 27.4.1995 Utrecht

📖 *Die Dunkelkammer des Damokles*, 1958

Willem Frederik Hermans gilt vielen als der bedeutendste niederländische Prosa-Autor der zweiten Hälfte des 20. Jahrhunderts. Sein Werk umfasst neben Romanen und Erzählungen auch Gedichte, Theaterstücke und zahlreiche Essays. Besonders gefürchtet waren seine scharfen Polemiken, mit denen er sich in viele Bereiche des kulturellen Lebens einmischte.

Hermans schloss das Studium der Geografie 1955 mit der Promotion ab und wurde 1958 zum Dozenten für Physische Geografie an der Universität Groningen ernannt, die er 1973 nach langwierigen Querelen verließ. Noch im selben Jahr kehrte Hermans den Niederlanden den Rücken, um zunächst in Paris und später in Brüssel zu leben. In dem satirischen Roman *Unter Professoren* (1975) rechnete er später mit dem Universitätsbetrieb ab.

Obwohl der Zweite Weltkrieg eine große Rolle in den Romanen von Hermans spielt (*Die Tränen der Akazien*, 1949; *Die Dunkelkammer des Damokles*), ist der Krieg für ihn nicht in erster Linie Thema, sondern Metapher für die Welt schlechthin, die er als ein »sadistisches Universum« betrachtet, dem der Mensch hilflos und ohne Chance auf eine sinnvolle Existenz ausgeliefert ist. Als weitere bedeutende Werke sind die Romane *Nie mehr schlafen* (1966) und *Au pair* (1989) zu nennen, außerdem die Erzählbände *Mutwille und Missverständnis* (1948) und *Der letzte Raucher* (1991) sowie der Essayband *Das sadistische Universum* (1964).

Der Zweite Weltkrieg in der niederländischen Literatur

Louis Paul Boon 1947	*Mein kleiner Krieg:* In diesem frühen, experimentellen Roman, der vor dem Hintergrund von Krieg und Befreiung in Belgien spielt, klagt der flämische Autor Opportunismus und moralisches Fehlverhalten des Einzelnen scharf an.
Anne Frank 1947	*Anne Frank Tagebuch:* Die weltberühmt gewordenen Aufzeichnungen eines jungen Mädchens sind zugleich ein bewegendes Zeugnis der Ängste und Entbehrungen einer jüdischen Familie, die sich in einem Hinterhaus in Amsterdam vor den Nazis versteckt hält. → S. 367
Nico Rost 1948	*Goethe in Dachau:* In seinem heimlich im KZ Dachau verfassten Tagebuch verteidigt der niederländische Schriftsteller und Journalist Nico Rost den deutschen Geist mit → Goethe und → Hegel gegen die nationalsozialistische Barbarei.
Marga Minco 1957	*Das bittere Kraut:* Die jüdische Autorin, die als einzige ihrer Familie der Vernichtung entging, zeichnet in einer erschütternden Chronik die immer unerträglicher werdenden Lebensumstände der Juden in den besetzten Niederlanden aus der Sicht eines Kindes nach.
Jacques Presser 1957	*Die Nacht der Girondisten:* Ein niederländischer Intellektueller, der keinen Bezug mehr zu seiner jüdischen Abstammung hat, findet im KZ Westerbork, von wo die niederländischen Juden in die Vernichtungslager abtransportiert werden, zu den Wurzeln seines Glaubens zurück.
Willem Frederik Hermans 1958	*Die Dunkelkammer des Damokles:* Der spannungsgeladene Roman über Widerstand und Kollaboration in den Niederlanden lässt bis zuletzt die Frage offen, ob die Hauptfigur Held oder Verräter ist. → S. 490
Hugo Claus 1983	*Der Kummer von Flandern:* Im Mittelpunkt des groß angelegten zeitgeschichtlichen Panoramas und psychologischen Bildungsromans steht der kleine Louis Seynaeve, der sich während der Kriegsjahre vom Kind zum jungen Mann entwickelt. → S. 248
Gerhard L. Durlacher 1985	*Streifen am Himmel:* Der Bericht eines Auschwitz-Überlebenden, der nach 40 Jahren sein Schweigen bricht, ist der erste Teil der *Tetralogie der Erinnerung*, zu der auch die Bände *Ertrinken* (1987), *Die Suche* (1991) und *Wunderbare Menschen* (1993) gehören.
Tessa de Loo 1993	*Die Zwillinge:* Im Leben der beiden getrennt aufgewachsenen Zwillingsschwestern Anna und Lotte spiegelt sich das unterschiedliche Schicksal einfacher Leute während des Kriegs in Deutschland und in den Niederlanden.
Harry Mulisch 2001	*Siegfried:* Der Zweite Weltkrieg ist ein zentrales Thema in vielen Romanen von Mulisch (vgl. auch *Das Attentat* → S. 795). In seinem jüngsten Roman, der von der Fiktion eines gemeinsamen Sohns von Hitler und Eva Braun ausgeht, versucht er eine philosophische Deutung der Person Hitlers als Verkörperung des nihilistischen Prinzips.

Die Dunkelkammer des Damokles

OT De donkere kamer van Damokles **OA** 1958 **DE** 2001
Form Roman **Epoche** Moderne

Mit diesem Roman greift Willem Frederik Hermans die Frage nach dem Verhalten des Einzelnen im Spannungsfeld zwischen Widerstand und Kollaboration während des Zweiten Weltkriegs auf. Indem am Ende offen bleibt, ob die Hauptfigur »Held« oder »Veräter« ist, stellt er zugleich die Wahrnehmbarkeit einer objektiven Realität oder Wahrheit radikal in Frage.
Inhalt: Die Hauptfigur der handlungs- und spannungsreichen Geschichte ist Henri Ose woudt, ein schmächtiger, unsicher wirkende

junger Mann, der zum Militärdienst untauglich ist. Als der Krieg nach dem deutschen Überfall im Mai 1940 auch die Niederlande erreicht, betreibt Osewoudt einen Zigarrenladen in der holländischen Kleinstadt Voorschoten. Hier trifft er den niederländischen Leutnant Dorbeck, der ihm zum Verwechseln ähnlich sieht, im Gegensatz zu ihm aber entschieden und selbstbewusst auftritt. Nachdem Osewoudt für Dorbeck zunächst einige kleinere Aufträge erledigt hat, nimmt er an einer Widerstandsaktion in Haarlem teil, bei der drei Männer erschossen werden. Dorbeck ist in der Folgezeit wie vom Erdboden verschwunden. Die Entwicklung eines Fotos, das seine Existenz belegen könnte, misslingt.

Erst vier Jahre später, im Sommer 1944, meldet sich Dorbeck wieder. Wieder tötet Osewoudt, der sich als Teil des Widerstands sieht, in seinem Auftrag Menschen. Er wird schließlich gefangen genommen und von den Deutschen verhört. Obersturmführer Ebernuss, ein »guter« Deutscher, eröffnet ihm, dass er desertieren will und bittet ihn, einen Kontakt mit dem niederländischen Widerstand herzustellen. Osewoudt führt ihn zu einem Haus an der Amsterdamer Spiegelgracht, wo er auch Dorbeck wiedertrifft. Vor einem Spiegel macht Osewoudt ein Foto von sich und Dorbeck. Nachdem er von Dorbeck erfahren hat, dass seine Frau Ria ihn an die Deutschen verraten hat, bringt Osewoudt sie um.

Schließlich flieht er in den bereits befreiten Süden der Niederlande. Als er sich dort bei den Behörden meldet, wird er festgenommen. Aus der Perspektive der Polizei stellen sich seine Widerstandtaten als Landesverrat dar. Osewoudts einzige Möglichkeit, die eigene Haut zu retten, ist der Nachweis, dass eine Verwechslung mit seinem Doppelgänger Dorbeck vorliegt. Aber alle Zeugen, die Dorbeck kannten, sind tot, und alle Tatbestände, die er zu seiner Entlastung vorbringt, sprechen auf einmal gegen ihn. Schließlich beginnt Osewoudt selber am Wahrheitsgehalt seiner Geschichte und der Existenz Dorbecks zu zweifeln. Auf dem Foto, das er mit Dorbeck vor dem Spiegel gemacht hat, ist nichts zu erkennen. Voller Verzweiflung rennt Osewoudt aus dem Militärhospital und wird von einem Wachsoldaten niedergeschossen.

Aufbau: Der Roman gliedert sich in 46 Episodenkapitel, von denen die ersten 30 die Zeit vor und während des Kriegs behandeln, während die übrigen die Untersuchungshaft Osewoudts bei der niederländischen Polizei nach Kriegsende beschreiben.

Die vom Autor gewählte personale Erzählperspektive lässt den Leser alle Ereignisse aus der Sicht Osewoudts miterleben. So bleibt die durch eine subjektive Wahrnehmung intendierte Verunsicherung des Lesers bis zum Schluss bestehen. Entscheidenden Anteil an dieser Verunsicherung hat das Doppelgängermotiv: Existiert Dorbeck wirklich oder ist er nur ein Produkt von Osewoudts Einbildung? Die Unmöglichkeit, diese Frage zu beantworten – für beide Lesarten bietet der Roman eine Fülle von Anhaltspunkten –, spiegelt Hermans' Auffassung von der prinzipiellen Unmöglichkeit objektiver Wirklichkeitswahrnehmung.

Wirkung: Kritiker und Literaturwissenschaftler sehen in dem Roman einhellig einen Höhepunkt der niederländischen Literatur des 20. Jahrhunderts, auch wenn die düster-pessimistische Weltsicht des Autors von vielen nicht geteilt wird. *H. E.*

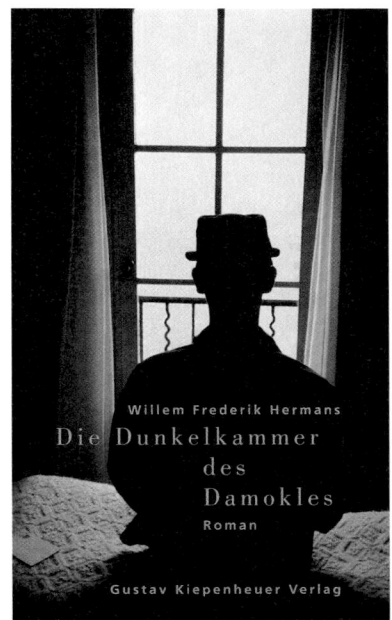

Willem Frederik Hermans, *Die Dunkelkammer des Damokles*, Umschlag der deutschsprachigen Erstausgabe 2001

Willem Frederik Hermans in dem Roman *Au pair* (1989):

Schriftsteller sind im Bezug auf das, was in der Welt geschieht, genauso ohnmächtig wie alle anderen Menschen. Aber manchmal fragen sie sich, ob sie auch den Dingen ohnmächtig zusehen müssen, die in ihren eigenen Büchern geschehen.

Herodot

(griech. Herodotos) griech. Geschichtsschreiber

* um 485 v. Chr. Halikarnassos (Südwestkleinasien)

† um 425 v. Chr. Thurioi (Unteritalien) oder Athen

📖 *Historien*, entst. 445–430 v. Chr.

Mit Herodot aus Halikarnassos beginnt die geschriebene Geschichte der westlichen Welt. Sein Werk übte einen so nachhaltigen Einfluss auf die Geschichtsschreibung der Antike aus, dass → Cicero ihn zu Recht als den »Vater der Geschichtsschreibung« bezeichnet hat.

Nachdem Herodot in jungen Jahren seine Heimatstadt aus politischen Gründen hatte verlassen müssen, ging er zuerst nach Samos. Er unternahm weite Reisen durch die ganze den Griechen damals bekannte Welt, also nach Kleinasien, Mesopotamien, Ägypten, Kyrenaika (Libyen) und die Gebiete nördlich des Schwarzen Meers. Seine Beobachtungen und Erfahrungen verarbeitete er in den *Historien*. Herodot lebte lange in Athen, wo er mit dem Staatsmann Perikles und dem Tragödiendichter Sophokles befreundet war, und siedelte 444/443 in das Gebiet der Graeca Magna (Unteritalien) über, um dort an der Gründung der panhellenischen Kolonie Thurioi (heute Turio) teilzunehmen. Später kehrte er noch einmal nach Athen zurück. Da in seinem Werk Bezüge zum Peloponnesischen Krieg (431–404 v. Chr.) erkennbar sind, kann er erst nach 430 verstorben sein.

Biografie: A. Schlögl, *Herodot* (rm 50590).

Auszug aus den *Historien* von Herodot:

Ob einer alles glauben will, was die Ägypter erzählen, ist seine Sache. Mir ist es bei allem nur darum zu tun, das aufzuzeichnen, was ich von ihnen gehört habe.

Historien

OT Historiai apodeixis EZ 445–430 v. Chr.
OA 1502 DE 1535 Form Sachbuch
Bereich Geschichte/Ethnografie

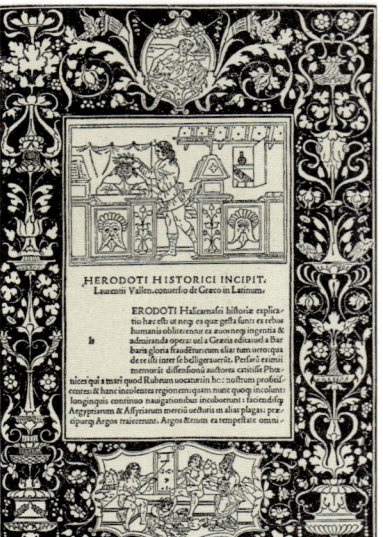

Lateinische Prachtausgabe der *Historien* des Herodot, Venedig 1494

Mit den *Historien* des Herodot aus Halikarnassos setzt die systematische Geschichtsschreibung in Europa ein. Es ist zugleich das älteste vollständig erhaltene Werk in griechischer Prosa. Bis heute ist jedoch umstritten, ob Herodot ursprünglich eine Geschichte des großen Kriegs zwischen Griechen und Persern (499–478 v. Chr.) schreiben wollte oder eine Ethnografie.

Inhalt: In den *Historien* versucht Herodot den verheerenden Krieg zwischen Griechen und Persern zu erklären, der eine Generation zuvor weite Teile Griechenlands verwüstet hatte. Einer der Grundgedanken, der sich durch sein Werk zieht, ist der Gegensatz zwischen Europa und Asien; dieser begann, so Herodot, mit einem Frauenraub, den die jeweils andere Seite mit einer entsprechenden Tat beantwortete. Aus diesem zunächst ganz einfachen Sachverhalt entwickelt Herodot allmählich seine Sicht über den Ablauf der Geschichte der Völker, die seiner Überzeugung nach im Wesentlichen vom Verhalten Einzelner bestimmt wird, das bei aller Freiheit doch dem göttlichen Willen unterworfen bleibt. Immer wieder zeigt er auf, wie sich aus dem Fehlverhalten des Einzelnen, vor allem aus dessen Hybris, die von den Göttern besonders hart bestraft wird, Unglück für die Gemeinschaft entwickelt.

Die Darstellung der eigentlichen historischen Ereignisse setzt etwa mit der Zeit von König Kroisos (Krösus) von Lydien ein und geht anschließend über zur Gründung des Persischen Reichs. Nach der recht ausführlichen Beschreibung der persischen Expansion, die zur Unterwerfung ganz Mesopotamiens, Ägyptens und Kleinasiens führte, wendet sich Herodot der griechischen Geschichte zu. Die Schilderung des Aufstands der unterjochten Griechen in Kleinasien leitet schließlich den Bericht über den eigentlichen Persisch-Griechischen Krieg ein. Die *Historien* schließen mit dem Ende der Perserkriege kurz nach der Schlacht von Plataia, aber noch vor der Gründung des attischen Seebunds und dem Aufstieg Athens – sie umfassen somit in etwa die Zeit 560–478 v. Chr.

Wirkung: Von den antiken Autoren bewundert, galt Herodot bis weit ins 19. Jahrhundert als einer der wichtigsten Historiker Griechenlands, dann begannen (über-)kritische Geschichtswissenschaftler große Teile seines Werks als bloße »Geschichten« herabzusetzen. Später allerdings konnten Archäologen zeigen, dass viele seiner Angaben über Babylon, Ägypten und die Skythen durchaus der Wahrheit entsprachen. Inzwischen wird auch wieder anerkannt, dass Herodot die Geschichte der Perserkriege im Großen und Ganzen zutreffend darstellt und sein Werk deshalb nicht nur literarisch interessant, sondern auch eine wichtige Geschichtsquelle ist.　　　　　　　　　　　　*P. B.*

Große Geschichtsschreiber der Antike

Herodot aus Halikarnassos um 485 bis um 425 v. Chr.	*Historien* (1502): Mit seiner Darstellung des Kriegs zwischen Griechen und Persern (499–478 v. Chr.) hinterließ Herodot das erste überlieferte Werk der abendländischen Geschichtsschreibung. → S. 492
Thukydides aus Athen um 460 bis um 400 v. Chr.	*Die Geschichte des Peloponnesischen Krieges* (1502): Das Werk gilt aufgrund der deutlichen Bemühung um Zuverlässigkeit als erstes Beispiel wissenschaftlicher Geschichtsschreibung.
Xenophon aus Athen um 430 bis um 355 v. Chr.	*Die Anabasis* (1516): Das erste Geschichtswerk eines am Geschehen Beteiligten berichtet vom Kriegszug des persischen Prinzen Kyros durch Mesopotamien bis ans Schwarze Meer. → S. 1172
Gajus Julius Caesar 100–44 v. Chr.	*Der gallische Krieg* (1469): Die Beschreibung der von Caesar selbst geführten Feldzüge gilt als weitgehend objektiv. → S. 201
Gajus Sallust 86–34 v. Chr.	*Krieg gegen Jugurtha* (1470): Laut → Tacitus war Gajus Sallust der glänzendste Historiker der römischen Geschichte.
Titus Livius 59 v. Chr.–17 n. Chr.	*Die Römische Geschichte ab Gründung der Stadt* (1469): Das umfangreichste Werk der antiken Literatur umfasst 142 Bücher.
Josephus Flavius 37/38–um 100	*Der jüdische Krieg* (1544): Das Hauptwerk des jüdischen Feldherrn und Historikers behandelt den Kampf der Juden gegen die römische Besatzungsmacht.
Quintus Curtius Rufus 1. Jahrhundert n. Chr.	*Geschichte Alexanders des Großen* (um 1470): Die einzige lateinische Geschichte des Herrschers und seiner Zeit liest sich wie ein historischer Abenteuerroman.
Eusebios um 263–339/40	*Kirchengeschichte* (1540): Der Bischof von Caesarea verfasste dieses Werk, dessen Schwerpunkt die Zeit von Kaiser Konstantin dem Großen (272/73–337) ist.
Ammianus Marcellinus um 330–um 400	*Römische Geschichte* (1474): Das nur fragmentarisch erhaltene Werk eines Griechen galt Theodor → Mommsen als »ernsthafteste und wahrhafteste« Geschichte des Römischen Reichs.

Herrigel, Eugen

dt. Philosoph

* 20.3.1884 Lichtenau bei Kehl

† 18.4.1955 Garmisch-Partenkirchen

▭ *Zen in der Kunst des Bogenschießens*, 1948

Der Philosophie-Professor und Immanuel-Kant-Experte Eugen Herrigel, der zum ersten und zugleich bedeutendsten deutschen Erkunder des »Zen-Weges«, also des Zugangs zum Zen-Buddhismus, wurde, hatte bei Wilhelm Windelband und Heinrich Rickert, den beiden Hauptvertretern des sog. Neukantianismus, studiert. Ab 1923 lehrte er an der Universität Heidelberg und folgte im Jahr darauf einer Einladung nach Japan an die kaiserliche Universität in Sendai. Dort beließ er es nicht bei seinen Vorlesungen über die Geschichte der abendländischen Philosophie, sondern nutzte den Japan-Aufenthalt, um »in die gehütete Tradition des Zen einzudringen«, und wurde Schüler eines namhaften Zen-Meisters, der ihn in der Kunst des Bogenschießens unterwies. 1930 übernahm Herrigel den Lehrstuhl für systematische Philosophie an der Universität Erlangen und war in den letzten Kriegsjahren auch deren Rektor.

Obwohl er als Anhänger des Zen-Buddhismus zu der Überzeugung gelangt war, dass »ein Mann, der sich mit ernsthaften Dingen beschäftigt, nicht schreiben sollte, denn das Wort ist weniger als der Gedanke«, schrieb Herrigel in fortgeschrittenem Alter *Zen in der Kunst des Bogenschießens*. Postum erschien *Der Zen-Weg* (1958), eine Einführung in die alltägliche Zen-Praxis.

Zen

Herkunft: Der japanische Begriff Zen bedeutet »Versenkung« und bezeichnet eine meditative Richtung des Buddhismus, die im 6./7. Jahrhundert in China aus der Verbindung mit dem Taoismus (→ Laozi, → Das Buch der Wandlungen) hervorging und deren Wesen von überragenden Zen-Meistern in Zen-Klöstern geistig immer mehr vervollkommnet wurde. Um 1300 fasste Zen auch in Japan Fuß und erlebte dort seine intensivste spirituelle Ausprägung.
Bedeutung: Charakteristisch für Zen ist 1. die Unabhängigkeit von der orthodoxen buddhistischen Lehre und ihren heiligen Schriften; 2. die Aufhebung dualistischer Unterscheidungen (Ich/Du, Subjekt/Objekt, wahr/falsch); 3. die »rechte Versenkung« mit dem Ziel der Erkenntnis des Selbst bzw. der Umwandlung des logischen Denkens in unmittelbare Wahrnehmung, von der aus der Zen-Weg zur Erleuchtungserfahrung (satori) zu führen vermag.
Zen in der westlichen Welt: Ab Mitte des 20. Jahrhunderts begeben sich auch in Europa und Amerika immer mehr Menschen durch kontemplative und meditative Schulung, künstlerische oder sportliche Betätigung auf den Zen-Weg zur höchstmöglichen Stufe der Spiritualität. Als förderlich erweist sich dabei die Beschäftigung mit den Schriften chinesischer und japanischer Zen-Meister von den »Klassikern« Huineng, Dogen und Hakuin bis zu Daisetz T. Suzuki, dem bedeutendsten zeitgenössischen Zen-Philosophen, aber auch die Lektüre westlicher Zen-Erfahrener wie Hugo Enomiya-Lassalle, Eugen → Herrigel, Philip Kapleau, Wolfgang Kopp, Thomas Merton, Irmgard Schloegl, Alan Watts und Janwillem van de → Wetering.

Zen in der Kunst des Bogenschießens

OA 1948 **Form** Spirituelle Literatur
Bereich Zen-Buddhismus

Bis in die Mitte des 20. Jahrhunderts waren Idee und Wesen des Zen-Buddhismus in Europa kaum bekannt. Seither aber hat diese chinesisch-japanische Variante der Lehre des → Buddha und ihre Lebensphilosophie in der westlichen Welt viele Anhänger gefunden oder zumindest große Sympathie erweckt – häufig ausgelöst durch die Lektüre von *Zen in der Kunst des Bogenschießens*.

Entstehung: Als deutscher Dozent an einer japanischen Universität erfüllte sich der 40-jährige Herrigel 1923–29 den seit seiner Studentenzeit gehegten Wunsch, mit der buddhistischen Meditationspraxis vertraut zu werden. Er wurde Schüler des Zen-Meisters Kenzo Awa, der ihn in der Kunst des rituellen Bogenschießens unterrichtete, und brachte es in diesem intensivsten geistigen und körperlichen Zen-Bewusstseinstraining schließlich bis zu dem nur von wenigen Europäern erreichten fünften Rang. Die durch solche Schulung erworbene Denk- und Spannkraft bestimmte sein ganzes weiteres Leben, doch erst als 60-Jähriger schilderte er, anhand von genauen Aufzeichnungen über jede Unterrichtsstunde, seinen erfolgreichen »Zen-Weg« in einem Erfahrungsbericht. Der bekannteste zeitgenössische Zen-Philosoph, Daisetz T. Suzuki (1870–1966), schrieb dazu eine Einleitung, die wichtige Grundinformationen gibt.

Inhalt: Herrigels Schulungsweg ist nicht nur physisch extrem anstrengend, er stellt auch eine psychische Kraftprobe dar. Der ungeheure Spannungsaufbau bei der Handhabung des Bogens soll zu einem mentalen Spannungsabbau führen, aber der europäisch Denkende und Empfindende stürzt in eine tiefe Weltanschauungskrise, die er nur mit äußerster Konzentration und Einfühlung, gefördert durch die fast unmerkliche weise Führung seines Lehrers, zu überstehen vermag. Erst gegen Ende des sich über Jahre erstreckenden Übens im Umgang mit dem Bogen, in der Verfolgung des Pfeilfluges und der schwierigen Vorstellung vom Einswerden mit dem Ziel, begreift er, was es bedeutet, sicher zu treffen, ohne zu zielen: absichtslos das Richtige zu tun. Der Meister entlässt seinen Schüler nach sechsjähriger Lehrzeit mit den Worten: »Sie sind auf einer Stufe angelangt, auf der Lehrer und Schüler eins sind.«

Der den Bogen und das Ziel beherrscht, ist auch Meister seines eigenen Ichs geworden. Herrigel kehrt, mit Kenzos schönstem Bogen als Geschenk, nach Europa zurück in dem Bewusstsein, dass er ein anderer Mensch geworden ist. Er wird fortan mit anderen Augen sehen und mit anderem Maß messen.

Wirkung: Der schmale Band, in mehr mehr als 20 Neuauflagen und zehn Übersetzungen erschienen, gilt als eines der inspiriertesten Werke der inzwischen reichhaltigen europäischen Zen-Literatur. Es dient als Übungsbuch in Sportakademien und Managerseminaren und wurde zum Vorbild für mehr als 25 Bücher mit Titeln wie *Zen in der Kunst des Malens*, *...in der Kunst, das Schwert zu führen*, *...in der Kunst, einen Berg zu besteigen*. Von Gusty L. Herrigel, der Frau und Weggefährtin des Autors in der Zen-Schulung, stammt *Zen in der Kunst des Blumen-Weges* (1958). *G. Woe.*

Der Zen-Philosoph Daisetz T. Suzuki in der Einleitung zu Eugen Herrigels *Zen in der Kunst des Bogenschießens*:

Um Meister des Bogenschießens zu werden, genügt technische Kenntnis nicht. Die Technik muss überschritten werden, so dass das Können aus dem Bewusstsein erwächst... Der Mensch, der diese Stufe der geistigen Entwicklung erreicht, ist ein Zen-Meister des Lebens.

Eugen Herrigel, *Zen in der Kunst des Bogenschießens*, Umschlag der Ausgabe 1954

Theodor Herzl (M.) mit einer zionistischen Delegation an Bord der »Imperator« im Oktober 1898 auf dem Weg nach Palästina

Auzug aus dem Traktat *Der Judenstaat* von Theodor Herzl:

Wenn es den Juden unmöglich gemacht wird, sich innerhalb anderer Nationen zu verwirklichen, so müssen sie die Errichtung eines eigenen Nationalstaates anstreben, um gleich unter Gleichen zu sein.

Herzl, Theodor

österreich.-jüd. Schriftsteller und Politiker

* 2.5.1860 Budapest, † 3.7.1904 Edlach an der Rax

📖 *Der Judenstaat*, 1896

Theodor Herzl war der führende Repräsentant des politischen Zionismus (Stichwort → S. 495), der die Gründung eines jüdischen Staates in Palästina förderte.

Herzl, Sohn eines jüdischen Kaufmanns, studierte in Wien Rechtswissenschaft. 1881 schloss er sich der deutschnationalen Verbindung »Albia« an, die er zwei Jahre später wegen antisemitischer Ausschreitungen wieder verließ. Der 1884 promovierte Jurist arbeitete 1891–95 als Korrespondent der Wiener *Neuen Freien Presse* in Paris. Dort wurde er – ähnlich wie in seinem Heimatland Österreich – mit dem antisemitischen Klima in nahezu allen Lebensbereichen konfrontiert; vor allem die Dreyfus-Affäre (1894/95) wurde das ihn prägende Erlebnis jüdischer Selbstbesinnung. Die Erfahrungen veranlassten Herzl, für einen Zusammenschluss der jüdischen Gruppen zu kämpfen.

1897 veranstaltete Herzl in Basel den 1. Zionistischen Weltkongress mit etwa 200 Delegierten und wurde zum 1. Präsidenten der zionistischen Weltorganisation gewählt. In Wien begann er, die Monatszeitschrift *Die Welt* als Organ der zionistischen Bewegung herauszugeben. In den Folgejahren suchte er den Kontakt zu führenden Politikern der Welt, um die internationale Zustimmung zu einem jüdischen Staat zu bekommen. So bat er Papst Pius X. (1835–1914) und König Viktor Emanuel III.

(1869–1947) von Italien erfolglos um die Unterstützung seiner Pläne. In seinem Roman *Altneuland* (1902) entwarf Herzl eine mögliche politisch-soziale Ordnung eines selbstständigen jüdischen Staates in Palästina.

Biografie: J. H. Schoeps, *Theodor Herzl. Wegbereiter des politischen Zionismus*, 1990.

Der Judenstaat

OA 1896 **Form** Traktat **Bereich** Politik

In *Der Judenstaat* formulierte Herzl seine Forderung nach einem jüdischen Staat in Palästina und wurde dadurch zum geistigen Vater des heutigen Staates Israel.

Entstehung: Das Schlüsselerlebnis, das in Herzl den Plan zum Buch *Der Judenstaat* entstehen ließ, war die Dreyfus-Affäre. Der jüdische Hauptmann Alfred Dreyfus (1859–1935) wurde 1895 in einem von antisemitischer Gesinnung bestimmten Verfahren beschuldigt, französische Militärgeheimnisse an das Deutsche Reich verraten zu haben. Das Kriegsgericht sprach den Offizier schuldig und verbannte ihn auf die Teufelsinsel. Herzl, der den gesamten Prozess als Korrespondent der Wiener *Neuen Freien Presse* vor Ort beobachten konnte, empfand die juristisch nicht tragbare Verurteilung als Affront gegen das gesamte jüdische Volk und gelangte zu dem Schluss, »dass es Zeit würde etwas für die Juden zu tun«.

Inhalt: In *Der Judenstaat* entwickelt Herzl den Gedanken der Gründung eines Judenstaates auf moderner Basis. Solch ein beispielhafter Staat könnte seiner Meinung nach dazu beitra

OT = Originaltitel **EZ** = Entstehungszeit **OA** = Originalausgabe **DE** = Deutsche Erstausgabe 📖 = Verweis auf Werkartikel

gen, in anderen europäischen Ländern den Rassenhass einzudämmen. Herzl ist von einem friedlichen Zusammenleben zwischen Arabern und Juden überzeugt. Für seinen Judenstaat schlägt er neben Palästina zwei weitere Staaten als Territorium vor: Argentinien und Uruguay. Dies verdeutlicht, dass sich Herzl von der orthodoxen Auffassung zu lösen versuchte, die Palästina als das Ursprungsland der Juden vorsieht.

Wirkung: Das lediglich 86 Seiten umfassende Werk, das ursprünglich in einer Auflage von 3000 Exemplaren gedruckt wurde, erzeugte eine große Resonanz. Es riss die jüdischen Massen vor allem in Osteuropa mit und bildete 1897 das ideologische Fundament des ersten Zionistischen Weltkongresses in Basel. Dort wurde als Magna Charta des jüdischen Volkes das Basler Programm proklamiert: »Der Zionismus erstrebt für das jüdische Volk die Schaffung einer öffentlich-rechtlichen Heimstätte in Palästina.«   *N. H.*

Zionismus

Wenngleich Herzl in *Der Judenstaat* den Gedanken des politischen Zionismus begründete, gab es diese Bewegung in anderen Formen schon.

Begriff: Der Begriff Zionismus leitet sich von Zion, dem vorisraelitischen Namen des ältesten Teils von Jerusalem, ab. Dieser Teil war einst eine starke Festung, die David von den Jebusitern eroberte. Mit der Ausdehnung nach Norden durch den Palast- und Tempelbau Salomos ging der Name auf den Tempelberg und auf Jerusalem als Gottesstadt über. Schließlich wurde Zion als Ort des endzeitlichen Heils gedeutet. Aus dieser Vorstellung entwickelte sich die Bewegung des Judentums zur Rückkehr aller Juden in das »Land Israel« mit dem religiösen Mittelpunkt Zion, also Jerusalem.

Entwicklung: Die Voraussetzung für die Entwicklung des Zionismus zu einer politischen Bewegung war insbesondere die sog. Haskala, unter der die Aufklärung im jiddisch sprechenden Judentum in Osteuropa verstanden wird. Unter dem Einfluss der Gedanken von Moses Mendelssohn (1729–86) versuchte sie seit dem Ende des 18. Jahrhunderts, trotz heftiger Angriffe der jüdischen Orthodoxie, den Anschluss an die neuzeitliche Kultur und Emanzipation zu gewinnen. Die jüdischen Aufklärer drängten das Talmud-Studium zu Gunsten der Bibel und der profanen Wissenschaften zurück. Neben der Haskala bereitete die wachsende politische Bedeutung der Juden in den USA und der seit der Mitte des 19. Jahrhunderts stetig wachsende Antisemitismus dem Zionismus den Weg.

Vorgänger von Theodor Herzl: Als einer der wichtigsten Vorläufer gilt Zwi Hirsch Kalischer (1795–1874), der seine Forderung nach einer jüdischen Kolonisation Palästinas allerdings rein religiös begründete. Moses Hess (1812–75) und Juda Löb Pinsker (1821–92) legten bereits die Grundlage für eine Säkularisierung der Bewegung. Sie leiteten früh konkrete Maßnahmen zur Förderung der jüdischen Auswanderung ein. Zum herausragenden Repräsentanten des sog. Kulturzionismus wurde Achad Haam, der von einem geistigen Zentrum in Palästina die Erneuerung des Judentums erwartete.

Herzmanovsky-Orlando, Fritz von

österreich. Schriftsteller, Grafiker und Architekt

* 30.4.1877 Wien

† 27.5.1954 Schloss Rametz bei Meran

📖 *Der Gaulschreck im Rosennetz*, 1928

Fritz von Herzmanovsky-Orlando hinterließ ein innerhalb der österreichischen Literatur einzigartiges Werk. Im Mittelpunkt seiner humoristischen, barockisierend-ausschweifend geschriebenen Romane, Dramen und Pantomimen steht die Gesellschaft der Habsburgermonarchie, die er durch skurril-groteske, ins Fantastische reichende Überzeichnungen in ein ironisches Licht setzt und dadurch das Typische hervortreten lässt.

Herzmanovsky-Orlando entstammte einer alten österreichischen Beamtenfamilie und war dank des väterlichen Vermögens auf keinen Brotberuf angewiesen. Er studierte in Wien Architektur und lebte ab 1916 als Zeichner und Schriftsteller in Meran. Herzmanovsky-Orlando war ein enger Freund des Zeichners und Malers Alfred Kubin (1877–1959), mit dem ihn die Neigung zum Okkultisch-Mystischen verband. Einer breiteren Öffentlichkeit wurden die Schriften von Herzmanovsky-Orlando erst nach seinem Tod durch die vierbändige von Friedrich Torberg herausgegebene und bearbeitete Edition (1957–63) bekannt.

Biografie: S. Goldberg / M. Reinisch (Hrsg.), *Fritz von Herzmanovsky-Orlando – Sinfonietta Canzonetta Austriaca. Eine Dokumentation zu Leben und Werk*, 1994.

Der Gaulschreck im Rosennetz

OA 1928 **Form** Roman **Epoche** Moderne

Der einzige zu Lebzeiten Fritz von Herzmanovsky-Orlandos in Buchform erschienene und von dem Autor selbst mit Illustrationen versehene Roman ist eine skurril-tragikomische Satire auf die Wiener Gesellschaft in der Zeit des Biedermeier.

Inhalt: Der kauzige Hofsekretär Jaromir Edler von Eynhuf will seinem von ihm verehrten Kaiser zu dessen 25-jährigem Thronjubiläum eine Kette aus 25 Milchzähnen schenken. Den letzten fehlenden Zahn will er sich von der berühmten Opernsängerin Höllteufel erbitten. Um in ihre Nähe zu kommen, verkleidet er sich als riesengroßer Schmetterling und besucht ein Maskenfest, wo die Höllteufel als Rosenbukett auftritt. Doch Eynhufs Plan misslingt, und nach dem Fest segelt er, von Windböen gepackt, als ein zerzauster »Gaulschreck« durch Mariahilf. Bei dem Fest hat sich Eynhuf unsterblich in die Höllteufel verliebt und lässt nun nichts unversucht, ihre Gegenliebe zu erringen. Er wird im Verlauf des Geschehens in immer neue Abenteuer verwickelt, bis sein Leben schließlich ruiniert zu sein scheint. Als er kei-

Fritz von Herzmanovsky-Orlando, das »letzte Genie barocken altösterreichischen Humors« (Hugo von Hofmannsthal)

Die wichtigsten Bücher von Fritz von Herzmanovsky-Orlando

Der Gaulschreck im Rosennetz 1928	Der einzige zu Lebzeiten Herzmanovsky-Orlandos erschienene Roman spielt im Wien der Biedermeierzeit. Im Mittelpunkt der skurrilen Handlung steht der Hofsekretär Eynhuf. → S. 495
Maskenspiel der Genien 1958 (postum)	In seinem Hauptwerk verschmilzt Hermanovsky Traum- und Märchenwelt mit einer skurrilen österreichischen »Real«-Welt namens »Tarockanien«, in der sein Romanheld Cyriak das Schicksal des griechischen Aktaion erleidet.
Cavaliere Huscher 1963 (postum)	Die Novelle handelt von der »sonderbaren Meerfahrt des Herrn von Yp«, so der Untertitel, der sich auf der Reise nach Genua in eine »reizende Operndirektrice« verliebt.
Rout am Fliegenden Holländer 1963 (postum)	Der Roman schildert das Leben und Treiben der Wiener High Society zur Zeit der Habsburgermonarchie auf der dalmatinischen Ferieninsel Pomo, bis diese zerschossen wird.

Auszug aus dem Roman *Der Gaulschreck im Rosennetz* **von Fritz von Herzmanovsky-Orlando:**

Sein Entschluss war gefasst. Hörte draußen schon Dröhnen und Trappeln, fasste die Pistole, aus der er gerne Freudenschüsse abzugeben pflegte zur Verherrlichung des Namensfestes seiner Landesherren oder am Tage Leopoldi, des Provinzpatrons, fand keine Kugel, raffte die Milchzähne mit zitternden Händen alle zusammen und stopfte sie, den blauen Pensionierungsbogen, der schon auf dem Tische lag, als Pfropfen benützend, in den Lauf. [...] Nieder sank er, blutüberströmt.

nen Ausweg mehr sieht, begeht er Selbstmord. Er erschießt sich mit einer Pistole, die mit den 24 Milchzähnen geladen ist.

Aufbau: Herzmanovsky-Orlando hat seine nicht sehr umfangreiche Geschichte in zwölf Kapitel eingeteilt und in einer barockisierend-verschnörkelten Sprache geschrieben, die deutlich den Einfluss der Altwiener Volkskomödie zeigt. Die skurril-fantastische Handlung, die manchmal an Jean → Paul erinnert, steigert sich zur tragikomischen Farce. *Der Gaulschreck im Rosennetz* sollte der erste Teil einer österreichischen Trilogie sein, deren weitere Teile, die Romane *Maskenspiel der Genien* (1958) und *Rout am Fliegenden Holländer* (1963), erst aus dem Nachlass veröffentlicht wurden. In ihrer Gesamtheit bilden sie ein einzigartig kurioses Bild der habsburgischen Gesellschaft, das aus versponnenen Beamten, vertrottelten Adeligen und allerlei Randgruppen wie Verbrechern, Bettlern und Huren zusammengesetzt und mit mythologischen, biblischen und okkulten Anspielungen durchsetzt ist.

Wirkung: Der Roman erregte zwar nach seinem Erscheinen 1928 einiges Aufsehen, geriet dann aber in völlige Vergessenheit. Erst die Wiederveröffentlichung als ersten Band im Rahmen der von Friedrich Torberg bearbeiteten Gesamtausgabe 1957 machte ihn einer breiteren Öffentlichkeit bekannt und begründete eine Fan-Gemeinde um Herzmanovsky-Orlando, die ihrem Autor unbeirrt die Treue hält. *R. Mi.*

Hesiod in *Werke und Tage* **über das rechte Verhalten zum Nächsten:**

Bester Schatz ist bei den Menschen die Zunge, die sparsam gebraucht wird, denn sie macht am meisten beliebt, wenn sie maßvoll zu Werk geht. Sagst du aber Schlimmes, bekommst du selbst bald Schlimmes zu hören.

Hesiod

griech. Dichter

*um 740 v. Chr. Askra (Böotien)

† etwa 670 v. Chr. ebd.

📖 *Werke und Tage,* um 700 v. Chr.

Der Epiker Hesiod, der einem Bauerngeschlecht entstammte, war der erste Grieche, der namentlich als Dichterpersönlichkeit hervortrat.

Hesiods Vater stammte aus Kyme in Kleinasien und lebte als Händler und Bauer in Askra (Böotien). Als Schafhirt und freier Bauer in bescheidenen Verhältnissen lebend, bewirtschaftete er das Land, das ihm sein Vater hinterlassen hatte. Der Druck des übermächtigen Adels und die Auseinandersetzung mit seinem Bruder Perses, der ihn um sein Erbe betrog, veranlassten Hesiod ab ca. 720 v. Chr. als Rhapsode (fahrender Sänger) zu wirken. Er übernahm die Form des Hexameters sowie die Sprache des homerischen Heldenepos in seine Dichtung und trug sie möglicherweise im Sprechgesang vor, um mit seinen Zuhörern intensiver zu kommunizieren. In der Dichtung *Göttergeburt* (*Theogonia*, um 700 v. Chr.), die vor dem Lehrgedicht *Werke und Tage* entstand, berichtet Hesiod von der Entstehung der Welt aus dem Chaos und schildert die Genesis der Götter. Hesiod gilt mit → Homer als poetischer Schöpfer der griechischen Götterwelt.

Ausgabe mit biografischem Anhang: O. Schönberger, *Hesiod – Werke und Tage*, 1996.

Werke und Tage

OT Erga kai hemerai **EZ** um 700 v. Chr. **EA** um 1480 **DE** 1568 **Form** Lehrgedicht **Epoche** Antike

Mit *Werke und Tage* begründete Hesiod die Gattung des Lehrgedichts in der Antike. Das Werk ist eine Anleitung zu bäuerlicher Tätigkeit und Lebensweise und behandelt das Leben und die Arbeit der sich mühsam, aber rechtschaffen ernährenden Landbevölkerung.

Inhalt: Hesiod schildert, wie durch Prometheus und Pandora Übel und Not auf die Welt kamen, und lehrt, dass die der bloßen Habgier entspringende Streitsucht unter den Menschen überwunden werden soll, indem in friedlichem Wettstreit mit den Nachbarn Wohlstand durch ehrliche Arbeit zu erwerben sei. Ausgangspunkt für Hesiods Dichtung war ein Rechtsstreit mit seinem Bruder Perses um das väterliche Erbe.

Aufbau: Die aus insgesamt 827 Versen bestehende Dichtung gliedert sich in vier Hauptkapitel. Das Vorwort (Verse 1–10) enthält – wie schon die *Göttergeburt* (*Theogonia*), Hesiods erste Dichtung – einen kurzen Hymnus auf Zeus als Herrn und Schützer des Rechts sowie die Gründe für die Entstehung des Werks. Darüber hinaus beschreibt es die Erweckung des Dichters durch die Musen und enthält die Aufforderung zu einem ehrlichen und arbeitsreichen Leben.

Das erste Kapitel (11–381) erklärt u. a. den Ursprung der Götter sowie die zyklische Entwicklung der Menschheit und enthält eine Lehre von den fünf Weltzeitaltern. Im zweiten Kapitel (382–693) stellt der Dichter die Arbeit als das von den Göttern empfohlene Mittel zur Minderung der Daseinsnot dar. Hilfreich dafür sei ein Arbeitskalender, der den bäuerlichen Jahresablauf regelt, sowie das Vertrauen auf Zeus. Das dritte Kapitel (694–763) ist dem ethischen und sozialen Verhalten des Menschen zu Nachbarn und Göttern gewidmet. Es enthält technische Anweisungen für den Landwirt sowie Regeln der bäuerlichen Volksreligion und erteilt Ratschläge zu verschiedenen Lebenslagen. Im letzten Kapitel (764–827) beschäftigt sich Hesiod mit der Tagwählerei – ein in der Antike in Griechenland und im Orient weit verbreiteter Glaube an die den verschiedenen Kalendertagen innewohnenden Kräfte.

Wirkung: Hesiods literaturhistorische Bedeutung besteht vor allem darin, dass er nach Homer der erste Dichter war, der die Entstehung der Welt in den Kontext ethischer Fragen stellte, so dass er als Vorläufer der klassischen Geschichts- und der Rechtsphilosophie bezeichnet werden kann. Er führte die subjektive Aussage in die Epik ein und beeinflusste in erheblichem Maß die spätere griechische Dichtung. *W. W.*

Hesse, Hermann

dt. Schriftsteller

*2.7.1877 Calw (Württemberg)

†9.8.1962 Montagnola (Tessin)

📖 *Siddhartha*, 1922

📖 *Der Steppenwolf*, 1927

📖 *Das Glasperlenspiel*, 1943

Hermann Hesse gehört zu den meistgelesenen und meistübersetzten deutschen Schriftstellern des 20. Jahrhunderts. Sein Werk, das als eine einzige Autobiografie gelesen werden kann, besteht aus »Seelenbiografien«, in denen sich fernöstliches Gedankengut mit Elementen der Psychoanalyse verbindet, und führt den Leser auf einen »Weg nach innen«. Friedensliebe, Protest gegen alles Totalitäre und die Verteidigung des Individuums bieten dabei reiches Identifikationspotenzial.

Aufgewachsen in einem weltoffenen Elternhaus (der Vater war Missionar in Indien), durchlief Hesse eine vom schwäbischen Pietismus geprägte Schulbildung: Er besuchte die Lateinschule in Göppingen und legte das schwäbische Landesexamen ab; aus dem evangelisch-theologischen Seminar im Kloster Maulbronn flüchtete er. Nach einer gescheiterten Buchhändler- und einer Mechanikerlehre lebte er als Buchhändler und Antiquar in Basel, schließlich als freier Schriftsteller am Bodensee. 1919 siedelte er nach Montagnola ins Tessin über.

1946 erhielt Hesse den Literaturnobelpreis für sein Gesamtwerk, das die Ideale des Humanismus und die Kunst des hohen Stils offenbart.

Biografien: R. Freedman, *Hermann Hesse*, 1991; B. Zeller, *Hermann Hesse* (rm 50085).

Siddhartha

OT Siddhartha. Eine indische Dichtung
OA 1922 **Form** Erzählung **Epoche** Moderne

Hermann Hesses Auseinandersetzung mit der indischen Philosophie und Religion spiegelt sich im *Siddhartha* wider. Die stark stilisierte Geschichte eines indischen Brahmanensohns trägt autobiografische Züge, was u. a. in der Ablehnung dogmatischer Lehren deutlich wird.

Inhalt: Die Erzählung schildert den Weg Siddharthas, der zusammen mit seinem Freund Govinda sein Elternhaus und seine Heimat auf der Suche nach Erkenntnis verlässt. Bei den besitzlos

Auszug aus einem Brief Hermann Hesses vom 4. Mai 1931:
Ich bin kein Vertreter einer festen, fertig formulierten Lehre, ich bin ein Mensch des Werdens und der Wandlungen, und so steht neben dem »jeder ist allein« in meinen Büchern auch noch anderes, zum Beispiel ist der ganze Siddhartha *ein Bekenntnis zur Liebe, und dasselbe Bekenntnis steht auch in anderen meiner Bücher.*

Hermann Hesse 1962 in Montagnola (Schweiz)

Romane und große Erzählungen von Hermann Hesse	
Peter Camenzind 1904	Erzählung im Stil des deutschen Bildungsromans, in der der Held am Schluss in das Dorf seiner Kindheit zurückkehrt.
Unterm Rad, 1906	Hesses kritische Auseinandersetzung mit der eigenen Schulzeit.
Gertrud 1910	In dem Musikerroman ist der Protagonist zwischen seiner Liebe zur und seiner Flucht vor der Welt hin- und hergerissen.
Roßhalde, 1914	Autobiografischer Roman einer sich auflösenden Künstlerehe.
Demian 1919	Zunächst unter dem Pseudonym Emil Sinclair erschienene »Geschichte einer Jugend« und Ausbildung des Individualität.
Klingsors letzter Sommer, 1920	Im impressionistischen Stil geschriebene Lebensbeschreibung eines Malers und eines Sommers voller Ausschweifungen.
Siddhartha, 1922	Die Geschichte eines indischen Brahmanensohns, der nach einem einem Läuterungsweg zur inneren Einheit findet. → S. 497
Der Steppenwolf 1927	Zeitkritische Biografie eines in sich zerrissenen Intellektuellen, nach musikalischen Gesetzmäßigkeiten komponiert. → S. 498
Narziss und Goldmund, 1930	Im Mittelalter spielende Geschichte zweier Freunde, die das Verhältnis von Geist und Sinnlichkeit reflektiert.
Das Glasperlenspiel 1943	Das letzte Prosawerk Hesses ist eine kunstvoll komplexe Utopie und zugleich der Höhepunkt seines Schaffens. → S. 499

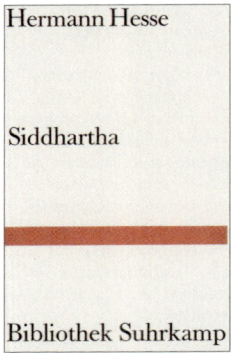

Hermann Hesse, *Siddhartha*, Umschlag der Ausgabe 1994

Der US-amerikanische Schriftsteller Henry Miller 1963 in *Die Kunst des Lesens* über *Siddhartha*:

Ein kurzes Buch, ein einfaches Buch, tiefgründig wohl, und doch hat es das Lächeln, das über dem Getümmel steht, die Welt überwindet und sie gerade dadurch wiederfindet.

Hermann Hesse, *Der Steppenwolf*, Umschlag der Ausgabe 1955

Der Schriftsteller Thomas Mann 1948 über den *Steppenwolf*:

Ist es nötig, zu sagen, dass der Steppenwolf ein Romanwerk ist, das an experimenteller Gewagtheit dem Ulysses... nicht nachsteht?

lebenden Samanas hoffen sie, diese als asketische Büßer in der Überwindung des Ich und durch die Verachtung der irdischen Welt zu finden. Doch vergeblich, und so führt der Weg die beiden Freunde weiter zu Gautama Buddha, dem Erhabenen. Während Govinda zum Jünger Buddhas wird, findet Siddharta keine Erfüllung in dessen Lehre. Durch ein ausschweifendes weltliches Leben hofft er seinem Ziel näher zu kommen. Die Kurtisane Kamala führt ihn in die Liebeskunst ein, der reiche Kaufmann Kamaswami verhilft ihm zu Geld und Macht. Nach Jahren fühlt sich Siddhartha leer und lebensmüde. Er verlässt Kamala und sucht Ruhe beim Fährmann Vasudeva. Siddhartha lernt von den Stimmen des Flusses das Geheimnis des ewigen Wandels begreifen und erkennt die Einheit, die aus der Vielfalt erwächst. Bei einer letzten Begegnung mit seinem Freund Siddhartha sieht Govinda in das Gesicht eines Heiligen, der wie Buddha die Vollendung erlangt hat.

Aufbau: Die Erzählung gliedert sich in zwei Teile und beschreibt chronologisch Siddharthas zweistufigen Läuterungsprozess. Erst als er die Phasen der Suche und Verzweiflung überwunden hat, gelangt er zu jener Weisheit, die über allen Dogmen und Lehren steht.

Wirkung: *Siddhartha* gilt als meistgelesenes Werk des 20. Jahrhunderts und wurde bis heute weltweit in einer zweistelligen Millionenauflage gedruckt. Das Werk wurde besonders in den 1960er Jahren zum Kultbuch der von der fernöstlichen Kultur und Religion inspirierten jungen Generation.

Der Steppenwolf

OA 1927 **Form** Roman **Epoche** Moderne

Hermann Hesses Geschichte des in sich zerrissenen Intellektuellen Harry Haller schildert radikal die Lebenskrise eines 50-jährigen Mannes. Zugleich übt der Autor Zeitkritik, indem er den Gegensatz zwischen der untergehenden europäischen Kultur und der wachsenden amerikanischen Technokratie herausstellt und eine überpersönliche, zeitlose Gegenwelt des Geistes und der Kunst entwirft. Die Bedeutung der Erzählung liegt in ihrer komplexen Struktur und in der existenzialistischen Problemstellung, die ein literarisches Novum darstellte und zur Erneuerung der Romanform beitrug.

Entstehung: Im Winter 1925/26 entstanden einige Gedichte, die Hesse unter dem Titel *Der Steppenwolf. Ein Stück Tagebuch in Versen* in der *Neuen Rundschau* veröffentlichte. Vom 15. Dezember 1926 an arbeitete er mehrere Wochen fast ununterbrochen am Prosatext. Das Herzstück, das *Tractat vom Steppenwolf*, erschien 1927 als Vorabdruck in der *Neuen Rundschau*.

Inhalt: Der Außenseiter Harry Haller leidet an sich und an der Welt des Bürgertums, von der er sich abgestoßen und doch angezogen fühlt. Der vom Grauen des Ersten Weltkriegs und von der Oberflächlichkeit seiner Zeit angeekelte Melancholiker sieht sich selbst als gespaltene Existenz: Mensch und Wolf als Sinnbild des Humanismus und des Animalischen im Menschen liegen in einem ständigen, erbitterten Kampf. Bevor sich der vereinsamte und der Gesellschaft entfremdete Haller das Leben nehmen kann, trifft er die Prostituierte Hermine, die Harry in die sinnlichen Freuden des Lebens einweiht.

Auf dem Weg in das Magische Theater, einem Seelenspiegel, fällt Harry das *Tractat vom Steppenwolf* in die Hände. Darin seziert ein scheinbar Unbeteiligter Harrys Seelenzustand und führt ihm die Gefährlichkeit seiner allzu einfachen Selbstanalyse vor Augen. Im Magischen Theater seines Freundes Pablo erlebt der Protagonist in einer visionären Rauschgiftorgie unter anderem eine Hochjagd auf Automobile, eine Anleitung zum Aufbau der Persönlichkeit und eine Steppenwolfdressur. Im Olymp der Unsterblichen begegnet ihm Mozart (Pablo) und rät ihm, das Leben und Lachen zu erlernen. Letztlich ist Harry für einen erneuten Einsatz im Spiel des Lebens bereit: »Einmal würde ich das Figurenspiel besser spielen. Einmal würde ich das Lachen lernen. Pablo wartete auf mich. Mozart wartete auf mich.«

Aufbau: Das Werk gliedert sich in drei Abschnitte: das Vorwort des Herausgebers, das *Tractat vom Steppenwolf* und die Aufzeichnungen Harry Hallers. Die Erzählperspektive wechselt: Im Vorwort schildert der Neffe von Hallers Hauswirtin seinen persönlichen Eindruck vom Steppenwolf, im Traktat beschreibt ein scheinbar Außenstehender mit kühler Objektivität ein Spiegelbild von dessen zerrissener Existenz. In den Aufzeichnungen schließlich schildert Haller selbst seine Erlebnisse.

Wirkung: Die Reaktion auf die Auseinandersetzung Hesses mit dem Bürgertum und die schonungslose Offenheit seiner selbstbiografischen Beichte war geteilt: Sie reichte von scharfer Ablehnung bis zur begeisterten Zustimmung – Letztere insbesondere bei der Literaturkritik. Hesse bezeichnete den *Steppenwolf* als »dasjenige meiner Bücher, das öfter und heftiger als irgendein anderes missverstanden wurde«. Zwar gehe es darin um Krankheit und Krise, am Ende stehe jedoch die Heilung, nicht Tod und Untergang.

Es war der *Steppenwolf*, der – vor allem in der USA – während der 1960er Jahre die große Hesse-Renaissance auslöste. Dabei wurde der Roman vielfach missverstanden als Plädoyer für den Konsum von Drogen.

OT = Originaltitel **EZ** = Entstehungszeit **OA** = Originalausgabe **DE** = Deutsche Erstausgabe 📖 = Verweis auf Werkartikel

Das Glasperlenspiel

OT *Das Glasperlenspiel. Versuch einer Lebensbeschreibung des Magisters Ludi Josef Knecht samt Knechts hinterlassenen Schriften*
OA 1943 **Form** Roman **Epoche** Moderne

Das Glasperlenspiel ist Hermann Hesses intellektuelle Antwort auf die Barbarei des Hitlerfaschismus. Mit der Utopie seiner pädagogischen Provinz Kastalien entwirft der Autor darüber hinaus eine Gegenwelt zu Diktatur und Verbrechen des Dritten Reichs und stellt die Frage nach den erzieherisch-bildenden Möglichkeiten des Geistes. Die in sich geschlossene geistige Welt der Zucht und der Askese in Kastalien findet höchsten Ausdruck und Vollendung in der Kunst des Glasperlenspiels: einem Spiel, bei dem das »sämtliche Inhalte und Werte unserer Kultur« miteinander kommunizieren. Der Roman basiert auf der Idee einer überzeitlichen Biografie des Glasperlenspielmeisters Josef Knecht, der in einigen Wiedergeburten große Epochen der Menschheitsgeschichte miterlebt.

Entstehung: Hesse arbeitete an seinem Spätwerk so lange wie an keinem anderen seiner Bücher – von Ende 1930 bis Anfang 1942. Den faschistischen Terror und den Krieg hatte der Dichter bereits in einem Brief aus dem Jahr 1932 vorausgesehen. Getragen von einem konsequenten Pazifismus (»Lieber von Faschisten erschlagen werden/als selbst Faschist sein./ Lieber von den Kommunisten erschlagen werden,/als selbst Kommunist sein«) formulierte er sein ideelles Glaubensbekenntnis im schweizerischen Montagnola.

Aufbau: Das Werk ist »den Morgenlandfahrern« gewidmet, die in Hesses Erzählung *Die Morgenlandfahrt* (1932) »in die Heimat der Seele und Jugend« aufgebrochen sind, und es gliedert sich in drei Teile: *Das Glasperlenspiel. Versuch einer allgemeinverständlichen Einführung in seine Geschichte.* Es folgen die *Lebensbeschreibung des Magisters Ludi Josef Knecht* und schließlich *Josef Knechts hinterlassene Schriften.* Dabei handelt es sich um 13 Gedichte des Schülers sowie um drei »Lebensläufe« des Studenten Knecht mit den Titeln *Der Regenmacher. Der Beichtvater. Indischer Lebenslauf.*

Inhalt: Die utopische Gelehrtenrepublik Kastalien ist in der ersten Hälfte des dritten Jahrtausends angesiedelt und aus einer Gegenbewegung zu den Wirren des sog. feuilletonistischen Zeitalters entstanden, dem 19. und 20. Jahrhundert. In dieser Zeit habe der Geist eine unerhörte und ihm selbst nicht mehr erträgliche Freiheit genossen. Aus Verzweiflung über den moralischen Zerfall dieser Gesellschaft schufen weitblickende Menschen schließlich ein neues Reich der Bildung und der Künste. Die höchste Kunst ist die des Glasperlenspiels: Bei seinen Aufführungen fügen die Spieler Ideen, Gedanken und kulturelle Werte zu neuen Verbindungen zusammen.

In dieser Welt wächst die Hauptfigur Josef Knecht heran. Durch seine musikalische Begabung macht er erste Bekanntschaft mit den Ideen des kastalischen Ordens. In der Eliteschule der Glasperlenspieler gelangt er in den Kreis der Erwählten. Der Gelehrte Jakobus macht ihn mit der Welt der Geschichte bekannt, die in Kastalien nicht existiert. Erstmals stellt Knecht die Absolutheit des Gelehrtenstaats in Frage und begreift, dass auch die kastalische Kultur nur eine verweltlichte Neben- und Spätform der christlich-abendländischen Kultur ist, dem geschichtlichen Wandel und damit der Vergänglichkeit unterworfen.

Kaum 40-jährig wird Knecht zum Magister Ludi, dem Glasperlenspielmeister, gewählt. Später sieht er für sich die Notwendigkeit, neue Wege zu beschreiten, und nimmt das Angebot seines Jugendfreundes Plinio an, dessen Sohn zu unterrichten. Bei einem Wettschwimmen zwischen Schüler und Lehrer ertrinkt Knecht in einem Gebirgssee.

Wirkung: Das in Deutschland zunächst verbotene Werk erregte durch den Zeitungs-Vorabdruck einzelner Passagen bereits großes Interesse. Unterschiedliche Fassungen der damals als außerordentlich politisch verstandenen Einleitung kursierten im Deutschen Reich als inoffizielle Abschriften. Das komplexe und vielschichtige Werk war über Jahrzehnte hinweg Gegenstand intellektueller Auseinandersetzungen und Interpretationsversuche. Die Begriffe Glasperlenspiel und Kastalien stehen auch heute noch für das Prinzip der reinen Geistigkeit. *K. V.*

Hermann Hesse, *Das Glasperlenspiel,* Umschlag der Ausgabe 1957

Hermann Hesse 1955 über *Das Glasperlenspiel*:

Es galt für mich zweierlei: einen geistigen Raum aufzubauen, in dem ich atmen und leben konnte, aller Vergiftung der Welt zum Trotz, und zweitens den Widerstand des Geistes gegen die barbarischen Mächte zum Ausdruck zu bringen.

Der Verleger Peter Suhrkamp 1946 über *Das Glasperlenspiel* von Hermann Hesse:

Die reinste und abstrakteste Gestalt, die Kugel, wurde als Zeichen gewählt. Sie wird, als Glasperle, in Kombinationen verwandt, wie sie in musikalischen Kompositionen vorgebildet sind. Die Darstellung eines geistigen Vorgangs geschieht in einer Partitur aus Glasperlen, und diese Partitur wird, in der Art eines Musikstückes auf einer Glasperlenorgel, für die Mitglieder des Ordens verständlich, zur Aufführung gebracht.

Heyerdahl, Thor

norweg. Ethnologe

* 6.10.1914 Larvik, † 18.4.2002 Alassio, Italien

📖 *Kon-Tiki,* 1949

Die Überquerung des Pazifischen Ozeans 1947 mit einem Floß brachte Thor Heyerdahl in die Schlagzeilen der Weltpresse; das Buch *Kon-Tiki* und der gleichnamige Dokumentarfilm über diese Aufsehen erregende Floßfahrt verschafften ihm internationale Anerkennung.

Tiki, sagte der Alte geheimnisvoll, war Gott und Häuptling zugleich. Tiki war es, der unsere Vorväter auf die Inseln gebracht hat, auf denen wir heute leben. Früher wohnten wir in einem großen Land weit hinter dem Meer.

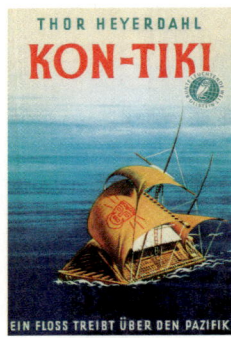

Thor Heyerdahl, *Kon-Tiki*, Umschlag der deutschsprachigen Erstausgabe 1949

Nach dem Studium der Zoologie und Geografie fuhr Heyerdahl 1936/37 erstmals zu Forschungen in die Südsee. Dort kam er zu dem Schluss, dass die pazifischen Inseln von Amerika aus besiedelt worden sein müssen – und nicht, wie allgemein angenommen, von Asien her. Um seine These zu belegen, fuhr er 1947 mit einem Floß über den Pazifik. Zusätzliche Expeditionen in den pazifischen Raum (Galapagos 1952, Osterinsel 1955/56 und 1986/88, Tucumé in Peru 1988–1994) dienten dazu, die Stichhaltigkeit seiner These zu untermauern.

Mit der Überquerung des Atlantiks in einem Schilfboot 1969/70 wollte Heyerdahl beweisen, dass die alten Ägypter in der Lage gewesen seien, nach Amerika zu segeln. Eine ähnliche Fahrt 1977 vom Tigris (im Irak) nach Indien sollte belegen, dass die Sumerer mit der Indus-Kultur Handel treiben konnten. Mit der Ausgrabung in einer phönizischen Siedlung in Marokko griff er 1996 erneut die Frage der Seeverbindung nach Amerika auf.

Literatur: T. Heyerdahl, *Auf Adams Spuren. Das Abenteuer meines Lebens,* 2000.

Kon-Tiki

OT Kon Tiki Ekspedisjonen **OA** 1948 **DE** 1949
Form Sachbuch **Bereich** Reisebericht

Größte Aufmerksamkeit erregte Thor Heyerdahl erstmals 1947 mit der bis dahin für unmöglich gehaltenen Fahrt mit dem Floß »Kon Tiki« über den Pazifik, bei der er und seine fünf Kamera-

den fast 7800 Kilometer zurücklegten. Es folgten weitere Expeditionen dieser Art, mit denen der norwegische Ethnologe beweisen wollte, dass frühzeitliche Menschen auch mit einfachen Mitteln in der Lage waren, die Ozeane zu überqueren.

Entstehung: Während seiner ersten Expedition in die Südsee lebte Heyerdahl ein Jahr auf Fatu Hiva, einer Insel im Marquesas-Archipel. Dort sah er Steinfiguren, die ihn stark an südamerikanische Skulpturen in Peru erinnerten. Auf der Grundlage dieser Beobachtung sowie polynesischer Sagen und indianischer Legenden entwickelte er die These, dass die Inseln im Pazifik von Amerika aus besiedelt wurden.

Inhalt: In seinem Buch *Kon-Tiki* versucht Heyerdahl in erster Linie nachzuweisen, dass die Südseeinseln – entsprechend seiner Theorie – doch von Amerika her besiedelt wurden. Heyerdahl stellt zunächst die langwierigen Vorbereitungen zu der Expedition dar und konzentriert sich dann auf die ausführliche Beschreibung der 102 Tage dauernden Seefahrt mit der »Kon Tiki«. Die Reise begann in Callao in Peru und führte über den Pazifik bis zum Raroia-Atoll in der Tuamotu-Gruppe, östlich von Tahiti. Unterwegs erwies sich das Floß als so wenig steuerbar, dass die Skandinavier an den ersten Inseln vorüberfahren mussten, ohne dort landen zu können. Zwischen der Darstellung des alltäglichen Zusammenlebens von sechs Männern auf dem relativ kleinen Floß schiebt er immer wieder fesselnde Details aus der Geschichte der Osterinsel und Polynesiens ein.

Wirkung: Mit seiner Fahrt konnte Heyerdahl zwar unstrittig beweisen, dass eine derartige Reise über den Ozean möglich ist, aber nicht, ob die Erstbesiedlung tatsächlich auf diesem Weg stattgefunden hat. Zumindest aber können selbst die größten Skeptiker seitdem nicht mehr bestreiten, dass eine Überquerung des Ozeans möglich ist. Das Buch wurde in 66 Sprachen übersetzt und ein weltweiter Erfolg. Der gleichnamige Dokumentarfilm, den Heyerdahl 1947 während der Fahrt des Floßes gedreht hatte, erhielt 1952 einen »Oscar«. *P. B.*

Die wichtigsten Bücher von Thor Heyerdahl	
Kon-Tiki 1948	Heyerdahl berichtet über seine 1947 unternommene, Aufsehen erregende Fahrt mit einem Floß über den Pazifik. → S. 500
Aku Aku. Das Geheimnis der Osterinsel, 1957	Der Bericht befasst sich mit archäologischen Untersuchungen, welche die schwedische Expedition auf den Osterinseln in den Jahren 1955/56 durchführte.
Indianer und Alt-Asiaten im Pazifik 1966	Heyerdahl liefert in diesem Buch eine populäre Erläuterung der Theorie über die Besiedlung des ganzen pazifischen Raums vom amerikanischen Kontinent aus.
Expedition Ra 1970	Heyerdahls Versuch, »mit dem Sonnenboot in die Vergangenheit« (so der Untertitel) zu reisen und eine kulturelle Verbindung zwischen der altägyptischen Kultur und Mittelamerika nachzuweisen.
Fatu Hiva. Zurück zur Natur, 1974	Das Buch ist die neue Fassung des Berichts *Pa Jakt efter paradiset* (1938) über seine erste Expedition nach Fatu Hiva 1936/37.
Tigris, 1981	Die Darstellung der Fahrt von Mesopotamien nach Indien 1977.
Wege übers Meer 1988	Die Zusammenstellung möglicher frühgeschichtlicher Völkerwanderungen über das Meer resümiert die Theorien Heyerdahls.
Fua Mulaku 1989	Heyerdahl berichtet über seine Expedition zu den Malediven und die Entdeckung frühgeschichtlicher Überreste.
Die Pyramiden von Tucumé, 1995	Das Buch schildert die Ausgrabungen in einer frühzeitlichen Indianersiedlung in Tucumé in Peru.
Die amerikanischen Ureinwohner erzählen ihre Geschichte 2000	Das Buch bietet eine kommentierte Zusammenstellung der wenigen noch existierenden historischen Dokumente der Indianer in Mittel- und Südamerika, die der Vernichtung durch die Konquistadoren des 16. Jahrhunderts entgingen.

Heym, Stefan

(eigtl. Helmut Flieg) dt. Schriftsteller

*10.4.1913 Chemnitz, †16.12.2001 Jerusalem

📖 *Der bittere Lorbeer*, 1948

📖 *Der König David Bericht*, 1972

Mit seinen gesellschaftskritischen Romanen die Konflikte zwischen Individuum und staatlicher Macht darstellen, wollte Stefan Heym politische Dialoge in Gang setzen.

Schon 1931 von den Nazis angegriffen, floh der Sohn eines jüdischen Kaufmanns 1933 nach Prag, wo er den Decknamen Stefan Heym annahm. 1935 emigrierte er in die USA. Dort wurde er Chefredakteur einer antifaschistischen Zeitschrift und erzielte gleich mit seinem ersten Roman *Der Fall Glasenapp* (1942), dessen Schauplatz das von den Nazis besetzte Prag ist, einen Bestsellererfolg. Als Sergeant einer Abteilung für psychologische Kriegsführung kämpfte er an der Westfront. Im beginnenden Kalten Krieg siedelte er in die DDR über.

Zeit seines Lebens für einen demokratischen Sozialismus entretend, übte Heym vielfach Kritik am real existierenden, insbesondere am stalinistischen Erbe, was ihm heftige Kontroversen mit der SED-Führung einbrachte. Seine Romane siedelte er deshalb oft in der Vergangenheit an; die in der Gegenwart spielenden, tabuisierte Themen behandelnden Werke (*5 Tage im Juni*, 1974; *Collin*, 1979) erschienen nur in der Bundesrepublik.

Heym, der auch im vereinigten Deutschland ein unbequemer Kritiker blieb, starb in Israel, wo er an einem Heinrich-Heine-Kongress teilnahm.

Biografie: P. Hutchinson, *Stefan Heym – Dissident auf Lebenszeit*, 1999.

Der bittere Lorbeer

OT The Crusaders **OA** 1948 **DE** 1950
Form Roman **Epoche** Moderne

Stefan Heyms bedeutender, unmittelbar nach dem Zweiten Weltkrieg im US-amerikanischen Exil geschriebener Kriegsroman liefert eine facettenreiche Darstellung der amerikanischen Armee. Ausgehend von eigenen Erfahrungen setzte sich der Autor mit den Kriegszielen der USA sowie dem Demokratieverständnis und der Motivation der amerikanischen Soldaten auseinander.

Inhalt: Der Roman schildert den Siegeszug der amerikanischen Truppen nach der Landung in der Normandie 1944 sowie die ersten Monate der Militärregierung in einer Ruhrgebietsstadt. Im Mittelpunkt stehen Angehörige einer Propagandaabteilung und einer Panzerdivision, die an der Einnahme von Paris, der Zurückschlagung der deutschen Ardennenoffensive und der Befreiung eines Konzentrationslagers beteiligt sind. Tapfer kämpfende und von ihrer Sache überzeugte Soldaten treten ebenso auf wie Armeeangehörige, die nur auf ihren eigenen Vorteil bedacht oder in Schwarzmarktschiebereien verwickelt sind.

Nach dem Krieg arbeiten die amerikanischen Verantwortlichen mit Handlangern des NS-Regimes zusammen, was der vielfach gepredigten grundlegenden Erneuerung Deutschlands bzw.

einer wirksamen Entnazifizierung im Wege steht. Denjenigen, die sich für eine andere Besatzungspolitik einsetzen, gelingt es am Schluss zwar, einen SS-Obersturmbannführer, der untergetaucht war und neue politische Netze knüpfte, zu enttarnen und den ehemaligen KZ-Häftlingen eine angemessene Unterkunft zu verschaffen, aber sie wissen, dass sie nur Teilerfolge errungen haben.

Aufbau: Der an Figuren und Schauplätzen reiche Roman stellt verschiedene Haltungen und Auffassungen über Sinn und Notwendigkeit des Kriegs einander gegenüber. Ungebrochen an die amerikanischen Freiheitsideale der Unabhängigkeitserklärung glaubt nur Sergeant Bing, ein deutscher Jude, der vor den Nazis in die USA floh; seine Überzeugung, an einem gerechten Krieg teilzunehmen, treibt ihn zum

Stefan Heym beim Signieren seiner Bücher, Foto von 1981

Die wichtigsten Bücher von Stefan Heym	
Der Fall Glasenapp 1942	Der mysteriöse Tod eines deutschen Offiziers löst im besetzten Prag eine gnadenlose Jagd auf tschechische Widerstandskämpfer aus, die NS-Ideologie und barbarische Gestapo-Praktiken entlarvt.
Der bittere Lorbeer, 1948	Die Schilderung der Endphase des Zweiten Weltkriegs und der amerikanischen Besatzungspolitik fragt nach den US-Kriegszielen und den Motiven der Soldaten. → S. 501
Der König David Bericht 1972	Auf der Suche nach der Wahrheit über Leben und Taten von König David gerät der Historiker Ethan in einen Konflikt mit seinem Auftraggeber Salomo, der einen geschönten Bericht erwartet. → S. 502
5 Tage im Juni 1974	Der Roman über den Aufstand vom 17. Juni 1953 beruht auf Gesprächen mit am Geschehen Beteiligten.
Collin 1979	Der dank Anpassung erfolgreiche Schriftsteller Collin will sich in seinen Memoiren der Wahrheit, d.h. dem stalinistischen Erbe der DDR und eigenem Versagen, stellen und wird darüber krank.
Ahasver 1981	In *Ahasver* verbinden sich der Mythos vom gefallenen Engel und vom ewigen, durch die Zeiten wandernden Juden, der immer wieder Leid und Antisemitismus erfährt und zur Symbolfigur des Revolutionärs wird.
Schwarzenberg 1984	Bei Kriegsende durch Zufall nicht besetzt, will der Ort Schwarzenberg die Utopie eines demokratischen Sozialismus verwirklichen.

Hauptfiguren in »Der bittere Lorbeer« von Stefan Heym

David Yates: Der Lieutenant und Germanistikdozent entwickelt sich vom unpolitischen Intellektuellen zum verlässlichen Führungsoffizier, der sich aus moralischen Gründen gegen Missstände in der Armee wendet.

Walter Bing: Der Sergeant, ein deutschamerikanischer Jude, ist vom Glauben an einen gerechten Krieg getragen. Er ruft deutsche Soldaten zur Aufgabe auf, wird jedoch zunehmend von Selbstzweifeln verunsichert. Seine wachsende Apathie, aber auch die Nachlässigkeit seines Vorgesetzten führen zu seinem Tod im Feld.

Clarence Willoughby: Der Colonel, ein Anwalt, benutzt andere für eigene Zwecke, ist in krumme Geschäfte verwickelt und bahnt schon während des Kriegs für Klienten seiner Kanzlei geschäftliche Kontakte mit Nazi-Kollaborateuren an.

Farrish: Der energiegeladene, draufgängerische General nimmt für Siege hohe Verluste in Kauf und will in den Medien groß herauskommen.

Victor Loomis: Der Captain ist ein auf eigene Sicherheit bedachter und in unlautere Geschäfte verwickelter Egoist.

Troy: Der umsichtige und mutige Captain übernimmt stets Verantwortung für seine Handlungen und reagiert mit Verbitterung auf Fehlentscheidungen von Vorgesetzten.

Karen Wallace: Die Kriegskorrespondentin ist stets auf der Suche nach einer guten Geschichte, reagiert angesichts der Kriegsverheerungen manchmal zynisch und kann sich ihre Gefühle nicht eingestehen.

Erich Pettinger: Der skrupellose SS-Obersturmbannführer mit Hang zur Grausamkeit gibt den Befehl, Deutsche, die sich der Evakuierung widersetzten, umzubringen.

Heinrich Böll über *Der bittere Lorbeer* **von Stefan Heym:**

Heym hat mit seinem Bitteren Lorbeer *eines der besten und bedeutendsten Kriegsbücher geschrieben.*

Stefan Heym; links: *Der bittere Lorbeer*, Umschlag der Ausgabe 1966; rechts: *Der König David Bericht*, Umschlag der Originalausgabe 1972

Handeln. Doch die mit dem Näherrücken an seine alte Heimat aufgeworfene Frage, wie viel von dem, was er an den Deutschen ablehnt, in ihm selber steckt, verunsichert ihn und macht ihn zunehmend apathisch. Lieutenant Yates, wie Bing bei der Propagandaabteilung, die deutsche Soldaten zum Aufgeben aufruft und Gefangene verhört, entwickelt sich hingegen vom unpolitischen Intellektuellen zum verantwortungsbewusst Handelnden. Er zieht aus dem Krieg gegen den Faschismus die Lehre, sich nicht nur für die von den Nazis Unterdrückten einzusetzen, sondern auch gegen Machtmissbrauch und faschistische Tendenzen in der eigenen Armee vorzugehen, die als Spiegelbild der amerikanischen Gesellschaft gestaltet ist.

Was Yates bekämpft, ist in Offizieren wie Farrish, Crerar oder Willoughby personifiziert, denen an Demokratie nicht viel liegt, die nur an

ihr eigenes Fortkommen denken oder nach dem Krieg einzig danach streben, die Ordnung wiederherzustellen bzw. eine Gesellschaftsform, in der nur der Kapitalismus gedeihen kann.

Wirkung: *Der bittere Lorbeer* wurde in den USA nach seinem Erscheinen hoch gelobt und gelangte gleich auf die Bestsellerliste. Ein Verfilmungsprojekt zerschlug sich jedoch angesichts der beginnenden McCarthy-Ära und ihrer Diffamierung der politischen Linken. Ähnlich erging es Heym in der DDR: Sein Roman, der dort unter dem Titel *Kreuzfahrer von heute* im selben Jahr wie in der Bundesrepublik herauskam, wurde ein großer Erfolg, die zunächst geplante Verfilmung aber abgelehnt. Offenbar galt, wie Heym vermutete, im einsetzenden Kalten Krieg die siegreiche US-Army nicht als ein geeignetes Sujet.

Der König David Bericht

OA 1972 **Form** Roman **Epoche** Moderne

In seinem vierten historischen Roman beleuchtet Stefan Heym mit deutlichen Anspielungen auf die Gegenwart das Verhältnis von Geist und Macht. Anhand der Herrschaft der alttestamentlichen Könige David und Salomo fragt er nach der Verantwortung der Intellektuellen und plädiert für eine ideologiekritische Geschichtsschreibung.

Inhalt: Salomo, jüngster Sohn und Nachfolger König Davids, setzt eine Kommission ein, um einen Bericht über Leben und Taten Davids zu erstellen, der sowohl die göttliche Erwähltheit seines Vaters als auch die Legitimation seiner eigenen Herrschaft herausstreichen soll. In die Kommission, der mit dem Kanzler Josaphat, dem Heerführer Benaja, dem Propheten Nathan und dem Priester Zadok die einflussreichsten Männer des Reichs angehören, wird als Redakteur auch der Historiker Ethan berufen.

Auf der Suche nach der Wahrheit sichtet Ethan Akten und Korrespondenzen aus Davids Amtszeit und befragt noch lebende Zeuginnen wie Michal, Davids Frau, oder Bath-sheba, Salomos Mutter. Immer tiefer dringt er in die Mechanismen von Aufstieg und Herrschaft Davids sowie den ambivalenten Charakter des Königs ein, der einerseits durch Anmut bestach und andererseits – stets unter religiösem Vorwand – bedenkenlos über Leichen ging. Schließlich weiß Ethan zu viel, und ihm wird wegen Hochverrats der Prozess gemacht, obgleich er in seinem Bericht seine Erkenntnisse nur durchschimmern ließ. In einem »salomonischen Urteil« verhängt Salomo über ihn nicht der leibliche Tod, sondern den Tod durch Verschweigen: Ethans Worte sollen niemanden erreichen, sein Name soll vergessen werden.

OT = Originaltitel **EZ** = Entstehungszeit **OA** = Originalausgabe **DE** = Deutsche Erstausgabe 📖 = Verweis auf Werkartikel

Aufbau: *Der König David Bericht* ist ein vielschichtiger Roman. Bezogen auf das Alte Testament, setzt sich Heym kritisch mit den biblischen Quellen, *Samuel* und *1. Buch der Könige*, auseinander und fragt danach, wie die Bücher entstanden sein könnten bzw. wie die Kommission – die es, wenn auch später, tatsächlich gab – vorgegangen sein könnte. In der Darstellung von David und Salomo sowie des Regimes, das sie errichten, sind gleichnishaft Parallelen zu modernen totalitären Staaten und ihren Machthabern zu erkennen, speziell zur Sowjetunion der Stalin-Ära, aber auch zur DDR. Die Anklagepunkte, die im Prozess gegen Ethan erhoben werden, entsprechen in ihrem Wortlaut den Vorwürfen, mit denen politische Gegner diffamiert wurden. In ihrem modernen Vokabular heben sich diese und andere auf Analogien verweisende Stellen auffallend von der sonst im Roman verwendeten, der lutherischen Bibelübersetzung nachempfundenen Sprache ab und verstärken die ironischen Untertöne.

Der Konflikt Ethans mit seinem König steht exemplarisch für den Konflikt zwischen Intellektuellen und Machthabern, die ein unterschiedliches Verständnis von Wahrheit und vom Umgang mit politischen Tabus haben. Ethans Schwierigkeiten, einer vorgegebenen ideologischen Linie zu folgen, weisen auf Probleme der DDR-Schriftsteller hin. Seine zunehmende Isolierung spiegelt auch die Situation von Heym selbst, der zeitweise in der DDR nicht publizieren konnte und dessen auf umfangreichen Recherchen beruhender Roman über den Aufstand am 17. Juni 1953 (*5 Tage im Juni*, 1974) von der SED-Führung abgelehnt wurde.

Wirkung: *Der König David Bericht* konnte nur mit Verzögerung in der DDR erscheinen und kam deshalb zuerst in der Bundesrepublik heraus. Dort bewirkte die auch literarisch überzeugende politische Parabel eine Wende in der Heym-Rezeption: Von nun an verkauften sich seine Bücher gut und die Medien schenkten dem DDR-Kritiker große Beachtung. *P. G.*

Highsmith, Patricia

US-amerikan. Schriftstellerin

*19.1.1921 Fort Worth (Texas)

†4.2.1995 Locarno (Schweiz)

📖 *Der talentierte Mr. Ripley*, 1955

Patricia Highsmith gilt als Meisterin der psychologischen Spannung. Nicht das Verbrechen steht in ihren Romanen im Vordergrund, sondern die Entstehung von Kriminalität vor allem im »normalen« Menschen, die Untersuchung der kriminellen Energie in jedem Einzelnen.

Patricia Highsmith an ihrem Schreibtisch

Highsmith wuchs in New York auf, studierte am Barnard College und an der Columbia University. Schon während des Studiums begann sie zu schreiben und veröffentlichte Kurzgeschichten. Nach dem Hochschulabschluss verfasste sie Comic-Texte und Erzählungen. Am stärksten beeinflusst haben sie Joseph → Conrad, Fjodor → Dostojewski und der amerikanische Psychiater Karl A. Menninger (1893 bis 1990) mit seinem Buch *The Human Mind* (1930). Dieses Werk entdeckte sie schon als Neunjährige; die darin geschilderten Fälle beflügelten ihre Fantasie. 1950 erschien ihr erster Roman *Zwei Fremde im Zug*, der von Alfred Hitchcock (1899 bis 1980) verfilmt wurde. Die Autorin wurde auf einen Schlag berühmt. Ab 1951 hielt sie sich abwechselnd in Europa und in Amerika auf. 1968 ließ sie sich in Fontainebleau nieder; ab 1983 bis zu ihrem Tod lebte sie im Tessin. Sie schrieb 20 Romane und mehrere Bände mit Kurzgeschichten.

Biografie: P. Handke, *Die privaten Weltkriege der Patricia Highsmith*, 1975.

Der talentierte Mr. Ripley

OT The Talented Mr. Ripley
OA 1955 **DE** 1961 **Form** Roman **Epoche** Moderne

Dieses Porträt eines jungen Mannes, dessen Weg mit kleinen Gaunereien beginnt und der schließlich Morde begeht, ohne sie geplant zu haben, ist eine der prägnantesten Figuren von Patricia Highsmith. Die komplexe, fein verästel-

Die Entwicklung eines Gelegenheitsverbrechers – etwas, was wir alle potenziell sind – fasziniert mich. Sein Motiv und seine Reaktionen sind es, die mich fesseln. Tatsächlich wird ein gewöhnlicher Mensch für mich interessant, sobald er sich seiner Instinkte bewusst wird. Das ist der Motor all meiner Romane.

Patricia Highsmith

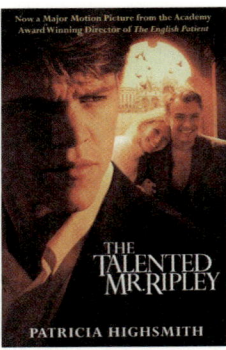

Patricia Highsmith, *Der talentierte Mr. Ripley*, Einband der Taschenbuchausgabe 1992

Auszug aus *Das Provisorium* von Wolfgang Hilbig:

All diese Zellen in seinem Körper (die er in seinem vergangenen Leben nicht mit Liebe bedacht hatte), waren nach und nach mit einer zähflüssigen Dummheit angefüllt worden. Die Dummheit, die in Europa einem jeden bis an die Halskrause stand, suchte sich mit Vorzug solche leeren Zellen. Und davon war er offenbar bis obenhin voll. Es war grotesk, mit diesem Fundus konnte er im Varieté auftreten.

te Erzählstruktur ist sowohl folgerichtig wie von Überraschungen bestimmt und belegt die literarischen Qualitäten der Autorin.

Inhalt: Tom Ripley ist nach dem tragischen Unfalltod seiner Eltern bei der Schwester seiner Mutter aufgewachsen. Die Beziehung zwischen Tante und Neffe ist von Verachtung und Hass erfüllt. Einige Versuche Toms, in bürgerlichen Berufen Fuß zu fassen, schlagen fehl. In seiner Not versucht er es mit kleinen Betrügereien. Sein Leben nimmt eine Wende, als der Vater eines seiner Schulfreunde ihn aufspürt und ihn bittet, ihm zu helfen, seinen Sohn aus Europa in die USA zurückzuholen. Mit Tickets und Geld des Vaters Herbert Greenleaf versehen, reist Tom nach Mongibello südlich von Neapel. Schnell freundet er sich mit Richard (Dickie) Greenleaf an, nachdem er ihm den Zweck seiner Reise eröffnet hat. Die Freundschaft wird beeinträchtigt durch Marge Sherwood, einer Bekannten Dickies. Über die Art der Beziehung Dickies zu Marge wird sich Tom nicht klar, ebenso wie die junge Frau sich über Dickies Beziehung zu Tom Gedanken macht – das Motiv der Homosexualität klingt hier wie in vielen Romanen Highsmith' an, ohne ausgeführt zu werden. Als die beiden jungen Männer eine gemeinsame Reise unternehmen, behandelt Dickie Tom, der sich dessen Freundschaft ersehnt, mit Herablassung. Wie unter einem inneren Zwang erschlägt Tom ihn bei einer Bootsfahrt und wirft die Leiche über Bord.

Nach der Tat fasst Tom den Plan, in Dickies Identität zu schlüpfen und dessen Vermögen an sich zu reißen. Trotz der Bemühungen der italienischen Polizei und eines von Greenleaf beauftragten amerikanischen Privatdetektivs bleiben der Fall des Vermissten Greenleaf und der Mord an einem Freund Dickies, den Tom ebenfalls erschlagen hat, ungeklärt. Dem cleveren Ripley gelingt es immer wieder, sich in die Gedanken- und Gefühlswelt der anderen Personen hineinzuversetzen, ihre Handlungen vorauszuahnen und vorbeugend zu agieren. Auch kann er die immer neuen, immer schneller auftauchenden Verdachtsmomente zerstreuen. Schließlich verlässt er Italien unbehelligt und reist nach Griechenland. Doch die Furcht vor Entdeckung, daran lässt die Autorin auf der letzten Buchseite keinen Zweifel, wird die ständige Begleiterin Ripleys sein.

Aufbau: Highsmith schildert die Geschehnisse in der personalen Erzählhaltung. Der Leser erlebt die Welt des Romans allein aus der Perspektive Tom Ripleys, teilt mit ihm seine Wahrnehmungen, Urteile und Überlegungen, bis er komplizenhaft verstrickt ist mit der Hauptfigur. Parallel zu den äußeren Geschehnissen vollzieht sich die Wandlung in der Beziehung der Personen untereinander. Diese treibt den anfangs

harmlosen, sympathischen, mit kleinen Gaunereien befassten Helden in eine für ihn ausweglos scheinende psychische Enge, in der Mord ihm zur »Notwendigkeit« wird.

Highsmith' straffe, reduzierte, jedoch sehr plastische Sprache treibt die Zerstörung der Normalität und damit die Spannung erbarmungslos voran, ohne den Handelnden eine Chance zu lassen, umzukehren oder das Geschehene rückgängig zu machen.

Highsmith fand solches Vergnügen an ihrer Figur, dass sie sie noch in vier weiteren Büchern ihr Unwesen treiben ließ.

Wirkung: Lange wurde Highsmith als Krimi-Autorin oder Verfasserin von Suspense-Romanen und Psychothrillern unterschätzt. Erst in den 1970er Jahren begann ein Schweizer Verlag (Diogenes) ihre Bücher in gebundenen Ausgaben als »Literatur« herauszugeben. Auch die Kritik nahm nun eine neue Haltung gegenüber ihren Werken ein und ihre Schriftstellerkollegen von Graham → Greene bis Peter → Handke begannen sich mit ihren Büchern auseinander zu setzen. Heute gilt die europäisierte amerikanische Autorin als »signifikanteste amerikanische Schriftstellerin« (FAZ) der zweiten Hälfte des 20. Jahrhunderts. *N. B.*

Hilbig, Wolfgang

dt. Schriftsteller

* 31.8.1941 Meuselwitz bei Leipzig

📖 *Das Provisorium*, 1999

Wolfgang Hilbig, der einen Großteil seiner Gedichte und Prosa noch in der DDR verfasste, bevor er 1985 mit einem Reisevisum in die BRD übersiedelte, thematisiert in seinen sozialkritischen, autobiografisch geprägten Werken sowohl die erlebten Realitäten der DDR als auch die Erfahrungen von DDR-Bürgern nach der Wende.

Hilbig wuchs in der vom Kohle-Tagebau geprägten Ortschaft Meuselwitz auf. Er arbeitete u. a. zehn Jahre als Heizer, bevor er sich ab 1979 ganz dem Schreiben widmete. Sein erster Gedichtband *Abwesenheit* (1979) erschien zuerst in der BRD und brachte dem Autor in der DDR eine Reihe von Schwierigkeiten mit der Staatssicherheit ein. Seine Romane *Eine Übertragung* (1989) und *Ich* (1993) thematisieren die Arbeiter-Schriftsteller-Existenz sowie das Verhältnis der DDR-Schriftsteller zur Staatssicherheit. Hilbig, der in Berlin lebt, erhielt für seine Werke zahlreiche Preise, u. a. 2002 den Büchner-Preis.

Literatur: U. Wittstock (Hrsg.), *Wolfgang Hilbig. Materialien zu Leben und Werk*, 1994; *Wolfgang Hilbig*, in: *Te. und Kritik. Zeitschrift für Literatur*, 1994.

Das Provisorium

OA 1999 **Form** Roman **Epoche** Moderne

Der autobiografische Roman von Wolfgang Hilbig über die Halt-, Ich- und Bodenlosigkeit des Schriftstellers C. auf seinen Reisen zwischen Ost- und Westdeutschland kann als Wenderoman gelesen werden, obgleich er 1989 spielt.

Inhalt: Der Roman handelt von den Erlebnissen, Gedanken und Gefühlen des DDR-Schriftstellers C. in der Zeit seines einjährigen Dienstvisums in der BRD, während derer es ihm an keinem Ort – und in keiner Liebesbeziehung – gelingt, Fuß zu fassen. Er lebt in diesem Jahr »provisorisch« in Hanau, Leipzig und Nürnberg, bewegt sich auf Bahnhöfen und in Einkaufszonen. Auf seine Schreibblockade reagiert er mit einem sich zur Tagesbeschäftigung ausweitenden Alkoholkonsum.

In der Grenzerfahrung des ständigen Reisens und der Unmöglichkeit der Rückkehr öffnet sich in ihm ein Provisorium, in welchem sich »neue« Realität und alte Erfahrungen widersprechen. Analog zu den Erfahrungen vieler DDR-Bürger nach 1990 stellt sich eine Anpassung an die »West-Psyche« und das Verständnis eines scheinbar deregulierten Freiheitsbegriffs nur sehr langsam ein. In der Selbstdarstellung seiner Problematik, die ihn weder zwischen den Städten noch zwischen den Frauen zur Ruhe kommen lässt, erscheint C. als ein von Schuld- und Schamgefühlen geprägter Mensch.

Das Jahr ist geprägt von wütenden Beobachtungen der Welt, persönlichen Krisen und Reflexionen über das Schreiben/Nicht-Schreiben-Können. Die Schreibversuche, die C. entgegen seiner Selbsteinschätzung doch fortsetzt, tragen den Titel *Das Visum*. C.s Zusammenbruch am Ende kann auch als hoffnungsvoller Ausblick verstanden werden, indem der Roman als Auflösung der Schreibkrise und Dokumentation des Erlebten vorliegt.

Struktur: Der Ich-Erzähler und Held in diesem kreisförmig erzählten Roman sieht sich den Banalitäten der kommunistischen wie der kapitalistischen Welt gleichermaßen ausgesetzt. Eine tiefe historische Verunsicherung wird dadurch ausgelöst, dass er weniger einer Logik der Systemkritik als der Einsicht in die Unmöglichkeit des Realitäts-Entzugs folgt. In vielen Selbstkommentaren wird das wiederholte Scheitern des Helden sowie die ihn umgebende Realität nicht nur mit einem dunklen Pessimismus, sondern auch in ironisch-distanziertem Ton gezeichnet. Hilbigs Stil, bei dem sich das Erzählen immer als eine Gegenerfahrung zu der als getrisierend empfundenen Realität versteht, verbindet auf diese Weise auch formal Privat- und Zeitgeschichte, Literatur und Biografie.

Wolfgang Hilbig, aufgenommen im Januar 2001 in Berlin

Die wichtigsten Bücher von Wolfgang Hilbig	
Die Weiber 1987	Erzählung, in der sich Hilbigs Wirklichkeitsbezüge über die starke Körperlichkeit des halluzinierenden Ich-Erzählers mit allegorischen Bildern mischen, während er versucht, sich zu definieren.
Eine Übertragung 1989	Erster Roman Hilbigs, der zentral die Thematik der Arbeiter-Schriftsteller-Doppelexistenz behandelt.
Alte Abdeckerei 1990	Verlassene Kohlehalden in vergifteter Landschaft werden als »Albtraumplätze der Gegenwart« in Verbindung gebracht mit dem Ende der DDR, KZ-Praktiken und Stalinära sowie neuer Asylpolitik.
Über den Tonfall 1990	Die drei Prosastücke, die auf Entwürfe in der DDR zurückgehen, haben verhinderte Einsichten, Wirklichkeiten und Artikulationen zum Thema.
Grünes grünes Grab 1993	Erzählband mit vielen Geschichten von persönlichen Lebenskrisen, die die mit gesellschaftlichen Angstphobien der zeitgenössischen Wirklichkeit Deutschlands vor, während und nach der Wende aufgeladen sind.
Ich 1993	Der Roman hat die doppelte Praxis der literarischen Produktion und des Berichteschreibens für die Staatssicherheit von DDR-Schriftstellern zum Thema; indem diese mit post-strukturalistischen Theoremen unterlegt wird, liefert der Roman eine inhaltlich und erzählerische provokante Schilderung des Milieus.
Die Kunde von den Bäumen 1994	In der monströsen apokalyptischen Umgebung einer vom Tagebergbau eingekreisten Stadt, die in Abfall und Asche unterzugehen droht, beschreibt der Schriftsteller Waller angesichts düsterer Gestalten in wortgewaltigen inneren Monologen die letzten 20 Jahre.
Die Arbeit an den Öfen 1994	In diesem Erzählungsband sind Hilbigs »Ortschaften« die Öfen im Kesselhaus und das Warenhaus mit seinen Seelen, die er als Territorien auf seinen Höllenwanderungen durch die Realität erkundet.
Die Angst vor Beethoven 1997	Ein Mann in einer verfallenen Gegend Ost-Berlins wird von einem alten Blumenhändler und einer »unterirdischen« Orchidee in eine längst vergangene Wirklichkeit gezogen.
Das Provisorium 1999	Gedanken, Beobachtungen und Gefühle des DDR-Schriftstellers C., der 1989 mit einjährigem Dienstvisum in der BRD keinen Halt findet; später Nach-Wende-Roman aus der Vor-Wendezeit. → S. 505

Wolfgang Hilbig, *Das Provisorium*, Umschlag der Originalausgabe 2000

Wirkung: Hilbigs Roman wurde wegen seiner plakativen Kapitalismuskritik oft angegriffen oder aber als »unverstellter Ostblick« gelobt. Er reiht sich ein in die sozialkritische Ex-DDR-Literatur des neuen Deutschland, der im Zuge des Literaturstreits 1990/91 – u.a. wegen des hergestellten Zusammenhangs zwischen dem Zusammenbruch der sozialistischen Systeme und einer allgemeinen Krise der Zivilisation – der Vorwurf der »Ostalgie« gemacht wurde.

Ein Verdienst des Buchs ist es sicher, die Abwicklungslogik gerade auch der »Wiedervereinigung« den vielen persönlichen »Provisorien« gegenüberzustellen und zu zeigen, dass sich auch in der Bundesrepublik psychische Stabilität nicht von selbst einstellt. *N. Sa.*

Hildegard von Bingen

dt. Mystikerin

* 1098 Bermersheim bei Alzey (Hessen)

† 17.9.1179 Kloster Rupertsberg bei Bingen

📖 *Heilwissen*, 1150–60

Die »deutsche Mystik« war um 1200 eine geistige Schöpfung von Ordensfrauen und bis ins 17. Jahrhundert hinein gab es kaum eine andere Frauenliteratur in Deutschland als die spirituellen oder sogar visionären Niederschriften von Nonnen des hohen Mittelalters. Initiatorin und unumstrittene Meisterin dieser neuen literarischen Gattung war die Benediktinerin Hildegard, zehntes Kind eines rheinhessischen Edelmanns. 1236 wurde die von der Klausnerin Jutta von Spanheim Erzogene zur Äbtissin des Klosters Disibodenberg bei Kreuznach gewählt. Fünf Jahre später verstärkten sich die seit früher Jugend aufgetretenen Visionen und ließen Hildegard religiöse Offenbarungen zuteil werden. Auf der Synode zu Trier (1147/48) bestätigte Papst Eugen III. die zuvor bereits von dem Kirchenlehrer Bernhard von Clairvaux erkannte Sehergabe der Nonne.

Hildegards erstaunliche Kenntnisse in den Geistes- und Naturwissenschaften, vor allem aber in der Heilkunde, dokumentieren fünf lateinisch verfasste Schriften sowie mehr als 300 Briefe an Gelehrte und Regierende. Außerdem ist sie die einzige Komponistin des Mittelalters, deren religiöse Lieder in Notenschrift erhalten sind. Ihre praktische Tatkraft bezeugen zwei Klostergründungen (1147 Rupertsberg bei Bingen, 1165 Eibingen bei Rüdesheim) und ihre Aktivitäten als medizinisch-pharmazeutische Ratgeberin für Arm und Reich.

Hildegard von Bingen wurde nie offiziell heilig gesprochen, galt jedoch bereits ihren Zeitgenossen als heilig. In unserer Zeit hat die esoterische Beschäftigung mit der »Gefährtin der Engel« zu einem wahren Hildegard-Kult geführt. Seit 1975 sind mehr als 100 Buchausgaben unter ihrem Namen und über ihr Wirken erschienen.

Biografien: H. M. Kastinger Riley, *Hildegard von Bingen* (rm 50469); H. Schipperges, *Hildegard von Bingen*, 1995.

Heilwissen

OT Causae et curae **EZ** 1150–60 **OA** 1513 **DE** 1902
Form Ratgeber **Bereich** Heilkunde

Bis in die zweite Hälfte des 20. Jahrhunderts gründete sich der Nachruhm der großen Mystikerin auf ihre erste Schrift, das Offenbarungswerk *Scivias* (dt. *Wisse die Wege*, 1922). Es beschreibt Hildegards Visionen vom Wirken Gottes »bis zum Ende der Zeit«.

In ihrem zweiten Werk erweist sich die Benediktinerin als ganz dem Menschen zugewandte Lebensberaterin und als Heilkundige für alle zu ihrer Zeit bekannten Leiden »von Kopf bis Fuß«. **Inhalt:** Wenn man akzeptiert, dass die Ordensfrau körperliches wie auch seelisches Leiden grundsätzlich unter religiösem und scholastischem Aspekt als Willen des Allmächtigen und »Verlust an Sein« anerkennen muss, können ihr Heilwissen und ihre therapeutischen Ratschläge durchaus als Dokumentation eines Fortschritts in der Medizin, mehr noch in de

Hauptwerke der deutschen Mystik des Mittelalters	
Hildegard von Bingen 1098–1179	*Wisse die Wege*, entstanden 1141–50, dt. 1922: Das erste Werk der deutschen Mystik. Die tiefgründigen Visionsprotokolle sind ein Monumentalwerk europäischer Frauenmystik.
Mechthild von Magdeburg um 1208–82 (1297?)	*Das fließende Licht der Gottheit*, entstanden ab 1250: Die mystischen Offenbarungen zeichnen sich durch ihre leicht zugängliche Prosa und die am Minnesang geschulte Verssprache aus.
Meister Eckhart um 1260–1328	*Das Buch der göttlichen Tröstung*, entstanden 1308–11(?): Eckarts sprachgewaltige Traktate und Predigten zählen zu den am stärksten nachwirkenden Werken der deutschen Mystik. → S. 315
Christine Ebner 1277–1356	*Büchlein von der Gnaden Überlast*, verfasst vor 1346: Die fränkische Dominikanerin und Visionärin berichtet von den Gnadenerlebnissen ihrer Klosterschwestern.
Margarete Ebner um 1291–1351	*Offenbarungen*, verfasst nach 1332: Die Donauwörther Nonne wurde besonders durch den mystisch inspirierten Briefwechsel mit dem »Weltpriester« Heinrich von Nördlingen bekannt.
Jan van Ruusbroec 1293–1381	*Die Zierde der geistlichen Hochzeit*, verfasst vor 1343: Das Kompendium mystischer Religiosität des flämischen Priesters förderte die »neue Frömmigkeit« (devotio moderna) im Volk.
Heinrich Seuse um 1295–1366	*Büchlein der Wahrheit* und *Büchlein der ewigen Weisheit*, entstanden 1326–28: Der Schüler Eckarts, Seelsorger in Ulm, wird »der Mystiker des einfühlsamen Herzens« genannt.
Johannes Tauler um 1300–61	Die Alltagsbezogenheit seiner *Straßburger Predigten* (ab 1330) trugen dem Dominikaner den Ruf »Mystiker der Lebensnähe« ein.
Thomas von Kempen 1379/80–1471	*Die Nachfolge Christi*, 1470: Diese Anleitung zum Einswerden mit Christus war jahrhundertelang ein »deutsches Hausbuch«..

OT = Originaltitel   **EZ** = Entstehungszeit   **OA** = Originalausgabe   **DE** = Deutsche Erstausgabe   📖 = Verweis auf Werkarti

Kranken- und Gesundheitspflege angesehen werden. Dafür spricht vor allem die Berücksichtigung psychosomatischer Ursachen bei der Krankheitsdiagnose und die unbefangene Diskussion von Themen, die im Mittelalter üblicherweise als indiskutabel galten, z.B. das Sexualverhalten. Andererseits dürfen die empfohlenen (oft wunderlichen) Therapien, besonders die Anwendungsmethoden von (teils suspekten) Heilmitteln, nach heutigem Wissensstand keinesfalls unkritisch befolgt werden. **Wirkung:** Der um 1970 aufgekommene und seitdem sich ständig verstärkende Trend zur ganzheitlichen Betrachtung der menschlichen Konstitution und zu paramedizinischen Therapieformen hat Hildegard von Bingen zur Patronin der esoterischen Naturheilkunde und der »alternativen Lebensweise« werden lassen. In vielen Fällen haben sich Institutionen, Verlage und Herausgeber jedoch nur des berühmten Namens bedient, um Kräuterbücher und Gesundheitsratgeber aus dritter Hand durch die Gloriole der Hildegard von Bingen aufzuwerten. So ist aus der Heiligen der mittelalterlichen Heilkunde nach 900 Jahren eine Heilige des Kommerz geworden. *G. Woe.*

Hilsenrath, Edgar

dt. Schriftsteller
*2.4.1926 Leipzig
📖 *Der Nazi & der Friseur*, 1971

Das Werk von Edgar Hilsenrath nimmt eine Sonderstellung innerhalb des Genres der Holocaustliteratur ein. Durch seine naturalistische und teils groteske Darstellung menschlichen Leids brach er Tabus, ohne die Pietät vor den Opfern des Nationalsozialismus zu verlieren.

Als Sohn einer orthodoxen Kaufmannsfamilie wuchs Hilsenrath in Halle a.d. Saale auf. 1938 flüchtete er mit seiner Familie nach Rumänien (Bukowina) und wurde 1941 gemeinsam mit seinen Verwandten in das jüdische Getto der ukrainischen Stadt Moghilev-Podolsk deportiert. Nach der Befreiung des Gettos durch die Rote Armee im Jahr 1944 und einer kurzen Rückkehr nach Rumänien wanderte Hilsenrath über den Landweg illegal nach Palästina ein. 1951 folgte er seinem Bruder nach New York und lebte dort als freier Schriftsteller. Im Jahr 1975 beschloss Hilsenrath, sich in Berlin niederzulassen, wo er bis heute lebt.

Biografie: T. Kraft, *Das Unerzählbare erzählen*, 1996.

Der Nazi & der Friseur

OT The Nazi & The Barber
OA 1971 **DE** 1977 **Form** Roman **Epoche** Moderne

Edgar Hilsenraths Darstellung des Holocaust aus der Täter-Perspektive ist der erste Roman, der durch das Stilmittel der Groteske und mittels der Integration von überspitzten Perversionen die brutale und zugleich banale Realität des faschistischen Deutschlands entlarvt.

Inhalt: Im Mittelpunkt des Romans steht die Geschichte des Massenmörders Max Schulz, der nach Ende des Zweiten Weltkriegs die Identität seines jüdischen Jugendfreunds Itzig Finkelstein annimmt. Schulz, der im polnischen Konzentrationslager Laubwalde die gesamte Familie Finkelstein erschießt, travestiert zu einem engagierten Juden, der nach Palästina auswandert, sich dort als Freiheitskämpfer einsetzt und als angesehener Friseur in unmittelbarer Nähe

Gerhard Wehr, Mystikforscher und Hildegard-Experte in *Europäische Mystik zur Einführung* (1995):

Bei der Hildegard-Lektüre erstaunt die Geist, Seele und Leib umfassende Ganzheitlichkeit. Alles Geschaffene ist durchdrungen von dem großen Lebensstrom, der sich im Menschen als die »heilige Grünkraft« manifestiert.

Edgar Hilsenrath, links: Foto aus den 1980er Jahren; rechts: *Der Nazi & der Friseur*, Umschlag der deutschsprachigen Erstausgabe 1977 (Gestaltung: Peter Kaczmarek)

Auszug aus dem Roman *Der Nazi & der Friseur* **von Edgar Hilsenrath:**

Ich bin Max Schulz, unehelicher, wenn auch rein arischer Sohn der Minna Schulz... zur Zeit meiner Geburt Dienstmädchen im Hause des jüdischen Pelzhändlers Abramowitz. An meiner rein arischen Herkunft ist nicht zu zweifeln, da der Stammbaum meiner Mutter, also der Minna Schulz, zwar nicht bis zur Schlacht im Teutoburger Wald, aber immerhin bis zu Friedrich dem Großen verfolgt werden kann. Wer mein Vater ist, kann ich nicht mit Bestimmtheit sagen, aber er war einer von den fünfen: der Fleischer Hubert Nagler, der Schlossermeister Franz Heinrich Wieland, der Mauerergehilfe Hans Huber, der Kutscher Wilhelm Hopfstange oder der Hausdiener Adalbert Hennemann.

Ich habe die Stammbäume meiner fünf Väter sorgfältig prüfen lassen, und ich versichere Ihnen, dass die arische Herkunft der fünf einwandfrei festgestellt wurde.

des Waldes der sechs Millionen stirbt. Niemand zweifelt seine jüdische Identität an, wozu vor allem sein typisch jüdisches Aussehen beiträgt. Aber auch das bei den Finkelsteins erworbene Wissen um jüdische Riten und die Kenntnis des Hebräischen und Jiddischen erleichtern es Schulz, in Israel ein unbeschwertes Leben in Wohlstand zu verbringen. Allmählich plagen ihn jedoch Gewissensbisse. Als er sich seiner jüdischen Umgebung als Massenmörder zu erkennen gibt, werden seine Geständnisse als Folgeschäden seines angeblichen KZ-Aufenthalts bewertet.

Aufbau: Der Roman ist in sechs Bücher unterteilt, die die einzelnen Lebensstationen zum Teil aus der Perspektive des Ich-Erzählers, zum Teil aus der Sicht eines unbeteiligten Erzählers schildern. Von Anfang an spielt Hilsenrath mit Kontrastierungen. Während Itzig Finkelstein über alle positiven menschlichen Qualitäten verfügt, die später sein Mörder übernehmen wird, ist Max Schulz der Repräsentant einer deformierten und aus den Fugen geratenen Welt, die vernichtet und quält, ohne zu hinterfragen. Märchenhafte Segmente und Elemente des Satyrspiels der antiken Tragödie verleihen dem Lebensbericht eines Massenmörders surreale Züge. Sie werden eingesetzt, um die unfassbaren Gräueltaten des nationalsozialistischen Regimes in Worte zu kleiden.

Wirkung: Erst sechs Jahre nach Veröffentlichung der ursprünglich deutschsprachigen Version in den USA erschien auch in Deutschland die Originalausgabe des satirischen Romans. Hilsenraths ungewöhnliche Herangehensweise an den Holocaust stieß in Deutschland auf Irritation und Befremden. Die Gräuel des Faschismus durch Fäkalsprache, Perversionen und surreale Elemente zu thematisieren, wirkte auf die deutsche Kritik provokativ und löste eine große Unsicherheit aus, die eine objektive Einschätzung des Romans lange erschwert hat.   K. R.

Magnus Hirschfeld 1928

Hirschfeld, Magnus

dt. Nervenarzt und Sexualforscher

* 14.5.1868 Kolberg, † 14.5.1935 Nizza

📖 *Die Homosexualität des Mannes und des Weibes,* 1914

Magnus Hirschfeld, Gründer des Berliner Instituts für Sexualwissenschaft (Stichwort → S. 509), erforschte vor allem die Entwicklung des sexuellen Verhaltens. Das Forschungsgebiet, auf dem er bahnbrechend wirkte, war die Empirie der gesellschaftlichen Erscheinungsformen der Homosexualität des Mannes und der Frau.

Hirschfeld, Sohn eines jüdischen Sanitätsrats

studierte Philosophie und Medizin an verschiedenen Universitäten. 1897 gründete er das wissenschaftlich-humanitäre Komitee, das sich für die Entkriminalisierung der Homosexualität einsetzte. Der Arzt fungierte als Sachverständiger in Prozessen gegen Homosexuelle und gab ab 1908 die *Zeitschrift für Sexualwissenschaft* heraus. 1910 eröffnete Hirschfeld in Berlin eine Praxis als »Spezialarzt für nervöse und seelische Leiden« und war 1913 Mitbegründer der »Ärztlichen Gesellschaft für Sexualwissenschaft und Eugenik« in Berlin. Unter seiner Leitung wurde dort 1919 das Institut für Sexualwissenschaft eröffnet, das 1933 durch die Nationalsozialisten zerstört wurde.

Hirschfeld war der produktivste sexologische Schriftsteller. Bereits 1896 erschien sein erstes sexualwissenschaftliches Werk, *Sappho und Sokrates.* Hier bezeichnet Hirschfeld die Homosexualität als »einen tief innerlichen konstitutionellen Naturtrieb« und fordert »im Namen der Wissenschaft und Humanität« die Straffreiheit für Homosexuelle. Vor seiner großen Studie zur Homosexualität hatte er ein Werk über Transvestiten geschrieben (*Die Transvestiten,* 1910). Seine Stellung als wichtigster Forscher wurde durch zwei spätere Werke gefestigt: *Sexualpathologie* (1916–20) und die fünfbändige *Geschlechtskunde* (1926–30), das Ergebnis 30-jähriger Forschung.

Biografien: M. Hirschfeld, *Von einst bis jetzt. Geschichte einer homosexuellen Bewegung – Autobiografie,* 1986; M. Herzer, *Magnus Hirschfeld: Leben und Werk eines jüdischen, schwulen und sozialistischen Soziologen,* 2001.

Die Homosexualität des Mannes und des Weibes

OA 1914 **Form** Sachbuch **Bereich** Sexualwissenschaft

Das Werk setzt sich in medizinischer und soziologischer Hinsicht mit dem Phänomen der menschlichen Homosexualität auseinander und stellt die erste große Forschungsarbeit zu dem Thema dar. Wissenschaftliche Basis bilden Untersuchungen des Autors von über 10000 Personen.

Entstehung: Die Anfänge der Sexualwissenschaft gingen überwiegend von Berliner Ärzten um die Jahrhundertwende aus. Im Mittelpunkt der Diskussion stand die Frage nach dem Natürlichen am Sexuellen. Im Ansatz waren zu dieser Zeit schon zwei Hauptströmungen sichtbar: eine medizinische und eine sozialwissenschaftliche Richtung.

Inhalt: Der erste Hauptteil des Werks behandelt die Homosexualität der Männer und Frauen als biologische Erscheinung. Hirschfeld liefert eine Diagnose, Typisierungen der Homosexualität, Übersicht über die Erklärungsversuche und Behandlungsmethoden. Er entwickelt eine Gesprächspsychotherapie, bei der die negative Bewertung der Umgebung, die viele Homosexuelle übernahmen, in Frage gestellt wird.

Im zweiten Hauptteil untersucht Hirschfeld die soziologische Bedeutung der Homosexualität unter folgenden Aspekten: Häufigkeit, Verteilung nach sozialer Schicht und nationaler Zugehörigkeit, gesellschaftliches Leben homosexueller Männer und Frauen, Geschichte, Darstellung der sozialen Bewegung gegen die Verfolgung der Homosexuellen. Auf der Grundlage seiner Untersuchungen beziffert Hirschfeld einen Anteil von 2,3 % homosexuellen Männern an der Gesamtbevölkerung. Hirschfeld, selbst homosexuell, sieht Homosexualität nicht als Krankheit. Er vertrat die Ansicht, der Mensch besitze männliche und weibliche Anteile, deshalb existierten auch sexuelle Zwischenstufen, die er als natürliche Varietäten ansieht.

Wirkung: Das Buch stieß in der Öffentlichkeit auf massive Abwehr, insbesondere von konservativer Seite, der Kirchen und der zahlreichen Sittlichkeitsvereine. Als jüdischer, homosexueller und sozialistischer Sexualwissenschaftler war Hirschfeld bereits 1914 Ziel antisemitischer Hetzpropaganda.   *B. W. B.*

Das Institut für Sexualwissenschaft

Gründung: 1919 gründete Hirschfeld das weltweit erste Institut für Sexualwissenschaft in Berlin, das bald ein international anerkanntes Zentrum für Forschung und Therapie werden sollte.
Aufbau: Das Institut war interdisziplinär aufgebaut und gliederte sich in fünf Abteilungen: Sexualmedizin, -biologie, -soziologie und -ethnologie sowie Sexualreform. Ab 1924 gab es 21 Abteilungen. 1924 wurde das Institut vom preußischen Staat offiziell als gemeinnützige Dr.-Magnus-Hirschfeld-Stiftung anerkannt. Die Bibliothek umfasste über 20 000 Werke, 35 000 Fotografien und eine große Anzahl an Objekten und Kunstgegenständen. Ferner besaß sie eine Sammlung von ca. 40 000 Selbstzeugnissen und biografischen Briefen. Durch das Institut entstanden auch einige Aufklärungsfilme.

Aufgaben: Zu den zahlreichen Aktivitäten des Instituts zählte ein gerichtsmedizinischer Dienst für Gutachten, regelmäßige Vorträge und Diskussionen zu sexuellen Themen, Fortbildungskurse für Ärzte und Studenten, Beratungen und Behandlungen. Mittellose Patienten wurden kostenlos behandelt.
Entwicklung: 1919 wurde im Institut die erste Eheberatungsstelle Deutschlands eröffnet, die von Männern und Frauen aufgesucht wurde, die Eheprobleme hatten. Anfragen von staatlichen und kommunalen Behörden über die Erfahrungen am Institut auf diesem Gebiet führten 1922 zur ersten kommunalen Eheberatungsstelle in Berlin, der mehr als 100 in ganz Deutschland folgen sollten. Nach Hitlers Machtergreifung 1933 wurde das Institut zerstört, Bücher und Papiere verbrannt.

Bucherfolg, *Hite-Report – Das sexuelle Erleben der Frau*, der sie auf einen Schlag international berühmt machte. 1978 gründete sie ihre eigene Forschungsstelle, »Hite Research International«. Zu Beginn der 1980er Jahre weitete sie ihre Forschungen auf die männliche Sexualität und auf komplexe Familienstrukturen aus. Im Zuge dieser Tätigkeit veröffentlichte sie 1981 die Studie *Hite-Report – Das sexuelle Erleben des Mannes* sowie 1987 *Hite-Report – Erotik und Sexualität in der Familie*.

Hite, Shere

(eigtl. Shirley Diana Gregory)
US-amerikan.-dt. Sexualforscherin und Autorin

*2.11.1942 Saint Joseph (Montana)

📖 *Hite-Report – Das sexuelle Erleben der Frau*, 1976

Mit ihrer Aufsehen erregenden Publikation *Hite-Report – Das sexuelle Erleben der Frau* (1976) steht Shere Hite in der Tradition von Alfred Charles →Kinsey, William Masters (1915 bis 2001) und Virgina Johnson (*1925), die sich bereits vor ihr der Erforschung der weiblichen Sexualität gewidmet haben. Es gelang ihr jedoch in besonderem Maß, eine heftige Diskussion zu dem Thema zu entfachen, da sie einerseits – im Gegensatz zu ihren Vorgängern – die von ihr befragten Frauen in ausführlichen Originalzitaten zu Wort kommen lässt und andererseits das Gebiet der Sexualität als einen elementaren Bereich der Unterdrückung von Frauen durch Männer sieht. Hite brachte die Erforschung weiblicher Sexualität in einen engen Zusammenhang mit gesellschaftlichen Verhältnissen und lenkte sie damit in neue Bahnen.

Hite studierte Geschichte in Florida und später in New York, wo sie 1972–78 ein feministisches Projekt zur Untersuchung der weiblichen Sexualität leitete. In diese Zeit fiel ihr erster

Hite-Report – Das sexuelle Erleben der Frau

OT The Hite Report: A Nationwide Study of Female Sexuality **OA** 1976 **DE** 1977
Form Sachbuch **Bereich** Sexualwissenschaft

Hite-Report – Das sexuelle Erleben der Frau bildet den Auftakt zu einer Reihe von wissenschaftlichen Untersuchungen zu Sexualität, Erotik und gesellschaftlichen Zusammenhängen, mit denen sich Shere Hite als eine der berühmtesten Sexualforscherinnen der Gegenwart profilieren konnte. Heute gilt das Buch als Standardwerk der Sexualforschung.

Entstehung: In ihrem Buch präsentiert Hite die Ergebnisse eines vierjährigen Forschungsprojekts, bei dem sie insgesamt 100 000 Fragebogen zur weiblichen Sexualität an Frauen in den gesamten USA verteilte. Etwa 3000 Fragebogen wurden von Frauen unterschiedlicher

Shere Hite im Oktober 1976

Die wichtigsten Bücher von Shere Hite

Hite-Report – Das sexuelle Erleben der Frau, 1976	Hite präsentiert die Ergebnisse einer vierjährigen Studie zur weiblichen Sexualität, für die sie Aussagen von 3000 Frauen aller Altersgruppen und sozialen Schichten auswertete. → S. 509
Hite-Report – Das sexuelle Erleben des Mannes, 1981	In der Studie zur männlichen Sexualität analysiert Hite in derselben Vorgehensweise wie bei ihrem ersten Report die Ergebnisse einer umfangreichen Fragebogenaktion.
Kein Mann um jeden Preis 1989	Die gemeinsam mit Kate Colleran verfasste Untersuchung zu Frauen in Partnerschaften und ihrem darin begründeten Selbstverständnis ist ein Ratgeber für einen neuen, selbstbewussteren Umgang miteinander in Liebesbeziehungen.
Fliegen mit Jupiter 1993	In dem stark autobiografischen Roman setzt sich Hite mit der aggressiven Kritik an ihrer Person durch die Medien auseinander.
Hite-Report – Erotik und Sexualität in der Familie, 1994	Im Abschluss ihrer Report-Trilogie, die auf einer langjährigen internationalen Befragung beruht, widmet sich Hite insbesondere dem Status von Töchtern in Familien.
Sex & Business 2000	In ihrer Untersuchung zum Verhältnis von Männern und Frauen im Berufsleben kommt Hite zum Ergebnis, dass beide Geschlechter noch dem traditionellen Rollenverständnis verhaftet sind.

Auszug aus *Hite-Report – Das sexuelle Erleben der Frau* von Shere Hite:

Die Frauen selbst sind nie gefragt worden, wie sie über Sexualität denken, was sie dabei empfinden. Wissenschaftler haben immer die falschen Fragen gestellt, weil schon ihre Gründe dafür, nämlich statistische Normen zu finden, falsch waren. Zu oft gipfelte dies darin, den Frauen zu sagen, wie sie fühlen sollten, anstatt sie zu fragen, was sie empfinden, wie sie fühlen.

sozialer Schichten und aller Altersgruppen beantwortet und von Hite und ihrem Team ausgewertet.

Inhalt: Die Autorin legt in ihrer Untersuchung besonderen Wert darauf, weibliche Sexualität als eigenständiges Phänomen und nicht nur als Ergänzung der männlichen Sexualität zu betrachten. Entsprechend beginnt sie ihre Befragung mit dem Thema Selbstbefriedigung und bezieht auch lesbische Liebe mit in ihre Studie ein. Sexuelles Empfinden von Frauen – mit und ohne Partner – wird ebenso thematisiert wie die sexuelle Revolution und ihre Auswirkungen. Hite bricht darüber hinaus ein weiteres gesellschaftliches Tabu, indem sie auch nach der Sexualität von älteren Frauen fragt, die von der so genannten sexuellen Befreiung Ende der 1960er Jahre größtenteils ausgeschlossen waren. Abschießend plädiert die Wissenschaftlerin

für eine neue, freiere und weitere Auffassung von weiblicher Sexualität sowie für eine humanere, tolerantere Gesellschaft.

Struktur: Zumeist lässt Hite die befragten Frauen zu Wort kommen. Sie selbst führt auf wenigen Seiten jeweils in das Thema ein und reiht dann ohne jeden Zwischenkommentar Originalzitate der Probandinnen aneinander. Die Erläuterungen der Forscherin beschränken sich dabei auf ein Minimum. Zusätzlich unterstützt die Autorin ihre Auswertung durch eine umfangreiche tabellarische Auflistung der Fragen und Antworten am Ende ihres Buchs.

Wirkung: *Hite-Report – Das sexuelle Erleben der Frau* setzte neue Maßstäbe in der Sexualforschung. Bis zur Untersuchung von Hite war die weibliche Sexualität niemals aus Sicht der Betroffenen selbst untersucht und beschrieben worden. Insbesondere die ausführliche Darstellung der intimen und offenen Aussagen der Probandinnen sorgte für Aufsehen und Interesse. Das Buch wurde zum internationalen Bestseller und gehört bis heute zu den bekanntesten Studien zur Sexualität von Frauen. *J. D.*

Hobbes, Thomas

engl. Philosoph

* 5.4.1588 Westport (Wiltshire)

† 4.12.1679 Hardwick Hall (Derbyshire)

📖 *Leviathan*, 1651

Thomas Hobbes gilt als einer der einflussreichsten Philosophen des 17. Jahrhunderts, weil er mit seiner Staatslehre eine theoretische Rechtfertigung des Absolutismus lieferte.

In seiner Kindheit studierte Hobbes intensiv die Werke von → Aristoteles, → Platon und Sokrates (um 470–399 v. Chr.), so dass er schon seit dem 14. Lebensjahr ein kenntnisreicher Verfechter klassisch-griechischen Staatsdenkens war. Nach seinem Studium der aristotelischen Logik und der Physik im Magdalen College in Oxford wurde er 1608 von Baron Cavendish von Hardwick zum Hofmeister bestellt. Seine fortdauernde Verbindung mit dieser Familie ermöglichte ihm zu Beginn der 1620er Jahre die Bekanntschaft mit dem englischen Philosophen Francis Bacon (1561–1626), der ihn mit seiner wissenschaftlichen Methode der Empirie beeinflusste. Auf einer Bildungsreise durch Europa lernte Hobbes 1634 die Gelehrten René – Descartes, Pierre Gassendi (1592–1655) und den von ihm bewunderten Galileo → Galilei kennen. Nach seiner Rückkehr ergriff Hobbe im Streit zwischen dem englischen König Karl I (1600–49) und dem Parlament in der Schri *Naturrecht und allgemeines Staatsrecht in de*

Naturrecht

Ein zentrales Glied in der Argumentationskette von Hobbes ist das Naturrecht, das bei ihm im Vergleich zu früheren Staatstheoretikern eine starke Säkularisierung erfährt.

Begriff: Unter Naturrecht werden die über dem sog. positiven (vom Menschen gesetzten bzw. gemachten) Recht bestehenden Rechtsgrundsätze verstanden, die sich aus dem göttlichen Willen oder einer für unveränderlich gehaltenen Natur des Menschen ableiten. Aufgrund des »höheren« Ursprungs des Gesetzes wird dem Naturrecht im Gegensatz zum positiven Recht eine von historischen Bedingungen unabhängige Gültigkeit zugesprochen, so dass es nach überwiegender Auffassung der Rechtsphilosophen als Norm für das positive Recht zu gelten hat.

Naturrecht bei Hobbes: Hobbes betont die Triebhaftigkeit der menschlichen Natur. Alle Eigenschaften des Menschen sind

darauf ausgerichtet, sich selbst zu erhalten. Im Naturzustand wird das Recht durch die größere Stärke des Gegners begrenzt, was wiederum den »Krieg aller gegen alle« bedingt. In der Folge wird die Beendigung dieses Naturzustands durch vollständigen Rechtsverzicht zu Gunsten des absoluten Souveräns notwendig, der Staat wird zur Bedingung des Überlebens.

Bedeutung: Die hobbesschen Vorstellungen vom Naturzustand leiteten die Herauslösung des Naturrechts aus der Theologie und damit den Übergang zur Aufklärung ein. Mit der Vernunft als Erkenntnisquelle wird das Naturrecht zum Vernunftrecht, das auch dann gilt, wenn Gott nicht existieren sollte. Parallel dazu erfolgte die Positivierung des Naturrechts aufgrund der Übernahme naturwissenschaftlicher Methoden. Der Naturbegriff verwandelt sich allmählich in den Gesetzesbegriff der neuzeitlichen Naturwissenschaft.

Anfangsgründen (1640) die Partei der Krone. Um der Verfolgung durch das Parlament zu entgehen, floh Hobbes 1640 ins Exil nach Paris. Nachdem die innenpolitische Ordnung wiederhergestellt war, kehrte er 1655 nach England zurück, wo er bis zu seinem Tod auf dem Landsitz des Grafen von Devonshire von einem jährlichen Ehrengehalt lebte.

Literatur: H.-D. Metzger, *Thomas Hobbes und die englische Revolution 1640–1660,* 1991.

Leviathan

OT Leviathan or the Matter, Forme and Power of a Commonwealth Ecclesiasticall and Civil
OA 1651 **DE** 1794/95 **Form** Wissenschaftliche Schrift
Bereich Philosophie

Leviathan oder Wesen, Form und Gewalt eines kirchlichen und bürgerlichen Gemeinwesens – so der vollständige Titel – von Thomas Hobbes übte im 17. Jahrhundert einen großen Einfluss auf das Staatsdenken aus, weil der Autor darin mit dem Absolutismus eine monarchische Regierungsform theoretisch begründete, in welcher der Herrscher die unbeschränkte und ungeteilte Staatsgewalt ohne Mitwirkung ständischer Institutionen beansprucht. Die Bedeutung seiner Philosophie besteht außerdem in der Übertragung der mechanistisch-naturwissenschaftlichen Methode auf die Staats- und Gesellschaftslehre.
Entstehung: Das Werk entstand unter dem Eindruck des Machtkampfs zwischen dem englischen König Karl I. (1600–49) und dem sog. Langen Parlament. Nach seiner Bildung 1640 verabschiedete es ein Gesetz, das entgegen aller englischen Verfassungstradition jegliche Vertagung oder Auflösung des Parlaments verbot. 1649 wurde der König nach dem Sieg der Parlamentsheere im Bürgerkrieg zum Tode hingerichtet. Dieses Ereignis veranlasste Hobbes im französischen Exil den *Leviathan* zu schreiben.
Inhalt: Im *Leviathan* legt Hobbes seine Vorstellungen über den recht begründeten und recht beherrschten Staat nieder. Er geht dabei von einem Naturzustand aus, in dem das Handeln der Menschen durch den Trieb der Selbsterhaltung und durch Machtgier bestimmt wird. Der daraus resultierende Kampf aller gegen alle kann nur dadurch vermieden werden, dass die Macht auf einen Souverän übertragen wird, der allmächtig sowie keinem anderen Menschen verpflichtet ist und daher allein das Recht bestimmt. Nur für den Fall, dass der Souverän die Ordnung im Staat nicht garantieren kann, räumt Hobbes den Menschen ein Widerstandsrecht ein. Insofern steht der Souverän nur so lange über dem Gesetz, wie er seine umfassende Macht zum gemeinen Wohl verwendet.

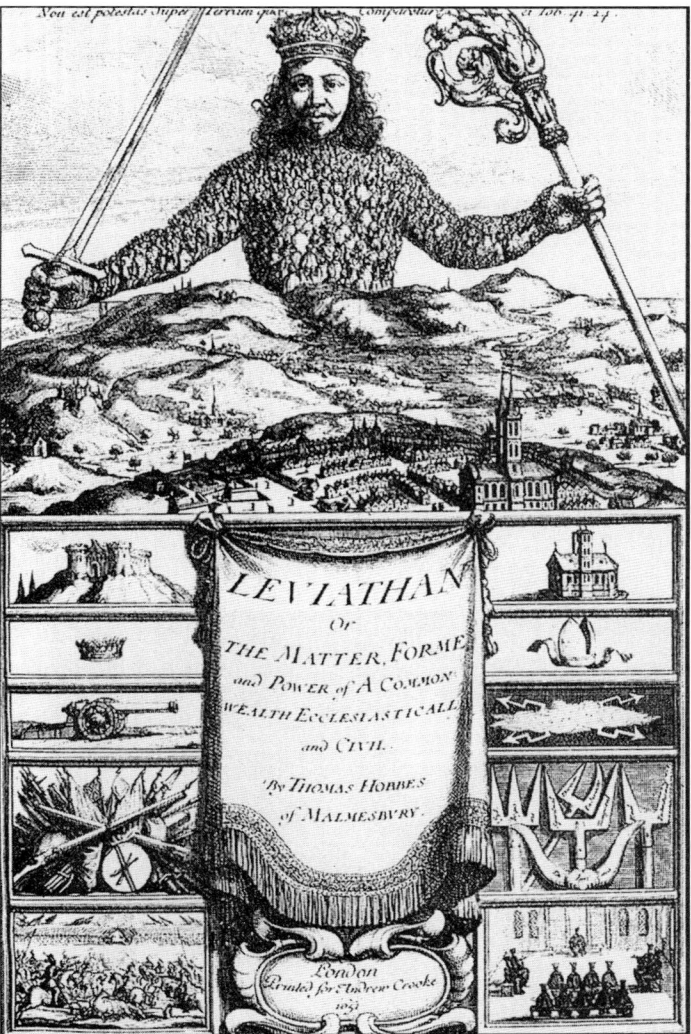

Thomas Hobbes *Leviathan*, Titelblatt der Originalausgabe 1651 (Kupferstich: Andrew Crooke)

Wirkung: Der *Leviathan* diente zusammen mit den Werken des Staatsrechtslehrers Jean Bodin (1529/30?–1596) in weiten Teilen Europas als theoretische Grundlage für den absolutistischen Staat, der sich im 16. Jahrhundert allmählich herauszubilden begann. Der Absolutismus, der sich vom Despotismus und Totalitarismus insofern abhebt, als der Souverän an die Gebote der Religion und das Naturrecht (Stichwort → S. 510) gebunden bleibt, förderte die Entwicklung des modernen säkularisierten Machtstaats.

Allerdings entwickelte sich zur Hobbes'schen Theorie von der Fürstensouveränität im 18. Jahrhundert die Gegenposition von der Volkssouveränität, als deren bedeutendster Theoretiker Jean Jacques → Rousseau gilt. *N. H.*

Thomas Hobbes im *Leviathan* über die Natur des Menschen:

Bei dieser großen Furcht, welche die Menschen allgemein gegeneinander hegen, können sie sich nicht besser sichern, als dadurch, dass einer dem andern zuvorkommt oder so lange fortfährt, durch List und Gewalt sich alle anderen zu unterwerfen, als noch andere da sind, vor denen er sich zu fürchten hat... Hieraus ergibt sich, dass ohne eine einschränkende Macht der Zustand der Menschen ein solcher sei, wie er zuvor beschrieben wurde, nämlich ein Krieg aller gegen alle.

Auszug aus dem Roman
*Fräulein Smillas Gespür für
Schnee* (1992) von Peter
Høeg:

Erzähl uns, werden sie kommen und zu mir sagen. Damit wir verstehen und abschließen können. Sie irren sich. Nur was man nicht versteht, kann man abschließen. Die Entscheidung bleibt offen.

Julia Ormond in der Titelrolle der Verfilmung des Romans *Fräulein Smillas Gespür für Schnee* von Peter Høeg (D/DK/S 1996; Regie: Bille August)

Høeg, Peter

dän. Schriftsteller

* 17.5.1957 Kopenhagen

📖 *Fräulein Smillas Gespür für Schnee*, 1992

Peter Høeg ist der international erfolgreichste dänische Schriftsteller des ausgehenden 20. Jahrhunderts.

Høeg war nach seiner Ausbildung zum Schauspieler und Tänzer in Schweden und Paris in zahlreichen Berufen tätig; so trat er auf verschiedenen dänischen und schwedischen Bühnen auf, unterrichtete an der Universität Odense sowie an Volksschulen und spielte Theater in Afrika. Anfang der 1980er Jahre gab er jegliche Berufstätigkeit auf, um sich ganz dem Schreiben zu widmen. Høeg lebt sehr zurückgezogen in Kopenhagen und tritt nur äußerst selten in der Öffentlichkeit auf.

Bereits mit seinem ersten Roman *Vorstellung vom 20. Jahrhundert* (1988) erregte Høeg Aufsehen und begeisterte Kritiker wie Publikum. Nach einer Sammlung von Erzählungen, die seine Orientierung am Vorbild Tania → Blixen erkennen lassen, bescherte *Fräulein Smillas Gespür für Schnee* dem Autor einen internationalen Bestsellererfolg, an den er allerdings mit den beiden darauf folgenden Romanen nicht mehr im gleichen Ausmaß anknüpfen konnte. Allen Büchern gemeinsam ist ein spielerischer Umgang mit unterschiedlichen Erzählstilen, eine genaue Recherche sowie das Vermischen und Überblenden verschiedener Genres, auch aus dem Bereich der Unterhaltungsliteratur.

Fräulein Smillas Gespür für Schnee

OT *Frøken Smillas fornemmelse for sne*
OA 1992 **DE** 1994 **Form** Roman **Epoche** Postmoderne

Mit dem Roman um eine eigenwillige Glaziologin gelang Peter Høeg ein fulminanter Erfolg; das Buch wurde von der Kritik einhellig gelobt und in zahlreichen Ländern zum Bestseller.

Inhalt: Smilla Jaspersen, arbeitslose Geologin grönländisch-dänischer Herkunft mit dem Fachgebiet Glaziologie, glaubt nicht an einen Unfall, als Jesaja, der kleine Sohn ihrer grönländischen Nachbarin, vom Dach eines Kopenhagener Packhauses in den Tod stürzt. Von der Polizei misstrauisch beäugt, recherchiert sie auf eigene Faust; unterstützt wird sie von einem Nachbarn, einem ebenfalls arbeitslosen Mechaniker. Unter Einsatz ihres Lebens deckt Smilla ein Geflecht dunkler Machenschaften auf, in das einflussreiche Personen verwickelt sind. Sie findet heraus, dass Jesaja seinen Vater auf einer Expedition nach Grönland begleitet hat, die streng geheim gehalten worden ist und bei der sein Vater tödlich verunglückte. Ziel dieser Expedition war ein mysteriöser Meteorit, der in einen Gletscher eingeschlagen war. Jesaja wurde Tørk Hviid, dem Auftraggeber der Expedition, gefährlich, weil er das Geschehen beobachtet hatte und außerdem Beweismaterial versteckt hielt. Als Hviid eine weitere Expedition zu dem Meteoriten organisiert, schmuggelt sich Smilla als Stewardess auf das Schiff, wo sie sich gegen zahlreiche Angriffe schurkischer Gegenspieler behaupten muss. In Grönland angekommen, gelingt es ihr, bis zum Meteoriten vorzudringen und Tørk Hviid zu stellen. Sie treibt ihn auf ein Eisschollenfeld, doch das Ende bleibt offen: Der Leser erfährt nicht, wie das Duell in der Eiswüste ausgeht.

Aufbau: Der Roman zeigt eine typisch postmoderne Mischung aus verschiedenen Genres: Er benutzt Erzählmuster des Thrillers, des hard boiled Krimis und des Sciencefiction-Romans

Hauptfiguren in »Fräulein Smillas Gespür für Schnee« von Peter Høeg

Smilla Jaspersen: Die Tochter einer grönländischen Robbenfängerin und eines dänischen Herzchirurgen ist Expertin für die unterschiedlichen Modifikationen von Schnee und Eis. Sie hat sich um den kleinen Jesaja gekümmert, bis dieser eines Tages zu Tode stürzt. Daraufhin recherchiert sie auf eigene Faust nach dem Mörder.

Der Mechaniker: Smillas Nachbar freundet sich nach Jesajas Tod mit ihr an und unterstützt sie bei der Suche nach dessen Mörder. Er steht dadurch zwischen den Fronten, da er im Dienste Tørk Hviids Jesaja beschatten sollte.

Jesaja: Der kleine grönländische Junge kommt zu Beginn des Romans ums Leben. Sein Vater starb bei einer Expedition, seine Mutter war seitdem Alkoholikerin. Er war im Besitz einer Tonkassette, die Beweise gegen Tørk Hviid enthält.

Elsa Lübing: Die bibelfeste ehemalige Sekretärin der Gesellschaft organisierte die Expeditionen nach Grönland. Sie hilft Smilla bei den Untersuchungen und gibt ihr entscheidende Hinweise.

Tørk Hviid: Er ist der Drahtzieher hinter den Expeditionen und der Mörder Jesajas. Um einen strahlenden Meteoriten, der in einen grönländischen Gletscher eingeschlagen ist, wirtschaftlich ausnutzen zu können, geht er über Leichen.

Johannes Loyen: Der Leiter des Instituts für Arktische Medizin war an den Grönlandexpeditionen beteiligt und obduziert den Leichnam Jesajas. Er will vertuschen, dass sich in der Nähe des Meteoriten ein gefährlicher Parasit entwickelt hat; durch eben diesen waren Jesajas Vater und andere Expeditionsteilnehmer ums Leben gekommen.

OT = Originaltitel **EZ** = Entstehungszeit **OA** = Originalausgabe **DE** = Deutsche Erstausgabe 📖 = Verweis auf Werkartik

die teilweise ins Groteske übersteigert werden, und ist zugleich ein kritischer Gegenwartsroman mit philosophischen sowie erkenntnistheoretischen Reflexionen. Die Hauptfigur Smilla ist die Erzählerin: Ihrer fast manischen Suche nach Wahrheit folgt der Leser durch eine Folge von geheimnisvollen Vorgängen, gefährlichen Action-Szenen und unerwarteten Wendungen, wobei die Erzählerin oft mehr weiß, als sie preisgibt. Smilla ist eine Krimifigur, die man sonst nur in männlicher Form kennt. Konsequenterweise ist ihr mit dem Mechaniker ein Mann zur Seite gestellt, der ihr intellektuell unterlegen ist und ihr zur Befriedigung sexueller Bedürfnisse dient. Zugleich verkörpert Smilla eine postkoloniale Existenz zwischen zwei Kulturen, zwischen moderner westlicher Zivilisation einerseits und archaischer, naturverbundener Lebensweise der Inuit andererseits; hierdurch nimmt sie die dänische Gesellschaft aus der Außenperspektive wahr und entlarvt das Streben nach sozialer Gleichheit und Wohlstand für alle als politische Lüge. Neben dieser gesellschaftskritischen Ausrichtung eröffnet der Roman durch Zitate, Anspielungen und Symbole eine philosophische Bedeutungsebene: Smilla liest Jesaja Heraklit vor, das Schiff nach Grönland heißt archetypisch »Kronos« (Zeit) und der Meteorit stellt eine Chiffre für unlösbare existenzielle Rätsel dar.
Wirkung: Das Buch wurde zu einem internationalen Erfolg, wie ihn zuletzt in der dänischen Literatur Tania → Blixen hatte. Es wurde in mehr als 30 Ländern verkauft und war unter anderem in den USA, Großbritannien und Deutschland monatelang auf den Bestsellerlisten. Der Erfolg verdankt sich wohl vor allem der faszinierenden, vielschichtigen Hauptfigur, die zahlreiche Widersprüche der modernen Welt in sich vereinigt. 1997 wurde das Buch in der Regie von Bille August (* 1948) erfolgreich verfilmt. Die Begeisterung für Smilla äußerte sich auch in einem zunehmenden internationalen Interesse für andere skandinavische Autoren. *J. G.*

Hoffmann, E. T. A.

(eigtl. Ernst Theodor Amadeus Hoffmann)

dt. Schriftsteller, Komponist und Maler

*24.1.1776 Königsberg, +25.6.1822 Berlin

📖 *Der goldne Topf*, 1814

📖 *Die Elixiere des Teufels*, 1815/16

E. T. A. Hoffmann war einer der wichtigsten Dichter der deutschen Romantik und wurde auch im Ausland sehr geschätzt. Seine groteskbizarren Erzählungen – u. a. auch Kunstmärchen – zeugen von einem feinen Sinn für das Dämonische, Unheimlich-Fantastische, aber auch von einer exakten Beobachtungsgabe, welche die Wirklichkeit genau wiedergibt. Sein Werk ist vor allem durch → Novalis, Ludwig → Tieck, die romantische Naturphilosophie von Gotthilf Heinrich Schubert (1780–1860) und den Schauerroman beeinflusst.

Insbesondere in seinen Märchen behandelt Hoffmann das Wunderbare innerhalb einer alltäglichen Wirklichkeitswelt. Der Alltag erhält auf diese Weise ein fantastisches Gepräge, wird selbst das Fantastische. Dabei leben die Erzählungen von gegensätzlichen Prinzipien: Unheimliches, Grauen Erregendes mischt sich mit Komischem, rationales Denken steht der Fantasie und dem Glauben gegenüber.

Der aus einer Juristenfamilie stammende Hoffmann studierte in Königsberg Jura, wurde 1800 Assessor in Posen und kam über Polen nach Berlin. 1808 nahm er in Bamberg das Amt eines Direktionsgehilfen am Theater an und arbeitete außerdem als Musikkritiker. 1813 wurde er Musikdirektor von Joseph Secondas Schauspieltruppe in Leipzig und Dresden, drei Jahre später wurde er am Berliner Kammergericht Regierungsrat. Die Doppelexistenz als Beamter und Künstler schärfte seinen Blick für skurrile Alltagssituationen und bildete den idealen Nährboden für sein Selbstverständnis als Dichter. Hoffmann war auch als Komponist tätig und schrieb u. a. die Oper *Undine* (1816) nach der Vorlage des gleichnamigen Märchens von Friedrich de la Motte-Fouqué (1777–1843).

Biografien: G. Kaiser, *E.T.A. Hoffmann*, 1988; E. Kleßmann, *E.T.A. Hoffmann oder Die Tiefe zwischen Stern und Erde*, 1988; G. Wittkop-Ménardeau, *E. T. A. Hoffmann* (rm 50 113).

Der goldne Topf

OA 1814 **Form** Kunstmärchen **Epoche** Romantik

1814 erschien die erste Buchveröffentlichung von E. T. A. Hoffmann: *Die Fantasiestücke in Collot's Manier*. *Der goldne Topf* mit dem Untertitel *Ein Märchen aus der neuen Zeit* entstand 1813 und ist das bedeutendste Stück der Sammlung sowie eines von seinen wichtigsten Werken, da es die Verbindung von Wunderbarem und Fantastischem und damit einer doppelsinnigen Welt überzeugend darstellt.

Inhalt: Der Student Anselmus steht zwischen zwei Welten: der bürgerlichen, philisterhaften auf der einen Seite und dem Reich der Poesie auf der anderen. Am Himmelfahrtstag sitzt er in Dresden am Elbufer und vernimmt die Stimmen von drei »Schlänglein«. Anselmus glaubt, dass Wahnsinn oder Krankheit in ihn gefahren seien. Er beruhigt sich erst, als er abends einer fröhlichen Runde um den Registrator Heerbrand

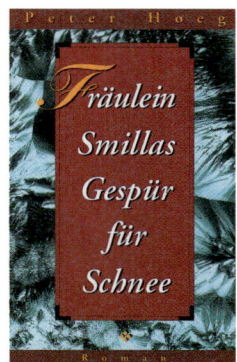

Peter Høeg, *Fräulein Smillas Gespür für Schnee*, Umschlag der deutschsprachigen Erstausgabe 1994

E.T.A. Hoffmann, unbezeichnete Miniatur von 1820

Die wichtigsten Werke von E. T. A. Hoffmann

Beethovens Instrumental-Musik 1813	Ein Essay, der mit der Besprechung von Beethovens fünfter Sinfonie und zwei Klaviertrios die Vermittlung von ästhetischer Theorie und kompositorischer Praxis in neue Bahnen lenkte.
Fantasiestücke in Callot's Manier 1814/15	Eine Sammlung von 19 Texten, darunter *Ritter Gluck, Der goldne Topf* und *Don Juan*. Im Mittelpunkt steht der Gegensatz zweier Welten: die Wirklichkeit und das Fantastische. → S. 513
Die Elixiere des Teufels 1815/16	Hoffmanns erster Roman enthält die *Aufzeichnungen eines Mönches*, der in zahlreiche Abenteuer gerät, die der Tradition des englischen Schauerromans verpflichtet sind. → S. 514
Nachtstücke 1816/17	Die Sammlung von acht Erzählungen beinhaltet *Der Sandmann, Das Majorat* und *Das steinerne Herz*. Die Novellen handeln von unheimlichen Begebenheiten, Unglücksfällen und Racheakten.
Klein Zaches genannt Zinnober 1819	Ein satirischer Märchenroman um einen missgestalteten Dümmling, dem die Gabe einer Fee zu einer raschen Karriere am Hof verhilft, dessen Aufstieg am Ende jäh gestoppt wird.
Die Serapions-Brüder 1819–21	»Gesammelte Erzählungen und Mährchen«, die die Serapionsbrüder erzählen, lesen oder gemeinsam diskutieren. Sie enthalten u. a. *Rat Krespel* und *Das Fräulein von Scuderi*.
Lebens-Ansichten des Katers Murr 1819–21	Hoffmanns zweiter Roman ist die Verbindung von Kater-Autobiografie und Musiker-Biografie des Kapellmeisters Kreisler. Kater Murr erzählt seinen Bildungsweg mit besonderem Blick auf seine literarischen Erfahrungen.
Prinzessin Brambilla 1821	Der »Capriccio«-Roman schildert die Erlebnisse des Schauspielers Giglio Fava, der sich im römischen Karneval Prinzessin Brambilla zuwendet, in der er später seine Verlobte erkennt.
Meister Floh 1822	»Ein Mährchen«, das von dem weltfremden Sonderling Peregrinus Tyss und der schönen Dörtje Elverdink handelt, die den Floh ihres Onkels zurückbekommen möchte.
Des Vetters Eckfenster, 1822	Der Dialog eines gelähmten Schriftstellers mit seinem Vetter, dem er die Fähigkeit »Kunst zu schauen« nahe bringen möchte.

Auszug aus der Erzählung *Der goldne Topf* **von E. T. A. Hoffmann:**

Ist denn überhaupt des Anselmus Seligkeit etwas anderes als das Leben in der Poesie, der sich der heilige Einklang aller Wesen als tiefstes Geheimnis der Natur offenbaret?

und Konrektor Paulmann, dessen Tochter Veronika sich für den Studenten interessiert, beiwohnt. Der Archivarius Lindhorst führt ihn jedoch erneut in das Reich des Wunderbaren. Die drei Schlänglein seien seine Töchter, in deren jüngste, Serpentina, sich Anselmus verliebt. Er begegnet ihr, einer sonderbaren Gestalt, mal Schlange, mal Mensch, im Haus des Archivars wieder. Hier betrachtet Anselmus auch erstmals den Glück bringenden goldnen Topf, in dessen Glanz sich die verschiedensten Figuren spiegeln. Serpentina erklärt ihm, dass Lindhorst, mit einem Fluch behaftet, solange die Doppelexistenz als Salamander führen müsse, bis seine Töchter verheiratet seien.

Ein Apfelweib erscheint, raubt den goldnen Topf und sucht zu verhindern, dass Anselmus zunehmend mit dem Reich des Fantastischen in Berührung kommt. Sie macht ihn glauben, dass er Veronika liebe, und versetzt ihn zurück in die Welt der bürgerlichen Sphäre. Als Anselmus ein Manuskript mit Tinte bekleckst, erfüllt sich ihre Prophezeiung: Anselmus fällt ins Kristall – die Bibliothek ist voller riesiger, Feuer speiender Schlangen und Anselmus ist darin gefangen. Hier erkennt er die Bedrohung der bürgerlichen Enge und will sich für immer in das Reich Serpentinas begeben. Lindhorst überwältigt das

Apfelweib in wüstem Kampf. Anselmus und Serpentina finden sich in Atlantis wieder, beschützt vom goldnen Topf, der das goldene Zeitalter symbolisiert.

Aufbau: In zwölf »Vigilien« – Nachtwachen – fließen die Welten des Wunderbaren und des Alltäglich-Bürgerlichen ineinander. Darin liegt auch die Neuartigkeit der Dichtung begründet: Die Poesie, die Macht der Sehnsucht, durchdringt unvermittelt die Realität und die aus ihr entstehende Enge. Dennoch lässt sich ein struktureller Schwerpunkt ausmachen: Die Vigilien mit der ungeraden Nummerierung gewichten stärker die Welt der Philister, die Vigilien mit den gerade Zahlen dagegen handeln überwiegend von Lindhorsts und Anselmus' Sphäre. Eine weitere Besonderheit liegt in der neuartigen Position des Erzählers. Dieser kommentiert und reflektiert das Geschehen und wird schließlich selbst Teil der Fiktion, indem er Lindhorst um Hilfe bittet, die Geschichte zu Ende zu erzählen. So wird selbst die Instanz des Erzählers zum Spielball zwischen der wirklichen und der poetischen Welt.

Wirkung: Bald nach seiner Veröffentlichung wurde *Der goldne Topf* zu einem der beliebtesten Werke der deutschen Romantik. Auch im Ausland war die Erzählung populär, Hoffmann wurde der meistgelesene Romantiker.

Die Elixiere des Teufels

OA 1815/16 **Form** Roman **Epoche** Romantik

In seinem ersten Roman stellt E. T. A. Hoffmann die dunkle Seite der menschlichen Seele dar, indem er ihre Verführbarkeit transparent macht.

Entstehung: Das Werk erschien zunächst anonym und in zwei Büchern. Bereits der Untertitel *Nachgelassene Papiere des Bruders Medardus eines Kapuziners. Herausgegeben von dem Verfasser der Fantasiestücke in Callot's Manier* deutet an, dass der Autor für die Abfassung seines Romans, der zwischen dem 25.3.1814 und Herbst 1815 entstanden ist, auf die Tradition des Schauerromans zurückgreift. Als Quellen diente ihm u. a. *Der Mönch* (1796) von Matthew Gregory Lewis (1775–1818).

Inhalt: Der Mönch Medardus begegnet im Beichtstuhl einer Unbekannten, die der hl. Rosalia auf dem Altarbild gleicht. Er begibt sich, angeregt durch die Elixiere des Teufels, die er kostet, auf die Suche nach weltlichen Genüssen und gerät dabei in abenteuerliche Verwicklungen. Ein Unbekannter stellt sich heraus als Viktorin, ebenfalls ein Kapuziner. Medardus begegnet Aurelie, die sich als die Unbekannte auf dem Beichtstuhl erweist. Als Medardus über sie herfallen möchte, tritt ihr Bruder Hermogen auf. Der Mönch ermordet ihn.

Immer wieder taucht ein Doppelgänger auf, hinter dem sich Viktorin verbirgt. Als Medardus verhaftet wird, nimmt dieser die Schuld auf sich. Als Viktorin am Hochzeitstag von Medardus und Aurelie hingerichtet werden soll, bekennt Medardus seine Schuld und versucht in einem Anfall von Entsetzen Aurelie zu töten. Wie von Sinnen flieht er und geht nach Rom.

In einem Kloster erhält er die Aufzeichnungen des Malers Francesko zur Lektüre und entdeckt, dass er und alle anderen Personen seines Lebens einem durch Mord, Ehebruch und Blutschande gezeichneten Geschlecht angehören. In diesen Figuren erkennt er seine Stiefgeschwister wieder. In sein Heimatkloster zurückkehrt, wird Medardus zum Zeugen der Ermordung Aureliens durch seinen Doppelgänger. Genau ein Jahr später stirbt Medardus, von seinen Sünden befreit, in den Armen des Priors.

Aufbau: Die Bekenntnisse von Medardus stellen eine Autobiografie dar, deren Sinn erst am Schluss deutlich wird: Sie ist gleichermaßen Buße und Mittel zur Selbsterkenntnis. Diese Perspektive wird nur durch das Vorwort und die Zwischenbemerkungen des Herausgebers sowie durch zwei eingeschaltete Berichte unterbrochen. Gleichsam analytisch klärt der Erzähler die Geheimnisse seiner Vergangenheit auf. Die Erzählung hebt die Probleme und Belastungen der menschlichen Existenz hervor und verbindet diese mit einer abwechslungsreichen, spannenden Geschichte. Gleichzeitig werden scheinbar klare Konturen aufgehoben, da der Mönch es nicht vermag, zwischen Realität und Wahnvorstellung zu unterscheiden.

Wirkung: Während die Literaturwissenschaft das Werk lange Zeit unterschätzt hat, fand es bei den Lesern stets hohen Anklang, was u.a. darauf zurückzuführen ist, dass sich hier die Mittel der populären Unterhaltungsliteratur mit hohen literarischen Ansprüchen auf eine beispielhafte Weise verbinden. Viermal wurden *Die Elixiere des Teufels* bisher verfilmt. *C.V.*

E.T.A. Hoffmann, *Die Elixiere des Teufels*, Illustration *Der Wendepunkt* von Theodor Hosemann (1807–75) aus Band 6 der *Gesammelten Schriften* 1844

Friedrich Hebbel am 9. Januar 1842 in seinem Tagebuch über *Die Elixiere des Teufels* von E. T. A. Hoffmann:

Das meiste von Hoffmann hat sich überlebt, aber seine Elixiere des Teufels sind und bleiben ein höchst bedeutendes Buch, so voll warmen, glühenden Lebens, so wunderbar angelegt und mit solcher Konsequenz durchgeführt.

Hoffmann stammte aus einer bürgerlichen Frankfurter Familie. Nach dem Medizinstudium in Heidelberg, Halle und Paris kehrte er 1835 in seine Heimatstadt zurück, wo er als Arzt arbeitete. 1842 entstanden erste Gedichte, 1845 das bekannteste Werk Hoffmanns, *Der Struwwelpeter*, dem weitere Bilderbücher folgten. Hoffmann war 1848 Mitglied des Vorparlaments, das die erste deutsche Nationalversammlung in der Frankfurter Paulskirche auf den Weg brachte. Sein gesellschaftliches Engagement brachte ihn in Kontakt mit Künstlern, Schriftstellern und Gelehrten. Ungeachtet seines literarischen Erfolgs machte Hoffmann als Arzt Karriere. 1851 übernahm er die Leitung der Frankfurter »Anstalt für Irre und Epileptische«, deren Reformierung seinen eigentlichen Lebensinhalt bildete; erst 1888 ging er im Alter von 79 Jahren in Pension.

Biografie: E. Hessenberg (Hrsg.), *Struwwelpeter-Hoffmann erzählt aus seinem Leben. Lebenserinnerungen Dr. Heinrich Hoffmanns*, 1926.

Hoffmann, Heinrich

dt. Arzt, Kinderbuchautor und Satiriker

* 13.6.1809 Frankfurt / Main, † 20.9.1894 ebd.

📖 *Der Struwwelpeter*, 1845

Heinrich Hoffmann gilt als der erste Bilderbuchautor von Bedeutung im deutschsprachigen Raum. Die untrennbare Verbindung seiner laienhaften Illustrationen mit dem Text war schon für den zeitgenössischen Leser faszinierend, der nur Kinderbücher kannte, die den ästhetischen Vorstellungen von Erwachsenen entsprachen.

Der Struwwelpeter

OA 1845 **Form** Kinderbilderbuch **Epoche** Biedermeier

Mit seinem Werk *Der Struwwelpeter* gewährte Heinrich Hoffmann erstmals im deutschsprachigen Raum der Sicht des Kindes ihr Recht und begründete die Gattung des Kinderbilderbuchs. Er schuf damit einen Best- und Longseller, der in einer Gesamtauflage von weit mehr als 15 Mio Exemplaren in allen wichtigen Fremdsprachen erschienen ist. Trotz seines Erfolgs blieb *Der Struwwelpeter* stets umstritten: bei Zeitgenossen wegen der skurrilen und provozierenden Zeichnungen, die im Stil politischer und satiri-

Aus den *Lebenserinnerungen Dr. Heinrich Hoffmanns*:

Das Kind lernt einfach nur durch das Auge, und nur das, was es sieht, begreift es. Mit moralischen Vorschriften zumal weiß es gar nichts anzufangen. Die Mahnung: Sei reinlich! Sei vorsichtig mit dem Feuerzeug und laß es liegen! Sei folgsam! – das alles sind leere Worte für das Kind. Aber das Abbild des Schmutzfinken, des brennenden Kleides, des verunglückten Unvorsichtigen, das Anschauen allein erklärt sich selbst und belehrt. Nicht umsonst sagt das Sprichwort: »Gebrannter Finger scheut das Feuer!«

Heinrich Hoffmann, *Der Struwwelpeter*; links: Einband der 543. unveränderten Auflage; rechts: erstes Blatt der Originalausgabe 1845

Auszug aus dem Bilderbuch *Der Struwwelpeter* von Heinrich Hoffmann:

Sieh einmal, hier steht er.
Pfui! Der S t r u w w e l p e t e r !
An den Händen beiden
Ließ er sich nicht schneiden
Seine Nägel fast ein Jahr;
Kämmen ließ er nicht sein
Haar.
Pfui! Ruft da ein jeder:
Garst'ger Struwwelpeter!

scher Karikaturen des Vormärz gehalten sind, heute wegen der Darstellung drastischer Bestrafung kindlichen Fehlverhaltens.

Entstehung: Hoffmann lehnte die zeitgenössischen Bilderbücher für Kinder ab. Ihm als Praktiker, der tagtäglich in seiner Praxis mit Kindern konfrontiert war, kamen sie zu gelehrt, zu moralisch und zu idealtypisch illustriert vor. So griff Hoffmann selbst zur Feder, zeichnete und reimte für seinen Sohn Carl eine Reihe von Geschichten, die nicht nur zu Hause unterm Weihnachtsbaum, sondern auch im Kreis seiner Bekannten für Aufsehen sorgten. Der befreundete Verleger Zacharias Löwenthal (später Carl-Friedrich Loening) überredete Hoffmann zur Publikation der Zeichnungen, die in den ersten drei Auflagen noch den Titel *Lustige Geschichten und drollige Bilder mit 15 kolorierten Tafeln für Kinder von 3 bis 6 Jahren* trugen. Die Erstausgabe war nach wenigen Wochen vergriffen. Bis zur fünften Auflage erschien das Buch unter dem Pseudonym Reimerich Kinderlieb, ehe sich Hoffmann dazu entschloss, seinen eigenen Namen zu nennen.

Inhalt: *Der Struwwelpeter* enthält insgesamt zehn Geschichten (vollständig erst seit 1847), die sich stark in ihrer Struktur ähneln. Ein Kind verstößt gegen eine gesellschaftliche Norm oder eine elterliche Anordnung und erhält schon kurz darauf die Strafe: Wer einen Hund ärgert, wird von ihm gebissen, wer seine Suppe nicht isst, muss verhungern. Dabei ist die passive Rolle der Eltern ebenso auffallend wie die Überzeichnung von strafenden Personen wie dem Schneider mit der riesigen Schere, der Daumenlutschern die Daumen abschneidet.

Wirkung: Hoffmann verknüpfte Illustration und Text zur Bildergeschichte und prägte damit nachfolgende Werke. Schon 1846 entstand die erste Bilderbuchnachahmung. 1848 lag die erste englische Übersetzung vor, 1849 die erste in russischer Sprache. Es folgten allein im deutschsprachigen Raum mehr als 1000 Bearbeitungen und Parodien. Neben einfachen Bilderbuchnachahmungen entstanden auch politische Struwwelpeter-Parodien wie der *Anti-Struwwelpeter* (1970) von Friedrich Karl Waechter (* 1937), der im Ungehorsam das antiautoritäre Element pries. *W. Z.*

Hofstadter, Douglas R.

US-amerikan. Computerwissenschaftler und Wissenschaftspublizist

* 15.2.1945 New York

📖 *Gödel, Escher. Bach ein Endloses Geflochtenes Band*, 1979

Douglas R. Hofstadter ist einer der internationa führenden Spezialisten in den Kognitivwissenschaften. Als Journalist verfügt er über die Gabe, auch komplizierte Sachverhalte allgemein verständlich darzulegen. Sein Buch *Göde Escher, Bach* ist in dieser Hinsicht ein Meister werk und erzielte in kürzester Zeit weltweite Erfolg. Hofstadter wurde dafür mit dem Pulit zerpreis und dem American Book Award ausge zeichnet.

Hofstadter studierte Physik wie sein Vater Robert Hofstadter (1915–90), der als Wissenschaftler an der Stanford-Universität in Palo Alto (Kalifornien) arbeitete und 1961 den Nobelpreis für Physik erhielt. Hofstadter jun. promovierte 1975 mit einer Arbeit über Festkörperphysik und lehrte in den Folgejahren als Gastprofessor am Massachusetts Institute for Technology in Cambridge sowie an verschiedenen Hochschulen, u.a. in Regensburg. Seit seiner Assistenzprofessur für Computerwissenschaft an der University of Indiana in Indianapolis 1977 arbeitet er auf dem Gebiet Künstliche Intelligenz. 1984 wurde Hofstadter zum Professor für Kognitivwissenschaft an der University of Michigan in Ann Arbor berufen. Mitte der 1980er Jahre begann er das Prinzip zu erforschen, nach dem unser Gehirn es vermag, einen Buchstaben trotz der Vielzahl möglicher (handschriftlicher, druckschriftentypischer, künstlerisch verfremdeter) Formvarianten äußerst effektiv und eindeutig zu identifizieren.

Gödel, Escher, Bach ein Endloses Geflochtenes Band

OT Gödel, Escher, Bach: an Eternal Golden Braid
OA 1979 **DE** 1985
Form Sachbuch **Bereich** Mathematik

Douglas R. Hofstadter gelingt es mit *Gödel, Escher, Bach*, dem Leser ein schwieriges Problem der Mathematik, die Gödel'sche Unentscheidbarkeit, nahe zu bringen und ihre Anwendung auf unterschiedlichsten Gebieten nachvollziehbar darzulegen.

Inhalt: Im Mittelpunkt steht die geniale Entdeckung des Mathematikers Kurt Gödel (1906 bis 1978), der 1930/31 versucht hatte, streng mathematisches Denken auf die eigene Wissenschaft anzuwenden. Bei diesem Vorgehen war Gödel auf den nach ihm benannten Unvollständigkeitssatz gestoßen, der das mathematische Denken des 20. Jahrhunderts grundlegend verändern sollte. Er besagt: In jeder Theorie gibt es mindestens einen Lehrsatz, der mit den in diesem System akzeptierten Mitteln oder Methoden weder beweisbar noch widerlegbar, also unentscheidbar ist.

Hofstadter erläutert in Texten und Dialogen, dass die Problematik der Gödel'schen Unentscheidbarkeit in modifizierter Form auch außerhalb der Mathematik existiert, also genereller Natur ist. Er stellt Johann Sebastian Bachs (1685–1750) Kompositionen der Kunst der Fuge vor und erklärt die Eigenschaft der Selbstbezüglichkeit sowie das Zusammenwirken der verschiedenen Ebenen dieser Musik. Hier wie in den Grafiken und Holzschnitten des Niederländers Maurits Cornelis Escher (1898 bis 1972)

findet der Autor die von ihm als »seltsame Schleifen« bezeichneten (unentscheidbaren) Selbstbezüglichkeiten. Die Schleifen dienen als Modell einer Fortbewegung nach oben oder unten über die verschiedenen Stufen eines hierarchischen Systems. Bach moduliert im *Musikalischen Opfer* von Tonart zu Tonart ansteigend und entfernt sich weit von der Ausgangstonart – um diese am Ende wieder zu erreichen, eine Oktave höher. Und Escher visualisiert perfekt »seltsame Schleifen« in Form von Konflikten zwischen Endlich und Unendlich, zwischen Ebene und Raum: Ebenen, die gewöhnlich als hierarchisch angesehen werden, kehren sich gegeneinander. Solch eine »verwickelte Hierarchie« empfindet der Betrachter einer Escher-Grafik in ihrer Gesamtheit deutlich als Paradoxon – in dessen Hintergrund er das Mathematische noch erahnen kann. Hofstadter untersucht auch in ganz anderen Gebieten selbstbezügliche Konstruktionen, nimmt sich stets die damit zusammenhängenden Paradoxa vor und stellt Verbindungen zum Denken, zu biologischen Systemen und zur Möglichkeit künstlicher Intelligenz her.

Aufbau: Hofstadter lässt Dialoge und Kapiteltexte einander abwechseln, so dass ein neuer Begriff zweifach, aber auf un-

Douglas R. Hofstadter, *Goedel, Escher, Bach*, Umschlag der deutschsprachigen Erstausgabe 1985

Die wichtigsten Bücher von Douglas R. Hofstadter	
Gödel, Escher, Bach ein Endloses Geflochtenes Band 1979	Hofstadter behandelt gleichnishaft Kurt Gödels Unvollständigkeitssatz sowie die mit der Selbstbezüglichkeit zusammenhängenden Paradoxien und bezieht naturwissenschaftliche Betrachtungen sowie Beispiele aus Musik und bildender Kunst ein. → S. 517
Einsicht ins Ich. Fantasien und Reflexionen über Selbst und Seele 1981	Gemeinsam mit Daniel C. Dennett hat Hofstadter wissenschaftliche und literarische Texte mit utopischen Ideen zusammengestellt, um über Ich-Bewusstsein bei Mensch und Maschine zu reflektieren: Ist das Gehirn samt Ich-Bewusstsein eine Maschine und könnte eine dem Gehirn nachgebaute Maschine mit einem Ich-Bewusstsein ausgestattet sein?
Künstliche Intelligenz. Subkognition als Computation 1983	Hofstadter greift das Kernthema von *Gödel, Escher, Bach* nochmals auf. Seine hier stärker differenzierte Analyse zielt auf die Beantwortung der Fragen: Können Maschinen denken? Und: Ist künstliche Intelligenz möglich?
Metamagicum. Fragen nach der Essenz von Geist und Struktur 1985	Im Mittelpunkt stehen das Wesen von Intelligenz und Bewusstsein sowie die spekulative Frage, wie man damit Maschinen ausstatten könnte. Eine mit Paradoxien, Spielen und Rätseln garnierte Lektion Selbsterkenntnistheorie und ein Plädoyer für persönliches Engagement des Einzelnen angesichts der nuklearen Bedrohung des Lebens auf der Erde.
Die FARGonauten. Über Analogie und Kreativität 1995	In Hofstadter'scher Manier, angelehnt an *Gödel, Escher, Bach*, werden eineinhalb Jahrzehnte Forschungsarbeit in den Kognitivwissenschaften dargestellt und auch den Nicht-Fachleuten unter den Lesern allgemein verständlich nahe gebracht.

Friedrich Hölderlin, *Hyperion oder Der Eremit in Griechenland*, Umschlag einer Ausgabe o.J. (Insel Leipzig)

Auszug aus *Hyperion* von Friedrich Hölderlin:

So kam ich unter die Deutschen. Ich forderte nicht viel und war gefasst, noch weniger zu finden. Demütig kam ich, wie die heimatlose blinde Oedipus zum Tore von Athen, wo ihn der Götterhain empfing; und schöne Seelen ihm begegneten.

Wie anders ging es mir! Barbaren von alters her, durch Fleiß und Wissenschaft und selbst durch Religion barbarischer geworden, tiefunfähig jedes göttlichen Gefühls, verdorben bis ins Mark zum Glück der heiligen Grazien, in jedem Grad der Übertreibung und der Ärmlichkeit beleidigend für jede gutgeartete Seele, dumpf und harmonielos, wie die Scherben eines weggeworfenen Gefäßes – das, mein Bellarmin! waren meine Tröster.

Clemens Brentano 1814 an Rahel Varnhagen von Ense:

Sollten Sie nie den Hyperion *von Hölderlin, Cotta 1797, gelesen haben, so tuen Sie es sobald wie möglich; es ist eines der trefflichsten Bücher der Nation, ja der Welt.*

terschiedliche Weise erläutert wird. Der Dialog vermittelt dem Leser zunächst metaphorisch anschauliche Bilder. Diese bieten bei der Lektüre des darauf folgenden Kapitels den Bildhintergrund für die abstraktere Begriffsklärung. Etwa ein Viertel des mit mehr als 150 Abbildungen illustrierten Buchs geben die einzigartigen, stets kommentierten Grafiken Eschers wider.

Wirkung: *Gödel, Escher, Bach* wurde in kürzester Zeit zum publizistischen Welterfolg und regte auch Nichtmathematiker an, sich mit der Gödel'schen Unvollständigkeit zu befassen. *G. B.*

Hölderlin, Friedrich

dt. Dichter

*20.3.1770 Lauffen am Neckar, †7.6.1843 Tübingen

📖 *Hyperion*, 1797–99

Johann Christian Friedrich Hölderlin ist ein Hauptvertreter des Klassizismus, seine Dichtung bezieht jedoch auch Frühromantik und Idealismus mit ein. Bekannt vor allem für seine Lyrik, sind auch der Roman *Hyperion* und die unvollendete Tragödie *Der Tod des Empedokles* (1826) bedeutend. Obwohl mit vielen Persönlichkeiten seiner Zeit bekannt, kann er keiner literarischen Bewegung zugeordnet werden. Dieser nonkonformistische Status zeigt sich auch in der Originalität seiner Dichtung.

Hölderlin wurde als Kind einer religiösen Familie in Schwaben geboren. 1788–93 studierte er am Theologischen Seminar in Tübingen, wo er mit Georg F. W. → Hegel und Friedrich W.J. Schelling befreundet war. Ab 1798 begeisterte sich Hölderlin für die Französische Revolution. Während seines theologischen Studiums nahm er Abstand von der Idee, Pfarrer zu werden. Durch Vermittlung von Friedrich → Schiller, den er verehrte, trat Hölderlin die erste von mehreren Stellen als Hauslehrer an. In Frankfurt/Main verliebte er sich in Susette Gontard, die Frau des Bankiers, bei dem er 1796–98 als Hofmeister arbeitete. Sie gab ihm »Dichtermut« und ging als Diotima in seinen Roman *Hyperion* ein. 1797 traf er → Goethe, dessen Gleichgültigkeit ihm gegenüber ihn kränkte. Als Hölderlin 1802 von Susettes Tod erfuhr, erlitt er einen Nervenzusammenbruch. 1804 übernahm er nach mehrmonatiger Krankheit eine Stelle als Bibliothekar, aber sein geistiger Zustand verschlechterte sich. 1806 wurde er in eine Tübinger Heilanstalt eingeliefert. Nach acht Monaten als unheilbar entlassen, bezog er 1807 ein Turmzimmer in Tübingen, wo er die letzten 36 Jahre seines Lebens in »geistiger Umnachtung« verbrachte.

Biografien: P. Bertaux, *Friedrich Hölderlin*, 2000; G. Martens, *Friedrich Hölderlin* (rm 50 586).

Hyperion

OA 1797/99 **Form** Roman **Epoche** Klassik

Der lyrische und empfindsame Briefroman *Hyperion oder Der Eremit in Griechenland* behandelt die Motive Liebe und Natur, Revolution und Vaterland. Als Anlass für das Werk diente u.a. Hölderlins Enttäuschung, dass die Französische Revolution in Deutschland weder zu einer Revolution noch zu politischen Reformen geführt hatte. Um eine mögliche Zensur des Romans zu vermeiden und um seine Begeisterung für die Antike auszudrücken, verlegte er die Handlung nach Griechenland.

Entstehung: 1794 erschien eine vorläufige Fassung, das *Fragment von Hyperion*, in der von Schiller geleiteten literarischen Zeitschrift *Neue Thalia*. Hölderlin experimentierte mit weiteren Fassungen seines Werks, die in der Form, nicht jedoch in der Handlung vom ursprünglichen Konzept abwichen. In der Frankfurter Zeit überarbeitete Hölderlin das Manuskript gründlich.

Aufbau: Der Roman besteht einzig aus Briefen Hyperions, die er – nach der Rückkehr aus dem selbst gewählten deutschen Exil – aus seiner Heimat Griechenland, wo er fortan als Eremit lebt, schreibt. Die Briefe sind adressiert an einen imaginären deutschen Freund namens Bellarmin und vor allem kritische Reflexion. Der Erzähler stellt sich aus der Distanz den tragischen Ereignissen der Vergangenheit und interpretiert sie neu. Im Lauf des Romans wechselt der Erzählton. Im ersten Band, zu einer Zeit, in der er eigentlich glücklich war, schreibt Hyperion düstere Briefe, von den Gräueltaten des zweiten Bandes erzählt er mit Gelassenheit und Abstand.

Inhalt: Historischer Hintergrund ist der erfolglose Aufstand der Griechen gegen die Türken 1770. Von seiner Heimatinsel Salamis zieht der junge Grieche Hyperion in die Welt, um die Menschheit kennen zu lernen. In Smyrna begegnet er Alabanda, einem heroischen Revolutionär, der von einem befreiten Land träumt. Obwohl Hyperion von dem Freiheitsbedürfnis Alabandas beeindruckt ist, desillusioniert ihn die Gewalt, die mit Revolutionen verbunden ist. Er zieht sich nach Salamis zurück, wo er Diotima triff, in die er sich verliebt. Sie erwidert seine Zuneigung, will aber, dass er seine Liebe für die Menschheit nicht ihretwillen aufgibt. Nach einer idyllischen gemeinsamen Zeit fahren sie nach Athen. Hier ruft sie ihn auf, sich für die Menschheit einzusetzen. Hyperion sieht nun seine Aufgabe darin, sein Volk mit der Natur in eine allumfassende Gottheit zu vereinen.

Am Anfang des zweiten Bandes endet das glückliche Leben von Hyperion und Diotima. In einem Brief teilt ihm Alabanda mit, dass die

Griechen eine Revolution gegen die Türken beginnen. Hyperion eilt zu Alabanda, um an der Befreiung seines Landes teilzunehmen. Nach anfänglichen Siegen kommt es bei der Belagerung der Stadt Misistra zur Wende. Die Griechen plündern und morden wahllos. Hyperion erkennt, dass die Freiheitskämpfer nur Räuber und Opportunisten sind. Verzweifelt sucht er in einer anderen Schlacht den Tod, wird aber nur verwundet. Nach dem Tod Alabandas und Diotimas fährt er nach Deutschland, um Abstand vom Grauen zu bekommen.

Wirkung: *Hyperion* und die Lyrik Hölderlins blieben zunächst weitgehend unbeachtet. Mitte des 19. Jahrhunderts erschienen seine gesamten Werke, stießen aber beim Publikum noch immer auf wenig Interesse. Erst um 1900 entstand in Deutschland ein Hölderlin-Kult. Seine komplexe, philosophische Dichtung würdigten Autoren wie Stefan → George, Rainer Maria → Rilke und Hermann → Hesse. *J. K.*

Homer

griech. Dichter

8. Jahrhundert v. Chr.

📖 *Ilias*, 2. Hälfte des 8. Jahrhunderts v. Chr.

📖 *Odyssee*, 2. Hälfte des 8. Jahrhunderts v. Chr.

Homer, der als Schöpfer der beiden ersten und zugleich bedeutendsten griechischen Großepen *Ilias* und *Odyssee* gilt, steht am Anfang der griechischen und damit der europäischen Literatur sowie der abendländischen Heldenepos-Tradition. Bereits im Altertum war Homer ein gerühmter Dichter und ein Vorbild und Lehrmeister der Antike. Ab dem 6. Jahrhundert v. Chr. wurde er durch fahrende Sänger im gesamten griechischen Sprachraum verbreitet und rezitiert. Die *Ilias* und die *Odyssee* übten maßgeblichen Einfluss auf die griechische Sprache, Literatur und bildende Kunst aus.

Über Homers Person herrschte seit jeher Unsicherheit. Die literarisch-biografische Erforschung begann im 5. Jahrhundert v. Chr., wobei die Quellen viel Widersprüchliches enthalten. Aufgrund sprachlicher Indizien erscheint Smyrna (heute Izmir) als seine Geburtsstadt am wahrscheinlichsten. Anzunehmen ist, dass der nördliche Teil des ionischen Kleinasien Homers Heimat war. Als Sterbeort gilt die Insel Ios.

Die sog. homerische Frage, die Frage nach dem Dichter der homerischen Epen und deren Entstehung, kam bereits im Altertum auf. Bis zum 5. Jahrhundert schrieb man Homer neben der *Ilias* und *Odyssee* zahlreiche weitere Epen zu, später galt er als ausschließlicher Verfasser dieser beiden Dichtungen, bis ihm im Hellenis-

mus die »Chorizonten« (Trennenden) die Autorenschaft der *Odyssee* absprachen. Im Laufe der Debatte entwickelten sich zwei Hauptrichtungen, die der Unitarier, die eine strenge Einheitlichkeit der Epen vertraten, und die der Analytiker, die beide Epen radikal in einzelne Lieder zerlegten. Hinzu kamen Forscher, die spätere Interpolationen, Erweiterungen und Kompilationen mehrerer Kleinepen annahmen und Homer nur für den Redaktor oder Herausgeber hielten. Wolfgang Schadewaldt leitete 1938 einen durch Komposition und Beziehungsreichtum des Epos begründete Gesamtschau der *Ilias* ein und konstituierte Homer wieder als ihren Dichter.

Biografie: H. Bannert, *Homer* (rm 50272); J. Latacz, *Homer. Eine Einführung*, 1985.

Ilias

OT Ilias   **EZ** 2. Hälfte des 8. Jahrhunderts v. Chr.
EA 1488   **DE** 1584   **Form** Epos   **Epoche** Antike

Die *Ilias* gilt als die älteste Dichtung des Abendlandes. Homer verarbeitete nicht nur eigenes Gedankengut, sondern schöpfte auch aus Überlieferungen mündlicher Dichtung bis in die kretisch-mykenische Zeit. Dabei stellte er das Tradierte – einem einheitlichen Plan folgend – in einen gänzlich neuen Zusammenhang in komplexer Gliederung und Ordnung. Das Epos veranschaulicht das sittliche Maß halten, die Selbstbeherrschung, als höchste Form menschlichen Handelns und gibt Hinweise für das richtige Verhalten gegenüber den Göttern.

Aufbau und Inhalt: Der Titel *Ilias* ist von Ilion abgeleitet, dem zweiten Namen der in Kleinasien gelegenen Stadt Troja, die um 1200 v. Chr. zerstört wurde. Der in 24 Büchern zu ca. 15000 Hexametern gefasste Stoff der *Ilias* steht in historischem Bezug zu der Belagerung Trojas und schildert einen Ausschnitt der Kämpfe zwischen griechischen Belagerern und trojanischen Verteidigern, eine etwa 50 Tage umfassende Episode aus dem Ende des zehnjährigen Trojanischen Krieges und die Zerwürfnisse im Griechenheer. In Rückblick und Vorschau wird jedoch ein Bild des gesamten Krieges gegeben.

Leitthema des Geschehens ist der Zorn des Achill, des vortrefflichsten Kriegers der Griechen. Darauf konzentrieren sich alle kompositorischen, sprachlichen und stilistischen Mittel.

Auszug aus der Abhandlung
Über das Studium der griechischen Poesie (1797) von Friedrich Schlegel:

In den Sitten seiner Helden sind Kraft und Anmut im Gleichgewicht. Sie sind stark, aber nicht roh, milde, ohne schlaff zu sein, und geistreich ohne Kälte...

Es gibt charakteristische Züge der Homerischen Poesie, welche dem Griechen allein eigen sind...

In den Sitten seiner Helden sind Kraft und Anmut im Gleichgewicht. Sie sind stark, aber nicht roh, ohne schlaff zu sein, und geistreich ohne Kälte.

Homer, *Ilias*, Seite einer im 15. Jahrhundert in Ferrara entstandenen griechischen Handschrift mit dem Beginn des Epos: »Singe den Zorn, o Göttin, des Peleiaden Achilleus ...«

Auszug aus dem *Prooimion* zur *Odyssee* des Homer:

Singe mir Muse, die Taten des weitgereisten Mannes,/ Welcher auf langer Irrfahrt, nach Trojas, der hehren, Zerstörung,/ Vieler Menschen Städte gesehen und Sinn erfahren/ Und auf dem Meere soviel unnennbare Leiden erduldet...

Homer, *Odyssee*, Titelblatt der deutschsprachigen Ausgabe 1781

Auszug aus der *Ilias* des Homer (Buch 8, 553–561):
Sie dort [die Troer], mutig und stolz, in des Kriegs Abteilung gelagert,/ Saßen die ganze Nacht, und es loderten häufige Feuer./ Wie wenn hoch am Himmel die Stern' um den leuchtenden Mond her/ Scheinen in herrlichem Glanz, wann windlos ruhet der Äther;/ Hell sind rings die Warten der Berg' und die zackigen Gipfel,/ Täler auch, aber am Himmel eröffnet sich endlos der Äther;/ Alle nun schauten die Stern, und herzlich freut sich der Hirte;/ So viel' zwischen des Xanthos Gestad' und den Schiffen Achaias/ Loderten weit erscheinend vor Ilios, Feuer der Troer.

Ein Streit zwischen Achill und Agamemnon, dem obersten griechischen Heerführer, entbrennt, als dieser sich weigert, dem troischen Apollonpriester Chryses dessen gefangen genommene Tochter Chryseis zurückzugeben. Als göttliche Strafe Apollons wird daraufhin das griechische Heer von einer Seuche heimgesucht. Achill, der sich zum Sprecher derjenigen macht, die eine Freilassung der Gefangenen fordern, erzwingt die Herausgabe von Chryseis. Zum Ausgleich fordert Agamemnon von Achill die schöne Briseis. Dieser bleibt – seiner Kriegsbeute beraubt – grollend dem Kampf fern. Achills Mutter, die Meergöttin Thetis, erfleht von Zeus die Wiederherstellung der Ehre ihres Sohnes. Zeus beschließt, dass die Trojaner so lange über die Griechen siegen sollen, bis die Beleidigung des Achill gesühnt ist. So erhalten die Kämpfe um die Stadt Troja die Bedeutung eines göttlichen Plans. Auf Seiten der Griechen wie der Trojaner nehmen Götter am Krieg teil.

Der Groll des Achill wird erst gebrochen, als sein Freund Patroklos durch das Schwert Hektors fällt. Achill greift wieder in den Kampf ein, um Rache zu nehmen. Er empfängt von Thetis eine von Hephaistos geschmiedete Rüstung. Sein Zorn wandelt sich in Hass gegen Hektor, den er im Kampf tötet. Nach schrecklichem Wüten gegen die Feinde und Schändungen des Leichnams von Hektor findet Achill wieder zu maßvollem Verhalten und Menschlichkeit zurück: Er gibt der Bitte des Königs Priamos, Hektors Vater, um die Leiche des Sohnes nach.

Stil: Die Sprache der *Ilias* ist eine Kunstsprache, die aus ionisch-äolischen Elementen besteht. Geprägte, stets wiederkehrende formelhafte Wendungen lassen auf mündliche Vorstufen schließen. Charakteristisch für das Heldenepos sind kraftvolle Fantasie, Sprachgewalt, Retardierung des Handlungsablaufs zur Erzeugung neuer dramatischer Spannung, minuziös ausgemalte Einzelszenen, mitfühlende Anteilnahme und psychologisches Feingefühl, Schönheit der wirklichkeitszugewandten Beobachtung zeugenden Gleichnisse.

Homer lässt ein Bild des menschlichen Kosmos aufscheinen, wie es die Schilderung des von Hephaistos geschmiedeten Schildes im 18. Buch exemplarisch zeigt. Hiermit geht Homer über die eigentliche Handlung der *Ilias* hinaus, indem er das gesamte menschliche Leben – im Frieden wie im Krieg, bei handwerklichen Verrichtungen u. a. – beschreibt.

Wirkung: Schon → Aristoteles in seiner *Poetik* und → Horaz in der *Ars poetica* lobten den Epiker Homer; → Vergil konzipierte seine *Aeneis* als eine Synthese aus *Odyssee* und *Ilias*. In der Renaissance rühmten ihn besonders Francesco → Petrarca und Giovanni → Boccaccio. Für die Literaturtheorie des Sturm und Drang war das Werk von Homer vorbildlich. *V. R.*

Odyssee

OT Odyssee **EZ** 2. Hälfte des 8. Jahrhunderts v. Chr. **EA** 1488 **DE** 1537 **Form** Epos **Epoche** Antike

Die *Odyssee* gilt als das zweitälteste Dokument der abendländischen Literatur. Das in der Überlieferung als Werk des Homer ausgewiesene Heldenepos nimmt wie auch die *Ilias* Motive der langen Tradition mündlicher Dichtung in sich auf und greift bis auf die mykenisch-kretische Zeit zurück.

Inhalt: Das Epos besingt in 12 200 Hexameterversen in 24 Büchern die abenteuerlichen Irrfahrten und die glückliche Heimkehr des Königs Odysseus zu seiner Frau Penelope. Dabei umfasst die *Odyssee* einen Zeitraum von 40 Tagen. Vorangegangenes wird nur indirekt, durch eine ausgedehnte Erzählung des Helden und in Liedern eines fahrenden Sängers, dargestellt. Der *Odyssee* ist eine kleine Hymne, das *Prooimion*, vorangestellt.

Das Epos setzt kurz vor der Heimkehr mit dem Aufenthalt des Odysseus bei der Nymphe Kalypso ein und lässt nach einem Schiffbruch den Helden selbst in einer Rahmenerzählung vor den Phäaken seine früheren Erlebnisse schildern. Parallel dazu erzählt die *Odyssee*, wie sich die auf die Rückkehr ihres Gatten wartende Penelope nur mit List ihrer Freier zu erwehren vermag, sich ihr Sohn Telemachos auf die Suche nach dem verschollenen Vater begibt und später dem unerkannt heimgekehrten Odysseus beim Freiermord hilft.

Aufbau: Die *Odyssee* zeichnet sich durch eine kunstvoll verwobene Komposition sowie durch eine Einteilung in zwei gleich lange Hälften, Irrfahrt und Heimkehr, aus. Drei Haupt-Stoffkreise lassen sich unterscheiden: die Heimkehrgeschichte in Form eines Schiffermärchens vom herumirrenden Seefahrer (nostos), die Geschichte vom totgeglaubten, heimgekehrten König und das Märchen vom Sohn, der nach seinem verschollenen Vater sucht (Telemachie), bereichert durch die Legende vom Kriegshelden, der die toten Kameraden in der Unterwelt aufsucht (nekyia).

Unterschiede zur Ilias: Von der *Ilias* unterscheidet sich die *Odyssee* vor allem durch ein stark verändertes Menschenbild und ein neues Verhältnis zu den Göttern. Diese sind die Garanten des Rechts, Odysseus zeichnet sich durch menschliche Reife, die Fähigkeit, Leid zu ertragen, Gehorsam gegenüber den Göttern, Klugheit, Fantasie, Verantwortungsgefühl, Humor und Gerechtigkeitsempfinden aus. Der umsichtige und maßvolle Odysseus wird so zum Vorbild für eine neuen Menschlichkeit. Die Götter, wenn auch zuweilen ihren Leidenschaften erliegend, lassen sich in ihrem Handeln von Gerechtigkeit leiten, so gilt die Rache des Odysseu als Exemplum des göttlichen Strafgerichts. Ebenso erhält das einfache Volk in der *Odyssee* eine stärkere Bedeutung als in der *Ilias*.

Sprache: Die Sprache der *Odyssee* ist eine Mischung verschiedener griechischer Dialekte, wobei der ionische überwiegt. Formelhafte Verse werden für stets wiederkehrende Geschehnisse benutzt, entscheidende Szenen zeichnen sich durch große sprachliche Gestaltungskraft aus. Die Charaktere werden äußerst facettenreich dargestellt, Reden beanspruchen einen breiten Raum.

Wirkung: Schon in der Antike nahm die *Odyssee* eine überragende Stellung ein; sie galt als meisterhafte Darstellung und Ausdruck des ureigensten griechischen Wesens. →Vergils *Aeneis* nimmt formal und inhaltlich starken Bezug auf die *Odyssee*, ebenso die Epik des Mittelalters. In der Renaissance gelang mit der Wiederentdeckung der Antike die Dichtkunst Homers erneut zu großer Anerkennung.

Einflussreich war Homers Großepos für die Literaturtheorie des Sturm und Drang – sie sah den Ursprung aller großen Dichtungen in der »Natur« statt in der »Kunst« und schätzte Homers Werk als »natürliche«, unmittelbar der Anschauung der Wirklichkeit entsprungene Poesie. In der deutschen Literatur des Klassizismus war die *Odyssee* in der Diskussion um den Hexameter und die Erneuerung des Heldenepos von Bedeutung. 1781 entstanden qualitätvolle Versübersetzungen beider Epen durch Johann Heinrich Voß (1751–1826), die weite Bevölkerungskreise im deutschsprachigen Raum mit Homers Dichtung vertraut machten. *V. R.*

Horaz

(eigtl. Quintus Horatius Flaccus) röm. Dichter

*8.12.65 v. Chr. Venusia, †27.11.8 v. Chr.

📖 *Oden*, 23 / 13 v. Chr.

Horaz hinterließ nur ein schmales Werk, das ihn aber als bedeutendsten römischen Dichter neben →Vergil ausweist.

Horaz, Sohn eines Freigelassenen, zog 54 v. Chr. mit seinem Vater nach Rom, wo er Grammatik studierte. Als 20–Jähriger reiste er nach Athen, um dort Philosophie zu studieren. 44 v. Chr. schloss er sich Brutus (um 81–43 v. Chr.) und Cassius (†42 v. Chr.) an, die nach der Ermordung →Caesars zur Wiederherstellung der Republik aufriefen. Er erlebte die Niederlage bei Philippi 42 v. Chr. und anschließend die Enteignung seines Vaters. Horaz musste sich in Rom als Schreiber durchschlagen und begann mit ersten Dichtungen. Sein Ruf verbreitete sich schnell; im Jahr 35 v. Chr. wurde er von Vergil in den Kreis des Maecenas (um 70–8 v. Chr.) eingeführt, der ihm ein Landgut schenkte.

Fortan widmete sich Horaz der Abfassung von Satiren, arbeitete an den *Oden* und bekam Aufträge auch von Augustus (63 v. Chr.–14), der ihn zu seinem Sekretär machen wollte. In späteren Lebensjahren verfasste Horaz seine berühmte und einflussreiche Abhandlung *Über die Dichtkunst* (14 v. Chr.). Er starb als verehrter und hoch geachteter Dichter kurz nach Maecenas, an dessen Seite er beerdigt wurde.

Biografie: B. Kytzler, *Horaz*, 1985; E. Lefèvre, *Horaz. Dichter im augusteischen Rom*, 1993.

Gotthold Ephraim Lessing in *Rettungen des Horaz:*

Er, der philosophische Dichter, der Witz und Vernunft in ein mehr als schwesterliches Band brachte, und mit der Feinheit eines Hofmanns den ernstlichsten Lehren der Weisheit das geschmeidige Wesen freundschaftlicher Erinnerungen zu geben wußte, und sie entzückenden Harmonien anvertraute, um ihnen den Eingang in das Herz desto unfehlbarer zu machen.

Szenen aus dem Epos *Odyssee* von Homer; links: Odysseus befragt den Seher Teiresias; griechische Vasenmalerei, Ende des 5. Jahrhunderts v. Chr.; rechts: Blendung des Polyphem durch Odysseus und seine Gefährten; griechische Vasenmalerei, 6. Jahrhundert v. Chr.

Friedrich Nietzsche in *Götzendämmerung* (1889) über die *Oden* von Horaz:

Bis heute habe ich an keinem Dichter dasselbe artistische Entzücken gehabt, das mir von Anfang an eine Horazische Ode gab...Dies Mosaik von Worten, wo jedes Wort als Klang, als Ort, als Begriff, nach rechts und links und über das Ganze hin seine Kraft ausströmt, dies Minimum in Umfang und Zahl der Zeichen, dies damit erzielte Maximum in der Energie der Zeichen – das alles ist römisch und, wenn man mir glauben will, vornehm par excellence.

Oden

OT Carmina **EZ** ca. 34 v. Chr.–ca. 13 v. Chr.
OA 23 / 13 v. Chr. **DE** 1639
Form Gedichtsammlung **Epoche** Römische Klassik

Die heute unter dem griechischstämmigen Namen *Oden* bekannten Dichtungen – von Horaz selbst unter dem lateinischen Titel *Carmina* (Lieder) veröffentlicht – sind das lyrische Hauptwerk der römischen Literatur.

Inhalt: Die Oden handeln von griechischer und römischer Mythologie und Geschichte, von der aktuellen politischen Situation, aber auch von Privatem. Philosophischer Tiefsinn (II, 10) und zarte Liebeserklärungen (I, 23), Gedichte über die Freundschaft (II, 7) und Trinklieder (I, 37) reihen sich aneinander. Horaz reflektiert über die Dichtung, besingt Kleopatra (I, 37), seinen

Gönner Maecenas (II, 17), den Gott Bacchus (II, 19) und nicht zuletzt sich selbst und seinen Nachruhm (III, 30). In den sechs Römeroden am Beginn des 3. Buchs tritt Horaz für die Reformen des Augustus ein. In der Gesamtschau stellen sich die Dichtungen als Kaleidoskop der politischen und historischen, der öffentlichen und privaten Dimensionen des römischen Lebens im 1. Jahrhundert v. Chr. dar.

Struktur: Die Abfolge der Gedichte scheint keinem einheitlichen Plan zu folgen; sie sind nicht durch ein gemeinsames Thema oder ein Leitmotiv geordnet, ebenso wenig durch formale Gruppierungen oder Grundstimmungen. Fröhlichkeit grenzt unmittelbar an Tiefsinn, leichter Gesang an Schwermut. In der formalen Gestaltung knüpft Horaz an griechische Vorbilder an und greift auf traditionelle lateinische Metren und Versformen zurück.

Wirkung: In der Lyrik Europas hat Horaz tiefe Spuren hinterlassen, etwa bei Dante, der ihn zum zweitgrößten Dichter neben Homer erklärte, über Goethe, Schiller, Baudelaire bis hin zu Hofmannsthal, Hesse und Brecht um nur einige seiner zahllosen Leser und Bewunderer zu nennen. *U.S.*

Kommentar des Pomponius zu den Oden des Horaz in einer Handschrift des 17. Jahrhunderts. Die einleitenden Zeilen betonen die Herkunft des »poeta lyricus« als Sohn eines Freigelassenen.

Horkheimer, Max/ Adorno, Theodor W.

Horkheimer, Max, dt. Philosoph und Soziologe
* 14.2.1895 Stuttgart, † 7.7.1973 Nürnberg
Adorno, Theodor W., dt. Philosoph u. Soziologe → S. 14
* 11.9.1903 Frankfurt / M., † 6.8.1969 Visp, Schweiz
📖 *Dialektik der Aufklärung*, 1947

Max Horkheimer war zusammen mit Theodor W. → Adorno Begründer und bedeutendster Vertreter der kritischen Theorie (Stichwort → S. 523). Sein Denken hat nicht nur die Sozialwissenschaften, sondern auch das geistige Klima der Bundesrepublik Deutschland nachhaltig geprägt.

Horkheimer war ab 1930 Ordinarius für Sozialphilosophie und Direktor des Instituts für Sozialforschung in Frankfurt/M. 1933 emigrierte er in die USA und wurde Direktor des Institute for Social Research an der Columbia-Universität in New York. Nach dem Krieg kehrte er als Professor für Philosophie und Soziologie wieder nach Frankfurt zurück.

Horkheimer zielte in seinem Schaffen darauf Freiheit und Mündigkeit zu ermöglichen sowie gesellschaftliche Verhältnisse, die diesen Zieler entgegenkommen. Von dieser Intention waren sowohl seine methodologischen und sozialphi

OT = Originaltitel **EZ** = Entstehungszeit **OA** = Originalausgabe **DE** = Deutsche Erstausgabe 📖 = Verweis auf Werkartike

losophischen Arbeiten wie auch seine empirische Sozialforschung geleitet. Zu seinen wichtigsten Werken gehören die *Studien über Autorität und Familie* (1936), *Traditionelle und kritische Theorie* (1937), *Zur Kritik der instrumentellen Vernunft* (1947) sowie die gemeinsam mit Adorno verfasste *Dialektik der Aufklärung*.

Biografie: H. Gumnior / R. Ringguth, *Max Horkheimer* (rm 50 208); R. Wiggershaus, *Die Frankfurter Schule*, dtv 2001.

Dialektik der Aufklärung

OA 1947 **DE** 1969
Form Sachbuch **Bereich** Philosophie

Die von Max Horkheimer und Theodor W. → Adorno gemeinsam in den USA geschriebene *Dialektik der Aufklärung* ist der vermutlich wichtigste Text der kritischen Theorie und ein Klassiker der Philosophie des 20. Jahrhunderts.

Entstehung: Die Publikationsgeschichte hat dem Text früh eine geheimnisvolle Aura verliehen. 1944 aus Anlass des 50. Geburtstags von Friedrich Pollock (1894–1970) in hektografierter Form publiziert, kursierte lange Zeit nur eine erweiterte Fassung als Raubdruck (Amsterdam 1947). Erst 1969 entschlossen sich die Autoren, den Text weitgehend unverändert wieder zu veröffentlichen.

Inhalt: Es gibt wohl kaum eine fulminantere Entlarvung der bestehenden gesellschaftlichen Verhältnisse und eine in ihrem wortgewaltigen Pathos düsterere Abrechnung mit dem westlichen Fortschrittsglauben als die *Dialektik der Aufklärung*. Der einzelne Mensch wird gegenüber den ökonomischen Mächten annulliert, vom Apparat verschlungen, zum Teilchen einer unmündigen Masse degradiert. Der verdinglichte Geist stirbt in der Flut von Information und Amüsement ab, wird zur bloßen Ware. Die Kulturindustrie trägt in subtiler Weise dazu bei, sich der eigenen Verdummung und Versklavung nicht einmal mehr bewusst zu werden. So erweist sich »Aufklärung als Massenbetrug«. Diese alles beherrschende Form eines bloß instrumentellen Verstandes unterdrückt jenes Subjekt, das sich gerade mittels Verstandes von Mythos und Irrationalität befreien und so zum Herrn über sich selbst machen wollte. Am Bild des an den Mast gefesselten Odysseus verdeutlichen Horkheimer und Adorno den ursprünglichen Zusammenhang der Herrschaft des Verstands und Unterdrückung menschlicher Natur.

Die *Dialektik der Aufklärung* ist nicht nur eine kritische Theorie der modernen Massenkultur, sondern auch radikale Sprach- und Wissenschaftskritik sowie negative Geschichtsphilosophie. Aufklärendes Denken, das untrennbar mit gesellschaftlicher Freiheit verbunden ist, hat in einem dialektischen Prozess die völlige

Kritische Theorie

Bedeutung: Kritische Theorie versteht sich, gemäß der programmatischen Formulierung von Max Horkheimer (*Traditionelle und kritische Theorie*, 1937), im Gegensatz zum neuzeitlichen Ideal einer »reinen«, scheinbar wertfreien Wissenschaft als ein Ansatz, der die bestehenden gesellschaftlichen Verhältnisse nicht bloß beschreiben, sondern auch kritisch hinterfragen will. Auf die Ziele und Ideale der Aufklärung verpflichtet und primär an einer marxistischen Gesellschaftsanalyse sowie an der Psychoanalyse von Sigmund → Freud orientiert, versteht sich kritische Theorie vor allem als Ideologiekritik. Sie versucht den Verblendungszustand zu durchstoßen, der die Menschen darin hindert, ihre eigene Unterdrückung und Entfremdung in der modernen, scheinbar so liberalen Gesellschaft zu erkennen. Es geht ihr um praktische Veränderung der Gesellschaft, mit dem Ziel, die Mechanismen einer zunehmend »verwalteten Welt« zu entlarven und den Menschen ein Leben in gehaltvoller Freiheit und Mündigkeit zu ermöglichen.

Vertreter: Die kritische Theorie ist eng mit dem Frankfurter Institut für Sozialforschung verbunden. Ihre Vertreter werden deshalb auch als Mitglieder der »Frankfurter Schule« bezeichnet. Als sehr heterogene Strömung umfasst sie zahlreiche sozialwissenschaftliche, psychologische und philosophische Disziplinen. Zur frühen kritischen Theorie sind neben Horkheimer und Adorno u. a. Walter → Benjamin, Erich → Fromm, Leo Löwenthal (1900–93), Herbert → Marcuse und Friedrich Pollock (1894 bis 1970) zu rechnen. In der zweiten Generation gilt Jürgen → Habermas als ihr bedeutendster Vertreter.

Unfreiheit einer verwalteten Welt hervorgebracht. Dialektik bedeutet hier das (notwendige) Umschlagen einer sich entwickelnden Sache, der Aufklärung, in ihr Gegenteil, in die Unvernunft einer irrationalen Welt. Die dramatische Konsequenz dieser Annahme liegt in der Auswegslosigkeit des erreichten Zustands.

Wirkung: Für die deutsche Soziologie war die *Dialektik der Aufklärung* von prägender Bedeutung, für die Studentenbewegung bildete sie das elektrisierende Manifest der eigenen Revolte. Philosophisch nüchterner ist sie in die breite Kritik an der wissenschaftlichen Rationalität und ihrer Verengung der Vernunft auf instrumentelles Denken einzuordnen. Wenn die beinahe düstere Prophetie und das pessimistische Pathos der Dialektik spätestens im Laufe der 1980er Jahre gleichsam aus der Mode gekommen sind, so wäre dies für die beiden kritischen Denker wohl nur eine Bestätigung ihrer Theorie gewesen. *C. S.*

Horváth, Ödön von

österreich.-ungarischer Schriftsteller

*9.12.1901 Fiume (heute Rijeka), † 1.6.1938 Paris

📖 *Ein Kind unserer Zeit*, 1938

Ödön von Horváth gilt als einer der bedeutendsten Dramatiker seiner Zeit. In seinen späten Romanen gelang ihm eine eindrucksvolle Beschreibung und Analyse des Völkischen als Nährgrund des Faschismus.

Als Sohn eines Diplomaten geboren, wuchs Horváth in Belgrad, Budapest, Pressburg, Wien und München auf. Seine Heimatlosigkeit befreite ihn nach eigenem Bekunden von unnötiger Sentimentalität und ließ ihn das Leben

Max Horkheimer und Theodor W. Adorno, *Dialektik der Aufklärung*, Umschlag der Neuausgabe 1969

Auszug aus der *Dialektik der Aufklärung* von Max Horkheimer und Theodor W. Adorno:

Seit je hat Aufklärung im umfassendsten Sinn fortschreitenden Denkens das Ziel verfolgt, von den Menschen die Furcht zu nehmen und sie als Herren einzusetzen. Aber die vollends aufgeklärte Erde strahlt im Zeichen triumphalen Unheils.

Auszug aus dem Roman
Ein Kind unserer Zeit von
Ödön von Horváth:

*Es sitzt ein Schneemann auf
der Bank, er ist ein Soldat. Und
du, du wirst größer werden
und wirst den Soldaten nicht
vergessen.
Oder?
Vergiss ihn nicht, vergiss ihn
nicht!
Denn er gab seinen Arm für
einen Dreck.
Und wenn du ganz groß sein
wirst, dann wird's vielleicht
andere Tage geben und deine
Kinder werden dir sagen: dieser Soldat war ja ein gemeiner
Mörder – dann schimpf nicht
auch auf mich.
Bedenk es doch: er wusste sich
nicht anders zu helfen, er war
eben ein Kind seiner Zeit.*

eines Weltbürgers mit ungarischer Staatsangehörigkeit führen. Nach dem Ersten Weltkrieg
studierte Horváth Theaterwissenschaft in München, wo 1922 auch sein erstes Werk *Das Buch
der Tänze* aufgeführt wurde. 1924–32 lebte und
arbeitete er vorwiegend in Berlin. Dort entstanden von 1926 an die Volksstücke, die seinen
Ruhm begründen. Der endgültige Durchbruch
gelang ihm 1931 mit der Uraufführung von *Italienische Nacht* und *Geschichten aus dem Wiener
Wald*. Nach der Machtübernahme der Nationalsozialisten – die Uraufführung von *Glaube,
Liebe, Hoffnung* wurde verboten – verließ Horváth Berlin, ging zunächst nach Bayern, dann
nach Österreich. Infolge der Besetzung Österreichs 1938 floh er über Italien und die Schweiz
nach Paris, wo er im Sommer 1938 von einem
herabfallenden Ast erschlagen wurde.

Biografie: D. Hildebrandt, *Ödön von Horvath* (rm 50 231);
T. Krischke, *Ödön von Horváth*, 1977.

Ein Kind unserer Zeit

OA 1938 **Form** Roman **Epoche** Moderne

Der im Jahr seines Erscheinens äußerst aktuelle
Roman *Ein Kind unserer Zeit* von Ödön von Horváth ist nicht nur eine der ersten literarischen
Auseinandersetzungen mit dem Wesen des Nationalsozialismus. Er nahm auch in beklemmender Weise die Gräuel des kommenden
Kriegs vorweg und zeigte die ihnen zu Grunde
liegende Inhumanität völkischer Ideologie auf.
Entstehung: Anfang der 1930er Jahre war Horváth ein erfolgreicher und viel gespielter Dramatiker, der sein Einkommen vor allem aus seinen Stücken zog. Als zunächst in Deutschland,
dann auch in Österreich seine Stücke verboten
und seine Bücher verbrannt wurden, verlegte er
sich, auch der Not gehorchend, auf das Schreiben von Prosa, da vor allem diese literarische
Form für ausländische Verlage von Interesse
war. Mit der Niederschrift seines letzten Romans *Ein Kind unserer Zeit* hatte Horváth noch
1937 in Österreich begonnen. Er erschien
schließlich 1938, kurz nach dem Tod des Autors, im Allert de Lange Verlag in Amsterdam.
Inhalt: Der namenlose Ich-Erzähler des Romans ist ein ca. 20-jähriger Soldat, der beim
Militär seine neue Heimat gefunden zu haben
glaubt. Ohne familiäre Liebe, ohne Verdienst-
möglichkeit und Zukunftsperspektive aufgewachsen, erscheint ihm die soldatische Disziplin
nach der Unsicherheit seiner Jugend als Paradies. Schnell verinnerlicht er die Phrasen der mi-
litanten Rechten vom Krieg als Vater aller
Dinge, von Herren- und Untermenschen, vom
Vaterland als höchstem Wert. Alles außerhalb
des Soldatischen Liegende hasst er, vor allem
die Frauen, aber im Grunde auch sich selbst.

Als er auf einem Rummelplatz eine Frau beobachtet, zeigen sich Ansätze humaner Züge in
seinem Charakter. Das anmutige Wesen der
Frau scheint ihn zu faszinieren. Er beschließt ihr
einen Brief zu schreiben, doch ein militärischer
Einsatz kommt dazwischen. Seine Einheit fällt
in ein kleines Nachbarland ein, nicht um offiziell Krieg zu führen, sondern um zu »säubern«
und eine genehme Regierung zu installieren. Es
kommt zu Verbrechen an der Zivilbevölkerung.
Als der Kommandant der Einheit – scheinbar
sinnlos – aufrecht auf eine Maschinengewehr-
stellung zugeht, versucht der Erzähler ihn zu
retten, was aber nicht gelingt. Er wird am Arm
verletzt und kann lediglich noch einen an die
Ehefrau adressierten Brief an sich nehmen, den
sein Vorgesetzter bei sich trug.
Zurückgekehrt überbringt er den Brief und erfährt, dass sein Kommandant bewusst in den
Tod gegangen ist, da in ihm die neue Zeit, ihre
Herren und ihr Vorgehen nur mehr Ekel erregten. Da der Erzähler aufgrund seiner Verletzung
keine Verwendung beim Militär mehr findet,
setzt ein Prozess der Enttäuschung und des
Nachdenkens ein. Er erinnert sich an die Frau
vom Rummelplatz und beschließt, Kontakt aufzunehmen. Die Kassiererin ist jedoch entlassen
worden, weil sie schwanger war, hat ihr Kind
fortgegeben und sitzt nun im Gefängnis. Der
Erzähler ist entrüstet über ihr Schicksal, spricht
es doch den angeblichen hehren Werten des
Systems Hohn, und fordert vom ehemaligen Arbeitgeber der Frau Rechenschaft. Als dieser sich
lediglich in einigen zynischen Sprüchen verliert,
erschlägt er ihn und lässt die Leiche verschwinden. Er begibt sich in einen Park, wo er sich auf
eine Parkbank setzt, sich langsam zuschneien
lässt und am nächsten Morgen erfroren ist.
Wirkung: Neben dem Roman *Jugend ohne Gott*
(1937) war es vor allem das Werk *Ein Kind unserer Zeit*, das Horváth auch als einen Prosaschriftsteller von hohem Rang auswies. Die
Würdigung seines Werks setzte jedoch erst
Jahrzehnte nach seinem frühen Tod ein. Noch
zu Beginn der 1960er Jahre war der Autor weitgehend verkannt und vergessen.   *R.F.*

Houellebecq, Michel

frz. Schriftsteller
*26.2.1958 La Réunion

📖 *Ausweitung der Kampfzone*, 1994

In seinen visionären Gesellschaftsromanen beschreibt Michel Houellebecq mit lakonische
Genauigkeit und kalter Ironie die soziale Rea

lität und attackiert insbesondere die krank machenden Arbeits- und Konsumwelten. Die ideologische Brisanz seiner Bücher und die provokativen Thesen zur Sexualität ließen den Autor innerhalb von wenigen Jahren zum meistdiskutierten französischen Schriftsteller der Gegenwart werden.

Houellebecq lebte bis 1964 auf der Insel La Réunion. Nach der Scheidung der Eltern wuchs er bei seiner Großmutter in Paris auf. Er studierte Agrarökonomie und Informatik und arbeitete eine Zeit lang als EDV-Fachmann. Mehrfach war er wegen Depressionen in psychiatrischer Behandlung. Nach Gedichten und Essays veröffentlichte er 1994 seinen ersten Roman *Ausweitung der Kampfzone*. Er schrieb für verschiedene Zeitungen, u.a. für *Perpendiculaires*, die ihn nach Erscheinen seines zweiten Romans *Elementarteilchen* (1998) wegen reaktionärer Tendenzen von der Redaktion ausschloss.

Literatur: T. Steinfeld (Hrsg.), *Das Phänomen Houellebecq*, 2001.

Michel Houellebecq, Foto aus den 1990er Jahren

Ausweitung der Kampfzone

OT Extension du domaine de la lutte **OA** 1994 **DE** 1999
Form Roman **Epoche** Gegenwartsliteratur

Der Romanerstling von Michel Houellebecq avancierte in Frankreich innerhalb kürzester Zeit zu einem Kultbuch. Er gilt als Markstein eines neuen realistischen Romantyps, der dem Lebensgefühl einer desillusionierten, »post«-modernen Generation Ausdruck verleiht.

Resignativ beobachtet der Protagonist in der Großstadtwelt zwischen Büro, Hochhaus und Disco den allgemeinen Kulturverfall und registriert das fortschreitende Verlöschen zwischenmenschlicher Beziehungen. Die zentrale These des Romans ist, in Zeiten eines völligen Liberalismus spalte der Sex die Gesellschaft erbarmungslos in Sieger und Verlierer und schaffe so ein »zweites Differenzierungssystem«, das unabhängig vom Geld funktioniere, griff der Autor in seinen Romanen *Elementarteilchen* (1998) und *Plattform* (2001) wieder auf.

Inhalt: Die Geschichte spielt in den 1990er Jahren in Frankreich. Der namenlose Ich-Erzähler, ein gut verdienender Informatiker Anfang dreißig, fühlt sich seit der zwei Jahre zurückliegenden Trennung von seiner Freundin Véronique, die ihn nach einer psychoanalytischen Behandlung aus der gemeinsamen Wohnung warf, als erotischer Versager. Der ständig unter Brechreiz leidende junge Mann ist verzweifelt einsam. Von der Gefühlsleere des ihn umgebenen Milieus seelisch zermürbt, lebt er fast vollständig isoliert. Sein einziger privater Kontakt ist ein verkrachter Priester, den er von früher kennt. Kurz vor Weihnachten schickt ihn sein

Die wichtigsten Bücher von Michel Houellebecq	
Suche nach Glück 1992	Der erste Gedichtband von Houellebecq wurde nach Erscheinen seiner Romane neu aufgelegt und ebenso wie die später veröffentlichten Lyrikbände *Der Sinn des Kampfes* (1996) und *Wiedergeburt* (1999) zu einem Bestseller.
Ausweitung der Kampfzone 1994	In seinem Romandebüt erzählt der Autor vom desillusionierten Leben einsamer Großstadtmenschen, die am von Sex und Geld bestimmten Konkurrenzkampf verzweifeln. → S. 525
Elementarteilchen 1998	Der viel diskutierte Roman erzählt vom glücklosen Leben zweier Halbbrüder, dem sexbesessenen Lehrer Bruno, und dem verklemmten Gentechniker Michel, der an der Entwicklung geklonter Menschen arbeitet.
Die Welt als Supermarkt. Interventionen 1998	Der Essayband, der die provokativen Themen der Romane aufgreift, umfasst Aufsätze, Literatur- und Filmkritiken, offene Briefe zum eigenen Werk sowie theoretische Aufsätze über die Rolle der Literatur, die zuvor in verschiedenen Zeitschriften erschienen waren.
Lanzarote 2000	Die Erzählung, die ergänzt wird durch einen vom Autor selbst fotografierten Bildband, beschreibt die ausschweifenden Sexabenteuer Pauschalreisender auf der Ferieninsel Lanzarote.
Plattform 2001	Der Ich-Erzähler Michel lernt als Sextourist in Thailand die Touristikmanagerin Valérie kennen, mit der er eine kurze Zeit des Glücks erlebt, bis sie einem Anschlag islamischer Fundamentalisten zum Opfer fällt.

Arbeitgeber, eine Pariser Softwarefirma, nach Rouen, wo er ein neues EDV-System einführen soll. Dabei begleitet ihn sein Kollege Raphaël Tisserand, ein Verlierertyp par excellence, hässlich und uncharmant, von Frauen und Sex besessen, aber ohne jede Chance, jemals von einer Frau erhört zu werden. Im beruflichen Leben, so der Ich-Erzähler, stehe er auf Seiten der Sieger, in sexueller Hinsicht gehöre er eindeutig zu den Verlierern. Nach einer Kette von Demütigungen besuchen die beiden Kollegen am Heiligabend eine Diskothek, wo ihnen ein junges, verliebtes Paar auffällt. Diese Liebe, die Zärtlichkeit und das demonstrative Glück erscheinen ihnen unerträglich. Der Held drückt seinem Kollegen ein Messer in die Hand und fordert ihn zum Mord auf. Gemeinsam folgen sie dem jungen Paar an den Strand und beobachten in den Dünen die

Gerda Zeltner über Michel Houellebecq:

Im Schreiben von Michel Houellebecq findet sich eine Art Urmotiv (...): In den sechziger Jahren des zwanzigsten Jahrhunderts ereignete sich ein Sündenfall, die durch die Pille hervorgerufene Revolution, wo sexuelle Freiheit und Herumreiberei einsetzen; wo im Supermarkt einer nur auf Gewinn und Genuss geeichten Gesellschaft die Sexualität zur Ware wurde und in ihrer Verdinglichung das tötete, was das einzig Lebenswichtige ist, die Liebe.

Michel Houellebecq, *Ausweitung der Kampfzone*, Umschlag der deutschsprachigen Erstausgabe 1999

Auszug aus dem Roman
Ausweitung der Kampfzone
von Michel Houellebecq:

Der Sex, sagte ich mir, stellt in unserer Gesellschaft eindeutig ein zweites Differenzierungssystem dar, das vom Geld völlig unabhängig ist; und es funktioniert auf mindestens ebenso erbarmungslose Weise. Auch die Wirkungen der beiden Systeme sind genau gleichartig. Wie der Wirtschaftsliberalismus – und aus analogen Gründen – erzeugt der sexuelle Liberalismus Phänomene absoluter Pauperisierung. Manche haben täglich Geschlechtsverkehr; andere fünf- oder sechsmal in ihrem Leben oder überhaupt nie. Manche treiben es mit hundert Frauen, andere mit keiner. Das nennt man das »Marktgesetz«.

Verführungskünste des dunkelhäutigen jungen Mannes. In deutlicher Anlehnung an die Erzählung *Der Fremde* (1942) von Albert → Camus blitzt im Mondlicht das Messer auf, aber es kommt nicht zu einem »absurden« Mord. Tisserand hat »keine Lust, sie zu töten. Blut ändert auch nichts«. Noch in derselben Nacht macht er sich auf den Rückweg nach Paris. Der Erzähler kehrt an seinen Arbeitsplatz zurück, wo er erfährt, dass Tisserand auf der Fahrt nach Paris bei dichtem Nebel mit seinem Wagen tödlich verunglückt ist. Kurz darauf begibt sich der Erzähler in psychiatrische Behandlung und geht für einige Wochen in ein Sanatorium. Nach der Entlassung bricht er zu einem Ausflug mit dem Fahrrad in die Berge auf.

Wirkung: Das von der Kritik zunächst nicht übermäßig wahrgenommene Werk wurde durch Mundpropaganda nach und nach zu einem Publikumserfolg. Der irritierende Roman, der gleichermaßen jubelnde Zustimmung und wütende Ablehnung erfuhr, erhielt den Grand Prix National des Lettres sowie den Prix Flore für den besten Erstlingsroman. *S. Na.*

Hrabal, Bohumil

tschech. Schriftsteller

* 28.3.1914 Brünn, † 3.2.1997 Prag

📖 *Ich habe den englischen König bedient*, 1971

Bohumil Hrabal war im letzten Drittel des 20. Jahrhunderts der populärste Schriftsteller seines Landes. Seine Geschichten von kleinbürgerlichen Anarchisten, gewitzten Träumern und passionierten Biertrinkern sind Liebeserklärungen an die einfachen Menschen und machten den großen Stilisten der Umgangssprache zum »traurigen König der tschechischen Literatur«.

Bohumil studierte Jura, promovierte und arbeitete anschließend als Stahlarbeiter, Kulissenschieber und Vertreter, ehe er 1963 mit dem Prosaband *Die Perle auf dem Grund* debütieren konnte. Nur in der kurzen Ära des Prager Frühlings konnten Hrabals Werke frei von Fremd- und Selbstzensur erscheinen. Nachdem er gegen den Einmarsch der Truppen des Warschauer Pakts protestiert hatte, erhielt er Publikationsverbot und veröffentlichte fortan in einem Samisdat-Verlag. 1976 arrangierte er

sich mit dem Regime und unterwarf seine Werke einer vorbeugenden Selbstzensur. In der Folge kursierten offizielle und inoffizielle Versionen seiner Bücher. Die Umstände seines Todes im Februar 1997 wirkten, als seien sie für einen seiner Helden entworfen: Beim Taubenfüttern stürzte er im fünften Stock aus dem Fenster eines Krankenhauses.

Biografie: M. Zgustová, *Bohumil Hrabal*, 2001.

Ich habe den englischen König bedient

OT *Obsluhoval jsem anglického krále*
OA 1971 **DE** 1988 **Form** Roman **Epoche** Moderne

Bohumil Hrabals Schelmenroman um das Leben eines tschechischen Kellners zählt zu den großen europäischen Romanen unserer Zeit.
Entstehung: 1971 fertig gestellt, konnte das Buch in der Tschechoslowakei zunächst nur als Samisdat-Druck kursieren und wurde 1978 von einem Kölner Exilverlag herausgegeben. In den 1980er Jahren erschien es als Beilage einer Jazz-Zeitschrift. Erst nach der politischen Wende von 1989 konnte eine unzensierte Ausgabe auf normalem Weg publiziert werden.
Inhalt: In einer böhmischen Kleinstadt der 1930er Jahre lernt der Ich-Erzähler Ditě das Servieren als Hilfskellner im Hotel »Goldenes Prag«. Er begreift schnell, dass sich im Leben alles ums Geld dreht. Durch kleine Betrügereien ergaunert er sich ein Einkommen, das er mit Vorliebe in Bordells trägt. Auf seinem Weg nach oben, der ihn durch immer größere Hotels führt, begegnet er dem Oberkellner Skrivanek, einer Instanz der Kellnerzunft und einem unfehlbaren Vorbild schon allein deswegen, weil er einmal den englischen König bedient hat. Ditě begreift die Mechanismen des Groß- und Reichwerdens und die Regeln der Zeit. Als die Deutschen 1938 das Land besetzen, wird er zum Kollaborateur, heiratet eine sudetendeutsche Turnlehrerin und plappert völkische Parolen nach. Ihr deutsch-tschechisches Kind gerät zur Missgeburt und Ditěs Frau verliert im Bombenhagel den Kopf, doch der Kellner wird durch eine glückliche Fügung vermögend und baut sich nach dem Krieg ein wunderbares Hotel.

Als er endlich erreicht hat, wonach er sein Leben lang strebte, verlässt ihn das Glück. Er wird als Emporkömmling verachtet, ehemalige Chefs und Hotelier-Kollegen versagen ihm die Anerkennung. Durch den Putsch der Kommunisten von 1948 verliert er seinen Besitz, ist gezwungen, in einem Haftlager zu kellnern und erkennt, dass sein Streben nach Reichtum ins Nichts geführt hat. Schließlich verschlägt es ihn als Zwangsarbeiter in den Westen des Landes, aus dem die Deutschen nach dem Krieg vertrieben worden sind. Als Straßenwärter an einer gottverlassenen Bergstraße lebt er das Dasein eines Eremiten und beginnt zu schreiben, um sich Klarheit über sich selbst und sein Leben zu verschaffen.

Struktur: Hrabals Roman über die Irrungen und Wirrungen in Mitteleuropa zwischen 1930 und 1950 gliedert sich in fünf große Kapitel, die die wesentlichen Etappen im Leben des Kellners schildern. In umgangssprachlichem Erzählton wird eine Fülle von Episoden und Anekdoten aneinander gereiht, in denen sich Wirklichkeit und Fantasie überlagern. Der Duktus des mündlichen Erzählens bestimmt Sprache und Form des Romans. Atemlos, in langen nebengeordneten Satzreihen treibt der Autor seinen Helden durch ein Leben von absurder Dramaturgie, in dem Glück und Unglück so nah beieinander liegen wie im Text derber Klamauk und sensible Poesie, Lächerliches und Erhabenes, amüsante Komödie und ergreifende Tragödie. Dabei geht es Hrabal nicht nur um das Erzählen; das Erzählen selbst wird zum wichtigen Teil menschlicher Existenz und zum Ausdruck nicht zu unterdrückender Lebensfreude.

Wirkung: Mit dem Roman *Ich habe den englischen König bedient* gelang Hrabal auch international der literarische Durchbruch.   *R. F.*

Hufeland, Christoph Wilhelm

dt. Mediziner

* 12.8.1762 Langensalza (Thüringen), † 25.8.1836 Berlin

📖 *Die Kunst, das menschliche Leben zu verlängern*, 1797

Christoph Wilhelm Hufeland war einer der berühmtesten Ärzte der Goethezeit. Durch seine Schrift *Die Kunst, das menschliche Leben zu verlängern*, eines der erfolgreichsten populärmedizinischen Bücher des 19. Jahrhunderts, erlangte er einen hohen Bekanntheitsgrad auch in breiten Volksschichten. Er bemühte sich als Leibarzt des preußischen Königshauses um das Berliner Armenwesen und setzte sich mit Erfolg für die Einführung der Jenner'schen Kuhpockenimpfung ein.

Der Arztsohn Hufeland studierte 1780–83 Medizin in Jena und Göttingen und arbeitete anschließend bis 1793 in der Landarztpraxis seines Vaters. Später war er herzoglicher Hofarzt in Weimar, wo er die Protagonisten der klassischen deutschen Literatur (→ Goethe, → Schiller, Christoph Martin → Wieland) kennenlernte. 1793–1801 bekleidete er an der Jenaer

Universität das Amt eines Professors. Mit seiner Ernennung zum preußischen Leibarzt 1801 war die Leitung der militär- und wundärztlichen Akademie sowie die Stellung des Primars der Berliner Charité verbunden. 1810 wurde Hufeland Mitglied der Preußischen Akademie der Wissenschaften und Mitbegründer der Berliner Universität. Im selben Jahr gründete er in Berlin eine Poliklinik für Arme. Als Staatsrat arbeitete Hufeland in der Armendirektion mit, ferner rief er eine medizinisch-chirurgische Gesellschaft (ab 1833 Hufelandsche Gesellschaft) ins Leben. Hoch geehrt und ausgezeichnet verstarb Hufeland im Alter von 74 Jahren.

Biografie: W. Genschorek, *Christoph Wilhelm Hufeland. Der Arzt, der das Leben verlängern half*, 1986.

Die Kunst, das menschliche Leben zu verlängern

OA 1797   **Form** Abhandlung   **Bereich** Medizin

Das Buch von Christoph Wilhelm Hufeland, das seit der dritten Auflage 1805 den Titel *Makrobiotik oder Die Kunst, das menschliche Leben zu verlängern* trägt, ist eines der bedeutendsten in der Medizingeschichte der Neuzeit, das auch im beginnenden 21. Jahrhundert nichts von seiner Faszination verloren hat. Der Autor stellt Grundsätze einer ausgewogenen und somit womöglich lebensverlängernden Lebensweise dar, die auch heute kaum etwas an Aktualität eingebüßt haben.

Inhalt: Die *Makrobiotik* ist zunächst eine »Theorie der Lebensordnung«, die dann durch eine »Praxis der Lebensführung« ergänzt und vervollkommnet wird. Das Programm dieser Lebensführung lautet: »Der Halbgeborene müsse ganz geboren werden«, d.h. aus dem Naturwesen müsse ein Kulturwesen werden. Angestrebt wird gemäß dem goetheschen Ideal »das Resultat der veredelten und vollkommensten Menschennatur.« Damit möglichst viele Menschen sich diese Lebenshaltung zu eigen machen, ist das Buch »nicht für Aerzte allein, sondern fürs ganze Publikum bestimmt.«

Wie muss der Mensch sein Leben einrichten, damit er ein hohes Alter erreichen kann? Hufeland nennt folgende Faktoren: reine, gesunde Luft, einfache Kost, viel Bewegung im Freien, strukturierter Tagesablauf, innere Ausgeglichenheit

Christoph Wilhelm Hufeland, *Die Kunst, das menschliche Leben zu verlängern*, Titelblatt von Teil 1 der 2. Auflage 1798

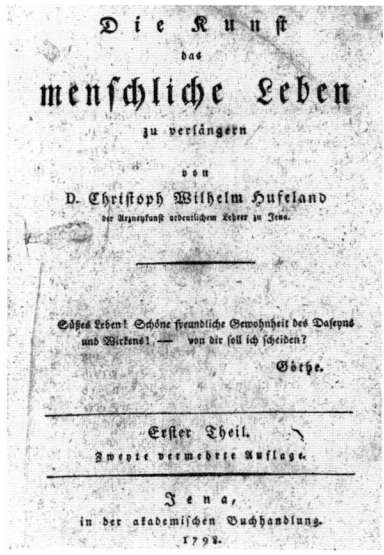

Auszug aus dem Buch *Die Kunst, das menschliche Leben zu verlängern* von Christoph Wilhelm Hufeland:

Man darf diese Kunst nicht mit der gewöhnlichen Medizin oder medizinischen Diätetik verwechseln, sie hat andere Zwecke, andere Mittel, andere Grenzen. Der Zweck der Medizin ist Gesundheit, der Makrobiotik hingegen langes Leben; die Mittel der Medizin sind nur auf den gegenwärtigen Zustand und dessen Veränderung berechnet, die der Makrobiotik aber aufs Ganze; dort ist es genug, wenn man im Stande ist, die verlorne Gesundheit wiederherzustellen, aber man fragt dabei nicht, ob durch die Art, wie man die Gesundheit wiederherstellt, das Leben im Ganzen verlängert oder verkürzt wird, welches letztere bei manchen Methoden der Medizin der Fall ist; die Medizin muss jede Krankheit als ein Übel ansehen, das nicht bald genug weggeschafft werden kann, die Makrobiotik zeigt, dass manche Krankheiten Verlängerungsmittel des Lebens werden können...

und Zufriedenheit sowie Freude an der Natur. Hinzu kommen Mäßigkeit bei allen Verrichtungen; die Arbeit muss durch Mußestunden abgelöst werden, Essen und Trinken durch Fasten, usw.. Von größter Bedeutung ist das Mittelmaß, das keine Extreme zulässt, die unweigerlich lebensverkürzend wirken: Übermäßiger Genuss von Speisen ist ebenso schädlich wie dauerndes Fasten, unkontrolliert ausgelebte Sexualität (außerhalb der Ehe, in der Jugend, bei der Onanie) ist ebenso ungesund wie der zölibatäre Lebensstil, der »Workaholic« wird genauso krank werden wie der Bequeme.

Gesundheit und Lebensverlängerung sind nur durch eigenverantwortliches Handeln des Individuums zu erreichen: Der Mensch ist für seine Gesundheit und sein leiblich-seelisches Wohlbefinden weitgehend selbst verantwortlich. Körperliche Gesundheit ist nicht nur bedingt durch leibliche Befindlichkeiten, sondern wird auch gesteuert von der geistig-seelischen und charakterlichen Dimension des Menschen.

Aufbau: Hufeland gibt zunächst in einem theoretischen Teil mit dem Titel *Schicksale dieser Wissenschaft* einen Überblick über die Geschichte der Makrobiotik, dann folgen die *Untersuchung der Lebenskraft und der Lebensdauer überhaupt*, Bemerkungen über die Lebensdauer von Pflanze, Tier und Mensch sowie zu Methoden der Lebensverlängerung beim Menschen. Im zweiten, praktischen Teil seiner Abhandlung folgt die Erörterung der *Verkürzungsmittel des Lebens* und der *Verlängerungsmittel.*

Wirkung: Die *Makrobiotik* machte ihren Verfasser weltberühmt. Das Buch, das mehrere deutsche Auflagen erlebte, wurde bald nach seinem Erscheinen in alle Welt- bzw. Kultursprachen übersetzt. Noch heute assoziiert der Medizinhistoriker Makrobiotik in erster Linie mit Hufeland.
W. G.

Hugo, Victor

frz. Schriftsteller
*26.2.1802 Besançon, † 22.5.1885 Paris
📖 *Der Glöckner von Notre-Dame*, 1831
📖 *Die Elenden*, 1862

Victor Hugo gilt als Nationaldichter der Franzosen und war bereits zu Lebzeiten eine Legende. Sein Begräbnis im Pantheon geriet zum nationalen Ereignis. Hugo gilt als Kopf der französischen Hochromantik und wirkte als wichtiger Anreger für fast alle literarischen Strömungen des 19. Jahrhunderts.

Hugo, Sohn eines Generals, verfasste bereits während seiner Schulzeit erste Gedichte. Mit 17 Jahren gründete er die Zeitschrift *Conservateur littéraire*, 1819 wurde er in Toulouse erstmals für seine Lyrik ausgezeichnet. Seine frühen Werke lassen bereits aufklärerisch-revolutionäre Tendenzen erkennen. In seinem Vorwort zu seinem Drama *Cromwell* (entst. 1827, UA 1956) brach Hugo mit den klassizistischen Formen der Literatur und definierte das romantische Drama. In dieser Gattung sah Hugo das Genre des modernen Zeitalters. Die von ihm gegründete Zeitschrift *La Muse française* wurde zum Organ der französischen Romantiker.

Die von der Julirevolution 1830 ausgehenden politischen Veränderungen ließen Hugo die historische Bedeutung der Volksmassen erkennen, die von da an sein Werk bestimmte, so z. B. erstmalig in *Der Glöckner von Notre-Dame* (1831). 1851 rief Hugo zum Widerstand gegen den Staatsstreich Napoleons III. (1808–73) auf. Daraufhin musste er ins Exil nach Belgien, anschließend auf die Kanalinseln Jersey und Guernsey. In dieser Zeit entwickelte und formulierte Hugo erstmals in dem Essay *William Shakespeare* (1864) seine Konzeption einer dem demokratischen Zeitalter angemessenen Literatur und nannte sie »Volksliteratur«. 1870, im Jahr der Proklamation der Republik, kehrte Hugo nach Paris zurück und wurde sechs Jahre später zum Senator gewählt. Seine schriftstellerische Tätigkeit stellte er 1878 endgültig ein, auf öffentlichkeitswirksame Aktionen und Auftritte verzichtete er jedoch nicht.

Biografien: K. Biermann, *Victor Hugo* (rm 50565); J. V. Rademacher, *Victor Hugo*, 2002.

Die wichtigsten Bücher von Victor Hugo

Oden und Balladen 1826/28	Die Gedicht-Sammlung enthält 72 Oden und 15 Balladen von teils politischem, teils persönlichem Charakter mit einer zwischen Pathos und Melancholie schwankenden Sprache.
Orientala 1829	Angeregt durch verschiedene Orient-Dichtungen schreibt Hugo einen Gedichtzyklus, der u. a. wegen zahlreicher formaler Neuerungen wegweisend für die Romantik wurde.
Der Glöckner von Notre-Dame 1831	Der Krüppel Quasimodo bietet der des Mordes angeklagten Zigeunerin Esmeralda in der Kirche von Notre-Dame Unterschlupf. Dennoch wird sie gehängt, er stirbt an ihrem Grab. → S. 529
Herbstblätter 1831	Der Zyklus von 40 Gedichten zeichnet sich durch einen äußerst persönlichen Ton aus. Die Texte handeln von Traurigkeit, vom Blick auf das Vergangene und von Naturbetrachtungen.
Strahlen und Schatten 1840	Hugo stellt in diesem Gedicht-Zyklus die Frage nach der Funktion des Dichters und setzt sich darin für ein geschärftes Geschichts- und Politikbewusstsein ein.
Die Betrachtungen 1856	Diese Lyrik-Sammlung zeichnet Stationen einer seelischen Entdeckungsreise nach. Sie zeigt Hugo auch als Revolutionär.
Die Elenden 1862	Jean Valjean ist ein ehemaliger Krimineller, der mit neuer Identität in Paris sein Glück sucht und sich hingebungsvoll um seine Ziehtochter Cosette kümmert. → S. 530
Der Lachende 1869	Der Gaukler Ursus zieht durch England und nimmt zwei Kinder auf; eines ist adeliger Herkunft und begeht am Ende Selbstmord.
Dreiundneunzig 1874	Hugos Roman stellt die historische Situation und die politischen Verwicklungen von 1793 dar, verkörpert durch den Marquis de Lantenac, den Vicomte Gauvain und den Pfarrer Cimourdain.

Der Glöckner von Notre-Dame

OT Notre-Dame de Paris. 1482
OA 1831 **DE** 1831 **Form** Roman **Epoche** Romantik

Der Roman *Der Glöckner von Notre-Dame* von Victor Hugo ist einer der letzten großen historischen Romane der Romantik in Frankreich.

Entstehung: Das Mittelalter weckte bei Hugo wie auch bei anderen Romantikern eine Sehnsucht nach dem Unbekannten. Außerdem verstand der Autor das Spätmittelalter als Epoche des Übergangs sowie kulturell-gesellschaftlicher Veränderungen. Darin sah er einen Bezug zu den historischen Ereignissen der Julirevolution 1830. Hugo gestaltete etliche Passagen seines Manuskripts neu, indem er die Volksmassen ins Zentrum des Geschehens rückte.

Inhalt: Im Mittelpunkt der Handlung stehen die junge Zigeunerin Esmeralda, eine Bettlerin und Tänzerin, sowie der verwachsene und taube Quasimodo, ein Findling, der – aufgrund der Initiative des Archidiakons von Notre-Dame, Claude Frollo – das Amt des Glöckners ausübt. Einst bekundete Esmeralda ihr Mitleid für Quasimodos Missbildung, Quasimodo ist ihr in Treue und versteckter Liebe zugetan.

Am Tag des Narrenfestes wird Quasimodo zum Narrenpapst gewählt, nachdem das Publikum dem Dichter Pierre Gringoire und seinem Mysterienspiel die Anerkennung verweigert hat. Dieser wird in der Nacht Zeuge, als Quasimodo versucht, Esmeralda im Auftrag Frollos zu entführen. Das Unternehmen wird von einer Streife königlicher Bogenschützen unter ihrem Anführer Phoebus de Châteaupers entdeckt. Claude Frollo gelingt es nicht, Esmeralda für sich zu gewinnen, da diese sich in Châteaupers verliebt. Deshalb bringt Frollo seinen Widersacher um, bezichtigt Esmeralda der Hexerei und des Mordes, worauf sie in die Hände der Inquisition gerät. Als Frollo ihr die Flucht anbietet, lehnt sie ab. Esmeralda soll hingerichtet werden. Quasimodo rettet sie vor dem sicheren Tod und flüchtet mit ihr in die Kathedrale, wo sie sicher ist und Asyl genießen darf. Unter dem Vorwand, Esmeralda retten zu wollen, bringt Frollo sie aus der Kathedrale und liefert sie der Justiz aus. Esmeralda wird als Hexe gehängt. Den wahren Drahtzieher kennt niemand, bis sich Frollo, der den Vorgang vom Kirchturm aus verfolgt und dabei von Quasimodo beobachtet wird, durch seine Freude verrät. Quasimodo stürzt ihn von einer der Turmgalerien in die Tiefe. Sein Leid überwindet Quasimodo jedoch erst, als er am Grab Esmeraldas stirbt.

Aufbau: Gemäß der eigenen Zielsetzung Hugos, Episches mit Dramatischem zu verbinden, weist der Roman Züge eines Dramas auf. In den zahlreichen episodenreichen Handlungssträngen deckt der Erzähler Zusammen-

hänge erst rückblickend auf, um, davon ausgehend, die Handlung weiterzuentwickeln. In epischen Ausschweifungen präsentiert der Erzähler Bilder mit teilweise visionärem Charakter. Die Verbindung von historischem, romantischem und realistischem Kolorit gelingt Hugo auf beeindruckende Weise, obwohl man ihm gerade dies oft zum Vorwurf gemacht hat.

Wirkung: *Der Glöckner von Notre-Dame* wurde zum Inbegriff der Romantik, mit dem sich die Ideale einer neuen Epoche durchsetzten. Hugo paart in seinem Roman Figuren von hoher Durchschnittlichkeit mit auffallend bizarren Charakteren. Diese feine psychologische Darstellung bewegte Alphonse de Lamartine (1790–1869) dazu, in Hugo einen »Shakespeare des Romans« zu sehen. Von den Vertonungen wurde die Oper *Notre Dame* (1914) von Franz

Victor Hugo (Foto von 1880)

André Maurois 1965 über Victor Hugo:

Wie in seinen Zeichnungen verriet Hugo auch in seinen Beschreibungen die Gabe, seine Modelle scharf zu beleuchten und fremdartige, schwarze Schattenbilder auf einen hellen Hintergrund zu projizieren.

Anatole France 1889 in *La vie Littéraire* **über Victor Hugo:**

Die Griechen haben es gesagt: der Mensch ist das Maß aller Dinge. Victor Hugo ist maßlos, weil er nicht menschlich ist. Das Geheimnis der Seelen wurde ihm niemals völlig enthüllt. Er war nicht geschaffen zu verstehen und zu lieben. Er fühlte es instinktiv.

Anthony Quinn als Quasimodo in der Verfilmung des Romans *Der Glöckner von Notre-Dame* von Victor Hugo (Frankreich 1956; Regie: Jean Delannoy)

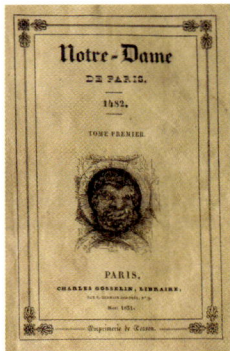

Victor Hugo, *Der Glöckner von Notre-Dame*, Einband der Originalausgabe 1831 mit einer Holzstichvignette nach einer Zeichnung von Tony Johannot

Schmidt (1874–1939) am bekanntesten. Zuvor hatten mehrere Komponisten, darunter Ambroise Thomas (1811–96), Bearbeitungen für das Musiktheater erstellt. Die Reihe von Verfilmungen des Buchs setzte bereits 1905 ein und reicht über die Quasimodo-Darstellung Anthony Quinns in den 1950er Jahren bis hin zu einer Disney-Zeichentrickversion (1996).

Die Elenden

OT Les misérables
OA 1862 **DE** 1862 **Form** Roman **Epoche** Romantik

In dem Roman *Die Elenden* gelingt Victor Hugo eine Verknüpfung verschiedenster literarischer, politisch-ideologischer und philosophischer Tendenzen seiner Zeit. Wegen seines Eintretens für die Menschlichkeit ist der Roman der bedeutendste des Schriftstellers und der meistgelesene der französischen Literatur.

Entstehung: Hugo arbeitete insgesamt 17 Jahre an dem Roman. Er entstand vor dem historischen Hintergrund der Restauration, der Julirevolution (1830) sowie der Pariser Arbeiteraufstände von 1832–34.

Inhalt: Jean Valjean, der wegen einer Bagatelle 20 Jahre im Gefängnis gesessen hat, wird nach seiner Freilassung von Bischof Myriel aufgenommen und sucht einen Weg zurück in die Gesellschaft. Allmählich findet er zu Wohlstand und Anerkennung in der Bevölkerung und wird sogar Bürgermeister von Montreuil-sur-Mer.

Eine besondere Beziehung verbindet Valjean mit Cosette, der Tochter der verstorbenen Prostituierten Fantine, für die er wie ein Vater sorgt. Doch Valjean muss ins Gefängnis zurück, als seine wahre Identität aufgedeckt wird. Er kann fliehen und baut sich wiederum unter falschem Namen in Paris eine neue Existenz auf. Einzig

der Polizist Javert ist argwöhnisch und lässt Valjean heimlich beobachten. Cosette, die bei Valjean ist, verliebt sich einige Zeit später in den jungen Advokaten Marius Pontmercy. Valjean versucht die Beziehung zu unterbinden, um sich nicht von seiner Ziehtochter trennen zu müssen. Als die Aufstände Paris heimsuchen, rettet er Marius und Javert aus den umkämpften Barrikaden. Valjean berichtet Marius von seiner Vergangenheit, worauf dieser seine Geliebte aus den Händen Valjeans befreien möchte. Nach langen Gewissensbissen verzichtet Valjean auf Cosette und gestattet beiden die Hochzeit. Auf dem Sterbebett gibt er bekannt, nur eines in der Welt zähle: »einander zu lieben«.

Aufbau: Im Mittelpunkt stehen vier Menschen, deren aufrichtiger Charakter nie gefährdet wird: Bischof Myriel, Fantine, Cosette und Valjean. Um sie herum platziert Hugo die Welt der »Elenden«, eine Welt der Armut, des Verbrechens, der Aufstände und Bedrohungen. Die Menschen der Pariser Gesellschaft werden zum konstituierenden Merkmal des Romans. Sie können ihr Glück nur von einer tief greifenden, progressiven Änderung der Gesellschaftsstruktur erwarten. Daneben hat Hugo verschieden lange Beschreibungen eingefügt, in denen u. a. die Schlacht von Waterloo (1815) oder das Kanalsystem von Paris erklärt wird.

Wirkung: Aufgrund der Vielfalt an Motiven, die an Abenteuer- oder Schauergeschichten erinnern, des Reichtums an Figuren und des leidenschaftlichen Plädoyers für Menschlichkeit avancierte das Buch beim Publikum schnell zu einem der auch heute noch meistgelesenen Werke französischer Literatur.

Hugo selbst hat an einer Dramatisierung des Stoffs gearbeitet, die jedoch erst 1899 zur Uraufführung kam.   *C. V.*

Gustave Flaubert über den Roman *Die Elenden* **von Victor Hugo:**

Les misérables *macht mich wütend, und es ist nicht erlaubt, Böses über dieses Werk zu sagen: man erweckt den Eindruck, ein Spitzel zu sein. Die Position des Autors ist uneinnehmbar, unangreifbar, Ich der ich ihn ein Leben lang verehrt habe, bin gegenwärtig empört!*

Szene aus dem Musical *Les Misérables* nach dem Roman *Die Elenden* von Victor Hugo; Duisburger Inszenierung

Huizinga, Johan

niederländ. Kulturhistoriker

*7.12.1872 Groningen

†1.2.1945 De Steeg bei Arnheim

📖 *Herbst des Mittelalters*, 1919

Das bedeutendste Werk des niederländischen Kulturhistorikers Johan Huizinga ist das 1919 erschiene Buch *Herbst des Mittelalters*, das zu einem Klassiker der Literatur über das Mittelalter geworden ist.

1905–15 wirkte Huizinga in seiner Heimatstadt Groningen als Professor für niederländische Geschichte. Anschließend wurde er an die Universität Leiden berufen, wo er bis zu deren Schließung durch die deutschen Besatzungsbehörden 1942 wirkte. 1929–42 war er Präsident der philologisch-historischen Klasse der Königlichen Akademie der Wissenschaften in Amsterdam. 1942 wurde Huizinga von der deutschen Besatzung zunächst in ein Konzentrationslager gebracht und schließlich verbannt, da er wiederholt die »Barbarei« kritisiert hatte. Wenige Wochen vor Kriegsende starb er.

Zu den wichtigsten Werken von Huizinga gehören eine Biografie über → Erasmus von Rotterdam (*Erasmus*, 1924), eine Studie über *Holländische Kultur des 17. Jahrhunderts* (1933) sowie das Buch *Homo ludens* (1938), in dem er sich mit der Bedeutung des Spielens in der menschlichen Gesellschaft befasst.

Biografie: C. Strupp, *Johan Huizinga. Geschichtswissenschaft als Kulturgeschichte*, 2000.

Herbst des Mittelalters

OT Herfsttij der Middeleeuwen. Studie over levens- en gedachtenvormen der veertiende en vijftiende eeuw in Frankrijk en de Nederlanden
OA 1919 **DE** 1924 **Form** Sachbuch **Bereich** Geschichte

Die *Studien über Lebens- und Geistesformen des 14. und 15. Jahrhunderts in Frankreich und in den Niederlanden* – so der Untertitel – von Johan Huizinga gelten als Meisterwerk der Geschichtsschreibung. Es ist eine der vielschichtigsten und zugleich sprachlich brillantesten Untersuchungen des späten Mittelalters. In seinen Betrachtungen von Mensch und Gesellschaft, Geist und Leben, Kunst und Literatur ließ Huizinga auch die Ergebnisse anthropologischer, psychologischer, ethnologischer und linguistischer Forschung seiner Zeit einfließen. Sein Werk hat bis heute die Vorstellung von der Spätgotik geprägt, ähnlich wie *Die Kultur der Renaissance in Italien* (1860) von Jacob → Burckhardt die der Renaissance.

Inhalt: Huizinga begann noch während seiner Lehrtätigkeit in Groningen mit der Arbeit an dem Werk. Einen ersten Anstoß hatte er 1902 durch eine Ausstellung altniederländischer Malerei in Brügge erhalten. Jahre später reifte die entscheidende Erkenntnis vom Absterben eines Zeitalters.

Im ersten Kapitel beschreibt Huizinga die »Spannung des Lebens«, das leidenschaftliche und kontrastreiche Dasein in den mittelalterlichen Städten, auf dem Land und an den Fürstenhöfen. Wie ein Leitmotiv durchzieht der Titel des zweiten Kapitels – *Die Sehnsucht nach dem schönen Leben* – das Buch. Die Wirren der Zeit voller Kampf, Krieg, Grausamkeit und Elend ließen wie in kaum einer anderen Epoche den Traum von einem besseren Dasein keimen. Melancholie und Schwermut erkennt Huizinga als Grundstimmung, die in Musik, Literatur und anderen überlieferten schriftlichen Äußerungen anklingt. Zugleich gibt es Genuss- und Prunksucht, wie sie Zeiten voller Lebensangst stets hervorrufen. In den folgenden Kapiteln schildert Huizinga, wie sich die Sehnsucht nach einer besseren Welt in den verschiedenen Gesellschafts- und Lebensbereichen äußerte: im Rittertum, im Hofleben, in der Stilisierung und Idealisierung der Liebe, im Bild des Todes und in der Frömmigkeit, im praktischen Leben und in der Kunst. Doch der Autor erinnert daran, dass die nahezu vollständig überlieferte Literatur, die Akten und Dokumente ein geschlosseneres Bild der Zeit überliefern, als die bildende Kunst, von der nur »spärliche Überreste« überkommen sind. Die Kunst hatte die Aufgabe, die Formen, »in denen sich das Leben vollzieht, mit Schönheit zu schmücken«. Letztlich überwucherten jedoch Prunk und überladene Dekore die Schönheit. Huizinga spricht vom »horror vacui« ausgehender Geistesperioden.

Die letzten drei Kapitel seines Buchs widmet Huizinga der Bekräftigung seiner grundlegenden These, dass die spätmittelalterliche burgundische Kultur die Endphase einer eigenständigen verblühenden Epoche sei. Im abschließenden Kapitel schließlich skizziert er, wie die »neue Form« des Humanismus im »Garten des mittelalterlichen Denkens« ganz allmählich emporwuchs.

Wirkung: Unmittelbar nach seinem Erscheinen erlebte das Buch vor allem in den Niederlanden einige Kritik, so ungewöhnlich erschienen konservativen Mediävisten die Thesen von Huizinga und seine Darstellungsform. Doch allmählich setzten Beachtung und Zustimmung ein, um schließlich zu einem Welterfolg des Buchs anzuwachsen. Es wurde in zahlreiche Sprachen übersetzt, die ersten waren Englisch und Deutsch (1924). In Deutschland erlebte das Werk die meisten ausländischen Auflagen. Huizinga ergänzte und verbesserte die Ausgaben bis 1941. Heute gilt *Herbst des Mittelalters* als Klassiker und Standardwerk der Kulturgeschichte. *N. B.*

Johan Huizinga, *Herbst des Mittelalters*, Umschlag der deutschsprachigen Ausgabe 1953

Auszug aus dem Buch *Herbst des Mittelalters* **von Johan Huizinga:**

In Frankreich und den burgundischen Ländern kommt in der bildenden Kunst und Literatur des fünfzehnten Jahrhunderts, was auch an neuer Schönheit dort erscheinen mag, der neue Geist noch so gut wie gar nicht zum Ausdruck. Sie dienen dem Geist, der im Ausblühen ist; sie haben ihren Platz in dem bis zur letzten Möglichkeit ausgebauten System des mittelalterlichen Denkens.

Auszug aus dem Buch *Herbst des Mittelalters* **von Johan Huizinga:**

Die wenigen Geister, die im Frankreich des fünfzehnten Jahrhunderts humanistische Formen aufnehmen, läuten noch keine Renaissance ein. Ihre Stimmung, ihre Haltung sind noch ganz mittelalterlich. Die Renaissance kommt erst, wenn der Lebenston sich ändert, wenn die Ebbe ertötender Lebensverneinung einer neuen Flut weicht und eine steife frische Brise weht; sie kommt erst, wenn in den Geistern die frohe Zuversicht heranreift, die Zeit sei da, alle Herrlichkeit der antiken Welt zurückzugewinnen, in denen man sich schon so lange gespiegelt hatte.

Keri Hulme, *Unter dem Tag-mond*, Umschlag der deutsch-sprachigen Erstausgabe 1984

Hulme, Keri

neuseeländ. Schriftstellerin

*9.3.1947 Christchurch

📖 *Unter dem Tagmond*, 1984

Im Mittelpunkt des literarischen Schaffens von Keri Hulme steht die Frage nach den Chancen für individuellen und gesellschaftlichen Wandel. Ihr Hauptwerk, der Roman *Unter dem Tagmond*, versucht die tiefe Kluft zwischen Maori und weißen Einwanderern zu überbrücken.

Hulme stammt von schottisch-englischen Einwanderern und neuseeländischen Ureinwohnern ab. Sie war das älteste von sechs Kindern eines Malermeisters, der starb, als sie elf Jahre alt war. Hulme begann ein Jurastudium, das sie jedoch aufgrund finanzieller Schwierigkeiten vorzeitig abbrechen musste. In den folgenden Jahren arbeitete sie als Postbotin, Arbeiterin in einer Wollfabrik, Fischköchin, Obstgärtnerin und Tabakpflückerin. Erste schriftstellerische Erfolge hatte sie mit der Gedicht- und Prosasammlung *The Silence between* (1982); international bekannt wurde sie mit dem Roman *Unter dem Tagmond*. Es folgten Novellen (*Lost Possessions*, 1985), Erzählungen (*Der Windesser/Te Kaihau*, 1986) und Gedichte (*Strands*, 1992). 1999 erschien mit *Bait* ihr zweiter Roman. Die Autorin lebt zurückgezogen an der Westküste der neuseeländischen Südinsel.

Unter dem Tagmond

OT The Bone People **OA** 1984 **DE** 1987
Form Roman **Epoche** Moderne

In dem 600-seitigen Roman *Unter dem Tagmond* gelingt es Keri Hulme, die tief greifenden gesellschaftlichen Probleme Neuseelands – nationale Identität, Wiederbelebung und Integration der Maorikultur sowie die Ausbeutung des Lands – exemplarisch darzustellen. Die im Mittelpunkt stehenden Personen sind Entwurzelte; sie stehen zwischen den Kulturen, da ihre Vorfahren sowohl Maori als auch Weiße sind.

Entstehung: Das ursprünglich als Kurzgeschichte konzipierte Werk schrieb Hulme zwischen 1966 und 1978. Zunächst fand sich kein Verleger für den Roman, bis er schließlich in einem kleinen feministischen Verlag erscheinen konnte. Erst nach dem großen Erfolg des Buchs brachten es auch namhafte Verlagshäuser in den USA und Europa heraus.

Inhalt: Nachdem sie sich mit ihrer Familie überworfen hat, lebt die reiche Künstlerin Kerewin Holmes allein in einem finsteren Turm an einem wilden, unwirtlichen Ort. Eines Tages schleicht sich Simon, Findelkind und einziger Überlebender eines Schiffsunglücks, in ihre Festung ein. Der gewalttätige Junge ist stumm, aber intelligent; niemand weiß, wer seine Eltern waren. Im Dorf ist er als Dieb bekannt; immer wieder besucht er einen als Päderasten verschrienen Alten. Simon wohnt bei Joe, der nach dem Tod seiner Frau allein ist. Mit dem renitenten Kind überfordert, versucht Joe immer wieder, Simon mit brutaler Gewalt zur Anpassung zu zwingen. Auch Kerewins Beziehung zu ihrer Umwelt ist durch Aggressivität und Feindseligkeit geprägt. Kerewin, Simon und Joe gelingt es zunächst, einander näher zukommen. Als Kerewin sich jedoch wieder zurückzieht, kommt es zum Ausbruch mörderischer Gewalt: Im Streit um Kerewins Lieblingsmesser verletzt Joe den Jungen so schwer, dass er ins Koma fällt. Das Ende des Buchs deutet eine mögliche Lösung an: In der Rückbesinnung und Neubelebung von Maori-Weisheiten finden Kerewin und Joe einen Ausweg aus der Spirale der Gewalt. Gemeinsam mit Simon wagen sie einen neuen Versuch zusammenzuleben.

Wirkung: Erzählerische Kraft und poetische Intensität machten den Roman zum Welterfolg. 1985 wurde *Unter dem Tagmond* mit dem neuseeländischen Mobil-Pegasus-Preis für Maori-Literatur ausgezeichnet; im selben Jahr erhielt das Werk den britischen Booker-Preis. *D. M*

Neuseeländische Literatur

Anfänge: Ab dem frühen 19. Jahrhundert entstanden die ersten Werke der neuseeländischen Literatur in englischer Sprache. Es handelte sich vornehmlich um Reiseberichte, die europäischen Lesern das ferne Land näher brachten. Die ersten bedeutenden Romane verfassten Major B. Stoney (1816–94) mit *Eine Geschichte aus dem Krieg* (1861) und Isabella Aylmer mit *Ferne Heimat* (1862). Themen dieser eher deskriptiven Werke sind die Begegnung von Maori und Kolonisten und die darauf folgenden Kriege sowie die Probleme bei der Ansiedlung in dem fremden Land.

Katherine Mansfield: Zu einer subtileren Form der literarischen Bearbeitung dieser Problematik fand Katherine → Mansfield in ihren bekannten Kurzgeschichten (z.B. *Das Gartenfest und andere Geschichten*, 1922). Auch wenn ihre psychologisierende Erzählweise über die spezifischen Probleme ihres Landes hinausweist, ist ihr Werk weitgehend von ihrer Heimat geprägt. Sie nahm Einfluss auf zahlreiche Autoren, die in ähnlicher Weise versuchten, Gesellschaft und Landschaft Neuseelands als Metapher für seelische Vorgänge zu benutzen, wie etwa John Mulgan (1911–45) in *Der Mensch allein* (1939).

Janet Frame: Die Kurzgeschichten und Romane von Janet → Frame gelangten aufgrund ihrer poetischen Sprache und tiefenpsychologischen Erzählweise zu Weltruhm. Die meisten ihrer Werke spielen in ihrem Heimatland, so ihr Roman *Duftende Gärten für die Blinden* (1963). Weltweite Beachtung fand auch ihre dreiteilige Autobiografie (*Ein Engel an meiner Tafel*, 1983–85).

Maori-Autoren: Seit den 1970er Jahren rückten immer mehr Maori-Schriftsteller ins literarische Blickfeld. Neben Hulme gehören dazu u.a. Patricia Grace (*1937) und Witi Ihimaera (*1944), deren Roman *Die Matriarchin* (1987) erneut das Thema der Landkriege bei der Besiedlung des Lands aufgreift. In den Werken der Maori-Autoren geht es um eine differenziertere, klischeefreie Darstellung der Probleme Neuseelands, um eine Rückbesinnung auf alte Mythen und Werte sowie um ein gleichberechtigtes Miteinander von Weißen und Maori.

Humboldt, Alexander von

dt. Naturforscher und Entdeckungsreisender

* 14.9.1769 Berlin, † 6.5.1859 ebd.

📖 *Kosmos*, 1845–62

Alexander von Humboldt gewann als herausragender Vertreter einer ganzheitlichen Geografie neue Erkenntnisse auf zahlreichen Gebieten der Naturwissenschaft bis hin zur Ethnografie.

Der Sohn eines Offiziers wurde mit seinem jüngeren Bruder Wilhelm von Humboldt (1767 bis 1835) von Privatlehrern aus dem Kreis der Berliner Aufklärung unterrichtet. Nach einem Studium in Frankfurt / Oder, Göttingen und Freiberg (Bergbaustudien) bereiste Humboldt 1790 mit dem Reiseschriftsteller Georg Forster (1754–94) Westeuropa und trat 1792 als Bergassessor in den preußischen Staatsdienst.

1799–1805 bereiste er mit dem französischen Arzt und Botaniker Aimé Goujaud Bonpland Südamerika (u. a. Temperaturmessung des klimatisch einflussreichen kalten »Humboldtstroms« entlang der Westküste Südamerikas). In Paris wertete er die Reise mit zahlreichen Wissenschaftlern aus und veröffentlichte in 30 Bänden die *Voyage aux régions équinoxiales du nouveau continent* (1805–34). Humboldt kehrte nach Berlin zurück und wurde Kammerherr von König Friedrich Wilhelm III. (1770–1840). 1929 führte ihn eine Forschungsreise durch Russland bis nach Sibirien und in die Mongolei. Von 1843 bis zum Tod arbeitete er am fünfbändigen *Kosmos*, der ab 1845 erschien.

Literatur: W.-H. Hein (Hrsg.), *Alexander von Humboldt. Leben und Werk*, 1985; A. Meyer-Albich, *Alexander von Humboldt* (rm 50 131).

Kosmos

OA 1845–62 (5 Bde.)
Form Sachbuch **Bereich** Entdeckungen

Das Alterswerk von Alexander von Humboldt enthält die Summe seiner Betrachtung der Natur, die auf eigenen Entdeckungen und umfassender vergleichender Forschung beruht.

Entstehung: Nach seiner Rückkehr aus Paris hielt Humboldt in Berlin 1827/28 Vorträge über physikalische Geografie, die er aufgrund ihrer Popularität als Kosmos-Vorlesungen wiederholte und schließlich als überarbeitete und erweiterte Buchausgabe veröffentlichte.

Inhalt: *Kosmos*, der *Entwurf einer physikalischen Weltbeschreibung* – so der Untertitel –, ist eine Darstellung des Wissens über die Erde einschließlich dessen historischer Entwicklung von der mythischen Auslegung der Einheit der Natur bis zur Entwicklung der modernen Naturanschauung in Zusammenhang mit Entdeckungsreisen und der Erfindung von Instrumenten wie dem Fernrohr. Ausgangspunkt der ganzheitlichen Betrachtung ist das Planetensystem, verbunden mit dem Einfluss des Sonnenlichts auf die organische Natur. Die Beschreibung der Erde reicht von den Luft- und Wasserhüllen des Globus und der Erdrinde bis zum Erdinnern. Ein Schwerpunkt ist die Unterscheidung von Klimazonen und klimatisch bedingten Lebensverhältnissen der Pflanzen- und Tierwelt sowie des Menschen. Humboldt leistete u. a. eine Rehabilitierung des als »unfertig« in wissenschaftlichen Misskredit geratenen amerikanischen Kontinents, speziell Südamerikas sowie der Tropen.

Wirkung: Der postum vollständig vorliegende *Kosmos* (Humboldt hatte bis 1858 vier Bände mit 2400 Seiten und 3500 Anmerkungen zum Abschluss gebracht, der 5. Band erschien 1862 mit einem Register) wurde zu einem der größten Verlagserfolge seiner Zeit und galt als das neben der → *Bibel* am weitesten verbreitete Werk in Deutschland. *C. W.*

Alexander von Humboldt in einem Bericht an den befreundeten Berliner Schriftsteller Karl August Varnhagen von Ense über Inhalt und Stil seines *Kosmos*-Vorhabens:

Ich habe den tollen Einfall, die ganze materielle Welt, alles, was wir heute von den Erscheinungen der Himmelsräume und des Erdenlebens, von den Nebelsternen bis zur Geografie der Moose auf den Granitfelsen wissen, alles in einem Werke darzustellen, und in einem Werke, das zugleich in lebendiger Sprache anregt und das Gemüt ergötzt.

»Abschied vom Kosmos«; der Holzstich nach Karton von Wilhelm von Kaulbach (1805 bis 1874) ist eine Allegorie auf den Tod Alexander von Humboldts; abgedruckt in: *Die Gartenlaube* 1869, Nr 41.

Auszug aus dem Erzählungsband *Die Tessinerin* von Thomas Hürlimann:

Wer in einem Sterbehaus an einem Sterbebett sitzt, wer in seinem Hirn nach Wörtern sucht, um nicht verrückt zu werden und zu grinsen wie ein Blöder, der erfährt, ob er nun der Euteler Lehrer sei am Bett seiner Frau oder ich am Bett meines Bruders (worüber ich schreiben wollte und nicht schreiben kann), dass ein sterbender Mensch einem fremd wird, weil er Stille erzeugt – eine feierliche Stille.
Wer je vor einem Sterbenden anwesend war, der hat, auf seine Weise, die Totenstille – jawohl: gehört!

Thomas Hürlimann während einer Lesung 2000 in Zürich

Hürlimann, Thomas

deutschsprachiger Schweizer Schriftsteller

*21.12.1950 Zug

📖 *Die Tessinerin*, 1981

Thomas Hürlimann gehört zu den meistbeachteten deutschsprachigen Gegenwartsautoren der Schweiz. Die eigene Heimat und Vergangenheit sind Ausgangspunkte seines Schaffens; charakteristisch ist dabei eine kritische und über das Autobiografische hinausgehende Auseinandersetzung. Neben seinem dramatischen Wirken ist Hürlimann hauptsächlich durch novellistisches Erzählen hervorgetreten.

Hürlimann wuchs in einer bürgerlichen Familie im innerschweizerischen Zug auf; der Vater Hans Hürlimann (1918–94) wurde später Bundesrat. Prägend war die katholische Erziehung und Bildung des Gymnasiums in der Stiftsschule Einsiedeln. Nach der Matura studierte Hürlimann Philosophie in Zürich und an der Freien Universität Berlin. 1982–85 war er Regieassistent und Produktionsdramaturg am Berliner Schiller-Theater. Anschließend kehrte er wieder in die Schweiz zurück. Heute lebt er in Willerzell (Schwyz) und Leipzig, wo er seit Herbst 2000 am Deutschen Literaturinstitut einen Lehrauftrag hat. Hürlimann ist Mitglied der Deutschen Akademie für Sprache und Dichtung in Darmstadt und wurde mit zahlreichen renommierten Preisen ausgezeichnet.

Die Tessinerin

OA 1981 **Form** Erzählungen **Epoche** Gegenwart

Die Erzählungen im ersten Buch von Thomas Hürlimann behandeln schon die für sein Werk charakteristischen Themen wie Tod und Trauer, Kindheit und Innerschweizer Heimat mit ihren katholischen wie demokratischen Traditionen. In immer neuen Variationen thematisiert der Autor einen Bruch in der Lebenserfahrung, der erstarrte Konventionen und scheinbar idyllische Welten entlarvt und einen Zerfall gesellschaftlicher Werte offenlegt. In seinem Debüt stellt Hürlimann bereits seine ausgeprägte literarische Gestaltungskraft unter Beweis; dabei dient ihm die Verwendung von Helvetismen als Stilmittel.

Entstehung: Schreibanlass war die Erschütterung über das Sterben des jüngeren Bruders. Nach dessen frühem Krebstod 1980 fasste Hürlimann den Entschluss, freier Schriftsteller zu werden. Nachdem Egon Ammann (*1941) einige Sätze des Manuskripts gelesen hatte, gründete er kurzerhand einen neuen Verlag, dessen Programm mit der *Tessinerin* eröffnete.

Inhalt: Die sechs vielschichtig angelegten Geschichten spielen hauptsächlich in der Innerschweiz, vor dem Hintergrund eines patriarchalisch-konservativen Wertgefüges mit seinen Normen und Mechanismen.

Begegnung, die erste Geschichte, macht eine Perspektive fern der alpenländischen Heimat deutlich. Sie erzählt vom nächtlichen Gang durch die südöstlichen Viertel einer Großstadt, vom Besuch einer Kellerkneipe und ihren heruntergekommenen Gästen. Das Aufsuchen dieses Ortes, Beobachtungen und Begegnungen mit dem Doktor, den der Erzähler dort antrifft, sind auch in die beiden folgenden Geschichten eingeschoben. Zeitlich wie geografisch kontrastierend wird in *Schweizerreise in einem Ford* von glücklichen Kindheitstagen berichtet, die in einem Unfall eine erste Erschütterung erfahren. Außenseiterdasein sowie gesellschaftliche Verstoßungsmechanismen sind das Thema in *Pechbindung*. Als Ausstoßung wird auch im *Inneren des Himmels* der Abschied von der unbekümmerten Kindheit mit dem Eintritt in die Stiftsschule beschrieben. Der Einschnitt ist umso gravierender, als der Erzähler an diesem Tag seinen Großvater das letzte Mal sieht. Die Nüchternheit, mit der u.a. von dessen Einsargen erzählt wird, ist charakteristisch für Hürlimanns Umgang mit dem Thema Tod. Der ernste, sachliche Tonfall bleibt auch in der Geschichte *Die Haare der Schönheit* erhalten, wenn vom täglichen Besuch beim sterbenden Bruder berichtet wird. In dieser Geschichte wird dem Leser die zentrale Rolle des jüngeren Bruders bewusst, die in praktisch allen Geschichten der *Tessinerin* erkennbar ist. Der Erzähler verbringt jeden Nachmittag einige Zeit auf dem Balkon der Klinik, berichtet dem Bruder von Personen, die er da trifft – auch dann noch, als diese gar nicht mehr erscheinen. Eindringlich werden hier existenzielle Grenzerfahrung sow...

Die wichtigsten Bücher von Thomas Hürlimann	
Die Tessinerin 1981	Der Erzählband umfasst sechs Geschichten, die charakteristisch für die Themen und Sprachkraft des Autors sind. → S. 534
Das Gartenhaus 1989	Während der pensionierte Oberst einen Rosenstrauch für das Grab des einzigen Sohnes wünscht, setzt seine Frau einen Granitfelsen durch. Die Novelle erzählt von eigentümlichen Ritualen, von Alter, Liebe und Tod.
Die Satellitenstadt, 1992	Die 28 Geschichten über die Grenzen menschlichen Daseins handeln einerseits von der Realität der Satellitenstadt, andererseits von tradierten Werten ländlichen Lebens.
Der große Kater 1998	Mit diesem Roman versucht Hürlimann eine Annäherung an die Ehe der Eltern und an einen dominanten Politiker-Vater.
Fräulein Stark 2001	Einen Sommer lang besucht ein zukünftiger Gymnasiast seinen Onkel, einen Stiftsbibliothekar. Während des Aufenthalts entdeckt er neben der Welt der Bücher auch das andere Geschlecht.

OT = Originaltitel **EZ** = Entstehungszeit **OA** = Originalausgabe **DE** = Deutsche Erstausgabe 📖 = Verweis auf Werkartik...

das unausweichliche Ende einerseits aus der Perspektive des Erzählers behandelt, andererseits in den Worten des sog. Doktors, eines Patienten. Die Titelerzählung *Die Tessinerin* schließlich gibt den Schmerz des langsamen, qualvollen Todeskampfs wieder, dem wörtlich zu verstehenden »Verenden«. Titelgestalt ist die die Frau des Dorfschullehrers, eine Außenseiterin in einem abgelegenen Bergdorf. Dieses steht im Kontrast zum florierenden sonnigen Tessin, wo sie als junges Mädchen einige Zeit in einem weltoffenen Hotel arbeitete. Unterschiedliche Perspektiven auf Betroffene und Dorfbewohner umreißen ein Spannungsfeld zwischen Vertrautheit und Fremdheit, Geborgenheit und Isolation.

Wirkung: Die präzise psychologische Beobachtung und die differenzierte Gestaltung existenzieller Grenzerfahrung, die stilsichere sprachliche Strenge, zurückhaltend wie eindringlich, geprägt sowohl von Ernst wie von Komik und Satire gehören zu den Stärken Hürlimanns und überzeugten die Kritik von Anfang an.   *Sa. H.*

Huxley, Aldous

engl. Schriftsteller
*26.7.1894 Godalming (Surrey)
†22.11.1963 Hollywood / Los Angeles
📖 *Schöne neue Welt,* 1932

Aldous Huxley zählt neben George → Orwell und Jewgeni → Samjatin zu den großen »Anti-Utopisten« des 20. Jahrhunderts. Seine frühen Romane sind Satiren auf den Fortschrittsglauben und die englische High Society. In seinen späteren Werken wendet er sich der fernöstlichen Mystik und Erfahrungen mit Drogen zu.

Huxley, Enkel des bekannten Biologen Thomas Henry Huxley (1825–95), stammte aus einer berühmten Gelehrtenfamilie und besuchte das Elite-Internat in Eton. Nach dem Studium der Anglistik in Oxford wandte er sich der journalistischen und schriftstellerischen Arbeit zu. Von 1916 an veröffentlichte er Gedichte und Erzählungen. 1920/21 war er gleichzeitig mit Katherine → Mansfield Mitarbeiter des *Athenaeums* und danach der *Westminster Gazette.* Der literarische Durchbruch gelang ihm mit seinem ersten Roman *Eine Gesellschaft auf dem Lande* von 1921. Huxley lebte 1923–30 in Italien; 1937 ließ er sich mit seiner Frau in Kalifornien nieder, wo er bis zu seinem Tod lebte. Im letzten Lebensjahrzehnt wandte er sich dem Okkulten zu.

Huxley war zugleich Essayist und Romancier. Charakteristisch für seine zeit- und gesellschaftskritischen Romane sind der philosophische Dialog und die psychologisch-satirische Beobachtung. Wiederkehrende Themen seiner

Der englische »Anti-Utopist« Aldous Huxley, aufgenommen im Jahr 1930

Die wichtigsten Bücher von Aldous Huxley	
Eine Gesellschaft auf dem Lande, 1921	Mit diesem Roman, der bereits die große satirische Begabung des Autors bezeugt, gelang Huxley der literarische Durchbruch.
Kontrapunkt des Lebens 1928	In diesem Schlüsselroman entwarf Huxley ein groß angelegtes Bild der intellektuellen Kreise Londons während der 1920er Jahre und ein satirisch-ironisches Porträt ihrer Perspektivelosigkeit.
Schöne neue Welt 1932	In dieser Anti-Utopie karikiert Huxley die Wohlstandsgesellschaft eines zukünftigen mechanisierten und totalitären Zeitalters und seine psychologische Manipulation. → S. 536
Zeit muss enden 1945	Der mystische Roman ist ein nach dem Schema der mittelalterlichen Moralitäten angelegtes Werk.
Die Teufel von Loudun, 1952	Die historische Studie aus der Zeit Ludwigs XIII. von Frankreich gilt als das stilistische Meisterwerk des Autors.
Geblendet in Gaza 1953	Mit diesem Werk begann eine neue Phase in Huxleys Schaffen, die durch eine Hinwendung zur Mystik, eine Überwindung des Ich und seiner Bindung an materielle Werte charakterisiert ist.
Die Pforten der Wahrnehmung 1954	In diesem Essay werden Formen der Bewusstseinserweiterung thematisiert, basierend auf Experimenten des Autors mit Drogen wie LSD und Mescalin, die er zu dieser Zeit durchführte.
Himmel und Hölle 1956	Dieser Essay zeigt wie *Pforten der Wahrnehmung* Einflüsse der fernöstlichen Mystik und Erfahrungen mit Drogen.
Eiland 1962	Seinen letzten Roman, der nur zurückhaltende Aufnahme fand, bezeichnete Huxley als Essenz seines Denkens und Wirkens.

Aldous Huxley, *Schöne neue Welt*, Umschlag der Originalausgabe 1932

Werke sind die Scheinexistenz des Menschen, seine Kommunikationsunfähigkeit und der den Mensch bestimmende Körper-Geist-Antagonismus, die Verabsolutierung des Geistigen oder des Körperlichen, wodurch Sinnfindungsversuche seiner Romanfiguren stets zum Scheitern verurteilt sind. Huxley schildert die Londoner Gesellschaft der 1920er Jahre, zumeist die intellektuellen Kreise, die in einer Zeit des Umbruchs nach dem Ersten Weltkrieg – durch Ideologien manipuliert und in moralischer Unbesorgtheit ihren Leidenschaften verfallen – ungewollt die Nichtigkeit ihres Lebens enthüllen.

Biografie: Th. Schumacher, *Aldous Huxley* (rm 50368).

Schöne neue Welt

OT Brave New World
OA 1932 **DE** 1932 **Form** Roman **Epoche** Moderne

Aldous Huxleys Hauptwerk gehört neben *Fahrenheit 451* (1953) von Ray → Bradbury sowie *Farm der Tiere* (1945) und *1984* (1949) von George → Orwell zu den großen fortschritts- und gesellschaftskritischen Werken des 20. Jahrhunderts. In der Anti-Utopie *Schöne neue Welt* malt Huxley eindringlich desillusionierende Bilder einer künftigen automatisierten, aller natürlichen Impulse beraubten Welt.

Inhalt: *Schöne neue Welt* spielt im Jahr 632 »nach Ford«, nach unserer Zeit im 26. Jahrhundert. Als Jahr Null hat man das Jahr herangezogen, in dem Henry Ford mit der Herstellung des ersten Ford-T-Modells, einem Meilenstein der industriellen Massenproduktion, begann. Die Maxime des Staatsgebildes, in dem an die Stelle Gottes und der Religion die Idee von Massenproduktion und -konsum getreten ist, lautet »Gemeinschaftlichkeit, Einheitlichkeit, Beständigkeit«. Babys werden nicht mehr ausgetragen, sondern in »Brut- und Normzentralen« in Flaschen »gezüchtet«. Die Gleichförmigkeit des Menschen wird mittels genetischer Manipulationen vervielfältigt. Nach der »Entkorkung«, der Geburt der Kinder, werden die Kinder »genormt«. Die Einteilung der Menschen erfolgt in fünf Kasten; zu diesem Zweck werden den Kindern im Schlaf »Weisheiten« eingetrichtert. Hierdurch ist es möglich, »das Problem des Glücks« zu lösen, »das Problem, wie man Menschen dahin bringt, ihr Sklaventum zu lieben«. Das angestrebte universelle Glück ist nur durch

Kontrolle von destabilisierenden Faktoren erreichbar. Für die Flucht aus Momenten des persönlichen Ungleichgewichts steht die Droge »Soma« zur Verfügung.

Dieser programmierten Welt stehen drei Außenseiter gegenüber: der »Wilde« John Savage, der aus dem Indianerreservat Malpais kommt, sowie Bernard Marx (dt. Sigmund Marx) und Helmholtz Watson (dt. Helmholtz Holmes Watson). Ein »Fabrikationsfehler« bei Bernard zieht nach sich, dass er dem Idealbild der ihm zugedachten Kaste nicht entspricht und anachronistische Liebesgefühle für Lenina Crowne entwickelt. Helmholtz bildet aufgrund seiner geistigen Überlegenheit eine nicht staatskonforme Individualität aus. Savage und Helmholtz versuchen einen Aufstand anzuzetteln, doch sie scheitern: Helmholtz und Bernard müssen ins Exil, Savage bleibt schließlich allein der Selbstmord als Ausweg.

Aufbau: Der Roman gliedert sich in zwei Hauptteile mit 18 Kapiteln. Haupt- und Nebenstränge der Erzählung sind – den Darstellungstechniken des Mediums Film vergleichbar – durch häufige Episodenwechsel miteinander verflochten. Im ersten Hauptteil, den Kapiteln 1 bis 9, erfolgt eine Einführung in die Gesellschaft der »Soma-Kultur«, werden die Bemühungen der Außenseiter Bernard und Helmholtz, sich frei zu entfalten, und der Aufenthalt im Indianerreservat geschildert. Im zweiten Hauptteil, den Kapiteln 10 bis 18, wird anhand der Figur John Savage aufgezeigt, wie das Gesellschaftssystem der »schönen neuen Welt« auf Außenseitertum reagiert.

Wirkung: Mit dem Roman *Schöne neue Welt* erreichte Huxley eine immense Popularität. Auf dem Hintergrund der aktuellen Gentechnikdiskussion erhält das Werk eine neue Brisanz. *V. R.*

Huysmans, Joris-Karl

frz. Schriftsteller

*5.2.1848 Paris, †12.5.1907 ebd.

📖 *Gegen den Strich*, 1884

Joris-Karl Huysmans gehörte zu den Begründern des Symbolismus (Stichwort → S. 537) und prägte maßgeblich das Bild vom Fin de Siècle. Mit seiner Konzentration auf Psyche und Dekor wirkte er noch auf den Nouveau Roman stilprägend.

Huysmans wuchs in einem kultivierten Milieu auf; sein Vater war Kupferstecher und Maler, die Mutter eine hervorragende Klavierspielerin. Nach dem Abitur trat Huysmans seine Anstel...

lung im Innenministerium an, die er bis 1898 ausführte. Gleichzeitig stürzte er sich in das Pariser Nacht- und Kulturleben. 1871 gründete er einen Literatenzirkel, dem u.a. Charles → Baudelaire, Gustave → Flaubert und Emile → Zola angehörten. Sein erster Roman *Marthe* (1876) schildert noch naturalistisch eine unglückliche Liebe. Mit dem Roman *Gegen den Strich* wandte Huysmans sich dem Ästhetizismus zu. 1891 schilderte er in *Tief unten* die diabolischen Abgründe des Seelenlebens.

Noch während Huysmans Orgien feierte, wurde er zum glühenden Katholiken. Mit *Durchs Kloster in die Welt zurück* (1895) begann eine Reihe von Romanen, die die neukatholische Literatur begründeten. Bis zuletzt blieb Huysmans eine gespaltene Persönlichkeit, war zugleich Laienbruder in einem Benediktinerkloster und Präsident der Académie Goncourt in Paris. Auch als bedeutender Kunstkritiker konnte er sich einen Namen machen.

Biografie: A. Vercondelet, *Joris-Karl Huysmans*, 1990.

Gegen den Strich

OT A rebours **OA** 1884 **DE** 1905
Form Roman **Epoche** Symbolismus

Mit *Gegen den Strich* schrieb Joris-Karl Huysmans den wichtigsten symbolistischen Roman und nahm intuitiv eine ganze Reihe späterer Erkenntnisse der Psychologie vorweg.
Inhalt: Herzog Jean Floressas des Esseintes ist der einzige Held des Romans. Der letzte Spross einer dekadenten Familie beschließt, nach einem kurzen, ausschweifenden Leben auszusteigen. Er lässt sich auf dem Land einen Elfenbeinturm bauen, der kostbar ausgestattet wird. Des Esseintes lebt in völliger Abgeschiedenheit seinen Spleen aus. Er stellt exotische Blumensträuße und abenteuerliche Parfüme zusammen, genießt feinste Gerichte und alte Portweine, ergötzt sich an Gemälden und Zeichnungen der Symbolisten Gustave Moreau (1826–98) und Odilon Redon (1840–1916), liest die altrömische, dekadente Literatur, den flämischen Mystiker Jan van Ruysbroek (1293–1381), Arthur → Schopenhauer sowie die Avantgardisten Charles → Baudelaire, Stéphane → Mallarmé und Paul Verlaine (1844–96). In seinen Träumen kommen wüste Orgien und perverse Halluzinationen vor. Die Nerven von Des Esseintes, dessen Vorbild der Dandy Robert de Montesquiou war, sind ständig angespannt. Allmählich geht er an seinem Kult der Künstlichkeit zu Grunde. Nach einem Nervenzusammenbruch schickt der Arzt den Neurotiker zur Kur nach Paris. Des Esseintes graust vor dem normalen Leben unter gewöhnlichen Sterblichen, die er verachtet. In einem Stoßgebet bittet er Gott um Beistand.

Aufbau: Die Handlung in *Gegen den Strich* ist sehr spärlich; es gibt nur einen einzigen Dialog zwischen Des Esseintes und einer Nebenfigur. Im Vordergrund steht allein die akribische Beschreibung des Dekors und des Seelenlebens der Hauptfigur. Seine Darstellung der überspannten Gefühlswelt untermauert Huysmans mit präzisen wissenschaftlichen Kenntnissen; die Werke der erwähnten Schriftsteller werden wörtlich zitiert, Künstler und Forscher namentlich genannt.

Wirkung: *Gegen den Strich* wurde auf Anhieb zum Kultroman. Die Zuspitzung auf das Psychologische wurde von Marcel → Proust und den Surrealisten aufgegriffen. Die karge, fast statische Handlung galt noch den Vertretern des Nouveau Roman als vorbildlich.   *S. C. B.*

Auszug aus dem Roman
Gegen den Strich von Joris-Karl Huysmans:

Und so komponierte er nun sein Blumengebinde: die Blätter sollten aus einem hervorstechenden und ganz bestimmten Grün bestehen: aus spargelgrünen Chrysoberyllen, lachgrünen Chrysolithen und olivgrünen Olivinen und sich auf diese Weise von den Zweigen aus Almadin und rotviolettem Uwarowit abheben, die den spröden Paillettenglanz des Weinsteinglimmers haben, der innen in den Holzfässern glitzert.

Joris-Karl Huysmans, einer der Begründer des Symbolismus (Foto von 1905)

Symbolismus

Begriff: 1886 druckte die Pariser Zeitung *Le Figaro* ein Manifest des »symbolisme« von Jean Moréas (1856–1910) ab. Die neue Kunstrichtung setzte sich von der Wissenschaftlichkeit und dem Materialismus des Naturalismus ab und kann als eine Fluchtbewegung vor der Hässlichkeit und den Problemen von Industrialisierung, Verstädterung und Proletarisierung angesehen werden. Das von Moréas formulierte Credo der Symbolisten lautete: Die Idee muss mit einer sinnlichen Form bekleidet werden. Dies beinhaltete die Schilderung von Seelenlandschaften und transzendenten Wirklichkeiten in freien Versen. Vorbilder waren die etwas älteren Dichter Baudelaire, Arthur → Rimbaud und Paul Verlaine (1844 bis 1896).

Autoren: Den Mittelpunkt der Bewegung bildete der Salon von Stéphane → Mallarmé. Dort verkehrten auch zahlreiche junge belgische Dichter wie Maurice Maeterlinck (1862–1949), Georges Rodenbach (1855 bis 1898) und Émile Verhaeren (1855 bis 1916). Maeterlinck wurde nach dem als sensationell empfundenen Stück *Prinzessin Maleine* (1889) zum herausragenden Dramatiker des Symbolismus. Mit Essays wie *Ruysbroeck der Große* oder *Einführung in eine Traumpsychologie* trug er außerdem entscheidend zur theoretischen Fundierung der Bewegung bei. Die symbolistischen Dichter unterhielten enge Kontakte mit den Malern dieser Richtung wie Edward Burne-Jones (1833–98), Odilon Redon (1840–1916) und Félicien Rops (1833–98).

Iacocca, Lee

(eigtl. Lido Anthony Iacocca)

US-amerikan. Industriemanager

* 15.10.1924 Allentown (Pennsylvania)

📖 *Iacocca. Eine amerikanische Karriere*, 1984

Durch die erfolgreiche Sanierung des angeschlagenen US-amerikanischen Automobilkonzerns Chrysler und das autobiografische Buch *Iacocca. Eine amerikanische Karriere*, das er darüber schrieb, wurde der Manager Lee Iacocca in der Mitte der 1980er Jahre weltweit bekannt.

Iacocca, Sohn italienischer Einwanderer, machte 1954 an der Lehigh University in Bethlehem (Pennsylvania) seinen Abschluss in Ingenieurwissenschaften. Im Alter von 22 Jahren trat er bei der Ford Motor Company in Detroit ein, wo er sich bis zur Unternehmensspitze hocharbeitete. 1960–78 war er in Führungspositionen tätig, die letzten acht Jahre als Präsident der Gesellschaft. 1978 wurde er von Henry Ford II. (1917–87) entlassen. 1979 trat er als Vorstandsvorsitzender bei Chrysler an und führte den mit 3,5 Milliarden US-Dollar verschuldeten Konzern innerhalb von vier Jahren in die Gewinnzone. 1993 verließ er Chrysler nicht ganz freiwillig und befasste sich mit Unternehmungen in verschiedenen Branchen, bemühte sich u.a. um die Rettung der Freiheitsstatue.

Literatur: L. Iacocca, *Iacocca. Mein amerikanischer Traum*, 1988.

Auszug aus *Iacocca. Eine amerikanische Karriere* von Lee Iacocca:

Ich habe eine glanzvolle Karriere hinter mir und dieses Land ermöglichte sie. Ich habe die Gelegenheit ergriffen, dennoch war das nicht in neunzig Tagen möglich. Es hat mich fast vierzig Jahre harter Arbeit gekostet.

Lee Iacocca, *Iacocca. Eine amerikanische Karriere*, Umschlag der deutschsprachigen Erstausgabe 1985

Iacocca.
Eine amerikanische Karriere

OT *Iacocca: An Autobiography*
OA 1984 DE 1985
Form Autobiografie Bereich Industriemanagement

Das Buch bescherte den durch den Vietnamkrieg (1964–75) noch gedemütigten und durch Wirtschaftskrisen geschwächten USA eine Erfolgsstory. Lee Iacocca wurde zur Symbolfigur US-amerikanischen Unternehmertums. Seine packend geschriebene Autobiografie (gemeinsam mit dem Journalisten William Novak verfasst) war für Führungskräfte in aller Welt eine Art Lehrbuch erfolgreichen Managements.
Inhalt: Das Buch entstand aus dem Zorn des Autors auf den Mann, dem er die größte Niederlage seines Lebens verdankte: Henry Ford II. (1917–87),

der Iacocca aus persönlichen Gründen vom Präsidentenstuhl bei der Ford Motor Company »gefeuert« hatte.

Zunächst beschreibt Iacocca sein Elternhaus und seine Ausbildung bis zum Eintritt in die Ford Company, wo er Mentoren findet, die ihn fördern. Mit 46 Jahren besteigt Iacocca, vor allem ein Marketinggenie, den Präsidentensessel des Konzerns. In diese Erfolgsstory bettet der Autor seine Erkenntnisse zu Marktuntersuchung, Produktentwicklung, Menschenführung und Absatzstrategien ein. Mit scharfen Strichen skizziert er das Bild des »Diktators« und »Paranoikers« Ford sowie die Intrigen und Machtkämpfe an der Konzernspitze.

Beim drittgrößten amerikanischen Automobilhersteller Chrysler, zu dem er wechselt, findet Iacocca nach eigenen Worten außer einem gigantischen Schuldenberg (3,5 Mrd US-Dollar) eine desaströse Organisation vor. Mit großer Anstrengung und der Hilfe einer hart erkämpften staatlichen Darlehensbürgschaft von 1,5 Mrd US-Dollar rettet er das Unternehmen und führt es vier Jahre nach seinem Eintritt in die Gewinnzone. Auch die Beschreibung dieses Wegs reichert der Manager mit Beschreibungen seiner Strategien und Maßnahmen an, zu denen umfangreiche Entlassungen zählen.
Wirkung: Über acht Millionen Mal wurde das Buch *Iacocca. Eine amerikanische Karriere* weltweit verkauft, in 18 Sprachen übersetzt und zum erfolgreichsten Sachbuch überhaupt. Sein Erfolg beruht nicht allein auf der Tatsache, dass es die Biografie eines berühmten Managers ist, der den Leser auch einen intimen Blick in die Luxuswelt der Vorstandsetagen werfen lässt. Iacocca war zweifellos in einer weltweiten wirtschaftlichen Krisensituation ein charismatischer Wirtschaftsführer. Der forsche, manchmal raue Ton eines Erfolgreichen, der auch schwere Niederschläge einzustecken weiß, wirkte Mitte der 1980er Jahre nicht nur auf Manager inspirierend. Das Buch machte auch Menschen anderer Bereiche Mut, die den Zuspruch und die Lebensphilosophie eines geborenen Siegers brauchten, der es aus eigener Kraft ganz nach oben geschafft hatte.   *N. B.*

Inoue Yasushi

japan. Schriftsteller

* 6.5.1907 Asahikawa, † 29.1.1991 Tokyo

📖 *Die Eiswand*, 1957

Inoue Yasushi begann zwar erst mit 40 Jahren zu schreiben, hat aber ein umfangreiches Werk hinterlassen. Von Romanen mit autobiografischen Zügen, in denen er seine Kindheit verarbeitete, über historische Romane vornehmlich aus der chinesischen Geschichte bis zu Unterhaltungsromanen, in denen er sich aktuellen gesellschaftlichen Themen widmete, sind viele verschiedene Dichtungsformen vertreten.

Vom fünften Lebensjahr bis zum Schulabschluss lebte Inoue bei seiner Großmutter in Shizuoka. Danach studierte er Jura an der Universität Kyushu und Ästhetik an der Universität Kyoto, ehe er bei der *Mainichi*-Zeitung in Osaka als Journalist anfing. Im Jahr 1937 wurde er zum Militärdienst einberufen und nach Nordchina geschickt, konnte aufgrund einer Erkrankung aber bereits nach einem halben Jahr zurückkehren. Ab 1950 lebte er als freier Schriftsteller. Für den Roman *Der Stierkampf* (1950) erhielt Inoue den Akutagawa-Preis, den angesehensten Preis für angehende Schriftsteller in Japan, und für *Das Tempeldach* (1958) den Kulturpreis des Kultusministers. Im Jahr 1976 wurde ihm vom japanischen Kaiser der Kulturorden verliehen.

Inoue Yasushi im Oktober 1988 in seinem Haus in Tokio

Die Eiswand

OT Hyoheki **OA** 1957 **DE** 1968
Form Roman **Epoche** Moderne

Mit diesem spannenden Roman über eine Dreiecksgeschichte, die in einer tödlichen Bergbesteigung gipfelt, bereicherte Inoue Yasushi die japanische Literatur um das neue Genre des »Bergsteiger-Romans«.

Entstehung: 1955 war in der Steilwand des Vorderen Hodaka in den Japanischen Alpen ein Mitglied einer Alpinistengruppe ums Leben gekommen, als ein Nylonseil riss. Ausgehend vom Bericht über das Unglück sowie seinen eigenen Erfahrungen mehrerer Besuche dieses Bergs entwickelte Inoue den mehr als 500-seitigen Roman *Die Eiswand*, der 1956/57 zuerst in einer Tageszeitung publiziert wurde.

Inhalt: Kyota Uozu steigt mit seinem Freund und Bergpartner aus der Studentenzeit Otohiko Kosaka auf den Berg Hodaka. Zehn Meter vor der Spitze reißt das Nylonseil, das die beiden verbindet, im Schneesturm auseinander und Kosaka stürzt ab. Direkt nach dem Unfall spekulieren Journalisten über mögliche Todesursachen: ob die Qualität des Nylonseils mangelhaft war, die beiden das Seil falsch benutzt haben, Uozu das Seil abgeschnitten hat, um sich selbst zu retten, oder ob es Kosaka war, der sich aus unglücklicher Liebe zu einer verheirateten Frau selbst getötet hat. Uozu wird gezwungen, die schlechte Qualität des Seils unter Beweis zu stellen, um seine eigene Ehre und Unschuld sowie die seines Freundes zu verteidigen. Da er bei der Tochterfirma des Nylonseilherstellers arbeitet, muss er diesen Kampf mit der Unterstützung seines Chefs Tokiwa führen. Kyonosuke Yashiro testet die Stärke des Nylonseils und stellt fest, dass es unter verschiedenen Umständen stärker ist als ein Hanfseil. Hierauf wird Uozu gezwungen, seine Firma zu verlasen. Er verliebt sich in Minako, die Ehefrau Yashiros, doch nachdem der Leichnam von Kosaka gefunden wurde, akzeptiert er den Heiratsantrag von Kosakas Schwester Kaoru – nicht aus Liebe, sondern aus einer Art Verantwortungsgefühl heraus. Er beschließt, nochmals den Berg zu bezwingen, um seine Liebe für Minako zu überwinden. Das Unternehmen endet in einem abermaligen Unglück und seine Verlobte wartet am Fuß des Bergs vergeblich auf ihn.

Wirkung: Die Züge eines Kriminalromans und die realistische Darstellung der japanischen Gesellschaft in den 1950er Jahren zogen die japanischen Leser an und machten das Buch zu einem Bestseller. Inoue wurde für dieses Werk mit dem Geijutsuin-Preis, dem Preis der Akademie der Künste, ausgezeichnet. *S. S.*

Ludger Lütkekaus 2000 in *Die Zeit* über Inoue Yasushi:

Inoue ist als Erzähler kein avantgardistischer Autor gewesen. Innovativ war er nur als Lyriker. Der großen menschlichen Anziehungskraft seines riesigen Lebenswerks hat das keinen Abbruch getan... Yasushi Inoue ist der im deutschen Sprachraum vermutlich populärste Autor der japanischen Gegenwartsliteratur.

Hauptfiguren in »Die Eiswand« von Inoue Yasushi

Kyota Uozu: Der Angestellte und Hobby-Alpinist besteigt mit Kosaka den Hodaka. Um die Todesursache seines abgestürzten Freundes zu klären, beantragt er die Prüfung der Stärke des Nylonseils. Nachdem er sich zur Heirat mit Kaoru entschlossen hat, verunglückt er beim erneuten Versuch, den Berg zu besteigen.

Otohiko Kosaka: Der beste Freund von Uozu und Bergpartner kann die verheiratete Minako, mit der er eine Nacht verbrachte, nicht vergessen. Er kommt bei der Besteigung des Bergs Hodaka um.

Minako Yashiro: Die Ehefrau von Kyonosuke gesteht Uozu ihren Fehler mit Kosaka und dass sie ihn nicht mehr liebt. Sie fasst eine Neigung zu Uozu, gegen die sie sich aber wehrt.

Kyonosuke Yashiro: Der geschäftsführende Direktor und Ingenieur des Nylonseilherstellers übernimmt die Prüfung des Seils. Er benimmt sich seiner mehr als 20 Jahre jüngeren Frau gegenüber überlegen.

Kaoru Kosaka: Die Schwester von Kosaka verliebt sich in Uozu und ermutigt ihn, sich von der Trauer zu erholen. Sie hilft ihm, den Leichnam ihres Bruders zu entdecken.

Daisaku Tokiwa: Der Stellvertreter der Firma Uozus zeigt Verständnis für Uozu und unterstützt ihn.

te englische Literatur in New Hampshire und Iowa. Ein Studienaufenthalt in Wien 1963/64 hatte entscheidenden Einfluss auf sein literarisches Schaffen, einige seiner Romane spielen zum Teil in dieser Stadt. Bis 1979 arbeitete Irving als Lehrer an verschiedenen Universitäten. Er lebt heute in Vermont.

Bereits 1968 war der erste Roman von Irving erschienen *(Lasst die Bären los!)*, doch erst der vierte, *Garp und wie er die Welt sah*, brachte ihm den Durchbruch. Er wurde ein Welterfolg, ebenso wie die meisten folgenden Romane (*Das Hotel New Hampshire*, 1981; *Owen Meany*, 1989), von denen einige erfolgreich verfilmt wurden. Für die Drehbuchfassung des 1999 verfilmten Romans *Gottes Werk und Teufels Beitrag* (1985) erhielt Irving den Oscar. Sein Entwicklungs- und Schelmenroman *Die vierte Hand* (2001) ist wieder eine groteske Gesellschaftssatire auf das moderne Amerika.

Biografie: J. P. Campbell, *John Irving*, 1998.

Garp und wie er die Welt sah

OT The World According to Garp
OA 1978 DE 1979 **Form** Roman

Der Roman um das Leben des Schriftstellers T. S. Garp und seine feministische Mutter Jenny Fields wurde ein Weltbestseller und begründete den anhaltenden Erfolg des Autors John Irving, der sich hier als einer der großen zeitgenössischen Erzähler Amerikas bewies.

Inhalt: Das Leben des Titelhelden beginnt außergewöhnlich. Die pragmatische Krankenschwester Jenny Fields will ein Kind, aber keinen Mann. Also nutzt sie die Erektion des im Zweiten Weltkrieg schwer verwundeten Bordschützen Garp für ihre Zwecke und gibt dessen Namen an ihren so gezeugten Sohn weiter. Als dieser schulpflichtig wird, nimmt sie eine Stelle als Krankenschwester in der für ihn vorgesehenen Schule in New Hampshire an. Gegen Ende der Schulzeit verliebt sich Garp in Helen Holm, die Tochter seines Ringkampftrainers. Sie bestärkt ihn in seinem Wunsch, Schriftsteller zu werden, doch muss Garp erkennen, dass es ihm noch an der notwendigen Lebenserfahrung mangelt. Also reist er nach Europa und macht in Wien einige Erfahrungen, die ihn zum Schriftsteller reifen lassen; er schreibt seine erste gelungene Geschichte. Doch auch die mitgereiste Mutter hat ein Buch geschrieben – ihre Autobiografie mit dem Titel »Eine sexuell Verdächtige« hat durchschlagenden Erfolg und macht sie zur Leitfigur der Frauenbewegung.

Garp gründet nach seiner Rückkehr aus Europa mit Helen eine Familie, die Söhne Walt und Duncan werden geboren. Beruflich kann er sich als Autor etablieren. Garp könnte ein harmoni-

John Irving bei der Oscar-Verleihung am 26. März 2000 in Los Angeles, bei der er für das Drehbuch zur Verfilmung seines Romans *Gottes Werk und Teufels Beitrag* (1985) ausgezeichnet wurde

Irving, John

US-amerikan. Schriftsteller

* 2.3.1942 Exeter (New Hampshire)

📖 Garp und wie er die Welt sah, 1978

Seit dem weltweiten Erfolg seines Romans *Garp und wie er die Welt sah* wurde nahezu jedes weitere Werk von John Irving zu einem Bestseller. Seine umfangreichen Romane kritisieren die US-amerikanische Gegenwartsgesellschaft und zeichnen sich durch eine Fülle fantastischer, grotesk-komischer Einfälle aus.

Der in Neuengland aufgewachsene Irving wusste bereits mit 19 Jahren genau, was er werden wollte: Ringer und Schriftsteller. Er studier-

Die wichtigsten Bücher von John Irving	
Lasst die Bären los! 1968	Irvings Erstling um die Befreiung der Tiere eines Zoos trägt bereits den tragikomischen Ton nachfolgender Werke.
Garp und wie er die Welt sah, 1978	Die Geschichte des Schriftstellers Garp und seiner feministischen Mutter wurde der erste weltweite Erfolg des Autors. → S. 540
Das Hotel New Hampshire, 1981	Dieser Roman erzählt eine breit angelegte Familiengeschichte mit skurrilen Figuren, die bis nach Wien führt.
Gottes Werk und Teufels Beitrag, 1985	Die Geschichte um den Arzt Dr. Wilbur Larch und seinen Schützling Homer Wells ist ein Plädoyer gegen bürgerliche Doppelmoral.
Owen Meany 1989	Der Roman um die in den 1950er Jahren beginnende Freundschaft von Owen Meany und John Wheelwright bietet eine Auseinandersetzung mit der jüngsten Geschichte der USA.
Zirkuskind 1994	In Indien spielt dieser groteske Roman, in dem der Arzt Dr. Farrokh Daruwalla einem Mörder auf der Spur ist.
Witwe für ein Jahr 1998	Anhand von drei markanten Lebensstationen wird der Lebensweg der Schriftstellerin Ruth Cole nachgezeichnet.

sches Leben führen, wäre da nicht die ständige Konfrontation mit dem Ruhm seiner Mutter sowie die Auseinandersetzung mit den »Ellen-Jamesianerinnen«, einer Gruppe von Feministinnen, die sich aus Solidarität mit einer als Kind Vergewaltigten die Zunge abschneiden. Unterstützung findet Garp bei seinem langjährigen Freund Roberta, einem transsexuellen ehemaligen Footballspieler.

Garps Familienleben wird jäh zerstört, als sich ein Unfall ereignet, bei dem Walt stirbt, Duncan ein Auge einbüßt, Helens Liebhaber seinen Penis verliert und Garp einen Kieferbruch davonträgt. Die Ehe mit Helen gerät in eine tiefe Krise, die erst durch die Geburt der Tochter Jenny überwunden wird. Als Helens Vater stirbt, übernimmt Garp dessen Posten als Ringkampftrainer; nach der Ermordung seiner Mutter setzt er sich für ihre feministischen Ziele ein. Im Alter von 33 Jahren wird er beim Ringkampfunterricht von einer Ellen-Jamesianerin, einer ehemaligen Bekannten, getötet.

Struktur: Der Roman vereinigt alle typischen Elemente von Irvings Erzählen – den tragikomischen Ton, groteske Elemente, skurrile Charaktere, die gewaltsame Zerstörung eines harmonischen Familien- und Berufslebens, den Bruch gesellschaftlicher Tabus und schließlich den Schriftsteller als Protagonisten der Handlung.

Wirkung: Der Roman wurde nicht zuletzt durch einen intensiven Werbefeldzug zum Bestseller. Die Verfilmung gleichen Titels von 1982 mit Robin Williams und Glenn Close in den Hauptrollen leistete dem großen Erfolg weiteren Vorschub. *S. D.*

Irving, Washington

US-amerikan. Schriftsteller

*3.4.1783 New York, †28.11.1859 Terrytown (New York)

📖 *Das Skizzenbuch*, 1819/20

Washington Irving begann seine Karriere als Schriftsteller mit satirischen, gesellschaftskritischen Texten und einer Pseudochronik New Yorks, verfasste aber später auch umfangreiche, ernsthafte Biografien, die historische Persönlichkeiten wie Christoph → Kolumbus mit romantisch-verklärendem Blick überhöhten. Seine frühen Werke etablierten die Kurzprosa als anspruchsvolle literarische Gattung.

Als Sohn einer schottisch-englischen Kaufmannsfamilie, die in den USA zu Wohlstand gekommen war, genoss Irving die Freiheit, seinen künstlerischen Neigungen nachgehen zu können. Er absolvierte zwar eine Juristenausbildung, schloss diese aber erst nach einer zweijährigen Europareise ab. Mit seinem Bruder gab er die burlesk-satirische Zeitschrift Salmagundi (1807/08) heraus, in der sie unter Pseudonymen die Tradition des gesellschaftskritischen Essays weiterführten, aber auch unterliefen. Einen Namen machte sich Irving mit seiner fiktiven Geschichte New Yorks (1809), aber erst Das Skizzenbuch etablierte ihn als ersten US-amerikanischen Autor mit internationaler Bedeutung und ermöglichte ihm, mit dem Schreiben seinen Lebensunterhalt zu verdienen.

Biografie: M. W. Bowden, *Washington Irving*, 1981.

Das Skizzenbuch

OT The Sketchbook of Geoffrey Crayon, Gent
OA 1819/20 **DE** 1825
Form Kurzprosa **Epoche** Romantik

Die Essays und Erzählungen des *Skizzenbuchs* von Washington Irving markieren eine grundlegende Veränderung der Kurzprosaform, indem sie den subjektiven Blick der Romantik, europäische klassizistische Traditionen und amerikanische Themen miteinander verbinden. Das Erleben des fiktiven Betrachters Geoffrey Crayon steht im Zentrum und vermittelt zwischen den Gegenständen seiner Überlegungen und seiner Vorstellungskraft. So entsteht eine Spannung zwischen Wirklichkeitsdarstellung und Imagination, die auch die spätere Kurzprosa von Irving kennzeichnet.

Entstehung: Der Tod seiner Jugendliebe Matilda Hoffman 1809 hatte Irving in eine tiefe Depression gestürzt, die seine Produktivität beeinträchtigte. 1815 reiste er geschäftlich nach England, wo ein Treffen mit Sir Walter → Scott, der ihn unter anderem mit dem deutschen Märchen- und Sagengut bekannt machte, seine kreativen Energien erneuerte. Angespornt durch dieses Treffen schrieb Irving die kurzen Texte, die er unter dem Titel *Das Skizzenbuch* sammelte und gleichzeitig in England und den USA publizierte.

Struktur: *Das Skizzenbuch* wird primär durch die Person des fiktiven Autors bestimmt, wobei bunt gemischte Essays und Reiseberichte neben Erzählungen stehen. Weihnachtliche Festtraditionen, London oder die Indianer werden in kurzen Erlebnisessays zu Objekten der Verklärung für den amerikanischen Junggesellen in England. Gleichzeitig schafft das *Skizzenbuch* besonders mit den humoristischen Erzählungen *Rip van Winkle* und *Die Sage von Sleepy Hollow* aus deutschen Sagenstoffen die neue literarische Form der Kurzerzählung mit genuin amerikanischen Themen, die spätere Autoren zur Shortstory weiterentwickelten.

Inhalt: Die nachhaltigste Bedeutung haben die beiden in Amerika spielenden Erzählungen, die zu den Meisterwerken der fantastischen Litera-

John Irving, *Garp und wie er die Welt sah*, Umschlag der deutschsprachigen Erstausgabe 1979

John Irving über den Akt des Schreibens:

Schreiben ist wie Ringen. Man braucht Disziplin und Technik. Man muss auf eine Geschichte zugehen wie auf einen Gegner.

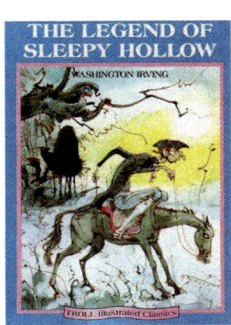

Washington Irving, *Die Sage von Sleepy Hollow* (aus *Das Skizzenbuch*), Einband der US-Kinderbuchausgabe 1990

Die wichtigsten Bücher von Washington Irving

Eine Geschichte New Yorks 1809	Unter dem Pseudonym Dietrich Knickerbocker erschien die burleske Pseudochronik der Stadt New York. Sie ist eine Satire auf die bürgerliche Behäbigkeit der niederländischen Siedler sowie auf die provinzielle Kultur und den Patriotismus der jungen amerikanischen Republik.
Das Skizzenbuch 1819/20	Die Kurzprosasammlung, verfasst vom fiktiven Alter Ego des Autors, Geoffrey Crayon, enthält neben Reiseberichten auch die Erzählungen *Sage von Sleepy Hollow* und *Rip van Winkle*. → S. 541
Bracebridge Hall oder die Charaktere 1822	Irving setzt das *Skizzenbuch* mit Kurzprosatexten fort, die ambivalente Gefühle sowohl gegenüber der europäischen Aristokratie als auch der amerikanischen Demokratie ausdrücken.
Erzählungen eines Reisenden, 1824	Das Buch ist ein weiterer Sammelband mit Kurzprosatexten in der Folge des berühmten *Skizzenbuchs*.
Die Geschichte des Lebens und der Reisen Christoph's Columbus 1828	Während seines Spanienaufenthalts arbeitete Irving mit ungesichtetem Material zu Christoph Kolumbus. Es entstand eine mit romantischer Intensität geschriebene umfassende Biografie des spanischen Entdeckers, die ausgesprochen populär wurde.
Die Alhambra, oder das neue Skizzenbuch, 1832	Das wichtigste Folgewerk des *Skizzenbuchs* ist teils Reisebericht, teils Fiktion. Die Essays und Erzählungen schaffen ein romantisierendes Porträt des maurischen Spanien.
Abentheuer des Capitäns Bonneville 1837	Untertitel: *Scenen jenseits der Felsgebirge des Wilden Westens*. Geschichten von Fallstellerabenteuern und Entdeckungsreisen an der Siedlungsgrenze im Westen Amerikas.
Das Leben George Washingtons 1855–59	In seiner fünfbändigen Biografie des ersten Präsidenten der Vereinigten Staaten macht Irving diesen – wie zuvor schon den Genueser Seefahrer Kolumbus – zu einem romantischen Helden.

Auszug aus dem *Skizzenbuch* von Washington Irving:

Rip van Winkle war indes einer jener glücklichen Sterblichen, jener törichten, gut geölten Charaktere, welche die Welt leicht nehmen, Weiß- oder Schwarzbrot essen, je nachdem das eine oder das andere mit geringerer geistiger oder körperlicher Anstrengung zu bekommen ist, und lieber mit einem Pfennig verhungern als für einen Taler arbeiten. Hätte man ihn in Ruhe gelassen, so würde er sein Leben in völliger Zufriedenheit zugebracht haben; aber seine Frau lag ihm ständig in den Ohren wegen seiner Faulheit, seiner Sorglosigkeit und alles des Verderbens, das er noch über seine Familie bringen werde. Morgens, mittags und abends war ihre Zunge unaufhörlich in Bewegung, und alles, was sie sagte oder tat, rief garantiert eine Sturzflut häuslicher Beredsamkeit hervor.

tur zählen. Die tollpatschige und gutmütige Hauptfigur in *Rip van Winkle* trifft bei einem Jagdausflug auf den Geist von Hendrick Hudson, den historischen Entdecker des nach ihm benannten Flusses, und verfällt in einen 20-jährigen Schlaf. Nach der amerikanischen Revolution erwacht er wieder und findet sein Heimatdorf verwandelt. Auch *Die Sage von Sleepy Hollow* verleiht der amerikanischen Landschaft poetische Bedeutung, indem sie einen ehemaligen hessischen Söldner als kopflosen, berittenen Geist in ihr sein Unwesen treiben lässt. Die Hauptfigur, der Landschulmeister Ichabot Crane, spekuliert auf das Erbteil der Tochter eines reichen Bauern, wird aber durch einen Streich seines übermütigen und lebenslustigen Rivalen, der ihm vermeintlich als der hessische Reiter begegnet, aus der Gegend vertrieben.

Die Essays setzen sich mit traditionellen Themen wie Bildung, Volkstraditionen, nationalen Charaktereigenschaften und dem Verhältnis der Geschlechter auseinander, bringen sie aber auf für die Literatur neue Weise in ein Spannungsverhältnis mit dem subjektiven Empfinden des Betrachters. So entsteht eine zum Teil die Form des Essays ironisierende Studie des fiktiven Autors, der stets die Distanz zum tatsächlichen Autor Irving bewahrt.

Wirkung: Die wesentlichste Wirkung entfalteten die Poetisierungen der amerikanischen Landschaft von Irving, indem sie die kurze Prosaerzählung erneuerten und als literarische Gattung einführten. Obwohl erst spätere Auto-

ren wie Nathaniel → Hawthorne, Herman → Melville und Edgar Allan → Poe die amerikanische Shortstory als Form entwickelten, gilt Irving als der bedeutendste Vorläufer.   *J. C.*

Isegawa, Moses

englischsprachiger ugand. Schriftsteller

*25.12.1963 Kawempe (Uganda)

📖 *Abessinische Chronik*, 1998

Moses Isegawa zeichnet in seinen historischen Romanen ein barockes Panorama seiner afrikanischen Heimat im Allgemeinen und des vom Bürgerkrieg zerrissenen Uganda im Besonderen. Er liefert eine Chronologie des Despotismus und schildert die von den Militärs, vor allem von den Diktatoren Milton Obote und Idi Amin begangenen oder verantworteten Grausamkeiten. Isegawa wurde in einem Priesterseminar zum Geschichtslehrer ausgebildet und arbeitete vier Jahre lang als solcher. 1990 übersiedelte er nach Amsterdam und begann 1995 zu schreiben. Bereits für seinen ersten Roman *Abessinische Chronik*, der in mehrere Sprachen übersetzt wurde und zuerst auf Holländisch erschien, erhielt er diverse Literaturpreise.

Bezeichnend für Isegawas Prosa ist, dass er eine distanziert deskriptive Haltung einnimmt und dabei weder eine Analyse der politischen Entwicklungen und Verhältnisse versucht noch eine psychologisierende Tätercharakteristik entwirft. Information und Aufklärung vermitteln Isegawas Bücher gleichsam indirekt, im Vordergrund steht die ausführliche Beschreibung.

Abessinische Chronik

OT Abessijnse Kronieken
OA 1998 DE 2000 **Form** Roman **Epoche** Moderne

Der schelmenhafte Entwicklungsroman von Moses Isegawa über das Erwachsenwerden eines jungen Mannes zu Zeiten massiver Unruhen in dessen Heimat Uganda ist zugleich ein politischer Roman sowie eine Familiensaga.

Inhalt: Anfang der 1970er Jahre wächst der junge Mugezi bei seinen Großeltern auf dem Land auf, während seine Eltern mit seinen anderen Geschwistern in die Stadt gezogen sind. Mit Beginn des Bürgerkriegs muss Mugezi zu seinen Eltern in Ugandas Hauptstadt Kampala, um auf seine jüngeren Geschwister aufzupassen. Schließlich besucht Mugezi ein Priesterseminar, wird zum Lehrer ausgebildet und unterrichtet auch einige Zeit. Den marodierenden Regierungs- und Oppositionsgruppen, die sich über die asiatischen und indischen Zuwanderer sowie die Bevölkerungsgruppen aus dem Norden Ugandas hermachen, fällt auch ein Teil von Mugezis Familie zum Opfer. Er selbst wird von drei Soldatinnen der tansanischen Befreiungsarmee vergewaltigt. Nach dem Sturz von Idi Amins Regime geht Mugezi nach Holland und versucht dort ein neues Leben zu beginnen.

Struktur: Isegawa verknüpft in seinem autobiografisch geprägten Roman geschickt und vergnüglich Elemente des Schelmenstücks, des Bürgerkriegsepos, der Familienchronik und des Adoleszenzromans. Er karikiert westliche Exotismus-Klischees und würzt seinen Text mit einer gehörigen Prise Erotik und Magie. Lustfeindlichkeit und Begehren werden kontrastiert, Entwicklungshilfe, Aids und Genitalverstümmelung gestreift. Gleichwohl sind die Unterdrückung und die Gewalt dieser Jahre in Uganda die inhaltlichen Leitmotive des Romans, dessen Titel nicht etwa auf das alte Abessinien im Osten Afrikas anspielt, sondern das englische Wort »abyss« (Abgrund) abwandelt. Folter, Plünderungen und Vergewaltigungen bilden die Kulisse des Geschehens. Das Stilmittel der Ironie, eines Galgenhumors und spöttischen Sarkasmus, erlaubt Isegawa die Schilderung sogar der brutalsten Gemetzel, ohne dass diese Textpassagen voyeuristisch oder verharmlosend klängen.

Isegawa gelang es mit diesem Buch, sich einerseits den drängenden Problemen des gegenwärtigen afrikanischen Alltags zu stellen und das Übel der Militärdiktaturen sowie der korrupten demokratischen Marionettenregierungen zu brandmarken, andererseits aber den Politprop-Stil der afrikanischen Unabhängigkeitsliteratur hinter sich zu lassen.

Trotzdem setzt Isegawa die Drangsalierungen, die Mugezi in seinem Elternhaus erfährt, mit dem Dogmatismus der Kirche und dem Despotismus der Diktatoren gleich – Demokratieunfähigkeit zeigt sich in Familie, Gesellschaft und Politik. Isegawa bringt die Schrecken des Bürgerkriegs in seiner Heimat nahe, kennzeichnet sie auch als typisch für die Gegenwart in anderen afrikanischen Staaten, bestätigt aber dennoch nicht das überwiegend von Katastrophen bestimmte Afrika-Bild in den westlichen Medien. Er dokumentiert einen Lebenswillen, eine kraftvolle Zuversicht und den Glauben an eine bessere Welt, die Mugezi jedoch auch nach seiner Umsiedelung nach Europa nicht entdecken kann.

Wirkung: Isegawa selbst kündigte an, die afrikanische Gegenwartsliteratur mit seinem Roman an die Seite von Gabriel → García Márquez und Salman → Rushdie stellen zu wollen. Tatsächlich bescheinigte die Kritik dem Buch eine entsprechende Qualität. *M.L*

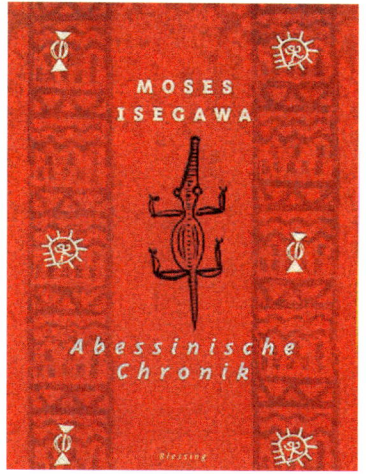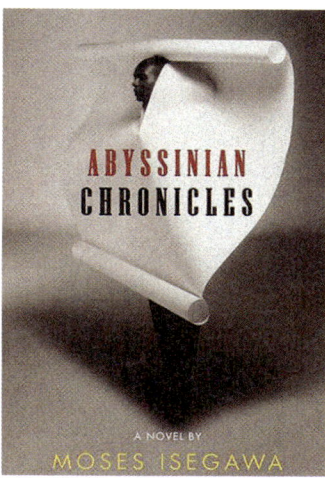

Moses Isegawa, *Abessinische Chronik;* links: Umschlag der deutschsprachigen Erstausgabe 2000; rechts: Umschlag der US-Erstausgabe 2000

Hauptfiguren in »Abessinische Chronik« von Moses Isegawa

Mugezi: Der Sohn von Serenity und Nakkazi empfindet Elternhaus und Priesterinternat gleichermaßen als bedrückend und hält sich während des ugandischen Bürgerkriegs durch Schmuggel über Wasser. Er liebt verbotenerweise seine Halbschwester, begehrt aber auch die jüngste Ehefrau seines Nachbarn in Kampala. Nach seinem Umzug in die Niederlande definiert er seine Landeskenntnisse über Frauenbekanntschaften.

Serenity: Mugezis Vater Serenity verlor seine erste Frau unter einem Büffelkadaver und lebt seither mit der geschäftstüchtigen, aber zänkischen Nakkazi zusammen, die er indessen mit deren Schwester Nakibuka jahrelang und ohne Gewissensbisse gern und ausgiebig betrügt. Von Serenity stammt das Wortspiel um »Abessinien« als Land am Abgrund.

Nakkazi: Mugezis Mutter Nakkazi ist eine ehemalige Nonne, die das Kloster aber wegen ihrer Gewalttätigkeit verlassen musste und von Ehrgeiz und Zorn besessen ist. Hingebungsvolle sexuelle Leidenschaft ist ihr verhasst, weshalb sie die Spitznamen »Hängeschloss«, »Jungfrau« und »Schwester Petrus« bekommt. Nakkazi ist ungerecht, hinterhältig und verprügelt gern ihre Kinder und Angestellten.

Isherwood, Christopher

(eigtl. Christopher William Bradshaw-Isherwood)

brit.-US-amerikan. Schriftsteller

* 26.8.1904 Disley (Chesire)

† 4.1.1986 Santa Monica (Kalifornien), USA

📖 *Leb' wohl Berlin*, 1939

Hauptthema der autobiografisch gefärbten Werke von Christopher Isherwood ist der Konflikt zwischen dem psychisch labilen, passiven Individuum und den Forderungen einer aggressiven Gesellschaft, den er fotografisch genau sowie neutral und objektiv abzubilden versucht. Dabei verschwinden die Grenzen zwischen Fakten und Fiktion.

Isherwood entstammte dem britischen Landadel, absolvierte das Corpus Christi College in Cambridge und das King's College in London. In den 1920er Jahren gehörte er zum Oxforder

Leb' wohl Berlin

OT Goodbye to Berlin

OA 1939 **DE** 1949 **Form** Roman **Epoche** Moderne

In sechs Episoden schildert Christopher Isherwood halbdokumentarisch das Leben in Berlin wenige Jahre vor der Machtergreifung der Nationalsozialisten.

Inhalt: Ende der 1920er Jahre strömen Menschen aus allen Teilen der Welt mit ihren Hoffnungen nach Berlin, der aufregendsten Stadt Europas. Die männerverschlingende Sängerin Sally Bowles träumt von der großen Karriere, der Brite Isherwood schlägt sich als Sprachlehrer durch, der Arbeiterjunge Otto Nowak entflieht seinem Weddinger Milieu mit fragwürdigen Mitteln, eine jüdische Warenhausbesitzerfamilie leidet unter der Hetze von SA-Schlägertrupps. Als Isherwood 1933 Berlin verlässt, herrscht auf den Straßen bereits offener Terror.

Aufbau: In den lose miteinander verbundenen Episoden des Romans präsentiert Isherwood die strahlenden und die dunklen Seiten der Metropole Berlin fotografisch exakt: Auf den schicken Boulevards mit ihren Caféhäusern, Klubs und Katakomben leben die Nachtschwärmer, Künstler und Fantasten in einer Welt aus Laster, Reichtum, Eitelkeit und Intrigen. Zur gleichen Zeit betteln in den Hinterhöfen tausende Gestrandeter um Brot und Arbeit. Die braunen Politbanden kanalisieren deren verzweifelte Wut auf Juden und Kommunisten.

Isherwood verbindet persönliche Erinnerung, politische Reportage und Fiktion. Seine ehrliche Sprache ist nüchtern, ohne moralisches Pathos. Diese Welt aus Banalität, ekstatischem Rausch und politischer Brutalität spricht für sich selbst. Seismografisch präzise hält der ausländische Autor einen Ausschnitt der jüngsten deutschen Geschichte fest, wie es in dieser Intensität nur wenigen Schriftstellern gelungen ist.

Wirkung: Die Episoden des Buches sollten mit dem Roman *Mr. Norris steigt um* (1935) Teil einer groß angelegten, unvollendet gebliebenen Berliner Chronik am Ende der Weimarer Republik mit dem Titel *The Lost (Die Verlorenen)* werden. Die Berliner Jahre stehen auch im Mittelpunkt von Isherwoods 1976 veröffentlichtem zweiten Teil seiner Autobiografie, *Christopher und seinesgleichen 1929–1939*. Den Stoff aus *Leb' wohl Berlin* verarbeitete John van Druten 1954 in seinem Drama *I am a Camera*. Daraus entstand das 1966 in New York uraufgeführte Musical *Cabaret* von John Kander. Nach der mit acht Oscars ausgezeichneten Musical Verfilmung (1972), die Hauptstellerin Liza Minnelli zum Weltstar machte, erreichte Isherwoods Roman nach mehr als 30 Jahren einen breiten Leserkreis. *B.*

Christopher Isherwood, *Leb' wohl Berlin*, links: Umschlag der Originalausgabe 1939; rechts: Umschlag der deutschsprachigen Erstausgabe 1949 (Gestaltung: Werner Rebhuhn)

Auszug aus dem Roman *Leb' wohl Berlin* von Christopher Isherwood:

Ich bin eine Kamera mit offenem Verschluss, nehme nur auf, registriere nur, denke nichts. Registriere den Mann, der sich am Fenster drüben rasiert, und die Frau im Kimono, die ihr Haar wäscht. Eines Tages werde ich alle diese Bilder entwickeln, sorgfältig kopiert und fixiert haben.

Literatenkreis um Stephen Spender (1909 bis 1995) und Wystan Hugh →Auden, mit dem er drei Bühnenstücke schrieb.

Aus einem geplanten Kurzaufenthalt in Berlin wurden fast vier Jahre (1929–33). Dort arbeitete Isherwood als Sprachlehrer, in Berlin entstanden seine bekanntesten Romane, *Mr. Norris steigt um* (1935) und *Leb' wohl, Berlin*, die Vorlage zum Musical *Cabaret* (1966) und dessen Verfilmung (1972) von Bob Fosse. Nach Reisen durch Europa und China (mit Auden) kam Isherwood 1939 in die USA, 1946 wurde er US-Staatsbürger. Er schrieb Drehbücher, trat zum Hinduismus über, gab die religiöse Zeitschrift *Vedanta and the West* heraus und übersetzte Hindu-Schriften aus dem Sanskrit. 1959–67 war er Gastprofessor für englische Literatur an mehreren Hochschulen in Kalifornien.

Biografie: B. Finney, *Christopher Isherwood*, 1979.

Schauplatz Berlin am Ende der Weimarer Republik	
Alfred Döblin 1929	*Berlin Alexanderplatz:* Die Leidensgeschichte des Ex-Häftlings Franz Biberkopf ist einer der ersten Großstadtromane. → S. 286
Erich Kästner 1931	*Fabian. Die Geschichte eines Moralisten.* In dem satirischen Roman wird ein Gelehrter Opfer der Weltwirtschaftskrise. → S. 585
Kurt Tucholsky 1931	*Schloss Gripsholm:* Ein heiterer Schweden-Urlaub dient als liberale Gegenkulisse zur krisenhaften Weimarer Republik. → S. 1090
Hans Fallada 1932	*Kleiner Mann, was nun?* Ein Kleinbürger sucht in Berlin sein Glück, landet jedoch im Millionenheer der Arbeitslosen. → S. 339
Erich Maria Remarque, 1938	*Drei Kameraden:* Erzählt wird das Schicksal von Veteranen des Ersten Weltkriegs während der Inflationszeit in Berlin.
Christopher Isherwood, 1939	*Leb' wohl Berlin:* Ein halbdokumentarisches Porträt des Lebens in Berlin drei Jahre vor der NS-Machtergreifung. → S. 544
Lion Feuchtwanger 1933	*Die Geschwister Oppermann:* Das Schicksal einer jüdischen Familie in Berlin vor und nach der NS-Machtübernahme.
Elias Canetti 1980	*Die Fackel im Ohr:* In Berliner Künstlerzirkeln lernt der Autor 1929 Bertolt Brecht, Issak Babel und George Grosz kennen.

Ishiguro, Kazuo

engl. Schriftsteller

*8.11.1954 Nagasaki

📖 *Was vom Tage übrig blieb*, 1989

Kazuo Ishiguro zählt zu den eindrucksvollsten Schriftstellern und Repräsentanten der neueren britischen Literatur. Seine Romane, die meist um das Thema Erinnerung kreisen, zeichnen sich durch eine sprachliche und stilistische Perfektion aus.

1960 kam Ishiguro, Sohn eines Ozeanografen, mit seiner Familie nach England. Asiatisch erzogen und in Europa aufgewachsen, vereinigt Ishiguro zwei Kulturen und Gesellschaftsformen in sich, die er für seine literarische Arbeit nutzt. Er studierte Philosophie und Literaturwissenschaften an den Universitäten von Canterbury und East Anglia. Ishiguro wollte zunächst Musiker werden, entschied sich jedoch ab Ende der 1970er Jahre für eine schriftstellerische Laufbahn. Seine ersten Kurzgeschichten aus jener Zeit handeln vom Menschen am Abgrund. Der erste Roman des Autors, *Damals in Nagasaki* (1982,) wurde sogleich ein großer Erfolg und befasst sich, wie auch *Der Maler der fließenden Welt* (1986), mit der japanischen Geschichte und Gegenwart. Mit dem Roman *Was vom Tage übrig blieb*, der 1989 den Booker Prize gewann, wandte sich Ishiguro thematisch seiner zweiten Heimat England zu. 1995 folgte *Die Ungetrösteten*, im Jahr 2000 *Als wir Waisen waren*. Ishiguro lebt mit seiner Frau und seiner Tochter in London.

Was vom Tage übrig blieb

OT The Remains of the Day
OA 1989 **DE** 1992 **Form** Roman **Epoche** Moderne

Im Zentrum des Roman *Was vom Tage übrig blieb* von Kazuo Ishiguro steht die Reise eines alten Butlers durch England, die zur quälenden Auseinandersetzung mit der eigenen Vergangenheit wird.
Inhalt: Im Jahr 1956 begibt sich der auf Schloss Darlington Hall dienende alte Butler Stevens mit dem Auto seines Arbeitgebers auf eine Reise nach Cornwall, um seine ehemalige Arbeitskollegin Miss Kenton zu besuchen, die er zur Rückkehr nach Darlington Hall zu bewegen hofft. Diese Fahrt ans Meer wird zu einer Reise in seine eigene Vergangenheit und allmählich treten in Rückblenden die Erinnerungen an sein bisheriges Leben zu Tage.

Vor dem Krieg war Stevens Chefbutler auf dem Landsitz des von ihm verehrten Lord Darlington, in dessen Dienst er vollkommen aufging. Würde und Pflicht sind seit jeher seine zentralen Glaubensgrundsätze. Dass sie einhergehen mit Selbstverleugnung und Selbstbetrug, erkennt Stevens jedoch zu spät. Die völlige Zurücknahme seiner selbst macht ihm zwischenmenschliche Beziehungen unmöglich. Obgleich er sich im tiefsten Inneren von der Haushälterin Miss Kenton angezogen fühlt, mit der er harmonische Stunden bei gemeinsamen ›Kakao-Abenden‹ verbrachte, hat Stevens ihre vorsichtigen Annäherungsversuche stets brüsk zurückgestoßen und sich ihr gegenüber förmlich verhalten, bis sie schließlich Darlington Hall verließ, um zu heiraten.

Als ebenso problematisch stellt sich in den Rückblenden die Beziehung des Butlers zu seinem Herrn heraus. Stevens wollte nicht sehen, dass Lord Darlington enge Kontakte mit den Nationalsozialisten pflegte und sich von ihnen instrumentalisieren ließ. Darlington Hall wurde zu jener Zeit zum Ort geheimer Treffen, führende Politiker gingen dort ein und aus. Stevens hinterfragte aus unbedingter Loyalität gegenüber seines Herrn niemals dessen Motive, ihn erfüllte sogar mit Stolz, am Schauplatz großer Weltpolitik gedient zu haben. Mit dem Krieg und dem Tod des Lords ist die alte Welt von Darlington Hall zerfallen, deren Mikrokosmos das Zentrum von Stevens' Dasein war.

Auf seiner Reise erkennt Stevens die möglichen Wendepunkte, die er ungenutzt hat verstreichen lassen. Ungesagte Worte haben nach seiner Erkenntnis zu einem ungelebten Leben geführt. Als Miss Kenton ihm am Ende der Reise gesteht, dass sie sich ein gemeinsames Leben mit ihm hätte vorstellen können, trifft ihn das zutiefst. Auf dem Pier von Weymouth erkennt er angesichts des hereinbrechenden Abends, dass ihm nur der Versuch bleibt, das Beste aus dem zu machen, »was vom Tage übrig bleibt«.
Aufbau: Der Roman gliedert sich in einen Prolog und sieben Kapitel, die tagebuchartig die sechs Tage der Reise umfassen. Der Prolog spielt im Jahr 1956 auf Darlington Hall. Das äußere Geschehen tritt in den folgenden handlungsarmen Kapiteln nahezu völlig hinter die Reflexionen und Erinnerungen des Butlers zurück. Es wird im Verlauf der Digressionen deutlich, dass es Stevens um die Wahrung seiner Selbstachtung, um die Rechtfertigung seines Lebens und schließlich um die moralische Frage, was ihm von der Überzeugung, ein sinnvolles Leben geführt zu haben, geblieben ist.
Wirkung: Die Bekanntheit des mit dem Booker Prize ausgezeichneten Romans wurde vor allem durch James Ivorys sehr erfolgreiche Verfilmung gesteigert. In dem eng an die literarische Vorlage angelehnten Kinofilm von 1993 verkörpert Anthony Hopkins grandios den alternden Butler, der seiner versäumten Liebe zu Miss Kenton (Emma Thompson) nachreist. *E. H.*

Kazuo Ishiguro, *Was vom Tage übrig blieb*; oben: Umschlag der Originalausgabe 1989; unten: Umschlag der ersten deutschsprachigen Taschenbuchausgabe 1992

Auszug aus dem Roman
Was vom Tage übrig blieb von Kazuo Ishiguro:

Viele der Bilder, die sich mir heute Morgen boten, gehören in der Tat zu den schönsten, denen ich bis jetzt begegnet bin. Es war deshalb schade, dass ich ihnen nicht die Aufmerksamkeit widmen konnte, die sie verdienten, denn, das sei ruhig gesagt, man war doch in einer etwas besorgten Verfassung bei dem Gedanken, dass man – sollte sich nicht etwas völlig Unvorhergesehenes ereignen – Miss Kenton wiedersehen würde, ehe noch der Tag zu Ende ging.

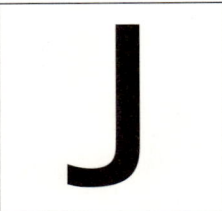

Jacobsen, Jens Peter

dän. Schriftsteller

* 7.4.1847 Thisted (Nordwestjütland), † 30.4.1885 ebd.

📖 *Niels Lyhne*, 1880

Zwischen dem verklärenden Weltbild des dänischen Romantizismus und dem neoaufklärerischen Literaturideal des Naturalismus beschritt Jens Peter Jacobsen einen Sonderweg, dessen innovativer Wert erst nach seinem Tod erkannt worden ist. Mit seiner differenzierten Darstellung von Naturstimmungen und psychischen Regungen beeinflusste er viele Autoren. Vor allem in den 1890er Jahren verehrten Schriftsteller wie Rainer Maria → Rilke, Hugo von Hofmannsthal, Stefan → Zweig, Arthur → Schnitzler und Thomas → Mann den dänischen Schriftsteller als Schöpfer und Lehrmeister eines neuen Sprachstils.

Das 1867 abgelegte Abitur und die Aufnahme eines Botanik-Studiums an der Universität von Kopenhagen fallen zusammen mit Jacobsens ersten dichterischen Versuchen. Durch Übersetzungen und populärwissenschaftliche Aufsätze lieferte er entscheidende Impulse für die Diskussion des Darwinismus in Dänemark. Seine poetische Produktion umfasst Gedichte, Novellen und zwei Romane, deren gedanklichen Bezugsrahmen die Problemstellungen von Charles → Darwin, Ernst → Haeckel, Arthur → Schopenhauer und Søren → Kierkegaard bilden.

Jacobsen sympathisierte mit dem »Freidenker«-Programm der Brüder Georg und Edvard Brandes, unterlief als Dichter jedoch deren auf die Produktion naturalistischer und gesellschaftskritischer Literatur gerichtete Erwartungen. Eine 1873 diagnostizierte Tuberkulose führte seinen frühen Tod herbei, so dass er von dem heute kaum mehr vorstellbaren Ruhm, den er um 1900 in Deutschland und Österreich erlangen sollte, ohne Kenntnis blieb.

Biografie: B. Algot Sørensen, *Jens Peter Jacobsen*, 1991.

Jens Peter Jacobsen, *Niels Lyhne*, Titelseite der Ausgabe 1911

Stefan Zweig über den Roman *Niels Lyhne* von Jens Peter Jacobsen:

Niels Lyhne, wie glühend, wie leidenschaftlich haben wir in den ersten wachen Jahren der Jugend dieses Buch geliebt: Es ist der Werther unserer Generation gewesen.

Niels Lyhne

OT Niels Lyhne
OA 1880 **DE** 1889 **Form** Roman **Epoche** Fin de Siècle

Mit seiner ästhetisch-sensitiven Erschließung feinster Seelenzustände unter dem existenziellen Vorzeichen subjektiver Entfremdung und Leere formte Jacobsen in *Niels Lyhne* den Prototyp eines Fin-de-Siècle-Romans, in dem die für die Wende zum 20. Jahrhundert in Kunst und Literatur typische Endzeitstimmung herrscht. Bedeutung erlangte das Werk als frühes Dokument eines literarischen Impressionismus.

Inhalt: Geschildert wird die Entwicklung der Hauptfigur Niels Lyhne, der auf einem Gut in Jütland im Spannungsfeld elterlicher Gegensätzlichkeit heranwächst. Die Auswirkungen determinierender Erbfaktoren werden verstärkt durch Erziehung und prägende Erlebnisse, sie »formen an dem weichen Ton, alles formt daran, alles hat Bedeutung«.

Die Begegnung mit seiner jungen, Züge einer Femme fatale tragenden Tante Edele lässt in dem zwölfjährigen Niels erste erotische Empfindungen erwachen. Ihr Tod führt zum Verlust des kindlichen Glaubens. Als Student in Kopenhagen verliebt sich Niels in Tema Boye, hinter deren ostentativ zur Schau gestellten unkonventionellen Ansichten sich eine zutiefst bürgerlich-konservative Lebenshaltung verbirgt. Der Tod der Mutter und die Verlobung von Frau Boye mit einem Mann der Kopenhagener Gesellschaft lassen Niels vereinsamen. Später verliebt er sich in seine Kusine Fennimore, die ihm aber seinen Freund Erik, einen Maler und Bildhauer, vorzieht. Drei Jahre später besucht Niels das Paar und zwischen ihm und Fennimore entwickelt sich eine Liebesbeziehung, die nach Eriks plötzlichem Tod durch einen Hassausbruch Fennimores jäh beendet wird.

Nach einsamen Jahren im Ausland kehrt Niels auf das väterliche Gut zurück und heiratet die 17-jährige Gerda, die aus Verehrung und Liebe zu ihm seine atheistische Weltanschauung übernimmt, in ihrer Sterbestunde jedoch zum Glauben zurückkehrt. Auch Niels gibt angesichts des Leidens seines todkranken Kindes vorübergehend seine Überzeugung preis – eine »Fahnenflucht«, ein »Abfall von sich selbst«, der ihn halb bewusst im Deutsch-Dänischen Krieg von 1864 den Tod suchen lässt. Schwer verwundet fantasiert er davon, dass er »stehend sterben« wolle und weist das Angebot geistlicher Betreuung zurück.

Aufbau: Die Romanhandlung bildet kein erzählerisches Kontinuum. Einzelne Szenen (nach teilweise mehrjährigen Zeitsprüngen) stellen die Geschichte des Protagonisten dar, dessen Entwicklungsstadien sich in der Begeg-

Die wichtigsten Bücher von Jens Peter Jacobsen

Gurrelieder 1869	Gedichtzyklus. Lyrisch-dramatische Gestaltung eines in dänischen Volksliedern überlieferten Sagenstoffes um König Valdemar und seine Geliebte Tove; 1902 von A. Schönberg vertont.
Mogens 1872	Berühmteste Novelle Jacobsens mit naturalistischer Thematik, aber auch impressionistischen und symbolistischen Zügen.
Frau Marie Grubbe 1876	Historischer Roman von episodischer Struktur. Psychologisches Porträt einer Frau, die zuerst mit einem dänischen Adligen, zuletzt mit einem Stallknecht verheiratet war.
Niels Lyhne 1880	Entwicklungsroman mit negativem Vorzeichen: Der Verlust aller Ideale, Desillusionierung und Resignation kennzeichnen den Lebensweg der Titelfigur und ihrer Mitmenschen. → S. 546
Hier sollten Rosen blühen 1882	Erzähltechnisch experimentelle Novelle, die ein raffiniertes ästhetisches Spiel mit verschiedenen Fiktionsebenen und imaginären Rollen inszeniert. Potenzierung von Illusion und Fiktion.

nung mit jenen Frauen spiegeln, die für eine kürzere oder längere Zeit in sein Leben treten. Grundlegend für die gedankliche Tiefenstruktur ist die Polarität »Traum« (= idealistischer Tagtraum) und »Leben« (= realitätsbezogene Unmittelbarkeit).

Wirkung: Zur Eigenart der deutschen und österreichischen Rezeption des Romans gehörte seine Herauslösung aus dem naturalistischen Kontext, der in Skandinavien durch Jacobsens Zugehörigkeit zum Kreis des »modernen Durchbruchs« auf selbstverständliche Weise vorausgesetzt wurde. Einzelne durchaus vorhandene Ansatzpunkte einer neuromantischen und symbolistischen Interpretation verdichteten sich im Gefolge einer ebenso enthusiastischen wie ahistorischen Lesart zu einem Gesamtbild, das zum erklärten Literaturideal einer ganzen Generation von Schriftstellern wurde und dessen Grundzüge die Einschätzung des Autors und seines bekanntesten Werks bis in die Gegenwart bestimmen.   *U.C.S.*

Jahnn, Hans Henny

dt. Schriftsteller und Orgelbauer

* 17.12.1894 Hamburg-Stellingen

† 29.11.1959 Hamburg

📖 *Fluss ohne Ufer*, 1949/50, 1961

Im epischen und dramatischen Werk von Hans Henny Jahnn stehen die Leiden und Leidenschaften der Kreatur im Mittelpunkt. Innere, psychische Konflikte sind dabei nicht von der physischen Existenz des Menschen zu trennen.

Der überzeugte Pazifist Hans Jahn (später erst Henny und mit veränderter Namensschreibung) emigrierte 1915–18 nach Norwegen, wo sein erstes Drama *Pastor Ephraim Magnus* entstand, für das er 1920 den Kleist-Preis erhielt. Nach dem Scheitern der von ihm begründeten Glaubensgemeinde »Ugrino« widmete sich Jahnn dem Orgelbau. Nahezu hundert Orgeln wurden nach seinen Plänen gebaut oder renoviert. Wegen seiner politischen Einstellung und seines Bekenntnisses zur Bisexualität sah sich Jahnn Repressalien durch die Nationalsozialisten ausgesetzt und lebte 1934–45 als Landwirt und Hormonforscher auf der dänischen Ostseeinsel Bornholm. Ab 1950 amtierte er als Präsident der Hamburger Freien Akademie der Künste, war Mitglied der Akademien in Mainz und Ostberlin und galt wegen seines Engagements gegen die atomare Rüstung und die Wiederbewaffnung Westdeutschlands als unbequemer Kritiker der Nachkriegsentwicklung.

Biografie: T. Freeman, *Hans Henny Jahnn*, 1986; E. Wolffheim, *Hans Henny Jahnn* (rm 50432).

Fluss ohne Ufer

OA 1949/50, 1961 **Form** Roman **Epoche** Moderne

In *Fluss ohne Ufer* beschreibt Hans Henny Jahnn unter dem Einfluss von Franz → Kafka, James → Joyce und Marcel → Proust die Obsessionen und Krisen des modernen Individuums. Der Strom aus Erinnerungen, autobiografischen Versatzstücken, essayistischen Einschüben, literarischen Anspielungen und Zitaten lenkt die Aufmerksamkeit von der Handlungsführung, von Milieu- oder Landschaftsschilderungen auf die Art und Weise der Darstellung und macht die Bedeutung der Kunst für den Menschen zum Thema.

Inhalt: Um seiner Verlobten, der Kapitänstochter Ellena, nahe zu sein, ist Gustav Anias Horn als blinder Passagier an Bord der »Lais«. Als Ellena während eines Unwetters verschwindet, setzt sich Gustav an die Spitze einer Meuterei, die mit dem Untergang des Schiffs endet.

Jahrzehnte später versucht der inzwischen zu Weltruhm gelangte Komponist Horn die Ereignisse zu rekonstruieren. In Rückblenden werden die Stationen seines Lebenswegs an der Seite des Matrosen Alfred Tuteins geschildert, der sich als Mörder Ellenas zu erkennen gibt.

Hans Henny Jahnn bei der Feinarbeit an Orgelpfeifen; der Schriftsteller und Orgelbauer gehörte ab den 1920er Jahren einer Orgelbewegung an, deren Ziel es war, durch Rückbesinnung auf alte Bauprinzipien der im 19. Jahrhundert entstandenen Tendenz, mit der Orgel den Orchesterklang nachzuahmen, entgegenzuwirken

Hans Henny Jahnn in einem Brief:

So wirst du denn auch finden, dass meine Personen nicht folgerichtig handeln und denken, sondern voller Widersprüche sind. Sie gelangen ans Ziel, an ihre Wirklichkeit, weil sie der Schauplatz von Ereignissen sind, musikalisch ausgedrückt, von Themen, Strophen, Motiven, Anklängen, Rhythmen.

Auszug aus *Fluss ohne Ufer* von Hans Henny Jahnn:

Der Anlass zu meinen expansiven und (vielleicht darf ich es sagen) tieferen Werken ist mein persönliches Leben. Meine Angst, meine Trauer, meine Verlassenheit, meine Gesundheit, die Störungen in mir und die Zeiten des Gleichgewichts, die Art meiner Sinne und meiner Liebe, meine Besessenheit in ihr, haben auch meine musikalischen Gedanken und Empfindungen gestaltet. Kunst wächst auf dem Felde des Eros; darum einzig haftet ihr die Schönheit an.

Henry James (l.) mit seinem Bruder William (1842–1910); Studioaufnahme der englischen Fotografiekünstlerin Marie Leon in London, um 1908

Ihre Reise durch verschiedene Kontinente bis nach Skandinavien bildet den Hintergrund, vor dem die Protagonisten ihr Inneres und ihre künstlerischen Neigungen entwickeln. Nach Tuteins plötzlichem Tod meldet sich der junge und eitle Ajax von Uchri bei Horn als Überlebender des Schiffsunglücks. Der Versuch, Tuteins Stelle als Freund und Lebenspartner Horns einzunehmen, scheitert. Von Gier getrieben wird Ajax zum Mörder Gustavs. Die Geschichten verschiedener im Roman begegnender Figuren wird episodisch im unvollendeten *Epilog* weitererzählt.

Aufbau: *Fluss ohne Ufer* besteht aus drei Teilen. Der einleitenden Novelle *Das Holzschiff* schließt sich die umfangreiche *Niederschrift des Gustav Anias Horn* an (der *Epilog* wurde erst 1961 postum veröffentlicht). Die *Niederschrift* Gustavs ist ein Bekenntnis: Schuld und Moral, die Grenzen der Erkenntnis ebenso wie die des Körpers zu überwinden war seine Hoffnung, als er sich mit dem Mörder seiner Geliebten zusammentat. Ihre Zwillingsbruderschaft, die dem → *Gilgamesch*-Epos angelehnt ist, besiegeln sie in einer »Ausschweifung« und durch einen Blutaustausch. Eins zu werden und die Sterblichkeit zu überwinden war der Zweck ihrer Handlungen.

In seiner Sinfonie *Das Unausweichliche* gibt Gustav der Schicksalhaftigkeit des Seins eine musikalische Form. Das »harmonikale System«, das der Komponist in der Schöpfung vermutet, entspricht der Struktur des gesamten Texts. Themen und Handlungsstränge sind polyphonisch geordnet, während der häufige Wechsel der Zeitebenen die Umkehrung, die »Inversion der Zeit« (Jahnn), einschließt.

Jahnns wortschöpferische und sinnliche Sprache verstärkt den Eindruck, die Vielfalt an Darstellungsweisen (Dialog, Essay, Beschreibung, kritische Reflexion, Bewusstseinsstrom) sei mythisch verwurzelt. Desgleichen veranschaulicht die Kapiteleinteilung in Monatsnamen die Verbindung des Erzählvorgangs mit einem höheren, universalen Schema. Durch die Rückkehr zu einem konventionelleren Erzählstil wird die schicksalhafte Vorbestimmung der Figuren im *Epilog* nochmals hervorgehoben. Das Ende bleibt offen, der Text wird endgültig zum »Fluss ohne Ufer«.

Wirkung: Jahnns Werk signalisiert die surreale Wiederkehr des Verdrängten. Der Bruch mit gesellschaftlichen Tabus – die Darstellung von Gewalt und Sexualität, die permanente Auseinandersetzung mit dem Tod – ist neben dem eigenwilligen Stil das charakteristische Merkmal einer Prosa, in der Zeitgenossen wie Alfred → Döblin und Arno → Schmidt einen der wichtigsten und einflussreichsten Schriftsteller deutscher Sprache erkannten. *C. Z.*

Die wichtigsten Bücher von Henry James

Die Europäer 1878	Ein Geschwisterpaar, das lange in Europa gelebt hat, besucht die amerikanische Verwandtschaft in Boston und stiftet aufgrund seiner unkonventionellen Art einige Gefühlsverwirrungen.
Daisy Miller 1879	Eine junge Frau verscherzt sich das Wohlwollen der amerikanischen Kolonie in Rom, weil sie auch mit Italienern der unteren Gesellschaftsschicht verkehrt, sogar einen Liebhaber hat. Erst als sie stirbt, erkennt der Amerikaner und die sog. gute Gesellschaft ihre Unschuld.
Bildnis einer Dame, 1881	Unerwarteter Reichtum bringt der Amerikanerin Isabel Archer kein Glück, sondern stürzt sie in eine unglückliche Ehe. → S. 549
Die Erbin von Washington Square, 1881	Ein von ihrem Vater abgelehntes reiches Mädchen verliebt sich leidenschaftlich in einen Mitgiftjäger. Als sie seinen Charakter erkennt, weist sie ihn ab und erhält sich ihre Selbstachtung.
Die Flügel der Taube 1902	Eine schöne reiche Amerikanerin, die nicht mehr lange zu leben hat, wird von einem skrupellosen Liebespaar ausgenutzt. Doch nach ihrem Tod ist auch das Glück der anderen zerstört.
Die Gesandten 1903	Ein amerikanischer Journalist erkennt bei einem Aufenthalt in Paris die Begrenztheit seines Horizonts und seines Lebens und kehrt nur ungern in seine Heimatstadt zurück, weil er sie als provinziell empfinden muss.
Die goldene Schale, 1904	Der fast unsichtbare Riss in einer vergoldeten Schale ist das Symbol für das gefährdete Beziehungsgeflecht zweier Ehepaare.

James, Henry

US-amerikan. Schriftsteller

* 15.4.1843 New York, † 28.2.1916 London

📖 *Bildnis einer Dame*, 1881

Als erster US-amerikanischer Schriftsteller der Moderne übte Henry James mit seinen psychologisch-differenzierten Gesellschaftsromanen großen Einfluss aus, u. a. auf James → Joyce.

Der Sohn eines reichen Gelehrten, der Wert auf eine gute Erziehung seiner Kinder legte, bereiste neben seinem Studium in den USA schon als Jugendlicher mehrmals Europa. Mit 26 Jahren verließ er Amerika, lebte zunächst in Paris, dann in London, bis er 1898 seinen ständigen Wohnsitz in der englischen Küstenstadt Rye fand.

Schon früh hatte James Rezensionen, kulturhistorische Artikel und Erzählungen geschrieben. Nach seiner Übersiedlung nach England bestimmte das Thema »Amerikaner in Europa« sein Werk, die Konfrontation der amerikanischen Unschuld mit einer überlegenen, oft dekadenten Kultur. Immer wieder gestaltete James auch die Unmöglichkeit von Liebesbeziehungen zwischen amerikanischen Frauen und europäischen Männern. Seine Romane sind arm an äußerer Handlung, aber reich an innerer Dramatik; im Gespräch, noch mehr im Verschweigen entwirft James präzise Psychogramme seiner Heldinnen und Protagonisten, die sich alle in einer höchst kultivierten Umgebung bewegen.

Biografie: L. Edel, *Henry James. A Life*, 1985.

Bildnis einer Dame

OT The Portrait of a Lady
OA 1881 **DE** 1981 **Form** Roman **Epoche** Moderne

Der Roman von Henry James zeichnet sehr einfühlsam das Porträt einer hochsensiblen jungen amerikanischen Frau, die den Machenschaften einer Gruppe von intrigant-dekadenten Europäern nicht gewachsen ist.

Inhalt: Nach dem Tod ihres Vaters reist die schöne, junge Amerikanerin Isabel Archer mit ihrer Tante nach Europa. In England lernt sie ihren Vetter Ralph Touchett kennen, der hingerissen ist von ihrer Attraktivität, ihrer Wissbegierte, ihrer Offenheit und ihrem Charme; er verliebt sich in sie. Da er aber aufgrund seiner schweren Tuberkulose nicht daran denken kann, sie zu heiraten, steht er ihr als Freund zur Seite. Ihr Unabhängigkeitsstreben, ihr Freiheitsbedürfnis imponieren ihm. Bereits in Amerika hatte sie einen Verehrer, den Geschäftsmann Caspar Goodwood, hingehalten. Der vitale, robuste, nicht sehr gebildete junge Mann erfüllte ihre Ansprüche nicht. Auch als Ralphs bester Freund Lord Warburton um sie wirbt, lehnt sie ab. Isabel will sich noch nicht binden, sondern erst mehr Erfahrungen sammeln. Um ihr größere Möglichkeiten zur Entfaltung zu geben, überredet Ralph seinen Vater, der im Sterben liegt, Isabel einen großen Teil seines Geldes zu hinterlassen. Als reiche Erbin reist Isabel nach Italien und lernt in Florenz eine Freundin ihrer Tante kennen. Madame Merle ist geschieden, eine schillernde Gesellschaftsdame, der es gelingt, Isabel zu bezaubern und in ihre Kreise zu ziehen. Dort begegnet der jungen Amerikanerin Gilbert Osmond – Kunstfreund, Ästhet, Katholik, nicht sehr wohlhabend. Er hat eine Tochter, Pansy, die im Kloster erzogen wird. Isabel kann sich der Ausstrahlung Osmonds nicht entziehen und willigt ein, ihn zu heiraten. Ihre Freunde und Verwandte versuchen vergeblich, sie davon abzuhalten, da ihnen Osmond als zu glatt und zwielichtig er-

scheint. Nach Jahren einer kalten Ehe mit dem Egoisten Osmond und nachdem sie ein Kind verloren hat, muss Isabel einsehen, dass sie wegen ihres Geldes geheiratet worden ist. Sie leidet unter der bedrückenden Atmosphäre in ihrem düsteren Palazzo in Rom, unter ihrem Mann, der sie genauso abschätzt wie eines seiner vielen Kunstwerke. Isabel versucht jedoch in der Gesellschaft die Fassade aufrechtzuerhalten. Erst als ihr Mann die noch sehr junge Pansy mit Lord Warburton verheiraten will, obwohl das Mädchen einen anderen liebt, zeigt Isabel offenen Widerstand. Gegen Osmonds Verbot fährt sie nach London zu ihrem sterbenden Vetter Ralph, dem sie ihr Scheitern und ihre Verzweiflung gesteht. Er muss zugeben, dass seine Idee, Isabel zu Reichtum zu verhelfen, Unglück heraufbeschworen hat.

Als ihre Freundin Henrietta Stockpole Isabel zur Scheidung rät, lehnt sie ab. Aufgrund ihrer puritanischen Erziehung und ihres Stolzes ist sie nicht bereit, ihren Fehler öffentlich einzugestehen. Außerdem hat sie ihrer Stieftochter Pansy, die aus einer Liaison zwischen Osmond und Madame Merle hervorgegangen ist, versprochen, sie nicht zu verlassen.

Form: James setzt an die Stelle der auktorialen Erzählweise des 19. Jahrhunderts eine Schilderung des Bewusstseins seiner Heldin. Im ersten Teil überwiegt die Perspektive Isabels, zunehmend wird aber auch der Sichtweise anderer Figuren Raum gegeben. Viele Gespräche bestimmen den Roman, aber auch Beobachtungen und Reflexionen des Erzählers.

Wirkung: *Bildnis einer Dame* ist der erfolgreichste Roman aus der Frühzeit von James. Mit der starken Konzentration auf das Bewusstsein der Romanheldin wirkte er auf die kommende Generation US-amerikanischer und englischer Schriftsteller. Nicht zuletzt wegen dieses Werks gilt James als Vorreiter des modernen Bewusstseinsromans.   *D. Ma.*

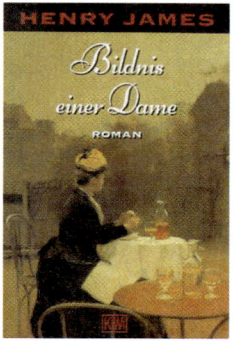

Henry James, *Bildnis einer Dame*, Einband der deutschsprachigen Taschenbuchausgabe 1996

Jandl, Ernst

österreich. Lyriker
** 1.8.1925 Wien, † 9.6.2000 ebd.
📖 *Laut und Luise*, 1966

Ernst Jandl ist einer der bekanntesten und erfolgreichsten Autoren der experimentellen Literatur. Seine visuellen Texte, seine Laut- und Sprechgedichte sind einzigartig in der deutschsprachigen Nachkriegslyrik.

Jandl studierte nach dem Zweiten Weltkrieg Germanistik und Anglistik und promovierte 1950. Seinen Lebensunterhalt bestritt der große Sprachjongleur und Sprechakrobat bis zu seiner Pensionierung aus seiner Tätigkeit als Lehrer. Erste literarische Veröffentlichungen – noch dem konventionellen Schreiben verpflichtet – erfolgten 1952; nach 1956 dominierten in seinem Werk die sprachexperimentellen Arbeiten. Von 1954 bis zu seinem Tod war Jandl mit der Schriftstellerin Friederike →Mayröcker liiert, mit der er auch einige Werke, vor allem Hörspiele, gemeinsam erarbeitete.

Die Eigenart seiner Dichtung brachte es mit sich, dass Lesungen des Autors und Aufnahmen auf Tonträgern zunächst erfolgreicher waren als die gedruckte Version seiner Gedichte, da sich ihr Gehalt zumeist erst im lauten Vortrag voll entfaltete. Die Auftritte von Jandl, häufig gemeinsam mit Musikern, wurden so zu Kultveranstaltungen, in denen vor allem junge Menschen ihr Interesse und ihre Freude an unkonventioneller Literatur bekundeten.

Biografie: K. Siblewski, *a komma punkt ernst jandl*, 2000.

Laut und Luise

OA 1966 **Form** Gedichtsammlung **Epoche** Moderne

Der Gedichtband *Laut und Luise* war die bahnbrechende Arbeit im Werk von Ernst Jandl. In ihrer Absage an die übliche Syntax und den konventionalisierten Wortgebrauch spiegelt diese Gedichtsammlung eindrucksvoll den radikalen Anspruch des Autors an die Poesie.

Entstehung: Seit den späten 1950er Jahren hatten Einzelveröffentlichungen experimenteller Gedichte von Jandl Entrüstungsstürme bei der konservativen Kritik ausgelöst, die diese Art der Dichtung als Provokation empfand. Die Suche nach einem Verlag, der das Wagnis unternahm, eine Sammlung dieser Gedichte herauszugeben, gestaltete sich äußerst schwierig. Unter dem Titel *Laut und Luise* erschien sie schließlich im Walter Verlag – mit weitreichenden Folgen für den Lektor Otto F. Walter. Das Buch wurde auch innerhalb des Verlags als unerträgliche Provokation angesehen. Walter musste den Verlag verlassen; mit ihm gingen 17 deutschsprachige Autoren.

Inhalt: In *Laut und Luise* hat Jandl Sprechgedichte, Lautgedichte und visuell wirkende Texte vereint. Es finden sich darin aber auch Gedichte traditioneller Form, da es dem Autor nicht um das Sprachexperiment an sich ging, sondern um die Suche nach einer seinen Vorstellungen entsprechenden Form der Poesie und nach Gedichten, »die nicht kalt lassen«.

Unter Sprechgedichten verstand Jandl Gedichte, die ihre volle Wirkung erst bei lautem Lesen entfalten. Sie arbeiten mit der Zusammenziehung oder Dehnung von Wörtern, der Zerlegung und Neuanordnung ihrer Silben, des Auslassens der Vokale etc. Eindrucksvolles Beispiel für ein Gedicht auf der Grundlage dieser Technik ist »schtzngrmm«, das die akustische Situation in einem Schützengraben nahe zu bringen versucht und sich in reiner Buchstaben- bzw. Lautreihung auflöst: t-t-t-t. Im Gegensatz zum Sprechgedicht bleibt beim Lautgedicht das Wort nicht mehr Gegenstand der Dichtung. Es wird seines Aussagewerts beraubt und in seine einzelnen Buchstaben bzw. Laute zerlegt, die isoliert oder neu zusammengefügt werden, so im Gedicht »Bericht über Malmö«: ...m/l/am/ öm/ma/lö/mal... Der den Band abschließende Zyklus »klare gerührt« führt visuell wirkende Poesie vor Augen. In 17 Variationen werden die beiden titelgebenden Wörter bzw. Wortteile bis hin zu einzelnen Buchstaben in den Zeilen und auf der Seite so angeordnet, dass grafische Figuren entstehen. Hier ist nicht mehr nur der Satz seiner Syntax und das Wort seiner Bedeutung entleert, auch der dem Buchstaben zugehörige Laut ist von untergeordneter Bedeutung. Da die Gedichte einen anderen Sinn ansprechen, bleiben sie jedoch sinnvoll.

Sinn und Bedeutung dieser Dichtung erschließen sich am leichtesten in der Zusammenschau der einzelnen Teile des Buchs. Traditionelle Versformen stehen neben grafischen Gedichten, witzige und groteske Sprachspiele (*BESSEMERBIRNEN/als mehr kanonen*) neben Gedichten über die Sprache und das Gebaren des Faschismus (*wien:heldenplatz*). Es ist die formale wie inhaltliche Vielfalt, die dieses Buch zu einem wahren Lese- und Sehvergnügen werden lässt.

Wirkung: Der Versuch des Lyrikers, die Sprache aus den Fesseln konventionellen Sprechens und Schreibens zu befreien, war erfolgreich. Jandl ist der meistgelesene und meistgehörte Autor experimenteller Literatur im deutschsprachigen Raum und auch international anerkannt. Mit *Laut und Luise* hat er ein »Musterbuch moderner Textverfahren« (Karl Riha) vorgelegt, das die Lyrik revolutionierte. *R. F*

Akrobat des Wortes: Ernst Jandl

Auszug aus der Gedichtsammlung *Laut und Luise* von Ernst Jandl:

falamaleikum
falamaleitum
falnamaleutum
fallnamalsoooovielleutum
wennabereinmalder-
krieglanggenugausist
sindallewiederda.
oderfehlteiner?

Jaspers, Karl

dt. Philosoph

*23.2.1883 Oldenburg, †26.2.1969 Basel

📖 *Die geistige Situation der Zeit*, 1931

Karl Jaspers gehört zu den Vertretern der Existenzphilosophie in Deutschland.

Der Weg von Jaspers führte über die Psychologie und Psychopathologie zur Philosophie, die er ab 1921 an der Universität Heidelberg lehrte. Prägenden Einfluss übten neben Immanuel →Kant vor allem der dänische Philosoph Sören →Kierkegaard und Friedrich →Nietzsche

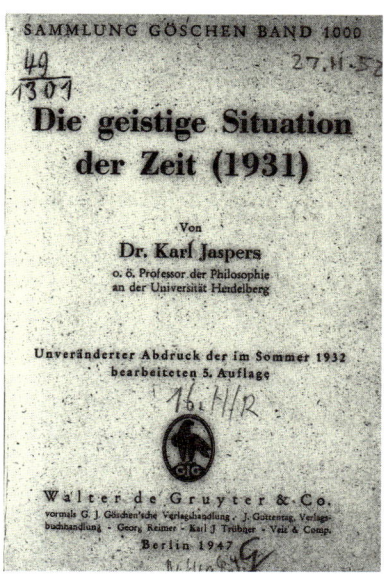

auf ihn aus. 1931 erschienen zeitgleich seine dreibändige *Philosophie* sowie die kulturkritische Schrift *Die geistige Situation der Zeit*, durch die er einem größeren Publikum bekannt wurde. Da Jaspers mit einer Jüdin verheirat war, wurde er 1937 von den Nationalsozialisten seines Amts enthoben. Nach dem Ende des Kriegs nahm er seine Lehrtätigkeit wieder auf und folgte 1948 einem Ruf auf einen Lehrstuhl für Philosophie an die Universität Basel. Kritisch begleitete Jaspers die Gründung und Entwicklung der Bundesrepublik Deutschland mit Schriften wie *Wohin treibt die Bundesrepublik?* (1966). In *Die Atombombe und die Zukunft des Menschen* (1958) analysierte er besorgt die atomare Bedrohung der Zivilisation. 1958 wurde Jaspers mit dem Friedenspreis des Deutschen Buchhandels ausgezeichnet.

Literatur: K. Salamun, *Karl Jaspers*, 1985; H. Saner, *Karl Jaspers* (rm 50 169).

Die geistige Situation der Zeit

OA 1931 **Form** Fachbuch **Bereich** Philosophie

Zwei Jahre vor der Machtergreifung der Nationalsozialisten in Deutschland legte Karl Jaspers seine kritische philosophische Zeitdiagnose vor. Sie wurde rasch zu einem großen publizistischen Erfolg und machte ihren Autor über die Grenzen der Fachwelt hinaus bekannt.

Entstehung: Jaspers hatte das Manuskript bereits 1930 fertig gestellt, zögerte die Veröffentlichung jedoch hinaus, damit es zeitnah zu seinem dreibändigen Hauptwerk, der *Philosophie* (1931), erscheinen konnte. Es ging Jaspers in der kleineren Schrift um eine Zeitdiagnose, die ihr ideelles Fundament in seiner existenzialistischen Philosophie haben sollte. Der Leser sollte durch die philosophische Gegenwartskritik an die Möglichkeiten eigentlichen Menschseins erinnert werden.

Inhalt: Jaspers sieht die moderne Gesellschaft in einem Widerstreit. Sie errichtet sich als Massenordnung zur technischen Daseinsfürsorge einer Vielzahl von Menschen und zerstört damit gleichzeitig jene Welt von Schicksal und Autorität, Vertrautheit, Nähe und Entscheidung, in der eigentliche menschliche Existenz allein möglich ist. Nivellierung und Funktionalisierung des Menschen sind der Preis der Moderne. Politisch sorgt sich Jaspers um das Ausbleiben echten Führertums, von dem allein Reformen des zum Erstarren neigenden Apparats der Daseinsfürsorge zu erwarten sind. Die politischen Bewegungen des Faschismus und des Bolschewismus deutet Jaspers nur am Rande als gefährliche Auswege des Menschen aus der allgegenwärtigen Krise in die Leichtigkeit des Gehorchenkönnens. Zwar schenkt er aktuellen

politischen Strömungen und Strukturen nur geringe Aufmerksamkeit, aber die geistige Haltung und persönliche Verantwortlichkeit des Einzelnen implizieren den Abscheu gegen den sich ankündigenden politischen Wahnsinn in Deutschland. Der Staat gilt ihm als Phänomen der Macht. Nachdenklich blickt Jaspers auch auf die Wissenschaften vom Menschen. Für ihre unbestreitbaren Erfolge zahlt der Mensch mit der Verdinglichung seiner selbst. Er wird sich zum Objekt.

Wirkung: Die Schrift erlebte in nur zwei Jahren fünf Auflagen. Der Philosoph Karl Löwith (1897–1973) konnte 1933 feststellen, sie sei in kürzester Zeit in die Hände fast aller Gebildeten gefallen. Mögen die Analysen von Jaspers im Einzelnen heute anachronistisch klingen, die Fragen nach den Existenzbedingungen des Einzelnen in der technisch-ökonomischen Welt bewegen auch gegenwärtig noch und was Jaspers »planetarisch« nannte, heißt heute nur äußerlich nüchterner »Globalisierung«.   *D. L.*

Karl Jaspers, *Die geistige Situation der Zeit*, Titelblatt der ersten Nachkriegsausgabe 1947

Die wichtigsten Bücher von Karl Jaspers	
Psychologie der Weltanschauungen 1919	Die frühe Analyse von Weltbildern enthält bereits die Ansätze zur Existenzphilosophie, wie z. B. den Gedanken der Grenzsituationen, die zu Entscheidungen drängen.
Die geistige Situation der Zeit, 1931	Eine philosophische Zeitdiagnose der modernen Massengesellschaft und der Existenzmöglichkeiten des Einzelnen. → S. 551
Philosophie (3 Bde.), 1931	Philosophieren gilt Jaspers als der Weg des Menschen, der das Sein ergreift. Der Weg führt von der philosophischen Weltorientierung über die Existenzerhellung zur Metaphysik.
Nietzsche 1936	Mit seiner existenzphilosophischen Nietzschedeutung will Jaspers »zugleich gegen die Nationalsozialisten die Denkwelt dessen aufrufen, den sie zu ihrem Philosophen erklärt hatten«.
Von der Wahrheit, 1947	Grundproblem des ersten und einzigen erschienenen Bands der geplanten »Philosophischen Logik« ist die Einheit der Wahrheit angesichts der geschichtlichen Vielheit menschlichen Denkens.
Ursprung und Ziel der Geschichte 1949	Jaspers prägt in seiner geschichtsphilosophischen Schrift den Begriff der Achsenzeit (800–200 v. Chr.), in der in verschiedenen Kulturkreisen unabhängig voneinander ein Wandel im Denken des Menschen stattgefunden habe.
Einführung in die Philosophie, 1950	Eine Sammlung von zwölf Radiovorträgen, die kein Lehrgebäude errichten, sondern eine Lebensform und Denkungsart aufzeigen.
Die großen Philosophen 1957	Eine philosophiehistorische Darstellung maßgebender Menschen, Gründer des Philosophierens sowie aus dem Ursprung denkender Metaphysiker (Jesus, → Platon und Plotin).
Die Atombombe und die Zukunft des Menschen, 1958	Die philosophische Analyse der Weltpolitik angesichts der Gefährdungen durch die Atombombe und den Totalitarismus wurde in der Hoffnung auf eine freiheitliche Weltordnung verfasst.
Wohin treibt die Bundesrepublik? 1966	Der umstrittene politische Bestseller der 1960er Jahre attackiert den Wandel der Bundesrepublik Deutschland von einer parlamentarischen Demokratie zu einer Parteienherrschaft.

Jean Paul

(eigtl. Jean Paul Friedrich Richter) dt. Schriftsteller

*21.3.1763 Wunsiedel, †14.11.1825 Bayreuth

📖 *Siebenkäs*, 1796/97

In seinen humoristischen Romanen entfaltete Jean Paul das Konzept einer Herz und Verstand gleichermaßen ansprechenden Literatur, die das ästhetische, philosophische und naturwissenschaftliche Wissen der Zeit durch die Kontrastierung mit alltäglichen Situationen und witzigen Figuren ironisch bricht.

Jean Paul wuchs in bedrückender Armut auf. Der Not entging er durch seine Lesewut und der Anfertigung zahlreicher Notizhefte, in denen er Auszüge aus Büchern festhielt. Das Studium in Leipzig brach er nach wenigen Monaten ab und bekleidete ab 1787 eine Hofmeister-Stelle. Die Verbindung von Satire und Empfindsamkeit, Philosophie und Psychologie gelang Jean Paul erstmals in der Idylle *Leben des vergnügten Schulmeisterlein Maria Wutz*, die als Anhang zu seinem ersten Roman *Die unsichtbare Loge* (1793) erschien, der durch Karl Philip → Moritz einen Verleger fand. Von → Goethe und → Schiller wurde Jean Paul bei seinem Besuch in Weimar 1796 eher kühl empfangen, er befreundete sich aber mit Johann Gottfried Herder (1744–1803) und Christoph Martin → Wieland. Von wenigen Reisen abgesehen, blieb der Autor ab 1804 in Bayreuth. Neben Romanen verfasste er pädagogische, philosophische, ästhetische und politische Schriften, die einem humanen Weltbürgertum verpflichtet sind.

Biografie: G. de Bruyn, *Das Leben des Jean Paul Friedrich Richter*, 1991; H.–J. Ortheil, *Jean Paul* (rm 50329); G. Ueding, *Jean Paul*, 1984.

Auszug aus dem Roman *Siebenkäs* von Jean Paul:

Ich ging durch die Welten, ich stieg in die Sonnen und flog mit den Milchstraßen durch die Wüsten des Himmels; aber es ist kein Gott. Ich stieg herab, soweit das Sein seine Schatten wirft, und schauete in den Abgrund und rief: »Vater, wo bist du?«, aber ich hörte nur den ewigen Sturm, den niemand regiert, und der schimmernde Regenbogen aus Wesen stand ohne eine Sonne, die ihn schuf, über dem Abgrunde und tropfte hinunter.

Siebenkäs

OA 1796/97 **Form** Roman **Epoche** Romantik

Im ersten Eheroman der deutschen Literaturgeschichte problematisiert Jean Paul zugleich die Idee der Unsterblichkeit angesichts des aufkommenden Atheismus. Der Kontrast psychologisch-realistischer Details und philosophischer Ideen ist ein Charakteristikum seiner humoristischen Literatur.

Inhalt: Der volle Titel – *Blumen-, Frucht- und Dornenstücke oder Ehestand, Tod und Hochzeit des Armenadvokaten F. St. Siebenkäs* – gibt die ungewöhnliche Reihenfolge der Abläufe vor. Zunehmende Entbehrungen kennzeichnen den ehelichen Alltag des in einem schwäbischen Provinzstädtchen niedergelassenen Armenadvokaten Siebenkäs und seiner Frau Lenette, einer »Putzmacherin«, die der Armut mit einer rigiden Besessenheit fürs Putzen und Fegen begegnet. Ihr Mann verfasst unterdessen, gestört vom ebenso braven wie unverständigen Versuch seiner Frau, die häusliche Ordnung wiederherzustellen, die *Auswahl aus des Teufels Papieren* (eine Satiresammlung, die Jean Paul 1789 anonym und mit wenig Erfolg veröffentlicht hatte). Das Schreiben ist die einzige, kärgliche Einnahmequelle, denn keinen anderen Prozess wird der Anwalt im Roman zu führen genötigt sein als seinen eigenen: Ein Namenstausch mit dem Freund und Doppelgänger Leibgeber, einem kritischen Freigeist, lässt den Verwalter der Erbschaft von 1200 Gulden, den Geheimen Rat von Blaise, an der Rechtschaffenheit des Mündels zweifeln. Um der wirtschaftlichen Misere und der für gescheitert geltenden Ehe zu entkommen, sieht Siebenkäs keinen anderen Ausweg, als einen Scheintod zu sterben. Lenette wird finanziell versorgt, verbindet sich dem biederen Schulrat Stiefel, stirbt jedoch im Kindbett. Siebenkäs nimmt unterdessen die Identität des sich auf Wanderschaft begebenden Leibgebers an (also seine eigene, wiedererhaltene) und heiratet die ihm seelenverwandte Natalie.

Aufbau: Aus einer geplanten Sammlung kleinerer philosophisch-poetischer Arbeiten wuchs das satirische »Dornenstück« der Eheszene zu einer eigenständigen Handlung, welcher »Blumen-« (surrealistische Traumsequenzen) und »Fruchtstücke« (philosophische Abhandlungen) beigegeben sind. Die aus der Kunstgeschichte entlehnten Begriffe deuten auf die Metaphern-Theorie von Jean Paul, wonach der poetischen Sprache durch ihre im Menschen erzeugten Bilder jene Transzendenz gelinge, die für den Übergang vom Diesseits ins Jenseits nicht mehr verbürgt werden könne. Die Zweifel an der Unsterblichkeit formuliert Jean Paul in der Rede

Hauptfiguren in »Siebenkäs« von Jean Paul

Firmian Stanislaus Siebenkäs: Ein mittelloser und um sein Erbe betrogener Armenadvokat sowie kluger und ausdauernder, aber erfolgloser Schriftsteller, der sich seiner gescheiterten Ehe mit Lenette und seiner beruflichen Krise durch einen Scheintod entzieht. Er nimmt seine frühere Identität an und verbindet sich mit Natalie.

Hoseas Heinrich Leibgeber: Der Satiriker und kritische Spötter, Atheist und Freigeist weist schonungslos auf Missstände hin. Der Doppelgänger von Siebenkäs, vom Typ des Humoristen, ist stets auf Wanderschaft in Begleitung seines großen Hundes.

Lenette Wendeline: Die Tochter des Augsburger Ratkopisten Egelkraut, eine Putzmacherin, ist geprägt von biederen gesellschaftlichen Normen. Sie leidet unter der bedrückenden wirtschaftlichen Situation und begegnet ihr mit übertriebenem Ordnungssinn.

Natalie Aquiliana: Die Nichte des Heimlichers von Blaise, eine verarmte Landadlige,

lebt am Bayreuther Hof. Sie ist »dichterisch und schwärmerisch, stolz, leichtsinnigkühn und tugendhaft«. Siebenkäs heiratet seine Seelenverwandte später.

Schulrat Stiefel: Der Herausgeber des »Kuhschnappelischen Anzeigers«, genannt Pelzstiefel, ist ein rechtschaffener, jedoch spießiger Vermittler im Ehestreit zwischen Siebenkäs und Lenette. Er ehelicht die »Witwe« nach dem Ableben des Helden.

Geheimer Rat (Heimlicher) von Blaise: Der hohe Verwaltungsbeamte Vetter und Vormund von Siebenkäs, versucht sich dessen Erbschaft anzueignen.

Everard Rosa von Meyern: Er ist ein Muster des sittlich verkommenen Adligen und zugleich Finanzrat der Stadt. Der Gigolo sucht Lenette zu verführen und nötigte Natalie zur Verlobung.

Jean Paul: Der vom Autor zu unterscheidende Erzähler mischt sich stets in die Handlung ein und wird in Teilen des Romans zur selbstständig agierenden Figur.

des toten Christus vom Weltgebäude herab, dass kein Gott sei, einem literarischen Zeugnis des europäischen Nihilismus, das in der zweiten Auflage des *Siebenkäs* von 1818 in der Mitte platziert ist. Im Gegensatz hierzu erfährt der Armenadvokat seinen Scheintod nicht als Schrecknis, sondern als Befreiung und Wiederherstellung seines wahren Ichs. Der Dualismus Siebenkäs/Leibgeber ist indes ein Spiegel des humoristischen Erzählers, der sich, wie in allen Werken von Jean Paul, unter dessen Namen einmischt, mit Realität und Fiktion spielt sowie das Erzählte als ebenso geistreiche wie kunstvolle dichterische Collage ausweist.

Wirkung: *Siebenkäs* zählte zu den größten Erfolgen von Jean Paul und übte nicht nur wegen seiner sozialkritischen, realistischen Schilderungen Einfluss auf zahlreiche Schriftsteller aus, sondern vor allem wegen der oft aus dem Romankontext gelösten und in zahlreiche Sprachen übersetzten Rede des toten Christus, deren apokalyptische Vision das die europäische Literatur im 19. Jahrhundert bestimmende Nihilismus-Erlebnis dichterisch vorwegnahm.   *C.Z.*

Jehoschua, Abraham Bar

israel. Schriftsteller

* 19.12.1936 Jerusalem

📖 *Der Liebhaber*, 1980

Der Romancier und Dramatiker Abraham Bar Jehoschua zählt zu den meistgelesenen Autoren Israels. In seinem Werk thematisiert er die politischen und gesellschaftlichen Probleme seines Landes und versucht ihre historischen Wurzeln aufzuarbeiten. Der überzeugte Zionist tritt dabei ebenso vehement für die Rechte der Israelis als auch der Palästinenser ein.

Jehoschua wurde in eine orientalisch-jüdische Familie geboren; seine Mutter stammte aus Nordafrika, väterlicherseits war die Familie seit fünf Generationen in Palästina ansässig. Nachdem Jehoschua bei Aufenthalten in Frankreich und den USA bereits erste Texte veröffentlicht hatte, trat er in den 1960er Jahren zunächst mit Kurzgeschichten hervor. In seinem Erzählband *Angesichts der Wälder* (1968) schilderte er die paradoxe psychische Situation der Menschen in seinem Land, die geprägt ist von ihrem Wunsch nach einem Neuanfang und ihren Selbstzerstörungstrieb. Der schwelende israelisch-arabische Konflikt und die angespannte Lage vor dem Sechstagekrieg 1967 steht im Mittelpunkt seines bekanntesten Theaterstücks *Eine Nacht im Mai* (UA 1969).

1972 übernahm Jehoschua eine Professur für vergleichende Literaturwissenschaft an der Universität in Haifa.

Sein erster erfolgreicher Roman *Der Liebhaber* spielt vor dem Hintergrund des Jom-Kippur-Kriegs. In *Späte Scheidung* (1982), einer Studie über die pathologischen Dimensionen in Familie und Gesellschaft, wird der Leser Zeuge, wie eine vermeintliche Vorzeigefamilie auseinanderbricht. In *Die fünf Jahreszeiten des Moloch* (1987), in Israel erneut ein Bestseller, beschrieb der Autor die allmähliche innere Befreiung eines Mannes nach dem Krebstod seiner Frau. Mit *Die Manis* (1990) und *Reise ins Jahr Tausend* (1999) legte der Autor wiederum Romane vor, in denen er sich mit der Geschichte des Judentums beschäftigte.

Der Liebhaber

OT Ha-Me'ahev
OA 1977 **DE** 1980 **Form** Roman **Epoche** Moderne

Der israelisch-arabische Konflikt bildet den Hintergrund für den Roman *Der Liebhaber* von Abraham Bar Jehoschua. Das Werk, das während und nach dem Yom-Kippur-Krieg

Abraham Bar Jehoschua in einem Interview mit der Zeitung *Der Tagesspiegel* vom 26.7.2000:

Meiner Herkunft nach bin ich ein orientalischer Jude, meine Bildung kommt aber aus dem Westen. Der Riss geht mitten durch mein Herz. Das bringt mich dazu, diese Grenze zu erforschen, immer wieder.

Abraham Bar Jehoschua im November 1999

Die wichtigsten Bücher von Abraham Bar Jehoschua	
Der Liebhaber 1977	Nach dem Jom-Kippur-Krieg ist Gavriel, der Liebhaber von Adams Frau, verschwunden. Um ihr zu helfen, macht sich Adam auf die Suche nach seinem Nebenbuhler. → S. 553
Späte Scheidung 1982	Bei einem Besuch in Israel teilt Großvater Jehudah seiner Familie mit, dass er sich von seiner Frau scheiden lassen wird. Damit geht der mühsam aufrecht erhaltene Familienfriede endgültig in die Brüche.
Die Manis 1990	Der Roman umspannt sieben Generationen der sephardischen Familie Mani von den Anfängen des Zionismus über die Judenvernichtung bis zum Aufbau Israels.
Die Rückkehr aus Indien 1994	Benjamin Rubin, ein junger Arzt aus Tel Aviv, fährt mit dem Klinikchef und dessen Frau nach Indien, um die schwer kranke Tochter des Ehepaars auf dem Weg in die Heimat zu betreuen.
Reise ins Jahr Tausend 1999	Zwei Welten stoßen am Ende des ersten Jahrtausends aufeinander, als der jüdische Kaufmann Ben Atar aus Tanger die deutsche Frau seines Neffen dazu zu überreden versucht, dem Wunsch ihres Mannes nach einer Zweitfrau zuzustimmen.

1973 spielt, zeigt die israelische Gesellschaft an einem Tiefpunkt. Jehoschua verlegt die Probleme und Sorgen seines Lands in die Privatsphäre, ohne dabei die politische Brisanz aus den Augen zu verlieren.

Inhalt: Jehoschua schildert die tiefgreifenden Auswirkungen des Kriegs auf eine israelische Familie. Der Roman beschreibt den Alltag, die Arbeit sowie die Träume und Ängste der Protagonisten. Im Mittelpunkt des Romans stehen sechs Personen: das Ehepaar Adam und Assia, deren Tochter Daffi und ihr arabischer Freund Nai`m sowie Assias Liebhaber Gavriel und dessen 90-jährige Großmutter. Die Brüchigkeit der Ehe von Adam und Assia wird nach Kriegsende deutlich: Assia ist verzweifelt, weil Gavriel verschwunden ist. Um seiner Frau zu helfen, begibt sich Adam auf die besessene Suche nach seinem Nebenbuhler.

Aufbau: Der Autor erzählt die Geschichte aus der Perspektive der sechs Romanfiguren, die einander in Monologen abwechseln. Indem er die Sichtweise der israelischen Familie der des Arabers gegenüberstellt, entwirft Jehoschua ein komplexes und ausgewogenes Bild der aktuellen politisch-gesellschaftlichen Situation seines Lands.

Wirkung: Das Buch wurde in Israel ein Bestseller. In zahlreiche Sprachen übersetzt, war *Der Liebhaber* auch international ein großer Erfolg. 1985 wurde die Vorlage von Michal Bat-Adam verfilmt.   *D. M.*

Elfriede Jelinek in einem Wiener Kaffeehaus

Jelinek, Elfriede

österreich. Schriftstellerin

* 20.10.1946 Mürzzuschlag (Steiermark)

📖 *Die Klavierspielerin*, 1983

Elfriede Jelinek gehört zu den bekanntesten Vertreterinnen der feministischen Avantgarde Österreichs. Ihr Werk liefert eine marxistisch orientierte, oft satirisch überspitzte Analyse der Wirklichkeit und dekonstruiert Stereotype und (Trivial-) Mythen.

Die Autorin konfrontiert ihre Leser mit einer unbarmherzigen Sicht auf die patriarchal organisierte, kapitalistische Konsumgesellschaft und verzichtet auf jeden utopischen Entwurf.

Zunehmend beschäftigt sich die Autorin mit dem Problem des (Neo-) Realismus und bezieht dabei – wie etwa mit ihrem Protest gegen den Rechtspopulisten Jörg Haider (* 1950) – deutliche politische Positionen.

Jelinek nahm zunächst ein Musikstudium am Wiener Konservatorium auf, das sie 1971 abschloss. Das 1964 begonnene Studium der Theaterwissenschaft und Kunstgeschichte brach sie nach einigen Semestern wegen psychischer Schwierigkeiten ab und verbrachte das Jahr 1968 völlig isoliert. Jelinek engagierte sich in der Studentenbewegung und war 1974–91 Mitglied der KPÖ. Seit 1966 ist sie als Autorin tätig und veröffentlichte 1970 ihren ersten Roman *wir sind lockvögel baby!*. 1979 trat sie mit *Was geschah, nachdem Nora ihren Mann verlasssen hatte* erstmals als Dramatikerin hervor. Ihre Bühnenwerke kreisen ebenfalls um die Problematik weiblicher Selbstbestimmung sowie um aktuelle politische Entwicklungen (*Das Lebewohl*, 2000).

Das Werk von Jelinek umfasst außerdem Gedichte, Hörspiele, Drehbücher und Übersetzungen; sie erhielt zahlreiche Literaturpreise, u. a. 1986 den Heinrich-Böll-Preis.

Die wichtigsten Bücher von Elfriede Jelinek

wir sind lockvögel baby!, 1970	Der Pop-Art-Roman stellt verfremdete Medienzitate in einen Zusammenhang von Gewalt und brutaler Sexualität.
Die Liebhaberinnen, 1975	Zwei Fabrikarbeiterinnen leben nach dem Muster trivialer Liebesromane und erleben ihre eigene Vergegenständlichung.
Die Klavierspielerin, 1983	Verinnerlichte patriarchale Strukturen zerstören Leben und Beziehungsfähigkeit der Klavierprofessorin Erika Kohut. → S. 555
Oh Wildnis, oh Schutz vor ihr 1985	Die Prosaschrift steht in der Tradition literarischer Österreich-Kritik und wendet sich gegen Natur- und Heimatseligkeit; Hauptfigur ist der kinderprügelnde Holzknecht Erich.
Lust 1989	Grotesker Anti-Porno, in dem eine vom Ehemann und Geliebten mehrfach vergewaltigte Frau ihren Sohn ermordet, weil sie in ihm das Ebenbild ihres Manns sieht.
Die Kinder der Toten, 1995	Der Anti-Heimatroman behandelt die von der Bevölkerung verdrängte nationalsozialistische Vergangenheit Österreichs.
Gier. Ein Unterhaltungsroman 2000	Der Provinzpolizist Kurt Janisch bringt mehrere Frauen in seinen »Besitz«, entledigt sich einer Geliebten durch Mord und treibt später eine andere in den Selbstmord.

OT = Originaltitel   **EZ** = Entstehungszeit   **OA** = Originalausgabe   **DE** = Deutsche Erstausgabe   📖 = Verweis auf Werkarti

Die Klavierspielerin

OT Die Klavierspielerin
OA 1983 **DE** 1983 **Form** Roman **Epoche** Gegenwart

Der Roman *Die Klavierspielerin* von Elfriede Jelinek, der nach Angaben der Autorin autobiografische Züge trägt, führt mit seiner Protagonistin eine Frau vor, die ihren Objektstatus so weit verinnerlicht hat, dass sie keinen Zugang zu ihrer Individualität finden kann. Damit verschließt sich ihr auch der Zugang zur eigenen Lust; sie wird zur Voyeurin.

Jelinek entlarvt das bürgerliche Familienleben als Kampfplatz und zwischenmenschliche Beziehungen als zerstörerisches Ringen um Macht. Der Roman ist geprägt durch eine radikale satirische Darstellung. Durch mit Sprachfloskeln durchsetzte stakkatoartige Sprachlawinen bildet die Autorin ihren unverwechselbaren, zynisch brutalen Stil aus. Das Werk ist charakteristisch für die vorrangig feministische Schaffensphase von Jelinek.

Inhalt: Hauptfigur des Romans ist Erika Kohut, Ende dreißig und Klavierprofessorin am Wiener Konservatorium. Sie lebt mit ihrer Mutter zusammen, die ihre Tochter als Besitz betrachtet und ein System totaler Überwachung aufgebaut hat. Ihre Frustration über die gescheiterte Pianistenkarriere Erikas fördert eine Atmosphäre des Terrors. Erika reagiert vordergründig mit Anpassung und gibt die erlittenen Demütigungen an ihre Klavierschüler weiter. Mit Rasierklingen und Nadeln fügt sie sich selbst Verletzungen zu.

Als der junge Walter Klemmerer, einer ihrer Meisterschüler, das Abschirmsystem der Mutter durchbricht und Erika Avancen macht, reagiert sie zunächst mit abweisendem und erniedrigendem Verhalten. Nachdem sich Klemmerer dadurch nicht abschrecken lässt, fordert sie ihn in einem Brief detailliert zu einem sadistischen Sexualverhalten ihr gegenüber auf. Um die eigene Position zu sichern, will Erika ihre Unterwerfung, die ihr in einer sexuellen Beziehung zu einem Mann unumgänglich erscheint, selbst inszenieren. Durch die Vorgabe der Regeln würde sie so zum eigentlich dominanten Teil des Paares. Allerdings hofft Erika auch darauf, dass sich Klemmerer aus Liebe ihren Forderungen verweigern wird. Klemmerer reagiert mit Unverständnis und Abscheu und wendet sich angewidert von ihr ab. Als es dennoch zu einer sexuellen Begegnung kommt, versagt Klemmerer und sein Abscheu steigert sich zum Hass. Er schlägt Erika zusammen und lässt sie nach einer Vergewaltigung mit lapidaren guten Ratschlägen zurück.

Zwischen Mord- und Versöhnungsabsichten schwankend, sucht Erika Klemmerer auf. Als sie aus der Ferne seine unbeschwerte Fröhlichkeit beobachtet, sticht sie sich selbst mit einem Messer in die Schulter und geht blutend nach Hause zurück.

Wirkung: Wie alle Werke von Jelinek ist der Roman sehr kontrovers diskutiert worden. Das Spektrum der Kritik liegt zwischen Begeisterung und Verriss, bisweilen wurde auch eine Pathologisierung der Autorin vorgenommen. Literaturwissenschaftliche Arbeiten liegen bislang nur vereinzelt vor. Mit der Verfilmung durch Michael Haneke ist der Roman 2001 erneut ins Publikumsinteresse gerückt.   *A.K.*

Elfriede Jelinek, *Die Klavierspielerin*, Umschlag der Originalausgabe 1983

Elfriede Jelinek 1991 in einem Interview mit Ritzi Winter:

Patriarchat heißt nicht, dass immer die Männer kommandieren, es kommandieren auch die Frauen, nur kommt das letztlich immer den Männern zugute. Ich habe die Frauen sehr kritisch als die Opfer dieser Gesellschaft gezeigt, die sich aber nicht als Opfer sehen, sondern glauben, sie könnten Komplizinnen sein. Das ist eigentlich mein Thema, ob das jetzt die Sexualität ist oder die ökonomische Macht, sobald die Frauen sich zu Komplizinnen der Männer machen, um sich dadurch einen besseren sozialen Status zu verschaffen, muss das schief gehen.

Jerofejew, Wenedikt

russ. Schriftsteller

*24.10.1938 Zapolarje bei Murmansk

† 11.5.1990 Moskau

Der literarische Ruhm von Wenedikt Jerofejew beruht vor allem auf seinem Werk *Die Reise nach Petuschki*. 1969 entstanden, erschien es zunächst auf Russisch in Israel (1973), danach in mehreren westlichen Ländern. Erst 1988 wurde es in der Sowjetunion veröffentlicht. Der Autor wurde vermutlich bereits in jungen Jahren Alkoholiker. Sein Vater verbrachte wegen angeblicher Kollaboration mit den Deutschen zwischen 1939 und 1954 mehrere Jahre in Straflagern des GULAG. Jerofejew wurde von der Universität verwiesen und war gezwungen, seinen Lebensunterhalt mit unterschiedlichsten Arbeiten zu verdienen. So war er u. a. als Kabelverleger am Moskauer Flughafen tätig, wo er *Die Reise nach Petuschki* in seinen Arbeitspausen niederschrieb.

Außer seinem Hauptwerk sind von Jerofejew der Essay *Wassili Rosanow aus der Sicht eines Exzentrikers* (1982), die Theaterstücke *Walpurgisnacht* (1985) und *Die Dissidenten* (Fragment 1995) sowie die eigenwillige Zitatcollage *Meine kleine Leniniana* (1988) bekannt. Die Texte sind geprägt von der tiefen Religiosität eines Mannes, der sich noch kurz vor seinem Tod katholisch taufen ließ und von sich behauptete, die Bibel auswendig gelernt zu haben.

Die Reise nach Petuschki

OT Moskwa-Petuschki. Poema
OA 1973 (in Israel) **DE** 1978
Form Prosapoem **Epoche** Moderne

Wenedikt Jerofejews »Poem« *Die Reise nach Petuschki* war in der Sowjetunion bis 1988 verboten, weil es ein für das Land gravierendes und unlösbares gesellschaftliches Problem behandelt: den Alkoholismus. Das Werk zählt zu

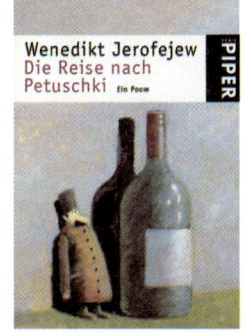

Wenedikt Jerofejew, *Die Reise nach Petuschki*, Einband der deutschsprachigen Taschenbuchausgabe 1998

Wenedikt Jerofejew, *Die Reise nach Petuschki*, Einband der Taschenbuchausgabe 1999

den wichtigen Texten moderner russischer Literatur, es kursierte in illegalen Abschriften – und galt als Kultbuch. In den 1970er/80er Jahren sahen viele Russen in ihm ein Bollwerk unter der Diktatur verloren geglaubter kultureller Werte.

Inhalt: Das Handlungsgerüst bildet ein Tag im Leben des mit dem Autor namensgleichen Alkoholikers und Ich-Erzählers »Wenja« (Wenedikt) Jerofejew. Er besteigt am Morgen in Moskau den Zug in das ca. 120 km entfernte Petuschki, um seine Geliebte zu treffen. Der Zielort wird von dem erwartungsfrohen Helden zu einem Paradies auf Erden idealisiert, in deutlichem Kontrast zum düsteren Moskau. Im Verlauf der Zugfahrt betrinkt sich Wenja haltlos. Unter dem Einfluss des Alkohols schildert der Erzähler seine immer surrealistischer werdenden Gedanken, die sich teilweise mit der Realität vermischen. So erscheinen ihm monströse Fabelwesen und apokalyptische Dunkelheit senkt sich herab, während der Zug unversehens nach Moskau zurückfährt. Am Ausgangspunkt seiner Reise angekommen, wird der mittlerweile Orientierungslose von vier düsteren Gestalten überfallen, misshandelt und ermordet. Am Schluss lässt der Autor deutliche Parallelen zum Leiden und Sterben Christi anklingen.

Die teils pathetischen, teils vulgären, durchweg aber poetischen Trinkermonologe seines Helden sind für Jerofejew ein Mittel zur radika-len Kritik des Sowjetsystems. Indem er seinen heruntergekommenen Erzähler die typischen Parteiparolen und ideologischen Satzhülsen in den Mund legt, erzielt der Autor einen grotesk-parodistischen Effekt. Zugleich wird die Illusion eines kommenden kommunistischen Paradieses – eine der symbolischen Bedeutungen des »unerreichbaren«, in der Realität aber trostlosen Petuschki – ad absurdum geführt.

Struktur: Die Kapitel entsprechen den Stationen der Zugreise, wodurch das Inhaltsverzeichnis den Charakter eines Fahrplans erhält. Ein weiteres strukturelles Merkmal des Buches sind die unzähligen Zitate aus der Weltliteratur, die das Werk, das Jerofejew im Untertitel *Poem* nennt, zu einer Collage unterschiedlichster Versatzstücke werden lassen. In einer Situation, in der das sowjetische Regime den Künstlern das Reden verbot, bediente sich Jerofejew demonstrativ »fremder« Stimmen. Der häufig von Lesern geäußerte Eindruck, man habe etwas Vertrautes vor sich und die Weltliteratur sei gerade in diesem kleinen Werk in besonderer Weise lebendig, ist ein Resultat dieser Technik.

Wirkung: Nachdem *Die Reise nach Petuschki* 1988 endlich auch in Russland gedruckt worden war, wurde der am Rand der Legalität lebende Jerofejew kurz vor seinem Tod unversehens zum Medienstar. Er trat mehrfach im Fernsehen auf und es wurden zwei Dokumentarfilme über ihn gedreht (einer von der BBC). Sein »Poem« hat in West und Ost viele Neuauflagen erfahren, liegt in zahlreiche Sprachen übersetzt vor, läuft weltweit als Theaterstück in unterschiedlichen Bearbeitungen und ist in Deutschland auch als Hörbuch erschienen. *N.S.*

Alkohol

Geschichte: In Russland gilt Alkohol seit undenklichen Zeiten als Bestandteil der nationalen Kultur. Alte Chroniken wissen zu berichten, dass sich Fürst Wladimir der Heilige 988 nur deshalb für die Übernahme des Christentums als Staatsreligion entschied, weil der von ihm eigentlich favorisierte Islam den Alkoholgenuss verbot: »Und ohne das können wir Russen nicht leben.« Statistisch gesehen ist Alkoholismus in Russland noch heute die mit Abstand häufigste Todesursache; zu Sowjetzeiten galt er als das soziale Übel Nr. 1. Zur Abhilfe wurde eine Kampagne nach der anderen initiiert – mit durchaus wechselndem Erfolg. Von dem populären Schachweltmeister Michail Tal sind die Worte überliefert: »Der Staat gegen Alkohol? Ich spiele für das Wodka-Team.« Zuletzt hatte noch Michail Gorbatschow versucht, das Problem durch strenge Rationierung und die Einführung von Bezugsscheinen in den Griff zu bekommen.

Allerdings brennen viele Russen ihren Schnaps selbst und die Rezepturen sind oft abenteuerlich. Die in der *Reise nach Petuschki* beschriebenen Cocktails (Zutaten: Shampoo, Terpentin, Nagellack usw.) sind keineswegs erfunden.

Bedeutung: Das Redaktionskollegium der russischen Zeitschrift *Nüchternheit und Kultur*, das *Die Reise nach Petuschki* 1988 als vermeintliches Traktat gegen den Alkoholismus publizierte, hatte sich in dem Text gründlich getäuscht. Zwar geht der Held am Alkohol zu Grunde, aber der Alkohol wird zugleich auch zu einer religiösen Angelegenheit und zum würdigen Gegenstand philosophischer Spekulationen erhoben. Wenja behauptet sogar, Kunst sei von Alkohol prinzipiell nicht zu trennen, alle großen Künstler seien Alkoholiker gewesen. Gerade diese provokante Umdeutung machte für sowjetische Leser den anarchischen Reiz des Buchs aus.

Jiménez, Juan Ramón

span. Schriftsteller
*24.12.1881 Moguer/Huelva
†29.5.1958 San Juan/Puerto Rico
📖 *Platero und ich*, 1914

Als Nachfolger von Rubén Darío (1867–1916) war Juan Ramón Jiménez der wichtigste Repräsentant des Modernismo mit großem Einfluss vor allem auf Dichter der »27er Generation« wie Rafael Alberti (1902–99), Federico García Lorca (1898–1936) und Pedro Salinas (1892–1951).

Der Sohn eines Weinhändlers führte ein bewegtes Leben, das 1956 in der Verleihung des Nobelpreises für Literatur gipfelte. Nach der Erziehung im Jesuitenkolleg von Puerto de Santa Maria (Cádiz), wo er unter Einsamkeit und Heimweh litt, lebte er 1896–1900 in Sevilla.

Nach dem Abbruch des Jurastudiums ging er nach Madrid, wo er Kontakt zu vielen bekannten Schriftstellern hatte. Nach dem Tod seines Vaters wurde Jiménez depressiv (Sanatoriumsaufenthalte in Bordeaux und Madrid). 1903 feierte er mit *Traurige Gesänge* seinen ersten großen Erfolg. 1911 entstand im heimatlichen Moguer u. a. die erste Fassung des weltberühmten Jugendbuchs *Platero und ich* (1914). Die endgültige Übersiedlung nach Madrid (1911) brachte ihm neue literarische Bekanntschaften, zumal im inspirierenden Milieu der Residencia de Estudiantes (1912–16).

1916 reiste Jiménez nach New York, um eine in den USA aufgewachsene Spanierin zu heiraten; unterwegs entstand das *Tagebuch eines frisch verheirateten Poeten* (1917), das eine neue Entwicklung in seinem Schaffen einleitete. Fortan schrieb er für die »inmensa minoría« (gewaltige Minderheit) eine reimlose, »nackte« Poesie (»poesía desnuda«). Der Rückkehr nach Madrid folgten Jahre intensiven Schaffens (Lyrik, Mitarbeit an Zeitschriften, Übersetzungen).

Während des Spanischen Bürgerkriegs lebten Jiménez und seine Frau auf Puerto Rico, Kuba und in Florida. 1942 erschienen die (während seines Aufenthalts in der Residencia de Estudiantes entstandenen) Porträts und Karikaturen spanischer und amerikanischer literarischer Persönlichkeiten *(Spanier aus drei Welten)*. Weitere Stationen seines Lebens waren neben den USA und Kanada Buenos Aires und Montevideo. 1951 ließ sich Jimenez endgültig in San Juan de Puerto Rico nieder, wo er an der dortigen Universität einen Lehrstuhl erhielt. Ein großer Teil seines Werks wurde erst postum ediert.

Platero und ich

OT Platero y yo
OA 1914 (unvollständig), 1917 (komplett) **DE** 1953
Form Prosadichtung **Epoche** Moderne

Im Werk von Juan Ramón Jiménez markiert die »andalusische Elegie« (so der genrespezifische Untertitel) einen ersten Wendepunkt; der Poet der Schwermut, für den die Außenwelt Vorwand zur Selbstbespiegelung war, wendet sich der Welt der Dinge zu: Der kleine Esel Platero dringt in seine Welt der Einsamkeit und Melancholie ein.

Aufbau: *Platero und ich* hat eine sorgfältig durchkomponierte Struktur. Die Folge »kleiner Gedichte in Prosa« besteht aus 138 mit Untertiteln versehenen Abschnitten von variierendem Umfang (von nur wenigen Zeilen bis zu zwei Druckseiten). Die szenische Struktur des Werks ermöglicht die Aneinanderreihung von heterogenen Erzählpartien (Beschreibungen, Evokationen, Reflexionen).

Inhalt: Die im Frühling beginnende und im Winter endende Reisefabel hat ebenfalls die Freundschaft des Autors mit seinem Esel zum Thema. Aus ihrer beider Perspektive wird der Leser Zeuge einer am Jahreszyklus orientierten Wanderung durch die Heimat von Jiménez: Landschaften und Feste, Sitte und Brauchtum, Mensch und Tier verbinden sich zu einem »impressionistischen« Porträt ländlicher Lebensformen.

Wirkung: Als eines der wichtigsten Werke der spanischen Prosa des 20. Jahrhunderts ist *Platero und ich* zugleich tief in der abendländischen Geistes- und Literaturgeschichte verwurzelt. Die Anklänge an elegisch-bukolische Traditionen, an Motive der Fabel und des Märchens, an die Naturfrömmigkeit des hl. Franz von Assisi (1181/82–1226) und den Pantheismus eines Baruch de → Spinoza, dessen »Einssein von Gott und Natur« Jiménez aufgreift, werden zu modernen Metaphern und Assoziationen verdichtet. Durch unzählige Neuauflagen und Übersetzungen ist *Platero und ich* in Spanien zu einer Art Schulfibel geworden, volkstümlich und kunstvoll zugleich. *F. A.*

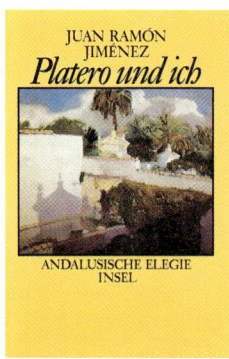

Juan Ramón Jiménez, *Platero und ich*, Einband der deutschsprachigen Neuausgabe 1985

Jinpingmei

OT auch Djin Ping Meh oder Kin Ping Meh (dt. Pflaumenblüten in der Goldvase) **EZ** zwischen 1582 und 1596
OA 1610/11 **DE** 1928–33 (2 Bde)
Form Roman **Epoche** Ming-Zeit

Das 100 Kapitel umfassende Werk stammt im Gegensatz zu früheren chinesischen Romanen nachweislich von einem einzelnen Verfasser.

Es ist der erste chinesische Roman mit einer frei erfundenen Handlung, deren Konzeption nicht auf vorhandene Werke mündlicher Erzählkunst zurückgreift, sondern lediglich an einen anderen Roman, *Die Räuber vom Liang-Schan-Moor* (entst. im 14. Jahrhundert), anknüpft. Zugleich ist es der erste chinesische Roman, dessen Handlung im häuslichen Bereich angesiedelt ist und das bürgerliche Leben beschreibt. Die Episodenhaftigkeit im Aufbau früherer Romane wird durch ein überwiegend einheitliches Handlungsgeschehen abgelöst.

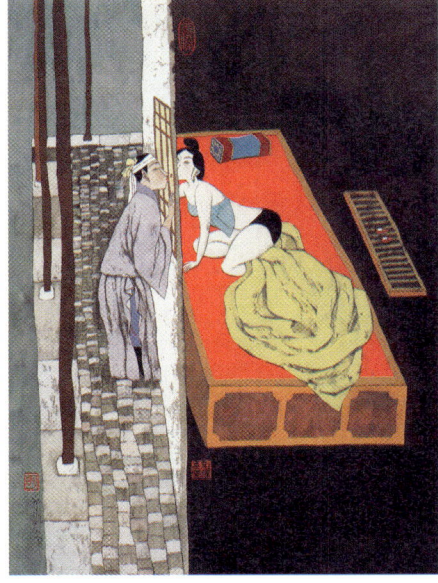

Szene aus *Jinpingmei*; Illustration von Hu Yonkai, Chinatusche auf Papier, 1998

Inhalt: Der Roman behandelt die Zeitspanne 1112–27, die den Zusammenbruch der Nördlichen Song-Dynastie (960–1126) markiert, und zeichnet zugleich ein realistisches und kritisches Bild der korrumpierten sozialen Verhältnisse am Ende der Ming-Zeit. Der Roman, dessen Name auf drei seiner weiblichen Hauptgestalten, Jinlian (»Goldlotos«), Ping'er (»Vase«) und Chunmei (»Pflaumenblüte«) zurückgeht, schildert Aufstieg und Ende des Parvenüs und Lüstlings Ximen Qing, eines Apothekers und Pfandleihers, der durch seinen Reichtum politischen Einfluss gewinnt. Zugleich wird die Geschichte seiner sechs Frauen auch über den Tod der Hauptfigur hinaus erzählt.

Im Mittelpunkt der Handlung stehen die häuslichen Intrigen und sexuellen Ausschweifungen von Ximen Qing sowie Wuchergeschäfte, Korruptionsaffären und Mordkomplotte. Das *Jinpingmei* enthält – anders als frühere chinesische Romane, deren Figuren häufig überlebensgroß gezeichnet sind – differenzierte und lebensechte Charaktere. Auch seine Frauengestalten sind erstmals keine Stereotype, sondern Individuen, die einen Eindruck von ihren Gedanken und Gefühlen vermitteln.

Wirkung: Die ausführliche Beschreibung sexueller Exzesse brachte dem *Jinpingmei* zu Unrecht den Ruf eines pornografischen Klassikers ein. Die Rezeption in China und in westlichen Ländern war und ist zum Teil dadurch beeinträchtigt, dass der Roman nur in bearbeiteten Fassungen oder gekürzten Übersetzungen vorliegt, die wichtige Passagen des Originaltextes eingebüßt haben. Sein Rang als einer der bedeutendsten klassischen chinesischen Romane ist heute jedoch unbestritten. *G. F.*

Literatur: F. Fastenau, *Die Figuren des Chin P'ing Mei und des Yü Huan Chi*, 1971.

Johnson, Eyvind

schwed. Schriftsteller

*29.7.1900 Svartbjörnsbyn/Norrbotten bei Boden (Norrland)

†25.8.1976 Stockholm

📖 *Eine große Zeit*, 1960

Eyvind Johnson, den man auch »Schwedens schlechtes Gewissen« nannte, schrieb über die Lebensbedingungen von Unterdrückten. Inspiriert von André →Gide, James →Joyce und Marcel →Proust führte Johnson den inneren Monolog in die schwedische Literatur ein und entwickelte aus verschiedenen perspektivischen Ansätzen einen eigenen Prosastil.

Als Arbeiter bahnte Johnson sich autodidaktisch den Weg zur Schriftstellerei. Er verrichtete verschiedene Tätigkeiten in Industrie und Landwirtschaft, bis es ihn nach Stockholm verschlug. Als dort 1920 die Metallarbeiter streikten, versuchte er vom Schreiben zu leben. Er gründete die Literaturzeitschrift *Vår Nutid* und schloss sich einer Gruppe junger Schriftsteller (»De gröna«) an. Er engagierte sich politisch, insbesondere in den Gewerkschaften, und schrieb für sozialistische Zeitungen. 1921–23 ging er nach Berlin und Paris und debütierte 1924 mit dem Kurzgeschichtenband *Die vier Fremden*. 1925–30 folgte ein zweiter Frankreich-Aufenthalt, später lebte er in der Schweiz (1947–49) und in England (1949/50), danach wieder in Schweden.

Eine große Zeit

OT Hans nådes tid
OA 1960 **DE** 1966 **Form** Roman **Epoche** Moderne

Eine große Zeit ist erzähltechnisch einer der modernsten Romane, die seinerzeit in Schweden entstanden, und einer der Höhepunkte im Œuvre von Eyvind Johnson. Es ist ein historischer Roman über die Zeit von Karl dem Großen (747–814) und über den Aufbau eines Imperiums aus der Sicht der Unterdrückten.

Entstehung: Johnson bemühte sich um einen korrekten historischen Rahmen und bereiste die Schauplätze seines Buchs in Norditalien. Er studierte die alten Chroniken, darunter auch die Biografie *Das Leben Karls des Großen* (entst. um 830) des kaiserlichen Sekretärs Einhard, der für die Erzählerfigur seines Romans, Johannes Lupigis, Pate stand.

Inhalt: In einer Sturmnacht an der Nordküste der Adria im Jahr 775 trifft der 16-jährige Johannes Lupigis die Liebe seines Lebens. Es ist Angila, die 14-jährige Tochter des Langobardenherzogs Rodgaud von Friaul, an dessen Aufstand gegen den Frankenkönig Karl de

Die wichtigsten Bücher von Eyvind Johnson	
Hier hast du dein Leben 1934–37	Der vierbändige autobiografische Roman erzählt das Leben des Arbeiters Olof, der so alt ist wie das Jahrhundert und während des Ersten Weltkriegs in Norrbotten am Polarkreis aufwächst. Im Vordergrund steht seine Entwicklung zum Schriftsteller.
Krilon 1941–43	Die Trilogie behandelt die Ereignisse des Zweiten Weltkriegs und kritisiert in allegorisch-symbolischer Form die Neutralitätspolitik Schwedens. Der Roman handelt von Johannes Krilon und seinem Freundeskreis, die gegen Totalitarismus und Staatsterror Widerstand leisten.
Die Heimkehr des Odysseus 1946	In der freien modernen Nachdichtung der Odyssee ist Odysseus ein kriegsmüder Antiheld, der nach der Erfahrung des Trojanischen Kriegs nicht nach Ithaka zurückkehren will; doch zwingen ihn die Götter dazu.
Träume von Rosen und Feuer 1949	Die Geschichte über die letzten Hexenprozesse im Frankreich des 17. Jahrhunderts unter Kardinal Richelieu ist ein Plädoyer gegen die Verfolgung Einzelner durch ein System und spielt auf die Prozesse im kommunistischen Block der Nachkriegszeit an.
Eine große Zeit 1960	Der historische Roman stellt den Untergang des Langobarden-Reichs unter Karl dem Großen aus der Sicht der Unterdrückten dar. Gleichzeitig enthält er die aktuelle Aussage, dass angesichts der Gewalt der Mächtigen Recht und Freiheit keine Chance haben. →S. 558

Großen er ein Jahr später teilnimmt. Ein Jahr zuvor hatte Karl das Reich der Langobarden unterworfen und sich zu ihrem König gekrönt. Einige Herzogtümer blieben zwar relativ selbstständig, ihre Herzöge wurden aber zu Vasallen des Königs, Widersacher wurden hinter Klostermauern gesperrt.

Rodgauds Aufstand wird von Karls Truppen blutig niedergeschlagen, Angila geraubt und mit einem gewalttätigen fränkischen Baron verheiratet. Johannes kann fliehen und schwört Rache. Er kann mit Hilfe seines Onkels, des gelehrten Diakons Anselmus, eine Erziehung am herzöglichen Hof von Beneventum bekommen, bis man ihn der geplanten Unruhestiftung verdächtigt und 786 ins Gefängnis wirft. Vier Jahre später wird er entlassen. Er kann an seine Zeit bei Hofe anschließen und zum königlichen Geheimschreiber aufsteigen. Stellung und Einfluss ermöglichen ihm, Angila zu befreien, die jedoch auf dem Weg in die Heimat stirbt.

Struktur: Der Roman deckt die Zeitspanne 775–830 ab, die Zeit von Karl dem Großen gegen Ende des Langobarden-Reichs. Um neben dem historischen Stoff Allgemeingültiges zu vermitteln, analysiert Johnson das Verhältnis des Einzelnen zu einer totalitären Autorität nicht nur aus der Sicht verschiedener Personen, sondern auch in verschiedenen Zeitebenen und Zeitperspektiven. Das Schicksal des Einzelnen steht dabei für die Wandlung eines ganzen Volks, deren Widerstandswille gebrochen und durch ein loyales Verhältnis zur Autorität ersetzt wird. Drei Erzähler geben das Geschehen wieder: zum einen der betagte Johannes Lupigis, der inzwischen kaiserlicher Sekretär von Karl dem Großen in Aachen geworden ist und seine Jugenderinnerungen aus der Sicht des Betroffenen festhält; zweitens der Chronist Agibertus, der eine Generation jünger als Johannes Lupigis ist und ihn als alten Mann kannte; schließlich gibt es einen anonymen allwissenden Erzähler, der auch die Gedanken und Erinnerungen von Johannes in Form eines inneren Monologs wiedergibt, die Ereignisse an sich aber unkommentiert lässt. Die Erzählperspektiven gehen unmerklich ineinander über, so dass der Leser nicht immer weiß, wer das Wort führt. Der ständige Wechsel zwischen der Perspektive des Miterlebens und einer resümierenden Distanz zum Geschehen durch eine verfremdete Sichtweise aus zeitlichem Abstand legen es dem Leser nahe, eine Parallele zu den Bedingungen moderner Diktaturen zu ziehen.

Wirkung: Johnson erhielt 1974 zusammen mit dem schwedischen Arbeiterdichter Harry Martinson (1904–78) den Literaturnobelpreis. Für *Eine große Zeit* zeichnete man ihn noch im Erscheinungsjahr mit dem Preis des Nordischen Rates aus. *C. B.*

Johnson, Uwe

dt. Schriftsteller

* 20.7.1934 Cammin (Pommern)

† 23.2.1984 Sheerness-on-Sea, Großbritannien

📖 *Mutmaßungen über Jakob*, 1959

📖 *Jahrestage*, 1970–83

Uwe Johnson ist einer der wichtigsten deutschen Erzähler der Nachkriegszeit, geprägt vom Küstenhinterland Mecklenburg-Vorpommerns, aber auch von den Großstadtmilieus Berlins und New Yorks. Seine syntaktisch eigenwillige, regional gefärbte, bilderreich-sensible, aber zugleich karge Sprache ist Basis für die Erinnerungsarbeit der komplex strukturierten Bücher, die geduldig mitwirkende Leser voraussetzen.

Johnson verbrachte seine Jugend im vorpommerschen Anklam. Er verlor seinen Vater bei Kriegsende, lebte mit Mutter und Schwester, die 1956 in den Westen flohen, in Güstrow. Das Germanistikstudium in Rostock und Leipzig führte ihn zur Literatur. Nach vergeblichen Versuchen, den Roman *Ingrid Babendererde* zu publizieren, war 1959 das Erscheinen von *Mutmaßungen über Jakob* beim Suhrkamp Verlag in Frankfurt/Main Anlass, als Wohnsitz in West-Berlin zu wählen. Spätestens seit *Das dritte Buch über Achim* (1961) über eine von einem westdeutschen Journalisten geplante Biografie eines ostdeutschen Radsportlers schien Johnson auf die Ost-West-Thematik festgelegt. Er misstraute beiden deutschen Staaten, litt unter seiner Nationalität. Johnson gehörte der »Gruppe 47« an, erhielt ein Villa-Massimo-Stipendium und lebte 1966–68 in New York, wo er das Material für sein Hauptwerk *Jahrestage* gewann. 1971 erhielt er den Büchner-Preis.

Einer Schreibkrise entkam Johnson durch Umzug von Berlin nach England. Zwar gelang ihm dort die Vollendung der *Jahrestage*, doch entzweite er sich mit Frau Elisabeth und Tochter Katharina. Der herzkranke Johnson, der mit Günter → Grass, Max → Frisch und Ingeborg → Bachmann befreundet war, starb einsam und plötzlich im Alter von 49 Jahren.

Biografie: J. Grambow, *Uwe Johnson* (rm 50 445); B. Neumann, *Uwe Johnson*, 2000.

Mutmaßungen über Jakob

OA 1959 **Form** Roman **Epoche** Moderne

Uwe Johnsons erster veröffentlichter Roman ist wegen seiner komplexen Erzählkonstruktion ein schwieriges Buch, das durch seine Thematik (die deutsche Teilung) den jungen Nachkriegsautor und Grenzgänger aus Ostdeutschland sogleich bekannt machte.

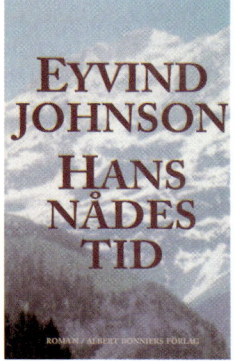

Eyvind Johnson, *Eine große Zeit*, Umschlag des Nachdrucks der Originalausgabe 1960

Eyvind Johnson in einem Brief an Dag Hammarskjöld vom 26.2.1958 über sein Romanprojekt *Eine große Zeit*:

Meine eigentliche Arbeit besteht jetzt darin zu versuchen, ein Stück Mittelalter in unsere 50er-Jahre-Wirklichkeit zu schleusen, um zu sehen, wie es sich da macht.

Uwe Johnson Anfang der 1980er Jahre

Auszug aus dem Roman
Mutmaßungen über Jakob
von Uwe Johnson:

*Er war vor sieben Jahren als
Rangierer zur Deutschen
Reichsbahn gekommen in
einer geringfügigen Stadt an
der mecklenburgischen Ost-
seeküste. Er hatte gearbeitet
als Gehilfe und Sekretär und
Assistent auf den meisten Be-
triebsstellen seiner heutigen
Direktion um die nördliche
Elbe: so kannte er in seinem
Dienst viele Leute, alle sagten
Jakob zu ihm und du (er war
aber nun Inspektor); dies
mochte sein, weil er sich so geduldig mit jedem benehmen
konnte.*

Uwe Johnson, *Mutmaßungen
über Jakob*, Umschlag der Originalausgabe 1959

Entstehung: Johnsons Mutter arbeitete bei der
Reichsbahn als Schaffnerin, dann beim Güter-
transport. Nach ihrer Flucht konnte der Sohn
weiter in der Güstrower Bahnkantine essen. So
lernte er die Arbeitswelt kennen. Nach Schwierigkeiten, erste Romanskripte drucken zu lassen, schrieb Johnson zwischen dem 6.2. und
dem 4.12.1958 an dem Buch, das zunächst
»Guten Tag, Jakob« heißen und unter dem
Pseudonym Joachim Catt erscheinen sollte.

Inhalt: Jakob Abs, 28 Jahre alt, stammt aus
Mecklenburg und ist Beamter bei der DDR-
Reichsbahn in Dresden. Im November 1956
wird er auf dem Rangiergelände von einer Lok
überfahren. Ob sein Tod ein Unfall im Nebel,
Selbstmord oder gar von den Behörden geplant
war, kann nur Gegenstand von »Mutmaßungen« sein, welche die Vorgeschichte erhellen.

Der fleißige, ruhige, kollegiale, loyale, gegenüber der DDR-Politik vorsichtige und gegenüber Westdeutschland eher skeptische Abs
wird von der Spionageabwehr überwacht, seit
seine Mutter und seine Freun-
din Gesine Cresspahl, die nun
für die NATO arbeitet, sich in
den Westen abgesetzt haben.

Die Handlung ist geprägt von
der Halbdurchlässigkeit des Eisernen Vorhangs in der kurzen
Tauwetter-Periode, die nach
dem Ungarn-Aufstand 1956 –
Jakob muss als Eisenbahner die
sowjetischen Militärtransporte
bemerken – wieder endet: Gesine besucht ihren Vater Heinrich
und Jakob, wobei sie vom Ab-
wehr-Hauptmann Rohlfs unter
Druck gesetzt wird. Während er
den regimekritischen, in Gesine
verliebten Hochschulassisten-
ten Dr. Blach verhaftet, lässt
Rohlfs das Paar Cresspahl-Abs
an der langen Leine, um beide
möglichst ohne Gewalt zu gewinnen (Aktion »Taube auf
dem Dach«), so dass Jakob

sogar in den Westen reisen kann, von wo er
trotz Gesines Liebe freiwillig zurückkehrt und
am selben Tag stirbt.

Aufbau: Die mysteriöse, aber unspektakuläre,
für die Schwierigkeiten der innerdeutschen Beziehungen, seien sie privat oder politisch, typische Geschichte aus dem gut beobachteten und
durch Fachsprache lebendig gemachten Eisen-
bahnalltag verfährt analytisch und ist keinesfalls linear erzählt. Ähnlich Max → Frischs Figur
Stiller muss Jakob Abs von anderen rekonstruiert werden. Daher besteht der größte Teil der
fünf Kapitel aus Bruchstücken von Gesprächen
zwischen dem Kollegen Jöche und Jonas Blach,
zwischen diesem und Gesine, zwischen dieser
und Rohlfs sowie aus kursiv gesetzten inneren
Monologen, die der Leser in einem Rekonstruk-
tionsspiel Jakobs Kontaktpersonen zuweisen
muss. Hinzu kommen Passagen, in denen ein
Erzähler den Zusammenhang herstellt, jedoch
nicht so, dass am Schluss eine Lösung für den
Anfang stünde: »Aber Jakob ist doch immer
quer über die Gleise gegangen.« Der Zwang zu
»Mutmaßungen« überträgt sich von den beteiligten Personen, die ihre Rolle oder Schuld mit-
reflektieren, auf die Leser. Die Sprache mit ihren
Anklängen plattdeutscher Mündlichkeit charakterisiert in Satzbau und Grammatik die Figuren. Bibelanklänge durchziehen, bei Jakobs
Namen beginnend, das Buch und verleihen ihm
eine überzeitliche Dimension. Für den Autor
war das komplizierte Erzählen kein Formalismus, sondern adäquater Ausdruck der deutschen Verhältnisse

Wirkung: Das Buch, als kritischer Beitrag zur
eigenständigen DDR-Literatur konzipiert, erregte Aufsehen, da Johnson bald nach der Veröffentlichung durch den Frankfurter Suhrkamp
Verlag in den Westen übersiedelte. Die DDR ignorierte es 20 Jahre lang; allerdings kann man
den Roman *Der geteilte Himmel* (1963) von
Christa → Wolf als gezielten Gegenentwurf
lesen. Johnson erhielt 1960 für die *Mutmaßungen über Jakob* den Fontane-Preis.

Jahrestage

OA 1970–83 **Form** Roman **Epoche** Moderne

Der Roman *Jahrestage* mit dem Untertitel *Aus
dem Leben von Gesine Cresspahl* ist eines der bedeutendsten epischen Unternehmen der Nachkriegszeit und stellt eine kollektive Erinne-
rungsleistung im Brennpunkt einer privaten
Lebensgeschichte dar. Es ist das Hauptwerk des
Autors.

Entstehung: *Jahrestage* knüpft mit seinen Themen und Personen an den Roman *Mutmaßungen über Jakob* an. 1963–69 experimentierte
Johnson: *Versuch, einen Vater zu finden* und

Die Abwanderung von DDR-Autoren vor dem Mauerbau

»DDR-Flucht«: Uwe Johnson behandelt in
Mutmaßungen über Jakob eine Lebensent-
scheidung, die ihn selbst ab dem 10. Juli
1959 betraf. Den Krisen der deutsch-deutschen Geschichte entsprechend, verließen
auch andere Schriftsteller schon in den
Nachkriegsjahren aus enttäuschtem Enthusiasmus die DDR, so z.B. Theodor →
Plievier oder Hermann → Kasack. Solange
bis zum Mauerbau 1961 die Ausreise über
Berlin möglich war, gingen der jahrelang
inhaftierte Walter → Kempowski, Horst →
Bienek oder auch Ernst → Bloch in den

Westen. Gerade die Abkapselung der DDR
führte dazu, dass etwa Peter Huchel
(1903–81) und Hans Mayer (1907–2001)
ihr den Rücken kehrten.

Pseudo-Liberalisierung: Trotz der scheinbaren Liberalisierung nach dem 8. Parteitag
der SED 1971 scheiterte für mehr und mehr
Autoren die Suche nach dem Kompromiss
mit der Staatsmacht. Schließlich polarisierte 1976 die Ausbürgerung des Polit-Ly-
rikers Wolf Biermann (*1936) nach einem
Konzert in Köln die ostdeutsche Gesellschaft (→ Stichwort S. 862).

OT = Originaltitel **EZ** = Entstehungszeit **OA** = Originalausgabe **DE** = Deutsche Erstausgabe 📖 = Verweis auf Werkartik.

Heute Neunzig Jahr blieben Fragmente, die auf das Großprojekt hinführen. 1966 arbeitete Johnson für einen Schulbuchverlag in New York und sammelte dort Material; 1968–83 schrieb er an dem Roman. Bd. 1 und 2 umfassen je vier, Bd. 3 und 4 je zwei Monate. Nach dem Erscheinen von Bd. 1–3 (1970–73) war die Arbeit ins Stocken geraten; die zehnjährige Krise überstand Johnson durch die finanzielle Hilfe des Verlegers, so dass der vierte Band schließlich wider Erwarten der Öffentlichkeit abgeschlossen werden konnte.

Inhalt: Die aus Jerichow stammende Gesine Cresspahl, die 1953 aus der DDR in den Westen kam, fand zunächst in einer NATO-Dienststelle, dann bei einer Bank Arbeit. Sie lebte in Düsseldorf, wo sie ihre Tochter Marie bekam, deren Vater, der inzwischen tote Jakob Abs, in den Osten zurückgekehrt war. 1961 ist sie nach New York gegangen und lebt dort nun seit sechs Jahren. Die zehnjährige Marie, der Gesine »für wenn ich tot bin« auf Tonband spricht, erlebt New York als eigentliche Heimat, während Gesine weiter danach sucht.

Der erste Romanteil blickt zurück ins Jerichow der NS-Jahre, ebenso der zweite, um die Mutter zentriert, der dritte widmet sich dem Vater in der Nachkriegszeit. Am Schluss steht die Gegenwart stärker im Vordergrund: 1968 bereitet sich Gesine auf eine Arbeitsphase in Prag vor, der einem wichtigen Kreditprojekt zwischen ihrer Bank und der ČSSR gelten soll. Das Ende des Prager Frühlings wird dieses Projekt überflüssig machen, der Tod ihres langjährigen Freundes D. E. lässt auch das private Schicksal Gesines offen erscheinen.

Wie ihr Autor ist Gesine unsentimental, keineswegs rückwärtsgewandt. Zu Marie sagt sie: »Hier wird nicht gedichtet. Ich versuche dir

Suzanne von Borsody (r.) als Gesine Cresspahl und Marie Helen Dehorn als Marie Cresspahl in der Verfilmung des Romans *Jahrestage* von Uwe Johnson (BRD 2000; Regie: Margarethe von Trotta)

etwas zu erzählen.« Auch stimmungsvolle Landschaftsschilderungen und heimatverbundene Sprache machen aus Jerichow kein Idyll. Humorvolle Skepsis vereitelt nicht den ernsten Grundton, dem auch Johnsons typischer, endlastiger Satzbau entspricht. Vor allem Dialoge und Reminiszenzen an lokale Traditionen enthalten viel Plattdeutsches. Das Ineinander von privatem Schicksal und politischer Realität wird rational reflektiert, im Hintergrund stets die Frage, ob ein demokratischer Sozialismus möglich sei. Die Figuren und der Roman suchen nach Wahrheit, die sich nur persönlich erfahren lässt. Daher die Konstruktion, die zugleich Subjektivität ermöglicht und Distanz garantiert.

Hauptfiguren in »Jahrestage« von Uwe Johnson

Heinrich Cresspahl: Der Kunsttischler in Jerichow ist 1888 geboren und arbeitet im Ausland. Er heiratet nach einem Heimatbesuch 1931 Lisbeth Papenbrock und zieht ihr zuliebe wegen der Geburt der Tochter 1933 nach Mecklenburg zurück. Sein Wesen wird als robust, still und eigenwillig beschrieben. Als früheres SPD-Mitglied lehnt er die Nationalsozialisten ab und spioniert für die Briten, die ihn nach dem Krieg zum Bürgermeister machen. Die Russen internieren ihn drei Jahre lang. Er stirbt 1962.

Lisbeth Cresspahl: Die 1906 geborene Tochter des Gutspächters Papenbrock hat drei Geschwister. Sie verfällt einem religiösen Wahn und will ihr Kind Gesine töten, um es zu »retten«. 1938 stirbt sie in den Flammen der Werkstatt, die sie selbst angezündet hat.

Gesine Cresspahl: Die Figur ist zentrales Subjekt der Erinnerungen. Geboren am 3.3.1933 in Jerichow, studierte sie in Halle Anglistik, lebt seit 1953 im Westen und seit 1961 in New York. Die

selbstständige, alten und neuen Heimaten und Bekannten gegenüber kritische Frau hat Jakob geliebt und verliert nun auch D. E.

Marie Cresspahl: Die Tochter von Gesine und Jakob Abs ist 1957 in Düsseldorf geboren. Als das blonde Mädchen mit seiner Mutter 1961 nach New York kommt, gewöhnt sie sich bald ein, identifiziert sich mit den USA. Sie befragt, oft jenseits des Horizonts einer Zehnjährigen, ihre Mutter nach Deutschland und der Familie.

Albert Papenbrock: Der 1868 geborene Vater von Robert, Hilde, Horst und Lisbeth ist der Schwiegervater Heinrich Cresspahls. National eingestellt, übersteht er zunächst in der SBZ das Ende des NS-Regimes, wird aber 1951 verurteilt und hingerichtet.

Brüshaver: Weil der Jerichower Pastor Lisbeth Cresspahl kirchlich bestattet und ihren Tod in einer Predigt als Gegenopfer für ein jüdisches Pogromopfer deutet, wird im KZ interniert und stirbt 1955.

Jakob Abs: Der Vater Maries ist Dispatcher bei der Reichsbahn und wurde am 25.12.1928 in Pommern geboren. Er fühlt sich zwischen der DDR und der BRD hin und her gerissen. Der loyale, kritische Jakob liebt Gesine auch nach deren Weggang und besucht sie 1956 in Düsseldorf. Nach seiner Rückkehr stirbt er auf den Gleisen.

Karsch: Der deutsche Journalist ist indirekt mit Gesine bekannt. Er wird nach einem Buch über die Mafia in New York von Gangstern entführt. Gesine und Marie übergeben das Lösegeld.

De Rosny: Der distinguierte, machtbewusste Vizepräsident der Bank, für die Gesine in Manhattan arbeitet und in die ČSSR reisen soll, versucht Gesine freundschaftlich zu korrumpieren.

D. E.: Dietrich Erichson ist 1928 in Wendisch Burg geboren, 1953 geflohen und seit 1960 in den USA. Der Wissenschaftler und Berater der US-Luftwaffe will Gesine im Herbst 1968 heiraten, kommt am 4.8.1968 beim Absturz seines Flugzeugs in Finnland ums Leben.

Auszug aus dem Roman
Jahrestage von Uwe Johnson:

Wenn ich daran vorbeidenke, sehe ich sie. Sie steht dann vor der Hintertür, trocknet ihre Hände in der Schürze, wringt ihre Hände, eins kann das andere sein. Sie sieht mir zu wie ein Erwachsener sich an einem Kinderstreich erheitert und wartet wie er ausgeht; sie sieht mir ernsthaft zu, belobigend, als vertraute sie darauf, dass ich es richtig mache. Wenn ich die Erinnerung will, kann ich sie nicht sehen.

Aufbau: Der Titel ist doppeldeutig: Jahrestage sind die Tage des Jahres vom 21. August 1967 bis zum 20. August 1968; es sind aber auch die Tage, an denen sich Ereignisse aus Gesines Vergangenheit jähren. Insofern ist das Buch ein Erinnerungsprojekt mit impliziten Ähnlichkeiten zu dem Werk von Marcel → Proust: Die »Katze Erinnerung« lässt sich nicht befehlen, sie ist »unabhängig, unbestechlich, ungehorsam«.

Das Gerüst einer tagebuchartigen Chronik liefern die einmontierten laufenden Artikel aus der *New York Times.* Ineinandergewoben sind der Alltag von Mutter und Tochter, das nur im Spiegel der Zeitung erfahrene Zeitgeschehen – Vietnamkrieg und Rassenunruhen, die Morde an Robert Kennedy (1925–68) und Martin Luther King (1929–68) – und die Vergangenheit der Familie. Trotz häufiger Perspektivwechsel steht das Bewusstsein Gesines im Zentrum, der Johnson metafiktional ein autonomes Leben zuschreibt. Johnson tritt selbst als Nebenfigur im Buch auf und führt sogar einen Dialog mit Gesine: »Wer erzählt hier eigentlich, Gesine. Wir beide. Das hörst du doch, Johnson.« Spätestens durch das Inventar von Rolf Michaelis (*Kleines Adressbuch,* 1983) sind auch die etwa 120 Personen des Romans zu überschauen.

Wirkung: Die ersten Bände trafen auf Skepsis, nicht zuletzt, weil Johnson den Leser nicht lenkt, weil sein Engagement sich zurückhält. Dem Vorwurf des »Autobiografischen« begegnete er mit dem Hinweis auf die »Wirklichkeit, die das Buch einer 34 Frau, ledig und mit einer zehnjährigen Tochter, einräumt in New York, mit nur ihr zukommenden Sorgen«.

Das Riesenwerk ist zum sperrigen Klassiker geworden, dessen fiktive und reale Orte von Lesern und Fernsehteams aufgesucht werden. Es wurde 1999/2000 von Margarethe von Trotta verfilmt.
A. H.

Jonas, Hans

dt. Philosoph

* 10.5.1903 Mönchengladbach, † 5.2.1993 New York

📖 *Das Prinzip Verantwortung,* 1979

Hans Jonas wurde 1903 als Sohn eines Textilfabrikanten geboren. Sein Philosophiestudium absolvierte er in Freiburg, Berlin und Marburg. Wie bei vielen, die in der Philosophie des 20. Jahrhunderts in Deutschland Rang und Namen haben, gehörten Edmund Husserl (1859 bis 1938), Martin → Heidegger und Rudolf → Bultmann zu seinen akademischen Lehrern. In Marburg wurde er 1928 mit einer Arbeit zum Begriff der Gnosis promoviert. Die Machtübernahme der Nationalsozialisten in Deutschland zwang den jungen jüdischen Akademiker 1933 ins Exil. Sein Weg führte ihn über London nach Jerusalem. Nach dem Krieg übersiedelte Jonas zunächst nach Kanada, wo er 1950–54 an der Universität Ottawa lehrte. 1955 ging Jonas an die New School for Social Research nach New York. 1982/83 hatte er die erste Eric-Voegelin-Gastprofessur an der Ludwig-Maximilians-Universität München inne.

Zu seinen wichtigsten Werken zählt neben der Gnosis-Studie sein »Versuch einer Ethik für die technische Zivilisation« unter dem Titel *Das Prinzip Verantwortung,* das er 1985 um eine Sammlung von Texten zur angewandten Ethik des Prinzips Verantwortung erweitert hat (dt. Technik, Medizin, Ethik). Jonas wurde in Deutschland weit über die philosophischen Fachgrenzen hinaus bekannt, als ihm 1987 mit dem Friedenspreis des Deutschen Buchhandels einer der bedeutendsten kulturpolitischen Preise des Landes verliehen wurde.

Literatur: Franz Josef Wetz, *Hans Jonas zur Einführung,* Hamburg 1994.

Das Prinzip Verantwortung. Versuch einer Ethik für die technologische Zivilisation

OA 1979 **Form** Sachbuch **Bereich** Philosophie

»Dass die Verheißung der modernen Technik in Drohung umgeschlagen ist oder diese sich mit jener unlösbar verbunden hat«, ist Jonas' These, die seit ihrer Begründung 1979 nichts an Aktualität eingebüßt hat. Im Gegenteil! Der Ruf nach einer Ethik für die technologische Zivili-

Wichtige Werke der Utopiekritik	
Karl Marx / Friedrich Engels 1848	*Das Manifest der kommunistischen Partei:* Den utopischen Sozialisten werfen Marx und Engels vor, nur den reflexartigen Traum einer besseren Gesellschaft zu entwerfen, anstatt die kommunistische Weltanschauung wissenschaftlich zu begründen. Mit dem Fortgang der geschichtlichen Entwicklung werde die utopisch-sozialistische Fantasie von selbst gegenstandslos. → S. 743
Aldous Huxley 1932	*Schöne neue Welt:* Im Stile moderner Utopien übt Huxley Kritik an technologisch perfektionierten Gesellschaftsentwürfen und ihrem Machbarkeitswahn, die dem Menschen Glück und nichts als Glück versprechen. → S. 536
Robert Spaemann 1977	*Zur Kritik der politischen Utopie:* Eine Sammlung von Aufsätzen, in denen der Münchner Philosoph seine rationalen Einwände gegen die »abstrakte Utopie radikal-emanzipatorischer Vernunftherrschaft« und die Utopie der Herrschaftsfreiheit vorträgt.
Hans Jonas 1979	*Das Prinzip Verantwortung:* Die Ethik der Verantwortung wird von Jonas als eine den modernen Anforderungen weit ausgreifenden Handelns angemessene Form zukunftsbezogener Ethik dem utopischen Prinzip Hoffnung Ernst Blochs entgegengestellt. → S. 562
Joachim Fest 1991	*Der zerstörte Traum:* Nach dem Zusammenbruch der osteuropäischen Gesellschaftsordnungen und dem darin offenkundig werdenden Versagen des real existierenden Sozialismus diagnostiziert Fest das illusionslose Ende des utopischen Zeitalters.

sation ist durch die weiter anwachsenden Möglichkeiten menschlicher Welt- und Selbstbemächtigung in Wissenschaft und Technik noch lauter, das Bedürfnis in den vergangenen Jahren noch spürbarer geworden. Und die vollständige Entzifferung des menschlichen Genoms hat es erneut deutlich werden lassen, dass sich der biologisch immer durchsichtiger und zunehmend manipulierbar werdende Mensch moralisch seltsam fragwürdig wird.

Entstehung: Der Schrift, die Jonas nach Jahrzehnten der Lehre in den USA in seiner Muttersprache verfasst hat, gehen zahlreiche Vorarbeiten voran, die sich in Aufsätzen in amerikanischen Fachzeitschriften niedergeschlagen haben. Vervollständigt wird die philosophische Argumentation durch die nachträglich veröffentlichte Studie *Macht und Ohnmacht der Subjektivität* und ergänzt wird sie um praktische Fragen der Anwendung des Prinzips Verantwortung in Wissenschaft und Medizin *(Technik, Medizin, Ethik).*

Inhalt: Die ungeheure Ausweitung menschlicher Fähigkeiten und Handlungsspielräume macht es für Jonas notwendig, den Rahmen ethischer Überlegungen weiter zu stecken, als dies bislang in der traditionellen Ethik der Fall gewesen ist. Da die Wirkungen des technisch potenzierten Handelns den ganzen Erdball betreffen und die Folgen des biomedizinischen Erkenntniszuwachses die jetzt lebenden Generationen weithin überdauern werden, muss an die Stelle einer Ethik der Nähe und der Gleichzeitigkeit eine Ethik der Ferne treten. Eine solche Ethik begründet die Forderung, so zu handeln, dass die Wirkungen unserer Handlungen verträglich sind mit der Permanenz echten menschlichen Lebens auf Erden. Das Prinzip Verantwortung tritt damit mit seinem weiten zeitlichen Horizont in Konkurrenz zum utopischen Denken, dem Prinzip Hoffnung (Ernst Bloch), das als einziges bislang das Konzept einer Zukunftsethik entworfen hat, in der die Idee des gesellschaftlich-technischen Fortschritts jedoch alles Gewesene und Gegenwärtige zu einem bloß peripheren Übergangsphänomen macht. Utopien werden fragwürdig, wo moderne Technologie es ermöglicht, aus den literarischen Spielen der Fantasie den Ernst realisierbarer Weltentwürfe zu machen. Jonas plädiert stattdessen für eine »Heuristik der Furcht«. Im Erschrecken vor den künftigen Gefahren, die den Menschen bedrohen, gewinnen wir erst ein wirkliches Verständnis unserer Selbst und dessen, was es zu schützen gilt. Dem Prinzip der Verantwortung eher als dem der Hoffnung zu folgen, bedeutet ferner, den Unheilsprognosen ein größeres Gewicht als den Heilserwartungen beizumessen. In diesem Sinne ist Jonas' Denken konservativ, eher bewahrend als wagend. Es geht von der wesentlichen Annahme aus, dass das Gewordensein des Menschen durchaus zulänglich ist. Der Mensch harrt nicht erst einer radikalen Verbesserung und Vervollkommnung in einer neuen Gesellschaftsordnung, wie sie der Marxismus durch revolutionäre Praxis heraufzuführen beabsichtigt.

Wirkung: *Das Prinzip Verantwortung* machte Jonas weit über die Fachgrenzen der Philosophie hinaus bekannt und löste eine lebhafte Ethik-Diskussion über die Folgen des technischen Fortschritts aus. Seither sieht sich jeder Erkenntniszuwachs in den Naturwissenschaften und der Medizin mit der Forderung konfrontiert, kommenden Generationen eine lebenswerte Umwelt zu hinterlassen sowie ihre Freiheit und Würde zu bewahren. Dass Menschen sittlich dürfen, was sie technisch können und gut meinen, bedarf der philosophischen Rechtfertigung. Wie wenige philosophische Bücher der Gegenwart hat Jonas' Werk eine philosophische Besinnung bewirkt, die für das Leben des modernen Menschen grundlegende Bedeutung besitzt.   *D. L.*

Jones, James

US-amerikan. Schriftsteller

* 6.11.1921 Robinson (Illinois)

† 9.5.1977 Southampton/Long Island (New York)

📖 *Verdammt in alle Ewigkeit*, 1951

Mit *Verdammt in alle Ewigkeit* schrieb James Jones einen Klassiker des realistischen amerikanischen Kriegsromans (Stichwort → S. 564). Sein Werk zeichnet sich vor allem durch eine stilistisch vielschichtige Darstellung der Kriegserlebnisse aus.

Der Sohn eines Zahnarztes erfuhr als junger Soldat die Schrecken des Zweiten Weltkriegs. Im Dezember 1941 erlebte der 20-Jährige auf dem Stützpunkt Pearl Harbor (Hawaii) den japanischen Angriff auf die US-Flotte, auf der Pazifikinsel Guadalcanal wurde er verwundet. Nach ersten Studien auf Hawaii ab 1942 kam er 1945 an die New York University. Außer in seinem Weltbestseller verarbeitete Jones seine Kriegserlebnisse in den Romanen *Die Pistole* (1959) und *Der tanzende Elefant* (1962), der 1998 von Regisseur Terrence Malick unter dem Titel *Der schmale Grat* verfilmt wurde. 1958–75 lebte Jones mit seiner Ehefrau in Paris. Die dortigen Studentenunruhen 1968 verarbeitete er im Roman *Mai in Paris* (1971). In *Heimkehr der Verdammten* (1978 postum) schildert Jones die Probleme von Kriegsveteranen bei der Wiedereingliederung in die US-Gesellschaft.

Biografie: J.R. Giles/J.M. Lennon (Hrsg.), *The James Jones Reader*, 1991.

Der endgültig entfesselte Prometheus, dem die Wissenschaft nie gekannte Kräfte und die Wirtschaft den rastlosen Antrieb gibt, ruft nach einer Ethik, die durch freiwillige Zügel seine Macht davor zurückhält, dem Menschen zum Unheil zu werden.
Hans Jonas 1979

Hans Jonas, *Das Prinzip Verantwortung*, Umschlag der Originalausgabe 1979

Die US-Schriftstellerin und Journalistin Joan Didion (*1934) in *The White Album* (1979) über ihren Besuch 1977 in der Schofield Kaserne, in der James Jones stationiert war:

Ich dachte an die Ratten in der Kaserne, an Prewitt und Maggio und an Armeehass. Und in jener Nacht in Honolulu schien es mir, dass nur die Details sich geändert hatten, dass James Jones eine große einfache Wahrheit gekannt hatte: Die Armee war nicht mehr und nicht weniger als das Leben selbst.

Montgomery Clift (l.) als Robert Prewitt und Burt Lancaster als Sergeant Milton Warden in der Verfilmung des Romans *Verdammt in alle Ewigkeit* (USA 1953; Regie: Fred Zinnemann)

Wichtige Bücher der US-Literatur zum Zweiten Weltkrieg	
Norman Mailer 1948	*Die Nackten und die Toten:* Am Kampf um die Insel Anopopei zeigt Mailer Entmenschlichung und Indoktrination. → S. 708
Irwin Shaw 1948	*Die jungen Löwen:* Erzählt wird das Schicksal von zwei einfachen US-Soldaten, darunter einem Juden, und einem NS-Offizier.
James Jones 1951	*Verdammt in alle Ewigkeit:* Ein Soldat in einer Einheit auf Hawaii leitet durch Auflehnung seinen Niedergang ein. → S. 564
Herman Wouk 1951	*Die Caine war ihr Schicksal:* Die Besatzung eines Minensuchboots meutert gegen den wahnsinnigen Kommandanten. → S. 1171
Cornelius Ryan 1959	*Der längste Tag:* Der dokumentarische Bericht schildert in persönlichen Schicksalen die alliierte Landung in der Normandie.
Joseph Heller 1961	*Der IKS-Haken (Catch 22):* Eine US-Fliegerstaffel auf einer fiktiven italienischen Mittelmeerinsel spielt verrückt. → S. 485
Kurt Vonnegut 1969	*Schlachthof 5 oder Der Kinderkreuzzug:* Ein US-Soldat überlebt den Bombenterror auf Dresden in einem Schlachthof. → S. 1116

James Jones, *Verdammt in alle Ewigkeit*, Einband des 1996er Nachdrucks der Taschenbuchausgabe von 1974

Verdammt in alle Ewigkeit

OT From Here to Eternity
OA 1951 **DE** 1951 **Form** Roman **Epoche** Moderne

Der Debütroman von James Jones über eine US-Einheit während des Zweiten Weltkriegs auf Hawaii schildert den tragischen Widerspruch zwischen dem nach Freiheit strebenden Einzelnen und der autoritären Struktur des Militärs.

Inhalt: In der Schofield-Kaserne leistet der junge Soldat Robert Prewitt aus Kentucky, ein begabter Hornist und Boxer, Dienst im Trompetenkorps. Der junge, idealistische Südstaatler aus armen Verhältnissen liebt die Armee und glaubt, dass die Dienstvorschriften dem Soldaten ein Minimum an menschlicher Würde garantieren. Doch hat er zahlreiche Nackenschläge einzustecken. Im Trompetenkorps muss er einem dilettantischen Vorgesetzten gehorchen,

nachdem er sich im Bordell eine Geschlechtskrankheit eingefangen hat, wird er zur Infanterie strafversetzt. Der dortige ehrgeizige Kompaniechef Captain Dana Holmes will mit ihm unbedingt die Militär-Boxmeisterschaft gewinnen. Als Prewitt sich weigert zu boxen, weil er im Ring einen Gegner blind geschlagen hat, lässt Holmes ihn durch Schikanen systematisch provozieren. Vor allem der brutale Sergeant Fatso Judson reizt Prewitt so lange, bis er im Militärgefängnis landet. Als man ihn nach Monaten schlimmer Misshandlungen freilässt, tötet er Judson im Kampf und desertiert. Im Versteck bei der Dirne Alma hört er vom japanischen Angriff auf Pearl Harbor und will zur Truppe zurückkehren, wird aber von einem US-Posten aus Versehen erschossen.

Aufbau: Jones erzählt Armeedienst und Krieg aus der Perspektive von Einzelpersonen. Prewitt ist ein individualistischer Künstlertyp, der in der harten Welt der Uniformierten nicht überleben kann. Weitere Hauptfiguren sind u.a. der Italoamerikaner Angelo Maggio, der – nicht weniger rebellisch, aber schlauer als Prewitt – sich den ständigen Schikanen seiner Vorgesetzten durch Einweisung ins Hospital entzieht. Sergeant Milton Warden, der zwischen Soldaten und Offizieren zu vermitteln sucht, ist ein besonnener Realist. Allerdings gerät er in einen schweren inneren Konflikt, als er mit der Frau von Captain Holmes eine leidenschaftliche Affäre beginnt.

Minutiös schildert Jones den Alltag des Soldatenlebens zwischen Drill und Gehorsam in der Kaserne, Alkohol und Sex in Kneipen sowie Bordellen, Schikanen und Misshandlungen im Gefängnis. Er greift Themen des Existenzialismus der 1950er Jahre auf wie Isolation, Desillusionierung und das Überleben in einer Welt ohne Gott. Diesem Dilemma sucht der Mensch mit Verweigerung und Auflehnung zu entkommen – meist vergeblich oder für einen hohen Preis. Im männlichen Kosmos von Jones, den der Autor am eigenen Leib erlebte, haben Frauen wenig zu sagen. Sie sind in dem Roman nur klischeehaft dargestellt.

Wirkung: *Verdammt in alle Ewigkeit* wurde 1951 mit dem National Book Award ausgezeichnet. Die Schilderung sadistischer Szenen und sexueller Details in der vermeintlich »glorreichen« US-Army schockierte die Öffentlichkeit in Amerika, sorgte aber für hohe Auflagen. Der enorme Erfolg des Buches trieb Jones zur Fortsetzung des Themas mit leicht abgewandelten Figurenkonstellationen in den Romanen *Der tanzende Elefant* (1962) und *Heimkehr der Verdammten* (1978 postum). Fred Zinnemanns Verfilmung von *Verdammt in alle Ewigkeit* (1953) mit Frank Sinatra, Montgomery Clift, Burt Lancaster und Deborah Kerr ist mit acht Oscars einer der erfolgreichsten Kriegsfilme aller Zeiten. *B. E.*

Jong, Erica

US-amerikan. Schriftstellerin

* 26.3.1942 New York

📖 *Angst vorm Fliegen*, 1973

Erica Jong gilt in ihrem Drang zur schreibenden Selbstbefreiung als geistige Erbin von Henry → Miller. Dabei stehen in ihrem Schaffen Lyrik und Prosa gleichberechtigt nebeneinander. Häufig behandelte Themen und Motive sind Sexualität, Eros und Tod.

Jong, die an der Columbia University englische Literatur studierte, begann ihre literarische Karriere mit Gedichten. 1971 erschien ihr erster, mehrfach ausgezeichneter Lyrikband *Fruits & Vegetables*. Der internationale Durchbruch gelang ihr 1973 mit dem Roman *Angst vorm Fliegen*, der Geschichte der Isodora Wing, die Jong in einer lose zusammenhängenden Trilogie fortgeführt hat (*Rette sich, wer kann*, 1977, und *Fallschirme und Küsse*, 1984).

Jong versteht ihr Schreiben als ein explizit weibliches, da sie davon ausgeht, auf diese Weise verinnerlichte patriarchale Strukturen zu überwinden. Ihr turbulentes Leben hat sie in *Keine Angst vor Fünfzig* (1995) beschrieben: Sie war mehrmals verheiratet, lebte längere Zeit in Heidelberg und hat eine Tochter (Molly Jong Fast), die ebenfalls als Autorin hervorgetreten ist (*Ein ganz normales Mädchen*, 2000).

Autobiografie: E. Jong, *Keine Angst vor Fünfzig*, 1995.

Angst vorm Fliegen

OT Fear of Flying
OA 1973 **DE** 1976 **Form** Roman **Epoche** Moderne

Mit über 15 Millionen verkauften Exemplaren gilt *Angst vorm Fliegen* als feministischer Klassiker, der zu Beginn der 1970er Jahre in den USA mit sämtlichen Tabus brach, die bei einem Roman von einer Frau besonders im Hinblick auf sexuelle Themen bestanden.

Inhalt: Isodora Wing, eine 29-jährige amerikanische Schriftstellerin, reist mit ihrem Mann, dem Psychoanalytiker Dr. Bennett Wing, nach Wien zu einem Psychoanalytikerkongress. In der Maschine, die sie trotz ihrer Flugangst bestiegen hat, sitzen 117 Psychoanalytiker, von denen sechs sie schon therapiert haben und der siebte ihr Ehemann ist. Den achten, Adrian, trifft sie in Wien und erkennt ihn als ihre »Traumnummer«, denn Isodora ist die Erfinderin des »Spontanficks« (zipless fuck) – der Vorstellung von einer rein körperlichen Liebe.

Die Begegnung mit Adrian ist der Ausgangspunkt für Isodoras Zerrissenheit zwischen Bennett, Adrian und ihr selbst. Sie entscheidet sich zunächst für eine Europareise mit Adrian, um am Ende jedoch zu ihrem Ehemann zurückzukehren. Ob sie Bennett auf ihrem weiteren Weg als Gefährten wählt, bleibt offen. Entscheidend für sie ist, dass sie diese Möglichkeit der Wahl erkannt und angenommen hat.

Aufbau: Strukturbildend für den Roman sind zwei Bewegungen: das Fliegen (»to fly« im Englischen mit der doppelten Bedeutung von »fliegen« und »fliehen«) und die im US-amerikanischen Kino und Roman vielfach verwendete Autofahrt. Isodoras Flugangst steht metaphorisch für ihre Angst vor der Unabhängigkeit, für die Frage nach Bindung auf der einen und der freien Existenz als Schriftstellerin auf der anderen Seite. Die Autofahrt bietet dem Alter Ego der Autorin, die bewusst mit den Kategorien Realität, Fiktion und der eigenen Biografie spielt, die Möglichkeit der Reflexion und des Erzählens. So erfahren die Leser vom bisherigen Leben Isodoras und von ihrem therapeutisch begleiteten Weg zum Schreiben. Jedem Romankapitel ist ein Motto vorangestellt. Zusätzlich gibt es Gedichte von Isodora und kleine Ex-

Erica Jong über ihr Buch
Angst vorm Fliegen:

Wie konnte ich wissen, dass ich selbst ein wandelndes Musterexemplar des Sexismus war? Wie konnte ich wissen, dass ich die Werte des Patriarchats verinnerlicht hatte und sie sogar in diesem angeblich befreiten und (wie sich am Ende herausstellte) befreienden Buch ausdrückte? Das Patriarchat ist in uns – darum ist es so schwierig auszurotten.

Erica Jong in ihrem Haus in Westen(Connecticut); Foto aus dem Jahr 1998

Die wichtigsten Bücher von Erica Jong	
Fruits & Vegetables, 1971	Erster Gedichtband, den Jong auf einem Obst- und Gemüsemarkt vorstellte und der in den USA viele Preise bekam.
Angst vorm Fliegen, 1973	Geschichte der Amerikanerin Isodora Wing, die Schriftstellerin, Frau und Ehefrau – und dies glücklich – sein möchte. → S. 565
Rette sich wer kann, 1977	Fortführung der Lebensgeschichte Isadora Wings: erster großer schriftstellerischer Erfolg, Liebesleiden und Liebesglück.
Fanny 1980	An ihre Tochter gerichtetes Tagebuch der Fanny Hackabout-Jones über das abenteuerliche Leben im 18. Jahrhundert.
Ordinary Miracles 1983	Gedichtband, in dem sich Erica Jong besonders mit der Geburt ihrer Tochter Molly befasst – und anderen »normalen Wundern«.
Fallschirme und Küsse, 1984	Isodora Wing ist, inzwischen mit Kind, in den 1980er Jahren angekommen, macht Karriere und sucht nach ihren Wurzeln.
Der Teufel in Person. Henry Miller und ich, 1993	Hommage an Henry Miller, mit dem Erica Jong sechs Jahre korrespondierte, wobei sie sich auch kritisch mit der Person Millers aus feministischer Perspektive auseinander setzt.
Keine Angst vor Fünfzig, 1996	Autobiografie, in der Erica Jong respektlos und ironisch Bilanz zieht über die erste Hälfte ihres ereignisreichen Lebens.

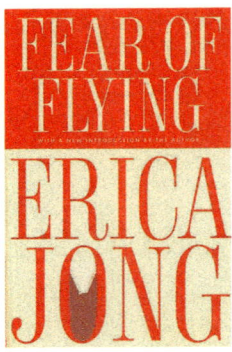

Erica Jong, *Angst vorm Fliegen*, Einband der US-Taschenbuchausgabe 1995

kurse, wie z. B. zum Thema »Die Weltgeschichte gesehen durch die Toilettenbrille« oder zur »Traumnummer« in einem Zugabteil.

Wirkung: Bereits in den ersten vier Jahren nach Erscheinen wurden über sechs Millionen Exemplare des Romans verkauft. *Angst vorm Fliegen* wurde international hoch gelobt (u. a. von Henry → Miller und John → Updike) und war auch in Europa auf vielen Bestsellerlisten zu finden. Jong hat die (sexuellen) Abenteuer ihrer Heldin zu einer Zeit frei und offen geschildert, als eine fluchende Frau in Amerika noch missachtet wurde – oder groß herauskam.   *B. Br.*

Joyce, James

ir. Schriftsteller

*2.2.1882 Rathgar (Dublin), † 13.1.1941 Zürich

📖 *Dubliner*, 1914

📖 *Ulysses*, 1922

James Joyce zählt zu den wichtigsten Schriftstellern der literarischen Moderne und steht neben Virginia → Woolf exemplarisch für eine neue, experimentelle Romankunst, welche die inhaltlichen und formalen Möglichkeiten insbesondere der Abbildung von Wirklichkeit im traditionellen Gesellschaftsroman radikal in Frage stellt.

Nach dem Besuch zweier angesehener Jesuitenschulen, deren Besuch ihn stark prägte, studierte Joyce am University College in Dublin. Ein anschließendes Medizinstudium in Paris brach er bald ab, um eine literarische Karriere anzustreben. 1904 lernte er seine spätere Frau Nora Barnacle, mutmaßliches Vorbild für die Figur der Molly Bloom in *Ulysses*, kennen. Das Gesamtwerk von Joyce ist stark geprägt von

dem zeitlebens schwierigen Verhältnis des Autors zu Irland und seiner Heimatstadt Dublin. Deshalb siedelte er noch 1904 mit Nora nach Triest über, wo beide (mit Unterbrechungen) bis 1915 lebten. Weitere Stationen des selbst gewählten Exils waren Rom, Paris und Zürich.

Dublin spielt in dem 1914 erschienenen Kurzgeschichtenband *Dubliner* die Hauptrolle. Der 1916 veröffentlichte Roman *Ein Porträt des Künstlers als junger Mann* zeigt in seiner Problematisierung von Bewusstseins- und Wahrnehmungsformen bereits alle Merkmale des neuen Erzählens, die 1922 mit der Veröffentlichung des *Ulysses* zur revolutionären Vervollkommnung fanden. 1939 erschien mit *Finnegans Wake* ein schwieriges Opus, an dem Joyce 17 Jahre lang gearbeitet hat und in dem die Grenzen und Möglichkeiten von Sprache bis zur äußersten Konsequenz ausgetestet werden.

Biografie: R. Ellmann, *James Joyce*, 1994; S. Joyce, *Meines Bruders Hüter*, 1975; J. Paris, *James Joyce* (rm 50040).

Dubliner

OT Dubliners **OA** 1914 **DE** 1928
Form Kurzgeschichtenzyklus **Epoche** Moderne

In dem Zyklus von 15 Kurzgeschichten erscheint die irische Hauptstadt als Ort, der die Seelen der Bewohner in einem Zustand der Lähmung gefangen hält. Von frühen Kritikern als bösartige Satire auf die moderne Dubliner Alltagswelt verstanden, begriff James Joyce seine Geschichten eher als »menschliche Komödie«, deren Teil er selbst war. Immer wieder griff der Autor später auf die *Dubliner* Geschichten zurück, indem er Versatzstücke und Figuren übernahm.

Entstehung: 1903 hatte Joyce drei einfache Kurzgeschichten für eine irische Wochenzeitung zu schreiben begonnen. Bald entstand die Idee, daraus eine Serie von Erzählungen zu machen. Der Londoner Verleger Grant Richards, der sich das Manuskript hatte schicken lassen, nahm das Buch erst an, hatte dann aber Bedenken, in Konflikt mit der Zensur zu geraten. Der Verlag Maunsel & Co., der 1909 der Veröffentlichung erst zugestimmt hatte, lehnte aus Angst vor Verleumdungsklagen aufgrund der Erwähnung von Dubliner Personen und Pubs im Werk doch ab. Die schon fast fertig gedruckten Exemplare wurden zerstört. Jahre später akzeptierte Grant Richards das Buch schließlich doch und *Dubliner* konnten erscheinen.

Inhalt: Die 15 Geschichten, jede in sich geschlossen, bilden zusammen doch ein homogenes Ganzes. Die *Dubliner* handeln von einfachen Menschen, die im Alltag der irischen Hauptstadt eingeschlossen sind. Dublin wird somit zum Chiffre für eine verwandlungsun-

---

Paralyse

Herkunft: Der Begriff kommt aus der Medizin, wo er den teilweisen oder vollständigen Verlust der Bewegungsfähigkeit beschreibt. Zum anderen kann damit auch eine allmähliche Gehirnerweichung infolge einer Syphiliserkrankung gemeint sein.

Bedeutung: Paralyse ist ein häufig in der Forschung zu *Dubliner* gebrauchter Begriff, dem eine zentrale Bedeutung zukommt, da er maßgeblich zum Verständnis des Werks beiträgt. Paralyse ist hier ganz wörtlich gemeint. Immer wieder werden in den Geschichten einzelne Figuren von Lähmung und Tod ereilt, wie z. B. in *Die Schwestern* der Pater Flynn, der seinen dritten Schlaganfall nicht überlebt hat. »Jeden Abend, wenn ich zu dem Fenster hinaufsah, sagte ich leise das Wort Paralyse vor mich hin«, schreibt der Ich-Erzähler in der Geschichte. In *Gnade* kann sich Mr. Kernan, nachdem er

die Treppe hinuntergestürzt ist, nicht mehr bewegen. Diesen körperlichen Symptomen liegt eine tiefere Ursache zu Grunde: Die Paralyse ist bei jeder einzelnen Grunderscheinung des Dubliner Lebens. Die ganze Stadt leidet an Lähmung und hält ihre Bewohner in ihrer aussichtslosen Lage gefangen: Einem Mädchen gelingt es nicht zu fliehen, da es sich nicht von dem ihr von der toten Mutter auferlegten Verantwortungsbewusstsein befreien kann; ein junger Mann lässt sich zu einer Heirat drängen, die er nicht will und die alle Beteiligten unglücklich machen wird; ein anderer leidet unter seinem Vorgesetzten und bestraft die eigene Familie dafür. Jeder Versuch, sich aus der Erstarrung zu lösen, misslingt. Letztendlich wird die Paralyse bei Joyce zur Zustandsbeschreibung menschlichen Daseins überhaupt.

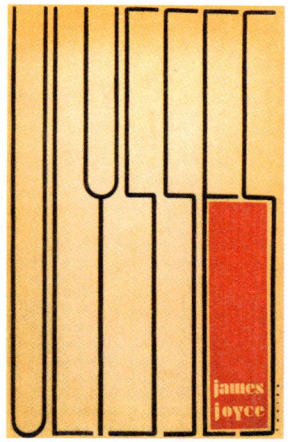
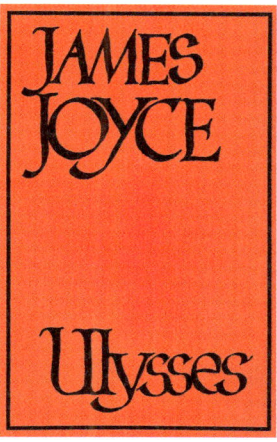

fähige und gelähmte Gesellschaft, die den Einzelnen in seiner privaten und sozialen Tragödie festhält und ihn immer tiefer in die emotionale Isolation stößt. Der Zustand der Paralyse, das Unvermögen zu handeln, wird den Betroffenen selbst in plötzlichen Augenblickserlebnissen in aller Konsequenz deutlich. Solche Erkenntnismomente – die Joyce-Forschung spricht von sog. »Epiphanien« – entstehen aus profanen, weltlichen Ereignissen. So erkennt der anonyme Ich-Erzähler der Geschichte *Arabia*, der seine erste große Liebe mit einem auf dem arabischen Basar erworbenen Geschenk zu beeindrucken sucht, am Ende sich selbst »als ein Wesen, von Eitelkeit getrieben und lächerlich gemacht; und meine Augen brannten vor Qual und vor Zorn«.

Eveline, Hauptfigur der gleichnamigen vierten Geschichte, muss einsehen, dass es ihr nicht gelingt, Irland zusammen mit ihrem Freund zu verlassen und ihr armseliges Dubliner Dasein gegen ein viel versprechendes Leben in der Fremde einzutauschen. Am Ende bleibt sie allein zurück, »passiv, wie ein hilfloses Tier«. Die Figuren der Dubliner irren verzweifelt in ihrem Gefängnis umher, doch jede Auflehnung ist zwecklos: Die Paralyse hat bereits alle infiziert.

Joyce selbst hält seine Kurzgeschichten in einem für den Leser oftmals irritierenden Schwebezustand. Die Geschichten wollen und können keine definitiven Antworten geben. Umso wichtiger wird in ihnen »das implizit Zurückgewiesene« – das, was nicht gesagt wird. **Wirkung:** Als die *Dubliner* 1914 erschienen, war der Absatz gering und die Resonanz verhalten, jedoch keineswegs negativ. Heute gilt der Zyklus als bester Zugang zum Gesamtwerk von Joyce. So ist auch von dem Dichter T. S. → Eliot folgender Ausspruch bekannt: »Und zuallererst lese man die *Dubliner*. Es ist die einzige Möglichkeit, das Werk eines der größten Schriftsteller zu verstehen.«

Ulysses

OT Ulysses
OA 1922 (1918 Vorabdruck in *The Little Review*)
DE 1927 **Form** Roman **Epoche** Moderne

Der Roman *Ulysses* zählt aufgrund seiner neuartigen Erzähltechnik, seines vielschichtigen Aufbaus und seiner exemplarischen Zeitbehandlung zu den bedeutenden Werken der Literatur des 20. Jahrhunderts. *Ulysses* ist das moderne Gegenstück zu Homers *Odyssee*, ein parodistisch gesehener Katalog → homerischer Figuren, bei denen das Heroische kleinbürgerlich wird. Der Roman handelt u. a. von Irland, von der Bibel, vom Mittelalter, von der Auseinandersetzung mit den Weltreligionen und von der Geschichte der englischen Sprache.

Entstehung: Joyce plante *Ulysses* ursprünglich als weitere »short story« der Sammlung *Dubliner*, doch zwischen 1914 und 1921 wuchs die Geschichte auf 800 Seiten, welche 1918 in *The Little Review* erschien.

Inhalt: Die Handlung begleitet die Figur des Dubliner Juden Leopold Bloom – ein moderner Ahasverus und Odysseus – einen Tag lang, von acht Uhr morgens bis weit nach Mitternacht, auf seiner Wanderung durch Dublin.

Aufbau: Die 18 Stunden des 16. Juni 1904, dem Tag der Handlung, sind in 18 Kapitel untergliedert, denen Joyce ursprünglich die homerischen Überschriften der *Odyssee* zugeordnet hatte. Obwohl er diese kurz vor dem Druck herausnehmen ließ, ordneten Kritiker den Episoden ihre mythischen Vorbilder wieder zu.

Jedes der 18 Kapitel ist in einem charakteristischen, die Künstlichkeit der literarischen Vermittlung betonenden Stil verfasst, so dass Formen wie Essay, Drama, Reportage, Farce, Elegie, Gerichtsrede und andere zu einem Ganzen vermischt werden: Das siebte Kapitel ist ein Beispiel journalistischer Schreibweise, in dem die für diese typische Rhetorik zum Einsatz kommt;

James Joyce, *Ulysses*; von links: Umschlag der US-Erstausgabe 1934 (Gestaltung: Ernst Reichl); Umschlag der deutschsprachigen Ausgabe 1936; Umschlag der deutschsprachigen Ausgabe 1979 (Gestaltung: Willy Fleckhaus); Umschlag der US-Ausgabe 1992 mit einem Foto des Autors

Auszug aus der Geschichte
Die Toten von James Joyce:

Es hatte wieder zu schneien begonnen. Er beobachtete schläfrig die Flocken, silbern und dunkel, die schräg zum Lampenlicht fielen...
Ja, die Zeitungen hatten Recht: Schneefall in ganz Irland. Schnee fiel überall auf die dunkle Zentralebene, auf die baumlosen Hügel, fiel sacht auf den Bog of Allen, und, weiter gen Westen, fiel er sacht in die dunklen aufrührerischen Wellen des Shannon. Er fiel auch überall auf den einsamen Friedhof oben auf dem Hügel, wo Michael Furey begraben lag. Er lag in dichten Wehen auf den krummen Kreuzen und Grabsteinen, auf den Speeren des kleinen Tors, auf den welken Dornen. Langsam schwand seine Seele, während er den Schnee still durch das All fallen hörte, und still fiel er, der Herabkunft ihrer letzten Stunde gleich, auf alle Lebenden und Toten.

Auszug aus dem Roman
Ullysses von James Joyce:

ja und die ganzen komischen kleinen Straßen und Gässchen und rosa und blauen und gelben Häuser und die Rosengärten und der Jasmin und die Geranien und Kaktusse und Gibraltar als kleines Mädchen wo ich eine Blume des Berges war ja wie ich mir die Rose ins Haar gesteckt hab wie die andalusischen Mädchen immer machten oder soll ich eine rote tragen ja und wie er mich geküsst hat unter der maurischen Mauer und ich hab gedacht na schön er so gut wie jeder andere und hab ihn mit den Augen gebeten er soll doch nochmal fragen ja und dann hat er mich gefragt ob ich will ja sag ja meine Bergblume und ich hab ihm zuerst die Arme um den Hals gelegt und ihn zu mir niedergezogen dass er meine Brüste fühlen konnte wie sie dufteten ja und das Herz ging ihm wie verrückt und ich hab ja gesagt ja ich will Ja.

das Sirenen-Kapitel gleicht einer kanonischen Fuge; im 14. Kapitel wird das Wachstum des Kindes im Leib der Mutter am Beispiel der englischen Sprachentwicklung vom Altsächsischen bis zur Variante des amerikanischen Englisch versinnbildlicht. Die Penelope-Episode, das letzte Kapitel, mit dem berühmten inneren Monolog der Molly Bloom, fügt 40 000 Wörter zu einem einzigen Satz zusammen. Der Rest ist eine schier unüberschaubare Fülle von Bewusstseinsinhalten, Assoziationen, Anspielungen, intertextuellen Bezügen und »Sprachfeldern«, deren Erschließung durch den Leser mühevoll, aber durchaus lohnenswert ist.

Zeit: Der *Ulysses* steht exemplarisch für die Zeitbehandlung im modernen Roman. Das Ineinanderfließen von Zeit wird bei Joyce auf zwei Ebenen dargestellt: im Spannungsverhältnis zwischen der objektiv messbaren und der subjektiv erlebten Zeit sowie als Zeit des Textverlaufs. *Ulysses* bricht damit mit der Illusion von kohärent darstellbarer Zeit im realistischen Roman. Die Zeit wird im inneren Monolog »individualisiert« und zum wichtigsten Strukturelement des Werks. Den Leser stellt dies vor die Aufgabe, die Geschehnisse, Figuren und ihre Motivation ohne die erläuternden und ordnenden Kommentare durch einen Erzähler in einen sinnvollen Zusammenhang stellen zu müssen.

Wirkung: Kein anderes Buch hat so viel Aufsehen erregt wie *Ulysses*, dem bereits vor seiner Veröffentlichung Skandale und Gerichtsverhandlungen vorausgingen. Bereits vor der Publikation des Werks im Jahr 1922 durch Sylvia Beach vom Verlag Shakespeare & Co. wurde es als »obszön«, »anstößig« und »widerlich« bewertet. Der äußerst präzise Text brachte Joyce

häufig den Vorwurf pornografischer Abbildung ein. Es gab auch positive Kritiken, so äußerte der Schriftsteller Arnold Bennett (1867–1931) nach der Lektüre: »Ich habe nichts gelesen, das es übertrifft, und bezweifle, je etwas gelesen zu haben, das ihm gleichkäme.« Der 16. Juni 1904 ist als »Bloomsday« in die Literaturgeschichte eingegangen und wird jährlich von Joyce-Anhängern nicht nur in Dublin zelebriert.   *E.D.*

Jung, C(arl) G(ustav)

Schweizer Psychiater

* 26.7.1875 Kesswil/Bodensee

† 6.6.1962 Küsnacht

📖 *Psychologische Typen*, 1921

C.G. Jung gehört mit Sigmund → Freud und Alfred Adler (1870–1937) zu den Pionieren der Tiefenpsychologie. Als Lieblingsschüler von Freud förderte und erweiterte er die psychoanalytische Arbeit seines Lehrers, wandte sich aber nach 1912 von ihm ab und entwickelte seine eigene analytische Psychologie, in deren Zentrum er die Lehre des kollektiven Unbewussten stellte.

Der Sohn eines evangelisch-reformierten Pfarrers studierte 1895–1900 Medizin in Basel und wurde anschließend Assistenzarzt (1905 bis 1909 Oberarzt) an der Psychiatrischen Universitätsklinik »Burghölzli« in Zürich. 1902 promovierte Jung mit seiner Arbeit *Zur Psychologie und Pathologie sogenannter okkulter Phänomene*. Ab 1909 unterhielt er neben seiner klinischen Arbeit als Universitätsdozent eine Privatpraxis in Küsnacht. Nach einer Vortragsreise in die USA wurde Jung 1910 zum ersten Präsidenten der »Internationalen Psychoanalytischen Vereinigung« gewählt. 1912 kam es zum Bruch mit Freud, nachdem Jung in seiner Abhandlung *Wandlung und Symbole der Libido* eine von Freud abweichende Theorie verkündet hatte. Für seine Forschungsarbeit prägte Jung den Begriff »Analytische Psychologie«, den er erstmals 1913 verwendete.

Ab 1919 wandte sich Jung zunehmend religiösen Themen wie der Alchimie und der Gnosis zu, unternahm Studienreisen nach Afrika und Amerika und entwickelte eine Mythologie der Völker, auf deren Basis er seine Archetypenlehre aufbaute. 1921 veröffentlichte er sein wissenschaftliches Hauptwerk *Psychologische Typen* Seine 1957 entstandene Autobiografie *Erinnerungen, Träume und Gedanken* wurde auf Jungs Wunsch erst 1962 postum veröffentlicht.

Biografie: G. Wehr, *C.G. Jung* (rm 50 152).

Hauptfiguren in »Ulysses« von James Joyce

Leopold Bloom: Der Dubliner Jude, ein 38-jähriger Anzeigenakquisiteur für eine Dubliner Tageszeitung, ist der moderne Odysseus. Bloom ist ein mittelmäßiger, hauptsächlich sinnlich wahrnehmender Kleinbürger (Gustave → Flauberts »l'homme moyen sensuel«), der während dieses 16. Juni 1904 wie sein homerisches Vorbild als Heimatloser durch Dublin wandert und am Ende des Tages doch zum Heimkehrer wird. Die Figur des Leopold Bloom ist die Inkarnation der selbstständig gewordenen Menschen im Sprachstrom der Assoziationen.

Molly Bloom: Molly heißt eigentlich Marion Bloom, geborene Tweedy. Blooms in Gibraltar aufgewachsene Ehefrau ist die parodistische Entsprechung der keuschen Penelope in Homers *Odyssee*, die sich, allein in Ithaka zurückgeblieben, den Angeboten der aufdringlichen Freier ausgesetzt sieht. Molly ist ein leichtfertiges Frauenzimmer, hat wechselnde Liebhaber (eine Tatsache, die Bloom bekannt ist) und betrügt ihren Mann auch an diesem 16. Juni, an dem sie

nachmittags ihren Chorleiter zu Hause erwartet. Mit Mollys berühmtem innerem Monolog und seinem affirmativen Schlusswort endet die Lese-Odyssee.

Stephen Dedalus: Joyce konzipierte die Figur bereits in seinem Roman *Porträt des Künstlers als junger Mann*. Er ist Akademiker mit künstlerischen Ambitionen. Seine homerische Entsprechung ist Telemach, der Sohn des Odysseus, der sich, von der Göttin Athene aufgefordert, auf die Suche nach seinem vermissten Vater macht. Auch Stephen sucht die väterliche Autorität und findet sie in Bloom, der seinerseits nach dem frühen Verlust seines Sohnes Rudy auf der Suche nach dem »verlorenen Sohn« ist, zu finden glaubt.

Martha Clifford: Die Figur entspricht der Nymphe Kalypso in Homers *Odyssee*, die Odysseus sieben Jahre lang mithilfe eines Zaubers gefangen hielt. Die Stenotypistin Martha ist Blooms »geistiger« Ehebruch. Die beiden schreiben sich Briefe, haben sich jedoch noch nie gesehen.

OT = Originaltitel   EZ = Entstehungszeit   OA = Originalausgabe   DE = Deutsche Erstausgabe   📖 = Verweis auf Werkartik

Psychologische Typen

OA 1921 **Form** Sachbuch **Bereich** Psychologie

In seinem Hauptwerk, das als Wegbereiter der modernen analytischen Psychologie gilt, entwickelt C. G. Jung auf Basis einer ganzheitlichen Perspektive umfassende Theorien zur Erklärung der menschlichen Persönlichkeit. Jungs Vorhaben zielt darauf, den Menschen zu befähigen, mit seinen gewählten Präferenzen in Einklang zu leben und sich nicht von ihnen bedroht zu fühlen.

Aufbau: In 13 Kapiteln stellt Jung die typischen Geisteshaltungen des Bewusstseins, Introversion und Extraversion, sowie die Orientierungsfunktionen Denken, Fühlen, Empfinden und Intuition vor und veranschaulicht diese anhand zahlreicher Beispiele aus der antiken und mittelalterlichen Geistes- und Literaturgeschichte. Ein umfangreiches Kapitel ist der Charakterisierung der einzelnen Typen gewidmet.

Inhalt: Zentraler Aspekt des Buchs ist die Typologie der menschlichen Psyche. Indem Jung die beiden Einstellungstypen »introvertiert« und »extrovertiert« jeweils mit den vier Funktionstypen »Denken«, »Fühlen«, »Empfinden« und »Intuieren« kombiniert, ergeben sich acht verschiedene Typen, die er in die Beschreibung des Individuationsprozesses einordnet. Danach ist die Lebensenergie bei einem introvertierten Menschen nach innen, aufs eigene Subjekt gerichtet, während ein extrovertierter Mensch mehr in Bezug auf äußere Objekte empfindet. Jungs Typenlehre stellt jedoch kein System zur Schematisierung dar, sondern offenbart sich als Weg des Menschen, sich am Entwicklungsprozess seiner Ontogenese zu orientieren und Verständnis im Dialog mit der Welt zu finden.

Wirkung: Jungs Wissen um die verschiedenen Positionen und Funktionen der menschlichen Psyche hat nicht allein die moderne Neurosenlehre und Psychotherapie entscheidend vertieft und erweitert, seine Erkenntnisse stimulierten auch andere Wissenschaften wie Anthropologie, Ethnologie und Pädagogik. Darüber hinaus profitierten die Astrologie und die moderne Persönlichkeitspsychologie wie das Neurolinguistische Programmieren (NLP) und diverse Kommunikationstheorien von Jungs Typenlehre. 1962 stellten die amerikanischen Psychologinnen Katherine Briggs und Isabel Myers einen auf Jungschen Erkenntnissen basierenden Fragebogen vor (Myers-Briggs-Test), der menschliches Grundverhalten transparent macht. Jungs Abhandlung *Schillers Ideen zum Typenproblem* sowie sein Beitrag *Das Apollinische und das Dionysische* fanden in der Germanistik große Beachtung. *W. W.*

Der Freud-Schüler Carl Gustav Jung, der eine eigene analytische Psychologie entwickelte

Die wichtigsten Bücher von C. G. Jung	
Wandlungen und Symbole der Libido 1912	Im Gegensatz zu Freud vertritt Jung die Theorie, dass die kindliche Sexualität nicht allein ausschlaggebend für die Libido ist, sondern der generelle Wille zur Liebe, deren sexuelle Aspekte eine untergeordnete Rolle spielen.
Psychologische Typen 1921	Die Schrift analysiert das Verhältnis zwischen dem Bewussten und dem Unbewussten und stellt u. a. die Typen des extrovertierten und des introvertierten Menschen vor. → S. 569
Psychologie und Religion 1940	Jung definiert Religion als Einstellung der Psyche gegenüber dem Heiligen und Göttlichen als persönliche Erfahrung des Überpersönlichen. Nach Jung finden religiösen Phänomene ihren Ausdruck in Mythen und äußern sich individuell.
Einführung in das Wesen der Mythologie 1941	Das in Zusammenarbeit mit dem ungarischen Religionswissenschaftler Karl Kerenyi entstandene Werk zeigt, wie antike mythologische Motive im Unterbewusstsein der menschlichen Psyche verankert sind und wie sie auf uns wirken.
Über die Psychologie des Unbewussten, 1942	In der erkenntnistheoretisch bedeutsamen Schrift erörtert Jung Wesen und Inhalte des Unbewussten vom entwicklungsgeschichtlichen und vom therapeutischen Standpunkt her.
Symbolik des Geistes 1948	Jung betrachtet das Gottesbild als Schlüsselsymbol menschlicher Selbstwerdung, die sich nicht nur als individuelle, sondern auch als ewige und allgemeine vollzieht und die gesamte Menschheit umfasst.
Mysterium Coniunctionis 1955	Jungs Spätschrift fasst religiöse, alchimistische und psychologische Themen in einer einzigartigen Gesamtschau zusammen und besticht durch eine Fülle an Symbolik sowie deren mysteriöser Bedeutung.

Jung Chang

chines. Schriftstellerin

* 1952 Yibin (Sichuan)

📖 *Wilde Schwäne*, 1991

Jung Chang zählt zu den meistgelesenen Autorinnen des modernen China. Die in London lebende Schriftstellerin setzt sich kritisch mit der Geschichte und dem Lebensalltag in China auseinander.

Geboren als Tochter hoher kommunistischer Funktionäre und aufgewachsen mit dem Personenkult um → Mao Zedong, wuchs Jung Chang

Jung Chang im Oktober 1992
in ihrer Londoner Wohnung

Auszug aus dem Roman
Wilde Schwäne **von Jung
Chang:**
*Viele Mädchen in meiner Um-
gebung heirateten den ersten
Mann, mit dem sie etwas
näheren Kontakt hatten. Von
meinen Freunden erhielt ich
als einzige Beweise ihres Interesses ein paar gefühlvolle
Gedichte und beherrschte
Briefe, von denen immerhin
einer mit Blut geschrieben
war. Der Torhüter unseres Fuß-
ballteams hatte ihn verfasst.*

Jung Chang, *Wilde Schwäne*,
Umschlag der deutschspra-
chigen Erstausgabe 1991

zur Zeit der chinesischen Kulturrevolution auf.
Im Alter von 14 Jahren diente sie als Rotgardi-
stin, kehrte jedoch nach kurzer Zeit der blinden,
begeisterten Verehrung Mao den Rücken,
nachdem ihre Eltern Opfer der zahlreichen politischen »Reinigungskampagnen« geworden
waren. Jung Chang arbeitete als Bäuerin, Fabri-
karbeiterin und Elektrikerin, bevor sie sich 1973
entschloss, Englisch zu studieren. Nach kurzer
Tätigkeit als Assistant Teacher an der Sichuan-
Universität ging sie 1978 nach England, erhielt
ein Stipendium an der Universität in York und
war 1982 die erste Chinesin, die an einer britischen Hochschule promovierte. Von den Universitäten Buckingham, Warwick und York
wurde ihr die Ehrendoktorwürde verliehen.
Heute ist Jung Chang Dozentin der School of
Oriental and African Studies an der Universität
London.

Wilde Schwäne

OT Wild Swans **OA** 1991 **DE** 1991
Form Biografie **Epoche** Moderne

Von der Kaiserzeit bis zu den Ereignissen am
Platz des Himmlischen Friedens 1989 erzählt
Jung Chang die spannungsgeladene Geschichte dreier Frauengenerationen aus dem China
des 20. Jahrhunderts. Im Mittelpunkt stehen
die Großmutter und die Mutter der Autorin
sowie Jung Chang selbst. Ihre Porträts vermitteln einen Eindruck der kommunistischen
Revolution von → Mao Zedong, die China in die
Moderne führte.

Inhalt: Yu-fang, die Großmutter der Autorin,
wird 1924 im Alter von 15 Jahren als Opfer ihres
machthungrigen Vaters dem Polizeichef der
Zentralregierung in Peking als Konkubine anvertraut, was ihrem Vater eine Beförderung ermöglichte. Bao Quin, die Mutter von Jung
Chang, 1931 geboren, schließt sich als junge
Frau den Kommunisten im Kampf gegen die
sozialrevolutionäre Guomindang-Bewegung an
und heiratet Ende der 1940er Jahre einen
hohen Revolutionär. Beide werden Opfer der
zahlreichen politischen Reinigungskampagnen.
Die Geschichte ihrer eigenen Jugend schildert
Jung Chang im Spannungsverhältnis zwischen
Tradition, Kommunismus und Moderne. So berichtet sie unter anderem über das chinesische
Schulsystem der Mao-Ära, den Beginn der Kulturrevolution, die Aktionen der Roten Garden,
die Infrastruktur des von innenpolitischen
Machtkämpfen erschütterten Landes, aber
auch über das alltägliche Leben, die medizinische Versorgung der Landbevölkerung sowie
die allmählich sich vollziehende Demokratiebe-
wegung nach Maos Tod. Ihre Erlebnisse veranschaulichen den chinesischen Alltag und versetzen den Leser in die Lage, politische und
soziale Zusammenhänge in der Entwicklung
des Landes nachvollziehen zu können.
Wirkung: *Wilde Schwäne* zählt zu den meistgelesenen Büchern über das China des 20. Jahrhunderts. Es wurde in 25 Sprachen übersetzt
und verkaufte sich weltweit über sieben Millionen Mal. In Japan, Großbritannien, Australien,
Brasilien, Deutschland und den Niederlander
avancierte der Roman zum Bestseller. *W. W*

Jünger, Ernst

dt. Schriftsteller

* 29.3.1895 Heidelberg, † 17.2.1998 Wilfingen

📖 *In Stahlgewittern*, 1920

📖 *Auf den Marmorklippen*, 1939

Das Werk von Ernst Jünger umfasst Schriften, die seine Kriegserlebnisse verarbeiten, Reisebücher, utopische Romane sowie Tagebücher und philosophische Reflexionen. Jünger gilt als exzellenter Stilist.

1913 ging Jünger als Gymnasiast zur Fremdenlegion. Ein Jahr später meldete er sich als Freiwilliger im Ersten Weltkrieg und wurde nach mehrfacher Verwundung mit dem Orden Pour Le Mérite ausgezeichnet. Ab 1923 studierte Jünger Zoologie und Philosophie, ohne das Studium abzuschließen, und lebte ab 1926 als freier Schriftsteller zunächst in Berlin. Ende der 1920er Jahre veröffentlichte er publizistische Beiträge in nationalistischen und nationalrevolutionären Zeitschriften. Das Angebot eines Reichstagsmandats für die NSDAP lehnte er aber ab. 1932 erschien einer seiner wichtigsten Essays, *Der Arbeiter*, in dem Jünger die moderne Technik bejaht und als Machtmittel der Zukunft beschreibt. Ein weiteres wichtiges Werk dieser Zeit ist *Das abenteuerliche Herz* (1929/38), das wegen seiner hintergründigen Capriccios dem Surrealismus nahe steht.

Im Zweiten Weltkrieg diente Jünger als Hauptmann u. a. im besetzten Paris; hier stand er in Kontakt mit dem Stülpnagel-Kreis, der den Staatsstreich vom 20. Juli plante. 1944 wurde er unehrenhaft aus dem Militärdienst entlassen. Da er sich nach Kriegsende weigerte, den Fragebogen der Entnazifizierungsbehörde auszufüllen, erhielt er bis 1949 Publikationsverbot.

Anlass für heftige Debatten lieferte Jünger vor allem durch seine Kriegstagebücher, die den antidemokratischen Bewegungen zur Zeit der Weimarer Republik und wieder nach 1945 geistige Munition lieferten. Trotz der wiederholten polemischen Auseinandersetzungen um seine politische Haltung erfuhr Jünger ab den 1950er Jahren eine weitgehende Rehabilitierung.

Biografien: M. Meyer, *Ernst Jünger*, 1990; P. Noack, *Ernst Jünger*, 1998.

In Stahlgewittern

OA 1920 **Form** Tagebuch **Epoche** Moderne

Mit dem Kriegstagebuch *In Stahlgewittern* verarbeitet Ernst Jünger seine persönlichen Fronterlebnisse aus dem Ersten Weltkrieg. Sein erstes und zugleich erfolgreichstes Buch ist ein Dokument individuellen Erlebens einer Grenzsituation. Bei aller Unmittelbarkeit und Einfachheit

weisen Jüngers Aufzeichnungen, die zwischen Januar 1915 und August 1918 entstanden, ein hohes Maß literarischer Stilisierung auf. Den Grabenkampf und die Schrecken der Materialschlacht schildert er mit äußerster Genauigkeit, in einem knappen, fast gleichgültigen Ton. Doch wechselt der distanzierte, beobachtende Blick mit enthusiastischen Passagen, in denen der Autor ein Bild des »soldatischen Mannes« entwirft, der den Krieg als einzige Perspektive seines Daseins kennt und der im Krieg eine neue heroische Identität zu finden sucht.

Inhalt: Das Tagebuch setzt mit der Schilderung der begeisterten Stimmung des Kriegsfreiwilligen ein. In den ersten Kapiteln erzählt Jünger von Truppenverschiebungen, einem Offizierskurs, von der Verpflegung und von Exerzierstunden. Er schildert keine historischen Zusammenhänge, sondern konzentriert sich auf den Mikrokosmos der einzelnen Tage, dessen idyllische Momente nicht verschwiegen werden. Dabei schlägt die Gemütlichkeit einer Szene oftmals blitzartig ins Grauenhafte um.

Der Autor beschreibt die Auseinandersetzungen an der Westfront in allen ihren Formen: den Grabenkrieg in den Kreidefeldern der Champagne, die Materialschlacht an der Somme, den Gaskrieg, die große Doppelschlacht bei Cambrai, die Stoßtruppunternehmungen in Flandern und die letzte große Offensive an der Westfront im März 1918. Den Ausgang des Krieges sowie die Kapitulation des deutschen Heeres behandelt der Autor nicht.

Aufbau: Jünger gliedert sein Tagebuch nach Schauplätzen. Ansatzpunkt ist für ihn meist ein konkreter Fall, eine Beobachtung, eine Aktion, die in einer knappen, oft unvermittelten Schilderung angerissen wird und den Anlass bildet für allgemeinere Erwägungen, psychologische Motivbeschreibungen, abstrakte Sinngebungen und Deutungen. Im ersten Teil des Buchs sind diese Deutungen überwiegend taktischer und kriegstechnischer Natur, später überwiegen symbolisch-ästhetische und philosophisch-visionäre Betrachtungen.

Wirkung: *In Stahlgewittern* ruft seit Erscheinen gegensätzliche Urteile hervor. Die einen kritisieren Jüngers Art, den Krieg zu einem elementaren, naturhaften Ereignis zu stilisieren. Andere schätzen die Souveränität, mit der er sich in literarischer Form der psychischen Herausforderung eines gigantischen Maschinenkriegs stellte.

Auszug aus *In Stahlgewittern* von Ernst Jünger:

Ich glaube einen Vergleich gefunden zu haben, der das besondere Gefühl dieser Lage, in der ich wie jeder andere Soldat dieses Krieges so oft gewesen bin, recht gut trifft: Man stelle sich vor, ganz fest an einen Pfahl gebunden und dabei von einem Kerl, der einen schweren Hammer schwingt, ständig bedroht zu sein. Bald ist der Hammer zum Schwunge zurückgezogen, bald saust er vor, dass er fast den Schädel berührt, dann wieder trifft er den Pfahl, dass die Splitter fliegen – genau dieser Lage entspricht das, was man deckungslos inmitten einer schweren Beschießung empfindet.

Der leidenschaftliche Entomologe Ernst Jünger 1960 bei der Betrachtung seiner Insektensammlung

Auf den Marmorklippen

OA 1939 **Form** Erzählung **Epoche** Moderne

Die Erzählung *Auf den Marmorklippen* gehört zu den meistgelesenen Werken von Ernst Jünger. Als symbolistische und vorausblickende Schilderung der Zerstörung Europas durch den Zweiten Weltkrieg gilt es vielen als Zeugnis der inneren Emigration des Autors und als kaum verschlüsselter Angriff gegen das NS-Regime.

Inhalt: Bruder Minor und Bruder Otho leben gemeinsam zurückgezogen in ihrer Klause in der Marina, einer Gegend, die an mediterrane Landschaften erinnert, an den Schwarzwald und die Region um den Bodensee: eine arkadische Landschaft, deren Verbindung von nordeuropäischen und südeuropäischen Ellementen einen mythischen Raum entwirft.

Hier erforschen die Brüder die Botanik und legen in jahrelanger Arbeit ein umfangreiches Herbarium an. Bedroht wird die Idylle durch den Oberförster, dessen im tiefen Wald versteckte Reviere Zufluchtsort für Verbrecher und Ausgestoßene aller Art sind – auch der Rattenfänger von Hameln soll mit den verführten Kindern dort hin gezogen sein.

Auf einer ihrer Exkursionen in die Wälder entdecken die Brüder die »Köppelsblek«, das hier als »Schinderhütte« genannte Konzentrationslager des Oberförsters. Zunächst schleichend – dann aber in eine kurze erbarmungslose Schlacht zwischen den Bewohnern der Marina und den Horden des Oberförsters mündend, wird das Land und seine Gesellschaft zerstört. Auch die Klause mit dem Herbarium geht in Flammen auf – die Brüder selbst stecken sie durch einen Strahl des aus Kristall geschnittenen »Spiegels des Nigromontanus« in Brand und sichern so den Fortbestand ihres Werks in der »Sicherheit des Nichts«. Durch ihre guten Beziehungen gelingt ihnen die Ausreise über das Meer in das nicht weit entfernte Alta Plana, wo sie von früheren Freunden warmherzig empfangen werden. Das Schicksal der Marina hingegen bleibt im Dunkeln.

Aufbau: *Auf den Marmorklippen* steuert erzählerisch auf den finalen Kampf zu und wird deshalb immer wieder auch als Novelle bezeichnet. In zahlreichen Andeutungen und Reflexionen deutet Jünger die Katastrophe voraus. Dabei erinnert die mythisch-symbolistische Schilderung der Geschehnisse und Personen an die Welt der nordischen Sagen.

Wirkung: In den letzten Friedensmonaten des Jahres 1939 geschrieben und von den Nationalsozialisten nur teilweise und aus verschiedenen Gründen geduldet – zu diesen Gründen muss auch Jüngers hohes Ansehen als Held des Ersten Weltkriegs gerechnet werden –, gilt *Auf den Marmorklippen* als Zeugnis der Inneren Emigration Jüngers, als Akt des Widerstandes, da es unverschlüsselt den nationalsozialistischen Terror schildert. Es ist Ausdruck der Distanz und Ablehnung des Autors, indem es wie kein zweites zeitgenössisches Buch im Dritten Reich das NS-Regime und seinen als geistlos empfundenen Totalitarismus angriff. Kritiker Jüngers sehen allerdings in den Schilderungen einen Versuch, den blutigen Untergangsszenarien Schönheit abzuringen und sie zu verklären. Giorgio Battistelli (Komposition) und Giorgio van Straten (Libretto) schufen die Oper *Auf den Marmorklippen*, die in Zusammenarbeit mit der spanischen Performance-Gruppe »La Fura Dels Baus« am 8. März 2002 am Mannheimer Opernhaus uraufgeführt wurde   *J. We.*

Ernst Jünger, *Auf den Marmorklippen*, Umschlag der Originalausgabe 1939

Robert Jungk in seinem Vorwort zur zweiten Auflage von *Die Zukunft hat schon begonnen*:

Und so wird es heute vielleicht klarer, als es gestern noch sein konnte, dass diese Schilderung eines immer totaleren technischen Umformungsprozesses nicht ›gegen Amerika‹ gerichtet ist, sondern gegen die Gefahr der Entmenschlichung, die uns allen, gleich wo unsere Heimat und welches unsere Nationalität sein möge, von Seiten eines ›blinden Fortschrittes‹ droht.

Jungk, Robert

(eigtl. Robert Braun)
österreich. Publizist und Zukunftsforscher

* 11.5.1913 Berlin

† 14.7.1994 Salzburg

📖 *Die Zukunft hat schon begonnen*, 1952

Robert Jungk zählt zu den weltweit bedeutendsten Zukunftsforschern des 20. Jahrhunderts. Als Kernkraftkritiker und Atomwaffengegner setzte er sich seit den 1950er Jahren immer wieder mit dem Verhältnis von Wissenschaft, Technik und Ethik auseinander und erlangte als engagierter Pazifist und überzeugter Umweltschützer internationale Anerkennung.

Einer jüdischen Künstlerfamilie altösterreichischer Provenienz entstammend, widmete sich Jungk 1923–33 der antibürgerlichen deutschjüdischen Jugendbewegung und studierte 1932 an der Universität Berlin Philosophie sowie 1933–35 an der Pariser Sorbonne Psychologie und Soziologie. Während des Naziregimes arbeitete Jungk unter verschiedenen Pseudonymen als Korrespondent für diverse Agenturen und Zeitungen und promovierte, nachdem er 1939 sein Studium wieder aufgenommen hatte, 1945 in Zürich zum Dr. phil. 1949 verlegte er seinen Wohnsitz in die USA und erhielt 1950 die amerikanische Staatsbürgerschaft.

OT = Originaltitel **EZ** = Entstehungszeit **OA** = Originalausgabe **DE** = Deutsche Erstausgabe 📖 = Verweis auf Werkartikel

Seit den 1950er Jahren kämpfte Jungk gegen Atomwaffen und die zivile Nutzung der Kernenergie, indem er in zahlreichen Publikationen die Verflechtung von Wirtschaft, Staat und Wissenschaft anprangerte. 1964 gründete er in Wien das erste europäische Institut für Zukunftsfragen und initiierte 1967 die erste internationale Tagung der Zukunftsforscher in Oslo (70 Teilnehmer aus 14 Ländern). 1967 nahm Jungk die österreichische Staatsbürgerschaft an und beteiligte sich ab 1980 aktiv und an vorderster Stelle in der Friedens- und Ökologiebewegung. 1986 wurde ihm der alternative Nobelpreis verliehen, 1991 ließ er sich als Kandidat der Grünen für das Amt des österreichischen Bundespräsidenten aufstellen.

Autobiografie: R. Jungk, *Trotzdem. Mein Leben für die Zukunft*, 1993.

Die Zukunft hat schon begonnen

OA 1952 **Form** Sachbuch **Bereich** Soziologie

Das Buch mit dem Untertitel *Amerikas Allmacht und Ohnmacht* schildert eine Studienreise durch die USA, auf der sich der Autor über die Arbeit der fortschrittsträchtigsten Branchen der US-amerikanischen Gesellschaft informiert und sich mit ihren Einflüssen auf das Leben kritisch auseinander setzt.

Aufbau: Ausgehend von den Anfängen der Sozialgeschichte Amerikas analysiert Robert Jungk in acht Kapiteln die Stellung des Menschen in einer zunehmend künstlich gestalteten Umwelt und entlarvt den Fortschrittsglauben der westlichen Zivilisation als blinde Technikgläubigkeit. Dabei fügen sich die einzelnen Reisebilder zu einem einheitlichen, aber zwiespältigen Gesamteindruck zusammen.

Inhalt: Die Reise führt den Autor an die Ursprungsorte der modernen US-amerikanischen Nachkriegsindustrie, wie sie u.a. die Luftfahrt- und Raketenforschung, die Nuklearphysik und die Landwirtschaft repräsentieren. So besichtigt er beispielsweise in Alamogordo, New Mexico, den Krater, den die erste Atombombe beim Aufprall aus 33 Meter Höhe in das Areal der Testanlage gerissen hat, und trifft in Richland, Washington, auf die noch lebenden, plutoniumverseuchten Zeitzeugen des amerikanischen Atomenergieprogramms, deren »Furcht vor Ansteckung durch die unsichtbaren radioaktiven Teilchen und Strahlen fast zur Besessenheit geworden ist«, weshalb Tiere als »Plutoniumschmecker« die Sicherheitssysteme der Kontrollinstitutionen in regelmäßigen Abständen über den aktuellen radioaktiven Verseuchungsgrad informieren.

Jungks analytisch-berichterstattende Vorgehensweise verbalisiert mehr als nur eine Kritik des American Way of Life – in ihr drückt sich stets auch das Engagement für eine weltweite Ausbreitung der von ihm initiierten Zukunftsforschung aus. Jungks Botschaft ist klar formuliert: Technologischer Fortschritt hat seinen Preis, den die Gesellschaft mit der Freiheit des Individuums bezahlt. Er schildert kein »Endstadium der Menschheitsgeschichte«, sondern beabsichtigt, den »Anstoß zu einem neuen Beginn« zu geben und den Leser anzuregen, »von hier aus weiterzudenken und ... von seinem Platz aus die Zukunft spürend, wissend, entwerfend und handelnd formen zu helfen«.

Wirkung: Jungks Tatsachenberichte aus amerikanischen Rüstungslaboratorien, über Atombombentests und geheime Atomanlagen erregten weltweit Aufsehen und vermittelten die Überzeugung, dass das durch die technischen Innovationen (insbesondere der Atomkraft) geschaffene Machtpotenzial nur von Personen verwaltet werden dürfe, die einen verantwortungsbewussten und menschenwürdigen Umgang mit dieser Macht garantieren können. Die politischen und gesellschaftlichen Ereignisse der vergangenen 50 Jahre haben gezeigt, dass Jungk – lange bevor der Club of Rome seine ersten Berichte veröffentlichte – zentrale gesellschaftliche Probleme nicht nur antizipiert, sondern sie auch angemessen eingeschätzt hat. *W.W.*

Robert Jungk, *Die Zukunft hat schon begonnen*, Umschlag der Originalausgabe 1952

Die wichtigsten Bücher von Robert Jungk	
Die Zukunft hat schon begonnen 1952	Mit großer Klarsichtigkeit schildert Jungk die Gefahren aus der Welt der US-Nachkriegswissenschaft und veranschaulicht, wie sich das nach Allmacht über die Natur strebende Land seinen Fortschritt mit einem Verlust an Menschlichkeit erkauft. → S. 573
Heller als tausend Sonnen 1956	Jungk schildert den Werdegang der Atomforschung bis hin zur Entwicklung der amerikanischen Wasserstoffbombe und verdeutlicht, dass sich die Naturwissenschaftler nicht mehr nur auf ihre Grundlagenforschung berufen können, sondern auch Verantwortung für die sozialen und politischen Folgen ihres Tuns zu tragen haben.
Strahlen aus der Asche 1959	Der in vielen Sprachen übersetzte Bericht über die Folgen der Atombombenabwürfe auf Hiroshima und Nagasaki wurde zum mahnenden Zeugnis gegen den Irrsinn des Wettrüstens.
Der Atomstaat 1977	Das Buch behandelt die Risiken von Atomkraftwerken, Wiederaufbereitungsanlagen und Uranlagerstätten und vermittelt die Erkenntnis, dass friedliche und militärische Nutzung der Atomenergie nicht voneinander zu trennen sind.
Trotzdem. Mein Leben für die Zukunft 1993	Jungks Autobiografie ist eine ergreifende Rückschau auf ein Jahrhundert, das an politischen und sozialen Superlativen kaum zu überbieten ist und das er – getrieben von wacher Neugier und steter Zuversicht – kommentiert und analysiert.

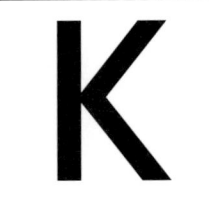

Kadaré, Ismail

alban. Schriftsteller

* 27.1.1936 Gjirokastra

📖 *Der General der toten Armee*, 1963

Ismail Kadaré ist der bedeutendste und bekannteste albanische Schriftsteller der Gegenwart. Im Mittelpunkt seines umfangreichen Werks steht der jahrhundertelange Kampf der Albaner um ihre Unabhängigkeit.

Der Sohn eines Postbeamten studierte in Tirana Sprach- und Literaturwissenschaften, ehe er als Student am Moskauer Gorki-Institut aufgenommen wurde. Nach dem Bruch Albaniens mit Moskau musste Kadaré die Sowjetunion 1961 verlassen. Er arbeitete in Tirana als Journalist, bis er sich nach dem Erfolg seines ersten Romans *Der General der toten Armee* als freier Schriftsteller niederließ. Auch als Übersetzer machte sich Kadaré einen Namen.

Als das albanische Regime Kadaré 1990 zur Unperson erklärte, ihn des Landesverrats bezichtigte und seine Bücher auf den Index setzte, ging er nach Paris ins Exil. Das Verbot seiner Bücher musste die Regierung jedoch nach drei Tagen wieder zurücknehmen, da es zu Massenprotesten gegen diese Maßnahme kam. Bei einer Bevölkerungszahl von 3,5 Millionen erreichte das Werk von Kadaré in Albanien eine Gesamtauflage von über einer Million Büchern.

Auszug aus dem Roman
Der General der toten Armee
von Ismail Kadaré:

Ich habe jetzt den Oberbefehl über eine ganze Armee von Toten, dachte er. Nur dass sie statt einer Uniform einen Nylonsack tragen... Zuerst gab es nur einige Dutzend, dann ganze Kompanien und Bataillone, und jetzt ist man dabei, Regimenter und Divisionen aufzustellen. Eine vollständige Armee ganz in Nylon.

Der General der toten Armee

OT Gjenerali i ushtërisë së vdekur
OA 1963 **DE** 1973 **Form** Roman **Epoche** Moderne

In seinem Erstling *Der General der toten Armee* greift Ismail Kadaré ein in Westeuropa wenig bekanntes Kapitel der Geschichte auf: die italienische Besatzung Albaniens in den Jahren 1939–43. Es ist ein faszinierendes Buch, das von der Kraft und Klugheit eines kleinen unterdrückten Volks erzählt und auf bewegende Weise an die menschliche Vernunft appelliert.

Inhalt: Ein General und ein Priester kommen aus Italien nach Albanien, um die sterblichen Überreste ihrer im Zweiten Weltkrieg, während der italienischen Besatzung des Landes, gefallenen Landsleute in die Heimat zu überführen. Zwei Jahre lang ziehen sie von Ort zu Ort, ins Gebirge und an entlegene Küstenstreifen; dabei haben sie gegen die schroffe Abweisung der einheimischen Bevölkerung zu kämpfen.

Der General, mit hehren Idealen und Stolz auf seine patriotische Mission ins Land gekommen, steht der Bevölkerung mit Vorurteilen und Hassgefühlen gegenüber. Seine Vorstellungen von Heldentum und soldatischer Ehre werden im Zuge der Grabungen bald erschüttert. Er muss erkennen, dass die italienische Armee in äußerst desolatem Zustand war, dass sie Verbrechen an der Bevölkerung beging und zahlreiche Soldaten desertierten, um den Grausamkeiten des Kriegs und der Sinnlosigkeit ihres Tuns zu entkommen. Die Mission wird für den General zum Albtraum, dem er nurmehr im Alkoholrausch entkommen kann.

Das Geschehen kulminiert in einer mit packender Gestaltungskraft geschilderten Episode: Kurz vor Abschluss der Mission, in Vorfreude auf die Rückkehr nach Italien, beschließt der General, an einer Dorfhochzeit teilzunehmen. Er drängt sich den Feiernden auf, deren Gastfreundschaft es verbietet, ihn zurückzuweisen. Angetrunken und in euphorischem Zustand mischt er sich unter die Tanzenden. Da schleudert ihm eine scheinbar verwirrte Greisin einen ausgegrabenen Sack vor die Füße, der die Gebeine eines Toten enthält. Es sind die Überreste des Obersten Z., nach denen der General bisher vergeblich gesucht hatte. Der Oberst, auf den in Italien ein Begräbnis in allen Ehren wartet, war Kommandant eines Bataillons, das zahlreiche Strafexpeditionen durchgeführt hatte. Der General wird mit der Tatsache konfrontiert, dass Z. nicht nur den Ehemann der alten Frau hat erhängen lassen, sondern auch dessen 14-jährige Tochter vergewaltigte, die sich daraufhin umbrachte. Überstürzt bricht der General nach Tirana auf und entledigt sich unterwegs des Sacks mit den Gebeinen.

Struktur: Der Haupterzählstrang des Romans, der vom Fortgang der Reise und der Grabungen berichtet, wird wiederholt unterbrochen, um die Handlung und den historischen Hintergrund aus unterschiedlichen Perspektiven zu beleuchten. Rückblenden zeigen den General vor seiner Abreise; Dialoge zwischen General und Priester dokumentieren die fortschreitende

Die wichtigsten Bücher von Ismail Kadaré	
Der General der toten Armee 1963	Auf der Suche nach den sterblichen Überresten gefallener Soldaten sieht sich ein General mit der Wahrheit über die Taten der italienischen Armee in Albanien konfrontiert. → S. 574
Die Festung 1970	Der historische Roman erzählt von dem albanischen Nationalhelden Skanderbeg und der Belagerung einer albanischen Festung durch ein osmanisches Heer im 15. Jahrhundert.
Chronik in Stein, 1971	Aus der Perspektive eines Kindes werden die Ereignisse in der albanischen Stadt Gjirokastra während des Zweiten Weltkriegs erzählt.
November einer Hauptstadt 1975	In den Kämpfen um die Befreiung der Hauptstadt Tirana von der deutschen Besatzung im November 1944 kündigt sich nicht nur eine Zeitenwende, sondern auch neue Unterdrückung an.
Der große Winter 1977	Der politische Schlüsselroman über den Bruch zwischen der Sowjetunion und Albanien im Winter 1960/61 bietet zugleich ein eindrucksvolles Panorama der albanischen Gesellschaft.
Der zerrissene April, 1980	Roman über das Prinzip der Blutrache: Ein junger Mann wird von seiner Familie auserwählt, den Mord an seinem Bruder zu rächen.
Konzert am Ende des Winters, 1988	Ein Roman über den politischen Bruch mit China, dem einzigen außenpolitischen Verbündeten Albaniens, im Jahr 1978.

Desillusionierung der Hauptfigur. Kursiv in den Text eingefügte Zitate aus aufgefundenen Dokumenten lassen die toten Soldaten sprechen. **Wirkung:** Der Roman *Der General der toten Armee* ist außerhalb Albaniens das am weitesten verbreitete Werk von Kadaré. In mehr als 20 Sprachen übersetzt und 1983 mit Michel Piccoli in der Hauptrolle verfilmt, begründete das Buch den frühen Ruhm des Autors. *R. F.*

Kafka, Franz

österreich. Schriftsteller

* 3.7.1883 Prag, † 3.6.1924 Kierling bei Wien

📖 *Die Verwandlung*, 1915

📖 *Der Prozess*, 1925

📖 *Das Schloss*, 1926

Wie kaum ein zweiter Autor brachte Franz Kafka die Existenzbedingungen des Menschen in der Moderne zum Ausdruck: Richtungsweisend gestalten seine Werke die Isolation, Deformation und Destruktion des Individuums durch soziale bzw. persönliche Zwänge oder anonyme Machtinstanzen, denen der Einzelne ohne Hoffnung auf Gegenwehr, Erkenntnis oder Erlösung ausgeliefert ist. Seine realistischgroteske Erzählweise, die ihn als einen der bedeutendsten Schriftsteller der Weltliteratur ausweist, zielt dabei auf die unmittelbare Vereinnahmung des Lesers. Wie die kafkaesken »Helden« wird der Leser auf die eigene Existenz zurückgeworfen und mit der Vergeblichkeit jeder Sinn- und Erkenntnissuche konfrontiert.

Kafka wuchs in einer jüdischen Kaufmannsfamilie auf, die ein aufstiegsorientierter, autoritärer Vater dominierte. Während seines Jura-Studiums (Promotion 1906) fand Kafka Zugang zu Prager Autorenkreisen; 1902 lernte er seinen späteren Nachlassverwalter Max Brod (1884 bis 1968) kennen, der die literarischen Pläne des Freundes maßgeblich förderte. Parallel zur schriftstellerischen Tätigkeit versuchte Kafka seit dem Eintritt in eine Versicherungsanstalt (1907) eine bürgerliche Existenz zu gründen.

Der ungeliebte Beruf, die tragische Beziehung zu Felice Bauer (*Briefe an Felice*, 1912–17) und anhaltende Familienkonflikte erschütterten die künstlerische Produktion wiederholt. Zugleich bildete der von Selbstzweifeln und Depressionen begleitete Zwiespalt, den Forderungen des Lebens und der Kunst gleichermaßen genügen zu wollen, die zentrale Inspirationsquelle des ab 1912 entstehenden Hauptwerks. Erst die 1917 diagnostizierte, 1924 zum Tode führende Tuberkulose ermöglichte Kafka die endgültige Loslösung von bürgerlichen Existenzzwängen. Aufgrund der tiefen Zweifel, die Kafka hinsicht-

lich der Qualität seiner Werke hegte, gelangen nur einzelne Texte an die Öffentlichkeit. Das Gesamtwerk wurde erst postum durch Brod zugänglich gemacht, der die testamentarische Verfügung des Autors, sein Nachlass sei ungelesen zu vernichten, ignorierte.

Biografien: F. Kafka, *Tagebücher in der Fassung der Handschrift*, 1994; T. Anz, *Franz Kafka*, 1989; K. Wagenbach, *Franz Kafka* (rm 50091).

Die Verwandlung

OA 1915 **Form** Erzählung **Epoche** Moderne

In der Erzählung *Die Verwandlung* verschmolz Franz Kafka die klassische Form der Parabel mit den Themen der Moderne und erschloss der Literatur auf revolutionäre Weise neue Geltungsbereiche und Ausdrucksmöglichkeiten. Der Text legt gleichnishaft die wechselseitigen Abhängigkeiten bloß, die zwischen autoritären Gesellschaftsstrukturen und dem sich willig in Unfreiheit, Erniedrigung und Ausbeutung fügenden Individuum herrschen.

Entstehung: Als äußerer Anlass zur Entstehung der Erzählung Ende 1912 muss die eigene, vom Autor als peinigend empfundene familiäre Situation gelten. Seit der Kindheit sah sich Kafka dem Argwohn seines Vaters ausgesetzt, der Ambitionen, die nicht dem ökonomischen und sozialen Aufstieg der Familie galten, verurteilte. Kafkas literarische Tätigkeit brandmarkte der Vater als Zeitverschwendung; das Interesse des Sohnes am Judentum empfand der auf Anpassung bedachte Vater als Gefahr. Eines der Hauptmotive der Erzählung lieferte der Vater, als er einen Freund, der Kafka die jüdische Tradition vermittelte, als »Wanze« beschimpfte.

Zur Übermacht des Vaters, mit dem Kafka eine lebenslange Hassliebe verband, trat der zunehmend als Qual empfundene Beruf des Juristen. Die ausweglose, unerträgliche Situation steigerte sich im Spätsommer 1912 zur offenen Verzweiflung, als ihn der Vater zur Beaufsichtigung der familieneigenen Asbestfabrik zwingen wollte.

Inhalt: In lapidarem Ton teilt der erste Satz der Erzählung das Ungeheuerliche mit: Gregor Samsa, ein gehetzter, die väterlichen Schulden abdienender Handlungsreisender, stellt nach dem Erwachen fest, dass er sich über Nacht in ein monströses Insekt verwandelt hat. Grotes-

Franz Kafka 1906 in Prag zur Zeit seiner Promotion

Auszug aus der Erzählung *Die Verwandlung* von Franz Kafka:

Als Gregor Samsa eines Morgens aus unruhigen Träumen erwachte, fand er sich in seinem Bett zu einem ungeheueren Ungeziefer verwandelt. Er lag auf seinem panzerartig harten Rücken und sah, wenn er den Kopf ein wenig hob, seinen gewölbten, braunen, von bogenförmigen Versteifungen geteilten Bauch, auf dessen Höhe sich die Bettdecke, zum gänzlichen Niedergleiten bereit, kaum noch erhalten konnte. Seine vielen, im Vergleich zu seinem sonstigen Umfang kläglich dünnen Beine flimmerten ihm hilflos vor den Augen.

»Was ist mit mir geschehen?«, dachte er. Es war kein Traum.

FRANZ KAFKA

DIE VERWANDLUNG

DER JÜNGSTE TAG · 22/23

KURT WOLFF VERLAG · LEIPZIG
1916

Franz Kafka, *Die Verwandlung*, Umschlagseite der Originalausgabe 1916

kerweise scheint dies Samsa – der Gleichklang zu »Kafka« ist beabsichtigt – nicht zu erschrecken; die Metamorphose wird als gegeben hingenommen. In Panik versetzt Samsa vielmehr, dass er den Dienst verschlafen hat, somit die Pflichten gegenüber den Eltern vernachlässigt und dieses »Vergehen« von seinem Chef geahndet werden wird. Von Schuldgefühlen geplagt, tritt Samsa vor seine Familie und den anwesenden Prokuristen, die der Anblick in Panik versetzt. Mitgefühl zeigt die Familie indessen keins: Der Vater treibt den Sohn brutal in sein Zimmer; später verwundet er ihn schwer. Die Mutter fügt sich in den Willen ihres autoritären Gatten. Die anfängliche Sorge der Schwester um den Bruder kehrt sich bald in Ekel. Abgeschnitten von aller Anteilnahme, vereinsamt und verwahrlost Samsa zusehends. Als er erfährt, dass der Vater heimlich ein kleines Vermögen horten konnte, leugnet er, dass seine Opferbereitschaft für die Familie, die sich rasch an die neue Lage gewöhnt, unnötig gewesen war. Wie ein »Tier« haben Familie und Firma Samsa jahrelang ausgebeutet; der Sohn ließ dies mit sich geschehen, um die eigene Existenz rechtfertigen zu können. Die »Verwandlung« ist folglich nur das konsequente Ende eines lange währenden Prozesses willig ertragener, permanenter Ausbeutung. Samsa revoltiert nicht gegen dieses Schicksal; er hat die Normen der Sklavenmoral vollständig verinnerlicht und beginnt sich als nutzlosen Parasiten zu betrachten: Pflichtbewusst bis in den Tod, will er der Familie nicht zur Last zu fallen, hungert sich zu Tode und wird wie Abfall entsorgt.

Wirkung: *Die Verwandlung* gilt mit *Das Urteil* (1913) und *In der Strafkolonie* (1919) als bedeutendste Erzählung des Autors. In alle Weltsprachen übersetzt und mehrmals verfilmt, schlug die sachlich-schonungslose Darstellung der gleichermaßen selbst- wie fremdbestimmten Erniedrigung des Menschen zum Tier Generationen von Lesern in ihren Bann und wirkte richtungsweisend auf die Erzählliteratur des 20. Jahrhunderts.

Die wichtigsten Bücher von Franz Kafka

Der Verschollene 1912/13	Ein junger, von der Familie verstoßener Mann wird in diesem Romanfragment in Amerika mit Zwängen der entindividualisierten, bürokratisch-kapitalistischen Welt konfrontiert.
Das Urteil 1913	Ein junger Mann verübt Selbstmord, nachdem er dem autoritären Vater seine Verlobung bekannt gegeben und dieser ihn zum Tod durch Ertrinken verurteilt hat
Die Verwandlung 1915	Der Handlungsreisende Gregor Samsa sieht sich nach dem Aufwachen plötzlich in ein Insekt verwandelt. Seine Familie wendet sich entsetzt ab, Samsa verwahrlost und verendet. → S. 575
Ein Landarzt 1917	Unter fantastischen Umständen gelangt ein Arzt zu einem Sterbenden und erfährt die Brüchigkeit seiner eigenen Existenz.
In der Strafkolonie 1919	Ein Forschungsreisender wird Zeuge einer Exekution durch eine Foltermaschine: Der Apparat »schreibt« dem Delinquenten seine Schuld blutig in den Leib.
Brief an den Vater, 1919	In seiner ausführlichsten autobiografischen, nie abgesandten Schrift analysiert Kafka das Verhältnis zu seinem Vater.
Forschungen eines Hundes 1922	Ein Hund berichtet über seine lebenslange Suche nach Wahrheit und Erkenntnis, die letztlich dazu geführt hat, dass er aus der Gemeinschaft der Hunde ausgestoßen worden ist.
Ein Hungerkünstler 1922	In der Parabel auf das Künstlertum verweigert sich ein Zirkusdarsteller den Anforderungen des Lebens, denen er die »Kunst des Hungerns« entgegensetzt.
Josefine, die Sängerin oder das Volk der Mäuse, 1924	In seiner letzten Parabel verarbeitet Kafka sein Verhältnis zum Judentum und die Spannungen seiner Existenz zwischen Künstlertum und Gesellschaft.
Der Prozess 1925	Josef K. wird an seinem 30. Geburtstag verhaftet und einem keiner Rationalität zugänglichen »Gesetz« unterstellt. → S. 576
Das Schloss 1926	Vergeblich versucht der Landvermesser K. mit Hilfe der Dorfbewohner Zutritt zum Schloss zu bekommen. → S. 577

Der Prozess

OA 1925 **Form** Roman **Epoche** Moderne

Mit *Der Prozess* schuf Franz Kafka ein Jahrhundertwerk, das die Existenzbedingungen des Individuums auf inhaltlich und formal bahnbrechende Weise radikal neu formulierte. Die große Parabel über das Scheitern des Josef K. vor Gericht und Gesetz veranschaulicht das ausweglose Dasein des Einzelnen im Labyrinth einer anonymen Welt, die sich jeder Sinnsetzung entzieht.

Inhalt: An seinem 30. Geburtstag wird Josef K., ein allein stehender Bankbeamter, verhaftet. Die Umstände sind so mysteriös wie grotesk: Die Verhaftung erfolgt durch obskure »Wächter«; das Verhör, dem einige Kollegen beiwohnen, findet im Schlafzimmer der Nachbarin statt. Über den Anlass erfährt K. lediglich, dass das anonyme Gericht, das auf Basis eines unbekannten Gesetzes urteilt, von der Schuld »angezogen« würde; obwohl im Fall von K. kein Verbrechen vorliegt, sei die Schuld prinzipiell unanzweifelbar. K. reagiert widersprüchlich: Während der ersten Vorladung greift er das Gericht offen an; zugleich ist er übertrieben dienstfertig, fügt sich in sein Schicksal, bestellt einen Anwalt und will Erkundigungen einziehen. Die ebenso verzweifelten wie kläglicher Versuche, die Ereignisse zu beeinflussen, scheitern ohne Ausnahme. Ein Geistlicher klärt K. am Ende über die Aussichtslosigkeit seiner Bemühungen auf: Das Gesetz, unter das der Angeklagte gestellt ist, entzieht sich jedem rationalen Verständnis. So wenig wie der Sinn des Lebens entschlüsselt werden kann, ist der »Sinn« des Gesetzes zu erfassen; da es absolut ist, verweigert sich das Gesetz objektiven Definitionen. Die allein möglichen subjektiven, daher stets unzureichenden Einschätzungen konfrontieren den Erkenntnissuchenden mit der Sinnlosigkeit seines Tuns. Verbissen weigert sich K., sein Dasein unter dieses negative Prinzip des »Scheiterns« zu stellen, den Prozess zu verschleppen oder die Hoffnung auf einen »Freispruch« aufzugeben. K. ignoriert die Warnung des Geistlichen, dass das Verfahren allmählich ins Urteil übergehe: Am Vorabend seines 31. Geburtstags, ein Jahr nach Beginn des Prozesses, wird Josef K. vor die Stadt geführt und exekutiert.

Aufbau: Das zwischen Mitte 1914 und Anfang 1915 entstandene Romanfragment, das erst postum veröffentlicht wurde, folgt – äußerlich betrachtet – klassischen Mustern: Die 16 überlieferten, teilweise unabgeschlossenen Kapitel decken einen Zeitraum von exakt einem Jahr ab und schildern die Ereignisse streng chronologisch. Die Erzählweise orientiert sich am Realismus des 19. Jahrhunderts; moderne Stilelemente sind kaum zu finden. Das eigentliche Novum liegt in der Art und Weise, wie Kafka die Darstellungsmittel nutzt und den Leser an der Erkenntnissuche des Protagonisten teilhaben lässt: Das Geschehen wird durchgängig aus der personalen Erzählperspektive von Josef K. geschildert; die häufig verwendete erlebte Rede und zahlreiche innere Monologe steigern die verengende Wirkung, um den Protagonisten, den Erzähler und den Leser zu einer unauflöslichen Einheit zu verschmelzen. Die tiefe Widersprüchlichkeit der Ereignisse, die paradoxen Reaktionen K.s und das klaustrophobische Gerichtsszenario erzeugen eine labyrinthische Atmosphäre, die das Berichtete auch den rationalen Erklärungsversuchen des Lesers entzieht.

Wirkung: Die parabolische Erzähltechnik bewirkt, dass sich der Roman – wie das »Gesetz« – jeder abschließenden Deutung verweigert und den Leser zwingt, sich stets aufs Neue mit den divergierenden Sinnangeboten des Texts auseinander zu setzen. In alle Weltsprachen übertragen, mehrfach vertont, dramatisiert und verfilmt gilt *Der Prozess*, den Kafka persönlich für misslungen hielt, bis heute unangefochten als Inbegriff des »modernen« Romans.

Das Schloss

OA 1926 **Form** Roman **Epoche** Moderne

Das letzte, von Januar bis September 1922 entstandene Romanfragment von Franz Kafka greift das in *Der Prozess* entworfene Thema der unendlichen, letztlich scheiternden Suche des Individuums nach Erkenntnis auf. In Form einer Parabel auf die Existenzsituation des Menschen der Moderne schildert Kafka, wie eine anonyme Macht – das Schloss – die Sehnsucht des Menschen nach Wahrheit und Sinn manipuliert, den Suchenden bannt, unterdrückt und vernichtet.

Inhalt: In einer Winternacht gelangt der Landvermesser K. in ein Dorf, das von einem mysteriösen Schloss und dessen »Beamten« beherrscht wird. Erfolglos versucht K. während der kommenden sieben Tage ins Schloss vorzudringen. Hilfe erhofft er sich von den Dorfbewohnern, obskure und tragische Gestalten, die K. in undurchschaubare Ereignisse verstricken, deren widersprüchliche Hinweise er aber nicht zu entschlüsseln vermag. K. konzentriert seine eigennützigen, irrationalen Anstrengungen alsbald auf den Schlossbeamten Klamm: Er

Auszug aus dem Roman
Der Prozess von Franz Kafka:

Aber an K.'s Gurgel legten sich die Hände des einen Herrn, während der andere das Messer ihm ins Herz stieß und zweimal dort drehte. Mit brechenden Augen sah noch K., wie nahe vor seinem Gesicht die Herren Wange an Wange aneinander gelehnt die Entscheidung beobachteten. »Wie ein Hund!«, sagte er, es war als sollte die Scham ihn überleben.

Franz Kafka, *Der Prozess*; von links: Umschlag der US-Erstausgabe 1937 (Gestaltung: Salter); Umschlag der Ausgabe 1950 (Gestaltung: Martin Kausche);*Das Schloss*, Umschlag der Ausgabe 1967; Umschlag der Kritischen Ausgabe 1982 (Gestaltung: Peter W. Schmidt)

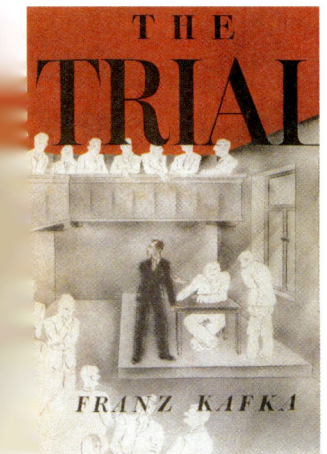
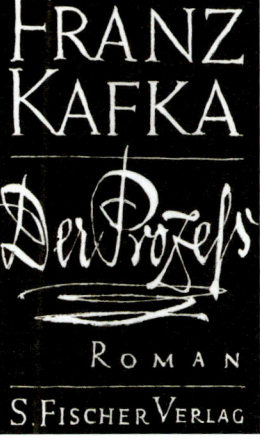
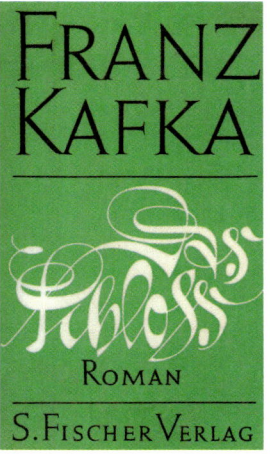

Auszug aus dem Roman
Das Schloss von Franz Kafka:

Das Schloss dort droben, merkwürdig dunkel schon, das K. heute noch zu erreichen gehofft hatte, entfernte sich wieder. Als sollte ihm aber noch zum vorläufigen Abschied ein Zeichen gegeben werden, erklang dort ein Glockenton, fröhlich beschwingt, eine Glocke, die wenigstens einen Augenblick lang das Herz erbeben ließ, so als drohe ihm – denn auch schmerzlich war der Klang – die Erfüllung dessen, wonach es sich unsicher sehnte.

Hermann Kant 1970 über die Aufgabe der Literatur:

Literatur muss sich auf den ersten Blick wie ein Druckfehler ausnehmen. Literatur ist eine Art von produktivem Durcheinanderbringen, De- und Remontage der Wirklichkeit und Entwurf von Wirklichkeit.

verführt dessen Geliebte, dringt nachts in Klamms Kutsche ein und berauscht sich am Cognac des Beamten. Als diese Provokation der autoritären Instanz scheitert, schließt sich K. einem Schlossboten an, dessen Familie im Dorf geächtet wird, seitdem sich die Schwester einem Beamten verweigert hat. Die Ereignisse überstürzen sich, als K. zu einem »Verhör« bestellt wird: Klamms Geliebte, die vom Besuch bei der verfemten Familie erfahren hat, trennt sich von K.; während ein Sekretär dem entkräfteten K. versichert, dass das Amt seine Bitten nun erfüllen würde, fordert ihn ein anderer Sekretär auf, Klamms Geliebte freizugeben. Bevor der zu Tode erschöpfte K. in tiefen Schlaf sinkt, beobachtet er die hektische Betriebsamkeit der Schlossdiener und erfährt, dass seine Anwesenheit das Amt erheblich behindern würde. Nachdem ein Zimmermädchen K. am folgenden Morgen anbietet, fortan bei ihr zu wohnen, bricht die surreale Handlung ab.

Max Brod (1884–1968), Herausgeber der Werke von Kafka, berichtet, dass geplant war, den Roman mit K.s Tod enden zu lassen; im gleichen Moment sollte dem Protagonisten vom Schloss die endgültige Aufenthalts- und Arbeitserlaubnis erteilt werden.

Aufbau: In höherem Maß als *Der Prozess* verweigert sich *Das Schloss* eindeutigen Interpretationsversuchen. Bot *Der Prozess* mit Begriffen wie »Gesetz«, »Gericht« oder »Schuld« noch konkreten Assoziationsfreiraum, liefert *Das Schloss* solche Anhaltspunkte kaum mehr. Dies bedingt vor allem die den Aufbau bestimmende Kreisstruktur, die als zentrale Grundfigur des Romans alle geschilderten Ereignisse, Dialoge und Erzählebenen dominiert: K.s Versuche, ins Schloss zu gelangen, führen ihn stets kreisförmig an den Ausgangspunkt zurück; aussichtsreiche Gespräche enden, ohne dass K. Aufklärung erhalten hätte. Die Sehnsüchte K.s und

der Dorfbewohner kreisen um das Schloss, werden jedoch immer wieder enttäuscht. Besonders die Frauengestalten heben dies hervor: Über Generationen hinweg werden sie von den »Beamten« verführt, missbraucht und fallen gelassen, ohne diesen Teufelskreis je durchbrechen zu können. Selbst die Naturgesetze folgen dieser in den Abgrund weisenden Spirale: Im Verlauf der 25 Romankapitel scheint sich der Wechsel zwischen Tag und Nacht zu beschleunigen und immer eher zwingen Müdigkeit und Entkräftung K. in einen todesähnlichen Schlaf. Ins Zentrum dieses Bannkreises, der K. und die Dorfbewohner gefangen hält, setzt der Autor das unerreichbare Schloss bzw. das Phantom des übermächtigen Klamm. Schloss und Beamte sichern ihre absolute Machtposition, indem sie vorgeben, das Ziel aller menschlichen Sehnsüchte zu sein, sich zugleich aber jedem Verlangen nach deren Erfüllung entziehen.

Wirkung: Wie *Der Prozess* hat *Das Schloss* eine Vielzahl psychologischer, soziologischer bzw. theologischer Deutungsversuche nach sich gezogen. Die bleibende Faszination, die der Roman bis heute ausübt, resultiert aus dem Verzicht des Autors, einen eindeutigen Sinngehalt anzubieten. Die »offene« Struktur, die schon *Der Prozess* aufwies, beeinflusste die moderne Dichtung maßgeblich und trug mit dazu bei, dass *Das Schloss* weit über die Grenzen der Literatur hinaus Aufmerksamkeit fand. *T.S.*

Kant, Hermann

dt. Schriftsteller

*14.6.1926 Hamburg

📖 *Die Aula*, 1965

Hermann Kant zählte zu den bekanntesten Schriftstellern der DDR, die den Autor mit zahlreichen Auszeichnungen würdigte. Sein Werk zeichnet sich durch die geschickte Verbindung von vergangenen und gegenwärtigen Ereignissen sowie die Suche nach einer Wahrheit des Allgemeingültigen aus, die Kant oft anhand von Widersprüchen verdeutlicht.

In Hamburg als Sohn eines Gärtners geboren, absolvierte Kant nach der Volksschule eine Elektrikerlehre. Kurz vor Ende des Zweiten Weltkriegs wurde er eingezogen und kam in Kriegsgefangenschaft. 1949 kehrte Kant nach Deutschland zurück, wurde Bürger der DDR und trat in die SED ein. 1949–52 legte er an der Greifswalder Arbeiter- und Bauernfakultät das Abitur ab und studierte bis 1956 Germanistik in Berlin. Danach arbeitete er als wissenschaftlicher Assistent sowie als Journalist und Redakteur der Zeitschrift *Neue Literatur*.

Die wichtigsten Bücher von Hermann Kant	
Ein bisschen Südsee 1962	Kant erzählt aus der Hamburger »Fischkistensiedlung«, in der Kant aufwuchs, er erzählt von der Elektrikerlehre, von erster Liebe, von Krieg, Gefangenschaft, Nachkriegs- und Aufbau-Zeit.
Die Aula 1965	Am Werdegang von Studenten des Jahrgangs 1949 schildert Kant die Probleme, die sich beim Aufbau einer sozialistischen Intelligenz ergaben, und reflektiert die DDR-Gegenwart.→ S. 579
Das Impressum 1972	Der Roman beschreibt den Tag eines Journalisten, der Minister werden soll und den Entscheidungsprozess zur Reflexion nutzt.
Der Aufenthalt 1977	Kant reflektiert über Krieg, Verantwortlichkeit und Mitschuld anhand des Kriegsgefangenen Mark Niebuhr.
Zu den Unterlagen, 1981	Dieser Essay beinhaltet politisch-feuilletonistische Äußerungen und Reden, die ein mannigfaltiges Bild der damaligen Zeit widerspiegeln.
Die Summe 1987	In der Erzählung behandelt Kant eine künftige kulturelle Zusammenarbeit in Europa und beleuchtet mögliche Probleme.
Okarina 2002	Der Roman erzählt die Geschichte Mark Niebuhrs, den man aus dem *Aufenthalt* kennt, bis in die heutigen Tage

Sein schriftstellerisches Debüt gab Kant mit dem Erzählband *Ein bisschen Schnee* (1962). 1964 wurde er Mitglied im PEN-Zentrum Ost und West. Mit der Veröffentlichung seines ersten Romans *Die Aula* wurde Kant in der DDR und in der Bundesrepublik berühmt. Es folgten der Roman *Das Impressum* (1972) sowie *Der Aufenthalt* (1977) über einen sich in polnischer Gefangenschaft befindlichen Soldaten im Zweiten Weltkrieg, mit dem Kant erneut große Beachtung fand. 1967–82 war er Mitglied des Präsidiums des PEN-Zentrums der DDR. 1991 schied Kant aus dem Deutschen PEN-Zentrum Ost aus und gab 1992 die Mitgliedschaft in der Akademie der Künste auf.

Literatur: L. Krenzlin, *Hermann Kant*, 1980.

Die Aula

OA 1965 **Form** Roman **Epoche** Moderne

Mit seinem ersten, autobiografisch geprägten Roman *Die Aula,* der zu den meistgelesenen Büchern der DDR zählte, wurde Hermann Kant in beiden deutschen Staaten bekannt. In dem ironisch-satirischen Werk zeigt er sich als versierter Rhetoriker, der gleichwohl hinter scharfer und witziger Detailkritik offene Auseinandersetzungen mit Grundproblemen des real existierenden Sozialismus wortreich verdeckt.

Inhalt: Der Journalist Robert Iswall soll 1962 Stoff für eine Rede auf die einst besuchte Arbeiter-und-Bauern-Fakultät sammeln. Um Material für seine Rede, die letztlich doch nicht gehalten wird, zu sammeln, fährt Iswall nach Greifswald, wo er studiert hat, blättert in den Personalakten der Universität, besucht in Ost und West frühere Kommilitonen, um ihren Werdegang zu verfolgen. In diese Rahmenhandlung, die 1962 spielt, schiebt Kant die eigentliche Haupthandlung ein: Vorgänge an jener Arbeiter-und-Bauern-Fakultät in Greifswald (ABF) der Jahre 1949–52. Im Mittelpunkt der Erinnerungen an die ABF stehen die einstigen Kommilitonen und ihr Werdegang. Die Vorbereitung der Rede wird für Iswell auch zur Klärung der eigenen Vergangenheit. Er erinnert sich auch an die Aufbauphase und den bildungs- wie gesellschaftspolitischen Umbruch der DDR. Die DDR-Gegenwart wird vor dem Hintergrund ihrer Vorgeschichte reflektiert.

Aufbau: In vielfältigen Episoden, die sich um die Hauptstränge der Handlung ranken, werden witzig-ironisch Szenen aus dem Leben der vergangenen und gegenwärtigen DDR vor Augen geführt und um Anekdoten bereichert. Kant parodiert nicht nur den Schülerjargon und die Sprache der Lehrer, sondern auch das Deutsch der Parteifunktionäre. Er kritisiert Sektierer und Dogmatiker, u.a. den linientreuen Lehrer Schi-

ka, stellt als lobenswerte Gegenfigur den Parteisekretär Haiduck auf. Die Realität der Bundesrepublik, wie sie Iswall durch den Besuch des ehemaligen Kommilitonen Riek in Hamburg erlebt, wird eher klischeehaft dargestellt.

Wirkung: Kant trug mit seiner modernen Erzählform, die durch zeitliche Perspektivenwechsel, ständige Rückblenden von der Gegenwart in die Vergangenheit, einen raschen Wechsel zwischen Reflexion und Handlung, durch eingestreute Anekdoten und Geschichten, die Formen von Satire und Ironie charakterisiert wird, zu einem neuen Erzählstil in der Literatur der DDR bei und zur internationalen Anerkennung der DDR-Literatur. *V. R.*

Hermann Kant, *Die Aula*, Umschlag der Originalausgabe 1965

Kant, Immanuel

dt. Philosoph

* 22.4.1724 Königsberg, † 12.2.1804 ebd.

Kritik der reinen Vernunft, 1781

Immanuel Kant zählt zu den führenden Vertretern der Aufklärung; seine Philosophie übte großen Einfluss auf die Geistesgeschichte aus.

Seine Ausbildung und eine strenge pietistische Erziehung erhielt Kant, der seine Geburtsstadt Königsberg nie verließ, am Collegium Fridericianum. Er studierte 1740–45 neben Philosophie auch Theologie, Mathematik und Physik an der Königsberger Universität, wo er nach Promotion und Habilitation als Privatdozent tätig war; erst 1770 erhielt er eine Professur für Logik und Metaphysik.

In seinen ersten Arbeiten beschäftigte sich Kant überwiegend mit naturwissenschaftlichen Fragen und der zeitgenössischen Schulmetaphysik von Gottfried Wilhelm → Leibniz und Christian Freiherr von Wolff (1679 bis 1754). Nach einer Veröffentlichungspause von mehr als zehn Jahren erschien 1781 das Werk, das seinen Weltruhm begründete: die *Kritik der reinen Vernunft*. Es folgten weitere Schriften zum Ausbau der kritischen Philosophie wie die *Grundlegung zur Metaphysik der Sitten* (1785), die *Kritik der praktischen Vernunft* (1788) und die *Kritik der Urteilskraft* (1790). In Konflikt mit der preußischen Zensurbehörde geriet der Philosoph mit seiner *Schrift über die Religion inner-*

Immanuel Kant, Gravur

halb der Grenzen der bloßen Vernunft (1793). Doch Kant blieb ein unbeugsamer Aufklärer, der den Wahlspruch der Aufklärung schlechthin formulierte: »Habe Mut, dich deines eigenen Verstandes zu bedienen!«

Biografie: O. Höffe, *Immanuel Kant*, 2000; U. Schulz, *Immanuel Kant* (rm 50 101).

Immanuel Kant, *Kritik der reinen Vernunft*, Titelblatt der Originalausgabe 1781

Kritik der reinen Vernunft

OA 1781 **Form** Sachbuch **Bereich** Philosophie

Die *Kritik der reinen Vernunft* von Immanuel Kant markiert eine Epochenschwelle der Philosophie, und zwar zur Transzendentalphilosophie. Deren Aufgabe ist es nicht, das Wesen der Wirklichkeit zu beschreiben, sondern sie thematisiert, wie das Erkennen von Gegenständen geartet und strukturiert ist.

Entstehung: Erste Überlegungen zu diesem Werk reichen in das Jahr 1769 zurück. Von entscheidendem Einfluss war laut Kant die Philosophie von David Hume (1711–76), dessen Skeptizismus den Begriff der Kausalität, also der Beziehung von Ursache und Wirkung, hatte fragwürdig werden lassen. Kant versuchte den Begriff der Kau-

salität zu bewahren, stimmte aber mit Humes Kritik am Rationalismus darin überein, dass das Kausalitätsprinzip nicht evident ist. Für Kant wird Kausalität zu einem Verstandesbegriff, der Erfahrung erst ermöglicht.

Aufbau: Die Schrift besitzt einen streng gegliederten Aufbau. Sie besteht aus zwei Teilen, einer Elementar- und einer Methodenlehre. Die Elementarlehre besteht aus der transzendentalen Ästhetik, die die Anschauungsformen von Raum und Zeit untersucht, und der transzendentalen Logik. Diese wiederum zerfällt in die Analytik als dem Teil der Logik, der alle Elemente reiner Verstandeserkenntnis zergliedert, und die Dialektik, die Logik des Scheins.

Inhalt: Kant hat in der Erkenntnistheorie eine kopernikanische Wende vollzogen – er selbst sprach von einer »Revolution der Denkart«. Er hat erkannt, dass es durch die Art und Weise menschlichen Erkennens bedingt ist, wie die Gegenstände menschlicher Erfahrung beschaffen sind. Außerdem hat er gezeigt, wie menschliche Erkenntnis auf den Raum möglicher Erfahrungen begrenzt ist. Wo die Vernunft diese Grenzen möglicher Erfahrungen überschreitet, verwickelt sie sich notwendig in Widersprüche. Die Ursache dieser Widersprüche aufzuzeigen, ist das Ziel der transzendentalen Dialektik, der Logik des Scheins. Der Ausdruck Kritik in der *Kritik der reinen Vernunft* meint daher eine Selbstbegrenzung, die die Vernunft vornimmt, um sich vor Urteilen über Sachverhalte zu bewahren, die jenseits der Grenzen möglicher Erfahrung liegen, wie etwa Gott, Freiheit und Unsterblichkeit. Einzig bei der Freiheit, seinem Vermögen, sittlich zu handeln, ist dem Menschen ein Durchbruch in eine Welt möglich, die nicht vollständig beschrieben werden kann, wenn man sie nur im Licht der Naturgesetze betrachtet. Die Freiheit hat laut Kant ihre eigenen Gesetze. Ihnen widmet sich der Philosoph in seiner zweiten Kritik, der *Kritik der praktischen Vernunft*, die seine systematische Moralphilosophie enthält.

Wirkung: Die kritische Philosophie von Kant erreichte nicht nur Philosophen, sondern auch Naturforscher und Dichter (→ Goethe, Heinrich von → Kleist, → Schiller) und wurde zum Gesprächsgegenstand gebildeter Kreise. Die Philosophie des deutschen Idealismus geht mit ihren spekulativen Systemen von der kantischen Kritik aus, aber auch weit über sie hinaus. Friedrich → Nietzsche wiederum griff die Idee einer Vernunftkritik auf und wendete sie existenziell. In der zweiten Hälfte des 19. bis in die 20er Jahre des 20. Jahrhunderts waren die verschiedenen Schulen des Neukantianismus (Marburger Schule; südwestdeutscher Neukantianismus) die maßgeblichen Strömungen der deutschen Universitätsphilosophie. *D.*

Die wichtigsten Bücher von Immanuel Kant

Kritik der reinen Vernunft, 1781	Mit dem erkenntnistheoretischen und metaphysischen Hauptwerk von Kant beginnt die Reihe seiner kritischen philosophischen Schriften. → S. 580
Idee zu einer allgemeinen Geschichte in weltbürgerlicher Absicht, 1784	Die Schrift betrachtet die geschichtliche Entwicklung des Menschen zielgerichtet als eine Verwirklichung seines Vernunftwesens. Die Geschichtsphilosophie von Kant rief den heftigen Widerspruch von Johann Gottfried Herder (1744–1803) hervor.
Grundlegung zur Metaphysik der Sitten, 1785	Das erste Werk zur kritischen Ethik stellt den kategorischen Imperativ (»Handle so, dass die Maxime deines Willens jederzeit zugleich als Prinzip einer allgemeinen Gesetzgebung gelten könne.«) als Formel für das moralische Gesetz vor.
Kritik der praktischen Vernunft 1788	Kants Hauptwerk zur Moralphilosophie knüpft an die *Grundlegung* an und legt die praktische Philosophie in einer Weise vor, die systematisch der ersten Kritik angeglichen ist.
Kritik der Urteilskraft 1790	Das Buch enthält zum einen die kritische Ästhetik, zum anderen betrachtet die Kritik der teleologischen Urteilskraft die Dinge der Natur, wie sie einander zweckmäßig zugeordnet sind.
Zum ewigen Frieden 1795	In sechs Präliminar- und drei Definitivartikeln macht Kant deutlich, auf welchem Wege Frieden zwischen den Staaten zu bewirken ist. Er zielt ab auf einen weltweiten Bund freier Republiken.
Metaphysik der Sitten 1797	Die Schrift enthält die Rechtsphilosophie von Kant. Recht wird darin als der Inbegriff der Bedingungen verstanden, unter denen die Freiheit des einen mit der Freiheit eines jeden anderen bestehen kann.

OT = Originaltitel   **EZ** = Entstehungszeit   **OA** = Originalausgabe   **DE** = Deutsche Erstausgabe   📖 = Verweis auf Werkartikel

Kasack, Hermann

dt. Schriftsteller

*24.7.1896 Potsdam, † 10.1.1966 Stuttgart

📖 *Die Stadt hinter dem Strom*, 1947

Hermann Kasack gehört zu den führenden Autoren der deutschen Nachkriegsliteratur. Sein Werk, in dem er Antwort auf die Frage nach dem Sinn des Lebens zu geben versucht, stützt sich auf den Existenzialismus und auf asiatische Philosophie.

Der Arztsohn studierte ab 1915 in Berlin und München Germanistik und Nationalökonomie, nachdem er aus gesundheitlichen Gründen von der Teilnahme am Ersten Weltkrieg befreit worden war. Ab 1920 arbeitete er zunächst als Lektor und wurde schließlich Direktor des Kiepenheuer-Verlags in Potsdam. Nach einer Tätigkeit beim S. Fischer Verlag in Berlin wurde er 1927 freier Schriftsteller und Rundfunkautor. 1933 erhielt er Vortragsverbot, blieb jedoch in Deutschland und war darauf angewiesen, dass seine Frau die Familie ernährte. Erst 1941 gelang es Kasack, wieder Arbeit zu finden, als er die Nachfolge von Oskar Loerke als Lektor beim S. Fischer und späteren Suhrkamp Verlag antrat. Kasack gehörte 1948 zu den Mitbegründern des PEN-Zentrums und war 1953–63 Präsident der Deutschen Akademie für Sprache und Dichtung in Darmstadt. Neben seinem Hauptwerk, dem Roman *Die Stadt hinter dem Strom*, verfasste er Lyrik, kürzere Prosatexte und einige Dramen, wobei sich sein Stil vom Spätexpressionismus hin zu formaler Strenge und Klarheit des Ausdrucks entwickelte.

Biografie: H. John (Hrsg.), *Hermann Kasack. Leben und Werk*, 1994.

Die Stadt hinter dem Strom

OA 1947 **Form** Roman **Epoche** Moderne

Hermann Kasack schrieb mit *Die Stadt hinter dem Strom* eines der wichtigsten Werke der so genannten inneren Emigration.

Entstehung: Der Roman entstand in zwei Abschnitten 1942–44 sowie 1946 und erschien zunächst als gekürzter Vorabdruck im Berliner *Tagesspiegel*. Schreibanlass waren nach eigenen Angaben des Autors zwei visionäre Träume aus den Jahren 1941 und 1942.

Inhalt: Held des Romans ist der Alt-Orientalist Dr. Robert Lindhoff, der mit dem Zug in eine namenlose Stadt hinter dem Strom reist – eine Anspielung auf den klassischen Weg ins Schattenreich –, die mit ihren zerstörten Häusern und ärmlichen Bewohnern an das Nachkriegsdeutschland erinnert. Robert begegnet

dort Menschen aus seiner Vergangenheit, die er für tot gehalten hatte. Von der allmächtigen Präfektur erhält er den Auftrag, die freie Stelle als Archivar und Chronist anzutreten und so gewissermaßen das »Gedächtnis der Stadt« zu sein. Die Anzeichen häufen sich, dass es sich nicht um eine normale Stadt, sondern um ein Jenseitsreich handelt, aus dem nach Auskunft von Roberts Führer, dem Maler Katell, noch niemand entfliehen konnte. Die Menschen führen dort sinnlose, mechanische Tätigkeiten aus und stehen offenbar unter der Autorität einer geheimnisvollen Macht. In einer Begegnung mit seiner früheren Freundin Anna erkennt Robert, dass er sich als einziger Lebender unter Toten befindet. Seine Aufgabe ist es offenbar, »Zeugnis für das Erlebte abzulegen, Botschaft zu geben, Austausch zwischen hüben und drüben«. Obwohl Robert gar nicht dazu kommt, seine Chronistentätigkeit aufzunehmen, sondern zunehmend verstört in der Stadt herumwandert, ist sein Buch auf magische Weise bereits geschrieben, als er von seiner Tätigkeit beurlaubt wird. Robert bringt jedoch nicht den Mut auf, ins wirkliche Leben zurückzukehren, wo inzwischen der Krieg die Vision eingeholt hat und die Städte in Trümmern liegen, sondern bleibt im Zug sitzen, liest aus seiner Chronik vor und wird »Robert, der Reisen-

Hermann Kasack, *Die Stadt hinter dem Strom*, Umschlag der Ausgabe 1959

Deutsche Nachkriegsliteratur

Die deutsche Literatur der unmittelbaren Nachkriegszeit ist geprägt durch drei Autorengruppen: die »junge Generation«, die Vertreter der inneren Emigration und die Exil-Heimkehrer.

Die »junge Generation«: Charakteristisch für die junge Generation, die ab 1946 veröffentlichte und zu der u.a. Alfred → Andersch, Heinrich → Böll, Wolfgang Borchert (1921–47), Günter Eich (1907–72) und Hans Werner Richter (1908–93) gehörten, war der Wille zur Abrechnung mit der Vergangenheit und zum literarischen Neuanfang in der »Stunde Null«. Abgrenzung vom Denken und Handeln der Vätergeneration bestimmte das Schreiben dieser Autoren.

Innere Emigration: Die Nachkriegsliteratur wurde in erster Linie nicht von den jungen Autoren, sondern den Vertretern der inneren Emigration beherrscht. Besonders solche Autoren, die an konservative ästhetische Traditionen anknüpften, wie Werner → Bergengruen, Albrecht → Goes, Ernst Penzoldt (1892–1955) und Ernst Wiechert

(1887–1950), waren die erfolgreichsten Schriftsteller dieser Zeit. Zu den meistgelesenen Romanen gehörte *Stalingrad* (1947) von Theodor → Plievier.

Emigrantenliteratur: Aus der Emigrantenliteratur fanden *Das Glasperlenspiel* (1943) von Hermann → Hesse und *Doktor Faustus* (1948) von Thomas → Mann besondere Beachtung. Da gegenüber den Heimkehrern aus dem Exil im Westteil Deutschlands zum Teil erhebliche Vorbehalte bestanden, ging ein Großteil der Exilschriftsteller in die Sowjetische Besatzungszone (Bertolt → Brecht, Johannes R. → Becher, Ernst → Bloch, Stefan → Heym, Arnold → Zweig), während im Westen die Exilliteratur noch lange über die unmittelbare Nachkriegszeit hinaus weitgehend unbeachtet blieb.

Die Kontroverse zwischen Exil und innerer Emigration prägte die literarische Landschaft und verlagerte sich dann parallel zur politischen Entwicklung zum Gegensatz von bürgerlich-konservativ und sozialistisch-kommunistisch.

Nikos Kazantsakis, *Alexis Sorbas*, Umschlag der deutschsprachigen Ausgabe 1982

de«. Das Buch, das er mit sich führt, ist leer, doch für ihn in der Vision bereits geschrieben. Am Ende stirbt Robert in dem Zug, der ihn eigentlich zurück ins Leben bringen sollte und ihn nun abermals, diesmal als Gestorbenen, über die Brücke ins Jenseitsreich bringt, womit der Roman an seinen Anfang zurückkehrt. Die Chronik wirft der bereits tote Robert in den Strom, der die Grenze zwischen den Reichen markiert, und löscht somit auch – vergleichbar dem Übertritt über den Fluss Lethe – die Erinnerung aus.

Aufbau: *Die Stadt hinter dem Strom* ist ein allegorischer Roman, der durch das Hauptmotiv der Jenseitswanderung eines Lebenden, die Figurenkonstellation, Begriffe wie »Hölle« und »Purgatorium« und nicht zuletzt durch explizite Vergleiche auf die *Göttliche Komödie* (1321) von →Dante Alighieri als Referenztext verweist. Dieser Bezug ermöglicht es Kasack, die Grenzerfahrung des Kriegs und der Zerstörung Deutschlands auf einer figurativen Ebene als Zustand der Hölle und des Fegefeuers darzustellen, auf den nach dem Gesetz der Wandlung vielleicht das Paradies folgen kann. In den Berichten der Stadtbewohner, die von ihren Erlebnissen in einem »Inferno der Brutalität« sprechen, verarbeitet Kasack als einer der ersten deutschen Autoren die Erfahrung der Konzentrationslager.

Wirkung: Der Roman hatte gleich nach seinem Erscheinen großen Erfolg und war das herausragende literarische Ereignis der »Stunde Null« in Deutschland. Schon in den 1950er Jahren wurde er in zahlreiche Sprachen übersetzt. *E.H.*

Kasantsakis, Nikos

(auch Kazantzakis) griech. Schriftsteller
* 18.2.1883 Iraklion (Kreta)
† 26.10.1957 Freiburg im Breisgau
📖 *Alexis Sorbas*, 1946

Nikos Kasantsakis veranschaulicht in seinem Werk durch die Darstellung unterschiedlicher Menschenschicksale den Gegensatz von Tod und Unsterblichkeit, Körper und Seele, Materie und Geist und verleiht ihm so Zeitlosigkeit.

Nach seinem Jurastudium in Athen 1902–06 lebte Kasantsakis 1907–09 in Paris, um Philosophie zu studieren. Dort wurde er insbesondere von der vitalistischen Theorie von Henri →Bergson beeinflusst, dessen Vorlesungen er an der Sorbonne hörte. Kasantsakis hat auch die Philosophie des Übermenschen von Friedrich →Nietzsche inspiriert, die er vor allem in seinem Roman *Alexis Sorbas* verarbeitete. Kasantsakis verfasste weitere bekannte Romane, in deren

Mittelpunkt die Auflehnung des Menschen gegen jede Form von Unterdrückung steht. Darüber hinaus schrieb er Lyrik, eine *Odyssee* (1973), seine Fortsetzung des homerischen Epos, sowie Tragödien, Reiseberichte und philosophische Essays, außerdem zeichnete er sich als Publizist und Übersetzer (→Homer, →Dante Alighieri, →Goethe u.a.) aus. 1956 erhielt Kasantsakis den Weltfriedenspreis.

Literatur: E. N. Kazantzaki, *Einsame Freiheit. Biografie aus Briefen und Aufzeichnungen des Dichters*, 1972.

Alexis Sorbas

OT Bios kai politeia tou Alexi Sorba
OA 1946 **DE** 1952 **Form** Roman **Epoche** Moderne

Der nach dem Zweiten Weltkrieg erschienene, auf autobiografischen Ereignissen basierende Roman *Alexis Sorbas* gehört zu den wichtigsten Werken von Nikos Kasantsakis und ist eine Zusammenfassung der philosophischen Überlegungen des Autors.

Inhalt: Der Erzähler, ein in England lebender Schriftsteller, erbt an einer Felsenküste Kretas ein Kohlebergwerk. Fest entschlossen, dieses als vermeintlicher Unternehmer zu leiten, bricht er nach Griechenland auf. Dort lernt er den einfachen, vor Lebensfreude sprudelnden Arbeiter und Abenteurer Alexis Sorbas kennen. Von dessen einfachem Wesen schnell eingenommen, bietet der Erzähler Sorbas die Stelle eines Vorarbeiters in dem Bergwerk an. Zwischen Sorbas und seinem Vorgesetzten entwickelt sich eine außergewöhnliche und enge Freundschaft. Der von ungelösten philosophischen Fragen bedrängte Intellektuelle, der sich von der indischen Philosophie, insbesondere von Buddha, Erlösung erhoffte, findet in der Lebenshaltung Sorbas' die ersehnten Antworten.

Struktur: Kasantsakis veranschaulicht anhand seiner Protagonisten zwei unterschiedliche Lebensweisen: Während der Intellektuelle für den auf seinen analytischen Verstand bauenden Menschentyp steht, verkörpert Sorbas den Instinktmenschen, der nur seiner Intuition folgt. Indem der Erzähler mit der urtümlichen Lebensform Sorbas' in Berührung kommt, wird ihm sein eigener unzulänglicher Zugang zur Welt bewusst. In der Nähe des lebensbejahenden Menschen lernt er somit das Leben zu lieben und den Tod nicht zu fürchten.

Die Figur des Alexis Sorbas weist Charakterzüge des Übermenschen nach der Philosophie von Friedrich →Nietzsche auf. Dionysisch kraftvoll, nur seinen Instinkten gehorchend, verwirft Sorbas eine allgemeingültige Ethik und steht somit jenseits von Gut und Böse. Daher haben für ihn Religion, Moral und Logik keine Bedeutung. Die Figur verliert trotz philosophischer Konzeption als Gestalt keineswegs an Lebendigkeit sowie Authentizität und wirkt in allen Handlungen stets überzeugend.

Wirkung: Der Roman *Alexis Sorbas* wurde nach seiner Prämierung auf der Internationalen Buchmesse 1954 in Frankreich weltbekannt. Zudem trug die erfolgreiche Verfilmung des Werks (1964) durch Michael Cacoyannis (mit Anthony Quinn als Alexis Sorbas und Alan Bates als Basil) dazu bei, dass das Interesse an dem Roman stets lebendig blieb.   *K. K.*

Kaschnitz, Marie Luise

(eigtl. Marie Luise Freifrau von Kaschnitz-Weinberg)

dt. Schriftstellerin

**31.1.1901 Karlsruhe, †10.10.1974 Rom

📖 *Lange Schatten*, 1960

Marie Luise Kaschnitz gilt als eine der profiliertesten deutschsprachigen Autorinnen der Nachkriegszeit. Geschätzt wird sie vor allem als Lyrikerin, die zeitkritische Themen in strenger, formvollendeter Weise gestaltete (z.B. in dem Gedicht *Hiroshima*, 1951). In knapper, eindringlicher Sprache schuf sie auch Romane, Erzählungen, Essays und Hörspiele. Die Werke der »poetischsten Chronistin ihrer Lebens-Zeit« (G. Bethge-Huber) sind stark autobiografisch und von einem humanistisch-christlichen Credo gekennzeichnet.

Obwohl als Tochter eines preußischen Offiziers aus badisch-elsässischem Adelsgeschlecht privilegiert aufgewachsen, empfand Kaschnitz ihre Jugend als angstvoll und quälend. Nach einer Buchhandelslehre in Weimar und München zog sie 1924 nach Rom, wo sie den Archäologen Guido Freiherr von Kaschnitz-Weinberg kennen lernte (Heirat 1925). Im Zuge seiner Lehrtätigkeit folgte sie ihm nach Königsberg, Marburg/Lahn und Frankfurt/Main sowie auf Studienreisen durch den Orient, Griechenland und Nordafrika. Nach seinem Tod (1958) lebte sie in Frankfurt, wo sie 1960 eine Gastdozentur für Poetik innehatte. Für ihr literarisches Schaffen wurde Kaschnitz u.a. 1955 mit dem Georg-Büchner-Preis ausgezeichnet.

Biografie: D. v. Gersdorff, *Marie Luise Kaschnitz*, 1997.

Lange Schatten

OA 1960 **Form** Erzählungen **Epoche** Moderne

Die Sammlung *Lange Schatten*, das erzählerische Hauptwerk von Marie Luise Kaschnitz, ist ihrer letzten Schaffensphase zuzuordnen. Das

Alan Bates als Basil und Anthony Quinn (r.) in der Titelrolle der Verfilmung des Romans *Alexis Sorbas* von Nikos Kasantsakis (Griechenland 1964; Regie: Michael Cacoyannis)

Die wichtigsten Bücher von Nikos Kasantsakis	
Alexis Sorbas 1946	Der von metaphysischer Agonie bedrängte Erzähler freundet sich mit dem einfachen Arbeiter Alexis Sorbas an und lernt durch dessen Lebensform seine eigenen Ängste zu überwinden. → S. 582
Griechische Passion 1951	In einem griechischen Dorf in Kleinasien findet alle sieben Jahre ein Passionsspiel statt. Die Darsteller identifizieren sich so sehr mit ihren Rollen, dass sie mit der übrigen Bevölkerung in Konflikt geraten.
Die letzte Versuchung 1952	Christus, der allen irdischen Versuchungen standhielt, erscheint in einer Vision am Kreuz die letzte Versuchung: das Beisammensein mit Maria Magdalena und die Gründung einer eigenen Familie.
Freiheit oder Tod 1953	Von den Türken unterjochte Kreter kämpfen in der zweiten Hälfte des 19. Jahrhunderts unter der Führung des unbeugsamen Kapitäns Michaelis gegen die Türkenherrschaft um ihre Freiheit wieder zu erlangen.
Mein Franz von Assisi, 1956	Im Mittelpunkt der Roman-Biografie des heiligen Franziskus von Assisi steht dessen mystische Suche nach Gott.
Rechenschaft vor El Greco 1961	In dem autobiografischen Roman, der dem Maler El Greco gewidmet ist, stellt der Autor die Situationen seines Lebens dar, die seine Denk- und Lebensweise entscheidend beeinflusst und geprägt haben.
Brudermörder 1965	Im griechischen Bürgerkrieg sucht der Pfarrer eines Bergdorfs zwischen den verfeindeten Parteien zu vermitteln.

Werk ist geprägt durch tiefgründige und engagierte Reflexionen über das Leben anhand von Einzelschicksalen, durch eigene Erfahrungen und Selbstzweifel, geformt in einer für ihr Spätwerk charakteristisch verdichteten Sprache in unpathetischem, lakonischem Tonfall. Vorausgegangen waren der spielerisch-traditionelle, mythisierend der Antike zugewandte Duktus des Frühwerks und eine Phase der introvertierten Vergangenheits- und Schmerzbewältigung angesichts der Kriegs-Schrecken sowie des Todes ihres Lebenspartners.

Inhalt: Der Band umfasst 21 Erzählungen, von denen jede einem entscheidenden Leitgedanken der Autorin folgt: »Poetischen Reichtum auf engstem Raum zu finden«, »in der Kürze ein ganzes Leben, den Roman eines Lebens in motivischer Verknappung« vor den Augen des

Horst Bienek 1961 über Marie Luise Kaschnitz:

Marie Luise Kaschnitz gilt in Deutschland als eine Dichterin, der es auf eigenwillige Weise gelungen ist, das Klassische mit dem Modernen zu verbinden. Das macht wohl auch ihre Resonanz und Beliebtheit bei den Älteren wie bei der jungen Generation aus. Es ist nicht nur der kühle, sachliche und dabei metaphernreiche Ton im klassischen Versmaß, es ist nicht nur die moderne Thematik in einer sprachlich geläuterten Form, es ist wohl ihre ganze geistige und künstlerische Existenz...

Die wichtigsten Bücher von Marie Luise Kaschnitz

Liebe beginnt 1933	In ihrem Debütroman zeigt Marie Luise Kaschnitz die Macht der Liebe in einem poetisch-realitätsenthobenen Kontext: am Beispiel einer Großstadtliebe in den 1930er Jahren.
Menschen und Dinge, 1946	Zwölf eindringliche Essays zur Vergegenwärtigung des Leidens, unmittelbar unter dem Eindruck des Zweiten Weltkriegs.
Totentanz und Gedichte zur Zeit, 1947	Abwendung der »Trümmerdichterin« Kaschnitz von der formalistischen bürgerlichen Kunst hin zur Realität, um Schrecken und Hoffnung in »einer Zeit anklingen zu lassen, wo man nur vergessen wollte«.
Das Haus der Kindheit, 1956	Autobiografisch-fantastische Exkursion in die Kindertage, eine Fabel in bester Spukgeschichten-Tradition.
Lange Schatten 1960	Sammlung subtiler Erzählungen, die persönliche Konfliktsituationen ebenso behandeln wie das Unerklärliche und Geheimnisvolle des menschlichen Daseins. → S. 583
Wohin denn ich 1963	Aus der Verarbeitung von Trauer und Einsamkeit nach dem Tod ihres Mannes wachsen neuer Lebensmut und Selbstbewusstsein.
Ferngespräche 1966	Erzählungen: Begegnungen mit Menschen, die ihr Leben meistern, bis ein plötzliches Ereignis sie aus der Bahn wirft.
Tage, Tage, Jahre, 1968	Tagebuchartige Notizen, in denen sich Erinnerungen und zeitkritische Bezüge hintergründig durchdringen.
Orte 1973	Reflexionen und Auskünfte über die Erfahrungen als Schriftstellerin, u.a. die persönliche Betroffenheit über eine Lesung vor Strafgefangenen, die ablehnend auf ihre Texte reagierten.

Marie Luise Kaschnitz, *Lange Schatten*, Umschlag der Originalausgabe 1960

Marie Luise Kaschnitz 1961 im Gespräch mit Horst Bienek über ihre Erzählung *Das dicke Kind*:

Ich halte die Geschichte Das dicke Kind *für meine stärkste Erzählung, weil sie am kühnsten und grausamsten ist. So grausam zu sein, konnte mir nur gelingen, weil das Objekt dieser Grausamkeit ich selber war.*

Lesers zu entwickeln. Die Erzählungen zeugen von der Selbstfindungsarbeit der Autorin, einer »Archäologien des eigenen Ich« (Uwe Schweikert). Zum andern zeigt sie sich getrieben vom brennenden Interesse, Hinter- und Abgründe menschlicher Existenzen zu beleuchten. So in der Geschichte *Christine*, in der die Ich-Erzählerin eindringlich Leiden und Lethargie ihres Mannes schildert, den urplötzlich ein furchtbares Ereignis aus der Vergangenheit einholt: Beruflicher Erfolg, das eigene Haus, das Familienglück verblassen gegen die Erinnerung an den Mord an einem Kind, den er untätig mit ansah. Momente der Angst, nicht selten ausgelöst von rätselhaften Begebenheiten, die mit verstörender, alles andere lähmender Macht in den Alltag einbrechen. Das Grundmotiv findet sich auch in *Eines Mittags, Mitte Juni* wieder, als eine Fremde die Nachbarn der verreisten Dichterin mit der Nachricht von deren vermeintlichen Tod erschreckt und Zutritt zur Wohnung verlangt, da »die Frau Kaschnitz ganz allein gestanden ist, weil sie niemanden gehabt hat auf der Welt«. Nach ihrer Rückkehr beschäftigt die Dichterin nur noch eins: das Rätsel jener unheimlichen Todesbotschafterin zu lösen.

Auch die bekannteste Erzählung der Sammlung, *Das dicke Kind,* ist eine Angst-Geschichte, die der Autorin besonders am Herzen lag, da sie darin die in der eigenen Kindheit begründeten Urängste und Psychosen aufgearbeitet hat: »Das dicke Kind bin ich«, so Kaschnitz in einem Werkstattgespräch. In ihrer teils rational, teils surrealistischen Geschichte durchdringen sich Gegenwart und Vergangenheit. In einem Prozess der Selbstbefreiung beginnt sie ihr Kind-

heitstrauma vom komplexbeladenen Mädchen, das stets im Schatten der anmutigen Schwester stand, aufzubrechen.

Wirkung: Der Erzählband *Lange Schatten* ist durchzogen von subtilen, einfühlsamen und nicht zuletzt äußerst kunstvollen Abrechnungen mit dem alltäglichen Wahnsinn. Überall dort, wo das eingefahrene Leben Brüche erhält, wo ein leidenschaftlicher Wahn, eine individuelle Befallenheit zutage treten, sind die Geschichten am eindringlichsten. Mit ihnen wurde Kaschnitz nicht nur als Lyrikerin, sondern auch als Erzählerin von Rang anerkannt. *R. M.*

Kästner, Erich

dt. Schriftsteller

*23.2.1899 Dresden, †29.7.1974 München

📖 *Emil und die Detektive*, 1929

📖 *Fabian*, 1931

Erich Kästner zählt zu den erfolgreichsten deutschen Kinderbuchautoren. Er verfasste auch satirische Romane für Erwachsene sowie Gedichte, die er als »Gebrauchslyrik« bezeichnete. Kästner selbst verstand sich stets als Moralist, der mit seinen Büchern pädagogisch auf die Leser einwirkt und sie zur Schaffung einer besseren Welt anhält.

Kästner wollte ursprünglich Lehrer werden, doch musste er seine Ausbildung während des Ersten Weltkriegs nach seiner Einberufung zum Militärdienst abbrechen. Seine Erfahrungen im wilhelminischen Obrigkeitsstaat und in der Rekrutenausbildung ließen Kästner zu einem überzeugten Pazifisten werden. Er studierte in Leipzig, Rostock und Berlin Germanistik, Geschichte, Philosophie und Theatergeschichte; zu dieser Zeit sammelte er erste journalistische Erfahrungen. Nach seiner Promotion war er als Redakteur in Leipzig tätig. Ab 1927 arbeitete er in Berlin als freier Mitarbeiter für Zeitungen, Zeitschriften und für das Kabarett.

Kästners literarische Werke erschienen ab 1928. Unter dem nationalsozialistischen Regime wurden seine Bücher 1933 verbrannt; der Autor erhielt Publikationsverbot in Deutschland. Nach dem Ende des Zweiten Weltkriegs zog Kästner nach München und setzte dort seine Arbeit als Journalist und Schriftsteller fort. Die Nachkriegszeit bescherte Kästners Kinderbüchern, von denen viele verfilmt wurden, große Erfolge. Obwohl zuweilen behauptet wurde, seine Werke seien nicht mehr zeitgemäß, erfreuen sie sich nach wie vor großer Beliebtheit.

Biografie: L. Enderle, *Erich Kästner* (rm 50 120); F. J. Görtz/ H. Sarkowicz, *Erich Kästner*, 1999.

Emil und die Detektive

OA 1929 **Form** Kinderroman **Epoche** Moderne

Mit seinem ersten Kinderbuch gelang Erich Kästner eine Erneuerung des Genres, indem er die Welt der Kinder in den Mittelpunkt stellte, sie selbstständig agieren und Erwachsene nur am Rande in Erscheinung treten ließ.

Inhalt: Der Musterschüler Emil Tischbein lebt mit seiner Mutter in Neustadt. Die Ferien soll er bei Verwandten in Berlin verbringen. Mit 140 Mark versehen, die er in seiner Jacke verstaut hat, tritt er die Bahnreise an. Nach einiger Zeit schläft Emil ein und als er wieder aufwacht, ist sein Geld verschwunden. Er verdächtigt den Mann mit dem steifen Hut, Herrn Grundeis, der Dieb zu sein, der einzige weitere Fahrgast in Emils Abteil. Als der Mann aussteigt, verfolgt Emil ihn quer durch Berlin, bis der Verdächtige in einem Café Platz nimmt. Emil wagt nicht, sich an die Polizei zu wenden, da er daheim in Neustadt dem Denkmal des Großherzogs einen Schnurrbart angemalt hat. Doch der Junge findet einen Helfer in Gustav und seinen Freunden. Sie organisieren die Verfolgung des mutmaßlichen Diebs und halten die Nacht über Wache vor dem Hotel, in dem Grundeis wohnt.

Am nächsten Morgen wird der Dieb in einer Bank gestellt. Wie sich herausstellt, handelt es sich um einen gesuchten Bankräuber und Emil erhält 1000 Mark Belohnung.

Aufbau: Kästner schildert das Geschehen aus der Sicht der Kinder. Der typische Stil des Autors greift den kindlichen Jargon auf und entfaltet in anschaulicher Schilderung eine spannende Handlung. Die kindliche Gruppe ist als eine Art Korrektiv konzipiert, die das Fehlverhalten der Erwachsenen entlarvt. Als Emil allein in Berlin steht, zeigen sich die Erwachsenen abweisend, wenn nicht gar feindlich, während die Kinder spontane Hilfsbereitschaft demonstrieren. In ihrer Gruppe dominieren Kameradschaft und Pflichterfüllung, die zum gewünschten Erfolg, der Überführung des Diebes, führen.

Wirkung: Diese einseitige Schilderung der kindlichen Welt als der moralisch überlegenen brachte Kästner – auch bezüglich seiner weiteren Werke – immer wieder Kritik ein, ebenso wie die allzu aufdringliche Vermittlung moralischer Werte, wie sie etwa im Titel des letzten Kapitels von *Emil und die Detektive* – »Lässt sich daraus etwas lernen?« – erkennbar ist. Die kindliche Leserschaft scheint sich hiervon jedoch keineswegs abgeschreckt zu fühlen, wie der anhaltende Erfolg der Kinderromane von Kästner zeigt.

Emil und die Detektive ist weltweit einer der erfolgreichsten Kinderromane. Er wurde mehrfach verfilmt und in mehr als 30 Sprachen übersetzt. *S. D.*

Erich Kästner; links: *Emil und die Detektive*, Umschlag der Originalausgabe 1929 (Gestaltung: Walter Trier); rechts: *Fabian*, Umschlag der BRD-Erstausgabe 1954

Fabian

OA 1931 **Form** Roman **Epoche** Neue Sachlichkeit

Mit seinem Roman *Fabian* mit dem Untertitel *Die Geschichte eines Moralisten* schrieb Erich Kästner eine der gelungensten Satiren auf die Zustände in Berlin zur Zeit der Weltwirtschaftskrise.

Inhalt: Der 32-jährige Jakob Fabian arbeitet als Werbetexter bei einer Zigarettenfirma. Sein Leben verläuft plan- und ziellos. Er knüpft immer wieder sporadische Beziehungen zu Frauen an, ohne sich auf eine festzulegen. Ihm mangelt es an konkreten Zielen, an denen er sein Leben ausrichten und diesem so einen Sinn verleihen könnte. Fabians Gegenbild ist sein

Die wichtigsten Bücher von Erich Kästner

Emil und die Detektive 1929	Als Emil Opfer eines Raubes wird, erfährt er in Berlin die Hilfe einer Gruppe von Kindern, denen es durch Zusammenhalt und Kameradschaft gelingt, den Dieb zu fassen. → S. 585
Fabian 1931	Die *Geschichte eines Moralisten* bietet eine Satire auf die Zustände in Berlin zur Zeit der Weltwirtschaftskrise. → S. 585
Pünktchen und Anton, 1931	Der Gegensatz von Arm und Reich ist das Thema dieser Geschichte um die Freundschaft zweier ungleicher Kinder.
Das fliegende Klassenzimmer 1933	Verständnisvolle Lehrer und solidarische Schüler sind die Akteure dieser Internatsgeschichte, die von den Streitigkeiten zwischen Gymnasiasten und Realschülern handelt.
Drei Männer im Schnee 1934	Als ein reicher Geheimrat sich auf einer Reise als armer Mann ausgibt und ein Armer für einen Millionär gehalten wird, beginnt eine turbulente Verwechslungskomödie.
Das doppelte Lottchen 1949	Luise und Lotte entdecken im Ferienheim zufällig, dass sie Zwillinge sind, und versuchen durch einen Rollentausch ihre geschiedenen Eltern wieder zusammenzubringen.
Die Konferenz der Tiere, 1949	Tiere machen sich auf einer Konferenz für die Rechte der Kinder stark und es gelingt ihnen, die Erwachsenen zur Vernunft zu bringen.
Als ich ein kleiner Junge war, 1957	Kästner erzählt hier seine eigenen Kindheitserinnerungen von 1907 an bis zum Ausbruch des Ersten Weltkriegs.

Freund Stefan Labude. Der vernünftig handelnde Akademiker ist aufgrund seiner Herkunft finanziell abgesichert und setzt sich aktiv
für gesellschaftspolitische Veränderungen ein.

Fabians Leben scheint erstmals eine Richtung
zu bekommen, als sich eine ernsthafte Liebesbeziehung zu der Juristin Cornelia Battenber-
ger anbahnt. Doch als Fabian arbeitslos wird,
verlässt ihn Cornelia nach einiger Zeit. Auch für
Labude wendet sich das Leben zum Schlechten:
Er verliert ebenfalls seine Freundin und muss
erfahren, dass seine Habilitationsschrift auf Ablehnung gestoßen sei. Auf diese Nachricht hin
erschießt er sich – wie sich herausstellt, handelte es sich jedoch nur um den üblen Scherz eines
Assistenten. Der Selbstmord seines Freundes
führt bei Fabian zu dem Entschluss, Berlin zu
verlassen. In Dresden sucht er die Stätten seiner
Kindheit auf. Das Angebot, bei einer rechtsgerichteten Zeitung zu arbeiten, schlägt er aus.
Fabian plant, für einige Wochen ins Gebirge zu
fahren, doch beim Versuch, einen in den Fluss
gestürzten Jungen zu retten, ertrinkt er.

Aufbau: *Fabian* ist ein Großstadtroman nach
dem Vorbild des 1929 erschienenen Werks *Berlin Alexanderplatz* von Alfred →Döblin. Der ziel-
lose Protagonist Fabian wird in seiner Passivität
zum Beobachter. Er streift durch die Stadt, begibt sich in Kaufhäuser, Bordelle, Cafés, Zei-
tungsredaktionen und das Arbeitsamt; er trifft
Bettler, Prostituierte, Bürger und Arbeitslose.
Zwar bleibt er als reiner Beobachter unbeteiligt,
doch als »Moralist« urteilt er über seine Umwelt
und kommentiert in ironischem Ton das Treiben der Großstadt. Der Leser erhält so einen
umfassenden Einblick in das facettenreiche
Leben der Stadt und die Zustände im krisengeschüttelten Berlin Ende der 1920er Jahre.

Kästner hatte für den Roman ursprünglich
den Titel *Der Gang vor die Hunde* vorgesehen
und hiermit nicht nur den Lebensweg Fabians,
sondern auch die politische Entwicklung in
Deutschland bezeichnen wollen. Dem Wahr-
nehmungsmuster des modernen Großstadtlebens entspricht die Form des Erzählens: Der
Roman ist in 24 kurze Kapitel gegliedert, die
Handlung wird bestimmt von einer schnellen
Szenenfolge und abrupten Szenewechseln.

Wirkung: Der Roman war gleich nach seinem
Erscheinen außerordentlich erfolgreich. Bereits
nach einer Woche war die erste Auflage vergriffen. Schriftstellerkollegen wie Hermann Kesten
(1900–96) äußerten sich anerkennend. Dem
Erfolg beim Publikum stand von Beginn an allerdings eine große Zahl kritischer Stimmen
entgegen. *Fabian* wurde als Zeugnis der neuen
Sachlichkeit gewertet, das für diese Strömung
typische Fehlen einer politischen Aussage von
linksgerichteten Kritikern wie Walter → Benjamin scharf angegriffen. Der Roman gilt in die-

ser Hinsicht bis heute vielen als Vorbote der inneren Emigration des Autors während der nationalsozialistischen Diktatur. Dieser negativen
Wertung stehen jene Interpretationen entgegen, die den satirischen und damit zeitkritischen Charakter des Werks betonen.   *S. D.*

Kawabata, Yasunari

japan. Schriftsteller

* 14.6.1899 Osaka, † 16.4.1972 Zushi (Selbstmord)

□ *Tausend Kraniche*, 1952

Charakteristisch für den Nobelpreisträger Yasunari Kawabata ist der schlichte Stil, der an Hai-
kus erinnert. Thematisch liegt der Akzent seines
Werks auf der Schönheit des alten Japan.

Kawabata verlor mit zwei Jahren den Vater,
mit drei die Mutter, noch in der Kindheit die
Schwester und die Großmutter; der Großvater,
der ihn aufzog, verstarb, als Kawabata 16 war.
Mit dem Erbe und der Unterstützung seiner
Verwandten konnte er weiterhin ein Internat
besuchen und 1920–24 an der Tokyo-Univer-
sität Literaturwissenschaft studieren. Nach Abschluss des Studiums wurde er freier Schriftsteller. Obwohl seine Werke vom Nationalismus im
Zweiten Weltkrieg unbeeinflusst blieben, begrüßte er die Aufwertung der japanischen Kultur, die im Vergleich zu der des Westens auch in
Japan lange als minderwertig angesehen worden war. Aus dieser Perspektive entstanden bedeutende Werke wie *Schneeland* (1948) und *Ein
Kirschbaum im Winter* (1954).

1946–65 war Kawabata Präsident des japanischen PEN-Clubs und wurde 1958 zum Vizepräsidenten des Internationalen PEN-Clubs
gewählt. 1968 erhielt er den Nobelpreis für Literatur. Politisch äußerte er sich als Kritiker der
Kulturrevolution in China und als Befürworter
des Weltfriedens.

Tausend Kraniche

OT Sembazuru OA 1952 DE 1956
Form Roman Epoche Moderne

Der Roman, für den Yasunari Kawabata 1952
den Geijutsuin-Preis (Preis der Akademie der
Künste) erhielt, spielt in der Welt der traditionellen japanischen Künste.

Inhalt: Kikuji Mitani wird von Chikako, der ehemaligen Geliebten seines verstorbenen Vaters,
zu einer Teezeremonie eingeladen. Sie möchte
ihm dabei die junge Yukiko vorstellen. Neben
Chikako und Yukiko nehmen die Witwe Ota,
eine andere Nebenfrau des Vaters, und deren
Tochter Fumiko an der Zeremonie teil.

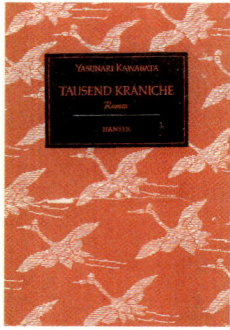

Yasunari Kawabata, *Tausend
Kraniche*, Umschlag der
deutschsprachigen Erstausgabe 1956

OT = Originaltitel EZ = Entstehungszeit OA = Originalausgabe DE = Deutsche Erstausgabe □ = Verweis auf Werkartike

Ota, die ihren verstorbenen Geliebten noch sehr vermisst, passt dessen Sohn auf dem Rückweg ab und verführt ihn. Die Beziehung entwickelt sich gegen den Widerstand von Chikako. Ota kann ihr Schuldgefühl nicht ertragen und nimmt sich das Leben. Kikuji fühlt sich nun von Fumiko angezogen, die ihn an ihre Mutter erinnert. Von Leidenschaft überwältigt, lieben sie sich im Teehaus seines Vaters. Danach verschwindet Fumiko und Kikuji findet nur noch die Teeschale, die ihm Fumiko als Erinnerung an ihre Mutter geschenkt hatte, zerbrochen vor.

Aufbau: Jedes der vier Kapitel hat einen Titel, der die Gedanken Kikujis symbolisch wiedergibt. Im ersten Kapitel *Tausend Kraniche* treffen sich alle Hauptfiguren bei der Teezeremonie, die Konkurrenz zwischen Chikako und Ota um Kikujis Vater wird geschildert. In dieser Szene bewundert Kikuji die tausend Kraniche – ein Symbol der Unschuld – auf dem Einschlagtuch von Yukiko. *Sonnenuntergang im Wald* heißt das zweite Kapitel, in dem die Gegnerschaft beider Frauen sich nun auf den Sohn Kikuji bezieht. Kikuji kann den gemeinsam mit Ota beobachteten Sonnenuntergang nicht vergessen; Ota bringt sich jedoch um. Im dritten und vierten Kapitel *Eshino* (ein Markenname von Porzellan) und *Lippenstift der Mutter* geht es um die Rivalität zwischen Chikako und Fumiko, der Tochter von Ota, nach deren Hinterlassenschaften die beiden Kapitel benannt sind. Nach der Affäre mit Fumiko sieht Kikuji im letzten Kapitel *Der doppelte Stern* am Himmel einen Stern, der ihn an die beiden Frauen erinnert. Kikuji weiß nicht, wie er sich zwischen den jeweiligen Rivalinnen entscheiden soll, und bleibt ratlos und passiv.

Kawabata hat 1954 mit *Wellen-Regenpfeifer* die Fortsetzung von *Tausend Kraniche* vorgelegt. Auch im Geschehen dieses Romans bleibt Kikuji ein Spielball des Schicksals und findet keinen eigenen Weg.

Wirkung: Der Roman wurde oft mit Kawabatas fast gleichzeitig erschienenem Buch *Ein Kirschbaum im Winter* verglichen, das ebenso in der traditionellen japanischen Welt spielt. Dieses fand und findet heute noch wegen seiner Konstruktion und Thematik größere Resonanz. S.S.

Yasunari Kawabata auf einer Pressekonferenz 1968 in Stockholm

Die wichtigsten Bücher von Kawabata Yasunari	
Die Tänzerin von Izu 1927	Auf der Reise zur Halbinsel Izu lernt ein 20-Jähriger eine Tänzerin und deren Familie kennen, die ihn seelisch heilen.
Schneeland 1937	Der Kritiker Shimamura quartiert sich in einem Landgasthaus ein, wo er und eine Geisha sich ineinander verlieben.
Tausend Kraniche 1952	Der passive Kikuji, Hauptfigur dieses Romans, wird zum Spielball mehrerer um ihn werbender Rivalinnen. → S. 586
Ein Kirschbaum im Winter, 1954	Shingo, über 60 Jahre alt, fühlt sich nicht mehr jung und ist einsam. In der Frau seines Sohnes findet er seinen seelischen Trost.
Kyoto oder Die jungen Liebenden in der alten Kaiserstadt, 1962	Chieko trifft durch Zufall ihre Zwillingsschwester Naeko, von deren Existenz sie nichts wusste. Um die Gunst der beiden bewerben sich drei Männer.

Keller, Gottfried

deutschsprachiger Schweizer Schriftsteller

* 19.7.1819 Zürich, † 15.7.1890 ebd.

📖 *Der grüne Heinrich*, 1854/55

📖 *Die Leute von Seldwyla*, 1856 und 1873/74

Die psychologisch nuancierten Romane und Erzählungen von Gottfried Keller zählen zu den Meisterwerken der bürgerlich-realistischen Literatur im deutschsprachigen Raum.

Keller, Sohn eines Drechslermeisters, verlebte eine vom frühen Tod des Vaters überschattete Kindheit und Jugend. Frühe Versuche als Maler scheiterten (1840–42). Eher beiläufig begann Keller politische Gedichte sowie Tageslyrik in der Nachfolge von Ferdinand Freiligrath (1810 bis 1876) und Georg Herwegh (1817–75) zu verfassen. Durch Rezensionen und Aufsätze auf sein Talent aufmerksam geworden, verlieh ihm die Züricher Regierung 1848 ein Stipendium für einen Studienaufenthalt in Heidelberg. Ein zweites Stipendium des Kantons Zürich ermöglichte ihm 1850 den Wechsel nach Berlin. Hier entstand sein erstes Hauptwerk, der autobiografische Roman *Der grüne Heinrich*.

Ab 1855 zurück in Zürich, folgte eine Phase der Unproduktivität und Depression. Diese endete erst 1861, als Keller überraschend zum ersten Staatsschreiber des Kantons Zürich gewählt wurde. Durch das Amt zum ersten Mal in seinem Leben materiell abgesichert, wandte er sich wieder der Schriftstellerei zu. Im nächsten Jahrzehnt vollendete er mehrere seit der Berliner Zeit brachliegende Projekte, darunter die *Sieben Legenden* (1872), die *Leute von Seldwyla* und die *Züricher Novellen* (1878).

Gerhart Hauptmann 1919 in der *Frankfurter Zeitung* über Gottfried Keller:

Kellers Werk ist gewachsen und ist gearbeitet. Es ist, natürlich im übertragen Sinne, gegossen, gehämmert, gefeilt. Es hat jenes Köstliche an sich, was recht wohl mit reicher Goldschmiedekunst vergleichbar ist.

Die wichtigsten Bücher von Gottfried Keller

Gedichte 1846	Der in Heidelberg erschienene Lyrikband war die erste Buchveröffentlichung von Keller und ist inhaltlich stark von seinen politischen Überzeugungen geprägt, die den Idealen des Vormärz nahestehen.
Der grüne Heinrich 1853–55	Der autobiografisch gefärbte Roman steht in der Tradition des Künstler- und Entwicklungsromans. 1879/80 erschien eine formal und inhaltlich revidierte Fassung. → S. 588
Die Leute von Seldwyla, 1856 und 1873/74	Der Zyklus enthält u. a. die Novellen *Romeo und Julia auf dem Dorfe*, *Kleider machen Leute*, *Das verlorene Lachen*, *Spiegel, das Kätzchen* und *Pankraz, der Schmoller*. → S. 589
Sieben Legenden 1872	Angeregt durch die *Legenden* (1804) von Gotthard Ludwig Kosegarten (1758–1818) und anfänglich als ein Teil des *Sinngedichts* geplant, entstand 1857–71 diese Novellensammlung.
Züricher Novellen 1878	Der 1860–77 entstandene Novellenzyklus enthält die Erzählungen *Der Landvogt von Greifensee* und *Das Fähnlein der sieben Aufrechten*, die als Kellers politisches Glaubensbekenntnis gilt.
Das Sinngedicht 1881	In dem 1853–57 und 1880/81 entstandenen, von einer Rahmenhandlung umzirkelten Novellenzyklus erzählt Keller Geschichten von glücklicher und unglücklicher Liebe.
Martin Salander 1886	Am Beispiel der Titelfigur zeichnet dieser Roman das Scheitern bürgerlich-sittlicher Ideale nach. Keller selbst wertete sein letztes vollendetes Werk als »tendenziös und lehrhaft« ab.

In seiner Heimat als Schweizer Patriot und Liederdichter gefeiert und hoch dekoriert, wurde Keller erst in den 1870er Jahren mit der Veröffentlichung der *Sieben Legenden* auch international bekannt. 1875 legte er sein Amt als Staatsschreiber nieder, um sich ganz der Schriftstellerei zu widmen. Sein letztes Werk war der Roman *Martin Salander* (1886).

Abgesehen von wenigen Freundschaften, u. a. zu Paul Heyse (1830–1914) und Theodor → Storm, vereinsamte Keller im Alter zunehmend.

Biografie: B. Breitenbruch, *Gottfried Keller* (rm 50 136); G. Kaiser, *Gottfried Keller. Das gedichtete Leben*, 1981; A. Muschg, *Gottfried Keller*, 1977.

Gottfried Keller, *Der grüne Heinrich*, Umschlag der Ausgabe 1892

Der grüne Heinrich

OA 1854/55 (erste Fassung)
Form Roman **Epoche** Realismus

Die Erstfassung des *Grünen Heinrich* zählt zu den bedeutendsten Bildungs- und Entwicklungsromanen des 19. Jahrhunderts. Mit für die Entstehungszeit ungewöhnlicher psychoanalytischer Klarsicht verarbeitete Gottfried Keller im Gewand des Künstlerromans autobiografische Erfahrungen. **Entstehung:** Die Genese des Romans zog sich vom Vormärz über die Revolution von 1848/49 und die anschließende Phase der Restauration hin. Schon 1842 hatte Keller erste Pläne zu diesem Roman ge-

fasst. 1846/47 begann er in Zürich mit der Niederschrift, doch erst nach seiner Übersiedelung nach Berlin (1850) fand er einen Verleger für den *Grünen Heinrich*. Unter Produktionsdruck vollendete er zwischen Juli 1851 und Oktober 1853 die ersten drei Bände. Der vierte Band erschien erst 1855.

Inhalt: Heinrich Lee, seit frühester Jugend Halbwaise, wird in einer fiktiven Schweizer Stadt – gemeint ist Kellers Geburtsstadt Zürich – von der Mutter großgezogen. All ihre Ersparnisse verwendet Frau Lee auf die Ausbildung ihres schon früh zur Kunst neigenden Sohns. Heinrich zieht in die Residenzstadt München, um Landschaftsmaler zu werden. Allmählich erkennt er sein mangelndes Talent. Das berufliche Scheitern geht einher mit einer Reihe unglücklich verlaufender Liebesgeschichten, die ihn zunehmend isolieren. Gerade als sein Leben eine gute Wendung zu nehmen scheint – Heinrich begegnet einem reichen Grafen, der sein Gönner wird, und verliebt sich in dessen Mündel Dortchen –, ist es einmal mehr sein Zaudern, das einen glücklichen Ausgang verhindert. Nachdem die Mutter kurz zuvor aus Gram über sein Ausbleiben und ihren wirtschaftlichen Ruin gestorben ist, erkennt der grüne Heinrich – die Farbe Grün ist Symbol für Jugend und Hoffnung, aber auch für die bei aller Einsicht geistige und emotionale Unreife des Protagonisten – sein vergeudetes Leben. Auch er stirbt an gebrochenem Herzen.

Aufbau: Der Roman ist in vier Bücher gegliedert. Die erste Hälfte umfasst die »Jugendgeschichte«, die Keller als »Vorspiel des ganzen Lebens« anlegte, und ist aus der Perspektive Heinrichs erzählt. Mit dem 4. Kapitel des dritten Bands wechselt der Erzähler in die dritte Person. Mehrmals ändert sich der Grundton: Lange, wortreiche Reflexionen zu Philosophie, Kunst, Ethik und Politik stehen unvermittelt neben von der Handlung scheinbar losgelösten Einschüben. Einige Passagen sind in epischer Breite angelegt, während Schlüsselereignisse wie der Tod Heinrichs und seiner Mutter mit äußerster Knappheit geschildert werden und dadurch umso intensiver wirken.

Wirkung: Trotz günstiger Beurteilungen war *Der grüne Heinrich* kein Erfolg. Zwischen 1878 und 1880 arbeitete Keller an einer Neufassung, die dem Roman eine einheitliche autobiografische Form gab. Die wechselnde Perspektive wurde durch einen durchgängigen Ich-Erzähler ersetzt. Die langen Reflexionen und Exkurse strich Keller ebenso wie die Polemiken gegen Kirche und Staat. Auch inhaltlich bestehen Abweichungen. Der von den politischen und persönlichen Verhältnissen diktierte resignative Grundton des »Ur«-Heinrich wich in der Zweitfassung einem versöhnlicheren Weltbild, das

Hauptfiguren in »Der grüne Heinrich« von Gottfried Keller

Heinrich Lee: Die Titelfigur ist ein idealistischer Künstler, der im Handlungsverlauf erkennen muss, dass die von ihm postulierte gesellschaftliche Relevanz der Kunst in einer von materialistischen Interessen beherrschten Umwelt keinen Platz hat.

Frau Lee: Heinrichs früh verwitwete Mutter setzt alle Hoffnungen und Ersparnisse in den einzigen Sohn, verfällt aus Enttäuschung über sein Versagen in Schwermut und stirbt.

Römer: Der Maler und Lehrer Heinrichs gewinnt im Verlauf der Handlung zunehmend dämonische Züge und endet in geistiger Umnachtung. Vorbild für die Figur war der tatsächliche Lehrmeister von Keller, der Kunstmaler Robert Meyer.

Ferdinand Lys: Der Malerkollege in München vertritt als Spezialist für allegorische und historische Kompositionen einen Gegenentwurf zur Landschaftsmalerei Heinrichs. Die Auseinandersetzung über die unterschiedlichen künstlerischen Anschauungen gipfeln in einem Duell, bei dem Lys von Heinrich schwer verwundet wird.

Erikson: Der Malerkollege in München repräsentiert den Typus des Auftragsmalers und verlobt sich mit der von Heinrich bewunderten Rosalie.

Anna: Die früh verstorbene, platonische Jugendliebe Heinrichs ist von zarter Konstitution und sanftem Wesen.

Judith: Die stärkste Frauengestalt des Romans verkörpert Vitalität, Naturnähe und Erotik. Sie ist Heinrich an Lebensjahren und Erfahrung weit überlegen und fungiert als eine Art »Muttergeliebte«. Nachdem ihre beiderseitige platonische Beziehung gescheitert ist, wandert sie nach Amerika aus.

Agnes: Sie unterhält in München eine kurzzeitige Liebesbeziehung zu Heinrich. Trotz ihrer Jugend und ätherischen Erscheinung ist sie von leidenschaftlich-erotischem Temperament und wird nach einem vermeintlich unschicklichen Ausbruch auf dem Münchener Künstlerfest von Heinrich entlassen.

Dortchen Schönfund: Das Findelkind und Mündel des Grafen mit dem sprechenden Nachnamen ist Heinrichs letzte große Liebe.

---

dem arrivierten sozialen Status des inzwischen berühmten Autors ebenso Rechnung trug wie dem veränderten Publikumsgeschmack. Heute gilt die erste Fassung allgemein als die literarisch Überlegene und als Vorläufer des modernen psychologischen Romans.

Die Leute von Seldwyla

OA 1856 und 1873/74
Form Novellensammlung **Epoche** Realismus

Der mehrere Schaffensperioden des Autors umspannende Seldwyler Zyklus vereinigt in teils heiteren, teils tragischen Erzählungen die zentralen Motive von Kellers Prosa.

Entstehung: Erste Pläne für die Novellensammlung entstanden bereits während des Berlin-Aufenthalts des Autors Anfang der 1850er Jahre. Den ersten Band legte er 1856 vor; Ende 1873 erschien in Stuttgart die erweiterte Neuauflage der ersten drei Bände, 1874 der vierte und letzte Band.

Inhalt: Die Novellen sind in zwei Gruppen zu je fünf Geschichten zusammengefasst. Ein Vorwort schildert Handel und Wandel im fiktiven Städtchen Seldwyla, einem »wonnigen und sonnigen Ort... irgendwo in der Schweiz«. Die scheinbare Idylle ist indes brüchig: Kleinbürgerliche Enge, Existenznöte und gestörte familiäre Verhältnisse – wiederkehrende Hauptmotive im Œuvre von Keller – bestimmen den Alltag der Seldwyler, die nichtsdestotrotz mit Sympathie und feiner Ironie als eine Ansammlung skurriler Außenseiter geschildert werden. Zu ihnen gehört etwa *Pankraz, der Schmoller*, der aus der Enge von Dorf und Elternhaus in die weite Welt flieht, wo ihn ein eitles Fräulein und ein wilder Löwe von seiner Verstocktheit heilen. Einen ernsten Erzählton schlägt die aus dem Rahmen fallende Erzählung *Romeo und Julia auf dem Dorfe* an, die das shakespearesche Drama in die wirkungsvolle Naturkulisse der ländlichen Schweiz verlegt. Unerbittlich strebt das Geschehen zum

tragischen Höhepunkt, den Doppelselbstmord des gesellschaftlich geächteten Liebespaars. Den Abschluss des ersten Bands bildet das an E.T.A. →Hoffmann gemahnende Märchen *Spiegel, das Kätzchen*. Zu den populärsten Erzählungen des zweiten Bands gehören *Kleider machen Leute*, die tragikomische Geschichte des gar nicht tapferen Schneiderleins Wenzel, das gesellschaftliche Anerkennung durch den Diebstahl eines kostbaren Gewands erringen will und kläglich scheitert, und *Die missbrauchten Liebesbriefe*.

Gemildert wird der bisweilen grimmige Humor des Autors durch die starke Verankerung seiner Prosa in Brauchtum und Kultur seines Heimatlands, die den Erzählungen einen volkstümlichen Charakter verleihen.

Wirkung: Trotz einhellig positiver Aufnahme bei Publikum und Kritik wurde der Seldwyler Zyklus erst nach seiner nur langsam fortschreitenden Vollendung 1873/74 zu Kellers bis dato größtem Erfolg bei der zeitgenössischen Leserschaft. *W.Co.*

Keller, Werner

dt. Sachbuchautor

* 13.8.1909 bei Zerbst (Sachsen-Anhalt)

† 29.2.1980 Ascona

📖 *Und die Bibel hat doch recht,* 1955

Annähernd zwei Jahrzehnte hindurch stellte Werner Keller seine Fähigkeit unter Beweis, aus kulturgeschichtlichen Themen populärwissenschaftliche Bestseller zu entwickeln.

Nach dem Studium von Maschinenbau, Medizin und Jura in Berlin, Rostock, Zürich und Genf promovierte Keller 1933 in Jena zum Dr. jur. und wurde Referendar am Berliner Kammergericht. 1937 wechselte er zur Publizistik und spezialisierte sich ab 1945 in Hamburg als Journalist auf wissenschaftliche Themen; später ließ er sich als freier Schriftsteller im Tessin

Auszug aus dem Roman Der grüne Heinrich von Gottfried Keller:

Wenn ich nicht überzeugt wäre, dass die Kindheit schon ein Vorspiel des ganzen Lebens ist und bis zu ihrem Abschlusse schon die Hauptzüge der menschlichen Zerwürfnisse in kleinen abspiegle, so dass später nur wenige Erlebnisse vorkommen mögen, deren Umriss nicht wie ein Traum schon in unserem Wissen vorhanden, wie ein Schema, welches ein Gutes bedeutet, froh zu erfüllen ist, wenn aber Übles, als frühe Warnung gelten kann, so würde ich mich nicht so weitläufig mit den kleinen Dingen jener Zeit beschäftigen.

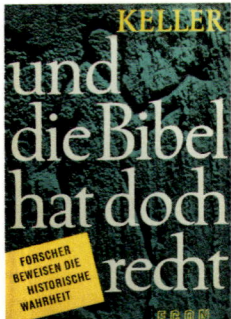

Werner Keller, *Und die Bibel hat doch recht*, Umschlag der Originalausgabe 1955

Walter Kempowski, *Tadellöser & Wolff*, Originalausgabe 1971

Walter Kempowski über politische Realität und bürgerliche Idylle in seinem Roman *Tadellöser & Wolff*:

Diese Harmlosigkeit neben dem Grauenhaften ist ja viel schlimmer, als wenn ich jetzt nur Grauenhaftes beschreibe. Gerade die Idylle bringt den Leser ja dazu, nach dem Grauenhaften zu fragen.

nieder. Nach einem Bericht über die Bibelarchäologie *Und die Bibel hat doch recht* (1955) stieß er mit *Ost minus West = Null. Der Aufbau Russlands durch den Westen* (1960) überwiegend auf Ablehnung, während sich die nachbiblische Geschichte des jüdischen Volkes, *Und wurden zerstreut unter alle Völker,* zum Standardwerk entwickelte. Aufgrund seiner Geschichte der Etrusker *Denn sie entzündeten das Licht* (1970) wurde Keller Professor der Accademia Internationale delle Muse in Florenz. Es folgten *Da staunte Herodot* (1972) und die Geschichte der Parapsychologie *Was gestern noch als Wunder galt* (1973).

Und die Bibel hat doch recht

OA 1955 **Form** Sachbuch **Bereich** Religion

Unter dem Motto »Forscher beweisen die Wahrheit des Alten Testaments« – so der Untertitel – gibt Werner Keller einen Überblick über ein Jahrhundert biblischer Archäologie im Vorderen Orient.

Inhalt: Der Bericht beginnt bei den Ereignissen im Buch Genesis (1. Buch Mose) und endet bei den Kriegen der Juden gegen die hellenistischen Seleukiden im 2. Jh. v. Chr., von denen die beiden Makkabäer-Bücher handeln. Die → *Bibel* ist somit auf das Alte Testament und dieses auf die Bücher des Mose und die »Bücher der Geschichte des Volkes Gottes« beschränkt. Es wird anschaulich, dass die biblischen Geschichtsquellen, aber auch die Erzählungen über die Patriarchen von Abraham bis zu Jakobs Sohn Josef in Ägypten sowie über den Exodus aus Ägypten mit außerbiblischen Quellen und archäologischen Zeugnissen in Einklang stehen bzw. gebracht werden können. Selbst der Mythos von der Sintflut (Genesis 6–8), dessen Gemeinsamkeit mit dem Bericht über eine Flutkatastrophe im → *Gilgamesch*-Epos um 1900 erkannt worden war, erhielt in den 1920er Jahren durch die Entdeckung einer Schlammschicht in Ur in Mesopotamien eine archäologische Bekräftigung. Mutmaßungen bleibt die Lokalisierung des »Durchzugs durch das Rote Meer« bzw. das »Schilfmeer« überlassen, nachdem der Bau des Sueskanals topografische Veränderungen zur Folge hatte. Das »Himmelsbrot Manna« (Exodus 15), erhielt eine Erklärung im Zusammenhang der Sinai-Expedition der Hebräischen Universität Jerusalem von 1927: Zwei Botaniker identifizierte die »Mannatropfen« als süßlich schmeckendes Sekret der auf dem Sinai heimischen Tamariskenbäume.

Wirkung: In mehr als 20 Sprachen übersetzt, erreichte das Buch eine Auflage von mehreren Millionen Exemplaren, zumal Fragen zum Ver-

hältnis zwischen Judentum und Christentum ausgeklammert blieben. 1963 folgte als Ergänzung ein Bildband; 1977 entstand unter der Regie von Harald Reinl ein Dokumentarfilm, der mit einem Bericht über das Turiner Grabtuch die alttestamentliche Thematik von Keller weit hinter sich ließ; 1989 erschien eine aktualisierte, reich illustrierte Ausgabe. *C.W.*

Kempowski, Walter

dt. Schriftsteller

* 29.4.1929 Rostock

📖 *Tadellöser & Wolff*, 1971

Der Romancier Walter Kempowski gilt als Spezialist für zeitgeschichtliches Erzählen, geradezu versessener Sammler von Dokumenten der Zeitzeugen und kluger Chronist deutscher Vergangenheit.

Geboren als Sohn eines Schiffsmaklers und Reeders, wuchs Kempowski in behüteten bürgerlichen Verhältnissen auf. Der Dienst in einer HJ-Strafeinheit konfrontierte ihn mit der Ohnmacht des Einzelnen gegenüber einem fanatisierten Kollektiv. Nach Ende des Krieges arbeitete er bei der US-Army in Wiesbaden. 1948, nach Rostock zurückgekehrt, wurde Kempowski wegen Spionage verhaftet und durch ein sowjetisches Militärtribunal zu 25 Jahren Zwangsarbeit verurteilt. Die Strafe verbüßte er im Zuchthaus Bautzen, wegen des Vorwurfs der Gründung einer christlichen Untergrundbewegung zeitweise in Einzelhaft. Nach der Amnestie 1956 entstanden erste literarische Skizzen. Ein Jahr später begann Kempowski während seines Pädagogik-Studiums in Göttingen mit den Recherchen für eine umfangreiche Familienchronik. Ab 1960 war er als Landschullehrer in Norddeutschland tätig und erhielt verschiedene Gastdozenturen. Kempowski gründete ein Archiv für deutsche Familiengeschichte sowie unpublizierte Autobiografien und veranstaltete Literatur-Seminare. In seinem Lebenswerk, dem 1993 in Angriff genommenen »Echolot«-Projekt versammelt er Statements von Zeitzeugen. Arbeit und Engagement des Autors wurden mit renommierten Literaturpreisen gewürdigt.

Tadellöser & Wolff

OA 1971 **Form** Roman **Epoche** Moderne

Mit *Tadellöser & Wolff* legte Walter Kempowski eine Art »Ouvertüre« seiner neunbändigen »Deutschen Chronik« vor, in der er bürgerliche Lebenswelt vor dem Hintergrund deutscher Zeitgeschichte rekonstruiert.

Kempowski schildert in seinem Roman die Geschichte seiner Familie zwischen 1939 und 1945, ihr Leben und Überleben im Dritten Reich. In bewusster Konfrontation privater Idylle mit der politischen Realität wirft der Roman Fragen nach dem Verhalten des Bürgertums in Zeiten von Krieg und Diktatur auf. Er dokumentiert das Versagen einer ganzen sozialen Schicht, die der existenziellen Bedrohung nichts entgegenzusetzen weiß.

Inhalt: Gemeinsam mit Mutter, Bruder, Schwester und unter strenger Obhut des Familienoberhaupts, des Rostocker Reeders Karl Kempowski, verlebt Walter eine geordnete Jugend. Für Hitler und seine Schergen zeigt man wenig Interesse, aber letztlich geht man doch konform. Dem bürgerlichen Lebensstandard folgend, ziehen die Kempowskis von Lübeck nach Rostock, wo ihnen in der neuen Wohnung noch einige unbeschwerte Jahre vergönnt sind. Dazu zählt auch der gemeinsame Familienurlaub in Sophienbad, der durch die Nachricht von Hitlers Überfall auf Polen unterbrochen wird. Vater Kempowski, strammer Leutnant der Reserve, meldet sich freiwillig, doch vorerst ist sein Einsatz nicht gefragt.

Sohn Walter erweist sich derweil als resistent gegen das Geschwätz linientreuer Lehrer und Jungvolkführer. Als Vater Kempowski – in dessen Jargon »Tadellöser & Wolff« so viel wie »fabelhaft« heißt – im Sommer 1940 dann doch zum Militär einberufen wird, bleibt die familiäre Idylle eine vermeintliche Trutzburg gegen die Wirren des Kriegs, bis im April 1942 alliierte Bomber Rostock in Schutt und Asche legen.

Als der künftige Schwiegersohn Sven Sörensen, ein Däne, unter Spionageverdacht verhaftet wird, setzt sich Mutter Grete bei der Gestapo für ihn ein und bekommt ihn frei. Selbst die Kempowskis glauben inzwischen nicht mehr an einen deutschen Sieg, immerhin noch »an ein ehrenvolles Remis«. Vater Kempowski kann nicht verwinden, dass sich mit Sörensen ein neuer Mann in seiner Wohnung breit macht. Nach der Verlobung seiner Tochter mokiert er, dass ihm die Heirat mit einem Ausländer gegen den Strich ginge, doch gibt er sich versöhnlich. Tochter Ulla verliert die deutsche Staatsbürgerschaft und folgt dem Gatten nach Dänemark.

Im Mai 1943 wird auch Sohn Robert eingezogen; Walter kommt zu den Flakhelfern. Im Oktober erhält der Vater den letzten Fronturlaub, überschattet von der Sorge über den inzwischen kriegsgefangenen Robert und die allgemeine Versorgungslage der Familie. Als Kurier kommt Walter bis nach Mannheim, München und Berlin. Alles deutet auf das Ende des Kriegs hin. Walter schlägt sich durch die Fronten und erwischt tatsächlich einen Zug, mit dem er per Trittbrett zurück nach Rostock gelangt. In den Wirren der russischen Offensive, mit der der Roman endet, hofft Walters Mutter auf die Hilfe der englischen Truppen.

Wirkung: Vom Rowohlt-Verlag wegen angeblicher Übersättigung des Themas abgelehnt, wurde der Roman, 1971 bei Hanser erschienen, zu einem ebenso überwältigenden Erfolg wie die kongeniale Verfilmung des Stoffs für das Fernsehen. *R.M.*

Walter Kempowski im September 1981 in seinem Haus Kreienhoop in Nartum bei Bremen

Die wichtigsten Bücher von Walter Kempowski	
Tadellöser & Wolff 1971	Die Geschichte der Kempowskis, einer gutbürgerlichen Reederfamilie im Dritten Reich, die zwischen 1939 und 1945, Diktatur und Krieg, Tod und Elend zum Trotz, versucht, bürgerliche Idylle und Harmonie aufrecht zu erhalten, und damit zum Sinnbild des Scheiterns einer ganzen Schicht wird. → S. 590
Uns geht's ja noch gold, 1972	Der »Roman einer Familie« findet seine Fortsetzung – beginnend mit dem Einzug der Roten Armee in Rostock 1945. Elend, Hunger und Gewalt sind nicht mehr wegzuharmonisieren. Im verspäteten Aufkeimen von Zivilcourage versucht man zwischen Schutt und Schwarzmarkt die bürgerliche Existenz wiederherzustellen.
Haben Sie Hitler gesehen? 1973	Die 230 von Kempowski gesammelten »deutschen Antworten« ergänzen sich zu einer Art individueller Biografie des Diktators aus einer überwiegend bürgerlichen Sicht.
Ein Kapitel für sich 1975	Schwere Zeiten für die Kempowskis: Walter wird im letzten Teil der Trilogie wegen Spionage verurteilt, als er die russischen Besetzer anschwärzt. Walter, seine Mutter und den Bruder Robert lässt der Autor persönlich aus der Haft berichten; Briefe der Schwester aus Dänemark ergänzen das Zeitbild.
Herzlich Willkommen 1984	Im Abschluss und Resümee der »Deutschen Chronik« geht es nach der Haftentlassung des Protagonisten im Frühjahr 1956 aufwärts: Walter studiert, verlobt sich und wird letztendlich glücklich ins Wirtschaftswunderland integriert, das nach der Zeit von Schuld und Versagen neue Perspektiven bietet.
Bloomsday '97 1997	Das Protokoll eines Fernsehtags im Juni 1997, an dem der Autor als unermüdlicher »Zapper« zwischen 37 TV-Kanälen hin- und herschaltete, ergibt eine entlarvende Collage aus Sprachfragmenten, Ellipsen, Argumentationen ohne Referenz und Kontext sowie sinnentleerten Botschaften der Werbeindustrie.
Echolot, Ein kollektives Tagebuch 1993/99 2002	Das groß angelegte »Erinnerungsprojekt« umfasst Statements und Tagebucheinträge, einen »Chor« vieler Stimmen von Zeitzeugen, der vom Autor als »registrierende Instanz« geordnet, aber nicht kommentiert wird. Erinnert werden die Zeiträume Januar und Februar 1945, der Winter 1945 und Hitlers Feldzug gegen die Sowjetunion.

Szene aus der Verfilmung des Romans *Schindlers Liste* von Thomas Keneally (USA 1993; Regie: Steven Spielberg)

Keneally, Thomas

austral. Schriftsteller

*7.10.1935 Sydney

📖 *Schindlers Liste*, 1982

Das Hauptthema im literarischen Werk von Thomas Keneally ist das Individuum in einer feindlichen Umwelt oder in der Auseinandersetzung mit autoritären Systemen.

Keneally studierte katholische Theologie und war als Lehrer und Angestellter tätig, ehe er sich nach dem ersten Roman *Der Platz in Whitton* (1964) ganz der Schriftstellerei widmete. Den ersten größeren Erfolg erzielte er 1967 mit dem Roman *Bring Bringt Lerchen und Helden*, der vor dem Hintergrund des irischen Sträflingsaufstands von Vinegar Hill (1804) die Auseinandersetzung eines individuellen Gewissens mit der repressiven Macht des verhassten »Systems« behandelt. Der mehrfach preisgekrönte und verfilmte Roman *The Chant of Jimmie Blacksmith* (1972) wirft ein grelles Schlaglicht auf die tragischen Auswirkungen rassistischer Vorurteile und Einstellungen. Mit seinen Romanen *Blutrot, Schwester Rose* (1974) über Jeanne d'Arc, *Klatsch aus dem Wald* (1975) über die Waffenstillstandsverhandlungen am Ende des Ersten Weltkriegs und *Konföderierte* (1979) über den amerikanischen Sezessionskrieg bewies Keneally mehrfach sein besonderes Interesse an historischen Stoffen, bevor ihm 1982 mit dem dokumentarischen Roman *Schindlers Liste* ein Welterfolg gelang.

Thomas Keneally, *Schindlers Liste*, Umschlag der deutschsprachigen Erstausgabe 1983

Schindlers Liste

OT *Schindler's Ark* **OA** 1982 **DE** 1983
Form Roman **Epoche** Moderne

Das Porträt eines außergewöhnlichen Charakters basiert auf offiziellen Dokumenten, Interviews, Briefen und privaten Aufzeichnungen. Es benutzt, so Autor Thomas Keneally, »die Textur und die Mittel des Romans«, um die authentische Geschichte der Errettung Hunderter von Juden durch den deutschen Industriellen Oskar Schindler (1908–74) im Zweiten Weltkrieg zu erzählen.

Inhalt: In Krakau, wohin Oskar Schindler der deutschen Invasion gefolgt ist, baut er eine Emaillefabrik auf, in der etwa 150 Juden Arbeit finden. Da Schindler um die unerträglichen Bedingungen in den großen Arbeitslagern wie Plaszow bei Krakau weiß, sucht und erhält er die Erlaubnis, auf dem Gelände seiner Fabrik ein Lager für die bei ihm arbeitenden Juden zu errichten. Als die Fabrik 1944 für geschlossen erklärt wird und die Juden in die Konzentrationslager Großrosen und Auschwitz gebracht werden sollen, erreicht Schindler, dass sein Werk als Munitionsfabrik im tschechoslowakischen Brinnlitz neu errichtet werden darf. Es wird eine Liste mit den Namen von mehr als 1100 Juden aufgestellt, die er als Arbeitskräfte dorthin mitnehmen darf und dadurch vor dem sicheren Tod im Vernichtungslager retten kann. Die Fabrik stellt nicht eine einzige funktionstüchtige Granate her. Bei Kriegsende wird Schindler von ehemaligen »Gefangenen« in die sichere Schweiz eskortiert.

Wirkung: Keneally versteht es, Schindler mit all seinen Überzeugungen, Vorurteilen und Gewohnheiten positiv zu zeichnen. Zwar beutete dieser menschliche Habgier und Lust aus, stellte aber unter für ihn selbst lebensbedrohenden Umständen seinen Sinn für wahre Menschlichkeit unter Beweis. Für seinen dokumentarisch fundierten Holocaust-Roman wurde Keneally 1982 mit dem angesehenen Booker-Preis ausgezeichnet. Weltweite Popularität erlangte *Schindlers Liste* 1993 mit der Verfilmung durch Steven Spielberg. *W.A.*

Kepler, Johannes

dt. Astronom

*27.12.1571 Weil der Stadt

†15.11.1630 Regensburg

📖 *Neue Astronomie*, 1609

Johannes Kepler ist durch die Entdeckung der später nach ihm benannten drei Prinzipien der Planetenbewegung bekannt. Er fand heraus

OT = Originaltitel EZ = Entstehungszeit OA = Originalausgabe DE = Deutsche Erstausgabe 📖 = Verweis auf Werkartikel

dass sich die Planeten in elliptischen Bahnen um die Sonne bewegen. Seine astronomischen Erkenntnisse ermöglichten den Schritt von geometrischen Beschreibungen der Himmelsmechanik hin zur modernen Astronomie, in die er das Konzept einer von der Sonne ausgehenden Kraft einbrachte. Kepler war außerdem einer der Begründer der modernen Optik, gab die erste korrekte Erklärung des menschlichen Sehens und entwarf spezielle Teleskope.

Nach seinem Astronomiestudium bei Michael Mästlin (einem Anhänger der kopernikanischen Weltanschauung) an der Universität Tübingen veröffentlichte Kepler *Mysterium Cosmographicum* (1596). Als er anschließend Mathematik und Rhetorik in Graz unterrichtete, lud ihn der Astronom Tycho Brahe (1546–1601) ein, an seinem Institut in der Nähe von Prag zu arbeiten. Nach dessen Tod wurde Kepler sein Nachfolger als kaiserlicher Mathematiker und Hofastronom. Auf der Basis von Brahes außerordentlich genauer astronomischer Datensammlung leitete Kepler seine drei grundlegenden Gesetze der Planetenbewegung ab. Die ersten beiden veröffentlichte er 1609 in *Die Neue Astronomie*, das dritte 1619 in *Weltharmonik*. 1612–26 lehrte Kepler in Linz und publizierte 1627 Tabellen zur Berechnung von Planetenpositionen, Logarithmen und einen Katalog *(Tabulae Rudolphinae)* von 1005 Sternen, der Brahes Beobachtungen von 777 Sternen erweiterte.

Biografien: W. Gerlach, *Johannes Kepler. Leben und Werk*, 1966; M. Lemcke, *Johannes Kepler* (rm 50 529).

Neue Astronomie

OT Astronomia nova seu Physica coelestis, tradita commentariis de motibus stellae martis, ex observationibus g. v. Tychonis Brahe **OA** 1609 **DE** 1929
Form Sachbuch **Bereich** Astronomie

Die *Neue Astronomie* von Johannes Kepler gehört neben dem Werk *Über die Kreisbewegungen der Himmelskörper* (1543) von Nikolaus Kopernikus (1473–1543) und *Die mathematischen Grundlagen der Naturphilosophie* (1687) von Isaac Newton (1643–1727) zu den wichtigsten Büchern seit Beginn der neuzeitlichen Entwicklung der Astronomie und der Naturwissenschaften. Keplers Werk enthält die erste Erkenntnis der elliptischen Planetenbahnen. Es ist ein technisches Traktat für Spezialisten der Himmelsmechanik und unterscheidet sich deshalb grundlegend von Galileo Galileis *Dialog* (1632), der für ein allgemeines Publikum geschrieben wurde.

Entstehung: Als Kepler 1600 der Einladung Tycho Brahes nach Prag folgte, übernahm er das Studium der Bewegungen des Planeten

Keplers Gesetze der Planetenbewegung

■ DAS ERSTE GESETZ
Die Planeten bewegen sich auf Ellipsen, in deren einem Brennpunkt die Sonne steht.
■ DAS ZWEITE GESETZ
Der Flächensatz: Die Verbindungslinie Sonne-Planet überstreicht in gleichen Zeiten gleiche Flächen.
■ DAS DRITTE GESETZ
Die Quadrate der Umlaufzeiten der Planeten verhalten sich wie die dritten Potenzen ihrer großen Halbachsen. (Eine große Halbachse ist die Hälfte des größten Durchmessers der Bahnellipse.)
Johannes Kepler fand diese Gesetze aufgrund der vorliegenden außerordentlich genauen Beobachtungen von Tycho Brahe. Erst Isaac Newton (1643–1727) konnte Keplers Gesetze aus seinen Kraftgesetzen ableiten; damit gelang ihm die endgültige Bestätigung seiner Dynamik.

Mars. Seine Erkenntnisse publizierte er in der *Neuen Astronomie*. Der eigentliche Titel des Werks lautet *Physik des Himmels. Über die Bewegungen des Sterns Mars*, dennoch wird es meist kurz *Neue Astronomie* genannt. Eine erste Fassung hatte Kepler bereits vor seiner Entdeckung der elliptischen Planetenbahnen fertig gestellt, die danach notwendigen Korrekturen erfolgten später.

Inhalt: Kepler reformierte die astronomische Theorie, so dass die Berechnungen aus den astronomischen Tabellen, besonders für die Marsbewegung, mit den Beobachtungen übereinstimmen. Zuvor waren alle Astronomen an dem Problem gescheitert, da sie Kreisbewegungen für die Planetenbahnen – speziell für die Marsbahn – angenommen hatten. Mars besitzt eine Schlüsselstellung, da seine Bahn stärker als die der anderen Planeten von der Kreisform abweicht. Kepler führte das Konzept einer von der Sonne ausgehenden Kraft als Mittelpunkt der Erdbahn ein. Damit erweiterte er das kopernikanische System entscheidend. Schließlich ermöglichte ihm die Entdeckung der elliptischen Bahnen die Erklärung der Beobachtungen. Er zeigte auch, dass die Vorstellung von Kopernikus von einer im Raum oszillierenden Marsbahn falsch war.

Kepler verwarf ebenso die bisher gültige Annahme der gleichförmigen Bewegung in vollkommenen Kreisen: Die Planeten bewegen sich schneller, wenn sie näher an der Sonne sind. Damit entfernte er die zusätzlichen sog. Epizyklen (Exzenter: der Bahnmittelpunkt dreht sich dann um die Sonne, so dass die Bewegung des Planeten auch ohne Ellipsenbahn exzentrisch wird), mit deren Hilfe Kopernikus versucht hatte, sein System zu retten, und formulierte sein Zweites Gesetz, das er vor dem Ersten (1602) entdeckte.

Wirkung: Die in *Neue Astronomie* veröffentlichten Kepler'schen Gesetze sind die ersten neuzeitlichen Naturgesetze. Sie ermöglichen präzise, nachprüfbare Aussagen über die Planetenbewegung und besitzen enorme Bedeutung für die weitere Entwicklung der Naturwissenschaften, vor allem der Newton'schen Gravitationstheorie (1684–86). Keplers Zeitgenossen blieb diese Bedeutung zunächst verborgen. *G. W.*

Johannes Kepler; Stich von Jakob van der Heyden, 1620

Johannes Kepler im Vorwort zu *Neue Astronomie*:

Wenn Christoph Kolumbus, Magalhaes (Magellan) und die Portugiesen berichten, wie sie auf ihren Reisen in die Irre gingen, vergeben wir ihnen nicht bloß, sondern würden die Erzählung mit Bedauern missen, da das ganze großartige Schauspiel ohne sie verloren wäre. Daher wird man es mir nicht verargen, wenn ich, getrieben von gleicher Liebe zum Leser, das gleiche Verfahren einschlage.

Johannes Kepler im 16. Kapitel seiner *Neuen Astronomie*:

Wenn Du (lieber Leser) gelangweilt bist von dieser mühsamen Art der Berechnung, dann habe Mitleid mit mir, der diese zumindest siebzigmal wiederholen musste, mit großem Verlust an Zeit; Du wirst auch nicht überrascht sein, dass jetzt beinahe fünf Jahre vergangen sind, seit ich begann mich mit dem Mars zu beschäftigen.

Justinus Kerner mit Mitgliedern der sog. Gräßler-Gesellschaft in Heilbronn, aufgenommen in den 1840er Jahren.

Kerner, Justinus

dt. Arzt und Dichter

* 18.9.1786 Ludwigsburg

† 21.2.1862 Weinsberg bei Heilbronn

📖 *Die Seherin von Prevorst*, 1829

Justinus Kerner gilt als romantischer »Dichterarzt«. Vor allem die von Robert Schumann (1810–56) vertonten Kerner-Lieder – darunter das *Wanderlied* (1812) – erreichten große Popularität. Weniger bekannt sind seine Leistungen auf zwei medizinischen Forschungsgebieten: Ihm gelang die klinische Erstbeschreibung des Botulismus (Wurstvergiftung), die er um 1820 in mehreren Publikationen veröffentlichte; darüber hinaus befasste er sich intensiv mit dem animalischen Magnetismus (Mesmerismus) und publizierte die Epoche machende Krankengeschichte → *Die Seherin von Prevorst*.

Als Sohn eines Oberamtmanns verbrachte Kerner seine frühe Kindheit in Ludwigsburg, die er in seinem *Bilderbuch aus meiner Knabenzeit* (1849) anschaulich schildert. 1804–08 studierte er in Tübingen Medizin und initiierte gemeinsam mit seinem Freund Ludwig Uhland (1787–1862) einen Kreis schwäbischer Romantiker. 1819 wurde Kerner Oberamtsarzt in Weinsberg, wo er bis zu seinem Tod lebte. Das Kernerhaus (heute Museum) war Anziehungspunkt für Dichter, Philosophen, Ärzte und Naturforscher.

Biografien: O. J. Grüsser, *Justinus Kerner 1786–1862*, 1987; H. Schott (Hrsg.), *Medizin und Romantik: Justinus Kerner als Arzt und Seelenforscher*, 1990.

Mesmerismus

Herkunft: Der Begriff geht auf den vom Bodensee stammenden Arzt Franz Anton Mesmer (1734–1815) zurück, der um 1775 das Heilsystem des »tierischen« oder »animalischen Magnetismus« begründete.

Nach Veröffentlichung des zusammenfassenden Werks *Mesmerismus, oder System der Wechselwirkungen* (1814), das der Berliner Arzt Karl Christian Wolfart herausgab, setzte sich diese Bezeichnung im Lauf der Zeit allmählich durch.

Bedeutung: Mesmer wollte die Medizin auf eine neue (natur)wissenschaftliche Grundlage stellen: Er behauptete, dass es analog zum Magnetismus und zur Elektrizität, die als zeitgenössische medizinische Heilmittel angewandt wurden, eine noch subtilere Naturkraft gebe: den »animalischen Magnetismus« (d.h. Lebensmagnetismus). Er postulierte ein kosmisches »Fluidum« (Allflut), das auch im Menschen über das Nervensystem (in einer Art Ebbe-und-Flut-Wechsel) agiere. Krankheit führte Mesmer auf eine Disharmonie dieses Fluidums im Körper zurück. Seine Heilmethode des Magnetisierens sollte das Fluidum mithilfe bestimmter Techniken auf den Patienten übertragen: durch Bestreichen der Körperoberfläche mit den Händen (frz. passes), Gruppenbehandlung um einen magnetischen Kübel (frz. baquet), Musik (u.a. auf der Glasharfe), Spiegel an den Wänden etc. Mesmers magnetische Kuren wurden im vorrevolutionären Paris, wohin Mesmer von Wien aus übergesiedelt war, als Sensation bzw. Skandal empfunden.

Die Folgen: Im frühen 19. Jahrhundert wurde das Heilsystem von Mesmer unter dem Einfluss der romantischen Naturphilosophie und Seelenforschung tiefenpsychologisch erweitert: Im Mittelpunkt stand nun das Erleben der Magnetisierten, Somnambulen und »Seherinnen«, von denen sich die Wissenschaftler Aufschlüsse über die tiefsten Geheimnisse des menschlichen Seelenlebens erhofften. Heute wird im Mesmerismus der Ursprung der Hypnosetherapie gesehen.

Die Seherin von Prevorst

OA 1829
Form Abhandlung **Bereich** Medizin/Psychologie

Kerner veröffentlichte die zweibändige Krankengeschichte seiner Patientin Friederike Hauffe (1801–29) unter dem Titel *Die Seherin von Prevorst: Eröffnungen über das innere Leben des Menschen und über das Hereinragen einer Geisterwelt in die unsere*. Das Werk ist ein epochales Zeugnis der Psychiatriegeschichte vor dem naturwissenschaftlichen Umbruch der Medizin. Es wird nur vor dem Hintergrund des beginnenden 19. Jahrhunderts verständlich – vor allem der romantischen Naturphilosophie und des Mesmerismus (→ Stichwort, S. 594). Kerner betätigte sich wie viele zeitgenössische Ärzte auch als Magnetiseur. 1856 veröffentlichte er die erste Mesmer-Biografie.

Entstehung: Im November 1826 behandelte Kerner als Oberamtsarzt in Weinsberg die damals 25-jährige schwer kranke Friederike Hauffe, die – »ein Bild des Todes, völlig verzehrt, sich zu heben und zu legen unfähig« – an täglichen Dämmerzuständen (Somnambulismus) litt, in denen sie Visionen von Geistern hatte. Nach einigen Monaten nahm sie der Arzt in seinen Haushalt auf, wo sie bis wenige Wochen vor ihrem Tod im August 1829 gepflegt wurde.

Behandlung: Im Mittelpunkt ihrer Behandlung stand das Magnetisieren, das die Patientin selbst übernahm; sie verordnete sich Art, Umfang und Zeitpunkt der magnetischen »Manipulationen«. Kerner hatte sie so zu magnetisieren, wie es ihr »Schutzgeist« vorexerzierte. Die »Heilbestrebungen des Innern« zielten – gemäß der mesmerschen Zielvorstellung – darauf, durch heftige Krämpfe eine »wohltätige Krise« zu verursachen. Eine besondere Rolle spielte der »Nervenstimmer«, der einem mesmeristischen Kübel nachempfunden war und den Kerner nach den Angaben seiner Patientin gebaut hatte.

Inhalt: Kerner beschreibt die wundersamen Erfahrungen und Fähigkeiten der Seherin, die ihn zu zahlreichen Versuchen – z. T. gemeinsam mit Kollegen – anregten. Die Kranke betätigte sich in Kooperation mit ihrem Arzt auch als Heilerin. Sie »erfühlte« bestimmte Heilmittel, insbesondere das Johanniskraut, das sie als Amulett oder Aufguss nicht nur sich selbst, sondern auch anderen Kranken verordnete. Gewöhnlich aber benutzte sie bei ihren Amuletten das geschriebene Wort. Dabei gebrauchte sie bestimmte Formeln in ihrer »inneren Schrift«, die nach dem (romantischen) Verständnis der Ärzte und Naturforscher direkt der Ursprache der Natur entstammen sollte.

Deutung: Das Ensemble der Phänomene einer spiritualistischen Tiefenpsychologie, wie es die Schilderung von Kerner darstellt, umfasst (Traum-)Visionen, Geistererscheinungen, diagnostische sowie therapeutische Prozeduren und vor allem zahlreiche Experimente im somnambulen Zustand. Beispielhaft erwähnt seien die Visualisierung des eigenen Sonnengeflechts im Bauch (»Sonnenkreise«), eine Fernheilung und die Prüfung der besonderen Sensitivität der Seherin (u. a. im Hinblick auf Metalle).

Wirkung: Die Krankheit der Seherin wurde später von Psychiatern der Hysterie bzw. Schizophrenie zugeordnet. Doch Kerner und vielen Ärzten seiner Generation schien das »magnetische Leben« von Somnambulen nicht primär als ein Defektzustand, sondern als Offenbarung der verborgenen Natur des Menschen. Im Licht moderner Konzepte der Psychotherapie und Psychoanalyse erstaunt die intuitive Sicherheit Kerners im Umgang mit seiner Patientin. *H. S.*

Kerouac, Jack

US-amerikan. Schriftsteller

* 12.3.1922 Lowell (Massachusetts)

† 21.10.1969 Saint Petersburg (Florida)

📖 *Unterwegs*, 1957

Jack Kerouac arbeitete in seinem stark autobiografisch geprägten Werk mit einer umgangssprachlich gefärbten Prosasprache, die das Lebensgefühl der US-amerikanischen Kriegs- und Nachkriegsjugend zum Ausdruck brachte.

Der Sohn frankokanadischer Einwanderer stammte aus einfachen Verhältnissen. Sein Talent und energetischer Ausdruckswille brachen sich bereits früh Bahn. Schon als Kind zeichnete Kerouac Comics für Freunde, schrieb für die Schülerzeitung und versorgte einen Nachbarn mit Sportreportagen über die eigenen sportlichen Leistungen, die ihm ein Stipendium für die New Yorker Columbia University einbrachten. Dort traf er 1944 auf William S. → Burroughs und Allen Ginsberg (1926–97), mit denen er in den 1950er Jahren den Kern der Beat Generation (Stichwort → S. 595) bildete. 1947 stieß Neal Cassady dazu und für Kerouac begann die Zeit des wilden Umherreisens quer durch die USA und Mexiko. Nach dem 1950 er

Jack Kerouac, *Unterwegs*, Manuskript aus dem Jahr 1957; die Schriftrolle wurde am 22. Mai 2001 von den renommierten Auktionshaus »Christie's« in New York versteigert und erzielte einen Preis von 2,43 Millionen US-Dollar, die höchste Summe, die bis dahin für ein literarisches Dokument gezahlt worden war. Das 120 Fuß lange Manuskript mit einem durchgehenden Fließtext, der nicht in Kapitel unterteilt ist, ging an den Besitzer des Football-Clubs Indianapolis-Colts, James Irsay.

Beat Generation

Herkunft: Der Begriff taucht zum ersten Mal in dem 1952 erschienenen Roman *Go* von John Clellon Holmes (1926–88) auf. Holmes zufolge hat Kerouac den Ausdruck geprägt. Parallel zur Lost Generation nach dem Ersten Weltkrieg beschreibt Beat Generation jene Altersgruppe von Amerikanern, die im Zweiten Weltkrieg ihre Jugend verlor und in den frühen 1950er Jahren auf der Suche nach einem erfüllten Leben und ihrem Platz im modernen Amerika ist.

Begriff: Das Wort Beat bedeutet »geschlagen« oder »besiegt« und impliziert, dass jemand durch die Zeitumstände und die fest gefügten Gesellschaftsstrukturen ausgenutzt oder betrogen worden ist. Zugleich spielt das Wort Beat, das in *Unterwegs* etwa ein Dutzend Mal auftaucht und auch »abgerissen« oder »kaputt« bedeuten kann, auf die Begriffe »beatify« und »beatitude« an, die vom lateinischen »beatus« (gesegnet, reich, glücklich) herrühren und dem katholischen Jack → Kerouac in dieser Bedeutung aus der Kirche geläufig waren.

Anwendung: In den Medien wurde der Begriff zunächst für die Gruppe von Autoren um Kerouac, William S. → Burroughs und Allen Ginsberg (1926–97) benutzt. Bald aber bezeichnete er die gesamte Kultur der Nachkriegs-Jugend in den USA. In Anlehnung an die Verkleinerungs-Form des Jiddischen, aber auch weil infolge des Sputnik-Starts russische Sprachanleihen in Amerika Mode wurden, entwickelte sich der Begriff Beatniks. Kerouac selbst distanzierte sich bald von diesen Begriffen.

schienenen Romandebüt *The Town and the City* fand sich lange Zeit kein Verlag für seine Bücher. Erst 1957 wurde der bereits sieben Jahre vorher geschriebene Roman *Unterwegs* veröffentlicht. Danach erschienen in schneller Folge Romane, Gedichte und Erzählungen, die den literarischen Ruf des Autors festigten. Mit dem plötzlichen schriftstellerischen Erfolg und der ihm aufgedrängten Rolle als Galionsfigur der Beat Generation kam Kerouac nicht zurecht. Nach zahlreichen Schreib- und Lebenskrisen starb er an den Folgen seines schweren Alkoholismus.

Unterwegs

OT On the Road **OA** 1957 **DE** 1959

Als Manifest der Beat Generation (Stichwort → S. 595) fasste *Unterwegs* von Jack Kerouac die Lebensgier all jener in Worte, die während des Zweiten Weltkriegs aufgewachsen waren und in den 1950er Jahren nach Lebenserfüllung und ihrem Platz im modernen Amerika suchten.

Jack Kerouac, *Unterwegs*, Umschlag der britischen Erstausgabe 1958 (Gestaltung: Len Deighton)

Entstehung: Im Frühjahr 1951 tippte Kerouac die erste Fassung von *Unterwegs* mit einer Schreibmaschine auf eine Papierrolle von knapp 40 Metern Länge, da das lästige Wechseln der Blätter nicht seinen Gedankenfluss unterbrechen sollte. Erst nach einer Abschrift auf normales Papier und mehreren Überarbeitungen wurde der Roman 1957 verlegt.

Inhalt: Kurz nach der Trennung von seiner Frau lernt der junge Schriftsteller Sal Paradise, der bei seiner Tante in New York lebt, Dean Moriarty kennen. Dean ist ein junger Mann aus dem amerikanischen Westen, der den größten Teil seiner Jugend in staatlichen Erziehungs- und Besserungsanstalten verbracht hat. Dean, der von Sal das Schriftstellern lernen will, reißt diesen aus seiner Arbeit an seinem Roman, aber auch aus seiner lethargischen Trauer und führt ihn in ein wildes, energiegeladenes und unstetes Leben. Sal folgt Dean quer über den US-amerikanischen Kontinent und gelangt durch diese Reise in eine Welt, die geprägt ist von Bebop, Jazz, Drogen und Ekstase.

Über ein Jahr später – Sal war zwischenzeitlich nach New York zurückgekehrt und hatte seinen Roman abgeschlossen – macht er sich, nachdem Dean erneut bei ihm aufgetaucht ist, zum zweiten Mal auf den Weg. Er ist auf der Suche nach einem zu ihm passenden Mädchen und nach dem magischen Zauber des Augenblicks. Darüber hinaus sammelt er bei seinem Leben auf der Straße verschiedenes Material, das er literarisch verarbeitet.

Als Sal in Mexiko schwer erkrankt, lässt Dean den mit dem Tod ringenden Freud im Stich. Aber Sal erholt sich und kehrt nach New York zurück, wo er schließlich ein Mädchen findet und sich niederlässt, um mit ihr zu leben und seinen nächsten Roman zu schreiben. Als Dean erneut auftaucht, lässt Sal ihn, der mit seinem unsteten Leben zum tragischen und gebrochenen Helden des modernen, zwiespältigen Amerikas wird, allein ziehen.

Stil: Das in fünf Teile gegliederte Buch lebt vor allem vom schnellen Rhythmus der schnörkellosen Sprache, die Kerouac selbst als »Spontaneous Prose« bezeichnete. In langen, parataktischen Sätzen stehen beschriebene Wirklichkeit und Imaginiertes unvermittelt nebeneinander. Der Sprachrhythmus, der dem Jazz nachempfunden ist, bildet das stilistische Rückgrat von *Unterwegs.* Durch Gedankenstriche werden die Sätze, wie bei Instrumetal-Soli im Jazz, in einzelne Phrasen unterteilt, die durch innere Monologe und Stream-of-consciousness-Passagen miteinander verwoben sind.

Wirkung: Nachdem Viking Press den Roman 1957 endlich veröffentlichte, wurde er zum Erstaunen seiner Verleger zu einem großen Erfolg. Durch das rauschhafte und ekstatische Lebensgefühl, das er vermittelte, war der Roman bis in die 1970er Jahre hinein eine Bibel für aufbegehrende Jugendliche und für Generationen von Buch- und Filmautoren stilbildend. *St. N.*

Kertész, Imre

ungar. Schriftsteller

*9.11.1929 Budapest

📖 *Roman eines Schicksallosen,* 1975

Mit dem *Roman eines Schicksallosen* machte sich Imre Kertész einen Namen als bedeutende Schriftsteller der Gegenwart.

1944 wurde Kertész nach Auschwitz deportiert, von dort nach Buchenwald gebracht und 1945 befreit. 1948 legte er das Abitur ab und arbeitete anschließend als Journalist bei eine Tageszeitung, bis er 1951 von der kommunistischen Leitung wegen mangelnder einschlägiger Gesinnung entlassen wurde.

Seit 1953 ist Kertész freier Schriftsteller; verfasste zunächst Libretti und übersetzte deutsche literarische und philosophische Klas

OT = Originaltitel **EZ** = Entstehungszeit **OA** = Originalausgabe **DE** = Deutsche Erstausgabe 📖 = Verweis auf Werkarti siker ins Ungarische. 1963 begann er die Arbeit an dem *Roman eines Schicksallosen*, die ihn zehn Jahre lang in beengten Verhältnissen das Leben eines Einsiedlers führen ließ. Von der literarischen Welt über Jahrzehnte nicht wahrgenommen, erfuhr seine Arbeit erst seit Ende der 1980er Jahre in Ungarn wie auch international die ihr gebührende Anerkennung. In rascher Folge erschienen weitere Prosaarbeiten sowie ein *Galeerentagebuch* (1992). Von der frühen Erfahrung der Lagerwelt geprägt, kreist das Werk von Kertész um die verheerende Wirkung totalitärer Systeme und die Analyse der »Hinrichtungsmaschine 20. Jahrhundert«.

Roman eines Schicksallosen

OT Sorstalanság
OA 1975 **DE** 1990 **Form** Roman **Epoche** Moderne

Der *Roman eines Schicksallosen* von Imre Kertész ist ein kunstvoller Beleg dafür, dass das vermeintlich »unfassbare« Geschehen in den nationalsozialistischen Vernichtungslagern durchaus in Worte zu kleiden ist und der Völkermord auch mittels eines literarischen Werks begreiflich gemacht werden kann.

Entstehung: 1944 nach Auschwitz deportiert und von dort nach Buchenwald gebracht, war der seinerzeit 15-jährige Kertész selbst Leidtragender und Zeuge des barbarischen Geschehens in den nationalsozialistischen Vernichtungslagern. Zehn Jahre lang (1963–73) arbeitete er an dem Roman, der diese Welt zum Gegenstand machte. Zwei weitere Jahre musste der Autor warten, ehe der *Roman eines Schicksallosen* 1975 in einem Budapester Verlag erscheinen konnte.

Inhalt: György Köves, ein 15-jähriger jüdischer Junge, lebt in Budapest in schwierigen Familienverhältnissen. Sein Vater wird in den Arbeitsdienst gezwungen, György zur Arbeit in einem Industriebetrieb zwangsverpflichtet. Auf dem Weg zur Arbeit wird er eines Tages abgefangen und nach Auschwitz gebracht. Eine kleine Lüge rettet ihm bei der Ankunft und der folgenden Selektion an der Rampe das Leben: Er macht sich älter, als er tatsächlich ist und wird jenen zugewiesen, deren Arbeitskraft noch auszubeuten ist. Schritt für Schritt, mit dem oftmals naiv anmutenden und in dieser Umwelt irritierend wirkenden Denken eines Kindes, lernt er die Gesetze des Überlebens im Lager. Nach drei Tagen wird er über Buchenwald in das kleinere Lager Zeitz verlegt, wo statt des systematisch angelegten Massenmordes Sklavenarbeit und sadistische Anwandlungen der Bewacher die Regel sind. Auf der Krankenstation, wieder einmal dem Tod nah, erlebt er die Befreiung und kehrt nach Budapest zurück. Dort stehen die Men-

Wichtige Bücher der Holocaust–Literatur

Primo Levi 1947	*Ist das ein Mensch?:* Stilistisch eindrucksvoll und mit unerhörter Akribie beschreibt der Autor den Prozess der Entmenschlichung der zum Tode verurteilten Juden in Auschwitz. → S. 682
Jorge Semprún 1963	*Die große Reise:* Der erste Roman des späteren spanischen Kulturministers beschreibt die Erfahrungen der Deportation und des Lebens im KZ, die er als 20-Jähriger machte. → S. 989
Jean Améry 1966	*Jenseits von Schuld und Sühne:* Die Bewältigungsversuche eines Überlebenden setzen sich insbesondere mit den verheerenden Folgen der Folter auseinander.
Jurek Becker 1969	*Jakob der Lügner:* Der Roman handelt von einem Bewohner des Warschauer Gettos, der durch erfundene gute Nachrichten die Hoffnung der Unterdrückten am Leben hält. → S. 94
Imre Kertész 1975	*Roman eines Schicksallosen:* Aus der Perspektive eines Kindes schildert Kertész das Leben im Vernichtungslager. → S. 597
Aleksandar Tisma 1987	*Kapo:* Ein verfolgter Jude verstrickt sich in seiner Funktion als Kapo im Unterdrückungssystem der Täter und wird in der Nachkriegszeit von Schuldgefühlen beherrscht. → S. 1072
Ruth Klüger 1992	*weiter leben:* Das autobiografische Buch beschreibt eine Kindheit in Theresienstadt und Auschwitz sowie das Weiterleben danach.

schen ihm und seinem Schicksal verständnislos gegenüber. Enttäuscht über die Ignoranz und fehlende Sensibilität, sehnt er sich zuweilen nach der Lagerwelt zurück.

Struktur: Der Roman ist aus der Ich-Perspektive und in der Sprache eines 15-jährigen Jungen erzählt. Weil ihm die Lagerwelt fremd ist, berichtet er detailliert und nüchtern, oft mit ahnungslosem Staunen über das, was sich vor seinen Augen abspielt. Die Diskrepanz zwischen Erzählton und Erzähltem wirkt äußerst verstörend, zumal wiederholt und vor allem glaubhaft Augenblicke kindlichen Glücks im Schatten der Krematorien geschildert werden.

Wirkung: Der Roman fand in der ungarischen Erstauflage zunächst kaum Resonanz; erst eine Neuauflage von 1985 brachte Kertész die Anerkennung in seinem Heimatland. Auch die erste, 1990 erschienene deutsche Ausgabe erregte keinerlei Aufsehen. 1996 wurde der Roman dem Publikum schließlich in neuer Übersetzung vorgelegt und von der Kritik hoch gelobt, auch wenn er zuweilen als Provokation empfunden wurde.   *R. F.*

Imre Kertész, *Roman eines Schicksallosen*, Einband der deutschsprachigen Taschenbuchausgabe 1996

Kesey, Ken(neth)

US-amerikan. Schriftsteller
*17.9.1935 La Junta (Colorado)
†10.11.2001 Eugene (Oregon)
Einer flog über das Kuckucksnest, 1962

Ken Kesey erlangte frühen literarischen Ruhm durch die Verarbeitung seiner Erfahrungen mit der Drogenkultur und dem Krankenhauswesen. Gleich mit seinem ersten Roman *Einer flog über das Kuckucksnest* über den Alltag in der US-Psychiatrie feierte er 1962 einen Welterfolg.

Auszug aus dem *Roman eines Schicksallosen* **von Imre Kertész:**

…es gibt keine Absurdität, die man nicht ganz natürlich leben würde, und auf meinem Weg, das weiß ich schon jetzt, lauert wie eine unvermeidliche Falle das Glück auf mich. Denn sogar dort, bei den Schornsteinen, gab es in der Pause zwischen den Qualen etwas, das dem Glück ähnlich war. Alle fragen mich immer nur nach den Übeln, den »Greueln«: obgleich für mich vielleicht gerade diese Erfahrung die denkwürdigste ist. Ja, davon, vom Glück der Konzentrationslager, müsste ich ihnen erzählen, das nächste Mal, wenn sie mich fragen.

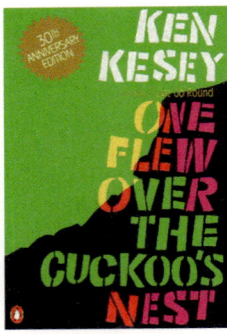

Ken Kesey, *Einer flog über das Kuckucksnest*, Einband der US-Taschenbuchausgabe 1977

Jack Nicholson (M.) als Randle Patrick McMurphy in der Verfilmung des Romans *Einer flog über das Kuckucksnest* von Ken Kesey (USA 1975; Regie: Milos Forman)

Der Autor wuchs auf der Farm seiner Großeltern im nordwestlichen US-Bundesstaat Oregon auf und studierte Ende der 1950er Jahre Literatur an der Stanford-Universität in Palo Alto (Kalifornien). Seit Mitte der 1960er Jahre lebte er auf einer Farm in Pleasant Hill (Oregon), die zum Anziehungspunkt vieler Hippies aus aller Welt wurde. Mit Freunden ging er unter dem Namen »Merry Pranksters« (»Fröhliche Possenreißer«) 1964 per Bus auf eine Drogentour durch die USA, über die der Autor Tom → Wolfe in seinem dokumentarischen Roman *Unter Strom* (1968) berichtete. Nach den Erfolgen der Frühphase und seiner Rolle als Kultfigur der Drogenszene schrieb Kesey nur noch zwei Romane, darunter den 1971 verfilmten *Manchmal ein großes Verlangen* (1964) über einen Streik im Holzfällermilieu. Zu Keseys erfolgreichen Kinderbüchern gehört u. a. *Der Seelöwe* (1991). 1986 erschien *Die Kiste der Pandora*, ein Band mit Erzählungen, 1994 sein Theaterstück *Twister*.

Biografie: T. Wolfe, *Unter Strom*, 1968.

Einer flog über das Kuckucksnest

OT One Flew Over The Cuckoo's Nest
OA 1962 **DE** 1971 **Form** Roman **Epoche** Moderne

Der international erfolgreiche Roman, in dem Ken Kersey Vitalität mit starrer Ordnung kontrastiert, ist eine leidenschaftliche Anklage gegen Praktiken der Psychiatrie sowie gegen eine Gesellschaft, die hilf- und willenlose Außenseiter in Anstalten verwahrt.

Inhalt: Der 30-jährige Ex-Korea-Kämpfer Randle McMurphy ist ein rebellischer Kleinkrimineller. Wegen Ungehorsams aus der Armee entlassen, wird er nach Schlägereien, Sittlichkeitsdelikten und Trunksucht in eine Strafanstalt eingeliefert. Aufsässig und arbeitsscheu, spielt er den Dummen und wird zur Beobachtung in eine psychiatrische Anstalt in Oregon überwiesen. Dort führen die despotische Oberschwester Ratched (Big Nurse) und ihre brutalen Wärter ein unmenschliches Regime. Die Insassen werden mit Arzneimitteln, Elektroschocks und Psychoterror ruhig gestellt. Einzig der Ich-Erzähler, der hünenhafte Indianerhäuptling Bromden, wehrt sich, in dem er sich taubstumm stellt. McMurphy, ein Fremdling in dieser irren Welt, greift die Autorität der Anstalt an und wiegelt die Insassen auf. Als er versucht, Schwester Ratched zu erwürgen, wird er durch eine Hirnoperation für immer zum Debilen verurteilt. Häuptling Bromden erstickt McMurphy aus Mitleid und flieht.

Aufbau: Der Roman, dessen Titel einem populären Kinderreim entstammt, ist eine Allegorie auf die moderne Industriegesellschaft. Wer deren Leistungskriterien nicht erfüllt – so eine Lesart des Buches –, wird ausgesondert und einer Spezialbehandlung unterzogen. Die Vertreter der Gesellschaft (Schwestern, Ärzte, Pfleger) handeln autoritär und lustfeindlich. Ihnen gegenüber stehen vitale Naturburschen (McMurphy, Häuptling Bromden), deren einzige Waffen Spiel und Humor sind. Der Autor reduziert die praktizierte Gruppentherapie auf eine Lachnummer, die von den Insassen schließlich sabotiert wird. Mit dem Motiv der Bootsfahrt auf hoher See, die McMurphy mit den Insassen unternimmt, greift der Autor auf die wilde Natur als Symbol der Freiheit zurück. Der Indianer als markante Verkörperung der Wildnis flieht vor den gesellschaftlichen Zwängen. Die geradlinige Handlung und klare Figurenzeichnung unterstreichen die Stringenz und tatkräftige Entschlossenheit gegen das System, die im Roman zum Ausdruck kommt.

Wirkung: Das Buch löste in den USA kontroverse Diskussionen über die Methoden der Psychiatrie aus und wurde Ende der 1960er Jahre

Hauptfiguren in »Einer flog über das Kuckucksnest« von Ken Kesey

Randle McMurphy: Er ist ein Außenseiter, Spielertyp und Krimineller mit starker Ausstrahlung. Mutig und selbstbewusst rebelliert er gegen die Anstaltsprinzipien und bringt die Insassen auf seine Seite, scheitert aber am System. Am Ende wird er von Häuptling Bromden aus Mitleid getötet.

Schwester Ratched: Die Verkörperung unerbittlicher Autorität und eine überdimensionale Angstfigur (Big Nurse) ist diszipliniert, redegewandt und gerissen. Ratched ist Hauptfeindin und Hassobjekt von McMurphy, den sie auf ihre Art besiegt.

Häuptling Bromden: Der Indianer ist der Ich-Erzähler des Romans, bärenstark und die Verkörperung ungebändigter Natur. Er

rebelliert gegen den Kollektivzwang mit Schweigen, tötet McMurphy nach dessen Niederlage und flieht aus der Anstalt.

Billy Bibbit: Der stotternde, schüchterne Jüngling mit Mutterkomplex, auf den Schwester Ratched ihr besonderes Augenmerk richtet, verbringt durch Vermittlung McMurphys eine Nacht mit einer Prostituierten. Als Miss Ratched davon erfährt und mit Sanktionen droht, begeht er Selbstmord.

Harding: Der skeptische Intellektuelle ist freiwillig in der Psychiatrie und auch unter den Patienten ein Außenseiter. Anfangs steht er loyal auf der Seite des Anstaltssystems, schließt sich dann aber der Rebellion der Insassen an.

ein Kultbuch der rebellierenden Studenten. Die Verfilmung 1975 von Milos Forman mit Jack Nicholson in der Hauptrolle wurde mit fünf Oscars ausgezeichnet. Der Autor Kesey verklagte jedoch die Produzenten (u. a. Michael Douglas), weil sie seine Hauptfigur, den schizophrenen Indianer, zur Nebenrolle degradiert hatten. *B. B.*

Keun, Irmgard

dt. Schriftstellerin

* 6.2.1905 Berlin, † 5.5.1982 Köln

📖 *Das kunstseidene Mädchen*, 1932

Irmgard Keun ist eine der herausragenden Vertreterinnen des Großstadtromans zur Zeit der Weimarer Republik. Mit analytisch-scharfem, leicht ironisch gebrochenem Blick schilderte sie das Schicksal der kleinen Leute in einer unsicheren Zeit.

Die Tochter einer Fabrikantenfamilie wuchs in Berlin und Köln auf. Nach dem Besuch der Schauspielschule arbeitete sie kurzzeitig in diesem Beruf. Ihr erster Roman *Gilgi, eine von uns* (1931) war ein durchschlagender Erfolg. Keun wurde als Wunderkind gefeiert, zumal sie sich fünf Jahre jünger machte. Die Machtergreifung der Nationalsozialisten bereitete ihrer sich anbahnenden Karriere ein jähes Ende; ihre Bücher, die dem Frauenbild der neuen Machthaber nicht entsprachen, wurden verbrannt.

Ende 1935 ging Keun ins Exil nach Belgien und reiste mit Joseph → Roth durch das nicht besetzte Europa, danach versteckte sie sich in den Niederlanden. 1940 lebte sie mit falschen Papieren in Deutschland. In den Nachkriegsjahren als Rundfunkautorin erfolgreich, geriet Keun bald in Vergessenheit. Die Renaissance ihrer Romane um 1980 hat sie noch erlebt.

Biografie: H. Beutel / A. Barbara Hagin (Hrsg.), »*Einmal ist genug*«. Irmgard Keun. Zeitzeugen, Bilder und Dokumente erzählen, 1995; G. Kreis, *Was man glaubt, gibt es. Das Leben der Irmgard Keun*, 1991; H. Häntzschel, *Irmgard Keun* (rm 50452).

Das kunstseidene Mädchen

OA 1932 **Form** Roman **Epoche** Moderne

Das kunstseidene Mädchen, ein typisches Werk der Neuen Sachlichkeit, ist ein Zeit- und Großstadtroman über die letzten Tage der Weimarer Republik. Aus der Sicht einer scheinbar naiv-durchtriebenen Ich-Erzählerin, des kunstseidenen Mädchens Doris, vermittelt Irmgard Keun ein hautnahes Bild der Alltagsmisere einer kleinen Büroangestellten, die ihrem engen Lebenskreis entfliehen will.

Inhalt: Doris arbeitet lustlos im Büro eines Rechtsanwalts. Ihren freudlosen Alltag kompensiert sie mit Tagträumen – sie will ein Filmstar werden – und mit Abendvergnügungen, bei denen sie die Prüde spielt und ihre diversen Bekanntschaften zu Geschenken animiert. Von ihrer großen Liebe Hubert wurde sie enttäuscht; er verließ sie wegen eines reichen Mädchens, versuchte aber sein Verhalten mit moralischen Bedenken ihr gegenüber zu rechtfertigen. Trotz ihrer Jugend macht sich Doris keinerlei Illusionen über die Liebe, die Männer und den Kaufwert der Liebe. Als sie die Zudringlichkeiten ihres Chefs heftig zurückweist, weil er ihr zu alt ist, wird ihr gekündigt.

Eine kleine Stelle als Statistin am Theater scheint die Erfüllung ihrer Kleinmädchenträume zu ermöglichen. Durch Intrigen erhält sie

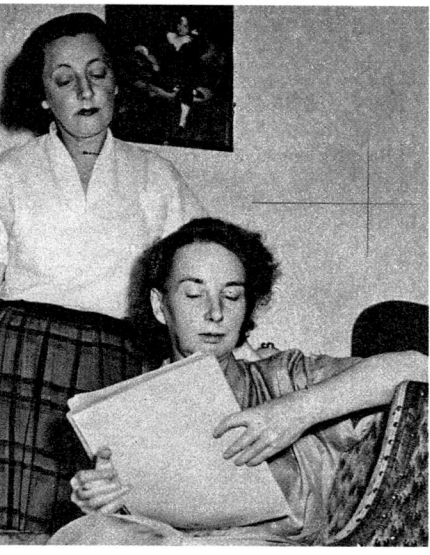

Die österreichische Schriftstellerin Joe Lederer zu Besuch bei Irmgard Keun (vorn); Foto aus dem Jahr 1950

Die wichtigsten Bücher von Irmgard Keun	
Gilgi, eine von uns 1931	Der Romanerstling von Keun erzählt die Geschichte einer kleinen Büroangestellten, die an ihrer großen Liebe fast zerbricht.
Das kunstseidene Mädchen, 1932	In ihrem Zeit- und Großstadtroman im Stil der Neuen Sachlichkeit entwirft die Autorin das Psychogramm einer desillusionierten Büroangestellten. → S. 599
Das Mädchen, mit dem die Kinder nicht verkehren durften 1936	Der Roman schildert eine Kindheit in Köln. Im Mittelpunkt steht ein aufgewecktes, unerschrockenes, aufmüpfiges Mädchen, das die Welt der Erwachsenen mit scheinbar naiven Augen betrachtet, aber gnadenlos kommentiert.
Nach Mitternacht 1937	In diesem Roman lässt Keun eine scheinbar naive Heldin das Grauen des allgegenwärtigen Faschismus erzählen.
D-Zug dritter Klasse 1938	Eine zusammengewürfelte Gesellschaft von Verzweifelten, Resignierten, aber auch Hoffnungsvollen auf dem Weg ins Exil.
Kind aller Länder 1938	Ein Mädchen erlebt die Emigration ihrer Eltern – der Vater scheint sie zu genießen, die Mutter leidet – mit kindlicher Neugier.
Ferdinand, der Mann mit dem freundlichen Herzen, 1950	Mit diesem für ihre Verhältnisse rührenden Roman über den zu braven Heimkehrer Ferdinand Timp und seine Freunde konnte die Schriftstellerin nicht mehr an ihre frühen Erfolge anknüpfen.

Auszug aus dem Roman
Das kunstseidene Mädchen
von Irmgard Keun:

Wenn eine junge Frau mit Geld einen alten Mann heiratet wegen Geld und nichts sonst und schläft mit ihm stundenlang und guckt fromm, dann ist sie eine deutsche Mutter von Kindern und eine anständige Frau. Wenn eine junge Frau ohne Geld mit einem schläft ohne Geld, weil er glatte Haut hat und ihr gefällt, dann ist sie eine Hure und ein Schwein.

Ellen Key an ihrem
Schreibtisch

sogar einen Platz an der Schauspielschule und hat großen Erfolg, als sie bei einer Aufführung einen Satz sprechen darf. Doch nach dem Diebstahl eines Pelzmantels, der sie unwiderstehlich anzieht, flieht sie nach Berlin, ohne zu wissen, wie sie dort überleben kann.

Doris wird konfrontiert mit dem Elend der Arbeiterfamilien, mit Prostitution und Brutalität, ist aber fasziniert von der glitzernden Großstadt und zeigt einen nahezu unerschütterlichen Optimismus. Ob als Kindermädchen, ausgehaltene Geliebte eines Fabrikanten oder Gelegenheitsprostituierte, Doris bleibt sich gleich, macht sich nichts vor und wirkt deshalb auf den Leser sympathisch. Ihre Zuneigung zu einem Kriegsblinden, den sie durch das nächtliche Berlin führt und es ihm mit ihren Augen schildert, offenbart ihre große Hilfsbereitschaft und Güte. Als sie Ernst, einen von seiner Frau verlassenen »anständigen« Mann, kennen lernt, freundet sich Doris aus Liebe sogar mit der Hausfrauenrolle an, die ihr sinnvoller erscheint als nichts sagende Büroarbeit. Dass Ernst seine Frau nicht vergessen kann, schmerzt sie. Doris verlässt ihn und benachrichtigt die Ehefrau, um ihm zu helfen. Am Ende sitzt sie im Wartesaal des Bahnhofs und weiß nicht, wohin sie gehen soll.

Aufbau: Konsequent lässt die Autorin die Ich-Erzählerin als fiktive Tagebuchschreiberin in naivem, schnoddrigem, aber klarsichtigem Ton sprechen; die Figur wirkt hierdurch lebendig und plausibel. Mit einer stilistischen Mischung aus Neuer Sachlichkeit und Sentimentalität gelingt es Keun, ihre Leser direkt anzusprechen. Die Handlung ist nicht chronologisch erzählt, doch die Zeitsprünge – Vor- und Rückgriffe – sind leicht nachvollziehbar.

Wirkung: Nach dem Sensationserfolg des ersten Romans *Gilgi, eine von uns* (1931) hätte *Das kunstseidene Mädchen* Keun den literarischen Durchbruch bringen können – trotz der vehementen Proteste rechter und konservativ bürgerlicher Kreise. Die nationalsozialistische Kulturpolitik verhinderte jedoch die Etablierung der Autorin auf dem Buchmarkt und zwang sie ins Exil. Heute gilt Keun als Vorreiterin der Frauenliteratur.
D. Ma.

Key, Ellen

schwed. Reformpädagogin und Frauenrechtlerin

* 11.12.1849 Sundsholm (Smaland)

† 25.4.1926 Strand am Vättersee

📖 *Das Jahrhundert des Kindes*, 1900

Ellen Key gehört neben Maria → Montessori zu den einflussreichsten Vertreterinnen der Reformpädagogik zu Beginn des 20. Jahrhunderts sowie der Rechte der beruflich oder im »Beruf Mutter« tätigen Frau.

Die Tochter eines Großgrundbesitzers erhielt Privatunterricht (u.a. von einer dt. Lehrerin) und eignete sich umfassende literarische Kenntnisse an. 1868 wurde der Vater Mitglied des schwedischen Reichstags und die Familie übersiedelte nach Stockholm. Hier begann Key 1878 als Lehrerin und 1883 als Dozentin am Arbeiterinstitut mit Vorlesungen über schwedische Literatur im Dienst der nationalen Volksaufklärung. Daneben entwickelte sie eine erfolgreiche Vortragstätigkeit in Arbeiter-, Frauen- und Studentenvereinen und veröffentlichte neben 44 Büchern rund 150 Artikel in Zeitschriften zu Fragen der Kindererziehung, Schule und Frauenbewegung.

Zu den politischen Forderungen von Key gehörten der Mutterschutz und ein Erziehungsjahr für Frauen, um sie in öffentlichen sozialen Einrichtungen für ihre Aufgaben als Mutter vorzubereiten (*The Renaissance of the Motherhood*, 1914). Im Rahmen der Reformpädagogik trat Key dafür ein, auf die führende Rolle des Lehrers im Unterricht und auf fest liegende Unterrichtsziele zu Gunsten der Selbsttätigkeit der Kinder zu verzichten. Ei

Reformpädagogik

Begriff: Der Terminus dient als Oberbegriff der unterschiedlichen Bestrebungen einer Reform von Erziehung, Schule und Unterricht zwischen 1880 und 1930 in Europa und den USA. In England entstanden »progressiv schools«, in Deutschland sprach man von einer »Pädagogischen Bewegung«. Gemeinsam ist die kultur- und gesellschaftskritische Betonung von Individualismus und Selbsttätigkeit auch und gerade beim Heranwachsenden in einer kindgerechten Form der Erziehung.

Voraussetzungen: Zu den Voraussetzungen der Reformpädagogik gehörten der Abschied vom Kind als »kleinem Erwachsenen«, die Kinderpsychologie und die Hoffnung auf eine pädagogisch eingeleitete Erneuerung der Menschheit im »Jahrhundert des Kindes«.

Unterricht: Als reformpädagogische neue Unterrichtsformen zur Entwicklung von eigenverantwortlichem und sozial orientiertem Handeln entstanden anstelle des vom Lehrer dominierten Frontalunterrichts der Gruppenunterricht und die Arbeitsgemeinschaft. Statt einseitiger Wissensvermittlung im »Paukunterricht« entwickelten Pädagogen ganzheitliche Lehrpläne mit Raum für das Spiel, für musische und körperbetonte Tätigkeiten wie Gymnastik.

von mütterlicher Freundschaft geprägter Briefwechsel verband sie mit Rainer Maria → Rilke, der sie 1902 nach der Geburt seiner Tochter Ruth um Rat hinsichtlich der Gestaltung seines Familienlebens gebeten hatte.

Das Jahrhundert des Kindes

OT Barnets Århundrade **OA** 1900 **DE** 1902
Form Sachbuch **Bereich** Pädagogik

Der Titel des Buches *Das Jahrhundert des Kindes*, in dem Ellen Key eine kindgerechte Zukunft fordert, verselbstständigte sich rasch zum Schlagwort, dessen sich die unterschiedlichsten Interessengruppen bemächtigten.
Entstehung: Das Werk bildete den ersten Höhepunkt in Keys schriftstellerischer Tätigkeit ab 1874. Zu den wesentlichen literarischen und kulturgeschichtlichen Anregungen gehörte Jean-Jacques → Rousseaus Lehre von der im Kern guten, durch gesellschaftliche Bedingungen jedoch deformierten Natur des Menschen und Friedrich → Nietzsches Erwartung des neuen (Über-)Menschen.
Inhalt: Key widmete ihr Buch »allen Eltern, die hoffen, im neuen Jahrhundert den neuen Menschen zu bilden«. Unter dieser Voraussetzung plädiert Key für die sorgfältige Vorbereitung der Elternschaft einschließlich der medizinischen Vorsorge, denn Kinder haben ein Recht auf Gesundheit und auf gesunde Eltern. Hierzu gehört neben dem medizinischen ein wesentlicher sozialer Aspekt: die Emanzipation der Frau im Hinblick auf ihren Beruf als Mutter. Aufgabe der Erziehung ist es, »das Kind mit Baumaterial für seine Persönlichkeit zu versehen, es dann aber selbst bauen zu lassen«. Angesichts einer Schule mit dem Resultat, dass der Kenntnisdrang, die Selbsttätigkeit und Beobachtungsgabe der Kinder nach einem Leben vom sechsten bis zum 18. Jahr auf Schulbänken erloschen sind, entwickelt Key Träume von einer Schule der Zukunft. Dazu gehören Gemeinschaftsschulen aller Gesellschaftsklassen, eine Senkung der Klassenstärke auf zwölf Schüler und ein Abbau der Fülle an Unterrichtsstoff.
Wirkung: Eine der begeisterten Kritiken des in zahlreiche Sprachen übersetzten Buchs stammt von Rainer Maria → Rilke. Er bestätigte 1902 Keys Erwartungen in seiner Rezension der deutschen Ausgabe: »Das Jahrhundert wird zu den größten gehören, wenn dieser Traum, in einen ersten Tagen geträumt, in seinen letzten einmal in Erfüllung geht. Freie Kinder zu schaffen wird die vornehmste Aufgabe dieses Jahrhunderts sein.«
Am Ende des 20. Jahrhunderts diente Keys um geflügelten Wort avancierter Buchtitel zu kritischen Bestandsaufnahmen in einer Welt, in deren überwiegendem Teil Armut und Missbrauch durch Arbeit und Einsatz in Kriegen die Existenz von Kindern verunstaltet, während in Wohlstandsgesellschaften Kinder als »Belästigung« zunehmend unerwünscht sind.   *C. W.*

Keynes, John Maynard

engl. Nationalökonom

* 5.6.1883 Cambridge, † 21.4.1946 Ripe (Sussex)

📖 *Allgemeine Theorie der Beschäftigung, des Zinses und des Geldes,* 1936

John Maynard Keynes gilt als einer der bedeutendsten Ökonomen des 20. Jahrhunderts.

Keynes studierte 1902–05 Mathematik, legte dann das Civil-Service-Examen ab und lehrte ab 1908 an der Universität von Cambridge. Als Vertreter des britischen Schatzkanzlers nahm er an den Friedensverhandlungen in Versailles teil, trat jedoch – enttäuscht über die Verhandlungsführung der Alliierten – 1919 von seinem Posten zurück. Im selben Jahr verfasste er das Buch *Die wirtschaftlichen Folgen des Friedensvertrages*, das ihn schnell bekannt machte. Obwohl Keynes eine Vielzahl von Tätigkeiten ausübte (er arbeitete u. a. als Versicherungs- und Investment-Manager, war Ratgeber von Politikern, Publizist und Direktor der Bank von England), blieb er doch Wissenschaftler und revolutionierte das ökonomische Denken.

Biografie: D. E. Moggridge, *Maynard Keynes: an economist's biography,* 1992.

Allgemeine Theorie der Beschäftigung, des Zinses und des Geldes

OT The general theory of employment, interest, and money **OA** 1936 **DE** 1936
Form Sachbuch **Bereich** Wirtschaftswissenschaften

Obgleich die *Allgemeine Theorie* von John Maynard Keynes von vielen Ökonomen als eines der bedeutendsten Werke der Wirtschaftstheorie des 20. Jahrhunderts angesehen wird, hat sich über wesentliche Inhaltspunkte bis heute keine herrschende Meinung entwickelt. Die teilweise zweideutigen Aussagen lassen Raum für unterschiedliche Auslegungen und haben zur Herausbildung verschiedener Keynes-Interpretationen geführt.
Voraussetzungen: Als mit dem Kurssturz an der New Yorker Wall Street 1929 eine weltweite Depression ausbrach, waren Schwere und Dauer

John Maynard Keynes, *Allgemeine Theorie der Beschäftigung, des Zinses und des Geldes,* Umschlag der US-Taschenbuchausgabe 1997

»Keynesianische Wirtschaftspolitik«

Herkunft: Als keynesianische Wirtschaftspolitik wird diejenige wirtschaftspolitische Konzeption bezeichnet, die im Anschluss an das Hauptwerk von Keynes, die *Allgemeine Theorie der Beschäftigung, des Zinses und des Geldes*, entstand und welche das ökonomische Denken nach dem Zweiten Weltkrieg revolutionierte.

Bedeutung: Keynesianische Wirtschaftspolitik geht – im Gegensatz zur neoklassischen Vorstellung – von der grundsätzlichen Notwendigkeit und Möglichkeit aus, den Wirtschaftsablauf durch eine aktive Wirtschaftspolitik zu steuern. Aus der Erkenntnis, dass eine Volkswirtschaft dauernd von der Gefahr der Unterbeschäftigung bedroht ist, resultieren die vornehmlichen Ziele keynesianischer Wirtschaftspolitik: Vermeidung von Arbeitslosigkeit und Sicherung der Vollbeschäftigung. Während Lohn- und Einkommenspolitik ebenso wie Geldpolitik nur

zurückhaltend eingesetzt werden sollten, kommt der Fiskalpolitik die entscheidende Bedeutung zu. In Zeiten hoher Arbeitslosigkeit und rezessiver Wirtschaftsentwicklung müsse der Staat durch zusätzliche Ausgaben und Steuersenkungen die wirtschaftliche Gesamtnachfrage erhöhen, um der Unterbeschäftigung entgegenzuwirken. Die daraus entstehenden Mehrausgaben und Steuerausfälle müssten durch Kreditaufnahme finanziert werden (»deficit-spending«).

Anwendung: Keynesianische Vorstellungen fanden in der praktischen Wirtschaftspolitik nach dem Zweiten Weltkrieg eine weite Verbreitung. In der Bundesrepublik Deutschland sieht z.B. das Stabilitätsgesetz von 1967 eine – im Sinne der keynesianischen Theorie – auf das gesamtwirtschaftliche Gleichgewicht gerichtete Wirtschaftspolitik vor.

Auszug aus *Allgemeinen Theorie der Beschäftigung, des Zinses und des Geldes* **von John Maynard Keynes:**

Ich nenne dieses Buch die Allgemeine Theorie der Beschäftigung, des Zinses und des Geldes *und hebe dabei das Wort allgemein hervor. Ich wähle diesen Titel, weil ich die Art meiner Beweisführung und Folgerungen jenen der klassischen Theorie über das Thema entgegenstellen will... Ich werde darlegen, dass die Postulate der klassischen Theorie nur in einem Sonderfall, aber nicht im Allgemeinen gültig sind, weil der Zustand, den sie voraussetzt, nur ein Grenzpunkt der möglichen Gleichgewichtslagen ist. Die Eigenheiten des von der klassischen Theorie vorausgesetzten Sonderfalles weichen überdies von denen unserer gegenwärtigen wirtschaftlichen Verhältnisse ab und ihre Lehren werden daher irreführend und verhängnisvoll, wenn wir versuchen, sie auf die Tatsachen der Erfahrung zu übertragen.*

dieser Krise ohne Vergleichsmaßstab. Den Vorstellungen der klassischen Ökonomie zufolge hätte die Krise gar nicht entstehen dürfen, denn Angebot und Nachfrage hätten zu einem neuen Gleichgewicht führen müssen. Die Wirklichkeit aber sah anders aus: In den Fabriken wurde kaum noch produziert und Millionen Menschen waren arbeitslos.

Inhalt: Keynes zweifelte die Gültigkeit des so genannten Say'schen Theorems – benannt nach Jean-Baptiste Say (1767–1832) – an, wonach sich jedes Angebot seine Nachfrage schaffe. Wird die Produktion ausgeweitet, kommt es auch zu einer Erhöhung des Einkommens; dieses verwenden die Verbraucher für die Güternachfrage. Keynes argumentierte nun, Unternehmen würden nur produzieren, wenn der Absatz der erzeugten Güter in der Zukunft gewährleistet sei. Damit stellte er die gültige Wirtschaftslehre auf den Kopf: Nicht das Angebot, sondern die Nachfrage sei für die wirtschaftliche Entwicklung ausschlaggebend. Die Höhe der gesamtwirtschaftlichen Nachfrage – die aus den Ausgaben für Konsum und Investitionen besteht – wird durch mehrere Faktoren beeinflusst. Die Konsumgüternachfrage ist abhängig vom Einkommen und die Beziehung zwischen Konsum und Einkommen wird durch einen psychologischen Faktor, die Konsumneigung, bestimmt; mit wachsendem Einkommen nimmt die Neigung zum Konsum ab. Außerdem halten Wirtschaftssubjekte aus unterschiedlichen Motiven einen Teil ihres Geldes liquide in ihren Kassen. Diese »Liquiditätspräferenz« kann sich nun derart ausweiten, dass Nachfrage ausfällt und die Konjunktur gebremst wird. Die Investitionsgüternachfrage, auch das war neu, wird nicht allein durch den Zinssatz, sondern zusätzlich durch die Grenzleistungsfähigkeit des

Kapitals bestimmt (der Zinssatz, bei dem die erwarteten Erträge einer Investition den Anschaffungskosten entsprechen): Unternehmen investieren so lange, wie die Grenzleistungsfähigkeit höher ist als der Marktzins. Die Höhe der gesamtwirtschaftlichen Nachfrage basiert damit bei Keynes vorwiegend auf unsicheren Erwartungen der Wirtschaftssubjekte über die zukünftige Entwicklung. Und da Arbeitslosigkeit für Keynes ein Resultat voll funktionierender Märkte war, bedarf es einer außerhalb des Markts liegenden Kraft, um auftretende Nachfragelücken zu schließen: Der Staat muss als Investor auftreten, um die Wirtschaft anzukurbeln, notfalls, indem er Kredite aufnimmt.

Wirkung: Die *Allgemeine Theorie* revolutionierte nicht nur die theoretischen Konzepte, sondern sie hatte überdies maßgeblichen Einfluss auf die praktische Wirtschaftspolitik (Stichwort → S. 602). Bereits 1944 wurde in Großbritannien eine an den Aussagen von Keynes orientierte Vollbeschäftigungspolitik durchgeführt, die USA folgten 1946; und auch das bundesdeutsche Stabilitäts- und Wachstumsgesetz von 1967 basiert auf den Gedanken des britischen Ökonomen. *J. R.*

Kierkegaard, Søren

dän. Philosoph, Theologe und Schriftsteller

* 5.5.1813 Kopenhagen, † 11.11.1855 ebd.

📖 *Der Begriff Angst*, 1844

Søren Kierkegaards Bedeutung für die Philosophie liegt vor allem in seinem Kampf gegen jede Form von Systembildung. Er gilt als einer der Begründer der Existenzphilosophie, welche die Fragen nach Freiheit, Schuld und Verantwortung in ein völlig neues Licht stellte. Weil der Mensch nur Vergangenes verstehen kann, aber auf Zukunft ausgerichtet lebt, kann er die Probleme der Existenz nie rein intellektuell beleuchten, sondern nur als unmittelbar Betroffener, leidenschaftlich und subjektiv.

Die radikale Kritik Kierkegaards an der traditionellen Philosophie wurde erst im 20. Jahrhundert verstanden. Vor allem Karl → Jaspers und Georg → Lukácz entdeckten seine Schriften für sich. Ebenso hebt Ernst → Bloch Kierkegaards Bedeutung hervor, indem er ihm eine ähnliche Aufgabe wie David Hume (1711 bis 1776) zukommen lässt, nämlich die Welt aus ihrem dogmatischen Schlummer zu reißen.

Kierkegaard lebte fast ausschließlich in Kopenhagen. An äußeren Ereignissen arm, war sein inneres Erleben umso bewegter. Für seine Philosophie und sein Leben waren menschliche Begegnungen entscheidend: die intensive Be ziehung zu seinem Vater, der ihn zu einem gläubigen, aber auch melancholischen Menschen erzog; die frühe Abgrenzung gegen Georg F. W. →Hegels Systemphilosophie, die er aufbrechen wollte zugunsten einer Philosophie der Existenz; der Streit mit den Bischöfen Mynster und Martensen über ihr für Kierkegaard pervertiertes Christentum und die unerfüllte Liebe zu seiner zeitweiligen Verlobten Regine Olsen.

Biografien: W. Dietz, *Sören Kierkegaard. Existenz und Freiheit*, 1993; P. Gardiner, *Kierkegaard*, 1988; P.P. Rohde, *Kierkegaard*, (rm 50 028).

Der Begriff Angst

OT Begrebet Angest **OA** 1844 **DE** 1963
Form Sachbuch **Bereich** Philosophie

Die Schrift, erstmals unter dem Pseudonym Virgilius Haufniensis erschienen, ist ein direkter Angriff auf die herrschende hegelsche Philosophie, in der Søren Kierkegaard keinen Platz für das Schicksal des Einzelnen sieht.

Inhalt: Für Kierkegaard macht die Möglichkeit zum Handeln und zur Freiheit dem Menschen Angst. Aus menschlichen Handlungen wird Geschichte, die aber laut Kierkegaard nie frei von Schuld sein kann. Kernstück seiner Schrift ist die Abhandlung über die Erbsünde. Darin bestimmt er den Menschen als ein Doppelwesen, in dem sich die Freiheit mit der Notwendigkeit, Unendlichkeit mit Endlichkeit verbindet. Mit dem Begriff des Augenblicks erhält nach Kierkegaard die Freiheit ihren Bezug zur Zeit. Der Mensch kann Möglichkeiten nutzen oder versäumen; er selbst verwandelt sie durch sein Handeln in Wirklichkeiten. Ein Schritt von der Möglichkeit zur Wirklichkeit erscheint zwar verlockend, weil er in die Freiheit führt, er ist aber immer mit Angst verbunden.

Kierkegaard unterscheidet zwischen Furcht und Angst. Furcht richte sich auf Bestimmtes, Angst bleibe stets unbestimmt. Es ist die Angst vor dem Nichts, das weite Feld des Unbekannten, in dem auch die Möglichkeit zur Schuld liegt.

Wie der Augenblick die Freiheit erst verwirklicht, schafft die Sünde das Selbstbewusstsein. Solange der Mensch unschuldig in Gottes Schoß geborgen ruhe, träume er. Erst mit dem Sprung aus der Unschuld erwache sein Geist und das Bewusstsein von Freiheit und Schuld.

Doch die Angst lähmt nach Kierkegaard nicht nur, sondern enthält die unendliche Möglichkeit des Könnens, die den Motor menschlicher Entwicklung bildet. Entweder verhält sich der Mensch zum Leben ästhetisch und genießend oder ethisch, d.h. verantwortlich und religiös mit enger persönlicher Bindung an Gott.

Aufbau: Die ersten beiden Kapitel bestimmen die Theorie oder Logik der Freiheit (Möglichkeit). Hier begegnet uns die Angst noch als Unschuld, Ahnung und Unwissenheit. Im Kapitel 3 wird die Struktur der Angst beschrieben, um mit dem Begriff des Augenblicks den Übergang von der Möglichkeit zur Wirklichkeit zu schaffen. Nur in der Zeit kann der Mensch Möglichkeiten ergreifen oder verfehlen. Hier werden die Formen der unbewussten Angst erläutert.

In den Kapiteln 4 und 5 beschäftigt sich Kierkegaard mit den konkreten Formen der Angst, mit der Handlungsfreiheit und ihren Konsequenzen. Die beschriebenen Formen der bewussten Angst unterteilt er in Angst vor dem Guten und Angst vor dem Bösen.

Wirkung: Seine Lebensphilosophie macht Kierkegaard zum Stammvater existenzialistischen Denkens. Seine charakteristische Form fand der Existenzialismus in Deutschland und Frankreich. Besonders die Philosophen des 20. Jahrhunderts untersuchten Phänomene wie Angst, Sorge, Verzweiflung und Schuld (z.B. Ernst →Bloch, *Das Prinzip Hoffnung*; Hans →Jonas, *Das Prinzip Verantwortung*). In einer Welt, die sich in Sekundenschnelle vernichten könnte, bekommt die Auseinandersetzung mit dem Phänomen Angst eine besondere Aktualität. *R.J.S.*

King, Stephen

US-amerikan. Schriftsteller

*21.9.1947 Portland (Maine)

📖 *Carrie*, 1973

Stephen King, der seine Schriftstellerkarriere als arbeitsloser Englischlehrer mit bedrückenden finanziellen Sorgen begann, zählt heute zu den meistgelesenen und bestverdienenden Autoren der Welt. In seinen fantastischen Romanen, die zumeist im Milieu des amerikanischen Mittelstandes spielen, bricht eine unheimliche Bedrohung von außen ein. Den Konflikt mit der Gewalt des Schreckens, die häufig überirdischer Herkunft ist, stilisiert King zu einem apokalyptischen Szenario, in dem sich die Mächte des Guten und des Bösen in einem letzten Gefecht gegenüberstehen.

Nach dem Besuch der Grundschule in Durham und der High-School in Lisbon Falls – wo er bereits erste Geschichten schrieb – studierte King an der Universität von Orono, wo er als Vietnamkriegsgegner aktiv war. Hier lernte er seine spätere Ehefrau Tabitha, ebenfalls Schriftstellerin, kennen. Auf der Suche nach einer Beschäftigung als Englischlehrer arbeitete King in Aushilfsjobs, u.a. in einer Wäscherei, und schrieb unermüdlich Kurzgeschichten für Sciencefic-

Søren Kierkegaard in seinem Tagebuch:

Es geht den meisten Systematikern in ihrem Verhältnis zu ihren Systemen wie einem Mann, der ein ungeheures Schloss baut und selbst daneben in einer Scheune wohnt: sie leben nicht selber in dem ungeheuren systematischen Gebäude.

Auszug aus *Der Begriff Angst* **von Søren Kierkegaard**

Man kann die Angst mit einem Schwindel vergleichen. Wer in eine gähnende Tiefe hinunterschauen muss, dem wird schwindlig. Doch was ist die Ursache dafür? Es ist in gleicher Weise sein Auge wie der Abgrund – denn was wäre, wenn er nicht hinuntergestarrt hätte? Demgemäß ist die Angst jener Schwindel der Freiheit, der aufkommt, wenn der Geist die Synthese setzen will und die Freiheit nun hinunter in ihre eigene Möglichkeit schaut und dann die Endlichkeit ergreift, um sich daran zu halten. In diesem Schwindel sinkt die Freiheit nieder. Weiter kann die Psychologie nicht kommen und sie will es auch nicht. Im selben Moment ist alles verändert und wenn sich die Freiheit wieder erhebt, sieht sie, dass sie schuldig ist.

Die Sünde kommt als das Plötzliche herein, d.h. durch den Sprung... mit der Plötzlichkeit des Rätselhaften.

Stephen King 2001

603

Auszug aus dem Roman
Carrie von Stephen King:

Lächelnd, taumelnd, ihr Puls ging mit über zweihundert Schlägen in der Minute, begab sie sich zur Grass Plaza. Sie bemerkte gar nicht, dass sie sich ihre blutigen Hände an ihrem Rock abzuwischen suchte, wie Lady Macbeth. Sie bemerkte nicht, dass sie gleichzeitig weinte und lachte, noch dass ein verborgener Teil ihres Ichs wehklagte über die völlige und endgültige Zerstörung. Denn sie würde sie alle mitnehmen, und ein großes Feuer würde alles verbrennen, bis das Land erfüllt war von seinem Gestank.

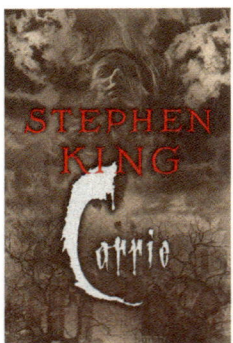

Stephen King, *Carrie*, Umschlag der Ausgabe 1993

tion- und Herrenmagazine. Kurz nach seiner Anstellung an der Hampdon-Academie konnte er 1973 seinen Erstlingsroman *Carrie* verkaufen, womit seine beispiellose Karriere ihren Lauf nahm. Der Absatz von *Carrie* war als Hardcover noch zögerlich, aber *Brennen muss Salem* (1975), *Dead Zone* (1979) und *Shining* (1976) erkletterten die Bestsellerlisten.

Hatte King für seinen fünften Roman, *Christine* (1983), noch einen Vorschuss von nur einem Dollar erhalten, werden ihm mittlerweile Millionenbeträge angeboten. Der außerordentlich fleißige Arbeiter liefert jedes Jahr mindestens einen umfangreichen Roman ab, der regelmäßig zu einem Millionenerfolg wird. King lebt in Maine, wo auch die meisten seiner Romane spielen.

Biografie: S. King, *Das Leben und das Schreiben*, dt. 2000.

Carrie

OT Carrie **OA** 1973 **DE** 1977
Form Roman **Epoche** Gegenwart

Mit *Carrie* hat Stephen King die Konjunktur des literarischen Horrors (Stichwort → S. 604) in den 1980er und 1990er Jahren des 20. Jahrhunderts eingeleitet. Mit diesem Roman gelang es ihm, das in der fantastischen Literatur bis dahin vorherrschende Paradigma eines beklemmenden und eher diffusen Unheimlichen durch das des überwältigenden Horrors mit seinen blutigen Effekten und handfesten Schreckbildern abzulösen.

Entstehung: King ließ sich bei seiner Geschichte von Filmen wie *Der Exorzist* (1973) inspirieren, die erstmals den Zusammenhang von pubertärer Sexualität und Horror thematisiert

hatten, und reicherte sie um zusätzliche krude Schock- und Ekelszenen an.

Inhalt: Der Roman orientiert sich an dem aus Märchen wie *Aschenputtel* bekannten Schema. Die von ihrer an religiösen Wahnvorstellungen leidenden Mutter drangsalierte Carrie White gilt in der Schule als Außenseiterin; Carrie besitzt telekinetische Begabungen, die ihr so unheimlich sind wie ihre eigene Sexualität – so wird ihr die Erfahrung der Menstruation in der Gemeinschaftsdusche nach dem Sportunterricht zum traumatischen Erlebnis.

Dennoch entwickelt sich das hässliche Entlein beim Abschlussball der Schule zum strahlenden Schwan. Als sie von ihren Mitschülerinnen, die nicht davon ablassen können, die Außenseiterin zu quälen, mit Schweineblut übergossen wird, kommt es zum Exzess: Carrie gerät außer sich, ihre telekinetischen Fähigkeiten verwandeln sich zu einer vernichtenden Gewalt, mit der sie die Schule in Schutt und Asche legt und ihre Peinigerinnen vernichtet, sie selbst stirbt bei dem von ihr entfesselten Strafgericht.

Struktur: *Carrie* enthält bereits die Konstruktion späterer King-Romane: Nach einem beschaulich erzählten Anfang entwickelt sich die Handlung konsequent auf eine hochdramatische Klimax zu, die sich schließlich in einer Orgie der Zerstörung entlädt. Nach dem Vorbild dokumentarischer Romane sollen durch das Einbauen von Zeitungsnotizen, Verhörprotokollen und Zeugenaussagen die unglaublichen Ereignisse einen authentischen Charakter gewinnen.

Durch seine durchaus einfühlsame Darstellung in die Nöte einer Teenagerseele gelingt es King, beim Leser große Sympathien für das Schicksal seiner Heldin zu mobilisieren und die von ihr ausgelöste Vernichtungsorgie zumindest partiell zu rechtfertigen. In der Gestalt Carries schildert King das Schicksal einer Außenseiterin, die unter dem Druck zum Konformismus und unter den Bedingungen des religiösen Fundamentalismus zu einer monströsen Gestalt mutiert – Schuld daran trägt nicht sie selbst, sondern eine Gesellschaft, die auf Abweichungen mit Aggression reagiert.

Wirkung: Die Verfilmung des Romans durch Brian de Palma 1975 ebnete nicht nur seinem Verfasser den Weg zum Bestsellerautor, sie leitete auch den Boom des Horrors in den 1980er und 1990er Jahren ein. Bis dahin eher auf Fanzirkel beschränkt, wurde nun der Horror zu einer Mainstream-Erscheinung der Populärkultur. Dem von King eingeschlagenen Pfad folgten bald andere Bestseller-Autoren wie Peter Straub, Dean R. Koontz und Clive Barker. Vor allem die Verbindung von Horror und Sexualität hat sich seither als Gewinn bringende Kombination bewährt. *H. R.*

Horror

Anfänge: Der moderne literarische Horror, dessen erste Beispiele sich in der gothic novel des späten 18. und frühen 19. Jahrhunderts finden, in den Romanen von Horace → Walpole, M.G. Lewis (1775–1818) und Mary → Shelley, will den Leser nicht nur durch eine beklemmende Stimmung zur Imagination des Schreckens anhalten, sondern ihn mit den Elementen eines handfesten Schreckens, mit grausigen und ekligen Details überwältigen. Einen zweiten Höhepunkt hatte der Horror in der Weird fiction Amerikas im ersten Jahrhundertdrittel mit Autoren wie Howard Phillipps Lovecraft (1890–1937).

Wirkung: Im ausgehenden 20. Jahrhundert gelten King und Barker als Virtuosen des Horrors. Mag die Gefahr in der Horrorliteratur auch von übernatürlichen Gewalten ausgehen, von Dämonen, Monstern oder Außerirdischen – wirksam wird der Horror am menschlichen Körper. Allenfalls beiläufig wird der seelische Verfall zum Thema, in

erster Linie liefert die Horrorliteratur den Nachweis der biologischen Konstitution des Menschen: Weil der Mensch vornehmlich aus Fleisch, Blut und Tränen besteht, wird nicht sein Geist, sondern sein Körper systematisch geschändet und, oft bis zum Tod, gequält.

Entwicklung: Während das Unheimliche mit Andeutungen arbeitet und auf die Imagination des Lesers setzt, ist im Horror eine handwerkliche Kunst des Erzählens gefordert, die sich immer wieder der Herausforderung stellen muss, die aufs äußerste gespannte Erwartung des Lesers durch noch sensationellere Schreckbilder zu übertreffen. Die suggestiven Bildern des Films, zumal nach den Fortschritten in der Maskenbildnerei und durch die Digitalisierung von Spezialeffekten in den sog. Splatter movies, ist dem literarischen Horror ein überlegener Konkurrent entstanden, der auch sein allmähliches Absinken in der Gunst des Lesepublikums erklärt.

Kinsey, Alfred Charles

US-amerikan. Zoologe und Sexualforscher

* 23.6.1894 Hoboken (New Jersey)

† 25.8.1956 Bloomington (Indiana)

📖 *Das sexuelle Verhalten des Mannes/der Frau*, 1948/53

Alfred Charles Kinsey gab mit seinen Büchern *Das sexuelle Verhalten des Mannes* und *Das sexuelle Verhalten der Frau* den entscheidenden Anstoß zur Enttabuisierung der Sexualität, indem er die Sexualforschung aus dem Getto der Diagnose physischer und psychischer Defekte befreite und die Kluft zwischen öffentlicher Sexualmoral und privatem Sexualverhalten dokumentierte.

Kinsey erhielt eine naturwissenschaftliche Ausbildung und lehrte ab 1929 als Ordinarius für Zoologie an der Universität von Indiana in Bloomington. Als Experte für Gallwespen veröffentlichte er 1930 *The Gall Wesp Genus Cycips: A Study in the Origin of Species.* Der Sexualforschung widmete sich der Zoologe ab 1936; Auftraggeber und Förderer waren die Universität in Bloomington, das Rockefeller Institute und das National Research Council (Bundesforschungsrat). 1942 gründete Kinsey in Bloomington ein Institut für Sexualforschung (heute The Kinsey Institute for Research in Sex, Gender and Reproduction).

Alfred Charles Kinsey bei der Befragung zu seinem zweiten »Report« über *Das sexuelle Verhalten der Frau*, der 1953 erschien

Alfred Charles Kinsey in einem seiner Aphorismen über die Frau:

Das Letzte, was eine Frau an der Liebe interessiert, ist die Theorie.

Alfred Charles Kinsey in einem seiner Aphorismen über den Mann:

Spätestens mit 60 Jahren muss sich der Mann entscheiden, ob er seine Jugend oder sein Leben verlängern will.

Das sexuelle Verhalten des Mannes/der Frau

OT Sexual Behavior in the Human Male/Human Female
OA 1948/53 **DE** 1954/55
Form Sachbuch **Bereich** Sexologie

Den so genannten Kinsey-Report, der aus den Bänden *Das sexuelle Verhalten des Mannes* und *Das sexuelle Verhalten der Frau* besteht, nannte Oswald Kolle (* 1928) in den 1960er Jahren »ein absolutes Jahrhundertwerk«.

Entstehung: 1938 erhielt Kinsey in Zusammenhang mit der Eheberatung für die Studentinnen und Studenten der Indiana University den Auftrag für Vorlesungen über die biologischen Aspekte von Ehe und Sexualität. Als Naturwissenschaftler von der grundlegenden Bedeutung empirischer Befunde überzeugt, entwickelte Kinsey mit einem Stab von Mitarbeitern Fragebogen und eine Technik von intimen Interviews über sexuelle Kenntnisse und Verhaltensweisen.

Inhalt: Der Anfang 1948 veröffentlichte, 800 Seiten starke Report *Das sexuelle Verhalten des Mannes* basiert auf der Befragung von 12 000 US-Amerikanern. Die jeweils bis zu 500 Einzelfragen betreffen das Wissen über die Sexualität sowie die eigenen Gewohnheiten, Vorlieben und Wünsche. Die statistischen Ergebnisse sind nach Alter, Rasse, sozialem Status, Bildung, Beruf und religiöser Orientierung aufgegliedert – mit völlig unerwarteten Ergebnissen über die Kenntnisse und die Vielgestalt der sexuellen Praktiken sowie über den Anteil der Sexualität am Leben von der Jugend bis ins Alter. Als zweiter Report erschien 1953 *Das sexuelle Verhalten der Frau* mit statistischen Daten zu Themen wie Orgasmus und Frigidität.

Wirkung: In den USA wurde *Das sexuelle Verhalten des Mannes* mit einem Verkauf von 80 000 Exemplaren in zwei Wochen zur »sozialen Atombombe«. Entgegen Kinseys deskriptiver Zielsetzung einer sexologischen Bestandsaufnahme galt sein Report in der traditionell an puritanischen Normen orientierten US-Gesell-

---

Sexologie

Begriff: Die wissenschaftliche Disziplin widmet sich als Sexualforschung (lat. sexus = Geschlecht) der Erforschung der Geschlechtlichkeit des Menschen. Die Sexologie steht daher in enger Verbindung mit anderen humanwissenschaftlichen Disziplinen wie der Psychologie, Soziologie, Medizin, Biologie, Ethnologie, Erziehungswissenschaft und Ethik (Sexualethik).

Vertreter: Eine systematische Unterscheidung zwischen sexuell normalem und abweichendem Verhalten veröffentlichte 1886 in der Straßburg, Graz und Wien lehrende deutsche Psychiater und Sexualpathologe Richard Freiherr von → Krafft-Ebing in seiner *Pathologia sexualis.* Um 1900 mehrten sich Veröffentlichungen mit sexologischen Themen, die eine Revision des Sexualstrafrechts anstrebten, so z.B. Straffreiheit für Homosexualität. Gleichzeitig gründete sich die Psychoanalyse von Sigmund → Freud auf die zentrale Bedeutung des Sexualtriebs. Der österreichische Psychoanalytiker Wilhelm → Reich, tätig in Wien, Berlin und ab 1939 an der School of Social Research in New York, erwartete vom Sozialismus eine Befreiung insbesondere von der sexuellen Unterdrückung (*Die sexuelle Revolution*, 1945).

Nach 1945 trennten sich als zwei Hauptströmungen der Sexologie die vorwiegend biologisch-medizinische und die vorwiegend sozialwissenschaftliche Sexualforschung. Epochale Bedeutung gewann der Kinsey-Report als erste statistisch ausgewertete sexologische Datensammlung.

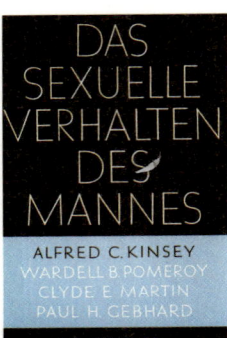

Alfred Charles Kinsley, *Das sexuelle Verhalten des Mannes*, Umschlag der deutschsprachigen Erstausgabe 1953

Die Kipling-Biografin **J. M. S. Tompkins** 1959 über *Die Dschungelbücher* von **Rudyard Kipling:**

Während ich zuhörte, wurde ich von etwas Wildem und Tiefem und Altem durchdrungen.

Zeichnung von Rudyard Kipling zu seinen *Nur so Geschichten für Kinder* (1902)

schaft bei den Kirchen, zahlreichen Politikern, Pädagogen und Eltern als subversiver Angriff auf die Moral. Auch die Wissenschaft hatte mitunter Mühe, sich von überkommenen Kategorien der »normalen« und der »anormalen« Sexualität zu lösen. Dennoch hatte der Kinsey-Report nachhaltigen Einfluss auf die Enttabuisierung der Sexualität, die nach christlichem Verständnis allein der Fortpflanzung diente (Genesis 1, 28). *C. W.*

Kipling, Rudyard

engl. Journalist und Autor

*30.12.1865 Bombay, † 18.1.1936 London

📖 *Die Dschungelbücher*, 1894/95

📖 *Kim*, 1901

Die Gedichte, Balladen, Erzählungen und Romane von Rudyard Kipling zeichnen sich sprachlich durch eine präzise Beobachtungsgabe, schöpferische Vorstellungskraft und Macht der Darstellung aus. 1907 erhielt er als erster Engländer den Literaturnobelpreis.

Der Vater des Autors war Museums- und Kunstschuldirektor in Indien, wo Kipling die ersten Lebensjahre verbrachte. Nach der Schulzeit im englischen Internat kehrte Kipling 1882 als Zeitungsredakteur auf den Subkontinent zurück und veröffentlichte erste Erzählungen (u. a. *Schlichte Geschichten aus Indien*, 1888). 1896 siedelte er endgültig nach England über. Kipling engagierte sich in der Folgezeit im südafrikanischen Burenkrieg: Heftige Versattacken gegen sinnloses Abschlachten schlecht ausge-

bildeter Truppen lösten eine Imperialismus-Kontroverse aus, die seine Rezeption maßgeblich beeinflussten. Thematisch bietet das Werk von Kipling eine große Vielfalt: Neben einfühlsamen Beschreibungen (*Kim, Stalky & Co.,* 1899) wird Archetypisches wie das Erwachsenwerden *(Die Dschungelbücher)* oder der Sinn von scheinbar Alltäglichem (*Genau-so-Geschichten*, 1902) hinterfragt, oftmals vor dem Hintergrund der indischen Wahlheimat.

Kipling passte sich als literarischer Einzelgänger nicht den Strömungen seiner Zeit an. Vielmehr wirkten seine Texte vor allem im Bereich der Balladendichtung und der Erzählung nachhaltig auf Autoren kommender Generationen.

Biografie: G. Haefs, *Kipling Companion*, 1987.

Die Dschungelbücher

OT The Jungle Book, The Second Jungle Book
OA 1894, 1895 **DE** 1898
Form Erzählungen

Rudyard Kipling war bereits durch einige Erzählungssammlungen bekannt geworden, als er mit den Tiergeschichten der *Dschungelbücher* aus dem indischen Milieu Weltruhm erlangte.

Entstehung: Grundlage für seine Mowgli-Geschichten war die Erzählung *Im Urwald* über den erwachsenen Mowgli, die bereits 1893 im Sammelband *Vielerlei Schliche* veröffentlicht worden war.

Struktur: Kipling beschreibt mit den 15 Erzählungen zumeist das Tierleben im Dschungel Indiens. Jede Erzählung wird durch ein Gedicht aus der Perspektive der Hauptfiguren eingeleitet und abgeschlossen. Dem (ersten) *Dschungelbuch* ist eine Danksagung Kiplings an seine Informanten, Dienstelefanten und Jahrmarktkünstler vorangestellt.

Inhalt: Die Entwicklung des »Wolfsjungen« Mowgli vom Findelkind bis zum Erwachsenen wird in insgesamt acht Erzählungen beschrieben: Mowgli gelangt als Kleinkind zu einem Wolfsrudel, als der Tiger Shir Khan das Dorf seiner Eltern angreift und alle flüchten. Die Wölfe nehmen ihn in ihre Gemeinschaft auf und lassen ihn durch den Bären Balu und den Panther Baghira erziehen. Auch nach seiner Lehrzeit im Dschungel hält Mowgli noch Kontakt mit den Wölfen und kann schließlich mit deren Unterstützung seinen Erzfeind Shir Khan besiegen.

Kipling verknüpft drei Erzählebenen: die magische Geschichte, die naturgetreue Schilderung sowie eine archetypische Geschichte, die ursprüngliche Menschheitssituationen rituell abhandelt, wie z. B. Mowglis Aufnahme in das Wolfsrudel, die durch einen Preis erkauft werden muss, oder die Überwindung des Bösen mittels erprobter Fähigkeiten und Freunde.

OT = Originaltitel **EZ** = Entstehungszeit **OA** = Originalausgabe **DE** = Deutsche Erstausgabe 📖 = Verweis auf Werkartikel

Harenberg
Was geschah am…?
Alle Ereignisse der Geschichte
geordnet nach den Tagen des Jahres

Harenberg Lexikon Verlag

Enzyklopädie des 20. Jahrhunderts

Harenberg
Schlüsseldaten
Alle entscheidenden Ereignisse im 20. Jahrhundert

Harenberg Lexikon Verlag

Enzyklopädie des 20. Jahrhunderts

Harenberg
Staatenlexikon
Die Geschichte aller Staaten im 20. Jahrhundert

Harenberg Lexikon Verlag

Enzyklopädie des 20. Jahrhunderts

Harenberg
Personenlexikon
4000 Biografien aus dem 20. Jahrhundert

Harenberg Lexikon Verlag

Harenberg
Lexikon der Religionen
Die Religionen und Glaubensgemeinschaften der Welt.
Ihre Bedeutung in Geschichte, Alltag und Gesellschaft

Harenberg Lexikon Verlag

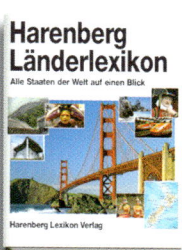

Harenberg
Länderlexikon
Alle Staaten der Welt auf einen Blick

Harenberg Lexikon Verlag

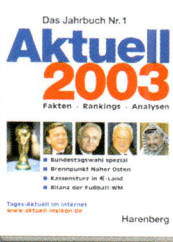

Das Jahrbuch Nr. 1

Aktuell
2003
Fakten · Rankings · Analysen

■ Bundestagswahl spezial
■ Brennpunkt Naher Osten
■ Kassensturz in D-Land
■ Bilanz der Fußball-WM

Tages-Aktuell im Internet
www.aktuell-lexikon.de

Harenberg

Harenberg
Das Buch der 1000 Bücher

Autoren, Geschichte, Inhalt und Wirkung
Herausgegeben von Joachim Kaiser

Harenberg Verlag

Harenberg
Enzyklopädie der Tiere
Mehr als 1400 Tierarten. Familien und Ordnungen
in Einzelporträts und 1280 Farbabbildungen

Harenberg Lexikon Verlag

Harenberg
Museum der Malerei
525 Meisterwerke aus sieben Jahrhunderten
Herausgegeben von Wieland Schmied

Harenberg Lexikon Verlag

Harenberg
Malerlexikon
1000 Künstler-Biografien aus sieben Jahrhunderten
Mit über 1000 Selbstporträts, Schlüsselwerken und Fotografien

Harenberg Lexikon Verlag

Harenberg
Lexikon der
Sprichwörter
& Zitate Mit 50000 Einträgen
das umfassendste Werk
in deutscher Sprache

Harenberg

Harenberg Lexikon
der Nobelpreisträger
Alle Preisträger von 1901 bis heute.
Ihre Leistungen, Ihr Leben, Ihre Wirkung

Harenberg Lexikon Verlag

Harenberg
Anekdotenlexikon
3660 pointierte Kurzgeschichten über
1750 Persönlichkeiten aus Politik, Kultur, Gesellschaft

Harenberg Lexikon Verlag

Harenberg
Literaturlexikon
Autoren, Werke und Epochen
Gattungen und Begriffe von A bis Z

Harenberg Lexikon Verlag

Harenberg
Komponistenlexikon
760 Komponisten und 1760 Meisterwerke der Musik
mit kommentierten CD-Tipps von »Fono Forum«

Harenberg Lexikon Verlag

Harenberg
Opernführer
Der Schlüssel zu 500 Opern,
ihrer Handlung
und Geschichte

Mit CD-Tipps
der »Opernwelt«

Harenberg

Harenberg
Konzertführer
Der Schlüssel zu 600 Werken
von 200 Komponisten
Mit 800 CD-Empfehlungen der
»FonoForum«-Redaktion

Harenberg

Harenberg
Klaviermusik-
führer
600 Werke von
180 Komponisten
Mit 600 CD-Tips
von »Fono Forum«

Harenberg

Harenberg
Kammermusik-
führer
600 Werke vom
Solostück bis zum Nonett

Harenberg

Harenberg
Chormusikführer
675 Werke – Vom Kammerchor bis zum Oratorium
Mit CD-Empfehlungen der »Fono Forum«-Redaktion

Harenberg

Harenberg
Schauspielführer
Die ganze Welt des Theaters:
272 Autoren mit mehr als 780 Werken
in Wort und Bild

Harenberg

Liebe Leserin, lieber Leser,

wir freuen uns, dass Sie einem Nachschlagewerk aus dem Harenberg Verlag Ihr Vertrauen geschenkt haben. Bitte teilen Sie uns Anregungen, Kritik oder Verbesserungsvorschläge mit. Ihre Meinung interessiert uns sehr.

Gern informieren wir Sie über Neuerscheinungen und erfolgreiche Standardwerke aus dem vielseitigen Programm unseres Verlages. Bitte, kreuzen Sie auf der Antwortkarte an, für welche Bereiche Sie sich interessieren. Sie erhalten umgehend und kostenlos unser aktuelles Informationsmaterial.

Der Harenberg Verlag gehört zu den letzten großen Verlagen in Deutschland, deren Inhaber mit seinem Namen für das Unternehmen und die Qualität seiner Produkte steht. Bodo Harenberg hat ihn vor fast 30 Jahren gegründet und als Alleingesellschafter zu einem der führenden Publikumsverlage im deutschsprachigen Raum ausgebaut.

Harenberg Verlag

Postfach 10 18 52, D-44018 Dortmund
Telefon 02 31/90 56-222, Telefax 02 31/90 56-444
e-mail: post@harenberg.de; www.harenberg.de

Absender

_____
Name/Vorname

_____
Straße/Hausnummer

_____
Land/PLZ/Ort

_____
Beruf/Geburtsdatum

Bitte senden Sie mir Informationsmaterial:

☐ Harenberg Lexika
☐ Harenberg Kulturführer
☐ Harenberg Kalender

_____
Datum/Unterschrift

Bitte
ausreichend
frankieren

Harenberg Verlag
Postfach 10 18 52

D-44018 Dortmund

Wirkung: Auch anlässlich des Gedichts *Gesetze des Dschungels* wurde Kipling Verwurzelung mit der imperialistischen Ideologie (Gehorsamspflicht) vorgeworfen. Die naturgetreue Schilderung der Zustände im Tierreich wurde hingegen oft und vor allem in Deutschland verkannt.

Trotz dieser Kritik sind *Die Dschungelbücher* auch hier zu Lande kaum negativ aufgenommen worden und tragen bis heute entscheidend zum Bekanntheitsgrad von Kipling bei.

Vor allem die Mowgli-Geschichten haben zahlreiche Imitationen und Adaptionen ausgelöst, so etwa die *Tarzan*-Bände von → E. R. Burroughs, den Walt-Disney-Film von 1967 oder auch die weltweit praktizierte Spielidee der kleinen Pfadfinder: als Wolf Cubs, Wölflinge, wurden sie 1911 von Lord Robert S. Baden-Powell (1857–1941) mit Zustimmung des Autors gegründet.

Kim

OA 1901 **DE** 1908 **Form** Abenteuerroman

In seinem größten Roman wollte Rudyard Kipling nach eigenem Bekunden die Grauenhaftigkeit des Lebens und der Eingeborenen Indiens behandeln, wie es außerhalb offizieller Berichte tatsächlich gelebt wurde.

Entstehung: Bereits 1885 entstand ein später verlorenes Manuskript *Mother Maturin*, aus dessen Nebenhandlungen *Kim* und die Geschichten der *Dschungelbücher* hervorgingen.

Inhalt: Der verwaiste Halbinder Kim wächst als Straßenjunge in Lahore auf. Als Diener eines weltfremden Lamas bereist er das Land, bis ihn das Regiment seines verstorbenen weißen Vaters auf eine englische Schule schickt. Dort soll er außerdem Fertigkeiten als Landvermesser erwerben, um so dem englischen Geheimdienst zu dienen. In den Ferien zieht Kim weiter mit dem Lama durch das Indien der Kolonialzeit.

Die Freundschaft zwischen Kim und seinem weltentrückten Lama wird bei aller Verschiedenartigkeit von Respekt und Verständnis geprägt. Aus dieser Grundstimmung heraus erlebt der Leser auch die unterschiedlichen Kasten, unermesslichen Reichtum und bittere Armut, Religionen, Sitten sowie Gebräuche. Das Land wird nicht aus der Sicht weißer Kolonialherren beschrieben, vielmehr schildert Kipling ein Indien der Inder als äußerst farbenprächtiges Panorama des Subkontinents. Der Lama findet schließlich sein Ziel, einen heiligen Fluss, und auch Kim muss sich entscheiden zwischen dem indischen Weg, dem geduldigen Umherziehen, oder dem weißen, aktiv geplanten.

Wirkung: Kim ist ein zeitloser Klassiker der englischen Indienliteratur, der von der Erzähl-

kraft des Autors lebt. Kipling verwendet wie auch schon in anderen Texten Dialekte und Soziolekte erstmals zur Charakterisierung und nicht als Karikatur einer Person. Ablehnung erfuhr der Roman nur dort, wo das Sujet als nicht literaturwürdig eingestuft wurde. *C. Ha.*

Kirchhoff, Bodo

dt. Schriftsteller

* 6.7.1948 Hamburg

📖 *Infanta*, 1990

Bodo Kirchhoff wurde als Schriftsteller mit Hang zum Exotismus bekannt, der die Kunst des Unterhaltens auf hohem Niveau beherrscht. Er steht in dem Ruf, ein kluger Beobachter zu sein, der durch psychologisch genaue Studien menschlicher Abgründe überzeugt, und galt lange Zeit als einziger erotischer Erzähler von Rang in Deutschland.

Kirchhoff wuchs in Hamburg und am Bodensee auf. Schon während der Schulzeit entstanden kurze literarische Skizzen. Nach einem einjährigen USA-Aufenthalt nahm er ein Pädagogik-Studium an der Universität Frankfurt/Main auf, das er 1979 mit einer Promotion in psychoanalytischer Pädagogik abschloss. Er verfasste Schauspiele, Erzählungen, Essays, Novellen und Romane. Sein literarischer Durchbruch gelang ihm 1990 mit dem Roman *Infanta*. Wie vielen früheren Arbeiten, gingen auch diesem Werk zahlreiche Reisen in ferne Länder voraus. Weitere Texte folgten, u. a. das Drehbuch zu dem Fernsehfilm *Manila* (2000) von Romuald Karmakar. 2002 sorgte Kirchhoff mit seinem *Schundroman* erneut für Furore.

Rudyard Kipling; links: *Das Dschungelbuch*, Einband der ersten deutschsprachigen Taschenbuchausgabe 1950 (das Buch gehörte zu den ersten deutschen Taschenbüchern im Rowohlt Verlag); rechts: *Kim*, Umschlag der US-Ausgabe 1929 (Gestaltung: Frank Macintosh)

Bodo Kirchhoff 1995 über *Legenden um den eigenen Körper* :

Mich drängte es von Anfang an, Geschichten um die Sexualität zu erfinden. Ich wollte von eigenen Abgründen erzählen, von Sexualität, die nicht jedermanns Sexualität ist, ohne mich dabei, als jemand, der auch erkannt werden will, restlos zu verraten. Ich wollte keinen schonen, ausgenommen die Sprache.

Die wichtigsten Bücher von Bodo Kirchhoff

Mexikanische Novelle, 1984	Ein deutscher Journalist reist nach Mexiko, um einen mexikanischen Soldaten zu porträtieren.
Infanta 1990	Ein Roman über die Liebe in einer Missionarstation auf den Philippinen zur Zeit der Wahl von Corazon Aquino. → S. 608
Der Sandmann 1992	Quint reist mit seinem Sohn nach Tunis auf der Suche nach dem ehemaligen Kindermädchen, das plötzlich verschwunden ist.
Gegen die Laufrichtung, 1993	Eine Erzählung über einen Tennisspieler, der nach einer unüberlegten Tat versucht, wieder Tritt zu fassen.
Der Ansager einer Stripteasenummer gibt nicht auf, 1994	Ein Monolog im Stil von Patrick → Süskind (*Der Kontrabass*, 1981) über einen Ansager, der sich immer tiefer in den Widersprüchen von Wunsch und Wirklichkeit verstrickt.
Die Weihnachtsfrau 1997	Eine erotische Weihnachtserzählung über einen Studenten, der im Winter 1968 seine Unschuld verliert und die als Weihnachtsfrau verkleidete Dame erst Jahre später wieder trifft.
Manila. Das Filmbuch 2000	Das Drehbuch zum gleichnamigen Film von Romuald Karmakar stellt einige Reisende in den Mittelpunkt, die auf dem Flughafen von Manila festsitzen und ihr Leben Revue passieren lassen.
Parlando 2001	Der Roman handelt von der Suche nach der eigenen Identität durch die Suche nach dem Wesen des Vaters, der immer unerreichbar und doch zu dicht dran war am Leben des Sohnes.
Schundroman 2002	Im Mittelpunkt dieses intelligenten Spiels mit den Klischees des Genres steht ein gescheiterter Juwelierssohn, dessen Leben durch Liebesleidenschaft wieder in geregelte Bahnen kommt.

Bodo Kirchhoff, *Infanta*, Umschlag der deutschsprachigen Erstausgabe 1990

Auszug aus dem Roman *Infanta* von Bodo Kirchhoff:

Ein Liebesroman, meine ich, müsste dort fortfahren, wo andere zu denken aufhören, übrigens nur an ein oder zwei Stellen des Buchs, das würde reichen. Und die Liebesgeschichte müsste unserer Gegenwart abgetrotzt sein, nicht in irgendeiner Vergangenheit spielen... Kühne Genauigkeit, Mister Kurt, keine sinnlose Intensität, wie wir sie im Theater antreffen. Ich wünschte mir einen disziplinierten Liebesroman.

Infanta

OA 1990 **Form** Roman **Epoche** Moderne

Anders als die frühen, zwischen Kälte, Ekel und Perversion angesiedelten erotischen Skizzen von Bodo Kirchhoff ist *Infanta* ein bei aller Modernität in Orts- und Zeitwahl geradezu klassischer Entwicklungsroman. Zugleich reflektiert der mit mehreren Erzählstimmen arbeitende Text den Schreibprozess.

Entstehung: Mitte der 1980er Jahre reiste Kirchhoff mehrfach auf die Philippinen, wo er Zeuge des Bürgerkriegs und der Revolution wurde. Bereits während dieser Zeit entstand die Idee, einen Liebesroman zu verfassen, in den diese Erfahrungen Eingang finden sollten. Die letzten Tage der Marcos-Herrschaft und der Umsturz 1986 wirken als Folie für seine Liebesgeschichte.

Inhalt: Fünf alte Priester auf einer philippinischen Missionsstation suchen einen Mann für ihre junge, bildhübsche Haushälterin Mayla, Objekt ihrer heimlichen Begierden. Die Kuppler meinen, ihn in dem jungen Fotomodell Kurt Lukas gefunden zu haben, den sie irrtümlicherweise für einen Schriftsteller halten. Da Lukas als Chronist ausscheidet, greifen zwei der Priester selbst zur Feder. Aus ihren heimlichen Noten und Berichten entsteht dieser Roman. Der Plan der Priester geht auf: Lukas verliebt sich in die Philippinin, wird aber durch die Unruhen während der Aquino-Wahl von ihr getrennt. In dem Moment, als Lukas erkennt, wie sehr er das Mädchen liebt, kommt er bei einem tragischen

Autounfall ums Leben. Mayla findet jedoch in dem jungen Novizen der Station Ersatz.

Struktur: Der Roman spielt überwiegend in einem philippinischen Dorf (auf der Insel Mindanao) namens Infanta während des Wahlkampfs von Ferdinand Edralin Marcos gegen Corazon Aquino. Zwei Zentren beherrschen Infanta: die Station der alten Patres und eine Vergnügungsbaracke, in der das frivole Gesangswunder Dona Elvira Nacht für Nacht alte amerikanische Songs zu Gehör bringt. Infanta ist genau konstruiert. Kein Einfall steht für sich; Wiederholungen und Motive bilden eine komplexe Verweisstruktur. Kirchhoff zeigt ein Festival der Lügen und der Inszenierung des Alltags durch elektronische Medien, die nur die Liebe überwinden kann. Die Macht der Bilder über die Realität und ihre Kraft der Täuschungen bilden das untergründige Symbolnetz des Buchs, mit dem alle Handlungsstränge verknüpft sind.

Wirkung: Die Werke von Kirchhoff wurden prägend für die Literatur der 1980er und 1990er Jahre. Sein Name stand für sprachliche Prägnanz, eine raffinierte Verknüpfung von Motiven und Handlungssträngen sowie eine häufig exotisch gefärbte Sinnlichkeit. Mit seinen Romanen leitete Kirchhoff die Rückkehr des Erzählens in der deutschen Literatur ein. Seine Abrechnung mit den Vätern und Söhnen der 68er-Generation wurde später von jüngeren Autoren wie Florian Illies (* 1971) wieder aufgegriffen.   *K. v. H.*

Kiš, Danilo

jugoslaw. Schriftsteller

*22.2.1935 Subotica, † 15.10.1989 Paris

📖 *Sanduhr*, 1972

Danilo Kiš ist heute weithin als einer der großen europäischen Erzähler des 20. Jahrhunderts anerkannt. Mit seinem Werk hat er den namenlosen Opfern totalitärer Systeme ein beeindruckendes poetisches Denkmal gesetzt.

In einer Kleinstadt an der jugoslawisch-ungarischen Grenze geboren, erlebte Kiš bereits als Siebenjähriger die Grausamkeit von Krieg und Verfolgung: Der Sohn eines ungarischen Juden und einer Montenegrinerin sah seine Familie dem Wüten der ungarischen Faschisten in dieser vom Nachbarstaat besetzten Region ausgesetzt. Die Familie floh zu Verwandten nach Ungarn; der Vater wurde 1944 von dort nach Auschwitz deportiert und ermordet.

Nach dem Krieg wurden Mutter und Sohn »repatriiert«. Kiš machte das Abitur und studierte anschließend in Belgrad Literaturwissenschaft. Zunächst vor allem als Übersetzer tätig, legte er

OT = Originaltitel   **EZ** = Entstehungszeit   **OA** = Originalausgabe   **DE** = Deutsche Erstausgabe   📖 = Verweis auf Werkartikel

zwischen 1965 und 1972 drei literarische Werke vor, die alle um die mythisch-imaginäre Gestalt seines »verschwundenen« Vaters kreisen und eine Art Familienchronik darstellen.

1979 übersiedelte Kiš nach Paris und kehrte nur mehr sporadisch nach Jugoslawien zurück. Er erlag einem schweren Krebsleiden.

Autobiografie: D. Kiš, *Homo poeticus*, 1994.

Sanduhr

OT Peščanik **OA** 1972 **DE** 1988
Form Roman **Epoche** Moderne

In dem Roman *Sanduhr* schildert Danilo Kiš die letzten Wochen und Tage eines Mannes, der sich und seine Familie vor den Faschisten zu retten versucht. Der Autor setzte mit diesem autobiografisch geprägten Buch die bewegende erzählerische Suche nach dem eigenen verschollenen Vater fort. Ihm gelang darin die seltene Synthese von hoch poetischem Text und quasidokumentarischer Prosa.

Inhalt: Schauplatz des Geschehens ist die Wojwodina in Nordjugoslawien im Frühjahr 1942. Die Deutschen haben dieses Gebiet noch nicht okkupiert, aber in der Region herrschen die mit den Nazis verbündeten ungarischen Faschisten. Vor allem Serben und Juden sind ihrer Willkür unterworfen, es kommt zu Verfolgungen und Massenmorden an der Zivilbevölkerung.

In einer Aprilnacht zwischen Mitternacht und Morgen, in einer schäbigen Kammer, steht ein Mann am Fenster und erinnert sein Leben. Er hat begonnen, einen Brief an seine Schwester zu schreiben, in dem er die Familiengeschichte erzählt. Er widersteht der Versuchung, den Brief ins Feuer zu werfen, und schreibt an gegen die Dunkelheit. Aus einer scheinbar wirren Reihe von Assoziationen, Erinnerungsfetzen und Details werden Lebensstationen und -situationen erkennbar, die aber ihrerseits nicht mehr als Fragmente eines Lebens sind und bleiben. Von dem Mann erfährt der Leser zunächst nur die Initialen: E. S. Er ist ein gut 50-jähriger pensionierter Eisenbahninspektor, ehemaliger Bürstenfabrikant, Familienvater, Schachspieler, Kaffeehausbesucher, ewiger Reisender, ehemaliger Zwangsarbeiter und Irrenhausinsasse, ein heiliger Trinker und prophetischer Künder kommenden Unheils – und er wird als Jude verfolgt. Er hat sich bemüht, mitsamt seiner Familie bei Verwandten Unterschlupf zu finden, doch selbst dort findet er keinen Frieden. Man missgönnt ihnen Essen und Unterkunft, schikaniert und erniedrigt sie. In *Reisebildern* und *Zeugenvernehmungen* fügt sich das Puzzle allmählich zusammen, ohne dass jedoch ein fertiges Bild entsteht. So ist E. S. unterwegs nach Budapest, um eine Erhöhung seiner Rente zu beantragen.

Den Judenstern verbirgt er hinter seiner Aktentasche, Gendarmen weicht er aus. Freunde, die er aufsuchen will, sind verschollen. E. S. kommt als Zwangsarbeiter nach Novi Sad, wo ein Kollege, der ihm helfen will, den Verband an seiner Hand zu lösen, zu Tode geprügelt wird. Im Eisenbahnabteil sucht E. S. mit zitternden Händen seine Papiere und wird des Abteils verwiesen. E. S. wird der Katastrophe nicht entkommen, er ist sich dessen gewiss: Der Einsturz seines Hauses, kaum dass er es verlassen hat, ist ihm ein untrügliches Zeichen. Was ihm bleibt, ist die Hoffnung, sein Sohn werde eines Tages seine Notizen herausgeben, denn alles, was den Tod überlebt, ist ihm ein kleiner, nichtiger Sieg über die Ewigkeit des Nichts und Beweis der Größe des Menschen.

Struktur: Der Roman ist als eine komplizierte und kunstvolle Architektur von Momentaufnahmen und Andeutungen komponiert. Er gliedert sich in 67 Kapitel, die unter vier wiederkehrenden Überschriften erscheinen: *Aufzeichnungen eines Wahnsinnigen* sind die inneren Monologe des Helden überschrieben, als *Er-*

Danilo Kiš, *Sanduhr*, Umschlag

Danilo Kiš 1985

Die wichtigsten Bücher von Danilo Kiš	
Garten, Asche 1965	Der Roman ist der mittlere Teil der dreibändigen Chronik der Familie Sam, in deren Geschichte sich der Untergang des mitteleuropäischen Judentums spiegelt.
Frühe Leiden 1969	In dem nach der inneren Chronologie ersten Teil der Trilogie wird die Erinnerung an das Geschehen während des Zweiten Weltkriegs aus der Sicht eines Kindes geschildert.
Sanduhr 1972	Das Buch bildet den Abschluss der Trilogie. Die meisten Motive sind aus den vorhergehenden Bänden bekannt, werden jedoch ergänzt und aus neuer Perspektive beleuchtet. → S. 609
Ein Grabmal für Boris Dawidowitsch 1976	Das aus sieben Erzählungen gefügte Buch berichtet über das Schicksal osteuropäischer Revolutionäre, die allesamt Opfer des Bolschewismus werden.
Anatomiestunde 1978	Mit dieser Streitschrift, einem schillernden Selbstzeugnis, reagierte der Autor auf eine gegen ihn initiierte Hetzkampagne infolge seines Buchs *Boris Dawidowitsch*.
Die Enzyklopädie der Toten, 1983	Die neun Erzählungen kreisen alle um ein Thema: die Einzigartigkeit und Unverwechselbarkeit eines jeden Menschen.

Kiš

Auszug aus dem Roman
Sanduhr von Danilo Kiš:

Ich habe, dank dem Leiden und dem Wahnsinn, schöner und reicher gelebt als ihr und möchte auch würdig sterben, wie es sich für diesen erhabenen Moment geziemt, nach dessen Vollendung alle Würde und Erhabenheit aufhört. Mein Leichnam wird meine Arche sein und mein Tod ein langes Treiben auf den Wellen der Ewigkeit.

mittlungsverfahren und *Zeugenvernehmungen* sind verhörähnliche Protokolle bezeichnet und unter *Reisebilder* wird der Leser mit Situationen der Hauptfigur konfrontiert, die an anderer Stelle und aus anderer Perspektive wieder aufgenommen werden. Den Schluss bildet der Brief an die Schwester, von dem der Leser im ersten Kapitel erfahren hat. Sein Inhalt fügt einiges zusammen und stellt Bezüge zwischen einzelnen Fragmenten her.

Wirkung: Mit *Sanduhr* legte Kiš seinen wohl besten Roman vor und schloss damit zugleich einen dreiteiligen Zyklus zur Familienchronik ab. In der Art der Darstellung, der Akribie der Spurensuche und seiner bewundernswürdigen Detailversessenheit stellt der Roman einen unverwechselbaren Beitrag zur europäischen Literatur im Allgemeinen wie zur Holocaust-Literatur im Besonderen dar. *R. F.*

Der »rasende Reporter« Egon Erwin Kisch 1929 in Berlin

Die wichtigsten Bücher von Egon Erwin Kisch

Aus Prager Gassen und Nächten, 1912	In den Lokalreportagen berichtet Kisch von Streifzügen durch das Nachtleben und die Armenasyle in Prag.
Soldat im Prager Korps, 1922	Das Buch besteht aus Tagebuchaufzeichnungen über den grausamen Alltag der Soldaten im Ersten Weltkrieg.
Der rasende Reporter 1925	Das Werk enthält literarische Reportagen aus verschiedenen geografischen Regionen und sozialen Milieus Europas. → S. 610
Zaren, Popen, Bolschewiken, 1927	Kisch schildert das harte Alltagsleben der Menschen in der Sowjetunion. Die deutsche Kritik nahm das Buch begeistert auf.
Paradies Amerika 1930	Die eindrücklichen Reportagen vom unteren Rand der amerikanischen Gesellschaft relativieren den American Dream.
Geschichten aus sieben Ghettos, 1934	In den ironisch reflektierten, doch zugleich liebevollen und sentimentalen Geschichten beschreibt Kisch jüdisches Leben.
Landung in Australien, 1937	Die wohl besten literarischen Reportagen Kischs berichten von Begebenheiten auf seiner Reise zu einem Antikriegskongress.
Marktplatz der Sensationen, 1942	Kisch verfasste seine Memoiren im mexikanischen Exil: Sie enthalten Geschichten um die Jagd des Autors nach Sensationen.

Kisch, Egon Erwin

deutschsprachiger tschech. Schriftsteller

* 29.4.1885 Prag, † 31.3.1948 ebd.

📖 *Der rasende Reporter*, 1925

Egon Erwin Kisch war eine der vielseitigsten journalistischen Persönlichkeiten und gilt als Begründer und Meister der literarischen Reportage. Als Protagonist der Neuen Sachlichkeit verfasste er exakte Milieustudien und interessante Reiseberichte, die aufgrund ihrer Komposition, ihrer kunstvollen Sprache und einer dichten Atmosphäre auch heute noch ein großes Lesevergnügen bieten.

Der Prager Jude Kisch lernte das berufliche Handwerk auf einer Journalistenschule in Berlin und als Lokalreporter bei deutschsprachigen Tageszeitungen der tschechischen Metropole. Bekannt wurde er 1913 durch die Aufdeckung der berüchtigten Spionageaffäre um den k.u.k. Oberst Redl. Aus Abenteuerlust zog er in den Ersten Weltkrieg, wurde jedoch bald engagierter Kriegsgegner und nahm gegen Ende des Krieges aktiv an der revolutionären Bewegung teil. 1921 ging Kisch nach Berlin, wo er Mitbegründer des »Bundes proletarisch-revolutionärer Schriftsteller« wurde. Ausgedehnte Reisen führten ihn durch ganz Europa, nach Amerika, Asien und Australien. Anerkennung gewann er u.a. durch seine Reportagen *Zaren, Popen, Bolschewiken* (1927) und *Paradies Amerika* (1930). Als einer der von den Nationalsozialisten meistgehassten jüdischen Intellektuellen ging Kisch 1933 nach Frankreich ins Exil und floh 1939 weiter nach Mexiko. 1946 kehrte er nach Prag zurück, wo er zwei Jahre später starb.

Biografie: M. G. Patka, *Egon Erwin Kisch*, 1997.

Der rasende Reporter

OA 1925 **Form** Sachbuch **Bereich** Journalismus

Die 1925 erschienene Reportagensammlung *Der rasende Reporter* war das erfolgreichste Buch von Egon Erwin Kisch und begründete seinen legendären Ruf. Als »unbefangener Zeuge«, aber keineswegs teilnahmslos zeichnet der Autor in den Berichten ein scharfes Bild der gesellschaftlichen Verhältnisse in Europa, erfüllt dabei aber durch die Wahl ungewöhnlicher Schauplätze, Sujets und Perspektiven zugleich die Sehnsucht des Lesepublikums nach Sensationellem und Amüsement.

Entstehung: 1923 gab Kisch unter dem Titel *Klassischer Journalismus* eine Anthologie heraus, die Texte von Persönlichkeiten der Weltgeschichte vereinte. Der Erfolg dieses Buches veranlasste Kischs Verleger Erich Reiss, beim Autor eine Sammlung eigener Reportagen in

Auftrag zu geben. Im Vorwort schrieb Kisch die berühmten Zeilen, die mit der sprichwörtlich gewordenen Erkenntnis begannen: »Nichts ist verblüffender als die einfache Wahrheit…«

Inhalt: Die Sammlung umfasst die besten Reportagen von Kisch aus den Jahren 1914–24. Der Journalist berichtet aus jenen Ländern, die er in den Jahren zuvor kennen gelernt hatte, vor allem Deutschland, Österreich, der Tschechoslowakei, Italien, England und Frankreich. Der Eindruck des *Rasenden* wird in erster Linie durch das häufige Wechsel der Schauplätze hervorgehoben, zum eigentlichen Thema wird »Schnelligkeit« hingegen nur in einem Bericht über das Sechstagerennen im Berliner Sportpalast. Die Reportagen befassen sich besonders mit Sozial- und Milieustudien, mit der Industrie- und Arbeitswelt, mit dem Krieg und historisch-literarischen Stoffen. Allen Reportagen gemeinsam ist das Außergewöhnliche; die besondere Wahl der Schauplätze *(Bei den Heizern des Riesendampfers)*, der Perspektiven *(Referat eines Verbrechers über die Polizeiausstellung)* oder der Sujets *(Spaziergang auf dem Meeresgrund)* charakterisieren die Arbeiten.

Das journalistische Credo von Kisch, in unbefangener Zeugenschaft die Realität präzise und unretuschiert zu beschreiben, lässt vordergründige Parteinahme nicht zu, doch wird in allen Reportagen deutlich, dass er sich für die Anliegen der Benachteiligten und Bedrückten einsetzt, indem er Themen wie Armut, Ausbeutung und Krieg aufgreift. Wenn Kisch sich unter die Obdachlosen von Whitechapel mischt oder die Arbeit in einem Bochumer Stahlwerk beschreibt, erzielt die nüchterne Beschreibung des Beobachteten einen großen Effekt.

Wirkung: *Der rasende Reporter* war ein Bestseller und machte Kisch weltberühmt. Schon im Jahr nach dem Erscheinen erreichte das Buch die 15. Auflage. Es war aber nicht nur ein kommerzieller Erfolg. Die hier meisterhaft vorgeführte Form der literarischen Reportage wirkte nachhaltig auf den Journalismus des 20. Jahrhunderts und wird auch heute noch als beispielhaft für dieses Genre empfunden. *R. F.*

Kishon, Ephraim

(eigtl. Ferenc Hoffmann) israel. Schriftsteller

*23.8.1924 Budapest

📖 *Drehn Sie sich um, Frau Lot!*, 1961

Ephraim Kishon ist in der zeitgenössischen Literatur eine Ausnahmeerscheinung. Er ist Bürger eines kleinen Landes (Israel) und schreibt in einer Sprache, die nur wenige sprechen (Hebräisch). Die Übersetzungen seiner humorvollen und satirischen Werke wurden weltweit ein riesiger Erfolg: Die Gesamtauflage seiner etwa 43 Mio Bücher, davon allein 33 Mio in deutscher Sprache, begründen seinen Ruf als meistgelesener Satiriker in Deutschland. Neben humorvolleren Erzählungen schreibt Kishon auch Theaterstücke, Filmdrehbücher, Romane, Hör- und Fernsehspiele.

Kishon wurde in Ungarn geboren und in einer assimilierten jüdischen Familie erzogen. Obwohl er 1941 das Abitur mit Auszeichnung ablegte, konnte er aufgrund der faschistischen Judengesetze nicht studieren. Er entkam dem Holocaust nur knapp und überlebte ungarische, deutsche und sowjetische Arbeitslager. 1949 floh er aus dem kommunistischen Ungarn nach Israel, wo er seinen Namen änderte und intensiv Hebräisch lernte. Ab 1952 begann er anekdotenhafte Satiren in der Zeitung *Ma'ariv* zu veröffentlichen, für die er über 30 Jahre täglich eine Kolumne schrieb. 1959–62 leitete er in Tel Aviv das Theater »Die Grüne Zwiebel«, für das er mehrere Theaterstücke verfasste und selbst inszenierte.

Kishons Humor ist einfallsreich und gewandt. Seine sanfte Satire geißelt menschliche Schwächen und soziale Verrücktheiten. Als Subjekte seiner Situationskomik dienen u. a. der Einzelne und seine Schwächen (Ehrgeiz, Gier), die Familie (Ehe, Kinder, Nachbarn) sowie die Gesellschaft (Politik, Bürokratie, Kapitalismus, Kunst). Gerade in Israel, das die biblische Vergangenheit mit einer heroischen, tragischen Gegenwart vereinigt, scheinen sich die Paradoxe und Absurditäten der ganzen modernen Welt zu konzentrieren und Kishon reiches Material für seine humorvollen Werke zu bieten.

Biografie: E. Kishon, *Nichts zu lachen. Die Erinnerungen*, 1993

Drehn Sie sich um, Frau Lot!

OT Look Back Mrs. Lot! **OA** 1961 **DE** 1961
Form Satiren **Epoche** Moderne

Gleich mit der ersten Satiresammlung etablierte sich Ephraim Kishon als scharfsinniger und humorvoller Schriftsteller.

Entstehung: Satiren, die Kishon im Lauf der 1950er Jahre für die israelische Zeitung *Ma'ariv* geschrieben hatte, wurden von seinem deutschen Verleger, bei dem der Autor schon zwei kleinere Texte für die Bühne veröffentlicht hatte, mit der Begründung abgelehnt, dass solche Texte in Deutschland keine Erfolgschancen hätten. Erst als die englische Übersetzung in den USA zu einem Bestseller wurde, brachte der Verlag Langen Müller *Drehn Sie sich um, Frau Lot!* auf Deutsch heraus und leitete damit eine einzigartige Erfolgsgeschichte ein.

Auszug aus *Der rasende Reporter* von Egon Erwin Kisch:

Nicht ist verblüffender als die einfache Wahrheit, nichts ist exotischer als unsere Umwelt, nichts ist fantasievoller als die Sachlichkeit. Und nicht Sensationelleres gibt es in der Welt als die Zeit, in der man lebt.

Egon Erwin Kisch, *Der rasende Reporter*, Umschlag der Originalausgabe 1925

Ephraim Kishon, *Drehn Sie sich um, Frau Lot!*, Umschlag der deutschsprachigen Erstausgabe 1961

Ephraim Kishon mit Sara, »der besten Frau der Welt«, auf der Frankfurter Buchmesse 1996

Die wichtigsten Bücher von Ephraim Kishon

Drehn Sie sich um, Frau Lot!, 1961	In dieser Satiresammlung, seinem Debüt, nimmt Kishon die menschlichen Schwächen der Israelis aufs Korn. → S. 611
Der Blaumilchkanal 1971	Nach dem Ausbruch aus einer Irrenanstalt gräbt Kasimir Blaumilch Kanäle. Er will Tel Aviv in ein neues Venedig verwandeln.
Mein Freund Jossele 1977	Der Gauner Jossele und der Erzähler spielen Streiche und geraten dabei in die verschiedensten humorvollen Situationen.
Picassos süße Rache 1995	Kishon entlarvt auf satirische Art die kleinen und großen Betrügereien in der modernen, avantgardistischen Kunst.
Ein Apfel ist an allem Schuld, 1996	Das Buch bietet eine ironische Interpretation der Zehn Gebote und befasst sich mit den Schwächen der »Krone der Schöpfung«.
Eintagsfliegen leben länger, 2001	Der Autor Kishon legt satirische Geständnisse ab über sich selbst und über den Beruf des Schriftstellers im Allgemeinen.

Ephraim Kishon über seine Position in der Tradition jüdischen Humors:

Ich sehe mich nicht als der letzte jüdische Humorist, ich bin aber doch der erste jüdische Satiriker. Ich habe Erfolg, weil mein Humor nicht spezifisch jüdisch ist. Ich schreibe ganz einfach über Menschen, die in Israel kein bisschen anders sind als irgendwo auf der Welt.

Inhalt: Obwohl der Humor dieses Werks in erster Linie allgemein verständlich ist, ist das Buch gewissermaßen auch eine Einführung in die Kultur des Landes Israel. In der ersten Person erzählt der Autor von der Komik des israelischen Alltags und entblößt die Idiosynkrasien seiner Mitbürger. In der Geschichte *Unternehmen Babel* wird das Sprachchaos gezeigt, das die vielen Einwanderer aus aller Welt erzeugen. Aber trotz anscheinend unüberwindbarer Schwierigkeiten zwischen den verschiedenen Sprachen arrangiert sich das Volk mit der Situation. Der Streit zwischen alten Traditionen und modernen Lebensweisen wird in *Brautkauf im Kibbuz* dargestellt. In dieser Erzählung erfährt der Leser Einzelheiten über die Kibbuzstruktur, aber auch über alte und neue kulturelle Sitten. In der Skizze *Auf dem Supermarkt* beleuchtet Kishon der Kaufhysterie, die er als Resultat des Kapitalismus versteht.

Wirkung: Mit *Drehn Sie sich um, Frau Lot!* begann die internationale Karriere von Kishon. Der Erfolg dieser Sammlung von Satiren in Deutschland, der sich nicht zuletzt der kongenialen Übersetzung von Friedrich Torberg verdankt, lässt sich anhand der 24 Auflagen über fünf Jahrzehnte ablesen. Bereits 1976 erhielt der Autor das »Goldene dtv-Taschenbuch« für eine Million verkaufte Exemplare. *J. K.*

Kivi, Aleksis

finn. Schriftsteller

* 10.10.1834 Nurmijärvi (Uusimaa)

† 31.12.1872 Tuusala (ebd.)

📖 *Die sieben Brüder*, 1870

Aleksis Kivi war der erste große finnische Prosaschriftsteller; der finnischen Sprache verhalf er zu ihrem Durchbruch als Literatursprache.

Kivi wuchs als Sohn eines Dorfschneiders in bescheidenen Verhältnissen auf. Nach einer entbehrungsreichen Schulzeit legte er 1857 das Abitur ab und nahm ab 1859 ein Studium in Helsinki auf, das er jedoch nicht abschloss. Als freier Schriftsteller kämpfte er ständig gegen Armut und Krankheit. Obwohl für seine Dramen mit zwei Staatspreisen ausgezeichnet, blieb er zu Lebzeiten unbekannt und in finanzieller Not. Er starb nach einem Nervenzusammenbruch (1870) einsam und in geistiger Umnachtung.

Kivi, der heute als bedeutendster finnischer Dichter gilt, schuf in seiner relativ kurzen Lebensspanne zwölf Schauspiele, eine Gedichtsammlung und einen großen Roman. Mit *Kullervo* (1864) entstand die erste spielbare finnische Tragödie. 1865 wurde Kivi der erste staatliche Literaturpreis Finnlands für seine Komödie *Die Heideschuster* (1864) verliehen. Sein einziges zu seinen Lebzeiten aufgeführtes Bühnenwerk ist der Einakter *Lea* (1869), mit dem das finnische Theater seinen Anfang nahm. Mit seinem Hauptwerk *Die sieben Brüder* bewies sich Kivi als herausragender Stilist und sensibler Schilderer des finnischen Landvolks. Die Lyrik des Autors zeichnet sich durch eine starke Emotion und frische Ursprünglichkeit aus.

Die sieben Brüder

OT Seitsemän veljestä **OA** 1870 **DE** 1921
Form Roman **Epoche** Vorläufer des Realismus

Das Hauptwerk von Aleksis Kivi ist zugleich der erste finnischsprachige Roman. In seiner dramatisierten Fassung ist er auch auf Finnlands Bühnen bis heute erfolgreich. Bei den »Kivi-Festspielen« in Nurmijärvi, die dem Autor zu Ehren jedes Jahr abgehalten werden, hat die Aufführung der *Sieben Brüder* Tradition.

Inhalt: Schauplatz des Schelmen- und Entwicklungsromans ist der ländliche Süden Finnlands in der ersten Hälfte des 19. Jahrhunderts. Auf humorvoll-realistische Weise wird das urtümliche Leben der sieben Brüder des Jukola-Hofs geschildert; der älteste ist zu Beginn 25-jährig, der jüngste knapp 18 Jahre alt. Nach dem Tod ihres Vaters entfliehen die Brüder den Zwängen der Gesellschaft in die Wildnis und er-

OT = Originaltitel **EZ** = Entstehungszeit **OA** = Originalausgabe **DE** = Deutsche Erstausgabe 📖 = Verweis auf Werkartikel

leben dort zahlreiche Abenteuer. Ungebändigt und frei durchlaufen sie im harten Daseinskampf in den Wäldern eine Persönlichkeitsentwicklung, in derem Zuge sie ihre Rohheit, derben Saufgelage und Schlägereien überwinden und durch eigene Erfahrungen zu innerer Reife gelangen. In der Einöde philosophieren die Brüder über Religion sowie Moral und erzählen einander Sagen, versuchen sich nach zähem Ringen erfolgreich im Schreiben und Lesen. Nach zehn Jahren anarchischen Freiheitsgenusses kehren sie wieder zu ihrem heimatlichen Hof zurück, den sie verpachtet hatten. Die Dorfgemeinschaft nimmt die Heimgekehrten wohlwollend auf und unterstützt sie in ihrer Eingliederung in das Gemeindeleben. Die Brüder wenden sich einem sittsamen Leben zu und gründen Familien; die beiden intelligentesten werden mit Ehrenämtern betraut.

Kivi zeigt sich in seinem Roman, in dem er liebevoll die Charaktertypen seines Volks mit all ihren Vorzügen und Schwächen schildert, als Philanthrop. Milde und Verständnis bewirken mehr als Strafe und Reglementierung, Entwicklung ist nur aus sich selbst heraus möglich, nicht durch Druck von außen – so lautet seine Devise. Der Roman ist ein Volksbuch, da er in realistisch-urtümlicher und humorvoller Weise die typischen Züge des finnischen Menschen, sein Verhältnis zur Gesellschaft und zur Natur in oftmals derber Anschaulichkeit darstellt.

Wirkung: Wegen seiner realistischen Schilderung mit volkssprachlichen Dialogen wurde das Buch von den Kritikern verworfen, die noch in den Kategorien des romantischen Idealismus dachten. Heute gilt der Roman, ein Vorläufer des Realismus in Finnland, als ein Hauptwerk der finnischen Literatur. Seine Beliebtheit zeigt sich nicht zuletzt in zahlreichen Übersetzungen, Dramatisierungen und Vertonungen. *V. R.*

Kleist, Heinrich von

dt. Schriftsteller

* 18.10.1777 Frankfurt/Oder

✝ 21.11.1811 Wannsee bei Berlin

📖 *Die Marquise von O...*, Novelle 1808

📖 *Michael Kohlhaas*, Novelle 1810

Mit seinen Werken, die Identitätskrisen ausloten, von verhängnisvollen Missverständnissen berichten und zerbrechende familiäre oder gesellschaftliche Ordnungen vorführen, stand Heinrich von Kleist außerhalb der literarischen Hauptströmungen seiner Zeit, Klassik und Romantik. Geradezu modern wirken seine Stilmittel: die atemlose Erzählweise sowie die Verwendung von Doppeldeutigkeiten und Ironie.

Auch in seinem Leben blieb Bernd Heinrich Wilhelm von Kleist, der sich gegen Zwänge und Inhumanität wandte, ein Außenseiter. Er brach mit den Traditionen seiner preußischen Offiziersfamilie, indem er den Militärdienst quittierte, konnte sich aber auch keine bürgerliche Existenz aufbauen, da er sein Studium (Mathematik, Physik, Recht, Volkswirtschaft) nach wenigen Semestern aufgab und es auf seinen Posten in der Berliner und Königsberger Finanzverwaltung nie lange aushielt.

Die ersehnte Anerkennung und Existenzsicherheit fand Kleist auch als Schriftsteller nicht. Seine Novellen erzielten noch Achtungserfolge, seine Dramen stießen aber auf Ablehnung (*Penthesilea*, 1808, *Das Käthchen von Heilbronn*, 1810, *Der zerbrochene Krug*, 1811, *Prinz Friedrich von Homburg*, 1821). Heute als innovativ angesehen, hielten Zeitgenossen seine Werke zumeist für zu radikal. Verarmt und verkannt, nahm sich Kleist 34-jährig am Berliner Wannsee das Leben.

Biografien: C. Hohoff, *Heinrich von Kleist*, 1958 (rm 50001); L. F. Földényi, *Heinrich von Kleist*, dt. 1999.

Aleksis Kivi, *Die sieben Brüder*, Umschlag der deutschsprachigen Ausgabe 1997

Die Marquise von O...

OA 1810 (1808 Vorabdruck in der Zeitschrift »Phöbus«)
Form Novelle **Epoche** zwischen Klassik und Romantik

Bei ihrem Erscheinen wegen der angedeuteten Vergewaltigung als Skandalgeschichte empfunden, gilt die Novelle *Die Marquise von O...* heute als frühes Beispiel weiblicher Emanzipa-

Die wichtigsten erzählerischen Werke von Heinrich von Kleist	
Das Erdbeben in Chili 1807	Ein Erdbeben führt ein gesellschaftliche Normen missachtendes Liebespaar vor der Hinrichtung wieder zusammen, doch dann zerstört religiöser Fanatismus sein Leben.
Die Marquise von O... 1808	Am Schicksal einer jungen Witwe, die, unwissentlich schwanger geworden, zu sich selber findet, werden traditionelle Werte und Konventionen hinterfragt. → S. 613
Das Bettelweib von Locarno 1810	In einer unheimlichen, auf spukhaften Erscheinungen beruhenden Katastrophe wird die Existenz eines Marchese vernichtet, der zuvor den Tod eines gebrechlichen Bettelweibes verursacht hat.
Michael Kohlhaas 1810	Der in seinem Rechtsgefühl und seiner Menschenwürde verletzte Michael Kohlhaas nimmt das Recht auf Widerstand und Rache an seinen Widersachern in Anspruch. → S. 614
Die Verlobung in St. Domingo 1811	Weil der weiße Franzose Gustav der Mulattin Toni, bei der er beim Aufstand der Schwarzen Zuflucht gesucht hat, trotz seiner Gefühle für sie nicht traut, wird er zum Mörder seiner Retterin.
Der Findling 1811	Verfangen in einem Netz von Täuschungen und gegenseitigem Misstrauen, versucht Nicolo seine Pflegemutter zu verführen und wird dann von seinem Pflegevater getötet.
Die heilige Cäcilie 1811	Die Macht der Musik rettet im 16. Jahrhundert Nonnen vom Kloster der heiligen Cäcilie vor einer Horde Bilderstürmer, treibt deren Anführer aber auch in den Wahnsinn.
Der Zweikampf 1821	Ein als Gottesurteil geltender Zweikampf bringt Licht in einen Mord- und einen Verleumdungsfall, indem er Selbsttäuschungen und Irreführungen der Figuren aufdeckt.

Zitat aus *Die Marquise von O... von Heinrich von Kleist:*

Und hob, mit dem ganzen Stolz ihrer Unschuld gerüstet, die Kinder auf, trug sie ohne dass der Bruder gewagt hätte, sie anzuhalten, in den Wagen, und fuhr ab. Durch diese schöne Anstrengung mit sich selbst bekannt gemacht, hob sie sich plötzlich, wie an ihrer eigenen Hand, aus der ganzen Tiefe, in welche das Schicksal sie herabgestürzt hatte, empor.

Saint-René Taillandier 1859 in der *Revue des deux mondes:*

»Kohlhaas« ist das Meisterwerk des Autors in der psychologischen und dramatischen Erzählung. Die Einfachheit des Berichtes schließt nicht die tiefe Charakterstudie aus. Man könnte für Augenblicke an die Chronik eines Zeitgenossen denken ... Im Übrigen keine Reflexion; die Dinge sprechen durch sich selbst, ... die Charaktere entwickeln sich mit einer lebendigen und zwingenden Logik; die sich ergebenden Konsequenzen entstehen in unserem Geist, ohne dass der Autor sie uns aufdrängt.

tion. Am Schicksal der Marquise, die in einem existenziellen Konflikt zu sich selbst findet und Selbstständigkeit gewinnt, hinterfragt Heinrich von Kleist traditionelle Werte und die Konventionen familiären Lebens.

Inhalt: Die Marquise von O..., die seit dem Tod ihres Mannes mit ihren Kindern wieder bei ihren Eltern in einer Stadt in Oberitalien lebt, wird schwanger, ohne zu wissen, wie sie das Kind empfangen hat. Von den Eltern wegen ihrer vermeintlichen Unmoral verstoßen, beschließt sie, sich über alle Konventionen hinwegzusetzen und den Vater durch eine Zeitungsannonce zu suchen, um ihn dann zu heiraten und ihrem Kind somit eine geachtete Existenz zu sichern. Auf ihr Inserat meldet sich der Graf F..., ein russischer Offizier. Er hat sie Monate zuvor bei der Erstürmung der von ihrem Vater befehligten Zitadelle vor der Vergewaltigung durch russische Soldaten bewahrt und ihr wenig später einen Heiratsantrag gemacht, der von ihr und ihrer Familie aufgrund der unvermittelten Werbung aber hinhaltend beantwortet wurde.

Aufbau: Kleist erzählt die befremdliche Geschichte der Marquise nicht linear, sondern enthüllt die Zusammenhänge erst allmählich und baut wie in einer Kriminalgeschichte immer neue Spannungsbogen auf. Die Novelle beginnt mit einem Rätsel in Form des Inserats, in dem die Marquise, »eine Dame von vortrefflichem Ruf«, bekennt, ohne ihr Wissen schwanger geworden zu sein und den Vater des Kindes sucht. Um die Vorgeschichte aufzudecken, springt die Handlung zurück zum Kampf um die Zitadelle. Kleist erzählt jedoch mehr indirekt: Auf die Rettung der Marquise durch den Grafen F... und ihr bewusstloses Niedersinken folgt einer der berühmtesten Gedankenstriche

der deutschen Literatur. Was sich in dieser Zeitspanne zutrug – der Beischlaf –, erschließt sich der Leserschaft durch mehrdeutige Äußerungen und Verhaltensweisen des Grafen, nicht aber der Marquise und ihren Eltern, die ihn nicht verstehen können oder wollen. Die Marquise stößt ihn sogar – ein weiteres, erst im letzten Satz gelöstes Rätsel – zunächst zurück, als er die Tat schließlich gesteht.

Diese spektakuläre äußere Handlung steht allerdings nicht im Mittelpunkt der Novelle. Vielmehr geht es um das innere Geschehen: die Beziehungen der Figuren zueinander, ihre Haltung zu ihrem Schicksal, die Entwicklung der Marquise, die aus ihrem Unschuldsbewusstsein Selbstbewusstsein gewinnt.

Dennoch schildert Kleist seine Gestalten zumeist von außen; was sie denken oder fühlen, erschließt sich nur über die Körpersprache, ein Erröten etwa oder ihre Gesten. Stärker noch als in anderen Novellen verwendet Kleist in der *Marquise von O...* einen ironischen Unterton, der die Vielschichtigkeit des Textes unterstreicht und insbesondere in den Versöhnungsszenen (Marquise mit ihren Eltern, Happy End mit dem Grafen) die dargestellte Harmonie mit einem Fragezeichen versieht.

Wirkung: Der Stoff der Kleist-Novelle wurde im 20. Jahrhundert in mehreren Nachgestaltungen wieder aufgegriffen. Sie verlegten die Handlung in das Preußen zur Zeit Kleists und variierten teilweise den Schluss. Hartmut Langes Komödie *Die Gräfin von Rathenow* (1969) betonte die ökonomischen Motive der Handelnden und gestand der Marquise auch eine erotische Emanzipation zu. Hingegen hielt sich der französische Regisseur Eric Rohmer, der die Erzählhaltung Kleists mit dem Auge einer Kamera verglich, in seiner Verfilmung von 1975 eng an die Vorlage.

Novelle

Definition: Der Begriff Novelle bezeichnet eine Erzählung mittlerer Länge, die von einer neuen oder »unerhörten Begebenheit« (Goethes Definition der Novelle im Gespräch mit Eckermann, 29. Januar 1827) berichtet, die sich – im Gegensatz zum Märchen – tatsächlich ereignet hat oder haben könnte. Die Novelle begnügt sich, anders als der Roman, mit einem einzigen Handlungsstrang bzw. einem zentralen Konflikt, der in gedrängter, pointierter Form, oftmals im Stil eines objektiven Berichts, geschildert wird.

Herkunft: Das Wort Novelle geht auf das lateinische »novus« (neu) zurück und bedeutet Neuigkeit. Ursprünglich ein rein juristischer Terminus für ein Nachtragsgesetz, tritt es seit der Renaissance auch als literarischer Begriff auf.

Geschichte: Als Muster aller Novellen gilt Giovanni → Boccaccios Novellensammlung *Decamerone* (*Il Decameron*, 1348–53), die

in spannender Form von außergewöhnlichen Ereignissen erzählt und bereits die später oft verwendete Rahmenhandlung aufweist. Zur Entwicklung der deutschen Novelle trugen ab Ende des 18. Jahrhunderts → Goethe (*Unterhaltungen deutscher Ausgewanderter*, 1795), Heinrich von Kleist und die Romantiker bei. Neben die Schilderung einer als neu empfundenen Begebenheit traten zunehmend eine vertiefte Charaktergestaltung, das Aufgreifen symbolischer Bezüge sowie eine Akzentuierung von Grenzsituationen und von Erfahrungen, welche die bislang vertraute Welt in Frage stellen.

Siegeszug: Mit dieser thematischen und formalen Ausweitung erlebte die Novelle im 19. Jahrhundert in vielen europäischen Sprachen einen Höhepunkt, u.a. mit den Werken von E.T.A. → Hoffmann, Gottfried → Keller, Guy de → Maupassant und Alexander → Puschkin.

Michael Kohlhaas

OA 1810 **Form** Novelle **Epoche** zwischen Klassik und Romantik

Michael Kohlhaas gilt als die bedeutendste Novelle Heinrich von Kleists. Der Geschichte über den Pferdehändler, der aus einem ins Maßlose gesteigerten Rechtsgefühl heraus um sein Recht und damit um seine verletzte Menschenwürde kämpft, lag eine reale, in der *Maerckischen Chronik* (um 1595) von Peter Hafftitz überlieferte Begebenheit zu Grunde.

Inhalt: Die Handlung spielt um die Mitte des 16. Jahrhunderts in Brandenburg und Sachsen. Der Pferdehändler Michael Kohlhaas gerät in einen Rechtsstreit mit dem Junker Wenzel von Tronka, der widerrechtlich zwei Pferde von ihm einbehält und sie zu Grunde richtet. Kohlhaas' Anrufung der Gerichte bleibt infolge der Intrigen von Tronkas Verwandten erfolglos. Als letztes Mittel versucht er sein Recht durch Rebellion zu erlangen. Nach seinem Überfall auf Wittenberg vermittelt Martin Luther einen Kompromiss mit dem Kurfürsten von Sachsen, an den sich zwar Kohlhaas, aber nicht der Kurfürst hält. Schließlich geht der Fall an Kohlhaas' Landesherrn, den Kurfürsten von Brandenburg, der einerseits der Klage gegen Tronka stattgibt, andererseits aber Kohlhaas wegen Aufruhr zum Tod verurteilt. Kurz vor seiner Hinrichtung vernichtet der Pferdehändler vor den Augen des Kurfürsten von Sachsen einen ihm einst übergebenen Zettel, auf dem eine für den Kurfürsten bedeutsame Prophezeiung steht.

Aufbau: Kleist beginnt seine in weiten Teilen wie eine Chronik erzählte Geschichte mit einem den Konflikt zusammenfassenden Paradoxon: Er stellt Kohlhaas als einen der »rechtschaffensten« und zugleich »entsetzlichsten Menschen seiner Zeit« vor. Die Handlung zeigt dann, wie aus einem Mann, der das erlittene Unrecht als Verstoßung aus der Staatsgemeinschaft und Verletzung der Würde aller Menschen erlebt, ein Mordbrenner wird, weil er das (Natur-)Recht in Anspruch nimmt, gegen Willkür und eine in Unordnung geratene Welt Widerstand zu leisten. Dass es dabei um mehr als nur rechtliche Aspekte geht, macht der symbolhafte Vorname deutlich, den Kleist seinem Helden gab (der historische Kohlhaas hieß Hans) und der an den Erzengel Michael erinnert, der den Satan bekämpfte.

Die Novelle ist in mehrere Abschnitte und Szenen unterteilt, die spiegelbildlich zueinander stehen und Wechselbeziehungen von Täter und Opfer sowie von Schuld und Unschuld thematisieren. Dem ersten Teil, in dem Kohlhaas mit seiner berechtigten Klage auf allen legalen Wegen scheitert und zum Justizopfer wird, steht der Teil gegenüber, in dem er seine Sache in die eigene Hand nimmt, den sich anfangs so selbstherrlich gebenden Junker verfolgt und dessen Fluchtorte niederbrennt. Die Problematik dieser Entscheidung wird an Kohlhaas' anfänglichem Mitstreiter Nagelschmidt deutlich, einer Art negativem Doppelgänger, der auf eigene Faust weitermacht, nachdem der Pferdehändler seine Horde längst aufgelöst hat.

Im Schlussteil werden Kohlhaas und der Kurfürst von Sachsen gegenübergestellt: Während der Kurfürst daran zerbricht, nicht in den Besitz der all seine Gedanken vereinnahmenden Prophezeiung gelangen zu können, gewinnt Kohlhaas seine Autonomie – wenn auch um den Preis des Todes – zurück; und seinen Söhnen (die zu Rittern geschlagen werden) winkt der gesellschaftliche Aufstieg.

Wirkung: *Michael Kohlhaas* ist unter den Novellen von Kleist diejenige, die mit ihrem strengen formalen Aufbau und ihrer vertieften Figurengestaltung den größten Einfluss auf die Entwicklung der deutschen Novellistik ausübte. Die Vielschichtigkeit des Textes zog vielfältige Deutungen – rechtstheoretische, religiöse, psychologische, soziale – sowie die unterschiedlichsten Vereinnahmungen nach sich. Von Nationalisten als Inbegriff des Preußentums oder Verkörperung »deutschen Rechtsgefühls« angesehen, galt Kohlhaas der Linken als Revolutionär bzw. Vorkämpfer einer gerechten Weltordnung. *P. G.*

David Warner und Anna Karina in einer Szene der Verfilmung *Michael Kohlhaas- Der Rebell* nach dem Roman *Michael Kohlhaas* von Heinrich von Kleist (BRD 1969; Regie: Volker Schlöndorff)

Klemperer, Victor

dt. Autor und Philologe

*9.10.1881 Landsberg/Warthe

†11.2.1960 Dresden

📖 *Ich will Zeugnis ablegen bis zum letzten. Tagebücher 1933–1945*

📖 *LTI. Notizbuch eines Philologen*, 1947

Victor Klemperer hat in seinem vorrangig autobiografischen Werk mit philologischem Scharfblick nicht nur die Stimme(n) der Menschen im Nationalsozialismus eingefangen, sondern auch die Stimmung(en).

Klemperer, achter Sohn eines Rabbiners, studierte Philosophie und romanische und germanische Philologie, arbeitete als freier Journalist, promovierte sowie habilitierte sich 1914. 1920 wurde Klemperer Professor an der Technischen Hochschule Dresden. Er veröffentlichte Arbeiten zur französischen Literatur(geschichte) und schrieb noch während des Zweiten Weltkrieges an der *Geschichte der französischen Literatur im 18. Jahrhundert* (1954–66), obwohl er 1935

Tagebucheintrag Victor Klemperers vom 30. Mai 1942:

Man kann nicht zurück, man kann nicht nach Zion. Vielleicht ist es überhaupt nicht an uns zu gehen, sondern zu warten: Ich bin deutsch und warte, dass die Deutschen zurückkommen; sie sind irgendwo untergetaucht.

Rezension zu *Ich will Zeugnis ablegen bis zum letzten* von Victor Klemperer im *Rheinischen Merkur* vom 15. Dezember 1995:

…man wird kaum ein Werk finden, das den jüdischen (und nicht allein den) Alltag im nationalsozialistischen Deutschland so umfassend, so eindrucksvoll, so klar und verständlich ausleuchtet wie dieses Tagebuch eines deutschen Kulturpatrioten.

Victor Klemperer, *Leben sammeln, nicht fragen wozu und warum. Tagebücher 1918 bis 1932*, Umschlag von Band 1 der postum erschienenen Ausgabe 1995

aufgrund seiner jüdischen Herkunft seine Professur verlor und ihm 1938 der Zugang zu Bibliotheken verboten wurde. Klemperer, der 1912 zum Protestantismus konvertiert war, und seine evangelische Frau Eva blieben trotz der nationalsozialistischen Gefahr in Leipzig. 1940 mussten sie ins »Judenhaus« ziehen. Beim Bombenangriff auf Dresden im Februar 1945 gelang ihnen kurz vor der drohenden Deportation die Flucht nach Bayern.

Nach dem Krieg erhielt Klemperer Lehrstühle u. a. in Dresden und Halle. Er wurde Mitglied der KPD. 1947 erschien *L. T. I. Notizbuch eines Philologen*, das er mit seinen Tagebuchnotizen vorbereitet hatte. Nach Klemperers Tod kam 1989 seine Autobiografie *Curriculum Vitae. Erinnerungen eines Philologen. 1881 bis 1918* heraus, 1995 erschienen die Tagebücher *Ich will Zeugnis ablegen bis zum letzten. Tagebücher 1933–1945* und im Jahr darauf *Und so ist alles schwankend. Tagebücher Juni bis Dezember 1945* und *Leben sammeln, nicht fragen, wozu und warum. Tagebücher 1918–1932*.

Autobiografie: V. Klemperer, *Curriculum Vitae. Erinnerungen eines Philologen*, hrsg. v. W. Nowojski, 1989.

Ich will Zeugnis ablegen bis zum letzten. Tagebücher 1933–1945

OA 1995 **Form** Tagebuch **Epoche** Drittes Reich

Einzigartig sind die Tagebücher von Klemperer vor allem deshalb, weil sie – wie das Tagebuch der Anne Frank – Zeugnis ablegen vom Unrecht an den Juden im Nationalsozialismus, und weil sie einen mikroskopisch genauen Blick auf den Alltag in der Diktatur werfen und zugleich die Sprache hinterfragen, die diese Diktatur hervorbrachte.

Entstehung: Vom 17. Lebensjahr bis zu seinem Tod schrieb Victor Klemperer Tagebuch. Im ersten Kapitel seines *LTI* bezeichnet er sein Tagebuch als »Balancierstange, ohne die ich hundertmal abgestürzt wäre«. Das zum Teil minuziöse Notieren von Erlebnissen brauchte er, um sich »über die Situation zu stellen und die innere Freiheit zu bewahren«. Es diente ihm zugleich als Grundlage für seine Studien über die Sprache des Nationalsozialismus. Unter Lebensgefahr für sich und seine Angehörigen schrieb er das

Werk, denn »man wird um geringerer Verfehlungen wegen gemordet… Aber ich schreibe weiter. Das ist mein Heldentum« (23. Mai 1942). An eine Publikation seiner Tagebucheintragungen scheint er selbst nicht gedacht zu haben und so lagerten sie nach seinem Tod zunächst für Jahrzehnte im Archiv. Hadwig Klemperer, die zweite Frau des Philologen, nahm sich der Seiten und der zum Teil schwer lesbaren Handschrift Klemperers an und so konnte Walter Nowojski 1995 das Werk veröffentlichen.

Inhalt: Als Chronist dokumentiert Klemperer die eigenen Erfahrungen im Alltag, in seiner Ehe, auf der Straße, im »Judenhaus« und bei der Zwangsarbeit. Er schildert seine trotz Repressalien fortgeführte wissenschaftliche Arbeit. Er beschreibt seine Überzeugungen, wie z. B. sein Festhalten am evangelischen Glauben oder den »Kampf« um sein »Deutschtum« (11. Mai 1942). Zugleich legen die Tagebücher Zeugnis davon ab, was der Einzelne über das Unrechtssystem wissen konnte. So taucht am 16. März 1942 zum ersten Mal der Name »Auschwitz« auf als das »furchtbarste KZ«.

Trotz des täglich erlittenen Unrechts bewahrt Klemperer den genauen Blick auf das Individuelle. Ihn interessierten »Kleinigkeiten und Stimmungen des Alltags«, weshalb der Leser viele Zitate, Witze und Gerüchte dokumentiert findet. Stets aufs Neue kommt Klemperer zu dem Ergebnis, dass es keine einheitliche Stimme des Volkes gebe: »Vox populi zerfällt in zahllose voces populi« (17. März 1940).

Wirkung: Das Werk erzielte unmittelbar nach Erscheinen 50 Jahre nach Kriegsende einen großen Erfolg bei Lesern und Literaturkritik. Postum wurde Victor Klemperer im selben Jahr der Geschwister-Scholl-Preis verliehen. 1997 erschien im Aufbau-Verlag die *Auswahl für junge Leser* mit Arbeitsvorschlägen für den Unterricht. 1999 strahlte die ARD den Film *Klemperer – Ein Leben in Deutschland* in zwölf Teilen aus. Bereits 1996 hatte Random House die Rechte für den amerikanischen Markt gekauft und die bis dahin höchste Summe für einen deutschen Autor gezahlt: 500 000 Dollar.

LTI. Notizbuch eines Philologen

OA 1947 **Form** philologische Untersuchung **Bereich** Linguistik

Auf persönliche und dadurch sehr anschauliche Weise setzt sich Victor Klemperer in seinem *Notizbuch eines Philologen* mit der »Sprache des Dritten Reichs« (LTI = Lingua Tertii Imperii) auseinander und offenbart gesellschaftliche und politische Wurzeln sprachlicher Gebilde.

OT = Originaltitel EZ = Entstehungszeit OA = Originalausgabe DE = Deutsche Erstausgabe ▢ = Verweis auf Werkartikel

Entstehung: Klemperer suchte nach dem »Geistigen« im »Sprachkörper«, nach dem Ganzen im Einzelnen, wie er 1927 in der von ihm mitherausgegebenen Zeitschrift *Idealistische Philologie* erläuterte. *LTI* hat eben diese Suche zum Ausgangspunkt. Es geht zurück auf die Tagebuchaufzeichnungen, die Klemperer während der Zeit des Nationalsozialismus unter ständiger Lebensgefahr verfasst hatte. Seine »Geheimformel: LTI, LTI!« habe ihn stets gemahnt, aufzuschreiben und festzuhalten, was er las und hörte.

1945 als Professor an der Technischen Universität Dresden wiedereingesetzt, verband Klemperer den intellektuellen Neuanfang nach zwölf Jahren Unterdrückung mit einer genauen Analyse des Geschehenen über den Weg der Sprache. In zahlreichen Vorträgen machte er seine philologischen Untersuchungen publik und veröffentlichte sie 1947 unter dem Titel *LTI. Notizbuch eines Philologen.*

Inhalt: Die »Lingua Tertii Imperii« ist laut Klemperer eine Sprache des Glaubens. Denn sie gründet sich auf Fanatismus. Abkürzungen (HJ, BDM etc.) tragen verschwörerische Züge – der Name LTI ist als Parodie hierauf gedacht. Das »Geistige« im »Sprachkörper« des Nationalsozialismus hat für Klemperer seinen Ursprung in der deutschen Romantik: Hier finde sich bereits der Grundgedanke der Grenzen- oder Maßlosigkeit und die Absage an die Vernunft.

Inhaltlich und in ihrer Ausdrucksform ist die LTI eine arme Sprache. Sie kennt vor allem Superlative (alles ist »total«) und will Bewegung ausdrücken (es wird »entjudet« und »aufgenordet«). Die LTI zielt auf die Mechanisierung der Wörter (Aktionen werden groß »aufgezogen«, Organisationen »gleichgeschaltet«, Menschen »laufen zu vollen Touren auf«) und entpersönlicht dadurch den Einzelnen. Der Mensch wird zum Automaten.

Klemperer hat Töne des Alltags aufgezeichnet – Gespräche auf der Straße, mit Freunden, im Judenhaus – und aus ihnen die Konturen der LTI herausgearbeitet. Gleichzeitig analysiert er auch zeitgenössische Veröffentlichungen, Zeitungsartikel und Reden der Nazigrößen. Dabei demaskiert Klemperer die LTI als eine Sprache, die letztlich das Denken durch das Fühlen und dieses wiederum durch die stumpfe Willenlosigkeit zu ersetzen und damit die »Gefolgschaft« der »Automaten« zu verstärken sucht.

Wirkung: *LTI* ist eine Arbeit der »ersten Sunde«, wie Klemperer es ausdrückte. Um der Untersuchung ein wissenschaftliches Fundament zu geben – so sah es der Autor voraus –, würde es mehr als ein Menschenleben bedürfen. In der Tat analysiert die Forschung bis heute, ausgehend von Klemperers Studie, die Sprache im Nationalsozialismus.

Die Wegbereitung der philologischen Forschung ist jedoch nur ein Grund für die durchweg positive Rezeption des *Notizbuchs eines Philologen* seit 1947. Zu einem Standardwerk der Literatur zum Nationalsozialismus macht es darüber hinaus sein Zeugnischarakter – die persönliche, lebensnahe Schilderung eigener Erfahrungen mit der LTI.

B. Br.

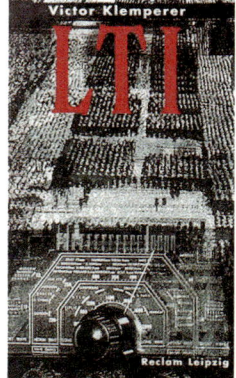

Victor Klemperer, *LTI. Notizbuch eines Philologen*, Umschlag der Ausgabe 1996

Auszug aus *LTI. Notizbuch eines Philologen* von Victor Klemperer:

Was jemand willentlich verbergen will, sei es nur vor anderen, sei es vor sich selber, auch was er unbewusst in sich trägt: Die Sprache bringt es an den Tag.

Klopstock, Friedrich Gottlieb

dt. Schriftsteller

*2.7.1724 Quedlinburg, † 14.3.1803 Hamburg

📖 *Der Messias*, 1748–72

Friedrich Gottlieb Klopstock, der berühmteste deutsche Dichter des 18. Jahrhunderts, wurde vor allem durch das Epos *Der Messias* und seine Oden und Elegien bekannt. Seine empfindsame Erlebnislyrik (Stichwort →S. 617) behandelt die Themenkreise Liebe, Religion, Freundschaft und Tod. Außerdem verfasste er auch biblische (*Der Tod Adams*, 1757) und historische Dramen (u. a. *Hermanns Schlacht*, 1769; *Hermanns Tod*, 1787) sowie Prosaschriften (u. a. *Die deutsche Gelehrtenrepublik*, 1774).

Klopstock stammte aus einer wohlhabenden Familie und erhielt eine gründliche humanistische Erziehung in Quedlinburg und Pforta. Ab 1745 studierte er Theologie in Jena und Leipzig, wo er die ersten Gesänge seines *Messias* drucken ließ. 1748 verließ er Leipzig, um in

---

Empfindsamkeit

Herkunft: Der Begriff leitet sich her vom englischen »sentimental« und wurde von Gotthold Ephraim Lessing (1729–81) in die deutsche Sprache eingeführt.

Bedeutung: Empfindsamkeit meint eine literarische Strömung innerhalb der zweiten Hälfte des 18. Jahrhunderts, in Deutschland besonders zwischen 1740 und 1780. Unter dem Einfluss des Pietismus entsteht im aufstrebenden Bürgertum als Reaktion auf die Vorherrschaft des Rationalismus eine Gegenbewegung der Verinnerlichung, deren Kennzeichen der subjektive Gefühlsüberschwang, ein übersteigerter Freundschaftskult und Schwärmerei sind. Das Gefühl wird zum beherrschenden Maßstab allen Handelns und in Gesprächen, Briefen und Tagebüchern genau analysiert.

Verbreitung: Die Strömung der Empfindsamkeit kommt aus England. Vorbereitet durch die moralischen Wochenschriften und die Tugendromane von Samuel →Richardson (*Pamela*, 1740; *Clarissa*, 1747/48) entstehen im 18. Jahrhundert die Romane von Laurence →Sterne (*Sentimental Journey*, 1768), die ländliche Idylle *Der Vikar von Wakefield* (1766) von Oliver →Goldsmith und nicht zuletzt die *Ossian*-Dichtung (1765) von James Macpherson (1736 bis 1796). In Frankreich bildet sich, schon unter englischem Einfluss, die Gattung der »comédie larmoyante« heraus. Große Wirkung hatte vor allem die stark gefühlsbetonte *Neue Héloïse* (1761) von Jean-Jaques →Rousseau.

In der deutschen Literatur erscheint die Empfindsamkeit in der idyllischen Lyrik des »Göttinger Hain«, im empfindsamen Roman (u. a. in *Leben der schwedischen Gräfin von G.*, 1747/48 von Christian Fürchtegott Gellert, und *Geschichte des Fräuleins von Sternheim*, 1771 von Sophie von LaRoche) sowie in den Dramen Gellerts und im bürgerlichen Trauerspiel von Lessing (*Miss Sara Sampson*, 1755). Die Höhepunkte bilden der *Messias* von Friedrich Gottlieb Klopstock und →Goethes *Werther* (1774), der bereits die Schwelle von der empfindsamen Schwärmerei zum Gefühlsrausch des Sturm und Drang überschreitet.

Auszug aus dem Epos
Der Messias von Friedrich Gottlieb Klopstock (XX, 1131–44):

Siehe, der Hocherhabene war,
der Unendliche war, er,
Den noch alle kennen, dem alle
danken noch werden,
Aller Freudentränen noch wei-
nen, Gott, und der Vater
Unsers Mittlers, der Allbarm-
herzige war in voller
Gottesliebe verklärt! Der Sohn
des Vaters, des Bundes
Stifter, er, der erwürgt vom
Anbeginne der Welt ist,
Den noch alle kennen, dem alle
danken noch werden,
Aller Feudentränen noch wei-
nen, siehe, das Opfer
Jesus, der Mittler, der Allbarm-
herzige war in voller
Gottesliebe verklärt! So sahen
den Vater die Himmel
Aller Himmel! So sahen den
Sohn des Vaters aller
Himmel Himmel! Indem betrat
die Höhe des Thrones
Jesus Christus, und setzete
sich zu der Rechten des Vaters.

Friedrich Gottlieb Klopstock,
*Der Messias;*links: erste Seite
der ersten Separatausgabe der
ersten drei Gesänge 1749;
rechts: Titelseite derselben
Ausgabe

Langensalza bei Verwandten eine Stelle als Hofmeister anzunehmen. Aus der unglücklichen Liebe zu seiner Cousine Maria Sofia Schmidt entstanden die *Fanny-Oden* (1748). 1750 reiste Klopstock, bereits berühmt, nach Zürich. Im Jahr darauf akzeptierte er die Einladung Friedrichs V. von Dänemark, an dessen Hof den *Messias* zu beenden. Er blieb 20 Jahre als Legationsrat in Kopenhagen, wo er die Hamburger Kaufmannstochter Margareta Moller heiratete, die er auf der Durchreise kennen gelernt hatte.

1770 verließ Klopstock zusammen mit seinem Freund und Gönner Johann Hartwig Ernst Graf von Bernstorff (1712–1762) Dänemark und zog nach Hamburg, wo er zum Mittelpunkt eines geselligen Zirkels wurde, dem u.a. Matthias → Claudius, Johann Heinrich Voß (1751–1826) und Heinrich Wilhelm von Gerstenberg (1737 bis 1823) angehörten. Als Begründer der Empfindsamkeit in der Literatur war Klopstock einer der wirkungsmächtigsten Dichter seiner Zeit. Seine neue lyrische Sprache wurde zum Vorbild für junge Dichter des Göttinger Hain und des Sturm und Drang. Klopstock, nicht zuletzt durch seinen Hang zur germanischen Mythologie zum Nationaldichter prädestiniert, wurde zu Lebzeiten beinahe kultisch verehrt. Bei seinem Begräbnis am 22. März 1803 erwiesen ihm Zehntausende die letzte Ehre.

Biografie: G. Kaiser, *Klopstock. Religion und Dichtung*, 1962; K. Kohl, *Friedrich Gottlieb Klopstock*, 2000.

Der Messias

OA 1748–73 **Form** Epos **Epoche** Empfindsamkeit

Der Messias von Friedrich Gottlieb Klopstock ist neben John → Miltons *Das verlorene Paradies* (1667) das einzige große christliche Epos

protestantischer Prägung und spielte eine zentrale Rolle im literarischen Diskurs seiner Zeit.

Entstehung: Zu seinem biblischen Epos wurde Klopstock bereits zu Schulzeiten durch die gründliche Lektüre des von John → Milton verfassten Werks *Das verlorene Paradies* (1667) inspiriert. Die Veröffentlichung der ersten drei Gesänge in den *Bremer Beiträgen* 1748 begründete seinen literarischen Ruhm. Im gesamten deutschen Sprachraum wurde das Fortschreiten des Epos mit Interesse verfolgt. Die Gesänge 1–5 erschienen 1751 in Buchform, die Kopenhagener Ausgabe von 1755 enthielt bereits die Gesänge 1–10. Dreizehn Jahre später, 1768, erschienen die Gesänge 11–15 und schließlich 1773 die Gesänge 16–20. Eine erste Gesamtausgabe kam 1780 heraus.

Inhalt: *Der Messias* besingt, wie es im Proömion heißt, »der sündigen Menschen Erlösung« und schildert in 20 Hexameter-Gesängen die Leidensgeschichte Christi vom Einzug in Jerusalem über die Kreuzigung, Grablegung und Auferstehung bis zur Himmelfahrt. Dem Gottessohn kommt im Epos die zentrale Rolle als Vermittler zwischen dem zürnenden Gott und den gefallenen Menschen zu. Satan, der sich gegen Christus verschwört und seine irdische Verurteilung erwirkt, scheitert letztendlich. In einer berühmten Nebenepisode, die das damalige Lesepublikum sehr bewegte, werden die Besserung des reuigen Teufels Abbadona und seine Erlösung durch Christus geschildert.

Aufbau: Die ersten zehn Gesänge umfassen die Passion, die zweite Hälfte schildert die Auferstehung und den Triumph Christi. Klopstock erdichtete viele Episoden, so die um den Teufel Abbadona, folgte aber im Wesentlichen, wie z.B. bei der Kreuzigung Christi, genau und teilweise fast wörtlich dem biblischen Bericht und gibt der Dichtung damit ein Handlungsgerüst.

Wichtiger als die Handlung ist jedoch nach Klopstocks eigener Aussage die empfindsame Durchdringung des Stoffes. In der dichterischen Umsetzung brach Klopstock mit dem antiken und auch christlichen Epos: Er verzichtete auf Anschaulichkeit des übersinnlichen Bereichs und eine strenge Strukturierung des Werks ebenso wie auf die von der Gattung gebotene epische Distanz. Die starke Emotionalität der Dichtung unterstreicht sein Stil: Klopstock benutzt eine verschachtelte Syntax mit vielen Einschüben und Wortwiederholungen, dramenähnlichen Dialogstellen, gehäuften Vergleichen, Partizipialkonstruktionen, Exklamationen und Komparativen. Oft nähert sich die Sprache dem Lyrischen.

Wirkung: Mit dem *Messias* hat Klopstock die Ausdrucksmöglichkeiten der deutschen Sprache entscheidend vorangetrieben und somit vor allem ein Dokument des Stilwillens hinterla sen. Die Wirkung des Werks war von Beginn an ambivalent: Die Aufklärer kritisierten den Stil – insbesondere die aus der starken Abstraktion von Raum und Zeit resultierende geringe Anschaulichkeit sowie die Länge des Werks –, konservative Theologen wandten sich gegen die eigenwilligen Theorien Klopstocks. Das bürgerliche Lesepublikum zeigte kaum Interesse. Dafür wurde *Der Messias* zu einem großen Erfolg bei frommen Lesern, denen das Werk zur Erbauung diente, bei Frauen und jungen Menschen. Hier galt das Epos als Offenbarung einer neuen Gefühlskultur. Auch Autoren wie Heinrich Wilhelm von Gerstenberg (1737–1823), → Lessing oder → Goethe äußerten sich positiv. Aufgrund der langen Entstehungszeit war das Epos jedoch bei seinem Abschluss bereits dichterisch überholt. *E.H.*

Alexander Kluge (M.) als Regisseur des Films *Abschied von gestern* nach seinen Erzählungen *Lebensläufe* (1962) mit den Darstellern Günther Mack und Alexandra Kluge, seiner Schwester, während des Filmfestivals in Venedig 1966; mit dieser Produktion leistete Kluge einen der ersten bedeutenden Beiträge zum »Neuen deutschen Film«

Kluge, Alexander

dt. Schriftsteller, Filmemacher und Fernsehproduzent

*14.2.1932 in Halberstadt

📖 *Schlachtbeschreibung*, 1964

📖 *Chronik der Gefühle*, 2000

Alexander Kluge ist einer der vielseitigsten Intellektuellen Deutschlands, der als Schriftsteller, Jurist, Theoretiker, Filmemacher und Fernsehproduzent hervorgetreten ist. Sowohl seine filmische Arbeit als auch sein literarisches Werk kennzeichnet ein dokumentarischer Stil, der sich verschiedenster Sprechweisen und Ausdrucksformen bedient.

Nach der Schulzeit in Halberstadt und West-Berlin studierte Kluge Jura, Geschichte und Kirchenmusik in Freiburg, Marburg und Frankfurt/Main. Zwischenzeitlich als Rechtsanwalt tätig, begann er 1958 ein Volontariat bei dem Regisseur Fritz Lang. In diese Zeit fällt auch die Arbeit an den ersten Erzählungen (*Lebensläufe*, 1962). Kluge war maßgeblich am sog. Oberhausener Manifest des Neuen Deutschen Films beteiligt und übernahm gemeinsam mit Edgar Reitz die Leitung des Instituts für Filmgestaltung in Ulm. Parallel zu seiner Filmarbeit entstanden weitere Erzählungen sowie theoretische Schriften und Materialsammlungen in Zusammenarbeit mit dem Soziologen Oskar Negt (v.a. *Öffentlichkeit und Erfahrung*, 1971; *Geschichte und Eigensinn*, 1982).

Ab Mitte der 1980er Jahre beschäftigt sich Kluge als Manager, Produzent und Regisseur bzw. Interviewer mit dem Fernsehen und gründete die Produktionsfirma dctp, deren Magazine von Privatsendern ausgestrahlt werden.

Biografie: R. Stollmann, *Alexander Kluge zur Einführung*, 1998

Schlachtbeschreibung

OA 1964 **Form** Roman **Epoche** Gegenwart

Mit dem dokumentarischen Montageroman *Schlachtbeschreibung* schuf Alexander Kluge eine Textcollage, die das Ereignis in einer Fülle von Perspektiven zu durchdringen versucht und so den Fragen nach Ursache und Wirkung der Katastrophe nachgeht. Kluge gelang so eine neue Form des Historienromans, der sich einem vereinfachenden Erzählfluss widersetzt.

Inhalt: *Schlachtbeschreibung* rekonstruiert den Untergang der 6. Armee in der Kesselschlacht von Stalingrad. Neben tagebuchartigen Aufzeichnungen der Geschehnisse stehen Gespräche mit Kriegsteilnehmern, Ausschnitte aus der Dienstordnung, Entwürfen von Militärgeistlichen für ihre Predigten, Briefe, Manöverspiele, Wehrmachtsberichte, Meldungen aus dem Führerhauptquartier und Exkurse über die »Sprache der höheren Führung« sowie die »Formenwelt« des Militärs. Ergänzt durch Abbildungen, Karten und Statistiken ergibt sich der Eindruck einer peniblen dokumentarischen Arbeit. Allerdings lassen sich tatsächliche und fingierte Dokumente nur teilweise unterscheiden.

Kluge wendet sich auf diesem Wege an den Verstand und die Fantasie des Lesers, ebenso wie bei den harten Montage-Schnitten, welche die notwendigen Wahrnehmungslücken entstehen lassen. Das Interesse von Kluge gilt den Ursachen, die »entweder 30 Tage oder 300 Jahre zurückliegen können«. Tatsächlich führen die versammelten Materialien noch weiter zurück in der Geschichte und es kristallisiert sich die These heraus, dass die Entwicklung, die zur Katastrophe von Stalingrad führte, mit den

Auszug aus dem Roman *Schlachtbeschreibung* von **Alexander Kluge:**

Insofern können die im Buch beschriebenen Szenen dokumentarisch belegt werden. Das Buch wird dadurch nicht dokumentarischer. Wer in Stalingrad etwas sah, Aktenvermerke schrieb, Nachrichten durchgab , Quellen schuf, stützte sich auf das, was zwei Augen sehen können. Ein Unglück, das eine Maschinerie von 300 000 Menschen betrifft, ist nicht so zu erfassen (abgesehen von der Trübung der Wahrnehmungskräfte durch das Unglück selbst). Das Buch, wie jede Fiktion (auch die aus dokumentarischem Material bestehende), enthält ein Gitter, an das sich die Fantasie des Lesers anklammern kann, wenn sie sich in Richtung Stalingrad bewegt.

Alexander Kluge, *Chronik der Gefühle*, Vorderseite (l.) und Rückseite des Schubers der zweibändigen Originalausgabe 2000

gängigen Hinweisen auf den Wahnwitz der nationalsozialistischen Kriegsführung ungenügend ist und der Untergang der 6. Armee nicht militärisch erklärt werden kann.

Schlachtbeschreibung ist die sachlich-kühle Darstellung des »organisatorischen Aufbaus eines Unglücks« und forscht gleichzeitig nach den Gefühlen als Grund für die Vorgänge und ihre Verwurzelung in der Vergangenheit.

Wirkung: Das Werk *Schlachtbeschreibung*, für das Kluge u.a. 1966 den Bayerischen Staatspreis erhielt, liegt mittlerweile in drei Fassungen vor. Kluge überarbeitete und ergänzte das Material, um der veränderten Perspektive gerecht zu werden, die sich mit der zeitlichen Distanz einstellt: Noch unter dem Eindruck der nationalsozialistischen Propaganda und den über Stalingrad kursierenden Legenden schien in der ersten Fassung eine strenge dokumentarische Form geboten. In der zweiten Fassung (1978, versehen mit dem Untertitel *Der organisatorische Aufbau eines Unglücks*) war »Einfühlung nicht mehr verboten, sondern notwendig«: Die ursprünglich nur in Abkürzung oder Initialen wiedergegebenen Namen schrieb Kluge aus und arbeitete erzählerisch stärker mit Bildern. Die dritte Fassung ist Bestandteil der *Chronik der Gefühle* (2000). *J. We.*

Chronik der Gefühle

OA 2000 **Form** Textsammlung **Epoche** Gegenwart

Um die heimliche Macht und den Eigensinn der Gefühle zu erkunden, sucht Kluge in seinen Geschichten und Materialien der *Chronik der Gefühle* nach den Elementen, die nicht nur Lebensläufe, sondern auch ganze historische

Entwicklungen beeinflussen. Kluge weist dabei den Gefühlen im Zusammenhang mit Erfolg und Scheitern, Politik und Macht, Glück und Unglück eine Schlüsselrolle zu.

Inhalt: Der erste Band enthält – abgesehen von *Schlachtbeschreibung* (1964) – sechs Kapitel, die nach 1989 entstanden sind: *Der Eigentümer und seine Zeit* verfolgt, wie Menschen mit ihrem Eigensinn und ihrer Lebenszeit umgehen, in *Verfallserscheinungen der Macht* beschreibt Kluge Reaktionen, die den Zusammenbruch großer Reiche begleiten, *Basisgeschichten* schildert Anekdoten des Beziehungslebens und *Heidegger auf der Krim* untersucht in einem fiktiven Besuch von Martin → Heidegger auf dem Kriegsschauplatz des Zweiten Weltkriegs das Verhältnis von Denken und Lebenspraxis.

Mit den Titeln der beiden abschließenden Kapitel des ersten Bandes, *Verwilderte Selbstbehauptung* und *Wie kann ich mich schützen? Was hält freiwillige Taten zusammen?*, verweist Kluge auf ein zentrales Motiv seines Werks, die Frage nach der Selbstorganisation und Kooperationsfähigkeit des Einzelnen. Der zweite Band enthält die überarbeiteten Texte der 1960er und 70er Jahre, ergänzt um ein Schlusskapitel *Der lange Marsch des Urvertrauens*. In ihm werden Entstehung und »Langzeitwirkung« von Gefühlen beschrieben, die über Generationen und Zeitalter hinweg Leben und Gesellschaft bestimmen, so wie jenes »Urvertrauen«, das Kluge als eine seit Vorzeiten durch die ganze Menschheitsgeschichte hindurch vorhandene Macht ansieht, ohne die ein Überleben nicht möglich wäre: Das »Urvertrauen« ist jenes Gefühl, das der Mensch den Zumutungen der Welt entgegensetzt.

Aufbau: Weder die zwölf Kapitel noch deren einzelne Geschichten und Materialien sind chronologisch geordnet. *Die Chronik der Gefühle* ist antisystematisch und fragmentarisch. Neben Erzählungen und Anekdoten finden sich Gespräche, Bilder, Statistiken und andere Materialien. Die Formen und Schattierungen, in denen Gefühle im individuellen und kollektiven Leben ihre Rolle spielen, sind allenfalls um eine Art motivisches Zentrum gruppiert, das die Kapitelüberschrift jeweils andeutet. So steht z.B. das Bruchstück einer Liebesgeschichte aus dem Jahr 2000 neben einer Szene aus dem Machtzentrum des Deutschen Reichs kurz vor Ausbruch des Ersten Weltkriegs und auf eine *Hochrechnung auf das Jahr 2007* folgt eine Episode der römischen Geschichte.

Wirkung: Die deutsche Kritik feierte die *Chronik der Gefühle* als eine der wichtigsten Veröffentlichungen zu Beginn des neuen Jahrtausends. Für eine jüngere Generation von Autoren wurde Kluge dadurch zu einem wesentlichen intellektuellen Bezugspunkt. *J. We.*

Knigge, Adolph Freiherr

dt. Schriftsteller

*16.10.1752 Bredenbeck, †6.5.1796 Bremen

📖 *Über den Umgang mit Menschen*, 1788

Der Name Adolph Freiherr Knigge ist bis zum heutigen Tag eine Art Gattungsbegriff für Ratgeberliteratur. Dabei beruht dieser Umstand auf dem wohl größten Missverständnis der Literaturgeschichte. Sein übriges Werk, Romane wie *Die Reise nach Braunschweig* (1792), Satiren wie *Des seligen Herrn Etatsraths Samuel Conrad von Schaafskopf hinterlassene Papiere* (1792), Theaterstücke und Essays, ist so gut wie vergessen.

Knigge studierte 1769–72 die Rechte in Göttingen und hatte danach Hofämter in Kassel und Hanau inne. Ab 1780 privatisierte er in Frankfurt/Main, Heidelberg sowie Hannover und versuchte als Schriftsteller, als Rezensent und als Übersetzer sein Auskommen zu finden.

1780–83 organisierte Knigge den radikalaufklärerischen Illuminatenorden, mit dessen Gründer Adam Weishaupt er sich jedoch aus persönlichen und politischen Gründen überwarf, so dass er sich aus der Arbeit zurückzog und 1784 den Orden verließ.

Nach Beginn der Französischen Revolution, deren Ziele Knigge in zahlreichen Schriften nachhaltig unterstützte, wurde er – nicht zuletzt wegen seiner früheren Rolle im Illuminatenorden – prominente Zielscheibe für Angriffe von Seiten der reaktionären Anhänger der Verschwörungstheorie, die dem Orden die Schuld für den Ausbruch der Revolution zuschob. Ab Ende 1790 war Knigge hannoverscher Oberhauptmann in Bremen und hatte seiner politischen Haltung wegen zeitweise Schikanen seitens seiner Dienstvorgesetzten zu erdulden.

Biografie: W. Fenner, *Knigges Leben*, in A. Frhr. Knigge: Ausgewählte Werke, Bd. 10, Hannover, 1996.

Über den Umgang mit Menschen

OA 1788 **Form** Sachbuch **Bereich** Gesellschaft

Das bekannteste Werk von Adolph Freiherr Knigge hat seinen Namen sprichwörtlich gemacht und zum Synonym für »Anstandsliteratur« werden lassen. Im Gegensatz zu diesem fragwürdigen Ruf handelt es sich bei der Schrift um eine Lebensphilosophie zum Gebrauch für die unmittelbare gesellschaftliche Praxis. Es geht darin um den Umgang mit Menschen und nicht um den mit Messer und Gabel.

Entstehung: Knigge steht mit der Haltung seines Buches in der Tradition der Aufklärung. Er schreibt in der Einleitung, er habe an keinem Werk so lange gearbeitet wie an diesem. Er meint damit vor allem das Sammeln von Erfahrungen und Beobachtungen, die in das Werk Eingang gefunden haben und die Basis für seine Empfehlungen bilden. Schon früh war Knigge der Überzeugung, durch genaue Erforschung des Verhaltens der Menschen ließen sich Gesetzmäßigkeiten für den Umgang mit ihnen finden. Unter diesem Aspekt sind seine Gründung eines Freundschaftsordens 1775 und seine Arbeit für den Illuminatenorden ab 1780 zu sehen: Beide Vereinigungen sollten ein großes Netzwerk zur Menschenbeobachtung bilden.

Inhalt: Das ab der 3. Auflage (1790) in seine endgültige Form gebrachte Werk beginnt im ersten der drei Teile mit allgemeinen Bemerkungen und gibt daraufhin Ratschläge für den Umgang mit sich selbst; anschließend wird der Umgang mit Leuten »von verschiedenen Gemütsarten« erörtert. Im zweiten Teil behandelt Knigge die Familie, Nachbarn, Wirt und Gast, Lehrer und Schüler, das Reisen usw. Im dritten Teil betrachtet er den »Umgang mit den Großen der Erde, Fürsten, Vornehmen und Reichen«, mit Hofleuten, Geistlichen, Juristen, Ärzten usw. Dies alles wird unter der Maßgabe erörtert, wie der Bürger (im Rahmen der vom Adel beherrschten Gesellschaft) effektiv handeln kann, ohne dabei moralisch verwerflich zu sein.

Wirkung: Das lebendig geschriebene und lebensnahe, auf eigener und immer wieder herangezogener Erfahrung beruhende Buch erlebte schon zu Lebzeiten von Knigge fünf Auflagen, außerdem zahlreiche Nachdrucke und Übersetzungen in fremde Sprachen. Im 19. Jahrhundert blieb es viel gelesen, erfuhr jedoch »Aktualisierungen« und Modernisierungen in Form von Bearbeitungen und Ergänzungen. Ab 1818 wurde es durch den Prediger F. P. Wilmsen um einen vierten Teil erweitert, der »Etikette« lehrt und damit Tür und Tor öffnete für die »Knigges«, die heute als »Knigge für Manager«, »Öko-Knigge« oder »Möbel-Knigge« den Buchmarkt bevölkern und mit dem ursprünglichen Buch nichts zu tun haben. Seit den 1960er Jahren wird Knigge wieder als bedeutender Schriftsteller der Aufklärungsepoche wahrgenommen und sein Werk neu gelesen. *W. F.*

Adolph Freiherr Knigge, *Über den Umgang mit Menschen*, Titelblatt der ersten Ausgabe der endgültigen Fassung 1790

Heinrich Heine 1822 über Adolph Freiherr Knigge:

...dieser tiefe Kenner der Menschen und Bestien....

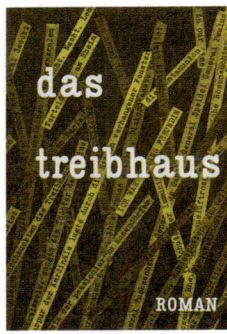

Wolfgang Koeppen, *Das Treibhaus*, Umschlag der Originalausgabe 1953

Koeppen, Wolfgang

dt. Schriftsteller

*23.6.1906 Greifswald, † 15.3.1996 München

📖 *Das Treibhaus*, 1953

Die Romane von Wolfgang Koeppen zählen zu
der am stärksten an der Moderne geschulten
Nachkriegsliteratur in Deutschland.

Koeppen wurde als uneheliches Kind einer
Näherin geboren. 1919 musste er aus finanziellen Gründen das Gymnasium verlassen, brach
die Mittelschule vorzeitig ab und verdingte sich
als Laufbursche in einer Buchhandlung. Ohne
eingeschrieben zu sein, hörte er Germanistik-
Vorlesungen an der Universität in Greifswald.
Mit verschiedenen Gelegenheitsarbeiten, u.a.
als Schiffskoch, lebte er in Stettin und Hamburg, bis er einen Vertrag als Dramaturg am
Theater von Wismar bekam. Er wechselte nach
Würzburg und schließlich nach Berlin, wo er
1931 eine Redakteurstelle beim Berliner *Bör-
sen-Courier* annahm. 1934 erschien der erste
Roman *Eine unglaubliche Liebe*, eine melancholische Liebesgeschichte im Boheme-Milieu. Im
selben Jahr emigrierte Koeppen in die Niederlande. 1935 wurde der zweite Roman, *Die
Mauer schwankt*, veröffentlicht, der kaum Beachtung fand. 1938 kehrte Koeppen nach
Deutschland zurück und arbeitete als Drehbuchautor für die Ufa und die Bavaria Film-
Kunst. Von der Einberufung zurückgestellt,
wurde Koeppen als Drückeberger denunziert
und musste 1943 untertauchen. In Feldafing
bei München hielt er sich mühsam durch die
Vermittlung von Kunstkäufen über Wasser.
1948, wieder zurück in München, heiratete
Koeppen die Tänzerin und Lyrikerin Marion Ulrich. Durch den Verleger Henry Goverts angeregt, entstanden schließlich in rascher Folge die
drei Romane *Tauben im Gras* (1951), *Das Treibhaus* und *Der Tod in Rom* (1954). Es schlossen

sich zahlreiche Reisen durch Europa und in die
USA an. In der Folge entstanden Reiseberichte
und Prosaarbeiten. Koeppen starb kurz vor seinem 90. Geburtstag in einem Pflegeheim.

Literatur: M. Hielscher, *Wolfgang Koeppen*, 1988.

Das Treibhaus

OA 1953
Form Roman **Epoche** Nachkriegsliteratur

Das Treibhaus ist nach *Tauben im Gras* (1951)
und vor *Der Tod in Rom (1954)* der zweite von
insgesamt drei Romanen, die Wolfgang Koeppen zwischen 1951 und 1954 veröffentlichte
und als »Trilogie des Scheiterns« zusammenfasste. Koeppen setzt sich in diesem zeitgeschichtlichen Werk mit der politischen und kulturellen Restauration Nachkriegsdeutschlands
auseinander, das zwischen Trümmern, übrig
gebliebenen Nazis, Wiederbewaffnung und
Wirtschaftsboom steht.

Inhalt: Keetenheuve, Pazifist, Schriftsteller und
Übersetzer, war zur Zeit der nationalsozialisti-
schen Diktatur elf Jahre lang im englischen Exil.
Nach seiner Rückkehr wird er (sozialdemokratischer) Abgeordneter des Bundestags der neu
gegründeten Bundesrepublik Deutschland und
lässt sich in das politische und klimatische
Treibhaus Bonn einspannen. Keetenheuves
Versuche, der jungen Republik eine politische
Kultur zu geben, sind von vornherein zum
Scheitern verurteilt; längst schon wird in geheimen Allianzen von Politikern, Geheimdiensten,
Wirtschaftsbossen und Lobbyisten der Wieder-
aufstieg alter Mächte unaufhaltsam vorangetrieben. Keetenheuves junge Frau Elke bleibt
bei dessen aussichtslosem Kampf auf der
Strecke. Sie fühlt sich von Keetenheuve
vernachlässigt und trinkt sich zu Tode. Als
schließlich Keetenheuves zunächst scheinbar
aussichtsreiche politische Aktion, die Wiederbewaffnung zu verhindern, vom Geheimdienst-
chef vereitelt wird, nimmt sich der erfolglose
und vereinsamte Abgeordnete das Leben.

Aufbau: Wie schon im Vorgängerroman *Tauben
im Gras* bedient sich Koeppen auch hier eines an
Alexander → Döblin und Hermann → Broch
sowie an James →Joyce und William →Faulkner
geschulten modernen literarischen Erzählens,
das im Gegensatz zur sonst eher konventionell
gestalteten Nachkriegsliteratur der frühen
1950er Jahre steht. Der gesamte Roman ist als
innerer Monolog des Protagonisten Keetenheuve gestaltet, der mit breiten Stream-of-consciousness-Passagen das Geschehen zwischen
1945 und 1952 rekapituliert. Durch Montage
und Assoziationen ergeben sich zahlreiche Bezüge zur → Bibel und der griechischen Mythologie, zu literarischen Werken von → Novalis

Christian Doermer als Keetenheuve in der Verfilmung des
Romans *Das Treibhaus* von
Wolfgang Koeppen (BRD
1987; Regie: Peter Goedel)

Friedrich → Hölderlin, E. E. Cummings (1894 bis 1962) und Charles → Baudelaire, zu musikalischen Werken wie dem *Ring des Nibelungen* von Richard Wagner, aber auch zu Pop- und Jazzmusik der 1940er und frühen 1950er Jahre und nicht zuletzt zu Elementen der Werbung in Rundfunk, Kino und Printmedien. Darüber hinaus arbeitet der Roman mit Figuren, die an konkrete Vorbilder aus der Politik angelehnt sind.

Wirkung: Während dem Roman *Tauben im Gras* noch ein gewisser Erfolg beschieden war, stieß *Das Treibhaus* auf wenig Beachtung. In der Kritik wurde es vorwiegend kühl oder sogar feindlich aufgenommen. Die moderne Form des Erzählens, aber vor allem die radikale kritische Analyse des politischen Geschehens in der Hauptstadt der aus den Trümmern des Nationalsozialismus entstandenen Republik stießen auf eine breite Ablehnung. Erst in den 1960er Jahren wuchs allmählich das Interesse an der »Trilogie des Scheiterns«, nachdem sich vor allem Marcel Reich-Ranicki immer wieder für den Autor und sein Werk stark gemacht hatte. Zahlreiche Kritiken befassten sich mit dem Werk und in den 1980er Jahren erschien eine Ausgabe der gesammelten Werke.   *St. N.*

Koestler, Arthur

engl. Schriftsteller und Journalist ungar. Herkunft

*5.9.1905 Budapest, †3.3.1983 London (Selbstmord)

📖 *Sonnenfinsternis*, 1940

Arthur Koestler war einer der einflussreichsten und bestgehassten Intellektuellen der 1940er und 50er Jahre, in dessen Werk sich Journalismus, Essayistik, Literatur und Agitation verbinden. So breit sein Romanwerk angelegt ist, ordnet es sich doch der Auseinandersetzung mit dem Staatskommunismus unter.

Koestler, Sohn eines jüdisch-ungarischen Kaufmanns und einer Wienerin, wuchs in Österreich-Ungarn und in Deutschland auf. Seit dem 17. Lebensjahr schrieb er in deutscher Sprache, nach 1940 auf Englisch. Sein Ingenieur-Studium in Wien brach er ab, ging als Siedler nach Palästina und wurde 1926–29 Auslandskorrespondent des Ullstein Verlags im Nahen Osten. 1931 trat Koestler in Berlin der KPD bei, verlor seine Arbeit bei Ullstein und wurde im Pariser Exil enger Mitarbeiter von Willi Münzenberg (1889–1940). 1936 ging Koestler als Journalist und mit geheimen Parteiaufträgen nach Spanien. Nach dem Fall der Stadt Malaga verhaftet und zum Tode verurteilt, wurde er von den Falangisten aufgrund britischer Interventionen freigelassen. Im Frühjahr 1938 trat er aus der KPD aus. Eine wichtige

Rolle für seine Loslösung spielte die Verhaftung seines engen Freundes und Schriftstellers Alexander Weißberg-Cybulski (1901–64) in der Sowjetunion. Der bekannteste Roman von Koestler, *Sonnenfinsternis*, markiert seinen Bruch mit der Politik des Kommunismus.

Koestler kämpfte 1941/42 als Freiwilliger in der französischen und britischen Armee, ließ sich später in England nieder, wo er anfangs dem linken Flügel der Labour Party angehörte, war Mitbegründer des »Kongresses für kulturelle Freiheit« und kämpfte gegen das »Gespenst der Neutralität«. In *Gottes Thron steht leer* (1951) liefert Koestler eine düstere Vorhersage des europäischen Untergangs im Zeichen Stalins. Als politischer Schriftsteller meldete sich Koestler nach 1955 kaum mehr zu Wort; er beschäftigte sich mit Naturwissenschaften und schrieb eine Reihe erfolgreicher Sachbücher. Gemeinsam mit seiner Frau Cynthia wählte er in der englischen Heimat den Freitod.

Biografie: F. Day, *Arthur Koestler. A Guide to Research,* 1987.

Sonnenfinsternis

OT Darkness at Noon **OA** 1940 **DE** 1946
Form Roman **Epoche** Moderne

Arthur Koestler, der 1938 mit der Kommunistischen Partei gebrochen hatte, sucht in seinem berühmtesten Roman *Sonnenfinsternis* eine Antwort auf die Frage, warum in den Moskauer Schauprozessen (1936–38) die Angeklagten entwürdigende Geständnisse über nicht begangene Verbrechen ablegten.

Inhalt: Der Bolschewik Nicolai Salmonowitsch Rubaschow wird von seinen Genossen verhaftet und konterrevolutionärer Umtriebe bezichtigt. Durch Verhöre wird er so weit zermürbt, bis er an die Verbrechen, deren er bezichtigt wird, zu glauben beginnt. Zugleich beginnt er das System von »Nummer Eins« (der Name Josef Stalin bleibt unerwähnt) zu durchschauen und seinen politischen Glauben zu verlieren. Die meisten seiner früheren Mitstreiter sind bereits liquidiert. Schließlich unterschreibt er ein falsches Geständnis, überzeugt, der Partei damit einen letzten Dienst zu erweisen.

Rubaschow wird zwischen den Verhören mit anderen, nicht kommunistischen Gefangenen konfrontiert, vor allem aber mit seiner eigenen

Ben Hecht in *1001 Nachmittage in New York* über *Sonnenfinsternis* von Arthur Koestler:

Dieses Buch enthält meiner Meinung nach so viele neuartige Enthüllungen, dass es augenblicklich all unseren Diplomaten und Propagandaleuten in die Hand gegeben werden sollte, die sich mit Russland auseinandersetzen – der Bedrohung, die von dem Land ausgeht, und den Rätseln, die es aufgibt. Denn meines Wissens wird hier zum ersten Mal ein Licht in die neue moskowitische Seele geworfen.

Arthur Koestler, *Sonnenfinsternis*, Umschlag der US-Erstausgabe 1941

Vergangenheit. Ein Prozess des Zweifelns und der Irritation beginnt, er erkennt die eigene Schuldverstrickung. So hat er früher die Geliebte verraten, als sie in die Fänge der GPU geraten war. Sein früherer Mitkämpfer Iwanow, der anfangs die Verhöre leitet, wird selbst verhaftet und abgelöst von dem jungen Genossen Gledkin, der den Typus des skrupellosen neuen Revolutionärs verkörpert.

Rubaschow gesteht sich ein, dass er den Begriff der Menschheit über den des Menschen gestellt hat. Am Ende verliert er auch den Glauben daran, er sei in der Rolle von Moses, dem man nicht mehr erlaube, das Land der Verheißung zu betreten: »Er sah nichts als die Wüste und die Finsternis der Nacht.« Der Roman endet mit Rubaschows Exekution.

Aufbau: Zwar würden die Gestalten des Romans auf Erfindung beruhen, erklärt Koestler, doch »die Umstände, die ihre Handlung bedingen«, würden auf Geschichte basieren. Das macht schon die Figur des Rubaschow deutlich, die mit ihrem Autor verwandt ist, aber auch Züge von Karl Radek (1885–1939?), Nikolai

Bucharin (1888–1938) und Leo Trotzki (1879 bis 1940) trägt. Mit der morgendlichen Verhaftung zu Beginn wie mit der demütigenden Exekution zu Ende verweist *Die Sonnenfinsternis* auf den Roman *Der Prozess* (entst. 1914/15, ersch. 1925) von Franz → Kafka. Ein doppelter, scheinbar widersprüchlicher Prozess wird geschildert: zum einen die wachsenden Zweifel des Angeklagten und zum anderen dessen Instrumentalisierung als Opfer des Systems. Anschaulich gemacht wird diese Spannung von Faszination und Abscheu in den Verhören, die den Charakter geschichtsphilosophischer Debatten gewinnen. Durch die Parallelisierung mit der Französischen Revolution wird dem stalinistischen System ein philosophischer Glanz verliehen – gleichzeitig beschwört der Titel die Vergänglichkeit des Systems: Die Sonne der Vernunft soll wieder erstrahlen.

Wirkung: Neben den Romanen von George → Orwell und dem späteren Werk von Alexander → Solschenizyn ist *Die Sonnenfinsternis* zu einem der berühmtesten Romane über den Stalinismus geworden und zu einer »ideologischen Waffe« im Kalten Krieg. Vermutlich haben nur wenige andere Werke des 20. Jahrhunderts eine größere politische Wirkung entfaltet. Das Buch wurde in mehr als 30 Sprachen übersetzt.

Zu dieser Wirkung trug das fortgesetzte publizistische Engagement des Autors bei, aber auch die heftigen Reaktionen im kommunistischen Lager – so versuchte die französische KP vergeblich das Erscheinen des Buchs zu verhindern. Mit *Humanismus und Terror* (1947) unternahm der französische Philosoph und Kommunist Maurice Merleau-Ponty (1908–61) den Versuch einer geschichtsphilosophischen Widerlegung von Koestlers Roman. *M.Ro.*

Eugen Kogon am 16. November 1951 in Frankfurt / Main bei einer Rede zum Jahreskongress der Europa-Union; neben ihm das Präsidialmitglied Ernst Friedländer (r.) und der Jurist Hermann Brill (l.); Kogon war 1949–53 erster Präsident der Europa-Union Deutschland, die 1946 als deutsche Sektion der Union Europäischer Föderalisten gegründet worden war im Bestreben, die Grundlagen für ein vereintes Europa zu schaffen

---

Moralisierung der Politik

Gesinnungs- und Verantwortungsethik: Hinsichtlich der Bedeutung ethischer Kategorien für den Bereich des politischen Handelns ist die von Max → Weber entwickelte Unterscheidung zwischen der Gesinnungs- und der Verantwortungsethik von entscheidender Bedeutung.

Die Gesinnungsethik beruft sich ausschließlich auf die Entscheidungskompetenz des Gewissens, unabhängig von den praktischen Konsequenzen in der Realität. Die Verantwortungsethik misst den Wert bestimmter Entscheidungen nicht an der Qualität des Gewissens, sondern am Maßstab der Vertretbarkeit und Wünschbarkeit der empirisch absehbaren Folgen.

Moralisierung der Politik: Die Forderung nach einer »Moralisierung der Politik«, die

im Zentrum der publizistischen, politischen und wissenschaftlichen Tätigkeit von Kogon stand, ist wesentlich durch die Postulate der Verantwortungsethik geprägt, denn Einzelne, auch gesellschaftliche Gruppen, können verblendet sein.

Der Vorkämpfer: Kogon zählte zu den Verfechtern eines vereinigten Europas. Er forderte, dass die Bürger- und Menschenrechtsdeklarationen von allen Staaten eingehalten werden. In seinen letzten Lebensjahren wandte er sich verstärkt dem Protest gegen die Massenvernichtungswaffen zu. Trotz seiner eigenen Lebenserfahrungen war Kogons öffentliche Tätigkeit stets durch den Glauben an eine Zukunft geprägt, in der sich die Politik an ethischen Maßstäben orientiere.

Kogon, Eugen

dt. Publizist

* 2.2.1903 München, † 24.12.1987 Falkenstein / Taunus

📖 *Der SS-Staat*, 1946

Trotz der furchtbaren Erfahrungen im Konzentrationslager Buchenwald hielt Eugen Kogon lebenslang an seinem Geschichtsoptimismus fest. In exponierten öffentlichen Funktionen und als engagierter Publizist kämpfte er für eine konsequente Aufarbeitung der deutschen Vergangenheit und ein vereintes Europa.

Kogon entstammte einem streng katholischen Elternhaus. Nach dem Gymnasium studierte er in München, Florenz und Wien Nationalökonomie und Soziologie. 1927 begann seine publizistische Laufbahn. Bereits 1937 Kogon war inzwischen Vermögensverwalter de[...]

Hauses Sachsen-Coburg-Cohary, wurde er zweimal von den Nazis inhaftiert und 1938 endgültig festgesetzt. Man verschleppte ihn 1939 in das Konzentrationslager Buchenwald, das er nur mit Glück überlebte. Ab 1946 gab Kogon die *Frankfurter Hefte* heraus. Drei Jahre später wurde er erster Präsident der Europa-Union, 1951 ordentlicher Professor für Politik. Sein Leben lang war er in den öffentlichen Auseinandersetzungen präsent; zuletzt engagierte sich der inzwischen vielfach ausgezeichnete Publizist in der Friedensbewegung.

Der SS-Staat

OA 1946 **Form** Sachbuch **Bereich** Politik

Als *Der SS-Staat. Das System der deutschen Konzentrationslager* von Eugen Kogon im Jahr 1946 erschien, war es der erste Versuch einer umfassenden Darstellung der nationalsozialistischen Terrorherrschaft, insbesondere des deutschen Konzentrationslager-Systems.

Entstehung: Buchenwald war das erste große Konzentrationslager, das den alliierten Streitkräften unversehrt in die Hände fiel. Im April 1945 wurde eine Delegation beauftragt, einen umfassenden Bericht über die Verhältnisse im Lager für das Hauptquartier der alliierten Streitmächte zu erstellen. Als sich zeigte, dass diese Verhältnisse für einen Außenstehenden nahezu unüberschaubar waren, wurde Kogon, dessen Name auf einer Empfehlungsliste stand, gebeten, diese Arbeit auszuführen. Innerhalb von vier Wochen verfasste er ein etwa 400-seitiges Manuskript, das neben dem Hauptbericht die Erinnerungsprotokolle von 150 Häftlingen umfasste.

Inhalt: *Der SS-Staat* ist in 25 Kapitel untergliedert. Das Eingangskapitel *Der Terror als Herrschaftssystem* – ein Referat, das Kogon 1948 für den Deutschen Soziologentag verfasste – wurde dem Ganzen erst später vorangestellt. Es folgen drei Übersichtskapitel, in denen der Autor über die Organisation des nationalsozialistischen Staats sowie die Aufgaben und Arten der Konzentrationslager berichtet.

Der größte Teil des Buchs beschäftigt sich mit den alltäglichen Lebensbedingungen in einem Konzentrationslager sowie der baulichen und der inneren Organisation. Daneben gibt es u.a. Kapitel über die Sondereinrichtungen, zu denen die Versuchsstationen zählten, und über die Rolle der SS. Das Buch schließt mit Untersuchungen über die Psychologie der SS-Schergen, die Psychologie der Gefangenen und einer Betrachtung über »die tragische Mitschuld« des deutschen Volks. Kogon intendierte bei der Abfassung seines Buchs weder eine Geschichte der

deutschen Konzentrationslager noch ein vollständiges Kompendium der begangenen Grausamkeiten, sondern vor allem eine soziologische Untersuchung, die sowohl vom Schicksal der Opfer wie vom System des NS-Staats Zeugnis ablegen sollte. Sein Buch, so notierte er im Vorwort zur Erstausgabe, wolle nur »die nackte Wahrheit« darstellen, ohne zu beschönigen oder zu verschweigen.

Wirkung: *Der SS-Staat* galt schon bald als eines der großen Standardwerke über den Nationalsozialismus, das zahllosen Forschungsarbeiten als wichtige Quelle diente. Bis heute wurde die deutsche Ausgabe des Buches in über 500 000 Exemplaren gedruckt. 1996 erschien auch Kogons ursprünglicher Buchenwald-Report in einer deutschen Ausgabe. *K. L.*

Eugen Kogon, *Der SS-Staat*, Umschlag der Neuausgabe 1974

Eugen Kogon 1950 in einem Gespräch mit Max Horkheimer und Theodor W. Adorno:

Ich möchte doch sagen: die ganze Erfahrung lehrt, selbst dieser schrecklichen Zeit, dass die Wahrheit, das Echte, noch in jedem Einzelnen irgendwo schlummert, ich sage: schlummert, vielfach nicht sichtbar, nicht wirksam, aber doch vorhanden.

Kolb, Annette

(eigtl. Anna Mathilde Kolb) dt. Schriftstellerin

*3.2.1870 München, †3.12.1967 ebd.

📖 *Die Schaukel*, 1934

Von autobiografischen Elementen ausgehend, weiten sich die Romane und Erzählungen von Annette Kolb zu anschaulichen Bildern der Gesellschaft vor dem Ersten Weltkrieg und spiegeln, wie auch ihre zeitkritischen Essays, die kosmopolitische Haltung der Autorin.

Als Tochter eines Münchener Gartenarchitekten und einer Pariser Pianistin fühlte sich Annette Kolb sowohl Deutschland wie Frankreich verbunden und setzte sich ihr Leben lang für eine Aussöhnung zwischen beiden Ländern ein. Diese Haltung sowie ihr Einsatz für den Frieden trugen ihr im Ersten Weltkrieg Diffamierungen ein, so dass die Pazifistin 1917 für zwei Jahre in die Schweiz emigrierte. Ihre früh geäußerte Kritik an den Nationalsozialisten trieb die über 60-Jährige 1933 erneut ins Exil, zunächst nach Frankreich und dann in die USA. Nach 1945 pendelte sie zwischen Paris und München.

Die wichtigsten Bücher von Annette Kolb	
Das Exemplar 1913	Im Sommer 1908 treffen eine junge Deutsche und ein englischer Diplomat zusammen, die letztlich nicht zueinander finden.
Briefe einer Deutsch-Französin 1916	Das Werk besteht aus einer Briefsammlung, die von Annette Kolbs Einsatz für Völkerverständigung, für Frieden und Humanität während des Ersten Weltkriegs kündet.
Daphne Herbst 1926	Die bornierte, in Vorurteilen befangene bayrische Vorkriegs-Gesellschaft trägt zum frühen Tod der Romanheldin bei.
Die Schaukel 1934	Der Roman über die kunstsinnige Familie Lautenschlag entwirft ein Bild der Gesellschaft vor dem Ersten Weltkrieg.→ S. 626
König Ludwig II. von Bayern und Richard Wagner, 1947	Die Musikerbiografie beleuchtet eindrucksvoll die Beziehung zwischen dem Komponisten und dem bayerischen König in ihren persönlichen und politischen Aspekten.

René Schickele 1934 an Annette Kolb über *Die Schaukel*:

Ich las sie auf einen Sitz und lachte laut für mich. Laut!! Für mich allein erging ich mich wehmütig in deiner Familie. Jeder von euch ist ein vollendetes Original!! Ein wunderbares Buch…

Ihren literarischen Durchbruch erlebte Annette Kolb mit ihrem ersten Roman, *Das Exemplar* (1913), dessen Heldin ihre Züge trägt und in dem sie sich, wie auch in ihren beiden weiteren Romanen, als geistreich-ironische Erzählerin erwies. Neben ihren kultur- und gesellschaftskritischen Feuilletons bzw. Essays trat die Schriftstellerin auch mit Biografien hervor (u. a. *Briand*, 1929, *Mozart*, 1937).

Biografie: C.M. Werner, *Annette Kolb. Biografie einer literarischen Stimme Europas*, 2000.

Die Schaukel

OA 1934 **Form** Roman **Epoche** Moderne

In *Die Schaukel*, ihrem 1934 vollendeten autobiografisch geprägten dritten Roman, wirft Annette Kolb einen humorvoll-distanzierten bis leicht verklärten Blick auf ihre eigene Jugend und damit auf eine längst versunkene Epoche: die Münchner Gesellschaft in der Zeit vor dem Ersten Weltkrieg.

Annette Kolb, *Die Schaukel*, Umschlag der Originalausgabe 1934 (Gestaltung: E. R. Weiß)

Inhalt: *Die Schaukel* schildert ein knappes Jahr im Leben der deutsch-französischen, in der feinen Münchner Gesellschaft des Fin de Siècle verkehrenden Familie Lautenschlag und rundet in einigen Rück- und Vorausblicken das Schicksal der Romanfiguren ab, die Züge von Annette Kolbs eigener Familie tragen. Im Mittelpunkt des Geschehens stehen die Geschwister: die burschikos altkluge, Mathias genannte jüngste Tochter – ein ironisches Selbstporträt der Autorin –, ihre beiden graziös charmanten Schwestern und ihr willensschwacher Bruder. Ihre gemeinsamen Unternehmungen wie eine mehrtägige Urlaubswanderung sowie Besuche bei und von der befreundeten Nachbarsfamilie Zwinger kommen ebenso zur Sprache wie die Geldverlegenheiten der Lautenschlags und scheiternde Heiratsprojekte. Der Roman endet mit dem frühen Tod der ältesten Tochter Hespera.

Aufbau: Gleich den Bewegungen einer Schaukel beschreibt der Roman in kurzen, impressionistisch erzählten Kapiteln das Auf und Ab im Leben der Figuren, stellt ihre gegensätzlichen Haltungen dar und pendelt zwischen verschiedenen Zeitebenen. Der Alltag der Lautenschlags bewegt sich zwischen hochfliegenden Träumen und der Konfrontation mit den Realitäten, ihre Gefühle wechseln von Lebensfreude zu Lebensangst. Die Haltung der Geschwister ist sowohl vom bayerischen Vater, einem Gartenarchitekten, wie der französischen, sich oft an ihr Klavier zurückziehenden Mutter geprägt. Dieser kunstsinnigen, auf Individualität bedachten Familie stehen die vornehm-steifen Zwingers gegenüber, die als protestantische Preußen auch in politisch-religiöser Hinsicht mit den katholischen, allem Preußischen abholden Lautenschlags kontrastieren.

Neben die Schilderungen heiterer Geselligkeit und familiären Zusammenhalts treten Vorausdeutungen auf dunkle Zeiten wie den Ersten Weltkrieg oder den Tod der Eltern. Dabei wird die politische Ahnungslosigkeit der Gesellschaft nicht verschwiegen – was die Erzählerin als »kapitale« Verfehlung ansieht.

Zum Auslöser für die Erinnerungen wird der Brand des Münchner Glaspalastes von 1931, in dessen Nähe das Elternhaus von Annette Kolb lag. Dieser Brand, der beim Erscheinen *Der Schaukel* auch an den Reichstagsbrand von 1933 gemahnte, symbolisiert gleich zu Beginn des Romans das Ende einer Ära. Das kosmopolitische, künstlerische München, die »Stadt der Träume und Beschaulichkeit«, die der Rückblick wieder aufleben lässt, gehört genauso der Vergangenheit an wie die unbeschwerte Jugend der Geschwister Lautenschlag.

Wirkung: *Die Schaukel* konnte 1934 noch in Deutschland erscheinen, das Annette Kolb bereits im Jahr zuvor verlassen hatte. Großen Eindruck auf ihre Leser machte eine Fußnote, in der die Autorin die Bedeutung jüdischer Künstler und Intellektueller würdigte. In einer Neuauflage musste diese Passage auf Anweisung des Reichspropagandaministers Joseph Goebbels gestrichen werden. Nach dem Zweiten Weltkrieg erhielt Annette Kolb 1951 auch für *Die Schaukel* den Literaturpreis der Stadt München und 1983 wurde ihr Roman von Percy Adlon verfilmt. *P. G.*

Kolumbus, Christoph

(italien. Cristoforo Colombo, span. Cristóbal Colón)

ital.(-span.) Entdecker

*1451 Genua, †20.5.1506 Valladolid

📖 *Das Bordbuch*, 1825–29

Als Entdecker Amerikas ist Christoph Kolumbus weltberühmt. Trotz dieses unbestrittenen Erfolgs, den er sich gegen Rat und Urteil zahlreicher Gelehrter erkämpft hatte, ist er zugleich auch eine tragische Gestalt, denn eigentlich hatte er den direkten Seeweg nach China und Indien gesucht.

Höchstwahrscheinlich wurde Kolumbus in oder bei Genua als Sohn eines Webers geboren. Als junger Mann war er Seemann, bis sein Schiff 1477 an der portugiesischen Küste strandete. Danach ließ er sich in Lissabon nieder, wo sein Bruder als Kartograf arbeitete. Durch die Heirat mit Felipa Moniz Perestrello wurde er in die portugiesische Gesellschaft aufgenommen. Während seiner Fahrten als Kaufmann kam Kolumbus auf der kleinen Atlantikinsel Porto Santo bei Madeira der Gedanke, Asien auf dem direkten Seeweg zu erreichen. Da er in Lissabon keine Unterstützung fand, ging er nach Spanien, wo er Königin Isabella (1451–1504) für seinen Plan gewann. Das Königshaus stellte ihm drei Schiffe zur Verfügung. 1492 brach er zu seiner großen Reise über den Atlantik auf, von der er im *Bordbuch* berichtet. Obwohl die von Kolumbus entdeckten Länder nicht im entferntesten den Angaben entsprachen, die Marco Polo (1254–1324) über China und Japan gemacht hatte, blieb er bis zu seinem Tod der Überzeugung, Ostasien gefunden zu haben.

Biografie: G. Granzotto, *Christoph Kolumbus*, 1985; A. Venzke, *Christoph Kolumbus*, 1992 (rm 50 449).

Das Bordbuch

OT Diario de a Bordo **OA** 1825–29 **DE** 1941
Form Sachbuch **Bereich** Reisebeschreibung

Die Hoffnung, den kürzesten und schnellsten Weg in die drei sagenhaft reichen Länder China, Japan und Indien zu finden, trieb 90 Männer im Sommer 1492 in drei kleinen Schiffen hinaus auf den Atlantik vor der Westküste Europas. *Das Bordbuch* des Christoph Kolumbus ist der einzige authentische Bericht über diese historische Fahrt, die niemals ihr Ziel Indien erreichte, obwohl sie »Indianer« entdeckte.

Entstehung: *Das Bordbuch* ist eigentlich nur ein Auszug aus dem Log- und Tagebuch, das Kolumbus während seiner ersten Reise über den Atlantik führte. Nach der Heimkehr überreichte er anlässlich seiner Bestätigung als Vizekönig der neu entdeckten Länder 1493 seine Notizen dem spanischen Königspaar. Einige Zeit später erhielt er eine Abschrift des Tagebuchs zurück. Sowohl das Tagebuch als auch die Kopie sind verschollen. Der überlieferte Text stützt sich somit auf eine Kopie, die sich später im Besitz von Ferdinand Colón befand, dem jüngeren Sohn des Kolumbus. Zwei Jahrzehnte nach dem Tod des Entdeckers verwendete der Missionar Bartolomé de Las Casas (1474–1566) während er Vorarbeiten für sein geplantes Werk *Historia general de las Indias* (1551) große Auszüge aus dem Bordbuch, wobei er allerdings zahlreiche Zusammenfassungen und Überarbeitungen vornahm.

Porträt Christoph Kolumbus

Anlässlich des »Jubiläumsjahrs« 1992 wurden Kolumbus und seine Entdeckung in aller Welt einer kritischen Betrachtung unterzogen. Es gilt heute auch als erwiesen, dass er nicht der erste Europäer war, der amerikanischen Boden betrat.

Struktur: *Das Bordbuch* enthält Eintragungen, die den Zeitraum vom Montag, den 6. August 1492, bis zum Samstag, den 27. April 1493, abdecken. Es berichtet ausschließlich über Ereignisse während dieser Reise. Die langwierigen Vorbereitungen für die Fahrt finden in dem Text keinerlei Niederschlag. Drei Konstanten durchziehen das gesamte Buch: der unerschütterliche Glaube, Cipangu (Japan) oder Cathai

Berühmte Seefahrer- und Weltumseglungsberichte	
Christoph Kolumbus 1451–1506	*Das Bordbuch* (1825–29): Das von Kolumbus geführte Logbuch der »Santa Maria« (1492/93) ist das erste Schiffstagebuch einer interkontinentalen Seereise. → S. 627
Antonio Pigafetta um 1490–um 1536	*Die erste Reise um die Erde* (1525?): Der einzige authentische Bericht über die erste Umsegelung der Erde durch den Portugiesen Fernando Magellan (1519–22).
James Cook 1728–79	*Entdeckungsfahrten im Pacific* (1777–1893): Aufzeichnungen über die drei Erkundungsfahrten (1768–79) des Kapitäns Cook durch alle Teile des Stillen Ozeans.
Louis-Antoine de Bougainville 1729–1811	*Reise um die Welt* (1771): Bericht über die erste unter wissenschaftlichem Aspekt im Geist der französischen Aufklärung durchgeführte Weltumsegelung (1766–69).
Georg Forster 1754–94	*Reise um die Welt* (1777): Der literarisch wie wissenschaftlich ambitionierte Bericht über die zweite Weltumsegelung (1772 bis 1775) von Cook ist ein Meisterwerk der Reiseliteratur.
Adelbert von Chamisso 1781–1838	*Reise um die Welt* (1836): Eindrücke und Forschungsergebnisse des Dichters und Naturwissenschaftlers auf der zweiten russischen Weltumsegelung (1815–18).
Charles Darwin 1809–82	*Reise eines Naturforschers um die Welt* (1845): Die Forschungsreise mit der »Beagle« (1831–36) lieferte wissenschaftlich revolutionäre, weit in die Zukunft weisende Resultate.
Iwan Gontscharow 1812–91	*Die Fregatte Pallas* (1858): »Halb als Beamter, halb als Argonaut« nimmt der russische Romancier an der Fahrt von St. Petersburg um Afrika und Asien nach Sibirien teil.
Joshua Slocum 1844–1915	*Allein um die Welt* (1900): Der amerikanische Abenteuer-Segler Joshua Slocum vollbrachte 1895–98 von Boston aus die erste erfolgreiche Einhand-Weltumsegelung.
Thor Heyerdahl 1914–2002	*Kon-Tiki* (1948): Die Floßfahrt von Peru zum Südsee-Archipel Tuamotu (1947) sollte die frühe Besiedlung Polynesiens von Südamerika aus beweisen. → S. 500

Die vier Reisen des Christoph Kolumbus in die Neue Welt

3.8.1492–16.3.1493: Erste Fahrt über den Atlantik mit dem Ziel, Ostasien zu finden; Entdeckung von Guanahani oder San Salvador, Besuch mehrerer Inseln der Bahamas; Aufenthalt auf Kuba und Haiti.

25.9.1493–11.6.1496: Zweite Reise ab Cadiz mit 17 Schiffen und 1200 Mann sowie zahlreichen Tieren und Pflanzen; Entdeckung der Insel Puerto Rico; auf Haiti wird die Siedlung Villa de la Navidad zerstört aufgefunden; Gründung von Isabella, Entdeckung der Kleinen Antillen sowie von Jamaika; Exploration der kubanischen Südküste.

30.5.1498–25.11.1500: Dritte Reise mit sechs Schiffen; Entdeckung von Trinidad und Orinoco-Delta; Fahrt nach Haiti; wegen Misswirtschaft und Unruhen in der neuen Kolonie wird Kolumbus als Vizekönig abgelöst und in Ketten nach Spanien gebracht, wo er zum Teil rehabilitiert wird.

11.5.1502–7.11.1504: Vierte Reise mit vier Schiffen; über Jamaika erreicht Kolumbus schließlich den mittelamerikanischen Kontinent; Erkundung der Küste von Costa Rica bis zum Isthmus von Panama; Schiffbruch vor Jamaika, wo er über ein Jahr auf Hilfe warten muss.

Eintrag aus dem *Bordbuch von Christoph Kolumbus*, Freitag, 12. Oktober 1492:

Um zwei Uhr ertönte auf der »Pinta« ein Kanonenschuss. Ein Matrose, Rodrigo de Triana, sah das Land als Erster. Es liegt ganz nahe vor uns, höchstens zwei Seemeilen entfernt. Ich habe den Befehl gegeben, die Segel einzuziehen und die Schiffe langsam treiben zu lassen. Was werden wir zu sehen bekommen? Marmorbrücken? Tempel mit goldenen Dächern? Gewürzhaine? Menschen, die uns gleichen, oder irgendein fremdartiges Geschlecht von Riesen? Haben wir eine Insel oder Cipango erreicht? Ich kann es kaum erwarten, dass die Dämmerung aus dem Meer steigt. – Seltsam: An einem Freitag habe ich Spanien verlassen, und an einem Freitag habe ich mein Ziel erreicht.

Eintrag aus dem *Bordbuch von Christoph Kolumbus*, Donnerstag, 18. April 1493:

Einer der anwesenden Höflinge... fragte mich, ob ich glaube, dass Indien nicht entdeckt worden wäre, hätte ich das nicht getan. Ich gab ihm keine Antwort, griff nach einem Ei und fragte ihn, ob er im Stande sei, das Ei auf die Spitze zu stellen. Er versuchte es vergeblich, und auch die anderen bemühten sich umsonst. Ich nahm daraufhin das Ei, stieß es so fest auf die Spitze, dass es auf der eingedrückten Spitze stehen blieb. Jetzt erst gab ich dem Höfling Antwort. »Sicher könnt Ihr das Kunststück jetzt nachahmen«, sagte ich zu ihm. »Mit Indien verhält es sich genauso.«

(China) zu finden, die Gier nach Gold und der Hass auf Martin Alonso Pinzón, den Kapitän der »Pinta«.

Inhalt: Am 3. August 1492 verlässt Kolumbus mit seiner kleinen Flotte von drei Schiffen, »Santa Maria«, »Pinta« und »Niña«, den andalusischen Hafen Palos. Am 25. September glaubt man erstmals Land zu sehen – was sich ebenso wie die zweite »Landsichtung« einige Tage später als Täuschung erweist. Daraufhin wird der Kurs auf Südwest geändert. In der Nacht zum 12. Oktober meint Kolumbus in der Ferne Licht zu erkennen und einige Zeit später entdeckt der Ausguck der »Pinta« vor den Schiffen Land – die Überfahrt über den Atlantik ist geglückt. Am nächsten Morgen landen die Spanier auf der Insel Guanahani, auf der sie erstmals »Indianer« treffen. Nach der formellen Inbesitznahme für die spanische Krone gibt Kolumbus der Insel den Namen San Salvador. Schon am 14. Oktober setzt er die Fahrt fort und erreicht wenige Tage später Cubangua (Kuba). Anschließend segeln sie wieder nach Osten und kommen zur Insel Haiti, wo die »Santa Maria« in der Weinachtsnacht strandet. Ein Teil der Mannschaft muss deshalb in einer neuen Siedlung zurückgelassen werden, die Kolumbus Villa de la Navidad (Weihnachtsdorf) tauft. Am 4. Januar 1493 tritt er auf der »Niña« die Rückreise an; am 16. März läuft das Schiff wieder in den Hafen von Palos ein. In den letzten Eintragungen berichtet der Entdecker noch über die Ehrungen, die er im ganzen Land erhält; sie gipfeln in der Beschreibung des Empfangs am königlichen Hof in Barcelona.

Wirkung: Erst mehr als 300 Jahre nach der historischen Entdeckungsfahrt der kleinen spanischen Flotte wurde das von Bartolomé de Las Casas (1474–1566) überarbeitete Tagebuch der Öffentlichkeit zugänglich gemacht. Eine unmittelbare Wirkung besaß das Buch zunächst nicht, aber seit das Interesse an der Geschichte der Entdeckungen während des 19. Jahrhunderts wieder erwachte, gilt es als eines der bedeutendsten Dokumente der Renaissance. *P. B.*

Konfuzius

(chines. Kongzi, Kongfuzi oder K'ung-tzu, K'ung-fu-tzu)
chines. Philosoph
* 551 v. Chr. Qufu (Provinz Shandong), † 479 v. Chr. ebda.
📖 *Gespräche*, 5. Jh. v. Chr.

Der Zeitgenosse des Gautama → Buddha ist der Begründer der ersten Weisheitsschule Chinas. Die angeblich von ihm verfassten kanonischen Schriften über seine Bildungs-, Gesellschafts- und Staatslehre sind das Fundament des sog. Konfuzianismus, doch nur die geistige Essenz stammt tatsächlich von ihm. Aufgeschrieben wurden die Texte von seinen Schülern und von Konfuzianisten späterer Zeit.

Auch das, was über das Leben von »Meister Kong« bekannt ist, basiert vorwiegend auf legendärer Überlieferung. Immerhin gilt er aber als die erste historisch belegbare Person unter den »Wandernden Gelehrten«, zu denen auch der ebenso berühmte → Laozi gehörte. Dass sie einander getroffen haben, ist nicht erwiesen.

Konfuzius, Sohn eines Burgvogts von niederem Adel, eignete sich durch vielseitige Studien ein umfassendes Wissen an und stieg in seinem Heimatstaat, dem Fürstentum Lu, vom kleinen Beamten zum Stadtgouverneur und Justizminister auf. Als 50-Jähriger sah er sich aufgrund politischer Intrigen gezwungen, das Land zu verlassen, was zu seinem Wanderleben führte, das jedoch in geistigem Sinne keineswegs ziellos war: Von einer immer größer werdenden Schar von Schülern umgeben, warb Konfuzius überall in China für sozialpolitische und pädagogische Reformen auf der Basis seiner hohen ethischen Denk- und Handlungsprinzipien – allerdings ohne bei den Regierenden Gehör zu finden. Mit 67 Jahren kehrte er nach Lu zurück und starb in seiner Geburtsstadt, wo ihm zu Ehren ein Tempel errichtet wurde.

Nach 2500 Jahren stellte 1906 ein kaiserlicher Erlass Konfuzius den »höchsten Gottheiten des Himmels und der Erde« gleich.

Biografien: P. Do-Dinh, *Konfuzius* (rm 50555); H. Roetz, *Konfuzius*, 1995.

Gespräche

OT Lunyu **EZ** 5. Jh. v. Chr. **OA** 944 **DE** 1910
Form Lehrgespräch **Bereich** chinesische Philosophie

Obwohl Konfuzius in Europa selbst den Gelehrten bis ins 19. Jahrhundert zumeist nur vom Hörensagen bekannt war, nannten ihn die Philosophen der Aufklärung bereits den »heilbringenden Verkünder der Vernunft« (Voltaire 1769), als der er in den *Gesprächen* tatsächlich erscheint.

Entstehung: Von den fünf »Meister Kong« zugeschriebenen, in Wirklichkeit aber von seinen Schülern und späteren Anhängern in seinem Geist verfassten Schriften *(Frühlings- und Herbst-Annalen, Buch der Lieder, Buch der Schriften, Schulgespräche und Gespräche)* stellt das letztgenannte Werk die wichtigste Quelle für die Kenntnis seiner Biografie und Philosophie dar. Der Text ist in 20 Kapitel unterteilt, die offenbar von verschiedenen Autoren in großen Zeitabständen niedergeschrieben wurden.

Inhalt: Grundthema der vermutlich nicht authentischen Gespräche ist die zentrale Forderung der konfuzianischen Lehre. Sie lautet: »Menschlichkeit des Zusammenlebens« aufgrund bedachtsamer Gestaltung der »fünf Beziehungen«. Gemeint ist das Verhältnis zwischen Vater und Sohn, Mann und Ehefrau, älterem und jüngerem Bruder, Herrscher und Untertan, Freund und Feind. Die Schüler bitten den Meister um Erläuterungen dazu und er antwortet vorwiegend in knappen Sentenzen, mit Beispielen aus der Landesgeschichte und aus dem Alltagsgeschehen. Dabei lässt er durchaus Widersprüche gelten, denn auch die erlebte Wirklichkeit sei vieldeutig und widerspruchsvoll.

Über weite Strecken lesen sich die Ausführungen des Weisen wie ein Ratgeber für ebenso vernünftiges wie mitfühlendes Denken und Handeln. Die religiösen Riten und den Ahnenkult zu befolgen ist für ihn eine Selbstverständlichkeit, doch Gebete hält er für nutzlos, weil der Wille der Götter nicht beeinflussbar und ihre Weisheit nicht durch unsere zu übertreffen sei.

Als Voraussetzung für eine erfolgreiche Karriere im Staatsdienst nennt Konfuzius Belesenheit, korrekte Amtsführung, Maßhalten in allen Dingen und als wichtigsten Charakterzug Integrität. Der Idealtypus des zuverlässigen Menschen ist »der Edle«, der unbeirrt den »guten Weg« geht. Es ist dieser vorbildliche, erstrebenswerte Weg (chines. »tao«, in aktueller Transkription »dao«), der auch das Wesen des Daoismus ausmacht, jener spirituellen Richtung der chinesischen Philosophie, die sich etwa zur gleichen Zeit wie der Konfuzianismus Bahn brach (→ Laozi). Beide Geistesströmungen beeinflussen das religiöse, soziale und politische Denken des gesamten Fernen Ostens bis heute, selbst in kommunistischen Ländern.

Wirkung. Die *Gespräche* des Konfuzius erreichten ihre höchste Bedeutung im 12. Jahrhundert, als das durch unzählige Kommentare des »Neokonfuzianismus« unter seinem Wortführer Zhu Xi (1130–1200) erweiterte Werk zur Grundlage der chinesischen Staatsverwaltung mit strengem Prüfungssystem für Beamte erklärt wurde. Erst 1905, nach rund 750 Jahren, verlor dieser Kodex seine offizielle Gültigkeit.

In Europa trugen seit dem Beginn des 20. Jahrhunderts Übersetzungen der *Gespräche* wesentlich zur Chinakenntnis der Gebildeten bei und verschafften der konfuzianischen Idealvorstellung von Bildung, Familienleben und ethischem Bewusstsein der Gesellschaft großen Respekt. In China hat Konfuzius nach seiner radikalen Degradierung während der Kulturrevolution unter Mao Zedong allmählich seine traditionelle Hochschätzung wiedererlangt. *G. Woe.*

Konrád, György

ungar. Schriftsteller

*2.4.1933 Debrecen

📖 *Der Komplize*, 1983

Mit seinen Romanen und politischen Essays um die Themen Freiheit und Menschenwürde ist György Konrád seit den 1980er Jahren der international bekannteste ungarische Autor.

1933 als Sohn eines jüdischen Eisenwarenhändlers nahe der rumänischen Grenze geboren, verlor Konrád während der nationalsozialistischen Judenverfolgung einen großen Teil seiner Familie. Er selbst überlebte durch die Flucht zu Verwandten nach Budapest.

Nach dem Studium der Literatur, Soziologie und Psychologie war Konrád als Sozialarbeiter und Soziologe in der ungarischen Hauptstadt tätig. Seine Erlebnisse auf diesem Gebiet verarbeitete er in seinem ersten Roman *Der Besucher* (1969), der ihn schlagartig international bekannt machte.

1974 wurde Konrád wegen eines gemeinsam mit Iván Szelényi verfassten Essays über die Rolle der Intelligenz im sozialistischen Staat verhaftet und für lange Jahre mit Berufs- und Publikationsverbot belegt. Sein unbeirrtes Eintreten für eine Demokratisierung des politi-

György Konrád im Oktober 1999 in Frankfurt/Main

Auszug aus dem Roman
Der Komplize von **György Konrád:**

Mit ausgetrocknetem Gaumen und steifen Beinen schleppen wir uns fort, wir ertragen diese lächerliche Arbeit, wir sortieren scheußliche Baumwollfäden, was ihr euch als Strafe für uns ausgedacht habt. Warum auch nicht? Wenn ihr wollt, nähen wir paarweise die Grashalme zusammen und zersägen die Luft. Durch die Sinnlosigkeit unserer Arbeit illustrieren wir gern die Sinnlosigkeit eurer Herrschaft.

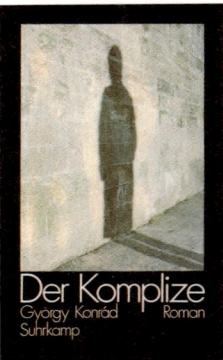

György Konrád, *Der Komplize*, Umschlag der deutschsprachigen Erstausgabe 1980

schen Systems machte ihn zu einer Symbolfigur der ungarischen Dissidenten. Erst nach der Wende von 1989 konnte sein Werk auch in seiner Heimat verlegt werden. Konrád wurde mit einer Reihe von Literatur- und Kulturpreisen ausgezeichnet, 2001 erhielt er in Aachen den Internationalen Karls-Preis. Seit 1997 ist er erster nicht deutscher Präsident der Berliner Akademie der Künste.

Der Komplize

OT A cinkos **OA** 1983 **DE** 1980
Form Roman **Epoche** Moderne

Der Roman *Der Komplize* von György Konrád beschreibt ein Intellektuellenschicksal im Osteuropa des 20. Jahrhunderts. In seiner exemplarischen Bedeutung weist es jedoch weit über die Grenzen jenes Raums hinaus: Es zeigt die tragischen Verstrickungen des zum Individuum geborenen Menschen in der Unfreiheit, der Welt totalitärer Systeme und ihrer Straflager.

Entstehung: Das in den Jahren 1975–78 geschriebene Buch, eine rigorose Absage an das »sozialistisch« genannte Unterdrückungssystem sowjetischer Herkunft, konnte in Konráds Heimatland zunächst nicht erscheinen. Es wurde daher 1980 zuerst in Frankreich, dann in Deutschland verlegt. Ab 1983 kursierte es in Ungarn als Samisdat-Schrift (Selbstverlag), bevor 1989 eine offizielle Verlagsausgabe erschien.

Inhalt: Der Ich–Erzähler T., ein 55-jähriger Intellektueller, sitzt in einer Nervenheilanstalt, in die er auf eigenes Betreiben eingeliefert wurde. Dort denkt er über die Geschichte seines Lebens nach.

Als Student in der illegalen kommunistischen Bewegung aktiv, ist T. 1942 verhaftet, von den ungarischen Faschisten gefoltert und an die Ostfront geschickt worden. Es gelingt ihm, die Fronten zu wechseln, so dass er 1945 als sowjetischer Offizier nach Budapest zurückkehrt. Dort steigt er zum angesehenen Politiker auf, gerät jedoch 1949 in das Räderwerk der »Säuberungswellen« und Schauprozesse. Während des Volksaufstands von 1956 steht er auf Seiten der Revolutionäre und wird deshalb nach dem Zusammenbruch des Aufstands erneut verhaftet und gefoltert.

T. wendet sich von Staat und Opposition ab, verschreibt sich dem Überleben als einzigem Gebot. In den 1960er Jahren beginnt er mit gesellschaftswissenschaftlichen Forschungen, welche die Aufmerksamkeit der Geheimpolizei auf sich ziehen; er wird erneut verhaftet. Schließlich zieht er sich in die Heilanstalt zurück, wo er sich jeder Verantwortung enthoben glaubt. Wieder entlassen, wird T. trotz weiterer persönlicher Grenzerfahrungen klar, dass er das Leben keinesfalls aufgeben will.

Struktur: Die Erzählgegenwart des Romans ist das Ungarn der 1970er Jahre. Aus der Perspektive der Hauptfigur wird zunächst die scheinbar isolierte Welt einer psychiatrischen Klinik geschildert. Rückblenden zeichnen in zahlreichen Episoden und einem überquellenden Maß an Handlung die Entwicklung nach, die T. zum Entschluss brachte, Zuflucht in der Anstalt zu suchen. Die dortige kleine Welt erweist sich jedoch als Abbild der großen und wird so zur Parabel auf die Gesellschaft des real existierenden Sozialismus jener Zeit.

Wirkung: In deutschen Rezensionen wurde bisweilen angemerkt, das Übermaß der Handlung, der nicht enden wollende Gang durch Folter und Verfolgungen, die überzogenen Beschreibungen von Unmenschlichkeiten aller Art machten den Roman *Der Komplize* unglaubwürdig und raubten ihm letztlich die Wirkung. Gerade diese Merkmale sind es aber, die Konráds Buch zu einem Werk machen, das dem Wesen und der Geschichte des 20. Jahrhunderts so nahe kommt wie kaum ein anderes. *R. F.*

Die wichtigsten Bücher von György Konrád	
Der Besucher 1969	Engagierter Debütroman Konráds, in dem ein Fürsorgebeamter mit Menschen der Unterschicht und ihrem Schicksal am Rand der Gesellschaft konfrontiert wird.
Der Stadtgründer 1977	Ein Stadtplaner entwirft Visionen einer Stadt. Ein politischer Roman um die Mechanismen der Macht und über die Unvorhersehbarkeit jeglichen Geschehens.
Der Komplize 1980/83	In den Erinnerungen eines Insassen einer psychiatrischen Klinik in Ungarn spiegeln sich die Irrungen und Gräuel der mitteleuropäischen Geschichte des 20. Jahrhunderts. → S. 630
Geisterfest 1986	Autobiografisch geprägter Roman über vier Jahrzehnte ungarischer Geschichte, die in den Erinnerungen und Erzählungen eines 16-Jährigen wieder lebendig wird.
Steinuhr 1994	Ein Heimkehrer erfährt die Spannungen zwischen Gegenwart und Geschichte, zwischen dem Trauma der kommunistischen Ära und den sozialen Zersplitterungen der Gegenwart.
Nachlass 1998	In der Lebensbilanz des Bürgermeisters einer Provinzstadt verdichtet der Autor 60 Jahre ungarischer Geschichte und zeigt ihre Folgen für das Leben der Menschen.

Koran

OT al-Qur'ān **DE** 1772 **EZ** Anfang 6. Jahrhundert
Form Perikopensammlung **Bereich** Theologie

Der *Koran* (arab. Lesung), die Heilige Schrift der Muslime, ist die Sammlung der von Anfang an zur kultischen Rezitation des Einzelnen wie der Gemeinde bestimmten Perikopen, die der Prophet Mohammed (ibn Abdallah ibn Abdalmuttalib, um 570–632) – seinem eigenen Selbstverständnis nach rein passiv – als göttliche Offenbarungen empfing. Während dieses Pro-

Doppelseite aus einer *Koran*-Handschrift von 1389

zesses, der sich über einen Zeitraum von etwa 20 Jahren erstreckte, trug Mohammed die immer komplexer werdenden Einzeloffenbarungen seinen Landsleuten immer wieder vor (zunächst in Mekka, wo er überwiegend auf Ablehnung stieß, nach seiner Emigration 622 in Medina), um sie zur Verehrung des einzigen Gottes zu bewegen.

Inhalt: Der Koran deckt ein inhaltlich breites Spektrum literarischer Texte. Noch vor Hymnen und Ermahnungen, Tugend- und Lasterkatalogen, Preisungen der Allmacht Gottes in Natur und Geschichte ragen in den kurzen Suren der frühmekkanischen Zeit dramatische Darstellungen des apokalyptischen Zerfalls der Welt, des Jüngsten Gerichts und der jenseitigen Vergeltung der Gottesfürchtigen bzw. der Frevler hervor. In den später längeren mekkanischen Suren stehen Erzählungen über biblische Patriarchen und Helden wie Mose, Abraham, Lot, Jakob und Josef – Sure 12, die Josefsgeschichte, gilt als »die schönste Erzählung« – sowie Salomon und David und deren Auslegungen im Vordergrund. In medinischer Zeit treten soziale und kultische Anweisungen an die Gemeinde sowie Erinnerungen an ihre neuen eigenen Geschichtserfahrungen hinzu.

Der *Koran* sollte nach dem heilsgeschichtlichen Sendungsbewusstsein des Propheten für die bis dahin »buchlose« arabische Sprachgemeinschaft die Rolle einnehmen, die in Synagogen und Kirchen des damaligen Orients die *Tora* bzw. das *Evangelium* spielten, d.h. der *Koran* sollte als Herzstück des Kultus auf das ganze Leben ausstrahlen, privates und öffentliches Verhalten regeln, die Vergangenheit und die Gegenwart deuten sowie auf die letzten Dinge durch Warnungen und Verheißungen vorbereiten. Der Prozess der Gemeindebildung um Mohammed ist darum nicht nur als Annahme der von ihm gepredigten Inhalte zu verstehen, sondern als Bereitschaft, an seinen regelmäßigen Gottesdiensten teilzunehmen, deren Hauptstück eben die wiederholte Rezitation des nun in der eigenen Landessprache neu geschenkten göttlichen Wortes war. Dies bedingte die aktive Aneignung zumindest einer größeren Anzahl von »Suren«, die es dem Gläubigen ermöglichte, zu den festgesetzten täglichen Gebetszeiten die göttliche Rede aus sich heraus hörbar zu machen, sie ohne äußere Hilfsmittel wie Hefte oder Bücher zu rezitieren.

Struktur: Angesichts dieser festen liturgisch-mündlichen Präsenz der überschaubaren Texte

Blatt aus einer *Koran*-Handschrift des 8. (?) Jahrhunderts aus der Großen Moschee in San'a (Jemen)

und wegen des fortdauernden Anwachsens des Corpus zu Mohammeds Lebzeiten kam es bis zu seinem Tod nicht zu einer schriftlichen Kodifizierung des *Koran* wenn auch für die späteren komplexen Texte mit inoffiziellen Einzelaufzeichnungen zu rechnen ist. Aus der Priorität der mündlichen Verwendung erklären sich die Charakteristika, die dem westlichen Verständnis bis heute Schwierigkeiten bereiten: die Polythematik der einzelnen »Suren« einerseits, die Wiederholung gleicher Themen in verschiedenen »Suren« bei extensiver Formelhaftigkeit andererseits, insgesamt die Verschmelzung der hymnischen, erzählenden, ermahnenden, polemischen und gesetzgeberischen Elemente zu komplexen neuen Einheiten, den »Suren«, und schließlich die dem Text nicht äußerliche, sondern für sein Wesen konstitutive Rezitation in Kantilene.

Wirkung: Etwa 20 bis 30 Jahre nach dem Tod Mohammeds wurde wegen der beispiellos raschen Ausbreitung des Islam und aufgrund der Konkurrenz mehrerer verschieden umfangreicher, leicht voneinander abweichender Einzelsammlungen ein definitiver, vom dritten Kalifen Uthman (reg. 644–656) approbierter Text mit 114 »Suren« kanonisiert, die sog. Uthmanische Rezension. Um sie herum bildete sich in mehr als 13 Jahrhunderten ein inzwischen klassisch gewordenes, immenses Corpus auslegender Literatur heraus, das ausgedehnte Variantendiskussion, Rezitationstechnik, Lexikografie und Grammatik, historische Einordnung der Einzeloffenbarungen sowie juristische und mystische Deutung umfasst. Diese exegetischen Bemühungen um das Verständnis des *Koran* wurden zum ersten Mal von at-Tabari (838 bis 923) in einem umfassenden Kommentarwerk gesammelt.

Der Koran ist in der islamischen Welt aber vor allem mündlich in verschiedenen Formen

Auszug aus Von Caligari zu Hitler von Siegfried Kracauer:

Da Deutschland so [durch Hitler] verwirklichte, was in seinem Film von Anfang an bereits angelegt war, nahmen die Leinwandgestalten tatsächlich Leben an... Selbst ernannte Caligaris hypnotisierten zahllosen Cesares Mordbefehle ein. Rasende Mabuses begingen wahnsinnige Verbrechen und gingen straffrei aus, und irre Iwans erdachten unerhörte Forderungen.

kunstvoller Kantilene-getragener Rezitation präsent. Nicht nur beherrscht er die Atmosphäre offizieller religiöser Feste und familiärer Feiern, er ist dank der modernen Audiomedien vielerorts auch ein selbstverständlicher Teil des alltäglichen öffentlichen Lebens. *A. N.*

Literatur: H. Bobzin, *Der Koran. Eine Einführung*, 2000; N. Kermani, *Gott ist schön. Das ästhetische Erleben des Koran*. München 1999; A. Neuwirth (Hrsg.), *Hörbuch Koran*. Mit S. Kurt und A. Taha, 2002.

Kracauer, Siegfried

dt. Architekt, Publizist und Soziologe jüd. Herkunft

*8.2.1889 Frankfurt/Main, †26.11.1966 New York

📖 *Von Caligari bis Hitler*, 1947

Siegfried Kracauer, Spross einer jüdischen Kaufmannsfamilie, hat ein thematisch und analytisch umfangreiches sowie vielseitiges schriftstellerisches und publizistisches Werk hinterlassen, das in seiner diagnostischen Hellsichtigkeit seinesgleichen sucht.

Den promovierten Architekten zog es früh in den Bereich der Philosophie, eine lebenslange Freundschaft verband ihn mit Theodor W. → Adorno. 1921–33 schrieb Kracauer Artikel für die *Frankfurter Zeitung*, ab 1924 war er fester Redakteur. 1927 erschien hier seine bekannte geschichtstheoretische Aufsatzreihe *Das Ornament der Masse*. In den späten 1920er Jahren betätigte er sich zudem als Romancier. 1933 emigrierte er mit seiner Frau Lili Ehrenreich nach Paris, wo sie bis 1941 lebten. Unter großen Schwierigkeiten gelang ihm die Ausreise in die USA. Nach mühsamen Anfangsjahren erhielt er in den 1950er Jahren die verdiente Anerkennung. 1960 erschien seine Theorie des Films, *Die Errettung der äußeren Wirklichkeit*, eine weitläufige Abhandlung von Realismustheorien. Bis zu seinem Tod arbeitete Kracauer an einer Geschichtsphilosophie.

Biografie: M. Brodersen, *Siegfried Kracauer* (rm 50510).

Von Caligari bis Hitler

OT From Caligari to Hitler. A Psychological History of the German Film **OA** 1947 **DE** 1958
Form Sachbuch **Bereich** Medien

Neben Lotte H. Eisners Stilgeschichte *Die dämonische Leinwand* (1955) stellt Kracauers *Von Caligari zu Hitler* mit dem Untertitel *Eine psychologische Geschichte des deutschen Films* die einzig umfassende Untersuchung zur Geschichte des Films in der Weimarer Republik dar. Darüber hinaus bietet sie einen scharfsinnigen Beitrag zur deutschen Mentalitätsgeschichte.

Die großen Filmtheorien	
Vachel Lindsay 1915	*The Art of the Moving Picture:* Hymne eines Dichters auf das junge Medium, in der er den Film zur Kunst erklärt.
Rudolf Arnheim 1932	*Film als Kunst:* Der Theoretiker und Psychologe interessiert sich vor allem für das Wie des Filmemachens. (Physikalische) Grenzen des Mediums sieht er gerade als dessen ästhetische Tugenden.
Siegfried Kracauer 1947	*Von Caligari zu Hitler:* Das Buch bietet eine Analyse der Filme der Weimarer Republik, wobei Kracauer Filmgeschichte als Mentalitäts- und Gesellschaftsgeschichte schreibt. → S. 632
Jean-Luc Godard 1950–70	*Ausgewählte Kritiken und Aufsätze über Film:* Der Theoretiker und Filmemacher verbindet Mise en Scène und Montage miteinander und erklärt die intellektuelle Realität des Films als zentral.
André Bazin 1958–62	*Was ist Kino?:* Der existenzialistische Filmtheoretiker und -kritiker setzt der Montage die Mise en Scène (Inszenierung) entgegen.
Sergej M. Eisenstein 1964–71	*Das dynamische Quadrat:* Als Vertreter des russischen Formalismus verstand er die Montage als zentrales Mittel des Films, um entgegen der Filmerzählung eine neue Realität zu schaffen.
Christian Metz 1971	*Sprache und Film:* Metz untersucht den Film als Zeichensystem, seine Semiotik basiert auf linguistischen Theorien. Er sagt, der Film sei ein beschreibbares, da logisches Phänomen.

Entstehung: Seit 1924 schrieb Kracauer Filmkritiken für die *Frankfurter Zeitung*, die als Vorarbeiten zu seinem Buchprojekt gelten können. Im Pariser Exil fasste er 1939 den Entschluss, Filmgeschichte in Form einer Gesellschaftsbiografie zu schreiben. So konnte er 1941 mithilfe eines Stipendiums die Arbeit an seiner Untersuchung in den USA aufnehmen. Durch den Zugang zur Filmabteilung des New Yorker Museum of Modern Art bekam er Gelegenheit, das Material zu sichten.

Inhalt: Bekannt geworden ist vor allem die titelgebende Analyse des berühmten expressionistischen Stummfilms *Das Cabinett des Dr. Caligari* (1919). Diese Untersuchung steht beispielhaft für das gesamte Buch. Kracauer weist anhand der Figuren und des filmischen Szenarios im Deutschland nach dem Ersten Weltkrieg ein »Überwiegen autoritärer Neigungen« nach. Untersuchungen zur Ästhetik verbinden sich mit psychologischen Analysen. So nähert sich Kracauer über die Betrachtung von Bergfilmen und Filmen mit nationaler Thematik zeitlich dem Endpunkt seiner Filmgeschichte (1933), den er zugleich zum Ausgangspunkt für das Lebendigwerden der filmischen (Un)Gestalten erklärt.

Wirkung: International erzielte die Untersuchung des Weimarer Films und seines Publikums einen großen Erfolg. Allein in der westdeutschen Nachkriegsgesellschaft wurde das Buch negativ aufgenommen. Der Ausgabe von 1958 wurde zudem sämtliche diagnostische Schärfe genommen, worauf die verharmlosende Übersetzung des Untertitels bereits verweist: *Von Caligari bis Hitler – ein Beitrag zur Geschichte des deutschen Films*. Erst über 30 Jahre nach Erscheinen des Originals erfolgte eine deutsche Ausgabe, die in ihrer Form und Zusammenstellung der inhaltlichen, stilistischen sowie historischen Bedeutung des Werks gerecht wird. Insofern spiegelt seine Wirkungsgeschichte auch ein Stück Erinnerungskultur wider. *B. Br.*

Krafft-Ebing, Richard von

dt. Psychiater

*14.8.1840 Mannheim, †22.12.1902 Graz

📖 *Psychopathia sexualis*, 1886

Mit *Psychopathia sexualis*, deren Veröffentlichung für die Anerkennung der Sexualpathologie als Wissenschaft entscheidend war, und mit dem *Lehrbuch der Psychiatrie* (1879/80) begründete Richard von Krafft-Ebing seine weltweite Reputation.

Krafft-Ebing studierte in Zürich und Heidelberg, wurde 1863 promoviert, arbeitete fünf Jahre als Assistenzarzt an der »Anstalt für Geisteskranke« in Illenau (Baden) und praktizierte danach als Nervenarzt in Baden-Baden. 1872 wurde er Professor an der Universität Straßburg. Ein Jahr später folgte ein Ruf nach Graz, wo er 16 Jahre Psychiatrie lehrte. 1892 übernahm Krafft-Ebing eine Professur an der Psychiatrischen Klinik des Allgemeinen Krankenhauses Wien, die er bis zu seiner Pensionierung 1902 leitete.

Krafft-Ebing war Forscher und klinischer Lehrer in Psychiatrie, Neurologie und forensischer Medizin. Mit seiner *Psychopathia sexualis* wandte er sich ausdrücklich nur an Forscher »auf dem Gebiete der Naturwissenschaften und der Jurisprudenz« und verwendete vorwiegend dem Laien unverständliche lateinische Fachausdrücke. Besonders »anstößige« Stellen sind in lateinischer Sprache geschrieben.

Psychopathia sexualis

OA 1886 **Form** Sachbuch **Bereich** Sexualwissenschaft

Psychopathia sexualis wurde weltweit Vorbild für eine Wissenschaft der Sexualpathologie; es war die erste systematische Klassifikation des gesamten Wissens der Zeit über ein bis dahin verpöntes Forschungsgebiet. Eigentliche Ursache für sexuelle Abweichungen ist nach Richard von Krafft-Ebing die »Entartung«, eine angeblich durch Vererbung und durch die moderne Zivilisation bedingte Schwächung des Gehirns und des Zentralnervensystems.

Inhalt: Im ersten Teil erläutert Krafft-Ebing die Unterschiede der Geschlechter, die er in der Stärke und Kontinuität des Sexualtriebes be-

Siegfried Kracauer, *Von Caligari bis Hitler*, Umschlag der deutschsprachigen Erstausgabe 1958

Der Kampf gegen die Kriminalisierung der Homosexualität

Kaiserreich: 1897 wurde auf Initiative von Magnus → Hirschfeld das »Wissenschaftlich-humanitäre Komitee« (WhK) in Charlottenburg gegründet, das eine Petition zur Streichung des § 175 über Homosexualität an den Reichstag richtete. Zwar hatten prominente Persönlichkeiten unterschrieben – darunter Richard von → Krafft-Ebing –, trotzdem hatte die Petition keinen unmittelbaren Erfolg.

Wegen der Eulenburg-Affäre 1907 erlitt die Arbeit einen Rückschlag: Der Herausgeber der Zeitschrift *Die Zukunft*, Maximilian Harden (1861–1927), hatte engste Berater Kaiser Wilhelms II. beschuldigt, homosexuell zu sein. Nach Skandalprozessen schlugen Vorurteile gegen Homosexualität wieder durch. 1909 wurde der Vorentwurf eines neuen Strafgesetzbuches veröffentlicht, in dem eine Verschärfung des § 175 sowie die Ausdehnung der Strafbestimmungen auf Frauen vorgesehen war.

Weimarer Republik: 1919 führten die Bemühungen Hirschfelds sowie des WhK um Aufhebung des § 175 zu einem gewissen Erfolg: Der Rechtsausschuss des Deutschen Reichstags eliminierte die Strafbestimmung bei einfachem homosexuellem Verkehr. Die sich verschärfende Auseinandersetzung mit den Nationalsozialisten in Deutschland verhinderte aber die endgültige Beratung und Annahme im Reichstag. **NS-Zeit:** Die WhK verfiel zusehends und löste sich Mitte 1933 selbst auf, um entsprechenden Maßnahmen der NS-Behörden zuvorzukommen. Unter der NS-Herrschaft starben zahlreiche verfolgte Homosexuelle in Konzentrationslagern. **BRD:** Ende der 1960er Jahre wurden die Gesetze der Bundesrepublik Deutschland gegen homosexuelles Verhalten überarbeitet. Zumindest der Verkehr zwischen erwachsenen Homosexuellen wurde nicht länger verfolgt.

gründet sieht. Im Gegensatz zum Mann sei das sinnliche Verlangen der Frau nur gering, sie verhalte sich von Natur aus passiv. Ihr Leben sei der Liebe und Mutterschaft gewidmet; der Mann wende sich hingegen anderen Interessen zu, wenn sein Trieb befriedigt ist. Die Frau sei im Wesentlichen monogam, der Mann eher polygam. Im dritten Kapitel kommt Krafft-Ebing zur allgemeinen Neuro- und Psychopathologie. Im Mittelpunkt steht die »Parästhesie des Sexualtriebes«. Hier wird der Begriff »pervers« definiert als jegliche Äußerung des Geschlechtstriebes, die nicht den Zwecken der Natur (Fortpflanzung) entspricht. Zur Erläuterung werden kolportierte und eigene Beobachtungen mit wesentlichem Augenmerk auf die Lust am Grausamen aufgeführt.

In Anlehnung an den Psychiater Carl F. O. Westphal (1833–1890) bezeichnet Krafft-Ebing die Homosexualität als »konträre Sexualempfindung« und sieht sie als meist angeborenes Leiden, als einen Mangel an sexueller Empfindung dem anderen Geschlecht gegenüber. Der Grund liege in Anomalien der Hirnfunktionen. Sie wird als »funktionelles Degenerationszeichen« bezeichnet. Es gebe keine Therapie, doch könne bei normalen Menschen der Trieb durch Erziehung eingedämmt werden. In der Regel angeboren, könne bei psychisch belasteten Individuen auch Masturbation Gelegenheit zur Ausbildung der erworbenen »konträren Sexualempfindung« geben.

Die letzten 15 Seiten widmet Krafft-Ebing dem Sexualtäter, wobei er zwischen der krankheitsbedingten Perversion natürlicher Triebe und dem kriminellen Vergehen eines »pervertierten Gemütes« gegen die Gesetze von Moral und Anstand unterscheidet. Er plädiert für eine Zusammenarbeit von Richtern und medizinischen Experten, sodass der kriminelle »Perverse« nicht bestraft, aber »zeitlebens unschädlich gemacht« werde.

Wirkung: *Psychopathia sexualis* wurde vor allem bei den Homosexuellen, die hier erstmals Verständnis fanden, ein großer Erfolg. Die Fachwelt hingegen nahm das Werk sehr reserviert auf. Einige Kritiker meinten, diese Art von Literatur könne sogar Perversionen hervorrufen. Krafft-Ebing verlor beinahe die Ehrenmitgliedschaft in der British Medical Association. Von 110 Seiten der Erstauflage 1886 erhöhte sich der Umfang bis zur siebten Auflage 1892 auf 432 Seiten. Besonders die Fallberichte und der Abschnitt über (erworbene) Homosexualität wurden erweitert und die Begriffe des Fetischismus, Sadismus und Masochismus (von Krafft-Ebing geprägt) eingeführt. Das Werk löste eine grundlegende wissenschaftliche Kontroverse über die Frage aus, ob sexuell abweichendes Verhalten auf Degenerations- oder auf Umweltfaktoren zurückzuführen sei. *B.W.B.*

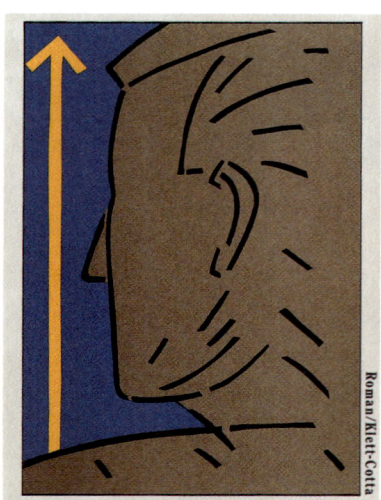

Brigitte Kronauer, *Berittener Bogenschütze*, Umschlag der Originalausgabe 1986

Brigitte Kronauer
Berittener Bogenschütze

Kronauer, Brigitte

dt. Schriftstellerin

*29.12.1940 Essen

📖 *Berittener Bogenschütze*, 1986

In ihren Romanen und Erzählungen zeigt Brigitte Kronauer Wahrnehmungs- und Konstruktionsmuster von Welt und Selbst. Für deren literarische Gestaltung wählt sie Formen, die durch einen meist mathematisch exakt proportionierten Aufbau sowie die starke Zurücknahme von Handlung die eigene Konstruiertheit als Spiegelung und Weiterführung der dargestellten (Wirklichkeits-)Konstruktion betonen.

Kronauer studierte Germanistik und Pädagogik und arbeitete bis 1971 in Aachen und Göttingen als Lehrerin. Einen literarischen Erfolg konnte sie 1980 mit ihrem ersten Roman *Frau Mühlenbeck im Gehäus* erzielen, der in kunstvoll ineinandergeschachtelter Weise zwei gegensätzliche Wahrnehmungs- und Seinsweisen kontrastiert. In der Trilogie, welche die Romane *Rita Münster* (1983), *Berittener Bogenschütze* (1986) und *Die Frau in den Kissen* (1990) umfasst, sowie im Werk *Teufelsbrück* (2000) stehen umstürzlerische Liebeserlebnisse bzw. deren Auswirkungen auf den Alltag und das bisherige Leben der Protagonisten im Vordergrund.

Berittener Bogenschütze

OA 1986 **Form** Roman **Epoche** Moderne

Der Roman *Berittener Bogenschütze* von Brigitte Kronauer behandelt anhand der Wahrnehmungsstufen seiner Hauptfigur den Umgang mit Wirklichkeit, die (Kunst-) Anstrengung ihres Ausschmückens und Enthüllens sowie schließlich des Überwältigtseins durch sie.

Inhalt: Der Universitätsdozent Matthias Roth führt ein weitgehend ereignisloses Leben. Als Literaturwissenschaftler mit literarischen Techniken beschäftigt, wendet er diese auch auf sein tägliches Erleben der Wirklichkeit an, die er ohne die Ausschmückungen seiner Fantasie als unerträglich glanzlos empfände. Mit solchen

»kurzfristigen Bündelungen« angedeuteten Ekstasen lebt er zwar einerseits abwechslungs- und genussreich – sei es nun ein kulinarischer-, ein Kunst- oder ein Liebesgenuss. Andererseits leidet er aber zunehmend unter der Widerstandslosigkeit, der totalen Formbarkeit der Welt allein durch seine Fantasieanstrengung: Noch nie hat ihn etwas »wirklich umgehauen«. Tatsächliche Leidenschaft ist ihm nur aus der Literatur bekannt, speziell versucht er ihr Wesen im Werk von Joseph → Conrad zu ergründen.

Während eines Italienurlaubs hat Roth beim Wandern ein ekstatisches Naturerlebnis, das er als ersehnte Überwältigung und erhofften Widerstand empfindet. Zurück in seinem Alltag, versucht er, das Erfahrene zu übertragen, zum Wesen der Dinge nun vorzudringen mit enthüllendem Blick – es misslingt, er gerät in eine Krise. Ein zweites unvermutetes Erweckungserlebnis, Kulminations- und Schlusspunkt des Romans, ist die plötzlich aufflammende Liebe zu Gisela, der Frau eines Freundes. Diese ist zwar unrealisierbar, doch wird Liebe von Roth als herausragende Veränderungsmacht empfunden: »Die ganze Welt konnte sich verdeutlichen in diesem einen, Giselas Gesicht.«

Aufbau: Sechs Kapitel gleichen Umfangs gliedern sich in sieben Sequenzen zu je fünf Abschnitten, die bestimmte Handlungselemente von Kapitel zu Kapitel weiterentwickeln. Die Sprache ist klar und zugleich poetisch. Die Autorin gibt den Alltag auf vertraute Weise wieder und verfremdet ihn doch.

Wirkung: Die Literaturkritik lobte das Werk einstimmig und emphatisch und bestätigte Brigitte Kronauers Ruf als eine der ambitioniertesten und unverwechselbarsten deutschen Gegenwartsautorinnen. *M. R.*

Die wichtigsten Bücher von Brigitte Kronauer	
Frau Mühlenbeck im Gehäus 1980	Zwei Weltwahrnehmungsmuster werden montiert und kontrastiert: das stark vereinfachende, pointierende der Hausfrau Mühlenbeck und das diffuse, haltlose der Erzählerin, einer Lehrerin.
Rita Münster 1983	Rita Münster hat ein gravierendes Liebeserlebnis und versucht ihr Leben neu um diesen Höhepunktsmoment herum zu ordnen.
Berittener Bogenschütze 1986	Der Literaturwissenschaftler Matthias Roth, unerfüllt von einem lediglich angenehmen Leben, wartet auf etwas Einschneidendes, das ihm als Natur- und als Liebeserlebnis widerfährt. → S. 634
Die Frau in dem Kissen 1990	Die weitgehend zurückgeschraubte Handlung umfasst einen Tag des weiblichen Erzähl-Ichs mit seinen Wahrnehmungen und Erfindungen, z. B. der Liebesgeschichte mit einer jungen Gräfin.
Das Taschentuch 1994	Die Ich-Erzählerin und Schriftstellerin Irene Gartmann zeichnet anhand ihrer Begegnungen das Porträt eines Jugendfreundes.
Teufelsbrück 2000	Der Roman erzählt den Liebesfall von Maria Fraulob, für die sich die Welt erst verzaubert und dann auflöst.

Der Lebenslauf des Autors Kross ist für die Vertreter seiner Generation exemplarisch. Geboren im dritten Jahr nach der Unabhängigkeitserklärung des Landes, studierte er Jura an der Universität Tartu (dt. Dorpat). 1944 wurde Kross von den deutschen Besatzern verhaftet, um nach dem Machtwechsel im Land – inzwischen wieder auf freiem Fuß und Dozent in Tartu – 1946 von den Russen verhaftet und zu fünf Jahren Arbeitslager verurteilt zu werden. 1954 aus der Verbannung zurückgekehrt, begann er Kross schreiben und veröffentlichte zunächst Lyrik und Übersetzungen, seit Anfang der 1970er Jahre historische Novellen (*Vier Monologe Anno Domini 1506*, 1970) und Romane (u. a. *Das Leben von Balthasar Rüssow*, 1970–80). Kross wurde mehrfach für den Nobelpreis nominiert und erhielt zahlreiche internationale Auszeichnungen.

Uwe Schweikert 1984 über Brigitte Kronauer:

Brigitte Kronauer folgt der Sprache bis zu dem Punkt, wo die Worte eine fast schon körperliche Intensität und Obszönität annehmen. Schreiben als Erfahrung, Erkundung, Ich-Erweiterung, aber jenseits aller Psychologisierung. Die Worte, die Bilder beharren auf ihrer eigenen Materialität, die sich nicht zum Psycho- oder Soziogramm aufwendet.

Jaan Kross, *Der Verrückte des Zaren*, Umschlag der deutschsprachigen Erstausgabe 1990 (Gestaltung: Quint Buchholz)

Kross, Jaan

estn. Schriftsteller

* 19.2.1920 Tallinn

📖 *Der Verrückte des Zaren*, 1978

Für sein umfangreiches literarisches Werk verdient Jaan Kross den Namen des modernen Chronisten Estlands. Im Mittelpunkt seiner historischen Romane stehen der steinige Weg einer kleinen Nation zur eigenen Identität und das in einzelnen Biografien personifizierte Schicksal eines jahrhundertelang unter fremdem Einfluss überlebenden Volkes.

In der Randstellung der Esten innerhalb der europäischen Geschichte liegt der aufklärerische Anspruch von Kross begründet: »Diese blaue Leere im Bewusstsein Europas gilt es auszufüllen.«

Der Verrückte des Zaren

OT Keisri hull OA 1978
DE 1988 **Form** Roman
Epoche Gegenwart

Die Handlung des Romans spielt in den baltischen Provinzen des Russischen Reichs in der ersten Hälfte des 19. Jahrhunderts und bietet zugleich Parallelen zur sowjetischen Wirklichkeit, in der dieser Roman entstand.

Inhalt: In Form eines Tagebuchs erzählt der Roman die Geschichte des livländischen Adeligen Timotheus von Bock (1787–1836), der sich der Willkür des Zaren Alexander 1. wi-

Hauptfiguren in »Der Verrückte des Zaren« von Jaan Kross

Timotheus von Bock: Der Adelige – es handelt sich um eine historische Figur – ist der Nachkomme eines alten deutsch-baltischen Geschlechts und von der Gleichheit aller Menschen überzeugt; es ist nicht klar, ob sein Wahnsinnszustand nach der Entlassung aus Schlüsselburg gespielt oder etwa echt ist. Von Spitzeln umgeben, kann er allein seiner Frau vertrauen; daher ist alles ihn Betreffende auch für den Verfasser des Tagebuchs nur andeutungsweise klar. Sein Tod bleibt geheimnisvoll.

Katharina von Bock: Die Frau von Timotheus ist schön, klug und vielseitig gebildet, obwohl sie einer Bauernfamilie entstammt. Sie unterstützt ihren Mann, wird jedoch vom Zaren von der Strafe verschont und unternimmt unermüdliche Anstrengungen, um ihrem Gatten zu helfen; durch ihre Herkunft stößt sie bei der konservativen Mehrheit auf Ablehnung. (Historische Figur)

Georg (Jüri) von Bock: Der Sohn von Timotheus und Katharina lernt seinen Vater erst nach dessen Entlassung kennen. Vom Zaren für das imperatorische Lyzeum bestimmt, wird er dem väterlichen Einfluss entzogen und macht eine glänzende Karriere bei der Marine. (Historische Figur)

Jacob Mättik: Der Bruder von Katharina und Autor des Tagebuchs erhält ebenso wie seine Schwester eine für seinen Stand außergewöhnliche Bildung. Im Gegensatz zu ihr fühlt er sich nirgendwo zugehörig. Durch Zufall entdeckt er in einem Versteck Bocks Memorandum und rekonstruiert in seinem Tagebuch das Geschehene.

Pastor Masing: Der Gelehrte und Enzyklopädist ist Lehrer von Katharina-Eeva und Jakob. Er verfasst das erste umfangreiche deutsch-estnische Wörterbuch, das an seinem Todestag auf unerklärliche Weise verschwindet und nie wieder aufgefunden wird (Historische Figur).

Laming: Der Verwalter auf Gut Woiseck bespitzelt von Bock nach seiner Freilassung und benutzt die eigene Tochter, um Jakob Mättik zu verhängnisvollen Aussagen zu bewegen. Die Tochter verliebt sich jedoch in Jakob, beide müssen sich trennen.

Peeter von Mannteuffel: Der Schwager von Timotheus von Bock bemächtigt sich des Gutes Woisek als Vormund des vermeintlich Verrückten. Er ist der Obrigkeit restlos treu, überwacht jeden Schritt der Familie von Bock und verfasst darüber genaueste Berichte. (Historische Figur)

historischen Fakten basiert. Die meisten Hauptfiguren verkörpern tatsächliche Biografien. In die fiktiven Tagebuchseiten sind reale Briefe und Fragmente des tatsächlich existierenden Memorandums von Timotheus von Bock eingeflochten. Die Spannung steigert Kross, indem er die genaue Geschichte der Verhaftung von Bocks und der Inhalt seines Memorandums erst allmählich durch Mättiks Entdeckungen und Nachforschungen offenbart.

Während am Anfang die Aufmerksamkeit des Tagebuchs den Ereignissen um Timotheus und Katharina gilt, wird der Blick des Lesers allmählich auf den zurückhaltenden Erzähler Jakob gerichtet, dessen Figur sich als eine Art Gegenpol zu dem Rebellen und tragischen Helden von Bock präsentiert und zugleich eine andere Lebensphilosophie verkörpert. Dem offenen, aktiven Widerstand steht der Widerstand durch Unbeteiligung gegenüber. So wird der Handlung ihre Eindeutigkeit genommen und eine offene, subjektive Perspektive etabliert.

Wirkung: Kross entlarvt die Mechanismen und Mittel der staatlichen Unterdrückung und betreibt eine gewagte Kritik an dem totalitären System, indem er unter anderem das Thema der inneren Emigration und des Exils in der Heimat aufnimmt. Gleichzeitig behandelt er das Thema der individuellen und kollektiven Selbstfindung durch Bildung und die Entdeckung der eigenen Geschichte.

Das Buch wurde in zahlreiche Sprachen übersetzt und trug wesentlich zum Ruf des Autors bei, einer der bedeutendsten estnischen Erzähler des 20. Jahrhunderts zu sein. *M.C*

Auszug aus dem Roman
Der Verrückte des Zaren von Jaan Kross:

...ins Ausland gehen nur die, die sich rächen wollen. Wer etwas Wesentlicheres will, bleibt zu Hause.

dersetzt, 1818 für neun Jahre eingekerkert wird, um später den Rest seines Lebens unter ständiger Aufsicht auf dem Familiengut Woiseck zu verbringen.

Als Offizier der russischen Armee beteiligt sich von Bock unter anderem an den Feldzügen gegen Napoleon und erwirbt die Gunst des Zaren Alexander, der ihm als seinem Freund und Vertrauten folgenden Eid abnimmt, stets nur die Wahrheit seinem Souverän gegenüber zu sagen. Sein Versprechen hält von Bock ein und offenbart dem Zaren in einem Memorandum seine Gedanken über die Missstände im Russischen Reich und seinen baltischen Provinzen, ohne dabei die Person des Zaren selbst zu verschonen. Von Bock schreckt auch vor dem Vorschlag nicht zurück, die absolutistische Monarchie abzuschaffen, und verlangt die Einführung einer Konstitution.

Mit seiner Kühnheit erreicht er das genaue Gegenteil und muss eine harte Strafe hinnehmen, die ihn körperlich und geistig ruiniert. Nachdem von Bock 1827 für verrückt erklärt und aus der Festung Schlüsselburg entlassen wurde, plant seine Gattin Katharina die Flucht ins Ausland, die im letzten Moment misslingt. Ihr Mann beschließt wie »ein eiserner Nagel im Leibe des Imperiums« zu bleiben.

Aufbau: In dem Buch versteckt sich der Autor Kross hinter der Figur des Tagebuchverfassers. Sein Alter Ego, Jakob Mättik, Bruder von Katharina von Bock, ist beinahe die einzige fiktive Gestalt in dem Roman, dessen Handlung auf

Kühn, Dieter

dt. Schriftsteller

*1.2.1935 Köln

📖 *Trilogie des Mittelalters*, 1977–88

Dieter Kühn ist als Verfasser von halbdokumentarischen Biografien, Romanen, Essays, Hörspielen, Kinderbüchern, literaturwissenschaftlichen Arbeiten, Theaterautor, Herausgeber und Übersetzer einer der produktivsten und formenreichsten deutschen Gegenwartsautoren. In seinem umfangreichen Werk verbindet er historische Fakten und Fiktion mit der Reflexion eigener Arbeitsschritte.

Kühn studierte Germanistik und Anglistik in Freiburg/Br. und promovierte mit einer Arbeit über den Roman *Der Mann ohne Eigenschaften* von Robert →Musil. Das Buch führte Kühn nach eigener Aussage zu seinem Hauptthema: die Absage an die Determiniertheit von Geschichte

Dieter Kühn, *Trilogie des Mittelalters*; von links: *Ich Wolkenstein*, Umschlag der Originalausgabe 1977; *Herr Neidhart*, Umschlag der Originalausgabe 1981; *Der Parzival des Wolfram von Eschenbach*, Umschlag der Originalausgabe 1986

und individueller Biografie. In seinem Werk verarbeitet Kühn Reflexion über Sprache, Sprachspiel und Sprachwitz einerseits, Konstruktion und Umkonstruktion von Geschichte und Biografien andererseits. Konsequenterweise arbeitet Kühn eigene Texte oftmals um, so dass manche Arbeit als work in progress erscheint. Umgekehrt nimmt er Werkstattberichte in Texte auf und problematisiert dadurch Abgeschlossenheit und Irreversibilität von Literatur ebenso wie im Fall menschlicher Biografien.

Trilogie des Mittelalters

OT Ich Wolkenstein; Herr Neidhart;
Der Parzival des Wolfram von Eschenbach
OA 1977; 1981; 1986, als Sammeltitel 1988

Mit einem Großteil von Dieter Kühns Œuvre teilt die *Trilogie des Mittelalters* die Verbindung von Historischem, Biografischem und Reflexion über Sprache und sprachkünstlerische Existenz. Über das Thema des Mittelalters bildet sie im Gesamtwerk des Autors einen Schwerpunkt.
Inhalt: Alle Bände der Trilogie enthalten – in wechselnder Zusammenstellung und in unterschiedlichem quantitativem Verhältnis zueinander – vier Hauptelemente: Biografisches zu den Titelfiguren, historische Hintergrundinformationen, poetologische Reflexionen des Autors über die von ihm dargestellten Figuren sowie Übersetzungen. Auch ein vergleichsweise umfangreiches wissenschaftliches Beiwerk fügt der Autor an.
In *Ich Wolkenstein* beschreibt Kühn das Leben des Südtiroler Adligen Oswald von Wolkenstein (*1376/78–1445), der in vielen seiner ungefähr 130 Lieder Bestandteile seines abenteuerlichen Lebens verarbeitet und dadurch die Rollenlyrik

des hergebrachten Minnesangs weiterentwickelt hat.

Mit Minnesangtraditionen gebrochen hat auch der in der ersten Hälfte des 13. Jahrhunderts dichtende Neidhart, indem er das Repertoire der Lieder um satirische Elemente und Bauernfiguren erweitert hat; über sein Leben ist nichts bekannt, die Liederinhalte biografisch zu deuten, gilt heute als rein spekulativ.

Eine ebenfalls historisch unbekannte Persönlichkeit ist der Dichter → Wolfram von Eschenbach, dessen großepisches Hauptwerk *Parzival* (zw. 1200 und 1210) den Anstoß für die literarische Beschäftigung von Kühn bildete. Das Nebeneinander von »dunkler Rede« und Sprachwitz scheint dabei für ihn das Hauptfaszinosum an Wolfram dargestellt zu haben.

Die wichtigsten Bücher von Dieter Kühn	
N. 1970	Historisch gesicherten Ereignissen über das Leben Napoleon Bonapartes werden fiktive Alternativen gegenübergestellt.
Die Präsidentin 1973	Der Roman beschreibt das Leben der Marthe Hanau, die in den 1920er Jahren einen Finanzskandal in Frankreich verursachte.
Festspiel für Rothäute, 1974	Mit der Erzählung greift Kühn das Motiv der Begegnung verschiedener Kulturen auf und kritisiert den Imperialismus.
Stanislaw der Schweiger 1975	Die epische Umarbeitung des Hörspiels *Große Oper für Stanislaw den Schweiger* (1973) thematisiert politische Entrechtung gleichnishaft am Raub der Sprache.
Der wilde Gesang der Kaiserin Elisabeth 1982	Die Erzählung entwickelt vor dem Hintergrund historisierender Zitatmontagen ein imaginäres Psychogramm der Gemahlin des österreichischen Kaisers Franz Joseph.
Der Parzival des Wolfram von Eschenbach, 1986	Kühns *Parzival*-Buch bildet mit *Ich Wolkenstein* (1977) und *Herr Neidhart* (1981) die *Trilogie des Mittelalters*, die in seinem Gesamtwerk einen besonderen Aspekt darstellt. → S. 637
Beethoven und der schwarze Geiger 1990	Der abenteuerliche Roman erzählt von einer erfundenen gemeinsamen Schiffsreise des Komponisten mit dem ebenfalls historischen Violinvirtuosen George Bridgetower.
Das Heu, die Frau, das Messer, 1993	Die Novelle berichtet über eine Episode aus dem Leben des Schriftstellers Karl Philipp → Moritz (1756–1793).

Wirkung: Die Bände der *Trilogie des Mittelalters* gehören zu den Werken Kühns, die nicht nur unter Literaturwissenschaftlern, sondern auch unter Laien bekannt geworden sind. Hierfür war die Existenz eines mittlerweile gut 25 Jahre andauernden Mittelalter»booms« nicht ohne Bedeutung. Kühn hat mit seiner Trilogie aber auch auf die Wissenschaft der Altgermanistik eingewirkt, weil diese sich zunehmend für die Nachwirkung mittelalterlicher Texte zu interessieren begann. Schon während der Arbeit am ersten Buch, *Ich Wolkenstein*, wurde Kühn daher an Universitäten eingeladen, wobei sich der Kontakt zu Fachleuten oft dadurch ergeben hatte, dass Kühn für wissenschaftliche Details gern die Hilfe von Spezialisten in Anspruch nimmt. Auf der anderen Seite grenzt Kühn sich aber auch häufig pronociert von der Wissenschaft ab. *R. B.*

Kuhn, Thomas Samuel

US-amerikan. Wissenschaftshistoriker

* 18.7.1922 Cincinnati (Ohio)

† 17.6.1996 Cambridge (Massachusetts)

📖 *Die Struktur wissenschaftlicher Revolutionen*, 1962

Vor allem mit seinem Werk *Die Struktur wissenschaftlicher Revolutionen* wandte sich der Historiker Thomas Samuel Kuhn gegen den kritischen Rationalismus, der die Entwicklung der Wissenschaften als einen linear verlaufenden Prozess sah, und entwickelte eine neue Theorie des wissenschaftlichen Fortschreitens.

Nach Abschluss seines Studiums der theoretischen Physik in Harvard 1946 wandte sich Kuhn der Geschichte der Naturwissenschaften zu und promovierte 1949. 1951–91 unterrichtete er in Harvard, Berkeley, Princeton und am Massachusetts Institute of Technology Geschichte bzw. Philosophie der Naturwissenschaften. In seinem ersten Werk *Die Kopernikanische Revolution* (1957) beschäftigte er sich mit der Herausbildung des heliozentrischen Weltbildes im Zeitalter der Renaissance. In seinem bahnbrechenden Buch *Die Struktur wissenschaftlicher Revolutionen* unternahm er den Versuch, die Entwicklung der Naturwissenschaften unter Einbezug geistesgeschichtlicher, psychologischer und soziologischer Erkenntnisse zu beschreiben. Die bis dahin vorherrschende Auffassung, wonach die Entwicklung der Naturwissenschaften ein geradlinig fortschreitender Prozess der Anhäufung von Erkenntnissen sei, stellte er radikal in Frage. In einem Postskriptum zur zweiten Auflage 1969 nahm Kuhn zu

Einwänden seiner Kritiker Stellung und modifizierte seine Theorie in einigen Punkten. Weitere Aufsätze von Kuhn erschienen 1976 unter dem Titel *Die Entstehung des Neuen. Studien zur Struktur der Wissenschaftsgeschichte.*

Die Struktur wissenschaftlicher Revolutionen

OT The Structure of Scientific Revolutions **OA** 1962
DE 1967 **Form** Abhandlung **Bereich** Philosophie

Mit *Die Struktur wissenschaftlicher Revolutionen* forderte Thomas Samuel Kuhn die Philosophie heraus, ihre Theorie einer allgemein verbindlichen, überzeitlichen Methodologie der Naturwissenschaften so zu revidieren, dass auch Umbrüche in der Wissenschaftshistorie und der – meist nicht kampflos vollzogenen – Wechsel von Grundüberzeugungen innerhalb einer Wissenschaft zu erklären sind. Kuhn selbst bediente sich bei dieser Erklärung historischer und geistesgeschichtlicher Studien sowie soziologischer und psychologischer Erkenntnisse.

Inhalt: Anhand bedeutender Stationen der Geschichte der Physik – von der aristotelischen Naturtheorie über Nikolaus Kopernikus (1473 bis 1543), Galileo → Galilei und Johannes → Kepler bis zur klassischen newtonschen Physik und der Relativitätstheorie von Albert → Einstein – entwickelt Kuhn seinen zentralen Begriff des Paradigmas. Damit bezeichnet er die Auffassungen, die eine Wissenschaft in einer bestimmten Periode prägen.

Kuhn unterscheidet zwischen normalwissenschaftlichen Perioden, in denen Forscher einem Paradigma verpflichtet und bestrebt sind, innerhalb dieses vorgegebenen Rahmens Probleme zu lösen, und außerordentlicher Forschung, durch die ein neues Paradigma geschaffen wird. Nach Kuhn geschieht dies in Krisen, in denen unerklärbare Phänomene (Anomalien) auftreten, was zu einer Verunsicherung der Forschergemeinschaft führt. Ein neues Paradigma setzt sich nicht per rationaler Überzeugung, sondern per Überredung und Propaganda durch. Die Vorstellung des wissenschaftlichen Fortschritts im Sinne einer schrittweisen Annäherung an die Wahrheit ist laut Kuhn nicht haltbar.

Wirkung: Kuhns Buch rief eine heftige Kontroverse hervor. Der Hauptvorwurf gegen den Autor lautete, nach seiner Auffassung würden die Naturwissenschaften irrational vorgehen. In normalen Phasen nähmen sie Gegenbeispiele gegen das herrschende Paradigma nicht zur Kenntnis und die Verdrängung eines Paradigmas durch ein anderes laufe nicht nach Prinzipien ab, die der Vernunft gehorchten. In Interpretation und Fortentwicklung der Thesen von

Kuhn wurde hingegen u.a. klargestellt, dass der Anwendungsbereich eines Paradigmas prinzipiell vage und dieses gegen eine empirische Widerlegung notwendigerweise immun sei. Welche Wirkung Kuhn entfaltete, zeigt sich daran, dass seine Begriffe »Paradigma« und »Forschergemeinschaft« in den allgemeinen Sprachgebrauch eingegangen sind.   *B. Be.*

Kundera, Milan

tschech.–frz. Schriftsteller

* 1.4.1929 Brünn

📖 *Die unerträgliche Leichtigkeit des Seins*, 1984

Milan Kundera ist im Westen der wichtigste Repräsentant der tschechischen Gegenwartsliteratur. Liebe und Politik bilden die zentralen Themen seines erzählerischen Werks.

1929 in Brünn geboren, schlug Kundera sich nach dem Krieg als Arbeiter und Jazzmusiker durch, bevor er sich der Literatur zuwandte. 1948 trat er in die Kommunistische Partei ein, wurde aber bereits zwei Jahre später wegen »individualistischer Neigungen« ausgeschlossen. Er studierte in Prag Philosophie und Filmwissenschaft und lehrte anschließend an der Filmhochschule in Prag.

Kundera debütierte 1953 mit dem Gedichtband *Der Mensch, ein weiter Garten*, er veröffentlichte in den 50er Jahren zudem Essays und Theaterstücke. Bekannt wurde er duch die Erzählungen *Lächerliche Lieben*, entstanden und veröffentlicht zwischen 1963 und 1968. Sein erster Roman *Der Scherz* (1967) war eine Abrechnung mit dem Stalinismus und ein geistiger Vorbote des Prager Frühlings, an dem Kundera als führendes Mitglied des Schriftstellerverbandes Anteil hatte. Nach dem gewaltsamen Ende des Prager Experiments erhielt Kundera in der ČSSR bis zur politischen Wende Berufs- und Publikationsverbot.

1975 erhielt Kundera einen Lehrauftrag der Universität Rennes und blieb in Frankreich. Vier Jahre später entzog ihm die tschechoslowakische Regierung als Reaktion auf *Das Buch vom Lachen und Vergessen* (1979), in dem er das Regime von Gustav Husák kritisierte, die Staatsbürgerschaft. Mit seinen Büchern, u.a. *Das Buch der lächerlichen Liebe* (1963–70) lehnt sich Kundera gegen einen orthodoxen Kommunismus auf und lässt einen Hang zum Philosophieren erkennen.

Kundera lebt heute als französischer Staatsbürger in Paris. Er schreibt auf Tschechisch und Französisch.

Biografie: K. Chvatik, *Die Fallen der Welt. Der Romancier Milan Kundera*, 1994.

Wissenschaftstheorie

Logischer Empirismus: Die auch Neopositivismus genannte Position geht davon aus, dass alles Wissen eine logische Konstruktion auf der Basis von Sinneswahrnehmungen sei. Bestrebung der Wissenschaft sei es, einzelne, in sog. Basissätzen widergegebene Sinneswahrnehmungen zu verallgemeinern; der Übergang von der empirischen Basis zu allgemeinen Gesetzen erfolge mittels Induktion, d.h. des Schlusses vom Besonderen aufs Allgemeine. Ein wichtiger Vertreter dieser Theorie ist Rudolf Carnap (1891–1970).

Kritischer Rationalismus: Ausgehend von der Erkenntnis, dass Induktionsschlüsse nicht gültig seien (es kann immer ein Gegenbeispiel geben), wird die Falsifizierbarkeit als Kriterium für die Wissenschaftlichkeit von Sätzen bestimmt. Der Prozess der Wissenschaften bestehe in der Aufstellung von Hypothesen und ihrer kritisch-rationalen Überprüfung mittels empirischer Beobachtung. Die Aufgabe einer so immer wieder getesteten Theorie sei erforderlich, wenn falsifizierende Experimente aufgetreten sind. Die daraufhin aufgestellte neue Theorie könne mehr erklären als die alte, müsse sich jedoch wieder der kritisch-rationalen Überprüfung stellen. Gegen Karl → Popper als Hauptvertreter des kritischen Rationalismus und seine Vorstellung eines kumulativen Fortschritts der Wissenschaften wendete sich Kuhn.

Anarchistische Erkenntnistheorie: In einer Erweiterung der Kritik von Kuhn am kritischen Rationalismus gelangte Paul Feyerabend (1924–94) zu dem Schluss, dass eine klare Trennung zwischen Wissenschaft und Nicht-Wissenschaft nicht möglich sei und dass es keinerlei allgemein verbindliche Spielregeln in der Wissenschaft gebe. Dem Fortschritt sei es daher am dienlichsten, wenn der Forscher seiner Fantasie freien Lauf lasse.

Die unerträgliche Leichtigkeit des Seins

OT Nesnesitelná lehkost bytí
OA 1984 **DE** 1984 **Form** Roman **Epoche** Moderne

Der Roman *Die unerträgliche Leichtigkeit des Seins von Milan Kundera* schildert eine bewegende Liebesgeschichte vor dem Hintergrund des Prager Frühlings. Einfühlsam und nachdenklich um die Themen Liebe und Sexualität kreisend, ist das Buch gleichsam intelligent und unterhaltend.

Inhalt: Tomas, erfolgreicher Chirurg an einem Prager Krankenhaus, hat eine gescheiterte Ehe hinter sich und sucht erotische Abenteuer ohne emotionale Abhängigkeit. Er lernt Teresa, eine Kellnerin aus der Provinz, kennen, die ihn liebt und ihn ganz für sich beansprucht. Teresa ist mit großen Gefühlen gesegnet und kann sich mit der Unverbindlichkeit kurzweiliger erotischer Beziehungen nicht abfinden. Sie drängt sich in sein Leben, quält ihn mit ihrer Eifersucht und leidet unter seinen Eskapaden.

Die politischen Verhältnisse spielen in diese Beziehung hinein. Der Prager Frühling wird niedergeschlagen, Tomas und Teresa fliehen in die Schweiz. Dorthin verschlägt es auch die Malerin Sabina, eine von Tomas' Geliebten aus Prag, zu der er sich erneut hingezogen

Milan Kundera, *Die unerträgliche Leichtigkeit des Seins*, Umschlag der deutschsprachigen Erstausgabe 1984

Die wichtigsten Bücher von Milan Kundera

Das Buch der lächer-lichen Liebe, 1963–70	Sieben Erzählungen über die Macht der Gefühle, die Liebe sowie die Irrungen und Wirrungen im menschlichen Miteinander.
Der Scherz 1967	Eine als Scherz gedachte Postkarte gerät in falsche Hände und zerstört eine Karriere. Das Werk ist eine Analyse der zerstörerischen Denk- und Verhaltensmuster des Stalinismus.
Abschiedswalzer 1977	In einem böhmischen Kurort verweben sich im Walzertakt acht Einzelschicksale zu einem bösen, aber auch amüsanten Panorama verschiedenster menschlicher Liebes- und Ehedramen.
Das Buch vom Lachen und Vergessen 1979	Der Roman schildert die Ambivalenz der Gefühle; aufgezeigt an Menschen, die bemüht sind, sich dem Vergessen, in der Politik wie in der Liebe, zu widersetzen.
Die unerträgliche Leichtigkeit des Seins 1984	Verschlungene Liebesgeschichte um ein ungleiches Paar zur Zeit des »Prager Frühlings« und die Durchdringung des Privaten von der Politik, des Individuellen von der Ideologie. → S. 639
Die Langsamkeit 1995	Kundera erzählt zwei Liebesgeschichten, die Jahrhunderte auseinanderliegen und auf tiefsinnige Weise verknüpft werden.
Die Unwissenheit 1990	Der Roman erzählt von Emigration und Heimkehr, vom Vergessen und Erinnern sowie von den Unwägbarkeiten der Liebe.

Hans Küng 1975 auf dem evangelischen Kirchentag in Frankfurt / Main

Auszug aus dem Vorwort zu *Existiert Gott?* von Hans Küng:

Viele sind ratlos zwischen Glauben und Unglauben, unentschieden, skeptisch. Sie zweifeln an ihrem Glauben, zweifeln aber auch an ihren Zweifeln. Und viele sind stolz gerade auf diese ihre Zweifel. Doch es bleibt die Sehnsucht nach Gewissheit. Gewissheit? Ob Katholiken, Protestanten, ob Christen oder Juden, Gottgläubige oder Atheisten – quer durch alle Konfessionen und neuen Ideologien geht heute die Diskussion.

fühlt. Teresa ist dieser Konstellation nicht gewachsen und kehrt, obwohl sie das sowjetische Besatzungssystem hasst, in die Heimat zurück. Tomas »erkrankt an Mitgefühl« und reist ihr nach.

In Prag verlangt die neue Führung von dem Chirurgen, dass er eine Ergebenheitsadresse unterzeichnet, was Tomas aber ablehnt. So wird der Mediziner schließlich Fensterputzer. Teresa und Tomas widersetzen sich diversen Erpressungen des Regimes, ohne jedoch zu bewussten Dissidenten zu werden. Schließlich ziehen sie sich aufs Land zurück. Bei einem Autounfall kommen beide schließlich ums Leben.

Struktur: Kundera stellt in dem Roman Episoden und Analysen, Rückblicke und essayistische Reflexionen gegenüber, mischt dramatische Schilderungen mit psychologischen und philosophischen Überlegungen. Das Geschehen wird häufig von Kommentaren des Erzählers unterbrochen, welche die Ereignisse einordnen und das tragische Geschehen sowie die zuweilen stereotypen Konstellationen ironisch brechen. Die Reflexionen vermitteln den Figuren Reiz und Glanz. Trotz der zahlreichen erläuternden Passagen bleibt der Roman stets eng an seinen Figuren und zieht seine erzählerische Kraft aus den geschilderten Details, die der beachtlichen Beobachtungskunst des Autors entspringen.

Wirkung: *Die unerträgliche Leichtigkeit des Seins* war ein literarischer Welterfolg und der populärste der großen Romane der 1980er Jahre. Das Buch machte Kundera auch in Deutschland einem größeren Publikum bekannt, nachdem er in Frankreich und den USA bereits seit langem als Romancier von großem literarischem Gewicht galt. Auch die Verfilmung des Romans durch Philip Kaufman 1988, mit Juliette Binoche als Teresa, erreichte ein großes Publikum. *R. F.*

Küng, Hans

deutschsprachiger Schweizer Theologe

* 19.3.1928 Sursee (Kt. Luzern)

📖 *Existiert Gott?*, 1978

Aufgrund der in seinen Schriften geäußerten Kritik des Theologen an der katholischen Amtskirche und des von der Kirche angezweifelten Glaubens entzog diese ihm 1979 die kirchliche Lehrbefugnis. Damit machte sie zugleich den Weg frei für das Küngs Engagement im interreligiösen Dialog der Weltreligionen.

Hans Küng studierte ab 1948 an der päpstlichen Universität Gregoriana in Rom Theologie. 1954 zum Priester geweiht, wurde er 1957 Seelsorger in Luzern, entschied sich jedoch für eine wissenschaftliche Laufbahn. Sie führte ihn über Münster 1963 als Professor für Fundamentaltheologie an die Universität Tübingen. Zuvor wurde er in den Kreis der beratenden Theologen des Zweiten Vatikanischen Konzils (1962 –65) berufen. Etappen bis zum endgültigen Bruch mit der Amtskirche bildeten die Bücher *Die Kirche* (1967) und *Unfehlbar? Eine Anfrage* (1970) zum 1870 vom Ersten Vatikanischen Konzil erlassenen Dogma von der Unfehlbarkeit des Papstes »ex cathedra«. 1980 bis zur Emeritierung 1996 hatte Küng den Lehrstuhl für ökumenische Theologie inne, welcher der Universität Tübingen unterstellt ist. 1995 wurde Küng der erste Präsident des »Projekt Weltethos«. Der Gründung gingen Küngs Forschung unter dem Motto »Kein Weltfriede ohne Religionsfriede« und die Schrift *Projekt Weltethos* (1990) voraus. 1998 erhielt Küng den Preis der Theodor-Heuss-Stiftung, eine Auszeichnung für Zivilcourage und demokratisches Engagement. In der TV-Serie *Spurensuche* (als Buch 1999) schildert Küng Gemeinsamkeiten der »Weltreligionen auf dem Weg«.

Biografie: N. Greinacher/H. Haag, *Der Fall Küng. Eine Dokumentation*, 1980.

Existiert Gott?

OA 1978 **Form** Sachbuch **Bereich** Religion

Die *Antwort auf die Gottesfrage der Neuzeit*, so der Untertitel, fasst in einem Buch zusammen, »was für den Verfasser seit seiner Studienzeit immer klarer geworden ist«. Seine Antwort auf die Frage »Existiert Gott?« lautet »Ja«.

Entstehung: *Existiert Gott?* war zunächst als Ergänzung der vorausgehenden Schrift *Christ sein* (1974) gedacht und entwickelte sich zu einer religions- und philosophiegeschichtlichen Darstellung des Atheismus und Nihilismus. Zugleich sollte die Schrift die Zweifel an der Christologie von Küng widerlegen.

Inhalt: Gegliedert in sechs Teile, führt die zumeist referierende Darstellung vom Zeitalter des Rationalismus bis zu einer Synopse des Gottesbegriffs in außerchristlichen Religionen; sie bleibt dem abschließenden »Ja zum christlichen Gott« untergeordnet. Symbolfiguren der Entwicklung des Atheismus zum Nihilismus sind René Descartes als Repräsentant des Vertrauens auf mathematische Gewissheit, Georg Friedrich Wilhelm → Hegel, Karl → Marx, Sigmund → Freud, Friedrich → Nietzsche, Max → Horkheimer und Martin →Heidegger.

Wirkung: Mit rund 870 Seiten Umfang um 200 Seiten über den Vorgänger *Christ sein* hinausgewachsen, knüpfte die »Ergänzung« an dessen Publikumserfolg an. In gleichem Maße wuchs der Argwohn der Glaubenskongregation in Rom und auch die deutschen Bischöfe sahen sich in ihrem Zweifel an Küngs rechtem Glauben bestärkt: Der »Fall Küng« mündete Ende 1979 in den Entzug der kirchlichen Lehrerlaubnis zur Mitwirkung an der Ausbildung von Theologen. *C. W.*

Kureishi, Hanif

engl. Schriftsteller, Dramatiker und Drehbuchautor

*5.12.1954 Bromley bei London

📖 *Der Buddha aus der Vorstadt*, 1990

Hanif Kureishi, Sohn einer Engländerin und eines 1947 eingewanderten Pakistani, ist eine der originellsten literarischen Stimmen aus dem multikulturellen Milieu der englischen Hauptstadt. Mit bitterer Ironie und derbem Humor schildert er den harten Alltag der Minderheiten und ihre Sehnsucht nach sozialem Aufstieg.

Bereits während seines Philosophie-Studiums begann Kureishi Theaterstücke zu schreiben und wurde bald Hausautor des Royal Court Theatre. 1980 feierte sein erstes abendfüllendes Stück *The Mother Country* Premiere. An Londoner Theatern längst etabliert, schrieb Kureishi die Vorlagen zu Stephen Frears Filmen *Mein wunderbarer Waschsalon* (1985) sowie *Sammy und Rosie tun es* (1988). Sein Drehbuch *London Kills Me* verfilmte Kureishi 1991 selbst.

Einen großen Erfolg feierte Kureishi mit seinem ersten Roman *Der Buddha aus der Vorstadt*. Seine Hauptthemen Rassismus, Gewalt, Drogen, Musik, sexuelle Ausschweifung, kleinbürgerliches Spießertum und esoterische Spinnereien führte er in späteren Büchern fort. In *Rastlose Nähe* (1998) schildert er die nächtlichen Gedanken eines Mannes, der Frau und Kinder verlassen wird, in dem modernen Entwicklungsroman *Gabriels Gabe* (2001) befreit sich ein 15-Jähriger vom idealisierten Vater.

Der Buddha aus der Vorstadt

OT The Buddha of Suburbia **OA** 1990 **DE** 1990
Form Roman **Epoche** Moderne

Mit seinem modernen Bildungs- und Schelmenroman aus der wilden Punk-Ära der späten 1970er Jahre bis zur Thatcher-Ära schuf Kureishi ein realistisches, sprachlich virtuoses Porträt der Londoner Einwanderermilieus.

Inhalt: Karim, Sohn eines Inders und einer Engländerin, hat es satt, im kleinbürgerlichen Mief der Londoner Vorstadt (Suburbia) dem Traum seiner Eltern vom Aufstieg in die Mittelklasse zu folgen. Doch nicht nur Karim, auch sein Vater, ein bislang biederer Büroangestellter, bricht plötzlich aus seinem faden Leben aus. Er fühlt sich zum Guru berufen, hält Yoga- und Meditationskurse ab und schafft sich eine exzentrische Geliebte an.

Als Karims Vater die Familie verlässt, um zu seiner Gespielin Eva zu ziehen, treibt es auch Karim hinaus ins pralle Leben. Für den bisexuellen jungen Mann beginnt eine aufregende Initiationsreise im Dunstkreis der Londoner Subkultur. Schließlich schafft er den Durchbruch als Schauspieler.

Aufbau: Kureishi präsentiert eine bunte und schrille Welt, die an die Musik jener Zeit erinnert, die sich offen zum Müll (engl. punk) bekannte. Das turbulente Treiben der Suburbs, in denen er aufgewachsen ist, prägt das Werk. In diesem Umfeld hat er die verschiedensten Menschen kennen gelernt, die er in seinen Büchern beschreibt: Hippies und Halbseidene, Arbeiter und Müßiggänger, Prediger und Pseudokünstler. In direkter, bisweilen drastischer Sprache präsentiert er skurrile Antihelden, bei denen der Leser oft nicht weiß, ob man über sie lachen, sie bemitleiden oder vor ihnen Angst haben soll. Mit ironischen Übertreibungen und symbolischen Überhöhungen setzt Kureishi der weißen Schicht der Kleinbürger und Angeber die großfamiliäre Welt der Einwanderer aus den ehemaligen britischen Kolonien gegenüber, deren Träume nicht minder profan sind.

Wirkung: *Der Buddha aus der Vorstadt* wurde mit dem in England hoch geschätzten Whitbread Prize für das beste Erstlingswerk ausgezeichnet. Kureishis Freund Salman → Rushdie lobte das Buch als »absolut respektlos, wild und unanständig, aber auch tief berührend und voller Wahrheit«. *B. B.*

Hanif Kureishi: *Der Buddha aus der Vorstadt*, Umschlag der deutschsprachigen Erstausgabe 1991

Auszug aus dem Roman
Der Buddha aus der Vorstadt
von Hanif Kureishi:

London hatte für mich einen besonderen Klang. Es war der Klang von Bongos, auf denen man im Hyde Park spielte; außerdem war da noch das Keyboard aus »Light my Fire« von den Doors. Dann waren da Kids in Samtmänteln, die ein freies Leben lebten; überall sah man Tausende von Schwarzen, und ich würde da kaum noch auffallen; da gab es Buchläden mit Regalen voller Zeitschriften, die ohne Großbuchstaben und ohne Punkte, dieses bourgeoise Ärgernis, gedruckt waren; da gab es Läden, die jede Platte verkauften, nach der man verlangte; da gab es Partys, auf denen einen Mädchen und Jungen, die man nicht kannte, mit nach oben schleppten und vögelten; da gab es jede Droge, die man nur schlucken konnte.

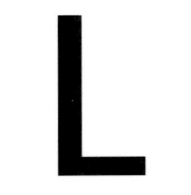

La Fayette, Marie Madeleine de

(eigtl. Marie Madeleine Pioche de la Vergne, Comtesse de La Fayette) frz. Schriftstellerin

* 18.3.1634 Paris, † 25.5.1693 ebd.

📖 *Die Prinzessin von Clèves*, 1678

Mit dem Namen der Marie Madeleine de La Fayette verbindet sich die Vorstellung der wohl wichtigsten Revolution in der Geschichte des französischen Romans. In bewusster Abkehr von der Tradition war sie darum bemüht, die Handlung historisch zu fundieren und den Protagonisten psychologische Wahrscheinlichkeit zu verleihen. Damit wurde sie zur Begründerin des psychologischen Romans.

Die Familie der Schriftstellerin entstammte dem niederen Adel. 1651 wurde Madame de La Fayette Ehrendame der Königin; 1655 heiratete sie den Grafen La Fayette und fand 1661 durch Henriette von England, die Schwägerin Ludwigs XIV. (1638–1715), direkten Zugang zum Hof. Ab 1659 unterhielt sie einen der angesehensten Salons. Da sie als Mitglied der höfischen Gesellschaft nicht als Autorin hervortreten konnte, erschienen ihre Bücher anonym oder unter dem Namen ihres Sekretärs Jean Regnault de Segrais (1624–1701), Verfasser der einflussreichen *Nouvelles françaises* (1656). Vermutlich haben Segrais und François de → La

Rochefoucauld an ihren Büchern mitgewirkt, was die Verfasserschaft der Madame de La Fayette jedoch nicht grundsätzlich in Frage stellt. Bereits ihre erste Erzählung, *Die Prinzessin von Montpensier* (1662), enthält in nuce alle Elemente ihres späteren Werks: die historische Situierung der Handlung, die geradlinige Erzählstruktur, die nüchterne Analyse der Leidenschaften und ihrer »désordres«, den Liebesverzicht der Protagonistin.

Literatur: A. Grünhagen, *Höfische Gesellschaft, moralistische Analyse und Konfiguration der Leidenschaften bei Madame de La Fayette,* 1999.

Die Prinzessin von Clèves

OT La princesse de Clèves **OA** 1678 **DE** 1711
Form Roman **Epoche** Französische Klassik

Mit *Die Prinzessin von Clèves* verfasste Marie Madeleine de La Fayette den ersten psychologischen Roman der französischen Literatur.

Inhalt: Der Roman erzählt eine Dreiecksgeschichte. Sie stellt die Liebe zwischen der verheirateten Prinzessin von Clèves und dem Herzog von Nemours dar, die an den gesellschaftlichen Konventionen zerbricht. Doch auch nach dem Tod ihres Ehemanns verzichtet die Titelheldin auf die Erfüllung ihrer Liebe und zieht sich in ein Kloster zurück.

Um den historischen Charakter des Romans zu betonen, hatte Madame de La Fayette ihn ursprünglich als »Memoiren« bezeichnet. Vordergründig spielt die Handlung im letzten Jahr der glanzvollen Regierungszeit Heinrichs II. (1519–1559; reg. 1547–59); dahinter aber öffnet sich der Blick auf die eigene Epoche, die höfische Gesellschaft zur Zeit der absoluten Monarchie Ludwigs XIV. (1638–1715; reg. 1661 bis 1715). Diese zeitgenössische Geschichte enthüllt die Autorin als rücksichtslosen Kampf widerstreitender Interessen. Ihr moralistischer Blick entlarvt die blendende höfische Prachtentfaltung und die Galanterie der Umgangsformen; er durchstößt die Fassade des Scheins, um dahinter, ganz im Sinne von François de → La Rochefoucauld, die Eigenliebe als den eigentlichen Antrieb menschlichen Handelns und letztlich von Geschichte bloßzulegen.

Aufbau: Die *Prinzessin von Clèves* ist letztlich ein Roman ohne Handlung. Das auf ein Minimum reduzierte äußere Geschehen ist nur Anlass zur Analyse seiner Voraussetzungen und Folgen. In die geradlinige Handlung des streng komponierten Romans sind mehrere scheinbar selbstständige Episoden eingelagert, an denen die Kritiker schon früh Anstoß genommen haben. In Wahrheit jedoch sind sie funktional eingebunden, da sich in ihnen zentrale Aspekte der Haupthandlung echohaft und kontrapunk-

Wichtige psychologische Romane der französischen Literatur

Antoine François Prévost d'Exiles 1731	*Manon Lescaut:* Der Sittenroman erzählt die Geschichte der leidenschaftlichen Liebe eines Ich-Erzählers zur amoralischen Manon, die in ihrer Sucht nach Geld und Luxus unfähig ist zu Treue und echtem Gefühl. Der Roman wurde von Puccini kongenial vertont → S. 876
Jean-Jacques Rousseau 1761	*Julie oder Die Neue Héloïse:* Der vielschichtige Briefroman schildert die Liebe des Hauslehrers Saint-Preux zu seiner Schülerin Julie, die schließlich an den gesellschaftlichen Konventionen scheitert.
Pierre Ambroise François Choderlos de Laclos, 1782	*Gefährliche Liebschaften:* Der Briefroman führt das im 18. Jahrhundert beliebte Thema der verführten Unschuld zu einem letzten amoralischen Höhepunkt. Der intellektuell gesteuerte Sadismus machte das Buch zu einem Skandalerfolg. → S. 239
Benjamin Constant 1816	*Adolph:* Der autobiografische Ich-Roman (»roman personnel«) schildert einfühlsam die unglückliche Liebe zwischen dem jungen Adeligen Adolph und Eleonore, der Mätresse eines Grafen.
Stendhal 1822	*Über die Liebe:* Das Ziel des Autors ist es, »in Klarheit und Wahrheit zu erzählen, was in einem liebenden Herzen geschieht«. Sein Essay ist der erste Versuch, das Phänomen Liebe, vor allem ihr Entstehen, psychologisch analysierend zu beschreiben.
Marcel Proust 1913–17	*Auf der Suche nach der verlorenen Zeit:* Das monumentale Werk ist Gesellschafts-, Zeit-, Künstler- und psychologischer Roman zugleich. Seine Protagonisten besitzen keine fest umrissene Persönlichkeit; diese konstituiert sich vielmehr als eine Abfolge verschiedener Zustände zu verschiedenen Zeiten, die sich aneinander reihen. → S. 878
Raymond Radiguet 1924	*Der Ball des Comte d'Orgel:* Der Roman, in dem äußerlich fast nichts geschieht, ist eine reine Analyse psychischer Prozesse. Er erzählt die totale Unterwerfung einer leidenschaftlichen Liebe »auf den ersten Blick« unter die gesellschaftlichen Konventionen.

tisch spiegeln. Zugleich weitet sich in ihnen der historische und geografische Rahmen. Besonders die inneren Monologe der Protagonisten führen dazu, dass sich die Zeit entsprechend ihrer jeweiligen psychischen Disposition dehnt oder überstürzt. Ähnlich komplex ist die Raumstruktur; zwar spielt die Handlung an verschiedenen Orten, doch die wechselnden Schauplätze meinen letztlich nur eins: das Gefängnis des hierarchisch strukturierten Hofs und seiner unerbittlichen Etikette.

Wirkung: *Die Prinzessin von Clèves* wurde ein großer Erfolg und zum Ausgangspunkt einer glanzvollen Tradition der Gattung des psychologischen Romans in Frankreich (Stichwort → S. 642).   *J.Gr.*

La Fontaine, Jean de

frz. Dichter
*8.7.1621 Château-Thierry (Champagne)
†14.4.1695 Paris
📖 *Fabeln*, 1668/78/94

Mit seinem vielgestaltigen Werk gehört Jean de La Fontaine zu den großen Autoren der französischen Klassik. Sein Weltruhm aber beruht auf seinen Fabeln.

La Fontaine entstammte dem Bürgertum der Champagne; er studierte in Paris zunächst Theologie, dann Jura und erwarb 1652 das Amt eines Oberforstmeisters. 1658 lernte er den Finanzminister und Kunstmäzen Nicolas Fouquet kennen, der ihn förderte. Nach dessen Sturz (1661) stand La Fontaine zunächst mittellos dar. 1673 nahm Madame de La Sablière, die einen der geistreichsten Salons des damaligen Paris unterhielt, ihn in ihr Haus auf. 1684 wurde der Dichter Mitglied der Académie Française.

Ab 1663 veröffentlichte La Fontaine fünf Novellensammlungen, die ihm einen Skandalerfolg bescherten. Als Meister des Verhüllens und indirekten Sagens stellte er selbst die gewagtesten Szenen anmutig dar und machte damit natürliche Triebhaftigkeit gesellschaftsfähig. 1675 konfiszierte die Polizei eine Sammlung. Auf dem Sterbebett distanzierte sich La Fontaine von den Novellen, was ihrem postumen Erfolg als Meisterwerke der erotischen Literatur keinen Abbruch tat. In dem von Lucius →Apuleius (*Der goldene Esel*) inspirierten Prosa- und Versroman *Die Liebe der Psyche und des Cupido* (1669) griff La Fontaine ein Lieblingsthema Ludwigs XIV. auf und fand damit möglicherweise Zugang zum Hof.

Fabeln

OT Fables choisies mises en vers
OA 1668/78/94 **DE** 1877
Form Versdichtung **Epoche** Französische Klassik

Die *Fabeln* Jean de La Fontaines sind der ironisch-skeptische Kommentar eines kritischen Zeitzeugen, der seine Welterfahrung ins Tierreich transponiert, um sie im Medium der Fabel verhüllt auszudrücken. Den historischen Hintergrund bildet die streng hierarchisierte höfische Gesellschaft der absoluten Monarchie Ludwigs XIV. (1638–1715). Nahezu alle wichtigen literarischen, gesellschaftlichen, philosophischen und politischen Aspekte dieser Glanzepoche der französischen Geschichte spiegeln sich in den ca. 240 Fabeln, die in zwölf Bücher aufgeteilt sind.

Inhalt: Die erste Fabelsammlung (Buch 1–6) ist stark der didaktischen Fabeltradition von → Aesop und Phädrus (um 15 v. Chr.–um 55) verpflichtet; ihr Titel erhebt allein den Anspruch, deren Fabeln »in (französische) Verse zu setzen«. Die 124 Fabeln führen meist knapp und bündig zu einer Moral, die nicht so sehr moralisierenden als vielmehr beschreibenden Charakter hat. Unmittelbare kritische Zeitbezüge lassen sich nur schwer nachweisen. Die 88 Fabeln der zweiten Sammlung (Buch 7 bis 11) sind meist länger, die dichterischen Ausschmückungen raffinierter; vor allem aber tritt der kritische Zeitbezug offener zutage. Schließlich erhebt La Fontaine hier die didaktische Fabel vielfach zu reiner Lyrik, in der er persönlichen Gefühlen Ausdruck verleiht. Das zwölfte Fabelbuch hat testamentarischen Charakter; es illustriert 1694 ein letztes Mal die Vielfalt der Möglichkeiten, die La Fontaine der Fabelgattung eröffnet hat.

In den Fabeln kommt verhüllt alles zur Sprache, was einen aufmerksamen Beobachter der Epoche bewegt: Aufgaben und Grenzen der Monarchie; Fragen der Regierungsform; Macht und Willkür des Königs in einer hierarchisch geordneten Gesellschaft; Recht und Rechtsverletzungen; Krieg, Eroberungspolitik und Friedenssehnsucht; doch neben der hohen Politik auch Handel und Reisen in neu eröffnete Welten; Macht und Ohnmacht der Schwachen; schließlich Allgemeinmenschliches wie Habgier und Genügsamkeit; und auch das Allerpersönlichste wie Liebe, Freundschaft, Einsamkeit, Traum, Schlaf, Alter und Tod.

Auszug aus den Fabeln von Jean de La Fontaine:

Man weiß, dass ich der Fabel zu allen Zeiten ein Körnchen Wahrheit beigemengt habe.

Illustration von Gustave Doré zur Fabel *Der Wolf als Schäfer* von Jean de La Fontaine

Pär Lagerkvist, *Barrabas*,
Einband der US-Taschenbuchausgabe 1989

Pär Lagerkvist 1971

Form: Die Meisterschaft der Versbehandlung bei La Fontaine ist in der französischen Lyrik einmalig. La Fontaine benutzt den »freien Vers«; verwendet Metrik und Reim nicht nach vorgegebenen Regeln, sondern ästhetischen Bedürfnissen entsprechend. Wichtigstes Mittel einer Poetisierung der ursprünglich didaktischen Fabel ist jedoch eine barocke Ästhetik der »diversité«, die jede Eindeutigkeit aufhebt.

Wirkung: Mit La Fontaine wurde die poetische (Vers-)Fabel zu einer Modegattung. Hunderte von Autoren versuchten, mit ihm zu wetteifern und verfolgten dabei, vor allem im 18. Jahrhundert, moralische und didaktische Ziele. Erwähnung verdienen heute noch die *Fabeln* des Jean-Pierre Florian (1755–94), die Mäßigung und familiäre Tugenden vermitteln. Bedeutende Maler und Illustratoren – Gandville (1803–47), Gustave Doré (1832–83), Marc Chagall (1887 bis 1985) – haben sie in Bilder umgesetzt; die Zahl der illustrierten Kinder- und Schulbuchausgaben geht in die Tausende. In Abgrenzung der »poetischen« Fabel La Fontaines hat Gotthold Ephraim Lessing (1729–81) nüchterne, auf ein moralisches Ziel ausgerichtete Prosafabeln geschrieben. *J. Gr.*

Lagerkvist, Pär Fabian

schwed. Schriftsteller

*23.5.1891 Växjö, †11.7.1974 Stockholm

📖 *Barrabas*, 1950

Pär Lagerkvist setzte den literarischen Spielarten des Naturalismus zu Beginn des 20. Jahrhunderts ein eigenes Programm entgegen, in dem er Einfachheit und Klarheit zum künstlerischen Stilmittel erhob. Damit steht er am Beginn des Modernismus in Schweden. Inhaltlich beschäftigten ihn vor allem religiöse Probleme: die Suche nach dem Sinn des Lebens angesichts des Bösen in der Welt.

Pär Lagerkvist war das jüngste von sieben Kindern eines Bahnhofsvorstehers im småländischen Växjö. Er wuchs in einem lutherisch-pietistischen Milieu auf, doch entwickelte er eine Glaubenshaltung, die er selbst als religiösen Atheismus umschrieb. 1911–13 studierte er Literatur in Uppsala. 1913 verbrachte er einige Monate in Paris, wo er die moderne Kunst kennen lernte, insbesondere die Fauvisten, Kubisten und die naive Kunst. Noch im selben Jahr legte Lagerkvist mit der programmatischen Schrift *Wortkunst und Bildkunst* eine Art Manifest vor, in der er in Anlehnung an die einfache Kompositionsweise der modernen bildenden Kunst eine ästhetische Erneuerung der Literatur forderte. In den Folgejahren setzte er diese in einer großen Zahl an Gedichten, Romanen und Dramen um. 1940 wurde Lagerkvist Mitglied der schwedischen Akademie, 1951 erhielt er »für die künstlerische Kraft und die Integrität, mit der er in seinen Werken eine Antwort auf die ewigen Probleme der Menschheit sucht«, den Literaturnobelpreis.

Die wichtigsten Bücher von Pär Lagerkvist	
Wort- und Bildkunst 1913	In der Schrift wendet sich Lagerkvist gegen die individualisierenden und psychologisierenden Tendenzen in der zeitgenössischen Literatur zu Gunsten einer bildhaften Erzählweise und einfacher Aussagen.
Angst 1916	Die erste expressionistische Gedichtsammlung Schwedens zeigt Entfremdungs- und Angstgefühle der kriegserschütterten Zeit.
Gast bei der Wirklichkeit 1925	Der autobiografische Roman beschreibt die behütete Kindheit eines Jungen, bei dem die strenge und erstarrte Religiosität seiner Umgebung Ängste und Beklemmungen auslösen.
Der Henker 1933	Die Titelfigur des Romans ist die Personifikation des Bösen. Der mittelalterliche Henker wird in der Neuzeit Herr der Faschisten.
Der Zwerg 1944	Anhand der Figur eines am Hof eines Renaissancefürsten lebenden Zwergs stellt Lagerkvist die Menschenverachtung dar.
Barrabas 1950	Der Roman erzählt die Geschichte von Barrabas, der erst in seiner Todesstunde zum Christen bekehrt wird. → S. 644

Barrabas

OT Barrabas **OA** 1950 **DE** 1952
Form Roman **Epoche** Moderne

Mit *Barrabas* setzte Pär Lagerkvist seine Forderung nach Einfachheit des Stils um der Klarheit der Aussage willen meisterhaft um. Der Roman gehört zu seinem Spätwerk, in dem das Religiöse zum Hauptthema wird. Es handelt von einem Mann, der durchdrungen ist vom Zweifel an Gott, aber dessen Schicksal dennoch mit Gott verbunden ist.

Inhalt: Der Verbrecher *Barrabas* (Sohn des Vaters) soll zusammen mit Jesus gekreuzigt werden, wird jedoch begnadigt. Damit erfährt sein Leben eine Wandlung. Er erlebt die Kreuzigung, Bestattung und Auferstehung Jesu zu-

OT = Originaltitel **EZ** = Entstehungszeit **OA** = Originalausgabe **DE** = Deutsche Erstausgabe 📖 = Verweis auf Werkartikel

sammen mit einer jungen Frau, einer Außenseiterin, die entstellt ist von einer Hasenscharte. Doch Barrabas begreift nicht, was er sieht. Obwohl Barrabas nicht an die Göttlichkeit Jesu glaubt, sucht er die Christen auf. Diese begegnen ihm mit Hass, als sie erkennen, wer er ist. Er bleibt in Jerusalem, bis das Mädchen mit der Hasenscharte, mit der er ein Verhältnis hatte, wegen ihres Glaubens gesteinigt wird. Barrabas tötet den Mann, der den ersten Stein warf, und bestattet sie neben dem gemeinsamen Kind. Ihr Tod lässt ihn noch stärker an Gott zweifeln.

Barrabas verlässt Jerusalem und kehrt zu seiner Räuberbande zurück. Er führt sie an, seit er Eliahu, seinen Vorgänger, im Streit getötet hatte. Er konnte nicht wissen, dass dieser sein Vater war: Seine Mutter war ein Vergewaltigungsopfer der Bande. Sie hatte Barrabas auf der Straße zur Welt gebracht und ihn noch im Sterben verflucht.

Zwei Jahrzehnte später dient Barrabas als Sklave bei den Römern. Sie haben ihn an Sahak gekettet, einen Christen, von dem Barrabas sich erneut, aber halbherzig bekehren lässt. Doch als sie wegen ihres Glaubens von den Römern zur Rechenschaft gezogen werden, widerruft Barrabas. Denn er sieht, wie Sahak gekreuzigt wird und dass kein Gotteswunder ihm hilft. Nach einem Traum, in dem Sahak für ihn betet, sucht er wieder Kontakt zu der Christengemeinschaft. Als er eine heimliche Versammlung in den Katakomben von Rom aufsuchen will, verirrt er sich in der Dunkelheit zwischen den Toten. Ein Gefühl der Einsamkeit und Verzweiflung läutert ihn schließlich zum Christen.

Als er zurück nach Rom gelangt, sieht er die Stadt in Flammen stehen. Er hält es für den Aufstand der Christen und hilft das Feuer zu verbreiten. Doch tatsächlich war es der Plan Neros, die Christen auf diese Weise zum Sündenbock zu machen und verfolgen zu können. Mit ihnen wird Barrabas gefangen und bevor er am Kreuz stirbt, bekennt er sich zu Gott: »Herr, in Deine Hände befehle ich meinen Geist.«

Struktur: Der kurze Roman ist in einem bildhaft-mystifizierenden Stil verfasst und erinnert dadurch stellenweise an den der → *Bibel* (1455). Lagerkvist mischt die Erzählperspektiven der verschiedenen Figuren und die eines allwissenden Erzählers. So wird z. B. das Schlüsselereignis des Buchs, Christi Auferstehung, zum einen durch die Augen des naiven ungläubigen Barrabas dargestellt, der sich das Geschehen nicht erklären kann, zum anderen aus der Sicht einer gläubigen Frau.

Die Barrabas-Figur verkörpert die Dualität von Gut und Böse im menschlichen Wesen. Insgesamt konzentriert sich die Handlung auf die Darstellung der Hauptfigur, über dessen Leben allmählich eine höhere Macht Einfluss gewinnt.

Wirkung: *Barrabas* brachte dem lange unbeachteten Lagerkvist späte Weltgeltung und 1951 den Nobelpreis ein. Dennoch blieb er mit seiner religiös-mythischen Dichtung ein Einzelgänger. Der Roman wurde 1952 verfilmt. 1953 schrieb Lagerkvist eine Bühnenadaption, die mit Erfolg aufgeführt worden ist. *C. B.*

Lagerlöf, Selma

schwed. Schriftstellerin

* 20.11.1858 Mårbacka, † 16.3.1940 ebd.

📖 Gösta Berling, 1891

📖 Nils Holgerssohn, 1906

Selma Lagerlöf verband als erste den Ende des 19. Jahrhunderts dominierenden skandinavischen Realismus mit psychologischen Darstellungen ihrer Romanpersonen und deren Konflikte und wurde damit zu einem der Vorbilder der nächsten Autorengeneration. Zugleich inspirierte ihre Wahl ländlicher Schauplätze eine neue Welle von »Heimatromanen« in ganz Europa.

Die auf einem heruntergekommenen Herrensitz geborene Lagerlöf wurde mit drei Jahren schwer krank, war zeitweise gelähmt und blieb für ihr ganzes Leben gehbehindert. Sie suchte Zuflucht in Büchern und schrieb bereits mit zwölf Jahren ein langes Gedicht, das alle Elemente ihres Erfolgsromans *Nils Holgerssohn* enthielt. Nach dem Konkurs ihres Vaters, bei dem der Familiensitz Mårbacka verloren ging, besuchte sie ein Lehrerinnenseminar in Landskrona. Ihr großes Ziel, Mårbacka zurückzukaufen, konnte sie von ihrem Lehrerinnengehalt nicht finanzieren, weshalb sie ihre schriftstelle-

André Gide über *Barrabas*:

Es ist Pär Lagerkvists »Kunststück«, dass ihm, ohne im Geringsten ins Wanken zu geraten, der Akt auf dem Drahtseil gelingt, das so stramm durch die Dunkelheit zwischen der Welt der Wirklichkeit und der Welt des Glaubens gespannt ist.

Hjalmar Gullberg über Selma Lagerlöf:

Sie ist die Königin unserer Literatur, die berühmteste Schwedin seit der Heiligen Birgitta.

Die wichtigsten Bücher von Selma Lagerlöf	
Gösta Berling 1891	Ein Geistlicher, der sich mit Gott überworfen hat, findet durch eine Reihe von Prüfungen und Belastungen zu neuem Seelenfrieden. → S. 646
Der Kaiser von Portugallien 1902	Der Kleinbauer Jan kann seine Schulden beim Gutsbesitzer nicht bezahlen, der daraufhin die Kate zu pfänden droht. Jans Tochter Klara Gulla beschafft das Geld in der Stadt. Als Jan aufgeht, dass sie es durch Prostitution verdient hat, sucht er seine Zuflucht in Wahnvorstellungen, in denen Klara mit dem Kaiser von Portugallien ein Reich regiert.
Jerusalem 1902	Eine Gruppe von schwedischen Bauern versucht, inspiriert durch eine Erweckungsbewegung, in Jerusalem das Reich Gottes aufzubauen und endet im Elend. Der frühere Verlobte einer jungen Bäuerin macht sich schließlich auf die weite Reise von Schweden nach Jerusalem, um seine einstige Geliebte heimzuholen.
Herrn Arnes Schatz 1905	In der bekanntesten Gruselgeschichte der Autorin überfällt eine Gruppe schottischer Söldner Mitte des 17. Jahrhunderts einen Pfarrhof auf Marstrand und metzelt alle Bewohner nieder; nur die 14-jährige Pflegetochter entkommt. Zusammen mit ihrer Pflegeschwester, die im Grab keine Ruhe findet, kann sie die Mörder finden und ihrer Strafe zuführen.
Nils Holgerssohn, 1906	Der kleine Rüpel Nils wird zur Strafe für seine Schandtaten in einen Zwerg verwandelt und zieht in dieser Gestalt mit einer Herde von Wildgänsen durch ganz Schweden. → S. 646

Der schwedische Regisseur Mauritz Stiller (2. v. l.) mit seinem Filmteam und den Darstellern Greta Garbo (r.) und Lars Hanson (2. v. r.) bei den Dreharbeiten zu dem Stummfilm *Gösta Berling* (Schweden 1924) nach dem gleichnamigen Roman von Selma Lagerlöf

rische Versuche wieder aufnahm. 1889 reichte sie einige Erzählungen, die auf der Sagenwelt ihrer Heimat Värmland fußten, bei einem Wettbewerb ein und wurde mit dem ersten Preis ausgezeichnet. Sie fasste ihre preisgekrönten Erzählungen zu einem Roman zusammen und veröffentlichte sie unter dem Titel *Gösta Berling*. Mit diesem Buch wurde sie als begabte neue Stimme in der schwedischen und dann der europäischen Literatur bekannt. 1909 wurde sie als erste Frau mit dem Literaturnobelpreis ausgezeichnet; im selben Jahr konnte sie Mårbacka zurückkaufen und sich zusammen mit ihrer Mutter dort niederlassen. 1914 wurde sie außerdem, abermals als erste Frau, in die Schwedische Akademie gewählt.

Biografie: H. Astrup Larsen, *Selma Lagerlöf*, 1975.

Gösta Berling

OT Gösta Berlings Saga **OA** 1891 **DE** 1897
Form Roman **Epoche** Moderne

Gösta Berling gehört zur lyrisch-romantischen Prosadichtung, die das Werk von Selma Lagerlöf in den 1890er Jahren prägte. Das Buch zeigt die Beeinflussung der Autorin durch Thomas Carlyle (1795–1881) sowie ihre tiefe Religiosität und ihr Bestreben, angesichts der Armut der Landbevölkerung Christentum und Sozialismus miteinander in Verbindung zu bringen.
Inhalt: Gösta Berling, ein aus dem Amt gejagter Geistlicher, hält sich unter dem Schutz der energischen Majorin Margareta Celsing auf dem in Värmland gelegenen Gut Ekeby auf. Die Majorin war von ihren Eltern zur Ehe mit dem ihr verhassten Major Samzelius gezwungen worden, doch ihr Geliebter, ein reicher Mann namens Altringer, hatte ihr Ekeby und sechs Güter vermacht. Dort nimmt die Majorin nicht nur den gefallenen Priester Gösta Berling auf –

einen ganzen Flügel hat sie für zwölf heimatlose Männer aus besten Kreisen reserviert, die alle auf irgendeine Weise am Leben gescheitert sind. Der Major, dem das unabhängige Gemüt seiner Gattin nicht zusagt, lässt sie mit Gewalt von Ekeby fortholen. Ein Jahr lang sind die Kavaliere dort sich selbst überlassen. Gösta Berling erlebt leidenschaftliche Liebesgeschichten, begegnet dann aber seinem Schicksal in der schönen Elisabeth Dohna, in der sich das Schicksal der Majorin zu wiederholen droht: Auch sie wurde von ihren Eltern mit einem Mann verheiratet, den sie ablehnt. Der Majorin gelingt die Rückkehr nach Ekeby, das die Kavaliere fast schon in den Ruin getrieben haben. Gösta dagegen bereut sein ausschweifendes Leben und versucht durch harte Arbeit Buße zu tun. Seinen Lohn findet der geläuterte Sünder endlich in der Ehe mit der geliebten Gräfin Dohna.
Wirkung: *Gösta Berling* wurde sofort zu einem großen Bucherfolg. Die Mischung aus einer schicksalhaften Liebesgeschichte in den besten Kreisen und Nebenhandlungen aus dem kuriosen Leben der verschrobenen Kavaliere traf den Geschmack der Zeit und löste innerhalb der schwedischen Literatur die romantische Renaissance der Jahrhundertwende aus. Noch zu Stummfilmzeiten wurde der Roman mehrmals verfilmt.
G. H.

Nils Holgerssohn

OT Nils Holgerssons underbara resa genom Sverige **OA** 1906 **DE** 1907 **Form** Kinderroman **Epoche** Moderne

Nils Holgerssohn von Selma Lagerlöf fügt sich einerseits in die um die Jahrhundertwende überall in Europa florierende Heimatliteratur ein, bricht zugleich jedoch mit Tabus und lässt das Landleben durchaus nicht als schöne Idylle erscheinen.

Selma Lagerlöf, *Gösta Berling*, Umschlag der deutschsprachigen Ausgabe 1948

Entstehung: Der berühmteste Roman der Autorin verdankt seine Entstehung einer Bitte des Schwedischen Volksschullehrerverbandes an Lagerlöf, ein Buch zu schreiben, das schwedischen Schulkindern die Geschichte ihres Landes auf leicht lesbare Weise näher bringen sollte.

Inhalt: Nils Holgerssohn, Sohn armer Kätner, beleidigt einen Wichtel und wird deshalb in einen Däumling verwandelt. Da der junge Rüpel sich in der elterlichen Kate vor allem als Tierquäler hervorgetan hat, ist kein Tier bereit, ihm zu helfen – bis auf einen etwas einfältigen Ganter, der sich in eine Wildgans verguckt hat und ihr zuliebe mit den Wildgänsen gen Norden ziehen will. Bei jedem Halt, den die Wildgänse auf ihrer Reise einlegen, erfährt Nils, welche Sagen sich gerade mit diesem Ort verbinden, welche historischen Ereignisse dort stattgefunden haben. Er freundet sich mit vielen Tieren an und gewinnt sogar die Achtung der in ganz Schweden bekannten Leitgans Akka von Kebnekajse. Er hat zwar Heimweh nach seinen Eltern, doch verzichtet er auf alle Möglichkeiten, nach Hause gebracht zu werden, weil er sich ihnen nicht in seiner Däumlingsgestalt zeigen will. Endlich können Akkas Abgesandte den jähzornigen Wichtel finden, der Nils verzaubert hat. Der stellt klar, dass Nils in dem Moment seine ursprüngliche Gestalt zurückerhalten wird, in dem er seinen Eltern den Ganter zum Schlachten zuführt. Nils entscheidet sich nach langem innerem Kampf, dem Ganter zu Hilfe kommen. Nun stellt sich heraus, dass die alte Akka ihn auf die Probe stellen wollte und die Nachricht des Wichtels nicht ganz korrekt wiedergegeben hat: In dem Moment, in dem Nils sich für seinen Freund entscheidet, verliert der Zauber die Macht über ihn.

Lagerlöf nimmt in ihrem Buch immer wieder Bezug auf die Probleme der armen Landbevölkerung, die in halbfeudalen Verhältnissen lebte, in Naturalien bezahlt wurde, keine politischen Rechte besaß und den Launen der Großgrundbesitzer hilflos ausgeliefert war. Das Volk der Samen, damals brutalen Schwedisierungsversuchen ausgesetzt und seines Siedlungsraums immer mehr beraubt, erscheint als traditionsbewusstes Kulturvolk; die einsetzende Industrialisierung in den Erzgebieten in Mittel- und Nordschweden wird auf ihre schädlichen Folgen für die Umwelt hin untersucht.

Wirkung: *Nils Holgerssohn* wurde zu einem Welterfolg; das Buch ist in mehr als 20 Sprachen übersetzt und mehrfach verfilmt worden. Seit Erlöschen des Urheberrechts hat sich eine Art Nils-Holgerssohn-Industrie entwickelt: Stets neue Geschichten kommen auf den Markt, die mit dem Original jedoch nur noch Namen und Requisiten gemein haben. Gleichzeitig erscheint der Lagerlöftext in immer neuen Auflagen. *G. H.*

Selma Lagerlöf, *Nils Holgerssohn*; links: Umschlag einer deutschsprachigen Ausgabe aus den 1950er Jahren (Gestaltung: Friedrich Wobst); rechts: Umschlag der ersten deutschsprachigen Nachkriegsausgabe 1948 (Gestaltung: Friedrich Wobst)

Laing, Ronald David

schott. Psychiater

*7.10.1927 Glasgow, † 23.8.1989 Saint-Tropez

📖 *Das geteilte Selbst*, 1960

Ronald D. Laing gilt als wichtigster Vertreter der Antipsychiatrie-Bewegung, die in den 1960er Jahren aus der Ablehnung der offiziellen Psychiatrie und aus den Mängeln der psychiatrischen Institutionen heraus entstand. Laing vertrat die These, die Psychose sei eine gesunde Reaktion auf die kranke soziale Wirklichkeit.

Laing, einer schottischen Arbeiterfamilie entstammend, studierte 1945–51 Medizin und Psychiatrie in Glasgow, diente zwei Jahre als Psychiater in der Armee und lehrte bis 1956 an seiner Heimatuniversität. 1956–60 forschte Laing an der Londoner Tavistock-Klinik, leitete 1962–65 die Langham-Klinik für Psychotherapie in London und begründete 1965 mit David Cooper und Aaron Esterson die Kingsley Hall, eine Herberge für psychisch Kranke, in der Ärzte und Patienten ohne hierarchische Unterschiede zusammenlebten. Laing kritisierte die somatische Ursachentheorie der Schizophrenie und anderer psychischer Störungen. Sein wissenschaftliches Hauptinteresse galt der Erforschung der Schizophrenie und dem Versuch, die Kommunikation und Interaktion seiner Patienten vor dem Hintergrund ihrer familiären Genese aus einer phänomenologischen Perspektive zu deuten.

Von 1960 bis zu seinem Tod arbeitete Laing am Tavistock-Institut für zwischenmenschliche Beziehungen und praktizierte privat in London. Zu seinen wichtigsten Publikationen zählen *Das geteilte Selbst*, *Phänomenologie der Erfahrung* (1967) und *Die Politik der Familie* (1971).

Ronald D. Laing in seinem Buch *Das geteilte Selbst*:

Ein Mensch, der es vorzieht, lieber tot als rot zu sein, ist normal. Ein Mensch, der sagt, dass er seine Seele verloren hat, ist verrückt. Ein Mensch, der sagt, dass Menschen Maschinen sind, kann ein großer Wissenschaftler sein. Ein Mensch, der sagt, dass er eine Maschine ist, ist ›depersonalisiert‹ im psychiatrischen Jargon. Ein Mensch, der sagt, dass Neger eine niedere Rasse sind, kann nicht angesehen sein. Ein Mensch, der sagt, seine weiße Hautfarbe sei eine Form von Krebs, ist wahnsinnig.

Auszug aus dem Buch
Das geteilte Selbst von
Ronald D. Laing:

Unsere Zivilisation unterdrückt nicht nur die »Triebe«, nicht nur die Sexualität, sondern jede Form der Transzendenz... Im Kontext unseres gegenwärtigen durchdringenden Wahns, den wir Normalität, Gesundheit, Freiheit nennen, sind alle unsere Bezugrahmen unklar und fragwürdig.

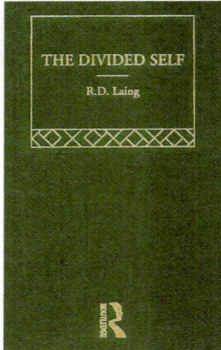

Ronald D. Laing, *Das geteilte Selbst*, Umschlag der englischen Ausgabe 1999 (Nachdruck des Originals)

Das geteilte Selbst

OT The Divided Self
OA 1960 **DE** 1972 **Form** Sachbuch **Bereich** Psychologie

Ausgehend von der Intention, die schizoide Existenz als ein In-der-Welt-sein zu begreifen, beschreibt Ronald D. Laing in seinem Buch mit dem Untertitel *Eine existenzielle Studie über geistige Gesundheit und Wahnsinn* schizoide und schizophrene Charaktere, die nicht in ihren Körpern existieren, sondern sich losgelöst von ihnen befinden.

Inhalt: Laing analysiert den schizoiden Patienten als ein Individuum, dessen Totalität der Erfahrung in zweierlei Hinsicht gespalten ist. Was das Individuum als sein wahres Selbst betrachtet, wird als mehr oder weniger unverkörpert erfahren; körperliche Erfahrungen und Aktionen werden als Bestandteile eines falschen, verkörperten Selbst empfunden. Der Schizoide erfährt sich nicht mit anderen Individuen, sondern primär im verzweifelten Alleinsein und in Isolation. Zudem fühlt er sich nicht als vollständige Person, sondern eher als eine gespaltene Seele, die notwendigerweise einem Körper verbunden ist. Indem die Realität zur Gefahr eskaliert und als Bedrohung der eigenen Identität erfahren wird, koppelt der schizoide Charakter den Konflikt von der Welt, wie sie sich ihm darstellt, ab und verinnerlicht ihn. Der Widerspruch zwischen dem unverkörperten wahren Selbst und dem verkörperten falschen Selbst wird auf Dauer jedoch unhaltbar; es entsteht eine unauflösbar paradoxe Situation. Der Schizoide kann sich selbst und seine Situation nicht erkennen, weil er kein äußeres Maß mehr besitzt, das ihm die Möglichkeit der Selbsttranszendierung und der Kritik an den Verhältnissen, in denen er lebt, eröffnet. Was ihm bleibt, ist der Rückzug in das eigene Selbst.

Indem Laing den Prozess der Schizophrenie nicht in seinen Symptomen bekämpft, sondern sich auf ihn einlässt und seinen Code entschlüsselt, enthüllt sich das schizoide Verhalten als permanenter Rettungsversuch aus dem unerträglichen Zwang zur Anpassung, dem falschen Selbst.

Wirkung: Die »existenzielle Studie über geistige Gesundheit und Wahnsinn« von Laing wurde ein Bestseller und trug als Grundlagenwerk der Psychiatriekritik wesentlich zum Abbau diverser Tabus und zu einem neuen Verständnis der Psychose bei. *W.W.*

Langgässer, Elisabeth

dt. Schriftstellerin

* 23.2.1899 Alzey, † 25.7.1950 Rheinzabern

📖 *Das unauslöschliche Siegel*, 1946

Im Zentrum der Werke von Elisabeth Langgässer steht der um Erlösung ringende Mensch, der – verstrickt im Kampf von Gut gegen Böse – Heil und Gnade durch ein erneuertes christlich-katholisches Weltbild findet. Vom ekstatisch-mystischen Frühwerk (*Der Wendekreis des Lammes,* 1924) bis zum surreal-magischen Spätwerk (*Märkische Argonautenfahrt,* 1950) stehen ihre formsprengenden, symbolreichen Dichtungen im Bann einer undogmatischen, naturverbundenen Religiosität, welche die Wandlung der Welt zum Guten erhofft.

Langgässer, väterlicherseits jüdischer Herkunft, unterrichtete nach dem Studium an verschiedenen Schulen. Im Kreis um die Zeitschrift *Die Kolonne* betätigte sie sich als freie Schriftstellerin und Hörspielautorin. 1931 wurde Langgässer mit dem Literaturpreis des Deutschen Staatsbürgerinnen-Verbandes ausgezeichnet.

1936 – kurz nach der Heirat mit dem Philosophen Wilhelm Hoffmann – wurde das für sog. Halbjuden herrschende Publikationsverbot über sie verhängt. Schwer krank wurde Langgässer 1944 als Zwangsarbeiterin verpflichtet; im gleichen Jahr war ihre Tochter nach Theresienstadt deportiert worden. Seit 1948 mit der Familie wieder im heimatlichen Hessen ansässig, avancierte Langgässer in ihren letzten Lebensjahren zu einer gefragten, aufgrund ihrer theologischen Position zugleich umstrittenen Autorin Deutschlands. Postum wurde ihr 1950 der Büchnerpreis verliehen.

Biografien: U. Doster, *Elisabeth Langgässer 1899–1950,* 1999; F. Hetmann, *Schlafe, meine Rose. Die Lebensgeschichte der Elisabeth Langgässer,* 1999.

Die wichtigsten Bücher von Elisabeth Langgässer

Proserpina. Welt eines Kindes 1933	Mit dem Literaturpreis des deutschen Staatsbürgerinnenverbandes ausgezeichnete Erzählung über den Mythos der in die Unterwelt verschleppten Göttertochter Proserpina.
Die Tierkreisgedichte, 1935	Ein Zyklus von christlich inspirierten Naturgedichten, die Welt und Kosmos als göttlich durchflutete, erlösungssuchende Sphäre darstellen.
Der Gang durch das Ried, 1936	Der erste Roman der Autorin beschreibt die Suche eines Schuldbelasteten nach Erlösung von der Sünde und die Rückkehr ins Leben.
Das unauslöschliche Siegel, 1946	Der Roman schildert den Lebensweg eines im Kampf von Gut gegen Böse verstrickten Menschen, Lazarus Belfontaine, den die Gnade Gottes von seiner Schuld erlöst. → S. 649
Torso 1947	Eine Sammlung Kurzgeschichten, die sich vor dem Hintergrund der nationalsozialistischen Zeit gegen den Rassismus richten.
Der Laubmann und die Rose. Ein Jahreskreis, 1947	Mysteriengedichte, die in verschiedenen religiös-symbolträchtigen, zyklisch geordneten Naturbildern das Geheimnis der Schöpfung und der Erlösung behandeln.
Märkische Argonautenfahrt, 1950	Unter dem Eindruck des Weltkriegs schildert der postum erschienene Roman die Erlebnisse einer schicksalhaft verbundenen, heilsuchenden Gruppe von Menschen während einer Pilgerfahrt.

OT = Originaltitel **EZ** = Entstehungszeit **OA** = Originalausgabe **DE** = Deutsche Erstausgabe 📖 = Verweis auf Werkartikel

Das unauslöschliche Siegel

OA 1946 **Form** Roman **Epoche** Moderne

Vor dem Hintergrund des nationalsozialistischen Terrorregimes und der Schrecken des Zweiten Weltkriegs veranschaulicht das bildgewaltige Epos von Elisabeth Langgässer den heilsgeschichtlichen Sieg des Guten über das Böse und die Hoffnung auf ein neues Weltalter des Friedens im Zeichen göttlicher Gnade.

Inhalt: Der Roman schildert den Schicksalsweg des zwischen Heil und Sünde hin und her gerissenen Lazarus Belfontaine. Belfontaine, ein Jude, der anlässlich seiner Heirat das »unauslöschliche Siegel« der Taufe empfangen hatte, fällt sieben Jahre nach der Konversion vom katholischen Glauben ab. Als Belfontaine die Göttlichkeit Christi leugnet, fällt er dem Satan anheim.

In Frankreich, wohin ihn der Teufel führt, wandelt sich Belfontaine nach seiner Inhaftierung als vermeintlicher deutscher Spion – der Roman spielt im Ersten Weltkrieg – in einen beliebten, gottesfürchtigen Menschen. Die Wandlung des Protagonisten ist indes nur Schein; tatsächlich frönt Belfontaine einem lasterhaften Lebenswandel, dem jedoch schlagartig ein Ende gesetzt wird, als Suzette, seine Gefährtin, Opfer eines Mordes wird: Die Naturmächte brechen über den Helden ein, Gott siegt über Satan. Belfontaine besinnt sich reumütig auf die Unauslöschlichkeit der Taufe, liefert sich rückhaltlos der Gnade Gottes aus und wird erlöst. Er kehrt als heiliger Bettler in die Heimat zurück, wo sich sein weiterer Lebensweg verliert.

Aufbau: *Das unauslöschliche Siegel*, aufgeteilt in drei Bücher und einen Epilog, steht – wie die übrigen Werke von Langgässer – der »Renouveau catholique« nahe, weicht jedoch im Aufbau von den Vorbildern Georges → Bernanos oder Paul Claudel (1868–1955) ab. Im Gegensatz zu den stilbildenden Bekehrungsdichtungen dieser Strömung ist das Schicksal des sündigen und wiedererhobenen Protagonisten nur der vordergründige Anlass, um in metaphern- und anspielungsreicher Sprache den heilsgeschichtlichen Kampf zwischen Gott und Teufel um Gut und Böse zu gestalten. Um diese kosmisch-eschatologische Richtung ihres Romans zu unterstreichen, setzt sich die Autorin wiederholt über die Einheit von Ort, Zeit und Raum hinweg. Ebenso tritt in dem gleichsam geschichtslosen »Welttheater« die psychologische Durchdringung bzw. individuelle Charakterisierung der Figuren in den Hintergrund. In der dualistischen Auseinandersetzung zwischen göttlicher und satanischer Macht werden die Romanfiguren zu bloßen Objekten der bis zum Mord gesteigerten Spirale des Bösen reduziert.

Wirkung: Der heute fast vergessene Roman löste nach seinem Erscheinen heftige Reaktionen aus: Während kirchennahe Kritiker den religiösen Nonkonformismus der Autorin sowie ihre exzessive, überwältigende Darstellung der Sünde als Blasphemie betrachteten, irritierte dem Religiösen eher fern stehende Leser die universale Heils- und Erlösungsgewissheit der Verfasserin, die den konkreten Leiden des Weltkriegs und des Holocaust Hohn zu sprechen schien. *T. S.*

Laozi

(auch Laotse, Lao-Tzu, Lau-Dsi)

chines. daoistischer Weiser

vermutlich um 500 v. Chr.

📖 *Das Buch vom Sinn und Leben*, 4./3. Jahrhundert v. Chr.

Laozi, wörtlich »der alte Meister«, ist einer der größten Weisen Chinas und wird als Begründer des Daoismus betrachtet. Es gibt jedoch keine historische Quelle, die seine Existenz beweist.

Der Philosoph lebte der Legende nach vermutlich um 500 v. Chr. und war demnach ein Zeitgenosse von → Konfuzius. Laozi stammte aus dem Staat Chu, und ging der Arbeit eines Hofarchivars nach. Als sich die politischen Zustände verschlechterten, verließ er das Land. Bei der Überquerung eines Grenzpasses habe ihn die Bitte des Zollwärters Yin Xi veranlasst, seine Lehre aufzuschreiben. So soll das Werk entstanden sein, dessen Titel meist mit *Das Buch vom Sinn und Leben* übersetzt wird.

Das Wissen über den Philosophen entstammt seiner Biografie in den *Historischen Aufzeichnungen* von Sima Qian (145–86 v. Chr.). Sie weist allerdings Widersprüche auf, was wohl darauf zurückzuführen ist, dass die Biografie erst 400 Jahre nach der für Laozi angenommenen Lebenszeit verfasst wurde. Sie kann daher nicht als zuverlässig betrachtet werden.

Ungeachtet dessen wird Laozi in China seit 2500 Jahren hoch verehrt. Seit dem 2. Jahrhundert n. Chr. gilt er als einer der drei höchsten Götter des daoistischen Pantheons.

Biografie: M. Kaltenmark, *Lao-tzu und der Taoismus*, 1996.

Porträt des Laozi, Tuschezeichnung von Fachang Muqi (13. Jahrhundert), südliche Song-Dynastie

Auszug aus dem Vorwort zu
Das Buch vom Sinn und Leben
des Laozi-Übersetzers
Richard Wilhelm:

*Laozi hat nicht wie Konfuzius
eine Schule gegründet. Ihm
lag nichts daran, eine Lehre zu
verbreiten. Er hat für sich
selbst einen Blick getan in die
großen Weltzusammenhänge
und hat, was er geschaut,
mühsam in Worte gebracht,
es gleichgesinnten Geistern
der späteren Zeit überlassend,
seinen Andeutungen nachzugehen.*

Laozi, *Das Buch vom Sinn und
Leben*, Umschlag der deutschsprachigen Ausgabe 1911 (Gestaltung: F. H. Ehmcke)

Auszug aus dem 81. Sinn-
spruch des *Daodejing*:

*Was noch ruhig ist, lässt sich
leicht halten.
Was noch nichts bedeutet,
ist leicht zu deuten.
Was noch zart ist, kann man
leicht zerbrechen.
Noch Winziges ist leicht zu
zerstreuen.
Wirke auf das ein, was noch
nicht da ist.
Ordne das, was noch nicht
in Unordnung.
Ein Baum entsprießt haarfei-
ner Wurzeln.
Ein Turm ragt aus einer Erd-
scholle empor.
Jede Wanderung beginnt mit
dem ersten Schritt...*

Das Buch vom Sinn und Leben

OT Daodejing (auch Tao Te King, Tao te-ching)
EZ 4./3. Jahrhundert v. Chr. **OA** 1016 **DE** 1870
Form Philosophisches Werk **Epoche** Altertum

Das Buch vom Sinn und Leben (auch *das Buch vom Tao und seiner Kraft*), eine der ersten daoistischen Schriften, ist einer der Grundpfeiler des Daoismus und hat seine weitere Entwicklung tief greifend beeinflusst.

Entstehung: Die Verfasserschaft Laozis ist als legendär zu betrachten, desgleichen die anrührende Art der ersten Niederschrift des Textes, wie Bertolt → Brecht sie in seiner berühmten *Legende von der Entstehung des Buches Tao teking auf dem Weg des Laotse in die Emigration* (1938) erzählt hat. Heute geht man davon aus, dass es vor der ersten bekannten Aufzeichnung des Textes eine mündliche Überlieferung gegeben hat und dass es sich um eine Anthologie von Aussprüchen mehrerer Weiser handelt.

Inhalt: Im *Buch vom Sinn und Leben* werden die Grundlagen der daoistischen Weltsicht und Lebensweise dargelegt. Erstmals erscheint der Begriff »dao« (oder »tao«), wörtlich: der Weg, in der Bedeutung »das Absolute / höchste Wirklichkeit / Urgrund alles Irdischen«. Die Wirkkraft des »dao«, die sich in der Welt manifestiert, ist das »de«, vielfach mit »Tugend« übersetzt. Weitere wichtige Begriffsinhalte sind die Leere, die Stille, die Spontaneität, das absichtslose Handeln und die Rückkehr zum Ursprung.

Im Zentrum des Textes steht die Beschreibung einer Lebensweise, die im Einklang ist mit dem »dao«: Genügsamkeit, Gewaltlosigkeit und Nachsicht sind wesentliche Charakteristika dieser Lebens- und Denkweise. Darüber hinaus werden Ansätze einer Kosmologie vorgetragen und eine Regierungsweise im Einklang mit dem Dao empfohlen. Diese Abschnitte richten sich direkt an Machthaber. Sie legen dem Herrscher das absichtslose Handeln nahe, was bedeutet, nicht in den natürlichen Verlauf des Wandels in der Welt einzugreifen.

Aufbau: Das Werk ist in zwei Teile gegliedert (Teil 1: *Dao*, Teil 2: *De*) und umfasst 81 kurze, teilweise gereimte Sinnsprüche. Die aufgrund der oft vieldeutigen Aussagen zum Teil weit vom Original abweichenden westlichen Übersetzungen beruhen auf einer Textversion aus dem 3. Jahrhundert n. Chr. Eine noch frühere Version wurde 1973 in einem Grab in Guodian gefunden. Diese geht auf das späte 4. Jahrhundert v. Chr. zurück und weist zu dem bis dahin bekannten Text inhaltliche Unterschiede auf. In dieser noch nicht ins Deutsche übertragenen Fassung stehen die beiden Teile in umgekehrter Reihenfolge.

Wirkung: Hundert Jahre nach seiner Entstehung war *Das Buch vom Sinn und Leben* in China bereits gut bekannt und wurde in vielen wichtigen Schriften zitiert. Die Konzentration auf den individuellen Weg und die Abkehr von der Gesellschaft erschien jedoch vielen als Anarchismus. Mit der Lehre wurden Volksaufstände begründet sowie die daoistische Volksreligion. Im Laufe der Geschichte entstand zu dem vieldeutigen Werk eine umfangreiche Kommentarliteratur. Zu seinem Verständnis, wie auch zum Verständnis des Dao, führt aber nicht akademisches Studium, sondern vielmehr Meditation, Einfühlung und spirituelle Schulung. Das *Daodejing* zählt zu den meistübersetzten Büchern der Welt und zu den bedeutendsten Zeugnissen der Literatur des Altertums.

M. D.

La Rochefoucauld, François de

frz. Schriftsteller

* 5. 12. 1613 Paris, † 17. 3. 1680 ebd.

📖 *Reflexionen oder Sentenzen und moralische Maximen*, 1665

François de La Rochefoucauld war ein Gelegenheitsschriftsteller, dessen Werke anonym erschienen, da sich literarische Aktivität für einen Adligen zu seinen Lebzeiten nicht geziemte. Er zählt zu den Moralisten, die Friedrich → Nietzsche als »Menschenprüfer« bezeichnete, und ist der bedeutendste Vertreter dieser Literaturform in der französischen Klassik.

La Rochefoucauld, der einer alten Adelsfamilie entstammte, war bereits mit 17 Jahren Offizier und nahm früh an politischen Auseinandersetzungen teil. Nach einer Verschwörung gegen Kardinal Armand Jean du Plessis Richelieu (1585–1642) in der Bastille inhaftiert, wurde er als Anführer der Fronde (1648–53) der Revolte des Hochadels gegen den Machtanspruch der absoluten Monarchie, schwer verwundet und zog sich 1652 auf seine Ländereien zurück.

Ab 1656 lebte La Rochefoucauld wieder in Paris, wo Ludwig XIV. (1638–1715) ihn 1659 rehabilitierte. Am politischen Leben nahm der Adlige nicht mehr teil, umso mehr jedoch am literarischen Leben der mondänen Salons. Die Marquise de Sablé (1599–1678) und die Herzog gin von Montpensier empfingen ihn; er gehörte zum Freundeskreis der Madame de Montespan, der Mätresse des Königs. Mit der Schriftstellerin Marie Madeleine de → La Fayette, in deren Haus er seit 1665 lebte und an deren Roman *Die Prinzessin von Clèves* (1678) er mitarbeitete, verband ihn eine enge Freundschaft. Seine *Memoiren* (1662), die das Scheitern seiner politischen Karriere dokumentieren, sind von unschätzbarem Wert für die Kenntnis der Fronde. 1675 lehnte La Rochefoucauld die Aufnahme in die Académie Française ab.

Reflexionen oder Sentenzen und moralische Maximen

OT Réflexions ou sentences et maximes morales
OA 1665 **DE** 1699 **Form** Aphorismensammlung
Epoche Französische Klassik

Mit *Reflexionen oder Sentenzen und moralische Maximen,* einer Sammlung von über 500 Maximen, schuf François de La Rochefoucauld die französische Variante des Aphorismus nach antiken und spanischen Vorbildern.

Entstehung: Schon ab 1658 arbeitete La Rochefoucauld an seinem Hauptwerk, das 1665 anonym erschien und bis 1678 mehrere überarbeitete Neuauflagen erlebte. Sie gingen aus einer Art Gesellschaftsspiel hervor: Im Salon der Marquise de Sablé erarbeiteten und diskutierten die Gäste sog. Sentenzen bzw. Reflexionen, die in prägnanter Form das Wesen des Menschen und sein Verhalten in der Gesellschaft erfassen und sich zu einem »Porträt des menschlichen Herzens« zusammenfügen sollten.

Inhalt: In einem analytisch-beschreibenden, moralistischen Verfahren wird der Idealtyp der höfischen Gesellschaft, der »honnête homme«, erfasst, den La Rochefoucauld durch zwei Wesenszüge bestimmt sieht: Eigenliebe und Heuchelei. In der Eigenliebe sieht er den eigentlichen Impuls allen menschlichen Handelns; sie ist ein alles durchdringender Lebenstrieb, der auch vermeintlichen Tugenden zu Grunde liegt: Liebe, Freundschaft, Treue, Tapferkeit, Opferbereitschaft und Güte sind daher nichts anderes als die täuschende Außenseite eines allgegenwärtigen Selbsterhaltungstriebs, der in der streng hierarchisierten höfischen Gesellschaft jedoch verborgen werden muss und so zur Heuchelei führt. Als Motto stellt La Rochefoucauld seinem Buch daher die Maxime voran: Unsere Tugenden sind meist nur verkappte Laster.« »Meist nur« und »nichts anderes als« sind die sprachlichen Stereotypen eines pessimistischen Menschen- und Weltbildes, das gesellschaftlichen Schein immer wieder auf das dahinter verborgene Sein reduziert.

Bedeutung: Die Arbeit des Moralisten besteht darin, naiven Schein oder bewusste Heuchelei als solche zu entlarven und dahinter den Egoismus bloßzulegen. La Rochefoucauld stellt die Ergebnisse seiner Entlarvungspsychologie jedoch nicht in Form eines logisch argumentierenden Traktats vor, sondern in einer Fülle unverbundener Einzelbeobachtungen. Das bedeutet jedoch nicht etwa den Verzicht auf ästhetische Durchformung. La Rochefoucauld bedient sich vorzugsweise der Maxime (lat. maxima sententia: Hauptregel, Grundsatz), die auf kleinstem Raum ein Maximum an Erfahrung komprimiert, wobei die sprachliche Verknappung der Intensivierung der Aussage dient. Anfänglich lag der Beschäftigung mit der Maxime das Ziel zu Grunde, durch eine Kritik der menschlichen Tugenden zu zeigen, dass der Mensch ohne Gottes Gnade schwach ist und unfähig, »irgendeine Tat zu vollbringen, die nicht mit Unvollkommenheit untermischt ist«.

La Rochefoucaulds Maximen ist indes jede theologisch begründete Hoffnung fremd; sie sind die illusionslose literarische Zerstörung jenes Helden, der historisch in der Fronde untergegangen war, eine Erfahrung, die La Rochefoucauld am eigenen Leib gemacht hatte. Als einzige positive Werte anerkennt er die Wahrheit und Authentizität als die Agenten der Analyse des »menschlichen Herzens«. Die literarische Kleinform des Aphorismus entspricht dem Verfall eines geschlossenen Welt- und Menschenbildes. Andererseits mildert ihr Kunst- und Spielcharakter zumindest teilweise ihre pessimistische Analyse. Stilistische Brillanz und ironische Distanz zur eigenen Aussage unterscheiden denn auch La Rochefoucaulds *Maximen* von den 1678 postum erschienenen der Marquise de Sablé, aus denen ein noch größerer Pessimismus spricht.

Wirkung: Das Werk La Rochefoucaulds ist das Ergebnis einer intensiven Stilarbeit. Ein Vergleich der fünf zu Lebzeiten erschienenen Ausgaben veranschaulicht sein Ringen um eine möglichst präzise Formulierung des Gedankens, von Nietzsche als »Kunst der Sentenzenschleiferei« bezeichnet. Durch diese stilistische Perfektion hat La Rochefoucauld nicht nur Nietzsche selbst, sondern die europäische Aphorismusliteratur insgesamt nachhaltig beeinflusst.   *J. Gr.*

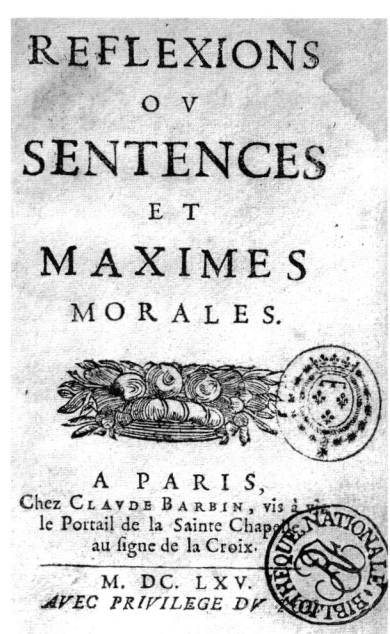

François de La Rochefoucauld, *Reflexionen oder Sentenzen und moralische Maximen,* Titelseite der Originalausgabe 1665

Auszüge aus der Sammlung *Reflexionen oder Sentenzen und moralische Maximen* von François de La Rochefoucauld:

Lobsprüche ablehnen heißt nochmals gelobt werden wollen.

Die Ehrbarkeit der Frauen ist oft Liebe zu ihrem Ruf und zu ihrer Ruhe.

Taktik ist so etwas wie auf den Hund gekommene Intelligenz.

Man entschuldigt sich oft für sein schlechtes Gedächtnis, aber nie für seinen unzureichenden Verstand.

Lautréamont

(eigtl. Isidore-Lucien Ducasse), frz. Schriftsteller

* 4.4.1846 Montevideo, Uruguay, † 24.11.1870 Paris

📖 *Die Gesänge des Maldoror,* 1869

Lautréamont schuf mit *Die Gesänge des Maldoror,* seinem einzig vollendeten Werk, einen ästhetisch kühnen, fast alle Tabus brechenden Cantus über Schmerz und Grausamkeit. Die Gesänge gelten vielen Interpreten noch heute als das radikalste Buch der abendländischen Literatur.

Über die Lebensumstände des Isidore Ducasse, der sich als Dichter Lautréamont nannte, ist kaum etwas bekannt. Sein Vater war Kanzler am französischen Konsulat in Montevideo und schickte ihn für die Schulausbildung auf Internate in Frankreich. Ab 1867 lebte er in Paris. Die Ursache seines frühen Todes ist unklar.

Außer den *Gesängen des Maldoror* hat Lautréamont zwei schmale Bände theoretischer Dichtungsreflexionen veröffentlicht, die jedoch

als Vorwort zu einem geplanten zweiten, den Gesängen völlig entgegengesetzten poetischen Werk konzipiert waren. Zu Lebzeiten so gut wie unbekannt, begann Lautréamonts Einfluss auf die französische Literatur erst mit seiner Entdeckung durch die Surrealisten, die in ihm ihren Vorläufer sahen.

Illustration des von Lautréamont verfassten Prosagedichts *Die Gesänge des Maldoror* (1938) von René Magritte

Die Gesänge des Maldoror

OT Les chants de Maldoror **OA** 1869/1874 **DE** 1954
Form Prosagedicht **Epoche** Surrealismus

Die Gesänge des Maldoror von Lautréamont stellen nicht nur in der Schilderung des Bösen einen kaum mehr zu überbietenden Endpunkt dar. Sie sind auch formal einzigartig, verquicken lyrisch-hymnische Tonlagen unverwechselbar mit absurder Komik.

Entstehung: Den ersten Gesang veröffentlichte Lautréamont anonym 1867. Zwei Jahre später erschienen die Gesänge komplett unter dem Pseudonym Comte de Lautréamont – der Verleger ließ die Ausgabe aber aus Furcht vor einem Skandal nicht vertreiben. Die zweite, identische Ausgabe, nur mit anderem Umschlag, erschien postum 1874.

Inhalt: Maldoror, Held und Ich-Figur, ist die Verkörperung des Bösen schlechthin. Er hat »einen Pakt mit der Prostitution geschlossen, um in den Familien Zwietracht zu säen«. Als satanischer Verführer will er auch andere zum Bösen verleiten, oft nur, um seine Opfer (häufig Kinder) zu quälen. Seine Bösartigkeit schlägt sich in minuziös beschriebenen Folterszenen nieder. Maldoror ist aber nicht nur Sadist, sondern trägt auch masochistische Züge: Nach der genüsslich ausgedehnten Zerfleischung eines Jünglings hegt er den Wunsch, im Tod, in der Unendlichkeit, Gleiches von dem Jungen angetan zu bekommen. Und auch die Selbstqual, das Selbstzerfleischen, ist ihm bekannt.

Maldorors Grundauffassung, dass Leben Leid und Schmerz bedeute (»erinnere dich wohl, wir sind auf diesem entmasteten Schiff, um zu leiden«), resultiert aus der Erkenntnis, dass der Mensch schlecht sei. Wiederholt beklagt er dessen Egoismus, Kälte und Wankelmütigkeit sowie die Grausamkeit Gottes, der ihn erschuf: »Was soll die Ungerechtigkeit in den höchsten Beschlüssen? Ist er von Sinnen, der Schöpfer? Maldorors erklärtes Ziel ist es, Gott und die Menschen an Schlechtigkeit zu übertreffen.

Aufbau: Das Buch keiner Gattung eindeutig zuschreibbar; die Bezeichnung »Prosagedicht« stellt nur eine Annäherung dar. Der Text gliedert sich in sechs Gesänge, die in »Strophen« bzw. Abschnitte unterteilt sind. Zwischen den einzelnen Teilen besteht kein Zusammenhang. Textsorten sind Hymnen (z. B. an den Ozean, an

OT = Originaltitel **EZ** = Entstehungszeit **OA** = Originalausgabe **DE** = Deutsche Erstausgabe 📖 = Verweis auf Werkartikel

die Krake, an die »strenge Mathematik«, an die »unbegreiflichen Päderasten«) sowie Dialoge (z. B. mit dem Totengräber); es gibt rein reflektierende Passagen (z. B. über die Dummheit der Literaturkritik); im sechsten Gesang wird der Text »Roman« genannt. Am Anfang und am Ende der einzelnen Gesänge verweist der Text auf sich selbst; hier spricht der Autor mit Bezug auf den tatsächlichen Lautréamont, der sich z. B. als »Montevideaner« zu erkennen gibt, kommentiert seine Prosa, gibt bisweilen direkte Lektüreanweisungen. Verwechslungen mit Maldoror, der mal in der ersten, mal in der dritten Person erscheint, sind beabsichtigt und erhöhen die Provokation durch Tabubrüche.

Kunstvoll mischt Lautréamont Lyrismen und logisch-rhetorische Wendungen, die oft absurde Komik erzeugen (»folglich weisen wir jeden Vergleich mit dem Schwan, im Moment, da sein Leben entflieht, zurück«). Vorherrschende Stilfigur ist der Vergleich, dessen Elemente sich weit voneinander entfernen: »Er ist schön wie die Einziehbarkeit der Raubvogelkrallen.«
Wirkung: Frühe Interpreten meinten, der Autor sei wahnsinnig gewesen. Dagegen spricht jedoch die bewusste Wahl der Stilmittel. Die Surrealisten entdeckten in Lautréamont ihren wichtigsten Vorläufer, André → Breton nannte ihn »den großen Pförtner der Moderne«. *M. R.*

Lawrence, D(avid) H(erbert)

engl. Schriftsteller

* 11.9.1885 Eastwood (Nottinghamshire)

† 2.3.1930 Vence, Frankreich

📖 *Söhne und Liebhaber*, 1913

📖 *Lady Chatterley*, 1928

D. H. Lawrence, Romanautor und Verfasser von Kurzgeschichten, Gedichten, Reiseberichten und Essays, gehörte lange Zeit zu den umstrittensten englischen Literaten des 20. Jahrhunderts. Empörung erregte nicht nur die sexuelle Freizügigkeit seiner Dichtung, sondern auch seine Kritik an der Demokratie, der er die Idee eines die Menschen einigenden, totalitär geführten Staats vorzog.

Als Sohn eines Bergarbeiters und einer Lehrerin wuchs Lawrence in einer Gegend auf, in der sich das ländlich-bäuerliche Leben und die modernen Verhältnisse im Industriebezirk unmittelbar gegenüberstanden. Lawrence, der in der Rationalisierung der Welt eine Bedrohung der menschlichen Sexualität und Lebenskraft zu erkennen meinte, machte die Rückkehr zu einem natürlichen, sinnlich geprägten Umgang mit

der Liebe zu einem zentralen Gegenstand seiner schriftstellerischen Arbeit.

Nach seiner pädagogischen Ausbildung war Lawrence ab 1908 als Lehrer in Croydon beschäftigt, musste diese Tätigkeit jedoch 1912 wegen einer Tuberkuloseerkrankung aufgeben und arbeitete fortan als freier Schriftsteller. Er lernte Frieda Weekley, geb. von Richthofen, kennen, die ihren Mann für Lawrence verließ und ihn 1914 heiratete. Aufgrund seiner Ehe mit einer Deutschen geriet Lawrence in Spionageverdacht. Das Paar kehrte England den Rücken und unternahm nach einem längeren Italienaufenthalt zahllose Reisen durch Amerika, Australien und Europa. Lawrence starb im Alter von 44 Jahren an einem Lungenleiden.
Biografie: R. Aldington, *David Herbert Lawrence* (rm 50515).

Söhne und Liebhaber

OT Sons and Lovers **OA** 1913
DE 1925 **Form** Roman
Epoche Moderne

Mit seinem 1913 erschienenen Roman *Söhne und Liebhaber* lieferte D. H. Lawrence eine tiefgründige Studie über die komplexen Beziehungen zwischen Mutter und Sohn. Wie die meisten seiner Werke enthält auch dieses Buch zahlreiche autobiografische Momente.
Inhalt: Schauplatz des in drei Teile gegliederten Romans ist das in der Grafschaft Nottinghamshire gelegene Bergwerksdorf Bestwood, leicht zu identi-

D. H. Lawrence, *Söhne und Liebhaber*, Umschlag der US-Ausgabe 1997 mit einem Foto des Autors

Die wichtigsten Bücher von D. H. Lawrence	
Söhne und Liebhaber 1913	Gertrude Morel setzt ihre Hoffnungen für eine glückliche Zukunft in ihre Söhne. Zwischen ihnen und ihrer Mutter entwickelt sich eine verhängnisvolle Abhängigkeit. → S. 653
Der Regenbogen, 1915	Der Roman zeichnet episodenhaft das Schicksal der Familie Brangwen über drei Generationen hinweg nach.
Liebende Frauen, 1920	Zwei Männer und Frauen versuchen verzweifelt, sich aus den engen Grenzen der bürgerlichen Konventionen zu befreien.
Der Hengst St. Mawr 1925	Die lebensbejahende Lou Witt leidet unter der Leidenschaftslosigkeit ihres Mannes und schenkt ihm einen Hengst, der ihm die Unnatürlichkeit seines Lebens vor Augen führen soll.
Die gefiederte Schlange, 1926	Nach dem Tod ihres Mannes geht Kate Leslie nach Mexiko, wo sie in den Bannkreis des aztekischen Kultgottes Quetzalcoatl gerät.
Lady Chatterley 1928	Von ihrem im Ersten Weltkrieg schwer versehrten Mann Clifford vernachlässigt, verliebt sich Lady Chatterley in den Wildhüter Mellors und beginnt mit ihm ein neues Leben. → S. 654
Der Mann, der gestorben war, 1931	Der an einer schweren Tuberkulose leidende Lawrence setzt sich mit Aspekten des Todes und der Auferstehung auseinander.

Auszug aus dem Roman
Söhne und Liebhaber von
D. H. Lawrence:

Warum war er so zerrissen, fast wirr, unfähig, sich zu bewegen? Warum saß die Mutter zu Hause und litt? Er wusste, dass sie sehr litt. Aber warum nur? Und warum hasste er Miriam, warum waren seine Gefühle ihr gegenüber so grausam, wenn er an seine Mutter dachte? Wenn Miriam seiner Mutter Leid verursachte, dann hasste er sie – und er hasste sie leicht.

Im November 1960 kam die unzensierte Ausgabe von *Lady Chatterley* von D. H. Lawrence in die englischen Buchläden; kurz zuvor hatte eine Jury das bis dahin in Großbritannien verbotene Buch als nicht obszön erklärt

fizieren mit Eastwood, dem Heimatdorf des Autors. Hier lebt die aus gut situierten Verhältnissen stammende Gertrude Morel mit ihrem Mann Walter, einem Grubenarbeiter, und mit ihren beiden Kindern William und Annie. Nach acht Ehejahren ist ihre Liebe zu Walter, von dem sie nun ihr drittes Kind erwartet, gänzlich erkaltet. Voller Verachtung beobachtet sie, wie er sich immer häufiger alkoholischen Exzessen hingibt. Gefangen in einer für sie unerträglichen Situation widmet sie sich mit großer emotionaler Intensität ihren Kindern, für die sie sich eine Zukunft im bürgerlichen Milieu erträumt.

Gertrudes Wünsche scheinen in Erfüllung zu gehen, als William nach seiner Ausbildung eine Stelle in einer Anwaltskanzlei antritt. Er verlobt sich mit der attraktiven Lily. Eifersüchtig rät Gertrude ihrem Sohn von einer festen Bindung ab. Auch William, der Lily stets mit seiner Mutter vergleicht, kommen Zweifel an der Beziehung und er entfernt sich zusehends von seiner Freundin. Bald darauf erkrankt er an einer Lungenentzündung und stirbt.

Als kurze Zeit später auch Williams jüngerer Bruder Paul erkrankt, ein empfindsamer und künstlerisch ambitionierter Junge, erkennt Gertrude, dass sie ihn vernachlässigt hat. Während sie ihn liebevoll pflegt, entwickelt sich zwischen ihnen eine intensive Vertrautheit.

Der zweite Teil des Romans handelt von dem Verhältnis zwischen Paul und Gertrude. Paul lernt Miriam kennen, eine verträumte junge Frau, deren mystisch-religiöse Sicht der Welt

jede Körperlichkeit ausschließt. Paul, der sich zu ihr hingezogen fühlt, leidet zunehmend unter ihrer Keuschheit. Während Gertrude die geistige Verbundenheit der beiden mit Argwohn betrachtet und Paul von dem Mädchen loszureißen versucht, schwankt ihr Sohn fortwährend zwischen seiner Verehrung für die Mutter und dem wütenden Bedürfnis, ihrer Macht über ihn zu entgehen. Als Paul ihr Clara vorstellt, eine von ihrem Ehemann getrennt lebende Frau, reagiert Gertrude gelassener. Sie erkennt, dass diese neu aufkeimende Beziehung keine Gefahr für sie bedeutet, da Pauls Interesse an Clara vor allem erotischer Natur ist.

Der dritte Teil des Romans beginnt mit dem Kapitel *Miriams Niederlage*. Miriam, der weder der Einfluss Gertrudes auf Paul noch seine Faszination für Clara entgangen ist, fürchtet den allmählichen Verlust des Geliebten. Um ihn an sich zu binden, gibt sie sich ihm in einer Art Selbstopferung hin. Entsetzt von ihrer Unfähigkeit, den Liebesakt als eine Vervollkommnung ihrer Beziehung zu empfinden, wendet sich Paul schließlich von ihr ab.

Doch auch sein Verhältnis mit Clara bringt Paul keine Erfüllung. Während er seine an Krebs erkrankte Mutter pflegt, kehrt Clara zu ihrem Mann zurück. Sie hat begriffen, dass Paul ihre Liebe nur oberflächlich erwidert. Als seine Mutter nach langen Qualen stirbt, verliert er sich in haltloser Trauer um sie. Nur das Bewusstsein, dass sie in ihm fortlebt, gibt ihm die Kraft, selbst weiterleben zu wollen.

Wirkung: Neben *Lady Chatterley* und *Liebende Frauen* ist *Söhne und Liebhaber* das bekannteste Werk von D. H. Lawrence. 1960 wurde der Roman in England verfilmt. Das Buch trug seinerzeit maßgeblich zu einer Wiederbelebung sowie Aufwertung des Bildungs- und Entwicklungsromans bei.   *B. S.*

Lady Chatterley

OT Lady Chatterley's Lover **OA** 1928 **DE** 1930
Form Roman **Epoche** Moderne

Der 1928 erschienene Roman *Lady Chatterley* gehört zu den unkonventionellsten und freizügigsten Büchern seiner Zeit. D. H. Lawrence widmet sich darin einem Thema, das wiederholt Gegenstand seiner Schriften wurde: Er beschreibt die menschliche Isolation in einer rationalisierten und entfremdeten Welt, in der die Verleugnung der Sexualität einen allgemeinen Vitalitätsverlust zur Folge hat.

Inhalt: Schauplatz des Romans ist zunächst Wragby Hall, das Herrenhaus der Chatterleys, in dem die attraktive und vitale Constance (Conny) mit ihrem Mann Clifford Chatterley lebt. Im Ersten Weltkrieg schwer verwunde

flüchtet sich der an den Rollstuhl gefesselte Clifford in eine ans Manische grenzende, literarische Produktivität. Wie Connie jedoch bald erkennt, verbirgt sich hinter dem stilistischen Blendwerk seiner Erzählungen nichts als eine erschreckende, gefühllose Leere. Während Clifford sich weiterhin blind um Anerkennung als Schriftsteller müht, leidet Connie zunehmend unter ihrer Beziehungslosigkeit.

Während eines Spaziergangs erfährt Connie von Clifford, dass er bereit sei, ihr gelegentliche sexuelle Abenteuer zu gewähren und auch ein uneheliches Kind als sein eigenes zu akzeptieren, vorausgesetzt, der Vater sei ihrer würdig.

Connie lernt den zehn Jahre älteren Waldhüter Oliver Mellors kennen und zwischen ihr und dem wortkargen, in einer einsamen Waldhütte lebenden Mann entwickelt sich eine sexuell und emotional innige Liebesbeziehung. In der leidenschaftlichen Körperlichkeit, die sie mit ihm teilt, findet Connie allmählich zu ihrer verloren geglaubten Lebenskraft zurück. Auch Mellors erfährt durch sie eine Wandlung. Als Sohn eines Bergarbeiters aufgewachsen, hatte er nach einer enttäuschenden Ehe eine militärische Karriere in Indien begonnen und den Offiziersrang erworben. Nach dem Tod eines ihm nahe stehenden Vorgesetzten und durch ein Lungenleiden geschwächt, war er in seine Heimat zurückgekehrt, um dort ein Leben in völliger Abgeschiedenheit zu führen. Erst durch Connies unbedingte Liebe zu ihm gelingt es Mellors, sich aus seiner Bitterkeit und selbst gewählten Isolation zu befreien.

Als sie ein Kind von ihm erwartet, zeigt sie sich fest entschlossen, Clifford für ihn zu verlassen. Mutig stellt sie sich den gesellschaftlichen Anfeindungen und der verletzten Eitelkeit ihres Mannes. Connie begibt sich nach Schottland, um bis zu ihrer Scheidung von Clifford bei ihrer Schwester Hilda zu bleiben. Mellors schreibt ihr am Ende des Romans einen Brief, der seine tiefe Zuneigung zu ihr und seine Hoffnung auf eine gemeinsame Zukunft zum Ausdruck bringt.

Struktur: Lawrence verknüpft in *Lady Chatterley* autobiografische Elemente mit der symbolhaften Schilderung zweier konträrer Lebenswelten. Während sich in der Figur des von Ehrgeiz getriebenen, gefühllos und mechanisch agierenden Clifford die Einsamkeit des modernen Menschen widerspiegelt, erscheint Mellors als Sinnbild eines im Einklang mit der Natur geführten Daseins. Doch wie Lady Chatterley findet auch er erst in einer erfüllten Liebesbeziehung sein wahres Lebensglück.

Wirkung: Die Freimütigkeit, mit der Lawrence die sexuellen Begegnungen seiner Titelheldin beschrieb, sorgte für einen Skandalerfolg. In England durfte das Buch bis 1960 nicht publiziert werden. *B. S.*

Thomas Edward Lawrence (l.) mit dem amerikanischen Journalisten Lowell Thomas, aufgenommen während des Ersten Weltkrieges in Arabien

Lawrence, Thomas Edward

engl. Archäologe, Offizier und Schriftsteller

* 16.8.1888 Tremadoc (Wales)

† 19.5.1935 Moreton (Dorset)

📖 *Die sieben Säulen der Weisheit*, 1926

Verklärt durch manische Eigenstilisierung ist die widersprüchliche und selbstzerstörerische Persönlichkeit des als »Lawrence von Arabien« zur Legende gewordenen Thomas Edward Lawrence bis heute rätselhaft geblieben.

Lawrence studierte Orientalistik, Archäologie, Geschichte und Kriegsführung in Oxford. 1909 unternahm er eine abenteuerliche Expedition durch den Nahen Osten und führte Ausgrabungen am Euphrat durch (1910–14), wobei er den englischen Geheimdienst mit Informationen über die Region belieferte. Nach Kriegsausbruch wurde Lawrence Leutnant und im Dezember 1914 nach Kairo beordert; von dort aus organisierte er den arabischen Aufstand gegen die Türken, den er später in *Die sieben Säulen der Weisheit* beschrieb. Nachdem die Politik seinen Traum von einer geeinten arabischen Nation endgültig zunichte gemacht hatte, wurde er Berater für arabische Fragen bei Winston → Churchill. 1923 trat er unter dem Namen T. E. Shaw als einfacher Luftwaffensoldat in die Royal Air Force ein; über diese Zeit erschien 1955 postum *Unter dem Prägestock*. Kurz nach seinem militärischen Abschied starb Lawrence bei einem Motorradunfall, dessen Umstände nie zweifelsfrei geklärt wurden.

Biografie: D. Stewart, *Lawrence von Arabien*, 1979; J. Wilson, *Lawrence von Arabien*, 2001.

Auszug aus der Einleitung zu *Die sieben Säulen der Weisheit* von Thomas Edward Lawrence:

Mit der Zeit wurde unser Drang, für das Ideal zu kämpfen, zu einer blinden Besessenheit, die mit verhängtem Zügel über unsere Zweifel hinwegstürmte. Er wurde zu einem Glauben, ob wir wollten oder nicht. Wir hatten uns in seine Sklaverei verkauft, hatten uns zu einem Kettentrupp aneinander geschmiedet, hatten uns mit all unserem Guten und Bösen seinem heiligen Dienst geweiht. Der Geisteszustand gewöhnlicher Sklaven ist schrecklich genug – sie haben die Welt verloren – wir aber hatten nicht den Leib allein, auch die Seele der alles beherrschenden Gier nach Sieg überantwortet. Durch eigenen Willensakt hatten wir Moral, Selbstbestimmung, Verantwortung von uns getan, dass wir waren wie dürre Blätter im Wind.

Die sieben Säulen der Weisheit

OT The Seven Pillars of Wisdom **OA** 1926 **DE** 1936
Form Autobiografischer Kriegsbericht **Bereich** Politik

In *Die sieben Säulen der Weisheit* beschrieb Thomas Edward Lawrence, bekannt geworden als »Lawrence von Arabien«, den von ihm organisierten arabischen Aufstand gegen die Türken in den Jahren 1917 / 18. Der Titel stammt aus dem Alten Testament und bezieht sich auf

Thomas Edward Lawrence, *Die sieben Säulen der Weisheit*, Einband der englischen Ausgabe 1935

einen Spruch Salomos (IX, 1): »Die Weisheit baute ihr Haus und hieb sieben Säulen.« **Entstehung:** Die von Lawrence teils aus Scham, teils aus der Verbitterung darüber, die Araber in einen neuen Kolonialismus geführt zu haben, gezielt betriebenen Irreführungen vernebeln auch die Entstehungsgeschichte von *Die sieben Säulen der Weisheit*. Im Februar 1919 begann er mit dem Schreiben, doch um Weihnachten wurde ihm das beinahe fertig gestellte Manuskript angeblich beim Umsteigen auf dem Bahnhof in Reading gestohlen. Er will anschließend eine zweite Version aus dem Gedächtnis neu geschrieben haben, die er verbrannte, nachdem sie als Grundlage für eine dritte Fassung gedient hatte. Letztere wurde 1922 beim Verlag der Oxford Times gesetzt, in acht Fahnenabzügen vervielfältigt, aber erst 1926 nach weiteren Überarbeitungen in 107 Exemplaren veröffentlicht. Parallel dazu erschien eine um zwei Drittel gekürzte Publikumsausgabe unter dem Titel *Aufstand in der Wüste*.

Dass einem Londoner Antiquar um 1930 das in Reading verlorene Manuskript angeboten wurde, war aller Wahrscheinlichkeit nach ein von Lawrence initiiertes Täuschungsmanöver, mit dem er seine eigene Legende zu untermauern versuchte.

Inhalt: Auf die Einleitung über »den Araber« im Stil zeitgenössischer Reiseberichte, in denen fremde Völker vor allem durch ihre Abweichungen vom Standpunkt des Beobachters dargestellt werden, folgt stilistisch brillant die Schilderung des von England geschürten arabischen Aufstands 1917/18 gegen die Herrschaft der Türken. Für das Empire, das noch immer ein Fünftel der Welt beherrschte und dessen Lebensader der Suezkanal war, war der Nahe Osten von immenser strategischer Bedeutung. Obwohl die Aufteilung der Region zwischen Frankreich und England bereits im Sykes-Picot-Abkommen von 1916 festgelegt worden war, sicherte Lawrence den arabischen Völkern für den Fall des Siegs Unabhängigkeit zu. Er tauschte seine Uniform gegen Beduinenkleider und zelebrierte das strapaziöse und entbehrungsreiche Wüstenleben. Nach ersten Erfolgen seiner damals neuartigen Guerillataktik, die darauf abzielte, »nur Flanken und keine Front« zu schaffen, konnten die zuvor verfeindeten und nun unter der Aussicht auf Freiheit von Feisal geeinten Stämme im Handstreich Akaba einnehmen und Damaskus erobern.

Lawrence frönt in seinem Kriegsbericht der heroischen Selbstinszenierung und weicht in den persönlichen Passagen von den tatsächlichen Ereignissen ab.

Wirkung: Eine vollständige Publikumsausgabe erschien erst postum 1935 und wurde sofort ein spektakulärer Erfolg. 1962 gelang David Lean eine bildgewaltige Verfilmung mit Peter O'Toole sowie Alec Guinness, Anthony Quinn und Omar Sharif in weiteren Hauptrollen. *A. C. K.*

Mythenbildung: Wahrheit und Legende bei Thomas Edward Lawrence

Täuschung: Die Vision einer unabhängigen arabischen Nation war eine Illusion, der sich Thomas Edward Lawrence unter Verdrängung der Realitäten selbst willig hingegeben hatte. 1919 behauptete er noch, »eingekerkert in eine Lüge« gewesen zu sein, doch in einem in der Ausgabe der *Sieben Säulen der Weisheit* von 1926 ausgelassenen, später in den Fahnenabzügen von 1922 aufgefundenen und erst 1940 veröffentlichten Kapitel aus *Die sieben Säulen der Weisheit* heißt es:

»Mit definitiven Versprechungen für eine spätere Selbstregierung hatte das Kabinett die Araber dazu gebracht, für uns zu kämpfen. ... Ich riskierte den Betrug aufgrund meiner Überzeugung, dass für einen leichten und schnellen Sieg im Osten arabische Hilfe notwendig war und dass es besser wäre, wir würden gewinnen und unser Wort brechen als verlieren.«

Geheimnisse: Neben dem Drang zur Heroisierung der eigenen Person waren es vor allem Scham und die Angst, seinen Ruf zu ruinieren, die Lawrence veranlassten, Wahrheit und Fantasie häufig zu vermengen. Zu den Geheimnissen, die er schützen wollte, weil sie nicht mit den sittlichen Werten seiner Zeit oder seinem Selbstbild in Einklang zu bringen waren, gehörte seine stark masochistisch ausgeprägte Homosexualität. Als Bestrafung für einen militärischen Fehlschlag etwa ließ er sich Ende 1917 von seinem Kampfgefährten Ali ibn al-Hussein rituell züchtigen und tat die Narben auf seinem Rücken anschließend als »Kamelunfall, über Stacheldraht geschleift« ab. Später verbrämte er das Ereignis als Folterung durch einen türkischen Pascha während seiner angeblichen Gefangenschaft in Deraa zum Höhepunkt seines Kriegsberichts.

Laxness, Halldór

(eigtl. Halldór Kiljan Gudjónsson) isländ. Schriftsteller
*23.4.1902 Reykjavík, †8.2.1998 ebd.

📖 *Die Islandglocke*, 1943–46

Spätestens seit der Verleihung des Nobelpreises für Literatur 1955 gilt Halldór Laxness als bedeutendster isländischer Schriftsteller des 20. Jahrhunderts und als wichtigster Kulturbotschafter seines Landes, das zwar nur knapp eine Viertelmillion Einwohner hat, dafür aber über eine große literarische Tradition und eine umfangreiche dichterische Produktion besonders in der Gegenwart verfügt. Laxness' Verdienst liegt nicht zuletzt darin, dass er einen ar den mittelalterlichen Sagas (→ Stichwort S. 657) wie an der weltliterarischen Moderne geschulten Erzählstil schuf, der ebenso eigenwillig wie eingängig ist.

Aufgewachsen auf dem Hof Laxnes (nach dem er sich später nannte), debütierte er bereits als 17-Jähriger. Auf ausgedehnten Auslandsreisen lernte Laxness (u. a. nach Nordamerika und in die Sowjetunion) die moderne Literatur sowie eine Vielfalt von Weltanschauungen und Religionen kennen, die er zeitweise adaptierte (1923 Konversion zum Katholizismus, später Engagement für den Kommunismus) und zugleich in seinen erzählerischen Kosmos integrierte, der stets in seiner isländischen Heimat lokalisiert ist, deren politische und gesellschaftliche Entwicklung er liebevoll kritisch und in epischer Breite behandelt (z. B. in dem Romanzyklus *Weltlicht*, 1937–55, und in dem Roman *Atomstation*, 1948).

Die Islandglocke

OT Íslandsklukkan **OA** 1943–46, 1957 **DE** 1951
Form Roman-Trilogie **Epoche** Moderne

Eher untypisch für die meist in der Gegenwart angesiedelten Romanwelten des Halldór Laxness spielt *Die Islandglocke* Ende des 17. und Anfang des 18. Jahrhunderts, zu einer Zeit, als Island der dänischen Krone unterstand und sich die Bevölkerung auf der Insel durch Armut, Hungersnöte und dänische Unterdrückung in einer verzweifelten Lage befand.

Entstehung: Die drei Teile des Romans wurden zunächst als Einzelbände veröffentlicht (*Die Islandglocke*, 1943; *Die lichte Maid*, 1944; *Feuer in Kopenhagen*, 1946) und erst 1957 unter dem gemeinsamen Titel herausgegeben.

Inhalt: Der Roman verfolgt drei Hauptfiguren über einen Zeitraum von etwa zwei Jahrzehnten, in denen sich ihre Wege immer wieder kreuzen: den armen Bauern Jon Hreggvidsson, der des Mordes an einem Henker bezichtigt wird und deswegen mehrere Prozesse mit wechselndem Ausgang durchstehen muss; die schöne und gebildete Snæfridur, die Jon kurz vor der Hinrichtung zur Flucht nach Dänemark verhilft; schließlich den isländischen Gelehrten und Kopenhagener Professor Arnas Arnæus, der auf der Insel mittelalterliche Handschriften sammelt, um das einzigartige kulturelle Erbe Islands für die Nachwelt zu retten. Ihn verbindet eine tiefe Liebe zu Snæfridur, doch er hat bereits eine reiche dänische Witwe geheiratet, um seine Gelehrtendasein und seine Sammeltätigkeit finanzieren zu können. Arnas bewirkt, dass Jon seinen Fall nochmals vor dem isländischen Allthing vorbringen darf, doch dieser kehrt einfach auf seinen Hof zurück.

Viele Jahre später reist Arnas im Auftrag des Königs nach Island, um die Amtsführung der Beamten zu kontrollieren. Auch Snæfridur hat inzwischen geheiratet, doch ihr Mann verliert den gesamten Besitz durch seine Trunk- und Spielsucht. Trotz aller Demütigungen behält sie ihren Stolz, auch als Arnas ihren Vater, den Richter Eydalin, seines Amtes enthebt. Als sie wieder einige Jahre später ein letztes Mal mit Arnas in Kopenhagen zusammentrifft, ist dieser beim König in Ungnade gefallen und das Schicksal Islands ungewisser denn je. Seine wertvolle Sammlung isländischer Handschriften geht bei einer Feuersbrunst in Flammen auf.

Aufbau: In den drei Teilen des Romans steht jeweils eine der drei Hauptfiguren im Mittelpunkt. Besonders im ersten Teil orientiert sich der Text am Schelmenroman und an der Isländersaga mit ihrem Wechsel von stark raffenden Passagen und szenischer Erzählweise mit vielen Dialogen. Im Zentrum steht Jon, der mit seiner bissig-lakonischen Ausdrucksweise selbst wie eine Sagafigur wirkt. Ihm dient die Welt der Isländersagas als Quelle für sein Selbstbewusstsein und als Maßstab für die Gegenwart. Er verkörpert außerdem die lebendige mündliche Erzähltradition Islands, indem er in jeder Lebenslage Passagen aus dem *Pontus Rimur*, einer volkstümlichen Verserzählung, zitiert.

Wirkung: Zwar wollte Laxness sein Werk nicht als historischen Roman verstanden wissen, da »seine Personen, seine Handlung und sein Stil ausschließlich den Gesetzen des Werkes selbst gehorchen«, doch ist nicht zu übersehen, dass die fiktive Handlung ein Gerüst aus genau recherchierten historischen Fakten und Figuren ausfüllt. Der Roman wurde in Island enthusiastisch aufgenommen. Viele Isländer stellten Bezüge zur damaligen politischen Lage während

Halldór Laxness im März 1973 während einer Lesung in Kiel; in den Händen hält er die 1972 erschienene Erzählung *Wunschloses Unglück* des Österreichers Peter Handke

---

Isländersagas

Herkunft: Der Begriff »saga« kommt aus dem Altnordischen und bedeutet allgemein Bericht, Erzählung, Geschichte. Als Fachterminus bezeichnet er mittelalterliche Prosaerzählungen, die in altnordischer Sprache verfasst sind und die es in dieser Form nur in den skandinavischen Literaturen gibt.

Bedeutung: Die Isländersagas bilden eine Gruppe innerhalb der sehr vielgestaltigen Sagaliteratur und gehören zu den bedeutendsten literarischen Texten des europäischen Mittelalters. Sie sind größtenteils vermutlich im 13. und 14. Jahrhundert auf Island entstanden, anonym in Einzel- und Sammelhandschriften überliefert und sie behandeln die Zeit von der Besiedlung Islands durch die Wikinger (ab ca. 870 n. Chr. bis ca. 1030) entweder in Form von breit angelegten Familiengeschichten oder als Lebensbeschreibungen von herausragenden Persönlichkeiten. Im Mittelpunkt der Handlung stehen häufig Rechtsbrüche oder Verstöße gegen gesellschaftliche Normen und deren Folgen.

Eigenschaften: Das Geschehen wird auf bedeutungsvolle Einzelbegebenheiten reduziert, von denen dann szenisch und unter häufiger Verwendung von direkter Rede erzählt wird. Der Erzähler tritt vollständig hinter das Geschehen zurück und charakterisiert seine Figuren in erster Linie durch ihre Handlungen und ihre Äußerungen. Die Texte zeichnen sich durch eine klare, knappe und um Präzision bemühte Prosasprache sowie eine realistisch wirkende Darstellungsweise aus. Dieser sog. Saga-Stil wird oft auch in modernen historischen Romanen bewusst verwendet.

Beispiele: Berühmte Isländersagas sind die *Egils saga*, die *Laxdœla saga*, die *Njáls saga*, die *Gisla saga* und die *Grettis saga*.

Die Islandglocke von Halldór Laxness:

Jon Hreggvidsson sagte, er selber lese nur gezwungenermaßen, doch habe er von seiner Mutter alle notwendigen Sagas und Rimur nebst den alten Geschlechtsregistern gelernt, er meinte, er stamme in direkter Linie vom Dänenkönig Harald Kampfzahn ab. Er sagte, er werde nie so berühmte Helden der Vorzeit wie Gunnar von Hlidarendi, König Pontus und Örvar-Oddur vergessen, die zwölf Ellen groß waren und dreihundert Jahre alt wurden, wenn ihnen nichts zustieß, und hätte er ein solches Buch, würde er es unverzüglich dem König und dem Grafen schicken und zum Geschenk machen, zum Beweis dafür, dass es hier in Island tatsächlich einmal richtige Menschen gegeben hat.

der Entstehungszeit des Romans her, da sie die damals gerade erst erworbene Unabhängigkeit ihres Landes wegen der Errichtung eines US-amerikanischen Luftwaffenstützpunktes gefährdet sahen. *J. G.*

Leakey, Richard

kenian. Anthropologe

* 19.12.1944 Nairobi

📖 *Der Ursprung des Menschen*, 1992

Richard Leakey, einer der bedeutendsten zeitgenössischen Anthropologen, fand 1972 in Koobi Fora am Rudolfsee (heute Turkana) in Kenia Reste der bislang ältesten bekannten Frühmenschen (Homo rudolfensis), die vor etwa 2,4 Mio bis 1,8 Mio Jahren lebten.

Der Sohn von Mary und Louis Leakey, die zu den führenden Paläontologen der ersten Hälfte des 20. Jahrhunderts gehören, lernte bereits als Kind in Kenia die Suche nach Fossilien und die Grundlagen der wissenschaftlichen Ausgrabungstechnik. Um sich von den berühmten Eltern zu emanzipieren, arbeitete er als junger Mann in verschiedenen Berufen. Als er als Safariführer einer Expedition auf Anhieb Tierfossilien sowie Knochen eines Urmenschen fand, kehrte er zur Paläoanthropologie zurück.

Leakey wurde 1989 Leiter des kenianischen Tierschutzprogramms. Noch vor Erscheinen von *Der Ursprung des Menschen* 1992 begann er sich um Politik zu kümmern. Nach einem Flugzeugabsturz, bei dem er 1993 beide Beine verlor, verstärkte er sein Engagement noch. Als er 1994 aus politischen Gründen sein Amt verlor (u. a. wegen der rigorosen Verfolgung von Wilderern), gründete er 1995 eine eigene Partei. 1997 wurde Leakey Abgeordneter der Nationalversammlung Kenias, 1999 Chef des öffentlichen Dienstes und Vorsitzender der Zentralbank. Nach Differenzen mit Präsident Daniel Arap Moi musste Leakey im Frühjahr 2001 alle politischen Ämter aufgeben.

Der britische Biochemiker Roger Lewin (* 1946), Koautor von *Der Ursprung des Menschen*, schrieb insgesamt vier Bücher zusammen mit Leakey. Außerdem veröffentlichte Lewin mehrere Sachbücher, u. a. *Die Komplexitätstheorie* (1992) und *Die molekulare Uhr der Evolution* (1996).

Biografien: R. Leakey, *One Life: An Autobiography*, 1984; R. Leakey / V. Morell, *Wildlife. Ein Leben für die Elefanten*, 2001.

Der Ursprung des Menschen

OT Origins Reconsidered. In Search what Makes Us Human **OA** 1992 **DE** 1993
Form Sachbuch **Bereich** Paläoanthropologie

Der Anthropologe Richard Leakey stellt, unterstützt von dem Biochemiker Roger Lewin, die wichtigsten modernen Theorien zur Entstehung der Menschen und ihrer Ausbreitung über die Erde vor (wie bereits der Untertitel *Auf den Spuren des Humanen* signalisiert) und fragt nach Unterschieden und Gemeinsamkeiten von Mensch und Tier. Außerdem beleuchtet er im Licht neuer Erkenntnisse noch einmal seine 1977 in *Wie der Mensch zum Menschen wurde* formulierten Thesen.

Aufbau: Das in sieben Teile gegliederte Buch spannt einen Bogen von der Entdeckungsgeschichte eines konkreten Fundes bis zu philosophischen Betrachtungen im letzten Kapitel, in dem Leakey die weitere Entwicklung der Menschheit und des gesamten Ökosystems prognostiziert.

Inhalt: Ausgangspunkt ist der 1984 entdeckte »Turkana Boy«, das 1,5 Mio Jahre alte, fast vollständig erhaltene Skelett eines etwa zwölfjährigen Jungen. Es unterscheidet sich nur wenig von dem eines heutigen Menschen. Leakey erläutert den Forschungsstand zu Beginn der 1990er Jahre und stellt alle wichtigen Entdeckungen der letzten 30 Jahre in Afrika dar. In die allgemeine Darstellung flicht er Ausgrabungserlebnisse aus seiner Kindheit ein. Die

Wichtige Werke und die wichtigsten Entdeckungen von Richard Leakey	
1972	Entdeckung der Überreste eines 1,9 Mio Jahre alten Frühmenschen am Rudolfsee. Der älteste Hominidenfund wurde 1986 der neuen Art Homo Rudolfensis zugeordnet.
1975	Während der Forschungen am Westufer des Rudolfsees Auffinden eines 1,6 Mio Jahre alten Schädels eines Homo erectus (unmittelbarer Vorläufer des Homo sapiens)
Wie der Mensch zum Menschen wurde, 1977	Populäre Darstellung (mit Roger Lewin) der damals neuesten Erkenntnisse über den Ursprung des Menschen, in Verbindung mit Überlegungen zur Zukunft der gesamten Menschheit.
Die Menschen vom See, 1978	Zusammenfassender Bericht (mit Roger Lewin) über die anthropologischen Forschungen am Rudolfsee (Turkana) in Kenia.
1984	Entdeckung des »Turkana Boy«, eines 1,5 Mio Jahre alten, fast kompletten Skeletts eines zwölfjährigen Jungen (Homo erectus).
Der Ursprung des Menschen, 1992	Darstellung (mit Roger Lewin) der wichtigsten Theorien zur Entstehung der Menschen und ihrer Ausbreitung über die Erde sowie Reflexionen über die »Anfänge des Menschlichen«. → S. 658
1994	Mitentdecker der Überreste eines 4 Mio Jahre alten Vormenschen, später der Art Australopithecus anamensis zugeordnet.
Die ersten Spuren 1994	Über das reine Paläoanthropologische hinaus steht in diesem Buch der Ursprung des Menschlichen im Mittelpunkt, d. h. den Beginn der sozialen und kulturellen Entwicklung.
Die sechste Auslöschung 1995	Das Leben auf der Erde wurde fünfmal durch erdgeschichtliche Katastrophen nahezu ausgelöscht, die sechste Auslöschung der Lebensvielfalt droht laut Leakey und Lewin von den Menschen.
Wildlife, 2001	Autobiografische Schilderung (mit Co-Autorin Virginia Morell) der Erfahrungen als Leiter des kenianischen Tierschutzprogramms und des Einsatzes für den Naturschutz.

vorgestellten Hominiden- und Primaten-Funde benutzt Leakey zur vergleichenden Darstellung des menschlichen Stammbaums und diskutiert u. a. Theorien zur Frage nach der Ausbreitung der Menschen über die Erde.

Für Leakey sind Fossilien nicht nur Ausgangspunkt für die Suche nach den Ursprüngen des Menschen (d. h. seiner anatomischen Merkmale), sondern auch der »Anfänge des Menschlichen«. Das Auftreten des Homo erectus (zu dem der »Turkana Boy« gehört) markiert für ihn einen Wendepunkt der Evolutionsgeschichte. Das bis dahin affenähnliche Äußere der Hominiden habe rasch menschenähnliche Züge angenommen. Mit diesem anatomischen Wandel einher ging ein biologischer Wechsel, der sich u. a. in einem anderen Wachstums- und Alterungsschema niedergeschlagen habe. Neben wichtigen Veränderungen des Erscheinungsbilds seien damit auch ein sprunghafter Anstieg des Gehirnvolumens und wahrscheinlich eine Steigerung der geistigen Fähigkeiten verbunden gewesen.

Im letzten Teil seines Buchs erörtert Leakey die Frage nach dem Menschlichen sowie nach dem Unterschied zwischen Mensch und Tier. Was kennzeichnet Bewusstsein, Intelligenz, Sprache und Religion? Unter diesen Aspekten betrachtet er die Artefakte von Urmenschen und das Verhalten heutiger Primaten und interpretiert sie neu. In seinem Ausblick in die Zukunft sieht der Anthropologe den Menschen als vergänglichen Teil der Natur.

Wirkung: Leakey verknüpft Paläoanthropologie ebenso mit anderen Naturwissenschaften wie mit Linguistik und Philosophie. Der sehr weit gespannte Bogen, der auch ökologische Fragen und das Massenaussterben der Tiere in Afrika einbezieht, ist ein wesentlicher Grund dafür, dass *Der Ursprung des Menschen* von Anfang an ein lebhaftes Echo auslöste und mehrfach neu aufgelegt wurde.   *P. B.*

Lebert, Hans

österreich. Opernsänger und Schriftsteller

*9.1.1919 Wien, †20.8.1993 Baden bei Wien

📖 *Die Wolfshaut*, 1960

Hans Lebert ist einer der ersten Schriftsteller der radikal modernen österreichischen Nachkriegsliteratur, die sich kritisch mit dem Nationalsozialismus im eigenen Land auseinandersetzt.

Lebert begann mit 16 oder 17 Jahren Gedichte, Dramen und Erzählungen zu schreiben. Nach der Schule nahm er ein Gesangsstudium auf, das schnellen finanziellen Erfolg versprach. Als Opernsänger trat der Tenor zwischen 1938

und 1950 auf verschiedenen zumeist deutschen Bühnen auf, da er sich auf die Opern von Richard Wagner (1813–83) spezialisiert hatte. Den Tag des Anschlusses von Österreich an Nazi-Deutschland bezeichnete Lebert als »mein traurigster Tag«. Entsprechend entzog er sich der Einberufung in die deutsche Wehrmacht durch Vortäuschung einer psychischen Krankheit. Die letzten Kriegsjahre verbrachte Lebert in den steirischen Bergen, wo er österreichische Widerstandskämpfer unterstützte. Nach Trahütten in der Steiermark, wo Lebert schon als Kind seine Sommer in der familieneigenen Villa verbracht hatte, kehrte er immer wieder zurück; das Haus, das Dorf und die Landschaft übten nachhaltigen Einfluss auf sein literarisches Werk aus.

Unter den Erfahrungen des Nationalsozialismus begann Lebert wieder verstärkt zu schreiben; ab 1950 widmete er sich ausschließlich der Schriftstellerei. Seine erste Buchpublikation, der Ezählungsband *Ausfahrt*, erschien 1952. Ab 1956 lebte Lebert zurückgezogen in Baden bei Wien, wo er nach langer Krankheit verstarb.

Literatur: G. Fuchs / G. A. Höfler, *Hans Lebert*, 1997.

Richard Leakey und Roger Lewin, *Der Ursprung des Menschen*, Umschlag der deutschsprachigen Erstausgabe 1993

Die Wolfshaut

OA 1960 **Form** Roman **Epoche** Moderne

In seinem Roman *Die Wolfshaut* übt Hans Lebert deutliche Kritik am Nationalsozialismus und der im Nachkriegsösterreich geübten Verdrängungspraxis der Geschehnisse während des Dritten Reichs.

Anti-Heimatliteratur

Entwicklung: In Österreich blieb nach dem Zweiten Weltkrieg der Heimatbegriff oftmals ungebrochen, da die problematische Haltung Österreichs beim Anschluss an das Deutsche Reich verdrängt wurde. Als Reaktion hierauf sowie auf die nach wie vor beliebten Bergheimatromane entwickelte sich seit den 1960er Jahren eine Anti-Heimatliteratur, die sich gegen den zeitgenössischen Heimatkult in der Literatur sowie gegen den ideologischen Missbrauch von Heimatgefühlen in der Blut-und-Boden-Dichtung der Nationalsozialisten wendete. Die nach wie vor gegenwärtige Frage nach dem österreichischen Verhältnis zur Geschichte und die immer aktuellere Problematik zunehmender Fremdenfeindlichkeit des Neofaschismus wurden Gegenstand der Literatur.

Inhalt: Die ursprüngliche Heimatliteratur, entstanden im 19. Jahrhundert, beschrieb auf sentimental verklärende und romantisierende Weise das einfache, naturnahe ländlich-bäuerliche Leben. Im Gegensatz dazu präsentiert sich die Anti-Heimatliteratur als Anti-Idylle. Insbesondere die Natur wird häufig negativ besetzt und erscheint dem Menschen fremd. So entsteht ein Bruch zwischen der Heimat und der Identität des Menschen. Die Menschen im Dorf erscheinen in ihrem engen Netz aus Aberglauben, Missgunst und autoritären Strukturen einerseits als Opfer ihrer Lebensverhältnisse, andererseits aber auch als Täter, die alles ihren Normen Zuwiderlaufende gewaltsam ersticken.

In den 1970er Jahren nahm die Zahl der Kindheits- und Jugendbeschreibungen zu, die das Klischee der glücklichen Kindheit auf dem Lande zerstörten. Bei Franz Innerhofer (1944–2002) gipfelt diese als Heimatlosigkeit empfundene Kindheit im Begiff des »Bauern-KZ«.

Autoren: Populärste Vertreter der Anti-Heimatliteratur sind Thomas → Bernhard (*Frost*, 1963; *Verstörung*, 1967; *Auslöschung*, 1986; *Heldenplatz*, 1988), Peter → Handke (*Die Hornissen*, 1966), Gert F. Jonke (*1946; *Geometrischer Heimatroman*, 1969); Franz Innerhofer (*Schöne Tage*, 1974; *Die großen Worte*, 1977), Elfriede → Jelinek (*Die Liebhaberinnen*, 1975), Hans → Lebert und Gernot Wolfgruber (*1944; *Herrenjahre*, 1976).

Auszug aus dem Roman *Die Wolfshaut* von Hans Lebert:

Denn das Grauenhafte war ja das, dass es uns beim Schießen wie ein Rausch gepackt hat.

Hans Lebert, *Die Wolfshaut*, Umschlag der Originalausgabe 1960

Entstehung: Nach siebenjähriger Entstehungszeit erschien der Roman schließlich in einem deutschen Verlag, da sich in Österreich kein Verleger gefunden hatte. Der Titel *Die Wolfshaut* stammt von einer Legende, die Lebert schon als Kind gekannt haben dürfte und die offenbar auf einer wahren Begebenheit basiert: Vor dem Weltkrieg streunte im Gebiet der Koralpe ein Riesenwolf, der großen Schaden am Vieh anrichtete und im Volksmund »der Bauernschreck« genannt wurde.

Die von Lebert beschriebenen Verbrechen während des Dritten Reichs beruhen auf der tatsächlichen Ermordung von Fremdarbeitern durch SS und Volkssturm auf dem Präbichl in der Steiermark im Frühjahr 1945.

Inhalt: 1952 kehrt der Matrose Johann Unfreund heim in ein österreichisches Dorf mit dem sprechenden Namen »Schweigen«. Merkwürdige Todesfälle ereignen sich in der folgenden Zeit im Dorf. Johann Unfreund macht sich nicht nur verdächtig, weil er zu den Dörflern auf Distanz bleibt, sondern vor allem, weil er sich dafür interessiert, dass gegen Ende des Zweiten Weltkriegs am Rande des Dorfs eine Gruppe von Zwangsarbeitern umgebracht worden war. Kein Dorfbewohner will sich an die Morde von damals erinnern, doch Angst liegt in der Luft; das friedliche Bild von Ackerbau und Viehzucht ist brüchig. Das gemeinsame Verbrechen schweißt die Dorfgemeinschaft gegen Fremde zusammen. Die Menschen glauben an einen Wolf, der sein Unwesen um das Dorf herum treibt und als Symbol für das Böse im Menschen verstanden werden kann. Die Dorfbewohner, dargestellt als Ewig-Gestrige, jagen das Böse ihrer Gegenwart und Vergangenheit lieber in Form einer Bestie, als es in ihren eigenen Köpfen zu entdecken.

Der Rädelsführer der Verbrechen kann sich, da er gerade in den Landtag gewählt wurde, dank seiner Immunität der Strafe entziehen. Während die Schuldigen der irdischen Gerechtigkeit entkommen, schlägt das überirdische Gericht in Form eines endlosen Landregens zu.

Aufbau: Formal dem Aufbau eines Kriminalromans folgend, stellt der Roman sich als ländliche Detektivgeschichte mit politischer Dimension dar. Von Bedeutung ist die ausdrucksstarke Natursymbolik. Die Handlung umfasst genau 99 Tage und 99 Tage dauert auch der Regen an, der das Schweigen im Dorf aufweicht.

Wirkung: Der Verkauf der ersten Auflage von nur 3000 Exemplaren verlief schleppend; zu sehr war die Öffentlichkeit noch auf Harmonie und Verdrängung der Ereignisse während des Dritten Reichs bedacht. Erst eine Neuauflage in der DDR 1962 brachte einen größeren Verkaufserfolg, da hier der radikale Antifaschismus begeistert aufgenommen wurde. In Fachkreisen wurde Leberts Buch anerkannt und honoriert: So erhielt der Autor nur ein Jahr nach Erscheinen der *Wolfshaut* den Theodor-Körner-Preis und 1962 den Staatspreis für österreichische

G. Wi.

Le Bon, Gustave

frz. Soziologe

*7.5.1841 Nogent-le-Rotrou

†13.12.1931 Marnes-la-Coquette

📖 *Die Psychologie der Massen*, 1895

Gustave Le Bon erlangte seine größte Bekanntheit als Mitbegründer der sozialen Psychologie durch seine bahnbrechende Beschäftigung mit einigen der wichtigsten gesellschaftlichen Phänomene des 20. Jahrhunderts: dem Rassismus und dem Massenverhalten.

Le Bon studierte Medizin, promovierte in diesem Fach und führte im Deutsch-Französischen Krieg 1870/71 ein Lazarett. Danach beschäftigte er sich verstärkt mit Völkerkunde, Archäologie, Anthropologie sowie Soziologie und publizierte mehrere Bücher.

Während Le Bon in seinem 1894 erschienenen Werk *Die psychologischen Gesetze der Evolution der Völker* eine auf der Rassentheorie basierende psychologische Hierarchie der Völker entwarf, lehnte er in seiner nur ein Jahr später erschienenen *Psychologie der Massen* die zunehmende Demokratisierung der Gesellschaft als Bedrohung für die Zivilisation entschieden ab. Er vertrat vielmehr die Idee einer intellektuellen Elite als Motor des Fortschritts.

Le Bon verfasste weitere bedeutende Arbeiten zur sozialen Psychologie; dazu gehören u. a. *Die Psychologie des Sozialismus* (1898) und das 1912 erschienene *Die Psychologie der Revolutionen*.

Die Psychologie der Massen

OT Psychologie des foules **OA** 1895
Form Sachbuch **Bereich** Soziale Psychologie

In seiner *Psychologie der Massen* stellt Gustave Le Bon die Grundbegriffe des Massenvrhaltens dar und gilt somit als Begründer der Massenpsychologie.

Entstehung: Unter dem Eindruck eines grundlegenden Wertewandels der westlichen Gesellschaft sowie der wachsenden politischen Macht der Masse, der »jüngsten Herrscherin der Gegenwart«, entschloss sich Le Bon zu einer Untersuchung dieses Phänomens. Er verstand sein Werk als die erste systematische Auseinandersetzung mit der Masse als psychologisch erfassbarem Gegenstand.

Inhalt: Die radikale Grundthese von Le Bon lautet, dass die Masse eine Abart der rationalen menschlichen Existenz sei. So seien die negativen Erscheinungen des Massenverhaltens neben strukturellen (der Hoffnung auf Straffreiheit) vor allem psychologischen (dem Vorherrschen des Unbewussten) Elementen zuzuschreiben.

Als mitentscheidender Faktor für Massenverhalten spielt für Le Bon immer auch seine Rassentheorie eine bedeutende Rolle, in denen er darwinistische Bestandteile mit seinen Vorstellungen von »Nationalcharakter« kombiniert. So meint er feststellen zu können, dass z. B. bei den »lateinischen Massen« in besonderem Maße Intoleranz vorherrsche. Schwieriger einzuordnen sind Le Bons gelegentliche Hinweise auf die positive Wirkung der Masse. Teils äußert der Autor ausdrückliches Lob (»Frönen also die Massen oft niedrigen Instinkten, so bieten sie oft wieder ein Beispiel hochsittlichen Verhaltens«), teils sieht er in der Masse eine nützliche Funktion (»Ist das Gebäude einer Zivilisation wurmstichig geworden, so sind es stets die Massen, welche dessen Zusammensturz herbeiführen«). Le Bons Argumentation bleibt insgesamt dem zyklischen Geschichtsverständnis verhaftet. Davon zeugt seine Vorstellung von der notwendigen Ablösung der Demokratie durch die Tyrannei.

Aufbau: Im Aufmarsch der Massen sieht Le Bon eine allgemeinmenschliche Erscheinung und nimmt im ersten Buch seines dreiteiligen Werks eine Darstellung charakteristischer Merkmale der Massenseele vor. Als Erklärung für das Massenverhalten stellt der Soziologe zunächst das »psychologische Gesetz der seelischen Einheit« auf, indem er erklärt: »In der Kollektivseele verwischen sich die intellektuellen Fähigkeiten und damit die Individualität der Individuen«. Da also die Intelligenz der Einzelnen nivelliert werde, ist es »die Dummheit, nicht der geist, was sich in den Massen akkumuliert«. Aus diesem Grund benähmen sich Einzelne bisweilen in der Masse, wie sie es als Individuen nie tun würden.

Im Anschluss versucht Le Bon »Gefühl und Moral der Massen«, ihre Impulsivität und Intoleranz, ihren Autoritarismus und Konservativismus zu erklären – Eigenschaften, welche die Masse zum geeigneten Spielball von Demagogen machen. Nach Le Bon besitzt die Masse eine eigene Sittlichkeit, die dazu führe, dass die Interessen Einzelner den Interessen der Gemeinschaft untergeordnet werden, was das oft heroische Verhalten der Masse erkläre.

Im zweiten Buch geht Le Bon auf die spezifischen Einflussfaktoren, auf die Anschauungen der Masse sowie auf die Eigenschaften der »Führer der Massen« ein. Die aufgezeigten Methoden der Kontrolle und die Rolle des Prestige wirken angesichts der totalitären Geschichte des 20. Jahrhunderts geradezu prophetisch. Im dritten Buch unternimmt Le Bon schließlich eine Klassifizierung und Beschreibung der verschiedenen Formen der Massen.

Wirkung: *Die Psychologie der Massen* war lange Zeit das Standardwerk zum Massenverhalten. So bezog sich Sigmund →Freud in seinen Arbeiten zur Massenpsychologie explizit auf Le Bon. Ernüchternd ist allerdings die Annahme, dass sich Adolf Hitler die von Le Bon aufgeführten pragmatischen Methoden der Massenzähmung zu Eigen gemacht hat. Das Werk bietet eine nach wie vor faszinierende soziologische Studie sowohl der »Masse« wie auch der Gedankenwelt ihres Kritikers. *B. A.*

Gustave Le Bon, *Die Psychologie der Massen*, Umschlag der Ausgabe 2002

Lec, Stanislaw Jerzy

(eigtl. S. J. de Tusch-Letz) poln. Satiriker und Lyriker

* 6.3.1909 Lemberg, † 7.5.1966 Warschau

📖 *Unfrisierte Gedanken*, 1957

In dem literarischen Werk von Stanislaw Jerzy Lec, das von stilistischer Brillanz, extremer sprachlicher Verknappung und großem moralischem Gewicht gekennzeichnet ist, spiegeln sich eine umfassende literarische Kultur, scharfsinniger Witz und Gespür für die Pointe sowie die Erfahrungen eines Lebens voller Brüche und Widersprüche wider.

Lec stammte aus einer jüdischen Bankiersfamilie. Nach einem Jurastudium in Lemberg, wo auch sein Erstling, der Lyrikband *Farben* (1933) erschien, zog er 1934 nach Warschau und wurde dort als Satiriker bekannt. Während des Kriegs geriet Lec in das KZ Tarnopol, aus dem er 1943 fliehen konnte. Er nahm als Offizier der Volksarmee aktiv in den Reihen der kommunistischen Partisanenarmee am Krieg teil. Anschließend war Lec zunächst Diplomat in Wien, emigrierte 1950 nach Israel und kehrte zwei Jahre später nach Warschau zurück. Nach dem Ende der Stalinzeit entfaltete Lec erneut seine literarische Tätigkeit als Satiriker und machte vor allem als Autor der Sammlung *Unfrisierte Gedanken* von sich reden, durch die der Aphorismus (Stichwort →S. 662) als literarische Kunst-

Stanislaw Jerzy Lec

Aphorismen aus der Sammlung *Unfrisierte Gedanken* von Stanislaw Lec:

Guter Rat für Schriftsteller: Im gewissen Augenblick zu schreiben aufhören. Sogar, bevor man angefangen hat.

Kopf hoch, wenn das Wasser bis zum Mund reicht.

form erneuert wurde. Seine Lyrik kennzeichnet ebenfalls die Tendenz zur extremen Verknappung und zur Reflexion.

Literatur: P. Krupka. *Der polnische Aphorismus. Die »unfrisierten Gedanken« von S. J. Lee*, 1976.

Unfrisierte Gedanken

OT Myśli nieuczesane **OA** 1957 **DE** 1959
Form Aphorismen **Epoche** Nachkriegszeit

Die *Unfrisierten Gedanken* sind witzige, geistreiche und präzise Kleinstkommentare und Denkanstöße zu politischen, gesellschaftlichen, moralischen und philosophischen Fragestellungen. In den scheinbar leichtfüßigen Spott, mit dem Stanislaw Lec die Gegenstände seiner Kritik – Fanatismus, Intoleranz, Verlogenheit, Denkfaulheit – überzieht, mischen sich auch schwermütige Töne.

Entstehung: Lec veröffentlichte seine Aphorismen (Stichwort → S. 662) seit 1954 kontinuierlich in den Zeitschriften *Nowa Kultura*, *Przegląd Kulturalny*, *Szpilki*, *Twórczość* und *Świat*. Die erste Buchausgabe erschien 1957; die zweite, stark erweiterte Auflage folgte 1959. Die abermals erweiterte dritte Auflage kam 1968 postum heraus.

Parallel erschien 1964 die Sammlung *Neue unfrisierte Gedanken*. 1996 wurde eine Auswahl von Texten aus dem Nachlass veröffentlicht. Insgesamt erschienen über 2000 Aphorismen von Lec im Druck.

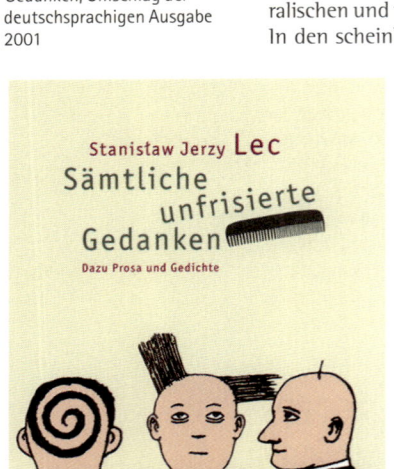

Stanislaw Jerzy Lec, *Unfrisierte Gedanken*, Umschlag der deutschsprachigen Ausgabe 2001

Inhalt: Die Spannbreite der Aphorismen umfasst im Wesentlichen die Themenkomplexe Staat, Gesellschaft und Politik. Insbesondere kritisiert Lec den Totalitarismus sowie den Missbrauch staatlicher Macht und die politische Unterdrückung. Aufgedeckt werden solche Begleiterscheinungen und Auswirkungen totalitärer Ideologien wie Opportunismus, Willkür, Unfreiheit, Ungerechtigkeit und Zensur (»Achillesfersen verstecken sich gern in Tyrannenstiefeln« oder »Hört ihr das Gestammel? Das sind die Chöre der Mitlaute nach der Extermination der Selbstlaute«).

Lec befasst sich außerdem mit dem Menschen, seinem Wesen, seinen Charakterzügen und Schwächen. Die psychologisch durchdringenden Beobachtungen entwerfen ein im Ganzen wenig schmeichelhaftes Bild von der moralischen Deformierbarkeit des Menschen: »Wenn ein Menschenfresser mit Messer und Gabel isst – ist das ein Fortschritt?« Gegenstand der Überlegungen sind ferner die Gebiete Ideal und Realität (»Nicht der Abgrund trennt, sondern der Niveau-Unterschied«), Religion und Glauben (»Ob ich gläubig bin? Das weiß nur Gott allein«) sowie Denken und Wahrheit (»Um an die Quelle zu kommen, muss man gegen den Strom schwimmen«).

Das Werk zeichnet sich durch äußerste sprachliche Verknappung und Pointiertheit aus, wobei Sprachform, ideeller Gehalt und Pointe zusammenfallen und untrennbar miteinander verknüpft sind. In seinen Aphorismen greift Lec mit Vorliebe auf rhetorische Techniken und Stilverfahren zurück, die sprachliche und gedankliche Stereotypen aufbrechen. Dazu gehört das abgründige Spielen mit Worten, Redensarten oder Sprichwörtern wie »Wir fordern einen achtstündigen Gedankentag«, die Bearbeitung literarischer Zitate und die Verwendung kultureller und historischer Verweise in einen ungewohnten Kontext, wie z.B. »Am Anfang war das Wort – am Ende die Phrase«. Lec gebraucht außerdem Stilmittel, die eingefahrene Denkweisen ausheben und eine überraschende Perspektive eröffnen, wie z.B. das Paradoxon (»Die Geschichte lehrt, wie man sie fälscht.«), der Alogismus (»sind nackte Frauen intelligent?«), die Doppeldeutigkeit (»Analphabeten müssen diktieren.«) und die Ironie (»Bakterien? Kleinigkeit!«).

Wirkung: Mit *Unfrisierte Gedanken* hat Lec die Gattung des Aphorismus erneuert und aufgewertet. Unabhängig von ihrer großen künstlerischen Wirkungskraft ist den Aphorismen von Lec die größte Ehre widerfahren, die es für ein literarisches Werk geben kann – viele seiner Aussprüche sind als »geflügelte Worte« in die Alltagssprache eingegangen und sprichwörtlich geworden.

M. Sch.

Aphorismus

Bedeutung: Aphorismen sind kurze Prosatexte, die in geschliffener (rhetorisch überspitzter, pointierter) Form einen geistreichen, betont subjektiven Gedanken (ein originelles Werturteil, eine persönliche Erkenntnis, eine Lebensweisheit) moralischer, philosophischer, psychologischer, ästhetischer Art zum Ausdruck bringen. Ihrer formalen Gestaltung nach sind Aphorismen in sich abgeschlossene, kontextunabhängige (aus ihrem jeweiligen Umfeld herauslösbare) Aussagen. Im Hinblick auf ihren ideellen Gehalt hingegen sind sie extrem offen, indem sie den Leser zum Weiterdenken oder zum Widerspruch reizen.
Verwandte Begriffe: Mit dem Aphorismus verwandt sind u.a.: Sentenz (Sinnspruch, allgemeiner Gedanke moralischer Art), Maxime (knapp formulierte Verhaltensregel), Apophthegma (prägnanter Spruch, »geflügeltes Wort«), Bonmot (geistreicher Aus-

spruch), Sprichwort (volkstümliche Lebensweisheit), Gnome (kurzer Versausspruch moralischen Charakters), Epigramm (pointiertes Kurzgedicht).
Hauptvertreter: Zu den frühen Meistern der Gattung gehören vor allem die französischen Moralisten des 17.–18. Jahrhunderts, u.a. François de → La Rochefoucauld, Blaise → Pascal, Luc de Clapiers, Marquis de Vauvenargues (1715–47) sowie der Spanier Baltasar → Gracián. Eine bedeutende Tradition hat der Aphorismus in Deutschland. Auf Georg Christoph von → Lichtenberg im 18. Jahrhundert folgen u.a. Goethe, Friedrich Schlegel (1772–1829), → Novalis, Heinrich → Heine, Arthur → Schopenhauer, Friedrich → Nietzsche, Kurt → Tucholsky, Theodor W. → Adorno und Elias → Canetti. In Polen sind es neben Stanislaw Jerzy → Lec u.a. Karol Irzykowski (1873–1944) und Adolf Nowaczyński (1876–1944).

le Carré, John

(eigtl. David John Cornwell) engl. Romancier

* 19.10.1931 Poole (Dorset)

📖 *Der Spion, der aus der Kälte kam*, 1963

Mit einer stattlichen Reihe von Romanen hat le Carré seit den sechziger Jahren das englisch geprägte Genre des Spionage- oder Agentenromans (Stichwort → S. 663) erneuert, vertieft und auch für Leser des 21. Jahrhunderts attraktiv gemacht. Das gelingt ihm durch die Kombination der herkömmlichen Gattungsregeln mit moralischen Fragen (Verantwortung des Einzelnen) sowie gesellschaftskritischen und satirischen Aspekten. Am Ende des 20. Jahrhunderts darf er als einer der weltweit erfolgreichsten und zugleich seriösesten Autoren der Spannungsliteratur gelten.

Nach einer Kindheit in schwierigen Familienverhältnissen und wechselnden Internaten studierte le Carré Germanistik in Bern und Oxford. 1949 leistete er seinen Militärdienst beim British Army Intelligence Corps. In den frühen 1950er Jahren war er Lehrer an verschiedenen Schulen, u.a. Tutor am Eton College. Ab 1960 im diplomatischen Dienst, war le Carré u.a. an der britischen Botschaft in Bonn und beim Hamburger Konsulat stationiert; während der gesamten Dienstzeit arbeitete er verdeckt und vorrangig für den britischen Geheimdienst SIS/MI6. Sein offizieller Status war ausschlaggebend für die Wahl des Pseudonyms John le Carré. Nach zwei ersten Romanen, die eher dem Detektiv-Genre zuzurechnen sind, brachte *Der Spion, der aus der Kälte kam* 1963 gleich einen großen, auch internationalen Erfolg und ermöglichte es le Carré, als freier Schriftsteller zu leben. Bis zu seinem 70. Geburtstag im Jahr 2001 verfasste le Carré weitere 15 Romane, die alle dem Genre des Spionage- oder Agentenromans angehören.

John le Carré, den der Journalist und Herausgeber Paul Ingendaay als »König ohne Konkurrenz« des Spionageromans bezeichnete

Der Spion, der aus der Kälte kam

OT The Spy Who Came in From the Cold **OA** 1963
DE 1964 **Form** Agentenroman **Epoche** Moderne

Mit seinem dritten Roman *Der Spion, der aus der Kälte kam* erzielte John le Carré 1963 einen internationalen Publikumserfolg und begründete seine Reputation als unbestrittener Meister des Spionage- oder Agentenromans. Die Bemerkung seines Vorbilds Graham → Greene, dies sei die beste Spionagegeschichte, die er je gelesen habe, fand in der Literaturkritik kaum Widerspruch.

Inhalt: Alec Leamas, ein alter Fuchs beim britischen Geheimdienst, hat all seine Agenten in der DDR verloren. Nachdem der letzte, ein führender SED-Politiker, bei einem Fluchtversuch erschossen wurde, soll Leamas von Berlin aus seinen Widersacher Mundt, den mächtigen Vize der ostdeutschen »Abteilung«, endgültig ausschalten. Nach einem von George Smiley ausgeklügelten Plan soll Leamas, scheinbar aus dem Dienst entlassen und verwahrlost, von den Ostdeutschen angeworben und in die DDR ge-

Politthriller und Spionageroman

Spionageroman: Beim Spionageroman handelt es sich um ein besonders in der angelsächsischen Literatur populäres, handlungsstarkes Subgenre des Kriminalromans mit gelegentlich stark patriotischen Zügen. Der tendenziell reaktionäre Charakter des Spionageromans lässt sich vor allem bei jener romantischen Version des Genres beobachten, wie sie gelegentlich Ian Fleming (1908–64) mit seinen Romanen um den britischen Meisterspion James Bond geprägt hat. In der Regel wird in Romanen dieser Art ein besonders befähigter Mitarbeiter eines Geheimdienstes auf eine Mission geschickt, bei der das Schicksal Englands oder der freien Welt auf dem Spiel steht. Wie der Held mittelalterlicher Epen im Kampf mit dem Drachen, erledigt der Agent in seinem Kampf mit einem übermächtigen Gegner – zumeist allein,

verraten von vermeintlichen Freunden, mitunter auch noch sabotiert vom politischen Kalkül seiner Vorgesetzten – die ihm anvertraute Aufgabe. **Richtungen:** In der Geschichte des Genres stehen realistische oder satirische, jedenfalls aber literarisch ambitionierte Spionageromane – *Der Geheimagent* (1907) von Joseph → Conrad, *Unser Mann in Havanna* (1958) von Graham → Greene, die Romane von Eric → Ambler sowie *Der Spion der aus der Kälte kam* (1963) von John → le Carré – neben den stärker am Schema des Abenteuerromans orientierten Erzählungen, für die Autoren wie John Buchan (1875–1940), Erskine Childers (1870–1922) oder Fleming Beispiele geliefert haben. In beiden Typen fungiert der Spion als britische Variante des »cultural hero«, der eine dem amerikanischen Cowboy

vergleichbare Heldenrolle einnimmt; der Anachronismus seines Handelns und die Kultiviertheit seiner Persönlichkeit verweisen auf den Niedergang des britischen Empire und der englischen Oberschicht in der Epoche seit dem Ersten Weltkrieg. **Politthriller:** Im Politthriller tritt die Figur des Geheimagenten zurück zu Gunsten der kolportagehaften Darstellung eines politischen Szenarios, in dem die Grenzen zwischen Gut und Böse sich zunehmend auflösen. Romane wie die von Ambler oder Forsyth beziehen ihren Charme gerade aus der Desillusionierung des Genres: Die lächerlichen Antihelden bei Ambler treiben dem Genre seine Romantik aus, die Killer und skrupellosen Politiker von Frederick → Forsyth die Moral. *H.R.B.*

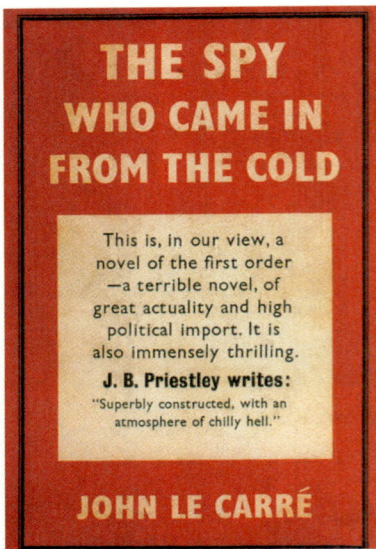

John le Carré, *Der Spion, der aus der Kälte kam*, Umschlag der Originalausgabe 1963

bracht werden. Dort glaubt Fiedler, Mundts Konkurrent, diesen als britischen Geheimagenten entlarven zu können. Im Verlauf eines Parteiverfahrens kann Mundt jedoch den Spieß umdrehen und Fiedler mit Leamas der Konspiration gegen ihn und die Stasi beschuldigen. Das gelingt, weil er auf unerklärliche Weise über Leamas' andauernde Kontakte zum Secret Service und über seine Liebesbeziehung zu Liz, einer jungen englischen Kommunistin, informiert ist. Erst spät erkennt Leamas »den ganzen grausigen Trick«: Er selbst war von seinem Dienst getäuscht worden – er sollte nicht Mundt (der tatsächlich ein britischer Agent ist) zur Strecke bringen, sondern den argwöhnischen Fiedler, der dann wirklich von seinen eigenen Leuten liquidiert wird. Immerhin scheint Mundt sowohl Leamas als Liz, die in der DDR als unfreiwillige Belastungszeugin verwendet wurde, die Flucht über die Berliner Mauer zu erlauben. Im letzten Moment erweist sich jedoch auch dies als Täuschung: Das Mädchen wird erschossen und Leamas verzichtet auf den lebensrettenden Sprung in den Westen, wo ihn Smiley vergebens erwartet.

Aufbau: Le Carré benutzt die historische Konstellation des Kalten Kriegs als Grundmuster für seine Erzählung und richtet den Blick auf jenen Ort, an dem die Teilung der Welt in zwei feindliche Blöcke besonders anschaulich, ja symbolisch erscheint: auf das geteilte Berlin und die kurz zuvor erbaute Mauer. Er entwickelt hieraus jedoch keine Schwarzweiß-Zeichnung, wie dies in der Tradition des britischen Spionageromans die Regel war. Sein Held Leamas muss erfahren, dass die eigene Seite keineswegs verantwortungsvoller oder moralischer handelt als die feindliche. Mit der sehr dynamischen, an überraschenden Wendungen reichen Handlung verknüpft le Carré die zentralen Themen der Loyalität (zur eigenen Sache, zur Nation, zur freien Welt), aber auch der Täuschung und der Enttäuschung durch die eigene Seite. Damit schließt er bewusst an eine Traditionslinie politischer Literatur im 20. Jahrhundert an, für die besonders die *Sonnenfinsternis* (1940) von Arthur → Koestler steht.

Wirkung: *Der Spion, der aus der Kälte kam* war weltweit ein großer Erfolg bei Lesepublikum sowie Kritik und etablierte le Carré als internationalen Bestsellerautor. Die Verfilmung von Martin Ritt aus dem Jahr 1965 mit Richard Bur-

ton als Leamas konnte diesen Effekt nur verstärken. Entscheidend war neben den handwerklichen Qualitäten des Romans sicher auch die Tatsache, dass er eine akute historische Problematik und Zeitstimmung sehr genau traf.　　*J. V.*

Ledda, Gavino

italien. Schriftsteller
*30.12.1938 Siligo (Sardinien)
📖 *Padre Padrone. Mein Vater, mein Herr*, 1975

Mit seiner Autobiografie *Padre Padrone. Mein Vater, mein Herr* lieferte Gavino Ledda ein erschütterndes Dokument sozialer Gewalt. Zugleich beschreibt der Autor, wie es ihm dank Sprache und Bildung gelang, die Fesseln väterlicher Willkür abzustreifen.

Der Sohn eines Bergbauern wuchs in dem einsamen sardischen Dorf Siligo auf. Nach nur vierwöchigem Schulbesuch nahm der Vater den Sechsjährigen 1944 aus der Schule. Gavino musste getrennt von seiner Familie in der Einsamkeit der Berge die Schafe hüten. Sein Aufbegehren gegen die Langeweile und Eintönigkeit seines Lebens beantwortete der Vater mit brutaler Gewalt. Der Militärdienst, zu dem er sich 1958 als 19-Jähriger freiwillig meldete, ermöglichte ihm die Flucht vor dem despotischen Vater. Erst jetzt lernte Gavino, der bis dahin nur den sardischen Dialekt seiner Heimat sprach, Italienisch. Während seiner Militärzeit nahm er Privatunterricht und ging anschließend nach Salerno, wo er 1964 in einem Internat das Abitur machte. Anschließend studierte er Linguistik in Rom und wurde nach seinem Abschluss (1969) Dozent an der Universität von Sassari. 1975 erschien der erste Teil seiner Autobiografie *Padre Padrone. Mein Vater, mein Herr*, deren Fortsetzung (*Die Sprache der Sichel*, 1977) die Schulzeit in Salerno und das Studium in Rom beschreibt. Nach dem Erfolg seiner Bücher zog sich Ledda wieder in sein Heimatdorf zurück. Neben der Schriftstellerei versuchte er sich auch als Filmregisseur.

Padre Padrone. Mein Vater, mein Herr

OT *Padre Padrone. L'educazione di un pastore*
OA 1975 DE 1978 **Form** Roman **Epoche** Moderne

Zwei Kulturen stehen einander in der Autobiografie von Gavino Ledda scheinbar unvereinbar gegenüber: die entbehrungsreiche Welt der Bauern und Schafzüchter sowie die freiheitliche Welt der Sprache und Bildung. In sachlicher, bisweilen spröder Sprache, die durch ihre Unmittelbarkeit beeindruckt, schildert der Autor seinen gewaltigen Sprung vom Analphabeten zum Gelehrten.

Inhalt: Bis zur Erschöpfung muss Gavino seinem Vater Abramo bei der Feldarbeit und der Schafzucht helfen; jeden Fluchtversuch ahndet der Patriarch mit Prügeln. In seinem Streben nach Besitz und bei seinem Kampf gegen eine als feindlich empfundene Natur betrachtet Abramo Frau und Kinder lediglich als Arbeitssklaven. Ein Kälteeinbruch vernichtet den Olivenhain des Bauern – 30 Jahre Arbeit und die Hoffnung auf ein wenig Wohlstand im Alter sind zerstört. Mit 21 Jahren meldet sich Gavino freiwillig zum Militär, doch in der Kaserne von Siena leidet er unter heftigem Heimweh. Erst jetzt lernt er Italienisch. Sein Bildungshunger ist unersättlich; er will das Abitur machen und studieren. Bei einem Besuch in seinem Heimatdorf stoßen seine ehrgeizigen Ziele nur auf Hohn und Spott. Sein Vater unternimmt einen letzten Versuch, ihn zur Arbeit zu zwingen. Doch bei einer Prügelei befreit sich Gavino endgültig aus seiner Knechtschaft.

Wirkung: Der außergewöhnliche Roman stieß sofort nach seinem Erscheinen auf großes Publikumsinteresse und wurde zum Bestseller. 1975 erhielt das Werk den Premio Viareggio. Die Verfilmung des Stoffs (1977) durch die Brüder Paolo und Vittorio Taviani trug wesentlich zum internationalen Erfolg des Buchs bei. *D. M.*

Lee, Harper

US-amerikan. Schriftstellerin

*28.4.1926 Monroeville (Alabama)

📖 *Wer die Nachtigall stört*, 1960

Für ihren ersten und einzigen Roman, den Welterfolg *Wer die Nachtigall stört* (1960) über den Fall eines zu Unrecht der Vergewaltigung verdächtigten Schwarzen in einer Kleinstadt in Alabama, erhielt Harper Lee 1961 den Pulitzerpreis.

Lee, Tochter eines Rechtsanwalts, war eine Jugendfreundin des zwei Jahre älteren Schriftstellers Truman → Capote, der ihr seinen Tatsachenroman *Kaltblütig* (1966) widmete. Sie besuchte 1944/45 das Huntingdon College und studierte danach bis 1949 Jura an der University of Alabama und in Oxford. In den 1950er Jahren arbeitete sie in New York für verschiedene Fluggesellschaften. Außer ihrem berühmten Roman, drei Zeitschriftenessays in den frühen 1960er Jahren und dem Aufsatz *Romance and High Adventure* (1983) hat sie nie wieder etwas veröffentlicht und lebt zurückgezogen in ihrer Heimatstadt Monroeville.

Wer die Nachtigall stört

OT To Kill a Mockingbird **OA** 1960 **DE** 1963
Form Roman **Epoche** Moderne

Der einzige Roman von Harper Lee, aus der Sicht eines siebenjährigen Mädchens erzählt, ist ein leidenschaftliches Plädoyer für Zivilcourage sowie Toleranz und ein Klassiker der Südstaaten-Literatur.

Inhalt: Schauplatz ist Macomb County in Alabama während der Depression in den frühen 1930er Jahren. Wohl behütet wächst Jean Louise »Scout« Finch mit ihrem Bruder Jem bei Rechtsanwalt Atticus Finch auf, der nach dem frühen Tod seiner Frau ganz für seine Kinder da ist. Trotzdem spüren alle drei den Rassenhass im tiefen Süden der USA, besonders als Atticus

Harper Lee, *Wer die Nachtigall stört;* links: Umschlag der Jubiläumsausgabe 2000 (Gestaltung: Shirley Smith); rechts: Einband der deutschsprachigen Erstausgabe 1963 (Gestaltung: Claire Malignon)

Rassismus als Thema im US-amerikanischen Roman	
Harriet Beecher Stowe, 1852	*Onkel Toms Hütte:* Ein schonungsloses Porträt der Sklaverei in den US-Südstaaten, das jedoch Schwarze klischeehaft darstellt. → S. 97
William Faulkner 1932	*Licht im August:* Das Schicksal der Hauptfiguren nimmt Faulkner zum Anlass für Kritik an Rassismus und religiösem Eifer. → S. 344
Richard Wright 1940	*Sohn dieses Landes:* Ein Schwarzer im Ghetto von Chicago wird als Opfer gesellschaftlicher Verbrechen zum mehrfachen Mörder.
Ralph Ellison 1952	*Unsichtbar:* Die Lebensgeschichte eines schwarzen Künstlers ist ein Symbol für die Bedrohung durch die Gewalt der Weißen.
Harper Lee 1960	*Wer die Nachtigall stört:* Ein der Vergewaltigung eines weißen Mädchens verdächtiger Schwarzer wird ermordet. → S. 665
William Styron 1967	*Die Bekenntnisse des Nat Turner:* Der Aufstand der schwarzen Sklaven 1831 in Virginia wird aus der Sicht ihres Führers erzählt.
Alex Haley 1976	*Wurzeln:* Die Saga einer schwarzen Sklavenfamilie in den USA reicht von der Verschleppung aus Afrika bis in die Gegenwart.
Toni Morrison 1977	*Solomons Lied:* Ein Schwarzer findet seine Identität, indem er dem Schicksal seiner Familie während der Sklaverei nachspürt.
Alice Walker 1983	*Die Farbe Lila:* Der Briefroman schildert die Unterdrückung einer jungen schwarzen Frau durch Rassismus und Sexismus. → S. 1120
Ernest Gaines 1987	*Ein Aufstand alter Männer:* Nach dem Mord an einem Weißen brechen ältere Schwarze aus dem Zyklus ihrer Demütigung aus.

die Verteidigung des Farbigen Tom Robinson übernimmt. Tom soll die Tochter eines weißen Bauern vergewaltigt haben, beteuert jedoch seine Unschuld. Bereits im Vorfeld des Prozesses sehen sich Atticus und seine Kinder zahlreichen Anfeindungen der »ehrwürdigen« Bürger ausgesetzt, die nicht verstehen können, dass man einen »Nigger« überhaupt verteidigt. Aber Atticus ist von dessen Unschuld überzeugt, doch sein Klient wird ermordet.

Aufbau: Der Roman stellt zwei unterschiedliche Moralcodes gegenüber. Die archaischen Überlegenheits- und Abgrenzungsgefühle der weißen Kleinstädter brechen in offenen Rassenhass aus, als das größte aller Vorurteile erfüllt scheint: dass Schwarze weiße Frauen und Mädchen vergewaltigen. Diese »Moral«, das Thema vieler Südstaaten-Autoren, verkörpert am stärksten die verbohrte Tante Alexandra, ein Relikt aus vergangenen Zeiten. Eine andere Moral vertritt Anwalt Atticus, ein toleranter und aufrechter Mensch, die ruhige Stimme der Vernunft in einer Umgebung aus Angst, Hass und Gewalt. Atticus, eine demokratische Figur, vertritt jeden unabhängig von Rasse oder sozialem Status und versucht sogar jene zu verstehen, die

ihm fremd sind. Um die Demütigung von Schwarzen nachvollziehen zu können, erklärt er seiner Tochter Scout, müsse man eine Weile in ihre Haut schlüpfen. Scout wird bald die neue Südstaatenfrau im Sinne der Autorin verkörpern – stark, selbstbewusst und tolerant.

Ein geschickter literarischer Kunstgriff von Lee ist ihre bewusst eingesetzte Strategie des Scheins. Viele Figuren sind nicht so, wie sie beim ersten Hinsehen wirken. Indem der Leser hinter die Gerüchte und Vorurteile der Kleinstädter blickt, erkennt er nicht nur den wahren Charakter der Figuren, sondern auch seine eigenen Ressentiments.

Wirkung: Das Buch erhielt 1961 den Pulitzerpreis, die höchste literarische Auszeichnung der USA, und wurde in rund 25 Sprachen übersetzt. Bereits 1962, zwei Jahre nach Erscheinen, drehte Robert Mulligan die Verfilmung, die drei Oscars erhielt, darunter einen für Hauptdarsteller Gregory Peck als Rechtsanwalt Finch.　*B. B.*

Le Fort, Gertrud von

(eigtl. G. Freiin v. le Fort) dt. Schriftstellerin

* 11.10.1876 Minden, † 1.11.1971 Oberstdorf

📖 *Das Schweißtuch der Veronika*, 1928; 1946

Gertrud von Le Forts Gedichte, Erzählungen und Romane behandeln die Suche des Menschen nach religiöser Wahrheit und Bestätigung des christlichen Weltbildes in Zeiten der moralischen und seelischen Entfremdung von Gott. Ihre Werke, die sich besonders dem Schicksal der Frau widmen, sind der katholischen Heilslehre verpflichtet, streben jedoch nach einer überkonfessionellen Darstellung des menschlichen Erlösungsbedürfnisses in einer von Leid und Krieg überschatteten Gegenwart.

Le Fort entstammte einer protestantischen, preußischen Offiziersfamilie norditalienischer Herkunft. Kindheit und Jugend verbrachte sie in wechselnden Garnisonsstädten, prägende Eindrücke empfing sie auf den mecklenburgischen Gütern der Familie und während früher Aufenthalte in Italien.

Mit 17 Jahren veröffentlichte Le Fort erste Gedichte und Erzählungen; nachhaltig beeinflusst wurden Leben und Werk jedoch durch das Theologie- und Geschichtsstudium 1908–16, das Le Forts Hinwendung zur katholischen Glaubenslehre vorbereitete. Das Bekenntnis zum Katholizismus tritt in den *Hymnen an die Kirche* (1924) offen zu Tage, die Le Fort schlagartig bekannt machten. 1926 trat sie in Rom offiziell zur katholischen Kirche über.

Nach der Machtübernahme der Nationalsozialisten, die Le Fort aufgrund ihrer religiösen

Gertrud von Le Fort 1956 beim Eintrag in das Goldene Buch der Universität München

Überzeugung rigoros ablehnte, wurde die Dichterin zunehmend isoliert. Erst in der Nachkriegszeit gelangten ihre Werke zu neuem Ansehen und wurden – auch auf katholischer Seite – kontrovers diskutiert. Als »Streiterin für das ewige Recht, für die ewige Ordnung, für die geheime Schönheit und Harmonie der Welt« (Carl Zuckmayer, 1896–1977) empfing Le Fort nach 1945 zahlreiche Auszeichnungen und Literaturpreise. Sie gilt heute als eine der wichtigsten Vertreterinnen des sog. Renouveau catholique.

Biografie: G. Kranz, *Gertrud von Le Fort. Leben und Werk in Daten, Bildern und Zeugnissen*, 1976; E. v. La Chevallerie, *Gertrud von Le Fort. Wirken und Wirkung*, 1983.

Das Schweißtuch der Veronika

OA 1928 (Bd.1); 1946 (Bd.2)
Form Roman **Epoche** Moderne

Als eines der letzten, künstlerisch bedeutendsten Beispiele religiös inspirierter Literatur im 20. Jahrhundert schildert der Roman am Beispiel einer jungen Frau die Bestätigung der christlichen Glaubenslehre und Ethik angesichts des religiösen Verfalls und der moralischen Abgründe des modernen Atheismus.

Inhalt: Die Rahmenhandlung des zweiteiligen Romans (*Der römische Brunnen*, 1928; *Der Kranz der Engel*, 1946) bildet die autobiografisch inspirierte Erzählung der Jugendjahre der titelgebenden Heldin. Handlungsort ist Rom, wo das empfindsame, allem Mystischen und Spirituellen zugewandte Mädchen Veronika ihre Jugend verbringt. Die von Heidentum und Christentum geprägte Stadt wird zum Schauplatz zentraler Erlebnisse und Begegnungen, die die wegen ihrer intensiven Einbildungskraft »Spiegelchen« genannte Veronika schließlich zum wahren Glauben finden lassen. Der religiösen Sinnfindung gehen schwere Kämpfe voraus, in denen die junge Frau wie ihre Namenspatronin, die heilige Veronika, das Andenken Christi gegen Zweifler und Ungläubige verteidigen muss: Die Großmutter will die Enkeltochter für klassisch-heidnische Ideale begeistern, die Rom einst zu seiner Blüte brachten; der Dichter Enzio versucht Veronika hingegen für ein »neues« Heidentum zu gewinnen, das den Menschen durch die Mittel der Kunst einer Pseudo-Erlösung näher zu bringen hofft.

Der innere, weltanschauliche Konflikt wird im zweiten Teil aufgegriffen, der nach dem Ersten Weltkrieg in Heidelberg spielt, wo Veronika inzwischen studiert. Hier trifft sie Enzio wieder, den die deutsche Kriegsniederlage zum fanatischen Christenhasser und Faschisten gewandelt hat. Auf die Gnade Gottes vertrauend, willigt Veronika in eine nicht kirchliche Ehe mit Enzio ein, den sie von seinem Unglauben zu erlösen hofft. Angesichts des bevorstehenden Bruchs mit Kirche und Christentum droht Veronika dem Wahnsinn zu verfallen. Enzio, der sich seiner Braut auf mystische Weise verbunden fühlt, »bekehrt« sich von seinem Plan, Veronika vom wahren Glauben zu entfremden, und stimmt schließlich einer kirchlichen Trauung zu.

Aufbau: Die Gliederung in zwei separate Teile und die innere, kontrastreiche Struktur des Doppelromans spiegeln das zentrale Thema wider, das Le Fort auch in den zeitgleich entstandenen *Hymnen an die Kirche* (1924) ausgestaltete und später immer wieder aufgriff: Im Zentrum steht der um den wahren Glauben ringende Mensch, der zwischen der die Liebe Christi symbolisierenden Kirche, seelischen Skrupeln und weltlichen Versuchungen hin und her gerissen wird, auf dem Höhepunkt der Handlung jedoch die Gnade Gottes erfährt und vom irdischen Leiden erlöst wird. Zahlreiche, symbolträchtige Einzelepisoden, die in den Romanverlauf eingeflochten sind, kontrastieren die Selbstzweifel und Anfechtungen, denen die Heldin auf ihrem Weg zur Erlösung ausgesetzt ist, mit der christlichen Glaubensgewissheit, die sich wiederholt bewähren muss. Dabei steht im zweiten Teil des Romans, der während des Nationalsozialismus entstand, der innere Konflikt der Veronika stellvertretend für die Krise von Kirche und Glauben angesichts des Gräuel des Zweiten Weltkriegs und des Holocaust.

Wirkung: Der Roman löste nach Erscheinen des zweiten Teils 1946 heftige Debatten in der Öffentlichkeit aus. Spendete *Das Schweißtuch der Veronika* in der Nachkriegszeit vielen Lesern Trost und Hoffnung, erschien anderen die religiös-ideologische Verengung der Kriegsschuld und -folgen zur Glaubensfrage unangemessen. Nachdem Le Forts Werk seit den 1960er Jahren zunehmend in Vergessenheit geriet, wird es nun wieder verstärkt wahrgenommen. *T.S.*

Auszug aus dem Roman *Das Schweißtuch der Veronika* von Gertrud von Le Fort:

Ich grüßte meine Heilige und faltete die Hände zu der im mystischen Dunkel der abendlichen Kuppel schwebenden Loggia empor: »Präge dich tiefer ein, du Bild meines Königs, du, nicht ich, sollst in meiner Seele leben, in meinem Herzen, in meinem Antlitz, auf meinen Lippen, du, nicht ich, lebenslang nur du!«
Dann beugte ich mich zu Boden und küsste ihn: ich küsste nicht Steine, sondern ich küsste das heilige Herz der Welt, ich küsste die Stätte, an der sich Himmel und Erde berühren, das Rom Jesu Christi, das unüberwindliche und wahrhaft ewige Rom.«

Gertrud von Le Fort, *Das Schweißtuch der Veronika*, Einband der Ausgabe 1950

Leibniz, Gottfried Wilhelm von

dt. Philosoph und Universalgelehrter

* 1.7.1646 Leipzig, † 14.11.1716 Hannover

📖 Die Theodizee, 1710

Georg Wilhelm von Leibniz leistete einen wesentlichen Beitrag zum Fortschritt der Wissenschaften und schuf ein philosophisches System zur Erklärung der Welt.

Nach der Promotion (Jura) trat Leibniz in den Dienst des Mainzer Hofes. Nach einem Aufenthalt in Paris 1672–76 wurde er Hofbibliothekar in Hannover und beriet mehrere Herrscherhäu-

Die wichtigsten Bücher von Gottfried Wilhelm von Leibniz	
Neue Methode zur Bestimmung von Größt- und Kleinst-werten...,1684	In dieser kurzen mathematischen Untersuchung gibt Leibniz einen Überblick über seine unabhängig von Isaac Newton (1643 bis 1727) entwickelte Differenzialrechnung mit geometrischen und physikalischen Anwendungen .
Die Theodizee 1710	In der Schrift geht Leibniz davon aus, Gott habe in seiner All-macht und Allgüte die beste aller möglichen Welten geschaffen. Das Böse gehört dazu; damit gibt es menschliche Freiheit.→ S.668
Die in der Vernunft begründeten Prin-zipien der Natur und der Gnade 1719 (postum)	Leibniz gibt in dieser Abhandlung eine dialektische Darstellung der Monadologie auf der Basis des Begriffs der Substanz, die als aktiv, tätig zu verstehen ist. Diese Tätigkeit könne beispielsweise auch – ebenso wie es bei den Monaden der Fall ist – in der Auf-nahme eines Spiegelbilds im Spiegel bestehen.
Lehrsätze über die Monadologie 1720 (postum)	Leibniz bietet eine gedrängte Darstellung seines philosophischen Systems mit dem Gedanken der Monaden als unteilbaren, aus sich heraus tätigen geistigen Kraftzentren der Welt.
Neue Abhandlungen über den mensch-lichen Verstand 1765 (postum)	Leibniz setzt sich mit dem Versuch über den menschlichen Ver-stand (1690) von John → Locke auseinander. Entgegen Lockes Vorstellung, die Seele sei eine leere Tafel, die durch Sinneserfahrung beschrieben werde, sagt Leibniz, es existieren eingeborene Ideen.

ser. Leibniz ging davon aus, dass die Welt nach logischen Gesetzen aufgebaut und daher dem menschlichen Verstand zugänglich sei. Die prä-stabilierte (vorher eingerichtete) Harmonie des Universums besteht, wie er in den *Lehrsätzen über die Monadologie* (postum 1720) erläutert, aus unteilbaren geistigen Kraftzentren, den sog. Monaden, die nicht aufeinander einwirken, sondern das Universum aus je eigener Per-spektive spiegeln.

Sein Werk *Die Theodizee* ist mit dem Konstrukt der »besten aller möglichen Welten«, die Gott geschaffen habe, ein Beleg für den Optimismus des Gelehrten. Auf der Suche nach einer stren-gen Wissenschaftssprache stieß Leibniz auf Grundgesetze der höheren Mathematik – er schuf das binäre Zahlensystem und begründete parallel zu Isaac Newton (1643–1727) die Dif-ferenzialrechnung. Die Entwicklung der Physik brachte Leibniz mit der Einführung des Begriffs der Kraft voran.

Biografie: R. Finster / G. van den Heuvel, *Gottfried Wil-helm Leibnitz* (rm 50 481).

Die Theodizee

OT Essais de Théodicée sur la bonté de Dieu, la liberté de l'homme et l'origine du mal **OA** 1710 **DE** 1720
Form Abhandlung **Bereich** Theologie/Philosophie

In dem Werk *Die Theodizee* (vollständiger Titel: *Abhandlungen zur Theodizee über die Güte Got-tes, die Freiheit des Menschen und den Ursprung des Bösen*) versucht Gottfried Wilhelm Leibniz zu erklären, wie das in der Welt existierende Böse damit vereinbar sei, dass der allwissende, allmächtige und allgütige Gott diese Welt ge-schaffen habe. Er kommt zu dem Ergebnis, dass die existierende Welt die beste aller möglichen in dem Sinne sei, dass eine noch bessere zwar vorstellbar, aber nicht realisierbar sei.

Entstehung: Die *Theodizee* entstand in der Aus-einandersetzung mit dem *Historisch-kritischen Wörterbuch* von Pierre Bayle (1697) und nach Gesprächen mit der preußischen Königin (seit 1701) Sophie Charlotte. Leibniz prägte mit dem Werk den Begriff »Theodizee« (von griech. theos, Gott; dike, Gerechtigkeit), das in der Schrift behandelte Problem war jedoch schon seit der Antike bekannt.

Inhalt: Im Gegensatz zu Bayle geht Leibniz davon aus, dass es keinen Widerstreit zwischen Glaubens- und Vernunftwahrheiten gebe und dass daher das Theodizee-Problem mit ver-nünftigen Mitteln zu lösen sei. Er setzt Gott als allwissend, allmächtig und allgütig voraus und kommt zu dem Schluss, dass die Welt, die er ge-schaffen habe, die beste aller möglichen Welten sei: Wenn es eine bessere gäbe, hätte er sie ent-weder nicht gekannt (was seiner Allwissenheit widerspräche), er hätte sie nicht schaffen kön-nen (was seiner Allmacht widerspräche) oder nicht schaffen wollen (was seiner Allgüte wi-derspräche).

Die Frage, wieso es in dieser Welt Leiden, Un-vollkommenheit und Sünde gibt, versucht Leib-niz auf verschiedene Weise zu beantworten: So führt er an, dass eine absolut vollkommene Welt mit vollkommenen Geschöpfen von Gott selbst nicht zu unterscheiden, eine solche Welt also nicht realisierbar sei; daraus ergibt sich nach Leibniz die Endlichkeit der Welt mit der Folge des Leidens und die Fehlbarkeit des Men-schen mit der Folgen des freien Willens. Anders gefasst: Das Vollkommene und das Unvollkom-mene bilden ein Ganzes, das umfassender und daher besser ist als eine Ganzheit, die nur aus Vollkommenem besteht.

Gottfried Wilhelm von Leib-niz, *Die Theodizee*, Frontispiz und Titelblatt der deutsch-sprachigen Erstausgabe 1720

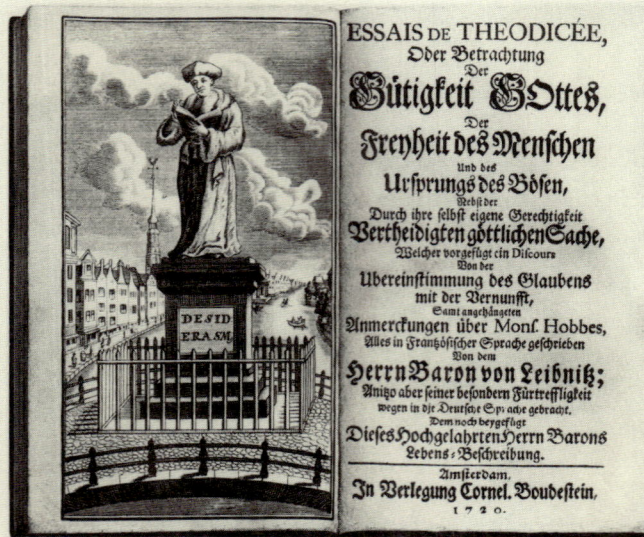

Wirkung: Mit seiner Vorstellung, dass die Endlichkeit der Welt und die Unzulänglichkeit des Menschen metaphysisch notwendige Übel seien, bahnt Leibniz der Aufwertung menschlicher Rationalität und Selbstverantwortung im Sinne der Aufklärung den Weg. Dies hinderte den Aufklärer → Voltaire nicht, im Roman *Candide oder Der Optimismus* (1759) durch Aufzählung vielfältiger Übel in der Welt Leibniz der Lächerlichkeit preiszugeben. Arthur → Schopenhauer sprach im 19. Jahrhundert gar von der »schlechtesten aller möglichen Welten« und der Existenzialismus des 20. Jahrhunderts sah Leid und Verbrechen als schärfsten Einwand gegen die (christliche) Religion.

Auf der anderen Seite knüpften u. a. die englischen Philosophen Anthony Shaftesbury (1671 bis 1713) und Alexander Pope (1688–1744) an Leibniz an, während Immanuel → Kant das Theodizee-Problem als unlösbar und damit sinnlos verwarf. Georg Wilhelm Friedrich → Hegel wiederum verband leibnizsche Gedanken mit der genuin christlichen Vorstellung, wonach das Böse eine Durchgangsstufe auf dem Weg zur Vollkommenheit (Erlösung) sei, und gelangte zu der Vorstellung, der Gang der Weltgeschichte sei die »wahrhafte Theodizee« im Sinne der Rechtfertigung des sich in der Zeit entfaltenden Gottes. *B. Be.*

Lem, Stanislaw

poln. Schriftsteller

* 12.9.1921 Lwów (Lemberg)

📖 *Solaris*, 1961

Das Werk von Stanislaw Lem erschließt Themen und Formen des Sciencefiction-Genres der Sphäre der seriösen Literatur und Literaturkritik. Lem benutzt seine Romane sowie Erzählungszyklen und seine essayistischen Publikationen als Versuchsanordnungen zur spekulativen Erörterung philosophischer Fragestellungen. Seine Werke wurden in 36 Sprachen übersetzt und erreichen eine Gesamtauflage von 27 Mio Exemplaren.

Lem wuchs als Sohn eines Arztes in der multikulturellen Welt Ostgaliziens auf. Als Jugendlicher erfuhr er zunächst die sowjetische, dann die deutsche Besatzung und schließlich den Bevölkerungstransfer ins neue Polen, wo er sich in Krakau niederließ. Hier setzte er sein Medizinstudium fort und arbeitete gleichzeitig am Seminar für Wissenschaftslehre der Universität.

Seine ersten Veröffentlichungen waren geprägt von den Produktionsbedingungen unter der stalinistischen Zensur. Das »fantastische« Genre erwies sich ihm als ein Ort relativer Freiheit des gedanklichen Experiments. Lem ist Anhänger des kritischen Rationalismus von Karl Popper (1902–94): Er formuliert keine Utopien, sondern übt im Gewand fremder Welten Kritik am Utopismus. Sein Werk kreist um Fragen wie das Problem der Kontaktaufnahme mit fremden Zivilisationen, Grenzen menschlicher Erkenntnis oder den Anthropozentrismus, den er mit spitzer Feder geißelt. 1991 erhielt Lem den österreichischen Kafka-Preis.

Biografie: S. Lem/S. Beres, *Lem über Lem. Gespräche*, 1986.

Solaris

OT Solaris **OA** 1961 **DE** 1972
Form Roman **Epoche** Moderne

Solaris, der einzige Roman von Stanislaw Lem, der eine Liebesgeschichte enthält, gehört zu den bekanntesten Sciencefiction-Werken des 20. Jahrhunderts. Das Buch wurde in über 30 Sprachen übersetzt. Es ist der erste Roman des Autors, der die für ihn typische Erörterung erkenntnistheoretischer, anthropologischer oder kosmologischer Fragen mittels des fantastischen Genres konsequent durchführt.

Inhalt: Der Planet »Solaris« ist fast vollständig von einem »Ozean« umgeben, der so sonderbare Eigenschaften und Hervorbringungen aufweist, dass man ihn als lebendig und wohl auch als intelligent betrachten muss. Seit Jahrzehnten schlagen alle Versuche fehl, mit diesem Wesen Kontakt aufzunehmen. Der auf der So-

Stanislaw Lem

Die wichtigsten Sciencefiction-Romane von Stanislaw Lem	
Eden 1960	Kosmonauten stranden auf einem Planeten, dessen Zivilisation durch Gentechnik und Orwell'sche Sprachpolitik geprägt ist.
Solaris 1961	Ein Wissenschaftler wird mit der Unmöglichkeit der Kommunikation mit einem »Ozean«, welcher der einzige Bewohner des Planeten Solaris ist, konfrontiert. → S. 669
Memoiren, gefunden in der Badewanne, 1961	Der Protagonist versucht erfolglos, in einem labyrinthischen »dritten Pentagon« den Sinn und Zweck dieses kafkaesk wirkenden Gebäudes herauszufinden.
Transfer 1961	Eine Raumexpedition findet bei ihrer Rückkehr infolge der Zeitdilatation die irdische Zivilisation um Generationen gealtert vor.
Der Unbesiegbare 1964	Auf einem fremden Planeten sehen sich Raumfahrer mit einer aggressiven »Wolke« elektronischer Mikroapparate konfrontiert.
Die Stimme des Herrn, 1968	Fiktive Memoiren eines Mathematik-Professors über die Versuche der Entschlüsselung einer kosmischen »Botschaft«.
Also sprach Golem 1973	Ein militärischer Großcomputer entwickelt Selbstbewusstsein sowie überlegenen Intellekt und setzt an die Stelle militärstrategischer Kalkulationen philosophische Vorlesungen.
Lokaltermin 1982	Auf einem Planeten hindert eine »Ethiksphäre« die Bewohner an der Verwirklichung aggressiver Wünsche.
Fiasko 1986	Eine irdische Raumschiffbesatzung versucht den von den Bewohnern eines Planeten verweigerten Kontakt zu erzwingen.
Friede auf Erden 1986	Die irdischen Militärgroßmächte haben das Wettrüsten in Gestalt selbstevolvierender Kampfmaschinen auf den Mond verlagert. Diese planen die Invasion der Mutterwelt.

Stanislaw Lem, *Solaris*, Umschlag der deutschsprachigen Erstausgabe 1972

Stanislaw Lem 1983 über seinen Roman *Solaris*:

Als der Erzähler Kelvin in Solaris die Station erreicht und sie menschenleer findet; als er sich auf die Suche nach den Insassen macht und Snaut trifft, der ihn ganz erschrocken anblickt, hatte ich keine Ahnung, warum niemand den Ankömmling erwartet hat, noch, warum sich Snaut so benommen hat. Ja, ich wusste gar nichts von irgendeinem »lebenden Ozean«, der den Planeten bedeckt. Das hat sich mir alles nachher auf eine Weise enthüllt, wie das dem Leser im Verlauf der Lektüre bekannt wird, nur dass ich es war, der dies alles zu Stande gebracht hat.

laris-Station eintreffende Forscher Kris Kelvin findet eine desolate Mannschaft vor. Der Ozean hat begonnen, aus schuldbeladenen Erinnerungsspuren im Unbewussten der anwesenden Menschen die Schuldobjekte zu rekonstruieren und als »Gäste« in die Station zu schleusen.

So wird Kelvin mit seiner früheren Geliebten Harey konfrontiert, die sich vor 20 Jahren das Leben nahm, als er sie verlassen wollte. Kelvin verliebt sich in dieses Kunstgebilde »Harey«. Nachdem Kelvins Kollegen an Bord, Snaut und Sartorius, den Ozean mit harten Röntgenstrahlen bombardieren, die von einem Enzephalogramm Kelvins moduliert wurden, hört die Produktion der »Gäste« auf. Zur gleichen Zeit lässt sich »Harey« durch Antimaterie annihilieren. Der Unmöglichkeit einer Liebe zwischen Kelvin und Harey korrespondiert die Unmöglichkeit der Kommunikation mit dem Ozean.

Aufbau: In den chronologischen Ereignisablauf baut der Autor als zweite Ebene die Geschichte der »Solaristik«, der Wissenschaft vom Planeten Solaris ein. Dies geschieht in der Form von Reflexionen des Protagonisten Kelvin bei Besuchen der Bibliothek in der Raumstation. Diese fiktiven Buchparaphrasen, die ein häufiges Stilmittel des Autors (»Metaliteratur«) darstellen, sind mit ihren leeren Klassifizierungen, ihrem Erzeugen von Schulen und Außenseitern auch als Ironisierung der Wissenschaft zu lesen.

Wirkung: Der sowjetische Regisseur Andrei Tarkowski verfilmte das Werk 1971 und gewann 1972 beim Filmfestival in Cannes den Spezialpreis der Jury. Eine zweite Verfilmung durch Steven Soderbergh wird im Jahr 2002 vorbereitet. Die im Buch durchgeführte Methode der Verknüpfung »seriöser« Fragestellungen mit dem sonst meist trivialen Thema der interstellaren Raumfahrt hat im Genre nur zögerlich Nachahmer gefunden. Literaturtheoretische Interpretationen von *Solaris* reichen von ihrer Lektüre als antistalinistische Kritik an Eingriffen in selbst organisierende Systeme bis zur Interpretation des Ozeans als Chiffre für die in Lems Werk verdrängte weibliche Sexualität.   *R.H.*

xismus-Leninismus als Versuch, die marxschen Theorien den veränderten historischen Bedingungen anzupassen und die Diktatur durch die Kommunistische Partei zu begründen.

In wohlhabenden Verhältnissen aufgewachsen, wurde die Hinrichtung seines Bruders (1887), der an der Planung eines Attentats auf den Zaren beteiligt war, zum Wendepunkt für Lenin. Nach einem Jurastudium in Samarna (1887–91) war er zunächst dort und ab 1893 in Sankt Petersburg als Rechtsanwalt tätig. Hier schloss er mit Georgi Plechanow (1856–1918) die bestehenden marxistischen Zirkel zum »Kampfbund zur Befreiung der Arbeiterklasse« zusammen. 1895 wurde Lenin verhaftet und 1897 nach Sibirien verbannt, wo er seine spätere Frau und enge Mitarbeiterin Nadeshda Krupskaja (1869–1939) kennen lernte sowie weiter politisch und schriftstellerisch tätig war (*Die Entwicklung des Kapitalismus in Russland*, 1899). Nach dem Ende der Verbannung und im Exil (in München, London und Genf) war Lenin maßgeblich an der für Russland bestimmten Zeitung *Iskra* beteiligt. 1909 erschien sein philosophisches Hauptwerk *Materialismus und Empiriokritizismus*. 1914–17 lebte Lenin in der Schweiz, wo er sich neben der politischen auch der theoretischen Arbeit widmete (*Der Imperialismus als höchstes Stadium des Kapitalismus*, 1916; *Staat und Revolution*, 1917). Nach Ausbruch der Februarrevolution im April 1917 reiste Lenin nach Sankt Petersburg, musste aber nach dem Scheitern des Juliaufstands nach Finnland fliehen. Erst der von Leo Trotzki (1879–1940) organisierte Putsch brachte die Bolschewiki an die Macht und ermöglichte es Lenin, die Räterepublik auszurufen. Im August 1918 wurde Lenin durch das Attentat einer nicht marxistischen Sozialrevolutionärin schwer verwundet. Nach seinem dritten Schlaganfall kaum noch regierungsfähig, konnte er die Ablösung des mittlerweile in zentraler Position agierenden Josef Stalin (1879–1953) nicht mehr durchsetzen.

Biografie: R. Service, *Wer war Lenin wirklich? Eine Biografie*, 2000; H. Weber, *Lenin* (rm 50 168).

Lenin, Wladimir Iljitsch

(eigtl. Wladimir Iljitsch Uljánowsk) russ. Politiker

* 22.4.1870 Simbirsk, † 21.1.1924 Gorki bei Moskau

📖 *Was tun?*, 1902

Wladimir Iljitsch Lenin ging als Vordenker, Gründer sowie erster Regierungs- und Staatschef der UdSSR in die Geschichte ein. In seinen theoretischen Arbeiten entwickelte er den Mar-

Was tun?

OT Čto delat'? Nabolevšie voprosy našego dviženija
OA 1902 **DE** 1928 **Form** Sachbuch **Bereich** Politik

Was tun? (Untertitel: *Brennende Fragen unserer Bewegung*) von Wladimir Iljitsch Lenin gilt als Schlüsselwerk des Marxismus-Leninismus, denn es vollzieht die radikale Abgrenzung von anderen sozialistischen Konzepten und liefert die wichtigsten Argumente für die Schaffung der leninistischen »Partei neuen Typs« als einer »Organisation von Berufsrevolutionären«.

OT = Originaltitel   **EZ** = Entstehungszeit   **OA** = Originalausgabe   **DE** = Deutsche Erstausgabe   📖 = Verweis auf Werkartikel

Entstehung: Lenin kündigte mit seinem Artikel *Womit beginnen?* (Mai 1901) in der *Iskra*, dem im Ausland herausgegebenen Organ der russischen Sozialisten, eine Broschüre an, in der er sich zu den Problemen der sozialistischen Bewegung detailliert äußern wollte. Anlass waren die Zerstrittenheit der verschiedenen sozialistischen Gruppen. 1902 erschien diese Broschüre in einem weit größeren Umfang als geplant.

Inhalt: In fünf Kapiteln greift Lenin die Sozialisten verschiedener Gruppierungen an, die seiner Meinung nach falsche Ansichten über die Strategie und Taktik der revolutionären Bewegung aufweisen. Schonungslos und polemisch diskreditiert er Sozialdemokraten in Westeuropa wie in Russland als Opportunisten und bürgerliche Sozialreformer, als »eine Familie«, in der sich alle gegenseitig lobten und »gemeinsam gegen den (angeblich) dogmatischen Marxismus zu Felde« zögen.

Das politische Klassenbewusstsein könne dem Arbeiter aber nur von außen gebracht werden, »aus einem Bereich außerhalb des ökonomischen Kampfes«. Als Konsequenz aus dieser Kritik entwickelte Lenin ein neues Parteikonzept, dessen wichtigstes Charakteristikum die »Elite aus Berufsrevolutionären« ist, d.h. Lenin propagierte eine strikte Trennung von Partei und Arbeiterklasse, was der marxistischen Grundauffassung eigentlich widersprach. Den Vorstellungen von einer für alle offenen Partei mit Massenbasis hielt er entgegen, dass die Arbeiterklasse aus eigener Kraft nur ein gewerkschaftliches Bewusstsein hervorzubringen vermöge. Lenin formulierte dagegen das Ziel, mit Hilfe einer straff organisierten Kaderpartei die Führung im Kampf um den Sozialismus zu übernehmen und die Diktatur des Proletariats zu errichten.

Wirkung: *Was tun?,* das auch als Anleitung zur Schaffung einer revolutionären Organisation verstanden werden kann, richtete sich vor allem an die russischen Sozialisten. Die Schrift formulierte jene Position, die 1903 auf dem Londoner Kongress der Sozialdemokratischen Partei Russlands zur Spaltung in die Bolschewiki unter der Führung von Lenin und der Menschiwiki unter Georgi Plechanow (1856–1918) und L. Martow (1873–1923) führte. *Was tun?* ist die wirkungsvollste und meistgelesene theoretische Arbeit von Lenin, die sich im Gegensatz zu seinen philosophischen Hauptwerken des Marxismus-Leninismus mit ihrer klaren und polemischen Sprache an ein breites Publikum wandte. Seine totalitären Züge müssen auch vor dem Hintergrund der Illegalität beurteilt werden, die eine demokratische Legitimation von Parteiführung oder Entscheidungen nicht nur erschwert, sondern auch die Verfolgung durch die Behörden erleichtert hätten. *V. W.*

Lenz, Siegfried

dt. Schriftsteller

📖 *18.3.1926 Lyck (Ostpreußen), heute Elk, Polen

📖 So zärtlich war Suleyken, 1955

📖 Deutschstunde, 1968

Siegfried Lenz zählt neben Heinrich → Böll, Günter → Grass und Martin → Walser zu den herausragenden deutschen Autoren nach 1945. In einem umfangreichen Œuvre, das Romane, Erzählungen, Hörspiele und Essays umfasst, verarbeitet Lenz Themen der Nachkriegs-Generation, u.a. dasjenige der Schuld oder der Pflicht.

Bereits im Alter von 17 Jahren war Lenz als Soldat in Dänemark stationiert, wo er desertierte und in Gefangenschaft kam. Nach Kriegsen-

Peter Mohr in *Ein liebenswerter Traditionalist* (2001) über Siegfried Lenz:

Im Sport ist es fast unmöglich, was in der Literatur funktioniert. Lenz ist ein Meistersprinter auf der Kurzstrecke mit einer beneidenswerten Kondition für die langen »Erzähl«-Distanzen.

Siegfried Lenz

Die wichtigsten Bücher von Siegfried Lenz	
Es waren Habichte in der Luft 1951	Lenz' Debüt als unmittelbare Auseinandersetzung mit Krieg und Diktatur, reduziert auf einen modellhaften Konflikt am Beispiel eines Lehrers, der in seinem Widerstand gegen das totalitäre Machtsystem zur Zeit des russisch besetzten Finnland scheitert.
So zärtlich war Suleyken 1955	Sammlung feinsinnig-gewitzter Erzählungen: Anekdotenhafte Schelmengeschichten, in denen Lenz' Heimat Masuren und deren Menschenschlag die Hauptrolle spielen. → S. 672
Brot und Spiele 1959	Ein siegverwöhnter Langstreckenstar läuft dem verblassenden Ruhm hinterher. Ein Wettkampf wird zur Abrechnung mit dem Erfolgsdruck, zum Resümee seines Lebens.
Deutschstunde 1968	Siggi Jepsen arbeitet seinen Konflikt mit dem Vater auf, der 1943 als Polizist das NS-Malverbot gegen den Maler Nansen mit übersteigerter Pflichtbesessenheit überwacht. → S. 672
Heimatmuseum 1978	Lenz schildert unsentimentale Lebenserinnerungen an eine Kindheit in masurischer Idylle, die schließlich zerstört wird.
Exerzierplatz 1985	Die Geschichte eines Heimatvertriebenen und seines Helfers, die auf dem ehemaligen Exerzierplatzgelände unter großen Schwierigkeiten eine Baum- und Pflanzenschule entstehen lassen.
Arnes Nachlass 1999	Lenz präsentiert das Psychogramm anhand der »kleinen und großen Schätze«, eines schon früh an der Realität und fehlender Geborgenheit gescheiterten Heranwachsenden.

de studierte Lenz Philosophie, Anglistik und Literatur in Hamburg und arbeitete als Redakteur für *Die Welt* sowie für den Rundfunk. Seit 1951 lebt das ehemalige Mitglied der »Gruppe 47« als freier Schriftsteller in der Hansestadt.

Der unbestechliche Realist, der »durch Darstellung ans Licht bringen« will, schreibt über Gewalt, Zerstörung und Vertreibung, von missbrauchter Euphorie und sinnlosem Sterben.

Neben seinen Leistungen als Romancier wird Lenz vor allem als Meister der kleinen erzählenden Form geschätzt. Das belegen Sammlungen wie *Lehmanns Erzählungen oder So schön war mein Markt* (1964) als launige Aufarbeitung seiner persönlichen Schwarzmarkt-Erfahrungen nach dem Zweiten Weltkrieg.

Trotz klarer Positionen als politisch engagierter Schriftsteller und bekennender Sozialdemokrat ließ sich Lenz nie von der Politik vereinnahmen. In seinen Büchern ergreift Lenz die Partei der Schwachen, der unter Missständen Leidenden. Literatur muss nach Absicht des Autors »unfriedlich sein« und erfüllt so für Lenz die Funktion des ethischen Gewissens in einer zur Humanität verpflichteten Gesellschaft.

Für Werk und Engagement erhielt Lenz u.a. den Friedenspreis des Deutschen Buchhandels, den Thomas-Mann-Preis und 1999 den Goethe-Preis.

Biografie: J. Steffen/J.-P. Steffen (Hrsg.), *Personenbeschreibung*, 1997.

So zärtlich war Suleyken

OA 1955 **Form** Erzählungen **Epoche** Moderne

In *So zärtlich war Suleyken* versammelt Siegfried Lenz bemerkenswerte Begebenheiten aus einem Dorf, »irgendwo und nirgendwo in Masuren«. Und formuliert damit eine charmante Liebeserklärung an seine Heimat.

Inhalt: Mit seinen 20 Geschichten und Skizzen setzt Lenz der Landschaft und ihren Menschen nicht nur ein literarisches Denkmal, es sind bei aller Leichtigkeit tiefsinnige »Erkundungen der masurischen Seele«. Der miterlebende Erzähler, dessen Sprachstil geschickt Naivität vortäuscht, trifft damit den Ton seiner Helden, jener Charaktere, die in erfrischend unintellektueller Nachdenklichkeit über die elementaren Dinge des Lebens sinnieren.

Man könne sich nicht mit großen Namen brüsten und da der Landstrich, resümiert der

Autor, »im Rücken der Geschichte lag«, schöpfen die Erzählungen ihren Charme aus der Originalität und jener »unterschwelligen Intelligenz« des masurischen Menschenschlags, mit einer »Seele, zu deren Eigenarten blitzhafte Schläue gehörte und schwerfällige Tücke, tapsige Zärtlichkeit und eine rührende Geduld«.

So stellt Lenz Figuren vom Schlag eines Hamilkar Schaß dar, dem Großvater des Ich-Erzählers. Schaß, erst seit kurzem des Lesens kundig, kann nichts von der Lektüre abhalten, weder Krieg noch akute Lebensgefahr. Stanislaw Griegull, ein von plötzlichem Reichtum geschlagener Mann, liefert sich ein höchst absurdes Duell in puncto Geduld. Eine weiteres Unikum ist der schöne Alec, der angesichts einer drängenden Schuldnerschar dem angekündigten Ableben seines Erbonkels Manoah entgegenfiebert.

Lenz schildert Menschen, die einem Ereignis wie die Jungfernfahrt der Kleinbahn Popp misstrauisch gegenüberstehen. Die Dorfbewohner von Suleyken sind der Überzeugung, technischen Fortschritt nicht zu benötigen.

Wirkung: Lenz lässt »ganz im Sinne der Wahrheitsfindung« und der Suche nach den verlorenen Wurzeln seinen Ich-Erzähler nach Herzenslust fabulieren. Schließlich werden in einer zugegeben verklärenden Erinnerung eine Zeit und eine Welt reanimiert, die so seit langem nicht mehr existieren. So stießen die Erzählungen auch in Kreisen der nach 1945 aus Masuren Vertriebenen auf zustimmendes Interesse. *R. M.*

Deutschstunde

OA 1968 **Form** Roman **Epoche** Moderne

Ein deutsches Phänomen macht Siegfried Lenz zum Thema seines 1968 erschienenen Romans *Deutschstunde*, seinem erfolgreichsten Werk. Er erteilt eine modellhafte Lektion über die fatalen Folgen unreflektierten Pflichtbewusstseins. Blindes Mitläufertum wird als als gefährliche Schein-Tugend bloßgestellt.

Inhalt: In den 1950er Jahren soll der inhaftierte Ich-Erzähler Siggi Jepsen einen Aufsatz verfassen – über die Freuden der Pflicht. Zwangsläufig kommt ihm sein Vater Jens Ole Jepsen in den Sinn, der in der NS-Zeit pflichtbeflissen Dienst als Polizeiposten im fiktiven Dörfchen Rugbüll tat. Von der Flut der Erinnerungen überwältigt, findet Siggi keinen Anfang. Als Folge des letztlich leeren Heftes muss Siggi wegen Aufsässigkeit eine Einzelhaft verbüßen.

Unter verschärften Bedingungen schreibt er nun wie besessen seine Geschichte: Sie beginnt im Jahr 1943, als der Vater – von oberster Stelle beauftragt – ein verhängtes Malverbot gegen den Künstler Max Ludwig Nansen zu überwachen hat. Ein Auftrag, den der Ordnungshüter zunächst zögerlich, dann umso strenger und unbarmherziger erfüllt – »Befehl ist Befehl«. Auf die erhoffte Mithilfe des Sprösslings kann er nicht zählen, jener entfernt sich vielmehr, wird zum Verbündeten des Malers, warnt diesen und versteckt seine Bilder vor dem Zugriff des uniformierten Vaters. Der Pflicht-Mechanismus des Polizisten nimmt geradezu paranoide Züge an: Das NS-Regime ist am Ende, das Malverbot längst außer Kraft, doch der Vater hört nicht auf, Nansen zu verfolgen. Ebenso zwanghaft hört auch der Sohn nicht auf, den Künstler vor dem Vater zu schützen. Er stiehlt schließlich Nansens Gemälde und muss ins Gefängnis. Nach Abgabe der Strafarbeit ist sich Siggi sicher, die Strafe stellvertretend für den Vater abgesessen zu haben.

Aufbau: Der Roman gliedert sich in eine Rahmenerzählung, in welcher der inzwischen 21-jährige Siggi im Jahr 1954 als Insasse der Jugendstrafanstalt anhand der Strafarbeit die Ereignisse der Jahre 1943 und folgende Revue passieren lässt. Somit bildet die Erinnerung an den eskalierenden Vater-Sohn-Konflikt die Haupthandlung. Als erlebendes und schreibendes Ich verknüpft die die Perspektive dominierende Figur des Siggi Jepsen nicht nur geschickt beide Zeitebenen, sondern beginnt die eigene Rolle zu reflektieren.

Im Zuge eines objektivierenden Niederschreibens und Bewusstmachens vollzieht der jugendliche Protagonist einen Reifeprozess. So wird das Buch von Lenz zur Initiationsgeschichte, mehr noch: zum Entwicklungsroman. Am Schluss des Romans ist Siggi gereift, wenn auch nicht geläutert. Noch kann er nicht viel Neues mit seiner wiedererlangten Freiheit anfangen: »Etwas Neues? Was soll das sein?«

Wirkung: Das Buch gilt bis heute als eine der ersten und wichtigsten literarischen Aufarbeitungen des Dritten Reichs. Verstanden als Demaskierung eines pervertierten Pflichtbegriffs, gelobt als so bahnbrechende wie befreiende künstlerische Auseinandersetzung ist das Werk nicht im Stil einer Moral-Predigt verfasst, sondern in der poetisch-menschlichen, für Lenz typischen Art, Geschichte aufzuarbeiten und zu hinterfragen, verknüpft mit der Verpflichtung der Nachkriegsliteraten, jeglicher Wiederholungsgefahr prophylaktisch entgegenzuwirken. Kritiker bemängeln bei aller epischen Solidität des Romans Schwächen in der formalen Konstruktion, aber auch eine angestrengt traditionell-moralisierende Grundhaltung. Aus heutiger Sicht kann das Buch auch als Zeitdokument für die Vater-Sohn-Konflikte der 1968er-Generation gelesen werden. Zur Popularität des Romans trug auch Peter Beauvais' TV-Verfilmung 1972 bei. *R. M.*

Hauptfiguren in »Deutschstunde« von Siegfried Lenz

Jens Ole Jepsen: Der Beamte ist der »nördlichste Polizeiposten Deutschlands«, ein geborener Befehlsempfänger und tadelloser Vollstrecker. Selbst persönliche Bindungen halten ihn nicht von seinem Tun ab, blind vor Eifer überwacht er das Malverbot als unumstößliche Weisung höherer Instanzen. Pflichtversessen verstößt er gar seinen Sohn Klaas, der sich selbst verstümmelt, um dem Kriegsdienst zu entgehen. Die Figur wird interpretiert als der Prototyp des demokratieunfähigen Mitläufers, der damit dem Nationalsozialismus den Weg ebnet, aber auch als ein Opfer provinzieller Enge und dörflich-borniertet Verhaltensmuster.

Siggi Jepsen: Der jüngste Sohn des Landpolizisten befindet sich im Zwiespalt zwischen Nansen und dem Vater, der Loyalität bei der Durchsetzung des Malverbotes einfordert. Siggi versucht instinktiv die Gemälde vor dem Zugriff des als Psychopathen erlebten Vaters zu schützen. Er steigert seine Hilfsbereitschaft ins Paranoide, schließlich kriminelle, stiehlt Nansens Werke und hört auch nach dem Krieg nicht auf, die Bilder zu schützen. Strafarbeit ist zugleich eine Anklageschrift gegen den in Schuld verstrickten Vater.

Max Ludwig Nansen: Der Maler ist ein den Oberen nicht genehmer, weil »entarteter« Künstler, vom Autor an die Person des Expressionisten Emil Nolde (1867–1956) angelehnt. Nansen, ein Jugendfreund und Lebensretter Jepsens, wähnt sich allein sich selbst verantwortlich und empfindet Pflicht als blinde Anmaßung. Er wird auch mitschuldig durch seine strikte Ablehnung einer kritischen und bewusstseinserweiternden Funktion der bildenden Kunst.

Leon, Donna

US-amerikan. Schriftstellerin

* 28.9.1942 Montclair (New Jersey)

📖 *Venezianisches Finale*, 1992

Seit ihrem ersten Kriminalroman *Venezianisches Finale*, der Commissario Guido Brunetti in Venedig ermitteln lässt, haben die Bücher von Donna Leon einen festen Platz in der Kriminalliteratur. Besonders Leserinnen fühlen sich vom Sympathieträger Brunetti, dem gewieften Ermittler, dem sensiblen Vater und Ehemann angesprochen. Außerdem sind die Romane in ihrer geografischen und atmosphärischen Genauigkeit eine Freude für jeden Venedig-Liebhaber.

Leon lebt seit Abschluss ihres Literaturstudiums 1965 im Ausland. Sie unterrichtete an US-amerikanischen Schulen in der Schweiz, in China, im Iran und in Saudi-Arabien. Seit fast 20 Jahren wohnt Leon in Venedig, dem Schauplatz ihrer Romane, und unterrichtet Literatur auf dem Luftwaffenstützpunkt in Vicenza. Leon ist eine begeisterte Opernliebhaberin und Händel-Expertin.

Leons erstem Roman *Venezianisches Finale* folgten bis 2002 neun weitere Bücher um Commissario Brunetti (u.a. *Venezianische Scharade*, 1994; *Vendetta*, 1995; *Nobilità*, 1998; *In Sachen Signora Brunetti*, 1999).

Venezianisches Finale

OT Death at La Fenice **OA** 1992 **DE** 1993
Form Roman **Epoche** Moderne

Die Idee zu diesem Roman, dem ersten in einer Reihe von bisher zehn »Fällen« Commissario Brunettis, kam Donna Leon nach eigenen Aussagen in der Oper.

Siegfried Lenz, *Deutschstunde*, Umschlag der Originalausgabe 1968

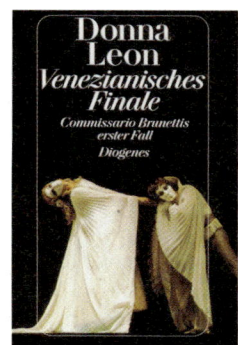

Donna Leon, *Venezianisches Finale*, Umschlag der deutschsprachigen Erstausgabe 1993

Inhalt: Der berühmte Dirigent Wellauer wird während der Pause vor dem letzten Akt der Oper *La Triviata* im Theater La Fenice in seiner Garderobe tot aufgefunden. Bald steht fest, dass sein Espresso mit Zyankali versetzt war.

Commissario Brunetti stellt bei seinen Recherchen im Umfeld des Dirigenten fest, dass dieser alles andere als beliebt war und mehrere Personen ein Interesse daran gehabt haben könnten, den arroganten, autoritären Egozentriker zu ermorden. Sowohl der Regisseur der Oper wie auch ein Sänger sind nicht gut auf Wellauer zu sprechen. Zudem scheint er als Moralapostel homosexuelle Künstler unter Druck gesetzt zu haben, insbesondere die lesbische Sopranistin Flavia Petrelli und ihre Lebensgefährtin Brett Lynch. Brunettis Ermittlungen werden zusätzlich erschwert durch die allseits bekannte Nazivergangenheit des Dirigenten. Lange Zeit schwanken die Überlegungen des Ermittlers zwischen einer Beziehungstat, politischer Rache oder möglicher Reaktion auf eine Erpressung. Auch die sehr viel jüngere Ehefrau des Ermordeten erscheint in ihrer kühlen Zurückhaltung verdächtig.

Erst als Brunetti vom behandelnden Arzt des Maestro erfährt, dass dieser an einer sich rapide verschlechternden Hörschwäche gelitten habe, deren Ursache unklar sei, ändert er die Richtung seiner Ermittlungen. Bei seinen Recherchen entdeckt er eine tieftraurige Geschichte, die unter anderem auch den Selbstmord der ersten Ehefrau und den Tod einer zwölfjährigen Sopranistin erklären: Wellauer war sexuell fixiert auf junge Mädchen. Als er die Tochter seiner zweiten Ehefrau vergewaltigen wollte, schickte sie das Kind zu ihren Eltern. Sie verordnete ihrem Mann als Ärztin angebliche Vitaminspritzen, die sein Gehör schädigten. Als Wellauer be-

griff, dass seine Frau aus Rache seine Karriere vernichten wollte, vergiftete er sich und versuchte sie als angebliche Täterin zu belasten.

In seinem Abschlussbericht erwähnt Brunetti nichts von dem Ermittelten, um die Ehefrau Wellauers und ihre Tochter zu schützen.

Wie auch in allen folgenden Romanen von Leon, ist die Stadt Venedig nicht nur Kulisse, sondern spielt eine wichtige Rolle als überschaubarer Platz, an dem alle über alle alles wissen; die ergiebigsten Ermittlungen ergeben sich aus kursierenden Gerüchten.

Bei seinen weiteren Fällen wird Brunetti immer mehr in alltägliche politische Skandale verstrickt; oft genug steht er der Mafia, Geldwäschern, korrupten Politikern und politischen Erpressern hilflos gegenüber. Je gesellschaftskritischer Leon in ihren Romanen wird, desto deutlicher kristallisiert sich heraus: Die eigentlichen Täter, die Drahtzieher im Hintergrund, entgehen stets ihrer Bestrafung.

Wirkung: *Venezianisches Finale*, 1991 mit dem japanischen Suntory-Preis ausgezeichnet, wurde von Kritik und Publikum gleichermaßen gelobt; insbesondere das bestechende Charisma und Einfühlungsvermögen des Commissario fanden großen Anklang. Mehrfach wurde Leon mit Georges →Simenon verglichen. *D. Ma.*

Leonhard, Wolfgang

dt. Politikwissenschaftler und Publizist

* 16.4.1921 Wien

📖 *Die Revolution entlässt ihre Kinder*, 1955

Mit seinem Werk *Die Revolution entlässt ihre Kinder*, einer bedrückenden Innenansicht des Stalinismus, wurde Wolfgang Leonhard 1955 nicht nur in Deutschland, sondern auch international bekannt. Seitdem gilt Leonhard als herausragender Kenner der kommunistischen Bewegungen und als Russland-Experte.

Mit seiner Mutter, einer begeisterten Spartakistin, die 1935 von Berlin in die Sowjetunion emigrierte, kam Leonhard als Kind nach Moskau. Nach einem Studium an der Hochschule für Fremdsprachen und an der Parteihochschule der Komintern (Kommunistische Internationale) in Kuschnarenkowo wurde er Mitarbeiter des Nationalkomitees Freies Deutschland in Moskau. Im Frühjahr 1945 kam Leonhard nach Berlin, um dort zusammen mit Walter Ulbricht (1893–1973) eine kommunistische Verwaltung aufzubauen. Im Herbst 1949 floh er nach Jugoslawien, wo er eine Zeit lang Redakteur der deutschsprachigen Sendungen von Radio Belgrad war; 1951 siedelte er nach Westdeutschland über.

Nach seiner Flucht in den Westen verfasste Leonhard als freier Publizist zahlreiche Bücher und Artikel über die Geschichte der Sowjetunion und die Entwicklung des internationalen Kommunismus. Zwischen 1956 und 1958 lehrte er in Oxford und bis 1987 an verschiedenen Universitäten in den USA.

Die Revolution entlässt ihre Kinder

OA 1955
Form Autobiografisches Sachbuch **Bereich** Politik

In *Die Revolution entlässt ihre Kinder* beschreibt Wolfgang Leonhard die Geschichte der sozialistischen Revolution in Russland, die zuerst ihre Väter »auffraß« und dann ihre Kinder in die Ratlosigkeit entließ. Durch den autobiografischen Bezug ist das Buch in erster Linie die Geschichte heranwachsender Emigrantenkinder in der Sowjetunion, die später zentrale Funktionen in Ostdeutschland übernehmen sollten.

Aufbau: Das Werk ist streng chronologisch aufgebaut und gegliedert. Jedes der neun Kapitel umfasst einen deutlich abgegrenzten Lebensabschnitt Leonhards. Obwohl aus der Erinnerung geschrieben, benutzt der Autor auch bei sehr lange zurückliegenden Ereignissen stets die direkte Rede, wodurch das Buch über weite Strecken fast wie ein Roman wirkt.

Inhalt: Leonhard schildert seine eigenen Erlebnisse und Erfahrungen in der Sowjetunion von dem Zeitpunkt an, als er 1935 mit seiner Mutter die finnisch-sowjetische Grenze bei Leningrad überschritt, bis zu dem Tag im Frühjahr 1949, an dem er nach seiner Flucht in Belgrad ankam. Das Buch wird dadurch zur Entwicklungsgeschichte des jungen Wolfgang Leonhard, indem es zunächst das Kind beschreibt, das in eine ihm fremde Welt kommt. Dabei zeigt es, wie selbst die Kinder der deutschen Emigranten in die politisch-ideologischen Strukturen der Sowjetunion eingebunden wurden. Andere herausragende Schilderungen befassen sich mit den stalinistischen Säuberungen und der damit einhergehenden latenten Angst, die selbst die Welt der Schulkinder dominierte. Ein weiteres Schlüsselereignis war die »Kritik und Selbstkritik«. Die Furcht vor dieser erniedrigenden Prozedur verwandelte die Studenten bald in ernste »ein jedes Wort abwägende Parteifunktionäre«. Prägend für Leonhard waren auch die Auftritte der zehnköpfigen »Gruppe Ulbricht« in Berlin, die Anfang Mai 1945 daranging, eine von Kommunisten kontrollierte Verwaltung aufzubauen. Allmählich nahmen in Leonhard die »politischen Bauchschmerzen« zu, wie die Funktionäre auf einsamen Waldspaziergängen insgeheim ihre

Zweifel über die wachsende Kluft zwischen marxistischer Theorie und stalinistischer Praxis bezeichneten. Das Wiedersehen mit seiner Mutter, die zwölf Jahre in einem Arbeitslager verbracht hatte, und der »Bannfluch« des Kreml gegen die jugoslawischen Kommunisten unter Josip Tito (1892–1980) waren schließlich die letzten Auslöser für Leonhards Flucht in den Westen.

Wirkung: Obwohl das Buch in erster Linie persönliches Erleben widerspiegelt, ist es doch weit mehr als ein Erinnerungsbuch. Es bietet Einblicke in das Leben und die Geschichte der deutschen Kommunisten vor und während des Zweiten Weltkriegs in Moskau sowie in der sowjetischen Besatzungszone. Dieser bewegende und authentische Bericht wurde in kurzer Zeit ein großer Bucherfolg und alleine in Deutschland 600 000-mal verkauft sowie in zehn Fremdsprachen übersetzt. *P. B.*

Am 23. Mai 1951 trat in Worms der Gründungskongress der Unabhängigen Arbeiterpartei Deutschlands (UAP) zusammen. Dem Vorbereitungsausschuss der Partei, die sich als eine neue sozialistische Bewegung und Alternative zur SPD verstand, gehörte (v. l.) neben den Politikern Werner Sicher, Josef Schappe und Georg Fischer auch Wolfgang Leonhard an.

Die wichtigsten Bücher von Wolfgang Leonhard	
Die Revolution entlässt ihre Kinder, 1955	Eine Darstellung der Herrschaftsmechanismen des Stalinismus aus autobiografischer Sicht. → S. 675
Kreml ohne Stalin, 1959	Leonhard beschreibt die sowjetische Führung und die Sowjetunion nach dem Tod von Joseph Stalin im Jahr 1953.
Die Dreispaltung des Marxismus, 1971	Leonhard reflektiert über Ursprung und Entwicklung von Marxismus-Leninismus, Maoismus und Reformkommunismus.
Was ist Kommunismus?, 1976	In dem Werk stellt der Autor die ideologischen Wandlungen innerhalb des Marxismus-Leninismus einprägsam dar.
Am Vorabend einer neuen Revolution?, 1975	Über die Zukunft des Sowjetkommunismus nach der KSZE-Konferenz von Helsinki; die Sowjetunion zwischen Eurokommunismus und Breschnew-Doktrin.
Eurokommunismus, 1978	Eine Beschreibung der kommunistischen Parteien in Westeuropa und ihr Verhältnis zur Sowjetunion.
Völker hört die Signale, 1981	Das Buch bietet eine anschauliche Geschichte der Anfänge des internationalen Kommunismus bis 1924.
Dämmerung im Kreml, 1984	Der Beginn des historischen Umbruchs in der Sowjetunion nach dem Tod Leonid Breschnews 1982.
Die Reform entlässt ihre Väter, 1994	Russlands Weg zur Demokratie seit dem Ende der Sowjetunion. Eine Darstellung der aktuellen politischen Lage in Russland.
Spiel mit dem Feuer, 1996	Das Buch ist eine Darstellung der politischen Verhältnisse in Russland vor den Präsidentschaftswahlen 1996.

Lermontow, Michail

(eigtl. Michail Jurjewitsch Lermontow)

russ. Lyriker, Prosaiker und Dramatiker

* 15.10.1814 Moskau, † 27.7.1841 Pjatigorsk

📖 *Ein Held unserer Zeit*, 1840

Michail Lermontow gehört zusammen mit Alexander → Puschkin zu den bedeutendsten russischen Dichtern der ersten Hälfte des 19. Jahrhunderts. In seinem lyrischen Werk fand die russische Romantik ihre Vollendung, sein Roman *Ein Held unserer Zeit* eröffnete der russischen Prosa neue Wege hin zum psychologischen Realismus.

Nach dem Tod der Mutter kam Lermontow dreijährig zu seiner Großmutter, einer wohlhabenden Landadligen, die für seine sorgfältige Hauserziehung sorgte. Das 1830 in Moskau begonnene Studium wollte er an der Petersburger Universität fortsetzen. Als ihm dort die ersten Studienjahre nicht anerkannt wurden, schlug Lermontow die militärische Laufbahn ein. Nach der Absolvierung der Fähnrichschule 1834 diente er im Leibgarde-Husarenregiment und nahm am literarischen Leben der Hauptstadt teil. Wegen eines aufrührerischen Gedichts, das er 1837 anlässlich des Todes von Puschkin verfasste, wurde Lermontow für ein Jahr zum Armeedienst im Kaukasus verbannt. Wegen eines Duells wurde er 1840 erneut aus Petersburg in den Kaukasus strafversetzt, wo er ein Jahr später, wieder in einem Duell, erschossen wurde.

Biografie: W. N. Vickery, *Michail Lermontow. His Life and Work*, 2001.

MIchail Lermontow, *Ein Held unserer Zeit*, Umschlag der deutschsprachigen Ausgabe 1896

Auszug aus dem Roman *Ein Held unserer Zeit* von Michail Lermontow:

Es kann sein, dass ich morgen sterben werde!... Auf Erden wird kein Wesen zurückbleiben, das mich jemals ganz verstanden hätte. Die einen halten mich für schlimmer, die andern für besser, als ich wirklich bin... Die einen werden sagen: Er war ein braver Bursche, die andern dagegen – er war ein Schuft!... Und das eine sowohl wie das andere wird falsch sein. Lohnt es sich wohl, unter diesen Umständen zu leben? Und dennoch lebt man aus Neugier immer weiter: Man wartet immer auf etwas Neues... Es ist lächerlich und verdrießlich!

Ein Held unserer Zeit

OT Geroj naschego vremeni **OA** 1840 **DE** 1845
Form Roman **Epoche** Postromantik

Der Roman ist ein Porträt des widerspruchsvollen, teils faszinierenden, teils abstoßenden Helden unserer Zeit. Wie zuvor schon Alexander → Puschkin mit dem Titelhelden des Eugen Onegin (1825–33) formt Lermontow mit seiner Romanfigur Grigori Petschorin den Typus des »überflüssigen Menschen« – einer potenziell herausragenden Persönlichkeit, die angesichts der dumpfen gesellschaftlichen Atmosphäre ihre Fähigkeiten brachliegen lässt, um sich aus einer tief skeptischen Geisteshaltung heraus der Langeweile und der Tatenlosigkeit hinzugeben.
Inhalt: Im Mittelpunkt einer Serie von fünf lose verknüpften Novellen steht der junge Offizier Grigori Petschorin. In der ersten Novelle entführt der verliebte Held die Tochter eines Tscherkessen-Fürsten und gewinnt mit der Zeit ihre Zuneigung. Die ihn bald anödende und von ihm vernachlässigte Bela fällt in die Hände

eines Banditen und kommt ums Leben. In *Taman* stört Petschorin zufällig die Geschäfte einer Gruppe von Schmugglern und bezahlt dies fast mit seinem Leben. Den größten Teil des Romans nimmt die Geschichte von Prinzessin Meri ein: In einem kaukasischen Kurort machen Petschorin und sein Freund, der Junker, einer jungen Prinzessin den Hof. Während Petschorin nur mit den Gefühlen der Prinzessin spielt, verliebt sie sich leidenschaftlich in ihn und weist den Junker ab. Der Ausgestochene sinnt auf Rache und provoziert Petschorin; es kommt zum Duell, in dessen Verlauf der Junker von Petschorin getötet wird. In *Der Fatalist* schießt sich ein serbischer Offizier wegen einer Wette mit Petschorin mit einer (versagenden) Pistole in den Kopf, um zu zeigen, dass es ein vorherbestimmtes Schicksal gibt und dass seine Zeit noch nicht gekommen ist; keine Stunde später wird der Offizier durch Zufall von einem betrunkenen Soldaten niedergesäbelt.
Aufbau: Der in seinem Aufbau komplexe und nichtchronologisch erzählte Roman erlaubt dem Autor, seinen Helden in unterschiedlichen Perspektiven – der eines Freundes, eines Außenstehenden sowie aus innerer Sicht – vorzustellen.

In der ersten Novelle *Bela* berichtet der frühere Vorgesetzte und Freund Petschorins, Stabskapitän Maxim Maxsimytsch, dem Ich-Erzähler von Ereignissen, die fünf Jahre zurückliegen. Tags darauf begegnen der Kapitän und der Ich-Erzähler Petschorin auf seinem Weg nach Persien, dem Ich-Erzähler fällt dabei Petschorins Tagebuch in die Hände. Es folgt die Publikation des Tagebuchs in drei Novellen, wobei die zweite von ihnen (*Prinzessin Meri*) zeitlich den Ereignissen der Novelle *Bela* vorangeht. In einem Vorwort zum Tagebuch teilt der Verfasser mit, dass Petschorin auf dem Rückweg aus Persien ums Leben gekommen ist.

Die Komplexität der Komposition wird durch die Verschiedenartigkeit der für die einzelnen Novellen verwendeten Genres unterstrichen – von der romantischen Erzählung (*Bela*) und der Reiseskizze (*Maxim Maximytsch*) über die Schauergeschichte (*Taman*) und den mondänen Roman in Tagebuchform (*Prinzessin Meri*) mit nicht fiktiven Elementen (Vorwort) bis zur fantastischer Prosa (*Der Fatalist*). Miteinander verknüpft sind die Teile nicht nur in der Figur Petschorins, sondern auch durch die wiederkehrenden Motive der Liebe, der Männerfreundschaft und des gewaltsamen Todes.
Wirkung: Lermontow hat mit der Hauptfigur einen neuartigen, häufig nachgeahmten Heldentypus geprägt. Seine verfeinerte Technik der psychologischen Analyse hat die Entwicklung der russischen Prosa der zweiten Hälfte des 19. Jahrhunderts stark beeinflusst. *M. Sc*

Lesage, Alain-René

frz. Schriftsteller

* 8.5.1668 Sarzeau (Bretagne)

† 17.11.1747 Boulogne-sur-Mer

📖 *Gil Blas von Santillana*, 1715–35

Alain-René Lesage setzte sich in seinem umfangreichen erzählerischen und dramatischen Werk mit unzeitgemäßen literarischen Formen und Genres auseinander und zeichnete darüber hinaus in einer pointierten Sprache ein ironisches Bild der Gesellschaft seiner Zeit.

Die Eltern entstammten angesehenen Juristenfamilien. Der Sohn wurde früh Waise; sein Onkel und Vormund brachte das gesamte Erbteil durch. Bei den Jesuiten von Vannes umfassend gebildet, blieb Lesage als Advokat ohne Startkapital auch ohne Klienten. Zeit seines Lebens war er auf literarische Einkünfte angewiesen. Das erklärt seine Orientierung am Publikumsgeschmack. Dem Rat des Abbé de Lyonne folgend, lernte er Spanisch, übersetzte und bearbeitete Dramen und ließ sich von ihnen zu eigenen Bühnenwerken inspirieren. Im Lauf der Zeit wurden etwa 100 von ihm übersetzte oder verfasste Stücke, meist Komödien, auf Jahrmärkten aufgeführt und schärften Lesages Blick für Szenen und Charaktere. Auch Lesages erster und außerordentlich erfolgreicher Roman, *Der hinkende Teufel* (1707), geht auf ein spanisches Vorbild zurück, auf den gleichnamigen satirischen Sitten- und Schelmenroman von Luis Vélez de Guevara y Dueñas (1641).

Gil Blas von Santillana

OT *Histoire de Gil Blas de Santillane*
OA 1715–35 **DE** 1768 **Form** Roman **Epoche** Realismus

Mit dem in vier Teilen erschienenen Roman über die Abenteuer des Gil Blas schuf Alain-René Lesage nicht nur den bedeutendsten französischen Roman pikaresken Typs, sondern auch den ersten realistischen Großroman der französischen Literatur.

Inhalt: Der aus einfachen Verhältnissen stammende Gil Blas, Sohn eines Stallmeisters und einer Kammerzofe, hat bei seinem Onkel geistlichen Standes Latein und Griechisch gelernt. Daraufhin schickt ihn die Familie mit kleiner Barschaft auf die Universität von Salamanca. Damit beginnen die Abenteuer, die Gils Lebensweg komplizieren. Als Diener sieht er sich mit Tugenden und Lastern mehrerer Arbeitgeber konfrontiert. Verschiedene Berufe bereichern seinen Erfahrungsschatz, was die Kochkünste der Zeit, die Tricks der Ärzte, die Pflichten eines Sekretärs oder die Erlebnisse eines Straßenräubers betrifft. Er lernt unterschiedlichste Milieus

kennen, vom Bischofspalast bis zum Theater, und gewinnt durch einen Glücksfall die Gunst des Herzogs von Lerma, des spanischen Premierministers. Allzu kühne Kupplerdienste und Intrigen führen zu Gils Sturz, doch an der Seite einer Pächterin entdeckt er schließlich auch die Freuden des Landlebens in friedlicher Idylle.

Ein neuer König und damit auch ein neuer Premierminister eröffnen dem umtriebigen Gil Blas neue Chancen bei Hof. Als der Volkszorn seinen Mentor Olivares stürzt, ist die turbulente Karriere des Gil Blas jedoch endgültig beendet. Vom König geadelt, von Olivares mit erheblichen Legaten bedacht, findet der verwitwete Gil eine zweite Frau und wird Vater zweier Kinder.

Aufbau: Lesage stattet seinen Protagonisten mit überzeugenden menschlichen Zügen aus: Gil Blas ist weder Held noch Gauner, sondern zu allem Guten entschlossen, aber zu schwach, um sich immer durchzusetzen. Der Roman hebt sich in der Erzähltechnik von anderen pikaresken Romanen ab, da er nicht Szenen und Ereignisse in bunter Folge aneinander reiht, sondern einzelne Handlungsstränge entwickelt, weiterverfolgt und die Geschichte einmal eingeführ-

Pierre Benoit von der Academie Française über den Roman *Gil Blas von Santillana* von Alain-René Lesage:

Als Lesage seinen großen Roman vollendet hat, ist er ein alter Mann und beinahe taub. Er lebt in dem bescheidenen Haus einer seiner Söhne und sein Blick fällt auf das Meer hinaus, das triste graue Heer der nördlichen Breiten. Nur ein paar Meilen einer Meeresstraße trennen ihn von England, dem Land, das er nie betreten hat, denn man reiste damals nicht viel, aber es war nicht Spanien, das Land, dem er seine Lebensarbeit widmete, sondern England, woher ihm das höchste und deutlichste Anerkennung kam...

Alain-René Lesage, *Gil Blas von Santillana*, Illustration von Jean Gigoux in der Ausgabe 1835

ter Personen wieder aufgreift. Szenen, Einfälle und Episoden bezog Lesage, wie damals üblich, unbekümmert von Vorgänger-Romanen aus Spanien, Italien und aus einem deutschen Werk. Die Behauptung, bei *Gil Blas* handle es sich lediglich um eine freie Bearbeitung des 1618 erschienenen Romans *Das Leben des Schildknappen Marcus von Obregón* von Vicente Espinel (1550–1624), erwies sich allerdings als falsch.

Wirkung: Lesages *Gil Blas von Santillana* vermittelt ein genaues Bild des veränderten gesellschaftlichen Klimas in Frankreich nach dem Tod von König Ludwig XIV. (1638–1715). Der Schelmenroman fand nicht zuletzt aufgrund der satirisch-ironischen Präsentation menschlicher Schwächen viele Leser. Noch im 19. Jahrhundert existierten mehr als 300 französische Ausgaben des Werks. *H. Sch.*

Auszug aus der Erzählung
Die Lady Macbeth aus dem Landkreis Mcensk von Nikolai Leskow:

Zu dem alten Gutsverwalter, der in der Scheune in tiefem Schlaf lag, drangen in der nächtlichen Stille bald ein Getuschel und leises Gekichere, als würden schelmische Kinder beratschlagen, wie sie dem schwachen Alten einen Streich spielen könnten, bald laut tönendes, fröhliches Gelächter, als würden die Seenixen jemanden durchkitzeln. All das kam von Katharina Lwowna, die, vom Mondlicht umspült und auf dem weichen Teppich herumrollend, ausgelassen mit dem jungen Gehilfen ihres Mannes tollte...

Leskow, Nikolai

russ. Schriftsteller

* 16.2.1831 Gorochovo (Gouvernement Orёl)

† 5.3.1895 Sankt Petersburg

📖 *Die Lady Macbeth aus dem Landkreis Mcensk*, 1865

Der russische Realist Nikolai Leskow ist ein Meister des anekdotischen Erzählens, das aus seiner anfänglichen journalistischen Tätigkeit hervorging. Sein Interesse galt der Lebensweise verschiedener Bevölkerungskreise, die er auf ausgedehnten Reisen studieren konnte. Die Stoffvielfalt findet in Erzählungen, Kunstlegenden sowie Romanchroniken ihre Form. Leskow ist für die Erzählweise des »skaz«, der imitierten mündlichen Rede, bekannt.

Leskow, der weder das Gymnasium absolvierte noch die Universität besuchte, kompensierte sein Bildungsdefizit durch Selbststudium. Er hatte verschiedene Stellen im niederen Staatsdienst inne. Als Schriftsteller litt er lange unter mangelnder Anerkennung. Zu Beginn seiner Laufbahn wurde er Opfer einer Hetzkampagne der liberalen Presse. Er selbst stand zwischen den Lagern – er trat für soziale Reformen ein, lehnte revolutionäre Aktionen jedoch ab –, deren wunde Punkte er mit spitzer Feder traf; aufgrund seiner Kirchenkritik wurde er schließlich aus dem Staatsdienst entlassen. Ideolo-

Nikolai Leskow 1895

gischen Halt suchte er in einem unkonfessionellen Christentum der Nächstenliebe, das ihm Lew N. → Tolstoi nahe brachte.

Für seinen beruflichen Ärger fand Leskow im Privatleben keinen Ausgleich. Ansehen und die Möglichkeit zu ruhiger Arbeit, die ihm erst am Lebensabend gegeben waren, konnte er aufgrund eines Herzleidens nicht mehr genießen.

Biografie: V. Setschkareff, *N. S. Leskov. Sein Leben und sein Werk*, 1959.

Die Lady Macbeth aus dem Landkreis Mcensk

OT Ledy Makbet Mcenskogo uezda
OA 1865 **DE** 1921 **Form** Erzählung **Epoche** Realismus

Die Erzählung geht auf einen Kriminalfall zurück, von dem Nikolai Leskow während seiner Beschäftigung am Gerichtshof erfahren hatte. Die Handlung wird in schneller szenischer Abfolge erzählt, wobei einprägsame Bilder von ambivalentem symbolischem Gehalt die Sinnzentren der Erzählung markieren.

Inhalt: Im Mittelpunkt steht die Gutsherrin Katharina Lwowna. Um ihre Liebe zu Sergej, einem Gehilfen, ausleben zu können, ermordet sie Schwiegervater, Ehemann und einen kleinen Neffen. Nach der Verhaftung wird das Paar nach Sibirien transportiert. Katharinas bedingungslose Liebe büßt nichts von ihrer Stärke ein, während Sergej die ehemals Geliebte nun niederträchtig verspottet. Betrogen um ihr einziges Lebensziel, begeht Katharina Selbstmord und reißt ihre Rivalin aus Rache mit in den Tod.

Aufbau: Der Titel verweist auf die Tragödie *Macbeth* (1605) von → Shakespeare. Damit ist das dramatische Bauprinzip der Erzählung angedeutet: Die 15 Kapitel lassen sich zu fünf »Akten« mit je drei »Szenen« zusammenfassen. Der erste »Akt« enthält die Einleitung mit der Vorgeschichte (Katharinas unerfülltes Leben), dem erregenden Moment (die Begegnung mit Sergej) und dem tragischen Irrtum der Heldin (ihre Liebe zu Sergej). Die Handlung steigert sich in den folgenden drei »Akten« über den Mord am Schwiegervater zum Höhepunkt, der Ermordung des Gatten. Es folgt ein Stillstand der Handlung, denn scheinbar hat Katharina ihr Ziel erreicht, ungestört mit Sergej leben zu können. Die Glückswende geschieht mit der Verhaftung. Im Schlussakt mündet der Verzögerungsmoment mit einem scheinbaren Wiedergewinn der Liebe Sergejs in die Erkenntnis des tragischen Irrtums: Katharina merkt, dass Sergej tatsächlich der »gemeine Schurke« ist, vor dem sie gewarnt worden war. Mit dem Doppelmord als Katastrophe schließt die Handlung.

Katharina ist zugleich Täterin und Opfer. In ihrem Namen vereinen sich entsprechend

Schuldlosigkeit und animalische, zerstörerische Gewalt: Katharina, die Reine, und Lwowna, die Löwentochter. Ihre Gewalt entfesselt nicht eine negative Leidenschaft für die Macht, wie bei Macbeth, sondern die ambivalente Leidenschaft maßloser Liebe. Abscheu und Mitleid des Lesers Katharina gegenüber werden geschickt in der Waage gehalten. Ihre Tragik besteht im unversöhnlichen Konflikt zweier Werte: der gesellschaftlichen Ordnung und ihrer Leidenschaft, deren Vor- und Nachteile sich gegenseitig konturieren.

Leskow entwirft in der Erzählung eine anthropologische Grundfrage, mit der er Stellung in der zeitgenössischen Diskussion um die russische Identität bezieht. Die Erzählung weist scheinbar keine Lösung auf, wie Zivilisation und Entfaltung der menschlichen Natur, Verstand und Wille, auszugleichen wären. Darin liegt eine Polemik gegen das Drama *Das Gewitter* von Alexander Ostrowski (1823–86) und den Hamletcharakteren von Iwan → Turgenjew. Doch deutet Leskow in einer Figur der Erzählung an, wie Russlands Weg die Katastrophe meiden könnte: Der kleine Fedja (die »Gottesgabe«) ist religiös und literarisch gebildet. Sein Tod rückt ihn den Helden seiner Bücher, der Heiligenviten, nahe. Für den Heiligen ist die durch Kämpfe errungene Vereinigung moralischer Gebote und ungewöhnlicher Charakterstärke kennzeichnend. Nicht von ungefähr wird betont, dass Katharina nicht liest und die Kirche meidet: Ihr Bildungsdefizit ist der tiefere Grund des tragischen Konflikts.

Wirkung: Die Erzählung bot der soziologischen und formalistischen Literaturkritik wenig Ansatzpunkte, so dass sie rund 60 Jahre lang kaum bekannt war. Berühmtheit erlangte sie durch die Oper (UA 1934) von Dmitri Schostakowitsch (1906–75), auf die eine Reihe von Theaterinszenierungen, Hörspielen, Übersetzungen und Verfilmungen folgte, deren bedeutendste die *Sibirische Lady Macbeth* (1962) des polnischen Regisseurs Andrzej Wajda ist. *H. S. S.*

Doris Lessing im Oktober 1987

Die wichtigsten Bücher von Doris Lessing	
Afrikanische Tragödie 1950	Ein im Südrhodesien der 1930er und 1940er Jahre spielender Roman über die unglückliche Ehe der Farmersfrau Mary Turner, die von ihrem schwarzen Diener Moses ermordet wird.
Kinder der Gewalt 1952–69	Im Mittelpunkt des Bildungsromans steht die autobiografisch gefärbte Martha Quest. Der fünfbändige Zyklus stellt die kolonialistische Gesellschaft Schwarzafrikas dar.
Das goldene Notizbuch, 1962	In dem Kultbuch der Frauenbewegung wird die komplizierte Identitätssuche der Autorin Anna Wulf beschrieben. → S. 680
Canopos im Argos 1979–83	Der fantastische fünfbändige Romanzyklus basiert auf Lessings Beschäftigung mit dem Sufismus. Mit ihrer Zukunftsvision will sie zeigen, dass das Schicksal aller Menschen verknüpft ist.
Die Terroristin 1985	Alice, eine Mittdreißigerin, zieht in ein von einer Gruppe militanter Leute besetztes Haus und wird immer tiefer in Aktivitäten der irischen Unabhängigkeitsbewegung IRA hineingezogen.
Das fünfte Kind 1988	Das Glück von Harriet und David wird durch ihr fünftes Kind auf eine schwere Probe gestellt: Ben sprengt das Familienleben und wächst zu einem Aggressor und Zerstörer heran.
Mara und Dann, 1999	Im Mittelpunkt der Zivilisationskritik und Hommage an die Menschlichkeit stehen die Geschwister Mara und Dann.

Lessing, Doris

engl. Schriftstellerin

*22.10.1919 Kermanshah, Iran

📖 *Das goldene Notizbuch*, 1962

Unter den englischen Gegenwartsautorinnen ist Doris Lessing (geb. Tayler) die wohl vielseitigste. Zentrale Themen ihres am europäischen Realismus orientierten Werks sind die Beleuchtung gesellschaftlicher Wirklichkeit, die Entfaltung des Individuums sowie die Erkundung der menschlichen Seele.

Im heutigen Iran als Tochter eines Bankfachmanns geboren, der mit seiner Familie 1924 in das damalige Südrhodesien zog, um sein Glück als Maisfarmer zu suchen, lebte die Autorin seit 1949 in England. In ihrer Autobiografie *Unter der Haut* (1994) schreibt Lessing, sie habe »in einer außergewöhnlichen Zeit« gelebt, »der letzten Phase des britischen Kolonialreichs in Afrika«. Als sie den Kontinent im Alter von 30 Jahren wechselte und England, die Heimat ihrer Eltern, zu ihrer eigenen machte, hatte sie zwei gescheiterte Ehen hinter sich. Begleitet wurde die Autorin auf der Rückkehr ins englische Mutterland nur vom jüngsten ihrer drei Kinder, dem Sohn Peter Lessing; die beiden älteren ließ sie bei ihrem ersten Mann zurück.

Lessing, die während der 1950er Jahre Mitglied der Kommunistischen Partei gewesen ist, betrachtet es als ihre schriftstellerische Aufgabe, soziale und politische Zusammenhänge zu

Der *New Statesman* über Doris Lessing:

Doris Lessing gehört zu den Größen der Literatur des 20. Jahrhunderts, und ihre außergewöhnlichen Arbeiten haben dazu geführt, dass wir uns selbst jetzt anders sehen.

Doris Lessing, *Das goldene Notizbuch*, Umschlag der deutschsprachigen Erstausgabe 1978

verdeutlichen. Bereits mit ihrem ersten Roman, *Afrikanische Tragödie* (1950), sicherte sich die Autorin einen festen Platz in der Gegenwartsliteratur. Weltruhm brachten ihr der autobiografisch gefärbte Romanzyklus *Kinder der Gewalt* (1952–69) sowie *Das goldene Notizbuch* (1962). Eine Zäsur im Werk der Autorin stellt der fünfbändige Romanzyklus *Canopus im Argos* (1979–83) dar, mit dem sich Lessing (vorübergehend) der fantastischen Literatur zuwandte.

Lessing wurde 1981 mit dem Österreichischen Staatspreis für europäische Literatur ausgezeichnet und gilt seit Jahren als Anwärterin auf den Literaturnobelpreis.

Biografie: C. Klein, *Doris Lessing. A Biography*, 2000.

Das goldene Notizbuch

OT The Golden Notebook **OA** 1962 **DE** 1978
Form Roman **Epoche** Moderne

Das goldene Notizbuch von Doris Lessing gehört zu den klassischen Romanen der Frauenbewegung, das die Situation der Frauen auf dem Weg zur Gleichberechtigung dokumentiert.

Inhalt: *Das goldene Notizbuch* ist eine Darstellung der psychologischen Krise, in der sich die Schriftstellerin Anna Wulf, eine aus Südafrika stammende, in London lebende Schriftstellerin, befindet. Erzählt werden die Jahre 1950–57, in denen Anna mit Hilfe verschiedener Tagebücher ihre Depressionen zu überwinden versucht. Jedes Tagebuch schildert eines der verschiedenen Leben der Protagonistin: Schwarz enthält die afrikanischen Erinnerungen, Rot ihr politisches Engagement in London, Gelb ihre literarischen Ideen und Blau ihr Alltagsleben. Durch das Schreiben kommt Anna mit sich selbst ins Reine, lernt ihre eigenen Schwächen zu akzeptieren. Als sie dies erreicht hat, schließt sie die einzelnen Tagebücher mit einem Schlussstrich ab und führt ihre vier Identitäten in einem »goldenen Notizbuch« zusammen.

Aufbau: Mit *Das goldene Notizbuch* hat Lessing den konventionell-realistischen Erzählstil ihrer ersten Bücher überwunden und eine eigenständige Form gefunden. Das verschachtelte Schema ihres Buchs, das vielen Lesern Probleme bereitete, erklärte die Autorin im 1971 verfassten Vorwort zur Neuauflage folgendermaßen: »Es gibt ein Skelett oder einen Rahmen, genannt ›Ungebundene Frauen‹, der einen konventionellen kurzen Roman darstellt, etwa 60000 Wörter lang, und der für sich allein stehen könnte. Aber er ist in fünf Abschnitte geteilt und durch die jeweiligen Stadien der vier Notizbücher, Schwarz, Rot, Gelb und Blau, unterbrochen.«

Zwischen den vierten und den fünften Teil des Romans hat Lessing das 37 Seiten umfas-

sende *Goldene Notizbuch* eingeschoben, die Synthese der vier Leben ihrer Heldin Anna Wulf. Die Einträge in die verschiedenen Tagebücher hat Lessing mit Kommentaren wie »Hier endete Annas Handschrift« oder »Schwarzer Strich quer über die Seite« versehen, um ihnen den Anstrich authentischer Dokumente zu geben.

Wirkung: *Das goldene Notizbuch* gehört zu den Bestsellern des 20. Jahrhunderts. Als das Buch 1978, 16 Jahre nach Erscheinen der englischen Originalausgabe, in Deutschland veröffentlicht wurde, machte es die Autorin hier zu Lande über Nacht zu einer Kultfigur der Frauenbewegung. Lessing selbst legte allerdings Wert darauf, wie sie u. a. im 1971 verfassten Vorwort zu *Das goldene Notizbuch* schrieb, dass dieser Roman »keine Posaune für Woman's Liberation« ist. Erst von Verlegern und Freunden habe sie erfahren, »dass ich einen Traktat über den Geschlechterkampf geschrieben hatte, und entdeckte rasch, dass nichts, was ich einwendete, diese Beurteilung ändern konnte«. Die Protagonistin Anna Wulf wurde von den Lesern unterschiedlich bewertet: Die einen sahen in Anna eine Symbolfigur der Frauenbewegung, die anderen zählten sie zu den Unemanzipierten, weil sie nur mit Unterstützung ihres Geliebten Saul Green ihre Krise überwinden kann. *M.E.*

Levi, Carlo

italien. Schriftsteller und Maler
* 29.11.1902 Turin, † 4.1.1975 Rom
📖 *Christus kam nur bis Eboli*, 1945

Carlo Levi, der sich primär als Maler verstand, war auch ein politisch engagierter Schriftsteller. Sein Ruhm gründet sich vor allem auf den Roman *Christus kam nur bis Eboli*, in dem er dem vergessenen Mezzogiorno ein literarisches Denkmal setzte und eines der programmatischsten Werke des Neorealismus (Stichwort → S. 681) schuf.

Levi wuchs in Turin in einer wohlhabenden jüdischen Familie auf. Nach dem Studium der Medizin arbeitete er als Maler, wegen seiner antifaschistischen Haltung wurde er 1935 in ein abgelegenes Dorf in der Basilicata im Süden Italiens verbannt; die Jahre im Exil verarbeitete Levi in seinem Erlebnisbericht. Nach seiner Begnadigung engagierte er sich in Paris in der Widerstandsbewegung. Die Erfahrungen dieser Zeit schlugen sich in dem Essay *Angst vor der Freiheit* (1946) nieder, der an die politische Mündigkeit des Individuums appelliert. In mehreren Romanen und Reisetagebüchern, u. a. *Die doppelte Nacht der Linden* (1959), formulierte Levi seine Kritik an politischem Egoismus und mangelndem sozialen Engagement. Mit der sizilianischen Reisereportage *Die Worte sind Steine*, 1955, gelang es Levi noch einmal, an den intensiven Ton seines Romans anzuknüpfen, sein Reisebericht aus der Sowjetunion, *Die Zukunft hat ein altes Herz*, 1956, vermittelt demgegenüber nur flüchtige Impressionen.

Christus kam nur bis Eboli

OT *Cristo si è fermato a Eboli* **OA** 1945 **DE** 1947
Form Roman **Epoche** Moderne

In seinem Erfahrungsbericht erzählt Carlo Levi in locker aneinander gereihten Szenen von seinen Erfahrungen in der bäuerlichen und rückständigen Welt Lukaniens, einer vergessenen Welt im Süden Italiens, die er während seines Exils kennen gelernt hat.

Entstehung: 1935 wurde der 31-jährige Levi wegen seines Protestes gegen den Abessinienkrieg von den faschistischen Machthabern in ein Dorf in der Basilicata (damals Lukanien) verbannt. In Gagliano (aus Gründen der Diskretion taufte Levi den Ort in seinem Werk in Aliano um) empfand sich der elegante Norditaliener zunächst als Fremdkörper, bis es ihm gelang, die Sympathie der Bauern zu gewinnen.

Inhalt: Der Titel des Romans bezieht sich auf ein Sprichwort, mit dem die Bauern ihre eigene Rückständigkeit begründen: »Christus kam nur bis Eboli.« Es besagt, dass Gott es nicht mehr bis in die Berge der Basilicata, nach Aliano geschafft hat. Deshalb sind in dieser Region Zeit und Sitten auf einem heidnischen Niveau stehen geblieben. Trotz unsäglichen Elends, trotz Armut und der Malaria behaupten sich die Bewohner in einem mühseligen, vom Wechsel der Jahreszeiten rhythmisierten Überlebenskampf und beziehen aus dieser Existenzweise ihren eigenen Stolz.

Eindrucksvoll schildert Levi das Überleben heidnischer und naturmagischer Praktiken unter dem Deckmantel der christlichen Liturgie und das gelegentliche Aufflammen politischer Aufsässigkeit am Beispiel der Bauern, die Geldeintreiber erschlagen und sich den Briganten in den unzugänglichen Bergnestern der Basilicata anschließen, weil sie ihre drückenden Abgaben nicht leisten können. Die Versuche der Regierung, sich der politischen Zustimmung der Einwohner zu versichern, scheitern am fundamentalen Misstrauen der Bauern gegen jede Art von Obrigkeit, die sie immer nur als Unterdrückung erfahren haben.

Wirkung: Wegen des sachlichen Tonfalls seines Romans, der dem Elementaren und Schlichten des Lebens im Mezzogiorno entspricht, wurde der Roman zu einem herausragenden Dokument des Neorealismus (Stichwort → S. 681). Er ist eine der bewegendsten Schilderungen des

Neorealismus

Begriff: Der nicht fest umrissene und auch von seinen Vertretern nicht programmatisch gebrauchte Begriff bezeichnet eine politische und ästhetische Bewegung der antifaschistischen Literatur und Kunst in den letzten Jahren des Zweiten Weltkriegs und dem anschließenden Jahrzehnt.

Themen: Unter Berufung auf den Verismo, die italienische Version des Naturalismus, behandeln Künstler wie Renato Guttuso, Literaten wie Carlo → Levi, Elio Vittorini, Cesare → Pavese und der frühe Italo → Calvino sowie Filmemacher wie Roberto Rossellini, Vittorio de Sica und später Pier Paolo → Pasolini zeithistorische Ereignisse und Verhaltensweisen; sie entdecken und thematisieren die von der faschistischen Ästhetik nicht wahrgenommenen Zerfallserscheinungen der bürgerlichen Gesellschaft (etwa in Luchino Viscontis Film *L'os-*sessione), den verschwiegenen Nord-Süd-Konflikt (etwa in den Filmen von Pasolini), die von der offiziellen Propaganda geleugneten Themen wie Armut, Verbrechen und soziales Elend (Levi und Pavese).

Politisches Engagement: Als Bestandteil einer engagierten Literatur und Ästhetik der Linken legt der Neorealismus den Akzent auch auf die Darstellung des politischen Kampfes gegen den Faschismus, die Resistenza. Das Vorbild Amerikas, des gelobten Landes, in das viele Italiener ausgewandert waren, und seiner schnörkellosen Literatur (Ernest → Hemingway und John → Steinbeck) sowie die Suche nach einer authentischen Sprache hinter der vom Regime erzwungenen Künstlichkeit des ästhetischen Ausdrucks einen die unterschiedlichen Künstlertemperamente der neorealistischen Bewegung.

Lebens im Süden, der in der italienischen Literatur eine Art nostalgische Berufung auf das von den Entfremdungserscheinungen der Moderne unbeschädigte Leben des Südens einleitete, obwohl Levis Beschreibung die Verhältnisse nicht beschönigte, sondern eher geeignet ist, sich der italophilen Verklärung Süditaliens zu widersetzen. Eine Verfilmung von Francesco Rosi (1978) trug wesentlich zur Popularität des Buchs bei. *H. R. B.*

Levi, Primo

italien. Schriftsteller jüdischer Herkunft

*31.7.1919 Turin, †11.4.1987 ebd.

📖 *Ist das ein Mensch?*, 1947

Als bedeutender Vertreter der sog. Holocaust-Literatur dringt Primo Levi auf die Gestaltung und Verarbeitung der Erlebnisse, die ihm und seinen Leidensgenossen in den Vernichtungslagern der Nationalsozialisten widerfuhren. Seine Werke widmen sich dem Gedenken an die Opfer und wenden sich gegen das Vergessen der erlittenen, seelisch-körperlichen Gräuel, um zugleich dem Unsagbaren literarischen Ausdruck zu verleihen.

Levi, der einer jüdischen Familie entstammte, aber keine engere Verbindung zum Judentum mehr hatte, arbeitete nach seiner Promotion seit 1941 als Industriechemiker. Angesichts der verschärften Judenverfolgung in Italien schloss er sich einer Widerstandsgruppe an, wurde verhaftet und Anfang 1944 nach Auschwitz deportiert, wo man ihn unter unmenschlichen Bedingungen als Laborkraft einsetzte.

Als Todkranker im Januar 1945 von der Roten Armee befreit, gelangte Levi nach einer vielmo-

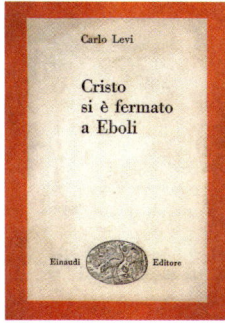

Carlo Levi, *Christus kam nur bis Eboli*, Einband der Ausgabe 1955

Auszug aus dem Roman
Christus kam nur bis Eboli
von Carlo Levi:

Niemand hat diese Erde berührt, es sei denn als Eroberer oder als Feind oder als verständnisloser Besucher. Die Jahreszeiten gleiten über die Mühsal der Bauern dahin, heute wie dreitausend Jahre vor Christi Geburt; keine menschliche oder göttliche Sprache wurde an diese halsstarrige Armut gerichtet. Wir reden eine andere Sprache, unsere Worte sind hier unverständlich.

Auszug aus der Autobiografie *Ist das ein Mensch?* von Primo Levi:

[...] weil das Lager ein großer Mechanismus ist, der uns zu Tieren herabwürdigen soll, dürfen wir keine Tiere werden; auch an diesem Ort kann man am Leben bleiben und muss deshalb auch den Willen dazu haben, schon um später zu berichten, Zeugnis abzulegen; und für unser Leben ist es wichtig, alles zu tun, um wenigstens das Gerippe, den Rohbau, die Form der Zivilisation zu bewahren. Wenn wir auch Sklaven sind, bar allen Rechts, jedweder Beleidigung ausgesetzt und dem sicheren Tod verschrieben, so ist uns doch noch eine Möglichkeit geblieben, und die müssen wir, weil sie die letzte ist, mit unserer ganzen Energie verteidigen: die Möglichkeit nämlich, unser Einverständnis zu versagen.

Wir sind in plombierten Waggons hierhergekommen; wir haben gesehen, wie unsere Frauen und unsere Kinder weggegangen sind ins Nichts; wir, die Versklavten, sind hundertmal hin- und hermarschiert in stummer Fron, mit erloschenen Seelen noch vor dem anonymen Tod. Wir werden nicht zurückkehren. Von hier darf keiner fort, denn er könnte mit dem ins Fleisch geprägten Mal auch die böse Kunde in die Welt tragen, was in Auschwitz Menschen aus Menschen zu machen gewagt haben.

natigen Odyssee zurück in die Heimat. Er nahm als Chemiker in der Industrie seine berufliche Tätigkeit wieder auf und widmete sich parallel der literarisch-dokumentarischen Auseinandersetzung mit den traumatisierenden, Leben und Werk vereinnahmenden Erfahrungen im Holocaust. Levi nahm sich im Alter von 67 Jahren in seiner Geburtsstadt das Leben.

Biografie: M. Anissimov, *Primo Levi. Die Tragödie eines Optimisten. Eine Biografie*, 1999.

Ist das ein Mensch?

OT Se questo è un uomo **OA** 1947 **DE** 1961
Form Autobiografie **Epoche** Moderne

Ist das ein Mensch? schildert die Erlebnisse der elf Monate, die Primo Levi von März 1944 bis Januar 1945 im Vernichtungslager Auschwitz verbrachte. Der Autor versucht darin, die leidvollen Ereignisse zu verarbeiten und als Augenzeuge und Überlebender den Ermordeten ein bleibendes Andenken zu errichten. Weder Anklage der Täter noch der Wunsch nach Vergeltung stehen im Vordergrund des Berichts. Levi konzentriert sich vielmehr darauf, die anthropologischen Ursachen und Folgen des Holocaust aufzudecken.

Inhalt: Der Bericht setzt mit der Verhaftung und der Deportation des Autors nach Polen ein. Die Ankunft in Auschwitz bedeutet den Eintritt in eine auf die physische und psychische Vernichtung des Menschen ausgerichtete Welt, in der alle moralischen Werte aufgehoben wurden. Minutiös dokumentiert der Autor die Torturen der Opfer: die Trennung von arbeitsuntauglichen und somit todgeweihten Familienmitgliedern und Freunden, die Erniedrigung zum Arbeitssklaven der KZ-Industrie sowie den von Misshandlung, Hunger, Krankheit und Mord bestimmten Überlebenskampf. Kontrastierende Szenen, die das Erleben eines Son-

nenaufgangs, die Beschreibung einer Lagerfreundschaft oder ein Gespräch über *Die Göttliche Komödie* (1472) von → Dante Alighieri mitteilen, schildern die verzweifelten Versuche der Insassen, ihre Menschenwürde zu wahren.

Levi wird als Chemielaborant eingesetzt. Die »besseren« Arbeitsbedingungen und ein hilfsbereiter Landsmann schützen ihn vor dem unmittelbaren Zugrundegehen. Der schwindende Lebenswille, die systematisch zunichte gemachte Menschenwürde und die im brutalen Überlebenskampf erlöschende Solidarität der Opfer untereinander töten jede Hoffnung ab.

Das Lager wird vor der näher rückenden Roten Armee evakuiert. Die Kranken, unter ihnen der Autor, bleiben zurück. Als Auschwitz befreit wird, sind unzählige der Häftlinge zu Grunde gegangen, die von der SS verschleppten Insassen sterben auf den berüchtigten »Todesmärschen«. Von den ca. 600 italienischen Juden, die ein Jahr zuvor deportiert wurden, ist Levi einer von wenigen Überlebenden.

Aufbau: Die nach 1945 entstandene Holocaust-Literatur ist vor die kaum zu lösende Aufgabe gestellt, den Schrecken der Vernichtungslager in Worte zu fassen. Levi will die Maschinerie der Todeslager bloßlegen und dem Unfassbaren sprachlichen Ausdruck geben. Er verzichtet daher bewusst auf jedes Pathos, um sich dem Gesehenen und Erlebten mit der kühlen Distanz des Chronisten zu nähern.

Die 17 Kapitel des nicht durchgängig chronologischen Berichts schildern exemplarische Einzelschicksale und persönliche Erlebnisse, die das Gesamtausmaß des Holocaust aus historischer und anthropologischer Perspektive entfalten. Die Episoden, die um die Fixpunkte des Lageralltags kreisen – Krankheit, Hunger, Zwangsarbeit, Selektion –, teilt der um Aufklärung bemühte Autor in naturwissenschaftlichem Ton mit, der die Tragik und Tragweite des Geschehenen sprachlich verstärkt und an die Grenze des Sagbaren treibt. Die Einzelabschnitte des Berichts verknüpft Levi mit allgemeinen Schlussfolgerungen über die Ursachen und Folgen der bis zur physischen Vernichtung betriebenen »Entmenschlichung« der Opfer. Zugleich ist der Autor darauf bedacht, den Holocaust nicht als ›Fatum‹, sondern als ein *von* Menschen *an* Menschen verübtes Verbrechen darzustellen.

Wirkung: *Ist das ein Mensch?* stieß erst im Zuge der verstärkten Auseinandersetzung mit dem Holocaust Ende der 1950er Jahre auf internationales Interesse. Die seitdem erfolgten Übersetzungen und Neuauflagen sowie Bearbeitungen für Hörspiel und Theater dokumentieren die anhaltende Aufmerksamkeit, die Levis Bericht bis heute entgegengebracht wird und nur mit dem Erfolg des Tagebuchs der Anne Frank (1947) zu vergleichen ist. T.S

Die wichtigsten Bücher von Primo Levi	
Ist das ein Mensch?, 1947	In seiner Autobiografie schildert Levi die Erlebnisse seiner elfmonatigen Inhaftierung im Vernichtungslager Auschwitz. → S. 682
Die Atempause 1963	Levi beschreibt in diesem autobiografischen Bericht seine zehnmonatige Heimreise von Auschwitz nach Italien.
Das periodische System, 1975	In den Berichten und Gleichnissen symbolisieren chemische Elemente menschliche Daseinsbedingungen und Wesenszüge.
Der Ringschlüssel 1978	Zum Roman vereinte Abenteuergeschichten, welche die notwendige Kunst des Erzählens und Zuhörens versinnbildlichen.
Wann, wenn nicht jetzt?, 1982	Der Roman, fußend auf Levis Erfahrungen, beschreibt die Erlebnisse einer jüdischen Partisanengruppe im Zweiten Weltkrieg.
Die Untergangenen und die Geretteten, 1986	In dem autobiografisch inspirierten Werk berichtet Levi über das Leben nach Auschwitz und die Versuche der Opfer, die Holocaust-Erfahrungen zu verarbeiten.
Das Maß der Schönheit, 1997	Das Buch enthält melancholisch-groteske Erzählungen über die Entfremdung des Menschen in der modernen Welt.

Lévi-Strauss, Claude

frz. Anthropologe

* 28.11.1908 Brüssel

📖 *Traurige Tropen*, 1955

Claude Lévi-Strauss, ein führender Vertreter der sozialen Anthropologie, wurde durch seine Anwendung des damals in der Linguistik verbreiteten strukturalistischen Ansatzes auf sozialwissenschaftliche Wissensgebiete ab den 1960er Jahren zu einer der einflussreichsten, wenn auch umstrittensten Persönlichkeiten der westlichen intellektuellen Szene.

Nach dem Studium der Philosophie und des Rechts in Paris (1927–32) unterrichtete Lévi-Strauss, ehe der Weggefährte Jean-Paul → Sartres eine Soziologie-Professur an der Universität von São Paulo übernahm (1934–37). Von hier aus unternahm er eine Reihe anthropologischer Studien im brasilianischen Hinterland. 1950 wurde er zum Direktor der École Pratique des Hautes Études der Pariser Universität, 1959 zum Professor der sozialen Anthropologie des Collège de France berufen.

Nach ersten Veröffentlichungen zur Anthropologie *(Traurige Tropen)* legte Lévi-Strauss mit seinem 1959 erschienenen Werk *Strukturale Anthropologie* den Grundstein für eine neue anthropologische Theorie. In Anlehnung an die strukturale Analyse von Märchen und Mythen ging Lévi-Strauss von der Existenz grundlegender Strukturmodelle aus, die allen Gesellschaften gemeinsam sind, da sie durch das universale Unterbewusstsein strukturiert werden.

Traurige Tropen

OA 1955 **DE** 1960 **Form** Sachbuch **Bereich** Ethnologie

Traurige Tropen dokumentiert zum einen eine Reihe von anthropologischen Forschungsreisen nach Brasilien. Zum anderen stellt das Buch die erste für eine breitere Öffentlichkeit bestimmte systematische Beschreibung der von Lévi-Strauss begründeten strukturalen Anthropologie dar, mit der er »die ethnologischen Erfahrungen der letzten 50 Jahre in den marxistischen Strom« zu reintegrieren suchte.

Aufbau: *Traurige Tropen* zeigt einen komplexen Aufbau, der – gerade angesichts der strukturalistischen Methodologie des Autors – parallel zum Inhalt gesehen werden muss. Wie der Autor selbst im Vorwort schildert, kehrt er mit einer erneuten Forschungsreise Mitte der 1950er Jahre zum Ort seines ersten Wirkens in den 1930ern zurück. Diese Tatsache gibt nicht nur Anlass zu Reminiszenzen, sondern ermöglicht einen Vergleich der damaligen und jetzigen Forschungsgegenstände. Das Werk wird allerdings weniger von einer chronologischen Darstellung getragen, als von der Richtung der so zusammengesetzten Reisen. Lévi-Strauss schildert die Anreise nach Brasilien, die Küstenstädte und das langsame Eindringen bis ins Landesinnere von Ost nach West, wobei diese Bewegung auch entsprechend ethnologisch belegt wird. Dabei beschränkt sich der Autor keineswegs auf die einheimische Bevölkerung, sondern befasst sich genauso mit den Einwanderern bzw. der europäisierten Bevölkerung des Landes. Insofern trifft der Untertitel des Werks, *Indianer in Brasilien*, nur bedingt zu. Das Werk stellt eine faszinierende Mischung aus verschiedenen Gattungen dar: Es ist Reisebericht, Autobiografie, Geschichtsschreibung und anthropologisches Handbuch. Das wichtigste Strukturmerkmal des Werks ergibt sich jedoch aus der Methodik der strukturalen Anthropologie selbst mit ihrer Kernthese: Allen Gesellschaften liegen ein und dieselben Strukturmodelle zu Grunde.

Inhalt: Lévi-Strauss setzt bei seinen anthropologischen Studien im engeren Sinne zunächst bei den äußeren Merkmalen der von ihm untersuchten Indianer ein und schildert mit wissenschaftlicher Gründlichkeit, die aber Wert- und Gefühlsurteilen nicht entbehrt, u. a. deren Siedlungsstil, Riten, Bekleidung, Traditionen, Gesang, Mythen, Körperbemalung, Tänze, Werkzeuge und Sprache. Er deckt dann in akribischer Arbeit die gesellschaftliche Struktur auf, die sich beispielsweise hinter den Mustern der Mbaya-Kunst verbirgt. Bisweilen, wie in der Schilderung der Riten der Bororo, schimmert dabei die Klassenkritik des Marxisten durch.

Traurig seien die Tropen nicht nur aufgrund des Identitätsverlusts der Indianer, sondern auch, weil die Städte Amerikas »zu zerfallen scheinen, bevor sie zu altern beginnen«, weil die Landschaft Brasiliens – ausgebeutet durch den Erzabbau oder Raubanbau – überall der Verwüstung anheimfalle.

Wirkung: Die gesammelten Studien trugen dazu bei, das traditionelle Bild der Ureinwohner Amerikas zu revidieren. Außerdem weckte das Werk schon früh das Bewusstsein für den Verlust der eingeborenen Kulturen sowie der Naturschätze Brasiliens. *B. A.*

Auszug aus dem Buch
Traurige Tropen von Claude Lévi-Strauss:

Die Vorstellung..., die sich eine Gesellschaft von den Beziehungen zwischen Lebenden und Toten macht, lässt sich auf das Bemühen zurückführen, die wirklichen Beziehungen zwischen den Lebenden zu vertuschen und sie im Bereich des religiösen zu verschönern und zu rechtfertigen.

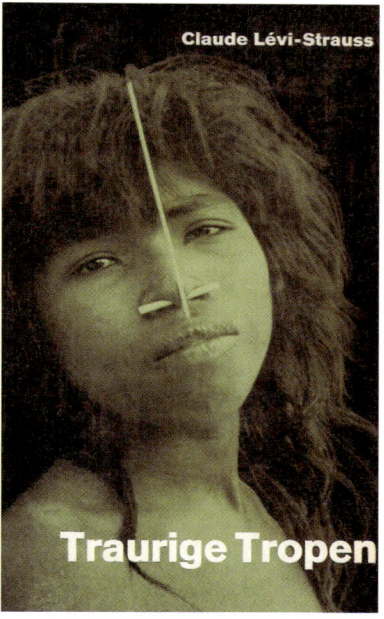

Claude Lévi-Strauss,
Traurige Tropen, Umschlag der deutschsprachigen Erstausgabe 1960

Sinclair Lewis, erster Literaturnobelpreisträger der USA (1930)

Die wichtigsten Bücher von Sinclair Lewis

Benzinstation 1919	Während eines Autotrips quer durch die USA versucht der junge Garagenbesitzer und Naturbursche Milt Daggert das Herz der verwöhnten Industriellentochter Claire Boltwood zu erobern.
Main Street 1920	Die junge Bibliothekarin Carol Kennicott heiratet ins fiktive Gopher Prairie und versucht vergeblich, Kultur und Modernität in das miefige Provinznest, für das Lewis' Geburtsort Vorbild war, zu bringen.
Babbitt 1922	Mit der Figur des selbstgefälligen Babbitt, der aussichtslos gegen die Enge seiner kleinbürgerlichen Welt revoltiert, wurde der Spießer zum Thema der US-amerikanischen Literatur. → S. 684
Dr. med. Arrowsmith 1925	Ein engagierter Arzt will dem medizinischen Fortschritt dienen, erlebt jedoch nur Karrieresucht und Profitdenken und gerät, als er ein neues Virus entdeckt, in einen heiklen Gewissenskonflikt.
Elmer Gantry 1927	Der Gemeindepfarrer Elmer Gantry ist ständig hinter jungen Mädchen her und nutzt sein Amt und den Glauben der Menschen scheinheilig und skrupellos zum eigenen Vorteil aus.
Sam Dodsworth 1929	Ein auseinander gehendes Ehepaar bereist Europa, doch die Fahrt dient mehr der Entdeckung ihrer selbst.
Ann Vickers 1933	Der Roman um Ann Wickers, die idealistische Leiterin eines Frauengefängnisses, ist ein satirischer Hieb auf die Korruption der Bürokratie und die Apathie der Gesellschaft.
Das ist bei uns nicht möglich, 1935	Lewis' Warnung vor einer Gleichschaltung der Medien und faschistischen Machtergreifung in Amerika, in den USA ein spektakulärer Erfolg, erschien in Deutschland erst 1984.

Lewis, Sinclair

US-amerikan. Schriftsteller

*7.2.1885 Sauk Centre (Minnesota), †10.1.1951 Rom

📖 *Babbitt*, 1922

Als Sinclair Lewis 1930 als erstem US-amerikanischen Schriftsteller der Nobelpreis für Literatur verliehen wurde, hatte er die fünf großen Romane, die sein Hauptwerk bilden, bereits geschrieben. *Main Street* (1920), *Babbitt* (1922), *Dr. med. Arrowsmith* (1925), *Elmer Gantry* (1927) und *Sam Dodsworth* (1929) waren innerhalb nur einer Dekade entstanden und bilden ein genau beobachtetes kritisch-satirisches Porträt des US-amerikanischen Bürgertums der 1920er Jahre.

Nach einem Studium an der Yale University arbeitete Lewis an der von Jack → London und Upton → Sinclair in Helicon Hall (New Jersey) gegründeten sozialistischen Schule mit. Als Reporter, Redakteur und Lektor kam er schon früh mit dem Verlagswesen in Berührung. Mit seinen ersten Romanen (*Hyke and the Aeroplane*, 1912; *Unser Herr Wrenn*, 1914; *Der Erwerb*, 1917; *Benzinstation*, 1919) hatte er nur wenig Erfolg; erst 1920 gelang ihm der Durchbruch mit *Main Street*.

Schon nach *Elmer Gantry* als Enfant terrible attackiert – es gab sogar Aufrufe zum Lynchmord –, erfuhr Lewis starken Widerspruch auch auf das Werk *Der königliche Kingsblood* (1947), das die Rassenproblematik behandelt. Lewis verließ die USA und übersiedelte nach Europa.

Biografie: G.H.Lewis, *With Love from Gracie*, 1955; M. Schorer, *Sinclair Lewis*, 1961.

Babbitt

OT *Babbitt* OA 1922 DE 1925
Form Roman **Epoche** Moderne

1926 sorgte Sinclair Lewis für einen damals beispiellosen Skandal: Als ihm der Pulitzerpreis für *Dr. med. Arrowsmith* (1925) zugesprochen wurde, lehnte er diesen ab; er hatte ihn für *Babbitt* erwartet, nachdem er bereits zuvor mit *Main Street* (1920) am Veto des Stiftungskuratoriums gescheitert war.

Entstehung: Geschult am Journalismus, setzte Lewis die Tradition des »muckracking« – einem auf die Kritik an politischen, wirtschaftlichen und sozialen Missständen gerichteten Enthüllungsjournalismus – fort; Lewis arbeitete allerdings mit subtileren Mitteln als etwa sein Zeitgenosse Upton → Sinclair und sezierte statt der proletarischen die bürgerliche Welt. Dem Schreiben ging eine gründliche Recherche in der Geschäftswelt voraus, ein Verfahren, das Lewis auch bei späteren Romanen anwandte. Besonders die exakte Wiedergabe der jeweils typischen Sprache wurde zum Stilmittel, um verschiedene Schichten und Berufsgruppen zu kennzeichnen und zu entlarven.

Aufbau: Die ersten sieben Kapitel, etwa ein Viertel des Romans, schildern bis in die kleinsten Details hinein einen einzigen typischen Tag im Leben Babbitts vom Aufstehen bis zum Schlafengehen und machen den Leser mit dessen zuweilen manisch anmutenden Gewohnheiten und Anschauungen bekannt. Dieser Teil endet mit einer Collage aus Szenen, die sich gleichzeitig anderswo abspielen – eine Technik, die John → Dos Passos wenig später zum Erzählprinzip seiner Trilogie *U.S.A.* (1930–36) erhob – und die Figur Babbitt in einen universellen Rahmen stellen. In den folgenden zwölf Kapiteln wird Babbitts Porträt durch weitere Situationen (Dinnerparty, Angelausflug etc.) präzisiert, bevor die eigentliche dramatische Handlung im letzten Drittel des Romans einsetzt.

Inhalt: Der monotone Alltag des konformistischen, ganz auf Konsum, Karriere und Fortschritt fixierten Spießbürgers George F. Babbitt, 46, Vater von drei Kindern und Immobilienmakler in der fiktiven Industriestadt Zenith, Winnemac, beginnt an jenem Februartag des Jahres 1921 aus den Fugen zu geraten, als er während einer Geschäftsreise in Chicago zufällig seinen besten Freund Paul Riesling beim Fremdgehen ertappt. Wenig später versucht Paul seine eigene Frau, deren zänkisches Wesen er nicht länger ertragen kann, zu erschießen und kommt ins Gefängnis. Babbitts Welt, »die ohne Paul für ihn bedeutungslos geworden war«, bricht zusammen. Er rebelliert gegen die Enge seines bisherigen Lebens, indem er seine Frau Myra betrügt; er vernachlässigt Freunde und Geschäft und verkommt zusehends. Doch der bald bereute Ausbruchsversuch ist nur von kurzer Dauer. Als Myra erkrankt, kehrt er in sein altes Leben zurück und alles ist wieder so, wie es immer war.

Wirkung: Lewis wurde aufgrund der minutiösen Milieuschilderung in seiner Prosa als »größter Romanfotograf Amerikas« bezeichnet; *babbitt* ging als Synonym für den »selbstzufriedenen Spießer« in den Sprachgebrauch ein. Die Verleihung des Nobelpreises an Lewis empörte weite Teile der US-amerikanischen Öffentlichkeit. In Europa haben die Übersetzungen seiner Werke erheblich zu einer kritisch-distanzierten Sichtweise der USA beigetragen. Später John → Updike den Antihelden seiner Rabbit-Tetralogie (1960–90) in Anspielung auf dessen Prototyp den Spitznamen »Rabbit«.   A. C. K.

Aberglauben und Mystizismus und stellt ihnen Logik und Rationalität gegenüber. Aber auch gesellschaftliche und literarische Strömungen seiner Zeit wie Empfindsamkeit und Sturm und Drang bedenkt er mit kritischen Worten. Lichtenbergs Skepsis gegenüber der Entdeckung der Sauerstoffverbrennung durch Antoine Laurent de Lavoisier (1743–94) und seine entschiedene Distanz zur Klassik und Frühromantik zeigen, dass er als Naturwissenschaftler und Publizist hinter der Entwicklung seiner Zeit zurückblieb.

Lichtenberg war das 18. Kind eines Generalsuperintendenten. Nach dem Studium der Mathematik und Naturwissenschaften wurde er 1770 in Göttingen Professor für Experimentalphysik und Naturwissenschaften. Abgesehen von seinen *Sudelbüchern* äußerte sich seine literarische Tätigkeit u. a. in der Herausgabe des *Göttingischen Taschen-Calenders* (ab 1777 bis zu seinem Tod) und des *Göttingischen Magazins der Wissenschaften und der Litteratur* (1780–85). Wegen seines körperlichen Leidens (eine Rückgratverkrümmung, die Zwergwuchs zur Folge hatte) führte Lichtenberg bis zu seinem Tod ein zurückgezogenes Leben.

Biografien: H. Boëtius, *Der Gnom. Lichtenberg-Roman,* 1989; W. Promies, *Georg Christoph Lichtenberg* (rm 50 090).

Sudelbücher

OA 1800–06 (postum)
Form Aphorismen   **Epoche** Aufklärung

Georg Christoph Lichtenbergs *Sudelbücher* bilden eine Aphorismensammlung besonderer Art: die enge Verknüpfung privater Aufzeichnungen mit naturwissenschaftlichen Arbeiten stellt ein ungewöhnliches Zeitzeugnis dar und begründete den Ruhm des Autors.

Entstehung: Die Sammlung kleinerer Texte wurde in der ersten Werkausgabe unter dem Titel *Bemerkungen vermischten Inhalts* geführt

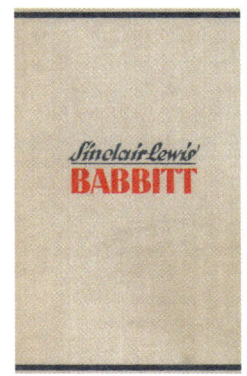

Sinclair Lewis, *Babbitt,* Einband der deutschsprachigen Erstausgabe 1925

Auszug aus dem Roman
Babbitt von Sinclair Lewis:

Babbitt pflegte Frauen nicht zu analysieren, ausgenommen wenn es sich um ihren Geschmack bei möblierten Wohnungen handelte. Für ihn teilten sie sich in wirkliche Damen, arbeitende Frauen, verdrehte Schachteln und fesche Luderchen. Er schwärmte von ihren vielfachen Reizen, war aber der Ansicht, dass alle (die Frauen seiner Familie ausgenommen), »seltsam« und »rätselhaft« waren.

Lichtenberg, Georg Christoph

dt. Naturwissenschaftler und Schriftsteller

* 1.7.1742 Oberramstadt bei Darmstadt

† 24.2.1799 Göttingen

📖 *Sudelbücher,* 1800–06 (postum)

Georg Christoph Lichtenberg zählt zu den geistreichsten Satirikern der deutschen Aufklärung, welche die Vernunft als das wesensbestimmende Element des Menschen ansah. In seinen witzigen, oft ausgesprochen frechen Aphorismen wendet er sich entschieden gegen

Die wichtigsten Bücher von Georg Christoph Lichtenberg	
Briefe aus London 1776–78	Briefe an den Lyriker und Publizisten Christian Boie. Sie waren von vornherein zur Veröffentlichung bestimmt, mit dem Ziel, das englische Theater in Deutschland bekannter zu machen.
Über Physiognomik. Wider die Physiognomen, 1778	Streitschrift gegen Johann Kaspar Lavater (Untertitel: *Zur Beförderung der Menschenliebe und Menschenkenntnis*). Lichtenberg lehnt die Deutung des menschlichen Gesichts als Scharlatanerie ab. Er sah darin die Gefahr der »Menschenrichterei«.
Ausführliche Erklärung der Hogarthischen Kupferstiche, 1784–96	In seinen berühmten Kupferstichen kritisierte William Hogarth die Moralvorstellungen der englischen Gesellschaft. Lichtenbergs Erläuterungen des »feinen Spotts« und der »drolligen Einfälle« des Malers, den er als »Genie« und dessen Werke als »Naturprodukte« bezeichnete, wurden zum Vorbild für die feuilletonistische deutsche Kunstkritik.
Sudelbücher 1800–06	Die ironisch-geistreiche Aphorismensammlung verbindet naturwissenschaftliche und private Notizen Lichtenbergs. → S. 685

Aus der Aphorismensammlung *Sudelbücher* von Georg Christoph Lichtenberg:

Wir sind so albern, dass wir immer auf das Natürliche dringen, andere Nationen sind klüger, in London heißt »he is a natural« nicht ein Haar weniger als »er ist ein dummer Teufel«, und wer weiß nicht, dass natürlich so viel ist [als] ehrloser Bastard und dass sie in vielen Ländern von Deutschland von allen Ehrenämtern ausgeschlossen sind, wozu nur die unnatürlichen gelangen können.

und erschien bereits kurz nach dem Tod von Lichtenberg. 34 Jahre, von 1765 bis kurz vor seinem Tod, hielt Lichtenberg spontane Gedanken und Ideen fest. *Sudel-* oder *Schmierbücher* nannte er die rund 20 Oktavhefte. Der Titel verdeutlicht, dass die Aufzeichnungen nicht für die Öffentlichkeit bestimmt waren.

Inhalt: 8000 Einträge behandeln die unterschiedlichsten Themen: Philosophisches, Satirisches, Naturwissenschaftliches und Gesellschaftliches, wobei dem Vernunftprinzip eine zentrale Bedeutung zukommt. Ebenso finden sich atheistische Gedanken, die Lichtenberg mit ironischen und zynischen Kommentaren versah, so z.B.: »Gott schuf den Menschen nach seinem Bilde, das heißt vermutlich, der Mensch schuf Gott vermutlich nach dem seinigen« oder: »Unsere Welt wird noch so fein werden, dass es so lächerlich sein wird, an einen Gott zu glauben, als heutzutage Gespenster.«

Anders als die französischen Essayisten und Aphoristiker, z.B. Michel de → Montaigne und François de → La Rochefoucauld, die den Menschen lediglich als ein gesellschaftlich bestimmtes Wesen betrachteten, kritisiert der deutsche Aufklärer in seinem Werk immer wieder das eigene Ich. So gehörte für den Gegner

der Empfindsamkeit und Schwärmerei das Selbstempfundene in hohem Maße zum Prozess der rationalen Selbsterkenntnis.

Aufbau: Die *Sudelbücher* folgen keiner stringenten Gliederung. Sie sind Produkt eines zufälligen und spontanen Schreibens. Dennoch: Auf den ersten Blick scheinen sich die einzelnen Aphorismen tatsächlich unzusammenhängend aneinander zu reihen. Der Autor springt von Gedanke zu Gedanke und manche isolierte Bemerkungen bleiben dem Leser unverständlich. Bei genauerer Betrachtung aber schließen sich die Aphorismen den vorhergehenden und folgenden an, so dass sie jeweils einem gemeinsamen Themenkreis und einem größeren Ganzen zugeordnet werden können: Identität, Bildung, Religion usw. Inwieweit die Ordnung der Bemühungen und Gliederung den ersten Herausgebern zu verdanken ist oder einer tatsächlichen sukzessiven Gedankenführung des Autors, ist bis heute ungeklärt. Der Umfang der einzelnen Texte ist unterschiedlich und reicht von Satzfragmenten bis zu mehrseitigen Ausführungen.

Wirkung: Lichtenbergs Aphorismen wurden von den ambitionierten Formulierungskünstlern unter den Schriftstellern und Philosophen des 19. Jahrhunderts begeistert rezipiert. Selbsterforschung und Ansätze zur Selbstdarstellung, wie sie der Aufklärer beispielhaft liefert, wurden für Friedrich Hebbel (1813–63), Søren → Kierkegaard, Arthur → Schopenhauer, Friedrich → Nietzsche und andere zur stilistischen Herausforderung. Schon zuvor hatte → Jean Paul in seinen satirischen Texten, z.B. in seiner *Auswahl aus des Teufels Papieren* (1789), die von Lichtenberg ausgehenden Impulse aufgegriffen und mit erzählerischen Elementen verknüpft. Der Misserfolg seines ersten Romans zeigt jedoch, dass mit dem Ausklang der Aufklärung das allgemeine Interesse an Sentenzen und Maximen nachgelassen hatte. *S. W.*

Der Traum vom Fliegen in der Literatur	
Homer (Griechenland) 8. Jh. v. Chr.	*Dädalus und Ikarus:* Dädalus flieht von Kreta mit einem selbst konstruierten Flugapparat. Sein Sohn Ikarus kommt der Sonne zu nahe, die Wachsflügel schmelzen und er stürzt ins Meer.
Cyrano de Bergerac (Frankreich) 1657/62	*Die Reise zu den Mondstaaten und Sonnenreichen:* Per Antriebsrakete geht es zum Mond, der den Reisenden »ansaugt«, im zweiten Romanteil fliegen die Helden bis zur Sonne.
Adalbert Stifter (Österreich) 1840	*Der Condor:* Cornelia unternimmt eine Ballonfahrt als Zeichen ihrer Emanzipation, wird dabei bewusstlos und begnügt sich mit ihrem zukünftigen Los als Muse eines Malers.
Jules Verne (Frankreich) 1863	*Fünf Wochen im Ballon:* Ein fiktiver Tatsachenbericht über eine Entdeckungsreise dreier Briten Richtung Afrika.
Otto Lilienthal (Deutschland) 1889	*Der Vogelflug als Grundlage der Fliegekunst:* Das Werk ist eine theoretische Grundlage für die Gleitflieger, mit denen der Flugpionier ab 1891 erste Flugversuche unternahm
Max Eyth (Deutschland) 1906	*Der Schneider von Ulm:* Eyth erzählt in dem historischen Roman über A. L. Berblinger und dessen Versuch, mit einem Apparat über die Donau zu fliegen, der 1810/11 scheiterte.
Antoine de Saint-Exupéry (Frankreich) 1931	*Nachtflug:* Der Autor, einer der Pioniere des Nachtflugs, postuliert in dem bekannten Fliegerroman das Ideal der Pflichterfüllung als Weg zur Selbstfindung des Menschen.
Charles-Lindbergh (USA) 1953	*Mein Flug über den Ozean:* Lindbergh schildert, wie er 1927 als erster Mensch im Nonstop-Alleinflug von den USA bis zum europäischen Festland geflogen ist. → S. 686
Erica Jong (USA) 1973	*Angst vorm Fliegen:* Die junge Amerikanerin Isadora Wing hat Angst vorm Fliegen, bald aber nicht mehr vor sexuellen Abenteuern, gern auch mit Psychoanalytikern. → S. 565
Beryl Markham (USA) 1983	*Westwärts mit der Nacht:* Die erste Frau, die 1936 den Atlantik von Ost nach West mit dem Flugzeug überquerte, schreibt über ihr Leben als Fliegerin in Afrika.
Henning Boetius (Deutschland) 2000	*Phönix aus der Asche:* Der Roman handelt von der Fahrt des Luftschiffs Hindenburg, das 1937 in New York vor der Landung verbrannte. Der Vater des Autors war damals an Bord.

Lindbergh, Charles August

US-amerikan. Flieger

* 4.2.1902 Detroit, † 26.8.1974 Manui (Hawaii)

📖 *Mein Flug über den Ozean*, 1953

Charles A. Lindbergh ist durch seinen in der Geschichte der Luftfahrt ersten Nonstop-Alleinflug über den Atlantik berühmt geworden.

Lindbergh studierte in Wisconsin Maschinenbau und absolvierte parallel dazu eine Pilotenausbildung. Er arbeitete einige Zeit als (Kunst-) Flieger, bevor er 1924 als Freiwilliger in die Heeresfliegerschule eintrat. 1926 initiierte Lindbergh die Einrichtung der Luftpostlinie St. Louis–Chicago und war als deren Chefpilot tätig. Im Folgejahr erregte er mit dem ersten Nonstop-Alleinflug über den Atlantik bis zum europäischen Festland internationales Aufsehen: Hunderttausende Franzosen empfingen den US-Amerikaner, der am 21. Mai 1927 nach einem 33,5-stündigen Flug von Long Island sicher auf dem Pariser Flughafen Bourget landete, mit überschwänglichem Jubel.

Ein weiteres Mal geriet Lindbergh 1932 in die Schlagzeilen, als sein 20 Monate altes Kind entführt und ermordet wurde. Lindbergh ließ sich nach ausgedehnten Reisen 1939 wieder in den USA nieder, wurde 1942 technischer Berater bei den Ford-Werken und im Jahr darauf Mitglied im Ingenieurcorps der US Army Air Force. 1953 veröffentlichte Lindbergh *Mein Flug über den Ozean*, eine Reportage über seinen spektakulären Atlantikflug.

Biografie: A. Scott Berg, *Charles Lindbergh. Ein Idol des 20. Jahrhunderts*, 1998.

Mein Flug über den Ozean

OT The Spirit of St. Louis **OA** 1953 **DE** 1954
Form Sachbuch **Bereich** Luftfahrt

Charles A. Lindberghs *Mein Flug über den Ozean*, ein Meisterstück autobiografischer Dokumentarliteratur, ist die packende Schilderung einer Pioniertat der Luftfahrt: des ersten Nonstop-Alleinflugs über den Atlantik bis zum europäischen Festland.

Inhalt: Im ersten Teil des Buchs berichtet Lindbergh, wie in ihm die Idee eines Nonstop-Alleinflugs über den Atlantik bis zum europäischen Festland per Flugzeug heranreifte. Hauptmotiv war der Preis von 25 000 US-Dollar, den der französische Amerika-Auswanderer Raymond Osteig bereits 1919 für den ersten Nonstop-Flug New York–Paris ausgelobt hatte. Da sich die Luftpostlinie St. Louis–Chicago, für die Lindbergh tätig war, in finanziellen Schwierigkeiten befand, hoffte er auf eine Geldspritze für das Unternehmen. Lindbergh schildert seine Reisevorbereitungen sowie die Auswahl des Flugzeugs und seiner technischen Ausstattung. Wiedergegebene Zeitungsartikel verdeutlichen, dass Lindberghs Konkurrenten um den Osteig-Preis teils tödliche Unfälle bei Erprobungsflügen erlitten; Anfang Mai 1927 starben die Franzosen Charles Nungesser und François Coli bei dem Versuch, den Atlantik in Ost-West-Richtung zu überqueren.

Im zweiten Teil des Buches gibt Lindbergh seinen historischen Flug minutiös wieder, wobei die Kapiteleinteilung dem Stundentakt folgt. Die ersten elf Stunden bis St. Johns auf

Neufundland verliefen bei günstigem Wetter planmäßig. Danach geriet Lindbergh über dem Atlantik in einen schweren Schneesturm. Später litt er unter Müdigkeit und Kälte. Nach 27 Stunden Flug tauchten in Lindberghs Sichtfeld die ersten Fischerboote auf, Zeichen dafür, dass es nicht mehr weit nach Irland war. Nur wenige Meilen von seinem errechneten Kurs entfernt überflog er die Insel und flog über Südengland und die französische Kanalküste weiter nach Paris, wo er nach einem Rundflug über die Stadt mit nur noch geringen Treibstoffreserven in Le Bourget aufsetzte.

Wirkung: Als Lindbergh 1953 *Mein Flug über den Ozean* veröffentlichte, lag seine Pionierleistung bereits 26 Jahre zurück und der Flug über den Atlantik war längst zur Selbstverständlichkeit geworden. Dennoch wurde das Buch zu einem internationalen Bestseller, denn die Begeisterung des Piloten und Autors für das Fliegen teilt sich dem Leser unmittelbar mit, so dass er – obwohl er den glücklichen Ausgang des Unternehmens kennt – doch jede Minute mit Lindbergh auf dessen einsamem Flug bangt und hofft. *B. Be.*

Lindgren, Astrid

schwed. Schriftstellerin

* 14.11.1907 Näs bei Vimmerby (Småland)

† 28.1.2002 Stockholm

📖 *Pippi Langstrumpf*, 1945–48

Astrid Lindgren ist die meistgelesene skandinavische und weltweit erfolgreichste Autorin von Kinderbüchern. In ihren Büchern stellt sie die Fantasie und Natur des Kindes dar. Dabei schildert sie eine in sich abgeschlossene Welt, in der junge Menschen ohne Bevormundung durch Erwachsene leben können.

Astrid Ericsson, Tochter eines Landwirts, verlebte ihre Kindheit und Jugend gemeinsam mit drei Geschwistern auf einem Pfarrhof. Nach dem Abschluss der Mittelschule 1923 ging sie ins nahe Vimmerby, um dort bei einer Lokalzeitung zu arbeiten und verfasste kleinere Beiträge. In Erwartung eines unehelichen Kindes ging Astrid Ericsson nach Stockholm, wo sie eine Ausbildung als Sekretärin begann und auf diese Weise ihren Lebensunterhalt bestritt. 1931 heiratete sie Sture Lindgren, ihren Vorgesetzten beim Automobilclub, drei Jahre später wurde ihre Tochter Karin geboren. 1944 schrieb Lindgren *Pippi Langstrumpf* und bot es einem Verlag an, der jedoch ablehnte.

Erst als Lindgren ein weiteres Buch in einem Wettbewerb einreichte, fand sie einen Verlag, und *Pippi Langstumpf* wurde zu einem interna-

Charles Lindbergh vor einem Flug

Friedrich Sieburg über *Mein Flug über den Ozean* **von Charles A. Lindbergh:**

Lindberghs Buch wiegt ganze Stapel amerikanischer Romane auf, es ist eines der großartigsten Selbstzeugnisse, die unsere Zeit hervorgebracht hat, und wenn es mit rechten Dingen zuginge, müsste es das meistgelesene Buch der Gegenwart werden.

Inger Nilsson als Titelheldin in der Verfilmung des Kinderbuchs *Pippi Langstrumpf* von Astrid Lindgren (Schweden 1968; Regie: Olle Hellbom)

tional erfolgreichen Kinderbuch, dem viele weitere folgten, u.a. *Michel* (1963–70), die Geschichten eines unverbesserlichen Lausbuben, oder die *Bullerbü*-Erzählungen (1947–52), in denen Lindgren Erlebnisse ihrer eigenen Kindheit auf dem Land schildert. Für ihr Werk erhielt sie eine Vielzahl von Preisen und Anerkennungen, so 1958 die Hans-Christian-Andersen-Medaille, 1978 den Friedenspreis des Deutschen Buchhandels und 1994 den Right Livelyhood Award, den sog. alternativen Nobelpreis. Lindgren setzte sich nachhaltig für gesellschaftliche Gerechtigkeit und den Tierschutz ein. Ihr klarer Stil und die Anschaulichkeit, die Bewahrung individueller Persönlichkeit und die Fantasie als Eigenschaft im Menschen sind die Gründe ihrer großen Popularität.

Biografie: W. Promies, *Astrid Lindgren* (rm 50 371).

Astrid Lindgren, *Pippi Langstrumpf*, Umschlag der deutschsprachigen Erstausgabe 1949

Pippi Langstrumpf

OT Pippi Långstrump; Pippi Långstrump går om bord; Pippi Långstrump I Söderhavet **OA** 1945; 1946; 1948
DE Pippi Langstrumpf, 1949; Pippi geht an Bord, 1950; Pippi in Taka-Tuka-Land, 1951
Form Kinderroman **Epoche** Moderne

Die Geschichten stellen die Abenteuer um das rothaarige Mädchen Pippi Langstrumpf dar und realisieren auf fantasievolle Art die kindliche Verweigerung der Erwachsenenwelt.

Entstehung: Im Herbst 1941 wurde Karin, die siebenjährige Tochter von Lindgren, krank und bat ihre Mutter, Geschichten von Pippi Langstrumpf zu erzählen. Den Namen hatte sie erfunden. Lindgren erfand abenteuerliche Geschichten und schrieb sie auf.

Inhalt: Thomas und Annika, zwei wohlerzogene Kinder, lernen Pippi Langstrumpf kennen, die mit einem Affen, einem Pferd und einem Koffer voller Gold in die benachbarte Villa Kun-

terbunt gezogen ist. Sie ist die Tochter des Kapitän Langstrumpf, mit dem sie zur See gefahren ist, bis dieser von einem Sturm ins Meer geweht worden war. Pippi ist sich sicher, dass er inzwischen ein Inselkönig geworden ist, während ihre Mutter bereits tot ist.

Thomas und Annika freunden sich mit Pippi an und erleben zahlreiche Abenteuer mit dem Mädchen, das nicht gern in die Schule geht, aber stärker als jeder Polizist ist. Im Gegensatz zu Thomas und Annika hat Pippi vor nichts Angst, ist unangepasst und tut stets, was sie will. Dass sie ein guter Mensch ist, beweist sie den Erwachsenen, indem sie zwei eingeschlossene Kinder aus einem brennenden Haus rettet. *Pippi geht an Bord*, der zweite Band, setzt die Abenteuer in der kleinen Stadt fort, bis Pippis Vater, der König von Taka-Tuka-Land, kommt, um seine Tochter abzuholen. Sie entschließt sich jedoch, in der Villa Kunterbunt und bei Thomas und Annika zu bleiben.

Im dritten Band macht Pippi mit Thomas und Annika eine Reise nach Taka-Tuka-Land, das kleine Inselkönigreich ihres Vaters, das sie, gemeinsam mit den Kindern der Insel, gegen die beiden Banditen Jim und Buck verteidigen. Zurückgekehrt in die Villa Kunterbunt, fasst Pippi den Entschluss, niemals groß zu werden.

Struktur: Die Abenteuer der Kinder werden in einer zwanglosen Art und Weise erzählt, ohne wertende Kommentare der Erzählerin. Mit *Pippi Langstrumpf* entstand erstmalig eine nicht autoritäre Kinderliteratur, die in vielerlei Hinsicht neu war. Kinder wurden nicht nach dem Bild der Erwachsenen geprägt oder gelenkt, es sollen keine sittlichen Werte Erwachsener vermittelt werden. Lindgren lässt Kinder sie selbst sein, mit ihren zweckfreien Spielen, ihren Fantasien und ihren Auseinandersetzungen mit Erwachsenen. Einen großen Einfluss haben dabei die Kinderbücher von Erich →Kästner ausgeübt.

Wirkung: Die drei *Pippi-Langstrumpf*-Bücher gaben Anlass zu heftigen Diskussionen. Kritiker disqualifizierten das Werk als schlechtes Vorbild, vielfach wurde es als Angriff auf die Gesellschaft bezeichnet. Das Buch wurde dennoch ein großer Erfolg, zunächst in Schweden, bald darauf weltweit, auch wenn es immer wieder kritische Stimmen zur unkultivierten, frechen Heldin des Buchs gab, die zu einer Symbolfigur des aufgeweckten, fantasievollen Kindes wurde. Bei seinem Erscheinen in Deutschland fiel *Pippi Langstrumpf* 1949 auf den fruchtbaren Boden der Nachkriegsgesellschaft, die auf der Suche nach neuen Werten und Idealen war. Doch auch hier war *Pippi Langstrumpf* ein lange Zeit umstrittenes Buch.

Zwischen 1968 und 1970 entstanden vier Filme, zu denen Lindgren die Drehbücher schrieb. Die Handlung unterscheidet sich zum Teil erheblich von der Buchvorlage. Inger Nilsson verkörpert eine Pippi Langstrumpf, die das Erscheinungsbild des starken Mädchens seither bestimmend prägt. *St. N.*

Locke, John

engl. Philosoph

* 29.8.1632 Wrington bei Bristol

† 28.10.1704 Oates (Essex)

📖 *Zwei Abhandlungen über die Regierung*, 1690

John Locke wurde mit seinem Werk zu einem Begründer der neuzeitlichen Philosophie der Aufklärung und des englischen Empirismus. Darüber hinaus gilt er als Wegbereiter des politischen Liberalismus, der für vernunftgemäßes Christentum und religiöse Toleranz eintrat.

Locke, Sohn eines ländlichen Gerichtsbeamten, ging auf die Westminster School, eines der angesehensten Internate seiner Zeit, wo er eine klassische Schulung in royalistischem Geist erhielt. 1652 wurde er vom renommierten Oxforder Christ Church College aufgenommen, wo er sich unter anderem mit Logik, Metaphysik, Medizin und klassischen Sprachen befasste. Nach mehrjähriger Lehrtätigkeit und Reisen durch Europa betätigte sich Locke 1667 als Arzt und Erzieher im Haus des Großkanzlers Graf Shaftesbury. Unter seinem Einfluss wandelte sich Locke von einem Menschen, der in früheren Pamphleten gegen politische Toleranz polemisiert hatte, zu einem Vordenker des Liberalismus. Er fiel daher beim englischen Hof in Ungnade und floh 1683 in die Niederlande. Erst nach der sog. Glorreichen Revolution (1688), in deren Verlauf durch die Bill of Rights die Verfassungsposition der englischen Krone im Verhältnis zum Parlament eingeschränkt worden

war, kehrte Locke in seine Heimat zurück, wo er sich aus gesundheitlichen Gründen nach Oates zurückzog.

Biografie: U. Thiel, *John Locke* (rm 50 450).

Zwei Abhandlungen über die Regierung

OT Two Treatises of Government **OA** 1690 **DE** 1906
Form Abhandlung **Bereich** Philosophie

John Locke legte in *Zwei Abhandlungen über die Regierung* eine Staatstheorie nieder, die wesentlich zur Herausbildung von Verfassungsstaaten im 18. und 19. Jahrhundert in Europa und den USA beitrug.

Entstehung: Die Traktate erschienen unmittelbar nach der Glorreichen Revolution (1688), die den Verfassungsstreit zwischen der englischen Krone und dem Parlament entschied und zu einer Verbriefung der Rechte von Volk und Parlament führte. Der Autor erklärte daher im Vorwort, dass seine Abhandlungen zur Rechtfertigung der Ergebnisse dieses Konflikts dienen würden. Allerdings gibt es zahlreiche Hinweise darauf, dass die *Zwei Abhandlungen über die Regierung* bereits in dem der Revolution vorangehenden Jahrzehnt entstanden sind. Die Ereignisse von 1688 boten lediglich einen willkommenen Anlass für Abschluss und Veröffentlichung der Schriften.

Inhalt: Locke erklärt in seinem Werk die Gleichheit, Freiheit und das Recht auf Unverletzlichkeit von Person und Eigentum zu obersten Rechtsgütern. Der Friede wird durch eine auf allgemeiner Zustimmung beruhende politische Gemeinschaft mit einem obersten Schiedsrichter (Monarch, Oligarch oder demokratische Vertretung) gesichert. Zweck dieses Gesellschaftsvertrags zwischen der Gemeinschaft und dem obersten Richter ist die Garantie der obersten Rechtsgüter. Aus diesen Vorstellungen entwickelt Locke das Bild eines Verfassungsstaats im Sinne des Liberalismus. Er tritt für die Trennung von Legislative und Exekutive ein. Das Volk soll die ihm gemäße Regierungsform bestimmen, welche auch die Freiheit aller Glaubensbekenntnisse garantieren muss.

Wirkung: Das Werk bildete den Rahmen, in dem sich die abendländische Verfassungstheo-

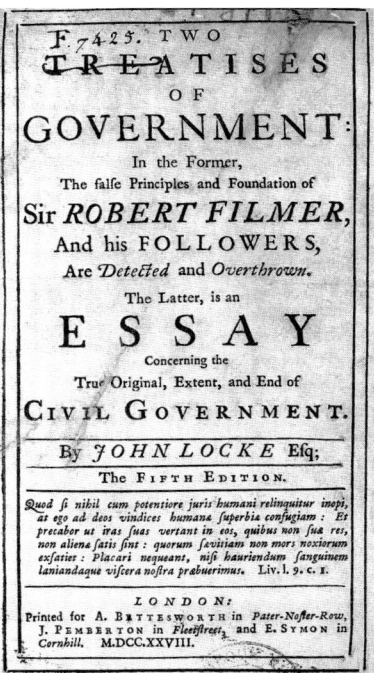

John Locke, *Zwei Abhandlungen über die Regierung*, Titel der englischen Ausgabe 1728

Gesellschaftsvertrag

Kernstück der politischen Theorie von John → Locke ist wie bei den meisten Staatstheoretikern der Gesellschaftsvertrag.

Begriff: Nach der Theorie des Gesellschaftsvertrags steht am Anfang eines Staats der freiwillige Zusammenschluss von Individuen; die Entstehung staatlicher Gewalt basiert auf einer Vereinbarung zwischen dem Volk und dem Herrscher. Dabei wird unterschieden zwischen dem Vereinigungsvertrag, durch den sich die Einzelnen zu einem geordneten Macht- und Rechtszustand, d. h. zum Staat, zusammenfinden, und dem Unterwerfungsvertrag, durch den die Einzelnen die Staatsgewalt einem Herrscher übertragen.

Entwicklung: In der mittelalterlichen Staatstheorie leiteten Gelehrte wie Manegold von Lautenbach (um 1030–1103) oder Marsilius von Padua (um 1275–1342/43) aus dem Gedanken des Gesellschaftsvertrags das Recht auf Widerstand gegen eine vertragsbrüchige Staatsgewalt ab. In der Neuzeit begann die Lehre vom Gesellschaftsvertrag bei Thomas → Hobbes. Er sieht das Sicherheitsbedürfnis der Menschen als Anlass für den im Gesellschaftsvertrag festgelegten Rechtsverzicht des Einzelnen zu Gunsten eines unbeschränkten Herrschers und begründet damit die Schaffung des souveränen Staats des monarchischen Absolutismus. Da Locke den Zweck des Gesellschaftsvertrags mit der Garantie von Freiheit, Leben und Eigentum der Bürger begründet, entwickelt er das Bild eines Verfassungsstaats im Sinne des Liberalismus. Eine besondere Deutung erfuhr der Begriff durch Jean-Jacques → Rousseau: Er forderte in seinem Werk *Über den Gesellschaftsvertrag* (1762) die Unterwerfung des Einzelwillens unter den allgemeinen Willen (Volonté générale), der auf das allgemein Beste gerichtet, jedoch nicht identisch mit dem jeweils auf Privatinteressen abzielenden Willen aller (Volonté de tous) ist.

rie des 18. und 19. Jahrhunderts entwickelte. Thomas Jefferson (1743–1826), dem Verfasser der US-amerikanischen Unabhängigkeitserklärung, wurde der Vorwurf gemacht, er habe von Locke abgeschrieben. Auch der französische Verfassungsentwurf von 1791 wurde von den Gedanken in *Zwei Abhandlungen über die Regierung* mitgeprägt. Wie sehr sie bis in die Gegenwart hineinreichen, beweist die Selbstverständlichkeit, mit der noch heute in amerikanischen Lehrbüchern des Verfassungsrechts auf Locke verwiesen wird.   *N. H.*

Die wichtigsten Campusromane

Kingsley Amis 1954	*Glück für Jim:* Jim Dixon schlägt sich mit mangelnder Qualifikation als Dozent an einer englischen Provinzuniversität durch. Die Satire zählt zu den meistgelesenen britischen Romanen der Nachkriegszeit.
David Lodge 1975	*Ortswechsel:* In der bissigen Satire tauschen ein US-amerikanischer und ein englischer Akademiker vorübergehend die Positionen. Schließlich gehen beide auch mit der Ehefrau des anderen fremd. → S. 690
Howard Jacobson 1983	*Coming from Behind:* Die Existenzberechtigung von Sefton Goldberg, Dozent für Englische Literatur, wird an seiner polytechnischen Hochschule zunehmend in Frage gestellt. Sein schrumpfender Fachbereich wird schließlich sogar in die Baracke des lokalen Fußballvereins verlegt.
David Lodge 1984	*Schnitzeljagd:* An vielen Schauplätzen der Welt trifft sich eine reisefreudige akademische Gemeinschaft zu ihren Tagungsritualen. Der Wissenschaftsbetrieb verkommt zur Nabelschau abgehobener Zeitgeist-Akademiker.
David Lodge 1988	*Saubere Arbeit:* In seinem dritten Campusroman schafft es der Autor, eine abwechslungsreiche Schilderung der englischen Mittelschicht zu präsentieren, indem er die akademische Welt neben die Fabrikwelt stellt.
Javier Marías 1989	*Alle Seelen:* In seinem intrigenreichen Campusroman verarbeitet der spanische Autor mit feiner Ironie Erinnerungen an seinen eigenen Aufenthalt an der Universität Oxford in den Jahren 1983–85.
Malcolm Bradbury 1985	*Der Geschichtsmensch:* An der modernen Universität von Watermouth stehen die beliebten Partys von Soziologieprofessor Howard Kirk unter dem Motto: »Die Ehe ist dazu da, dass man Ehebruch begehen kann.«
Dietrich Schwanitz 1995	*Der Campus:* Hanno Hackmann stolpert über seine Beziehung zu einer Studentin, die behauptet, von ihm vergewaltigt worden zu sein. Eine Hexenjagd auf den Kandidaten für die Universitätspräsidentschaft beginnt.

Lodge, David

engl. Schriftsteller

*28.1.1935 London

📖 *Ortswechsel*, 1975

In seinen autobiografisch geprägten Werken befasst sich David Lodge auf ironische Weise mit den sozialen Problemen der britischen Mittelschicht. Bekannt wurde er besonders mit seinen Campusromanen, die überzeugende Satiren des Universitätswesens liefern.

Lodge wuchs in einer Londoner Mittelklassefamilie auf. Er studierte ab 1952 Englische Literatur und lehrte anschließend in verschiedenen Einrichtungen. 1976 erhielt er eine Professur an der Universität von Birmingham; seit 1987 arbeitet er ausschließlich als Schriftsteller.

Seine Londoner Kindheit und Jugend war Thema des ersten Romans *The Picturegoers* (1960). Von einem mittellosen Doktoranden und Familienvater, der aufgrund seines katholischen Glaubens auf Verhütungsmittel verzichten muss, handelt *Adamstag* (1965). Zwischen 1975 und 1988 veröffentlichte der Autor seine Campustrilogie (*Ortswechsel*; *Schnitzeljagd*, 1984; *Saubere Arbeit*, 1988). 2000 folgte der vierte Campusroman *Denkt!*, in dem Lodge in seiner typischen ironischen Weise die Euphorie des Computerzeitalters aufs Korn nimmt. Zu seinem umfangreichen literaturwissenschaftlichen Werk zählen Monografien über Graham → Greene (1966) und Evelyn → Waugh (1971).

Ortswechsel

OT Changing Places: A Tale of Two Campuses
OA 1975 DE 1986 Form Roman Epoche Moderne

Der Roman *Ortswechsel* ist der erste Teil der Campustrilogie, die David Lodge mit *Schnitzeljagd* (1984) und *Saubere Arbeit* (1988) fortsetzte. Der Autor griff hier die US-amerikanische Tradition der Campusromane auf und perfektionierte sie mit gekonnter Ironie.

Inhalt: Im Rahmen einer Kooperation ihrer beiden Hochschulen tauschen zwei Jane-Austen-Spezialisten, der Amerikaner Morris Zapp und der Brite Phillip Swallow, ihre Plätze. Zapp geht an die unbedeutende Universität Rummidge in den britischen Midlands, während Swallow an der weltberühmten Universität Plotinus des Bundesstaats Euphoria an der Westküste der USA lehrt. Aus dem puritanisch-beschaulichen Rummidge in die Welt der Miniröcke, Sexorgien und Studentendemonstrationen versetzt, kommt Swallow kaum zur Ruhe. Ganz allmählich entwickelt er sich jedoch zum prominenten Fürsprecher der Studentenschaft Zapp, der zunächst kaum wahrgenommen wird, hadert mit Widrigkeiten wie einer fehlenden Zentralheizung. Dank seiner Erfahrungen mit den amerikanischen Studenten profiliert er sich bei den nun auch in Rummidge ausbrechenden Unruhen als Vermittler. Beide Akademiker lernen die daheim gebliebenen Ehefrauen ihres Tauschpartners kennen und müssen am Schluss in einem New Yorker Hotel, wo alle vier zusammentreffen, ihre Seitensprünge gestehen.

Aufbau: In seinem Werk kontrastiert – und karikiert – Lodge unterschiedliche Kulturen und Lebensweisen. Er verwendet dafür eine Vielzahl von Techniken; so schildert er die Ereignisse aus der Sicht der zwei Gelehrten, bewertet das Geschehen aber auch als kommentierender Erzähler, gibt Briefe zwischen den Eheleuten wieder oder fügt Zeitungsausschnitte, Anrufe und Verlautbarungen collageartig zusammen. Das Schlusskapitel ist wie ein Filmskript angelegt.

Wirkung: Mit *Ortswechsel* profilierte sich Lodge auch über die Landesgrenzen hinaus als ein Autor, der äußerst komisch von bisweilen sehr ernsten Dingen erzählt. Seine Romane, die durch eine Fülle intellektueller Anspielungen und Bezüge glänzen, fanden auch in Deutschland eine große Leserschaft.   *D. M.*

Loest bewährte sich als sachlich-unsentimentaler Chronist bewegter Zeiten. Als »gesamtdeutscher Volksschriftsteller« (H. Riehl-Heyse) gibt Loest denen seine Stimme, die 1989 die friedliche Revolution wagten und kommentiert heute die Folgen des Umbruchs durchaus kritisch und abgeklärt. Seit 1998 lebt und arbeitet er wieder in Leipzig.

Biografie: S. Brandt, *Vom Schwarzmarkt nach St. Nikolai, Erich Loest und seine Romane*, 1998

Nikolaikirche

OA 1995 **Form** Roman **Epoche** Moderne

Der Roman beleuchtet vor dem Hintergrund der Ereignisse, die 1989 zum Fall der Mauer und zur Kapitulation der DDR führten, die Geschichte einer Leipziger Familie. Sie spiegelt im Kleinen die Konflikte und Entwicklungen eines ganzen Volkes wider. »Der Riss, der die DDR bersten ließ, geht mitten durch eine Leipziger Familie.« *Nikolaikirche* gilt als einer der wichtigsten Romane der Wende.

Entstehung: Ohne selbst an den Leipziger Demonstrationen teilnehmen zu können, verfolgte Loest die Ereignisse wie gebannt von Bonn aus, seinem Wohnort im Westen. Motiviert von Günter → Grass, nahm er sich des Themas an und begann kurz nach dem Mauerfall mit der Recherche, führte Gespräche mit dem Pfarrer der Nikolaikirche, forschte in Archiven.

Inhalt: In den Mittelpunkt stellt Loest die Leipziger Familie Bacher und deren Schicksal bis zum Herbst 1989. Die politischen Ansichten der Bachers sind unterschiedlich, eine Situation, die

David Lodge, *Ortswechsel*, Einband der US-Taschenbuchausgabe 1995

Stepan Reinhardt in der Sendung *Zeitgenossen* **am 23. September 2001 über Erich Loest:**

Erich Loest führte ... ein Leben zwischen Extremen: enthusiastisches Mitglied der Werwölfe unter Hitler, hoffnungsvoller Sympathisant der Kommunisten in der DDR, überlebender Dissident in Bautzen, Emigrant im Westen und glücklich Wiedervereinigter.

Loest, Erich

(Pseud. Hans Walldorf) dt. Schriftsteller

*24.2.1926 in Mittweida (Sachsen)

📖 *Nikolaikirche*, 1995

Erich Loest repräsentiert wie kaum ein anderer Autor mit seinem Leben und Werk die Nachkriegsgeschichte des geteilten Deutschland.

1944 zur Wehrmacht eingezogen, war Loest zunächst als Hilfsarbeiter und Journalist tätig. Als Romanautor gelang es ihm schnell, sich einen Leserkreis in der DDR zu erobern; seine nachhaltige Kritik an der SED-Führung und wachsende Unstimmigkeiten führten 1958 zum Partei-Ausschluss und der Verurteilung zu siebeneinhalb Jahren im Bautzener Zuchthaus wegen »konterrevolutionärer Gruppenbildung«.

Nach der Haftentlassung arbeitete Loest weiter als »freier«, jedoch gegängelter Schriftsteller und veröffentlichte Romane und Erzählungen teils unter Pseudonymen. Seine Hoffnungen auf eine Reformfähigkeit der DDR blieben ungenährt. So begab er sich bewusst – auch als Vorsitzender des Schriftstellerverbandes – in »ideologische Handgemenge« (Loest). Aus Protest gegen die DDR-Zensur erzwang Loest 1981 die Ausreise in die Bundesrepublik, wo er als Autor erfolgreich Fuß fasste.

Die wichtigsten Bücher von Erich Loest	
Es geht seinen Gang oder Mühen in unserer Ebene, 1978	Ein DDR-Durchschnittsbürger, ansonsten eher den »Wonnen der Gewöhnlichkeit« zugetan, verweigert sich – im Gedenken an seine rebellische Jugendzeit – unerwartet dem Leistungsdruck und den Erwartungen der Gesellschaft und Familie.
Swallow, mein wackerer Mustang, 1980	In der literarischen Biografie schildert Loest das widersprüchliche Leben seines Landsmannes Karl May als Flucht aus spießbürgerlicher Enge in abenteuerliche Traumwelten.
Durch die Erde ein Riss, 1981	In den autobiografischen Notizen rechnet Loest nach seiner Ausreise aus der DDR mit den Machthabern des Systems ab.
Völkerschlachtdenkmal 1984	Dem Wärter des Völkerschlachtdenkmals in Leipzig wird dessen versuchte Sprengung vorgeworfen. Beim Stasi-Verhör lässt er anderthalb Jahrhunderte sächsischer Historie Revue passieren.
Zwiebelmuster, 1985	Ein Schriftsteller und seine Frau versuchen sich das größte aller DDR-Privilegien zu erkämpfen – eine Reise in den Westen.
Nikolaikirche 1995	Der Roman schildert das Schicksal einer Familie mit unterschiedlichen politischen Meinungen vor dem Hintergrund der Leipziger Demonstrationen und der letzten Tage der DDR. → S. 691
Als wir in den Westen kamen, 1997	15 Jahre nach seiner Ausreise aus der DDR arbeitet der »literarische Grenzgänger« Loest seine Gedanken und Erwartungen vor und nach der Wende des Jahres 1989 auf.
Gute Genossen, 1999	Die Geschichte einer »ganz normalen« DDR-Familie wird zum Auf und Ab dreier Menschen, die stets gute Genossen bleiben.

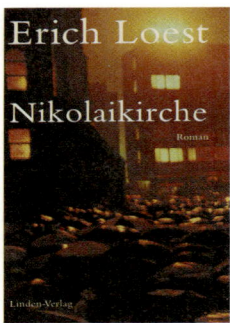

Erich Loest, *Nikolaikirche*, Umschlag der Originalausgabe 1995

Cornelia Geißler in der *Berliner Zeitung* v. 19.9.1995 über den Roman *Nikolaikirche* von Erich Loest:

Wenn Germanisten in späteren Jahren über unsere Zeit sprechen, werden sie wohl... Loests Nikolaikirche hervorholen als ein Dokument, das erzählt, warum dieser andere deutsche Staat zu Grunde ging, als ein Roman, der beschreibt, wie einfache Menschen mutig wurden.

immer häufiger zu internen Spannungen führt. Der hochdekorierte General der Volkspolizei, Albert Bacher, ist zu Beginn der Haupthandlung (1985) bereits ein Jahr tot, aber durch Rückblenden und Erinnerungen der Figuren ständig präsent. Die Witwe lebt in der schmerzlichen Erinnerung an einen mustergültigen Kommunisten, der durchaus verräterische Leichen im Keller hat, von denen die Familie nichts ahnt. Der Sohn Alexander tritt in die Fußstapfen des übermächtigen Vaters: Als Stasi-Hauptmann übt er sich, in der Hoffnung auf baldige Beförderung, mit der Observation von »Störern der staatlichen Ordnung«. Seine Schwester Astrid hingegen ist Architektin beim Leipziger Bauamt und beschließt, städtebauliche Unzulänglichkeiten nicht länger zu decken. Bis dato konform, stellt sie nun kritische Fragen, ohne dass Kollegen unmittelbaren Widerstand vermuten. Bei einem Sanatoriumsaufenthalt knüpft sie erste Kontakte zum Umfeld der Leipziger Nikolaikirche, dem Zentrum des geistigen Widerstands, sowie zu den Pastoren Ohlbaum und Reichenbork.

Anhand der Personenkonstellationen aus Aufrührern und Angepassten, Helden und Nichthelden schildert Loest den hoffnungslosen Niedergang einer Stadt und schließlich den jämmerlichen Zusammenbruch eines Staates, der mit jener Ausweglosigkeit zeitlebens zu kämpfen hatte.

Loest setzt retrospektiv die Geschichte keimender Opposition lange vor den Friedensgebeten an, bereits 1968 mit der Sprengung der Leipziger Universitätskirche: Eine Kirche stürzte in sich zusammen und gab den Blick auf St. Nikolai frei. »Es war, als ob man einer Hydra den Kopf abschläge, und sofort sprang ein anderer hoch.« Schließlich steuert die Handlung auf die historische Montagsdemonstration der 70000 am 9. Oktober 1989 zu, für Loest das Datum der Wende.

Wirkung: *Nikolaikirche* besticht durch eine prägnante Schlichtheit der Sprache. Loest verzichtet auf Pathos und Schwarzweißmalerei. Sein nüchterner Erzählstil, der trotzdem Raum für humorvolle kleinere Passagen lässt, wurde von der Kritik hervorgehoben. Das Buch wurde in Deutschland gleich nach Erscheinen ein Bestseller. Es trug ebenso dazu bei, den Autor im Westen des Landes bekannter zu machen. Die erfolgreiche zweiteilige TV-Adaption des Romans, an Originalschauplätzen entstanden, ist dabei eher auf die plakative Wirkung der teils dokumentarischen Bilder angelegt. *R.M.*

London, Jack

(eigtl. John Griffith) US-amerikan. Schriftsteller

* 12.1.1876 San Francisco

† 22.11.1916 Glen Ellen (Kalifornien)

📖 *Ruf der Wildnis*, 1903

📖 *Der Seewolf*, 1904

Jack London, Autor zahlreicher Romane, Erzählungen, Reiseberichte und Essays, gehört zu den vielseitigsten und bekanntesten US-amerikanischen Schriftstellern seiner Zeit. Zu internationalem Ruhm gelangte er vor allem durch die Romane *Ruf der Wildnis* und *Der Seewolf*, die heute zu den Klassikern der Abenteuerliteratur gerechnet werden.

Geboren als unehelicher Sohn einer Spiritistin und eines Astrologen, wuchs London, der den Nachnamen seines Stiefvaters annahm, im Armenmilieu von Oakland (Kalifornien) auf. Nach einer kurzen Schulbildung führte er ein abenteuerliches Leben als Austernpirat in der Bucht von San Francisco, als Matrose, Gelegenheitsarbeiter und als glückloser Goldsucher in Alaska.

1904 berichtete London als Korrespondent in Japan und Korea vom Russisch-Japanischen Krieg. Im Jahr darauf unternahm er mehrere Vortragsreisen durch die USA, auf denen er sich für den Sozialismus aussprach; London war bereits ab 1896 Mitglied der Sozialistischen Partei. Nach einer frühzeitig abgebrochenen Weltumseglung widmete London sich ab 1910 intensiv dem Aufbau eines modellhaften Landwirtschaftsbetriebs in Glen Ellen, den er »Wolf House« nannte. Hier starb der durch lebenslange, harte Arbeit, Krankheit, Alkohol und Depressionen geschwächte Autor wahrscheinlich durch Selbstmord.

Biografie: T. Aych, *Jack London* (rm 50 244).

Die wichtigsten Bücher von Jack London	
Der Sohn des Wolfes 1900	Die Sammlung von neun Kurzgeschichten war die erste Buchpublikation von Jack London. In den 1898/99 entstandenen Erzählungen verarbeitete London seine Erfahrungen als Goldgräber im Klondike-Gebiet in Alaska.
Ruf der Wildnis 1903	Der Kurzroman erzählt von dem domestizierten Hund Buck, der in Alaska zum Schlittenhund abgerichtet wird und die Gesetze der Wildnis kennen lernt, bis er sich als Anführer eines Wolfsrudels durchsetzt. → S. 693
Der Seewolf 1904	Kapitän Wolf Larsen nimmt den schiffbrüchigen Ich-Erzähler Humphrey van Weyden an Bord und zwingt ihn in die Rolle eines Mannschaftsmitglieds. Für Van Weyden beginnt ein Kampf ums Überleben. → S. 693
Wolfsblut 1906	Der in der Wildnis aufgewachsene Wolfshund Weißzahn wird von Ingenieur Scott aus tödlicher Gefahr gerettet. Als ein entlaufener Sträfling Scott angreift, bricht die Wildheit des Hundes noch einmal hervor.
Die eiserne Ferse 1908	In dem utopischen Roman antizipiert Jack London die Schrecken einer faschistischen Diktatur. Der Roman *1984* (1949) von George → Orwell wurde von diesem Werk beeinflusst.
Martin Eden 1909	Der Roman schildert die Entwicklung des Matrosen Martin Eden, der seine Leidenschaft für die Literatur entdeckt und beschließt, Schriftsteller zu werden. Erst als er berühmt wird, sucht die Frau, die er liebt, seine Nähe.
Lockruf des Goldes 1910	Der Abenteurer Elam Harnish, der es als Goldminenbesitzer im Klondike-Gebiet zu Reichtum gebracht und sein Geld in San Francisco wieder verloren hat, verliebt sich in die schöne und kluge Dede Mason, die ihn zähmt.

Ruf der Wildnis

OT The Call of the Wild **OA** 1903 **DE** 1929
Form Roman **Epoche** Moderne

Der Kurzroman *Ruf der Wildnis*, dem Jack London sein Ansehen als international bekanntester US-amerikanischer Schriftsteller seiner Zeit verdankte, gilt noch heute als das gelungenste Werk des Autors. Wie in der zuvor erschienenen Kurzgeschichtensammlung *Der Sohn des Wolfes* (1900) und dem später veröffentlichten Roman *Wolfsblut* (1906) konnte London auch in *Ruf der Wildnis* auf seine 1897/98 gesammelten Erfahrungen als Goldgräber in Alaska zurückgreifen. Thema dieses Buchs, das die Evolutionstheorie von Charles → Darwin sowie die Theorie des »Survival of the Fittest« von Herbert Spencer (1820–1903) parabelhaft in einer Tiergeschichte verarbeitet, ist das Wiederaufleben verloren geglaubter, in der Wildnis überlebenswichtiger Instinkte.

Inhalt: Im Mittelpunkt des Romans steht der von einem Bernhardiner und einer schottischen Schäferhündin abstammende Buck, der auf dem Anwesen eines Richters im kalifornischen Santa-Clara-Tal das geruhsame Leben eines Haushundes führt. Als ein Goldfund im Bergbaudistrikt Klondike in Alaska 1897 Tausende von Goldgräbern in die Nordlande lockt, nutzt der Gärtnergehilfe Manuel die Gunst der Stunde und verkauft den als Schlittenhund begehrten Buck an einen skrupellosen Händler.

Das Tier wird nach Alaska transportiert und zum Schlittenhund abgerichtet. Buck, der sich immer nur so weit unterordnet, wie es sein Selbsterhaltungstrieb verlangt, lernt in der eisigen Wildnis von Alaska, sich an die für ihn ungewohnten Gesetze eines erbarmungslosen Daseinskampfs anzupassen. Die Revitalisierung seiner überlebenswichtigen Instinkte geht mit einem Regressionsprozess einher, in dessen Verlauf die Gültigkeit aller zuvor erlernten sozialen Spielregeln in Frage gestellt wird. Am Ende dieses Prozesses steht die Erfahrung, dass in der Wildnis das Recht des Stärkeren herrscht.

Nach einem blutigen Kampf mit seinem stärksten Konkurrenten übernimmt Buck die Position des Leithunds. Die Gruppe wird schließlich an den Goldsucher Charles verkauft, der mit seiner Frau und seinem Schwager den Weg Richtung Dawson antreten will. Ihre Stümperhaftigkeit im Umgang mit den Hunden und dem Schlitten führt zu einem Unglück, dem Buck nur durch einen Zufall knapp entgeht. Der gutmütige und erfahrene John Thornton befreit den zu Tode erschöpften Buck von seinen Peinigern, kurz bevor sie samt ihrem Gefährt mit den übrigen Schlittenhunden ins Eis einbrechen.

Die liebevolle Wachsamkeit, mit der Buck seinen Retter fortan begleitet, führt jedoch keineswegs zu einer Rückkehr in die Verhaltensmuster des domestizierten Hundes. Das Gegenteil ist der Fall, denn die enge Beziehung beider zueinander spiegelt weniger eine Abhängigkeit des Tieres vom Menschen als vielmehr die harmonische Beziehung eines Menschen zur Natur wider. Buck folgt schließlich immer häufiger dem »Ruf der Wildnis« und unternimmt lange, einsame Streifzüge durch die Wälder. Als Thornton in Bucks Abwesenheit von Yeehat-Indianern überfallen und getötet wird, reißt das letzte Band zwischen ihm und den Menschen. Seiner blutigen Rache an den Indianern folgt der endgültige Rückzug in die Wälder. In der Schlussszene des Romans kann sich Buck, der die Kunst des Jagens und Tötens nunmehr perfekt beherrscht, als Anführer eines Wolfsrudels durchsetzen.

Wirkung: *Ruf der Wildnis* wurde wegen seiner sprachlich und dramatisch überzeugenden Gestaltungskraft ein Bestseller. Kritiker zählen den mehrfach verfilmten Roman zu den Klassikern der US-amerikanischen Literatur. *B. S.*

Der Seewolf

OT The Sea-Wolf **OA** 1904 **DE** 1926
Form Roman **Epoche** Moderne

Nur ein Jahr nach *Ruf der Wildnis* erschien der nächste Welterfolg von Jack London, *Der Seewolf*. In diesem ehrgeizigen Werk verknüpfte London seine Erfahrungen in der Seefahrt mit seinen von Charles → Darwin, Herbert Spencer (1820–1903) und Friedrich → Nietzsche beeinflussten Ideen zur Evolutionsgeschichte.

Inhalt: Hauptfiguren des zweiteiligen Romans sind der herrschsüchtige Kapitän Wolf Larsen und der zu seinem Gegenspieler sich ent-

Auszug aus dem Roman Ruf der Wildnis *von Jack London:*

[Buck] wusste, dass er, Seite an Seite mit seinem Bruder aus den Wäldern dem Ruf jetzt endlich bis an seinen wahren Ursprungsort folgte. Alte Erinnerungen strömten auf ihn ein, und er reagierte darauf, wie er in alten Zeiten auf die Wirklichkeit reagiert hatte, die sie schattenhaft begleitete. Er hatte das alles schon einmal getan, irgendwo in dieser anderen, verschwommen erinnerten Welt, und er wiederholte es jetzt, wo er ohne Fesseln durch ein weites Land lief, unter sich noch nicht betretene Erde, über sich den weiten Himmel.

Raimund Harmstorf (l.) als Wolf Larsen und Edward Meeks als Humphrey van Weyden in der Verfilmung des Romans *Der Seewolf* von Jack London (BRD / Rumänien 1971; Regie: Wolfgang Staudte)

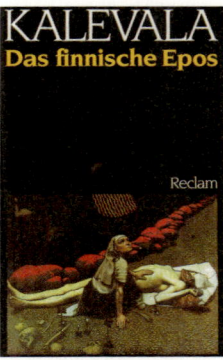

Elias Lönnrot, *Kalevala*, Einband der deutschsprachigen Ausgabe 1985

wickelnde Ich-Erzähler Humphrey van Weyden. Der 35-jährige Literaturkritiker van Weyden treibt nach einem Schiffsunglück in der Bucht von San Francisco aufs offene Meer hinaus und wird von der Mannschaft des auslaufenden Robbenschoners »Ghost« geborgen. Wolf Larsen, der von allen gefürchtete Kapitän der »Ghost«, erkennt in van Weyden einen verweichlichten, körperlicher Arbeit entwöhnten Snob und zwingt ihn, als Küchenjunge an der Fahrt ins Nördliche Eismeer teilzunehmen. Gefangen in einer für ihn ausweglosen Lage wird van Weyden zum ersten Mal in seinem Leben Teil einer Wirklichkeit, in der allein die Gesetze der Natur und das Recht des Stärkeren über sein Schicksal entscheiden. Er durchläuft einen Lernprozess, der es ihm ermöglicht, in der Mannschaft zu bestehen und sich in einem ersten Kräftemessen mit dem verschlagenen Koch Mugridge zu behaupten.

Van Weydens Intellekt und seine Fähigkeit, sich den überaus harten Lebensbedingungen, an Bord anzupassen, bringen ihm allmählich die Anerkennung Larsens und sogar eine Beförderung zum Steuermann ein. Die Hassliebe, die sich nach und nach zwischen den beiden unterschiedlichen Männern entwickelt, erfährt jedoch eine Wendung, als sie bei der Rettung Schiffbrüchiger auch die schöne und patente Dichterin Maud Brewster an Bord nehmen. Van Weyden, der sich für Maud verantwortlich fühlt, nutzt eine der immer häufiger auftretenden Kopfschmerzattacken des an einem Hirntumor leidenden Larsen, um sie vor den Begierden des Rivalen auf einer Insel in Sicherheit zu bringen.

Unterdessen kommt es zu einer schicksalhaften Begegnung zwischen Larsen und seinem verhassten Bruder, dem Kapitän der »Macedonia«. Nachdem dieser die »Ghost« geentert und die bereits meuternde Mannschaft übernommen hat, bleibt der inzwischen erblindende Larsen allein zurück. Er strandet mit dem Wrack an der Küste derselben Insel, auf der Maud und van Weyden sich in einer Art Robinsonade eine provisorische Existenz aufgebaut haben. Van Weyden bringt es nicht über sich, seinen Gegner zu töten. Als es van Weyden und Maud schließlich gelingt, die Seetüchtigkeit der »Ghost« wiederherzustellen, stirbt Larsen. Nach einer ersten gemeinsamen Liebesnacht bricht das Paar zur Heimkehr auf.

Wie die Figur Buck in dem Roman *Ruf der Wildnis* durchläuft auch Humphrey van Weyden einen heilsamen Abhärtungsprozess, der ihm letztlich das Überleben in der harten Natur ermöglicht. Dass er sich trotz aller Widrigkeiten seine moralische Integrität bewahrt, lässt ihn als einen überlegenen Sieger aus seinem Kampf gegen den skrupellosen Widersacher hervorge-

hen. Larsen dagegen fällt am Ende der von ihm selbst vertretenen Überzeugung vom Recht des Stärkeren zum Opfer.

Wirkung: Zu den von der Kritik häufiger formulierten Mängeln des Romans zählen neben einer übermäßigen Ästhetisierung primitiver Stärke auch gewisse Schwächen in der psychologischen Gestaltung der Figuren. Dennoch gilt dieses Buch nach wie vor als eines der großen Werke der Abenteuerliteratur. *B. S.*

Lönnrot, Elias

finn. Gelehrter und Schriftsteller

* 9.4.1802 Sammatti (Südfinnland), † 19.3.1884 ebd.

Kalevala, 1849

Der finnische Landarzt Elias Lönnrot hat für die Sprache, Literatur und Volkskunde seines Heimatlands Ähnliches geleistet wie etwa zur gleichen Zeit die Brüder Jacob und Wilhelm → Grimm im deutschsprachigen Raum und er hat mit seiner epischen Dichtung *Kalevala* die Bildung einer einheitlichen finnischen Schriftsprache in gleicher Weise gefördert, wie 300 Jahre zuvor Martin → Luther mit seiner Bibel-Übersetzung der deutschen Sprache eine weitgehend einheitliche Ausdrucksform und Orthografie vermittelt hatte.

Von 1828 an trug Lönnrot als begeisterter Sammler von literarischem Gemeingut auf Wanderschaft durch ganz Finnland, besonders durch Karelien, Tausende von regionaltypischen Runeliedern und anderen erzählenden Folkloretexten zusammen, aus denen er das künftige Nationalepos *Kalevala* gestaltete. Genauso eifrig archivierte er Volkslieder aller Art und veröffentlichte sie in dem Sammelwerk *Kanteletar* (1840/41), das zu einem Hausbuch der Finnen wurde. Ab 1853 lehrte der aus der untersten Volksschicht zu einem der geistigen Väter der nationalen Bewegung Finnlands aufgestiegene Lönnrot finnische Sprache und Literatur an der Universität Helsinki. 1862 zog er sich in seinen Geburtsort zurück und erarbeitete das erste umfassende finnisch-schwedische Wörterbuch.

Kalevala

OT Kalevala **OA** 1849 **DE** 1852
Form Versepos **Epoche** 19. Jahrhundert

Nur zwei von allen Nationalepen der Welt (Übersicht → S. 109) sind bewusst als solche geplant und verfasst worden; es sind die zuletzt entstandenen und sie gehören beide der finnisch-ugrischen Sprachfamilie an: das *Kalevala* und das estnische romantisch-heldische Versepos *Kalevipoeg* (1857–61) von Friedrich Reinhold Kreutzwald (1803–82).

Entstehung: Elias Lönnrot hatte sich mit seinem Vorhaben, das literarische Volksgut Finnlands in einem nachgeschaffenen Ur-Epos zu vereinen, ein hohes Ziel gesetzt, nämlich, den Nationalstolz seiner Landsleute durch ein mitreißendes Beispiel ihrer völkischen Tatkraft, Kultur und Würde zu mobilisieren. Das Ergebnis seiner Kompilation und Bearbeitung der teils derb- realistischen, teils mythisch-fantastischen Stoffe und märchenhaften Motive des Runenlieder-Schatzes war eine epische Dichtung mit 22 795 Versen, eingeteilt in 50 Gesänge. Damit hatte Lönnrot die *Odyssee* seines großen Vorbildes → Homer (24 Gesänge, 15 000 Verse) zumindest quantitativ übertroffen.

Inhalt: Der Handlungsbogen des *Kalevala* ist weit gespannt: von der Erschaffung der Welt durch die Wassermutter bis zur Christianisierung des Landes. In der Hauptsache aber geht es um Ereignisse der heidnischen Frühzeit, besonders um die Helden- und Missetaten der Nachfahren des mythischen Heros Kaleva: Ihr Anführer ist der Sänger Väinämöinen und seine Gefährten sind der Schmied Ilmarinen, der den Sampo, ein dem Heiligen Gral ähnliches Wunderding, geschaffen hat; der Hirte Kullervo, gewissermaßen der tragische Held der Gruppe; und der leichtsinnige Lemminkäinen, eine Inkarnationen des Allzumenschlichen.

Im Norden von Kalevala liegt das Nordland Pohjola (Lappland), das von der »Wirtin« Louhi beherrscht wird, die sich im Zorn in eine Hexe verwandelt. Die Beziehungen zwischen den Nachbarvölkern sind wechselhaft.

Der Sänger und seine Mannen fahren zunächst zur Brautwerbung gen Norden, wollen das Gastgeschenk, den Wohlstand verheißenden Sampo, jedoch später wieder zurückhaben. Der zerbricht im Kampf um seinen Besitz, und die Scherben fördern den Reichtum des Meeres und des Ackerbodens. Louhi rächt sich für den Verlust des Sampo, indem sie tödliche Krankheiten sendet. Aber Väinämöinens Zaubersprüche erweisen sich als mächtiger.

Er wird zum Retter und weisen Herrscher seines Volkes – im Alter aber von einem Kind in den Schatten gestellt: Der Knabe, den die Jungfrau Marjatta (Maria) geboren hat, ist dazu auserkoren, König von Karelien zu werden und darüber hinaus »Hüter aller Mächte«, das heißt, der ganzen Christenheit.

Wirkung: Lönnrot erreichte mit *Kalevala* noch weit mehr, als er sich erträumt hatte. 70 Jahre, bevor Finnland die Unabhängigkeit von Russland erlangte, wurde das Werk zum Nationalepos der Finnen, zum literarischen Fundament einer Nationalsprache und nationalen Kultur.

Jean Sibelius (1865–1957) und andere finnische Komponisten vertonten einzelne Gesänge und Zyklen des *Kalevala*, es wurde mehrmals dramatisiert und verfilmt. Philologen und Folkloristen indessen ließ die Popularität des Werks kalt. Sie bemängelten, dass es sich um ein Kunstprodukt im Geist der Romantik handle, nicht um originale Volksdichtung. *G. Woe.*

Lorenz, Konrad

österreich. Verhaltensforscher

* 7.11.1903 Altenberg/Wien, † 27.2.1989 ebd.

📖 *Das so genannte Böse*, 1963

Werke wie *Er redete mit dem Vieh, den Vögeln und den Fischen* (1949), *Das so genannte Böse* (1963) und *Das Jahr der Graugans* (1979) machten

Konrad Lorenz in seiner Autobiografie:

Die Ereignisse in der frühen Kindheit eines Menschen sind die entscheidensten Momente für seine spätere wissenschaftliche und philosophische Entwicklung.

Konrad Lorenz mit von Hand aufgezogenen jungen Schneegänsen

Die wichtigsten Bücher von Konrad Lorenz	
Er redete mit dem Vieh, den Vögeln und den Fischen, 1949	Episodenhaft schildert Lorenz seine Verhaltensbeobachtungen an Vierbeinern und bringt dem Leser die Zoologie von ihrer heiteren Seite nahe.
So kam der Mensch auf den Hund, 1950	Das Werk gewährt einen gefühlvollen Einblick in die Lebens- und Interessengemeinschaft von Mensch und Hund.
Das sogenannte Böse 1963	Dieses epochale Werk behandelt den Aggressionstrieb bei Mensch und Tier. Es gibt darüber hinaus wertvolle Hinweise zur menschlichen Selbsterkenntnis. → S. 696
Über tierisches und menschliches Verhalten, 1965	Welche Verhaltensweisen sind angeboren, welche sind erlernt? Lorenz beobachtet tierisches Verhalten und zieht Schlüsse für das menschliche Gebaren.
Die acht Todsünden der zivilisierten Menschheit, 1971	Acht Vergehen der menschlichen Gesellschaft könnten ihren Untergang bedeuten, u.a. Überbevölkerung, Umweltzerstörung, technologischer Fortschritt und genetischer Verfall.
Die Rückseite des Spiegels 1973	Was macht den Menschen so außergewöhnlich? Ein Werk, das sich mit der Funktion des menschlichen Denkvermögens im Vergleich zum Intellekt der Tiere auseinandersetzt.
Das Jahr der Graugans, 1979	In seinem Klassiker schildert Lorenz ein »Gänsejahr« und beschreibt das Leben und die Verhaltensweisen seiner Graugänse in ihrer natürlichen Umgebung.

KONRAD LORENZ

ZUR NATURGESCHICHTE DER AGGRESSION

DAS SOGENANNTE BÖSE

Konrad Lorenz, *Das so genannte Böse*, Umschlag der Originalausgabe 1963

Konrad Lorenz, den »Vater der Graugänse«, zum Mitbegründer der modernen Verhaltensforschung.

Seine Leidenschaft für die Tierwelt entdeckte Lorenz schon in der frühen Kindheit. Mit fünf Jahren unternahm er die ersten Prägungsversuche an Entenküken. In Wien und New York studierte er zuerst Medizin, danach Zoologie und legte mit der Erforschung des tierischen Instinktverhaltens den Grundstein für das neue Untersuchungsfeld der Verhaltensforschung. 1939 wurde ihm der ehemalige Professorenstuhl von Immanuel →Kant für Humanphysiologie an der Universität Königsberg zugesprochen. Sein sehnlichster Wunsch erfüllte sich im Herbst 1950. Mit seinem Kollegen Erich von Holst (1908–62) gründete er das Max-Planck-Institut für Verhaltenphysiologie in Seewiesen (Bayern) und wurde 1954 zu dessen Leiter ernannt. Für die Erforschung der Prägung an der Graugans erhielt er 1973 den Medizinnobelpreis.

Biografie: M. Amberg, *Konrad Lorenz. Verhaltensforscher, Philosoph, Naturschützer,* 1977.

Das so genannte Böse

OA 1963 **Form** Sachbuch **Bereich** Biologie

Das so genannte Böse von Konrad Lorenz sucht nach dem Ursprung der Aggression, dem auf den Artgenossen gerichteten Kampftrieb bei Mensch und Tier. Die bildhafte Erzählkunst, angereichert durch ausgewählte Beispiele aus dem Tierreich, machen das Werk zu einem literarischen Höhepunkt.

Voraussetzungen: Während eines Aufenthalts in den USA diskutierte Lorenz die neuen Theorien seiner Trieblehre mit US-amerikanischen Psychologen und Psychoanalytikern. Die übereinstimmenden Erkenntnisse aus der Psychoanalyse und Verhaltensphysiologie waren verblüffend. Auf Tauchgängen an den Korallenriffen Floridas beobachtete Lorenz das Kampfverhalten von Fischen im Freiland und stellte fest, dass sich ihre Verhaltensweisen nicht von Fischen in Gefangenschaft unterscheiden. Damit sah er die im Labor gewonnene Hypothese zur stammesgeschichtlichen Entwicklung der Aggression bestätigt.

Inhalt: Lorenz schildert auf seinem Streifzug durch die Naturgeschichte der Aggression eine Vielzahl aggressiver Verhaltensmuster aus dem Tierreich. Deren Ursache ist in der Entwicklungsgeschichte von Tier und Mensch begründet und richtet sich als selbst erhaltender Instinkt in erster Linie gegen eigene Artgenossen.

Tieren steht eine Vielzahl von Droh- und Kampfgebärden zur Verfügung. Darüber hinaus sind sie mit gefährlichen Waffen ausgestattet: die beachtlichen Geweihe der Hirsche, die Stoßzähne von Elefanten oder die scharfen Krallen von Raubkatzen. Es wäre jedoch nicht im Sinne der Arterhaltung, würden sich Individuen der gleichen Art körperlichen Schaden zufügen oder gar töten. Deshalb ist Kampfverhalten oft ritualisiert. Bei so genannten Turnierkämpfen messen Tiere ihre Kräfte nach festen Regeln auf unblutige Weise, bis einer der Kontrahenten aufgibt.

Durch bestimmte Mechanismen vermeiden Tiere Aggression fast gänzlich. So wird das eigene Territorium durch Duftmarken gekennzeichnet, um Fremde fernzuhalten, oder es werden Rangordnungen gebildet, um kräftezehrende Kämpfe zu vermeiden.

Beim Menschen hat das Lachen eine aggressionshemmende Signalfunktion, auch wenn seine Wurzeln eben in der Aggression liegen: Aus der ritualisierten Drohgebärde des Zähnefletschens entstanden, entschärft es jede soziale Sprengkraft und ist für unser gesellschaftliches Miteinander lebensnotwendig geworden.

Wirkung: Mit der Veröffentlichung dieses Buchs entfachte Lorenz anfangs heftige Diskussionen auf den Gebieten der Psychologie und Biologie gleichermaßen. Kurze Zeit später galt das Werk als bahnbrechend in beiden Wissenschaftsdisziplinen.

K. M.

Alkoholismus als Thema in der modernen Literatur	
Jack London 1913	*König Alkohol:* Der schonungslose autobiografische Roman trug in den USA zur Einführung der Prohibition wesentlich bei (1920).
Joseph Roth, 1939	*Die Legende vom heiligen Trinker:* Roth erzählt eine ironisch gebrochene Wunder- und Gnadengeschichte um einen Trinker.
Malcolm Lowry, 1947	*Unter dem Vulkan:* Ein alkoholsüchtiger britischer Konsul wird in Mexiko vor einer Spelunke von Faschisten erschossen. → S. 697
Hans Fallada 1950	*Der Trinker:* Mit besessener Akribie schildert Fallada den Absturz eines erfolgreichen Kaufmanns durch seinen Alkoholismus.
Wenedikt Jerofejew, 1969	*Die Reise nach Petuschki:* Ein intellektueller Außenseiter redet sich in einen Traum hinein, bis er sich im Delirium verliert. → S. 697
Charles Bukowski, 1975	*Faktotum:* Ein junger Mann finanziert mit Gelegenheitsjobs seine einzigen Grundbedürfnisse – Essen, Trinken und Sex.
John O' Brien 1991	*Leaving Las Vegas:* Ein gescheiterter Drehbuchautor aus Hollywood fährt ins Spielerparadies, nur um sich zu Tode zu trinken.
Wolfgang Hilbig, 2000	*Das Provisorium:* Ein trinkender ostdeutscher Autor mit Westvisum stürzt nach der Wende in der DDR in eine Identitätskrise.

Lowry, Malcolm

engl. Schriftsteller

*28.7.1909 New Brighton (Cheshire)

†27.6.1957 Ripe (Sussex, verunglückt)

📖 *Unter dem Vulkan,* 1947

Mit seinem autobiografisch beeinflussten Trinkerroman *Unter dem Vulkan* etablierte sich Malcolm Lowry als einer der großen englischsprachigen Autoren der Moderne. In Romanen, Erzählungen und Gedichten schildert er mit erzähltechnischen Experimenten Identitätsverlust, Einsamkeit und existenzielle Hoffnungslosigkeit in einer von Krieg und Unmoral degenerierten Welt.

Nach dem Schulabschluss reiste Lowry als Schiffsjunge nach China und studierte nach der Rückkehr 1929–32 in Cambridge Philosophie. Schon als Student schrieb er Kurzgeschichten und den Seefahrer-Roman *Ultramarin* (1933). Ausgedehnte Reisen führten ihn nach Frankreich, Russland und China. 1936–38 lebte er in Cuernavaca in Mexiko, 1940–54 in der kanadischen Provinz British Columbia.

1955 kehrte Lowry mit seiner zweiten Ehefrau nach England zurück, wo er zwei Jahre später – alkoholsüchtig und nach psychiatrischer Behandlung – an einer Überdosis Schlaftabletten starb. Postum erschienen der Erzählband *Hör uns, o Herr, der Du im Himmel wohnst* (1961), zwei Gedichtsammlungen sowie die Romane *Dunkel wie die Gruft, in der mein Freund begraben liegt* (1968) und *Oktoberfähre nach Gabriola* (1970).

Biografie: H. Hoven, *Malcolm Lowry* (rm 50 414).

Unter dem Vulkan

OT Under the Volcano **OA** 1947 **DE** 1951
Form Roman **Epoche** Moderne

Malcolm Lowry nannte seinen Roman *Unter dem Vulkan*, den er in den Jahren 1936–44 schrieb, eine »authentische Trinkergeschichte«. Das Buch ist zugleich die Zustandsbeschreibung der »trunkenen Welt« am Vorabend des Zweiten Weltkriegs und wegen seiner formalen Experimente ein Klassiker der Moderne.

Inhalt: Allerseelen (2. November) 1938 in Cuernavaca, Mexiko. Geoffrey Firmin, 42 Jahre alt, britischer Ex-Konsul und notorischer Trinker, durchstreift die Gassen der Stadt am Fuße des mächtigen Vulkans Popocatepetl auf der Suche nach dem nächsten Drink. Er trinkt alles, was er bekommen kann: Tequila, Wodka, Whiskey, Strychnin und Mescalin, das ihn umbringen wird, wie er »am Tag der Toten« prophezeit. Noch einmal sieht er seine Frau Yvonne wieder, eine frühere Schauspielerin, die vor seiner Trinkerei in die USA geflohen ist, und seinen Halbbruder Hugh, einen Journalisten, der im Spanischen Bürgerkrieg mit der Linken sympathisiert. Beide wollen den gebildeten, menschlichen und trotz seiner Trinkerei durchaus würdevollen Ex-Konsul retten. Doch müssen sie erkennen, dass sie ihn an den Alkohol verloren haben. Am Ende landet Firmin in einer schäbigen Kneipe auf einem Berg über der Stadt. Weil er keinen Ausweis dabei hat, nimmt ihn eine Faschistenbande gefangen und erschießt ihn.

Aufbau: Nicht zufällig erinnert *Unter dem Vulkan* an den Jahrhundertroman *Ulysses* (1922) von James →Joyce. Beide Werke spielen an nur einem einzigen Tag, beide Autoren erzählen ihre Geschichte mit experimentellen literarischen Mitteln wie Assoziation, Allegorie, innerem Monolog, fremdsprachlichen Einschüben, Lautmalereien, Slogans, Symbolen und Zeitsprüngen. Lowry beschwört mit Anspielungen auf → Dante Alighieris *Die göttliche Komödie* (1472), → Goethes *Faust* 1808; 1832) und → Shakespeares *König Lear* (1606) sprachliche Bilder von Tod und Zerstörung herauf. Für die alkoholgetränkten Delirien des britischen Konsuls in der mexikanischen Hitze findet er suggestive Ausdrücke, die atmosphärisch dichten Beschreibungen einer urtümlichen Landschaft erinnern an Autoren wie D. H. → Lawrence und Thomas →Wolfe.

Der Konsul, den das Trinken zum einsamen Mann gemacht hat, verkörpert die existenzielle Verlorenheit des in seiner Identität bedrohten modernen Menschen. Firmins Selbstzerstörung ist eine Flucht vor persönlichen Enttäuschungen und der bitteren Realität einer vom Krieg bedrohten Welt. Doch selbst in der Absurdität seines Todes bewahrt Firmin Würde, darin den mysteriösen Anti-Helden von Albert → Camus ebenso verwandt wie den gescheiterten Idealisten in den Büchern von Ernest →Hemingway.

Wirkung: *Unter dem Vulkan* war Teil eines geplanten Zyklus mit dem Titel *Die Reise, die nie zu Ende geht*. In den USA wurde das Werk bald nach Erscheinen ein Bestseller und von der Kritik gelobt, die britischen Kritiker reagierten lange Zeit zurückhaltend. 1984 würdigte Schriftstellerkollege Anthony → Burgess *Unter dem Vulkan* als »eines der wenigen wirklichen Meisterwerke dieses Zeitalters.« Im gleichen Jahr wurde der Roman von John Huston mit Albert Finney verfilmte. *B. B.*

Albert Finney als Geoffrey Firmin in der Verfilmung des Romans *Unter dem Vulkan* von Malcolm Lowry (USA 1984; Regie: John Huston)

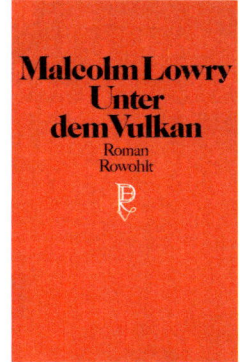

Malcolm Lowry, *Unter dem Vulkan*, Umschlag der deutschsprachigen Ausgabe 1984

Auszug aus dem Roman *Unter dem Vulkan* **von Malcolm Lowry:**

Und manchmal sehe ich mich als großen Entdeckungsreisenden, der irgendein merkwürdiges Land entdeckt hat, von dem er nie zurückkehren kann, um der Welt sein Wissen darüber mitzuteilen: dieses Land ist die Hölle. Natürlich liegt es nicht in Mexiko, es liegt im Herzen.

Geht man von Kommunikation als der elementaren Operation aus, deren Reproduktion Gesellschaft konstituiert, dann ist offensichtlich in jeder Kommunikation Weltgesellschaft impliziert, und zwar ganz unabhängig von der konkreten Thematik und der räumlichen Distanz zwischen den Teilnehmern. Es werden immer weitere Kommunikationsmöglichkeiten vorausgesetzt und immer symbolische Medien verwendet, die sich nicht auf regionale Grenzen festlegen lassen.

Das Gesellschaftssystem wird demnach nicht durch ein bestimmtes »Wesen«, geschweige denn durch eine bestimmte Moral charakterisiert, sondern allein durch die Operation, die Gesellschaft produziert und reproduziert. Das ist Kommunikation.

Niklas Luhmann, *Die Gesellschaft der Gesellschaft*, Umschlag der Originalausgabe 1997

Luhmann, Niklas

dt. Soziologe

*8.12.1927 Lüneburg

† 6.11.1998 Oerlinghausen bei Bielefeld

📖 *Die Gesellschaft der Gesellschaft*, 1997

Einer breiteren Öffentlichkeit wurde Niklas Luhmann durch seine Kontroverse mit Jürgen → Habermas auf dem Soziologentag 1971 bekannt, die als wichtiger Einschnitt der intellektuellen Geschichte der Bundesrepublik zu werten ist.

Luhmann begann nach einem Jurastudium in Freiburg und einer juristischen Referendarausbildung seine Laufbahn als Verwaltungsbeamter in Lüneburg; später war er Landtagsreferent und Oberregierungsrat im niedersächsischen Kultusministerium. 1960/61 ließ sich Luhmann für einen Studienaufenthalt in Harvard bei Talcott Parsons (1902–79) beurlauben und wechselte 1962 auf eine Forschungsstelle an die Hochschule für Verwaltungswissenschaften in Speyer. Seine hier erarbeiteten Schriften *Funktionen und Folgen formaler Organisationen* (1964) sowie *Recht und Automation in der öffentlichen Verwaltung* (1966), die bereits einen eigenständigen, systemtheoretisch orientierten Zugang zur Soziologie zeigen, nahmen 1966 Helmut → Schelsky und Dieter Claessens (*1921) als Dissertation bzw. Habilitation in Münster an. Daraufhin wurde Luhmann 1968 zum Professor für Soziologie an die neu gegründete Reformuniversität Bielefeld berufen, wo er bis zu seiner Emeritierung 1993 wirkte.

Die Gesellschaft der Gesellschaft

OA 1997 **Form** Sachbuch **Bereich** Soziologie

Mit der Veröffentlichung seines Hauptwerks *Die Gesellschaft der Gesellschaft* realisierte Niklas Luhmann das zu Beginn seiner akademischen Laufbahn gesetzte Ziel der Erarbeitung einer fachuniversalen Theorie der Gesellschaft. Hiermit verbindet sich der Anspruch, der Soziologie eine neue theoretische Perspektive eröffnet zu haben. Ausgangspunkt der Überlegungen von Luhmann ist das Staunen über die Stabilität sozialer Systeme. Seine Theorie ist somit der Versuch, die Unwahrscheinlichkeit scheinbar normaler Abläufe zu erklären.

Inhalt: Die von Luhmann entwickelte Gesellschaftstheorie versteht sich als Versuch einer Kommunikation, welche die Beschreibung ihres Gegenstands und damit den diese Beschreibung thematisierenden Gegenstand verändert.

Da die Gesellschaft insgesamt wie auch alle Systeme in der Gesellschaft auf Kommunikation angewiesen sind, aber auch Kommunikation ohne Gesellschaft nicht denkbar ist, besteht ein zirkuläres Bedingungsverhältnis. In diesem Sinn handelt es sich bei der »Gesellschaft der Gesellschaft« um eine selbst reflexive Beschreibung der Gesellschaft in der Gesellschaft.

Struktur: Das Werk ist in fünf größere Kapitel unterteilt. Die Anordnung ist laut Luhmann beliebig, da eine lineare Präsentationsform dem Theorieansatz widersprechen würde.

Im ersten Kapitel klärt Luhmann grundlegende Begriffe wie Sinn, System, Umwelt, Komplexität und Autopoiesis. Mithilfe dieser Bestimmungen wird im folgenden Kapitel Kommunikation als die grundlegende Operation bestimmt, welche das System »Gesellschaft« und ihre Subsysteme (Politik, Wirtschaft, etc.) hervorbringt. Es sind die Kommunikationsmedien, die anschlussfähige Sinnbildungen und damit soziales Handeln ermöglichen. Es bilden sich symbolisch generalisierte Kommunikationsmedien wie Geld, Macht u.a. heraus, die durch vereinfachende Sinnformangebote die Leistungen der Informationsverarbeitung steigern und präzisieren.

Das dritte Kapitel beschreibt den Prozess der Gesellschaftsentwicklung als einen offenen Prozess, der durch Variation, Selektion und Restabilisierungen gekennzeichnet ist. Damit wird Vorstellungen einer zielgerichteten oder geplanten Gesellschaftsentwicklung eine Absage erteilt. Im folgenden Kapitel wird diese Perspektive konkretisiert, indem die dominanten Formen gesellschaftlicher Integration in evolutionärer Perspektive untersucht werden. Charakteristisch für moderne Gesellschaften ist eine azentrische, netzwerkartige Struktur, in der sich einzelne Teilsysteme zunehmend verselbstständigt haben. Dadurch wird eine hohe Leistungsfähigkeit der einzelnen Teilsysteme ermöglicht, was jedoch auch zu einer wechselseitigen Indifferenz und im Extremfall zu strukturellen Rücksichtslosigkeiten, etwa des Teilsystems »Wirtschaft«, führen kann. Das abschließende Kapitel thematisiert den Wandel der Leitbegriffe zur Selbstverständigung der abendländischen Gesellschaft. Luhmann zeigt, wie das »alteuropäische« Modell des ontologischen Denkens gesprengt und durch variable, vielfältige Beschreibungsperspektiven moderner Gesellschaften ersetzt wird.

Wirkung: Obwohl Luhmann nicht schulbildend gewirkt hat, findet sein Werk – wie die Übersetzungen in alle bedeutenden Wissenschaftssprachen zeigen – weltweit große Beachtung. Zudem werden die Anstöße seiner Theorie nicht allein in der Soziologie, sondern in allen Kulturwissenschaften produktiv aufgenommen. *T.J.*

Lukács, Georg

ungar. Philosoph, Literaturtheoretiker und Politiker

*13.4.1885 Budapest, † 4.6.1971 ebd.

📖 *Geschichte und Klassenbewusstsein*, 1923.

In Westeuropa wirkte Georg Lukács als Wegbereiter einer historisch-soziologischen Literaturbetrachtung, in der DDR galten seine Auffassungen noch als literaturpolitische Leitlinie, nachdem er selbst mit dem ungarischen Reformkommunismus von 1956 in Ungnade gefallen war und sich auf seine großen philosophischen Altersprojekte zurückgezogen hatte.

Das Lebenswerk des meist in deutscher Sprache publizierenden Lukács gliedert sich in drei Abschnitte: die vormarxistischen Frühschriften bis etwa 1918, die in den politischen Kämpfen der 1920er Jahre und im Moskauer Exil nach 1930 entstandenen, dezidiert marxistischen Werke sowie das philosophische Spätwerk der Nachkriegszeit.

Der junge Georg (György) von Lukács, Sohn eines Budapester Bankiers, ließ sich als Student der Geschichte und Philosophie in Heidelberg vom deutschen Idealismus und der aktuellen Lebensphilosophie inspirieren. Wichtigste frühe und bis heute wirksame Arbeit ist die literaturtheoretische Arbeit *Theorie des Romans* (1918).

Nach seiner Wende zum Marxismus versuchte Lukács u. a. mit *Geschichte und Klassenbewusstsein* (1923) den politischen Kurs der KP Ungarns mitzubestimmen. Als Volkskommissar für Bildung der nach wenigen Wochen wieder gestürzten Räteregierung von 1919 entging er nur knapp der Hinrichtung. Seit 1930 versuchte Lukács in programmatischen Aufsätzen, die Literaturpolitik der KPD auf einem der (deutschen und sowjetischen) Parteiführung genehmen Kurs zu halten. Dabei plädierte er für den bürgerlichen und den sozialistischen Realismus und kritisierte »bürgerliche Dekadenz«, aber auch linke Experimente (etwa die von Bertolt → Brecht). Nach 1940 arbeitete Lukács diese eher konservative Position in großen literaturhistorischen Studien zu → Goethe, Thomas → Mann und zum historischen Roman aus.

Biografie: F. J. Raddatz, *Georg Lukács in Selbstzeugnissen und Bilddokumenten* (rm 193).

Geschichte und Klassenbewusstsein

DA 1923 **Form** Sachbuch **Bereich** Soziologie

Die Aufsatzsammlung *Geschichte und Klassenbewusstsein* mit dem Untertitel *Studien über marxistische Dialektik* von Georg Lukács ist das geschlossenste philosophische Werk der mar-

Georg Lukács in den frühen 1960er Jahren

xistischen Literatur« (Walter → Benjamin). Es entwickelt grundsätzliche Analysen zur Funktionsweise der kapitalistischen Ökonomie und versucht politische Konsequenzen für die kommunistische Bewegung der 1920er Jahre zu ziehen.

Entstehung: In seinem Buch fasst Lukács sieben theoretische Schriften unterschiedlichen Umfangs und Gewichts zusammen, die zum Teil Grundfragen der marxistischen Theorie, zum Teil aktuellen Organisations- und Strategiefragen der kommunistischen Bewegung gelten. Sie sind zwischen Frühjahr 1919 und Herbst 1922 geschrieben, in dem Zeitraum, der die Niederschlagung der ungarischen Revolution, aber auch die Niederlage der Kommunisten bei den sog. mitteldeutschen Märzkämpfen von 1921 umfasst. Lukács versucht die Konsequenzen der Ereignisse zu ziehen und kommt deshalb im Rahmen ein und desselben Buchs zu erheblichen politischen Kursänderungen.

Inhalt: In *Geschichte und Klassenbewusstsein* geht es einerseits um die kritische Analyse der bürgerlichen Gesellschaft bzw. der kapitalistischen Ökonomie und andererseits um die Frage, ob und wie diese Energien freisetze, die letztlich zu ihrer Überwindung, d. h. zur Revolution des Proletariats führen. Politisch setzt Lukács sich mit den konträren Partei- und Revolutionskonzepten von Wladimir I. → Lenin und Rosa Luxemburg (1870–1919) auseinander, wobei er sich Lenins Position annähert, für den die Kommunistische Partei die revolutionäre Avantgarde des Proletariats darstellt.

Lukács greift auch Begriffe der Arbeiten von Karl → Marx und Georg F. W. → Hegel auf und aktualisiert sie in kritischer Absicht: Die kapitalistische Gesellschaftsform begreift Lukács als »Totalität«, als »Einheit von Widersprüchen«,

Theodor W. Adorno in *Noten zur Literatur II* (1970) über Georg Lukács:

Noch der Gestus der Unverkennbarkeit der Welt, den Lukács an Autoren wie Eliot oder Joyce so unverdrossen bemängelt, kann zu einem Moment der Erkenntnis werden, der des Bruchs zwischen der übermächtigen und unassimilierbaren Dingwelt und der hilflos von ihr abgeleiteten Erfahrung. Lukács vereinfacht die dialektische Einheit von Kunst und Wissenschaft zur blanken Identität, so als ob die Kunstwerke durch Perspektive bloß etwas von dem vorwegnähmen, was dann die Sozialwissenschaften brav einholen.

aus denen eine Dynamik der Veränderung entspringen kann, so z. B. im Blick auf die »Dinge« (oder: Waren), deren Dinghaftigkeit nur die Verhältnisse von Menschen zueinander (z. B. Kapitalist-Arbeiter) verbirgt. Lukács betont, dass die Verdinglichung nicht nur die Warenwelt, sondern auch die (arbeitenden) Menschen überzieht und ihr Bewusstsein deformiert. Erst wenn sie nicht mehr nur Objekte der Verdinglichung sind, sondern als Subjekte die Einsicht in eben diesen Prozess gewinnen, können sie aktiv ihre Fesseln abstreifen. Dieses »Klassenbewusstsein« ist notwendige Voraussetzung des Übergangs vom Kapitalismus zum Sozialismus.

Die Ereignisse von 1919 und 1921 haben gezeigt, dass das »empirisch-psychologische Klassenbewusstsein« gerade nicht revolutionär, sondern kleinbürgerlich überformt ist. Deshalb setzt Lukács seine Hoffnung auf ein »zugerechnetes Klassenbewusstsein«, auf den »bewusst gewordenen Sinn der geschichtlichen Lage der Klasse«. Aus dieser Bewusstwerdung soll notwendigerweise »die bewusste Tathandlung des Proletariats«, also die Revolution hervorgehen. Vom heutigen Standpunkt aus betrachtet, muss dies als Wunschdenken, als idealistische Revolutionseuphorie erscheinen. Glänzend und treffsicher (und deshalb nach wie vor lesenswert) sind zentrale Partien mit der Funktionsanalyse der technisierten und arbeitsteiligen Gesellschaft sowie der physischen und psychischen Deformationen, die sie den Menschen zufügt.

Wirkung: *Geschichte und Klassenbewusstsein* steht im größeren Rahmen einer neomarxistischen Denkrichtung, die in der Zwischenkriegszeit eine hegelsche Erneuerung und Weiterführung der marxistischen Theorie anstrebte und sich sowohl von sozialdemokratischen Ideen (naturgesetzlicher Weg zum Sozialismus) als auch vom sowjetischen Herrschaftssystem abgrenzte. Gerade wegen der dialektischen Verbindung theoretischer und politischer Aspekte wurde das Werk auch von der Studentenbewegung um 1968 mit großem Interesse aufgenommen.   *J. V.*

Auszug aus den Hetärengesprächen von Lukian:

Alles andere, Küsse, Tränen, Schwüre ewiger Treue, häufiges Wiederkommen, und dergleichen, das findet sich bei jeder noch neuen Liebe: Aber das wahre Feuer zündet allein die Eifersucht an.

Lukian, *Hetärengespräche*, Umschlag der deutschsprachigen Ausgabe der Reihe bund-bibliophil o. J. mit Illustrationen von Inge Jastram

---

Lukian

(griech. Lukianos) griech. Schriftsteller

* um 120 Samosata (Nordsyrien)

† um 180 Ägypten

📖 *Hetärengespräche*, um 160

Lukian gehört zu den Hauptvertretern der im 1. Jahrhundert entstandenen sog. Zweiten Sophistik, deren Hauptinteresse der Rhetorik galt. Sein schriftstellerisches Werk umfasst insgesamt 80 rhetorische, erzählende und satirische Schriften sowie Dialoge und Pamphlete. Als scharfsinniger Beobachter seiner Zeit kritisierte der Autor in seinen Schriften den tradierten Götterglauben und die Schwächen der Rhetoren und Philosophen.

Nachdem Lukian einige Jahre in Antiochien verbracht hatte, reiste er als Wanderredner durch Griechenland, Italien und Gallien, wobei er zwischen 160 und 170 längere Zeit in Athen lebte. Zu seinen bekanntesten Dialogen gehören u. a. die *Hetärengespräche*, *Göttergespräche* (entst. um 166), *Götterversammlung* (um 161–65), *Meergöttergespräche* und die *Totengespräche* (um 166/167). Im hohen Alter war Lukian kurze Zeit Sekretär des römischen Statthalters von Ägypten. Sein aus humorvollen und lebendigen Dialogen bestehendes Werk übte beträchtlichen Einfluss auf die Literatur der Renaissance und der späteren Epochen aus.

Hetärengespräche

OT Hetairikoi Dialogoi **EZ** um 160
EA 1496 **DE** 1788
Form Dialoge **Epoche** Griechische Antike

Lukian überwand in seinem Spätwerk die strenge Reglementierung der Rhetorik, indem er diese erfolgreich mit anderen literarischen Gattungen wie dem philosophischen Dialog, der Komödie und der Satire zu verknüpfen verstand. In *Hetärengespräche* erweiterte er die formale Verbindung mit Elementen der neuen Komödie, die auf den griechischen Dichter Menander (342/341–291/290 v.Chr.) zurückgeht. Charakteristisch für die neue Komödie ist, dass typisch menschliche, alltägliche und private Begebenheiten im Zentrum der Handlung stehen.

Inhalt: Die *Hetärengespräche* bestehen aus 15 voneinander unabhängigen kleineren Dialogen, die von den Hetären selbst geführt werden. In einem heiteren und lebendigen Stil gibt Lukian mit viel Wirklichkeitssinn Auskunft über die Lebenssituation der Hetären in Athen. Im Mittelpunkt der Episoden stehen Eifersucht, Liebe, Begierde, Verrat, Macht und Geld: Glykera beklagt sich bei Thais über die Untreue ihre

---

Hetäre

Bedeutung: Die griechische Bezeichnung hetaira bedeutet im Deutschen »Gefährtin«. Das erste Mal wurde dieser Begriff euphemistisch von dem griechischen Historiker Herodot (484–426 v.Chr.) für eine Frau benutzt, die durch außereheliche sexuelle Verbindungen zu Männern reich wurde. Seitdem bezeichnete man Frauen, die sich Männern anboten, als Hetären. Mit den Hetären pflegten Männer zumeist eine lang andauernde, außereheliche sexuelle Beziehung. Dabei mussten sie den Lebensunterhalt der Hetären finanzieren.

Gesellschaftliche Stellung: Die Hetären, die in den meisten Fällen eine schulische Ausbildung erhielten, zeichneten sich nicht nur durch ihre hervorragende Bildung, sondern auch durch tänzerische und musikalische Fähigkeiten aus. Aufgrund dieser Qualitäten genossen sie als Berufsstand innerhalb der Gesellschaft großes Ansehen. Zu den Hetären hatten Männer aus allen Schichten der Bevölkerung Kontakt, darunter auch berühmte Politiker, Philosophen, Redner und Bildhauer, deren Namen überliefert sind.

OT = Originaltitel **EZ** = Entstehungszeit **OA** = Originalausgabe **DE** = Deutsche Erstausgabe 📖 = Verweis auf Werkartikel

NATVS ES ISLEBII DIVINE PROPHETA LVTHERE, IAPETI DE GENTE PRIOR MAIORVE LVTHER RELLIGIO FVLGET, TE DVCE PAPA IACE T. NEMO FVIT, TV PAR DOCTE MELANTHON ERAS

Geliebten; Myrto fürchtet, dass ihr Liebhaber heiraten werde; Philinna ist auf Diphilos eifersüchtig, Lysias auf Joessa; Melissa sucht ihren abtrünnig gewordenen Charinos durch Zauberkünste zurückzugewinnen; Clonarion und Leaena sprechen enthusiastisch über die Homoerotik; Krobyle überzeugt ihre Tochter Korinna von den Vorteilen eines Hetärendaseins; Musarion wird von ihrer Mutter über den Hetärenberuf unterrichtet.

Ampelis gibt der jüngeren Hetäre Chrysis Tipps im Umgang mit den Liebhabern. Philostratus und Polemon, Leontichus und Chenidas sind aus dem Krieg zurückgekehrt und prahlen vor Pannychis und Hymnis mit ihren heldenhaften Taten; Kleinias verlässt unter dem Einfluss eines Philosophen seine Geliebte Drose; Tryphäne gewinnt auf geschickte Weise ihren entflohenen Charmides wieder; die enttäuschte Myrtale schickt den Matrosen Dorion, der ihr immer Käse, Heringe und Zwiebeln schenkt, nach Hause; Dinomachus hat vor blinder Eifersucht den Geliebten seiner Hetäre windelweich geschlagen. Lukians mal vulgäre, mal sentimentale, mit Humor ausgestattete Dialoge liefern nicht nur einen Einblick in das Hetärendasein, sondern decken allgemein menschliche Schwächen und Gewohnheiten auf.

Wirkung: Der frivole Stil der *Hetärengespräche* sowie Lukians Verwendung des Attischen (→Stichwort S. 700) trugen dazu bei, dass das Werk über die Jahrhunderte nicht an Beliebtheit verlor. Sie dienten Pietro →Aretino als Vorlage für die *Kurtisanengespräche* (1533–36). Im deutschen Sprachraum wurden Lukian und seine *Hetärengespräche* durch die Übersetzungen von Christoph Martin →Wieland (1781–89) populär. *K.K.*

Luther, Martin

dt. Theologe

* 10.11.1483 Eisleben, † 18.2.1546 ebd.

📖 *Von der Freiheit eines Christenmenschen*, 1520

Martin Luther ist die wichtigste Gestalt der Reformationsbewegung zu Beginn der Neuzeit. Ihm ging es darum, die biblischen Texte verstehbar zu machen und auf ihren Grundsinn zurückzuführen, statt sie in Traditionen und Dogmen festgelegt zu sehen. Besonders durch seine Übersetzung der → *Bibel* ins Deutsche prägte Luther die deutsche Sprache nachhaltig.

Der Sohn bürgerlicher Eltern entschied sich während seines Jurastudiums in Erfurt für das Klosterleben und machte rasch Karriere als Prediger und Gelehrter. Sein Unmut über die Verwahrlosung des Klerus und den Machtmissbrauch des Papsts führte am 31. Oktober 1517 in Wittenberg zum Anschlag der 95 Thesen, die die Unfehlbarkeit des Papsts bestritten und das zeitgenössische Ablasswesen anprangerten. Die Hauptthese Luthers, keine menschliche Tat könne Einfluss auf Gottes Urteil über den Menschen nehmen, führte zu einem von der Öffentlichkeit viel beachteten Autoritätsstreit. Seine Haltung nicht widerrufend, wurde Luther 1521 mit der Reichsacht belegt. Unter dem Schutz von Kurfürst Friedrich dem Weisen (1482 bis 1556), der in Luther eine willkommene Stimme gegen die Übermacht des Papstes sah, konnte er auf der Wartburg mit der Übersetzung der Bibel ins Deutsche beginnen, die nun erstmals von Menschen ohne Hebräisch-, Griechisch- oder Lateinkenntnisse gelesen werden konnte.

Biografie: H. J. Genthe, *Martin Luther,* 1996; H. Lilje, *Martin Luther* (rm 50 098).

Auszug aus *Von der Freiheit eines Christenmenschen* **von Martin Luther:**

Ein Christenmensch ist ein freier Herr über alle Dinge und niemandem untertan. Ein Christenmensch ist dienstbarer Knecht aller Dinge und jedermann untertan.

Martin Luther, Liedtext
(1529):

*Das Wort sie sollen lassen
stahn
und kein' Dank dazu haben;
er ist bei uns wohl auf dem
Plan
mit seinem Geist und Gaben.*

Von der Freiheit eines Christenmenschen

OA 1520 **Form** Sachbuch **Bereich** Theologie

Von der Freiheit eines Christenmenschen von Martin Luther ist die Grundsatzantwort auf die mittelalterliche Frage, mit welchen eigenen Möglichkeiten (Werken) der Mensch Gottes Gnade verdienen kann. Die wegen des aufkommenden Buchdrucks schnell verbreitete Schrift bildet die Grundlage der so genannten Rechtfertigungslehre.

Entstehung: Die 95 Thesen von Luther hatten einen öffentlichen Streit unter Gelehrten ausgelöst. Als im Oktober 1520 die Bannbulle des Papstes in Wittenberg eintraf, entschloss sich Luther zu einer Abhandlung für den Papst, die ohne gelehrten Apparat verständlich war und in Deutsch und Latein abgefasst wurde.

Inhalt: Nach Luther ist die Natur eines Christen in eine geistliche und eine leibliche unterteilt.

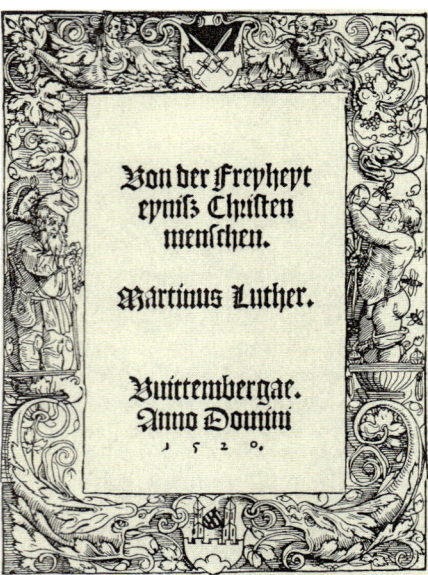

Martin Luther, *Von der Freiheit eines Christenmenschen*, Titelblatt der Originalausgabe 1520

Die leibliche Natur ist Fleisch und Blut des christlichen Menschen, die geistliche betrifft die Seele, die von Äußerem nicht erreicht wird und alles entbehren kann außer Gottes Wort. In diesem Sinne ist auch die → *Bibel* auf die verschiedenen Naturen des Menschen ausgerichtet. Die Gesetze Gottes (Altes Testament) schreiben gute Werke vor, weisen an und lehren, geben aber keine Kraft dazu, das Gute auch wirklich zu tun. Wohl aber rufen die Gesetze des Alten Testaments die Erkenntnis hervor, eben dieses Unvermögen zum Guten zu erkennen. Erst das Neue Testament, in dem durch Christus Gnade, Frieden und Freiheit versprochen ist, bringt die Befreiung von der Qual des Ungerechtseins: Einzig und allein durch den Glauben an Gottes Handeln vollzieht sie sich beim Glaubenden. Dieser Glaube regiert die Seele und die befreite, gerechtfertigte, christliche Seele tut notwendig gute Werke, wenn sie wirklich dem Gott Christi die Ehre gibt. So meint christliche Freiheit schlicht den Glauben. Sie betrifft den innerlichen Menschen.

Allerdings kann daraus nicht gefolgert werden, man müsse sich deshalb nicht mehr um den Zustand des Leibes kümmern: Damit der Leib nicht mutwillig wird, ist er im Zaum zu halten und zu disziplinieren. Indem Luther die These vertritt, dass aus einem guten Menschen nur gute Taten hervorkommen, nicht aber gute Werke schon einen guten Menschen ausmachen, fordert er vom Menschen Wahrhaftigkeit, die mehr sein muss als nur äußerliche Einhaltung von Regeln. Die Triebfeder zum wahrhaftigen, guten Handeln am Nächsten sieht Luther in der Dankbarkeit gegenüber Jesu Gehorsam vor Gott, mit dem die nach ihm Kommenden befreit werden. Denn durch den Glauben fährt nach Luther ein Christenmensch aufwärts zu Gott, und von Gott wieder abwärts durch die Erfahrung von Liebe zum Nächsten.

Wirkung: Die Wirkung der Schrift *Von der Freiheit eines Christenmenschen* ist nur als Bestandteil der Wirkung seiner frühen Schriften insgesamt zu erschließen. Anhaltende Bücherverbrennungen, die die öffentliche Wirkung von Luther unterbinden sollten, führten schließlich dazu, dass er nach Ablauf der 60-Tage-Frist zum Widerruf seinerseits eine Verbrennung vornahm, die die Bannandrohungsbulle und päpstliche Gesetzessammlungen zerstörte. Eine kaiserliche Vorladung nach Worms sollte ihm Gelegenheit geben, sich in Deutschland zu seinen Ideen zu äußern. Luthers Reise war, gemessen am Zustrom von Interessenten während seiner Reise, ein Triumphzug. Während des Wormser Reichstags widerrief Luther seine Lehre nicht. Dies imponierte besonders denen, die Deutschland von Rom ausgebeutet sahen.   *B. H.*

Evangelisch

Herkunft: Als Konfessionsbezeichnung setzte sich der 1521 von Luther vorgeschlagene Begriff »evangelisch« erst im 17. Jahrhundert durch. Auf Anregung von Friedrich Wilhelm III. (1770–1840) wurde der Begriff schließlich zum Reformationsjubiläum 1817 als offizielle Bezeichnung für die Unionsbildung aus Lutheranern und Reformierten, die sich besonders auf Johannes Calvin (1509–64) und Ulrich Zwingli (1484 bis 1531) berufen, eingeführt.

Bedeutung: »Evangelisch« bezeichnet nach Luther ursprünglich jene Christen, die ihren Glauben auf die biblische Botschaft von der unverdienten Gnade Gottes und der daraus resultierenden Befreiung von Gesetzesfixierung (Judentum) und Magie (Katholizismus) basieren. Ein weiterer Aspekt ist der Grundsatz vom »allgemeinen Priestertum der Gläubigen«. Heute unterscheidet evangelische Christen von katholischen vor allem die Kirchenverfassung ohne oberstes Leitungsamt und das Bekenntnis zur Vielfältigkeit christlicher Lebens- und Glaubensformen. In jüngster Zeit wird »evangelisch« von »evangelikal« unterschieden, einer sich selbst als frommer verstehenden Glaubensrichtung.

Machado de Assis, Joaquim Maria

brasilian. Schriftsteller

* 21.6.1839 Rio de Janeiro, † 29.9.1908 ebd.

📖 *Nachträgliche Memoiren des Brás Cubas*, 1881

Joaquim Maria Machado de Assis gilt bis heute als einer der bedeutendsten Prosaautoren portugiesischer Sprache und als erster brasilianischer Romancier von Weltruf.

Machado de Assis stammte aus einer armen Arbeiterfamilie. Sein Vater war Mulatte und arbeitete als Anstreicher; seine Mutter, eine Portugiesin, verdingte sich als Wäscherin. Nach dem frühen Tod seiner Eltern nahm der junge Mann eine Lehre als Drucker und Korrektor auf, bildete sich autodidaktisch weiter und brachte es trotz sozialer und rassischer Benachteiligung sowie unheilbarer Epilepsie bis zum Generaldirektor für das Straßen- und Verkehrswesen (1892). Mit 15 Jahren hatte er sein erstes Gedicht veröffentlicht; kurz darauf begann auch seine journalistische Tätigkeit. Als Mitbegründer der Academia Brasileira de Letras wurde er 1897 deren erster Präsident auf Lebenszeit.

Nach seinen Anfangsjahren als romantischer Lyriker wandte sich Machado de Assis der Dramatik zu. Erst 1864 begann sein kontinuierliches episches Schaffen, das bis Ende der 1870er Jahre der Romantik zuzuordnen ist und selten das Niveau damals gängiger Unterhaltungsliteratur überstieg. Beeinflusst u.a. von José Maria → Eça de Queiroz und Laurence → Sterne entwickelte Machado de Assis aber einen eigenen, unverwechselbaren Stil. Neben der modernen Kurzgeschichte begründete er mit *Die nachträglichen Memoiren...* auch den psychologischen, kritisch-realistischen Roman in Brasilien. Die Schauplätze seiner Erzählungen und Romane sind auf Rio de Janeiro beschränkt, jedoch verzichtete er weitgehend auf konkrete örtliche Bezüge. Die kritische Widerspiegelung der brasilianischen Gesellschaft des Fin de Siècle gelang ihm in den drei bedeutendsten seiner neun Romane durch die subtile Schilderung der inneren Befindlichkeit überwiegend wohlhabender Protagonisten.

Biografie: D. Woll, *Machado de Assis,* 1972.

Nachträgliche Memoiren des Brás Cubas

OT Memórias póstumas de Brás Cubas
OA 1880/81 **DE** 1950 **Form** Roman **Epoche** Realismus

Mit seinem Werk löste sich Joaquim Maria Machado de Assis endgültig von der Romantik und begründete in Brasilien die Tradition des psychologischen, kritisch-realistischen Romans.

Aufbau: Geradezu revolutionierend in der gesamten portugiesischsprachigen Literatur jener Zeit wirkten die Gestaltungsmittel und die Erzählhaltung des fiktiven Ich-Erzählers: Brás Cubas verfasst seine Memoiren als aufrichtige Lebensbeichte aus dem »Jenseits«, frei von Rücksichten aller Art. Er ist ein Verstorbener, kann »die Schminke entfernen und einfach bekennen, was war und nicht mehr existierte«.

Inhalt: Beginnend mit dem »Tod des Autors« im ersten Kapitel lässt der Protagonist sein scheinbar unbeschwertes, in Wahrheit aber sinn- und inhaltloses Leben in kurzen, anekdotischen Kapiteln Revue passieren. Als einziger Sohn vermögender Eltern wird er Mittelpunkt und Hoffnungsträger der Familie, die alles in ihn investiert. Die in ihn gesetzten Erwartungen kann und will er nicht erfüllen. So wird seine Biografie die Geschichte seines Versagens. Brás Cubas lässt sich treiben, missachtet die Normen der bürgerlichen Gesellschaft, wird zum Heuchler, Egoisten und Schmarotzer. Bereits als Kind tyrannisiert er seine Umwelt und misshandelt die Hausklaven. Distanziert und sarkastisch beschreibt er seine ständige Jagd nach Genuss und Ruhm und entlarvt sogar seine wohltätigen Anwandlungen als »Nebenprodukt selbstsüchtigen Handelns«. Die positive Charakterisierung einiger Nebenfiguren verstärkt die »illusionslose Härte«, mit der Brás Cubas sein düsteres Selbstbildnis entwirft.

Wirkung: Im Unterschied zu seinen früheren Romanen schildert Machado de Assis in *Brás Cubas* erstmals die gesamte Lebensgeschichte seines Protagonisten und erweiterte damit die Erzählperspektive. Die sprachliche und gestalterische Virtuosität und die scheinbar humorvolle Art der Darbietung steigerten noch die Betroffenheit der Leser. Unverkennbar ist der Einfluss von Laurence → Sterne, auf den sich der Autor in seinem Vorwort ausdrücklich beruft. Wie Sterne hatte er eine Vorliebe für Aphorismen und das ständige Wechselspiel zwischen ironischer Distanziertheit und vertrauensvoller Zwiesprache mit dem Leser.

Das schonungslose Psychogramm des Müßiggängers Brás Cubas und dessen ironisch-pessimistische Grundhaltung wurden als Kritik an der herrschenden, sklavenhaltenden Oberschicht im brasilianischen Kaiserreich verstanden. Von den neun Romanen von Machado de Assis haben nur noch *Dom Casmurro* (1900) und mit Einschränkungen auch *Quincas Borba* (1891) eine vergleichbar nachhaltige Wirkung erzielt. Zusammen mit einer Vielzahl meisterhafter Erzählungen begründeten sie seinen Ruhm, einer der bedeutendsten Prosaautoren Brasiliens zu sein. *E. E.*

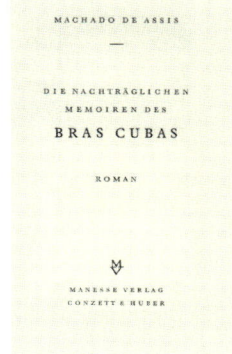

Joaquim Maria Machado de Assis, *Nachträgliche Memoiren des Brás Cubas*, Einband der deutschsprachigen Erstausgabe 1950

Auszug aus *Nachträgliche Erinnerungen des Brás Cubas* von Joaquim Maria Machado de Assis:

Dies ist die Arbeit eines Verstorbenen. Ich habe sie mit der Feder der Ausgelassenheit und der Tinte der Melancholie niedergeschrieben und es ist unschwer vorauszusehen, was aus dieser Paarung hervorgehen wird.

Machfus, Nagib

ägypt. Schriftsteller

* 11.12.1912 Kairo

📖 *Die Midaq-Gasse*, 1947

Der Widerstand gegen die britische Besatzung und die geistig-intellektuelle Neuorientierung Ägyptens in den 1920er Jahren haben das Werk von Nagib Machfus nachhaltig geprägt. Mit *Die Midaq-Gasse* wurde er zum wichtigsten Wegbereiter des 1947 in Ägypten noch wenig entwickelten und damals vornehmlich auf europäische Vorbilder fixierten Romans in der arabischen Literatur.

Der Sohn eines Staatsbeamten wuchs in einem der ältesten Viertel Kairos auf. Er studierte 1930–34 am Literatur- und Philosophiekolleg der Ägyptischen Universität von Kairo und war ab 1939 bis zu seiner Pensionierung im Staatsdienst tätig.

Das literarische Schaffen von Machfus war seit dem Roman *Han al-Halili* (1945) verstärkt von zeitkritischen Aspekten bestimmt, etwa in der Kairo-Trilogie (1956/57) oder dem Roman *Die Kinder unseres Viertels* (1959), dessen Vorveröffentlichung in der Tageszeitung *al-Ahram* auf Druck fundamentalistischer Kräfte abgebrochen wurde; eine Buchausgabe konnte nur in Beirut erscheinen. Islamische Fanatiker verhängten 1988 die Fatwa über Machfus; einen Mordanschlag überlebte er 1994 schwer verletzt.

1988 als erster Schriftsteller arabischer Sprache mit dem Nobelpreis für Literatur ausgezeichnet, wurde der Autor von über 30 Romanen und 15 Bänden mit Erzählungen auch mit seiner viel beachteten wöchentlichen Kolumne in *al-Ahram* zur moralischen Stimme Ägyptens.

Der Nobelpreisträger des Jahres 1988 Nagib Machfus nach der Bekanntgabe der Auszeichnung an seinem Schreibtisch in seinem Haus in Kairo

Die wichtigsten Bücher von Nagib Machfus	
Die Midaq-Gasse, 1947	Ein Porträt der kleinen Händler, Handwerker und Gauner einer Kairoer Altstadtgasse im Wandel der Zeit. → S. 704
Zwischen den Pälasten 1956	Kairo-Trilogie I: Machfus schildert die Schicksalsgeschichte der Kaufmannsfamilie um den Patriarchen Abd al-Gawwad während des britischen Protektorats bis zur Freilassung des Sultans Fuad.
Palast der Sehnsucht 1957	Kairo-Trilogie II: Es kommt zum Generationskonflikt zwischen Abd al-Gawwad und dessen jüngstem Sohn Kamal, der an den religiösen Bräuchen zweifelt und neue Ideale in Wissenschaft und Literatur sucht.
Zuckergässchen, 1957	Kairo-Trilogie III: Der Weltkrieg erreicht Ägypten und zerreißt Abd al-Gawwads Familie: Bringt der Faschismus Unabhängigkeit oder Verderben?
Die Kinder unseres Viertels, 1959	Die Geschichte eines Viertels in der Kairoer Altstadt als Parabel auf die Menschheitsgeschichte seit der Vertreibung aus dem Paradies ist in Ägypten bis heute (2002) nicht verlegt worden.
Der Dieb und die Hunde, 1961	An einen realen Mordfall anknüpfend, der Kairo im Frühjahr 1960 wochenlang in Atem gehalten hatte, beschäftigt sich Machfus in diesem Roman mit der Bewältigung vermeintlich erlittenen Unrechts.
Die Spur 1964	Auf dem Sterbebett lüftet eine Bordellwirtin ihr letztes Geheimnis und überlässt ihrem Sohn Sabir ein Foto seines tot geglaubten Vaters.
Das Hausboot am Nil 1966	Auf der Suche nach neuen Idealen treffen sich allabendlich resignierte Kairoer Intellektuelle, die sich von den Traditionen distanziert haben, zu endlosen Diskussionen auf Anis Zakis Hausboot.
Die Nacht der tausend Nächte, 1982	Machfus setzt die Erzählungen Scheherazades fort und berichtet von dem grüblerisch gewordenen Sultan Schehrijar, der sich auf der Suche nach der Wahrheit nachts verkleidet unter seine Untertanen mischt.
Der letzte Tag des Präsidenten, 1985	Eine Liebe vor dem Hintergrund der Ära Sadat: Während die Reichen immer reicher werden, werden Randa und Alwan, ein junges Paar aus ärmlichen Verhältnissen, nie genug verdienen, um heiraten zu können.

Die Midaq-Gasse

OT Zuqaq al-Midaqq **OA** 1947 **DE** 1985
Form Roman **Epoche** Moderne

Die Midaq-Gasse steht im Gesamtwerk von Nagib Machfus am Übergang von einer frühen Phase historisierender Romane zu einer realistischen Periode. Bis Ende der 1950er Jahre waren nun Darstellung und Kritik der ägyptischen Gesellschaft das vorrangige Anliegen des Autors.
Inhalt: Erzählt wird von der Veränderung des Lebens in einer engen Gasse im historischen Kairo; sie ähnelt jener, in welcher der Autor selbst aufwuchs, und symbolisiert den gesellschaftlichen Wandel.

Der Roman spielt während drei Monaten gegen Ende des Zweiten Weltkriegs und führt in der ersten Hälfte gut ein Dutzend teilweise skurriler und schillernd charakterisierter Figuren vor: den Bonbonverkäufer Kamil, Salim Alwan, Eigentümer einer kleinen Handelsgesellschaft für Parfüms und Tees, den zwielichtigen Zita, der gegen einen Anteil ihrer Almosen jene verstümmelt, die ihren Lebensunterhalt als Bettler verdienen wollen, und den alten Geschichtenerzähler al-Hilali, dem niemand mehr zuhört, seit es Radio gibt. Sie alle sind in der Midaq-Gasse mit ihren kleinen Läden und ihrem geschäftigen Treiben zu Hause und treffen sich allabendlich zu Klatsch und Spiel in Kirschas Kaffeehaus.

Erst in der zweiten Hälfte treten einige Figuren stärker hervor – etwa Hamida, die ihren Verlobten, den Frisör Abbas al-Hilu, betrügt, als der zur britischen Armee geht, um Geld für ihre gemeinsame Zukunft zu verdienen, und die schließlich als Prostituierte endet. Sie steht stellvertretend für die Jungen, denen Traditionen und ehrenhafte Sitten nichts mehr bedeuten und die sich nach dem modernen Leben mit elektrischem Licht und fließendem Wasser sehnen; sie müssen allerdings die Erfahrung machen, dass das Leben außerhalb der schützenden Gemeinschaft der Gasse »nicht nur heiter und voller Glanz, sondern auch leidvoll und enttäuschend« sein kann.

Wirkung: *Die Midaq-Gasse* war der erste Roman, mit dem Machfus die Aufmerksamkeit der arabischen Literaturkritik erregte. Im Mikrokosmos der Altstadtgasse spiegelt sich ein Zeitenwandel, den Machfus allerdings nicht nur in Kairo beobachtet: »Die Gasse ist für mich das Symbol für die ganze Welt.« A. C. K.

Machiavelli, Niccolò

italien. politischer Schriftsteller

*3.5.1469 Florenz, † 22.6.1527 ebd.

📖 *Der Fürst*, 1513

Niccolò Machiavelli schuf ein Werk, dessen nachhaltige Bedeutung insbesondere in dem Bruch mit der Tradition christlich-metaphysischer Staatstheorie liegt.

Machiavelli entstammte einer verarmten florentinischen Patrizierfamilie. Aufgrund seiner hervorragenden Begabung und seines gewandten Auftretens erhielt er Zugang zu den höchsten Regierungskreisen der damaligen Republik Florenz. 1498 wurde er Sekretär in der mit auswärtigen Angelegenheiten und Militärfragen befassten zweiten Staatskanzlei, wenig später auch Kanzler des Rates der Zehn. 1506 schuf er in seiner Heimat eine Bürgerwehr auf der Basis allgemeiner Wehrpflicht. Sechs Jahre später wurde Machiavelli seines Amtes enthoben, im Zusammenhang mit einer Verschwörung schuldlos eingekerkert und gefoltert. Nach seiner Freilassung zog er sich 1513 auf sein Gut San Casciano bei Florenz zurück. Im folgenden Jahrzehnt entstanden die meisten seiner politischen, militärischen und auch belletristischen Schriften, darunter *Mandragola* (1518–20), das als das originellste Lustspiel der Renaissance gilt. Ab 1519 bis zu seinem Tod erhielt Machiavelli von dem in Florenz regierenden Geschlecht der Medici verschiedene, meist unpolitische Aufgaben, beispielsweise den Auftrag, eine Geschichte von Florenz zu schreiben; daneben oblag ihm die Leitung des Stadtmauerbaus.

Biografie: E. Barincou, *Niccolo Machiavelli* (rm 50017).

Der Fürst

OT Il Principe **OA** 1532 **DE** 1714
Form Traktat **Bereich** Politik

In *Der Fürst* entwickelte Niccolò Machiavelli eine Staatstheorie, die aufgrund ihrer Ablehnung einer ethischen Staatsmoral zum Inbegriff skrupelloser Machtpolitik wurde.

Entstehung: Machiavelli begann die Arbeiten an *Der Fürst* 1513, nahezu zeitgleich mit seiner zweiten bedeutenden Schrift, *Unterhaltungen über die erste Dekade der römischen Geschichte des Titus Livius* (1531). Während er sich für die letzte Schrift acht Jahre Zeit nahm, benötigte Machiavelli für die Fertigstellung von *Der Fürst* etwa ein Jahr. Das Werk entstand zum einen unter dem Eindruck seines eigenen politischen Schicksals: Nach seiner Entfernung aus dem Staatsdienst sehnte er sich zurück zu den politischen Schalthebeln der Macht und betrachtete sein Leben auf dem Gut San Casciano bei Florenz als sinnlos; zur Untätigkeit verurteilt, lebte Machiavelli seine politischen Fantasien in *Der Fürst* aus und versuchte eine Anleitung für eine erfolgreiche Regentschaft zu geben. Zum anderen ist *Der Fürst* ein Produkt der damaligen politischen Situation: Machiavelli hoffte auf die Entstehung eines starken politischen Kerns in der Mitte Italiens, um dadurch das Land von den Fremdmächten, die dort ihre Macht zu etablieren versuchten, befreien zu können. Machiavelli sehnte sich nach dem Ideal eines Herrschers, wie ihn aus seiner Sicht Cesare Borgia (1475–1507) verkörperte, der durch die Vernichtung vieler Feudal- und Stadtherrschaften eine Neugliederung Italiens vorbereitete.

Inhalt: Machiavelli bemüht sich in *Der Fürst* um eine rationale Sicht der Politik und Geschichte,

Niccolò Machiavelli, *Der Fürst*, Titelblatt der lateinischen Übersetzung von 1580

Fürstenspiegel

Der Fürst von Niccolò → Machiavelli wird zur Gattung der Fürstenspiegel gezählt.

Begriff: Ein Fürstenspiegel ist eine Schrift, die Regeln für das Handeln eines Fürsten aufstellt. Manchmal hat sie die Form einer Lebensbeschreibung eines konkreten idealen Herrschers, manchmal beschränkt sie sich darauf, die Pflichten und Tugenden eines Herrschers allgemein darzustellen. Meistens wurde sie als Anleitung zur Erziehung junger Fürsten geschrieben.

Entwicklung: Als ältester Fürstenspiegel gilt die Kyrupädie des griechischen Historikers → Xenophon, der darin das Leben des Perserkönigs Kyros rühmt. → Thomas von Aquin versuchte in *De regime principium* »Gottes Wahrheit« als oberstes Herrschaftsprinzip zu verbreiten. Ihre Blütezeit erlebten die Fürstenspiegel im 16. und 17. Jahrhundert: In diese Zeit fielen nicht nur das Werk von Machiavelli, sondern auch Schriften von → Erasmus von Rotterdam (*Die Erziehung eines christlichen Fürsten*, 1516) und von François de Salignac de la Mothe-Fénelon (1651–1715; *Die seltsamen Begebenheiten des Telemach* (1699).

Auszug aus *Der Fürst* von Niccolò Machiavelli:

Ein Mensch, der immer nur das Gute tun wollte, muss zu Grunde gehen unter so vielen, die nicht gut sind... Ein kluger Fürst kann und darf demnach sein Wort nicht halten, wenn er dadurch sich selbst schaden würde oder wenn die Gründe weggefallen sind, die ihn bestimmten, es zu geben... So muss der Fürst Milde, Treue, Menschlichkeit, Redlichkeit und Frömmigkeit zur Schau tragen und besitzen, aber wenn es nötig ist, imstande sein, sie in ihr Gegenteil zu verkehren.

Auszug aus dem *Mahabharata*:

Der alte König Dhritarashtra berief die beiden Königinnen Gandhari und Kunti und die anderen königlichen Frauen zu sich. Von ihnen begleitet, begab er sich auf das Schlachtfeld von Kurushetra. Aus allen Häusern drang lautes Wehklagen... Einige [Frauen] klagten laut um ihre Gatten, andere um ihre Söhne und wieder andere um ihre Brüder, die in der Schlacht gefallen waren. Die Damen der königlichen Familie hatten ihre reichen Kleider abgelegt und erschienen in ein einziges Tuch gehüllt. Sie waren trostlos und weinten in tiefem Gram. Handwerker, Kaufleute und Dirnen, alle folgten dem Trauerzug.

auf die sich präzise Verhaltensregeln gründen lassen. Die Religionen und alle moralischen Prinzipien werden unvoreingenommen mit der erklärten Absicht analysiert, sie nach ihrem Wert für die Erhaltung des Staats einzuschätzen. Grundlage und Ziel allen Verhaltens des in Gemeinschaft lebenden Menschen sei die Erhaltung und die Prosperität der Res publica. Die Frage nach der Erhaltung des Staats ist für Machiavelli so zentral, dass er den Herrscher unter der Voraussetzung des Staatsnotstands vom Zwang befreien will, nach ethischen Normen zu handeln. An die Stelle christlicher Tugenden als Voraussetzung für eine erfolgreiche Regentschaft tritt bei Machiavelli die Fähigkeit, politische Macht zu erwerben und zu erhalten. Daher billigt er »Ruchlosigkeiten« wie Lüge, Verrat oder Erbarmungslosigkeit, sofern sie »zum Guten genutzt« werden.

Wirkung: Nahezu alle großen Geistesbewegungen nach dem Tod von Machiavelli haben sich mit *Der Fürst* intensiv auseinander gesetzt. Bis in das 18. Jahrhundert hinein war es ein grundlegendes Traktat der Fürstenerziehung in Europa, das allerdings – wie z.B. bei Friedrich dem Großen (1712–86) im *Antimachiavell* (1739) – Widerspruch hervorrief. Während Jesuiten und Protestanten *Der Fürst* bis weit in das 18. Jahrhundert hinein heftig bekämpften, weil sie darin die theoretische Rechtfertigung einer tyrannischen Regentschaft erkannten, sahen viele Vertreter der Aufklärung in diesem Werk die notwendige Legitimierung der Staatsraison. Der revolutionäre Nationalismus, der mit der Französischen Revolution in Europa begann, bekannte sich enthusiastisch zu den Lehren von Machiavelli. Der Einfluss des Buchs reicht bis in die Gegenwart: Aus dem Werk leitet sich der geläufige Begriff des Machiavellismus ab, der u. a. eine durch keinerlei moralische Bedenken gehemmte Interessenpolitik bezeichnet.　　*N. H.*

Mahabharata

EZ ca. 400 v. Chr.–400 n. Chr.
EA 1834–39 (5 Bde.) **DE** 1824 (Auszüge)
Form Epos **Epoche** Altindisch

Das *Mahabharata*, die längste Dichtung der Welt, schildert in einer Haupt- und zahlreichen Nebenhandlungen den Sieg der Tugend über das Laster.

Entstehung: In seiner heutigen – 19 Bücher oder 106000 epische Doppelverse umfassenden – Form muss das *Mahabharata* in der Zeit zwischen 400 v. Chr. und 400 n. Chr. entstanden sein. Der verarbeitete Stoff gilt jedoch als wesentlich älter. In die Kernhandlung von der großen Schlacht der Pandavas gegen die Kauravas sind im Lauf der Jahrhunderte zahlreiche Nebenhandlungen zur Erklärung der Helden-Stammbäume, der Vor- und Nachgeschichten der Schlacht sowie religiöse und juristische Exkurse eingeschoben worden. Verbreitet wurde das Epos vornehmlich in mündlicher Erzähltradition durch fahrende Sänger.

Inhalt: Im Mittelpunkt der Haupthandlung stehen Mitglieder der beiden großen Herrscherfamilien der Pandavas und Kauravas, die König Bharata als gemeinsamen Ahnherrn haben.

Der alternde König Shantanu aus Hastinapura verliebt sich in eine junge Frau, deren Vater sie ihm aber nur zur Frau geben will, wenn ihre Söhne und nicht Shantanus Sohn Bhishma aus erster Ehe den Thron erben. Der hochherzige Bhisma verzichtet auf den Thron und eigene Kinder, um seinem Vater die späte Liebe zu ermöglichen. Aus der Ehe gehen zwei Söhne hervor, die jedoch sterben, ohne Nachkommen zu hinterlassen. Die Mutter veranlasst ihren Sohn Vyasa aus erster Ehe, die Witwen dieser Söhne zu schwängern, um ein Aussterben der königlichen Linie zu verhindern. Daraus gehen die Cousins Pandu und der blindgeborene Dhritarashtra hervor. Zunächst herrscht Pandu. Als er stirbt, übernimmt Dhritarashtra die Regentschaft des Reiches und die Vormundschaft über Pandus fünf minderjährige Söhne. Pandus Söhne zeichnen sich während ihrer Erziehung derart aus, dass Dhritarashtra den ältesten, Yudhishthira, zu seinem Nachfolger machen will, was jedoch seinen eigenen ältesten Sohn Duryodhana zu drastischen Gegenmaßnahmen veranlasst.

Duryodhana gelingt es durch Anschläge und Intrigen, die Pandavas für viele Jahre in die Verbannung zu treiben, wo sie zahlreiche Abenteuer bestehen müssen. Als am Ende der Verbannungszeit die beiden Parteien wieder keine Einigung über die Aufteilung des Königreichs erzielen können, bleibt nur noch der Kampf auf dem Schlachtfeld.

Bhagavad Gita (Lied des Erhabenen)

Zugehörigkeit und Entstehung: *Bhagavad Gita* (Lied des Erhabenen) werden die 7000 Verse der Kapitel 25–42 des sechsten Buchs des *Mahabharata* genannt. Man nimmt heute an, dass die *Bhagavad Gita* im 4. bis 3. Jh. v. Chr. als eigenständiges Werk entstand und im 2. Jh. n. Chr. ins *Mahabharata* eingefügt wurde. Die *Gita* gehörte zu den ersten Werken der altindischen Literatur, welche in Europa bekannt wurden.

Ausgaben: Sie wurde schon 1785 von Charles Wilkins übersetzt und erfuhr 1823 eine weitere (lateinische) Edition durch August Wilhelm von Schlegel (1767–1845). In Indien wurde die Gita von fast allen namhaften Gelehrten kommentiert.

Inhalt: Zu dem Zeitpunkt unmittelbar vor Beginn der Schlacht sieht sich Arjuna, der Held der Pandavas, in dem Zwiespalt, zwischen zwei Übeln wählen zu müssen: Die ihm auf dem Schlachtfeld gegenüber stehen, sind nach Auffassung derer, für die er selbst kämpft, im Unrecht und die Angreifer. Es ist seine Pflicht als Krieger, die Seinen zu beschützen. Aber die Gegner sind gleichzeitig seine Verwandten und Lehrer, von denen der Held manche sogar verehrt und liebt. Er fühlt sich innerlich zerrissen und gelähmt, will seine Verwandten nicht töten und legt den Bogen nieder.

Arjunas Begleiter, der Gott Krishna, hilft ihm nun, die Lähmung zu überwinden, indem er ihm eine symbolisch sowie religions- und philosophiegeschichtlich vielschichtige Belehrung zuteil werden lässt. Sie endet mit einer Vision des Arjuna und stellt schließlich dessen Handlungsfähigkeit wieder her.

Auf dem Feld von Kuru stehen sich in einer 18 Tage dauernden blutigen Schlacht die Heere der Kauravas mit Bhisma und die Pandavas mit Arjuna und dem als Wagenlenker verkleideten Gott Krishna an der Spitze gegenüber. In der ersten Hälfte der Schlacht dominieren die Kauravas, aber dann kommt die Wende mit Hilfe der Listen des Krishna. Die Pandavas siegen, auch Duryodhana fällt. Als die Schlacht schon vorbei ist, richten drei Überlebende der Kauravas in der Nacht noch einmal ein fürchterliches Blutbad unter den Pandavas an, so dass es am Ende keinen wirklichen Gewinner gibt. Vyasa vermittelt eine Aussöhnung der Pandu-Söhne mit dem blinden König Dhritarashtra; Yudhishthira wird in Hastinapura gekrönt.

Wirkung: Die Wirkungen des *Mahabharata* sind vielschichtig. Zum einen ist es der Vorläufer der indischen epischen Literatur, zum anderen aber auch Träger und Bewahrer von traditionellen Werten. Einzelne Teile des Epos dienen noch heute vielen Menschen als moralische und religiöse Orientierung. Besonders die *Bhagavad Gita* (Stichwort → S. 706), ein philosophisch-ethischer Exkurs im sechsten Buch, aber auch das Loblied auf die Gattentreue von Nala und Damayanti oder die Geschichte der schönen Savitri, die dem Todesgott das Leben ihres Mannes abtrotzt, erfreuen sich noch heute großer Beliebtheit.   *R. D*

Mailer, Norman

US-amerikan. Schriftsteller

*31.1.1923 Long Branch (New Jersey)

📖 *Die Nackten und die Toten*, 1948

Norman Mailer wurde mit seinen naturalistischen Frühwerken im Geist eines Upton → Sinclair und politisch engagiertem Journalismus (u. a. gegen den Vietnamkrieg) für jüngere US-amerikanische Autoren zum Vorbild. Unter dem Einfluss der Beat-Generation der 1950er Jahre um Allen Ginsberg (1926–1997), Jack → Kerouac und William S. → Burroughs sowie der Psychoanalyse von Wilhelm → Reich kritisierte er in Büchern und medienwirksamen öffentlichen Auftritten die US-Gesellschaft mit ihrem in der Verfassung proklamierten Postulat von Glück und Erfolg für jeden.

Mailer wuchs im New Yorker Stadtteil Brooklyn auf, graduierte 1943 an der Harvard University in Cambridge (Massachusetts) in Luftfahrttechnik und war während des Zweiten Weltkriegs Soldat im Pazifik. Dieses Milieu rücksichtsloser Gewalt schilderte er in seinem weltweit erfolgreichen ersten Roman *Die Nackten und die Toten*. Für seine Reportage *Heere der*

Nacht (1968) über den Anti-Vietnam-Protestmarsch nach Washington erhielt Mailer seinen ersten Pulitzerpreis, den zweiten für den Roman *Gnadenlos* (1979) über die Lebensgeschichte eines hingerichteten Mörders. In der Schrift *Gefangen im Sexus* (1971) legte sich Mailer mit der Frauenbewegung an, die seine Bücher als Ausdruck von männlichem Chauvinismus kritisiert hatte. Über seine zeitweilige Freundin Marilyn Monroe (1926–1962) veröffentlichte Mailer 1973 eine viel beachtete Biografie. Als Regisseur debütierte Mailer 1987 bei der Verfilmung seines Romans *Harte Männer tanzen nicht* (1984) mit Ryan O'Neill in der Hauptrolle. 1984–86 war Mailer Präsident der US-Sektion der internationalen Autorenvereinigung PEN-Club.

Biografien: A. Mailer, *Die letzte Party. Mein Leben mit Norman Mailer*, 1998; H. Mills, *Mailer. A Biography*, 1985.

Norman Mailer, *Die Nackten und die Toten;* links: Umschlag der britischen Erstausgabe 1959 (Gestaltung: James Holland); rechts: Umschlag der deutschsprachigen Erstausgabe 1950

Die wichtigsten Bücher von Norman Mailer	
Die Nackten und die Toten, 1948	In dem Kriegsroman schildert Mailer die Bereitschaft zum Töten als Ausdruck der von Gewalt durchsetzten Gesellschaft. → S. 708
Reklame für mich selber, 1959	Aus Erzählungen, Interviews, Gedichten, Romanauszügen und autobiografischen Essays entsteht ein umfassendes Selbstporträt.
Der Alptraum 1965	Mit Mitteln des Krimireißers und des Schauerromans inszeniert Mailer eine Vision von Gewalt und Sex in der US-Gesellschaft.
Am Beispiel einer Bärenjagd, 1967	Aus der Sicht eines jungen Texaners schildert Mailer in diesem Roman das prägende Erlebnis einer Jagd in der Wildnis Alaskas.
Heere aus der Nacht, 1968	Den Marsch gegen den Vietnamkrieg nach Washington stellt Mailer in einer Mischung aus Reportage und Roman dar.
Gnadenlos 1979	*Das Lied vom Henker* (Untertitel) ist die aus Interviews und Dokumenten rekonstruierte Geschichte des Mörders Gary Gilmore.
Frühe Nächte 1983	Im historischen Roman geht Mailer sexuellen Ausschweifungen und Zyklen der Wiedergeburt am ägyptischen Pharaonenhof nach.
Harte Männer tanzen nicht, 1984	Seinen melodramatischen Roman über einen Ex-Drogenhändler verfilmte der Autor mit Ryan O'Neal und Isabella Rossellini.
Oswalds Geschichte, 1995	In dem detaillierten Psychogramm zeigt Mailer den als Kennedy-Mörder geltenden Lee Harvey Oswald als labilen Einzeltäter.

Er hörte eine fürchterliche Explosion, die sein ganzes Bewusstsein erfüllte. Der Boden schwankte und zitterte unter ihm. Dumpf empfand er, wie Erde auf ihn flog und sein Körper unter Druck der Explosion zusammengepresst wurde... Er hörte sich stöhnen, war über alle Maßen entsetzt und außer sich vor Wut. Als ein weiteres Schrapnell platzte, schrie er, wie ein Kind: »Aufhören, aufhören!« Zitternd lag er noch fast eine Minute da, nachdem der Beschuss vorüber war. Seine Schenkel fühlten sich warm und feucht an, und zuerst dachte er, er sei verwundet... Er tastete mit der Hand nach hinten, und mit Ekel und Humor zugleich stellte er fest, dass sich sein Darm entleert hatte.

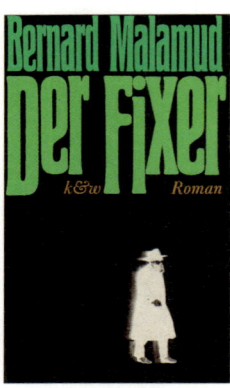

Bernard Malamud, *Der Fixer*, Umschlag der deutschsprachigen Erstausgabe 1968

Die Nackten und die Toten

OT The Naked and the Dead **OA** 1948 **DE** 1950
Form Roman **Epoche** Moderne

Der Debütroman des damals 25-jährigen Norman Mailer wurde neben *Verdammt in alle Ewigkeit* (1951) von James →Jones zu einer der wichtigsten literarischen Darstellungen des Zweiten Weltkriegs. Mit innovativen stilistischen Mitteln in der Tradition eines John → Dos Passos verarbeitete Mailer eigene Fronterfahrungen.

Inhalt: Im Zentrum steht der Kampf zwischen GIs und Japanern um die Pazifikinsel Anopopei. General Cummings und Sergeant Croft verkörpern die Autorität der Armee, die für die eigene Karriere und imperialistische Ziele des Landes missbraucht wird. In einer Umgebung, wo die »nackte« physische Stärke zählt, ist der intellektuelle Leutnant zur Hilflosigkeit verdammt. Croft lässt Hearn und seinen Infanteriezug aus Abkömmlingen von Mexikanern, Skandinaviern, Iren, Juden und Italienern in eine tödliche Falle laufen. Die Professionalisierung des Tötens und die systematisch geschürte Angst macht Offiziere wie Soldaten zu Organen einer inhumanen Maschinerie.

Aufbau: In die Kriegserzählung fließen als Rückblenden Lebensläufe der Hauptfiguren ein. Diese filmische Technik hat Mailer von Dos Passos ebenso übernommen wie Chorpassagen und häufige Perspektivwechsel. Mailer setzt Schrecken und Sinnlosigkeit des Kriegs in Zusammenhang mit Denk- und Verhaltensmustern. Die Einzelschicksale werden zu einem Soziogramm der US-Gesellschaft erweitert, die laut Mailer Minderheiten nicht integriert und ihre Mitglieder durch Überbetonung des Sexuellen in allen Lebensbereichen emotional verkrüppelt. Selbsthass und Frustration richten sie mit tödlicher Effizienz gegen äußere Feinde.

Wirkung: Der Erstlingsroman brachte Mailer sensationellen Erfolg und frühen literarischen Ruhm ein. Der Autor schockte die Öffentlichkeit, indem er das drei Jahre nach Kriegsende schon fast vergessene Grauen aus dem asiatischen Dschungel direkt ins Lesezimmer brach-

te. Den Zusammenhang von Sexualität und Gewalt hat Mailer in späteren Werken weiterverfolgt. Bei der Verfilmung von *Die Nackten und die Toten* (1958) hielt sich Hollywood-Altmeister Raoul Walsh eng an die schonungslos-realistische Romanvorlage. *B. B.*

Malamud, Bernard

US-amerikan. Schriftsteller

* 26.4.1914 Brooklyn / New York, † 18.3.1986 New York

📖 *Der Fixer*, 1966

In seinen Kurzgeschichten und Romanen strebt der Moralist und Humanist Bernard Malamud die »Wiederherstellung der Menschlichkeit des Menschen« an. Typisch für sein Werk ist die Verbindung von Elementen der jiddischen Erzähltradition mit christlicher Symbolik. Seine Helden leben oftmals unter armseligen Umständen und sind dennoch voller Zuversicht.

Der Sohn jüdischer Einwanderer wuchs in Brooklyn auf. Er studierte Literaturwissenschaften an der Oregon State University, wo er ab 1949 als Professor unterrichtete. Ab 1961 lehrte er am Bennington College in Vermont.

Die Suche nach einer ethischen Lebensmaxime durchzieht das Werk des Autors: Durch die Übernahme von Verantwortung für die Gesellschaft gelangt der Held in *Der Gehilfe* (1957) zu einer humanen Identität, ähnlich wie in dem Roman *Der Fixer*. Von Zweifeln an seinen humanistischen Ansichten zeugt der letzte Roman von Malamud, *Gottes Gnade* (1982), der eine apokalyptische Vision vom Untergang einer moralisch verkommenen Menschheit liefert.

Neben seinen Romanen fanden die Kurzgeschichten von Malamud bei der Kritik großen Zuspruch. In Sammlungen wie *Schwarz ist meine Lieblingsfarbe* (1963) oder *Bilder einer Ausstellung* (1969) beschrieb der Autor das Zusammentreffen von Amerikanern und Europäern sowie das Leben der Einwanderer in den Großstadtgettos. Er verband dabei Triviales mit Transzendentalem und lieferte eindringliche naturalistische Milieustudien.

Der Fixer

OT The Fixer **OA** 1966 **DE** 1968
Form Roman **Epoche** Moderne

Der bedeutendste Roman von Bernard Malamud ist eine Anklage gegen Unrecht, Willkürherrschaft und Rassenhass. Zugleich ist er ein Plädoyer für das Bemühen des Menschen, auch unter widrigen Umständen seine Würde zu bewahren und nach Erlösung zu streben.

Die wichtigsten Bücher von Bernard Malamud	
Der Gehilfe 1957	Der junge Italiener Frank Alpine bricht in den Laden von Morris Bober ein, der nahezu bankrott ist. Von Reue überwältigt, will Frank seinen Fehler wieder gutmachen, doch seine verbrecherische Vergangenheit holt ihn ein.
Der Fixer 1966	Der Jude Jakow Bok versucht mit russischem Namen in Kiew illegal ein neues Leben anzufangen. Als Jude entlarvt, beschuldigt man ihn des Mordes an einem Christenkind und wirft ihn ins Gefängnis. → S. 708
Die Mieter 1971	Zwei Schriftsteller, ein Jude und ein Schwarzer, sind die letzten Bewohner eines zum Abbruch bestimmten Hauses. Unterschiedliche Kunstauffassungen und ihr Hass aufeinander führen zu einer Katastrophe.
Gottes Gnade 1982	Calvin Cohn, ein zum Paläontologen gewandelter Rabbiner, überlebt in einer Taucherglocke auf dem Meeresboden einen nuklearen Krieg. Zusammen mit einem Affen beginnt er auf einer Insel ein neues Leben.

Inhalt: Der russische Jude Jakow Bok ist ein typischer »Schlemihl«, ein bemitleidenswerter Versager, der sein Schicksal beklagt. In einem kleinen Stedtl fristet er während der Zarenherrschaft sein Dasein als Gelegenheitsarbeiter (jidd. fixer). Nachdem ihn seine Frau verlassen hat, geht er nach Kiew, wo er unter falschem russischem Namen einen Neuanfang versucht. Als er einem antisemitischen Fabrikbesitzer das Leben rettet, bietet ihm dieser eine Anstellung an.

Das Glück ist aber nicht von Dauer: Nach dem Mord an einem Christenkind wird Bok als Jude entlarvt, fälschlicherweise des Verbrechens beschuldigt und ins Gefängnis geworfen, wo er schwerste körperliche und seelische Qualen erdulden muss. Den Gedanken an Selbstmord verwirft er ebenso wie ein falsches Geständnis zur Erleichterung seiner Leiden, da er Judenpogrome als Folge fürchtet. Bok, der seinem Glauben abgeschworen hatte, beginnt im Gefängnis die Bibel zu lesen. Er entwickelt sich vom unpolitischen Fatalisten zum Freiheitskämpfer und überzeugten Vertreter christlich-jüdischer Moral.

Aufbau: Die Erzählweise des Autors verknüpft volkstümliche Schlichtheit mit mystischer Tiefe. Wiederkehrende realistische Details erhalten symbolische Bedeutung. Die Dialoge und Gefängnisszenen erinnern an das Werk von Fjodor →Dostojewski. Durch die Bezüge, die Malamud herstellt – etwa zum Freiheitskampf der Schwarzen in den USA –, und durch zahlreiche biblische Anspielungen erhält das Werk eine übergreifende Bedeutung.

Wirkung: Als allgemein gültiges Manifest gegen Rassenhass und Willkürherrschaft wurde *Der Fixer* ein großer internationaler Erfolg. Der mit dem Pulitzerpreis und dem National Book Award ausgezeichnete Roman wurde 1968 von John Frankenheimer verfilmt. *D.M.*

Malaparte, Curzio

(eigtl. Kurt Erich Suckert) italien. Schriftsteller

*9.6.1898 Prato, †19.7.1957 Rom

📖 *Die Haut,* 1949

Curzio Malaparte, einer der meistgelesenen und umstrittensten Schriftsteller der 1950er Jahre, wurde durch seine polemischen Antikriegsromane *Kaputt* (1944) und *Die Haut* international bekannt. In ihnen entwarf er auf eindrucksvolle Weise ein expressionistisches, gespenstisches Szenarium menschlicher Erniedrigungen und Grausamkeiten im Zweiten Weltkrieg. In der italienischen Literatur des Neorealismus nahm Malaparte mit seinen provozierenden Dokumentationen eine Sonderstellung ein.

Curzio Malaparte 1951 mit seiner deutschen Verlegerin Ingeborg Stahlberg

Die wichtigsten Bücher von Curzio Malaparte	
Kaputt 1944	In seiner apokalyptischen Darstellung von Fronterlebnissen im Zweiten Weltkrieg berichtet Malaparte über Massakrierung, Zwangsprostitution und Judenverfolgung durch die Deutschen.
Die Haut 1949	Malaparte schildert die grausamen Ereignissen in Neapel am Ende des Zweiten Weltkriegs und vom Vormarsch der Alliierten. → S. 710
Verdammte Toskaner 1956	Das Buch ist ein selbstbewusster und ironischer Lobgesang auf die Menschen und geschichtsträchtige Kultur der Toskana, der geliebten Heimatregion des Schriftstellers.
Verflixte Italiener 1961 (postum)	In der humorvollen und poetischen Prosaschrift wirft Malaparte einen Blick auf Italien und die italienische Nation, die in der Geschichte immer wieder unverschuldet diskriminiert wurde.

Malaparte wuchs als Sohn eines Deutschen und einer Italienerin in Prato auf. Im Ersten Weltkrieg kämpfte er als Freiwilliger in der französischen Armee und arbeitete danach als Journalist für zahlreiche Blätter. In den 1920er Jahren schloss er sich der faschistischen Partei an und war 1929–31 Chefredakteur der Tageszeitung *La Stampa* in Turin. 1933 ließ ihn Benito Mussolini (1883–1945) aufgrund seiner politischen Haltung – er hatte regimekritische Schriften in Frankreich veröffentlicht – in die Provinz verbannen. Im Zweiten Weltkrieg war er als Kriegsberichterstatter für den *Corriere della Sera* u.a. in Osteuropa tätig und ab 1943 als Verbindungsoffizier der alliierten Truppen. Nach dem Krieg folgten Reisen nach Südamerika und China, wo er 1957 schwer erkrankte.

In seinem Roman *Kaputt* berichtete Malaparte in nüchternem Reportagestil über seine schrecklichen Kriegserlebnisse an der osteuropäischen Front. *Die Haut* ist inhaltlich und formal als Fortsetzung von *Kaputt*, dessen letzter Teil in Neapel spielt, zu betrachten.

Biografie: G. Pardini, *Malaparte*, 1998.

Die *Frankfurter Allgemeine* nach Erscheinen des Romans *Die Haut* von Curzio Malaparte:

Die Haut *ist eines der skandalösesten Bücher der Weltliteratur... Es gibt in dem Buch Schilderungen, wie die des Vesuvausbruchs, die in der Literatur ihresgleichen suchen.*

Die Haut

OT *La peau* (frz.); *La pelle* (ital.)
OA 1949 (frz.); 1950 (italien.) DE 1950
Form Roman Epoche Moderne

Der Roman, der 1949 noch vor der italienischen Ausgabe in französischer Sprache erschien, wurde zum Welterfolg. In apokalyptischen Bildern schildert Curzio Malaparte seine Erlebnisse und Beobachtungen im Zweiten Weltkrieg.

Inhalt: Hauptschauplatz ist das durch die US-Amerikaner 1943 befreite Neapel, dessen Einwohner angesichts von Hunger und Not ums nackte Überleben kämpfen. Die zerbombte Stadt steht beispielhaft für das durch Krieg und furchtbare Leiden erschütterte Europa. Um die eigene »Haut« zu retten und der Misere um jeden Preis zu entrinnen, fallen – wie Malaparte in extremen, schockierenden Episoden schildert – sämtliche moralische Schranken. Alles ist käuflich: Prostitution, Kindesmissbrauch, Perversität, Korruption und Verrat sind an der Tagesordnung. Das Elend kulminiert im Vesuvausbruch, der die Stadt in ein Inferno verwandelt und zahlreiche Todesopfer fordert. Malaparte, Verbindungsoffizier des italienischen Befreiungskorps bei den Amerikanern, nimmt die Rolle des zynischen Beobachters und Narren wahr, der seinen amerikanischen Waffengefährten die grausame, nicht selten absurde Wahrheit respektlos und lachend ins Gesicht sagt und nicht um überraschende, schockierende Pointen verlegen ist. Bei Jack Hamilton, einem humanistisch gebildeten US-Colonel, der ihn durch das verwahrloste Neapel und später beim Vormarsch der Alliierten begleitet, sucht er Verständnis für das Unglück des besiegten und zugleich befreiten Italien. Der sympathische Jack, der Malapartes schwarzen Humor schätzt, steht sinnbildlich für das naive, gutmütige Amerika, das an die Ausrottung des Bösen glaubt. Doch muss er erkennen, dass auch seine Landsleute die Armut der italienischen Bevölkerung schamlos ausnutzen. Er fällt schließlich »vergebens« im Befreiungskampf um Italien.

Aufbau: Der in zwölf Kapitel unterteilte Roman setzt sich aus reportageartigen Episoden zusammen, die locker miteinander verbunden sind. Als Rückblenden eingewoben sind Erinnerungen des Autors an seine Verbannung und an die Judenverfolgung in Osteuropa.

Curzio Malaparte, *Die Haut,* Umschlag der deutschsprachigen Erstausgabe 1950

Auszug aus dem Roman *Die Haut von Curzio Malaparte:*

Heute leidet man und macht leiden, tötet man und stirbt, vollbringt man wunderbare Dinge und entsetzliche Dinge, nicht etwa um die eigene Seele, sondern um die eigene Haut zu retten. Man wähnt, für die eigene Seele zu kämpfen und zu leiden, aber in Wahrheit kämpft und leidet man für die eigene Haut. Alles übrige zählt nicht.

Wirkung: Die schonungslose und pessimistische Schilderung des moralischen Niedergangs der Stadt Neapel während des Zweiten Weltkriegs löste in Italien eine Welle der Entrüstung aus. Dies tat dem Erfolg des Buchs, das zum Bestseller wurde, jedoch keinen Abbruch.   *C. H.*

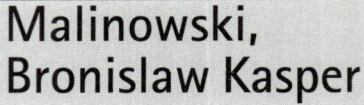

Malinowski, Bronislaw Kasper

poln.-engl. Ethnologe
*7.4.1884, Krakau
†16.5.1942, New Haven (Connecticut)
📖 *Geschlecht und Verdrängung in primitiven Gesellschaften,* 1927

Bronislaw Kasper Malinowski gilt als einer der wichtigsten Anthropologen des 20. Jahrhunderts. Er begründete die Theorie des Funktionalismus, eine Denkrichtung der Ethnologie, und entwickelte die Methode der sog. teilnehmenden Beobachtung. Nach diesem Forschungsprinzip soll sich der Ethnograf in die von ihm untersuchte Gemeinschaft eingliedern.

Malinowski promovierte 1908 in Physik und Chemie, verzichtete jedoch auf eine Karriere als Naturwissenschaftler. Er wechselte von Krakau an die Universität Leipzig, studierte dort Völkerpsychologie und Wirtschaftsgeschichte, um anschließend seine anthropologischen Studien an der London School of Economics weiterzuführen. 1927 erhielt Malinowski dort eine ordentliche Professur für den eigens für ihn gegründeten Lehrstuhl für Anthropologie. 1939 wurde er an die Yale-Universität berufen.

Die Reputation von Malinowski gründet sich im Wesentlichen auf seine ethnologischen Arbeiten wie *Argonauten des westlichen Pazifik* (1922), *Geschlecht und Verdrängung in primitiven Gesellschaften* (1927) sowie *Das Sexualleben der Wilden in Nordwest-Melanesien* (1929), die auf Feldforschungen bei den Bewohnern der Trobriand-Inseln (Neuguinea) beruhen.

Geschlecht und Verdrängung in primitiven Gesellschaften

OT *Sex and Repression in Savage Society*
OA 1927 DE 1962
Form Sachbuch Bereich Ethnologie

Die Studie über das System familiärer Beziehungen unter Bewohnern des Trobriand-Archipels (Neuguinea) von Bronislaw Kasper Malinowski ist die erste Anwendung der psychoanalytischen Theorie auf die Erforschung des Lebens in einer schriftlosen Gesellschaft. Insbesondere verbindet er mit seiner Darstellung eine Kritik an der freudschen These von der Universalität des Ödipuskomplexes, indem er zeigt, dass die individuelle psychologische Konstellation vom jeweiligen kulturellen Kontext abhängt.

Entstehung: Malinowski beschäftigte sich bereits in Leipzig mit Völkerpsychologie. Forschungsreisen nach Melanesien (1914–18) überzeugten ihn von der Notwendigkeit, eine Gesamterkenntnis vom Menschen anzustreben: die Anthropologie als eine Wissenschaft von den allgemeinen Eigenschaften des sozialen Lebens und den verschiedenen menschlichen Gesellschaften. Alle den Menschen betreffenden Einzelwissenschaften werden herangezogen, um die Kultur zu studieren.

Inhalt: Malinowski geht der Frage nach, wie der Ödipuskomplex und andere Manifestationen des »Unbewussten« in einer auf Matrilinearität aufgebauten Gesellschaft erscheinen könnten. Die psychoanalytische Lehre propagiert den Einfluss des Familienlebens auf Haltungen und Gefühle, die ins Unterbewusste eingebettet das spätere Leben des Einzelnen in seinem Verhältnis zur Gesellschaft bestimmen. Aber Familie, so zeigt Malinowski, unterscheidet sich nach Art der Zivilisation. In unterschiedlichen Verwandtschaftssystemen ist auch die Autoritätsverteilung unterschiedlich, der Bereich der Tabus und der Spielraum sexueller Freiheiten sind völlig andere.

Unterscheiden sich also Konflikte und Bindungen innerhalb der Familie, kann es nicht richtig sein, die Vorstellung des Ödipuskomplexes, die auf eine patriarchalische, bürgerliche Gesellschaft abhebt, auf jede Gesellschaft auszudehnen. Im Gegensatz zu Sigmund → Freud geht Malinowski davon aus, dass Kultur nicht durch biologische Bedingungen entsteht, sondern vielmehr ein Kontrollsystem das Biologische derart beeinflusst, dass eine Kultur entsteht. Die Vielfalt der Kulturen weist auf die Fülle menschlicher Möglichkeiten hin.

Wirkung: Malinowski wurde zur unumstrittenen Leitfigur der britischen Ethnologie, da er zu ihrem Wandel von einer Geschichts- zu einer Sozialwissenschaft beitrug. Seine ethnografischen Untersuchungen galten lange Zeit als vorbildlich. In der Diskussion um seine Theorie des Funktionalismus nahm der Einfluss von Malinowski allerdings allmählich ab, als sich der Blick der Forscher und Wissenschaftler zunehmend nach Afrika richtete und sich seine theoretischen Ansätze nicht von einfach strukturierten melanesischen Gesellschaften auf afrikanische Stammesgesellschaften mit ihren hoch komplizierten sozialen und politischen Systemen übertragen . *J.W.*

Mallarmé, Stéphane

frz. Dichter

* 18.3.1842 Paris, † 19.9.1898 Valvins

📖 *Der Nachmittag eines Fauns*, 1876

Stéphane Mallarmé 1893; 1864 schrieb er in einem Brief an Henry Cazalis:

Ich erfinde eine neue Sprache, die notwendig aus einer neuen Poetik hervorgehen muss, die ich mit den beiden Worten definieren könnte: Nicht die Sache wiedergeben, sondern die Wirkung, die sie hervorruft.

Das vergleichsweise schmale, 400 Gedichte umfassende Werk von Stéphane Mallarmé wies der literarischen Moderne in vielerlei Hinsicht den Weg. Insbesondere die Symbolisten erklärten ihn neben Paul Verlaine (1844–96) zu ihrem Urvater. Die häufig als »dunkel« bezeichnete Lyrik von Mallarmé streift bisweilen die Grenze zur Unverständlichkeit; zentral ist für ihn der Begriff der »Suggestion«, des anspielenden Heraufbeschwörens eines Gefühls beim Leser.

Mallarmé, Sohn eines Katasterbeamten, arbeitete 1863–94 als Englischlehrer an Gymnasien in Tournon, Avignon, Besançon und ab 1871 in Paris. Legendär sind die »Dienstage« in seiner Pariser Wohnung, die ab 1883 zum Treffpunkt symbolistisch orientierter Künstler wurden. Seine berühmtesten lyrischen Werke neben dem *Nachmittag eines Fauns* sind das szenische Versfragment *Herodias* (1869) sowie *Ein Würfelwurf hebt den Zufall nicht auf* (1897), das erstmals die herkömmliche Typografie zu Gunsten einer freien Verteilung von Worten auf der Buchseite aufgibt.

Biografie: H. Therre, *Stéphane Mallarmé*, 1998.

Der Nachmittag eines Fauns

OT L'après-midi d'un faune **OA** 1876 **DE** 1920
Form Gedicht **Epoche** Symbolismus

Die Schilderung der nachmittäglichen erotischen Begegnung eines Fauns mit zwei Nymphen ist vor allem eine Dichtung über Dichtung. Sie transportiert in berühmt gewordener Form und Kulisse die poetischen Absichten von Stéphane Mallarmé.

Entstehung: Das Gedicht, ursprünglich als Theaterstück von 400 Versen Umfang geplant, jedoch von der Comédie Française 1865 und in einer umgearbeiteten Fassung auch von der Zeitschrift *Le parnasse contemporain* abgelehnt, umfasst in der endgültigen Fassung 110 Verse. Es erschien 1876 als zwölfseitiges Einzelwerk in nur 195 Exemplaren und exklusiver Aufmachung, illustriert von Édouard Manet (1832 bis 1883), mit dem Mallarmé befreundet war.

Inhalt: Ein Faun, traditionell (nach dem röm. Wald- und Flurgott Faunus) die Verkörperung ungehemmter sexueller Triebhaftigkeit, liegt in flirrender Mittagshitze an sizilianischen Ufern und beschwört ein erotisches Abenteuer mit zwei Nymphen, von dem er nicht weiß, ob es sich um einen Traum handelt, aus dem er eben erwacht ist, um eine Wunschfantasie oder um eine bloße Erinnerung – weder die Landschaft noch sein eigener Körper weisen Spuren des Abenteuers auf. Dieser Zweifel am Realitätsstatus des Besungenen durchzieht das ganze Gedicht und wird nicht aufgelöst. Dem Faun geht es aber ohnehin um mehr als um die Bestätigung sinnlichen Erlebens – denn sexuelle Abenteuer wird er, seiner faunischen Natur gemäß, noch viele haben. Es geht ihm um das Festhalten des in jedem Falle flüchtigen Augenblicks – mag er auch real gewesen sein – in der Kunst, auf seiner Flöte, wie programmatisch gleich der erste Vers verkündet: »Diese Nymphen will ich verewigen.« Der Faun ist also Symbol für den Dichter, der Realität in Verse überführen muss.

Dieses Kunstschaffen ist jedoch gleichfalls nicht unproblematisch: Die Tatsache, dass der Faun zwei, zudem im Schlaf ineinander verflochtene Nymphen raubt und verführt, verweist auf die grundsätzliche Dualität von Sprache, die auf mehreren Ebenen gegeben ist: gesprochene und geschriebene, alltägliche und poetische Sprache, außerdem die grundsätzliche Aufspaltung in Einzelidiome. Sein Frevel, so

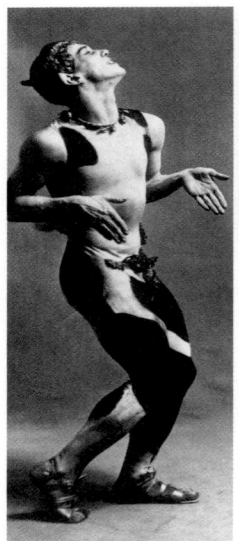

Choreografische Deutung des *Prélude à l'après-midi d'un faune* von Claude Debussy 1912 durch Waslaw Nijinski; die Symphonie war inspiriert durch das Gedicht *Der Nachmittag eines Fauns* von Stéphane Mallarmé

der Faun, war, dass er »das zerzauste Knäuel aufgetrennt, das die Götter wohlverirrt bewahrten«, denn kaum wendet er sich nur einer der Nymphen zu, sind beide verschwunden – der Künstler steht vor dem Nichts. Die Sprache entzieht sich, will man ihrer künstlerisch habhaft werden, und doch muss der Künstler die Kunstanstrengung immer wieder unternehmen, so wie der Faun immer weiter verführen wird.

Aufbau: Das als *Ekloge (Hirtengedicht)* untertitelte Gedicht besteht aus 110 paarweise gereimten Alexandrinern. Es ist als Rollengedicht geschrieben; der Faun begegnet allerdings grammatikalisch nicht nur in der ersten, sondern auch in der zweiten und dritten Person. Die Verwirrung um den Realitätsstatus des vermeintlich Erlebten erhöhen außerdem typografische Hinweise auf direkte Rede wie Kursivschrift und Anführungszeichen, die einen Dialog, eine Zeugenschaft jedoch nur vortäuschen. Die Sprache, obschon nicht völlig unzugänglich, zeichnet sich durch syntaktische und semantische Vieldeutigkeit aus, aber auch durch große atmosphärische Dichte und Sinnlichkeit.

Wirkung: Mallarmés Dichtung beeinflusste französische Dichter wie André → Gide und Paul Valéry (1871–1945), in Deutschland vor allem Rainer Maria → Rilke und Stefan → George – beide Mallarmé-Übersetzer, die den deutschen Symbolismus begründeten. Der *Nachmittag eines Fauns* regte Claude Débussy (1862–1918) zu seiner Symphonie *Prélude à l'après-midi d'un faune* (1894) an. *M. R.*

Malraux, André

frz. Schriftsteller und Politiker

* 3.11.1901 Paris, † 23.11.1976 Créteil

📖 *So lebt der Mensch,* 1933

André Malraux war einer der einflussreichsten Intellektuellen Frankreichs im 20. Jahrhundert. Zentrales Thema seiner frühen Romane ist die Suche nach dem Sinn in einer von Gott verlassenen Welt, in der auch abendländische Werte fragwürdig geworden sind. Politisches Engagement sollte Malraux zufolge diese Leere füllen. Mit seinem Werk beeinflusste der Schriftsteller vor allem die »Littérature engagée«, deren Hauptvertreter Jean-Paul → Sartre und Albert → Camus waren.

Nachdem er mit 17 Jahren die Schule verlassen hatte, widmete sich Malraux künstlerischen Neigungen und studierte Archäologie sowie Sinologie. 1920 veröffentlichte Malraux seinen ersten Essay *Die Ursprünge der kubistischen Poesie.* Ab 1921 engagierte er sich politisch: In

Die wichtigsten Bücher von André Malraux	
Eroberer 1928	Der Roman in Tagebuchform behandelt die Ereignisse der chinesischen Revolution. Im Mittelpunkt steht ein Mensch, der den Sinn seines Lebens in der Tat sucht.
Der Königsweg 1930	In diesem Abenteuerroman soll ein Sinologe aus Frankreich den kambodschanischen Pilgerweg finden.
So lebt der Mensch, 1933	Der Band handelt von der Sinnsuche des Menschen angesichts Folter und Tod vor dem Hintergrund des chinesischen Bürgerkriegs. → S. 713
Die Hoffnung 1937	In dem Roman über den spanischen Bürgerkrieg erlebt ein Revolutionär, dass der Krieg ein Blutbad jenseits aller Rechtfertigung ist.
Der Kampf mit dem Engel, 1945	In dem Dialogroman stellt Malraux den Kampf zwischen Mensch und göttlicher Macht, Revolution und Krieg dar.

Kambodscha kämpfte Malraux gegen den Kolonialismus, in Europa im Spanischen Bürgerkrieg auf Seiten der Republikaner gegen den Faschismus und im Zweiten Weltkrieg gegen den Nationalsozialismus. Malraux war Mitglied der Résistance und wurde nach dem Krieg unter Charles de Gaulle (1890–1970) Informations- und Kulturminister.

1928 erhielt Malraux den Prix interallié für *Eroberer* (1928) und 1933 den Prix Goncourt für *So lebt der Mensch*, der von einem existenzialistischen Ansatz geprägt ist. Später beschäftigte er sich mit philosophischen sowie ästhetischen Fragestellungen: Er schrieb Essays zur Psychologie und Geschichte der Kunst (u. a. *Psychologie der Kunst*, 1949–51).

Biografien: C. Cate, *André Malraux. A Biography*, 1997; J. F. Lyotard, *Gezeichnet: Malraux, Biografie*, 1999.

André Malraux bei der Signierung seines Buchs *So lebt der Mensch* nach der Verleihung des Prix Goncourt 1933

So lebt der Mensch

OT La condition humaine **OA** 1933 **DE** 1934
Form Roman **Epoche** Moderne

André Malraux verfolgt in seinem letzten Roman der sog. fernöstlichen Trilogie einen existenzialistischen Ansatz. Die Protagonisten seines Romans versuchen der Sinnentleertheit des Daseins und der Einsamkeit des Todes durch politisches Engagement, durch die selbstlose revolutionäre Tat, durch das Hinauswachsen über sich selbst zu entkommen. Sie entwickeln so ein Bewusstsein für menschliche Würde. *So lebt der Mensch* ist wegweisend für den Existenzialismus.

Entstehung: Im fernöstlichen Zyklus *Eroberer (1928)*, *Der Königsweg* (1930) und *So lebt der Mensch* verarbeitet Malraux seine Erlebnisse in Kambodscha und China. Der letzte Roman der Trilogie hat eine Episode des chinesischen Bürgerkriegs (1916–27) zum Thema, ist jedoch keine historische Dokumentation. Vielmehr entwickelte Malraux vor dem Hintergrund dieses Ereignisses seine Handlung und die Psychologie seiner Helden.

Inhalt: Die Truppen der nationalchinesischen Guomindang unter Führung Tschiang Kaischeks marschieren auf Schanghai zu. Gleichzeitig zetteln die offiziell mit ihnen verbündeten Kommunisten in der Stadt einen Aufstand gegen die Machthaber an. Durch den Überfall auf das Schiff »Schantung« wollen die Revolutionäre zu Waffen kommen, doch die erbeuteten Gewehre, Revolver und Granaten reichen nicht aus. Die Hälfte der Revolutionäre ist unbewaffnet. Zudem erschweren chaotische Verhältnisse in der Stadt die Organisation des Aufstands. In den Straßen liegen Tote und Verwundete, dazwischen irren Hungrige, Teufelsanbeter und Rauschgiftsüchtige umher.

Dennoch fällt Schanghai nach blutigen Kämpfen in die Hand der Revolutionäre. Als Tschiang Kai-schek in die Stadt einzieht, fordert er die Kommunisten auf, ihre Waffen abzuliefern und sich zu ergeben. Der russische Abgesandte der kommunistischen Internationale verbietet den Kommunisten jeglichen Widerstand gegen die Anordnung, um die Allianz der Sowjetunion mit Tschiang Kai-schek nicht zu gefährden. Der Anführer der aufständischen Kommunisten lehnt die Anordnung ab, wird verhaftet und mit seinen Freunden hingerichtet.

Struktur: Die Handlung von *So lebt der Mensch* tritt hinter die Personen zurück, die sich gruppenweise gegenüberstehen: die Nationalisten unter Tschiang Kai-schek und die Kommunisten. Ihr persönliches Drama legt Malraux dar, indem er ihre Einzelschicksale präsentiert: Kommunisten, Intellektuelle, romantische Revolutionäre, nach Macht strebende Kaufleute und ohnmächtige Diplomaten. Sie zeigen die absolute Einsamkeit des Einzelnen in dieser Tragödie der Massen. Gleichzeitig analysiert der Schriftsteller anhand der Figuren die sozialen und historischen Zusammenhänge.

Die Figuren stellen immer wieder die bereits aus den früheren Romanen von Malraux bekannten Seinsfragen, ohne sie indes beantworten zu können. Auch der Kommunismus als eine Art neuer Humanismus vermag nicht die Gegensätze zwischen den einzelnen Persönlichkeiten zu überwinden.

Wirkung: *So lebt der Mensch* begründete den literarischen Ruhm von Malraux. Der Roman beeinflusste nicht nur die Existenzialisten, das Werk gilt darüber hinaus als Schlüsselroman der Moderne. 1954 wurde die Dramenfassung von *So lebt der Mensch* unter dem gleichen Titel im Théâtre Hébertot erfolgreich in Paris uraufgeführt.　　　　　*M. S. S.*

ANDRÉ MALRAUX

La Condition humaine

ÉDITION REVUE ET CORRIGÉE

nrf

GALLIMARD

André Malraux, *So lebt der Mensch*, Einband der Originalausgabe 1933

Ein Fehler, den alle begehen, wird schließlich als Regel anerkannt, in der Politik und in der Grammatik.

André Malraux

Warum wird die Geometrie oft als »nüchtern« und »trocken« bezeichnet? Nun, einer der Gründe besteht in ihrer Unfähigkeit, solche Formen zu beschreiben, wie etwa eine Wolke, einen Berg, eine Küstenlinie oder einen Baum. Wolken sind keine Kugeln, Berge keine Kegel, Küstenlinien keine Kreise. Die Rinde ist nicht glatt – und auch der Blitz bahnt sich seinen Weg nicht gerade... Die Existenz solcher Formen fordert uns zum Studium dessen heraus, was Euklid als »formlos« beiseite lässt, führt uns zur Morphologie des »Amorphen«...

Als Antwort... werden wir eine neue Geometrie der Natur entwickeln und ihren Nutzen auf verschiedenen Gebieten nachweisen. Diese neue Geometrie beschreibt viele der unregelmäßigen und zersplitterten Formen um uns herum – und zwar mit einer Familie von Figuren, die wir Fraktale nennen werden.

Mandelbrot, Benoit

poln.-frz. Mathematiker

*20.11.1924 Warschau

📖 *Die Fraktale Geometrie der Natur*, 1982

Mit seinem Buch *Die Fraktale Geometrie der Natur* begründete Benoit Mandelbrot eine neue wissenschaftliche Disziplin. Er entwickelte mathematische Modelle für die meist bizarren Formen der Natur und für Phänomene, die sich bislang kaum oder nur sehr unvollkommen beschreiben ließen. Der Autor gilt mit früheren Arbeiten auch als »Geburtshelfer« der mathematischen Linguistik.

Mandelbrot studierte an der Pariser Ecôle Polytechnique und am California Institute of Technology in Pasadena. Der Diplomingenieur und Fachingenieur für Luftfahrt promovierte 1947 in Paris und habilitierte sich 1952 an der Pariser Universität in Mathematik. Er wirkte an zahlreichen Universitäten der USA und Europas. Seit 1958 ist Mandelbrot Forschungsratsmitglied am IBM-Forschungszentrum Thomas J. Watson in Yorktown Heights (New York), seit 1987 Professor für Mathematik an der Yale-Universität in New Haven (Connecticut).

Mandelbrot veröffentlichte unzählige Arbeiten nicht nur zu mathematischen Problemen, sondern auch zu Fragen aus anderen Gebieten. Sein interdisziplinäres Arbeiten führte ihn zur Entdeckung eines einheitlichen Prinzips aller Naturphänomene – der Selbstähnlichkeit (Stichwort → S. 714). Die Zusammenfassung der Ergebnisse in *Fractals: Form Chance and Dimension* (1977) markiert den bisherigen Höhepunkt seiner Forschungsarbeiten.

Die Fraktale Geometrie der Natur

OT The Fractal Geometry of Nature
OA 1982 **DE** 1987
Form Sachbuch **Bereich** Mathematik

Mit dieser Publikation begründete Benoit Mandelbrot eine neue Wissenschaftsdisziplin: die Fraktale Geometrie. Für deren Entwicklung

wurde er 1985 von der New Yorker Columbia-Universität und der US-amerikanischen Akademie der Wissenschaften mit der Barnard-Medaille geehrt. Diese selten vergebene Auszeichnung erhielten zuvor u.a. Wissenschaftler wie die Nobelpreisträger Niels Bohr (1885–1962), Albert → Einstein und Werner → Heisenberg.

Entstehen: *Die Fraktale Geometrie der Natur* ist ein seltenes Beispiel für die Durchsetzung eines Konzepts, mit dem sich nur ein einzelner Wissenschaftler beschäftigt hat. Der Autor befasste sich über Jahrzehnte mit der Skaleninvarianz und stieß auf bestimmte Regelmäßigkeiten, die nicht ohne weiteres erklärbar waren. Er erprobte die Skaleninvarianzmethode in verschiedensten Gebieten wie Ökonomie, Linguistik, Astronomie oder Thermodynamik. Diese Arbeiten und sein unermüdlicher interdisziplinärer Gedankenaustausch mit Chemikern und Physikern, Biologen, Meteorologen, Ökonomen, Computerwissenschaftlern und Statistikern resultierten in seiner Entdeckung eines einheitlichen Prinzips aller Naturphänomene – der Selbstähnlichkeit von Fraktalen (→ Stichwort S. 714). Zudem erkannte er, dass die Geometrie der Natur auf Fraktalen beruht.

Inhalt: *Die Fraktale Geometrie der Natur* ist ein Buch über moderne Mathematik, das dennoch kein Mathematikbuch ist. Mit seinen vielen Abbildungen gleicht es eher einem Bildband. Von Computerprogrammen erzeugt, scheinen sie künstlerische Computergrafiken zu sein, sind jedoch Kurven rekursiv definierter mathematischer Funktionen mit der Eigenschaft der Selbstähnlichkeit. Zwei Dinge verblüffen: Die Dimensionszahl solcher Kurven ist nicht ganzzahlig und Mandelbrot kann die Bedeutung solcher Funktionen für nahezu jedes Gebiet darlegen.

Mandelbrot demonstriert in Bild und Text anschaulich die Beschreibung selbstähnlicher Gebilde aus der Natur mit Modellen der Fraktalen Geometrie: Inseln und Küstenlinien, Bäume und Blütenformen, Galaxienhaufen, Oberflächenreliefs und Texturen von Werkstoffen – alles Gebilde oder Mengen mit komplizierten Strukturen. Das Modell selbst ist jedoch stets einfach, nur durch wenige Parameter bestimmt.

Wirkung: Zufällige geometrische Strukturen waren stets schwierig oder gar nicht mathematisch zu beschreiben. Mandelbrots Fraktale liefern für solche Beschreibungen tragfähige Modelle. Sie können Eigenschaften eines Objekts aus der Wirklichkeit (anschauliches Beispiel ist seine äußere Gestalt) besser widerspiegeln als Modelle, die auf der klassischen Geometrie beruhen. Künftige Lehrwerke der Mathematik werden vermutlich mit den zufälligen Variablen und Strukturen, die uns aus der natürlichen

---

Selbstähnlichkeit und Fraktale

Selbstähnlichkeit: Die Selbstähnlichkeit ist eine vielfach und weithin anzutreffende Eigenschaft. Räumliche oder flächige Gebilde, in denen die Struktur ihrer Einzelteile der Struktur von übergeordneten Teilen oder Teilmengen oder der Struktur gar der Gesamtform gleicht, sind selbstähnlich. Eine selbstähnliche Abbildung lässt sich erzeugen durch Rekursion – indem man ein und dieselbe Funktion, ein und denselben Rechenprozess immer wieder auf das im vorherigen Schritt Erzeugte anwendet.

Fraktale: Sie sind Mengen mit nicht-ganzzahliger Dimension und der Eigenschaft der Selbstähnlichkeit. Die nicht ganzzahlige Dimensionszahl eines Fraktals gibt an, wie dicht es den metrischen Raum, in dem es liegt, ausfüllt. Abbildungen von Fraktalen offenbaren oft eine außergewöhnliche Ästhetik.

Umwelt bekannt sind, beginnen müssen und nicht mit den Idealisierungen der klassischen Geometrie. Die Fraktale Geometrie ist inzwischen so fortgeschritten, dass sie in nahezu allen Bereichen nicht mehr nur zum Beschreiben, sondern auch zum Erklären genutzt wird – sie ist in ihre ingenieurwissenschaftliche Phase eingetreten.

G. B.

Mankell, Henning

schwed. Schriftsteller, Regisseur und Intendant

* 3.2.1948 Stockholm

📖 *Mörder ohne Gesicht*, 1991

Seine Bücher betrachtet Henning Mankell als Spiegel der gesellschaftlichen Verhältnisse. Er übt darin vehemente Systemkritik und verweist auf humanistische Ideale, um soziale Missstände zu überwinden. Daher sind seine Werke, überwiegend Jugendbücher und Kriminalromane, mehr als bloße Unterhaltungsliteratur.

Mankell, Sohn eines Richters, wuchs bei seinem Vater im schwedischen Härjedalen auf. Mit 17 Jahren ging er nach Stockholm und zum Theater. Afrika, Zentrum seiner kindlichen Fantasiewelt, bereiste er erstmals 1972. Es wurde zu seiner zweiten Heimat, in der er die meiste Zeit lebt. In Maputo, Mosambik, half er ab 1985 beim Aufbau eines Theaters, das er seit 1996 leitet. Dort entstanden ab 1989 auch seine Kriminalromane um Kommissar Kurt Wallander, die Mankell internationalen Erfolg verschafften. Das Eintreten für humanistische Ideale in seinen Büchern brachte ihm zahlreiche Ehrungen u. a. der Schwedischen Akademie für Kriminalliteratur sowie zahlreiche Kinder- und Jugendbuchpreise ein.

Mörder ohne Gesicht

OT Mördare utan ansikte **OA** 1991 **DE** 1998
Form Kriminalroman **Epoche** Gegenwart

Mörder ohne Gesicht machte Henning Mankell über Nacht zum Erfolgsautor in Schweden und nach Erscheinen im Ausland zum international gefeierten Schriftsteller. Mit den Kriminalromanen um Kommissar Wallander, die spannende Unterhaltung mit Sozialkritik verbinden, reiht sich Mankell in die Riege der Krimi-Größen wie Georges → Simenon und das Autoren-Duo → Sjöwall/Wahlöö ein.

Entstehung: Nach einem dreijährigen Afrikaaufenthalt registrierte Mankell in Schweden die sich häufenden Übergriffe auf Asylanten. Er beschloss, gegen Rassismus zu schreiben. Da es sich bei den rassistisch motivierten Taten um kriminelle Akte handelte, entschied er sich für das Genre des Kriminalromans mit einem Polizeikommissar als Hauptfigur.

Inhalt: Auf einem Bauernhof in der Nähe von Ystad wird ein altes Bauernehepaar brutal ermordet. Indizien für den ermittelnden Kommissar Kurt Wallander sind ein seltsam gebundener Knoten in der Schlinge, die um den Hals der Bäuerin gelegt wurde, und das Wort »Ausländer«, das sie kurz vor ihrem Tod noch flüstern kann. Das Augenmerk der Ermittler und der Bevölkerung richtet sich zunächst auf die Asylantenheime in der Umgebung. Der Hass gegen Ausländer ist Ursache für einen weiteren Mord.

Aufbau: Die Kriminalromane Mankells sind kulturell und geografisch bipolar angelegt; in *Mörder ohne Gesicht* führt das Verbrechen Wallander und damit auch den Leser in einen Teil der armen Welt, nach Osteuropa. Diesen Regionen, in anderen Büchern der Wallander-Reihe sind es mehrfach afrikanische Staaten, entstammen zumeist die Opfer.

Häufige Wechsel des Erzähltempos und der Zeitebenen bestimmen als gestalterische Mittel den Roman. Entgegen den üblichen Regeln des Genres gibt es bei Mankell Passagen, in denen das äußere Geschehen scheinbar stagniert; Spannung bleibt dennoch erhalten. Dazu trägt

Henning Mankell, *Mörder ohne Gesicht*, Einband der Taschenbuchausgabe 1998

Die Wallander-Romane von Henning Mankell	
Mörder ohne Gesicht, 1991	Der Mord an einem Bauernehepaar macht Kommissar Kurt Wallander mit dem Alltag der Asylanten vertraut. → S. 715
Die Hunde von Riga 1992	Zwei Leichen in einem Rettungsboot, das später verschwindet, geben Wallander Rätsel auf. In Lettland gerät er im Zuge der Ermittlungen in ein kaum noch zu durchschauendes Komplott.
Die weiße Löwin, 1993	Der Mord an einer Maklerin führt Wallander nach Südafrika, wo er eine Verschwörung gegen Nelson Mandela aufdeckt.
Der Mann, der lächelte 1994	Der Anwalt Sten Torstensson, der bei Wallander Zweifel am Unfalltod seines Vaters angemeldet hatte, ist tot. Im Lauf der Ermittlungen stößt Wallander auf den Industriellen Harderberg, der immer lächelt.
Die falsche Fährte 1995	Der Selbstmord eines jungen Mädchens bildet den Auftakt zu einer Jagd nach einem Serienmörder. Wallander sucht nach Verbindungen zwischen den Opfern, doch die Zusammenhänge liegen an anderer Stelle.
Die fünfte Frau 1996	Wallander hat eine Reihe von besonders grausamen Morden aufzuklären. Die scheinbar harmlosen Opfer haben eine gemeinsame Eigenschaft: Sie alle verhielten sich Frauen gegenüber besonders gewalttätig.
Mittsommermord 1997	Eine Gruppe von Jugendlichen, die gemeinsam Mittsommer feierten, verschwindet spurlos und wird Monate später tot aufgefunden. Wallanders Kollege Svedberg stirbt, als dieser heimlich in dem Fall ermittelt.
Die Brandmauer 1998	Ein ermordeter Taxifahrer, eine gestohlene und eine verkohlte Leiche – drei Fälle, die etwas Gemeinsames haben. In Angola deckt Wallander Computerkriminalität großen Ausmaßes auf.

wesentlich die Figur des Kommissars bei, ein von Zweifeln geplagter Mann, der vom Autor mit individuellen, wenngleich nicht durchweg sympathischen Zügen ausgestattet wurde und sich weiterentwickelt. Auch die übrigen Figuren des Romans sind realitätsnah gezeichnet.

Wirkung: In Schweden waren die Wallander-Krimis bereits Bestseller, als *Mörder ohne Gesicht* als erster Roman der Reihe 1998 in Deutschland erschien. Inzwischen wurden die Bücher in 20 Sprachen übersetzt und millionenfach verkauft. Mehr als die Hälfte der Wallander-Fälle ist bereits verfilmt, u. a. auch für das deutsche Fernsehen. *M. S. S.*

Heinrich Mann, *Professor Unrat*, Einband der Originalausgabe 1905

Heinrich Mann
Professor Unrat
Roman

Verlag von Albert Langen in München

Mann, Heinrich

dt. Schriftsteller

*27.3.1871 Lübeck

† 12.3.1959 Santa Monica (Kalifornien)

📖 *Professor Unrat*, 1905

📖 *Der Untertan*, 1916

📖 *Die Jugend des Königs Henri Quatre / Die Vollendung des Königs Henri Quatre*, 1935/38

Artismus und Gesellschaftskritik prägen das umfangreiche, Werk von Heinrich Mann, der als der bedeutendste deutschsprachige politische Schriftsteller seiner Generation angesehen wird.

Der Bruder von Thomas →Mann entstammte einer angesehenen Lübecker Kaufmanns- und Senatorenfamilie. Eine Buchhandelslehre sowie ein Volontariat im S. Fischer Verlag brach er ab und lebte ab 1892 als freier Schriftsteller.

Nach einer frühen Schaffensphase im Horizont der ästhetizistischen Moderne entwickelte Mann 1905–10 in kritischer Konfrontation autoritär-obrigkeitsstaatlicher Traditionen deutscher Geschichte mit dem Republikanismus Frankreichs das Literaturkonzept eines »art social«. Diesem Konzept entsprechend schuf er eine Reihe sozialer Zeit- und Gesellschaftsromane, unter denen vor allem *Professor Unrat*, *Die kleine Stadt* (1909) und *Der Untertan* herausragen. Im politischen und geistigen Klima des Wilhelminismus gab es für Manns programmatische »littérature engagée« kein Publikum. Sein satirischer Roman *Der Untertan* trug dem Autor nicht nur Ruhm, sondern auch hasserfüllte Kritiken ein.

In den 1920er Jahren bemühte sich Mann wie kein anderer deutscher Schriftsteller um eine deutsch-französische Verständigung und suchte durch seine breite publizistische Tätigkeit eine demokratische Öffentlichkeit herzustellen. Nur wenige Wochen nach der Machtübernahme durch die Nationalsozialisten entging Mann der Verhaftung durch die Flucht nach Frankreich und 1940 in die USA.

In Frankreich galt er als unbestrittene moralische Autorität des deutschen Exils. Er blieb kompromisslos in seinem Kampf gegen das nationalsozialistische Deutschland und unterstützte publizistisch die Arbeit der »Volksfront«. Sein erzählerisches Hauptwerk dieser Jahre, der zweiteilige Roman *Die Jugend des Königs Henri Quatre / Die Vollendung des Königs Henri Quatre*, gilt als herausragendes Beispiel historischen Erzählens im 20. Jahrhundert und des Exils. Mit seiner Autobiografie *Ein Zeitalter wird besichtigt* (1945) hinterließ Mann seine Epochenbilanz.

Biografien: S. Ringel, *Heinrich Mann. Ein Leben wird besichtigt*, 2000; K. Schröter, *Heinrich Mann* (rm 50 125); R. Werner (Hrsg.), *Heinrich Mann: Texte zu seiner Wirkungsgeschichte in Deutschland*, 1977.

Professor Unrat

OA 1905 **Form** Roman **Epoche** Moderne

Mit dem Roman *Professor Unrat oder Das Ende eines Tyrannen* – so der vollständige Titel – vollzog Heinrich Mann die Wende zum politischen Schriftsteller.

Inhalt: Erzählt wird die Geschichte eines verknöcherten wilhelminischen Gymnasiastenschrecks und Kleinstadttyrannen namens Raat, dem seine Schüler den bösen Spottnamen *Professor Unrat* gegeben haben. Raat verwechselt

Die wichtigsten Bücher von Heinrich Mann

Das Wunderbare und andere Novellen, 1897	Erste Sammlung der frühen Erzählungen, die in der Tradition des Symbolismus und der Romantik u. a. imaginäre Räume des Schönen und Weiblichkeitsbilder inszenieren.
Im Schlaraffenland 1900	Der Roman entwickelt satirisch die Sozioanalyse einer dekadenten »Pöbelherrschaft des Geldes«.
Professor Unrat oder Das Ende eines Tyrannen 1905	Der Roman erzählt die Geschichte des pedantischen Gymnasiallehrers Raat, der sich in die Varietékünstlerin Rosa Fröhlich verliebt und im eigenen Ruin den Ruin der wohlanständigen Bürger zu provozieren sucht. → S. 716
Die kleine Stadt 1909	Eine wandernde Künstlertruppe bringt durch die Aufführung der Oper *Die kleine Tonietta* das Leben einer kleinen italienischen Landstadt in neue »Mischungsverhältnisse«.
Geist und Tat, 1910 *Zola*, 1915	Essays, in denen Heinrich Mann unter Berufung auf die revolutionäre und demokratische Tradition Frankreichs die politische Verantwortung des Intellektuellen proklamiert.
Der Untertan 1914/1918	Am Beispiel des Bourgeois-Bürgers Diederich Heßling wird die Untertanen-Mentalität der wilhelminischen Gesellschaft in Wirklichkeits-Zitaten satirisch ausgestellt. → S. 717
Die Jugend des Königs Henri Quatre, 1935 *Die Vollendung des Königs Henri Quatre*, 1938	Historischer Roman, der das Leben des französischen Königs Heinrichs IV als Beispiel für vernunftgeleitetes Handeln in der Geschichte darstellt und darin ein Gleichnis für die eigene, durch den Faschismus korrumpierte Gegenwart aufstellt.

die Schule mit dem Leben und sieht in den Bewohnern der Stadt nichts als ehemalige Schulversager und Dummköpfe. Bei der Verfolgung von drei Schülern, die ihm wegen ihrer Aufsässigkeit besonders verhasst sind, gerät Raat in die Hafenspelunke »Der blaue Engel«, wo er sie zu erwischen hofft, um sie dann wegen ihres schulwidrig-unmoralischen Verhaltens sozial vernichten zu können. Doch das Unerwartete geschieht: Raat erliegt der erotischen Attraktion der dort auftretenden Chanteuse Rosa Fröhlich, deren Gunst der Schüler Lohmann gewonnen hatte. In zunächst geheimer, dann offener Konkurrenz mit seinen Schülern sucht Raat Tag für Tag den Tingeltangel auf und gewinnt Zugang zur Garderobe der Künstlerin. Der sinnen- und genussfeindliche Pedant erliegt der »fremden Macht« der Sängerin und überschreitet die Grenzen wohlanständiger Bürgerlichkeit. Seine Stellung wird immer unhaltbarer, das skandalöse Verhältnis in einem Prozess auch öffentlich bekannt. Als nicht mehr »staatserhaltendes Element« wird er aus dem Schuldienst entlassen. Unter den übelwollend-begehrlichen Blicken ihrer Mitbürger verleben Raat und Rosa eine schöne Zeit; sie heiraten und führen für kurze Zeit ein bohemehaftes Leben in Saus und Braus, in das sie sogar zahlreiche Honoratioren der Stadt hineinziehen. Aus dem Geächteten wird ein Bordellinhaber und Zuhälter, Spielbankhalter und Schuldenmacher, der seine Mitbürger bewusst nicht nur ins sittliche, sondern auch ökonomische Verderben stürzt. Der Schultyrann mutiert zum Anarchisten, welcher alle ins Lasterhafte verschobenen Triebe und Sehnsüchte hervortreibt, die die kleinstädtischen Honoratioren – wie Raat selbst – in sich unterdrücken mussten, um an die Bedingungen der bürgerlich-autoritären Gesellschaft angepasst leben zu können. Schließlich verfängt er sich in rasender Eifersucht auf seinen Konkurrenten Lohmann, den er in blinder Wut attackiert und dem er eine Brieftasche stiehlt. Raat und Rosa werden verhaftet und als »Fuhre Unrat« im Polizeiwagen abtransportiert.

Lesarten: *Professor Unrat* ist im Zusammenhang mit anderen Schulgeschichten in der Literatur um 1900 – u. a. *Frühlings Erwachen* (1891) von Frank Wedekind (1864–1918) und *Unterm Rad* (1906) von Hermann → Hesse – häufig als Schulsatire und als Kritik am Zwangssystem des Gymnasiums im Wilhelminismus gelesen worden. Eine solche isolierte Lektüre greift allerdings zu kurz, weil sie die im Roman thematisierte und gestaltete Dialektik von Tyrannei und Anarchismus in der Figur Raats nicht erfasst. Weiterführender ist eine Lesart, welche die Problematik in den Vordergrund rückt, wie aus dem grotesk deformierten Repräsentanten der Macht durch die in der Frau verkörperte

Erotik und Sexualität ein Mensch mit zärtlichen Zügen wird, ein lebendiges Wesen.
Wirkung: 1930 verfilmte Josef von Sternberg den Roman unter dem Titel *Der blaue Engel* mit Marlene Dietrich und Emil Jannings in den Hauptrollen. Der Film wurde ein Welterfolg und machte den Autor auch im Ausland bekannt.
R. W.

Der Untertan

OA 1916 (Privatdruck; Vorabdruck in *Zeit im Bild* 1914)
Form Roman **Epoche** Moderne

Der Untertan von Heinrich Mann gilt als die schärfste Satire auf die machtverherrlichende, nationalistische Gesellschaft unter der Regierung von Kaiser Wilhelm II. (1859–1941).
Entstehung: Erste Notizen gehen bis auf 1906 zurück. Die kontinuierliche Arbeit am Roman fällt in die Zeit 1911/12–14. Abgeschlossen war er bereits Anfang Juli 1914, zwei Monate vor dem Beginn des Ersten Weltkriegs. Ein Vorabdruck in der Illustrierten *Zeit im Bild* (ab 1. Januar 1914) musste vorzeitig abgebrochen werden, da, wie der Herausgeber an Mann schrieb, »im gegenwärtigen Moment nicht in satirischer Form an den deutschen Verhältnissen Kritik geübt werden könne«. 1916 erschien *Der Untertan* als Privatdruck; erst unmittelbar nach Kriegsende wurde der Roman veröffentlicht.
Inhalt: In sechs Großkapiteln wird die Aufstiegsgeschichte des Kleinstadtpotentaten Diederich Heßling erzählt, der um 1870 geboren wird: ein symbolträchtiges Datum, das den Pro-

Heinrich Mann, *Der Untertan*, Umschlag der deutschsprachigen Ausgabe 1963

Werner Peters als Diederich Heßling in der Verfilmung des Romans *Der Untertan* von Heinrich Mann (DDR 1951; Regie: Wolfgang und Fritz Staudte)

tagonisten als Repräsentanten der spätgründerzeitlichen Epoche erscheinen lässt. Im Zentrum der Lebensgeschichte Heßlings stehen die Jahre 1890–97. Diederich erfährt seine frühe Prägung als empfindsames Kind eines Kleinunternehmers, das in seiner Individualität gebrochen wird durch die als schrankenlos erfahrene Macht des Vaters und anderer »furchtbarer Gewalten« vom »lieben Gott« bis zum Schullehrer, denen das Kind Gehorsam leisten muss. Der Heranwachsende entwickelt gegenüber Machtpersonen autoritäre Unterwürfigkeit, gegenüber Schwächeren hält er sich aggressiv schadlos – der *Untertan* als sadomasochistischer Sozialtyp wird erzogen, nicht geboren. Mit seinem Studium der Chemie in der Reichshauptstadt Berlin vollendet sich das *Untertan*-Profil Diederichs: Er wird Mitglied der Studentenverbindung der »Neuteutonen«, die ihn lehrt, sein Individual-Ich an das »große Ganze« von Wissenschaft, Korporation, Militär, Bürokratie, deutschnationaler Partei, Staatskirche und Monarchie abzutreten. Als glühender Monarchist kehrt Heßling aus Berlin in seine Heimatstadt Netzig zurück. Die Geschäftsübernahme der kleinen Papierfabrik seines verstorbenen Vaters gestaltet sich als bewusste Imitation des Regierungsantritts von Kaiser Wilhelm II. Es gelingt Heßling, durch Anpassung an den nationalen Zeitgeist, durch Intrigen, Denunziation und Betrug nicht nur seine Konkurrenten auszuschalten und die Papierfabrik hochzubringen, sondern auch politisch und ökonomisch die Macht in Netzig an sich zu reißen. Er wird Großaktionär einer Papier-Aktiengesellschaft und deren Generaldirektor, er schafft es, durch Manipulationen die Aktienmehrheit an sich zu bringen und seine eigene Fabrik ertragreich zu verkaufen, er kontrolliert die städtische Presse sowie die lokale Verwaltung und er wird so zur politisch einflussreichsten Person von Netzig. Sein sozialer Aufstieg vollendet sich auf der familialen Ebene. Er heiratet gezielt die begüterte Guste Daimchen und hat mit ihr drei Kinder, deren weitere Lebensgeschichte unschwer zu prognostizieren ist – der Weg des *Untertanen* wiederholt sich.

Aufbau: Der negativen »Bildungs«- und Aufstiegsgeschichte des Deutschnationalen Heßling entspricht eine Abstiegsgeschichte – der Niedergang und die gesellschaftlich-ökonomische Deklassierung der durch die Tradition des bürgerlichen Liberalismus geprägten Honoratiorenfamilie Buck. Deren Seniorchef verkörpert als überlebender ›Achtundvierziger‹ die politische Vorstellungswelt des revolutionären Bürgertums, während für seinen Sohn Wolfgang das altliberale Ethos der Volkssouveränität und der Sorge um das öffentliche Wohl nur noch Rhetorik darstellt. Als Gegenspieler Heßlings

verachtet Wolfgang Buck eine Bourgeoisie, die ihre freiheitlichen Ursprünge verraten hat und reagiert darauf aber als Ästhet und Intellektueller. Er ›durchschaut‹, wo der stramm-nationale Bourgeois-Bürger Diederich »blitzend, gesträubt und blond gedunsen« agiert.

Der Roman arrangiert in analytischer Absicht Wirklichkeitsmaterial zu satirischen Wirklichkeitsbildern. Dabei geht es nicht um einen naturalistischen Abbildrealismus, sondern um eine Typisierung von Mentalitäten und sozialen Mechanismen, welche die Realität zur Kenntlichkeit entstellen.

Wirkung: Der Roman wurde ein überwältigender Erfolg. Bis heute ist die Kritik an diesem satirischen »Bürgerspiegel« von konservativer Seite nicht abgerissen. Unter der Regie von Wolfgang Staudte wurde *Der Untertan* 1951 verfilmt.　　　　　　　　　　*R. W.*

Die Jugend des Königs Henri Quatre/Die Vollendung des Königs Henri Quatre

OA 1935/38　**Form** Roman　**Epoche** Moderne

Der in zwei Teilen erschienene Roman von Heinrich Mann erzählt die Lebensgeschichte von Heinrich IV. von Frankreich (1553–1610), den die Nachwelt den »guten König« nannte.

Inhalt: Der junge Henri wächst als Sohn der Jeanne d'Albret und des Antoine von Bourbon in der ländlich-einfachen Umgebung des Schlosses Pau in den Pyrenäen auf. Von seiner gläubigen Mutter streng hugenottisch erzogen, kommt er mit sieben Jahren erstmals an den Pariser Hof und wird so bereits als Kind in die Wirren der Religionskriege und das Ränkespiel der Regentin Katharina von Medici verwickelt. Um den Kampf um die Religion und das Königreich für das Haus Navarra (und damit für den Protestantismus) zu entscheiden, bestimmen ihn seine Mutter und ihr engster Berater, der Admiral Coligny, zur Heirat mit der Prinzessin Margot, die Henri schon seit seiner Jugend begehrt. Während er auf dem Weg zu seiner Hochzeit ist, fällt seine Mutter Jeanne einem Giftmordanschlag der Katharina von Medici zum Opfer. Gleichwohl hält die hugenottische Seite an der Heirat fest. Die Folgen sind verheerend: Die Hochzeit entartet zur »Bluthochzeit«, in der »Mordnacht« des Bartholomäustages (23./24. August 1572) werden in Paris der Admiral von Coligny und tausende hugenottischer Adliger niedergemetzelt. Henri unterwirft sich, er geht zur Messe, um sein Leben zu retten. Mehr als drei Jahre lebt er als Gefangener im Louvre, der beherrscht wird von der »Fee« und »Hexe« Katharina. Lebensklug folgt Henri nicht seinen

Heinrich Mann, *Die Jugend des Königs Henri Quatre*, Umschlag der Ausgabe 1952

Heinrich Mann, *Die Vollendung des Königs Henri Quatre*, Umschlag der Ausgabe 1952

Heinrich Mann in einem Brief vom 3. Oktober 1935 an seinen Bruder Thomas Mann:

Ich wollte, dass Deutsch und Französisch sich dieses eine Mal durchdrängen. Davon erhoffte ich immer das Beste für die Welt. Wenigstens ein Buch habe ich selbst davon gehabt.

　　　　OT = Originaltitel　EZ = Entstehungszeit　OA = Originalausgabe　DE = Deutsche Erstausgabe　📖 = Verweis auf Werkartikel

Hassimpulsen, sondern wartet auf den richtigen Augenblick zur Flucht. Endlich entkommt er mit einer Handvoll Gefährten und setzt sich an die Spitze der Hugenotten. In den ausbrechenden Religionskämpfen und im Kampf gegen die katholische Liga entsagt er dem Prinzip der reinen Gewalt, handelt nach moralischen Gesetzen und nimmt für die Schwachen Partei. Nach der Ermordung des französischen Königs Heinrich III. wird Henri als Henri Quatre sein legitimer Nachfolger. Das Schwerste freilich, der Gewinn des Königreichs und der Einzug in Paris, stehen ihm noch bevor. Davon und von der Befriedung des Landes handelt der zweite Teil des Romans.

Henri wechselt erneut das Glaubensbekenntnis, nicht aus Gründen der Opportunität, sondern aus praktischer Vernunft und im Sinne einer skeptisch-moralischen Lebenslehre. Skepsis und Mäßigung, Vernunfthandeln und Toleranz werden die Leitlinien seines Lebens. Er gewinnt den Kampf um die Herrschaft, zieht ohne Blutvergießen in Paris ein und sichert im Edikt von Nantes (1598) den Religionsfrieden sowie die Freiheit des Gewissens. Seine Jahre als König von Frankreich erscheinen in der Perspektive des Romans als goldenes Zeitalter der Gerechtigkeit und Menschlichkeit, das ein »Land und Volk sowohl besser als glücklicher gemacht hat«. Am Ende seines Lebens fasst Henri den Plan zu einem »freien Bund von Königreichen und Republiken« als Garanten einer gesamteuropäischen Friedenssicherung. Doch fällt er einer jesuitischen Intrige zum Opfer und stirbt bei einem Anschlag. Der Roman schließt mit einer Apotheose von Heinrich IV., der von einer Wolke herab sein Volk als »Vorposten der menschlichen Freiheiten« rühmt.

Aufbau: Mann schreibt – ein singulärer Fall in der Literaturgeschichte des 20. Jahrhunderts – einen historischen Roman in der literarischen Form des Exempels. Die erzählte Geschichte über den einzigen König, den das Gedächtnis der Armen bewahrt hat, wird begleitet von reflektierenden Kommentaren, die sich zu Sentenzen verdichten und aus dem Erfahrungsstoff des Geschehens herausheben, was der Erinnerung und Überlieferung wert ist. In den (in französischer Sprache geschriebenen) »moralités« am Ende der Großkapitel gewinnt das Erzählte einen verweisenden Sinn.

Der Erzählprozess folgt dem Prinzip einer szenischen Reihung. In hinreißend erzählten Episoden wird nicht die Biografie einer großen historischen Einzelpersönlichkeit entwickelt, sondern die konkrete Geschichte eines konkreten Menschen. Die historiografische Faktentreue bleibt dabei der exemplarischen Modellierung untergeordnet: Die Figur Henri ist ein literarisches Konstrukt. An ihr soll gezeigt werden, wie auch ein großer geschichtlicher Held der »condition humaine« unterliegt. Die Geschichte von Henri Quatre wird damit transparent für die Utopie einer künftigen vernunftgeleiteten Gesellschaft. Und genau darin ist dieser historische Roman zugleich ein Zeitkommentar. Im Kampf gegen das nationalsozialistische Deutschland setzt Mann auf das republikanische Frankreich, als dessen Präfiguration Henri Quatre dargestellt wird.

Wirkung: Das Buch fand Anerkennung bei den Schicksalsgefährten des Autors im Exil – wie Hermann Kesten (1900–96) und Georg → Lukács –, konnte jedoch kein breiteres Lesepublikum erreichen. Der Roman kann als die »Summe« des dichterischen Schaffens von Mann angesehen werden. *R. W.*

Die Familie Mann am 6. Juni 1925, dem 50. Geburtstag von Thomas Mann; vorn Katia Mann, dahinter (v. l.) Thomas, Golo, Erika, Monika, Heinrich und Klaus Mann

Mann, Klaus

dt.-US-amerikan. Schriftsteller

* 18.11.1906 München, † 21.5.1949 Cannes

📖 *Mephisto*, 1936

Klaus Mann, der sich in seinem Werk immer wieder mit der eigenen Person auseinandersetzt und gegen den Faschismus kämpft, gilt als wichtiger Vertreter der deutschen Exilliteratur.

Auszug aus einem Brief vom 3. Dezember 1936 von Thomas Mann an seinen Sohn Klaus:

Die besten und bedeutendsten Momente in Deinem Roman sind vielleicht die, wo die Idee des Bösen vermittelt und gezeigt wird, wie der komödiantische Held seine Sympathie dafür entdeckt und sich ihm dann verschreibt. Es ist eine richtige Teufelsverschreibung.

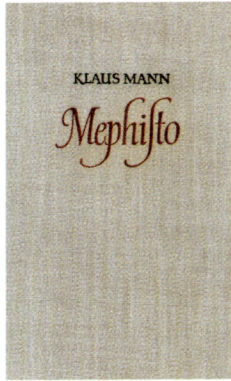

Klaus Mann, *Mephisto*, Einband der DDR-Erstausgabe 1956

Der älteste Sohn von Thomas → Mann litt zeitlebens darunter, sich schriftstellerisch gegen Vater und Onkel (Heinrich → Mann) behaupten zu müssen. Nach großbürgerlicher Kindheit und bohemehafter Jugend emigrierte Klaus Mann 1933. Im niederländischen Exil engagierte er sich u.a. als Mitherausgeber der literarischen Emigrantenzeitung *Die Sammlung* gegen den Nationalsozialismus. 1938 siedelte Mann in die USA über und nahm als amerikanischer Soldat am Zweiten Weltkrieg teil.

Spielerisch stellt Mann sein eigenes Ich in verschiedenen Rollen dar (*Kindernovelle*, 1926). Persönliche Probleme werden schriftstellerisch verarbeitet, so etwa Homosexualität (*Der fromme Tanz,* 1926), Drogenabhängigkeit und Suizidgedanken (*Treffpunkt im Unendlichen*, 1932). Die autobiografischen Schriften von Mann (*Kind dieser Zeit,* 1932; *Der Wendepunkt,* 1942) sind wichtige kulturgeschichtliche Zeugnisse. In den Romanen *Mephisto* und *Der Vulkan* (1939) stellt Mann die Situation der Künstler und Intellektuellen in einer politisch hoch brisanten Situation in den Mittelpunkt. Mann, dessen literarische Leistung umstritten ist, verstarb an einer Überdosis Schlaftabletten.

Nach Kriegsende konnten sich seine Bücher auf dem westdeutschen Buchmarkt nicht behaupten. Sein Werk fand erst ab Mitte der 1960er Jahre eine breite Leserschaft.

Biografien: U. Naumann, *Klaus Mann* (rm 50332); N. Schaenzler, *Klaus Mann,* 1999.

Mephisto

OA 1936 **DE** 1956 **Form** Roman **Epoche** Moderne

Klaus Manns *Mephisto,* der den Zusatztitel *Roman einer Karriere* trägt, setzt sich in einzigartiger Weise mit der Position des Künstlers zur Zeit des deutschen Nationalsozialismus auseinander. Mit seinem Protagonisten Hendrik Höfgen führt Mann einen von übersteigertem Ehrgeiz getriebenen Schauspieler vor, der um seiner Karriere willen einen Pakt mit dem Bösen eingeht. Darüber hinaus entwirft der Autor ein Bild von der Situation der exilierten Intellektuellen. *Mephisto* ist als Künstler- und Zeitroman und nicht zuletzt auch als Schlüsselroman lesbar. Er wird als wichtiges Dokument der Exilliteratur gewertet.

Entstehung: Unterstützt vom Amsterdamer Querido Verlag nahm Mann den Vorschlag seines Kollegen Hermann Kesten (1900–96) auf, eine politische Satire über Gustaf Gründgens (1899–1963), Schauspieler und Intendant des Berliner Staatsschauspiels, zu schreiben. Ehemals mit Gründgens befreundet, beobachtete Mann dessen Werdegang seit Jahren mit einer Mischung aus Faszination und Hass. Obwohl Mann – auch um den Blick auf die literarische Dimension des Werkes zu richten – stets betonte, die Personen des Romans stellten Typen und nicht Porträts dar, ist die Orientierung an außerliterarischen Vorbildern unverkennbar.

Die Manns

Katja Mann (geb. Pringsheim, 1883–1980): Katja Pringsheim, Tochter aus wohlhabender Münchner Professorenfamilie – der Vater, jüdischer Herkunft, war Ordinarius für Mathematik und Mitglied der Akademie der Wissenschaften –, brach 1905 anlässlich ihrer Heirat mit Thomas Mann ihr Mathematikstudium ab und blieb während der 50-jährigen Ehe der ruhende Pol – für die Familie wie für ihren Mann, dessen Lebenswerk »unter ihrer Regie und unentbehrlichem Schutz« (Katja Mann) entstand.

Heinrich Mann (1871–1950): Der ältere Bruder von Thomas Mann und ältester von fünf Geschwistern, erfolgreicher Erzähler und 1931–33 Präsident der Preußischen Akademie der Künste, emigrierte 1933 nach Frankreich und folgte später seinem Bruder nach Kalifornien. Mit seinen frühen Romanen *Professor Unrat* (1905, später verfilmt unter dem Titel *Der blaue Engel*) und *Der Untertan* (1914) gilt er als entschiedener Kritiker des wilhelminischen Deutschland. Die kontroverse Haltung gegenüber dem Ersten Weltkrieg führte zeitweise zur Auseinandersetzung zwischen Heinrich und Thomas Mann.

Erika Mann (1905–1969): Die älteste Tochter Thomas Manns erhielt Schauspielunterricht bei Max Reinhardt, dem Theaterengagements unter anderem in Berlin und München folgten. 1925 bis 1928 war sie mit Gustaf Gründgens verheiratet, ab 1935 mit dem englischen Schriftsteller Wastan Hugh → Auden. Mit dem von ihr gegründeten antinationalsozialistischen Kabarettensemble »Die Pfeffermühle« reiste sie in den 1930er Jahren durch Europa. Nach dem Tod des Vaters beschäftigte sie sich intensiv mit dessen Nachlass und gab in den 1960er Jahren die Briefe ihres Vaters heraus.

Klaus Mann (1906–1949): Zunächst in Berlin Theaterkritiker, Journalist und Schauspieler war Klaus Mann, der älteste Sohn Thomas Manns, im Exil als Kabarettist, Herausgeber der Exilzeitung *Die Sammlung* und als Romanautor tätig (*Mephisto*, 1936, *Symphonie Pathetique* (1935), *Der Vulkan*, 1939). Während des Krieges war er Kriegskorrespondent für die USA. 1949 nahm er sich in Cannes das Leben.

Monika Mann (1910–1992): Monika Mann, die zweite Tochter Thomas Manns, studierte in Lausanne Musik und lebte nach dem Tod ihres Mannes 1940 während des Krieges bei den Eltern in Kalifornien, ab den 1950er Jahren in Italien. 1956 erschien ihr Familienrückblick *Vergangenes und Gegenwärtiges.*

Golo Mann (1909–1994): Golo Mann, zweiter Sohn Thomas Manns, studierte Philosophie und Geschichte in Heidelberg (Promotion bei Karl → Jaspers). 1933 ging Golo Mann nach Frankreich, wo er Deutsch und Geschichte lehrte. Während des Krieges in den USA tätig, setzt er nach dem Krieg seine akademische Laufbahn an den Universitäten Münster und Stuttgart fort. Zu seinen erfolgreichsten Arbeiten zählen seine *Deutsche Geschichte des 19. und 20. Jahrhunderts* (1958) und sein Buch über *Wallenstein* (1971).

Michael Mann (1919–1977): Michael Mann, Sohn Thomas Manns, studierte Musik und war als Konzertmusiker tätig. Seit den 1960er Jahren war er Professor für deutsche Literatur an der Universität Berkeley in Kalifornien.

Elisabeth Mann-Borgese (1918–2002): Die jüngste und Lieblingstochter Thomas Manns, verewigt u.a. in der Novelle *Unordnung und frühes Leid,* war zuletzt Professorin für Politologie an der Universität Halifax in Kanada. Seit den 1960er Jahren engagierte sie sich vordringlich für den Schutz der Weltmeere, war Mitbegründerin des Club of Rome und Teilnehmerin an UNO-Seerechtskonferenzen. Auf Malta gründete sie ein Zentrum für Umweltschutz der Meere. Kurz vor ihrem Tod war sie in dem erfolgreichen Dokumentarfilm von Heinrich Breloer über die Manns im Fernsehen zu sehen.

Fridolin (Frido) Mann (geb. 1940): Der Enkel Thomas Manns und erster Sohn Michael Manns, der Vorbild für den Knaben Echo in *Doktor Faustus* wurde, lebt heute als Psychologieprofessor in Göttingen. Er gründete den Verein »Casa Mann«, der sich ein der Mutter von Thomas und Heinrich Mann gewidmetes Kulturzentrum in Brasilien zum Ziel gesetzt hat.

OT = Originaltitel **EZ** = Entstehungszeit **OA** = Originalausgabe **DE** = Deutsche Erstausgabe ▭ = Verweis auf Werkartikel

Inhalt: Im Jahr 1936 beginnend, zeigt der Roman Höfgen als umjubelten Günstling des nationalsozialistischen Regimes auf der Geburtstagsfeier des preußischen Ministerpräsidenten. Retrospektiv wird die Geschichte dieser Karriere nachgezeichnet.

Nach schauspielerischen Erfolgen in Hamburg bekommt Höfgen Ende der 1920er Jahre ein erstes Engagement am Berliner Staatstheater. Seine Bekanntheit steigert sich stetig und in der Rolle des Mephisto wird er zum Star. Zum Zeitpunkt der Machtergreifung befindet sich Höfgen im Ausland und befürchtet zunächst wegen seiner ehemaligen Mitarbeit in einem kommunistischen Kabarett nicht nach Deutschland zurückkehren zu können. Durch die Fürsprache einer Kollegin erlangt Höfgen dann aber das Wohlwollen des Ministerpräsidenten und setzt seine Arbeit in Berlin fort.

Seine vitale Darstellung der mephistotelischen Figur wird für die Nationalsozialisten zu einer faszinierenden, ästhetisch überhöhten Darstellung des Bösen. Die eigene Situation klar reflektierend, erreicht Höfgen mit der Ernennung zum Intendanten und Staatsrat einen neuen Höhepunkt seiner Karriere. Ganz mit der Sorge um sein selbst empfundenes schauspielerisches Versagen in der Rolle des Hamlet beschäftigt, lehnt er am Ende des Romans in der Konfrontation mit einem kommunistischen Widerstandskämpfer jede politische Verantwortung ab und zieht sich voller Selbstmitleid auf seine Position als »gewöhnlicher Schauspieler« zurück.

Wirkung: Der während des Dritten Reichs verbotene Roman wurde nach Kriegsende von westdeutschen Verlagen aus Angst vor dem Prozessrisiko abgelehnt. Als das Buch mit kleinen Veränderungen 1956 im Ostberliner Aufbau-Verlag erschien, versuchte Gründgens, der nach kurzer Inhaftierung bereits seit 1947 wieder eine Intendantenposition innehatte, den Verkauf in der Bundesrepublik zu behindern.

1963 gab die Nymphenburger Verlagshandlung *Mephisto* heraus, nachdem eine Klage von Gründgens' Adoptivsohn Peter Gorski zunächst abgewiesen wurde. 1966 wurde die Verbreitung des Romans gerichtlich verboten. Während im Ausland Übersetzungen erschienen, kursierte in Westdeutschland nur ein Raubdruck des Romans. Als er 1981 bei Rowohlt als Taschenbuch verlegt wurde, blieb eine erneute Klage aus und *Mephisto* führte monatelang die Bestsellerlisten an. Im selben Jahr wurde die Verfilmung von István Szabó mit Klaus Maria Brandauer in Cannes mehrfach preisgekrönt und erhielt einen Oscar für den besten fremdsprachigen Film. 1979 hatte Ariane Mnouchkine mit dem Théâtre du Soleil bereits eine Bühnenfassung erarbeitet. *A.K.*

Mann, Thomas

dt. Schriftsteller

* 6.6.1875 Lübeck, † 12.8.1955 Kilchberg bei Zürich

Thomas Mann, einer der bedeutendsten deutschen Erzähler des 20. Jahrhunderts, hat in seinen Romanen und Erzählungen von der Jahrhundertwende bis in die 1950er Jahre die Rolle des Künstlers und Schriftstellers vor dem Hintergrund eines breiten Spektrums geistesgeschichtlicher Bezüge thematisiert, bei denen das Problem der Vermittlung von Geist und Sinnlichkeit vordringlich in seiner Behandlung durch die Philosophie von Friedrich → Nietzsche und Arthur → Schopenhauer eine zentrale Rolle spielt. Bei grundsätzlich beibehaltener realistischer Erzählhaltung erweiterte Mann die Form des psychologischen Romans insbesondere durch eine breit angewandte Leitmotiviktechnik und verlieh ihm durch eine spezifische Form der Ironie eine zeitgenössischere Position.

Literaturnobelpreisträger Thomas Mann in den 1930er Jahren

1875 als Sohn einer Patrizierfamilie in Lübeck geboren, lebte Mann nach dem Tod seines Vaters von 1893 an in München, zunächst ein Jahr als Redakteur der Zeitschrift *Simplicissimus*, dann als freier Schriftsteller. 1905 heiratete er die Münchner Professorentochter Katja Pringsheim. Zusammen mit seinem Bruder Heinrich → Mann verbrachte er 1895–97 zwei Jahre in Rom und Palestrina. 1929 erhielt er den Literaturnobelpreis für seinen Erstlingsroman *Buddenbrooks*. 1933 exilierte er auf einer Vortragsreise, konkret veranlasst durch die öffentliche Kritik an einem Aufsatz über Richard Wagner (1813–83), zunächst in die Schweiz. 1939 ging er in die USA, zunächst als Gastprofessor nach Princeton (New Jersey), anschließend nach Pacific Palisades (Kalifornien).

Manns seit den frühen 1920er Jahren vollzogene Wandlung seiner politischen Haltung von einem ästhetisch begründeten nationalkonservativen Standpunkt zum Vertreter der Weimarer Republik artikuliert sich im Exil in der klar formulierten Ablehnung des nationalsozialistischen Deutschland, die er in Reden, Vorträgen und regelmäßigen Radioansprachen zum Aus-

Thomas Mann, *Die Budden-brooks*; von links: Einband der zweibändigen Originalausgabe 1901; Einband der einbändigen Sonderausgabe 1903 (Titelzeichnung: Wilhelm Schulz); Einband der Jubiläumsausgabe 1910; Umschlag der Stockholmer Gesamtausgabe 1939

druck brachte. Seinem Selbstverständnis nach artikulierte er den Standpunkt des geistigen Deutschland. 1944 erhielt Mann die US-amerikanische Staatsbürgerschaft. Nach mehreren Reisen nach Europa und in das Nachkriegsdeutschland übersiedelte er 1952 nach Kilchberg in die Schweiz.

Biografien: H. Kurzke, *Thomas Mann. Das Leben als Kunstwerk*, 1999; M. Reich-Ranicki, *Thomas Mann und die Seinen*, 1987; K. Schröter, *Thomas Mann* (rm 50093).

Hauptfiguren in »Buddenbrooks« von Thomas Mann

Johann Buddenbrook: Das Familienoberhaupt zu der Zeit, da der Roman einsetzt, wird als praktischer und geselliger Realist geschildert. Die Welt der Musik und die Künste, mit denen die Familie sich umgibt, sind unterhaltendes Beiwerk, jedoch kein Mittel der Selbsterfahrung.

Jean Buddenbrook: Der Sohn Johanns wird als frömmelnder Romantiker geschildert, dessen Pietismus mit seinen kaufmännischen Pflichten und Aufgaben in der Stadt mehrfach in Konflikt gerät. Seine verinnerlichte Haltung ist bereits Ausdruck der Dekadenz.

Thomas Buddenbrook: Der Vertreter der dritten Generation und die Hauptfigur des Romans ist, aller Anstrengung und bürgerlich-puritanischer Haltung zum Trotz, ein ästhetischer und zur Selbstreflexion neigender Mensch, dessen öffentliche Erfolge nicht mehr der selbstverständlichen Tat entspringen, sondern der Überlegung und Kalkulation. An der Aufrechterhaltung der Fassade nutzt er seine Kräfte ab und stirbt noch vor seinem 50. Geburtstag.

Christian Buddenbrook: Der arbeitsunfähige, hypochondrische, stark selbstreflexive Bruder von Thomas Buddenbrook wird als antibürgerliche dandyhafte Gegenfigur zu seinem Bruder geschildert und überlebt diesen gleichwohl.

Hanno Buddenbrook: Der lebensuntüchtige, zerbrechliche, früh an Krankheiten leidende Sohn von Thomas Buddenbrook, der

Musik vor allem Richard Wagners als Traum- und Rauscherlebnis von Kindesbeinen verfallen, stirbt bereits 16-jährig an Typhus. Als Kind hatte er im Familienbuch hinter der letzten Person betreffenden Eintrag einen Schlussstrich gezogen (»Ich glaubte, nach mir kommt nichts mehr«).

Ida Jungmann: Das preußische, als Waise angenommene Kindermädchen mit aristokratischen Gesinnungen dient dem Haus und der Familie Buddenbrook in nüchterner Pflichterfüllung über die Zeit und steht mit Rat und Tat zur Seite.

Bendix Grünlich: Der als Hochstapler und Heiratsschwindler entlarvte erste Ehemann von Tony Buddenbrook, dessen Charakter Thomas Mann durch den Kontrast von Sprache und Gestik decouvriert.

Alois Permaneder: Der Münchner Brauereiunternehmer ist der zweite Ehemann Tony Buddenbrooks und wird als ein Dialekt sprechender gemütlicher Primitivling geschildert.

Tony Buddenbrook: Den Untergang der Familie überdauert einzig die als Kontrast zur steigenden Reflexivität der männlichen Linie gesetzte Schwester von Thomas, die naiv und durch ein Defizit an Reflexion gekennzeichnet, trotz einer frühen Jugendliebe, der sie aus Rücksicht gegenüber der Familie entsagt, und zweier gescheiterter Ehen in konstantem Selbstbewusstsein das Familienethos und das bürgerliche Selbstverständnis als einzige bewahren kann

Buddenbrooks

OA 1901 **Form** Roman **Epoche** Moderne

In seinem Erstlingsroman, für den er 1929 den Literaturnobelpreis erhielt, entwickelt Thomas Mann das schon in seinen ersten Erzählungen aufgeworfene Kardinalthema des Gegensatzes des Bürgers und Künstlers fort, das er vor dem Hintergrund der Lübecker Gesellschaft des 19. Jahrhunderts in Form eines bürgerlichen Familienromans ausbreitet. Obwohl am Rande auch zeitgenössische Ereignisse wie die Revolution von 1848 Erwähnung finden, liegt der Schwerpunkt des Romans auf der psychologisch genauen Beobachtung der Charaktere des Romans, deren Schwächen und Eigenheiten bereits hier mit der charakteristischen, wenn auch noch zurückhaltend-verstehenden mannschen Ironie begegnet wird.

Inhalt: Der Untertitel des Romans *Verfall einer Familie* bezeichnet den wesentlichen Handlungsverlauf der vier Generationen umfassenden Geschichte der Lübecker Patrizierfamilie, die Thomas Mann in Anlehnung an seinen eigenen familiären Hintergrund fiktiv ausgestaltet hat. Obwohl der ethisch fundierte Kapitalismus der Buddenbrooks im Verlauf des Romans der neureichen, ökonomisch überlegenen Konkurrenz der Familie Hagenström weichen muss, liegen Untergang und Scheitern der Buddenbrooks nicht in ökonomischen Sachverhalten begründet. Trotz verschiedener wirtschaftlicher Fehlspekulationen und dem auch finanziell nachteiligen Scheitern mehrerer Ehen der Familienmitglieder ist die Hauptursache für den Verfall ein kontinuierlicher Prozess der Degeneration, der im sukzessiven Verlust von Vitalität einer Verfeinerung der Nerven, zunehmender Reflexivität und wachsender künstlerischer Neigung seine Ausdrucksformen findet.

Aufbau: Die männlichen Familienoberhäupter, die zwischen 1835, dem Beginn des Romans und 1877, dem Tod Hanno Buddenbrooks, innerhalb einer Zeitspanne von 42 Jahren auftreten, verlieren sukzessive an Lebenskraft und erleiden entsprechend in steigender Verfallslinie einen jeweils früheren Tod. Während der lebensfrohe Johann Buddenbrook senior 70-jährig stirbt, deutet die pietistische Frömmigkeit seines Sohnes Jean bereits eine dekadente Verfallslinie an.

Die Hauptfigur des Romans, Thomas Buddenbrook, ist, der äußerlich präsentierten bürgerlich-puritanischen Haltung zum Trotz, ein Ästhet, der noch vor seinem 50. Geburtstag stirbt. Der lebensuntüchtige, früh an Krankheiten leidende Hanno schließlich, der Musik vor allem von Richard Wagner (1813–83) als Traum- und Rauscherlebnis von Kindesbeinen verfallen, stirbt 16-jährig an Typhus. Neben diesen männlichen Protagonisten lebt der Roman nicht zuletzt von einer Reihe anschaulich geschilderter, bekannt gewordener Charakterfiguren, die Mann in teils karikaturhafter Zuspitzung geschildert hat. Sie verleihen dem Roman über das Künstler- und Verfallsthema hinaus einen durch die Breite der dargestellten Charaktere einen allgemeingültigen Zug.

Wirkung: Der Roman wurde mit der Anfang 1903 erschienenen zweiten Auflage ein großer Erfolg, der sich mit dem Nobelpreis noch einmal erheblich steigerte. Dreimal – 1923, 1959 und 1979 – wurde das Buch verfilmt. Sein Erfolg gründet nicht zuletzt auf den Vorlieben einer im Wesentlichen bürgerlichen Leserschaft, die sich selbst und ihre eigenen Lebensformen dank der realistischen Darstellungsform großbürgerlichen Lebens und Denkens wiedergegeben fand, während die Verfallsthematik im Vergleich nur am Rande zur Kenntnis genommen wurde. .

det, reist, von plötzlichem Fernweh und Reiselust erfasst, nach Venedig. In der schwül-fiebrigen Atmosphäre der Lagunenstadt verbringt er eine Reihe von Tagen in einem Zustand zunehmend aufgelöster innerer Ordnung und Disziplin, in sinnlicher Zuneigung entflammt zu dem im gleichen Hotel logierenden polnischen Jüngling Tadzio, bis er sich, nach einer Verlängerung seines Aufenthaltes, in dem beginnenden Ausbruch einer Cholera-Epidemie an frischem Obst infiziert und in der Schlussszene am Meeresstrand sitzend stirbt.

Aufbau: Die Novelle ist wie im klassischen Drama in fünf Abschnitte gegliedert. Die steigende Handlung gipfelt im dritten Teil mit der verschobenen Abreise aus Venedig, die den Untergang besiegelt. Für den ›Tod in Venedig‹ vor allem charakteristisch ist die von Mann erstmals ausführlich verwendete Leitmotivtechnik, ein poetisch-allegorisches Verfahren, das darin besteht, durch eine Reihe von in die Novelle eingestreuter scheinbar realistischer Details eine zweite mythologische Ebene zu etablieren. So treten von Beginn an Figuren auf, die in der griechischen Mythologie, im Gott Hermes bzw. in der Figur des Charon, der nach dem Mythos die Toten über den Grenzfluss der Unterwelt fährt, ihren allegorischen Bezugspunkt besitzen: im Eingangsteil ein merkwürdiger Fremder am Nordfriedhof, auf dem Schiff nach Venedig der Fahrscheinverkäufer, ein alter Stutzer

Thomas Mann, *Der Tod in Venedig*, Einband der Taschenbuchausgabe 1954 (Gestaltung: Willi Sohl)

Dirk Bogarde als Gustav von Aschenbach und Björn Andresen als Tadzio in der Verfilmung der Novelle *Der Tod in Venedig* von Thomas Mann (I 1970; Regie: Luchino Visconti)

Tod in Venedig

OA 1912 **Form** Novelle **Epoche** Moderne

Thomas Mann hat die Novelle, tragisches Gegenstück zum späteren, mit eher humoristischen Zügen versehenen Zauberbergroman, stets zu seinen Hauptwerken gezählt. Zum Erfolg beigetragen haben vermutlich auch der pittoreske Schauplatz und die dem klassischen Drama angenäherte Form, in der auf kleinem Raum, dramaturgisch konsequent und stimmungsvoll-bedrohlich, eine Untergangsgeschichte gezeigt wird, die an einem Ausnahmefall einmal mehr Manns Auseinandersetzung mit der Künstlerthema vorstellt.

Inhalt: Der 50-jährige, in München lebende Schriftsteller Gustav von Aschenbach, der pflichtbewusst und diszipliniert arbeitend, sich auf der Höhe seines öffentlichen Ruhms befin-

während der Überfahrt, ein Gondoliere, der Straßensänger und schließlich die Figur des Jünglings Tadzio selbst, der am Ende mit seiner Hand »ins Verheißungsvoll-Ungeheure« weist. Schon die erste Zeile der Novelle mit dem Namen des Helden Aschenbach intoniert den Zusammenhang.

Das Thema einer durch den Eros gefährdeten bürgerlichen Ethik sowie die durch Leitmotive eingeführte Todesthematik haben unter anderem als Quelle das Werk *Die Geburt der Tragödie aus dem Geist der Musik* von Friedrich → Nietzsche. Die dortige Unterscheidung zwischen dem Apollinischen und Dionysischen, dem Gott der Erkenntnis und des Maßes, und dem Gott des Rausches, dient zur Kennzeichnung der beiden Pole, zwischen denen der Künstler steht.

Ihm ist es in seiner Tätigkeit wesentlich um die Vermittlung beider zu tun. An Achenbach, der in seinem Schreiben eine reife Klassizität erreicht zu haben meint, die beide Pole umfasst, wird als exemplarischem Fall die Gefährdung durch das Dionysische offenbar (»Achenbachs Seele kostete Unzucht und Raserei des Untergangs«), dessen der Künstler gleichwohl bedarf.

Wirkung: Innerhalb des Gesamtwerks von Mann nimmt *Der Tod in Venedig* hinsichtlich der zentralen Künstlerproblematik, die inhaltlich hier noch keiner Lösung zugeführt wird, eine wichtige Stellung ein. Mann festigte durch die Novelle und ihren der Neuklassik nahe stehenden Stil ferner seinen Ruf als klassischer Schriftsteller. Ihre Popularität verdankt die Erzählung nicht zuletzt auch der homoerotischen Thematik, die einen autobiografischen Bezug nahe legte. Nicht zuletzt dank Lucio Viscontis Verfilmung von 1970 mit Dirk Bogarde in der Hauptrolle gehört sie auch zu den international erfolgreichsten Werken des Autors.

Thomas Mann, *Der Zauberberg;* links: Umschlag der US-Erstausgabe 1927; rechts: Umschlag der Neuausgabe 1954

Der Zauberberg

OT Der Zauberberg **OA** 1924
Form Roman **Epoche** Moderne

Der Zauberberg ist einerseits ein Zeitroman, der die geistige Lage der europäischen Vorkriegszeit vor dem Ersten Weltkrieg in Form vor allem von Diskussionen zwischen den Protagonisten des Romans und Reflexionen des Erzählers seziert; er besitzt zugleich Elemente eines klassischen Bildungsromans, der seinen jungen Helden Hans Castorp in Auseinandersetzung mit geistigen Gehalten einen eigenen tragfähigen humanistischen Standpunkt suchen lässt, und er behandelt gewissermaßen philosophisch das Wesen der Zeit, das im Roman in der im Gegensatz zur bürgerlicher Arbeitswelt und ihren Zeiteinteilungen stehenden unwirklichen und zeitlosen Atmosphäre der Bergwelt des Davoser Sanatoriums verhandelt wird.

Entstehung: Die ursprünglich als Satyrspiel und parodistisches Gegenstück zum *Tod in Venedig* konzipierte Erzählung, die biografisch auf einen Aufenthalt Thomas Manns in Davos 1912 zurückgeht, wurde im Laufe der langen Entstehungszeit von rund zehn Jahren zwischen 1913 und 1924 zum umfassenden philosophischen Roman erweitert und erfuhr im Verlauf durch äußere Ereignisse wie dem Ersten Weltkrieg und begleitende Arbeiten des Autors wie dem Essay *Betrachtungen eines Unpolitischen* (1918) mehrfach Veränderungen.

Inhalt: Der 24-jährige Hamburger Patriziersohn Hans Castorp reist vor Antritt seiner Ingenieursausbildung zu Besuch seines lungenkranken Vetters in das Sanatorium Bergfried im schwei

---

Hauptfiguren in »Der Zauberberg« von Thomas Mann

Hans Castorp: Die Hauptperson des Romans, bei Erzählbeginn ein 24-jähriger »einfacher junger Mensch« und angehender Ingenieur, wird als durchschnittlicher Bürgersohn auf Abwegen geschildert, ein »Sorgenkind des Lebens«, als dessen Besonderheit sich eine früh zu Tage getretene Affinität zu Krankheit und Tod erweist und ihn zu seiner den Einflüssen offen stehenden Person qualifiziert. Die »Bildungsgeschichte« des jungen Mannes findet nach sieben Jahren Aufenthalt ihr abruptes Ende in dem ausbrechenden Krieg.

Joachim Ziemzen: Der Vetter Hans Castorps, ist das Muster des pflichtbewussten, anständigen, soldatischen Charakters, der seinen Aufenthalt im Davoser Sanatorium frühzeitig zu beenden sucht und infolge dieses Versuches stirbt.

Clawdia Chauchat: Die charmant-laszive, mit asiatischen Zügen gezeichnete Russin, in die sich der Held verliebt, im ersten Teil des Romans Antipodin Settembrinis, steht für die Verführung durch das Rauschhaft-Dämonische.

Settembrini: Mit Zügen des »Zivilisationsliteraten« versehen, wie ihn Mann in seinen *Betrachtungen eines Unpolitischen* (1918) charakterisiert, ist Settembrini der Vertreter der optimistischen und fortschrittsgläubigen Aufklärung, der kritische Geist gegen »die Mächte der Finsternis«.

Naphta: Naphta, der Gegenspieler Settembrinis, ist eine aus vielfältigen Quellen gespeiste Figur: fanatischer Jesuitenschüler, der den Krieg bejaht und dem bürgerlichen Individualismus die Idee eines mit kommunistischen Zügen versehenen christlichen Gottesstaates entgegensetzt. Die Auseinandersetzungen zwischen Settembrini und Naphta enden mit einem Pistolenduell zwischen beiden, bei dem Naphta von eigener Hand den Tod findet.

Mynheer Peeperkorn: Die als Partner Clawdia Chauchats auftretende »große Persönlichkeit« , mit Zügen Gerhart → Hauptmanns versehen, porträtiert in karikierender Übertreibung eine den Mythos, die elementare Natur, das dionysische, rauschhafte Leben feiernde Figur.

OT = Originaltitel **EZ** = Entstehungszeit **OA** = Originalausgabe **DE** = Deutsche Erstausgabe ▭ = Verweis auf Werkartikel

zerischen Davos. Aus den geplanten drei Wochen Aufenthalt werden sieben Jahre. In der gewissermaßen zeitentrückten, atmosphärisch von Krankheit und Tod geprägten Berg- bzw. Sanatoriumswelt erweist sich der »einfache junge Mensch« als leicht empfänglich für die sinnlichen und geistigen Einflüsse und die von den einzelnen Romanpersonen vertretenen weltanschaulichen Positionen. Hierbei stehen die verführerische Russin Clawdia Chauchat, der »Zivilisationsliterat« Settembrini, der fanatische Jesuitenschüler Naphta sowie die später auftretende »große Persönlichkeit« des Mynheer Peeperkorn sich in wechselnden Konstellationen als aufeinander bezogene Antipoden gegenüber, die gewissermaßen um die Seele des Helden kämpfen. Während der Vetter Joachim nach seiner verfrühten Abreise zurückkehrt und an seiner Krankheit stirbt (»Als Soldat und brav«), findet Hans Castorps Aufenthalt und damit der Roman sein abruptes Ende in dem ausbrechenden Weltkrieg, in dem sich die Spur des Helden verliert.

Aufbau: Der Roman ist in sieben Kapitel aufgeteilt, in Analogie zu den sieben Jahren, die Hans Castorp im Sanatorium verbringt, doch bleiben nur die ersten drei Kapitel zeitlich eng auf die ersten Tage und Wochen des Aufenthalts beschränkt, während die restlichen Kapitel in lockerem zeitlichem, episodenhaft erzähltem Verhältnis zur Handlungszeit stehen. Das Kapitel *Walpurgisnacht*, in dem die Liebesbegegnung zwischen Hans und Clawdia Chauchat stattfindet, steht etwa in der Mitte des Romans. Ihm folgt im Gegensatz zum rauschhaften Verführungsgeschehen eine als Aufwärtsentwicklung angedeutete geistig-menschliche Entwicklung Hans Castorps, die im folgenden Kapitel *Schnee* in einem zentralen Traumerlebnis Castorps ihren Orientierungspunkt besitzt. Dort findet sich, als Quintessenz der aus den Reflexionen und Unterhaltungen gewonnenen Erkenntnis, der einzige im Werk von Mann gesperrt gesetzte Satz: »Der Mensch soll um der Liebe und Güte willen dem Tode keine Herrschaft einräumen über seine Gedanken.« Freilich ist diese humanistisch-positive Einsicht des Helden als ein Traum qualifiziert, der keine Konsequenzen nach sich zieht. Der Roman als Ganzes unterstreicht vielmehr die grundsätzliche Relativität sämtlicher geistiger Inhalte und Standpunkte gegenüber einer Faktizität des Willens zur Macht, die zeitgeschichtlich im Krieg zum Ausdruck kommt.

Wirkung: *Der Zauberberg* gehört zu den am intensivsten rezipierten Romanwerken von Mann. Nach dem Erscheinen mischte sich große Bewunderung mit Kritik vor allem an der Intellektualität des Romans, der Philosophie, Theologie, Medizin, Psychoanalyse und anderes

mehr ausgiebig verhandelt. Insgesamt wird der Roman als groß angelegtes geistiges Panorama der Vorkriegszeit und damit des Endes einer bürgerlichen Kultur verstanden. Für Mann bedeutet das Werk selbst vor allem eine klärende Auseinandersetzung über seinen ästhetischen Standpunkt im Verhältnis zur Politik und zum Ersten Weltkrieg. Ein großer Teil der Reflexionen und Überlegungen des Romans ist – bei nun veränderter Grundeinstellung – dem kurz zuvor verfassten politischen Essay *Betrachtungen eines Unpolitischen* entnommen. *Der Zauberberg* hat auch in späteren Jahren immer wieder das Interesse auf sich gezogen und wurde 1981 von Hans Werner Geissendörfer verfilmt. .

Thomas Mann in einem Brief vom 22.8.1912 an Samuel Fischer:

In die Verkommenheit meines Zauberberges soll der Krieg von 1914 als Lösung hereinbrechen, das stand fest von dem Augenblick an, wo es losging.

Doktor Faustus

T Doktor Faustus. Das Leben des deutschen Tonsetzers Adrian Leverkühn, erzählt von einem Freunde **OA** 1947
Form Roman **Epoche** Moderne

In Anlehnung an das alte Volksbuch vom Doktor Faustus erzählt der Roman Thomas Manns eine exemplarische Künstlerbiografie, in der anhand kunstphilosophischer, in erster Linie musiktheoretischer Betrachtungen eine Analyse Deutschlands und der Deutschen, ihrer inneren Befindlichkeit und ihres politischen Schicksals im 20. Jahrhundert vorgestellt wird.

Entstehung: Im Frühjahr 1943 begann Thomas Mann im kalifornischen Exil mit dem Roman, dem ein umfangreiches Quellenstudium vorausging. Wie der Erzähler Zeitblom im Roman beginnt Mann mit den Arbeiten am 23. Mai des Jahres und lässt sie am 8. Mai 1945, dem Tag der Kapitulation Deutschlands, enden. Zeitgleich mit gesellschaftspolitischen Aufsätzen

Jon Finch als Adrian Leverkühn mit Marie Lebee in der Verfilmung des Romans *Doktor Faustus* von Thomas Mann (BRD 1982; Regie: Franz Seitz).

Der Faust-Stoff in der europäischen Literatur	
Anonym 1587	*Historia von D. Johann Fausten:* Der anonym in Süddeutschland verfasste »Sensationsroman« wurde zum wahren Volksbuch und zur Quelle für alle späteren Bearbeiter des Faust-Stoffs.
Christopher Marlowe 1604	*Doktor Faustus:* Die auf dem deutschen Volksbuch basierende Tragödie des Engländers warnt in eindringlicher Manier vor der Sünde und den Folgen unersättlicher Erkenntnis und Lustbegier.
Johann Wolfgang von Goethe 1808; 1832	*Faust:* Nach der *Orestie* des Aischylos und dem Gesamtwerk → Shakespeares gilt Goethes *Faust* (entstanden 1772–1831) als die dritte geniale Höchstleistung der gesamten Dramenliteratur.
Friedrich Müller 1778	*Fausts Leben:* Ganz im Geist des Sturm und Drang ist die Titelfigur in dem Dramenfragment ein Kraftgenie.
Friedrich Maximilian Klinger 1791	*Fausts Leben, Taten und Höllenfahrt:* In dem philosophischen Roman zeigt Leviathan dem Titelhelden auf einer Reise durch die Welt den Niedergang von Moral und Gerechtigkeit.
Christian Dietrich Grabbe, 1829	*Don Juan und Faust:* Nach Goethes *Faust* unternimmt Grabbe in seiner Tragödie eine vollkommene Umgestaltung des Stoffs.
Nikolaus Lenau 1836	*Faust:* Lenau zeigt in seiner an Goethes Handlungsführung angelehnten episch-dramatischen *Faust-Dichtung* die Aussichtslosigkeit der Suche nach letzter Erkenntnis und Wahrheit.
Paul Valéry 1941	*Mein Faust:* Das dramatische Fragment in zwei Skizzen schildert den Kampf des Ungeists (Mephisto) gegen den Geist (Faust) in einer symbolisch verschlüsselten Sprache.
Thomas Mann 1947	*Doktor Faustus:* Der komplexeste Roman Thomas Manns variiert das 400 Jahre alte Faust-Thema zeit- und geistesgeschichtlich auf höchstem intellektuellem Niveau. → S. 725

Manns, vor allem *Deutschland und die Deutschen* (1945), in dem die Gleichsetzung von Faust, Deutschtum und Musik den gedanklichen Ausgangspunkt darstellt, wird *Doktor Faustus* in den ersten Jahren nach seinem Erscheinen vor allem als Auseinandersetzung mit Nationalsozialismus und Faschismus verstanden, wobei die zum Teil kritischen Reaktionen jener Jahre mit Manns Zögern, nach Deutschland zurückzukehren, in eingem Zusammenhang standen.

Inhalt: *Das Leben des deutschen Tonsetzers Adrian Leverkühn, erzählt von einem Freunde,* so der Untertitel des Romans, wird vom pensionierten Lehrer Dr. phil. Serenus Zeitblom erzählt, der seinem Jugendfreund als Librettist und Verwahrer seiner Manuskripte zur Seite stand. Beide stammen aus einem altdeutsch gezeichneten Umfeld in Thüringen, besuchten gemeinsam das Gymnasium und studierten mehrere Semester an der selben Universität, Leverkühn Theologie, Zeitblom klassische Philologie. Auch spätere Lebensstationen führten beide wiederholt zusammen, bis Leverkühn 1930 – in deutlicher Anlehnung an die Biografie von Friedrich → Nietzsche – eine Geisteskrankheit befällt und er die letzten zehn Lebensjahre in geistiger Umnachtung bei seiner Mutter verbringt.

Leverkühn, mit faustischen Zügen gezeichnet, ist im Gegensatz zu seinem katholischen, humanistischen Prinzipien folgendem Chronisten ein menschenscheuer, zwischen Schwermut

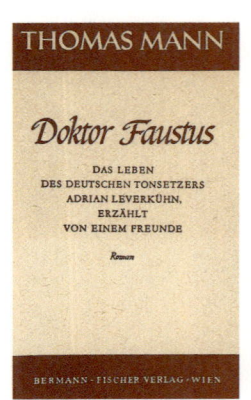

Thomas Mann, *Doktor Faustus,* Umschlag der Originalausgabe 1947

und Lachzwang schwankender hochmütiger Intellektueller, dessen radikale musikalische Arbeiten als exzentrische, die Magie einbeziehende Werke qualifiziert sind, wobei die schönbergsche Zwölftonmusik eine herausgehobene Rolle spielt. In dem zentralen Teufelsgespräch (25. Kap.), einem fantastischen kunsttheoretischen Selbstgespräch Leverkühns in einem der Mephisto-Szene nachgebildeten Dialog, erfolgt die – vom Teufel in Aussicht gestellte – Beschreibung der Inspiration als dämonischer Quelle künstlerisch schöpferischer Genialität, die gesellschaftspolitisch als Auslieferung an den europäischen Faschismus in einem krankhaften Rausch gedeutet wird (»Der Künstler ist der Bruder des Verbrechers«).

Zeitbloms Beschreibung des Werde- und Untergangs seines Freundes sind im Ton eines Anteil nehmenden Beobachters gehalten, der von seinem Gegenstand mit einer Mischung aus faszinierter Bewunderung und sorgenvollem Schrecken berichtet – analog dem Blick Manns aus dem Exil auf die gesellschaftliche und politische Entwicklung Deutschlands in den 1930er Jahren des 20. Jahrhunderts.

Wirkung: Interpretiert als Künstlerroman, als Bildungs-, Musik-, Gesellschafts- und Zeitroman sowie als ein Romankunstwerk, das aufgrund seiner Montagetechnik mit Zitaten das besondere Interesse der Fachinterpreten gefunden hat, ist *Doktor Faustus* vom Publikum überwiegend als Thomas Manns literarische Auseinandersetzung mit Deutschland und dem Nationalsozialismus verstanden worden. Die Geschichte des zeitgenössischen deutschen Verhängnisses, dargestellt als ein aus Verblendung erfolgtes Teufelsbündnis, vor dem Hintergrund einer besonderen kulturellen Geschichte war insbesondere in Deutschland selbst die dominierende Sicht, die in den Nachkriegsjahren mit der Frage der inneren und äußeren Emigration verbunden wurde. 1982 wurde der Roman von Franz Seitz verfilmt.

Bekenntnisse des Hochstaplers Felix Krull

OA 1954 (Teildrucke 1911 und 1922)
Form Roman **Epoche** Moderne

Die durch den Titel angedeutete Tradition der autobiografischen Lebensbeichte etwa der *Bekenntnisse* (um 400 n.Chr.) des Aurelius → Augustinus oder → Goethes *Aus meinem Leben. Dichtung und Wahrheit* (1811–14/1833), mithin die spätere ernste und kritische Betrachtung des eigenen Lebens, wird augenzwinkernd parodiert. *Felix Krull* ist hauptsächlich ein Schelmenroman, der in der episodenhaften Darstellung eines abenteuerlichen Lebens besteht, wobei ihm in diesem Fall auch märchenhafte Züge zu eigen sind.

Entstehung: Die Entstehung des Romans fällt in zwei getrennte Perioden. Ein erster Teil, der knapp die Hälfte des Textes umfasste, wurde in den Jahren 1910–13 geschrieben. Thomas Mann ließ den Stoff, den er zu Gunsten der Novelle *Tod in Venedig* unterbrach, anschließend lange unbehandelt. Erst 1951 nahm er die Arbeit wieder auf, aber unter Zusatz meist allgemeinerer, philosophischerer Betrachtungen. Auch in der Charakteristik des »Helden« macht sich ein allmählicher Wandel bemerkbar: Krull verändert sich vom betrügerischen Hochstapler zum fast exemplarischen, mit mythischen Zügen versehenen, in positiver Haltung zur Welt stehenden Künstlermenschen. Der Untertitel *Der Memoiren erster Teil* deutet bereits auf eine Fortsetzung des abrupt endenden Romans hin, was der Tod des Autors jedoch verhinderte.

Inhalt: Die Lebensgeschichte des Felix Krull beginnt mit der Beschreibung der sorgenfreien Kindheit im Rheinland, die von vorgetäuschten Krankheiten, kleineren Diebstählen, frühen erotischen Erfahrungen und der Liebe zum Theater sowie der Schauspielerei geprägt ist. Nach dem Bankrott der elterlichen Sektfirma und dem Selbstmord des Vaters verbringt der Held eine mußevolle Zeit in Frankfurt, durchlebt eine Liebesschule mit einer Prostituierten, wird dank seiner schauspielerischen Fähigkeiten (vorgespielte Epilepsie) vom Militärdienst befreit, reist auf Empfehlung eines Hausfreunds nach Frankreich, wobei er im Zug eine mitreisende Fabrikantengattin bestiehlt (»es war mehr ein Geschehen, denn ein Handeln«). Ihr dient er in Paris in einem Hotel, in dem er vom Liftboy zum Oberkellner avanciert, als »Liebesdieb«.

Dank seiner Wortgewandtheit und seines angenehmen Äußeren genießt Krull die Rolle des begehrten Günstlings der Frauen. Sein Aufstieg setzt sich fort mit der anstelle eines reiseunwilligen jungen Marquis angetretenen Weltreise, auf der er den Paläontologen Professor Kuckuck kennen lernt, der Krull mit einer Alleinheitsphilosophie vertraut macht und ihn in seine Familie einführt.

Aufbau: Der Roman umfasst drei Bücher mit insgesamt 27 Kapiteln, die episodenhaft das abenteuerliche Leben des jungen Krull wiedergeben. Neben der Einordnung als Schelmenroman liest sich *Felix Krull* auch als Parodie des klassischen Bildungsromans, insofern das Ende nicht in der Läuterung eines träumerischen Ich durch die Welt besteht. Zugleich findet sich in der Beschreibung des narzisstischen, dandyhaften, ebenso sprachgewandten wie sinnlichen, gleichzeitig hermaphroditischen, zugleich menschenkundigen Charakterbildes des

Krull eine inhaltliche Auseinandersetzung mit dem Künstlerthema wieder. Der Roman ist zugleich auch die ironische Betrachtung einer bürgerlichen Scheinwelt, deren Prinzip es ist, getäuscht werden zu wollen. Krulls gesellschaftlicher Aufstieg ist insofern auch eine Decouvrierung. Die »Grundidee« von einst, so Mann, »die travestierende Übertragung des Künstlertums ins Betrügerisch-Kriminelle«, wandelt sich zu einem »vieles aufnehmenden humoristisch-parodistischen Bildungsroman«.

Thomas Mann, *Bekenntnisse des Hochstaplers Felix Krull;* links: Umschlag der Originalausgabe 1954 (Gestaltung: Martin Kausche); rechts: Umschlag der Ausgabe 1957 (Gestaltung: Eberhard Rensch)

Die wichtigsten Bücher von Thomas Mann	
Die Buddenbrooks 1901	Der Erstlingsroman Thomas Manns, für den er 1929 den Literaturnobelpreis erhielt, schildert den Untergang einer großbürgerlichen Lübecker Kaufmannsfamilie. → S. 722
Königliche Hoheit 1909	Schauplatz des Romans ist die Residenzstadt eines fiktiven deutschen Fürstentums vor dem Ersten Weltkrieg. Das Werk endet mit der Heirat des Prinzen mit der Tochter eines Milliardärs.
Tod in Venedig, 1912	Dem Schema der klassischen Tragödie folgend erzählt Mann vom Niedergang des Schriftstellers Gustav von Aschenbach in Venedig. → S. 723
Der Zauberberg, 1924	In dem Roman analysiert Mann die geistige Situation des Vorkriegseuropa in Form eines »Bildungsromans« analysiert. → S. 724
Joseph und seine Brüder (1933–42)	Die zwischen 1926 und 1942 geschriebene, 2000 Seiten starke Romantetralogie *(Die Geschichten Jaakobs, Der junge Joseph, Joseph in Ägypten, Joseph der Ernährer)* behandelt – ausgehend von der Erzählung des Alten Testaments – die Geschichte Josephs als Menschheitsgeschichte.
Lotte in Weimar (1939)	Manns Goethe-Roman entwirft, ausgehend von einem historischen Besuch der Hofrätin Kestner bei → Goethe in Weimar, ein psychologisch differenziertes Bild des Dichterfürsten, der für Mann stets Vorbild war.
Doktor Faustus (1947)	Die Geschichte eines Musikers, der sich dem Teufel verschreibt, wird als erklärende Analogie der deutschen Geschichte und ihrer Auslieferung an den Nationalsozialismus erzählt. → S. 725
Der Erwählte (1951)	Der Roman erzählt die Geschichte des inzestgeborenen Gregorius zum späteren Papst als Bekehrungsgeschichte eines Menschen.
Bekenntnisse des Hochstaplers Felix Krull, (1954)	Der heitere, das Märchenhafte streifende Altersroman Manns erzählt in der Form eines Schelmenromans den gesellschaftlichen Aufstieg des schauspielerisch begabten Helden Felix Krull, der erkannt hat, die Welt will getäuscht werden. → S. 726

Ich bitte ja nur um Zeit, das alles schreiben zu können – Zeit, meine Bücher zu schreiben. Dann macht es mir nichts aus, sterben zu müssen. Ich lebe, um zu schreiben. Die schöne Welt (Gott, wie schön ist die sichtbare Welt!) ist da, und ich bade in ihr und fühle mich erfrischt. Aber es ist mir, als hätte ich eine Pflicht, als hätte man mir eine Aufgabe zugewiesen, die ich beenden muss.

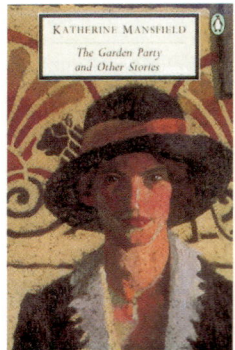

Katherine Mansfield, *Das Gartenfest*, Einband der US-Taschenbuch-Neuausgabe 1998

Wirkung: Der Roman fand seit seinem Erscheinen bis in die heutigen Tage immer die Gunst des Publikums. Grund dafür sind zum einen die märchenhaften, das Skurrile und Komödienhafte streifenden geschilderten Erlebnisse, zum anderen der spezifische Humor des Romans, der aus dem Spannungsverhältnis der abenteuerlichen Inhalte und der trocken und ehrwürdig anmutenden Erzählweise resultiert. *F. M. S.*

Mansfield, Katherine

(eigtl. Kathleen Mansfield Beauchamp)

englischspr. Schriftstellerin

* 14.10.1888 Wellington, Neuseeland

† 9.1.1923 Fontainebleau, Frankreich

📖 *Das Gartenfest*, 1922

Katherine Mansfield hat in ihren Werken der Rastlosigkeit, der zunehmenden Mobilität und Heimatlosigkeit in ihrer Zeit Ausdruck verliehen.

Mansfield wurde die trauliche Oberfläche des Familienlebens in Wellington, unter der Angst und seelische Grausamkeit lauerten, schnell zu eng. 1909 verließ sie Neuseeland. Als ehemalige Bewohnerin der Kolonien fühlte sie sich in England trotz ihrer Freundschaft mit anderen Literaten wie D. H. → Lawrence und Virginia → Woolf als Außenseiterin. Ab 1912 lebte sie mit dem Schriftsteller John Middleton Murry (1889 bis 1957) zusammen. Krankheit sowie ständige Orts- und Wohnungswechsel prägten fortan ihr Leben. Der frühe Tod ihres Bruders Leslie Heron

Beauchamp 1915 wurde zum Anlass, die erlebte Kindheit schreibend zu fixieren. Mit *Prelude* (1916) entwickelte sie ihren charakteristischen Kurzgeschichtenstil. An Tuberkulose erkrankt, begann Mansfield einen Wettlauf gegen die Zeit: In den ihr verbleibenden sieben Jahren veröffentlichte sie insgesamt drei Bände mit Kurzgeschichten.

Biografien: J. Schöffling, *Katherine Mansfield. Leben und Werk*, 1996; C. Tomalin, *Katherine Mansfield. Eine Lebensgeschichte*, 1987.

Das Gartenfest

OT The Garden Party and Other Stories **OA** 1922
DE 1937 **Form** Kurzgeschichten **Epoche** Moderne

Die moderne Kurzgeschichte (Short Story) ist eine Erfindung der englischsprachigen Literatur. Bei Autoren wie Katherine Mansfield, James → Joyce und D.H.→ Lawrence avancierten Kurzgeschichten zu assoziationsreichen Texten, die oft keine Handlung im herkömmlichen Sinn erkennen lassen. Mansfield vollendete das Genre – nicht zuletzt, weil die Kurzgeschichte bis zu ihrem frühen Tod ihre einzige literarische Ausdrucksform blieb.

Entstehung: *Das Gartenfest* war nach *Prelude* (1916) und *Seligkeit* (1921) Mansfields dritter Band mit Kurzgeschichten und der letzte, der vor ihrem Tod veröffentlicht wurde. Viele Geschichten erschienen zunächst in Magazinen wie dem *London Mercury* oder *Sphere*.

Inhalt: Die Skizzen und kurzen Erzählungen, die in Neuseeland und England spielen, handeln nicht von dramatischen Ereignissen, sondern sind minutiöse Charakter- und Genrestudien. Klimax der Geschichten ist kein plötzlicher Wendepunkt, allenfalls gibt es eine plötzliche Erhellung im Leben der Figuren, die für sie zwar weit reichende Konsequenzen haben kann, aber nur als schweigende Wahrnehmung dargestellt wird.

Die Geschichten bilden miteinander ein komplexes Beziehungsgeflecht. Am auffälligsten ist das Thema des Todes, das sich wie ein roter Faden durch alle Erzählungen zieht. In der Titelgeschichte werden die Gäste eines Gartenfestes mit dem tragischen Tod eines weniger privilegierten Mannes konfrontiert. Die längste Kurzgeschichte, *An der Bucht*, die in ihrer Vielschichtigkeit an den Roman *Die Wellen* von Virginia →Woolf erinnert, basiert auf Reminiszenzen an die Kindheit und Jugend der Autorin. Ein Grund für die Modernität ihrer Geschichten liegt auch darin, dass Frauen sich in ihnen gegen das klassische Rollenverhalten wehren. So zeigt beispielsweise die Protagonistin Linda Burnell in *An der Bucht*, dass es so etwas wie einen Mutterinstinkt nicht gibt.

Die wichtigsten Kurzgeschichten aus »Das Gartenfest« von K. Mansfield	
Miss Brill 1920	Geschichte über eine alternde Schauspielerin, deren einziges Vergnügen darin besteht, sonntags ihren Pelz spazieren zu tragen.
Der Fremde 1920	Ein Ehemann wird sich der Entfremdung von seiner Frau bewusst, als sie während einer allein unternommenen Schiffsreise die letzten Lebensminuten eines sterbenden jungen Mannes begleitet.
An der Bucht 1921	Ein Tag im Leben unterschiedlicher Personen in dem kleinen neuseeländischen Seeort Kaori. Die Geschichte weist starke autobiografische Bezüge zur Kindheit der Autorin auf.
Das Gartenfest 1921	Titelgeschichte des Erzählbands, in der die unbeschwerte Stimmung eines Gartenfests mit dem Tod eines weniger privilegierten jungen Mannes aus dem Arbeiterviertel kontrastiert wird.
Eine ideale Familie, 1921	Mr. Neave hat das Gefühl, nicht mehr gebraucht zu werden, weder in seinem Büro noch von seiner Familie.
Die Seereise 1921	Das Mädchen Fenella verlässt nach dem Tod der Mutter seinen Vater, um fortan bei den Großeltern zu leben.
Herr und Frau Tauber 1921	Ein junges Mädchen lehnt den Heiratsantrag eines Mannes ab, indem es die Ehe mit der Beziehung eines Taubenpärchens vergleicht: Einer der beiden Partner ist immer der treibende Part.
Das Leben von Ma Parker, 1921	Die Titelgestalt dieser Kurzgeschichte muss am Ende eines langen Lebens voller Mühsal erkennen, dass ihr alles genommen wurde.

Struktur: Bei Mansfield ist wie bei vielen anderen Autoren der Moderne die Konzentration auf einen bestimmten Augenblick erkennbar. Generell vermitteln die 15 Geschichten ein Gefühl von großer Dringlichkeit. Charakteristisch sind ihr experimenteller Stil, die Art, wie die Erzählstimme auf viele Figuren verteilt wird. Ein generalisierender Erzählerstandpunkt fehlt. Wie bei James →Joyce in *Dubliner* ist die Distanz des Erzählers zum Erzählten verringert. Die Technik der erlebten Rede und des Bewusstseinsstroms (stream of consciousness, → Stichwort S. 1169) lässt Gedanken, Reflexionen und Gefühlsregungen der Figuren unmittelbar zum Ausdruck kommen. Die Sprache ist der Stimmung der Charaktere angepasst.

Wirkung: Simone de → Beauvoir zitierte in ihrem umfangreichen Werk *Das andere Geschlecht* (1949) die autobiografisch gefärbten Geschichten von Mansfield, weil sie ihrer Meinung nach die Prozesse sichtbar machen, die Frauen in einem häuslichen Kontext verorten. Die Kurzgeschichten von Katherine Mansfield haben eine Form perfektioniert, in der es weniger auf das ankommt, was gesagt wird, als auf das, was zwischen den Zeilen zu lesen ist. Wieder aufgegriffen und erweitert wurde diese Schreibweise in den 1980er Jahren von Raymond →Carver.   *K. v. H.*

Manzoni, Alessandro

italien. Schriftsteller

*7.3.1785 Mailand, †22.5.1873 ebd.

📖 *Die Verlobten*, 1827

Alessandro Manzoni ist der bedeutendste Schriftsteller der italienischen Romantik (Stichwort → S. 729). Mit seinen Bühnenwerken durchbrach er die starre Form der französischen Schule und gab der Dramentheorie der Romantik poetische Gestalt. Sein historischer Roman *Die Verlobten* nahm maßgeblichen Einfluss auf die Schriftsprache seines Landes und gilt als Beginn der modernen italienischen Prosa.

Väterlicherseits stammte Manzoni aus einer adeligen Familie. Durch seine Mutter, der Tochter des Aufklärers Cesare Beccaria (1738–94), war er republikanisch-revolutionär geprägt. Nach der Trennung seiner Eltern durchlief Manzoni verschiedene religiöse Erziehungsanstalten. 1805 ging er nach Paris, wo er in den Salons der Aufklärer verkehrte. Nach seiner Heirat mit der tief religiösen Enrichetta Blondel trat er 1810 zum Katholizismus über. Nachdem Manzoni zunächst einige aufklärerische Kurz-

epen und Gedichte verfasst hatte, schrieb er fortan religiös geprägte Werke. 1815–22 erschienen seine *Heiligen Hymnen,* ein auf zwölf Gedichte geplanter Zyklus, von denen aber nur fünf verwirklicht wurden. Mit *Der Graf von Carmagnola* (1820) schrieb Manzoni eine fünfaktige historische Tragödie in der Nachfolge von → Goethe und → Schiller. Seine zweite Tragödie, *Adelgis* (1822), beschreibt den Untergang des Langobarden-Reichs. 1827 erschien sein Hauptwerk, der Roman *Die Verlobten.* Anschließend versiegte seine literarische Kreativität.

Im Alter engagierte Manzoni sich für die italienische Einigung: 1860 wurde er Senator und unterstützte die Wahl von Viktor Emanuel II. (1820–78) zum König des geeinten Italien.

Alessandro Manzoni, *Die Verlobten,* Titelblatt der zweiten Auflage 1840

Die Verlobten

OT I Promessi Sposi
OA 1827 **DE** 1832
Form Roman **Epoche** Romantik

Mit seinem historischen Roman *Die Verlobten* schuf Alessandro Manzoni ein realistisches Bild der unter spanischer Fremdherrschaft leidenden Lombardei im frühen 17. Jahrhundert.

Inhalt: Die Handlung spielt 1628 in der Nähe von Mailand, am Comer See. Der spanische Edelmann Rodrigo hat gewettet, dass er die junge Braut Lucia verführen wird. Mit Drohungen schüchtert er den Dorfpfarrer Abbondio ein und verhindert so die Trauung Lucias

Italienische Romantik

Die Ausbreitung der Romantik und der nationale Befreiungskampf (italien.: Risorgimento), der 1861 zur Einigung Italiens führte, prägten das italienische Geistesleben im 19. Jahrhundert. Politisches und romantisch-künstlerisches Schrifttum waren dabei eng miteinander verwoben.

Frühromantik: Bereits ganz im Zeichen dieser zwei Strömungen steht der u.a. von *Die Leiden des jungen Werthers* (1774) von Goethe und den frühromantischen Werken von Vittorio Alfieri (1749–1803) inspirierte Briefroman *Die letzten Briefe des Jacopo Ortis* (1802) von Ugo Foscolo (1778–1827). Das Werk, das eine Besinnung auf die nationalen Werte forderte, nahm großen Einfluss auf das Denken in der frühen Zeit des Risorgimento.

Lyrik: Einflussreichster Vertreter der patriotischen Lyrik und zugleich der wichtigste Theoretiker der italienischen Romantik

war Giovanni Berchet (1783–1851). Abseits patriotischer Dichtkunst erreichte die Romantik mit den *Gesängen* (1831) von Giacomo Leopardi (1798–1837) einen Höhepunkt künstlerischer Vollendung. Während dem Schaffen von Manzoni ein christlich geprägtes positives Geschichtsbild zu Grunde lag, neigte Leopardi einem historischen Pessimismus zu.

Roman: Den Einfluss der Politik auf die Literatur dokumentiert auch die Blüte des historischen Romans, die in die romantische Epoche fällt. Neben Manzoni engagierten sich zahlreiche Autoren in ihren Werken für ein nationales Selbstbewusstsein, für die Abschaffung der Fremdherrschaft und für eine Einigung Italiens. Zu den wichtigsten Vertretern dieser Strömung zählt Ippolito Nievo (1831–61) mit seinem Roman *Erinnerungen eines Achtzigjährigen* (1867).

mit Renzo. Lucia flieht in ein Kloster, doch Rodrigo lässt sie entführen. In ihrer Nähe sieht der Edelmann schließlich seine Niedertracht ein und gibt Lucia frei. Der Hochzeit der beiden Liebenden steht nun nichts mehr im Weg.

Um diese Haupthandlung entfaltet Manzoni ein farbenreiches und subtiles Panorama einer krisenhaften Zeit: Berüchtigte Edelleute und deren gewissenlose Handlanger, charakterschwache, aber auch vorbildliche Kleriker sowie zahlreiche einfache Leute mit ihren elementaren Sorgen in Zeiten von Pestepidemien und Hungersnot bevölkern den Roman.

Wirkung: Durch die eindringliche und nüchterne Schilderung desolater gesellschaftlicher Verhältnisse zählt *Die Verlobten* zu den Schlüsselromanen der italienischen Kultur und Geschichte. Bereits kurz nach seinem Erscheinen lobte → Goethe den weltliterarischen Rang des Romans. 2000 erschien eine deutsche Neuausgabe des Werks unter dem Titel *Die Brautleute.* D.M.

Mao Zedong

(eigtl. Mao Tse-tung) chines. Politiker

* 26.12.1893 Shaoshan (Prov. Hunan), † 9.9.1976 Peking

📖 *Worte des Vorsitzenden Mao Tse-tung,* 1966

Die Bilder in den Zeitschriften aus der Zeit des »großen Sprungs nach vorn«, auf denen Hunderttausende von Menschen mit einfachen Schaufeln und Schubkarren gewaltige Staudämme errichteten, haben im Westen lange Zeit das Bild von Mao Zedong geprägt. Aber Mao trat nicht nur als Revolutionsführer hervor, sondern zeichnete sich auch als eifriger Verfasser politischer Prosa und begabter Lyriker aus.

Mao Zedong war Mitglied des Gründungskongresses der Kommunistischen Partei in Shanghai 1921. Der eigentliche Aufstieg des Bauernsohns, der 1918 ein Examen als Schullehrer abgelegt hatte, begann allerdings erst, als es ihm nach Ausbruch des Bürgerkriegs 1927 in kurzer Zeit gelang, eine schlagkräftige Partisanenorganisation aufzubauen. Eine Offensive der Regierungstruppen zwang die Kommunisten 1934 zum inzwischen legendären »langen Marsch«, der sie unter ständigen Kämpfen in einem Jahr bis in die Provinz Shaanxi am Rand der mongolischen Wüstensteppe führte. Wenig später wurde Mao zum Vorsitzenden der Kommunistischen Partei gewählt.

Nach der japanischen Niederlage 1945 kam es erneut zum Bürgerkrieg, der 1949 mit der Ausrufung der Volksrepublik durch Mao endete. In der Folgezeit leitete er tief greifende Reformen ein, die China in wenigen Jahren in eine sozialistische und westlich geprägte Industrienation umformen sollten. Diese Politik stürzte das Land nach 1960 in die größte Hungersnot seit über 100 Jahren, sodass Mao zunehmend in den Hintergrund gedrängt wurde. Als es ihm 1966 gelang, mit Hilfe der »Roten Garden« die Kulturrevolution auszulösen, konnte er seine Widersacher noch einmal ausschalten.

Vor allem wegen der zahllosen Todesopfer, die die »Kulturrevolution« forderte, fällt heute das Urteil über Mao in China eher negativ aus. In den Jahren nach 1981 schob ihm die Parteiführung die Verantwortung für alle Fehlentwicklungen seit 1956 zu, so dass auf diese Weise die übrigen Parteifunktionäre, die diese Entwicklung bis dahin mitgetragen hatten, von ihrer Verantwortung freigesprochen wurden.

Biografie: T. Grimm, *Mao Tse-Tung* (rm 50 141).

Worte des Vorsitzenden Mao Tse-tung

OT Mao Zhuxi Yulu »Yulu = ›aufgezeichnete Worte‹«
OA 1966 **DE** 1967
Form Zitaten-Sammlung **Bereich** Politik

Spätestens als im Herbst 1966 Millionen junger Chinesen bei gewaltigen Massendemonstrationen auf dem »Platz des Himmlischen Friedens« in Peking das kleine rote Buch, von Kritikern gerne als »Mao-Bibel« bezeichnet, in den Händen schwenkten, gerieten die *Worte des Vorsitzenden Mao Tse-tung* ins Bewusstsein der Weltöffentlichkeit.

Entstehung: Die Sammlung der Worte des Vorsitzenden wurde nach dem »großen Sprung nach vorn« (1958–61) von Verteidigungsminister Lin Biao, der auch das Vorwort zu dem Buch schrieb, für die »politische Erziehung« der Soldaten der Volksbefreiungsarmee zusammengestellt. Lin Biao galt damals als der engste Vertraute und Waffengefährte Maos, soll sich allerdings während der Kulturrevolution zunehmend gegen dessen Vorstellung von der »permanenten Revolution« geäußert haben, die China nicht zur Ruhe kommen lasse. Er wurde 1971 gestürzt und kam kurz darauf unter nicht ganz geklärten Umständen ums Leben.

Aufbau: Das von der Kommunistischen Partei Chinas herausgegebene Buch ist eine Zusammenstellung kurzer ausgewählter Zitate des Parteivorsitzenden Mao Zedong aus den Jahren 1926–64. Es ist in 33 Abschnitte gegliedert, in denen zum in der jeweiligen Überschrift genannten Thema jeweils etwa fünf bis 25 Aussagen Maos zusammengefasst werden. Die meisten der Zitate stammen aus den Ausgewählten Werken Mao Tse-tungs, in denen sich viele Reden und Aufsätze des Parteivorsitzenden fin-

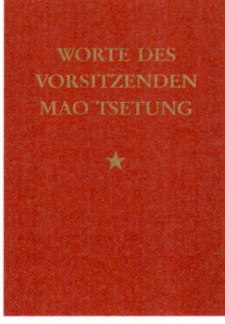

Mao Zedong, *Worte des Vorsitzenden Mao Tse-tung,* Einband der deutschsprachigen Erstausgabe 1967

Mao Zedong begrüßt Mitglieder der Roten Garden am Kaiserpalast in Peking

den. Die übrigen »Worte des Parteivorsitzenden« entnahm Lin Biao anderen öffentlichen Reden Maos sowie Pressemitteilungen.

Inhalt: Die ausgewählten Beispiele der Worte des Parteivorsitzenden entstammen einer Schaffensperiode von etwa 40 Jahren, in denen nicht nur China, sondern auch Mao Zedong selbst eine schmerzvolle Entwicklung durchlaufen haben. Sie beginnen beim Stichwort Kommunistische Partei und führen über Krieg und Frieden, der Führung von Parteikomitees bis hin zur allgemeinen politischen Arbeit. Von dort geht es, ohne dass ein logischer Aufbau erkennbar wird, weiter zu Erziehung und Ausbildung, über revolutionären Heroismus sowie Selbstvertrauen und harten Kampf weiter zu Denkweisen und Arbeitsmethoden, bis hin zur Einheit. Die letzten Abschnitte des Buchs sind dem Einzelnen gewidmet: Hier finden sich Äußerungen des Parteivorsitzenden über die Disziplin, über Kritik und Selbstkritik, über die Frauen, die Jugend und Kunst sowie Kultur und damit vergleichbare Themen.

Die zumeist ziemlich kurzen Zitate Maos, die der Parteivorsitzende irgendwann einmal zu diesem Thema geäußert hatte, werden einfach nacheinander, ohne inneren Zusammenhang und ohne Kommentar, abgedruckt. Wie viele (Volks-)Sprichwörter, so treffen auch sie zwar oft den Kern einer Sache, sagen aber, schon wegen ihrer Kürze, nur wenig aus. In dem Buch finden sich somit weder philosophisch-politische Begründungen für die Handlungen Mao Zedongs noch irgendwelche Lebenshilfen für den Leser. Dies mag jedoch daran liegen, dass das kleine Buch nicht zu dem Zweck konzipiert wurde, politische Gegner mit philosophischen Argumenten zu überzeugen, sondern lediglich dazu, die Moral junger Soldaten der Volksbefreiungsarmee mit einprägsamen Parolen zu stärken. Dennoch lassen viele Zitate ein voluntaristisches Weltbild erkennen, nach dem die Menschen alles können, wenn sie nur wirklich

wollen. Dies jedoch ist eine Vorstellung, die den ursprünglichen (westeuropäischen) Marxisten, die bekanntlich auf den »gesetzmäßigen Ablauf der Geschichte« setzten, diametral entgegengesetzt ist.

Wirkung: Die gesammelten Zitate aus dem Werk des Parteivorsitzenden dienten 1966 der Indoktrinierung der jugendlichen »Roten Garden«. Mit dem Buch in den Händen demonstrierten sie und demütigten jene, die sie als Feinde ansahen oder zu solchen erklärten. Dabei machten sie selbst vor dem Staatsoberhaupt Liu Shaoqi nicht halt, den sie als den »Obersten auf dem Weg zum Kapitalismus« brandmarkten. Bald schwenkten auch im Westen zahlreiche Jugendliche das Buch, um damit ihren Protest gegen den amerikanischen Krieg in Vietnam auszudrücken. So wurden dadurch *Die Worte des Vorsitzenden Mao Tse-tung* indirekt zu einem Symbol für die Studentenbewegung von 1968. *P. B.*

Auszug aus einer rede von Mao Zedong vom April 1945 (Abschnitt III: *Sozialismus und Kommunismus*):

Wir Kommunisten machen aus unseren politischen Ansichten niemals ein Hehl. Es steht doch fest und kann nicht im Geringsten bezweifelt werden, dass es unser Programm für die Zukunft oder Maximalprogramm ist, China zum Sozialismus und Kommunismus zu führen. Der Name unserer Partei und unsere marxistische Weltanschauung weisen klar auf dieses unendlich strahlende und schöne, dieses höchste Zukunftsideal hin.

Márai, Sándor

ungar. Schriftsteller

* 11.4.1900 Košice, † 15.1.1989 San Diego (Kalifornien)

📖 *Die Glut*, 1942

Sándor Márai ist eine herausragende Gestalt der ungarischen Literatur des 20. Jahrhunderts. Im Zentrum des umfangreichen publizistischen und literarischen Werks des bekennenden Kosmopoliten steht der Niedergang des alten europäischen Bürgertums.

Im Jahr 1900 im ungarischen Kassa, heute slowakischen Košice, geboren, zog es den einer großbürgerlichen Familie entstammenden Márai nach dem Ersten Weltkrieg auf Wanderschaft in die Zentren Europas. Er flanierte durch die Salons, schrieb Lyrik und bestritt mit journalistischen Arbeiten, u. a. für die angesehene

Die wichtigsten Bücher von Sándor Márai

Die jungen Rebellen, 1930	Der Roman um eine Clique junger Erwachsener, die sich eine Fantasiewelt erschaffen, um der bürgerlichen Welt zu entkommen.
Bekenntnisse eines Bürgers, 1934/35	Eine romanhaft angelegte Autobiografie über die Kindheit, Jugend und Studienjahre eines bekennenden Europäers.
Das Vermächtnis der Eszter, 1938	Nach 20 Jahren sieht eine Frau jenen Mann wieder, der ihr alles bedeutete und der sie um alles brachte, was ihr Leben ausmachte.
Himmel und Erde, 1942	Eine Sammlung von Prosastücken über Marginales und Grundsätzliches, die Zeugnis vom Zustand der Welt jener Zeit ablegt.
Die Glut 1942	Zwei Jugendfreunde treffen sich nach mehr als 40 Jahren wieder, um sich endlich Rechenschaft über das Geschehen abzulegen, an dem ihre Freundschaft einst zerbrach. → S. 732
Land, Land 1972	Erinnerungen des Autors an seine letzten Jahre in Ungarn, an die Zeit der deutschen Besatzung und die ersten Nachkriegsjahre.

Auszug aus dem Roman
Die Glut von Sándor Márai:

...jemanden überleben, der einem auf Tod und Leben nahe stand, das ist eine der heimlichen, nicht festzumachenden Straftaten des Lebens. Die Gesetzbücher kennen sie nicht. Wir beide aber schon, sagte er trocken. Und wir wissen auch, dass wir mit unserer ganzen beleidigten, feigen, hochmütigen Klugheit nicht gewonnen haben, denn sie ist tot und wir leben und wir drei gehören zusammen, so oder so, im Leben wie im Tod.

Sándor Márai, *Die Glut*, Umschlag der deutschsprachigen Neuausgabe 1999

Sándor Márai
die GLUT

Roman

PIPER

Frankfurter Zeitung, seinen Lebensunterhalt. Schließlich kehrte er nach Ungarn zurück und wurde Publizist bei einer Budapester Zeitung.

1932–42 veröffentlicht er Romane, Erzählungen und Essays, die ihn zum Lieblingsschriftsteller des Bürgertums machten und in viele Sprachen übersetzt wurden.

Nach der kommunistischen Machtübernahme von 1948 ging Márai ins Exil, zunächst nach Italien, später in die USA. Aller literarischen Produktion zum Trotz geriet er in Vergessenheit. In seiner alten Heimat wurde er totgeschwiegen, in der neuen fehlte die Leserschaft für seine Bücher. Als Mitte der 1980er Jahre aus dem nun liberaleren Ungarn Anfragen zwecks Erteilung von Rechten kamen, lehnte er empört ab.

Halb erblindet und einsam, wartend auf den Tod, der nicht kommen wollte, erschoss sich Márai in San Diego.

Biografie: E. Zeltner, *Sándor Márai*, 2001.

Die Glut

OT A gyertyák csonkig égnek
OA 1942 **DE** 1950
Form Roman **Epoche** Moderne

Sándor Márais Roman *Die Glut* war 50 Jahre nach Erscheinen der Originalausgabe eine der großen literarischen Wiederentdeckungen des 20. Jahrhunderts. Indem der Autor die großen Themen der Literatur, Liebe und Einsamkeit, Freundschaft und Verrat, in eine spannende Handlung einbindet, gelingt es ihm auf faszinierende Weise, den Leser immer tiefer in die erzählte Welt hineinzuziehen.

Inhalt: Die Geschichte spielt im Sommer des Jahres 1940 in einem einsam gelegenen Jagd-

schloss am Fuße der Karpaten. Henrik, der Hausherr, erhält einen Brief seines Jugendfreundes Konrád, in dem dieser seinen Besuch ankündigt. Auf einer Kadettenschule hatten die beiden einander einst gefunden, waren unzertrennliche Freunde geworden und lebten lange Jahre wie Brüder zusammen. Konrád, der aus ärmlichen Verhältnissen stammte, wurde wie selbstverständlich in den Kreis der wohlhabenden Familie Henriks aufgenommen, verbrachte seine freie Zeit in deren Schloss, wo man gemeinsam feierte und zur Jagd ging. Die Freundschaft endete abrupt, als Konrád am Abend nach einer Jagd spurlos verschwand.

41 Jahre lang haben die beiden nun alten Männer diese Begegnung herbeigesehnt, haben ihre Kraft aus dem Warten auf diesen Tag gezogen. In der vor ihnen liegenden Nacht soll geklärt werden, warum die Freundschaft zerbrach, die für ein ganzes Leben hätte halten können. Hat Konrád ein Verhältnis mit Henriks Ehefrau Krisztina gehabt? Wollte er Konrád während der Jagd am Tag vor seinem Verschwinden erschießen? Henrik ist sich dessen sicher, aber er will Gewissheit haben, ob seine Frau von diesem Plan wusste. Er hält einen Monolog, in dem sich Rachegelüste, Enttäuschung und ein inniger Glaube an die Macht der Gefühle vermengen.

Konrád hat dem nicht viel entgegenzubringen, doch in dem Ringen um die Wahrheit verschiebt sich wiederholt die Perspektive. Am Ende steht die Erkenntnis, dass dieses Ringen sinnlos ist. Die von beiden geliebte Frau ist seit Jahrzehnten tot; Henrik hat nach dem Vorfall nie wieder mit ihr gesprochen. Er und Konrad haben – jeder auf seine Art – die Liebe verraten und damit ihrem Leben den Sinn geraubt.

Struktur: Die Handlung des Romans wickelt sich in drei Stufen ab: das Warten des Hausherrn auf den Besuch des Jugendfreundes, die Begegnung der beiden und der lange Monolog Henriks, nur wenige Male von Anmerkungen Konráds unterbrochen. Die enorme Spannung, die der Text über die gesamte Länge aufrecht zu erhalten vermag, speist sich aus der Neugier auf den Fortgang bzw. die Auflösung der Geschichte. Sie lebt aber vor allem aus den aufgegriffenen Themen, aus der Tatsache, dass es die existenziellen, die letzten Fragen sind, die in diesem Buch gestellt werden.

Nach und nach erweitern geschickt gesetzte Rückblenden die Ahnung von dem Geschehen in dieser dramatischen Dreiecksgeschichte. Da jedoch alles aus der Perspektive der Hauptfigur geschildert wird, ist nicht zu entscheiden, ob seine Version der Wirklichkeit entspricht.

Wirkung: Der Roman *Die Glut* hat seit seiner Wiederentdeckung Millionen Leser gefunden und seinen Autor dem Vergessen entrissen. Im

OT = Originaltitel **EZ** = Entstehungszeit **OA** = Originalausgabe **DE** = Deutsche Erstausgabe ▥ = Verweis auf Werkartikel

Sog des Erfolgs dieses mittlerweile in alle großen Sprachen übersetzten Buchs wird das umfangreiche Werk von Márai für die Leser mit großer Verspätung erschlossen.   *R. F.*

Maraini, Dacia

italien. Schriftstellerin

* 13.11.1936 Florenz

📖 *Die stumme Herzogin*, 1991

Als Verfasserin von feministischen Romanen und zahlreichen Theaterstücken ist Dacia Maraini seit vielen Jahren eine bekannte Größe im italienischen Kulturbetrieb. Auch als Journalistin hat sie sich einen Namen gemacht.

Ihre frühe Kindheit verlebte Maraini in Japan, da ihr Vater, ein Ethnologe, dort einen Forschungsauftrag hatte. In den letzten Kriegsjahren war Maraini mit ihren Eltern, die dezidierte Antifaschisten waren, in einem Konzentrationslager. Nach der Rückkehr aus Japan wohnte die Familie im Haus der Mutter in Bagheria auf Sizilien. Seit 1960 lebt die Autorin in Rom, seit 1962 veröffentlicht sie Erzählungen und Romane, in deren Mittelpunkt zumeist das Schicksal von Frauen steht.

Ihr erfolgreichstes Werk ist der historische Roman *Die stumme Herzogin*, für den sie die Literaturpreise Premio Campiello und Premio Strega erhielt.

Autobiografie: D. Maraini, *Bagheria*, 1992.

Die stumme Herzogin

OT La lunga vita di Marianna Ucria
OA 1990 **DE** 1991 **Form** Roman **Epoche** Moderne

In ihrem neunten Roman, in dem ein Frauenschicksal porträtiert wird, zeichnet Maraini ein überzeugendes Bild der sizilianischen Gesellschaft des Settecento.

Inhalt: Marianna, Tochter eines sizilianischen Herzogs, ist taubstumm. Obwohl die Familie behauptet, sie sei mit dieser Behinderung geboren worden, meint Marianna, sich an eine Zeit erinnern zu können, als sie noch hörte und sprach.

Von der Mutter vernachlässigt, vom Vater geliebt, von den Geschwistern geduldet, wächst die intelligente und zum Malen begabte Marianna heran, die mit scharfem Blick die Schwächen ihrer Mitmenschen zu erkennen vermag. Aus wirtschaftlichen und dynastischen Gründen wird sie mit ihrem Onkel, dem Herzog von Ucria, verheiratet. Die Beziehung zu ihrem »Herrn Onkel und Gatten«, wie sie ihren Ehemann nennt, ist distanziert, von gelegentlichen

aggressiven sexuellen Attacken des Mannes abgesehen. Eine erste liebevolle Reaktion erlebt Marianna, als sie nach etlichen Mädchen ihren ersten Sohn zur Welt bringt. Ihr Mann scheint sie zu respektieren, manchmal geradezu zu fürchten. So widersetzt er sich auch nicht ihrem Wunsch, sich mithilfe von Büchern über Geschichte, Geografie, Mythologie, Philosophie und Religion zu unterrichten. Die Lektüre wird Mariannas Zuflucht – beim nächtlichen Lesen kann sie ihre unbefriedigende Ehe und ihre Kinder vergessen. Sie erfährt sich als denkende, eigenständige Person, gewinnt dadurch immer mehr an Selbstbewusstsein und imponiert den Menschen in ihrer Umgebung.

Marianna erfährt, dass ihr Ehemann sie als kleines Mädchen vergewaltigt hat und dass dieser Vorfall die Ursache für ihre Taubstummheit ist. Aus Reue hat er sie dann geheiratet. Eine entscheidende Wendung ereignet sich für Marianna nach dem Tod ihres Mannes, als ihre persönliche Zofe, Fila, ihren Bruder Saro mit ins Haus bringt. Mit dem sehr viel jüngeren Mann erlebt sie zum ersten Mal Freude an der körperlichen Liebe. Zum Entsetzen ihrer erwachsenen Kinder, besonders ihrer Söhne, genießt sie diese Erfahrung. Marianna verheiratet Saro mit einem Bauernmädchen, betraut ihn mit wichtigen Aufgaben im Haus, um weiterhin seine Liebesdienste in Anspruch nehmen zu können.

Als Fila in einem Eifersuchtsanfall das Kind ihres Bruders töten will und ihn dabei selbst schwer verletzt, wird sie in ein Irrenhaus eingeliefert, aus dem sie von Marianna befreit werden kann. Gemeinsam begeben sich die beiden Frauen auf eine Reise durch Europa. Fila heiratet einen Gastwirt, Marianna widersteht der Versuchung, sich das Leben zu nehmen, und beschließt, ihren Weg allein weiterzugehen.

Struktur: Chronologisch, mit gelegentlichen Rückblenden, berichtet ein allwissender Erzähler über das Leben Marianna Ucrias und entwirft dabei ein sehr lebendiges Bild Siziliens und des Zeithintergrunds.

Wirkung: In der Geschichte der stummen Herzogin benutzt Maraini das Leben einer ihrer Vorfahrinnen, um die Befreiung einer geistig, gesellschaftlich und sexuell unterdrückten Frau darzustellen. Damit gehört dieser historische Roman in die Reihe der feministischen Werke von Maraini.   *D. Ma.*

Auszug aus dem Roman *Die stumme Herzogin* von Dacia Maraini:

Marianna blättert in dem Heft und hält überrascht inne: Unten auf der ersten Seite steht eine mit Feder in winzigen Buchstaben geschriebene Widmung: »Für sie, die nicht spricht, damit sie in ihrem weiten Verstand diese Gedanken aufnehme, die mir lieb sind.«

Dacia Maraini, *Die stumme Herzogin*, Umschlag der deutschsprachigen Ausgabe 1997

Dacia Maraini, *Die stumme Herzogin*, Umschlag der deutschsprachigen Ausgabe 1997

Herbert Marcuse, *Der eindimensionale Mensch*, Umschlag der Ausgabe 1982

Herbert Marcuse (r.) bei einer
Diskussion mit dem Philosoph
Karl Löwith (M.) und dem
Politikwissenschaftler Iring
Fetscher anlässlich eines Kolloquiums 1970 in Stuttgart

Marcuse, Herbert

US-amerikan. Philosoph und Soziologe dt. Herkunft

* 19.7.1898 Berlin, † 29.7.1979 Starnberg (Bayern)

📖 *Der eindimensionale Mensch*, 1964

Herbert Marcuse war der Spiritus Rector der
Studentenrevolte, weil er an eine Übersetzbarkeit der Vernunft in Geschichte glaubte und zugleich, als Philosoph und Soziologe, einer der
führenden Köpfe der kritischen Theorie.

1898 als Sohn einer großbürgerlichen jüdischen Familie in Berlin geboren, studierte Marcuse nach der Schulzeit Philosophie in Freiburg
und Berlin. 1924 gehörte er mit Max → Horkheimer und Erich → Fromm zu den Gründungsmitgliedern des renommierten Instituts für Sozialforschung. Daraus ging die sog. Frankfurter
Schule hervor, zu deren prominentesten Vertretern Marcuse zählte.

Marcuse verließ Deutschland 1932. Über Genf
und Paris erreichte er 1934 New York. Zunächst
Mitarbeiter am inzwischen ebenfalls in den USA
ansässigen Institute of Social Research, trat er
1942, als US-amerikanischer Staatsbürger, in

die US-Spionageabwehrbehörde (OSS) ein, in
der er die Europaabteilung übernahm. 1951
kehrte er an die Universität zurück; 1965 erhielt
er einen Lehrstuhl an der Universität von Kalifornien und eine Honorarprofessur an der FU
Berlin.

Biografie: Heinz Jansohn, *Herbert Marcuse*, 1982.

Der eindimensionale Mensch

OT One-Dimensional Man. Studies in the Ideology of
Advanced Industrial Society **OA** 1964 **DE** 1967
Form Sachbuch **Bereich** Philosophie/Soziologie

Wie kaum ein Buch hat die fundamentale Kritik
der modernen Konsumgesellschaft von Herbert
Marcuse die studentischen Proteste geprägt.
Begriffe wie »Manipulation« und »Establishment«, die zu Schlagwörtern wurden, entstammen diesen *Studien zur Ideologie der fortgeschrittenen Industriegesellschaft* (Untertitel),
die darlegen, warum das Leben in den fortgeschrittenen Industriegesellschaften weder wirklich frei noch gar vernünftig ist.

Inhalt: Die Rationalität des Ganzen ist selbst irrational – diese These bildet den Ausgangspunkt der Untersuchung. Der Produktionsapparat tendiert zur Totalität, zu einem Zustand,
in welchem das ganze politische, kulturelle und
private Leben ausschließlich unter seinen
Zwecken steht.

In den Industrienationen herrscht eine Form
der Unfreiheit, die von vielen als behaglich, vernünftig und demokratisch erlebt wird und die
sie dennoch um ihr Dasein betrügt. Gleichschaltung und Konformitätsdruck haben die
Einzelnen mit materiellen und geistigen Bedürfnissen geimpft, die in Wirklichkeit die des
Produktionsapparats sind.

Das falsche Bewusstsein ist, wie die Analyse
des positiven Denkens und der entqualifizierten
Sprache im zweiten Teil des Buchs zeigt, gegen
die Erkenntnis seiner Selbstentfremdung
immun. Die Industriegesellschaft hätte die Mittel, das »Reich der Notwendigkeiten« zu ordnen, die materiellen Bedürfnisse der Hungernden zu befriedigen und den Parolen der
Gerechtigkeit, Freiheit und Humanität einen
substanziellen Gehalt zu verleihen. Doch sie
lässt diese Möglichkeit ungenutzt und zeigt
damit, dass sie, ungeachtet ihrer libertären Parolen, an der Verwirklichung realer Freiheit kein
Interesse hat.

Wirkung: Marcuse stand lange im Schatten von
Max → Horkheimer und Theodor W. → Adorno,
den prominentesten Vertretern der kritischen
Theorie. Dies änderte sich, als Marcuse 1967
nach Deutschland reiste, um Gastvorträge vor
den Berliner Studenten zu halten. Während
Horkheimer und Adorno die Proteste mit sehr

Die wichtigsten Bücher von Herbert Marcuse

Studien über Autorität und Familie 1936	In dieser umfassenden Arbeit, die gemeinsam mit Max → Horkheimer, Erich → Fromm u. a. entstand, übernahm Marcuse den breiten ideengeschichtlichen Einleitungsteil und eine Untersuchung zur deutschen Soziologie bis 1933.
Vernunft und Revolution, 1941	Die Arbeit mit dem Untertitel *Hegel und die Entstehung der Gesellschaftstheorie* befasst sich mit der Theorie von Georg F. W. → Hegel und ihrer Rolle in der Geschichte der Gesellschaftstheorie.
Triebstruktur und Gesellschaft, 1956	Eine philosophische Analyse zu Sigmund → Freud und dem Verhältnis von individueller Freiheit und kulturellem Fortschritt.
Die Gesellschaftslehre des sowjetischen Marxismus, 1957	In dieser Schrift, die Marcuse während seiner Zeit am Russian Research Center der Harvard University erarbeitet hatte, setzte er sich kritisch mit den totalitären Verfälschungen des emanzipatorischen Sozialismus auseinander.
Der eindimensionale Mensch 1964	Das Buch, in dem Marcuse eine fundamentale Kritik an der modernen Konsumgesellschaft übt, hatte wesentlichen Einfluss auf die Studentenbewegung. → S. 734
Kultur und Gesellschaft (2. Bde.), 1969	Eine Sammlung verschiedener Studien und Essays des Autors aus drei Jahrzehnten zur kritischen Theorie der Gesellschaft.

OT = Originaltitel **EZ** = Entstehungszeit **OA** = Originalausgabe **DE** = Deutsche Erstausgabe 📖 = Verweis auf Werkartikel

viel Skepsis betrachteten, sah Marcuse, der sich eine Befreiung der Gesellschaft von den Außenseitern, Unterprivilegierten und Intellektuellen erhoffte, in ihnen natürliche Verbündete. Schon bald erwarb er sich den Ruf eines »Propheten« der jungen Linken. *K. L.*

Marguerite de Navarre

frz. Dichterin

* 11.4.1492 Angoulême

† 21.9.1549 Odon-en-Biorre

📖 *Das Heptameron*, 1559 (postum)

Als Herrin eines Musenhofs und glanzvolle Fürstin einer Geist und Bildung schätzenden Epoche schuf Marguerite de Navarre ein reiches Werk weiblicher Selbstbekundung in Gedichten, Briefen und Traktaten. Erst gegen Ende ihres Lebens bemühte sie sich um eine populäre Darstellung von Leben und Gesellschaft ihrer Zeit in der Novellensammlung *Heptameron*.

Marguerite war die um zwei Jahre ältere Schwester des französischen Königs Franz 1. (1494–1547); ihre Mutter war eine Prinzessin von Savoyen. 1527 ehelichte sie Henri d'Albret, dessen Ansprüche auf das Königreich Navarra unerfüllt blieben. Marguerite tröstete sich durch eine reiche Apanage, die ihr üppige Hofhaltungen in den Residenzen Nérac und Pau ermöglichte. Dort umgab sie sich mit einigen der bedeutendsten Dichter der Zeit und förderte u. a. François → Rabelais. Marguerite blieb zeitlebens religiös ohne auffällige Parteinahme; dass sie eine Pietistin gewesen sei, ist lediglich eine Vermutung.

Biografie: E. R. Chamberlin, *Marguerite of Navarre*, 1974; J.-L. Déjean, *Marguerite de Navarre*, 1987.

Das Heptameron

OT Heptameron des Nouvelles **OA** 1559 **DE** 1791
Form Novellensammlung **Epoche** Renaissance

Mit dem *Heptameron* schuf Marguerite de Navarre eine Novellensammlung, die sich am Vorbild des *Dekameron* von Giovanni → Boccaccio orientierte.

Entstehung: Die Sammlung war auf 100 Novellen – an zehn Tagen werden je zehn Geschichten erzählt – angelegt. Der Tod der Verfasserin verhinderte den Abschluss des Vorhabens, so dass nur 72 Novellen vollendet sind.

Inhalt: Als starke Regengüsse Straßen vermuren und Brücken wegreißen, sucht eine Gruppe von fünf Herren und fünf Damen Schutz in einer Pyrenäenabtei. Um sich die Wartezeit zu verkürzen, erzählen sie sich an den folgenden Tagen Geschichten. Deren Inhalte sind oft schlüpfrig, die Liebe bildet beinahe durchgängig das Zentralthema. Die Erzähler verstecken sich daher hinter Pseudonymen: Die Fürstin selbst heißt Parlamenta, ihre Mutter Louise von Savoyen nennt sich Oisille, Henri d'Albret tritt als Hircan auf. Selbst ein Bischof findet sich in der Runde und verteidigt gemeinsam mit Parlamenta die Tugenden einer reinen Liebe und der uneigennützigen Freundschaft gegen den Realismus der illusionslosen Herren Hircan und Saffredant. Diese Diskussionen – vor allem nach der achten, zwölften und siebzigsten Novelle – bilden eine Besonderheit, die das *Heptameron* vom Vorbild Boccaccio unterscheidet.

Reicher als bei den italienischen Vorbildern ist die Ausbeute an konkreten Mitteilungen über das Leben nicht nur der Adeligen, sondern auch der Geistlichkeit und des Volks im wenig erschlossenen Süden Frankreichs; Marguerite scheint zumindest zwischen Nérac und den Pyrenäenhöhen viel gereist zu sein. Wegen ihrer sittengeschichtlichen und topografischen Interessen bleibt sie ausgefeilte psychologische Porträts meist schuldig. Hircan, ihren Gatten, schildert sie in deutlichem Gegensatz zu ihrer matronenhaften Mutter als geistvoll und sinnenfroh. Marguerite bemüht sich zwar, ihre Leser zu unterhalten, bleibt aber stets ein wenig belehrend und – nach ihren eigenen Worten – um Wahrhaftigkeit bemüht.

Wirkung: Lange Zeit in verfälschten Ausgaben verbreitet, galt die Sammlung zunächst als unzüchtig: Erst die neueren Ausgaben, die sich auf die Manuskripte in der Pariser Nationalbibliothek stützen, führten zu einer Revision dieses Urteils. *H. Sch.*

Marías, Javier

span. Schriftsteller

* 20.9.1951 Madrid

📖 *Mein Herz so weiß*, 1992

Javier Marías ist einer der erfolgreichsten und meistgelesenen spanischen Schriftsteller der Gegenwart. Seit seinem Welterfolg *Mein Herz so weiß* (1992) zählt er auch außerhalb seines Landes zu den großen zeitgenössischen Autoren. Zentrale Themen seines Werks sind die Verstrickung von Schuld und Sühne sowie die Bedrohung der Liebe durch den Alltag.

Marias wurde als dritter von vier Söhnen des vom Franco-Regime verfolgten Philosophen Julián Marías geboren. Da sein Vater in Spanien Lehrverbot hatte, zog die Familie kurz nach Ja-

Auszug aus *Der eindimensionale Mensch* von Herbert Marcuse:

Die Sprache (der Medien) zeugt von Identifikation und Vereinigung, von systematischer Förderung positiven Denkens und Handelns, von dem planmäßigen Angriff auf transzendente, kritische Begriffe.

Auszug aus dem *Heptameron* von Marguerite de Navarre:

In den ersten Septembertagen, der Zeit, da der Besuch in den Badeorten der Pyrenäen beginnt, befanden sich in Gauterets mehrere Personen verschiedener Nationalität. Aus Frankreich, Spanien und anderwärts waren sie gekommen, ... Als nach drei Wochen diese Gäste des Ortes wieder abreisen wollten, treten so ungewöhnlich schwere Regengüsse ein, dass man meinen könnte, Gott habe sein Noah gegebenes Versprechen, die Welt nicht abermals durch Wasser zu vernichten, im Lauf der Jahrtausende vergessen. Alle Hütten und Häuser von Cauterets wurden dermaßen überschwemmt, dass ein Bleiben in dem Ort unmöglich wurde...

Javier Marías an seinem Schreibtisch

Javier Marías 1987 über die Entstehung seines Romans *Der Gefühlsmensch*:

Als ich zu schreiben begann, verfügte ich über nicht viel mehr, abgesehen von dem Satz, der die Erzählung eröffnet. Das ist meine gewöhnliche Arbeitsweise. Ich muss mich vorantasten und nichts würde mich mehr langweilen und abschrecken, als von vornherein, zu Beginn eines Romans, genau zu wissen, wie dieser sein wird.

viers Geburt in die USA. Seinen ersten Roman, *Los Dominos del Lobo* (1971), veröffentlichte Marías bereits mit 19 Jahren. Danach studierte er Anglistik und Philosophie. Für seine Übersetzung von Laurence → Sternes *Tristram Shandy* (1759–67) ins Spanische wurde Marías 1979 ausgezeichnet. Von 1983 bis 1985 war der Autor mit dem großen Themenspektrum (Literatur, Philosophie, Kino, Fußball, Frauen) als Dozent für spanische Literatur an der Universität Oxford tätig. Die Eindrücke dieser Zeit verarbeitete er in seinem Campusroman *Alle Seelen* (1989). Marías wichtigstes Stilmittel ist das Spiel mit Sprache und philosophischen Themen, die er in einzelne Geschichten verpackt. Dies habe den Vorteil, dass »man sich widersprechen kann«, also in einem Werk verschiedene Thesen vertreten kann.

Marías Bücher, die viele Spanier als zu britisch ablehnen, wurden in über 20 Sprachen übersetzt und erreichten eine Weltauflage von 3,5 Mio Exemplaren. Für sein Werk erhielt der in Madrid lebende Autor zahlreiche internationale Literaturpreise.

Mein Herz so weiß

OT Corazón tan blanco **OA** 1992 **DE** 1996
Form Roman **Epoche** Gegenwart

Mein Herz so weiß ist der international erfolgreichste spanische Roman des ausgehenden 20. Jahrhunderts. Er lenkte den Blick auf einen der intelligentesten zeitgenössischen Autoren.

Entstehung: Den Impuls für seinen Roman erhielt Javier Marías durch eine Jahre zurückliegende autobiografische Begebenheit: Die Cousine seiner Mutter hatte sich kurz nach ihrer Hochzeitsreise erschossen. Es blieb unklar, was sie zu dieser Tat getrieben hatte. Für Marías war dieser Selbstmord der Anlass, »eine überzeugende Geschichte zu erfinden«.

Inhalt: Die von ihrer Hochzeitsreise mit ihrem Mann Ranz zurückgekehrte Teresa sitzt bei ihrer Familie am Tisch, steht auf, geht ins Badezimmer und erschießt sich.

Viele Jahre später befinden sich Juan und Luisa auf ihrer Hochzeitsreise in Kuba. Juan belauscht ein Paar im Nebenzimmer des Hotels: Sie fordert ihn auf, ihr einen Heiratsantrag zu machen. Er erinnert an seine Frau, die erst sterben muss, bevor er die Geliebte ehelichen könne. Daraufhin verlangt sie von ihm, seine Gattin zu töten. Juan, dessen Vater Ranz kurz nach Teresas Selbstmord deren jüngere Schwester Juana, Juans Mutter, geheiratet hatte, beginnt sich immer intensiver mit Teresas Freitod zu beschäftigen. Als Dolmetscher ist er im subtilen Umgang mit Sprache geschult. Er findet heraus, dass sein Vater vor Teresa bereits mit einer anderen Frau verheiratet war, die ebenfalls jung verstarb. Der Gedanke an die Vergangenheit seines Vaters lässt Juan nicht mehr los. Gelöst wird das Geheimnis aber durch Luisa, die Ranz endlich zum Reden bringt. Er gesteht, dass er seine erste Frau getötet hat, um Teresa heiraten zu können. Diese konnte mit der furchtbaren Wahrheit nicht leben und nahm sich nach der Hochzeitsreise, auf der sie von dem Mord erfahren hatte, das Leben.

Aufbau: Marías spielt wie in all seinen Büchern mit literarischen Zitaten, stilistischen Mitteln und Sprache. »Mein Herz so weiß« ist ein Zitat aus der Tragödie *Macbeth* (1623) von William → Shakespeare. Als Lady Macbeth ihren Mann zum Königsmord angestiftet hat, sagt sie: »Meine Hände sind blutig, wie die deinen; doch ich schäme mich, dass mein Herz so weiß ist.«

Eröffnet wird das in 16 Kapitel unterteilte Buch mit der detailgenauen Schilderung des Selbstmords von Teresa, dem das erste Kapitel gewidmet ist. Mit Beginn des zweiten Kapitels sind 40 Jahre vergangen: Juan, der renommierte und in höchsten Politikerkreisen aktive Simultandolmetscher, beschreibt sein eigenes Leben, das durch permanentes Reisen gekenn-

Die wichtigsten Bücher von Javier Marías

Der Gefühlsmensch, 1986	Natalia trifft sich regelmäßig mit einem berühmten Operntenor, was ihren Ehemann schließlich in den Tod treibt.
Alle Seelen 1989	In dem Campusroman verarbeitet Marías mit feiner Ironie Erinnerungen an seinen eigenen Aufenthalt an der Universität Oxford.
Mein Herz so weiß 1992	In dem Familienepos erschießt sich die aus den Flitterwochen zurückgekehrte Braut Teresa. Der Sohn des Witwers lüftet 40 Jahre später das Geheimnis der Tante und seines Vaters Ranz. → S. 736
Morgen in der Schlacht denk an mich, 1994	Victor Frances lässt sich in dem modernen Schauerroman auf ein Abenteuer mit der verheirateten 33-jährigen Marta Téllez ein. Noch bevor der Ehebruch vollzogen ist, stirbt sie in seinen Armen.
Schwarzer Rücken der Zeit, 1998	Javier Marías schildert in seinem satirischen Epos über die Sprache, wie sein Campusroman *Alle Seelen* in der englischen Universitätsstadt Oxford als Schlüsselroman gelesen wird.

OT = Originaltitel **EZ** = Entstehungszeit **OA** = Originalausgabe **DE** = Deutsche Erstausgabe 📖 = Verweis auf Werkartikel

zeichnet ist. Die verschiedenen Handlungsstränge, die u.a. in New York, Havanna und Genf spielen, verknüpft der Autor auf geschickte Weise. Am Ende des Romans lüftet Marías das Geheimnis um den Selbstmord Teresas ebenso wie das um die einzelnen Geschichten.

Wirkung: *Mein Herz so weiß* gehörte 1996 in Deutschland zu den erfolgreichsten Romanen des Jahres und verhalf Marías zum Durchbruch. Davon profitierten auch frühere Romane des Autors wie der Campusroman *Alle Seelen* (1989), dessen deutsche Erstausgabe 1991 wenig Beachtung fand, dessen Neuauflage 1997 aber zu einem großen Erfolg wurde. Weltweit sind von *Mein Herz so weiß* inzwischen über 1,5 Mio Exemplare verkauft worden. *M.E.*

Mark Aurel

röm. Kaiser und Philosoph

* 26.4.121 Rom, † 17.3.180 Vindobona (Wien)

📖 *Selbstbetrachtungen*, ca. 168/69–178

Mark Aurel realisierte die Lehren der stoischen Philosophie nicht nur in der eigenen Lebensführung, sondern auch in seinem Handeln als Kaiser. Er lebte die stoischen Tugenden des Mutes, der Unerschütterlichkeit und Pflichttreue mit einem unvergleichlichen Maß an Selbstbeherrschung und -verleugnung.

Mark Aurel stammte aus einem alten römischen Adelsgeschlecht. 138 wurde er von seinem Onkel adoptiert, 145 heiratete er Faustina, die Tochter von Antoninus Pius. Nach dessen Tod wurde Mark Aurel am 7. März 161 Kaiser.

Die Regierungszeit von Mark Aurel ist durch heftige Abwehrkämpfe gekennzeichnet, mit denen die relative Stabilisierung der Prinzipatszeit ihr Ende fand. 162 wurde ein Aufstand in Britannien unterdrückt und ein Krieg gegen die Chatten am Limes geführt. Im Partherkrieg 162–166 konnte die römische Herrschaft über Armenien und Osroene behauptet werden. Einfälle der Markomannen und Quaden führten 166–180 zu langwierigen Kämpfen, um die Donaugrenze zu sichern. Erneute Erschütterungen verursachten u.a. Einfälle der Mauren in Südspanien und ein Aufstand in Ägypten. Mark Aurel brach mit dem Prinzip des Adoptivkaisertums, als er 176 seinen Sohn Commodus zum Mitregenten und Nachfolger ernannte.

Zwischen 146 und 161 wandte sich Mark Aurel der stoischen Philosophie zu und wurde einer der bedeutendsten Vertreter der späten eklektizistischen Stoa. Er starb während eines Kriegs an der Donau im Feldlager bei Vindobona an der Pest.

Biografie: M. Bergmann, *Marc Aurel*, 1978.

Selbstbetrachtungen

OT ton eis heauton biblis **EZ** ca. 168/169–178

EA 1558/59 (?) **DE** 1701

Form philosophische Abhandlung

Epoche Römisches Kaisertum

Mit seinen *Selbstbetrachtungen*, einer Sammlung von Aphorismen im Stil eines Tagebuchs, erwies sich Mark Aurel als der letzte große Vertreter der späten Stoa.

Entstehung: Über die genauen Entstehungszeiten der *Selbstbetrachtungen* herrscht in der Forschung einige Unstimmigkeit. Der erste Band wird in die Jahre 168/169 datiert – es existiert auch die Meinung, dass dieser erst am Ende der Aufzeichnungen niedergeschrieben wurde – und soll im Quadenland entstanden sein; Band 2 wurde wohl in den Jahren 171/72 verfasst, die restlichen folgten in Mark Aurels letzten Lebensjahren.

Aufbau: Die *Selbstbetrachtungen* schildern in zwölf Büchern die Jugendentwicklung von Mark Aurel sowie den Einfluss seiner Lehrer und Verwandten. Das Werk enthält eine Fülle von Aphorismen über sein Leben und seine stoische Weltanschauung. Briefe an seinen Lehrer Cornelius Fronto sowie Erlasse und Verordnungen aus seiner Regierungszeit flossen ebenfalls in die *Selbstbetrachtungen* ein.

Inhalt: Im ersten Band teilt Mark Aurel einiges über seine Verwandten, Lehrer und Freunde sowie ihren Einfluss auf die Entwicklung seiner geistigen Haltung mit. Die Kerngedanken der Aphorismensammlung der nachfolgenden Bücher sind die Furchtlosigkeit vor dem Schicksal und dem Tod, die Ergebung in die »Allnatur«, Selbstachtung, Bescheidenheit und Toleranz gegenüber den Fehlern anderer. Obwohl Mark Aurel bereits angeführte Gedanken oftmals in kaum abgewandelter Form wiederholt, sie lediglich mit neuen Beispielen und Metaphern hinterlegt, so zeugen die knapp ausgeführten Gleichnisse doch von seiner großen Geisteskraft. Prunk und Bequemlichkeit verachtend verbrachte Mark Aurel sein Leben in den Feldlagern seiner Legionen in Pflichterfüllung und Sorge um das Reich. Er verfolgte eine Reformpolitik der kleinen Schritte, abseits des platonischen Idealstaats, wie er in den *Selbstbetrachtungen* verdeutlichte. Seine stoische Haltung beweist sich selbst im Angesicht des Todes; so lautet der letzte Satz seiner *Selbstbetrachtungen*: »Geh also heiter aus dem Leben; denn der, der dich entlässt, tut es heiter.«

Wirkung: Die *Selbstbetrachtungen* von Mark Aurel zählen aufgrund der beeindruckenden Ehrlichkeit des Autors sich selbst gegenüber zu den zeitlos gültigen Schöpfungen der Lebensweisheit, Menschlichkeit und Selbstbesinnung. *V.R.*

Javier Marías, *Mein Herz so weiß*, Umschlag der deutschsprachigen Erstausgabe 1996

Auszug aus den *Selbstbetrachtungen* von Mark Aurel:

Warum dich durch die Außendinge zerstreuen? Nimm dir Zeit, etwas Gutes zu lernen, und höre auf, dich wie im Wirbelwind umhertreiben zu lassen. Hüte dich noch vor einer anderen Verirrung, denn es ist auch Torheit, sich das Leben durch zwecklose Handlungen schwer zu machen; man muss ein Ziel haben, auf das sich alle unsere Wünsche, alle unsere Gedanken richten.

Mark Twain

(eigtl. Samuel Langhorne Clemens)

US-amerikan. Schriftsteller

* 30.11.1835 Florida (Missouri)

† 21.4.1910 Redding (Connecticut)

📖 *Tom Sawyers Abenteuer*, 1876

📖 *Huckleberry Finns Abenteuer*, 1884

Mark Twain zählt zu den herausragenden Autoren der US-amerikanischen Erzählliteratur und gilt als Hauptvertreter der realistischen Richtung. Ernest → Hemingway bezeichnete ihn als Vorbild der modernen US-amerikanischen Epik. Mark Twain lebte ab 1839 in Hannibal, einer Kleinstadt im Bundesstaat Missouri. Als sein Vater 1847 starb, war Mark Twain gezwungen, im Alter von zwölf Jahren die Schule abzubrechen und eine Lehre als Schriftsetzer zu beginnen. Mit 17 Jahren ging er nach New York, dann nach Philadelphia, wo er die ersten Reiseskizzen verfasste. 1857–60 war er Lotse auf dem Mississippi; er nahm am Sezessionskrieg auf der Seite der Konföderierten teil und arbeitete 1861 als Silbersucher in Nevada. 1867 unternahm er eine Reise nach Europa und Palästina. Ab 1871 lebte er in Hartford (Connecticut), verbrachte aber auch einige Jahre in Europa (1891–95, 1903/04). Wenig Erfolg war seinem Verlag beschieden, der 1894 in Konkurs ging; seine Schulden musste Mark Twain durch Vortragsreisen in der ganzen Welt abtragen.

Schon in seinen frühen reisejournalistischen Schriften entwickelte Mark Twain die für ihn charakteristische antiromantische Satire, die von der Alten Welt bis zum fernen Westen der USA der Gesellschaft einen Spiegel vorhielt. Er ging von der Tradition der humorvollen mündlichen Schilderungen des Grenzermilieus in den Rocky Mountains aus, bezog sich aber auch auf die englische und französische Literatur des 18. Jahrhunderts. Seinen Ruhm als Schriftsteller begründete die *Jumping-Frog-Story* (1865). Unsterbliche Meisterwerke der US-amerikanischen Jugendliteratur schuf er mit *Tom Sawyers Abenteuer* und *Huckleberry Finns Abenteuer*. In seinen stark sozialkritischen Spätwerken wich sein kluger Humor einem bitteren Pessimismus, dem sein Weltruhm nicht Abhilfe leisten konnte.

Biografie: T. Ayck, *Mark Twain* (rm 50211); H. Breinig, *Mark Twain*, 1985.

Mark Twain, *Tom Sawyers Abenteuer*, Umschlag der deutschsprachigen Ausgabe 1952 (Gestaltung: Hans Trier)

Die wichtigsten Bücher von Mark Twain

Der berühmte Frosch der Grafschaft Calaveras, 1867	In den Kurzgeschichten dieser Sammlung gelang Mark Twain der fulminante Wechsel zwischen detailrealistischen und stark übertreibenden Passagen sowie die kontrastreiche Differenzierung von gehobenen und umgangssprachlichen Redeweisen.
Die Arglosen im Ausland 1875	In dem Reisebericht wird die Schar US-amerikanischer Touristen, welche die geschichtsträchtigen heiligen Stätten des Mittelmeerraums »heimsuchen«, in ihrer Oberflächlichkeit kritisiert.
Tom Sawyers Abenteuer 1876	Mit diesem Bildungs- und Initiationsroman entwarf Mark Twain ein realistisches »Anti-Musterknabenbuch« und schuf damit eines der bekanntesten Jugendbücher der Weltliteratur. → S. 738
Leben auf dem Mississippi, 1890	In den autobiografischen Skizzen entwarf Mark Twain ein lebendiges Bild des sozialen Wandels am Mississippi.
Huckleberry Finns Abenteuer 1890	Der Roman erwies sich nicht nur als Werk von heiter-erfrischender Komik, assoziativer Fabulierkunst und wirkungsvoller lockerer Umgangssprache des Erzählers Huck, sondern auch als Schlüsselwerk der US-amerikanischen Literatur. → S. 739
Ein Yankee am Hofe des König Artus 1923	Hier relativierte Mark Twain mittels eines fantastischen Zeitvergleichs mit satirischer Schärfe den idealisierten Feudalismus des europäischen Mittelalters wie auch die Folgen der kapitalistisch-fortschrittsgläubigen Ideologie der USA.
Querkopf Wilson 1923	Das Buch markiert den Übergang vom eher heiter-nostalgischen Autor zum Pessimisten und Menschenverächter. Es erzählt von der tragischen Ironie des Rollentauschs von Herr und Sklave.

Tom Sawyers Abenteuer

OT The Adventures of Tom Sawyer **OA** 1876 **DE** 1876
Form Roman **Epoche** Moderne

Mit *Tom Sawyers Abenteuer* schuf Mark Twain einen realistischen Bildungs- und Initiationsroman, der sogleich großen Erfolg zeitigte und mit *Huckleberry Finns Abenteuer* zu den bekanntesten Jugendbüchern zählt.

Inhalt: Die Geschichte des ausgelassenen, stets zu Streichen aufgelegten Titelhelden Tom Sawyer wird von einem ironischen Erzähler berichtet. In locker aneinander gefügten Episoden erlebt Tom spannende Abenteuer, eine Verwicklung in einen Mord, eine Schatzsuche und die Verirrung im Höhlenlabyrinth – Ereignisse, welche die Konflikte des Kindes mit den Regeln der Erwachsenenwelt widerspiegeln und das eigene elementare Freiheitsbedürfnis aufzeigen. So widersetzt sich Tom den Erziehungsversuchen der Schule und seiner Tante Polly, bei der er als Waisenjunge mit seinem Halbbruder Sid, einem vorbildlichen Musterknaben, aufwächst. Nach einem Piratenspiel auf einer einsamen Insel, wohin sich Tom mit einigen Jungen zurückgezogen hatte, gilt er als ertrunken und feiert erst bei seiner eigenen Beerdigung eine fulminante »Wiederauferstehung«. Seine zweite »Wiederauferstehung« erlebt er, nachdem er sich mit seiner Freundin Becky Thatcher in einer Höhle verirrt, sie und sich jedoch nach drei Tagen retten kann und damit seinen zukünftigen Schwiegervater beeindruckt. Gemeinsam mit Huck, dem Sohn eines Trinkers, selbst ein Außenseiter der Gesellschaft, wird er auf dem Friedhof Zeuge eines Mordes und überführt den Täter Injun Joe (Indianer-Joe), als der falsche, Muff Potter, gehängt werden soll. Joe kann entkommen, verirrt sich aber in besagter Höhle und wird dort später verhungert aufgefunden. Tom und Huck hatten Joe und einen

Komplizen in einem »verwunschenen Haus« belauscht und erfahren, dass in der Höhle ein Schatz versteckt liegt. Diesen bergen die beiden und sind fortan wohlhabend; ihre Existenz ist gesichert. Doch nur Tom gliedert sich in die Gemeinschaft ein und passt sich den Normen seiner Herkunftsschicht an, Huck dagegen bleibt ein Außenseiter.

Wirkung: Der sich durch großen humoristischen Einfallsreichtum und einer an der Vortragskunst geschulten heimischen Sprache auszeichnende Roman wurde nicht zuletzt durch die differenziert ausgestaltete Sprache der Jungen zum Klassiker der US-amerikanischen Jugendliteratur, der in einer großen Zahl von englischen und fremdsprachigen Ausgaben herausgegeben wurde.

Huckleberry Finns Abenteuer

OT The Adventures of Huckleberry Finn **OA** 1884
DE 1890 **Form** Roman **Epoche** Moderne

Der Roman *Huckleberry Finns Abenteuer* gilt als ein Schlüsselwerk der US-amerikanischen Literatur und ist bis heute eins der populärsten literarischen Werke US-amerikanischer Herkunft. Ernest →Hemingway stellte das Buch an den Anfang der gesamten neueren amerikanischen Literatur. Keinem späteren Werk von Mark Twain war ein ähnlicher Erfolg beschieden.

Entstehung: *Huckleberry Finns Abenteuer*, die von Mark Twain gleich im Anschluss an *Tom Sawyers Abenteuer* begonnen wurden, sollten ursprünglich eine bloße Fortsetzung des *Tom Sawyer* werden. Das Buch geriet jedoch zu einem Entwicklungs- und Charakterroman, zu einer pikarischen Satire auf die Gesellschaft der Jahrhundertmitte entlang des Mississippi.

Inhalt: Huck Finn, der 13-jährige Sohn des Dorftrunkenbolds aus Saint Petersburg am Mississippi, entflieht den aufgezwängten Moralkodices und Reglements seiner Umgebung und der Brutalität seines Vaters nach Jackson's Island mitten im Fluss, wo er auf den geflüchteten Negersklaven Jim trifft und mit diesem Freundschaft schließt. Dem Arm des Gesetzes und der verhassten Zivilisation entziehen sich beide durch die Fahrt auf einem Floß, mit dem sie den Mississippi hinabziehen. Die eher burlesk-idyllische Gegenwelt auf dem Floß, ein Hort von Freiheit und Brüderlichkeit, wird jäh unterbrochen, als Huck und Jim in die Fänge zweier Hochstapler gelangen, die sich des Floßes bemächtigen. Schließlich verraten die Gauner Jim für Geld, der eingesperrt und von Tom und Huck abenteuerlich befreit wird.

Aufbau: Der Roman mit seiner episodischen, pikaresken Struktur erfährt durch seine konsequent eingehaltene Erzählperspektive des Ich-

Erzählers Huck einen Zusammenhalt. In der schnoddrigen Sprache Hucks wird die Wirklichkeit aus der Sicht eines unverbildeten Jugendlichen dargestellt.

Das Romangeschehen weitet sich zur Zivilisationskritik; symbolhaft werden Gegensatzpaare wie Natur und Zivilisation, Freiheit und Zwang, Individuum und Gesellschaft, unschuldiges Bewusstsein und Bosheit der Welt einander gegenübergestellt. Huck lässt sich nicht von der Gesellschaft vereinnahmen und bleibt in der Wildnis des Westens, während Tom nach Saint Petersburg zurückfährt.

Wirkung: *Huckleberry Finns Abenteuer* werden mit Recht als das Meisterwerk von Mark Twain angesehen. Es beeinflusste Autoren der US-amerikanischen Literatur des 20. Jahrhunderts wie Sherwood →Anderson, Saul →Bellow, Ernest →Hemingway und J.D.→Salinger. *V.R.*

Archie Moore als Jim und Eddie Hodges als Huckleberry Finn in der Verfilmung *Abenteuer am Mississippi* nach *Huckleberry Finns Abenteuer* von Mark Twain (USA 1959; Regie: Michael Curtiz)

Ernest Hemingway in *Die grünen Hügel Afrikas* (1935) über *Huckleberry Finns Abenteuer* von Mark Twain:

Die ganze moderne amerikanische Literatur stammt von einem Buch von Mark Twain ab, das »Huckleberry Finn« heißt. Es ist das beste Buch, das wir gehabt haben. Die ganze amerikanische Schriftstellerei kommt daher. Vorher gab's nichts. Danach hat es nichts gleich Gutes gegeben.

Marlitt, Eugenie

(eigtl. Eugenie John) dt. Schriftstellerin

* 5.12.1825 Arnstadt, † 22.6.1887 ebd.

📖 *Die zweite Frau*, 1873/74

Eugenie Marlitt war neben Hedwig Courths-Mahler (1867–1950) die populärste Vertreterin des Fortsetzungsromans der Gründerzeit.

Sie wurde als zweite Tochter eines verarmten Kaufmanns im thüringischen Arnstadt geboren. Fürstin Mathilde von Schwarzburg-Sondershausen ermöglichte der musikalisch Begabten 1844–46 ein Musikstudium in Wien. Zunehmende Schwerhörigkeit, verbunden mit einer fast krankhaften Schüchternheit bei öffentlichen Auftritten setzten ihrer Laufbahn als Opernsängerin jedoch ein vorzeitiges Ende.

Zurück in Arnstadt, wandte sie sich der Schriftstellerei zu. Ihre erste Erzählung *Die zwölf Apostel* wurde 1865 unter dem Pseudonym Eugenie Marlitt in der Zeitschrift *Die Gartenlaube* (→ Stichwort, S. 740) abgedruckt und fand ein großes Echo. In rascher Folge produzierte Marlitt fortan Fortsetzungsromane im unterhaltend-belehrenden Erzählstil, darunter *Goldelse* (1866), *Das Heideprinzesschen* (1871) und *Die zweite Frau* (1873/1874). Jedes Werk stellt ein Frauenschicksal in den Mittelpunkt eines von Intrigen und Familiengeheimnissen bestimmten Konflikts, der sich durch standesgemäße Heirat oder die Entdeckung der vornehmen Herkunft der Heldin auflöst.

Ab 1868 durch ein Gichtleiden behindert, zog sich die Autorin vor ihrer immer größer werdenden Anhängerschar in den 1871 errichteten Wohnsitz »Marlittheim« zurück. Die Abkehr vom literarischen Leben und die politische Scheinneutralität ihrer Werke trugen ihr in den 1880er Jahren zunehmend Ablehnung und Spott der Presse ein. Mit 61 Jahren erlag sie einer Rippenfellentzündung.

Biografie: H. Arens, *E. Marlitt*, 1994.

Eugenie Marlitt, *Die zweite Frau*, Einband der Ausgabe 1890

Die zweite Frau

OA 1873/74 **Form** Roman **Epoche** Gründerzeit

Wie kein anderes Werk Eugenie Marlitts enthält *Die zweite Frau* eine konkrete Stellungnahme zum aktuellen Zeitgeschehen. Der Roman behandelt den durch das 1869/70 von Papst Pius IX. verkündete Unfehlbarkeitsdogma ausgelösten »Kulturkampf«, der nach der Reichsgründung 1871 zu schweren Konflikten zwischen preußischem Staat und katholischer Amtskirche führte.

Entstehung: *Die zweite Frau* erschien ab 1873 als Vorabdruck in der *Gartenlaube* und avancierte wegen seines unverhohlenen politischen Tenors gegen das »starre, unhaltbare Dogmenwerk« zum meistdiskutierten Werk der Marlitt.

Inhalt: Im Mittelpunkt des Romans steht die schöne protestantische Adlige Liane von Trachenberg, die ihre Familie durch Heirat mit dem Grafen Raoul von Mainau vor dem finanziellen Ruin bewahrt. Obwohl Mainau von der Freidenkerin fasziniert ist, muss die zweite Frau des Grafen wegen ihrer Herkunft und ihrer Konfession eine Reihe von Demütigungen gefallen lassen. So wird die protestantische Hochzeitszeremonie auf Mainaus Schloss nach katholischem Ritus wiederholt, da sie sonst ungültig wäre. Den Hof des Grafen bevölkert eine Anzahl überzeichneter Charaktere. Nach einem brutalen Vergewaltigungsversuch des fanatischen Hofpredigers kann Liane nicht nur den ihr inzwischen zärtlich zugeneigten Grafen gewinnen, sondern auch Leo, Mainaus Sohn aus erster Ehe, vor dem ihm zugedachten Schicksal des geistlichen Standes bewahren.

Aufbau: Der Roman zeigt die für die Werke von Marlitt typische antithetische Struktur, die mit klar definierten Gegensatzpaaren arbeitet. Der Konflikt zwischen liberalem Protestantismus und der behaupteten Dekadenz des Katholizismus wird in langen Monologen zwischen den Hauptpersonen ausgetragen. Dadurch wirkt *Die zweite Frau* stellenweise wie ein Manifest, doch gelingt es Marlitt, die Spannung ganz in der Tradition des Sensationsromans bis zum Schluss aufrecht zu erhalten.

Wirkung: Das Werk spaltete die Lesergemeinde der Marlitt in zwei Lager. Die ihr im Grunde zugetane katholische Presse reagierte entsetzt. Sie warf der Autorin vor, ihr Talent vergeudet und sich dazu hergegeben zu haben, »Wahrheit und Geschmack einer unwürdigen Tendenz zu opfern«.

W. Co.

Die Gartenlaube

Gründung: Die 1853 gegründete Illustrierte *Die Gartenlaube* war jahrzehntelang das beliebteste Journal des liberalen Bürgertums. Ihr Gründer Ernst Keil (1816 bis 1878) hatte sich zuvor als Herausgeber mehrerer kurzlebiger Zeitschriften mit liberal-revolutionärer Zielsetzung hervorgetan. Im Gegensatz zu den steten Kampf mit der Zensur liegenden politischen Blättern sprach *Die Gartenlaube* speziell eine vom Scheitern der Revolution von 1848/49 enttäuschte bürgerliche Leserschaft an. Im Mittelpunkt stand nun das Familiäre, »fern von aller räsonnierenden Politik«. Keils Motto »unterhaltend belehren« wurde später von anderen Organen erfolgreich aufgegriffen.

Themen: Die Berichterstattung der *Gartenlaube* war vielseitig. Naturwissenschaftliche Abhandlungen gehörten ebenso dazu wie aktuelle Tagespolitik und literarische Beilagen. Diese bestanden in den ersten Jahrgängen zumeist aus rührselig-erbaulichen Erzählungen. Später formierte sich ein Kreis fortschrittlich (liberal) engagierter fester Auftragsautoren, darunter Fanny Lewald (1811–1889), Ferdinand Temme (1799–1881) und vor allem Eugenie Marlitt. Stets wiederkehrende Motive der Fortsetzungsromane waren die antiaristokratischen Tendenzen und die im preußischen »Kulturkampf« (1870–1887) gipfelnde Ablehnung des Katholizismus.

Einfluss: Bis ca. 1885 hatte *Die Gartenlaube* großen Einfluss auf dem politisch-kulturellen Sektor, was sich u.a. in der sporadischen Mitarbeit namhafter Historiker und Schriftsteller wie Theodor → Fontane, Paul Heyse (1830–1914), Karl Gutzkow (1811 bis 1878) und Ferdinand Freiligrath (1810–76) widerspiegelt. 1870 betrug die Auflage rund 270 000 Exemplare.

Niedergang: Nach der Reichsgründung 1871 und unter Ernst Keils Nachfolger wandelte sich das Blatt zum Sprachrohr eines phrasenhaften Nationalismus. Dieser schlug sich auch in den literarischen Beilagen nieder. Nach 1900 bestanden diese vornehmlich aus Werken wie *Die werdende Macht* von Otto von Gottberg (1914) über die deutsche U-Boot-Flotte. Die hier betriebene unverhohlene Kriegspropaganda verdeutlicht die Entwicklung des anfänglich liberal-demokratischen Blattes zu einem willfährigen Werkzeug nationalistischen Ideenguts.

Maron, Monika

dt. Schriftstellerin

*3.6.1941 Berlin

📖 *Flugasche*, 1981

Monika Maron, die 1988 aus der DDR in die Bundesrepublik übersiedelte, befasst sich in ihrem Werk mit deutsch-deutschen Problemen.

Die Familie der Autorin zog 1951 von West- nach Ostberlin. Nach dem Abitur arbeitete Maron ein Jahr lang als Fräserin in einem Industriebetrieb und dann als Regieassistentin beim Fernsehen. Sie studierte Theaterwissen- schaften und Kunstgeschichte in Berlin und war anschließend zunächst als wissenschaftli- che Aspirantin an der Schauspielschule in Ber- lin, dann für sechs Jahre als Reporterin tätig. Seit 1976 ist sie freie Schriftstellerin.

Wegen ihres kritischen Inhalts konnten die Bücher der Autorin nicht in der DDR erschei- nen. Im Juni 1988 verließ Maron mit einem Dreijahresvisum die DDR und hielt sich bis 1992 in Hamburg auf; sie lebt jetzt in Berlin.

Im Sommer 1995 wurde bekannt, dass Maron für das Ministerium für Staatssicherheit der DDR tätig gewesen war. Ihre Kontakte zur Stasi beschränkten sich eigenen Angaben zufolge auf acht Monate. Nachdem Maron die Zusam- menarbeit abgebrochen hatte, wurde sie ab 1978 selbst als »feindliche Person« geführt.

Monika Maron, die sich in ihrem Werk mit deutsch-deutschen Problemen beschäftigt

Flugasche

OA 1981 **Form** Roman **Epoche** Moderne

In ihrem ersten Roman verarbeitete Monika Maron u. a. ihre Erfahrungen als Industrierepor- terin im Chemierevier der DDR. *Flugasche* war das erste »Umwelt-Buch« der DDR, in dem offen Umweltsünden beklagt und angepran- gert wurden. Daneben erzählt der Roman die Geschichte einer privaten Emanzipation.

Inhalt: Die 30-jährige Journalistin Josefa be- kommt den Auftrag, über ein altes und marodes Kraftwerk zu berichten. Sie fährt nach B. und kommt mit einer verordneten und einer priva- ten Beurteilung zurück.Ihrer Chefin und Freun- din Luise legt Josefa ihren ungeschönten Arti- kel über die im Kraftwerk vorgefundenen »Prinzipen des Sozialismus« vor. Diese weigert sich jedoch, den Artikel zu drucken, und fordert Josefa auf, die Konsequenzen zu ziehen – ent- weder im Sinne der Obrigkeit zu schreiben oder eine praktische Ausbildung zu durchlaufen. Zwischen den beiden Frauen findet eine Aus- einandersetzung zwischen radikalsozialisti- schen (Josefa) und realsozialistischen (Luise) Auffassungen statt. Das Schreiben ist für Josefa mit der Wahrung ihrer Identität untrennbar verbunden. Sie entscheidet sich zunächst dafür, zwei Versionen zu schreiben – eine private für sich und eine öffentliche, die publiziert werden kann. Stattdessen schreibt sie jedoch schließ- lich nur die kritische private und reicht sie ein. Dieser Akt einer persönlichen Befreiung bedeu- tet zugleich den gesellschaftlichen Ausschluss. Zum Ende hin wird aus dem Umweltroman zu- nehmend die Geschichte einer Depression.

Die wichtigsten Werke von Monika Maron

Flugasche 1981	Der Roman, in dem Maron ihre Erfahrungen als Industriereporterin verar- beitete, war das erste »Umwelt-Buch« der DDR. → S. 741
Die Über- läuferin 1986	Die wissenschaftliche Mitarbeiterin eines historischen Instituts in Ost- Berlin kann eines Morgens nicht mehr aufstehen. Niemand vermisst sie; erzählt werden ihre Fluchträume.
Stille Zeile Sechs, 1991	Rosalind ist Sekretärin beim alten Stasi-Funktionär Berenbauer und muss seine Lebensgeschichte aufschreiben; so rechnet sie mit ihm ab.
Animal Triste, 1996	In einem inneren Monolog erzählt die Paläontologin Vera ihre bittere Liebesgeschichte mit einem verheirateten Mann.
Pawels. Briefe Eine Familienge- schichte, 1999	Ein Erinnerungsroman mit autobiografischen Zügen. Die Enkelin er- zählt Erinnerungen an ihren Großvater – den jüdischen Baptisten, der nach Berlin wanderte, um dann im Warschuaer Getto zu sterben – und seine spurlose Gegenwart.
Endmoränen 2002	Die gescheiterten Lebensentwürfe mehrerer – oberflächlich besehen fest im Leben stehender – Personen sind das Thema dieses Romans.

Wirkung: Der Roman durfte in der DDR nicht erscheinen; zum einen galt Maron seit 1978 als unerwünschte Person, zum anderen waren das zentrale Umweltthema sowie die im Buch unternommene Unterscheidung zwischen Ra- dikalsozialismus und Realsozialismus als dessen Deformation tabuisiert. *T. Sch.*

Auszug aus dem Roman *Flug- asche* von Monika Maron:

Wir streichen uns selbst die Hälfte weg, weil wir zu wissen glauben, andere würden es streichen. Wir sehen Gespens- ter. Wir benehmen uns wie dressierte Hofhunde, die letzt- lich nur ihre eigene Kette be- wachen.

Marx, Karl

dt. Philosoph und Ökonom

* 5.5.1818 Trier, † 14.3.1883 London

📖 *Das Kapital*, 1867-94

Als geistiger Vater eines offiziösen Despotismus im Westen verunglimpft, im Osten reklamiert, wurde lange vergessen, was Karl Marx jenseits aller ideologischen Vereinnahmungen war: ein Aufklärer par excellence und einer der großen Theoretiker des 19. Jahrhunderts.

Auszug aus *Die entfremdete Arbeit* aus *Ökonomisch-philosophische Manuskripte aus dem Jahre 1844* von Karl Marx:

Das produktive Leben ist das Gattungsleben. Es ist das Leben erzeugende Leben. In der Art der Lebenstätigkeit liegt der ganze Charakter einer species, ihr Gattungscharakter, und die freie bewusste Tätigkeit ist der Gattungscharakter des Menschen.

Marx studierte Jura und Philosophie in Bonn und Berlin. Nachdem er sein Doktordiplom erworben hatte, wurde er 1841 Mitarbeiter, später Chefredakteur der *Rheinischen Zeitung.* Verfolgt von der Zensur, begann 1843 die Zeit seiner Emigration, die ihn zunächst nach Frankreich, dann nach Brüssel und schließlich – nach einer kurzen Rückkehr im Revolutionsjahr 1848 – in sein letztes Exil nach London führte. In den 1840er Jahren verfasste er gemeinsam mit Friedrich → Engels u.a. *Die deutsche Ideologie* (1845/46), die viele Grundgedanken seines späteren Werks antizipiert, sowie *Das Manifest der Kommunistischen Partei* (1848). Das wichtigste Ergebnis der ökonomischen Studien, die er neben seinem politischen Engagement betrieb, war *Das Kapital,* dessen erster Band 1867 erschien.

Biografien: W. Blumenberg, *Karl Marx* (rm 50076); I. Fetscher, *Karl Marx und der Marxismus,* 1967; F. Mehring, *Karl Marx – Geschichte seines Lebens,* 1918.

Das Kapital

OA 1867–94 (3 Bde.)
Form Sachbuch **Bereich** Philosophie

Kaum ein theoretisches Werk hat die Welt so stark verändert wie *Das Kapital* (Untertitel: *Kritik der politischen Ökonomie*) von Karl Marx. Es gab aber auch kaum eine Abhandlung, die ähnlich dogmatisiert und instrumentalisiert wurde. Nur den ersten Band konnte Marx selbst vollenden; Band 2 und 3 wurden von Friedrich → Engels editiert.

Inhalt: Marx zielte bei der Abfassung des *Kapitals* darauf, die zwanghafte Gesetzmäßigkeit der kapitalistischen Produktionsweise zu entschlüsseln. »Sie wissen es nicht, aber sie tun es« – dieser Satz aus dem ersten Kapitel kann deshalb als Präambel des ganzen Werks gelesen werden, einem mit ebenso viel theoretischem Scharfblick wie akribischer Genauigkeit vorgetragenen Versuch, der Gesellschaft ein Bewusstsein ihrer eigenen materiellen Existenzgrundlage zu vermitteln.

Marx verfolgte keineswegs das sozialreformerische Ziel einer – wie es abschätzig in den *Ökonomisch-philosophischen Manuskripten aus dem Jahre 1844* (1844) heißt – »besseren Salairierung der Sklaven«. Seine Intention war eine andere: Es ging um eine Rückgewinnung

jener Potenz, welche die Menschen als soziale und geschichtliche Wesen auszeichnet und sie befähigt, die Welt unter menschliche Bestimmungen zu setzen. Und es ging um die Aufhebung der Selbstentfremdung, die Abschaffung von willkürlichem Privileg und Elend, um einen Zustand, in dem der Produktionsprozess dem Menschen diene – nicht umgekehrt.

Schon Georg F. W. → Hegel hatte die Arbeit als Wesen des Menschen gefasst, sie jedoch, in einem weniger gegenständlichen als abstrakten Sinne, als Gedankenarbeit interpretiert. Marx, Hegel »vom Kopf auf die Füße« stellend, betrachtet hingegen die Seite der materiellen Reproduktion als Grundlage sowohl des gesellschaftlichen wie des individuellen Daseins. Sie umfasst einerseits die materiellen Produktivkräfte – Rohstoff, Werkzeug, Arbeitskraft –, andererseits die Produktionsverhältnisse, die gesellschaftliche Seite des Produktionsprozesses, die mit den jeweiligen Eigentumsverhältnissen identisch ist.

Marx geht in seiner Analyse von der Ware, der Elementarform des gesellschaftlichen Reichtums, und ihrem »Fetischcharakter« aus. Ein selbstverständliches, triviales Ding wie ein Tisch erweist sich, sobald es auf den Markt tritt, als ein »höchst vertracktes«. Als Ware ist es Träger von Wert. Dieser Wert existiert nur in der Vorstellung, dennoch scheint er den Dingen von Natur aus anzuhaften. Nicht anders geht es, im entfalteten Akkumulationsprozess, mit dem Kapital selbst. Der Wert, als Kapital, setzt seine Selbstverwertung in Gang und erscheint in der Form des Kapitalfetischs als »Geld heckendes Geld«. Indem Marx den Akkumulationsprozess des Kapitals ausleuchtet, zeigt er, dass die handelnden Personen, die bürgerlichen Wirtschaftssubjekte, Zwängen und Gesetzen folgen, die gleichsam hinter ihrem Rücken existieren. Mit der Analyse des Kapitals als dem »automatischen Subjekt« enthüllt er, dass auch die Fabrikbesitzer nicht Subjekt, sondern Objekt ihres eigenen Tuns sind. Das autonome Subjekt ist eine Illusion, solange sich die Menschen nicht zu einem Verein freier Produzenten assoziieren.

Wirkung: Was man zu Zeiten der weltweiten Blockbildung im Osten unter dem Namen des Marxismus-Leninismus praktizierte, hat wenig gemein mit den Intentionen eines großen Aufklärers, der für den »rohen und gedankenlosen«, den eben nur formalen, doktrinären Kommunismus nichts als Verachtung empfand. Starken Einfluss übten die Schriften von Marx, insbesondere die darin enthaltene Wert- und Fetischkritik, auf die Autoren aus dem Umfeld der Frankfurter Schule und, wenn auch nur für sehr kurze Zeit, auf die internationale Studentenbewegung.

K. L.

Karl Marx, *Das Kapital*, Titelblatt von Band 1 der Originalausgabe 1867

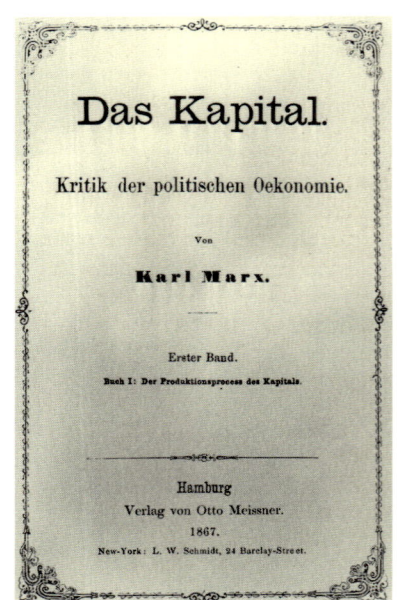

Das Kapital.

Kritik der politischen Oekonomie.

Von

Karl Marx.

Erster Band.

Buch I: Der Produktionsprocess des Kapitals.

Hamburg
Verlag von Otto Meissner.
1867.
New-York: L. W. Schmidt, 24 Barclay-Street.

Marx, Karl/ Engels, Friedrich

Marx, Karl, dt. Philosoph und Ökonom

*5.5.1818 Trier, † 14.3.1883 London → S. 741

Engels, Friedrich, dt. Philosoph und Ökonom

*28.11.1820 Barmen (Wuppertal), † 5.8.1895 London

📖 *Manifest der Kommunistischen Partei*, 1848

Karl Marx und Friedrich Engels, die Begründer des »wissenschaftlichen Sozialismus«, entfalteten einen Einfluss auf die politische Ideengeschichte und die Praxis politischer Kämpfe, der bis heute von keinem anderen Schriftsteller der Moderne erreicht worden ist. Aufbauend auf Einsichten der Geschichtsphilosophie von Georg Friedrich Wilhelm → Hegel, nationalökonomischer Theorien und frühsozialistischer Autoren, entwickelten sie mit dem »dialektischen Materialismus« ein imposantes Modell des Geschichtsprozesses als einer Kette von Revolutionen, an deren Ende die klassen- und herrschaftslose Epoche des Kommunismus steht.

Das Leben des Trierer Anwaltssohns Marx und des Barmener Fabrikantensohns Engels war eng verwoben mit den politischen und sozialen Kämpfen des 19. Jahrhunderts. Beide befanden sich in ihren gedanklichen Entwicklungen bereits auf dem Weg zum Kommunismus, als sie sich im August 1844 erstmals in Paris begegneten, wo Marx im Exil lebte. Hier begann die lebenslange Freundschaft und produktive Partnerschaft, die sich von der Teilnahme an der Revolution von 1848 im Rheinland bis zum langjährigen gemeinsamen Exil in London bewährte.

Marx und Engels beeinflussten maßgeblich die frühen Organisationen der Arbeiterbewegung wie den »Bund der Kommunisten« (1847 gegründet) oder die »Internationale Arbeiter-Assoziation« (1864), wobei sie konkurrierende sozialistische Strömungen heftig bekämpften.

Biografien: H. Elsner, *Marx & Engels*, 1977; H. Gemkow, *Unser Leben. Eine Biografie über Karl Marx und Friedrich Engels*, 1981.

Manifest der Kommunistischen Partei

OA 1848 **Form** Manifest **Bereich** Politik

1848 in nur wenigen hundert Exemplaren für die Mitglieder des »Bundes der Kommunisten« gedruckt, war das *Manifest der Kommunistischen Partei* von Karl Marx und Friedrich Engels bald, wie Engels 1888 in einem Vorwort bemerkte, »zweifellos das weitestverbreitete, in-

ternationalste Werk der ganzen sozialistischen Literatur«. Bis heute wurde es in etwa 200 Sprachen übersetzt.

Entstehung: Der »Bund der Gerechten«, eine konspirativ-revolutionäre Vereinigung von einigen hundert Mitgliedern, die vom utopischen Kommunismus herkamen, hatte sich 1847 zu den Ideen von Marx und Engels bekehrt, diese als Mitglieder gewonnen und sich in »Bund der Kommunisten« umbenannt. Marx und Engels wurden mit der Abfassung eines programmatischen Manifests beauftragt. Auf der Grundlage des Engels'schen Entwurfs *Grundsätze des Kommunismus*, der in der damals verbreiteten Agitationsform eines Katechismus aus Fragen und Antworten gehalten war, entwickelte Marx den vorliegenden Text.

Inhalt: *Das Manifest* ist ein Exposé des historisch-materialistischen Ansatzes. »Die Geschichte aller bisherigen Gesellschaft ist die Geschichte von Klassenkämpfen«; so beginnt die Analyse. Die modernen Klassenkämpfe zwischen Bourgeoisie und Proletariat unterscheiden sich durch zwei Dinge von früheren. Zum einen bringt die Bourgeoisie von ihrem Wesen her eine rasante Entwicklung aller Produktiv-

Auszug aus dem *Manifest der Kommunistischen Partei* von Karl Marx und Friedrich Engels:

Die Bourgeoisie kann nicht existieren, ohne die Produktionsinstrumente, also die Produktionsverhältnisse, also sämtliche gesellschaftlichen Verhältnisse fortwährend zu revolutionieren... Alles Ständische und Stehende verdampft, alles Heilige wird entweiht, und die Menschen sind endlich gezwungen, ihre Lebensstellung, ihre gegenseitigen Beziehungen mit nüchternen Augen anzusehen.

Karl Marx (l.) mit seiner Frau Jenny, den Töchtern Laura und Eleanor sowie Friedrich Engels

Historischer Materialismus

Materialismus: Der vormarxistische Materialismus war undialektisch. Materie und Natur standen dem Bewusstsein unvermittelt gegenüber. Als historischer, mechanischer kannte dieser Materialismus Bewegung nur als Ortsveränderung, Entwicklung als quantitativen Prozess.

Historischer Materialismus: Da Marx und Engels den tradierten Materialismus als dialektischen fassten, war es ihnen möglich, ihn auf den Bereich der historischen Entwicklung auszudehnen. Die Welt ist nicht ein Komplex fertiger Dinge, sondern sie ist geworden in einem gesetzmäßigen, widerspruchsvollen Entwicklungsprozess. Der historische Materialismus leugnet nicht die Existenz subjektiver Motive und partikularer Interessen, er zeigt aber, dass sich hinter diesen scheinbar individuellen Beweggründen objektive Interessen verbergen. Das Bewusstsein einer Epoche, auch ihre politischen, religiösen und philosophischen Auseinandersetzungen, ist durch ihr Sein, durch die Reproduktionsbedingungen ihrer materiellen Grundlagen bestimmt.

Kommunismus

Voraussetzungen: Gemeinschaftliches Eigentum und ökonomische Egalität stellen als reale ökonomische Verfassung und als Idee ein weit verbreitetes Phänomen in der Menschheitsgeschichte und vor allem im Gegenstandsbereich der Ethnologie dar (»Urkommunismus«). Im Bereich sog. Hochkulturen überdauert sie in Enklaven gesteigerten religiösen Charismas (christliche Urgemeinden, Mönchsorden, Ashrams).

Literatur: Die kommunistische Idee ökonomischer Gleichheit als Zukunftshoffnung motivierte nicht nur in allen Epochen und in den verschiedensten kulturellen Kontexten immer wieder Aufstandsbewegungen wie die Bauernkriege; sie stand auch zahlreichen literarischen Utopien Pate, von denen die *Utopia* (1551) des Thomas → More die bekannteste ist.

Begriff: In der lateinischen Gelehrtensprache des 16. und 17. Jahrhunderts wurde der Neologismus »communistae« gelegentlich für die egalitären Täuferbewegungen gebraucht. Ab Ende des 18. Jahrhunderts wurden von Gracchus Babeuf (1760–97) und seinen Nachfolgern dezidiert kommunistische Theorien entwickelt. 1797 wählte Nicolas Restif de la Bretonne (1734–1806) den Terminus »communiste« als Selbstbezeichnung. Doch erst um 1840, als Etienne Cabet (1788–1856), der Verfasser des utopischen Romans *Reise nach Ikarien* (1839), der Übung von Restif folgte, machte der Begriff Konjunktur.

Nach Engels war Mitte des 19. Jahrhunderts der Terminus »sozialistisch« eine Sammelbezeichnung für mittelständische, »kommunistisch« für proletarische Bewegungen; daher die Wahl des Letzteren für das *Manifest der Kommunistischen Partei*. Die Arbeiterparteien des 19. Jahrhunderts bevorzugten jedoch den Begriff der »Sozialdemokratie«. Erst nach den Spaltungen im 20. Jahrhundert gab es wieder kommunistische Parteien. Der Begriff wurde schließlich durch die bürokratische und totalitäre Erstarrung der »kommunistischen« Sowjetunion weithin diskreditiert.

---

kräfte und daraus folgend zyklische, sich steigernde Überproduktions-Krisen hervor. Zum anderen kann das durch diese Prozesse hervorgebrachte Proletariat im Klassenkampf nicht siegen, ohne die Klassenstruktur insgesamt zu beenden, also in der klassenlosen Gesellschaft alle Formen der Ausbeutung abzuschaffen. An die Stelle der Klassengesellschaften tritt »eine Assoziation, worin die freie Entwicklung eines jeden die Bedingung für die freie Entwicklung aller ist«.

Aufbau: Die schmale Schrift ist in vier Abschnitte unterteilt. Im ersten Abschnitt, *Bourgeois und Proletarier*, wird die Besonderheit der Klassenkämpfe im Kapitalismus entwickelt. Der zweite, *Proletarier und Kommunisten*, enthält eine Art Apologie kommunistischer Forderungen: den Vorwürfen, die Kommunisten wollten z. B. Eigentum, Bildung, Familie und Vaterland abschaffen, wird in zielsicherer Polemik entgegengehalten, all diese Güter seien im Kapitalismus bereits abgeschafft, jedenfalls für die erdrückende Mehrheit der Bevölkerung. Der dritte Abschnitt, *Sozialistische und Kommunistische Literatur*, setzt sich vernichtend mit konkurrierenden sozialistischen Strömungen auseinander. Der vierte Abschnitt schließlich, *Stellung der Kommunisten zu den verschiedenen oppositionellen Parteien*, enthält kurze Erörterungen zur Bündnispolitik: Jede revolutionäre Bewegung sei zu unterstützen, also gegebenenfalls auch die Bourgeoisie.

Wirkung: Das *Manifest* erschien zu spät, um auf die Ereignisse von 1848 noch Einfluss nehmen zu können. Mit dem Erstarken der internationalen Arbeiterbewegung entfaltete es später eine immense bewusstseinsbildende Wirkung als »Programm« einer internationalen Massenbewegung.   *R. H.*

Maugham, W(illiam) Somerset

engl. Schriftsteller

* 25.1.1874 Paris, † 16.12.1965 Cap Ferrat / Nizza

📖 *Der Menschen Hörigkeit*, 1915

W. Somerset Maugham ist einer der meistgelesenen Autoren der englischen Literatur. In seinen Romanen, Erzählungen und Dramen stellt er schonungslos und satirisch menschliches Handeln in verschiedenen Gesellschaftsschichten dar. Geistreicher Witz, Gesellschaftskritik und Zynismus prägen sein Werk.

Maugham wuchs als Sohn eines Beamten der britischen Botschaft in Paris auf. Seine Eltern verstarben früh, so dass er 1884 zu seinem Onkel, einem Geistlichen, nach England geschickt wurde. Er verlebte eine unglückliche Schulzeit, während der er wegen seines Sprachfehlers in Isolation geriet. Anschließend verbrachte er ein Jahr in Heidelberg und studierte 1892–97 Medizin in London, übte den Arztberuf jedoch nie aus. Ausgedehnte Reisen bis nach Ostasien und zu den Südseeinseln lieferten ihm zahlreiche Anregungen für seine Werke und bilden oftmals den Schauplatz für seine Erzählungen. Im Ersten Weltkrieg war Maugham für den britischen Geheimdienst tätig. Ab 1930 lebte er an der französischen Riviera in Cap Ferrat.

Mit seinen frühen, am französischen Naturalismus orientierten Romanen war Maugham wenig erfolgreich. Seine Bühnenstücke, die vor allem Ehe- und Liebesprobleme thematisieren, fanden hingegen eine begeisterte Aufnahme. Seinen großen literarischen Durchbruch hatte Maugham 1915 mit seinem Roman *Der Menschen Hörigkeit*. Auch in seinen weiteren Romanen sowie pointierten, spannungsgeladenen Erzählungen suchte den wahren Motiven für

Die wichtigsten Bücher von W. Somerset Maugham

Lisa von Lambeth, 1897	In seinem Roman-Erstling schildert Maugham das Leben und Sterben in den Elendsvierteln von London.
Der Menschen Hörigkeit 1915	Mit diesem Werk, das eindrucksvoll die Suche des Menschen nach Lebenssinn und Selbstverwirklichung aufzeigt, gelang Maugham sein Durchbruch als Romancier. → S. 745
Silbermond und Kupfermünze 1919	Der Börsenmakler Strickland verlässt seine Familie, um seinen alten Traum, Maler zu werden, zu verwirklichen. Die Lebensgeschichte des Malers Paul Gauguin (1848–1903) diente Maugham als Vorlage für diesen Roman um die absolute Hingabe an die Kunst.
Auf Messers Schneide 1944	In Mittelpunkt dieses Romans steht der junge US-Amerikaner Larry Darrell, der nach der Teilnahme am Ersten Weltkrieg sowohl in Religion als auch in der Philosophie nach dem Sinn des Lebens sucht.

menschliches Handeln nachzuspüren und schilderte die Suche des Menschen nach Lebenssinn und Selbstverwirklichung.

Biografie: R. A. Cordell, *Somerset Maugham*, 1961.

Der Menschen Hörigkeit

OT Of Human Bondage **OA** 1915 **DE** 1939
Form Roman **Epoche** Moderne

Der in weiten Teilen autobiografische Entwicklungsroman *Der Menschen Hörigkeit* zählt zu den besten Werken von W. Somerset Maugham und zu den wichtigsten Entwicklungsromanen der englischen Literatur. Dem Roman kommt eine Schlüsselrolle im Werk des Autors zu, da er zum Verständnis seiner Künstlerpersönlichkeit und Lebensphilosophie beiträgt.

Entstehung: Der Roman basiert auf einem Entwurf, den Maugham 23-jährig unter dem Titel *The Artistic Temperament of Stephen Carey* in Sevilla niederschrieb. Die endgültige Fassung ist laut eigener Aussage des Dichters von *Der Weg allen Fleisches* (1903) von Samuel → Butler d.J. beeinflusst und lässt Beziehungen zu Werken von Arnold Bennett (1867–1931; *Die Familie Clayhanger*, 1910), Charles → Dickens (*David Copperfield*, 1849/50), James → Joyce (*Ein Porträt des Künstlers als junger Mann*, 1916, Vorabdruck 1914/15 in der Zeitschrift *The Egoist*) sowie D. H. → Lawrence (*Söhne und Liebhaber*, 1913) erkennen.

Inhalt: In traditioneller Erzählweise und chronologisch wird die Entwicklung und der schmerzhafte Bewusstwerdungsprozess von Philip Carey geschildert, der seelisch unter seinem Klumpfuß leidet. Früh verliert Philip seine Eltern und muss die Engstirnigkeit seines puritanischen Onkels William ertragen, eines selbstgerechten Dorfpfarrers, bei dem er fortan lebt. Im Internat wird er wegen seines körperlichen Gebrechens gehänselt. Durch seine brillanten Leistungen gewinnt er in der Schule an Achtung, verlässt diese aber ein Jahr vor seinem Abschluss. Seine weiterer Lebensweg verläuft planlos: Philipp studiert ein Jahr lang in Heidelberg, beginnt in London eine kaufmännische Lehre, die er nicht abschließt, und scheitert bei seinen Versuchen, in Paris Malerei und in London Medizin zu studieren. Er gerät in den Bannkreis der Kellnerin Mildred Rogers, die ihn rücksichtslos ausnutzt und betrügt, aus deren Bannkreis er sich aber schließlich zu befreien vermag. Er verzichtet auf eine weitere Sinndeutung des Lebens sowie hochfahrende Zukunftsträume. In der Beziehung mit Sally, der Tochter des Journalisten Athelyn, der ihm in manchen Krisenzeiten eine Stütze war, findet er seinen Frieden und lässt sich schließlich als Landarzt nieder.

Wirkung: Das mehrfach verfilmte Buch zählt zu den stärksten Leistungen des Autors und ist noch heute eines der beliebtesten Werke der englischen Literatur. Nirgendwo sonst hat Maugham seinen eigenen, leidvoll-labyrinthischen Lebensweg so eindringlich reflektiert wie in diesem Roman.   *V. R.*

W. Somerset Maugham (Foto um 1955)

W. Somerset Maugham in seiner Autobiografie *Rückblick auf mein Leben* (1938):

Was immer in meinem Leben geschah, habe ich auf diese oder jene Art schriftstellerisch verwertet. Manchmal habe ich ein Erlebnis, das mir zustieß, zum Thema meiner Arbeit gewählt...; öfter noch habe ich Menschen, die ich oberflächlich oder näher kennen gelernt hatte, dazu verwendet, aus ihnen die Charaktere meiner Erfindung zu schnitzen. Tatsächliches und Erfundenes ist in meiner Arbeit so innig verwoben, dass ich, zurückblickend, Wahrheit und Dichtung kaum auseinander zu halten vermag.

Maupassant, Guy de

frz. Schriftsteller

* 5.8.1850 Fécamp (Normandie), † 6.7.1893 Paris

Bel-Ami, 1885

Der vor allem als Autor von Erzählungen und Novellen erfolgreiche Guy de Maupassant lieferte mit seinem zweiten, wohl bekanntesten Roman *Bel-Ami* das literarische Porträt des Paris der beginnenden Belle Epoque.

Als Sohn aus normannischem Landadel behütet aufgewachsen, etablierte Maupassant sich nach einem abgebrochenen Jurastudium und dem Kriegsdienst im Deutsch-Französischen Krieg 1871 in Paris. Bis 1878 verdiente er seinen Lebensunterhalt als kleiner Ministerialbeamter. Durch seinen freundschaftlichen Kontakt zu Gustave → Flaubert erhielt er Zugang zur literarischen Avantgarde der 1870er und 1880er. Nach ersten literarischen Versuchen, die als Fortsetzungsgeschichten in der Pariser Tagespresse veröffentlicht wurden, ermöglichte ihm

Guy de Maupassant, *Bel-Ami*, Umschlag der deutschsprachigen Ausgabe 1953

François Mauriac bei der Nobelpreisfeier 1952

erst 1880 der Erfolg seiner Novelle *Fettklößchen*, mit dem Ertrag seiner Feder ein großbürgerliches Leben zu finanzieren. Bis zu seinem Tod entstanden etwa 300 Erzählungen (u. a. *Der Horla*, 1887) und Romane, in denen Maupassant der französischen Gesellschaft seiner Zeit mit stilistischer Meisterschaft den kritisch-ironischen Spiegel vorhält.

Maupassant erkrankte 1891 unheilbar an den Spätfolgen schwacher Konstitution und exzessiven Rauschmittelkonsums; er wurde in die Psychiatrie eingewiesen und starb zwei Jahre später in geistiger Umnachtung.

Bel-Ami

OT Bel-Ami **OA** 1885 **DE** 1892
Form Roman **Epoche** 19. Jahrhundert

In *Bel-Ami* zeichnet Guy de Maupassant mit dem unaufhaltsamen Aufstieg des normannischen Ex-Offiziers Georges Duroy zum Pariser Starjournalisten das ironisch-kritische Porträt der gehobenen Pariser Gesellschaft seiner Zeit.
Inhalt: Georges Duroy, der in Tunesien seine Militärzeit abgeleistet hat, flaniert durch Paris, wo er völlig mittellos in einem schäbigen Zimmer wohnt und in den Cafés der Grands Boulevards und des Montmartre verkehrt. Sein einziger Reichtum ist seine blendende äußere Erscheinung und seine Bekanntschaft mit Fo-

restier, einem arrivierten Pariser Journalisten.

Durch Forestier und seine Frau Madeleine findet er eine Anstellung bei der Zeitung und damit Zugang zu der von Intrigen, Sex, Korruption und der Jagd nach Auflagensteigerung geprägten Welt des Journalismus. Schnell lernt er die Spielregeln zu seinem Vorteil zu nutzen; ein erfolgreich durchgestandenes Duell wegen eines Artikels zur Tunesien-Frage sichert ihm den Platz eines Starreporters der Zeitung *La Vie française* des jüdischen Pressezaren Walther.

In Clotilde de Marelle, einer Freundin von Madeleine Forestier, findet Duroy eine hingebungs- und anspruchsvolle Geliebte; deren Tochter bringt den Spitznamen »Bel-Ami« auf, unter dem er bald allgemein bekannt wird.

Nach dem Tod seines Freundes Forestier heiratet Duroy dessen Witwe und beginnt sich auf ihren Rat hin Du Roy de Cantel zu nennen. Er nutzt Madeleines Talent und Beziehungen für seinen weiteren Aufstieg. Eine reiche Erbschaft seiner Frau sichert ihm zunehmende finanzielle Unabhängigkeit. Eine kurze, aber heftige Affäre mit Madame Walther, deren er jedoch bald überdrüssig wird, befördert seine Stellung im Verlagshaus Walther. Die Aufdeckung der erotischen Beziehungen seiner Frau zu einem Minister benutzt er dazu, das Kabinett durch eine Pressekampagne zu stürzen und sich scheiden zu lassen. So wird er frei für eine der Töchter seiner Ex-Geliebten Madame Walther – freilich beabsichtigt er nicht, von seiner Mätresse Clotilde de Marelle zu lassen.

Der Roman endet im Moment des Triumphs von Bel-Ami: Während er – seine frisch angetraute Gattin am Arm – die Menge der illustren Geladenen vor der Madeleine-Kirche durchschreitet, nimmt er den Palais Bourbon, Sitz der Nationalversammlung, fest in den Blick, während er sich in Gedanken der wollüstigen Erwartung seiner Geliebten hingibt.
Wirkung: Der Roman konnte nach seinem Erscheinen einen enormen Erfolg verzeichnen – bis 1887 erschienen 51 Auflagen. Die andauernde Wirkung liegt zum einen begründet in der stilistischen Meisterschaft des Autors, zum anderen in den bis heute als aktuell und brisant erfahrenen Themen.   *T. S. G.*

Mauriac, François

frz. Schriftsteller

* 11.10.1885 Bordeaux, † 1.9.1970 Paris

📖 *Thérèse Desqueyroux*, 1927

Eine Reihe trotz ihres Anspruchs viel gelesener Romane machte François Mauriac zu einem der wichtigsten Autoren der katholischen Erneue-

OT = Originaltitel **EZ** = Entstehungszeit **OA** = Originalausgabe **DE** = Deutsche Erstausgabe 📖 = Verweis auf Werkartikel

rung in Frankreich. Bemerkenswert war seine enge und tragfähige Verbindung mit der heimatlichen Landschaft, dem meernahen Südwesten Frankreichs.

Der Sohn eines reichen Kaufmanns verlor bereits im Alter von einem Jahr seinen Vater und entwickelte eine enge Beziehung zur katholischen Mutter. Dieser Einfluss sowie sein Aufwachsen in Bordeaux und dessen ländlicher Umgebung prägten später sein literarisches Schaffen. Mauriac studierte Literatur in Bordeaux und Paris und widmete sich, von materiellen Sorgen befreit, anschließend ganz seinen schriftstellerischen Neigungen.

In Werken wie *Der Aussätzige und die Heilige* (1922) sowie *Die Einöde der Liebe* (1925) verarbeitete Mauriac das Thema der sich im Widerstreit zwischen Begierde und moralischen Grundsätzen aufreibenden menschlichen Seele. Neben Romanen verfasste Mauriac Studien u.a. über Marcel →Proust (*Proust*, 1926) und Theaterstücke (*Asmondi*, 1938).

In späteren Jahren wandte Mauriac sich dem politischen Journalismus zu und schrieb u.a. für den *Figaro*. Beeindruckt vom Bombardement der Stadt Guernica, engagierte er sich für den Kampf der Basken gegen Franco. Während des Zweiten Weltkriegs war er aktives Mitglied der Résistance.

Die Tat der Thérèse Desqueyroux

OT Thérèse Desqueyroux **OA** 1927 **DE** 1928
Form Roman **Epoche** Moderne

Das Bestreben einer Frau, sich aus der Enge ihres Milieus zu befreien und sich selbst zu verwirklichen, gipfelt in einem Mordversuch.
Inhalt: In der trostlosen Landschaft des rechten Garonne-Ufers leben Thérèse und Bernard in einer Vernunftehe aneinander gekettet; sie führen ein ausweglos es Leben, dem sich die junge Frau nicht fügen kann. Als Bernard eines Tages durch Unachtsamkeit eine größere Dosis seiner arsenhaltigen Arznei nimmt und sich sein Zustand daraufhin verschlechtert, beschließt Thérèse, durch Erhöhung seiner täglichen Dosis dem wortlosen Elend ein Ende zu bereiten. Es bleibt jedoch beim Versuch; der nach der Entdeckung ihrer Tat angestrebte Prozess endet für Thérèse gimpflich, da ihr Mann, um den Skandal zu vermeiden, das Geschehene vertuscht. Während der Rückfahrt zu ihm lässt Thérèse ihre Tat an sich vorüberziehen. Sie fügt sich schließlich der Anordnung ihres Mannes, in ihr Landhaus zurückzukehren. Nach ein paar Monaten jedoch gibt er sie frei und sie kann fortan allein in Paris eine anonyme Existenz führen.

Mauriac als entschlossener Moralist zeichnet das Opfer Bernard als typisch für das wohlhabende Provinzbürgertum in seiner Selbstgerechtigkeit und geistigen Trägheit. Zufrieden mit Jagd, Essen und Realbesitz, empfindet er nie das Bedürfnis, sich mit dem Innenleben seiner Frau auseinander zu setzen. Thérèse ihrerseits vermag nach ihrer Tat in der Rückschau ihr Handeln vor sich selbst nicht zu rechtfertigen. Mauriac ging es in seinem Roman vor allem um diese Gewissenserforschung, für die er die dramatische Rückfahrt zum Gatten wählt und damit eine doppelte Spannung erzeugt: Der Leser verfolgt die Einsichten, zu denen Thérèse gelangt, und hat zugleich Teil an der großen Unsicherheit, an dem Schicksal, das die von ihrem Mann begnadigte Frau erwartet.

Thérèse gelangt zu der Einsicht, dass sie aus ihrer intellektuellen Überlegenheit über Bernard zu Unrecht eine allgemeine Überlegenheit abgeleitet habe, ja dass sie eine Mitschuld an ihrer Vereinsamung in der pharisäerhaften Provinzfamilie trage.
Wirkung: Dass Mauriac sadistische Regungen in seiner Titelgestalt nicht ausschloss, trug den Vorwurf ein, das Klischee der Giftmörderin allzu unkritisch übernommen zu haben. Dem Erfolg des Buchs, zu dem es in dem Roman *Das Ende der Nacht* (1935) eine Fortsetzung gibt, tat dies allerdings keinen Abbruch. *H. Sch.*

May, Karl

(Pseud. K. Hohrnthal) dt. Schriftsteller

*25.2.1842 Ernstthal (Sachsen), †30.3.1912 Radebeul

📖 *Winnetou*, 1876–93

Seine Reiseerzählungen machten Karl May zu einem der erfolgreichsten deutschen Unterhaltungsschriftsteller. Schauplätze seiner fantasievollen Abenteuerromane sind u.a. Amerika und der Orient, die er erst nach Veröffentlichung seiner Werke bereiste. May ist aufgrund seiner Behauptung, das Beschriebene selbst erlebt zu haben, seit jeher ein umstrittener Autor. Seine Romane erzielten die bisher höchsten Auflagen in der deutschen Literaturgeschichte.

Der Sohn armer Weber, ein ausgebildeter Lehrer, verbüßte zwischen 1862 und 1874 wegen Betrugs- und Diebstahldelikten mehrere Haftstrafen (insgesamt sieben Jahre) in Zwickau und Waldheim. Ab 1875 veröffentlichte May als Zeitschriftenredakteur und freier Schriftsteller fünf Kolportageromane sowie vor allem Reiseerzählungen in Fortsetzungen. In Freiburg fand er 1892 einen Verleger und so erschienen ab diesem Jahr die *Gesammelten Reiseerzählungen*, in deren Mittelpunkt moralisch untade-

François Mauriac, *Die Tat der Thérèse Desqueyroux*, Einband der französischen Taschenbuchausgabe 1991

François Mauriac in *Der Stein des Anstoßes* (1952):

Nur die Leidenschaft des Herzens, die leidenschaftliche Liebe entblößen das Wesen, das sich aus seiner Seelennot zu erheben versucht. Ich drücke dies in »La Fin de Nuit« aus, wenn ich Thérèse Desqueyroux sagen lasse: »Es muss so sein, dass das Leben mit dem Geschöpf, das wir lieben, einer langen Siesta in der Sonne gleicht, einem Ruhezustand ohne Ende, einem friedlichen Dasein, wie es den Tieren zuteil wird, geboren aus der Gewissheit, dass wir neben uns und stets erreichbar ein Menschenwesen haben, einverständig, erfüllt, ja unterwürfig und dem es seinerseits sich nichts anderes wünscht, vor allem nicht, anderswo zu sein – und rundum muss so viel Betäubung, ja Erstarrung herrschen, dass jeder Gedanke an Verrat im Keim erstickt wird.«

Karl May in der Einleitung zu *Winnetou I* über den Häuptling der Apachen:

Habe ich doch die Roten kennen gelernt während einer Reihe von Jahren, und unter ihnen einen, der hell, hoch und herrlich in meinem Herzen, in meinen Gedanken wohnt. Er, der beste, treueste und opferwilligste aller meiner Freunde, war ein echter Vertreter der Rasse, der er entstammte...

Karl May, *Winnetou* (Bd. 3), Umschlag von Band 9 der Gesamtausgabe um 1930

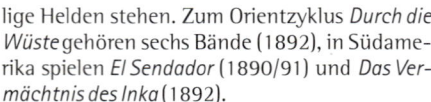

lige Helden stehen. Zum Orientzyklus *Durch die Wüste* gehören sechs Bände (1892), in Südamerika spielen *El Sendador* (1890/91) und *Das Vermächtnis des Inka* (1892).

Auf dem Höhepunkt seines Erfogs unternahm May 1899/1900 und 1908 Reisen zu den Schauplätzen seiner Romane. Der Autor verstarb verbittert in seinem Haus bei Dresden.

Biografien: K. May, *Mein Leben und Streben*, 1910; Hans Wollschläger, *Karl May*, 1989.

Winnetou

OA 1876–93 (3 Bde.) **Form** Roman **Epoche** Realismus

Die *Winnetou*-Romane begründeten den Ruhm eines der meistgelesenen deutschen Schriftsteller, Karl May. Auf unterhaltsame und spannende Weise erzählt der deutsche Reisende Old Shatterhand seine Erlebnisse im Wilden Westen der 1860er Jahre.

Inhalt: Im Mittelpunkt der Geschichte steht die Freundschaft zwischen einem jungen deutschen Weißen, Old Shatterhand, und Winnetou, dem Häuptling der Apachen, die durch Blutsbrüderschaft miteinander verbunden sind. Der Erzähler erwirbt sich im Wilden Westen mit der Fähigkeit, Feinde mit der Faust besinnungslos zu schlagen, den Namen »Schmetterhand«. Winnetou wird als edler Wilder dargestellt, dessen Stolz, Mut, Tapferkeit, Aufrichtigkeit und Treue vorbildlich sind. Der Einfluss seines

Freundes führt dazu, dass sich Winnetou kurz vor seinem Tod zum Christentum bekennt. Gemeinsam bekämpfen die Blutsbrüder Verbrecher unter Weißen und Indianern und setzen sich für ein friedliches Nebeneinander der beiden Rassen ein.

Aufbau: Die wechselnden Handlungsstränge und vielfältigen Schauplätze, die detailliert und romantisch verklärt beschrieben werden, ohne dass May sie aus eigener Anschauung gekannt hätte, machen zugleich den Reiz der Romane aus. Spannende und unterhaltsame Passagen wechseln mit sentimentalen und pathetischen Schilderungen.

Wirkung: Die literarisch wenig anspruchsvollen Abenteuergeschichten erfreuen sich seit ihrem Erscheinen vor allem bei jugendlichen Lesern großer Beliebtheit und erzielten Millionenauflagen. Der Geringschätzung seines Werks steht die anhaltener Popularität auch in nichtliterarischen Medien entgegen, die sich auch in den seit 1952 jährlich stattfindenden Karl-May-Festspielen in Bad Segeberg zeigt. Die *Winnetou*-Romane wurden in den 1960er Jahren erfolgreich verfilmt. *P.Z.*

Hauptfiguren in »Winnetou« von Karl May

Winnetou: Der Sohn Intschu tschunas, edler Häuptling der Apachen, ist ein tapferer Krieger und Blutsbruder von Old Shatterhand. In der Erziehung mit den Werten der Weißen und dem christlichen Glauben vertraut gemacht, setzt er sich für ein friedliches Nebeneinander von Indianern und Weißen ein. Er stirbt im Kampf zur Befreiung weißer Siedler und bekennt sich sterbend zum Christentum.

Old Shatterhand: Der deutsche »Westmann« erwirbt sich mit seinem kräftigen Faustschlag den Kampfnamen »Old Shatterhand« und erlangt im Wilden Westen aufgrund seiner Tapferkeit Berühmtheit. Gemeinsam mit seinem Blutsbruder Winnetou besteht er zahlreiche Abenteuer und kämpft für die gerechten Anliegen Weißer wie Roter.

Sam Hawkens: Der deutschstämmige Jäger und »Westmann«, dessen skalpierte Kopfhaut eine Perücke bedeckt, steht seinen Freunden Winnetou und Old Shatterhand im Kampf zur Seite.

Intschu tschuna: »Gute Sonne«, Häuptling der Apachen und Vater Winnetous, wird vom Banditen Santer kaltblütig ermordet.

Nscho-tschi: »Schöner Tag«, Winnetous Schwester, will die Sitten und Lebensweise der Weißen im Osten kennen lernen, um Old Shatterhand zu gefallen. Auch sie wird von Santer getötet.

Klekih-petra: »Weißer Vater«, der bucklige Deutschstämmige, ist ein hoch geachteter Lehrer der Apachen. Er bringt Intschu tschuna und Winnetou Kultur und Religion der Weißen nahe und stirbt, indem er eine für Winnetou bestimmte Kugel abfängt.

Mayröcker, Friederike

österr. Schriftstellerin

*20.12.1924 Wien

📖 *Reise durch die Nacht*, 1984

In ihrem umfangreichen, Hörspiele, Lyrik und Prosa umfassenden Werk, das sich oft eindeutigen Gattungszuschreibungen entzieht, entwickelt Friederike Mayröcker eine eigenwillige, experimentelle, anfangs vom Dadaismus und Surrealismus beeinflusste Sprache sowie eine Poetik, die sich gegen das Erzählen im herkömmlichen Sinne richtet.

Mayröcker arbeitete 1946–69 als Englischlehrerin an Wiener Hauptschulen. 1954 lernte sie Ernst → Jandl kennen, der bis zu seinem Tod 2000 ihr Lebensgefährte war. Insbesondere in den 1950er und 1960er Jahren verfassten beide gemeinsam experimentelle Texte und Hörspiele. In der Lyrik der Autorin lässt sich eine Tendenz zu sog. langen Gedichten erkennen, die in Assoziationsströmen Bruchstücke und Zitate montieren (*Tod durch Musen,* 1966). In hohem Maße lyrisch, weil bildhaft, assoziativ und sprachspielerisch, ist auch die Prosa von Mayröcker. Die Ich-Erzählerinnen der Prosawerke sind meist Schriftstellerinnen. Mayröcker erhielt zahlreiche literarische Auszeichnungen, u. a. 2001 den Büchner-Preis.

OT = Originaltitel **EZ** = Entstehungszeit **OA** = Originalausgabe **DE** = Deutsche Erstausgabe 📖 = Verweis auf Werkartikel

Reise durch die Nacht

OA 1984 **Form** Prosa **Epoche** Gegenwart

Die assoziativ-halluzinatorische Reise durch nächtliche Gedanken und Wahrnehmungen ist formal der Entwurf einer neuen experimentellen Romanform.

Inhalt: Äußerer Rahmen dieser »Lebensnotizen« ist eine Zugfahrt im Schlafwagen. Davon ausgelöst bzw. darin aufgehoben sind Empfindungen, Erinnerungen, Selbstbefragungen des Bewusstseins und des traumähnlichen Halbbewusstseins der Ich-Figur. Diese Selbstbeobachtung geschieht aus dem Geist einer Veränderung, einer Irritation, ausgelöst durch das eigene Älterwerden. Schonungslos werden die Anzeichen des Alterns beschrieben, die körperlichen wie die geistigen. Zu beinahe jeder Beobachtung existiert aber ein Gegenteil: Dem Hang nach Abgrenzung und Einsiedelei steht z. B. ein übergroßes Anpassungsbedürfnis gegenüber. Außerdem wird auf vergangene Zeiten verwiesen; das Ich erkennt Kontinuitäten.

Hauptlebensthemen der Erzählerin sind Natur, Liebe und Kunst, diesen ist sie »verfallen«. Zwei Liebesbeziehungen sind in dem Text zentral: die zu Julian, dem aktuellen Lebenspartner, und die zu Lerch, einer wohl vergangenen Liebe. Kunst ist v. a. das eigene Schreiben, die Quelle von Euphorie, von Trost, ein unabdingbares Lebensprinzip. Schreiben und Leben, Ich und Welt, stehen als Pole in einem ständigen Spannungsverhältnis.

Aufbau: Der Text ist fortlaufend ohne Gliederung in Kapitel. Seine Poetik ist ihm bereits eingeschrieben: Die Erzählerin hat Angst vor dem Erzählen, hingegen brenne sie »ja nur so darauf, einen halluzinatorischen Stil zu schreiben«. Es gibt keine Handlung, herrschendes Prinzip ist die Assoziation, die Struktur ist eine rhythmische wie im Gedicht, mit Wiederholungen und Leitmotiven. Dadurch wird die Gleichzeitigkeit von Ungleichzeitigem gezeigt (es gibt keine Lebens-Geschichte, sondern Parallelen und Oppositionen), aber auch die – durch die Linearität von Sprache bedingte – Ungleichzeitigkeit von eigentlich Gleichzeitigem (d. h. von gleichzeitig im Bewusstsein Ablaufendem) weitgehend aufgehoben. Dank ausgefallener Metaphern und (oft komischer) Klangassoziationen wirkt die Sprache sehr lyrisch. Freiheiten in Zeichensetzung und Satzbau ergänzen diesen Eindruck.

Wirkung: *Reise durch die Nacht* ist vielleicht Mayröckers wichtigstes Werk. Zwar ist auch dieser Text nicht unumstritten und Mayröckers Sprache grundsätzlich dem Vorwurf des Manierismus aussetzbar, doch stellt das Werk bereits eine Entwicklung zu noch experimentelleren Prosaformen dar. *M. R.*

Friederike Mayröcker im Dezember 1999 in ihrem Arbeitszimmer

Die wichtigsten Bücher von Friederike Mayröcker

Tod durch Musen, 1966	Der Gedichtband dokumentiert den Weg der Lyrikerin Mayröcker von den Anfängen bis hin zu ihren langen Gedichten.
Das Licht in der Landschaft, 1975	Aus einer Vielzahl von kurzen Fragmenten assoziativ zusammengesetzte experimentelle »Erzählung«. In realen, in Traum- und in Seelenlandschaften sucht das Ich nach Identität und Erkenntnis.
Fast ein Frühling des Markus M., 1976	Markus und Hilda, denen je abwechselnd ein Kapitel zur Verfügung steht, lassen in ihrem Dialog noch weitere Figuren auftreten und erzeugen insgesamt ein erotisches Spannungsgeflecht.
Die Abschiede 1980	In der traumverwandten Prosa über das Ende eines Liebesverhältnisses werden zugleich andere Abschiede beschworen.
Reise durch die Nacht 1984	In dem Werk wird eine Reise durch nächtliches Bewusstsein und Halbbewusstsein dargestellt, getragen von der wehmütigen Veränderung durch Altern und Vergänglichkeit. → S. 749
mein Herz mein Zimmer mein Name, 1988	Eine bohrende Identitätsbefragung, eine Verunsicherung: Alle im Titel genannten Instanzen des Ich stehen zur Disposition. Absatz- und punktlose Prosa, allein durch Kommata strukturiert.
Stillleben 1991	Jedes Kapitel fingiert den Abschluss eines Buches, das jeweils aus allen vorangegangenen Kapiteln bestünde.
brütt oder Die seufzenden Gärten, 1998	Die alternde Erzählerin erlebt ihre letzte Liebesgeschichte. Das Seelenereignis hat zwei Seiten, wie der Titel andeutet: die verzaubernde, bestrickende, aber auch eine erschreckende.
Requiem für Ernst Jandl 2001	Ein Trauerbuch über den verstorbenen Lebensgefährten, der sie fast 50 Jahre begleitet hat, Gespräche mit dem Abwesenden, ergreifende Prosastücke und Verse, privat und doch literarisch.

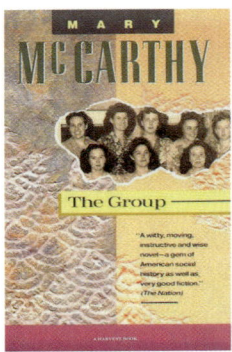

Mary McCarthy *Die Clique*,
Einband der Taschenbuchausgabe 1991

Joanna Pettet, Jessica Walter,
Shirley Knight und Elisabeth
Hartman (v.l.) in der Verfilmung des Romans *Die Clique*
von Mary McCarthy (USA
1965; Regie: Sidney Lumet)

McCarthy, Mary

US-amerikan. Schriftstellerin

* 21.6.1912 Seattle, † 25.10.1989 New York

📖 *Die Clique*, 1963

Mary McCarthy übt in ihren Romanen und Erzählungen scharfsinnig-satirische Kritik an den
typischen Zeiterscheinungen der US-amerikanischen Kultur. Mit ihrem Roman *Die Clique*
wurde die Autorin, die sich insbesondere als Es-
sayistin und Kritikerin einen Namen machte, international bekannt.

McCarthy wuchs in einem katholisch geprägten Elternhaus auf. Nachdem ihre Eltern 1918
einer Grippe-Epidemie zum Opfer gefallen
waren, lebte sie zunächst bei einer Großtante in
Minneapolis, dann bei ihren wohlhabenden
Großeltern in Seattle. McCarthy studierte Literaturwissenschaften am renommierten Vassar
College in New York, wo sie 1933 ihren Abschluss machte. Anschließend arbeitete sie
zunächst als Literatur- und Theaterkritikerin
u.a. für die linksliberale Zeitschrift *Partisan Review*. 1945/46 und 1948 lehrte sie als Literatur-

dozentin an verschiedenen Hochschulen. Nach
einigen gesellschaftskritischen Romanen und
Erzählungen gelang ihr 1963 mit *Die Clique* der
literarische Durchbruch. Ihre kritisch-analyti-
sche Haltung belegen u.a. auch ihre Abhandlung über den Vietnamkrieg (*Vietnam-Report*,
1967), der in den USA heftige Diskussionen
auslöste, und ihre autobiografischen Schriften
wie *Eine katholische Kindheit* (1957). In *Ein Sohn
der neuen Welt* (1972) befasste McCarthy sich
mit den Problemen im Verhältnis von Individuum und Gesellschaft. Der Roman *Kannibalen
und Missionare* (1979) hat den internationalen
Terrorismus zum Thema. McCarthy war eng mit
Hannah → Arendt befreundet, mit der sie einen
regen Briefwechsel unterhielt (*Im Vertrauen:
Briefwechsel 1949–1975*, 1996).

Autobiografie: Mary McCarthy, *Was sich verändert, ist
nur die Phantasie*, 1987.

Die Clique

OT The Group   **OA** 1963   **DE** 1964
Form Roman   **Epoche** Moderne

Ihren autobiografisch gefärbten Roman über
die misslungene Emanzipation der Frau nannte
Mary McCarthy eine »persiflierende Chronik«.
Inhalt: Eine Clique von acht Mädchen gehört
zu den Absolventen des Vassar College, dem
vornehmsten Mädchen-College der USA. So
unterschiedlich sie auch sein mögen, alle sind
sie beseelt von ihrem Plan, es besser zu machen
als ihre Mütter und auf keinen Fall den erstbes-
ten Rechtsanwalt, Bankier oder Börsenmakler
zu heiraten. Der Roman begleitet die Mädchen
in den sieben Jahren nach ihrem Studienab-
schluss (1933–40). Die Handlung beginnt und
endet am selben Ort, in einer Kirche in New
York. Hier treffen sich die Mädchen 1933 bei
der Hochzeit ihrer Freundin Kay Strong, hier
begegnen sie einander 1940 nach Kays Selbstmord wieder. Früher oder später landen sieben
der acht Frauen im Hafen der Ehe; ihre auf
Selbstständigkeit ausgerichtete Erziehung erliegt dem Sog des »American Way of Life«.
Aufbau: Mit äußerst sachlicher, bisweilen un-
terkühlter Sprache schildert McCarthy das Verhalten der Mädchen. Dieser Bericht wird durchbrochen von den in erlebter Rede gehaltenen
Gedanken der Mädchen, die als Zitate eingeschoben werden.
Wirkung: Während der Roman – nicht zuletzt
aufgrund der detaillierten Schilderungen sexueller Erlebnisse – ein großer Publikumserfolg
wurde, war er bei der Kritik umstritten. Der bissige Witz der Autorin galt manchem als kalt
und gefühllos. Auch der autobiografische Hintergrund offenbarte nach Ansicht der Kritiker
ihren Mangel an Erfindungsgabe.   *D.M*

Hauptfiguren in »Die Clique« von Mary McCarthy

Kay Strong: Sie ist die erste der Mädchen-
Clique, die gleich nach ihrem Studienab-
schluss heiratet. Kay zerbricht an der Ehe
mit einem egozentrischen und erfolglosen
Dramatiker und begeht nach sieben Jahren
Selbstmord.
Libby MacAukland: Zunächst macht sie
Karriere als Übersetzerin, Lektorin und Kri-
tikerin, scheitert jedoch aus grotesken
Gründen und endet schließlich als Litera-
turagentin des Jetsets.
Polly Andres: Die Außenseiterin kann nur
dank eines Stipendiums studieren. Nach

dem Examen macht sie eine Ausbildung zur
medizinisch-technischen Assistentin. Sie
heiratet einen jungen Arzt und wird Mutter
und Hausfrau. Dank ihrer natürlichen Intelligenz ist sie diejenige, die am Schluss am
glücklichsten ist.
Eleanor Eastlake: Sie bildet als Lesbierin
einen schillernden Gegensatz zu den übrigen Frauen des Romans. Eleanor bereist
nach ihrem Vassar-Examen als Kunsthisto-
rikerin Europa und kehrt erst nach sieben
Jahren mit ihrer französischen Freundin in
die USA zurück.

McCourt, Frank

US-amerikan. Schriftsteller ir. Herkunft

* 1930 New York

📖 *Die Asche meiner Mutter*, 1996

Frank McCourt avancierte durch seinen Roman *Die Asche meiner Mutter* zu einem der erfolgreichsten Autoren der 1990er Jahre. Anlass und Thema des Buches sind McCourts Erinnerungen an seine tragische Kindheit im irischen Limerick, die er auf humorvolle und erfrischende Weise schildert.

McCourt wurde 1930 als ältester Sohn mittelloser irischer Einwanderer in Brooklyn (New York) geboren. Als er vier Jahre alt war, entschloss sich die Familie nach Irland zurückzugehen. Armut bestimmte auch dort das Leben der McCourts. Der Vater der sechs Kinder war alkoholsüchtig und meistens ohne Arbeit. Die Kinder waren daher allein auf ihre Mutter und sich selbst angewiesen, um ihren Lebensunterhalt zu sichern. Mit 19 Jahren ging McCourt zurück in die Vereinigten Staaten.

McCourt studierte an der New York University Englische Literaturwissenschaft und arbeitete nach dem Studium ab 1959 als Lehrer an verschiedenen Schulen, u.a. lehrte er kreatives Schreiben und Literatur an der Stuyvesant High School. Nach seiner Pensionierung entschloss er sich, seine Kindheits- und Jugenderinnerungen niederzuschreiben. Dem damals 65-Jährigen gelang mit dem Roman *Die Asche meiner Mutter* ein weltweiter Überraschungserfolg, für dem McCourt 1997 u.a. mit dem Pulitzerpreis ausgezeichnet wurde.

Die Asche meiner Mutter

OT Angela's Ashes **OA** 1996 **DE** 1996
Form Roman **Epoche** Moderne

Der Roman *Die Asche meiner Mutter* ist ein bestürzendes Dokument einer Kindheit in Limerick von den 1920er bis zu den 1940er Jahren. Frank McCourt schildert in seinen *Irischen Erinnerungen* (so der Untertitel) das ihm und seiner Familie widerfahrene Leid der Unterprivilegierten aus kindlicher Perspektive, ohne jedoch auf Humor und Optimismus zu verzichten.

Inhalt: McCourt verbringt seine ersten Lebensjahre als ältestes Kind einer irischen Familie in New York. Da die USA der Familie nicht den erhofften Wohlstand bringen und die jüngste Tochter Margaret aufgrund der schlechten Versorgung stirbt, geht die Familie zurück nach Irland. In den Slums von Limerick leben die sechs Kinder mit ihren Eltern am Rand des Existenzmismus – Vater Malachy vertrinkt die Armen-

unterstützung im Pub und lässt seine Kinder abends zu irischen Freiheitsliedern singen. Mutter Angela bettelt, um die Kinder vor dem Verhungern zu bewahren, dennoch sterben die Zwillingsbrüder an Unterernährung. Franks Kindheit wird auch durch absurde Erlebnisse mit religiösen und staatlichen Autoritäten geprägt. Der selbstständige Junge spart schon als Kind für die Rückkehr in die USA. Mit 19 begibt er sich auf ein Schiff nach New York, um ein neues Leben anzufangen.

Aufbau: McCourts Geschichte orientiert sich an dem Muster der mündlich wiedergegebenen Historie. Als Zeitzeuge gibt der Autor Zeugnis einer typischen Kindheit in den irischen Slums der 1920er Jahre. Die Unterdrückung durch Armut und Kirche stellt McCourt als Verursacher des familiären Unglücks dar. Die sozialen Umstände, darunter Alkoholismus und katholische Intoleranz, zeigt der Autor als spezifisch irisch. Priester und Schulmeister werden als Hüter einer unduldsamen Klassengesellschaft vorgeführt, die den Ärmsten keine Möglichkeit gibt, aus ihrem Joch auszubrechen.

Das Buch ist eine Hommage an die Mutter des Autors, die ihre von Leid geprägte Existenz selbstaufopfernd für das Überleben ihrer Kinder einsetzte. Trotz des ernsten Themas schildert McCourt die einzelnen Episoden humorvoll aus kindlich-jugendlicher Perspektive, d.d. im Präsens und in einfachen Worten.

Wirkung: McCourts erster Roman löste in den USA und Europa einen Boom kindheitsbezogener Erinnerungsliteratur aus. Das große öffentliche Interesse am Schicksal McCourts veranlasste den Autor mit dem Roman *Ein rundherum tolles Land* (1999) von seinen Erlebnissen als Erwachsener in den USA zu berichten. *K.G.*

Frank McCourt, *Die Asche meiner Mutter*, Umschlag der deutschsprachigen Erstausgabe 1996

Auszug aus dem Roman *Die Asche meiner Mutter* von **Frank McCourt:**

Wenn ich auf meine Kindheit zurückblicke, frage ich mich, wie ich überhaupt überlebt habe. Natürlich hatte ich eine unglückliche Kindheit; eine glückliche Kindheit lohnt sich ja kaum. Schlimmer als die normale unglückliche Kindheit ist die unglückliche irische Kindheit, und noch schlimmer ist die unglückliche irische katholische Kindheit.

McCullers, Carson

US-amerikan. Schriftstellerin

* 19.2.1917 Columbus (Georgia)

† 29.9.1967 Nyack (New York)

📖 *Das Herz ist ein einsamer Jäger*, 1940

Carson McCullers, deren Werk Erzählungen, Romane sowie zwei Theaterstücke umfasst, gehörte zu den meistbeachteten Schriftstellerinnen im US-amerikanischen Literaturbetrieb der 1940er bis 1960er Jahre. Ihr heutiger Be-

Auszug aus dem Roman *Das Herz ist ein einsamer Jäger* von Carson McCullers:

Mick Kelly, Jake Blount und Doktor Copland saßen in dem stillen Zimmer und erzählten – denn sie spürten, dass der Taubstumme sie immer verstehen würde, was sie ihm auch sagen wollten. Vielleicht verstand er sogar mehr.

Carson McCullers, *Das Herz ist ein einsamer Jäger;* links: Umschlag der deutschsprachigen Erstausgabe 1950; rechts: Einband der ersten deutschsprachigen Taschenbuchausgabe 1974

kanntheitsgrad steht in keinem Verhältnis zu der hohen Wertschätzung, mit der ihr Werk von der zeitgenössischen Kritik und von Schriftstellerkollegen wie Graham → Greene und Tennessee Williams (1911–83) aufgenommen wurde.

McCullers wuchs als Tochter eines Uhrmachers in mittelständischen Verhältnissen auf. Von ihren ehrgeizigen Eltern zur zukünftigen Konzertpianistin erzogen, reiste sie 1935 nach New York, um am Juilliard-Konservatorium Musik zu studieren. Nachdem sie jedoch gleich in den ersten Tagen nach ihrer Ankunft in New York ihr Schulgeld verloren hatte, schlug sie sich mit Gelegenheitsjobs durch und besuchte statt des Konservatoriums Abendkurse im kreativen Schreiben. 1940 erschien der erfolgreiche erste Roman der erst 23-jährigen Autorin. Wie ihre späteren Werke, handelt auch *Das Herz ist ein*

einsamer Jäger von Einsamkeit und seelischer Isolation in einer entfremdeten Welt. McCullers, die 1940 ihren ersten Schlaganfall erlitten hatte und ab 1946 halbseitig gelähmt war, starb 1967 nach einem weiteren Schlaganfall.

Biografie: O. Evans, *Carson McCullers,* 1970.

Das Herz ist ein einsamer Jäger

OT The Heart is a Lonely Hunter **OA** 1940 **DE** 1950
Form Roman **Epoche** Moderne

Mit ihrem Roman *Das Herz ist ein einsamer Jäger* gelang der damals erst 23-jährigen Carson McCullers ein viel beachtetes Debüt als Schriftstellerin. Der unmittelbare Erfolg dieses Buchs, das die Anerkennung namhafter Kollegen und Kritiker fand und die junge Autorin zum Liebling der literarischen Szene New Yorks werden ließ, gründet vor allem in der gekonnten Verbindung einer realistischen Darstellung menschlicher Entfremdung mit einer ebenso zurückhaltenden wie poetischen Sprache.

Inhalt: Im Mittelpunkt des Romans, der in einer Stadt »mitten im tiefen Süden« spielt, steht der taubstumme Graveur John Singer. Als sein ebenfalls taubstummer Freund Spiros Antonapoulos, mit dem er seit Jahren eine kleine Wohnung und einen in seiner Gleichförmigkeit durch nichts unterbrochenen Alltag teilt, in eine psychiatrische Klinik eingeliefert wird, gerät das Leben Singers aus den Fugen.

Er zieht aus der für ihn unerträglich gewordenen Wohnung aus und mietet ein Zimmer im Haus der fortwährend von Finanznöten geplagten Familie Kelly. Mit seinem ernsten, bescheidenen Wesen, seiner Klugheit und seiner Höflichkeit übt Singer eine magische Anziehungskraft auf die vier anderen Hauptfiguren des Romans aus. Zu ihnen gehört der grüblerische Cafébesitzer Biff Brannon, der sich aus einem freudlosen Dasein an der Seite seiner Frau Alice immer mehr auf den Posten des schweigsamen Beobachters zurückgezogen hat. In der Gesellschaft Singers scheint sich seine innere Distanz und Kommunikationslosigkeit in einer Art stillem Einverständnis aufzulösen. Auch die halbwüchsige Mick Kelly, die sich auf ihren einsamen Streifzügen durch die Umgebung eine Zukunft als Komponistin und Pianistin erträumt, fühlt sich von Singer verstanden. Ebenso ergeht es dem der Trunksucht verfallenen Streuner Jake Blount, der nach einem gefährlichen Alkoholexzess in Brannons Café von Singer wieder auf die Beine gebracht wird. Blount, der seine Mission in der Verbreitung marxistischer Ideen gefunden hat und Arbeiter zum Widerstand gegen die kapitalistische Ausbeutung aufruft, glaubt in Singer einen Seelenverwandten zu erkennen. Zu dessen re-

Die wichtigsten Bücher von Carson McCullers

Das Herz ist ein einsamer Jäger 1940	Im Mittelpunkt des Romans steht der taubstumme John Singer. Als sein einziger Freund Antonapoulos in eine psychiatrische Klinik eingeliefert wird, ist Singer gezwungen, seinen Alltag neu zu gestalten. Keiner von seinen neuen Freunden merkt, wie einsam er ist. Schließlich kommt es zur Katastrophe… → S. 752
Das Mädchen Frankie 1946	In dem dreiteiligen Roman versucht die zwölfjährige Titelheldin Frankie, von den Fragen des Erwachsenwerdens bedrängt, der Enge ihrer Heimatstadt zu entkommen. Unterstützt von Tennessee Williams schrieb McCullers später eine Bühnenfassung, die ihr nach der Erstaufführung 1950 den Preis der New Yorker Theaterkritiker einbrachte.
Die Ballade vom traurigen Café 1951	In dieser Novelle verjagt die Ladenbesitzerin Amelia Evans nach nur zehntägiger Ehe ihren Mann Marvin Macy. Sie nimmt den buckligen und machtgierigen Zwerg Lymon bei sich auf, der ihr Geschäft in ein florierendes Café verwandelt und sich Amelia gefügig macht. Plötzlich taucht Macy wieder auf, um sich an Amelia zu rächen.
Uhr ohne Zeiger 1961	In den letzten zehn Lebensjahren der Autorin entstand der Roman über den an Leukämie erkrankten Apotheker Malone. Nach einem ereignislosen und mittelmäßigen Leben lernt Malone erst kurz vor seinem Tod den Wert des Alltäglichen wirklich zu schätzen und bekommt nun die Gelegenheit, seine menschliche Größe unter Beweis zu stellen.

OT = Originaltitel **EZ** = Entstehungszeit **OA** = Originalausgabe **DE** = Deutsche Erstausgabe ▢ = Verweis auf Werkartikel

gelmäßigen Besuchern gehört schließlich auch Benedict Copland, der sich neben seinem Beruf als Arzt für die Rechte der afroamerikanischen Bevölkerung einsetzt, aber wegen seiner Strenge von den eigenen Kindern gemieden wird.

Als Singer eines Tages erfährt, dass sein Freund Antonapoulos in der Klinik verstorben ist, verliert er jeden Lebensmut und begeht Selbstmord. Brannon, Mick, Copland und Blount, die weder etwas über seine Beziehung zu dem Griechen wussten noch seine Einsamkeit bemerkt haben, bleiben erschrocken und ratlos zurück. So beschreibt der Roman die rastlose Suche der Hauptfiguren nach einem Ausweg aus ihrer Einsamkeit. Durch den Tod Singers wieder auf sich selbst zurückgeworfen, beginnen Mick, Brannon, Copland und Blount schließlich, sich mit ihrem Dasein als Einzelgänger zu arrangieren.

Blount begreift, dass er mit seinen Ideen an diesem Ort nichts bewirken kann und zieht weiter, um sich anderswo nützlich zu machen. Mick gibt ihre Hoffnungen auf ein Leben als Künstlerin auf und nimmt eine Arbeit in einem Warenhaus an. Während der an Schwindsucht schwer erkrankte Copland unbeirrt sein politisches Engagement fortsetzt, kehrt Brannon wieder in den gewohnten Alltag in seinem Café zurück.

Wirkung: *Das Herz ist ein einsamer Jäger* wurde nach seinem Erscheinen von der begeisterten Kritik mit Werken von Fjodor → Dostojewski und William → Faulkner verglichen und die Autorin als Begründerin eines symbolischen Realismus bezeichnet. *B. S.*

für Deutsch als Zweitsprache in Norwich; seit 1974 ist er freier Schriftsteller und lebt heute in Oxford.

Im Mittelpunkt der frühen Werke von McEwan stehen Heranwachsende, die sich mit der Erwachsenenwelt und den Irritationen ihrer erwachenden Sexualität auseinander zu setzen haben. Seit den 1980er Jahren tritt die Darstellung existenzieller Probleme sowie das aktuelle Zeitgeschehen in den Vordergrund. Für den Roman *Amsterdam* (1998) erhielt McEwan 1998 den Booker-Preis.

Der Zementgarten

OT The Cement Garden **OA** 1978 **DE** 1980
Form Roman **Epoche** Gegenwart

In seinem viel gerühmten Erstlingsroman widmet sich Ian McEwan wie in den beiden vorausgegangenen Kurzgeschichtenbänden *Erste Liebe, letzte Riten* (1975) und *Zwischen den Laken* (1978) den Problemen Heranwachsender. **Inhalt:** In einem allein stehenden Haus inmitten eines Abbruchviertels lebt der 13-jährige Ich-Erzähler Jack mit seinen Eltern und drei Geschwistern. Die Familie ist isoliert von anderen Menschen; der Kontakt zu Verwandten ist längst abgebrochen, die Schulkameraden der Kinder werden nicht eingeladen.

Bei dem Versuch, den häuslichen Garten zu zementieren, überanstrengt sich der Vater und stirbt an einem Herzinfarkt. Jack, den vor allem seine gerade erwachende Sexualität beschäftigt, ist von dem Wunsch getrieben, eine engere Beziehung zu seiner Mutter aufzubauen, schei-

Ian McEwan, *Der Zementgarten*, Einband der ersten deutschsprachigen Taschenbuchausgabe 1982

McEwan, Ian

engl. Schriftsteller

*21.6.1948 Aldershot (Hampshire)

📖 *Der Zementgarten*, 1978

Mit seinem schwarzen Humor und einer Erzähltechnik, die das Abgründige und Absonderliche als das Alltägliche darstellt, erregte Ian McEwan bereits bei seinem literarischen Debüt Mitte der 1970er Jahre Aufsehen. Er gilt heute als der beste englische Erzähler seiner Generation.

Als Sohn eines schottischen Hauptfeldwebels verbrachte McEwan seine Kindheit in England, Singapur und Libyen. Nach der Schulzeit arbeitete er in Camden bei der Müllabfuhr. Das folgende Philologiestudium schloss er mit dem Master of Arts ab; als Magisterarbeit reichte er eine Sammlung von Kurzgeschichten ein, die 1975 unter dem Titel *Erste Liebe, letzte Riten* veröffentlicht wurde und dem Autor ein Jahr später den Somerset Maugham Award einbrachte. McEwan arbeitete zunächst als Lehrer

Die wichtigsten Bücher von Ian McEwan	
Erste Liebe, letzte Riten, 1975	Die moralische und sexuelle Entwicklung Jugendlicher steht im Zentrum der ersten Sammlung von Kurzgeschichten.
Zwischen den Laken, 1978	Auch in seinem zweiten Kurzgeschichtenband deckt McEwan das Unbewusste über die Darstellung abnormer Sexualität auf.
Der Zementgarten, 1978	Vier Kinder sind nach dem Tod der Eltern auf sich gestellt und kämpfen mit den Problemen des Erwachsenwerdens. → S. 753
Der Trost von Fremden 1981	Während ihres Urlaubs in Venedig begegnen Mary und Colin einem geheimnisvollen Fremden. Bald geraten sie nach und nach in den Bann eines sadomaschistisch veranlagten Paares.
Ein Kind zur Zeit 1987	Als ihre dreijährige Tochter spurlos verschwindet, beginnt für die Eltern ein Alptraum. McEwan setzt sich mit dem Verlauf der Zeit auseinander und bietet eine radikale Abrechnung mit der Thatcher-Ära.
Unschuldige 1990	Die Geschichte einer Liebe im geteilten Berlin zur Zeit des Kalten Krieges ist zugleich ein spannender Agententhriller.
Schwarze Hunde 1992	Zwei schwarze Hunde werden für June zum Symbol des Bösen. Die folgende Entfremdung von ihrem Ehepartner Bernhard wird zum Symbol für die Kluft zwischen Rationalismus und dem Mystischen auf.
Liebeswahn, 1997	Die glückliche Ehe von Clarissa und Joe ist bedroht, als Jed – eine Zufallsbekanntschaft – beginnt, Joe nachzustellen.
Amsterdam 1998	Intrigen zerstören die langjährige Freundschaft zwischen dem Komponisten Clive Linley und dem Chefredakteur Vernon Halliday, die einen außergewöhnlichen Pakt geschlossen haben.

tert jedoch an seiner eigenen Indifferenz. An seinem 15. Geburtstag stirbt die Mutter nach einer längeren Krankheit, so dass die vier Kinder fortan auf sich allein gestellt sind. Aus Angst, von den Behörden getrennt zu werden, verschweigen sie ihre Situation und zementieren die Leiche in einer Kiste im Keller ein. Da gerade die Zeit der Sommerferien begonnen hat, reduzieren sich die ohnehin spärlichen Außenkontakte auf ein Minimun. Doch nicht nur die Gruppe kapselt sich immer mehr von ihrer Umgebung ab, auch jeder Einzelne ist in zunehmendem Maße der Isolation ausgesetzt.

Die Beziehungen zwischen den Geschwistern sind zunächst ungeordnet und wechselhaft. Zwischen Jack und seiner zwei Jahre älteren Schwester Julie, zu der er sich sexuell hingezogen fühlt, kommt es zu starken Spannungen, da jeder der beiden die Position des Familienoberhauptes für sich beansprucht. Die jüngere Schwester Sue zieht sich mit Büchern in ihr Zimmer zurück und der sechsjährige Tom fällt nach und nach ins Säuglingsstadium zurück.

Das Haus und der Garten sind dem Verfall preisgegeben. Nach einiger Zeit beginnen die Kinder jedoch, den Haushalt zu ordnen und es bilden sich Ansätze sozialer Strukturen heraus. Problematisch bleibt für die Kinder jedoch vor allem die Auseinandersetzung mit ihrer geschlechtlichen Identität. Neben der inzestuösen Liebe Jacks zu seiner Schwester konkretisiert sich das Thema außerdem in der aufbrechenden Konkurrenz zwischen Julie und Sue sowie in dem Wunsch Toms, sich als Mädchen zu verkleiden.

In die isolierte Gemeinschaft bricht die Außenwelt ein, als Julie ihren neuen Freund Derek ins Haus bringt. Dieser bemerkt den inzwischen penetranten Leichengeruch – der Zementblock ist gerissen – und kommt hinter das Geheimnis der Kinder. Als er Jack und Julie beim Vollzug des Inzests ertappt, alarmiert er die Polizei.

Marshall McLuhan, *Die magischen Kanäle*, Einband der US-Taschenbuchausgabe 1994

Mit einem an der Psychoanalyse von Sigmund → Freud geschulten Blick beschreibt McEwan die Entwicklung der isolierten Kindergemeinschaft. Sein distanziert-sachlicher Stil verleiht selbst Geschehnissen wie dem Einzementieren der Mutter eine Normalität und Alltäglichkeit, die das Grauen erst recht hervorhebt. Auch die inzestuöse Beziehung der beiden älteren Geschwister wird durchaus sachlich geschildert. Tabubrüche dieser Art sind bei McEwan jedoch keineswegs Selbstzweck, sondern dienen der Aufdeckung des Verborgenen, Unbewussten.

Wirkung: Obwohl McEwan insbesondere mit seinen Kurzgeschichten bei konservativen Kritikern Anstoß erregte, sicherte ihm schon sein literarisches Debüt eine breite Anerkennung. Spätestens seit dem Roman *Der Zementgarten* war der Aufstieg McEwans zu Englands meistgefeiertem Autor nicht mehr aufzuhalten. Besonders erfolgreich war auch die Verfilmung des Romans durch Andrew Birkin 1992.   *S. D.*

McLuhan, Marshall

kanad. Medien- und Kulturtheoretiker

*21.7.1911 Edmonton, †31.12.1980 Toronto

📖 *Die magischen Kanäle*, 1964

Marshall McLuhan gilt als einer der Hauptvertreter der neuen Medientheorie. Er lieferte den ersten unfassenden Kommentar zu den möglichen kulturhistorischen Auswirkungen elektronischer Medien (Stichwort → S. 754).

McLuhan wuchs in ländlicher Umgebung in Winnipeg im Nordwesten Kanadas auf. Ab 1928 besuchte er die University of Manitoba und machte seinen Abschluss in englischer Literatur. 1936 besuchte er die Cambridge University in England. 1937–44 unterrichtete er an der University of Saint Louis (Missouri). 1943 erlangte er die Doktorwürde. Nach seiner Habilitation war er 1946–79 als Professor für englische Literatur an der University of Toronto tätig. In seinem ersten Buch *Die mechanische Braut* (1951) entwarf McLuhan eine Mythologie der US-amerikanischen Alltags- und Massenkultur. 1962 folgte *Die Gutenberg Galaxis*; hier sagte er den Anbruch einer »Mediengalaxis« voraus, in der das Buch durch Fernsehen, Radio und Internet an den Rand gedrängt werde.

1963 wurde McLuhan zum Direktor des Centre for Culture and Technology an der University of Toronto ernannt. 1964 wurde sein Buch *Die magischen Kanäle* publiziert. In den 1960er Jahren erreichte die Popularität McLuhans ihren Höhepunkt.

Biografie: P. Marchand, *Marshall McLuhan. Botschafter der Medien*, 1999.

Medium

Begriff: In der Kommunikationstheorie bezeichnet der Begriff des Mediums im weitesten Sinne den Träger (Speicher) oder Vermittler (Kanal) von Information. Der Begriff kann in materieller Hinsicht (Festplatte, Datenkabel) oder ideeller Hinsicht (kollektives Gedächtnis, Sprache) gebraucht werden.

Bedeutung: Das Gelingen von Kommunikation hängt wesentlich von der Beschaffenheit der an ihr beteiligten Medien ab (etwa dass die in den Gehirnen »abgespeicherten« Sprachen kompatibel sind und dass die Telefone auch funktionieren). Aber auch die einseitige Informationsvermittlung ist an ihr jeweiliges Medium gebunden (Fernsehgerät, Buch). Die Inhalte der Medi-

en sind ihrerseits Medien. Das Medium Wort erscheint im Medium des Textes, der Text erscheint im Medium des Buchs usw. Medien sind allgegenwärtig, aber sie beanspruchen als Speicher Raum und als Vermittler Zeit. Diese Restriktionen versucht Marshall McLuhan mit dem universellen Medium der Elektrizität aufzuheben. Die Elektrizität verbindet alles mit allem in »Echtzeit« und erzeugt so ein Gefühl der Unmittelbarkeit und Dezentralisierung. Bei einer direkten Kopplung an das Gehirn, die McLuhan in Betracht zieht, würde die Elektrizität in Zukunft alle anderen (mechanischen) Kommunikationsformen auflösen. Damit wäre allerdings auch der Begriff des Mediums aufgelöst.

Die magischen Kanäle

OT Understanding Media: The Extensions of Man
OA 1964 **DE** 1968
Form Sachbuch **Bereich** Medientheorie

In *Die magischen Kanäle* beschreibt Marshall McLuhan, wie das gegenwärtige Zeitalter der Automation durch das globale Medium (Stichwort → S. 754) der Elektrizität die Sinneswahrnehmung sowie die psychische und soziale Konstitution des Menschen verändert.

Aufbau: Der Autor verknüpft seine Gedanken in loser, nicht wissenschaftlicher Systematik, die sich an den unterschiedlichen Medientypen orientiert, zu einem Mosaik von Beobachtungen, Reflexionen, Anekdoten, Zitaten und Spekulationen, um seine provokanten Thesen zu veranschaulichen.

Inhalt: Die Entwicklung der Menschheit gliedert sich nach McLuhan in vier Stufen, die sich vom Grad der Entwicklung der jeweiligen Kommunikationsmedien ableiten lassen. Auf der ersten Stufe, der oralen Kultur, ist der Mensch stammesgebunden und kommuniziert mittels gesprochener Sprache unter Einbeziehung des gesamten Körpers bzw. Sinnesapparats. Er lebt mythisch und ganzheitlich in einer Welt von magischer Unmittelbarkeit. Durch Einführung des phonetischen Alphabets und seiner willkürlichen Verbindung von Laut und Zeichen wird auf der zweiten Stufe die Kommunikation von ihrer kulturellen Praxisbezogenheit entkoppelt. Die Erfindung des Buchdrucks im 15. Jahrhundert markiert auf der dritten Stufe die Überbetonung des Visuellen (durch die Schrift), die eine nachhaltige Fragmentierung der ursprünglich audiotaktilen Ganzheit zur Folge hat. Die Welt des mechanischen Zeitalters erscheint im Raster einer linearen Gleichförmigkeit (des unendlich Reproduzierbaren). McLuhan deutet die Medien biologistisch als Verlängerung menschlicher Organe oder Extremitäten.

Auf der vierten, gegenwärtigen Entwicklungsstufe, dem Zeitalter der Automation, wird die Elektrizität zum universellen Medium, das hinsichtlich seiner kommunikativen Verwendungsform nicht spezifiziert ist. Die Wiederherstellung des Gefühls der Einheitlichkeit und Zusammengehörigkeit, die wiederkehrende Oralität im »globalen Dorf« erläutert der Autor anhand unterschiedlicher Medien, wie Fernsehen oder Radio. Dabei unterscheidet er die »heißen« von den »kalten« Medien. Heiße Medien sprechen nur ein bestimmtes Sinnesorgan an und lassen kaum kognitive Ergänzungen durch den Rezipienten zu (Buchdruck, Fotografie, Film, Radio). Kalte Medien hingegen sind auf aktive Ergänzung durch den Adressaten angewiesen. Sie beziehen ihn mit ein und erzeugen eine das gesamte Sensorium beanspruchende Wahrnehmung (Handschrift, Malerei, Fernsehen, Telefon).

Die Originalität des medientheoretischen Ansatzes von McLuhan liegt darin, dass er bei der soziokulturellen Bewertung der einzelnen Medientypen grundsätzlich vom jeweiligen Inhalt des Mediums abstrahiert, da die gesellschaftsverändernden Kräfte nur von der Form des Mediums ausgehen. Ein viel zitierter Satz des Autors lautet deshalb: »The Medium is the Message – Das Medium ist die Botschaft«.

Wirkung: Die Publikation von *Die magischen Kanäle* war ein unerwarteter Erfolg. In kurzer Zeit wurden in Kanada und den USA 100 000 Exemplare des Buchs verkauft. In akademischen Kreisen stießen die Thesen von McLuhan meist auf Ablehnung. Journalisten, Künstler und in der Werbebranche Tätige sahen in ihm jedoch bald »das Orakel von Toronto«. Die Rezeption in Europa setzte etwa zehn Jahre später ein. Angesichts des neuen Leitmediums Computer scheinen viele der Gedanken von McLuhan heute höchst aktuell. *S. I.*

Auszug aus Die Magischen Kanäle von Marshall McLuhan:

Die Menschen werden plötzlich nomadische Informationssammler, und zwar so nomadisch wie noch nie, informiert wie noch nie, frei von hemmender Spezialisierung wie noch nie - aber auch wie noch nie in den ganzen Gesellschaftsprozess einbezogen, da wir ja mit der Elektrizität unser Zentralnervensystem weltumspannend erweitert haben und jede menschliche Erfahrung sinnvoll einordnen können.

Mead, Margaret

US-amerikan. Ethnologin

* 16.12.1901, Philadelphia (Pennsylvania)

† 15.11.1978, New York

📖 *Jugend und Sexualität in primitiven Gesellschaften*, 1928

Die Ethnologin Margaret Mead untersuchte Prozesse der Sozialisation von Kindern, Probleme des sozialen Wandels bei Naturvölkern und

Kultur- und Persönlichkeitslehre

US-amerikanische Ethnologen hatten sich etwa von 1915 bis 1930 mit möglichen Beziehungen zwischen Ethnologie und Psychologie beschäftigt, um Methoden zu entwickeln, auf deren Basis die strukturierenden Grundmuster und das eigene Gepräge einer Kultur herausgearbeitet werden können.

Herkunft: Ruth Benedict (1887–1948), die sich erklärtermaßen auf Johann Gottfried Herder (1744–1803) und sein Konzept des »Nationalcharakters« sowie des »Volksgeistes« bezog, führte schließlich den Begriff des auf Einzelkulturen angewandten »psychologischen Typus« ein. Unter zunehmender Beteiligung von Psychologen entstand ab Ende der 1930er Jahre in den USA die ethnologische Schule der Kultur- und Persönlichkeitslehre mit dem Ziel, die spezifische Persönlichkeitsstruktur einer jeden Kultur herauszuarbeiten. Heute wird die Richtung allgemeiner als psychologische Anthropologie bezeichnet.

Anwendung: In den 1940er Jahren fand der Ansatz eine nicht unbedenkliche Erweiterung, als Studien zum »Nationalcharakter« befreundeter und feindlicher Länder Hilfe bei der psychologischen Kriegsführung leisten sollten. Mead veröffentlichte zum Beispiel *And Keep Your Powder Dry!* (1942) über das Charakter ihres eigenen Volkes sowie *Soviet Attitudes toward Authority* (1951).

Spätere Vertreter der Denkrichtung sprachen sich für Studien kleinerer Gemeinschaften aus: Bevölkerungsschichten, einzelne Kasten und Berufsgruppen. Die Überzeugung, alle Kulturen hätten einzigartige Selbstwertgrößen, barg eine Chance im Kampf gegen Kolonialisierung, ethnischer Diskriminierung. Ein ethnologischer Fachverband legte der Menschenrechtskommission der UN einen Entwurf vor, der diesem Kulturrelativismus Rechnung trug und die »Allgemeine Erklärung der Menschenrechte« (1948) beeinflusste.

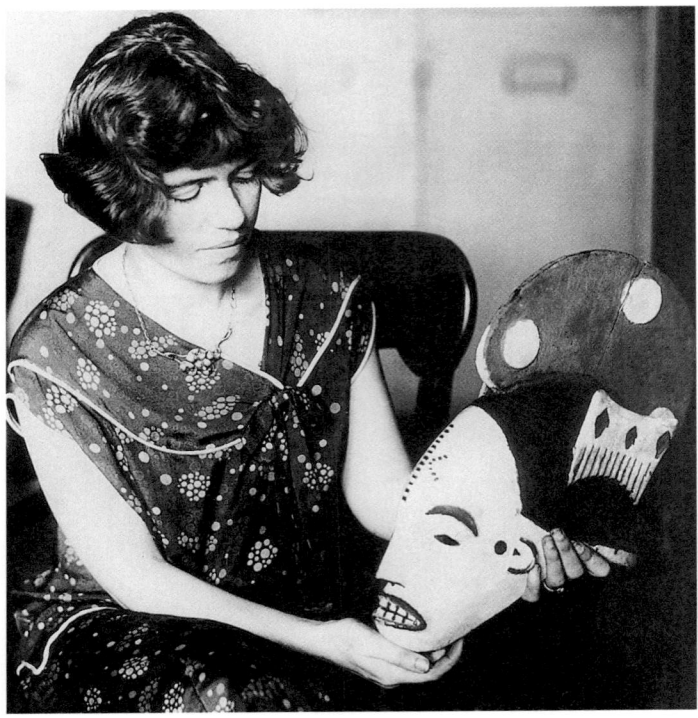

Margaret Mead mit der Maske einer Volksgruppe aus der Südsee

Jugend und Sexualität in primitiven Gesellschaften

OT Coming of Age in Samoa/Growing up in New Guinea/Sex and Temperament in Three Primitive Societies
OA 1928/1930/1935 **Form** Sachbuch
Bereich Ethnologie

Margaret Mead hat mit ihren soziologisch-ethnologischen Studien wesentlich dazu beigetragen, das Wissen über ozeanische Kulturen und den pazifischen Raum zu erweitern.

Bei der Trilogie *Jugend und Sexualität in primitiven Gesellschaften* handelt es sich um die deutsche Übersetzung der Einzelwerke *Kindheit und Jugend in Samoa*, *Kindheit und Jugend in Neuguinea* und *Geschlecht und Temperament in drei primitiven Gesellschaften*. Als *Leben in der Südsee* erschienen die drei Werke in Deutschland erstmals 1965 in einem Band.

Inhalt: Sechs Monate lang hat Mead auf Samoa heranwachsende Mädchen beobachtet, um die Frage zu klären, ob Konflikte während der Pubertät allein auf biologische Veränderungen zurückzuführen seien oder ob auch kulturelle Normen eine Rolle spielten. In *Kindheit und Jugend in Samoa* nutzt sie einen Vergleich der samoanischen Kultur mit der »zivilisierten« Welt auch zu dem Zweck, Erziehungsmethoden der eigenen Kultur zu beleuchten und zu hinterfragen. Der Befund, die samoanische freizügige Auffassung über Sexualität und die relative Einheitlichkeit der samoanischen Kultur mit klaren Normen mache die Pubertät dort zu einer angenehmen Zeit ohne Krisen, beeindruckte ein breites Publikum.

Die Ergebnisse ihrer Forschung bei den Manus auf den Admiralitätsinseln, als *Kindheit und Jugend in Neuguinea* veröffentlicht, widerlegten eine gängige Theorie, wonach der »primitive« Mensch wie ein »zivilisiertes« Kind denke. Mead interessierte sich für die Denkweise »primitiver« Kinder. Im Gegensatz zu den Manus-Erwachsenen, die animistisch dachten, also Objekten eine Seele zuschrieben, fand sie bei den Kindern eine durchweg realistische Denkweise vor. Für Mead konnte eine Erklärung nur im Unterschied der Kulturen zu finden sein.

In *Geschlecht und Temperament in primitiven Gesellschaften* zeigt Mead in ihren Studien über Ausformungen und Rollenzuweisungen in den Geschlechterverhältnissen bei drei Völkern Neuguineas, wie sich Eigenschaften und das Temperament von Frauen und Männern von einer Kultur zur anderen unterscheiden. Bei den Arapesh, Mundugumor und Tchambuli wurden männliche und weibliche Eigenschaften unterschiedlich definiert. Das Ergebnis stellte auch das Rollenverhalten ihrer eigenen Kultur in Frage.

in Industrienationen sowie die kulturelle Identitätsfindung bei Individuen. Mit ihren vor allem in Ozeanien durchgeführten Studien übte Mead großen Einfluss auf die Sozialwissenschaften der 1950er und 1960er Jahre aus.

Als Tochter aus einer fortschrittlichen Intellektuellenfamilie studierte Mead Psychologie und befasste sich später mit Ethnologie. 1926–69 arbeitete sie am Museum für Naturgeschichte in New York und lehrte ab 1954 an der Columbia University. Mead war davon überzeugt, Ethnologie könne als die umfassendste Wissenschaft vom Menschen einen Beitrag für den Frieden in der Welt leisten. Ihr Name ist eng verbunden mit der ethnologischen Denkrichtung der Kultur- und Persönlichkeitslehre.

Für ihr Lebenswerk erhielt Mead 28 Ehrendoktorate. Ihr wissenschaftliches Œuvre umfasst über 1000 Artikel und über 40 Bücher. Viele davon sind Klassiker geworden und erschienen in millionenfacher Auflage. Zu den wichtigsten zählen u. a. *Kindheit und Jugend in Samoa*, *Geschlecht und Temperament in primitiven Gesellschaften*, *Mann und Weib. Das Verhältnis der Geschlechter in einer sich wandelnden Welt* (1949), eine teilweise hochaktuelle soziologische Abhandlung zu Fragen männlicher und weiblicher Identität, sowie *Zivilisation und Bindung: Der Generationskonflikt* (1970).

Autobiografie: M. Mead, *Brombeerblüten im Winter*, 1972.

Margaret Mead über ihre ethnologische Arbeit:

Ich habe den größten Teil meines Lebens damit verbracht, die Lebensgewohnheiten anderer Völker zu studieren, Völker aus fernen Ländern, damit meine Landsleute sich selbst vielleicht besser verstehen.

Wirkung: Insbesondere *Kindheit und Jugend in Samoa* mit Ergebnissen der ersten eigenen Feldforschung von Mead wurde zu einem Bestseller, der ihren Weltruf als Anthropologin begründete. Aufgrund der Beschäftigung mit Frauen und Erziehungsproblemen sowie der eingängigen Schilderungen fand sie auch außerhalb der Ethnologie Beachtung. Zudem legten die Werke den Schluss nahe, die »zivilisierte« Welt könne einiges von den »primitiven« Kulturen lernen.

Die Ausführungen über Geschlechterverhältnisse und Sexualität übten auf die Frauenbewegung und auf das Verständnis für Minoritäten einen wiederholten Einfluss aus. Feministinnen begrüßten die Forschungsergebnisse von Mead. Fachkollegen bemängelten ihre Verallgemeinerungen und Interpretationen.

Zu einer besonderen Debatte kam es 1983, als der Anthropologe Derek Freeman ihr in seinem Buch *Margaret Mead und Samoa* (1983) vorwarf, sie sei mit einer vorgefassten Meinung an ihre Studien gegangen und habe das Bild einer idealisierten Südseekultur entworfen: eine in Fachkreisen umstrittene Gegendarstellung, zumal viele Ethnologen die Befürchtung hatten, ein Ansehensverlust Meads könne das ganze Fach in Mitleidenschaft ziehen. *J. W.*

Meadows, Dennis L.

US-amerikan. Zukunftsforscher

* 1942 ?

📖 *Die Grenzen des Wachstums*, 1972

Dennis L. Meadows wurde durch die Entwicklung seines von dem Club of Rome in Auftrag gegebenen Weltmodells, das über die zukünftige Lage der Menschheit Aufschluss geben sollte, bekannt. Die 1972 unter dem Titel *Die Grenzen des Wachstums* publizierte Studie erregte enormes Aufsehen, weil sie äußerst düstere Prognosen für das 21. Jahrhundert stellte.

Obwohl Meadows mit seinen Veröffentlichungen immer wieder für Schlagzeilen sorgte, ist bislang wenig über seine Biografie bekannt geworden. Meadows beschäftigte sich im Rahmen eines Studiums mit Chemie sowie mit Management. Heute ist er Direktor des Instituts für Politik und sozialwissenschaftliche Forschung an der Universität New Hampshire (Massachusetts) und setzt sich auch weiterhin mit Zukunftsfragen der Menschheit auseinander. 1992 erschien eine Folgestudie zum Bestseller von 1972, *Die neuen Grenzen des Wachstums*, in der Meadows und seine Koautoren wiederum pessimistische Analysen präsentierten, aber auch erste Anzeichen für einen Bewusstseins-wandel der Menschen feststellten. Neben der wissenschaftlichen Forschungtätigkeit entwickelt Meadows auch Computerspiele.

Die Grenzen des Wachstums

OT The limits to growth **OA** 1972 **DE** 1972
Form Sachbuch **Bereich** Zukunftsforschung

Die Botschaft des 1972 veröffentlichten ersten Berichts an den Club of Rome (Stichwort → S. 757), *Die Grenzen des Wachstums,* erregte weltweit Aufsehen: Sollte es nicht gelingen, dem Streben vor allem der Industrieländer nach immer mehr Wachstum und Wohlstand entgegenzutreten, würden spätestens im Jahr 2100 katastrophale Verhältnisse eintreten. Die Studie wurde zum Weltbestseller, wurde in 29 Sprachen übersetzt und gilt heute als Sachbuchklassiker.

Entstehung: Der Club of Rome, erteilte Dennis L. Meadows und einem Team von Spezialisten am Massachusetts Institute of Technology (MIT) einen Forschungsauftrag, der die Entwicklung eines computergestützten Weltmodells zum Ziel haben sollte. Mithilfe dieses Modells, sollte die *Lage der Menschheit*, so der Untertitel der Studie, für die nächsten 100 Jahre prognostiziert werden.

Inhalt: Den Mitgliedern des Teams war durchaus bewusst, dass eine derart umfassende Zukunftsprognose nur annäherungsweise zu erreichen wäre. Obwohl sie sich zu Fehlern ihres Weltmodells bekannten, hoben sie doch die Möglichkeit hervor, das zu erwartende Szenario zutreffend beschrieben zu haben. Die wesentlichen Schlussfolgerungen der Untersuchung fielen düster und pessimistisch aus. Das Forscherteam gelangte zu dem Ergebnis, dass die

Dennis L. Meadows, *Die Grenzen des Wachstums*, Umschlag der deutschsprachigen Erstausgabe 1972

Club of Rome

Herkunft: Der Club of Rome ist ein informeller Zusammenschluss von Wirtschaftsführern, Politikern und Wissenschaftlern aus mittlerweile über 40 Ländern. Er wurde 1968 in Rom auf Anregung insbesondere des italienischen Industriellen Aurelio Peccei und des Wissenschaftspolitikers Alexander King gegründet.

Ziel: Infolge weltweit zu beobachtender Krisenerscheinungen, gegen welche die Weltgesellschaft schlecht gerüstet zu sein scheint, hat sich der Club of Rome der Erforschung von Ursachen und inneren Zusammenhängen der Menschheitsprobleme verschrieben. Im Vordergrund steht dabei v. a. die Förderung des Verständnisses des globalen Systems, das durch eine Vielzahl von wirtschaftlichen, politischen, ökologischen, sozialen und demografischen Faktoren determiniert wird. Durch zahlreiche Veröffentlichungen sollen die politischen Entscheidungsträger sowie die Öffentlichkeit auf diese Zusammenhänge und deren mögliche Konsequenzen aufmerksam gemacht, neue politische Initiativen und Maßnahmen initiiert sowie Erfolg versprechende Lösungsvorschläge unterbreitet werden. Dabei geht der Club of Rome von der Annahme aus, dass die zukünftige Situation der Menschheit maßgeblich von der Herstellung sozialer Gerechtigkeit, der Gewährleistung der Menschenrechte und einem harmonischen Miteinander von Mensch und Natur bestimmt werde.

Wirkung: Weltweites Aufsehen erregte der erste Bericht an den Club of Rome zur Lage der Menschheit. Diese von Dennis L. → Meadows und seinen Mitarbeitern vom Massachusetts Institute of Technology unter dem Titel *Die Grenzen des Wachstums* (1972) veröffentlichte Studie zeigte erstmals die Risiken eines anhaltenden Wachstumsstrebens der Industrieländer auf. 1973 erhielt der Club of Rome den Friedenspreis des Deutschen Buchhandels.

Auszug aus *Die Grenzen des Wachstums* **von Dennis L. Meadows:**

Jeder Tag weiterbestehenden exponentiellen Wachstums treibt das Weltsystem näher an die Grenzen des Wachstums. Wenn man sich entscheidet, nichts zu tun, entscheidet man sich in Wirklichkeit, die Gefahren des Zusammenbruchs zu vergrößern... Ausgehend von unserem gegenwärtigen Wissen über die physischen Lasten auf unserem Erdball, ist stark zu vermuten, dass die Wachstumsphase kein weiteres Jahrhundert mehr anhalten kann. Wenn die Menschheit wartet, bis die Belastungen und Zwänge offen zutage treten, hat sie... zu lange gewartet.

Herman Melville, *Moby Dick oder Der weiße Wal*, Einband der Taschenbuchausgabe 1981

absoluten Wachstumsgrenzen auf der Erde innerhalb der nächsten 100 Jahre erreicht sein würden, sofern das derzeitige industrielle und demografische Wachstum der Erdbevölkerung, die Zunahme von Umweltverschmutzung und das Ausmaß der Rohstoffverschwendung unvermindert anhielten. Ein drastisches Absinken der Bevölkerungszahl und ein empfindlicher Rückgang der industriellen Kapazität wären die unvermeidlichen Folgen.

Gleichzeitig erkannten die Autoren der Studie die Chance eines Umdenkens: Ließe sich ein ökologischer und ökonomischer Gleichgewichtszustand herstellen, könne es gelingen, das Katastrophen-Szenario abzuwenden. Um die materiellen Lebensgrundlagen der Menschheit auch in Zukunft sichern zu können, müsse sich die Völkergemeinschaft jedoch rasch entschließen, ein solches Gleichgewicht zu erreichen. Die Forschergruppe um Meadows schlug konkrete Maßnahmen vor: So empfahlen sie etwa die Wiederverwertung von Abfällen, die Reduzierung der industriellen Produktion zu Gunsten der Erzeugung von Nahrungsmitteln und die Drosselung der Umweltverschmutzung. **Wirkung:** Die Studie rüttelte Regierungen und Bürger in aller Welt auf und löste heftige Diskussionen aus, weil Meadows und sein Team die vorherrschende Wachstumsideologie in Frage stellten. Umweltschützer, die zu Beginn der 1970er Jahre überwiegend als Außenseiter angesehen wurden, konnten sich fortan auf seriöse Forschungsergebnisse im Auftrag einer Organisation berufen, in der Persönlichkeiten aus Wirtschaft und Wissenschaft vertreten waren.   *J. R.*

die USA zurück, 1863 in seine Heimatstadt New York, wo er 1866–85, zunehmend vereinsamt, als Zollinspektor arbeitete.

Mit seinen Seefahrtsromanen *Taipi* (1846), *Omu* (1847), *Redburns erste Reise* (1849) und *Weißjacke* (1850) hatte Melville großen Erfolg, an den er mit seinen anspruchsvollen Werken jedoch nicht anknüpfen konnte – weder mit dem Fragment gebliebenen fantastischen Roman *Mardi* (1849) noch mit den experimentellen, Gattungsgrenzen überschreitenden Texten *Pierre* (1852) und *Ein sehr vertrauenswürdiger Herr* (1857). Melville verfasste auch bedeutende Kurzgeschichten (*Piazza-Erzählungen*, 1856, darin: Bartleby, der Schreiber). Seine Hauptwerke sind der Roman *Moby Dick oder Der weiße Wal* (1851) und die in seinem Todesjahr entstandene tragische Erzählung *Billy Budd* (1924).
Biografie: L. Robertson-Lorant, *Melville*, 1996.

Moby Dick
oder Der weiße Wal

OT Moby-Dick **OA** 1851 **DE** 1927
Form Roman **Epoche** Symbolismus

Moby Dick gilt als das bedeutendste Prosawerk des amerikanischen Symbolismus. Der monumentale Roman verbindet Abenteuergeschichte, Walkunde und philosophische Reflexion.
Inhalt: Ismael, dessen Vorgeschichte und Lebenssituation im Dunkeln bleiben, beschließt wieder einmal zur See zu fahren, um »den Trübsinn zu verjagen«. Er begibt sich zunächst nach New Bedford (Massachusetts), dem Zentrum des amerikanischen Walfangs. Dort muss er in der Herberge das Bett mit dem Polynesier Quiqueg teilen, der jedoch rasch zu seinem Busenfreund wird. Bald fahren die beiden weiter nach dem älteren Walfängerhafen Nantucket, wo sie auf der »Pequod« anheuern.

Erst als sie bereits einige Tage unterwegs sind, bekommen sie ihren Kapitän zu Gesicht: Ahab. Seitdem er im Kampf mit dem weißen Wal Moby Dick ein Bein verloren hat, ist er voller Hass und kennt nur ein Ziel: Rache an dem Tier zu nehmen. Es gelingt ihm, seine Mannschaft einschließlich des zunächst skeptischen Maates Starbuck für dieses Ziel zu begeistern.

Monatelang kreuzt die »Pequod« in der See, fängt Wale und füllt ihre Öllager, begegnet anderen Schiffen und entkommt glücklich Unwettern ebenso wie Piraten. Im Pazifik trifft sie schließlich auf Moby Dick. Die Jagd auf ihn dauert drei Tage. Obwohl der weiße Wal ein Boot nach dem anderen zerstört und sogar die »Pequod« zum Sinken bringt, hält Ahab an seinem Ziel fest, bis er von seinem eigenen Harpunenseil in die Tiefe gerissen wird. Nur Ismael

Melville, Herman

US-amerikan. Schriftsteller

*1.8.1819 New York, †28.9.1891 ebd.

📖 *Moby Dick oder Der weiße Wal*, 1851

Herman Melville zählt wegen seiner die Romantik überwindenden Formen- und Ideenvielfalt zu den bedeutendsten US-amerikanischen Schriftstellern des 19. Jahrhunderts.

Aus verarmter Familie stammend, ging Melville früh zur See. Auf einem Walfänger gelangte er 1841 in die Südsee, wo er kurze Zeit unter Eingeborenen lebte. 1844 kehrte er in

überlebt die Katastrophe – an den Sarg geklammert, den Quiqeg sich in einer düsteren Vorahnung gezimmert hat.

Aufbau: Der in 135 Kapitel und einen Epilog gegliederte Roman handelt nicht in erster Linie von der Jagd auf Moby Dick – die Schilderung dieses Ereignisses nimmt nur die letzten drei Kapitel ein. Im Vordergrund stehen das archetypische Motiv der »quest«, der Suche, und zwei Figuren, die unterschiedliche Arten der Suche verkörpern: der Ich-Erzähler Ismael und Ahab.

Die »quest« lässt sich verschieden interpretieren, etwa mythologisch als Rebellion gegen die göttliche Ordnung, als Hybris im christlichen Sinn, psychologisch als Erkundungsfahrt ins Unbewusste oder philosophisch als Suche nach dem Wesen der Dinge. Ein dichtes Netz entsprechender Anspielungen und Zitate überzieht den Roman, der dadurch einen enzyklopädischen Zug erhält.

Enzyklopädisch ist auch Ismaels Art der Suche; er verkörpert ein bemühtes Expertentum, das dennoch nichts versteht. Seinen Bericht über die Fahrt der »Pequod« unterbricht er immer wieder mit verarbeitungstechnischen, naturwissenschaftlichen, historiografischen und mythologischen Ausführungen über den Wal. Er beherrscht das Material jedoch nicht wirklich, sondern imitiert nur die Sprachen der verschiedenen Wissensgebiete. Melville erweist sich in diesen Kapiteln als Parodist vom Rang eines Laurence → Sterne oder → Jean Paul.

Ahabs Art der Suche hingegen ist die Aktion; er will handeln, »die Maske [des Sichtbaren] zerschlagen« und stürzt sich so ins Verderben. Melville setzt die verschiedensten Mittel ein, um der Figur titanische Dimension zu verleihen: Anspielungen auf Prometheus und Faust, bühnenhafte Szenen (inklusive Regieanweisungen), Monologe im Stil von → Shakespeare und eine heroisch-pathetische Sprache.

Beide Suchenden scheitern, doch Ismael gelangt schließlich zu der Einsicht: »...ich kenne ihn [den Wal] nicht und werde ihn niemals kennen.« Er kapituliert vor dem »nie zu fassenden Trugbild des Lebens«, das er in der Geschichte von Moby Dick gespiegelt sieht. Philosophisch verstanden, plädiert der Roman also für eine agnostizistische Haltung.

Wirkung: Zu Lebzeiten Melvilles stieß *Moby Dick* auf geteilte Zustimmung. Nicht alle Leser verstanden sogleich die komplexe Struktur des Werks, manche betrachteten es als formlos, einige erklärten den Autor schlicht für »verrückt«. Heute jedoch wird *Moby Dick* in einem Atemzug mit großen Romanen der Weltliteratur wie Henry → Fieldings *Tom Jones* (1749) genannt. Seine Popularität verdankt er zahlreichen Kinderbuch-Adaptionen und der Verfilmung von 1956 mit Gregory Peck als Ahab. *P. E.*

Menasse, Robert

österreich. Schriftsteller

*21.6.1954 Wien

📖 *Schubumkehr*, Roman 1995

Das literarische Sujet von Robert Menasse ist die »brüchige Welt«. Seine Romane sind der Versuch, Zusammenhänge in einer Welt herzustellen, in der alles auseinander bricht und das Gefühl für Zusammenhänge verloren geht.

1954 in Wien geboren, studierte Menasse Germanistik, Philosophie und Politikwissenschaften und promovierte mit einer Dissertation über den Wiener Dichter Hermann Schürrer (1928–86). 1981–86 lehrte Menasse österreichische Literatur an der Universität São Paulo. Einem breiten Publikum bekannt wurde er zunächst durch seine Essays, vor allem den Band *Land ohne Eigenschaften* (1992), in dem er seine österreichische Heimat als einen Staat mit rätselhafter Identität beschreibt.

Die Romane der sog. »Trilogie der Entgeisterung« (1988–95), allesamt ein Abgesang auf die großen Utopien, verschafften dem Wiener Schriftsteller auch als Romancier weithin Anerkennung. In Gemeinschaftsarbeit mit dem Cartoonisten Gerhard Haderer verfasste Menasse nach dem Tod von Lady Diana das Buch *Die letzte Märchenprinzessin* (1997), das in sechs Ländern erschien und den Autor auch über die Grenzen des deutschen Sprachraums hinaus bekannt machte.

Schubumkehr

OA 1995 **Form** Roman **Epoche** Gegenwart

Der Roman *Schubumkehr* erzählt die Geschichte der Rückkehr eines Intellektuellen in seine österreichische Heimat, wo sich, in einem Provinznest nahe der Grenze zur Tschechoslowakei, die Farce seiner familiären Beziehungen mit den Possen der Lokalpolitik zu einem komischen wie tragischen Panorama des Wendejahres 1989 vermengen.

Inhalt: Roman, ein Österreicher in den Mitdreißigern, lebt seit sieben Jahren in São Paulo. Heimisch geworden ist er dort allerdings nicht. So ziemlich allem überdrüssig, verbringt er seine Zeit hauptsächlich damit, per Camcorder seine Umgebung zu dokumentieren. Als Roman einen Brief von seiner Mutter erhält, wird er, zumindest was sein Seelenleben betrifft, aus seiner Lethargie gerissen: Die Mutter kündigt ihm die bevorstehende Vermählung mit ihrem neuen Lebenspartner und den Umzug auf einen ökologisch geführten Bauernhof an. Sein Entschluss nach Österreich zurückzukehren ist

---

Robert Menasse, *Schubumkehr*, Umschlag der Originalausgabe 1995

Die wichtigsten Bücher von Robert Menasse

Sinnliche Gewiss-heit, 1988	Episoden um einen 30-jährigen österreichischen Germanisten, dessen Talente in Bars und in Amouren vor die Hunde gehen.
Selige Zeiten, brü-chige Welt, 1991	Ein Liebesroman um einen jüdischen Studenten, der verzweifelt versucht, die Welt in ein philosophisches System zu zwingen.
Land ohne Eigen-schaften, 1992	In dem Prosaband stellt Robert Menasse einige brillante Essays zur Frage der österreichischen Identität zusammen.
Schub-umkehr 1995	Die Rückkehr eines ziel- und antriebslosen Menschen in die österreichische Provinz gerät in dem Roman zu einer tragischen Groteske von Lächerlichkeit und Gewalt. → S. 759
Die Vertreibung aus der Hölle 2001	Ein opulentes Historiengemälde um die Lebensläufe und -welten europäischer Juden zwischen dem Portugal des frühen 17. Jahrhunderts und dem Wien der Gegenwart.

Auszug aus dem Roman
Schubumkehr von Robert Menasse:

Endlich hatte er auf alle Fragen eine Antwort. Damit waren alle Ungewissheiten, alles, was vorher war, hinfällig geworden. Was er gelernt hatte, was er gelehrt, was er diskutiert hatte. Was er gelesen hatte und so erzählen konnte, als hätte er es erlebt. Was er erlebt hatte und erzählen konnte, dass er selbst glaubte, er hätte es gelesen. Alles hinfällig. Die eine Antwort lautete: Ich weiß es nicht.

Prosper Mérimée (Lithografie)

aber dennoch eher eine Flucht aus seiner Beziehung und seinen Lebensumständen in Brasilien, als das Bestreben, in die Familiengeschicke einzugreifen.

So gerät Roman nach Komprechts, einer Gemeinde in Niederösterreich, wo er auf dem Bio-Bauernhof seiner Mutter und ihres Mannes, der kaum älter ist als der Rückkehrer, ein Scheinkinderzimmer bezieht. Heftige Auseinandersetzungen mit der Mutter sind die einzigen Aktivitäten, zu denen Roman sich aufraffen kann. Er streift ziellos im Dorf umher, verbringt einen Großteil seiner Zeit beobachtend auf Hochsitzen und filmt wahllos alles, was ihm vor die Kamera kommt. In der Gemeinde geht es indessen hoch her. Die traditionelle Erwerbsgrundlage der Menschen ist weggebrochen: Glashütte und Steinbruch mussten wegen Unwirtschaftlichkeit schließen. Der Bürgermeister fürchtet um seine Wiederwahl und will die »Strukturkrise« meistern, indem er Komprechts zu einem Zentrum des sanften Tourismus gestaltet. Um sein Ziel zu erreichen, sind ihm jede Intrige und andere durchaus unsanfte Mittel recht.

Schließlich gerät im Dorf wie in Romans Familie alles aus den Fugen. Die Mutter zieht sich desillusioniert aus ihrem ökologischen Experiment zurück, als sie erkennt, dass die Bauern der Region ihre Naivität ausgenutzt haben, um ihr Abfall als ökologische Produkte zu verkaufen. In der Gemeinde, wo unterdessen der Busen der Natur mit Bulldozern gestrafft wird, kommt es zu Mord und Totschlag: Eine alte Dame, die dem Neuen nicht weichen will, kredenzt dem Bürgermeister eine tödliche Pilzsoße, sein Sohn wird infolge der Verwechslung mit einem Gastarbeiterkind von Fremdenhassern ertränkt.

Doch ein Ende kann es in diesem Chaos der real existierenden Verhältnisse nicht geben. Das einzige, was Roman in seiner Orientierungslosigkeit einfällt, ist die erneute Flucht und auch die Zukunft der Gemeinde bleibt äußerst vage. Der Eiserne Vorhang fällt und die Folgen für die Grenzgemeinde sind nicht zu erahnen.

Struktur: Den erzählerischen Rahmen des Buchs bilden kurze Abschnitte, in denen zwei nicht näher bezeichnete Personen, vermutlich Kriminalbeamte, die von Roman gedrehten Videos betrachten. Die Geschichte der Hauptfigur und die Schilderung der Geschehnisse in der Gemeinde Komprechts werden zu einem Großteil parallel zueinander erzählt. Die beiden Erzählstränge, präsentiert als eine Anhäufung von Bruchstücken, weisen wenige inhaltliche Verknüpfungen auf. Eher spiegelt sich im Privaten bzw. Familiären das Öffentliche und umgekehrt: die Suche nach der eigenen Identität.

Wirkung: Der Roman *Schubumkehr* wurde von der Kritik mit großem Lob bedacht und erhielt 1994, noch vor der Veröffentlichung, den Marburger Literaturpreis sowie 1999 den Grimmelshausen-Preis. *R.F.*

Mérimée, Prosper

frz. Schriftsteller

* 28.9.1803 Paris, † 23.9.1870 Cannes

📖 *Carmen*, 1845

Vor allem seinen Novellen verdankt Prosper Mérimée einen festen Platz in der französischen Literatur. Daneben hat er sich durch Übersetzungen von Nikolai → Gogol, Alexander → Puschkin und Iwan → Turgenjew um die russische Literatur verdient gemacht. Mérimée wurde in der zeitgenössischen Kritik als Realist angesehen, der hochromantische Stoffe weit nüchterner vermittelte als andere Autoren.

Mérimée stammte aus einer wohlhabenden Familie; sein Vater war ein angesehener Künstler und Kulturkritiker. Nach einem Archäologie-Studium wurde er 1831 zum Inspektor für historische Denkmäler ernannt. Seine Reisen führten ihn nach Italien, Griechenland, Kleinasien und Korsika. 1853 wurde Mérimée Senator. Da er mit der Schwiegermutter von Napoléon III. (1808–73) befreundet war, war er oft Gast im kaiserlichen Haus und beriet Napoléon bei der Niederschrift seiner historischen Werke. Seine letzten Lebensjahre waren von zunehmender Einsamkeit gekennzeichnet.

Erste Dichtungen von Mérimée, vornehmlich Dramen und Lyrik (u.a. die Balladensammlung *La Guzla*, 1826), erschienen ab 1825. Zu seinen bekanntesten Prosawerken zählen der am Vorbild von Walter → Scott orientierte historische Roman *1572. Chronik der Zeit Karls IX.* (1829) sowie die Novellen *Mateo Falcone* (1829), *Die Venus von Ille* (1937), *Colomba* (1840) und *Carmen*, die sich häufig durch südländisches Kolorit und Leidenschaftlichkeit auszeichnen.

Biografie: J. Autin, *Prosper Mérimée*, 1983.

Carmen

OT Carmen **OA** 1845 **DE** 1846
Form Novelle **Epoche** Romantik/Realismus

Carmen kann als ein repräsentatives Beispiel für das Gesamtwerk von Prosper Mérimée angesehen werden, insbesondere wegen des exotischen Lokalkolorits, aber auch aufgrund der Darstellung des Primitiven und intensiver Leidenschaften. Die Hauptfigur wurde zu einem eigenen Typus: Aufgrund ihrer Sinnlichkeit und Verführungskunst gilt sie als frühe Variante der »Femme Fatale« und wies verschiedenen literarischen Werken des 20. Jahrhunderts den Weg.
Inhalt: Die Rahmenhandlung erzählt von Mérimées Reise durch Andalusien, wo er einem Mann begegnet, der ein gesuchter Mörder ist. Bevor dieser ihm Näheres erzählen kann, wird er verraten und muss fliehen. Nach einigen Monaten erfährt Mérimée, dass der Unbekannte gefasst und zum Tode verurteilt worden sei. Er sucht den Angeklagten auf, der ihm daraufhin seine Geschichte erzählt:

Er heißt Don José Lizzarrabengoa und sollte in Sevilla die Stelle eines Wächters in einer Tabakmanufaktur annehmen. Dort begegnet er einer Zigeunerin namens Carmen, die ihn davor warnt, sich in sie zu verlieben. Dennoch befällt José eine heftige Leidenschaft. Als er Carmen nach einer Messerstecherei festnehmen soll, lässt er sie laufen und gewährt einige Zeit später ihren Schmugglerfreunden Unterschlupf. Wenig später sieht er an Carmens Seite einen jungen Offizier aus seinem Regiment; José ersticht ihn. Nachdem er sich in die Berge zurückgezogen und einer Schmugglerbande angeschlossen hat, wird er zum Bandenchef. Auf der Flucht vor seiner Entdeckung wird José verwundet und anschließend von Carmen gesund gepflegt. Don José möchte mit ihr in Amerika ein neues Leben beginnen. Carmen jedoch verspottet ihn und flieht, um ihn zu täuschen, in die Arme des Stierkämpfers Lucas. Jetzt erst vermag Don José sich von ihr zu lösen. Er bedroht Carmen mit dem Tod, doch sie weigert sich, zu ihm zurückzukehren. Ihre persönliche Freiheit bedeute ihr mehr als die Beziehung zu einem Mann. Don José erträgt dies nicht und bringt sie um.
Form: Mérimée bindet die eigentliche Geschichte um Carmen in eine Rahmenhandlung ein und schafft auf diese Weise einen gewissen Abstand zum Erzählten. Seine Sprache ist nüchtern und auf Exaktheit bedacht. Um den Eindruck von Authentizität noch zu verstärken, fügt er am Schluss eine kurze Übersicht über die Geschichte und Lebensart der Zigeuner sowie ihrer Sprache hinzu.
Wirkung: Bürgerliche Ordnung, Verführung, kriminelles Milieu, unkontrollierte Leidenschaft: Mit diesen Motiven formte Mérimée ein Werk, dessen literarische Wirkung u.a. bis zu Frank Wedekind (1864–1918) und Dashiell → Hammett reicht. Die Oper *Carmen* (UA 1875) von Georges Bizet (1838–75) und zahlreiche Verfilmungen zeugen von der großen Wirkung der Novelle. *C. V.*

Auszug aus der Novelle *Carmen* von Prosper Mérimée:

»Wenn es Hexen gibt, dann ist dieses Mädchen dort eine.«
»Diese Frau ist ein Dämon!«

Meyer, Conrad Ferdinand

deutschspr. Schweizer Schriftsteller

* 11.10.1825 Zürich † 28.11.1898 Kilchberg bei Zürich

📖 *Jürg Jenatsch*, 1876

Die historischen Novellen von Conrad Ferdinand Meyer erfreuten sich im national-liberalen Bildungsbürgertum des Deutschen Reichs großer Beliebtheit, da sie im Gewand mittelal-

Auszug aus *Jürg Jenatsch* von Conrad Ferdinand Meyer:

Wie wird heutzutage Historia geschrieben? Saftlos und ohne Gewissenhaftigkeit! Die Tradition jedoch der volkstümlich großen Taten erlischt nicht, auch wenn ein pedantischer Geschichtsschreiber sei heimtückisch unter den Scheffel stellen sollte.

Conrad Ferdinand Meyer mit seiner Familie in Kilchberg

ein reiches Werk an Novellen und Gedichten. *Die späte Ehe* (1875), die ihm gesellschaftliche Anerkennung und wirtschaftliche Sicherheit brachte, führte zu Spannungen zwischen Ehefrau und Schwester – ein Ereignis, das seine geistige Gesundheit endgültig zerstörte. Seine letzten Jahre verbrachte Meyer in geistiger Umnachtung.

Biografien: D. A. Jackson, *Conrad Ferdinand Meyer* (rm 50 238).

Jürg Jenatsch

OA 1876 **Form** Roman **Epoche** Realismus

In seinem berühmtesten Roman mit dem Untertitel *Eine Bündnergeschichte,* dessen Handlung im Dreißigjährigen Krieg angesiedelt ist, entwirft Conrad Ferdinand Meyer das schillernde Bild eines Menschen, der sich sowohl seelisch als auch politisch exponiert, um sein Land von fremden Mächten zu befreien.

Inhalt: Der protestantische Schweizer Pfarrer Georg Jenatsch (1596–1639) will um jeden Preis sein Heimatland vor den katholischen Truppen Spaniens retten. Er bringt den katholischen Freiherrn von Planta um, der heimlich Unterhandlungen mit Spanien geführt hatte. Der ergebnislose Mord trennt Jenatsch von seiner Jugendliebe Lucretia, der Tochter Plantas.

Nachdem Jenatsch viele Jahre auf den Schlachtfeldern Deutschlands verbracht hat, trifft er in Venedig den französischen Herzog von Rohan, der als Protestant im Auftrag des katholischen Frankreich die Bündner Berge zurückerobern soll. Jenatsch schließt sich ihm an und macht sich bald als Anführer der Bündner Regimenter unentbehrlich. Als sein Heimatland von den Spaniern und Österreichern befreit ist, scheint Jenatsch endlich am Ziel seiner politischen Wünsche. Doch der französische König verzögert die Unterzeichnung des Vertrags zwischen Frankreich und Bünden.

Da entschließt sich Jenatsch zu einer politischen Kehrtwende. Er nimmt mit den Spaniern Verhandlungen auf. Seine Jugendgeliebte Lucretia, die ihren Vater immer noch nicht gerächt hat, übernimmt für ihn die Rolle des Unterhändlers. Rohan wird so von seinem anscheinend treuesten Mitstreiter verraten. Die Franzosen werden zum wehrlosen Abzug gezwungen, nachdem die Verhandlungen erfolgreich abgeschlossen wurden. Jenatsch eilt selbst nach Mailand, um den Unabhängigkeitsvertrag mit Spanien auszuarbeiten. Um diesen Vertrag nicht scheitern zu lassen, tritt er zum katholischen Glauben über.

Als Volksheld gefeiert, kehrt Jenatsch in der Fastnachtszeit zurück und verkündet den Bündnern die Freiheit. Doch den Spaniern ist er

Grabinschrift von Georg Jenatsch (1596–1639) in der Kathedrale von Chur:

Georg Jenatsch, berühmt als Kriegsmann, Staatsmann und Schriftsteller, im Glauben wiedergeboren, Führer des rätischen Heeres, erlag nach glücklicher Förderung des Bundes mit dem heiligen Mailand einem neidischen Schicksal, während du, o Saulus, wieder zu einem Paulus wurdest. Anno 1639. Er ruhe in Frieden.

terlicher Sittengemälde zeitgenössische Kulturkampf-Reflexe und -Rhetorik aufzunehmen schienen. Die vielschichtig aufgebauten Rahmenhandlungen, die moralische Vieldeutigkeit seiner Figuren und die symbolreichen Spiegelungen seiner Texte kennzeichnen jedoch die wegweisende Modernität des Autors.

Der Tod des Vaters führte bei dem 15-jährigen Meyer zu einer tief gehenden geistigen Verunsicherung. Die pietistisch-wahnhaft veranlagte Mutter sah in ihm, nachdem er sein Jurastudium abgebrochen und 1852 erstmals eine Nervenklinik aufgesucht hatte, einen gescheiterten Außenseiter. Nach ihrem Tod (1856) befreite Meyer sich allmählich von Schuldkomplexen und lebte symbiotisch mit seiner Schwester Betsy zusammen. Eine Erbschaft machte ihn finanziell unabhängig und ermöglichte zahlreiche Bildungsreisen. 1871 wurde Meyer mit dem Versepos *Huttens letzte Tage* schlagartig berühmt. In den folgenden 20 Jahren entstand

Conrad Ferdinand Meyer als Lyriker

Die Balladen: Meyer begann seine künstlerische Laufbahn 1864 als Lyriker mit den *Zwanzig Balladen eines Schweizers.* Darin knüpfte er an die Balladenform der Romantiker an, in der meist schauerliche, sagenhafte oder historische Ereignisse im Zentrum standen. Meyer vertiefte die Metaphorik und schilderte das Geschehen in einer stark raffenden, impressionistischen Form. Er verband formale Perfektion mit einer Vorliebe für einige wenige, seinem Schreiben zentrale Symbole (so z. B. das Feuer in der Ballade *Die Füße im Feuer*).
Romanzen und Ding-Gedichte: In den *Romanzen und Bildern* (1869) wird die Neigung des Autors zur poetischen Überhöhung von Alltagserfahrungen und Sinnbildern deutlich. Meyer perfektioniert in wiederholter Überarbeitung das auf eine rein subjektive Beschreibung ausgerichtete, konzentrierte Gedicht, das häufig einen

Gegenstand, ein Kunstwerk oder eine Stadt (Venedig) zum Thema hat, so z. B. in *Der römische Brunnen*.
Die Versepen: Das Versepos *Huttens letzte Tage* (1871) versammelt in acht Büchern 71 Gedichte in einfachem Strophenmaß. Es stellt einen Monolog des verbannten Reformators Ulrich von Hutten dar, der im Exil auf einer Insel im Zürichsee die Vergangenheit Revue passieren lässt. Weniger berühmt ist das Versepos *Engelberg* (1872).
Wirkung: Die leitmotivische Verwendung einzelner Symbole, die stark verkürzende und ästhetisierende Beschreibung sowie die Neigung, sich an Werken der bildenden Kunst zu orientieren, beeinflusste die Literatur der Wende zum 20. Jahrhundert in hohem Maße und wurde von Lyrikern wie Hugo von Hofmannsthal (1874–1929) oder Rainer Maria → Rilke aufgenommen und fortgebildet.

zu mächtig geworden. Während eines Maskenfests versuchen gedungene Mörder ihn umzubringen, doch es gelingt schließlich Lucretia, Jenatsch mit demselben Beil, mit dem dieser ihren Vater umbrachte, zu erschlagen.

Aufbau: Meyer hatte ursprünglich die Absicht, den Stoff dramatisch zu behandeln. Diese ursprüngliche Konzeption wird zum Stilmerkmal; die Geschehnisse werden nicht chronologisch und zusammenhängend erzählt, sondern in einer Reihe von zugespitzten Szenen und Situationen vorgeführt.

Der Roman ist in drei »Bücher« gegliedert, welche die allmähliche Entwicklung Jenatschs vorführen. Im ersten Buch *(Die Reise des Herrn Waser)* wird Jenatschs politische Radikalisierung aus der Perspektive des jungen Zürcher Beamten Heinrich Waser geschildert, während im zweiten Buch *(Lucretia)* Jenatsch mit im Krieg gestähltem Patriotismus in Venedig auf den Herzog von Rohan trifft. Im umfangreichsten dritten Buch *(Der gute Herzog)* wird dann die endgültige Aufgabe der moralischen Werte zu Gunsten des politischen Ziels geschildert. Jenatsch wird zum hochmütigen, maßlosen Menschen, der im Konflikt um Macht und Recht allen sittlichen Halt verliert.

Wirkung: *Jürg Jenatsch* erlebte bis zum Tod des Autors 30 Auflagen. Mit der Titelfigur hatte Meyer ganz zeitgemäß einen machtbewussten und patriotischen »Kraftmenschen« der Renaissance dargestellt.   *O. F.*

Meyrink, Gustav

(eigtl. Gustav Meyer) dt. Schriftsteller

* 19.1.1868 Wien, † 4.12.1932 Starnberg (Bayern)

📖 *Der Golem*, 1915

Gustav Meyrink bevorzugte in seinem vielfältigen Erzählwerk historische und fantastische Stoffe. Aus seinem Œuvre ragt der Roman *Der Golem* durch seine Konzeption wie auch durch den überragenden Erfolg heraus.

Meyer war der uneheliche Sohn einer Münchner Hofschauspielerin und eines württembergischen Staatsministers. In Prag absolvierte er eine kaufmännische Ausbildung und wurde Teilhaber eines neu gegründeten Bankhauses. Gleichzeitig war er eine auffällige und umstrittene Erscheinung im Prager Künstlermilieu; er beeindruckte und beeinflusste jüngere Autoren wie Franz → Kafka. Ausgeprägt war sein Interesse an okkulten Ideen und spiritistischen Zirkeln. Nach mehreren Beleidigungsprozessen und einer (ungerechtfertigten) Anklage wegen Unterschlagung musste er Prag verlassen und ging über Wien nach München, wo seine ersten

Erzählungen unter dem Künstlernamen Meyrink in der satirischen Zeitschrift *Simplicissimus* erschienen (*Des deutschen Spießers Wunderhorn*, 1913). Immer wieder kann es zu Verboten und Prozessen wegen der satirischen Schärfe seiner Kritik an Obrigkeit, Militär, Ärzteschaft und Kirche. Nach dem Ersten Weltkrieg, als spiritistisches Gedankengut Hochkonjunktur hatte, wurde Meyrink mit dem *Golem* und weiteren Romanen wie *Das grüne Gesicht* (1916), *Der weiße Dominikaner* (1921) oder *Der Engel vom westlichen Fenster* (1927) für einige Zeit zum Erfolgs- und Kultautor. 1927 trat Meyrink, der auch zahlreiche okkulte Schriften herausgab und (aus finanziellen Gründen) die Romane von Charles → Dickens übersetzte, zum Buddhismus über.

Biografie: Frans Smit, *Gustav Meyrink*, 1990.

Der Golem

OA 1915 **Form** Roman **Epoche** Moderne

Der Golem von Gustav Meyrink zählt zu den wenigen Meisterwerken fantastischer Literatur in deutscher Sprache.

Inhalt: Ein namenloser Erzähler, zu Besuch in Prag, fällt in seinem Hotelzimmer nach der Lektüre eines Buchs über das Leben des Buddha Gotama in einen unruhigen Halbschlaf. Sein schwindendes Bewusstsein entlässt ihn in einen Traum, in dem er sich als der Gemmenschneider

Ernst Deutsch als Famulus, Paul Wegener als Golem und Albert Steinrück als Rabbi Loew (v. l.) in dem Stummfilm *Der Golem, wie er in die Welt kam* nach dem Roman *Der Golem* von Gustav Meyrink (Deutschland 1920; Regie: Paul Wegener)

Athanasius Pernath im geheimnisvollen Labyrinth des Prager Gettos wiederfindet. In dessen gespenstischer Atmosphäre voller Liebe und Leidenschaften, Intrigen, Hass und Verbrechen, Angst und Grauen begegnet »Pernath« dem Golem, der als Doppelgänger des Menschen erscheint. Seine Begegnungen mit dem Golem gipfeln im Wunsch und in der Hoffnung, ein erlöstes, unsterbliches Ich zu erlangen. Als der Erzähler wieder erwacht, findet er einen verwechselten Hut mit dem Namen Athanasius Pernath. Bei seinen Nachforschungen entdeckt er weitere Spuren des Geträumten in der so genannten Wirklichkeit. Der Schluss, in dem der Erzähler sich selbst, d. h. seinem geträumten Ich als Doppelgänger begegnet, lässt ihn – und mit ihm die Leser – im Ungewissen über den Wirklichkeitscharakter des Erlebten.

Aufbau: Der Roman zehrt stofflich von den weit verbreiteten jüdischen Legenden um den Wunderrabbi Löw aus Prag, der eine Menschenfigur aus Lehm, den Golem, geschaffen und ihn zum Leben erweckt habe. Damit verbindet Meyrink religiöse und mystische Erlösungsmotive verschiedener Herkunft. Literarisch orientiert er sich an Romantikern wie E. T. A. → Hoffmann und Edgar Allan → Poe; man kann seinen Roman als Nachklang der Schauerromantik lesen, aber auch als Vorläufer der modernen Traum- und Angst-Literatur – mit Franz → Kafka und seinem deutsch-jüdischen Umkreis war Meyrink in Prag gut bekannt.

Die Struktur der Handlung ist zunächst antithetisch; der alltäglichen Weltsicht steht eine spirituell-fantastische gegenüber, die sich im Lauf des Geschehens immer stärker durchsetzt, so dass Figuren, Erzähler und letztlich auch der Leser sich schließlich in einer geschlossenen fantastischen Welt wiederfinden.

Wirkung: *Der Golem* wurde eines der Erfolgsbücher seiner Zeit. Dies liegt gewiss nicht nur an der effektvollen Kombination spektakulärer und rätselhafter Motive oder an der geschickten Balance zwischen »hoher« und »trivialer« Literatur. Unverkennbar war bei den Zeitgenossen von Meyrink, deren gesicherte Ordnung im Ersten Weltkrieg zusammenbrach, ein ausgeprägtes Bedürfnis nach Heilsbotschaften und Erlösungsversprechen aller Art vorhanden. *Der Golem* spiegelt insofern sowohl die Brüchigkeit der empirischen Welt wie die Sehnsucht nach einer alternativen Wirklichkeit. Die epochale Brisanz des Golem-Stoffs wurde wenige Zeit nach diesem Roman durch die Filmfassung von Paul Wegener (*Der Golem wie er in die Welt kam*, 1920) ebenso bekräftigt wie durch die Neuausgabe der zu Grunde liegenden jüdischen Legenden durch Chajim Bloch (*Der Prager Golem*, 1920). *J. V.*

Der schwäbische Romantiker Ludwig Uhland in seinem Gedicht *Mickiewicz*:

*Leben schaffen
solche Geister,
Dann wird Totes
neu geboren;
Ja mir bürgt
des Liedes Meister:
»Noch ist Polen
nicht verloren«.*

Mickiewicz, Adam

poln. Dichter

* 24.12.1798 Zaosie bei Nowogrudok (Weißrussland)

† 26.11.1855 Konstantinopel, Türkei

📖 *Pan Tadeusz oder Der letzte Einritt in Litauen*, 1834

Adam Mickiewicz ist der Begründer und wichtigste Vertreter der polnischen Romantik. Orientierte sich das dichterische Jugendschaffen noch am Vorbild der Klassik und Aufklärung, bedeuteten seine ersten beiden Gedichtbände (1822 und 1823) den offen proklamierten Beginn der neuen romantischen Epoche in der polnischen Literatur.

Drei Jahre nach der Teilung Polens im litauischen Gebiet geboren, erlebte Mickiewicz 1811 den Einmarsch der napoleonischen Armee auf ihrem Weg nach Russland. Die Hoffnungen auf politische Souveränität des Vaterlands erfüllten sich indes sein ganzes Leben nicht, das zu einer langen Pilgerschaft wurde.

Nach dem Studium der Philosophie, Literatur und Geschichte in Wilna (ab 1815), wo Mickiewicz 1817 einen Geheimbund »Gesellschaft der Philomaten« mitbegründete, wurde er 1819 Lehrer in Kowno. Nach der Aufdeckung und Verfolgung der Geheimbünde im Herbst 1824 kam Mickiewicz als Verbannter nach St. Petersburg, für ein Jahr nach Odessa sowie nach Moskau, wo er bis 1829 lebte und die Bekanntschaft Alexander → Puschkins machte. Ab Mai 1829 schloss sich eine lange Reise nach Westeuropa an. Die Nachricht vom Novemberaufstand 1830 führt ihn kurz nach Polen zurück, das er aber bald für eine »große Emigration« in Paris (1832-38 und erneut – nach einem Jahr in Lausanne – 1840-55) verließ. In Paris wurde Mickiewicz 1840-44 erster Inhaber eines Lehrstuhls für slawische Literaturen am Collège de France.

Biografie: M. Jastrun, *Adam Mickiewicz*, 1953.

Die wichtigsten Werke von Adam Mickiewicz

Balladen und Romanzen, 1822	Poetisches Manifest der polnischen Romantik, stofflich stark der volkstümlichen Fantastik verbunden.
Die Totenfeier II. und IV. Teil, 1823	Romantisches Drama, das im Rahmen von Geisterbeschwörungen am Allerheiligen- und Allerseelentag die Themen Schuld und Sühne (II.) sowie romantische Liebe (IV.) darstellt.
Krim-Sonette. Sonette aus Odessa 1826	Die erotischen »Odessaer« und die Krim-Sonette, in denen Michiewicz die orientalische Natur, Geschichte und Kultur besingt, erschienen in einem Band unter dem Titel *Poesien*.
Konrad Wallenrod 1828	Historisches Poem. Mit Lüge und Verstellung führt Konrad das deutsche Ordensheer in die Niederlage gegen Litauen
Pan Tadeusz oder Der letzte Einritt in Litauen, 1834	Das nationale Epos der Polen zeigt und beklagt die Uneinigkeit des Adels am Vorabend des napoleonischen Feldzugs gegen Russland, auf den die Polen große Hoffnungen setzten. → S. 765

Pan Tadeusz oder
Der letzte Einritt in Litauen

OT Pan Tadeusz czyli Ostatni zajazd na Litwie
OA 1834 **DE** 1836 **Form** Versepos **Epoche** Romantik

Pan Tadeusz ist das Nationalepos der Polen, die darin alles national Bedeutende poetisch besungen wiederfinden: die Natur des Landes, seine Geschichte, den nie verlorenen Freiheitswillen, die Lebensweise und Volkskunst, aber auch die Uneinigkeit innerhalb des Adels, die als das Urübel benannt wird und dem Land die nationale Unabhängigkeit kostet.

Entstehung: Das Erlebnis der Niederschlagung des polnisches Aufstandes vom November 1830 hob die nationale Problematik erneut auf die Tagesordnung. Mickiewicz wandte sich aber nicht der Gegenwart, sondern einer teilweise verklärten jüngeren Vergangenheit zu. Zuerst als kleines idyllisches »Adelspoem« in der Art von → Goethes *Hermann und Dorothea* geplant, nähert sich das zwischen Herbst 1832 und Februar 1834 niedergeschriebene Werk später dem Modell der historischen Romane von Walter → Scott an, wobei der Umfang der Dichtung durch die Änderungen der Konzeption unerwartet stark zunahm.

Inhalt: Hinter den Ereignissen der Haupthandlung, die an fünf Tagen im Sommer 1811 spielt, steht ein lange zurückliegender Vorfall: Einst hatte Jacek Soplica, ein Vertreter des polnischen Kleinadels, den hochmütigen Magnaten (Truchsess) Horeszko, der ihm die Heirat mit seiner Tochter Ewa verwehrte, aus Wut erschossen, als während des Kosciuszko-Aufstandes (1794) Horeszkos Schloss vom russischen Feind umstellt war. Jacek will den Mord und den ungewollten nationalen Verrat sühnen. Unerkannt tritt er als Mönch (Pater Robak, zu deutsch »Wurm«) auf. Seinen Sohn Tadeusz, den er von der Wilnaer Universität kommen lässt, will er mit Ewas Tochter Zosia verheiraten, was die beiden Familien versöhnen würde.

Die greifbar nahe Beilegung der Familienfehde und des Streits um das alte Schloss, das Jaceks Bruder, der Richter Soplica, verwaltet, wird hintertrieben durch den Beschließer Gerwazy, einst ein devoter Diener des alten Horeszko. Er bringt den zu romantischen Abenteuern neigenden jungen Grafen, den letzten Abkömmling der Horeszkos, dazu, auf ein spezifisch alt-polnisches Gewaltmittel, den »Einritt« (daher der Untertitel des Werks) zu setzen, bei dem der Adlige die Ausführung des Gesetzes in die eigene Hand nimmt. Unterstützung leistet der Kleinadel des Kreises, der dem Richter missgünstig gesonnen ist. Das Wort des Pater Robak, man müsse »das Haus säubern, bevor die französische Armee kommt«, sorgt zusätzlich für Verwirrung. Die Angreifer feiern ihren leichten Sieg, können sich betrunken aber nicht der Festnahme durch russische Soldaten entziehen, die überraschenderweise in der Nachbarschaft stationiert waren.

Mit einer List schmuggelt Pater Robak Waffen in das Lager und sorgt dafür, dass die Russen sich ihrerseits betrinken. Die polnischen Gefangenen werden befreit und die sich bisher bekriegenden Parteien kämpfen nun gemeinsam und siegreich gegen den eigentlichen Feind. Im Kampf opfert sich Pater Robak für den Grafen und offenbart auf dem Totenbett seine Identität und Lebensgeschichte. Seine politischen Pläne – die Organisation eines Aufstands in der russischen Armee – bleiben unrealisiert, aber Trost bedeutet neben der Verlobung von Tadeusz mit Zosia die Nachricht, dass sich Napoleon zum Krieg gegen Rußland entschlossen hat.

Die zwei nachträglich verfassten letzten Bücher (XI und XII), die an einem Gottesmutter-Festtag im Jahr 1812 spielen, zeigen mehrere Hochzeiten und die Stationierung der Volkshelden und enden in einer national verstandenen Aufforderung »Lieben wir uns!«.

Wirkung: In *Pan Tadeusz* reflektiert Mickiewicz nur indirekt die Depression nach dem gescheiterten polnischen Aufstand von 1830 und hat dem Epos dadurch seine überzeitliche Bedeutung gesichert. In einem wehmütigen, aber zugleich auch ironischen Ton vergegenwärtigt, bot die dargestellte, schon untergegangene Welt in ihren poetischen Zügen eine Projektionsfläche der polnischen Modelle nationaler Identität, was dem Werk bis heute den ersten Platz in der schulischen Lektüre und im heimischen Bücherschrank der Polen garantiert. *A. E.*

Adam Mickiewicz, *Pan Tadeusz oder Der letzte Einritt in Litauen*, Titelblatt der Originalausgabe 1834

Auszug aus *Pan Tadeusz* von Adam Mickiewicz (XII. Buch: Zimbel-Konzert des Jankiel):

Und wieder lässt er von oben den Blick auf die Saiten schweben, / Verflicht die Hände, und beide schlagen mit beiden Stäben: / Ein Schlag, so kunstvoll, so mächtig, dass, wie Trompeten von Erz, / Die Saiten gewaltig erklangen – und aufflog himmelwärts / Jene berühmte Weise, aus heiligster Hoffnung geboren, / Jener Triumphmarsch: »Noch ist Polen nicht verloren.«

Miller, Alice

deutschsp. Schweizer Psychologin und Autorin

*12.1.1923 Polen

📖 *Am Anfang war Erziehung*, 1980

Alice Miller veröffentlichte mehrere Bücher, mit denen sie die Ergebnisse ihrer Untersuchungen zu Kindesmisshandlungen – früher noch weitgehend ein Tabuthema – einer breiten Öffentlichkeit nahe brachte. Am bekanntesten sind ihr Erstling *Das Drama des begabten Kindes* (1979) sowie *Am Anfang war Erziehung.* Nach der Veröffentlichung dieses Buches widmete sich Miller nur noch dem Schreiben.

Miller studierte in Basel Philosophie und Psychologie. Nach ihrer Promotion (1953) machte sie in Zürich eine Zusatzausbildung in freudscher Psychoanalyse und arbeitete 20 Jahre lang als Analytikerin. Als Miller 1973 durch spontane Malversuche Aufschluss über ihre Kindheit erhielt, widmete sie sich der Kindheitsforschung und bemühte sich – insbesondere mit *Du sollst nicht merken* (1981) – um eine Widerlegung der Triebtheorie von Sigmund → Freud. Ihre Abkehr von der klassischen Psychoanalyse führte 1988 zum Austritt aus der Psychoanalytischen Vereinigung.

Bis heute beschäftigt sich Miller, deren Theorien inzwischen durch die Hirnforschung bestätigt wurden, vor allem mit Kindesmisshandlungen und deren Prophylaxe. In *Evas Erwachen* (2001) erklärt die Psychoanalytikerin in leicht verständlicher Form, welche Auswirkungen die an Kindern ausgeübte Gewalt auf die Gesellschaft hat. Obgleich ihre Bücher auf ein wachsendes Publikumsinteresse stießen, wurde der Autorin von Kritikern immer wieder vorgeworfen, ihre bereits in den 1980er Jahren formulierten Thesen nicht wirklich weiterzuentwickeln und zu wenig Toleranz gegenüber anderen Meinungen aufzubringen.

aus zu einem emotionalen Wissen. Den dritten Teil widmet Miller dem Unterschied zwischen Schuldgefühlen und Trauer. Ihr Ziel besteht darin, beim Leser nicht primär Schuldgefühle zu wecken, sondern Trauer über das Geschehene auszulösen. Erst diese Trauer ermöglicht das Aufarbeiten der eigenen kindlichen Traumatisierung und durchbricht den Wiederholungszwang, die selbst erfahrene Kränkung an die nächste Generation weiterzugeben.

Miller sieht keinen Sinn darin, Appelle an die Eltern zu richten, ihre Kinder anders zu behandeln. Vielmehr will sie dem Kind im Erwachsenen klarmachen, was ihm in seiner Kindheit zugefügt worden ist. Das Erkennen der Demütigungen der eigenen Kindheit gilt ihr als wichtige »Voraussetzung des mitmenschlichen Fühlens und Verstehens«. Wer sich von den Leiden der eigenen Kindheit emotional distanziert, könne das Kind nicht verstehen.

Wirkung: Miller wurde Anfang der 1980er Jahre innerhalb kürzester Zeit zu einer der wichtigsten Bezugspersonen für an psychologischen Fragestellungen Interessierte. Mit *Am Anfang war Erziehung* wurde sie vor allem bei denjenigen populär, die einen weitgehenden Verzicht auf Erziehung forderten. Der große Erfolg ihrer Bücher ist aber auch darauf zurückzuführen, dass Miller soweit möglich auf Fachbegriffe verzichtet. *M. E.*

Alice Miller, *Am Anfang war Erziehung,* Einband der ersten Taschenbuchausgabe 1983

Am Anfang war Erziehung

OA 1980 **Form** Sachbuch **Bereich** Psychologie

Alice Miller unternimmt mit *Am Anfang war Erziehung* den Versuch, die Öffentlichkeit für das frühkindliche Leiden zu sensibilisieren. Die Psychoanalytikerin wurde dadurch zur Missionarin einer Kindheit ohne Gewalt.

Entstehung: *Am Anfang war Erziehung* ist die öffentliche Antwort der Autorin auf die zahlreichen Leserbriefe, die sie zu ihrem ersten Buch *Das Drama des begabten Kindes* (1979) erreichten. Miller hoffte, durch das neue, ausführlichere Buch einen Teil der Fragen beantworten zu können, die ihr von Kollegen und von Betroffenen gestellt wurden.

Inhalt: Im ersten Teil des Buches *Am Anfang war Erziehung* stellt Miller die »schwarze Pädagogik« dar. Damit bezeichnet sie die gewalttätigen Erziehungsmethoden, die im 18., 19. und weit bis ins 20. Jahrhundert hinein dominierten. Im zweiten Teil schildert die Autorin die Kindheiten einer Drogensüchtigen (Christiane F.), eines Diktators (Adolf Hitler) und eines Kindesmörders (Jürgen Bartsch). Durch diese Fallbeispiele, alle drei erschütternde Zeugnisse für die furchtbaren Folgen falscher Erziehung, verhilft Miller ihren Lesern über das intellektuelle Wissen hin-

Miller, Henry

US-amerikan. Schriftsteller

*26.12.1891 New York

†8.6.1980 Pacific Palisades (Kalifornien)

📖 *Wendekreis des Krebses,* 1934

In seinem rund 50 Bücher umfassenden zivilisationskritischen Werk, von dem ein Teil wegen Obszönität in den USA jahrzehntelang verboten war, feiert Henry Miller die Bedeutung des Ego in einer als sinnlos empfundenen materialistischen Welt.

Miller, dessen Vorfahren Mitte des 19. Jahrhunderts aus Deutschland eingewandert waren, wuchs im deutschen Viertel Williamsburg in New York auf, sein Vater war Schneider. Nach abgebrochenem Studium arbeitete er in verschiedenen Berufen, darunter 1920–24 als Personalchef bei der Western Union Telegraph Company. 1930–39 lebte Miller als Bohemien in Pariser Emigrantenzirkeln. Zu seinen engsten Freunden gehörten die Schriftsteller Lawrence → Durrell und Anaïs → Nin. Hier entstanden seine künstlerisch reifsten Werke, die beiden »Wendekreis«-Romane (1934, 1939) und der Band *Schwarzer Frühling* (1936) mit Erzählungen. Einen Griechenland-Aufenthalt verarbeitete Miller im Reisebericht *Der Koloss von Maroussi* (1941), sein kritisches Amerika-Bild schilderte er in *Der klimatisierte Alptraum* (1945). Miller lebte ab 1947 in Big Sur (Kalifornien). In den USA durften seine Romane erst in den 1960er Jahren erscheinen. Millers Individualismus und sein surrealistischer Stil beeinflussten Autoren der Beatgeneration wie Allen Ginsberg (1926–97) und Jack → Kerouac.

Biografien: M. Dearborn, *Henry Miller. Eine Biografie,* 1991; J. Martin, *Henry Miller,* 1982; W. Schmiele, *Henry Miller* (rm 50061).

Wendekreis des Krebses

OT Tropic of Cancer **OA** 1934 **DE** 1953
Form Roman **Epoche** Moderne

Der erste autobiografische Roman von Henry Miller brach in der drastischen Darstellung der Sexualität mit den Tabus der Zeit und erschloss der Literatur neue sprachliche Dimensionen.

Inhalt: Ein Amerikaner lebt seit Jahren in Paris am Rand des Existenzminimums. Stundenlang diskutiert er mit Freunden in Cafés und Kneipen über Kunst und Philosophie, um danach mit Prostituierten und Mädchen jeder Couleur der sexuellen Ausschweifung zu frönen. Stets auf der Suche nach einem guten Essen und einer Frau zum Dessert durchstreift er die Seine-Metropole, steigert sich in hitzige Tiraden über die Absurdität des Lebens und die Blutarmut der Literatur. Sein Glück wird nur getrübt durch die Sehnsucht nach seiner zweiten Ehefrau June (Mona), die in New York geblieben ist.

Aufbau: Statt chronologischer Handlung wählt Miller die Beschreibung eines radikal eigenständigen Lebens. Der Text sei ein »Gesang«, bekennt er zu Beginn. Der Roman sprüht vor burlesken und surrealen Episoden. Seine rhythmische, metaphernreiche Sprache wechselt vom Pathos zum höhnischen Gelächter, von der Ironie zur derben Situationskomik. Der Titel verweist auf den Stand der Sonne an der Himmelssphäre im Wendekreis des Krebses am Sommeranfang. Paris ist für Miller der Sommer, das große Fest des Lebens. New York dagegen symbolisiert für ihn die Nacht, den Winter, wenn die Sonne im Wendekreis des Steinbocks steht. So lautet der Titel des zweiten großen Miller-Romans (1939), einem schwarzen Gesang auf seine Zeit der Orientierungslosigkeit, bis er seine spätere Frau June kennen lernte, die seine künstlerischen Ambitionen förderte.

Die beiden Wendekreis-Romane sind weit mehr als die ungehemmte Darstellung sexueller Freiheit. Ihre Protagonisten suchen eine neue Lebensphilosophie jenseits bürgerlicher Werte wie Ehe, Familie, Bescheidenheit und Disziplin.

Wirkung: Nach Veröffentlichung des Romans im kleinen Pariser Verlag Obelisk Press wurde Miller Pornografie vorgeworfen. Seine Freundin Anaïs → Nin schrieb dagegen im Vorwort, das Buch führe »den Sturmwind mit sich«. Bei den US-Soldaten in Europa in den 1940er und 1950er Jahren fand das Buch reißenden Absatz. So verschiedene Autoren wie George → Orwell und Ernst → Jünger würdigten Millers Werk. In den USA, wo der Autor Miller bis dahin ignoriert worden war, erschien *Wendekreis des Krebses* erst 1961 und löste eine Welle von Protesten und Beschlagnahmungen aus. 1964 beendeten die Obersten Richter der USA eine Prozessserie zugunsten des Autors. Die Verfilmung von Joseph Strick (1969) steht ganz im Zeichen der sexuellen Befreiung der 1960er Jahre. *B. B.*

Auszug aus dem Roman
Wendekreis des Krebses von Henry Miller:

Ich habe kein Geld, keine Zuflucht, keine Hoffnungen. Ich bin der glücklichste Mensch der Welt.

Henry Miller, *Wendekreis des Steinbocks* und *Wendekreis des Krebses,* Umschläge der deutschsprachigen Neuausgabe 1962 (Gestaltung: Werner Rebhuhn)

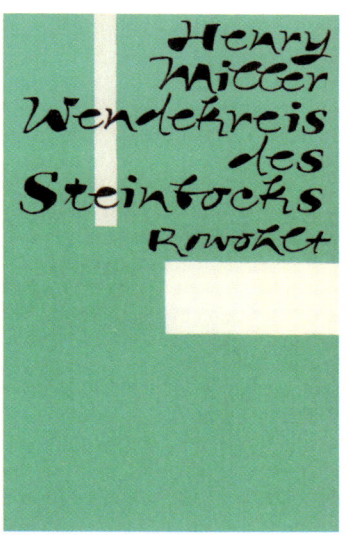 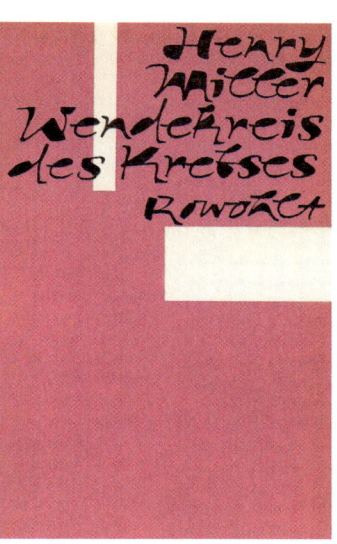

Die wichtigsten Bücher von Henry Miller

Wendekreis des Krebses, 1934	Der autobiografische Roman über Millers Zeit als Bohemien in Paris war in den USA 30 Jahre verboten. → S. 767
Schwarzer Frühling, 1936	Eine Sammlung von Erzählungen; überwiegend Skizzen, Erfahrungen und Eindrücke aus seinem Pariser Künstlerleben.
Wendekreis des Steinbocks, 1939	Ein Roman über Kindheit, Jugend sowie die Zeit verschiedener Berufe und sexueller Verstrickungen in New York.
Der Koloss von Maroussi, 1941	Ein Griechenland-Reisebericht über archaische Landschaften, Mythen und seinen einheimischen Freund, den »Koloss«.
Der klimatisierte Alptraum, 1945	In 19 Episoden schildert Miller Eindrücke von einem Trip durch die USA, die Kehrseite des amerikanischen Traums.
Das Lächeln am Fuße der Leiter, 1948	Die märchenhafte Erzählung über den traurigen Clown Auguste ist inspiriert von Fernand Légers Zeichnungen.
Sexus 1949	Erster Teil der Trilogie *Die rosafarbene Kreuzigung* über Millers Selbstfindung als Autor und die Liebe zu seiner zweiten Ehefrau (Bd. 2 *Plexus,* 1953; Bd. 3 *Nexus,* 1960).
Stille Tage in Clichy, 1956	Erotischer Roman über die Ausschweifungen eines Autors und Lebenskünstlers in Paris, 1969 und 1989 verfilmt.
Big Sur und die Orangen des Hieronymus Bosch, 1957	Roman und philosophischer Essay über das einfache, aber glückliche Künstlerleben im unwegsamen Küstengebirge Kaliforniens, in das Miller-Fans aus aller Welt pilgerten.

*Die Frauen sind in unserer Ge-
sellschaft das am meisten entfremdete Element. Sie bilden
aufgrund ihrer großen Zahl,
ihrer Leidenschaftlichkeit und
ihrer langen Jahre der Unterdrückung die breiteste revolutionäre Basis. Vielleicht werden die Frauen in der
Revolution unserer Gesellschaft eine so tragende Rolle
spielen, wie die Geschichte
zuvor kein Beispiel kennt.*

Kate Millett, *Sexus und
Herrschaft*, Einband der
Taschenbuchausgabe 2000

Millett, Kate

(eigtl. Katherine Murray Millett)

US-amerikan. Autorin und Bildhauerin

* 14.9.1934 St. Paul (Minnesota)

📖 *Sexus und Herrschaft*, 1970

Kate Millett ist eine der Vorreiterinnen der US-
amerikanischen Frauenbewegung und vertritt
deren radikalen Flügel. Sie gehörte 1966 zu den
ersten Mitgliedern der gerade gegründeten
Frauenorganisation NOW (National Organization for Women). Millett analysiert in ihrem Werk
die Unterdrückung von Frauen durch Männer –
vor allem auf sexueller Ebene.

In eine Familie irisch-katholischen Ursprungs
hineingeboren studierte Millett Englisch in
Minnesota, schloss ihr Studium mit Auszeichnung ab und wechselte nach Oxford. Zurück in
den USA legte sie an der Columbia-Universität
ihre Dissertation *Sexual Politics* (1970) vor.
Diese wissenschaftliche Arbeit bildete die
Grundlage für ihr 1970 veröffentlichtes Werk
Sexus und Herrschaft, das in ihrer Heimat innerhalb kürzester Zeit zum Bestseller wurde und
auch international viel Anerkennung fand.

Neben ihrem größten Erfolg *Sexus und Herrschaft* schrieb Millett autobiografisch geprägte
Romane sowie essayistische Texte und machte
sich auch als Bildhauerin einen Namen. Nach
mehreren persönlichen Krisen, in denen sie
zeitweise in psychiatrischen Kliniken behandelt
wurde, trat sie erst wieder 1990 mit einem Werk
an die Öffentlichkeit: In *Der Klapsmühlentrip*
(1990) verarbeitete die Autorin ihre Kranken-
hausaufenthalte sowie ihre lesbische Beziehung
zu einer jüngeren Frau in der von ihr gegründeten Künstlerkolonie in Poughkeepsie (New
York). Millett lebt und arbeitet abwechselnd in
New York und Poughkeepsie.

Biografie: K. Millett, *Sita* (autobiografischer Roman),
1977.

Die wichtigsten Bücher von Kate Millett

Sexus und Herrschaft 1970	In ihrer bearbeiteten Dissertation untersucht Millett die sexuelle Unter-drückung von Frauen durch Männer, die sie als zentrale Ursache der Be-nachteiligung von Frauen sieht. → S. 768
Das verkaufte Geschlecht 1973	In einer wissenschaftlich fundierten Analyse stellt Millett die Situation von Prostituierten dar und plädiert schließlich dafür, Prostitution als eine Profession anzuerkennen.
Fliegen 1970	Eine Biografie von Millett, in der sie offen auf ihre Verfassung, auf Selbstzweifel und ihre Angst vor Kontrollverlust eingeht.
Sita 1977	Die Autorin beschreibt ihre Liebe zu einer Frau, die tragisch endet, als diese sie für einen jungen Mann verlässt.
Im Iran 1982	Nach dem Sturz des Schah bereist Millett den Iran und erläutert ihre Hoffnung auf eine verbesserte Stellung der Frauen.
Der Klapsmüh-lentrip, 1990	Millett beschreibt ihre Liebe zu einer jungen Künstlerin sowie die Zeit, die sie Patientin in einer psychiatrischen Anstalt war.
Entmensch-licht, 1993	Millett bietet eine Analyse der Foltermethoden und ihrer sozialen Ur-sprünge besonders im Hinblick auf Diktaturen.

Sexus und Herrschaft

OT Sexual Politics **OA** 1970 **DE** 1971
Form Sachbuch **Bereich** Gesellschaft

Sexus und Herrschaft von Kate Millett zählt zu
den Meilensteinen der US-amerikanischen
Frauenemanzipationsliteratur. Im Gegensatz zu
Betty →Friedan, die das Alltagsleben US-amerikanischer Hausfrauen und dessen Diskrepanz
zur gesellschaftlichen Idealvorstellung untersuchte, beleuchtet Millett in ihrem Buch erstmals die Unterdrückung der Frau auf sexueller
Ebene und geht damit über die soziologische
Untersuchung von Friedan hinaus.

Entstehung: *Sexus und Herrschaft* basiert auf
der Dissertation der promovierten Literaturwis-
senschaftlerin Millett. Bevor die Autorin ihre
Arbeit veröffentlichte, hatte sie sich bereits
mehrere Jahre in der amerikanischen Frauenbewegung »Women's Liberation« engagiert.
Zudem war sie Mitglied der nationalen Frauenorganisation »NOW« (National Organization for
Women), die bis heute zu den wichtigsten In-
teressenverbänden der US-Frauenbewegung
gehört.

Inhalt: Millett übt scharfe Kritik an der patriarchalischen Ordnung der US-amerikanischen
Gesellschaft. Der deutsche Untertitel des Werks,
Die Tyrannei des Mannes in unserer Gesellschaft,
weist bereits auf die zentrale These hin. Das Patriarchat wird als politische Institution, die sich
durch die Geschichte hindurchzieht, gedeutet.
Millett erhärtet ihre These, die sie besonders auf
die sexuelle Form der Unterdrückung bezieht,
anhand historischer Beispiele sowie der Werke
einiger Schriftsteller wie D. H. →Lawrence und
Norman →Mailer.

Struktur: Das Buch gliedert sich in drei Hauptteile. In einem ersten Abschnitt definiert die
Autorin Sexualität als politisches Instrument.
Der zweite Teil widmet sich dem historischen
Hintergrund der patriarchalischen Gesellschaft
und untersucht die Sexualrevolution von 1830
bis 1930. Ihr folgte 1930–60 eine Gegenrevolu-
tion, die u.a. vom nationalsozialistischen
Deutschland und der stalinistischen Sowjetunion geprägt wurde. Im dritten Teil analysiert
Millett die gesellschaftliche Stellung der Frau
anhand literarischer Beispiele männlicher Autoren, denen sie vorwirft, in den Werken Sexualität als Mittel zur Unterdrückung von Frauen
zu beschreiben.

Wirkung: Milletts Buch gelangte bereits kurz
nach seiner Erstveröffentlichung in den USA in
die Bestsellerlisten, wo es sich monatelang
hielt. Bereits nach zwei Monaten waren allein
sechs Neuauflagen gedruckt. Es war ausschlaggebend für eine zweite, radikalere Welle des
US-amerikanischen Feminismus. Neue Aspekte

der Unterdrückung sowie Sexualität als politischer Faktor wurden diskutiert. Auch in Deutschland, wo das Buch ein Jahr später publiziert wurde, war die Resonanz groß und löste eine breite Diskussion aus. Bis heute zählt *Sexus und Herrschaft* zu den internationalen Standardwerken der Frauenbewegung. *J. D.*

Milne, Alan Alexander

engl. Schriftsteller und Journalist

* 18.1.1882 London, † 31.1.1956 ebd.

📖 *Pu der Bär*, 1926

Alan Alexander Milne ist als Verfasser humorvoller Essays und komödiantischer Theaterstücke, vor allem aber durch seine Kinderbücher bekannt geworden.

Milne, Sohn eines Lehrers, wurde in Westminster erzogen. Nach seinem Mathematikstudium in Cambridge arbeitete er als Journalist in London und war 1904–06 Mitherausgeber der satirischen Zeitschrift *Punch*. 1913 heiratete Milne Dorothy Daphne de Selincourt, mit der er einen Sohn hatte: Christopher Robin, der in dem Buch *Pu der Bär* weltberühmt wurde. Obgleich ein bekennender Pazifist, nahm Milne für England am Ersten Weltkrieg teil und schrieb an der Front sein erstes Bühnenstück. Von seinen über 25 Theaterstücken sind besonders die Komödien *Mr. Pim kommt vorbei* (1919) und *Die Straße nach Dover* (1921) bekannt geworden. Seine Kinderbücher *Pu der Bär* und die Fortsetzung *Pu baut ein Haus* (1928) gehören zum klassischen Bestand nicht nur der englischen Kinderliteratur. Bereits 1939 verfasste Milne seine Autobiografie unter dem Titel *It's too late now*. 1952 musste sich Milne einer Gehirnoperation unterziehen, die ihn zum Invaliden machte. Bis zu seinem Tod lebte er zurückgezogen auf seiner Farm in Sussex.

Pu der Bär

OT Winnie the Pooh **OA** 1926 **DE** 1928
Form Kinderbuch **Epoche** Moderne

Alan Alexander Milne schrieb mit *Pu der Bär* eines der beliebtesten Kinderbücher der Welt und ist Millionen Leser als Schöpfer von Pu, Ferkel, I-Ah und anderen Tieren des Hundertmorgenwaldes bekannt.

Milne hatte bereits 1924 einige Gutenachtgeschichten für seinen Sohn Christopher unter dem Titel *When we were very young* veröffentlicht. Die darin vorkommenden Tiere ge-

staltete er nach dem Vorbild der Stofftiere seines Sohnes. In *Pu der Bär* erschuf Milne den Mikrokosmos des Hundertmorgenwaldes, in dem Pu und seine Freunde wohnen und zusammen mit ihrem großen Freund, dem Jungen Christopher Robin, zahlreiche Abenteuer erleben.

Inhalt: In zehn Kapiteln lernt der Leser die verschiedenen Tiere und ihre Eigenarten näher kennen. Im Mittelpunkt steht Pu, ein gutmütiger und immer hungriger Bär, der lustige Alltagssituationen erlebt. So steigt er auf der Suche nach Honig mit einem Ballon auf und muss dann von Christopher Robin gerettet werden. Seine Naschsucht führt dazu, dass er nach einem »kleinen Mundvoll« bei Kaninchen im Ausgang stecken bleibt und eine Woche lang warten muss, bis er wieder schlanker wird. Mit seinem Freund Ferkel erlebt der Bär ebenfalls spannende Abenteuer: Gemeinsam verfolgen sie in zunehmender Aufregung die sich ständig vermehrenden Spuren eines unbekannten Tieres rund um einen Baum, bis sich herausstellt, dass es ihre eigenen Spuren sind.

Die größte »Expiletion«, wie Pu sagt, ist die Suche nach dem »Nordpfohl«, den Christopher Robin entdecken will und der dann eher zufällig von Pu in Form einer Stange gefunden wird.

Struktur: Die Abenteuer sind mit großem Einfühlungsvermögen in die kindliche Fantasie, mit liebevoller Ironie und sprachlicher Verspieltheit geschildert. Die kleinen menschlichen Schwächen wie Eitelkeit, Naschsucht, Verzagtheit oder Übermut finden sich auch bei den Tieren des Hundertmorgenwaldes, werden jedoch ausgeglichen durch die stets vorhandene gegenseitige Hilfsbereitschaft. So zögert Pu keinen Moment, als es darum geht, Ferkel aus seiner vom Hochwasser bedrohten Wohnung zu retten; und auch der immer schlecht gelaunte I-Ah kann mit der Hilfe seiner Freunde rechnen, wenn es darum geht, seinen Schwanz wiederzufinden. Im Notfall ist stets Christopher Robin zur Stelle, der mit liebevoller Nachsicht das Treiben der Tiere betrachtet und ihnen immer dann weiterhilft, wenn menschlicher Verstand gebraucht wird oder Trost gespendet werden muss – ganz in der Rolle eines Erwachsenen unter spielenden Kindern.

Wirkung. *Pu der Bär* ist bis heute eines der erfolgreichsten Kinderbücher überhaupt, nicht zuletzt aufgrund des Verzichts auf pädagogisch-didaktische Ansprüche. In nahezu alle Sprachen

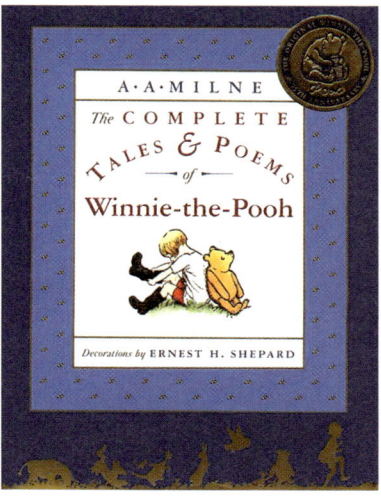

Alan Alexander Milne, *Pu der Bär*, Umschlag der US-Ausgabe zum 75-jährigen Jubiläum des Buchs 2001

Auszug aus dem Kinderbuch *Pu der Bär* von Alan Alexander Milne:

Später, als alle »Auf Wiedersehen« und »Vielen Dank« zu Christopher Robin gesagt hatten, gingen Pu und Ferkel nachdenklich nebeneinander in den goldenen Abend hinein und schwiegen lange Zeit. »Wenn du morgens aufstehst, Pu«, fragte Ferkel schließlich, »was sagst du dann zuallererst?« »Was gibt es zum Frühstück?«, antwortete Pu. »Und was sagst du, Ferkel?« »Ich sage, ich möchte gern wissen, ob heute etwas Aufregendes passiert«, erklärte Ferkel. Pu nickte nachdenklich. »Das ist ja dasselbe«, stellte er fest.

übersetzt, gehört es in Großbritannien zu den 100 beliebtesten Büchern des 20. Jahrhunderts. Nicht zuletzt durch mehrere Zeichentrickfilme und Harry Rowohlts Kolumnne *Pooh's Corner*, aus der inzwischen mehrere Bücher entstanden sind, ist der Bär auch in Deutschland zahllosen Kindern und Erwachsenen bekannt. *E. H.*

Milton, John

engl. Schriftsteller

* 9.12.1608 London, † 8.11.1674 ebd.

📖 *Das verlorene Paradies*, 1667

John Milton gilt seit dem 18. Jahrhundert neben →Shakespeare als bedeutendster Dichter Englands.

Der Notarssohn aus anglikanischer Familie studierte 1625–32 in Cambridge. Seinen urspünglichen Plan, Priester zu werden, gab er bald zu Gunsten einer Schriftstellerlaufbahn auf. Zu seinen bekanntesten frühen Gedichten gehören die Ode *On the morning of Christ's nativity* (1629) und die Widmungsverse *On Shakespeare* (1632). Auf dem Landsitz seines Vaters in Horton bei Windsor entstanden ab 1632 seine ersten größeren Werke: das Gedichtpaar *L'Allegro* und *Il Penseroso* (1632), die Maskenspiele *Arcades* (1633?) und *Comus* (1637) sowie die Elegie *Lycidas* (1637). 1638/39 bereiste Milton Italien, kehrte jedoch aufgrund der politischen Krise in England vozeitig in seine Heimat zurück und kämpfte auf Seiten von Oliver Cromwell (1599 bis 1658) gegen die Royalisten.

Nach Cromwells Sieg ließ er sich in London nieder und stellte seine publizistische Tätigkeit ganz in den Dienst des Commonwealth, für das er ab 1649 auch im Staatsdienst tätig war. Die einzigen poetischen Arbeiten dieser Zeit sind seine Sonette, die bis heute zu den berühmtesten in englischer Sprache zählen. 1644 begann sein Augenlicht nachzulassen, bis er schließlich 1651 völlig erblindete. Nach dem Ende des Commonwealth 1660 lebte Milton einsam und zurückgezogen. In diesen Jahren entstanden seine größten Werke: die epischen Dichtungen *Das verlorene Paradies* und *Das wiedergewonnene Paradies* (1671) sowie das Drama *Samson Agonistes* (1671).

Biografie: M. Raisin, *John Milton: The man, the poet, the prophet*, 1924.

Das verlorene Paradies

OT Paradise Lost **OA** 1667 **DE** 1682
Form Epos **Epoche** Puritanismus

Das verlorene Paradies von John Milton steht am Ende einer europäischen Epentradition, die mit →Homer und →Vergil beginnt und mit Miltons religiöser Dichtung einen abschließenden Höhepunkt findet.

Entstehung: Milton trug sich bereits ab 1640 mit dem Plan, den Sündenfall des Menschen literarisch zu verarbeiten. Dieses inhaltliche Interesse verband sich später mit seinem ebenfalls lang gehegten Wunsch, ein großes Epos zu schaffen. Zunächst hatte er ein Artus-Epos geplant, beschloss aber dann, ein biblisches Thema zu wählen. Spätestens 1658 begann er, inzwischen völlig erblindet, *Das Verlorene Paradies* langsam in kleinen Versabschnitten zu diktieren. 1663 war die Niederschrift abgeschlossen. Die Erstausgabe erschien 1667 in zehn Büchern; die zweite und endgültige Fassung von 1674 wurde in bewusster Anlehnung an das Epos *Aeneis* (entst. um 29–19 v. Chr.) von →Vergil auf zwölf Bücher erweitert.

Inhalt: Das Epos schildert in 10 565 Blankversen die Geschichte vom Sündenfall und der Vertreibung der Menschen aus dem Paradies. Umrahmt wird dieses Geschehen von einem Rückblick auf den Höllensturz Satans einerseits und einem visionären Ausblick auf das künftige Heilsgeschehen andererseits. All diese Ereignisse werden in Bezug auf den göttlichen Heilsplan geschildert, in dem der Mensch durch das Opfer Christi von seiner Ursünde erlöst werden kann. Das gesamte Heilsgeschehen wird gedeutet als Kampf zwischen den himmlischen und den satanischen Mächten, zwischen denen der Mensch sich entscheiden muss. Über die biblischen Ereignisse hinaus ist *Das Verlorene Paradies* auch eine weiträumige, aus unzähligen

Auszug aus *Das verlorene Paradies* **von John Milton:**

Des Menschen erste Sünde, den Genuss/Von des verbotnen Baumes Frucht, die Tod/Und alles Weh erzeuget hat und die Menschheit/Aus Eden bannte, bis ein Größrer einst/Sie wieder einführt in den Sitz des Heils –/Sing, Himmelsmuse, die du auf des Horeb/Einsamer Höh' und auf dem Sinai/Den Hirten hast begeistert, der zuerst/Dem auserwählten Volke kundgetan,/Wie Erd' und Himmel aus dem Chaos stiegen!

Christliches Epos

Bedeutung: Als christliches Epos bezeichnet man ein Versepos auf der Grundlage der christlichen Heilsgeschichte. Stoffquelle ist meist die → *Bibel*, aber auch Apokryphen und Heiligenlegenden. Es handelt sich um eine Variante der christlichen Dichtung, deren Gegenstand christliche Frömmigkeit, die Heilsgeschichte, der Lobpreis Gottes sowie die Heiligen sind und die in allen literarischen Gattungen auftritt.

Anwendung: Die europäische Tradition beginnt um 670 mit dem altenglischen *Caedmon* (†um 680), in dessen Tradition der *Wessobrunner Schöpfungshymnus* (um 800) den Beginn der deutschen Bibeldichtung markiert. Im Bereich der deutschen Literaturgeschichte sind danach die altsächsischen Großepen *Heliand* (entst. nach 814 oder 840) und *Genesis* (9. Jahrhundert) zu nennen sowie das *Evangelienbuch* (abgeschlossen ca. 863–71) von Otfrid (um 800–um 870). Eindeutig in die Gattung gehören allerdings erst Texte in der Tradition der altdeutschen *Genesis* (ca. 1060), die die biblische Geschichte in den Rahmen des theologischen Konzepts einer christlichen Heilslehre stellen und neben der Evangelendichtung die wichtigste Art der Bibeldichtung darstellen. Besonders seit dem 11. Jahrhundert findet eine Verschiebung hin zur Apokryphen- und Legendendichtung statt; es erscheinen nun auch Stoffe wie das Marienleben, das Leben Jesu oder das alttestamentarische Geschichte von Adam und Eva. Den Höhepunkt der christlichen Epik bildet im Spätmittelalter die *Göttliche Komödie* (1321) von → Dante Alighieri.

Neuzeit: Am Beginn der Neuzeit steht die neulateinische *Christias* (1535) des Marco Girolamo Vida (vor 1490 bis 1566), der antiken Vorbildern folgend das Leben Jesu in sechs Büchern erzählt. Nach der Reformation ist die eigentliche Blütezeit der Gattung vorbei, doch bringt der Protestantismus noch drei Werke von Weltrang hervor: *Die Schöpfungswoche* (1578) von Guillaume Du Bartas (1544 bis 1590), *Das verlorene Paradies* von John → Milton und den *Messias* (1748–73) von Friedrich Gottlieb → Klopstock.

literarischen Quellen gespeiste Gesamtdarstellung der Welt und ihrer hierarchischen Ordnung nach den Vorstellungen der Renaissance.

Aufbau: Das Epos setzt in medias res ein und holt in den Büchern 5 und 6 in langer Rückschau die Vorgeschichte nach. Im 11. und 12. Buch lässt der Erzengel Michael den verbannten Adam die zukünftige Menscheitsgeschichte schauen. Das Werk selbst bildet die Symmetrie des Kosmos ab: Der Mittelteil gehört der göttlichen Allmacht, die flankiert ist von Satan zur einen und den Menschen zur anderen Seite.

Wirkung: Mit der Gestalt Satans schuf Milton eine der berühmtesten und umstrittensten Figuren der Weltliteratur. Insbesondere die Romantiker William → Blake und Percy Bysshe Shelley (1792–1822) deuteten ihn als Freiheitskämpfer gegen einen tyrannischen Gott und sahen in ihm den eigentlichen Helden der Dichtung. Von großer Wirkung auf nachfolgende Dichtergenerationen war vor allem die poetische Sprache des Dichters mit ihren weiträumigen, rhythmischen Satzperioden, ihrer Dynamik und ihrem bewusst eingesetzten Klang, der als »Miltonscher Orgelton« berühmt wurde. Die bedeutendste Dichtung in der deutschen Sprache, die durch Milton initiiert wurde, war das Epos *Der Messias* (1748–73) von Friedrich Gottlieb → Klopstock. *E.H.*

Mishima, Yukio

(eigtl. Hiraoka Kimitake) japan. Schriftsteller

* 14.1.1925 Tokio, † 25.11.1970 ebd. (Selbstmord)

📖 *Geständnis einer Maske*, 1949

Yukio Mishima, der sowohl in der japanischen Tradition wie in der westlichen Geistesgeschichte zu Hause war, schuf in seinen stilistisch ausgefeilten Werken eine ganz eigene Welt.

Der Sohn einer hochrangigen Beamtenfamilie besuchte die Adelsschule Gakushuin in Tokio. Schon als frühreifer Grundschüler schrieb er Lyrik; seine erste Erzählung veröffentlichte er mit 13 Jahren unter dem Pseudonym, das er sein Leben lang beibehielt. Während des Jurastudiums an der Universität Tokio (1944–47) war er bereits als Schriftsteller anerkannt. Nach einjähriger Tätigkeit im Finanzministerium (1947/48) lebte er als freier Schriftsteller.

Seit der Novelle *Sorge um das Land* (1960), die vom Militärputsch am 26. Februar 1936 handelt, verstärkten sich seine nationalistischen und patriotischen Tendenzen. Ein Idealbild fand er im japanischen Rittertum, insbesondere in der Bevorzugung des Heldentods gegenüber der Unterwerfung unter den Sieger. 1967 trat er in die japanische Berufsarmee ein und gründete

Die wichtigsten Bücher von Yukio Mishima	
Geständnis einer Maske 1949	Der autobiografische Roman Mishimas schildert die sexuelle Entwicklung eines Heranwachsenden, der sich seiner Homosexualität bewusst wird und sich im Konflikt mit der Gesellschaft befindet. → S. 771
Der Tempelbrand, 1956	Ein Brandstifter, der den Goldenen Tempel in Kyoto in Brand gesetzt hat, berichtet von seiner Motivation und dem Tathergang.
Sorge um das Land, 1961	Ein Oberleutnant und seine Frau begehen am 28. Februar 1936 anlässlich der Nachricht des Militärputschs Selbstmord.
Der Seemann, der die See verriet, 1963	Der 13-jährige Ryuji bestraft aus Enttäuschung den Freund seiner Mutter, einen Seemann, der das Leben auf dem Meer aufgeben will, um die Mutter zu heiraten.

zusammen mit gleichgesinnten Studenten die »Gruppe Schutzschild« (Tate no kai). Mit deren Mitgliedern rief er 1970 in der Kommandantur Ichigaya in Tokio den Aufstand des Heers für das »wahre Japan« aus und beging Selbstmord durch Harakiri (eigtl. Seppuku).

Biografie: H. Scott-Stokes, *Yukio Mishima*, 1974.

Geständnis einer Maske

OT Kamen no kokuhaku **OA** 1949 **DE** 1964
Form Roman **Epoche** Moderne

In dem autobiografischen Roman schildert Yukio Mishima die Erinnerungen eines homosexuellen jungen Mannes an seine ersten Erfahrungen mit der Lust und sexuellen Perversionen. Das Buch steckt voller Aphorismen und ist stilistisch in geradezu barocker Weise ausgeführt.

Inhalt: Starkes Interesse an Personen, die mit Exkrementen oder Torturen zu tun haben, deuten früh auf ungewöhnliche Neigungen des Ich-Erzählers, der bei seiner Großmutter aufwächst. Im Verlauf seiner weiteren körperlichen Entwicklung, bei der er u. a. seine erste Ejakulation im Anblick des Märtyrerbilds des *heiligen Sebastian* von Guido Reni erlebt, wird er sich seiner sadomasochistischen Fixierung und seiner Homosexualität bewusst. Zwar begehrt er einen Mitschüler, in der Öffentlichkeit bemüht er sich aber um ein Mädchen. Er befreundet sich mit Sonoko, der Schwester eines Freundes, mit der er einen ersten Kuss austauscht. Als der Krieg zu Ende ist, versucht er seine »Jungfernschaft« in einem

Yukio Mishima am 25. November 1970 in der Uniform der von ihm gegründeten »Schildgesellschaft« auf dem Dach des Armee-Hauptquartiers in Ichigaya / Tokio unmittelbar vor seinem Selbstmord durch Harakiri

Bordell zu verlieren, was ihm jedoch nicht gelingt. Kurz danach sieht er die inzwischen verheiratete Sonoko zufällig wieder und geht mit ihr in ein Tanzlokal, vergisst sie aber über den Fantasien, die ihn beim Anblick eines jungen Mannes überkommen.

Die geheimen Wünsche des Ich-Erzählers liegen während der Romanhandlung im Widerstreit mit den Erwartungen der Umwelt. Die Darstellung der sexuellen Entwicklung des Protagonisten steht daher stellvertretend für das Außenseitertum eines Menschen, der sich der herrschenden Ordnung nicht anpassen kann.

Aufbau: In vier Kapiteln, die jeweils bestimmten Entwicklungsphasen entsprechen, wird die Entwicklung des Protagonisten erzählt. Die Handlung trägt Züge des eigenen Lebens von Mishima. Er erzählt das Geschehene als Fiktion mit Hilfe einer Erzähler-Maske. Hierdurch unterscheidet sich der Roman vom traditionellen japanischen Watakushi(Ich)-Roman, bei dem es sich um keine Fiktion handelt.

Deutsches Plakat zur Verfilmung des Romans *Vom Winde verweht* von Margaret Mitchell (USA 1939; Regie: Victor Fleming)

Wirkung: Der Roman wurde mit einer Mischung aus Überraschung und Widerwillen aufgenommen. Sein Erfolg verdankt sich den thematischen und stilistischen Innovationen, die Mishima damit in die japanische Literatur einbrachte. *S. S.*

Mitchell, Margaret

US-amerikan. Schriftstellerin

* 8.11.1900 Atlanta (Georgia), † 16.8.1949 ebd.

📖 *Vom Winde verweht*, 1936

Margaret Mitchell erlangte Weltruhm mit ihrem einzigen Roman *Vom Winde verweht,* in dem sie den amerikanischen Sezessionskrieg (1861–65) und seine Auswirkungen auf die Südstaatengesellschaft verarbeitet hat.

Mitchells Vorfahren waren u. a. Baumwollfarmer und Bauholzfabrikanten. Bereits mit sieben Jahren fing sie an, Geschichten zu schreiben. 1918 besuchte sie ein Jahr lang das Smith College in Massachusetts. Als ihre Mutter starb, kehrte sie nach Atlanta zurück, um ihre Familie zu versorgen. Nach einer gescheiterten Ehe arbeitete sie als Journalistin und verfasste u. a. eine Serie über Georgias Generäle im Sezessionskrieg. Zehn Jahre arbeitete sie an ihrem Roman, für den sie 1937 mit dem Pulitzerpreis ausgezeichnet wurde. Im Alter von 48 Jahren kam sie bei einem Verkehrsunfall ums Leben.

Biografien: A. Edwards, *Margaret Mitchell. Der Weg nach Tara,* dt. 1983; D. Asbury Pyron, *Margaret Mitchell, Tochter des Südens,* dt. 2000.

Vom Winde verweht

OT Gone With the Wind **OA** 1936 **DE** 1937
Form Roman **Epoche** Moderne

Die umfangreiche Südstaatensaga *Vom Winde verweht* weicht von der in den 1930er Jahren in den Südstaaten populären literarischen Romanform der Romanze im Stil des 19. Jahrhunderts über den »noblen Süden Amerikas und seine Schändung durch die Nordstaaten« entscheidend ab: Margaret Mitchell benutzt das Genre vielmehr, um den Zusammenbruch einer Gesellschaftsform und den damit verbundenen Kampf ums Überleben darzustellen. *Vom Winde verweht* ist aber kein sozialkritischer Roman. Die Stellung der Sklaven wird darin nicht kritisch thematisiert, sondern eher in rassistischen Klischees dargestellt.

Inhalt: Die auf der Baumwollplantage aufgewachsene kokette Scarlett O'Hara liebt Ashley Wilkes, der jedoch seine Kusine Melanie zum Altar führt. Aus Trotz heiratet Scarlett Melanies

Hauptfiguren in »Vom Winde verweht« von Margaret Mitchell

Scarlett O'Hara: Aus ihr sollte eine »Southern Belle« werden, doch sie will lieber ihre eigenen Interessen durchsetzen, ob als romantischer Backfisch, lustige Witwe, Rabenmutter, Yankeemörderin, herrisches Familienoberhaupt oder beim trotzigen Flirt mit Rhett. Sie verachtet die Schwachen, macht Geschäfte mit den Yankees. Ashley und Rhett missversteht sie und Melanies Verbundenheit erkennt sie zu spät.

Rhett Butler: Verrufener und opportunistischer Blockadebrecher mit einem gesunden Verstand und viel Geld. Er ist ein Frauenkenner und adrett gekleideter Beschützer und will, dass Scarlett allein herausfindet, dass sie ihn liebt. Liebevoller Vater, der am Tod seiner Tochter fast zerbricht und schließlich seine Frau verlässt.

Ashley Wilkes: Scarletts Schwarm. Blasser Sohn eines aristokratischen Plantagenbesitzers, der sich im Frieden der Poesie und Jagd widmet und nach dem Krieg schwermütig wird. Landwirtschaftlich und kaufmännisch ungeschickt, moralisch gebunden an Scarlett, die seiner Frau das Leben rettete. Er begehrt Scarlett, doch wagt er keinen Ehebruch.

Melanie Hamilton: Gegenstück zu Scarlett und echte »Belle«: tugendhaft, sanftmütig und sich stets zurücknehmend. Sie verachtet die Yankees, ist von kindlicher und kränkelnder Statur und schutzbedürftig. Sie rebelliert auf ihre Art, indem sie Scarlett zur Seite steht, wenn alle anderen gegen diese sind. Sie stirbt bei der Geburt ihres zweiten Kindes.

Bruder Charles. Die Männer ziehen in den beginnenden Bürgerkrieg und Charles stirbt in den ersten Gefechten. In der Hoffnung, Ashley wieder zu sehen, zieht Scarlett nach Atlanta und trifft dort auf den Abenteurer Rhett. Als die Nordtruppen vor Atlanta stehen, flieht sie mit der gerade niedergekommenen Melanie in die vom Krieg verwüstete Heimat. Scarletts Mutter ist inzwischen gestorben, ihr Vater geistig verwirrt und so nimmt sie ihr Leben selbst in die Hand: Sie entscheidet sich, den Familienbesitz Tara wieder aufzubauen. Um Steuern bezahlen zu können, heiratet sie in Atlanta den bemittelten Verlobten ihrer Schwester und entwickelt sich zu einer habsüchtigen Geschäftsfrau. Als ihr Mann an einem Racheakt des Ku-Klux-Klans teilnimmt und erschossen wird, heiratet sie Rhett. Ihr gemeinsames Kind stirbt bei einem Unfall. Die Ehe ist außerdem durch Scarletts nicht erloschene Neigung zu Ashley belastet. Erst durch den Tod Melanies erkennt sie, dass Ashley nur ein Wunschbild war und sie eigentlich Rhett liebt – zu spät, denn dieser verlässt sie.

Aufbau: Die Handlung wird von einem scheinbar neutralen allwissenden Erzähler beschrieben, jedoch immer von Scarletts Standpunkt aus beurteilt. Sie widerspricht den Normen und Werten der Gesellschaft, ohne sich dessen bewusst zu sein. Sie kann sich nicht mit den gängigen Frauenrollen identifizieren und verstößt gegen die Konventionen. Aber gerade wegen ihrer starken Persönlichkeit überlebt sie den Bürgerkrieg und kann ihr Leben selbst bestimmen. Diese Diskrepanz sowie der Wertewandel werden durch stereotype Charaktere (→ Hauptfiguren, S. 772), die zum Teil als konträre Figurenpaare entworfen sind, verbildlicht. Melanie und Ashley, zunächst ganz traditionell »Southern Belle« bzw. Kavalier der Südstaatenschule, werden zu Nebenfiguren und können den Wandel meistern. Rhett entspricht in vieler Hinsicht dem Schurken der Melodramen des 19. Jahrhunderts, erscheint aber dennoch als sympathischer Held. Mitchell vermeidet bewusst ein Happy End. Rhett fügt sich der Gesellschaft; er wollte sogar seine Tochter in die gesellschaftlichen Kreise Atlantas einführen. Scarlett hängt zu lange ihrer Illusion Ashley nach, ohne zu erkennen, dass er genau das repräsentiert, was sie eigentlich missbilligt.

Wirkung: *Vom Winde verweht* erschien inmitten der amerikanischen Wirtschaftskrise und traf den Nerv der Zeit. Mit Scarlett O'Hara konnten sich zahllose Frauen identifizieren; ihre Zähigkeit diente vielen als Ermutigung in wirtschaftlich schwerer Zeit. Die Verfilmung 1939 durch David O. Selznick (Regie Victor Fleming; mit Vivien Leigh und Clark Gable in den Hauptrollen) ließ das Buch zu einem Megaseller werden und

verhalf der Südstaatenliteratur allgemein zu einer neuen Blüte. Bis heute wurde der Roman in 43 Ländern und 38 Sprachen veröffentlicht. Wegen ihrer rassistischen Elemente machten Roman und Verfilmung die Rassenfrage zu einem öffentlichen Thema.

In dem 1992 mit großem Werbeaufwand veröffentlichten Roman *Scarlett* schrieb Alexandra Ripley (*1934) mit Zustimmung der Mitchell-Erben die Geschichte von Rhett und Scarlett bruchlos weiter, ohne aber etwas von der Faszination des Originals vermitteln zu können. *R. S.*

Margaret Mitchell um 1937 mit ihrem Bestseller *Vom Winde verweht*

Auszug aus dem Roman *Vom Winde verweht* von Margaret Mitchell:

Von neuem fühlte sie den nagenden Hunger im leeren Magen und plötzlich sagte sie mit lauter Stimme: »Gott ist mein Zeuge – mich sollen die Yankees nicht unterkriegen. Ich will hindurch, und wenn es vorüber ist, will ich nie wieder hungern. Weder ich noch die meinen! Und wenn ich stehlen oder morden müsste! – Gott ist mein Zeuge, hungern will ich nie wieder!«

Mitscherlich, Alexander

dt. Psychoanalytiker und Publizist

* 20.9.1908 München, † 26.6.1982 Frankfurt/Main

📖 *Medizin ohne Menschlichkeit*, 1949

📖 *Auf dem Weg zur vaterlosen Gesellschaft*, 1963

📖 *Die Unfähigkeit zu trauern*, 1967 (mit Margarete M.)

Alexander Mitscherlich gilt als einer der bedeutendsten Psychoanalytiker und Publizisten der Nachkriegszeit. Vor allem wegen seiner individualpsychologisch fundierten Gesellschaftskritik, in der er sich mit der NS-Zeit auseinander

Bericht eines Zeugen über »Euthanasie«-Maßnahmen bei geisteskranken Kindern in der Dokumentation *Medizin ohne Menschlichkeit* von Alexander Mitscherlich:

In etwa 15–25 Kinderbettchen lagen ebenso viele Kinder von ungefähr 1–5 Jahren. Pfannmüller explizierte in dieser Station besonders eingehend seine Ansichten. Folgende zusammenfassende Aussprüche dürfte ich mir ziemlich genau gemerkt haben, da sie entweder aus Zynismus oder Tölpelhaftigkeit erstaunlich offen waren. »Diese Geschöpfe (gemeint waren besagte Kinder) stellen für mich als Nationalsozialisten nur eine Belastung unseres Volkskörpers dar. Wir töten (er kann auch gesagt haben) Wir machen die Sache) nicht durch Gift, Injektionen usw., da würden die Auslandspresse und gewisse Herren in der Schweiz (gemeint war wohl das Rote Kreuz) nur neues Hetzmaterial haben. Nein, unsere Methode ist viel einfacher und natürlicher, wie Sie sehen.« Bei diesen Worten zog er unter Beihilfe einer mit der Arbeit in dieser Station scheinbar ständig betrauten Pflegerin ein Kind aus dem Bettchen. Während er das Kind wie einen toten Hasen herumzeigte, konstatierte er mit Kennermiene und zynischem Grinsen so etwas wie: »Bei diesem z. B. wird es noch 2–3 Tage dauern«. Den Anblick des fetten, grinsenden Mannes, in der fleischigen Hand das wimmernde Gerippe, umgeben von den anderen verhungernden Kindern kann ich nimmer vergessen. Weiterhin erklärte der Mörder dann, dass nicht plötzlicher Nahrungsentzug angewandt werden würde, sondern allmähliche Verringerung der Rationen.

setzte, stieß er bei vielen Intellektuellen, insbesondere der 1968er Studentengeneration, auf große Zustimmung.

Nach einem geisteswissenschaftlichen Studium und Verhaftungen durch die Nationalsozialisten wegen politischer Betätigung studierte Mitscherlich ab 1933 Medizin in Zürich und später in Heidelberg. 1946/47 nahm er als Beobachter und Berichterstatter am Nürnberger Prozess gegen führende NS-Ärzte teil (*Medizin ohne Menschlichkeit*). 1949 gründete Mitscherlich an der Universität Heidelberg die Abteilung für psychosomatische Medizin, die er selbst leitete. 1952 wurde er in Heidelberg zum Professor ernannt. Ab 1960 war Mitscherlich Leiter des Sigmund-Freud-Instituts in Frankfurt/Main, einer Lehr- und Forschungseinrichtung für Psychoanalyse. 1966 wurde er an der Frankfurter Universität zum Lehrstuhlinhaber für Psychologie berufen. 1969 erhielt er den Friedenspreis des Deutschen Buchhandels.

Mitscherlich war bestrebt, psychoanalytische Methoden und Erkenntnisse auf gesellschaftliche Erscheinungen anzuwenden. Seine Kritik an wirtschaftlichen, sozialen und kulturellen Phänomenen richtete sich an psychologischen Gegebenheiten aus. In der Medizin trat Mitscherlich dafür ein, das Krankheitsgeschehen als einen vielschichtigen psychosomatischen Vorgang aufzufassen.

Biografie: H.-M. Lohmann, *Alexander Mitscherlich* (rm 50365).

Medizin ohne Menschlichkeit

OA 1949 **Form** Dokumentation **Bereich** Medizin

Die von Alexander Mitscherlich zusammen mit Fred Mielke herausgegebene Dokumentation des Nürnberger Ärzteprozesses machte die Verbrechen vieler NS-Ärzte erstmals bekannt.

Entstehung: Beim Nürnberger Ärzteprozess 1946/47 waren Mediziner angeklagt, die während der Zeit des Nationalsozialismus in Konzentrationslagern Versuche an Menschen durchgeführt hatten. Eine deutsche Ärztekommission unter Leitung von Mitscherlich war von der Arbeitsgemeinschaft der Westdeutschen Ärztekammern entsandt worden, um den Prozess beim 1. Amerikanischen Militärgerichtshof in Nürnberg zu dokumentieren. Die Veröffentlichung des Abschlussberichts der Kommission mit den von den Herausgebern kommentierten Protokollen von erschütternden Aussagen der Zeugen und Angeklagten erfolgte im Auftrag des 51. Deutschen Ärztetages zuerst 1949 unter dem Titel *Wissenschaft ohne Menschlichkeit*. Diese erste Auflage (10000 Exemplare) war für die Westdeutschen Ärztekammern zur Verteilung an die Ärzteschaft bestimmt, blieb allerdings weitgehend ohne Wirkung. 1960 erschien die Dokumentation unter dem Titel *Medizin ohne Menschlichkeit* als Buchhandelsausgabe. Nun erfuhren erstmals größere Bevölkerungskreise von den grausamen Menschenversuchen und der »Euthanasie« in der NS-Zeit.

Inhalt: Die Liste der aufgedeckten Verbrechen, die oft zum Tode führten, ist lang; neben Unterdruck- und Unterkühlungsversuchen, Fleckfieberimpfstoff-Experimenten, Sulfonamid-, Phlegomone- und Knochentransplantationsversuchen fanden »Forschungen« mit Giftgasen statt. Gegenstand des Nürnberger Ärzteprozesses waren auch das abwegige anthropologische Projekt einer jüdischen Skelett- und Schädelsammlung für die »Reichsuniversität« Straßburg sowie das NS-»Euthanasie«-Programm und die Massensterilisationen.

Die Absicht der von Mitscherlich und seinem Assistenten Mielke herausgegebenen Dokumentation des Nürnberger Ärzteprozesses, zielte nicht auf juristische Fragen ab. Die veröffentlichten Dokumente zeigen vielmehr die »wissenschaftliche« Arbeitsweise, den ärztlichen Stil im Umgang mit den Patienten bzw. Versuchspersonen, das Milieu, in dem sich die Verbrechen entfalten konnten, die Qualität der »Forschungs«-Arbeiten, die rassenpolitischen und eugenischen Ziele, die ausschlaggebend waren, sowie die persönlichen und politischen Geschehnisse und Hintergründe.

Wirkung: Das Buch entfaltete nach seiner Neuausgabe 1960 eine überaus große Wirkung und gilt seitdem nicht nur in Deutschland als Standardwerk zur nationalsozialistischen Medizin.

Auf dem Weg zur vaterlosen Gesellschaft

OA 1963 **Form** Studie **Bereich** Sozialpsychologie

Das umfangreiche Buch von Alexander Mitscherlich mit dem Untertitel *Ideen zur Sozialpsychologie* zielt darauf ab, individuelle »Trieb«-Schicksale als Sozialisationsprozesse zu interpretieren. Mitscherlich liefert eine brillante, individual- und sozialpsychologisch abgesicherte Analyse der Entwicklung moderner Industriegesellschaften. In seiner Studie gelingt es ihm, die durch die »Vaterlosigkeit« bedingte Depravation des heutigen Individuums transparent und plausibel zu machen.

Inhalt: Mitscherlich geht bei seinen sozialpsychologischen Betrachtungen über die Industriegesellschaft davon aus, dass der moderne Mensch nicht mehr in ausreichendem Maß durch den Ödipus-Komplex, den kulturschaffenden Konflikt der Geschlechterfolge, gebunden werde. Die Sozialisierung des Menschen geschehe nicht mehr in der patriarchalisch strukturierten Familie, deren Autorität real greifbar ist, sondern in abstrakteren und anonymeren Konstellationen, die geprägt sind von der Berufswelt, der Warenwirtschaft und dem Markt. Die beiden Bereiche Lebens- und Arbeitswelt entfernen sich in der modernen Gesellschaft immer weiter voneinander, der vom Kind als macht- und farblos empfundene Vater mutiert zum »Schreckgespenst«. Der Rückzug des Vaters und das Unterminieren seiner Autorität führen zur Verwerfung und Relativierung der strengen Über-Ich-Moral. Diese historisch nun überflüssig gewordene Moral mit ihren verbindlichen Geboten und Verboten wird ersetzt durch neue Moral- und Beziehungsformen, die der Wirklichkeit anonymer Arbeit und nivellierenden Massenkonsums viel eher entsprechen. Genauso, wie das Unsichtbarwerden des Vaters aus dem affektiven Erlebnis des Kindes eine Vaterlosigkeit ersten Grades bedinge, so führe das Anonymwerden gesellschaftlicher Macht zu einer gesteigerten Vaterlosigkeit.

Mitscherlich beurteilt die möglichen Folgen einer vaterlosen Gesellschaft äußerst skeptisch: Gefahren erwüchsen aus der Anpassung der entindividualisierten, in der Masse lebenden Menschen sowie aus der Zunahme aggressiver und narzisstischer Triebäußerungen, die bedingt ist durch die globale Abwendung von den alten Überich-Figuren, den Eltern.

Welche Richtung die von Mitscherlich erkannte Entwicklung zur Vaterlosigkeit nehmen wird, bleibt offen: Denkbar ist schlimmstenfalls das Ende der westlich-europäischen Tradition, bestenfalls eine verstärkte Hinwendung zum kritischen Denken.

Wirkung: Mit dieser interdisziplinär angelegten Studie konnte Mitscherlich zum ersten Mal ein größeres Lesepublikum gewinnen. Da er sich bei seiner Argumentation nicht auf sein ureigenstes Metier, die Psychoanalyse, beschränkte, sondern weitere Wissenschaften einbezog, konnte er seinen Leserkreis um Juristen, Pädagogen und Sozialwissenschaftler erweitern.

Die Unfähigkeit zu trauern

OA 1967 **Form** Studie **Bereich** Sozialpsychologie

Das Buch *Die Unfähigkeit zu trauern* mit dem Untertitel *Grundlagen kollektiven Verhaltens*, das Alexander Mitscherlich gemeinsam mit seiner Frau Margarete Mitscherlich verfasste, bringt eine weit verbreitete Stimmung in der Bundesrepublik Deutschland der 1960er Jahre auf den sozialpsychologischen Begriff. Es beschäftigt sich mit der offensichtlichen Verweigerung, die Folgen der NS-Herrschaft affektiv

und rational adäquat zu bewältigen. Die Unfähigkeit zu trauern sei ein Problem der Öffentlichkeit in Deutschland, weil es den Menschen immer noch schwer falle, Konsequenzen ihrer Handlungsweise während der NS-Zeit in ihren Nachwirkungen zu akzeptieren.

Inhalt: Die Studie beginnt mit der Feststellung, dass die Mehrzahl der Deutschen nach 1945 die Geschehnisse der NS-Zeit aus dem sog. kollektiven Bewusstsein eliminiert habe. Die Nation habe in der Person Hitlers über ein geliebtes Führungsobjekt verfügt, das sie dann verlor. Der »Führer« habe für den überwiegenden Teil der Deutschen die Funktion des Ich-Ideals gehabt; demnach seien sie auch bereit gewesen, Hitler in blinder Ergebenheit Gefolgschaft zu leisten, Verbrechen zu begehen und sogar für ihn zu sterben. Nach dem Tod Hitlers hätten die Deutschen demzufolge in tiefe Trauer verfallen müssen. Dies sei jedoch nicht geschehen; vielmehr trat eine gewisse Erleichterung ein, und der anstehende Wiederaufbau nahm alle Kräfte in Anspruch.

Das verhältnismäßig rasch folgende »Wirtschaftswunder« führte zu einem kollektiven Überlegenheits- und Hochgefühl, das die Zeit des Nationalsozialismus mit seinen Verbrechen ausblendete. Der Prozess des Vergessens, der Verdrängung und Tabuisierung wurde immer mächtiger, was dazu führte, dass die nationalsozialistische Vergangenheit kaum aufgearbeitet worden sei. In vielen Bereichen des öffentlichen Lebens habe es 1945 daher keine »Stunde Null« gegeben. In ungebrochener Kontinuität seien 1949 Personen und Strukturen von der neu gegründeten Bundesrepublik, die bald zu weltweiter wirtschaftlicher Geltung gelangen sollte, übernommen worden. Die Deutschen hätten gelebt, als habe es Hitler und die NS-Zeit nie gegeben.

Alexander und Margarete Mitscherlich treten für eine kollektive Aufarbeitung der Geschehnisse im Dritten Reich ein, damit sich Derartiges nicht wiederhole. Sie fordern eine Bewältigung der Vergangenheit in analytischer Reflexion. Die Autoren befassen sich also mit kollektivpsychologischen Problemen, die sie gemäß der Lehre der Psychoanalyse, bei der es sich aber hauptsächlich um eine Individualpsychologie handelt, lösen wollen; sie legen als Analytiker gewissermaßen die gesamte deutsche Nation auf die Couch.

Wirkung: Der originelle Ansatz entfaltete unter bundesdeutschen Intellektuellen größte Wirkung, wurde von vielen Anhängern der 68er Protestbewegung begeistert aufgenommen und machte nicht an den Grenzen der Bundesrepublik Halt. Das Buch wurde in fast alle Weltsprachen übersetzt und machte seine Autoren im In- und Ausland bekannt. *W. G.*

Auszug aus der Studie
Auf dem Weg zur vaterlosen Gesellschaft von Alexander Mitscherlich:

Es sind die großen Zahlen der in der arbeitsteiligen Produktion Beschäftigten, die uns durch den Distanzeffekt als »Massen« erscheinen. Der entindividualisierten »Masse« entspricht auf der Herrschaftsseite das ebenso antlitzlose »System«. Wir wachsen aus den Machtverhältnissen der Kindheit, die an Personen gebunden sind, in die unfassbaren hinein, unter denen sich unser konformes Arbeitsleben, die Lebensepoche unserer definitiven Charakterbildung abspielt. Halten wir dieser zweiphasigen Erfahrung die einheitliche der paternistischen Großstrukturen entgegen – in denen dem Vater die Beziehung zum Lehr- oder Arbeitsherrn, zum Landesherrn bis hinauf zum Monarchen folgte –, so können wir die bestehenden System-Herrschaften in aller Prägnanz als den Zustand einer vaterlosen Gesellschaft bezeichnen.

Alexander und Margarete Mitscherlich, *Die Unfähigkeit zu trauern*, Umschlag der Originalausgabe 1967

Die Vergangenheit ist Teil der Wirklichkeit – ganz besonders in Gesellschaften, die in Übergangsprozessen stecken und in denen im Laufe eines Menschenlebens viele und sehr unterschiedliche Dinge passiert sind. In einer Gesellschaft, in der sich wenig bewegt hat, ist die Präsenz der Vergangenheit viel geringer. In einer jedoch, die großen Veränderungen unterworfen war, ist das Verhältnis zwischen Vergangenheit und Gegenwart immer sehr konfliktreich.

Antonio Muñoz Molina, *Der polnische Reiter*, Umschlag der deutschsprachigen Erstausgabe 1995

Molina, Antonio Muñoz

span. Schriftsteller

* 10.1.1956 Úbeda bei Jaén (Andalusien)

📖 *Der polnische Reiter*, 1991

Antonio Muñoz Molina gilt als einer der wichtigsten Vertreter der neuen spanischen Erzählkunst. Zentrales Thema seiner Werke ist Flucht vor dem gesellschaftlichen Leben durch Fiktion. Molina, Sohn eines Gärtners, studierte Kunstgeschichte in Granada und Journalismus in Madrid. Nachdem er einige Jahre als Verwaltungsbeamter arbeitete und für verschiedene Lokalzeitungen journalistisch tätig war, veröffentlichte er bereits 1986 seinen ersten Roman *Beatus Ille* über die Lebensgeschichte eines Dichters zur Zeit des Bürgerkriegs. 1987 wurden ihm für seinen Roman *Der Winter in Lissabon* zwei der wichtigsten spanischen Literaturauszeichnungen, darunter der Spanische Nationalpreis für erzählende Prosa, verliehen. Diesen erhielt er fünf Jahre später für *Der polnische Reiter*, einem Roman über die Erkundung der Kindheit, erneut.

Molina übernimmt häufig die Komposition eines Kriminalromans, dennoch ist sein Werk nur schwer auf ein Genre festzulegen. Vielmehr verbinden sich in seinen Romanen philosophische Reflexionen, historische Studien, volkstümliche Anekdoten aus dem spanischen Süden und einfühlsame Liebesgeschichten. Die meisten seiner Werke sind in der spanischen Gegenwart angesiedelt, oft in seiner andalusischen Heimat, und geben von diesem Standpunkt aus ein literarisches Zeugnis vom Spanischen Bürgerkrieg und der gesellschaftlichen Misere des Franquismus.

Der polnische Reiter

OT El jinete polaco OA 1991 DE 1995
Form Roman Epoche Gegenwart

Der polnische Reiter handelt vom unbändigen Fernweh, das Menschen aus ihrer Heimat vertreibt und zugleich vom Erinnerungsprozess, durch den die Vergangenheit lebendig bleibt. Einzig dieser manchmal schmerzhafte Kampf gegen das Vergessen, so Antonio Muñoz Molina, verhindere die eigene Geschichtslosigkeit.

Inhalt: Der junge Manuel träumt davon, seine Heimatstadt Mágina, einen fiktiven Ort in der andalusischen Provinz, zu verlassen. Jahre später, längst als Simultandolmetscher in New York tätig, beginnt er jedoch, sich an die alte Heimat zu erinnern. So wird der Aufenthalt in der Fremde zu einem Prozess der Erforschung der eigenen Kindheit und Jugend.

In Rückblicken erschließt sich dem Leser schrittweise das Leben des Protagonisten, seiner Eltern und Großeltern. Indem Molina immer wieder in das New York der Gegenwart zurückkehrt, gelingt es ihm, eine Vielzahl unterschiedlicher Blickwinkel und Handlungsstränge zusammenzuhalten. Lange Gespräche, alte Fotos, eine Reise zurück nach Andalusien – aus vielen Mosaiksteinchen rekonstruieren Manuel und seine ebenfalls aus Mágina stammende Partnerin Nadia nach und nach ihre Geschichte und die ihres Heimatortes.

Der Roman ist darüber hinaus auch ein Rückblick in die spanische Geschichte. Molina spannt einen weiten Bogen von 1870 bis in die Jahre des Golfkrieges. Sein ganz besonderes Interesse gilt dem Spanischen Bürgerkrieg und dem Franquismus. Die Eindrücke dieser Epochen kommen in *Der polnische Reiter* auf zweierlei Weise zum Ausdruck: Einerseits entwirft der Autor eine Reihe typisch spanischer Biografien jener Zeit, wie z. B. das Leben des Busfahrers, der in der Großstadt nicht heimisch werden kann, des Kleinbauern, der durch harte Arbeit seine Gesundheit ruiniert und der nach konventionellem Muster erzogenen Frau, die sich nach wie vor als Dienerin des Mannes sieht.

Zum anderen finden sich in den Lebenswegen der Protagonisten Spuren der jüngsten spanischen Vergangenheit. So war Nadias Vater einst der einzige Offizier in Mágina, der sich dem franquistischen Putsch anschloss. Die armselige, bäuerliche Existenz von Manuels Eltern hin-

Die wichtigsten Bücher von Antonio Muñoz Molina

Beatus Ille oder Tod und Leben eines Dichters, 1986	In diesem Politkrimi thematisiert der Autor den von Zerrissenheit und Misstrauen geprägten Zustand der spanischen Gesellschaft während des Franquismus.
Der Winter in Lissabon 1987	In dem Roman über Einsamkeit, Freundschaft und vor allem die Leidenschaft für den Jazz vermischt Muñoz Molina Elemente des Kriminalromans mit einer einfühlsamen Liebesgeschichte.
Deckname Beltenebros 1989	Im Mittelpunkt des erfolgreich verfilmten Romans steht die Abrechnung mit der spanischen Diktatur ebenso wie mit den auch vielfach kriminellen Methoden ihrer Gegner.
Der polnische Reiter 1991	Der Roman über den Kampf gegen das individuelle und kollektive Vergessen ist ein aus zahlreichen Rückblicken zusammengesetztes Mosaik der jüngsten spanischen Geschichte. → S. 776
Der Putsch, der nie stattfand, 1994	Der namenlose Protagonist erzählt von einem nie realisierten *Putsch*versuch und gibt tiefe Einblicke in die Agonie der spanischen Gesellschaft unter der Herrschaft Francos.
Stadt der Kalifen, 1994	Sachkundig und poetisch beschreibt Molina die längst vergangene Welt der Stadt Córdoba zur Zeit ihrer kulturellen Blüte.
Die Augen eines Mörders, 1997	Der Kriminalroman erzählt von einem betagten Polizisten, der aus dem Baskenland in die andalusische Provinz versetzt, letztlich jedoch auch dort von seiner Vergangenheit eingeholt wird.
Sefarad 2001	Molina erzählt die Lebensgeschichten bekannter Persönlichkeiten wie Franz Kafka oder Jean Amery, die im Europa des 20. Jahrhunderts Opfer politischer Verfolgung wurden.

gegen wurde vor allem dadurch geprägt, dass der Großvater 1939 als Gegner der Franquisten in einem Konzentrationslager umkam.

Aufbau: Molina verzichtet in dem Roman auf eine geradlinige chronologische Erzählweise. Durch die Aneinanderreihung einzelner Szenen und unterschiedlicher Perspektiven entsteht ein vielschichtiges Bild der Gedanken- und Gefühlswelt Manuels, aber auch der spanischen Gesellschaft. Die Sprache des Romans ist zugleich dynamisch und poetisch. Kritiker lobten die Fähigkeit des Autors, »musikalische Bewegungen« in Worte zu fassen.

Wirkung: Als *Der polnische Reiter* 1991 erschien, hatte sich der junge Autor bereits einen Namen innerhalb der spanischen Literaturszene gemacht und eine Reihe hochrangiger Preise gewonnen. Mit diesem Roman, mittlerweile in zahlreiche Sprachen übersetzt, gelang ihm jedoch der internationale Durchbruch.　　*A. He.*

Mommsen, Theodor

dt. Althistoriker

* 30.11.1817 Garding bei Schleswig

† 1.11.1903 Charlottenburg

📖 *Römische Geschichte*, 1853–54, 1885

Theodor Mommsen war der erste politisch hoch engagierte deutsche Wissenschaftler und erhielt 1902 für seine Darstellung der *Römischen Geschichte* den Nobelpreis für Literatur.

Mommsen war Pfarrerssohn und studierte nach Privatunterricht und Gymnasiumsbesuch in Kiel. Ein Stipendium der dänischen Regierung ermöglichte ihm 1844–47 einen Italienaufenthalt; 1848 wurde er auf ein juristisches Extraordinariat nach Leipzig berufen, jedoch wegen seiner publizistischen Angriffe auf die sächsische Regierung, die das Parlament aufgelöst hatte, 1851 als Professor der Rechte entlassen. Nach einer Zwischenstation in Zürich erhielt er 1854 eine Professur für Römisches Recht in Breslau. 1858 wurde Mommsen Mitglied der Berliner Akademie, drei Jahre später Professor für Alte Geschichte in Berlin. Mommsen arbeitete am *Thesaurus linguae Latinae* mit und verfasste mehrere Werke zum römischen Recht (*Römisches Staatsrecht,* 3 Bde., 1871–88; *Römisches Strafrecht,* 1899).

1873–79 gehörte Mommsen als Mitglied der Nationalliberalen dem Landtag in Preußen an. 1881–84 war er Mitglied des Reichstags, wo er mehrfach die Politik von Otto von Bismarck (1815–98) angriff.

Biografie: L. Wickert, *Theodor Mommsen. Eine Biographie,* 1959–80; K. Zangemeister, *Theodor Mommsen als Schriftsteller,* 1905.

Römische Geschichte

OA 1852–54 (Bd. 1–3), 1885 (Bd. 4)

Form Wissenschaftliche　**Bereich** Alte Geschichte, Schrift

Das Hauptwerk von Theodor Mommsen, die mit dem Literaturnobelpreis ausgezeichnete *Römische Geschichte,* ist bis heute eines der bekanntesten Geschichtswerke geblieben. In einer bewusst modernisierenden Weise reflektierte das Werk die politischen und sozialen Fragen der eigenen Gegenwart.

Aufbau: Die ersten drei Bände der *Römischen Geschichte,* die zwischen 1852 und 1854 erschienen, finden mit der Entstehung der Caesarischen Monarchie ihren Abschluss. Ein weiterer Band, der das Leben in den Provinzen zur Kaiserzeit behandelt, erschien in deutlichem zeitlichen Abstand – erst 30 Jahre später – und bewegt sich in einem von den ersten Bänden klar unterschiedenen geschichtlichen und geistigen Raum.

Inhalt: Die *Römische Geschichte* beinhaltet als Hauptthemen die ältesten Einwanderungen bis zur Begründung der Republik, den Sturz der etruskischen Macht bis zur Zerstörung Karthagos, die revolutionären Bestrebungen in der römischen Republik, die Begründung der Militär-

Gustav Freytag 1865 über Theodor Mommsen:

In seiner energischen Weise, die Personen zu besprechen, ist, wo er missbilligt, Eifer und sittlicher Unwille zuweilen lebhafter ausgedrückt, als dem behaglichen Leser mit der majestätischen Würde des Geschichtsschreibers verträglich erscheint. Es wäre vergebliche Mühe eines Kritikers, gegen diese Eigenheit durch artige Vorstellung anzukämpfen, denn sie ist innig verbunden mit dem gesamten Schaffen des bedeutenden Mannes, in welchem ein klarer und sicher abwägender Geist von den Schwingungen eines leidenschaftlich bewegten Gemütes durchzuckt wird.

Theodor Mommsen

Der Molekularbiologe Jacques Monod, der 1965 gemeinsam mit François Jacop und André Lwoff mit dem Medizinnobelpreis ausgezeichnet wurde

monarchie und das Weltreich der Caesaren. Dabei geht Mommsen auch auf die römische Kunst und Literatur sowie auf Aspekte der Geografie und Ethnografie, der Ackergesetzgebung und der Verwaltung ein. Die juristische Ausformung der Verfassung stellte für Mommsen einen wesentlichen Aspekt der Geschichte dar, ist doch das Rechtssystem die größte und originalste Schöpfung des römischen Staats. Mommsen postulierte eine streng »philologische Methode«, wobei ein sorgfältiges Studieren des Überlieferten, eine präzise Quellenkunde entsprechende Sprachkenntnisse verlangt. In seinen Ausführungen legte Mommsen großen Wert auf eine lebendige Sprache; er strebte eine Modernisierung des alten Stoffes durch »Hineintragen von Gegenwartsausdrücken« an.

Wirkung: Mommsen erklärte historische Forschung ohne philologische Bildung für unmöglich und übte durch seine Systematisierung sowie die von ihm betriebene Verwissenschaftlichung der antiken Geschichtsforschung maßgeblichen Einfluss auf die Geisteswissenschaften aus. Die immense Wirkung seiner *Römischen Geschichte* zeigt sich auch in dem großen Erfolg, der dem Werk sogleich nach seinem Erscheinen beschieden war, und in den zahlreichen Ausgaben und Übersetzungen in mehrere europäische Sprachen.   *V. R.*

Monod, Jacques

frz. Molekularbiologe

* 9.2.1910 Paris, † 31.5.1976 Cannes

📖 *Zufall und Notwendigkeit*, 1970

Jacques Monod zählt zu den Pionieren der modernen Genetik. In der Forschung galt sein besonderes Interesse der Umsetzung der codier-

ten Erbinformation in physiologisch relevante Substanzen, z. B. Enzyme. Doch nicht nur die Aufklärung molekularbiologischer Vorgänge, sondern auch die daraus erwachsenden Konsequenzen für die menschliche Existenz beschäftigten sein Denken und Schaffen. In seinem Buch *Zufall und Notwendigkeit* legte er eine entsprechende Studie über das Menschenbild und die Wissenschaft in der Neuzeit vor.

Monod begann 1928 mit dem Studium der Naturwissenschaften in Paris. Er arbeitete als wissenschaftlicher Mitarbeiter an der Sorbonne, wo er 1941 promovierte. Sein wissenschaftlicher Werdegang wurde entscheidend durch einen Aufenthalt 1936 am Rockefeller Institute of Technology in Pasadena (Kalifornien) geprägt. Insbesondere die Genetik, die damals in Frankreich so gut wie unbekannt war, dominierte von nun an seine wissenschaftliche Tätigkeit. Während der deutschen Besatzung trat Monod 1940 der Résistance bei. 1945–59 setzte er seine wissenschaftliche Forschungsarbeit als leitender Mitarbeiter am Institut Pasteur fort. Nach der Berufung zum Professor an der naturwissenschaftlichen Fakultät der Sorbonne leitete er bis 1967 den Lehrstuhl für Stoffwechselchemie. Seine letzten beruflichen Stationen führten ihn zum Collège de France in Paris und 1971 zum Direktor zum Institut Pasteur.

1965 wurde Monod für seine grundlegenden Arbeiten zur genetischen Kontrolle der Enzymsynthese mit dem Medizinnobelpreis geehrt; er teilte sich die Auszeichnung mit François Jacop (* 1920) und André Lwoff (1902–94).

Zufall und Notwendigkeit

OT Le hasard et la nécessité **OA** 1970 **DE** 1971
Form Sachbuch **Epoche** Moderne

Mit seinem Buch schuf Jacques Monod ein viel diskutiertes Werk über die Weltbilder der Menschheit und ihren Ursprung. Ideologien und Religionen werden als überflüssig zurückgewiesen und der Zufall als allein gültige Schöpfungsalternative proklamiert.

Voraussetzungen: Monod wurde in seinem Denken nicht nur von der wissenschaftlichen Arbeit, sondern auch von seiner politischen Grundhaltung als Mitglied der französischen kommunistischen Partei geprägt. Es genügte ihm nicht, die Grundlagen der Vererbung zu erforschen; er wollte in seinem Buch auch die daraus resultierenden Konsequenzen für das Selbstverständnis des Menschen darlegen.

Inhalt: Monod argumentiert mit wissenschaftlichen Tatsachen und philosophischen Folgerungen. Aus der Zufälligkeit von Mutationen, die er als Naturwissenschaftler konstatiert, leitet Monod ab,» dass er (der Mensch) in der teilnahmslosen Unermesslichkeit des Universums allein ist, aus dem er zufällig heraustrat«. Daher verbietet sich für Monod jede metaphysische, d.h. auch jede religiöse Deutung der Welt und des Menschen. Er führt aus, dass der Mensch nicht von Gott oder etwas Ähnlichem erschaffen wurde, sondern Produkt eines Zufalls ist. Aus dem Rückblick wirke dieser Zufall nun als Notwendigkeit.

Die Basis der Argumentation von Monod bildet die Wissenschaft, insbesondere die Molekularbiologie. Der umfassende Anspruch und die Radikalität seiner Thesen wirken provokativ und aufrüttelnd. Monod wendet in seinem Buch konsequent das Objektivitätsprinzip der Naturwissenschaften an und kommt zu dem Schluss, dass der Ausnahmecharakter des Menschen nicht gegeben sei. Daraus folgt für ihn das Ende jeder Philosophie und Ideologie.

Wirkung: Das Buch wurde nach seinem Erscheinen heftig und kontrovers diskutiert, insbesondere wegen des strikten Ausschlusses jeglicher Religionen und Ideologien. Monod leistete mit seinen Ausführungen einen wichtigen Beitrag zum geistigen Umbruch in der zweiten Hälfte des 20. Jahrhunderts. Alte Überzeugungen wurden neu überdacht und bewertet. Bis heute prägt das Buch die gesellschaftliche Diskussion und das ethische Selbstverständnis der Menschen.   *M. Sch.*

Montaigne, Michel de

frz. Schriftsteller
*28.2.1533 Schloss Montaigne (Dordogne)
† 13.9.1592 ebd.
📖 *Essays*, 1580/88

Michel de Montaigne gilt neben François → Rabelais als wichtigster Vertreter der französischen Renaissance. Mit seinem vom Humanismus beeinflussten Werk leitete er den neuzeitlichen Skeptizismus ein.

Montaigne war der Sohn eines Kaufmanns und Stadtbeamten. Bereits mit zwei Jahren erhielt er seinen ersten Lateinunterricht. Anschließend ging er auf das Collège de Guyenne in Bordeaux. Nach einem Jurastudium war er zunächst als Conseiller in Périgueux tätig. Es folgte eine 13-jährige Amtszeit als Parlamentsrat in Bordeaux. Längere Reisen ins Ausland führten ihn u.a. nach Deutschland und Italien. 1571 zog Montaigne sich in den Turm des väterlichen Schlosses zurück und begann zu

schreiben. In den Jahren 1580/81 reiste er nach Rom, wo ihm Papst Gregor XIII. (1502–85) Audienz gewährte. 1582 wurde er in Bordeaux zum Bürgermeister gewählt. Dieses Amt übte er bis 1585 aus, um sich daraufhin aus der Öffentlichkeit zurückzuziehen und sich wieder ganz seinen *Essays* zu widmen.

Biografien: H. Friedrich, *Montaigne*, 1949; U. Schultz, *Michel de Montaigne* (rm 50442).

Essays

OT Essais **OA** 1580/88 **DE** 1754
Form Essay **Epoche** Renaissance/Humanismus

Mit seinen *Essays* (Stichwort → S. 779) begründete Michel de Montaigne eine neue Gattung. Das Werk leitete die französische Moralistik ein und wurde zum Wegweiser für die Schriften von u.a. Jean de La Bruyère (1645–96), François de → La Rochefoucauld und Blaise → Pascal.

Entstehung: Bereits 1580 waren die ersten 94 Kapitel in zwei Büchern erschienen. Vollständig war die Sammlung erst bei ihrer fünften Auflage von 1588. Da Montaigne ein unermüdlicher Verbesserer war, nahm er – darin Marcel → Proust ähnlich – bis zu seinem Tod handschriftliche Korrekturen in den Handexemplaren vor. Diese letzte Fassung erschien, herausgegeben von der Adoptivtochter, erst 1595. Insgesamt 22 Jahre arbeitete Montaigne an seiner großen Sammlung.

Inhalt: Montaigne hat seine *Essays* nicht thematisch geordnet; sie stehen vielmehr unverbunden hintereinander. Auch die Argumentation ist oft sprunghaft, da es Montaigne weniger auf Systematik als vielmehr auf eine universale

---

Auszug aus den *Essays* von Michel de Montaigne:

Ich habe hundert Handwerker, Bauern gesehen, die weiser waren als Rektoren der Uni.

Die Pest des Menschen ist die Einbildung, zu wissen.

Die Welt ist nichts als Geschwätz.

Jeder Mensch trägt in sich das ganze Bild der Menschlichkeit.

Natürliche Fröhlichkeit ist eine große Gnade und die einzige Belohnung, die uns niemals mangelt.

Essay

Gattung: Der Begriff Essay stammt vom vulgärlateinischen exigium (wägen) und bedeutet »Probe«. Ein Essay ist ein relativ kurzer, stilistisch anspruchsvoller Aufsatz in Prosa, worin ein Autor seine reflektierten Erfahrungen zu einem künstlerischen, kulturgeschichtlichen oder wissenschaftlichen Thema mitteilt. Der Aufbau eines Essays unterliegt keiner festen Norm. Es werden, wie bei Montaigne, oft sprunghaft-assoziativ aneinander gereihte Gedanken, Beobachtungen oder Erkenntnisse kritisch hinterfragt. Die Allgemeinverständlichkeit von Essays ist eines ihrer wichtigsten Ziele. Grundsätzlich enthält ein Essay keine definitiven Ergebnisse; er kann Anregungen geben, Wissen vermitteln und Zweifel ausdrücken, nicht aber mit objektiven Nachweisen aufwarten.

Verbreitung: Montaigne war der Erste, der den Begriff Essay prägte, und sich darin an einigen römischen Vorbildern wie → Plutarch, Seneca (um 55 v.Chr.–um 40 n.Chr.) und Gellius (um 130–nach 170) orientierte.

Ihm folgte in England Francis Bacon (1561–1626) mit seinen religiösen Essays. Zunehmend wurde die Form des Essays beliebt, um das Moment des Fragmentarischen hervorzuheben. René → Descartes, David Hume (1711–76), John → Locke, Gottfried Wilhelm → Leibniz und Blaise → Pascal leisteten im 18. Jahrhundert ihre Beiträge zu dieser Gattung. In Deutschland wurde anfangs noch häufig der Begriff »Versuch« gewählt; erst im 19. Jahrhundert setzte sich der Begriff »Essay« durch. In England und Frankreich versuchte man Anfang des letzten Jahrhunderts die Gattung weiter zu intensivieren – hier seien T. S. → Eliot, Aldous → Huxley und Oscar → Wilde sowie Anatole → France, André → Gide und Paul Valéry (1871–1945) genannt. Seit Thomas → Mann, Robert → Musil und Hermann → Broch finden sich essayistische Elemente zunehmend auch in Romanen – Merkmal einer Wirklichkeitsbewältigung zu einem Zeitpunkt, da sich eine zunehmende Spezialisierung abzeichnet.

Michel de Montaigne; Kupferstich nach einem Gemälde von Étienne Dumonstier (um 1540?–1603)

Auszug aus den *Essays* von Michel de Montaigne:

Was man uns auch predigt, was wir auch lernen, wir dürfen nie vergessen, dass es der Mensch ist, der gibt und der Mensch, der empfängt; es ist eine sterbliche Hand, die es uns überreicht, und eine sterbliche Hand, die es annimmt.

Wirkung: Mit seiner direkten, unverblümten Schreibweise machte sich Montaigne gerade am Anfang nicht nur Freunde. Vor allem von Seiten der Kirche wehte den *Essays* ein mitunter eisiger Wind entgegen. Pascal monierte die eitle Selbstgefälligkeit und witterte sogar eine antichristliche Einstellung. Es waren vor allem die Moralisten, die das große Ideen-Kompendium zunehmend bewunderten. Nach einer kurzen Zeit schwindender Popularität wurden die *Essays* um 1724 wiederentdeckt. Dann nämlich traten mit →Voltaire und Jean-Jacques →Rousseau zwei namhafte Befürworter auf den Plan, die den Rang dieser Schriften nachdrücklich artikulierten. Noch im 20. Jahrhundert behauptete das Werk seinen Einfluss auf zahlreiche Essayisten. *C. V.*

Montesquieu, Charles de

(eigtl. Charles de Secondat)
frz. Schriftsteller und Staatsphilosoph
* 18.1.1689 Schloss La Brède bei Bordeaux
† 10.2.1755 Paris
📖 *Vom Geist der Gesetze*, 1748

Charles de Montesquieu eröffnete mit seinem Gesamtwerk in der Zeit des Absolutismus entscheidende Ausblicke für eine Neugestaltung der politischen Verhältnisse in Frankreich und entwickelte sich zum Wegbereiter des modernen Staatsdenkens.

Nach humanistischen und juristischen Studien wurde Montesquieu 1714 zunächst Parlamentsrat, zwei Jahre später Senatspräsident in Bordeaux. 1721 veröffentlichte er die *Persischen Briefe*, eine sarkastische, halb romanhafte Darstellung französischer und europäischer Verhältnisse. Montesquieu sah sich allerdings gezwungen, dieses Werk anonym zu publizieren, weil es teilweise scharfe Kritik an der französischen Monarchie enthielt. 1726 legte Montesquieu sein politisches Mandat nieder und trat eine längere Reise durch Deutschland, Ungarn, Italien, die Schweiz, die Niederlande und England an. Dahinter verbarg sich die Absicht, die Gesetze und Verfassungen anderer Kulturstaaten in Europa zu studieren. Der weltoffene Franzose brachte reiche Erfahrungen mit, die er zunächst in seinem historisch-politischen Werk *Betrachtungen über die Ursachen der Größe und des Verfalls der Römer* (1734) verwertete. Danach beanspruchte sein Hauptwerk *Vom Geist der Gesetze* den Großteil seiner übrigen Lebenszeit.

Biografie: H. Stubbe-da Luz, *Montesquieu* (rm 50 609).

Schau seiner Sicht auf die Welt und ihre Zusammenhänge ankommt. Montaigne schildert einen ganzen Kosmos von sittlichen Betrachtungen. Für die Beantwortung seiner oft moralischen Fragen kann er sich auf seine hervorragenden Kenntnisse literarischer und philosophischer Schriften stützen. Gleichzeitig finden sich zahlreiche Alltagsbeobachtungen und Skurrilitäten, die stets in übergeordnete Zusammenhänge seiner dem Skeptizismus nahe stehenden Weltanschauung eingebunden werden. Die Überschriften seiner Essays spiegeln bereits inhaltliche Programmpunkte: *Von der Eitelkeit*, *Über das Gewissen* oder *Von der Eitelkeit der Worte*. Nichts bleibt von seinen Beobachtungen ausgeschlossen; die Trunksucht wird ebenso erörtert wie die Möglichkeiten der Kindererziehung.

Für Montaigne steht der ganze Mensch im Vordergrund. Erst durch die Betrachtung seines Inneren und die dafür nötige Aufnahmebereitschaft kann er sich von allen äußeren Widrigkeiten erholen und zu sich selbst finden. Gerade indem Montaigne auf moralische Belehrungen verzichtet und an ihre Stelle seine persönlichen Erfahrungen setzt, gewinnen seine Aussagen Überzeugungskraft und eine gleich bleibende Aktualität. Indem er etwa seinen unzureichenden Stil, seine fehlende Anmut der Darstellung beklagt, weist er auf die grundsätzliche Relativität von Aussagen hin. Zu seinem selbst gewählten und oft zitierten Wahlspruch wurde daher die Frage: »Was weiß ich?«

Montesquieu über die Gerechtigkeit:

Eine Sache ist nicht gerecht, weil sie Gesetz ist, sondern soll Gesetz sein, weil sie gerecht ist.

Vom Geist der Gesetze

OT De l'esprit des loix **OA** 1748 **DE** 1753
Form Wissenschaftliche Schrift **Bereich** Philosophie

Vom Geist der Gesetze von Charles de Montesquieu gehört zu den wenigen Werken des 18. Jahrhunderts, die das Verfassungsdenken bis in die Gegenwart hinein prägten und die Staatswissenschaften in den Rang einer umfassenden Kulturphilosophie hoben.

Entstehung: Mehr als 20 Jahre arbeitete Montesquieu an dem Werk. Ursprünglich plante er lediglich eine kleine Untersuchung über die Legislation. Als er mit der Ausarbeitung begann, merkte er, dass dies nicht möglich war ohne eine gründliche Analyse der Prinzipien verschiedener Staatsformen. Er studierte sie in den Ländern, die er auf seiner Reise 1726 besuchte. Die umfangreichen Kenntnisse, die er dabei sammelte, veranlassten ihn, das Konzept seiner Schrift immer wieder zu verändern. Als Montesquieu 1748 beschloss, das Werk zu veröffentlichen, geschah dies unter Zwang: Sein Augenlicht wurde ständig schwächer. Daher wird *Vom Geist der Gesetze* gelegentlich auch als ein unvollendetes Werk bezeichnet. Der Autor sah sich nicht mehr in der Lage, verschiedene Bezüge zwischen den einzelnen Kapiteln herzustellen, so dass der Aufbau des Werks vielen Kritikern nicht systematisch erschien.

Inhalt: Montesquieu geht in seinem Werk von der antiken Lehre der drei Staatsformen aus: Demokratie, Monarchie und Despotie. Jede dieser Formen untersucht er in ihrer Abhängigkeit von natürlichen, insbesondere geografischen Bedingungen. Er bejaht die Verschiedenheit der Staatsformen, weil er sie auf ein wechselndes Naturverhältnis der gesetzlichen Institutionen zu den lokalen und sozialen Bindungen zurückführt. Darüber hinaus entwickelt er eine Fülle staatsphilosophischer Gedanken über diese Einrichtungen, die Geschichte der Politik und des Rechts. Dabei stellt er zum ersten Mal die Trennung der drei Gewalten (Stichwort → S. 781) im idealen Staat heraus: die Gesetzgebung, die vollziehende Gewalt und die Rechtsprechung. Damit verlieh der Autor seinem Wunsch Ausdruck, den Absolutismus in Frankreich als Regierungsform zu überwinden.

Wirkung: *Vom Geist der Gesetze* war schon kurz nach der Veröffentlichung ein großer Erfolg. Innerhalb von wenigen Jahren erreichte das Werk 22 Auflagen, was für ein Buch mit einem solch nüchternen Stoff ungewöhnlich war. Montesquieus Theorie von der Trennung der Gewalten wurde in Frankreich rasch zu einer populären Idee. Denn sie eröffnete in einer Zeit, in der sich am Versailler Hof der Staat im König manifestierte, entscheidende Ausblicke für eine

Gewaltenteilung

Das von Montesquieu entwickelte Prinzip der Gewaltentrennung wurde im Laufe der Jahrhunderte in der Verfassungswirklichkeit demokratischer Rechtsstaaten zur Gewaltenteilung modifiziert.
Formen: In Staaten, in denen die Gewaltenteilung realisiert ist, gibt es meistens eine Rangordnung der drei Gewalten (Gesetzgebung, Vollziehung, Rechtsprechung). In konstitutionellen Staaten dominiert in der Regel die Exekutive (sog. Verwaltungsstaaten), in demokratischen Staaten die Legislative (sog. Gesetzesstaaten), in anderen Staaten wiederum die richterliche Gewalt (sog. Justizstaaten). Ein System der Gewaltenteilung im Sinn des parlamentarisch-demokratischen Rechtsstaats ist nur dann gegeben, wenn die gesetzgebende Gewalt bei einer aus freien Wahlen hervorgegangenen Volksvertretung liegt, wenn die Verwaltung einer gegenüber dem Parlament selbstständigen Exekutivgewalt obliegt und wenn die Rechtsprechung von unabhängigen Richtern ausgeübt wird.
Balance of powers: Leitender Gedanke bei der Entwicklung des Prinzips der Gewaltenteilung war die Gewaltenteilhabe und -kontrolle (balance of powers). Danach darf eine staatliche Funktion nicht nur in einer Hand liegen. Das Verfassungssystem muss derart ausgestaltet sein, dass beispielsweise die Regierung an der Gesetzgebung durch das Initiativ- oder Vetorecht mitwirken kann. Die Verwaltung sollte wiederum durch das Parlament kontrolliert werden, während die Richterwahl z. B. durch das gesetzgebende Organ für eine Kontrolle der Jurisdiktion sorgt.

Neugestaltung der politischen Verhältnisse. Außerdem übte Montesquieu mit seinem Werk einen kaum zu überschätzenden Einfluss auf die Verfassung der USA aus. Seine Theorie von der Gewaltenteilung ist in unterschiedlichsten Formen mittlerweile in alle Verfassungen demokratisch regierter Staaten eingegangen.

Die große Wirkung von *Vom Geist der Gesetze* lässt sich aber auch daran ermessen, dass selbst in der Gegenwart Verfassungsfragen häufig mit Begriffen geführt werden, die Montesquieu in seinem Werk geprägt hat. *N. H.*

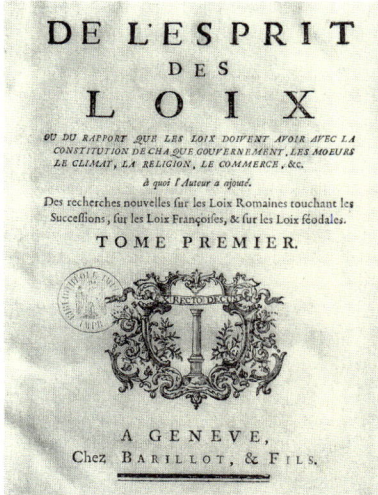

Charles de Montesquieu, *Vom Geist der Gesetze*, Titelblatt von Band 1 der Originalausgabe 1748

Montessori, Maria

italien. Ärztin und Pädagogin

* 31.8.1870 Chiaravalle (Provinz Ancona)

† 6.5.1952 Nordwijk, Niederlande

📖 *Die Entdeckung des Kindes*, 1909

Maria Montessori begründete und förderte eine weltweite reformpädagogische Bewegung, die sie schließlich mit dem Engagement in der Friedensbewegung verband.

Die Tochter einer bürgerlichen Familie begann eine akademische Ausbildung mit dem Studium der Mathematik und Naturwissenschaft. 1892 wurde sie zum Medizinstudium zugelassen und promovierte 1896 als erste Italienerin zur Dr. med. Die psychiatrische Behandlung von Kindern überzeugte sie, dass geistige Behinderung überwiegend pädago-

Maria Montessori umringt von Kindern bei ihrer Ankunft in Berlin um 1930

Maria Montessori, *Die Entdeckung des Kindes*, Einband der deutschsprachigen Taschenbuchausgabe 2001

Auszug aus *Die Entdeckung des Kindes* **von Maria Montessori:**

In diesem zarten Alter zeigt sich das Menschenwesen in all seinem geistigen Glanz, wie die Sonne in der Morgendämmerung und die Blumen bei der Entfaltung ihrer ersten Blätter, und wir müssen mit einer wahrhaft religiösen Verehrung auf diese ersten Anzeichen der Individualität achten.

gisch bedingt sei. Nach einem Studium der Anthropologie und Psychologie erhielt sie 1904 einen Lehrstuhl an der Universität Rom und eröffnete 1907 im Elendsviertel San Lorenzo das Kinderhaus Casa dei Bambini. Hier verwirklichte sie ihre reformpädagogische Praxis einer spielerischen Schulung der Sinneswahrnehmung als Anreiz der Intelligenz und Anleitung zu selbstbewusstem Handeln. Sie legte damit den Grundstein für die Montessori-Kindergärten, -Vorschulen und -Schulen. Von 1916 bis zum Beginn des Spanischen Bürgerkriegs 1936 lebte Montessori in Barcelona, danach in Amsterdam. Vortragsreisen führten sie durch Europa, die USA und Südamerika. Zu ihren Werken gehören *Kinder sind anders* (1938), *Von der Kindheit zur Jugend* (1948) und *Die Bildung des Menschen* (1949).

Biografie: W. Böhm, Maria Montessori. Hintergrund und Prinzipien ihres pädagogischen Denkens, 1969; H. Heiland, *Maria Montessori* (rm 50 419)

Die Entdeckung des Kindes

OT Il metodo della pedagogia scientifica
OA 1909   **DE** 1969   **Form** Sachbuch   **Bereich** Pädagogik

Das Buch von Maria Montessori enthält die wissenschaftlichen Grundlagen der Montessori-Bewegung sowie Erfahrungsberichte aus der Praxis dieser Reformpädagogik.

Inhalt: In einer *Geschichte der Methoden* würdigt Montessori die »Pädagogik des Herzens« des Schweizers Johann Heinrich Pestalozzi (1746–1827), die allerdings der Ergänzung durch eine »physiologische Psychologie« bedürfe. Von dem französischen Arzt Edouard Séguin (1812–80) übernahm Montessori sowohl die Förderung von Motorik und Sensorik zur Schu-

lung intellektueller Fähigkeiten als auch die Verwendung von sensitiv reizvollem Übungsmaterial. Revolutionär waren die Übertragung von Methoden aus der Betreuung geistig behinderter Kinder auf »normale« Kinder, ein auf Selbsttätigkeit der Kinder gegründeter Unterricht und die ganztägige schulische Betreuung. An Lehrer wie an Eltern richten sich Anweisungen zu kindgemäßer Ernährung und Kleidung, deren Bequemlichkeit einen Beitrag zur »Befreiung von den Fesseln der Zivilisation« bilde.

Wirkung: Aufsehen erregte der Bericht über die Erfolge von grundlegenden Reformen des Schulbetriebs in den Montessori-Kinderhäusern. Hierzu gehörte das inzwischen längst allgemein eingeführte Lesenlernen ganzer Wörter statt einzelner Buchstaben. Das spielerische Verfahren mit Hilfe der Montessori-Materialien und der hohe Anteil individueller Lernphasen, die Montessori bereits 1909 propagierte, blieben dagegen Merkmale der – allerdings weltweit entstandenen – Montessori-Schulen. *C. W.*

de Moor, Margriet

niederländ. Schriftstellerin

*21.11.1941 Nordwijk (Niederlande)

📖 *Der Virtuose*, 1993

Mit ihrem ersten, 1991 veröffentlichten Roman *Erst grau dann weiß dann blau* schrieb sich die Niederländerin Margriet de Moor auf Anhieb in die Herzen der Leser und die Gunst der Kritiker. Die seither veröffentlichten Bücher bestätigen eindrucksvoll die hohe Erzählkunst der Autorin, die binnen weniger Jahre zu einer festen Größe im Kreis der Gegenwartsautoren avancierte.

Als eins von zehn Kindern eines Lehrerehepaars geboren, studierte de Moor Gesang und Klavier in Den Haag. Die zunächst eingeschlagene Karriere als Sängerin brach sie aus Angst vor den Auftritten ab. Sie nahm ein Studium der Archäologie und Kunstgeschichte auf und drehte schließlich Video-Porträts von bildenden Künstlern. Erst Ende der 1980er Jahre begann de Moor zu schreiben und debütierte 1988 mit dem Erzählungsband *Rückenansicht.* Ihre Bücher wurden in den Niederlanden mit bedeutenden literarischen Preisen ausgezeichnet. Die Autorin lebt in Bussum bei Hilversum.

Der Virtuose

OT De virtuoos **OA** 1993 **DE** 1994
Form Roman **Epoche** Moderne

In ihrem historischen Roman *Der Virtuose* erzählt Margriet de Moor in beeindruckender, zuweilen barock anmutender Sprache die Geschichte einer jungen italienischen Aristokratin, die in ihrer Liebe zu einem gefeierten Sänger die Symbiose von Musik und Liebe als Zustand rauschhaften Glücks erfährt.

Inhalt: Schauplatz des Romans ist das Neapel der ersten Hälfte des 18. Jahrhunderts, als der barocke Belcanto die Menschen faszinierte. Die ganze Stadt liegt dem jungen Sänger Gasparo Conti zu Füßen. Seine hinreißende, betörende Stimme verdankt er einem medizinischen Eingriff: Er ist Kastrat. Mit seinem Gesang und seinem androgynen Wesen übt er vor allem auf Frauen eine besondere Anziehungskraft aus.

Die Ich-Erzählerin Contessa Carlotta, eine junge, verheiratete Aristokratin und Mutter zweier Töchter, reist für eine Saison nach Neapel, um in die Welt der Musik einzutauchen. Sie hat mit ihrem Mann verabredet, den Winter in der Stadt der Oper zu verbringen, um im Frühling zurückzukehren, schwanger zu werden und den erwünschten Sohn zur Welt zu bringen. Bereits bei ihrem ersten Besuch in der Oper ziehen der Gesang und das Wesen des virtuosen Sängers Conti sie in ihren Bann. Sie erkennt in ihm jenen Jungen wieder, der in ihrem Heimatdorf aufwuchs und in dessen wunderschöne Stimme sie sich schon als Zehnjährige verliebte. Eines Tages war der Junge verschwunden, man munkelte im Dorf von Krankheit und Operation, die Zusammenhänge waren Carlotta jedoch verborgen geblieben. Nun verliebt sie sich in Conti, ja verfällt ihm und wird beherrscht von dem Drang, den Virtuosen zu verführen. Carlotta gewinnt die Zuneigung des Sängers und wird seine Begleiterin. Er erzählt ihr von den Stationen seiner Karriere und weist sie in die Geheimnisse seiner Gesangskunst ein. Sie verleben eine rauschhafte Zeit gemeinsam; Musik, Liebe und Erotik durchdringen sich und versetzen die Contessa in einen überirdischen Zustand. Die leidenschaftliche Liebe hält eine Saison lang, dann wendet sich der Virtuose von Carlotta ab, schenkt seine Gunst einem begabten Schüler, der Abbild seiner selbst ist und dem er schließlich überstürzt nach Rom nachreist. Zwar begleitet Carlotta ihn, doch sie weiß, die Zeit vollkommener Harmonie von Kunst und Leben neigt sich dem Ende zu, ein solches Glück ist nicht zu halten. Sie reist zurück aufs Land zu ihrem Mann und bringt im darauf folgenden Jahr einen Sohn zur Welt. Verstört und fahrig schickt sie sich in ihr Leben und nährt sich von dem Wissen, dass in Gasparos Gesang stets etwas von ihrer Liebe mitklingen wird.

Struktur: Der Roman ist dem Sujet entsprechend komponiert. Vor- und Rückblenden, Perspektivverschiebungen und Stilwechsel geben ihm seinen Rhythmus; die Sprache ist formvollendet sowie durch und durch musikalisch. Sie ist zu hören als ein Triumph des Barock, als ein letztes Aufblühen verschwenderischen ›italienischen‹ Stils, bevor die im Roman thematisierte Epochenwende zum einfachen ›französischen‹ Stil der Aufklärung einsetzt und dominiert.

Die Ich-Erzählerin Carlotta schildert das Geschehen im Ton eines tagebuchartigen Berichts, der nur in der Mitte von einem *Intermezzo* betitelten Kapitel unterbrochen wird. Darin wird aus der Perspektive der Amme Carlottas Ergänzendes zur Geschichte der Familie mitgeteilt und über das Ende des Buchs hinausgegriffen.

Wirkung: In den Niederlanden war *Der Virtuose* in seinem Erscheinungsjahr das erfolgreichste belletristische Buch. Auch in Deutschland wurde es ein großer Publikumserfolg und von renommierten Kritikern enthusiastisch aufgenommen.　　　　　　　*R. F.*

Auszug aus dem Roman *Der Virtuose* (1993) von Margriet de Moor:

Er hatte Scarlatti gespielt, er hatte van Wassenaer gespielt, er hatte einen Augenblick die Hände in den Nacken gelegt, zur Decke hinaufgeschaut und dann ein so eigentümliches, drängendes Stabat Mater für mich gesungen, dass meine Seele entflammte wie eine ausgetrocknete Grasfläche, ich fing an zu schweben. Du bist ein Dämon, ein Engel, das ist Zauberei. Du weißt doch wohl, denke ich, dass du nicht ganz von dieser Welt bist...?

Margriet de Moor, *Der Virtuose*, Umschlag der deutschsprachigen Ausgabe der Büchergilde Gutenberg 1995

Die wichtigsten Bücher von Margriet de Moor	
Erst grau dann weiß dann blau, 1991	Der Roman über eine Frau, die Mann und Zuhause in holländischem Kleinstadtmilieu verlässt, um sich auf die Suche nach ihrem Leben und ihrer Identität zu machen, und zurückkehrt, als sei nichts geschehen.
Der Virtuose 1993	Ein Roman um die Suche nach dem vollkommenen Glück, das eine Italienerin in der Liebe zu einem Sänger zu finden glaubt. → S. 783
Der Herzog von Ägypten 1996	In der Liebesgeschichte und ungewöhnlichen Ehe einer Bäuerin und eines Zigeuners spiegelt sich die Geschichte der Ausgestoßenen und Geächteten zu Kriegs- und Nachkriegszeiten.
Die Verabredung, 1999	Eine ungewöhnliche Dreiecksgeschichte, in der eine verkehrsreiche, unfallträchtige Straße die Hauptrolle spielt.

Morante, Elsa

italien. Schriftstellerin

* 18.8.1912 Rom, † 25.11.1985 ebd.

📖 *La Storia*, 1974

In dem mehrfach preisgekrönten Werk von Elsa Morante verbinden sich Realität und Fantasiewelt auf ungewöhnliche Weise. Die zumeist kindlichen Helden entziehen sich der als unabänderlich empfundenen trostlosen Wirklichkeit durch eine Flucht in die Illusion.

Morante wuchs in einer Lehrerfamilie in Rom auf. Bereits als junges Mädchen begann sie zu schreiben. Nachdem sie zunächst als Journalistin gearbeitet hatte, erschien 1941 ihre erste Geschichtensammlung *Das heimliche Spiel*. Im selben Jahr heiratete sie ihren Schriftstellerkollegen Alberto → Moravia (Scheidung 1961). Ihr erster Roman *Lüge und Zauberei* (1948) behandelt bereits das zentrale Thema ihres Werks, die Weltflucht Heranwachsender, und wurde mit dem renommierten Literaturpreis Premio Viareggio ausgezeichnet. Die pessimistische Geschichtsauffassung der Autorin bestimmt die folgenden Romane *Arturos Insel* (1957) und *La Storia*. Die publikumsscheue und zurückgezogen lebende Autorin schrieb auch Kinderbücher und experimentelle Gedichte (*Die Welt gerettet von kleinen Kindern und andere Gedichte*, 1968), die ebenfalls von ihrer fatalistischen Geschichts- und Gesellschaftskonzeption geprägt sind. Morante starb zwei Jahre nach einem Selbstmordversuch.

Literatur: C. Beck, *Das Bild der Frau in den Romanen L'Isola di Arturo, La Storia Aracoeli von Elsa Morante*, 1987.

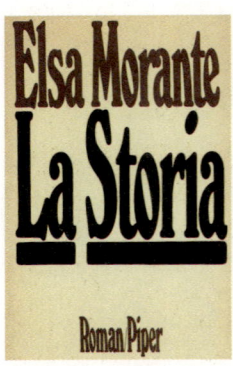

Elsa Morante, *La Storia*, Umschlag der deutschsprachigen Erstausgabe 1976

La Storia

OT La Storia **OA** 1974 **DE** 1976
Form Roman **Epoche** Moderne

Die Chronik und Familiensaga *La Storia* von Elsa Morante entfaltet ein märchenhaftes, psychologisch überhöhtes Panorama der Stadt Rom und ihrer Menschen während des Zweiten Weltkriegs. Die Familie wird zum exemplarischen Mikrokosmos in einer Zeit, in der Geschichte zum Trauma wird.

Inhalt: Die verwitwete Volksschullehrerin Ida Ramundo, eine Halbjüdin, versucht mit ihren zwei Söhnen inmitten von Bombenangriffen, Evakuierungen, Judendeportationen und faschistischer Diktatur zu überleben. Nino, der ältere Sohn, arrangiert sich mit den Umständen und entwickelt sich vom halbwüchsigen Rowdy zum Partisanen und schließlich zum Schwarzmarktgauner. Bei einer Waffenschieberaktion kommt er ums Leben. Sein Bruder Giuseppe, dessen Vater ein deutscher Soldat ist, der Ida vergewaltigt hat, findet keinen Halt in der Wirklichkeit. Der frühreife und mit großer Erkenntniskraft begabte Junge lebt in seiner eigenen Fantasiewelt. Als er im Alter von sechs Jahren unheilbar an Fallsucht erkrankt und stirbt, wird Ida wahnsinnig. Neun Jahre später stirbt sie im Irrenhaus.

Aufbau: Die Handlung des Romans spielt in den Jahren 1941–47. Der Titel ist doppeldeutig: »Storia« bezeichnet zum einen ein historisches Ereignis, zum anderen eine erfundene Geschichte. Entsprechend ist jedem der Kapitel – die jeweils ein Jahr umfassen – eine Chronologie historischer Ereignisse und weltpolitischer Fakten vorangestellt.

Wirkung: Der Roman über das Scheitern des Menschen an der Macht der Geschichte wurde schon kurz nach Erscheinen ein Welterfolg und gehört zu den größten italienischen Bestsellern der letzten Jahrzehnte.　　　　*D.M.*

Moravia, Alberto

(eigtl. Alberto Pincherle) italien. Schriftsteller

* 28.11.1907 Rom, † 26.9.1990 ebd.

📖 *La Noia*, 1960

Alberto Moravia ist einer der bekanntesten und erfolgreichsten italienischen Schriftsteller des 20. Jahrhunderts. Mit über 50 Werken – Romanen, Novellen, Erzählungen, Essays, Dramen und Reiseberichten – war er auch einer der produktivsten Autoren. Seine stilistische Entwicklung reicht vom Surrealismus über den Naturalismus bis zum Existenzialismus. Sein besonderes Merkmal ist die psychologische Durchdringung des Stoffs, vor allem der Beziehung der Geschlechter.

Moravia stammte aus einer wohlhabenden Familie. Mit acht Jahren erkrankte er an Knochentuberkulose, an der er zehn Jahre lang litt. Mit 22 Jahren veröffentlichte er den Roman *Die Gleichgültigen* (1929), der bereits die Themen Sexualität, Geldgier und Zerfall der bürgerli-

Die wichtigsten Bücher von Elsa Morante	
Lüge und Zauberei 1948	Aus der Erinnerung eines jungen Mädchens, das vor der Realität in eine Traumwelt flüchtet, schildert Morante eindringlich den nicht mehr aufzuhaltenen Untergang einer Familie aus Süditalien.
Arturos Insel, 1957	Der 14-jährige Arturo beschreibt in seinen Kindheitserinnerungen die Liebe zu seinem Vater und zu seiner nur zwei Jahre älteren Stiefmutter.
La Storia 1974	Ida kämpft in den Wirren des Zweiten Weltkriegs ums Überleben. Als beide Söhne sterben, verfällt sie dem Wahnsinn. → S. 784
Aracoeli oder Die Reise 1984	Manuel schildert zurückblickend das Leben seiner Mutter: Als junge Frau verließ Aracoeli das Land und folgte ihrer großen Liebe nach Rom. Nach dem Tod ihrer Schwester sagte sie sich von allen gesellschaftlichen Bindungen los und endete schließlich in einem Bordell.

chen Gesellschaft behandelte, die auch in späteren Werken vorherrschten. Die faschistische Regierung, mit der Moravia sich auseinander setzte, verbot eine Rezension des Werks. 1941 erteilte sie ihm Schreibverbot und setzte ihn 1943 auf eine Liste zu verhaftender Personen. 1960 erschien mit *La Noia* der bekannteste Roman von Moravia. Zu den wichtigsten Dramen gehören *Beatrice Cenci* (1958) und *Das Leben ist ein Spiel* (1969). Zahlreiche seiner Romane wurden verfilmt. Moravia war mit der italienischen Schriftstellerin Elsa → Morante verheiratet.

Biografie: A. Elkann / A. Moravia, *Vita di Moravia. Ein Leben im Gespräch,* 1990.

La Noia

OT La Noia **OA** 1960 **DE** 1961
Form Roman **Epoche** Moderne

Lebensüberdruss und Langeweile sind die Grundthemen dieses Romans, für den Alberto Moravia 1961 den angesehenen italienischen Viareggio-Preis erhielt. Zugleich handelt er von der Unfähigkeit des Menschen, sich einem anderen völlig zu öffnen, und reflektiert kritisch die hohle Welt des begüterten Bürgertums.

Entstehung: Wie Moravia selbst berichtete, entstand das Werk in einer Krise. Der Dichter blieb zwar der Bewegung der politischen Linken treu, der er sich voller Hoffnung nach dem Krieg angeschlossen hatte, war jedoch ernüchtert. Schwerer wog für ihn als Ursache der Krise der »Zusammenbruch des Mythos vom Volk«, dem er in der Nachkriegszeit einige seiner Werke wie *Das Mädchen vom Tiber* (1954) oder *Cesira* (1957) gewidmet hatte. Wie für andere Schriftsteller dieser Zeit hatte »das Volk« für Moravia zunächst eine positive, moralisch feste Kraft verkörpert. Die Krise des Schriftstellers wurde noch verschärft, weil in diesen Jahren seine Ehe mit Elsa Morante, mit der er 25 Jahre zusammengelebt hatte, zerbrach.

Inhalt: Der 35-jährige Maler Dino braucht als Sohn einer reichen Mutter nicht für seinen Lebensunterhalt aufzukommen. Schließlich gibt er aus einem Gefühl der Sinnlosigkeit auch das Malen auf, behält jedoch sein Atelier bei, um sich von seiner Mutter und deren gesellschaftlichem Leben zu distanzieren. Er lernt die 17-jährige Cecilia kennen, die Geliebte und Modell eines älteren Malers war, bis dieser beim Geschlechtsakt mit ihr starb. Nun wird Cecilia Dinos Geliebte. Dieses in den Tag hineinlebende Geschöpf, das nach den Worten seiner Mutter »an niemandem hängt«, erschüttert Dinos Leben. Während er sich von ihr zunächst ebenfalls gelangweilt fühlt, rüttelt ihn ihre Gleichgültigkeit schließlich auf. Er verfällt ihr, vor

allem als sie beginnt, ihn mit einem Schauspieler zu betrügen. Vergeblich versucht er sie »zu besitzen«. Weder durch Geld noch durch einen Heiratsantrag kann er die Liebe oder zumindest das Interesse des triebhaften Mädchens gewinnen. Während der Rekonvaleszenz nach einem Selbstmordversuch, der ihm als einziger Ausweg erschienen war, legt er sich Rechenschaft ab über seine Situation. Mit dem Verzicht auf das Mädchen scheint ihm ein neues Leben möglich. Auch denkt er darüber nach, die Malerei wieder aufzunehmen.

Wirkung: Schon 1952 hatte die Kurie das Gesamtwerk von Moravia wegen des in ihm dargestellten Lebensgefühls und der freimütigen Schilderung der Sexualität auf den Index gesetzt. Auch nach dem Erscheinen von *La Noia* musste Moravia sich mit dem Vorwurf der »Pornografie« auseinander setzen. Er verteidigte sich mit der Feststellung, das Sexuelle sei Bestandteil des Lebens, den man nicht leugnen könne. Der Roman erlangte gerade durch die Angriffe, die gegen ihn geführt wurden, größte Beachtung und hohe Auflagenzahlen. *N. B.*

Alberto Moravia, *La Noia,* Umschlag der deutschsprachigen Erstausgabe 1961

Die wichtigsten Bücher von Alberto Moravia	
Die Gleich-gültigen 1929	Mariagrazia lebt allein mit ihren beiden Kindern, die durchschauen, wie die Mutter Wohlstand und Wohlanständigkeit vortäuscht. Sie selbst können dieses Leben jedoch nicht ändern.
Die Maskerade 1941	Der Roman spielt in der Diktatur eines imaginären Landes in Lateinamerika. Der Autor setzt sich hier mit dem Faschismus auseinander und den Menschen, die ihn möglich machen.
Agostino 1944	Ein Junge verbringt seine Ferien mit seiner alleinstehenden Mutter am Meer und entdeckt zwei bedeutende Dinge des Lebens: die Sexualität und Klassenunterschiede.
Die Römerin 1947	Mit der Römerin porträtiert Moravia eine Prostituierte, die er einmal getroffen hatte und deren Stolz und Selbstverständnis ihn tief berührt hatten.
Die Verach-tung, 1954	Ein Mann, der sich von seiner Frau ungerecht behandelt fühlt, denkt an ihren Tod; völlig überraschend für ihn stirbt sie bei einem Unfall.
Cesira 1957	Cesira, eine Kleinhändlerin, flüchtet 1943 mit ihrer Tochter vor den Kriegswirren in die Berge. Sie erlebt Entbehrungen, Habgier, Feigheit und Grausamkeit. Ihre Illusionen werden in dieser Ausnahmesituation zerstört.
La Noia 1960	Lebensüberdruss und Langeweile bestimmen das Leben des Malers Dino, bis er sich in die junge Cecilia verliebt. → S. 785
Desideria 1978	Nachdem Desideria von ihrer ausschweifend lebenden Mutter erfahren hat, dass sie adoptiert und das Kind einer Prostituierten ist, beginnt sie gegen die bürgerliche Scheinwelt zu rebellieren.
Der Zu-schauer 1985	Der Ich-Erzähler Dodo lebt mit seiner Frau bei seinem Vater. Als sie ihn verlässt, ist er ebenso wenig in der Lage zu handeln wie bei ihrer Rückkehr. Er bleibt ein Zuschauer des eigenen Lebens.
Die Reise nach Rom, 1988	Ein Mann reist nach Rom, um seinen Vater zu suchen. Als er ihn gefunden hat, versucht er ihm die Geliebte auszuspannen, die seiner Mutter gleicht.

More, Thomas

(latein. Morus) engl. Schriftsteller und Politiker

*7.2.1478 London, †6.7.1535 ebd.

📖 *Utopia*, 1516

Thomas Morus war vieles zugleich, hochrangiger Staatsmann und gelehrter Humanist, überzeugter katholischer Christ und Schöpfer einer glücklichen Insel, die ohne christliche Religion auskommt, erfolgreicher Politiker und doch kein Opportunist.

Geboren wurde er in London, sein Vater war ein angesehener Jurist des Lincoln's Inn. Thomas lernte Latein, las die klassischen Autoren wie → Vergil und → Cicero an der Schule St. Anthony's, studierte in Oxford und absolvierte eine juristische Ausbildung in London. Er sammelte politische Erfahrungen als Page im Haushalt des Erzbischofs von Canterbury, John Morton, der zugleich das Amt des Lordkanzlers von England bekleidete, das Morus später selbst unter Heinrich VIII. (1491–1547) innehaben sollte.

Morus unterhielt freundschaftliche Kontakte zu namhaften Humanisten seiner Zeit, allen voran John Colet (1466–1519) und → Erasmus von Rotterdam. 1514–18 arbeitete er an seiner Geschichte *Richards III*. Bekannter sind seine Epigramme. Sein berühmtestes Werk aber ist das 1516 erschienene *Utopia*. Kritisch setzte er sich mit den Ideen der Reformation auseinan-

der. Mit dem literarischen Erfolg ging der politische unter Heinrich VIII. einher. Sein Aufstieg führte ihn 1529 bis in das Amt des Lordkanzlers. Im Zuge der Auseinandersetzung Heinrichs VIII. mit der katholischen Kirche trat Morus drei Jahre später zurück. Da er es nicht mit seinem Gewissen vereinbaren konnte, verweigerte er Heinrich VIII. die Anerkennung als Oberhaupt der Kirche. Er fiel in Ungnade und wurde am 6. Juli 1535 enthauptet. Auf dem Schafott soll er gesagt haben: »Des Königs guter Diener, doch zuerst der Diener Gottes.« 400 Jahre später sprach ihn Papst Pius XI. heilig.

Biografie: H. P. Heinrich, *Thomas Morus* (rm 50331).

Utopia

Von der besten Staatsverfassung und von der neuen Insel Utopia, ein wahrhaft goldenes Büchlein, genauso nützlich wie heiter

OT De optimo Reipublicae Statu deque nova insula Utopia Libellus vere aureus, nec minus salutatis quam festivus **OA** 1516 **DE** 1524 **Form** Schrift **Bereich** Politik

Utopia von Thomas Morus ist für eine Form des politischen Denkens der Neuzeit maßgebend geworden. Es verleiht der Hoffnung Ausdruck, dass die Menschen in der Lage sind, ihre soziale und politische Ordnung nach einem idealen Muster selbst zu gestalten. Und es geht davon aus, dass Bürger durch die politischen Institutionen, in denen sie leben, beeinflusst werden.

Entstehung: Morus erfand den Weltreisenden und Begleiter des Seefahrers Amerigo Vespucci (1454?–1512), Raphael Hythlodaeus, und dessen Bericht von der Insel Utopia mit ihren glücklichen Bewohnern auf einer Handelsreise im Sommer 1515, die ihn in Brügge und Antwerpen mit befreundeten Humanisten zusammengeführt hat. Nach London zurückgekehrt, ergänzte er 1516 die Schilderung Utopias durch ein vorangestelltes erstes Buch, in dem konkrete Gesellschaftskritik geübt wird. Noch im selben Jahr erschien die Schrift in Löwen, 1518 in Basel mit einem Holzschnitt des Ambrosius Holbein (um 1494–um 1519) als Frontispiz.

Inhalt: *Utopia* ist ein zweiteiliger Dialog. Das erste Buch zeichnet das Bild einer korrupten Gesellschaft in England und Europa. Scharf wird die zeitgenössische Eigentumsordnung kritisiert. Die Dialogfigur Thomas Morus appelliert für eine mehr bürgerliche politische Philosophie, die nicht im träumerischen Überschwang die politische Ordnung der Zeit überfliegt, sondern humanistische Gelehrte dazu anhält, Fürsten zu Reformen zu bewegen. Dagegen hält Raphael Hythlodaeus die Gesellschaft Englands für so verdorbt, dass der Philosophie nirgends Gehör geschenkt würde. Die Ursache für politische Unordnung, Kriminalität und soziale Missstände liegt bei den Menschen

Utopien der Neuzeit und des 20. Jahrhunderts	
Thomas Morus 1516	*Utopia:* Zweiteiliger Dialog, dessen Schilderung der ökonomischen, sozialen und politischen Ordnung der Insel Utopia zum Modell der literarischen Gattung wurde. → S. 786
Tommaso Campanella 1602	*Der Sonnenstaat (Civitas solis):* Im Gefängnis verfasstes Ideal einer geometrischen Stadt, mit der Verfassung einer philosophischen Republik unter der Leitung von Pon (Macht), Sin (Weisheit) und Mor (Liebe).
Johann Valentin Andreae 1619	*Christianopolis:* Der pietistische Pfarrer entfaltet in 100 Kapiteln das Ideal einer dem Sonnenstaat ähnlichen christlich-protestantischen Republik, ohne die astrologischen Elemente Campanellas zu übernehmen.
Francis Bacon, 1627 (unvollendet)	*Das neue Atlantis (Nova Atlantis):* Schilderung der Insel Bensalem, deren Charakteristikum die technische Naturbeherrschung durch staatliche experimentelle Forschungsprogramme ist.
Louis-Sébastien Mercier 1770	*Das Jahr 2440 (L'an 2440):* Utopischer Roman, in dem das aufklärerische Ideal einer guten politischen und sozialen Ordnung nicht an einem fernen Ort, sondern in die Zukunft verlegt wird.
William Morris 1890	Die sozialistische Kunde von *Nirgendwo (News from Nowhere)* verbindet das politisch-ökonomische Leben im aufgeblühten London mit rousseauistischen und romantischen Elementen.
Jewgenij Samjatin 1920	*Wir:* Modell einer Schreckensvision oder »schwarzen Utopie«, in der Menschen zu Nummern werden, technische Instrumente das Leben bestimmen und politische Unfreiheit herrscht. → S. 943
Aldous Huxley 1932	*Schöne neue Welt (Brave New World):* Roman von einem Weltstaat, der durch genetische und technische Perfektion sowie den Einsatz von Drogen menschliches Glück sicherstellt. → S. 536
George Orwell 1949	*1984:* Schreckensutopie von einem technischen Überwachungsstaat unter der Führung des »großen Bruders«, in dem Sprache (»Newspeak«) und Wahrheit systematisch manipuliert werden. → S. 833

selbst und ist ökonomischer Natur. Es ist der Verlust der traditionellen Agrarstruktur. Das Land, das die Menschen ernähren sollte, nährt Schafe, deren Wolle Gewinn verspricht.

Im Gegensatz dazu schildert Hythlodaeus im zweiten Buch die intakte Sozialordnung der Insel Utopia, die er auf einer Reise entdeckt haben will. Die Gesellschaft Utopias bietet ihren Bürgern ein abwechslungsreiches Leben zwischen Stadt und Land. Sie gewährt ihnen Glück, Wohlstand, leichtes Arbeiten sowie die Gelegenheit zu kultureller Bildung und lässt sie auf privates Eigentum und familiäre Privatheit leichten Herzens verzichten. Für die noch immer nötige Kriegführung bedienen sich die Utopier zumeist eines rohen, doch käuflichen Bergvolkes, der Zapoleten. Zwar hat sich die christliche Religion noch nicht auf der Insel verbreitet, aber ihre Bewohner verfügen über einen adäquaten Ersatz in einer natürlichen deistischen Religion, die ihr sittliches Gewissen trägt.

Doch Utopia heißt Nicht-Ort, Nirgendwo-Land, ihr Hauptort, Amaurotum (= Nebelstadt) liegt am »Fluss ohne Wasser« und der Name des Reisenden, Hythlodaeus, lässt sich mit Schwätzer übersetzen. Morus macht deutlich, wo er träumt. Sein Utopia enthält mithin beides: den idealistischen Glutkern revolutionärer Weltverbesserung wie den konservativen Geist politischer Reform.

Wirkung: Mit *Utopia* schuf Thomas Morus das neuzeitliche Muster eines Staatsromans, das der literarischen Gattung den Namen gab. Sein Werk bleibt vorbildlich zunächst für andere »Raumutopien«, in denen glückliche Gesellschaften in fernen Ländern entworfen werden. Später wurden Utopien verzeitlicht. Die vollkommene Gesellschaftsform wurde zu einem Zukunftsbild, einem Bild der Hoffnung. Im 20. Jahrhundert wichen jedoch die Idealvorstellungen einer besseren Ordnung den Schreckensbildern (Dystopien) einer technischen Überwachungswelt, deren Wurzeln ebenfalls in der Welt Utopias liegen. *D. L.*

Thomas More, *Utopia,* Frontispiz der Edition Froben (Basel) 1518 mit einem Holzschnitt von Ambrosius Holbein (um 1494–um 1519)

Der in München geborene, vielseitig begabte Morgenstern war Sohn eines Landschaftsmalers und einer Musikerin. Ein unheilbares Lungenleiden zwang ihn, sein Studium der Rechte, Philosophie und Kunstgeschichte in Breslau aufzugeben. Zahlreiche Reisen, die durch lange Sanatoriumsaufenthalte unterbrochen wurden, führten ihn u. a. nach Italien und Norwegen.

Ab 1894 in Berlin als Journalist, freier Schriftsteller, Übersetzer und Kleinkunst-Dramaturg tätig, machte er sich vor allem als Übersetzer von Henrik Ibsen (1828–1906) einen Namen. Gleichzeitig schuf er in grotesken Gedichtsammlungen wie *Horatius Travestitus* (1896), *Galgenlieder* und *Palmström* (1910) – einer Fortsetzung der *Galgenlieder* – eine beispiellose Nonsenswelt, indem er mit der Sprache spielte und skurrile Wortkombinationen schuf. Unter dem Einfluss Rudolf →Steiners, des Begründers der Anthroposophie, schrieb er vor allem in den letzten Lebensjahren weltanschaulich-mystische und eher konventionelle Gedichte.

Biografie: M. Beheim-Schwarzbach, *Christian Morgenstern* (rm 50097).

Morgenstern, Christian

dt. Lyriker

*6.5.1871 München, †31.3.1914 Meran

📖 *Galgenlieder,* 1905

Christian Morgenstern wurde durch seine hintergründigen, lyrischen Parodien und witzige »Galgenpoesie«, in der er eine groteske Unsinnsprache und Gegenwelt schuf, weiten Kreisen bekannt.

Die wichtigsten Bücher von Christian Morgenstern	
Horatius Travestitus 1896	Horaz-Travestien als Studentenscherz. Lyrische Verunglimpfung von 18 Oden des berühmten römischen Dichters.
Die Galgenlieder 1905	Morgenstern beschreibt in dem übermütig-fantastischen Verszyklus die nächtliche Nonsens-Welt der Galgenbrüder.→ S. 788
Palmström 1910	Hauptfiguren dieser Gedichtsammlung ist der Erfinder Palmström und sein Reisebegleiter in ein böhmisches Dorf.
Palma Kunkel postum 1916	Palma Kunkel, die geheimnisvolle, närrisch-weise Heldin der Koboldpoesie, ist mit Palmström verwandt, »aber nicht bekannt«.
Der Gingganz 1919 (postum)	Der Name der Lyriksammlung leitet sich vom Eingangsgedicht ab, in dem ein Stiefel einst »Ging Ganz in Gedanken hin«.

Das Mondschaf aus den *Galgenliedern* von Christian Morgenstern:

Das Mondschaf steht auf weiter Flur./Es harrt und harrt der großen Schur./Das Mondschaf.

Das Mondschaf rupft sich einen Halm/und geht dann heim auf seine Alm./Das Mondschaf.

Das Mondschaf spricht zu sich im Traum:/»Ich bin des Weltalls dunkler Raum.«/Das Mondschaf

Das Mondschaf liegt am Morgen tot./Sein Leib ist weiß, die Sonn' ist rot. /Das Mondschaf.

Galgenlieder

OA 1905 **Form** Lyriksammlung **Epoche** Moderne

Die Galgenlieder nahmen in der deutschen Literatur durch ihre innovative, originelle Art der Nonsens-Poesie in erstaunlich wendiger Reimtechnik eine Sonderstellung ein.

Entstehung: Für seinen Berliner Freundes- und Stammtischkreis, dem »Bund der Galgenbrüder«, dichtete Christian Morgenstern 1895 die ersten Galgenlieder. Die skurrile Bezeichnung entstand bei einer Wanderung der Zechbrüder zum Galgenberg nach Werder bei Potsdam. Als die grotesken Verse im Berliner Kabarett »Überbrettl« mit großem Erfolg vorgetragen wurden und weitere Galgenlieder folgten, entschloss sich der Autor 1905 zu ihrer Veröffentlichung.

Inhalt: Die dem Geist Friedrich → Nietzsches verpflichteten und »dem Kind im Manne« gewidmeten Gedichte bestehen aus genialen Spielereien mit Worten, Formen und Gedanken in ungewöhnlich fantasievollem Witz. Im Mittelpunkt des Verszyklus steht der Galgen, von dem aus man, laut Autor, die Welt anders sieht. Um ihn versammelt sich bei Nacht eine irreale Gespensterwelt. Die Unsinns-Welt der singenden Galgenbrüder und der Henkersmaid Sophie bevölkern fantastische Kreaturen aus absurden Wortkombinationen und personifizierte abstrakte Begriffe in Gedichten wie *Das große Lalula*, *Der Zwölf-Elf*, *Das Mondschaf* und die lateinische Entsprechung *Lunovis*, *Die Mitternachtsmaus* und *Der Trichter*.

Herausgeber der Galgenlieder ist der fingierte Lic. Dr. Jeremias Müller, der ein kompliziertes »Zwischenwort als Nachwort zur Vorbemerkung« verfasst hat. Seine Einleitung mit absur-

Christian Morgenstern, *Galgenlieder*, Einband der Originalausgabe 1905

den Schachtelsätzen und ellenlangen Wörtern ist eine gelungene Parodie auf die blasierten Vorworte germanistischer Bildungsphilister.
Wirkung: Im *Palmström*-Zyklus (1910) setzte Morgenstern den bizarren Ton seiner erfolgreichen Galgenlieder fort. 1932 wurden sie unter dem Titel *Alle Galgenlieder* mit den aus dem Nachlass stammenden Gedichtsammlungen *Palma Kunkel* (1916) und *Der Gingganz* (1919) zusammengefasst. Auch wenn sich Einflüsse der Nonsens-Poesie studentischer Liederbücher und zu Heinrich → Heine sowie → Jean Paul erkennen lassen, sind sie bis heute in ihrer skurrilen Originalität unübertroffen.   *C.H.*

Morgner, Irmtraud

(eigtl. I. Elfriede Schreck) dt. Schriftstellerin

* 22.8.1933 Chemnitz, † 6.5.1990 Berlin

📖 *Leben und Abenteuer der Trobadora Beatriz nach Zeugnissen ihrer Spielfrau Laura*, 1974

Mit Irmtraud Morgner verband sich die Hoffnung auf eine Erneuerung der DDR-Literatur jenseits des staatlich verordneten Realismus. Ihre Romane versprachen, das sozialistische Anliegen der Literatur fortzuführen, aber auch den Bereich der lange verpönten Subjektivität zu integrieren und Anschluss an die formalen Entwicklungen der internationalen literarischen Moderne zu gewinnen.

Morgner nahm 1952 das Studium der Germanistik in Leipzig auf und arbeitete zwei Jahre als Redaktionsassistentin der Zeitschrift *Neue deutsche Literatur*. Ab 1958 lebte sie als freie Schriftstellerin in Berlin.

Die ersten Erzählungen Morgners (*Das Signal steht auf Fahrt*, 1959; *Notturno*, 1964) und der Roman *Ein Haus am Rand der Stadt* (1962) folgen noch weitgehend dem Konzept eines abbildenden Realismus. Mit *Hochzeit in Konstantinopel* (1968) und *Die wundersamen Reisen Gustav des Weltfahrers* (1973) entdeckte Morgner jedoch den anarchischen Reichtum und die widerständigen Kräfte der Fantasie, die sie als spezifische Bestandteile einer weiblichen Gegenkultur begreift; deren vordringliche Aufgabe ist es laut Morgner, »den Eintritt der Frau in die Historie« zu thematisieren. Die Romane der Autorin wollen die unter den Gesetzen des Patriarchats und der Klassengesellschaft betriebene Historiografie von Mythen und Fakten in sozialistischer wie feministischer Absicht umschreiben, um zu einer ganzheitlichen Perspektive zu gelangen; sie verstehen sich demgemäß als ein Plädoyer für die verdrängte Androgynie (Stichwort → S. 789) des Menschen. Diesem Programm ist auch Morgners geplante Romantrilogie (*Leben und Abenteuer der Trobadora Beatriz nach Zeugnissen ihrer Spielfrau Laura*; *Amanda. Ein Hexenroman*, 1983) verpflichtet, die sie vor ihrem Tod nicht abschließen konnte.

Biografie: M. Gerhard (Hrsg.), *Irmtraud Morgner. Texte, Daten, Bilder*, 1990.

Leben und Abenteuer der Trobadora Beatriz nach Zeugnissen ihrer Spielfrau Laura

OA 1974 **Form** Roman **Epoche** Gegenwart

Leben und Abenteuer der Trobadora Beatriz ist der erste Teil einer auf drei Bände angelegten anspruchsvollen Romanfolge von Irmtraud Morgner. 1983 erschien mit *Amanda. Ein Hexenroman* der zweite Teil; den dritten Band konnte die Autorin vor ihrem Tod nicht mehr vollenden.

Inhalt: Die altprovenzalische Minnesängerin Beatriz de Dia leidet darunter, als Frau in der von Männern beherrschten Domäne des Minnesangs selbst das Objekt jener Liebe zu sein, die sie doch als deren Subjekt besingen will. Sie entzieht sich dieser Situation durch einen Zauberschlaf, aus dem sie 800 Jahre später während der Pariser Maiunruhen erwacht. Nach schrecklichen Erfahrungen mit dem Chauvinismus französischer Männer gelangt sie in die DDR, das ihr angepriesene Land der realisierten Frauenemanzipation. Ihre Hoffnungen werden enttäuscht, doch findet sie Trost in der Freundschaft mit Laura Salman. Die komplementären Perspektiven der Frauen, der utopischen Sicht der Naiven aus der Welt des Mittelalters und der Pragmatikerin aus der Gegenwart, reflektieren die historischen Leistungen der DDR, aber auch ihre Defizite und aktualisieren den utopischen Anspruch auf eine Versöhnung von Sozialismus und Feminismus.

Nach einer Reise kehrt Beatriz in die DDR zurück, in der Überzeugung, dass die sozialistische Gesellschaft die Emanzipation der Frau energischer betreibt als andere europäische Länder. Sie übernimmt deshalb die von Laura so vorbildlich verkörperte Rolle der praktischen DDR-Bürgerin und stirbt in Übereinstimmung mit diesem Selbstverständnis durch einen Sturz beim Fensterputzen. Laura hingegen wird der Sitz von Beatriz in der Tafelrunde angeboten, die jene versammelt, die sich um die Emanzipation der Menschen verdient gemacht haben.

Struktur: Der Kritik an der verfälschenden Energie eines von Klassen- und Geschlechtergegensätzen bestimmten Diskurses entspricht die Absage an eine konventionelle Erzählweise mit ihrer herrschenden männlichen Perspektive und ihrer konventionellen linearen Struktur. Stattdessen verbindet der Roman Textsegmente

---

Androgynie

Begriff: Seit → Platon existiert die Vorstellung des Kugelmenschen, einer vollkommenen menschlichen Gestalt, in der männliche und weibliche Anteile harmonisch vereinigt sind. Unter dem Begriff der Androgynie ist diese Utopie einer von Geschlechterspannungen freien Menschlichkeit immer wieder in der Literatur formuliert worden.

Entwicklung: Das Zeitalter der Romantik kennt eine Vielzahl androgyner Gestalten, seien es Männer, die in der Assimilation von weiblichen Eigenschaften ihre ästhetische Wahrnehmung zu erweitern suchen, sei es von Frauen, die männliche Rollenmuster usurpieren, um eine größere Autonomie zu gewinnen, wie *Mademoiselle de Maupin* (1835) von Théophile Gautier (1811–72). Mit der Pathologisierung der Abweichung von normativen Geschlechtskonstruktionen in der zweiten Hälfte des 19. Jahrhunderts gewinnt die Androgynievorstellung in der Literatur von Dekadenz und Symbolismus zusätzlich den Reiz des Verbotenen und Subversiven. Gestalten wie *Salomé* (1893) von Oscar → Wilde spielen gegenüber einer in bornierten Vorstellungen befangenen Welt erotischer Mittelmäßigkeit aggressiv ihre Doppelgeschlechtlichkeit aus.

Im letzten Drittel des 20. Jahrhunderts hat die Frauenbewegung dank ihrer intensiven Beschäftigung mit Autorinnen wie Virginia → Woolf auch die Androgynie als eine dem Geschlechtsdimorphismus überlegene Form des Menschseins wiederentdeckt, in der sich die Erinnerung an ein verlorenes Paradies vor der Aufspaltung in eine binäre Geschlechtlichkeit erhalten hat. Um eine umfassende Historiografie bemüht sich die Autorin Irmtraud → Morgner, indem sie feministische Positionen mit patriarchalen Strukturen verknüpft.

Irmtraud Morgner, Leben und Abenteuer der Trobadora Beatriz nach Zeugnissen ihrer Spielfrau Laura; links: Umschlag der Originalausgabe 1974; rechts: Umschlag der Ausgabe 1976

ganz unterschiedlicher Gattungen wie Reportage und Märchen, Sagen und Lieder, Satiren und Zeitungsannoncen zu einem komplexen Textgewebe und erzählt seine fantastische Geschichte in einer Vielzahl von Episoden, in der unterschiedliche Figuren aus z. T. widersprüchlichen Perspektiven ihre Sicht der Ereignisse mitteilen. Das Spielen mit den Elementen von Mythen und Legenden zeigt den mutwilligen Irrationalismus der Autorin, die der vom Sozialismus entmachteten Kraft von Fantasie und Traum wieder zu ihrem Recht verhelfen will.

Wirkung: *Leben und Abenteuer der Trobadora Beatriz* wurde von den Lesern im Osten wie im Westen als literarisches Ereignis gleichermaßen gefeiert, war hier doch ein völlig neuer literarischer Ton vernehmbar, der Sozialismus, Feminismus und Subjektivität integrierte.   *H. R. B.*

Eduard Mörike im Kreis seiner Familie

Mörike, Eduard

dt. Schriftsteller

*8.9.1804 Ludwigsburg, †4.6.1875 Stuttgart

📖 *Mozart auf der Reise nach Prag*, 1856

Eduard Mörike ist ein Dichter, dessen Leben und Werk sich jeder vereinfachenden Epochenzuordnung entziehen muss. Sowohl Biedermeierliches, Spätromantisches wie auch verstörend Unharmonisches, Zerrissenes finden sich in seiner Lyrik und Prosa.

Nach dem frühen Tod des Vaters, eines Amtsarztes, schlug Mörike, finanziell unterstützt von Verwandten, den klassischen Weg der Pfarrerausbildung ein: Letzte Station war das Tübinger Stift. Schon sehr früh fühlte sich Mörike zur Dichtung hingezogen, hatte jedoch nicht die Kraft, den vorgezeichneten Berufsweg zu verlassen. Nach Beendigung des Studiums 1826 trat er lustlos eine Stelle als Vikar an, obwohl er nicht gern predigte und sich bereits mit einigen Gedichten einen Namen gemacht hatte. Ein kurzzeitiger Versuch, als Journalist zu arbeiten, scheiterte, auch die Verlobung mit einer Pfarrerstochter wurde wieder gelöst. Im Künstlerroman *Maler Nolten* (1832) beschreibt Mörike die drängendsten Probleme seiner eigenen Persönlichkeit. Nach der Unterrichtstätigkeit an einer Mädchenschule ließ er sich vorzei-

Auszug aus der Novelle *Mozart auf der Reise nach Prag* von Eduard Mörike:

Meine einfältige Meinung ist, dass, wenn »Don Giovanni« nicht aller Welt den Kopf verrückt, so schlägt der liebe Gott seinen Musikkasten gar zu, auf unbestimmte Zeit...

tig pensionieren und erfuhr im Alter als Dichter viele Ehrungen, obwohl der Kreis seiner Leserschaft nicht sonderlich groß war. Nervliche Labilität und Kränklichkeiten überschatten Mörikes letzte Lebensjahre.

Biografie: A. Goes, *Mörike*, Neuausgabe 1954; H. E. Holthusen, *Eduard Mörike* (rm 50 175).

Mozart auf der Reise nach Prag

OA 1856 (Vorabdruck 1855 in *Morgenblatt für gebildete Stände*) **Form** Novelle **Epoche** Spätromantik/Realismus

Die Künstlernovelle ist die bekannteste und beliebteste Erzählung von Eduard Mörike, die einen Tag im Leben des Komponisten Wolfgang Amadeus Mozart (1756–91) schildert. Das Werk ist eine zu jener Zeit durchaus übliche kulturhistorische Erzählung

Entstehung: Mozarts Oper *Don Giovanni* (1787) war das Schlüsselerlebnis, was Mörike zu dem Werk veranlasste. Da sein Lieblingsbruder August einige Tage nach dem Besuch der Oper 1824 gestorben war, verband er das Werk immer mit dem Gedanken an den Tod. Seit 1852 arbeitete Mörike an seiner schon lange geplanten Mozart-Novelle, die er Mitte des Jahres 1855 abschloss.

Inhalt: Mozart ist gemeinsam mit seiner Frau Konstanze im Herbst 1787 auf dem Weg nach Prag, weil dort seine Oper *Don Giovanni* uraufgeführt werden soll. Aus den Plaudereien der beiden erfährt der Leser von Mozarts extremer Arbeitsbelastung, von seiner mangelnden Zeit für Frau und Kinder, seiner großen Hoffnung auf die Prager Aufführung. Bei einer Zwischenstation gerät Mozart in den Garten eines gräflichen Schlosses. Dort pflückt er, ganz in Gedanken versunken, eine Frucht vom Pomeranzenbaum und zerteilt sie mit einem Taschenmesser. Damit hat er das vom Grafen sinnreich ersonnene Verlobungsgeschenk für seine Nichte zerstört. Als die Bewohner des Schlosses erfahren, wer der Frevler war, ist die Freude groß. Alle Mitglieder der Familie sind Musikliebhaber und besonders Eugenie, die Nichte, ist im Gesang geschult.

Das Ehepaar Mozart wird zur Verlobung der Nichte geladen. Der Komponist erklärt den Raub der Pomeranze mit einer Erinnerung an seinen Aufenthalt in Neapel. Dort hatte er als Junge gemeinsam mit seinem Vater eine inszenierte Bootsfahrt erlebt, bei der Mädchen und junge Männer sich Orangen zuwarfen und das erotische Spiel mit dem Raub der Mädchen endete. Diese Szenen inspirierten Mozart zur Komposition des Wechselgesangs Zerlina, Masetto und Bauernchor *(Giovinette, che fatte all'amore)*. Zum Entzücken der Zuhörer spielt der Komponist diese Melodie den Gästen vor.

Den Höhepunkt des Geschehens bildet Mozarts konzertante Aufführung des dämonischen Schlusses seiner Oper. Alle Zuhörer sind ergriffen, doch einzig Eugenie ahnt in der Musik seinen frühen Tod.

Struktur: Das Geschehen ereignet sich an einem einzigen Tag, der allwissende Erzähler kann mithilfe der im Schloss versammelten Menschen verschiedene Perspektiven aufzeigen, die ein mal melancholisches, mal heiteres Bild des Genius Mozart entwerfen. Vor dem Hintergrund der bevorstehenden Vernichtung des Ancien Régime und der Warnung Mozarts vor dem falschen Propheten nach seinem Tod entwirft Mörike auch ein historisches Szenario: ein höchst gefährdeter Mensch in einer äußerst fragilen Zeit.

Wirkung: Die Novelle stieß auf große Resonanz bei zeitgenössischen Autoren; Kritiker schrieben lobende Besprechungen. Vermittelt durch den Lyriker Emanuel Geibel (1815–84) erhielt der bayerische König Maximilian II. (1811–64) ein Exemplar des Werks und zeigte sich entzückt. 1939 wurde die Novelle unter dem Titel *Eine kleine Nachtmusik* verfilmt. *D. Ma.*

Moritz, Karl Philipp

dt. Schriftsteller

* 15.9.1756 Hameln, † 26.6.1793 Berlin

📖 *Anton Reiser*, 1785–90

Karl Philipp Moritz verfasste mit *Anton Reiser* den ersten psychologischen Roman der deutschen Literatur und war Mitbegründer der idealistischen Kunsttheorie.

Der Vater des Dichters war Unteroffizier, Militärmusiker und Anhänger einer pietistischen Sekte; er quälte die Familie und insbesondere seinen ältesten Sohn. Früh flüchtete das Kind in die Welt der Bücher. Ein Pfarrer erkannte die Begabung des Jungen und ermöglichte ihm – gegen den Willen des Vaters – den Besuch eines Gymnasiums. Versuche als Schauspieler blieben erfolglos. Moritz studierte Theologie in Erfurt und Wittenberg und nahm 1778 einen Lehrerposten in Berlin an. 1786 ging er nach Italien, wo er Freundschaft mit → Goethe schloss. 1789 wurde Moritz in Berlin Professor der Theorie der Schönen Künste und gelangte zu Wohlstand und Ansehen. Im Alter von 37 Jahren starb er an Tuberkulose.

Neben *Anton Reiser* gilt der Doppelroman *Andreas Hartknopf* (1786/90) als weiteres wichtiges Werk des Dichters; Moritz gab außerdem Zeitschriften wie das *Magazin zur Erfahrungsseelenkunde* und *Erkenne dich selbst* heraus.

Biografie: H. J. Schrimpf, *Karl Philipp Moritz*, 1980.

Anton Reiser

OA 1785–90 (4 Bde.)

Form Roman **Epoche** Sturm und Drang

Das unvollendet gebliebene Werk von Karl Philipp Moritz mit dem Untertitel *Ein psychologischer Roman* beschreibt den Werdegang eines Jünglings in der Sturm-und-Drang-Zeit.

Entstehung: 1783–93 gab Moritz das *Magazin zur Erfahrungsseelenkunde* heraus, das sich der Etablierung erster Ansätze der empirischen Psychologie verschrieben hatte. In dieser Zeitschrift sollte die Geschichte um Anton Reiser ursprünglich als Modellfall Aufnahme finden.

Inhalt: Anton wächst in einer von Schmach und Verachtung dominierten Atmosphäre auf; zu Hause herrschen Krankheit, Armut, Streit und eine neurotische Frömmigkeit, da der Vater der quietistischen Sekte anhängt. Anton sucht Zuflucht in seinen Büchern. Er wird zu einem Hutmacher nach Braunschweig geschickt, der ihn gnadenlos ausbeutet und ihm ein schlechter Lehrherr ist.

Der Pastor Marquardt wird auf den Jungen aufmerksam; in einer Armenschule in Hannover gewinnt Anton allmählich den Zuspruch seiner Lehrer. Erneut findet er in der Lektüre seine Heimat: die *Nachtgedanken* (1742–45) von Edward Young (1683–1765), die *Lenore* (1773) von Gottfried August → Bürger sowie die Werke von → Shakespeare und insbesondere *Die Leiden des jungen Werthers* (1774) von → Goethe üben nachhaltigen Einfluss auf ihn aus. Als er – wie Werther – Selbstmordgedanken hegt, kümmert sich wiederum Pastor Marquardt um ihn.

Auszug aus der Vorrede des *Anton Reiser* von Karl Philipp Moritz:

Auch wird man in einem Buche, welches vorzüglich die innere Geschichte des Menschen schildern soll, keine große Mannigfaltigkeit der Charaktere erwarten: denn es soll die vorstellende Kraft nicht verteilen, sondern sie zusammendrängen und den Blick der Seele in sich selber schärfen.

Auszug aus dem Roman *Anton Reiser* von Karl Philipp Moritz:

Nichts aber fühlte Reiser lebhafter, als wenn Werther erzählt, dass sein kaltes freudenloses Dasein neben Lotten in grässlicher Kälte ihn anpackte. – Dies war gerade, was Reiser empfand, da er einmal auf der Straße sich selbst zu entfliehen wünschte und nicht konnte und auf einmal die ganze Last seines Daseins fühlte, mit der man einen und alle Tage aufstehen und sich niederlegen muss.

Melancholie

Thema: Die Melancholie steht in ihrer literarischen Verarbeitung in Verbindung mit Einsamkeit, Leid, Missvergnügen, Langeweile, Absage an die Welt und Passivität. Die Sonderstellung melancholischer Figuren zeichnet sich einerseits durch den Kontrast zu den vergnügten, ins gesellschaftliche Leben integrierten Menschen aus, andererseits durch eine starke Psychologisierung dieser Figuren.

Anfänge: In der antiken Dichtung waren Melancholiker kaum zu finden; ebenso wenig im Mittelalter, da die Kirchenväter Müßiggang als eine schwer wiegende Sünde ansahen. Der Florentiner Marsilio Ficino (1433–99) sah erstmals im Melancholiker eine zweideutige Figur, indem er neben dem destruktiven auch den kreativen Aspekt herausstellte.

Entwicklung: Im 17. Jahrhundert entstanden in England zahlreiche Abhandlungen und erste Gedichte über die Melancholie, u.a. von Robert Burton (1577–1640) und John → Milton. In Spanien verlieh *El Melanchólico* von Tirso de Molina (1571/1584?–1648) dem Typ des Schwermütigen neue Züge; er ist ein den Büchern und der Wissenschaft verschriebener, der Liebe hingegen gleichgültig gegenüberstehender Eigenbrötler.

Das 18. Jahrhundert: Im 18. Jahrhundert hielt der Melancholiker vermehrt Einzug in die deutsche Literatur. Neben *Anton Reiser* von Karl Philip → Moritz trug auch *Die Leiden des jungen Werthers* von → Goethe zu einer Melancholie-Mode bei. In Frankreich waren es u.a. Benjamin Constant (1767 bis 1830) und Alfred de Musset (1810–57), in England vor allem George → Byron, die Figuren mit Neigung zum Missvergnügen schufen.

Für Werke des späten 19. und frühen 20. Jahrhunderts ist charakteristisch, dass eine Gefühlslage zwischen Weltschmerz und Ermüdung zu einer existenziellen Krise führt, verbunden mit wachsender Furcht vor der Fülle des Daseins. Hier sind Erzählungen von Hugo von Hofmannsthal (1874 bis 1929), Arthur → Schnitzler oder Rainer Maria → Rilke ebenso zu nennen wie zahlreiche Werke, die im geistigen Umfeld des Fin de Siècle entstanden sind.

*Der Homo sapiens ist ein un-
gemein stimmbegabter, ein
scharfsinnig immer nach
Neuem suchender, ein alle anderen auch in der Individuen-
zahl (und hier bis zum Über-
quellen) weit übertreffender
Affe – und es wird höchste Zeit
zu untersuchen, was die
Grundlagen seines Verhaltens
sind.*

Desmond Morris, *Der nackte
Affe*, Einband der deutschsprachigen Taschenbuch-
ausgabe 1980

Anton versucht sein Glück als Schauspieler;
einer seiner Mitschüler ist der später berühmt
gewordene August Wilhelm Iffland (1759 bis
1814). Er reist zur Ekhofschen Schauspieltruppe
nach Gotha, erhält aber kein Engagement. In
Erfurt bietet man ihm die Möglichkeit eines
Theologiestudiums an, doch Anton zieht es vor,
sich einer Leipziger Theatergruppe anzuschließen. Diese steht nach Veruntreuung ihres
gesamten Fundus' vor dem Nichts; der Prinzipal der Truppe hat sich längst davongemacht –
hier bricht der Roman ab.

Aufbau: Hinter der Figur Anton Reiser verbirgt
sich der Autor Moritz, der seine eigene Kindheit
und Jugend wiedergibt. Erzähltechnisch spiegelt sich das aufkommende Schema des Bildungsromans, wie es im *Wilhelm Meister* (1795/
1796, 1821, 1829) von → Goethe zur höchsten
Ausprägung gelangte; doch nimmt die Analyse
der eigenen Seele, die genaue Untersuchung
des Charakters einen ungewöhnlich großen
Raum ein und steht in ständiger Wechselwirkung mit inneren und äußeren Begebenheiten.
Die individuelle Geschichte wird bisweilen zur
exemplarischen Fallstudie. Die Exkurse in die
Seelenkunde sind nicht ausschließlich Anmerkungen eines Psychologen, sondern haben
auch einen eindeutig pädagogischen Hintergrund. Scharfsinnig rekonstruiert Moritz die

Gründe für Antons unglückliche Entwicklung:
die nachteiligen Einflüsse der Gesellschaft und
die pietistische Religiosität, die zu selbstbetrü-
gerischer Weltanschauung verleitet und Anton
in die Welt der Bücher fliehen lässt.

Wirkung: Früh setzte der Vergleich des Romans
mit *Wilhelm Meisters Lehrjahre* von Goethe ein.
Heinrich → Heine bewertete das Buch als »eins
der wichtigsten Denkmäler jener Zeit«. Arno →
Schmidt sah in *Anton Reiser* die »grandioseste
aller Selbstbiografien«. *C.V.*

Morris, Desmond

engl. Zoologe und Anthropologe

*24.1.1928 Purton (Wiltshire)

📖 *Der nackte Affe*, 1967

Als Moderator populärer Tiersendungen machte sich Desmond Morris ab 1956 in Großbritannien einen Namen. International bekannt
wurde er durch seinen großen Bucherfolg *Der
nackte Affe*, in dem er menschliches Verhalten
mit dem der großen Menschenaffen verglich,
was in den 1960er Jahren des 20. Jahrhunderts
noch viele Leser schockierte.

Der in der westenglischen Grafschaft Wiltshire
geborene Morris studierte zwischen 1948 und
1954 Zoologie in Birmingham und Oxford
sowie anschließend zwei Jahre Ethologie bei
dem niederländischen Verhaltensforscher Nikolaas Tinbergen. 1959–71 leitete er als Direktor
die Abteilung für Säugetiere im Londoner Zoo.
Daneben moderierte er zahlreiche Tiersendungen im Fernsehen und verfasste Bücher. Seit
Anfang der 1970er Jahre führte Morris durch
BBC-Sendungen zu den Themen Verhaltensforschung und Zoologie, in denen er immer
häufiger das Verhalten des Menschen in den
Mittelpunkt rückte (zuletzt 1994 in der Reihe
The Human Animal).

Neben seiner wissenschaftlichen Tätigkeit
machte Morris sich auch durch verschiedene
künstlerische Aktivitäten einen Namen, wobei
er seit seiner ersten eigenen Ausstellung 1948
vornehmlich als Maler surrealistischer Bilder
hervortrat.

Hauptwerke der allgemeinen Menschenkunde

Johann Gottfried Herder 1784–91	*Ideen zur Philosophie der Geschichte der Menschheit*: Das Werk ist der erste Versuch einer Zusammenschau der physischen, psychischen und geistigen Natur des Menschen.
Immanuel Kant 1798	*Anthropologie in pragmatischer Hinsicht abgefasst*: Kant prägte den Begriff »Anthropologie« zum Zweck der Erkenntnis dessen, »was die Natur aus dem Menschen macht«.
Charles Darwin 1871	*Die Abstammung des Menschen und die geschlechtliche Zuchtwahl*: Charles → Darwin präzisierte in diesem Buch seine These, der Mensch stamme vom Affen ab, was zu einem neuem Skandal führte.
Max Scheler 1928	*Die Stellung des Menschen im Kosmos*: Der Mitbegründer der philoso-phischen Anthropologie sah den Fortschritt des Homo sapiens im interdisziplinären Denken und Handeln.
Franz Boas 1938	*Das Geschöpf des sechsten Tages*: Der Vater der amerikanischen Ethnologie entlarvte die herkömmlichen Rassentheorien als Über-bleibsel primitiver Denkformen.
Arnold Gehlen 1940	*Der Mensch, seine Natur und seine Stellung in der Welt*: Die interdiszi-plinäre Untersuchung des Sonderproblems »Mensch« von Gehlen gilt bis heute als anthropologisches Standardwerk.
Desmond Morris 1967	*Der nackte Affe*: Anatomie, Wesen und Verhalten des Menschen, des am höchsten entwickelten Primaten in der Evolutionskette, werden aus der Sicht des Zoologen beschrieben. → S. 792
Irenäus Eibl-Eibesfeldt 1973	*Der vorprogrammierte Mensch*: Der renommierte Tier-Verhaltensfor-scher zeigt, dass das Empfinden und Verhalten des Menschen weitge-hend erbbiologisch festgelegt ist.
Richard Leakey 1992	*Der Ursprung des Menschen*: Mit dem Biochemiker Roger Lewin ver-fasste Darstellung der Theorien zur Entstehung des Menschen und seiner Ausbreitung über die Erde. → S. 658
Jeremy Rifkin 1998	*Das biotechnische Zeitalter*: Der US-amerikanische Trendforscher ist sicher, dass die Biotechnik großen Fortschritt bringt – aber wird er sich für Mensch und Natur »auszahlen«?

Der nackte Affe

OT The Naked Ape: A Zoologist's Study of the Human
Animal **OA** 1967 **DE** 1968 **Form** Sachbuch
Bereich Anthropologie, Soziologie

Das Buch *Der nackte Affe* führt erstmals eine
Studie über das menschliche Verhalten durch,
welche die Spezies Mensch mit dem großen
Menschenaffen vergleicht.

Inhalt: In der Einleitung vergleicht Morris den Menschen mit den 192 bekannten Primatenarten und stellt fest, dass dessen nächste Verwandten die großen Menschenaffen sein müssen. Nach dem Vergleich der auffälligsten äußerlichen Unterschiede konstatiert der Zoologe weiter, dass der Mensch im Vergleich zu anderen Primaten fast vollständig nackt sei, mit Ausnahme nur einiger weniger auffallender Stellen, wie Kopf, Achselhöhlen und dem Genitalbereich.

Nach dieser bewusst nüchtern gehaltenen Bestandsaufnahme beschreibt Morris in acht Kapiteln den Menschen mit den Augen eines Zoologen. Jedes der Kapitel entspricht einem elementaren Bereich: Herkunft (die stammesgeschichtliche Herleitung des Menschen von den Primaten), Sex (d.h. Fortpflanzung), Aufzucht der Jungen (Prägung des Kindes und das Einüben von sozialem Verhalten), Neugier (Bildung und Forschung), Kampf, Nahrungsaufnahme und Körperpflege. Im Schlusskapitel zeigt Morris überdies noch das Verhalten des »nackten Affen« auf, das dieser gegenüber anderen Tierarten an den Tag legt. An Beispielen demonstriert der Wissenschaftler, dass sich trotz der langen Evolution viele Verhaltensweisen des Menschen von entsprechenden Verhaltensmustern seiner tierischen Vorfahren ableiten lassen.

Aufbau: Die von Morris vorgetragenen Betrachtungen zum menschlichen Verhalten beruhen oftmals auf langen, scheinbar einfachen Ketten von Analogien zu Verhaltensweisen, die sich auch an Primaten beobachten lassen. Allerdings verführte die scheinbar einfache Sprache des Autors Leser, die nicht genau zwischen gesicherten Fakten und den verschiedentlich eingestreuten, von Morris selbst formulierten Vermutungen zu unterscheiden wussten, häufig zu übertriebenen Schlüssen. Das galt insbesondere auch für die detaillierte Beschreibung des sexuellen Verhaltens des Menschen, dem Morris einen großen Teil des Buches widmet.

Wirkung: Als das Buch *Der nackte Affe* 1967 erstmals in Großbritannien erschien, erregte es großes Aufsehen. Die Betrachtung des Menschen mit den Augen eines Verhaltensforschers kam vielen wie eine Gleichsetzung mit dem Tier vor – eine Vorstellung, die großes Entsetzen entfachte. Ebenfalls lösten die langen Abschnitte über die Sexualität in den prüden 1960er Jahren Aufregung aus. Bis heute wurden von dem Buch weltweit mehr als acht Millionen Exemplare verkauft und es wurde in 23 Sprachen übersetzt. Das brillant geschriebene und übersichtlich aufgebaute Buch trug sicherlich mit dazu bei, das zu jener Zeit noch vorherrschende anthropozentrische Weltbild zu verändern. *P. B.*

Die erste afroamerikanische Literaturnobelpreisträgerin Toni Morrison 1983 während einer akademischen Feier

Morrison, Toni

(eigtl. Chloe Anthony Wofford Morrison)
afroamerikan. Schriftstellerin

*18.2.1931 Lorain (Ohio)

📖 *Menschenkind*, 1987

Toni Morrison ist eine der bedeutendsten zeitgenössischen Vertreterinnen des Black Writing und der literarischen Geschichtsschreibung. 1993 wurde sie als erste Afroamerikanerin mit dem Literaturnobelpreis ausgezeichnet.

Morrison wuchs während der Wirtschaftskrise in einer armen Arbeiterfamilie auf. Nach einem geisteswissenschaftlichen Studium unterrichtete sie an der Texas Southern University (1955 bis 1957) und anschließend an der Howard University (1957–64). 1965–83 arbeitete Morrison als Redakteurin beim Random House Verlag.

Die wichtigsten Bücher von Toni Morrison	
Sehr blaue Augen 1970	Ein schwarzes Mädchen erkennt, dass alle um sie herum blaue Augen haben – nur sie nicht schwarze. Es folgt eine Auseinandersetzung über Schönheitsideale, schwarze und weiße Hautfarbe und Gesellschaft.
Sula, 1974	Zwei Freundinnen seit Kindertagen fügen sich unterschiedlich in die schwarze Gemeinschaft ein. Die eine integriert sich, die andere rebelliert.
Solomons Lied 1977	In dieser schwarzen Familiensaga erzählt Morrison von der Reise eines Mannes zu sich selbst und zu seiner Gemeinschaft.
Menschenkind 1987	Die Sklavin Sethe tötet ihr zweijähriges Kind. 18 Jahre später taucht die Tochter in Gestalt einer jungen Frau wieder auf. → S. 794
Jazz, 1993	Die Liebe eines jungen Mannes zu einer jungen Frau im Harlem der 1920er Jahre schlägt schließlich in Gewalt um.
Paradies, 1998	Ein Dorf, in dem ausschließlich Nachkommen ehemaliger Sklaven wohnen, steht im Mittelpunkt dieses Romans.

Anschließend erteilte sie an der State University of New York in Albany Nachwuchsschriftstellern Unterricht. Seit 1989 lehrt sie als Professorin an der Princeton University.

In ihren bildkräftigen Romanen beschäftigt sich Morrison vorrangig mit der zweifachen Diskriminierung schwarzer Frauen aufgrund von Hautfarbe und Geschlecht. Die Autorin debütierte 1970 mit dem Roman *Sehr blaue Augen*. Das 1977 erschienene Familienepos *Solomons Lied* wurde von der Kritik hoch gelobt und mit dem National Book Critics Award ausgezeichnet. Für *Menschenkind* erhielt Morrison 1988 den Pulitzerpreis. Der Roman *Paradies* (1998) fand ebenfalls eine begeisterte Aufnahme.

Literatur: A. Koenen, *Zeitgenössische Afro-Amerikanische Frauenliteratur*, 1985.

Menschenkind

OT Beloved **OA** 1987 **DA** 1989
Form Roman **Epoche** Moderne

Mit ihrem Roman *Menschenkind* leistet Toni Morrison einen Beitrag zur Aufarbeitung der Geschichte der Sklaverei in den USA.
Inhalt: 1855 flieht die Sklavin Sethe, die von ihrem Mann verlassen wurde, von der Plantage »Sweet Home« in Kentucky nach Ohio. Sie versucht ihre vier Kinder zu töten, um diese vor dem Schicksal der Sklaverei zu bewahren. Ihre zweijährige Tochter stirbt, die anderen drei überleben. Auf dem Grabstein der Verstorbenen lässt Sethe die Inschrift »Menschenkind« anbringen.

18 Jahre später lebt Sethe allein mit ihrer zweiten Tochter Denver. Die Vergangenheit ist präsent geblieben: Die zwei Söhne sind fortgelaufen, in der schwarzen Gemeinde wird Sethe als Kindsmörderin gemieden, die tote Tochter spukt durch das Haus. Eines Tages taucht Paul D. auf, ein ehemaliger Sklave von »Sweet Home«, der ein gemeinsames Leben mit Sethe aufbauen will und den Geist des toten Kindes vertreibt. Als er von dem Mord Sethes an ihrer Tochter erfährt, verlässt er schockiert das Haus.

Plötzlich steht eine junge Frau namens Menschenkind vor Sethes Haus, die in eben jenem Alter ist, in dem das verstorbene Kind sein müsste. Sethe nimmt sie als die verlorene Tochter auf; es folgen einige Wochen glücklichen Zusammenlebens der kleinen Familie.

Toni Morrison, *Menschenkind*, Umschlag der Originalausgabe 1987

Doch Menschenkind verlangt nach immer neuen Beweisen der Liebe Sehtes und versucht überdies Denver aus dem Haus zu drängen.

Als sich Nachbarsfrauen vor dem Haus versammeln, um den Geist des toten Kindes auszutreiben, sieht Sethe Menschenkind erneut in Gefahr, in die Sklaverei zu gelangen, und stürzt sich auf den ebenfalls anwesenden weißen Arbeitgeber Denvers; ein weiterer Mord kann jedoch von den Frauen verhindert werden. Menschenkind verschwindet spurlos, Sehte bleibt verzweifelt zurück. Doch sie erhält neuen Rückhalt durch die Gemeinde und das nochmalige Angebot Paul D.s, eine gemeinsame Zukunft mit ihm zu verbringen.
Aufbau: Morrison erzählt die Handlung nicht linear, sondern wechselt zwischen verschiedenen Zeitebenen. Der Roman setzt fast zwei Jahrzehnte nach dem Kindsmord ein und trägt das Geschehen zur Zeit der Sklaverei sowie die Kindstötung in Rückblenden nach.

In der Darstellung verschiedener Lebensläufe entwirft Morrison ein lebendiges Panorama der Zeit der Sklaverei und der Befreiung. Dabei vermeidet sie jegliche Polarisierung von Gut und Böse, wie sie etwa Harriet → Beecher Stowe in ihrem Roman *Onkel Toms Hütte* (1852) vornahm, und geht einer Heroisierung des Schicksals der Schwarzen bewusst aus dem Weg. In der Thematisierung des Kindsmords setzt sich Morrison außerdem mit der problematischen Übersteigerung der Mutterliebe auseinander.
Wirkung: Das Buch wurde zu einem der größten Erfolge der Autorin und 1988 mit dem Pulitzerpreis ausgezeichnet. Jonathan Demme verfilmte den Roman 1998 mit Oprah Winfrey und Danny Glover in den Hauptrollen. *S. D./T. Sch.*

Mulisch, Harry

niederländ. Schriftsteller

*29.7.1927 Haarlem

📖 *Das Attentat*, 1982

📖 *Die Entdeckung des Himmels*, 1992

Zum schriftstellerischen Repertoire von Harry Mulisch gehören neben Romanen und Lyrik auch Bühnenstücke, Essays, Reportagen, Autobiografien, Reiseberichte und sogar ein Opernlibretto. Der Autor hat stets dafür plädiert, alle seine Unternehmungen als Bausteine eines einzigen, kohärenten Œuvres zu betrachten.

Mulisch wuchs bei seinem Vater, einem Bankier, in Haarlem auf, der sich 1936 von seiner jüdischen Frau scheiden ließ. Die Groß- und Urgroßmutter mütterlicherseits wurden im Zweiten Weltkrieg in den Gaskammern umgebracht. Mulischs Frühwerk zeugt von der Faszination des Alltäglichen, Banalen, das sich mit mystischen Elementen (Namen- und Zahlensymbolik) und literarischen Kunstgriffen paart. Seine späteren Arbeiten stellen die unmittelbare Wirklichkeit in den Vordergrund. In dieser Phase behandelte Mulisch die gesellschaftliche Relevanz, indem er sich nicht-fiktionalen Texten zuwandte, etwa in der Reportage *Strafsache 40/61* (1962) über den Eichmann-Prozess.

Politisches Engagement bestimmte weitgehend Mulischs Aktivitäten der 1960er Jahre. Er sympathisierte ebenso offen mit dem von ihm bewunderten Fidel Castro wie mit der Pariser Studentenrevolte im Mai 1968 oder zwei Jahre später mit den Gegnern des Vietnam-Krieges. In den 1970er Jahren wandte sich Mulisch der Bühne zu; neben mehreren Bühnenstücken erschienen 1973–78 auch sechs Gedichtbände.

In der letzten Phase seines Werkes – charakteristisch hierfür ist *Die Entdeckung des Himmels* – wandte sich Mulisch wieder stärker dem Bereich des Imaginären zu. Allen Werken gemeinsam ist die stets spürbare Anwesenheit des Erzählers.

In seinem Heimatland wurden dem Schriftsteller zahlreiche Ehrungen zuteil, darunter die Ernennung zum Ritter im Orden von Oranien-Nassau (1977). 1992 widmete das Letterkundig Museum Mulischs Werk eine große Ausstellung.

Literatur: H. Mulisch, *Selbstporträt mit Turban* (autobiografischer Roman), 1961.

Das Attentat

OT De aanslag **OA** 1982 **DA** 1983
Form Roman **Epoche** Gegenwart

Das Attentat ist ein Schlüsselwerk der niederländischen Literatur nach 1945, das dokumentarische Schlichtheit mit der Aufarbeitung der jüngsten Geschichte verbindet.

Inhalt: Die Handlung des Romans spielt im Januar 1945 in Haarlem. Ein sechsfacher Schuss zerreißt die Stille einer Siedlung am Stadtrand. Bald darauf entdeckt die Familie des zwölfjährigen Anton Stenwijk vor ihrem Haus die Leiche des Kollaborateurs Fake Ploeg. In derselben Nacht werden Antons älterer Bruder und die Eltern von den deutschen Besatzern verladen und – wie sich später herausstellt – umgebracht; sie zünden das Haus an und nehmen Anton fest. Er verbringt die Nacht auf einer Polizeiwache, wo er im Dunkel einer Zelle auf eine verletzte Frau trifft. Obwohl er sie niemals sehen wird, verfolgt ihn die Erinnerung an ihr intensives Gespräch sein Leben lang.

Diese erste Episode des Romans bildet den dramatischen Auftakt für vier weitere, in denen der weitere Lebensweg Anton Stenwijks geschildert wird: Die Jahre 1952, 1956, 1966 und 1981 bilden das äußere Gerüst für seine Karriere zum

Anästhesisten, für seine Heirat und das Scheitern seiner Ehe. Es kommt immer wieder zu zufälligen Begegnungen mit Menschen, die direkt oder indirekt an den Ereignissen beteiligt waren und Erinnerungen wachrufen. So wird Anton sukzessive gezwungen, sich der Vergangenheit zu stellen. Am Ende ist – scheinbar – alles erklärt: das Schicksal der Eltern und des Bruders, die Identität der Frau in der Zelle, die eine Widerstandskämpferin und an dem Anschlag beteiligt war, und schließlich die Frage, warum die Nachbarn seinerzeit den Toten vor das Haus der Stenwijks legten, statt vor eines der anderen Häuser: einer der Nachbarn hielt heimlich eine jüdische Familie versteckt, die man vor den Nationalsozialisten retten wollte – die Frage nach der Schuld bleibt ambivalent.

Aufbau: In einem kargen, fast emotionslosen Ton gelingt es Mulisch, die Verbindung zwischen individuellem Einzelschicksal und kollektiver Schuld darzustellen. Gerade wegen seiner distanzierten Erzählweise, die das Alltägliche, Dingliche, Zufällige betont, wirkt die Ungeheuerlichkeit des geschilderten Verbrechens umso nachhaltiger auf den Leser, werden das kollektive Trauma und die psychosozialen Deformationen sichtbar gemacht, die der Zweite Weltkrieg und seine Vernichtungsmaschinerie in den besetzten Niederlanden hinterlassen haben. Dabei ist *Das Attentat* ein spannendes, die verschiedenen Handlungsstränge fast wie ein Krimi verknüpfendes Buch.

Wirkung: Am 7. Oktober 1983 erhielt Mulisch in seiner Geburtsstadt Haarlem aus den Händen der ehemaligen Widerstandskämpferin Truus Menger das 200.000. Exemplar von *Das Attentat*. Bis 1999 erlebte das Buch allein in den Niederlanden 35 Auflagen. Die gleichnamige Verfilmung wurde 1988 als bester fremdsprachiger Film mit dem Golden Globe und dem Oscar ausgezeichnet. Unter dem Titel *De Oer-aanslag* veröffentlichte Mulisch 1996 eine Faksimile-Ausgabe des Manuskripts. *W.Co.*

Die Entdeckung des Himmels

OT De ontdekking van de hemel **OA** 1992 **DA** 1993
Form Roman **Epoche** Gegenwart

»Ein heiteres Spiel, ein ernster Scherz« nannte Harry Mulisch sein 1992 erschienenes Opus magnum *Die Entdeckung des Himmels*, einen

Harry Mulisch, *Das Attentat*, Umschlag der deutschsprachigen Ausgabe 1994

Auszug aus dem Roman
Die Entdeckung des Himmels
von Harry Mulisch:

Wer frei ist, überlegte Max eines Nachmittags im Herbst, als er auf seinem Balkon stand und die sich gelb färbenden Bäume betrachtete, kann sich nicht vorstellen, je eingesperrt zu sein, genauso wenig wie ein Gefangener sich wirklich die Freiheit vorstellen kann. Die Trägheit der Masse hat ihr Pendant in der Trägheit des Geistes: alles, was in einem bestimmten Augenblick nicht der Fall ist, hat den Charakter eines Traumes. Die Folge ist, dass die Geschichte zwar in Büchern zu finden ist, aber kaum außerhalb – und was sind schon Bücher?

breit angelegten psychologischen Gesellschaftsroman, der Zeitgeschichte der 1960er und 1970er Jahre, Ethik und Philosophie in einem komplexen Universum vereint.

Inhalt: Gott beauftragt seine himmlischen Heerscharen, die in einem Geheimversteck in Rom lagernden mosaischen Gesetzestafeln von der Erde zu holen und in den Himmel zu bringen. Da kein Mensch von ihrer Existenz weiß, muss ein Wesen erschaffen werden, das den Plan ausführen kann. Deshalb planen die Engel die Zeugung der Hauptfigur, Quinten Quist.

Harry Mulisch, *Die Entdeckung des Himmels;* links: Umschlag der Originalausgabe 1992; rechts: Umschlag der deutschsprachigen Erstausgabe 1993

 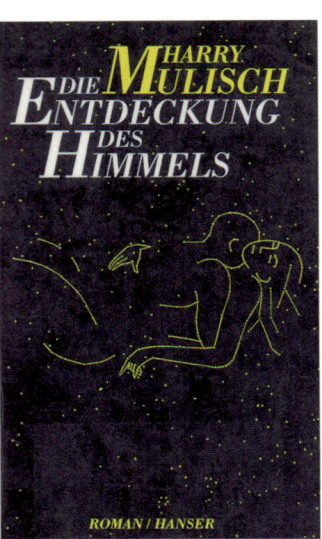

Seine zwei biologischen und befreundeten Väter sind der Sternenforscher Max Delius und der Sprachenforscher Onno Quist. Als Mutter wird die Musikerin Ada auserkoren, die erst die Geliebte des einen, später die Frau des anderen wird. Noch während der Schwangerschaft verliert sie durch einen Autounfall ihr Bewusstsein und vegetiert im Krankenhaus dahin.

Im Mittelpunkt des Romans stehen Erziehung und Reifeprozess des von den Göttern erwählten Boten. Ein Kernstück spielt auf dem Schloss Groot Rechteren, von deren Bewohnern Quinten aufgezogen wird, darunter der Bildhauer Kern und der Übersetzer Proctor. Dank der unkonventionellen Ausbildung und der unterschiedlichen Anlagen seiner beiden biologischen Väter ist er befähigt, seine göttliche Mission zu erfüllen: In derselben Nacht, in der seine leibliche Mutter stirbt, stiehlt Quinten die steinernen Gesetzestafeln aus dem Sancta Sanctorum in Rom. Am Tag ihrer Einäscherung fährt Quinten in den Himmel auf, während die Buchstaben der inzwischen nach Israel zurückgekehrten Tafeln in den Himmel aufsteigen.

Aufbau: *Die Entdeckung des Himmels* verbindet Mulischs pessimistische Weltsicht mit einer sprachgewaltigen Bilderflut. Durchwoben wird der labyrinthisch konstruierte Roman von Wort- und Zahlenspielen sowie zahlreichen literarischen Verweisen (u. a. Franz → Kafkas *Brief an den Vater*, 1919). Ebenso greift Mulisch bereits behandelte Themen früherer Werke auf (u. a. Auschwitz, das Motiv des Verrats und die Vorliebe für mystische Zahlensymbolik und allumfassende kosmologische Zusammenhänge).

Wirkung: Von Kritik und Publikum gleichermaßen gefeiert und allein in den Niederlanden mit einer Erstauflage von 250 000 Exemplaren gestartet, wurde *Die Entdeckung des Himmels* das bis heute erfolgreichste Werk von Mulisch. Allerdings wurden auch kritische Stimmen am zunehmend patriarchalischen Weltbild des Autors laut, dessen Kosmos keine andere Lesart als die von ihm festgelegte zulässt. *W.Co.*

Die wichtigsten Bücher von Harry Mulisch

Archibald Strohalm 1952	Das preisgekrönte Romandebüt schildert die ekstatischen Visionen eines Schriftstellers, dessen Wahrnehmung die scheinbar chaotische Struktur des Buches vorgibt.
Das steinerne Brautbett 1959	Der Amerikaner Norman Corinth kehrt in jene ostdeutsche Stadt zurück, an deren Zerstörung er im Krieg beteiligt war. Der Roman wirft die Frage nach Schuld und Schuldbewusstsein auf.
Strafsache 40/61 1962	Das Werk stellt eine Reportage über den Eichmann-Prozess dar und wurde 1963 mit dem Vijverberg-Preis ausgezeichnet.
Zwei Frauen 1975	In einer Rückblende erzählt die Hauptfigur Laura die fatale Geschichte ihrer Beziehung zu ihrer großen Liebe Sylvia.
Das Attentat 1982	Der Mordanschlag auf einen Kollaborateur und die anschließende de Vergeltungsaktion der Wehrmacht hat 1945 die Auslöschung der Familie des jungen Anton zur Folge. → S. 795
Die Entdeckung des Himmels, 1992	Der breit angelegte Zeitroman beschreibt das Eingreifen göttlicher Mächte in das Schicksal der Menschheit. → S. 795
Die Prozedur 1998	Der Roman setzt den jüdischen Golem-Mythos mit der modernen Genforschung gleich: Der Wissenschaftler Victor entdeckt den »Eobionten«, einen Organismus aus künstlicher Materie.
Das Theater, der Brief und die Wahrheit 2000	Am Beispiel des Schauspielers Althans, selbst Opfer des Nationalsozialismus, warnt Mulischs doppelbödige Erzählung vor dem neu aufkeimenden Antisemitismus und reflektiert gleichzeitig die Frage nach Dichtung und Wahrheit, Opfern und Tätern.
Siegfried. Eine schwarze Idylle 2001	Ein im Wien des Jahres 1938 angesiedelter Roman über die Liebesbeziehung von Adolf Hitler und Eva Braun. Aus dem Verhältnis geht ein (fiktiver) Sohn hervor.

Müller, Herta

dt. Schriftstellerin

* 17.8.1953 Nitzkydorf, Rumänien

📖 *Der Fuchs war damals schon der Jäger*, 1992

Herta Müller ist eine bedeutende Vertreterin der jüngeren rumänien-deutschen Literatur. In ihren Romanen, Erzählungen und Essays über die Zeit der Ceauçescu-Diktatur in Rumänien zeigt sie die Folgen totalitärer Systeme für die Menschen und ihr Zusammenleben auf prägnante wie erschütternde Weise auf.

1953 in einer Gemeinde der deutschen Minderheit im rumänischen Banat, einer Region an der serbisch-ungarischen Grenze, geboren, studierte Müller 1972–76 Germanistik und Romanistik und arbeitete als Deutschlehrerin und Übersetzerin. Infolge ihrer Weigerung, mit dem Geheimdienst zusammenzuarbeiten, wurde sie aus dem Schuldienst entlassen und durchlebte den Terror von Verhören, Hausdurchsuchungen und Drohungen.

Seit 1984 als freie Schriftstellerin tätig, konnte das erste Buch von Müller, *Niederungen* (1984), nur in von der Zensur entstellter Form erscheinen. In diesem Erzählband beschreibt sie in einer analytischen und zugleich fantasievollen Sprache die Dumpfheit und Verlogenheit innerhalb der deutschen Minderheit, was ihr zusätzlich die Ächtung innerhalb des deutschen Milieus ihrer Heimat eintrug. 1987 verließ Müller Rumänien und zog nach Berlin, wo sie seitdem lebt und arbeitet.

Rumäniendeutsche Literatur

Rolf Bossert 1984	*Neuntöter*: Gedichte in einem Ton von Verbitterung und Verzweiflung über eine verrohte Welt und einen bedrohlichen Wartezustand zwischen Vergangenheit und Zukunft.
Oskar Pastior 1986	*Lesungen mit Tinnitus*: Gedichte aus den Jahren 1980–85, in denen der experimentelle Lyriker neue Sprachkunst erschafft.
Dieter Schlesak 1986	*Vaterlandstage und die Kunst des Verschwindens*: Ein Epochen- und Familienroman über das Leben in brauner und roter Diktatur, über die Bedeutung von Auswanderung und Exil.
Herta Müller 1992	*Der Fuchs war damals schon der Jäger*: Eine Lehrerin durchlebt die Demütigungen der letzten Tage der Ceauçescu-Diktatur. →S. 797
Franz Hodjak 2000	*Der Sängerstreit*: Im 13. Jahrhundert verlässt ein Sänger seine Heimat Siebenbürgen, um in Thüringen an einem Wettstreit teilzunehmen.
Richard Wagner 2001	*Miss Bukarest*: Ein ehemaliger Securitate-Mitarbeiter, der mittlerweile in Berlin arbeitet, wird durch einen Leichenfund mit seiner Zeit in Rumänien während der Ceauçescu-Diktatur konfrontiert.

Der Fuchs war damals schon der Jäger

OA 1992 **Form** Roman **Epoche** Moderne

In ihrem Roman *Der Fuchs war damals schon der Jäger* zeichnet Herta Müller in expressiven Bildern das krude, Schrecken erregende Panorama eines untergehenden Regimes und einer bis auf den Grund zerstörten Gesellschaft.

Inhalt: Die Handlung spielt in Rumänien in den letzten Tagen des Ceauçescu-Regimes. In einer öden, verfallenden Vorstadt leben die Menschen ohne jegliche Perspektive. Einst auserkoren, Helden der Arbeit zu sein, trotten sie nunmehr gleichmütig durch den Alltag. Sie sind zermürbt, ausgemergelt, lebensmüde und suchen Zuflucht im Alkohol, in Händel und Gemeinheiten. Das einzige, was von den Visionen und Verheißungen des einstigen gesellschaftlichen Experiments, das längst zum real existierenden Sozialismus verkommen ist, blieb, sind die Blechschilder mit den alten Parolen. Das gesamte Versorgungssystem, wie z.B. Elektrizität, ist zusammengebrochen, einzig das Überwachungssystem hat nichts von seiner Effektivität eingebüßt.

Die Lehrerin Adina ist von einem Gefühl permanenter Angst und Bedrohung ergriffen. Der seelische Ausnahmezustand lässt sie die Realität überscharf wahrnehmen. Noch im kleinsten Detail spiegelt sich die Verkommenheit dessen, was das Regime aus Menschen und Land gemacht hat. Ungeziefer und Insekten scheinen ihr das einzig wirklich Lebendige, die Pappeln der Nachbarschaft werden für sie zu grünen Messern, die Menschen scheinen allein in der Demütigung des anderen ihren Daseinszweck zu sehen.

Als Adina vor ihren Schülern den Ernteeinsatz der Zöglinge als Kinderausbeutung bezeichnet, wird sie zum Direktor zitiert und sieht sich statt eines Verweises mit sexueller Nötigung konfrontiert. Was Adina bleibt, ist die Freundschaft zu Clara, einer Vertrauten aus Kindertagen. Bald stellt sich jedoch heraus, dass Claras Geliebter Geheimdienstoffizier ist. Schließlich verdankt sie der Verstoßenen aber ihre Rettung, denn sie erhält von ihr den Hinweis, dass das Regime in einem letzten Versuch, die Macht zu erhalten, Massenverhaftungen plant. Adina flieht zu Bekannten, wo sie vor dem Fernseher die revolutionären Ereignisse des Regimesturzes in Bukarest und die Erschießung des Diktators und seiner Frau verfolgen kann.

Struktur: Der eigentliche Handlungsrahmen des Romans ist nur angedeutet. Ihre Spannung erzielt diese Prosa nicht durch das Geschehen, sondern durch die Intensität der eine beklemmende Atmosphäre schaffenden aneinander gereihten symbolhaften Bilder, eine für das Werk von Müller charakteristische Form der literarischen Komposition.

Wirkung: Der Roman entstand auf der Grundlage des Drehbuchs zu *Der Fuchs der Jäger*, der von Müller und Harry Merkle gedreht wurde. Die filmähnliche szenische Aneinanderreihung im Roman beklagten einige Kritiker, die Müller deshalb mangelnde Literarizität vorwarfen. Dennoch konnte sich die Autorin mit diesem Roman etablieren. *R. F.*

Herta Müller, *Der Fuchs war damals schon der Jäger*, Originalausgabe 1992

Auszug aus dem Roman *Der Fuchs war damals schon der Jäger* **von Herta Müller:**

Was sollte ich tun, sagt die Tochter der Dienstbotin, ich musste schweigen, ich hab ein Kind… Ich weiß, sagt Adina, die Männer hatten Frauen, die Frauen hatten Kinder, die Kinder hatten Hunger. Die Tochter der Dienstbotin zieht sich eine Haarsträhne durch den Mund, sieht den halbverkohlten Berg an, jetzt ist es vorbei, sagt sie, und wir leben.

Auszug aus dem Roman *Max Havelaar* von Multatuli:

Ja, man wird mich lesen! Wenn dieses Ziel erreicht ist, werde ich zufrieden sein. Denn es ging mir nicht darum, gut zu schreiben... Ich wollte so schreiben, auf dass es gehört werde. Und genau wie jemand, der ruft: »Haltet den Dieb!« sich wenig um den Stil seiner improvisierten Ansprache an das Publikum kümmert, so ist es auch mir völlig gleichgültig, wie man die Art und Weise beurteilen wird, in der ich mein »Haltet den Dieb!« hinausgeschrien habe. »Das Buch ist bunt... es ist kein sinnvoller Aufbau enthalten... Effekthascherei... schlechter Stil... der Autor ist ungeübt... kein Talent... keine Methode...« Gut, gut, alles gut! Aber... DER JA-VANER WIRD MISSHANDELT!

Multatuli

(eigtl. Eduard Douwes Dekker)

niederländ. Schriftsteller

* 3.3.1820 Amsterdam

† 19.2.1887 Nieder-Ingelheim am Rhein

📖 *Max Havelaar*, 1860

In seinem Werk zeigt Multatuli soziale Missstände in den niederländischen Kolonien sowie im eigenen Land auf und prangert die ungerechte Verteilung der Macht an.

Nach dem Abitur fuhr Eduard Douwes Dekker nach Niederländisch-Indien und arbeitete sich vom Büroangestellten zum hohen Beamten empor. Sein Engagement für die unterdrückte einheimische Bevölkerung führte zu Konflikten mit seinen Vorgesetzten. 1857 quittierte er den Dienst, kehrte in die Heimat zurück und versuchte sich zu rehabilitieren. Aus diesem Grund schrieb er *Max Havelaar* und wählte, um seiner Empörung Nachdruck zu verleihen, als Pseudonym Multatuli (latein. »Ich habe viel gelitten«). 1862–77 folgten in sieben Bänden *Ideen* (*Ideën*), ein Werk, mit dem der Autor ein Bewusstsein für politisch-gesellschaftliche Fragen aller Art schaffen wollte. 1865 schlug die Gründung einer eigenen Zeitung fehl, 1866 scheiterte auch der Versuch, in Hamburg mit einem Roulette-Salon Geld zu verdienen, 1867 sorgte ein stürmisches Dreiecksverhältnis in Den Haag für einen Skandal. 1870 übersiedelte Multatuli nach Deutschland, wo ihm ein Mäzen einen ruhigen Lebensabend ermöglichte.

Biografie: D. van der Meulen, *Multatuli*, 2002.

Max Havelaar

OT *Max Havelaar of De koffijveilingen der Nederlansche handelmaatschappij* **OA** 1860 **DE** 1875
Form Roman **Epoche** Naturalismus

Mit dem Roman *Max Havelaar* von Multatuli begann noch vor Émile → Zola die sozial engagierte naturalistische Literatur. Das stark auto-

biografische Werk kritisiert die Kolonialpolitik der Niederlande (Stichwort → S. 798) und bewirkte schließlich tief greifende politische Änderungen. Mit kühnen Verbindungen unterschiedlicher literarischer Formen wies der Autor der Literatur neue formale Wege.

Inhalt: Vier miteinander verknüpfte Erzählstränge bilden die Handlung von *Max Havelaar*. Der kleinbürgerliche Amsterdamer Kaffeehändler Droogstoppel träumt davon, ein Standardwerk über Kaffeeanbau und -handel zu schreiben. Von Schalmann, einem Jugendgefährten, werden ihm einige Dokumente über Missstände in der Kolonie Niederländisch-Indien übergeben. Da Droogstoppel sich nicht zutraut, so ein Buch zu schreiben, überträgt er die Niederschrift seines Buchs dem deutschen Praktikanten Stern. Aus der Perspektive Sterns wird schließlich der Kampf des Kolonialbeamten Max Havelaar erzählt, der mitansieht, wie der javanische Stammesfürst seine Untertanen rücksichtslos ausbeutet. Er fordert seine Vorgesetzten auf, den Fürsten und seinen Clan zu verhaften und anzuklagen. Seine Forderung wird letztlich vom Kolonialminister in Den Haag abgelehnt, worauf der engagierte Beamte kündigt. Ein Untersuchungsausschuss stellt später die Richtigkeit der Aussagen Havelaars fest. Dennoch wird dieser nicht rehabilitiert. Ein Schreiben an den König und die Androhung der Veröffentlichung von Max Havelaars Erfahrungen bewirken nichts.

Aufbau: Durch die vier Erzähler in den einzelnen Handlungssträngen findet ein ständiger Perspektivwechsel statt. In eine an sich bereits komplizierte Mischung aus Fiktion, Reportage und Autobiografie arbeitete Multatuli darüber hinaus Gedichte, Parabeln, Satiren und Dokumente sowie Briefe und Aktenvermerke ein. Der Kleinbürger Droogstoppel und die hohen Kolonialbeamten sprechen und schreiben das altmodische, bürokratische Niederländisch der Zeit. Schalmann, Stern und Max Havelaar äußern sich offen und modern in einem revolutionären Sprachduktus.

Wirkung: *Max Havelaar* markiert den Beginn einer Änderung der niederländischen Kolonialpolitik. Seine humanitären Forderungen, die Mischung aus Atheismus und Emanzipation lösten heftige Debatten aus. Im niederländischen Raum kündigte das Buch mit seiner von der Phonetik abgeleiteten Rechtschreibung und der Verwendung von Slang eine sprachliche Revolution an und führte zu einer einschneidenden Sprachreform im 20. Jahrhundert. Desgleichen übte das Werk großen Einfluss auf die niederländische Literatur aus: Der Autor wurde zum Paten mehrerer Generationen von Avantgardisten. Noch heute wird das Werk regelmäßig neu aufgelegt. *S. C. B.*

Niederländische Kolonialliteratur

Wichtige Beispiele: Multatuli schrieb *Max Havelaar*, als Niederländer ihr Heil in den Kolonien suchten, v. a. in Niederländisch-Indien (Indonesien). So entstand auch eine blühende Kolonialliteratur, die selten politisch geprägt war. Eduard du Perron mischte in *Das Herkunftsland* (*Het land van herkomst*, 1935) Beschreibungen grausamer Unterdrückung mit nostalgischen Passagen. Louis Couperus, Sohn eines Kolonialbeamten, zeigte in *Die stille Kraft* (1900), wie die Europäer an Magie und Klima des Orients zu Grunde gehen. 1922 hielt er die poetischen Eindrücke seiner letzten Reise und Jugenderinnerungen in *Unter Javas Tropensonne* fest. Hella S. Haasse beschrieb in *Oeroeg* (1948) die Freundschaft eines indonesischen und eines niederländischen Jungen, die mit der Unabhängigkeit zerbricht. *Die Teebarone* (1992) ist die Saga einer aufgeschlossenen Familie von Plantagenbesitzern. Dem anderen, westindischen Teil des Kolonialreichs haben sich Albert Helman (*Zuid-zuid-west*, 1926; *De stille plantage*, 1931) und Astrid Roemer (*Könnte Liebe sein*, 1998) literarisch angenommen.

Murakami, Haruki

japan. Schriftsteller und Übersetzer

* 12.1.1949 Kyoto

📖 *Gefährliche Geliebte*, 1992

Haruki Murakami ist einer der populärsten zeitgenössischen Schriftsteller Japans. Seine Romane zeichnen sich durch einen kurzen, prägnanten Stil aus und behandeln häufig den individualistischen Menschen, der sich von der Masse abhebt, sowie den Einfluss der Popkultur auf das moderne Leben.

Der Lehrersohn studierte 1968–75 griechisches Drama an der Universität Tokio und besuchte Kurse für Drehbuchautoren. Während des Studiums heiratete er und eröffnete einen Jazz-Club in der japanischen Hauptstadt. Seit 1981 arbeitet Murakami als freier Autor.

1986–90 war Murakami in Europa und lebte u.a. in Italien, Griechenland und England von seinen schriftstellerischen Arbeiten und Übersetzungen amerikanischer Romane ins Japanische. Sein Roman *Naokos Lächeln* (1987) über die Erinnerung an eine große Liebe wurde Murakamis erster Erfolg. 1991 übernahm er eine Gastprofessur an der Universität Princeton (New Jersey), später in Massachusetts. Anlässlich des Giftgasanschlags des AUM-Kults auf die U-Bahnanlagen in Tokio 1995 führte der ein Jahr zuvor nach Japan zurückgekehrte Murakami Interviews mit den Überlebenden. Aus diesem Material entstand die Dokumentation *Untergrundkrieg* (1997).

Obwohl Murakami die Weitervermarktung seiner Texte und seiner Person durch Medien strikt ablehnt, hat er in Japan eine umfangreiche Leserschaft.

Gefährliche Geliebte

OT Kokkyo no minami, Taiyo no nishi **OA** 1992 **DE** 2000
Form Roman **Epoche** Postmoderne

Der Roman handelt von einem erfolgreichen Mann, der auf der Suche nach einem anderen Leben ist. Im Mittelpunkt steht dabei seine Beziehung zu Frauen.

Inhalt: Der Ich-Erzähler Hajime genießt den wirtschaftlichen Erfolg und sein Eheleben mit zwei Töchtern. Eines Abends sieht er die ehemalige Klassenkameradin Shimamoto in seiner Jazz-Kneipe wieder. Sie verbringt einige Abende in seiner Bar, ohne ihm jedoch etwas über ihr Privatleben zu erzählen. Hajime findet sie sehr anziehend; beide kommen sich näher und verbringen schließlich eine Nacht zusammen, nach der Shimamoto ohne Abschied verschwindet. Möglicherweise begeht sie Selbstmord. Hajime kehrt zurück in sein Familienleben.

Aufbau: Die ersten sechs von insgesamt 15 Kapiteln schildern aus der Perspektive des Ich-Erzählers seine Vergangenheit im Rückblick. Die folgenden Kapitel behandeln die Gegenwart und stellen das Leben mit seiner Ehefrau Yukiko sowie die erneute Begegnung mit Shimamoto und die anschließende Trennung von ihr dar.

Der japanische Originaltitel heißt *Südlich der Grenze, westlich der Sonne*. Die Grenzüberschreitung nach Süden symbolisiert glückliche Zeiten der Hauptfigur mit Shimamoto in Kindheit und Gegenwart. Shimamoto erläutert im Zusammenhang mit einer Krankheit die Bedeutung von »westlich der Sonne«: Bei der »Histeria Siberiana« begeben sich Bauern in Sibirien, welche die Eintönigkeit ihres Lebens nicht mehr ertragen können, auf die Reise nach Westen und gehen so lange weiter, bis sie schließlich den Tod finden. So wie die sibirischen Bauern ist auch der Protagonist auf der Suche nach einem möglichen anderen Leben.

Wirkung: Der Roman wurde in Japan nicht so enthusiastisch aufgenommen wie frühere Werke von Murakami. Die verhaltene Reaktion erklärt sich vermutlich aus einer enttäuschten Erwartungshaltung, da der Autor keine fantastischen Elemente einfügte.

In Deutschland wurden *Gefährliche Geliebte* und der Autor Murakami vor allem durch die Fernsehsendung *Das Literarische Quartett* bekannt, da die Diskussion über die Erotik des Werks zum Auslöser für einen Streit unter den Moderatoren wurde, der Sigrid Löffler zum Verlassen des Quartetts bewegte. *S. S.*

Haruki Murakami, *Gefährliche Geliebte*, Umschlag der deutschsprachigen Erstausgabe 2000 (Gestaltung: Groothuis + Consorten)

Die wichtigsten Bücher von Haruki Murakami	
Wilde Schafsjagd 1982	Der Ich-Erzähler geht in dem Roman auf die Suche nach einem »Schaf«, das die Quelle übermenschlicher Kraft sein soll.
Hard-boiled Wonderland und das Ende der Welt, 1985	Nebeneinander werden zwei Geschichten erzählt: Die erste handelt von einer Gehirnprogrammierung des Ich-Erzählers, die andere von Städtern, die ihr Herz verloren haben.
Naokos Lächeln 1987	Eine melancholische Außenseiterballade um einen Mann, den die Erinnerung an eine große Liebe aus dem Leben wirft. Motto (und Originaltitel) des Buchs ist der Beatles-Song *Norwegian Wood*: »I once had a girl / Or should I say, she once had me.«
Mister Aufziehvogel 1992	Toru, ein unzufriedener Dreißigjähriger, erlebt zahlreiche unerklärliche Dinge, die sich als miteinander verbunden erweisen.
Gefährliche Geliebte 1992	Das erfolgreichste Buch des Autors ist ein Entwicklungsroman über einen erfolgreichen Mann mittleren Alters, der sich nach einem möglichen anderen Leben sehnt. → S. 799
Untergrundkrieg 1995	Murakami interviewte Opfer des Giftgasanschlags in der Tokioter U-Bahn 1995 und schrieb einen Essay zum Thema.

Murdoch, (Jean) Iris

angloir. Schriftstellerin

* 15.7.1919 Dublin, † 8.2.1999 Oxford

📖 *Der Schwarze Prinz*, 1973

Iris Murdoch ist eine der produktivsten Autorinnen der englischen Nachkiegsliteratur. In ihren Gesellschaftsromanen behandelt sie philosophische Fragen wie die Grenzen menschlicher Freiheit, den Gegensatz von »Gut« und »Böse« oder die Wahrheitssuche. Dabei steht die realistische Zeichnung menschlicher Verhaltensweisen im Vordergrund der oft mit Symbolen und magischen Elementen leitmotivisch durchzogenen Romane.

Die aus einer Beamtenfamilie stammende Murdoch studierte 1938–42 klassische Philologie und Philosophie in Oxford und Cambridge, ab 1948–63 arbeitete sie als Dozentin für Philosophie in Oxford und bis 1967 am Londoner College of Art. In ihrer wissenschaftlichen Arbeit beschäftigte sich Murdoch u.a. mit den Lehren von Immanuel → Kant und Jean-Paul → Sartre, dem sie auch eine Monografie (1953) widmete. Das Konzept der Kontingenz, des nicht notwendig Wahren, die sie, im Gegensatz zu Sartre, als mannigfache Andersartigkeit des Menschen deutete, spielt in ihrem Werk eine prominente Rolle. Murdoch vertrat die Ansicht, die wahre Sicht der Realität könne der Mensch nur im sittlichen Verhalten und in der Kunst erblicken.

Neben philosophischen Werken schrieb Murdoch insgesamt über 26 Romane. *Der Schwarze Prinz* und *Das Meer, das Meer* (1978), für die sie im selben Jahr den Pulitzerpreis erhielt, zählen zu ihren Hauptwerken. Sie greifen Themen wie Liebe und Intrigen, Wahrheit und Wahn, Schuld, Sühne und Tugend sowie Kunst/Literatur und Leben auf. Ab 1994 litt sie an der Alzheimer-Krankheit und starb im Alter von 79 Jahren in einem Oxforder Pflegeheim.

Biografie: J. Bayley, *Elegie für Iris*, München 2002.

Der Schwarze Prinz

OT The black prince **OA** 1973 **DA** 1979
Form Roman **Epoche** Moderne

Der Schwarze Prinz gilt als der wichtigste Roman von Iris Murdoch. Die Autorin verbindet eine handlungsreiche Geschichte mit literaturtheoretischen Reflexionen sowie existenzphilosophischen Themen.

Inhalt: Erzählt wird die Geschichte des Autors Bradley Pearson, der eigentlich plant, sich aufs Land zurückzuziehen, um in Ruhe seinen großen und wiederholt angekündigten Roman zu schreiben. Dazu kommt es aber nicht, da sich die Ereignisse überstürzen. Seine Schwester, die von ihrem Ehemann betrogen worden ist, besucht ihn und verübt schließlich Selbstmord, sein Freund Arnold, ein erfolgreicher Schriftsteller, ersucht ihn wegen seiner Eheprobleme um Rat. Zum Schluss wird Bradley wegen Mordes an Arnold verhaftet.

Im Zentrum steht die Liebe des 58-jährigen Bradley zu der jungen Julien, der 18-jährigen Tochter seines Freundes. Ihre Liebesbeziehung wird in einer Schlüsselszene anhand des *Hamlet* (1603) verdeutlicht: Die gesellschaftlich unmögliche Liebe zerbricht nicht an dieser Unmöglichkeit, sondern daran, dass die beiden keinen Zugang zueinander finden, weil sie in ihren jeweiligen Vorstellungen gefangen sind. Die melancholische Frage Hamlets – daher auch die Titelanspielung – nach Schein und Sein, das Kernthema des Romans, wird auf das Thema der Einsamkeit eines jeden Menschen und des Schriftstellers übertragen »Ich habe mir unaufhörlich vorgestellt, wie ich mit dir darüber reden würde, aber das gehörte in die Welt der Fantasie. In der wirklichen Welt kann ich mit dir nicht über Liebe reden.«

Aufbau: Im Zentrum steht der quasi-autobiografische Bericht der Figur des Bradley, der durch die häufige Verwendung direkter Rede Unmittelbarkeit und eine Identifikationsmöglichkeit vermittelt. Diese ist aber gebrochen durch das Verfahren der

links: Iris Murdoch; rechts: Iris Murdoch, *Der schwarze Prinz*, Umschlag der deutschsprachigen Ausgabe 1998

OT = Originaltitel **EZ** = Entstehungszeit **OA** = Originalausgabe **DE** = Deutsche Erstausgabe 📖 = Verweis auf Werkartikel

Herausgeberfiktion und durch umfangreiche fiktive Kommentare. Schon im Vor- und Nachwort Bradleys werden Relativierungen und Widersprüche deutlich – ein Grundprinzip des Romans. Die vier Protagonisten äußern sich in Kommentaren zu den Bekenntnissen Bradleys und durchbrechen so dessen Sicht der Dinge und den Weg zur Wahrheit.

Wirkung: Die Kritik bezeichnete den Roman aufgrund der thematischen Vielfalt, der Figurenzeichnung und nicht zuletzt aufgrund der gelungenen Verbindung von Unterhaltung und anspruchsvoller Literatur als bestes Werk von Murdoch. Das Leben der geistreichen Schriftstellerin wurde 2001 in dem Film *Iris* mit Judi Dench in der Hauptrolle verfilmt.   *T. Sch.*

Szene aus der Oper *La Boheme* von Giacomo Puccini; Inszenierung von Jean-Pierre Ponnelle in Straßburg 1977

Murger, Henri

frz. Schriftsteller

*24.3.1822 Paris, †28.1.1861 ebd.

📖 *Die Boheme*, 1851

Das Hauptverdienst des Schriftstellers Henri Murger besteht in der detaillierten Darstellung der zeitgenössischen Pariser Künstlerwelt. Seine Geschichten und Beschreibungen prägten das bürgerliche Geschmacksideal um die Mitte des 19. Jahrhunderts und wurden zum Ausgangspunkt der so genannten Boheme-Literatur.

Murger war Sohn eines Pariser Concierges. Er studierte Malerei und arbeitete als Sekretär des russischen Botschafters in Paris. Später lebte er von seinen journalistischen und literarischen Arbeiten. Murger wohnte gemeinsam mit Freunden in einer kleinen Mansardenwohnung und schrieb primär für verschiedene Zeitschriften, darunter für die damals beliebte *Revue des deux mondes*. Zu einem Zeitpunkt, als sich seine finanzielle Situation gerade zu bessern begann, starb Murger im Alter von 39 Jahren.

Vor allem die Lyrik sowie die Erzählungen von Murger sind heute weitgehend vergessen. Zu seinen Werken zählen die 1851 erschienene Novelle *Szenen aus dem Leben der Jugend*, *Die Wassertrinker* (1855) und der *Roman eines Kapuziners* (1868).

Die Boheme

OT Scènes de la vie de bohème
OA 1851 (Vorabdruck 1847–49 in *Le Corsaire-Satan*)
DE 1851 **Form** Roman **Epoche** Realismus

Der Roman *Die Boheme* schildert in romantisierender Verklärung das Leben einiger Pariser Künstlerexistenzen im 19. Jahrhundert, die am Rand der bürgerlichen Gesellschaft leben.

Die Opernfassung La Boheme von Giaccomo Puccini

Entstehung: Giacomo Puccini hatte bereits während seiner Arbeit an *Manon Lescaut* (1893) nach einem neuen geeigneten Stoff Ausschau gehalten und fand ihn in Murgers *Die Boheme*. Ob sein Verleger Giulio Ricordi ihn dazu angehalten hatte, da sich bereits Ruggiero Leoncavallo dieses Themas angenommen hatte, ist nicht ganz klar. Fest dagegen steht, dass die gleichzeitige Auseinandersetzung mit der Textvorlage von Murger die Freundschaft Puccinis mit seinem Komponistenkollegen jäh beendete. Das Libretto von Giuseppe Giacosa und Luigi Illica entstand bis zum Frühjahr 1895; im Herbst desselben Jahres schloss Puccini bereits die Partitur ab. Am 1. Februar 1896 dirigierte Arturo Toscanini (1867–1957) eine vom Turiner Publikum wohlwollend aufgenommene Premiere. Den endgültigen Durchbruch erlebte die Oper erst im April bei einer Aufführung in Palermo.

Textdichtung: Puccinis Textdichter waren ein sich ergänzendes Team. Illica war der bedeutendere Theaterpraktiker, Giacosa der sprachlich Sensiblere. Beide betonen in ihrem Vorwort, dass sie die Charakterisierung der Personen und das lokale Milieu treu beibehalten hätten. Aus Gründen der Opernpragmatik verschmolzen Mimi und Francine zu einer Figur.
Musik: Partitur und Inhalt des Werks korrespondieren miteinander, indem sie auffallend dialektische Züge aufweisen: Strenge und Freiheit, Wärme und Kälte, geschlossene und offene Systeme stehen in Kontrast zueinander. Die Musik lebt von impressionistisch-veristischer Detailkunst: Die vier Bilder zeichnen sich durch eine zunehmende Verlangsamung gegen Ende hin aus. Mimi wird musikalisch durch Zartheit charakterisiert, die ihren negativen Höhepunkt am Schluss erfährt.

Entstehung: Mit Théodore Barrière (1825–77) erarbeitete Murger 1849 eine Bühnenfassung seiner erst als Einzeldrucke in *Le Corsaire-Satan* erschienenen Sammlungen, dem er den Titel *Vie de Bohème* gab und das noch im November desselben Jahres im Théâtre des Variétés uraufgeführt wurde. Der 1851 erschienene Roman vereinigte alle Szenen erstmals in einem Buch.

Inhalt: Die Hauptfiguren des Romans sind der Dichter Rodolphe, seine Freundin Mimi Pinson, der Maler Marcel und dessen Freundin Musette, der Musiker Alexandre Schaunard sowie der Philosoph Gustave Colline. Sie alle führen ein wildes Leben abseits der bürgerlichen Gesellschaft, lehnen sich gegen eine von der Dominanz des Geldes geprägte Existenz auf und widmen sich allein ihrer Kunst. Im Mittelpunkt des Geschehens steht ihr permanentes Ringen

Inmitten all dieser unechten Skeptiker war Rudolf der einzige, der mit einiger Achtung von der Liebe zu sprechen wagte; und wer das Unglück hatte, diese Saite bei ihm zu berühren, musste eine Stunde lang hören, wie er Elegien girrte über das Glück, geliebt zu werden, über das Blau eines friedlichen Sees, über das Lied des Windes, das Konzert der Sterne usf.

Joseph Murphy, *Die Macht Ihres Unterbewusstseins,* Einband der US-Taschenbuchausgabe 1988

Auszug aus dem Buch *Die Macht Ihres Unterbewusstseins* von Joseph Murphy:

Sobald es Ihnen gelingt, das Lebensgefühl eines wohlhabenden Menschen in sich zu erzeugen, werden Sie in den Besitz all dessen gelangen, was dazu nötig ist.

ums tägliche Überleben. Sie werden geplagt von Schulden, vom Kampf gegen Kälte und Hunger. Jahrelang halten sie sich vorwiegend in Künstlercafés auf, schließen kurze Bekanntschaften, manchmal nur für eine Nacht.

Erst gegen Ende des Romans entwickelt sich eine zusammenhängende Geschichte. Rodolphe findet, nach mehreren Trennungen, seine Geliebte Mimi wieder. Ihre Schwindsucht nimmt immer ernstere Züge an, bis sie schließlich im Armenhospital stirbt. Colline ist inzwischen zu einem Bürgerlichen geworden und veranstaltet Soireen. Musette heiratet einen Postmeister, während die übrigen nach wie vor die Freiheiten ihrer Boheme-Zeit idealisieren: »Es ist aus mit uns, mein Alter, wir sind tot und begraben. Die Jugend kehrt nicht wieder. Wo dinierst Du heute?«

Struktur: Da der Roman aus einer Anekdotensammlung entstanden ist, dominiert auch hier das Episodenhafte. Einzig verbindendes Element sind die Protagonisten. Dass am Ende einige von ihnen den Weg zu einer gesicherteren Existenz finden, beruht auf den Bedürfnissen eines Publikums, dessen Zeitgeschmack Murger befriedigen wollte. Die zunächst heterogen wirkende Mischung aus bitteren und teilweise sentimentalen Schilderungen gibt ein realistisches Bild von der Boheme als Lebensform.

Wirkung: *La vie de Bohème* nannte sich die erste Verfilmung des Stoffs, die 1916 in den USA gedreht wurde. Dort folgten 1925/26 und 1934 zwei weitere Film-Versionen. Neben einer deutschen Fassung (1923) kommen zwei weitere Verfilmungen aus Italien (*Bohème* von 1943, und *Addio, Mimi* von 1947).

Am nachhaltigsten hat Murgers Roman die Opernbühne beeinflusst. Neben Giacomo Puccini (1858–1924) war es Ruggiero Leoncavallo (1857–1919), der eine Opernbearbeitungen mit *La Boheme* (Stichwort → S. 801) betitelte. Das Libretto stammt von ihm selbst. Beide Kompositionen beweisen eindrucksvoll, dass die Milieuschilderung von Murger bis zum Ende des 19. Jahrhunderts ihre Wirkung innerhalb der aufkommenden Fin-de-Siècle-Stimmung entfalten konnte. *C.V.*

Murphy, Joseph

ir. Religionswissenschaftler, Philosoph und Jurist

* 20.5.1898 Derrynard

† 15.12.1981 Laguna Hills (Kalifornien), USA

📖 *Die Macht Ihres Unterbewusstseins*, 1965

Joseph Murphy zählt zu den berühmtesten und überzeugendsten Wegbereitern des positiven Denkens. Seine Botschaft lautet: »Nicht das Unterbewusstsein hat die Macht, sondern wir verfügen über sie und indem wir bewusst auf diese Macht einwirken, können wir unser Leben gelassener, zufriedener und dadurch auch erfolgreicher gestalten.«

Aufgewachsen in einer religiösen, kinderreichen Familie, besuchte Murphy ein irisches Priesterseminar, um katholische Theologie zu studieren, brach das Studium jedoch kurz vor dem Abschluss ab, weil ihn der strenge Dogmatismus der katholischen Kirche in Gewissenskonflikte mit seinen eigenen theologischen Vorstellungen brachte. Um 1920 zog sich Murphy ein bösartiges Hautleiden zu, dem die Ärzte machtlos gegenüberstanden. Durch die Kraft seines Gebets und die Macht seines Unterbewusstseins konnte er sich selbst heilen.

1922 emigrierte Murphy in die USA, wo er Religionswissenschaft, Philosophie und Jura studierte und in allen drei Disziplinen promovierte. Nach diversen Lehrtätigkeiten und internationalen Vortragsreisen widmete sich Murphy ab den 1940er Jahren zunehmend publizistischen Tätigkeiten, verfasste insgesamt 36 Bücher sowie zahlreiche Zeitschriftenbeiträge und konnte in diversen Radio- und Fernsehsendungen ein große Publikum in seinen Bann ziehen.

Die Macht Ihres Unterbewusstseins

OT The Power of Subconscious Mind **OA** 1962 **DE** 1965 **Form** Sachbuch **Bereich** psychologie

Das Buch *Die Macht Ihres Unterbewusstseins* von Joseph Murphy ist ein Klassiker auf dem Gebiet des positiven Denkens. Es analysiert, wie der Mensch die unermessliche Kraft seines Unterbewusstseins schöpferisch nutzen kann und wie sich Wünsche kraft des Glaubens in Realität umsetzen lassen.

Aufbau: In 20 Kapiteln macht das Buch mit verschiedenen praxiserprobten Techniken vertraut, die ein mit Wohlstand, Gesundheit und inneren Frieden erfülltes Leben versprechen. Am Ende jedes Kapitels erhält der Leser eine kurze Zusammenfassung der vorangegangenen zentralen Aussagen.

Inhalt: Nach Murphy umgibt den Menschen ein unermesslicher Reichtum, wenn er das Auge des Geistes nach innen richtet und tief in seinem Selbst eine unerschöpfliche Schatzkammer entdeckt. Die richtige Erkenntnis dieser Macht des Unterbewusstseins und der damit verbundenen schöpferischen Kräfte bezeichnet Murphy als sichersten und schnellsten Weg, allem inneren und äußeren Mangel ein Ende zu setzen und für den Rest des Lebens in Wohlstand zu leben.

OT = Originaltitel **EZ** = Entstehungszeit **OA** = Originalausgabe **DE** = Deutsche Erstausgabe 📖 = Verweis auf Werkartikel

Dass das Unterbewusstsein oft einen ungeahnten Einfluss auf das Leben ausübt, ist zwar eine Binsenweisheit, doch Murphy suggeriert dem Leser, dass er mittels Autosuggestion und stetigen, gebetsartigen Wiederholungen von Sätzen wie »Ich bin eins mit dem unendlichen Reichtum meines Unterbewusstseins« oder »Das Geld strömt mir von unversiegbaren Quellen in reicher Fülle zu« sein Unterbewusstsein selbst dahin steuern kann, dass es seine Kräfte profitabel mobilisiert.

Wirkung: Das in zahlreichen Sprachen übersetzte Standardwerk über positives Denken hat weltweit über 60 Auflagen erlebt und wurde allein in der deutschsprachigen Ausgabe mehr als zwei Millionen Mal verkauft. *W.W.*

Muschg, Adolf

deutschspr. Schweizer Schriftsteller

* 13.5.1934 Zollikon (Zürich)

📖 *Baiyun oder die Freundschaftsgesellschaft,* 1980

Adolf Muschg ist einer der bekanntesten Schweizer Erzähler der Generation nach Max → Frisch. Die Schweiz als schwierige Heimat ist nicht nur Schauplatz und Reflexionsgegenstand vieler seiner Geschichten, sondern auch Thema zahlreicher kritischer Reden und Essays des politisch engagierten und sprachlich brillanten Autors und Literaturwissenschaftlers.

Sein Studium der Germanistik, Anglistik und Philosophie schloss Muschg mit einer Dissertation über Ernst Barlach (1870–1938) ab, lehrte als Hochschuldozent an deutschen, schweizerischen, japanischen und amerikanischen Universitäten und 1970–99 als Professor für Deutsche Sprache und Literatur an der Eidgenössischen Technischen Hochschule in Zürich. 1979/80 hielt Muschg die Frankfurter Poetikvorlesungen unter dem Titel *Literatur als Therapie?* (1981), 1987/88 war er Fellow des Wissenschaftskollegs in Berlin, 1997 erster Leiter des Collegium Helveticum.

Die Erfahrung von Fremdsein prägt nicht nur die Werke, die sich mit fernen Kontinenten befassen, sondern ist ein grundlegendes Element seiner distanzierten Weltwahrnehmung und -beschreibung. Muschg debütierte 1965 mit dem Japan-Roman *Im Sommer des Hasen*, China steht im Mittelpunkt seines erfolgreichsten Romans *Baiyun oder die Freundschaftsgesellschaft*. Bekannt machten ihn vor allem seine psychologisch genauen, lakonisch verknappten Erzählungen (versammelt u.a. in den Bänden *Fremdkörper*, 1968; *Entfernte Bekannte*, 1976; *Leib und Leben*, 1982; *Der Turmhahn und andere Liebesgeschichten*, 1987) und seine Romane.

Außer einigen Dramen und Hörspielen schrieb Muschg wichtige literaturgeschichtliche Abhandlungen, u.a. *Gottfried Keller* (1977) und *Goethe als Emigrant* (1986). Neben zahlreichen wichtigen Auszeichnungen erhielt Muschg 1994 den Büchner-Preis.

Baiyun oder die Freundschaftsgesellschaft

OA 1980 **Form** Roman **Epoche** Moderne

Der Roman gilt als Schlüsselwerk von Adolf Muschg: Er schildert ein China, das sich vorsichtig westlichem Denken öffnet.

Inhalt: 1978, kurz nach dem Tod Mao Zedongs und der Verhaftung der »Viererbande«, besucht eine halboffizielle Schweizer Delegation auf Einladung der »Freundschaftsgesellschaft« China. Prominentester Gast ist der berühmte Schriftsteller Samuel Rütter, den eine auf seinen Wunsch zusammengestellte, sehr heterogene »Expertengruppe« von Wissenschaftlern, Wirtschafts- und Kulturfachleuten begleitet. Während der Reise stirbt unter mysteriösen Umständen der Gruppenleiter, der Agronomieprofessor Stappung, der sich in der Gruppe durch sein unsensibles Verhalten und bei den Gastgebern durch seinen unbezähmbaren Forscherdrang exponiert hat. Vieles deutet auf einen Mord hin. Auf der Suche nach dem Motiv oder dem Schuldigen erscheinen die politischen und kulturellen Reiseerfahrungen in einem neuen Licht; Fragmente der individuellen Lebensgeschichten der achtköpfigen Gruppe erschließen sich unter dem Druck einer Ausnahmesituation; zwischen den Gästen, den Gastgebern und den im Hintergrund agierenden Institutionen entwickeln sich neue Kons-

Adolf Muschg, *Baiyun oder die Freundschaftsgesellschaft*, Umschlag der Originalausgabe 1980

Günter Grass in seiner Laudatio auf Adolf Muschg zur Verleihung des Grimmelshausen-Preises 2001:

Als notorischer Nestbeschmutzer ist er zugleich Patriot.

Adolf Muschg (r.) am 20. Dezember 2001 bei der Verleihung des Grimmelshausen-Preises in Renchen im Gespräch mit seinem Laudator Günter Grass

tellationen. Stappungs Tod erweist sich am Ende als Zufall, »ein Missverständnis mit tödlichem Ausgang«. Unter dem Signum eines unvermeidlichen Missverständnisses des Fremden und des Eigenen steht auch die ganze Reise.

Aufbau: In einem kunstvollen Spiel mit Rückblenden und gelegentlichen Traumsequenzen schildert der Ich-Erzähler, ein Psychologe, dessen Arbeit als Resultat westlicher Dekadenz bei den Chinesen auf neugieriges Unverständnis trifft, die Ereignisse als Teilnehmer und Beobachter. Die Handlung vermischt konventionelle Schemata des Kriminalromans und der Reiseerzählung, vermittelt das Faktische aber immer auch als selbstkritisch befragte provisorische Wahrnehmung.

Wirkung: Der Roman wurde in seiner politischen Brisanz sowohl im deutschsprachigen Raum als auch in China mit großem Interesse wahrgenommen. Als präzise Analyse notwendiger Fremdheit, bei der das real als fotografischer Ausschnitt Gesehene zu dem »Nicht-Gezeigten in einem genauen Verhältnis steht«, entwirft er nicht nur eine moderne Poetologie, sondern

trotz seiner Nähe zur Zeitgeschichte auch ein zeitloses Bild von der Konfrontation europäischen und asiatischen Denkens. *E. E. K.*

Musil, Robert

österreich. Schriftsteller

* 6.11.1880 Klagenfurt, † 15.4.1942 Genf

📖 *Die Verwirrungen des Zöglings Törleß*, 1906

📖 *Der Mann ohne Eigenschaften*, 1930–43

Mit seinem Hauptwerk, dem Roman *Der Mann ohne Eigenschaften*, hat Robert Musil eines der grundlegenden Werke der ersten Jahrhunderthälfte geschrieben. Mit James → Joyce und Marcel → Proust in einem Atemzug genannt, gilt er heute als Mitbegründer der literarischen Moderne, da er den Bereich der Erkenntnis im Roman wesentlich erweitert und »die Unermesslichkeit dessen entdeckt hat, was einzig der Roman enthüllen kann« (Milan Kundera).

Musil, Professorensohn aus Klagenfurt und zur Offizierslaufbahn bestimmt, besuchte zunächst Kadettenschulen, bevor er auf dem Weg über technisch-naturwissenschaftliche Studien zur Literatur kam. Nach dem Abschluss eines Maschinenbaustudiums (1901) studierte er in Berlin Philosophie, Psychologie und Mathematik und arbeitete parallel dazu an seinem ersten, 1906 erschienenen Roman *Die Verwirrungen des Zöglings Törleß*.

Nach der Teilnahme als Offizier im Ersten Weltkrieg und kurzer Tätigkeit für das Auswärtige Amt entschloss sich Musil 1921 zur Existenz als freier Schriftsteller und Kritiker in Wien. Ab 1925 widmete er sich vor allem der Arbeit an seinem Opus magnum *Der Mann ohne Eigenschaften*, dessen erster Band 1930 erschien.

1938 emigrierte Musil – seine Bücher gehörten in Österreich und Deutschland zu den verbotenen – mit seiner jüdischen Frau Martha in die Schweiz. Verarmt und bis zuletzt an der Fortsetzung seines Romans arbeitend, erlag Musil im April 1942 den Folgen eines Gehirnschlags.

Biografie: W. Berghahn, *Robert Musil* (rm 50081); K. Corino, *Robert Musil*, 1992.

Die Verwirrungen des Zöglings Törleß

OA 1906 **Form** Roman **Epoche** Moderne

Der Erstlingsroman von Robert Musil *Die Verwirrungen des Zöglings Törleß* über die sadistischen Spiele und den Seelen-Terror einer Reihe von Internatszöglingen aus den oberen sozialen Schichten nahm in vielem das Bild der kommenden Diktatur und der Vergewaltigung des Individuums durch die Mehrheit und das System vorweg.

Entstehung: Musil war 22 Jahre alt, als die Arbeit an seinem ersten Roman begann, trotz seiner Jugend schon Ingenieur und er fühlte sich in seinem Beruf unzufrieden und gelangweilt. So setzte er sich in diesem Buch mit den eigenen Erfahrungen als Zögling von k.u.k. Militärerziehungsanstalten auseinander, die er 1892 bis 1897 in Eisenstadt und Mährisch-Weißkirchen durchlaufen hatte. Da es Musil zunächst nicht gelang, einen Verlag zu finden, schickte er das Manuskript dem prominenten und einflussreichen Kritiker Alfred Kerr, der es enthusiastisch feierte und Musil damit zum literarischen Durchbruch verhalf.

Inhalt: Der junge Törleß, Sohn eines Hofrats, tritt in ein altehrwürdiges Konvikt ein, in dem die Sprösslinge der oberen Familien des Landes auf den Militär- oder Staatsdienst vorbereitet werden. Das Zusammenleben der Schüler ist von pubertären Nöten und homoerotischen Beziehungen geprägt. Törleß befindet sich in diesem Konvikt zunächst in einer komplizierten, von Depressionen geprägten Situation. Er empfindet sein Leben als sinnlos und sehnt sich nach einem anderen Dasein, von dessen Gehalt und Form er sich allerdings keine rechte Vorstellung machen kann. Ausbruchsversuche aus der behütet erscheinenden Bürgerwelt, eine Begegnung mit einer Dirne lösen in ihm heftige Gefühle aus, bringen jedoch keine Erfüllung.

Das verhängnisvolle Geschehen setzt ein, als Basini, ein weicher, in seiner Entwicklung zurückgebliebener Junge, von Mitschülern des Kameradendiebstahls überführt wird. Statt ihn der Internatsleitung zu melden, beschließen die Zöglinge Beineberg und Reiting, die Bestrafung und Läuterung des Jungen selbst vorzunehmen. Der feinfühlige Törless, neugierig auf das Bösartige und Vulgäre, das die beiden verkörpern, beteiligt sich – angezogen und abgestoßen von dem Geschehen zugleich – eine Zeit lang an den Peinigungen und Demütigungen des Schülers Basini. In Törleß' Gegenwart wird er geprügelt, erniedrigt und zu homosexuellen Diensten missbraucht. Erst als sich die Quälereien zum Lynchexzess steigern, wendet Törleß sich ab und erreicht infolge einer vorgetäuschten Flucht die Entlassung aus der ungeliebten Anstalt und die Rückkehr zu seiner Familie.

Wirkung: Das Buch von Musil war für seine Zeit eine ungewöhnliche, vom Thema her nahezu revolutionäre Arbeit, die in ihrer sprachlichen Form Vorläufer des später verbreiteten expressionistischen Stils war. Der Roman fand eine beachtliche Resonanz, der Erfolg öffnete dem Autor die Türen zu einflussreichen literarischen

Kreisen Berlins und brachte ihm die Bekanntschaft mit Schriftstellern und Kritikern. 1966 wurde der Stoff von Volker Schlöndorff verfilmt.   *R.F.*

Matthieu Carrière (l.) als Törleß in der Verfilmung *Der junge Törleß* nach dem Roman *Die Verwirrungen des Zöglings Törleß* von Robert Musil (BRD / F 1965; Regie: Volker Schlöndorff)

Der Mann ohne Eigenschaften

OA 1930–43 **Form** Roman **Epoche** Moderne

Das Fragment gebliebene Hauptwerk von Robert Musil *Der Mann ohne Eigenschaften* ist ein Jahrhundertwerk deutscher Prosa und ein herausragender europäischer Roman des 20. Jahrhunderts.

Entstehung: Bereits 1905 hatte sich Musil erste Notizen zur Konstruktion jenes Romans gemacht, der dann von 1925 an für nahezu zwei Jahrzehnte die gesamte schöpferische Arbeit des Schriftstellers auf sich zog. Zwischen dem Verleger Ernst Rowohlt und Robert Musil kam Mitte der 1920er Jahre ein Vertrag zustande, der dem Autor auf Jahre hinaus ein Honorar zusicherte und ihm ermöglichte, sich ganz der Arbeit an dem zeitkritischen Roman zuzuwenden. 1930 erschien der erste Band mit den Teilen *Eine Art Einleitung* und *Seinesgleichen geschieht*, 1933 der zweite namens *Ins Tausendjährige Reich*, Letzterer unter dem Druck der finanziellen Verhältnisse bereits als Torso. In Armut und in der Fremde seines Genfer Exils arbeitete Musil bis zu seinem Tod 1942 an dem Roman. 1943 gab seine Frau einen dritten Band aus dem Nachlass heraus. Die von Adolf Frisé 1952 besorgte Neuedition bildete die Grundlage für eine breitere Rezeption des Werks.

Inhalt: Im Mittelpunkt des Erzählgeschehens steht die sog. Parallelaktion, die Idee einer großen patriotischen Aktion zum 70-jährigen Jubiläum der Thronbesteigung Kaiser Franz-Josephs im Jahr 1918. Diese Idee wird im Jahr 1913 ursprünglich nur geboren, weil man in

Robert Musil, *Der Mann ohne Eigenschaften*, Umschlag der Neuausgabe 1936 (Gestaltung: Emil Rudolf Weiß)

Robert Musil um 1930
in seinem Arbeitszimmer

Wien in Erfahrung gebracht hat, dass Preußen-
Deutschland für dasselbe Jahr Feierlichkeiten
zum »nur« 30-jährigen Jubiläum Kaiser Wilhelms II. plant. Um dieser – eingedenk der Niederlage von Königgrätz – neuen Schmach zuvorzukommen, beschließt man, das ganze Jahr
1918 zu einem Feierjahr zu erkären. In regelmäßigen Zusammenkünften verschiedener Repräsentanten der k.u.k. Monarchie werden
Vorschläge und Ideen erörtert, um ein Konzept
für die geplante Aktion zu entwerfen. Es erweist
sich bald, dass die Romanfiguren nicht in der
Lage sind, sich zu verständigen, es bleibt bei
geistreicher, aber folgenloser Konversation. Alle
Ideen und Programme führen an den realen
Problemen der Zeit vorbei. Die Parallelaktion
findet nicht statt, da die Verantwortlichen keine
allgemein akzeptierte geschichtsbildende Idee
ausfindig machen können.

Struktur: Mit einer Ironie, die in der deutschsprachigen Literatur keine Entsprechung findet,

seziert Musil in diesem Roman den Niedergang
der Donaumonarchie und versinnbildlicht
damit die Krise der bürgerlichen Gesellschaft
am Vorabend des Ersten Weltkriegs.

Die Zentralfigur des Romans, Ulrich, ist so angelegt, dass sie in ihrer Funktion als Sekretär der
Parallelaktion mit Repräsentanten der unterschiedlichsten Schichten der Monarchie Gespräche darüber zu führen hat, worauf die
gegebene Gesellschaftsordnung eigentlich
gründet. Diese Dialoge bzw. Ulrichs Reflexionen darüber bilden das erzählerische Skelett,
anhand dessen die weltanschaulichen und geistigen Tendenzen des Jahrhunderts in Form
einer Meditation über Kakanien einer Analyse
unterzogen werden. Die Handlung tritt dabei
zu Gunsten von Erörterungen philosophischer,
pädagogischer, kultur- und gesellschaftskritischer Überlegungen deutlich zurück. Diese
Ausführungen sind aber keineswegs theoreti-
sierende Streifzüge durch Bereiche der Wissenschaft, sondern bleiben stets an die Figuren
und ihre Lebenssituation gebunden

Wirkung: Schon kurze Zeit nach Erscheinen des
ersten Bandes 1930 prophezeiten Kritiker und
Kollegen dem Roman, dass er große Bewunderung und einen herausragenden Platz in der Literaturgeschichte, aber nur wenig Leser finden
werde. Diese Diskrepanz ist in gewissem Maße
bis heute erhalten geblieben. Der für viele Fachleute gewichtigste deutschsprachige Roman
des 20. Jahrhunderts sperrt sich durch Umfang,
Form und Gehalt einem breiten Leserkreis. Das
liegt sicherlich daran, dass für dieses Buch gilt,
was für große Literatur allgemein bezeugt ist:
Besprechungen können nicht im Entferntesten
das intellektuelle Vergnügen vergegenwärtigen, das die Lektüre dieses Buchs oder auch nur
einzelner Kapitel daraus bietet. *R.F.*

Hauptfiguren in »Der Mann ohne Eigenschaften« von Robert Musil

Ulrich: Der Mann von 30 Jahren ist mit
einer solchen Fülle von Eigenschaften ausgestattet, dass sie sich alle aufzuheben
scheinen. Er erfährt als Sekretär der Parallelaktion die ganze Widersprüchlichkeit
seiner Zeit und verliert sich darin. Orientierungslos verstrickt er sich in eine Fülle
schaler Beziehungen, von denen die zu seiner Schwester die intensivste und verzwei-
feltste ist.

Agathe: Die Zwillingsschwester Ulrichs,
sein »Engel«, den er anlässlich der Beerdigung seines Vaters nach langer Zeit wiederfindet, ist auch die Seelenverwandte des
Bruders, der er sich als Protest gegen die
Welt und die Menschen und als Ausdruck
seiner Einsamkeit schließlich in Liebe zuwendet. Agathe verlässt ihren Mann, um

mit Ulrich in einem Zustand des Einsseins
zu leben.

Clarisse: Die Figur ist das Gegenstück zu
Ulrich und Agathe, ein hysterischer Irr-
wisch, der in der Vorstellungswelt des Mystizismus, Dadaismus und Expressionismus
lebt und vom Gedanken der Zweiseitigkeit
jedes Menschen durchdrungen ist. Getrieben von der Idee, die Sünden der Welt auf
sich zu nehmen, endet sie im Wahnsinn.

Hans Sepp: Ein junger Rassist und Deutsch-
land-Schwärmer, der für den völkischen
Mystizismus steht, möchte die Worte von
der Last ihrer Geschichte befreien.

Dr. Paul Arnheim: Der Großkaufmann und
»Großschriftsteller«, von Musil als Kopie
Rathenaus angelegt, strebt in allem die Fu-
sion von Seele und Wirtschaft an.

Nabokov, Vladimir

russ.-US-amerikan Schriftsteller

* 23.4.1899 Petersburg, † 2.7.1977 Montreux, Schweiz

📖 *Lolita*, 1955

In seinem vielseitigen Werk, das Romane, Theaterstücke und Erzählungen umfasst, wies sich Vladimir Nabokov als fantasievoller Romancier und virtuoser Erzähler aus. Ein Skandal und dann ein internationaler Erfolg wurde sein ironisch-frivoler Roman *Lolita*.

Nabokov wuchs in einer großbürgerlichen russischen Familie auf, die 1919 nach Deutschland emigrierte. Er studierte französische Literatur sowie Entomologie in Cambridge (England). Ab 1922 lebte er als Staatenloser in Berlin. Nach ersten Gedichten verfasste er unter dem Pseudonym Sirin Prosaschriften, die schon bald die Aufmerksamkeit der Kritik auf sich zogen. 1937 verließ Nabokov Deutschland, lebte bis 1940 in Paris und übersiedelte schließlich in die USA. Dort war er 1941–48 »Poet in residence« am Wellesley College bei Boston und beschäftigte sich daneben mit Schmetterlingskunde am Museum für Zoologie der Harvard University. 1948–59 war Nabokov Professor für russische und europäische Literatur an der Cornell University; anschließend lebte er als freier Schriftsteller in Montreux.

Biografien: D. E. Morton, *Vladimir Nabokov* (rm 50328); V. Nabokov, *Erinnerung, sprich: Wiedersehen mit einer Autobiografie*, 1966.

Lolita

OT Lolita **OA** 1955 **DE** 1959
Form Roman **Epoche** Moderne

Der zunächst 1955 im Pariser Olympia-Press-Verlag erschienene Roman von Vladimir Nabokov erreichte einen mehr als zwei Jahre währenden Untergrundruhm; die 1958 veröffentlichte US-amerikanische Ausgabe geriet zum Skandalerfolg. *Lolita* ist ein virtuoses, ironisch-frivoles Meisterwerk der Weltliteratur und avancierte rasch zu einem Klassiker der Moderne.

Entstehung: Nabokovs Suche nach einem renommierten Verlag für seinen zwischen 1949 und Ende 1953 entstandenen Roman scheiterte, nachdem fünf Verlagshäuser die Veröffentlichung u.a. wegen Pornografieverdachts abgelehnt hatten. So erschien *Lolita* in englischer Sprache in dem auf mehr oder weniger anspruchsvolle literarische Erotika spezialisierten Olympia-Press-Verlag in Paris. Eine Art Vorstudie bildete die 1939 geschriebene, erst 1986 postum veröffentlichte Novelle *Der Zauberer*.

Inhalt: Der Roman schildert die unselige Leidenschaft des 1910 in Frankreich geborenen Literaturwissenschaftlers und Privatlehrers Humbert Humbert zu der kindhaften und gleichzeitig frühreifen 12-jährigen Dolores (Lolita) Haze. Humbert Humbert ist Mädchen zwischen neun und vierzehn Jahren verfallen; deren vollkommene Inkarnation findet er in Lolita. Um in ihrer Nähe bleiben zu können, heiratet er ihre Mutter, die Witwe Charlotte Haze; er verursacht indirekt deren Tod und beginnt mit Lolita – aus Furcht vor Entdeckung seiner verbotenen Leidenschaft – ein unstetes Reiseleben durch die USA. Humbert Humbert stellt bald fest, dass sie verfolgt werden, und eines Tages ist Lolita, offenbar mit dem Verfolger im Bunde, verschwunden. Als er sie nach Jahren wiedersieht – verheiratet, schwanger und in ärmlichen Verhältnissen lebend –, weigert sie sich, zu ihm zurückzukehren, doch gelingt es ihm, den Namen des damaligen Nebenbuhlers zu erfahren. Es ist der Dramatiker Clare Quilty, den er in einer furiosen Racheszene erschießt.

Mit sprachlicher und stilistischer Virtuosität geschrieben, zahlreiche literarische Anspielungen aufweisend und mit distanzierender Ironie

Jeremy Irons als Humbert Humbert und Dominique Swain als Lolita in der Verfilmung des Romans *Lolita* von Vladimir Nabokov (USA 1997; Regie: Adrian Lyne)

Wichtige Bücher von Vladimir Nabokov

Das wahre Leben des Sebastian Knight 1941	Der erste in englischer Sprache verfasste Roman von Nabokov trägt die Form eines Nekrologs auf einen russischen Schriftsteller, Sebastian Knight, verfasst von dessen jüngerem Halbbruder.
Das Bastardzeichen 1947	In dem Roman wird das Porträt des weltweit anerkannten Philosophen Adam Krug gezeichnet, der die Wirklichkeit eines totalitären Regimes nicht erkennt und erschossen wird.
Lolita 1955	Der Roman schildert die verbotene Liebe des 37-jährigen Humbert Humbert zu dem »Nymphchen« Lolita. → S. 807
Pnin 1957	Der Roman um Timofej Pawlowitsch Pnin, Professor für Slawistik im Staat New York, schildert dessen vergebliches Bemühen, mit dem Exilantenschicksal zurechtzukommen.
Fahles Feuer 1962	In diesem Roman stellt der fiktive Herausgeber Charles Kinbote die lyrische Hinterlassenschaft des Dichters John Shade, ein 999-zeiliges Gedicht, der Nachwelt vor.
Ada oder das Verlangen 1969	Der Roman handelt von Ivan (»Van«) Veen, der 90-jährig die Geschichte seines Lebens aufschreibt, das beherrscht war von der großen Leidenschaft für seine Halbschwester Ada.

Lolita, Licht meines Lebens, Feuer meiner Lenden. Meine Sünde, meine Seele. Lo-li-ta: die Zungenspitze macht drei Sprünge den Gaumen hinab und tippt bei Drei gegen die Zähne. Lo. Li. Ta.

Vladimir Nabokov, *Lolita*, Umschlag der britischen Erstausgabe 1959

Péter Esterházy über das *Buch der Erinnerung*:

In diesem Buch hat Nádas als erster eine schriftstellerisch-intellektuelle Arbeit geleistet, der keiner entgehen kann, jetzt, 50 Jahre nach Kriegsende, jenseits von dem, was war, diesseits von wer weiß was wird. Hierin besteht die internationale Bedeutung des Romans, ferner darin, dass er in seinem Roman einen tragischen Helden in einer tragödienlosen Welt erschaffen konnte... Literatur ist möglich, weil die Welt noch nicht fertig ist, hat ein kluger Mensch gesagt. Mit diesem Buch ist sie fertiger.

unterlegt, ist der Roman weder Schilderung der Überschreitung moralischer Schranken noch Diagnose einer dekadenten Epoche, sondern am ehesten die Geschichte einer tragischen Leidenschaft, die ihren Gegenstand – wenn überhaupt – nur um den Preis der Zerstörung erreichen kann. Versuche, den Roman allegorisch zu deuten, wonach sein Thema v. a. in der Konfrontation des alten Europa (Humbert Humbert) mit dem jungen Amerika (Lolita) zu sehen sei, hat Nabokov zurückgewiesen.

Wirkung: Der anfangs heftig umstrittene Roman, der die Mitgliedschaft des Dichters im Kollegium der Universität zu gefährden drohte, entwickelte sich zu einem außerordentlichen kommerziellen Erfolg und verhalf Nabokov zur finanziellen Unabhängigkeit. Für die Verfilmung durch Regisseur Stanley Kubrick (1928–99) im Jahr 1962 hatte Nabokov auch das Drehbuch verfasst. *J. R.*

Nádas, Péter

ungar. Schriftsteller

* 14.10.1942 Budapest

📖 *Buch der Erinnerung*, 1986

Péter Nádas, Romancier, Essayist und Dramatiker, gehört zu den führenden Schriftstellern und Intellektuellen Ungarns. Im Mittelpunkt seines Werks steht die Auseinandersetzung mit den Mechanismen diktatorischer Systeme, ihren Auswirkungen auf das Verhalten und die Sprache des Menschen.

Der Sohn jüdischer Kommunisten verlor als Jugendlicher kurz hintereinander Vater und Mutter. Er absolvierte eine Ausbildung zum Fotografen und arbeitete zunächst als Fotoreporter, anschließend als Journalist bei einer Provinzzeitung. Ende der 1960er Jahre erschienen aus seiner Feder zwei Erzählbände, die zu einem Publikationsverbot führten. So konnte das 1972 fertig gestellte Buch *Ende eines Familienromans* erst 1977 erscheinen. Der Roman mach-

te Nádas auch über die Grenzen seines Heimatlands hinaus bekannt. Nach elfjähriger Arbeit in Zurückgezogenheit legte der Autor 1986 mit dem *Buch der Erinnerung* sein Hauptwerk vor.

Das Buch der Erinnerung

OT Emlékiratok könyve **OA** 1986 **DE** 1991
Form Roman **Epoche** Moderne

Das Buch der Erinnerung von Péter Nádas, ein Meilenstein der ungarischen Nachkriegsliteratur, zeichnet ein Bild des 20. Jahrhunderts, indem es die Erschütterungen und Wechsellagen seiner äußeren Geschichte mit einer eindringlichen Beschreibung und Analyse des Gefühlslebens in Verbindung bringt. Es dokumentiert das Lebensgefühl eines Intellektuellen in der Auseinandersetzung mit einem menschenfeindlichen System.

Entstehung: Elf Jahre lang arbeitete Nádas an seinem über 1300 Seiten starken Roman. Wie er in einem Vorspann zur deutschen Ausgabe mitteilte, war es sein Anliegen, parallele Erinnerungen verschiedener Personen zu verschiedenen Zeiten so niederzuschreiben, als wären alle diese Personen er, ohne dass er es wirklich wäre. **Inhalt:** Im Mittelpunkt des Romans steht ein etwa 30-jähriger ungarischer Schriftsteller. Dieser namenlose Ich-Erzähler befindet sich Anfang der 1970er Jahre in Ostberlin. Er durchlebt eine Krise, da sein geliebter Freund Melchior, ein deutscher Schriftsteller, in den Westen geflohen ist. Der Erzähler kehrt daraufhin nach Ungarn zurück und beginnt mit der Aufzeichnung seiner Erinnerungen. Um sich des eigenen Schicksals bewusst zu werden, entwirft er einen Roman um einen Schriftsteller, der sich zu Beginn des Jahrhunderts in Berlin und im Ostseebad Heiligendamm aufhält. Dieser Erzählstrang, aus der Perspektive der Hauptfigur ebenfalls in Ich-Form erzählt, ist die zweite Ebene des Romans. Die dritte führt in das Budapest der 1950er Jahre und schildert die schreckliche Kindheit des ersten Erzählers in einer großbürgerlichen Familie während der Zeit der stalinistischen Diktatur Rákosis.

Der aus Ostberlin nach Budapest zurückgekehrte Erzähler stirbt schließlich eines gewaltsamen Todes; er wird von Motorradfahrern vorsätzlich überfahren. Krisztian, ein alter Schulfreund des Erzählers, nimmt das Erinnerungsbuch an sich, betrachtet die dort geschilderte, gemeinsam verbrachte Kindheit aus seiner Perspektive und sinnt über die Existenz und Identität seines toten Freundes. **Struktur:** Das Buch besitzt einen äußerst komplexen Aufbau, der vom Leser ein hohes Maß an Aufmerksamkeit und Aufnahmebereitschaft fordert. Es führt in ein Labyrinth aus Raum und

Die wichtigsten Bücher von Péter Nádas	
Ende eines Familienromans, 1977	Aus der Perspektive eines Kindes wird die totalitäre Außenwelt im Ungarn der Stalin-Ära geschildert.
Das Buch der Erinnerung 1986	Ein Roman über die Lebens- und Gefühlswelt eines Schriftstellers, in dessen Erinnerungen sich die eigene Geschichte untrennbar mit der äußeren verknüpft. → S. 808
Der Lebensläufer 1989	Die Ereignisse eines Jahres (1987/88) im Leben des Schriftstellers vermengen sich mit seinen Erinnerungen an das Geschehen im Budapest der 1950er Jahre.
Minotaurus 1997	Mit beklemmender Präzision nähert sich der Autor in den Erzählungen dieses Buchs den Themen gesellschaftliche Repression, Gewalt und Ausgeliefertsein an die Macht.

OT = Originaltitel   **EZ** = Entstehungszeit   **OA** = Originalausgabe   **DE** = Deutsche Erstausgabe   📖 = Verweis auf Werkartikel

Zeit, in dem sich die unterschiedlichen Ebenen vielfach verbinden und überlagern. Es tritt eine Fülle von Personen auf, deren Lebenskreise sich berühren und schneiden. Den Kern des Romans bildet die Verknüpfung zweier Biografien: die des ungarischen Schriftstellers, der seine Vergangenheit erforscht, und jene des jungen Deutschen, der ein Produkt der Fantasie der Hauptfigur ist.

Der Text ist in drei Haupt-Erzählstränge gegliedert, in denen ein jeweils anderer Ich-Erzähler an verschiedenen Orten zu verschiedenen Zeiten auftritt. Diese parallelen Erinnerungen sind jedoch nicht einander nachgestellt, sondern ineinander verschachtelt. Auch innerhalb der einzelnen Erzählstränge wird die Handlung immer wieder von akribisch und minutiös geschilderten Episoden, Bildern und Befindlichkeiten unterbrochen. Selbst auf der Ebene der einzelnen Sätze – lange Sätze, die kunstvoll komponiert und verschachtelt sind – wird dieses Prinzip des Unterbrechens und Hinhaltens angewendet. Inhalt und Sprache des Textes entsprechen dem Wesen des Erinnerns, sie folgen dem unberechenbaren Strom der Erinnerungen.

Wirkung: *Das Buch der Erinnerung* begründete Nádas' internationalen Ruf als Schriftsteller und wurde mit zahlreichen renommierten Literatur-Preisen ausgezeichnet. *R. F.*

Nadolny, Sten

dt. Schriftsteller

*29.7.1942 Zehdenick/Havel

📖 *Die Entdeckung der Langsamkeit*, 1983

Sten Nadolny gelang mit seinem zweiten Roman *Die Entdeckung der Langsamkeit* über die gescheiterte Expedition zur Entdeckung der Nord-West-Passage der Durchbruch als Schriftsteller.

Nadolny, Sohn des Autorenpaars Isabella und Burkhard Nadolny, studierte Geschichte und Politikwissenschaft in Tübingen, Göttingen und Berlin. 1976 promovierte er mit einer Arbeit über »Abrüstungsdiplomatie in der Weimarer Republik«. Seine Tätigkeit als Studienrat gab Nadolny bereits 1977 wieder auf. Er arbeitete anschließend als Aufnahmeleiter beim Film und plante eine Karriere als Regisseur, bevor er 1980 freier Schriftsteller wurde. Auf der Grundlage eines von ihm verfassten Drehbuchs entstand Nadolnys erster Roman *Netzkarte* (1981). Nach seinem hoch gelobten Roman *Die Entdeckung der Langsamkeit* gelangen Nadolny mit *Selim oder die Gabe der Rede* (1990) und *Ein Gott der Frechheit* (1994) weitere Publikumserfolge.

Die Entdeckung der Langsamkeit

OA 1983 **Form** Roman **Epoche** Moderne

Der preisgekrönte Roman *Die Entdeckung der Langsamkeit* von Sten Nadolny behandelt – wie fast alle seine Bücher – das Thema Reisen. Dabei mischt der Autor authentische Ereignisse mit fiktionalen Elementen.

Inhalt: Der Roman erzählt das Leben des englischen Seefahrers und Nordpolforschers John Franklin (1786–1847), der schon als Jugendlicher an Seeschlachten teilnahm (Kopenhagen 1801, Trafalgar 1805). Sein Lebensziel war die Entdeckung der Nord-West-Passage nördlich des Nordamerikanischen Festlandes, der Verbindung von Atlantik und Pazifk. Nach zwei Arktisexpeditionen war Franklin kurzzeitig Gouverneur in Australien, bevor er auf der dritten Forschungsreise einen Schlaganfall erlitt und mit seiner Mannschaft im ewigen Eis starb.

Die Entdeckung der Langsamkeit ist zugleich Abenteuer- wie Entwicklungsroman. Nadolny greift die biografischen Fakten aus dem Leben Franklins auf, ergänzt das Porträt des Kapitäns jedoch um einen wesentlichen Punkt: Franklin ist ein langsamer Mensch, im Denken, Sprechen und Handeln, eigentlich zu langsam für die moderne Zeit der industriellen Revolution. Die vermeintliche Schwäche des Außenseiters wird jedoch als Ausdauer, Gründlichkeit und Gelassenheit zur Stärke. Franklin entzieht sich der Beschleunigung des Zeitalters und setzt ihr seine Haltung und Anschauung entgegen, nach der jedes Individuum seinen Fähigkeiten entsprechend einen sinnvollen Beitrag zur Gesellschaft leisten kann. Damit ist er zugleich Kritiker der modernen Zivilisation wie als Forscher deren typischer Vertreter. Franklins Langsam-

Péter Nádas, *Buch der Erinnerung*, Umschlag der deutschsprachigen Erstausgabe 1991

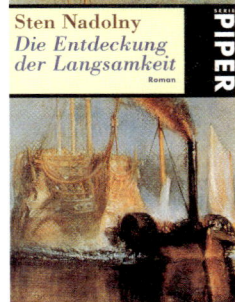

Sten Nadolny, *Die Entdeckung der Langsamkeit*, Umschlag der ersten Taschenbuchausgabe 1987

Die wichtigsten Bücher von Sten Nadolny	
Netzkarte 1981	Scheinbar ziellos reist Studienreferendar Ole Reuter mit der Bahn durchs Land. Eindrücke und Zufallsbekanntschaften vermitteln neue Erkenntnisse und tragen zur Selbsterfahrung bei.
Die Entdeckung der Langsamkeit 1983	Die Geschichte des britischen Seeoffiziers und Entdeckers John Franklin ist die Geschichte eines Außenseiters, der in der schnelllebigen Zeit der industriellen Revolution seine Langsamkeit treu bleibt und dessen Gründlichkeit und Bedächtigkeit als Stärke deutlich werden. → S. 809
Selim oder Die Gabe der Rede 1990	Alexander möchte ein großer Redner werden und findet einen Lehrmeister in Selim, Arbeiter und Amateurringer aus der Türkei. Von der Studentenbewegung bis in die 1980er Jahre wird beider Leben beschrieben und geschildert.
Ein Gott der Frechheit 1994	Die Götter der griechische Mythologie leben ernüchtert in der heutigen Welt. Ein nach 2000-jähriger Gefangenschaft befreiter Hermes folgt seiner Liebe Helga auf eine Kreuzfahrt und wirft dabei einen distanzierten Blick auf die Gegenwart.
Er oder Ich 1999	In einer Lebenskrise geht der gealterte Ole Reuter, beruflich und finanziell erfolgreich, erneut auf Bahnreise auf der Suche nach dem alten Lebensgefühl und neuen Perspektiven für sein Leben.

John Franklin war schon zehn Jahre alt und noch immer so langsam, dass er keinen Ball fangen konnte. Er hielt für die anderen die Schnur... Er hielt sie so gut wie der Baum, er senkte den Arm nicht vor dem Ende des Spiels. Als Schnurhalter war er geeignet wie kein anderes Kind in Spilsby oder sogar in Lincolnshire...

Literaturnobelpreisträger
V. S. Naipaul 2001

keit erscheint geradezu als Voraussetzung für eine humane Gesellschaft, getragen vom Respekt der Menschen untereinander und einem verantwortungsvollen Umgang. Sein Prinzip bewährt sich sowohl auf der Polarexpedition wie in der Liebe. Zum Scheitern verurteilt ist lediglich sein Versuch, sein Vorgehen als Gouverneur einer Strafkolonie in der Politik einzuführen. Dennoch bleibt letztlich die Botschaft, dass seine umsichtige, bedächtige Art zum Frieden zwischen den Menschen und Völkern beiträgt.

Wirkung: Bereits drei Jahre vor Veröffentlichung des Romans erhielt Nadolny für das fünfte Kapitel den Ingeborg-Bachmann-Preis. Das Werk gilt bei Kritik und Publikum als das beste des Autors und wurde in alle Weltsprachen übersetzt. *P.Z.*

Naipaul, V(idiadhar) S(urajprasad)

trinidad. Schriftsteller ind. Abstammung

* 17.8.1932 Chaguanas (Trinidad)

📖 *Ein Haus für Mr. Biswas*, 1961

Der Literaturnobelpreisträger von 2001 zählt zu den bedeutendsten englischsprachigen Schriftstellern der Dritten Welt. Zentrales Thema in den Werken von V.S. Naipaul sind die kulturellen, sozialen und politischen Auswirkungen des Kolonialismus. Neben Romanen und Kurzgeschichten schrieb er auch viel beachtete Literaturkritiken und Reiseberichte.

Naipaul stammt aus einer Familie von indischen Brahmanen, die Ende des 19. Jahrhunderts nach Trinidad ausgewandert waren. Er studierte nach seinem Schulabschluss am Queen`s Royal College in Port-of-Spain. Ein Regierungsstipendium ermöglichte dem 18-Jährigen 1950 ein Englischstudium in Oxford, das er 1953 mit Auszeichnung abschloss. Anschließend arbeitete Naipaul für das Karibikprogramm des BBC und schrieb als Rezensent für den Londoner *New Statesman*. 1957 erschien sein erster Roman, *Der mystische Masseur*; ein Jahr später folgte *Wahlkampf auf karibisch* und 1959 *Blaue Karren im Calypsoland*. In diesen frühen, z.T. autobiografisch geprägten Werken übt Naipaul ironisch-bissige Kritik an der von Entwurzelung geprägten kolonialen Gesellschaftsordnung seiner Heimat. Internationale Anerkennung fand er mit seinem 1961 erschienenen Hauptwerk *Ein Haus für Mr. Biswas*. Ausgedehnte Reisen führten den Autor erstmals in den 1960er Jahren nach Lateinamerika, Afrika und Indien. *Zone der Finsternis* (1964) und *Indien, eine verwundete Kultur* (1977) berichten von Armut, Not und Stillstand in dem Land seiner Vorfahren, stießen dort aber auch auf heftige Kritik. Sein Roman *An der Biegung des großen Flusses* (1979) schildert exemplarisch die Tragödie der nachkolonialen Geschichte Afrikas. Sein islamkritisches Werk *Eine islamische Reise* (1981) sorgte wiederum für heftige Reaktionen.

Der mit zahlreichen Literaturpreisen geehrte Autor wurde 1990 von der englischen Königin Elisabeth II. (* 1926) geadelt.

Biografie: *Citoyen der Weltliteratur. Der Erzähler V. S. Naipaul*, 1993.

Ein Haus für Mr. Biswas

OT A House for Mr. Biswas **OA** 1961 **DE** 1981
Form Roman **Epoche** Moderne

V. S. Naipaul entwirft in seinem Familien- und Entwicklungsroman einen indischen Mikrokosmos an der Peripherie des englischen Imperiums. Er schildert nach Freiheit und Individualität strebende Menschen, die sich in einer ungeordneten nachkolonialen Welt durchschlagen. Das Werk basiert auf der Biografie seines Vaters und verarbeitet Motive aus dessen 1943 veröffentlichten Kurzgeschichten.

Inhalt: Mohun Biswas, Sohn eines armen Landarbeiters, ist von Geburt an ein Außenseiter: Er kommt »verkehrt herum« und mit einem später abfallenden sechsten Finger an einer Hand zur Welt. Nach dem Tod seines Vaters wird er von einem Pundit (Gelehrten) unterrichtet. Anschließend kommt er als Schildermaler in das Haus der reichen Familie Tulsis. Wider Erwarten

Die wichtigsten Bücher von V.S. Naipaul

Der mystische Masseur 1957	Ganesh ist ein Nichtsnutz und Scharlatan – ein Inder, der sich in Trinidad als angeblicher Heiler durchschlägt. Als sich seine Frau von ihm trennt, schreibt er ein äußerst dürftiges Buch über den Hinduismus, das ihn dennoch bei seiner Familie und im ganzen Dorf rehabilitiert.
Ein Haus für Mr. Biswas 1961	Die tragikomische Lebensgeschichte eines Schildermalers beschreibt sein Aufbegehren gegen das alte Wertesystem des Hindus sowie seine Suche nach einer Heimat, nach Unabhängigkeit und Würde. → S. 810
Guerillas 1975	Auf einer Karibikinsel gründet Jimmy eine Kommune für schwarze Slumbewohner. Als das von einer südafrikanischen Firma unterstützte Projekt zu scheitern droht, schickt die Firma weiße Mitarbeiter. Der Hass der Schwarzen auf die Weißen entlädt sich in brutaler Gewalt.
An der Biegung des großen Flusses, 1979	Der indische Kaufmannssohn Salim verlässt seine Heimat an der Ostküste Afrikas, um in einer zentralafrikanischen Stadt ein Geschäft aufzumachen. Sein Versuch, neue Wurzeln zu schlagen, scheitert jedoch im Lauf der Zeit in den postkolonialen Wirren.
Ein halbes Leben 2001	Chadran, ein angehender Schriftsteller, verlässt Indien und geht nach England, wo er in die Bohème-Szene der späten 1950er Jahre eintaucht. Er heiratet eine Afrikanerin und geht mit ihr nach Mozambique. Nirgends ist er zu Hause, überall lebt er »nur halb«.

wird der mittellose Mr. Biswas mit einer der Töchter des Hauses verheiratet, bleibt jedoch ein Fremder in der auseinander fallenden Großfamilie. Aus seiner Wurzellosigkeit erwächst Mr. Biswas' Traum von einem eigenen Haus. Doch nirgends gelingt es ihm, Fuß zu fassen. Er scheitert als Inhaber eines kleinen Ladens und später als Aufseher auf dem Landsitz der Tulsis. Für kurze Zeit schafft er dennoch den sozialen Aufstieg: Er geht nach Port-of-Spain, wird Journalist und schließlich sogar Mitarbeiter im Sozialministerium. Mit einem überteuerten Darlehen kauft er ein Haus, das sich jedoch schon bald als baufällig erweist. Als Mr. Biswas erkrankt, verliert er seinen Posten im Ministerium und stirbt wenig später mittellos.

Aufbau: Der Roman besteht aus zwei Teilen, die von einem Prolog und einem Epilog eingerahmt sind. Der erste Teil spielt auf dem Land, in einer vorwiegend indisch-hinduistisch geprägten Umgebung. Der zweite Teil ist in Port-of-Spain angesiedelt und dokumentiert die zunehmenden europäischen und US-amerikanischen Einflüsse sowie das Nebeneinander verschiedener Rassen und Religionen in der Gesellschaft Trinidads.

Wirkung: *Ein Haus für Mr. Biswas* begründete den Ruhm von Naipaul als Erzähler über seine westindische Heimat Trinidad. Ihren internationalen Erfolg verdankte die »soziale Komödie« (Naipaul) u. a. der Tatsache, dass das Werk die Verantwortung für die gesellschaftliche Misere nicht ausschließlich der Kolonialmacht zuschreibt, sondern auch den Einheimischen, die sich mit Lethargie, Korruption und schließlich Gewalt abfinden. *D. M.*

Nansen, Fridtjof

norweg. Polarforscher, Zoologe und Politiker

* 10.10.1861 Gut Store Fröen bei Christiania (Oslo)

† 13.5.1930 Lysaker bei Oslo

📖 *In Nacht und Eis*, 1897

Fridtjof Nansen war einer der bedeutendsten Polarforscher des 19. Jahrhunderts. Besonderes Aufsehen erregte er mit der Erstdurchquerung Grönlands (1888), der mehr als dreijährigen Polarfahrt mit dem Schiff »Fram« und dem Versuch, den Nordpol zu Fuß zu erreichen. Für seine Bemühungen um die Rückkehr von Kriegsgefangenen nach Ende des 1. Weltkriegs und seinen unermüdlichen Einsatz für die Kriegsflüchtlinge in Europa und Asien erhielt er 1922 den Friedensnobelpreis.

Schon kurz nach dem Studium der Zoologie begann Nansen mit der Erforschung der Polarregion. Nach der erfolgreichen Durchquerung Grönlands erlaubten es ihm die reichlich fließenden Geldmittel, ein Spezialschiff erbauen zu lassen, mit dem er 1893 zu einer zweiten großen Polarexpedition aufbrach. 1897 wurde er zum Professor für Meeresforschung an der Universität Christiania (Oslo) und 1901 zum Leiter des Internationalen Laboratoriums für Meeresforschung ernannt.

Neben seiner wissenschaftlichen Arbeit wandte Nansen sich schon früh der Politik zu. 1906–08 war er der erste Gesandte des unabhängigen Norwegen in London. Ende des Ersten Weltkriegs wurde er, damals bereits Vorsitzender des norwegischen Friedensbundes, vom

V. S. Naipaul in einem Interview in der *Süddeutschen Zeitung* vom 7.1.1985:

Literatur von wirklicher Substanz findet eine originäre Form... Eine Zivilisation im Umbruch weist immer eine besondere innere Motorik auf. Schreiben vollzieht sich im Moment der Krise. Aber es gab diese Krise immer, ich kenne nicht jenen angenehmen kühlen Nachmittag, von dem die Menschen sprechen, es gibt immer Bewegung.

Auszug aus dem Buch *In Nacht und Eis* von Friedtjof Nansen:

Unsäglich langsam nur vermochte das menschliche Auge die Nebel des Eismeeres zu durchdringen; hinter der Nebelwand lag das Land des Mythos.

Fridtjof Nansen und seine Mannschaft auf der »Fram« zu Beginn ihrer Polarexpedition 1893–96 (Holzstich nach einer Fotografie)

Völkerbund zum ersten Hochkommissar für Flüchtlingswesen ernannt. Die Schaffung eines besonderen Passes für staatenlose Flüchtlinge (»Nansenpass«) geht auf seine Initiative zurück.

Biografie: D. Brennecke, *Fridtjof Nansen* (rm 50 411).

In Nacht und Eis

OT Fram over Polhavet (2 Bde.)
OA 1897 **DE** 1897 **Form** Sachbuch
Bereich Entdeckungsreisen

Als die Trümmer des 1881 nördlich von Sibirien gesunkenen Forschungsschiffs »Jeanette« einige Jahre später vor der grönländischen Ostküste wieder vom Eis freigegeben wurden, kam Fridtjof Nansen die Idee, sich mit einem Spezialschiff im Eis einfrieren zu lassen, um durch die Meeresströmung an den Nordpol zu driften. Die Geschichte der Expedition beschreibt Nansen in seinem Buch *In Nacht und Eis*.

Inhalt: Zunächst legt Nansen ausführlich die Grundlagen seines Plans dar und schildert den Bau des Forschungsschiffs »Fram« (Vorwärts), das mit fi-

Fridtjof Nansen, *In Nacht und Eis*, Umschlag von Band 1 der deutschsprachigen Erstausgabe 1897

nanzieller Unterstützung des Staats sowie privater Spenden gebaut wird. Nansen lässt den Rumpf des Schiffs so gestalten, dass es durch das Packeis nicht erdrückt, sondern emporgehoben wird.

Nördlich der Neusibirischen Inseln lässt Nansen das Schiff einfrieren und vertraut nun der Meeresströmung, in der Hoffnung, dass es nach etwa drei Jahren wieder zwischen Spitzbergen und Grönland in den freien Nordatlantik entlassen wird. Die Treibfahrt soll dabei so dicht wie möglich am Nordpol vorbeigehen. Doch Nansen wird schnell ungeduldig und entflieht bereits im März 1895 der Eintönigkeit des Schiffs. Vom 83. Grad nördlicher Breite aus versucht er gemeinsam mit Hjalmar Johansen den Nordpol zu erreichen. Mit Hilfe von Hundeschlitten gelangen sie über das Eis bis nach Franz-Joseph-Land, einer Inselgruppe nördlich der russischen Insel Nowaja Semlja.

Die dramatische Schilderung dieser Reise macht einen großen Teil des Buchs aus. Auf einer Insel des Archipels müssen die beiden Forscher, ausschließlich von Robbenfleisch lebend, einen weiteren Winter verbringen, bis sie im Sommer des nächsten Jahres, teils zu Fuß, teils mit dem Kajak übers Wasser weiter nach Süden gelangen. Auf einer Insel stoßen sie schließlich auf das Lager einer englischen Polarexpedition. Mit deren Hilfe fahren sie zurück nach Norwegen, wo sie fast gleichzeitig mit der »Fram« eintreffen, die wie geplant bei Spitzbergen vom Eis freigegeben worden ist.

Aufbau: Das Buch ist durchgehend in Tagebuchform gehalten. Dadurch wirkt es zwar über weite Strecken nüchtern, aber zugleich auch unzweifelhaft und authentisch. Geschickt ergänzt Nansen den Text durch Einschübe mit allgemeinen Beobachtungen (z. B. über das Wetter) und philosophischen Reflexionen.

Wirkung: Das Buch faszinierte die Leser mit seinem gekonnten Wechsel zwischen sachlichem Bericht und lebhafter Darstellung von Anbeginn und wird bis heute immer wieder neu aufgelegt. Es regte viele Wissenschaftler an, sich der Polarforschung zu verschreiben, darunter Roald Amundsen (1872 bis 1928), der 1911 als Erster den Südpol erreichte. *P. B.*

Der Weg zum Nordpol und Südpol – authentische Forschungsberichte	
Julius Ritter von Payer 1876	*Die österreichisch-ungarische Nordpol-Expedition*: Mit der »Tegetthoff« dringen die Österreicher und Karl Weyprecht (1838–1881) 1872–74 weiter nach Norden als alle Expeditionen zuvor.
Adolf Erik v. Nordenskiöld 1880/81	*Die Umsegelung Asiens und Europa auf der Vega*: Der Schwede bewältigt im Jahr 1879 nach einem Fehlversuch als erster die so genannte Nordostpassage durch die Beringstraße.
Fridtjof Nansen 1897	*In Nacht und Eis*: Der berühmte Bericht schildert die Fahrt mit dem Spezialschiff »Fram« und Hundeschlitten 1893–96, die erstmals bis 86,14 Grad nördlicher Breite führte. → S. 812
Robert Edwin Peary 1910	*Die Entdeckung des Nordpols*: Der US-Marine-Ingenieur will am 6.4.1909 den Nordpol erreicht haben. Es ist jedoch unsicher, ob er sich genau am geografischen Pol befand.
Frederick Albert Cook 1911	*Meine Eroberung des Nordpols*: Als Anführer einer Expedition mit Eskimos hisst der US-amerikanische Arzt am 21.4.1908 das Sternenbanner angeblich am exakten Nordpol.
Roald Amundsen 1912	*Die Eroberung des Südpols*: Im »Wettlauf zum Südpol« (1911/12) zwischen Robert Falcon Scott (1868–1912) und Amundsen siegt der Norweger. Er erreicht den Pol am 14.12.1911.
Robert Falcon Scott 1913	*Letzte Fahrt. Das Tagebuch*: Der britische Marineoffizier erreicht den Pol am 17.1.1912 zu Tode erschöpft. Sein Tagebuch gilt als erschütterndstes Dokument der Antarktis-Forschung.
Salomon August Andrée 1930	*Dem Pol entgegen*: Der Versuch des schwedischen Ingenieurs einer Ballonfahrt zum Nordpol 1897 scheitert. Die Leichen der Mannschaft werden erst viel später, im Jahr 1930, gefunden.
Reinhold Messner 1990	*Antarktis. Himmel und Hölle zugleich*: Messner und Arved Fuchs (*1953) durchqueren 1989/90 den Eiskontinent Südpol erstmals ohne Hilfe von Motorfahrzeugen und Schlittenhunden.

Nasrin, Taslima

bangladesch. Schriftstellerin
*25.8.1962 Mymensingh
📖 *Schande*, 1993

Aufgrund ihrer religionskritischen und feministischen Schriften gehört Taslima Nasrin in ihrer Heimat Bangladesch zu den prominentesten und zugleich umstrittensten Persönlichkeiten. Weltweite Aufmerksamkeit erfuhr die Autorin, als islamische Fundamentalisten 1993 nach dem Erscheinen ihres Romans *Scham* zur Ermordung der Schriftstellerin aufriefen.

Die Tochter eines Arztes veröffentlichte bereits mit 13 Jahren erste Gedichte. Trotz ihrer literarischen Neigungen absolvierte sie auf Drängen ihres Vaters ein Medizinstudium und arbeitete anschließend als Anästhesistin im Medical College von Dhaka. Ihre dortigen Erfahrungen mit Vergewaltigungsopfern und mit Frauen, die aufgrund der Geburt einer Tochter die Scheidung befürchteten, führten zum publizistischen Engagement der Autorin. In Zeitungsartikeln prangerte Nasrin die Rechtlosigkeit der Frau in der islamischen Männergesellschaft an.

Nachdem die fundamentalistische Splittergruppe »Soldaten des Islam« nach Erscheinen ihres Romans *Scham* ein Todesurteil wegen »Blasphemie« gegen sie verhängt hatte, musste sich Nasrin versteckt halten. Auf Einladung des schwedischen PEN-Clubs und mit Hilfe der schwedischen Regierung ging sie 1994 ins Exil. Nach verschiedenen Stationen im Ausland (Stockholm, Berlin, New York) kehrte sie 1998 in ihr Heimatland zurück, wo sie sich erneut verstecken musste.

Nasrin, die rund 20 Romane und Gedichtbände in Bengali sowie zahlreiche Essays schrieb, veröffentlichte 1996 eine Abhandlung über Frauen zwischen Religion und Emanzipation *(Lied einer traurigen Nacht)*. In ihrer Lyrik verletzt die Autorin gezielt die von der Männerwelt diktierten Sprach- und Verhaltensnormen – insbesondere die sexuellen.

Für ihr Werk und ihr politisches Engagement wurde Nasrin mit zahlreichen Preisen ausgezeichnet. Ihr Ansehen bei der Kritik gründet sich weniger auf die literarische Qualität ihrer Prosa als vielmehr auf ihre Offenheit und politische Courage.

Autobiografie: T. Nasrin, *Das Mädchen, das ich war*, 2000.

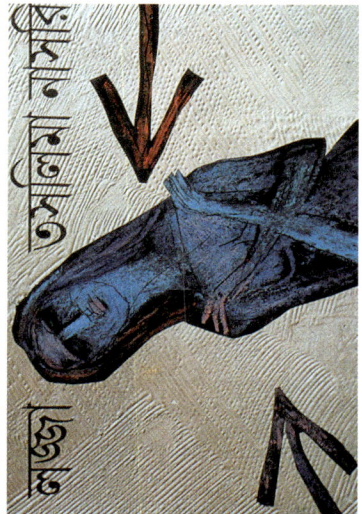

Scham

OT Laija **OA** 1993 **DE** 1995
Form Roman **Epoche** Moderne

In ihrem Roman *Scham* thematisiert Taslima Nasrin den seit Jahrzehnten in Indien und seinen Nachbarländern schwelenden Konflikt zwischen Hindus und Muslimen. Nasrin entwirft ein Horrorszenario religiösen Wahns, dem sie ihr eigenes humanistisches Credo voranstellt: »Der andere Name von Religion sei von nun an Menschlichkeit«.

Inhalt: Den politischen Hintergrund des Romans bildet die Zerstörung der im 16. Jahrhundert erbauten Babri-Moschee bei Religionsunruhen im indischen Ayodhiya im Dezember des Jahres 1992. Infolgedessen kam es ebenfalls in den Nachbarländern Indiens zu gewaltsamen Ausschreitungen und Rachefeldzügen gegen die dort lebenden Hindu-Minderheiten.

Im Mittelpunkt des Romans steht die hinduistische Arztfamilie Datta, die im muslimisch dominierten Bangladesch lebt. Das Familienoberhaupt Sudhamay weigert sich, trotz der akuten Bedrohung das Land zu verlassen. Sein Sohn Suranjan versinkt in Lethargie, während die Tochter Maya, die einen Muslim liebt, auf ein Ende der religiösen Auseinandersetzungen hofft. Als Maya schließlich ihre idealistische Überzeugung mit dem eigenen Leben bezahlen muss, resigniert die Familie und entscheidet sich nach Jahren des Ausharrens, Hoffens und Leidens, ins indische Exil zu gehen.

Aufbau: Die Schriftstellerin verfasste ihr binnen nur einer Woche entstandenes Werk als einen streng dokumentarischen Text, in den sie das Schicksal der Familie Datta einband. In der Art eines Polizeiberichts informiert Nasrin über die barbarische Gewalt, über Zerstörung von Eigentum, über Vergewaltigung und Mord.

Wirkung: Im Sommer 1993 erreichte das Werk in der Heimat von Nasrin Verkaufszahlen von 50 000 Exemplaren, bevor es von der Regierung verboten wurde. Weltweite Aufmerksamkeit erfuhren der Roman und seine Autorin, als islamische Fundamentalisten ein Todesurteil gegen sie verhängten. Internationale Solidaritätskampagnen waren die Folge, bei denen sich Menschenrechtsorganisationen und Schriftstellerverbände für die bedrohte Schriftstellerin einsetzten. Die Literaturkritik sieht die Signifikanz des Buchs in dem dokumentarischen Charakter relevanter historischer Ereignisse. *D.M.*

Taslima Nasrin, *Scham;* links: Umschlag der Originalausgabe 1993; rechts: Umschlag der deutschsprachigen Erstausgabe 1995 (Gestaltung: Lo Breier)

Taslima Nasrin in ihrer Autobiografie *Das Mädchen, das ich war* (2000):

Sünde! Sünde! Sünde! Nach rechts gehen: Sünde! Nach links gehen: Sünde! Eine Frage stellen: wieder eine Sünde! Und jeden, der Sünden begeht, wird Gott in die Hölle werfen... Diese Drohung weckt meine Neugier, und ich schließe mich in mein Zimmer ein, um einen Test durchzuführen. Er besteht darin, mehrmals zu wiederholen: »Gott, Du bist Satan! Gott, Du bist böse! Gott, Du bist hässlich! Gott, Du bist ein Dreckskerl!« Ich führe dieses Experiment mehrmals durch, aber es passiert nichts. Meine Zunge bleibt fest an ihrem Platz. Da habe ich den Beweis, dass man Gott ohne jede Gefahr für seine Zunge beschimpfen kann.

In der Bemerkung zum Titel seiner Autobiografie *Neill! Neill! Birnenstil!* (1972), einem in Summerhill geläufigen Scherzreim, bekennt Alexander Sutherland Neill:

Ich möchte nicht als ein großer Erzieher in die Geschichte eingehen, denn das bin ich nicht. Wenn man sich überhaupt an mich erinnern wird, dann, so hoffe ich, deshalb, weil ich versucht habe, den Abgrund zwischen Jung und Alt zuzuschütten, die Angst in den Schulen abzuschaffen, die Lehrer dazu zu überreden, ehrlich gegen sich selbst zu sein und die schützende Rüstung abzulegen, die sie über Generationen hin getragen haben, um sich von ihren Schülern abzusondern.

Zoe Neill, Tochter des Begründers der Summerhill-Schule, Alexander Sutherland Neill, auf dem Titelblatt der Zeitschrift *Picture Post* vom 11. Juni 1947

Neill, Alexander Sutherland

schott. Reformpädagoge und Schriftsteller

* 17.10.1883 Forfar

† 23.9.1973 Aldeburgh (Suffolk)

📖 *Erziehung in Summerhill*, 1965

Alexander Sutherland Neill wurde zum geistigen Vater der »antiautoritären Erziehung« – ein Schlagwort, das er selber wenig schätzte.

Der Sohn eines Schulleiters erhielt ab 1899 eine vierjährige Ausbildung als »pupil teacher« (Praktikant) an der Schule des Vaters und wurde Lehrer in Newport. 1908 begann er in Edinburgh ein Studium der Agrarwissenschaft, wechselte zur Englischen Literatur und wurde journalistisch tätig. Bei Beginn des Ersten Weltkriegs »kriegsuntauglich«, übernahm Neill die Leitung einer schottischen Dorfschule und beschäftigte sich erstmals mit Fragen der Erziehung. 1917 lernte Neill eine Reformschule (Abschaffung von Noten und der Prügelstrafe) im Londoner Stadtteil Hampstead kennen und wurde 1920 Mitherausgeber der Zeitschrift *Education of the New Era*.

Ab 1921 leitete Neill in Dresden eine »Internationale Schule« mit freiwilliger Teilnahme am Unterricht, 1923 übersiedelte die Schule nach Österreich, dann nach Lyme Regis (Dorset). Der Name des Schulgebäudes (Summerhill) blieb der Schule 1927 beim Ortswechsel nach Leiston (Suffolk) erhalten. Nach dem Zweiten Weltkrieg gewann er Unterstützung u. a. in den USA. Seine Popularität im deutschsprachigen Raum wuchs durch seinen Jugendbuch-Klassiker *Die grüne Wolke* (1971) mit Erzählungen aus Summerhill.

Biografien: A. D. Kühn, *Alexander S. Neill* (rm 50 549), A.S. Neill, *Neill! Neill! Birnenstiel!*, 1973.

Erziehung in Summerhill

OT Summerhill. A Radical Approach to Child Rearing
OA 1960 **DE** 1965 **Form** Sachbuch
Bereich Pädagogik

Alexander Sutherland Neills Erfahrungsbericht ist ein anschauliches Plädoyer für eine Pädagogik, die sich auf die Selbstbestimmung von Kindern und den Respekt vor ihrer Menschenwürde gründet.

Entstehung: 1959 ließen Klagen einer staatlichen Inspektion von Summerhill (spartani-

sche Verhältnisse, mangelnder Bildungsstand) ein Scheitern der Schule sowie die rückläufige Akzeptanz bei Eltern befürchten. Dem sollte auf Anraten des Verlegers Harold Hart ein Summerhill-Bericht abhelfen.

Inhalt: Aus seinem Werk *Das Problemkind* (1926) stammt Neills grundlegende Kritik an einer auf »Moral« basierenden Erziehung, die Kinder »schwierig« macht. Aus der Achtung vor dem Kind ergeben sich Grundzüge der Summerhill-Pädagogik wie freiwillige Teilnahme am Unterricht, die Einzelgespräche und das »self-government« der gleichberechtigten Kinder und Lehrer.

Im Gegensatz zur auch in England verbreiteten Reformpädagogik von Maria → Montessori ist das Spielen in Summerhill kein didaktisch instrumentalisiertes Mittel zum Zweck, sondern Ausdruck von Kreativität. Die humoristischen Erfahrungsberichte lassen – nicht zuletzt stilistisch – den prägenden Einfluss des vielseitig künstlerisch begabten Psychologen und Pädagogen erkennen.

Wirkung: Das Werk übte spürbaren Einfluss auf das Schulsystem und die Pädagogik in den USA aus. Es wurde eine »Summerhill Society USA« gegründet und Schulen entstanden nach dem Vorbild von Summerhill, auf das ein wahrer Ansturm einsetzte. Die deutschsprachige Ausgabe *Erziehung in Summerhill* ist ein Musterbeispiel für die Signalwirkung des »richtigen« Titels: Die rororo-Taschenbuch-Ausgabe erschien unter dem Titel *Theorie und Praxis der antiautoritären Erziehung. Das Beispiel Summerhill* (1969) und avancierte rasch zum Bestseller und Kultbuch mit nachhaltigem Einfluss auf die Einrichtung von Kinderläden. Das Werk löste aber auch Proteste aus, die sich vor allem am Bruch von Tabus entzündeten. Viele Kritiker unterstellten dem Autor sexuelle Bedenkenlosigkeit. *C.W.*

Neruda, Pablo

(eigtl. Neftalí Ricardo Reyers Basoalto) chilen. Autor

* 12.7.1904 Parral, † 23.9.1973 Santiago de Chile

📖 *Der große Gesang*, 1950

Der Nobelpreisträger Pablo Neruda gehört zu den bedeutendsten chilenischen Dichtern des 20. Jahrhunderts. Mit seinem Werk trug er wesentlich zur Weltgeltung lateinamerikanischer Literatur bei.

Der in Südchile geborene Sohn eines Lokomotivführers und einer Lehrerin benutzte bereits ab 1920 das Pseudonym Pablo Neruda und begann als Student in Santiago 1923, seine Gedichte zu veröffentlichen. Seine *Zwanzig Lie-*

besgedichte und ein Lied der Verzweiflung machten ihn 1924 berühmt. 1927–43 war Neruda –
mit Unterbrechungen – chilenischer Honorar-
konsul im Fernen Osten, in Argentinien, in Spanien, Paris und in Mexiko. Die Begegnung mit
Federico García Lorca (1898–1936) führte zum
Engagement Nerudas für die spanische Republik. 1943 kehrte er in seine Heimat zurück, trat
der Kommunistischen Partei bei und musste
nach deren Verbot 1948 ein Jahr im Untergrund verbringen, bis ihm die Flucht gelang.
Während der Zeit seines Exils unternahm Neruda zahlreiche Reisen und schrieb u.a. seine
Hymne auf Südamerika, *Der große Gesang*
(1950). Nach seiner Rückkehr nach Chile 1953
wurde Neruda mit Ehrungen überhäuft und
1957 zum Präsidenten des chilenischen Schriftstellerverbandes gewählt. Die Kommunistische
Partei stellte ihn 1969 als Präsidentschaftskandidaten auf, doch Neruda verzichtete zu Gunsten Salvador Allendes. 1971 erhielt Neruda den
Literaturnobelpreis. Den gewaltsamen Sturz
seines Freundes Allende am 11.9.1973 überlebte der kranke Dichter nur um wenige Tage.

Biografien: J. Edwards, *Adiós, Poeta... Erinnerungen an
Pablo Neruda*, 1990; P. Neruda, *Ich bekenne, ich habe gelebt*, 1974.

Pablo Neruda während einer
Italienreise bei seiner Ein-
schiffung nach Capri

Der große Gesang

OT Canto general **OA** 1950 **DE** 1953
Form Gedichtzyklus **Epoche** Moderne

Der große Gesang ist das zentrale Werk im
Schaffen von Pablo Neruda und zugleich eines
der Hauptwerke der lateinamerikanischen Lit-
reratur.
Entstehung: Als Pablo Neruda 1940 chilenischer Generalkonsul in Mexiko wird, markiert
dies den Beginn seiner Entdeckung Amerikas.
Er ist fasziniert von der mexikanischen Kultur,
die sich ihrer vorspanischen Geschichte bewusst
geblieben ist, und von der exotischen Schönheit
des Landes. Zugleich sieht er die sozialen Ungerechtigkeiten, die starken Gegensätze zwischen
der armen Masse der Bevölkerung und der kleinen Schicht der Reichen. Hier beginnt Nerudas
Vorstellung von einem durch die gemeinsame
Geschichte der Fremdherrschaft geprägten Lateinamerika, dem er durch seine Dichtung helfen will, zu seiner Identität zu finden. Auf zahlreichen Reisen bildet sich Neruda über die
Geschichte seines Kontinents. So lernt er auf
einer Guatemala-Reise 1941 von dem Schriftsteller Miguel Angel →Asturias viel über die alt-
amerikanischen Kulturen. 1943 legt er sein
Konsulat nieder und reist über Panama, Kolumbien und Peru zurück nach Chile. Zu den tiefsten Eindrücken dieser Reise gehört der Besuch
bei den Ruinen der Inka-Stadt Machu Picchu,

Die wichtigsten Bücher von Pablo Neruda	
Zwanzig Liebesgedichte und ein Lied der Verzweif-zweiflung, 1924	Die leidenschaftlichen, noch von völliger Innerlichkeit be-herrschten Liebesgedichte waren Nerudas erster großer Er-folg. Sie behandeln Landschaft, Liebe und Gesellschaft.
Der rasende Schleuderer 1933	Unter dem Einfluss des uruguayischen Dichters Carlos Sabat Ercasty (1887–1982) enstand das »Dokument einer über-schwänglichen glühenden Jugend« (Neruda).
Aufenthalt auf Erden 1933–35	Das Werk enstand zu seiner Zeit als Konsul in Ostasien; die pessimistischen Gedichte begründeten seinen Weltruhm.
Spanien im Herzen 1937	Das Werk markiert den Beginn der politisch engagierten Lyrik von Neruda anlässlich des Spanischen Bürgerkriegs.
Der große Gesang 1950	Der Gedichtzyklus zu Geschichte und Gegenwart Latein-amerikas ist zugleich eine Sozialanalyse und eine Liebeser-klärung an den Kontinent. → S. 815
Die Verse des Kapitäns, 1952	In der zunächst anonym veröffentlichten Sammlung besingt Neruda seine Liebe zu seiner dritten Frau Matilde Urrutia.
Die Trauben und der Wind 1954	Das Buch enthält politische Lyrik im Stil des sozialistischen Realismus und ist aufgrund des stalinistischen Tenors einer der umstrittensten Gedichtbände des chilenischen Dichters.
Elementare Oden, 1954; *Neue Elementare Oden*, 1956; *Drittes Buch der Oden*, 1957	In seiner Sammlung von Oden an alle möglichen Aspekte der menschlichen Wirklichkeit preist Neruda vor allem die einfachen Dinge des Lebens wie eine Frucht, einen Tisch oder den Mond als gleichbedeutende Teile unserer Existenz. Sein Katalogstil erinnert an den Lyriker Walt Whitman.
Extravaganzenbrevier 1958	Nach der Enttäuschung durch den Stalinismus widmet sich Neruda mit dem Werk wieder stärker dem eigenen Subjekt zu.
Memorial von Isla Negra 1964	Die lyrische Autobiografie bildet das Hauptwerk der späte-ren Phase Nerudas und ist eine Refexion seines Lebens.
Ich bekenne, ich habe gelebt 1974	Die postum erschienenen Memoiren Nerudas enthalten in zwölf Heften Erinnerungen an sein Leben und verschiedene Überlegungen zu Dichtung und Geschichte.

Pablo Neruda, *Der große Gesang*, Einband der US-Taschenbuchausgabe 2000

Auszug aus *Der große Gesang* von Pablo Neruda (XV. Gesang, XII: Mexiko):

Und so von Erdstrich zu Erdstrich berührte ich amerikanischen Lehm, meinen Wuchs,
und durch meine Adern aufstieg das Vergessen,
das da schlummert in der Zeit,
bis mein Mund
eines Tages seine Sprache erbrausen ließ.

denen er den zweiten Teil seines *Großen Gesangs* widmet. Den größten Teil des *Großen Gesangs* verfasst Neruda in den Jahren 1948/49, als er im Untergrund lebt und die große Solidarität seiner Landsleute erfährt, die ihn vor der Polizei verstecken.

Inhalt: *Der große Gesang* schildert Geschichte und Gegenwart Lateinamerikas als anhaltende Abfolge von Unterdrückungs- und Befreiungskämpfen mit dem Ziel der Unabhängigkeit. Neben die politischen und historischen Aspekte tritt der Lobpreis auf Natur und Mutter Erde. Der Dichter macht sich zur Stimme des Volkes und spricht für alle Chilenen und letztlich alle Lateinamerikaner.

Aufbau: Die über 300 Gedichte sind in 15 Gesängen zu großen thematischen Bögen komponiert und besingen in einem kunstvollen Geflecht zahlloser Einzelaspekte den Reichtum und die Schönheit der südamerikanischen Natur (I: *Die Leuchte auf Erden*; XIV: *Der große Ozean*); die Geschichte der vorspanischen Kulturen (II: *Die Höhen von Machu Picchu*) und ihrer Eroberung (III: *Die Conquistadoren*) und den anhaltenden Befreiungskampf (IV: *Die Befreier*; V: *Der verratene Kampfplatz*). Der Dichter schildert seine persönlichen Erfahrungen mit dem Kontinent (VI: *Amerika, ich rufe deinen Namen nicht vergeblich an*) und besonders mit seiner Heimat Chile (VII: *Chiles großer Gesang*). Den Menschen Lateinamerikas sind die Gesänge VIII (*Die Erde heißt Juan*), IX (*Holzfäller, wach auf!*) und XI (*Die Blumen von Punitaqui*) gewidmet; seine eigenes Schicksal verarbeitet Neruda in

dem X. Gesang *Der Flüchtling*. Den Dichtern der Welt, die durch ihre Worte für die Menschen eintreten, gilt der XII. Gesang *(Die Ströme des Gesangs)*. Die Hoffnung auf ein besseres Chile drückt der Neujahrschor für das Vaterland in der *Finsternis* (XIII.) aus. Den Abschluss bildet der autobiografische XV. Gesang *Ich bin*.

Wirkung: *Der große Gesang* wurde sogleich nach seinem Erscheinen begeistert aufgenommen und galt fortan als Muster der lateinamerikanischen Literatur. Neuere chilenische Autoren versuchen sich inzwischen bewusst von dem mächtigen »Übervater« ihrer Literatur zu befreien, dessen Hang zum Pathos ihnen nicht mehr zeitgemäß erscheint. Als dezidiert politischer Autor war und ist Neruda nicht unumstritten. Andererseits hat der sprachgewaltige Dichter gerade durch die Verbindung von politischem Engagement mit einer zutiefst humanitären Grundhaltung eine Glaubwürdigkeit transportiert, die die Grundlage seiner bis heute anhaltenden großen Verehrung in Chile bildet.　　*E.H.*

Nibelungenlied

OT Der Nibelunge Not　**EZ** um 1200
OA 1757 (in Auszügen), 1782 (vollständig)
Form Heldenepos　**Epoche** Mittelalter

Das *Nibelungenlied* ist eines der bedeutendsten höfischen Heldenepen des deutschen Mittelalters. Es fasst Stoffe der Völkerwanderungszeit (4.–6. Jahrhundert), die über Jahrhunderte mündlich überliefert und in ihrem historischen Gehalt bis zur Unkenntlichkeit verstümmelt wurden, zu Bildern von der Pracht höfischen Lebens und Erzählungen blutiger Schlachten zusammen. Erzählt wird von Liebe und Tod, von Treue und gnadenloser Rache. Der düstere Gedanke, das alle Freude im Leid endet, durchzieht das Werk.

Aufbau: Das mehr als 2000 Vierzeilen-Strophen umfassende *Nibelungenlied*, dessen Verfasser unbekannt ist, besteht aus 39 »Aventiuren«, die sich in zwei Teile gliedern. Es beruht auf verschiedenen älteren Sagen. Teilstücke wie das *Gudrunlied* (Brünhild) und das Lied von Siegfried dem Drachentöter finden sich auch in der nordischen Liedsammlung der → *Edda*.

Inhalt: Am burgundischen Nibelungenhof herrscht König Gunther; die schöne Kriemhild ist seine Schwester. Siegfried, Königssohn aus Xanten und ein berühmter Held, kommt um sie zu werben. Hagen, ein Gefolgsmann Gunthers, erzählt von Siegfrieds Heldentaten, wie er den Nibelungenhort, einen gewaltigen Schatz, errang, die unsichtbar machende Tarnkappe gewann, einen Drachen tötete und sich durch das Bad in dessen Blut unverwundbar machte. Als

---

Hauptfiguren des »Nibelungenliedes«

Siegfried von Xanten: Der Königssohn ist nach dem Bad im Drachenblut ein fast unverwundbarer Held. Ihm gehört ein gewaltiger Goldschatz, der Nibelungenhort. Nur durch List wird er überwunden, so wie er selbst half, Brünhild durch Täuschung zu bezwingen – und damit seinen Untergang beschwor.

Kriemhild: Burgundische Königstochter, durchlebt eine Wandlung vom unschuldigen Mädchen über die auf ihren Stand bedachte Braut Siegfrieds bis zur Witwe und furchtbaren Rächerin ihres Mannes .

Hagen von Tronje: Gefolgsmann König Gunthers, ein großer Kämpfer und kluger Mann, der die Beleidigung seiner Königin mit Siegfrieds Ermordung rächt. Er sieht den Untergang seines Herrn, aller seiner Freunde und seiner selbst als unausweichliches Schicksal, dem er sich voll Ingrimm beugt.

Gunther: König der Burgunder (Nibelungen), ein mächtiger Herrscher, der nicht auf Hagen hört, als dieser ihm von der Brautwerbung um Brünhild abrät. Mit Siegfrieds Hilfe gewinnt er die isländische Königin. Der Preis, den er und fast alle Gefolgsleute dafür zahlen müssen, ist der Tod. Gunther verrät Siegfried, weil er ihm zu mächtig wird, aber

auch um an den Hort zu kommen. Er stirbt schließlich auf Anordnung seiner Schwester Kriemhild.

Brünhild: Königin von Island, eine Kriegerin, die nur den heiraten will, der sie im Kampf besiegt. Mit Hilfe einer Tarnkappe wird sie im Auftrag Gunthers von Siegfried ebenso im Wettstreit wie im Bett bezwungen. Als sie die Wahrheit erfährt, bittet sie Hagen, die Ehrverletzung zu rächen.

Volker: Gefolgsmann Gunthers, ein Spielmann und großer Kämpfer; Freund Hagens.

Etzel: König der Hunnen, ein weiser Herrscher, zweiter Mann Kriemhilds. Er weiß nichts von den Rachegelüsten seiner Frau und kann das Verderben nicht aufhalten.

Rüdeger von Bechelaren: Gefolgsmann Etzels, bringt die Nibelungen zum Hof des Hunnenkönigs. Als Schwiegervater der Nibelungen weigert er sich lange zu kämpfen, muss aber schließlich Treue leisten. Er und sein Schwiegersohn töten einander im Kampf.

Dietrich von Bern: Gefolgsmann Etzels und ein berühmter Recke. Er warnt die Nibelungen vor Kriemhilds Rache, führt Etzel mit seiner Frau aus der Schlacht und überwindet Hagen.

Gunther auf Brautwerbung zu Königin Brünhild zieht, nimmt er Siegfried als Gefährten mit, dem er dafür Kriemhild als Braut verspricht. Die Königin will aber nur den ehelichen, der sie im Kampf bezwingt. Siegfried verhilft Gunther mit seiner Tarnkappe zum Sieg. Nach einer unerfreulichen Hochzeitsnacht, in der sich Brünhild ihres Gatten erfolgreich erwehrt, springt Siegfried abermals unerkannt ein, entwendet Brünhild dabei aber einen Gürtel, den er nach der Rückkehr Kriemhild schenkt.

Am burgundischen Hof kommt es zwischen Königstochter und neuer Königin zum Streit. Die gekränkte Kriemhild klärt Brünhild darüber auf, wer in Wahrheit ihr erster Mann gewesen ist, und zeigt den Gürtel als Beweis. Brünhild ist verzweifelt und bittet Hagen um Beistand. Dieser überzeugt Gunther von der Notwendigkeit, Siegfried zu töten, da er zu mächtig werde. Hagen bringt Kriemhild dazu, Siegfrieds einzige Schwachstelle auf seiner Kleidung zu markieren, denn dort, wo während des Bades im Drachenblut ein Blatt seine Haut bedeckte, ist auch der Held verwundbar. Hagen tötet Siegfried während einer Jagdpartie. Kriemhild erkennt, dass Hagen der Mörder war. Er raubt ihr den Hort, damit sie ihn nicht zur Rache nützen kann, und versenkt ihn im Rhein. Damit endet der erste Teil (Aventiuren 1 bis 19).

Im zweiten Teil (Aventiuren 20–39) wirbt Etzel, König der Hunnen, um Kriemhild. Obwohl von Hagen vor den Folgen gewarnt, stimmt Gunther zu. Nun kann Kriemhild ihre Rache vollziehen. Sie lädt Bruder und Gefolgsmann zu sich ein. Auf dem Weg ins Hunnenland erfährt Hagen durch eine Prophezeiung, dass es eine Reise in den Untergang ist. Am Hof Etzels wird ein großes Fest gegeben. Dies nutzt Kriemhild zum ersten Angriff auf die Nibelungen durch von ihr bestochene Hunnen. Im Saal tötet Hagen den jungen Königssohn. Kriemhild lässt den Saal anzünden. Es kommt zu einem Gemetzel, das nur Hagen und Gunther überleben. Kriemhild fordert von Hagen den Hort zurück, er antwortet ihr, dass ihn der Eid binde, solange Gunther lebt. Daraufhin lässt sie ihren Bruder töten. Eben dies hat Hagen bezweckt, denn nun weiß nur noch er, wo der Hort versteckt ist. Voller Wut schlägt ihm Kriemhild den Kopf ab. Daraufhin wird sie von Hildebrant, dem alten Waffenmeister, getötet.

Wirkung: Bis zu seiner Wiederentdeckung und Übertragung ins Neuhochdeutsche durch den Schweizer Schriftsteller und Philosophen Johann Jakob Bodmer (1698–1783) war das *Nibelungenlied* verschollen. Danach erhielt es rasch den Rang eines deutschen Nationalepos. Die Romantiker begeisterten sich ebenso dafür wie der Komponist Richard Wagner (Zyklus *Der Ring des Nibelungen*, UA 1869–76). Die erste

Nibelungenlied, Strophen 1446–51 in der Berliner Pergamenthandschrift (erstes Drittel des 14. Jahrhunderts)

Adaption fürs Kino erfolgte bereits zu Stummfilmzeiten durch Fritz Lang (1924). Trotz vielfältiger ideologischer Vereinnahmung (»Nibelungentreue«) hat der Stoff nichts von seiner Faszination verloren und liegt in zahllosen Nacherzählungen, Dramatisierungen und Übersetzungen vor. *P. R.*

Literatur: W. Hansen, *Die Spur des Sängers. Das Nibelungenlied und sein Dichter*, 1987.

Nietzsche, Friedrich

dt. Philosoph und klassischer Philologe

* 15.10.1844 Röcken, † 25.08.1900 Weimar

📖 *Also sprach Zarathustra*, 1883–85

Friedrich Nietzsche ist der bedeutendste deutsche Philosoph des ausgehenden 19. Jahrhunderts. Ein Grundthema seines Werks ist die Kritik an der christlich-abendländischen Kultur mit ihrem Glauben an Metaphysik, Religion und Moral. Unter dem Einfluss der Philosophie von Arthur →Schopenhauer und der Musik von

Auszug aus der philosophischen Dichtung *Also sprach Zarathustra* von Friedrich Nietzsche:

Einst sagte man Gott, wenn man auf ferne Meere blickte; nun aber lehrte ich euch sagen: Übermensch. Gott ist eine Mutmaßung; aber ich will, dass euer Mutmaßen nicht weiter reiche als euer schaffender Wille.

Friedrich Nietzsche, *Also sprach Zarathustra*, Einband einer frühen Ausgabe

Richard Wagner (1813–83) entwirft Nietzsche eine vitalistische Lebensphilosophie, die sich von dem jenseitsgerichteten Denken abwendet und sich am Diesseits orientiert. Ein weiteres Thema seiner Philosophie ist die Erkenntnis, dass es keine absolute Wahrheit gibt, sondern nur perspektivisches Erkennen.

Nietzsche besuchte 1858–64 das Internat von Schulpforta, eine traditionsbewusste Schule, die klassische Bildung in den Mittelpunkt des Unterrichts stellte. In Bonn und Leipzig studierte er anschließend klassische Philologie. Noch bevor Nietzsche die Promotion beendete, bekam er eine Professur für klassische Philologie an der Universität Basel. Aufgrund von gesundheitlichen Beschwerden, an denen er sein ganzes Leben litt, musste Nietzsche diese Stelle bereits nach zehnjähriger Lehrtätigkeit aufgeben. Von da an reiste er viel nach Oberitalien und verbrachte die meiste Zeit in dem schweizerischen Ort Sils-Maria. Dort verfasste Nietzsche auch seine prophetische Dichtung *Also sprach Zarathustra. Ein Buch für alle und keinen* (1883–85), in der er die überlieferten Werte wie Mitleid, Moral, Tugend und Jenseitsglaube radikal verwirft. In diesem Zusammenhang sind auch die Werke *Menschliches, Allzumenschliches* (1878), das seine Hinwendung zum Nihilismus (Stichwort → S. 818) markiert, sowie *Die fröhliche Wissenschaft* (1882), *Jenseits von Gut und Böse* (1886) und *Zur Genealogie der Moral* (1887) entstanden.

In seinem ersten philosophischen Werk *Die Geburt der Tragödie aus dem Geiste der Musik* (1872), einer Hommage an das vorsokratische Griechentum, legt Nietzsche die in den Göttern Apollon und Dionysos personifizierten Prinzipien des Vernünftigen und Rauschhaften sowie deren Fortwirkung auf den Menschen dar.

1889 fiel Nietzsche in geistige Umnachtung und wurde bis kurz vor seinem Tod von seiner Schwester gepflegt.

Biografien: O. Borchmeier/J. Salaquarda (Hrsg.), *Nietzsche und Wagner*, 2 Bde., 1994; I. Frenzel, *Friedrich Nietzsche* (rm 50634); J. Rattner, *Nietzsche. Leben – Werk – Wirkung*, 2000.

Also sprach Zarathustra

DE 1883–85 (4 Teile) **Form** philosophische Dichtung **Epoche** Moderne

In *Also sprach Zarathustra. Ein Buch für Alle und Keinen* fasst Friedrich Nietzsche die drei zentralen Formeln seiner Philosophie zusammen: der Wille zur Macht, die ewige Wiederkehr des Gleichen und der Übermensch.

Inhalt: Das Buch entstand vor dem Hintergrund der Umbrüche in Philosophie und Wissenschaften in der zweiten Hälfte des 19. Jahrhunderts, die zum Verlust des Glaubens an Gott führten. Nietzsche bezieht sich im Titel auf den persischen Religionsstifter aus dem 6. Jahrhundert v. Chr., und deutet damit auf die Funktion seines Zarathustra hin: Ausgehend vom Diktum »Gott ist tot« soll dieser den aufgekommenen Nihilismus (Stichwort → S. 818) besiegen, indem er einen neuen Glauben stiftet.

Das Werk besteht aus einer Vorrede und den Reden des Titelhelden. Der Prophet Zarathustra, der den Tod Gottes diagnostiziert und den Grund dafür im christlich-griechischen Denken sieht, leidet an den nihilistischen Folgen dieser Entwicklung. Mit 30 Jahren zieht er sich auf eine einsame Berghöhle zurück und entwirft dort seine Lehre vom Übermenschen, der den lähmenden Nihilismus überwinden soll. Dieser zeichnet sich dadurch aus, dass er durch seinen Willen zur Macht befähigt ist, die Umwertung der tradierten moralischen Werte zu vollziehen, um in vollkommener Freiheit seine eigenen Wertvorstellungen wie Selbsterhaltung und Vermehrung von Lebensgefühl zu schaffen. Während die schwachen Menschen sich noch den Geboten eines toten Gottes unterordnen, sucht der Übermensch in seiner Ausrichtung auf die Erde Macht, Vitalität und Stärke zu erlangen, um der Welt einen neuen Sinn zu verleihen.

Aufbau: In den ersten beiden Teilen entwickelt und verkündet Zarathustra die Lehre vom Übermenschen.

Im dritten Teil entwirft er den Kerngedanken seiner Philosophie: Grund aller Dinge ist die ewige Wiederkehr des Gleichen mit ihrer Sinnlosigkeit. Damit wendet sich Zarathustra gegen den Glauben an einen übergeordneten Sinn als auch gegen ein zielgerichtetes Geschichtsbild. Hierin manifestiert sich einerseits die extremste Form des Nihilismus, andererseits verrät der Gedanke, dass es der schaffende Wille des Menschen ist, der Götter und Sinn erzeugt. Die Erkenntnis, dass das Hässliche, der Schmerz und das Leiden ewig wiederkehren, führt Zarathustra nicht zur Verzweiflung; vielmehr erkennt er das Leben als Ganzes an und bejaht es. So setzt er dem passiven Nihilismus seinen schaffenden, schöpferischen, sich am Leben und der Natur orientierten Willen entgegen.

Nihilismus (von latein. nihil, nichts)

Bedeutung: Der Nihilismus verneint radikal objektive moralische Normen und Werte sowie den Glauben an die Erkenntnis einer absoluten Wahrheit und richtet sich gegen tradierte Sinngebungen der Welt. Er lässt sich in zwei Bereiche einteilen: in einen theoretischen und in einen praktischen. Während der theoretische Nihilismus die Erkenntnismöglichkeiten der Wahrheit negiert, weist der praktisch-ethische Nihilismus die Geltung moralischer Grundsätze zurück. Es existieren somit weder metaphysische noch religiöse Beweise, die moralische Grundwerte einfordern können.

Verbreitung: Der Begriff Nihilismus fand über den russischen Roman *Väter und Söhne* (1862) von Iwan S.→ Turgenjew, der diesen allerdings im politischen Sinn gebrauchte, Verbreitung in Europa. Erst im literarischen Werk von Fjodor M.→ Dostojewski, insbesondere im Roman *Die Dämonen* (1871), wurde der Ausdruck in seiner heutigen Bedeutung verwendet.

Als Zarathustra im vierten Teil von den am Tode Gottes leidenden »höheren Menschen« in seiner Berghöhle besucht wird, damit er ihnen aus ihrer Verzweiflung heraushelfe, empfindet er zunächst Mitleid mit ihnen, schließlich gelingt es ihm, dieses mit seinem Glauben an die ewige Wiederkehr des Gleichen zu überwinden. Indem Zarathustra somit allen Versuchungen der christlichen Wertüberzeugungen widersteht, wird er seinem hohen Ideal des Übermenschen gerecht.

Wirkung: *Also sprach Zarathustra* fand vor allem am Anfang des 20. Jahrhunderts weltweite Resonanz. Das Werk hinterließ nicht nur in der deutschen Literatur (u. a. Robert → Musil, Heinrich und Thomas → Mann), sondern auch in der Weltliteratur (u. a. André → Gide, André → Malraux) tiefe Spuren. Kulturhistorische Strömungen wie Jugendstil, Expressionismus, Kubismus, Futurismus und Realismus standen unter dessen Einfluss. Eine Umdeutung erfuhr das Werk während des Nationalsozialismus, der Nietzsches Lehren für seine menschenverachtende Ideologie missbrauchte.   *K. K.*

Nin, Anaïs

US-amerikan. Schriftstellerin

*21.2.1903 Neuilly-sur-Seine, † 14.1.1977 Los Angeles

📖 *Die Tagebücher der Anaïs Nin*, 1966–84

Anaïs Nin wurde vor allem durch ihre freizügigen Tagebücher bekannt, die das Fundament ihres literarischen Schaffens bilden.

Nin wurde als erstes Kind eines spanischen Komponisten und einer französisch-dänischen Sängerin am Stadtrand von Paris geboren. Nach Ausbruch des Ersten Weltkriegs wanderte die Familie ohne Vater nach New York aus. 1921 studierte Nin kurze Zeit an der Columbia University in New York und heiratete 1923 den Filmproduzenten Hugh P. Guiler (Ian Hugo), mit dem sie ein Jahr später nach Paris übersiedelte. Nin erhielt Tanzunterricht, entwarf Möbel und schrieb literarische Texte. 1932 erschien ihr erstes Werk, eine Abhandlung über D. H. → Lawrence. Zu jener Zeit begann ihre Freundschaft mit Henry → Miller und dessen Frau June, die sich zu in mehreren Romanen verarbeiteten Liebesbeziehungen zu beiden ausweitete.

1933/34 erlernte Nin die Psychoanalyse bei dem → Freud-Schüler Otto Rank (1884–1939) und führte mit ihm selbstständige Analysen durch, bis sie sich für die Schriftstellerei entschied und nach Paris zurückkehrte. Ihren literarischen Durchbruch hatte Nin mit ihren freizügigen Tagebüchern, die ab 1966 erschienen. Es entstanden Werke der erotischen Literatur wie *Das Delta der Venus* (1977) und *Die verborgenen Früchte* (1979). Die an Krebs gestorbene Autorin hinterließ ein Werk, in dem der Einfluss der Psychoanalyse und die literarische Technik nach dem Muster von James → Joyce zum Ausdruck kommt; ein Werk, das die Erfahrung von Kunst und Leben im Sinnlichen behandelt.

Biografien: B. Franklin/D. Schneider, *Anaïs Nin*, 1979; L. Salber, *Anaïs Nin* (rm 50482); N. Scholar, *Anaïs Nin*, 1984.

Die Tagebücher der Anaïs Nin

OT The Diary of Anaïs Nin **OA** 1966–1984
DE 1968–1982 **Form** Tagebuch **Epoche** Moderne

Mit ihrem Tagebuch, in dem erstmals eine moderne Frau einen leidenschaftlichen Bericht ihrer Bewusstwerdung gegeben hat und das Traumhafte und Erotische betonte, wurde Anaïs Nin schlagartig berühmt und gilt seitdem als feministische Kultfigur.

Anaïs Nin 1965 in ihrem Tagebuch:

Wir sind auf dem Weg zum Mond. Das ist nicht weit. Der Mensch muss auf dem Weg in sich selbst sehr viel weiter gehen.

Henry Miller in der Zeitschrift *Criterion* über *Die Tagebücher der Anaïs Nin*:

Das Tagebuch findet seinen Platz neben den Bekenntnissen des hl. Augustinus, Petronius, Abaelard, Rousseau, Proust.

Anaïs Nin im Alter von elf Jahren; zu dieser Zeit begann sie ihr Tagebuch

Wichtige Werke von Anaïs Nin

Haus des Inzests 1936	Der Roman erforscht anhand von Traumberichten und Analysen das weibliche Innenleben im intensiven Sinnenleben.
Die Tagebücher der Anaïs Nin 1966–1984	Die Tagebuchaufzeichnungen in insgesamt elf Bänden stellen die bedeutsamste Confessio des 20. Jahrhunderts dar, welche die Schriftstellerin weltweit berühmt machte.→ S. 819
Leitern ins Feuer 1946	Ein freizügiger Roman, in dem die Begegnung mit Henry Miller und seiner Frau June in den 1930er Jahren erneut belebt wird.
Labyrinth des Minotaurus, 1961	Der Roman schildert die Seelenreise einer Frau. Nin verarbeitet hier Eindrücke ihrer Kinder- und Jugendzeit.
Die verborgenen Früchte, 1979	Dieses Werk – wie auch *Das Delta der Venus* (1977) – gehört zu den wenigen Erotika, die von Frauen verfasst wurden.
Die neue Empfindsamkeit, 1976	In dem Werk breitet Nin ihre Gedanken über das profunde Thema »Mann und Frau« mit beeindruckender Offenheit aus.
Sanftmut des Zorns 1975	In dem Buch erörtert Nin, was es für sie heisst, Frau zu sein; sie erforscht leidenschaftlich das weibliche Innenleben.

Inhalt: Die beiden ersten Bände handeln vor allem von den Pariser Jahren mit Henry → Miller und dessen Frau June und beleuchten die erotische wie literarische Beziehung zu dem Ehepaar (1986 unter dem Titel *Henry, June und Ich* separat erschienen). Nin beschreibt ebenfalls ihre Beziehungen zum Vater, zu den Psychoanalytikern René Felix Eugène Allendy (1889–1942) und Otto Rank (1884–1939) sowie zu dem Dramatiker Antonin Artaud (1896–1948). Die Autorin scheut auch vor der Schilderung einer selbst erlittenen Totgeburt 1934 nicht zurück.

In den späteren Bänden, in denen, wie einige Kritiker meinen, die »Gestaltungskraft ab- und die eitle Selbstbespiegelung deutlich zunimmt«, erscheinen die Tagebuchaufzeichnungen distanzierter und nüchterner, nehmen mehr einen Protokoll- und Entwurfcharakter an. Wie ein Kaleidoskop der damaligen künstlerischen Avantgarde erscheinen die Schilderungen des großen Freundeskreises um Nin, darunter Schriftsteller und Künstler wie Lawrence → Durrell, Luise Rainer, Edgar Varèse, Caresse Crosby, Frances Brown, Frances Steloff, Edmund Wilson, Max Ernst und Salvador Dali.

Ergänzt werden die Aufzeichnungen um kurze historische Anmerkungen, die sich von Kommentaren über Hitler bis zur Watergate-Affäre erstrecken. Doch stellen die Tagebücher von Nin weniger eine Zeit- und Kulturgeschichte des 20. Jahrhunderts dar, sondern sind vielmehr eine Spiegelung und Brechung ihres Lebens. Das Tagebuch ist ihre Selbsttherapie, das »Logbuch« ihrer »Reise durch die Labyrinthe des Ich«.

Aufbau: Die edierten Tagebuchaufzeichnungen (in ihrem vollem Umfang sind es über 150 Bände) gliedern sich in insgesamt elf Bände. Zunächst erschienen die ersten sieben Bände, seit 1984 liegt das Werk – in redigierter und gekürzter Fassung – vollständig vor. Die Aufzeichnungen aus den Jahren 1914–74 enthalten auch das Kindertagebuch der Elfjährigen, das Nin als Reisejournal begann, um ihrem Vater von der Übersiedelung nach New York zu berichten.

Wirkung: Mit ihrem freizügigen Tagebuch, in dem Nin Momente ihres Lebens literarisch-psychologisch verarbeitete, schuf sie eine brillante Selbstbetrachtung, Kunst und Leben versinnlichend, wie sie ihresgleichen sucht. Vor allem auf amerikanische Autorinnen und Feministinnen der jüngeren Generation übte sie durch ihr Werk maßgeblichen Einfluss aus. *V. R.*

Noelle-Neumann, Elisabeth

dt. Meinungsforscherin

* 19.12.1916 Berlin

📖 *Die Schweigespirale*, 1980

Elisabeth Noelle-Neumann gründete 1947 mit ihrem ersten Ehemann, dem CDU-Bundestagsabgeordneten und Journalisten Erich Peter Neumann († 1973), nach US-amerikanischem Vorbild in Allensbach am Bodensee das Institut für Demoskopie, das erste deutsche Meinungsforschungsinstitut (Stichwort → S. 820). Unter ihrer Leitung wurden jährlich Tausende von Interviews und Umfragen über Ansichten, Verhalten und Motive in Politik, Wirtschaft, Medien und Kultur durchgeführt. Seit 1957 veröffentlicht das Allensbacher Institut auch Prognosen für Bundestagswahlen, die mehrfach nur geringfügig vom tatsächlichen Wahlergebnis abwichen. In verschiedenen Publikationen äußert sich Noelle-Neumann zu gesellschaftlichen Fragen aus demoskopischer Sicht.

Noelle-Neumann, Tochter eines Fabrikbesitzers, studierte Geschichte, Philosophie, Zeitungswissenschaften und Amerikakunde in Berlin, Königsberg und München. Mit 23 Jahren promovierte sie über Meinungs- und Massenforschung in den USA. Von 1961 bis 1964 war sie Dozentin an der Freien Universität Berlin, ab 1965 Professorin in Mainz, wo sie ab 1967 das Institut für Publizistik aufbaute, das sie bis 1983 leitete. International bekannt wurde sie 1980 mit ihrem Buch *Die Schweigespirale*, das mehrere Ergänzungen erfuhr und 2001 neu erschien. Ein Standardwerk ist bis heute ihr mit Winfried Schulz herausgegebenes Lexikon *Publizistik* (1980).

Meinungsforschung

Begriff: Die sog. Demoskopie ermittelt durch stichprobenartige Umfragen und Interviews die Verteilung von Meinungen und Bedürfnissen in einer Gesellschaft. Anders als bei der statistischen Repräsentativerhebung werden nicht konkrete Merkmale wie Alter, Einkommen oder Arbeitszeit, sondern z. B. politische Einstellungen ermittelt.

Vorläufer: Erste Ansätze einer Meinungsforschung entstanden um 1900 in den USA. Journalisten erforschten auf der Straße die Einstellung von Passanten zu aktuellen Tagesfragen. Kurz vor dem Ersten Weltkrieg führten Zeitungen erste regelmäßige Leserbefragungen durch. 1916 stellte der *Literary Digest* nach der telefonischen Befragung von Autobesitzern Wahlprognosen auf, 1919 wurde in einer Werbeagentur in den USA die erste Marktforschungsabteilung eingerichtet.

Gründungsphase: 1935 startete George Gallup (1901–84) in seinem American Institute of Public Opinion wöchentliche Befragungen der Bevölkerung über politische, wirtschaftliche und soziale Angelegenheiten. Er verbesserte Mess- und Auswahlmethoden und sagte 1936 den Wahlsieg von Franklin D. Roosevelt mit einer vergleichsweise geringen Abweichung von 6,5 Prozentpunkten voraus. Der *Literary Digest*, der eine Niederlage Roosevelts prognostiziert hatte, irrte sich um 19 Prozentpunkte. Der Soziologe Paul Lazarsfeld (1901–76) gründete 1937 das Bureau of Radio Research, das er zu einem der führenden Sozialforschungsinstitute der Welt ausbaute. 1940 entstand an der Princeton University in New Haven (Connecticut) das Nationale Meinungsforschungszentrum der USA.

Deutschland: Elisabeth → Noelle-Neumann leistete 1947 mit der Gründung des Instituts für Demoskopie in Allensbach Pionierarbeit auf dem Gebiet der Meinungsforschung in Deutschland. Heute untersuchen öffentliche und kommerzielle Einrichtungen wie Forsa (Berlin), TNS emnid (Bielefeld), Infratest dimap (Berlin), und die Forschungsgruppe Wahlen (Mannheim) das Meinungsklima und den Wandel der Einstellungen im Land.

Die Schweigespirale

OA 1980 **Form** Sachbuch **Bereich** Publizistik

Mit ihrer umstrittenen Theorie von der schweigenden Mehrheit, die sich in einem bestimmten politischen Umfeld nicht traut, ihre Meinung zu äußern, löste Elisabeth Noelle-Neumann öffentliche Kontroversen im In- und Ausland aus.
Inhalt: Noelle-Neumann stellt in dem Werk mit dem Untertitel *Öffentliche Meinung – unsere soziale Haut* die sozialpsychologische These auf, dass Menschen aus Furcht vor Isolation nicht sagen, was sie denken. Da Medien den Eindruck erzeugen, das wiederzugeben, was die Allgemeinheit akzeptiert, die öffentliche Meinung eben, komme eine Schweigespirale in Gang. Was in den Medien nicht vertreten sei, obwohl es viele so sähen, werde aus Angst, mit seinen Ansichten allein dazustehen, verschwiegen. Mit dieser Theorie wollte Noelle-Neumann die knappen Niederlagen der Unionsparteien bei den Bundestagswahlen von 1972 und 1976 erklären. Die Journalisten vor allem im öffentlich-rechtlichen Fernsehen und Rundfunk hätten aufgrund ihrer sozial-liberalen Orientierung ein falsches Meinungsklima erzeugt und der SPD zum Wahlsieg verholfen.
Aufbau: Die Sprache des Werks ist klar und leicht verständlich. In der 5. Neuauflage 2001 stellt die Autorin das klassische rationalistische Konzept der öffentlichen Meinung ihrem eigenen Ansatz gegenüber, der Emotionen und menschliche Schwächen stärker berücksichtigt. Im historischen Teil erläutert sie u.a. die Konzepte von → Platon, David Hume (1711–76), Jean-Jacques → Rousseau und Friedrich → Nietzsche bis zur britischen Anthropologin Mary Douglas Leakey (1913–96). Anschließend stellt Noelle-Neumann mit praktischen Beispielen wie der sozial-liberalen Ostpolitik der frühen 1970er Jahre ihren Ansatz dar. Sie zeigt, wer das Meinungsklima bestimmt, wie es wissenschaftlich »gemessen« werden kann und welche politischen Konsequenzen sich ergeben.
Wirkung: Das brisante Buch wurde in zahlreiche Sprachen (u.a. Englisch, Spanisch, Russisch, Japanisch) übersetzt und löste in Deutschland eine politische Kontroverse aus. Linksliberale Kreise kritisierten, dass Noelle-Neumann ihre Erkenntnisse kurz vor der Bundestagswahl 1980 veröffentlicht habe, um die Wahlchancen der CDU/CSU zu verbessern. Die Konservativen sahen sich durch das Buch in ihrem Urteil bestätigt, dass die bundesdeutschen Medien fest in der Hand der politischen Linken seien. Wissenschaftler bemängelten einzelne Erhebungsmethoden und warfen Noelle-Neumann vor, die Urteile der Befragten vereinfachend dargestellt zu haben.

In den USA, dem Mutterland der Meinungsforschung, fühlten sich die Journalisten von Noelle-Neumann weniger angegriffen. Wissenschaftler kritisierten, dass die Theorie der Schweigespirale Persönlichkeitsaspekte und die Bedeutung sozialer Bezugsgruppen zu wenig beachte und die Manipulationsmacht der Medien überschätze.   *B. B.*

Noll, Ingrid

dt. Schriftstellerin

*29.9.1935 Schanghai

📖 *Die Apothekerin*, 1994

Ingrid Noll zählt zu den erfolgreichsten deutschen Kriminalschriftstellern. In ihren Büchern, die sich bislang nie an dem Muster des klassischen Krimis orientierten, erzählt Noll einfühlsam, ironisch und mit schwarzem Humor von mordenden Frauen hinter der Fassade deutscher Kleinbürgerlichkeit.

Ingrid Noll 1997

Aufgewachsen als Tochter eines Arztes in Nanking, schrieb Noll bereits während ihrer Kindheit erste kleine Geschichten. 1949 verließ die Familie China und übersiedelte nach Bad Godesberg. In Bonn studierte Noll 1954 Germanistik und Kunstgeschichte, brach das Studium nach einigen Semestern jedoch wieder ab. 1959 heiratete Noll einen Arzt, arbeitete in seiner Praxis und widmete sich in den Folgejahren der Erziehung ihrer gemeinsamen Kinder.

Nach einigen Veröffentlichungen als Kinderbuchautorin begann die bereits 55-jährige Noll Kriminalromane zu schreiben. Mit ihrem Erstling *Der Hahn ist tot* (1991) gelang ihr ein Publikumserfolg, an den sie mit ihren späteren Büchern, u.a. *Die Häupter meiner Lieben* (1993) und *Die Apothekerin* (1994), anknüpfen konnte. Neun Romane der häufig mit Patricia → Highsmith verglichenen Autorin sind im Buchhandel erhältlich, viele dienten bekannten Spielfilmen als Vorlage. 1994 erhielt sie den Glauser-Preis.

Die Apothekerin

OA 1994 **Form** Roman **Epoche** Moderne

In *Die Apothekerin*, Ingrid Nolls drittem Roman, erzählt die Schriftstellerin von den kriminellen Verwicklungen einer scheinbar gewöhnlichen Frau. Mord und Alltag werden von Noll mit viel

Auszug aus dem Roman *Die Apothekerin* von Ingrid Noll:

Wenn ich etwas nicht mag, dann sind es alte Leute, die mit ihrer Lebenserfahrung und Menschenkenntnis belehrend auftrumpfen. Bisher hatte sie das nie getan, falls es aber jetzt damit losging, war ich die letzte Nacht ihr Entertainer gewesen. Aber sie machte keine Anstalten mehr, mich kritisch zu beurteilen, ihre Wissbegierde siegte. »Wie geht's weiter mit Margot?«. Nun, in dieser Nacht wollte ich sie das Gruseln lehren.

schwarzem Humor in einen Zusammenhang gebracht, der den Leser nicht erschüttert, sondern schmunzeln lässt.

Inhalt: Die Heidelberger Apothekerin Hella Moormann erzählt in der Frauenklinik ihrer Bettnachbarin Rosemarie Hirte ihre abenteuerliche Lebensgeschichte. Hella, die schon in ihrer Kindheit unabsichtlich mordete, fühlt sich seit jeher zu kriminellen und gescheiterten Männern hingezogen. Mit 35 Jahren verliebte sie sich in den verkrachten Studenten Levin, durch den sie in einen Strudel mörderischer Verwicklungen geriet: Ein vergifteter Großvater, eine tödlich verunglückte Rivalin, eine ungeklärte Vaterschaft und die Liebschaft mit einem verheirateten Mann spielen in den Geschehnissen eine prominente Rolle. Durch den abschließenden Kommentar der »Beichtmutter« Rosemarie Hirte erhält der Roman eine überraschend makabere Wende.

Aufbau: Noll schildert die Geschichte aus der Perspektive der Apothekerin Hella. Dem im Text optisch kursiv dargestellten Geschehen in der Frauenklinik steht die quantitativ überwiegende, aus der Rückblende Hellas erzählte Geschichte gegenüber. Der Roman ist weniger ein klassischer Kriminalroman als ein Spiel mit kriminellen Energien des weiblichen Geschlechts. Wie auch in den anderen Romanen von Ingrid Noll sind Männer bevorzugte Opfer der Täterin. Die nahezu beiläufig begangenen Morde, die aus der Sicht der Erzählerin einer logischen Notwendigkeit entspringen, werden weder von einer auktorialen Instanz wertend kommentiert noch wird die Apothekerin für ihre Taten bestraft. Die Unmoral der Heldin erscheint dank Nolls psychologischem Einfühlungsvermögen auch dem Leser logisch und nachvollziehbar.

Typisch für die Kriminalromane von Noll ist die Wiederkehr von Figuren aus früheren Romanen. So kann der vertraute Leser durch die Figur der Rosemarie Hirte aus dem Roman *Der Hahn ist tot* (1991) inhaltliche Bezüge zu ihrem ersten Roman herstellen.

Ingrid Noll, *Die Apothekerin*, Umschlag der Originalausgabe 1994

Wirkung: Bezeichnend für die Kriminalromane von Noll ist die Darstellung des Tötens als Konsequenz weiblichen Aufbegehrens. Dieses »emanzipatorische« Element erhält jedoch durch den schwarzen Humor der Erzählerin eine erfrischende Komponente, die ihr eine große Beliebtheit, vor allem beim weiblichen Publikum, gesichert hat.   *K.G.*

Nooteboom, Cees

niederländ. Schriftsteller

*31.7.1933 Den Haag

📖 *Rituale*, 1980

Cees Nooteboom gilt als bedeutendster niederländischer Schriftsteller der Nachkriegszeit. In seinen besten Romanen gelingt ihm eine Mischung aus Scharfsinn und stilistischer Eleganz. Als Jugendlicher trampte Nooteboom durch Europa. 1956 stellte ihn die Zeitung *Het Parool* als Reporter ein. Hautnah beschrieb er historische Ereignisse, etwa 1956 den Ungarn-Aufstand und 1968 die Studentenrevolte in Paris.

Nooteboom debütierte 1955 mit dem Roman *Das Paradies ist nebenan*, dem ein Erzählband und ein weiterer Roman folgten. Bis 1980 trat Nooteboom dann als Verfasser prägnanter, poetischer Reiseberichte hervor, bevor ihm mit *Rituale* der Durchbruch als Erzähler gelang. Kurz hintereinander erschienen weitere Romane (*Ein Lied von Schein und Sein*, 1981; *Mokusei! Eine Liebesgeschichte*, 1982; *In den niederländischen Bergen*, 1984), die auch in den USA eine breite Leserschaft fanden. 1989 erlebte Nooteboom, der in Berlin, Menorca und Amsterdam lebt, den Fall der Berliner Mauer mit; die unter diesem Eindruck entstandenen *Berliner Notizen* (1990) machten ihn in Deutschland bekannt. Das Spanienbuch *Der Umweg nach Santiago* (1992) und der Roman *Allerseelen* (1998) festigten Nootebooms Ruf.

Rituale

OT Rituelen **OA** 1980 **DE** 1985
Form Roman **Epoche** Nachkriegszeit

Der an wunderlichen Typen und rabiaten Aussteigern reiche Roman von Cees Nooteboom spielt in den 1960er und 1970er Jahren. Er zeichnet sich durch eine aufwändige Struktur und atmosphärische Dichte aus.

Inhalt: Inni Wintrop führt das Leben eines modernen, großstädtischen Taugenichts. Seine Leidenschaft gilt den Frauen und allem Ästhetischen. Seine Existenzgrundlage verdankt er

Die wichtigsten Bücher von Ingrid Noll	
Der Hahn ist tot 1991	Die Liebe zu einem Schürzenjäger entfacht bei der älteren Witwe Rosemarie Hirte ungeahnte kriminelle Energien.
Die Häupter meiner Lieben, 1993	Die Freundinnen Cora und Maja schaffen jeden Mann, der ihnen Schwierigkeiten macht, durch klug geplante Morde aus dem Weg.
Die Apothekerin 1994	Hella Moormann, die eigentlich nur einen Mann und ein Kind wollte, wird zur mehrfachen Mörderin. → S. 821
Kalt ist der Abendhauch 1996	Die 83-jährige Charlotte erzählt die Geschichte ihrer mörderischen Familie. Charlotte ist die Großmutter Coras aus dem Roman *Die Häupter meiner Lieben*.
Röslein rot 1998	Die eifersüchtige Annerose rächt sich auf erfinderisch kaltblütige Weise an ihrem Ehemann und dessen Geliebten.
Selige Witwen 2001	Die Heldinnen aus *Die Häupter meiner Lieben* setzen, wie der Titel es andeutet, ihren Kampf gegen die Männerwelt fort.

dem Ex-Liebhaber einer exzentrischen Tante, Arnold Taads, der bei Innis' betuchter Familie ein kleines Vermögen für den verstoßenen Spross erlangte. Taads selbst wurde durch das egoistische Verhalten des Clans zum Menschenfeind; er bevorzugt klösterliche Abgeschiedenheit und erfriert in den Alpen.

Zufällig lernt Inni Wintrop bei einem Kunsthändler Taads Sohn Philip kennen. Der Anhänger des Zen-Buddhismus hat sich in eine reinweiße Dachstube eines heruntergekommenen Amsterdamer Hauses zurückgezogen. Philip bildet sich ein, das echte, reine Japan zu verkörpern. Nach jahrelanger Suche findet er eine besonders seltene Teeschale. Er lädt Inni Wintrop und den Kunsthändler zu einer traditionellen Teezeremonie ein. Wenig später ertränkt er sich; in seinem Zimmer findet man die zertrümmerte Teeschale.

Durch die Konfrontation mit den beiden extremen Existenzen reift Inni Wintrop. Zu Beginn wollte er Hand an sich legen, da seine Frau ihn verlassen hatte und ihm vor dem Älterwerden graute. Am Ende bejaht er das Leben und seine Unvollkommenheiten.

Aufbau: Die Wandlung von Inni Wintrop wird in mehreren Rückblenden beschrieben, die sich geschickt in der Gegenwart auflösen. Neben den Hauptpersonen bevölkern viele markante Figuren *Rituale* – durchweg Vertreter eines untergehenden, kultivierten Großbürgertums. Subtil rechnet Nooteboom in seinem Roman mit jeder Spielart von Dogmatismus ab, der stets zur Menschenverachtung führt, und setzt dem eine humanistische Haltung entgegen. Rituale sind hier Versinnbildlichungen des Dogmatismus.

Wirkung: *Rituale* stieß bei Kritikern und Lesern auf eine überwiegend positive Resonanz und brachte Nooteboom den Durchbruch als Romancier. *S. C. B.*

Cees Nooteboom, *Rituale;* links: Umschlag der Originalausgabe 1980 (Gestaltung: Jeroen Henneman); rechts: Umschlag der deutschsprachigen Erstausgabe 1985

Die wichtigsten Bücher von Cees Nooteboom	
Rituale 1980	Der Versuch von Vater und Sohn Taads, einer chaotischen Außenwelt eine ritualisierte Wirklichkeit entgegenzusetzen.→ S. 822
Ein Lied von Schein und Sein 1981	Die komplizierten Liebesgeschichten spielen in Sofia und Rom 1879 sowie in Amsterdam und Rom 1979 und sind verbunden mit einem Diskurs über Sinn und Methode des Schreibens.
Mokusei! 1982	Die unmögliche Liebe zwischen einem Niederländer und einer Japanerin ist ein Spiel mit Masken und Fotografien.
In den niederländischen Bergen 1984	Die Romanze von niederländischen Zirkusartisten in ihrem Heimatland und in Spanien wird beschrieben von einem spanischen Kenner der Niederlande, der über sein Schreiben reflektiert.
Berliner Notizen 1990	Das die Zeit zwischen dem 18.3.1989 und dem 30.6.1990 umfassende Buch beschreibt den Fall der Mauer in Berlin und enthält die Gedanken eines scharfsinnigen Beobachters über Deutschland.
Der Umweg nach Santiago 1992	Nooteboom schildert 25 Reisen in Spanien und verknüpft seine Beschreibungen mit faszinierenden Anmerkungen zu Geschichte, Religion, Architektur, Kunst und Landschaften.
Allerseelen 1998	Der Roman handelt von einem trauernden Witwer, der in Deutschland und Spanien das Vergehen der Zeit und der Dinge spürt.

Nossack, Hans Erich

dt. Schriftsteller

* 30.1.1901 Hamburg, † 2.11.1977 ebd.

📖 *Spätestens im November,* 1955

Hans Erich Nossack gilt als Außenseiter der deutschen Nachkriegsliteratur, in die er sich gleichwohl als wichtiger Chronist der Nachkriegsgesellschaft eingeschrieben hat.

Nossack stammte aus einer Hamburger Kaufmannsfamilie. Nach einer Bankausbildung und einem abgebrochenen Studium trat er 1933 in die väterliche Firma ein, die er bis 1956 leitete. Anschließend lebte er als freier Schriftsteller. In seinen vom Existenzialismus geprägten Werken, die Jean-Paul → Sartre in Frankreich be-

kannt machte, stellte Nossack den Untergang als menschliche Grundsituation dar. Die Figuren seiner Romane und Erzählungen sind auf der Suche nach einer sinnvollen Existenzmöglichkeit in der Gesellschaft. In den frühen Texten des Autors (*Nekyia*, 1947; *Interview mit dem Tode*, 1948) kam insbesondere die als traumatisch erfahrene Bombardierung Hamburgs im Zweiten Weltkrieg, die zu einem Schlüsselerlebnis für Nossack wurde, zur Darstellung. Ein weiteres häufig gestaltetes Thema ist der Zwiespalt zwischen bürgerlich-kaufmännischer Identität und der Existenz als Künstler, die das Leben des Autors bestimmte. 1961 erhielt Nossack den Georg-Büchner-Preis.

Biografie: J. Kraus, *Hans E. Nossack,* München 1981.

Auszug aus dem Roman
Rituale von Cees Nooteboom:

Denken, was war das denn nun eigentlich genau? Er las viel, doch was er las, und nicht nur das, auch alles, was er sah, Filme, Gemälde, setzte er in Gefühl um, und dieses Gefühl, das sich nicht so ohne weiteres in Worten ausdrücken ließ, dieses formlose Etwas aus Empfindungen, Eindrücken und Beobachtungen, das war seine Denkweise.

Die wichtigsten Bücher von Hans Erich Nossack

Nekyia. Bericht eines Überlebenden, 1947	Der namenlose Ich-Erzähler, der einzige Überlebende einer rätselhaften Katastrophe, rekapituliert seine Vergangenheit.
Interview mit dem Tode 1948	Diese Sammlung vereint Erzählungen und Kurzprosa des Autors, u.a. *Untergang*, einen autobiografisch geprägten Augenzeugenbericht über die Bombardierung Hamburgs.
Spätestens im November, 1955	Eine Frau gibt ihre gesicherte bürgerliche Existanz auf, um mit einem Schriftsteller zusammenzuleben. → S. 824
Spirale. Roman einer schlaflosen Nacht, 1956	In einer schlaflosen Nacht lässt ein alter Mann sein äußeres und inneres Leben Revue passieren und hält Gericht über sich selbst, in der Hoffnung, sich begreifen und begnadigen zu können.
Der junge Bruder 1958	Stefan Schneider kommt ins Nachkriegsdeutschland zurück, um den rätselhaften Tod seiner Frau aufzuklären. Er gerät in den Bann eines jungen Mannes und entdeckt dabei seine Sexualität.
Der Fall d´Arthez 1968	Der Schauspieler, Pantomime und Komiker Ernst Nasemann alias d´Arthez und sein Freund, der Hilfsbibliothekar Ludwig Lemke, führen als scheinbar subversive Oppositionelle ein Partisanenleben. Das Buch ist eine geistreiche Travestie eines Agentenromans.
Ein glücklicher Mensch. Erinnerungen an Aporée 1975	Im letzten Roman Nossacks erinnert sich der Ich-Erzähler, ein in Washington lebender alter Mann, an seine Zeit in dem von US-amerikanischen Behörden verwalteten Aporée, das er in der Hoffnung auf ein Leben »im Nichts« betreten hat.

Als Mariannes Schwiegervater in Mönckens Wohnung auftaucht, geht sie mit ihm, um den Geliebten nicht weiter mit ihrer Anwesenheit zu belasten. Zu ihrer Familie zurückgekehrt, nimmt sie sich vor, sich in ihr altes Leben zu fügen. Dies gelingt ihr, bis sie in der Zeitung von der Uraufführung des neuen Theaterstücks von Möncken in ihrer Stadt liest, bei der der Autor anwesend sein soll. Am betreffenden Abend erscheint Möncken angetrunken im Haus der Helldegens und Marianne geht zum zweiten Mal mit ihm fort. Doch auf der regennassen Straße kommt es zu einem für beide tödlichen Unfall. Erst auf den letzten Seiten des Romans eröffnet sich so, dass es sich bei der Erzählerin um eine Tote handelt, die aus der »Rückschau« berichtet.

Wirkung: Das Buch brachte Nossack die Anerkennung der Kritik ein und war 1961 der maßgebliche Grund für die Verleihung des Georg-Büchner-Preises an den Autor. *S. D./T. Sch*

Auszug aus dem Roman
Spätestens im November
von Hans Erich Nossack:

Da fuhr er endlich schneller, und nachdem er geschaltet hatte, legte er seine Hand auf mein Knie. Ich merkte, dass er froh war und hielt seine Hand. Wir brauchten nicht mehr zu sprechen.

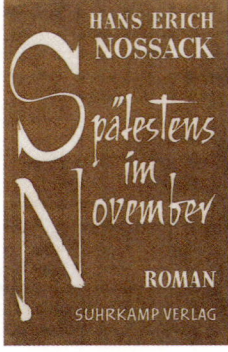

Hans Erich Nossack, *Spätestens im November*, Umschlag der Originalausgabe 1955

Spätestens im November

OA 1955 **Form** Roman **Epoche** Nachkriegsliteratur

Die Zusammengehörigkeit von Liebe und Tod ist das Thema dieses Romans von Hans Erich Nossack, in dem eine Frau ihre gesicherte Existenz für eine Liebesbeziehung aufgibt.

Inhalt: Die Ich-Erzählerin Marianne Helldegen ist die Ehefrau eines bekannten Wirtschaftsmagnaten. Stellvertretend für ihren Mann nimmt sie an der Verleihung eines Literaturpreises an Berthold Möncken teil. Als sich Marianne und der Schriftsteller nach dem Festakt begegnen, spüren beide ein gemeinsames Band zwischen sich. Möncken spricht scheinbar aus heiterem Himmel die Worte: »Mit ihnen lohnt es sich zu sterben« – ein Satz, der auf das kommende Geschehen vorausweist. Ohne vorherige Absprache verlassen die beiden gemeinsam den Saal. Marianne verabschiedet sich zu Hause von Sohn und Ehemann, packt ihre Koffer und lässt ihr bisheriges bequemes Leben hinter sich.

Zwei Monate lang lebt sie gemeinsam mit dem Schriftsteller in dessen Wohnung. Das Paar verlebt zunächst eine glückliche Zeit miteinander, doch zunehmend leidet Marianne unter einem Gefühl der Einsamkeit. Verursacht wird diese durch die abgeschottete Lebensweise Mönckens; in der von ihm als banal empfundenen Gesellschaft kann er nur als Schreibender existieren und ist nicht in der Lage, einen beständigen Dialog mit einem anderen aufrecht zu halten. »Spätestens im November«, wenn er sein Manuskript beendet habe, werde sich die Situation ändern – so vertröstet der Schriftsteller Marianne.

Nostradamus

(eigtl. Michel de Nostredame) frz. Arzt und Astrologe

☀ 14.12.1503 St.-Rémy-en-Provence

✝ 2.7.1566 Salon (Provence)

📖 *Die Prophezeiungen*, 1555

Unter den wenigen Propheten, die mit ihren Vorhersagen politischer Ereignisse und historischer Umbrüche in die Literaturgeschichte eingegangen sind, ist Nostradamus aufgrund seiner geheimnisvoll poetisch verschlüsselten und nicht eindeutig dechiffrierbaren Ankündigungen zweifellos der berühmteste.

Der Sohn eines zum Katholizismus konvertierten jüdischen Notars studierte in Montpellier Medizin und erwarb sich einen hervorragenden Ruf bereits als junger Arzt während der Pestepidemie im Languedoc. Aus seinen dort gewonnenen Erfahrungen entwickelte er ein neuartiges Hygieneverfahren, das er wirksam beim Ausbruch der Seuche in anderen südfranzösischen Städten anwandte.

Nostradamus wurde Berater König Heinrichs II. und Leibarzt von dessen Sohn Karl IX. Die sehr einflussreiche Mutter Katharina von Medici konsultierte den in vieler Hinsicht faszinierenden Mann vor allem als Sterndeuter, worauf sich der Astrologe der Könige selbst »König der Astrologen« nannte.

Ab 1544 in Salon-de-Provence praktizierend, schrieb Nostradamus in Versform Prophezeiungen nieder, zu denen ihn angeblich die Himmelskunde, visionäre Erscheinungen und okkulte Praktiken inspiriert hatten. Als »wahre Centurien« ließ er den rätselvollen Text 1555 drucken. Das scheinbare Eintreffen einiger Vorhersagen (z.B. der Tod Heinrichs II. im ritterlichen Turnier 1559 und Heinrichs III. durch Mord 1589) bescherten dem Buch großen Erfolg, während Nostradamus' Schriften über Kosmetika, Elixiere und die Kunst der Pralinenherstellung schnell in Vergessenheit gerieten.

Biografie: F. R. Scheck, *Nostradamus*, 1999.

Die Prophezeiungen

OT Les prophéties de M. Michel Nostradamus
OA 1555 **DE** 1850 **Form** Prophetische Schrift
Bereich Astrologie, Prophetie

Begünstigt durch ständige Kriege und religiöse Verunsicherung als Folge von Reformation und Gegenreformation gehörten Astrologie und Prophetie im 16. und 17. Jahrhundert zur brotlosen Hauptbeschäftigung von Mystikern und zur lukrativen Nebenbeschäftigung von Naturwissenschaftlern, Medizinern und Quacksalbern. Nostradamus war Arzt, Astronom, Mystiker und Schriftsteller in einer Person. Dass er auch den siebenten Sinn eines Geschäftsmannes besaß, lässt sich nur vermuten, und prätentiös wie die meisten Seher machte er es seinem Publikum nicht leicht.

Entstehung: Im Vorwort erklärt Nostradamus, er habe prophetische Eingebungen in halluzinatorischen Träumen schon von Jugend an gehabt. Später habe ihm die Beschäftigung mit der Astrologie und ein »divinatorischer Instinkt« die Schau künftiger Ereignisse »wie in einem leuchtenden Spiegel« zuteil werden lassen. Dieses Vorauswissen gebe er in »nebelhaften Bildern« wieder, um den Leser durch Visionen grausamer Wirklichkeit nicht allzu sehr zu verstören – eine kluge Entscheidung, die seine Aussagen zugleich geheimnisvoll dunkel, poetisch und weise erscheinen ließ, den Autor obendrein der Gefahr enthob, beim Wort genommen und der Scharlatanerie überführt zu werden, falls Angekündigtes nicht eintreffen sollte.

Inhalt: Nur umfassend Gebildete und mit Fantasie Begabte sind in der Lage, die Verse und ihre Beschreibung dramatischer Höhepunkt der Zukunft chronologisch bis ins 4. Jahrtausend so zu lesen, dass sie wenigstens einen vagen Sinn ergeben. Im Laufe der Jahrhunderte wurde von zahllosen Interpreten jeder einzelne Vers anders gedeutet. Man hat die Ankündigung des dramatischen Todes von einem Dutzend Monarchen ebenso herausgelesen wie den Hinweis auf Revolutionen, Weltkriege und sogar auf den Weltuntergang. 1781 setzte die katholische Kirche das Werk auf den Index, weil darin auch das Ende des Papsttums prognostiziert sei.

Aufbau: »Wahre Centurien« kündigte Nostradamus im Untertitel der Erstausgabe an, die vier Centurien enthielt; in der zweiten Ausgabe (1558) kamen noch sechs hinzu. Die Römer verstanden unter »centurium« eine militärische Hundertschaft, der Autor indes ebenso viele gereimte vierzeilige Strophen (frz. »quatrains«).

Wirkung: Goethe war von dem Phänomen »Nostradamus« derart fasziniert, dass er seinen Faust zu den *Prophezeiungen* des großen Magierkollegen greifen lässt, obwohl sie erst nach dem Tod des historischen Faust publiziert wurden. In der zweiten Hälfte des 20. Jahrhunderts setzte die Angst vor weiteren Kriegen, vor einer Zunahme von Naturkatastrophen und Angriffen aus dem Universum die Nostradamus-»Forschung« wieder in Gang.

Ungeachtet der Tatsache, dass alle Versuche, die pseudo-apokalyptischen Offenbarungen endgültig zu deuten, immer wieder scheiterten, haben anlässlich des Beginns eines neuen Jahrtausends die audiovisuellen Medien Interesse an dem angeblichen »Schicksalsbuch der Weltgeschichte« geweckt, was darauf zurückzuführen ist, dass Nostradamus' »Prognostikationen« nach eigenem Bekunden auch das 21. Jahrhundert betreffen und bis ins Jahr 3797 reichen.

G. Woe.

Nostradamus, *Die Prophezeiungen*, Titelblatt der zweiten Gesamtausgabe 1568

Novalis

eigtl. Georg Philipp Friedrich Freiherr von Hardenberg
dt. Schriftsteller
* 2.5.1772 Oberwiederstedt bei Mansfeld
† 25.3.1801 Weißenfels (Thüringen)
📖 *Heinrich von Ofterdingen*, 1802

Mit dem Roman *Heinrich von Ofterdingen*, seiner Lyrik sowie seinen philosophischen, sprachtheoretischen und ästhetischen Fragmenten wurde Novalis zu einem der wichtigsten Vertreter der deutschen Romantik.

Friedrich von Hardenberg, der seine Dichtungen ab 1798 unter dem Namen Novalis publizierte, zeichnete sich durch außerordentlich vielseitige Interessen aus. Neben seinem Jurastudium an den Universitäten in Jena, Leipzig und Wittenberg (1790–94) setzte er sich mit der zeitgenössischen Philosophie, insbesondere mit Immanuel → Kant und Johann Gottlieb Fichte (1762–1814), auseinander und befasste sich an der Freiberger Bergakademie (1797–99)

Auszug aus dem Roman
Heinrich von Ofterdingen
von Novalis:
Er sah nichts als die Blaue Blume, und betrachtete sie lange mit unnennbarer Zärtlichkeit. Endlich wollte er sich ihr nähern, als sie auf einmal sich zu bewegen und zu verändern anfing; die Blätter wurden glänzender und schmiegten sich an den wachsenden Stängel, die Blume neigte sich nach ihm zu, und die Blütenblätter zeigten einen blauen ausgebreiteten Kragen, in welchem ein zartes Gesicht schwebte.

Novalis; Kupferstich von Eduard Eichens (1845) nach dem Bildnis eines unbekannten Malers

mit Bergbau, Chemie und Mathematik. In seinen beruflichen Tätigkeiten als Salinenassessor und designierter Amtshauptmann bewies er darüber hinaus auch praktisches Geschick.

Zu den nachhaltigsten Ereignissen in Novalis' Leben gehört der Verlust seiner erst 15-jährigen Verlobten Sophie von Kühn. Ihr früher Tod 1797 weckte in ihm die Sehnsucht, ihr nachzusterben, und fand Ausdruck in einigen der schönsten Gedichte der Romantik. Novalis selbst erlag nur vier Jahre später einer Lungenschwindsucht. Zusammen mit seinem Freund Friedrich Schlegel (1772–1829) arbeitete Novalis an dem frühromantischen Programm einer ständig im Werden begriffenen Universalpoesie, die gleichermaßen eine Form der Selbstreflexion und der Welterschließung darstellt.

Biografien: G. Schulz, *Novalis* (rm 50154); H. Uerlings, *Novalis*, 1998.

Heinrich von Ofterdingen

OA 1802 **Form** Roman **Epoche** Romantik

Auszug aus dem Roman
Heinrich von Ofterdingen
von Novalis:

Wenn ich alles recht bedenke, so scheint es mir, als wenn ein Geschichtsschreiber notwendig auch ein Dichter sein müsste, denn nur die Dichter mögen sich auf jene Kunst, Begebenheiten schicklich zu verknüpfen, verstehen. In ihren Erzählungen und Fabeln habe ich mit stillem Vergnügen ihr zartes Gefühl für den geheimnisvollen Geist des Lebens bemerkt. Es ist mehr Wahrheit in ihren Märchen als in gelehrten Chroniken.

Mit seiner reflexiven Struktur, in der sich Momente des Bildungsromans, symbolische Traumdarstellungen und Märchen ineinander spiegeln und die ein komplexes Beziehungsgefüge von Mythologie, Natur und Geschichte erkennen lassen, gehört *Heinrich von Ofterdingen* zu den bedeutendsten Werken der deutschen Romantik.

Entstehung: Der auf zwei Teile angelegte Roman um die Gestalt eines historisch nicht nachweisbaren Minnesängers stellt auf vielerlei Weise einen Gegenentwurf zu → Goethes *Wilhelm Meisters Lehrjahre* dar. So sehr Novalis die Formvollendung des *Wilhelm Meister* schätzte, so scharf kritisierte er gleichwohl dessen »bürgerliche und häusliche Geschichte«. Während er bei Goethe das Poetische im Alltäglichen aufgehen sah, konzipierte er selbst eine Transformation des Alltäglichen ins Märchenhafte. Als »Apotheose der Poesie« sollte sich diese vor allem im zweiten Teil des *Heinrich von Ofterdin-*

gen ereignen, von dem jedoch nur einige Bruchstücke, Skizzen und Gedichte existieren.

Inhalt: Die im Hochmittelalter angesiedelte Handlung stellt den Prozess dar, in dem sich der etwa 20-jährige Heinrich zum Dichter entwickelt. Der erste Teil – *Die Erwartung* – beginnt mit dem berühmten Traum von der blauen Blume, in deren Kelch Heinrich ein weibliches Gesicht erblickt. Als Ahnung nimmt der Traum die Begegnung mit einer zunächst noch fremden Welt vorweg. In Begleitung von Kaufleuten wird er mit praktischen Lebensverhältnissen sowie mit Märchen und Erzählungen bekannt. Unterwegs begegnet er einem Bergmann, der ihn ins Erdinnere und damit auch ins Innere bzw. in die »fabelhafte Urzeit« der Natur führt. Von einem Einsiedler erhält Heinrich Aufschluss über die Kunst der Geschichtsschreibung, die kein bloßes Registrieren sei, sondern sich immer als deutende Gestaltung vollzieht. In Augsburg trifft Heinrich schließlich den Dichter Klingsohr und verliebt sich in dessen Tochter Mathilde, in deren Gesicht er das Antlitz aus dem Kelch der blauen Blume wieder erkennt. Ein weiterer Traum verkündet ihm Mathildes Tod, zugleich aber auch eine Wiederbegegnung und einen ewigen Bund. Der erste Teil endet mit Klingsohrs allegorischem Märchen, in dem die Kinder Eros (Liebe) und Fabel (Poesie) mit Hilfe von Ginnistan (Phantasie), dem Vater (Sinn), der Mutter (Herz), dem alten Helden und dessen Frau Sophia (Weisheit) das zu Eis erstarrte Reich Arcturs befreien, Arcturs Tochter Freya (Frieden) zur Herrschaft verhelfen und so ein neues Zeitalter herbeiführen.

Der zweite Teil – *Die Erfüllung* – beginnt mit einem Prolog der Astralis, einem geisterhaften Wesen, das aus der ersten Umarmung Heinrichs mit Mathilde hervorgegangen ist. In den Worten »die Welt wird Traum, der Traum wird Welt« kündigt sich der Übergang des Geschehens ins Märchenhafte an.

Aufbau: Die wechselseitigen Spiegelungen, durch die beispielsweise der Traum von der blauen Blume, das von den Kaufleuten erzählte Atlantis-Märchen, Heinrichs Begegnung mit Mathilde und Klingsohrs Märchen miteinander in Beziehung gesetzt werden, korrespondieren mit der frühromantischen Theorie einer sich selbst reflektierenden und dabei sich potenzierenden Darstellungsform. Klingsohrs Märchen, das die verschiedenen Motive des Romans auf neue Weise miteinander kombiniert, geht daher auch weit über die Allegorie hinaus.

Wirkung: Die blaue Blume wurde zum Inbegriff der romantischen Sehnsucht und als solche schwärmerisch verehrt oder als Weltfremdheit verworfen. Eine eingehendere Rezeption des Romans erfolgte erst im 20. Jahrhundert, vor allem im Zuge des Symbolismus. *D. G.*

Kunstmärchen und Volksmärchen

Definition: Mit dem Volksmärchen teilt das Kunstmärchen die Darstellung einer wunderbaren Begebenheit. Im Gegensatz zu jenem beruht es jedoch nicht auf der kollektiven Tradierung einer mündlichen Tradition, sondern auf der Erfindung eines bestimmten Verfassers. Da Volksmärchen in ihrer schriftlichen Form immer schon Bearbeitungen sind und Kunstmärchen ihrerseits auf überlieferte Formen und Motive zurückgreifen können, sind die Grenzen oft fließend. Tendenziell herrscht im Volksmärchen ein naiver Erzählton vor, während das Kunstmärchen meist einen stark poetisierenden Charakter aufweist.

Zielsetzung: Während bei Kunstmärchen der Aufklärung, etwa bei Christoph Martin → Wieland, häufig didaktische Aspekte im Vordergrund stehen, geht es in den Kunstmärchen der Romantik um eine Befreiung der Poesie von aller Zweckhaftigkeit und Beschränkung. In diesem Sinne heißt es bei Novalis: »Das Märchen ist gleichsam der Kanon der Poesie – alles Poetische muss märchenhaft sein.« Im Unterschied zu den eher geschlossenen Märchenformen des → Novalis arbeiten die Kunstmärchen von Ludwig → Tieck und E. T. A. → Hoffmann mit wechselseitigen Brechungen von Alltäglichem und Wunderbarem.

Oates, Joyce Carol

US-amerikan. Schriftstellerin

* 16.6.1938 Lockport (New York)

📖 *Im Dickicht der Kindheit*, 1976

In ihrem umfangreichen Werk erweist sich Joyce Carol Oates als psychologisch einfühlsame Analytikerin und entschiedene Kritikerin der modernen amerikanischen Kultur. In realistischer, mitunter scharf naturalistischer Erzählweise zeichnet sie ein düsteres Bild der USA, das durch die Zerstörung des Glaubens an den Erfolgsmythos, durch wirtschaftliche, soziale und politische Missstände sowie die psychische Entfremdung des Menschen geprägt ist.

Oates stammt aus einer katholischen Familie der Mittelklasse und wuchs auf der großelterlichen Farm auf. Bereits als Jugendliche begann sie zu schreiben – seit ihrem 15. Lebensjahr verfasst sie nahezu jedes Jahr ein Buch. Mit einem Stipendium studierte Oates Philosophie und Englisch in New York und Wisconsin (Abschluss 1961). 1961–67 lehrte Oates als Dozentin an der Universität von Detroit. Ihre erste Kurzgeschichtensammlung *By the North Gate* veröffentlichte sie 1963. Vier Jahre später ging Oates als Dozentin an die Universität von Ontario. Die anschließend erschienenen Romane *Ein Garten irdischer Freuden* (1966), *Teure Gesellschaft* (1968) und *Jene* (1969) bilden eine lose Trilogie, in der Oates ein Panorama des ländlichen, suburbanen und großstädtischen Amerika entwirft. Für *Jene* erhielt sie 1969 den National Book Award.

1978 kehrte Oates in die USA zurück, wo sie als Dozentin an der Universität von Princeton (New Jersey) arbeitete. Mit *Bellefleur* (1980) schrieb sie eine vielschichtige Familiensaga, die beim Lesepublikum schnell populär wurde. Eine sarkastische Abrechnung mit den USA lieferte sie in *Die Schwestern von Bloodsmoor* (1986). Zu ihren jüngeren Werken zählen *Zombie* (1995), das Psychogramm eines Serienkillers, und *What I Lived for* (1995), die Beschreibung vierer Tage im Leben eines irischen Multimillionärs.

Biografie: H. Bloom (Hrsg.), *Joyce Carol Oates*, 1987.

Im Dickicht der Kindheit

OT Childwold **OA** 1976 **DE** 1983
Form Roman **Epoche** Moderne

In ihrem Roman *Im Dickicht der Kindheit* knüpft Joyce Carol Oates an die Erzählweise von William → Faulkner und D. H. → Lawrence an, bezieht aber auch neuere Erzähltechniken wie den Bewusstseinsstrom mit ein. In dem Werk arbeitet Oates das von ihr bevorzugte Thema der Ge-

schlechterrollen eindringlich heraus, indem sie die Beziehung eines jungen Mädchens zu einem älteren Mann darstellt.

Inhalt: Der aus einer wohlhabenden Familie stammende 40-jährige Fitz John Kasch lebt seit seiner Scheidung völlig vereinsamt in der Kleinstadt Yewville und verliebt sich in die 14-jährige Laney Bartlett, die aus einer Familie in dem Dorf Childwold stammt. Der entfremdete Kasch hofft, in der behüteten Dorfwelt die Erlösung aus seiner existenziellen Krise zu finden. Laneys Mutter, Arlene, eine lebensfrohe Frau, unterhält Beziehungen zu verschiedenen Männern, u. a. zu dem als gewalttätig bekannten Earl Tuller. Als Arlene hinter das Verhältnis zwischen Kasch und Laney kommt, schickt sie ihre Tochter zu ihrer Tante. Als sich Kasch daraufhin in Arlene verliebt, heiraten sie. Ein Streit mit Tuller beendet das Eheglück: Kasch erschlägt den Widersacher in Notwehr und wird als Geisteskranker in eine Nervenklinik eingewiesen.

Struktur: Oates unterbricht den Handlungsverlauf des Romans immer wieder durch innere Monologe der Figuren, um die unterschiedlichen Bewusstseinszustände zu verdeutlichen. Jeder Hauptfigur ordnet sie ein eigenes Sprach- und Erinnerungsmuster zu, sodass die Figuren auch ohne Namensnennung erkennbar sind.

Wirkung: Der vielschichtige Roman, in dem Oates erstmals vom rein naturalistischen, d.h. vorwiegend beschreibenden und psychologisierenden Erzählen abwich, zählt zu den Schlüsselromanen in ihrer schriftstellerischen Entwicklung. *Im Dickicht der Kindheit*, der thematisch an den Roman *Lolita* (1955) von Vladimir → Nabokov und erzähltechnisch an das Werk von James → Joyce erinnert, traf beim Publikum auf große Zustimmung.　　*D.M.*

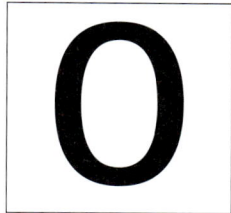

Joyce Carol Oates, *Im Dickicht der Kindheit*, Umschlag der deutschsprachigen Erstausgabe 1983

Die wichtigsten Bücher von Joyce Carol Oates

Jene 1969	Die Studentin Maureen und ihr Bruder Jule wachsen in traumatischen Familienverhältnissen auf. Maureen sucht einen Ausweg in der Prostitution, Jule gerät in einen Sumpf von Gewalt und Verbrechen.
Im Dickicht der Kindheit 1976	Der 40-jährige Fitz John Kasch liebt die 14-jährige Laney. Um seiner Einsamkeit zu entfliehen, heiratet er ihre Mutter. Nach einer gewalttätigen Auseinandersetzung muss er ins Irrenhaus. → S. 827
Unheilige Liebe 1979	Brigit Stott ist Literaturdozentin an einer exklusiven Privatuniversität im Staat New York. Um der Oberflächlichkeit und Eintönigkeit ihres Alltags zu entfliehen, beginnt sie eine Affäre mit einem Musikdozenten.
Bellefleur 1980	Die Schicksale der ursprünglich aus Frankreich stammenden und nun im Schloss Bellefleur lebenden gleichnamigen Familie werden vor dem Hintergrund der amerikanischen Geschichte geschildert.
Zombie 1995	Quentin ist ein Serienkiller. Sein unabwendbares Verlangen nach einem ihm hörigen Zombie verlangt Opfer um Opfer.
Broke Heart Blues 1999	John Reddy ist der Star der Schule. Alle lieben den gut aussehenden jungen Mann und eifern ihm nach. Als der Geliebte seiner Mutter ermordet wird, scheinen die Beweise für John als Täter zu sprechen.
Blond 2000	Oates schildert das Leben von Marilyn Monroe als Nahaufnahme. Sie zeichnet nach, wie Norma Jean Baker zur blonden Ikone stilisiert wird und schließlich an diesem Bild der Gesellschaft zerbricht.

Kenzaburo Oe, *Die Brüder Nedokoro,* Umschlag der deutschsprachigen Erstaus-gabe 1980 (unter dem Titel *Der stumme Schrei*)

Oe, Kenzaburo

japan. Schriftsteller

*31.1. 1935 Ōse

📖 *Die Brüder Nedokoro,* 1967

Die Romane und Erzählungen von Kenzaburo Oe zeigen sich von den grotesken Satiren von François → Rabelais und dem Existenzialismus von Jean Paul → Sartre beeinflusst. Sie spiegeln durch symbolische Verfremdung und groteske Verzerrung die Anomalie einer modernisierten Welt, der immer noch archaische Züge anhän-gen. Die Anti-Helden sind meist zutiefst desori-entiert sowie der Gesellschaft entfremdet.

Oe wuchs als dritter Sohn einer alten Gutsbe-sitzerfamilie in einem Dorf auf der Insel Shiko-ku auf. 1954–59 studierte er an der Universität Tokyo Französische Literatur; sein Lehrer Kazuo Watanabe vermittelte ihm humanisti-sche westliche Bildungswerte. Bereits mit 23 Jahren wurde Oe für seine Erzählung *Der Fang* (1958) mit dem renommierten Akutagawa-Preis geehrt. 1963 wurde er Vater eines geistig behinderten Sohns, was zu einer Neuorientie-rung seines Schreibens führte. 1994 erhielt er den Literaturnobelpreis. Kurz davor hatte er an-gekündigt, er werde keine erzählende Literatur mehr verfassen, da sein Sohn jetzt eine eigene Stimme als Komponist gefunden habe.

Biografie: M.N. Wilson, *The magical world of Oe Kenza-buro,* 1988.

Die wichtigsten Bücher von Kenzaburo Oe

Der Fang 1958	Ein US- Flugzeug stürzt über Shikoku ab. Der schwarze Pilot wird gefangen genommen; die Kinder des Dorfes befreunden sich mit ihm. Als er einen Jungen als Geisel nimmt, wird er getötet.
Der Stolz der Toten 1958	Ein Student und eine Studentin verrichten in einer Universitätsklinik eine makabre Arbeit: Sie laden Leichen von einem Alkohol-Bassin ins andere. Nach dem Ende der Arbeit erfahren sie, dass die Leichen eigentlich hätten verbrannt werden müssen.
Hiroshima-Notizen 1965	Oe beschreibt die Leiden der Atombombenopfer von Hiroshima und widersetzt sich damit der Tabuisierung der Folgen der Atombombe.
Die Brüder Nedokoro, 1967	Der sprachlich und thematisch komplexe Roman, der in Deutsch-land unter dem Titel *Der stumme Schrei* bekannt ist, zeigt in ein-drucksvoller Weise eine entwurzelte Zivilisation. → S. 828
So lehr uns, wie wir unseren Wahnsinn überleben können 1969	Wiederum steht ein Vater mit seinem behinderten Sohn im Zentrum der Erzählung. Er ist der Mittler zwischen der »normalen« und der andersartigen Welt seines Kindes, muss jedoch erfahren, dass sein Kind auch ohne ihn auskommen kann.
Der Tag, an dem er mir die Tränen abgewischt, 1971	Ein Mann wartet im Spital darauf, an Leberkrebs zu sterben. Dabei beginnt eine intensive Erinnerungsarbeit. Die Kindheit und die Aus-einandersetzung mit dem Vater drängen sich ihm ins Bewusstsein.
Das Pinchrunner Memorandum 1976	Ein entlassener Atomingenieur verjüngt sich auf wunderbare Weise um 20 Jahre, während sein behinderter Sohn 20 Jahre älter wird. Gemeinsam bekämpfen sie den Boss der Unterwelt, der die Herr-schaft über Japan anstrebt.
Der kluge Regenbaum 1982	Die vier Erzählungen, die den Höhepunkt der Erzählkunst von Oe darstellen, drehen sich um einen mythischen Regenbaum auf Hawai, der verschiedene Schicksale beeinflusst.

Die Brüder Nedokoro

OT Manen gannen no futtobōru
OA 1967 **DE** 1980 **Form** Roman **Epoche** Gegenwart

Der Roman von Kenzaburo Oe, in Deutschland auch unter dem Titel *Der stumme Schrei* erschie-nen, ist ein Ausflug in eine von jeder Zivilisation abgeschnittene Gegend auf Japans Südinsel Shikoku. Oe gelingt es, die fantastische Traum- und Handlungswelt des Hinterlands als Brenn-spiegel der politischen und gesellschaftlichen Entwicklung Japans darzustellen. Im Schwan-ken zwischen realistischer und surrealer Schil-derung spiegelt sein Erzählen die Desorientie-rung der Figuren.

Inhalt: Der groteske Selbstmord des besten Freundes macht Mitsaburo Nedokoro schlagar-tig bewusst, wie verfehlt und sinnlos sein eige-nes Leben ist. Seit der Geburt eines schwer be-hinderten Kindes entgleitet dem Ehepaar Nedokoro zunehmend der Kontakt zur Außen-welt. Als Mitsaburo eines Morgens, in embryo-naler Stellung vor seinem Haus kauernd, fast wahnsinnig wird, beginnt seine Frau zu trinken.

Die Rückkehr des jüngeren Bruders Takashi aus den USA reißt das Ehepaar aus der Apathie. Ein Supermarkt-Tycoon will das Stammhaus der Nedokoros kaufen, um es als Restaurant im Heimatstil in Tokio wieder aufzubauen. Mit Takashi, einem ehemaligen Anführer der Stu-dentenunruhen in den 1960er Jahren, fahren Mitsaburo und seine Frau in das Heimatdorf der Nedokoro zurück.

Bald wird klar, was der eigentliche Grund für Takashis Sehnsucht nach dem Heimatdorf war: Zwei gescheiterte Aufstände im Dorf wurden von zwei namenlos bleibenden Brüdern aus der ehemaligen Dorfschulzen-Familie der Nedo-koro geleitet, in denen sie ihr Leben opferten, um die Bevölkerung schuldlos davonkommen zu lassen. Takashi will dieses Muster von Schuld und Sühne wieder aufleben lassen. Er ruft die verarmten und lethargischen Dorfbewohner zu einem Aufstand gegen den neuen Supermarkt auf, der alle einheimischen Geschäfte in den Ruin getrieben hat. Wie sich herausstellt, ist der sog. Kaiser der Supermärkte, dem Takashi das Elternhaus verkauft hat, ein Abkömmling koreanischer Kriegsgefangener, die im Dorf einquartiert gewesen waren. Die Rebellion der Dorfbevölkerung richtet sich somit einerseits gegen das Fremde in Gestalt des Koreaners und andererseits gegen die billigen und minderwer-tigen »modernen« Waren des Supermarkts.

Doch auch dieser Aufstand scheitert. Als Takashi behauptet, ein Mädchen des Dorfs ver-gewaltigt und getötet zu haben, wenden sich die Dorfbewohner von ihm ab. Er nimmt sich das Leben und stellt sich somit bewusst in die Reihe der Nedokoro-Brüder.

Ernüchtert beginnt das Ehepaar Nedokoro ein »neues« Leben. Der passive Mitsaburo will sich endlich aktiv am Leben beteiligen und eine Expedition nach Afrika begleiten, während seine Frau mit dem Trinken aufhört und die Erziehung des behinderten Sohns in Angriff nimmt. **Wirkung:** *Die Brüder Nedokoro* wurde 1967 mit dem angesehenen japanischen Tanizaki-Junichiro-Preis ausgezeichnet. Seit Erscheinen dieses Romans gilt der Autor als einer der intellektuellen Wortführer seiner Heimat. *O.F.*

Ondaatje, Michael

kanad. Schriftsteller und Filmemacher

* 12.9.1943 Colombo, Ceylon (Sri Lanka)

📖 *Der englische Patient*, 1992

Ralph Fiennes als Graf László de Almásy in der Verfilmung des Romans *Der englische Patient* von Michael Ondaatje (USA/GB 1996; Regie: Anthony Minghella)

Michael Ondaatje kann auf ein vielfältiges Werk und zahlreiche Auszeichnungen zurückblicken. Neben seinem Collage-ähnlichen Buch über einen US-amerikanischen Jazzmusiker (*Buddy Boldens Blues,* 1995) und dem Band *Die gesammelten Werke von Billy the Kid* (1970) beschreibt er seine Heimat Sri Lanka, die er 1982 erstmalig wieder besuchte, in dem Roman *Es liegt in der Familie* (1982).

Ondaatje ist tamilisch-singhalesisch-niederländischer Abstammung. Sein Vater war Aufseher einer Teeplantage, wo Ondaatje auch die ersten Lebensjahre verbrachte. Nach der Trennung der Eltern lebte die Mutter ab 1945 mit den Kindern in Colombo und ab 1952 in London, wo Ondaatje seine Schulausbildung abschloss. 1962 ging Ondaatje nach Kanada und studierte in Quebec und Toronto englische Literaturwissenschaft; zu dieser Zeit entstanden erste Gedichte. Nach dem Studium erhielt Ondaatje 1967 einen Lehrauftrag an der University of Western Ontario; seit 1971 lehrt er am Glendon College der York University in Toronto Gegenwartsliteratur.

Biografie: E. Jewinski, *Michael Ondaatje: express yourself beautifully,* 1994.

Der englische Patient

OT The English Patient **OA** 1992 **DE** 1993
Form Roman **Epoche** Gegenwart

Der englische Patient von Michael Ondaatje wurde weltberühmt durch die Verfilmung von Anthony Minghella 1996, die mit insgesamt neun Oscars ausgezeichnet wurde.

Inhalt: 1945 finden sich in den letzten Tagen des Zweiten Weltkriegs vier Menschen in einer zerbombten Villa in der Toskana ein, die zuvor den Alliierten als Lazarett gedient hatte. Nach deren Abzug blieb die 20-jährige kanadische Krankenschwesterm Hana mit einem nicht transportfähigen unbekannten englischen Patienten zurück, der bei einem Flugzeugabsturz in der Libyschen Wüste schwerste Verbrennungen erlitten hatte. Zu den beiden gesellt sich David Caravaggio, ein früherer Freund von Hanas Vater, der von ihrer Anwesenheit in der Villa gehört hatte und sie nun schützen will; später stösst Kirpal Singh, genannt Kip, zu ihnen, ein Pionier der britischen Armee.

Trotz des Zusammenlebens in der Villa bleibt jeder der vier mit seiner Vergangenheit und den Kriegstraumata allein. An den Abenden liest Hana dem englischen Patienten verschiedene Bücher aus der Bibliothek der Villa vor. Eine zentrale Rolle spielt ein altes Exemplar der *Historien* (entst. 445–430 v. Chr.) von → Herodot, das der englische Patient auf wundersame

Hauptfiguren in »Der Englische Patient« von Michael Ondaatje

Hana: Die 20-jährige kanadische Krankenschwester verliebte sich nach ihrer Ankunft in Europa in einen Soldaten und wurde schwanger. Nachdem ihr Freund im Krieg gefallen war, ließ sie das Kind abtreiben. Als sie auch noch vom Tod ihres Vaters in Frankreich erfährt, zieht Hana sich ganz in sich zurück. Dass ihr Vater ebenfalls an Verbrennungen starb, erklärt ihr Engagement für den verbrannten englischen Patienten, den sie bis zu seinem Tod pflegt.

Der englische Patient: Der ungarische Kartograf und Wüstenforscher Graf László de Almásy ist die mysteriöseste Figur des Romans, da seine Identität ungeklärt ist. Er ist der Welt vor dem Krieg und dem Leben in der Wüste verhaftet; auch seine Liebe zu Katharine, die das Zentrum seiner Erinnerungen bildet, ist den Gesetzen der Wüste unterworfen und endet nach deren Spielregeln. Die Figur hat den realen Wüstenforscher und Nazi-Spion Almásy zum Vorbild.

David Caravaggio: Der Dieb ist ein Spion der Alliierten in Nordafrika. Er büßte beide Daumen bei Folterungen durch die Deutschen ein. Hana kennt ihn als Freund ihres Vaters. Die Beziehung zwischen den beiden ist geprägt durch die Erinnerungen an frühere Zeiten und das Staunen über die Veränderungen, die der Krieg im anderen hervorgerufen hat.

Kirpal Singh, genannt Kip: Der 26-jährige Sikh aus dem Pandschab ist auch als britischer Soldat den Traditionen seiner Heimat verbunden. Er trägt traditionell langes Haar unter dem Turban. In Europa fühlte er sich nur von Lord Suffolk akzeptiert, der ein Jahr später beim Entschärfen einer Bombe getötet wurde. Nach diesem Ereignis lässt er erst als Hanas Liebhaber wieder einen Menschen näher an sich heran. Doch die kulturelle Entfernung zwischen Orient und Okzident kann nicht überwunden werden, wie das Ende des Romans zeigt.

Weise retten konnte. Das Buch ist eine Art Tagebuch des Patienten; es enthält Briefe, Zeichnungen und persönliche Notizen und scheint somit der Schlüssel für seine Herkunft zu sein.

Caravaggio vermutet, die wahre Identität des englischen Patienten zu kennen: Er ist der ungarische Graf László de Almásy. Caravaggio kann ihm unter Morphiumgabe seine wahre Identität als Spion der Deutschen entlocken, muss jedoch erkennen, dass der verbrannte Körper nicht mehr zur Rechenschaft gezogen werden kann. Das wahre Geheimnis des englischen Patienten war jedoch ein anderes – seine leidenschaftliche Liebe zu Katharine, der Frau eines britischen Kollegen.

Das Ende des Romans knüpft an Herodot an: Beschreibt dieser in seinen *Historien* den Kampf der Perser gegen die Griechen, also die Auseinandersetzung Asiens mit Europa, so wendet auch der Inder Kip seinen Hass und seine Verzweiflung gegen die europäischen Bewohner der Villa, als er vom Abwurf der Atombomben auf Hiroshima und Nagasaki hört. Nachdem er in den vergangenen Jahren für die Alliierten tausende von Bomben entschärft hat, setzen diese nun die Atombombe gegen seinen Kontinent ein. Überstürzt kehrt er in seine Heimat zurück .

Struktur: Mosaikartig setzt der Roman die Lebensgeschichten der vier Personen Stück für Stück zusammen. In der Rückblende erfährt der Leser nach und nach, was diese Menschen zu dem machte, was sie nun sind, und wie der Krieg jeden einzelnen von ihnen prägte.
Das Vorleben von Hana und Caravaggio hatte Ondaatje in seinem Roman *In der Haut eines Löwen* (1987) beschrieben.

Wirkung: Nach seinem Erscheinen erhielt der Roman mehrere Preise in den USA. Von verschiedenen Seiten wurde kritisch angemerkt, dass Ondaatje mit László de Almásy eine historische Person romantisiert, die in Wirklichkeit u. a. ein hoch dekorierter Kollaborateur der Nationalsozialisten war, der seine Fähigkeiten als Pilot und Wüstenforscher mit Erfolg der Wehrmacht andiente. *G. Wi.*

José Ortega y Gasset,
Der Aufstand der Massen,
Umschlag der deutschsprachigen Erstausgabe 1931
(Gestaltung: Erika Hansen)

Ortega y Gasset, José

span. Kulturphilosoph und Schriftsteller
*9.5.1883 Madrid, † 18.10.1955 ebd.
📖 *Der Aufstand der Massen*, 1930

José Ortega y Gasset ist einer der bedeutendsten spanischen Denker der ersten Hälfte des 20. Jahrhunderts. Mit seiner aristokratisch-elitären Grundhaltung, die seine Werke wie ein roter Faden durchzieht, beeinflusste er die intellektuelle Welt seiner Zeit maßgeblich.

Bevor Ortega 1910 seinen Lehrstuhl für Metaphysik an der Madrider Universität antrat, hielt er sich mehrere Jahre für philosophische Studien in Leipzig und Berlin auf, wo er in engem Kontakt zu den Neukantianern stand. Des Weiteren stark beeinflusst durch die Schriften von Georg F. W. → Hegel, Friedrich → Nietzsche und Wilhelm → Dilthey (1833–1911), ist das Denken von Ortega durch Flexibilität und Vielfalt gekennzeichnet – ein Ergebnis seiner Aufgeschlossenheit gegenüber zahlreichen geistigen Strömungen der Zeit. Zeitweise Mitglied des spanischen Parlaments, emigrierte Ortega nach dem Beginn des Spanischen Bürgerkriegs nach Frankreich und Argentinien und kehrte 1945 in seine Heimat zurück. Als er zehn Jahre später starb, verlor Spanien nicht nur einen originellen Intellektuellen, sondern auch einen der brillantesten Stilisten der essayistischen Literatur.

Der Aufstand der Massen

OT La rebelión de las masas **OA** 1930 **DE** 1931
Form Sachbuch **Bereich** Kulturphilosophie

Mit seinem kulturphilosophischen Essay *Der Aufstand der Massen* schuf José Ortega y Gasset eines der wichtigsten zeitdiagnostischen Werke der 1930er Jahre und errang internationale Bekanntheit.

Entstehung: Gustave → Le Bon beschrieb Ende des 19. Jahrhunderts erstmals das Phänomen der Vermassung in Europa (*Psychologie der Massen*, 1895). Die »Masse« wurde in der Folge ein wichtiger Terminus in vielen geistes- und gesellschaftswissenschaftlichen Disziplinen, vor allem in Psychologie (Sigmund → Freud: *Massenpsychologie und Ich-Analyse*, 1921) und Soziologie (David Riesman: *Die einsame Masse*, 1950). Durch seinen Deutschlandaufenthalt von der Phänomenologie beeinflusst, näherte sich Ortega dem Thema der »Masse« mit der Notation von Alltagsbeobachtungen: Ortega macht die allgemein und überall spürbare »Tatsache der Anhäufungen, der Überfüllung«, zum Ausgangspunkt seiner Betrachtungen.

Inhalt: Ortega sieht das öffentliche Leben Europas durch »das Heraufkommen der Massen zur sozialen Macht« bestimmt. Dabei betrachtet Ortega die Masse nicht als eigenständiges Phänomen, sondern bezieht es auf jeden Einzelnen, der Bestandteil der Masse ist. Ihm geht es um das Gefühl der Zugehörigkeit zur Masse. Demnach zählt jeder dazu, der sich für zum Durchschnitt gehörig hält und es ohne Bedauern akzeptiert, »wenn er merkt, dass er ist wie alle«. Dem ordinären Massenmenschen, »der die

Unverfrorenheit besitzt, für das Recht der Gewöhnlichkeit einzutreten und es überall durchzusetzen«, stellt Ortega den Asketen gegenüber, der innerhalb der Masse die Elite bildet. Während diese viel von sich fordert, fordert der sich der Masse als zugehörig definierende Mensch von sich gar nichts: Er ist und sieht sich als »Durchschnittsmensch«.

Die zunehmende Mediokrität durch Vermassung zerstöre, so Ortega, die ursprünglich aristokratische Natur der menschlichen Gesellschaft. Verantwortlich für diese Entwicklung sei das Gleichheitsideal der liberalen Demokratietheorien sowie die Erhöhung des allgemeinen Lebensstandards infolge der industriellen Revolution: Politische Mitbestimmung, Angleichung des Bildungsniveaus und materielle Sicherheit der Masse führten dazu, dass die durch die Masse dominierte Gesellschaft keine anderen Normen, Bedürfnisse und Bestrebungen mehr anerkenne als ihre eigenen, weshalb die dem Liberalismus innewohnende Tendenz zur Vermassung dem Totalitarismus den Weg ebnen könne. Sollte die Masse ihre eigene Historizität verkennen, indem sie die Errungenschaften des Liberalismus als selbstverständlich ansieht, droht durch das Absterben der Vitalität der Rückfall in die Barbarei. Wenn sich der Mensch aber der neuen Möglichkeiten, über die er verfügt, bewusst werde und sie zu nutzen lerne, könne die Masse ihre Energie auf das Projekt einer neuen europäischen Gesellschaft hin bündeln, damit etwas Neues, Größeres entstehe.

Aufbau: In dreizehn Kapiteln entwickelt Ortega – phänomenologisch vorgehend – seine Theorie der Masse. Der darauf folgende Abschnitt *Wer herrscht in der Welt?* nimmt allein etwa ein Drittel des gesamten Essays ein und verschiebt die Thematik in Richtung einer Theorie der europäischen Integration. So wird aus anfänglich schlichten deskriptiven Alltagsbeobachtungen überfüllter Theater und Straßenbahnen schließlich die Forderung der Errichtung der »Vereinigten Staaten von Europa«.

Wirkung: Der Haupteinwand gegen *Aufstand der Massen* betrifft die theoretische Simplizität des dichotomischen Aufbaus der Persönlichkeitstheorie (Massenmensch versus asketische Elite) und der Zivilisationstheorie (Barbarei vs. Zivilisation). Dennoch wurde das Buch in zehn Sprachen übersetzt und beeinflusste in vielen europäischen Ländern die intellektuelle Diskussion der 1930er Jahre. Während einige Gedanken zur europäischen Integration heute aktueller sind denn je, kündigt sich ein postmoderner Paradigmenwechsel von der Masse hin zum Individuum an. Bereits 1971 konstatierte Aaron Wildavsky in *The revolte against the masses* einen sozialen Wandel von der Masse hin zum Subjekt, und gegenwärtige Publikationen be-

stätigen diese Tendenz: So beschreibt z. B. der Soziologe Ulrich Beck in *Risikogesellschaft* (1986) die Individualisierung und Diversifizierung der sozialen Verhältnisse im Deutschland der »reflexiven Moderne« und überträgt in *Schöne neue Arbeitswelt* (2000) die kantische Ethik auf die heutige Zeit.   *M. F.*

Orwell, George

(eigtl. Eric Arthur Blair) engl. Schriftsteller

*25.6.1903 Motihari, Indien, †21.1.1950 London

📖 *Farm der Tiere*, 1946,

📖 *1984*, 1949

George Orwell ist vor allem durch die Fabel *Farm der Tiere* und den Roman *1984* bekannt geworden, die zu den großen fortschritts- und gesellschaftskritischen Werken des 20. Jahrhunderts zählen.

Der aus einer Familie der kolonialen Mittelschicht stammende George Orwell besuchte 1917–22 als Stipendiat u. a. das Eton College und ging anschließend als Offizier der Indian Imperial Police nach Burma. Aus Protest gegen

Bertrand Russel
über George Orwell:

Unsere Zeit aber wird von Politik dominiert, so wie das vierte Jahrhundert von der Theologie dominiert war – und so sind es seine politischen Schriften, besonders Farm der Tiere, *die Orwell unvergesslich machen werden.*

George Orwell
1941 bei der BBC

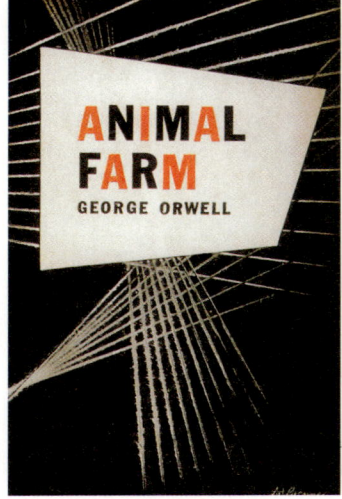
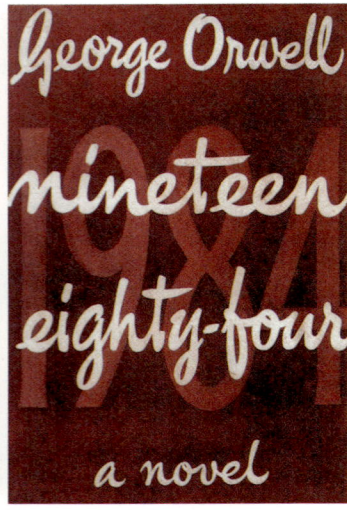

George Orwell; links: *Farm der Tiere*, Umschlag der US-Erstausgabe 1946 (Gestaltung: Art Brenner); rechts: *1984*, Umschlag der Originalausgabe 1949

den englischen Imperialismus legte Orwell 1927 sein Amt nieder, lebte zunächst als Vagabund in Paris und London, später als Tellerwäscher und Lehrer in Privatschulen in England und begann, Reportagen sowie Rezensionen zu schreiben.

Ab 1933 feierte Orwell seine ersten Bucherfolge. Als Freiwilliger zog er 1936 auf Seiten der Republikaner in den Spanischen Bürgerkrieg und kehrte 1937 verwundet nach England zurück. In den folgenden Jahren wirkte er als Redakteur der linksorientierten *Tribune*.

Orwell, anfänglich Kommunist, dann Sozialist, kämpfte gegen die Unterdrückung in faschistischen, imperialistischen und kommunistischen Staaten. Er war ein Ästhet alltäglicher Erfahrung, ohne dem Alltag selbst Ästhetisches abzugewinnen. In seinen Romanen und Essays, die durch eine klare Sprache bestechen, versucht Orwell an die eigentliche Wirklichkeit heranzukommen und sie zu präsentieren.

Bereits schwer an Tuberkulose erkrankt, schrieb Orwell 1949 seinen letzten Roman *1984*, der neben *Schöne Neue Welt* von Aldous → Huxley die bekannteste Anti-Utopie des 20. Jahrhunderts darstellt.

Biografien: S. Howald, *George Orwell* (rm 50587); H.-J. Lang, *G. Orwell*, 1983; M. Shelden, *G. Orwell*, 1993.

Farm der Tiere

OT Animal Farm **OA** 1945 **DE** 1946
Form Fabel **Epoche** Moderne

Mit *Animal Farm* schuf George Orwell eine Satire auf das Diktatorenwesen und die Auswüchse eines Massenstaates. Die bekannteste Fabel des 20. Jahrhunderts zeigt die Geschichte einer fehlgeschlagenen Revolution, nach welcher der ursprüngliche Zustand wieder erreicht ist.

Orwell hatte das Werk als anti-stalinistische Satire konzipiert, um die englische, gegenüber Josef Stalin (1878–1953) unkritische Öffentlichkeit über die »Korruption der ursprünglichen Idee des Sozialismus« in der Sowjetunion aufzuklären. Der Satz »Alle Tiere sind gleich, aber einige Tiere sind gleicher als andere«, der das anfängliche Gleichheitsstatut der an sich solidarischen Tiere im letzten der zehn Kapitel in die Restauration eines Zweiklassensystems zurücksinken lässt, wurde zum geflügelten Wort.

Inhalt: Auf der Herren-Farm von Mr. Jones planen die Tiere einen Aufstand gegen ihren Besitzer. Die Idee der Revolution hegt ein alter Keiler namens Old Major, der den Ausbeuter Mensch vertreiben und den Tieren die Produkte ihrer Arbeit zukommen lassen will. Kurz darauf stirbt Old Major, unter der Führung der Schweine Schneeball und Napoleon gelingt die Vertreibung von Jones. Die Herren-Farm wird in die Farm der Tiere umbenannt und Napoleon und Schneeball übernehmen die Leitung.

Das Gebot, dass alle Tiere gleich sind und sechs weitere Gebote werden postuliert, die aber bald umgedeutet werden. Schneeball und Napoleon liegen bald im Streit miteinander, letzterer vertreibt mithilfe einer Gruppe scharfer Hunde Schneeball und lässt sich immer mehr verherrlichen. Die Schafe benutzt er als jubelnde Hurra-Schreier. Napoleon räumt den Schweinen schließlich Sonderrechte ein, da sie die Denkarbeit leisten. Die arbeitenden Tiere werden bewusst auf einen niederen Bildungsstand gehalten, um sie besser manipulieren zu können. Das arbeitsame Pferd Boxer endet beim Abdecker, die »Herren«-Schweine begin-

Die wichtigsten Bücher von George Orwell	
Erledigt in Paris und London, 1933	In der Autobiografie und Sozialreportage schildert Orwell seine Zeit als Tellerwäscher in einem Nobelhotel in Paris; im zweiten Teil beschreibt er sein Leben in London unter Obdachlosen.
Tage in Burma 1934	Romantisch-naturalistischer Roman über Orwells Erfahrungen als Beamter bei der britischen Polizeitruppe in Indien.
Mein Katalonien 1938	Ein Bericht über den Spanischen Bürgerkrieg, in dem der Schriftsteller selbst 1937 auf republikanischer Seite gekämpft hatte.
Auftauchen, um Luft zu holen 1939	Der Romanerzählt die Geschichte des George Bowling, der sich aus Angst vor dem modernen Leben in seine Kindheit und das Leben vor dem Krieg zurückversetzt .
Im Inneren des Wals 1940	In den Erzählungen und Essays übt Orwell Kritik an jeglicher Art des Terrorismus und wendet sich gegen unpolitisches Denken.
Farm der Tiere 1945	Die allegorisch-fantastische Parabel ist zugleich eine geistvolle und bittere Satire auf das Diktatorenunwesen. → S. 832
Einen Elefanten erschießen 1950	Essaysammlung, neben der Titelgeschichte u. a. *Der Weg nach Wigan Pier*, *Einen Mann hängen*, *Lear, Tolstoi und der Narr*, *Politik contra Literatur*, *Zur Verhinderung von Literatur*.
Neunzehnhundertvierundachtzig 1949/50	Anti-Utopie; der Roman beschreibt einen fiktiven totalitären Überwachungsstaat, in dem die Menschenrechte bis zur Persönlichkeitsaufgabe eingeschränkt sind. → S. 833

nen den Menschen gleich auf zwei Beinen zu gehen. Zuletzt erklären die Schweine, sie hätten mit den verfeindeten Nachbarn Frieden geschlossen. Die anderen Tiere der Farm beobachten die Schweine und die Menschen bei ihrer Feier im Farmhaus und können nicht mehr zwischen den Schweinen und den Menschen unterscheiden.

Wirkung: Orwell bezeichnete *Animal Farm* als sein erstes Werk, in dem er »politische und ästhetische Intentionen« zu einer Einheit verschmelzen konnte (*Warum ich schreibe*, 1946). Die Einsicht in die politischen Zusammenhänge, in die einzelne Charaktere, vermag er in seiner schlichten, klaren Prosa mittels scharfen Witzes und einer Mischung von Humor und Pathos sinnfällig zu vermitteln.

Die unverminderte Aktualität und Beliebtheit des Werks zeigt sich u.a. in der einzigen von den Erben Orwells autorisierten Dramatisierung von Peter Hall (1984) oder den von Adrian Mitchell verfassten und von Richard Peaslee vertonten Gedichten.

1984

OT Nineteen Eighty-Four **OA** 1949 **DE** 1950
Form Roman **Epoche** Moderne

Mit seiner Anti-Utopie *1984* zeichnet George Orwell mit analytischer Schärfe das Schreckensbild eines totalitären Überwachungs-Staates. Orwell bringt in dem Werk, das zu den Klassikern der modernen Weltliteratur zählt, soziale und politische Gefahren globalen Ausmaßes als Zeitkritik wirkungsvoll zum Ausdruck.

Inhalt: Der Zukunftsroman *1984* beschreibt einen totalitären Staat, in dem die Menschenrechte rigoros eingeschränkt werden. Die Welt beherrschen drei Supermächte: Ozeanien, Eurasien und Ostasien, die permanent Krieg um ein paar nicht fest zugeteilte Gebiete führen. Auf britischem Boden hält die Elite des Staates die Bevölkerung in ständiger Angst. An der Spitze dieses totalitären Staats-Systems steht ein fiktiver Führer, der »Große Bruder«.

Der Staat besteht aus einer dreischichtigen Gesellschaft, der Inneren und der Äußeren Partei, sowie der Masse der Proles. Für die Aufrechterhaltung der Macht sind vier Ministerien verantwortlich. Ein Kontrollmedium stellen die sog. Televisoren dar, Fernseher mit eingebauter Kamera, die nicht abgeschaltet werden können. Hiermit wird einerseits Parteipropaganda, andererseits eine totale Überwachung ermöglicht.

Die Umgangssprache im gesamten Staat ist Englisch, diese soll aber zunehmend durch eine Neusprache, »Neusprech«, eine Erfindung der regierenden Partei, ersetzt werden. Diese neue »bereinigte« Sprache hat den Zweck, Wörter, die

der Partei schaden könnten, wie z.B. Freiheit oder Gleichheit, zu eliminieren und somit die Bürger des Staats leichter lenkbar zu machen.

Winston Smith, die Hauptperson, ist in London damit beschäftigt, im Wahrheitsministerium Zeitungsberichte zu fälschen, um so falsche Prognosen der Partei zu korrigieren oder von der Partei aus politischen Gründen getötete Personen aus der Geschichte zu streichen. Obwohl Smith für die Partei arbeitet, ist er in seinem Inneren ein Gegner des Systems und versucht mit der legendären Brüderschaft, einer Untergrundbewegung in Verbindung zu treten. Eines Tages verliebt sich Smith in Julia, ebenfalls ein Mitglied der Äußeren Partei. Da laut Parteistatut jedoch Sexualität nur zur Fortpflanzung dient, beginnt ein ständiges Versteckspiel. Durch einen Mittelsmann, O´Brien, meint Smith in Kontakt mit der Brüderschaft treten zu können. Dieser verrät ihn jedoch an die Partei, was zur Verhaftung der Liebenden führt. Smith wird nun mit den grausamen Mitteln und Methoden der Partei in seinem Innersten zerstört und einer erbarmungslosen Gehirnmanipulation sowie Umstrukturierung unterzogen. Er wird ein leeres Gefäß, das mit der Liebe zum »Großen Bruder« aufgefüllt wird. Nach der Umschulung der einstmals Liebenden empfinden sie nun nichts mehr füreinander.

Wirkung: Mit *1984* schuf Orwell eine zeitlose Parabel, die auch heute noch eine allgemeingültige Metapher für totalitäre Gesellschaftsverhältnisse darstellt. Die Auseinandersetzung mit der Anti-Utopie erreichte einen Höhepunkt im »Orwell-Jahr« 1984, was in zahlreichen Bearbeitungen des Stoffs, ob in neuen Ausgaben, Rezensionen oder Verfilmungen (*Brazil*, 1985, Regie: Terry Gilliam) zum Ausdruck kam.   *V. R.*

John Hurt als Winston Smith in der Verfilmung des Romans *1984* von George Orwell (GB 1984; Regie: Michael Radford)

Auszug aus dem Roman *1984* **von George Orwell:**

»Ihr seid die Toten«, wiederholte die eiserne Stimme. »Es kam hinter dem Bild hervor«, flüsterte Julia. »Es kam hinter dem Bild hervor«, sagte die Stimme. »Bleibt genau da stehen, wo ihr seid. Macht keine Bewegung, ehe es euch befohlen wird.« Es war soweit, endlich war es soweit! Sie konnten nichts machen, außer dazustehen und einander in die Augen zu starren. Auf und davon zu laufen, das Haus zu verlassen, ehe es zu spät war – ein solcher Gedanke kam ihnen gar nicht. Unvorstellbar, der eisernen Stimme von der Wand nicht zu gehorchen. Man hörte ein Schnappen, so als sei ein Haken zurückgedreht worden, und das Krachen splitternden Glases. Das Bild war auf den Boden gefallen, sodass der dahinter angebrachte Televisor zum Vorschein kam.

Auszug aus den *Metamorphosen* von Ovid (XV 177):

Nichts auf der ganzen Welt ist beständig! Alles fließt, und jede Erscheinung wandelt sich im Laufe der Zeit!

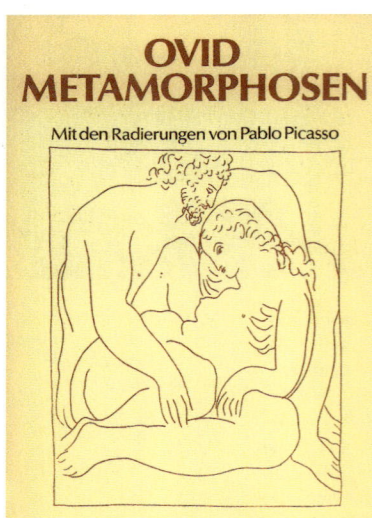

Ovid, *Metamorphosen*, Umschlag der deutschsprachigen Ausgabe 1986 mit Radierungen von Pablo Picasso

Ovid

(eigtl. Publius Ovidius Naso) röm. Dichter

* 20.3.43 v. Chr. Sulmo (heute Sulmona)

† um 17 n. Chr. Tomis (heute Constanza, Rumänien)

📖 *Metamorphosen*, entst. 1–8 n. Chr.

Ovid ist neben →Vergil einer der wirkungsmächtigsten römischen Dichter. Schon zu seinen Lebzeiten eine Berühmtheit, zählt er heute aufgrund seiner poetisch meisterhaften Darstellung von Stoffen aus Erotik und Mythologie zu den Klassikern der Weltliteratur.

Der aus einer adeligen Familie stammende Ovid genoss eine rhetorische Ausbildung in Rom und Athen. Er unternahm Bildungsreisen nach Sizilien und Kleinasien. Nach kurzer Tätigkeit in einem Amt gab er seine politische Laufbahn zu Gunsten der Dichtkunst auf. Nachdem er seit etwa 20 v. Chr. in Rom als ruhmvoller Dichter gefeiert wurde, traf ihn das Schicksal der Verbannung: Kaiser Augustus schickte ihn 8. n. Chr. vermutlich infolge eines Sittenskandals im Zusammenhang mit der Kaiserenkelin Julia d. Jüngeren an die Grenzen des römischen Reichs, nach Tomis am Schwarzen Meer. Trotz seiner Bittschreiben nach Rom wurde Ovid keine Begnadigung zuteil, sodass er im Exil verstarb.

Das Œuvre von Ovid gliedert sich in drei Phasen: eine der Liebesdichtung verschriebene Frühphase, eine Phase der Meisterschaft mit den Meisterwerken *Metamorphosen* (250 Verwandlungssagen) und *Festkalender* (5–8 n. Chr.) sowie die Spätphase der Exildichtung. Schon sein erstes Werk *Liebeslieder* (ab 23 v. Chr.) verhalf Ovid zu Berühmtheit. Zu den erotischen Werken zählen neben *Liebeslieder* die Dichtungen *Liebeskunst* (um 1 v. Chr.–1 n. Chr.) und *Heldenbriefe* (20–10 v. Chr.) auch die *Heilmittel gegen die Liebe* (1 n. Chr.).

Im Exil schrieb Ovid seine Spätwerke, die im elegischen Versmaß gehaltenen fünf Bücher *Klageelegien* (8–12 n. Chr.) und die vier Bücher *Briefe vom Pontos* (12–16 n. Chr.). Eine in der Antike gerühmte Tragödie *Medea* ist verloren.

Ovid war der letzte große römische Elegiker, ein dichterisches Naturtalent, dessen pointierter Witz, schöpferische Fantasie sowie die hervorragende Beherrschung der lateinischen Sprache sein Werk auszeichnen, das noch heute nichts von seinem Reiz eingebüßt hat.

Biografien: M. v. Albrecht/E. Zinn (Hrsg.), *Ovid*, 1969; H. Fränkel, *Ovid*, 1970; M. Giebel, *Ovid* (rm 50 460).

Metamorphosen

OT Metamorphoseon libri **EZ** um 1–8 n. Chr.
EA 1471 **DE** 1545
Form Episches Sagengedicht **Epoche** Römische Antike

Die *Metamorphosen* zählen neben der *Aeneis* von →Vergil zu den bedeutendsten mythologischen Groß-Epen der Antike. Die rund 250 Verwandlungssagen aus der griechischen und italischen Mythologie, die ein weites Spektrum von Göttern, Menschen, Tieren und Pflanzen umfassen, vermitteln auf lebendige Weise die Welt des Mythos.

Inhalt: Ovid beginnt mit den Mythen der Urzeit, der Weltschöpfung, Götterversammlung und Sintflut, befasst sich im zweiten Hauptteil mit Götter- und Heroensagen (Jupiter, Apollo, Perseus, Theseus, Herkules etc.), behandelt den Sagenkreis um den Trojanischen Krieg, nimmt sich italischer Mythen an (Aeneas-Sage und altitalischer Sagenhistorien) und gelangt mit der Apotheose des Augustus, die den krönenden Abschluss des Werks bildet, zu seiner eigenen politisch-historischen Gegenwart.

Ovid stellt die Menschen mit Einfühlung, Ironie sowie mit pointiertem Witz dar und wählt teilweise auch erotische Präsentationen. Mit der Verwandlung in Tier, Baum, Quelle oder Stern lässt Ovid eine umfassende vegetabilisch-animalische Allnatur aufscheinen. In Ovids *Metamorphosen* wird die alte mythische Tradition aufgehoben, der Mythos erscheint säkularisiert und auf die neutrale Ebene einer poetisch-sym-

Wichtige Werke von Ovid

Liebeslieder (ab 23 v. Chr.)	Die *Amores*, 50 Liebeselegien, die einer Geliebten unter dem Pseudonym Corinna gewidmet sind, zeichnen sich durch Lebhaftigkeit, Eleganz, zuweilen durch Frivolität aus.
Liebeskunst (um 1 v. Chr. bis 1 n. Chr.)	Die *Ars amatoria* beinhaltet Unterweisungen in der Kunst der Verführung. Ovid wurde nicht zuletzt aufgrund dieser Schrift der Vorwurf der »Leichtfertigkeit« in der Liebe gemacht.
Heldenbriefe (20–10 v. Chr.)	Die *Heroides* enthalten 18 erdichtete Briefe von Frauen und Mädchen an ihre Gatten oder Liebhaber.
Heilmittel gegen die Liebe (1 n. Chr.)	Die *Remedia amoris* verfasste Ovid wohl als Widerruf, als Heilmittel gegen die Liebe, nachdem ihm mit dem Werk *Ars amatoria* Leichtfertigkeit in der Liebe vorgeworfen worden war.
Festkalender (5–8 n. Chr)	Römischer Festkalender in Versen mit Erklärungen einzelner Namen und Bräuche sowie mit Sagen über Ursprung der religiösen Feiertage, nur sechs Bücher (sechs Monate) vollendet.
Metamorphosen (1–8 n. Chr.)	Das Epos enthält einen Zyklus von 256 in Hexametern verfassten mythologischen Verwandlungssagen, in denen Menschen in Götter, Tiere, Pflanzen und umgekehrt verwandelt werden. → S. 834
Klageelegien (8–12 n. Chr.)	Die *Tristien*, Klageelegien aus der Verbannung Ovids am Schwarzen Meer, enthalten die Autobiografie des Dichters.
Briefe vom Pontos (12–16 n. Chr.)	In *Epistulae ex Ponto* wie auch in den Tristien beklagt Ovid sein hartes Schicksal am Verbannungsort unter Fremden, fleht um Erleichterung seines Loses und rechtfertigt seine Dichtung.

bolischen Stoffwelt gehoben. Das antike Epos hat hier seine religiös-kultische Funktionalität verloren. Die Menschen werden hier ausschließlich von psychischen Kräften wie Liebe, Sehnsucht und Wille gesteuert, Natur, Gesetz oder Sitte bilden den Rahmen ihres Lebens.

Aufbau: Das Werk umfasst 15 Bücher zu je 700 bis 900 Hexameterversen. Ovid reiht etwa 250 Verwandlungssagen aneinander, beginnend mit der Entstehung der Welt aus dem Chaos bis zum Anfang der imperialen Ordnung der Augusteischen Epoche. Die kunstvolle Grundidee Ovids, Erzählungen des alten Mythos anhand des Verwandlungsmotivs aneinanderzureihen, entsprach der hellenistischen Lyrik. Die Gelehrsamkeit der Vorbilder ließ Ovid dabei zu Gunsten des eigenen leichten und spielerischen Stils zurücktreten.

Wirkung: Die *Metamorphosen* haben auf die bildende Kunst und die spätere Dichtung seit zwei Jahrtausenden beträchtlichen Einfluss ausgeübt. In der römischen Kaiserzeit wurde Ovid viel gelesen und nachgeahmt. Die *Metamorphosen* übertrugen mythologische Bildung von der Antike über das abendländische Mittelalter bis in die Renaissance und das Zeitalter des Rokoko.

Im Mittelalter wurde Ovid nach Vergil am meisten geschätzt. Der byzantinische Gelehrte Manuel Planudes (1255–1310) übersetzte u.a. die *Metamorphosen* ins Griechische, → Dante Alighieri stellte Ovid neben → Homer und → Horaz. Noch die heutige mythologische Überlieferung gründet sich auf das Werk Ovids. So wird der mythische Begriff des »Chaos« allgemein im Sinne der *Metamorphosen* verwendet. Viele der bekanntesten mythologischen Bildungsinhalte wurden maßgeblich durch Ovid tradiert wie die Flut des Deukalion oder Auffahrt und Absturz des Phaethon im Sonnenwagen. Ovid ist zu verdanken, dass er so manche mythologische Figur verewigte, so z.B. Narziss oder Pygmalion. *V.R.*

Oz, Amos

(eigtl. Amos Klausner) israel. Schriftsteller

*4.5.1939 Jerusalem

📖 *Mein Michael*, 1968

Amos Oz gilt als einer der wichtigen Mitbegründer einer eigenständigen israelischen Literatur und als bedeutender politisch-moralischer Repräsentant Israels. Seine kritischen Stellungnahmen gegen militant orthodoxe Strömungen und für eine israelisch-palästinensische Verständigung lösten in seiner Heimat heftige Kontroversen aus.

Oz verließ mit 15 Jahren seine gebildete, konservativ-zionistische Familie und zog in einen Kibbuz. Er studierte Philosophie und Literatur an der Hebräischen Universität in Jerusalem. Bis 1986 arbeitete er in seinem Kibbuz in der Landwirtschaft sowie als Lehrer und Schriftsteller; seit dieser Zeit lebt er in Arad am Rand der Negev-Wüste. Oz lehrte an verschiedenen Universitäten – v.a. in den USA – und ist seit 1987 Professor für Hebräische Literatur an der Ben-Gurion-Universität in Beer-Scheva. Für Israel kämpfte er im Sechs-Tage-Krieg 1967 an der Sinaifront und im Jom-Kippur-Krieg 1973 auf dem Golan. Seit dem Ende der 1960er Jahre schrieb Oz Aufsätze und Reden zum israelisch-palästinensischen Konflikt. 1977 war er einer der Initiatoren der Bewegung »Schalom Achschaw« (Frieden jetzt), für die er sich seither weltweit engagiert. Neben zahlreichen internationalen Auszeichnungen erhielt der Schriftsteller 1992 den Friedenspreis des Deutschen Buchhandels und 1998 zum 50-jährigen Jubiläum der israelischen Staatsgründung den Israel-Preis, die höchste Ehrung für Künstler und Wissenschaftler in Israel.

1961 veröffentlichte Oz seine ersten Kurzgeschichten. Der literarische Durchbruch gelang ihm mit den Romanen *Ein anderer Ort* (1966) und *Mein Michael*. Der Roman *Black Box* (1987) wurde ein internationaler Erfolg. Die Werke des Autors zeichnen ein lebendiges, genau beobachtetes, bei allem Realismus aber auch durch Fantasie, Humor und Ironie gebrochenes subjektives Bild der Gesellschaft im Staat Israel.

Biografie: B. Feininger, *Amoz Oz verstehen*, 1988.

Goethe in *Maximen und Reflexionen* (1829) über das Werk von Ovid:

Klassisch ist das Gesunde, romantisch das Kranke. Ovid blieb klassisch auch im Exil: Er sucht sein Unglück nicht in sich, sondern in seiner Entfernung von der Hauptstadt der Welt.

Amos Oz 1990 in einem *Brief aus Arad* an die *Frankfurter Allgemeine Zeitung* über die jüdische Literatur:

Die Keime jüdischer Literatur sind in allen europäischen Literaturen zu finden... Alle literarischen Richtungen, die Europa in vielen hundert Jahren hervorgebracht hat, tauchen hier in wenigen Jahrzehnten auf. Romantik, Klassizismus, sozialistischer Realismus und Surrealismus. Hier ist Franz Kafka ein Zeitgenosse Goethes... Diese Nation wurde nicht aus einer Armee oder aus Pyramiden, sondern aus Büchern geboren, aus gemeinsamen Büchern... Die Bücher waren die Pyramiden der Juden.

Amos Oz 1998 in Hamburg

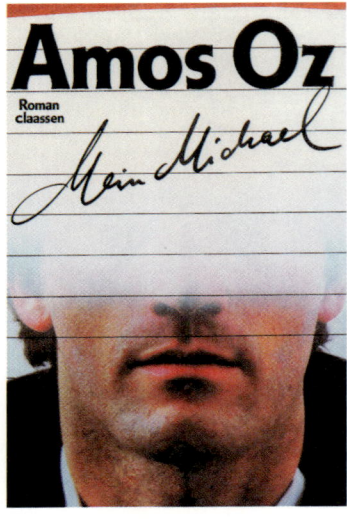

Amos Oz, *Mein Michael;* links: Umschlag der deutschsprachigen Erstausgabe 1979; rechts: Einband der deutschsprachigen Taschenbuchausgabe 1998

Mein Michael

OT Michael Scheli **OA** 1968 **DE** 1979
Form Roman **Epoche** Moderne

Mit dem Roman *Mein Michael* traf Amos Oz, schmerzhaft einen Nerv des jungen, um seine konkrete politische Existenz und innere Identität kämpfenden Staates. Das Scheitern der individuellen Liebesgeschichte einer jungen Frau wird zur Metapher für die Zweifel an der neuen

jüdischen Gesellschaft, die nach der Shoah zwischen verschiedenen Traditionen ihren Weg sucht. In präzisen poetischen Beschreibungen verdichtet sich das Bild der Stadt Jerusalem zum Ort der Hoffnung und der unmöglichen »Normalität«.

Inhalt: Die 30-jährige Hannah erzählt die Geschichte ihrer gescheiterten Ehe. Schauplatz ist das geteilte Jerusalem der 1950er und frühen 60er Jahre mit seiner Atmosphäre von Aufbruch und Bedrohung. Als junge Literaturstudentin verliebt sie sich – eher freundschaftlich – in den tüchtigen, hilfsbereiten Geologiestudenten Michael Gonen. Gegen den Rat ihrer Familien und Freunde heiraten die beiden schnell.

Nach der Geburt eines Sohnes gibt Hannah ihr Studium auf, während Michael zielstrebig an seiner akademischen Karriere arbeitet. Die labile junge Frau zeigt sich der Monotonie des Alltags und den materiellen Entbehrungen nicht gewachsen. Ihr rücksichtsvoller, besonnener Gatte ist nicht der Held ihrer Träume. Etliche ihr nahe stehende Menschen sterben. Sie fühlt sich um ihr Leben betrogen, vernachlässigt Familie und Haushalt, interessiert sich weder für Politik noch für Schicksale in ihrer Umgebung, flüchtet in Krankheiten und verliert sich in sadomasochistischen Sexual- und Machtfantasien, in denen die arabischen Zwillingsbrüder auftauchen, mit denen sie als Kind gespielt hat.

Michael nimmt am Sinai-Krieg teil, kehrt wohlbehalten zurück und beendet seine Dissertation. Zum zweiten Mal schwanger, schreibt Hannah ihr Leben auf.

Aufbau: Die Ich-Erzählerin beschreibt linear die Chronologie ihres privaten Lebens. In den genauen Beobachtungen der Randfiguren entwirft sie ein Panorama der israelischen Gesellschaft mit ihren sozialen und religiösen Differenzen. In den sachlichen Bericht mischen sich als fremdes, märchenhaftes Element ihre Träume von einem sagenhaften Europa und einem vitalen Arabien.

Wirkung: *Mein Michael* war der erste Bestseller aus Israel überhaupt; er wurde in viele Sprachen übersetzt und gilt als einer der wichtigsten Romane des 20. Jahrhunderts. In Israel war er wegen etlicher Tabubrüche heftig umstritten. Die verzweifelte Hannah mit ihrer ungelebten Sehnsucht nach Heldentum und erotischen Abenteuern widersprach dem neuen optimistischen Frauenbild. Als Skandal empfunden wurde ihre sexuelle Faszination für die arabischen Männer sowie die unterschwellige Heroisierung des palästinensischen Terrorismus, als dessen Opfer und Anstifterin sie sich in ihren Träumen sieht und damit zum Symbol für ihr umkämpftes, zwischen Überlegenheitsgefühlen und Unterlegenheitsängsten schwankendes Land wird. *E.E.K.*

Die wichtigsten Bücher von Amos Oz	
Ein anderer Ort 1966	Gefühle und Generationskonflikte bringen die klare Wertordnung in einem Kibbuz durcheinander. Eine Frau zieht mit ihrem Liebhaber nach Deutschland. Ihr Gatte verliebt sich in eine verheiratete Frau. Seine Tochter wird schwanger von einem alten Pionier, dem Mann seiner Geliebten.
Mein Michael 1968	Eine junge Frau berichtet von ihrer gescheiterten Ehe mit dem Wissenschaftler Michael. Ihre verlorenen Hoffnungen und verbotenen Träume werden zur Metapher für Israels nationale Identitätssuche. → S. 836
Sumchi 1978	Der Jugendroman erzählt eine wahre Geschichte über Liebe und Abenteuer und vom Erwachsenwerden: Ein Junge erlebt seine Kindheit in Jerusalem wie Hans-im-Glück.
Der perfekte Frieden 1982	Ein junger Mann flieht aus einer Dreiecksbeziehung und vor den brüchigen Idealen der Elterngeneration, begegnet auf seiner Suche nach dem Lebenssinn in der Natur und im Krieg der Faszination des Todes und findet in das konkrete Lebensordnung seines Kibbuz zurück.
Black Box 1987	In Briefen wird das Scheitern von Lebensplänen rekonstruiert. Eine Frau bittet ihren in die USA ausgewanderten früheren Ehemann um Hilfe für den gemeinsamen Sohn. Ihr zweiter Mann, der Sohn und ein Anwalt mischen sich in die Korrespondenz ein.
Eine Frau erkennen, 1989	Ein Ex-Agent des israelischen Geheimdienstes zieht sich nach dem Tod seiner Frau ins Privatleben zurück. Das ruhige Leben will nicht gelingen und erfordert viele Kompromisse.
Der dritte Zustand, 1991	Die zufälligen Ereignisse einer Woche im Februar 1989 werden von dem Jerusalemer Intellektuellen und Polit-Neurotiker Fima in einer Mischung aus Burleske und Melancholie kommentiert.
Nenn die Nacht nicht Nacht 1994	Eine Lehrerin und ein Stadtplaner versuchen in einer neu angelegten Wüstenstadt soziale Projekte zu verwirklichen, müssen aber durch Todes- und Liebeserfahrungen erst zu sich selbst finden.

OT = Originaltitel   **EZ** = Entstehungszeit   **OA** = Originalausgabe   **DE** = Deutsche Erstausgabe   📖 = Verweis auf Werkartikel

Packard, Vance

US-amerikan. Publizist und Gesellschaftskritiker

*22.5.1914 Granville Summit (Pennsylvania)

✝12.12.1996 Martha's Vineyard (Massachusetts)

📖 *Die geheimen Verführer*, 1957

Vance Packard war einer der frühesten und engagiertesten Kritiker der Konsumgesellschaft, dessen zugespitzte Thesen sich stets provokant gegen die Trends der Zeit wandten.

Nach dem Studium der Publizistik und Volkswirtschaft an der State University in Pennsylvania und der School of Journalism in Columbia, die er 1937 mit dem Master abschloss, arbeitete Packard zunächst als Reporter für den *Boston Record*. 1938 wechselte er zur Nachrichtenagentur *Associated Press* und 1942 in die Redaktion des *American Magazine*. In diese Zeit fällt die Hinwendung zu seinem Lebensthema, der »Beschreibung des menschlichen Verhaltens«, der Grundlage und Triebfeder seiner gesellschaftskritischen Publikationen. 1950 erschien sein erstes Buch *Der Mensch im Affen* (1950). Nach dem Wechsel zum *Collier's Magazin* entstand 1957 das Aufsehen erregende Buch *Die geheimen Verführer*. In rascher Folge erschienen weitere Werke, die den Blick auf die Kehrseite der zügigen Modernisierung der US-amerikanischen Gesellschaft und Marktwirtschaft richteten und ihre vermeintliche Liberalität als Schein entlarvten, so 1959 in *Die unsichtbaren Schranken* und 1960 in *Die große Verschwendung*. Für Überraschung sorgten die konservativen Positionen, die Packard in *Die sexuelle Verwirrung* (1968) vertrat. In seinem letzten Buch *Der Verlust der Geborgenheit – unsere kinderkranke Gesellschaft* (1983) widmete er sich vor allem dem Schicksal von Scheidungskindern ein, für deren Rechte er eine heute noch viel diskutierte Charta entwarf.

Die geheimen Verführer

OT The Hidden Persuaders **OA** 1957 **DE** 1958

Form Sachbuch **Bereich** Gesellschaftskritik

Das Buch *Die geheimen Verführer* mit dem Untertitel *Der Griff nach dem Unbewussten in jedermann* von Vance Packard wurde seit seinem Erscheinen millionenfach gelesen und veränderte die Sicht auf Werbung und Medien nachhaltig. Packard machte auf Veränderungen in der Struktur der Öffentlichkeit hin zur Konsum- und Mediengesellschaft aufmerksam, als diese sich gerade erst abzuzeichnen begann.

Aufbau: *Die Geheimen Verführer* umfasst zwei Teile, deren erster (*Der Verbraucher will überredet sein*) neue Strategien der Werbung und

deren zweiter (*Der manipulierte Bürger*) die Veränderungen in der Vermittlung von Politik sowie die neuen Formen der »Mitarbeitermotivation« in Konzernen schildert. In einem Anhang bilanziert Packard die Recherchen zu seinem Buch und zieht Resümees, die in der Warnung vor einer »Welt orwellscher Prägung« mit »Menschen nach Maß« gipfeln.

Inhalt: Der rote Faden durch alle drei Teile und gleichsam eigentliches Thema des Buchs ist die sich verändernde Kommunikation und vor diesem Hintergrund die sog. Motivforschung – ein heute kaum noch so benannter Zweig der Marktforschung. Die Motivforschung erscheint Packard vor allem fragwürdig durch die Hinwendung zu Methoden der Tiefenpsychologie, d.h. einer »Überredung des Verbrauchers« mit Mitteln, die dieser selbst nicht kontrollieren könne und bei denen die Kaufentscheidung von den tatsächlichen Bedürfnissen wie auch von den Qualitäten des Produkts abkoppelt seien. Diese Methoden schildert er in einer Kette anschaulicher Beispiele und Anekdoten, die durch die Kapitel gruppiert werden. Dazu gehören das Entwerfen von »Leitbildern«, »Rezepte gegen geheime Nöte«, die Erschaffung ganzer Märkte durch das Ansprechen des Begehrens, der subtile Einsatz sexueller Reize, die Strategien der Supermärkte, die Kreation von Statussymbolen sowie die Gewinnung von Kindern als Kunden. Der zweite Teil zeigt, wie die von der Motivforschung entwickelten Strategien ohne Einschränkung auf das »Geschäft« der Politik übertragen werden, der Wähler mithin als Kunde und der Politiker als beworbenes Produkt erscheinen. Packards Schilderung enthält dabei stets zwei Aspekte: die neuen Praktiken der Verkäufer und zugleich das Verhalten der Konsumenten, auf dem die neuen durch Motivforschung entwickelten Praktiken basieren.

Wirkung: Der soziologische Laie Packard erlangte nie die Wertschätzung der Wissenschaft, deren lukrative Mitwirkung an der »tiefenpsychologischen Aufrüstung« der Werbung er teilweise anprangerte. Kritisiert wurden vor allem der unsystematische, anekdotische Stil, der Mangel an statistischem Material und das Fehlen von Quellenangaben. Millionen von Lesern machte Packard jedoch durch sein Buch mit einem neuen Thema vertraut und er half breiten Bevölkerungsschichten, gesellschaftliche Veränderungen zu verstehen. *V. W.*

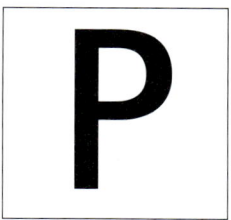

Werbung ist die Kunst auf den Kopf zu zielen und den Geldbeutel zu treffen.

Vance Packard

Vance Packard, *Die geheimen Verführer*, Umschlag der deutschsprachigen Erstausgabe 1958 (Gestaltung: Werner Rebhuhn)

Auszug aus *Die geheimen Verführer* von **Vance Packard**:

Was in vielen Fällen die Überredungskünstler wollen, fasste einer ihrer führenden Männer ... in einem Satz zusammen, als er vor Verbandsmitgliedern sagte: ›Das Material, an dem wir arbeiten, ist die Struktur des menschlichen Geistes‹. Bei vielen ihrer Versuche, unsere geistige Struktur zu bearbeiten, wird den berufsmäßigen Propagandisten direkte Hilfe und Führung von angesehenen Sozialwissenschaftlern zuteil.

Palladio, Andrea

(eigtl. Andrea di Pietro della Gondola)

italien. Baumeister und Architekturtheoretiker

*30.11.1508 Padua, †19.8.1580 Vicenza

📖 *Die vier Bücher zur Architektur,* 1570

Der Renaissance-Architekt Andrea Palladio gilt heute als Hauptmeister der italienischen Baukunst des 16. Jahrhunderts. Kaum ein Baumeister vermochte auf die Architekturtheorie der Neuzeit einen solchen Einfluss auszuüben wie Andrea Palladio. Seine Bauwerke wurden wegen ihrer »klassischen« Formensprache und ihrer rationalen Schönheit bis ins 20. Jahrhundert hinein immer wieder kopiert und zitiert.

Palladio ging mit 16 Jahren nach Vicenza und arbeitete dort als Steinmetz. Seinen Stil bildete Palladio während dreier Rom-Besuche in den Jahren 1541, 1547 und 1549 aus, wo er die antiken Bauwerke und die Schriften des römischen Architekturtheoretikers →Vitruv studierte. Seinen ersten großen Auftrag erhielt er 1546, nachdem er den Wettbewerb zur Wiederherstellung des Palazzo della Ragione in Vicenza gewonnen hatte. Die Zentren seiner Bautätigkeit waren Vicenza und Venedig; sein Werk umfasst Palazzi, Villen und Kirchen, die in sich strenge Würde mit klassischer Klarheit und Harmonie verbinden. Wo immer möglich, verwandte Palladio antike Ordnungen und Formen, beim Palastbau mit Vorliebe die Kolossalordnung, die durch zwei Stockwerke durchgehenden Pilaster.

Zu den von Palladio vorwiegend im Veneto gebauten Villen pilgern auch heute noch jährlich Tausende von Kunstinteressierten.

Biografie: E. Forssmann (Hrsg.), *Palladio,* 1997; M. Wundram/T. Pape, *Andrea Palladio 1508–1580,* 1999.

Die vier Bücher zur Architektur

OT I quattro libri dell'architettura **OA** 1570

Form Architekturtraktat **Epoche** Spätrenaissance

Das 1570 erschienene Architekturtraktat, in dem Andrea Palladio seine Lehre von der Baukunst zusammenfasste und eigene Entwürfe mit Abbildungen antiker Architektur verband, diente späteren Architektengenerationen als wichtigstes theoretisches Grundlagenwerk.

Inhalt: Das Werk behandelt im ersten Buch Material, Mauerkonstruktion und Säulenordnungen architektonischer Bauwerke; im zweiten Buch Stadt- und Landhäuser nach seinen Entwürfen sowie Rekonstruktionen antiker Häuser nach den Schriftquellen; im dritten Buch Städtebau und öffentliche Gebäude in Antike sowie Gegenwart und im vierten und letzten Buch antike Tempel in Bauaufnahmen sowie Re-

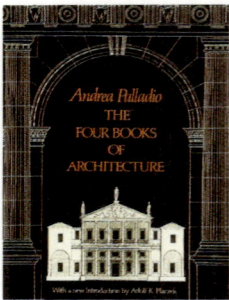

Andrea Palladio, *Die vier Bücher zur Architektur,* Einband der britischen Taschenbuchausgabe 1976

konstruktionen, frühchristliche Zentralbauten und schließlich den Tempietto von Bramante (1444–1514).

Den eher knapp gehaltenen Text bereichern großformatige Holzschnitte der Gebäude, welche den Grundriss, Aufriss sowie Schnitte durch verschiedene Achsen und Gebäudeteile darstellen und durch Bildlegenden erläutert werden.

Im Gegensatz zu vielen Vorgängern betrachtet Palladio →Vitruv nicht als allgemein gültige Autorität, sondern als Schlüssel zum Verständnis der antiken Architektur. Der »idealen Schönheit« der Antike verhalf Palladio zu heiter-festlicher Würde mit betonter Repräsentation, klarer Gliederung und ausgewogenen Proportionen. Über den Bau von Gotteshäusern schreibt er: »Lob verdienen alle, die sich durch schöne, angemessene Proportionen und eine elegante, wohl geschmückte Architektur auszeichnen.« Wichtig erscheint ihm der Standort eines Tempels, der über einen Großteil der Stadt blicken sollte. Palladios besondere Liebe gilt der Tempelfront. Eine ähnliche Gestaltung verwendet er für die Konstruktion seiner Palazzi.

Ausführlicher als andere Theoretiker seiner Zeit behandelt Palladio Säulenzwischenräume. Vitruv nennt einen Bau mit Interkolumnien von 2 1/4 Modul (= unterer halber Säulendurchmesser) »eustylos«, den Schönsäuligen. Somit folgt er Vitruvs Empfehlung und bezeichnet den Zwischenraum von 2 1/4 Säulendicke zwischen den Säulen als den schönsten.

Anders als Vitruv sieht Palladio jedoch Säulenproportion und Interkolumnium als ein architektonisch zusammengehöriges System: Je dicker die Säulen, desto größer dürfen die Zwischenräume sein.

Wirkung: Palladio wollte mit seinem Werk ein geläutertes und systematisches Bild der antiken Architektur und ihrer Anwendung geben. Schon zu seinen Lebzeiten erwarb er sich den Ruf, der führende Theoretiker und Praktiker der antiken Form zu sein. Durch zahlreiche Veröffentlichungen und Übersetzungen beeinflusste sein Lehrbuch nicht nur die europäische Architektur maßgeblich. *V. R.*

Panofsky, Erwin

dt.-US-amerikan. Kunsthistoriker

*30.3.1892 Hannover

†15.3.1968 Princeton (New Jersey)

📖 *Die Renaissancen der europäischen Kunst,* 1979

Als Begründer und Hauptvertreter der ikonologischen Schule hat der Kunsthistoriker Erwin Panofsky weltweite Bedeutung erlangt. Auch wenn seinen Vorstellungen von der Bedeu-

838

OT = Originaltitel **EZ** = Entstehungszeit **OA** = Originalausgabe **DE** = Deutsche Erstausgabe 📖 = Verweis auf Werkartikel

tungslehre der Kunstwerke widersprochen worden ist, hat er einen wesentlichen Beitrag zur kunstwissenschaftlichen Forschung geleistet.

Panofsky studierte zunächst Jura, dann Kunstgeschichte in Freiburg, Berlin und München. 1920 habilitierte er sich in Hamburg und war hier ab 1921 Privatdozent, ab 1926 Professor für Kunstgeschichte. Er hatte Kontakt zu Aby Warburg (1866–1929), einem der bedeutendsten deutschen Kunst- und Kulturhistoriker. 1933 emigrierte Panofsky in die USA, begann 1934 seine Lehrtätigkeit an der Universität Princeton und gleichzeitig in New York. 1935 wurde er an das Institute for Advanced Studies in Princeton berufen. In seiner Schrift *Das Problem des Stils in der bildenden Kunst* (1915) setzte sich Panofsky mit seinen Lehrern Heinrich Wölfflin (1864–1945) und Alois Riegl (1858–1905) auseinander. Panofsky sah »Stil« nicht als etwas Gegebenes, sondern als ein Phänomen, das »der Erklärung bedarf«.

Die wissenschaftliche Arbeit von Panofsky umfasst rund 150 Arbeiten über Malerei, Plastik, Architektur und Film. Zu seinen Hauptwerken gehören *Hercules am Scheidewege und andere antike Bildstoffe in der neueren Kunst* (1930), *Albrecht Dürer* (1943) sowie *Altniederländische Malerei* (2001).

Literatur: M. A. Holly, *Panofsky and the Foundations of Art History*, 1984.

Die Renaissancen der europäischen Kunst

OT Renaissance and Renascences in Western Art
OA 1960 **DE** 1979 **Form** Essay-Sammlung
Bereich Kunstgeschichte

Die Essay-Sammlung gehört zu den einflussreichsten Werken von Erwin Panofsky. Er untersucht darin in tief schöpfender Weise den Begriff der Renaissance und der verschiedenen Wiederbelebungen der Antike seit deren Ende.
Inhalt: Im ersten Beitrag (*Renaissance – Selbstbezeichnung oder Täuschung?*) befasst sich Panofsky mit der Diskussion der »neueren Wissenschaft«, ob es zulässig sei, die Geschichte in fest abgegrenzte Epochen zu unterteilen. Er bejaht diese Frage, äußert aber die Überzeugung, dass mit »dem Fortgang der Wissenschaft« Zeit und Ort, Beginn und Ende der Perioden immer wieder neu festgesetzt werden müssten. Im Fall der Renaissance legt er dar, wie in Italien zunächst die Dichter – Francesco → Petrarca an erster Stelle – die Vorstellung von einer »Wiederbelebung unter dem Einfluss klassischer Vorbilder« entwickelten, allerdings aus patriotischen Gründen. In den Resten der antiken Kultur sahen sie die Zeugnisse eines Zeitalters »reinen Lichts«. Die Malerei folgte bald der Dichtkunst.

Zu Beginn des zweiten Teils (*Renaissance und Renaissancen*) zieht Panofsky das Fazit, dass die Renaissance in Italien »in der ersten Hälfte des 14. Jahrhunderts begann, im 15. Jahrhundert ihre klassizistischen Neigungen auf die bildenden Künste ausdehnte und in der Folge ihre Spuren in der gesamten Kultur des übrigen Europa hinterließ«. Diese Entwicklung führt er in den folgenden Kapiteln aus, nachdem er im zweiten vorausgegangene Bemühungen einer »Wiederbelebung« der Antike beschrieben hat. So erwähnt er die »renovatio« am Hofe Karls des Großen oder die »Proto-Renaissance des 12. Jahrhunderts«.

Nach Cimabue (um 1240–1302?)– Zwischenglied und Anreger Giotto di Bondones (1266 bis 1337) – nahm die Renaissance-Malerei im 14. Jahrhundert, wie Panofsky im dritten Teil (*I Primi Lumi: die Malerei des 14. Jahrhunderts in Italien und ihr Anstoß für das übrige Europa*) darlegt, mit den großen Neuerern Giotto und Duccio di Buoninsegna (um 1255–1319) ihren Anfang. Sie und ihre Nachfolger griffen in ihrem modernen Stil, mit der perspektivischen Darstellung des Raumes auf die illusionistische Überlieferung der griechisch-römischen Malerei zurück. Sie beeinflussten nachhaltig die Kunst jenseits der Alpen, vor allem die französische bzw. niederländische. Die nordeuropäische Malerei mit ihrem Naturalismus und mit der Entwicklung der Luftperspektive vereinte sich, wie das letzte Kapitel (*Renaissance der Antike: das 15. Jahrhundert*) zeigt, mit der italienischen zu einem neuen, dauerhaften europäischen Stil der Renaissance, der die Einflüsse des Altertums hinter sich ließ.

Sprache: Panofsky hat den größten Teil seiner Schriften auf Englisch abgefasst. Er übersetzte seine deutschen Arbeiten selbst ins Englische und umgekehrt. Seine Sprache, die keineswegs einfach, doch klar, lebendig, ironisch, oft auch voll Witz ist, erhielt dadurch Vielschichtigkeit und Transparenz.

Wirkung: Wenn Panofskys Ansichten in den siebziger Jahren des 20. Jahrhunderts auch von einer jungen Kunsthistorikergeneration belächelt wurden, so entdeckte in diesen Jahren ein breites Publikum seine Schriften. Seine Aufsätze zu den »Renaissancen« bahnten einem neuen Renaissance-Verständnis den Weg innerhalb und außerhalb der Kunstwissenschaft. Panofsky gehört zu den meistgelesenen Kunsthistorikern. *N. B.*

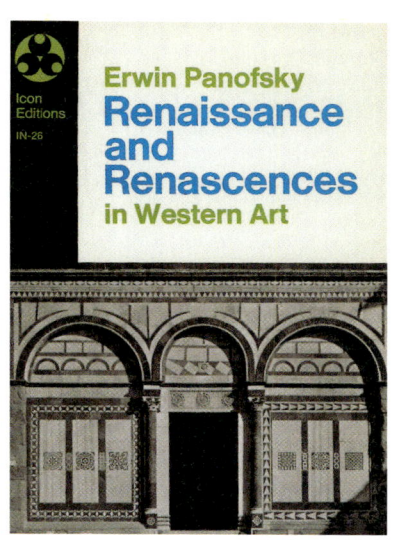

Erwin Panofsky, *Die Renaissancen der europäischen Kunst*, Einband der Paperbackausgabe 1972 (Gestaltung: Janet Halverson)

Auszug aus *Sinn und Deutung in der bildenden Kunst* **(1955) von Erwin Panofsky:**

In unserer Philosophie gibt es mehr Wörter, als man sich im Himmel und auf Erden erträumt, und jeder deutsch ausgebildete Kunsthistoriker, der sich auf Englisch verständlich machen wollte, musste sich sein eigenes Wörterbuch anlegen. Dabei erkannte er, dass seine heimatliche Terminologie oftmals entweder unnötig schwer verständlich oder gründlich unpräzise war: Die deutsche Sprache lässt unglücklicherweise zu, einen ziemlich trivialen Gedanken hinter einem Wollvorhang scheinbarer Tiefgründigkeit vorzutragen oder dass umgekehrt eine Vielzahl von Bedeutungen hinter einem einzigen Ausdruck lauert.

Parkinson, Cyril Northcote

engl. Historiker und Publizist

*30.7.1909 Barnard Castle (Durham)

†9.3.1993 Canterbury

📖 *Parkinsons Gesetz*, 1957

Mit mehreren ebenso scharfsinnigen wie satirischen Aufsätzen über die Verwaltungsbürokratie wurde Cyril Northcote Parkinson, der zuvor nur mit Veröffentlichungen als Marinehistoriker hervorgetreten war, in kurzer Zeit international bekannt.

Nach einem Studium der Geschichte in Cambridge und London unterrichtete er zunächst an einer Schule und 1939/40 am Royal Navy College in Dartmouth. Anschließend diente er bei der Royal Air Force und ab 1944 als Generalstabsoffizier im Kriegsministerium. Kurz nach Kriegsende erhielt Parkinson eine Stelle als Dozent für Geschichte an der Universität Liverpool; 1950–58 bekleidete er eine Professur an der Universität Singapur. Danach war er bis 1970 Gastprofessor an verschiedenen Universitäten in den USA und als Berater von Wirtschaftsunternehmen tätig.

Zwischen 1934 und 1990 veröffentlichte Parkinson mehr als 60 Bücher und zahlreiche Aufsätze, die ein weites Spektrum umfassen – in erster Linie wissenschaftlich-historische Werke zur Marine- und Wirtschaftsgeschichte, aber auch sehr erfolgreiche historische Romane.

Die wichtigsten Bücher von Cyril Northcote Parkinson

Parkinsons Gesetz, 1957	In den satirischen Essays widmet sich Parkinson den Auswüchsen der Bürokratie, indem er »Gesetze« formuliert. → S. 840
Favoriten und Außenseiter, 1962	Eine ironische Studie über den Erfolg in Wirtschaft und Gesellschaft – zur Not durch die richtige Auswahl des Schwiegervaters.
Asien und Europa, 1963	Ein unorthodoxer Vergleich der Kulturen und Völker auf beiden Kontinenten, von den Sumerern bis zur Sowjetunion.
Parkinsons Blick in die Wirtschaft, 1968	Die bissige Betrachtungsweise des Autors richtet sich in diesem Buch auf Wirtschaft und Industrie.
Mrs. Parkinsons Gesetz, 1968	Auf seine gewohnt ironische Weise wendet sich Parkinson in diesem Buch der »Hauswissenschaft« zu.
Das Mañana-Gesetz 1970	Das Buch enthält ironische Betrachtungen über die Kunst, wichtige Entscheidungen auf die lange Bank zu schieben, sowie über Entscheidungsprozesse in Behörden und Verwaltungen.
Big business 1974	Parkinson stellt auf satirische Weise dar, wie die Großen der Wirtschaft ihr Geld erwarben und was sie damit machen.
Der Branderkapitän 1979	In dem historischen Roman aus der Zeit der napoleonischen Kriege, der Teil einer sechsbändigen Reihe ist, spielt der Marineoffizier Richard Delancy die Hauptrolle.
Horatio Hornblower – Sein Leben und seine Zeit, 1970	Parkinson liefert mit diesem Buch die fiktive Biografie eines britischen Seeoffiziers zur Zeit Napoleons I. (1769–1821), einer bekannten Figur aus einem Roman von C. S. Forester (1899–1966).
Der Unternehmer-Dschungel, 1990	Die Betrachtungen zur Wirtschaft sind als ironische Wegweiser durch den Unternehmer-Alltag gedacht.

Parkinsons Gesetz und andere Untersuchungen über die Verwaltung

OT Parkinson's Law: The Pursuit of Progress
OA 1957 **DE** 1958
Form Sachbuch **Bereich** Gesellschaft

Das Buch von Cyril Northcote Parkinson enthält zehn Essays, die er 1955 in der Londoner Wirtschaftszeitschrift *The Economist* veröffentlicht hatte und in denen er eigene Erfahrungen, die er gegen Ende des Zweiten Weltkriegs im britischen Kriegsministerium gemacht hatte, in satirischer Form verarbeitete. Im ersten Aufsatz beschreibt er das von ihm so benannte »Parkinsons Gesetz«. Dem stark von den Naturwissenschaften geprägten Zeitgeist entsprechend formuliert er in den meisten folgenden Aufsätzen jeweils ein naturwissenschaftlich aussehendes »(pseudo-)mathematisches« Gesetz.

Inhalt: In immer neuen Variationen dreht sich das Buch hintergründig-ironisch um das Verhalten der Menschen, insbesondere jener, die in der Verwaltungsbürokratie oder in anderen (politischen) Entscheidungsgremien tätig sind; allerdings lassen sich die Bemerkungen des Autors auch auf andere Gruppen und Organisationen übertragen. Bereits im ersten Satz stellt Parkinson fest, dass die Zeit, die man für eine bestimmte Arbeit benötigt, meist davon abhängt, wie viel Zeit dafür zur Verfügung steht. Diese durch eine Reihe von Beispielen belegte einfache Beobachtung bezeichnet er als »Parkinsons Gesetz«. Als Ableitung von diesem »universellen Gesetz« beschreibt er die Tendenz aller Verwaltungen – aber auch anderer Organisationen –, sich unaufhörlich zu vergrößern, unabhängig von der Arbeit, die sie zu leisten haben. Zu den wichtigsten Kapiteln des Buchs gehört zweifellos das »Gesetz« über den Zusammenhang von Größe und Einfluss von Entscheidungsgremien (Regierung, Parlament, Verwaltungsrat), das – vereinfacht ausgedrückt – besagt: Je größer ein solches Gremium ist, desto unwichtiger werden dessen einzelne Mitglieder. Wenn eine solche Gruppe auf mehr als 20 Mitglieder angewachsen ist, bilden die tatsächlich entscheidenden Personen dieser Gruppe wiederum kleinere, zunächst nur informelle »innere Zirkel«, die alles Wichtige allein unter sich ausmachen. Eine weitere Erkenntnis von Parkinson lautet: Je weniger die Mitglieder eines Entscheidungsgremiums von einer Sache verstehen, desto schneller fällt ihre Entscheidung darüber.

Wirkung: Mit der Veröffentlichung von *Parkinsons Gesetz* wurde Parkinson in kurzer Zeit zu einem der meistzitierten Autoren des 20. Jahrhunderts. *P. B.*

Pascal, Blaise

frz. Naturwissenschaftler, Mathematiker und Philosoph
* 19.6.1623 Clermont-Ferrand, † 19.8.1662 Paris

📖 *Gedanken*, 1670

Blaise Pascal war neben René → Descartes der größte französische Denker des 17. Jahrhundert. Sein ebenso genialer wie rastloser Geist wandte sich unterschiedlichen Forschungsgebieten zu. Er bewies experimentell die Abhängigkeit des Luftdrucks von der Höhe und baute mit 19 Jahren die erste Rechenmaschine. In der Mathematik leistete er Bahnbrechendes im Bereich der Infinitesimal- und Wahrscheinlichkeitsrechnung.

Pascal verfocht das rationalistisch-mathematische Erkenntnisideal und hatte schon als junger Mensch Anteil an den philosophischen und theologischen Debatten seiner Zeit. 1639–47 lebte die Familie in Rouen; während dieser Zeit schloss sich Pascal der religiösen Erneuerungsbewegung des Jansenismus an. Gleichzeitig verkehrte er in den Salons der Madame d'Aiguillon und der Madame de Sablé; hier traf er u.a. Descartes und François de → La Rochefoucault. Ein religiöses Offenbarungserlebnis in einer Novembernacht 1654 ließ Pascal zu einem beherzten Streiter für das Christentum werden. Er bewegte sich im Kreis der religiösen Erneuerungsbewegung von Port-Royal und ergriff deren Partei in seinen (anonym herausgegebenen) *Provinzialbriefen über die Sittenlehre der Jesuiten* (1656/57). Seit seiner Jugend an Krankheiten leidend, starb Pascal bereits mit 39 Jahren.

Biografien: A. Béguin, *Pascal* (rm 50026); W. Schmidt-Biggemann, *Blaise Pascal*, 1999.

Gedanken

OT *Pensées (sur la religion, et sur quelques autres sujets)*
OA 1670 **DE** 1710 **Form** Sachbuch **Bereich** Philosophie

Die *Gedanken* sind das bedeutendste philosophische Werk von Blaise Pascal. Er reflektiert darin die Seinslage des Menschen sowie die Beziehung zwischen Vernunft und Glauben. Das Buch ist aber auch eine Streitschrift für das Christentum und ein Dokument für Pascals religiöse Überzeugung.

Entstehung: Die *Gedanken* sind eine Sammlung von Fragmenten aus den letzten Lebensjahren des Autors, die von tiefem religiösem Bewusstsein und schwerer Krankheit gekennzeichnet waren. Acht Jahre nach seinem Tod wurde dieser Nachlass von den Geistlichen von Port-Royal erstmals veröffentlicht.

Inhalt: Pascal sieht zwischen Vernunft und Glauben keinen Widerspruch. Der Mensch muss

nur wissen, wann die Anwendung der Vernunft geboten ist. Fragt er nach seinem eigenen Wesen und nach seiner Stellung in der Welt, wird ihm die Vernunft nur teilweise helfen. »Der Mensch ist sich selbst das rätselhafteste Ding der Natur, denn er kann nicht begreifen, was Körper und noch weniger was Geist ist und am wenigsten, wie ein Körper mit einem Geist vereint sein könnte.« Der Mathematiker und Naturwissenschaftler Pascal, der sich mit der Unendlichkeit der Zahlen und dem leeren Raum befasste, ging einen Schritt weiter, indem er im grenzenlosen Wissen nicht mehr einen Beweis menschlicher Größe, sondern ein Zeichen seiner Ohnmacht erkannte: »Das ewige Schweigen dieser unendlichen Räume macht mich schaudern.«

Pascal bemühte sich leidenschaftlich, die intellektuelle Selbstgefälligkeit der Gebildeten zu erschüttern, und mahnte sie, aus der »Wahrheit keinen Götzen zu machen«. Erst wenn der Mensch nach Gott fragt und sich seiner Gnade öffnet, wird sich ihm sein eigenes Wesen enthüllen. Gott aber sei »spürbar im Herzen und nicht in der Vernunft«. In seiner Hinwendung zu Gott benötige der Mensch die Leidenschaft des

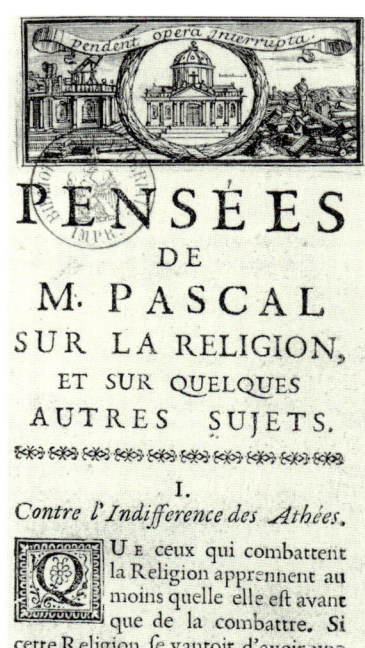

Blaise Pascal, *Gedanken*, Titelblatt der Originalausgabe 1670

Französische Moralisten – Meister des Aphorismus

Michel de Montaigne 1580/88	*Essays*: Die aphoristischen Formulierungen in den *Essays* und das *Handorakel* (1647) von Baltasar → Gracián dienten allen »moralistischen« Aphoristikern als Vorbild. → S. 779
François de La Rochefoucauld 1665	*Reflexionen oder Sentenzen und moralische Maximen*: Das Werk des Herzogs war weniger das Resultat weltmännischer Gelassenheit als eines pessimistischen Menschenbildes. → S. 651
Blaise Pascal 1670	*Gedanken*: Die viel zitierten Aphorismen waren im Grunde Notizen für eine »Apologie des Christentums«. → S. 841
Jean de La Bruyère 1688	*Charaktere*: In der Sammlung werden nach dem Vorbild des Aristoteles-Schülers Theophrast (3. Jh. v. Chr.) Eigenheiten und Moral der Aristokraten aufs Korn genommen.
Voltaire	Religionskritische, boshafte und zur Toleranz mahnende Aphorismen finden sich in nahezu allen Werken des radikal aufklärerischen Philosophen und Belletristen.
Luc de Vauvenargues, 1746	*Reflexionen und Maximen*: Das Werk des einzigen Optimisten unter den Aphoristikern versucht aus der Sicht eines absoluten Freigeists eine »Ehrenrettung der menschlichen Natur«.
Sébastien Chamfort 1795	*Maximen, Gedanken, Charakterzüge*: Der bedeutendste Aphoristiker der Revolutionszeit wurde von Georg Christoph → Lichtenberg und Arthur → Schopenhauer gerühmt.
Charles de Montesquieu, 1899/1901 (postum)	*Gedanken*: Die aus dem Nachlass edierten »nicht durchdachten Gedanken« des Gelehrten betreffen alle Themenbereiche des gesellschaftlichen Lebens im Zeitalter der Aufklärung.

Auszüge aus den *Gedanken* von Blaise Pascal:

Da die Menschen unfähig waren, Tod, Elend, Unwissenheit zu überwinden, sind sie, um glücklich zu sein, übereingekommen, nicht daran zu denken.

Man muss sich selbst kennen: Dient dies nicht dazu, die Wahrheit zu finden so dient es zumindest dazu, unser Leben zu leiten, und Richtigeres gibt es nicht.

Pier Paolo Pasolini, *Ragazzi di vita*, Einband der deutschsprachigen Taschenbuchausgabe 2000

Herzens und nicht die Kühle der Vernunft. Das Herz jedoch sei Zentrum der Begierden und der Triebe und mache den Menschen zum Doppelwesen, »gleichermaßen Gott unwürdig und Gottes fähig«.

Pascal prangert die eitlen Gelüste und Zerstreuungen an, welche den Menschen mit einer vordergründigen Glückseligkeit betäuben und ihn in Unkenntnis über seine sündige Natur lassen. Für den Menschen gebe es nichts Schlimmeres als allein in einem Zimmer verweilen zu müssen, »denn was ist Unglücklichsein sonst, als unerträglich traurig sein, sobald man gezwungen wird, über sich selbst nachzudenken, und sich nicht zerstreuen kann«. Christus sei für den seit Adams Sündenfall in Unglück lebenden Menschen die Erlöserfigur, »weil wir in ihm sowohl Gott als auch unser Elend finden«. Indem der Mensch in einem imaginären Corpus Christi aufgeht, findet er als Teil des Ganzen wieder zu jener Harmonie, die Pascal auch in der Natur und der Mathematik wirken sah.

Aufbau: Eine authentische Fassung der *Gedanken* gibt es nicht. Je nach Herausgeber und Edition wurden die Fragmente unterschiedlich geordnet und mit anderen Kapitelüberschriften versehen. Flüchtige Gedankenskizzen, rätselhafte Aphorismen, klare Lehrsätze und längere, argumentativ durchgearbeitete Textpassagen wechseln einander ab.

Wirkung: Pascals existenzielle Fragestellung, sein psychologischer Feinsinn und seine ebenso leidenschaftlich wie geschmeidig vorgetragenen Argumente haben durch alle Epochen Leser in den Bann gezogen, darunter viele, die – wie Friedrich → Nietzsche – die religiöse Überzeugung des Autors nicht teilten. *W. v. C.*

Pier Paolo Pasolini und der Film

Drehbücher: Noch im Friaul hatte sich Pier Paolo → Pasolini für den Film zu interessieren begonnen, doch »diese ganz alte Idee, Kino zu machen, ist im Sande verlaufen«. 1953, in Rom, gab er seine Lehrerstellung auf, um das Drehbuch für Mario Soldatis *Die Frau vom Fluss* (1954; mit Sophia Loren) zu schreiben. Es folgten Drehbücher u. a. für Luis Trenkers *Flucht in die Dolomiten* (1955), Federico Fellinis *Die Nächte der Cabiria* (1956/57; Mitarbeit) und Mauro Bolgninis Verfilmung von *Ragazzi di Vita* (1959: *Wir von der Straße*). Das Skript für sein geplantes Regiedebüt *La Commare Secca* überließ er Bernardo Bertolucci, der es 1962 realisierte.

Regie: Erstmals Regie führte Pasolini 1961 bei *Accatone* als klassischer »auteur«, der selbst die Darsteller (bevorzugt Laien) und Schauplätze auswählte. Obwohl er damals, wie er später bekannte, kaum Kameraobjektive unterscheiden konnte, entstand eine eindrückliche und präzise, vom Neo-

realismus beeinflusste Bildsprache. 1962 folgte *Mamma Roma* mit Anna Magnani als Hure, die ihren sozialen Bedingungen nicht entfliehen kann.

Wirkung: Der Kurzfilm *La ricotta* wurde 1962 wegen Blasphemie verboten und erst nach Schnittauflagen freigegeben, Pasolinis *Das 1. Evangelium – Matthäus* (1964; mit seiner Mutter als Maria) hingegen erhielt einen katholischen Filmpreis; ebenso wie *Teorema. Geometrie der Liebe* (1968), doch wurde diese Auszeichnung auf Druck des Vatikans zurückgezogen. Mehrfach prämiert, blieb Pasolinis filmisches Werk kontrovers. Nach *Medea* (1969; mit Maria Callas) und einer »Trilogie des Lebens« nach erotischen Motiven klassischer Autoren (Silberner u. Goldener Bär 1971, 1972) verlegte er 1975 in seinem letztem Film *Die 120 Tage von Sodom* den Roman von D. A. F. de → Sade ins faschistische Salò und entwickelte eine schockierende Vision menschlicher Machtbesessenheit.

Pasolini, Pier Paolo

italien. Schriftsteller und Regisseur

* 5.3.1922 Bologna, † 2.11.1975 Ostia

📖 *Ragazzi di vita*, 1955

Die Sehnsucht nach einer gerechteren Welt und seine scharfe Kritik am Zustand Italiens bilden als Auflehnung gegen die Normierung den Kern der Kunst von Pier Paolo Pasolini.

Pasolini, Sohn einer Lehrerin und eines Offiziers, studierte in Bologna Kunstgeschichte sowie Philologie und zog 1942 ins Friaul nach Casarsa, der Heimat seiner Mutter; im selben Jahr erschien sein erster Gedichtband *Gedichte auf Casarsa* als Reaktion auf die gleichgeschaltete Sprache des Faschismus in friaulischem Dialekt. Seinen Beruf als Lehrer durfte Pasolini wegen seiner Homosexualität nicht ausüben, ein Grund, weswegen er auch – obwohl bekennender Kommunist – 1949 aus der Kommunistischen Partei ausgeschlossen wurde.

Zum lyrischen Hauptwerk wurde 1957 der durch einen Besuch des Grabes des Marxisten Antonio Gramsci (1891–1937) inspirierte Gedichtzyklus *Gramscis Asche*; vorherrschend ist die sprachliche Ästhetisierung des Proletariats, die bereits den ersten Roman von Pasolini, *Ragazzi di vita* kennzeichnet. Es folgten Regiearbeiten (Stichwort → S. 842), Stücke (*Pilade*, 1969; *Affabulazione oder Der Königsmord*, 1972) und Essays (u. a. *Freibeuterschriften*, 1975).

Den von ihm selbst als sein Hauptwerk betrachteten und auf ca. 2000 Seiten projektierten Roman *Petrolio* konnte Pasolini nicht mehr beenden. Im November 1975 wurde er in Ostia von einem Strichjungen ermordet. Im italienischen Geistesleben wird Pasolini heute als »nicht wegzudenkende Präsenz« (Vencenzo delle Donne) angesehen und aufgrund seiner nonkonformistischen Positionen auch innerhalb der Linken gelegentlich sogar von der postfaschistischen Szene vereinnahmt.

Biografien: N. Naldini, *Pier Paolo Pasolini*, 1989; E. Siciliano, *Pasolini*, 1978.

Ragazzi di vita

OT *Ragazzi di vita* **OA** 1955 **DE** 1990
Form Roman **Epoche** Moderne

Mit seinem ersten Roman hat Pasolini die unbeachtete und verdrängte Peripherie Roms in den 1950er Jahren ausgeleuchtet und das Leben der kleinen Gauner, Spieler und Strichjungen beschrieben.

Entstehung: Nachdem 1949 ein Pfarrer unter Brechung des Beichtgeheimnisses die Homosexualität von Pasolini publik gemacht hatte, musste dieser seine Stellung als Lehrer im Friaul

OT = Originaltitel **EZ** = Entstehungszeit **OA** = Originalausgabe **DE** = Deutsche Erstausgabe 📖 = Verweis auf Werkartikel

aufgeben und floh mit seiner Mutter aus dem kleinen Casarsa nach Rom in eine verkommene Vorstadtsiedlung. Das Dorf seiner katholischen Jugendzeit und die verklärte Natur der bislang ausschließlich im friaulischen Dialekt verfassten Lyrik wichen einem unsentimentalen Neorealismus, dessen Sprache den Soziolekt des römischen »Subproletariats« aufgreift. Pasolini dokumentierte das Leben in den Borgate, dem slumartigen Umfeld für die Arbeiter aus dem Süden, unter denen er nun in ärmlichen Verhältnissen lebte.

Inhalt: Die Außenbezirke der Ewigen Stadt werden als lose Szenenfolge ohne durchgehende Handlung und ohne eine Hauptfigur beschrieben. Er und seine Freunde sind magere, braungebrannte, verschwitzte Halbstarke, die zwischen Betonbauten, Baracken und Baustellen in den Tag hineinleben, in Parks schlafen oder dem verdreckten Fluss baden, sich für das Lebensnotwendigste prostituieren oder stehlen. Ihr Leben ist trostlos und brutal, doch nicht ohne Zartheit und Menschlichkeit. Die vitale Lebenskraft der von der Konsumwelt noch nicht verdorbenen Jungen verkörperte für Pasolini die Hoffnung auf gesellschaftliche Erneuerung.

Wirkung: *Ragazzi di Vita* war auf Anhieb ein Erfolg, die erste Auflage erschien Ende Mai 1955 und war Mitte Juni vergriffen. Der Roman bewirkte allerdings auch eine Anklage wegen »Verbreitung unzüchtiger Schriften«, doch endete dieser Prozess, nicht zuletzt durch Fürsprache prominenter Schriftsteller wie Italo → Calvino, mit einem Freispruch. Für die Verfilmung durch Mauro Bolognini (1959) schrieb Pasolini das Drehbuch.

In seinem zweiten Roman *Vita violenta* (1959; verfilmt 1961/62) und seiner ersten Regiearbeit *Accatone. Wer nie sein Brot mit Tränen aß* blieben die ragazzi Pasolinis »Helden«.   *A. C. K.*

Pier Paolo Pasolini (l.) 1962 am Lido von Venedig

Auszug aus dem nachgelassenen autobiografischen Poem *Wer ich bin* (1966) von Pier Paolo Pasolini über dessen Ankunft in Rom:

Wir wohnten in einem Haus ohne Dach und Verputz, ein Haus armer Leute am äußersten Stadtrand, bei einem Gefängnis. Fußhoher Staub im Sommer, ein Sumpf im Winter. Doch es war Italien, Italien nackt und wimmelnd mit seiner Jugend, seinen Frauen, seinen »Gerüchen von Jasmin und armen Suppen«...: und, was mich betrifft, meinen unversehrten Träumen von Poesie. Alles konnte, in der Poesie, eine Lösung finden.

des Schriftstellers. Schon früh hatte er Kontakte zu Persönlichkeiten wie dem Komponisten Alexander Skrjabin (1872–1915) und den Schriftstellern Rainer Maria → Rilke und Lew N. → Tolstoi. Pasternak vertiefte sich erst in Klavierspiel und Kompositionslehre, wechselte dann zur Philosophie und wandte sich schließlich 1912 der Dichtung zu. Er schrieb zwar schon früh auch Prosawerke, wurde jedoch zunächst als Lyriker bekannt. Der Durchbruch gelang ihm mit der Gedichtsammlung *Meine Schwester – das Leben* (1922). Wegen der offiziellen Kritik an seiner »esoterischen Poesie« und »unpolitischen Einstellung« zog sich Pasternak 1937 zurück und veröffentlichte kaum mehr Eigenes. Er lebte vor allem von Übersetzungen, darunter → Goethes *Faust* und Werke von Shakespeare. Internationale Berühmtheit erlangte er durch seinen Roman *Doktor Schiwago* (1957). Den ihm 1958 verliehenen Literaturnobelpreis lehnte er auf politischen Druck der sowjetischen Behörden ab.

Biografien: R. Orlowa-Kopelew, *Boris Pasternak*, 1986; B. Pasternak, *Über mich selbst. Versuch einer Autobiografie*, 1958.

Pasternak, Boris

russ. Dichter

* 10.2.1890 Moskau

† 30.5.1960 Peredelkino bei Moskau

📖 *Doktor Schiwago*, 1957

Boris Pasternak entfaltet in seiner Dichtung eine Lebensphilosophie, die auf religiösen und intellektuellen Werten basiert. Mit seiner ausdrucksstarken und metaphernreichen Sprache erzeugt er poetische, zum Teil schwer verständliche Bilder. Auch Pasternaks Prosa hat einen lyrischen Charakter.

Die künstlerische Tätigkeit seines Vaters, des Malers Leonid Pasternak, und seiner Mutter, der Pianistin Rosa Kaufmann, prägten die Jugend

Doktor Schiwago

OT Doktor Živago
OA 1957 (in italienischer Sprache; russisch 1958)
DE 1958 **Form** Roman **Epoche** Sozialistischer Realismus

In jahrzehntelanger Arbeit schuf Boris Pasternak mit *Doktor Schiwago* ein Werk, das als zeithistorischer Liebesroman fesselt und zugleich poetisch anspruchsvoll ist. Trotz des deutlich historischen Bezugs hat der Roman keinen politischen Kern. Essenziell ist vielmehr der philosophische, metaphysische, religiöse und kunst-

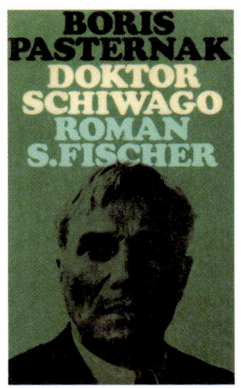

Boris Pasternak, *Doktor Schiwago*, Umschlag der deutschsprachigen Ausgabe 1967

Omar Sharif als Juri Schiwago und Julie Christie als Lara in der Verfilmung des Romans *Doktor Schiwago* von Boris Pasternak (USA 1965; Regie: David Lean)

Auszug aus *Doktor Schiwago* von Boris Pasternak:

Aber den Menschen hat jahrhundertelang eben nicht der Knüppel über das Tier erhoben und vorangebracht, sondern die Musik: die Unwiderstehlichkeit der waffenlosen Wahrheit, die Anziehungskraft ihres Beispiels.

ästhetische Gehalt des Romans, der Pasternaks Lebensphilosophie und Vorstellungen über Kunst und Glauben widerspiegelt. Wie Pasternaks übrige Prosa ist auch der Roman in musikalischer und metaphernreicher poetischer Sprache geschrieben. Diese Mischung von Realismus, Poesie und Philosophie macht seine Besonderheit aus.

Inhalt: Der Roman ist in der Zeit zwischen 1903 und 1929 angesiedelt und schildert das Leben des russischen Arztes und Dichters Juri Schiwago. Politischer Hintergrund für die Lebensgeschichte dieses Intellektuellen sind der Erste Weltkrieg, die Oktoberrevolution und der Bürgerkrieg. Durch seinen Onkel Vedenjapin religiös geprägt, ist Juri nach seinem Medizinstudium in Moskau an der Front als Militärarzt eingesetzt. Um der Not in der Hauptstadt zu

entgehen, weicht er mit seiner Familie in den Ural aus. Doch dort wird sie auseinander gerissen. Schiwago erlebt als Gefangener der Partisanen und als Arzt den Bürgerkrieg in Sibirien hautnah mit und geht anschließend eine Bindung mit der schönen Lara ein, während seine Frau Tonja mit den Kindern erst nach Moskau zurückkehrt und dann nach Paris ausreist.

Aus Angst vor Verfolgung wegen der Verbrechen ihres Ehemanns während der Kriegsjahre flieht Lara mit ihrem ehemaligen Verführer Komarowski und Juris Rivalen in die Mongolei. Die letzten neun Jahre seines Lebens verbringt Schiwago von der sozialistischen Gesellschaft isoliert in Moskau und stirbt nach einer Fahrt mit der Straßenbahn auf der Straße. Der Epilog spielt im Zweiten Weltkrieg und klärt den Leser über das weitere Leben von Schiwagos Freunden und seiner Tochter Tanja auf, die aus der Beziehung mit Lara hervorging.

Aufbau: Die äußere Form ist für einen Roman untypisch, denn das letzte Kapitel enthält einen Gedichtzyklus mit den *Gedichten des Juri Schiwago*. Der Roman ist in zahlreiche, zum Teil sehr kurze Unterkapitel gegliedert. Viele der unzähligen Figuren entwickeln sich getrennt voneinander und begegnen sich an anderen Orten »zufällig« wieder. Bisweilen wird die Handlung unterbrochen durch lange Passagen mit lebensphilosophischen, religiösen und kunstästhetischen Reflexionen. Dabei geht es um das Hauptthema »Leben und Tod« und die damit verbundenen Fragen nach dem Sinn des Lebens und der menschlichen Geschichte. Das Hauptthema des Todes und seiner Überwindung wirkt sich entscheidend auf die Struktur des Romans aus. Die Handlung beginnt mit dem Tod von Juris Mutter, als er gerade zehn Jahre alt ist, und endet mit Schiwagos eigenem Tod. Dagegen stehen im Epilog und Gedichtzyklus schließlich die Hoffnung auf eine bessere Zukunft und die Auferstehung. Die Gedichte selbst, teils religiöse, teils Naturgedichte, beginnen mit der Hamlet'schen Frage nach dem Sein oder Nichtsein und enden mit Christi Tod und Auferstehung. Dazwischen folgen sie dem Zyklus der Jahreszeiten.

Wirkung: Der Roman wurde in Pasternaks Heimat bis 1988 nicht gedruckt. Die Veröffentlichung zuerst auf Italienisch und kurz darauf in weiteren Sprachen (u. a. auch auf Deutsch) machte *Doktor Schiwago* weltweit bekannt und brachte Pasternak die Verleihung des Nobelpreises für Literatur 1958, den er aber auf Druck der sowjetischen Regierung ablehnen musste. Zum Kassenschlager wurde die Verfilmung des Romans durch den amerikanischen Regisseur David Lean (1966) mit internationalen Stars wie Omar Sharif, Geraldine Chaplin, Julie Christie, Rod Steiger und Alec Guinness . *S. B.*

Die wichtigsten Bücher von Boris Pasternak	
Meine Schwester das Leben 1922	Gedichtzyklus in zehn Abschnitten. Die rund 50 Gedichte erzählen den Verlauf einer aufblühenden und wieder absterbenden Liebe. Im Mittelpunkt steht Pasternaks positive Einstellung zum Leben.
Lüvers Kindheit, 1922	Erzählung: Schenja Lüvers durchläuft den einjährigen Reifeprozess vom Mädchen in eine junge Frau.
Briefe aus Tula 1922	In dieser Erzählung durchlebt ein junger Dichter den Trennungsschmerz von seiner Geliebten, während ein alter Schauspieler auf seine Weise die ehemalige Frau vermisst.
Luftwege 1924	Eine Frau, ihr Mann und ein Matrose. Immer wenn ihr Sohn Hilfe braucht, wendet sich die Frau an den Seemann.
Spektorski 1924–30	Das Verspoem schildert mit deutlich autobiografischen Bezügen das Leben des Moskauer Intellektuellen Sergej Spektorskij während der Kriegs- und Revolutionsjahre, der zwischen zwei Frauen steht.
Das Jahr 1905, 1926	Poem über die revolutionären Unruhen in Russland 1905, die Pasternak in Beziehung zu seiner Jugendzeit stellt.
Leutnant Schmidt 1926/27	Poem über die Meuterei der Matrosen von Sevastopol im Jahr 1905, die von Leutnant Schmidt geleitet wurde.
Geleitbrief 1929	Eindrucksvoll schildert Pasternak seine drei Entwicklungsphasen von der Musik über das Philosophiestudium zur Dichtung.
Doktor Schiwago 1957	Der Intellektuelle Schiwago entwickelt parallel zum Aufblühen des Sozialismus seine ganz eigene Lebensphilosophie und löst sich so vom gesellschaftlichen Leben. → S. 843

Paton, Alan

englischspr. südafrikan. Schriftsteller, Politiker

* 11.1.1903 Pietermaritzburg

† 12.4.1988 Lintrose bei Durban

📖 *Denn sie sollen getröstet werden*, 1948

Alan Paton schildert in seinen Romanen das Unrechtsregime der Apartheid in Südafrika und stellt an individuellen Beispielen die aus der Rassentrennung resultierenden Probleme dar. Zudem verfasste Paton Biografien, Autobiografien, politische Sachbücher und Gedichte. Romantitel wie *Und deinen Nächsten wie dich selbst* (1961) oder *Denn sie sollen getröstet werden* deuten die christlichen Überzeugungen des Autors an.

Paton studierte Englisch, Mathematik und Physik und arbeitete ab 1925 als Lehrer. 1935–48 leitete er eine Erziehungsanstalt, in der er umstrittene liberale Reformen durchführte, die er auf einer Vortragstour in Europa und Nordamerika vorstellte. Zu dieser Zeit verfasste er mit *Denn sie sollen getröstet werden* seinen ersten Roman. Paton gründete die Liberale Partei Südafrikas, die er von 1953 bis zu ihrem Verbot im Jahr 1968 leitete und die der rassistischen Regierungspolitik opponierte.

Biografie: P. F. Alexander, *Alan Paton: A Biography*, 1994.

Denn sie sollen getröstet werden

OT Cry, the Beloved Country **OA** 1948 **DE** 1949
Form Roman **Epoche** Moderne

Das Buch lotet die Möglichkeiten einer Freundschaft über Rassenschranken hinweg aus. Alan Paton vertritt darin christliche Werte wie Gewaltfreiheit, auf die er bereits im Buchtitel anspielt: *Denn sie sollen getröstet werden* lautet ein Halbsatz aus dem Matthäus-Evangelium.

Inhalt: Der Pfarrer Stephen Kumalo reist im Sommer 1946 aus seinem Dorf in Natal nach Johannesburg; dort ist seine lange Zeit vermisste Schwester, die sich als Schnapsbrennerin und Prostituierte durchschlug, schwer erkrankt. In der Diamanten-Metropole hilft ihm der Priester Msimangu, dessen selbstlose Hilfsbereitschaft ihn beeindruckt. Kumalo begegnet auch seinem Bruder John und seinem Sohn Absalom wieder, die beide ebenfalls lange nichts mehr von sich hatten hören lassen. John entpuppt sich als stimmgewaltiger Politiker. Absalom, der gerade aus einer Erziehungsanstalt entlassen wurde, weil seine Freundin ein Baby erwartet, hat zusammen mit Johns Sohn Matthew bei einem Einbruch einen liberalen Weißen erschossen; bei diesem handelt es sich um Arthur Jarvis, den Sohn von Kumalos Nachbarn in

Natal. Absalom wird wegen Mordes vor Gericht gestellt und gehängt. Sein Vater Kumalo kehrt in sein Dorf zurück. Dort taucht wenig später ein Junge auf, um die Sprache der Zulu zu lernen – es ist der Enkel von Arthurs Vater James Jarvis. Als dieser von seinem Enkel erfährt, unter welchen Umständen die Schwarzen im Dorf leben, lässt er dort einen Damm bauen und schickt einen Landwirtschaftslehrer.

Aufbau: Der Roman ist über weite Strecken an ein fiktives »Du« gerichtet; ansonsten fließt der dialogreiche Text getragen, rhythmisch, hymnisch und emphatisch dahin. Die Handlung fußt auf der Gegenüberstellung von Stadt und Land: Hier die Stadt als Hort der Verwahrlosung – geprägt durch Kriminalität, Slums, Alkoholismus, Prostitution und der Ausbeutung entfremdeter Arbeiter –, dort das Land als verklärtes Sinnbild der Unversehrtheit von Familie und Glaube. Die Entwicklung der Charaktere des

Edric Connor als John Kumalo, Canada Lee als Stephen Kumalo und Sidney Poitier als Reu Maimangu (v. l.) in der Verfilmung des Romans *Denn sie sollen getröstet werden* von Alan Paton (GB 1951; Regie: Zoltan Korda)

Hauptfiguren in »Denn sie sollen getröstet werden« von Alan Paton

Stephen Kumalo: Der Name erinnert an den christlichen Märtyrer; Kumalo muss erkennen, dass sein Traum von der Zusammenführung seiner Familie nicht realisierbar ist. Er gelangt jedoch zu der Überzeugung, dass im Leiden die Möglichkeit liegt, Verständnis für andere Menschen zu gewinnen und dadurch Hilfe zu leisten.

Theophil Msimangu: Als ein Sprachrohr Patons verdeutlicht der Priester Theophil (dt. Gottlieb) Msimangu, dass das Problem Afrikas darin liegt, dass die Weißen im Zuge der Industrialisierung die Traditionen der Schwarzen zerstört haben. Zugleich vertritt Msimangu Patons Meinung, dass auch schwarze Politiker von der Korruption der Macht nicht ausgeschlossen seien.

James Jarvis: Bis zum Tod seines Sohns Arthur grenzte James Jarvis sein Leben vom Schicksal anderer ab. Der Tod Arthurs und die dadurch begründete Lektüre von dessen Manuskripten öffnet ihm jedoch die Augen über die sozialpolitischen Ziele seines

Sohns. Jarvis symbolisiert den intelligenten, wohlhabenden Mittelständler, der weiß, dass die Ignoranz der Weißen die Armut der Schwarzen verursacht; er versucht, das Unrecht im Kleinen zu mildern.

John Kumalo: Der Unternehmer und gewiefte Politiker weiß sich in seiner Muttersprache Zulu nicht mehr sicher zu verständigen und spricht Englisch. Seine Frau trennte sich von ihm, als ihm Treue zum Fremdwort wurde; seither lebt der öffentlichkeitsgierige Demagoge mit einer anderen Frau zusammen.

Absalom: Der eigentlich gutmütige, wortkarge Junge gerät in den Strudel der Kleinkriminalität und erschießt eher aus Angst denn aus Brutalität den Bürgerrechtler Arthur Jarvis. Absaloms biblischer Name erinnert an den Brudermörder aus dem Alten Testament, dessen Schicksal seinen Vater David zu der Einsicht führte, dass Gewalt unterbrochen und nicht durch Rache verlängert werden solle.

Drunten in den Tälern scharren die Frauen im übriggebliebenen Boden, und der Mais wächst kaum mannshoch. Das sind die Täler der alten Männer, der alten Frauen, der Mütter mit jungen Kindern. Die Männer sind fort, die Jünglinge und jungen Mädchen sind fortgegangen. Der Boden kann sie nicht mehr halten.

schwarzen Priesters Stephen Kumalo und des weißen Farmers James Jarvis verläuft spiegelbildlich: Beide werden durch den Tod ihrer Söhne aus ihrer Lebenswelt gerissen, in Beziehung zueinander gesetzt und bewegen sich aufeinander zu. Die politischen Positionen der Schwarzen legt Paton in den Briefen Absaloms und den Reden Johns dar und stellt sie den Auffassungen der Weißen gegenüber, die Paton in dem Urteilsspruch des Richters über Absalom zum Ausdruck bringt; seine eigenen liberalen Vorstellungen drückt Paton durch die Manuskripten Arthurs aus, die James Jarvis nach dem Tod seines Sohns liest.

Wirkung: Die leidenschaftlich geschriebene Geschichte über die diskriminierende Ungerechtigkeit der Rassentrennung lenkte international den Blick auf die Apartheid in Südafrika und galt wegen der deutlichen Kritik an diesem Missstand als revolutionär. Besonders in den USA gewann der Roman mit seinen biblischen Bezügen eine breite Leserschaft; in Südafrika wurde er das nach der → *Bibel* meistverkaufte Buch. Ebenso wie der Autor wurde auch das Buch von vielerlei Seiten angefeindet; Anti-

Apartheid-Kämpfer kritisierten eine sentimentale Darstellung der Schwarzen und verurteilten die dankbare Ergebenheit des Pfarrers Stephen Kumalo gegenüber dem weißen Farmer James Jarvis als unfreie Hörigkeit. Umstritten waren auch zweifelhafte Übersetzungen aus der Zulu-Sprache.
M.L.

Paustowski, Konstantin

russ. Schriftsteller

*31.(19.)5.1892 Moskau, † 14.7.1968 ebd.

📖 *Erzählung vom Leben*, 1945– 63,

Konstantin Georgijewitsch Paustowski ist ein Schriftsteller der Sowjetzeit, der es verstand, die geforderte parteigemäße Idealisierung der Wirklichkeit zu vermeiden, indem er sein literarisches Schaffen auf zwischenmenschliche Situationen im Alltag beschränkte, die er in naturverbundenen Erzählungen anschaulich und sprachlich ausgewogen mit einem Blick auf das Gute und Schöne schilderte.

Im Ersten Weltkrieg war Paustowski Sanitäter, während des Bürgerkriegs Journalist in Kiew, Odessa und im Kaukasus. Ab 1923 lebte er in Moskau. Seine Prosa war auf längere Zeit teils journalistisch, teils romantisch geprägt. Seine frühe Erkenntnis, dass die zentralistische Parteipolitik ab 1932 den Prinzipien wahrer Literatur widersprach, ließ ihn in seinem Werk – insbesondere in den Erzählungen, den sechs Bänden der *Erzählung vom Leben* und den Essays der Sammlung *Die goldene Rose* (1955) – eine Form finden, mit der er viele Leser in der Sowjetunion erfreute und im Ausland große Anerkennung fand. 1965 sollte er, hätte die Sowjetunion nicht interveniert, mit dem Literaturnobelpreis ausgezeichnet werden. Nach Stalins Tod war er ein Kämpfer für die Liberalisierung der Literatur und die Rehabilitierung verbotener Schriftsteller und wurde zum »Symbol der Ehrlichkeit« (Nazim Hikmet).

Konstantin Paustowski beim Lesen eines Manuskripts

Die wichtigsten Werke von Konstantin Paustowski	
Schnee 1943	Eine der besten Erzählungen: Schicksalhafte Begegnung eines Soldaten beim Fronturlaub im Hause des verstorbenen Vaters.
Erzählung vom Leben, 1945–63	Sechsbändiger autobiografischer Zyklus mit Episoden aus dem Leben Paustowskis vom Anfang des Jahrhunderts bis 1933. → S.846
Die goldene Rose, 1951	Essaysammlung über das Wesen der Kunst, dem »Sozialistischen Realismus« entgegengestellt, verbunden mit eigenem Erleben.
Blätter aus Tarussa, 1961	Wichtigster, in der Sowjetzeit in der Provinz erschienener, bald verbotener liberaler literarischer Sammelband.
Allein mit dem Herbst, 1967	Prosastücke aus dem Erleben der mittelrussischen Waldlandschaft »Meschtschora« und über Meisterwerke der Kunst.

Erzählung vom Leben

OT *Povest' o zizni* OA 1945– 63
Form autobiografischer Erzählzyklus **Epoche:** Sowjetliteratur

Die *Erzählung vom Leben* ist ein Zyklus weitgehend selbstständig erzählter Erlebnisse Paustowskis von der Kindheit bis 1933. Nicht das Alter, sondern die Unmöglichkeit, die zunehmende politische Unterdrückung ganz zu verschweigen, ließ ihn 1963 das Werk abbrechen.

Entstehung: Den ersten Band, *Ferne Jahre,* hatte Paustowski 1945/46 in der Zeit der kriegsbedingt etwas liberaleren Kulturpolitik veröffentlicht. Erst infolge des »Tauwetters« nach Stalins Tod (1953) konnte er weiterschreiben.

Inhalt: Paustowski geht es nicht darum, eine ausgewogene Vorstellung von seinem Leben zu geben. Er reiht mehr oder weniger chronologisch in sich abgeschlossene Episoden aneinander. Wichtig sind ihm zwischenmenschliche Begegnungen, und diese erfasst er in ihrer Schicksalhaftigkeit. So treten die zahlreichen Menschen nur phasenweise auf. Auch gelegentlich spannend gehaltene Abschnitte reichen nie in andere Teile des Ganzen hinüber. Paustowski nimmt die Rolle des Beobachters ein und gestaltet manche Kapitel dichterisch als Erzählungen, andere mehr feuilletonistisch oder – in seiner Liebe zur »Poesie der Prosa« – lyrisch-emotional.

So bezieht er im ersten Band in das Kapitel *Die Schenke an der Braginka* die Beerdigung eines getöteten Blindenführers (eines Kindes) ein, bei dem einer der Blinden ein mit der alten Volksdichtung verbundenes episches Trauerlied vorträgt. Im Kapitel *Russland im Schnee* des zweiten Bandes *Unruhige Jugend* (1955) schildert er eine Fahrt mit einem Lazarettzug im Ersten Weltkrieg. Die Rückfahrt, als keine Verwundeten mehr zu versorgen waren, schenkte ihm die Möglichkeit, Natur und Stadtbilder aufzunehmen. Dem dritten Band gab er den politisch zu verstehenden Titel *Der Anfang eines unbekannten Jahrhunderts* (1958). Er beginnt im Februar 1917, bezieht also die Machtergreifung der Bolschewiken ein, die er behutsam kommentiert: »Die ersten zwei/drei Jahre der Oktoberrevolution erlebte ich nicht als Beteiligter, sondern als tief interessierter Zeuge.« Im Kapitel *Das Café der Journalisten* wirft Paustowski einen Blick auf das Leben der Moskauer Intelligenz in der ersten Zeit nach dem Umsturz, um offiziös nicht beachtete Schriftsteller einzubeziehen – und zwar sowohl solche, die bald danach emigrieren mussten, als auch solche, die in der Sowjetunion blieben. Der vierte Band erfasst Paustowskis Zeit am Schwarzen Meer zu Beginn der 1920er Jahre, seiner *Zeit der großen Erwartungen* (1959), wo er u. a. mit Isaak → Babel in Kontakt kam. Der anschließenden Phase im Kaukasus ist der fünfte Band *Sprung nach dem Süden* (1961) gewidmet. Hier erzählt Paustowski mehr chronologisch als sonst von seinem Leben 1923 als Journalist und vom Erleben der Berglandschaft, die schon Michail → Lermontow und Lew → Tolstoi fesselte, zunächst in Suchumi, dann in Batumi, Tiflis und Jerewan. Paustowski flicht in seine Prosa immer wieder Reflexionen über das Erlebte ein, so z. B.: »Hier war der Knotenpunkt von Religionen, Überlieferungen, Le-

genden, von einer Geschichte, die nicht von Dichtung zu trennen ist, einer im Feuer der Geschichte gehärteten Dichtung.«

Der sechste Band – *Buch der Wanderungen* (1963) – erfasst sein Leben im inzwischen sowjetischen Kiew, die Übersiedlung nach Moskau, erneute Reisen in den Kaukasus und viele Begegnungen mit Schriftstellern wie Michail → Bulgakow, Juri Olescha (1899–1960), Andrej → Platonow, Wladimir Majakowski (1893–1930) oder Ruvim Frajerman (1891–1972).

Wirkung: Diese sprachlich ausgewogene, naturnahe, verdeckt politische Prosa bot den russischen und den DDR-Lesern ein gutes Gegengewicht zur offiziösen sozialistischen Literaturproduktion. Sie gab Paustowski die notwendige Anerkennung, um durch die Edition der *Blätter aus Tarussa* mit Beiträgen ähnlich nichtkonformer Autoren die geistige Opposition in der Sowjetunion zu stärken. Sie trug wesentlich zur Anerkennung der russischen Literatur auch in der Sowjetzeit im Ausland bei. *W. K.*

Auszüge aus *Die goldene Rose* (1955) Konstantin Paustowski:

Hunderte von Wegen kreuzen sich, und zufällig treffen sich Menschen, ohne zu wissen, dass ihr ganzes früheres Leben eine Vorbereitung für diese Begegnung war. Wahrscheinlichkeitstheorie. Anwendbar auf menschliche Herzen. Für die Dummen ist alles einfach.

Je durchsichtiger die Luft, desto klarer der Sonnenschein. Je durchsichtiger die Prosa, desto vollkommener ihre Schönheit, und desto stärker hallt sie im menschlichen Herzen wider.

Pavese, Cesare

italien. Schriftsteller

* 9.9.1908 San Stefano Belbo

† 27.8.1950 Turin (Selbstmord)

📖 *Junger Mond*, 1950

Cesare Pavese war einer der bedeutendsten Protagonisten des italienischen Neorealismus. Als Übersetzer von Werken der US-amerikanischen Literatur, u. a. von John → Dos Passos, William → Faulkner und Herman → Melville, beeinflusste er die italienische Nachkriegsliteratur wie kein Zweiter; als Romancier errang er Weltruhm. Seine Romane, die um die Themen Aufbruch in

Cesare Pavese als Lektor des Verlags Einaudi

Die wichtigsten Bücher von Cesare Pavese

Unter Bauern 1941	Der Roman handelt von einem Geschwistermord im bäuerlichen Milieu. Das Buch erregte aufgrund seines Sujets und der in den Dialogen verwandten Umgangssprache großes Aufsehen.
Gespräche mit Leuko, 1947	In 26 Dialogen fragen jeweils wechselnde Personen nach dem Sinn des Lebens angesichts der Sterblichkeit des Menschen.
Der schöne Sommer 1949	Im Turin der Vorkriegsjahre erlebt die 16-jährige Ginia ihre erste Liebe, die schließlich durch die Unüberwindbarkeit sozialer Barrieren und die Unfähigkeit der Menschen zu wirklicher Kommunikation zerstört wird.
Junger Mond 1950	Ein in der Fremde erfolgreicher, aber von Heimweh und Identitätskrise geplagter Mann kehrt in das Dorf seiner Kindheit zurück, um endlich Wurzeln schlagen zu können. → S. 848
Handwerk des Lebens 1952	Die Tagebuchaufzeichnungen der Jahre 1935–50 bieten ein faszinierendes und erschütterndes Dokument eines erfolgreichen Künstlers und in seiner Einsamkeit verlorenen Menschen.

Auszug aus dem Roman *Junger Mond* **von Cesare Pavese:**

Ich habe die Welt lange genug durchstreift, um zu wissen: alles Fleisch ist gut, und eines ist so viel wert wie das andere. Und doch müht sich der Mensch und sucht Wurzel zu schlagen, ein Stück Erde zu haben und ein Dorf, damit sein Fleisch Wert und Dauer gewinne und etwas mehr davon bleibe als der Ring der Jahreszeiten.

Cesare Pavese, *Junger Mond*, Umschlag der deutschsprachigen Erstausgabe 1954

die Ferne und Rückkehr, menschliche Entfremdung und Einsamkeit kreisen, feiern die mythischen Momente des Lebens und werden von einer poetischen Sprache getragen.

Pavese studierte Literaturwissenschaften in Turin, wurde anschließend Lehrer und schließlich Lektor im berühmten Verlagshaus Einaudi. 1935/36 verbannte ihn das Mussolini-Regime wegen antifaschistischer Tätigkeit nach Kalabrien. Sein literarisches Debüt gab Pavese 1930 mit dem Gedichtband *Die Südsee*, dem 1936 die lyrische Sammlung *Arbeiten macht müde* folgte. Von 1940 an wandte Pavese sich der Erzählprosa zu und gewann als Romancier rasch große Anerkennung. Nur wenige Monate nachdem er den Premio Strega, den bedeutendsten italienischen Literaturpreis, gewonnen hatte, nahm sich Pavese im August 1950 in einem Turiner Hotel das Leben.

Autobiografie: C. Parvese, *Das Handwerk des Lebens*, 2000.

Junger Mond

OT La luna e i falò **OA** 1950 **DE** 1954
Form Roman **Epoche** Moderne

Der stark autobiografisch geprägte Roman *Junger Mond* ist das Meisterwerk von Cesare Pavese. In seiner Geschichte um die Rückkehr eines Mannes an den Ort und in das Reich seiner Kindheit führt Pavese die Leitmotive seines Denkens und Schaffens zusammen.

Inhalt: Anguilla, in Amerika und Genua zum erfolgreichen Geschäftsmann geworden, kehrt in das Dorf seiner Kindheit zurück. Im Tal des Belbo ist er als Findelkind auf den Stufen des Doms von Alba aufgefunden worden und in ärmlicher und roher Umgebung bei Zieheltern aufgewachsen. Trotz aller Entbehrungen in der Kindheit ist dieser Ort in den Jahrzehnten des Umherziehens zum Ort seiner Sehnsucht geworden.

Anguilla wohnt im Gasthof des Dorfs, wo er schnell gewahr wird, dass ihn niemand mehr kennt. Er streift auf vertrauten Wegen über die Höhen, jene Orte suchend, wo für ihn als Kind das Leben Konturen gewann. Regelmäßig besucht er seinen Jugendfreund Nuto, der anders als er niemals das Tal verließ. Nuto ist einige Jahre älter als Anguilla und spielte im Prozess des Erwachsenwerdens ein wichtige Rolle für ihn. Auf Spaziergängen mit Nuto erfährt er vom Fortgang des Lebens, von den vielen kleinen und wenigen großen Ereignissen während seiner langen Abwesenheit. Auf einem der ärmlichen Höfe trifft er Cinto, einen scheuen Jungen, der unter harten Bedingungen lebt, wie Anguilla selbst sie einst erlebte.

Vieles ist unverändert geblieben in diesem Dorf, doch Anguilla ist ein anderer geworden. Der Ort seiner Kindheit erscheint ihm leer. Sein Intellekt ist zu stark, um sich dem Drängen seiner Sehnsucht zu ergeben. Schnell wird ihm klar, dass er seinen Frieden hier nicht finden wird und dass es richtig war fortzugehen, auch um den Preis der Entwurzelung und des Heimwehs. Was das Heimweh einfordert, liegt nicht an einem Ort, sondern in der Zeit; das Vergangene ist nicht zu wiederholen. Die Bedingung für das ersehnte Einswerden mit der Landschaft der Kindheit liefert eine Geschichte, die Nuto zum Schluss des Buchs erzählt: Eine Partisanin wurde als Verräterin erschossen und in einem Stapel Rebholz verbrannt. Noch im folgenden Jahr war die Stelle zu erkennen. Sie sah aus wie die Brandnarbe jener Johannisfeuer, die seit ewigen Zeiten hier abgebrannt werden. Außer im Tod wird es für Anguilla keine Heimkehr geben. Das, was er sucht, ist im Leben nicht zu finden.

Struktur: Der Roman ist in 32 kurze Kapitel unterteilt. Die recht handlungsarme Erzählgegenwart wird wiederholt von fragmentarischen Rückblicken unterbrochen, in denen der Ich-Erzähler sich seiner Kindheit sowie der Zeit in der Fremde erinnert. Das Erzählen ist weniger von einem Fortschreiten als vom Kreisen um das zentrale Thema des Romans geprägt.

Wirkung: Das Buch *Junger Mond* gilt neben *Der schöne Sommer* (1949) gemeinhin als bestes Werk von Pavese. Es wurde, wie viele andere Werke des Autors, in alle Weltsprachen übersetzt und bildete einen der Höhepunkte italienischer Literatur des 20. Jahrhunderts.

Der Roman erschien kurze Zeit vor dem Freitod des Autors. Pavese sah in ihm die Vollendung seines Handwerks, die er nicht mehr würde entwickeln und übertreffen können. Sein einziger Lebenssinn – die Vervollkommnung seiner Dichtung – war für ihn verloren   *R. F.*

Paz, Octavio

mexikan. Lyriker und Essayist

*31.3.1914 Mexiko-Stadt, †20.4.1998 ebd.

📖 *Das Labyrinth der Einsamkeit*, 1950

Octavio Paz war der bedeutendste mexikanische Lyriker und sozialphilosophische Denker seiner Zeit. Sein Schaffen entfaltete eine große Wirkung auf die Poesie und das poetologische Denken Lateinamerikas. 1990 wurde Paz für sein Gesamtwerk mit dem Nobelpreis für Literatur ausgezeichnet.

Paz wuchs in der Zeit der Mexikanischen Revolution (1910–17) auf. Bereits mit 17 war er Mitbegründer einer literarischen Zeitschrift. Bedeutsam für seine Entwicklung als Schriftsteller wurde die spanische »Generation von 1927«, eine vom Surrealismus beeinflusste Dichtergeneration, mit dem Lyriker Rafael Alberti (1902–99). Nach seinem Jura- und Philosophiestudium arbeitete Paz als Lehrer und unterstützte den Antifaschismus. 1945 trat er in den diplomatischen Dienst für Mexiko ein, der ihn nach Tokio, Mexiko-Stadt und Paris führte. In Paris begegnete Paz André → Breton und arbeitete an surrealistischen Publikationen mit. 1962–68 war er mexikanischer Botschafter in Neu Delhi, bis er dieses Amt aus Protest gegen die blutige Auflösung einer friedlichen Demonstration niederlegte; anschließend hielt er sich bis 1971 im freiwilligen Exil im Ausland auf. Nach seiner Rückkehr nach Mexiko entfaltete er eine intensive publizistische Tätigkeit.

Neben seinem bedeutenden, mit den traditionellen Formen brechenden Lyrikwerk, das in etwa zwei Dutzend Sammlungen vorliegt, und einigen surrealistisch gefärbten Prosatexten verfasste Paz eine Vielzahl an brillanten Essays; sie kreisen um Themen wie die historische und psychologische Lage sowie das politische System Mexikos, die Infragestellung des europäisch-amerikanischen Fortschrittsdenkens, aber auch um Theorie und Geschichte der Dichtung sowie Fragen der Philosophie und Kunst.

Literatur: K. Meyer-Minnemann, *Octavio Paz*, in: W. Eitel (Hrsg.), *Lateinamerikanische Literatur der Gegenwart in Einzeldarstellungen*, 1978.

Das Labyrinth der Einsamkeit

OT El laberinto de la soledad OA 1950 DE 1970
Form Essay Epoche Moderne / Magischer Realismus

In seinem berühmten Essay *Das Labyrinth der Einsamkeit* analysiert Octavio Paz den Komplex verschiedener Kulturen Lateinamerikas – das Trauma der spanischen Eroberung – und behandelt die »mexicanidad«, die besondere historische und psychologische Lage Mexikos.

Octavio Paz mit seiner Frau bei der Verleihung des Literaturnobelpreises 1990

Inhalt: Der Essay stellt eine komplexe Analyse des mexikanischen Charakters dar. Ausgangspunkt der Analyse ist der »pachuco«, der in die USA ausgewanderte Mexikaner, der einerseits kein Mexikaner sein will, andererseits sich aber jeglicher Integration in das soziale Leben der USA verweigert. Der »pachuco« befindet sich in einem tiefen Zwiespalt, der Ausdruck der kollektiven Identitätskrise seines Volks ist. Die Wurzeln der »soledad«, der Einsamkeit, des »pachuco« sieht Paz in dem mexikanischen Urtrauma der spanischen Eroberung der Azteken unter Hernán Cortés (1485–1547). Der Mexikaner verleugnet seinen Ursprung, den indigenen wie den spanischen.

Im Epilog sucht Paz nach einem Entkommen aus dem Labyrinth der »soledad«. Sein Ziel ist es, die nationalistischen Formen der »mexicanidad« durch die existenzialistische und universelle Formel der Einsamkeit des Individuums zu ersetzen. Die durch die Einsamkeit und die Tragik einer entwurzelten Kultur bestimmte gesellschaftliche Situation Mexikos sieht er nur durch die Utopie der mexikanischen Revolution als Rückkehr zum Ursprung überwindbar.

Der Essay kann als indirekte Grundlegung des magischen Realismus angesehen werden – einer literarischen Strömung, die sich Phänomenen zuwendet, denen eine über das rational Erklärbare hinausgehende Bedeutung für den Menschen zugemessen wird. Kennzeichnend für den magischen Realis-

Octavio Paz, *Das Labyrinth der Einsamkeit*, Einband der Taschenbuchausgabe 2001

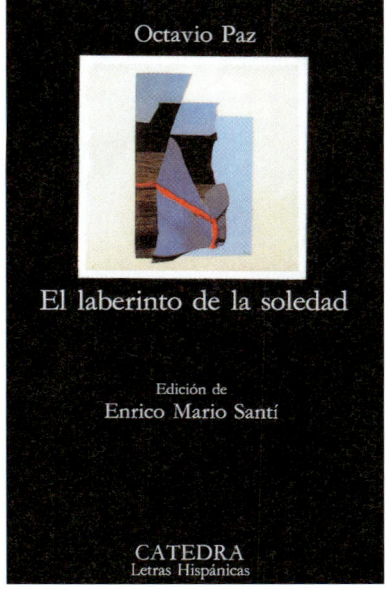

Auszug aus dem Roman
Generation P von Viktor Pelewin:

Diese Welt war sonderbar. Äußerlich hatte sich wenig geändert. Gut, es gab mehr Bettler in den Straßen, außerdem hatte man den Eindruck, als wären alle die Dinge – Häuser, Bäume, Bänke – mit einem Mal heftig gealtert und heruntergekommen. Dass die Welt im Kern eine andere geworden war, ließ sich ohnehin nicht behaupten, denn da war gar kein Kern mehr.

mus sind neben der mythischen Dimension formale Offenheit und sozialkritischer Realismus. So untersuchte Paz die Eigenheiten des mexikanischen Volks in soziologisch-psychologischer, kultureller und historischer Hinsicht.

Wirkung: *Das Labyrinth der Einsamkeit* wurde als »schöne Abhandlung der Mythifikation« schlechthin bezeichnet und galt seit seiner Publikation als Emblem des Anschlusses Mexikos an die universelle Kultur. Nicht zuletzt mit diesem Buch wurde Paz zum »poeta doctus« in der Weltliteratur des 20. Jahrhunderts. *V. R.*

Pelewin, Viktor

russ. Schriftsteller
* 22.11.1962 Moskau
📖 *Generation P*, 1999

Viktor Pelewin, Chronist der russischen Wende, ist einer der erfolgreichsten Autoren im postsowjetischen Russland. Seine Erzählungen und Romane tragen fantastische Züge und räumen mit sowjetischen Alltagsmythen auf. Damit konnte Pelewin sich das Prädikat eines Trendscouts für den russischen Zeitgeist erwerben.

Pelewin absolvierte das Moskauer Energetikinstitut und studierte am renommierten Gorki-Institut für Literatur. Sein Aufstieg zum Kultautor vollzog sich rasant. Nach der Veröffentlichung seiner ersten Erzählung 1989 folgten u. a. der Science-Fiction-Roman *Omon hinterm Mond* (1992), *Buddhas kleiner Finger* (1996) und der fantastische Roman *Das Leben der Insekten* (1997).

Pelewin zeigt sich nicht nur in seinem Erfolgsroman *Generation P* als Kenner der Werbewirtschaft. Bei seiner Vermarktung beweist er Sinn für vielseitige Public Relations im In- und Ausland: Er gibt sich medienscheu, ist aber offen für Interviews in Lifestyle-Magazinen wie *VOGUE* und *Playboy*. Dauerthema ist sein angeblicher Drogenkonsum.

2002 geriet Pelewin in Russland zusammen mit anderen Avantgarde-Autoren wie Viktor Jerofejew (* 1947) und Vladimir Sorokin (*1955) unter Beschuss rechter Kreise, die Bücher der international erfolgreichen Autoren als »unpatriotisch« und »unrussisch« ablehnen, was die Popularität Pelewins eher noch beförderte.

Viktor Pelewin, *Generation P*, Umschlag der deutschsprachigen Erstausgabe 2000

Generation P

OT Generation P **OA** 1999 **DE** 2000
Form Roman **Epoche** Gegenwart

Im Titel des Romans *Generation P* steht P für Pepsi, für den Traum vom Glück der jungen sowjetischen Generation in den 1970er Jahren. Zynisch beschreibt Viktor Pelewin den dornigen Weg dieser Jugend aus dem Sozialismus in den Neokapitalismus. *Generation P* ist keine Momentaufnahme der russischen Gesellschaft zehn Jahre nach dem Zusammenbruch der Sowjetunion, sondern die Schilderung eines langsamen Prozesses, den der Held der Geschichte in atemberaubender Geschwindigkeit durchlebt.

Inhalt: Der Protagonist Babilen Tatarski erfährt nach dem Zusammenbruch der Sowjetunion den Wandel vom Junglyriker, der nach einem Studium am Moskauer Literaturinstitut Nachdichtungen aus den Volkssprachen der Sowjetunion besorgte, zum Werbetexter in der kapitalistischen Oligarchie russischer Prägung. Jegliches Schaffen und jegliche Wahrnehmung sind vom allgegenwärtigen Marketing US-amerikanischer Vorbilder bestimmt. Tatarskis Spezialität ist die Adaption der Botschaften in den russischen Kontext; er macht Karriere als Copywriter. Letztendlich verliert Tatarski, rastlos und drogenbenebelt, jegliche Orientierung und kann selbst kaum noch zwischen Fakt und Fiktion unterscheiden. Der Roman gipfelt in fantastischen Szenen, die schildern, wie aus Tatarski der Gatte der Göttin Geld wird. Als ständiger Gast auf den Fernsehbildschirmen manifestiert er die Omnipräsenz des Mammon.

Wirkung: Insbesondere unter jungen Lesern gilt *Generation P* als treffende Darstellung des Wirklichkeitsverlusts in einer medienbestimmten Welt. Wie kaum ein anderer zeitgenössischer russischer Roman wird *Generation P* im Ausland wahrgenommen. Den Erfolg des Buchs verdankt Pelewin allerdings auch der Unwissenheit über die postsowjetischen Zustände in Russland außerhalb des Landes. *W. Z.*

Percy, Walker

US-amerikan. Schriftsteller
* 28.5.1916 Birmingham (Alabama)
† 10.5.1990 Covington (Louisiana)
📖 *Der Idiot des Südens*, 1966

Für den US-Kritiker Alfred Kazin (1915–98) war Walker Percy der »satirische Dostojewski des Südens«. Unter dem Einfluss des europäischen Existenzialismus behandelte der christliche Humanist in Romanen und Essays Entfremdung und Sinnsuche des modernen Menschen.

OT = Originaltitel **EZ** = Entstehungszeit **OA** = Originalausgabe **DE** = Deutsche Erstausgabe 📖 = Verweis auf Werkartikel

Nach dem frühen Tod von Vater und Mutter verbrachte Percy seine Jugendzeit bei Adoptiveltern in Alabama. Bis 1937 studierte er Chemie, 1941 promovierte er an der Columbia University in New York zum Dr. med. Ein Jahr später erkrankte Percy an Tuberkulose, 1944 musste er den Arztberuf aufgeben. 1947 konvertierte er zum Katholizismus und wurde freier Schriftsteller. Ab 1950 lebte er in Louisiana.

Percy gilt als einer der großen realistischen Erzähler der Südstaaten in der Nachfolge von William →Faulkner. Sein erster Roman *Der Kinogeher* (1961) erhielt 1962 den National Book Award. Das Thema der Identitätskrise des modernen Menschen steht auch im folgenden Roman *Der Idiot des Südens* (1966) im Mittelpunkt. In seinem Spätwerk, u.a. im Roman *Lancelot* (1977) und dem Essay *Lost in the Cosmos* (1983), kommt ein wachsender Kulturpessimismus zum Ausdruck.

Biografie: R. Lauder, *Walker Percy. Prophetic, Existentialist,* Catholic Storyteller (engl.), 1996.

Die wichtigsten Bücher von Walker Percy

Der Kino- geher 1961	Percys erster Roman schildert eine Woche im Leben des 30-jährigen Filmverrückten Binx Bolling und seiner neurotischen Freundin Kate in New Orleans (Louisiana) während des Karnevals Mardi Gras.
Der Idiot des Südens 1966	Dostojewski in Dixieland; ein ironischer Bildungsroman mit autobiografischen Elementen über die Sinnsuche eines sensiblen Jünglings, des »letzten Gentlemans«, im Süden der USA. → S. 851
Liebe in Ruinen, 1971	Eine literarische Vision Amerikas, dessen Zivilisation sich in Chaos auflöst und von einem Psychiater gerettet werden soll.
Lancelot 1977	Ein südstaatlicher Idealist, der von einer neuen Ritterlichkeit und Romantik träumt, lehnt sich gegen den allgemeinen Sittenverfall auf.
Die Wieder- kehr, 1980	Bill Barrett, Held aus dem Roman *Der Idiot des Südens,* löst seine Lebenskrise in der erfüllenden Liebe zu einer gleichgesinnten Frau.
Das Thanatos- Syndrom 1987	Ein Psychiater entdeckt in seiner Heimatstadt in Louisiana, dass gefährliche und abstruse Idealisten die Bewohner durch eine Chemotherapie mit Wasser aus einer Atomanlage läutern wollen.

Der Idiot des Südens

OT The Last Gentleman **OA** 1966 **DE** 1985
Form Roman **Epoche** Moderne

Im Mittelpunkt des autobiografisch beeinflussten, ironischen Bildungsromans von Walker Percy, dessen Titel an Fjodor M. →Dostojewski angelehnt ist, steht der »letzte Gentleman« als Prototyp der US-Südstaaten.

Inhalt: Will Barrett, 25 Jahre alt, Spross einer angesehenen Familie aus Louisiana, ist ein heimat- und wurzelloser Mann ohne Eigenschaften. Nach dem Tod seiner Eltern und abgebrochenem Jurastudium in Princeton arbeitet er in New York unter der Erde als Wartungstechniker in einem Warenhaus. In seiner Freizeit beobachtet er im Central Park mit seinem Teleskop Menschen. Als er Kitty Vaught kennen lernt, eine junge Frau aus dem Süden, verliebt er sich in sie. Mit ihr und deren Freundin Rita reist er zu den Stätten seiner Vorfahren. Dort ist nichts mehr, wie es war: Die Rassen- und Studentenunruhen der 1960er Jahre haben die konservative Ordnung des Südens erschüttert und die einst stolzen weißen Bewohner verunsichert. Barret irrt orientierungslos durch diese Welt. Erst der Tod des leukämiekranken Vaught-Sohns Jamie, den er gepflegt hat, reißt ihn aus der existenziellen Lethargie.

Aufbau: Percy erzählt mit ironischer Distanz und der gelassenen Ruhe eines Autors aus dem feudalen Süden der USA, wo die Uhren langsamer gingen als im industrialisierten Norden. Er beruft sich auf literarische Traditionen aus Europa. Wie Fjodor M. → Dostojewskis Fürst Myschkin in dem Roman *Der Idiot* streift Barret

als passiver Beobachter ruhelos durch sein Universum. Dabei verliert er die Realität aus den Augen. Déjà-vu-Erlebnisse und Gedächtnislücken bringen seine Raum- und Zeitraster durcheinander und lähmen seine Handlungsfähigkeit. Die von Percy ebenso komisch wie romantisch geschilderte Odyssee durch den alten Süden wird für Barrett zur Selbsterfahrungstour. »Der letzte Gentleman« trägt die Traditionen einer Epoche in sich, die allmählich zu Ende geht. Ihr Moralkodex – Disziplin, Ehrgefühl, Klassenbewusstsein – passt nicht mehr in die von Wissenschaft, Technik und ökonomischer Rationalität geprägte moderne Gesellschaft. Doch geht Fortschritt für den christlichen Humanisten Percy mit dem Verfall von Werten und Normen einher, die Persönlichkeitsbildung erst ermöglichen. Die Auflösung der sittlichen Ordnung, stellvertretend für die westliche Welt, hat der Autor in späteren Romanen weiter verfolgt, z.B. in *Die Wiederkehr* (1980), in dem die Lebensgeschichte des Will Barrett fortgeschrieben wird.

Wirkung: Nach dem Kritikererfolg von Percys erstem Roman *Der Kinogeher* (1961) wurde auch sein thematisch verwandtes zweites Buch *Der Idiot des Südens* 1967 für den National Book Award vorgeschlagen, den jedoch Bernard → Malamud für *Der Fixer* (1966) erhielt. Percys deutschsprachiger Übersetzer Peter → Handke verglich Percy 1985 mit William →Faulkner und würdigte seine »schwermütige Ironie, etwas Elegisches und zugleich Heiteres«.   *B. B.*

Walker Percy, *Der Idiot des Südens,* Einband der ersten deutschsprachigen Taschenbuchausgabe 1988

Perutz, Leo

dt. Schriftsteller

*2.11.1882 Prag, † 26.8.1957 Bad Ischl

📖 *Nachts unter der steinernen Brücke*, 1953

Leo Perutz, ein Erfolgsschriftsteller der 1920er und 1930er Jahre, erfreut sich nach Jahrzehnten fast völliger Vergessenheit heute wieder einer zunehmenden Popularität. Perutz kann neben Alexander Lernet-Holenia (1897–1976) als einer der deutschsprachigen Großmeister der literarischen Fantastik gelten. Seine Romane zeigen die typischen Merkmale der Wiener Literatur im ersten Drittel des 20. Jahrhunderts. Wie Hugo von Hofmannsthal (1874–1929) und Arthur → Schnitzler verarbeitete auch Perutz in seinen Werken die Probleme des Vergessens und der Erinnerung, der Ich-Dissoziation und der Depersonalisierung, allerdings auf unterhaltsame Weise, indem er Elemente des historischen und des fantastischen Romans virtuos miteinander verband.

Perutz wurde als ältestes von vier Kindern eines wohlhabenden jüdischen Textilkaufmanns geboren. 1899 siedelte die Familie nach Wien über. Perutz verließ das Gymnasium ohne Matura und wurde nach dem Studium der Versicherungsmathematik Angestellter einer Wiener Versicherungsgesellschaft, bis ihm der literarische Erfolg 1923 erlaubte, sich ganz der schriftstellerischen Arbeit zu überlassen. 1938 emigrierte Perutz nach Tel Aviv, wo er wieder als Versicherungsmathematiker arbeiten musste, da er außerhalb der deutschsprachigen Kultur weitgehend unbekannt war. Nach dem Ende des Krieges verbrachte Perutz die Sommer in Bad Ischl, wo er 1957 starb.

Biografie: U. Siebauer, *Leo Perutz – »Ich kenne alles, Alles, nur nicht mich«*, 2000.

Leo Perutz, *Nachts unter der steinernen Brücke*; links: Umschlag der Ausgabe 2000; rechts: Einband der ersten DDR-Taschenbuchausgabe 1986

Nachts unter der steinernen Brücke

OA 1953 **Form** Roman **Epoche** Moderne

Der letzte von Leo Perutz noch zu Lebzeiten veröffentlichte Roman *Nachts unter der steinernen Brücke* mit dem Untertitel *Ein Roman aus dem alten Prag* nimmt als Novellenroman, der eine Reihe nur lose verbundener Geschichten erzählt, einen besonderen Platz unter den Werken des Autors ein. Mit diesem Roman, der in der Zeit des Goldenen Prag angesiedelt ist, als unter Kaiser Rudolf II. (1552–1612) Wissenschaften und Künste blühten, hat Perutz seiner Geburtsstadt sowie ihrer glanz- und wechselvollen Geschichte ein Denkmal gesetzt.

Entstehung: Perutz trug sich lange mit der Idee, die Stadt, deren Kulissen er noch in seiner Jugend gesehen hatte, zum Schauplatz eines Romans zu machen. Die Eingangsepisode war unter dem Titel *Die Pest in der Judenstadt* schon 1924 als eigenständige Erzählung veröffentlicht worden. Perutz schrieb den Roman in seinem Exil in Tel Aviv und vollendete ihn 1951 unter dem Titel *Meisls Gut*, fand aber lange keinen Abnehmer. Sein deutscher Verleger befürchtete, das deutsche Publikum sei noch nicht aufnahmebereit für jüdisches Geistesgut.

Aufbau: Der Epilog klärt das Geheimnis über die eigentümliche achronologische Anordnung der 14 Erzählungen auf – sie wurden dem jun-

Die wichtigsten Bücher von Leo Perutz

Die dritte Kugel 1915	Im Mittelpunk des fantastisch-historischen Romans steht der Wildgraf von Grumbach, der aus politischer Enttäuschung zum Anwalt der Indianer und Gegenspieler der Spanier wird, als diese unter Führung von Hernando Cortez Mexiko erobern wollen.
Der Marques de Bolibar 1920	Perutz' zweiter historisch-fantastischer Roman kreist um die Figur des Ewigen Juden und führt zurück in die Zeit des spanischen Freiheitskampfes gegen Napoleon.
Der Meister des jüngsten Tages, 1923	Die heile Wiener Gesellschaft vor dem Beginn des Ersten Weltkrieges wird durch eine Mordserie erschüttert, bei der es offenbar nicht mit rechten Dingen zugeht.
Turlupin 1924	Geschichte eines französischen Barbiers, der unfreiwillig eine bereits 1624 geplante französische Revolution verhinderte.
Der schwedische Reiter 1936	Roman über einen Dieb im Schlesien des ausgehenden 17. Jahrhunderts, der sich eine fremde Identität erschleicht und das Leben eines adligen Gutsbesitzers führt, bis seine Vergangenheit ihn einholt.
Nachts unter der steinernen Brücke, 1953	Zur Zeit des Goldenen Prag spielt dieser Roman, der 14 Erzählungen in sich vereint. Mit seinem letzten noch zu seinen Lebzeiten veröffentlichten Werk setzte Perutz seiner Geburtsstadt ein Denkmal. → S. 852
Der Judas des Leonardo 1959 (postum)	Historischer Roman über die Suche des Renaissance-Malers Leonardo da Vinci nach einem geeigneten Vorbild für die Gestalt des Judas in seinem *Abendmahl*, den er schließlich in dem schäbigen deutschen Kaufmann Joachim Beheim findet.

gen Perutz als mündlich tradierte Geschichten aus dem alten Prag von seinem Hauslehrer erzählt. Demzufolge ist es Aufgabe des Lesers, die Geschichten in die richtige zeitliche Reihenfolge zu bringen. Die 14 Erzählungen, zumeist in sich abgeschlossene Novellen aus dem Prag am Vorabend des 30-jährigen Krieges, lassen nach und nach als zentralen Handlungsstrang die Traumliebe des Kaisers Rudolf II. zu der schönen Jüdin Esther hervortreten. Die spiritistisch inspirierte Beziehung zwischen dem Kaiser und der Jüdin wird ausführlich in der siebten Geschichte gestaltet, die nicht zufällig im Zentrum des Romans steht. Die den Roman determinierende Zahl Sieben verweist auf den Bezug des Romans zur Kabbala, die in der Zahl Sieben die Nähe zum Göttlichen erkennt.

Inhalt: Im Zentrum der Novellen stehen neben dem Kaiser Rudolf und der schönen Esther der reiche Jude Mordechai Meisl, der Financier des Kaisers, und der wundertätige Rabbi Löw. Dem Kaiser war bei einem Ritt durch das Getto die schöne Jüdin Esther, die Frau Meisls, aufgefallen. Da der Kaiser angedroht hat, alle Juden aus Böhmen zu vertreiben, nahm der Rabbi Löw seine wundertätigen Kräfte zur Hilfe, um eine Begegnung zwischen den Liebenden zumindest im Traum zu ermöglichen. Des Widerstands gegen die Vorsehung, die dem Rabbi vom Engel Asael in der 14. Geschichte vorgeworfen wird, machen sich auch andere Figuren der Erzählung schuldig. Die Verbindung zwischen den einzelnen Episoden stiftet weniger die Abfolge der Handlung als ein raffiniertes motivisches Spiegelprinzip, das in den unterschiedlichen Protagonisten der Erzählungen – in dem jüdischen Händler Berl Landfahrer, dem Maler Brabanzio, dem Kammerknecht Meisl oder dem Alchemisten Jakobus von Delle – Exzentriker und gescheiterte Existenzen gestaltet, in denen sich der Aufstieg und Niedergang des Alchemistenkaisers spiegelt.

Der Roman beeindruckt durch seine genauen Kenntnisse der Lokalität und der Geschichte, durch seine atmosphärische Dichte und den märchenhaften Tonfall, mit dem eine zwischen Wirklichkeit und Fantasie angesiedelte Geschichte erzählt wird, in der neben den erfundenen Figuren auch reale historische Gestalten wie der Hofastronom Johannes Kepler (1571 bis 1630) und der junge Feldherr Wallenstein (1583–1634) eine Rolle spielen.

Wirkung: Perutz kann noch immer als einer der großen Unbekannten der deutschen Literatur bezeichnet werden. Seine von so unterschiedlichen Temperamenten wie Theodor W. → Adorno und Hermann → Broch anerkannte Begabung, unterhaltsame historische Romane auf hohem literarischen Niveau zu schreiben, war seiner literaturwissenschaftlichen Anerkennung

nicht zuträglich. Erst seit dem Boom der fantastischen Literatur in den 1970er und 1980er Jahren lässt sich eine kritische Neubewertung seines Werks beobachten. Von einer direkten literarischen Wirkung kann hingegen nur in einem uneigentlichen Sinne gesprochen werden: Die Erfolgsformel, bekannte historische Stoffe auf kleine, der Schulhistorie unbekannte Ursachen zurückzuführen und historische Zusammenhänge mit fantastischen Begebenheiten anzureichern, bewährt sich auch noch in der modernen Unterhaltungsliteratur, ohne dass dabei Perutz als Gewährsmann namhaft gemacht wird. *H.R.B.*

Leo Perutz in Jerusalem

Pessoa, Fernando

portugies. Schriftsteller

* 13.6.1888 Lissabon, † 30.11.1935 ebd.

📖 *Das Buch der Unruhe*, 1982 (postum)

Der zu Lebzeiten nahezu unbekannte Fernando Pessoa gilt als bedeutendster portugiesischer Schriftsteller des 20. Jahrhunderts und als Schlüsselfigur der literarischen Moderne.

Seine Schulzeit und Jugend verbrachte Pessoa in Durban, Südafrika, wo sein Stiefvater portugiesischer Konsul war. Nach seiner Rückkehr nach Lissabon, das er bis zu seinem Tod nicht mehr verließ, führte er ein zurückgezogenes Leben als unabhängiger Handelskorrespondent für verschiedene Firmen. Nebenbei schrieb er für zeitgenössische Literaturzeitschriften wie *Orpheu* und *Presença*.

Pessoa dichtete unter verschiedenen Heteronymen (Stichwort → S. 854); daneben verfasste er auch Gedichte unter seinem eigenen Namen. Zu Lebzeiten veröffentlichte Pessoa nur wenige Gedichte in einzelnen Zeitschriften und das national-mystische Gedichtbändchen *Mensagem* (1934), das im Erscheinungsjahr mit einem Preis für kleinformatige Lyrik ausgezeichnet wurde. Der Großteil seines Werks wurde erst nach seinem Tod in zwei Truhen entdeckt und beschäftigt seitdem Literaturwissenschaftler und Herausgeber, die sich um die Entzifferung und Edition des umfangreichen, 27 543 Manuskripte umfassenden Nachlasses bemühen.

Biografie: À. Crespo, *Fernando Pessoa: Das vervielfältigte Leben. Eine Biografie*, 1996.

Fernando Pessoa, *Das Buch der Unruhe*, Einband der ersten deutschsprachigen Taschenbuchausgabe 1987 unter Verwendung eines Fotos des Autors

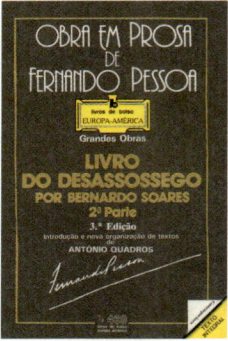

Fernando Pessoa, *Das Buch der Unruhe*, Einband einer Ausgabe o. J.

Das Buch der Unruhe

OT O Livro do Desassossego **OA** 1982 (postum) **DE** 1985 **Form** Prosaskizzen **Epoche** Moderne

Das Buch der Unruhe stellt neben den politischen, philosophischen und literaturästhetischen Schriften sowie ein paar kleineren Novellen das einzige große Prosawerk von Fernando Pessoa dar. Es handelt sich um eine Sammlung tagebuchartiger Prosaskizzen, die Pessoa erst einem gewissen Vicente Guedes, dann ab 1930 dem Hilfsbuchhalter Bernardo Soares, der in vielerlei Hinsicht Ähnlichkeiten mit dem realen Autor Pessoa aufweist, zuschrieb. Bernardo Soares ist der moderne Mensch schlechthin und steht somit stellvertretend für eine ganze Generation, deren Lebensanschauung aus dem Geist des Fin de Siécle entspringt.

Entstehung: Mehr als 20 Jahre arbeitete Pessoa am *Buch der Unruhe*, wie die Aufzeichnungen, von denen die ersten aus dem Jahr 1913 und die letzten aus dem Jahr 1934 stammen, belegen. Man weiß, dass Pessoa eine Werkausgabe geplant hatte, die mit dem *Buch der Unruhe* eröffnet werden sollte. Dennoch kam es erst 47 Jahre nach Pessoas Tod zur Veröffentlichung, nachdem sich der Literaturwissenschaftler Jacinto do Prado Coelho mit zwei Mitarbeiterinnen an die mühevolle Aufgabe gemacht hatte, die 520 Textfragmente zu ordnen und zu einer lesbaren Ausgabe zusammenzufügen. Die deutsche Ausgabe des Buchs wurde um knapp die Hälfte der in der Originalausgabe enthaltenen Fragmente gekürzt, indem alle sich wiederholenden und lückenhaften Stellen getilgt wurden. Der gestraffte Text ermöglicht zwar eine leichtere Lektüre, verliert aber viel vom fas-

zinierend-obsessiven Charakter des Originals.

Inhalt: Bernardo Soares ist als Hilfsbuchhalter in der Rua dos Douradores, der »Straße der Vergolder«, in der Lissabonner Unterstadt tätig. Sein unscheinbares und isoliertes Leben hält er anhand von Tagebucheintragungen fest, die jedoch keinem Lebenskontinuum folgen, sondern vielmehr assoziativ und aphoristisch ohne jegliche Intimität das eigene Dasein als modernes Subjekt und das der Menschheit im Allgemeinen reflektieren. Der Ort der eigenen Existenz, die »Straße der Vergolder«, wird zur Metapher für die ganze Welt, die Tagebuchaufzeichnungen zum eindringlichen und erbarmungslosen Dokument der Verlorenheit und Zerrissenheit des Ichs in einer modernen Welt, in der einzig die Literatur noch als dauerhafter Wert empfunden wird.

Wirkung: Das Buch wurde nach seiner Veröffentlichung von Publikum und Kritikern gleichermaßen als literarische Sensation gefeiert. Insbesondere für die Pessoa-Forschung stellt das *Buch der Unruhe* einen wichtigen Schlüssel zum Verständnis des Gesamtwerks dar. Für den Laien gilt es als der beste Zugang zum Dichter Pessoa. *E. D.*

Petrarca, Francesco

italien. Dichter

*20.7.1304 in Arezzo, † 18.7.1374 in Arquà bei Padua

📖 *Canzoniere*, 1470

Francesco Petrarca schuf mit den Werken *Die Triumphe* (1470) und *Canzoniere* erste volkssprachliche Dichtungen, die an der Rhetorik und dem Geist der Antike geschult sind. Seine Leidenschaft für antike Manuskripte stellt den Anfang des modernen philologischen Zugangs zum antiken Erbe dar. Obwohl Petrarca mit einzelnen Werken noch mittelalterlich erscheint, gehört seine gefühlsbetonte und egomanische Welterfahrung bereits der Moderne an.

Der junge Petrarca fühlte sich früh zur antiken Literatur hingezogen, musste aber nach dem Willen seines Vaters in Montpellier und Bologna Jura studieren. Nach dem Tod des Vaters (1326) gab er seine Studien jedoch auf und trat dem geistlichen Stand bei, um ein geregeltes Einkommen zu haben. 1330–47 stand er im Dienst des Kardinals Giovanni Colonna; er unternahm einige Reisen und fand genug Zeit für literarische Betätigung. 1336 bestieg er den Mont Ventoux (Stichwort →S. 855). Als er 1341 in Rom zum Dichter gekrönt wurde, war er bereits ein berühmter Schriftsteller. Ein ihm 1351 angebotenes Lehramt an der Universität Florenz lehnte Petrarca ebenso ab wie mehrere

Heteronymie

Bedeutung: Der ursprünglich sprachwissenschaftliche Begriff bezieht sich 1. auf sachlich zusammengehörige, jedoch aus unterschiedlichen Wurzeln gebildete Wörter und 2. auf Wörter, die in unterschiedlichen Sprachen und Dialekten dasselbe bedeuten. In der Literaturwissenschaft beschreibt der Begriff im Gegensatz zur Pseudonymie, bei der ein Werk lediglich unter anderem Namen veröffentlicht wird, das Phänomen des Erfindens von Dichterpersönlichkeiten, die sich durch eine eigene Biografie und eigene thematische, stilistische und philosophische Identität auszeichnen.

Anwendung: Kein Autor hat sich derart konsequent andere Dichterpersönlichkeiten erfunden, wie es bei Fernando → Pessoa der Fall war. Die drei wichtigsten Heteronyme des Dichters, die biografisch und stilistisch zur größten Abrundung gelangten, sind die inhaltlich sehr unterschiedlichen Lyriker Alberto Caeiro, ein »bukolischer Dichter komplizierter Art«, Alvaro de Cam-

pos, Vertreter der zeitgenössischen futuristischen Strömung, und Ricardo Reis, der Neo-Klassizist. Bernardo Soares, der fiktive Verfasser des *Buch der Unruhe*, ist als so genanntes Semi-Heteronym bekannt, da seine Person von Pessoa nie zu der individuellen Abgeschlossenheit ausgeformt wurde wie die drei Haupt-Heteronyme. Daneben sind noch weitere Semi-Heteronyme bekannt, die oft in früher Jugend entstanden.

Gründe: Pessoa selbst erklärte in einem Brief an den befreundeten Kritiker Adolfo Casais Monteiro das Entstehen seiner Heteronyme mit einer hysterisch-neurasthenischen Veranlagung und dem schon immer vorhandenen Bedürfnis nach Entpersonalisierung und Simulation.

Andere Theorien versuchen das Phänomen entweder zu psychologisieren oder mit dem Hinweis auf den historisch-kulturellen Kontext der Moderne zu erklären. Bis heute ist die Heteronymie aber einer der beliebtesten »Steinbrüche« der Pessoa-Forschung geblieben.

kirchliche Ämter. 1353–61 weilte er bei den Visconti in Mailand, als deren Gesandter er 1356 an den Hof Karls IV. (1316–78) in Prag kam. Danach lebte er bis 1370 in Venedig und Padua und siedelte schließlich nach Arquà über. Als Schriftgelehrter diente er zeitlebens den Mächtigen Italiens als Gesandter und Propagandist.

Zu Petrarcas lateinischen Werken gehören eine umfangreiche Briefliteratur (*Epistolae familiares*, entst. 1364) und Eklogen (*Bucolicum carmen*, entst. 1346/47). Mit seinem Bestreben, die antike Kultur wiederzubeleben, wurde er zu einem der geistigen Väter des Humanismus. Dichter der Stilrichtung des Petrarkismus (14. bis 17./18. Jahrhundert) imitierten charakteristische Kennzeichen der Liebeslyrik Petrarcas wie das Sonett als Gattung oder die Verwendung kühner Metaphern.

Biografie: F. Neumann, *Francesco Petrarca* (rm 50 527).

Canzoniere

OT Il Canzoniere **OA** 1470 **DE** 1818/19
Form Gedichtzyklus **Epoche** Trecento/Renaissance

Die Sonette von Francesco Petrarca stehen am Anfang der modernen europäischen volkssprachlichen Lyrik. Sie etablierten über den Rückgriff auf antike Bildsprache und die Aufnahme von zeitgenössischer Liebeslyrik eine neue Form und einen neuen Stil der Liebesdichtung. Dieser Stil und das Motiv der unerfüllten, ausdauernden Liebe beeinflussten das Denken und Schreiben von Liebe nachhaltig über viele Dichtergenerationen hinweg.

Entstehung: Petrarca arbeitete zeit seines Lebens an den Gedichten, die in dem *Canzoniere* zusammengefasst sind. Der Entstehungsprozess einzelner Gedichte lässt sich anhand vieler Selbstzeugnisse in Form von Briefen, Randbemerkungen und Notizen oft genau beobachten. Die jüngsten Gedichte lassen sich bis 1330 zurückverfolgen, die spätesten stammen aus dem letzten Jahrzehnt von Petrarcas Leben. Diese zeitliche Streuung mag die offene Form des Zyklus wesentlich mitbedingt haben. Seine eigentliche Gestalt jedoch nahm der *Canzoniere* erst zwischen 1352 und 1362 an. Bis zu seinem Tod stellte Petrarca zehn verschiedene Fassungen des Werks zusammen, ohne es je als abgeschlossen zu betrachten.

Inhalt: Die Gedichte behandeln die Liebe des Dichters zu Laura, die er am Karfreitag (6. April) 1327 in der Kirche von Sainte Claire in Avignon zum ersten Mal gesehen haben will. Dieser Frau, deren historische Existenz umstritten ist, begegnet er in platonischer, schmachtender Verehrung. Sie wird ihm endgültig, nach ihrem Tod an der Pest 1348 (laut Petrarca wiederum an einem Karfreitag), zum engelhaften Sinnbild

Francesco Petrarca, *Canzoniere*, Anfang des 264. Gesangs, bolognesische Buchminiatur 1414

Die Besteigung des Mont Ventoux durch Francesco Petrarca

Petrarca unternahm am 26. April 1336 zusammen mit seinem Bruder die Besteigung des provenzalischen Mont Ventoux.
Inhalt: In einem Brief beschreibt Petrarca ausführlich den mühsamen Aufstieg und den überwältigenden Ausblick vom Gipfel des Berges. Doch kaum hat er um sich geschaut, vertieft er sich in die Bekenntnisse des Kirchenvaters Augustin, die er immer bei sich trägt. Mit dem Bruder liest er eine angeblich zufällig aufgeschlagene Stelle, in der Augustinus ihre Tat in ein schiefes Licht rückt: Es sei falsch, dass die Menschen die Schönheiten der Natur bewunderten, da sie sich selbst darüber vergäßen.
Dass Petrarca sich am Ende wieder der Seelenbetrachtung zuwendet und die Tatsache der Datierung (Petrarca ist 1336 genauso alt wie Augustin bei seiner Bekehrung zum Christentum) sprechen dafür, dass er das Erlebnis der Besteigung für allegorische Zwecke nutzt. So nehmen die beiden Brüder verschiedene Wege, die in Petrarcas Augen ihre Lebenswege widerspiegeln: Der Bruder steigt zielstrebig zum Gipfel auf, während Petrarca selbst lange in den Tälern herumirrt.
Wirkung: Im Gegensatz zum mittelalterlichen Naturempfinden, das dazu neigte, die Natur weitgehend zu dämonisieren, treten im späten Mittelalter zunehmend Menschen auf, die das Schauspiel der Natur um seiner selbst willen beschreiben und erleben. Petrarca nimmt in diesem Prozess der allmählichen Rationalisierung des Naturerlebens eine Schlüsselrolle ein.

seines seelischen Strebens; zu seiner Seele selbst. In der Zwiesprache mit der in allem gegenwärtigen Geliebten werden in den Gedichten immer neue Stufen der Selbstbetrachtung erreicht, ohne jedoch ausschließlich auf diese Liebe konzentriert zu sein: Einige Gedichte sind auch gereimte Briefe an Freunde oder politische Statements. Gegen Ende des *Canzoniere* gleicht sich Lauras Bild zunehmend dem der Maria an.

Aufbau: Der *Canzoniere* umfasst 366 Gedichte, davon 317 Sonette. Petrarca teilte ihn in zwei Teile auf: in solche auf das Leben der Madonna Laura und in solche auf den Tod der Madonna Laura. Der Zyklus umfasst so viele Gedichte wie das Todesjahr Lauras (1348 war ein Schaltjahr). Diese Einordnung in das Jahr des Herrn verschafft nicht nur den äußeren Rahmen, sondern spiegelt sich auch im Innern des Zyklus wider: So steht der sechste Tag (6. April: Tag der Begegnung mit Laura und ihr Todestag) auch für den Schöpfungstag des Menschen und den Tag von Jesu Geburt.

Gleichzeitig sind die Gedichte unter sich über vielfältige motivische Vor- und Rückbezüge miteinander verbunden. So wird Laura namentlich nur einmal erwähnt, aber in vielen gleichlautenden Wörtern mitgedacht (l'oro, Gold; l'aura, Lufthauch; laureo, Lorbeer). Trotz der damit einhergehenden formalen Virtuosität lässt sich eine tiefer gehende motivische oder chronologische Gesamtstruktur als solche nicht klar ausmachen. Das einzelne Gedicht behält so für sich eine Stimme, ohne dem Ganzen untergeordnet zu werden.

Wirkung: Indem Petrarca für seine Bildsprache wesentliche Anstöße von antiken Autoren wie → Ovid erhält und gleichzeitig zeitgenössische Lyrikformen aufnimmt (so den provenzalischen, noch feudal geprägten Minnesang), wird er zum Begründer der modernen Liebeslyrik. Die antithetische Liebesbildlichkeit und die platonische vergeistigte Liebe wurden zum Stil-

kennzeichen der neuzeitlichen Lyrik des Petrarkismus von Michelangelo (1475–1564) über → Shakespeare und Martin Opitz (1597–1639) bis Paul Fleming (1609–40). Petrarcas Motive sind so zu konventionellem Gemeingut jeder idealisierenden Liebesdichtung geworden. *O. F.*

Petronius

(vermutl. Gaius Petronius Niger, Beiname »Arbiter«)
röm. Politiker
* ?, † 66 (Selbstmord)
📖 *Satyrikon*, entst. ca. 60

Über Petronius, der als Verfasser des *Satyrikon* gilt, ist sehr wenig bekannt; selbst seine Identität war lange Zeit ungeklärt. Wahrscheinlich handelt es sich um den von Publius → Tacitus erwähnten Petronius.

Dieser wird beschrieben als ein Lebemann und Müßiggänger, der den lustvollen Seiten des Lebens ungehemmt zugetan war und »die Nacht zum Tage« machte. Er gehörte zum engsten Kreis um den Kaiser Nero (37–68) und war ein erfolgreicher Politiker, der als Prokonsul in Kleinasien fungierte. Vermutlich ist er identisch mit dem Petronius Niger, der für das Jahr 62 als Konsul erwähnt wird. Häufig erhält er den Beinamen »Arbiter«, da er am Hof Neros als »arbiter elegantiae« (etwa: Richter des guten Geschmacks) Autorität besaß. Vermutlich durch Verwicklung in eine Verschwörung am Hof wurde er 66 n. Chr. – wie Seneca (55 v. Chr.–um 40 n. Chr.) – zum Tod verurteilt. Er kam der Hinrichtung aber durch Selbstmord zuvor, den er angeblich in heiterem Gleichmut vollzog. Als Vorname findet sich neben dem wahrscheinlich richtigen »Gaius« gelegentlich auch »Titus«.

Satyrkon

OT Satyrikon Liber (auch: Satyrika) **EZ** ca. 60
OA ca. 1482 **DE** 1923
Form Romanfragment **Epoche** Römische Antike

Das *Satyrikon* ist das einzige, allerdings nur fragmentarisch erhaltene Werk von Petronius. Es zeichnet ein Sittenbild römischen Lebens im 1. Jahrhundert von abstoßender und zugleich faszinierender Dekadenz. Der erhaltene Text hat in etwa den Umfang eines Buchs des ursprünglich aus etwa 20 Büchern bestehenden Werks. Seine Originalität besteht zum einen in der Kombination von schriftsprachlichem Latein in den erzählerischen Passagen und einem niederen bis vulgären Alltagslatein in den Äußerungen der Personen, zum anderen in der Kombination von Prosa und Versen.

Satyrspiel/Satire

Satyrspiel: Ursprünglich gehörte das Satyrspiel zur griechischen Tragödie und zum Kreis der Fruchtbarkeitsriten. Es gibt Berichte, das Satyrspiel sei älter als die Tragödie, diese hätte sich gar erst daraus entwickelt. Seinen Namen erhielt das Spiel von den Satyrn, Naturdämonen aus dem Gefolge des Gottes Dionysos in Ziegenbock-Gestalt, mit Fell, Bart, Spitzohren und Phallus. In ihrem Kleid traten die Sänger der Satyrspiele auf, die jeweils eine dreiteilige Tragödie zu einer Tetralogie ergänzten. Nur die Tragiker schrieben Satyrspiele, die heroische oder mythische Themen aufnahmen und burlesk oder obszön darstellten. In Gänze ist nur das Satyrspiel *Kyklops* (vor 422 v. Chr.) von Euripides (um 485 oder 480–406 v. Chr.) erhalten.

Satire: Neben der Hauptbedeutung von »Gemenge« oder »Allerlei« erhält »Satura« oder »Satira« im Lateinischen seine moderne Bedeutung. Die Satire ist die einzige von den Römern geschaffene Literaturgattung. Als Erster nannte Quintus Ennius (239–169 v. Chr.) eine Gedichtsammlung *Satura*.

Als Begründer der literarischen Form der Satire gilt Gaius Lucilius (ca. 168–102 v. Chr.), von dessen *Saturae* nur Fragmente erhalten sind.

Wichtige Vertreter der römischen Satire sind neben Petronius Marcus Terentius Varro (116–27 v. Chr.), Martial (um 40–103), → Horaz, Seneca (55 v. Chr. -um 40 n. Chr.) und Aulus Persius Flaccus (34–62). Als letzter Satirendichter Roms gilt Juvenal (* ca. 67 n. Chr.).

Inhalt: Der Erzähler Encolpius berichtet von Abenteuern, die er mit Ascyltos und seinem Geliebten Giton durchlebt. Die einleitenden Szenen zeigen ein ungehemmtes, ausschweifendes Leben. Die Helden werden getrieben von ihren sexuellen Bedürfnissen, von Habgier, Fress- und Trunksucht.

Der Hauptteil, der auch als *Gastmahl des Trimalchio* bekannt ist, schildert eine wichtigtuerische Gesellschaft aus Neureichen, die sich mit geschmacklosen Scherzen und absurder Scheinbildung einem skurrilen Gelage hingibt. Als Höhepunkt inszeniert der Gastgeber Trimalchio sein eigenes Begräbnis. Der Lärm ruft die Feuerwehr herbei, die mit Äxten und Wassergüssen dem Mahl ein Ende bereitet.

Später trifft Encolpius den Dichter Eumolpus, der auf der folgenden Schiffsreise unter anderem die berühmt gewordene Geschichte von der ephesischen Witwe erzählt. Diese hielt Totenwache in der Gruft ihres Mannes und verliebte sich dabei in einen Soldaten, der gekreuzigte Räuber zu bewachen hatte. Der Soldat verführt sie und ihre Magd, während gleichzeitig eine der gekreuzigten Leichen gestohlen wird. Um der Todesstrafe zu entgehen, nimmt der Soldat das Angebot der Witwe an und hängt kurzerhand deren verstorbenen Gatten als Ersatz an das leere Kreuz.

Als Schiffbrüchige gelangen Encolpius und Eumolpus nach Kroton, betrügen dort Erbschleicher und leben in Saus und Braus; Encolpius aber wird bei immer neuen Liebschaften von seiner Impotenz gepeinigt.

Das *Satyrikon* erinnert stark an die *Odyssee* (entst. 2. Hälfte des 8. Jahrhunderts v. Chr.) von → Homer, auf die häufig angespielt wird. Wie Odysseus von Poseidon geplagt wurde und das Ziel, seine Heimat Ithaka, nicht erreichte, wird Encolpius vom Fruchtbarkeitsgott Priapus gepeinigt, kommt aber aufgrund seiner Impotenz nicht zum Ziel.

Wirkung: Das *Satyrikon* ist eine der wichtigsten Quellen für das Alltags- und Vulgärlatein des 1. Jahrhunderts. Petronius wurde in vielerlei Weise rezipiert und zu einer Quelle des Alltagslebens im Rom des ersten Jahrhunderts.

Zu den Verehrern des *Satyrikon* gehörten unzählige Schriftsteller, darunter Jonathan → Swift, → Voltaire, Oscar → Wilde, T.S. → Eliot, Gustave → Flaubert, Ezra → Pound und Friedrich → Nietzsche. Auch der *Ulysses* (1922) von James → Joyce lässt einen Einfluss der Alltags-Odysse des Petronius erkennen.

Die anhaltende Bewunderung drückt sich weiterhin in dem Roman *Quo vadis?* (1895/96; Verfilmung 1951) von Henryk → Sienkiewicz aus, der Petronius als angesehenen Bürger und Zyniker zeigt, sowie in dem Film *Satyricon* (1969) von Federico Fellini (1920–93). *U.S.*

Nikolaus Pevsner 1954 an seinem Schreibtisch

Pevsner, Nikolaus

dt. Architekturhistoriker

*30.1.1902 Leipzig, † 18.8.1983 London

📖 *Europäische Architektur*, 1943

Nikolaus Pevsner gilt Architekten und Architekturhistorikern als »glühender Verehrer der Moderne«, der er nicht zuletzt durch seine Aufsätze zur Geltung verhalf. In der Darstellung vergangener Epochen der Architektur zeichnet er sich durch einen hohen Grad an Objektivität aus, so dass viele seiner Schriften zu Standardwerken wurden und – ähnlich wie *Die Geschichte der Kunst* von Ernst → Gombrich – ein breites Lesepublikum fanden.

Der Kaufmannssohn studierte in Leipzig Kunstgeschichte und erweiterte seine Studien in München, Berlin und Frankfurt/Main. 1924 promoviert, war er bis 1928 als Assistent an der Dresdner Galerie tätig. 1928 habilitierte Pevsner für Kunstgeschichte und wurde Dozent für Kunstgeschichte und Architektur in Göttingen.

Nach der Machtübernahme der Nationalsozialisten emigrierte er im Jahr 1933 nach England. 1934–41 wirkte er an der Universität Birmingham, wo er sich vor allem mit Industriedesign befasste. Ab 1941 lehrte er am Birkbeck College der Universität London und wurde 1945 zum Professor und Direktor der Abteilung für Kunstgeschichte ernannt. In London wie auch in Cambridge (1949–55) und Oxford (ab 1968), wo er einen Lehrstuhl für Kunstgeschichte innehatte, verfasste Pevsner zahlreiche Grundlagenwerke der Architekturgeschichte. Er war u. a. Herausgeber des *Pelican History of Art* (ab 1953) und Mitherausgeber des *Penguin Dictionary of Architecture* (1966, dt. *Lexikon der Weltarchitektur*). 1969 wurde Pevsner in den Adelsstand (Sir) erhoben.

Biografien: J. Barr, *Sir Nikolaus Pevsner*, 1970; F. Irace, *Nikolaus Pevsner*, 1992.

Auszug aus dem Vorwort der erweiterten Ausgabe 1963 der *Europäischen Architektur* von Nikolaus Pevsner:

Wer immer eine kurze Geschichte (...) der europäischen Architektur (...) schreibt, muss sich entscheiden, in welchem Teil Europas und zu welcher Zeit jene Ereignisse stattfanden, die nach seiner Ansicht den Lebenswillen und das Lebensgefühl Europas am stärksten zum Ausdruck brachten. Aus diesem Grunde ist zum Beispiel Deutschland mit seinen Bauten des 16. Jahrhunderts nur gering, mit denen des 18. Jahrhunderts dagegen stark vertreten, ist die italienische Gotik kaum berührt, ist die ältere skandinavische Architektur überhaupt nicht erwähnt.

Europäische Architektur

OA 1943 (1957 und 1963 vom Autor erweitert und ergänzt; 8. Auflage 1994 mit einem Beitrag von Winfried Nerdinger zur Architektur seit 1960)
Form populärwissenschaftliche Schrift
Bereich Architektur

Die *Europäische Architektur von den Anfängen bis zur Gegenwart* von Nikolaus Pevsner gilt als Standardwerk zur europäischen Architektur und als Klassiker der Architekturgeschichte, der durch die Kompaktheit und Anschaulichkeit seiner Darstellung besticht. In diesem Werk werden die Grundstrukturen jeder Epoche der Architektur in klarer, kraftvoller Sprache und Komposition herausdestilliert und plastisch vor Augen geführt.

Inhalt: Pevsner beschreibt in zehn Kapiteln die Architektur von der Antike bis in die 1950er Jahre in ihrer stilbildenden Entwicklung. Hierbei wählt er aus der Fülle des schier unüberschaubaren Stoffes diejenigen Kunstwerke aus, die von entscheidender Bedeutung hinsichtlich des Einflusses auf die Entwicklung der europäischen Architektur – und damit der abendländischen Kultur – sind. Diese beginnt für Pevsner mit dem Untergang des Römischen Reiches, als »aus dem vorgeschichtlichen Dunkel die abendländische Kultur geboren wurde, die unter den Merowingern ihre Kindheit durchlebte und unter Karl dem Großen (747–814) Gestalt anzunehmen begann«.

Pevsner behandelt bedeutende Werke der Architektur des romanischen Stils, der Gotik, Renaissance sowie des Manierismus, stellt exemplarisch stilprägende Baukunst des Barock vor, berücksichtigt Historismus und Jugendstil und schließt mit Bauten aus der Zeit vom Ersten Weltkrieg bis in die 1950er Jahre.

Kurze geistesgeschichtliche, historische oder soziologische Erörterungen bilden den notwendigen Hintergrund seiner formalen Entwicklungshistorie der Architektur.

Wirkung: Pevsners *Europäische Kunstgeschichte* gehört seit mehr als fünf Jahrzehnten zu den Standardwerken der Architekturliteratur. In zahlreiche Sprachen übersetzt und in der deutschen Ausgabe bereits in der achten Auflage erschienen, setzt es auch heute noch Maßstäbe in der souveränen Beherrschung der Fülle des Materials, der kompositorischen Kraft und objektiven Darstellung. *V. R.*

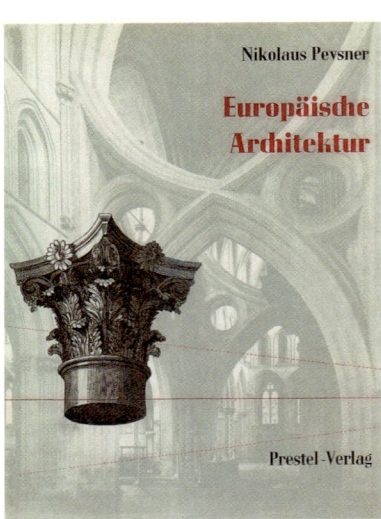

Nikolaus Pevsner, *Europäische Architektur,* Umschlag der erweiterten Ausgabe 1957

Piaget kehrte das vermeintliche von Realität und Wahrnehmung im Erkenntnisprozess um: Begreifen heißt erfinden bzw. durch Wiederfinden rekonstruieren.
Jean Piaget

Piaget, Jean

Schweizer Biologe, Psychologe und Philosoph
*9.8.1896 Neuchâtel (Neuenburg), † 16.9.1980 Genf
📖 *Das Erwachen der Intelligenz beim Kinde,* 1936

Jean Piagets Studien über die Entwicklungsstufen des Kindes sind von grundlegender Bedeutung für die heutige Pädagogik und Psychologie, die er auch als Lehrer und Leiter mehrerer Institutionen nachhaltig prägte.

Bereits im Kindesalter widmete sich der hochbegabte Piaget intensiver Naturbeobachtung und -beschreibung und veröffentlichte bereits mit elf Jahren erste Texte in Fachzeitschriften. Nach dem Biologiestudium in Neuchâtel (Promotion 1918) wurde er von 1919 bis 1921 Mitarbeiter im Labor von Alfred Binet (1857–1911) in Paris, das an der Entwicklung von Intelligenztests für Kinder arbeitete, welche die Grundlage des späteren Messsystems IQ bildeten. Dabei entwickelte Piaget eigene – im Gegensatz zu den quantitativen Methoden von Binet – qualitative Verfahren: An die Stelle anonymer Tests traten bei Piaget das Gespräch und die Interaktion mit den Testpersonen. Piaget konnte dadurch in bestimmten »Fehlleistungen« typische Verhaltensweisen des Kindes nachweisen und zeigen, dass es sich weniger um Fehler, als um eine eigene Form der Intelligenz handelt, deren Erforschung zum wesentlichen Teil seines Lebenswerkes wurde.

Ab 1921 setzte Piaget seine Arbeit am Rousseau-Institut der Universität Genf fort (zunächst als Forschungsleiter, ab 1932 als Kodirektor). 1940 übernahm er den dortigen Lehrstuhl für Psychologie und gründete 1955 das »Centre International d'Epistémologie génétique« mit dem Ziel, das menschliche Erkenntnisvermögen interdisziplinär zu erforschen und seine Forschungen durch die »genetische Erkenntnistheorie« zu untermauern. Als Beauftragter der UNESCO für Fragen der Pädagogik hatte Piaget international maßgeblichen Anteil an den Reformen des Erziehungswesens in den 1970er Jahren. Die Wirkung seiner Forschungsergebnisse auf das Menschenbild ist von ähnlicher Tragweite wie die von Sigmund → Freud.

Biografie: T. Kesselring, *Jean Piaget,* 1999.

Das Erwachen der Intelligenz beim Kinde

OT La naissance de l'intelligence chez l'enfant
OA 1936 **DE** 1959 **Form** Sachbuch **Bereich** Psychologie

Das Erwachen der Intelligenz beim Kinde schloss, als es erschien, eine deutliche Lücke in der Kinder- und Entwicklungspsychologie. Bis dahin hatte die Mentalität des Säuglings wie ein

Chaos gewirkt. Erst diese Studie von Piaget begann die teilweise bekannten Fakten zu ordnen, und bewies, dass sich hinter dem Verhalten eines Säuglings die Entwicklung einer »elementaren Intelligenz« verbirgt.

Entstehung: Das Rätsel, das Säuglinge entwicklungspsychologisch aufgaben, begann Piaget ab Mitte der 1920er Jahre nach seinen Arbeiten zur Entwicklungspsychologie des Kleinkindes zu beschäftigen. Das Anschauungsmaterial boten ihm dabei die eigenen drei Kinder Jacqueline (geb. 1925), Lucienne (geb. 1927) und Laurent (geb. 1931), deren minutiöse Beobachtung er wissenschaftlich auswertete.

Inhalt: Der untersuchte Zeitraum reicht von der Geburt bis zum Alter von ungefähr anderthalb Jahren. Die Entwicklung der Intelligenz nimmt, so Piaget, ihren Ausgang von der ursprünglichen Ausstattung, mit der ein Mensch geboren wird: den Sinnesorganen, Reflexen wie Saugen und Greifen sowie den spontanen Bewegungen. Die Wahrnehmung allein führe dem Säugling lediglich verschiedene »unverbundene Welten« vor; erst sein Handeln lasse ihn allmählich die Einheit seiner Umwelt erkennen. In diesem Handeln entwickeln sich die angeborenen Reflexe zu Verhaltensschemata, die es dem Säugling – vergleichbar einem Werkzeug – ermöglichen, seine Umwelt zu »begreifen« und schließlich auf sie zu reagieren. Piaget unterscheidet dabei sechs Entwicklungsstadien. Sie verlaufen von der ersten Betätigung und Training der Reflexe über den Umgang mit dem dadurch erworbenen Verhaltensweisen zum dritten Stadium, in dem Säuglinge beginnen, ihre Verhaltensschemata zu organisieren und Handlungen entwickeln, die dazu dienen, »interessante Schauspiele andauern zu lassen«.

Anschließend erfolgt die Phase, in der die eingeübten Verhaltensweisen auf neue Situationen angewendet werden, als Fünftes das »Entdecken neuer Mittel durch aktives Ausprobieren« sowie das »Erfinden neuer Mittel durch geistige Kombination«. Jenseits der fachspezifischen Details ist es das wichtigste Ergebnis dieser Forschungsarbeit, nachzuweisen, dass es überhaupt eine »praktische, elementare sensomotorische Intelligenz« gibt, auf der die für Jugendliche und Erwachsene charakteristische »rationale, verbale Intelligenz aufruht« und das darüber hinaus die »Konstruktion von Operationen ein zentraler Mechanismus der Intelligenz« ist. Er kennzeichnet das »Erwachen« der Intelligenz beim Säugling, wird aber nicht durch spätere Entwicklungsstufen überwunden, sondern geht in sie ein.

Wirkung: Zusammen mit den anderen Studien, die sich mit der Sprache, der physikalischen Vorstellung, dem Weltbild und dem moralischen Urteil des Kindes beschäftigen, gehört das herausragendes Werk zu einer Gruppe von Büchern, die auch heute noch zu den Klassikern der Psychologie und Pädagogik zählen. Das Buch enthält außerdem bereits alle wesentlichen Züge der von Piaget im weiteren Verlauf seines Lebens entwickelten »genetischen Erkenntnistheorie«, die er selbst als sein Lebenswerk auffasste.   V.W.

Pirandello, Luigi

italien. Schriftsteller

*28.6.1867 Agrigent (Sizilien), † 10.12.1936 Rom

📖 *Mattia Pascal*, 1904

Mit seiner Experimentierfreudigkeit gab Luigi Pirandello dem epischen und dem absurden Theater sowie dem Theater des Existenzialismus wesentliche Impulse. Die eindringliche Beschreibung persönlicher Erfahrungen machten ihn zum ersten italienischen Autor der Moderne von Weltrang.

Der Sohn eines wohlhabenden Bergwerksbesitzers studierte romanische Philologie in Palermo, Rom und Bonn. Ab 1892 arbeitete er in Rom für Literaturzeitschriften und veröffentlichte mehrere Gedichtbände. Durch ein Grubenunglück verlor seine Familie 1903 ihr gesamtes Vermögen, woraufhin seine Frau chronisch nervenkrank wurde.

Nachdem Pirandello in den 1890er Jahren erste Werke in der Tradition des Verismus veröffentlicht hatte, zeigte bereits der Roman *Mattia Pascal* die Abwendung von literarischen Kategorien. In *Der Humor* (1908) entwickelte er sein eigenes philosophisch-ästhetisches Programm, das als Pirandellismus bekannt wurde: Humor ist für Pirandello das Gefühl für die Diskrepanz

Textauszug aus *Das Erwachen der Intelligenz beim Kinde* **von Jean Piaget:**

Das Leben ist ja tatsächlich eine Fortwährende Neuschöpfung von immer komplexeren Formen und die Verwirklichung eines immer besseren Gleichgewichts zwischen diesen Formen und die Umwelt. Die Intelligenz als Sonderform der biologischen Anpassung setzt also ganz wesentlich eine Organisation voraus, deren Funktion darin besteht, das Universum zu strukturieren, wie der Organismus seine unmittelbare Umwelt strukturiert.

Luigi Pirandello 1934 in Paris

zwischen Schein und Sein und zugleich eine Form des Widerstands gegen verkrustete Gesellschaftsformen. 1908–22 war Pirandello Italienisch-Professor in Rom. In dieser Zeit schrieb er zahlreiche Dramen, die mit ihrer hintergründigen Psychologie alle Formen des Theaters beeinflussten. Mit *Sechs Personen suchen einen Autor* (1921), einem Stück mit offenem Ende, das weder Akteinteilung noch ein klares Handlungsschema besitzt, gelang ihm ein Welterfolg.

1924 trat Pirandello in die faschistische Partei ein; ein Jahr später wurde er Direktor des Teatro d'Arte in Rom, das jedoch 1928 geschlossen wurde. 1934, zwei Jahre vor seinem Tod, erhielt er den Literaturnobelpreis.

Biografie: I. Schenk, Luigi Pirandello, 1983.

Luigi Pirandello, *Mattia Pascal*,
Einband der deutschsprachigen
Taschenbuchausgabe 2000

Mattia Pascal

OT Il fu Mattia Pascal
OA 1904 **DE** 1905
Form Roman **Epoche** Moderne

Die humoristisch-tragische Darstellung eines Identitätsverlusts zeigt das zentrale Motiv im Gesamtwerk von Luigi Pirandello: das unentwirrbare Geflecht von Schein und Sein, Wahn und Wirklichkeit. Durch die präzise Milieuschilderung ist der Roman noch dem Verismus verhaftet, gehört aber durch die Genauigkeit der psychologischen Beobachtung bereits zu den bedeutendsten Werken der Moderne.

Inhalt: Gerissene Geschäftemacher haben die Familie, in der Mattia Pascal aufwächst, finanziell ruiniert. Mattia muss später als Dorfbibliothekar sein Dasein fristen; seine Ehe ist unglücklich. Das Glück scheint ihm zu winken, als er im Spielcasino von Monte Carlo eine große Summe gewinnt. Zufällig liest er auf der Heimfahrt im Zug von seinem eigenen Tod. Er beschließt, seine alte Existenz abzustreifen und mit dem Geld neu anzufangen. Nach ausgedehnten Reisen lässt er sich in Rom in einer Pension nieder. Er verliebt sich in die Tochter des Hauses, doch ihr Schwager, der sein falsches Spiel ahnt, setzt ihm zu. Indem Mattia einen Selbstmord simuliert, flieht er wiederum und kehrt in sein Dorf zurück. Seine Frau ist inzwischen glücklich mit einem anderen verheiratet. Nun muss Mattia tatsächlich ein neues Leben beginnen.

Aufbau: Die Rahmenhandlung des Romans bildet das Gerüst für das eigentliche Motiv des Werks – die Schilderung der Gefühlswelt des Protagonisten. In langen reflexiven Passagen beschreibt der Autor das innere Geschehen des Helden, dessen Traum von Freiheit und einer neuen Identität scheitert.

Wirkung: Der Roman *Mattia Pascal* begründete den Weltruhm des Autors. Das Werk wurde bereits kurz nach seinem Erscheinen in zahlreiche Sprachen übersetzt. *D. M.*

Plath, Sylvia

US-amerikan. Schriftstellerin

*27.10.1932 Boston (Massachusetts)

† 11.2.1963 London

📖 *Die Glasglocke*, 1963

Als Sylvia Plath ihrem Leben im Alter von 30 Jahren ein Ende setzte, war sie nur einem kleinen Publikum bekannt. Dies änderte sich mit der postumen Veröffentlichung des Gedichtbandes *Ariel* (1965). Auch der Roman, *Die Glasglocke,* der Anfang 1963 erschienen war, trug zum Ruhm der zeitlebens von Depressionen gepeinigten Schriftstellerin bei. Zentrale Themen ihres Werks sind Krankheit, Leiden und Tod.

Plath, Tochter einer Lehrerin und eines deutschstämmigen Universitätslehrers, konnte mit einem Stipendiums an der englischen Cambridge University studieren. 1956 heiratete sie den englischen Lyriker Ted Hughes (1930–98). Die beiden gingen 1957 in die USA, kehrten aber 1959 nach England zurück. Die Ehe scheiterte 1962, was bei Plath, zu diesem Zeitpunkt Mutter zweier Kinder, eine neuerliche Lebenskrise auslöste. Ihr Tod durch das Gas des Küchenherdes ist als Metapher zu verstehen: Plath brachte durch die Wahl ihrer Todesart ihre starke Identifizierung mit den Opfern des Holocaust zum Ausdruck, deren Schicksal sie in vielen Gedichten behandelt hat. Für die *Collected Poems* (1981) wurde Plath 1982 postum der Pulitzerpreis verliehen. Ihr kompliziertes Leben, zu dem auch die Ehe mit Hughes beitrug, und ihre Literatur (außer dem Roman *Die Glasglocke* insgesamt 300 Gedichte und über 70 Erzählungen) machten die Autorin zu einer Kultfigur der neueren Frauenbewegung.

Biografien: E. Bronfen, *Sylvia Plath*, 1998; A. Stevenson, *Sylvia Plath*, 1989;

Die Glasglocke

OT The Bell Jar **OA** 1963 **DE** 1968
Form Roman **Epoche** Moderne

Die Glasglocke, einziger Roman der Schriftstellerin Sylvia Plath, schildert auf eindringliche Weise den schwierigen Prozess des Erwachsenwerdens im prüden Amerika der 1950er Jahre.

OT = Originaltitel   **EZ** = Entstehungszeit   **OA** = Originalausgabe   **DE** = Deutsche Erstausgabe   📖 = Verweis auf Werkartikel

Entstehung: Im Oktober 1961 erhielt Sylvia Plath vom US-Verlag Heinemann einen Vorschuss für die Arbeit an ihrem Roman *Die Glasglocke*, der zu diesem Zeitpunkt bereits in einer ersten Fassung vorlag. Parallel bekam sie im November 1961 ein Stipendium der Eugene-Saxton-Stiftung, für das sie ein Jahr lang Prosa schreiben sollte. Innerhalb des nächsten halben Jahres entschied sich Plath, angesichts der starken autobiografischen Bezüge von *Die Glasglocke*, das Buch unter dem Pseudonym Victoria Lucas zu veröffentlichen.

Inhalt: Die ehrgeizige und talentierte Literaturstudentin Esther Greenwood hat ein vierwöchiges Volontariat bei einer New Yorker Modezeitschrift gewonnen. Die Metropole rührt sie in vielerlei Hinsicht auf: Das ihr anerzogene Pflichtgefühl passt nicht zu der ungewohnten Freiheit in der Großstadt. Sie sehnt sich nach ersten sexuellen Erfahrungen, möchte aber gleichzeitig die Erwartungen ihrer Mutter und ihres Freundes Buddy nicht enttäuschen.

Bei der Rückkehr aus New York erfährt sie, dass sie nicht zu dem Schriftstellerkurs angenommen wurde, auf den sie sich gefreut hatte. Esthers innere Zerrissenheit und die Langeweile in der Kleinstadt vergrößern die Depression des Mädchens, das schließlich von ihrer Mutter an einen Psychologen verwiesen wird. Er unterzieht sie einer Elektroschocktherapie, worauf Esther verschiedene Selbstmordmethoden ausprobiert. Nach einem Suizidversuch erkennt Esther im Krankenhaus, dass sie sich immer »unter der gleichen Glasglocke« befindet, gleich, ob sie »auf dem Deck eines Schiffes oder in einem Straßencafé in Paris oder Bangkok« saß. Kurz vor der Entlassung »aus der Anstalt« lernt sie Irwin, einen Mathematikprofessor, kennen, der sie defloriert. Durch die sexuelle Erfahrung gestärkt, verkraftet sie den Freitod ihrer Freundin Joan ebenso wie die Trennung von Buddy, der ihr mit Blick auf die Zeit, die Esther in der Nervenheilanstalt verbringen musste, die Frage stellt: »Ich bin gespannt, wer dich jetzt heiratet, Esther.« In diesem Satz kulminiert die gesamte Spießbürgerlichkeit der amerikanischen Gesellschaft, die Esthers Leiden ausgelöst hat.

Aufbau: Der Roman besteht aus 20 Kapiteln, die sich in drei Teile gliedern. Die ersten neun Kapitel spielen in New York, das zehnte Kapitel führt Esther zurück in ihren Heimatort. Plath beschreibt mit großer Genauigkeit, wie der langweilige Alltag Esther zunehmend zermürbt und das Mädchen ihre gesamte Energie darauf verwendet, eine geeignete Selbstmordmethode auszutüfteln. Der dritte Teil beschreibt den Aufenthalt der Protagonistin in verschiedenen Krankenhäusern und Nervenheilanstalten.

Wirkung: Im *New Statesman* wurde *Die Glasglocke* von Literaturkritiker Robert Taubman als »erster weiblicher Roman nach Salinger-Art« bezeichnet und der *Listener* lobte das Buch für seine ausgezeichnete Amerika-Kritik. Der Journalist Alfred Alvarez, der das Werk von Plath außerordentlich schätzte und in einem Nachruf schrieb, Plath habe »einen völlig neuen Durchbruch in der modernen Lyrik« geschafft, lüftete bereits wenige Wochen nach dem Tod der Autorin das Pseudonym, unter dem *Die Glasglocke* zunächst erschienen war. Danach stellten Journalisten und Literaturwissenschaftler immer mehr Verbindungen zwischen dem Nervenzusammenbruch der Romanfigur Esther und dem Leben der jung aus dem Leben geschiedenen Autorin fest. *M. E.*

Sylvia Plath, *Die Glasglocke*, Umschlag der Ausgabe 1998

Platon

griech. Philosoph

*428 od. 427 v. Chr. Athen, †347 ebd.

📖 *Der Staat*, entst. 387–367 v. Chr.

Platon gilt als einer der Begründer der abendländischen Philosophie. Es ging ihm darum, einen Begriff vom Sein zu geben, der Bedingung alles menschlichen Welt- und Selbstverstehens ist.

Platon wurde als Sohn einer angesehenen Athener Adelsfamilie geboren. Sein Weg in die Politik schien mithin vorgezeichnet. Mit Charmides und Kritias beteiligten sich jedoch zwei seiner Onkel an dem oligarchischen Umsturz 404 v. Chr. in Athen, deren Herrschaft Platon verachtete. Und die Begegnung mit Sokrates (um 470–399 v. Chr.) hat ihn zu einem Philosophen werden lassen.

Die Philosophie führte Platon aber auch in die Politik zurück. In seinem Hauptwerk, der *Politeia*, fordert er, dass Philosophen Könige werden oder die Könige beginnen müssten, gründlich zu philosophieren.

Vermutlich nach seiner ersten Sizilienreise (387 v. Chr.) gründete Platon die Akademie. Unter dem Namen Platons sind 13 Briefe und 41 philosophische Dialoge überliefert. Wie die *Politeia* die Tugend der Gerechtigkeit behandelt, so befassen sich frühe, »sokratische« Dialoge mit der Frage, was bestimmte Tugenden sind. Anders als die frühen Dialoge, die aporetisch enden (und die Dialoge über den Begriff des Eros, u. a. *Das Gastmahl*, 387–367 v. Chr.; *Phaidros*, um 358 v. Chr.), geben die mittleren

Augustinus in *22 Bücher über den Gottesstaat* **(entst. 413–26) über Platon:** *Wir freilich halten Platon weder für einen Gott noch für einen Halbgott. Wir stellen ihn nicht keinem der heiligen Engel des höchsten Gottes gleich, keinem Propheten der Wahrheit, keinem Apostel, keinem Märtyrer Christi und auch nicht irgendeinem christlichen Menschen.*

Darstellung der Akademie Platons in Raffaels Fresko *Die Schule von Athen* (um 1509); in der Mitte Platon (l.) im Gespräch mit seinem Schüler Aristoteles, umgeben von weiteren berühmten Persönlichkeiten Griechenlands wie Homer, Sokrates und Euklid

und späteren Dialoge jedoch Antworten, die stehen bleiben. Als ihre Grundlage gilt die platonische Ideenlehre, wonach es die Ideen sind, die allem Seienden Bestand und allem Verstehbaren Sinn verleihen. Mit der Ausarbeitung der Ideenlehre und der Bearbeitung der Probleme, die sich durch die Annahme von Ideen stellen, befassen sich vornehmlich die späteren Dialoge Platons (*Sophistes*, entst. 365 v. Chr.; *Parmenides*, entst. 361–360 v. Chr.).

Umstritten ist die Annahme, ob Platon neben den philosophischen Gedanken, die er in seinen Dialogen entfaltet, noch über eine ungeschriebene, nur mündlich verbreitete Lehre verfügt habe, die das eigentliche Fundament seiner Philosophie bilde.

Biografie: M. Bordt, *Platon*, 1999; U. Neumann, *Platon* (rm 50 533).

Der Staat

OT Politeia **EZ** zwischen 387 und 367 v. Chr.
EA zwischen 1482 und 1484 **DE** 1780 (in Auszügen 1572) **Form** Dialog **Epoche** Griechische Antike

Politeia ist das philosophische Hauptwerk Platons, das erste Werk politischer Theorie und ihr erster Höhepunkt zugleich. Sie wurde maßgebend für eine Vielzahl von Modellstaatsentwürfen zu allen Zeiten und beeinflusste das philosophische Nachdenken über die Welt, die Seele und das menschliche Erkenntnisvermögen.
Entstehung: Die zehn Bücher gehen auf zwei Schaffensphasen Platons zurück. Das erste

Buch (*Thrasymachos*) ähnelt frühen Dialogen, in denen Sokrates Definitionsversuche für bestimmte Tugenden prüft und am Ende scheitern lässt. Die Bücher 2–10 entfalten das platonische Musterbild einer guten Verfassung.
Inhalt: Um die Frage zu beantworten, was Gerechtigkeit in der Seele des Menschen ist, entwirft Platon das Muster einer guten Polis, in der drei Stände (Bauern, Handwerker, Kaufleute etc. – Wächter – Philosophen) jeweils durch ihr spezifisches Tun zum Gelingen des Gemeinwesens beitragen.

Platons Modell ist geradezu kulturrevolutionär mit seinen Paradoxien, den Anweisungen, die gegen den zeitgenössischen gesunden Menschenverstand der Athener verstoßen. Frauen und Männer sollen gleich sein; der Wächter- und Philosophenstand soll über kein Privateigentum verfügen und auch Frauen und Kinder sollen ihnen gemeinsam sein; schließlich sollen die Philosophen regieren.

Den Grund dafür veranschaulicht Platon im Höhlengleichnis. Die Philosophen, aufgestiegen aus der Höhle der Unwissenheit zur Erkenntnis der Idee des Guten, haben die Pflicht, wieder zu den Mitmenschen hinabzusteigen und deren Seelen aus der gewöhnlichen Verirrung zum Wahren umzulenken.
Wirkung: Was die *Politeia* für das abendländische Denken bedeutet, hat der Philosoph und Mathematiker Alfred North Whitehead (1861–1947) auf die Formel gebracht, alle Geschichte der Philosophie sei nichts anderes als Fußnoten zu Platon.
D. L.

Platonow, Andrej

(eigtl. Andrej Platonowitsch Klimentow)

russ. Prosaiker, Dramatiker und Publizist

*1.9.1899 Voronež, †5.1.1951 Moskau

📖 *Unterwegs nach Tschewengur*, 1972

Hauptthema des Werks von Andrej Platonow ist die wahrhaftige und schonungslose Gegenüberstellung von sozialistischer Utopie und den unbefriedigend bleibenden Versuchen zu ihrer Verwirklichung, die am Fanatismus der Ideologen, an äußeren Umweltbedingungen oder an der menschlichen Natur scheitern.

Der Sohn eines Eisenbahn-Schlossers begann im Alter von 15 Jahren als Lokomotivführer-Gehilfe zu arbeiten. Nach der Revolution beendete er ein Ingenieursstudium in Voronež als Spezialist für Melioration und Elektrifizierung. 1927 zog er nach Moskau; im selben Jahr erschien der erste Prosaband *Die Schleusen von Epifan'.* Nachdem einige der gegen 1930 erschienenen Erzählungen scharfer ideologischer Kritik unterzogen wurden, blieben die zu eben jener Zeit verfassten Hauptwerke unveröffentlicht. Während des Kriegs war Platonow Frontberichterstatter. 1947 wurde er erneut von der offiziösen Kritik angegriffen, was einem Druckverbot gleichkam. Platonow starb an Tuberkulose, angesteckt von seinem Sohn, der 1941 todkrank aus einem sowjetischen Arbeitslager zurückgekehrt war.

Unterwegs nach Tschewengur

OT Čevengur OA 1972 (Teile 2 und 3, vollständig 1988)
DE 1973 (Teile 2 und 3) **Form** Roman **Epoche** Moderne

Der apokalyptische Roman von Andrej Platonow handelt von den wahnwitzigen Folgen der konsequenten und rücksichtslosen Anwendung einer totalitären Idee. Sein philosophisches Gedankenexperiment, das auf der nachrevolutionären sowjetischen Wirklichkeit gründet und von der kommunistischen Ideologie ausgeht, nimmt hellsichtig tragische Entwicklungen des Landes vorweg. Einen wesentlichen Aspekt bildet dabei das satirische Spiel mit der hölzernen Sprache sozialistischer Gedankengebilde, die über ihre indoktrinierten Sprecher selbst die Herrschaft ergreift.

Entstehung: Platonow begann die Arbeit an dem Roman im Winter 1926/27, noch vor seinem Umzug nach Moskau. Anfangsabschnitte erschienen unter den Titeln *Die Herkunft eines Meisters* und *Der Sohn des Fischers* 1928 in der Zeitschrift *Krasnaja nov'* (*Rotes Neuland*). Nachdem linientreue Kritiker Platonow 1929 aus ideologischen Gründen angegriffen hatten, wurde die Drucklegung des Buchs gestoppt.

Maxim → Gorki, an den sich Platonow um Unterstützung wandte, schätzte den Roman als Kunstwerk, lehnte es aber ab, sich für seine Veröffentlichung einzusetzen. Erst 1972 wurde der Hauptteil des Romans in Paris publiziert; die erste vollständige Ausgabe erschien 1988 in Moskau.

Inhalt: Der Roman spielt in einem bettelarmen südrussischen Steppen-Gouvernement. Den roten Faden bildet die Geschichte der Hauptfigur Aleksandr Dvanov. Nach dem Selbstmord seines Vaters nimmt den kleinen Jungen zunächst die kinderreiche Familie der Dvanovs auf; er wird obdachlos und wächst später bei einem Eisenbahnarbeiter auf. Während der Revolution tritt Dvanov der KP bei. Er nimmt am Bürgerkrieg teil und stirbt fast an Typhus. Von einem Parteifunktionär wird er beauftragt, in dem Gouvernement nach »sozialistischen Elementen des Lebens« Ausschau zu halten. Dvanov bereist die von Armut, Hunger und Tod geprägte Provinz und erlebt unterwegs grausig-komische Abenteuer. Seine Wanderungen führen ihn nach Tschewengur, wo bolschewistische Fanatiker einen makabren »Kommunismus in einem einzelnen Bezirk« organisieren und zu diesem Zweck die gesamte Einwohnerschaft massakrieren, um die Stadt dann mit dem in der Umgegend aufgesammelten Landstreicher-»Proletariat« zu besiedeln. Trotz aller Anstrengungen will sich die kommunistische Utopie nicht einstellen. Am Ende taucht eine »maschinelle Armee« auf und vernichtet die Stadt. Dvanov, der als einer der wenigen überlebt, begibt sich in seinen Heimatort und ertränkt sich in demselben See, in dem schon sein Vater sich das Leben nahm.

Aufbau: Im Zentrum der einzelnen Episoden des Roman stehen merkwürdige Gestalten, denen Aleksandr Dvanov auf seinem Lebensweg begegnet. Der egoistische Prokofij Dvanov

Andrej Platonow; ein Großteil seiner Werke wurde erst postum veröffentlicht

Die wichtigsten Bücher von Andrej Platonow	
Die Schleusen von Epifan' 1927	Die Erzählung handelt von dem unrealisierten Projekt von Peter dem Großen, einen Wasserweg zwischen der Ostsee, dem Schwarzen Meer und der Kaspischen See zu errichten.
Die Stadt Gradow, 1927	Die Bürokratie in einer sowjetischen Provinzstadt steht im Mittelpunkt dieser grotesk-satirischen Novelle.
Die Baugrube 1929/30	Ein grotesk-fantastischer Kurzroman über kommunistische Fanatiker, die in freiwilliger Sklavenarbeit eine Grube für die Fundamente eines proletarischen Palasts ausheben.
Zum Vorteil 1931	Die »Kleinbäuerliche Chronik« ist eine Erzählung über die Zwangskollektivierung der Bauern in der südrussischen Steppe.
Das Juvenilmeer, 1932	Ein realistisch-fantastischer Kurzroman über die Versuche eines Ingenieurs, einen Steppen-Sowchos zu modernisieren.
Dshan 1934	Die Novelle beschreibt die mythische Suche nach einem verelendeten mittelasiatischen Volk, das vor dem Untergang gerettet werden soll.
Unterwegs nach Tschewengur, 1972	Der 1926/27 begonnene Roman schildert die Umsetzung eines konsequenten Kommunismus in einer abgelegenen russischen Provinz und nimmt bereits spätere Entwicklungen des Landes vorweg. → S. 863

Trotz aller unbestrittenen Vorzüge Ihres Werkes denke ich nicht, dass man es drucken und verlegen wird. Dem steht im Wege Ihre anarchische Gesteshaltung, die offenbar der Natur Ihres »Geistes« eigentümlich ist. Ob Sie es so wollten oder nicht – Sie haben der Beleuchtung der Wirklichkeit einen lyrisch-satirischen Charakter verliehen... Trotz aller Zärtlichkeit Ihres Verhältnisses den Menschen gegenüber – sie sind bei Ihnen ironisch gefärbt, sie erscheinen vor dem Leser nicht als Revolutionäre, sondern als »Sonderlinge« und »Schwachsinnige«.

jagt als Junge den kleinen Sascha Dvanov aus dem Haus seiner Eltern und organisiert später in Tschewengur als Parteisekretär den Kommunismus mit. Der Ex-Schriftsteller Mracinskij lässt als Anführer einer Anarchistenbande den in seine Hände gefallenen Dvanov am Leben, weil dieser einen seiner Romane gelesen hat. Der »Kommandeur der Feldbolschewiken« Stepan Kopenkin sucht als Ritter der Revolution auf seinem Pferd namens Proletarische Kraft das Grab der von ihm angebeteten Rosa Luxemburg. Und Maksim Pasincev, der in Kettenhemd, Harnisch und Helm mit angeschraubtem roten Stern herumläuft, richtet in einem Ex-Landsitz ein »Revolutionsschutzgebiet« ein.

Wirkung: *Unterwegs nach Tschewengur* ist einer der herausragenden Romane der frühen Sowjetliteratur. Ungeachtet seiner um Jahrzehnte verspäteten Wirkungsgeschichte gehört er dank seiner künstlerischen Kraft und Vielschichtigkeit zu den meistbeachteten russischen Prosawerken des 20. Jahrhunderts. *M. Sch.*

Plenzdorf, Ulrich

dt. Schriftsteller

*26.10.1934 Berlin

📖 *Die neuen Leiden des jungen W.*, 1973

Ulrich Plenzdorf gilt als genauer Beobachter der politischen und gesellschaftlichen Zustände in Deutschland. Die fortwährende kritische »Be-

fragung der Wirklichkeit« durchzieht sein gesamtes Schaffen.

Plenzdorf stammt aus einer Familie, die aufgrund ihrer kommunistischen Überzeugung von den Nationalsozialisten verfolgt und mehrfach interniert wurde. 1954 begann Plenzdorf ein Philosophiestudium in Leipzig, das er nach drei Semestern abbrach, um bei der DEFA als Bühnenarbeiter anzufangen. Nach dem Wehrdienst bei der Nationalen Volksarmee 1958/59 studierte er 1959–64 an der Filmhochschule in Babelsberg und kehrte 1964 als Dramaturg und Szenarist zur DEFA zurück, wo er das Drehbuch zu dem Film *Mir nach, Canaillen* entwickelte. Die Verfilmung seines zweiten Drehbuchs *Karla* (1965) wurde von den DDR-Behörden nicht zur Veröffentlichung freigegeben. Damit bahnte sich die Distanz zwischen dem Kommunisten Plenzdorf und dem SED-Regime an, die sich während der gesamten Zeit der DDR fortsetzte. Erst Ende der 1960er Jahre wurde Plenzdorf nach langer Schaffenspause wieder aktiv. Seinem Durchbruch mit *Die neuen Leiden des jungen W.* folgte das Drehbuch zu dem erfolgreichen Film *Die Legende von Paul und Paula* (1973). 1978 erhielt Plenzdorf den Ingeborg-Bachmann-Preis. In den 1980er Jahren entstanden neben Drehbüchern mehrere Theaterstücke, die mit dem Stalinismus abrechnen. Nach der Wiedervereinigung etablierte sich Plenzdorf als Film- und Fernsehautor, schrieb unter anderem seit 1992 die Bücher zu der ARD-Serie *Liebling Kreuzberg*.

Biermann und der Auszug der Künstler aus der DDR

Hintergrund: Gegen den 1953 in die DDR übersiedelten Schriftsteller und Liedermacher Wolf Biermann (*15.11.1936 Hamburg) wurde nach Erscheinen seines ersten Lyrikbandes (*Die Drahtharfe* 1965) in der BRD ein Publikations-, Auftritts- und Ausreiseverbot verhängt. Seine in Balladen, Gedichten und Liedern ironisch-sarkastisch formulierte Kritik an der Diskrepanz von sozialistischem Anspruch und Wirklichkeit publizierte Biermann fortan ausschließlich in der BRD. 1974 wurde ihm bereits die Ausreise nahegelegt. Als Biermann zwei Jahre später auf Einladung der IG Metall eine Konzertreise in die BRD unternahm, entzog ihm das Politbüro der SED nach seinem vom Fernsehen übertragenen Auftritt in Köln die Staatsbürgerschaft der DDR wegen vermeintlich mangelnder Staatstreue. Noch am selben Tag (17.11.1976) unterzeichneten zwölf Autoren ein – von einer westlichen Nachrichtenagentur veröffentlichtes – Protestschreiben gegen die Ausbürgerung mit der Bitte die Maßnahme zu überdenken. Unter ihnen waren Jurek → Becker, Volker Braun, Stephan Hermlin, Stefan → Heym, Sarah Kirsch, Günter Ku-

nert, Heiner Müller und Christa → Wolf. 70 weitere Künstler und Intellektuelle schlossen sich an, so u.a. Thomas → Brasch, Günter de Bruyn und Ulrich → Plenzdorf. Andere Literaten befürworteten hingegen Biermanns Ausbürgerung, u.a. Peter Hacks, Hermann → Kant und Anna → Seghers.

Folgen: Auf die Protestaktion folgten Sanktionen der DDR-Behörden (u.a. Verhaftung, Hausarrest, Organisationsausschluss, Parteistrafen, Publikationsverbote), die unter Schriftstellern, Malern, Komponisten und Regisseuren eine Welle von Ausreisewünschen auslösten, die den unbequemen Intellektuellen rasch bewilligt wurden. 1976/77 gingen vor allem junge Künstler in die BRD, u.a. Brasch, Sarah Kirsch und Reiner Kunze; Kuhnert, Kunert, Erich → Loest, Stefan Schütz und Bettina Wegner erhielten langfristige Visa.

Fazit: Der »Fall Biermann« polarisierte die Künstler der DDR, löste einen regelrechten Exodus aus, ist rückblickend als historische Zäsur in der Kulturpolitik der DDR zu betrachten und wurde selbst wiederum Gegenstand der Literatur (z.B. Heyms Roman *Collin*, 1978). *M. Si.*

Die neuen Leiden des jungen W.

OA 1973 (Vorabdruck in *Sinn und Form* 1972)
Form Roman **Epoche** Gegenwart

Mit *Die neuen Leiden des jungen W.* gelang es Plenzdorf, die Ängste, Hoffnungen und das Lebensgefühl der Jugend in den 1970er Jahren in Ost- und Westdeutschland auf ungewöhnliche Art und Weise auszudrücken.

Entstehung: 1968/69 entstand die Urfassung von *Die neuen Leiden des jungen W.* als Drehbuch, das jedoch nicht verfilmt wurde. Erst nachdem in der Kulturpolitik der DDR Ende der 1960er Jahre Tauwetter einsetzte, gelangte die Geschichte in die Öffentlichkeit, zunächst 1972 als Prosafassung in *Sinn und Form*, schließlich in einer Bühnenfassung, die am 18. Mai 1973 im Landestheater in Halle uraufgeführt wurde. Ebenfalls 1973 erschien die sich von der ersten Prosafassung kaum unterscheidende Romanfassung in ganz Deutschland. Die Urfassung von 1968/69, in der Edgar den Stromschlag überlebt, wurde erst 1982 veröffentlicht.

Inhalt: Der 17-jährige Edgar Wibeau nimmt einen Streit mit seinem Vorgesetzten zum Anlass, seine Lehre in einem Metall verarbeitenden Betrieb abzubrechen und geht nach Berlin. Dort richtet er sich in einer verlassenen Gartenkolonie ein und findet ein Reclamheft. Dass es sich dabei um → Goethes Roman *Die Leiden des jungen Werther* handelt, weiß er nicht, weil er Titelblatt und Nachwort als Toilettenpapier benutzt. Von der Lektüre beeindruckt, verwendet Edgar fortwährend Zitate aus dem Werk. Seinen Lebensunterhalt verdient er sich bei einer Malerkolonne: Nachdem deren Projekt, die Entwicklung eines Farbspritzgeräts scheitert und Edgar beinahe aus der Kolonne fliegt, baut er in seiner Laube an einem eigenen Gerät. Bei dessen Inbetriebnahme erleidet er schließlich einen tödlichen Stromschlag.

Aufbau: Der Roman beschreibt, wie Edgars Vater Nachforschungen über die Todesumstände seines Sohns anstellt. Dazu spricht er mit Personen aus dem ehemaligen Umfeld Edgars. Die Gespräche werden durch den Toten »jenseits des Jordans« kommentiert und ergänzt. Dabei zeigen sich zahlreiche Bezüge zu Goethes *Die Leiden des jungen Werther,* nicht nur durch den Titel und Parallelen in der Handlung (die Beziehung zwischen Edgar, Charlie und Dieter, bei Goethe zwischen Werther, Lotte und Albert), sondern auch durch die von Edgar immer wieder eingefügten Originalzitate. Dagegen setzt Plenzdorf die von Jerome D. → Salingers Roman *Der Fänger im Roggen* beeinflusste Haltung und Sprache Edgars.

Wirkung: Bereits nach der Veröffentlichung in *Sinn und Form* löste der Text in der DDR zahlreiche Diskussionen über Jugend und Gesellschaft aus. Sowohl das Theaterstück, das in der Saison 1974/75 das meistgespielte Stück in beiden deutschen Staaten war, als auch die Prosafassung wurden zu einem ungewöhnlichem Erfolg. 1975 verfilmte Eberhard Itzenplitz in Westdeutschland *Die neuen Leiden des jungen W.* nach dem Drehbuch von Plenzdorf. *St. N.*

Ulrich Plenzdorf, *Die neuen Leiden des jungen W.;* links: Umschlag der ersten westdeutschen Ausgabe 1973; rechts: Einband der westdeutschen Taschenbuchausgabe 1975

Das Arbeiterkind Plievier begann bereits mit 12 Jahren zu arbeiten und vagabundierte später als Matrose und Gelegenheitsarbeiter durch Europa und Übersee. Früh knüpfte er Kontakte zu anarchistischen und syndikalistischen Zirkeln. 1918 beteiligte sich der Redakteur Plievier am Matrosenaufstand in Wilhelmshaven. In Berlin gründete er den Verlag der Zwölf.

Die Erlebnisse seiner Reisejahre flossen ein in die Novellensammlung *12 Mann und ein Kapitän* (1930). Seine Erfahrungen in der Kriegsflotte spiegeln sich in den Büchern *Des Kaisers Kulis* (1930) und *Der Kaiser ging, die Generäle blieben* (1932), die ihn als Autor berühmt machten. 1933 emigrierte Plievier nach Frankreich, Schweden und schließlich nach Sowjetrussland. Mit seiner Frau Hildegard zog er in die Wolgadeutsche Republik. Ab 1943 arbeitete er im Nationalkomitee Freies Deutschland und schuf seinen berühmtesten Roman *Stalingrad*. Nach seinem Bruch mit dem Sowjetsystem und der Flucht in den Westen 1947 fügte Plievier mit den beiden Romanen *Moskau* (1952) und *Berlin* (1954) seinem Stalingrad-Epos eine Vor- und Nachgeschichte hinzu.

Biografie: H. Wilde, *Theodor Plievier. Nullpunkt der Freiheit,* 1965.

Plievier, Theodor

(bis 1932 Plivier) dt. Schriftsteller

* 12.2.1892 Berlin, † 12.3.1955 Avegno bei Lugano

📖 *Stalingrad*, 1945

Theodor Plievier wurde in der Weimarer Republik zu einem der großen sozialkritischen und »engagierten« Autoren, die stets die Nähe ihrer Themen zum eigenen Erleben betonten. Seine Romane und Erzählungen sind geprägt vom Anspruch, Dokumentation und Reportage mit Literatur zu vebinden.

Stalingrad

OA 1945 **Form** Roman **Epoche** Nachkriegsliteratur

Theodor Plieviers berühmter Roman von der Schlacht um Stalingrad ist zwar in den letzten Jahren des russischen Exils entstanden, steht aber mit seiner erfolgreichen Rezeption in Ost- und Westdeutschland am Anfang der deutschen Nachkriegsliteratur. Die Vor- und Nach-

THEODOR PLIEVIER

Stalingrad

Theodor Plivier, *Stalingrad*, Umschlag der 1948 in der französischen Besatzungszone erschienenen Ausgabe

geschichte von *Stalingrad* lieferte der Autor in den Romanen *Moskau* (1952) und *Berlin* (1954); so entstand eine Trilogie, der Plievier den Untertitel *Der große Krieg im Osten* gab.

Entstehung: Plievier standen nach der Schlacht von Stalingrad als führendem Mitglied des Nationalkomitee Freies Deutschland die erbeuteten Briefe und Tagebücher der deutschen Soldaten zur Verfügung. Er konnte in den Kriegsgefangenenlagern Gespräche mit Frontsoldaten und Generälen führen. Das eingebaute Material gab dem Roman einen dokumentarischen Charakter. Johannes R. → Becher und Georg → Lukács unterstützten den Autor, schützten ihn vor Parteikritik und sorgten für den Vorabdruck in der Moskauer Zeitschrift *Die Internationale Literatur* 1943/44.

Inhalt: Der Autor erzählt vom Untergang der sechsten Armee im Kriegswinter 1942/43, dem Wendepunkt von Hitlers Russlandfeldzug. Er schildert das tausendfache Sterben im »Kessel«, erzählt von Verhungernden und Erfrierenden, von Verwundeten, Deserteuren und Kriegsgefangenen, vom Verhalten der »kleinen« Soldaten und von dem der hohen Offiziere. Beinahe unsichtbar bleibt dabei der Gegner, die Rote Armee (was auch den Produktionsbedingungen des Exils geschuldet war); weitgehend ausgespart bleibt auch die Darstellung von Kampfhandlungen.

Eine Fülle von Einzelschicksalen werden versammelt, mit denen ein Panorama des langsamen Sterbens entfaltet wird. Eine Welt der lebenden Toten wird beschworen, die allmählich zu »Brei« und »Erde« verwandelt werden. Im großen Figurenensemble kommt dem einfa-

chen Soldaten August Gnotke und dem Panzeroffizier Manfred Vilshofen als Sprachrohren des Autors und Hoffnungsträgern des Romans eine besondere Bedeutung zu.

Aufbau: Der Roman, der durch keine Kapitel unterteilt ist, verbindet den Blick von oben und von unten. Indem er das Bild vom »ganzen« Krieg suggeriert, zielt er auf Totalität und verheißt einen unzensierten Blick. Der allwissende Erzähler verbindet die Sicht von dem Feldherrnhügel – den es in Stalingrad nicht gab – mit der Perspektive aus den Erdlöchern und den Unterständen der Frontsoldaten. Plievier schildert von einer imaginären Höhe aus, wie sich in 77 Tagen der Kessel immer mehr zum Friedhof verengt. Vom Blick aufs Ganze zeugen Plieviers häufigste Stilmittel: Reihungen, Panoramen und generalisierende Erzählerkommentare.

Das Spezifische der Kriegsbilder ist zum einen die Verbindung von Körperzuständen und Frontgeschehen – der Ausbruch einer Typhus-Epidemie fällt zusammen mit der Auflösung der Frontlinie. Zum anderen schildert der Autor einen Totentanz, in dem ein Rattenfänger eine ganze Armee ins Verderben führt. Plievier liefert schließlich eine metaphysische Sinnstiftung, mit welcher der Kessel zum Zeichen der Sühne und zu einem Ort der Läuterung wird. Dem Sterben ist zwar alles Heroische genommen, dennoch ist Plieviers Kriegsbild weder pazifistisch noch antimilitaristisch, sondern mündet in ein Hohes Lied auf den Frontsoldaten.

Wirkung: Der Roman wurde als das »Kriegsbuch des Zweiten Weltkriegs« sowie als »Aufriss eines Universums jener Zeit« bewertet und somit die Totalität der Kriegsdarstellung hervorgehoben. Erfolgreich war nicht zuletzt eine Geschichtsdeutung, in der die deutsche Wehrmacht samt vieler hoher Offiziere als Opfer einer Verführung geadelt wurde.   *M. Ro.*

Plutarch

(griech. Plutarchos) griech. Philosoph und Schriftsteller

*um 46 n. Chr. Chaironeia (Böotien)

†zwischen 120 und 125 n. Chr. Böotien

📖 *Parallelbiografien*, um 110 v. Chr.

Das schriftstellerische Werk Plutarchs ist das umfassendste, dass aus der Antike überliefert ist. Ein antiker Katalog verzeichnet 227 Titel, von denen 83 erhalten sind. Hinzu kommen 18 nicht genannte, aber erhaltene Schriften. Das Werk gliedert sich in zwei große Bereiche: einen philosophischen und einen historisch-biografischen.

Plutarch genoss eine philosophische Ausbildung in Athen, wo er unter dem Einfluss seines Lehrers, des Philosophen Ammonios, der Aka-

---

Attizismus

Bedeutung: Der Attizismus bezeichnet eine Stilrichtung, die in der 2. Hälfte des 1. Jh. v. Chr. entstand. Sie sollte der sich in der Literatur allmählich verbreitenden griechischen Umgangssprache, der Koine, entgegenwirken. Attizisten wie Dionysios von Halikarnassos, Caecilius von Kalakte, Herodes Atticus und Aristeides machten die Nachahmung der attischen Autoren (Thukydides, Demosthenes, Lysias u.a.) zum Programm.

Hintergrund: Der in Athen und der Region Attika gesprochene Dialekt erlebte im 5. und 4. Jahrhundert v. Chr. seine Blütezeit: Tragödiendichter, Historiker und Philoso-

phen schrieben in dem Dialekt ihre Werke nieder. Die Einigung der griechischen Welt ab dem Ende des 4. Jahrhundert v. Chr. durch die Eroberungen Alexanders des Großen bewirkte auch eine Vereinheitlichung der in viele Dialekte gespaltenen griechischen Sprache. Der attische, äolische, dorische und ionische Dialekt verschmolz in der hellenistischen Koine. Diese wurde für die gesprochene und die geschriebene Sprache maßgebend. Ab der Zeitenwende erfolgte eine Rückbesinnung auf die Blütezeit des griechisch-attischen Dialekts, in deren Folge die Nachahmung der attischen Autoren zur Regel wurde.

OT = Originaltitel   EZ = Entstehungszeit   OA = Originalausgabe   DE = Deutsche Erstausgabe   📖 = Verweis auf Werkartikel

demie beitrat. Außerdem unternahm er mehrere Reisen, die ihn nach Rom, Kleinasien und Ägypten führten, kehrte aber stets in seine böotische Heimat zurück. Durch seine große Belesenheit hat er der Nachwelt in seinen Schriften einzigartige Zitate aus verloren gegangenen griechischen Werken überliefert.

Besonders große Resonanz fanden die *Parallelbiografien*, die erste umfangreichere Sammlung politischer Lebensberichte. Plutarchs naturwissenschaftlichen, politischen und rhetorischen Schriften wurden ab 1471 unter dem Sammeltitel *Moralia* veröffentlicht. Neben seinem vielschichtigen literarischen Schaffen übte er auch das Amt des Priesters in Delphi aus.

Parallelbiografien

OT Bioi paralleloi **EZ** um 110 v. Chr. **EA** 1517
DE 1534 (Teilausgabe), 1541 (komplett)
Form Biografien **Epoche** Griechische Antike

Mit den *Parallelbiografien* (deutschsprachige Ausgaben u.a. unter den Titeln *Vergleichende Lebensbeschreibungen* sowie *Griechische und römische Heldenleben*) wurde Plutarch zum Begründer der politischen Biografie. Zwar gab es schon vorher biografische Literatur, doch diese beinhaltete Informationen, die den Rahmen der Biografie sprengten.

Entstehung: Die *Parallelbiografien* entstanden vermutlich während der Regierungszeit Kaiser Trajans zwischen 105 und 115. Erhalten sind 22 Vitenpaare und vier Einzelbiografien.

Inhalt: Plutarch stellt jeweils einem griechischen Feldherrn oder Staatsmann einen ihm in Rang und Leistung ebenbürtigen römischen gegenüber. Die Vitenpaare enden in der Regel mit einem vergleichenden Epilog, der negative und positive Eigenschaften der Helden hervorhebt. Miteinander verglichen werden: Theseus – Romulus, Solon – Publicola, Themistokles – Camillus, Aristeides – Cato maior, Kimon – Lucullus, Perikles – Fabius Maximus, Nikias – Crassus, Alkibiades – Coriolanus, Demosthenes – Cicero, Phokion – Cato minor, Dion – Brutus, Aemilius Paulus – Timoleon, Sertorius – Eumenes, Philopoimen – Titus Flaminius, Pelopidas – Marcellus, Alexander – Caesar, Demetrios – Antonius, Pyrrhos – Marius, Agis/Kleomenes – Tiberius Gracchus/Gaius Gracchus, Lykurgos – Numa, Lysandros – Sulla, Agesilaos – Pompeius; dazu kommen noch vier Einzelbiografien von Aratos, Artaxerxes II., Galba und Otho.

Die Lebensberichte grenzen sich insofern von der antiken Historiografie ab, als Geschichtsabläufe und deren Analyse nur eine untergeordnete Rolle spielen. Im Mittelpunkt stehen die Familie und das Privatleben der Staatsmänner sowie die Auswirkungen ihrer militärischen und politischen Handlungen auf die Mitmenschen. Plutarch wollte, dass sich seine Leser, angeleitet von den moralischen und ethischen Grundsätzen der Heroen, zu besseren Menschen entwickeln: vorbildlich hierfür sind Perikles' Großzügigkeit und Aristeides' Redlichkeit. Auch abschreckende Beispiele sollten die Leser dazu anhalten, tugendhaft zu handeln. Neben dem offensichtlichen moralischen Ziel verfolgte Plutarch noch ein zweites, das nur vor dem Hintergrund der griechisch-römischen Beziehungen innerhalb des Imperiums zu verstehen ist: Die Griechen verachteten die Römer, obgleich sie ihrer politischen und militärischen Vorherrschaft unterstanden, während die Römer zwar die kulturellen Errungenschaften der Griechen anerkannten, sie ihre politische Überlegenheit aber deutlich spüren ließen. Plutarch wollte mit seinen *Parallelbiografien* die gegenseitige Anerkennung unter den beiden Nationen fördern, indem er den Römern darlegte, dass die Griechen hervorragende, ihnen ebenbürtige Staatsmänner waren, und den Griechen demonstrierte, dass die besten Römer ihnen in kultureller Hinsicht in nichts nachstanden.

Plutarch, *Parallelbiografien*, Titelblatt der britischen Ausgabe 1656

Wirkung: Die *Parallelbiografien* fanden eine große Leserschaft, da Plutarch unterhaltend zu erzählen verstand und über politische Gestalten, deren Handeln er kritisierte, nicht abschätzig urteilte. *K.K.*

Aus den *Parallelbiografien* des Plutarch:

Ich schreibe nicht Geschichte, sondern zeichne Lebensbilder, und hervorragende Tüchtigkeit und Verworfenheit offenbart sich nicht unbedingt in den Aufsehen erregendsten Taten, sondern oft wirft ein geringfügiger Vorgang, ein Wort oder ein Scherz ein bezeichnenderes Licht auf einen Charakter als Schlachten mit Tausenden von Toten.

Poe, Edgar Allan

US-amerikan. Schriftsteller
* 19.1.1809 Boston (Massachusetts)
† 7.10.1849 Baltimore (Maryland)
📖 *Der Untergang des Hauses Usher*, 1883

Edgar Allen Poe gilt als Schöpfer der Kurzgeschichte sowie der Detektiverzählung und ist dem Leser vor allem als Verfasser fantastischer Schauergeschichten bekannt.

Der früh verwaiste Poe wurde im Haus des Kaufmanns John Allan erzogen, der ihm ab 1826 ein Studium an der University of Virginia ermöglichte. Spielschulden und eine exzentrische Lebensführung führten bald zu einem Zerwürfnis mit Allan. Nach der Entlassung vom Militär schrieb Poe 1833 die preisgekrönte Er-

E. A. Poe in seiner zweiten Dupin-Geschichte *Das Geheimnis der Marie Rogêt*, 1842:

Selbst unter den kühlsten Denkern gibt es nur wenige, die nicht gelegentlich durch ein fast wundervolles Zusammentreffen von Ereignissen sich versucht gefühlt hätten, an übernatürliche Dinge zu glauben.

E. A. Poe in der Rezension von Nathaniel Hawthornes *Zweimal erzählte Geschichten*, 1842:

Ein Künstler, der sein Handwerk beherrscht, hat eine Erzählung konstruiert. Er hat seine Gedanken nicht so gestaltet, dass sie sich den Ereignissen in seiner Geschichte anpassen, sondern er legt zuerst bewusst eine einzige Wirkung fest, die er erreichen will... Wenn nicht schon sein allererster Satz zur Hervorhebung dieser Wirkung tendiert, dann hat der Autor schon beim ersten Schritt einen schweren Fehler begangen.

Edgar Allan Poe in den 1840er Jahren

zählung *Das Manuskript in der Flasche*. Ab 1835 war er als Herausgeber verschiedener Zeitschriften tätig. Poe lebte, durch gelegentliche Trunksucht in berufliche Schwierigkeiten gekommen, meist in wirtschaftlicher Not. Von dem Tod seiner jungen Frau 1847 erholte er sich nicht mehr und starb über ein Jahr später unter nicht geklärten Umständen.

Von der Romantik und vor allem durch das Werk von Samuel Tayler Coleridge (1772 bis 1834) beeinflusst, verfasste Poe bereits in seiner Jugend Gedichte voller sprachlicher Musikalität, die im Alter zu höchster Meisterschaft gelangten (*Der Rabe*, 1845). Mit *Doppelmord in der Rue Morgue* (1840) begründete Poe die moderne Kurzgeschichte und Detektiverzählung. Durch *Der Untergang des Hauses Usher* sowie *Die Maske des Roten Todes* (1842) avancierte Poe zum Meister der fantastischen Schauergeschichte. Mit *Das poetische Prinzip* (1842) und *Die Methode der Komposition* (1846) entwarf Poe eine Gattungshierarchie und seine Theorie der Kurzgeschichte (vorgeplanter Endeffekt, Einheit der Stimmung). Seine Dichtung und Theorie beeinflussten vor allem die französischen Symbolisten.

Biografie: W. Lennig, *Edgar Allan Poe* (rm 50032); L. Weißberg, *Edgar Allan Poe*, 1991.

Der Untergang des Hauses Usher

OT The Fall of the House of Usher **OA** 1840 (1839 Vorabdruck in *Burton's Gentlemen's Magazine*) **DE** 1883
Form Erzählung **Epoche** Romantik/ Moderne

Mit der Erzählung *Der Untergang des Hauses Usher* zeichnete Edgar Allan Poe eine eindrucksvolle Untergangsvision. Die in düsterer Grundstimmung gehaltene Erzählung stellt eines der komplexesten Werke von Poes Theorie der Dichtung und seiner auf Effekt abzielenden wirkungsästhetischen Schriften dar.

Inhalt: Der Erzähler der Geschichte, ein Jugendfreund des Roderick Usher, berichtet, was er in dessen Haus erlebt hat. Er ist der Bitte seines erkrankten Freundes gefolgt, diesen zu besuchen, ohne zu wissen, welcher Art die Krankheit ist. Tatsächlich leidet der eigentümlich wirkende Roderick Usher unter Angst vor Wahnsinn. Licht schmerzt ihn und vor allem Musik scheint ihn in den Wahnsinn zu treiben, außer jener, die auf speziellen Saiteninstrumenten erklingt. In dem seit Generationen im Besitz der Familie Usher befindlichen Haus wohnt er zusammen mit seiner Zwillingsschwester Madeline, die ebenfalls an einer seltsamen Krankheit leidet. Beide werden von einem Kammerdiener versorgt. Die unheimliche Stimmung in dem Gemäuer erfährt durch die Nachricht von dem Tod Madelines, die er nur einmal von weitem gesehen hat, eine weitere Zuspitzung. Roderick bittet den Freund, ihm bei der Bestattung des Leichnams in der Familiengruft zu helfen. Usher ist über den Tod seiner Schwester zutiefst bedrückt, sein seelischer Zustand wird immer angespannter.

Eines Nachts tobt ein schreckliches Gewitter, durch das der Freund Ushers, verfolgt von alptraumartigen Gedanken, keinen Schlaf finden kann. Er nimmt entsetzliche Geräusche wahr und die totgeglaubte Madeline erscheint, in ein Leichentuch gehüllt, vor der Tür. In einer tödlichen Umarmung sterben Madeline und Rode-

Die wichtigsten Bücher von Edgar Allan Poe

Tamerlane und andere Gedichte, 1827	Seine frühesten veröffentlichten Gedichte, in denen sich Poe noch auf Autoren des 18. Jahrhunderts beruft, was sich in seiner genauen Beachtung von Reim und Metrum zeigt.
Der Bericht des Arthur Gordon Pym aus Nuntucket, 1838	Die Geschichte der Meuterei und Menschenschlächterei an Bord der amerikanischen Brigg Grampus auf ihrer Fahrt in die Südsee ist das längste Prosawerk von Poe.
Ligeia 1838	In der Novelle *Ligeia*, die Poe selbst zu seinen besten zählte, stellt er die Furcht, die Geliebte zu verlieren, literarisch dar.
Der Untergang des Hauses Usher, 1839	In dem berühmten Beispiel der Gattung »Gothic Tales« zeichnet Poe düstere Untergangsvisionen derer von Usher, in denen die Angst vor dem Wahnsinn spannungsvoll entwickelt wird. → S. 868
Der Doppelmord in der Rue Morgue, 1840	Einführung der Detektivgeschichte mit dem Meisterdetektiv C. Auguste Dupin, der durch genaue Erforschung des Tatbestands und logische Analyse den Täter entlarvt.
Der Goldkäfer 1843	Von den Werken Poes war die preisgekrönte analytisch-logische Geschichte die zu seinen Lebzeiten meistverbreitete.
Der Rabe 1845	Das Gedicht *Der Rabe* gilt als das berühmteste Poem des Autors. Poe führt eindrucksvoll die Klage eines Mannes vor Augen, der um seine verstorbene Geliebte trauert.

OT = Originaltitel EZ = Entstehungszeit OA = Originalausgabe DE = Deutsche Erstausgabe ▢ = Verweis auf Werkartikel

rick als die beiden letzten ihres Geschlechts. Rodericks Freund flieht vor dem düsteren Ort, während hinter ihm das Haus Usher auseinander bricht und in dem angrenzenden Teich versinkt.

Aufbau: Die zunächst lediglich als meisterhafte Schauergeschichte erscheinende Erzählung eröffnet bei näherer Betrachtung einen poetischen und psychologischen Symbolgehalt. Auf Aspekte von Poes Dichtungtheorie weisen Motive wie Teilung und Vereinigung, Doppelung und Spiegelbild hin. Die morbide Stimmung und die Ähnlichkeit in der Physiognomie von Roderick Usher und dem Autor weisen auf die psychische Gefährdung der modernen Künstlerfigur, auf den von der Angst verfolgten Poe hin; die Erzählung kann zudem als eine Allegorie der Kosmologie von Poe verstanden werden, wie er sie in *Heureka* (1848) ausgearbeitet hat.

Die äußerste Spannung in *Der Untergang des Hauses Usher* wird durch Poes Kompositionsprinzipien erreicht, die er in seiner Theorie der Kurzgeschichte ausformulierte, nach der diese vom ersten Wort an auf einen vorbedachten Effekt zusteuern muss. So wird die beispielhafte Geschlossenheit der Erzählung dadurch bewirkt, dass Poe einen anfangs ahnungslosen, dann aber immer stärker der Atmosphäre des Grauens erliegenden Erzähler auftreten lässt.

Wirkung: Poe vermochte in seiner zu den bedeutendsten Werken der klassischen Horrorliteratur gehörenden Erzählung eine erregende literarische Szenerie zu zeichnen, die in zahlreichen Übersetzungen insbesondere in Europa ihre Wirkung entfaltete und u.a. den Stoff für Claude Debussys Vertonung *La chute de la maison d'Usher,* ein lyrisches Drama (1908–18), lieferte.   *V. R.*

Polo, Marco

venezian. Kaufmann und Weltreisender

*um 1254 Venedig, † um 1324 ebd.

📖 *Die Wunder der Welt,* um 1483

Durch seine Reise nach China, dem Reich des mongolischen Großkhans Kublai Khan, wurde Marco Polo zum Inbegriff des Reisenden. Zwar wurde seine Reisebeschreibung begeistert aufgenommen, doch bezeichnen viele Landsleute Polo bis in die Neuzeit als »Messer Milione« (Herr Million; ein Synonym für »Aufschneider«). Polo entstammte einer venezianischen Kaufmannsfamilie, die Überseehandel mit dem Orient betrieb. 1271 reiste der 17-Jährige in Begleitung seines Vaters und eines Onkels über Palästina auf dem Landweg nach China, wo sie 1275 am Hof des Großkahns in Peking anlangten und mit Wohltaten und Geschenken empfangen wurden. Einige Zeit später war Polo im Auftrag des Kublai Khan in geheimer Mission unterwegs und kam in fast alle Provinzen des Reichs, das neben China auch andere Länder Südostasiens umfasste. Nach dem Tod des Herrschers reiste Polo im Gefolge einer mongolischen Prinzessin nach Persien. Von dort aus kehrte er über Konstantinopel 1295 nach Venedig zurück.

In der Folgezeit diente Polo in der venezianischen Flotte, geriet aber während des Krieges seiner Heimatstadt mit Genua 1298 in Gefangenschaft. In der Gefängniszelle berichtete er einem Mitgefangenen seine Erlebnisse, der sie niederschrieb. 1299 kehrte Marco Polo aus der Gefangenschaft heim nach Venedig, wo er 25 Jahre später sein Leben beschloss.

Biografie: O. Emersleben, *Marco Polo,* 2002 (rm 50473).

Edgar Allan Poe, *Der Untergang des Hauses Usher,* Einband der US-Taschenbuchausgabe 1991

links: Marco Polo, *Die Wunder der Welt,* Titelblatt der deutschsprachigen Erstausgabe 1477; rechts: Niccolo und Matteo Polo verabschieden sich von Kublai Kahn vor einer Reise Marco Polo wartet mit den Pferden; Pariser Buchmalerei, Atelier des Boucicaut-Meisters, um 1412

Marco Polo in *Die Wunder der Welt* **über den »Königspalast« von Zipangu:**

Das Dach des Palastes ist vollständig mit Goldplatten bedeckt; auch die Decken der Säle sind aus demselben kostbaren Metall. In vielen Zimmern stehen kleine Tische aus dickem massivem Gold, und auch die Fenster zeigen goldene Verzierungen. Es soll vollkommen unmöglich sein, sich eine Vorstellung von den ungeheuren Reichtümern dieses Palastes zu machen. Auf der Insel Zipangu gibt es auch sehr viele Perlen, die rot, rund und sehr groß sind; diese erzielen noch viel höhere Preise als die weißen Perlen.

Die Wunder der Welt

OT Les merveilles du monde **OA** um 1483 **DE** 1611
Form Sachbuch **Bereich** Reisebeschreibung

Die Reisebeschreibung von Marco Polo gehört zu den bekanntesten literarischen Werken des ausgehenden Mittelalters und zählte schon um 1500 zu den ersten gedruckten Büchern. Die wissenschaftliche Ausgabe, die 1824 von der Geographischen Gesellschaft in Paris besorgt wurde, gilt heute als Standard für viele Nachdrucke.

Entstehung: *Die Wunder der Welt* berichtete Polo 1298 in einem genuesischen Gefängnis seinem Mitgefangenen Rusticello (Rustigiello) da Pisa, der sie niederschrieb. Im Prolog des Buchs teilt Polo die wenigen Daten über seine Person und den eigentlichen Grund der Reise in den Orient mit, die heute als gesichert gelten.

Inhalt: Das Buch ist eine Reisebeschreibung der östlichen Teile der – damals bekannten – Welt, vornehmlich der Tatarei (Mongolei und China), Persiens und Indiens. Das Werk ist in drei Bücher mit insgesamt 207 Kapiteln gegliedert, deren Länge und Aussagekraft erheblich schwanken. Trotz vieler Ungenauigkeiten haben unzählige Forscher anhand seiner Angaben versucht, den Reiseweg Polos zu rekonstruieren – was meist nur mit Hilfe sehr vieler Fußnoten gelingt, sodass die ermittelten Routen erheblich differieren.

Den Kern des Buches bildet die Beschreibung der Tatarei. Polos Ausführungen sind hier sehr viel ausführlicher als bei anderen Ländern. Al-

lerdings nehmen in neueren Ausgaben die Fußnoten viel Platz ein, um die Angaben Polos mit der tatsächlichen Geografie, Ethnografie oder Historiografie des Landes in Übereinstimmung zu bringen. Beim Vergleich der einzelnen Kapitel über China und die Mongolei zeigt sich, dass sie von recht unterschiedlicher Qualität sind: Einige sind kurz und vage gehalten, andere wiederum liefern detaillierte Beschreibungen.

Wirkung: Das Buch wurde von den Lesern begierig aufgenommen und fand eine rasche Verbreitung. Es schildert einen unendlich reichen Fernen Osten und trieb damit in den nächsten beiden Jahrhunderten zahlreiche iberische Seefahrer hinaus in die Weiten des Ozeans. Der Nürnberger Geograf Martin Behaim entnahm dem Werk bei der Gestaltung des ersten Erdglobus 1490 wichtige Hinweise, ebenso wie Christoph → Kolumbus, den dieses Buch zur Fahrt nach Zipangu (Japan) anregte. *P. B.*

Porter, Katherine Anne

US-amerikan. Schriftstellerin
* 15.5.1890 Indian Creek (Texas)
† 18.9.1980 Silverspring (Maryland)
📖 *Das Narrenschiff*, 1962

Katherine Anne Porter zählt zu den wichtigsten US-amerikanischen Schriftstellerinnen des 20. Jahrhunderts, vor allem wegen ihres meisterhaften einzigen Romans *Das Narrenschiff*, mit dem sie weltberühmt wurde. Daneben schrieb sie zahlreiche Kurzgeschichten und Erzählungen, in denen sie Bewusstseinsvorgänge mit erzähltechnischen Elementen der Moderne differenziert darstellt.

Die Autorin stammte aus einer alteingesessenen texanischen Familie, deren Mitglieder in der Geschichte der Südstaaten eine Rolle spielten. Sie besuchte Privatschulen und war zunächst als Reporterin für Zeitungen in Dallas und Denver tätig. Aus gesundheitlichen Gründen verbrachte sie eine längere Zeit in Mexiko, wo sie sich mit Führern und Künstlern der Revolutionszeit anfreundete. 1922 organisierte Porter die erste Ausstellung mexikanischer Volkskunst in den USA. Ihren Lebensunterhalt verdiente sie als Journalistin, Lehrerin und Lektorin an verschiedenen Colleges.

1931 erhielt sie für ihren Erzählungsband *Blühender Judasbaum* (1931) das Guggenheim-Stipendium, das ihr Reisen ins Ausland ermöglichte. Porter hielt sich in Basel, Berlin und Paris auf. Sie schrieb Kurzgeschichten und Kurzromane wie *Vergänglichkeit* (1938) und *Fahles*

Erforschung des Fernen Ostens – China und Japan in westlicher Sicht	
Marco Polo um 1483	*Die Wunder der Welt* : Der Reisebericht des venezianischen Kaufmanns über seinen China-Aufenthalt (1271–95) zählt trotz aller Zweifel am Wahrheitsgehalt zur Weltliteratur. → S. 870
Athanasius Kircher 1667	*China Monumentis illustrata*: Der Prachtband des universalgelehrten Jesuiten enthält von Missionaren verfasste erste zuverlässige Berichte über das »verbotene Land« sowie aufschlussreiche Kupferstiche
Engelbert Kaempfer 1728	*Geschichte und Beschreibung von Japan*: Das Japan-Bild des ersten wissenschaftlichen Asien-Durchquerers (1690–92), galt in Europa 150 Jahre lang als verbindlich und sicherte den Nachruhm des Arztes.
Philipp Franz von Siebold ab 1832	*Nippon. Archiv zur Beschreibung von Japan*: Nach sieben Jahren Studien in Japan erstellte der Würzburger Arzt die umfassendste Landesbeschreibung, die im 19. Jahrhundert über das Land erstellt wurde.
Régis Evariste Huc 1854	*Das chinesische Reich*: Mit diesem Werk gab der fanzösische Missionar aufgrund seiner Wanderungen durch China (ab 1839) eine erste Gesamtdarstellung des Reichs der Mitte.
Ferdinand von Richthofen 1882–1907	*Entdeckungsreisen in China*: Seit seinen Asienreisen (1868–72) gilt der deutsche Geograf als Begründer der systematischen Erforschung des Kontinents aus interdisziplinärer Sicht.
Wilhelm Filchner 1929	*Om mani padme hum*: Unter diesem geheimnisvollen Mantra-Titel wurde Filchners spiritueller Bericht über seine 3. Tibet-China-Expedition (1925–28) ein Welterfolg und förderte den China-Tourismus.
Eugen Herrigel 1948	*Zen in der Kunst des Bogenschießens*: Diese Einweisung in das Bogenschießen wurde zur erfolgreichsten Einführung in den Geist des Zen-Buddhismus und das spirituelle Leben der Japaner . → S. 493

OT = Originaltitel   EZ = Entstehungszeit   OA = Originalausgabe   DE = Deutsche Erstausgabe   📖 = Verweis auf Werkartikel

Pferd und bleicher Reiter (1939), in denen sie der Konstruktion des menschlichen Wirklichkeitsbildes nachgeht. In den Jahren 1941 bis 1961 arbeitete Porter an ihrem Roman *Das Narrenschiff*. 1966 erhielt sie die angesehenen amerikanischen Literaturpreise National Book Award und den Pulitzer-Preis für *Collected Storys of Katherine Anne Porter.*

Biografie: J. Givner, *Katherine Anne Porter: A Life*, 1982.

Das Narrenschiff

OT Ship of Fools **OA** 1962 **DE** 1963
Form Roman **Epoche** Moderne

Schon kurz nach seinem Erscheinen erlangte der Roman *Das Narrenschiff* von Katherine Anne Porter weltweit legendären Ruhm. Wie kaum einem anderen Autor gelang es ihr, die bedrückende, gereizte Atmosphäre am Vorabend des »Dritten Reichs« und des Zweiten Weltkriegs literarisch mit deutlicher Schärfe zu erfassen.

Entstehung: Die Anregung zu dem Roman, an dem die Autorin 20 Jahre – von 1941 bis 1961 – arbeitete, gaben ihr ihre Tagebuchaufzeichnungen von einer Schiffsreise nach Europa im Jahr 1932 und die Lektüre der allegorischen Satire *Das Narrenschiff* (1494) von Sebastian Brant im Sommer des gleichen Jahres in Basel. Auch im eigenen Werk sah Porter allegorische Elemente. Das Schiff ist für sie Symbol »dieser Welt auf seiner Fahrt in die Ewigkeit«.

Inhalt: Am 22. August 1931 schifft sich eine Gruppe von Reisenden in der mexikanischen Hafenstadt Vera Cruz an Bord des deutschen Schiffes Vera, eines kombinierten Fracht-Passagierdampfers ein. Zu ihr gehören u. a. Deutsche, Schweizer, ein Schwede, drei Amerikaner und eine Gruppe Spanier, Mitglieder eines Zarzuela-Ensembles. Zwei Tage später stoßen in Havanna weitere Reisende zu den Passagieren an Bord – eine heruntergekommene Aristokratin, sechs kubanische Studenten und 876 spanische Arbeiter, die elend auf dem Zwischendeck untergebracht werden. So wird die Hierarchie der Klassengesellschaft auch auf dem Schiff offensichtlich. Ziel und Heimathafen des Schiffes ist Bremerhaven.

Nach ein paar Tagen, in denen sich die Passagiere mit feindseligem Misstrauen beobachten, beginnen sich die ersten Beziehungen zu entwickeln. Zu Tage tritt bald die chauvinistische, antisemitische Haltung einiger Deutscher, die sich schnell gegen den einzigen Juden an Bord, Julius Löwenthal, und später gegen Wilhelm Freytag richtet, der mit einer Jüdin verheiratet ist. Immer deutlicher werden im Lauf der 27 Tage während der Reise Schwächen und Laster der Menschen: Gleichgültigkeit, Hass, Heuche-

lei, Dummheit, Gier, Hochmut, die Unfähigkeit, den Mitmenschen zu verstehen. Zunächst deutet Porter die Eigenschaften der Personen nur an, vertieft jedoch die oft sarkastischen Charakterisierungen zunehmend.

Eine zentrale Figur ist der Schiffsarzt Dr. Schumann, der zunächst als der ruhende Pol unter den »Narren« erscheint, sich schließlich jedoch selbst seine Schwächen und Verfehlungen eingestehen muss. Wie in einem Zerrspiegel wird die latente böse Gereiztheit der übrigen Passagiere reflektiert und gesteigert in der spanischen Tänzer-Gruppe. Bei dem von dieser Gruppe veranstalteten letzten Fest an Bord bricht die mühsam aufrecht erhaltene Ordnung zusammen, lassen die Reisenden alle Masken fallen. Nur das nahe Ende der Reise verhindert den Ausbruch des Chaos.

Bei der Darstellung der so verschiedenartigen Charaktere dieses Kosmos an Bord erweist sich die Autorin als Meisterin psychologischer Porträts. Die genau beobachtete Natur – Meer und Landschaft –, Gerüche und äußere Erscheinungsformen spielen im Geschehen eine wesentliche atmosphärische Rolle.

Wirkung: Das umfangreiche Werk, das die *New York Times* in den 1960er Jahren unter »die größten Romane der letzten hundert Jahre« einreihte, wurde sofort nach seinem Erscheinen zum Bestseller und in viele Sprachen übersetzt. 1965 verfilmte der amerikanische Produzent und Regisseur Stanley Kramer den Roman mit Vivien Leigh, Simone Signoret, Heinz Rühmann, Oskar Werner, José Ferrer. Auch der Film wurde ein Welterfolg.   *N. B.*

Die Texanerin Katherine Anne Porter fühlte sich zeitlebens mit ihrer Heimat verbunden, die sie zum Schauplatz vieler ihrer Geschichten machte

Katherine Anne Porter in einem Interview mit *Paris Review*:

Das menschliche Leben selbst ist ein einziges Chaos. Jeder behauptet seinen Platz, besteht auf seinen Rechten und Gefühlen, missversteht die Motive der anderen und seine eigenen. Niemand weiß vorher, wie das Leben, das er führt, endet, auch ich nicht – vergessen Sie nicht, dass auch ich ein Passagier auf diesem Schiff bin. Es sind keineswegs nur die anderen, die die Narren abgeben! Mangel an Verständnis und Isolierung sind die natürlichen Lebensbedingungen des Menschen. Wir begegnen einander nur an diesen fest abgesteckten Fronten: Wir sind alle Passagiere auf diesem Schiff, doch wenn es ankommt, ist jeder allein.

Rudolf Pörtner, *Mit dem
Fahrstuhl in die Römerzeit*,
Umschlag der Originalaus-
gabe 1959 (Gestaltung:
Werner Rebhuhn)

Pörtner, Rudolf

dt. Schriftsteller und Publizist

*30.4.1912 Bad Oeynhausen, †4.10.2001 Bonn

📖 *Mit dem Fahrstuhl in die Römerzeit*, 1959

Bei mehreren Gelegenheiten erzählte Rudolf Pörtner, er sei in den Ruinen von Pergamon dazu angeregt worden, sich mit der Antike zu beschäftigen. Deshalb trat er vor allem als Erforscher antiker Spuren in Deutschland hervor und wurde neben C.W. → Ceram zu einem der erfolgreichsten Sachbuchautoren, indem er Geschichte spannend und dokumentarisch zugleich darstellte.

Nach dem Studium der Altertumswissenschaft, Geschichte, Germanistik, Soziologie und Volkswirtschaft war Pörtner 1938–45 Schriftleiter des Pressedienstes Graf in Berlin. Nach dem Krieg wurde er Redakteur beim *Deutschen Zeitungsdienst* in Herford, später in Bonn. Seit seinem großen Bucherfolg von *Mit dem Fahrstuhl in die Römerzeit* (1959) arbeitete Pörtner als freier Publizist. Bis Ende der 1970er Jahre verfasste er weitere Werke zur deutschen bzw. nordischen Ur- und Frühgeschichte und verlegte sich anschließend auf die Herausgabe verschiedener Sammelwerke.

Seine in jener Zeit gemeinsam mit Hans-Georg Niemeyer herausgegebene Enzyklopädie *Die großen Abenteuer der Archäologie* (1980–87) gilt bis heute als Standardwerk. Die von Pörtner nach 1980 betreuten Sammelbände wie *Heimat in der Fremde* (1992) befassten sich mit privaten Lebensläufen und stellen den Alltag unterschiedlichster Menschen dar.

Mit dem Fahrstuhl in die Römerzeit

DE 1959 **Form** Sachbuch
Bereich Archäologie

In dem Buch *Mit dem Fahrstuhl in die Römerzeit* stellt Rudolf Pörtner die römische Vergangenheit in Deutschland dar. Mit seinem Erstlingswerk wurde der Autor auf einen Schlag berühmt, da ihm eine spannende Verknüpfung von Gegenwart und Altertum gelingt.

Struktur: Das Buch stellt die Geschichte der römischen Archäologie in den Provinzen Roms nördlich der Alpen dar. Jedes der 14 Kapitel ist einem besonders herausragenden Fundkomplex gewidmet. In den meisten Fällen handelt es sich dabei um eine bedeutende Stadt und ihre Umgebung sowie deren wichtigste römische Baudenkmäler. Das Werk ist nicht chronologisch, sondern regional geordnet.

Inhalt: Schwerpunkt des Buchs ist die Vorstellung der vier römischen Provinzhauptstädte, Trier, das als Augusta Treverorum zeitweilig sogar die Hauptstadt des Imperiums gewesen ist, Köln, Mainz und Augsburg. Hinzu kommen die fünf großen Legionslager und die dazugehörigen Siedlungen: Haltern, Xanten, Neuß, Bonn und Regensburg sowie Worms. Pörtner stellt zunächst die römischen Überreste vor, schildert anschließend die Geschichte ihrer Wiederentdeckung und ergänzt seine Darstellungen durch Beispiele römischer Geschichte. Auch bei der Vorstellung der drei markantesten, noch heute sichtbaren Beispiele der römischen Baukunst, der Überreste des Limes, der Aquädukte und der römischen Badeanlagen verknüpft Pörtner geschickt konkrete Beispiele mit der wissenschaftlichen Darstellung des jeweiligen Bautyps. Dabei gelingt es ihm, die Archäologie in einen lebendigen Kontext zu stellen und die wahren Helden der Geschichte aufzuzeigen: die einfachen Soldaten, die den Limes erbauten und verteidigten sowie die Bauern, die den Weinbau an Rhein und Mosel brachten.

Wirkung: Mit dem Buch schaffte es Pörtner, Gegenwart und Archäologie geschickt miteinander zu verknüpfen. Dabei zeigte er, dass sich große Geschichte auch in der Eifel oder im Odenwald abgespielt hat und weckte somit das in der unmittelbaren Nachkriegszeit verloren gegangene Interesse an der Archäologie, sodass bis heute 800000 Exemplare des Buchs in Deutschland verkauft wurden. *P. B.*

Postman, Neil

US-amerikan. Kommunikationswissenschaftler

* 8.3.1931 Brooklyn / New York

📖 *Wir amüsieren uns zu Tode*, 1985

Neil Postman wurde mit seinen Büchern über die Folgen der Unterhaltungsindustrie und der neuen Medien für die moderne Gesellschaft zu einem der einflussreichsten Kulturkritiker des ausgehenden 20. Jahrhunderts.

Nach dem Studium der Pädadogik in New York war Postman zunächst Grundschullehrer. Seit 1959 Professor für Medienökologie an der privaten New York University in Manhattan, veröffentlichte er in den 1960er und 1970er Jahren zahlreiche Aufsätze und Werke zu Fragen der Erziehung und wurde zu einem der progressivsten Verfechter einer Reform des US-amerikanischen Bildungssystems. Desillusioniert von der Macht der amerikanischen Unterhaltungsindustrie, vollzog Postman zu Beginn der 1980er Jahre eine radikale Wende hin zum konservativen Kulturpessimismus. In *Das Verschwinden der Kindheit* (1983) prophezeit er Analphabetismus und schließlich Infantilisierung der elektronischen Informationsgesellschaft. Diesen technikfeindlichen Ansatz führt er weiter in seinem Werk *Wir amüsieren uns zu Tode*, das ihm zu weltweiter Bekanntheit verhalf. In *Das Technopol* (1992) und *Die zweite Aufklärung* (1999) leugnet Postman jeglichen computertechnischen Fortschritt und lehnt kategorisch den Einsatz des Internet in der Erziehung als nutzlos und schädlich ab. Der einst so fortschrittliche Pädagoge geriet damit um die Jahrtausendwende zunehmend in die Gefahr, in der öffentlichen Debatte um Gefahren und Nutzen der neuen Medien als kulturkonservativer Mahner isoliert zu werden.

Wir amüsieren uns zu Tode

OT Amusing Ourselves to Death **OA** 1985 **DE** 1985
Form Sachbuch **Bereich** Medientheorie

Neil Postman untersucht in diesem Werk die, so der Untertitel, *Urteilsbildung im Zeitalter der Unterhaltungsindustrie*. Die einstige große Popularität des Buchs zeigt sich u.a. in der medialen Omnipräsenz des inzwischen sprichwörtlich gewordenen Titels.

Inhalt: Postman diagnostiziert einen tief greifenden Wandel der US-amerikanischen Kultur von einer inhalts- zu einer unterhaltungsorientierten Gesellschaft. Die Fernsehgesellschaft zeitige einen radikalen Verfall der Schriftkultur und mithin der rationalen Urteilskraft. Durch die Ablösung des wortbestimmten »Zeitalters der Erörterung« durch das bildbestimmte »Zeitalter des Showbusiness« werde Erkenntnisstreben durch bloße Zerstreuung ersetzt, und zwar in jedem denkbaren Lebensbereich. Die formalen Unterschiede zwischen Schrift- und Bildmedium bestimmten auch die vermittelten Inhalte: Die Darstellung von Erfahrungen in allen gesellschaftlichen Bereichen werde statt durch die Ratio nun durch die Emotio bestimmt.

Nach Postman nehmen wir die Welt nicht so wahr, wie sie ist, sondern nur in der Vermittlung über die Medien, welche den Inhalt unserer Kultur erst erschaffen. Schnelligkeit und Kurzlebigkeit der Fernsehbilder verhindern die Reflexion der vermittelten Inhalte, weshalb die Präsentation selbst entscheidendes Kriterium der Urteilsbildung wird. Alle gesellschaftlich relevanten Bereiche, selbst Religion und Politik, haben sich dem visuellen Diktat des Fernseh-

mediums unterzuordnen und lernen es sich zu Nutze zu machen, worin Postman eine Gefahr für die Demokratie sieht.

Auswege aus der stetig fortschreitenden Ersetzung von Urteilskraft durch Amüsement vermag Postman nicht aufzuzeigen. Es bleibt lediglich bei dem Appell, sich kritisch mit dem Medium Fernsehen auseinander zu setzen.

Aufbau: Die elf Kapitel des etwa 200-seitigen Werks sind in zwei Teile gegliedert. Im ersten Teil entwickelt Postman seine Theorie der medialen Metaphorik des Fernsehens und stellt den geschichtlichen Übergang vom Buchdruck- ins Fernseh-Zeitalter dar. Der zweite Teil widmet sich den elementaren gesellschaftlichen Teilbereichen der Information, Religion und Politik. Die Gegenüberstellung der Romane *1984* (1949) von George → Orwell und *Schöne neue Welt* (1932) von Aldous → Huxley durchzieht als Leitmotiv das Buch. Während Orwells düstere Utopie die Unterdrückung und totale Kontrolle durch eine äußere Macht schildert, beschreibt Huxley die Möglichkeit, dass die Menschen gerade jene Technologien anbeten könnten, die ihre Denkfähigkeit zerstören. In der Annahme, dass Huxley und nicht Orwell recht hatte, sieht Postman die Kultur nicht zu einem Gefängnis verkommen, sondern zu einem Varieté.

Wirkung: Nicht zuletzt wegen seiner guten Lesbarkeit erreichte das populärwissenschaftliche Werk auch viele nichtakademische Leser. Gleichwohl kaschiert der unterhaltsame Stil zahlreiche Ungenauigkeiten, die in der akademischen Debatte moniert wurden. Angegriffen wurde auch der allzu simple Antagonismus zwischen mehrdeutigem, »schlechtem« Bild und rationaler, »guter« Schrift.   *M.F.*

Neil Postman, *Wir amüsieren uns zu Tode*, Umschlag der deutschsprachigen Erstausgabe 1985

Auszug aus *Wir amüsieren uns zu Tode* von Neil Postman:

Weitgehend ohne Protest und ohne dass die Öffentlichkeit auch nur Notiz davon genommen hätte, haben sich Politik, Religion, Nachrichten, Sport, Erziehungswesen und Wirtschaft in kongeniale Anhängsel des Showbusiness verwandelt. Wir sind im Zuge dieser Entwicklung zu einem Volk geworden, das im Begriffe ist, sich zu Tode zu amüsieren.

Pound, Ezra

US-amerikan. Lyriker

*30.10.1885 Hailey (Idaho), † 1.11.1972 Venedig

📖 *Cantos*, 1925–68

Mit seinem in über 40 Jahren entstandenen monumentalen Hauptwerk *Cantos* gehört Ezra Pound neben T.S.→ Eliot und James → Joyce zu den herausragenden Vertretern der anglo-amerikanischen Moderne. Als Begründer des Imagismus (Stichwort → S. 874) setzte er den in der Lyrik seiner Zeit vorherrschenden Wortkaskaden und der Beliebigkeit eine natürliche, präzise und bildhafte Dichtkunst entgegen.

Der Sohn eines Münzprüfers ging nach seinem Literatur- und Sprachstudium nach Europa, wo er zunächst in Italien und ab 1909 in London lebte. Als Förderer von Joyce und Eliot

Auszug aus einer Fußnote der *Cantos* von Ezra Pound:

Wenn wir nie etwas schreiben, außer was schon verstanden wird, erweitert sich das Feld unseres Wissens nie. Von Zeit zu Zeit verlangt man das Recht, für einige wenige Leute mit Spezialinteresse zu schreiben, Leute, deren Neugier ins größere Detail reicht.

Ezra Pound im September 1923 im Garten seines Pariser Studios

sowie als Redakteur und Herausgeber verschiedener literarischer Zeitungen setzte er sich für die Modernisierung der englischen Literatur ein. Die von ihm 1912 gegründete Dichterbewegung der Imagisten strebte die Abkehr von der Romantik in der Dichtkunst und die Hinwendung zu einer tiefsinnigen Bildsprache in freien Rhythmen an (*Die Imagisten* 1914). 1914 entwickelte Pound mit dem Vortizismus eine ästhetische Theorie, die Imagismus mit Malerei und Bildhauerei verbinden sollte.

Unter dem Eindruck des Ersten Weltkriegs rückten politische Aussagen in den Mittelpunkt seiner Werke. Nach einem Parisaufenthalt (1920–24) ließ sich der strikte Antikapitalist und Antisemit, angezogen vom italienischen Faschismus, in Rapallo nieder. 1926 erschien seine erfolgreiche Kurzgedichtsammlung *Personae – Masken*. Der Propagandist Mussolinis verbreitete während des Zweiten Weltkriegs als Mitarbeiter von Radio Rom antiamerikanische Programme. Nach seiner Festnahme durch alliierte Truppen wurde er 1945 in den USA des Hochverrats angeklagt und ein Jahr später in eine psychiatrische Heilanstalt eingewiesen. 1958 entlassen, emigrierte er nach Italien. Von Selbstzweifeln geplagt, stellte er sein literarisches Schaffen Anfang der 1960er Jahre ein.

Biografie: H. Carpenter, *A Serious Character. The Life of Ezra Pound*, 1988.

Cantos

OT Cantos **OA** 1925–68 (erste Gesamtausgabe 1970)
DE 1964–75 **Form** Gedichtzyklus **Epoche** Moderne

Der gewaltige geschichts- und kulturphilosophische Zyklus *Cantos* gehört zu den eigenwilligsten Werken der englischsprachigen Literatur. In Anlehnung an die *Göttliche Komödie* (entst. 1307–21) von → Dante Alighieri unternahm Ezra Pound den Versuch, eine Synopsis der Menschheitsgeschichte zu schaffen.

Entstehung: Pound verfasste seine unvollendete Gedichtsequenz von 117 Gesängen zwischen 1915 und 1962. Ab 1917 wurden die ersten *Cantos* in verschiedenen Zeitungen veröffentlicht, 1924/25 jedoch zum Teil verworfen oder neu gruppiert.

Inhalt: Zentrales Thema der *Cantos* ist die Historie seit der Antike; Pound behandelt die Wirtschafts-, Verfassungs-, Herrschafts- und Kulturgeschichte Europas, Amerikas und Chinas und lässt dabei seine eigenen politischen Ansichten einfließen. Oftmals greift er mythische Themen aus den Werken von → Homer (*Odyssee*, entst. 2. Hälfte des 8. Jahrhunderts v. Chr.) oder → Ovid (*Metamorphosen*, entst. 1–8) auf.

Aufbau: Die *Cantos* sind überwiegend ohne chronologische Abfolge aneinander gereiht und zeigen weder eine einheitliche Struktur noch einen logischen Aufbau. Pound verwendete die Methode der Kontrastierung, die alle Zeiten und Räume überbrückt. Er stellte z. B. den ackerbauenden Landwirt vergangener Epochen, der an den natürlichen Zyklus gebunden ist, dem geldgierig-dekadenten Menschen des modernen demokratisch-technischen Zeitalters gegenüber.

Mithilfe der von James → Joyce in *Ulysses* (1922) entwickelten mythischen Methode – Ort und Zeit werden durch mythische und historische Bezüge ständig verlassen – entstand ein episches Werk, das Elemente aus verschiedenen Gattungen beinhaltet, Vers und Prosa durchmischt sowie zahlreiche Zitate und mehrsprachige Abschnitte aufweist.

Wirkung: Aufgrund ihrer Komplexität und fehlenden Struktur waren die *Cantos* für ein breites Publikum nur schwer zugänglich. Sie zählen neben *Das wüste Land* (1922) von T. S. → Eliot und *Ulysses* von Joyce zu den Klassikern der angloamerikanischen Literatur, die die moderne Literatur am nachhaltigsten beeinflussten.　　　*D. M.*

Imagismus

Bezeichnung: Mit seiner 1914 veröffentlichten Anthologie *Die Imagisten* gab Ezra → Pound einer Schule moderner Dichtung ihren Namen, in der sich englische und US-amerikanische Lyriker ab 1909 zusammengefunden hatten. Ziel der Bewegung war es, der wohlklingenden viktorianischen Verskunst in England und der harmonisierenden Lyrik der Jahrhundertwende in den USA ihr eigenes Konzept entgegenzusetzen: Ihre äußerst präzise Sprache besticht durch harte, klare Bilder (engl.: images). Durch sprachliche Knappheit und Verzicht auf Überflüssiges sollte eine neue Glaubwürdigkeit und Direktheit erreicht werden. Ein Bild galt dann als geglückt, wenn es beim Leser jähe Einsicht in das Wesen der Welt hervorrief.

Vertreter: Neben Pound prägte vor allem der Engländer Thomas Ernest Hulme (1883 bis 1917) mit seinen ästhetischen Theorien sowie seinen 1912 veröffentlichten Gedichten (*Das Themseufer, The Embankment*), Miniaturen von großer Präzision und Knappheit, die imagistische Lyrik. Weitere Mitglieder der Gruppe waren u. a. T. S. → Eliot, Carl Sandburg (1878–1967) und Richard Aldington (1892–1962).

Wirkung: Als notwendige Gegenbewegung zur neuromantischen Dichtkunst der Jahrhundertwende war der Imagismus ein bedeutender Entwicklungsschritt der modernen Lyrik. Am Ende ins Manieristische mündend, gab er u. a. der russischen Dichtergruppe der Imaginisten wesentliche Impulse.

Preußler, Otfried

dt. Schriftsteller

*20.10.1923 Reichenberg (Preußen)

📖 *Der Räuber Hotzenplotz*, 1962

Otfried Preußler ist einer der meistgelesenen deutschen Kinderbuchautoren. Klassiker wie *Die kleine Hexe* (1957) oder *Der Räuber Hotzenplotz* wurden in über 40 Sprachen übersetzt.

Preußler stammt aus einer böhmischen Lehrerfamilie. Nach dem Schulbesuch wurde er 1941 zur Wehrmacht eingezogen und geriet drei Jahre später in Kriegsgefangenschaft. 1949 kehrte er zurück zu seiner Familie, die sich nach dem Krieg in Bayern niedergelassen hatte. Ab 1953 arbeitete Preußler als Volksschullehrer, später als Rektor in Rosenheim. Seit 1970 ist er freier Schriftsteller.

Preußlers erste Bücher waren vom direkten Umgang mit seinen Kindern und Schülern inspiriert. 1956 erschien *Der kleine Wassermann*, ein Jahr später *Die kleine Hexe*. Der Erfolg stellte sich 1962 mit der Kasperlgeschichte *Der Räuber Hotzenplotz* ein. Der Rückgriff auf tradierte Motive ist prägend für das Werk des Autors, sei es das Kasperltheater beim *Hotzenplotz* oder die Orientierung an überlieferten Sagen im Jugendroman *Krabat* (1971). Die Handlung der Geschichten ist stets klar entwickelt, die Sprache im Stil der Volksmärchen gehalten.

Biografie: H. Pleticha (Hrsg.), *Otfried Preußler. Leben und Werk*, 1983

Der Räuber Hotzenplotz

OA 1962 **Form** Kinderbuch **Epoche** Gegenwart

Mit *Der Räuber Hotzenplotz* schrieb Otfried Preußler einen Klassiker der deutschen Nachkriegsliteratur für Kinder. Grundlage der Kasperlfigur ist die Personage des Wiener Volkstheaters des 18. Jahrhunderts.

Inhalt: Der Großmutter von Kasperl wird ihre Kaffeemühle vom Räuber Hotzenplotz geraubt. Kasperl und Seppel kommen überein, ihn mit einer List zu fangen. Sie füllen eine undichte Kartoffelkiste mit Sand und tragen sie durch den Wald, wo Hotzenplotz vermutet wird. Hotzenplotz nimmt beiden die Kiste ab und schleppt sie in seine Höhle. Dort bemerkt er, dass der auslaufende Sand eine Spur hinterlassen hat. Er legt eine zweite Spur zu einer Fallgrube. Kasperl und Seppel verfolgen die Spur und legen sich durch Vertauschen ihrer Kopfbedeckungen eine Verkleidung zu. Beide werden gefangen, jedoch als Person verwechselt. Hotzenplotz behält den falschen Kasper bei sich und verkauft den falschen Seppel an den Zauberer Petrosilius Zwackelmann.

In Abwesenheit des Zauberers erkundet Kasperl dessen Schloss und entdeckt die verzauberte Fee Amaryllis in einem Verlies. Um das Schloss verlassen zu können, muss Kasperl ein Kleidungsstück im Schloss lassen; er entscheidet sich für den Seppelhut. Als seine Fucht bemerkt wird, versucht Zwackelmann, ihn mittels des Huts herbeizuzaubern und beschwört dessen Besitzer. Da es sich jedoch um Seppels Hut handelt, erscheint der echte Seppel, der den Zauberer über die Verwechslung aufklärt; daraufhin lässt Zwackelmann Hotzenplotz erscheinen. Zur Rede gestellt, erklärt der Räuber, dass Kasperl nicht herbeigezaubert werden kann, weil er dessen Hut verbrannt hätte. Hier-

für wird Hotzenplotz in einen Gimpel verwandelt und in einen Käfig gesteckt. Zwackelmann merkt bald, dass Kasperl zurückgekehrt ist, um der verzauberten Fee ein Kraut zur Rückverwandlung zu geben. Er kann dies nicht verhindern und versinkt im Verlies. Amaryllis schenkt den Rettern einen Wunschring, mit dem sie sich die Kaffeemühle zurückwünschen.

Aufbau: Das Buch ist in kurze, für Kinder sprachlich leicht erfassbare Kapitel gegliedert. Die Figuren sind dem Kasperltheater entlehnt und ebenso prototypisch beschrieben: ein Kasperl mit Mutterwitz, ein polternder, ungehobelter Räuber, ein offiziöser Wachtmeister. Die Figur des Hotzenplotz weist auch moderne Züge auf: Er sorgt sich um seinen »Beruf«, weil er nichts mehr einbringt.

Wirkung: Mit seinem Werk gelang Preußler eine äußerst erfolgreiche Neubearbeitung des Kaspermotivs. Nach Erscheinen des Buchs entstanden mehrere Folgebände. Die berühmteste Verfilmung ist der gleichnamige Film von 1964 mit Gert Fröbe als Hotzenplotz.   *A. Fe.*

Otfried Preußler, *Der Räuber Hotzenplotz*, Einband der Originalausgabe 1962

Prévost d'Exiles, Antoine-François

(gen. Abbé Prévost) frz. Schriftsteller

* 1.4.1697 Hesdin (Artois), † 23.11.1763 Courteuil

📖 *Manon Lescaut*, 1731/1753

Antoine-François Prévost d'Exiles gilt als einer der Wegbereiter der Empfindsamkeit und auch der Romantik des 19. Jahrhunderts. Seine Helden, die oft unschuldig ins Unglück geraten, zeichnen sich durch hohe Sensibilität aus.

Prévost d'Exiles stammte aus einer reichen bürgerlichen Familie, die durch den Kauf eines Richteramtes geadelt wurde. Zwischen 1713 und 1720 war er Novize bei zwei Orden. Ab 1724 schrieb er seinen Roman *Erinnerungen und Abenteuer eines Edelmannes* (1731–39), 1726 wurde er Benediktiner in einem Pariser Kloster. Zwei Jahre später floh er jedoch mit dem Honorar seines Romans vor dem Haftbefehl, den das Kloster gegen ihn erwirkt hatte, nach England und in die Niederlande. Dort wurde er von einer Kurtisane zu seinem Roman *Manon Lescaut* inspiriert. Auf Umwegen kam

Prévost d'Exiles schließlich zurück nach Frankreich. Nach erfolgter Amnestie gab er das als moralisch anrüchig empfundene Genre des Romans auf und betätigte sich als Übersetzer, indem er u.a. die Romane *Clarissa* (1747/48) und *Sir Charles Grandison* (1753/54) von Samuel → Richardson aus dem Englischen übertrug. Dadurch wurde er zu einem wichtigen kulturellen Mittler zwischen England und Frankreich.

Manon Lescaut

OT Histoire du chevalier Des Grieux et de Manon Lescaut
OA 1731 **DE** 1756
Form Roman **Epoche** Empfindsamkeit

Die Geschichte vom Chevalier Des Grieux und seiner Angebeteten Manon Lescaut von Antoine-François Prévost d'Exiles erschien erstmals 1731 als siebter Band in seinen *Erinnerungen und Abenteuer eines Edelmannes* (1731–39). Sie schildert – und das weist bereits auf die Literatur der Empfindsamkeit in der zweiten Hälfte des 18. Jahrhunderts voraus – die Macht der Liebesleidenschaft.

Inhalt: Der junge Chevalier Des Grieux hat seine Studien beendet und steht kurz vor der Abreise aus Amiens, als er der liebenswürdigen Manon Lescaut begegnet. Seine weitere berufliche Laufbahn – er soll Ritter des Malteserordens werden – gerät in den Hintergrund. Des Grieux entführt seine junge Geliebte nach Paris und beginnt dort ein zweifelhaftes Leben. Er wird zum Spieler und muss miterleben, wie ihn Manon mit dem wohlhabenden Monsieur de B. betrügt. Der Chevalier nimmt, scheinbar geläutert, in Paris ein Theologiestudium auf und scheint von seiner Leidenschaft kuriert, bis Manon erneut seinen Weg kreuzt. Wieder gibt Des Grieux seine Studien auf, um mit ihr zusammenzuleben. Ihr Bruder erscheint und gewährt Des Grieux Einblicke in das Leben als Falschspieler. Ebenso taucht Monsieur de G.M. auf, der sich Manons Gunst gern etwas kosten lässt, doch rasch merkt, dass Des Grieux und Manon hauptsächlich an seinem Geld interessiert sind. Er lässt Des Grieux ins Gefängnis und Manon ins Arbeitshaus bringen.

Als sich der Sohn des Herrn von G.M. in Manon verliebt, schmiedet der enttäuschte Des Grieux einen Plan, der jedoch mit Verhaftungen endet. Manon wird aufgrund ihres liederlichen Lebenswandels nach Amerika deportiert, wohin ihr Des Grieux folgt. Dort ist es der Sohn des französischen Gouverneurs, der sich Hoffnungen auf Manons Zuneigung macht. Es kommt zum Duell mit Des Grieux. Dieser schießt ihn nieder und flieht mit Manon, die jedoch bald darauf in den Armen ihres Geliebten stirbt.

Wirkung: Der Roman spiegelt eine Epoche, in der Aufstieg und Fall von Zufällen abhängen und in der die Entfremdung von einer geordneten Welt nicht dazu führt, dass Des Grieux' moralische Persönlichkeit in Frage gestellt wird, da er aus einer eigenen Schwäche heraus handelt. Erstmals wird hier der Kampf zwischen Vernunft und Emotion zu Gunsten der Leidenschaft entschieden – eine Darstellung, die es in dieser Form bis dahin in der französischen Literatur nicht gegeben hatte. Die erste in Paris gedruckte Ausgabe von 1733 wurde beschlagnahmt, da sie als sittengefährdend galt.

Im Frankreich des 19. Jahrhunderts wurde die Geschichte zweimal auf die Bühne gebracht, Carl Sternheims Dramatisierung folgte 1921 am Berliner Hebbeltheater. Daniel François Auber schrieb 1856 seine Oper mit dem Titel *Manon Lescaut*. Jules Massenets *Manon* folgte Anfang 1884, Giacomo Puccinis *Manon Lescaut* am 1.Februar 1893 in Turin. Hans Werner Henze vertonte den Stoff 1952 unter dem Titel *Boulevard Solitude*. Auch die zahlreichen Verfilmungen – die erste bereits 1909 – zeugen von der großen Wirkung, die der Roman bis heute ausübt.

C.V.

Proulx, E(dna) Annie

US-amerikan. Schriftstellerin
* 22.8.1935 Norwich (Connecticut)
📖 *Schiffsmeldungen*, 1993

Das mehrfach preisgekrönte Werk der Bestseller-Autorin E. Annie Proulx besticht durch einen nüchternen, detailbesessenen Stil, großen Kenntnisreichtum und eine äußerst präzise Sprache.

Proulx wuchs als älteste von fünf Schwestern in verschiedenen Städten der Neuengland-Staaten und in North Carolina auf. Nach ihrem Geschichtsstudium 1973 arbeitete sie als freie Journalistin für Zeitungen und Magazine und schrieb Sachbücher. Mit der Kurzgeschichtensammlung *Herzenslieder* erschien 1988 ihr erstes Buch. Für ihr Romandebüt *Postkarten* (1992) über die leidvollen Wanderjahre eines

Mannes erhielt Proulx als erste Frau den PEN/Faulkner Award. Anhand der hunderjährigen Geschichte eines Akkordeons schilderte Proulx in ihrem Roman *Das grüne Akkordeon* (1996) das Schicksal und die Kulturen verschiedener Einwanderergenerationen. 1999 erschien ihr vielbeachteter Erzählband *Weit draußen*. John → Updike nahm die darin enthaltene Erzählung *Der halbäugige Ochse* in seine Anthologie der besten amerikanischen Kurzgeschichten des Jahrhunderts auf.

Schiffsmeldungen

OT The Shipping News **OA** 1993 **DE** 1995
Form Roman **Epoche** Gegenwart

In ihrem zweiten Roman beschreibt E. Annie Proulx einen glücklosen Mann, der vor den Schicksalsschlägen seines Lebens auf die öde Felseninsel Neufundland flieht und ein neues Leben beginnt. Mit *Schiffsmeldungen* gelang ihr international der Durchbruch.
Inhalt: Die Hauptperson des Romans ist der unbeholfene und schüchterne Tor Quoyle, ein Versager, der seinen Aushilfsjob in einer Druckerei verloren hat und von seiner Frau verlassen wird. Als diese bei einem Autounfall stirbt, bleibt Quoyle mit seiner sechsjährigen Tochter zurück. Als zudem seine Eltern Selbstmord begehen, zieht er nach Neufundland, wo seine Familie Jahre zuvor gewohnt hatte.

In der unwirtlichen und rauen Gegend entwickelt Quoyle allmählich den Willen, sein Leben in den Griff zu bekommen. Er versucht, das inzwischen nahezu verfallene Haus der Quoyles bewohnbar zu machen und findet bei der Lokalzeitung eine Anstellung. Er soll über Autounfälle berichten und – wasserscheu wie er ist – ausgerechnet die Rubrik »Schiffsmeldungen« übernehmen. Es gelingt ihm, daraus eine lebendige Kolumne über Skurrilitäten und Katastrophen auf See zu machen. Nach und nach lüftet er auch das Geheimnis seiner Familie: Als Plünderer von Schiffen waren sie in der Gegend jahrelang gefürchtet. Quoyle findet allmählich Zugang zu den Menschen der Gegend und lernt schließlich Wavey kennen, die allein mit ihrem behinderten Sohn lebt.
Aufbau: Den einzelnen Kapiteln des chronologisch erzählten Romans stellte Proulx jeweils Beschreibungen, manchmal auch Zeichnungen von Schifferknoten voran, die wie ein Symbol für Quoyles allmähliche Selbstfindung wirken.
Wirkung: Kurz nach Erscheinen führte *Schiffsmeldungen* die Bestseller-Listen in den USA an. Der Roman war der bestverkaufte des Sommers 1994. Ausgezeichnet mit dem Pulitzer-Preis und mit dem National Book Award wurde das Buch auch in Europa ein großer Erfolg.   *D. M.*

Proust, Marcel

frz. Schriftsteller

* 10.7.1871 Auteuil bei Paris, † 18.11.1922 Paris

📖 *Auf der Suche nach der verlorenen Zeit*, 1913–27

Marcel Proust hat den modernen Roman revolutioniert und ein bis heute ebenso anspruchsvolles wie faszinierendes und unvergleichliches Erzählwerk hinterlassen.

Proust entstammte einem reichen Elternhaus; der Vater war ein renommierter Medizinprofessor. Im Alter von neun Jahren erlitt Proust einen schweren Anfall von Asthma, das ihn zeitlebens beeinträchtigen, seine Lebensweise bestimmen und schließlich auch Ursache seines langsamen Sterbens werden sollte. Finanziell unabhängig und seit der Gymnasialzeit mit zahlreichen Intellektuellen sowie Angehörigen der Oberschicht befreundet, widmete er sich der Literatur in gelegentlichen Artikeln für Zeitungen und als regelmäßiger Gast bedeutender Salons.

Neben regelmäßigen Badeaufenthalten an der normannischen Küste unternahm Proust 1900 zwei Venedig-Reisen. Nach dem Tod der Eltern 1903/05 zog sich Proust aus gesundheitlichen Gründen allmählich, in seinen letzten Jahren weitgehend in seine Pariser Wohnung zurück, wo er sein Hauptwerk in einem Wettlauf mit der Zeit fertigstellte. Dessen Protagonist erweckt den trügerischen Eindruck, als habe sich auch Proust selbst zunächst passiv dem mondänen Leben gewidmet. Richtig ist, daß schon dieses wie auch sein bewegtes homoerotisches Gefühlsleben ihn zu einer ausgedehnten und ungeheuer sensiblen Korrespondenz veranlaßte.

E. Annie Proulx, *Schiffsmeldungen*, Einband der ersten britischen Taschenbuchausgabe 1994 (Gestaltung: Cora Lee Drew)

Robert Minder in seinem Hauptwerk *Dichter in der Gesellschaft* (1966) über Marcel Proust:

Marcel Proust hat die genialste Prosaleistung Frankreichs in der ersten Hälfte des 20. Jahrhunderts vollbracht. Er hat die raumzeitliche Ordnung durchbrochen, die Welt des konventionellen Romans aus den Angeln gehoben.

Marcel Proust um 1910

Auszug aus *Die wiedergefundene Zeit* (Band 7) von Marcel Proust:

Sobald aber ein bereits gehörtes Geräusch, ein schon vormals eingeatmeter Duft von neuem wahrgenommen wird, und zwar als ein gleichzeitig Gegenwärtiges und Vergangenes, ein Wirkliches, das gleichwohl nicht dem Augenblick angehört, ein Ideelles, das deswegen dennoch nichts Abstraktes bleibt, wird auf der Stelle die ständig vorhandene, aber gewöhnlich verborgene Wesenssubstanz aller Dinge frei, und unser wahres Ich, das manchmal seit langem tot schien, aber es doch nicht völlig war, erwacht und gewinnt neues Leben aus der göttlichen Speise, die ihm zugeführt wird. Eine aus der Ordnung der Zeit herausgehobene Minute hat in uns, damit er sie erlebe, den von der Ordnung der Zeit frei gewordenen Menschen wieder neu erschaffen. Man kann aber wohl verstehen, dass dieser nun Vertrauen zu seiner Freude fasst, selbst wenn der einfache Geschmack einer Madeleine nicht logischerweise die Gründe für diese Freude zu enthalten scheint, verstehen auch, dass das Wort Tod keinen Sinn für ihn hat; was könnte er, der Zeit enthoben, für die Zukunft fürchten?

Darüber hinaus veröffentlichte Proust bereits 1896 mit *Freuden und Tage* einen Band mit Skizzen und Erzählungen, die in vielem die *Suche nach der verlorenen Zeit* ebenso ankündigen wie der erste, Fragment bleibende Anlauf zu dem Roman unter dem Titel *Jean Santeuil* (1895–99). Von einer stärker essayistischen Seite näherte sich seit 1908 auch das Projekt *Gegen Sainte-Beuve* dem Opus magnum, während Prousts Ästhetik durch seine Übersetzung von John → Ruskins *Sesam und die Lilien* (1906) beeinflusst wurde.

Der erste Teil des Hauptwerks hatte noch auf Kosten des Verfassers erscheinen müssen, für den zweiten Teil erhielt Proust aber 1919 den Prix Goncourt, sodass er noch vor seinem Tod den wachsenden Ruhm gewahrte.

Biografien: R. Hayman, *Marcel Proust. Die Geschichte seines Lebens*, 1990; G. D. Painter, *Marcel Proust. Eine Biographie*, 1959–65; J.-Y. Tadié, *Marcel Proust*, 1996.

Auf der Suche nach der verlorenen Zeit

OT A la recherche du temps perdu **OA** 1913–27
DE 1926–30 (erste Gesamtausgabe 1953–57)
Form Romanzyklus **Epoche** Jahrhundertwende

Der Romanzyklus über das Erleben von Zeit und Erinnerung, mit seiner Fülle lebendiger Charaktere, mit dem Zauber des Paris der Belle Époque, ist eines der eindrucksvollsten Bücher der Weltliteratur.

Entstehung: Prousts zahlreiche Bekanntschaften gingen als fiktionalisierte Charaktere, die oft aus mehreren Vorbildern montiert sind, in den Roman ein, an dem er ab 1909 kontinuierlich arbeitete. Berühmt ist die von Zeitnot geprägte Entstehung. Proust änderte, ergänzte, erweiterte und verwarf große Abschnitte seines Texts sogar noch in den Korrekturabzügen. Die

spätere Teile sind also nicht bis zur selben Endgültigkeit durchgesehen und autorisiert wie die drei ersten, jedoch stand der Schluss von vornherein fest. Das Werk ist ein Dokument des Schreibens gegen den Tod, hat fragmentarische Züge und ist doch ein Ganzes.

Inhalt: Hauptthemenkomplexe sind Zeit, Liebe, Gesellschaft und Kunst. Das subjektive Wesen der Zeit, das der Erzählverlauf nachzeichnet, manifestiert sich in der nicht erzwingbaren, durch Sinneseindrücke ausgelösten glückhaften »unwillkürlichen Erinnerung«. Am berühmtesten ist die Episode um den wiedererkannten Geschmack eines in Tee getauchten Madeleine-Gebäcks. Die Liebe basiert primär auf dem willkürlichen Bedürfnis des Einzelnen, das sich auf einen beliebigen Gegenstand richtet, weshalb auch Freundschaft letztlich unmöglich bleibt. Verlangen wird indirekt, durch Eifersucht, erzeugt; daher sind alle Beziehungen auf Dauer unglücklich. Erotik ist oft durch Homosexualität verkörpert, von der bloßen »Inversion« bis zum Sadomasochismus.

Nicht ohne satirische Distanz werden die Spielregeln der großen Welt geschildert, deren Falschheit besonders in der Dreyfus-Affäre zum Vorschein kommt. Ein riesiges Personeninventar, das sich aus dem Großbürgertum und dem adligen Faubourg Saint-Germain, aber ebenso der Welt der Domestiken zusammensetzt, wird in einem sich auch technisch verändernden Paris über mehrere Tausend Seiten vorgestellt. Das Panorama der meist impressionistischen Künste und ihrer Vertreter um die Jahrhundertwende schließlich wird vor allem für das Theater, die Musik, die Malerei und die Literatur repräsentiert durch die in den Salons mehr oder minder respektierten Künstler. Das Erleben ihrer Werke reflektiert sich in der nuancenreichen Sprache und den tiefen Reflexionen des Erzählers, der einer regelrecht platonischen

Hauptfiguren in »Auf der Suche nach der verlorenen Zeit« von Marcel Proust

Der Erzähler: Der Sohn einer großbürgerlichen Pariser Familie, um 1880 geboren, ist verwöhnt und von fragiler Gesundheit. Er ist nacheinander in Gilberte Swann, die Herzogin von Guermantes und Albertine Simonet verliebt. Nachdem er lange an seinem literarischen Talent gezweifelt und Zeit verloren hat, veranlasst ihn die Erinnerung an seine Kindheit spät, den Roman seines Lebens zu schreiben.

Bathilde: Die Großmutter des Erzählers ist eine vornehme, aber gütige bürgerliche Dame. Die Freundin der Marquise de Villeparisis hat eine Vorliebe für die Briefe der Mme de Sévigné. Wie ihre Tochter gibt sie den Wünschen des Erzählers meist nach, sorgt sich aber wegen seiner Willensschwäche. Sie stirbt zu seinem großen Schmerz infolge eines Schlaganfalls.

Françoise: Sie ist zunächst Köchin der Tante Léonie in Combray und nach deren Tod Dienerin

der Familie in Paris. Die ergebene und sentimentale Frau bäuerlicher Herkunft hilft dem Erzähler aufopferungsvoll bei seinen Manuskripten.

Charles Swann: Der reiche Sohn eines jüdischen Börsenmaklers ist Kunstkenner und Inbegriff der Eleganz. Er besitzt bei Combray das Gut Tansonville und besucht als Nachbar die Familie des Erzählers. Nach einer Episode unglücklicher Liebe zu der Kokotte Odette heiratet er sie. Als er an Krebs stirbt, hat er es nicht erreicht, die Tochter Gilberte seiner alten Freundin, der Herzogin von Guermantes, vorzustellen.

Odette de Crécy: Die einstige Halbweltsdame erobert Swann durch ein raffiniertes Spiel. Obwohl nicht gesellschaftsfähig, gelingt es ihr, einen eigenen Salon zu führen. Nach Swanns Tod heiratet sie Monsieur de Forcheville, und wird später die Geliebte des Herzogs von Guermantes; ihr Aussehen widersteht dem Alter.

Gilberte Swann: Die Tochter von Charles und Odette ist das rotblonde Mädchen, in das sich der Erzähler als Kind verliebt. Sie heiratet später Saint-Loup, mit dem sie eine Tochter hat, und erneuert die Freundschaft mit dem Erzähler.

Oriane: Die Herzogin von Guermantes, die einstige Princesse des Laumes, mit ihrem Vetter Basin verheiratet, ist eine der elegantesten, charmantesten, unnahbarsten, geistvollsten und auch rücksichtslosesten Frauen von Paris. Eine alte Freundschaft verbindet sie mit Swann. Der Erzähler verliebt sich in sie und erhält durch sie Zugang zu jenen Kreisen des Hochadels, die, wie sie selbst, allmählich ihren Glanz verlieren.

Palamède: Der Baron de Charlus, jüngerer Bruder des Herzogs von Guermantes, ist ein hochmütiger Aristokrat, intelligent, elegant, grausam, gefühlvoll. Dem Erzähler macht er Avancen, denn er ist homosexuell. Später ist er

OT = Originaltitel **EZ** = Entstehungszeit **OA** = Originalausgabe **DE** = Deutsche Erstausgabe ▯ = Verweis auf Werkartikel

Kunstmetaphysik huldigt: Angesichts des Zerstörungswerks der Zeit überlebt der Künstler in seinem Werk.

Aufbau: Der Roman wird in der Ich-Form erzählt. Das erleichtert die Innensicht, impliziert aber das Risiko einer Verwechslung des empirischen Autors mit dem subtil konstruierten Erzähler, für den zudem im Text der Vorname »Marcel« erwogen, jedoch nicht bestätigt wird.

Der einem autobiografischen Entwicklungsroman ähnelnde Erzählbeginn gilt der Kindheit des Helden Anfang der 1880er Jahre, seiner extremen Mutterbindung und dem Scheitern seiner Erziehung zu Willensstärke und Selbstständigkeit. Die Zeitebene, von der aus der Erzähler sich erinnert, ist trotz geringer Widersprüche der Chronologie etwa auf 1919 anzusetzen, wurde von Proust also ursprünglich in die Zukunft projiziert. Es wird aber nicht linear berichtet, auch kann sich die Schilderung von Matineen und Soireen unnaturalistisch über Hunderte von Seiten erstrecken. Trotz Ansätzen zu einer Gliederung durch Teile, Kapitel oder Überschriften wird die Megastruktur nur von den sieben Bänden bestimmt, die z.T. postum erschienen:

Der erste Band, *In Swanns Welt* (1913), umfasst drei Teile, deren erster dem Erwachen des Erzählers und den allmählichen Erinnerungen an sein Leben beginnt, zu seinen Aufenthalten als Kind in dem Dorf Combray überleitet, das durch die »unwillkürliche Erinnerung« schließlich ganz gegenwärtig wird, worauf der in der dritten Person erzählte Binnenroman *Eine Liebe von Swann* das für Eifersucht und deren Auflösung im Vergessen modellhafte Drama um Swann und Odette schildert, bis der Leser in ein stark verändertes Paris um 1918 geführt wird.

Der zweite Band, *Im Schatten junger Mädchenblüte* (1919), zeigt den Erzähler bis zu einem Zerwürfnis in Gilberte Swann verliebt, sodann bei einem Ferienaufenthalt mit der Großmutter in dem Küstenort Balbec, wo er eine »kleine Schar« von reizenden Mädchen kennen lernt.

Der folgende Band, *Die Welt der Guermantes* (1920/21), führt den Erzähler in das mondäne Milieu des Hochadels ein. Er erlebt den Tod der Großmutter als Entfremdung von der vertrauten Person sowie Swanns Sterben als Abtreten aus der Gesellschaft.

Sodom und Gomorra (1921/22) ist die Welt der männlichen und der weiblichen Homosexualität. Erstere begreift der Erzähler durch Beobachtung des Barons Charlus. Letztere berargwöhnt er bei seiner Geliebten Albertine, mit der er in Balbec lebt, von der er sich trennt und die er schließlich beinahe heiratet.

Die Gefangene (1923), der fünfte Band, zeigt Albertine, die provisorisch bei dem Erzähler in Paris wohnt. Obwohl er sie systematisch überwacht, entflieht sie der Bindung.

Die Entflohene (1926) ist Albertine, die vor einer möglichen Rückkehr zum Erzähler stirbt. Während er mit einer Freundin der Toten vertraut wird, erforscht er Albertines Liebesleben, das ihm gleichgültig wird. Er reist und wird von seiner Jugendfreundin Gilberte eingeladen.

Der letzte Band trägt den Titel *Die wiedergefundene Zeit* (1927) und zeigt den Erzähler in Tansonville, wo er seine Kindheit wiederentdeckt, und im Paris während des Ersten Weltkriegs. Der Kreis schließt sich: Nach einem langen Sanatoriumsaufenthalt nimmt der gealterte Erzähler an einer Matinee bei der Prinzessin von Guermantes, der einstigen Madame Verdurin, teil, bei der er bestürzt feststellt, wie

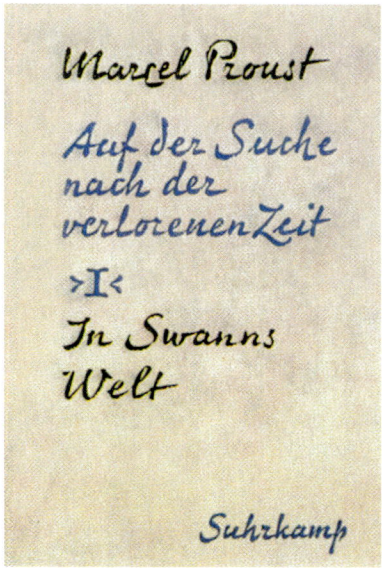

Marcel Proust, *Auf der Suche nach der verlorenen Zeit*, Umschlag von Band 1 der deutschsprachigen Ausgabe 1956 (Gestaltung: Hermann Zapf)

mit dem Geiger Morel liiert und gleitet immer stärker in das Milieu der Unterwelt ab. Während des Krieges sympathisiert er mit den Deutschen. Am Ende begegnet er dem Leser als hinfälliger Greis.

Robert: Der Marquis de Saint-Loup ist ein junger Offizier aus der Guermantes-Familie. Der blonde, schöne und liebenswürdige Robert schließt in Balbec Freundschaft mit dem Erzähler, der sich in der Kaserne in Doncières von ihm besuchen. Er heiratet nach seiner Liaison mit der Schauspielerin Rachel Gilberte Swann, gibt aber heimlich homoerotischen Neigungen nach. Im Ersten Weltkrieg fällt er.

Albertine Simonet: Die dunkelhaarige, sportliche, respektlose junge Frau stammt aus dem Großbürgertum, ist aber ohne Vermögen. Der Erzähler lernt sie in Balbec als Mitglied einer »kleinen Schar« von sechs Mädchen kennen; eine

Beziehung beginnt, in deren Verlauf sie beim Erzähler in Paris wohnt, aber – wegen lesbischer Neigungen von ihm wie eine Gefangene kontrolliert – entflieht und, bevor sie zurückkehren kann, schließlich bei einem Reitunfall ums Leben kommt.

Madame Verdurin: Mit ihrem Mann widmet sich die enorm reiche, intrigante »Padrona« ihres kleinen Kreises ganz dem Ehrgeiz, die Salons des Hochadels zu übertreffen. Sie hat Odette und Swann eingeladen, versammelt Künstler und Wissenschaftler, präsentiert dem Erzähler und Charlus Speise- und Musikgenüsse; am Ende ist sie, zweimal verwitwet, Gattin des Prinzen von Guermantes und hat so den Kampf um das Faubourg Saint-Germain gewonnen.

Bergotte: Der berühmte Romancier wird von dem Erzähler bewundert, seit er ihn im Hause Swanns kennen gelernt hat. Er verkehrt auch bei

den Guermantes, verliert aber allmählich an Popularität. Der Künstler stirbt nach einem Anfall, den er im Museum beim Betrachten eines Vermeer-Bildes erleidet.

Elstir: Der Maler, der in früheren Jahren dem Salon der Verdurins angehörte, schuf ein Porträt Odettes. Der Erzähler lernt den typischen Impressionisten, der an Claude Monet erinnern soll, in seinem Atelier in Balbec kennen, wo ihn auch Albertine besucht. Von den Guermantes wird er geschätzt, aber nicht verstanden.

Vinteuil: Der Klavierlehrer lebt bis zu seinem frühen Tod zurückgezogen mit seiner lesbischen Tochter in Montjouvain bei Combray. Kaum jemand kennt ihn als Komponisten: Er hat eine Sonate geschaffen, die zur »Hymne« der Liebe von Swann und Odette wurde. Sein Meisterwerk ist jedoch ein Septett, das ebenfalls im Salon der Verdurins erklingt.

sehr die Zeit alle einstmals Bekannten verändert hat. Durch gehäufte Erlebnisse unwillkürlicher Erinnerung, die ihm in der punktuellen Identität von Vergangenheit und Gegenwart die Substanz der Zeit im erinnernden Ich offenbaren, wird er nachdrücklich von seiner Verpflichtung überzeugt, sein Talent zum Schreiben nunmehr ganz dem Festhalten dieser Erkenntnis zu widmen und beginnt mit der *Suche nach der verlorenen Zeit*.

Wirkung: Proust erlebte noch den Prix Goncourt; doch erst nach seinem Tod wurde seine überragende weltliterarische Position erkannt. Das Werk ist einer der wirkungsmächtigsten Erzähltexte überhaupt. Trotz eines inzwischen internationalen Proust-Kults blieb ihm vor allem bis zur Jahrhundertmitte Kritik nicht erspart.

Von linker und rechter Seite wurde er zunächst als Großbürger, Dandy, Halbjude und Homosexueller beargwöhnt. Außer dem anspuchsvollen Stil provozierte das Handlungsmilieu, dem der Autor snobistisch verhaftet schien, das er aber über viele Jahre auch studiert hatte, um es literarisch sezieren zu können. Freilich geht die Leistung weit über eine Sozialanalyse hinaus: Prousts anthropologische Beobachtungen von äußerster Subtilität ergründen, parallel zur Psychoanalyse, mit den überlegenen Mitteln der Literatur die Mechanik des Seelenlebens.

Ferner zeigen sich bei ihm in der optischen Zerlegung der scheinbar einen Albertine (»Jedesmal, wenn sie den Kopf bewegte, schuf sie eine neue, für mich oft ganz ungeahnte Frau. Es schien, als besäße ich nicht nur eines, sondern zahllose junge Mädchen.«) bereits Sichtweisen nicht nur der Fotografie, sondern auch des Films. Berühmt sind Prousts komplexe Syntax und seine bilderreiche Sprache, die zentrale Metaphern systematisch ausführt und so nuancenreich Gefühle und Gedanken nachschafft.

Der Roman wurde in alle Weltsprachen übertragen. Schon 1926–30 unternahmen Rudolf Schottlaender, Franz Hessel und Walter → Benjamin eine unvollendete deutsche Übersetzung. Die bahnbrechende Übertragung von Eva Rechel-Mertens (1953–57) wird seit 1994 durch Luzius Keller revidiert. 2002 legte Michael Kleeberg zudem eine Neufassung von *Combray* vor.

Lange galt das Werk als unverfilmbar; inzwischen wird – von diversen Anläufen abgesehen und nach Volker Schlöndorffs Teiladaption *Eine Liebe von Swann* (1983) – der Film *Le temps retrouvé* von Raúl Ruiz (1999) auch der unorthodoxen Struktur des Buches visuell gerecht. Überdies erscheint seit 1998 sogar eine ebenso raffinierte wie erfolgreiche, inzwischen dreiteilige Comic-Version von Stéphane Heuet. *A. H.*

Peter Jokostra über
Manuel Puig:

Puig ist ein gegen jede traditionelle Form rebellierender Erzähler, ein Zerstörer, aber zugleich auch ein Neuerer, der durch seine rigorose Schreibweise den lateinamerikanischen Roman revolutioniert.

Puig, Manuel

argentin. Schriftsteller

* 28.12.1932 General Villegas / Buenos Aires

† 23.7.1990 Cuernavaca

📖 *Der Kuss der Spinnenfrau*, 1976

Manuel Puig, ein Meister des Dialogs, war der erste lateinamerikanische Autor, der den Einfluss von Film, Fernsehen und Trivialromanen literarisierte.

Puig studierte ab 1951 Literaturwissenschaft, Architektur, Philosophie und Sprachen an der Universität von Buenos Aires. Ab 1956 war er Stipendiat am Centro Sperimentale di Cinematografia in Rom, wo Cesare Zavattini (1902–89) sein Lehrer war. 1962 ging er nach New York, wo er seinen Lebensunterhalt als Flugscheinverkäufer verdiente. Ein Drehbuch über Rita Hayworth geriet ihm zu seinem literarischen Debüt: Der Roman *Verraten von Rita Hayworth* (1968), der von einem spanischen Verlag wegen »Obszönitäten« abgelehnt wurde, bescherte Puig bald internationalen Erfolg. Nach einem mehrjährigen Aufenthalt in Argentinien ging Puig 1975 ins Exil, zunächst nach New York, 1980 nach Rio de Janeiro, zuletzt nach Mexiko.

Die Romane von Puig sind aufklärerische Parodien über Trivialmythen unserer Zeit. Unter Einbeziehung seiner Erfahrungen mit dem Medium Film und vom Klima Hollywoods geprägt, macht Puig den Dialog mit den Massenmedien

Die wichtigsten Bücher von Manuel Puig

Verraten von Rita Hayworth, 1968	In diesem erfolgreichen Debütroman sind autobiografische Elemente erkennbar, wie etwa das Ambiente einer argentinischen Kleinstadt, die schon in der Kindheit entwickelte Leidenschaft für dasHollywood-Kino der 1930er und 40er Jahre oder die enge Mutterbindung.
Der schönste Tango der Welt, 1969	Anhand der Lebensgeschichten verschiedener Frauen und ihres potenten Liebhabers wird das Psychogramm des Kleinbürgertums einer argentinischen Provinzstadt geliefert.
The Buenos Aires Affair 1973	Der als Kriminalroman konzipierte Roman erzählt die Romanze einer einäugigen Künstlerin und ihres Liebhabers. Der Roman enthält ferner kritische Töne in Bezug auf politische Entwicklungen in Argentinien.
Der Kuss der Spinnenfrau, 1976	Dieser wohl bedeutendste Roman in Puigs Schaffen thematisiert politische und erotische Verhältnisse zweier Menschen, die sexuelle Befreiung und soziale Revolution. → S. 881
Die Engel von Hollywood 1979	Mit der distanzierenden Objektivität eines Drehbuchs setzt Puig drei Geschichten zueinander in Beziehung: die einer Hollywood-Schauspielerin der 1930er Jahre, der krebskranken Ana in den 1970ern und von W 218, einer Frau aus dem 21. Jarhundert.
Verdammt, wer diese Zeilen liest, 1980	Der alte, kranke Argentinier Ramírez und sein nordamerikanischer Pfleger Larry unterhalten sich. Das Ergebnis sind Gespräche zweier hoffnungslos einsamer Menschen in New York.
Herzblut erwiderter Liebe, 1982	In dieser auf Tonbandaufnahmen basierenden Geschichte von Puig blickt der arme brasilianische Maurer Josemar auf die Liebe und die Träume seiner lang vergangenen Jugendzeit zurück.
Bei Einbruch der tropischen Nacht, 1988	Der letzte Roman von Puig erzählt von zwei über 80 Jahre alten Schwestern. Im Mittelpunkt ihrer Gespräche stehen die Verluste, die sie erlitten haben, und das Liebesleben der Nachbarin.

zum zentralen Thema seiner Romane. Dabei karikiert er den Glamour der Unterhaltungsindustrie und zeigt die Beeinflussung durch die Massenmedien am Beispiel seiner Helden. Verfahren und Perspektiven der Medien überträgt er auf die Literatur und führt sie ironisch ad absurdum.

Literatur: E. Ranucci, *Manuel Puig*, in: W. Eitel (Hrsg.), *Lateinamerikanische Literatur der Gegenwart in Einzeldarstellungen*, 1978.

Der Kuss der Spinnenfrau

OT El beso de la mujer araña **OA** 1976 **DE** 1979
Form Roman **Epoche** Gegenwart

Der Roman *Der Kuss der Spinnenfrau*, der die sexuellen und politischen Verhältnisse zweier Menschen thematisiert, zählt zu den bedeutendsten und zugleich politischsten Romanen von Manuel Puig.

Inhalt: Schauplatz der Handlung ist ein argentinisches Gefängnis zur Zeit der Militärdiktatur unter der Regierung von Juan Perón. Der Homosexuelle Luís Alberto Molina, der wegen Verführung Minderjähriger inhaftiert ist, und der politische Aktivist Valentín Arregui sitzen zusammen in einer Zelle ein. Ihr Dialog führt zu wechselseitiger Selbsterkenntnis. Beide entwickeln Verständnis füreinander und befreien sich von ihren Vorurteilen: Valentín geht auf Molinas sexuelle Wünsche ein und akzeptiert dessen Interesse an kitschigen Hollywood-Melodramen, Molina gelangt zu politischer Aktion und Verantwortung.

Erst in der Mitte des Romans eröffnet Puig den Lesern, dass Molina als Spitzel auf Arregui angesetzt ist. Er unternimmt jedoch alles, um sich des Verrats an Arregui zu entziehen. Die Gefängnisleitung wendet schließlich einen Trick an, um die politischen Freunde Arreguis aufzuspüren: Molina wird scheinbar vorzeitig entlassen, um so Kontakte zu Arreguis politischen Freunden herzustellen. Molina wird zum Verbindungsmann, der aus Liebe zu Arregui Informationen von ihm für die Guerilleros weitergibt. Schließlich wird er von den Guerilleros erschossen, weil sie befürchten, er könne sie der Polizei verraten. Arregui wird im Gefängnis weiterhin Verhörungen unterzogen und gefoltert, seine Überlebenschancen sind gering.

Aufbau: Die Dialogpassagen, in denen Puig die allmähliche Annäherung der beiden Hauptfiguren darstellt, werden lediglich von einigen Polizeiberichten unterbrochen, die den Roman auch beschließen, sowie von Anmerkungen, die die wissenschaftliche Diskussion um das Thema Homosexualität erörtern.

Den Hauptteil der Dialoge bilden Molinas Nacherzählungen bekannter Hollywood- und

UFA-Filme – melodramatische Liebesgeschichten, die zum Teil auch nazi-deutsche Propaganda vermitteln. Die Filme werden für die beiden zum Trost im traurigen Haftalltag und zur Anregung für ihre eigenen Fantasien und Erinnerungen.

Wirkung: *Der Kuss der Spinnenfrau* erlangte international große Beachtung. 1985 wurde der Stoff von Hector Babenco verfilmt. *V. R.*

Manuel Puig, *Der Kuss der Spinnenfrau;* links: Einband der ersten deutschsprachigen Taschenbuchausgabe 1983; rechts: Einband der deutschsprachigen Taschenbuchausgabe 1985 unter Verwendung eines Fotos von William Hurt als Luis Molina in der Verfilmung von Hector Babenco

Puschkin, Alexander

russ. Dichter

* 6.6.1799 Moskau, † 10.2.1837 Sankt Petersburg

📖 *Eugen Onegin*, 1833

Mit dem Werk von Alexander Puschkin gewinnt die russische Literatur, die lange Zeit zu sehr die westeuropäische imitierte, erstmals ein eigenes, nationales Gepräge. Der größte Lyriker der russischen Romantik schuf bedeutende Werke auch in den Gattungen des Poems (*Poltava*, 1829; *Der Eherne Reiter*, 1837 u. a.), des Dramas (*Boris Godunov*, 1831) und des Versromans (*Eugen Onegin*).

Puschkin stammte väterlicherseits aus einer Adelsfamilie. Noch während der Jahre auf dem Lyzeum ab 1811 und im Staatsdienst in Petersburg ab 1817 wurde Puschkin zur Leitfigur der Romantik in Russland. Blasphemische Verse waren Anlass seiner Verbannung in den Süden des Reichs. Hier entstanden 1821–23 fünf *Südliche Poeme*, in deren exotischen Sujets das Publikum einen Einfluss von Lord → Byron er-

Auszug aus dem Roman *Der Kuss der Spinnenfrau* von Manuel Puig:

»Man muss sich fügen, Molinita. Du hast Glück, dass sie dich freilassen. Freu dich darüber. Draußen kannst du neu anfangen.« – »Ich will bei dir bleiben. Das einzige, was ich jetzt will, ist bei dir bleiben.«

Nikolai Gogol 1835 über Alexander Puschkin:

In der Tat steht von unseren Dichtern niemand höher als er und niemand kann sich mehr als er national nennen; dieses Recht steht ausschließlich ihm zu.

Die wichtigsten Bücher von Alexander S. Puschkin

Ruslan und Ljudmila, 1820	Das scherzhafte Märchenpoem adaptiert und vermengt auf ironische Weise russische und weltliterarische Vorbilder
Eugen Onegin 1823–32	Der Versroman thematisiert in Tatjana das Grundproblem der russischen Kultur zwischen Eigenem und Fremden. → S. 882
Boris Godunov 1825	Das Drama über den Pseudodemetrius begreift die »Zeit der Wirren« im 17. Jahrhundert als Ende des russischen Mittelalters.
Poltava 1827	In der historischen Verserzählung erscheint Peter I. als Erbe der militärischen Kühnheit seines Gegners Karl XII.
Die Erzählungen des verstorbenen Iwan P. Bjelkin, 1831	Die fünf Novellen zeigen das Problem von Adaption und Authentizität, z. B. an Figuren, die literarische Muster nachleben (z. B. *Der Schuss*) oder fremder Kultur begegnen (z. B. *Der Sargmacher*).
Die Hauptmannstochter 1836	Der Roman erzählt die fingierten Memoiren eines Offiziers, der im Heer der Zarin Katharina II. den Aufstand des Bauernführers Jemeljan Pugatschow (1772) erlebt.

Auszug aus dem Versroman *Eugen Onegin* von Alexander Puschkin (5. Kapitel, V. Strophe; Nachdichtung von R. D. Keil):

Tatjana glaubte all dem Wesen, / Wie's altersher im Volke wohnt: / Traumdeuterei und Kartenlesen / Und Prophezeiung aus dem Mond. / Vorzeichen ließen sie erbeben, / Und jedes Ding geheimes Weben.

Szenenfoto aus dem dritten Akt der Oper *Eugen Onegin* von Peter Tschaikowski; Wolfgang Brendel in der Titelrolle, Mirella Freni als Tatjana und Nicolai Ghiaurov als Fürst Gremin in der Inszenierung der Wiener Staatsoper 1988

kennt. Die Einsicht, dass »neue Bilder« nötig sind, brachte die Hinwendung zu Themen der Geschichte und der Kultur Russlands.

Nach produktiven und erfolgreichen Jahren im Dorf Michailowskoje (bei Pskow, 1824–26), in Moskau und auf dem Familiengut Boldino kam es in den 1830er Jahren mehr und mehr zu einer Entfremdung zwischen Dichter und Publikum und Kritik. Die Entwicklung des Literaturbetriebs, den nun (klein-) bürgerliche, professionelle Kräfte bestimmten und in dem triviale neue Massengenres (Schelmenroman; chauvinistischer historischer Roman) dominierten, sah Puschkin mit Missfallen. Die Hoffnungen auf eine nationale russische Literatur, in die sich Puschkin stets einschreiben wollte, hatten sich mit der Einsicht zerschlagen, dass der älteste Teil des Adels seine führende gesellschaftliche Rolle verloren hatte. Puschkin starb an den

Folgen eines Duells mit einem Mann, der seiner Frau den Hof gemacht hatte.

Biografie: R. D. Keil, *Puschkin. Ein Dichterleben*, 1999; J. Lotman, *Alexander Puschkin*, 1989; G. Ziegler, *Alexander Puschkin* (rm 50279).

Eugen Onegin

OT Jewgeni Onegin
OA 1825–32 (erste Gesamtausgabe 1833) **DE** 1840
Form Versroman **Epoche** Romantik

Der Versroman von Alexander Puschkin (entst. 1823–30; kapitelweise publiziert 1825–32) gilt als das Nationalpoem der Russen. Er führt ein in die Welt junger russischer Adliger um 1820 und stellt die komplexe kulturelle Situation des Landes dar.

Inhalt: Des gesellschaftlichen Lebens und der Liebesabenteuer in Petersburg überdrüssig, zieht sich Eugen Onegin auf ein geerbtes Landgut zurück. Sein Nachbar und Freund Wladimir Lenski, ein dichtender Epigone der deutschen Romantik, führt ihn bei den Larins ein, eine nach alter russischer Art lebende Familie, in der volkstümliche Bräuche gepflegt werden. Die junge Tatjana Larina versteht die Begegnung mit Onegin als schicksalhaft und reflektiert dies in einem Brief, den Onegin als Liebesbekenntnis und Heiratsantrag versteht und zurückweist.

Das Onegin-Lenski-Verhältnis trübt sich, als Onegin seine Geringschätzung für Tatjanas jüngere Schwester Olga zu erkennen gibt, damit aber spöttisch auf Lenskis Dichtung zielt, da Lenski Olga zu seiner Muse erklärt hatte.

Als Onegin auf einem Ball bei den Larins scheinbar Olga den Hof macht (in Wahrheit aber nur ihre Koketterie provoziert und bloßlegt), bleibt Lenski, seines »Ideals« beraubt, nichts, als ein Duell zu fordern; in ihm kommt er zu Tode. Onegin tritt eine Reise in den Süden Russlands an. Als Olga einen neuen Bräutigam ehelicht, gibt Tatjana den Widerstand gegen ihre eigene Verheiratung auf und wird die Frau eines Generals. Nach Jahren begegnet Onegin in der Petersburger Gesellschaft der gereiften Tatjana, verliebt sich in sie und gesteht ihr seine Liebe in einem Brief, den nun Tatjana ihrerseits schroff verurteilt, obwohl sie gleichzeitig ihre nie erloschene Liebe für Onegin bekennt.

Aufbau: Puschkins an französischen Vorbildern geschulte erzählerische Raffinesse expliziert bisweilen wesentliche Zusammenhänge der Handlung nicht und lässt die Leser-Vorstellungen von den Geschehnissen im Roman zudem von den Bildern beeinflussen, die sich die Figuren voneinander machen. Das Bewusstsein der Figuren aber ist nachhaltig durch die Erfahrung mit Literatur geprägt. In Lenski erfährt dieses Thema seine offene Verwirklichung, in den

OT = Originaltitel   **EZ** = Entstehungszeit   **OA** = Originalausgabe   **DE** = Deutsche Erstausgabe   📖 = Verweis auf Werkartikel

Wirrnissen des Onegin-Tatjana-Verhältnisses ist es unterschwellig präsent: Bei der Abfassung der Briefe verwenden die Schreiber eine ihnen geläufige »literarische« Sprache, die der jeweilige Adressat auf den Kontext bezieht, aus dem sie stammt. Wenn Tatjana ihre Vorstellungen von Schicksalsbestimmtheit lediglich »hilfweise« in der Sprache sentimentaler Romane (Jean-Jacques Rousseaus *Julie oder die Neue Heloïse*, 1761) ausdrückt und Onegin auf eine sentimentale Verträumtheit des jungen Mädchens schließt, die er nicht ernstnehmen kann, missversteht er Tatjana ebenso, wie er selbst missverstanden wird, als er in seinem Brief Formeln aus dem Verführungsroman *Adolphe* (1816) von Benjamin Constant (1767–1830) verwendet, die Tatjana als Anzeichen unlauterer Absichten lesen muss. Die fehllaufende Kommunikation zwischen den Hauptfiguren verweist auf das eigentliche Thema des Romans: auf den russischen kulturellen Dualismus, wie er sich in Tatjana darstellt, die sowohl den russischen Volks- und Aberglauben als auch die Vorstellungswelt westeuropäischer Hochliteratur (die Idee der »Seelenverwandtschaft«) in sich aufgenommen hat.

Wirkung: Das subtil komponierte, aber literarische Bildung und eine hohe Leseraufmerksamkeit erfordernde Werk ist in der Wahrnehmung des Publikums, befördert auch durch die Opernbearbeitung Peter Tschaikowskis (1879), auf eine romantische Liebesgeschichte voller Entsagungen verkürzt worden.   *A. E.*

Puzo, Mario

US-amerikan. Schriftsteller
* 15.10.1920 New York
† 2.7.1999 Long Island (New York)
📖 *Der Pate*, 1969

Mario Puzo, Sohn italienischer Einwanderer, schrieb mit *Der Pate* einen der berühmtesten Mafia-Romane und war als Drehbuchautor an allen drei Verfilmungen von Regisseur Francis Ford Coppola beteiligt, die insgesamt neun Oscars erhielten.

Puzo wuchs in ärmlichen Verhältnissen auf. Im Zweiten Weltkrieg war er in Ostasien und in Deutschland als Soldat stationiert. Danach studierte er Literatur an der New Yorker Columbia University und lebte ab 1963 als Journalist und Schriftsteller in seiner Heimatstadt.

Der erste Roman von Puzo, *Die dunkle Arena* (1955), steht unter dem Einfluss seiner Kriegserfahrungen. Einen großen Erfolg feierte er mit *Mamma Lucia* (1964). Der Roman schildert in scharfen Charakterzeichnungen und stichechten

Dialogen das Leben italienischer Einwanderer. Seit dem Bestseller *Der Pate* (1969) beschäftigte sich Puzo in Romanen immer wieder mit dem Gangster-Milieu, so in *Las Vegas* (1977), *Narren sterben* (1978), *Der letzte Pate* (1996) und *Omerta* (2000). Der 1986 von Michael Cimino mit Christopher Lambert verfilmte Roman *Der Sizilianer* (1984) erzählt die Geschichte des Rebellen Giuseppe Giuliano, der historische Roman *Die Borgias* (2001) porträtiert die mächtigste Renaissance-Familie Italiens.

Der Pate

OT The Godfather **OA** 1969 **DE** 1969
Form Roman **Epoche** Moderne

Mario Puzo erzählt in dem Roman *Der Pate* die Geschichte des Gangsterwesens in den USA als opulente Saga einer Familie, die den amerikanischen Traum von Reichtum und Erfolg mit brutaler Gewalt verwirklicht.

Inhalt: Die Handlung spielt im New York gegen Ende der 1940er Jahre. Don Vito Corleone, der 1901 als kleiner Junge aus Sizilien allein in die USA eingewandert ist, führt als Pate die mächtigste Mafia-Familie der Stadt. Im Kampf um Millionenprofite aus Schmuggel, Erpressung und Glücksspiel scheut er vor Mord nicht zurück. Nur am »schmutzigen Geschäft« des Drogenhandels, das ihm der Gangster Solozzo vorschlägt, will er nicht teilhaben, um die von ihm bestochenen Politiker und Justizbeamten nicht zu verprellen. Es beginnt ein gnadenloser »Kampf der Familien« um die Macht in der Unterwelt, bei dem Don seinen hitzköpfigen Sohn Sonny verliert. Durch ein Attentat selbst schwer verletzt, alt und müde geworden, übergibt der Pate das Kommando seinem jüngsten Sohn Michael. Nach Don Vitos Herztod rechnet Michael mit den Feinden der Familie ab.

Mario Puzo, *Der Pate*, Einband der ersten deutschsprachigen Taschenbuchausgabe 1971

Hauptfiguren in »Der Pate« von Mario Puzo

Don Vito Corleone: Er ist Familienpatriarch und Oberhaupt des New Yorker Mafia-Clans mit besten Beziehungen zu Polizei und Justiz. Bei Geschäften verhält er sich gerissen und rücksichtslos, privat ist er ein liebevoller Gatte und Vater.

Sonny Corleone: Er ist der älteste Sohn des Paten und der Kronprinz der Familie. Der heißblütige und brutale Sexualprotz unterhält zahlreiche Liebesaffären, wird beim »Krieg der Familien« von seinem Schwager verraten und schließlich von einem Killerkommando getötet.

Michael Corleone: Der jüngste Spross der Familie ist zugleich der Lieblingssohn des Don. Der hoch intelligente Kriegsheld ist zuerst nicht in die kriminellen Geschäfte verwickelt, nach dem Attentat auf den Don und dem Tod seines Bruders Sonny wird er sein

Nachfolger als Pate. In dieser Position ist er eiskalt und machtbewusst.

Fredo Corleone: Der zweite Sohn des Don ist ein psychisch labiler, sentimentaler und wenig begabter Herumtreiber, Spieler und Trinker, der von den meisten Gangstern des Clans verspottet wird.

Tom Hagen: Als Straßenjunge wird er vom Don adoptiert. Seine Mutter ist früh verstorben, der Vater ein Trinker. Tom ist juristischer Berater (consigliere) der Familie, dabei aber nicht in die Gewaltaktionen verwickelt, die er trotzdem als geschäftlich notwendig akzeptiert.

Kay Adams: Die Freundin und spätere Ehefrau Michael Corleones tritt seinetwegen zum Katholizismus über. Sie ist anfangs naiv, erkennt aber schließlich, in welche Familie sie aufgenommen worden ist.

Szene aus der Verfilmung des Romans *Der Pate* von Mario Puzo (USA 1971; Regie: Francis Ford Coppola); v. l.: Richard Castellano (als Fredo Corleone), John Cazale (als Tom Hagen), Marlon Brando (als »Pate« Don Corleone), Robert Duvall, James Caan (als Sonny Corleone)

Auszug aus dem Roman
Der Pate von Mario Puzo:

Don Vito Corleone war ein Mensch, an den sich alle um Hilfe wandten, und noch nie hatte er einen Bittsteller enttäuscht. Er machte keine leeren Versprechungen, noch gebrauchte er die feige Ausrede, ihm wären von Stellen, die mehr Macht besäßen als er, die Hände gebunden. Es war nicht notwendig, dass er ein Freund des Bittstellers war, es war nicht einmal wichtig, dass man Mittel besaß, um ihn für seine Mühe zu belohnen. Nur eines wurde verlangt: dass der Bittsteller selber ihm Freundschaft schwor... Die Beteuerung, man stehe tief in seiner Schuld und er habe das Recht, jederzeit zu verlangen, man möge diese Schuld durch eine kleine Gefälligkeit abtragen, war eine reine Formsache.

Aufbau: Virtuos entfaltet Puzo das Panorama menschlicher Leidenschaften – Intelligenz und Niedertracht, Freundschaft, Treue und Verrat, kleine Gaunereien und Big Business, Geld, Sex und Liebe. Die Charaktere sind klar gezeichnet, die Handlungsstränge spannend und schlüssig aufgebaut. Mit bitterer Ironie schildert Puzo die verlogene Moral der »ehrenwerten Gesellschaft«, die den rücksichtslosen Kampf für ihre Sache (ital.: cosa nostra) mit dem korrupten Justizapparat der Vereinigten Staaten begründet. Der Pate ist Boss einer hoch profitablen Firma, die nach ökonomischen Kriterien aufgebaut ist. Auch Gewalt gehört zu diesem Geschäft. Hier ist für Puzo die Schnittlinie zur »normalen« US-Gesellschaft, die oft nicht danach fragt, wie ein Selfmademan zu Wohlstand und Einfluss gekommen ist.

Wirkung: In einer Zeit, als in den USA sogar Polizisten immer noch an der Existenz der Mafia zweifelten, beschrieb Puzo in seinem Roman glaubwürdig und kenntnisreich deren Methoden. *Der Pate* wurde einer der größten Bestseller der 1960er Jahre. Wie die meisten Kritiker war auch der »Mob« zufrieden, denn Puzo bestätigte dessen Mythos.

1971 wurde der Roman von Francis Ford Coppola verfilmt. Nur der erste Teil des Films bezieht sich auf das Buch. Marlon Brando erhielt für seine grandiose Darstellung des Don Vito Corleone seinen zweiten Oscar. In den beiden anderen »Paten«-Filmen (1974 und 1990) erzählte Puzo als Drehbuchautor die Vita der Corleones weiter bis zum natürlichen Tod des alten Michael Corleone. *B. B*

Pynchon, Thomas

US-amerikan. Schriftsteller

*8.5.1937 Glen Cove (New York)

📖 *Die Enden der Parabel*, 1973

Mit seinen komplexen, wegen der Fülle von Themen, Personen und Handlungssträngen nur schwer zugänglichen Werken ist Thomas Pynchon einer der bedeutenden experimentellen Schriftsteller nach 1945. Seine Biografie und sein Aussehen sind ein Geheimnis; es existieren weder Interviews noch Fotos.

Pynchon studierte Ingenieurswissenschaften und Englische Literatur, bevor er ab 1960 als Konstruktionsassistent und als Texter für den werksinternen Informationsdienst der Fluggesellschaft Boeing in Seattle arbeitete. In dieser Zeit entstanden erste Kurzgeschichten, u. a. die 1960 verfasste Geschichte *Entropie*.

Bereits sein Romandebüt, *V.* (1963), weist die für Pynchon typischen komplexen Strukturen und Hauptthemen auf: der historisch unausweichliche kulturelle Verfall, die Angst vor der Auflösung jeglicher Ordnung und das Bedürfnis nach Strukturierung einer immer unübersichtlicher werdenden Welt. Nach dem Erfolg von *V.* zog sich der Autor ganz aus der Öffentlichkeit zurück. 1966 erschien sein Roman *Die Versteigerung von No. 49* und 1973 sein Monumentalwerk *Die Enden der Parabel*, das meistgefeierte Werk des Autors. Erst 17 Jahre später folgte 1990 der Roman *Vineland*, der vom Untergang der Ideale der Studentenbewegung erzählt. Ebenfalls auf den Spuren amerikanischer

Geschichte ging Pynchon in dem 1997 erschienenen Roman *Mason & Dixon*, der von den englischen Astronomen und Landvermessern Charles Mason und Jeremiah Dixon erzählt. Die beiden Wissenschaftler hatten von 1763 bis 1767 die Grenze zwischen Pennsylvania und Maryland festgelegt, die »Mason and Dixon-Line« markierte bis zum Sezessionskrieg die Trennung des US-amerikanischen Nordens vom Sklaven haltenden Süden.

Journalisten fanden 1996 heraus, dass Pynchon mit einer Literaturagentin verheiratet ist und mit ihr und einem Sohn zurückgezogen in Manhattan lebt.

Die Enden der Parabel

OT Gravity's Rainbow **OA** 1973 **DE** 1981
Form Roman **Epoche** Postmoderne

Das Monumentalwerk *Die Enden der Parabel* von Thomas Pynchon, das auf über 1000 Seiten mehr als 400 Personen und zahllose Handlungsstränge umfasst, gehört mit seiner stilistischen Virtuosität und enzyklopädischen Dichte zu den bedeutenden Romanen der Postmoderne und des 20. Jahrhunderts.
Inhalt: Zentrale Themen des Werks sind Paranoia, Entropie (nach Isaac Newton die Tendenz des Universums, in einen Zustand von Unordnung und Stillstand zu degenerieren) und Todessehnsucht als die primären Zerfallskräfte der Zeit. Die Haupthandlung, um die sich zahlreiche Nebenhandlungen ranken, spielt in den Jahren 1944/45; das Objekt allgemeinen Interesses ist die Todesrakete V–2. Der US-Soldat Tyrone Slothrop wird zum Spürhund und Spielball der konkurrierenden Geheimdienste, als man feststellt, dass er beim Herannahen von V–2-Raketen Erektionen bekommt. Wie er später herausfindet, hatte ihn ein deutscher Wissenschaftler als Säugling auf einen vom IG-Farben-Konzern entwickelten Stoff konditioniert, der auch in der V–2-Rakete enthalten ist.

Slothrop begibt sich selbst auf die Suche nach der Rakete. Er flieht aus London in die Schweiz und kommt schließlich nach Deutschland in das V–2-Werk in Nordhausen. Hier trifft er auf Oberst Enzian, der eine Truppe afrikanischer Hereros befehligt, die im Raketenbau eingesetzt werden. Bei seiner Flucht, auf der er u. a. der Potsdamer Konferenz beiwohnt, die Berliner Drogenszene kennen lernt und mit einer Gruppe nationalsozialistischer Mitläufer auf einer Yacht durch die Ostsee fährt, wechselt er immer wieder die Identität und verliert sich allmählich als Person. Dieser Prozess endet in einer Art mystischer Vereinigung mit der Natur, als er sich beim Betrachten eines Regenbogens physisch vollständig auflöst.

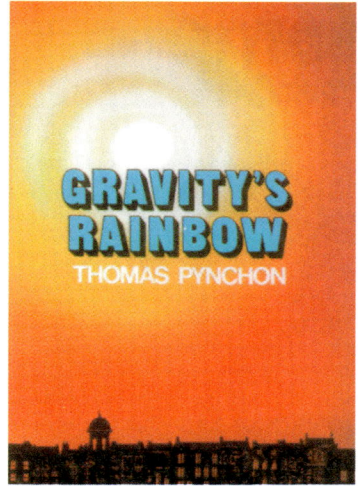

Aufbau: Als eine Art Klammer des Romans fungiert der Abschuss einer Rakete in den Niederlanden, mit der die Handlung einsetzt, und ihr unmittelbar bevorstehender Einschlag in einem Kino in Kalifornien (in dem auch die Leser des Romans sitzen), womit der Roman endet. Der über weite Strecken pikarische Roman wechselt ständig die Perspektive und verweigert sich konsequent konventioneller Zeitgestaltung und Erzählmuster. Dem Leser wird so das Gefühl vermittelt, in das System der Bedrohungen verstrickt zu sein. Wie in allen seinen Romanen kehrt Pynchon das Prinzip üblicher Handlungsromane um: Anstatt den Handlungsknoten zu lösen, knüpft er ihn immer enger, Figuren und Handlung werden immer rätselhafter.
Wirkung: Zunächst als unlesbar und obszön kritisiert, erkannte die Kritik schon bald nach Erscheinen des Romans seine überragenden Qualitäten. Das avantgardistische Werk, das oftmals mit *Ulysses* (1922) von James → Joyce verglichen wurde, erhielt 1974 den National Book Award.   *D. M.*

Thomas Pynchon, *Die Enden der Parabel;* links: Umschlag der Originalausgabe 1973; rechts: Umschlag der deutschsprachigen Erstausgabe 1981

Die wichtigsten Bücher von Thomas Pynchon	
V. 1963	Im Nachlass des Vaters findet H. Stencil Hinweise auf eine als V. bezeichnete Person. Die Suche nach ihr wird für ihn zum Selbstfindungsprozess.
Die Versteigerung von No. 49 1966	Oedipa Maas stößt als Testamentsvollstreckerin für ihren verstorbenen Liebhaber auf ein von Ausgestoßenen und Entrechteten unterhaltenes Kommunikationssystem, das den Zerfall der bestehenden gesellschaftlichen Ordnungen zum erklärten Ziel hat.
Die Enden der Parabel 1973	Im Mittelpunkt des Monumentalromans steht die Entwicklung der deutschen V–2-Rakete. Der GI Tyrone Slothrop versucht, das Geheimnis der Rakete zu entschlüsseln, was ihm jedoch nicht gelingt. → S. 885
Vineland 1990	Zoyd Wheeler und seine Frau Frenesi gehören der Flower-Power-Bewegung an. Als sich Frenesi in einen Beamten der Sicherheitspolizei verliebt, lässt sie sich zum Mord am Führer der Oppositionsbewegung verleiten.
Mason & Dixon 1997	Die Astronomen und Landvermesser Charles Mason und Jeremiah Dixon reisen im 18. Jahrhundert durch die Welt und erleben u. a. die Sklavenhaltergesellschaft Südafrikas und das unerforschte Amerika.

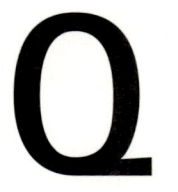

Queneau, Raymond

frz. Schriftsteller

*21.2.1903 Le Havre, †25.10.1976 Paris

📖 *Zazie in der Metro*, 1959

Im Mittelpunkt des vielseitigen Werks von Raymond Queneau, das Romane, Erzählungen, Lyrik, Essays, Übersetzungen und Drehbücher umfasst, steht die Sprache selbst.

Queneau wurde in gutbürgerlichem Milieu in Le Havre geboren, wo er seine Kindheit und Jugend verbrachte. 1920–25 studierte er an der Sorbonne Philosophie; 1925–27 absolvierte er seinen Militärdienst in Nordafrika. 1924 schloss er sich den Surrealisten um André →Breton an, mit dem er 1929 aus persönlichen Gründen brach. Ab 1927 trat Queneau als Autor von Lyrik hervor, bevor er 1933 mit *Der Hundezahn* seinen ersten Roman veröffentlichte. Seinen Lebensunterhalt verdiente er als Handelsvertreter und Bankangestellter. In diesen Jahren prägten der Surrealismus sowie die Auslotung der Möglichkeiten und Grenzen der Psychologie im Rahmen von Literatur und schließlich seine Reflexion über die ästhetischen Potenziale des Französischen seine schriftstellerische Arbeit. 1938 wurde Queneau Cheflektor für Englisch beim Verlag Gallimard und leitete ab 1955 die Herausgabe der *Encyclopédie de la Pléiade* dieses Verlags. Zeichen seiner Arriviertheit in der literarischen Szene von Paris war ab 1951 seine Mitgliedschaft in der Académie Goncourt.

Biografie: P. Gayot, Raymond Queneau, 1967.

Raymond Queneau, *Zazie in der Metro*, Einband der Taschenbuchausgabe 1972

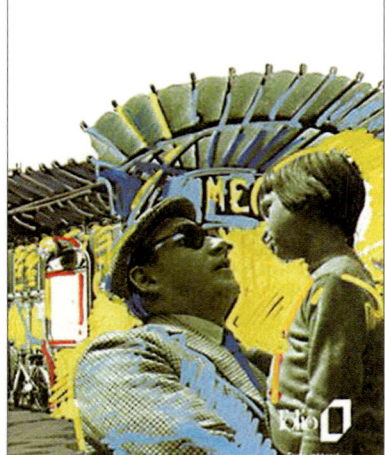

Zazie in der Metro

OT Zazie dans le métro
OA 1959 **DE** 1960
Form Roman **Epoche** Moderne

Wie in seinem berühmten *Stilübungen Autobus S* von 1947 geht es Raymond Queneau auch in diesem Roman vor allem um das Experimentieren mit der französischen Sprache.

Inhalt: Zazie, eine frühreife und aufmüpfige 12-jährige Provinzgöre, wird von ihrer Mutter Jeanne Lalochère nach Paris zu ihrem Onkel Gabriel gebracht, damit Jeanne ungestört ein langes Wochenende mit ihrem neuen Liebhaber verbringen kann. Zazies größter Wunsch für den ersten Parisaufenthalt ihres Lebens ist eine Fahrt in der Metro, die aber wegen eines Streiks geschlossen ist.

Aus dem Blickwinkel Zazies erscheint das Leben ihres Onkels in Paris wie ein Panoptikum – Gabriel und seine Freunde verkehren in ihrem Stammbistro »La Cave«, in dem der Wirt Turandot und sein penetranter Papagei Laverdure sowie die Serviererin Mado Petitspieds und deren Verehrer Charles im schrägen Halbweltmilieu miteinander leben. Gabriel ist Star einer Travestie-Show am Place Pigalle und mit der sanften Marceline (die sich später als Marcel entpuppt) verheiratet.

Zazie entzieht sich am Morgen nach ihrer Ankunft der familiären Überwachung und begibt sich auf einen Streifzug durch das Viertel, wird aber von Trouscaillon, einem zwielichtigen Polizisten, in die Obhut Gabriels zurückgebracht. Eine Stadtrundfahrt bringt die Bekanntschaft mit dem schrillen Busfahrer und Reiseführer Fédor Balanovitch und der nymphomanischen Witwe Mouaque. Diese bunt gemischte Truppe lädt Gabriel zu seiner abendlichen Vorstellung ein. Für Zazie verdoppelt sich das Theater, das ihr das Leben in Paris bietet: Die Serviererin Mado verlobt sich mit Charles, was bei Gabriels Travestie-Show in einem Etablissement am Place Pigalle ausgiebig gefeiert wird. Dabei wird Trouscaillon als Sittenstrolch entlarvt und eine vollkommen übermüdete Zazie erlebt, wie es wegen einer kleinen Bemerkung zu einer ausgewachsenen Saalschlacht und einer Polizeirazzia kommt. Am Ende liefert Onkel Gabriel Zazie pünktlich am Bahnhof bei ihrer Mutter ab, der sie ihr Wochenende mit dem Schlusssatz des Romans zusammenfasst: »Ich bin gealtert.«

Aufbau: *Zazie in der Metro* ist ein überwiegend in Dialogform geschriebener Roman, dessen Handlung locker durch den im ersten und letzten Kapitel gesetzten Rahmen der An- und Abreise Zazies zusammengehalten wird.

Innerhalb dieses Rahmens entfaltet sich die Handlung gemäß der vom auktorialen Erzähler inszenierten Zufälligkeit. Dabei tritt er ganz hinter die Rede der jeweiligen Person zurück, deren Sprache in Form phonetischer Schreibung in den Mittelpunkt gerückt wird.

Dieses Bemühen um lautmalerische und stilistische Effekte – erzeugt aus einer Vermischung von literarischer Hochsprache, Anglizismen, Dialektvokabeln und dem Pariser Argot – rücken Queneau in die Nähe von Louis-Ferdinand →Céline.

Wirkung: Zusammen mit den *Stilübungen Autobus S* (1947), eine in 99 Varianten erzählte Anekdote, die aufgrund ihres theatralischen Potentials hoch geschätzt werden, gehört *Zazie* zu den beiden postum bekanntesten Werken dieses Autors. Dem französischen Regisseur Louis Malle gelang 1960 eine adäquate Verfilmung des Buchs.   *T. S. G.*

OT = Originaltitel **EZ** = Entstehungszeit **OA** = Originalausgabe **DE** = Deutsche Erstausgabe 📖 = Verweis auf Werkartikel

Raabe, Wilhelm

dt. Schriftsteller

*8.9.1831 Eschershausen (heute zu Uslar)

†15.11.1910 Braunschweig

📖 *Stopfkuchen*

Wilhelm Raabe gilt als der neben Theodor → Fontane bedeutendste deutsche Erzähler der zweiten Hälfte des 19. Jahrhunderts und zählt zu den wichtigsten Vertretern des Poetischen bzw. bürgerlichen Realismus.

Beherrschendes Thema der Romane und Erzählungen von Raabe ist der unlösbare Konflikt zwischen Individuum und Gesellschaft, zwischen Ideal und Wirklichkeit. Die idealistischen Helden bewahren ihre Identität entweder durch die stoische Abwendung von der Welt oder hinter der Maske des skurrilen Sonderlings, der am Rand der Gesellschaft lebt. Ein weiteres Thema ist die Entstehung der Industriegesellschaft mit ihren sozial und ökologisch zerstörerischen Begleiterscheinungen.

Der Sohn eines Justizbeamten entschied sich nach abgebrochenem Gymnasiumsbesuch, Buchhandelslehre und einigen Jahren als Hörer an der Berliner Friedrich-Wilhelm-Universität bereits mit 25 Jahren für den Beruf des freien Schriftstellers. Bis weit ins Alter hinein war Raabe hoch produktiv und verfasste oft mehrere Werke pro Jahr – nicht zuletzt aus ökonomischer Notwendigkeit. Nach der Berliner Zeit lebte er zunächst in Wolfenbüttel, später in Stuttgart und ab 1870 in Braunschweig.

Bereits in seinem Erstlingswerk, dem Roman *Die Chronik der Sperlingsgasse* (1856), entwickelte Raabe eine neuartige, assoziative und reflexiv gebrochene Erzählweise. In der Folgezeit stärker an der literarischen Konvention des realistischen Erzählens orientiert und um Popularität bemüht (*Der Hungerpastor*, 1863/64; *Abu Telfan*, 1867), wurde er in seinen letzten Schaffensjahrzehnten wieder experimentierfreudiger. Mit erzähltechnisch anspruchsvollen Werken wie dem *Stopfkuchen* (1891) leistete Raabe einen maßgeblichen Beitrag zur Entwicklung des modernen Romans.

Biografien: W. Fuld, *Wilhelm Raabe*, 1993; H. Oppermann, *Wilhelm Raabe* (rm 50 165).

Stopfkuchen

OA 1891 **Form** Roman **Epoche** Realismus

Mit dem *Stopfkuchen* verfasste Wilhelm Raabe einen der modernsten deutschsprachigen Romane des 19. Jahrhunderts. Den klassischen Erzählerbericht ersetzte er weitgehend durch die Wiedergabe assoziativer, reflexiv gebrochener wörtlicher Rede.

Inhalt: Eduard, ehemals Schiffsarzt, inzwischen aber als Farmer in Südafrika sesshaft geworden, hat seinem Heimatdorf in Deutschland einen Besuch abgestattet. Die vierwöchige Rückreise ans Kap nutzt er, um seine Erlebnisse aufzuzeichnen. Im Mittelpunkt seines Manuskripts steht das eintägige Wiedersehen mit seinem Jugendfreund Heinrich Schaumann, der ihm seine Lebensgeschichte erzählt hat.

Aufgrund seiner Trägheit, seiner Essgier und eines entsprechenden Körperumfangs erhält Heinrich bereits in seiner Kindheit den Spitznamen »Stopfkuchen«. Von seinen Lehrern bloßgestellt und von den Gleichaltrigen »unter der Hecke« liegen gelassen, führt er das Leben eines Außenseiters. Er verteidigt Valentine Quakatz, die Tochter des Bauern Quakatz von der »Roten Schanze«, der des Mordes an dem Viehhändler Kienbaum verdächtigt wird, gegen Übergriffe der Dorfjugend. Nach abgebrochenem Theologiestudium kehrt Heinrich ins Dorf zurück, heiratet Valentine und bewirtschaftet an der Stelle des kränkelnden Quakatz die Rote Schanze. Beim Begräbnis seines Schwiegervaters erkennt er durch Zufall in dem allseits geschätzten Briefträger Störzer den wahren Mörder Kienbaums, doch er behält sein Wissen zunächst für sich. Erst nach Störzers Tod gibt er es Eduard und dann dem gesamten Dorf preis.

Aufbau: Der Ich-Erzähler Eduard bestreitet nur einen kleineren Teil des Romans; der weitaus größere Teil besteht aus der wörtlichen Rede Heinrichs. Diesem Erzählergegensatz entspricht

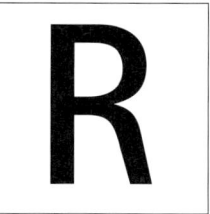

Wilhelm Raabe in einem Brief an den Schriftsteller Paul Heyse über *Stopfkuchen*:

Nehmen Sie die Rote Schanze als die deutsche humoristische Weltanschauung und den dicken Schaumann als den dürren Raabe, so haben Sie eine ganz feine Symbolik!

Die wichtigsten Bücher von Wilhelm Raabe	
Die Chronik der Sperlingsgasse, 1856	Ein einsamer alter Gelehrter zeichnet während eines Winters und eines Frühlings die Begebenheiten in seiner Straße, der Berliner Sperlingsgasse, auf. Der Roman ist ein virtuos konstruiertes Sozialporträt.
Der Hungerpastor 1863/64	Der Schuhmachersohn Hans Unwirrsch und sein jüdischer Freund Moses Freudenstein »hungern« beide nach Bildung, schlagen verschiedene Lebenswege ein und werden schließlich zu Gegnern.
Abu Telfan 1867	Ein junger Mann kehrt nach Jahren der Sklaverei in Afrika in seinen Heimatort Bumsdorf zurück und findet sich dort nicht mehr zurecht.
Der Schüdderump 1869/70	Hennig von Lauen und Antonie Häußler wachsen gemeinsam in einem dörflichen Idyll auf, werden dann aber durch Antonies Vater, einen neureichen Emporkömmling, auseinander gerissen.
Alte Nester 1879	Fünf junge Menschen verleben gemeinsam »Märchenjahre«, bis das Schicksal sie schließlich in alle Winde zerstreut.
Pfisters Mühle, 1884	Eberhard Pfister hat die väterliche Mühle verkauft, die einer Fabrik weichen soll, und erzählt die Geschichte des Gebäudes.
Das Odfeld, 1888	24 Stunden aus dem Sonderlingsleben des Magisters Noah Buchius, der gleichmütig das Chaos des Siebenjährigen Krieges erträgt.
Stopfkuchen 1891	Der Außenseiter Heinrich Schaumann, genannt »Stopfkuchen«, klärt eine alte Mordgeschichte auf und erschüttert damit die selbstgefällige bürgerliche Gesellschaft in ihren Grundfesten. → S. 887
Die Akten des Vogelsangs, 1896	Drei Menschen werden nach gemeinsam verlebter Jugend in der idyllischen Vorstadtsiedlung »Vogelsang« auseinander gerissen, und die Welt der Vorstadt muss Fabriken weichen.
Altershausen 1911	Ein berühmter Arzt besucht das Städtchen Altershausen, in dem er aufgewachsen ist, und erkennt, wie sich die Zeiten gewandelt haben.

Wilhelm Raabe um 1875

ein Gegensatz der Charaktere: Eduard verkörpert Bürgerlichkeit, Ehrgeiz und Erfolg, Schaumann hingegen ist ein »Anti-Bürger«, der das geschäftige Treiben in der Gesellschaft mit großer Distanz betrachtet. Jener ist, obgleich »Weltwanderer«, dem provinziellen Denken verhaftet geblieben, dieser hingegen hat sich von der Roten Schanze aus die Welt erschlossen.

Der Untertitel des Romans kündigt, fast reißerisch, eine *See- und Mordgeschichte* an, doch in Wirklichkeit steht anderes im Vordergrund: Heinrichs Lebensbericht, der zugleich eine Rechtfertigung seiner im bürgerlichen Sinn verfehlten Lebensform ist. Heinrich hat sich vom schwächelnden Außenseiter zum humoristischen Spötter der Gesellschaft entwickelt.

Symbole seiner Distanz zu ihr und zum Gegenwärtigen überhaupt sind die weit vor dem Dorf gelegene Rote Schanze, eine Art »weltoffener Idylle«, und seine Betätigung als Freizeit-Paläontologe und -Petrefaktenkundler.

Heinrichs Lebensbericht hat keine geschlossene, lineare Form; er besteht aus einer Vielzahl von berichtenden Elementen, Zwischenbemerkungen, Reflexionen, Wiederholungen, Andeutungen, Anspielungen, Zitaten, Anreden und Fragen. Er folgt dem Prinzip der Verzögerung und wirkt fast wie ein rhetorischer Racheakt, um die es im Werk auch geht. Indem Heinrich Störzer als den Mörder Kienbaums entlarvt, erschüttert er die Gesellschaft, die ihn ausstieß, in ihren Grundfesten: Er führt ihr die Fragwürdigkeit der eigenen moralischen Werte vor. Raabe zeigt diese Wirkung am Beispiel Eduards, den er als Berichterstatter versagen lässt.

Doch der Stopfkuchen wäre kein Buch von Raabe, wenn am Ende Eindeutigkeit herrschte.

In Heinrichs Lebensbericht wimmelt es nur so von versteckten Hinweisen darauf, dass er nicht ganz der Wahrheit entspricht, darunter z. B. Anspielungen auf den Lügenbaron Münchhausen. Überdies legt Raabe Heinrich ein verklausuliertes Geständnis in den Mund, das alles umwirft: »Ich habe Kienbaum völlig totgeschlagen... Wenn ein Mensch Kienbaum totgeschlagen hat, so bin ich der Mensch und Mörder.«

Wirkung: Indem Raabe im *Stopfkuchen* den klassischen Erzählerbericht weitgehend durch wörtliche Rede ersetzte, erschloss er neue Möglichkeiten perspektivischen Erzählens. Auch die Entfaltung mehrerer Lebensläufe im Verlauf der Gespräche eines Tages war wegweisend für die Erzähltechnik des Romans.

Mit verstärkter Rezeption des Buchs wandelte sich das Bild von Raabe. Hatte er lange Zeit als rückwärtsgewandter Idylliker oder kauziger Humorist ohne literarische Ambition gegolten, so erkannte man nun in ihm einen der Väter des modernen Romans. Spätestens seit Romano Guardinis *Studie* (1931) ist der weltliterarische Rang des *Stopfkuchen* unbestritten. *P. E.*

Rabelais, François

frz. Schriftsteller

* 1494? La Devinière bei Chinon, † 9.4.1553 Paris

📖 *Gargantua und Pantagruel*, 1532–64

François Rabelais ist vor allem als Schöpfer seines fünfbändigen Romanwerks *Gargantua und Pantagruel* bekannt geworden, dessen streckenweise fantastische Handlung ihm Gelegenheit gibt, Kirche und Bildungswesen des spätmittelalterlichen Frankreich satirisch anzugreifen und die geistigen Errungenschaften der jungen Renaissance dagegenzusetzen.

Der Vater von Rabelais, ein Advokat, legte sein Vermögen in einem Landgut, einem Gasthof, möglicherweise auch einer Apotheke an. Für den geistlichen Stand bestimmt, absolvierte Rabelais sein Noviziat in La Baumette bei Angers, damals die Bildungsstätte großer Familien. Nach einem schweren Verstoß gegen die Regeln der Franziskaner durfte Rabelais zu den dem Humanismus zugewandten Benediktinern wechseln, wo er seine literarische Bildung vertiefen konnte und vom Neuplatonismus mit der zentralen Position des Menschen im Universum beeindruckt war. Später wurde Rabelais Weltgeistlicher sowie Sekretär und Gesellschafter reicher Prälaten aus großen Familien, was ihn für längere Zeit nach Rom führte.

1526/27 begann Rabelais ein Studium der Medizin in Montpellier neben eigenen Vorlesungen über antike Gegenstände, die ihn

---

Satire

Herkunft: Erste Ansätze der Satire finden sich bereits in der altgriechischen Dichtung bei Aristophanes. In der römischen Antike bildeten sich zwei Traditionslinien heraus. Auf Lusilius (2. Jh. v. Chr.) geht die Form der römischen Verssatire zurück, deren Hauptvertreter Horaz, Persius und Juvenal waren. Bei der menippeischen Satire handelt es sich hingegen um eine Prosaform mit Verseinlagen → Petronius, → Lukian).

Bedeutung: In seiner heutigen Verwendung bezeichnet der Begriff keine spezifische Gattung, sondern ein literarisches Verfahren, das in allen Literaturformen vom

Epigramm bis zum Roman zu finden ist. Die Satire setzt sich in kritischer, gesellschaftsverändernder Absicht mit Missständen oder moralischen Einstellungen auseinander und bietet eine verzerrte Darstellung ihres Gegenstandes, die häufig mit dem Mittel der Ironie erreicht wird.

Anwendung: Zu den zahlreichen Autoren satirischer Werke gehören u. a. Miguel de → Cervantes Saavedra, François → Rabelais und Nikolai → Gogol, aus der deutschen Literatur sind Heinrich → Mann, Kurt → Tucholsky, Robert → Musil, Erich → Kästner und Günter → Grass zu nennen. *S. D.*

berühmt machten. Fortan hatte er durch die Medizin die Möglichkeit zu einer weltlichen Existenz, indem er als Arzt in Lyon arbeitete. Einkünfte einer Pfarrei in Le Mans enthoben ihn materieller Sorgen, doch mehrten sich die Angriffe auf sein seit 1552 in Teilen publiziertes und vielfach nachgedrucktes Werk *Gargantua und Pantagruel*, u. a. von Johannes Calvin (1509–64). Der »uomo universale« schrieb auch medizinische, juristische und militärtechnische Abhandlungen. Berühmt, umstritten und in Paris gefeiert, starb Rabelais im April 1553 in der Seinestadt.

Biografie: F. R. Hausmann, François Rabelais, 1979

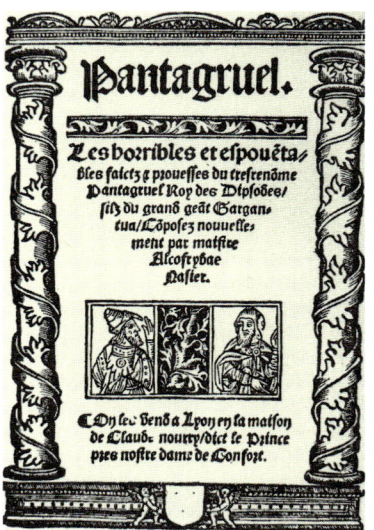

Gargantua und Pantagruel

OT Gargantu et Pantagruel **OA** 1532–64 **DE** 1575
Form Roman **Epoche** Renaissance

In dem satirisch-fantastischen fünfteiligen Romanzyklus *Gargantua und Pantagruel* verbindet François Rabelais mit bemerkenswerter Fabulierkunst Gelehrsamkeit und Volksweisheit, Spaß und Geist und fordert die Menschen zur Abkehr vom scholastischen und dogmatischen Denken auf.

Entstehung: Rabelais arbeitete über 20 Jahre an der Pentalogie. Das fünfte Buch erschien postum und ist vermutlich ursprünglich ein Teil des dritten bzw. vierten Buchs gewesen.

Inhalt: Nach Art der Ritterromane erzählt Rabelais die merkwürdig anmutenden Abenteuer der beiden Riesenkönige Gargantua und Pantagruel. Pantagruel ist durch immerwährenden Durst und enormen Appetit zu einer grotesk-gewaltigen Lebensführung genötigt, die allerdings auch mit einem unmäßigen Bildungshunger und Studiereifer verbunden sind. Diese Grundannahmen, die zum Teil auf alte Volksbücher und auf das berühmte Vorbild der *Chansons de Geste* aus dem Mittelalter zurückgehen, gestatten Rabelais, die Geschichte seiner beiden Helden und ihres Freundes Panurge (griech., der mit allen Wassern Gewaschene) mit einer an Episoden überreichen, sich assoziativ fortsetzenden Handlung zu verbinden.

Rabelais verknüpft populäres Erzählgut mit freier Fantasie, Legenden, Sagen und Seemannsgarn. Die unbekümmert wirkende sprachlich herausragende Präsentation ist dabei ebenso wichtig wie die erkennbaren Handlungsstränge, die teilweise sogar in den Hintergrund treten können. So wird die Frage, ob Panurge nach seiner Heirat von seiner Frau betrogen werden könnte, zum Ausgangspunkt einer weitläufigen Satire (Stichwort → S. 888) auf den Wissenschaftsbetrieb.

Struktur: Die eingehende Bildung sowie Erfahrung des Autors bilden das Fundament der Pentalogie, deren Stoff der Autor in den Klöstern und Bildungsstätten des Landes erworben und gesammelt hat. Montpellier, Lyon, aber auch Straßburg, Briancon, Grenoble oder Metz hat Rabelais besucht, erlebt und in seinem vielfältigen Frankreichbild mit einer im dritten und vierten Band immer stärker anekdotisch zerfallenden Romanhandlung verbunden. Besonders genau schildert Rabelais seine Heimat an der Loire, die zu jener Zeit a1s Kernland der Valois-Herrscher der Mittelpunkt des Königtums war. Das Land um Chinon ist Schauplatz des absurden Picrocholine-Krieges. Der tapferste in dieser Auseinandersetzung ist Bruder Jean, ein nicht sehr frommer Mönch, der zum Lohn von Gargantua die Abtei Thelème zugesprochen erhält. Sie ist das deutlichste positive Wunschbild des Werks, eine ideale Bildungsstätte in der jeder tun kann, wie ihm beliebt und in die nur schöne Menschen aufgenommen werden.

Da das Werk deutliche satirische Porträts wirklicher Personen enthält, hat man auch hinter den fantastischen Namen historische Persönlichkeiten vermutet: Grandgousier sei Ludwig XII., Gargamella Anna de Bretagne, Gargantua Franz 1., Pantagruel demnach Heinrich 11. und der verschlagene Panurge der Kardinal von Lothringen, ein Günstling Heinrichs 11. In der Gestalt des Bruders Jean sahen Kundige den Kardinal du Bellay, den reichen und mächtigen Gönner des Dichters.

Wirkung: Die Wortschöpfungen, Anspielungen und Verballhornungen, für die neben eben den antiken Sprachen auch das Rotwelsch Pate stand, haben sich über den Übersetzer Johannes Fischart auch im deutschen Sprachraum verbreitet. Das Werk begründete den Ruhm des Dichters und fand viele Nachahmer. *H. Sch.*

François Rabelais; links: *Pantagruel*, Titelseite der Originalausgabe 1532; rechts: *Gargantua*, Faksimile der Titelseite der Originalausgabe 1532

Auszug aus *Gargantua und Pantagruel* von François Rabelais:

Um die Mittagszeit, als wir uns der Insel Grimli näherten, bemerkte Pantagruel in der Ferne einen gewaltig großen, ja ungeheuren Wal, der schnaubend, tobend und prustend auf uns zukam; er ragte höher aus dem Wasser als die Masten unserer Schiffe und stieß aus seinem Rachen solche Wassermassen in die Luft, dass es wie ein vom Gebirge herabstürzender Gießbach sussah. Auf den Rat des Steuermanns mussten die Trompeter der »Thalamega« das Zeichen zum Sichsammeln der Schiffe geben. In strenger Ordnung stellten sich sämtliche Fregatten, Galionen und Transportschiffe im spitzen Winkel auf, so wie man die Kraniche fliegen sieht, an der Sitze die inzwischen kampfbereite »Thalamega«, nur Panurg fing an, mehr als je zu jammern und zu heulen: »Lasst uns fliehen. Spieß mich der Bulle, wenn das nicht der Leviathan ist, wie ihn der große Prophet Moses in seinem Buch über Hiob beschrieben hat.

Auszug aus *Der Teufel im Leib* **von Raymond Radiguet:**

Meine Hellsichtigkeit war nur eine gefährlichere Form meiner Naivität. Ich hielt mich für weniger naiv, ich war es nur in einer anderen Gestalt, denn jedes Alter ist auf seine Weise naiv. Die Naivität des Greisenalters ist nicht die schwächste. Diese vermeintliche Hellsichtigkeit verdunkelte mir alles und ließ mich an Marthe zweifeln. Vielmehr, ich zweifelte an mir selbst, da ich mich ihrer nicht würdig fand. Und hätte ich noch tausendmal mehr Beweise ihrer Liebe gehabt, ich wäre darum nicht weniger unglücklich gewesen.

Raymond Radiguet,
Den Teufel im Leib, Umschlag der deutschsprachigen Ausgabe der Büchergilde Gutenberg 1981

Radiguet, Raymond

frz. Schriftsteller

* 18.6.1903 Saint-Maur bei Paris, † 12.12.1923 Paris

📖 *Den Teufel im Leib*, 1923

Das Werk von Raymond Radiguet zeichnet sich durch eine verblüffende inhaltliche und stilistische Frühreife aus. Der jung verstorbene Autor setzte den Surrealisten seiner Zeit – mit denen er viel verkehrte – den rational-nüchternen Stil der französischen Klassiker entgegen, um die menschliche Psyche darzustellen.

Radiguets Vater war ein bekannter Karikaturist einer Pariser Zeitung, durch den er bereits mit 15 Jahren die Möglichkeit bekam, seine ersten Gedichte zu veröffentlichen. Schnell wurde er in den Kreis der großen Künstler wie Guillaume → Apollinaire, André → Breton, Max Jacob (1876–1944), Amedeo Modigliani (1884 bis 1920) und Pablo Picasso (1881–1973) aufgenommen. Gemeinsam mit Jean → Cocteau, der ihn förderte, verfasste Radiguet die komische Oper *Paul et Virginie* (UA 1788). Seine eigene Oper *Les Pélicans* wurde 1921 uraufgeführt. 1923 erschien der Roman *Der Teufel im Leib*. Im selben Jahr wurde der Autor mit dem Preis der Neuen Welt ausgezeichnet. Radiguet führte ein zügelloses Leben und starb 1923 kurz nach der Fertigstellung seines zweiten Romans *Der Ball des Comte d'Orgel* an Typhus. In beiden Romanen stellt er Probleme und Erscheinungsformen der Liebe dar. Im letzten Roman hatte der gerade 20-Jährige u.a. über das Alter geschrieben u.a.: »Jedes Alter trägt seine Früchte, man muss sie nur einzusammeln wissen«.

Literatur: T. Plaichinger, *Das Bild des Kometen*, 1989.

Den Teufel im Leib

OT Le diable au corps
OA 1923 **DE** 1923
Form Roman **Epoche** Moderne

Mit der Darstellung eines minderjährigen Schülers, der mit einer jungen Frau, deren Mann an der Front kämpft, Ehebruch begeht und ein uneheliches Kind in die Welt setzt, verletzte Raymond Radiguet bewusst bürgerliche Tabus und Konventionen.

Inhalt: Der 16-jährige Ich-Erzähler nimmt den Ersten Weltkrieg wie lange Sommerferien wahr; die Schule interessiert ihn nicht, er schwänzt den Unterricht und verbringt viel Zeit mit der 19-jährigen Marthe. Diese hat er noch vor ihrer Hochzeit mit dem Soldaten Jacques kennen gelernt. Während Jacques an der Front kämpft, treffen sich die beiden in Marthes Wohnung. Es entwickelt sich schließlich eine enge Liebesbeziehung – sehr zum Entsetzen der Eltern und Nachbarn. Als Marthe schwanger wird, beschließen sie, dass Jacques nichts davon erfahren und das Kind als sein eigenes betrachten soll; ihnen ist klar, dass ihre Beziehung keine Zukunft hat. Marthes Schwangerschaft verläuft mit Komplikationen, sodass sie sich in die Obhut ihrer Eltern begeben muss. Der Erzähler sieht sie nie wieder. Er erfährt von ihrem Tod und dass das Baby seinen Namen trägt.

Struktur: Radiguet entwirft einen widersprüchlichen Ich-Erzähler, der seine erste Liebe einerseits als unschuldige, fast geschwisterliche Liebe, andererseits als berechnendes Machtspiel darstellt. Der Autor spielt mit dem Klischee der unschuldigen Jugend; er legt dem Erzähler eine rationale und kühle Erzählweise in den Mund. In seiner Argumentation ahmt Radiguet Moralisten (Stichwort → S. 890) wie François de → La Rochefoucauld nach. Auch verwendet er in spielerischer Weise moralistische Charaktertypen, deren Rollen der Erzähler abwechselnd einnimmt, z.B. die des Egoisten, der Marthe zum eigenen Nutzen manipuliert. Die »moralistische« Erzählung erhält einen ironischen Zug durch die Tatsache, dass Radiguet erst 17 Jahre alt war, als er den Roman schrieb, während die großen Klassiker Frankreichs ihre Schriften meist im gestandenem Alter verfassten.

Wirkung: Kurz nach dem Ersten Weltkrieg veröffentlicht, löste das Buch einen Skandal aus. Die Öffentlichkeit sah die Gefühle der Kriegsveteranen verletzt und die französische Familie im falschen Licht dargestellt. Der Herausgeber des Romans und Jean → Cocteau wussten Radiguet schlau zu vermarkten: Die Ausgabe trug eine rote Bauchbinde, die auf das Alter des Autors aufmerksam machte. *Der Teufel im Leib* wurde mehrmals verfilmt, u.a. 1947 von Claude Autant-Lara.   R. S.

Moralisten

Bedeutung: Der Begriff leitet sich aus dem französischen »moraliste« für Sittenlehrer und Moralphilosoph ab.

Entstehung: Der Begriff stammt aus dem Frankreich des 17. und 18. Jahrhunderts – der Epoche des französischen Klassizismus – und bezieht sich in erster Linie auf die moralisch-engagierten Autoren dieser Zeit. Diese wollten nicht predigen, wie der Mensch sein soll, sondern beschreiben, wie er ist. Sie verfassten geistreiche, künstlerisch-ausgefeilte Essays, Tagebücher, Aphorismen und Satiren über die Psyche und das soziale Verhalten des Menschen,

auch Porträts einzelner Charaktertypen (z. B. der mondäne Geistliche). Ihre Einsichten sind meist pessimistisch-skeptischer Natur.

Anwendung: In der Antike verfassten Theophrast (371–287 v. Chr.), Seneca (um 4 v. Chr.–65) und Marc Aurel erste moralphilosophische Texte. Michel de → Montaigne war Vorläufer der großen Moralisten wie François de → La Rochefoucauld, Jean de La Bruyère (1645–96), Luc de Vauvenargues (1715–47) und Sébastien Roch Nicolas de Chamfort (1741–94). Deutsche Vertreter waren Georg Christoph → Lichtenberg und Arthur → Schopenhauer.

OT = Originaltitel   **EZ** = Entstehungszeit   **OA** = Originalausgabe   **DE** = Deutsche Erstausgabe   📖 = Verweis auf Werkartikel

Rahner, Karl

dt. katholischer Theologe

* 5.3.1904 Freiburg i. Br., † 30.3.1984 Innsbruck

📖 *Grundkurs des Glaubens*, 1976

Karl Rahner, Professor für Dogmengeschichte und Religionsphilosophie, verstand das Zweite Vatikanische Konzil als den »Anfang vom Anfang« einer Erneuerung des Katholizismus. Im Mittelpunkt seiner anthropologischen Theologie steht die von aller Verdinglichung befreite Gnade; durch sie gelangt der Mensch in die Unmittelbarkeit zu Gott. Damit schuf Rahner zugleich eine Transzendentaltheologie, die anthropologisches und transzendentes Denken verbindet.

Rahner trat 1922 in den Jesuitenorden ein und wurde 1932 zum Priester geweiht. Während seines philosophischen Promotionsstudiums in Freiburg (1934–36) stand er teilweise unter dem Einfluss von Martin → Heidegger. 1937 habilitierte er sich in Innsbruck zum Professor für Theologie und war nach Aufhebung der dortigen theologischen Fakultät (1938) in Wien als Seelsorger tätig. 1948 kehrte Rahner nach Innsbruck zurück und lehrte hier bis 1964. Danach folgte er dem Ruf nach München als Nachfolger von Romano Guardini, wechselte aber bereits 1967 auf das Ordinariat für Dogmatik und Dogmengeschichte in Münster (Emeritierung 1971).

1954 erschien der 1. Band der *Theologischen Schriften* (bis 1984 16 Bde.) Rahners. Ab 1960 an der Vorbereitung des Zweiten Vatikanischen Konzils beteiligt, ernannte ihn Papst Johannes XXIII. (1881–1963) 1963 als Mitarbeiter von Kardinal König zum Konzilstheologen. 1969 bis 1973 war Rahner Mitglied der Internationalen Theologenkommission. 1977 veröffentlichte er *Toleranz in der Kirche. Freiheit und Manipulation in Gesellschaft und Kirche – Rückblick auf das Konzil*. Das Gesamtwerk Rahners ist einerseits vom Versuch einer Vermittlung zwischen der Scholastik sowie der Mystik des Mittelalters und neuzeitlicher Philosophie gekennzeichnet. Andererseits reagierte er mit zahlreichen Veröffentlichungen zu Aufgaben des Christen in der Welt auf konkrete Herausforderungen einschließlich Fragen der ökumenischen Bewegung. Eines unter den vielfachen Zeichen seiner internationalen Reputation war die Gründung der Karl-Rahner-Society in den USA.

Rahners Bruder Hugo (1900–68) war ebenfalls Jesuit und Professor für Dogmengeschichte sowie Kirchengeschichte und Patrologie in Innsbruck und ein bedeutender Vertreter des christlichen Humanismus.

Literatur: K. H. Neufeld, *Die Brüder Rahner. Eine Biografie*, 1994.

Grundkurs des Glaubens

OA 1976 **Form** Sachbuch **Bereich** Religion

Der Titel *Grundkurs* unterstreicht sowohl die grundlegende als auch die lehrhafte Zielsetzung dieser Summe von Definitionen christlicher Glaubenssätze vor dem Hintergrund der katholischen Dogmengeschichte.

Entstehung: Ein Jahrzehnt nach dem Ende des Zweiten Vatikanischen Konzils hatten sich zwar die liturgischen Reformen des katholischen Gottesdienstes durchgesetzt, die theologischen Reformen waren dagegen ins Stocken geraten. Diesen Prozess wieder in Gang zu setzen, war das Anliegen von Karl Rahner.

Inhalt: Zu Grunde liegen Vorlesungen zur Einführung in den Begriff des Christentums. Als Leitlinie dient Rahner eine Anthropologie auf der Grundlage der jüdisch-christlichen Tradition im Spiegel der → *Bibel*: »Die wirkliche und ganze und umfassende Aufgabe für einen Christen als Christen ist es, ein menschliches Wesen zu sein, genauer bestimmt: ein menschliches Wesen, dessen Tiefen göttlich sind.«

Die theologische Argumentation betrifft in einer überwiegend streng wissenschaftlichen Begrifflichkeit Glaubensinhalte wie die Inkarnation Gottes in Jesus und die Auferstehung (»Wir verfehlen von vornherein den Sinn von ‚Auferstehung‘ im Allgemeinen und auch bei Jesus, wenn wir uns ursprünglich an der Vorstellung einer Wiederbelebung eines physisch-materiellen Leibes orientieren«).

Die Gnadenlehre führt zu einer neuen Bestimmung des Verhältnisses zwischen Heilsgeschichte und Weltgeschichte, zwischen Christen und Nichtchristen als »anonyme Christen«. Rahner erwies sich mit diesem Buch erneut als Theologe, der Kritik auch seitens der Kirche nicht scheut.

Wirkung: Rahner lenkte die theologische Diskussion mit aller Entschiedenheit auf heutige Probleme, das Dasein zu bewältigen. Bei erzkonservativen Verächtern der »Konzilssekte« gilt *Der Grundkurs des Glaubens* als Beweis für Rahners »Häresie«. *C. W.*

Karl Rahner, *Grundkurs des Glaubens*, Umschlag der Originalausgabe 1976

Auszug aus *Grundkurs des Glaubens* von Karl Rahner. Darin definiert der Autor den Gottesbegriff auf paradoxe Weise:

Den Gott, den es gibt, gibt es nicht! Denn den Gott gibt es wirklich nicht, der als einzelnes Seiendes neben anderem Seiendem sich auswirkt und waltet und so gewissermaßen selber noch einmal in dem größeren Haus aus der Gesamtwirklichkeit anwesend wäre. Suchte man einen solchen Gott, dann hätte man einen falschen Gott gesucht. Der Atheismus und ein vulgärer Theismus leiden an der selben falschen Gottesvorstellung; nur lehnt der eine diese ab, während der andere meint, sie dennoch denken zu können.

Ramayana

OT Ramayana **EZ** ca. 4. Jahrhundert v. Chr. bis 2. Hälfte des 2. Jahrhunderts n. Chr. (?) **EA** 1843–58 **DE** 1841 **Form** Epos **Epoche** Altindisch

Das *Ramayana* ist neben dem → *Mahabharata* (entst. ca. 400 v. Chr.–400 n. Chr.) das zweite große Epos der indischen Literatur und das erste Epos indischer Kunstdichtung.

Entstehung: Das *Ramayana* war in seiner heutigen Form wahrscheinlich in der zweiten Hälfte des 2. Jahrhunderts abgeschlossen. Der Kern des Epos könnte auf das 4. oder 3. Jahrhundert v. Chr. datiert werden. Nach indischer Tradition war ein Dichter namens Valmiki der Verfasser dieses Kerns. Die Bücher 1 und 7 sind jedoch eindeutig hinzugefügt worden und tragen nach Auffassung einiger Indologen die Vergöttlichung eines lokalen Helden nach.

Inhalt: Das *Ramayana* erzählt in sieben Büchern mit ca. 24 000 Versen die Abenteuer und das Schicksal des Prinzen Rama, der eine Wiedergeburt des Gottes Vishnu auf Erden ist. Im Mittelpunkt stehen, neben Rama selbst, seine Brüder Lakshmana, Bharata und Shatrughna sowie seine Frau Sita.

Vishnu inkarniert sich, weil die anderen Götter ihn im Krieg mit dem Dämonenfürsten Ravana um Hilfe bitten. Als sich die Brüder auf ihren Kampf mit den Dämonen vorbereiten, kommen sie an den Hof des Königs Janaka, wo Rama die schöne Prinzessin Sita als Frau erringt. Als in Ramas Heimat die Thronfolge zu regeln ist, gelingt es einer intriganten Amme, den Erstgeborenen Rama zu Gunsten seines Bruders Bharata in eine 14 Jahre dauernde Verbannung zu schicken, welche Sita und sein Bruder Lakshmana mit ihm teilen. Obwohl Bharata das Urteil rückgängig machen möchte, besteht Rama darauf, dass seines Vaters Wort für ihn gelte und er die Verbannung bis zu Ende einhalten müsse. Von den zahlreichen Abenteuern, welche die Helden in dieser Zeit bestehen müssen, ragt die Entführung Sitas durch Ravana und ihre Befreiung heraus. Die verliebte Riesin Shurpanakha wird erst von Rama, dann von Lakshmana abgewiesen. Aus Rache überredet sie ihren Bruder Ravana, Sita zu entführen. Mit Hilfe des Dämons Marica gelingt der Plan und Sita wird auf Ravanas Inselfestung Lanka verschleppt. Dort weigert sie sich, Ravana zu Willen zu sein und erhält eine Jahresfrist, um sich anders zu besinnen, bevor er sie fressen würde. Inzwischen versuchen Rama und Lakshmana Sita zu finden. Für einen Dienst, den sie dem Affenkönig Sugriva erweisen, stellt dieser ihnen seinen Kanzler Hanuman zur Verfügung. Hanuman findet Sita, und es gelingt den Verbündeten, Lanka zu erobern. Rama tötet Ravana, aber als Sita zu ihm gebracht wird, verstößt er sie, weil ihre Treue nicht erwiesen sei. Sita erbittet ein Gottesurteil, um ihre Unschuld zu beweisen, und Rama gewährt es ihr. Gott Agni rettet sie aus den Flammen des Scheiterhaufens und Rama nimmt sie wieder auf. Schließlich wird Rama in seiner Heimat Adyodhya zum König gekrönt. Das Volk murrt jedoch trotz des Ordals über die Rückkehr Sitas und Rama verstößt Sita, die inzwischen mit Zwillingen

schwanger ist, abermals. Die Entscheidung ihres Gatten duldsam ertragend, geht sie zur Einsiedelei Valmikis. Als Rama Jahre später ein Rossopfer (altindisches Ritual) durchführt, nehmen auch Valmiki und Sitas Söhne daran teil. Indem die Männer das von Valmiki verfasste Epos über Ramas Taten vortragen, erfährt Rama, dass Sita lebt und die beiden seine Söhne sind. Er lässt Sita bringen, verlangt aber erneut einen Schwur von ihr, dass sie ihm auf Lanka treu geblieben war. Sita ruft die Erdgöttin zu ihrer Zeugin an, die Sita zu sich in die Erde nimmt und so Rama für sein übertriebenes Misstrauen bestraft.

Wirkung: Das *Ramayana* übt bis heute starken Einfluss auf das indische Geistesleben aus. Eine kaum zu überschauende Zahl von literarischen Werken, Bühnenstücken und Filmen verarbeitet Stoffe aus dem Epos. Rama und Sita sind für viele Inder das Ideal für Tugendhaftigkeit und Reinheit. *R. D.*

Ramuz, Charles-Ferdinand

französischsprachiger Schweizer Schriftsteller

* 24.9.1878 Lausanne, † 31.5.1947 Pully

📖 *Besuch des Dichters*, 1923/29

Charles-Ferdinand Ramuz gilt als Vater der französischsprachigen Schweizer Literatur. Sein Werk ist geprägt von dem Bemühen um eine authentische, unmittelbare Sprache. Während seiner langen Jahre in Paris wurde ihm bewusst, wie sehr der heimatlichen Landschaft und ihren Menschen eine eigene literarische Sprache und Ausdrucksweise fehlten. In bewusster Distanzierung von der klassischen französischen Hochsprache schuf er ein archaisches Werk voller ursprünglicher Sprach- und Zeichenkraft.

Ramuz wuchs in Lausanne auf, wo seine Eltern einen Kolonialwarenladen führten. Nach dem Studium unterrichtete er zeitweilig als Privatlehrer. 1904 zog Ramuz nach Paris. Bald errang er erste literarische Ehren (Schiller-Preis 1909) und beteiligte sich als Gründungsmitglied an *Voile Latine*, einer Zeitschrift, die sich für eine eigenständige literarische und künstlerische Entfaltung der französischen Schweiz einsetzte. 1914 nach Lausanne zurückgekehrt, erlebte Ramuz in den 1920er und 30er Jahren seinen Schaffenshöhepunkt. Unter dem Eindruck des Zweiten Weltkriegs begann mit der Arbeit an den *Œuvres complètes* (1940/41) eine letzte Schaffensphase der Rückschau.

Biografie: G. Froidevaux, *Ich bin Ramuz – nichts weiter*, 1987.

Besuch des Dichters

OT Le passage du poète **OA** 1923/29 **DE** 1934
Form Roman **Epoche** Moderne

Die Texte von Charles-Ferdinand Ramuz stellen einen Versuch dar, eine ursprüngliche, archaische Sprache zur Geltung zu bringen, wie sie im Waadtland von Bauern und Winzern gesprochen wurde. Diese Sprache sollte gestisch wirken und dadurch unmittelbar auf die Dinge Bezug nehmen. In *Besuch des Dichters* verwirklicht Ramuz ein gestisches und plastisches Erzählen, in dem er die Lebenswelt eines Winzerdorfs am Ufer des Genfer Sees einfängt.

Inhalt: Der Korbmacher Besson kommt an einem grauen Tag im März durch die engen Gässchen der Weinberge in ein Dorf am Genfer See. Auf dem Rücken trägt er in einer Hotte seine Habseligkeiten. Morgens sitzt Besson unter den Platanen des Dorfplatzes, während seine Hände beim Flechten der Körbe wie in der Taubstummensprache Zeichen in die Luft schreiben. Am Nachmittag zieht er durchs Land, um seine Ware zu verkaufen. Bessons Anwesenheit, die Anwesenheit eines Schauenden, der in einer einfachen Sprache zu Landschaft und Dingen redet, gibt der Welt Gestalt und Zweck. In seiner Gegenwart erkennen und begreifen die Dörfler staunend ihre eigene Welt.

Es wird Frühling und die Arbeit der Winzer in ihren über dem See gelegenen Rebgärten beginnt von neuem. Bovard, einer von ihnen, wird unversehens zum Dichter. In langen, ungeschickten Monologen beginnt er sein Handwerk, sein Leben zu preisen: das Verharren an Ort und Stelle, das unermüdliche und harte Arbeiten, das belohnt wird durch den »geistigen« Ertrag, den Wein. Unter Bessons Einfluss reift in den Menschen das Gefühl einer Gemeinschaft, einer gemeinsamen Verbundenheit in der heimatlichen Natur heran.

Ausdruck findet dieses neue Bewusstsein im kantonalen Schützenfest, das auch die Randexistenzen des Dorfs zu integrieren vermag: den Nörgler Congo, den Säufer und Schwätzer Calamin sowie den von seiner Frau verlassenen Winzer Gilliéron, dem all sein Hab und Gut gepfändet wird. Das Schützenfest, das Ende August stattfindet, markiert auch das Ende von Bessons Besuch. In der Dämmerung bricht er auf und verschwindet unbemerkt in der Dunkelheit. Man braucht ihn nicht mehr: Die Menschen sind selbst Dichter geworden in ihrer heimatlichen Gemeinschaft.

Aufbau: Ramuz stellt Umwelt und Natur als Verköperung der inneren Welt der Menschen dar. In stetem Perspektivwechsel fängt er das Erleben und Denken der Winzer, ihren kollektiven Meinungshintergrund, aber auch die einmalige Landschaft des Genfer Sees ein.

Charles Ferdinand Ramuz während der Verleihung des Großen Literaturpreises der Schweizer Schillerstiftung im Großratssaal von Lausanne am 18. Oktober 1936

Die wichtigsten Bücher von Charles–Ferdinand Ramuz	
Aline 1904	Das Bauernmädchen Aline verliebt sich in einen reichen Bauernjungen, der nur mit ihr spielt. Als Aline schwanger wird, heiratet er eine reiche Bauerntochter aus dem Nachbardorf. Aline tötet ihr Neugeborenes und anschließend sich selbst.
Jean-Luc der Verfolgte 1909	Der Walliser Bauernsohn Jean-Luc heiratet die sinnliche Christine, die ihn betrügt. Jean-Luc versinkt in Wahn und Trinkerei. Nach dem Tod seines Sohns rächt sich Jean-Luc grausam an seiner getrennt von ihm lebenden Frau und stürzt auf der Flucht zu Tode.
Grund des Daseins 1914/26	In seinem ersten poetologischen Essay setzt Ramuz erstmals der kultivierten Welt der französischen Sprache die ursprüngliche, unmittelbarere Welterfahrung des Waadtlands entgegen.
Die Heilung der Krankheiten 1919	Ein Arbeitermädchen wird schwer krank und scheint nicht geheilt werden zu können. Da geschehen Wunder: Kranke Menschen kommen aus dem Umland der Stadt und werden geheilt. Das Mädchen nimmt alle Krankheiten auf sich und stirbt.
Bäuerliche Grüße 1921	Die Titelgeschichte, die den Höhepunkt der Erzählkunst von Ramuz bildet, erzählt von einem jungen Bauern, der nach einer Liebesbegegnung im Wald aus lauter Freude alle Dinge, Bäume und Büsche grüßt, als könnten sie teilhaben an seiner Freude.
Besuch des Dichters, 1923/29	Durch den Besuch des Korbmachers Besson lernen die Bewohner eines Winzerdorfs ihre Welt mit neuen Augen zu sehen. → S. 893
Die große Angst in den Bergen, 1926	Auf einer mit einem Fluch belegten Alp bricht die Maul- und Klauenseuche aus. Die Menschen reagieren mit urtümlicher Angst und Aberglauben, stürzen sich in Unglück und Tod.
Derborence 1932	Ramuz erzählt die Geschichte des Bergsturzes von Derborence. Die fatalistischen Dorfbewohner glauben nicht an eine Rettung der auf der Alp Verschütteten; nur eine junge Ehefrau zieht allein los und versucht, ihren ebenfalls verschütteten Mann zu bergen.
Entdeckung der Welt, 1939	In seinen Memoiren erweckt Ramuz noch einmal das ländliche Lausanne seiner Jugend zum Leben.

Charles Ferdinand Ramuz, *Besuch des Dichters*, Einband der deutschsprachigen Ausgabe 1987

Das Werk ist durchdrungen von der einfachen Sprache der Landleute. Ramuz ahmt diese bedächtige und ungelenke Redeweise der Winzer nach und schafft dabei eine eigene, künstlerische Sprache. Über diese vergegenwärtigt er die Erdverbundenheit und Ursprünglichkeit der Menschen, die zu ihrer eigenen Verblüffung lernen, den Sinn und die Essenz ihres Lebens auszudrücken.

Wirkung: Ramuz geriet vermutlich aufgrund seiner Thematik in Vergessenheit. Die Welt der Bauern und Winzer wurde bereits zu seinen Lebzeiten von einer moderneren Landwirtschaft und Lebenswelt abgelöst. Das Vermächtnis des Autors bleibt jedoch die ursprüngliche, gestische und daseinsfreudige Sprache sowie die Utopie von einer Gesellschaft, die dem Einzelnen eine gemeinschaftlich erfahrene Lebenswelt bietet. *O.F.*

Ranke, Leopold von

dt. Historiker

* 21.12.1795 Wiehe (Thüringen), † 23.5.1886 Berlin

📖 *Deutsche Geschichte im Zeitalter der Reformation, 1839–47*

Auszug aus *Deutsche Geschichte im Zeitalter der Reformation* von Leopold von Ranke:

Und so schritt ich mutig an die Ausarbeitung dieses Werkes, überzeugt, dass, wenn man nur mit ernstem und wahrheitsbeflissenem Sinn in den echten Denkmalen einigermaßen umfassende Forschungen angestellt hat, spätere Entdeckungen zwar wohl das einzelne näher bestimmen werden, aber die Grundwahrnehmungen doch zuletzt bestätigen müssen. Denn die Wahrheit kann nur eine sein.

Leopold von Ranke gilt als der Gründervater der modernen deutschen Geschichtswissenschaft und Geschichtsschreibung. Die von ihm maßgeblich entwickelte Quellenkritik beansprucht bis heute als »historische Methode« Gültigkeit.

1795 als Spross einer lutherischen Theologenfamilie in Thüringen geboren, studierte Ranke in Leipzig und Halle Theologie sowie Philologie und war für einige Jahre als Gymnasiallehrer tätig, ehe er 1825 an die Berliner Universität berufen wurde. Dort lehrte er, 1841 von König Friedrich Wilhelm IV. (1795–1861) zum »Historiografen des Preußischen Staates« ernannt, bis 1871 und bildete eine Reihe namhafter Historiker heran. Die erste Ausgabe seines Gesamtwerks (1867–90) umfasste 54 Bände.

Die wichtigsten Bücher von Leopold von Ranke	
Die römischen Päpste, 1834–36	Eine Geschichte des Papsttums im 16. und 17. Jahrhundert, seines Niedergangs und seiner Regeneration aus eigener Kraft.
Deutsche Geschichte im Zeitalter der Reformation, 1839–47	Der Autor präsentiert eine monumentale Abhandlung über die religiös politische Umwälzung der Reformation und ihre Bedeutung für die deutsche nationale Geschichte. → S. 894
Neun Bücher preußischer Geschichte 1847/48	Eine Darstellung der staatlichen Entwicklung Preußens zur europäischen Großmacht. Ranke beginnt in seiner Darstellung bei König Friedrich Wilhelm I. und endet bei Friedrich II.
Französische Geschichte, 1852–61	Eine epochemachende Darstellung der Geschichte der westeuropäischen Großmacht im 16. und 17. Jahrhundert.
Englische Geschichte, 1859–68	Ranke schildert die Entwicklung des englischen Konstitutionalismus als Alternative zum französischen Absolutismus.

Die Forderung von Ranke, der Geschichtsschreiber habe weder Richter über die Vergangenheit noch Schulmeister der Zukunft zu sein, sondern solle lediglich zeigen, »wie es eigentlich gewesen«, ist eines der wirkungsmächtigsten Zitate der historischen Zunft. Rankes umfassendes wissenschaftliches Werk, geprägt von strengem Objektivitätsideal wie von großer Darstellungskunst, bietet dem historisch Interessierten nach wie vor einen unverwechselbaren Lektüre-Genuss.

Deutsche Geschichte im Zeitalter der Reformation

OA 1839–47 **Form** Sachbuch **Bereich** Geschichte

Als 1839 der erste Teil der *Deutschen Geschichte im Zeitalter der Reformation* von Leopold von Ranke erschien, gab es kein Werk, das vom Anspruch und von der Ausführung her mit diesem Prunkstück der Geschichtsschreibung vergleichbar gewesen wäre. Die über 1000 Seiten starke Darstellung gewann in der Entwicklung der Historiografie alsbald den führenden Platz und hat ihren klassischen Rang ungeachtet allen Wandels der Anschauungen und aller Fortschritte der historischen Wissenschaft bis heute behauptet.

Entstehung: Bevor sich Ranke an die Darstellung der Reformationsgeschichte machte, hatte er 1834–36 ein brillantes Buch über *Die römischen Päpste* veröffentlicht, das ihn weithin berühmt machte. Mit gutem Gewissen konnte er in Anspruch nehmen, diese Geschichte der Päpste in unparteiischem Geist verfasst zu haben. Es schien ihm jedoch, dem Protestantismus in diesem Buch nicht wirklich gerecht geworden zu sein. Dieser Aufgabe widmete er sich in den zehn Büchern der Reformationsgeschichte, die er 1839–47 schrieb. Anknüpfen konnte er dabei an ein Fragment aus seiner Studienzeit, in dem er eine Lebensbeschreibung von Martin → Luther begonnen hatte.

Inhalt: In den einleitenden Passagen des Buchs beschreibt Ranke seine Vorgehensweise und sein wissenschaftliches Verfahren: auf der Grundlage einer umfassenden Quellenanalyse beabsichtigt er, in einer Kombination von politischer und kirchlicher Geschichte jene Epoche zu beschreiben, in der »die religiös-politische Lebenstätigkeit der deutschen Nation in ihren kraftvollsten und produktivsten Triebe« stand.

Das in zehn Bücher unterteilte Werk beginnt mit einer Darstellung deutscher Geschichte vor der Reformation; Ranke beschreibt die Zeit der Karolinger und behandelt die Auseinandersetzungen zwischen Papsttum, Kaisertum und deutschen Fürsten bis ins 15. Jahrhundert.

Im ersten Buch widmet sich der Autor den Versuchen, auf den Reichstagen um die Wende vom 15. zum 16. Jahrhundert zu einer Reichsreform zu gelangen sowie der Außenpolitik Kaiser Maximilians in den ersten Dezennien des 16. Jahrhunderts. Das zweite Buch führt in die eigentlichen Sturmjahre der Reformation, von den Anfängen Luthers und Kaiser Karls V. bis zum bedeutenden Wormser Reichstag von 1521. Beeindruckend schildert Ranke die Ursprünge der religiösen Opposition und die Chronik des Abfalls vom Papsttum. Religiöse Strömungen, innere Reichspolitik und Außenpolitik über vier Jahrzehnte werden in ihrer wechselseitigen Beeinflussung und Durchdringung in den folgenden Büchern beschrieben und analysiert. Dort, wo die Ereignisse es verlangen, werden Porträts der handelnden Persönlichkeiten in die Darstellung geflochten, wird herausgestellt, wie sich ihre Individualität auf die Gestaltung der Umwelt fördernd oder hemmend auswirkte. Kaiser Karl V. hat bis heute nur selten eine solch feinfühlige Kritik und Würdigung erfahren wie in diesem Buch. Die Umstände, die diesen schwer ergründbaren Herrscher zu einer tragischen Gestalt der Geschichte werden ließen, werden vom Autor fachlich wie sprachlich kunstvoll präsentiert.

Ranke führt die Abhandlung, über den Tod Luthers (1546) hinaus, bis zur Abdankung Karls V. im Jahr 1556 fort und schließt mit einer Beschreibung des inneren Zustand des Protestantismus um die Mitte des 16. Jahrhunderts.

Wirkung: Als eines der beeindruckendsten Werke des »größten deutschen Historikers« wirkt dieses Buch bis in die Gegenwart der historischen Wissenschaft fort. Gleichwohl würde die Darstellung in ihrer stark eingeschränkten Perspektive auf die »große« Politik dem Anspruch der modernen Historiografie natürlich nicht genügen. Die »ganze« Geschichte der Reformation, vor allem ihre soziale Geschichte, hat Ranke nicht geschrieben, aber die Politik- und Kirchengeschichte dieser Epoche findet man in dem Werk brillant präsentiert. *R. F.*

Ransmayr, Christoph

österreich. Schriftsteller

*20.03.1954 Wels (Oberösterreich)

📖 *Die letzte Welt*, 1988

Mit seinem ausgeprägten Sinn für bildhafte Darstellungen, in denen sich realistische Details mit fantastischen Transformationen und intertextuellen Bezügen verbinden, gehört Chris-

Christoph Ransmayr

toph Ransmayr zu den bedeutendsten deutschsprachigen Vertretern postmodernen Erzählens. Als Sohn eines Volksschullehrers wuchs Ransmayr in Roitham bei Gmunden am Traunsee auf. Nach seinem Studium der Philosophie und Ethnologie in Wien war er 1978–82 als Kulturredakteur für die Monatszeitschrift *Extrablatt* tätig und schrieb zudem Reportagen und Essays für die Magazine *Transatlantik*, *Geo* und *Merian*. Seit 1982 lebt Ransmayr als freier Schriftsteller. Ausgedehnte Reisen führten ihn in eine Vielzahl von Ländern in Asien, Amerika und Afrika sowie nach Australien.

Charakteristisch für Ransmayrs Romane sind die Schilderung grenzüberschreitender Erfahrungen sowie die literarische Bearbeitung historischer Ereignisse und deren Verknüpfung oder Brechung mit Momenten aus der Gegenwart. Der Autor wurde u. a. mit dem großen Literaturpreis der Bayerischen Akademie der Schönen Künste (1992), dem Kafka-Preis (1995), dem Aristeion-Preis der EU (1996) sowie dem Hölderlin-Preis (1998) ausgezeichnet. Seit 1994 lebt und arbeitet Ransmayer im irischen West-Cork.

Literatur: U. Wittstock (Hrsg.), *Die Erfindung der Welt. Zum Werk von Christoph Ransmayr*, 1997.

Die wichtigsten Bücher von Christoph Ransmayr	
Strahlender Untergang 1982	In dieser in rhythmischer Prosa verfassten Untergangsvision wird der Mensch einer streng wissenschaftlich überwachten Extremsituation in der Wüste ausgesetzt.
Die Schrecken des Eises und der Finsternis, 1984	Der Roman verknüpft eine historische Nordpol-Expedition aus den Jahren 1872–74 mit der fiktiven Geschichte einer Suche nach den Ereignissen dieser Expedition.
Die letzte Welt 1988	Der Roman handelt von einer Suche nach dem verbannten Dichter Ovid und dessen Hauptwerk *Metamorphosen*, die schließlich in eine von den *Metamorphosen* geprägte Welt führt. → S. 896
Morbus Kitahara 1995	Konflikte um Schuld, Rache und Vergeltung stellt dieser Roman in der Fiktion einer anderen geschichtlichen Entwicklung nach dem Ende des Zweiten Weltkriegs dar.
Der Weg nach Surabaya, 1997	Der Band versammelt zehn 1979–89 entstandene Reportagen und sechs literarische Kurzprosatexte aus den Jahren 1989–96.

Die letzte Welt

OA 1988 **Form** Roman **Epoche** Postmoderne

Die letzte Welt von Christoph Ransmayr stellt eine postmoderne Auseinandersetzung mit den *Metamorphosen* (entst. 1–8) von → Ovid dar, jenem epischen Sagengedicht, das eine Vielzahl von Verwandlungsmythen aus der griechischen und römischen Kultur zu einem Gesamtwerk verknüpft. Durch Transformationen und Bezüge zur Gegenwartskultur nimmt der Roman eine Neugestaltung des Prinzips der Verwandlung vor.

Inhalt: Der römische Bürger Cotta bricht in die am Schwarzen Meer gelegene Provinzstadt Tomi auf, um dort nach dem Dichter Ovid und einer letzten Fassung von dessen Hauptwerk, den *Metamorphosen*, zu suchen. Die graue Stadt am Rande des römischen Reichs, deren Bewohner von der Eisengewinnung leben, ist ein Ort des Verfalls, der von Überschwemmungen und Erosionen heimgesucht wird. An diesem Ort war Ovid wegen einer gesellschaftskritischen Rede und seines als staatsfeindlich eingestuften Werks vom Imperator Augustus verbannt worden. Vor seiner Abreise hatte der Dichter die Manuskripte seiner *Metamorphosen* verbrannt; er selbst soll Gerüchten zufolge inzwischen verstorben sein. Einige Stofffetzen, die Cotta in der Umgebung von Tomi findet, bestärken diesen jedoch in der Vermutung, dass Ovid noch am Leben sei oder zumindest in der Verbannung an seinem Werk weitergearbeitet habe. Pythagoras, Ovids ehemaliger Diener, führt Cotta zu einem Platz mit Steinmonumenten, in denen die Schlussverse der *Metamorphosen* eingraviert sind. Von der schönen, aber an Schuppenflecken leidenden Echo erfährt Cotta von Ovids Projekt eines Buchs der Steine, in dem sich das Ende der Welt ankündige, und in den Teppichen der taubstummen Weberin Arachne finden sich weitere Motive von Ovids Erzählungen. Mit den Bewohnern von Tomi gehen unterdessen Verwandlungen vor sich, sie versteinern oder verwandeln sich in Tiere; die Stadt selbst wird nach und nach von Pflanzen überwuchert.

Aufbau: Der Roman blendet verschiedene Referenzsysteme ineinander, zu denen das Zeitalter des Kaisers Augustus, bestimmte Phänomene der Gegenwart, insbesondere aus dem Bereich moderner Medien, sowie das im Anhang erläuterte »ovidische Repertoire« gehören. So werden etwa die Reden der Großveranstaltungen in Rom mit Mikrophonen übertragen, und in Tomi begegnet Cotta dem Filmvorführer Cyparis, der selbst eine Figur Ovids ist und dessen Filme ebenfalls Motive aus dem Werk des Dichters enthalten. Die sinnfälligen Szenerien in der Gegend von Tomi verknüpfen antike und mythologische Momente mit solchen der modernen Industriegesellschaft. Den ovidischen *Metamorphosen* folgend, gestaltet *Die letzte Welt* das Prinzip der Verwandlung gleichermaßen als Gegenstand des Erzählens und als literarische Verfahrensweise. In seiner Verknüpfung verschiedener Zeiten und Mythen setzt der Roman das Prinzip der Verwandlung an die Stelle eines kontinuierlichen Geschichtsverlaufs. Die Welt Ovids erscheint als ein Gegenentwurf zu dem von Rom repräsentierten »Reich der Notwendigkeit und der Vernunft«, welches eine »Dauer und Unwandelbarkeit der Macht« intendiert. Das von Cotta gesuchte Werk Ovids, die *Metamorphosen*, zeigt sich am Ende in jenem Verwandlungsprozess, der sich in der Welt von Tomi vollzogen hat, deren Bewohner letztlich allesamt Transformationen von Figuren Ovids sind. In dieses Werk gehen schließlich auch Cotta und Ovid selbst ein. Die Fiktion erweist sich so als Wirklichkeit und die Wirklichkeit als Fiktion.

Wirkung: *Die letzte Welt* gehört zu den erfolgreichsten deutschsprachigen Büchern der Gegenwart und wurde in mehr als 20 Sprachen übersetzt. Nachdem das Buch bei seinem Erscheinen in vielen Feuilletons gewürdigt wurde, hat es inzwischen auch ein breites Interesse in der Literaturwissenschaft auf sich gezogen. *D. G.*

Christoph Ransmayr, *Die letzte Welt*, Umschlag der Originalausgabe 1988

Auszug aus dem Roman *Die letzte Welt* (1988) von Christoph Ransmayr:

Aus Rom verbannt, aus dem Reich der Notwendigkeit und der Vernunft, hatte der Dichter die Metamorphoses am Schwarzen Meer zu Ende erzählt, hatte eine kahle Steilküste, an der er Heimweh litt und fror, zu seiner Küste gemacht und zu seinen Gestalten jene Barbaren, die ihn bedrängten und in die Verlassenheit von Trachila vertrieben.

Rasputin, Valentin

russ. Schriftsteller

* 15.03.1937 Ust Uda (Gebiet Irkutsk)

📖 *Abschied von Matjora*, 1976

Valentin Rasputin ist einer der wichtigsten Autoren der russischen Dorfprosa (Stichwort → S. 897) und einer der meistgelesenen Schriftsteller der ehemaligen Sowjetunion. Im Zentrum seiner Werke stehen zumeist einfache Leute aus abgelegenen Dörfern sowie der Konflikt zwischen ihren jahrhundertealten Traditionen und der sozialistischen Umgestaltung ihrer Lebensformen.

Rasputin wurde in einem sibirischen Dorf am Fluss Angara geboren. In den 1950er Jahren studierte er an der historisch-philologischen

Fakultät in Irkutsk und war anschließend bei verschiedenen Zeitungen tätig. Ende der 1960er Jahre formierten sich in der Novelle *Geld für Maria* (1967) und dem Roman *Die letzte Frist* (1970) die Schlüsselthemen seines Werks: die Traditionen der Menschen, ihre Religiosität und ihre archaische Sprache, die den Hintergrund bilden für die großen Fragen der menschlichen Existenz. Anfang der 1990er Jahre verstärkte Rasputin sein publizistisches Engagement, bei dem er mit der extremen Rechten gegen den moralischen Verfall und die Überfremdung Russlands agitierte. Im Jahr 2000 erhielt er den Solschenizyn-Preis für sein Lebenswerk. Rasputin lebt noch heute in der Nähe seines Geburtsortes.

Abschied von Matjora

OT Proschtschanie s Materoj **OA** 1976 **DE** 1977
Form Roman **Epoche** Gegenwart

Abschied von Matjora von Valentin Rasputin ist das Hauptwerk der Dorfprosa (Stichwort → S. 897), einer der wichtigsten Strömungen innerhalb der sowjetischen Literatur. Im Zentrum des Romans steht der Konflikt zwischen dem russischen Dorf, seinen Bewohnern und ihren konservativen Lebensformen sowie der sowjetischen Gesellschaft, deren technikgläubige Fortschrittsideologie die Grundlagen der Dorfgemeinschaft bedroht.

Inhalt: Im sibirischen Fluss Angara liegt nahe der Stadt Bratsk die Insel Matjora und auf ihr seit über 300 Jahren ein gleichnamiges Dorf. Für ein Kraftwerk soll der Fluss aufgestaut werden, was die Überflutung der Insel zur Folge hätte. Vor diesem Hintergrund spielt die Auseinandersetzung zwischen einer Gruppe von Dorfbewohnern um die 80-jährige Bäuerin Darja Pinignia und dem sowjetischen Funktionär Zhuk (Käfer), der die Umsiedlung der Dorfbewohner organisiert. Die Mehrheit ist bereits aufs Festland gezogen, lebt jetzt in einer modernen Sowchosensiedlung und kommt nur noch zur Heuernte und zum Roden des Waldes auf die Insel. Die wenigen auf der Insel Verbliebenen wollen jedoch bis zum letzten Moment Abschied von ihrer Heimat nehmen. Der Vorgang des Abschiednehmens prägt die künstlerische Struktur des Romans und macht ihn zu einem exemplarischen Werk der Dorfprosa.

Als im Frühsommer eine Sanitätsbrigade damit beginnt, den Friedhof des Inseldorfs zu zerstören, wird die Unvermeidbarkeit des Abschiedes deutlich. Darja – Sprachrohr des Autors und seiner tief konservativen Ideologie – fordert, zunächst die Toten auf das Festland umzubetten, erst dann würde sie sich bereit erklären, die Insel zu verlassen. Das Ende des Ro-

---

Dorfprosa

Vorläufer: Vorläufer der Autoren der sowjetischen Dorfprosa sind – allerdings nur auf thematischer Ebene – der Dichter Sergej Esenin (1895–1925), der als erster russischer Schriftsteller die Themen Dorf und neue kommunistische Gesellschaftsordnung verband, vor allem aber der Nobelpreisträger Michail → Scholochow, der in seinen Werken die Kollektivierung der Landwirtschaft verherrlichte.

Entwicklung: Die Dorfprosa kam in den 1960er Jahren als literarische Strömung auf und durchdrang in den 1970ern die gesamte Literaturentwicklung in Russland. Ende der 1980er Jahre verlor sie an Bedeutung.

Bedeutung: Im Mittelpunkt der anfänglich ganz unpolitischen Dorfprosa stehen der dörfliche Mensch mit seinem traditionellen Wertesystem und – eng mit diesem verbunden – die Verherrlichung des alten, heiligen Russlands. Diese Wertsysteme unterliegen einem sozial und ideologisch bedingten Wandel, dem sie nicht selten zum Opfer fallen. Die Dorfprosa ist gleichzeitig ein Beispiel für den starken Einfluss der Staatsdoktrin auf die Literatur. Die Herkunft aus dem Volk war, spätestens seit mit Chruschtschow ein Mensch aus dem Dorf erster ZK-Sekretär wurde, in der Sowjetunion gesellschaftlich positiv besetzt.

Wichtigste Vertreter: Zu den Initiatoren der Dorfprosa gehörten Wassilij Below (*1932) und Valentin → Rasputin, die v.a. den Abschied von einer traditionell geprägten Lebensweise thematisierten. Der sehr populäre Schriftsteller und Filmregisseur Wassilij Schukschin (1929–74) versucht mit seinen Helden größtmögliche Lebensnähe und Lebenswahrheit zu vermitteln.

---

mans ist offen: Das Boot, das die Alten am Tag vor der Überflutung abholen soll, verirrt sich im Nebel.

Aufbau: Die Schlüsselthemen in *Abschied von Matjora* sind in zwei großen, eng verwobenen Konflikten gestaltet – der Rolle des Dorfs in der sozialistischen, technisierten Gesellschaft und der Auseinandersetzung der Generationen. Die jungen Menschen, im Roman vertreten durch Darjas Enkel Andrej, sind bereits so weit entwurzelt, dass sie sogar anstreben, in dem Kraftwerk zu arbeiten, das ihre Heimat zerstören soll. Die mittlere Generation – zu ihr gehört neben Darjas Sohn Pawel auch der Autor Rasputin selbst –, kann sich zwischen der Liebe zum Heimatdorf und der Notwendigkeit des sozialistischen Fortschritts nicht entscheiden. Lediglich für die Alten bleibt die Dorfgemeinde die einzige Quelle geistiger und sittlicher Werte. Diese Werte, die zum Besitz der ganzen Nation ge-

Valentin Rasputin (r.) während eines Bootsausflugs mit russischen und ausländischen Schriftstellern 1988 auf dem Baikalsee

worden sind, stehen der Vision des Dorfs als einer anonymen landwirtschaftlichen Produktionsstätte gegenüber.

Wirkung: *Abschied von Matjora* überraschte Mitte der 1970er Jahre die Literaturkritik im Westen mit seinem gesellschaftlichen Engagement und einer deutlich hinterfragten ideologischen Botschaft. Auch in der UdSSR gehörte der Roman zu den viel diskutierten Werken der Zeit. Durch die Einführung des Themas Ökologie in die russische Literatur erhält er innovative Züge. Noch stärkere Aufmerksamkeit erhielt der Roman durch die Verfilmung von Elem Klimov 1982, die mit ihrer offenen Kritik am sowjetischen Funktionärswesen die Entwicklungen von Glasnost und Perestroika vorwegnahm. *S. M.*

Reich, Wilhelm

österreich. Psychoanalytiker

* 24.3.1897 Dobrzcynica (Galizien)

† 3.11.1957 Lewisburg, USA

📖 *Die sexuelle Revolution*, 1936

Wilhelm Reich zählt zu den kreativsten Psychoanalytikern des 20. Jahrhunderts. Er erkannte, dass psychische Probleme erfolgreicher behandelt werden können, wenn der Körper in die Therapie mit einbezogen wird. Sein zentrales Interesse galt der Erforschung der Lebensenergie (»Orgon«), aus der er ein spezielles Gesundheitsverständnis entwickelte.

Die wichtigsten Bücher von Wilhelm Reich	
Die Entdeckung des Orgons: Die Funktion des Orgasmus 1927	Reich analysiert den Zusammenhang zwischen autoritärer Gesellschaftsstruktur, unterdrückter Sexualität und der Entstehung von Neurosen. Er beschreibt die Voraussetzungen, die zur Entdeckung der Orgontherapie führen: Die Unterdrückung frühkindlicher Sexualität in der Familie und die Sexualfeindlichkeit unserer Gesellschaftsform bedingen neurotische Lustangst, die sich als orgastische Impotenz äußert.
Der Einbruch der Sexualmoral – Zur Geschichte der sexuellen Ökonomie, 1932	Indem er die Arbeiten des Anthropologen Bronislaw → Malinowski, marxistische Theorien und seine eigenen Erkenntnisse kombiniert, unternimmt Reich den Versuch, den Ursprung sexueller Fehlentwicklungen im Übergang vom Matriarchat zum Pariarchat zu analysieren. 1972 erschien ein Nachdruck unter dem Titel *Der Einbruch der sexuellen Zwangsmoral.*
Charakteranalyse 1933	Anhand zahlreicher klinischer Beispiele stellt Reich seine charakteranalytische Vegetotherapie vor und beschreibt die Beziehungen zwischen psychischer Apparatur und vegetativer Erregung. Seine hier gewonnenen Einsichten bilden die Basis für die spätere Orgontherapie.
Die sexuelle Revolution, 1936	Die psychische Struktur und der Trieb des Menschen befinden sich in ständigem Kampf mit gesellschaftlichen Ansprüchen. → S. 898
Die Entdeckung des Orgons II: Der Krebs 1948	In seinem biophysikalischen und medizinischen Hauptwerk beschreibt Reich ausführlich die Entdeckung der Orgonenergie sowie seine Forschungen über die Entstehung, Behandlung, Vorbeugung und Früherkennung von Krebs als Erkrankung des gesamten Organismus, die in einer chronischen Stagnation der bio-sexuellen Energie wurzelt.

1918 immatrikulierte sich Reich zunächst an der Juristischen Fakultät der Universität Wien, begann aber schon ein Jahr später mit dem Medizinstudium. 23-jährig trat er der Internationalen Psychoanalytischen Vereinigung bei und wurde 1922 Leiter des Wiener Seminars für psychoanalytische Therapie. 1923 erschien seine Schrift über *Die Genialität vom Standpunkt der psychoanalytischen Prognose und Therapie,* in der er erstmals seine sexualökonomische Theorie der Neurosen formulierte. 1933 floh er vor dem Hitlerregime nach Skandinavien und 1939 nach New York, wo er als Professor lehrte.

1938 entdeckte Reich die »Orgon-Energie«, an deren Erforschung er bis zu seinem Tod arbeitete. 1950 gründete er das Forschungszentrum Orgonon in Maine. Unter dem Vorwurf der Kurpfuscherei wurde er 1957 inhaftiert und starb in der Haft an Herzversagen.

Biografie: B. A. Laska, *Wilhelm Reich* (rm 50 298).

Die sexuelle Revolution

OT Die Sexualität im Kulturkampf **OA** 1936
Form Sachbuch **Epoche** Moderne

1936 erschien die Schrift *Die Sexualität im Kulturkampf,* die 1945 in *Die sexuelle Revolution* umbenannt wurde. Wilhelm Reich thematisiert hier das »Fiasko der Sexualmoral«, das den sexuellen Bedürfnisprozess der Zivilisation als »religiösen Mystizismus« kennzeichnet.

Inhalt: Indem menschliche Bedürfnisse von der Gesellschaft geformt, gewandelt, aber auch unterdrückt werden, entsteht nach Reich die psychische Struktur des Menschen, die sich im steten Kampf zwischen gesellschaftlichem Anspruch und individuellem Trieb entwickelt. Reich deutet den Kern dieser praktisch-politischen Psychologie als Sexualpolitik und interpretiert das Wesen der seelischen Tätigkeit als sexuelle Funktion. Den Hauptmechanismus der sexual- und lustfeindlichen Charakterstruktur erblickt Reich vor allem in der Unterdrückung der sexuellen Freiheit der Kinder und Jugendlichen, deren genitale Impulse er verteidigt. Er betrachtet die Menschheit als Opfer einer fehlgeleiteten Entwicklung, deren Krankheit darin besteht, orgastisch impotent zu sein. Diese Tatsache bestimmt nach Reich das gesamte Denken und Handeln der Menschheit.

Wirkung: Mit seinen Schriften übte Reich starken Einfluss auf die antiautoritäre Bewegung der 1960er Jahre aus. Sein Versuch, die Theorien von Sigmund → Freud und Karl → Marx miteinander zu verknüpfen, sowie seine Kritik an der »systemerhaltenden Repression« der bürgerlichen Kleinfamilie mündeten in die Forderung nach Überwindung gesellschaftlicher Herrschaftsstrukturen. *W. V.*

Reimann, Brigitte

dt. Schriftstellerin

*21.7.1933 Burg bei Magdeburg, †20.2.1973 Berlin

📖 *Ankunft im Alltag*, 1961

Brigitte Reimann war als vielfach ausgezeichnete Schriftstellerin eine bedeutende Persönlichkeit des kulturellen Lebens in der DDR.

Reimann arbeitete als Lehrerin, bevor sie sich hauptsächlich schriftstellerisch betätigte. Ab 1956 war sie als Mitglied des Deutschen Schriftstellerverbandes in den Kulturbetrieb der DDR integriert, ohne je Mitglied der SED gewesen zu sein. 1956 erschien die Erzählung *Die Frau am Pranger* über eine deutsch-russische Liebesbeziehung, die sie bekannt machte. Reimann lebte 1960–68 in Hoyerswerda und arbeitete als Vertreterin des »Bitterfelder Wegs« eng mit dem Braunkohleveredlungskombinat »Schwarze Pumpe« zusammen. Die Autorin, die sich als dem DDR-Regime kritisch gegenüberstehende Sozialistin verstand, schrieb in dieser Zeit Erzählungen und Hörspiele, die eine sozialistisch geprägte Arbeitswelt thematisieren. In der Erzählung *Die Geschwister* von 1963 befasst sie sich darüber hinaus mit den Konflikten, die aus der deutschen Teilung resultierten.

Reimann war eine extensive Tagebuchschreiberin; mit *Ich bedaure nichts. Tagebücher 1955–1963* (1997) und *Alles schmeckt nach Abschied. Tagebücher 1964–1970* (1998) liegen Quellen zu einem Stück DDR-Geschichte vor, die zugleich Zeugnis ablegen über das bewegte und vielseitige Leben der Autorin. Reimann starb im Alter von 39 Jahren an einer Krebserkrankung. 1974 erschien postum ihr unvollendetes Hauptwerk *Franziska Linkerhand*, an dem sie zehn Jahre lang gearbeitet hatte.

Biografie: D. von Törne, *Brigitte Reimann. Einfach wirklich leben*, 2001.

Ankunft im Alltag

OA 1961 **Form** Roman **Epoche** Gegenwart

Mit ihrem Kurzroman *Ankunft im Alltag*, der in engem Zusammenhang mit der Arbeitswelt entstand, prägte Brigitte Reimann das Schlagwort »Ankunftsliteratur« (Stichwort → S. 899).
Entstehung: Am 3.2.1960 unterschrieben Reimann und ihr zweiter Ehemann Siegfried Pitschmann einen »Freundschaftsvertrag« mit dem Kombinat »Schwarze Pumpe«. Das Kombinat verpflichtete sich darin, den Autoren Einblick in den Betriebsalltag zu geben, zudem eine Beteiligung am innerbetrieblichen Geschehen und einen Unkostenbeitrag zu gewähren. Im Gegenzug sollten die Autoren Lesungen veranstalten, ein Theater mit aufbauen und den

In ihrem Tagebuch schrieb Brigitte Reimann über ihre Erfahrungen im Kombinat »Schwarze Pumpe«:

Fühlte mich großartig stark in Arbeitsklamotten und mit dreckigen Händen – irgendeine neue, etwas überschwängliche Gefühlsqualität...

Zirkel »Schreibender Arbeiter« anleiten. In dieser Bindung an das Kombinat entstanden gemeinsame Hörspiele des Ehepaars sowie die Erzählung *Ankunft im Alltag*.
Inhalt: Die Abiturienten Recha, Nikolaus und Curt absolvieren im Kombinat »Schwarze Pumpe« ein praktisches Jahr. Jung, mit den unterschiedlichsten familiären Hintergründen und durch eine Art von Dreiecksbeziehung miteinander verbunden, lernen die drei den Arbeitsalltag in ihrer Brigade kennen: Rohre walzen, Ventile schleifen, Schichtdienst, Überstunden, Versammlungen. Zusammengehalten werden die Arbeiter, der Student, der Schwererziehbare und die Abiturienten von einem engagierten und zupackenden Meister. Selbst Curt, dem durch seinen Selbstdarstellungsdrang die Eingliederung ins Kollektiv besonders schwer fällt, bleibt am Ende von so viel Einsatz nicht unberührt. Für alle drei Abiturienten wird das Jahr

Auszug aus dem Roman
Franziska Linkerhand (1974) von Brigitte Reimann:

Es muss, es muss sie geben, die kluge Synthese zwischen Heute und Morgen, zwischen tristem Blockbau und heiter lebendiger Straße, zwischen dem Notwendigen und dem Schönen, und ich bin ihr auf der Spur, hochmütig und ach, wie oft, zaghaft, und eines Tages werde ich sie finden.

Ankunftsliteratur

Herkunft: Die auf den »Aufbau« des Sozialismus gerichtete Literatur der 1950er Jahre wandelte sich in der DDR in den 1960ern zu einer Darstellung der »Ankunft« im Sozialismus. Der Roman *Ankunft im Alltag* von Brigitte → Reimann prägte das Schlagwort zu dieser neuen Richtung.
Bedeutung: In der Form und Tradition eines Bildungs- oder Entwicklungsromans wird die Eingliederung eines oder mehrerer Individuen in den sozialistischen Alltag beschrieben, die pragmatische Ankunft im realen Sozialismus.

Anwendung: Beispielhaft wurden Reimanns Erzählung und die *Beschreibung eines Sommers* (1961) von Karl-Heinz Jakobs (*1929). Werke wie *Egon und das achte Weltwunder* (1962) von Joachim Wohlgemuth (1932–96), *Moskauer Novelle* (1961) von Christa → Wolf und *Hohlweg* (1963) von Günter de Bruyn (*1926) gehören ebenfalls zu dieser Literaturrichtung. »Ankunftsliteratur« ist ein Phänomen der DDR-Literatur der 1960er Jahre; viele Autoren distanzierten sich später von diesem Konzept und suchten nach »moderneren« Erzählweisen.

Brigitte Reimann, *Ankunft im Alltag*, Einband der Taschenbuchausgabe 2001

zur erneuten Reifeprüfung: Curt lernt für seine Fehler einzustehen, Recha übertritt die Schwelle vom Mädchen zur Frau und Nikolaus, der Maler, findet zur Porträtzeichnung und damit zu einem neuen Blick auf Menschen.

Wirkung: Für *Ankunft im Alltag* erhielt die Autorin den Preis des Freien Deutschen Gewerkschaftsbundes. Von der westlichen Kritik weitgehend ignoriert, wurde die Erzählung in der DDR gemischt aufgenommen. In oft kleinlichen Diskussionen fand Reimann prominente Fürsprecher wie Anna → Seghers. *B. Br.*

Reineke Fuchs

OT Le roman de Renart **EZ** zwischen 1165 und 1240
OA 1826 **DE** 1554 **Form** Tierepos **Epoche** Mittelalter

Bei diesem »Roman« – das Wort bezeichnet im Altfranzösischen jeden in Volkssprache, also nicht lateinisch geschriebenen Text – handelt es sich nicht um ein einheitliches, durchgängiges Epos, sondern um eine Sammlung von (insgesamt 28) einzelnen Textteilen (den sog. branches, dt.: Zweigen), die sich in Länge, Sprache, Gestus und Überlieferung unterscheiden.

Inhalt: Mittelpunkt der Geschichten sind die Streiche des listigen Fuchses Renart (dt. Reineke), deren Opfer der Wolf Ysengrin ist, der immer wieder der Verspottung und Verfolgung durch den Menschen ausgesetzt wird. Um diese beiden sowie um den Dachs Grimbart, den Hahn Chantecle, den Löwen Noble und viele andere Tiere mit sprechenden Namen rankt sich ein ganzer Tierkosmos, dessen Regeln denen des menschlichen Zusammenlebens nachempfunden sind.

Unter den bekannten Verfassern ist neben dem Geistlichen Richard de Lison (Branche XII) und einem Peâtre de la Croix-en-Brie (Branche IX) besonders Pierre de Saint-Cloud hervorzuheben, dessen »branches« (philologisch klassifiziert als Branches II und Va) die bedeutendsten sind. In ihnen wird u. a. erzählt, wie Renart mit List Hersent, die Wölfin, verführt und dann ihre Familie beleidigt. Die Verfolgung des Fuchses durch Ysengrin und Hersent endet damit, dass die Wölfin mit ihrem Kopf im Loch des Fuchsbaus steckenbleibt und Renart sie nochmals schändet. Diese Untat wird dem Löwen Noble, dem König der Tiere, vorgetragen, der sodann darüber Gericht hält.

Die Schilderung des Hoftags der Tiere stellt nicht nur – wie die Fabel generell – typisierte Züge einzelner »Tierpersonen« heraus, sondern spielt auch deutlich auf die zeitgenössische Praxis der Gerichtshöfe an. Insbesondere beschreibt sie das gespannte Verhältnis zwischen dem König und seinen Vasallen, wie überhaupt

Auszug aus dem Roman *Im Westen nichts Neues* von Erich Maria Remarque:

Dieses Buch soll weder eine Anklage noch ein Bekenntnis sein. Es soll nur den Versuch machen, über eine Generation zu berichten, die vom Kriege zerstört wurde – auch wenn sie seinen Granaten entkam.

das höfische Leben und der höfische Roman selbst in diesen Tiergeschichten parodiert werden. Pierre de Saint-Cloud knüpft in seinen Branches – nunmehr in der Volkssprache – an die 25 Jahre ältere lateinische *Ysengrimus*-Dichtung des Magister Nivardus an.

Quellen: Die Literaturkritik war lange über die Herkunft des Stoffes in zwei Lager gespalten: Die sog. Äsopisten wollten den Stoff an die seit der Antike von → Äsop über Marie de France (um 1130–um 1200) literarisch verfügbare Fabelwelt anschließen, während die sog. Folkloristen die mittelalterliche Eigenheit und die Bezüge zum Zeitgeschehen aus einem volkstümlichen Ursprung herzuleiten bemüht waren. Erst der Romanist Hans Robert Jauß (1921–97) hat in seinen eingehenden *Untersuchungen zur mittelalterlichen Tierdichtung* (1959) diesem Konflikt die Schärfe genommen, indem er etwas anderes als das Wesentliche herausstellte: »...mit dem Tierepos erscheint innerhalb der Literatur des Mittelalters zum ersten Mal eine nur noch fiktive epische Welt«.

Wirkung: Der *Reineke Fuchs* gehört nicht nur – neben dem wenig jüngeren → Rosenroman – zu den beliebtesten Werken des Mittelalters, er hatte auch eine starke innerliterarische Wirkungsgeschichte über mittelniederländische, flämische und mittelniederdeutsche Bearbeitungen bis hin zu → Goethes *Reineke Fuchs* (1794). *D. I.*

Remarque, Erich Maria

(eigtl. Erich Paul Remark) dt. Schriftsteller
* 22.6.1898 Osnabrück, † 25.9.1970 Locarno
📖 *Im Westen nichts Neues*, 1929

Ein einziges Buch machte Erich Maria Remarque schlagartig bekannt: Mit seinem 1929 erschienenen Roman *Im Westen nichts Neues* traf er den Nerv einer Generation, die vom Krieg um ihre Jugend gebracht und zerstört worden war.

Aus einfachen Verhältnissen stammend, besuchte Remarque nach der Schule das katholische Lehrerseminar. 1916 wurde der 18-Jährige als Soldat eingezogen und im Juni 1917 als Rekrut an die Westfront nach Belgien verlegt. Einige Wochen später wurde er durch einen Granatsplitter verwundet. 1919 aus der Armee entlassen, arbeitete er zunächst als Lehrer, dann als Journalist. Mit *Im Westen nichts Neues* schrieb er sich zehn Jahre nach Kriegsende innerhalb von sechs Wochen seine traumatischen Fronterlebnisse von der Seele. Das Buch brachte ihm weltweiten Erfolg ein – und die Feindschaft der

Nationalsozialisten, die ihn 1938 ausbürgerten. Ab 1941 lebte Remarque offiziell in den USA. Im Exil hatte er Kontakt zu zahlreichen berühmten Schriftstellerkollegen und Künstlern.

Biografie: W. von Sternburg, *Als wäre alles das letzte Mal,* 1998.

Im Westen nichts Neues

OA 1929 **Form** Roman **Epoche** Moderne

Mit einer Gesamtauflage von mindestens 20 Millionen Exemplaren und in rund 50 Sprachen übersetzt, gilt *Im Westen nichts Neues* als das weltweit meistgelesene Buch nach der → *Bibel.* Von Erich Maria Remarque ausdrücklich weder als Anklage noch als Bekenntnis verstanden, gilt der im sachlichen Reportagestil verfasste Roman als eines der aufrüttelndsten Antikriegsbücher der Weltliteratur. Auf dem deutschen Buchmarkt löste der Roman die 1929–31 dauernde sog. Kriegsbuch-Konjunktur (Stichwort → S. 901) aus.

Inhalt: Der Roman schildert den Krieg aus der Sicht des einfachen Frontsoldaten Paul Bäumer und seiner Klassenkameraden. Getrieben von den Hetzreden ihres chauvinistischen Klassenlehrers Kantorek haben sich die Jungen von der Schulbank weg freiwillig an die Front gemeldet. Bereits die Ausbildung erweist sich als Tortur: Die Figur des schikanösen Unteroffiziers Himmelstoß wurde zum Sinnbild für sinnentleerten militärischen Drill.

In den Schützengräben der Westfront erleben Paul und seine Freunde hautnah und brutal die Sinnlosigkeit und das Grauen des Kriegs. Im Trommelfeuer der Materialschlachten und bei heimtückischen Gasangriffen sehen hunderte von Soldaten auf dem Schlachtfeld sterben. Als desillusionierten Kindern einer »verlorenen Generation« kommt ihnen jegliches Vertrauen in bürgerliche Normen und Wertvorstellungen abhanden. Sie können sich nicht vorstellen, wie das Leben nach dem Krieg für sie weitergehen kann. Allein die Kameradschaft hält die jungen Soldaten aufrecht, die einer nach dem anderen zu Opfern des Weltkriegs werden. Der Ich-Erzähler fällt als letzter seiner Schulkameraden: Er stirbt im Oktober 1918 an einem Tag, »der so ruhig und still war an der ganzen Front, dass sich der Heeresbericht darauf beschränkte, im Westen sei nichts Neues zu melden.«

Wirkung: Das nüchtern und knapp erzählte Buch erregte bei seinem Erscheinen gewaltiges Aufsehen und wurde einer der ersten und erfolgreichsten deutschen »Bestseller«.

Von den Rechtskräften schärfstens attackiert, fand der Roman vor allem im liberalen Bürgertum und in der Sozialdemokratie Zustimmung. Kommunisten und andere Linkskräfte der aus-

gehenden Weimarer Republik warfen dem Autor politische Inkonsequenz vor.

Die Diskussionen, die das Buch ausgelöst hatte, setzte sich nach der Premiere des gleichnamigen Films von Lewis Milestone (1930) fort: Das kurz darauf ausgesprochene Verbot des Films durch die Film-Oberprüfstelle wegen »Gefährdung des deutschen Ansehens« löste heftige Kontroversen aus. *K.V.*

Erich Maria Remarque, dessen Erfolg die zeitgenössische Presse damit erklärte, dass er in seinem Roman *Im Westen nichts Neues* »die Geste des Anklägers« (Vossische Zeitung 1929) vermied

---

Kriegsbuch-Konjunktur

Entstehung: Zehn Jahre lang war nach dem Ende des Ersten Weltkriegs das Thema »Krieg« in der deutschen Literatur nur spärlich vertreten. Dann bewies der sensationelle Erfolg des Romans *Im Westen nichts Neues* von Erich Maria → Remarque, dass offensichtlich bei vielen Menschen das Bedürfnis bestand, sich mit dem Krieg auseinander zu setzen. Es kam zur so genannten Kriegsbuch-Konjunktur. Sie dauerte bis 1931 und prägte das Profil des literarischen Markts dieser Zeit entscheidend.

Werke: Die im Zuge des Kriegsbuch-Booms publizierten Werke waren von sehr unterschiedlicher inhaltlicher und literarischer Qualität. Nur wenige konnten sich in der Fülle der Neuerscheinungen als echte Erfolge durchsetzen. Dafür vervielfachten einige kurz vor *Im Westen nichts Neues* erschienene Antikriegsromane dank der allgemeinen »Kriegsbuch-Konjunktur« ihre Auflagen: Zu ihnen gehörten *Der Streit um den Sergeanten Grischa* (1927) von Arnold → Zweig und *Krieg* (1928) von Ludwig Renn (1889–1979). Erst die mit dem Remarque-Buch einsetzen-

de »Hausse in Kriegsbüchern« verhalf Renns Werk zum Erfolg. Zweigs *Streit um den Sergeanten Grischa* steigerte seine Auflage innerhalb des Jahres 1929 von 55000 auf 300000. *Jahrgang 1902* (1928) von Ernst Glaeser (1902–63) verdreifachte im Zug der Kriegsbuch-Konjunktur seine Auflage.

Als Reaktion auf den großen Erfolg der Anti-Kriegsliteratur erschienen in der Zeit von 1929–31 auch zahlreiche Romane, die »kampfbejahend« den Krieg als »inneres Erlebnis« glorifizierten. Bis auf wenige Ausnahmen – etwa *Sperrfeuer um Deutschland* (1929) von Werner Beumelburg (1899 bis 1963) – blieben ihre Auflagenzahlen jedoch deutlich hinter denen der pazifistischen Romane zurück. Einige dieser Bücher wurden erst in der Zeit des Nationalsozialismus zu »staatlich geförderten« Bestsellern.

Der Erfolg der Anti-Kriegsbücher dokumentierte die tiefgreifende Betroffenheit der Bevölkerung und war Ausdruck der starken moralischen Erschütterungen, die das Kriegserlebnis im Gefüge der Gesellschaft hinterlassen hatte.

Gerard Reve in seinem
Arbeitszimmer 1998

Reve, Gerard

(eigtl. G. Kornelis van het Reve)

niederländ. Schriftsteller

* 14.12.1923 Amsterdam

📖 *Die Abende*, 1947

Gerard Reve verknüpft in seinem Werk Autobiografie und Fiktion, sein literarisches Ausdrucksmittel ist die Form des Briefromans. Der Autor entwickelt eigenwillige Fantasien über die Schönheit, das Böse, den Tod, Sexualität und Gott. Unverblümte homoerotische Schilderungen machten Reve in den 1960er Jahren zu einer Kult- und Skandalfigur gleichermaßen.

Reve wuchs in einem Amsterdamer Armenviertel auf und litt unter dem strengen Vater, einem kommunistischen Journalisten. Nach einer Ausbildung zum Grafiker arbeitete Reve einige Jahre für eine Zeitung als Redakteur. Im Jahr 1947 machte der Roman *Die Abende* den damals 24-Jährigen schlagartig bekannt. Anstoß erregte 1966 der Briefroman *Näher zu Dir*, in dem der Autor seine erotische Beziehung zu Gott beschreibt. Aufgrund der Darstellung musste sich Reve in einem Prozess wegen Gotteslästerung verantworten. Im selben Jahr trat Reve zum Katholizismus über. Nun huldigte er einer übertriebenen Mystik, z. B. in *Die Sprache der Liebe* (1972). 1975 übersiedelte Reve in die Provence, später nach Belgien. Die Handlung seiner Werke wurde zunehmend klischeehafter. Im stark autobiografisch geprägten Roman *Der vierte Mann* (1981) lehrt eine attraktive junge Frau einem dem Alkohol verfallenen, bisexuellen und paranoiden Schriftsteller das Fürchten. Das Buch wurde 1983 vom niederländischen Regisseur Paul Verhoeven mit Jeroen Krabbe in der Hauptrolle verfilmt. In den Niederlanden gehört Reve inzwischen zu den bestverkauften Autoren der Nachkriegszeit.

Auszug aus dem Roman
Die Abende von Gerard Reve:

Er warf die Kleider mit einer achtlosen Bewegung über den Stuhl vor dem Bett. »Keine Zeit für all das Falten und Aufhängen,« murmelte er. Als er im Bett lag, dachte er: »Ich habe die Zähne nicht geputzt. Ich muss wieder raus.« Ein paar Male richtete er sich etwas auf, doch er kam einfach nicht aus dem Bett. »Ich zähle bis zwanzig,« dachte er. Bei vierundzwanzig sprang er auf den Boden und ging in die Küche. Nach dem Zähneputzen ließ er die Unterhose runter und beobachtete, den Rasierspiegel zwischen den Beinen haltend, seinen Schritt und, indem er mit der freien Hand einen Oberschenkel zur Seite zog, die Arschöffnung. »Sehr unappetitlich,« murmelte er. »Wenn man das auf einem Foto von unten sähe, würde man nicht glauben, dass es der Teil eines Menschen ist. Ach, ach.«

Die Abende

OT De Avonden. Een winterverhaal **OA** 1947 **DE** 1988
Form Roman **Epoche** Nachkriegszeit

In seinem bekanntesten Roman *Die Abende* schildert Gerard Reve die desillusionierenden Erfahrungen eines Heranwachsenden, der sich in der Nachkriegszeit zu Tode langweilt.

Inhalt: Handlungszeitraum sind die Tage kurz vor Weihnachten bis zur Silvesternacht nach dem Zweiten Weltkrieg. Der 20-jährige Büroangestellte Frits van Egter, der noch bei den Eltern lebt, beschreibt zynisch seinen banalen und als trist empfundenen Alltag. Er hält die proletarischen Manieren seines Vaters fest, verweigert der Mutter Hilfe im Haushalt und beschreibt langweilige Gespräche und Unternehmungen mit Freunden. Von Unglück und Verfall scheint er hingegen angezogen zu werden. Seine Träume und Tagträume beherrschen perverse, sadistische Fantasien. Hinter dem Kritikaster verbirgt sich ein sensibler Jugendlicher, der sich im Stadium einer mühsamen Identitäts- und Sinnsuche befindet, nicht zuletzt auf sexuellem Gebiet, denn in seinen erotischen Träumen tauchen immer häufiger auch Männer auf. Da nächtliche Zwiegespräche mit einem Plüschkaninchen ihm nicht weiterhelfen, ruft er schließlich Gott um Hilfe.

Aufbau: Die zehn Kapitel des Romans entsprechen den zehn Tagen der Handlung, die sich auf die Stunden nach Arbeitsschluss und die Nacht konzentrieren, da die Existenzleere des Protagonisten und seiner Umgebung in dieser Zeit besonders deutlich wird. Jedes Kapitel endet mit einem chaotischen Traum, aus dem Frits verwirrt erwacht. Sprachlich fällt der krasse Realismus der Beschreibungen auf. Für das mystische Ende findet Reve dagegen viel lyrischere Worte. Tristesse und Witz, Respektlosigkeit und Mitleid, Aufbegehren und Duldung führt Reve kunstvoll zusammen. Dabei wird trotz aller Desillusionierung das Leben als Verheißung nie in Frage gestellt.

Wirkung: Reves existenzialistisch angehauchte Kritik des Kleinbürgertums galt vielen Niederländern als nihilistisch, den religiösen Schluss empfanden die Rezensenten als blasphemisch. *Die Abende* war aber auch das Kultbuch der ersten Nachkriegsgeneration in den Niederlanden. Die Schilderung der Identitätssuche verschaffte dem Autor allmählich den Status eines Klassikers. Die ungeschminkte Gesellschaftskritik sowie das Durchbrechen sexueller und religiöser Tabus beeinflussten viele spätere Schriftsteller. Seit 1947 erschienen von dem Werk über 50 Neuauflagen. *Die Abende* wurde 1989 von Jean van de Velde verfilmt. Die Bühnenfassung des Romans erhielt 1994 den Deutschen Literatur-Theater-Preis Saarbrücken. *S. C. B.*

Reymont, Wladyslaw Stanislaw

poln. Schriftsteller

* 7.5.1867 Kobiele Wielkie bei Radomsko

† 5.12.1925 Warschau

📖 *Die Bauern*, 1902–08

In seinem umfangreichen und thematisch breit gefächerten Werk verband Wladyslaw Stanislaw Reymont naturalistisch-detailgetreue Milieuschilderungen im Geiste des polnischen Realismus (Positivismus) des 19. Jahrhunderts mit literarischen Techniken der anbrechenden Moderne – impressionistischen Momentaufnahmen, symbolistischen Überhöhungen und expressiver Sprache.

Der Sohn eines Dorforganisten war in seiner bewegten Jugend u. a. Schneiderlehrling, Wanderschauspieler und Bahnarbeiter; die in seinen Jugendjahren gesammelten Erfahrungen verarbeitete er später in zahlreichen literarischen Werken. 1892 debütierte er in der Presse als Novellist. 1894 zog er nach Warschau und widmete sich in der Folgezeit professionell der Literatur. 1900 zog er sich bei einem Eisenbahnunglück schwere Verletzungen zu, die ihm bis ans Lebensende zu schaffen machten. Eine beträchtliche Entschädigung sowie steigende Einnahmen aus der Schriftstellerei sicherten ihm finanzielle Unabhängigkeit und ermöglichten ihm zahlreiche Reisen, u.a. nach Frankreich, Italien und in die USA.

Die Bauern

OT Chlopi **OA** 1902–08 **DE** 1912
Form Roman **Epoche** Moderne

Mit seiner breit angelegten Roman-Epopöe zeichnet Wladyslaw Stanislaw Reymont ein farbiges und wahrhaftiges Porträt eines polnischen Dorfs in der zweiten Hälfte des 19. Jahrhunderts. Gegenstand der Darstellung sind spezifische Moral- und Wertvorstellungen der ländlichen Bevölkerung, die soziale Schichtung der dörflichen Gemeinschaft, Konflikte mit dem Landadel, bäuerliche Arbeit, ethnografisch genau beschriebene Sitten und Gebräuche, Festlichkeiten und Feiertage, nicht zuletzt auch die sich mit den Jahreszeiten verändernden Naturerscheinungen.

Die Bauern bieten bis in die Nebenfiguren eine umfangreiche Galerie meisterhafter psychologischer Porträts. Ungewöhnlich ist die expressiv-sinnliche Sprache des Romans – die Dialoge der Figuren sind durchweg in der Mundart verfasst, die Erzählerrede ist bildhaft und abwechslungsreich und weist sowohl Züge volkstümlicher Stilisierung als auch modernistische Merkmale des Jungen Polen (Übersicht →S. 903) auf.

Inhalt: Ort der Handlung ist das Dorf Lipce, ca. 70 km westlich von Warschau gelegen. Im Mittelpunkt steht das Schicksal der Familie des Großbauern Maciej Boryna. Gegen den Willen seiner erwachsenen Kinder heiratet der verwitwete Boryna die Dorfschönheit Jagna und verweigert damit den Nachkommen ihr Erbteil. Der Konflikt mit seinem Erstgeborenen Antek steigert sich zum gegenseitigen Hass, als Antek mit der triebhaft-leidenschaftlichen Jagna eine frühere Liebesaffäre aufwärmt, weshalb Boryna Antek und Schwiegertochter Hanka aus dem Haus weist. Einmal erwischt Boryna Antek mit Jagna in flagranti in einer Scheune, blockiert in Rage die Ausgänge und legt Feuer; die beiden entkommen mit knapper Not. Der Konflikt von Vater und Sohn nimmt ein Ende, als der Gutsherr einen Wald abholzen lassen will, an dem auch die Gemeinde Rechte besitzt; es kommt zu einer gewalttätigen Auseinandersetzung zwischen den Bauern und den Bediensteten des Gutsherrn, wobei Antek seinen schwer zusammengeschlagenen Vater verteidigt. Antek wandert mit den übrigen Bauern ins Gefängnis, während der gelähmte Boryna nach einigen Wochen seinen Verletzungen erliegt. Jagna bringt durch ihren lockeren Lebenswandel die Dorfgemeinschaft gegen sich auf, wird als Dirne mit Schimpf und Schande, an einen Mist-

Wladyslaw Stanislaw Reymont, *Die Bauern*, Umschlag der deutschsprachigen Ausgabe 1956 (Gestaltung: Fritz Blarkenhorn)

Junges Polen – die wichtigsten Werke	
Stanislaw Przybyszewski, 1897	*Satans Kinder:* In dem deutschsprachigen Roman zerstört ein dämonischer »Übermensch«aus Hass gegen das Spießbürgertum das Rathaus und die Fabrik in seiner Stadt.
Wladyslaw Stanislaw Reymont, 1897–99	*Das Gelobte Land:* Der gesellschaftskritische Reportageroman schildert die Entwicklung der Industriestadt Lodz in apokalyptischen Tönen anhand des Alltagslebens der Bevölkerung.
Stanislaw Wyspianski 1901	*Die Hochzeit:* Das Versdrama über die Hochzeit eines Dichters aus der Stadt mit einer Bauerntochter ist ein satirisches Gleichnis auf den Zustand der polnischen Gesellschaft.
Stefan Zeromski 1902–03	*In Schutt und Asche:* Der historische Roman spielt vor dem Hintergrund der polnischen Geschichte seit dem Ende des 18. Jahrhunderts bis zum Russlandfeldzug von Napoleon I.
Wladyslaw Stanislaw Reymont, 1902–08	*Die Bauern:* In dem groß angelegten Roman-Epos plädiert Reymont für eine naturverbundene Lebensform der Menschen. Einen Großteil der Tetralogie verfasste der Autor in Frankreich. →S. 903
Waclaw Berent 1903	*Edelfäule:* Der Roman erzählt von dekadent-selbstzerstörerischen deutschen und polnischen Bohemiens, deren Leben um Kunst, Drogen sowie erotische und psychische Exzesse kreist.
Jan Kasprowicz 1906	*Vom heldenmütigen Pferde und vom einstürzenden Hause:* Die Sammlung vereint poetische Prosa, symbolistische Lyrik und gesellschaftskritische grotesk-satirische Erzählungen.
Stanislaw Brzozowski 1908	*Flammen:* Der Roman spielt im Milieu russischer Revolutionäre, die in der zweiten Hälfte des 19. Jahrhunderts ein Attentat auf den Zaren Alexander II. vorbereiten.

Und eine einzige lange Kette von Tänzen begann, ohne Unterbrechung und Ruhepause – denn kaum hob die Musik an, einen neuen Tanz zu geigen, erhob sich das Volk jäh, reckte sich hoch auf wie ein Forst und stürzte sich in den Tanz mit der Wucht eines Wirbelwindes; das Aufstoßen der Hacken klang wie Donnergetöse, Schreie der Lust ließen das ganze Haus erbeben. Und sie überließen sich dem Tanz mit einer Selbstvergessenheit und Raserei, als ginge es in den Sturm, in den Kampf auf Tod und Leben. Und sie tanzten!

João Ubaldo Ribeiro 1998

wagen gebunden, aus dem Dorf gejagt und verfällt dem Irrsinn.

Aufbau: Der Roman ist in vier etwa gleich lange Teile gegliedert, die nach den vier Jahreszeiten benannt sind. Die ungefähr zehn Monate andauernde Handlung setzt im Herbst zur Zeit der Kartoffelernte ein und endet im Sommer nach der Getreideernte. Die vergehende Zeit und der Wechsel der Jahreszeiten werden nicht zuletzt durch ausgedehnte Naturschilderungen sinnfällig gemacht. Der Rhythmus der wechselnden Jahreszeiten und der mit ihnen verbundenen Feldarbeiten wird in seiner Stetigkeit durch die Darstellung der alljährlichen Volksfeste und katholischen Feiertage unterstrichen. Abwechslung in diesen ewig gleichen, von der Natur und dem Herkommen diktierten Rhythmus bäuerlichen Lebens bringen traditionelle Festbräuche, Sitten und Gewohnheiten anlässlich von Schlüsselereignissen im Leben des Menschen – im Roman ist es vor allem Borynas Hochzeit im ersten Teil und sein Begräbnis mit Totenmahl im vierten Teil. Die Verankerung der individuellen Schicksale in den überzeitlichen Gesetzmäßigkeiten der Natur und in die Wertvorstellungen der Gemeinschaft macht den epischen Charakter des Romans aus.

Wirkung: Für *Die Bauern* erhielt Reymont 1924 den Nobelpreis für Literatur; die Schwedische Akademie in Stockholm würdigte ihn in ihrer Laudatio als »Homer des Bauerntums«. Auf der Grundlage des Romans entstanden mehrere Theaterinszenierungen und Verfilmungen. Auch als ethnografisches Dokument ist das Buch von bleibender Bedeutung. *M. Sch.*

ten in den USA. Zu seinem Stil fand er mit dem Roman *Sargento Getúlio*. In *Vila Real* (1979) – von Ribeiro als »kämpferische Erzählung« bezeichnet – vereint er archaisierende Sprache und mystisches Naturbild mit der Kritik an einem inhumanen Fortschritt. Der mystische Realismus von *Vila Real* und der fantastische Realismus von *Brasilien, Brasilien* (1983), dem Roman über die vergessene und unterdrückte Geschichte von Bahia, seinem Heimatstaat, belegen, dass Ribeiro zu den erfindungsreichsten und sprachlich vielseitigsten brasilianischen Autoren der Gegenwart gehört. Seine erzählerische Begabung und sein barock anmutender Sprachwitz trugen ihm den Beinamen »Rabelais Brasiliens« ein.

Im Roman *Das Lächeln der Eidechse* (1989) erzählt Ribeiro von den Folgen des unkontrollierten Einsatzes der Gentechnologie, in *Das Wunder der Pfaueninsel* (1997) zeichnet er das farbenprächtige Gemälde einer fiktiven Gesellschaft im 18. Jahrhundert. *H. N.*

Sargento Getúlio

OT Sargento Getúlio **OA** 1971 **DE** 1984
Form Roman **Epoche**

Mit dem Militärpolizisten Getúlio hat João Ubaldo Ribeiro eine Figur geschaffen, die in der Tradition der »Cangaceiros« (Gesetzlosen) im Sertão steht, die u. a. bereits bei João Guimarães → Rosa (*Grande Sertão*, 1956) literarisch benutzt wurden, im Sargento Getúlio jedoch ihren grausamsten Vertreter gefunden haben.

Inhalt: Getúlio, ein Militärpolizist aus dem innersten Sertão, dem trockenen Buschwald des Nordostens, ist beauftragt, einen politischen Gefangenen in die Provinzhauptstadt Aracajú zu überführen. Unterwegs ändert sich das politische Klima und der Sargento soll seinen Gefangenen freilassen. Seinem traditionellen Ethos verpflichtet, ist er jedoch entschlossen, den einmal begonnenen Auftrag auszuführen. Gegen den Widerstand der Regierungstruppen schlägt er sich mit seinem Opfer in einer grausam blutigen Reise nach Aracajú durch und endet dort im Kugelhagel der Armee.

Der gesamte Roman ist ein einziger manischer Monolog des Sargento Getúlio. Er berichtet die Ereignisse ausschließlich aus seiner Perspektive, wobei mit der zunehmenden Ausweglosigkeit seiner Lage seine Allmachtsfantasien die Realität immer mehr verdrängen.

Wirkung: Seine Vitalität bezieht Ribeiros Text aus der literarischen Verarbeitung gesprochener Sprache und der vorrationalen Denkweise der ländlichen Bevölkerung des brasilianischen Landesinneren. Wie wenige Romane zeigt *Sargento Getúlio* die Tragik eines nicht mehr zeit-

Ribeiro, João Ubaldo

brasilian. Schriftsteller und Journalist
*23.1.1941 Insel Itaparica (Bahia)
📖 *Sargento Getúlio*, 1971

João Ubaldo Ribeiro steht in der Tradition des Regionalismus. Der Bezug auf die Lebenswelt des brasilianischen Nordostens, auf ihre sozialen Konflikte, ihre sprachlichen und mythischen Traditionen, bedeutet keine provinzielle Beschränkung, sondern bietet die Grundlage für ein literarisches Werk von großer sprachlicher Ausdruckskraft und vital-sinnlichem Charakter.

Ribeiro studierte Jura in Brasilien und Politische Wissenschaf-

gemäßen Verhaltens: Die ehemaligen Tugenden des Mannes aus dem Sertão werden in der Pervertierung durch politisches Ränkespiel und durch seine Hilflosigkeit einer veränderten Zeit gegenüber zum Werkzeug der Grausamkeit und Folter einerseits und zur Ursache der Selbstzerstörung andererseits. Die Kritik hob an *Sargento Getúlio* vor allem Ribeiros aggressiven Realismus hervor. *H.N.*

Richardson, Samuel

engl. Schriftsteller

* 19.8.1689 Derbyshire, † 4.7.1761 London

📖 *Pamela, or Virtue Rewarded*, 1740

Samuel Richardson gilt als der Begründer des sentimentalen Briefromans (Stichwort → S. 905) und hatte großen Einfluss auf die Entwicklung der europäischen Literatur. Seine moralisierenden Werke waren seinerzeit ein großer Erfolg, lösten aber auch kontroverse Diskussionen aus.

Richardson stammte aus kleinbürgerlichen Verhältnissen. Er war der Sohn eines Tischlers und erhielt nur eine mäßige Schulbildung. 1706 begann er eine Ausbildung zum Buchdrucker und brachte es später zum erfolgreichen Druckereibesitzer und Verleger. Als solcher veröffentlichte er moralisierende Ratgeber, u.a. ein Vademecum für Lehrlinge und eine eigens verfasste moralische Ausgabe der *Fabeln* (6. Jahrhundert v. Chr.) von → Aesop. Die moralisierende Tendenz von Richardson schlägt sich auch in seinen Romanen nieder. Als bereits 50-Jähriger verfasste er seinen ersten Roman, *Pamela oder die belohnte Tugend*, der aus einer Sammlung moralischer Musterbriefe für verschiedenste Lebenslagen entstanden war. Richardson wurde zur literarischen Persönlichkeit und knüpfte mit zwei weiteren Briefromanen, *Clarissa oder Die Geschichte eines jungen Mädchens* (1747) und *Sir Charles Grandison* (1753), an seinen Erfolg an.

Biografie: T. C. Duncan Eaves/Ben D. Kimpel, *Samuel Richardson. A Biography*, 1971.

Pamela oder die belohnte Tugend

OT Pamela; Or, Virtue Rewarded. In a Series of Familiar Letters from a Beautiful Young Damsel, to Her Parents **OA** 1740 **DE** 1743
Form Briefroman **Epoche** Klassizismus

Mit *Pamela* führte Richardson die psychologische Komponente in den Briefroman (Stichwort → S. 905) ein und setzte damit für die Gattung europaweit neue Maßstäbe. Die Reflexionen der Protagonistin erhalten mehr Gewicht als der äußere Handlungsablauf. Durch die Herausgeberfiktion im Vorwort des Romans verleiht Richardson ihnen größere Glaubwürdigkeit. Mit dem ebenfalls im Vorwort formulierten didaktischen Anspruch des Werks, der sich an beide Geschlechter richtet, stellt er die Fiktion in den Dienst von Moral und Religion und orientiert sich an den Erbauungsbüchern seiner Zeit.

Inhalt: Der Roman besteht aus einer Sammlung fiktiver Briefe, die die 15-jährige Heldin Pamela Andrews an ihre Eltern schreibt. Pamela stammt aus armen Verhältnissen und ist als Dienstmädchen im Haus des Landedelmanns Mr. B. tätig, der ihr nachstellt. Pamela jedoch geht tugendhaftes Verhalten über alles, und so blockt sie seine ungenierten Verführungsversuche mit verbaler Schlagfertigkeit oder vorgetäuschten Ohnmachtsanfällen ab. Selbst als Mr. B. sie auf ein Landgut entführen lässt und unter die strenge Bewachung von Mrs. Jewkes und Monsieur Colbrand stellt, gibt Pamela nicht nach. Erst als Mr. B. Pamelas Briefe entdeckt und sich beim Lesen ihrer strengen moralischen Haltung bewusst wird, entflammt er in echter Liebe zu ihr und lässt sie reumütig gehen. Nun wird auch Pamela sich ihrer Liebe zu Mr. B. bewusst, und die beiden heiraten.

Struktur: Die Briefform des Romans verleiht der Handlung eine große Unmittelbarkeit, da sich erzählte Zeit und Erzählzeit sehr stark einander annähern. Da Pamela das Erlebte unreflektiert aufschreibt, wird der Leser direkter Zeuge ihrer Emotionen und Reaktionen. Gleichzeitig ist sein Informationsstand über den äußeren Handlungsablauf und die beteiligten Personen auf die subjektiven Schilderungen der Protagonistin beschränkt. Nur vereinzelt greift der »Herausgeber« ein, um dem Leser zusätzliche Informationen zukommen zu lassen.

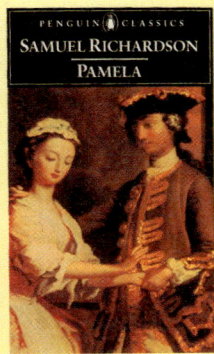

Samuel Richardson, *Pamela oder die belohnte Tugend*, Einband der britischen Taschenbuchausgabe 1980 mit einem Ausschnitt aus dem Gemälde *Pamela* (1744) von Joseph Highmore (1692–1780)

Briefroman

Kennzeichen: Ein in Briefform von einem oder mehreren fingierten Verfassern erzählter Roman. Die Briefe werden zuweilen durch andere fingierte Zeugnisse wie Tagebuchnotizen oder durch Kommentare des fiktiven Herausgebers ergänzt.

Herausbildung: Der Briefroman entstand im 18. Jahrhundert als Produkt der Empfindsamkeit. Mit seiner Entstehung ging die Aufwertung des Briefes als Medium der Kommunikation einher. Zahlreiche Veröffentlichungen von Briefstellern für jede Lebenslage spiegeln die Blüte der zeitgenössischen Briefkultur wider. Bereits vor Samuel → Richardson wurden Briefromane veröffentlicht, die jedoch meist aus der Rückschau verfasst waren. Mit *Pamela* brachte Richardson das Element des writing to the moment in den Briefroman ein und verlieh ihm damit seinen psychologisierenden

Chrakter. Durch die Niederschrift des unmittelbar Erlebten werden dem Leser direkte Einblicke in die Psyche des Verfassers gewährt. Der Leser hat Anteil am »spontanen« Gefühlsleben der Figur, was die Möglichkeit zur Identifikation erhöht, gleichzeitig aber die Perspektive des Lesers auf die des Briefschreibers reduziert.

Diese Technik setzte Richardson in seinem zweiten Briefroman *Clarissa* (1748) mehrperspektivisch fort. Sie wurde u.a. von Jean-Jacques → Rousseau in seiner *Nouvelle Héloïse* (1761) aufgegriffen. Auch Pierre François → Choderlos de Laclos knüpfte in *Gefährliche Liebschaften* (1771) an Richardson an. In Deutschland erreichte der Briefroman nach dem Roman *Fräulein von Sternheim* (1771) von Sophie von La Roche (1730–1807) mit → Goethes *Die Leiden des jungen Werthers* (1774) einen Höhepunkt.

Die Kenntnis der Gefühlswelt Pamelas verleiht dem Leser hinsichtlich des von ihr zu erwartenden Verhaltens einen Informationsvorsprung.

Wirkung: *Pamela* wurde sofort zum Bestseller. Das überwiegend weibliche Lesepublikum fand über der gefühlvollen Schilderung der weiblichen Psyche leicht zu einer Identifikation mit der Protagonistin und verzeichnete den Sieg der Moral mit Genugtuung. Kritiker hingegen betrachteten Pamelas Verhalten als berechnende Heuchelei und verwiesen auf die Bedeutung von Sexualität, die in dem Roman omnipräsent sei. Ebenso richteten sie sich gegen eine Idealisierung bürgerlicher Verhaltensweisen durch Richardson, die er dem Sittenverfall des Adels gegenüberstellte.

Die Kritik an dem Roman fand in der Parodie *Shamela* (1741) von Henry →Fielding ihren umfassendsten Ausdruck. Die von Richardson geprägte Gattung des psychologischen Briefromans wurde von europäischen Schriftstellern wie Jean-Jacques→ Rousseau, Pierre Ambroise François → Choderlos de Laclos sowie → Goethe aufgegriffen und weiterentwickelt. Nicht zuletzt weist *Pamela* bereits auf den modernen Bewusstseinsroman von James → Joyce und Virginia → Woolf hin, in dem das Element der unmittelbar subjektiven Wirklichkeitserfahrung im *Stream of consciousness* zu höchster Ausformung gebracht wird. *K. F.*

Horst -Eberhard Richter,
Umgang mit Angst, Umschlag
der Originalausgabe 1992

Die wichtigsten Bücher von Horst-Eberhard Richter

Eltern, Kind und Neurose 1963	Ausgehend von der engen Verzahnung zwischen den oft unbewussten Ansprüchen, die Eltern an ihr Kind stellen, und dessen Reaktion darauf, resümiert Richter die Ergebisse seiner langjährigen Forschungsarbeit und erläutert die Motive, die zu Neurosen bei Kindern führen.
Die Gruppe 1972	Richter beleuchtet, wie Gruppenverhalten individuelle Einsamkeit und Ohnmacht überwinden hilft und wie die Gruppe als Mikrogesellschaft einen konkreten Beitrag zur Befreiung des Einzelnen und zum Umbau verkrusteter sozialer Strukturen leisten kann.
Lernziel Solidarität 1974	Angesichts einer weit verbreiteten Ellenbogen-Mentalität gibt das Buch eine wichtige Orientierungshilfe, die analysiert, wie gesellschaftliche und politische Verhältnisse die Seele des Individuums beeinflussen und welche Anstrengungen für die Sicherung gesellschaftlicher Verbesserungen unerlässlich sind.
Der Gotteskomplex 1979	Richters kulturpsychologisches Hauptwerk stellt die Hypothese auf, dass der Mensch in der westlichen Kultur den technischen Fortschritt zu einer Heilsidee erhoben hat, in der religiöse Vorstellungen und individuelle Erwartungen zu einem Lebensideal verschmelzen.
Umgang mit Angst, 1992	In diesem Standardwerk der Psychologie beschreibt Richter verschiedene Formen von Angst, ihre Entstehung und Ausprägung. → S. 906
Als Einstein nicht mehr weiterwusste 1997	Richter versammelt die Seelen von Albert Einstein, Sigmund Freud, René Descartes, Augustinus, Platon, Buddha und Konfuzius zu einem fiktiven »Krisengipfel«, der sich mit der Frage beschäftigt, ob ein Sinneswandel die Menschheit noch vor einer drohenden apokalyptischen Katastrophe retten kann.
Wanderer zwischen den Fronten, 2000	Im Vordergrund dieses autobiografischen Werks, das den beruflichen Werdegang und das vielfältige sozialpolitische Engagement von Richter thematisiert, steht die »sehr persönliche Erzählung einer schlichten, manchmal mühseligen, überwiegend jedoch zuversichtlichen Wanderung eines Engagierten zwischen gesellschaftlichen Fronten«.

Richter, Horst-Eberhard

dt. Psychoanalytiker und Sozialphilosoph

* 28.4.1923 Berlin

📖 *Umgang mit Angst,* 1992

Horst-Eberhard Richter gilt als Pionier der psychoanalytischen Familienforschung und -therapie im deutschen Sprachraum. Als Analytiker von Gruppenprozessen und Institutionskonflikten verschaffte er sich internationalen Ruhm. Richter vertritt den sozialtherapeutischen Ansatz, dass die Ursachen seelischer Störungen vielmehr in zwischenmenschlichen Beziehungen als im Individuum zu suchen sind. Nach dem Studium der Medizin, Philosophie und Psychologie in Berlin (Promotion 1949) schloss Richter eine psychoanalytische Zusatzausbildung an und promovierte 1957 zum Dr. med. Er arbeitete zunächst als Assistenzarzt, dann als Oberarzt an der Neurologischen und Psychiatrischen Klinik der FU Berlin.

1959 wurde Richter Leiter des Berliner Psychoanalytischen Instituts. 1962 übernahm er den neu eingerichteten Lehrstuhl für Psychosomatik an der Universität Gießen und entwickelte die Abteilung zu einem führenden Zentrum für psychosomatische Medizin. Von 1973 bis seiner Emeritierung 1991 war Richter dessen Geschäftsführender Direktor. Seit 1992 leitet er das Sigmund-Freud-Institut in Frankfurt/ Main. 1981 machte sich Richter einen Namen in der Friedensbewegung und zählte zu den Gründern der westdeutschen Sektion »Ärzte gegen den Atomkrieg«, die 1985 mit dem Friedensnobelpreis ausgezeichnet wurden.

Wie kaum ein anderer deutscher Wissenschaftler widmete sich Richter in zahlreichen Büchern und wissenschaftlichen Veröffentlichungen gesellschaftlichen Fragen der Gerechtigkeit, der Moral, des Friedens und der Völkerverständigung.

Anfang 2000 erschien seine viel beachtete Autobiografie *Wanderer zwischen den Fronten. Gedanken und Erinnerungen.*

Umgang mit Angst

OA 1992 **Form** Sachbuch **Bereich** Psychologie

Horst-Eberhard Richters Ausführungen zum Thema Angst gelten als umfassendes und aufklärerisches Standardwerk der Psychologie. Indem er die vielfältigen Formen der Angst beschreibt und sie anhand anschaulicher Beispiele erläutert, zeigt Richter, wie Angst entsteht, in welchen Formen sie sich ausprägt und welche

Reaktionen sie auszulösen vermag, aber auch, wie sie als »Farbe unseres Lebens« konstruktiv verarbeitet werden kann.

Aufbau: Ausgehend von der Tatsache, dass Angst in der technisierten Welt oft totgeschwiegen oder negiert wird, entwickelt Richter ein globales, existenziales Verständnis für das Phänomen, das auf Schritt und Tritt unser Befinden und Tun beeinflusst. Richter beschäftigt sich mit geschlechtsspezifischen und kindlichen Ängsten, mit Gruppendynamik, der Angst bei Paaren, Familien und Organisationen sowie mit den Hintergründen von Fremdenangst und Fremdenhass.

Inhalt: Je hartnäckiger Angst verleugnet wird, desto eher greift sie mittels undurchschaubarer Mechanismen in unser Leben ein. Als Angst vor Krankheit oder Trennung beispielsweise tritt Angst in der Welt des modernen Menschen immer da in den Vordergrund, wo sich die Beziehung zwischen Leben und Tod dramatisch verdeutlicht. Angst ist ein unabweisbares Element des Lebens, das unser Verhalten im Alltag bestimmt. Ob am Arbeitsplatz oder im privaten Leben – stets müssen wir damit rechnen, von einem Angstgefühl oder von Panikattacken überwältigt zu werden.

Ein wesentlicher Aspekt, den Richter in seiner Studie diskutiert, ist die Weltangst; deren Verständnis erfordert einen Lernprozess, der zuallererst verlangt, dass der Mensch sich seiner kreatürlichen Endlichkeit bewusst wird, um sich anschließend aktiv mitden peripheren, persönlichen Angstformen – Trennungsangst, Schamangst, Krebsangst – positiv auseinander setzen zu können.

Wirkung: Das Grundlagenwerk zum Thema Angst spiegelt auf eindrucksvolle Weise den Einfluss wieder, den Richter mit seinen Forschungsarbeiten und sozialphilosophischen Beiträgen auf die humane und differenzierte Gesellschaftsentwicklung in Deutschland ausübte. Seine Erkenntnisse flossen in zahlreiche Therapieformen ebenso ein wie in die psychologische Behandlung von Schwerkranken und Lebensüberdrüssigen. *W. W.*

Rigveda

OT Rgveda **EZ** um 1200 v. Chr. **EA** 1849–74 **DE** 1875
Form Metrische Dichtung **Epoche** Vedisch

Die Sammlung des Rigveda (Rigveda Samhita) ist nicht nur das älteste Denkmal altindischer Literatur, sondern die älteste vollständig überlieferte Literatur überhaupt. Seine Sprache wirkt lebendig, ausdrucksstark und kunstvoll metrisch gebunden.

Morgentoilette Ushas, die von ihrem Geliebten geträumt hat; Illustration zu der Geschichte Usha, indische Buchmalerei, um 1810

Entstehung: Westliche Forscher datieren nach archäologischen, sozial- und literaturhistorischen Sachverhalten die Entstehung des Rigveda in den Zeitraum von 1200 bis 1000 v. Chr. Dieser Befund ist jedoch keineswegs gesichert. Die hinduistische Tradition betont den Offenbarungscharakter des Rigveda, in dem die Seher (rishis) in Versen ausdrücken, was war, was ist und für die Dauer der Schöpfung sein wird (»Rig« bedeutet Vers und »veda« Wissen). Nach der Tradition wurde der große Seher Vyasa zu Beginn des gegenwärtigen Zeitalters Kali Yuga (um 3000 v. Chr.) damit beauftragt die Hymnen zu sammeln und zu ordnen.

Sprache: Der Rigveda ist in einer vedischen Sprache geschrieben, welche den Übergang zum Sanskrit zeigt, aber noch nicht die Festigkeit der Grammatik aufweist, was ihre spontanen und vielfältigen Ausdrucksmöglichkeiten erklärt. Die Hymnen wurden jahrhundertelang wegen der magischen Wirkung des richtig ausgesprochenen Wortes absolut zuverlässig durch eine mündliche Tradition überliefert, welche über ausgefeilte Mnemotechniken verfügte. Trotz der Verschriftlichung im Hochmittelalter wird in Indien noch heute mancherorts die mündliche Tradition (von Pandits) gepflegt.

Struktur: Rigveda Samhita besteht aus 1028 Hymnen. Am gebräuchlichsten ist die Einteilung des Gesamttextes in zehn Abschnitte (Mandalas). Die Hymnen sind im allgemeinen entweder nach den (sechs namentlich bekannten) Seherfamilien, welche sie hervorbrachten, oder nach den Göttern, welche durch sie verehrt werden, geordnet. Eine Ausnahme ist das zehnte Mandala: Es enthält Hymnen von verschiedenen Sehern an verschiedene Götter und hat als wahrscheinlich jüngster Teil des Rigveda Samhita insgesamt mehr philosophisch-spekulativen Charakter.

Jean Le Mée über *Rigveda:*

The Rig Veda is a glorious song of praise to the Gods, the cosmic powers at work in Nature and in man. Its hymny record the struggles, the battles, and victories, the wonder, the fears, the hopes, and the wisdom of the Ancient Path Makers. Glory be to them!

Die Weisheitsliteratur des Hinduismus

Die vedische Literatur

ca. 1500 v. Chr.	*Samhitas: Rigveda:* Hymnen (→ S. 907); *Samaveda:* Liturgische Gesänge; *Yajurveda:* Opfersprüche; *Atharvaveda:* Zaubersprüche
ca. 1000 v. Chr.	*Brahmanas:* Opfertechnik und Deutungen zu den Samhitas
ab 800 v. Chr.	*Aranyakas:* Waldbücher, Mystische Deutung der Opferhandlungen
ab 750 v. Chr.	*Upanishaden:* Grundlage der späteren indischen Philosophie. *Vedanga:* (Sutras) Schriften über Phonetik, Metrik u. a. → S. 1095

Die epische Literatur

ca. 400 v. Chr. bis 400 n. Chr.	*Mahabharata:* Erzählt die Geschichte der großen Bharata-Dynastie und entwickelt eine sittliche Idee mit metaphysischer Grundlage. Enthält die Bhagavad-Gita, Kern der indischen Philosophie. → S. 706
ca. 3. Jh. v. Chr. bis 2. Jh. n. Chr.	*Ramayana:* Das Sanskrit Epos erzählt die Geschichten um den Gott Vishnu in seiner Inkarnation als Rama. → S. 891
ca. 300 bis 800 n. Chr.	*Puranas:* Verschiedene epische Werke mit didaktischem Charakter, die auf einer älteren verlorengegangenen Purana-Literatur beruhen. Behandeln u. a. Weltordnung, Geschichte und mythische Geografie.
ca. 4. Jh. bis 11. Jh. n. Chr.	*Tantras:* Religiöse Schriften vor allem der Shakta-Sekten, in denen die Kraft eines Gottes als weibliches Wesen personifiziert wird.

Inhalt: Rigveda vereinigt Lobpreisungen an einzelne Götter, Dialog-Hymnen, Lieder mit weltlichem Charakter, Rätsel- und Heldendichtungen. Im Westen am bekanntesten ist sicher das Schöpfungslied aus Mandala X. Die meisten Hymnen sind an die Hauptgötter Götter Indra (Krieg und Macht), Agni (Feuer und Götterbote) und Varuna (kosmische Ordnung und Wahrheit) gerichtet. Von besonderer poetischer Schönheit ist die Hymne an die Göttin der Morgenröte Ushas. Es gibt auch Lieder für Dämonen, Könige und Ahnen, für Tiere und Abstrakta. Manchmal klingen Zweifel an der Existenz der Götter an, welche die spätere Einheitslehre der indischen Philosophie vorbereiten.

Die wichtigsten Bücher von Rainer Maria Rilke

Das Buch der Bilder, 1902	Die Gedichtsammlung enthält einige der gefühlsseligen und stimmungsgeladenen frühen Gedichte von Rilke.
Das Stundenbuch, 1905	Die Gedichtsammlung hat in ihrer mitunter einfältigen Verklärung von Armut und der Leugnung gesellschaftlicher Bezüge immer wieder die Kritik an Rilke begründet.
Die Weise von Liebe und Tod des Cornets Christoph Rilke, 1904	Das Buch, Rilkes wohl erfolgreichste Dichtung, besingt die erste Liebe und den Heldentod eines vermuteten Ahnherrn des Dichters und diente den Soldaten der Weltkriege als Tornisterlektüre.
Neue Gedichte/ Der neuen Gedichte anderer Teil 1907 und 1908	Unter Absehen von aller Subjektivität wollen die Neuen Gedichte das unmittelbare Dasein von Figuren, Gegenständen oder Tieren vergegenwärtigen. Der Zyklus enthält das vielleicht bekannteste Gedicht von Rilke, *Der Panther.*
Die Aufzeichnungen des Malte Laurids Brigge, 1910	Der Roman über den Aufenthalt eines jungen Dichters in Paris, der exemplarisch die Identitätskrise des modernen Menschen erlebt, ist ein auch formal wegweisendes Erzählwerk. → S. 909
Duineser Elegien 1922	Der Gedichtzyklus ist Rilkes schwierigstes, aber vielleicht auch bedeutsamstes Werk, eine hymnisch-elegische Feier und mythische Deutung des Lebens und des Todes. → S. 910
Die Sonette an Orpheus 1923	Der Zyklus bereichert das in den *Duineser Elegien* entwickelte elegische »Klagen und Sagen« um das orphische »Hören und Singen« An die Stelle der Engel der Elegien tritt in den Sonetten die Gestalt des Sängers und vergöttlichten Dichters Orpheus.

Berühmt sind auch einige der Dialog-Hymnen, wie z. B. die zwischen dem irdischen König Puravas und der Nymphe Urvasi, in der Urvasi dem König klarmacht, dass es keine dauerhafte Ehe zwischen Göttern und Sterblichen geben kann, oder der Dialog der Zwillinge Yama und Yami, dem ersten Menschenpaar, in dem Yami versucht, ihren Bruder zum Inzest zu überreden.

Die sog. Familienbücher spiegeln durch ihre Rahmenhandlungen nebenbei auch den Zerfall der Urgesellschaft, und berichten zum ersten Mal (Mandala X) über die sozialen Hauptgruppen (varnas) der altindischen Gesellschaft, mit denen das Kastensystem in Indien häufig gerechtfertigt wurde.

Wirkung: Rigveda Samhita ist die höchste Autorität des orthodoxen aber auch des Neu-Hinduismus und bildet darüber hinaus die Grundlage aller indischen Literatur. Die vielschichtige Symbolik der Hymnen war durch alle Jahrhunderte Anlass für gelehrte Kommentare.   *R.D.*

Rilke, Rainer Maria

dt. Dichter

* 4.12.1875 Prag † 29.12.1926 in Muzot (Wallis)

📖 *Die Aufzeichnungen des Malte Laurids Brigge,* 1910

📖 *Duineser Elegien,* 1923

Rainer Maria Rilke zählt wegen seiner thematischen und formalen Neuorientierung zu den bedeutendsten Lyrikern der Weltliteratur und zu den führenden deutschsprachigen Vertretern der literarischen Moderne.

Als einziges Kind einer unglücklichen Ehe aufgewachsen, begann Rilke schon als Jugendlicher zu schreiben. Die Freundschaft mit Lou Andreas-Salomé (1861–1937) brachte die Entscheidung zur Dichterexistenz und den Entschluss, sich auf Reisen (Russland, Skandinavien, Italien, Spanien, Frankreich) eine seelischgeistige Heimat zu suchen. In der Ehe mit der Bildhauerin Clara Westhoff (Heirat 1901) in der Künstlerkolonie Worpswede versuchte der ruhelose Dichter sesshaft zu werden. Reisen nach Frankreich führten ihn mit Auguste Rodin (1840–1917) zusammen, als dessen Privatsekretär er 1905/06 arbeitete.

Nach virtuosen, aber wegen ihrer klangvollen Sentimentalität nicht unumstrittenen Anfängen mit Gedichtbänden und Prosatexten wie *Das Stunden-Buch* (1905) und *Die Weise von Liebe und Tod des Cornets Christoph Rilke* (1906) entwickelte Rilke, stark beeinflusst von Rodin und Paul Cézanne (1839–1906), das »konzentrierte Schauen« als methodische Grundhaltung der Poetik der *Neuen Gedichte* (1907). In seinem

OT = Originaltitel   EZ = Entstehungszeit   OA = Originalausgabe   DE = Deutsche Erstausgabe   📖 = Verweis auf Werkartikel

Roman *Die Aufzeichnungen des Malte Laurids Brigge*, den Rilke als »Wasserscheide« bezeichnete, verarbeitete er quälende Wirklichkeitserfahrungen in Paris. In seinem lyrischen Spätwerk, den *Duineser Elegien* und den *Sonetten an Orpheus* (1923), fand Rilke einen neuen und eigenwilligen Ton poetischen Rühmens.

Seine letzten Lebensjahre verbrachte der schwer kranke Dichter auf dem Schloss Muzot in der Schweiz.

Biografie: H. E. Holthusen, *Rainer Maria Rilke* (rm 50022) W. Leppmann, *Rilke. Sein Leben, seine Welt, sein Werk,* 1998.

Die Aufzeichnungen des Malte Laurids Brigge

OA 1910 **Form** Roman **Epoche** Moderne

Das Buch von Rainer Maria Rilke darf als der erste konsequent moderne deutschsprachige Roman bezeichnet werden, der ganz im Zeichen einer umfassenden Krisenerfahrung der Moderne (Stichwort S. → 909) steht. In dem Maß, in dem sich ein traumatischer Wirklichkeitszerfall des Ich-Erzählers bemächtigt, versucht dieser verzweifelt, sich in Erinnerungen und Reflexionen seiner Identität zu vergewissern, aber gleichzeitig zu einer Haltung der Hingabe an die Wirklichkeit zu finden. Die irritierende Erfahrung der Modernität schlägt sich auch in der Gestalt des Romans selbst nieder, der darauf verzichtet, auf konventionelle Weise eine Lebensgeschichte zu erzählen.

Entstehung: Die Arbeit an dem Roman geht auf Erfahrungen zurück, die Rilke bei seinem Parisaufenthalt 1902/03 sammelte und während eines Rom-Aufenthalts 1904 zu verarbeiten begann. Nach Unterbrechungen setzte Rilke 1908 die Arbeit fort. Die wechselnden Interessen und

Rainer Maria Rilke mit seiner Frau Clara geb. Westhoff (Foto von 1906)

Akzentuierungen verschiedener Werk- und Lebensphasen spiegeln sich in den stilistisch und strukturell stark unterschiedlichen Passagen des Romans.

Struktur: Anders als der Roman des 19. Jahrhunderts haben die *Aufzeichnungen des Malte Laurids Brigge* keine fortlaufende, realistische Handlung mehr. Der Text besteht aus 71 unterschiedlich langen Aufzeichnungen. Im ersten Teil überwiegen Eindrücke aus Paris, im zweiten Teil Erinnerungen an die Kindheit auf dänischen Adelsschlössern und in Kopenhagen, im dritten Teil Miniaturen obskurer historischer Gestalten. Die 71 Abschnitte sind jedoch nicht willkürlich gereiht, sondern folgen einem musi-

Krisenerfahrung Moderne

Voraussetzungen: Um 1900 verschoben sich die Koordinaten der künstlerischen Selbstwahrnehmung: Die Industrialisierung der Welt, zunehmende Entfremdungserfahrungen, die Entstehung des Massenproletariats, die entsprechende Umgestaltung der Großstädte und die Erosion der mitteleuropäischen Monarchien nahmen im kulturellen Bewusstsein der Zeit eine bedrohliche Dimension an.

Neues Bewusstsein: Dieser sozialen und politischen Erfahrung entsprach ein umfassendes Krisenbewusstsein in nahezu sämtlichen kulturellen und wissenschaftlichen Bereichen: Nach den beiden großen Kränkungen der kopernikanischen Wende und des Darwinismus wartete Sigmund → Freud mit der dritten Kränkung auf, welche die Selbstbestimmung des Ich relativierte. Der Zionist Max Nordau (*Entartung*, 1892) hielt die Zivilisation seiner Zeit für degeneriert.

Ernst Mach (*Beiträge zur Analyse der Empfindungen*, 1886) zweifelte an der synthetisierenden Leistung des menschlichen Bewusstseins und gelangte zu dem Befund. »Das Ich ist unrettbar«. Der Sprachphilosoph Fritz Mauthner (*Beiträge zu einer Kritik der Sprache*, 1896ff) und der Dichter Hugo von Hofmannsthal (*Ein Brief*, 1902) äußerten Zweifel an den Möglichkeiten der Sprache. Für den Wiener Philosophen und Psychologen Otto → Weininger hatte in seiner Kulturphilosophie *Geschlecht und Charakter* (1903) die letzte Stunde des Mannes geschlagen. Oswald → Spengler sah den *Untergang des Abendlandes* (1918) voraus.

Neue Ästhetik: Die Rede von der Krise gehört zum kulturellen Inventar der Zeit, aber sie bringt die Dichter nicht zum Verstummen, sie lanciert im Gegenteil das Spiel mit anderen Motiven und mit neuen Formen des ästhetischen Ausdrucks:

Wo das Subjekt um seine Geschichtsmacht gebracht wird, reizt das Spiel mit der Auflösung, der Duplizität oder Multiplität von Identitäten. Das Fragwürdigwerden eines männlichen Chauvinismus ermöglicht eine neue Frivolität im Spiel mit Geschlechterkonstruktionen.

Neue Technik: Da angesichts des Zerfalls nicht länger nach dem Modell der Konvention erzählt werden kann, erobern Techniken wie innerer Monolog und Montage die erzählenden Formen. In musikalisch komponierten Texten wie Rainer Maria → Rilkes *Aufzeichnungen des Malte Laurids Brigge* (1910) ist auch Platz für Gegensätze und Widersprüche, den nach konvenionellem Muster geschriebene Erzählungen nicht zulassen können. Die Kritik an den Konventionen führt zu einer Revolution der poetischen Formen und Gattungen. Die Krise der Moderne lähmt nicht die Literatur, sie ist ein Produktivfaktor.

Rainer Maria Rilke, *Duineser Elegien*, Umschlag der Ausgabe 1948

kalischen Kompositionsgesetz der »ordres complementaires«. Die Einheit des Werks stiftet keine kontinuierliche Narration, sondern ein dicht gewobenes System von Korrespondenzen, Leitmotiven und Bildern.

Inhalt: Der Roman erzählt in einer am Tagebuch angelehnten Form von dem jungen Dänen Malte Laurids Brigge. Er ist ein verwaister und verarmter Adliger, der letzte seines Geschlechts, der im September nach Paris kommt und dort als Dichter zu leben und eine neue Sprache zu finden sucht. Nach einem halben Jahr brechen die Aufzeichnungen ab. In Maltes Notaten stehen Beschreibungen der Pariser Alltagswirklichkeit neben Kindheitserinnerungen und historischen Reminiszenzen. Die Darstellungen des Pariser Lebens sind an Charles Baudelaire orientiert und liefern abschreckende und beklemmende Beschreibungen von Krankheit, Verfall und Tod. Maltes Kindheitserinnerungen sind der Versuch, eine eigentlich nicht erlebte Kindheit neu zu leisten und ihren fatalen Prägungen zu entkommen. Die historischen Kapitel des Romans erzählen von obskuren historischen Figuren, Hochstaplern und Heiligen, die wie Malte nicht selbst Herren ihres Schicksals sind, sondern der Erfahrung des Fremden und Anderen ausgesetzt waren.

Wirkung: Wegen ihrer kompromisslosen Negativität blieben die *Aufzeichnungen des Malte Laurids Brigge* in der Geschichte des deutschen Romans ohne Nachfolge. Als die Theoretiker des Nouveau Roman, v.a. Nathalie → Sarraute, die programmatische Leistung des Romans erkannten, brach sich endlich auch im Bewusstsein der Kritik die Anerkennung des Romans als einer der großen Leistungen der klassischen Moderne Bahn. *H.R.B.*

Duineser Elegien

OA 1923 **Form** Gedichtzyklus **Epoche** Moderne

Die *Duineser Elegien* zählen zu den gewagtesten, aber auch enigmatischsten Zyklen deutschsprachiger Lyrik, was dem Ziel ihres Verfassers Rainer Maria Rilke entspricht, weit über das konzentrierte Schauen und Wahrnehmen seiner früheren Gedichte hinaus eine grundlegende Sinngebung des Lebens durch die Dichtung zu leisten.

Entstehung: Nach den *Aufzeichnungen des Malte Laurids Brigge* konzentrierte sich Rilke auf die Arbeit an einem neuen Gedichtzyklus, in dem der Dichter nach der Bewältigung krisenhafter und negativer Lebenserfahrung einen neuen poetischen Zugang zur Welt zu finden hoffte. Im Januar 1912 begann Rilke als Gast seiner Mäzenin, der Fürstin Marie von Thurn und Taxis auf Schloss Duino an der Adria mit

der Arbeit; Reisen, die ihn 1911 nach Ägypten und 1912/13 nach Spanien führten, lieferten Material für die Gestaltung der in den Elegien besungenen Landschaften. Die Lebenskrise durch die gescheiterte Liebe zu der Pianistin Magda von Hattingberg und der Erste Weltkrieg unterbrachen die Arbeit; erst als er auf Schloss Muzot sein neues Domizil und in Baladine Klossowska und Nanny Wunderly-Volkart hilfreiche Freundinnen gefunden hatte, gelang ihm die Vollendung der *Duineser Elegien*.

Struktur: Mit der Wahl der Gedichtform Elegie, wie er sie bei Friedrich Gottlieb → Klopstock und Friedrich → Hölderlin geprägt fand, wählte Rilke ausdrücklich eine anspruchsvolle Gedichtform in hohem Ton; dabei tritt die metrische Bestimmung der Elegie (Gedicht in Distichen) zu Gunsten ihrer allgemeineren Bedeutung als Klagegesang zurück. Das Pathos des Leids und sein artistisch hoher Ausdruck begründen die besondere Eignung der Elegie für eine Poetik des Preisens und Rühmens, die sich auch den elementaren Erfahrungen des Schmerzes und des Todes nicht verschließt.

Die zehn Elegien sind in einer zyklischen Struktur angeordnet, die von der Klage zum Jubel führt: Die ersten Elegien beklagen die Unvollkommenheit, die Gefährdung und die Gebrochenheit des menschlichen Daseins, die siebte ringt sich zum Grundsatz durch: »Hiersein ist herrlich«, die letzte schließlich bekennt sich jubelnd zur Fülle des Daseins und der Annahme von Leid und Schmerz.

Inhalt: Dem hohen Ton der Elegien entsprechen die erhabenen Gestalten, von denen die *Duineser Elegien* singen: Es sind vor allem Engel – solche Wesen einer höheren Daseinsmacht, wie sie nach Angabe Rilkes etwa im ägyptischen Tal der Könige oder in den von Greco (1541–1614) gemalten Landschaften um Toledo und Ronda zu Hause sind. Sie werden zur Instanz, vor der das lyrische Ich seinen Gesang anstimmt. Als Wesen außerhalb der zeitlichen Ordnung sind die Engel Exponenten einer jubelnden Bejahung, die zwischen Leben und Tod nicht unterscheidet. Daneben rühmen die Elegien junge Helden und junge Tote.

Zu den immer wieder von Rilke gepriesenen Gestalten gehören auch die großen Liebenden, die nach der Liebestheologie des Dichters »transitiv« lieben, d.h. aus dem Verzicht auf den Besitz des Liebenden ihre Größe beziehen. Die Fünfte Elegie, das Scharnier der zehn Elegien, beschwört die Seiltänzer in ihrer Spannung zwischen kunstgewerblicher Anpassung und artistischer Perfektion um ihrer selbst willen – sie sind in der Leere ihrer seelenlosen Geschicklichkeit, aber auch in ihrer Virtuosität und ernsten Beständigkeit Vertreter der modernen menschlichen und künstlerischen Existenz.

Wirkung: Wegen des Anspruchs, mit den Mitteln der Dichtung eine mythische Sinngebung des modernen Lebens leisten zu wollen, wurden die *Duineser Elegien* zum bewunderten Vorbild anderer, gleichfalls von einem ästhetischen Totalanspruch beseelter Lyriker wie W.H. → Auden und Stephen Spender (*1909). In der Forschung dominierten lange die von der Philosophie Martin → Heideggers und des Existenzialismus geprägten fundamentalontologischen und daseinsanalytischen Deutungen. *H.R.B.*

Rimbaud, Arthur

(eigtl. Jean-Nicolas-A.) frz. Dichter

*20.10.1854 Charleville, † 10.11.1891 Marseille

📖 *Eine Zeit in der Hölle*, 1873

Mit vollendeter Virtuosität schrieb Arthur Rimbaud in jungen Jahren Gedichte, die von der radikalen Auflehnung gegen alle Konventionen der Gesellschaft, gegen Moral und Religion geprägt sind. Sein revolutionäres Poesiekonzept ließ ihn zu einer zentralen Gestalt der literarischen Moderne werden. In den *Briefen des Sehenden* (1871) fordert er die »lange, ungeheure und systematische Entregelung aller Sinne«.

Nach ersten poetischen Versuchen in der Tradition der Romantik und des Parnass löste Arthur Rimbaud in seinen heute als Schlüsseltexte der Moderne geltenden Dichtungen *Eine Zeit in der Hölle* und *Illuminationen* (1886) Charles → Baudelaires Forderung nach Schaffung einer neuen dichterischen Sprache radikal ein. Seine fremdartigen Metaphern und dunklen Chiffren, die eine Vielzahl von Assoziationen und Interpretationen zulassen, stark rhythmisierte Wortfolgen und eine rätselhaft verkürzte Sprache machen die Originalität seiner wegweisenden Lyrik aus.

Nach der Trennung der Eltern wuchs der Sohn eines Offiziers bei der streng katholischen Mutter auf. Rimbaud galt als überdurchschnittlich begabter, aber aufsässiger Schüler. Erste Gedichte, die er mit 15 Jahren zu schreiben begann, schickte er dem zehn Jahre älteren Paul Verlaine (1844–96) nach Paris, darunter sein berühmtes Langgedicht *Das trunkene Schiff*, in dem ein vagabundierendes Schiff (das lyrische Ich) zur »absoluten Metapher« (Hugo Friedrich) wird. Die intime Freundschaft der beiden Dichter endete mit einem heftigen Streit.

Im Absinthrausch schoss Verlaine auf Rimbaud und musste für zwei Jahre ins Gefängnis. 1874, im Alter von 19 Jahren, beendete Rimbaud abrupt sein dichterisches Schaffen und arbeitete fortan als Handelsvertreter und Waffenhändler in fernen Ländern, u.a. im Orient und in Afrika. Schwer erkrankt, kehrte er nach Frankreich zurück, wo er im Alter von nur 37 Jahren starb.

Biografie: Y. Bonnefoy, *Arthur Rimbaud* (rm 50065); E. Starkie, *Das Leben des Arthur Rimbaud*, 1990.

Eine Zeit in der Hölle

OT Une saison en enfer **OA** 1873 **DE** 1907
Form Prosadichtung **Epoche** Romantik/Moderne

Rimbauds ausdrucksstarke lyrische Prosa *Eine Zeit in der Hölle* markiert einen Wendepunkt in der Geschichte der französichen Lyrik.

Entstehung: Während seines krisenreichen Zusammenlebens mit Paul Verlaine (1844–96), das mit den Schüssen auf Rimbaud am 10. Juli 1873 endete, zog sich der Dichter mehrfach auf den Bauernhof seiner Familie zurück, wo er sich auf dem Speicher einschloss und dichtete. Das vermutlich zwischen April und August 1873 vollendete Werk war das einzige, das Rimbaud selbst drucken ließ. Ursprünglich plante er eine Veröffentlichung unter dem Titel *Heidenbuch* oder *Negerbuch*. Da Rimbaud die Druckkosten, die ihm die Druckerei in Rechnung stellte, nicht bezahlen konnte, kam es bis auf wenige Autorenexemplar nicht zur Auslieferung. Erst 1901 wurden die Druckwerke wiederentdeckt.

Inhalt: Die im Prolog als *Tagebuch eines Verdammten* bezeichnete Gedichtsammlung besteht aus den neun verschieden langen Teilen *Prolog, Böses Blut, Höllennacht, Fieberfantasien I* und *II, Das Unmögliche, Der Blitz, Morgen* und *Abschied*, die durch wiederkehrende Motive verknüpft sind. Sinnfragen nach Gott, dem Glauben, der Sünde und der Begründung des Daseins werden gestellt. Das nicht mehr in strengen Versen, sondern in rhythmischer Prosa geschriebene, stark autobiografische Werk beschäftigt sich mit der Erfahrung des Scheiterns und der Desillusionierung, die der Dichter in einem bewusst durchkomponierten Kunstwerk zu verarbeiten sucht. Voller Scham und Enttäuschung nimmt Rimbaud Abschied von der vorangegangenen Epoche, die für ihn einer »Zeit in

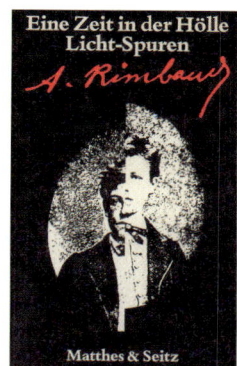

Arthur Rimbaud, *Eine Zeit in der Hölle*, Einband der deutschsprachigen Neuausgabe 1979

Auszug aus de Prosadichtung *Eine Zeit in der Hölle* von Arthur Rimbaud:

Ich habe alle Feste geschaffen, alle Triumphe, alle Dramen. Ich habe versucht neue Blumen, neue Sterne, Menschen aus neuem Fleisch, neue Sprachen zu erfinden. Ich habe geglaubt übernatürliche Kräfte erwerben zu können. Nun gut! Ich soll meine Einbildungskraft und meine Erinnerungen begraben! Schöner Ruhm eines Künstlers und Erzählers hinweg geweht!

Ich! Ich, der ich mich Magier oder Engel genannt, mich von jeder Moral losgesagt habe, ich bin der Erde wiedergegeben, um mir eine Pflicht zu suchen und die runzelige Wirklichkeit zu umarmen! Bauer!

Die wichtigsten Bücher von Arthur Rimbaud	
Das trunkene Schiff 1884	In der heute wohl berühmtesten Dichtung Rimbauds (geschrieben 1871), die aus 25 vierzeiligen Alexandrinerstrophen besteht, machte Rimbaud das Motiv eines Schiffs zum lyrischen Ich.
Briefe des Sehenden, 1912 und 1926	In den Briefen an seinen Lehrer Georges Izambard vom 13. Mai 1871 und an Paul Demeny vom 15. Mai 1871 entwirft Rimbaud seine revolutionäre Poetik, die das bewusste Freisetzen des Unbewussten fordert.
Eine Zeit in der Hölle 1873	In rhythmischer Prosa verarbeitet Rimbaud die zurückliegende Epoche und überwindet seine moralische und künstlerische Krise, indem er den Verzicht auf die Dichtung proklamiert. → S. 911
Les illuminations 1886	In dem Lyrikzyklus wird in einer poetischen Sprache von bis dahin unbekannter Ausdruckskraft eine irreale Welt gezeigt, in der die üblichen Sinnzusammenhänge aufgehoben sind.

der Hölle« gleichkam. Er verwirft seine zuvor insbesondere in den Briefen formulierten dichterischen Vorstellungen von der Zerstörung herkömmlicher Kommunikationsmöglichkeiten und der poetischen Gestaltung einer anderen Wirklichkeit. Die Epoche als »Seher« des Unbekannten, in der er noch die »systematische Entregelung aller Sinne« forderte, ist für ihn weitgehend abgeschlossen. Rimbaud proklamiert den Verzicht auf die Dichtung und die abendländische Welt überhaupt.

In einer Art Selbstanalyse zeichnet der Poet den Weg seiner Irrtümer nach, der ihn aus einem glücklichen Leben in die Hölle der Poesie führte. Die Dichtung erscheint ihm nunmehr als ein Fluch, dem er ausgeliefert war. Die an der Seite von Verlaine unternommenen Versuche

mit Rauschgiften zur Bewusstseinserweiterung verurteilt er im Nachhinein, da sie schreckliche Ängste und Halluzinationen auslösten und ihn in einen wahnhaften Zustand nahe dem Tod brachten. Vor die Wahl gestellt, entweder in diesem Zustand zu verharren oder auf die Dichtung zu verzichten, zieht er es vor, in ein normales Leben zurückzukehren und zu verstummen. Am Ende der Niederschrift scheint der Autor den Ausweg aus seiner moralischen und künstlerischen Krise gefunden zu haben. Er gelangt zu der Feststellung »Ich kann nicht mehr sprechen«.

Wirkung: Die Dichtung von Rimbaud blieb zu seinen Lebzeiten weitgehend unbekannt. Später setzte eine lebhafte Mythenbildung um sein Leben und Werk ein. Viele bedeutende Dichter nachfolgender Generationen wie die Symbolisten, Expressionisten und Surrealisten beriefen sich auf ihn. In Deutschland wurden seine Gedichte durch Übersetzungen von Stefan → George und Paul → Celan u. a. bekannt.　　*S. Na.*

Joachim Ringelnatz

Ringelnatz, Joachim

(eigtl. Hans Bötticher) dt. Schriftsteller

* 7.8.1883 Wurzen (Sachsen), † 17.11.1934 Berlin

📖 *Kuttel Daddeldu*, 1920

Joachim Ringelnatz gilt als der größte lyrische Humorist seiner Zeit. Seine parodistischen, in antibürgerlichem Gestus gehaltenen und amoralisch wirkenden Gedichte zeichnen sich sowohl durch beißenden Spott und erotische Derbheit als auch durch melancholisch-introvertierte Züge aus.

Ringelnatz wuchs in gutbürgerlichen Verhältnissen auf. Ohne Wissen der Eltern heuerte er als Schiffsjunge an und fuhr später als Matrose und Freiwilliger bei der Marine zur See. Danach absolvierte er in Hamburg eine kaufmännische Lehre und arbeitete in verschiedenen Berufen, u.a. als Hausmeister und Reisebüroangestellter. Seine künstlerische Laufbahn begann in der Schwabinger Künstlerkneipe »Simplicissimus«, wo Ringelnatz als Hausdichter und Kabarettist tätig war. 1920 erhielt er ein Engagement an der Berliner Kleinkunstbühne »Schall und Rauch« von Hans von Wolzogen.

Ringelnatz unternahm Tourneen im deutschsprachigen Raum und trug seine eigenen Dichtungen (*Kuttel Daddeldu*; *Turngedichte*, 1920) unter dem 1919 gewählten Namen Ringelnatz – der seemännischen Bezeichnung für das Glück bringende Seepferdchen – vor. Daneben verfasste er Kindergedichtbände (*Kinder-Verwirr-Buch*, 1931), Prosawerke wie den Band *Die Woge* (1922) – eine Sammlung von zwölf Marinegeschichten – sowie ernsthafte Gedichte, die in Ton und Motivik oft an Bertolt → Brecht, Gottfried → Benn und Alfred → Döblin erinnern. Ringelnatz betätigte sich auch als Maler; er schuf über 200 Ölbilder, Aquarelle und Zeichnungen. Unter der nationalsozialistischen Diktatur erhielt Ringelnatz 1933 Auftrittsverbot und starb verarmt im folgenden Jahr.

Biografie: H. Bemmann, *Joachim Ringelnatz*, 1997; H. Günther, *Joachim Ringelnatz* (rm 50096).

Kuttel Daddeldu

OA 1920 (erweiterte Auflage 1923)
Form Lyrik **Epoche** Moderne

Mit der Figur des gutmütig krakeelenden, betrunkenen Matrosen *Kuttel Daddeldu* erlangte Joachim Ringelnatz Berühmtheit und schuf eine neue Figur in der deutschsprachigen humoristischen Literatur, die er bei seinen Auftritten im Kabarett mit großem pantomimischen Talent darzustellen wusste.

Inhalt: Den Kern des Gedichtbands *Kuttel Daddeldu* bilden moritatenhafte Seemannslieder, in denen Kuttel von wilden Seefahrten und nicht minder chaotischen Landgängen Bericht erstattet; er erzählt von Bordellen und Hafenkneipen, von seiner festen Braut Marie, die aus Bayern stammt, und von seinen in aller Welt verstreuten Kindern. Dabei strotzt der gutmütige, sympathische Seemann gerade in seinen grotesken Verzerrungen von einer unbändigen Lebensfreude. Auf burschikos unbekümmerte Art und mit kernigem Humor besteht Kuttel Daddeldu die Abenteuer des Seemannsberufs und des Lebens.

Form: Die ringelnatzsche Sprache ist von schlichter Natur. Die Struktur seiner Seemannsballaden wird nicht von regelmäßig gebauten Strophen gebildet; vielmehr sind seine Verse in ihrer Metrik uneinheitlich, in den Reimen und im rhythmischen Gesamtaufbau aber von hoher Geschlossenheit. Wie in vielen anderen Gedichten schildert Ringelnatz auch in *Kuttel Daddeldu* die Welt aus der Sicht der kleinen Leute: Außenseiter, Deklassierte und Arme. Den täglichen Existenzkampf meistern sie mit einem Mundwerk, das sich um Konventionen und Etiketten wenig schert.

Wirkung: Die Seemannsballaden fanden ein breites Publikum. Insbesondere der Neuausgabe des *Kuttel Daddeldu* aus dem Jahr 1923, in die noch verschiedene andere lyrische und sozial akzentuierte Gedichte des Autors aufgenommen wurden, war ein großer Erfolg beschieden. Die Nationalsozialisten wussten den anarchischen Frohsinn des Seemanns nicht zu schätzen und setzten die Seemannsballaden auf die »Schwarze Liste«. *V. R.*

Rinser, Luise

dt. Schriftstellerin

*30.4.1911 Pitzling (Bayern)

†17.03.2002 Unterhaching bei München

📖 *Mitte des Lebens*, 1950

Luise Rinser, *Mitte des Lebens*, Umschlag der Originalausgabe 1950

Die mehrfach preisgekrönte Autorin Luise Rinser hat in ihrem umfangreichen Werk psychologisch differenzierte Romane und Erzählungen geschrieben, die eine breite Leserschaft gefunden haben. Darüber hinaus veröffentlichte sie Kinder- und Jugendbücher, Hörspiele, Tagebücher und Essays. Ihr erzählerisches und publizistisches Werk setzt sich mit religiösen, metaphysischen, psychologischen und gesellschaftskritischen Themen auseinander.

Rinser studierte Psychologie und Pädagogik in München und war 1935–39 in Oberbayern als Lehrerin tätig. Den obligaten Eintritt in die NSDAP verweigerte sie. 1940 erschien ihre erste Erzählung *Die gläsernen Ringe*, die bei Kritik und Leserschaft sogleich erfolgreich war. Wegen ihres kritischen Geistes erhielt Rinser alsbald Publikationsverbot, auch durfte sie ihren Beruf nicht mehr ausüben. 1944/45 wurde sie wegen »Hochverrats und Wehrkraftzersetzung« inhaftiert. Mit dem Roman *Mitte des Lebens*, in dem sie den Anspruch der Frau auf Selbstverwirklichung behandelt, erntete sie Welterfolg. 1959 zog sie nach Rom, arbeitete als akkreditierte Journalistin beim Zweiten Vatikanischen Konzil (1962–66) und entwickelte in dieser Zeit eine zunehmend kritische Haltung gegenüber der autoritären Dogmatik der katholischen Kirche. Die kritische Christin wandte sich ab Ende der 1960er Jahre fast ausschließlich einer kritisch-publizistischen Tätigkeit zu, nahm sich sozialer und politischer Themen an. Rinser war bis ins hohe Alter eine

Thomas Mann anlässlich der Verleihung des René-Schickele-Preises 1952 über den Roman *Mitte des Lebens* von Luise Rinser:

Ein moderner, moralisch und psychologisch interessanter Roman einer Frau in der Mitte des Lebens wird in einer kühnen Form erzählt. Auch die Kunst der Darstellung ist von der Reife der Lebensmitte, und dahinter steht eine persönliche Erfahrung, die den integren Mut gehabt hat, sich dem Zeit-Bösen zum Kampf zu stellen. Ihr Werk lässt auch für die Zukunft Ungewöhnliches erwarten.

Die wichtigsten Bücher von Luise Rinser	
Die gläsernen Ringe, 1941	In ihrer Erzählung über das Heranwachsen eines Mädchens widmet sich Rinser dem Thema existenzieller polarer Gegensätze.
Gefängnistagebuch 1946	In den heimlich im Untersuchungsgefängnis Traunstein entstandenen Aufzeichnungen schildert die Schriftstellerin Rinser die prägenden Erfahrungen der Zeit ihrer Internierung.
Jan Lobel aus Warschau, 1948	Ein jüdischer Flüchtling findet gegen Ende des Zweiten Weltkriegs Unterschlupf in einer Gärtnerei und führt die dort arbeitenden Menschen aus ihrer Isolation des Alltags.
Mitte des Lebens, 1950	Das Recht der Frau auf Selbstbestimmung ist das zentrale Thema dieses komplex angelegten Romans der Autorin. → S. 914
Der schwarze Esel 1974	*Die Geschichte einer Rückkehr*: Die Ich-Erzählerin kehrt nach dem Krieg in eine bayerische Mittelstadt zurück und deckt die Taten der Menschen während der Zeit des Nationalsozialismus auf.
Mirjam 1983	Dieser »Christus-Roman« bietet Rinsers Deutung der biblischen Figur Maria Magdalena und ihrer Geschichte.
Abaelards Liebe 1991	Rinsers Version der verbotenen Liebe zwischen Abaelard und seiner Schülerin Heloïse, einem der berühmtesten Paare der Weltliteratur, geschildert aus der Sicht ihres gemeinsamen Sohnes.

temperamentvolle Vertreterin des Feminismus, des Pazifismus und der Befreiungsbewegungen der Dritten Welt.   *V.R.*

Biografien: H. Falkenstein, *Luise Rinser*, 1988; L. Rinser, *Den Wolf umarmen*, 1981; dies., *Saturn auf der Sonne*, 1994.

Mitte des Lebens

OA 1950 **Form** Roman **Epoche** Nachkriegsliteratur

In ihrem erfolgreichsten, formal komplex gestalteten Roman beschäftigt sich Luise Rinser mit dem Recht der Frau auf Selbstbestimmung. **Inhalt:** Die 49-jährige Ich-Erzählerin Margret trifft zufällig ihre um zwölf Jahre jüngere Schwester Nina, die sie seit fast zwanzig Jahren nicht mehr gesehen hat. Nina steht kurz vor ihrem Umzug nach England, der ihr die Flucht vor der Liebe zu einem verheirateten Mann ermöglichen soll. Die letzten Tage vor der Abreise verbringen die Schwestern gemeinsam. In dieser Zeit erfährt Margret die Geschichte Ninas, hauptsächlich durch das Tagebuch des gerade verstorbenen Arztes Dr. Stein, der ihren Lebensweg 18 Jahre lang – von 1929 an bis ins Jahr 1947 – begleitete. Er hatte sie als junge Studentin kennen gelernt, als er sie von einer Blutvergiftung heilte, und verliebte sich in sie. Sein Tagebuch beschreibt die Vergeblichkeit dieser Liebe und die Hoffnung Steins, die um zwanzig Jahre jüngere Nina letztlich doch für sich gewinnen zu können. Einer Verwirklichung dieses Wunsches steht jedoch die Persönlichkeit Ninas, deren Darstellung den Kern des Buches bildet, entgegen. Sie führt ein unstetes, unkonventionelles Leben, das bestimmt ist von ihrem unbedingten Freiheitsdrang und einer beständigen Sinnsuche. Ihr Lebenshunger lässt sie bei der Suche nach neuen Erfahrungen auch vor großem Leid und Einsamkeit nicht zurückschrecken. Nach dem Tod ihres Vaters übernimmt sie es aus finanziellen Gründen, eine kranke Tante bis zu deren Tode zu pflegen. 1933 hilft sie gemeinsam mit Stein, Verfolgte über die Grenze zu schmuggeln. Sie heiratet, hat zwei Kinder, doch die Ehe ist nicht glücklich. Als sie von ihrem Mann bereits getrennt lebt, wird dieser zum Tode verurteilt; sie hilft ihm, sich mit Gift zu töten. Wegen »Beihilfe zum Hochverrat« wird sie selbst inhaftiert. Nach dem Krieg avanciert sie zur erfolgreichen Schriftstellerin.

Luise Rinser, *Mitte des Lebens*, Umschlag der Originalausgabe 1950

Dem von Freiheit und Leidenschaft geprägten Leben Ninas steht das der Schwester Margret gegenüber. Sie ist verheiratet, führt ein geordnetes, bürgerliches Leben ohne besondere Aufregungen und war immer zufrieden mit dieser ruhigen Existenz; erst als sie vom Lebens Ninas erfährt, beginnt sie ihre vordergründige Zufriedenheit in Frage zu stellen.

Aufbau: Der recht einfachen Fabel des Romans steht ein komplexer formaler Aufbau gegenüber. Der Leser wird aus mehreren Perspektiven über das Leben Ninas informiert: den Tagebuchaufzeichnungen Dr. Steins, den eigenen Erzählungen Ninas und den Beobachtungen der Ich-Erzählerin. Auf diese Weise entsteht ein vielschichtiges Bild Ninas, deren Anspruch auf Selbstverwirklichung nicht zuletzt in dem Widerstreit von Selbst- und Fremdbeschreibung zum Ausdruck kommt.

Die kontrastive Zeichnung der beiden Schwestern sowie der Figuren Nina und Stein, aber auch die Widersprüchlichkeit Ninas selbst sind Teil einer Gestaltung polarer Gegensätze wie Geist und Leben, Ordnung und Leidenschaft, Liebe und Entsagung, die sich durch den Roman ziehen. Dieses Kreisen um existenzielle Widersprüche, welche die Konfliktlagen der Figuren begründen, bleibt für das gesamte Werk von Rinser bestimmend.

Wirkung: Der Roman *Mitte des Lebens* wurde ein Welterfolg und in mehr als zwanzig Sprachen übersetzt. Er brachte Rinser auf Betreiben von Thomas →Mann 1952 den René-Schickele-Preis ein. Der Folgeroman *Abenteuer der Tugend* (1957) fiel bereits in die Zeit der vom katholischen Glauben geprägten Romane der Autorin und war weniger erfolgreich.   *S.D.*

Robbe-Grillet, Alain

frz. Schriftsteller

* 18.8.1922 Brest

📖 *Die Jalousie oder Die Eifersucht,* 1957

Alain Robbe-Grillet, Schriftsteller, Drehbuchautor und Regisseur, ist der wichtigste Repräsentant der literarischen Bewegung des Nouveau Roman in Frankreich.

Der in Paris aufgewachsene Robbe-Grillet studierte zunächst Naturwissenschaft und schloss 1945 sein Studium der Landwirtschaft als Agraringenieur ab; bis 1950 war er beim staatlichen Institut für Statistik und Wirtschaftsplanung und bei einem biologischen Labor beschäftigt. 1949–51 arbeitete er im Auftrag des Institut scientifique des fruits et agrumes coloniaux in Marokko, Französisch-Guinea und auf den Antillen. Sein erster Roman, *Ein Tag zuviel,* erschien 1953. Neben seiner Tätigkeit als freier Schriftsteller war Robbe-Grillet 1955–85 literarischer Direktor des Pariser Verlags »Les Éditions de Minuit«, außerdem hat er verschiedene Gastprofessuren inne.

Die Werke von Robbe-Grillet zeichnen sich einerseits durch naturwissenschaftlich anmutende Objektivität aus, andererseits und in zunehmendem Maße sind sie von poetischer und fantastischer Darstellungsweise geprägt. Der Autor verzichtet auf einen Plot sowie einen Helden nach herkömmlichem Muster, ebenso fehlt ein allwissender Erzähler. Vor allem die Romane der mittleren Phase (z. B. *Die blaue Villa in Honkong*, 1965) behandeln den Schreibprozess selbst. Mit seiner Trilogie *Romanesques* (1. Teil: *Der wiederkehrende Spiegel*, 1984) schuf Robbe-Grillet die Gattung der neuen Autobiografie, die fiktive und diskursive Elemente in den traditionellen Lebensbericht einflicht.

Seine Ansätze zur Erneuerung des Romans hat Robbe-Grillet auch theoretisch formuliert, nachzulesen vor allem in der Essaysammlung *Argumente für einen neuen Roman* (1963).

Die Jalousie oder Die Eifersucht

OT La Jalousie **OA** 1957 **DE** 1959
Form Roman **Epoche** Moderne

Der dritte Roman von Alain Robbe-Grillet markiert einen ersten Höhepunkt seiner experimentellen Schreibweise; hier verwirklicht der Autor seine theoretischen Forderungen eines Nouveau Roman am deutlichsten.

Inhalt: Der Roman spielt in einem Kolonialhaus auf einer Bananenplantage in tropischem Klima. Minutiös und scheinbar kommentarlos beschreibt ein unbekannter Erzähler das Verhalten einer Frau, A., vermutlich die Gattin des Plantagenbesitzers, dem befreundeten Nachbarn Franck. Bei der Erzählerfigur handelt es sich wahrscheinlich um den eifersüchtigen Ehemann von A. Sein Bewusstsein, dass von dem Verdacht beherrscht zu sein scheint, seine Frau habe ein Verhältnis mit Franck, registriert Szenen, die zu Indizien der angenommenen Liebschaft werden. Obwohl präzise Zeitangaben zunächst das Gegenteil suggerieren, ergeben diese Szenen (z. B. das Gespräch über einen afrikanischen Roman, Francks Zerquetschen eines Tausendfüßlers, der Plan von Francks und A., gemeinsam in die Stadt zu fahren) keine Chronologie, sondern kehren wie zwanghaft in Varianten wieder, sodass der Leser ihren Realitätsstatus oder einen Zeitpunkt des Erzählens nicht mehr auszumachen vermag. So bleibt unklar, ob Franck und A. tatsächlich in die Stadt gefah-

ren sind oder es nur vorhaben oder ob sie eine Autopanne vorgeschoben haben, um eine Nacht gemeinsam im Hotel zu verbringen.

Trotz des scheinbar maximal »objektiven« Erzählers, der nur Gesten und Dinge beschreibt, und kein Gefühl benennt, entsteht ein Eindruck höchster Subjektivität, weil das erzählende Bewusstsein in seiner Eifersucht das »Geschehen« verzerrt und verwischt. Ein objektives Geschehen ist damit nicht mehr zu erkennen, das Erzählte ist eine Mischung aus Geschehenem und Übersteigertem. Zunehmend wird deutlich, dass das Wahnhafte der Eifersucht sich gerade im minutiösen Registrieren jeder kleinen Geste, jedes Tonfalls, verrät – die radikale Äußerlichkeit dient als Mittel zur Darstellung extremer Innerlichkeit.

Alain Robbe-Grillet

Die wichtigsten Bücher von Alain Robbe-Grillet

Die Radiergummis 1953	Dektektiv Wallas ermittelt in einem Mordfall und entdeckt, dass das Opfer sein eigener Vater sein könnte. Dann wird er selbst zu dessen Mörder. Persiflage auf die Muster des Kriminalromans.
Der Augenzeuge 1955	Der Handlungsreisende Mathias versucht sich und dem Leser zu verheimlichen, dass er ein Mädchen ermordet hat und umkreist Tatzeitpunkt und -ort mit immer neue Alibiversuchen.
Die Jalousie oder Die Eifersucht, 1957	Ein Plantagenbesitzer, mehr als Bewusstsein denn als Person präsent, beobachtet die Begegnungen seiner Frau mit einem Nachbarn. Er verdächtigt sie, ein Verhältnis zu haben. → S. 915
Argumente für einen neuen Roman, 1963	In der Sammlung der frühen theoretischen Schriften des Autors zur Erneuerung des Romans werden Chronologie, allwissender Erzähler und eine psychologisierende Erzählweise abgelehnt.
Die blaue Villa in Honkong 1965	Eine fassbare Handlung existiert nicht mehr, sondern ist durch eine Fülle von Handlungssträngen um ein Bordell in Hongkong ersetzt; eigentliches Thema ist das Entstehen dieses Romans.
Projekt für eine Revolution in New York, 1970	Das Ziel der im Titel versprochenen Revolution bleibt offen; die Vorbereitungen dafür umfassen Mord, Brandstiftung und Vergewaltigung, allerdings der Gruppenmitglieder untereinander.
Ein Königsmord, 1978	Robbe-Grillets ursprünglich abgelehnter Erstlingsroman. Der kleine Büroangestellte Boris versucht, den König zu ermorden.
Der wiederkehrende Spiegel, 1984	Erster Teil der autobiografischen Trilogie Romanesques. Tatsächliches autobiografisches Erzählen ist durchsetzt mit einer fantastischen Parallelhandlung und ästhetischen Ausführungen.

Auszug aus der Essaysammlung *Argumente für einen neuen Roman* (1963) von Alain Robbe-Grillet:

Der Mensch betrachtet die Welt, und die Welt erwidert seinen Blick nicht.

Da in unseren Büchern keine »Personen« im herkömmlichen Sinn vorkommen, hat man daraus ein wenig voreilig geschlossen, man treffe darin überhaupt keine Menschen an. Das hieße jedoch, sie sehr schlecht zu lesen. Der Mensch ist darin auf jeder Seite, in jeder Zeile, in jedem Wort gegenwärtig. Selbst wenn man sehr viele Gegenstände darin findet, die mit strenger Genauigkeit beschrieben sind, so ist es doch immer und zuerst der Blick, der sie sieht, das Denken, das sie wiedersieht, die Leidenschaft, die sie verzerrt.

Diese Gleichzeitigkeit von höchster Objektivität und höchster Subjektivität ist bereits im doppeldeutigen Titel enthalten (der im Deutschen durch einen Doppeltitel wiedergegeben werden muss): Die Jalousie ist einerseits der präzise beschreibbare Gegenstand (Sonnenrollo), durch den der Erzähler seine Frau beobachtet, und darüber hinaus schon Ausdruck seines Misstrauens, Schleuse seines durch Eifersucht gelenkten Blicks.

Wirkung: Der Roman fand gleich starke Beachtung, die sich jedoch von Seiten der etablierten Kritik als Empörung äußerte – hier wurde der Roman mitunter als »Attentat gegen die Literatur« gewertet, in weniger hitzigen Reaktionen wegen seines experimentellen Charakters auch als »Labor-Literatur« abgetan. Heute zählt er zu den wichtigsten Werken der Moderne. Seine grundsätzliche Neuerung ist, dass – in Abgrenzung vom traditionellen realistischen Roman – Gefühle nicht benannt, beschrieben und erklärt werden, sondern in ihren Konsequenzen für die Wahrnehmung der in den verzerrten Blick tretenden Welt interessieren. *M.R.*

Rolandslied

OT La chanson de Roland **EZ** wahrscheinlich um 1100
OA 1836 **DE** 1839/40
Form Versepos **Epoche** Mittelalter

Das aus 4002 zehnsilbigen Versen bestehende und in 290 Strophen (»Laissen«) gegliederte *Rolandslied* ist das bedeutendste Beispiel der altfranzösischen Heldenepik, der sog. *Chansons de geste*, und Teil des *Karolingerzyklus,* also der Sagen um Kaiser Karl den Großen (742?–814). Aus dem historischen Rahmen – der Kampf Karls gegen die Mauren in Spanien – tritt in den Vordergrund eine Episode um Karl und seine zwölf Paladine, unter denen der kühne Roland, Karls Neffe, und der besonnene Olivier die tapfersten sind.

Inhalt: Nach siebenjährigem Kampf hat Karl der Große ganz Spanien zurückerobert, mit Ausnahme der Stadt Saragossa, die in der Hand des maurischen Königs Marsilius verblieben ist. Dieser will in seiner schwierigen Lage eine Gesandtschaft zu Verhandlungen mit dem christlichen Herrscher senden. Dabei plant er bereits, sein Wort nicht mehr zu halten, wenn Karl erst einmal nach Aachen zurückgekehrt ist. Als die Vertrauten von Marsilius bei Karl eintreffen, berät dieser mit seinen Vasallen, wer als Botschafter zu dem maurischen Fürsten geschickt werden könnte. Roland schlägt ohne böse Absicht seinen Stiefvater Ganelon vor, doch der glaubt, Roland wolle ihn mit dieser gefahrvollen Mission ins Verderben stürzen und sieht sein Leben bedroht. Aus Rache verbündet er sich mit dem Heidenkönig und überfällt gemeinsam mit diesem in der Pyrenäenschlucht bei Roncesvalles die Nachhut des christlichen Heers, in der sich die besten Männer Karls befinden.

Trotz aller Tapferkeit kann sich die kleine christliche Schar nicht gegen die Übermacht der Angreifer behaupten. Zu lange weist der stolze Roland Oliviers Rat zurück, mit einem Stoß in sein Horn Olifant das vorausgezogene Heer zu Hilfe zu rufen. Erst als Roland und die anderen Helden gefallen sind, trifft das Heer Karls ein und nimmt einen langen Kampf gegen die Mauren auf, der letztlich auf wundersame Weise gewonnen werden kann, da die Sonne stillsteht, statt unterzugehen.

Voll Trauer über den Tod seiner Treuesten kehrt Karl nach Aachen zurück. Der Verräter Ganelon wird mit dem Tod bestraft und Alde, die Verlobte Rolands, stirbt aus Kummer über den Verlust ihres geliebten Freundes. Mit dem Beschluss der versammelten Barone Karls, der Frau des heidnischen Königs durch die christliche Taufe die Rettung zu ermöglichen, endet das Epos.

Fraglich ist, ob der sich im letzten Vers namentlich nennende Turoldus der Autor oder einer unter vielen Erzählern des Stoffes ist. Die überlieferte Version umgibt den Handlungskern mit zahlreichen ausschmückenden Schilderungen, vor allem über Frankreich und über die Tapferkeit Karls und seines Heeres. Das *Rolandslied* wurde mit dem Kreuzzugsgedanken in Verbindung gebracht, es deutet aber doch offensichtlicher auf die Reconquista Spaniens.

Das Rolandslied des Pfaffen Konrad

Verfasser: Als »pfaffe Chunrat«, also als Weltgeistlicher, bezeichnet sich der Verfasser des »deutschen« → *Rolandslieds*. Seit die These einer Verfasserschaft Konrads für die *Kaiserchronik* als widerlegt gilt, ist das *Rolandslied* das einzige nachweisbare Werk dieses Autors. Biografische Daten gibt es nicht. Neben der Sprache weisen der Hervorhebung der Bayern und einige Eigennamen im *Rolandslied* auf Regensburg als Wirkungsort Konrads hin.

Datierung: Vieles spricht für die Datierung 1172, die aber nur als »Indizienbeweis« angesehen werden kann. Sollte sie richtig sein, ist mit dem im Epilog genannten Auftraggeber »herzog Hainriche« Heinrich der Löwe (1129/31 bis 1195) gemeint, und Konrad könnte Mitglied der herzoglichen Kanzlei gewesen sein. Alternativ werden auch Datierungen um 1130 und 1150 diskutiert.

Vorlage: Eine unbekannte Handschrift der *Chanson de Roland* muss Konrads Vorlage gewesen sein. Im Epilog seines mehr als 9000 Verse umfassenden Epos wird mitgeteilt, dass Herzog Heinrich sie auf Bitten seiner Frau habe beschaffen lassen. Konrad behauptet, die Vorlage zunächst ins Lateinische und dann ins Deutsche übersetzt zu haben.

Wirkung: Vom *Rolandslied* des Pfaffen Konrad sind sechs Handschriften bekannt; die verschiedenen Dialekte belegen eine beträchtliche regionale Verbreitung. 50 bis 80 Jahre nach Konrad hat ein als »der Stricker« bekannter Autor eine erweiterte Neubearbeitung verfasst, die Konrads Text oft wörtlich übernimmt und in über 40 Handschriften verbreitet war. Lange wörtliche Passagen wurden in den *Karlmeinet* eingearbeitet, eine Kompilation von Karlsepen aus dem 14. Jahrhundert. → Wolfram von Eschenbach übernahm im *Willehalm* Motive und Namen und stellte Bezüge zur Handlung des *Rolandslieds* her. Neuzeitliche Bearbeitungen in deutscher Sprache gibt es seit der zweiten Hälfte des 19. Jahrhunderts; zum Bildungsgut wurde es durch eine Reclam-Übersetzung von 1880. Zahlreiche Umarbeitungen in der Kinder- und Jugendliteratur reichen bis ins Jahr 1980. *R.B.*

Wirkung: Das *Rolandslied* ist nicht nur das musterhafte Beispiel für die altfranzösische Heldenepik der *Chansons de geste*, es hat darüber hinaus starken Einfluss ausgeübt, zunächst auf die Literatur des europäischen Mittelalters, besonders auf die kundige Bearbeitung durch den Pfaffen Konrad (→ Stichwort S. 916). In dem italienischen Ritterepos *Der rasende Roland* (1516) des Ludovico → Ariosto ist aus Roland ein von Liebe getriebener Held geworden. Der Stoff erfreute sich auch im spanischen Goldenen Zeitalter und dann in Frankreich und Deutschland im romantischen 19. Jahrhundert großer Beliebtheit. *D. I.*

Rosa, João Guimarães

brasilian. Schriftsteller, Arzt und Diplomat

* 27.6.1908 Cordisburgo (Minas Gerais)

† 19.11.1967 Rio de Janeiro

📖 *Grande Sertão*, 1956

Das literarische Werk von João Guimarães Rosa wurzelt eindeutig im brasilianischen Regionalismus der 1940er Jahre. Seine Sprachexperimente, die Fremd- und Indianersprachen ebenso einbeziehen wie volkssprachliche Elemente aus dem Sertão und einen asyntaktischen Telegrammstil, sind sein spezifischer Beitrag zum brasilianischen Modernismus. Freilich ging Rosa vom ersten Augenblick an über den Regionalismus hinaus – er trieb ihn »dergestalt auf die Spitze, dass er ihn sprengt und zu etwas Neuem macht« (Antônio Cândido). Anders als z. B. Gabriel → García Márquez ist Rosa nie ironisch oder skeptisch, bei ihm ist das Heilige, das Numinose, das Mysteriöse der Alltag. Dadurch ist es ihm gelungen, den letztlich unfruchtbaren Regionalismus von innen her aufzubrechen und der brasilianischen Literatur wieder Weltgeltung zu verschaffen.

Rosa stammte aus dem zentralbrasilianischen Minenstaat Minas Gerais, in dem er sich nach medizinischer Ausbildung zunächst als Landarzt niederließ. 1934 trat er in den diplomatischen Dienst ein und war u. a. längere Zeit als Vizekonsul in Hamburg tätig. Ab 1946 veröffentlichte er literarische Arbeiten. Durch seinen Roman *Grande Sertão* (1956) wurde er schlagartig berühmt. Trotzdem blieb er im Außenministerium seines Landes tätig. Drei Tage nach seiner Antrittsrede als Mitglied der brasilianischen Academia de Letras starb er an Herzversagen.

Rosa war zeitlebens Einzelgänger und ließ sich nicht von literarischen Strömungen vereinnahmen. Dem politischen Engagement anderer Autoren seiner Generation (wie Jorge → Amado) stand er skeptisch gegenüber. In seinem Werk ist der Sertão zwar stets präsent, wandelt sich aber in den Erzählungen immer mehr zur metaphysischen Landschaft, an deren Seite auch eine städtische Szenerie treten kann. Überhaupt zeigt das Spätwerk von Rosa eine gewisse Nähe zur fantastischen Literatur in ihrer spezifisch südamerikanischen Variante, d. h. in der engen Verbindung mit einer realen Umwelt wie im Magischen Realismus eines García Márquez oder wie in der argentinischen »literatura fantástica« eines Jorge Luis → Borges oder Julio → Cortázar.

Grande Sertão

OT Grande Sertão: Veredas
OA 1956 **DE** 1964 **Form** Roman **Epoche** Moderne

Dieser bedeutendste Roman von João Guimarães Rosa, mit dem der Autor seinen Weltruhm begründete, stellt zugleich die endgültige Überwindung des brasilianischen Regionalismus dar.

Inhalt: *Grande Sertão* ist ein einziger Monolog eines Analphabeten, des Jagunço-Hauptmanns Riobaldo, der als Anführer einer Räuberbande viele Jahre lang durch den Sertão, den trockenen Buschwald des Nordostens, zog und nun ein beschauliches Altersdasein als sesshafter Bauer genießt. Er erzählt sein abenteuerliches Leben einem »Doktor« aus der Stadt, und bei dieser mehr als 500 Seiten umfassenden Erzählung kommen weder folkloristische Details noch die geografische Präzision zu kurz.

Szene aus dem *Rolandslied*, Errichtung eines Zeltes und Auszug der Ritter; Buchmalerei des 13. Jahrhunderts

Erich Auerbach 1946 in *Mimesis* über das *Rolandslied*:

Andere Schichten als die hochfeudalen treten überhaupt nicht auf... Dennoch war die Chanson de geste, zumal das Rolandslied, offenbar volkstümlich... Das ist so zu erklären, dass trotz der bedeutenden materiellen und rechtlichen Unterschiede, die zwischen den verschiedenen Schichten der Laienbevölkerung bestanden, es doch noch keine grundsätzliche Verschiedenheit in ihrem Bildungsstand gab, ja mehr als das, dass auch die Idealvorstellungen noch einheitlich waren.

João Guimarães Rosa, *Grande Sertão*, Umschlag der deutschsprachigen Erstausgabe 1964 (Gestaltung: Hannes Jähn)

João Guimarães Rosa in einem Brief an den Übersetzer Curt Meyer-Clason:

Meine Bücher sind schlichte Versuche, das kosmische Geheimnis zu umkreisen und gelegentlich ein wenig zu lüften, jenes bewegliche, unmögliche, verwirrende, jeder Logik widerstrebende Ding: die sogenannte Wirklichkeit, die wir selber sind, die Welt, »das Leben«.

Selbst wenn man alle Stationen seiner Wanderungen auf den Landkarten Zentralbrasiliens verfolgen könnte: Der Weg zwischen dem ersten Wort (»Nonada« – Nichtigkeit) und dem letzten (»Travessia« – Überfahrt, gefolgt von dem mathematischen Zeichen für das Unendliche) ist zugleich ein metaphysischer Weg, der die Mythen der christlich-abendländischen Zivilisation in den Kontext der »primitiven« Sertão-Bewohner stellt: Der Kampf zwischen Gut und Böse, der Pakt mit dem Teufel, der Hermaphroditen- und der Engelsmythos, zugleich aber auch die literarischen Topoi des Mittelalters, die Verpflanzung der Ritterepik in die Welt am Rio São Francisco, das alles stellt eine zweite Ebene der Erzählung neben und über der realistischen Beschreibung dar.

Rosa lässt realistische Beschreibungsmethode und mythische Wirklichkeitssicht geschickt ineinanderfließen: Zeitebenen geraten durcheinander, der lineare Zeitablauf wird aufgegeben. So nimmt es nicht Wunder, dass der realistisch-regionalistische Roman letzten Endes die reale Wirklichkeit in Frage stellt: Riobaldos Überfahrt ist das Leben, zugleich aber auch eine Suche, die immer wieder zu demselben Kern führt – zum Widerspruch. »Alles ist und ist nicht«, sagt Riobaldo, »der Teufel existiert und existiert nicht«, sogar »das ist geschehen und ist nicht geschehen.« Jeder Rest einer rettenden, objektiv-allwissenden Erzählinstanz ist ausgefallen, der Leser sieht sich – ist er erst einmal von der Fabulierkunst des Jagunço eingefangen – einem unentwirrbaren Knäuel von Ereignissen gegenüber, das sich bei allem Realismus nur mehr nach mythischen Prinzipien ordnen lässt.

Wirkung: Rosa begründete mit diesem Roman, der in die meisten Weltsprachen übersetzt wurde, nicht nur seinen eigenen Ruhm, sondern führte auch die brasilianische Literatur aus dem Ghetto des Regionalismus der 1930er und 40er Jahre heraus. In seinen kühnen Sprachexperimenten, die durch die abgerissene Sprechweise des analphabetischen Erzählers, aber auch durch ein umfangreiches Repertoire aus Neologismen, Rotwelsch, Dialekt, Fachausdrücken an die Experimente der Modernisten der 20er Jahre anschließen, entwickelte er ein eigenes Idiom und förderte damit wesentlich die Bestrebungen, eine vom Portugiesischen emanzipierte brasilianische Literatursprache zu schaffen. *M. Rö.*

Rosenroman

OT Le roman de la rose
EZ etwa 1230–49 (Teil 1) / 1275–80 (Teil 2)
OA 1526 (altfrz.) **DE** 1839
Form Versroman **Epoche** Mittelalter

Der *Rosenroman* gehört zu den Meisterwerken des hohen Mittelalters. Seine allegorischen Denkformen bestimmten drei Jahrhunderte lang das literarische und geistige Leben Frankreichs. Er ist eine Geschichte über die Liebeskunst (nach Art des → Ovid) und die Allegorie einer Liebeseroberung. Das Schreiben in Sinnbildern, das ansatzweise schon im höfischen Roman auftaucht, wird zum bestimmenden und beispielsetzenden Prinzip des ganzen Werks (die Rose im Titel ist Sinnbild der Geliebten).

Entstehung: Während der erste Teil des Romans von Guillaume de Lorris (um 1215–um 1278) nur 4000 der insgesamt 22000 achtsilbigen Verse umfasste, griff Jean de Meung (um 1240–1305) ungefähr 40 Jahre später das Werk auf und schrieb den größeren, von Inhalt und Gestus sehr verschiedenen zweiten Teil.

Inhalt: Der erste Teil beginnt damit, dass ein Erzähler, um seiner Dame zu gefallen, von einem Traum berichtet, den er als Zwanzigjähriger hatte: Einem klaren Flusslauf folgend, ist er zu einem von einer hohen Mauer umgebenen Garten gelangt. Zehn Porträts allegorischer Negativfiguren (wie Hass, Bosheit, Habsucht u.a.) bewachen gleichsam die Mauer. Als ihm die Müßigkeit ein Tor öffnet, befindet er sich »wahrhaft im irdischen Paradies«, inmitten der prächtig-lustvollen Feier von Positivfiguren wie Vergnügen, Fröhlichkeit, Höflichkeit, Schönheit u.a. In der verzaubernden Stimmung des Fests fällt sein Blick auf den Wasserspiegel jenes Brunnens, an dem Narziss sich einst mit tragischen Folgen in sein eigenes Antlitz verliebte. Der Erzähler aber – eingedenk des warnenden Beispiels – lenkt seine Aufmerksamkeit nicht auf sein Spiegelbild, sondern auf die duftenden Rosenbüsche am Grund des Brunnens, insbesondere auf jene Rose, welche die Geliebte verkörpern wird. Vom Pfeil des Liebesgotts getroffen, unterstellt sich der Verliebte der Fahne Amors und dem »Panier der Höfischheit«. Amor unterweist ihn in Frauendienst und Liebeskunst, doch einige »Hüter aller Rosensträuche« wie Widerstand, Vernunft, Scham, Keuschheit verhindern die Vereinigung der Liebenden und mit einer Klage über die schwindende Hoffnung des Träumenden bricht der erste Teil ab.

Der zweite Teil stellt zwar gleich eingangs die Hoffnung auf ein gutes Ende in Aussicht, doch in Inhalt und Gestus ist nicht Amor, sondern neben der Allegorie der Natur besonders die Allegorie der Vernunft die bestimmende Kraft. In

Illustration aus dem ersten
Teil des *Rosenromans* von
Guillaume de Lorris

langen, mit literarischen und historischen Exempla gespickten Passagen stellt sie dem träumenden Erzähler immer wieder die Nichtigkeit der Liebe vor Augen (»Liebe ist gehässiger Friede, Liebe ist liebevoller Hass, sie ist untreue Treue, treue Untreue«). Der eigentliche Handlungsverlauf wird immer stärker überlagert von abschweifenden Betrachtungen (z.B. über Königtum und Adel, über Ehe, Reichtum und Freiheit). Den Höhepunkt bildet der Kampf um das Rosenschloss, den Amor letztlich gewinnen kann. Angst und Scham ergreifen die Flucht, und der schöne Empfang ermöglicht es dem Verliebten, Mahnungen der Vernunft zu vergessen. So gewinnt er die rote Rose. Der letzte Vers führt das Traumthema des Beginns zum Ende: »Dann wurde es Tag und ich erwache.«

Die Fortführung von Jean de Meung schließt somit thematisch und strukturell den Roman ab, wie ihn Guillaume de Lorris begonnen hatte, und doch sind die Prämissen des Romangeschehens gänzlich verändert: Während sich der erste Teil auf das Streben nach der Rose konzentriert und dies im Code höfischer Liebe als die Fiktion eines träumenden Subjekts darlegt, entfaltet der zweite Teil das Spektrum der zeitgenössisch aktuellen Philosophie.

Wirkung: Der Rosenroman löste den ersten heftigen Meinungsstreit in der französischen Literaturgeschichte aus: Gab es einerseits christliche Deutungen des Werks, so riefen andererseits die erotische Kühnheit des Romans und das negative Frauenbild die schroffe Ablehnung der Dichterin Christine de Pisan (1363–1430) und auch klerikaler Kreise hervor. 1402 veröffentlicht Jean de Gerson (1363 bis 1429), Theologe und Kanzler der Pariser Universität, eine der zahlreichen Abhandlungen gegen den »lasterhaften Rosenroman«; es konstituierte sich ein Ritterorden zur Verteidigung der Frauenehre. Doch all dies vermochte den Erfolg des Werks, von dem zwischen dem 13. und 16. Jahrhundert allein 300 Handschriften erhalten sind, nicht mindern. *D. I.*

Auszug aus Johan Huizingas Schrift *Der Herbst des Mittelalters* (1919) über den mittelalterlichen *Rosenroman*:

In voller Übereinstimmung mit dem allgemeinen Geist des späten Mittelalters, der das gesamte Denken in umfassender Weise verbildlichen und in ein System bringen wollte, hat nun der Roman de la rose *der ganzen erotischen Kultur eine so bunte, in sich geschlossene und reiche Form gegeben, dass er gleichsam eine Schatzkammer profaner Liturgie, Lehre und Legende wurde.*

Joseph Roth, *Hiob*, Einband der Originalausgabe 1930

Roth, Joseph

österreich. Schriftsteller und Journalist

*2.9.1894 Brody (Galizien), †27.5.1939 Paris

📖 *Hiob*, Roman 1930

📖 *Radetzkymarsch*, 1932

Joseph Roth ist als literarischer Chronist des Zerfalls der Habsburgermonarchie in die Literaturgeschichte eingegangen. Sein Werk zeichnet sich durch eine humanistische Grundeinstellung aus, die seinen Büchern Gewicht und Aktualität verleiht.

Unbemittelt und vaterlos im nordöstlichsten Winkel der k. u. k. Monarchie, im galizischen Brody, aufgewachsen, ging Roth 1914 nach Wien, um dort das in Lemberg begonnene Studium der Germanistik und Philosophie fortzusetzen. Nach der Rückkehr aus dem Krieg wurde er in Wien, ab 1922 in Berlin als Journalist tätig. Seine Feuilletons und Reportagen machten ihn rasch zu einem der gefragtesten Journalisten der Weimarer Republik. Für die *Frankfurter Zeitung* bereiste er 1923–32 ganz Europa. Roths erster Roman *Das Spinnennetz* erschien 1923 in Fortsetzungen in der *Wiener Arbeiterzeitung*.

1933, wenige Tage vor der Machtübernahme der Nationalsozialisten, ging Roth ins Exil nach Frankreich, wo er in seinen Romanen über das alte Österreich mit der »sittlichen Magie des Wortes« gegen die Barbarei des Faschismus anzuschreiben versuchte. Rast- und ruhelos und zunehmend verzweifelt trank er sich zu Tode. Am 27. Mai 1939 starb Roth in einem Pariser Armenhospital an Delirium tremens und Lungenentzündung.

Biografie: S. Morgenstern, *Joseph Roths Flucht und Ende*, 1994; H. Nürnberger, *Joseph Roth* (rm 50 301).

Die wichtigsten Bücher von Joseph Roth

Das Spinnennetz, 1923	Ein zeitkritischer Roman um einen frustrierten Kleinbürger, der Zuflucht in rechtsextremistischen Kreisen sucht.
Flucht ohne Ende, 1927	In Oberleutnant Tunda porträtiert der Autor einen Menschen, der durch den Niedergang des Habsburgerreiches Heimat und Identität verliert.
Juden auf Wanderschaft, 1927	Ein großer Essay über die Ostjuden und die Welt des Schtetls, in dem der Autor nachdrücklich für mehr Verständnis und Toleranz gegenüber diesen bedrängten und verachteten Menschen wirbt.
Hiob 1930	In dem Legendenroman wirft Roth die Fragen nach dem Sinn der göttlichen Heimsuchung, des Leids und der Schuld auf. → S. 920
Radetzkymarsch, 1932	In dem Gesellschaftsroman beschreibt Roth anhand privater Schicksale die Zeit von der Schlacht von Solferino (1859) bis 1916. → S. 921
Tarabas 1934	Der Spross einer russischen Familie gerät in die Wirren der Geschichte und findet erst am Lebensende zu sich selbst zurück.
Das falsche Gewicht, 1937	In der Geschichte eines Eichmeisters im galizischen Grenzland beschwört Roth die Welt des k. u. k.-Österreich herauf.
Die Kapuzinergruft, 1938	Der Roman ist eine Fortschreibung des Romans *Radetzkymarsch* und führt in das Österreich der Zwischenkriegszeit.
Die Legende vom Heiligen Trinker, 1939	Roths letztes Werk, in dem er auch seine Situation im Exil darstellt, ist eine ironische Geschichte um den unheiligen Heiligen Andreas; eine jener verlorenen Figuren, wie sie der Autor in vielen Werken darstellte.

Hiob

OA 1930 **Form** Roman **Epoche** Moderne

Das Buch *Hiob. Roman eines einfachen Mannes* markierte eine Zäsur im Werk von Joseph Roth. Nach den zeitkritischen und von leidenschaftlicher sozialer Anteilnahme geprägten Arbeiten des Frühwerks griff er im *Hiob* zum erstenmal eine religiöse Thematik auf und eröffnete mit dem Werk eine Reihe melodisch-melancholischer Romane über eine vergangene Welt.

Entstehung. Der Roman führt die Leser in die Welt des ostjüdischen Schtetls, der Joseph Roth selbst entstammte. Lebensweise und Diskriminierung der dortigen orthodoxen Juden waren ihm bestens vertraut. Viele Erfahrungen seiner Kindheit und Jugend flossen in *Hiob* ein.

Als Roth die Arbeit an dem Roman begann, litt seine psychisch kranke Frau im Nebenzimmer an Anfällen. Ihr Leiden und seine Schuldkomplexe sind neben anderen autobiografischen Bezügen in den Text eingegangen.

Inhalt: Hiob erzählt in legendenhaftem Ton die Geschichte der Heimsuchung des Juden Mendel Singer. Dieser fristet in Armut und Bescheidenheit sein Dasein als Dorfschullehrer im russischen Teil Galiziens, bis die Idylle durch die Geburt eines epileptischen Sohnes zerstört wird und ihn daraufhin mehrere Schicksalsschläge treffen. Mendel lässt sein krankes Kind zurück und wandert nach Amerika aus, wo es ihm nicht besser ergeht. Seine älteren Söhne sterben im Krieg, seine Frau vor Gram darüber. In ohnmächtiger Wut lehnt er sich gegen Gott auf und verflucht ihn. Doch durch ein Wunder wird ihm schließlich Gerechtigkeit und Frieden zuteil.

Struktur: Im Gegensatz zum biblischen Buch *Hiob*, das arm an äußerer Handlung bleibt, kleidet Joseph Roth seine Parabel von Heimsuchung und Prüfung, Willkür und Gnade in eine farbige Szenenfolge, die in ihrem Ton den von Märchen und Legenden annimmt. Der Zauber des Sprachklangs und die Wärme der poetischen Sprache geben diesem Buch die Prägung.

Wirkung: Hiob ist bis heute einer der wenigen geglückten Versuche geblieben, ein biblisches Thema für die Neuzeit zu variieren. Die überzeugende Verschmelzung von Roman und Legende erschien Kritikern und Schriftstellern gleich nach der Publikation 1930 als etwas Besonderes, das nur schwer in die Literatur der Zeit einzuordnen war. Als »erschütternd« wurde das Buch von vielen bedeutenden Kollegen charakterisiert und zugleich als ein Werk, das eine unvergleichliche Wärme und Reinheit ausstrahlt. Der Leser wird von der für das Schaffen des Autors so prägenden Humanität bei jedem Wiederlesen des Romans ergriffen, der aus diesem Grund auch ein großer Erfolg wurde.

Radetzkymarsch

OA 1932 **Form** Roman **Epoche** Moderne

Der Roman *Radetzkymarsch*, ein kunstvolles und bezauberndes Requiem auf das alte Österreich, ist das bekannteste und berühmteste Werk von Joseph Roth. Der poetische Geist und die weise und melancholische Toleranz dieses literarischen Abgesangs auf ein Weltreich machen das Buch zu einem unvergänglichen Zeugnis europäischer Erzählkultur.

Inhalt: Im Schicksal der Familie Trotta durch drei Generationen erscheinen die Geschichte und der Niedergang der Österreichisch-Ungarischen Monarchie von der Schlacht bei Solferino (1859) bis zum Tod Kaiser Franz-Josephs 1916. Der Großvater Joseph Trotta, treuer Soldat und »Held von Solferino«, da er dem jungen Kaiser in der Schlacht das Leben rettete, zieht sich resigniert aus der Armee zurück, als er bemerkt, dass seine Tat in den Schulbüchern zu einer die Wahrheit beugenden Heldenlegende verklärt wird, und der Staat nicht bereit ist, dies zu korrigieren. Der Vater, ein biedermännischer Staatsbeamter, fügt sich rechtschaffen und pflichtbewusst ins staatliche Netz ein, erlebt jedoch den unmerklichen Niedergang der Monarchie. Sein streng erzogener Sohn hingegen will den ihm zugewiesenen Platz nicht einnehmen, kann dem aber auch keine Alternative entgegensetzen. Als »Enkel« des Helden von Solferino sieht er nur mehr Vergangenheit, aber keine Zukunft. Die Werte seiner Vorfahren sind ihm zuwider, er verfällt dem Alkohol und dem Glücksspiel.

Was bleibt, ist der Tod »in Haltung«, er fällt im Ersten Weltkrieg. Im Sterbemoment mischen sich in seinem Innern die Klänge des Radetzkymarsches mit jenen der Schüsse, die nicht nur seinen Tod, sondern auch den Untergang der Monarchie bedeuten. Der Epilog schildert die beiden letzten Lebensjahre des Vaters von Carl Joseph. Der Bezirkshauptmann stirbt 1916, eben an dem Tag, als der Kaiser beigesetzt wird. Beide konnten Österreich nicht überleben.

Struktur: Roth fasst das historische Panorama der Monarchie zwischen 1859 und 1916 in ein literarisches Porträt von enormer Dichte. Erzählt wird *Radetzkymarsch* hauptsächlich aus der Sicht des müden Enkels des Helden von Solferino, Carl Joseph Trotta. In der Person des Großvaters sowie des Vaters setzte Roth zwei Vertreter der tragenden Säulen des österreichischen Vielvölkerstaates in Szene: der Armee und des Beamtentums. Diese beiden Institutionen verkörperten die österreichische Staatsidee, der Roth angesichts des aufkommenden Faschismus immer heftiger nachtrauerte, am nachhaltigsten. An ihrem Beispiel konnte der

Max von Sydow (M.) als Franz von Trotta und Gert Voss (r.) als Chojnicki in der Verfilmung des Romans *Radetzkymarsch* von Joseph Roth (BRD / F / A 1994; Regie: Axel Corti, Gernot Roll)

Hauptfiguren in »Radetzkymarsch« von Joseph Roth

Joseph von Trotta: Der Ahnherr eines jungen slowenischen Geschlechts wird nach der Schlacht von Solferino in den Adelsstand erhoben. Er ist ein Mensch von einfachem Gemüt, der sein Leben ganz den soldatischen Pflichten und der Treue zur Monarchie und ihrem obersten Repräsentanten, Kaiser Franz Joseph (1830–1916), verschrieben hat.

Franz von Trotta: Entgegen seinem Wunsch, Soldat zu werden, zwingt der Vater den Sohn des »Helden von Solferino« in die juristische Laufbahn und er tritt als politischer Beamter in die Dienste der Monarchie. Als Bezirkshauptmann in der Provinz tätig, sieht er sich fest verankert im Gefüge der Monarchie, der er gewissenhaft und pflichtversessen dient.

Carl Joseph von Trotta: Der streng erzogene Enkel des »Helden von Solferino« wird auf Geheiß seines Vaters Soldat und dient als Leutnant bei einem Regiment in Mähren. Er findet seinen Platz in der von Auflösungserscheinungen gezeichneten Gesellschafts- und Staatsordnung nicht mehr. Das militärische Leben und seine Rituale sind ihm zuwider, da sie ihm sinnlos scheinen. Orientierungslos flüchtet er sich in Alkohol und Spiel und bringt den stolzen Namen »von Trotta« in Verruf.

Autor seine Interpretation der Geschichte des Niedergangs prägnant darlegen. In den Einzelschicksalen der Personen schildert er die Faktoren dieses Niedergangs.

Wirkung: *Radetzkymarsch* gilt vielen als Meisterwerk des Autors. Einem größeren Publikum wurde der Roman allerdings erst im Zuge der Herausgabe des Gesamtwerks durch den Gustav Kiepenheuer Verlag seit 1950 bekannt, da die Werke von Roth 1933–45 verboten waren. Eine erste Verfilmung des Buchs für das Fernsehen sorgte 1965 in Österreich für einen Skandal, da die Darstellung des greisen Kaisers Franz Joseph von vielen als Majestätsbeleidigung angesehen wurde. 1993 wurde der Roman von Axel Corti erneut für das Fernsehen verfilmt. *R. F.*

Hermann Kesten über
Radetzkymarsch
von Joseph Roth:

Joseph Roth verwandelt mit symbolkräftiger, behutsam reiner Kunst Handlungen in Stimmungen, Prozesse in Szenen, Gedanken in sichtbar gemachte Gefühle, Empfindungen in Gemälde, leidenschaftliche Ausbrüche in die erregend banalen Vokabeln der kleinen täglichen Gesprächsfetzen, er verwandelt wie jeder wahre Dichter die gewöhnlichen Worte der Sprache und macht sie neu.

Roth, Philip

US-amerikan. Schriftsteller

* 19.3.1933 in Newark (New Jersey)

📖 *Portnoys Beschwerden*, 1970

📖 *Der menschliche Makel*, 2000

Philip Roth ist einer der wichtigsten jüdisch-amerikanischen Autoren des 20. Jahrhunderts und der amerikanischen Gegenwartsliteratur, der auf satirisch-humorvolle Art das (Gefühls-)Leben jüdischer Amerikaner darstellt.

Aufgewachsen in einem jüdisch geprägten Viertel der Stadt Newark unweit New York, war Roth im Anschluss an sein Literaturstudium an den Universitäten Bucknell und Chicago zwischen 1956 und 1958 Dozent an der University of Chicago. 1959 begann sein Leben als freier Schriftsteller mit *Goodbye, Columbus*, einer Sammlung, die neben der titelgebenden Novelle fünf Short Stories enthält. Die zum Teil satirischen Geschichten stehen im Spannungsfeld zwischen jüdisch-europäischen Traditionen und der Anpassung an den American Way of Life. Nach Anstellung an verschiedenen Universitäten als »Writer in Residence« und dem Erscheinen zweier Romane führte der satirische, heftig umstrittene dritte Roman *Portnoys Beschwerden* zu weltweiter Bekanntheit des Autors. Ende der 1970er Jahre wandte sich Roth mit den Romanen der *Zuckerman*-Trilogie (1979–83) und weiteren Veröffentlichungen mit seinem literarischen Alter Ego Nathan Zuckerman der Problematik der Schriftstellerei und literarischen Wirklichkeitsgestaltung zu. Seit den frühen 1990er Jahren steht im umfangreichen Romanwerk von Roth vor allem die amerikanische Zeit- und Gesellschaftsgeschichte im Vordergrund, wobei Zuckerman auch in vielen dieser Romane eine tragende Rolle einnimmt. Hervorzuheben sind hier vor allem *Operation Shylock* (1993) *Sabbaths Theater* (1995) und *Der menschliche Makel* (2000).

Roth erhielt zahlreiche Preise und Auszeichnungen, darunter den renommierten PEN/Faulkner-Award und den Pulitzer-Preis.

Biografien: H. Lee, *Philip Roth*, 1982; Ph. Roth, (Hrsg.), *Reading Myself and Others*, 1975.

Portnoys Beschwerden

OT Portnoy's Complaint **OA** 1969 **DE** 1970
Form Roman **Epoche** Postmoderne

Der Roman *Portnoys Beschwerden* zeichnet eine scharfe Karikatur des jüdischen Lebens im Amerika des 20. Jahrhunderts. Das Klischee von der jüdischen Übermutter wird genauso überspitzt dargestellt wie das Bild des hypochondrischen Vaters oder des orientierungslosen jüdischen intellektuellen Sohns. Die sexuellen Fantasien des Romanhelden und seine problematische Beziehung zu Frauen krönen die Satire auf das vorurteilsbeladene Bild der Juden in Amerika und führen es ad absurdum.

Inhalt: Der 33-jährige Alexander Portnoy berichtet seinem Psychoanalytiker Dr. Spielvogel, wie sein Leben verlief. Er beginnt mit seiner Kindheit in einem jüdischen Viertel in Newark. Zwischen einer Übermutter, einer übergewichtigen Schwester und einem weichen, hypochondrischen Vater aufwachsend, entwickelt Portnoy bald Anzeichen eines ödipalen Komplexes. Der hervorragende Schüler und Student vollzieht äußerlich eine an den American Way of Life angepasste Entwicklung, die ihn schließlich zum amtlich bestellten Verteidiger der Menschenrechte in New York werden lässt. Hier wird ihm bewusst, was er schon lange ahnte, dass er die Vorurteile der Juden durch die nichtjüdischen »Gojim« zwar äußerlich bekämpfen kann, in ihrem Inneren jedoch nicht zu zerstören vermag. So steht denn von früher Jugend an diesem äußerlich angepassten Leben Portnoys der Versuch gegenüber, sich mittels Sexualität in allen Spielarten aus dem jüdisch-amerikanischen Mittelklassedasein und den dort an ihn gestellten Erwartungen zu befreien. Zunächst entwickelt Portnoy als Teenager exzessive Selbstbefriedigungspraktiken, die ihn schließlich zu einem ausschweifenden Sexualleben mit häufig wechselnden Partnerinnen treiben. In den Beziehungen, zunächst mit Jüdinnen, dann auch mit nichtjüdischen »Schicksen«, versucht Portnoy stets aufs Neue seine Überlegenheit zu beweisen und fällt doch stets seinen Minderwertigkeits- und Schuldkomplexen anheim, die sich bis zu konkreten Kastrationsängsten auswachsen. Sein letztes Verhältnis mit dem ungebildeten, aber in allen sexuellen Praktiken bewanderten Mannequin Mary Jane Reed, die er »The Monkey« nennt, gefährdet Portnoys berufliche und emotionale Existenz. Nach einer Nacht zu Dritt, gemeinsam mit einer Prostituierten, zu der Portnoy »The Monkey« in Rom überredet, verlässt er sie kurze Zeit später und flieht nach Israel, wo er das Gefühl genießt, nicht mehr Teil einer Minderheit zu sein. Bald erkennt er jedoch, nicht zuletzt durch seine Impotenz, dass er als Amerikaner auch hier Außenseiter ist.

Aufbau: Portnoy befindet sich in der Praxis des jüdischen Psychoanalytikers Dr. Spielvogel und erzählt dort, von Assoziationen geleitet, seine Lebensgeschichte, ohne dass sich der Psychoanalytiker in seinen Bericht einmischt. So entsteht eine Erzählung des Helden aus der Ich-Perspektive, die entsprechend subjektiv und überzeichnet ausfällt. Portnoy bedient sich

Philip Roth am 14. September 2000 in einem Interview der Wochenzeitung *Die Zeit*:

Das Missverständnis, mit dem alle amerikanischen Schriftsteller zu kämpfen haben: die Vorstellung, dass Literatur ausschließlich aus biografischen Quellen schöpft. Unter Journalisten hat sich diese fixe Idee zu einer Obsession ausgewachsen. Keiner interessiert sich mehr für die Literatur an sich, für das Verhältnis des Schriftstellers zu seiner Gesellschaft oder für ernsthafte Kultur insgesamt.

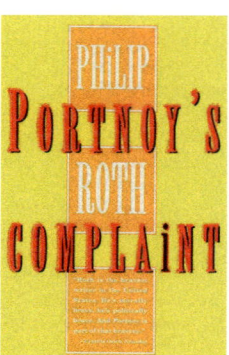

Philipp Roth, *Portnoys Beschwerden*, Einband der Taschenbuchausgabe 1994

dabei wiederholt jiddischer Redewendungen. Wie der gesamte Roman, so ist auch die Rahmensituation, in der erzählt wird, eine Persiflage. Dr. Spielvogel ist das Klischee des österreichisch-jüdischen Freud-Schülers. Er schaltet sich erst am Ende des Romans ein, nachdem Portnoy sein Leben ausgebreitet hat, mit der Frage, ob man nun mit der Therapie beginnen könne. Der als Eintrag eines psychologischen Handbuchs aufgemachte Absatz über »Portnoys Beschwerden« zu Beginn des Romans belegt zudem, dass Spielvogel Portnoy als Forschungsobjekt benutzt.

Wirkung: Der große Erfolg, den dieser Roman seit Erscheinen in den USA und weltweit erlangt hat, ging einher mit anhaltenden Kontroversen. Während die Befürworter in *Portnoys Beschwerden* eine gelungene Satire über die Probleme der amerikanischen Juden sahen, warfen nicht wenige Philip Roth Antisemitismus und Nestbeschmutzung vor. Auch die weit reichenden Schilderungen des ausschweifenden portnoyschen Sexlebens boten immer wieder Anlass für heftige Kritik. *St. N.*

Der menschliche Makel

OT The Human Stain **OA** 2000 **DE** 2002
Form Roman **Epoche** Moderne

In seinem jüngsten Roman brandmarkt Philip Roth die politische Korrektheit in den USA als Zeichen einer scheinheiligen, moralisch verkommenen Gesellschaft.

Inhalt: Im Sommer 1998 ist die ganze Nation entrüstet über die Affäre von US-Präsident Bill Clinton mit seiner Praktikantin Monica Lewinsky. Auch Coleman Silk, ein Altphilologe um die 70 an einem Ostküsten-College, wird von Sittenwächtern verfolgt. Man beschuldigt ihn des Rassismus, weil er zwei abwesende Studenten als »dunkle Gestalten, die das Seminarlicht scheuen«, bezeichnet hat, ohne zu wissen, dass es sich um Schwarze handelt. Das College eröffnet eine Hexenjagd, die Colemans Frau so aufregt, dass sie einen Schlaganfall erleidet und stirbt. Coleman verlässt daraufhin die Hochschule, an der er sich als Dekan mit unpopulären Maßnahmen zahlreiche Feinde gemacht hat. Eine ehemalige Kollegin, deren Annäherungsversuche er stets zurückgewiesen hat, denunziert ihn als sexuellen Lüstling, der seine 34-jährige Geliebte, eine einfache Putzfrau, ausbeute. Auch vor deren Ex-Mann, einem brutalen Vietnam-Veteranen, muss sich Coleman in Acht nehmen. Schließlich kommt ein jahrzehntelang gehütetes Geheimnis ans Licht, »der menschliche Makel«, von dem nicht einmal Colemans verstorbene Frau erfahren hat: Er selbst ist ein Schwarzer mit sehr heller Haut.

Aufbau: In seinem spannenden, stilistisch ausgefeilten und von Dirk van Gunsteren einfühlsam ins Deutsche übertragenen Roman erzählt Roth von der Kehrseite des amerikanischen Traums von Aufstieg und Glück. Als Erzähler tritt wieder Roths Alter Ego auf, der Schriftsteller Nathan Zuckerman. Er ist Colemans Nachbar und hört sich dessen Lebensgeschichte bei Samstagabend-Drinks an. Colemans Lebenswelt ist ein absurder Kosmos aus Heuchlern und selbsternannten Moralaposteln. Ständig muss er seine wahre Identität verleugnen, was ihm zunehmend schwer fällt. In den 50er Jahren gibt er sich als weißer Jude aus und macht Karriere um den Preis, sich von seiner Familie, aus der er stammt, trennen zu müssen. Seine Lebenslüge wird zum Erfolgsrezept. Ironie, bitterer Humor, flammende Anklage und sarkastischer Kommentar wechseln in dieser Geschichte mit herzerweichenden Szenen, z. B. dem Tanz der beiden alten Männer im Mondschein. Coleman, der seine Hautfarbe verleugnen musste, um erfolgreich zu sein, ist am Ende auf sich allein gestellt, ohne soziale Bindung, ohne Identität.

Wirkung: Der von der Kritik im In- und Ausland gerühmte, mit dem PEN/Faulkner Award ausgezeichnete Roman ist der Abschluss von Roths Trilogie über die zweite Hälfte des 20. Jahrhunderts, zu der auch *Amerikanisches Idyll* (1997) und *Mein Mann, der Kommunist* (1998) gehören. *Der menschliche Makel* wurde 2002 von Robert Benton mit Anthony Hopkins und Nicole Kidman verfilmt. *B. B.*

Philip Roth, *Der menschliche Makel*, Umschlag der deutschsprachigen Erstausgabe 2002

Auszug aus dem Roman
Der menschliche Makel von Philip Roth

In Amerika war es der Sommer, in dem der Brechreiz zurückkehrte, in dem die Witze, die Spekulationen, die Theorien, die Übertreibungen kein Ende nahmen, in dem man die moralische Verpflichtung, seine Kinder über die Tatsachen des Erwachsenenlebens aufzuklären, zugunsten des Wunsches aufgab, ihnen alle Illusionen zu lassen, es war der Sommer, in dem die Kleinlichkeit der Menschen schlichtweg überwältigend war, in dem eine Art Dämon auf die Nation losgelassen wurde und man sich in beiden Lagern fragte: »Warum sind wir eigentlich so verrückt?«

Rousseau, Jean-Jacques

frz.-Schweizer Philosoph und Schriftsteller

*28.6.1712 Genf, † 2.7.1778 Ermenonville bei Paris

📖 *Emile oder Über die Erziehung*, 1762

📖 *Über den Gesellschaftsvertrag*, 1762

📖 *Die Bekenntnisse*, 1782/88

Jean-Jacques Rousseau ist einer der wichtigsten französischen Schriftsteller und Philosophen des 18. Jahrhunderts. Er gilt als einer der ideellen Wegbereiter der Französischen Revolution und als einer der bedeutendsten Pädagogen der Neuzeit.

Auszug aus dem Roman
Emile oder Über die Erziehung
von Jean-Jacques Rousseau:

Die innere Entwicklung unserer Fähigkeiten und unserer Organe ist die Natur. Der Gebrauch, den man uns von dieser Entwicklung machen lehrt, ist die Erziehung durch die Menschen; und die Erwerbung unserer eigenen Erfahrung mittels der Gegenstände, die uns rühren, ist die Erziehung durch die Dinge.

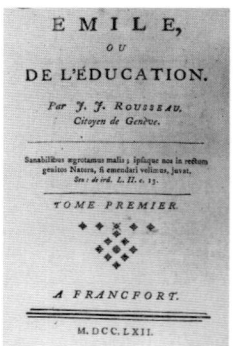

Jean-Jacques Rousseau, *Emile oder Über die Erziehung*, Titelblatt der Erstausgabe 1762

Rousseau verlebte eine schwierige Kindheit. Der Sohn eines protestantischen Uhrmachers verlor seine Mutter kurz nach der Geburt. Der Vater gab seinen Sohn 1722 in die Obhut seines Onkels, der den Jungen zu dem Pfarrer Lambercier in Bossey zur Erziehung schickte. Sechzehnjährig verließ Rousseau seine Vaterstadt. 1732 ließ er sich bei seiner Gönnerin und späteren Geliebten Madame de Warens in Chambéry nieder, die ihn veranlasste, zum katholischen Glauben zu konvertieren. Seine Bildung eignete Rousseau sich vor allem als Autodidakt an. Er betrieb Studien zur Philosophie, Theologie, Musik und zu Naturwissenschaften. Während seiner Wanderjahre (1730–41), die ihn von Genf nach Italien und Frankreich führten, wurde er mit den tiefen sozialen Gegensätzen der herrschenden Gesellschaft konfrontiert. 1745 ließ sich Rousseau in Paris nieder, wo er im Kreis der Enzyklopädisten verkehrte. Durch seine in Dijon preisgekrönte *Abhandlung über die Frage: Hat das Wiederaufleben der Wissenschaften und Künste zur Besserung der Sitten beigetragen?* (1750) wurde er über Nacht berühmt. Der sich immer weiter vertiefende weltanschauliche Gegensatz zu den Enzyklopädisten führte 1775 zum Bruch. 1762 entstand seine berühmteste politische Schrift *Über den Gesellschaftsvertrag*. Rousseau folgte einer Einladung von David Hume (1711–76) nach England, kehrte aber bereits 1767 nach Frankreich zurück. 1770 vollendete er sein Werk *Die Bekenntnisse*, in dem er sein Leben darstellte und deutete.

Rousseau beeinflusste mit seiner Erziehungstheorie Pädagogen wie Johann Heinrich Pestalozzi (1746–1827) und Friedrich Fröbel (1782 bis 1852) sowie mit seinen politischen Gedanken u. a. Immanuel → Kant, → Goethe und Friedrich → Schiller.

Biografien: M. Forschner, *Rousseau*, 1977; G. Holmsten, *Jean-Jacques Rousseau* (rm 50 191).

Emile oder Über die Erziehung

OT Émile ou de l'éducation **OA** 1762
DE 1762 **Form** Erziehungsroman
Epoche Aufklärung

Der Erziehungsroman *Emile oder Über die Erziehung* von Jean-Jacques Rousseau übte großen Einfluss auf die Entwicklung der Pädagogik aus. Seine immense Wirkung verdankt das Buch der Kraft seiner Gedanken und Macht seiner Sprache. Der Erziehungsroman, den → Goethe als das »Naturevangelium der Erziehung« bezeichnet hat, stellt den ersten großen und gleichzeitig unübertroffenen Entwurf des neuzeitlichen subjektivistischen Menschenverständnisses dar. Erzieherische Prinzipien Rousseaus wie entwicklungsgerechtes, erlebnis- und lustbetontes, spielerisches und aktives Lernen gehören auch heute noch zu den Grundlagen reformpädagogischer Ansätze.

Inhalt: Rousseau entwickelt ein Modell einer natürlichen Erziehung. Ein Hauptanliegen seines Werks ist die Lebensreform, die Erneuerung des Menschen und der Gesellschaft. Nach Rousseaus Ansicht wird die Gesellschaft insgesamt eine bessere, sprich menschlichere, wenn man den Einzelnen entsprechend erzieht. Es gibt drei Erzieher, die Natur (ermöglicht die Reifeprozesse, die zum Lernen nötig sind), die Dinge (ermöglichen das Ausloten der eigenen Fähigkeiten) und die Menschen (vermitteln zwischen den Lernprozessen und den sie bedingenden Reifeprozessen). Grundlagen seiner Erziehungstheorie sind der Glaube an das Gute im Menschen und an die Existenz von Entwicklungsperioden des Kindes mit je eigenen Gesetzmäßigkeiten.

Rousseau unterscheidet vier Entwicklungsperioden: Säugling bzw. Kleinkind (bis 2 Jahre, 1. Buch), Kindesalter (2–12 Jahre, 2. Buch), Knabenalter (12–15 Jahre, 3. Buch) und Jünglingsalter (15 bis Heirat, 4. Buch). Im »Glaubensbekenntnis des savoyardischen Vikars« (4. Buch) definiert Rousseau seine religiöse Idee eines Menschen, der im Naturzustand nicht sündig ist, keine religiösen Dogmen und Konfessionen kennt und für den Gott in der Natur allgegenwärtig ist. Eine Kurzfassung der im gleichen Jahr wie *Emile* erschienenen Schrift *Über den Gesellschaftsvertrag* ist als Quintessenz der Bildung des Bürgers Emile im 5. Buch zu finden. An die Reisen, auf denen seine politische Bildung reift, schließt sich Emiles Hochzeit an, für Rousseau Ausgangspunkt einer Abhandlung über die weibliche Erziehung.

Wirkung: In Frankreich eher kritisiert, hatte Rousseau in Deutschland großen Einfluss auf den Idealismus. So wurde der »Naturmensch«

Die Erziehungstheorie von Jean-Jacques Rousseau, dargelegt in »Emile«

Erziehungsziel: Als Erziehungsziel sieht Rousseau die Erneuerung des Menschen und der Gesellschaft, die Vorbereitung auf das Leben, das Ineinklangbringen der (ver)gesellschafteten Entwicklung mit der natürlichen Entwicklung des Menschen sowie die Ausbildung und Vervollkommnung seiner Anlagen.

Erzieherisches Verhalten: Das erzieherische Verhältnis muss frei von Willkür, partnerschaftlich und sachlich sein, soll Raum geben für die natürliche Entfaltung des Kindes. Oberstes Ziel ist die geistige und sittliche Mündigkeit des Zöglings; auch der Aspekt des Glücks ist Rousseau wichtig.

Negative Erziehung: Als negative Erziehung versteht Rousseau eine indirekte Erziehung des Kindes, bei der sich der Erzieher abwartend und beobachtend verhält,

nur »negativ« die natürliche Gutheit des Kindes und dessen natürliche Entfaltung bewahrt, Hemmnisse dagegen beseitigt. Rousseau geht davon aus, dass jede vermeidbare Hilfe das Gleichgewicht von Wollen und Können stört und zur Selbstentfremdung führt. Er plädiert zum Beispiel dafür, das Kind herumlaufen und forschen zu lassen, auch bei möglichen Schmerzerfahrungen.

Bildungs- und Lernbegriff: Zu den Prinzipien seines Lernbegriffs, den erzieherischen Maximen, gehört die Beachtung der Eigengesetzlichkeit, der Individualität der Kindheit und ihrer stufenmäßigen Entwicklung. Das dementsprechend altersgemäße Lernen hat in ganzheitlicher Form stattzufinden und das Glück des Kindes zu berücksichtigen.

---

als Ideal des Sturm und Drang angesehen, der aus einer Protesthaltung gegen die nüchterne Aufklärungsphilosophie und den zivilisierten Gesellschaftsmenschen philosophierte.

Rousseaus Vorstellungen beeinflussten durch die Betonung des sensualistischen Anteils bei der Erziehung die Reformpädagogen des 19. und 20. Jahrhunderts in starkem Maße. Sie entwickelten seine erzieherischen Grundsätze weiter und gelangten zur Herausbildung toleranterer und psychologisch orientierter Methoden der Kindererziehung.

Über den Gesellschaftsvertrag

OT Du Contrat social ou Pricipes du droit politique
OA 1762 **DE** 1763
Form politische Schrift **Epoche** Aufklärung

Jean-Jacques Rousseau entwickelte in seiner Schrift *Über den Gesellschaftsvertrag oder Grundsätze des politschen Rechts,* dem Hauptwerk seiner gesellschaftskritischen Schriften, eine Lehre der Volkssouveränität. Er entwirft das Ideal einer freien gesellschaftlichen Vereinigung, in der jeder Bürger und sein Eigentum den ungeteilten Schutz des Staats genießen. Rousseaus Verteidigung des Gemeinwillens gegenüber dem absolutistischen Staat bildete die theoretischen Grundlagen der Französischen Revolution, zu deren wichtigsten Wegbereitern er zählte.
Inhalt: Im *Gesellschaftsvertrag,* unterteilt in vier Bücher, fasst Rousseau den Staat als einen von freien Bürgern geschlossenen Vertrag auf, in dem sich die freiwillige Vereinigung der Einzelwillen zu einem Gesamtwillen vollziehe. Rousseau fordert eine Verfassung, in der die »natürliche und unveräußerliche Freiheit in Einklang mit dem Maß an Gewalt, das vom Wesen staatlicher Ordnung nun einmal nicht wegzudenken ist, zu bringen ist.«. Die Grundlage rechtmäßiger Herrschaft kann laut Rousseau nur auf Übereinkunft gegründet werden.
Wirkung: Rousseaus Sozialtheorie wurde von den aufgeklärten Vertretern von Großbürgertum und Adel abgelehnt, dagegen nahm die deutsche Aufklärung und vor allem die klassische deutsche Philosophie die sozialkritischen Anschauungen Rousseaus positiv auf. Auf die Rechtsphilosophien von Immanuel → Kant, Johann Gottlieb Fichte (1762–1814), Georg F. W. → Hegel und Karl → Marx übte er großen Einfluss aus. Obwohl Rousseau als Vertreter der Aufklärung für individuelle Freiheit und gegen den Absolutismus von Kirche und Staat eintrat, sahen einige Historiker in seiner Auffassung vom Staat als der Verkörperung des abstrakten Gemeinwillens und seiner Forderung nach striktem Einhalten politisch-religiöser Konformität den Ursprung totalitärer Ideologien.

Die Bekenntnisse

OT Les Confessions **OA** 1782/88 (postum) **DE** 1782
Form Autobiografie **Epoche** Aufklärung

Mit den *Bekenntnissen*, die oftmals als das reifste Werk des Philosophen angesehen werden, begründete Jean-Jacques Rousseau die moderne Autobiografie. Offen stellte er sein ruheloses und widerspruchsvolles, von inneren Kämpfen und leidenschaftlichen Gefühlen geprägtes Leben dar und deutete es. Hierbei versuchte er sein Werk und seine Handlungsweise zu rechtfertigen und griff dabei energisch seine Feinde an. Die damalige Gesellschaft reagierte geschockt: Öffentliche Vorlesungen aus den *Bekenntnissen* wurden polizeilich verboten.
Inhalt: Im ersten Teil des romanhaft angelegten Werks, das sich in zwölf Bücher gliedert, schildert Rousseau seine Kindheit und Jugend bis 1741. Er berichtet von der Zeit seiner Wanderschaft, beleuchtet seine Wünsche und Sehnsüchte und lässt den Leser seine Suche nach Glück nachempfinden. Beeindruckend sind die Schilderungen des Landlebens. Neben der idyllischen Natur vermag Rousseau die erhabene Seite der Natur zu vermitteln: das Freie, Majestätische, die Welt der Berge, »die die Seele weitet«. Im zweiten Teil, der mit dem Eintritt in die Gesellschaft verbunden ist, schildert er seine große Enttäuschung. Der sozial- und zivilisationskritische Rousseau, der das höchste Glück des Menschseins in der individuellen Unabhängigkeit in einem naturverbundenen Leben sah, prangert die gesellschaftlichen Missstände an, die auf sein Schicksal einwirken. Einzige Lichtblicke sind die Flucht in die Natur, die Rousseau als ruhenden Pol und Lebensquell des Menschen betrachtete.
Wirkung: Die Intensität der Versenkung in die eigene Persönlichkeit, wie sie in den *Bekenntnissen* zum Ausdruck kommt, sucht in der Literatur ihresgleichen. Mit seinem autobiografischen Roman, in dem Rousseaus emotionalsubjektiver Ansatz mit großer Innigkeit und Lebendigkeit umgesetzt wird, wirkte er nicht nur auf die französische Literatur der Romantik, sondern prägte auch das Denken deutschsprachiger Geistesgrößen wie → Goethe und → Schiller, Johann Gottfried Herder (1744–1803) und Immanuel → Kant. *V. R.*

Auszug aus der Schrift *Über den Gesellschaftsvertrag* von Jean-Jacques Rousseau:

Das Christentum predigt nur Knechtschaft und Unterwerfung. Sein Geist ist der Tyrannei nur zu günstig, als dass sie nicht immer Gewinn daraus geschlagen hätte. Die wahren Christen sind zu Sklaven geschaffen.

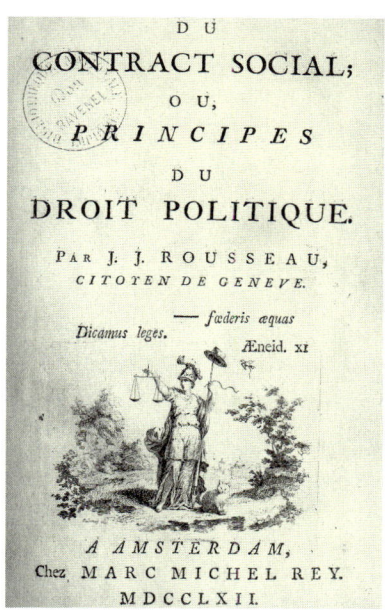

Jean-Jacques Rousseau, *Über den Gesellschaftsvertrag,* Faksimile der Titelseite der Originalausgabe 1762

Rowling, Joanne K.

walis. Schriftstellerin

* 31.7.1965 Chepstow (Gwent)

📖 *Harry Potter und der Stein der Weisen*, 1998

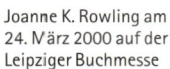

Joanne K. Rowling am 24. März 2000 auf der Leipziger Buchmesse

Joanne K(athleen) Rowling ist *die* Erfolgsautorin der Jahrtausendwende. Mit dem Zauberlehrling Harry Potter schuf sie eine nicht nur junge Leser, sondern auch Erwachsene in aller Welt begeisternde Identifikationsfigur.

Aufgewachsen in Wales, studierte sie in Exeter (Devon) und arbeitete nach dem Abschluss als Englisch- und Französischlehrerin in Paris und Portugal. 1993 wurde ihre Tochter geboren, mit der Rowling – mittlerweile geschieden – von Portugal aus nach Edinburgh zog. Arbeitslos und von der Sozialhilfe abhängig, begann die allein erziehende Mutter, die seit etwa 1992 gedanklich entwickelte Geschichte Harry Potters niederzuschreiben und schickte das Manuskript ab 1995 an mehrere Verlage. Der erste Band kam 1997 heraus und brachte ihr einige Autorenpreise, u.a. den British-Book-Award, ein. Rowling wurde zur gefeierten Autorin, die mit jedem weiteren Buch der Potter-Reihe eine immer größer werdende Fangemeinde um sich versammelt. Die Bücher der Reihe sind in 47 Sprachen übersetzt und in 200 Ländern weit über einhundert Millionen mal verkauft worden.

Biografie: M. Shapiro, *Die Zauberin hinter Harry Potter*, 2000.

Die Romane der Harry-Potter-Serie von Joanne K. Rowling

Harry Potter und der Stein der Weisen 1997	Harry Potter kommt als Zauberlehrling an die Hogwarts Zauberschule und erfährt nicht nur alles über seine wahre Vergangenheit, sondern sieht sich auch erstmals mit den Mächten des Bösen konfrontiert. → S. 926
Harry Potter und die Kammer des Schreckens, 1998	Im zweiten Schuljahr muss Harry den Kampf gegen eine Riesenschlange aufnehmen, die ihr Unwesen in Hogwarts treibt. Selbstverständlich verbirgt sich hinter der Kreatur niemand anderes als Voldemort. Er entführt Ginny, die Schwester Rons, und lockt auf diese Weise Harry in die Kammer des Schreckens.
Harry Potter und der Gefangene von Askaban, 1999	Die Dementoren, grausige Kreaturen, bewachen die Zauberschule Hogwarts, denn der Massenmörder und vermeintliche Gefährte Voldemorts, Sirius Black, ist aus dem Hochsicherheitsgefängnis Askaban entflohen. Harry findet jedoch heraus, dass Sirius sein Patenonkel ist und den Jungen schützen will.
Harry Potter und der Feuerkelch 2000	In Harrys viertem Jahr in Hogwarts findet ein Wettkampf zwischen den drei großen Zauberschulen der Zauberwelt statt. Als Harry die Trophäe des Wettbewerbs, den Feuerkelch, in den Händen hält, wird er mithilfe schwarzer Magie entführt und bricht in einem äußerst brutalen Kampf erneut Voldemorts Macht.

Harry Potter und der Stein der Weisen

OT Harry Potter and the Philosopher's Stone **OA** 1997
DE 1998 **Form** Fantasyroman **Epoche** Moderne

Das erste von bisher vier Büchern um Harry Potter steht für den Beginn einer neuen Ära der Fantasyromane. Joanne K. Rowling knüpft, ohne den Autor zu kopieren, an J.R.R. → Tolkiens *Der Herr der Ringe* an und schafft es, das Genre der fantastischen Literatur wiederzubeleben.

Inhalt: Mit elf Jahren erfährt Harry Potter, dass er ein Zauberer ist und eigentlich einer Parallelwelt angehört, die neben der Welt der Normalsterblichen existiert. Bis zu diesem Zeitpunkt ist er als Mündel bei den Dursleys aufgewachsen – seiner biederen Verwandtschaft, die Harry maßlos schikaniert. Durch Hagrid, einen Riesen, der Harry nach Hogwarts auf die Zauberschule bringen soll, erfährt der Junge die tatsächlichen Todesumstände seiner Eltern. Hatte er bislang geglaubt, sie seien bei einem Autounfall gestorben, erfährt er nun, dass seine Eltern im Kampf gegen den mächtigsten und niederträchtigsten Zauberer, den Magier Voldemort, ums Leben gekommen sind. Harry, der als einziger den Angriff überlebt hatte, konnte im Alter von einem Jahr auf unerklärliche Weise die Macht Voldemorts brechen und so die Zauberwelt von der schwarzen Magie befreien.

Mit seiner Ankunft in Hogwarts lernt Harry die Eigenheiten der Zauberwelt kennen. Der normale Schulalltag wird jedoch bald durch Voldemorts Gegenwart bedroht. Harry findet heraus, dass der geschwächte Magier an den Stein der Weisen gelangen will – ein Stein, der seinem Besitzer ewiges Leben und unermessliche Kraft verspricht. Seinen Aufbewahrungsort bringen Voldemort ebenso wie Harry und seine Freunde Ron und Hermine in Erfahrung, die nun versuchen, den Magier daran zu hindern, in den Besitz des Steins zu gelangen. Es kommt zu einer zweiten Konfrontation zwischen Harry und Voldemort, und erneut gelingt es dem jungen Zauberer, Voldemorts Macht zu bannen.

Aufbau: Der erste Roman der Potter-Reihe ist als Einleitung und Kommentar der nachfolgenden Bände zu verstehen. In ihm wird Harrys Vorgeschichte erzählt, seine Erlöserrolle näher bestimmt und das Hauptthema der Serie, der Kampf um das Gute und gegen das Böse, eingeführt. Etwa die Hälfte des Buches ist der Schilderung einer äußerst skurrilen Welt gewidmet, die durch ihre farbenfrohen, aber auch streng geordneten Strukturen die langweilige Welt der Normalsterblichen karikiert. Zunächst als Nebenhandlung in den Verlauf der Erzählung integriert, rückt die Geschichte Voldemorts und die von ihm ausgehende Bedrohung

OT = Originaltitel   EZ = Entstehungszeit   OA = Originalausgabe   DE = Deutsche Erstausgabe   📖 = Verweis auf Werkartikel

immer stärker in den Vordergrund. Der Zweikampf zwischen Voldemort und Harry am Ende des Romans leitet bereits zum nachfolgenden Band über.

Wirkung: Als erster Autorin gelang es Rowling, mit allen ihren Büchern gleichzeitig die Spitzenpositionen der Bestsellerlisten zu belegen. Der Begeisterungssturm, den die Potter-Bände bei Lesern jeden Alters ausgelöst haben, ist phänomenal: Fangemeinden wurden gegründet und Potter-Partys gefeiert. Der Buchhandel gestaltete das Erscheinen jedes neuen Bands als große Events. Die Verfilmung des ersten Bands 2001 spielte allein in den USA am ersten Wochenende 93,5 Mio Dollar ein. Mit dem Verkauf der Merchandising-Rechte an Warner Brothers setzte aber auch eine gigantische Vermarktungswelle des Romanhelden ein, die viele Fans verärgerte.　　　　　　　　　　　　*K. R.*

Rulfo, Juan

mexikan. Schriftsteller

* 16.5.1918 Sayula/Jalisco, † 7.1.1986 Mexiko-Stadt

📖 *Pedro Páramo*, 1955

Juan Rulfo gilt als einer der Stammväter der Autoren des »magischen Realismus« (z. B. Gabriel → García Márquez). Mit seinem Hauptwerk, dem Kurzroman *Pedro Páramo*, wirkte er epochemachend für die hispanoamerikanische Literatur.

Während der Bürgerkriegswirren der Revolution geboren, verlor Rulfo 1926 kurz vor deren Ende durch Mord Vater und Großvater, reiche Gutsbesitzer. Wenig später starb seine verarmte Mutter, bald danach seine Großmutter, die ihn aufgenommen hatte. Rulfo fand Zuflucht in einem Waisenhaus französischer Nonnen in Guadalajara, ging dann 15-jährig nach Mexiko-Stadt, wo er sich, ohne Schulbildung, zunächst als kleiner Angestellter, dann mit verschiedenen publizistischen Tätigkeiten durchschlug. 1938 begann er den (später vernichteten) autobiografischen Roman *Sohn der Untröstlichkeit*. Ab 1945 veröffentlichte Rulfo Erzählungen, die er 1953 gesammelt herausgab (*Der Llano in Flammen*). Themen dieser Anthologie sind die Grausamkeit des Bürgerkriegs und vor allem Armut, Hoffnungslosigkeit, Beengtheit und Bigotterie in den rückständigen Dörfern seines Heimatstaats Jalisco.

Der große Erfolg kam für Rulfo mit dem 1953/54 verfassten kurzen Roman *Pedro Páramo*, dem Bericht einer enttäuschenden Vatersuche. Ab 1962 war Rulfo höherer Beamter am Institut für die soziale Eingliederung der Indios und hörte auf zu publizieren.

Pedro Páramo

OT Pedro Páramo　**OA** 1955　**DE** 1958
Form Roman　**Epoche** Moderne

Der relativ kurze Roman von Juan Rulfo gilt durch seine Verbindung einheimischer Erzähltraditionen mit den damals modernsten nordamerikanischen und europäischen Erzählformen unter dem Einfluss der Schnitt- und Montagetechnik des Films als epochemachend für die hispanoamerikanische Literatur.

Inhalt: *Pedro Páramo* beginnt als Ich-Erzählung eines Juan Preciado, der seiner arm in der Stadt verstorbenen Mutter gelobt hat, seinen Vater, den reichen Haziendero Pedro Páramo, in ihrem Heimatdorf aufzusuchen und seine Sohnesrechte einzufordern. Unterwegs erfährt er von dem Fuhrmann Abundio, einem seiner offenbar zahlreichen außerehelichen Halbbrüder, dass Pedro längst tot ist. Dorf und Hazienda sind verödet und verfallen. Eine seltsame Frau, die ihn empfängt und ihm als alte Freundin seiner Mutter von deren Enteignung durch Páramo sowie von der Adoption eines später bei seinem zügellosen Leben verunglückten Halbbruders erzählt, erweist sich ebenso als Tote wie eine zweite Frau, in der Juan seine einstige Amme erkennt und die ihm zeigt, dass das scheinbar menschenleere Dorf voll ruheloser Seelen ist. Er hört das Echo vergangener Ereignisse, die das rücksichtslose Handeln seines Vaters illustrieren und diesen als skrupellosen, egoistischen Großgrundbesitzer entlarven.

Doch trifft der zunehmend schockierte und desorientierte Juan auch noch auf Lebende: ein inzestuöses Bruder-Schwester-Paar, in dessen Haus er völlig verwirrt in ein Fieber fällt, bis er in der dritten Nacht hinauswankt und stirbt. Gefunden von der Bettlerin Dorotea, die ihre Träume von einem Sohn in ihm erfüllt glaubt und

Daniel Radcliffe (r.) als Harry Potter und Tom Felton als Draco Malfoy in der Verfilmung des Romans *Harry Potter und der Stein der Weisen* (GB / USA 2001; Regie: Chris Columbus)

Auszug aus dem Roman
Pedro Páramo von Juan Rulfo:

»Du sollst ihn um nichts bitten. Fordere, was uns zusteht. Das, was er verpflichtet war, mir zu geben, und mir niemals gegeben hat... Das Vergessen, in dem er uns gehalten hat, mein Sohn, das lass ihn teuer bezahlen.« – »Genau so mache ich das.« Aber ich dachte gar nicht daran, mein Versprechen zu halten. Bis dass ich bald darauf mich mit Träumen zu füllen begann, den Illusionen Lauf zu lassen anfing. Und so formte sich mir eine Welt herum um die Hoffnung, die dieser Herr mit Namen Pedro Páramo war, der Mann meiner Mutter. Deshalb bin ich nach Comala gekommen.

nun endlich sterben kann, wird Juan mit ihr von dem Bruder beerdigt. Im Grab führen die beiden Gespräche, lauschen anderen Toten und beschwören Szenen herauf, in deren Zentrum ebenfalls direkt oder indirekt Pedro steht.

Hintergrund: Die Geschichte Pedro Páramos umfasst die Zeit von etwa 1885 bis 1926 und fällt historisch mit dem Aufstieg und Fall der Gruppe zusammen, die er verkörpert: der Hazienderos, die ihre Güter während der langen Diktatur von General Diaz (reg. 1884–1911) auf Kosten der Kleinbauern und Indios vergrößert hatten, in den Revolutionskriegen (1917–27) aber verarmten oder – wie Rulfos Vater – ermordet wurden.

Wirkung: Als Kunstwerk lebt *Pedro Páramo* von dem gespaltenen Verhältnis Rulfos zu seinem Vater. Als früh verwaister Sohn scheint er sich unbewusst mit ihm identifiziert zu haben; als der progressive städtische Intellektuelle aber, zu dem er geworden war, vermochte er nur den Dorftyrannen in ihm sehen, den es symbolisch zu töten galt. G. P.

Rushdie, Salman

englischsprachiger ind. Schriftsteller

* 19.6.1947 Bombay

📖 *Die Satanischen Verse*, 1989

Die Romane von Salman Rushdie sind geprägt von dem Standort des Autors zwischen der indischen bzw. pakistanischen und der europäischen Kultur, zu denen er gleichermaßen Distanz hält. Seine Erzählungen sind angefüllt mit Elementen der Groteske, mit Zitaten aus der Geschichte, aus Märchen und Mythologien.

Als Sohn eines wohlhabenden muslimischen Geschäftsmanns in Indien geboren, wurde Rushdie als 14-Jähriger zur Erziehung nach Großbritannien geschickt. Hier legte er seine Abschlussprüfung in Geschichte ab und reüssierte als freier Journalist, Schauspieler und Werbetexter. Seinen internationalen Durchbruch als Schriftsteller erlebte er 1981 mit dem Roman *Mitternachtskinder*, in dem er die indische Erzähltradition mit europäischen Erzählmöglichkeiten verbindet. Dem mit dem Booker Prize ausgezeichneten Werk schlossen sich mit *Scham und Schande* (1985) oder *Das Lächeln des Jaguars* (1987) weitere Erfolge an.

Das Erscheinen des Romans *Die Satanischen Verse* löste 1988 Unruhen aus, zunächst in der englischen Stadt Bradford, dann weltweit unter Moslems, die dem Buch Apostasie (Glaubensverrat) vorwarfen. Der iranische Revolutionsführer, Ajatollah Khomeini, erließ ein Fatwa (Stichwort → S. 929), in dem Rushdie zum Tode »verurteilt« und jeder Moslem weltweit mit der Ausführung dieses »Urteils« beauftragt wurde. Rushdie verbrachte daraufhin mehr als ein Jahrzehnt (in dem weitere Werke wie *Des Mauren letzter Seufzer,* 1996, entstanden) in wechselnden Verstecken in Großbritannien. Heute lebt und arbeitet er in New York.

Biografie: P. Priskil, *Salman Rushdie. Portrait eines Dichters,* 1990.

Die Satanischen Verse

OT The Satanic Verses **OA** 1988 **DE** 1989
Form Roman **Epoche** Gegenwart

Obwohl es sich um das literarisch anspruchsvolle Werk eines bereits bekannten und dekorierten Autors handelte, erwuchs die Bedeutung der *Satanischen Verse* vor allem aus ihrem Schicksal als einem verfemten Buch und aus dem Aufruf seitens der damaligen iranischen Führung, den Autor zu ermorden.

Inhalt: Eine Flugzeugexplosion in großer Höhe überleben nur die zwei indischstämmigen

Salman Rushdie, *Die Satanischen Verse*; von links: Umschlag der französischen Erstausgabe 1988; Umschlag der britschen Erstausgabe 1988; Umschlag der deutschsprachigen Erstausgabe 1989; Umschlag der italienischen Erstausgabe 1989

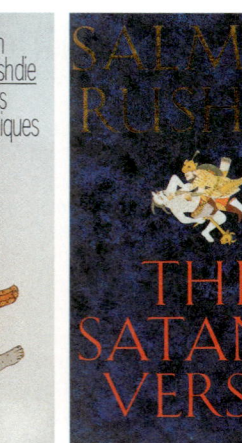

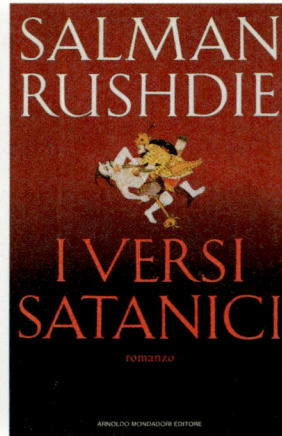

OT = Originaltitel **EZ** = Entstehungszeit **OA** = Originalausgabe **DE** = Deutsche Erstausgabe 📖 = Verweis auf Werkartikel

Schauspieler Gibril Farishta und Saladin Chamcha. Nach dem freien Fall ihrer »Wiedergeburt« gehen merkwürdige Veränderungen an ihnen vor. Während Chamcha, der immer ein perfekter Engländer sein wollte, alle körperlichen Eigenschaften des Teufels entwickelt und sich so inmitten der apokalyptischen Exzesse des modernen, rassistischen Molochs London verbirgt, verwandelt Farishta sich entsprechend dem Wortsinn seines Namens in den Phänotyp eines Engels. Er wird als der Erzengel Gabriel willenloses Werkzeug der Menschen, denen er sich »offenbart«; nicht nur im gegenwärtigen London, sondern auch in der Gründungsphase des Islams als Offenbarer des Korans oder in einem indischen muslimischen Dorf, das von einer Charismatikerin namens Aischa zu einem Pilgerzug nach Mekka animiert wird, der mitten durchs Arabische Meer gehen soll.

Der Titel *Die Satanischen Verse* bezieht sich auf die im zweiten Kapitel nacherzählte Episode, wonach dem Propheten Mahound (Mohammed) bei einer Gelegenheit nicht, wie üblich, der Erzengel Gabriel (Gibril) Offenbarungen Allahs eingab, sondern der Satan ihn überlistete. Diese Verse, bei denen es um einen Kompromiss des neuen islamischen Monotheismus mit der polytheistischen Umwelt im Wallfahrtsort Mekka ging, wurden später (infolge einer neuen Offenbarung) durch Mohammed aus der Überlieferung des Koran (vgl. 53. Sure, Vers 19ff.) ausgelöscht; so berichtet auch eine alte islamische Tradition. – Die Auseinandersetzung zwischen unbedingter Kompromisslosigkeit und pragmatischem Taktieren beim Konflikt kultureller Optionen ist eine der Leitfragen des Buchs von Rushdie.

Aufbau: Das Buch hat eine symmetrische Struktur; es ist in neun Kapitel gegliedert, von denen das erste, dritte, fünfte, siebte und neunte den wichtigsten Handlungsstrang um die Protagonisten Gibril Farishta und Saladin Chamcha umfassen. Dazwischen sind im zweiten und sechsten Kapitel die Erzählung von Mahound, im vierten und achten Kapitel jene von Aischa eingespannt. Die Verbindung zwischen den drei Handlungssträngen geschieht nicht nur über die analogen Fragestellungen (zum Verlust des Glaubens oder zur Unterscheidbarkeit von Gut und Böse), sondern auch maßgeblich über die Gleichheit oder Ähnlichkeit der Namen und der Motive in den verschiedenen Handlungssträngen. Das Verhältnis von Traum, Halluzination, Vision, Wunder und Wirklichkeit bleibt mit Bezug auf diese Struktur wie auch in vielen Detailszenen unscharf.

Wirkung: Bereits kurz nach Erscheinen der englischen Originalausgabe kam es in Bradford – einer englischen Stadt mit hohem islamischem Bevölkerungsanteil – zu Tumulten, bei

Salman Rushdie nach Erscheinen seines Buchs *Die Satanischen Verse*

Auszug aus dem Roman *Die Satanischen Verse* von Salman Rushdie:

Ein Buch ist das Produkt eines Pakts mit dem Teufel, das den Faustischen Vertrag verkehrt, hatte Jumpy zu Allie gesagt. Dr. Faustus opferte die Ewigkeit für zwei Dutzend Jahre der Macht; der Schriftsteller akzeptiert die Zerstörung seines Lebens und gewinnt (aber nur, wenn er Glück hat) vielleicht nicht die Ewigkeit, so doch wenigstens die Nachwelt. Beide Male (das war Jumpys springender Punkt) gewinnt der Teufel.

denen Exemplare des Buches verbrannt wurden. Die Unruhen breiteten sich bald auf eine Reihe islamischer Länder und auf Indien aus; hier gab es Dutzende Tote. *Die Satanischen Verse* wurden in Indien und Ländern mit islamischer Bevölkerungsmehrheit verboten, während ihr Erscheinen in europäischen Ländern nach dem Fatwa Khomeinis behindert und verzögert wurde.

In Deutschland wurde die Übersetzung von einem eigens gegründeten Kollektivverlag herausgegeben, der den Erscheinungstermin unmittelbar nach dem Ende der Frankfurter Buchmesse festlegte, während die führenden

Fatwa

Etymologie: Der Ausdruck Fatwa leitet sich vom arabischen Verb »afta« ab, was »begutachten« bedeutet. Der »Gutachter« heißt mit einem ebenfalls vom Verbstamm abgeleiteten Begriff »Mufti«. Ein Fatwa ist daher am ehesten mit dem Begriff »Gutachten« zu übersetzen.

Bedeutung: Die mit dem Koran abgeschlossene göttliche Offenbarung bedurfte schon unmittelbar der Auslegung, die zunächst im Lebenswandel und den mündlichen Überlieferungen des Propheten Mohammed (der »Sunna«) gesucht wurden. Fatwas sind neben dem Rechtsfindungsweg der »Scharia« ein weiterer Schritt der für jeden Kanon unvermeidlichen »Sinnpflege«. Sie gehören als Rechtsgutachten zur Jurisprudenz, stellen aber keine verbindlichen Urteilssprüche im Rahmen der islamischen Rechtspflege dar. Die faktische Geltungsreichweite eines Fatwa hängt damit vom Status und Ansehen dessen ab, der es erteilt. Hierfür ist stets eine besondere Qualifikation nötig, die meistens in einem abgeschlossenen religiösen Studium besteht. Im Sudan existiert ein »Fatwa-Rat« als höchste islamische Behörde. In der Türkei erteilt ein »Amt für Religionsangelegenheiten« Fatwas in religiösen Fragen. – Gutachten zu einer konkreten Frage können je nach Zugehörigkeit zu einer der vier sunnitischen oder zur schiitischen Rechtsschule unterschiedlich ausfallen. Im Iran beanspruchte nach der islamischen Revolution der Ajatollah Khomeini zu höchste Fatwa-Autorität. Kurz vor dem Aufruf zum Mord an Rushdie hatte dieser u.a. Fatwas erlassen, die das Schachspielen und nichtreligiöse Musik erlaubten. Das – zudem als »unwiderrufbar« behauptete – Fatwa in Form eines Todesurteils gegen den Staatsbürger eines nichtislamischen Landes, der sich zudem nicht vom Glauben abgekehrt hatte (den Rushdie nie besaß), infolge einer vermeintlichen Beleidigung religiöser Gefühle und Grundsätze, ist auch aus Sicht der »islamischen Rechtsauffassung« höchst umstritten.

Tageszeitungen sich weigerten, Anzeigen für das Buch zu veröffentlichen. Bis heute wird anhand der *Satanischen Verse* diskutiert, inwieweit ein Autor für die in Zusammenhang mit seinem Buch ausgelösten Konflikte verantwortlich zu machen ist. Es ist eine Ironie der Geschichte, dass die Unerbittlichkeit der hier aufeinander treffenden Positionen sich auf ein Werk bezieht, das nichts leidenschaftlicher beklagt als solche Unerbittlichkeit.　　*R.H.*

Ruskin, John

engl. Kunst- und Gesellschaftskritiker, Künstler und Schriftsteller

*8.2.1819 London, † 20.1.1900 Brantwood (Lancashire)

📖 *Die sieben Leuchter der Baukunst,* 1849

John Ruskin war ein Universalgenie und einer der einflussreichsten Geister des 19. Jahrhunderts. Seine kunstkritischen und ethischen Bücher erreichten hohe Auflagenzahlen. Der russische Schriftsteller Lew → Tolstoi nannte ihn den hervorragendsten Moralisten der Zeit. Marcel → Proust verehrte Ruskin und reiste mit dessen Schriften durch Frankreich und Italien.

Ruskin erlebte in seinem wohlhabenden puritanischen Elternhaus eine strenge Erziehung. Mit 18 Jahren begann er an der Oxford University, wo er von 1869 an selbst lehrte, Architektur, Geologie und Mineralogie zu studieren. Ruskin zeichnete und aquarellierte wie sein Vorbild William Turner (1775–1851), den er in seiner erfolgreichen fünfbändigen Schrift *Modern Painters* (1843–46) gegen Kritiker vertei-

digte. 1848/49 verfasste er *Die sieben Leuchter der Baukunst,* 1851–53 schrieb er an seinem dreibändigen Werk *Die Steine von Venedig,* einer Erfassung des Baubestandes der Stadt, mit dem er sich dem als zerstörerisch empfundenen industriellen Fortschritt entgegenzustemmen begann.

Mit seinen Ideen beeinflusste Ruskin die Präraffaeliten, die Arts-and Crafts-Bewegung von William Morris (1834–96), die Architektur von Frank Lloyd Wright (1867–1959) sowie des Bauhauses. Um 1860 wandte sich Ruskin sozialen Problemen zu und attackierte das gesellschaftliche System. Seine radikalen Aufsätze stießen auf heftige Ablehnung. Die letzten zehn Jahre seines Lebens verbrachte Ruskin, ein typischer Vertreter der viktorianischen Epoche, in geistiger Umnachtung.

Biografien: W. Kemp, *John Ruskin 1819 bis 1900. Leben und Werk,* 1983; M. Sheeler, *John Ruskin. Ruskins God,* 2000.

Die sieben Leuchter der Baukunst

OT The Seven Lamps of Architecture **OA** 1849
DE 1900 **Form** Essay **Epoche** Viktorianische Epoche

Die Schrift ist eine Mischung aus Moralpredigt und detaillierter Analyse der von John Ruskin bevorzugten gotischen Bauformen, wobei er die französische und italienische Gotik den »unreinen« Formen der nordischen – der deutschen und englischen – vorzieht.

Entstehung: Die Vorarbeiten entstanden während einer Reise durch Frankreich und Italien, die Ruskin mit seiner Ehefrau Euphemia

John Ruskin um 1885 bei einem Spaziergang in Brantwood im Lake District

OT = Originaltitel **EZ** = Entstehungszeit **OA** = Originalausgabe **DE** = Deutsche Erstausgabe 📖 = Verweis auf Werkartikel

Gray unternahm. Die Reise erfolgte im Revolutionsjahr 1848/49, dessen Zerstörungswut einen Schock ausgelöst hatte. Ruskin fertigte selbst die Illustrationen zu dem Band an, die Zeichnungen, aber auch die Druckplatten. Den Anstoß, das Buch zu schreiben, hatte ihm, wie er im Vorwort zur ersten Auflage festhält, seine Furcht vor »der »Vernachlässigung und Zerstörung derjenigen Baukunst, die ich am meisten liebe« gegeben.

Inhalt: Ruskin gliedert seine Stellungnahme zur Baukunst in sieben Kapitel, die er nach den Werten benannt, welche die Architektur für ihn vermittelt: Aufopferung, Wahrheit, Kraft, Schönheit, Leben, Erinnerung, Gehorsam. Er unterscheidet zwischen der Baukunst und dem Bauen, wobei er unter »Bauen« diejenige Tätigkeit ansieht, »welche die Teile eines Gebäudes oder Behälters zusammenfügt«. Dieses Bauen sieht Ruskin auf das Gebiet der nützlichen Bauten beschränkt. Die Baukunst dagegen, »obwohl sie als unzertrennliche Bedingung die Notwendigkeit und Zweckmäßigkeit des Gebäudes zugibt und einschließt«, soll der äußeren Gestalt eines Bauwerks Eigenschaften aufprägen, die »schön, anmutig oder ehrwürdig, im Übrigen aber entbehrlich sind«. Die Baukunst sieht Ruskin in fünf natürliche Kategorien eingeteilt. Demnach existieren für Ruskin religiöse, gedenkende, bürgerliche, kriegerische und schließlich häusliche Gebäude.

Es fällt dem heutigen Kunst- oder Architekturinteressenten nicht immer leicht, Ruskin bei seinen von viktorianischen Vorstellungen geprägten Exkursionen zu folgen. Oft ist des Autors Ansicht jedoch unverändert gültig, wenn er etwa »das Gutgearbeitete in einem einfacheren Material dem minder Guten in einem besseren« vorzieht. Die Architektur müsse die »Wahrheit sagen«, fordert er, keine falschen Tatsachen vortäuschen. Er möchte die überlieferten Bauten pfleglich genutzt sehen und verdammt die mit der beginnenden Industrialisierung aufkommenden Mietskasernen. Seine größte Sorge ist, dass überlieferte Bauten und Bauformen falsch verstandenen Reformen zum Opfer fallen.

Wirkung: *Die sieben Leuchter der Baukunst* fand in seiner Zeit ein starkes Echo. Schon in frühen Arbeiten von Ruskin macht sich Unduldsamkeit gegenüber des Fortschritts bemerkbar. Er wetterte gegen die Zerstörung der Kunstschätze ebenso wie die der Umwelt wie etwa die Vergiftung der Flüsse durch die Industrie. In seinem späteren Werk verschärfte sich dieser Ton, der auch seine Zeitgenossen aufbrachte. Dennoch hatten Ruskins Ideen außerordentlichen Einfluss auf die Kunstströmungen und -auffassungen seiner Zeit. Denkmal- und Umweltschützer berufen sich bis heute auf ihn.   *N. B.*

Bertrand Russell
in den 1960er Jahren

Russell, Bertrand 3rd Earl of

walis. Mathematiker, Philosoph und Sozialkritiker

* 18.5.1872 Trelleck (Montmouthshire)

† 2.2.1970 Plas Penrhyn bei Penrhyndeudreath (Merionetshire)

📖 *Einführung in die mathematische Philosophie*, 1919

Bertrand Russell ist Mitbegründer der modernen Logik. Obwohl er in seinem philosophischen Gesamtwerk keinen bestimmten Ansatz systematisch verfolgte, wurde er als Philosoph des Jahrhunderts bezeichnet. Im Zentrum sei-

Theorie der Typen

Herkunft: Aufgangspunkt war der Kampf um Widerspruchsfreiheit der Mathematik zu Beginn des 20. Jahrhunderts. Bertrand → Russell hatte 1901 eine Antinomie in der Mengenlehre entdeckt. In Selbstbezüglichkeiten und Zirkelfehlern erkannte er die Ursache von Antinomien oder Paradoxa. Um solche aus der Mathematik zu eliminieren, entwickelte er seine Typenlehre.

Bedeutung: Russells Theorie der Typen ist eine Methode, mit der sich in einer mathematischen Theorie zirkelhafte Definitionen vermeiden lassen sollten. Alle logischen Objekte (Individuen, Klassen, Relationen, Prädikate) werden in eine Hierarchie von Typen eingeteilt. So ist ein Individuum vom Typ 0, eine Klasse von Relationen ist vom Typ 2. Ein Objekt darf nur solche Objekte enthalten oder auf solche Objekte angewendet werden, die von niederem Typ sind. Mit der darauf aufbauenden einfachen oder unverzweigten Typentheorie lassen sich logische oder semantische Antinomien eliminieren.

Die verzweigte Typentheorie baut auf der einfachen auf. Hier geht es um Aussage-funktionen von Prädikaten. Sie werden unterteilt in Ordnungen. Zur Definition eines Prädikats dürfen nur Prädikate niederer Ordnungen benutzt werden, um epistemologische oder semantische Antinomien zu vermeiden.

Anwendung: Das Grundziel, Widerspruchsfreiheit im mathematischen System nachweislich zu erreichen und zu beweisen, konnte objektiv nicht erreicht werden – was Kurt Gödel 1931 nachwies (siehe dazu Douglas → Hofstadter). Russells Typentheorie kann man heute ansehen als spezielle Form einer axiomatischen Mengenlehre, die sich zudem als besonders anschaulich und natürlich präsentiert.

Neue Gewichtung: Gegen Ende des 20. Jahrhunderts gibt es ein erneutes wissenschaftliches Interesse an der Typenlehre, genauer an der verzweigten Typentheorie: Der Informatik ist sie nützlich bei der syntaktischen Beschreibung sehr komplexer Datenstrukturen und bei der Entwicklung flexibler logischer Programmsprachen auf hohem Niveau.

Bertrand Russell 1916 in seinem Buch *Grundlagen für eine soziale Umgestaltung*:

Bei Ausbruch des Krieges war mir, als höre ich die Stimme Gottes. Ich wusste, dass es meine Aufgabe sei, zu protestieren, wie aussichtslos dieser Protest auch sein würde. Mein ganzes Dasein hatte daran teil. Als Verfechter der Wahrheit ekelte mich die nationale Propaganda aller kriegführenden Nationen an. Als Vertreter der Kultur erschreckte mich die Rückkehr zur Barbarei. Als Mann mit verhinderten väterlichen Gefühlen griff mir das Massaker der Jugend ans Herz.

nes Denkens stand die Frage der Begründung der Objektivität des Wissens. Nach solchen »vom vergänglichen menschlichen Erleben unabhängig(en)« Wahrheiten suchte Russell in den Naturwissenschaften und der Mathematik. Bis ins hohe Alter bewies er eine zutiefst humanistische Gesinnung und engagierte sich gegen Krieg, für Humanität und Menschenwürde

Russell wuchs als Waise bei den Großeltern, im Haus des ehemaligen Premierministers John Earl of Russell (1792–1878) auf. 1890–94 studierte er Mathematik und Philosophie in Cambridge. Bei seinen Arbeiten über die Grundlagen der Logik entdeckte Russell 1901 in der Mengenlehre einen Widerspruch, den er 1905 mittels seiner Theorie der Typen (Stichwort → S. 931) auflösen konnte. Zusammen mit Alfred North Whitehead (1861–1947) schuf Russell das grundlegende mathematische Werk *Principia mathematica*. Nach dessen Abschluss 1906 konzentrierte sich Russell auf die Philosophie. Er forderte, auch dort wissenschaftliche Methoden anzuwenden, insbesondere die Werkzeuge der logischen Analyse.

Als pazifistischer Kriegsdienstverweigerer wurde Russell 1916 seines Lehramts an der Universität Cambridge enthoben. Grund war die »Friedenspropaganda« seines 1916 in Großbritannien erschienenen Buchs *Grundlagen für eine soziale Umgestaltung*. Russells Sozialkritik basierte auf einem durch Vernunft und Liebe bestimmten, den Idealen des Liberalismus verpflichteten Menschenbild. 1918 wurde Russell wegen pazifistischer Propaganda inhaftiert. Fortan führten ihn Reisen und Gastprofessuren im Ausland. 1945 erschien sein großes Philosophiegeschichtswerk *Philosophie des Abendlandes*. Fünf Jahre später erhielt Russell den Literaturnobelpreis – für sein vielseitiges Werk, in dem er sich als Anwalt der Menschlichkeit und der geistigen Freiheit erweist. Mit Beginn des atomaren Wettrüstens engagierte er sich wieder pazifistisch: In leidenschaftlichen Appellen warb er für den Frieden und friedliche Koexistenz (u. a. *Einstein-Russell-Manifest* gegen den Kernwaffeneinsatz, 1955).

Biografie: R. W. Clark, *Bertrand Russell. Philosoph – Pazifist – Politiker*, 1975; B. Russell, *Mein Leben* (Autobiografie), 1967–1969; E. R. Sandvoss, *Bertrand Russell* (rm 50 282).

Einführung in die mathematische Philosophie

OT Introduction to mathematical philosophy **OA** 1919
DE 1923 **Form** Sachbuch **Bereich** Mathematik

Mit diesem Werk gelang es Bertrand Russell, seine logische Grundlegung der Mathematik auch den mit dem logischen Kalkül nicht ver-

trauten Zeitgenossen zu vermitteln. Behutsam und allgemein verständlich führt Russell in die Mathematik ein. Dabei demonstriert er das Fortschreiten zu größerer Abstraktion und logischer Einfachheit auf der Suche nach allgemeineren Begriffen und Prinzipien – ein Vorgehen, das er eben auch für philosophisches Denken als notwendig erachtet.

Entstehung: Ende des 19. Jahrhunderts zeigte sich die Notwendigkeit, die verschiedenen Theorien und Denkansätze der Mathematik zusammenzuführen und eine geeignete formale Sprache zu finden. Den Vertretern der logizistischen Erkenntnistheorie, zu denen Russell gehörte, galt »das Logische an sich« als wahr und widerspruchsfrei. Nach und nach wurden jedoch Widersprüche in der Mengenlehre entdeckt. Zusammen mit Whitehead versuchte Russell, das Gebäude der Mathematik auf ein widerspruchsfreies, sicheres Fundament zu stellen. 1906 hatten sie in ihrer *Principia mathematica* große Teile von Logik und Mathematik mittels einer formalisierten Sprache dargestellt. 1918/19 versuchte Russell, seine Gedanken zur Begründung der Mathematik – seine mathematische Philosophie – einem breiten Publikum nahezubringen.

Inhalt: Das Werk ist ein Mathematik- und kein Philosophiebuch. Russell behandelt Probleme, die zu Zeiten ihrer unzureichenden wissenschaftlichen Bearbeitung Thema der Philosophie waren. Russell wählte ausschließlich gesicherte Erkenntnisse aus und stellte die mathematischen Probleme einführend und keinesfalls erschöpfend dar – gegebenenfalls verweist er auf die *Principia mathematica*.

Wirkung: Das Buch förderte das Verständnis philosophischer Diskussionen um die erkenntnistheoretische Position der Mathematik. Es wurde stärker rezipiert als die *Principia mathematica* und avancierte zum Klassiker mathematischer Literatur.   *G. B.*

Rybakow, Anatoli

(eigtl. A. Naumowitsch Aronow) russ. Schriftsteller

*14.1.1911 Tschernigow (Ukraine)

†23.12.1998 New York

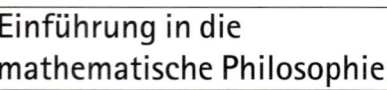 *Die Kinder vom Arbat*, 1987

Anatoli Rybakow zählt zu denjenigen russischen Autoren, die in der Zeit der Sowjetunion nur unter Schwierigkeiten schriftstellerisch tätig sein konnten und deren breite Rezeption erst Ende der 1980er Jahre einsetzte. Mit seinem Erfolgsroman *Die Kinder vom Arbat* wurde der Schriftsteller 1989 zu einer Symbolfigur der Perestroika-Ära.

Anatoli Rybakow

OT = Originaltitel **EZ** = Entstehungszeit **OA** = Originalausgabe **DE** = Deutsche Erstausgabe 📖 = Verweis auf Werkartikel

Rybakow verlebte seine Kindheit in der Ukraine und siedelte 1919 nach Moskau über. 1933 wurde er unter falschen Anschuldigungen verhaftet und für drei Jahre nach Sibirien verbannt. Zu Kriegsbeginn eingezogen, nahm der gelernte Schlosser und Ingenieur 1945 am Einmarsch der Roten Armee in Berlin teil. Nach dem Krieg machte sich Rybakow als Kinderbuchautor einen Namen – Werke wie *Der Marinedolch* (1953) und *Der Bronzeadler* (1958) brachten ihm sogar den Stalinpreis für Literatur ein. Parallel dazu verfasste Rybakow Bücher, deren Veröffentlichung in der Sowjetunion nicht oder nur nach erheblicher Selbstzensur möglich war, z.B. *Schwerer Sand* (1978) oder der Roman *Die Kinder vom Arbat*. Erst in der Perestroika-Ära erschienen dieses und andere Werke unzensiert. 1989 wurde Rybakow zum ersten Präsidenten des russischen Pen-Clubs ernannt.

Autobiografie: A. Rybakow, *Roman der Erinnerung. Memoiren*, 2001.

Die Kinder vom Arbat

OT Deti Arbata **OA** 1987 **DE** 1988
Form Roman **Epoche** Moderne

Mit dem Roman *Die Kinder vom Arbat* legte Anatoli Rybakow 1987 eine schonungslose Analyse des stalinistischen Herrschaftssystems vor, an deren Veröffentlichung noch wenige Jahre zuvor nicht zu denken gewesen wäre.

Entstehung: Das Buch entstand während des kulturellen Tauwetters in den 1960er Jahren, doch durfte es erst 1987 in der Sowjetunion erscheinen. Biografischen Hintergrund der Romanhandlung bildet das Schicksal des Autors, der, wie sein Held Sascha Pankratow, in den 1930er Jahren Opfer ungerechtfertigter Verfolgung durch die stalinistische Diktatur wurde.

Inhalt: Der Roman erzählt die Geschichte des jungen Sascha Pankratow und seiner Freunde, die im Moskauer Viertel Arbat aufwachsen und 1933, dem Jahr in dem die Handlung einsetzt, an der Schwelle zum Erwachsenwerden stehen. Der Student Sascha, ein überzeugter Anhänger des Sozialismus, wird wegen angeblicher politischer Vergehen aus der Universität und dem kommunistischen Jugendverband ausgeschlossen. Er beginnt um seine Rehabilitierung zu kämpfen und gerät dabei immer tiefer in die Mühlen des stalinistischen Willkürsystems. Als er verhaftet wird und sich trotz tagelanger Verhöre weigert, ein Geständnis zu unterzeichnen, wird er als Konterrevolutionär zu langjähriger Verbannung nach Sibirien verurteilt. Parallel zu Saschas Schicksal schildert der Roman die Reaktionen seiner Freunde, die sich auf die eine oder andere Art mit dem Regime zu arrangieren

versuchen und sich z.T. durch die Aussicht auf Karriere und materielle Vorteile korrumpieren lassen. Nur Saschas Mutter Sophia Alexandrowna und seine Freundin Warja halten unbeirrt zu dem bei der Staatsmacht in politische Ungnade Gefallenen.

Struktur: In die Handlung eingeschoben sind Kapitel, in denen Josef Stalin auftaucht. In inneren Monologen, in denen sich dokumentarische Fakten und literarische Fiktion vermischen, entwirft Rybakow ein Psychogramm des Diktators. Der Roman endet mit der von Stalin befohlenen Ermordung des Leningrader Parteiführers Sergej Kirow im Dezember 1934, dem Ereignis, das den Beginn des »Großen Terrors«, also der systematischen, massenhaften Verhaftungen der 1930er Jahre markierte.

Durch die Konstrastierung der Handlungsebenen legt Rybakow die Mechanismen der stalinistischen Diktatur bloß: Die von Stalin entworfene Terrormaschine kann nur funktionieren, weil es Befehlsempfängerei und blindwütigen Gehorsam in der Funktionärsebene gibt und weil es dem System gelingt – durch die Angst, die es verbreitet und durch die Verlockungen der Macht – immer neue Menschen auf seine Seite zu ziehen. Der einfache Bürger Sascha wird dabei, stellvertretend für viele, zu einem Spielball des Apparats.

Wirkung: *Die Kinder des Arbat* zählt zu den erfolgreichsten der Bücher, die sowjetischen Lesern erstmals in der Gorbatschow-Ära seit Mitte der 1980er Jahre zugänglich gemacht wurden. Weit über die rein litarische Diskussion hinaus leistete das Buch einen zentralen Beitrag zur gesellschaftlichen Debatte um den politischen Umbau und die Bewältigung der totalitären Vergangenheit in der Sowjetunion im Zuge der Perestroika. *B. F.*

Anatoli Rybakow, *Die Kinder vom Arbat*. Umschlag der deutschsprachigen Erstausgabe 1988

Hauptfiguren in »Die Kinder vom Arbat« von Anatoli N. Rybakow

Sascha Pawlowitsch Pankratow: Der Student ist ein Idealist und begeisterter Befürworter des sozialistischen Aufbaus, der an seinen Überzeugung auch nach Universitätsausschluss und Verhaftung weiter festhält und sich für das Opfer eines Irrtums hält. Erst allmählich wachsen seine Zweifel am System.

Sophia Alexandrowna: Saschas Mutter kümmert sich nicht um Politik und hält, von Mutterliebe geleitet, uneingeschränkt zu ihrem Sohn. Sie bringt ihm Pakete ins Gefängnis und führt einen Briefwechsel mit ihm in der sibirischen Verbannung.

Pawel Nikolajewitsch: Saschas Vater, ein Ingenieur, lebt von seiner Frau Sophia getrennt. Zwischen Verantwortungsgefühl für den Sohn und Opportunismus hin- und hergerissen, setzt er sich zunächst für Sascha ein, bricht den Kontakt und seine Hilfsbemühungen aber ab, als der Sohn verhaftet wird.

Warja Iwanowna: Die jüngere Schwester von Saschas Schulfreundin Nina schwärmt für Sascha, freundet sich nach dessen Verhaftung mit Sophia Alexandrowna an und zieht bei ihr ein. Zwischenzeitlich gerät sie an den Schieber und Lebemann Kostja, erkennt ihren Fehler, nimmt Arbeit an und beginnt, Sascha Briefe in die Verbannung zu schreiben.

Jurij Scharok und **Lena Buldagina:** Aus einfachen Verhältnissen stammend, lässt sich Jurij, der Schulfreund Saschas, von der Aussicht auf gesellschaftlichen Aufstieg korrumpieren. Er nutzt seine Beziehung zu Lena, deren Vater ein hoher Funktionär ist, rücksichtslos aus, um Karriere beim Geheimdienst NKWD zu machen.

Joseph Stalin: Generalsekretär der Kommunistischen Partei und Diktator. Seiner Machtgier und seinem Verfolgungswahn entspringt der Terrorapparat, der unerbittlich in das Leben der Menschen eingreift.

Sacks, Oliver Wolf

engl. Neurologe und Schriftsteller

*9.7.1933 London

📖 *Der Mann, der seine Frau mit einem Hut verwechselte*, 1985

Durch seine Arbeit mit Parkinsonkranken und seinen ebenso unterhaltsam wie einfühlsam erzählten Krankengeschichten wurde Oliver Sacks weltbekannt. Zur Popularität trägt sein erzählerischer Stil bei, mit dem der Neurologe medizinisch-wissenschaftliche Sachverhalte auch dem Laien verständlich macht.

Der Sohn eines englisch-jüdischen Ärztepaars interessierte sich schon früh für chemische und medizinische Zusammenhänge und studierte Medizin. Nach neurophysiologischen Forschungen in Oxford ging er 1960 in die USA, wo er als Neurologe an verschiedenen Kliniken arbeitete. Seit 1966 ist er Professor für Klinische Nervenheilkunde am Albert Einstein College of Medicine in New York. In seinen skurrilen Fallgeschichten stehen die Menschen mit ihren ungewöhnlichen Leiden im Mittelpunkt, so z. B. die Schlafkranken (*Awakenings. Zeit des Erwachens*, 1973; 1989 verfilmt mit Robert de Niro und Robin Williams), die Gehörlosen (*Stumme Stimmen*, 1989) oder die Farbenblinden (*Insel der Farbenblinden*,1997).

Autobiografie: O.W. Sacks, *Onkel Wolfram. Erinnerungen*, 2002.

Oliver Wolf Sacks, *Der Mann, der seine Frau mit einem Hut verwechselte*, Umschlag der deutschsprachigen Erstausgabe 1987

Der Mann, der seine Frau mit einem Hut verwechselte

OT The man who mistook his wife for a hat and other clinical tales **OA** 1985 **DE** 1987 **Form** Fallgeschichten **Epoche** Gegenwart

Oliver Sacks berühmtestes Buch *Der Mann, der seine Frau mit einem Hut verwechselte* versammelt 24 Geschichten von Menschen mit seltsamen, sich auf die Persönlichkeit auswirkenden neurologischen Störungen. Die emphatisch beschriebenen Fallstudien vermitteln dem Leser, dass es noch eine andere Normalität als die allgemein gültige geben kann.

Inhalt: In der titelgebenden Geschichte ist ein erfolgreicher Musikwissenschaftler und Sänger an visueller Agnosie erkrankt, der sog. Seelenblindheit. Aufgrund einer winzigen Verletzung in der rechten Gehirnhälfte kann Dr. P. die Gegenstände nicht mehr erkennen und greift statt nach seinem Hut zum Gesicht seiner Frau. Während im ersten Teil des Buchs Menschen vorgestellt werden, die wie Dr. P. an einem spezifischen Verlust leiden, stehen im zweiten Teil Patienten im Mittelpunkt, bei denen sog. neurologische Überschüsse vorliegen. So erfährt beispielsweise Natasha K. im Alter von 89 Jahren einen Überschwang an Gefühlen, der von Sacks als Neurosyphilis diagnostiziert und den Wünschen der beschwingten Dame entsprechend nur gemäßigt, nicht aber vollständig geheilt wird. In einem dritten Teil schildert Sacks seine Begegnungen mit Menschen, die visionäre Fähigkeiten aufweisen oder deren Wahrnehmungen sich plötzlich verändert haben, wie z. B. bei Stephen D., der eines Morgens mit dem Geruchssinn eines Hundes erwacht. Der letzte Teil versammelt Geschichten von Menschen mit geistigen Behinderungen und besonderen Fähigkeiten; Sacks berichtet u. a. von seiner Behandlung geistig und körperlich retardierter Zwillinge, die durch ihr phänomenales Zahlengedächtnis das Interesse von Wissenschaft und Medien auf sich gezogen hatten.

Neben der Schilderung kurioser Krankheiten hebt Sacks die außerordentlichen Fähigkeiten hervor, welche die Patienten unbewusst entwickelt haben, um ihre neurologischen Defekte zu kompensieren. Im Vorwort zu seinem Buch schreibt er: »Klassische Sagen und Legenden sind von archetypischen Figuren, von Helden, Opfern, Märtyrern und Kriegern bevölkert. Die Patienten eines Neurologen sind Verkörperungen dieser Figuren.« In Nachschriften zu den einzelnen Geschichten gibt Sacks medizinische Erklärungen, sodass das Werk gleichermaßen als Kompendium skurriler, authentischer Geschichten wie auch als populärpsychologisches Sachbuch gelesen werden kann.

Die wichtigsten Bücher von Oliver Wolf Sacks

Migräne. Evolution eines häufigen Leidens, 1970	In über 100 Fallbeispielen erläutert Sacks die vielfältigen Erscheinungsformen der Migränekrankheit, ihre Ursachen, Symptome und Behandlungsmethoden.
Awakenings. Zeit des Erwachens 1973	Sacks schildert die Geschichten der Menschen, welche die 1916/17 grassierende Epidemie der sog. Europäischen Schlafkrankheit schwer geschädigt überlebt haben und die von ihm mit einem neu entdeckten Medikament erfolgreich behandelt wurden.
Der Mann, der seine Frau mit einem Hut verwechselte, 1985	In seinem berühmtesten Buch versammelt Sacks 24 Geschichten von Menschen mit seltsamen, sich auf die Persönlichkeit auswirkenden neurologischen Störungen. → S. 934
Stumme Stimmen, 1989	Sacks berichtet von seiner Reise in die Welt der Gehörlosen und erkundet ihre Sprache und Kultur.
Eine Anthropologin auf dem Mars, 1995	Eine Sammlung von Fallgeschichten, in denen es um Farbenblindheit, Amnesie und Autismus geht.
Die Insel der Farbenblinden, 1997	Auf einer Insel in der Südsee leben Menschen mit einer besonderen Form von Farbenblindheit. Sacks berichtet von seinen Untersuchungen über Ursache und Auswirkungen des Phänomens.
Onkel Wolfram-Erinnerungen 2002	Die Autobiografie seiner Kindheit und Jugend ist ein Buch über die Welt der Chemie, das zudem vom Leben und Wirken berühmter Naturwissenschaftler erzählt.

Wirkung: Das vom Rowohlt-Verlag als Sachbuch vertriebene Werk mit dem kuriosen Titel wurde zum Bestseller und fand insbesondere in der darstellenden Kunst große Resonanz. So diente die Titelgeschichte als Vorlage für eine 1986 von dem Komponisten Michael Nyman uraufgeführte Kammeroper; 1993 suchte der Regisseur Peter Brook in seinem Stück *L'homme qui* nach einer Schauspielsprache für die Darstellung neurologischer Defekte. *M. Si.*

Sade, Donatien-Alphonse-François, Marquis de

frz. Schriftsteller und Philosoph

* 2. 6. 1740 Paris, † 2. 12. 1814 Charenton / Paris

📖 *Die hundertzwanzig Tage von Sodom oder Die Schule der Ausschweifung*, 1785

Donatien-Alphonse-François Marquis de Sade trieb in seinem Werk den aufklärerischen Gedanken einer von aller Bevormundung befreiten Sexualität ins Extrem. Seine Romane verdanken ihre Bedeutung nicht so sehr ihrer ästhetischen Qualität als vielmehr der Radikalität, mit der sie die rousseauistische Überzeugung einer im Prinzip guten Natur widerrufen. Dass der Autor von allen politischen Systemen seiner Zeit verfolgt wurde, zeigt die Brisanz seiner pornografischen Romane (Stichwort → S. 935) und die Radikalität der in ihnen vertretenen Positionen.

Sade, der einer altadligen französischen Familie entstammte, wurde mit 14 Jahren Soldat, nahm am Siebenjährigen Krieg teil und erhielt nach der Entlassung aus dem Kriegsdienst das Amt eines königlichen Statthalters und Gouverneurs in der Provence. Auf Schloss Lacoste führte Sade ein ausschweifendes Leben; er spielte, verschuldete sich und umgab sich mit Mätressen. Einige Affären wurden schließlich gerichtsnotorisch. Seine Schwiegermutter nutzte ihren Einfluss, um Sade in Sicherheitsverwahrung nehmen zu lassen. Nach dem Aufenthalt in mehreren Gefängnissen, zum Schluss in der Bastille, wo Sade an seinen Romanen arbeitete, wurde er 1789 durch die französische Revolution befreit.

1797 erschien das zehnbändige Werk *Justine*, das einen Skandal auslöste. Sade stritt die Autorschaft ab, wurde 1801 verhaftet und 1803 in die Irrenanstalt von Charenton eingeliefert, wo er bis zu seinem Tod verblieb.

Literatur: W. Lennig, *Marquis de Sade* (rm 50 108); J.-J. Pauvert, *Der göttliche Marquis*, 2 Bände, 1991.

Die hundertzwanzig Tage von Sodom oder Die Schule der Ausschweifung

OT Les cent-vingt journées de Sodome ou L'école du libertinage **OA** 1785 **DE** 1904 **Form** Romanfragment **Epoche** Aufklärung

Das Romanfragment stellt die wohl kompromissloseste Entfaltung der Weltanschauung von Donatien-Alphonse-François Marquis de Sade dar, die von einem Elementarrecht auf sexuellen Exzess als der einzigen Grundlage der condition humaine ausgeht. Unter Berufung auf den Zwang der Natur und auf die instrumentelle Gewalt der Vernunft beschreibt der Roman die hemmungslose sexuelle Ausbeutung und Schändung zum Zweck des eigenen Lustgewinns.

Entstehung: Dem 1785 in der Haft entstandenen Werk sind inhaltlich und äußerlich die Spuren der Gefangenschaft des Autors anzumerken: die Fantasie des zur Enthaltsamkeit gezwungenen Autors verausgabt sich im gedanklichen Entwurf eines sexuellen Exzesses von 600 auf einen Zeitraum von 120 Tagen verteilten Perversionen. Das Manuskript galt lange als verschollen; 1904 wurde von dem Berliner Sexualwissenschaftler Iwan Bloch eine unvollständige und fehlerhafte Fassung erstveröffentlicht.

Inhalt: Der Herzog von Blangis hat 42 Knaben und Mädchen auf seinem Schloss gefangen setzen lassen. Unterstützt von

Donatien-Alphonse-François Marquis de Sade, *Die hundertzwanzig Tage von Sodom oder Die Schule der Ausschweifung*, Umschlag der deutschsprachigen Ausgabe 1979

Literarische Pornografie

Begriff:erklärung: Pornografie (wörtlich: Hurenaufzeichnungen) bedeutet die explizite Darstellung von Geschlechtsteilen und sexuellen Handlungen zum Zweck der Stimulation des Lesers / Betrachters.

Anwendung: In eher repressiven Gesellschaftssystemen kann der Pornografie die Funktion einer subversiven Literatur zukommen. Zumal am Vorabend der französischen Revolution wird die Pornografie zu einer der entscheidenden publizistischen Kräfte im Kampf gegen Aristokratie und Klerus. Die Propagandisten der Pornografie nehmen für sich in Anspruch, nach der moralischen und politischen Autonomie des Individuums auch die Emanzipation des Körpers und seiner Bedürfnisse zu betreiben. Aus dieser Perspektive soll die Pornografie sogar zur Emanzipation der Frau beigetragen haben, weil sie erstmals die verborgene Wahrheit des weiblichen Begehrens enthüllt habe.

Allerdings unterschlägt eine solch verharmlosende Bestimmung der Pornografie die beunruhigende und problematische Dimension der Sexualität. Während sich im Zuge der sozialen Permissivität (des freien Gewährenlassens) die Pornografie mittlerweile in eine letztlich gefällige Darstellung des Erotischen verwandelt hat, findet sich ihr ursprünglich kritischer Impetus nur noch im Obszönen. Während die Pornografie zumeist ihren Frieden mit der moralischen Konvention gemacht hat, will das Obszöne immer noch den Skandal: Es verletzt Tabus und beharrt auf der Einsicht in die trostlose soziale und biologische Natur der menschlichen Verfassung.

Auszug aus *Die hundertzwanzig Tage von Sodom oder Die Schule der Ausschweifung* von Donatien-Alphonse-François Marquis de Sade:

Jetzt, lieber Leser, muss ich Dein Herz und Deinen Verstand auf die unsittlichste Erzählung gefasst machen, die es je gegeben hat, seit die Welt besteht. Ein solches Buch findet sich weder bei den Alten noch bei den Neuen. Stell Dir vor, dass jeder anständige Genuss, ... dass alle diese Genüsse also aus diesem Band ausdrücklich verbannt sind, und wenn Du ihnen zufällig doch begegnen solltest, so nur in Begleitung irgendeines Verbrechens oder von irgendwelchen Schändlichkeiten gefärbt.

drei anderen Wüstlingen – einem Kirchenfürsten, einem Richter und einem Financier – will er an seinen Gefangenen alle nur denkbaren Perversionen verüben: Im ersten Quartal geht es um 150 eher durchschnittliche Perversionen, im zweiten um solche mit mehreren Partnern, im dritten um die so genannten kriminellen und schließlich im vierten um Perversionen mit tödlichem Ausgang. Eine konventionelle Erzählhandlung wie in anderen Romanen Sades gibt es hier nicht. Es handelt sich um das Protokoll des sexuellen Machtmissbrauchs in einem totalitären System, das alle nur denkbaren Details der sexuellen Akrobatik seiner Protagonisten beschreibt.

Aufbau: Die von Sade imaginierten Exzesse tragen den Charakter von ausbuchstabierten Zwangsfantasien, denen jede vitale Erotik fehlt. Zwar verspricht der Roman zu Beginn, er wolle den Leser erregen, doch tatsächlich geht es ihm eher um eine literarische Auseinandersetzung mit der Ideenwelt der Aufklärung: Er zeigt in Übereinstimmung mit der Aufklärungsphilosophie, dass Gott und das Gesetz nur Konvention sind, die keinen Gehorsam beanspruchen dürfen, dass die Natur nicht per se gut, sondern allein am Erhalt der Gattung interessiert ist, und schließlich, dass sich die viel gerühmte Vernunft auch zur Rechtfertigung von Lust und Verbrechen missbrauchen lässt.

Wirkung: Auf Sade beriefen sich die poètes maudits der französischen Literatur wie Charles → Baudelaire und Arthur → Rimbaud, aber auch Edgar Allan → Poe – allerdings übertrafen sie Sades eher konventionell erzählte Literatur

durch ihre stilistische Radikalität. Mit der Etablierung des Begriffs »Sadismus« als einer sexualpathologischen Kategorie wurde das Werk des französischen Marquis auch außerhalb der Literatur bekannt. Pier Paolo Pasolini verlagerte den Stoff des Romans in die Republik von Salò, dem letzten Zufluchtsort der italienischen Faschisten kurz vor dem Zusammenbruch der Herrschaft von Benito Mussolini (1883–1945). In diesem immer wieder indizierten Film erscheinen die Gräuel und Massaker von Sades Roman als Abbild des Faschismus, aber auch des gedankenlosen Hedonismus der Nachkriegsära.

H. R. B.

Sagan, Carl Edward

US-amerikan. Astronom und Schriftsteller

*9.11.1934 New York, †20.12.1996 Ithaca (New York)

📖 *Unser Kosmos*, 1982

Wie kaum ein anderer Wissenschaftler verstand es Carl Edward Sagan, Begeisterung für sein Forschungsgebiet, die Astronomie, zu wecken. Bücher wie *Unser Kosmos* gehören zu den populären Standardwerken der Sternenkunde.

Sagan studierte an der University of Chicago und machte seinen Abschluss in Astrophysik. 1962–68 war er als Astrophysiker am Smithonian Astrophysical Observatory tätig. 1976 trug Sagan als Mitglied des »Viking Lander Imaging Flight Teams« maßgeblich zur Erforschung der Planeten Mars und Venus bei. Auch als die Sonde »Voyager« ins äußere Sonnensystem geschickt wurde, war er beteiligt. Für seine Verdienste zeichnete ihn die NASA u. a. mit dem internationalen Astronautenpreis aus. 30 Jahre arbeitete Sagan beim Laboratory of Planetary Studies an der Cornell Universität in Ithaca (New York). Zwölf Jahre wirkte er als Chefredakteur der Fachzeitschrift für Planetenforschung *Icarus*. Sagan veröffentlichte etwa 400 wissenschaftliche und populäre Abhandlungen sowie (als Verfasser, Mitautor oder Herausgeber) über ein Dutzend Bücher. 1978 wurde ihm der Pulitzer-Preis verliehen. Als engagierter Atomkraftgegner wies Sagan immer wieder auf die Gefahren eines atomaren Infernos hin.

Die wichtigsten Bücher von Carl Edward Sagan	
Signale der Erde. Unser Planet stellt sich vor, 1980	In den 1980er Jahren verließen die Voyager-Raumsonden nach Erforschung von Saturn und Jupiter unser Sonnensystem: An Bord befindet sich eine Botschaft der Erde an außerirdische Zivilisationen.
Unser Kosmos 1982	Vom Urknall, der Bildung von Galaxien bis hin zum Aufbau unseres Sonnensystems tritt der Leser eine Reise durch Raum und Zeit des Universums an. → S. 936
Schöpfung auf Raten, 1993	Für Sagan und Ann Druyan ist der Unterschied zwischen Mensch und Tier nur gradueller Natur.
Blauer Punkt im All. Unsere Zukunft im Kosmos, 1996	Der Autor führt den Leser durch unser Sonnensystem, beschreibt jeden seiner Planeten und gibt einen Einblick in die neuesten Entdeckungen der Weltraumforschung.
Contact 1997	Eine junge Wissenschaftlerin empfängt auf einer Teleskopstation eine rätselhafte Botschaft: Irgendwo im Universum existiert ein Planet, auf dem ein unbekanntes Leben gibt.
Der Drache in meiner Garage. Oder die Kunst der Wissenschaft, Unsinn zu entlarven, 1997	Gefälschte Sensationsberichte über UFOs und außerirdische Wesen – in seinem wohl persönlichsten Buch versucht Sagan dem Aberglauben mithilfe der Wissenschaft ein Ende zu setzen und hält ein leidenschaftliches Plädoyer für Rationalität.
Gott und der tropfende Wasserhahn. Gedanken über Mensch und Kosmos, 2001	In seinem letzten, nachdenklichen Werk philosophiert Sagan über die zahlreichen Geheimnisse des Lebens und des Todes. Der Sinn des menschlichen Daseins liegt, so das Fazit des Wissenschaftlers, im Alltäglichen verborgen.

Unser Kosmos

OT Cosmos **OA** 1982 **DE** 1982
Form Sachbuch **Bereich** Astronomie

Unser Kosmos – Eine Reise durch das Weltall (so der Untertitel) – von Carl Edward Sagan gilt als Standardwerk der Astronomie. Der renommierte Wissenschaftler beschreibt die Entwicklung

OT = Originaltitel   **EZ** = Entstehungszeit   **OA** = Originalausgabe   **DE** = Deutsche Erstausgabe   📖 = Verweis auf Werkartikel

des Weltalls, Forschungsergebnisse sowie Zukunfsvisionen der Raumfahrt in einer für den Laien verständlichen Sprache.

Entstehung: Als sich 1976 nach der Entsendung von Sonden zu Mars und Venus herausgestellt hatte, dass die Frage nach dem Leben auf dem Mars nicht endgültig geklärt werden kann, sank das öffentliche Interesse auf den Nullpunkt. Um es wieder zu wecken, produzierten Sagan und sein Kollege B. Gentry Lee eine 13-teilige Fernsehsendung über die Ursprünge des Kosmos, der Erde und des Lebens auf unserem Planeten, die in über 60 Ländern ausgestrahlt wurde. Zeitgleich zu dieser Dokumentation entstand das Buch *Unser Kosmos*.

Inhalt: Beginnend beim Urknall schildert *Unser Kosmos* die Entstehung des Weltalls. Sagan berichtet u.a. über die Existenz sog. Schwarzer Löcher und geht der Frage nach, ob es auf einem der zahllosen Planeten des Universums Leben gibt. Er beschreibt die Entstehung von Leben auf der Erde vor ca. 4 Milliarden Jahren und dessen Entwicklung bis hin zum Menschen, der den Kosmos erforscht. Sagan warnt davor, über den Blick in die Weiten des Weltalls den eigenen Planeten zu vergessen: Eine atomare Katastrophe könnte alles Leben, dass sich in Jahrmillionen auf der Erde entwickelt hat, in Sekundenschnelle auslöschen.

Wirkung: Das Buch zur Fernsehserie wurde über 10 Millionen Mal verkauft und zählt damit zu den weltweit erfolgreichsten Sachbüchern. Die Serie selbst ist eine der meistgeschauten TV-Produktionen in der Geschichte des Fernsehens: Mehr als 500 Millionen Menschen haben sie bereits gesehen. *K.M.*

malige Klosterschülerin die literarische Öffentlichkeit mit ihrem Romanerstling *Bonjour tristesse*, der zu einem Bestseller wurde und in Hollywood verfilmt wurde. Auch in ihren anderen Romanen zeichnet Sagan ein Bild der großbürgerlichen Gesellschaftsschicht, die von Einsamkeit und Sinnlosigkeit geprägt ist (u.a. *Lieben Sie Brahms?*, 1959).

Bei einem Unfall mit ihrem Sportwagen wurde ihr 1957 die Leidenschaft für schnelle Autos beinahe zum Verhängnis. Die zweimal geschiedene Mutter eines Sohnes verlor den Großteil ihres Geldes in Spielcasinos und geriet über Jahre hinweg durch ihren aufwändigen Lebensstil und ihren exzessiven Alkohol- und Drogenkonsum in die Schlagzeilen.

Autobiografie: F. Sagan, *Mein Blick zurück*, 2000.

Carl Sagan 1974 vor dem Labor der Cornell University in Ithaca (New York)

Auszug aus der Einleitung zu *Unser Kosmos* von Carl Edward Sagan:

Es liegt im Wesen der Wissenschaft, dass sie sich selbst korrigiert. Durch neue Versuche und neue Ideen werden immer wieder alte Rätsel gelöst.

Françoise Sagan, *Bonjour tristesse*, Umschlag der britischen Erstausgabe 1955

Sagan, Françoise

frz. Schriftstellerin

*21.6.1935 Carjac (Lot)

📖 *Bonjour tristesse*, 1954

Françoise Sagan variiert in ihren auflagenstarken Romanen ihre melancholischen Grundthemen Einsamkeit, Lebensüberdruss und Langeweile. Ihre Protagonisten sind zumeist materiell privilegierte Personen, die sich vorzugsweise an mondänen Orten den Annehmlichkeiten eines luxuriösen Lebens hingeben. Resigniert erleben sie die Flüchtigkeit der Liebe und die Vorläufigkeit jeglichen Glücks. Sagans nihilistischer Ansatz wurde als Ausdruck eines existenzalistischen Weltgefühls gewertet.

Die in Südfrankreich unter dem Namen Françoise Quoirez geborene Schriftstellerin wuchs in Paris in einer wohlhabenden Familie auf. Im Alter von 18 Jahren schockierte die ehe-

Bonjour tristesse

OT Bonjour tristesse **OA** 1954
DE 1955 **Form** Roman
Epoche Gegenwart

Mit dem Roman *Bonjour tristesse* schuf Françoise Sagan einen neuen Typ von Frauenliteratur, der sich von vorhergehenden deutlich absetzte. In ihrem Erstlingswerk gelang es der jungen Autorin, die Stimmung der bürgerlichen Nachkriegsjugend einzufangen, die in der kapitalistischen Welt keinen nennenswerten Sinn zu finden wusste. Das Lebensgefühl einer von Unlustgefühlen (»tristesse«) gezeichneten Generation, die zu starken Gefühlen nicht mehr fähig ist, analysierte sie nüchtern, kühl und leidenschaftslos.

Auszug aus dem Roman
Bonjour tristesse von
Françoise Sagan:

*Ich zögere, diesem fremden
Gefühl, dessen sanfter
Schmerz mich bedrückt, seinen schönen und ernsten
Namen zu geben: Traurigkeit.
Es ist ein so ausschließliches,
so egoistisches Gefühl, dass
ich mich seiner fast schäme –
und Traurigkeit erschien mir
immer als ein Gefühl, das man
achtet....*

Françoise Sagan
an ihrer Schreibmaschine

Entstehung: Nach einer misslungenen Literaturprüfung an der Sorbonne schrieb Sagan den Roman im Sommer 1953 in nur zwei Monaten nieder. Die fertigen Seiten las sie ihrer Freundin, der Tochter des Nobelpreisträgers André → Malraux, vor, die ihr Mut machte, das Buch einem Verleger vorzulegen. Unter dem von Marcel → Proust entlehnten Pseudonym Sagan schickte sie das Manuskript an den Verlag Julliard, der es gleich annahm.

Der Titel des Romans geht auf ein Gedicht von Paul Éluard (1895–1952) zurück, das dem Buch vorangestellt wird.

Inhalt: Die 17-jährige Ich-Erzählerin Cécile verbringt mit ihrem verwitweten Vater Raymond, einem alternden Don Juan, unbeschwerte Ferien in den mondänen Kreisen der französischen Riviera. Die beiden verbindet eine kameradschaftliche und die Freiheit des anderen tolerierende Freundschaft. Vervollständigt wird die Idylle von der rothaarigen Freundin des Vaters, der Halbweltdame Elsa, und dem jungen Studenten Cyril, den Cécile beim Segeln kennen lernt. Die Atmosphäre ist durchweg sinnlich.

Scheinbar leidenschaftslos und aus einem Gefühl der Langeweile heraus verliert Cécile ihre Jungfräulichkeit (was insbesondere die katholische Leserschaft der 1950er Jahre schockierte, zumal der Liebesakt ohne Folgen blieb). In diese Idylle bricht die schöne und intelligente Anne ein, eine Freundin von Céciles verstorbener Mutter. Der Vater fühlt sich von ihrer Andersartigkeit angezogen, trennt sich von der rothaarigen Freundin und plant schon bald eine Heirat mit der vernunftbetonten Anne. Die Ich-Erzählerin erkennt, dass ihr sorgloses Leben durch die bürgerliche Heirat des Vaters bedroht wird. Sie befürchtet, von Anne aus ihrer Sorglosigkeit gerissen und in ihrer Freiheit eingeengt zu werden. Zusammen mit Elsa und Cyril zettelt sie eine Intrige an, die – zunächst als kleiner Scherz geplant – erschreckende Folgen hat. Es gelingt ihr, ihren Vater zu einem nochmaligen Rendezvous mit seiner früheren Freundin Elsa zu überreden. Anne überrascht beide und fährt enttäuscht fort. Noch am selben Abend erfahren Vater und Tochter, dass Anne mit ihrem Auto tödlich verunglückt ist, wobei offen bleibt, ob es sich um einen Selbstmord handelt. Cécile, deren Gefühle für Anne von Abneigung und stiller Bewunderung zugleich geprägt waren, bedauert ihren Tod, zeigt aber keinerlei Reue. Vater und Tochter setzen ihr früheres oberflächliches Leben fort. Die Langeweile wird ergänzt durch ein neues, durchaus angenehmes Gefühl von Traurigkeit.

Wirkung: Der Roman, dem man bisweilen Trivialität nachsagt, überzeugt die Literaturkritik bis heute durch die große Stilsicherheit und die außergewöhnliche formale Vollendung. Das Buch wurde gleich ein sensationeller Erfolg. Sagan erhielt noch im Jahr des Erscheinens den Grand Prix des Critiques. Übersetzungen in etliche Sprachen folgten, allein in Amerika verkauften sich innerhalb von einem Jahr eine Million Exemplare. Die zeitgenössische Kritik rühmte die junge Autorin als eine »Colette der neuen Generation«, nahm jedoch Anstoß an der »schamlosen« Art, ein moralisch verkommenes Milieu als sympathisch darzustellen. Das Buch wurde zu zahlreiche Folgewerke Sagans verfilmt. Die Hauptrollen in dem unter der Regie von Otto Preminger entstandenen Film (1958) »Bonjour tristesse« spielten Jean Seberg, Deborah Kerr, David Niven und Juliette Gréco. *S.Na.*

Die bekanntesten Bücher von Françoise Sagan	
Bonjour tristesse, 1954	In ihrem Roman stellt Sagan anhand der Lebensbeschreibung der jungen Cécile das Lebensgefühl der existenzialistischen Generation dar. → S. 937
Ein gewisses Lächeln 1956	Die Jurastudentin Dominique lässt sich auf eine spielerische Affäre mit dem Onkel ihres Freundes ein, um der absoluten Leere ihres Daseins zu entfliehen. In Anbetracht der Vergänglichkeit entsteht ein Gefühl von Liebe.
In einem Monat, in einem Jahr, 1957	Die Protagonisten des Romans sind untereinander durch ein Geflecht unerwiderter Liebe verbunden. Menschen treffen aufgrund von Missverständnissen aufeinander und finden so ein scheinbares Glück.
Lieben Sie Brahms? 1959	Die 39-jährige Paule beginnt aus Langeweile ein Verhältnis mit einem romantischen jungen Mann, um das Gefühl vergangener Jugend zu spüren und ihrer nur aus Gewöhnung bestehenden Beziehung zu entfliehen.
La Chamade 1965	Lucile, Freundin eines reichen Geschäftsmannes, verliebt sich in einen mittellosen Angestellten. Als sie ein Kind erwartet, erschrickt sie angesichts einer zukünftigen ärmlichen und bürgerlichen Existenz und kehrt wieder zu ihrem sorglosen Leben zurück.
Ein bisschen Sonne im kalten Wasser, 1969	Der depressive Journalist Gilles begegnet einer Frau, die ihn aufrichtig liebt und zu ihm hält. Als sie zufällig mit anhört, wie er einem Freund anvertraut, dass er ihre Hilfe und Unterstützung als erstickende Überlegenheit empfindet, bringt sie sich um.

OT = Originaltitel   **EZ** = Entstehungszeit   **OA** = Originalausgabe   **DE** = Deutsche Erstausgabe   □ = Verweis auf Werkartikel

Saint-Exupéry, Antoine de

frz. Pilot und Schriftsteller

* 19.6.1900 Lyon

† 31.7.1944 bei Korsika (vermisst)

📖 *Wind, Sand und Sterne*, 1939

📖 *Der kleine Prinz*, 1943

In seinen Romanen verarbeitete Antoine de Saint-Exupéry persönliche Erfahrungen seines Fliegerlebens und übertrug sie in allgemein gültige Erkenntnisse über den Sinn des Lebens.

Saint-Exupéry entstammte dem alten Adel des Limousin, einer der ältesten Familien Frankreichs. Er wurde zunächst Flugzeugmechaniker, dann Pilot und 1926 Berufsflieger. Ab 1927 war er Linienpilot, schließlich Postflieger auf Strecken nach Argentinien und Saigon. Im Zweiten Weltkrieg diente Saint-Exupéry als Hauptmann in einer Fernaufklärerstaffel. 1940 emigrierte er nach New York. Nach der Landung der Alliierten in Nordafrika wurde er wieder als Aufklärungsflieger eingesetzt und vermutlich abgeschossen.

Die Laufbahn als Flieger fand Eingang in das literarische Werk von Saint-Exupéry. Nach den Fliegerromanen *Südkurier* (1928) und *Nachtflug* (1931) erschien 1939 *Wind, Sand und Sterne*, eine Sammlung von Erlebnisberichten. In dem märchenhaften Buch *Der kleine Prinz*, seinem bekanntesten Werk, trug Saint-Exupéry seine Lebensphilosophie vor.

Biografie: L. Estang, *Antoine de Saint-Exupéry* (rm 50004).

Wind, Sand und Sterne

OT Terre des Hommes **OA** 1939 **DE** 1939
Form Erlebnisberichte **Epoche** Moderne

Mit *Wind, Sand und Sterne* legte Antoine de Saint-Exupéry eines der großen Werke der Erlebnisdichtung vor.

Inhalt: Die Sammlung vereint Berichte über die Abenteuer des Schriftstellers als Pilot aus der Zeit 1926–35. In einer Mischung aus schwärmerischem Erzählen und Reflexionen beschreibt Saint-Exupéry Grenzsituationen, die den Anlass für die Frage nach der Bestimmung des Menschen bilden. Er schildert seine Erlebnisse als Berichterstatter im Spanischen Bürgerkrieg und setzt in Kapiteln wie *Die Kameraden* seinen Gefährten aus der Frühzeit der Postfliegerei ein Denkmal.

Herzstück des Buchs ist das 6. und 7. Kapitel *In der Wüste,* der Bericht über das Schlüsselerlebnis einer Notlandung mit anschließendem Hunger- und Durstmarsch, das bis hin zu dem Märchen *Der kleine Prinz* weiterwirken sollte. Saint-Exupéry hatte sich im Herbst 1935 entschlossen, die vom französischen Luftfahrtministerium ausgesetzte Prämie von 150 000 Francs für den schnellsten Flug von Paris nach Saigon zu erlangen. Am 28. Dezember 1935 hoben Saint-Exupéry und sein Freund André Prévot ab. Zwei Tage später, nachts um 2 Uhr 45, glaubte Saint-Exupéry sich über Kairo, sah aber keine Lichter und setzte ohne jede Orientierung in der Wüste, etwa 200 km westlich von Kairo auf. So gut wie unverletzt, machten sich die Flieger auf die Suche nach einer Siedlung und wurden schließlich – kurz vor dem Verdursten – von Beduinen gerettet.

Wirkung: Die von der Literaturkritik zunächst als unwesentlich beurteilten Berichte aus dem Spanischen Bürgerkrieg trugen ihrem Verfasser Saint-Exupéry die Gegnerschaft der Franquisten ein. *H. Sch.*

Der kleine Prinz

OT Le Petit Prince **OA** 1943 **DE** 1950
Form Märchen **Epoche** Moderne

Der kleine Prinz von Antoine de Saint-Exupéry ist das meistgelesene Werk des Autors und gilt als literarische Umsetzung seines moralischen Denkens und seiner Welterkenntnis.

Entstehung: Das Buch, das Saint-Exupéry selber illustriert hat, entstand während des Zweiten Weltkriegs sowie nach der Emigration des Verfassers in die USA.

Inhalt: Der Zufall will es, dass der kleine Prinz und Saint-Exupéry einander mitten in der Sahara treffen, nachdem der Dichter mit seinem

links: Antoine de Saint-Exupéry, *Wind, Sand und Sterne*, Umschlag der deutschsprachigen Neuausgabe 1956; rechts: Foto des Autors in Fliegeruniform

Auszug aus *Wind, Sand und Sterne* von **Antoine de Saint-Exupéry:**

Wir haben uns neben die Milizsoldaten ins Gras gesetzt. Sie legen ihre Gewehre ab und schneiden Scheiben von einem frischen Brotleib.
»Seid ihr von hier?«
»Nein, Katalanen aus Barcelona, kommunistische Partei.«
Eine der jungen Frauen reckt sich und setzt sich mit flatternden Haaren auf die Barrikade. Sie ist nicht schlank, aber frisch und schön. Strahlend lächelt sie uns an:
»Wenn der Krieg aus ist, werde ich in diesem Dorf bleiben... Man hat es viel besser auf dem Land als in der Stadt, das wusste ich gar nicht!«
Und sie blickt liebevoll umher, als erlebe sie eine Offenbarung. Bisher kannte sie nur die grauen Vorstädte, den morgendlichen Weg zur Fabrik... Alles um sie her erscheint ihr wie ein Fest. Jetzt springt sie auf und läuft zum Brunnen. Gewiss glaubt sie, sie tränke aus dem Schoß der Erde...

Antoine de Saint-Exupéry,
Der kleine Prinz, Umschlag
einer deutschsprachigen Ausgabe o. J. mit Zeichnungen
des Verfassers

Flugzeug abgestürzt ist – ein Reflex seines tatsächlichen Absturzes 200 km westlich von Kairo 1935. Der kleine Prinz hat nichts von einem verlorenen oder erschöpften Kind an sich, sondern bittet nur zutraulich: »Sei doch bitte so freundlich und zeichne mir ein Lämmchen«. Nach längerer Unterhaltung wird klar, dass der kleine Prinz nicht von einem Planeten kommt, sondern von dem kleinen Asteroiden B 612, den 1909 ein türkischer Astronom entdeckt hat. Auf seiner Reise durch das Universum lernte er Menschen verschiedensten Typs kennen, denen gemeinsam war, dass sie sich an Äußerlichkeiten orientierten und nur mit sich selbst beschäftigten. Erst auf der Erde und im Gespräch mit verschiedenen Tieren erfuhr der kleine Prinz, dass die natürliche Einsamkeit des Einzelnen nur mit Hilfe von echten Gefühlen wie Freundschaft oder Liebe zu überwinden sei. Nachdem er von einer Schlange gebissen wurde, fällt der kleine Prinz lautlos in den Sand und ist am folgenden Morgen verschwunden. Saint-Exupéry hat inzwischen sein Flugzeug repariert und kann in seine Welt zurückkehren. Saint-Exupéry stellt die Erwachsenenwelt als äußerlich, selbstgenügsam und herzlos dar. Er entschuldigt sich bei den Kindern sogar dafür, dass er sein Buch vom *Kleinen Prinzen* einem Erwachsenen gewidmet habe, nämlich dem Freund Léon Werth, weil dieser im kriegerischen Europa habe zurückbleiben müssen, wo er nun friere und Hunger leide. Schließlich wird die Widmung korrigiert und präzisiert: »Für Léon Werth, als er noch ein kleiner Junge war.«

Das Buch entstand in der für Saint-Exupéry schwierigen Zeit im fremden New York und ist Dokument einer beinahe kindlichen Sehnsucht nach Frankreich, nach den alten Freunden und den eigenen frühen Jahren des Aufbruchs und der unbeschwerten Abenteuer.

Wirkung: *Der kleine Prinz* avancierte binnen kurzer Zeit nach seinem Erscheinen zu einem der größten Buchererfolge der Nachkriegszeit und wurde in über 50 Sprachen übersetzt. Weltweit schätzen auch heute noch Leser das leidenschaftliche Plädoyer für Freundschaft und Mitmenschlichkeit. Der Stoff des modernen Märchens wurde in zahlreichen Theaterstücken umgesetzt und sogar zum Chansontext verarbeitet (*Le Petit Prince est revenu* von Gilbert Bécaud, 1927–2001). Saint-Exupérys Illustrationen sind heute lukrative Objekte der Merchandising-Industrie. *H. Sch.*

Salinger, J(erome) D(avid)

US-amerikan. Schriftsteller

* 1.1.1919 New York

📖 *Der Fänger im Roggen*, 1951

Das bislang nur vier Bücher umfassende Werk von J. D. Salinger fand bei Publikum und Literaturwissenschaft des 20. Jahrhunderts große Beachtung. Zentrales Thema des Autors ist die Verlorenheit der Seele in einer von Äußerlichkeiten geprägten Welt.

Bereits als Schüler begann der in New York City aufgewachsene Salinger zu schreiben. Nach kurzem Besuch der New York University wechselte er zum Literaturstudium am Ursinus College, blieb jedoch ohne Hochschulabschluss. Ab 1940 veröffentlichte er erste Erzählungen in Zeitschriften. Zwei Jahre später folgte die Einberufung zum Kriegsdienst.

1948 druckte der *New Yorker* die Erzählung *Ein perfekter Tag für Bananenfische.* Salingers erster und bislang einziger Roman *Der Fänger im Roggen* wurde zu einem Welterfolg und genoss in der USA bald Kultstatus. Die damit einhergehende Publicity – verstärkt durch eine Sammlung zuvor im *New Yorker* erschienener Geschichten (*Neun Erzählungen*, 1953) – widerstrebte dem Autor, der sich 1954 in ein abgeschiedenes Haus in New Hampshire zurückzog.

Mit den Erzählungen *Franny und Zooey* (1961) und *Hebt den Dachbalken hoch Zimmerleute* und *Seymor wird vorgestellt* (1963) konzentrierte Salinger seine Prosa auf die kinderreiche Familie Glass, die bereits in mehreren Geschichten der *Neun Erzählungen* im Zentrum stand. Gleichzeitig wandte er sich dem Zen-Buddhismus zu. 1965 druckte der *New Yorker* mit *Hapworth 16,1924* die bislang letzte veröffentlichte Geschichte des Autors, der nach wie vor abgeschieden, aber fortwährend schreibend in Cornish, New Hampshire lebt.

Biografie: I. Hamilton, *Auf der Suche nach J.D. Salinger,* 1989; M.A. Salinger, *Dream Catcher. A Memoir,* 2000.

Der Fänger im Roggen

OT The Catcher in the Rye **OA** 1951 **DE** 1954
Form Roman **Epoche** Moderne

Der Adoleszenzroman von J. D. Salinger wurde in den USA zur Bibel gleich mehrerer Generationen Jugendlicher und besitzt bis heute in weiten Teilen der Welt Kultstatus.

Inhalt: Der 16-jährige Holden Caulfield wird aus Pencey, einem Internat in Pennsylvania, verwiesen, weil er in vier von fünf Fächern durchgefallen ist. Eigentlich soll er bis zu Beginn der Ferien in der Schule bleiben, doch er packt kurzentschlossen seine Sachen und macht sich auf den Weg in seine Heimatstadt New York. Da seine Eltern noch nichts von seinem Rauswurf wissen und ihn erst drei Tage später erwarten, irrt Holden ziellos durch die winterliche Stadt und steigt in einem Hotel ab. Verschiedene Annäherungsversuche an Frauen schlagen fehl. Der Hotelpage vermittelt Holden eine Prostituierte, von deren Zuhälter er verprügelt wird. Am nächsten Morgen verlässt Holden das Hotel, schließt seinen Koffer im Bahnhof ein und verabredet sich mit Sally Hayes, einer ehemaligen Schulfreundin. Sie gehen gemeinsam ins Theater und zum Schlittschuhlaufen. Als Holden ihr vorschlägt, mit ihm auszureißen, zerstreiten sie sich.

Nach einer weiteren desillusionierenden Begegnung mit einem ehemaligen Schulkameraden schleicht Holden sich nachts nach Hause zu seiner neunjährigen Schwester Phoebe. Anschließend geht er zu einem ehemaligen Lehrer, um bei ihm zu übernachten; da er dessen sexuelle Annäherung fürchtet, schläft er schließlich auf dem Bahnhof. Am nächsten Tag trifft er sich mit Phoebe, um ihr zu sagen, dass er nach Westen fliehen will. Weil Phoebe ihn begleiten möchte, verspricht er jedoch nach Hause zu kommen und macht mit ihr einen Ausflug in den Zoo.

Aufbau: Die Geschehnisse der drei Tage vor den Weihnachtsferien werden aus der Sicht Holden Caulfields erzählt, der sich, inzwischen 17-jährig, in einem Sanatorium bei Hollywood befindet und seine Geschichte im Rahmen einer Therapie erzählt. Durch diese Perspektive prägt Holdens jugendliche Sprache den Roman.

Der scheinbar simplen Handlung liegt eine tief greifende, komplexe Struktur ineinander verwobener Leitmotive zu Grunde. Durch zahlreiche Symbole weitet sich Holdens Bekenntnis zu einer vielschichtigen Darstellung des Erwachsenwerdens. Der Romantitel verweist ebenfalls auf diese symbolische Ebene. Holden möchte, nach einem von ihm falsch erinnerten Gedicht von Robert Burns, ein Fänger im Roggen sein, der die Kinder vor dem Fall, d. h. vor der Sexualität und dem Heranwachsen, bewahrt. Doch als er Phoebe auf einem Karussell nach einem am Band hängenden goldenen Ring greifen sieht, versteht er, dass er sie vor dem Fallen weder bewahren kann noch darf.

Wirkung: Obwohl von den Kritiken eher zurückhaltend behandelt, wurde *Der Fänger im Roggen* bald nach seinem Erscheinen zu einem Buch, das von der jungen Generation begeistert gelesen wurde. Bereits in den 1950er Jahren entwickelte sich der Roman zur Lieblingslektüre der akademischen Jugend und wurde in der

J. D. Salinger, *Der Fänger im Roggen*, Umschlag der britischen Erstausgabe 1951 (Gestaltung: Fritz Wegner)

G. Steiner in *The Nation* **vom 14. November 1959 über J. D. Salinger:**

Junge Leute lesen gern von jungen Leuten. Salinger... verlangt von seinen Lesern keinerlei literarisches oder politisches Interesse... Er legt ihnen nahe, dass formale Unkenntnis, politische Apathie und eine vage Tristesse positive Tugenden seien.

Folge zum meistinterpretierten Werk an US-amerikanischen Schulen und Universitäten in der zweiten Hälfte des 20. Jahrhunderts. *St. N.*

Salomon, Ernst von

dt. Schriftsteller

* 25.9.1902 Kiel, † 9.9.1972 Winsen / Luhe

📖 *Der Fragebogen*, 1951

Ernst von Salomon vertrat in vorwiegend autobiografischen Romanen zur Zeitgeschichte konservative nationale Positionen, die in der Bundesrepublik Deutschland zu Beginn der 1950er Jahre auf breites Interesse stießen.

Entnazifizierung

Begriff: Auf den Konferenzen von Jalta (4.–11.2.1945) und Potsdam (17.7.–2.8.1945) beschlossen die alliierten Siegermächte Maßnahmen zur Beseitigung aller NS-Organisationen und zum Ausschluss von Nationalsozialisten aus Politik, Wirtschaft und Kultur.

Umsetzung: Die mit Sanktionen verbundenen Maßnahmen wurden in den einzelnen Besatzungszonen mit unterschiedlicher Intensität betrieben, am stärksten in der US-Zone. Die hier entwickelte Einstufung in Hauptschuldige, Belastete, Minderbelastete, Mitläufer und Entlastete wurde im Oktober 1946 auch in den anderen Zonen übernommen.

In den westlichen Zonen waren ca. 6 Millionen Menschen von der Entnazifizierung betroffen, wobei sog. Bagatellfälle Vorrang bei der Entscheidung durch Spruchkammern hatten, während die schwer Beschuldigten vom einsetzenden Ost-West-Konflikt profitierten; ab 1949 verlor die Entnazifizierung im Westen an Bedeutung. In der SBZ nutzte die UdSSR die Entnazifizierung (Überprüfung von 800 000 ehemaligen Mitgliedern der NSDAP) zum Umbau der Sozialstruktur.

In Österreich unterschied das Nationsozialistengesetz von 1947 zwischen Belasteten und Minderbelasteten; am 14.3.1957 trat die sog. NS-Amnestie in Kraft.

links: Ernst von Salomon, *Der Fragebogen*, Umschlag der Originalausgabe 1951; rechts: der Autor an seiner Schreibmaschine (Foto aus den 1950er Jahren)

Der Fragebogen

OA 1951 **Form** Roman **Epoche** Nachkriegsliteratur

Der Erfolgsroman von Ernst von Salomon gehört zu den ersten Publikationen in der Bundesrepublik Deutschland mit dem Prädikat »Bestseller«.

Entstehung: Anlass für den autobiografischen Rückblick auf die vergangenen Jahrzehnte deutscher Geschichte war die Internierung Salomons in der US-amerikanischen Besatzungszone und die Praxis der Entnazifizierung (Stichwort →S. 941).

Inhalt: Der Titel des Romans bezieht sich auf den Katalog von 131 Fragen, der dazu dienen sollte, die Beteiligung an den Verbrechen der NS-Diktatur und die Verstrickung mit dem System aufzuhellen. Hieraus ergibt sich eine subjektive Rückschau auf eigene Erlebnisse, Personen und Ereignisse, verbunden mit der Empörung über die Demütigungen und die Willkür der Siegermacht – als Grund für die Internierung Salomons und seiner jüdischen Lebensgefährtin etwa erweist sich eine Verwechslung.

Wirkung: Salomons Kritik am Schematismus der »Aufklärung« artikulierte das im Nachkriegsdeutschland weit verbreitete Unbehagen an einer als pauschal empfundenen Diskriminierung eines ganzen Volks. Scharfe Kritik richtete sich gegen Salomons Versuch einer Aufrechnung von nationalem Unrecht. *C.W.*

Der Sohn eines Rittmeisters erhielt seine Erziehung ab 1913 in den Kadettenanstalten in Karlsruhe und Berlin-Lichterfelde. Nach dem Ersten Weltkrieg gehörte Salomon zum Freikorps »Brigade Erhardt«, deren Auflösungsorder den Kapp-Putsch (1920) auslöste. An diesem rechtsradikalen Umsturzversuch war Salomon ebenso beteiligt wie 1922 an der Ermordung des deutschen Außenministers Walter Rathenau (1867–1922) durch ehemalige Offiziere der sog. Organisation Konsul. Salomon verbüßte eine fünfjährige Zuchthausstrafe und wurde danach aufgrund eines versuchten Fememords erneut verurteilt, aus gesundheitlichen Gründen aber noch im selben Jahr freigelassen.

1930 erschien mit *Die Geächteten* sein erster Roman; er schildert den Werdegang des Autors vom preußisch-nationalen Kadetten zum antidemokratischen Freikorpskämpfer. Nationales Preußentum ist das zentrale Thema des Romans *Die Kadetten* (1933). Daraus, dass der Autor selbst Anhänger dieser Ideologie war, erklärt sich seine Distanz zum Nationalsozialismus. Während der NS-Zeit arbeitete Salomon zeitweise als Lektor des Rowohlt-Verlags sowie ab 1936 als Drehbuch-Autor für die Ufa und Bavaria.

1945/46 waren Salomon und seine jüdische Lebensgefährtin in einem US-amerikanischen Internierungslager inhaftiert. Nach dem sensationellen Publikumserfolg des Romans *Der Fragebogen* verfasste er erneut Drehbücher, so 1954/55 zu der als Antikriegsfilm konzipierten Trilogie *08/15* nach dem gleichnamigen Roman von Hans Hellmut Kirst (1914–89). Politisch wandte sich Salomon der Deutschen Friedensunion DFU zu (1960–69). Fragment einer Trilogie blieb *Der tote Preuße* (1973).

Biografie: M.J.Klein, *Ernst von Salomon*, 1994.

Ernst von Salomon kurz nach dem Erscheinen seines Romans *Der Fragebogen*:

Ich bin ein Preuße, und meine Farben sind infolgedessen Schwarz und Weiß. Das habe ich stets bekannt, aber bitte sehr, ich tue es hier gern noch einmal.

Samjatin, Jewgeni

russ. Schriftsteller und Publizist

*1.2.1884 Lebedjan (Gouvernement Tambov)

†10.3.1937 Paris

Wir, 1924

Zentrales Leitmotiv des Werks von Jewgeni Samjatin ist der Widerstand gegen die »Entropie des Geistes«, verstanden als Dogmatismus, Erstarrung, Verkalkung, Tod. Im Mittelpunkt seiner Texte stehen »Häretiker« – Menschen, die sich das Recht auf Irrtum herausnehmen und so das Denken flexibel und lebendig erhalten.

Der Sohn eines Priesters studierte ab 1902 Schiffsbau in Petersburg. Während der Revolution von 1905 agitierte Samjatin für die Bolschewiken und wurde dafür mit Verbannung in die Heimatprovinz bestraft. Er kehrte illegal zurück und beendete 1908 sein Studium. Nach erneuter Verbannung 1913 wieder nach Petersburg zurückgekehrt, veröffentlichte er 1916 seinen ersten Erzählungsband *Aus der Provinz*. Anfang 1916 ging er nach England, wo er als

Ingenieur Eisbrecher konstruierte. Im Herbst 1917 kehrte er nach Russland zurück, um sich der Literatur zu widmen. Seine kritisch-unabhängige Haltung machte ihn in der Sowjetunion zum Außenseiter. Ende 1931 emigrierte er nach Frankreich und verbrachte seine letzten Lebensjahre in Paris.

Biografien: L. Scheffler, *Evgenij Zamjatin. Sein Weltbild und seine literarische Thematik*, 1985; A. M. Shane, *The Life and Works of Evgenij Zamjatin*, 1968.

Wir

OT My **OA** 1924 (engl.), 1952 (russ.) **DE** 1958
Form Roman **Epoche** Moderne

Gegenstand des Romans von Jewgeni Samjatin ist die düstere Zukunftsvision einer kollektivistischen, mechanischen Zivilisation, welche die Menschen um des »Glücks« willen ihrer individuellen Freiheit beraubt. Das allgemeine Glück soll durch maximale Gleichschaltung der Menschen erreicht werden, da völlige Gleichheit den Neid als Quelle des Unglücks abschaffe; ein weiteres Hindernis auf dem Weg zum »hundertprozentigen Glück« ist die irrationale Fantasie der Menschen – erst ihre Beseitigung werde die Individuen endgültig in restlos glückliche »menschenähnliche Traktoren« verwandeln. Zuweilen als Pamphlet gegen die sozialistische Gesellschaft gedeutet, zielt der Roman wesentlich tiefer – es geht um die Gefahr, die von jedem totalitären System ausgeht.

Entstehung: Samjatin schrieb den Roman bereits 1920 und versuchte vergeblich, ihn in der Sowjetunion veröffentlichen zu lassen. 1924 erschien die englische Übersetzung; 1927 folgte eine Übersetzung ins Tschechische, 1929 ins Französische. Die Prager russische Emigrantenzeitschrift *Volja Rossii* (Russlands Freiheit) veröffentlichte 1927 Auszüge des Romans als vermeintliche Rückübersetzung aus dem Tschechischen und Englischen. Die erste russische Ausgabe erschien 1952 in New York.

Inhalt: Die Handlung spielt sich in ferner Zukunft in einem totalitären »Einheitsstaat« ab. Die gleichgeschalteten Menschen tragen Nummern statt Namen, leben in gläsernen Häusern und führen ein streng reglementiertes Leben. Der vom »Wohltäter« und von den »Wächtern« geführte Staat ist von einer »grünen Mauer« umgeben, hinter der sich das Reich der Waldmenschen und der Natur befindet. Der Held und Ich-Erzähler, D-503, ist Mathematiker und Konstrukteur des Raumschiffs »Integral«, mit dem nun auch die »unendliche Gleichung des Weltalls integriert« werden soll. Als D-503 sich illegalerweise in die geheimnisvolle 1-330 verliebt, gerät seine mathematisch geordnete Welt durcheinander. Ein Arzt stellt die Diagnose: »Es

Russische Prosa der 1920er Jahre	
Boris Pilnjak 1921	*Das nackte Jahr:* Ein Roman über die Revolution, die der Schriftsteller als Zusammenstoß des rückständigen Russland mit der modernen Ideologie und Zivilisation des Westens deutet.
Ilja Ehrenburg, 1922	*Die ungewöhnlichen Abenteuer des Julio Jurenito:* Eine bissige Satire auf die moderne europäische Zivilisation.
Dmitrij Furmanov, 1923	*Tschapajew:* Ein dokumentarischer Roman über die Kämpfe eines revolutionären Volksführers gegen die Weißgardisten während des Bürgerkriegs. Das Buch gilt als Hauptwerk des Autors.
Isaak Babel 1923–25	*Die Reiterarmee:* Der Zyklus von Kurzerzählungen berichtet von Grausamkeiten des Bürgerkriegs in der Ukraine. → S. 69
Jewgeni Samjatin, 1924	*Wir:* In seiner Anti-Utopie zeichnet Samjatin das Bild einer entindividualisierten, gleichgeschalteten Gesellschaft. → S. 942
Konstantin Fedin, 1924	*Städte und Jahre:* Ein Antikriegsroman über die deutsche Gesellschaft der Jahre 1914–18 und das nachrevolutionäre Russland.
Jurij Tynjanov 1925	*Wilhelm Küchelbecker, Dichter und Rebell:* In dem historischen Roman berichtet der Schriftsteller vom Leben eines Lyrikers der Romantik und Teilnehmers der Dekabristenbewegung.
Jurij Olescha 1927	*Neid:* Ein psychologischer Roman über einen Intelligenzler alten Typs im seelischen Widerstreit mit Vertretern des sowjetischen neuen Denkens.
Ilja Ilf und Jewgenij Petrov, 1928	*Zwölf Stühle:* Der satirische Schelmenroman zeichnet ein Panorama des sowjetischen Lebens während der Neuen Ökonomischen Politik. Er zählt zu den bedeutendsten humoristischen Werken russischer Prosa.

steht schlecht um Sie! Bei Ihnen hat sich offenbar eine Seele gebildet«. Aus Liebe zu der Frau, die sich als eine Oppositionelle erweist, willigt er ein, das »Integral«-Projekt zu sabotieren. Der Sabotageversuch scheitert – die »Wächter« von der Staatssicherheit sind vorgewarnt. Tags darauf wird die »grüne Mauer« gesprengt; der Aufstand der Opposition beginnt. Der Held trifft 1-330 ein letztes Mal, doch es bleibt offen, ob seine Liebe auf Gegenseitigkeit beruhte oder ob sie ihn nur benutzt hat. Nach operativer Entfernung der Fantasie sieht D-503 ungerührt zu, wie die festgenommene ehemalige Geliebte in einem »Gas-Zimmer« gefoltert wird, um am nächsten Tag hingerichtet zu werden. Er hofft, dass der Aufstand niedergeschlagen wird, denn »die Vernunft muss siegen«.

Aufbau: Der Roman setzt sich aus 40 tagebuchartigen Aufzeichnungen des Ich-Erzählers zusammen. Die Notizen fixieren seine allmähliche seelische Veränderung – vom glühenden Anhänger des Einheitsstaats hin zum »Verbrecher« an diesem Staat, bis zur allerletzten Notiz, die belegt, dass er nach der Operation zur seelenlosen mechanisierten »Nummer« geworden ist. Über diesen äußeren Aufbau hinaus bilden Zahlensymbole sowie mathematische und geometrische Metaphern und Bilder eine komplexe bedeutungstragende Struktur, die vielfältige innere Zusammenhänge erzeugt und den Leser zu ihrer Dechiffrierung und Deutung einlädt.

Wirkung: Samjatin hat mit seinem Roman die Anti-Utopie als literarisches Genre neu begründet und die Werke u. a. von Aldous → Huxley, George → Orwell und Ray → Bradbury vorweggenommen und beeinflusst. *M. Sch.*

Auszug aus dem Roman Wir *von Jewgeni Samjatin:*

»Die Befreiung«? Ungeheuerlich: Wie lebensfähig im Menschengeschlecht doch die verbrecherischen Instinkte sind. Ich sage bewusst: die »verbrecherischen«. Freiheit und Verbrechen sind ebenso untrennbar verbunden wie ... nun, wie die Bewegung des Aeros und seine Geschwindigkeit: Ist die Geschwindigkeit des Aeros – 0, dann bewegt es sich nicht; ist die Freiheit des Menschen – 0, dann begeht er keine Verbrechen. Das ist klar. Das einzige Mittel, den Menschen vor dem Verbrechen zu schützen, besteht darin, ihn von der Freiheit zu befreien.

Sand, George

(eigtl. Amandine-Aurore-Lucile Baronin Dudevant,
geb. Dupin) frz. Schriftstellerin

* 1.7.1804 Paris, † 8.6.1876 Nohant (Indre)

📖 *Geschichte meines Lebens*, 1854/55

George Sand war eine der bekanntesten Verfechterinnen der Frauenemanzipation und engagierte sich ab Ende der 1840er Jahre auch politisch. Im Umkreis der literarischen und politischen Romantik war sie eine erfolgreiche Schriftstellerin. Ihr Werk erregte vor allem wegen der Offenheit Aufsehen, mit der sie ihre Liebesbeziehungen schilderte (*Lélia*, 1833).

Nach dem Tod ihres Vaters wuchs Sand in Nohant (Indre) bei ihrer Großmutter auf. Mit 22 Jahren heiratete sie Baron Casimir Dudevant, den sie nach neun Jahren verließ. Sie arbeitete als Journalistin in Paris, wechselte – inspiriert durch ihre Liebesbeziehung mit dem Schriftsteller Jules Sandeau (1811–83) – den Namen und pflegte einen unkonventionellen Lebensstil. Sie hatte leidenschaftliche Beziehungen u. a. mit Honoré de → Balzac, Frédéric Chopin (1810–49), Franz Liszt (1811 bis 1886) und Alfred de Musset (1810–57). Liebe und Leidenschaft waren für sie die Basis weiblichen Selbstbewusstseins (*Indiana*, 1832) und die Lösung für alle sozialen Probleme. Ihr politisch-soziales Engagement schlug sich in ihrem Werk in idealisierten ländlichen Schilderungen (*Die kleine Fadette*, 1849) nieder. Vom Verlauf der Revolution von 1848 enttäuscht, zog sich Sand auf ihren Landsitz Nohant zurück.

Biografie: G. Schlientz, *Ich liebe, also bin ich. Leben und Werk von George Sand*, 1989; R. Wiggershaus, George Sand (rm 50 309).

Wichtige Bücher von George Sand	
Indiana 1832	In dem erfolgreichen Debütroman von Sand revoltiert eine junge und unglücklich verheiratete Frau gegen die Ehe und verliebt sich leidenschaftlich in einen anderen Mann.
Lélia 1833	Mit großer Offenheit und Selbstbewusstsein bringt Sand in diesem Roman das Begehren der Frau zur Sprache. Die Titelheldin Lélia revoltiert gegen Gott und die Gesellschaft.
Der französische Handwerksbursche, 1841	Die stark idealisierte Darstellung aus dem Milieu der Handwerker war inspiriert durch die Beschäftigung mit Jean-Jacques → Rousseau und politisch-sozialen Ideen.
Consuélo 1843	In dem Roman aus dem Musikmilieu macht eine kleine Bohemienne eine Opernkarriere, an der ihre Beziehung zerbricht. Sie geht nach Böhmen, wo der Graf von Rudolstadt um sie wirbt.
Das Teufelsmoor, 1846	In der Erzählung aus dem Bauernmilieu geht der einfache Landmann Germain, Witwer mit drei Kindern, eine zweite Ehe ein.
Die kleine Fadette 1849	Der Roman aus dem bäuerlichen Milieu erzählt von den Zwillingen Landry und Sylvinet, die beide das Mädchen Fanchon, genannt la Fadette (die Grille), begehren.
Geschichte meines Lebens, 1854/55	In ihrem wichtigsten autobiografischen Werk berichtet Sand von ihrem bewegten Leben auf dem Hintergrund der historischen Entwicklung; das Buch ist eine Kulturgeschichte des 19. Jahrhunderts. → S. 944

Geschichte meines Lebens

OT Histoire de ma vie **OA** 1854/55 **DE** 1855
Form Memoiren **Epoche** Romantik

Geschichte meines Lebens ist das wichtigste autobiografische Dokument von George Sand. Es gibt Einblick in ihre persönliche Gedanken- und Ideenwelt vor dem Hintergrund ihres bewegten Zeitalters. Das Werk lässt den Einfluss ihres Vorbilds Jean-Jacques → Rousseau erkennen, der bestimmend war für ihre Entwicklung zur romantischen und idealistischen Sozialistin.

Inhalt: Etwa die Hälfte des 20-bändigen Werks trägt den Titel *Geschichte meines Lebens* zu Unrecht; es handelt sich dabei lediglich um Schilderungen des Lebens der Vorfahren Sands. Die Autorin geht zurück bis zu ihrem Urgroßvater, König August II. von Polen, beschreibt ihren Großvater, einen Marschall von Sachsen, und dessen Frau sowie ihren Vater Maurice Dupin de Franceuil. Nach dem Tod des Vaters verbrachte Sand ihre Jugend bei der kultivierten Großmutter, die einen eigenen Salon führte, wo die Enkelin Bekanntschaft mit dem Geistesleben des 19. Jahrhunderts machte. Sand zeichnet ihre Entwicklung zur Verfechterin der Emanzipation, zur engagierten Journalistin und idealistischen Schriftstellerin nach. Schilderungen ihres Lebens mit berühmten Liebhabern bleiben im Vergleich zu vorangegangenen Romanen eher blass. Auf Enthüllungen verzichtete Sand weitgehend; die Milieu- und Charakterschilderungen, wie etwa die von Frédéric Chopin (1810–49), vermitteln jedoch einen lebendigen kulturgeschichtlichen Eindruck des 19. Jahrhunderts.

Wirkung: Die in der Schilderung von Liebesbeziehungen eher zurückhaltenden Memoiren von Sand wurden von den Zeitgenossen mit Enttäuschung, von Betroffenen mit Erleichterung aufgenommen. Die Memoiren sowie das umfangreiche literarische Werk der Autorin zählten zu ihrer Zeit zu den berühmtesten Veröffentlichungen. Der Erfolg war allerdings nicht von Dauer. Heute interessiert *Geschichte meines Lebens* vor allem wegen der detailreichen historischen Schilderungen. *M.S.S.*

Saramago, José

portugies. Schriftsteller

* 16.11.1922 Azinhaga

📖 *Geschichte der Belagerung von Lissabon*, 1989

📖 *Die Stadt der Blinden*, 1995

Spätestens seit der Verleihung des Nobelpreises für Literatur 1998 fand José Saramago auch international die ihm gebührende Beachtung.

Saramago stammt aus einer Landarbeiterfamilie in der Provinz Ribatejo. Er war gelernter Schlosser und technischer Zeichner, bevor er sich Ende der 1960er Jahre verstärkt dem Journalismus, der Literatur und der Politik zuwandte. In der portugiesischen Diktatur gehörte das KPP-Mitglied zur konspirativen Opposition. Nach der Nelkenrevolution von 1974 war Saramago Redaktionsdirektor der Zeitung *Diario de Noticias*; später war er als vielseitiger Journalist, Autor und Übersetzer tätig. Seit seinem zweiten, außerordentlich erfolgreichen Roman *Hoffnung im Alentejo* (1980) profilierte sich Saramago als unverwechselbarer Erzähler. Charakteristisch für ihn sind die eigenwillige Verbindung von historisch-realistischen und fantastischen Elementen sowie von Alltagsleben und philosophischen Grundfragen. Sein Erzählton ist reflektierend mit humoristischen Einsprengseln.

Biografie: A. Schor, Schreiben gegen Mythen. Die Romane von José Saramago, 1997.

Geschichte der Belagerung von Lissabon

OT História do Cerco de Lisboa **OA** 1989 **DE** 1992
Form Roman **Epoche** Gegenwart

In seinem heiteren Liebesroman aus dem modernen Lissabon macht José Saramago zugleich grundsätzliche Fragen – nach der Erkennbarkeit der Geschichte und den Quellen der künstlerischen Kreativität – zum Thema.
Inhalt: Raimundo Silva, ein bescheidener und zurückhaltender Mann um die Fünfzig, arbeitet als Korrektor für ein Lissabonner Verlagshaus. In ein historisches Werk über die Belagerung und Einnahme des maurischen Lissabon durch den späteren portugiesischen König Dom Afonso Henrique und die europäischen Kreuzritter (1147), allgemein als Gründungsmythos der portugiesischen Nation geltend, fügt er aus einem Impuls heraus an entscheidender Stelle ein »nicht« ein: Die Kreuzritter hätten den Portugiesen in jenem Kampf nicht beigestanden. Während sich Raimundo Silva gegenüber für diese Eigenmächtigkeit verantworten muss, wächst seine Sympathie für eine neue Vorgesetzte, die Lektorin Doktor Maria Sara. Sie ermuntert ihn, jenes »nicht« als Ausgangspunkt einer »anderen« Geschichte Lissabons ernst zu nehmen und diese Geschichte zu schreiben. In dem Maße, wie er der Empfehlung nachkommt, entdeckt er seine bislang verschütteten kreativen und emotionalen Möglichkeiten. Mit dem Abschluss seiner Geschichte der Eroberung Lissabons findet auch die Liebesgeschichte zwischen ihm und Maria Sara ihre Erfüllung.

Aufbau: Der Reiz des Romans liegt einerseits in der Kombination verschiedener Ebenen, die sich gegenseitig reflektieren – er ist Schriftsteller-Roman, Liebesroman und historischer Roman zugleich. Andererseits ist die Erzählperspektive bemerkenswert, die Saramago hier wie in den meisten Romanen benutzt: Ein allwissender und redseliger Erzähler, in der Gegenwartsliteratur sonst nur noch selten anzutreffen, berichtet souverän und greift zuweilen auch in die Zukunft vor; er kommentiert, bewertet und relativiert das Erzählte, wobei er über philosophische Kategorien ebenso verfügt wie über Volksweisheiten und Sprichwörter. Damit bleibt er nicht nur nah am Lebensraum der Figuren, sondern bezieht auch seine Leser kommunikativ ein. Die politisch motivierte Sympathie mit seinen »einfachen« Figuren hindert Saramago nicht, weit reichende moralische und erkenntnistheoretische Probleme abzuhandeln – hier etwa die »postmoderne« Frage nach dem Verhältnis von Geschichte, Geschichtsschreibung und Fiktion.
Wirkung: Im Gegensatz zu einigen späteren Romanen Saramagos erreichte die *Geschichte der Belagerung…* nicht das große Publikum. Die Kritik reagierte fast einhellig begeistert auf die kunstvoll verwobene Geschichte, in der Schreiben und Lesen selbst zum Thema werden. *J. V.*

José Saramago im September 1993

Die Stadt der Blinden

OT Ensaio sobre a Cegueira **OA** 1995 **DE** 1997
Gattung Roman **Epoche** Gegenwart

Der parabolische Roman von José Saramago stellt in der Kombination realistischer und fantastischer Elemente die Frage nach den Grundlagen und der Belastbarkeit menschlichen und menschenwürdigen Zusammenlebens unter katastrophalen Bedingungen.

Wichtige Bücher von José Saramago	
Hoffnung im Alentejo, 1979	Drei Generationen einer Landarbeiter-Familie im Süden Portugals auf dem mühsamen Weg zur Selbstbestimmung in der Revolution 1974.
Das Memorial 1982	König Joao V. erzwingt 1711 den Bau eines prächtigen Klosters, derweil wollen Kriegsveteran Baltasar und seine mit magischen Kräften begabte Geliebte Blimunda mit einer Maschine in den Himmel fliegen.
Das Todesjahr des Ricardo Reis, 1984	Der Doktor und Poet Ricardo Reis, Pseudonym des Dichters Fernando Pessoa, kehrt 1935 nach Lissabon zurück, wo er seine letzte Liebe erleben darf, bevor er seinem Schöpfer Pessoa freiwillig ins Grab folgt.
Das steinerne Floß, 1986	Europa bricht entlang der Pyrenäen auseinander, die Iberische Halbinsel treibt mit ihren Bewohnern auf den Atlantischen Ozean hinaus.
Geschichte der Belagerung von Lissabon, 1989	In dem heiteren Liebesroman verändert ein Korrektor eine kleine Stelle in einem historischen Werk über die Belagerung Lissabons durch die Mauren im 12. Jh. und löst eine Kette von Verwicklungen aus. →S. 945
Das Evangelium nach Jesus Christus, 1991	Eine weitere Gegen-Geschichte, die Überliefertes und Erfundenes, historische Umwälzungen und kleine persönliche Sorgen souverän verknüpft und einen menschlichen, fleischlichen Jesus präsentiert.
Die Stadt der Blinden, 1995	In dem düsteren parabelhaften Roman stellt Saramago die Frage nach der Belastbarkeit des Menschen in kastastrophaler Lage. →S. 945

Inhalt: Ein namenloser Autofahrer erblindet von einer Sekunde auf die andere, während er an einer Ampel in einer ebenfalls namenlosen Großstadt wartet. Dem Zeitgenossen, der ihm behilflich ist, dann aber sein Auto entwendet, geschieht bald das gleiche. Der Augenarzt, der nun konsultiert wird, erblindet ebenso wie seine Patienten. Als das so genannte Weiße Übel epidemisch um sich greift, wird die Gruppe um den Arzt mit vielen anderen in einer ehemaligen Irrenanstalt interniert. Dabei ist die Frau des Arztes die einzige, die (bis zum Ende des Romans) sehen kann, dies aber zu verbergen sucht. Bei knapper Kost, ohne hygienische Einrichtungen oder irgendeine Betreuung versinken die Gefangenen im Chaos. Todesfälle häufen sich. Eine Gruppe von blinden Gewalttätern reißt die Macht an sich, plündert die anderen aus und vergewaltigt systematisch die Frauen. Erst deren Widerstand bringt eine Wende; die Frau des Arztes ersticht den Anführer beim Gewaltakt mit einer Schere, eine andere opfert sich, indem sie das Gebäude in Brand setzt. Die Freiheit erweist sich jedoch als neues Chaos: Alle Ordnungen sind inzwischen zusammengebrochen. In der Stadt suchen Horden von Blinden verzweifelt nach Lebensmitteln und Obdach. Der Frau des Arztes gelingt es, in ihrer alten Wohnung mit primitiven Mitteln das Zusammenleben der Gruppe zu regeln, wobei gegenseitige Fürsorge und Zuneigung eine wichtige Rolle spielen. Völlig überraschend gewinnen der erblindete Autofahrer und dann alle anderen ihre Sehkraft zurück.

Aufbau: Der Roman beginnt im realistischen Raum des modernen Großstadtverkehrs und im Ton eines allwissenden Erzählers mit humoristischen Untertönen. Bald aber zeigt sich, dass es sich trotz vieler realistischer Details um eine parabolische Erzählung handelt. In einer Krisen- und Prüfungssituation stehen das Verhalten aller Individuen und die sozialen Werte der Gemeinschaft auf dem Spiel. Ähnlich wie Albert → Camus in seinem Roman *Die Pest* (1947) legt auch Saramago nahe, dass es grundlegende menschliche Werte und Qualitäten gibt, die sich noch unter extremen Bedingungen bewähren.

Wirkung: Vielen Kritikern im In- und Ausland gilt *Die Stadt der Blinden* als Saramagos bester Roman. Das Stockholmer Nobel-Komitee würdigte ihn 1998 als ein auf eine »ungeheuerliche Art spannendes« Werk, das Etliches zu Saramagos literarischer Statur hinzufüge. *J. V.*

José Saramago, *Die Stadt der Blinden,* Umschlag der deutschsprachigen Erstausgabe 1997

Auszug aus dem Roman
Die Stadt der Blinden
von José Saramago
Das einzige, was wir tun können, ist weiterzuleben, sagte die Frau, die Zerbrechlichkeit des Lebens Tag für Tag in den Schutz zu nehmen, als sei das Leben blind, als wüsste es nicht, wohin, vielleicht ist es ja auch so, vielleicht weiß es das wirklich nicht, es hat sich uns überlassen, nachdem es uns mit Intelligenz versehen hat, und bis hierher haben wir es geführt...

Saro-Wiwa, Ken

englischsprachiger nigerian. Schriftsteller und Bürgerrechtler

* 10.10.1941 Bori, † 10.11.1995 Port Harcourt

📖 *Sozaboy,* 1985

Ken Saro-Wiwa kritisierte in Romanen und Erzählungen, in Zeitungskolumnen, Theaterstücken, Hörfunksendungen und Fernsehshows die nigerianische Militärdiktatur. Sein politisches Engagement für die Minderheit der Volksgruppe der Ogoni sowie gegen die ökologischen Schäden der Erdölförderung im Niger-Delta führten schließlich zu seiner Inhaftierung und Hinrichtung.

Saro-Wiwa entstammte einer Bauernfamilie und war einer der ersten seiner Volksgruppe, der Ogoni, die eine akademische Ausbildung erhielten. Sein künstlerisches Schaffen – sei es als Theaterautor und Schauspieler, als Verleger oder Autor – stand stets unter dem Zeichen der wechselhaften nigerianischen Geschichte. Entsprechend war Literatur für Saro-Wiwa ein Mittel politischer Aufklärung, ein Forum des gesellschaftlichen Engagements, das 1992 mit dem Alternativen Nobelpreis anerkannt wurde.

Kennzeichnend für Saro-Wiwas Romane und Erzählungen – u. a. *Basi and Company,* (1987), die Prosaversion einer vom Autor konzipierten Fernsehserie – sind eine Perspektive aus der Sicht der kleinen Leute, sowie ein satirischer, bissig-ironischer Tonfall, der dennoch nie verletzend wirkt.

Autobiografie: *Flammen der Hölle,* 1995.

Sozaboy

OT Sozaboy **OA** 1985 **DE** 1997
Form Roman **Epoche** Moderne

Der Roman behandelt die Suche eines pubertierenden Jungen nach seiner Familie in den Wirren des nigerianischen Bürgerkriegs 1967–70, dem sog. Biafra-Krieg. Das Buch gilt als Klassiker der Literatur über Kindersoldaten.

Inhalt: Mene, ein Dorfjunge, der sich in die hübsche Agnes verliebt hat, meldet sich kurz vor Beginn des Biafra-Kriegs nur deshalb freiwillig zur Armee des rebellierenden nigerianischen Ostens, um seine Freundin mit seiner Uniform beeindrucken und eine regelmäßige Mahlzeit erhalten zu können. Mit Beginn der Kampfhandlungen merkt der junge Rekrut aber bald, dass er, wie so viele seines Alters, nur »verheizt« wird, während die Offiziere die Essensrationen unter sich aufteilen. Nach einem verheerenden Bombardement desertiert Mene, bricht jedoch in den Sümpfen des Niger-Deltas zwischen den Fronten zusammen und findet sich in einem Krankenhaus der Regierungstruppen wieder, die ihn in ihren Dienst stellen. Nachdem Mene bei einem Einsatz sein Heimatdorf verlassen und zerstört vorfindet, sucht er seine Mutter und findet sie in einem Flüchtlingslager, in dem sich die Lagerleitung an den Hilfslieferungen vergreift. Mene wird als Deserteur zum Tod verurteilt, doch rettet ihm das Kriegsende das Leben. In seinem Dorf erfährt er, dass seine Mutter und seine Freundin den Krieg nicht überlebt haben. Da ihn seine Dorfgemeinschaft zudem für einen Geist hält und glaubt, Mene sei im Krieg gefallen, muss er seine Heimat verlassen.

Entstehung: Bereits Anfang der 1970er Jahre hatte Saro-Wiwa an der Arbeit zu diesem Roman begonnen, doch stellte er sein literarisches Schaffen gegenüber dem politischen Engagement zurück. Saro-Wiwa arbeitete nach dem Ende des Biafra-Kriegs 1970 mit ministerialen Befugnissen im Kabinett des Rivers States, nach 1973 saß er im Bezirksrat seiner Region und gründete eine Handelsfirma. Der Militärputsch 1983 beendete Saro-Wiwas politische Tätigkeit, und er begann, seine Manuskripte für ihre Publikation zu überarbeiten. Von dem Roman *Sozaboy* lag bereits die erste Hälfte vor, die Saro-Wiwa dann ergänzte. Diese zeitliche Pause macht sich allerdings im Stil bemerkbar: Während der erste Teil detailliert das dörfliche Leben schildert, fehlt dem zweiten Teil ein einheitlicher Erzählrhythmus.

Wirkung: Eine literarische Besonderheit des Buchs *Sozaboy* ist indessen die von Saro-Wiwa verarbeitete Sprache: Um die Erlebenswelt der jugendlichen Hauptfigur wiederzugeben, konstruierte Saro-Wiwa aus Slang, Gossensprache und dem gemeinhin als Pidgin-English bezeichneten afrikanisierten Alltagsenglisch ein sog. »Rotten English«, das die Literaturkritiker erzürnte; infolgedessen bewerteten sie den Roman als unkünstlerisch. Erst im Laufe der Zeit wurde das sprachliche Talent des Autors anerkannt und gewürdigt, doch blieb ihm der Zutritt zur literarischen Elite Nigerias gleichwohl zeitlebens verwehrt.   *M.L.*

Ken Saro-Wiwa (Foto aus den 1980er Jahren) in seinem Schlusswort 1995 vor dem vom Militär eingesetzten Sondertribunal in Port Harcourt, Nigeria:

Ich bin ein Mann des Friedens, der Ideen. Voller Entsetzen über die erniedrigende Armut meines Volkes, das auf einem reichen Land lebt, voller Sorge über seine politische Marginalisierung und wirtschaftliche Strangulierung, voller Empörung über die Zerstörung seines Landes habe ich meine geistigen und materiellen Mittel, ja, mein Leben, einer Sache geweiht, an die ich uneingeschränkt glaube und von der ich mich weder durch Erpressung noch durch Einschüchterung abbringen lasse.

nannt. Ihr unverwechselbarer Stil machte sie zur Wegbereiterin des Nouveau Roman (Stichwort → S. 948), zu dessen bedeutendsten Vertretern sie heute zählt. Neben Romanen schrieb Sarraute Essays, Dramen und Hörspiele.

Die in Russland geborene jüdische Schriftstellerin wuchs nach der Trennung der Eltern in Genf, Sankt Petersburg und Paris auf. Nach dem Abitur studierte sie Anglistik und Jura in Paris, Oxford und Berlin. Sie heiratete einen Juristen und arbeitete bis 1939 als Anwältin. Die Mutter von drei Töchtern begann 1932 mit dem Schreiben, fand aber lange Zeit keinen Verleger. Während der Kriegsjahre tauchte sie unter dem Namen Nicole Sauvage in der Provinz unter und schrieb ihren ersten Roman *Porträt eines Unbekannten* (1948). Der Durchbruch gelang ihr 1956 mit dem Essayband *Zeitalter des Misstrauens*, in dem sie ihre Theorie des modernen Romans entwickelte. Die Dichterin starb im Alter von 99 Jahren.

Autobiografie: Kindheit, 2000.

Sarraute, Nathalie

frz. Schriftstellerin
* 18.7.1900 Ivanovo-Vosnesensk, Russland
+ 19.10.1999 Paris
📖 *Tropismen*, 1939

Mit ihrer radikalen Absage an die klassische Erzählweise revolutionierte Nathalie Sarraute die moderne französische Prosa. In ihren Büchern gibt es weder eine Romanhandlung, noch werden Charaktere gezeichnet oder Gefühle be-

Tropismen

OT Tropismes **OA** 1939 **DE** 1959
Form Prosaskizzen **Epoche** Moderne

Nathalie Sarraute, die sich auf Vorbilder wie Fjodor →Dostojewski, Marcel →Proust, James →Joyce und Virginia →Woolf berief, spürte in ihrem Werk den Regungen des Unterbewusstseins nach. Ihr erstes Buch *Tropismen* enthält bereits alle sprachlichen, literarischen und literarästhetischen Besonderheiten und kann daher als Archetyp ihres Werks betrachtet werden. Der Autorin ging es um die Suche nach einer dichterisch adäquaten Darstellung menschlicher Wirklichkeit. An die Stelle der rea-

Auszug aus dem Buch *Tropismen* von Nathalie Sarraute:

Man musste ihnen antworten und sie mit Güte ermutigen und vor allem, vor allem sie nicht fühlen lassen, nicht einen einzigen Augenblick, dass man sich für anders hielt. Nachgeben, nachgeben, sich zurücknehmen. »Ja, ja, ja, ja, das ist wahr, sehr richtig« – das musste man ihnen sagen, und sie mit Sympathie anschaun, mit Zärtlichkeit, sonst würde ein Riss entstehen, ein Zerwürfnis, und etwas Unerwartetes, Heftiges würde sich ereignen, etwas das sich noch nie gezeigt hatte und das schrecklich wäre.

listischen Darstellung eines Geschehens tritt bei ihr die Schilderung vorsprachlicher Vorgänge, die im zwischenmenschlichen Bereich entstehen und sich im Innern der Figuren vollziehen.

Ausgaben: Die erste Ausgabe der Prosaskizzen *Tropismen* erschien 1939. Bei der Neuausgabe 1959 fiel eine der Skizzen weg und zehn neue, zwischen 1939 und 1941 entstandene Texte kamen hinzu, sodass die endgültige Ausgabe insgesamt 24 Prosaskizzen enthält.

Inhalt: Der Titel des Buchs geht auf den naturwissenschaftlichen Terminus Tropismus zurück. Er bezeichnet Krümmungsbewegungen von Pflanzen und Tieren zu einer Reizquelle (Licht, Farbe, Temperatur u.ä.) hin oder von dieser weg. Sarraute überträgt diesen Begriff auf die

Nathalie Sarraute
im April 1991

menschliche Psyche und versteht darunter die körperliche und sprachliche Äußerung fast unmerklicher seelischer Regungen. Sprache beginnt für sie *vor* den Wörtern. Nicht einmal der innere Monolog – so Sarraute – vermag diese Bewegungen auszudrücken, zumal sie nur für sehr kurze Zeit wahrnehmbar sind. Sie sollen sich vielmehr im Bewusstsein des Lesers »im Zeitlupentempo« entfalten. Da es bei Sarraute keine Romanhandlung im herkömmlichen Sinn, keine Personenbeschreibung der sprechenden und handelnden Figuren, nicht einmal Namen gibt, ist eine Inhaltsangabe ihrer Werke schwer möglich. Auch Zeit und Ort sind nicht eindeutig zu bestimmen.

Für ihr literarisches Werk erhielt Nathalie Sarraute zahlreiche bedeutende Auszeichnungen, so den Prix international de littérature (1964), den Grand Prix National des Lettres (1982) sowie Ehrendoktorate der Universitäten Dublin, Canterbury und Oxford.

Das Buch *Tropismen* besteht aus 24 Momentaufnahmen menschlicher Einzelexistenzen. Es sind Innenaufnahmen seelischer Vorgänge, genaueste, fast wissenschaftlich exakte Beschreibungen kaum wahrnehmbarer Gemütsreflexe – eine kleine Muskelbewegung oder ein fast unmerklich veränderter Gesichtsausdruck –, die auf Angst, Misstrauen, Aggression, Ekel, Zuneigung und Begehren in zwischenmenschlichen Beziehungen verweisen. Da diese seelischen Regungen jederzeit bei jedem beliebigen Menschen stattfinden können, bleiben Sarrautes Helden anonym. Die Depersonalisierung der Charaktere zeigt sich im Gebrauch der Personalpronomen »er«, »sie«, »ich« anstelle eines Namens. Es sind – so viel wird deutlich – durchschnittliche bürgerliche Intellektuelle, deren alltägliche Unterhaltungen aus abgegriffenem und unverbindlichem Geschwätz, aus Gemeinplätzen, Platitüden und Klischees bestehen. Sarraute nennt die verborgenen und verschwiegenen, das allgemeine Gespräch (conversation) begleitenden Regungen sous-conversation. Sie lässt den Leser in den Strom der sous-conversation eintauchen und versucht so, hinter der oberflächlichen, für jeden wahrnehmbaren Realität eine neue, unbekannte Wirklichkeit sichtbar zu machen.

Wirkung: Sarrautes erste Veröffentlichung blieb weitgehend unbeachtet. Erst nach Veröffentlichung ihres literaturtheoretischen Essaybands *Zeitalter des Misstrauens* (1956) wurde die Neuauflage, auch im Zuge der aufkeimenden Diskussion um den Nouveau Roman (Stichwort → S. 948), ein Erfolg. Heute ist die Stellung der Autorin innerhalb der französischen Literatur unbestritten. Ihre Werke wurden immer wieder neu aufgelegt und in 30 verschiedene Sprachen übersetzt.

S. Na.

Nouveau Roman

Entstehung: Mitte der 1950er Jahre prägte der Literaturkritiker der Zeitschrift *Le Monde* für die zeitgleich erschienenen Romane *Ein Tag zuviel* (1953) von Alain → Robbe-Grillet und *Martereau* (1953) von Nathalie → Sarraute den Begriff Nouveau Roman, der seither für eine literarische Bewegung steht, deren Mitglieder weder ein gemeinsames Programm hatten noch sich als Gruppe formierten. Gemeinsam war ihren Werken die experimentelle Form des Romans und die Suche nach neuen Ausdrucksmöglichkeiten in einer Zeit, in der traditionelle Werte angesichts der Kriegserfahrungen in Frage gestellt wurden.

Theorie: Bevor der Nouveau Roman zu einem Begriff wurde, hatte Sarraute ihre Romantheorie in mehreren Essays entwickelt, die später unter dem Titel *Zeitalter des Misstrauens* erschienen. Damit war sie die erste der Nouveau Romanciers, die sich theoretisch mit ihrer Arbeit auseinandersetzten. Später veröffentlichten auch weitere Autoren wie Robbe-Grillet theoretische Schriften zum Nouveau Roman.

Merkmale: Der Nouvau Roman bricht mit der herkömmlichen Form des Romans; er erzählt keine Geschichte im herkömmlichen Sinn und verzichtet auf einen zentralen Helden sowie auf einen traditionellen Erzähler. Eine Vielzahl von Deutungen wird möglich. Häufig thematisieren die Nouveau Romanciers in ihren Romanen auch das Schreiben selbst.

Hauptvertreter: Sarraute gilt zusammen mit Robbe-Grillet und Michel Butor (*1926) als wichtigste Verteterin des Nouveau Roman. Daneben rechnet man u.a. Robert Pinget (*1919), Claude → Simon, Maurice Blanchot (*1907), Claude Mauriac (1914–96), Marguerite → Duras und Philippe Sollers (*1936) dazu.

Wirkung: Die Nouveau Romanciers initiierten eine lebhafte Diskussion um das Wesen der Literatur, welche die Entwicklung des modernen Romans nachhaltig beeinflusste. Obwohl der Nouveau Roman für den Leser schwer zugänglich ist, konnten z.B. Sarraute, Butor und Simon große Verkaufserfolge verbuchen.

Sartre, Jean-Paul

frz. Philosoph und Schriftsteller

*21.6.1905 Paris, †15.4.1980 ebd.

📖 *Der Ekel*, 1938

📖 *Das Sein und das Nichts*, 1943

📖 *Die Wege der Freiheit*, 1949

📖 *Die Wörter*, 1964

Jean-Paul Sartre ist die Galionsfigur des philosophischen Existenzialismus und zugleich gemeinsam mit Albert → Camus als Dramatiker, Romancier und Essayist dessen Repräsentant innerhalb der Literatur.

Als Schüler zweier Pariser Elitegymnasien und Student an der École normale supérieure durchlief Sartre die traditionelle Intellektuellenkarriere. Seine Tätigkeit als Philosophielehrer in Le Havre unterbrach er 1933/34 für einen Studienaufenthalt in Berlin. 1937–39 unterichtete er in Paris, bevor er zum Militär einberufen wurde, das er bereits 1941 nach kurzer Kriegsgefangenschaft wieder verließ. Nach Aktivitäten für die illegale Presse und als Theaterautor widmete sich Sartre bei Kriegsende ganz dem Schreiben und gab die Zeitschrift *Les temps modernes* heraus. Stets hatte er dem Kommunismus nahegestanden; nun engagierte er sich gegen den Imperialismus und für die Menschenrechte. So wurde er in den 1960er und 1970er Jahren zum Sprachrohr der revoltierenden Studenten. Seine Ablehnung des Literaturnobelpreises 1964 sorgte für einen Skandal. Sartre war mit Simone de → Beauvoir liiert, die das linksgerichtete Intellektuellenmilieu der »rive gauche« in der Nachkriegszeit mit den um Sartre gruppierten politischen Autoren in ihrem Schlüsselroman *Die Mandarins von Paris* (1954) schilderte. Als Atheist vertrat Sartre die These, die Existenz komme der Dingwelt zu, welcher der Mensch Sinn zu verleihen sucht. Die Sinngebung erfolgt jedoch nicht durch metaphysische Spekulation, sondern durch die Entscheidungsfreiheit in Grenzsituationen. Die Absurdität des Lebens rechtfertigt keinen Immoralismus; vielmehr ist der Mensch aufgerufen, sich selbst zu entwerfen und zu engagieren, so z. B. als Schriftsteller.   *A. H.*

Biografie: C. Hackenesch, *Jean-Paul Sartre* (rm 50 629).

Der Ekel

OT La nausée   **OA** 1938   **DE** 1949
Form Roman   **Epoche** Moderne

Jean-Paul Sartres früher Roman repräsentiert im Spiegel der Aufzeichnungen eines Einzelgängers den Seinsüberdruss des Menschen und dessen mögliche Überwindung durch die Kunst.

Inhalt: Ein den Mitmenschen und der Außenwelt entgegengebrachtes, sich steigerndes Ekelgefühl veranlasst den Gelehrten Antoine Roquentin, seine alltäglichen Verrichtungen und Eindrücke minuziös aufzuzeichnen. Dabei kommt eine wachsende sarkastische Distanz gegenüber dem bourgeoisen Milieu der Provinzstadt Bouville, in der er sich zu Forschungszwecken aufhält, zum Ausdruck, z. B. beim Besuch des Museums mit seinen Porträts erfolgreicher Bürger. Im Mittelpunkt steht die radikal neue Erfahrung des Ekels: »Jetzt begreife ich; ich entsinne mich besser an das, was ich neulich am Strand gefühlt habe, als ich diesen Kiesel in der Hand hielt. Das war eine Art süßliche Übelkeit. Wie unangenehm das doch war! Und das ging von dem Kiesel aus, ich bin sicher, das ging von dem Kiesel in meine Hände über. Ja, das ist es, genau das ist es: eine Art Ekel in den Händen.«

Jean-Paul Sartre um 1946

Die wichtigsten Bücher von Jean-Paul Sartre	
Der Ekel 1938	Fiktives Tagebuch Antoine Roquentins, dem in einer Provinzstadt die reine Existenz der Dinge bis zum Ekel bewusst wird. → S. 949
Die Mauer 1939	Erzählung aus dem spanischen Bürgerkrieg, in der die letzte Nacht mehrerer Verurteilter geschildert wird und der Erzähler absurderweise wider Willen zum Verräter wird.
Das Sein und das Nichts, 1943	Sartres philosophisches Hauptwerk, in dem er das Überdruss erregende blinde An-sich-Sein der Dinge dem bewussten Für-sich-Sein des Menschen gegenüberstellt. → S. 950
Die Fliegen 1943	Die existenzialistische Variante des Orest-Stoffs, die während der deutschen Besatzung zum Gebrauch der Freiheit gegen die in der Fliegenplage verkörperten Schuldkomplexe aufruft.
Die Wege der Freiheit 1945–49	Der auf vier Teile angelegte Romanzyklus blieb Fragment: In *Die Zeit der Reife*, mehr aber noch in *Der Aufschub* und *Der Pfahl im Fleisch* werden die Anbahnung des Zweiten Weltkriegs und sein Verlauf für die Franzosen literarisch verarbeitet. → S. 951
Die respektvolle Dirne 1946	Die Prostituierte Lizzie, Zeugin eines Mordes an einem Farbigen, lässt aus trotz ihres Mutes zur Ehrlichkeit letztlich von der feinen Gesellschaft der weißen USBürger korrumpieren.
Was ist Literatur? 1947	Kritisch gegenüber der Lyrik und prophetisch für die neuen Formen der Prosa, plädiert Sartre in diesem Essay für eine engagierte Literatur, die ihre soziale Freiheit politisch nutzt.
Kritik der dialektischen Vernunft, 1960	Der groß angelegte Versuch, der Phänomenologie von *Das Sein und das Nichts* eine marxistisch inspirierte Geschichtsanalyse hinzuzufügen, in deren Mittelpunkt die Frage des Verlusts der existenziellen Freiheit des Menschen steht.
Die Wörter 1964	Schon 1954 entworfene Autobiografie voller selbstkritischer Härte, in der sich Sartre ebenso minuziös wie distanziert vor allem mit der eigenen Kindheit auseinander setzt. → S. 951
Der Idiot der Familie Gustave Flaubert 1821–1857 1971/1972	Der Versuch über den für die literarische Moderne wegweisenden Autor bemüht sich darum, das 19. Jh. in dem Individuum Flaubert wiederzuerkennen, wobei Sartre von verschiedensten Deutungsmustern zwischen Marx und Freud Gebrauch macht.

Auszug aus dem Roman *Der Ekel* von Jean-Paul Sartre:

Ich sehe meine Hand, die sich auf dem Tisch ausbreitet. Sie lebt – das bin ich. Sie öffnet sich, die Finger spreizen und strecken sich. Sie liegt auf dem Rücken. Sie zeigt mir ihren fetten Bauch. Sie sieht aus wie ein umgefallenes Tier.

Jean-Paul Sartre; von links: *Die Wörter,* Einband der deutschsprachigen Taschenbuchausgabe 1968; *Das Sein und das Nichts,* Einband der ersten kompletten deutschsprachigen Ausgabe 1962; *Die Wege der Freiheit,* Einband der Originalausgabe 1945; *Der Ekel,* Einband der deutschsprachigen Erstausgabe 1949

Hinter dieser physischen Empfindung alles Seienden, das als überflüssig empfunden wird, verbirgt sich Sartres Sicht auf das Prinzip der Existenz, zu der die Materie und die Menschen verurteilt sind. Die pessimistische, oft nihilistische Einsicht in die Sinnlosigkeit solchen Daseins gewährt dem Tagebuchschreiber aber auch eine Freiheit zweiten Grades.

Am Ende der Aufzeichnungen beschließt Roquentin, nach Paris zu ziehen. Die Kellnerin Madeleine legt ihm zum letzten Mal eine Jazzplatte auf, und mit dem Erklingen der Melodie »Some of these days you'll miss me, honey« entsteht in ihm die Idee, man könne durch einen authentischen Akt seine Existenz rechtfertigen. Nachdem er die Alternative »Leben oder Erzählen« zum Thema gemacht hat, mündet der Abschied aus der Stadt für den 30-Jährigen, der sein Leben hinter sich zu haben glaubte, in den Gedanken an eine »andere Art von Buch. Ich weiß nicht so recht, welche – aber man müsste hinter den gedruckten Wörtern, hinter den Seiten etwas ahnen, das nicht existierte, das über der Existenz wäre.«

Aufbau: Im Zusammenhang mit der Entwicklung seiner Existenzphilosophie und seiner Erfahrungen als Lehrer in Le Havre gestaltet Sartre den Roman als Tagebuch Roquentins. Der Text wurde auf Verlangen des Verlags drastisch gekürzt; die ausgeschiedenen Passagen werden heute separat gedruckt. Sartres Überdruss resultiert aus der bloßen, sich gewissermaßen fixierenden Reflexion und entspricht damit, auf die Materie und das Leben bezogen, dem Sprachekel, wie ihn etwa Hugo von Hofmannsthal (1874–1929) im *Chandos-Brief* 1902 formuliert hatte. Als philosophischer Roman weist *Der Ekel* auf Sartres Hauptwerk *Das Sein und das Nichts* (1943) voraus.

Wirkung: Die Nüchternheit der Sprache und die psychologische Präzision wurden vorbildhaft für den »nouveau roman« der Nachkriegszeit. *A. H.*

Das Sein und das Nichts

OT *L'être et le néant* **OA** 1943 **DE** 1952
Form Sachbuch **Bereich** Philosophie

Mit seinem philosophischen Hauptwerk, dem er den Untertitel *Versuch einer phänomenologischen Ontologie* gab, begründet Jean-Paul Sartre seinen atheistisch geprägten Existenzialismus, der sowohl die absolute Freiheit des Menschen als auch dessen eigene Verantwortung für die Welt behandelt.

Inhalt: Sartre bezeichnet es als die vordringlichste Aufgabe jedes Menschen, sich seine eigene Welt zu schaffen, indem er sie entwirft. Diesem individuellen »Entwurf« der Welt steht der Mensch allein gegenüber, der Entwurf geschieht ohne jedes Einwirken seitens der Gesellschaft und ohne moralische oder religiöse Unterstützung. Der Mensch ist dazu verdammt, die eigene Existenz stets neu zu entwerfen – seine Existenz ist ein stets zu realisierender Entwurf. Dabei vermag der Mensch im Unterschied zur nichtmenschlichen Welt etwas zu verneinen, sich gegen etwas zu entscheiden oder sich aufzulehnen.

Indem Sartre die Verantwortung aller Menschen für ihre Entscheidungen voraussetzt, postuliert er die absolute Freiheit, die Bedingungen für eine menschliche Existenz wählen zu können: Der Mensch ist nichts anderes als das, wozu er sich macht. So wird sich der Mensch seiner selbst bewusst und ist gezwungen, aus der Freiheit heraus sein Leben zu verwirklichen, Werte und Sinn zu wählen und sich zu entwerfen.

Der Mensch ist nach Sartre nicht definierbar, weil er anfangs überhaupt nichts ist. Er wird erst, und er wird so sein, wie er sich geschaffen hat. Demnach, so urteilt Sartre, gibt es keine menschliche Natur, da es keinen Gott gibt, um sie zu entwerfen: Die Existenz geht dem Wesen, der Essenz, voraus.

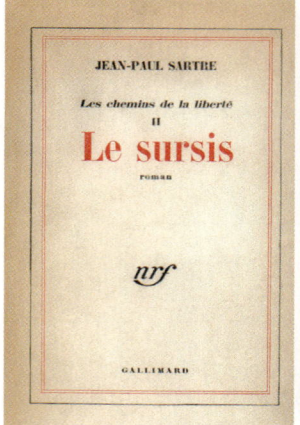

OT = Originaltitel **EZ** = Entstehungszeit **OA** = Originalausgabe **DE** = Deutsche Erstausgabe 📖 = Verweis auf Werkartikel

Wirkung: Sartre erregte mit *Das Sein und das Nichts* ein so breites öffentliches Interesse, dass der Existenzialismus zu einer weltweiten Bewegung wurde. Internationalen Ruhm erlangte Sartre, indem er die Begriffe »An-sich« und »Für-sich«, die Georg F. W. → Hegel geprägt hatte, neu interpretierte, um damit das Weltverständnis der Menschen als ein ursprünglich sinnentleertes und das Verhältnis der Menschen untereinander als ein von Natur aus gewalttätiges zu demonstrieren. *W. W.*

Die Wege der Freiheit

OT Les Chemins de la liberté **OA** 1945–49 **DE** 1949–51
Form Romanzyklus **Epoche** Moderne

Der Romanzyklus *Die Wege der Freiheit* spielt vor und während des Zweiten Weltkriegs. Er beschreibt die Entwicklung von einem individualistischen Existenzialismus, einem feigen Verhalten zu einem solidarischen, heroischen Handeln.

Entstehung: In *Die Wege der Freiheit* ließ Sartre Vorkriegsfreundschaften und -erlebnisse sowie seine Erfahrungen in der Armee mit einfließen. Spätere Werke sind nicht so eindeutig auf das reale Leben des Schriftstellers bezogen. Während Sartre die ersten drei Bände des Romanzyklus schnell beendete, brach er neun Jahre nach Erscheinen des dritten Bandes die Arbeit am vierten ab.

Inhalt: Einer der Protagonisten des ersten Bandes, *Die Zeit der Reife* (1945), ist der junge Mathieu, dessen Freundin Marcelle ein Kind erwartet. Mathieu will das Kind nicht und beabsichtigt, Marcelle um seiner Freiheit willen zu verlassen. Das für eine Abtreibung erforderliche Geld stiehlt er und bringt es Marcelle, die ihm ihren Entschluss mitteilt, das Kind zu bekommen und Daniel, den Päderasten, zu heiraten. Mathieu scheint die für ihn missliche Situation gemeistert zu haben und ist nun frei. Er steht für einen individualistischen Existenzialismus und ein feiges Verhalten.

Der zweite Band *Der Aufschub* (1945) stellt die acht Tage vor dem Münchner Abkommen (1938) in den Mittelpunkt, in denen der drohende Krieg spürbar ist. Sartre zeigt, dass jeder Mensch an der Entstehung des Kriegs mitarbeitet, indem er darstellt, was die verschiedensten Menschen an den unterschiedlichsten Orten der Welt im gleichen Augenblick tun oder nicht tun, und dass das allgemeine Bewusstsein und Handeln zum Krieg führen.

Die Niederlage Frankreichs 1940 ist Thema des dritten Bandes *Der Pfahl im Fleisch* (1949). Wie Mathieu, dessen rücksichtslose persönliche Selbstgestaltung in die Sackgasse führte, so scheitert auch Frankreich: »Jeder hat den Krieg, den er verdient.« Doch gibt es erste Anzeichen der Überwindung des Individuellen, Anzeichen eines bewussten kollektiven Widerstands: Mathieu versucht gemeinsam mit Kameraden, den feindlichen Vormarsch an einer Stelle für kurze Zeit aufzuhalten.

Insofern ist der *Krieg eine Chance* (1949), so der Titel des vierten Bandes. Es ist die Chance, zu einer solidarischen Handlungsweise zu gelangen, und die französische Gesellschaft nach dem Krieg gemeinsam neu zu gestalten. Diese Hoffnung Sartres erfüllt sich nicht, der letzte Band bleibt unvollendet.

Wirkung: Wie seine Dramen, Erzählungen und Prosaschriften steht auch dieser Romanzyklus im Dienst der Vermittlung von Sartres Philosophie. Den reinen individualistischen Existenzialismus, den Sartre in den 1930er Jahren entwickelte, weitet er nach der Erfahrung des Kriegs zu einem gesellschaftlichen Existenzialismus aus.

Obwohl Frankreich die Chance zur solidarischen Neugestaltung nach dem Krieg ungenutzt vergehen ließ, hegte der Philosoph Sartre die Hoffnung, dass die Menschen das Miteinander lernen. *M. S. S.*

Die Wörter

OT Les Mots **OA** 1964 **DE** 1965
Form Autobiografie **Epoche** Moderne

In *Die Wörter* untersucht Jean-Paul Sartre seine eigene Biografie anhand einer analytischen Untersuchungsmethode um herauszufinden, woher sein von ihm selbst als neurotisch bezeichneter Schreibdrang kommt. Sartre ersetzt dabei das chronologische Prinzip der Autobiografie durch ein inhaltliches, das sich aus seiner dialektischen Anthropologie ergibt.

Entstehung: Die erste Fassung entstand 1954 unter dem Titel *Jean sans terre*. Nach einer

---

Jean-Paul Sartre 1965 in einem Interview mit der Zeitschrift *Playboy*:

Das Hier und Jetzt ist ein Zustand, den ich immer als provisorisch angesehen habe und den ich hinter mir lassen möchte. Ich halte da an einer Kindheitsillusion fest, der Vorstellung, dass man immer noch ein besserer Mensch werden kann. Ich sage mir, dass ich ein paar Bücher geschrieben habe, aber dass ich nicht mehr ich selber bin, wenn ich mich verpflichtet fühle, die in diesen Büchern vertretenen Ideen zu verteidigen, wenn die Dinge sich inzwischen geändert haben.

Auszug aus der Autobiografie *Die Wörter* von Jean-Paul Sartre:

Lange hielt ich meine Feder für ein Schwert: nunmehr kenne ich unsere Ohnmacht... Die Kultur vermag nichts und niemanden zu erretten.

Hauptfiguren in »Die Wörter« von Jean-Paul Sartre

Jean Baptiste: Vater von Jean-Paul Sartre, der starb, als sein Sohn neun Monate alt war. Sartre empfand den frühen Tod des Vaters keinesfalls als Verlust, er schreibt darüber: »Jean-Baptistes Tod wurde das große Ereignis meines Lebens; er legte meine Mutter von neuem in Ketten und gab mir die Freiheit.«

Charles Schweitzer: Sartres Großvater wird gezeichnet als despotischer Herrscher, der die Tochter auch als erwachsene Frau und Mutter noch bevormundet und zur bestimmenden Figur in Sartres Leben wird. Auf den Einfluss des Gymnasialprofessors führt Sartre seine Leselust und Schreibbesessenheit zurück. Interpreten gehen heute davon aus, dass Sartre ihn reaktionärer zeichnete, als er eigentlich war. Seine Charakterisierung scheint z.T. auf Victor → Hugos Werk *L'art d'être grandpère* (1877) zu beruhen.

Anne-Marie Sartre: Mutter von Jean-Paul Sartre. Nach dem Tod ihres Mannes kehrte sie zu ihren Eltern zurück und geriet wieder in die Rolle der Tochter. Ihr Vater schrieb ihr u.a. vor, wann sie zu Hause zu sein hatte. Sartre schreibt, dadurch sei sie eher eine Schwester als eine Mutter für ihn gewesen. Sartre charakterisiert seine Mutter in der Autobiografie z.T. wie die Mutter Luciens in seiner Erzählung *Die Kindheit eines Chefs* (1939) und wie die Mutter in der Biografie von Gustave → Flaubert. Anne-Marie Sartre war entsetzt, als sie *Die Wörter* von ihrem Sohn las. Sie kritisierte, er habe von der Kindheit nichts begriffen.

Überarbeitung veröffentlichte der Autor den Text 1963 in zwei Teilen in der führenden Zeitschrift des Existenzialismus, *Les Temps modernes*, die er mit Simone de → Beauvoir 1945 gegründet hatte. Für die Buchfassung des Werks 1964 sollte Sartre den Literaturnobelpreis erhalten, den er jedoch ablehnte.

Inhalt: Sartre beginnt seine Autobiografie mit der Geschichte seiner Urgroßeltern, Großeltern und Eltern. Er wurde als Kind der 22-jährigen Anne-Marie und des 29-jährigen Jean-Baptiste Sartre geboren. Der Vater starb, als er neun Monate alt war. Die Mutter suchte auch aus finanziellen Gründen Zuflucht im Haus ihrer Eltern, von denen ständige Autorität ausging. Jean-Paul, genannt Poulou, lernte in der Bibliothek des Großvaters die Welt der Bücher kennen. Er verschlang buchstäblich alles, dessen er habhaft werden konnte. Bald begann Sartre selbst zu schreiben – ein Vorgang, der für ihn immer bestimmender und zu einer Art Ersatzreligion wurde.

Die Schilderung der Kindheit endet mit dem Jahr 1917. Sartres Autobiografie setzt erst wieder mit Überlegungen zu *Der Ekel* (1938) ein und endet mit Reflexionen der Situation des Schriftstellers und der Literatur 1963.

Struktur: Das Buch besteht aus zwei Teilen, der erste bezieht sich auf die Phase des Lesens, der zweite auf die des Schreibens. In die Beschreibung der Kindheit aus Sicht des Kindes Poulou lässt Sartre immer wieder Kommentare des Erwachsenen einfließen. So ist der Text eher eine distanzierte Selbstanalyse als eine Autobiografie im herkömmlichen Sinn. Die häufige Behauptung von Sartre, sich selbst erschaffen zu haben, führten Interpreten auf seine zwanghafte Ablehnung der Eltern zurück. Sie gehen davon aus, dass dies mit Sartres Wunsch begründet ist, die psychologische Perspektive durch eine anthropologische zu ersetzen.

Wirkung: Bei der Rezeption der Autobiografie konzentrierten sich die Leser zunächst auf die Enthüllung biografischer Einzelheiten. Zunehmend erkannte man jedoch die Bemühung Sartres um die Erneuerung der Anthropologie. Literaturwissenschaftler betrachten *Die Wörter* deswegen und auf Grund des kunstvollen Stils – Sartres Ziel war es, in jedem Satz ein bis zwei Andeutungen, eine Anspielung oder ein Wortspiel zu verstecken – als einen der bedeutendsten Texte des Autors. Die Selbstanalyse Sartres trug zur Erneuerung des Genres der Autobiografie im 20. Jahrhundert bei. *M.S.S.*

Die Lord-Peter-Romane von Dorothy Sayers	
Der Tote in der Badewanne, 1923	Mr. Thipps findet einen nackten, fremden Toten in seiner Badewanne. Dieses Mysterium führt zu Lord Peters erstem Auftritt.
Diskrete Zeugen 1926	Als sein Bruder des Mordes am Verlobten seiner Schwester angeklagt wird, eilt ihm Lord Peter Wimsey zur Hilfe.
Keines natürlichen Todes, 1927	Einem Arzt erscheint etwas am Tod einer Dame seltsam. Als Lord Peter davon erfährt, mischt er sich mit ungeahnten Folgen ein.
Ärger im Bellona Club 1928	Ein uralter Mann stirbt in Lord Peters Club. Eine Klausel im Testament von dessen Schwester veranlasst Lord Peter zu Nachforschungen und führt zu einer unerwarteten Entdeckung.
Starkes Gift 1930	Die Schriftstellerin Harriet Vane ist des Mordes an ihrem Verlobten angeklagt. Lord Peter verliebt sich in die Angeklagte und kämpft im Wettlauf mit der Zeit um ihr Leben.
Fünf falsche Fährten 1930	Lord Peter ist zu Gast in einer Malerkolonie. Als einer der Maler einen tödlichen Unfall hat, fällt dem Detektiv am Tatort eine seltsame Kleinigkeit auf, die ihn zu Ermittlungen zwingt.
Zur fraglichen Stunde 1932	Harriet Vane sucht Erholung in einem Seebad, dort findet sie jedoch eine Leiche. Lord Peter eilt herbei, um das Rätsel um den skurrilen Tod eines Eintänzers zu lösen.
Mord braucht Reklame, 1933	Als Werbetexter ermittelt Lord Peter inkognito in einer Werbeagentur, um den Mord an einem Angestellten aufzuklären.
Der Glocken Schlag 1934	Komponiert wie das englische Glockenspiel des Wechselläutens, handelt der Roman von Lord Peters Ermittlungen im Zusammenhang mit der Leiche eines Unbekannten.
Aufruhr in Oxford 1935	Harriet Vane besucht in Oxford eine Freundin, aber sie findet an dem Ort geliebter Erinnerungen Abgründe von Hass vor und ruft Lord Peter zu Hilfe. Zu guter Letzt gestehen sie einander ihre Liebe.
Hochzeit kommt vor dem Fall, 1937	Lord Peter fährt mit seiner frisch angetrauten Gemahlin Harriett in die Flitterwochen, die unsanft gestört werden, als der Butler im Haus die Leiche des ehemaligen Besitzers entdeckt. → S. 953

Sayers, Dorothy

engl. Schriftstellerin

* 13.6.1893 Oxford

† 17.12.1957 Witham (Essex)

📖 *Hochzeit kommt vor dem Fall*, 1937

Dorothy Sayers wurde vor allem durch ihre Kriminalromane um den adligen Detektiv Lord Peter Wimsey bekannt, in denen ihr eine Synthese von Kriminalliteratur und realistischem Roman gelang.

Aufgewachsen in einem englischen Pfarrhaus, beschäftigte sich Sayers zeitlebens mit der christlichen Ethik, interessierte sich früh für Literatur, schrieb Gedichte und spielte Theater. Ihre Neigungen schlugen sich später in zwei religiösen Dramen und einer Hörspielserie für die BBC über das Leben Christi (*The Man Born to be King*, 1943) nieder. Sayers studierte in Oxford Romanistik und schloss 1915 das Studium als eine der ersten Frauen mit einem Magister Artium ab. Mehrere Jahre arbeitete sie in einer Werbeagentur. Die Erfahrungen verarbeitete sie in dem Roman *Mord braucht Reklame* (1933). 1951 wurde ihre Übersetzung von → Dante Alighieris Epos *Die göttliche Komödie* publiziert. 1957 erhielt sie den Ehrendoktortitel der Universität Durham für ihre Verdienste um den englischen Kriminalroman.

Biografie: B. Reynolds, *Dorothy l. Sayers: Her Life and Soul*, 1993.

Hochzeit kommt vor dem Fall

OT Busman's Honeymoon **OA** 1937 **DE** 1938
Form Roman **Epoche** Moderne

Das Werk *Hochzeit kommt vor dem Fall* verbindet Elemente des Kriminalromans mit genrefremd anmutenden Elementen, wie z. B. der Psychologie einer Liebesbeziehung oder dem Problem von Schuld und Sühne. Der Roman schließt mit der Heirat der beiden Hauptfiguren Peter und Harriet Wimsey den Romanzyklus (→ Übersicht, S. 952) um den adligen Gentleman-Detektiv Lord Peter Wimsey ab. Dieser löst Mordfälle aus Freude an der intellektuellen Herausforderung und dem Verlangen, der Gerechtigkeit zum Sieg zu verhelfen.

Entstehung: Gemeinsam mit einer Freundin schrieb Sayers 1935 ein Theaterstück mit dem Titel *Busman's Honeymoon*. Die Kriminalkomödie hatte am 16. Dezember 1936 im Londoner Comedy Theatre Premiere und war Vorbild für den Roman, in dem Titel, Handlung und Charaktere des Stücks beibehalten wurden, der jedoch ernstere Schwerpunkte setzt.

Inhalt: Lord Peter und Harriet verbringen ihre Flitterwochen in einem gerade erworbenen Haus auf dem Land. Ihre Ruhe wird durch das Auftauchen verschiedener Personen gestört. Unter ihnen befindet sich die Nichte des Vorbesitzers, die ihren Onkel vermisst, der ohne eine Nachricht zu hinterlassen verschwunden ist. Der Butler entdeckt schließlich den Gesuchten mit eingeschlagenem Schädel im Keller. Lord Peter und seine Frau stellen sich die Aufgabe, die Tat aufzuklären.

Aufbau: Das Geschehen findet nach einer kurzen Einführung und einem Ausklang in den Räumen eines Hauses statt, die Personen treten wie auf der Bühne auf und ab. Der Fall erfährt seine Auflösung durch einen Traum Lord Peters, in dem das dem Werk vorangestellte Motiv, ein Zitat aus → Shakespeares *Sommernachtstraum* (entst. 1595/96), noch einmal aufgenommen wird.

Wirkung: Die Lord-Peter-Romane markieren die Abkehr des Kriminalromans vom Mystery-Element, dem geheimnisvollen Rätsel. Dafür gewinnt die analytische Recherche, welche die Figur des Detektivs seit ihrer Erschaffung durch Edgar Allen → Poe auszeichnet, an Bedeutung. Der Kriminalroman verbindet sich bei Sayers mit dem realistischen Roman, indem die Autorin genaue Milieu- und Charakterstudien liefert. Diese Art der Darstellung wurde im amerikanischen Kriminalroman der 1930er und 40er Jahre fortgesetzt und vertieft, so z. B. in *Der Malteser Falke* von Dashiell → Hammett und *Der große Schlaf* von Raymond → Chandler. Typisch für Sayers ist auch die Erörterung ethisch-religiöser Fragen zu Schuld und Sühne. *P. R.*

Schalamow, Warlam

russ. Schriftsteller

* 1.7.1907 Vologda, † 17.1.1982 Moskau

📖 *Geschichten aus Kolyma*, ab 1966

Das erzählerische und lyrische Werk von Warlam Schalamow ist thematisch wie atmosphärisch von dem etwa 20-jährigen Aufenthalt des Autors in verschiedenen stalinistischen Arbeitslagern geprägt. Sein Thema ist der angesichts des absoluten Bösen entmenschlichte Mensch und sein Verhalten in der permanent existenzbedrohlichen Ausnahmesituation des Vernichtungslagers.

Der Sohn eines Priesters nahm 1926 in Moskau ein Jurastudium auf. 1929 wurde Schalamow wegen verbotener politischer Tätigkeit verhaftet und zu drei Jahren Haft verurteilt, die er im Arbeitslager Wischera (nördliches Uralgebiet) verbrachte. 1937 wurde er erneut zu 5 Jahren Lager im Kolyma-Gebiet verurteilt. Dort erhielt er weitere 10 Jahre Haft wegen antisowjetischer Agitation (er nannte den Emigranten Iwan → Bunin einen russischen Klassiker). 1951 wurde Schalamow entlassen und arbeitete weiter in der Kolyma-Region als Feldscher. Erst 1953 konnte er in den europäischen Teil Russlands zurückkehren.

Nach der Rehabilitierung kehrte Schalamow 1956 nach Moskau zurück und betätigte sich als Schriftsteller. Er starb, gesundheitlich schwer angeschlagen, in einem psychoneurologischen Invalidenheim.

Geschichten aus Kolyma

OT Kolymskie rasskazy **OA** 1992 (einzelne Erzählungen ab 1966 in Zeitschriften) **DE** 1967
Form Erzählungen **Epoche** Nachkriegszeit

In seinen dokumentarischen Erzählungen schildert Warlam Schalamow aus eigener Erfahrung die entsetzlichen Lebensumstände der Sträflinge, die jenseits des Polarkreises in dem härtesten stalinistischen Arbeitslager (in der Region um den Fluss Kolyma im äußersten Nordosten Sibiriens) Zwangsarbeit verrichten mussten. Das eigentliche Thema ist jedoch nicht Hunger, Kälte und Gewalt, sondern vielmehr die moralische Zersetzung des Menschen

Auszug aus dem Roman
Hochzeit kommt vor dem Fall
von Dorothy Sayers:

Er breitete die Hände aus, wie um sie aufzufordern, sie sich anzusehen. Es wollte ihr seltsam erscheinen, dass dies dieselben Hände waren, die erst letzte Nacht... Ihre geschmeidige Kraft faszinierte sie. Gib meinen suchenden Händen die Erlaubnis und lasse sie vor, hinter, zwischen – seine Hände, so sonderbar sanft und erfahren... erfahren worin? »Es sind Henkershände«, sagte er, indem er sie beobachtete.

Der russische Schriftsteller Warlam Schalamow, der etwa zwei Jahrzehnte seines Lebens in Lagern und Gefängnissen verbrachte

Auszug aus
Geschichten aus Kolyma
von Warlam Schalamow:

Die Sträflinge bekamen nie ein Thermometer zu sehen. Wozu auch? Sie mussten bei jeder Temperatur zur Arbeit gehen. Die alten Lagerinsassen konnten auch ohne Thermometer die Temperatur ziemlich genau bestimmen: Bei dichtem Nebel waren es 40 Grad unter Null; wenn der Atem leise pfiff, man aber noch ohne Mühe atmen konnte, waren es 45 Grad; wenn man Atemnot bekam, 50 Grad. Unter 50 Grad gefror die Spucke in der Luft. Die Spucke gefror nun schon seit zwei Wochen.

als Folge der extremen, unmenschlichen Bedingungen, denen er unterworfen wird. Die Lager der Kolyma sind eine eisige Hölle – und zugleich ein getreues Abbild der gesellschaftlichen Wirklichkeit in jenem totalitären System, das sie hervorgebracht hat.

Entstehung: Die Arbeit an den Erzählungen begann 1954 und dauerte bis 1973, fast genauso lang, wie sich Schalamows Haft in den Lagern Wischera (1929–32) und Kolyma (1937 bis 1951) erstreckte. Die *Geschichten aus Kolyma* setzen sich aus 145 Erzählungen und Skizzen zusammen, die der Autor in sechs Zyklen arrangierte. Ab 1966 wurden einzelne Erzählungen in russischen Emigrantenzeitschriften veröffentlicht; 1967 erschien eine erste Buchausgabe in deutscher Übersetzung. Die erste russische Auswahl wurde 1978 in London publiziert, die erste vollständige Ausgabe erschien 1992 in Moskau.

Inhalt: Schalamows Erzählungen sind Szenen aus dem Lageralltag. Zu den Bestandteilen dieses Alltags gehören ständiger Hunger, eisige Kälte, eine über die Kräfte gehende Sklavenarbeit, Erniedrigungen seitens der Bewacher und der Mitgefangenen, brutale Gewalt und allgegenwärtiger Tod. Gegenstand der Darstellung ist der soziale Mikrokosmos des Lagers: die Einteilung in Bewachte und Wächter, Gefangene und Freie, Opfer und Täter, die Gliederung der Sträflinge in »Politische« und Kriminelle, schließlich die Hierarchie der Gefangenen – an-

gefangen mit den Inhabern privilegierter Posten und den Funktionsträgern über die gewöhnlichen, körperliche Schwerstarbeit leistenden Arbeitskräfte bis hin zu den total ausgelaugten, todgeweihten »Krepierern«. Die Lagerwelt wird als ein Mosaik aus gesonderten Episoden, Ereignissen und Merkmalen geschildert. Es ist eine grausame Welt ohne moralische Werte, ohne Mitleid. Die ganze Kraft der Gefangenen ist darauf gerichtet, bis zur nächsten kargen Mahlzeit, bis zum Ende des Arbeitstags, bis zum nächsten Tag zu überleben.

Der naturalistische Detailreichtum der Skizzen Schalamows über das Lagerleben trägt zuweilen ethnografische Züge. Der Autor legt Wert auf absolute Glaubwürdigkeit des Erzählten. Er erreicht sie durch eine einzigartige unpathetisch-lakonische, scheinbar teilnahmslose Erzählhaltung. Schalamow will den Leser nicht vom Wesentlichen ablenken und durch eine reißerische Darstellung überrumpeln; zutiefst verstörend sind vielmehr die geschilderten Erscheinungen und Ereignisse selbst.

Wirkung: Die Erzählungen, die zunächst im Hinblick auf ihren schockierenden Inhalt rezipiert wurden, haben zusammen mit den Lagerberichten von Alexander → Solschenizyn und Jewgenia Ginsburg (1906–77) mit zur Entlarvung und Diskreditierung des Stalinismus beigetragen. In neuester Zeit widmet sich die Forschung verstärkt den ästhetischen Qualitäten der Prosa von Schalamow.   *M. Sch.*

Russische Lagerliteratur

Fjodor Dostojewski 1862	*Aufzeichnungen aus einem Totenhaus:* In den Skizzen über ein sibirisches Zuchthaus verarbeitete der Autor Erfahrungen aus seiner eigenen, vier Jahre dauernden Zwangsarbei in den Jahren 1850 bis 1854.
Anton Tschechow 1893/94	*Die Insel Sachalin:* In dem Bericht schildert der Autor einen 1890 unternommenen dreimonatigen Forschungsaufenthalt auf der fernöstlichen Insel der Zwangsarbeiter und Verbannten.
Alexander Solschenizyn 1962	*Ein Tag im Leben des Iwan Denissowitsch:* Der Kurzroman über den Alltag im stalinistischen Arbeitslager Anfang der 1950er Jahre ist ein Vorbote des Romans *Archipel GULAG* (1973–75). → S. 1011
Warlam Schalamow ab 1966	*Geschichten aus Kolyma:* Auf dem Hintergrund seiner eigenen fast zwanzig Jahre andauernden Erfahrungen im Arbeitslager berichtet Schalamow vom Alltag im sibirischen Lager Kolyma. → S. 953
Jewgenia Ginsburg 1967; 1979	*Marschroute eines Lebens; Gratwanderung:* Der zweibändige Bericht einer 1937 verhafteten Kommunistin beschreibt ihren Aufenthalt in den von Stalin gegründeten Arbeitslagern im Kolyma-Gebiet.
Alexander Solschenizyn 1968	*Der erste Kreis der Hölle:* Der autobiografische Roman spielt in einem Sonderlager für politische Gefangene. Die Wissenschaftler werden dort gezwungen, ein abhörsicheres Telefon zu entwickeln.
Andrej Amalrik, 1970	*Unfreiwillige Reise nach Sibirien:* Ein sowjetischer Dissident berichtet von seinem zweijährigen Aufenthalt im Arbeitslager in den 1960er Jahren.
Lev Kopelev 1975; 1981	*Aufbewahren für alle Zeit!; Tröste meine Trauer:* Die Autobiografie schildert auf beklemmende Weise die Jahre des Krieges und den Aufenthalt in einem Sonderlager für Wissenschaftler in den 1940er Jahren.
Oleg Volkov 1987	*Versenkung in die Finsternis:* Der autobiografische Bericht handelt von den insgesamt 27 Jahren, die der Autor seit Ende der 1920er Jahre in verschiedenen Arbeitslagern zubringen musste.

Schami, Rafik

dt.-syr. Schriftsteller

*23.6.1946 als Suheil Fadél in Damaskus

📖 *Erzähler der Nacht*, 1989

Mit Märchen für Erwachsene wie *Erzähler der Nacht* oder *Malula* (1987) entwickelte sich Rafik Schami Ende des 20. Jahrhunderts zu einem der erfolgreichsten ausländischen Schriftsteller deutscher Sprache. Das Besondere an seinen Büchern ist die Kombination der traditionellen orientalischen Erzählweise mit modernen, teilweise politischen Inhalten.

In Damaskus hatte der Bäckersohn Rafik Schami 1964 die Wandzeitung *Al-Muntalak* (*Der Ausgangspunkt*) mitgegründet, die er bis zu ihrem Verbot 1970 leitete. 1971 ging Schami, der zur syrisch-christlichen Minderheit gehörte, nach Deutschland, um dem Kriegsdienst in Syrien zu entgehen. Trotz früher literarischer Ambitionen studierte Schami in Deutschland Chemie sowie Pharmakologie; das Studium schloss er 1979 mit der Promotion zum Dr. rer. nat. ab. In dieser Zeit widmete sich Schami der Schriftstellerei lediglich nebenbei. Erst 1982 gab er seine Tätigkeit für die chemische Industrie auf und etablierte sich als freier Autor.

Seit 1977 schreibt Schami, der zu den Pionieren der deutschsprachigen Migrantenliteratur gehört, in der Sprache seiner neuen Heimat, weil die Deutschen »meine Erstabnehmer sind, sich aber viele arabische Formulierungen nicht ins Deutsche übersetzen lassen«. 1980 gründete er mit Kollegen den »Südwind«, eine Gruppe von ausländischen Autoren, die in der Bundesrepublik leben und in deutscher Sprache schreiben.

Biografie: E. Jooß (Hrsg.), *Rafik Schami – Damals dort und heute hier*, 1998.

Erzähler der Nacht

OA 1989 **Form** Roman **Epoche** Gegenwart

Das Thema des Romans *Erzähler der Nacht* ist das Erzählen selbst. Rafik Schami, der vor diesem Roman nur einzelne Märchen und Geschichten geschrieben hat, verbindet seine Texte in *Erzähler der Nacht* erstmals durch eine Rahmenhandlung. Ähnlich wie im *Decameron* (1470) von Giovanni → Boccaccio oder in der Novelle *Unterhaltungen deutscher Ausgewanderter* (1795) von → Goethe kommt eine Erzählergemeinschaft zusammen, um eine Katastrophe abzuwenden.

Entstehung: Die Geschichten, die Schami in dem Buch sammelt, sind nicht am Schreibtisch entstanden. Der Autor erzählte sie auf seinen vielen Lesungen und entwickelte sie so lange weiter, bis sie schließlich für die Buchveröffentlichung reif waren. Schami lässt seine Erzählung im Jahr 1959 spielen – kurz vor dem Einzug des Transistorradios in Syrien, das ebenso wie der zunehmende Einfluss westlicher Traditionen dazu geführt habe, dass die Erzählkunst heute auch im Orient nicht mehr so weit verbreitet ist wie noch Ende der 1950er Jahre.

Inhalt: Kutscher Salim, der beste Geschichtenerzähler von Damaskus, verstummt. Seine mit ihm gealterte Fabulier-Fee hat ihn verlassen, um in den Ruhestand zu gehen. Da sie den Kutscher aber besonders sympathisch findet, hat sie sich mit dem Feenkönig darauf geeinigt, Salim noch eine Chance zu geben: Wenn es ihm gelingt, innerhalb von drei Monaten sieben einzigartige Geschenke zu erhalten, will der König eine junge Fee schicken, die ihm beim Erzählen hilft. Scheitert Salim, wird er nie mehr erzählen können.

Seine sieben Freunde – der Schlosser Ali, der Geografielehrer Mehdi, der Friseur Musa, der Ex-Minister Faris, der Kaffeehausbesitzer Junis, der amerikanische Emigrant Tuma und der Händler Isam – überlegen, wie sie Salim helfen können. Sie laden ihn zum Essen ein, kredenzen

ihm sieben hervorragende Weine und sieben ausgesuchte Parfums. Selbst eine ausgedehnte Reise durch sieben Städte und über sieben Berge hilft nicht. Endlich, acht Tage vor Ablauf der Frist, kommen die Freunde auf die Idee, Salim die schönsten Geschichten vorzutragen, die sie kennen. Reihum soll jeder einen Abend mit Erzählen bestreiten.

Nach dem klassischen Reigenschema zieht jede Geschichte die nächste nach sich, und jeder Erzähler bemüht sich, seinen Vorredner zu übertreffen. Am letzten Tag ist Ali, der wortkarge Schlosser, an der Reihe. Er bringt seine Frau Fatmeh mit und lässt sie an seiner Stelle erzählen. Als sie geendet hat, ruft Salim »So eine Geschichte habe ich noch nie im Leben gehört!« – und hat die Sprache wiedergefunden.

Wirkung: Schamis Romanerstling wurde sofort ein Erfolg. Der Kritiker Jens Brünning lobte im Sender Freies Berlin: »Rafik Schamis Märchen, Fabeln und fantastische Geschichten sind die Fortsetzung von *Tausendundeiner Nacht* (entst. 8.–16. Jahrhundert) in unserer Zeit«. Schami, ein gewandter Propagandist in eigener Sache, stellte *Erzähler der Nacht* in zahlreichen Lesungen vor. Das Buch wurde mit vielen Preisen bedacht, darunter der Rattenfänger-Literaturpreis der Stadt Hameln. Zum Verkaufserfolg trug gewiss auch die sorgfältige Ausstattung des Buchs mit Zierleisten, farbigem Vorsatzpapier und Einband von Dorothea Göbel bei; die Stiftung Buchkunst wählte es dafür zu einem der schönsten Bücher des Jahres 1989. Es wurde in über zehn Sprachen übersetzt. *M. E.*

Rafik Schami, *Erzähler der Nacht*, Umschlag der Originalausgabe 1989 (Gestaltung: Dorothea Göbel)

Rafik Schami in einem *taz***-Interview vom 25. Juni 1993:**

Multikultur ist eine permanente menschliche Herausforderung. Jedem Künstler, aber auch jedem Menschen ist sie gestellt. Die starke Bindung zur Nachbarschaft, die starke Bindung zu den anderen Menschen im Viertel, die Erzählkultur, die sind hier fast tot. Ich trete auf und erzähle frei. Dabei belebe ich etwas, was hier längst gewesen war.

Schedel, Hartmann

dt. Humanist, Mediziner und Geschichtsschreiber

* 13.2.1440 Nürnberg, † 28.11.1514 ebd.

📖 *Weltchronik (Liber Chronicarum)*, 1493

Der gelehrte Nürnberger Stadtarzt Hartmann Schedel war ein bedeutender Bibliophile, der aufbauend auf die Sammlung seines Vetters Hermann Schedel (1410–85) eine der größten Privatbibliotheken seiner Zeit mit etwa 400 Handschriften und 670 Drucken zusammentrug (heute in der Bayerischen Staatsbibliothek in München). Darunter befinden sich auch zahlreiche Flugschriften und »Neue Zeitungen«, aus denen er u. a. mehrere Arbeiten zur bayerischen und thüringischen Regionalgeschichte zusammenstellte. Das bedeutendste Ergebnis seiner Sammeltätigkeit ist seine *Weltchronik* (*Liber Chronicarum*).

Schedel studierte ab 1455 in Leipzig, wo er 1460 den Titel eines Magister Artium erwarb, um danach mit seinem Lehrer Peter Luder nach

Hartmann Schedel im handschriftlichen Eintrag in einem seiner Bücher über seine Arbeitsmethode:

Colligite fragmenta ne pereant. – Sammelt das Zerstreute, damit es nicht verloren geht.

Da die 1806 Abbildungen der *Schedelschen Weltchronik* von nur 680 Holzstöcken stammen, wurden zahlreiche Stöcke mehrfach verwendet; so haben etwa Mainz und Neapel, Paris (Abbildung) und Magdeburg identische Stadtansichten

Padua zu gehen, wo er neben der Vertiefung der Studia Humanitatis zum Doktor der Medizin promoviert wurde. 1466–70 arbeitete er als Stadtarzt in Nürnberg, dann in Nördlingen und Amberg und ab 1484 wieder in Nürnberg.

In der Tradition der Zeit war er dabei ein theoretischer Mediziner, d. h. mit den Schriften der griechischen, römischen und arabischen Medizin vertrauter Gelehrter. Seine an den Quellen orientierte Tätigkeit unterschied sich daher nur gering von seinen historisch-humanistischen Interessen. Eng mit dem Nürnberger Humanistenkreis vertraut, stellte er die Quellen für die heute nach ihm benannte *Schedelsche Weltchronik* zusammen.

Biografie: B. Hernad/F.-J. Worstbrock: *Schedel, Hartmann.* In: *Die deutsche Literatur des Mittelalters. Verfasserlexikon.* 2. Aufl. Bd 8, 1992, Sp. 609–621.

Weltchronik 1493

OA 1493 **Form** Chronik
Bereich Geschichte und Theologie

Die nach dem Redakteur Hartmann Schedel benannte *Schedelsche Weltchronik (Liber chronicarum)* ist der Versuch eines Herausgeberkonsortiums, das theologische und historische Wissen seiner Zeit in einem enzyklopädischen Kompendium zusammenzufassen und durch reiche Illustration anschaulich zu machen. Die Chronik erschien 1493 in einer lateinischen und in einer deutschen Ausgabe bei Anton Koberger in Nürnberg in einer Auflage von ca. 2100 Exemplaren, Nachdrucke folgten 1496, 1497 und 1499 in Augsburg bei Johann Schönsperger.

Aus der Werbeanzeige für die *Schedelsche Weltchronik* von 1493:

Nimm deinen Weg, o Buch, und schwinge dich rasch in die Lüfte. Nie ward etwas gedruckt, das mit dir sich vergleicht. Menschliche Taten folgen in dir den göttlichen Werken.

Entstehung: Der produktive und kreative Nürnberger Humanistenzirkel mit den Patriziern Sebald Schreyer und Sebastian Kammermeister als Geldgeber, Michael Wolgemut und Wilhelm Pleydenwurff als Illustratoren und dem Druckerverleger Anton Koberger fand sich 1489 zusammen, um eine Weltchronik in der neuen Buchdruckerkunst zu publizieren, die sich durch eine herausragende Illustration auszeichnen sollte. Als Redakteur gewannen sie Hartmann Schedel, der den umfangreichen Text aus den lateinischen Quellen zusammentrug, dabei sowohl die Texte der →*Bibel,* der lateinischen Antike als auch der humanistischen Zeitgenossen gleichberechtigt nebeneinander stellte. Der Anteil der Quellen beträgt ca. 95%, die nur durch einleitende bzw. überleitende Passagen des Redakteurs geordnet wurden.

Inhalt: In sieben Weltalter eingeteilt, beschreibt die Chronik den Verlauf der Welt von der Schöpfungsgeschichte (unter Einschluss antiker Mythologie) und dem Ablauf des Alten Testamentes bis zur Geburt Christi, um im sechsten Weltalter die Jahre von Christi Geburt bis zur Gegenwart des Autors 1493 zu erfassen. Ein abschließendes siebtes Kapitel spricht vom kommenden Jüngsten Gericht unter Verwendung zahlreicher Bilder aus der Apokalypse des Johannes. Die Chronik ist der Versuch, biblische und weltliche Geschichte im synchronen Ablauf darzustellen, d. h. etwa die Geschichte Trojas und der Sintflut in einen zeitlichen Kontext zu stellen, oder auch die Gründung der zahlreichen großen europäischen Städte in den Ablauf der Weltgeschichte einzubinden.

Die Chronik wird dominiert durch 1806, zumeist großformatige Holzschnitte, die oft erstmalig Städteabbildungen bieten, z. B. authentische Städteansichten von Bamberg, Nürnberg, Regensburg, Passau oder Wien. Der Band enthält zahlreiche personengeschichtliche Details, die Namen und Stammbäume der Familien des Alten Testaments, die Reihe der Propheten, der römischen Kaiser und der Päpste. Er bietet gleichzeitig Kataloge der Dichter von der Antike bis in die Gegenwart sowie eine Geschichte der Medizin. Von Interesse sind die zeitgenössischen Berichte, etwa über Wundererscheinungen, Ketzerverbrennungen oder Meteorfälle.

Wirkung: Mit ihren 1806 großformatigen Abbildungen wurde die Chronik in den nachfolgenden Jahrhunderten immer wieder imitiert und zitiert. Sie setzt das Medium des Buchdrucks auch mit seinen illustrativen Elementen in das richtige Licht. Zahlreiche Chroniken der nachfolgenden Jahrhunderte nahmen auf sie Bezug. Das Werk ist ein herausragendes Zeugnis historischer Leistungsfähigkeit Nürnberger Humanisten um 1500 und ein Meisterwerk des frühen Buchdrucks. *S. F.*

OT = Originaltitel   EZ = Entstehungszeit   OA = Originalausgabe   DE = Deutsche Erstausgabe   □ = Verweis auf Werkartikel

Schelsky, Helmut

dt. Soziologe

* 14.10.1912 Chemnitz, † 24.2.1984 Münster

📖 *Die skeptische Generation*, 1957

Helmut Schelsky gilt als einer der bedeutendsten Soziologen der jungen Bundesrepublik. Mit zahlreichen »Bestandsaufnahmen« zu verschiedenen gesellschaftlichen Bereichen hat er erheblichen Einfluss auf die Diskussionen um die neue und sich wandelnde Gesellschaft der Bundesrepublik ausgeübt.

Schelsky arbeitete als Professor für Soziologie u.a. in Hamburg, Bielefeld und Münster, wie auch als Direktor der Sozialforschungsstelle Dortmund (1960–70). Seine Arbeit ist geprägt durch starke Bezüge zur Kultursoziologie der 1930er Jahre (Hans Freyer; Arnold Gehlen) sowie durch die dezidiert empirische Ausrichtung seiner Soziologie, die er als phänomenologisch orientierte Gegenwartsanalyse verstand. Auch methodologisch hat Schelsky die deutsche Nachkriegssoziologie geprägt: U.a. mit seiner *Ortsbestimmung der deutschen Soziologie* (1959) versuchte er seiner antiideologischen Position Nachdruck zu verleihen. Schelsky übte heftige Kritik an der marxistischen Theorie wie auch an neo-marxistischen Ansätzen der späten 1960er Jahre. Den Schwerpunkt seiner Untersuchungen bildeten die gesellschaftlichen Strukturen der Bundesrepublik und ihr Wandel, im Besonderen die Bereiche Jugend, Familie, Hochschule, Arbeitswelt und Recht.

Literatur: W. Krawietz/O. Weinberger, *Helmut Schelsky als Soziologe und politischer Denker*, 1985.

Die skeptische Generation

OA 1957 **Form** Sachbuch **Bereich** Soziologie

Mit seiner *Soziologie der deutschen Jugend* (so der Untertitel) versucht Helmut Schelsky, ein Bild des (west-)deutschen Jugendlichen des Jahrzehnts 1945–55 zu zeichnen, das anders als viele bestehende Untersuchungen zum selben Thema nicht primär pädagogisch oder gar normativ sein will, sondern sich als eine »rein soziologische Diagnose« versteht. Schelskys Buch kann insofern als ein Meilenstein in der Entwicklung der heute fest etablierten empirischen Jugendforschung betrachtet werden.

Inhalt: Wie auch in anderen Arbeiten, verbindet Schelsky empirisch fundierte Wirklichkeitsnähe mit dem Versuch einer analytischen bzw. idealtypischen Einordnung des reichhaltig verwerteten Materials (u.a. aus der entstehenden Meinungsforschung). So untersucht er an den Bereichen Familie, Arbeit, Freizeit und Politik den prekären Übergang von der Kindheit zur Erwachsenenwelt. Berühmt wurde Schelskys Studie v.a. wegen ihrer Ortsbestimmung der unmittelbaren Nachkriegsjugend: In Absetzung von der Generation der Jugendbewegung der Jahrhundertwende und der politischen Generation bis 1945 kennzeichnet Schelsky sie als skeptische Generation, für die eine starke Entpolitisierung und Entideologisierung charakteristisch sei. Statt sich mit politischen Ideologien oder Bewegungen zu identifizieren, konzentriere diese Generation ihre Energien auf den privaten Bereich, auf stabile familiäre Verhältnisse, berufliches Fortkommen und materiellen Wohlstand. Aufgrund der Erfahrungen mit Nationalsozialismus und Krieg sei diese Generation skeptisch gegen alles geworden, was über einen pragmatischen Realitätssinn wie auch über ihren »privatistischen« Horizont hinausgehe. Getreu seinem methodischen Credo verzichtet Schelsky auf jede Wertung oder gar Verurteilung dieses systemkonformen Verhaltens.

Wirkung: Neben ihrer großen Bedeutung für die empirische Sozialforschung hat *Die Skeptische Generation* die Diskussionen über die politische Kultur der Bundesrepublik angeregt und geprägt. Über die Gruppe der Jugendlichen hinaus wurde Schelskys Charakterisierung der Bundesdeutschen als privatistisch, materialistisch und unpolitisch als treffende Beschreibung der Adenauer-Ära aufgenommen. *C.S.*

Scheurmann, Erich

dt. Maler und Schriftsteller

* 24.11.1878 Hamburg, † 4.5.1957 Armsfeld

📖 *Der Papalagi*, 1920

Erich Scheurmann ist vor allem als Autor des Buchs *Der Papalagi* bekannt. Seine Schriften sind geprägt von einer Zivilisationskritik, die letztlich in Kulturfeindlichkeit gipfelte.

Scheurmann studierte Malerei, führte diese Ausbildung aber nicht zu Ende. 1903 ließ er sich auf der Bodenseehalbinsel Höri nieder, wo er ganz seiner Naturschwärmerei leben konnte, und versuchte, sich eine Existenz als Künstler aufzubauen. 1911 beschrieb er in seinem ersten Buch *Ein Weg* seine Lebenssituation.

Nachdem ihm sein Verleger einen Vorschuss für eine Südseegeschichte angeboten hatte, reiste Scheurmann 1914 in die damals deutsche Kolonie Samoa. Dort erlernte er die Sprache der Inselbewohner und nahm Anteil an ihrer natürlichen, von Besitzstreben und Gewinnsucht freien Lebensart. Als der Erste Weltkrieg ausbrach und eine Rückkehr ins Reich unmöglich

Auszug aus dem Sachbuch *Die skeptische Generation* von Helmut Schelsky, in dem er einen Ausblick auf die Zukunft der ersten bundesrepublikanischen Jugendgeneration gibt:

Man wird sich auf keine Abenteuer einlassen, sondern immer auf die Karte der Sicherheit setzen, des minimalen Risikos, damit das mühselig und glücklich wieder Erreichte, der Wohlstand und das gute Gewissen, die gebilligte Demokratie und die private Zurückgezogenheit, nicht wieder aufs Spiel gesetzt wird.

Helmut Schelsky, *Die skeptische Generation*, Umschlag der Originalausgabe 1957

wurde, kam er bei einem jungen Baron unter; diese Zeit verarbeitete er später in seinem Roman *Erwachen* (1921). Im Herbst 1915 verließ Scheurmann Samoa in Richtung USA. 1918 an den Bodensee zurückgekehrt, veröffentlichte er zahlreiche Bücher (u.a. *Paitea und Ilse*, 1919; *Adam*, 1921; *Als Landstreicher durch Amerika*, 1923; »Einkehr-Bücher«, 3 Bde., 1927 bis 1929), die sämtlich sein Hauptthema – die Rückkehr zu den Ursprüngen – variieren. Als sein Hauptwerk erschien 1920 der *Papalagi*. Mit *Samoa. Ein Bilderwerk* lieferte er 1927 einen mit Fotos angereicherten Bericht über seine Erfahrungen in der Südsee.

Anfang der 1930er Jahre zog Scheurmann ins Waldecker Land und baute dort eine Blockhütte, in der er mit seiner Familie als Selbstversorger lebte. Er arbeitete als Puppenspieler, betrieb ein Laientheater und malte. Seine Affinität zu einer Abart der »Zurück-zur-Natur-Bewegung« gipfelte in dem Werk *Ulfs Geschlecht* (1938). 1941–45 arbeitete Scheurmann als Hilfslehrer. Nach dem Verlust dieser Stellung versuchte er, seine Familie wieder als Künstler zu ernähren, und schrieb schließlich Heftromane. In seinen letzten Lebensjahren wurde der Unterhalt vermutlich hauptsächlich von seiner Frau bestritten; Lebensmittelspenden aus dem Dorf linderten die größte Not.

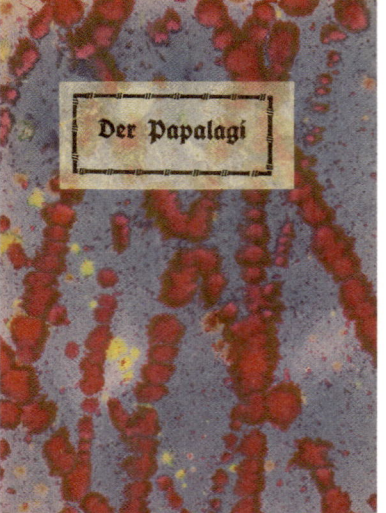

Erich Scheuermann, *Der Papalagi*, Einband der Ausgabe 1922

Der Papalagi

OA 1920 **Form Bereich**

Der Papalagi (zu Deutsch: der Weiße, der Herr) wurde erst 50 Jahre nach seinem Erscheinen zum Kultbuch der alternativen Szene, die in Erich Scheuermanns fiktiven Reden eines Südseehäuptlings ihre Kritik an der westlichen Industrie- und Kommerzgesellschaft in einfachsten Sätzen bestätigt sah.

Entstehung: In seiner Einführung erklärt Scheurmann sich zum Herausgeber der Reden des polynesischen Häuptlings Tuiavii im Dorfe Tiavea auf der kleinen Insel Upolu. Er gibt an, über ein Jahr lang Mitglied seiner Dorfgemeinde gewesen zu sein. »Papalagi« ist die Bezeichnung Tuaviis für den Europäer, den er auf einer Reise hätte erlebt haben können, auf die Eingeborene aus den Kolonien geschickt wurden, um an verschiedenen Orten Europas als Exoten zur Schau gestellt zu werden, wie dies um 1900 seitens der Kolonialherren gern praktiziert wurde. Doch gibt Scheurmann darüber keine verbindliche Auskunft.

Tuiavii, ein erklärter »Verächter Europas«, habe ihm seine »Aufzeichnungen« in die Hände gelegt und erlaubt, eine Übersetzung ins Deutsche anzufertigen. Bei den ungehaltenen Reden handele es sich um Entwürfe, deren Vollendung Scheurmann nicht mehr erlebt habe, da er Polynesien verlassen musste, bevor Tuavii »die Materie vollständig in seinem Geiste geordnet und zu letzter Klarheit durchgedrungen« sei. Später erklärte Scheurmann, er habe »Vieles, selbstverständlich nicht Alles... dem Geiste des Polynesiers abgelauscht... So wie das Buch vorliegt, ist es natürlich zum großen Teil mein Werk«.

Inhalt: In elf Kapiteln (beziehungsweise elf »Reden«) berichtet Tuavii über die Lebensgewohnheiten des Papalagi. Dabei geht es um »das Fleischbedecken des Papalagi« (die Kleidung), »die steinernen Truhen, Steinspalten und steinernen Inseln« (Häuser, Straßen und Städte), um das »runde Metall und schwere Papier«, die seine Augen leuchten machen (das Geld) und die vielen anderen Dinge, die er aufhäuft, um daran seinen Wert zu messen. Danach beschäftigt sich der Häuptling damit, wie der Papalagi mit seiner Zeit und mit Gott umgeht, mit seinen technischen Errungenschaften, die ihn beherrschen, wenngleich er sie zu beherrschen glaubt, seinem Beruf, den er hat und der ihn hat, um sich zuletzt über seine vielen Papiere zu wundern, in denen er seine vermeintlichen Weisheiten aufbewahrt, und »die schwere Krankheit des Denkens« zu beklagen.

Scheurmanns Plädoyer für die Reinheit des unverfälschten Blicks und die Rückkehr zur Einfachheit des Lebens ist in einer schlichten Sprache gehalten und zumeist amüsant zu lesen. Geprägt von kindlicher Offenheit und Pietätlosigkeit lädt das Buch ein, die eigene westliche Lebensweise zu hinterfragen.

Wirkung: Scheurmann ging es um eine generelle Kulturkritik auf der Grundlage eines romantischen Zurück-zur-Natur-Ideals. Dabei unternimmt er aber keinen Versuch, neben dem Aufzeigen der Mängel unserer Zivilisation auch das Bild einer denkbaren Utopie zu entwerfen. Dem *Papalagi* fehlen der Witz und die Ironie eines Jonathan → Swift und es mangelt ihm auch an der Kraft der Rede, wie sie Chief Seattle (1786–1866, Häuptling der Suquamish und Duwamish Indianer) 1854 gehalten hat, als die Weißen die Indianer in Reservate zwingen wollten. Dennoch ist der Erfolg des *Papalagi* beeindruckend: Die Gesamtauflage liegt inzwischen bei 1,25 Millionen Exemplaren. Außerhalb Deutschlands sind es vor allem Japan, China und Korea, in denen die Kulturkritik des Südseehäuptlings auf begeisterte Leser stößt, während das Buch bis heute keinen Verlag in den USA gefunden hat. *M.P.S.*

Schiller, Friedrich

dt. Schriftsteller

* 10.11.1759 Marbach, † 9.5.1805 Weimar

📖 *Verbrecher aus verlorener Ehre*, 1792

Friedrich Schiller gilt neben Johann Wolfgang von → Goethe als der Repräsentant des Sturm und Drang sowie der deutschen Klassik. Neben seiner Lyrik und seinen Dramen nimmt sich das erzählerische Werk Schillers eher bescheiden aus. Von hoher Bedeutung sind indes seine theoretischen Schriften.

Schiller wuchs als Sohn eines Wunderarztes und Offiziers auf; seine Jugend war vom Pietismus des Elternhauses sowie von der Despotie des württembergischen Absolutismus geprägt. Auf Befehl des württembergischen Landesherrn Carl Eugen absolvierte Schiller ab 1773 eine militärisch-medizinische sowie juristische Ausbildung an der Stuttgarter Carlsschule. Hier bereits begann er zu dichten, bevor er »Regimentsmedikus« wurde und schließlich die Flucht nach Mannheim ergriff. Es folgten Jahre der finanziellen Sorge, der Wanderschaft und des Versuchs, als freier Schriftsteller Fuß zu fassen. In dieser Zeit entstanden seine berühmten Zeugnisse des Sturm und Drang, die Dramen *Die Räuber* (UA 1782) sowie *Kabale und Liebe* (UA 1784), beide im Mannheimer Nationaltheater uraufgeführt wurden, wo Schiller als Theaterdichter beschäftigt war. Ebenfalls in dieser Zeit entstand das erzählerische Werk von Schiller, das aus einigen kürzeren Texten, einem Romanfragment *Der Geisterseher* (1787) sowie aus der bekannten Novelle *Der Verbrecher aus verlorener Ehre* besteht.

Ab 1795 trat Schiller als Beitragsverfasser sowie Herausgeber der literarischen Zeitschrift *Thalia* hervor. 1789–93 wurde er Professor für Geschichte in Jena. Einschneidend war seine Lektüre von Immanuel → Kant, die seine Weltsicht neu prägte und eine Reihe ästhetisch-poetologischer Abhandlungen als Antwort auf dessen Überlegungen entstehen ließ (u. a. *Über die ästhetische Erziehung des Menschen*, 1795).

1788 traf Schiller zum ersten Mal mit Goethe zusammen; aus einer zweiten Begegnung 1794 entwickelte sich eine Freundschaft beider Dichter, die 1799 durch die Übersiedlung Schillers nach Weimar gefestigt wurde und die Weimarer Klassik begründete – es entstanden seine großen historischen Dramen (u. a. *Maria Stuart*, UA 1800; *Wilhelm Tell*, UA 1804) sowie zahlreiche Balladen und Xenien. 1802 wurde Schiller der Adelstitel verliehen; in den letzten Lebensjahren wurde seine Schaffenskraft immer mehr durch seine Lungenkrankheit beeinträchtigt.

Biografie: P. A. Alt, *Schiller. Leben, Werk, Zeit*, 2000; F. Burschell, *Friedrich Schiller* (rm 50014); B. von Wiese, *Friedrich Schiller*, 1959 (u. ö.).

Der Verbrecher aus verlorener Ehre

OA 1792 (Vorabdruck 1786 in *Thalia* u. d. T. *Verbrecher aus Infamie*) **Form** Novelle **Epoche** Sturm und Drang

In der Novelle mit dem Untertitel *Eine wahre Geschichte* stellt Friedrich Schiller als Erforscher der menschlichen Seele die Motive eines Verbrechers dar. Dabei wirft er die Frage nach Charakterschuld und äußeren Umständen auf.

Entstehung: Das Werk erschien zunächst anonym in der von Schiller selbst herausgegebenen Zeitschrift *Thalia*. 1792 überarbeitete er den Text und veröffentlichte ihn in den *Kleineren prosaischen Schriften*, dort unter dem heute üblichen Titel. Die Erzählung beruht auf einer wahren Begebenheit, die Schiller wahrscheinlich von seinem Lehrer auf der Carlsschule, Jacob Friedrich Abel, mitgeteilt bekommen hat. Dessen Vater hatte als Amtmann den so genannten »Sonnenwirt« verhaftet und die Lebensgeschichte des Räubers Friedrich Schwan in seiner Sammlung und Erklärung merkwürdiger Erscheinungen aus dem menschlichen Leben erzählt.

Inhalt: Im Mittelpunkt der Geschichte steht Christian Wolf, Sohn eines Gastwirts, der in einer kleinen Stadt aufgewachsen und auf die schiefe Bahn gekommen ist. Er versucht sich ein besseres Schicksal zu ertrotzen. Für kleinere Diebstähle wird er hart bestraft und verfängt sich zunehmend im Netz von Rache, Verbrechen und Strafe. Drei Jahre Festungshaft fördern seine Rachgelüste noch um ein Vielfaches. Als er entlassen wird, erschießt er einen Jäger, flüchtet und begeht weitere Verbrechen als Anführer einer Räuberbande.

Auszug aus der Novelle *Der Verbrecher aus verlorener Ehre* von Friedrich Schiller:

Es ist Gnade, um was ich flehe. Einen Anspruch auf Gerechtigkeit, wenn ich auch einen hätte, wage ich nicht mehr geltend zu machen. – Doch an etwas darf ich meinen Richter erinnern. Die Zeitrechnung meiner Verbrechen fängt mit dem Urteilspruch an, der mich auf immer meine Ehre brachte. Wäre mir damals die Billigkeit minder versagt worden, so würde ich jetzt vielleicht keiner Gnade bedürfen.

Als sich sein Gewissen regt, bittet Christian in einem Brief an seinen Landesherrn um Gnade, er wolle seinem Vaterland als Soldat nützlich werden und im Rahmen der Gesetze leben. Auf seinen Brief erhält er keine Antwort. Als er vor seiner Bande flieht, wird er durch einen Zufall ergriffen und gibt seine Identität preis. Hier endet die Erzählung.

Aufbau: Der Erzähler spart am Ende, als sich Christian zu erkennen gegeben hat, den nachfolgenden Prozess und das Urteil aus, verweist jedoch in der Einleitung auf seine Hinrichtung. Damit verfolgt Schiller ein didaktisches Ziel. Er möchte nicht eine der zahlreichen historischen und fiktiven Räubergeschichten, wie sie im 18. und 19. Jahrhunderts üblich waren, erzählen, sondern die »Leichenöffnung eines Lasters« transparent machen, d. h. die Erkenntnis der sozialen und psychologischen Zusammenhänge, die ein Verbrecherdasein bedingen. Diese beginnen bereits im gesellschaftlichen Umfeld vor der ersten Tat.

In der Einleitung schreibt Schiller, dass die »Seelenlehre« aufschlussreich für Verhaltensweisen der Menschen sein könne, und kriminelle Handlungen – wie Krankheiten – als ursachenbedingte Abweichungen von der Norm betrachtet werden. Der Berichterstatter habe

die Aufgabe, in seiner Erzählung Zusammenhänge offenzulegen, durch die kriminelles Handeln erklärbar wird. Im Vergleich zur historischen Begebenheit verändert Schiller Namen und einzelne Details der Handlung. Seine Bezeichnung, dass es sich um eine »wahre« Geschichte handelt, verweist auf seinen Anspruch, dass seine Erzählung streng unter dem Aspekt der Wahrscheinlichkeit zu betrachten ist.

Wirkung: Die Erzählung markiert einerseits – neun Jahre vor Goethes *Unterhaltungen deutscher Ausgewanderten* (1795) – den Beginn der deutschen Novellistik, andererseits steht sie – gemessen an ihrer Struktur und ihrer aufklärerischen Intention – noch ganz in der Tradition des 18. Jahrhunderts. Von der Geschichte des Räubers Schwan gibt es zahlreiche volkstümliche Bearbeitungen, von denen Hermann Kurz' Roman *Der Sonnenwirt* (1855), schwäbische Volksgeschichte aus dem vorigen Jahrhundert, am bekanntesten wurde. Eine Verfilmung der schillerschen Novelle entstand 1978. *C. V.*

Die wichtigsten Bücher von Friedrich Schiller

Die Schaubühne als eine moralische Anstalt betrachtet, 1785–1802	Theoretische Schrift, in der Schiller das Nationaltheater, für das sich schon Gotthold Ephraim Lessing (1729–81) einsetzte, in seiner staatsstabilisierenden Funktion erläutert. Hierin sieht der Dichter in erster Linie die Existenzberechtigung dieser Stätte.
Philosophische Briefe 1786	Das Werk enthält die Jugendphilosophie Schillers, mündend in die Theosophie des Julius; die Welt wird als »symbolisches« Zeichensystem der »mannigfaltigen Äußerungen« Gottes gesehen.
Der Geisterseher 1787	*Aus den Papieren des Grafen von O.:* Das fiktive Werk bezieht sich auf einen tatsächlichen Skandal um einen Geisterbeschwörer.
Geschichte des Abfalls der Vereinigten Niederlande von der Spanischen Regierung, 1788	Die historische Studie über den Aufstand der Niederlande gegen die spanische Fremdherrschaft geht zurück auf Schillers Studien zu seinem Drama *Don Carlos* (1787). Das Werk stellt die politischen Ereignisse vom Beginn der Inquisition 1522 bis 1567 dar, jenem Jahr, in dem die Herzogin von Parma aus den Niederlanden abreist.
Der Verbrecher aus verlorener Ehre 1792	*Eine wahre Geschichte:* Den Gesetzen der psychologischen Wahrscheinlichkeit folgend, beschreibt Schiller das Leben des Räubers Christian Wolf, der am Schluss hingerichtet wird. → S. 959
Über die tragische Kunst, 1792	Schiller schildert den Zweck der Tragödie, die einen Affekt erregen soll und »gemischte Charaktere« voraussetzt.
Geschichte des Dreißigjährigen Krieges, 1791–93	Das Werk enthält die Darstellung der Zeit vom Prager Fenstersturz bis zum Westfälischen Frieden sowie eine Betrachtung über die Wechselbeziehungen zwischen Glaube und Politik.
Über Anmuth und Würde, 1793	Erste große ästhetische Schrift nach Schillers Auseinandersetzung mit Kant; sie postuliert das Schöne als »Freiheit in der Erscheinung«.
Über die ästhetische Erziehung des Menschen, 1793	Philosophische Schrift in 27 Briefen, worin Schiller die Frage nach der Funktion von Kunst stellt, sowohl innerhalb der Kulturentwicklung der Menschheit als auch in einer historischen Situation.
Über naive und sentimentalische Dichtung, 1795/96	Philosophische Selbstpositionierung in der Auseinandersetzung mit Goethes Kunstverständnis. Naive Dichter rühren »durch Natur« und »sinnliche Wahrheit«, die modernen, sentimentalischen dagegen »durch Ideen«.

Schliemann, Heinrich

dt. Archäologe

*6.1.1822 Neubukow (Mecklenburg)

†25.12.1890 Neapel

📖 *Bericht über die Ausgrabungen in Troja*, 1874

Heinrich Schliemann, der Wiederentdecker von Troja, blieb trotz seiner Verdienste und Erfolge als Archäologe bis heute umstritten.

Der Versuch des mecklenburgischen Pfarrerssohns, in die USA auszuwandern, endete 1842 mit einem Schiffbruch vor der niederländischen Küste. Schliemann fand eine Stelle in Amsterdam und wurde 1846 von seinen Arbeitgebern als Faktor (Leiter der Niederlassung) nach Sankt Petersburg geschickt. Dort machte er sich bald selbstständig und erwarb in wenigen Jahren ein großes Vermögen. Auf dem Höhepunkt seiner wirtschaftlichen Laufbahn liquidierte er 1863 überraschend seine Firma und unternahm eine Weltreise. Nach Studium und Promotion wandte er sich der Erfüllung seines Jugendtraums zu, der Entdeckung der Homerstadt Troja. Bei den Ausgrabungen in Troja warteten die Leser europäischer Zeitungen auf seine wöchentlichen Berichte, die er selbst in mehreren Sprachen schrieb. Auch sonst war Schliemann ein fleißiger Schreiber: In seinem Nachlass fand man 18 Tagebücher, handgeschriebene Wörterbücher in 12 Sprachen und mehr als 60000 Briefe.

Biografie: M. Flügge, Heinrich Schliemanns Weg nach Troia. Die Geschichte eines Mythomanen, 2001.

Trojanische Altertümer

OA 1874 **Form** Sachbuch **Bereich** Archäologie

Kein Facharchäologe wurde mit seinen Ausgrabungen so berühmt wie Heinrich Schliemann – und keiner wurde so heftig kritisiert und angefeindet wie er. In dem Buch *Trojanische Altertümer* stellt er seine erste große Ausgrabung in Troja dar.

Entstehung: Schon kurz nach Abschluss der Grabungen in Troja (1871–73) ließ Schliemann das Buch im Januar 1874 auf eigene Kosten drucken. Es beinhaltet 23 unmittelbar vor Ort niedergeschriebene Einzelberichte.

Inhalt: Schliemann schildert nicht nur die wissenschaftliche Arbeit, sondern gibt auch Erlebnisse und Eindrücke von außerhalb der eigentlichen Grabungsstelle wieder. Höhepunkt der Ausgrabungen ist zweifellos die Entdeckung des »Schatzes des Priamos«, der nach heutigen wissenschaftlichen Kenntnissen allerdings aus einer Epoche stammt, die etwa 1000 Jahre vor dem Trojanischen Krieg lag. Akribisch listet Schliemann die täglichen Funde auf und lässt Raum für seine eigenen Spekulationen über deren einstmaligen Nutzen. Auch seinen größten Ausgrabungsfehler, der ihm von jüngeren Archäologen bis heute angelastet wird, gesteht er ein: »Infolge meiner früheren irrigen Idee, dass Troja nur auf dem Urboden... zu suchen sei, ist 1871 und 1872 ein großer Teil der Stadt von mir zerstört worden«. Gerade das Bemühen Schliemanns, dem Leser seine Überlegungen und Handlungen nachvollziehbar zu machen, verleiht dem Buch eine anregende Unmittelbarkeit, die viele Ausgrabungsberichte vermissen lassen.

Wirkung: Schliemanns Bericht wurde nicht nur eines der berühmtesten Bücher über Archäologie, sondern revolutionierte die Wissenschaft. Zwar stieß es zu Beginn bei Fachgelehrten, damals in erster Linie Philologen und Althistoriker, auf Unverständnis, sogar teilweise auf heftige Ablehnung, aber vom breiten Publikum wurde es begierig aufgenommen und machte dadurch die Archäologie zu einer »populären« Wissenschaft. *P. B.*

Schlink, Bernhard

dt. Schriftsteller

*6.7.1944 Bielefeld

📖 *Der Vorleser*, 1995

Seit der Veröffentlichung seines Romans *Der Vorleser* zählt Bernhard Schlink zu den bekanntesten Schriftstellern der deutschen Gegen-

Weitere Bücher von Heinrich Schliemann	
La Chine et le Japon, 1866	Schliemann berichtet über den Besuch in Japan und China während seiner Weltreise 1864–66.
Ithaka, der Peloponnes und Troja, 1869	Das Buch zeichnet archäologische Forschungen auf, die Schliemann anhand der Angaben von → Homer in der *Ilias* und der *Odyssee* (2. Hälfte des 8. Jahrhunderts v. Chr.) durchführte.
Trojanische Altertümer, 1874	In seinem bekanntesten Buch berichtet Schliemann von seiner ersten großen Ausgrabung in Troja. → S. 961
Mykenä 1878	Ein Bericht über die Ausgrabungen in Mykenä und Tiryns, die Entdeckung der Königsgräber und der »goldenen Maske« Agamemnons.
Orchomenos 1881	Ein Bericht über die Ausgrabungen in dem von → Homer als »schätzreich« gepriesenen Orchomenos (1880, erstmals zusammen mit dem Archäologen Wilhelm Dörpfeld).
Reise in der Troas im Mai 1881, 1881	Auf einer Fahrt durch die Troas untersuchte Schliemann noch einmal die anderen prähistorischen Fundstellen der Region.
Troja 1884	Schliemann berichtet von der zweiten Ausgrabung in Hissarlik (und anderen Fundstellen in der Troas) 1882 unter Beteiligung weiterer Wissenschaftler, u. a. Wilhelm Dörpfeld.
Tiryns 1886	Das Buch berichtet von der Aufdeckung der mykenischen Königsburg von Tiryns 1876/84 (1884 mit Wilhelm Dörpfeld).

wartsliteratur. In seinen Büchern konfrontiert er in präziser, schlichter Sprache den Leser mit den deutschen Verbrechen und Verstrickungen im »Dritten Reich«.

Der aus protestantischem Elternhaus stammende Schlink wuchs in Mannheim und Heidelberg auf, wo er Jura studierte und 1975 promovierte. Heute arbeitet er als Verfassungsrichter in Bonn und lehrt an der Universität Berlin. Zusammen mit seinem Kollegen Walter Popp (*1948) veröffentlichte er 1987 den Kriminalroman *Selbs Justiz* über einen pensionierten Staatsanwalt und Detektiv namens Selb aus Mannheim, den seine nationalsozialistische Vergangenheit einholt. Weitere, preisgekrönte Kriminalromane in eigener Regie folgten. In *Selbs Betrug* (1992) und *Selbs Mord* (2001) stellt Schlink Lebensausschnitte des Protagonisten Selb dar. Mit dem Roman *Der Vorleser*, der ihn weltberühmt machte, blieb Schlink erstmals außerhalb des Krimi-Genres. Sein 2000 erschienener Erzählband *Liebesfluchten* setzte diesen literarischen Erfolg fort.

Der Vorleser

OA 1995 **Form** Roman **Epoche** Moderne

In dem zuerst in den USA erschienenen Roman, in dessen Mittelpunkt eine seltsame Liebesgeschichte steht, setzt sich Bernhard Schlink – auch aus rechtsphilosophischer Sicht – mit der Judenvernichtung im »Dritten Reich«, der Schuldfrage und dem Generationenkonflikt in den 1950/60er Jahren kritisch auseinander.

Inhalt: Der 15-jährige Gymnasiast Michael Berg lernt Ende der 1950er Jahre in Heidelberg Hanna Schmitz kennen. Die 20 Jahre ältere Straßenbahnschaffnerin kümmert sich um ihn,

Auszug aus dem Buch Trojanische Altertümer von Heinrich Schliemann:

Troja, 17. Juni 1873 – der Schatz des Priamos

...in 8 bis 9 Meter Tiefe... stieß [ich] beim Weitergraben unmittelbar neben dem Hause des Priamos einen großen kupfernen Gegenstand höchst merkwürdiger Form...

Um den Schatz der Habsucht meiner Arbeiter zu entziehen und ihn für die Wissenschaft zu retten, war die allergrößte Eile nötig, und, obgleich es noch nicht Frühstückszeit war, so ließ ich doch sogleich »paidos« ausrufen, und während meine Arbeiter aßen und ausruhten, schnitt ich den Schatz mit einem großen Messer heraus, was nicht ohne die allergrößte Kraftanstrengung und die furchtbarste Lebensgefahr möglich war, denn die große Festungsmauer, welche ich zu untergraben hatte, drohte jeden Augenblick auf mich einzustürzen. Aber der Anblick so vieler Gegenstände, von denen jeder einzelne einen unermesslichen Wert für die Wissenschaft hat, machte mich tollkühn, und ich dachte an keine Gefahr.

Bernhard Schlink,
Der Vorleser, Umschlag der
Originalausgabe 1997

Auszug aus dem Roman
Der Vorleser von Bernhard
Schlink:

*Wie sollte es ein Trost sein,
dass mein Leiden an meiner
Liebe zu Hanna in gewisser
Weise das Schicksal meiner
Generation, das deutsche
Schicksal war, dem ich mich
nur schlechter entziehen, das
ich nur schlechter überspielen
konnte als die anderen.*

als ihm, an Gelbsucht erkrankt, auf dem Nach-
hauseweg übel wird. Wieder gesund besucht er
sie und erlebt mit ihr seine erste Liebe. Bald entwickelt sich während der heimlichen Treffen in
ihrer Wohnung ein Ritual, das der zunächst rein
körperlichen Beziehung eine seelische Dimension gibt: Michael muss Hanna, über deren Vergangenheit er nur wenig erfährt, stets vor dem
Liebesakt vorlesen.

Eines Tages verschwindet Hanna spurlos aus
der Stadt. Erst Jahre später sieht er sie als Jurastudent in einem Auschwitz-Prozess wieder,
wo sie mit anderen ehemaligen KZ-Aufseherin-
nen unter Anklage steht. Im Gerichtssaal findet
Michael die lang gesuchte Erklärung für Han-
nas ungeschickte Verteidigung und für viele
ihrer Handlungen: Sie ist Analphabetin, verheimlicht dies aus Scham auch im Prozess und
wird zu lebenslanger Haft verurteilt. Ihre Mit-
angeklagten, die ihr die Hauptschuld für ein
grauenhaftes, schriftlich dokumentiertes Verbrechen zugeschoben haben, erhalten nur geringe Freiheitsstrafen.

Michael, der sich mitschuldig fühlt, schickt ihr
regelmäßig Kassetten ins Gefängnis, die er mit
Weltliteratur besprochen hat. Anhand der Kassetten lernt Hanna autodidaktisch lesen und
schreiben und beginnt sich mit den Verbrechen
der Nationalsozialisten auseinander zu setzen.
Nach 18 Jahren Haft nimmt sie sich kurz vor
ihrer Entlassung das Leben.

Wirkung: Mit seinem Roman gelang Schlink
ein internationaler Sensationserfolg, wie ihn die
deutsche Gegenwartsliteratur seit dem Erscheinen → *Der Blechtrommel* von Günter Grass nicht
mehr erlebt hatte. *Der Vorleser,* der in 27 Sprachen übersetzt eine Millionenauflage erreichte
und mit zahlreichen Preisen (u. a. Prix Laure Ba-
taillon, Ehrengabe der Heinrich Heine-Gesell-
schaft) ausgezeichnet wurde, prägte wesentlich
das Deutschlandbild im Ausland. *C.H.*

Schmidt, Arno

dt. Schriftsteller

* 18.1.1914 Hamburg, † 3.6.1979 Celle

📖 *Nobodaddys Kinder*, 1951–53

📖 *Zettels Traum*, 1970

Erst in jüngster Zeit wird der Einfluss des umstrittenen Schriftstellers Arno Schmidt auf die
deutsche Literatur nach dem Krieg deutlich.

Der Sohn eines Polizisten war schon im Elternhaus ein ungeliebter Außenseiter. Durch
passionierte Lektüre bildete er sich neben dem
Tagesberuf als Lagerbuchhalter und im Kriegsdienst zum Schriftsteller. Die erste Veröffentlichung, der Erzählband *Leviathan* (1949), zeigt
bereits die in allen späteren Werken wiederkehrenden Grundzüge: das aggressive Bedürfnis
des Autodidakten, über institutionalisierte Mei-
nungsführer durch praktischen Verstand, starke
Worte und Fleißarbeit zu triumphieren, sowie
das Thema der grenzenlosen Verlassenheit des
Einzelnen, in der nur noch die Dichter und Forscher der Vergangenheit als Freunde und säkulare Schutzheilige Halt geben. Hier findet sich
auch schon der gelehrte Exkurs als zweite,
eigentliche Handlung des Prosawerks.

Schmidts Prosatechnik ist bis zu den Typo-
skripten des Spätwerks am »Snapshot« orientiert: Die einzelnen Absätze des Texts spannen
eng gedrängt eine Szene der Handlung oder
einen Überlegungsgang auf und bleiben damit
häufig in sich geschlossen. Eine eigenwillige,
am Usus des 18. Jahrhunderts geschulte Interpunktion unterstützt diese Komprimierung;
nochmals verdeutlicht wird sie in den »Fotos«,
die als Stimmungsbilder den einzelnen Kapiteln
von *Die Umsiedler* (1953) und *Seelandschaft mit
Pocahontas* (1959) vorangestellt sind. 1959 zog
Schmidt ins abgelegene Bargfeld in der Lüneburger Heide und verließ den Ort kaum noch.
Erst die »Monstrosität« der späteren Werke, die
seit *Zettels Traum* aus satztechnischen Gründen
nur noch als DIN A3-Reproduktion des Typoskripts erscheinen konnten, machten eine breite
Öffentlichkeit auf den Autor aufmerksam.

Biografie: W. Martynkewicz, *Arno Schmidt* (rm 50 484).

Die wichtigsten Werke von Arno Schmidt	
Nobodaddys Kin-der, 1951–53	*Brand's Haide, Schwarze Spiegel, Aus dem Leben eines Fauns:* Die Romantrilogie schildert die Auswirkungen des Kriegs. → S. 963
Seelandschaft mit Poca-hontas, 1959	Im von der Restauration gezeichneten Adenauer-Deutschland finden sich zwei Pärchen zusammen, um sich einer illusionslosen Urlaubs-romanze hinzugeben.
Das Steinerne Herz 1956	Walther Eggers, Libromane auf der Jagd nach »Hannoverschen Staats-handbüchern«, mietet sich beim Ehepaar Thumann ein; taktisch-amouröse Verwicklungen und kleinbürgerlicher Realismus gipfeln nach einem Goldfund in einer Ehe zu viert.
Die Gelehrten-republik 1957	Der Reporter Charles Henry Winer reist 2008 in die »International Re-public for Artists and Scientists«, die, ursprünglich politisch neutrales Refugium, nun zwischen Ost und West geteilt ist.
Kaff auch Mare Crisium 1960	1959, zu Gast im »Kaff« Giffendorf, erzählt Karl Richter seiner Freundin Hertha vom Leben auf dem Mond 1980: Nach einer atomaren Katas-trophe auf der Erde wird der Krieg zwischen Amerikanern und Russen mit anderen Mitteln fortgesetzt.
Zettels Traum, 1970	In Anspielung auf Shakespeares Sommernachtstraum soll Peter Squenz Zettels Erlebnisse als Esel niederschreiben. → S. 964
Schule der Athe-isten 1972	Nach dem Dritten Weltkrieg 2014 kommt es bei einem chinesisch-amerikanischen Gipfeltreffen in und durch eine Erzählung des Sena-tors William T. Kolderup zu unwahrscheinlichsten, auch verwandt-schaftlichen und amourösen Verwicklungen.
Abend mit Goldrand, 1975	Eine promiskuitiv herumstreichende Truppe stellt das Leben einer seltsamen Hausgemeinschaft in der Lüneburger Heide auf den Kopf.
Julia oder die Gemälde 1983 (postum)	Das Fragment handelt von den Erlebnissen von Hotelgästen in Bückeburg. Der Schriftsteller Jhering verliebt sich in das Mädchen Julia, das einem Gemälde des 17. Jahrhunderts entstiegen ist.

OT = Originaltitel EZ = Entstehungszeit OA = Originalausgabe DE = Deutsche Erstausgabe 📖 = Verweis auf Werkartikel

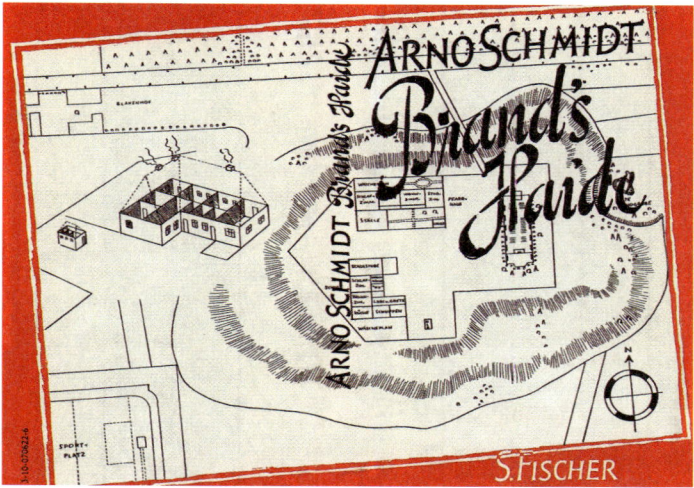

Nobodaddys Kinder

OT Brand's Haide, Schwarze Spiegel, Aus dem Leben eines Fauns **OA** 1951, 1951, 1953
Form Romantrilogie **Epoche** Moderne

Aus dem Leben eines Fauns komplettierte 1953 die 1951 erschienenen Kurzromane *Brand's Haide* und *Schwarze Spiegel* zu der Trilogie *Nobodaddys Kinder* (»Nobodaddy« ist eine Zusammenziehung aus »Nobody« und »Daddy«, etwa übersetzbar mit »Niemandsvater«). Die Romantrilogie von Arno Schmidt bietet keine fortgesetzte Handlung, sondern ergänzt sich im Handlungsort der Lüneburger Heide, den historischen Zuständen und der charakterlichen Eigendarstellung der Protagonisten.

Inhalt: In *Aus dem Leben eines Fauns* registriert der Beamte Düring – von Kollegen und Vorgesetzten durch intellektuelle Überlegenheit isoliert, Frau und Sohn entfremdet – 1939 mit kaltem Groll die Begeisterung seiner Umwelt angesichts des nahenden Kriegs. Eher zufällig wird er dienstlich mit der Erforschung der Lokalgeschichte im Kreis Fallingbostel betraut. Kurz vor Kriegsausbruch findet er im Wald die verlassene Hütte eines Deserteurs der napoleonischen Armee. Die Handlung springt ins Jahr 1944: Düring erlebt mit seiner Geliebten, der Nachbarstochter Käthe, die Explosion einer nahen Munitionsfabrik. Die Hütte, die inzwischen Zufluchtsort für ihn und sie war, muss Düring aus Angst vor Entdeckung anzünden.

In *Brand's Haide* wird dem Flüchtling Schmidt 1946 in Cordingen ein Zimmer angewiesen. Er schreibt über Friedrich de la Motte Fouqué (1777–1843), erhält ein Paket von seiner in Amerika verheirateten Schwester und findet ein kurzes Glück mit der ebenfalls geflohenen Lore. Aber Lore geht nach Übersee zu einem reichen Mexikaner und Schmidt bleibt allein zurück.

Nach einem atomaren Krieg 1955 streift in *Schwarze Spiegel* einer der letzten Überlebenden mit dem Fahrrad durch Norddeutschland; in der Heide baut er sich eine Wohnstatt aus dem, was er in Hausruinen und Lagern vorfindet. Aus den ehemaligen Zentren holt er sich Haushaltsgegenstände, Kunstwerke, Bücher. Er trifft Lisa und wohnt eine Weile mit ihr zusammen; sie hält jedoch die Stetigkeit innerhalb der Verwüstung nicht aus und zieht weiter.

Aufbau: Die äußere Handlung wird getragen und kontrastiert von Naturbeobachtungen, politisch-moralischen Kommentaren, literarischen und historischen Ausführungen sowie längeren Prosastücken, die in *Brand's Haide* zur Unterhaltung vorgelesen oder als Träume erzählt werden. Die suggerierte Gleichsetzung von Autor und Erzählperson wird durch die Schonungslosigkeit des Erzähltons und die eigenwillige Gesuchtheit der verhandelten Gegenstände befördert. Die knappe, konzentrierte Darstellung ausgesuchter Erlebenselemente der Erzählfigur, unterstützt von großen zeitlichen Sprüngen in der Handlung, erzwingt beim Leser eine bestimmte Verständnishaltung zum Text, die jeder Deutung vorhergehen muss und sie entsprechend steuert. Die innere Überlegenheit der Protagonisten, die von seinen äußeren Lebensumständen konterkariert wird, nutzt zur Selbstbewahrung und zum Eigenausdruck die Sprache anderer Zeiten; so imitieren einige Passagen den Sprachgestus des 18. und 19. Jahrhunderts.

Wirkung: Die Kritik nahm das Werk freundlich auf, überging aber oft die gegenwartsbezogenen Handlungsinhalte, z. B. das Flüchtlingsthema, um sich Sprache und Gedankenspielen zuzuwenden. Für Schmidt bedeutete die Trilogie eine Etablierung seines literarischen Anspruchs nach dem Erstling *Leviathan* (1949). *H. Z.*

Arno Schmidt, *Nobodaddys Kinder;* links: Porträtfoto des Autors; rechts: *Brand's Haide,* Umschlag des Reprints der Erstausgabe 1951

Auszug aus dem Roman *Nobodaddys Kinder* von Arno Schmidt:

Gegen Morgen kam Gewölk auf (und Regenschauer). Frischer gelber Rauch wehte mich an: mein Ofen! So verließ ich den Wald und schob mich ans Haus: der letzte Mensch.

Zettels Traum

OA 1970 **Form** Roman **Epoche** Moderne

Zettels Traum gilt als eins der schwierigsten literarischen Werke in deutscher Sprache. Arno Schmidt summiert darin seine Erfahrungen mit und in Literatur, seine Geschichtsphilosophie, Kulturkritik und Sprachtheorie.

Inhalt: An einem Sommertag des Jahres 1968 diskutiert Daniel (»Dän«) Pagenstecher, Schriftsteller, Übersetzer und Privatgelehrter, mit dem befreundeten Ehepaar Jacobi dessen Übersetzung von Edgar Allan → Poe. Die Jacobis sind dazu in Däns Haus in der Lüneburger Heide gekommen; ihre 16-jährige Tochter Franziska haben sie mitgebracht. Es entspinnen sich Gespräche über Poe, Sigmund → Freud, Däns Theorie der »Etyme« (sublimierte und sublimierende Wortmodel, die sexuelle Konnotationen gleichzeitig erzwingen und verdrängen, wie im Englischen etwa »pen«, Füller, für »Penis«), Psychoanalyse, Geschehnisse im nahen Dörfchen Ödingen etc. Eine Romanze mit Franziska, die um ihn wirbt, wird vom alternden Dän erwogen, dann aber entzieht er sich ihr; seine offen ausgesprochene Bedingung an ihre Eltern ist, Franziska Abitur und Studium zu ermöglichen.

Arno Schmidt, *Zettels Traum*, Umschlag der Ausgabe 1982

Arno Schmidt in den 1960er Jahren bei der Arbeit mit seinen Zettelkästen; insgesamt 120000 »Zettel« umfasste die Materialsammlung des Autors zu seinem Roman *Zettels Traum*

Aufbau: Der komplexe Aufbau des Werks, der sich auch in seiner äußeren Form widerspiegelt, überforderte bei Erscheinen die zeitgenössische Setztechnik; nur eine fotomechanische Reproduktion des 1330 Seiten starken Typoskripts im Format DIN A3 war möglich.

Schmidt teilt die Seiten in drei Spalten auf, jeweils für Handlung, begleitende Zitate aus der Literatur und einen wortverspielten Kommentar, der dem Ich-Erzähler Pagenstecher zugeordnet werden kann. Die Verwobenheit dieser Stränge ist wesentlich für die Handlung, in der die gerade besprochene oder assoziierte Literatur die Personen steuert, ihnen Lebensentwürfe ebenso wie kleine Gesten vorschlägt oder aufzwingt, in der aber auch die Analyse von Poes Werk getragen und gelegentlich sabotiert wird von den eigenen Umständen.

Das Wortspiel, dessen ersatzbefriedigende Kraft durch eine von Dän postulierte »4. Instanz« des Geistes an die Stelle des verhinderten Sexualakts tritt, beherrscht dabei Bericht und Kommentar des Erzählers; die unvermittelte Assoziationskraft, deren Geistesbewegungen durch reiche Interpunktion ausgedrückt werden, macht einen Großteil der Schwierigkeiten der Lektüre aus.

Wirkung: Die Rezeption war zunächst bestimmt von einer statistisch-effekthascherischen Berichterstattung über das Großbuch. Die Thesen zu Sprache und Psychoanalyse wurden nicht weiter fortgeführt; die ästhetische Würdigung des Werks (wie des gesamten schmidtschen Œuvres) setzte erst nach der Wiedervereinigung ein, als neben moralisch getriebenen Autoren wie Heinrich → Böll, Günter → Grass und Martin → Walser persönlich-mythische Werke wie die von Schmidt und Uwe → Johnson als Gegenbilder wieder neu in den Blick gerieten. *H.Z.*

Schnabel, Johann Gottfried

dt. Schriftsteller

* 7.11.1692 Sandersdorf bei Bitterfeld, † nach 1752

📖 *Die Insel Felsenburg*, 1731–43

Johann Gottfried Schnabel war ein »Bestsellerautor« des frühen 18. Jahrhunderts; die Verbreitung seines Hauptwerks wurde in einigen Landstrichen nur noch von der → Bibel übertroffen.

Über Schnabel gibt es wenig gesicherte Daten. Er wurde in Halle erzogen und eignete sich in Leipzig die Grundlagen der Medizin an. 1708–12, im Spanischen Erbfolgekrieg, war er im Gefolge von Prinz Eugen (1663–1736) Feldarzt. Nach einer unsteten Zeit des Herumwanderns verdingte er sich am Hof des Reichsgrafen von Stolberg-Stolberg unter anderem als Barbier, »Hof-Agent«, Kammerdiener und Chirurg. 1731–41 gab er die *Stolbergische Sammlung Neuer und Merckwürdiger Welt-Geschichte* heraus, eine Zeitung mit breitem politisch-wissenschaftlich-literarischem Themenspektrum. In dieser Zeit veröffentlichte er unter dem Pseudonym »Gisander« auch sein Hauptwerk, *Die Insel Felsenburg*. Verschiedene weitere Unternehmungen Schnabels, die als abenteuerlich oder frühkapitalistisch gedeutet werden können, scheiterten.

Spätestens der galante Roman *Der im Irrgarten der Liebe herum taumelnde Cavalier*, 1738 erschienen und voller Anspielungen auf den sächsischen Adel, beendete wohl das gute Verhältnis zum Stolbergischen Hof. 1741 scheint Schnabel nach Nordhausen gegangen zu sein; 1750 erschien der Roman *Der aus dem Mond gefallene und nachhero zur Sonne des Glücks gestiegene Prinz*. Dann verliert sich Schnabels Spur.

Biografie: K.-D. Müller, *Johann Gottfried Schnabel*, in: H. Steinhagen, B. von Wiese (Hrsg.), *Deutsche Dichter des 17. Jahrhunderts*, 1984.

Die Insel Felsenburg

OA 1731–43 (4 Bde.)
Form Roman **Epoche** Barock/Aufklärung

Die Insel Felsenburg war einer der populärsten Romane seiner Zeit, in der Johann Gottfried Schnabel Robinsonade und Utopie (Stichwort → S. 964) verknüpfte.

Inhalt: Der barocke Originaltitel, den Ludwig → Tieck in seiner Bearbeitung 1828 durch den heute gebräuchlichen *Die Insel Felsenburg* ersetzte, fasst den Inhalt zusammen: *Wunderliche Fata einiger See-Fahrer, absonderlich Alberti Julii, eines gebohrnen Sachsens, Welcher in seinem 18den Jahre zu Schiffe gegangen, durch Schiff-Bruch selbte an eine grausame Klippe geworffen worden, nach deren Übersteigung das schönste Land entdeckt, sich daselbst mit seiner Gefährtin verheyratet, aus solcher Ehe eine Familie mit mehr als 300 Seelen erzeuget, das Land vortrefflich anbauet, durch besondere Zufälle erstaunenswürdge Schätze gesammlet, seine in Teutschland ausgekundschafften Freunde glücklich gemacht, am Ende des 1728-ten Jahres, als in seinem Hunderten Jahre, annoch frisch und gesund gelebt, und vermuthlich noch dato lebt.* Die Handlung spielt auf zwei Ebenen: In der von dem Roman *Robinson Crusoe* (1719) von Daniel → Defoe inspirierten Inselhandlung gründen Schiffbrüchige einen pietistischen Idealstaat, geben ihm ein festes Reglement, bauen eine Gemeinschaft auf und verteidigen sie gegen Angreifer. Dazu kom-

men Erzählungen von 22 Ausgewanderten, die auf der Insel Zuflucht gefunden haben und als Gegenbild das feudale Europa ihrer Gegenwart beschreiben, als verkommenen Ort voll Grausamkeit, Verrat und Gier.

Aufbau: Schnabel vereint verschiedene Genres in einer lockeren Form – die Robinsonade, den Abenteuerroman, frühe Spuren einer »sozialen Schauergeschichte«, aber auch das Zaubermärchen und die Predigt. Inselhandlung und Erzählungen der Ausgewanderten unterbrechen sich gegenseitig. Dass das Werk auf vier Bände mit etwa 2300 Seiten anwuchs, war mehr dem Erfolg und der Geldnot des Autors als einer inhaltlichen Notwendigkeit geschuldet. Gerade die beiden letzten Bände fallen qualitativ sehr stark ab: Die Erfindungen werden immer ausgefallener, die europäischen Grausamkeiten obskurer, die Erbauungstexte sind verbindungslos in die Handlung eingeschoben.

Wirkung: *Die Insel Felsenburg* war einer der erfolgreichsten Romane des 18. Jahrhunderts und vor allem in den protestantischen Ländern populär. Die Verbindung von Spannung und moralischer Stärkung faszinierte Bürger und Handwerker; andere erregten sich über die kolportagehaften Passagen. Tieck spielte auf diese doppelte Sicht in der Vorrede zu seiner Bearbeitung an und rechtfertigte Schnabel als einen »unverbildeten« Autor – nicht ohne eventuell Anstößiges aus dem Roman zu streichen und seine Sprache zu glätten.

Die Leser bürgerlicher Literatur im 19. und der ersten Hälfte des 20. Jahrhunderts vergaßen das Werk. Erst Arno → Schmidt rief es in den 1950er Jahren durch Essays und Rundfunkfeatures wieder ins öffentliche Bewusstsein. *H.Z.*

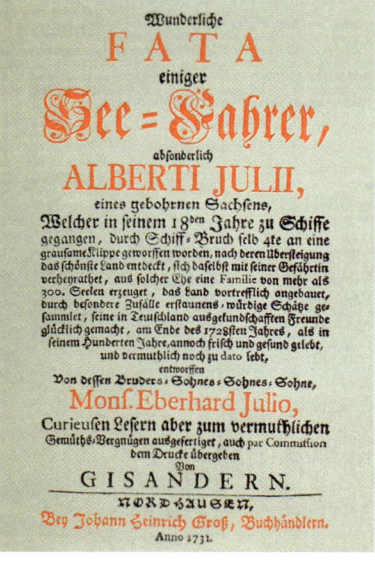

Johann Gottfried Schnabel, *Die Insel Felsenburg*, Titelblatt von Band 1 der Originalausgabe 1731

Utopie

Herkunft: In seinem Roman *Utopia* (1516) beschreibt Thomas → More eine Inselgesellschaft mit idealer Staatsverfassung.
Bedeutung: Die politische Utopie (griech. Outópos, Nirgendwo) beschreibt, meist mittels einer Erzählhandlung, den Aufbau einer Gesellschaftsordnung. Dabei stellt sie einen Entwurf vor, dem die Möglichkeit zur Umsetzung zugebilligt wird (im Gegensatz zur Fantasy-Literatur).
Anwendung: Typisch ist der durch Revolution, Krieg o. ä. ausgelöste Bruch mit dem gegenwärtigen System, welcher der Handlung meist vorausgeht; alternativ dazu werden andere Länder im Sinn eines ethnologischen Berichts beschrieben. Die Zustände der Gegenwart des Autors bleiben als Folie im Werk präsent, denn die Utopie hat vor allem sozialpolitische Themen: Sie wendet sich gegen Absolutismus und Feudalstaat (Denis Diderot, 1713–84; François de Salignac de la Mothe-Fénélon, 1651 bis 1715; Johann Gottfried → Schnabel), die Folgen der Industrialisierung (Lois de Rouvroy Saint-Simon, 1675–1755; William Morris, 1834–96; H.G. → Wells) und Totalitarismus (Jewgeni → Samjatin, George → Orwell, Aldous → Huxley).

Schneider, Robert

österreich. Schriftsteller

* 16.6.1961 Bregenz

📖 *Schlafes Bruder*, 1992

Robert Schneider gelang 1992 mit seinem Romandebüt *Schlafes Bruder* ein Welterfolg, an den er mit seinen weiteren Werken nicht wieder anknüpfen konnte.

Schneider verlebte seine Kindheit und Jugend in dem kleinen Bergdorf Meschach in den rheintalischen Alpen. Aufgewachsen bei Adoptiveltern in einer für Kunst unempfänglichen Umgebung, entdeckte Schneider zunächst die Musik, später dann die Literatur für sich. Zwischen 1981 und 1986 studiert er Komposition, Kunstgeschichte und Theaterwissenschaft in Wien und begann währenddessen zu schreiben.

Seit 1983 entstanden regelmäßig Bühnenstücke, so *Der falsche Prinz* (1983), *Hitlermein, Die Schaukinder* (beide 1989) und *Traum und Trauer des jungen H.* (1990, UA 1993) über Kind-

heit und Jugend Adolf Hitlers. In den Jahren 1989/90 verfasste Schneider das Drehbuch *Die Harmonien des Carlo Gesualdo,* für das ihm der Filmdrehbuchpreis des ORF verliehen wurde. Der 1992 erschienene Roman *Schlafes Bruder* bildet den ersten Teil der »Rheintal-Trilogie« und wurde schnell zu einem Bestseller. Erst sechs Jahre später kam mit dem Roman *Die Luftgängerin* der zweite Teil heraus, der von der Kritik überwiegend als enttäuschend beurteilt wurde. Die Trilogie wurde im Jahr 2000 mit *Die Unberührten* abgeschlossen. 2001 erschien das Kinderbuch *Der Papst und das Mädchen.*

Robert Schneider lebt in Meschach und gilt in der Literaturszene als Außenseiter, der schwer in die Medien- und Literaturszene der Gegenwart einzubeziehen ist.

Schlafes Bruder

OA 1992 **Form** Roman **Epoche** Gegenwart

Der mit zahlreichen Preisen bedachte und in rund 25 Sprachen übersetzte Roman-Bestseller *Schlafes Bruder* von Robert Schneider erzählt die Geschichte eines hochbegabten jungen Mannes in hinterwäldlerischem Milieu.

Inhalt: In Eschberg, einem rheintalischen Dorf, in dem die Zeit stehen geblieben scheint, wird mit Johann Elias Alder am Johannistag (24.6.) 1803 ein Junge in die Dorfgemeinschaft geboren, der offenbar bei einem Seitensprung der Mutter gezeugt wurde. Im Alter von fünf Jahren durchlebt Elias innerhalb einer einzigen Nacht seine gesamte Pubertät: seine zunächst gläserne Stimme wandelt sich zu einer Bassstimme, die Augen beginnen gelb zu leuchten, doch vor allen Dingen entwickelt sich in dieser Nacht sein übernatürlich feines Gehör. So hört er nun zum ersten Mal den Herzschlag des Fötus, der zu seiner späteren Geliebten, der Cousine Elsbeth heranwachsen wird. Aufgrund seiner körperlichen Missbildung wird Elias von seinen Eltern zwei Jahre lang in seine Kammer gesperrt, sodass niemand ihn zu sehen bekommt. Lediglich sein gleichaltriger Cousin Peter schleicht sich heimlich zu ihm und schließt Freundschaft. Er erkennt als einziger im Dorf Elias' Genialität, die er allerdings zu verbergen trachtet. Bald darauf wird Elsbeth, Peters jüngere Schwester geboren. Elias bringt sich nachts heimlich das Orgelspielen bei, weil der Organist, der Elias Talent fürchtet, sich weigert, ihn zu unterrichten. Aus Hass auf seinen Vater legt Peter Weihnachten 1815 ein Feuer im eigenen Stall. Elias, der intuitiv spürt, dass Elsbeth in Gefahr ist, rettet sie aus den Flammen.

Zu einem jungen Erwachsenen herangereift, darf Elias, inzwischen Dorflehrer geworden, während des Gottesdienstes die Orgel spielen,

André Eisermann (l.) als Elias und Ben Becker als Peter in der Verfilmung des Romans *Schlafes Bruder* von Robert Schneider (BRD 1995; Regie: Joseph Vilsmaier)

Hauptfiguren in »Schlafes Bruder« von Robert Schneider

Johannes Elias Alder: Der Sohn einer Bauernfamilie, der durch ein Wunder im Alter von fünf Jahren ein außerordentliches Gehör erlangt und zu einem musikalischen Genie heranwächst, wird schließlich Dorflehrer und Organist in der Dorfkirche.

Peter Elias Alder: Der Cousin von Elias und Bruder seiner Geliebten hat sadistische und homoerotische Neigungen. Als der seltsam aussehende Elias mit fünf Jahren von seinen Eltern weggeschlossen wird, sucht Peter seine Freundschaft. Er erkennt das Genie des Cousins und möchte es niederhalten und vernichten.

Elsbeth Alder: Peters Schwester ist der Mensch, von dem Elias weiß, dass er für ihn vorbestimmt ist. Er erkennt sie bereits an ihrem Herzschlag; als Fötus im Bauch der Mutter. Einige Jahre später rettet Elias das junge Mädchen aus dem Feuer. Zu einer

jungen Frau herangewachsen, erwidert Elsbeth Elias Liebe aber nicht, da er sich ihr nie offenbart hat und ihr Bruder die Verbindung fortwährend hintertreibt.

Seff Alder: Der nicht leibliche, wortkarge Vater von Elias ist seinem Sohn zugeneigt; beide entfremden sich jedoch vorübergehend voneinander, nachdem Elias Zeuge wird, wie Seff einen Mord begeht.

Oskar Alder: Der Organist der Dorfkirche spielt stümperhaft, als dessen Blasebalgtreter Elias in die Nähe der geliebten Orgel kommt. Als Oskar Alder sich aufgrund seiner Depressionen schließlich erhängt, übernimmt Elias das Amt des Organisten.

Kurat Elias Benzer: Der Frauenheld des Dorfes ist wahrscheinlich der leibliche Vater von Elias. Er kommt kurz nach dessen Geburt unter rätselhaften Umständen ums Leben.

OT = Originaltitel **EZ** = Entstehungszeit **OA** = Originalausgabe **DE** = Deutsche Erstausgabe 📖 = Verweis auf Werkartikel

weil der Organist erkrankt und sich später umbringt. Die Bauern des Dorfs sind angerührt von seinem Spiel, erkennen aber nicht Elias' Genialität. Zugleich versucht Elias seiner Liebe Elsbeth nahezukommen. Doch Elsbeth erwidert Elias Liebe nicht; sie wird von einem anderen Mann schwanger. Elias erhält seine ursprüngliche Augenfarbe zurück und scheint von der Sehnsucht nach Elsbeth erlöst zu sein.

Eines Tages kommt der Domorganist Goller nach Eschberg, der die musikalische Genialität Elias' erkennt und ihn zu einem Orgel-Wettbewerb in die Domstadt Feldberg einlädt. Dort fällt ihm die Aufgabe zu, über den Choral *Kömm o Tod, du Schlafes Bruder* zu improvisieren, die er bravourös meistert. Er gewinnt den Wettbewerb. Auf der Rückreise ins Heimatdorf entschließt sich Elias nicht mehr zu schlafen, denn er erinnert sich an die Worte eines Wanderpredigers, dass, wer schlafe, nicht liebe. Mit Peters Hilfe, der Elias auf eigenen Wunsch an einen Baum fesselt, stirbt er nach mehreren Tagen entkräftet durch Schlafentzug.

Aufbau: Um einen Höhe- und Wendepunkt in der Mitte des Buchs rankt sich die tragische Geschichte Elias Alders und seines Gegenspielers Peter. Diese wird von einem allwissenden Erzähler wiedergegeben, der mit archaischer, sehr altertümlich wirkender Sprache die Geschichte des Dorfes Eschberg und Elias Alders rückblickend erzählt. Häufig kommentiert und erklärt er das Geschehene, hält die Geschichte zwischen tragischer Ernsthaftigkeit und ironischer Distanz.

Darüber hinaus spielt der Roman mit deutlichen autobiografischen Zügen auf zahlreiche literarische und musikalische Werke an, so z. B. auf die Bachkantate *Ich will den Kreuzstab gerne tragen*, dessen Schluss-Choral *Komm, o Tod, du Schlafes Bruder* dem Roman seinen Titel gab, die *Blechtrommel* von Günter → Grass, *Das Parfüm* von Patrick → Süskind sowie auf Dichter wie Jeremias → Gotthelf und Gottfried → Keller. Durch diese Bezüge entsteht eine Vielzahl von Bedeutungsebenen und Interpretationsmöglichkeiten. Sie machen *Schlafes Bruder* zu einem typischen Werk der mit literarischen Traditionen spielenden Postmoderne.

Wirkung: Nachdem im Jahr 1990 22 Verlage das Manuskript abgelehnt hatten, bekundete der Reclam Verlag in Leipzig sein Interesse und brachte das Buch 1992 mit einer Startauflage von 4000 Exemplaren heraus. Erstaunlich positive Rezensionen in den großen Tageszeitungen machten den Roman zu einem literarischen Geheimtipp, der durch die Frankfurter Buchmesse und eine Besprechung in der Fernsehsendung »Das literarische Quartett« zur Sensation wurde. Ende 1992 waren bereits 40000 Exemplare verkauft, 1995, inklusive der Taschenbuchausgabe, über 700 000 Exemplare. Ebenfalls 1995 kam die Verfilmung des Buchs von Joseph Vilsmeier ins Kino, die jedoch die Dichte und Vielschichtigkeit des Romans nicht annähernd erreicht. Inzwischen gibt es auch eine Theaterfassung, eine Oper und ein Hörspiel nach dem Roman, der in über 25 Sprachen übersetzt wurde. *St. N.*

Robert Schneider, *Schlafes Bruder,* Umschlag der Originalausgabe 1992

Schnitzler, Arthur

österreich. Schriftsteller

* 15.5.1862 Wien, † 21.10.1931 ebd.

📖 *Lieutenant Gustl,* 1900

📖 *Der Weg ins Freie,* 1908

Arthur Schnitzler ist einer der bedeutendsten österreichischen Autoren der Wende vom 19. zum 20. Jahrhundert. Im Zentrum seines literarischen Werks steht die Zersetzung der traditionellen Werte der bürgerlichen Wiener Gesellschaft des Fin de Siècle und der Zerfall der von ihr geprägten liberalen Ordnung. Mit skeptischer Ironie und psychologischer Akribie zeichnet er für die Epoche typische Figuren.

Schnitzler wurde als Sohn eines angesehenen Wiener Laryngologen geboren und studierte selbst Medizin. Er arbeitete zunächst als Assistenzarzt, gab jedoch nach ersten literarischen Erfolgen den ungeliebten Beruf auf und lebte fortan als freier Schriftsteller. Im Café Griensteidl lernte Schnitzler schnell andere junge Autoren kennen, die bald als Literatengruppe »Jung-Wien« (Stichwort → S. 968) bekannt wurden.

Die wichtigsten Bücher von Arthur Schnitzler	
Sterben 1895	Schnitzlers erste längere Erzählung ist eine psychologische Studie über die Veränderung einer Liebesbeziehung angesichts der tödlichen Krankheit (Schwindsucht) des männlichen Partners.
Lieutenant Gustl, 1900	Das Werk ist die erste deutschsprachige Novelle, die durchgehend als innerer Monolog des Protagonisten verfasst ist. → S. 968
Frau Berta Garlan, 1901	Eine verwitwete Frau trifft ihre Jugendliebe wieder und scheitert bei ihrem sehnsüchtigen Versuch, ein versäumtes Glück nachzuholen.
Der Weg ins Freie, 1908	Der Roman ist ein Panorama der bürgerlichen Wiener Gesellschaft der Doppelmonarchie kurz vor der Jahrhundertwende. → S. 968
Casanovas Heimfahrt, 1918	Der alternde Frauenheld, ein k.-u.-k.-Casanova, der sich seine Liebesstunden erschwindeln muss, steht im Mittelpunkt dieser Erzählung.
Fräulein Else, 1924	Um ihren Vater vor dem Gefängnis zu bewahren, soll sich Else dem alten Herrn von Dorsday hüllenlos zeigen; daran geht sie zugrunde.
Traumnovelle, 1926	Ein junges Ehepaar gesteht sich gegenseitig seine erotischen Fantasien und findet nach zahlreichen Abschweifungen wieder zueinander.
Spiel im Morgengrauen, 1927	Im Zentrum steht ein junger Leutnant, dem seine Spielleidenschaft zum Verhängnis wird. Schnitzler zeigt die Aushöhlung des militärischen Ehrenkodex und des bürgerlichen Liebesideals durch das Geld.
Therese 1928	Das trostlose Leben eines Wiener Kindermädchens schildert Schnitzler in seiner »Chronik eines Frauenlebens«, die zu seinem Alterswerk zählt.

Schnitzlers frühe Dramen waren noch dem Programm des sozialdemokratischen naturalistischen Tendenzstücks verpflichtet. In der Komödie *Reigen* (1900) führt er typische Gestalten der Wiener Gesellschaft vor, die in einem Liebesreigen miteinander verknüpft werden und die erstarrten Verhältnisse ihrer Zeit vorführen. In späteren Dramen wandte sich Schnitzler der Analyse von Handlungen und Denkgewohnheiten seiner Figuren zu und dokumentierte den Zerfall traditionell bürgerlicher Werte (*Das weite Land*, 1911; *Professor Bernhardi*, 1912). Sein erzählerisches Werk ist einerseits dem Realismus, andererseits einer Erzähltechnik der Verinnerlichung verpflichtet, wie sie Marcel → Proust und James → Joyce verwendeten.

Biografie: G. Farese, *Arthur Schnitzler*, 1997; H. Scheible, *Arthur Schnitzler* (rm 50 235).

Arthur Schnitzler, *Lieutenant Gustl*, Einband der Ausgabe 1901

Auszug aus der Novelle *Lieutenant Gustl* **von Arthur Schnitzler:**

Ganz ruhig bin ich wieder... das Gehen ist so angenehm – und das Schönste ist, dass mich keiner zwingt. – Wenn ich wollt', könnt ich noch immer den ganzen Krempel hinschmeißen... Amerika... Was ist das: »Krempel«? Was ist ein »Krempel«? Mir scheint, ich hab' den Sonnenstich!... Oho, bin ich vielleicht deshalb so ruhig, weil ich mir immer noch einbild', ich muss nicht?... Ich muss! Ich muss! Nein, ich will!

Lieutenant Gustl

OA 1900 **Form** Novelle **Epoche** Moderne

Mit *Lieutenant Gustl* führte Arthur Schnitzler die literarische Technik des inneren Monologs in die deutsche Literatur ein. Indem er den Gedankenstrom seines Helden minutiös aufzeichnet, gelingt es ihm, dessen existenzielle Krise mit subjektiver Unmittelbarkeit gleichsam von innen heraus darzustellen.

Inhalt: Nach einem Konzert kommt es vor der Garderobe zu einem Gedränge, bei dem sich Lieutenant Gustl von einem ihm bekannten Bäckermeister beleidigt sieht. Da sich der junge Offizier in seiner Ehre verletzt fühlt, der Handwerker aber nicht »satisfaktionsfähig« ist, glaubt Gustl, nur durch einen Selbstmord seine Ehre wiederherstellen zu können. Seine Verzweiflung treibt ihn durch halb Wien bis in den Prater, wo er auf einer Bank die Nacht verbringt.

Als er am Morgen in seinem Stammkaffeehaus zufällig vom Tod des Bäckermeisters erfährt, der in der Nacht einem Schlaganfall erlegen ist, sieht er keinen Grund mehr, sich umzubringen.

Struktur: Die Geschichte wird konsequent aus der Innenperspektive des Lieutenant Gustl erzählt. Die äußere Wirklichkeit spiegelt sich nur im Bewusstsein des Helden wider. Selbst die wenigen Sätze, die gesprochen werden – von Gustl selbst, vom Bäckermeister und vom Kellner –, sind nahtlos in Gustls Gedankenstrom eingebettet und lösen bei ihm sofort neue Gefühle und Gedanken aus. Gustls Monolog auf seinem nächtlichen Weg in den Prater wird von Assoziationsketten beherrscht, die einen tiefen Einblick in das Denken und Fühlen des jungen Mannes gewähren. Ständig wechseln Erinnerungsfetzen mit Vorurteilen und eingedrillten Redensarten. Dementsprechend folgenlos bleibt Gustls »existenzielle Krise«. Nach dem Tod des Bäckermeisters nimmt er sein Alltagsleben wieder auf, als wäre nichts geschehen.

Wirkung: Angehörige der k. u. k.-Armee fühlten sich durch Schnitzlers Erzählung verunglimpft, woraufhin dem Autor sein Reserveoffiziersrang aberkannt wurde.

Erzähltechnisch eröffnete die Einführung des inneren Monologs der deutschen Literatur neue Darstellungsmöglichkeiten, die später z. B. von Alfred → Döblin (*Berlin Alexanderplatz*, 1929) und Thomas → Mann (*Lotte in Weimar*, 1939) genutzt wurden. Schnitzler selbst schrieb mit *Fräulein Else* 1924 noch einmal eine Monolognovelle, in deren Zentrum diesmal die Seelennöte einer jungen Frau standen. *R. Mi.*

Der Weg ins Freie

OA 1908 **Form** Roman **Epoche** Moderne

Der erste Roman von Arthur Schnitzler ist eine eingehende Diagnose der psychischen, sozialen und politischen Befindlichkeit der Wiener Gesellschaft gegen Ende des 19. Jahrhunderts. Er verbindet eine Liebesgeschichte mit einer fassettenreichen Darstellung des komplexen Themenbereiches Judentum und Antisemitismus im Wien der Jahrhundertwende.

Inhalt: Die Hauptfigur des Romans ist ein talentierter junger Komponist namens Freiherr Georg von Wergenthin, der sich in die kleinbürgerlich-katholische Musiklehrerin Anna Rosner verliebt und mit ihr ein Verhältnis eingeht. Georg steht jedoch in der Öffentlichkeit nicht zu ihr und denkt auch nicht an eine spätere Heirat. Als Anna schwanger wird, unternehmen sie eine längere Reise in den Süden und kehren erst zur Entbindung nach Wien zurück. In einem eigens dafür gemieteten Häuschen am Stadtrand bringt Anna ein totes Kind zur Welt.

Jung-Wien

Bezeichnung: Mit »Jung-Wien« oder »Junges Wien« wurde schon von den Zeitgenossen eine Gruppe von Wiener Schriftstellern bezeichnet, die sich von etwa 1890 bis zu dessen Schließung 1897 im Café Griensteidl trafen. Die Autoren verband kein Programm, gemeinsam war ihnen aber die zunehmende Ablehnung eines kruden Naturalismus und die Aufnahme moderner literarischer Strömungen wie Impressionismus, Symbolismus und Dekadenzdichtung. Das wichtigste Forum der Gruppe war die Zeitschrift *Moderne Rundschau*.

Autoren: Hermann Bahr (1863–1934) machte sich zum Wortführer der Gruppe, der neben den vielen anderen Arthur → Schnitzler, Richard Beer-Hofmann (1866 bis 1945), Felix Salten (1869–1945) und Hugo von Hofmannsthal (1874–1929), der

unter dem Pseudonym »Loris« mit seinen Gedichten Furore machte, angehörten. Anfangs zählten zu den Tischgenossen um Bahr Peter Altenberg (1859 bis 1919) und Karl Kraus (1874 –1936) zu den Tischgenossen um Bahr. Kraus verfasste anlässlich der Schließung des Café Griensteidl eine beißende Satire auf die Gruppe, was ihm deren bleibende Feindschaft eintrug. Ein anderer, heute fast vergessener Griensteidl-Stammgast war Leopold Andrian (1875–1951), der mit seiner Erzählung *Der Garten der Erkenntnis* (1895) ein hervorragendes Dokument für das damalige Lebensgefühl der Gruppe hinterließ.

Wirkung: »Jung-Wien« steht am Anfang der Wiener Moderne, einer neuen Epoche der österreichischen Literatur, die von Autoren wie Stefan → Zweig, Robert → Musil und Joseph → Roth geprägt wird.

Arthur Schnitzler (3. v. l.) in der Szenenpause zu *Xanto* mit Rudolf Beer, Luise Ullrich und Alexander Moissi

Georg ist erschüttert, nimmt aber nur kurze Zeit später ein Engagement als Kapellmeister in einer deutschen Provinzstadt an und trennt sich von Anna, wohl für immer. Diese Geschichte ist eingebettet in eine personenreiche Schilderung der Wiener Gesellschaftskreise, in denen Georg hauptsächlich verkehrt, mit Künstlern und Intellektuellen sowie Angehörigen des niederen Adels und des liberalen Großbürgertums. Da viele seiner Freunde und Bekannten Juden sind, wird er ständig mit der so genannten Judenfrage konfrontiert, wobei die einzelnen Personen des Romans das ganze Spektrum möglicher Antworten, vom Zionismus über ein selbstbewusstes Bekennertum bis hin zur vollständigen Assimilation, vorleben und vertreten.

Aufbau: Schon bald nach Erscheinen des Romans wurde Schnitzler von dem dänischen Kulturhistoriker Georg Brandes mit der Frage konfrontiert, ob er »nicht zwei Bücher geschrieben« habe. Brandes fand, dass die Liebesgeschichte »in nicht notwendiger Beziehung« zu der durch den Antisemitismus entstandenen neuen Lage der jüdischen Bevölkerung Wiens stehe, denn Georgs Geliebte sei keine Jüdin. Schnitzler selbst hat versucht, diese Doppelroman-Theorie zu entkräften, indem er auf die Parallelen zwischen Wergenthin und anderen Romanfiguren hinwies. Für den Einwand von Brandes spricht allerdings auch die Erzählperspektive: Das Geschehen wird überwiegend aus dem Blickwinkel der Hauptfigur dargestellt, deren Gefühle und Gedanken oft in erlebter Rede dargestellt sind, während die Probleme und Nöte der jüdischen Figuren vorwiegend von außen gesehen werden. Die Verschränkung der stark autobiografisch geprägten Liebesgeschichte – 1897 brachte Schnitzlers Geliebte Marie Reinhard ein totes Kind zur Welt – mit der »Juden-

frage« ist tatsächlich nicht zwingend, denn auch Wergenthin ist, im Gegensatz zu Schnitzler, kein Jude.

Wirkung: *Der Weg ins Freie* ist neben dem Drama *Professor Bernhardi* (1912) Schnitzlers bedeutendste Auseinandersetzung mit dem Thema Judentum und Antisemitismus im Wien der Jahrhundertwende. Von den Zeitgenossen wurde die Erzählung aber vor allem als Schlüsselroman gelesen und löste entsprechende Skandale aus. Schnitzlers hellsichtige Analyse des Wiener Judentums vor dem Ersten Weltkrieg findet heute seine Nachfolge in Romanen wie *Gebürtig* (1992) von Robert Schindel (* 1944), *Suche nach M.* (1997) von Doron Rabinovici (* 1961) und *Die Vertreibung aus der Hölle* (2001) von Robert →Menasse, die sich mit der Lage der Wiener Juden nach dem Holocaust auseinander setzen. *R. Mi.*

Auszug aus dem Roman
Der Weg ins Freie
von Arthur Schnitzler:

»Wenn man Ihnen einmal den Zylinder einschlagt auf der Ringstraße, weil Sie, mit Verlaub, eine etwas jüdische Nase haben, werden Sie sich schon als Jude getroffen fühlen, verlassen Sie sich darauf.«

Scholem Alejchem

(auch Shalom Alejchem; eigtl. Schalom Rabinowitsch)
jidd. Schriftsteller

* 2.3.1859 Perejaslaw (Ukraine), † 13.5.1916 New York

📖 *Tewje, der Milchmann*, 1924

Neben Mendele Mojcher Sforim (1835–1917) und Jizchak Lejb Perez (1851–1915) gilt Scholem Alejchem als der dritte jiddische Klassiker. Er war ein Vorkämpfer des Jiddischen als Literatursprache und beschrieb in einem satirisch-humoristischen, nahezu naiven Stil den Untergang des traditionellen jüdischen Lebens in Osteuropa, insbesondere im Schtetl des Russischen Reichs. Sein Werk spiegelt stark zionistische Ideen wider.

Scholem Alejchem (»Friede mit euch«) verbrachte seine Kindheit in Woronkow. Dort erhielt er die traditionelle jüdische Erziehung, ehe
er auf das Russische Gymnasium in Perejaslaw
wechselte. Dank der Erfolge mit Beiträgen in
der Petersburger jiddischen Zeitung *Dos Jidische
Folksblat* sowie ersten Novellen und Romanen
konnte er in Kiew die hoch anerkannte *Di jidische folksbibliothek* (1888/89) finanzieren, die
alle jiddische Literatur zusammentragen sollte.
1894 erschienen die ersten Teile zu *Tewje der
Milchmann* und *Menachem-Mendl*
(1892–1913). Geschockt von den Pogromen
1905 verlies Scholem Alejchem Russland. Er
ging nach New York, wo ihn das Schicksal jüdischer Einwanderer und der eigene Misserfolg
enttäuschten. Trotz schwerer Tuberkulose
begab er sich auf eine Lesereise durch Osteuropa. Weltruhm erlangte Scholem Alejchem 1964
dank des Musicals *Anatevka*, das auf dem
Roman *Tewje, der Milchmann* basiert.
Biografie: M. Waife-Goldberg, *My Father. Sholom Alei-
chem*, 1968.

Tewje, der Milchmann

OT Tewje der Milchiger **OA** 1924 **DE** ca. 1921
Form Briefroman **Epoche** Moderne

Der autobiografisch geprägte Roman *Tewje, der
Milchmann* von Scholem Alejchem beschreibt
die gesellschaftliche Existenz der osteuropäischen Juden im Schtetl, insbesondere im so genannten Ansiedlungsrayon des Russischen
Reichs, ein Gebiet, das von Litauen bis zum
Schwarzen Meer und von den östlichen polnischen Gebieten bis nach Charkow reichte.

Entstehung: Zwei Jahre nach
seinen ersten Texten zu *Menachem-Mendl* (1892–1913)
begann Scholem Alejchem mit
seinem Briefroman *Tewje der
Milchiger*, den er 1894–1916
schrieb; die einzelnen Kapitel
erschienen zunächst unabhängig voneinander in jiddischen
Zeitungen. 1924 wurde die
erste Buchausgabe auf Jiddisch
in New York herausgegeben.
Inhalt: Tewje, der Milchmann,
beliefert in Bojberick reiche
Sommergäste aus Jehupez mit
Milch, Butter und Käse. Er ist
mit dem täglichen Broterwerb
beschäftigt und mit einem
gottgefälligen Leben. Weil er in
Not geratene wohlhabende
Damen retten konnte, wird er
reichlich mit Geld beschenkt,
das ein betrügerischer Speku-

lant durchbringt. Außer dem Geld verliert er
auch alle seine sieben Töchter. Hodel, die ihr irdisches Sein verbessern will, heiratet einen Revolutionär, mit dem sie letztendlich in die Verbannung geht. Zeitel wählt einen armen
Schneider, Chawe heiratet einen Christen.
Sprinze ist ohne Mann, aber schwanger, und
nimmt sich das Leben. Bejlke macht eine gute
Partie mit einem reichen Fabrikanten, der sich
seines Schwiegervaters schämt und ihn mit viel
Geld zu einer Reise auf Nimmerwiedersehen
nach Palästina schickt. Das Gottesvertrauen Tewjes richtet ihn immer wieder auf, bietet ihm
aber keinen Fingerzeig für eine Verbesserung
der Situation.
Aufbau: Der Briefroman ist in der Ich-Form geschrieben und in acht Kapitel unterteilt. Der
Roman gipfelt im siebten Kapitel mit Tewjes
Aufbruch ins Heilige Land, analog zu den sieben Wochentagen und dem Sabbath als Fest-
tag. Die einzelnen Kapitel sind im Stil von
Gleichnissen geschrieben. Jede Geschichte beginnt mit einer harmonischen Situation, die
zerstört wird. Am Ende schaut der tief getroffe-
ne Held dennoch Gott vertrauend in die Zukunft. Am Ende des Romans steht ein achtes
Kapitel, das die Vertreibung Tewjes aus seinem
Dorf nach seiner Rückkehr beschreibt.
Wirkung: Dank des Musicals *Anatevka* (UA
1964), das auf der Grundlage des Romans
Tewje, der Milchmann entstand, gelangte Scholem Alejchem in den 1960er Jahren zu hoher
Popularität. Wegen seiner sozialkritischen und
satirischen Texte wurde er insbesondere in den
1920er und 1930er Jahren auch in der Sowjetunion wahrgenommen. *W.Z.*

Scholem Alejchem, *Tewje,
der Milchmann*, Umschlag der
deutschsprachigen Ausgabe
1967 (Gestaltung: Anatoli L.
Kaplan)

Tewje, der Milchmann

Scholl-Latour, Peter

dt. Journalist und Publizist

*6.3.1924 Bochum

📖 *Der Tod im Reisfeld*, 1979

Peter Scholl-Latour gehört zu den bekanntesten Journalisten und Publizisten in Deutschland. In den letzten 20 Jahren machte sich der
Arabist vor allem als Islamexperte einen Namen;
seinen größten Bucherfolg schrieb er allerdings
nicht über den Konflikt im Nahen Osten, sondern über den Krieg in Vietnam.
1948–54 studierte Scholl-Latour Literatur
und Politikwissenschaften in Mainz und Paris;
zwischen 1954 und 1956 war er Pressesprecher
der saarländischen Regierung, 1956–58 schloss
sich ein zweites Studium der Arabistik in Beirut
an. Seine Fernsehreportagen über die politi-

schen Probleme Afrikas und des Nahen Ostens (seit 1957) machten Scholl-Latour einem breiten Publikum bekannt. Als Leiter des ARD-Studios in Paris ab 1963 berichtete er nicht nur aus Frankreich, sondern kommentierte zugleich als Sonderkorrespondent auch die Entwicklung der Lage in Vietnam und in den arabischen Ländern. Nach einer kurzen Zeit als Direktor des WDR-Fernsehens wechselte Scholl-Latour zum ZDF und übernahm 1975 als Chefkorrespondent die Leitung der Pariser Studios des Senders. 1983 wurde er zum Herausgeber und Chefredakteur der Illustrierten *STERN* berufen, seit 1988 ist Scholl-Latour als freier Publizist tätig.

Außer durch zahlreiche Fernsehberichte machte sich Scholl-Latour auch als Verfasser zahlreicher Sachbücher einen Namen, in denen er vor allem die Ursachen und den Verlauf politischer Konflikte in Afrika und Asien beschrieb.

Der Tod im Reisfeld

OA 1979 **Form** Sachbuch **Bereich** Politik, Geschichte

Das Buch enthält eine chronologisch geordnete Kette kurzer Berichte, in denen Peter Scholl-Latour seine eigenen Erfahrungen in Vietnam während des Guerillakrieges schildert.

Entstehung: Als französischer Fallschirmjäger betrat Scholl-Latour Ende 1945 das erste Mal vietnamesischen Boden und erlebte somit unmittelbar den ersten Teil des 30 Jahre dauernden Kampfes um das südostasiatische Land. Da er auch im Lauf der folgenden Jahrzehnte oft nach Vietnam kam, spiegelt sein Bericht *Tod im Reisfeld* vor allem seine eigenen Erlebnisse und Erfahrungen in dem Guerillakrieg wider.

Inhalt: Das Werk ist keine fortlaufende Geschichte des langen Südostasien-Konflikts (Der zweite Konflikt 1954–65 wird ausgeklammert). Da der Autor es jedoch versteht, in seine betont subjektiv gehaltenen Erlebnisberichte auch die dazu notwendigen politisch-historischen Hintergründe einfließen zu lassen und die Reportagen überdies ausreichend mit geografischen Erläuterungen versehen sind, ergänzen sich die Mitteilungen über persönliche Erfahrungen und Begegnungen mit Menschen, allmählich zu einem zusammenhängenden Mosaik. Aus dem so entstehenden Bild kann man zahlreiche für das Verständnis der Geschichte des Landes wichtige Einzelheiten herauslesen. So erfährt man etwa, dass die Teilung Vietnams auf den Wunsch des US-Präsidenten Franklin D. Roosevelt (1882–1945), zurückgeht, der die »Entwaffnung« der Japaner in der nördlichen Zone den (National-) Chinesen, im Süden dagegen den Franzosen übertrug. Damit war nicht nur die Spaltung des Landes, sondern auch der spätere Vietnamkrieg (ab 1965) vorprogrammiert.

Scholl-Latour weist darauf hin, dass der US-amerikanische Geheimdienst zunächst Ho Chi Min und seine Partisanen unterstützte, diesen aber nach dem Sieg der Kommunisten in China abrupt die Unterstützung entzog. Danach widmet sich das Buch dem unerklärten Krieg der Amerikaner ab 1965.

Nach dem Ausscheiden der USA (endgültig 1973) verwandelte sich der bestehende Konflikt in einen reinen Bürgerkrieg, der sich noch bis zum Fall von Saigon im Jahr 1975 hinzog. Schon zuvor waren, gegen ihren Willen, auch Laos und Kambodscha mit in den Krieg hineingezogen worden.

Im letzten und längsten Abschnitt des Buchs berichtet Scholl-Latour nicht nur von der erzwungenen Wiedervereinigung Vietnams, sondern schildert auch die blutige Schreckensherrschaft der Roten Khmer in Kambodscha, den Bürgerkrieg in Laos sowie den kurzen, aber heftigen Grenzkrieg zwischen Vietnam und der Volksrepublik China.

Wirkung: Das Buch erschien erst nach dem Ende der US-Beteiligung an dem Krieg und dem Ende der Protestbewegung gegen den US-Einsatz. Als zusammenfassende Retrospektive wurde *Der Tod im Reisfeld* jedoch in kurzer Zeit zu einem Weltbestseller, der sich in den USA gut verkaufte. Mit einer Auflage von mehr als 1,3 Millionen Exemplaren ist es das erfolgreichste deutschsprachige Sachbuch seit 1945. *P. B.*

Auszug aus *Der Tod im Reisfeld* von Peter Scholl-Latour:

Am Nachmittag erreichten wir einen Bergkegel, der angeblich als Gefechtsstand eines irregulären VC-Bataillons ausgemacht war. VC oder Victor Charlie waren bei den Amerikanern die geläufigen Abkürzungen für »Vietcong«. Die Granatwerfer gingen in Stellung, und es wurde wahllos in den Dschungel geknallt.

Peter Scholl-Latour, *Der Tod im Reisfeld*, Umschlag der Originalausgabe 1979

Die wichtigsten Bücher von Peter Scholl-Latour

Matata am Kongo, 1961	Scholl-Latour fasst in den Werk Berichte und Reportagen aus Afrika seit Beginn der Unabhängigkeit zusammen.
Der Tod im Reisfeld, 1979	Scholl-Latour berichtet in seinem berühmtestes Werk über den 30 Jahre dauernden Kampf um das Land Vietnanm. → S. 971
Allah ist mit den Standhaften, 1983	Über die slamische Revolution – Berichte aus allen islamischen Ländern zwischen Marokko und den Philippinen.
Der Ritt auf dem Drachen, 1988	Scholl-Latour stellt in dem Werk die Geschichte Indochinas von der französischen Kolonialzeit bis 1988 dar.
Leben mit Frankreich, 1989	Autobiografische Notizen sowie Reportagen und Berichte aus und über Frankreich werden in dem Buch zusammengefasst.
Das Schwert des Islam, 1990	Anschaulich schildert das Buch die islamische Revolution im Namen Allahs und ihren gegen die Ungläubigen gerichteten Kampf
Weltkrise Arabien, 1991	Der Journalist stellt in dem Buch Berichte und Reportagen zu den Hintergründen des Golfkriegs um Kuwait zusammen.
Lügen im Heiligen Land, 1998	Ein Bericht über die Machtproben zwischen Euphrat und Nil, im Mittelpunkt steht der Konflikt um Israel und Palästina.
Afrikanische Totenklage, 2001	Scholl-Latour bietet einen Überblick über die zahlreichen aktuellen Konflikte zwischen der Sahara und Südafrika.

Der Slawist Johannes Holthusen 1963 über den Roman *Der Stille Don* von Michail Scholochow:

Scholochow ist mit dem Bewusstsein auf der Seite der neuen »roten« Macht, mit dem Herzen jedoch auf der Seite des »epischen« Kosakentums, das sich der fremden Ordnung nicht kampflos zu beugen gedenkt.

Michail Scholochow (r.) anlässlich der Verleihung des »Großen Sterns der Freundschaft zwischen den Völkern« der DDR; der Autor besaß insgesamt zehn Leninorden und wurde 1967 sowie 1980 »Held der Sozialistischen Arbeit«

Scholochow, Michail

russ. Schriftsteller

*24.5.1905 Kruschilin (Dongebiet)

†21.2.1984 Wjoschenskaja bei Rostow am Don

📖 *Der Stille Don*, 1928–40

Michail Scholochow war der bedeutendste Vertreter der orthodoxen Sowjetliteratur. Seine im Stil des sozialistischen Realismus verfassten Romane und Erzählungen spielen fast sämtlich im Milieu der Donkosaken.

Scholochow wuchs im Dongebiet auf, ohne selbst der Herkunft nach Kosake zu sein. Nach dem Besuch der Dorfschule schlug er sich mit Gelegenheitsarbeiten durch und war 1920 kurzzeitig Sekretär eines dörflichen Revolutionskomitees. 1922–24 lebte er in Moskau, danach kehrte er für immer an den Don zurück.

Sein erster Erzählband *Donkosaken* (1926) fand kaum Beachtung. 1928 erschien der erste Teil des Romans *Der Stille Don*, der ihn auf einen Schlag berühmt machte und für den er 1965 mit dem Nobelpreis ausgezeichnet wurde. Ob Scholochow wirklich der Autor war, ist umstritten (Stichwort → S. 972). Er schrieb zwei weitere Romane, die in ihrer literarischen Qualität weit hinter *Der Stille Don* zurückblieben: *Neuland unterm Pflug* (1932/1955–59, 2 Bde.), eine Glorifizierung der Landwirtschaftskollektivierung, sowie den linientreuen Kriegsroman *Sie kämpften für die Heimat* (1943–59).

Biografien: H. Ermolaev, *Mikhail Sholokhov and his Art*, 1982; E. Hexelschneider/N. Sillat (Hrsg.), *Michail Scholochow*, 1966.

Der stille Don

OT Tichi Don **OA** 1928–40 (4 Bde.)
DE 1929–34 (3 Bde.); 1953/54 (4 Bde.)
Form Roman **Epoche** Realismus

Der stille Don von Michail Scholochow ist eines der Hauptwerke der Sowjetliteratur. In einer epischen Breite und Farbigkeit, die nur mit dem Roman *Krieg und Frieden* (1865–69) von Leo → Tolstoi vergleichbar ist, verbindet der Roman eine fiktive Familienchronik mit der Darstellung der revolutionären Umwälzungen in Russland.

Entstehung: Das monumentale Werk von zusammen ca. 1.500 Seiten erschien in vier Teilen, doch ist seine Entstehungsgeschichte völlig unklar; die vielen Ungereimtheiten der offiziellen Version stellen den Hauptgrund dar, warum Scholochows Urheberschaft von Teilen der Literaturwissenschaft bis heute angezweifelt wird (Stichwort → S. 972).

Inhalt: *Der Stille Don* schildert das Leben in einem Donkosakendorf in einer Phase des historischen Umbruchs. Die Handlung setzt 1912 ein und erstreckt sich über den Ersten Weltkrieg bis zum Ende des Bürgerkriegs 1920. Im Mittelpunkt steht der junge Kosake Grigori Melechow – seine Jugend, seine unglückliche Ehe mit Natalja und seine große, tragisch endende Liebe zu Axinja, der Frau seines Dorfnachbarn Stepan Astachow, die in den Revolutionswirren ums Leben kommt. Als Kavallerist in einem Kosakenregiment nimmt Grigori am Weltkrieg teil; im *Bruderkrieg der Donkosaken* (so der Titel des dritten Teils), der nach der Revolution ausbricht, wechselt er, getrieben von seinem Streben nach Wahrheit, Gerechtigkeit und privatem Glück, mehrfach die Seiten, kämpft mal gegen die Rote Armee und mal in ihren Reihen, immer aber für die Sache des Kosakentums. Nach dem endgültigen Sieg der Bolschewiki muss er untertauchen und kehrt schließlich in sein Heimatdorf zurück, wo von seiner Familie einzig sein kleiner Sohn Mischatka am Leben geblieben ist. Die Welt der

Michail Scholochow – ein Plagiator?

Vorwurf: Bereits 1928, unmittelbar nach Erscheinen des ersten Bands von *Der Stille Don* kamen Gerüchte auf, Scholochow sei gar nicht der Autor; zu den heutigen Zweiflern zählen unter anderem Solschenizyn und der Historiker Roy Medwedjew (*1925).

Argumente: Scholochow, so die Kritiker, war 1928 erst 23 Jahre alt, ein Hilfsarbeiter mit vierjähriger Schulbildung und selbst kein Kosake; er könne deshalb die enzyklopädischen Kenntnisse über Traditionen der Donkosaken, über die der Autor des *Stillen Don* verfügte, gar nicht besessen haben. Ein zentrales Argument gegen Scholochows Autorenschaft sind die historisch korrekten, detailgenauen Schilderungen aus dem Bürgerkrieg, wie sie nur jemand verfassen konnte, der auf Seiten der Kosaken selbst an den Kämpfen teilgenommen hatte. Historische Darstellungen des Bürgerkriegs, aus denen ein Außenstehender diese Information hätte schöpfen können, gab es in der Sowjetunion der 1920er Jahre nicht. Scholochow weigerte sich zeit seines Lebens, Auskunft über seine Quellen zu geben. Auch ein Manuskript konnte er nicht vorweisen; nach 1945 behauptete er, es sei im Krieg verloren gegangen.

Als wahrscheinlicher Autor von *Der Stille Don* gilt der Publizist und Kosakenschriftsteller Fjodor Krjukow (*1870), der als weißer Offizier am Bürgerkrieg teilnahm und 1920 an Typhus starb. Nach einer Theorie brachte sich Scholochow durch Diebstahl oder Beziehungen in den Besitz des Manuskripts – sein Schwiegervater war ein langjähriger Kollege und Freund Krjukows; nach einer anderen fungierte er lediglich als »Strohmann« für die Veröffentlichung, der das Manuskript von sowjetischen Literaturfunktionären erhielt, es überarbeitete und um einige bolschewistische Figuren »bereicherte«.

OT = Originaltitel **EZ** = Entstehungszeit **OA** = Originalausgabe **DE** = Deutsche Erstausgabe 📖 = Verweis auf Werkartikel

Donkosaken ist untergegangen und Grigori ein Gescheiterter, der die historische Notwenigkeit der Revolution nicht zu begreifen vermag. Über Grigori Melechows Lebensgeschichte hinaus liefert der Roman ein Panorama der Revolutionswirren am Don, das durch historische Genauigkeit besticht, und schildert zugleich detailfreudig die Sitten und Traditionen der Donkosaken – von der kosakischen Selbstverwaltung über Kleidung, Essen und Festtagsbräuche bis hin zu alltäglichen Verrichtungen wie Netzfischen im Don, Landarbeit und dem Umgang mit Pferden.

Aufbau: Formal knüpft der Roman an die Erzähltraditionen des Realismus an. Die Verschachtelung der verschiedenen Handlungsebenen lässt sich als System konzentrischer Kreise beschreiben: Im innersten Kreis stehen Grigori und seine Geliebte Axinja, im nächsten Grigoris Familie, es folgt das Kosakendorf und schließlich die Gesellschaft der Donkosaken insgesamt. Als Gegenfiguren zu den Kosaken treten Kommunisten und Rotarmisten auf, deren Charaktere jedoch blass bleiben. Durch detailgetreue Schilderungen des Bürgerkriegsgeschehens und die Einführung historischer Persönlichkeiten gewinnt die Darstellung große Authentizität. Der Text, der viele volkssprachliche Wendungen enthält, ist von Dialogen und szenischen Darstellungen geprägt; auktoriale Kommentare und innere Monologe fehlen fast völlig, sodass die Figuren über ihre Handlungen charakterisiert und nicht eindeutig positiv oder negativ gezeichnet sind.

Wirkung: *Der Stille Don* stellte den ersten Versuch dar, die historischen Umwälzungen in Russland in ihrer ganzen Komplexität literarisch zu bewältigen – ein vergleichbar monumentales Unterfangen hat danach nur Alexander → Solschenizyn mit seinem unvollendeten Romanzyklus *Das Rote Rad* (ab 1971) unternommen. Der sozialistische Realismus ist von Scholochows Epos nachhaltig beeinflusst worden. In der sowjetischen Kritik wurde nach Erscheinen der Vorwurf laut, der Autor zeichne die »reaktionären« Kosaken zu positiv. Doch gerade in der unparteiischen Haltung des Erzählers liegt die bleibende Größe des Romans.　　　　*B. F.*

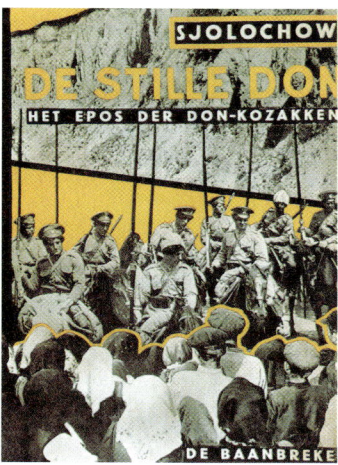 

Michail Scholochow, *Der stille Don;* links: Umschlag der niederländischen Erstausgabe 1931 (Gestaltung: Cesar Domela); rechts: Einband von Band 1 der deutschsprachigen Erstausgabe 1929, gestaltet von John Heartfield

Der Sohn eines Großkaufmanns und der erfolgreichen Schriftstellerin Johanna Schopenhauer (1766–1838) veröffentlichte bereits im Alter von 30 Jahren sein Hauptwerk *Die Welt als Wille und Vorstellung*, das er mit seinen weiteren Schriften nur ergänzte (*Über den Willen in der Natur,* 1836; *Die beiden Grundprobleme der Ethik,* 1841; *Parerga und Paralipomena,* 1851). Unter dem Einfluss von → Platon, Immanuel → Kant, des deutschen Idealismus (Johann Gottlieb Fichte, 1762–1814; Friedrich Schelling, 1775–1854) und des Buddhismus gelangte Schopenhauer zu einer radikalen Kritik des Glaubens an objektive Erkenntnis sowie einem pessimistischen Menschen- und Weltbild. Ab 1820, zur selben Zeit wie Georg Wilhelm Friedrich → Hegel, lehrte Schopenhauer an der Universität Berlin. Von der Fachphilosophie kaum beachtet, führte er ab 1831 in Frankfurt/Main ein zurückgezogenes Leben als Privatgelehrter.

Biografie: W. Abendroth, *Arthur Schopenhauer* (rm 50 133); R. Safranski, *Schopenhauer und die wilden Jahre der Philosophie,* 1987.

Die Welt als Wille und Vorstellung

EA 1819 **Form** Traktat **Bereich** Philosophie

In seinem Hauptwerk *Die Welt als Wille und Vorstellung* erklärt Arthur Schopenhauer dem Menschen zu einem Triebwesen und den Intellekt zum bloßen Diener des Triebs. Sein pessimistisches Menschen- und Weltbild wurde bis weit ins 20. Jahrhundert hinein in Philosophie, Psychologie und Kunst lebhaft diskutiert.

Vorgeschichte: Schopenhauers Lehre ist nur vor dem Hintergrund der Aufklärung zu verstehen, die seit dem Ende des 18. Jahrhunderts das Denken im Abendland bestimmte. Die Aufklärungsphilosophen sahen den Menschen als

Auszug aus *Die Welt als Wille und Vorstellung* von Arthur Schopenhauer:

Welche Erkenntnisart nun aber betrachtet jenes außer und unabhängig von aller Relation bestehende, allein eigentlich Wesentliche der Welt, den wahren Gehalt ihrer Erscheinungen, das keinem Wechsel Unterworfene und daher für alle Zeit mit gleicher Wahrheit Erkannte, mit einem Wort, die Ideen, welche die unmittelbare und adäquate Objektität des Dinges an sich, des Willens, sind? – Es ist die Kunst, das Werk des Genius. Sie wiederholt die durch reine Kontemplation aufgefassten ewigen Ideen, das Wesentliche und Bleibende aller Erscheinungen der Welt, und je nachdem der Stoff ist [sic!], in welchem sie wiederholt, ist sie bildende Kunst, Poesie oder Musik. Ihr einziger Ursprung ist die Erkenntnis der Ideen; ihr einziges Ziel Mitteilung dieser Erkenntnis.

Schopenhauer, Arthur

dt. Philosoph

*22.2.1788 Danzig, †21.9.1860 Frankfurt/Main

📖 *Die Welt als Wille und Vorstellung,* 1819

Arthur Schopenhauer ist der neben Friedrich → Nietzsche populärste deutsche Philosoph des 19. Jahrhunderts.

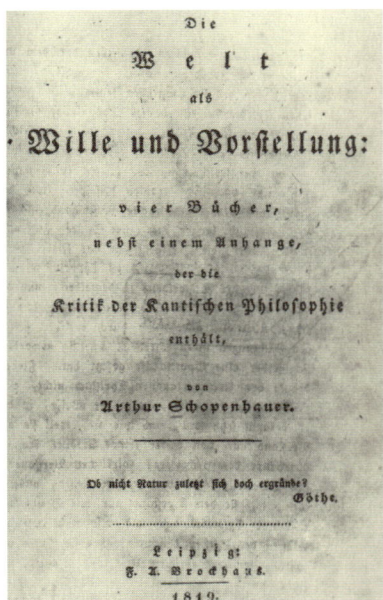

Arthur Schopenhauer, *Die Welt als Wille und Vorstellung*, Titelblatt der Originalausgabe 1819

Auszug aus dem Roman *Geschichte einer afrikanischen Farm* von Olive Schreiner:

Über dem Kopfende des väterlichen Bettes hing eine dicke silberne Jagduhr. Sie tickte laut. Der Knabe achtete darauf und begann unwillkürlich mitzuzählen. Tick-tick-tick! Eins-zwei-drei-vier! Dann kam er nicht mehr mit und lauschte nur noch. Tick-tick-tick-tick! Sie wartete nicht: unerbittlich lief sie weiter, und jedesmal, wenn sie tickte, starb ein Mensch! Er stützte sich ein wenig auf den Ellbogen und lauschte. Wenn sie doch nur aufhören wollte! Wieviel mal hatte sie schon getickt, seit er sich schlafen gelegt hatte? Tausendmal, vielleicht millionenmal. Er versuchte wieder zu zählen und setzte sich hoch, um besser zu hören. »Stirbt-stirbt-stirbt!« sagte die Uhr. »Stirbt-stirbt-stirbt!«

durch Aberglauben und Autoritätshörigkeit verdorbenes Vernunftwesen. Sie wollten ihn anleiten, seine Vernunft frei und selbstständig zu gebrauchen. Dann werde, so hofften sie, ein menschenwürdiges, glückliches Zusammenleben in der Gesellschaft möglich. Höhepunkt der Aufklärungsphilosophie in Deutschland ist das Werk von Immanuel → Kant, der in seiner *Kritik der reinen Vernunft* (1781) das Erkenntnisvermögen untersucht: Erkenntnis komme durch ein kompliziertes Zusammenspiel von Anschauung und Begriffen zustande. Der Mensch erkennt die Dinge nicht, wie sie an sich sind, sondern wie sie ihm aufgrund der Beschaffenheit seines Erkenntnisvermögens erscheinen.

Inhalt: Schopenhauer greift die Gedanken von Kant auf und vereinfacht sie zu der Formel: »Die Welt ist meine Vorstellung.« Sagt der Mensch »die Welt«, so spricht er von einem Bild, das er sich unbewusst selbst gemacht hat. Das »Ding an sich« ist vom »Schleier der Maya« – eine Metapher aus der altindischen Vedanta-Philosophie – verdeckt. Mit den Begriffen verhüllt der Mensch es noch mehr, denn sie sind nur Abbilder seines Bildes von der Welt.

Schopenhauer meint den »Schleier der Maya« lüften zu können. Der Weg zur Erkenntnis des »Dinges an sich« führt ihm zufolge durch den menschlichen Leib. Dieser ist Teil der Vorstellung von der Welt, verrät jedoch zugleich, was sich hinter der Vorstellung verbirgt. Blickt der Mensch in seinen Leib hinein, entdeckt er als treibende Kraft den Willen. Diesem sinnfreien Lebenstrieb ist alles unterworfen, auch das Erkenntnisvermögen – eine Auffassung, mit der Schopenhauer den aufklärerischen Glauben an das Vernunftwesen Mensch und den Fortschritt in der Geschichte erschüttert.

Doch Schopenhauer gibt die Autonomie des Intellekts nicht vollständig preis. Er hält es für möglich, dass sich der Intellekt vorübergehend aus seiner dienenden Funktion befreit oder gleichsam aus ihr herausfällt. So kommt eine »reine« Erkenntnis zustande, die das Wesentliche und Bleibende aller Erscheinungen, die ewigen Ideen, erfasst. Aus ihr geht die Kunst hervor, der Schopenhauer daher eine Sonderstellung gegenüber Wissenschaft und Philosophie einräumt: Sie bleiben der »unreinen« Erkenntnis verhaftet und gebrauchen die Begriffe, die bloß Abbilder des Bildes von der Welt.

Doch nicht nur in der Kunst kann sich der Mensch zeitweise über seine Triebhaftigkeit erheben, sondern auch im Handeln aus Mitleid, das Schopenhauer als Fundament aller Moral betrachtet. Dauerhafte Erlösung vom Willen ist nur durch seine bewusste Verneinung, durch die Entscheidung für Entsagung und Askese möglich. In diesem Konzept der »Selbstabtötung« erweist sich die Nähe von Schopenhauers Lehre zum Buddhismus am deutlichsten.

Wirkung: In der Philosophie beeinflusste Schopenhauer vor allem Friedrich → Nietzsche und die Lebensphilosophie (Henri → Bergson). Nietzsche übernahm den Begriff des Willens, wendete ihn jedoch als »Willen zur Macht« ins Positive und lehnte jede moralische Beschränkung ab (*Also sprach Zarathustra*, 1883–85). Nach Bergson bringt eine schöpferische Kraft (»élan vital«) im Ringen mit der Materie die Vielfalt des Lebens hervor (*Schöpferische Entwicklung*, 1907).

Auch in der Psychologie fand das Werk große Resonanz, von Eduard von Hartmann (1842–1906) in seinem Werk *Philosophie des Unbewussten* (1869) bis hin zu Sigmund → Freud, dem Begründer der Psychoanalyse. Freud, der Triebenergien als Ursachen des psychischen Geschehens ansah (*Das Ich und das Es,* 1923), nannte Schopenhauer seinen Vorläufer. Die Kunsttheorie von Schopenhauer wurde zu einem wesentlichen Bestandteil des Anregungsfundus der modernen Literatur (Thomas → Mann), Malerei (Giorgio de Chirico, 1888–1978) und Musik (Richard Wagner, 1813–83). *P. E.*

Schreiner, Olive

englischsprachige südafrikan. Schriftstellerin

*24.3.1855 Wittebergen (Lesotho)

† 11.12.1920 Kapstadt

📖 *Geschichte einer afrikanischen Farm*, 1883

Olive Schreiner, die erste südafrikanische Romanautorin von Bedeutung, lieferte 1883 mit ihrer *Geschichte einer afrikanischen Farm* die erste realistische Beschreibung des Lebens in Südafrika. Daneben wurde Schreiner als Feministin, Sozialistin und Pazifistin berühmt. Ihre Schrift über *Die Arbeit und die Frau* (1911) galt in den ersten Jahrzehnten des 20. Jahrhunderts als »Bibel« der Frauenrechtlerinnen.

Schreiner kam in einem gläubigen Elternhaus zur Welt; ihr deutschstämmiger Vater war calvinistischer Missionar, ihre englische Mutter Predigerin. Sie litt unter der streng protestantischen Erziehung, die im Zusammenhang mit dem Tod ihrer jüngeren Schwester zu einer Glaubenskrise und zum Bruch mit ihrem Elternhaus führte. 1881 reiste Schreiner nach London und lernte dort Eleanor Marx, die Tochter von Karl → Marx, kennen. Sieben Jahre später kehrte Schreiner nach Südafrika zurück, wo heute der Olive-Schreiner-Literaturpreis an ihr Schaffen erinnert.

Biografie: R.First/A.Scott, *Olive Schreiner*, 1980.

Geschichte einer afrikanischen Farm

OT The Story of an African Farm   **OA** 1883   **DE** 1964
Form Roman   **Epoche** Gründerzeit

Olive Schreiners Siedlerroman schildert vor der Kulisse des südafrikanischen Buschlands das Erwachsenwerden von zwei Mädchen und einem Jungen auf einer entlegenen Farm. Zur Kritik an der christlichen Religion tritt eine emanzipatorische Haltung, die den Frauen gleiche Rechte etwa auf Ausbildung zubilligt und stereotype Rollenmuster ablehnt.

Inhalt: Auf einer entlegenen Farm in Südafrika um 1850 wachsen unter der Aufsicht der Burenfrau Sannie drei Kinder heran: ihre bodenständige Tochter Em, ihre intelligente Nichte Lyndall und der verschlossene Waldo, Sohn des Vorarbeiters Otto aus Süddeutschland. Der gutgläubige Otto wird von dem zwielichtigen Hochstapler Bonaparte Blenkins von der Farm geekelt und stirbt. Blenkins, der sich an Sannie heranmacht, will auch Waldo vertreiben, doch verjagt ihn die eifersüchtige Sannie. Lyndall geht vier Jahre in ein Internat. Der Pächter Gregory Rose verliebt sich in Em, ist aber nach Lyndalls Rückkehr von dieser bezaubert. Waldo verlässt die Farm, um durchs Land zu ziehen, und auch Lyndall reist wieder ab. Als Waldo zurückkehrt, erfährt er, dass Lyndall vermutlich an den Folgen einer Geburt – ihr Kind lebte nur wenige Stunden – gestorben ist. Em bereitet nun doch die Heirat mit Gregory vor, und Waldo stirbt nach seiner strapaziösen Wanderzeit an plötzlichem Herzversagen.

Form: Der Roman enthält autobiografische Züge – die Figur des idealistischen Otto ist an Schreiners Vater angelehnt, ihre Mutter Rebecca trug auch den Namen Lyndall. Die lose Romankonstruktion ist zusammengesetzt aus Briefpassagen, theologischen und philosophischen Diskursen, naturalistischen Detailbeobachtungen, realistischen Landschaftsschilderungen, dokumentarischen Beschreibungen von Felsmalereien, Allegorien, Dialogen über Frauenrechte und Gleichberechtigung sowie inneren Monologen über Gott.

Die hauptsächlich auktoriale Erzählweise wird von Berichten in der Wir-Form oder aus kindlicher Perspektive sowie durch Rückblicke einer anderen Erzählerfigur unterbrochen. In der Charakterisierung von Bonaparte Blenkins und

Gregory Rose findet sich ein Höchstmaß an Komik.

Wirkung: Wegen des zum Zeitpunkt des Erscheinens der *Geschichte einer afrikanischen Farm* stark ausgeprägten Vorurteils gegenüber Schriftstellerinnen wurde Schreiners Debüt in London unter dem Pseudonym Ralph Iron veröffentlicht; erst in der Auflage von 1887 gab Schreiner ihre wahre Identität bekannt, worauf der Vorwurf eines »unweiblichen Stils« aufkam. Der Roman war in der viktorianischen Gesellschaft eine Sensation, wurde mit Emily → Brontës Roman *Sturmhöhe* (1847) verglichen, als der größte Roman englischer Sprache bewertet und löste heftige Kontroversen aus. Zum einen faszinierten die realistischen Landschaftsschilderungen, der aufgeklärte Naturalismus und die unverkrampfte Rede über Sexualität, zum anderen irritierten die fortschrittlichen, bisweilen nihilistischen und agnostischen Auffassungen von Heirat und Religion. Großes Erstaunen löste der Gleichklang aus Schreiners kühnem Rationalismus und der hingebungsvollen Emotionalität aus. Schreiner gilt als Wegbereiterin für die Erzählerin Virginia → Woolf und wird aufgrund ihrer Biografie oft mit der in London lebenden Schriftstellerin Doris → Lessing aus Simbabwe verglichen.   *M.L.*

Olive Schreiner, *Geschichte einer afrikanischen Farm*, Umschlag der deutschsprachigen Erstausgabe 1964

Hauptfiguren in »Geschichte einer afrikanischen Farm« von O. Schreiner

Sannie: Eine dickleibige, leichtgläubige sowie gefügige Burenbäuerin und zweifache Witwe, die sich neben ihrer Tochter Em auch um ihre Nichte Lyndall kümmert.

Otto: Der Aufseher von deutscher Herkunft auf Sannies Farm ist idealistisch, streng gottesfürchtig und bibeltreu. Er glaubt an das Gute im Menschen und wird deshalb unentwegt übervorteilt; Intrigen und Finten steht er machtlos gegenüber.

Waldo: Der Sohn von Otto ist ein grüblerischer Tüftler, der schon als Kind über Sinnfragen und den Begriff Gottes nachdenkt. Dabei ist er einfältig im gesellschaftlichen Leben und unfähig zur Konversation sowie zuverlässig und ehrlich. Er ist eher den Tieren ein Freund als den Menschen.

Em: Die Tochter von Sannie ist ein pragmatisches Mädchen, das sehr gut seine Stärken und Schwächen kennt. Sie ist konsequent, ehrlich und direkt und steht mit beiden Beinen im Leben.

Lyndall: Die Nichte von Sannie und Kusine von Em ist anspruchsvoll, intelligent, freiheitlich gesonnen, bildungshungrig und

ambitioniert. Sie hält nichts von gesellschaftlichen Konventionen und zahlt einen hohen Preis für ihre bisweilen unerbittlichen Ansprüche und ihrem Festhalten an Prinzipien.

Bonaparte Blenkins: Ein Abenteurer aus Irland, der zu Fuß durch das Land zieht und eine Chance sucht, sich durch eine gewinnbringende Heirat irgendwo niederzulassen. Je nach Bedarf gibt er sich als Prediger oder Adeliger aus. Er verkalkuliert sich indessen in seinen Machenschaften und wird von Sannies Hof gejagt, nachdem er Otto in den Tod getrieben hat.

Gregory Rose: Der Pächter eines Teils von Sannies Farm hat weibliche Züge und ein feminines Verhalten. Er ist einfühlsam, verletzlich und dabei doch berechnend. Gregory verliebt sich zuerst in Em, dann in Lyndall. Er sucht und findet Lyndall nach ihrer zweiten Abreise von der Farm und pflegt sie in ihren letzten Stunden, indem er sich als Krankenschwester ausgibt und verkleidet. Nach Lyndalls Tod heiratet er schließlich doch Em.

Auszug aus *Die Zimtläden* von Bruno Schulz:

Wir wohnten am Ring, in einem jener dunklen Häuser mit leerer und blinder Fassade, die man so schwer voneinander unterscheiden kann. Das gab Anlass zu ständigen Irrtümern. Wenn man einmal durch einen falschen Flur eine falsche Stiege betrat, so geriet man gewöhnlich in ein wahres Labyrinth fremder Wohnungen, Gänge, unerwarteter Durchlässe auf fremde Höfe und vergaß das ursprüngliche Ziel seiner Expedition so gründlich, dass man sich erst nach vielen Tagen, von wunderlichen Irrwegen und verworrenen Abenteuern zurückkehrend, eines grauen Morgens unter Gewissensbissen des väterlichen Hauses erinnerte.

Schulz, Bruno

poln. Prosaiker, Literaturkritiker und Grafiker

* 12.7.1892 Drohobycz, † 19.11.1942 ebd.

📖 *Die Zimtläden*, 1934

Neben Witold →Gombrowicz und Stanislaw Ignacy Witkiewicz (1885–1939) gehört Bruno Schulz zum Dreigestirn der herausragenden polnischen Schriftsteller der Zwischenkriegszeit (Stichwort → S. 976). Sowohl im Hinblick auf die Stilmerkmale seiner Prosa, als auch im Hinblick auf seinen künstlerischen Rang steht er in einer Reihe mit Autoren wie Rainer Maria → Rilke, Franz → Kafka und Robert → Musil. Das Leitmotiv seines Werks ist die Suche nach einer universellen kosmischen Ordnung und einem mythischen Sinn hinter der Wirklichkeit.

Schulz stammte aus dem kleinbürgerlichen jüdischen Milieu. Er studierte Architektur in Lemberg (1910–13) und Malerei in der Akademie der Bildenden Künste in Wien (1914/15). 1924 bis 1941 war er als Zeichenlehrer in einem Gymnasium in Drohobycz tätig. Nach dem Erfolg seines Erstlings *Die Zimtläden* knüpfte er Kontakte zu Warschauer Literaten und nahm fortan als Kritiker am literarischen Leben teil; er

betätigte sich außerdem als Kunstmaler und Grafiker. 1937 erschien der zweite Erzählungsband *Das Sanatorium zur Todesanzeige*. Nach dem Einmarsch der Deutschen 1941 in den (seit 1939 von der Sowjetunion besetzten) ostpolnischen Provinzen wurden die Drohobyczer Juden im Getto isoliert. Dort wurde Schulz 1942 auf offener Straße von einem Angehörigen der Gestapo erschossen.

Die Zimtläden

OT Sklepy cynamonowe **OA** 1934 **DE** 1961
Form Erzählungen **Epoche** Moderne

Gegenstand der autobiografisch geprägten Erzählungen von Bruno Schulz ist der Prozess der Reifung des kindlichen Ich-Erzählers. Die Entfaltung seines Innenlebens geht einher mit der ständigen Beobachtung des Verhaltens der merkwürdigen Erwachsenenwelt, des sozialen Umfelds seiner Familie sowie der Naturerscheinungen, der Haustiere, des Wetters. In den Erlebnissen und Fantasien des Jungen verschmilzt die reale Welt mit den Visionen einer traumhaften Wirklichkeit, in denen er das Erlebte zu verarbeiten und zu begreifen sucht. Diese fantasmagorische, in ständigem Wandel befindliche Realität wird von Schulz mit einer ausgefeilten poetischen Sprache voller Bilder und Metaphern beschworen.

Inhalt: Die Ereignisse des Romans spielen sich vor dem Ersten Weltkrieg zur Zeit von Kaiser Franz Joseph I. (1830–1916) ab; die Handlung ist im Randgebiet Österreich-Ungarns in einem kleinen ostpolnischen Provinzstädtchen angesiedelt, das als Drohobycz zu identifizieren ist. Die Hauptfiguren sind – neben dem Ich-Erzähler Józef – die Mitglieder seiner Familie: der verschrobene Vater, die sanftmütig-geduldige Mutter und schließlich das resolute Dienstmädchen Adela.

Im Mittelpunkt der Handlung steht der körperliche und geistige Verfall des Vaters: Seine Gesundheit wird zusehends schlechter, er wird kauzig, beginnt auf dem Dachboden seltsame Vögel zu züchten und hält den Hausbewohnern ketzerische Vorträge über die Notwendigkeit der zweiten Menschenschöpfung nach dem Ebenbild der Gliederpuppe. Auf die »geniale Epoche« des Vaters folgt der endgültige Niedergang – seine Verwandlung in eine Küchenschabe, schließlich sein völliges Verschwinden, gefolgt von einer »traurigen Rückkehr« im letzten Absatz des Buchs.

Aufbau: Die auf den ersten Blick nur lose zusammenhängenden 15 Erzählungen sind miteinander nicht nur durch die Szenerie, die Hauptfiguren und den einheitlichen Stil verknüpft, sondern auch durch ein dichtes Netz

Polnische Prosa der Zwischenkriegszeit

Stefan Zeromski 1924	*Vorfrühling:* Der Roman handelt von der unbefriedigenden politischen und sozialen Situation Polens nach der Wiedererlangung der staatlichen Unabhängigkeit nach dem Ersten Weltkrieg.
Bruno Jasienski 1928	*Pest über Paris:* Der Roman schildert den symbolischen Untergang der französischen Metropole in einer Pestepidemie als Fanal gegen die wirtschaftlichen, politischen und sozialen Folgen des Kapitalismus.
Juliusz Kaden-Bandrowski 1928/29	*Die schwarzen Schwingen:* Im Milieu der Bergarbeiter spielt dieser Roman über die sozialen Konflikte in Polen nach dem Ersten Weltkrieg. Der expressionistische Stil wirkte stark auf die polnische Moderne.
Stanislaw Ignacy Witkiewicz 1930	*Unersättlichkeit:* Die intellektuelle und erotische Initiation eines jungen Polen vor dem Hintergrund einer Europa bedrohenden Invasion der Rotchinesen ist das Thema dieses Romans.
Leon Kruczkowski 1932	*Rebell und Bauer:* Der Roman thematisiert den polnischen »Novemberaufstand« in den Jahren 1830/31 und interpretiert vor allem die sozialen Gegensätze als Hauptursache für sein Scheitern.
Maria Dabrowska 1932–34	*Nächte und Tage:* Die vierbändige Romanepopöe zeichnet das Schicksal einer polnischen Adelsfamilie in der zweiten Hälfte des 19. und am Anfang des 20. Jahrhunderts nach.
Bruno Schulz 1934	*Die Zimtläden:* Ein kindlicher Ich-Erzähler beschreibt sein Innenleben und seine Beobachtungen der Erwachsenenwelt. → S. 976
Zofia Kossak 1935	*Die Kreuzfahrer:* Der historische Roman erzählt das Schicksal der Teilnehmer des ersten Kreuzzugs ins Heilige Land am Ende des 11. Jahrhunderts als Sinnbild auf die gesamte Geschichte der Menschheit.
Maria Kuncewiczowa 1936	*Die Fremde:* Die psychologische Romanstudie handelt von einer Frau, die angesichts des Todes ihr Leben und ihr schwieriges Verhältnis zu Mann und Kindern noch einmal ausführlich Revue passieren lässt.
Jan Parandowski 1936	*Himmel in Flammen:* Der Roman des polnischen PEN-Präsidenten (ab 1933) schildert die religiös-weltanschauliche Krise eines Gymnasiasten in Lemberg am Vorabend des Ersten Weltkriegs.
Józef Wittlin 1936	*Das Salz der Erde:* Das Schicksal eines analphabetischen Bauern, der gezwungen ist, als Infanterist am Ersten Weltkrieg teilzunehmen, ist das Thema dieses humanistisch-pazifistisch motivierten Romans.

OT = Originaltitel   EZ = Entstehungszeit   OA = Originalausgabe   DE = Deutsche Erstausgabe   📖 = Verweis auf Werkartikel

von wiederkehrenden Motiven, stereotypen Situationen und Themenkreisen. Dazu gehören z.B. erotische Motive und Anspielungen; eine wichtige Rolle spielt die Hausgehilfin Adela, das Objekt geheimer erotischer Obsessionen des Vaters. Von herausragender Bedeutung für die ideelle Konzeption der *Zimtläden* ist das Motiv der Metamorphose, der Verwandlung, Deformation, Grenzüberschreitung und gegenseitigen Durchdringung, die das zentrale Gestaltungsprinzip des Buchs bildet.

Wirkung: Erst die späte Wiederentdeckung des Autors in den 1950er Jahren in Polen machten den formalen Rang der experimentellen Erzählkunst von Bruno Schulz deutlich.   *M. Sch.*

Schulze, Ingo

dt. Schriftsteller

*15.12.1962 Dresden

📖 *Simple Storys*, 1998

Die Zeit nach dem Zusammenbruch der Sowjetunion und dem Ende der DDR sowie die Auswirkungen dieses Wandels auf die Menschen ist zentrales Thema im Werk von Ingo Schulze. In einem lakonischen und gänzlich unpathetischen Stil beschreibt er scheinbar gewöhnliche Alltagsgeschichten, die erst auf den zweiten Blick die tiefgreifenden gesellschaftlichen Veränderungen offenbaren.

1983–88 studierte Schulze Klassische Philologie in Jena. Anschließend arbeitete er als Dramaturg am Landestheater Altenburg. Nach der Wende schrieb er ab 1990 für eine Wochenzeitschrift und gründete ein eigenes Anzeigenblatt. Ein halbjähriger Aufenthalt in Sankt Petersburg (1993) fand seinen Niederschlag in Schulzes literarischem Debüt *33 Augenblicke des Glücks* (1995). Der in Russland spielende Erzählband, in dessen Mittelpunkt die Aufzeichnungen eines in Sankt Petersburg verschollenen deutschen Zeitungsangestellten und Literaturliebhabers stehen, gewährt Einblicke in die russische Seele in einer Zeit des Umbruchs und Wertewandels. Von der Kritik vielfach gelobt, wurde das Werk u.a. mit dem Aspekte-Literaturpreis ausgezeichnet.

Simple Storys

OA 1998 **Form** Roman **Epoche** Moderne

»Roman aus der ostdeutschen Provinz« nannte Schulze seine 29 lose verwobenen Geschichten im Untertitel. Er beschreibt darin Schicksale und seelische Beschädigungen als Folge der deutschen Vereinigung.

Inhalt: Der Roman spielt in der thüringischen Kleinstadt Altenburg. In karger Sprache und mit scheinbar mitleidsloser Präzision schildert Schulze alltägliche Ereignisse aus dem Leben von rund zwei Dutzend Menschen. Die zunächst belanglos wirkenden Geschichten offenbaren nach und nach den dramatischen Bruch, der sich seit dem Ende der DDR 1989/90 durch zahlreiche ostdeutsche Biografien zieht – das Zusammenstürzen einer ganz und gar nicht heilen, aber funktionstüchtigen Welt und das Unbehagen gegenüber einer leistungs- und konsumorientierten neuen Gesellschaft, die verlockend und furchteinflößend zugleich ist.

Die Geschichten handeln davon, wie ein einst streng parteitreuer Schuldirektor mit seiner Frau die erste Italienreise unternimmt und sich ein vor Jahren von ihm entlassener Lehrer für das erlittene Unrecht rächt; wie ein Mann, der im Taucheranzug und auf Schwimmflossen durch die Fußgängerzone von Altenburg watschelt, Handzettel für ein Fischrestaurant verteilt und obendrein auch noch Prügel von einem Passanten bezieht. Die Storys beschreiben flüchtige Liebesakte im Gebüsch, Selbstgespräche verlassener Männer, die fortschreitende Vereinzelung der Figuren.

Aufbau: Schulze stellt jeder Geschichte ein lakonisches Resümee voran. Die zunächst unverbunden erscheinenden Episoden offenbaren erst allmählich ihren inneren Zusammenhang. Details aus der einen Geschichte werden in einer späteren – bisweilen variiert – wieder aufgegriffen. So werden die einzelnen Geschichten allmählich zum Roman verwoben.

Wirkung: Von der Kritik besonders wegen seiner nüchternen Perspektive und fehlenden »Nachwendeweinerlichkeit« (Eva Leipprand) gelobt, wurde Schulzes Roman ein Bestseller-Erfolg in Ost und West.   *D. M.*

Bruno Schulz, *Die Zimtläden*, Umschlag der zweiten Auflage der deutschsprachigen Ausgabe 1962

Literatur bedeutet für mich, die Welt im Wassertropfen zu sehen. Das heißt, wenn ich eine Geschichte erzähle, muss ich möglichst genaue Situationen schaffen. Schon allein die Benennung von Ort, Zeit und Personen lässt Politisches in die Geschichte einströmen.

Ingo Schulze

Ingo Schulze, *Simple Storys*, Umschlag der Originalausgabe aus dem Jahr 1998

Auszug aus *Kapitalismus, Sozialismus und Demokratie*

Die These, die ich zu begründen versuchen werde, ist die, dass die gegenwärtigen und künftigen Leistungen des kapitalistischen Systems dergestalt sind, dass sie die Vorstellung seines Zusammenbruchs unter dem Gewicht wirtschaftlicher Fehlschläge widerlegen und dass vielmehr gerade sein Erfolg die sozialen Einrichtungen, die es schützen, untergräbt und »unvermeidlich« Bedingungen schafft, unter denen es nicht zu leben vermag und die nachdrücklich auf den Sozialismus als seinen gesetzmäßigen Erben deuten.

Schumpeter, Joseph Alois

österreich. Nationalökonom

*8.2.1883 Triesch (Mähren)

†8.1.1950 Taconic (Connecticut)

📖 *Kapitalismus, Sozialismus und Demokratie*, 1942

Bereits sein erstes Hauptwerk, *Theorie der wirtschaftlichen Entwicklung* (1911), in dem Joseph Alois Schumpeter die investierenden Unternehmer als die wesentlichen Träger der wirtschaftlichen Entwicklung identifiziert, gehört zu den bedeutendsten Beiträgen zur Wirtschaftstheorie in der ersten Hälfte des 20. Jahrhunderts.

Nach dem Besuch des Elitegymnasiums Theresianum studierte Schumpeter ab 1901 Rechts- und Staatswissenschaften an der Universität Wien, wobei der Schwerpunkt seiner Studien auf der Nationalökonomie lag. Nach Promotion und Habilitation übernahm er 1909 eine Professur für Politische Ökonomie an der Universität Czernowitz und wurde 1911 an die Universität Graz berufen.

Das politische und unternehmerische Wirken von Schumpeter – er war für kurze Zeit Finanzminister im Kabinett Karl Renner (1870–1950) und ab 1921 Präsident der Biedermann-Bank – waren nicht von Erfolg gekrönt. 1924 ging die Bank in Konkurs, wodurch Schumpeter sein ganzes Vermögen verlor. 1925 trat er eine Professur für Finanzwissenschaft an der Universität Bonn an und wechselte 1932 an die Harvard-Universität in Cambridge (Massachusetts), wo er bis zu seinem Tod lehrte.

Biografie: R. Swedberg, *Joseph A. Schumpeter: eine Biografie*, 1994.

Kapitalismus, Sozialismus und Demokratie

OT Capitalism, socialism, and democracy
OA 1942 **DE** 1946 **Form** Sachbuch
Bereich Wirtschafts- und Sozialwissenschaften

Das Buch von Joseph Alois Schumpeter stellt – fast 80 Jahre, nachdem *Das Kapital* (1867–94) von Karl → Marx erschienen war – den ersten Versuch eines modernen Nationalökonomen dar, die zukünftige Entwicklung des kapitalistischen Wirtschaftssystems zu prognostizieren. Schumpeter war der Überzeugung, dass letztlich der Kapitalismus an seinem eigenen Erfolg scheitern und der Sozialismus siegen werde.

Inhalt: Im ersten Teil der Untersuchung unterzieht Schumpeter die marxsche Lehre einer dezidierten Kritik, betont aber gleichzeitig Marx' Fähigkeit, ökonomische Prozesse im historischen und sozialen Zusammenhang zu analysieren. Im zweiten Teil versucht Schumpeter seine These zu begründen, wonach eine sozialistische Gesellschaftsform unvermeidlich aus einer ebenso unvermeidlichen Auflösung der kapitalistischen Gesellschaft entstehen wird.

Der ökonomische Fortschritt werde durch Innovationen angetrieben, durch die in einem Prozess der »schöpferischen Zerstörung« überkommene Strukturen verschwinden und neue entstehen. Schumpeter diagnostiziert mehrere Faktoren, die zu einem Ende der ökonomischen Entwicklung führen werden. So werde der Innovationsprozess durch Spezialistengruppen in Großunternehmen mehr und mehr bürokratisiert, wodurch der Unternehmer seine ursprüngliche Funktion verliere.

Im dritten Teil erläutert Schumpeter den Übergang des so bürokratisierten Kapitalismus zu einem planwirtschaftlichen Sozialismus, der sich als das ökonomisch überlegene System erweisen werde. Im vierten Teil entwickelt Schumpeter seine Vorstellungen der demokratischen Ordnung. Politischer Wettbewerb sei durchaus mit dem wirtschaftlichen Konkurrenzkampf vergleichbar, Demokratie letztlich eine reine Methode der Machtübertragung. Politiker orientierten sich nicht an normativen Werten, sondern verfolgten in erster Linie das eigene Interesse: die Stimmenmaximierung. Auf den fünften Teil, eine für das US-amerikanische Publikum verfasste historische Skizze über sozialistische Parteien, wurde in der deutschen Übersetzung weitgehend verzichtet.

Wirkung: Schumpeters Buch fand in den drei Jahrzehnten der Nachkriegszeit kaum Beachtung, denn die wirtschaftspolitische Diskussion wurde von den Theorien des englischen Nationalökonomen John Maynard Keynes (1883 bis 1946) dominiert. Schumpeters Theorie der De-

Sozialismus

Herkunft: Obwohl sozialistisch-egalitäre Vorstellungen über eine lange Tradition verfügen, fand die Idee des Sozialismus in Westeuropa erst im Zuge der Industrialisierung seit Mitte des 18. Jahrhunderts weite Verbreitung. Ausgangspunkt der Entwicklung des Sozialismus war die Kritik an der zunehmenden Durchsetzung eines individualistisch-liberalen Kapitalismus und seinen negativen Folgen.

Bedeutung: Der Begriff Sozialismus bezeichnet zunächst all jene Gesellschaftsentwürfe bzw. Lehren, deren Ziel die Verwirklichung einer Gesellschaftsordnung ist, in der Gleichheit, Solidarität und Gerechtigkeit gewährleistet sind. Darüber hinaus versteht man unter Sozialismus diejenigen Gesellschaftsformen (z.B. ehemals in Osteuropa), die sich – unter Berufung auf marxistische Theorien – auf der Entwicklungsstufe zwischen Kapitalismus und Kommunismus befinden.

Ausprägungen: Art und Umfang der angestrebten Neuordnung und die Mittel zu ihrer Umsetzung weisen je nach sozialistischer Lehre teilweise erhebliche Unterschiede auf. Radikale Vertreter des Sozialismus fordern u.a. die Überwindung der kapitalistischen Eigentumsverhältnisse insbesondere durch eine Vergesellschaftung der Produktionsmittel und streben die Einführung einer Planwirtschaft an. Dabei versuchen sie, ihre Ziele vorwiegend auf dem Wege der Revolution durchzusetzen (Marxismus-Leninismus). Verfechter eines gemäßigteren Sozialismus lassen dagegen die Eigentumsverhältnisse weitgehend bestehen, beanspruchen aber Gewinnbeteiligung und Mitbestimmung für die Arbeitnehmer. Sie versuchen, ihre Ziele auf dem Wege von Reformen zu erreichen. Neben den revolutionären und den reformistischen Ausprägungen des Sozialismus existieren Zwischenformen.

OT = Originaltitel   EZ = Entstehungszeit   OA = Originalausgabe   DE = Deutsche Erstausgabe   📖 = Verweis auf Werkartikel

mokratie findet sich zwar bei den klassischen Vertretern der US-amerikanischen Politikwissenschaft wieder, doch wird seine Bedeutung hier ebenso vernachlässigt wie im Bereich der Wirtschaftswissenschaften. Erst ab den 1980er Jahren ist eine Renaissance der schumpeterschen Theorien festzustellen. *J. R.*

Schwab, Gustav

dt. Schriftsteller, Lyriker und Publizist

* 19.6.1792 Stuttgart, † 4.11.1850 ebd.

📖 *Die schönsten Sagen des klassischen Altertums,* 1838–40

Gustav Schwab galt zu seinen Lebzeiten als bedeutender und herausragender Literat; heute ist sein Werk größtenteils in Vergessenheit geraten. Einzige Ausnahme ist das Buch *Die schönsten Sagen des klassischen Altertums,* das noch immer aufgelegt wird und zu den Standardtexten zur griechischen Mythologie gehört.

Der Pfarrerssohn Schwab studierte Philosophie, Theologie und Philologie in Tübingen, bevor er 1817 in seiner Geburtsstadt Stuttgart eine Laufbahn als Gymnasiallehrer einschlug. Schon früh verfasste er Gedichte von volksliedartigem und romantischem Charakter, die er erstmals in den beiden Sammelbänden *Poetischer Almanach auf das Jahr 1812* (1811) und *Deutscher Dichterwald* (1813) veröffentlichte. Schwab war Mitglied des Schwäbischen Dichterbunds und zählte zu den maßgeblichen Förderern jüngerer Autoren wie Eduard → Mörike und Nikolaus Lenau (1802–50). Enge Freundschaften verbanden ihn mit den wichtigsten Dichtern seiner Zeit, u. a. mit Ludwig Uhland (1787–1862).

Noch während seiner Zeit als Lehrer arbeitete Schwab zusätzlich als Publizist, Rezensent und Herausgeber. 1837 ließ er sich als Pfarrer in Gomaringen nieder, wechselte später nach Stuttgart und erlangte dort das Amt des Stadtpfarrers und später des Dekans. Er wurde Oberkonsistorialrat und Leiter der höheren Schulen in Württemberg.

Biografie: B. Schillbach / E. Dambacher, *Gustav Schwab, 1782–1850; aus seinem Leben und Schaffen,* 1992.

Die schönsten Sagen des klassischen Altertums

OA 1838–40 **Form** Mythensammlung
Epoche Spätromantik

Die schönsten Sagen des klassischen Altertums von Gustav Schwab ist bis heute das einzige deutschsprachige Standardwerk zur griechischen Mythologie. Die umfangreiche Nacherzählung überlieferter Mythen ging aufgrund der lebendigen Schilderung sowie der ausführlichen und detaillierten Darstellung in den literaturwissenschaftlichen Kanon ein.

Entstehung: Während seiner Tätigkeit beim Metzler Verlag in Stuttgart beschäftigte sich Schwab ab 1827 intensiv mit der Herausgabe griechischer und römischer Werke der Antike. Seine Kenntnis der griechischen Mythologie erweiterte der engagierte Literaturliebhaber durch das Sammeln und Auswerten sämtlicher antiker Quellentexte, die ihm zugänglich waren. Als Lehrer sah er seine Aufgabe in der Vermittlung antiker Mythen an seine Schüler. Dieses Bestreben ließ ihn das aufwändige Projekt einer vollständigen Erfassung aller überlieferten Sagen des Altertums beginnen, wobei er Wert darauf legte, in seiner Nacherzählung möglichst nah am Originaltext zu bleiben. 1838 erschien der erste der insgesamt drei Bände.

Inhalt: In einer nie da gewesenen Ausführlichkeit erzählt Schwab sämtliche erhaltenen Mythen des griechischen und römischen Altertums nach. Dabei bezieht er beispielsweise die *Ilias* sowie die *Odyssee* (beide entst. 2. Hälfte des 8. Jahrhunderts v. Chr.) von → Homer ein, beschreibt jedoch die gesamte Sage des Trojanischen Kriegs, von denen die beiden antiken Werke jeweils nur einen Ausschnitt darstellen. Neben diesem wohl bekanntesten Mythos um den Trojanischen Krieg zählen die Argonautensage, die Heraklessage und die Sage von Ödipus, die Schwab in seinem Werk nacherzählt, zu den verbreitetsten und meistzitierten Sagen der griechischen Antike. Da der Autor Wert auf eine umfassende Darstellung legt, erwähnt er auch viele weniger bekannte Sagen.

Struktur: Das Werk ist in drei Bücher gegliedert, die jedoch in einem Zusammenhang stehen. Das erste Buch widmet sich den Sagen, die vor dem Trojanischen Krieg stattgefunden haben. Hierzu zählen die Prometheussage, die Argonautensage und der Mythos um den Vatermörder Ödipus, der unwissentlich seine eigene Mutter heiratet. Das zweite Buch behandelt ausführlich die Sage um Troja bis zum Niedergang der Stadt und den Sieg der Griechen. Im dritten Buch wird schließlich geschildert, was den griechischen Helden während der Rückkehr aus Troja widerfährt. Hierzu gehört vor allem die bewegte Rückreise des Odysseus, die so genannte Odyssee. Auch die sagenhafte Gründung Roms fällt in diesen Zeitrahmen und wird von Schwab beschrieben.

Wirkung: Das Werk bildet mehr als 160 Jahre nach ihrem ersten Erscheinen immer noch die Grundlage für das allgemeine Verständnis der griechischen Mythologie. Die drei Bände sind zum festen Bestandteil der Literaturgeschichte und Altertumswissenschaft geworden und prägen bis heute die Vorstellung von der antiken Welt Griechenlands. *J. D.*

Auszug aus dem Vorwort zur ersten Auflage von *Die schönsten Sagen des klassischen Altertums* von Gustav Schwab:

Es ist eine schöne Eigentümlichkeit der Mythen und Heldensagen des klassischen Altertums, dass sie für die Blicke des Forschers und für das Auge der Einfalt einen zwar verschiedenartigen, aber doch gleich mächtigen Reiz haben. Während der Gelehrte in ihnen den Anfängen alles menschlichen Wissens, den Grundgedanken der Religion und Philosophie, der ersten Morgendämmerung der Geschichte nachgeht, entzückt den unbefangenen Betrachter die Entfaltung der reichsten Gestalten, das Schauspiel einer gleichsam noch in der Schöpfung begriffenen Natur und Geisterwelt.

Gustav Schwab, *Sagen des klassischen Altertums,* Umschlag der Ausgabe 2000 (Gestaltung: Michael Kimmerle und Kai Twelbeck)

*Ich will nur daran erinnern,
dass noch 1977 ein Ehemann
seiner Frau verbieten konnte,
berufstätig zu sein. In den vergangenen 20 Jahren hat jede,
ausnahmslos jede Frau, auch
die, die von sich sagt, sie sei
keine Feministin, von der Frauenbewegung profitiert.*

Schwarzer, Alice

dt. Publizistin, Verlegerin und Autorin

*3.12.1942 Wuppertal

📖 *Der »kleine Unterschied« und seine großen Folgen,*
1975

Alice Schwarzer ist die bedeutendste deutsche
Frauenrechtlerin der Gegenwart. Seit den
1970er Jahren kämpft sie öffentlich für die
Gleichberechtigung von Frauen und sorgte in
dieser Zeit mit ihren oft provokanten Auftritten
und Aktionen für viel Aufsehen.

Die Wuppertalerin wurde unehelich geboren
und wuchs bei den Großeltern auf. Nach dem
Handelsschulabschluss arbeitete sie im kaufmännischen Bereich. 1964–74 studierte sie mit
Unterbrechungen Sprachen, Psychologie und
Soziologie in Paris. Zwischenzeitlich absolvierte
sie ein Volontariat bei den *Düsseldorfer Nachrichten*. Ab 1970 war sie zunächst in der französischen, später auch in der deutschen Frauenbewegung aktiv. In Deutschland trat sie zum
ersten Mal 1971 mit einem Aufsehen erregenden Artikel in Erscheinung, in dem – neben ihr
selbst – 373 Frauen öffentlich bekannten, ab-
getrieben zu haben. Der Artikel löste eine groß
angelegte Kampagne gegen den § 218 aus.

1975 veröffentlichte Schwarzer das viel beachtete Buch *Der »kleine Unterschied« und seine
großen Folgen*, in dem Frauen in unterschiedlichen Lebenssituationen schonungslos offen
über ihre private und gesellschaftliche Situation
sprechen. Zwei Jahre später begann sie mit der
Herausgabe der erfolgreichsten deutschen
feministischen Zeitschrift *Emma*, die bis heute
erscheint. Viel Aufsehen erregte 1987 die Anti-
Porno-Kampagne der Publizistin, bei der sie
zusammen mit anderen prominenten Frauen u.
a. die Werke des Aktfotografen Helmut Newton
als »sexistisch« und »faschistisch« verurteilte.

Weitere Veröffentlichungen der Autorin umfassen neben frauenspezifischen Themen auch
biografische Werke, u.a. über Marion Dönhoff
(*Marion Dönhoff. Ein widerständiges Leben*,
1997) und Romy Schneider (*Romy Schneider.
Mythos und Leben*, 2000).

Biografien: A. Dünnebier/G. v. Paczensky, *Das bewegte
Leben der Alice Schwarzer*, 1999; B. Mika, *Alice Schwarzer,
Eine kritische Biografie*, 1998.

Die wichtigsten Bücher der Frauenbewegung

Mary Woll-stonecraft 1792	*Rettung der Rechte des Weibes:* Das Buch gilt als frühestes Werk der Frauenbewegung. Wollstonecraft fordert ein partnerschaftliches Miteinander der Geschlechter sowie Chancengleichheit für Frauen.
John Stuart Mill 1869	*Die Hörigkeit der Frau:* Entgegen seines missverständlichen Titels wendet sich Mills Werk gegen die Unterdrückung von Frauen durch Männer, die nach damaliger Vorstellung in der Natur der Frau selbst begründet lag.
Simone de Beauvoir 1947	*Das andere Geschlecht:* In dem umfangreichen und fundiert recherchierten Werk betrachtet die französische Philosophin in einem kulturhistorisch angelegten Ansatz die Benachteiligung der Frau gegenüber dem über sie herrschenden Mann. → S. 92
Betty Frie-dan, 1963	*Der Weiblichkeitswahn oder Die Mystifizierung der Frau:* Die US-amerikanische Frauenrechtlerin analysiert den Frust und die innere Leere amerikanischer Hausfrauen. Sie kritisiert die traditionellen Geschlechterrollen und fordert eine Gesellschaft, die Frauen gleichermaßen offen ist. → S. 374
Kate Millett 1970	*Sexus und Herrschaft:* Kulturhistorisch und literaturwissenschaftlich angelegt, geht diese Untersuchung den Ursachen der Beherrschung von Frauen durch Männer nach. Millett greift darin das Werk von Schriftstellern wie Norman → Mailer und Henry → Miller an. → S. 768
Germaine Greer 1970	*Der weibliche Eunuch:* In ihrer Darstellung der sich wandelnden Selbstwahrnehmung und Ziele von Frauen stellt die australische Emanzipationskämpferin die Frage, was das typisch Weibliche an Frauen sei. Sie sieht die Frau als weiblichen Eunuchen degradiert.
Alice Schwarzer 1975	*Der »kleine Unterschied« und seine großen Folgen:* Die bekannteste deutsche Frauenrechtlerin beschreibt die alltägliche gesellschaftliche und private Benachteiligung von Frauen, deren Ursache sie in sexueller Unterdrückung sieht. → S. 980
Adrienne Rich 1977	*Von Frauen geboren:* Unter Einbeziehung medizinischer, psychologischer und literarischer Studien, untersucht Rich die Rolle der Frau als Mutter und bezieht auch ihre eigenen Erfahrungen mit ein. Sie bricht radikal mit der Idealisierung der Mutterrolle und deckt deren dunkle Seiten auf.
Naomi Wolf 1991	*Mythos Schönheit:* Wolf beklagt, dass die von der Schönheitsindustrie geschaffenen Idealbilder von Frauen zu deren Unterdrückung beitragen. Die Autorin steht für eine neue Generation der Frauenemanzipation in den USA.
Susan Faludi 1992	*Die Männer schlagen zurück:* Die Autorin verteidigt den Feminismus, dem von Männerseite in den 1980er und 1990er Jahren vorgeworfen wurde, den Frauen mehr geschadet als genutzt zu haben. Sie besteht auf einer Rückkehr zu einer radikaleren Linie der Frauenbewegung.

Der »kleine Unterschied« und seine großen Folgen

OA 1975 **Form** Sachbuch **Bereich** Gesellschaft

Der »kleine Unterschied« und seine großen Folgen
gehört zu den erfolgreichsten Büchern der
deutschen Frauenbewegung und ist das bedeutendste und einflussreichste Werk von Alice
Schwarzer. Bereits kurze Zeit nach seinem Erscheinen wurde es zum nationalen Bestseller
und machte die Journalistin zur Identifikationsfigur der deutschen Frauenbewegung.
Entstehung: Dem Erscheinen des Buchs gingen
zahlreiche Gespräche der Autorin mit Frauen
unterschiedlichster Altersstufen, sozialer
Schichten und sexueller Orientierung voran.
Schwarzer bemühte sich laut Eigenaussage,
möglichst durchschnittliche Frauen zum Sprechen zu bringen, um deren Alltagssituation zu
porträtieren und somit den alltäglichen Ge-
schlechterkonflikt aufzuzeigen.
Inhalt: Schwarzer beschreibt und analysiert in
Der »kleine Unterschied« und seine großen Folgen
14 Frauenschicksale, die beispielhaft für die damalige deutsche Gesellschaft stehen sollen. So
kommen berufstätige Frauen und Hausfrauen
zu Wort, werden homosexuelle Frauen, Ehefrauen und Aktive der Frauenbewegung vorgestellt. Schwarzer kommt zu dem Schluss, dass
die meisten Probleme der befragten Frauen in
ihren Beziehungen zu Männern und der damit

verbundenen Sexualität begründet seien. Aufgrund der Tabuisierung von privater Sexualität lägen in diesem Bereich häufig weibliche Selbstverleugnung und Frigidität verborgen, die Resultat der Unterdrückung von Frauen in einer männerdominierten Welt seien. Das Buch endet mit einer Aufoderung an Frauen, sich zu wehren und sich selbst zu helfen.

Wirkung: Mit ihrer Arbeit und insbesondere mit ihrem Werk *Der »kleine Unterschied« und seine großen Folgen* gab Schwarzer den Startschuss für die Entwicklung einer neuen deutschen Frauenbewegung, die einem Großteil der Frauen ihre gesellschaftlich benachteiligte Situation erstmals bewusst machte. Ihr Buch fand nicht nur in Deutschland großen Anklang, sondern wurde in 13 Sprachen übersetzt. In der Folgezeit formierte sich eine starke, einflussreiche Emanzipationsbewegung, die sowohl für Chancengleichheit beider Geschlechter als auch für die Unabhängigkeit von Frauen auf privater und gesellschaftlicher Ebene plädierte. *J.D.*

Schweitzer, Albert

frz. Theologe (ev.) und Missionsarzt
*14.1.1875 Kaysersberg (Elsass)
†4.9.1965 Lambaréné, Gabun
📖 *Aus meinem Leben und Denken*, 1931

Für sein Wirken als Missionsarzt im selbst gegründeten Tropenhospital von Lambaréné, sein Handeln für Völkerverständigung und seinen Einsatz gegen koloniale Ausbeutung wurde Albert Schweitzer 1953 rückwirkend mit dem Friedensnobelpreis 1952 ausgezeichnet.

Der Sohn des Pfarrverwesers der evangelischen Diasporagemeinde Kaysersberg studierte in Straßburg, Paris und Berlin Theologie und Philosophie; darüber hinaus erhielt er eine Ausbildung als Organist und Orgelbauer. 1900 wurde Schweitzer in Straßburg Pfarrer sowie Leiter des Theologischen Seminars und lehrte ab 1902 an der Universität der Stadt. 1906 erschien seine *Geschichte der Leben-Jesu-Erforschung.* Im selben Jahr fasste er den Entschluss zum Medizinstudium mit dem Ziel, in Afrika als Arzt tätig zu werden; 1913 ging er als Missionsarzt in das damalige Französisch-Äquatorialafrika und eröffnete das Tropenhospital Lambaréné.

Als Elsässer mit deutscher Staatsangehörigkeit, wurde Schweitzer 1914 als »feindlicher Ausländer« interniert und 1917 nach Frankreich gebracht; 1924 kehrte er (seit 1919 französischer Staatsbürger) nach Lambaréné zurück. Sein unermüdlicher Einsatz als »Urwalddoktor« im Zeichen tätiger Nächstenliebe verschaffte

ihm weltweite Achtung, verbunden mit der finanziellen Unterstützung des Ausbaus von Lambaréné durch Spenden. In den 1950er Jahren gehörte der Theologe zu den Wortführern der internationalen Friedensbewegung gegen die atomare Aufrüstung. Mit dem Eintreten für eine atomwaffenfreie Zone zog sich Albert Schweitzer die Beschimpfung als »Kommunistenfreund« zu. 1973 erschien eine fünfbändige Ausgabe seiner *Gesammelten Werke.*

Biografie: H. Steffhan, *Albert Schweitzer* (rm 50 263).

Aus meinem Leben und Denken

OA 1931 **Form** Autobiografie
Bereich Religion

Dieses wichtigste Selbstzeugnis von Albert Schweitzer verbindet die Schilderung des äußeren Werdegangs mit einer Einführung in seine theologischen, religions- und kulturphilosophischen Schriften.

Inhalt: In 20 Kapiteln berichtet Schweitzer über die wichtigsten Stationen seines Lebens; angefangen von der Kindheit bis hin zu seiner Rückkehr nach Afrika. Diese erfolgte im Anschluss an einen Aufenthalt in Europa 1928/29, der dem Abschluss der Schrift *Die Mystik des Apostels Paulus* (1930) gewidmet war.

Einen Schwerpunkt seines Buchs bildet der Entschluss des bereits als Wissenschaftler bekannten Theologen zu tätigem Christentum in Äquatorialafrika, wo »ein Arzt, so berichteten die Missionare, das Wichtigste vom Wichtigen war«. Zum Werdegang des christlichen Philanthropen gehören die wissenschaftlichen und literarischen Leistungen wie die *Geschichte der Leben-Jesu-Erforschung* (1906) und eine in deutscher und französischer Sprache verfasste Monografie des Orgelspielers Schweitzer über *Johann Sebastian Bach* (1908).

Wirkung: Die anschauliche Schilderung eines ungewöhnlichen Werdegangs erreichte ein breites Publikum, zumal es Schweitzer gelang, auf schlichte Weise theologisch-wissenschaftliche, künstlerische, ethische und zeitkritische Fragen zur Sprache zu bringen. Ein *Epilog* der Autobiografie handelt von der »Ehrfurcht vor dem Leben« als Halt in einer »Zeit des geistigen Niedergangs der Menschheit«. Mit seiner Lebensethik erwies sich Schweitzer als überzeugender Anwalt eines neuen Humanismus. *C.W.*

Albert Schweitzer in Lambaréné (Foto aus den frühen 1960er Jahren)

Auszug aus der Autobiografie *Aus meinem Leben und Denken* von Albert Schweitzer:

Jahrelang hatte ich mich in Worten ausgegeben. Mit Freudigkeit hatte ich im Beruf des theologischen Lehrers und des Predigers gestanden. Das neue Tun aber konnte ich mir nicht als ein Reden von der Religion der Liebe, sondern nur als ein reines Verwirklichen derselben vorstellen. Ärztliche Kenntnisse ermöglichten mir dieses Vorhaben in der besten und umfassendsten Weise, wohin auch immer der Weg des Dienens mich führen sollte.

Bois-Guilbert entführt Rebekka, Szene aus dem Roman *Ivanhoe* von Sir Walter Scott; Kupferstich nach einer Illustration von Léon Cogniet

Historienroman

Herkunft: Die erste ausdrückliche Bezeichnung eines Werks als Historienroman findet sich im Untertitel zu dem Buch *Longsword, Earl of Salisbury* (1762) von Thomas Leland (1722–85); hier taucht der Ausdruck »historical romance« auf. Mit *Waverley* (1814) begründete Sir Walter → Scott das Genre des historischen Romans.

Bedeutung: Im historischen Roman bezieht sich der Inhalt auf eine bestimmte, historisch belegte Epoche. Er hat die Aufgabe, das Charakteristische dieser Epoche zu bündeln und dem Leser zu vermitteln. Die Personen sollen als Figuren ihrer Zeit dargestellt werden, die diese Historie erleben.

Anwendung: Scotts Werke waren Anstoß und Modell für eine Flut historischer Romane, die im 19. Jahrhundert in Europa erschienen, u. a. Wilhelm Hauff (*Lichtenstein*, 1826), Victor Hugo (*Der Glöckner von Notre Dame*, 1831), Alexandre Dumas d. Ä. mit über 300 historischen Romanen (*Die drei Musketiere*, 1844), Edward Bulwer-Lytton (*Die letzten Tage von Pompeji*, 1834).

In der Gegenwartsliteratur findet sich neben einer Fülle von Werken, die dem klassischen Historienroman scottscher Prägung entsprechen, die kritisch-ironische Betrachtung der Geschichte, so in *Der letzte Held* (1964) von Thomas → Berger.

Scott, Walter

schott. Schriftsteller

* 15.8.1771 Edinburgh

† 21.9.1832 Abbotsford (Roxburghshire)

📖 *Ivanhoe*, 1819

Walter Scott begründete mit seinem 1814 erschienen Roman *Waverley oder Es ist sechzig Jahre her* das Genre des Historienromans.

Schon in seiner Jugend begeisterte sich der Sohn eines angesehenen Rechtsanwalts, Nachfahre eines alten schottischen Adelsgeschlechts, für die Geschichte Schottlands, seine Lieder und Legenden. 1792 erhielt Scott seine Zulassung als Rechtsanwalt, übte diesen Beruf jedoch selten aus. Seine Laufbahn als Schriftsteller begann mit der Verserzählung *Der letzte Minstrel* (1805). Scotts großer Erfolg gründete sich auf das Werk *Waverly*, das er anonym veröffentlichte. Die rasch nachfolgenden Werke *Die Presbyterianer* (1816), *Das Herz von Midlothian* (1818), *Quentin Durward* (1823) festigten

Auszug aus dem Roman *Ivanhoe* von Sir Walter Scott:

»Siehst du, Rebekka, wie sich dein kleiner, leichter Handschuh zu unserem, schweren, stählernen verhält, so verhält sich deine Sache zu der des Tempels; denn es ist unser Orden, den du herausgefordert hast.«

»Werft meine Unschuld mit in die Waagschale«, antwortete Rebekka, »und der seidene Handschuh wird den eisernen aufwiegen.«

seinen Ruhm. Der Erfolg gab ihm die Möglichkeit, die alte Abtei Abbortsford zu erwerben. Als sein Verleger und sein Bankier Bankrott erklären mussten, übernahm Scott deren Schulden. Die Tilgung gelang ihm durch unermüdliches Schreiben, doch er zahlte einen hohen Preis: Durch Überarbeitung geschwächt, erlitt er einen Schlaganfall, an dessen Folgen er starb.

Biografie: J. Buchan, *Sir Walter Scott*, 2001.

Ivanhoe

OT Ivanhoe (3 Bde.) **OA** 1819 **DE** 1820
Form Roman **Epoche** Romantik

Walter Scott erzählt in diesem Historienroman (Stichwort → S. 982) von den Abenteuern des Ritters Wilfried von Ivanhoe im mittelalterlichen England der Kreuzzüge. Mit dem Paar zweier Leibeigener verleiht Scott auch dem einfachen Volk Stimmen. Die düstere Gestalt des Tempelritters De Bois Guilbert und die tragische Figur der Rebekka bilden reizvolle Gegensätze zum ritterlichen Helden und seiner Braut.

Inhalt: Ivanhoe, ein junger Ritter, der König Richard Löwenherz auf den Kreuzzug begleitet hat, kehrt ins heimische England zurück. Verkleidet besucht er den väterlichen Hof, von dem er wegen seiner Liebe zum Schützling seines Vaters, der Lady Rowena, verstoßen wurde. Dort trifft er auf einige Besucher, die auf dem Weg zu einem Turnier sind. Unter ihnen sind ein Tempelritter und ein jüdischer Geldverleiher. Ivanhoe siegt unerkannt im Turnier, wird dabei aber verwundet. Der Geldverleiher und dessen Tochter Rebecca nehmen sich seiner an. Auf dem Rückweg vom Turnier werden sie gemeinsam mit Ivanhoes Vater und Rowena gefangen genommen und verschleppt. Der Tempelritter gesteht Rebecca seine Liebe, sie weist ihn ab. Geächtete unter der Führung Robin Hoods und eines Ritters, der sich als Richard Löwenherz zu erkennen gibt, befreien sie. Der Tempelritter entkommt mit Rebecca. Er flüchtet sich in den Schutz seines Ordens, wo sie als Zauberin angeklagt wird. Sie fordert ein Gottesurteil, ein Kämpfer soll für sie gegen einen Streiter des Ordens antreten. Unterdessen versöhnen sich Vater und Sohn, Ivanhoe darf Rowena heiraten. Er tritt als Kämpfer für Rebecca an. Das Gottesurteil offenbart sich, ein Schlaganfall tötet den Tempelritter.

Wirkung: Scotts romantisierende Beschreibung des Mittelalters wurde begeistert aufgenommen. Das Thema und der im Roman erstmals verwandte altertümliche Dialogstil wurden Vorbild für nachfolgende Historienromane. William M. → Thackeray schrieb mit der Erzählung *Rebecca und Rowena* (1850) eine ironische Scheinfortsetzung.   *P. R.*

Sebald, Winfried Georg

dt. Schriftsteller

*18.5.1944 Wertach, †14.12.2001 Norwich, England

📖 *Austerlitz*, 2001

Winfried Georg Sebald war einer der bedeutendsten zeitgenössischen deutschsprachigen Schriftsteller und ein brillanter Essayist. In seinen Büchern mischen sich authentische Biografien und dichterische Fiktion zu einem zeithistorischen Panaroma, in dem die Themen Verfolgung und Emigration im Mittelpunkt stehen und auf unverwechselbare Weise gestaltet werden.

1944 im Allgäu geboren, studierte Sebald in Freiburg, der Schweiz und Großbritannien. 1966 zog er als Dozent nach Manchester und verlegte wenig später seinen Wohnsitz nach Norwich in Ostengland, wo er bis zu seinem plötzlichen Unfalltod im Dezember 2001 an der East Anglia Universität Europäische Literatur lehrte. Mitte der 1980er Jahre begann er, selbst zu schreiben und debütierte 1988 mit dem Prosapoem *Nach der Natur*, dem in rascher Folge fünf Prosabände folgten.

Sebalds übergreifendes Thema ist die Vergangenheit, speziell die deutsche Geschichte und die Vertreibung und Vernichtung der Juden durch die Deutschen. Die Erinnerung an die Opfer der Geschichte wach zu halten und Spuren ihrer Existenz zu sichern, wurde ihm zur literarischen Obsession, die er in einer Synthese von Poesie und Recherche zu einer einzigartigen Stimme in der deutschen Gegenwartsliteratur formte.

Austerlitz

OA 2001 **Form** Prosa **Epoche** Moderne

In *Austerlitz* erzählt Winfried Georg Sebald mit großer Kunstfertigkeit und in weit ausgreifenden, melodisch schwingenden Satzgefügen die Lebensgeschichte des jüdischen Gelehrten Jacques Austerlitz. In tief melancholischem Ton nimmt sich der Autor dem Leben und dem Leid der Ausgestoßenen und Ausgesonderten an und zeichnet dabei die Fragmente der erinnerten Lebensgeschichte suggestiv und lebendig.

Entstehung: Sebald verknüpft in diesem Buch die Lebensgeschichte mehrerer Menschen, deren Biografien er nachgegangen ist, und fiktionalisiert sie, da für ihn an der Nahtstelle zwischen Dokument und Fiktion die literarisch interessantesten Dinge entstehen. Die Lebensdaten und Details des Ich-Erzählers, der dem Leser die Geschichte des Jacques Austerlitz vermittelt, stimmen mit denen Sebalds weitgehend überein.

Inhalt: In den späten 1960er Jahren macht der Ich-Erzähler auf dem Antwerpener Bahnhof die Bekanntschaft eines Fremden, der ihm in mehreren durch die Jahre und durch eigenartige Zufälle herbeigeführten Begegnungen die Geschichte seines Lebens mitteilt. Schritt für Schritt, chronologisch zumeist rückwärts schreitend, erschließen sich die wichtigsten Stationen im Leben des Jacques Austerlitz. Vor seiner frühzeitigen Pensionierung ist er als Architekturhistoriker 30 Jahre lang an einem kunsthistorischen Institut in London tätig gewesen. Durch das Ende seines Arbeitslebens in eine psychische Krise geraten, macht sich Austerlitz auf die Suche nach seiner eigenen Vergangenheit, die er aus einer Art Selbsterhaltungstrieb aus seinem Bewusstsein gelöscht hatte. Er reist recherchierend durch Europa und legt Schicht um Schicht einen jener für das 20. Jahrhundert so typischen Lebenswege frei.

Austerlitz war im Alter von viereinhalb Jahren mit einem Transport jüdischer Kinder von Prag nach London gekommen, in einer kleinen Stadt in Wales von Zieheltern aufgenommen und in beklemmender Atmosphäre erzogen worden. Da sein Ziehvater, ein calvinistisch-fundamentalistischer Prediger, nach dem frühen Tod der Frau in einem Irrenhaus endete, blieb ihm seine Identität unbekannt. Obwohl die Frage seiner Herkunft zuweilen in ihm schwelte, vermied er es, ihr nachzugehen, bis ihn das Ende seines Berufslebens aus der gewohnten seelischen Behausung wirft. Er kehrt in seine Geburtstadt Prag zurück und trifft dort auf sein ehemaliges Kindermädchen, das ihn auf die Spur seiner Eltern führt. In den Erzählungen des Kindermädchens von der

Auszug aus *Austerlitz* von Winfried Georg Sebald:

Jetzt aber war mir das Schreiben so schwer geworden, dass ich oft einen ganzen Tag brauchte für einen einzigen Satz, und kaum dass ich einen solchen mit äußerster Anstrengung ausgesonnenen Satz niedergeschrieben hatte, zeigte sich die peinliche Unwahrheit meiner Konstruktionen und die Unangemessenheit sämtlicher von mir verwendeter Wörter.

Winfried Georg Sebald, *Austerlitz*, Umschlag der Originalausgabe 2001

Die wichtigsten Bücher von Winfried Georg Sebald	
Schwindel, Gefühle, 1990	Ein romanartiges, raffiniert verwobenes Prosa-Werk über das ruhelose Unterwegssein als Metapher für orientierungslose Lebensfahrten.
Die Ausgewanderten, 1992	Vier Erzählungen um jüdische Emigranten, die sich nicht von ihrer Vergangenheit lösen können und sich im Leben nicht zurecht finden.
Die Ringe des Saturn, 1995	Eine literarische Wallfahrt durch Ostengland, in deren Verlauf der Autor ein Tableau der menschlichen Zivilisationsgeschichte entwirft.
Austerlitz 2001	In einem lang hinausgeschobenen Erinnerungsprozess versucht ein ehemaliges jüdisches Flüchtlingskind seiner Identität und seiner Familiengeschichte auf die Spur zu kommen. → S. 983

In der zweiten Hälfte der sechziger Jahre bin ich, teilweise zu Studienzwecken, teilweise aus anderen, mir selber nicht recht erfindlichen Gründen, von England aus wiederholt nach Belgien gefahren, manchmal bloß für ein, zwei Tage, manchmal für mehrere Wochen. Auf einer dieser belgischen Exkursionen, die mich immer, wie es mir schien, sehr weit in die Fremde führten, kam ich auch, an einem strahlenden Frühsommertag, in die mir bis dahin nur dem Namen nach bekannte Stadt Antwerpen.

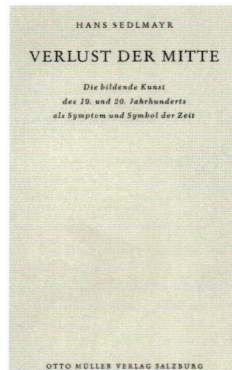

Hans Sedlmayr, *Verlust der Mitte*, Titel der Originalausgabe 1948

Diese moralische Revolution – eine politische ist mehr die Tochter als die Mutter einer moralischen –, dieser Übermut des Geistes der Zeit geht bis zu den Kritikern herab, die den Dichter vor der Moral warnen und die es lieber haben, dass er, wenn er doch einmal sich mit Stoff befängt, das kleinere Übel wähle und eher zu tief in den unsittlichen greife als in den sittlichen.

politischen Arbeit des Vaters, der als sozialdemokratischer Politiker für die Unabhängigkeit seines Landes kämpfte, und den ersten Schritten der Mutter als Sängerin und Schauspielerin wird der Umriss einer normalen Familiengeschichte sichtbar, die erst endete, als der nationalsozialistische Terror auf die Tschechoslowakei übergriff. Der Vater flieht nach Frankreich, die Mutter wird nach Theresienstadt deportiert. Schließlich verlieren sich ihre Spuren in den allgegenwärtigen ›Transporten‹ und Vernichtungslagern. Die Geschichte des Jacques Austerlitz bricht ebenso unvermittelt ab wie die Geschichte und das Leben so vieler Verfolgter.

Wirkung: Mit *Austerlitz* gelang Sebald in Deutschland sein größter Erfolg. Das Buch erklomm die Spitze der literarischen Bestenlisten und wurde mit Preisen ausgezeichnet. In der deutschen Leserschaft blieb er jedoch stets ein Geheimtipp. Wirklich erfolgreich und geehrt wurde er in der englischsprachigen Welt, vornehmlich in den Vereinigten Staaten, wo die *New York Times* den Roman *Austerlitz* zu den besten Büchern des Jahres zählte.   *R. F.*

Sedlmayr, Hans

österreich. Kunsthistoriker

* 18.1.1896 Hornstein (Burgenland)

† 9.7.1984 Salzburg

📖 *Verlust der Mitte*, 1948

Durch seine Auffassung von Kunst als Symptom der kulturellen und gesellschaftlichen Entwicklung sowie die monografische Interpretation exemplarischer Kunstwerke gewann Hans Sedlmayr auch außerhalb seiner wissenschaftlichen Disziplin breites Interesse.

Der Sohn eines Gutsverwalters und späteren Professors für Ökonomie studierte in Wien an der Technischen Hochschule Architektur (1918 bis 1920), anschließend an der Universität bei den geisteswissenschaftlich orientierten Kunsthistorikern Max Dvorak (1874–1921) und Julius Alwin Ritter von Schlosser (1866–1938), dessen Nachfolge er 1936 antrat. Als Mitläufer der Nationalsozialisten 1945 entlassen, publizierte Sedlmayr zunächst als freier Autor unter Pseudonym und lehrte 1951–64 als Ordinarius an der Universität München. Nach seiner Emeritierung war er als Gast- und Honorarprofessor Vorstand des kunsthistorischen Instituts der neu gegründeten Universität Salzburg.

Den Schwerpunkt seiner architekturgeschichtlichen Veröffentlichungen bildete die Epoche des Barock. In diesem Zusammenhang beteiligte er sich an der Entstehung der Architekturikonografie (Aufsatz *Architektur als abbil-*

dende Kunst, 1948). 1958 erschien seine Bilanz *Kunst und Wahrheit. Zur Theorie und Methode der Kunstwissenschaft* mit dem Bekenntnis zu den weltanschaulichen, religiös fundierten Prämissen seiner Wissenschaft.

Verlust der Mitte

OA 1948 **Form** Sachbuch **Bereich** Kunst

Aus der Sicht der *bildenden Kunst des 19. und 20. Jahrhunderts als Symptom und Symbol der Zeit*, so der Untertitel des Werks, interpretiert Hans Sedlmayr die Gegenwart als das vorläufige Endresultat einer bereits um 1760 eingetretenen »inneren Katastrophe« im Spiegel der Kunst. Der Haupttitel bezieht sich auf ein Wort des Philosophen Blaise → Pascal: »Die Mitte verlassen, heißt die Menschlichkeit verlassen.«

Entstehung: Nach seiner Entlassung aus der Wiener Universität unternahm Sedlmayr 1947 den »Versuch einer Diagnose der Zeit... von der Kunst her«, aber in einer Arbeit »nicht kunstgeschichtlicher Art«, sondern als »eine ›Kritik‹ des Geistes«. Im Kern handelte es sich um Vorlesungen, die Sedlmayr ab 1934 gehalten hatte. Zu Grunde lagen Einzelinterpretationen etwa der französischen Revolutionsarchitektur (*Die Kugel als Gebäude oder »Das Bodenlose«*, 1939/40).

Inhalt: Im ersten Teil behandelt Sedlmayr die »Symptome«, wie z. B. den Wandel der vorrangigen Aufgaben der Architektur vom Landschaftsgarten zur Fabrik. Den Hintergrund solcher Entwicklungsreihen bilden die vier durch »Gesamtaufgaben« gekennzeichneten Stilepochen Romanik, Gotik, Renaissance und Barock, sodass im anschließenden Teil *Diagnose und Verlauf* die um 1760 wurzelnde Moderne als Ende der Stilgeschichte erscheint.

Die Diagnose mündet in den Übergang von »der ›Befreiung‹ zum Ende der Kunst«. Der abschließende Teil *Zur Prognose und Entscheidung* enthält die Erwartung, dass die Moderne »als Ganzes gesehen, gerade auch im Chaotischen, den Charakter eines ›geschlossenen‹ Zeitalters« gewinnen kann. Vorläufig erweist sich als ihr einigendes Kriterium das Leiden an der Gottferne, die nirgends in gleicher Weise zum Ausdruck kommt wie in der Kunst.

Wirkung: Die in moralische und religiöse Kategorien eingekleidete Kritik an der modernen Kunst als Symptom eines Wertezerfalls fand die begeisterte Zustimmung konservativer Kreise. Sie forderte aber neben fachspezifischer Kritik an der Methode (auf dem 2. Deutschen Kunsthistorikertag in München 1949) erbitterten Widerspruch heraus, etwa im 1. Darmstädter Gespräch (1950) durch Künstler wie den bis 1945 als »entartet« verfemten Maler Willi Baumeister (1889–1955).   *C. W.*

Segal, Erich

US-amerik. Schriftsteller, Gelehrter und Drehbuchautor

* 1937 Brooklyn (New York)

📖 *Love Story,* 1970

Erich Segal ging als Literaturwissenschaftler vor allem mit Arbeiten über die lateinische Komödiendichtung hervor, weltberühmt wurde er jedoch als Autor des Trivialromans *Love Story.*

Segal studierte ab 1955 an der Harvard-Universität in Cambridge (Massachusetts) klassische Sprachen und Literatur und promovierte dort 1965 mit einer Arbeit über die antike Komödiendichtung zum Ph.D. Danach lehrte er als Gastdozent und Assistenz-Professor u.a. an der Yale-Universität in New Haven (Connecticut) sowie an den Universitäten München, Princeton, Tel Aviv und Dartmouth und profilierte sich als Herausgeber bzw. Übersetzer literaturwissenschaftlicher Werke. Triumphale Erfolge erzielte Segal auch als Drehbuchautor des Films *Love Story* (1970), des Beatles-Films *Yellow Submarine* (1968) und *The Games* (1970), ein Epos über den olympischen Marathonlauf, den er aus therapeutischen Gründen als 16-jähriger selbst auszuüben begann. Bei den Olympischen Spielen in München (1972) und Montreal (1976) kommentierte Segal als Fernsehreporter die Langstreckenwettbewerbe der Leichtathletik.

In weiteren Romanen, die ab 1977 erschienen, behandelt Segal familiäre Krisensituationen (*Mann, Frau und Kind,* 1980), Liebe, Moral und Religion (*Die Gottesmänner,* 1994) sowie die Gentechnik (*Only Love,* 1999).

Als Jenny trotz aller Bemühungen nicht schwanger wird, stellen die Ärzte fest, dass sie unheilbar an Leukämie erkrankt ist. Oliver und Jenny versuchen daraufhin die Zeit, die ihnen noch bleibt, zu genießen. Aus der fröhlichen Liebesgeschichte wird ein bittersüßes Lied von Liebe und Leid, Glück und Tränen, das mit der Losung »Lieben heißt, dass man nie um Verzeihung bitten muss« der Teenager-Generation der 1970er Jahre ein zeitgemäßes Liebesverständnis stiftete.

Wirkung: Wie kaum ein anderer Roman unserer Zeit hat *Love Story* Millionen Menschen fasziniert und in seinen Bann gezogen. Segals 1977 erschienener Roman *Oliver's Story* setzte zwar thematisch den Bestseller *Love Story* fort, verzeichnete jedoch nur einen mittelmäßigen Erfolg. *W.W.*

Biografie: L.C. Pelzer, *Erich Segal, A Critical Companion,* 1997.

Erich Segal mit Ali McGraw und Ryan O'Neal (v.r.), den Hauptdarstellern der Verfilmung seines Romans *Love Story*

Auszug aus dem Roman *Love Story* von Erich Segal:

Unsere erste körperliche Begegnung war das genaue Gegenteil von unserem ersten Wortgeplänkel. Alles war so geruhsam, so weich, so zärtlich. Ich war mir nie darüber klargeworden, dass die wirkliche Jenny so sein könne: so sanft, mit so leichten und liebevollen Berührungen. Was mich aber noch mehr verblüffte war, wie ich darauf reagierte.

Love Story

OA 1970 **DE** 1970 **Form** Roman **Epoche** Moderne

Der bekannteste Roman von Erich Segal, der auch als Film die Spitzen der Charts eroberte, zählt zu den großen Erfolgsbüchern des American Way of Life und erzählt auf gefühlvolle Weise die tragische Geschichte einer Studentenliebe. *Love Story* wurde in 33 Sprachen übersetzt und weltweit über 21 Millionen Mal verkauft, der gleichnamige Film wurde 1970 mit dem Golden Globe ausgezeichnet.

Inhalt: Oliver, ein Jurastudent aus einer Bankerfamilie, verliebt sich in die arme Musikstudentin Jenny. Sie heiraten, träumen vom großen Glück und machen Pläne für die Zukunft. Doch Olivers Eltern sind gegen diese Verbindung, sodass sich das junge Paar ohne jede finanzielle Unterstützung durchs Leben schlagen muss.

Nach Olivers Examen bietet ihm ein großes New Yorker Anwaltsbüro einen lukrativen Job an und das Glück des Paares scheint perfekt zu sein.

Seghers, Anna

(eigtl. Netty Reiling) dt. Schriftstellerin jüd. Herkunft

* 19.11.1900 Mainz, † 1.6.1983 Ost-Berlin

📖 *Das siebte Kreuz,* 1942

📖 *Transit,* 1944

Anna Seghers widmete sich bereits in ihrem Frühwerk der 1920er Jahre politischen und sozialen Fragen. Ihr in der Emigration entstandenes, auf persönlichen Erlebnissen beruhendes Hauptwerk gilt als repräsentatives Beispiel der Exilliteratur nach 1933, die sich gegen den Nationalsozialismus engagierte und für die humanistische Erneuerung der deutschen Kulturtradition eintrat.

Seghers entstammte einem jüdischen Elternhaus und schloss sich nach dem Studium (Kunstgeschichte, Sinologie, Promotion 1924) unter Einfluss ihres Ehemanns László Radványi

Anna Seghers im Gespräch mit Thomas Mann bei einer Schiller-Ehrung in Weimar 1955

Vielfach ausgezeichnete »Vorzeigeautorin« und Kulturfunktionärin (1952–78 Präsidentin des DDR-Schriftstellerverbands), vermochte Seghers mit ihren späten, die ostdeutsche Lebenswirklichkeit schildernden Romanen und Erzählungen nicht mehr an das Niveau früherer Werke anzuknüpfen.

Biografien: A. Schrade, *Anna Seghers*, 1993; C. Zehl Romero, *Anna Seghers* (rm 50 464); dies., *Anna Seghers. Eine Biografie 1900–1947*, 2000.

Das siebte Kreuz

OA 1942 **Form** Roman **Epoche** Moderne/Exilliteratur

Mit dem Roman *Das siebte Kreuz*, der den Untertitel *Roman aus Hitlerdeutschland* trägt, legte Seghers die Lebensverhältnisse unter dem Nationalsozialismus und dessen ideologische Wurzeln bloß. Als Ursache des Zerfalls der deutschen Kulturnation sah sie die ungehemmte, vom Faschismus gesteuerte Freisetzung des menschlichen Urtriebs, die Durchsetzung persönlicher Interessen über das Wohl und die Rechte der Mitmenschen zu stellen. Der inhumanen, auf Verrat und Unterdrückung beruhenden Gegenwart hält Seghers die ermutigende Kernaussage ihres Romans entgegen, dass der ungebrochene Widerstand weniger dauerhaft die Aussicht auf den Anbruch einer friedvollen, gerechten Zukunft zu sichern vermag.

kommunistischen Kreisen an. Mit der Erzählung *Aufstand der Fischer von St. Barbara* (1928) international bekannt geworden, wurde sie im gleichen Jahr Mitglied der KPD und begann, offen gegen die Nationalsozialisten aufzutreten. Als Jüdin und Kommunistin 1933 zur Emigration gezwungen, lebte sie bis 1947 in Frankreich und Mexiko, wo sie im antifaschistischen Widerstand aktiv war. Hier entstanden auch ihre großen, dem sozialistischen Realismus verpflichteten Romane *Das siebte Kreuz* und *Transit*. Seghers kehrte 1947 zunächst nach Westdeutschland zurück und siedelte 1950 in die DDR über.

Inhalt: Im Zentrum des 1937 spielenden Romans steht die Flucht von sieben Häftlingen aus einem deutschen Konzentrationslager. Sechs der Häftlinge werden im Lauf der sieben Tage umspannten Handlung zu Tode gejagt oder gefangen. Im Lager stellt der KZ-Kommandant die Opfer an eigens errichteten »Kreuzen« zur Schau. Nur die Hauptfigur Georg Heisler, der siebte Flüchtling, kann den Verfolgern entkommen. Die Flucht ins Ausland gelingt dank der Hilfe von Freunden, Familienmitgliedern und Zufallsbekanntschaften, deren Lebensumstände und Beweggründe – wie die der Häscher und Mitläufer des Regimes – in zahlreichen mit der Rahmenhandlung verwobenen Episoden mitgeteilt werden. Widerstand und Zivilcourage führen dazu, dass das siebte, für Heisler bestimmte Kreuz am Ende leer bleibt und zu einem Symbol der Hoffnung auf Frieden und Gerechtigkeit wird.

Aufbau: Seghers' Gestaltungsverfahren dient der kritischen Darstellung der nationalsozialistischen Gesellschaftsstruktur. Zugleich sollen die Möglichkeiten, Voraussetzungen und Ziele für eine geistig-politische Erneuerung Deutschlands ausgelotet werden. Als wichtiges Mittel verwendet die Autorin eine psychologisch exakte Kontrasttechnik bei der Figurengestaltung: Komplexe Beschreibungen der Täter und Mit-

---

Hauptfiguren in »Das siebte Kreuz« von Anna Seghers

Georg Heisler: Der KZ-Flüchtling ist ein junger, willensstarker, ungebrochener Mann. Nicht ohne charakterliche Schwächen, verkörpert er den einfachen, bodenständigen Menschen und undogmatischen Kommunisten, der dem Nazi-Regime aus Zivilcourage Widerstand leistet.
Elli Heisler: Heislers Ehefrau weigert sich hartnäckig, ihren Ehemann zu verraten, und trägt so maßgeblich zum Gelingen seiner Flucht bei.
Paul Röder: Der lebenslustige, offenherzige Arbeiter versteckt seinen Jugendfreund Heisler, ungeachtet der Gefahren für seine Familie, bei sich und fördert seine Flucht.

Franz Marnet: Der introvertierte Fabrikarbeiter war ein Freund Heislers, bevor dieser Marnets Verlobte Elli verführte. Trotz ihres Zerwürfnisses sucht und unterstützt er den fliehenden Heisler.
Wallau: Der Anführer der KZ-Flüchtlinge ist ein väterlicher Freund und Lehrer Heislers; er ist im KPD-Führungskader und ein vorbildlicher Antifaschist, der noch angesichts seiner Hinrichtung erbitterten Widerstand leistet.
Fahrenberg: Der menschenverachtende, sadistische KZ-Kommandant lässt die Entflohenen aus Angst, seine Macht einzubüßen, verfolgen und hinrichten.

läufer stehen vielschichtigen Charakterporträts der Verfolgten und Fluchthelfer gegenüber. Seghers verzichtet dabei auf ein eindimensionales Gut-Böse-Schema; jede Romanfigur wird in ihren individual-psychologischen, nicht durchgängig positiven oder negativen Merkmalen und Motiven gezeigt.

Die Erkenntnis, dass vom Überleben der Flüchtlinge alle Hoffnung auf eine humanere Zukunft abhängt, hebt Seghers mithilfe christlich-religiöser Symbole und Motive hervor. Besonders prägnant tritt dieses Erzählmittel im Leitmotiv der traditionell als heilig erachteten Zahl Sieben zutage: Nur der siebte Häftling Heisler überlebt die siebentägige, in sieben Romankapiteln berichtete Flucht; das letzte der titelgebenden »Sieben Kreuze« bleibt leer. Die spannende Fluchtgeschichte offenbart sich als Fort- bzw. Neuschreibung der Leidensgeschichte Christi; die Rettung seines weltlichen »Wiedergängers« Heisler symbolisiert die Sicherung der menschlichen Zivilisation.

Wirkung: *Das siebte Kreuz* gehört zu den international erfolgreichsten, früh in viele Sprachen übersetzten Bestsellern der Exilliteratur (Verfilmung: USA 1944; Regie: Fred Zinnemann). Nach 1945 trug der viel gelesene, in Ost und West kontrovers diskutierte Roman zur Aufklärung über den Nationalsozialismus und seine Ursachen bei. *Das siebte Kreuz* hatte auch weit reichenden Einfluss auf das literarische Programm des sozialistischen Realismus. *T.S.*

Transit

OA 1944 **DE** 1948
Form Roman **Epoche** Moderne/Exilliteratur

Vor dem Hintergrund ihrer eigenen Emigrationserlebnisse schildert der Roman von Anna Seghers auf bewegend-dokumentarische Weise die tragischen Lebens- und Schicksalswege der Verfolgten des Nationalsozialismus im besetzten Frankreich des Jahres 1940/41. *Transit* überzeugt gleichermaßen als politische Stellungnahme gegen den faschistischen Terror wie als Klage über die seelisch-existenziellen Folgen der Vertreibung ins Exil.

Inhalt: Im Mittelpunkt von *Transit* steht – wie in dem ersten Roman der Autorin über die Zeit des Nationalsozialismus *Das siebte Kreuz* – ein junger deutscher Arbeiter, der aus einem Konzentrationslager nach Frankreich fliehen kann, dort aus der Internierungshaft entkommt und in Paris untertaucht. Nach der Invasion deutscher Truppen im Sommer 1940 gelangt Seidler, wie sich der Deutsche nennt, zufällig in den Besitz der Habseligkeiten eines Toten, darunter ein gültiges Einreisevisum für Mexiko. Die Flucht führt den Protagonisten weiter nach Marseille,

das damals Tausende Emigranten beherbergte, die von dort Europa Richtung Übersee zu verlassen hofften. Im Gewimmel der Flüchtlinge, die sich verzweifelt und zumeist aussichtslos um Ausreisemöglichkeiten bemühen, lernt der Romanheld die junge Deutsche Marie kennen – die Ehefrau des Mannes, durch dessen Selbstmord Seidler mit Personalpapieren versorgt wurde. Seidler, der sich den Emigrantenkreisen gegenüber distanziert verhält, verheimlicht Marie den Tod ihres Ehemanns, wird jedoch ihr und ihrem Geliebten erfolgreich Visa und Schiffspassagen beschaffen. Seine eigene Ausreise bereitet Seidler trotz guter Aussichten allerdings nurmehr unzureichend vor: Er hat eingesehen, dass jede Weiterflucht sinnlos ist, taucht auf dem Land unter und schließt sich dem französischen Widerstand an. Das Emigrantenschiff, auf dem sich Marie befindet und das auch Seidler hätte befördern sollen, wird auf dem Atlantik versenkt.

Aufbau: Wie *Das siebte Kreuz* wird auch der Aufbau von *Transit* maßgeblich durch Seghers' ausgefeilte Episodentechnik bestimmt, die eine umfassende und überzeugende Darstellung der Existenzbedingungen in der Emigration ermöglicht. Um den Protagonisten und Ich-Erzähler gruppiert die Verfasserin eine Vielzahl von Figuren, deren tragische Einzelschicksale zusammengenommen alle Facetten des »Lebens auf der Flucht« widerspiegeln. Dabei konzentriert sich Seghers einerseits darauf, das Elend der Emigration als unmittelbare Folge des europäischen Faschismus, vor allem des deutschen Nationalsozialismus, anzuklagen. Andererseits veranschaulicht die Autorin auf diese Weise, dass der Gang ins Exil für die Be-

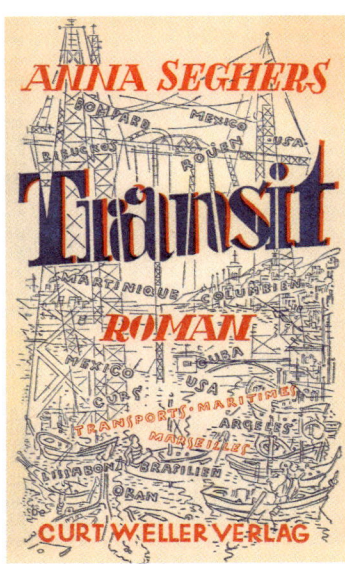

Anna Seghers; links: *Das siebte Kreuz,* Umschlag der Ausgabe 1946 in der Neuauflage 1991; rechts: *Transit,* Umschlag der deutschsprachigen Erstausgabe 1948

Auszug aus dem Roman *Transit*: von Anna Seghers:

Vor meinen Augen strömte sie an, mit ihren zerrissenen Fahnen aller Nationen und Glauben, die Vorhut der Flüchtlinge. […] Schon rückte der Tod immer dichter nach mit seiner noch immer unversehrten, knarrenden Hakenkreuzfahne. Mir aber, vielleicht weil ich ihm schon einmal begegnet war und ihn überholt hatte, mir schien es, auch er, der Tod, sei seinerseits auf der Flucht. Wer aber war ihm auf den Fersen? Mir schien es, ich brauchte nur Zeit zum Warten, und ich könne auch ihn überleben.

troffenen – neben allen materiellen Nöten – zugleich den unumkehrbaren Verlust ihrer bisherigen Identität bedeutet. Wie der Alltag der Emigranten von der menschenunwürdigen, meist erfolglosen Jagd nach rettenden Transit-Visa bestimmt ist, verformt sich das Dasein der Flüchtenden zunehmend zu einer ewig-vorläufigen, sinnbildlich »transitorischen« Existenz, die die Grenzen der eigenen Persönlichkeit schließlich unaufhaltsam verwischt.

Wirkung: Der 1944 auf Englisch, 1945 auf Spanisch und erst 1948 auf Deutsch erschienene Roman gilt bis heute als eines der authentischsten und eindringlichsten Werke der Exilliteratur. Als überzeugende Symbiose von antifaschistischem Engagement, dokumentarisch vermittelter Augenzeugenschaft und künstlerischer Ambition trug *Transit* maßgeblich zum Renommee von Anna Seghers bei. *T.S.*

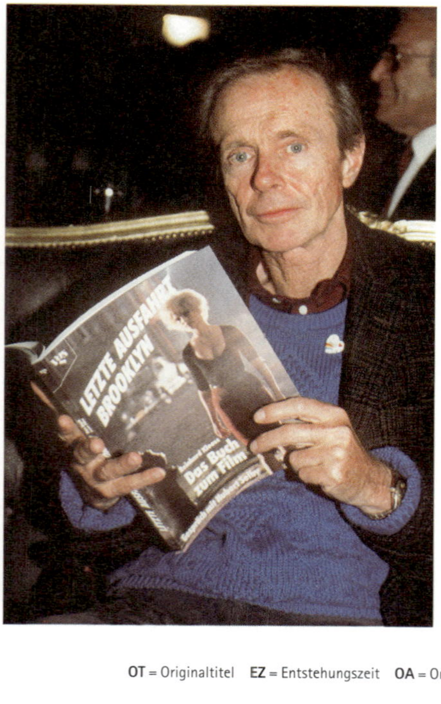

Selby, Hubert

US-amerikan. Schriftsteller

*23.7.1928 New York

📖 *Letzte Ausfahrt Brooklyn*, 1964

Der radikale Humanist Hubert Selby erzählt in seinen realistischen Romanen und Kurzgeschichten von den Kehrseiten des amerikanischen Traums von Freiheit, Reichtum und Glück.

Selby heuerte als 16-Jähriger bei der Handelsmarine an. Wegen Tuberkulose musste der schwächliche Jüngling ab 1946 vier Jahre im Krankenhaus verbringen. Nach Jobs als Lehrer, Sekretär, Stenotypist und Versicherungsangestellter in den 1950er und frühen 1960er Jahren gelang ihm 1964 mit seinem schockierend deutlichen ersten Roman *Letzte Ausfahrt Brooklyn* über einen Arbeiterstreik ein Skandalerfolg. Diesen Triumph konnte der über Nacht berühmt gewordene Autor mit späteren Romanen – u.a. *Mauern* (1971), *Der Dämon* (1976), *Requiem für einen Traum* (1981) und *Willow Tree* (1998) – nicht wiederholen. Von den Kritikern wurde seine späte Sammlung von Erzählungen, *Lied vom Stillen Schnee* (1986), besonders gewürdigt.

Biografie: J. Giles, M. Bruccoli (Hrsg.), *Understanding Hubert Selby* (engl.), 1998.

Hubert Selby mit dem Buch zur Verfilmung seines Romans *Letzte Ausfahrt Brooklyn* auf der Frankfurter Buchmesse 1989

Auszug aus dem Roman *Letzte Ausfahrt Brooklyn* von Hubert Selby:

Der Mond über Harry zog gleichmütig seine unabänderliche Bahn, während Harry am Fuß der Reklametafel lag. Die Jungs säuberten sich beim Griechen, trockneten ihre Hände mit Klosettpapier, bewarfen sich mit den nassen Klumpen und lachten. Dies war der erste richtige Spaß, seit sie die Lastwagen in die Luft gejagt hatten. Der erste zünftige Ringelpietz, seit sie damals den Soldaten zusammenschlugen.

Letzte Ausfahrt Brooklyn

OT Last Exit to Brooklyn **OA** 1964 **DE** 1968
Form Roman **Epoche** Moderne

In Einzelschicksalen und mit ungewohnter Deutlichkeit erzählt Hubert Selby von den Brutalitäten während eines Streiks 1952 im New Yorker Stadtteil Brooklyn.

Inhalt: Fünf Episoden und eine Coda sind dem gewalttätigen Alltag von Verlierern und Gestrandeten gewidmet: Die Trinkerei einer Gruppe Halbstarker endet in einer Prügelei mit der Polizei, der Transvestit Georgette stirbt durch einen Messerstich. Der junge Arbeiter Tommy feiert am gleichen Tag die Hochzeit mit seinem polnischen Mädchen sowie die Taufe ihres wenige Tage alten gemeinsamen Kindes. Dann verschwindet er mit einem Kumpel zur Motorradtour. Die 18-jährige Prostituierte Tralala, die ihre Freier von Komplizen ausrauben lässt, stirbt qualvoll nach einer Vergewaltigung durch betrunkene Soldaten. Arbeiterfunktionär Harry wird während des Streiks von Fabrik- und Gewerkschaftsführung gleichermaßen verraten. Er gibt seinen homosexuellen Neigungen nach und wird von Rowdies zusammengeschlagen.

Aufbau: Selby, im ruppigen Alltag auf den Straßen Brooklyns groß geworden, weiß, wovon er spricht. Der Titel seines Romans bezieht sich auf eine Straßenabzweigung, doch ist »exit« auch ein klinischer Ausdruck für Tod. In Schlaglichtern erzählt Selby vom Schicksal seiner Antihelden. Ihre Sprache ist so schmutzig wie die Gosse, in der sie leben. In die dokumentarische Schilderung der Tagesabläufe sind innerer Monolog, Fieberfantasien, Gesprächs- und Erinnerungsfetzen eingefügt. Seinem musikalischen Vorbild Ludwig van Beethoven (1770–1827) eifert Selby erzählerisch nach durch fünfsätzige Struktur und motivische Wiederholung. In der Coda werden alle Stränge wieder zusammengeführt. Die Streikepisode ist eine bittere Satire auf die unselige Allianz aus industriellen Profit-

OT = Originaltitel EZ = Entstehungszeit OA = Originalausgabe DE = Deutsche Erstausgabe 📖 = Verweis auf Werkartikel

geiern, korrupten Gewerkschaftsfunktionären und chauvinistischen Angebern. Inmitten naturalistischer Dramatik beschwört Selby einen christlichen Humanismus, der dem Grauen die Liebe Gottes gegenüberstellt. Die Episode über die Hure Tralala beginnt mit dem biblischen Zitat: »Ich will aufstehen und in der Stadt umhergehen auf den Gassen und Straßen und suchen, den meine Seele liebt« (Salomo, 3, 2–3). Doch aus dem erbarmungslosen Milieu der Wohnsilos, Fabrikhallen, Transvestiten- und Soldatenspelunken gibt es keinen Ausweg: »Es währt vom Morgen bis an den Abend, so werden sie zerschlagen... (Hiob 4, 19–21).

Wirkung: *Letzte Ausfahrt Brooklyn* wurde 1967 in den USA wegen Obszönität für einige Monate verboten, in England und Italien stand das Buch jahrelang auf dem Index. Schriftstellerkollege Anthony → Burgess schrieb 1968 in einem Vorwort »Nun kann dieses ›aufrichtige und schreckliche Buch‹ seinen rechtmäßigen Platz einnehmen als eines der wichtigsten Werke unserer Zeit.« Berühmte Regisseure wie Stanley Kubrick und Brian de Palma gaben ihre Pläne wieder auf, den sperrigen Roman auf die Kinoleinwand zu übertragen. 1989 verfilmten Uli Edel und Produzent Bernd Eichinger schließlich den Stoff. *B. B.*

Semprún, Jorge

span.- frz.Schriftsteller und Politiker

* 10.12.1923 Madrid

📖 *Die große Reise*, 1963

Der aus Spanien stammende Autor, Widerstandskämpfer und Politiker Jorge Semprún wurde durch seine größtenteils autobiografisch geprägten Werke berühmt. Zeitlebens setzte er sich mit Faschismus und Stalinismus, den herrschenden Ideologien seiner Zeit, auseinander.

Semprún, Sohn eines Juraprofessors und spanischen Botschafters in Den Haag, emigrierte mit seiner Familie nach der Machtübernahme General Francos 1937 nach Frankreich. In Paris studierte Semprún an der Sorbonne und schloss sich dem französischen Widerstand an. 1943 wurde er von der deutschen Besatzungsmacht gefasst und ins Konzentrationslager Buchenwald gebracht. Er überlebte die Zeit und ging nach seiner Rückkehr als Mitglied der spanischen Exil-KP in den spanischen Widerstand gegen das Franco-Regime. Wegen seiner Kritik an der stalinistischen Parteilinie wurde Semprún 1964 aus der KP ausgeschlossen. Nach dem Ende der Diktatur berief 1988 Premierminister Felipe González Semprún als Kulturminister in sein Kabinett, in dem er bis 1991 blieb.

Der erste Roman von Semprún war *Die große Reise* (1963), in dem er seine Fahrt ins Konzentrationslager aufarbeitet. Das nächste autobiografische Werk, *Federico Sánchez: Eine Autobiografie* (1977), beschreibt sein Leben unter diesem Decknamen im Untergrund. Eine Fortsetzung erschien 1993 unter dem Titel *Federico Sánchez verabschiedet sich* (1993). In *Der Tote mit meinem Namen* (2001), seinem bislang letzten Buch, berichtet Semprún über seine Zeit in Buchenwald. Auch als Filmautor wurde Semprún international bekannt. So schrieb er unter anderem die Drehbücher zu Alain Resnais' *Der Krieg ist vorbei* (1965) und Costa-Gavras' *Z* (1968). Neben zahlreichen anderen Literaturpreisen erhielt Semprún 1994 den Friedenspreis des Deutschen Buchhandels.

Biografie: L. Küster, *Obsession der Erinnerung. Das literarische Werk J. Semprúns*, 1989

Die große Reise

OT Le grand voyage **OA** 1963 **DE** 1964
Form Roman **Epoche** Moderne

In dem frühen Buch greift Jorge Semprún bereits das Thema auf, das sein weiteres Werk bestimmen wird: die Erinnerung an seine Teilnahme am Widerstand gegen Faschismus und Stalinismus in der Mitte des 20. Jahrhunderts. In dem Roman hat er bereits zu seinem Stil gefunden, der von Rückblenden, Überblendungen und Assoziationen geprägt ist.

Inhalt: Das Buch berichtet von der vier Tage und fünf Nächte dauernden Fahrt gefangener Widerstandskämpfer in einem überfüllten Viehwaggon. 120 Männer drängen sich in diesem Wagen, ohne Essen und Trinken, mit kaum ausreichender Luftversorgung. Die Fahrt in einem schneidend kalten Winter geht von Compiègne in das Konzentrationslager Buchenwald. Im Lauf des Buchs wird der Autor anmerken, dass die Deutschen in die gleichen Waggons 200 Juden pferchten. Der Bericht endet mit dem Erreichen des Lagers.

Der Autor ist 20, als er diese Reise antreten muss; Semprúns engster Gefährte während der »Reise« ist ein ein 16-Jähriger, der nur der »Junge aus Semur« genannt wird. Schon auf den ersten Seiten setzen die Rückblenden ein aus verschiedenen Perspektiven, einmal aus der des eingepferchten jungen Mannes, bald schon aus der des Schreibers. So denkt der Erzähler während der Zugfahrt durch das Moseltal an den Geografieunterricht am Gymnasium. Etwas später fällt ihm ein, dass er 1945, auf der Rückkehr aus Buchenwald, in einem Hotel in Eisenach, in dem eine Heimkehrerzentrale eingerichtet worden war, zum ersten Mal in seinem Leben Moselwein trank.

Hubert Selby, *Letzte Ausfahrt Brooklyn*, Umschlag der deutschsprachigen Erstausgabe 1968 (Gestaltung: Werner Rebhuhn)

Auszug aus dem Roman
Die große Reise von Jorge Semprún:

Die Nacht bricht an, die vierte Nacht, und ruft Gespenster wach. Im schwarzen Gewirr des Wagens findet sich jeder plötzlich allein, allein mit seinem Durst, seiner Müdigkeit, seiner Angst. Dumpfes Schweigen hat sich auf uns gelegt, nur unterbrochen von undeutlichem, lang hingezogenem Klagen. Jede Nacht das gleiche. Später werden die verzweifelten Schreie derer aufgellen, die zu sterben meinen.

Jorge Semprún im Januar 1978 an seinem Schreibtisch

Die Erinnerungen wuchern häufig, durchdringen und überlagern einander. Doch immer wieder kehrt Semprún zurück zu der qualvollen Situation der Menschen im Viehwaggon, die kaum Platz haben zum Stehen. Der gesunde Menschenverstand des Jungen, seine burschikose Art führen ihn in die Realität zurück, bestärken ihn. Voller Kraft scheint dieser Junge und widerstandsfähig. Doch schon bald beginnt der Autor anzudeuten, dass der Junge sterben wird, noch ehe sie das Lager erreichen. Mit seinen Erinnerungen versucht er, die Leiden der Fahrt abzumildern. Nach und nach erfährt der Leser aus dem Vor- und Zurückschweifen der Gedanken die Geschichte der Widerstandsgruppe, ihrer Zerschlagung und Festnahme. Am Ende des Buchs erfährt der Leser vom überraschenden Tod des Jungen; ebenfalls deutet der Erzähler bereits das Grauen des Lagers an.

Die Sprache des Berichts ist nüchtern und kühl, manchmal schneidend kalt. Häufige Wiederholungen geben ihr ein insistierendes Drängen.

Wirkung: Semprúns Buch hat zunächst vor allem in Frankreich Anerkennung gefunden. In Deutschland wurde der Autor, obwohl er nie Ressentiments gegen das Land äußerte, zunächst nicht zur Kenntnis genommen. Mehrere Male war er für den Friedenspreis des Deutschen Buchhandels im Gespräch, erhielt ihn jedoch erst 1994. Die Bilder und Ereignisse, die seine Erinnerungen als die wichtigste Quelle seines Werks bloßlegten, waren schmerzhaft. »Schreiben oder leben« hieß letztendlich die Entscheidung des Schriftstellers. Er gab schließlich am Ende des Jahrhunderts seiner »Obsession der Erinnerung« nach, als das allgemeine Vergessen begann. *N. B.*

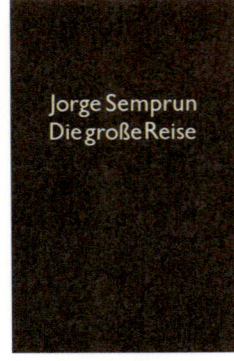

Jorge Semprún, *Die große Reise*, Umschlag der ersten DDR-Ausgabe 1965

Seume, Johann Gottfried

dt. Schriftsteller

* 29.1.1763 Poserna (Sachsen)

+ 13.6.1810 Teplitz (Böhmen)

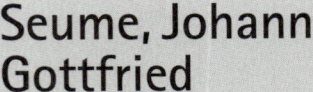 *Spaziergang nach Syrakus im Jahre 1802,* 1803

Sein Reisebericht *Spaziergang nach Syrakus* hat zu Beginn des 19. Jahrhunderts den bislang unbekannten Lyriker, Privatdozenten, Soldaten, Lektor und Korrektor Johann Gottfried Seume mit einem Schlag berühmt gemacht.

Seume hatte bereits ein abenteuerliches und schweres Leben hinter sich; er stammte aus einer Bauern- und Schankwirtsfamilie, die nach dem Tod des Vaters verarmte. Der begabte Junge fand jedoch Förderer, die ihm den Besuch der Lateinschule, des Gymnasiums und ein Studium ermöglichten. Sein Theologiestudium an der Universität Leipzig brach er jedoch nach zwei Semestern ab und machte sich auf den Weg nach Frankreich. Unterwegs wurde er von Werbern aufgegriffen und als Soldat nach Amerika verschifft. Der Unabhängigkeitskrieg war 1783, als das Schiff eintraf, bereits beendet, und Seume machte einen einjährigen Dienst in Nova Scotia. Die Truppe wurde dann in die Heimat zurücktransportiert.

1789 –92 studierte Seume Jura, wurde Sekretär des russischen Generals Igelström und erlebte die polnische Revolution als russischer Leutnant. 1796 trat er als Korrektor und Lektor bei dem Verlag Georg Joachim Göschen in Grimma bei Leipzig ein, wo er vier Jahre blieb und unter anderem Friedrich Gottlieb → Klopstock und Christoph Martin → Wieland redigierte. 1801/02 machte Seume seine Wanderung nach Syrakus, 1805 bereiste er Russland, Finnland und Schweden, und schrieb darüber den Bericht *Mein Sommer 1805* (1806). Postum erschien seine Autobiografie *Mein Leben* (1813).

Biografie: I. Stephan, *J.G. Seume. Ein politischer Schriftsteller der deutschen Spätaufklärung*, 1973

Spaziergang nach Syrakus im Jahre 1802

OA 1803 (2. Auflage 1806)
Form Reisebericht **Bereich** Entdeckungen

Das Tagebuch *Spaziergang nach Syrakus* von Johann Gottfried Seume ist nach → Goethes Buch *Italienische Reise* (1816/17) der populärste Reisebericht aus dem Idealland der Deutschen. Das Buch machte den Dichter über Nacht berühmt.

Entstehung: Seume interessierte sich vor allem für die Orte sehen, an denen die antiken Schriftsteller gelebt und ihre Werke verfasst hatten. Syrakus auf Sizilien war sein Ziel, weil es die Heimatstadt des Idyllendichters Theokrit (um 310–um 250 v. Chr.) war. Auf Drängen der Freunde stellte Seume den Bericht nach der Rückkehr in vier Monaten aus Briefen und Tagebuchnotizen zusammen.

Inhalt: Zu Beginn seines *Spaziergangs,* bei dem er in 250 Tagen 800 Meilen – eine Meile in Sachsen entsprach etwa 7,5 Kilometern – zurücklegen sollte, begleiteten ihn noch Freunde zum Abschied. Von Dresden gelangten die Reisenden nach Prag und nach Wien. Mit leichtem Ingrimm schildert Seume die Untersuchungen, die er hier an einer Grenzstation über sich ergehen lassen muss. Über Graz und Triest erreichte Seume schließlich Italien. Zum ersten Mal fühlt er sich den Klassikern nahe, als er auf dem Wege nach Venedig die Felslandschaften entdeckte, die → Vergil in seiner Dichtung beschrieben hatte. In Udine feiert er am 29. Januar seinen 39. Geburtstag.

In Seumes Bericht über Venedig werden viele Leser sicher überschwängliche Schilderungen der Schönheit und der Kunstschätze vermissen. Weder die Schönheit der Bauwerke noch der Landschaften reißen ihn jemals hin. »Magisch« ist das extremste Wort, das er für Landschaften findet, das zu seiner Zeit soviel wie »zauberhaft« bedeutete. Mit bewegenden Worten widmet sich Seume hingegen der Armut, die er in Venedig antrifft: »Wenn ich länger in Venedig bliebe«, stellt er, der selbst kaum Geld hat, fest, »müsste ich notwendig mit meiner Börse oder meiner Empfindung Bankrott machen.« Dieser

Grundton hält sich auch in seinen weiteren Beschreibungen in denen das Alltagsleben der Menschen berücksichtigt wird.

In Rom trifft Seume auf dort lebende Literaten, und auch hier wird der Leser durch ironische Bemerkungen über die Begegnungen erheitert. Über Neapel führt der Weg weiter über Palermo nach Syrakus, dem Ziel seiner Reise. Von diesem kulturell bedeutenden Ort geht es schließlich wieder über Siena, Mailand, Luzern, Dijon, Paris, Straßburg, Frankfurt/Main und Erfurt zurück nach Leipzig.

Wirkung: Seume ist kein einfempfindsamer Reisender, der von Kunst und Landschaft der Regionen schwärmt. Er schreibt nüchtern und oft spöttisch. Wenn er zu Beginn seiner Wanderung noch unpolitisch scheint, so führen seine Erfahrungen während der Reise zu einer politischen Reaktion. Er registriert die Atmosphäre der Unterdrückung in Wien, die chaotischen Verhältnisse in Italien, die offensichtliche Folgen der Restauration waren, und die elende Lage der Bevölkerung in Sizilien.

Seine Sprache ist zupackend und deftig, was ihm seine Zeitgenossen ankreideten. Die Intellektuellen seiner Zeit hatten wenig Verständnis für Seumes Sicht der Dinge. Der Grund für den Erfolg des Buchs liegt in der Tatsache begründet, dass Seume nicht schwärmerisch und sentimental, sondern lebendig und temperamentvoll geschrieben hat und sich an der sozialen Realität seiner Zeit orientiert. Im 19. Jahrhundert gab es 15 Drucke des Werks, im 20. Jahrhundert kamen 15 verschiedene, zum Teil gekürzte, dazu. Erst 2001 erschien in Deutschland eine neue Taschenbuchausgabe.   *N.B.*

Auszug aus dem Reisebericht
Spaziergang nach Syrakus im Jahre 1802 von Johann Gottfried Seume:

Wer geht, sieht mehr, als wer fährt. – Überfeine und unfeine Leute mögen ihre Glossen darüber machen nach Belieben; es ist mir ziemlich gleichgültig. Ich halte den Gang für das Ehrenvollste und Selbstständigste in dem Manne und in der Meinung, dass alles besser gehen würde, wenn man mehr ginge. Man kann fast überall bloß deswegen nicht auf die Beine kommen und auf den Beinen bleiben, weil man zu viel fährt.

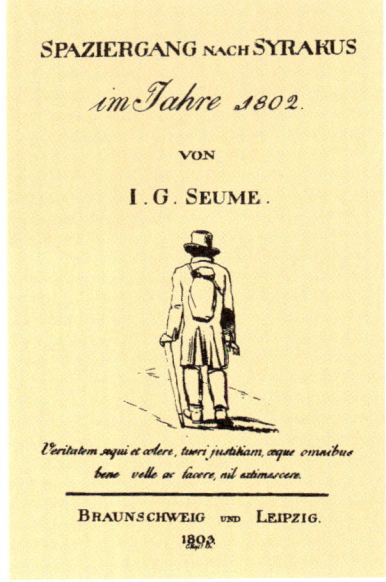

Johann Gottfried Seume, *Spaziergang nach Syrakus im Jahre 1802*, Titelblatt der Originalausgabe 1803

Shakespeare, William

engl. Dramatiker und Lyriker

* 23.4.1564 (?) Stratford-upon-Avon, † 23.4.1616 ebd.

Sonette, 1609

Shakespeare ist der bedeutendste europäische Dichter, der in seinem für alle Interpretationen offenen und objektiv wirkenden Werk die Welt in all ihrer Vielfalt und ihren Widersprüchen darzustellen vermochte. Sein Werk besteht aus

William Shakespeare,
Porträt von 1588

Sonett 18 von Shakespeare:
Soll ich dich einem Sommer-
tag vergleichen?
Er ist wie du so lieblich nicht
und lind.
Nach kurzer Dauer muss sein
Glanz verbleichen
Und selbst in Maienknospen
tobt der Wind.
Oft blickt zu heiß des Himmels
Auge nieder,
Oft ist verdunkelt seine gold'-
ne Bahn
Denn alle Schönheit blüht und
schwindet wieder,
Ist wechselndem Geschicke
untertan.
Dein ew'ger Sommer doch soll
nie verrinnen,
Nie fliehn die Schönheit die dir
eigen ist,
Nie kann der Tod Macht über
dich gewinnen,
Wenn du in meinem Lied un-
sterblich bist.
Solange Menschen atmen,
Augen seh'n,
lebt mein Gesang und schützt
dich vor Vergehn.

Dramen, Epen und Sonetten, die wegen ihrer beispiellosen inhaltlichen und formalen Komplexität bis heute Bestand haben.

Das Leben Shakespeares lässt sich nur vage aus Dokumenten und Äußerungen anderer Autoren rekonstruieren. Er entstammte einem bürgerlichen Elternhaus; sein Vater war Handschuhmacher, Ratsherr und später Bürgermeister von Statford. Es wird vermutet, dass Shakespeare die Lateinschule des Städtchens besucht hat. 1582 heiratete er Anne Hathaway. In der Zeit von 1585 bis zum Jahr 1592 ist nichts über sein Leben überliefert, jedoch hatte sich in diesen Jahren anscheinend sein Aufstieg als Bühnenautor vollzogen, denn ab 1592 war Shakespeare in London bereits als ernstzunehmender Autor bekannt. In der Zeit zwischen 1592 und 1594, als die Theater wegen der Pest geschlossen waren, schrieb Shakespeare die Versepen *Venus und Adonis* (1593) sowie *Die Schändung der Lucretia* (1594). Ab 1594 wurde er als Schauspieler und Teilhaber der besten Londoner Theatergruppe, der »Lord Chamberlain's Men«, geführt, was seinen Aufstieg weiter festigte. Fortan wurde er von allen Kritikern als erster unter den wichtigen englischen Autoren genannt; seine Theatergruppe spielte am Hof Königin Elisabeths I. (1533–1603). Nach ihrem

Tod spielte die Gruppe unter dem Namen »King's Men« am Hof des Nachfolgers, König Jakobs I. (1566–1625).

Shakespeares dramatische Werke teilen sich auf in die Königsdramen, Komödien, Tragödien und Märchendramen: Die Königsdramen bilden neben *König Johann* (entst. 1594–97) und *Heinrich VIII.* (entst. 1612/13) zwei Tetralogien (Lancaster und York), beginnend bei *Richard II.* (UA 1595) bis zu *Richard III.* (1592/93) und sind vor allem der englischen Geschichte zur Zeit der Rosenkriege gewidmet. Die Komödien beinhalten Werke wie *Ein Sommernachtstraum* (entst. 1595/96) oder *Viel Lärm um Nichts* (entst. um 1598). Als Tragödien werden sowohl die Liebestragödien wie *Romeo und Julia* (entst. 1597) als auch die politischen Tragödien, z.B. *Hamlet* (entst. um 1600), *Julius Cäsar* (entst. 1599) oder *Macbeth* (entst. 1606) bezeichnet. Den Abschluss von Shakespeares dramatischem Schaffen bildet die Gruppe der Märchendramen oder Romanzen wie *Das Wintermärchen* (entst. 1610/11) oder *Der Sturm* (UA 1611).

Zu Lebzeiten des Dichters erschienen lediglich 20 seiner Dramen als sog. Quartos, Einzelausgaben im Quartformat. Erst 1623 wurde eine Gesamtausgabe seiner Werke publiziert (sog. First-Folio), die insgesamt 36 Dramen enthält.

Biografien: A. Posener, *William Shakespeare* (rm 50 551); I. Schabert (Hrsg.) *Das Shakespeare-Handbuch*, 2000.

Sonette

OT Sonnets **EZ** 1592–96 **EA** 1609 **DE** 1820
Form Gedichtfolge von 154 Sonetten
Epoche Renaissance

Shakespeare beschreibt in seinen Sonetten (Stichwort → S. 993) die verschiedensten Ausprägungen der Liebe – von sexueller Hörigkeit bis zu philosophischer Abstraktion. Einerseits stellt er die Bedeutung der Freundschaft heraus, die zugleich Symbol für Dauer und Bestand ist, andererseits beschreibt er echte Liebe und reine Sinnenlust, die er sowohl dem Freund als auch einer unbekannten »dark lady« anträgt.

Der Dichter stellt nicht mehr nur die Perfektion des oder der Angebeteten dar, sondern konzentriert sich ebenso auf die Intensität der eigenen Liebe. Dadurch befreit er die Gattung von den stereotypen Motiven der mittelalterlichhöfischen Sonett-Tradition, die sich auf die unterwürfige Anbetung einer entrückten Schönheit beschränkt.

Inhalt: Die Sonettsammlung umfasst keine Handlung; in der überlieferten Reihenfolge sind aber andeutungsweise inhaltliche Verbindungen oder Ordnungen zwischen einzelnen Sonetten zu erkennen. Das lyrische Ich beschreibt vage einige Personen, mit denen es in vielgestaltigen seelischen Beziehungen steht: ein Freund des Dichters, der Dichter selbst und eine »dark lady«. Inwieweit die Sonette autobiografisch zu deuten sind, ist umstritten, jedoch gibt es Verbindungen zu Shakespeares Leben, etwa aus der Widmung an einen »Mr. W. H.«, der sich mit zwei adeligen Gönnern Shakespeares in Verbindung bringen lässt.

Die Sammlung beginnt mit einleitenden Sonetten, welche die treue Liebe und Ehe als bedeutenden Wert preisen. Die Sonette an den schönen jungen Freund beschreiben die Phasen der Liebe des lyrischen Ichs zu ihm. Der Themenkreis (Sonette 30–86) umfasst den Verrat des Freundes durch die Liebe zur Geliebten des lyrischen Ichs, die Eifersucht, sowie die Wiederherstellung der Liebe auf einer geistigen Ebene. Der Gefühlsbogen der Sonette reicht von Sympathie über Bewunderung, Eifersucht, Trauer bis hin zur aufrichtigen Liebe.

Die Sonette an die »dark Lady« weisen keinen dementsprechenden erzählerischen Faden auf. Die Liebe ist hier Freude und Bitterkeit zugleich, denn die Lady ist sowohl ihrem Gatten, als auch ihrem Geliebten, dem lyrischen Ich, untreu (Sonette 127–152). Während das lyrische Ich dem Freund reinen Herzens und in körperlicher Liebe zugetan ist, quält es zur »dunklen Dame« ein nur sexuelles Verlangen. Die Attraktivität der »dark Lady«, die das lyrische Ich entgegen der herrschenden petrarkistischen Konvention als eher hässlich beschreibt, findet auf geistiger Ebene keine Entsprechung und wird deshalb als falsch und sündig dargestellt. Dennoch verfällt das lyrische Ich dieser sündigen Lust.

Aufbau: Die Ordnung der Sonette stammt wahrscheinlich nicht von Shakespeare selbst, sondern wurde postum vorgenommen. Die originale Ordnung lässt sich nicht mehr feststellen, da inhaltliche Bezüge ziehen sich zum Teil quer durch das Werk oder bilden kleine Blöcke (wie die Einleitungssonette 1–17) oder Paare (Sonette 12 und 60 spielen mit Zahlensymbolismen).

Der Aufbau orientiert sich am englischen Sonettschema, das mit der Aufteilung in drei Gruppen á vier Zeilen und einem abschließenden Zweizeiler flexibler ist als das Sonettschema nach Francesco → Petrarca, das aus zwei Vierzeilern und einem Sechszeiler besteht.

Wirkung: Wortwahl und Metaphorik der Gedichtsammlung wirken modern und zeitlos; Shakespeare zieht auch Alltagsgegenstände zur Beschreibung der Liebe heran, befreit die Sonette so aus einer starren Konvention und macht sie zu Vexierbildern. An diesem Schema orientierten sich nachfolgende Generationen von Literaten wie John Keats (1795–1821), William Wordsworth (1770–1850) bis hin zu Rainer Maria → Rilke. *A. Fe.*

Das Sonett

Herkunft: Das Sonett ist eine aus Italien stammende Gedichtform mit strengem formalen Aufbau, die in allen europäischen Literaturen vertreten ist. Erste Sonette wurden im 13. Jahrhundert am Hof Friedrichs II. zu Palermo verfasst. Unter → Dante Alighieri und Petrarca erhielt das Sonett ein festes Reimschema, aus dem sich in der Folgezeit Sonderformen entwickelten. Die Blütezeit des Sonetts war im 15. und 16. Jahrhundert mit eigenen nationalen Ausprägungen, danach wurde es vernachlässigt und erst im 19. Jahrhundert in der Romantik wiederbelebt. Bis heute gehört es zum festen Repertoire der Lyrik. **Grundform:** Die Grundform bildet ein vierzehnzeiliges Gedicht, das sich aus zwei Vierzeilern (Quartette) und zwei Dreizeilern (Terzette) zusammensetzt, das Reimschema hierbei ist abab abab cdc dcd. **Sonderform:** Die englische Sonderform besteht aus drei Quartetten und einem pointierenden Zweizeiler, deren Reime folgendermaßen gegliedert sind: abab cdcd efef gg. In den Quartetten wird das Thema das Gedichtes aufgestellt und danach mit Argument und Gegenargument erörtert. Am Schluss werden die Gegensätze in Einklang gebracht, in der englischen Form geschieht dies im letzten Reimpaar, das sozusagen die Quintessenz des Gedichtes bildet. **Themen:** Die Thematik ist wegen der anspruchsvollen Form und dem Zwang zur gedanklichen Klarheit beschränkt. Themen sind Liebe, Minne, Tod, Religion und – in neuerer Zeit – auch Politisches.

Shalev, Zeruya

israel. Schriftstellerin

* 13.4.1959 Kibbuz Kinneret

📖 *Liebesleben*, 1997

Zeruya Shalev hat mit ihren beiden bisher übersetzten Romanen – Geschichten von Liebe und Begehren, von den Schwierigkeiten zwischen Mann und Frau – offenbar einen zentralen Nerv der Leser getroffen, denn sowohl *Liebesleben* (1997) als auch *Mann und Frau* (2000) wurden zu internationalen Bestsellern. Shalev gehört zu einer neuen Generation israelischer Schriftsteller, die sich auf individuelle Schicksale konzentrieren und die politische Lage in Israel in ihren Büchern gänzlich ausblenden.

Die Schriftstellerin entstammt einer Literatenfamilie: Ihr Vater, Mordechai Shalev, zählt zu den renommiertesten Literaturkritikern Israels; ihr Cousin ist der bekannte Schriftsteller Meir Shalev; auch ihr Bruder und ihr Ehemann sind Autoren. Zeruya Shalev studierte Bibelwissenschaften und arbeitet als Lektorin in Jerusalem. Mit ihrem zweiten Roman *Liebesleben*, der vor ihrem weitgehend unbeachteten ersten Roman auf Deutsch erschien, gelang ihr ein internationaler Bestseller. Auch der nachfolgende Roman *Mann und Frau* wurde ein weltweiter Erfolg. Zuvor hatte Shalev in Israel bereits einen Gedichtband veröffentlicht.

Liebesleben

OT chajej ahawa **OA** 1997 **DE** 2000
Form Roman **Epoche** Moderne

Liebesleben erzählt das Wegbrechen der abgesicherten Existenz einer jungen Frau, die einem älteren Mann verfällt. Damit verquickt ist ein alter Familienkonflikt, in dessen Zentrum das frühere Liebesleben der Mutter steht.

Zeruya Shalev im März 2001:

Meine Romane könnten genauso gut in Berlin oder Rom spielen. Israelisch ist allenfalls die Atmosphäre der ständigen Anspannung, immer das Schlechteste zu erwarten.

Zeruya Shalev, *Liebesleben*, Umschlag der deutschsprachigen Erstausgabe 2000

Auszug aus dem Roman
Liebesleben von Zeruya Shalev:

Es ist besser, mitten im Leben in Liebe zu sterben, als bis hundert allein zu leben, flüsterte mir Tirza zu, und ich sah den Neid in ihren Augen. Gibt es nur die zwei Möglichkeiten, fragte ich sie, und sie sagte, zwei ist schon viel, manchmal gibt's noch nicht mal eine.

Inhalt: Die Ich-Erzählerin Ja'ara, jung, erfolgreich um eine universitäre Karriere bemüht und seit fünf Jahren mit einem netten Mann verheiratet, lernt in der Wohnung ihrer Eltern Arie, einen Jugendfreund ihres Vaters, kennen, der sie sofort durch herausfordernde Männlichkeit und kaltes Selbstbewusstsein fasziniert. Noch bevor es ihr bewusst wird, ist sie ihm verfallen. Sie beginnt eine Affäre mit ihm, die obsessiv und destruktiv ist und für sie demütigend, denn der alternde Mann erwidert ihr Glühen in keiner Weise; seine Sexualität ist wie sein gesamtes Wesen auf eine zynische Weise übersatt, durch kaum etwas mehr zu reizen. Ja'ara sucht trotz der ständigen Demonstrationen seiner Gleichgültigkeit weiter Aries Nähe und verliert dabei zusehends die Kontrolle über ihr Leben. Dieser Verlust äußert sich in der Vernachlässigung ihrer Pflichten an der Universität und in ihrer Ehe, deren eher geschwisterlicher Charakter ihr nun überdeutlich wird.

In einem zweiten Handlungsstrang verdichten sich die Hinweise darauf, dass Arie tiefer in das Schicksal ihrer Familie verstrickt ist als nur durch Freundschaft mit ihrem Vater. Er war einst die große – und erwiderte – Liebe ihrer Mutter, die sich aber gegen ihn (und für den eher blassen Vater) entschied, weil er durch eine Kriegsverletzung zeugungsunfähig wurde. Ja'ara ist somit – durch ihre schiere Existenz – der lebendige Grund für die Trennung ihrer Mutter von Arie.

Das Ende des Romans ist offen, weist aber auf Befreiung hin: Ja'ara fährt zwar zum Flughafen, um ihren Mann abzuholen, bleibt dann aber unerkannt im Hintergrund. Der Dekan stellt ihr ein Ultimatum für ihre Abschlussarbeit, und Ja'ara lässt sich in der letzten Szene über Nacht in der Bibliothek einschließen: ihre erste selbstbestimmte Handlung seit langem.

Wirkung: In Israel stieß *Liebesleben* wegen seiner freizügigen Szenen auf Kritik, wurde aber trotzdem mit zahlreichen Literaturpreisen ausgezeichnet. Schnell entwickelte es sich auch zum internationalen Bestseller. Bewunderung gezollt wurde allgemein dem »atemlosen« Erzählstil. Etwas irritiert stellten vor allem ausländische Leser fest, dass Israel in dem Buch nicht einmal als Kulisse deutlich wird. Lobend hervorgehoben wurden auch die zahlreichen Bibelanspielungen und -zitate, die Shalev nicht für ideologische Zwecke, sondern als Metaphern für Zwischenmenschliches nutzt. Vereinzelt konstatierten Kritiker passagenweise Kitsch und äußerten Zweifel (besonders nach Erscheinen von *Mann und Frau*), ob die Autorin wirklich in der Klasse der hohen Literatur mitspiele oder nicht doch eher dem Genre des unterhaltsamen Frauenromans zuzuordnen sei. *M. R.*

Der künstliche Mensch

Literarische Tradition: Die Literaturgeschichte kennt mehrere Varianten des Motivs vom künstlichen Menschen: belebte Statuen wie → Ovids Pygmalion haben in den romantischen Erzählungen von Achim von Arnim, Joseph von → Eichendorff und Prosper → Merimée ihre Nachfolge gefunden; auf jüdische Volkssagen gehen die Geschichten vom Golem zurück, einem zu wundertätigen Rabbis beseelten Menschen aus Lehm, der die Bewohner des Gettos beschützen soll, aber außer Kontrolle gerät und nur durch den Rabbi wieder in Lehm zurückverwandelt werden kann. Im Umkreis der Alchimie sind die Vorstellungen des Homunculus entstanden, eines Wesens, das dem Menschen überlegen sein soll, weil es nicht dem Schoß einer Frau entstammt. Der misogyne Charakter dieser literarischen Tradition ist offensichtlich. Zu seinen populärsten Gestaltungen zählen neben dem Homunculus in Goethes *Faust* (1808, 1832) und Mary Wollstonecraft → Shelleys *Frankenstein* der Roman *Alraune* (1911) des Kolportageschriftstellers Hanns Heinz Ewers (1871–1943); in den Androiden, Replikanten und Cyborgs der Sciencefiction-Literatur hat diese Variante des künstlichen Menschen ihre modernen Verkörperungen gefunden.

Variante: Ein anderer Typ geht auf die im 18. Jahrhundert hoch entwickelte Kunst des Automatenbaus zurück und verbindet sie mit den philosophischen Spekulationen des französischen Materialismus, demzufolge der Mensch nichts weiter als eine Maschine sei. Zu dieser Variante des Motivs haben vor allem Edgar Allan → Poes denkakrobatische Übungen in seinem Essay *Maelzels Schachspieler* (1836) und die Figur der Olimpia in E. T. A. → Hoffmanns Erzählung *Der Sandmann* (1817) beigetragen. Diese Tradition setzt sich fort in den Robotern der Sciencefiction-Literatur.

Aussagen: Gemeinsam ist nahezu allen dieser Geschichten, dass sie vor den Folgen des Fortschritts warnen. Das philanthropische Anliegen der Erzeuger – immerhin will der Baron Frankenstein ursprünglich nur Tod und Krankheit besiegen – und die wissenschaftlichen Einsichten der Forscher werden in dieser Literatur durchweg als Hybris und als eine pathologische, alchemistisch-männerbündische Fantasie denunziert. Der Wunsch der Menschen, sich durch künstliche Kreaturen hilfreiche und sexuell verfügbare Diener zu schaffen, endet im Aufstand der künstlichen Geschöpfe, die ihre Erzeuger töten oder versklaven.

Shelley, Mary Wollstonecraft

engl. Schriftstellerin und Publizistin

* 30. 8.1797 Somers Town/London, † 1.2.1851 London

📖 *Frankenstein oder Der neue Prometheus*, 1818

Obwohl sie sieben umfangreiche Romane und eine Reihe von Erzählungen und publizistischen Arbeiten verfasste, ist Mary Wollstonecraft Shelley vor allem als Verfasserin des Schauerromans *Frankenstein oder Der moderne Prometheus* im literarischen Bewusstsein präsent, in dem die 19-jährige Autorin auf virtuose Weise die zeitgenössische Erwartung sozialer und wissenschaftlicher Umwälzungen mit dem englischen Schauerromans verband.

Wollstonecraft Godwin wurde in London als Tochter zweier literarischer Berühmtheiten geboren: Ihr Vater war William Godwin, Verfasser sozialkritischer Schriften, ihre Mutter, Mary Wollstonecraft –die wenige Tage nach der Geburt ihrer Tochter starb – hatte das erste bedeutende Manifest der europäischen Frauenbewegung verfasst: *Rettung der Rechte des Weibes* (1792). Wollstonecraft Godwin erhielt im Hause ihres Vaters, eines Zentrum des kulturellen Lebens ihrer Zeit, wesentliche Anregungen. 1814 verliebte sie sich in den verheirateten roman-

tischen Dichter Percy Bysshe Shelley (1792 bis 1822) und folgte ihm auf eine Reise auf den Kontinent, 1816 heiratet sie ihn.

Das bewegte und ruhelose Leben an der Seite Shelleys war von großen finanziellen Sorgen und Schicksalsschlägen überschattet: die Halbschwester der Autorin, Danny Imlay, nahm sich das Leben, drei ihrer vier Kinder starben; nach dem frühen Tod Shelleys widmete sich Wollstonecraft Shelley der Herausgabe seiner Werke und lebte von einer kleinen Rente und ihrer schriftstellerischen Arbeit.

Literatur: M. Spark, Mary Shelley, 1992.

Frankenstein oder Der neue Prometheus

OT Frankenstein or: The Modern Prometheus
OA 1818, erweitert 1831 **DE** 1912
Form Roman **Epoche** Romantik

Der Schauerroman um die Geschichte des Barons Frankenstein, der wie Prometheus, der Rebell des antiken Mythos, sich das Recht herausnimmt, selbst Leben zu schaffen, stellt eine Parabel über den wissenschaftlichen Sündenfall des Menschen dar: Wie allenfalls noch Bram → Stokers Roman über den Vampir Dracula wurde Shelleys Roman über die Schaffung eines künstlichen Menschen im Lauf von 200 Jahren durch zahlreiche literarische Nachahmungen und Verfilmungen zum Archetypus des Genres. **Entstehung:** Die Autorin, ihr Geliebter Percy Bysshe Shelley, sein Freund Lord → Byron, Marys Halbschwester und Geliebte Byrons, Claire Clairmont, Byrons Leibarzt Polidori und der gemeinsame Freund Matthew Gregory Lewis (1775–1818), der Verfasser des Schauerroman

Der Mönch (1796) verbrachten 1818 einen verregneten Sommer am Genfer See mit der Lektüre deutscher Schauergeschichten. In einem Wettstreit versuchten sich die Dichter anschließend selbst in dem Genre; das bedeutendste Resultat war *Frankenstein,* den die Verfasserin in nur sechs Wochen niederschrieb.
Inhalt: Der Roman erzählt von dem hoch begabten jungen Schweizer Naturwissenschaftler Viktor Frankenstein, der während seines Studiums an der Universität Ingolstadt die Idee entwickelt, das Geheimnis des Lebens zu ergründen und ein nicht länger von Krankheit und Tod gequältes Wesen zu erzeugen. Aus Leichenteilen stückelt er eine künstliche Kreatur zusammen und schenkt ihr das Leben; abgestoßen von der Hässlichkeit des von ihm selbst produzierten Geschöpfes, wendet er sich jedoch von ihm ab.

Die namenlose Kreatur durchwandert auf der Suche nach Liebe und Geborgenheit die Welt, durchläuft dabei einen erstaunlichen Bildungsprozess, aber erfährt wegen ihres Furcht einflößenden Aussehens nur Ablehnung und Hass, wodurch sie sich allmählich in das Monster verwandelt, für dass sie alle halten. Schließlich sucht sie ihren Schöpfer auf und nötigt ihn, ihm eine Gefährtin zu schaffen. Zunächst willigt Frankenstein ein, aber im letzten Augenblick schreckt er vor seinem Vorhaben zurück und zerreißt die künstliche Eva vor den Augen seines Geschöpfes. Rasend vor Zorn tötet die Kreatur daraufhin Frankensteins Braut sowie dessen Vater und hetzt ihren Erzeuger durch die Welt, bis es im Eis der Arktis zum Entscheidungskampf kommt. Das Geschöpf tötet Frankenstein und treibt anschließend auf einer Eisscholle davon, entschlossen, sich auf einem Scheiterhaufen selbst zu richten.

Auszug aus dem Roman
Frankenstein oder Der neue Prometheus von Mary Wollstonecraft Shelley:

Mir dünkte schließlich das Wesen, das ich unter die Menschen geschickt … wie mein eigener Vampir, mein eigener Geist, der aus dem Grab hervorgebrochen war und unter dem Zwang stand, alles mir Nahestehende zu vernichten.

Henryk Sienkiewicz, *Quo vadis?*, Einband der deutschsprachigen Taschenbuchausgabe 1960

Struktur: Dem Muster des Schauerromans folgend, besteht der Roman aus mehreren ineinander verschachtelten Erzählschichten: der Polarforscher Robert Walton berichtet in Briefen an seine Schwester von seiner Begegnung mit Frankenstein. Frankenstein erzählt seinem Retter seine Geschichte, in deren Zentrum wiederum die Autobiografie des Monstrums steht. Durch diesen erzählerischen Kunstgriff bleibt das Potenzial der Glaubwürdigkeit in allen Erzählschichten bestehen.

Im Zentrum des Romans steht die ergreifende autobiografische Leidensgeschichte der Kreatur, die zu einer anthropologischen und metaphysischen Parabel wird: Am Schicksal des künstlichen Menschen werden die biologischen Qualen, die existenziellen Ängste und religiösen Nöte des menschlichen Lebens in konzentrierter Form veranschaulicht – der künstliche Mensch ist ein Doppelgänger des natürlichen Menschen. Dass im Lauf der Rezeptionsgeschichte der Name des Forschers auf seine Kreatur übergegangen ist, liegt durchaus im Wesen der Sache: in ihrer wechselseitigen Feindschaft nähern sich Schöpfer und Geschöpf bis zur Austauschbarkeit einander an.

Wirkung: Shelleys Roman hat das alte und im Zeitalter der Romantik – etwa bei E.T.A. → Hoffmann (*Der Sandmann*, 1817) und Achim von → Arnim – zu besonderem Interesse gelangte Thema der Erzeugung künstlichen Lebens aufgegriffen und daraus die bis heute gültige Schreckensparabel entwickelt, wonach sich das Geschöpf gegen seinen Schöpfer wendet und Tod und Verderben bringt. Unter den literarischen Nachfolgern verdienen vor allem der Roman *Die Eva der Zukunft* (1886) von Villiers de l'Isle Adam und die Erzählung *Moxons Herr und Meister* (1893) von Ambrose → Bierce Erwähnung. Eine hohe Zahl von mehr oder minder eng am Text des Romans angelehnten Verfilmungen haben die Bedeutung von Shelleys Roman als Archetyp des Genres zementiert   *H. R. B.*

Sienkiewicz, Henryk

poln. Schriftsteller

*5.5.1846 Wola Okrzejska, †15.11.1916 Vevey, Schweiz

📖 *Quo vadis?*, 1895/96

Henryk Sienkiewicz ist bis heute der populärste polnische Schriftsteller. In Polen führen seine Werke mit nationaler Thematik die Beliebtheitsskalen an, und der Roman *Quo vadis?* machte ihn Ende des 19. Jahrhunderts sogar weltberühmt.

Sienkiewicz wurde in einem kleinen Dorf südöstlich von Warschau in einer verarmten polnischen Adelsfamilie geboren. Während seines Studiums der Literatur und Geschichte in den 1860er Jahren debütierte er als Publizist. Schnell avancierte er zum angesehenen Feuilletonisten konservativer Zeitungen. Langen Aufenthalten in Nordamerika und in zahlreichen europäischen Ländern entsprangen mehrere Reisebeschreibungen. 1883 begann Sienkiewicz einen Romanzyklus über die Geschichte Polens im 17. Jahrhundert zu verfassen. Diese sog. Trilogie, bestehend aus *Mit Feuer und Schwert* (1883/84), *Die Sintflut* (1884–86), *Herr Wolodyjowski* (1887/88), machte ihn zum Nationalschriftsteller.

Der großen Beliebtheit beim Lesepublikum stand heftige Kritik vieler Intellektueller an den nationalen Positionen und dem populistischen Stil in den Werken von Sienkiewicz entgegen. Für den Roman *Quo vadis?* erhielt er 1905 den Literaturnobelpreis. Nach Ausbruch des Ersten Weltkrieges floh der Autor in die Schweiz.

Quo vadis?

OT Quo vadis?
OA 1896 (Vorabdruck 1895 in *Gazeta Polska*)
DE 1899   **Form** Roman   **Epoche** Realismus

Der Roman *Quo vadis?* von Henryk Sienkiewicz ist eines der spektakulärsten Werke der polnischen Literatur. Sowohl in Polen als auch in anderen europäischen Ländern wurde er gleich nach seinem Erscheinen vom Lesepublikum mit großer Begeisterung aufgenommen, die Kritik hingegen reagierte zurückhaltend bis empört.

Inhalt: *Quo vadis?* spielt zur Zeit Neros (54–68) in Rom. Der junge Patrizier Vinicius verliebt sich in Lygia, Christin und Tochter des Lygierkönigs, die in Rom als Geisel gehalten wird. Diese flieht mithilfe ihres Dieners Ursus vor den Zudringlichkeiten von Vinicius zu ihren Glaubensbrüdern. Als Vinicius sich entscheidet, zum Christentum überzutreten, um Lygia zu gewinnen, lässt Nero Rom anzünden: Er sitzt an einem Werk über den Untergang Trojas und erhofft sich vom Brand der Stadt dichterische Inspirati-

---

Hauptfiguren in »Quo vadis?« von Henryk Sienkiewicz

Nero (37–68): Der römische Kaiser verliert sich nach maßvollem Regierungsbeginn in einem zügellosen, auf übersteigerter Eitelkeit basierenden Wahnsinn. Nach dem von ihm selbst inszenierten Brand von Rom ist er der Urheber der ersten systematischen Christenverfolgung.
Petronius: Der Epikureer und skeptische Ästhet fungiert als Fädenzieher in Rom und bringt Lygia und Vinicius zusammen. Die Figur geht auf den römischen Konsul Petronius Gaius Petronius (†66 n.Chr.) zurück. Autor des berühmten Schelmenromans *Satyrikon*.
Lygia: Die Tochter des Lygierkönigs ist Repräsentantin des tugendhaften Christentums. Die Lygier leben – wie die Polen – in

einem Land zwischen Oder und Weichsel.
Vinicius: Der römische Patrizier und Neffe von Petronius verliebt sich in Lygia und wandelt sich unter ihrem Einfluss schrittweise vom heidnisch-ungestümen Jüngling zum reifen Christen.
Ursus: Der Diener und Beschützer von Lygia stammt wie diese vom Volk der Lygier. Er ist einfältig aber gutmütig und rettet Lygia vor dem Tod in der Arena, indem er dem deutschen Auerochsen mit den eigenen Händen das Genick bricht.
Chilon: Der zwielichtige Grieche ist ein philosophierender Skeptiker und besitzt viel Verstand und wenig Moral. Er hilft Vinicius, Lygia bei den Christen aufzuspüren.

OT = Originaltitel   **EZ** = Entstehungszeit   **OA** = Originalausgabe   **DE** = Deutsche Erstausgabe   📖 = Verweis auf Werkartikel

on. Die Tat lastet er den Christen an. Bei der nun einsetzenden Christenverfolgung werden Lygia und Vincius verhaftet und für den Zirkus bestimmt. Ursus rettet Lygia von den Hörnern des Auerochsens, woraufhin sie und Vinicius begnadigt werden und zueinander finden.

Zentrale Idee und Fokus des Werks ist die Legende, nach der der Apostel Petrus auf der Flucht vor der Christenverfolgung und dem zu erwartenden Martyrium Christus begegnet und ihn fragt, »Domine, quo vadis?« (»Herr, wohin gehst du?«). Christus antwortet, er gehe nach Rom zu seinem verlassenen Volk, um sich ein zweites Mal kreuzigen zu lassen. Beschämt kehrt darauf Petrus in die Stadt zurück und teilt das Schicksal der Christen.

Quo vadis? ist im doppelten Sinne das Buch eines zu Ende gehenden Zeitalters. Das dekadente, gleichzeitig jedoch von Leben pulsierende Rom Neros befindet sich auf dem Höhepunkt seiner Macht. Ihm wird die tugendhafte und sehr junge Christengemeinde gegenübergestellt. Der Konflikt zwischen den beiden Welten ist auch ein Konflikt zwischen materieller und geistiger Macht. Die römische Zivilisation krankt am Sittenverfall der Elite, an dem sie auch zu Grunde gehen wird. Der wahnsinnige Kaiser muss zu Gunsten der christlichen Welt abtreten. Da diese aber im Buch keinen würdigen Vertreter findet (Lygia bleibt in dem Roman eher blass), ist *Quo vadis?* eher der Abschied von einer untergehenden Welt als die Begrüßung des Neuen.

Aufbau: *Quo vadis?* ist ein Beispiel für einen mustergültig konstruierten Roman. Der roman-

tische Handlungsfaden der Liebesgeschichte zwischen Vinicius und Lygia ist eng verflochten mit dem Handlungsfaden der Christenverfolgung. Mit diesen beiden Hauptsträngen sind verschiedene elegant geführte Nebenstränge verzahnt, die den Leser an den Hof Neros, in den Palast des Petronius, in die römischen Vorstädte usw. führen. Zahlreiche monumentale Bilder wie das brennende Rom, das Amphitheater mit den Gladiatoren oder die Christenverfolgung werden in einer archaisierenden und zugleich anschaulichen Sprache dargestellt.

Wirkung: Der Erfolg von *Quo vadis?* war groß; der Roman wurde in über 40 Sprachen übersetzt, für die Bühne adaptiert, als Oper aufgeführt (Vertonung durch Henry Cain, Text von A. S. J. Brenon, Uraufführung London 1911) und mehrfach verfilmt (u. a. 1951 mit Peter Ustinov in der Rolle des wahnsinnigen Nero und Deborah Kerr als Lydia).

1905 erhielt Sienkiewicz für *Quo vadis?* überraschend den Literaturnobelpreis – überraschend insofern, als damit ein Werk in einer Sprache ausgezeichnet wurde, deren Träger keinen eigenen Staat besaßen und die seit über 100 Jahren keine Amtssprache mehr war. Gleichzeitig war der Roman Anlass für eine weit über Polen hinaus gehende Kampagne gegen Sienkiewicz. Dem Autor wurde intellektuelle Oberflächlichkeit, Unkenntnis der historischen Begebenheiten und Plagiat vorgeworfen. Auf *Quo vadis?* geht schließlich das berühmte Diktum von Witold → Gombrowicz zurück, nach dem Sienkiewicz unbestritten der erste unter den zweitklassigen Schriftstellern sei.   *S. M.*

Peter Ustinov als Nero in der Verfilmung des Romans *Quo vadis?* von Henryk Sienkiewicz (USA 1951; Regie: Mervin Le Roy)

Eliza Orzeszkowa (1841 bis 1910) über Henryk Sienkiewicz:

Ich kam mit einer mittelmäßigen schriftstellerischen Begabung zur Welt, einem Funken, der von ansehnlichen Geistesgaben einigermaßen angefacht wurde sowie von einer starken Sensitivität, vielleicht zu stark für ein einziges Herz. Bei Sienkiewicz ist es umgekehrt. Ich denke mir oft, hätten sich unsere Veranlagungen vereinigt – welch ein Talent hätte das ergeben!

Auszug aus der Begründung des Nobelpreiskomitees zur Verleihung des Preises an Henryk Sienkiewicz 1905:

Ermisst man die Leistung von Sienkiewicz, erscheint sie gigantisch und überwältigend sowie an jedem Punkt vornehm und kontrolliert. Sein epischer Stil ist absolute Perfektion. Dieser Stil mit seinen kraftvollen Effekten und der relativen Unabhängigkeit der Episoden zeichnet sich zudem durch neuartige und beeindruckende Metaphern aus.

Sillitoe, Alan

engl. Schriftsteller

*4.3.1928 Nottingham

📖 *Die Einsamkeit des Langstreckenläufers*, 1959

Alan Sillitoe gehört zu den bekanntesten und ausdrucksstärksten englischen Autoren des 20. Jahrhunderts. In zahlreichen Kurzgeschichten, Romanen, Dramen, Gedichten und Kindergeschichten zeigte er sich als engagierter Chronist der proletarischen Arbeitswelt.

Der Arbeitersohn verließ mit 14 Jahren die Schule, um sich seinen Unterhalt als Dreher in einer Fahrradfabrik zu verdienen. 1946–49 leistete er als Funker bei der Royal Air Force in Malaya seinen Wehrdienst, bevor er an Tuberkulose erkrankte. Zurück in England, begann er während eines mehr als einjährigen Krankenhausaufenthalts zu schreiben. 1952–58 lebte er vorwiegend in Frankreich und Spanien.

Mit seinem ersten Roman *Samstagnacht und Sonntagmorgen* wurde Sillitoe 1958 auf einen Schlag berühmt. Grundthema des Buchs ist der innere Widerstand eines jungen Arbeiters gegen die Fremdbestimmtheit seiner Lebensverhältnisse, deren Begrenztheit und Enge die Entfaltung einer eigenen Identität verhindern. Dieses Thema variierte Sillitoe mehrfach in seinen späteren Werken. Zu den herausragenden Eigenschaften seiner Romane und Erzählungen gehören die Schärfe der Beobachtung, eine einnehmende sprachliche Di-

Alan Sillitoe, *Die Einsamkeit des Langstreckenläufers*, Umschlag der Originalausgabe 1959 (Gestaltung: Mona Moore)

rektheit und das psychologische Einfühlungsvermögen, mit dem die Rebellion der meist jungen Protagonisten geschildert wird.

Autobiografie: A. Sillitoe, *Life without armour*, 1995.

Die Einsamkeit des Langstreckenläufers

OT The Loneliness of the Long-distance Runner
OA 1959 DE 1967 Form Erzählung Epoche Moderne

Die Einsamkeit des Langstreckenläufers ist die bekannteste Erzählung von Alan Sillitoe. Wie in seinem ersten Roman *Samstagnacht und Sonntagmorgen* (1958) gelang es ihm auch in der verknappten Form der Erzählung, die geistige Auflehnung eines in seiner Lebenssituation gefangenen gesellschaftlichen Außenseiters glaubwürdig und eindrucksvoll zu schildern.

Inhalt: Der 17-jährige Colin Smith, der wegen Diebstahls in einer Erziehungsanstalt in Essex einsitzt, bringt seine Geschichte zu Papier, die im Arbeitermilieu von Nottingham spielt.

Als Colins Vater an Kehlkopfkrebs stirbt, kommen Colin, seine Mutter und die fünf Geschwister durch eine Zahlung der Versicherung in den Genuss kurzzeitigen Reichtums. Nachdem sie sich ein Fernsehgerät angeschafft und das restliche Geld gemeinsam verjubelt haben, fällt es Colin schwer, sich mit der erneuten Armut zu arrangieren. Zusammen mit seinem verschlossenen, zum Jähzorn neigenden Freund Mike bricht er in das Büro einer Bäckerei ein und stiehlt eine Geldkassette.

Nur durch Zufall gelingt es einem von Vorurteilen geleiteten und äußerst hartnäckigen Kriminalbeamten, Colin und Mike zu überführen. Später wird Mike freigesprochen, Colin kommt als vermeintlicher Anstifter ins Besserungsheim. Wegen seiner Fähigkeiten als Langstreckenläufer gewinnt er bald die Sympathie und Unterstützung des Direktors, der in ihm einen aussichtsreichen Läufer für den alljährlichen Sportwettkampf der Erziehungsanstalten erkennt. Colin durchschaut, dass die Freundlichkeit des Direktors lediglich seinem ehrgeizigen Wunsch nach beruflicher Profilierung entspringt. Und so fasst er den Entschluss, bei der Meisterschaft als Erster bis kurz vors Ziel zu laufen und sich dann vom zweitbesten Läufer überholen zu lassen. Dass er mit diesem Akt der Rebellion gegen eine für ihn inakzeptable Autorität seine Chancen auf vorzeitige Entlassung verspielt, ist ihm vollkommen bewusst.

Doch sein Training, das er täglich am frühen Morgen beginnt, bedeutet ihm weit mehr als nur die Möglichkeit einer Auflehnung gegen die an ihn gestellten Erwartungen. Erst durch das Laufen erschließt er sich einen Zugang zu

Die wichtigsten Bücher von Alan Sillitoe

Samstagnacht und Sonntagmorgen, 1958	Der junge Akkordarbeiter Arthur Seaton versucht in diesem Roman der Monotonie seines Fabrikalltags durch ein ausschweifenden Leben an den Wochenenden zu entkommen.
Die Einsamkeit des Langstreckenläufers, 1959	Die Erzählung handelt von dem 17-jährigen Colin Smith, der wegen Diebstahls in einer Erziehungsanstalt lebt. Als der Anstaltsleiter seine Fähigkeiten im Langstreckenlauf entdeckt und ihn zum Aushängeschild seines Hauses machen will, widersetzt sich Colin. → S. 998
Der Tod des William Posters 1965	Im ersten Teil der Romantrilogie verlässt Frank Dawley, Fabrikarbeiter aus Nottingham, seine Familie, seine Freunde und seinen Beruf, um sich auf die Suche nach seiner eigenen Identität und nach einer gesellschaftsverändernden Aktivität zu begeben.
Der brennende Baum 1967	Der zweite Teil der Romantrilogie berichtet von den Kämpfen, an denen Dawley auf Seiten der algerischen Rebellen in der Wüste teilnimmt. Später plant er den Aufbau einer sozialen Kommune.
Die Flamme des Lebens 1974	Der dritte Teil der Romantrilogie beschreibt den Verlauf und das letztendliche Scheitern von Dawleys Kommune-Experiment. Dawley findet Glück als Schriftsteller in einem bürgerlichen Idyll.

OT = Originaltitel EZ = Entstehungszeit OA = Originalausgabe DE = Deutsche Erstausgabe 📖 = Verweis auf Werkartikel

seiner eigenen Identität. In der Synchronisation von Laufen und Denken entdeckt er den einzigen Zustand in dem er sich wirklich frei fühlt – und er erkennt, dass er sich dieser Freiheit ebenso sicher sein kann wie seiner Einsamkeit.

Form: Zu den formalen Stärken der Erzählung gehören insbesondere die gekonnte Verknüpfung der verschiedenen Zeitebenen sowie die Ungezwungenheit und Treffgenauigkeit der dialektgefärbten Sprache.

Wirkung: *Die Einsamkeit des Langstreckenläufers* gilt als eine der gelungensten Erzählungen aus dem weiteren Umfeld der »Angry Young Men«, einer in der zweiten Hälfte der 1950er Jahre bekannt gewordenen Generation junger englischer Schriftsteller, die sich in ihren häufig resignativen Erzählungen und Theaterstücken dem Alltag des englischen Kleinbürgertums widmeten. *B. S.*

Silone, Ignazio

(eigtl. Secondo Tranquilli) italien. Schriftsteller

*1. 5. 1900 Pescina de' Marsi (Abruzzen)

† 22. 8. 1978 Genf

📖 *Brot und Wein*, 1936

Mit seinen sozialkritischen Romanen sowie mit Werken, die das Thema der Resistenza behandeln, hat Ignazio Silone die italienische Nachkriegsliteratur bestimmt. Als christlicher Sozialist entzog er sich jeder ideologischen Festlegung.

Die Jugend des Kleinbauernsohns war von Armut geprägt. Ein Jahr nach dem Tod des Vaters verlor er bei einem Erdbeben 1915 die Mutter und fünf Geschwister. Schon früh setzte Silone sich als Journalist und Gewerkschafter für die Verbesserung der Lage der Landarbeiter und kleinen Bauern ein. Als Mitglied der kommunistischen Partei und bekannter Redakteur linker Zeitungen tauchte er nach der faschistischen Machtübernahme unter; aus dieser Zeit stammt das Pseudonym. Ab 1929 lebte er im Exil in der Schweiz. Er entfernte sich immer mehr vom autoritären Stalinismus und wurde 1931 aus der kommunistischen Partei Italiens ausgeschlossen. Nach der Befreiung Italiens (1944) lebte Silone als Journalist und Schriftsteller in Rom und gründete eine eigene sozialistische Splitterpartei. Auf politische Ämter verzichtete er, weil er seine Utopie eines humanen christlichen Sozialismus als nicht durchführbar erlebte. Ab 1950 konzentrierte sich Silone nur noch auf seine schriftstellerischen Arbeiten.

Biografie: D. Ploetz, *Ignazio Silone. Rebell und Romancier*, 2000.

Brot und Wein

OT *Pane e vino*, ab 1955 *Vino e pane*
OA 1936 (engl.), 1937 (ital.), 1955 Neuauflage **DE** 1936 **Form** Roman
Epoche Moderne

Brot und Wein von Ignazio Silone ist ein politisch-engagiertes Werk, das zu Humanität und Pflichtgefühl aufruft. Es verknüpft Elemente des Abenteuer- und Heimatromans mit neorealistischen Momenten.

Entstehung: Der zweite Roman des Autors entstand im Schweizer Exil und erschien zunächst in englischer, ein Jahr später in italienischer Sprache. Nach einer gründlichen Überarbeitung veröffentlichte Silone sein Werk 1955 in der endgültigen Fassung.

Inhalt: Der Roman spielt 1935 zur Zeit der kriegerischen Handlungen Italiens in Abessinien. Im Mittelpunkt steht der Widerstandkämpfer und kommunistische Funktionär Pietro Spina. Auf der Flucht vor der Polizei taucht er in seinem Geburtsort in den Abruzzen unter und gibt sich als Priester mit dem Namen Don Paolo Spada aus. Schwer krank aus dem Exil heimgekehrt, will er sich um die Ärmsten der Armen, die besitzlosen Landarbeiter kümmern. Die Dorfbewohner wenden sich ihm bald vertrauensvoll zu und sehen in ihm fast einen Heiligen, obwohl er sich weigern muss, Sakramente zu spenden, Gottesdienst zu halten oder die Beichte abzunehmen.

Im Zusammenleben mit den Tagelöhnern verliert Spina seine starre ideologische Haltung: Er steht doktrinären Antifaschisten zunehmend kritisch gegenüber und entfernt sich von der Partei. Es gelingt ihm jedoch nicht, die Menschen des Dorfs von ihrem Fatalismus zu befrei-

IGNAZIO SILONE
VINO E PANE
La dura lotta di un intellettuale di sinistra che riscopre l'eredità cristiana nella rivoluzione della nostra epoca.

OSCAR MONDADORI

Ignazio Silone, *Brot und Wein*, Einband der Taschenbuchausgabe 1981

Auszug aus der Erzählung *Die Einsamkeit des Langstreckenläufers* von Alan Sillitoe:

Dann bog er in eine Waldzunge, wo ich ihn nicht mehr sehn konnte, und ich konnt überhaupt niemand sehn, und nun wusste ich, was die Einsamkeit des Langstreckenläufers ist, der durchs Gelände läuft, wobei mir klar war, dass bei mir dieses Gefühl das einzig Ehrliche und Wirkliche ist, was es auf der Welt gibt...

Die wichtigsten Bücher von Ignazio Silone	
Fontamara 1930	Silones Debütroman beschreibt die brutale Veränderung eines Abruzzendorfs durch das Aufkommen des Faschismus.
Brot und Wein 1936	Der Roman über den kommunistischen Funktionär und Widerstandskämpfer Pietro Spina ist eines der wichtigsten Werke der italienischen Resistenzia-Literatur. → S. 999
Der Samen unterm Schnee, 1941	Pietro Spina, der Protagonist des Romans *Brot und Wein*, opfert sich für einen befreundeten Widerstandskämpfer.
Eine Handvoll Brombeeren, 1952	Zwei junge Kommunisten wenden sich in diesem Roman in der Nachkriegszeit enttäuscht von ihrer Partei ab.
Das Geheimnis des Luca, 1956	Ein Mann geht in diesem Roman unschuldig ins Gefängnis, um die Ehre seiner verheirateten Geliebten zu schützen.
Severina 1981	Eine Nonne muss den Orden verlassen, weil sie wahrheitsgemäß über einen politischen Mord berichtet.

Auszug aus dem Roman *Brot und Wein* von Ignazio Silone:

Ist es möglich, am politischen Leben teilzunehmen, sich in den Dienst einer Partei zu stellen und trotzdem ehrlich zu bleiben? Ist die Wahrheit nicht für mich eine Parteiwahrheit geworden und die Gerechtigkeit eine Parteigerechtigkeit?

Georges Simenon, *Pietr der Lette*, Einband der Originalausgabe 1931

en. Den Ausbruch des Abessinienkriegs nehmen sie wie einen unvermeidlichen Schicksalsschlag hin. Engeren Kontakt hat Spina als vermeintlicher Priester nur zu dem Taubstummen Infante und zu der Bauerntochter Cristina, die ihn liebt und am Ende umkommt, als sie ihm Essen in sein Versteck in den Bergen bringen will.

Bei einem kurzzeitigen Besuch in Rom wird Spina von anderen Widerstandskämpfern an den christlichen Sozialisten Don Benedetto verwiesen. Kurz nachdem er diesen integren Mann, der ihm zum Vorbild wird, getroffen hat, wird Benedetto ermordet. Spina schließt sich einer Gruppe von antifaschistischen Guerilleros an und flieht erneut in die Abruzzen.

Wirkung: Dieser frühe Roman von Silone gilt als eines der wichtigsten Zeugnisse der italienischen Resistenza-Literatur und bildet somit ein authentisches Dokument des Widerstandes gegen den Faschismus. Die oft oberflächliche Verbindung von Themen aus Politik und Religion sowie sprachlich-stilistische Mängel wurden hingegen kritisiert. *D. Ma.*

Simenon, Georges

belg. Schriftsteller

* 13.2.1903 Lüttich, † 4.9.1989 Lausanne, Schweiz

📖 *Pietr der Lette*, 1931

Georges Simenon ist der erfolgreichste Schriftsteller des 20. Jahrhunderts. Sein Name ist so untrennbar mit der von ihm geschaffenen Figur des Kommissars Maigret verbunden, dass der Autor zuweilen hinter seiner Schöpfung verschwand, obwohl die »non-Maigrets« den Großteil seines Werkes ausmachen.

Große Detektivfiguren der Kriminalliteratur	
Auguste Dupin	Die von Edgar Allan → Poe 1841 in der Erzählung *Die Morde in der Rue Morgue* vorgestellte Figur diente dem gesamten Genre der Detektivgeschichte als Vorbild und Muster.
Sherlock Holmes	Der genial-exzentrische Detektiv aus London und sein biederer Helfer Dr. Watson wurden zum Detektiv-Mythos schlechthin. Arthur Conan Doyle perfektionierte und popularisierte in seinen Erzählungen das von Poe geprägte Schema. → S. 298
Pater Brown	Die Geschichten von Gilbert Keith Chesterton um den pfiffigen Pater und unkonventionellen Hobby-Detektiv erschienen 1911-35 in fünf Sammelbänden und wurden wiederholt verfilmt. → S. 237
Hercule Poirot	Agatha Christie, die Königin der Kriminalliteratur, ließ den genialen Analytiker 1920 zum erstenmal auftreten und entwickelte in seinen Fällen die Detektivgeschichte zum komplexen Rätselroman. → S. 243
Jules Maigret	Die 1931 von Georges Simenon in die Literatur eingeführte Figur des Pariser Kommissars Maigret, der seine Fälle weniger durch Logik denn durch Eingebung löst, machte den Autor weltberühmt. → S. 1000
Philip Marlowe	Raymond Chandler löste in den Romanen um seinen unbestechlichen Helden die populäre Form der Detektivgeschichte weitgehend auf und entwickelte sie zur sozialkritischen Charakterstudie. → S. 233

1903 in Lüttich geboren, wuchs Simenon in kleinbürgerlichem Milieu auf. Mit 16 Jahren brach er die Schule ab, um zum Lebensunterhalt der Familie beitragen zu können. Er wurde Lokalreporter bei der *Gazette de Liège* und berichtete mit Vorliebe über Kriminal-Fälle. Unter Pseudonym veröffentlichte er als 17-jähriger erste Erzählungen. 1922 übersiedelte Simenon nach Paris, wo er in den folgenden Jahren 180 Groschenromane und über 1000 Erzählungen für Zeitschriften verfasste.

1929 schrieb Simenon den ersten Maigret-Roman, *Pietr der Lette*, der 1931 als erstes Werk unter eigenem Namen veröffentlicht wurde. Es folgten im selben Jahr noch neun weitere, im Verlauf der Jahrzehnte insgesamt über 200 Romane, ehe Simenon 1972 verkündete, keine Zeile mehr zu schreiben, und nur mehr Autobiografisches auf Tonband diktierte.

Biografien: S. Eskin, *Simenon. Eine Biografie*, 1989. G. Simenon, *Intime Memoiren und das Buch von Marie-Jo* (Autobiografie), 1981.

Pietr der Lette

OT Pietr-le-Letton **OA** 1931 **DE** 1978
Form Detektivroman **Epoche** Moderne

Mit *Pietr der Lette* begann die Erfolgsgeschichte des Phänomens Georges Simenon. Obwohl die Figur des Kommissars Jules Maigret vom Autor im ersten Maigret-Roman noch nicht voll moduliert ist, weist das Buch bereits alles auf, was die Faszination dieser Literatur ausmacht und den Weltruhm des Autors begründet.

Entstehung: Mit seichten Erzählungen und Groschenromanen zu Erfolg und Geld gekommen, ließ sich Simenon einen Segelkutter bauen und stach 1929 in See. Im holländischen Delfzijl musste das Schiff repariert werden. Während der Arbeiten zog sich Simenon auf ein verrottetes Boot zurück und schrieb den ersten Maigret-Roman. Mit dem französischen Verleger Fayard kam er überein, zunächst genügend Romane um diesen Kommissar zu verfassen, um dann ab 1931 in geballter Form auf den Markt zu drängen. Um die Aufmerksamkeit der Öffentlichkeit auf seine Bücher zu lenken, veranstaltete Simenon im Februar 1931 in einem Pariser Nachtclub einen »Bal anthropométrique«, zu dem er vierhundert Persönlichkeiten aus Kunst und Literatur, von Presse und Polizei einlud. Alles war in grausige Krimi-Atmosphäre getaucht, die Gäste mussten am Eingang ihre Fingerabdrücke erfassen lassen. Die Aktion war ein grandioser Erfolg: ganz Paris sprach von Maigret, noch bevor der erste Roman erschienen war.

Inhalt: Interpol kündigt der Pariser Polizei die Ankunft und Weiterreise eines vielgesuchten Kriminellen an: Pietr der Lette, Kopf einer

Georges Simenon
in seiner Bibliothek

Georges Simenon über
Pietr der Lette:

*Zwei Tage später begann ich
einen Roman, der vielleicht
wie die anderen ein Groschen-
roman, vielleicht auch etwas
anderes würde, und das war
mit »Pietr-le-Letton« die Geburt eines gewissen Maigret,
von dem ich noch nicht wusste, dass er mir so viele Jahre
hindurch keine Ruhe lassen
und mein Leben von Grund auf
ändern würde.*

Bande von Betrügern, soll auf seiner Reise nach Bremen kurzen Aufenthalt in Paris haben. Ein Fall für Kommissar Maigret, den zumeist ein wenig mürrischen Menschenfreund, der sich bei Regen und Sturm zum Nordbahnhof aufmacht. Dort kann er beobachten, wie der Gesuchte in Richtung eines Hotels hastet. Doch im Zug findet sich eine Leiche und auf den Toten trifft die Beschreibung des gesuchten Letten gleichermaßen zu. Maigret begibt sich in das Hotel, in dem er den zuerst beobachteten Mann vermutet, doch der ist verschwunden und mit ihm ein vermögender Geschäftsmann.

Es folgt – wie in allen Maigret-Romanen – eine Geschichte von den Leiden und Schmerzen des Lebens, von der Suche nach dem Schuldigen und den Umständen, die ihn schuldig werden ließen. Dabei führt Simenon den Leser in die typische Maigret-Atmosphäre ein. Er zeigt einen Beamten mit anarchistischen Anwandlungen, der weiß, wie es um die Welt bestellt ist, der weiß, dass es wenig bedarf, um vom Kommissar oder Opfer zum Täter zu werden. Es gibt nicht nur eine Wahrheit, die Menschen sind nicht so beschaffen, dass man ihnen mit den Kriterien des Strafgesetzbuches beikommen könnte. Maigret ist in erster Linie ein Detektiv der Seele und des Sozialen, den das »warum« immer mehr interessiert als das »wer«. Er weiß, dass seine Arbeit ebenso notwendig wie sinnlos ist. Mit der Auflösung eines Falls ist nichts geklärt.

Struktur: Simenons Herkunft von der journalistischen Reportage ist diesem Buch durchaus anzumerken. Die Sprache ist bewusst einfach gehalten, Aussagesatz reiht sich an Aussagesatz, die in diesem Genre in der Regel üppig eingesetzten Adjektive finden wohltuend sparsam Verwendung. »Literarisch« im herkömmlichen Sinn wirkt das Buch am ehesten in der Charakterisierung der Atmosphäre einzelner Orte und Milieus, die Simenon auf beeindruckende Weise gelingt und ein unverwechselbares Element in seinem Werk darstellt.

Wirkung: Der Roman *Pietr der Lette* bildete den Auftakt zu einer Reihe von 75 Romanen, mit denen es Georges Simenon gelang, seinen Helden Jules Maigret zum bekanntesten Kommissar aller Zeiten zu machen. Über 50 Verfilmungen und eine nicht mehr zu überblickende Anzahl von Adaptionen fürs Fernsehen trugen zur Popularität Maigrets und seines Schöpfers bei, der zum meistgelesenen, meistübersetzten und auch meistverdienenden Autor seiner Zeit wurde. *R. F.*

Simmel, Johannes Mario

österreich. Schriftsteller

*7.4.1924 Wien

📖 *Es muss nicht immer Kavier sein*, 1960

Johannes Mario Simmel ist der erfolgreichste deutschsprachige Bestsellerautor der Gegenwart. Seine Unterhaltungsromane, die zumeist untypische Helden präsentieren, basieren auf umfangreichen Materialsammlungen, journalistischer Recherche und gründlichen Dokumentenstudien. Das Werk wurde in 25 Sprachen übersetzt und erreichte eine Gesamtauflage von 70 Millionen Exemplaren.

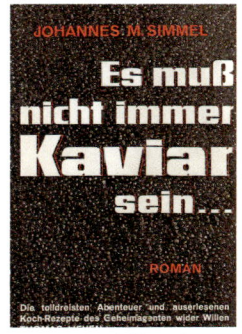

Johannes Mario Simmel,
*Es muss nicht immer Kaviar
sein,* Umschlag der Originalausgabe 1960

Der Sohn eines Chemikers verbrachte seine Kindheit in Österreich und Großbritannien, bervor er das Abitur ablegte und Chemieingenieur wurde. Nach dem Krieg war er zunächst als Dolmetscher und Übersetzer für die US-amerikanische Militärbesatzung tätig, bis er 1948 Kulturredakteur der französisch lizensierten »Welt am Abend« wurde und Drehbücher verfasste. 1950 übersiedelte er nach München, wo er Serien und Reportagen für die Wochenillustrierte *Quick* schrieb.

Bekannt wurde Simmel mit seinem ersten Roman *Mich wundert, dass ich so fröhlich bin*

Johannes Mario Simmel
in seinem Arbeitszimmer

Die wichtigsten Bücher von Johannes Mario Simmel

Es muß nicht immer Kaviar sein, 1960	Im Stil eines Fortsetzungsromans schickt Simmel seinen Helden Thomas Lieven, einen vormaligen Bankier und Hobbykoch, durch das Europa der letzten Jahre des Zweiten Weltkriegs. → S. 1002
Liebe ist nur ein Wort, 1963	Die Liebesgeschichte zwischen einem jugendlichen Tagträumer und einer älteren verheirateten Frau, die tragisch endet.
Lieb Vaterland magst ruhig sei 1965	Die Geschichte von Bruno Knolle, der für die DDF den Boß einer Fluchthelferorganisation in West-Berlin entführen soll, vom westlichen Geheimdienst erst umgedreht und dann hereingelegt wird.
Und Jimmy ging zum Regenbogen 1970	Der Argentinier Manuel, der in Wien Nachforschungen über seinen toten Vater anstellt, wird mit dessem Nationalsozialistischen Vergangenheit konfrontiert und in ein Geheimdienstkomplott verwickelt.
Der Stoff aus dem die Träum sind, 1971	Zwei deutsche Journalisten geraten bei Recherchen in einem Auffanglager in eine internationale Spionageaffäre, die den einen das Leben kostet und den anderen zwingt, unterzutauchen.
Die Antwort kennt nur der Wind, 1973	In diesem Thriller, der im Milieu der Banken und der Hochfinanz an der Cote d'Azur spielt, wird eine unverkennbar antikapitalistische Einstellung des Autors deutlich.
Doch mit den Clowns kamen die Tränen, 1987	Einer Mutter, die Nachforschungen über den Tod ihrer Tochter anstellt, die bei einem Terrorüberfall ums Leben kam, kommt bei einer Verschwörung von Politik und Genforschungsindustrie auf die Spur.
Liebe ist die letzte Brücke 1999	In dem Roman behandelt Simmel das Thema Computerverbrechen und schildert, wie der Chefvirologe eines High-Tech-Unternehmens, Philip Sorel, Virenangriffe an manipulierten Computern nachweist.

(1949), seinen Durchbruch erzielte er 1960 mit dem Roman *Es muss nicht immer Kaviar sein*. Simmel gelingt es, gesellschaftlich relevante oder politisch brisante Themen wie Neonationalismus, Ökologie und Fremdenhass mit den Mitteln des Boulevardjournalismus und des Kolportageromans zu verpacken und so einen großen Leserkreis für wichtige Themen zu sensibilisieren.

Autobiografie: *Auch wenn ich lache, muss ich weinen*, 1993.

Es muss nicht immer Kaviar sein

OA 1960 **Form** Roman **Epoche** Moderne

Mit dem Roman *Es muss nicht immer Kaviar sein* gelang Johannes Mario Simmel der Durchbruch zum erfolgreichsten Autor der deutschen Nachkriegsliteratur.

Die tolldreisten Abenteuer und auserlesenen Koch-Rezepte des Geheimagenten wider Willen Thomas Lieven (so der Untertitel des Romans) spielen in den Jahren 1939 bis 1959 und erzählten das Schicksal des Deutschen, in London lebenden Privatbankiers Thomas Lieven, eines Lebemanns mit einer Leidenschaft für Frauen und für das Kulinarische. Durch eine Intrige seines Kompagnons verliert Lieven seine bürgerliche Existenz; er wird zur Arbeit für die deutsche Abwehr verpflichtet, während sich in Paris der französische Geheimdienst seiner Dienste versichern will; in Marseille wird Lieven zum Partner einer Bandenchefin, reist in Europa umher und betätigt sich als Gegenspion in Paris, Neapel, Marseille und New York. Er lernt bei seinen Abenteuern berühmte Zeitgenossen wie die amerikanische Tänzerin Josephine Baker und den französischen Meeresforscher Jacques Cousteau kennen und findet auch bei den turbulentesten Gelegenheiten noch Zeit, seiner Leidenschaft für das Kochen nachzugehen und dabei die Herzen schöner Frauen zu gewinnen und Gegner in Freunde zu verwandeln. Seine Rezepte sind in dem Roman mit abgedruckt.

Trotz der zum Teil haarsträubenden Abenteuer, die Lieven zu bestehen hat, ist er eher ein Allerweltscharakter, kein Supermann. Er überlebt dank Glück, Mutterwitz und Geschicklichkeit, nicht dank besonderer Kräfte. Dass Lieven sich als ein von einem undurchsichtigen Schicksal durch die Weltgeschichte gejagtes Opfer empfindet, verleiht seinem Charakter einen Zug ins Melancholische. Der Roman verbindet die Genrevorgaben des Abenteuer- und des Politromans mit denen eines Schelmenroman – vor allem die Nähe zu Thomas → Manns *Felix Krull* (1954) ist offensichtlich. *H. R. B.*

Simon, Claude

frz. Schriftsteller

* 10.10.1913 Tananarive, Madagaskar

📖 *Triptychon*, 1973

Claude Simon gilt als einer der letzten großen Vertreter der klassischen Moderne der europäischen Literatur. In seinem ca. 20 Romane umfassenden Werk setzt er sich mit dem Problem der Wahrnehmung und der sprachlichen Gestaltung von Wirklichkeit auseinander. Wiederkehrende Themen und Motive sind Krieg und Erinnerung, die Irreversibilität der Zeit und die Geschichte, die sich der Einflussnahme des Menschen entzieht.

Der Sohn eines Kolonialoffiziers, der im August 1914 im Ersten Weltkrieg fiel, wuchs in Perpignan bei der Familie seiner Mutter auf. Nach dem Besuch des Gymnasiums in Paris wandte er sich zunächst der Malerei zu. Im Spanischen Bürgerkrieg kämpfte er auf Seiten der Republikaner. Bei Kriegsausbruch wurde er eingezogen und geriet im Mai 1940 in deutsche Gefangenschaft. Nach seiner Flucht versteckte sich Simon in Südfrankreich und begann zu schreiben. Die Erlebnisse während des Krieges und die Eigenheit des provinziellen Südens von Frankreich gingen in Simons Romane ein (u.a. *Geschichte*, 1967). Seine ersten Werke orientieren sich an traditionellen Erzählmustern. Erst mit *Frühlingsopfer* (1954) erteilte Simon dem konventionellen Romantypus eine Absage und näherte sich dem Nouveau Roman. In *Triptychon* und *Leçon de choses* (1975) experimentierte Simon mit sprachlichen Elementen.

1985 wurde der als Einzelgänger geltende Simon mit dem Literaturnobelpreis geehrt.

Biografie: L. Dällenbach, *Claude Simon*, 1988.

Triptychon

OT Triptyche **OA** 1973 **DE** 1986
Form Roman **Epoche** Gegenwart

Radikal und konsequent entwickelt Claude Simon als herausragender Vertreter der literarischen Bewegung des Nouveau Roman in *Triptychon* seinen eigenwilligen Romanstil weiter. Er verzichtet auf eine fortlaufende Handlung, auf ein zentrales Thema sowie auf Protagonisten mit Namen und Schicksalen. Drei verschiedene Szenerien, die banale Alltagsszenen beschreiben und durch eine subtile Montagetechnik überblendet werden, konstituieren den Roman. Deutlicher als in früheren Werken zeigt sich hier die künstlerische Entwicklung Simons von einem Nachfolger der Autoren William → Faulkner und Marcel → Proust zu einem radikalen Sucher neuer Formen, der die konventionelle Erzählweise hinter sich lässt.

Enstehung: Simon ließ sich zu seinem Romanprojekt durch ein Triptychon des Malers Francis Bacon (1909–92) anregen. Der Titel verdeutlicht den dreigeteilten Charakter des Romans, dessen Einzelteile – wie bei der Gemäldeform – aufeinander verweisen und so ein zusammenhängendes Ganzes bilden.

Inhalt: Wie bei einem Puzzle ist der Leser gefordert, die verschiedenen Teile des Romans selbst zusammenzusetzen. Erst allmählich kristallisieren sich drei Geschehensabläufe heraus, die in etwa 60 bis 70 verschieden lange Einzelteile aufgeteilt sind und nicht chronologisch erzählt werden. Sie spielen an verschiedenen Schauplätzen und handeln von unterschiedlichen Personen. Irgendwo auf dem Lande trifft sich ein junges Paar in einer Scheune und wird von Halbwüchsigen beim Geschlechtsverkehr beobachtet. Ein kleines Mädchen, von der Frau in

**Lars Gustafsson
über Claude Simon:**

Simons Prosastil, dicht wie ein Urwald, von barockem Gepräge, fragmentarisch, oft auch rhetorisch und schwindelerregend schön, wird durch die verschiedenen Romane zu einer immer konsequenteren Herausbildung eigener Besonderheiten entwickelt. Dieser Stil ist ein ausgezeichneter Beleg für die These, dass Form und Inhalt eines dichterischen Werkes unauflöslich zusammengehören: wenn das tragende Element in Simons Romanen ein Gemütszustand ist, und wenn ihre eigentliche Handlung in der Erforschung dieses Gemütszustandes besteht, dann lässt sich mit vollem Recht sagen, dass diese Erforschung in der fortwährenden Konstruktion eines Stils besteht.

Auszug aus dem Roman
Triptychon von Claude Simon:

Mit derselben Langsamkeit kehrt der Kopf des Mannes in seine ursprüngliche Stellung zurück. So verharrt er noch einige Sekunden, bis plötzlich seine rechte Hand heftig über die Fläche des Tisches fegt, hin und zurück, die kleinen Teile des Puzzles durcheinanderwerfend, die sich ringsherum verstreuen. Ihre mäandrischen Formen sind so berechnet, dass keines von ihnen, einzeln genommen, das vollständige Bild einer Person, eines Tiers oder auch nur eines Gesichts darstellt. Von ganz wenigen Ausnahmen abgesehen (dem Ockergelb des Fells der Kühe, dem Grau der Steine der Brücke, dem violetten Braun der Dächer) zeigt das Ganze die gesamte Palette der verschiedenen Grüntöne (Smaragd, Bronzegrün, Apfelgrün, Jade, Persischgrün, Olivgrün), und sie bilden gleichsam einen Archipel kleiner Inseln, gehöhlt von Buchten und Golfs, gespickt mit Kaps, auf dem roten Grund des Teppichbodens.

der Scheune unbeaufsichtigt, ertrinkt in einem Fluss. In einer nordfranzösischen Industriestadt wird eine Hochzeit gefeiert. Der angetrunkene Bräutigam verlässt mit seinen Freunden das Fest, besucht eine Kneipe und bändelt mit der Kellnerin an, in der er eine frühere Freundin erkennt. Er wird von einem Rivalen zusammengeschlagen und findet schließlich zurück in das Hotelzimmer, wo die Braut bereits auf ihn wartet. In einem Luxushotel an der Côte d'Azur gibt sich eine Frau einem Geschäftsmann hin und erwartet als Gegenleistung, dass er sich für ihren Sohn verwendet, der offensichtlich wegen Drogengeschäften in Schwierigkeiten geraten ist.

Alle drei Bilder, die sowohl nebeneinander stehen, als auch kunstvoll in- und übereinander geblendet werden, münden in die Beschreibung des Koitus. Keine der Personen trägt einen Namen, über die Art der Beziehungen kann der Leser nur Mutmaßungen anstellen. Die minutiösen Beschreibungen verschiedener Szenen und Gegenstände wirken wie Nahaufnahmen eines Films. Perspektiven und Stimmungen verdrängen die Aktion. Nicht die Geschehnisse stehen im Vordergrund, sondern die Form, die Beziehungen der Wörter und Wendungen über die drei Szenerien hinweg. Teile des Geschehens wiederholen sich zudem auf Abbildungen und Zweitbildern, einem Zirkusplakat, einem Kupferstich, einem Film, einer Ansichtskarte, einer Fotografie, einem Kinoplakat. Die am Anfang des Romans beschriebene ländliche Szenerie stellt sich schließlich als ein Puzzle heraus, das – gerade fertig gestellt – von einer Filmfigur am Ende des Romans vom Tisch gefegt wird.

Die Sehweise und Darstellungstechnik von Simon erinnern stark an die Malerei, der er stets nahe stand. Seine Bücher solle man – so der Autor – wie ein abstraktes Gemälde auf sich wirken lassen. Sie wollen nichts belegen, sondern die Welt im Schreiben erschaffen.

Wirkung: Die Schwedische Akademie würdigte diese Beschreibung der conditio humana unserer Zeit, als sie dem Romancier 1985 den Nobelpreis verlieh. Sein Werk, das als schwer zugänglich gilt, wurde von der Kritik durchweg enthusiastisch gelobt. Erst nach der Verleihung des Nobelpreises wurden Simons z. T. vergriffene Bücher neu aufgelegt und in viele Sprachen übersetzt.   *S. Na.*

Die wichtigsten Bücher von Claude Simon

Der Wind 1957	Der fiktive Erzähler in Simons epochalem Roman bemüht sich, einen Geschehensablauf anhand von bruchstückhaften Berichten, Gerüchten und Vermutungen zu rekonstruieren.
Die Straße in Flandern 1960	Der Roman beschreibt eine Schlüsselszene im Leben und Werk des Autors; ein als Soldatentod getarnter Selbstmord während des Feldzugs im Mai 1940 in Flandern.
Der Palast 1962	Der Roman ist das Buch einer »traumhaften Erinnerung« an den Spanischen Bürgerkrieg, an dem Simon auf Seiten der Republikaner teilnahm.
Geschichte 1967	Eine fragmentarische Rekonstruktion einer Familienchronik, wobei sich das Geschehen an einem einzigen Tag abspielt.
Triptychon 1973	In drei unabhängigen Erzählsträngen, in denen eine zentrale Handlung fehlt, experimentiert Simon mit traditionellen Erzähltechniken. → S. 1003
Georgica 1981	Drei Figuren erleben den Krieg in ganz unterschiedlichen Epochen: ein römischer Offizier, ein napoleonischer General und ein Journalist, der sich für die spanische Republik engagiert.
Jardin des Plantes, 1997	Der nach der berühmten Gartenanlage in Paris benannte Roman greift Themen und Leitmotive des Gesamtwerks auf.
Die Akazie 1989	Das Buch erzählt in kapitelweisem Wechsel die Lebens- und Familiengeschichte des Autors Simon: vom Ersten Weltkrieg und der Zeit davor, vom Zweiten Weltkrieg und der Zeit danach.
Die Tramway, 2001	Der Roman evoziert mit den Bildern der von der Stadt zum Meer fahrenden Bahn die Kinderzeit des Autors in Perpignan.

Sinclair, Upton

US-amerikan. Schriftsteller

* 20.9.1878 Baltimore (Maryland)

† 25.11.1968 Bound Brook (New Jersey)

📖 *Der Dschungel*, 1906

Upton Sinclair ist mit seinen zahlreichen anklagenden Romanen der schärfste Kritiker des amerikanischen Kapitalismus in der ersten Hälfte des 20. Jahrhunderts.

Sinclair stammte aus einer verarmten Südstaaten-Familie, die 1888 nach New York zog; sein Vater war Alkoholiker, was der Sohn mehrfach literarisch verarbeitete. Um seinen Lebensunterhalt während des Studiums in New York zu verdienen, begann Sinclair Witze und Trivialliteratur zu schreiben, doch erst mit dem Sensationserfolg von *Der Dschungel* 1906 begann eine ununterbrochene Kette von Erzähltexten. Ab 1915 lebte er in Kalifornien, später in Arizona.

Sinclair verstand sich als Enthüllungsjournalist, der gesellschaftliche Missstände bloßlegen wollte. 1919 schrieb er daher mit *Der Sündenlohn* eine Studie über den korrupten Journalismus. Er verfolgte sozialreformerische Projekte, war als überzeugter Linker lange Mitglied der Sozialistischen Partei und bewarb sich schließlich für die Demokraten um hohe politische Ämter. Von den Verlegern wurde er wenig gefördert, von der Lobby der in seinen Büchern attackierten Interessengruppen behindert, öffentlich als »muckraker« (Nestbeschmutzer) beschimpft. Doch 1943 erhielt er den Pulitzer-Preis für *Drachenzähne*. Dieser Titel gehört zu einem insgesamt elfbändigen Romanzyklus, der den Protagonisten Lanny Budd durch die Jahre 1913–49 begleitet. Mit 90 Jahren konnte Sinclair auf zahlreiche Romane, Theaterstücke und Pamphlete zurückblicken.

Biografien: D. Herms, *Upton Sinclair – amerikanischer Radikaler*, 1978; U. Sinclair, *The autobiography*, 1962.

Der Dschungel

OT The jungle
OA 1906 (Vorabdruck 1905 in *Appeal to Boston*) **DE** 1906
Form Roman **Epoche** Moderne

Der Dschungel von Upton Sinclair begründete seinen Ruhm als Fürsprecher der ausgebeuteten Arbeiter in der Massenproduktion der nordamerikanischen Industrie. Zugleich machte das Werk ihn zum berüchtigten und bekämpften Publizisten.

Entstehung: Dem Herausgeber des sozialistischen Blattes *Appeal to Reason* hatte Sinclairs Südstaaten-Roman *Sklaverei* (1904) gefallen; er regte ihn an, im Norden der USA über Unterdrückung von Einwanderern zu recherchieren, was Sinclair sieben Wochen lang in den Schlachthöfen von Chicago tat. Der Roman wurde 1905 in der Zeitschrift fortsetzungsweise gedruckt. Vier Verlage hatten das Buch zuvor wegen der unzumutbaren Details abgelehnt.

Inhalt: Der litauische Einwanderer Jurgis Rudkus kommt mit seiner Braut Ona samt einer im Grunde bäuerlichen Familie um 1900 nach Chicago. Alle finden Arbeit in den Schlachthäusern, aber die hygienischen und Sicherheitsstandards sind so niedrig, die Anforderungen so hoch, die Bedingungen so inhuman, die Bezahlung so erbärmlich, dass die gutwilligen, aber vertrauensseligen Immigranten keine Chance haben. Jurgis' Vater stirbt, er selbst verliert durch einen Unfall seine Arbeit, später auch seine Frau, die von einem Vorarbeiter vergewaltigt wurde. Ihr Kind stirbt, aus dem Haus, dessen Abzahlung von vornherein kaum möglich war, wird die Familie exmittiert. Auf illegalen Wegen ist er gezwungen, Geld zu verdienen. Als er sich sogar als Streikbrecher prostituiert hat, erkennt er die Notwendigkeit, systematisch für Reformen zu arbeiten und engagiert sich fortan für die Sache des Sozialismus.

Aufbau: In 31 Kapiteln wird, beginnend mit der Hochzeitsfeier, beschrieben, wie die Familie Rudkus Schritt für Schritt versklavt und z. T. vernichtet wird. Drastisch werden die Ekel erregenden Details der Massenschlachtung und der Düngerherstellung geschildert. Dabei liegt dem Autor daran, die melodramatisch zugespitzte Handlung mit dokumentarischer Sachlichkeit zu fundieren. Der Zielsetzung und deshalb auch dem Stil nach orientiert er sich am Naturalismus der 1880er Jahre, besonders an Émile → Zola. Sinclair charakterisiert die Figuren nach einem Schwarzweißschema. Die Familie Rudkus ist gutwillig, fleißig, aber naiv – die Vorarbeiter, Bank- und Versicherungsvertreter, Makler und die Kapitalisten sind skrupellos und geldgierig.

Wirkung: Die skandalösen Verhältnisse in den Schlachthöfen sollten das gesamte ausbeuterische System des Kapitalismus repräsentieren.

Die wichtigsten Bücher von Upton Sinclair

Der Dschungel, 1906	Der Immigrant Jurgis Rudkus wird in den Schlachthöfen von Chicago ausgebeutet. Als er Vater, Frau, Kind, Haus und Ehre verloren hat, beginnt er - sich politisch gegen den Kapitalismus zu engagieren. → S. 1005
König Kohle 1917	Die zahlreichen Missstände in den Bergwerken sind das Thema dieses Romans, der an Emile → Zolas *Germinal* (1884) anknüpft.
Petroleum 1927	Ein Roman über Korruption in der Ölförderindustrie, in dem kompromittierende Stellen vom Bostoner Polizeichef verboten wurden.
Boston 1928	Der Roman stellt das verfilzte Justizsystem der neuenglischen Finanzmetropole und die skandalöse Hinrichtung der aus Italien eingewanderten Gewerkschaftsfunktionäre Sacco und Vanzetti dar.
Am Fließband, 1937	Die romanhafte Biografie Henry Fords, in deren Mittelpunkt die Anklage gegen das Produktionssystem der Großindustrie steht.
Zwischen zwei Welten, 1941	Lanny Budd, intelligenter und wohlhabender Protagonist eines Romanzyklus, lernt in den 1920er Jahren das gesamte Spektrum von Gesellschaft und Politik in den USA und Europa kennen.
Drachenzähne 1942	Der immens populäre Roman schildert die Erlebnisse Lanny Budds von 1930–34, der dank seines Vermögens und seiner Beziehungen sogar mit führenden Politikern des Dritten Reichs verhandelt.

Tatsächlich hatte der Sensationserfolg des Buchs konkrete Folgen; hauptsächlich für die monopolistische Produktion des Fleischtrusts. Sinclair wurde von Präsident Theodore Roosevelt (1858–1919) nach Washington eingeladen; die Branche sah sich aufgrund der Enthüllungen mit juristischen Konsequenzen der Regierung konfrontiert, die erhebliche merkantile Einbußen nach sich zogen. Die noch im Erscheinungsjahr 1906 gedruckte erste Übersetzung von E. E. Ritter – Sinclair sollte in der Weimarer Republik zu einem der meist gelesenen Autoren werden – versuchte, die Titelmetapher dem Bildhorizont der deutschen Sprache anzupassen. So wurde aus dem *Dschungel* der Großstadt Chicago der *Sumpf*. Erst 1974 übernahm die Version von Ingeborg Gronke erstmals den originalen Titel. *A. H.*

Auszug aus dem Roman
Der Dschungel von
Upton Sinclair:

In diesem Teil der Yards kamen die Rückstände aus den Brühkesseln und alle möglichen Abfälle; hier wurden die Knochen getrocknet – und in stickigen Kellern, in die nie das Tageslicht drang, konnte man Männer, Frauen und Kinder sehen, die sich über rotierende Maschinen beugten und Knochenstücke in verschiedene Formen zersägten; sie atmeten dabei den feinen Staub in ihre Lungen, und einer wie der andere wurden sie in absehbarer Zeit zu Todeskandidaten. Hier verarbeitete man Blut zu Albumin und andere übel riechende Substanzen zu noch übler riechenden Stoffen.

Singer, Isaac Bashevis

US-amerikan.-jidd. Schriftsteller
* 14.7.1904 Leoncin bei Warschau
+ 24.7.1991 Miami (Florida)
📖 *Die Familie Moschkat*, 1950

Isaac Bashevis Singer war ein Chronist des ostjüdischen Schtetl. Thema seiner Werke sind die Wünsche der Menschen, die meist nicht mehr als Illusionen sind. Als Sprache wählte Singer das Jiddische, obwohl er wusste, dass er sein Publikum nur in der Übersetzung erreichen konnte.

Singer wuchs in Warschau auf und erhielt eine traditionelle jüdische Erziehung. Im Alter von 22 Jahren begann er für jiddische Zeitungen in Warschau Geschichten zu schreiben und erlebte

Claudio Magris anlässlich der Verleihung des Literaturnobelpreises 1978 an Isaac Bashevis Singer:

Singer ist der Dichter des Exils, nicht nur des jüdischen, sondern des existenziellen Exils schlechthin, in das sich der Mensch und vor allem der zeitgenössische Schriftsteller getrieben sieht.

Isaac Bashevis Singer im
August 1989 in New York

Antonio Skármeta
über die Freiheit seiner
literarischen Figuren:

*Früher habe ich mit gewalti-
gen Bildern gearbeitet, damit
der Rhythmus des Lebens in
die Prosa fließt. Ich habe so
etwas wie einen physischen,
einen sinnlichen Kontakt zum
Leser zu finden versucht. Nach
langer Zeit in Europa war die
Mehrheit meiner Leser aber
europäisch. Da merkte ich,
dass ich in einer anderen Art
schreiben sollte. Wenn ich
früher zehn verrückte Bilder
hatte, um ein Gefühl auszudrücken, so habe ich diese
zehn auch benutzt und gegeneinander eingesetzt. Jetzt, in
dieser zweiten Etappe, nehme
ich von den zehn Bildern nur
das beste. So habe ich dem
Prozess eine gewisse klassische Ordnung gegeben. Ich
lasse die Figuren leben, gebe
ihnen Freiheit und nicht meine*

den Kontrast zwischen Tradition und Neuerung
in den 1920er Jahren. Nach dem Erscheinen des
Romans *Satan in Goray* (1933) emigrierte Singer
in die USA, wo er für die Redaktion des *Jewish
Daily Forward* arbeitete. 1950 erschien der Roman *Die Familie Moschkat* in den USA in englischer Sprache, wodurch der Autor erste internationale Aufmerksamkeit auf sich zog. Dem
Roman folgten u.a. die Familienchroniken *Das
Landgut* (1967) und *Das Erbe* (1969). 1978 erhielt Singer für den Roman *Feinde, die Geschichte einer Liebe* (1966) den Literaturnobelpreis.

Biografie: J. Hadda, *Isaac Bashevis Singer. A Life*, 1997.

Die Familie Moschkat

OT Di familie Muschkat
OA 1950 (Vorabdruck 1945–48 in *Jewish Daily Forward*)
DE 1984 **Form** Roman **Epoche** Moderne

Mit *Die Familie Moschkat* hat Isaac Bashevis
Singer dem jüdischen Warschau der Zwischenkriegszeit ein Denkmal gesetzt. Wie seine
anderen Romane, schrieb Singer auch diesen in
jiddischer Sprache.

Inhalt: Die Romanhandlung setzt kurz vor dem
Ersten Weltkrieg ein und endet mit dem Einmarsch der deutschen Truppen in Warschau
1939. Singer schildert den moralischen Zerfall
einer wohlhabenden jüdischen Warschauer
Kaufmannsfamilie. Auslöser für den Untergang
ist der Vorstoß der Moderne in das traditionelle
jüdische Leben, das noch biblischen Gesetzen
folgte. Im Mittelpunkt des Romans steht Euser
Henschel, ein mittelloser Student aus der Provinz, der in Warschau Mathematik und Philosophie studieren will. Dank eines Empfehlungs-
schreibens und einiger Zufälle erhält er Zugang
zur Familie Moschkat, deren 80-jähriges Oberhaupt Meschulam zum dritten Mal geheiratet
hat, was in den Reihen der zahlreichen bedürftigen Verwandten für Entsetzen sorgt. Seine
neue Ehefrau bringt ihre Tochter Adele mit
nach Warschau, der Moschkat im Fall einer Heirat eine beträchtliche Mitgift versprochen hat.
Diese Mitgift im Auge, wirbt Henschel um
Adele, obwohl er sich längst in Moschkats Enkelin Hadassa verliebt hat. Mit dem plötzlichen
Tod Meschulams zerbricht das einigende Band
der Familie. Die einzelnen Personen verfolgen
egoistische Ziele und fühlen sich nicht mehr an
moralische Gebote der jüdischen Tradition gebunden. Obwohl Hadassa mit ihrem frommen
Mann Fischel Kuttner ein gute Partie gemacht
hat und Adele vom verantwortungslosen Henschel ein Kind erwartet, beginnen Hadassa und
Henschel eine leidenschaftliche und offene
Liebschaft, die gegen alle gesetzten Normen
verstößt. Der Verlust der jüdischen Gesetzeslie-
be führt zu Werteverlust und Orientierungslo-

sigkeit, die dem stärker werdenden Einfluss von
Außen nichts mehr entgegensetzen kann. Der
Roman endet mit den Sätzen: »Der Tod ist der
Messias. Das ist die Wahrheit« – eine zentrale
Aussage in Singers Werk, der im Tod auf der
Erde die einzige gewisse Erlösung sieht.

Wirkung: Trotz der Ausstrahlungskraft des Romans auf Generationen, die das Schtetl nicht
mehr selbst erlebt haben, erreicht Singer in der
Darstellung jüdischen Lebens in Osteuropa
nicht die emotionale Tiefe eines → Scholem
Alejchem. *W.Z.*

Skármeta, Antonio

chilen. Schriftsteller

* 7.11.1940 Antofagasta

📖 *Mit brennender Geduld*, 1984

Antonio Skármeta ist einer der bekanntesten
chilenischen Autoren der Gegenwart. In einer
direkten, auch poetischen und oft metaphernreichen Sprache erzählt er von Ungerechtigkeit
und Widerstand.

Skármeta studierte Philosophie in Santiago,
danach Literatur an der Columbia University in
New York. Ab 1967 arbeitete er als Dozent für
hispanoamerikanische Literatur in Santiago.
Nach dem Militärputsch 1973 musste Skármeta
emigrieren; er ging zunächst nach Argentinien,
später nach Deutschland. 1975–89 lebte Skármeta in West-Berlin, wo er 1977–80 an der
Berliner Film- und Fernsehakademie lehrte. In
Berlin spielt seine 1978 erschienene Erzählung
Nixpassiert, in der Skármeta Not und Probleme
des Exils beschreibt. Der Autor verfasst Hörspiele, Romane, Essays und Erzählungen, vor allem
aber Drehbücher, u.a. für die Dokumentarfilme
Aus der Ferne sehe ich dieses Land (1978) und *Der
Aufstand* (1980); daneben führte er auch selbst
Regie. 1989 kehrte Skármeta nach Santiago
zurück, wo er die einflussreiche Kultursendung
»El Show de los libros« (»Die Büchershow«) lei-
tete. 2000 wurde er Chiles Botschafter in Berlin.

Mit brennender Geduld

OT Ardiente paciencia **OA** 1984 **DE** 1985
Form Roman **Epoche** Gegenwart

Mit brennender Geduld von Antonio Skármeta
ist nicht nur eine Hommage an den berühmtesten chilenischen Dichter Pablo → Neruda,
sondern ebenfalls an das einfache Volk Chiles,
das auch unter schweren Bedingungen ein sin-
nenfrohes Leben führt.

Inhalt: Der Roman spielt zwischen 1969 und
1973 in einem kleinen Ort an der chilenischen

OT = Originaltitel **EZ** = Entstehungszeit **OA** = Originalausgabe **DE** = Deutsche Erstausgabe 📖 = Verweis auf Werkartikel

Küste. Der junge Mario Jiménez beschließt, den Fischerberuf aufzugeben, als er hört, dass ein Briefträger gesucht wird, der die Post zum berühmten Dichter Pablo Neruda auf die Isla Negra bringen soll. Mario bemüht sich, dessen Freundschaft zu gewinnen; er lernt Gedichte von ihm auswendig und antwortet ihm schlagfertig mit Neruda-Zitaten. Als er Neruda bittet, ihm bei der Werbung um die Gastwirtstochter Beatriz behilflich zu sein, weiht der ihn in die Geheimnisse der Poesie ein. Mit der Hilfe eines Gedichts erringt er ihre Zuneigung. Ihre Mutter erkennt die Gefahr und bewacht das Mädchen, aber als das Volk am 4. September 1970 den Wahlsieg von Salvador Allende feiert, treffen sich die beiden Verliebten. Die Mutter muss nachgeben, Neruda wird Trauzeuge und später Taufpate des Sohns.

1971 erhält Neruda den Nobelpreis für Literatur und sagt in seiner Dankesrede den hoffnungsvollen Satz von Arthur → Rimbaud, der dem Roman den Titel gab: »Im Morgengrauen werden wir, bewaffnet mit brennender Geduld, die strahlenden Städte betreten.« Die politische Lage in Chile verschärft sich; konservative Kräfte organisieren Streiks und es kommt schließlich zum blutigen Putsch durch die Armee unter General Pinochet. Einmal kann Mario den todkranken Dichter noch heimlich besuchen und ihm von den Angeboten aus dem Ausland berichten, ihm Exil zu gewähren, bevor Neruda stirbt.

Aufbau: Im Prolog behauptet Skármeta, er habe sowohl Neruda als auch das Liebespaar (Mario und Beatriz) gekannt, wahrscheinlich aber ist die Geschichte fiktiv. Sie schildert sehr realistisch und detailliert die politische Wirklichkeit der Zeit. Sowohl die Gefühlswelt Nerudas, der sich noch als Mann von über 60 Jahren für die emotionalen Nöte eines Briefträgers interessiert, sich als Präsidentschaftskandidat aufstellen lässt und als Botschafter seines Landes nach Paris geht, als auch die Gefühle Marios, der als Verliebter sprachlos wird und später selbst zu dichten beginnt, werden in einfachen, eindringlichen Worten erzählt. Der Stil wechselt zwischen humorvollem umgangssprachlichem Volkston und poetischen symbolischen Überhöhungen.

Wirkung: *Mit brennender Geduld* wird als ein zugleich politischer und poetischer Roman geschätzt. Gelobt wurde die geglückte Verbindung zwischen dem einfachen Volk und der Intelligenz Chiles (personifiziert durch Mario Jiménez und Pablo Neruda), die sich gegenseitig ergänzen und eine Entwicklung in Gang setzen, die mit dem Militärputsch blutig abreißt. 1994 verfilmte Michael Radford den Roman unter dem Titel *Der Postmann* mit Philippe Noiret als Neruda. *G. Pa.*

Sloterdijk, Peter

dt. Philosoph

* 26.6.1947 Karlsruhe

📖 *Kritik der zynischen Vernunft*, 1983

Seit der Veröffentlichung seiner zweibändigen *Kritik der zynischen Vernunft* zählt Peter (Dirk Jan) Sloterdijk zu den wirkungsmächtigsten Philosophen in Deutschland. Als Gastgeber der Fernsehsendung »Im Glashaus. Das philosophische Quartett« (zusammen mit Rüdiger Safranski) wurde er 2002 auch einem breiten Publikum bekannt.

Sloterdijk studierte Philosophie, Germanistik und Geschichte in München und Hamburg, wo er 1976 im Fachbereich Sprachwissenschaften promovierte. 1978–80 lebte er im Ashram des Bhagwan in Poona; seine Auftritte im Sannyasin-Gewand werfen einige Kritiker ihm heute noch vor. Inzwischen lehrt er Philosophie an der Hochschule für Gestaltung in Karlsruhe; seit 1993 auch an der Wiener Kunstakademie. Mit seinem zweiten Buch *Der Zauberbaum* (1985) wagte Sloterdijk einen »epischen Versuch zur Philosophie der Psychologie«. In der Trilogie *Sphären* (Bd. 1: *Blasen*, 1998; Bd. II: *Globen*, 1999; Bd. III: *Schäume*, in Vorbereitung) sucht Sloterdijk eine Geschichtsphilosophie zu entwickeln, in der das gesellschaftswissenschaftliche nach-metaphysische Zeitalter abgelöst wird durch ein neues, von Naturwissenschaften und Psychoanalyse belehrtes Denken. Der moderne Subjektbegriff des Menschen wird auf der Mikrosphäre (im zwischenmenschlichen Bereich) und auf der Makrosphäre (im politischen Bereich) in Frage gestellt.

Im Juli 1999 hielt Sloterdijk anlässlich eines Symposiums über Martin → Heidegger seinen Vortrag *Regeln für den Menschenpark*, der eine hysterische Mediendebatte auslöste: Sloterdijk wurden »Menschenzüchtungsfantasien« vorgeworfen, während er seinerseits in der Auseinandersetzung mit Jürgen → Habermas den Tod der Kritischen Theorie proklamierte.

Kritik der zynischen Vernunft

OA 1983 **Form** Sachbuch **Bereich** Philosophie

Zwei Jahrhunderte nach Immanuel → Kants *Kritik der reinen Vernunft* (1781) entwirft Peter Sloterdijk in seinem zweibändigen, fast 1000-seitigen philosophischen Essay eine aktualisierte Vernunftkritik: *Die Kritik der zynischen Vernunft* verquickt auf überaus elegante und stilistisch beeindruckende Weise philosophische Analyse mit Poesie und Polemik und zählt zu den meistverkauften philosophischen Werken des 20. Jahrhunderts.

Antonio Skármeta, *Mit brennender Geduld*, Umschlag der deutschsprachigen Erstausgabe 1985

Peter Sloterdijk, *Kritik der zynischen Vernunft*, Einband von Band 1 der Originalausgabe 1983

Peter Sloterdijk an seinem Schreibtisch

Aufbau: *Die Kritik der zynischen Vernunft* besteht aus zwei Teilen: Der kürzere erste Teil (*Sichtungen – Fünf Vorüberlegungen*) führt in das Thema ein und entfaltet das Begriffspaar des Kynismus und Zynismus. Der zweite Teil (*Zynismus im Weltprozess*) ist in vier »Hauptstücke« unterteilt: Im »physiognomischen Hauptstück« wird die öffentliche Masturbation des Diogenes von Sinope als protokynischer Akt dargestellt, in dessen Nachfolge Sloterdijk vitalistische und existenzialistische philosophische Strömungen einordnet. Das »phänomenologische Hauptstück« stellt sechs »Kardinalzynismen« ein jeweiliges kynisches Pendant gegenüber: Militärzynismus (Pazifismus), Staats- und Vormachtszynismus (soziopolitische Protestbewegungen), Sexualzynismus (Feminismus), Medizinzynismus (volksmedizinische Selbsthilfetraditionen), Religionszynismus (Emanzipation), Wissenszynismus (Fröhliche Wissenschaft). Zu den Kardinalzynismen treten zwei »Sekundärzynismen«: der »Informationszynismus« der Regenbogenpresse und der kapitalistische »Tauschzynismus«.

Im »logischen Hauptstück« setzt sich Sloterdijk mit positivistischen, systemtheoretischen und pragmatischen Ansätzen auseinander, um die theoretisch gewonnenen Ergebnisse dann im ausführlichen »historischen Hauptstück« auf die Weimarer Republik anzuwenden, wobei sein Augenmerk besonders der Literatur der 1920er Jahre gilt.

Inhalt: Sloterdijk liefert drei Definitionen des Zynismus: In der ersten, allgemeinen Definition erscheint der Zynismus als »das aufgeklärte falsche Bewusstsein«, dessen »Falschheit [...] bereits reflexiv gefedert« ist. Die zweite, historische Definition unterscheidet zwei Formen des polemischen Bewusstseins: den Zynismus »von oben« und den Kynismus »von unten«: Der antike Kynismus spiegele den »Drang von Individuen, gegen die Verdrehungen und Halbvernünftigkeiten ihrer Gesellschaften sich selbst als vollvernünftig-lebendige Wesen zu erhalten«. Die dritte, phänomenologische Definition beschreibt die Subversion selbsterkorener Wahrheitsinstanzen durch Verweis auf die »nackte« Wahrheit: »Das zynische Denken nämlich kann nur erscheinen, wo von den Dingen zwei Ansichten möglich geworden sind, eine offizielle und eine inoffizielle, eine verhüllte und eine nackte, eine aus der Sicht der Helden und eine aus der Sicht der Kammerdiener.«

Als »Konstanten unserer Geschichte« sind Kynismus und Zynismus für Sloterdijk korrespondierende Begriffe, deren Gegenüberstellung die Struktur der *Kritik der zynischen Vernunft* bestimmt. Die Weimarer Republik als »Gründerzeit der zynischen Struktur der Moderne« dient Sloterdijk als Folie für die Gegenwart: Sowohl 1933 als auch 1983 sind für ihn Daten des Umschlags von einer Zwischenkriegszeit in eine Vorkriegszeit. Nur eine durch Hingabe und Liebe bestimmte »zweite Aufklärung« könne, so Sloterdijks Fazit, den »Zirkel der instrumentellen Vernunft« überwinden.

Wirkung: Selten fand die Publikation eines philosophischen Werks eine so große mediale Resonanz wie die der *Kritik der zynischen Vernunft*. Dem einhelligen großen Lob seitens der bürgerlichen Presse stand der Totalverriss im Nachrichtenmagazin *Der Spiegel* gegenüber, was einen »Rezensentenstreit« zur Folge hatte, der die Verkaufszahlen des Werks emporschnellen ließ. Die spätere fundiertere philosophische Auseinandersetzung machte den unbestritten glänzenden Stil des Werks zum Ausgangspunkt für Lob wie Kritik: Allerhöchster Respekt wurde Sloterdijks Belesenheit und seiner »Schopenhauer und Spengler ebenbürtigen« Ausdruckskraft gezollt, ebenso seinem Versuch, gegen das neue zynische »Unbehagen in der Kultur« anzuschreiben. Auf der anderen Seite wurde Sloterdijk als »narzisstischer Selbstdarsteller« attackiert, der »Theorie in Tumult« transformiere. *M. F.*

OT = Originaltitel **EZ** = Entstehungszeit **OA** = Originalausgabe **DE** = Deutsche Erstausgabe ▢ = Verweis auf Werkartikel

Smiley, Jane

US-amerikan. Schriftstellerin

*26.9.1949 Los Angeles (Kalifornien)

📖 *Tausend Morgen*, 1991

Für ihren Roman *Tausend Morgen* über den Zerfall einer Farmerfamilie in Iowa erhielt Jane Smiley, eine der renommiertesten zeitgenössischen US-Autorinnen, den Pulitzerpreis.

Smiley wuchs in St. Louis (Missouri) auf. Nach ihrem Abschluss 1971 am Vassar College in Poughkeepsie (New York) und einer einjährigen Europa-Reise studierte sie Volkskunde und skandinavische Sprachen an der Iowa State University in Ames, wo sie 1981 promovierte und bis 1996 lehrte. Nach drei gescheiterten Ehen lebt sie heute mit ihren drei Kindern in Kalifornien auf einer Pferde-Farm.

1981 veröffentlichte Smiley ihren ersten Roman *Barn Blind*, eine Farmergeschichte aus Illinois. Den ersten großen Erfolg feierte sie mit der spätmittelalterlichen *Grönland-Saga* (1988). Zuletzt erschien der Roman *Horse Heaven* (2000) über das Geschäft mit Pferderennen. Smileys »kraftvolle Romane« (*Time*) kennzeichnen psychologisch präzise durchleuchtete Charaktere, temporeiche Handlung und dichte Landschaftsschilderungen. In die vermeintlichen ländlichen Idyllen brechen jedoch häufig Betrug, Intrigen, Inzest und Gewalt ein.

Tausend Morgen

OT A Thousand Acres **OA** 1991 **DE** 1992
Form Roman **Epoche** Gegenwart

Jane Smileys Roman *Tausend Morgen* ist eine kraftvolle Umsetzung des King-Lear-Stoffs über den zerstörerischen Machtkampf zwischen einem tyrannischen Vater und seinen »undankbaren« Töchtern am Beispiel einer reichen Farmerfamilie im Mittleren Westen der USA.

Inhalt: Der alte Laurence Cook hat in jahrelanger Arbeit aus sumpfigem Boden in Iowa 1000 Morgen fruchtbares Ackerland gemacht. Auf seiner Farm leben die beiden Töchter Ginny und Rose, seine Schwiegersöhne und Enkel. Die jüngste Tochter Caroline arbeitet als Anwältin in der Hauptstadt Des Moines. Cook ist ein misstrauischer, gerissener Geizhals. Um Erbschaftssteuer zu sparen, überschreibt er seinen Millionenbesitz vorzeitig auf seine Töchter, ohne jedoch seine Macht abgeben zu wollen. Doch Rose und Ginny wollen für ihre jahrelange Loyalität entschädigt werden. Ihr Vater flüchtet sich in geistige Verwirrtheit und strengt mithilfe seiner jüngsten Tochter eine Klage gegen seine beiden Ältesten an. Für die resolute Rose ist nun die Zeit der Abrechnung gekommen. Ihr

Vater hat sie und Ginny jahrelang drangsaliert und nach dem Tod ihrer Mutter auch sexuell missbraucht. Als der attraktive Jess Clark nach Jahren wieder auf der Nachbarsfarm auftaucht und in Rose und Ginny leidenschaftliche Gefühle weckt, beginnt ein Teufelskreis aus Eifersucht, Habgier und Gewalt, der das Familienleben zerstört.

Aufbau: Jane Smiley hat → Shakespeares Drama *King Lear* (1606) aus dem frühen 17. Jahrhundert in England in die weiten Ebenen Iowas am Ende des 20. Jahrhunderts verlegt. Doch erzählt sie den alten Stoff mit umgekehrten Vorzeichen. Hier ist es der Zorn der Töchter, der eine verhängnisvolle Entwicklung auslöst. Stück für Stück enthüllt die Autorin die wohl behüteten Geheimnisse und Lebenslügen ihrer Figuren. Im Mittelpunkt stehen die Frauen, die sich in der männlich dominierten Welt der US-Provinz unterzuordnen haben. Doch nun bringen sie ihre Kränkungen ans Tageslicht und lernen, für ihre Rechte zu kämpfen. Zumindest die bislang so bescheidene Ginny, die älteste der drei Töchter, bricht aus den patriarchialen Zwängen aus und verlässt die Farm.

Wirkung: Für *Tausend Morgen*, ihrem erfolgreichsten Buch, erhielt Jane Smiley 1992 den Pulitzerpreis und den Preis der US-Kritik für den »besten Roman des Jahres«. Regisseurin Jocelyn Moorhouse verfilmte das Buch 1997 mit den Stars Michelle Pfeiffer, Jessica Lange, Jennifer Jason Leigh und Jason Robards. *B. B.*

Die wichtigsten Bücher von Jane Smiley

Tor zum Paradies, 1981	Das Sterben eines 77-jährigen Mannes treibt seine Frau, die erwachsenen Töchter und die Enkel in eine psychologische Krise.
Die Grönland-Saga, 1988	In dem historischen Roman schildert Smiley am Beispiel einer Familie den Untergang der frühen Grönländer im 14. Jahrhundert.
In den Jahren der Trauer, 1987	Fünf Kurzgeschichten und eine Erzählung mit präzisen Beobachtungen des alltäglichen Lebens von Durchschnittsfiguren.
Gewöhnliche Liebe und Guter Wille, 1989	Die beiden gemeinsam veröffentlichten Novellen zeigen die Meisterschaft der Autorin in der psychologisch differenzierten Beschreibung von Charakteren in einer Lebenskrise.
Tausend Morgen, 1991	Inzest, Verrat, Leidenschaft, Habgier und Gewalt lassen eine reiche Farmerfamilie in Iowa auseinander brechen. → S. 1009
Moo 1995	Schauplatz des komischen Romans ist eine Agrar-Universität voller exzentrischer Charaktere im Mittleren Westen der USA.
Lidie Newton 1998	Die wahre Geschichte eines abenteuerlichen Frauenlebens (Untertitel) ist ein historischer Roman aus der Zeit um 1855 in Kansas.
Horse Heaven 2000	In dem Roman beschreibt Smiley das Geschäft mit den Pferderennen, bei dem es wie meistens im Profisport nur um Geld geht.

Jane Smiley über die Triebkraft des Menschen:

Meiner Erfahrung nach gibt es nur eine Motivation, und das ist Begierde. Verstand oder Prinzipien können sie weder im Zaum halten noch sich ihr entgegenstellen.

Jane Smiley, *Tausend Morgen*, Umschlag der deutschsprachigen Erstausgabe 1992

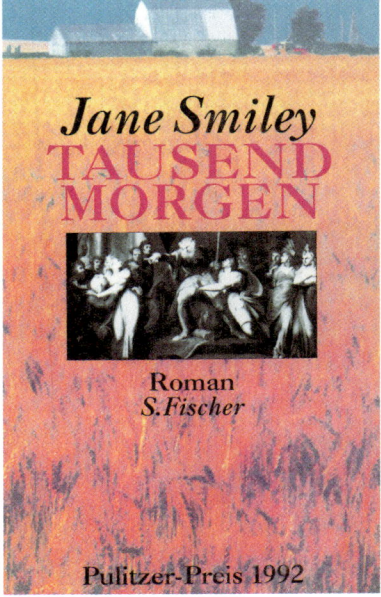

Smith, Adam

schott. Moralphilosoph und Nationalökonom

* 5.6.1723 Kirkcaldy (Taufe)

† 17.7.1790 Edinburgh

📖 *Eine Untersuchung über das Wesen und die Ursachen des Reichtums der Nationen*, 1776

In seinem Hauptwerk *Eine Untersuchung über das Wesen und die Ursachen des Reichtums der Nationen* beschreibt Adam Smith systematisch die liberalen Wirtschaftstheorien des 18. Jahrhunderts und gilt seither als Begründer der klassischen Nationalökonomie (Stichwort → S. 1010).

Smith studierte 1737–46 an den Universitäten Glasgow und Oxford vorwiegend Moralphilosophie sowie Literaturwissenschaft. 1751 wurde er Professor für Logik, 1752 für Moralphilosophie in Glasgow. Zu Ruhm gelangte Smith mit seiner *Theorie der ethischen Gefühle* (1759), in der er eine Theorie sozialen Handelns entwarf. 1764 gab er sein Lehramt auf, um als Privatlehrer den Herzog von Buccleuch auf dessen Reise durch Frankreich zu begleiten. Dabei lernte er die bedeutendsten Enzyklopädisten kennen, wie etwa → Voltaire, Denis → Diderot sowie Jean Le Rond → d'Alembert, und hielt engen Kontakt zu Vertretern der physiokratischen Schule der Ökonomie. Nach seiner Rückkehr nach England arbeitete Smith 1767–76 an der Fertigstellung seines Hauptwerks.

Biografie: G. Streminger, Adam Smith (rm 50440); I. Simpson Ross, *Adam Smith: Leben und Werk*, 1998.

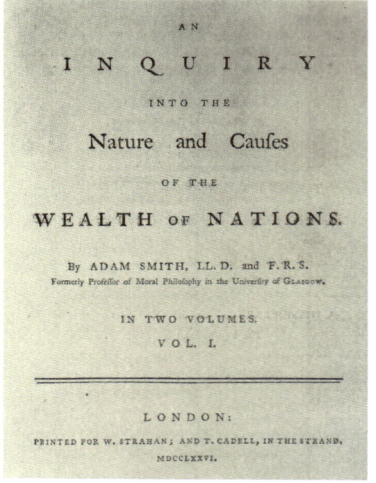

Adam Smith, *Eine Untersuchung über das Wesen und die Ursachen des Reichtums der Nationen*, Titelblatt der Originalausgabe 1776

Eine Untersuchung über das Wesen und die Ursachen des Reichtums der Nationen

OT An Inquiry into the Nature and Causes of the Wealth of Nations **OA** 1776 **DE** 1776-78
Form Sachbuch **Bereich** Wirtschaftswissenschaften

In seinem monumentalen Werk, einer in fünf »Büchern« unterteilten Abhandlung von mehr als 1000 Seiten, die auch unter dem Titel *Der Wohlstand der Nationen* erschien, beschreibt Adam Smith systematisch die liberalen Wirtschaftstheorien des 18. Jahrhunderts und fasst sie zu einer einheitlichen Lehre zusammen. Smith gilt seither als Begründer der klassischen Nationalökonomie (Stichwort → S. 1010) und als Wegbereiter des wirtschaftlichen Liberalismus.

Inhalt: Smith betont die Bedeutung der Arbeit für den gesellschaftlichen Reichtum der Nationen – und unterscheidet sich damit von den Physiokraten, die als Quelle des Wohlstands die landwirtschaftliche Urproduktion identifizierten. Der Ertrag der Arbeit wiederum ist abhängig von der Arbeitsteilung, deren Umfang durch die Größe des Marktes bestimmt wird. Sie führt zu Produktivitätssteigerung und ist für Smith quasi gleichbedeutend mit ökonomischem Fortschritt. Der Austausch der arbeitsteilig produzierten Güter erfolge auf dem Markt, auf dem sich ein Wert oder Preis bilde; darüber hinaus stelle der Marktmechanismus sicher, dass die Produktionsfaktoren (Arbeit, Boden, Kapital) entlohnt würden und der volkswirtschaftliche Ertrag auf Rente, Lohn und Gewinn verteilt werde. Eine zentrale Rolle in Smiths Analyse nimmt das egoistische Verhalten der Menschen ein, das er, zumindest innerhalb gewisser sittlicher Grenzen, als positiv ansieht. Die egoistischen Interessen führen zur Steigerung des Gemeinwohls. Die wohltuende Wirkung des Eigennutzes ist für Smith eine Folge einer natürlichen Ordnung, die trotz gelegentlicher Störungen die harmonische Gestaltung der gesellschaftlichen Verhältnisse gewährleiste. Daraus ergibt sich auch seine Forderung nach weitgehender Abstinenz staatlicher Eingriffe in das gesellschaftliche Leben. Eine freie, nicht von Eingriffen des Staats beschränkte Wirtschaftsverfassung sei einer gebundenen vorzuziehen. Der Staat übernimmt wohldefinierte Aufgaben, wie etwa die Bereitstellung öffentlicher Güter (Verteidigung, Infrastruktur, Bildung) oder die Vorgabe institutioneller Rahmenbedingungen.

Wirkung: Das Werk wurde überaus positiv aufgenommen und verhalf Smith zu literarischem und wissenschaftlichem Ansehen. In Deutschland trugen die freiheitlichen Ideen Smiths entscheidend zur ordnungspolitischen Gestaltung der sozialen Marktwirtschaft bei. *J. R.*

Klassische Nationalökonomie

Ursprung: Ihren eigentlichen Beginn nimmt die klassische Nationalökonomie nach vereinzelten Ansätzen in der Antike und im Mittelalter in den wirtschaftspolitischen Erörterungen des Merkantilismus und v.a. der Physiokraten. Durch sein Hauptwerk *Eine Untersuchung über das Wesen und die Ursachen des Reichtums der Nationen* (1776) erlangte Adam → Smith den Ruf eines Vaters der Volkswirtschaftslehre und gilt zu Recht als Schöpfer der klassischen Lehre.

Bedeutung: Die klassische Nationalökonomie – eine heute nicht mehr übliche Bezeichnung für die wissenschaftliche Disziplin der Volkswirtschaftslehre – bezeichnet ein Teilgebiet der umfassenderen Wirtschaftswissenschaften und kann u.a. in Wirtschaftspolitik und Wirtschaftstheorie unterteilt werden. Dabei ist die (theoretische) Wirtschaftspolitik bestrebt, den Einsatz verschiedener wirtschaftspolitischer Instrumente und Maßnahmen hinsichtlich der Erreichung vorgegebener Ziele sowie die sich daraus ergebenden Konsequenzen zu analysieren. Die Wirtschaftstheorie versucht dagegen, die ökonomischen Zustände, Prozesse und Abhängigkeiten einerseits aus den Verhaltensweisen der Wirtschaftssubjekte (Haushalte, Unternehmen, Staat, Ausland) und andererseits aus den vorgefundenen Rahmenbedingungen (Wirtschaftsordnung, Wirtschaftssystem) zu erklären.

Weiterentwicklung: Die Entwicklung der Volkswirtschaftslehre im 20. Jahrhundert ist v.a. durch eine immer weiter gehende Anwendung mathematischer Verfahren und die zunehmende Differenzierung in Teildisziplinen gekennzeichnet. Beispiele hierfür sind u.a. Wohlfahrtstheorie, Einkommens- und Beschäftigungstheorie, Spiel- und Entscheidungstheorie oder Wettbewerbstheorie.

Solschenizyn, Alexander

russ. Schriftsteller

* 11.12.1918 Kislowodsk

📖 *Ein Tag im Leben des Iwan Denissowitsch*, 1962

📖 *Der Archipel GULAG*, 1973–75

Der Diktatur widerstehen, politische Unfreiheit bekämpfen und die Opfer des sowjetischen Lagersystems vor dem Vergessen bewahren – das sind die großen Themen im Werk des Literaturnobelpreisträgers Alexander Solschenizyn.

Solschenizyn studierte Mathematik und Physik in Rostow und diente im Zweiten Weltkrieg als Offizier. Wegen Stalin-kritischer Äußerungen in seinen Briefen wurde er Anfang 1945 verhaftet, saß acht Jahre im Lager und lebte danach in der kasachischen Verbannung. 1956 durfte er zurückkehren und arbeitete in Rjasan, 200 km von Moskau entfernt, als Mathematiklehrer. Nach dem Erfolg seines Romans *Ein Tag im Leben des Iwan Denissowitsch* geriet Solschenizyn politisch unter Druck; ab 1966 durfte er in der Sowjetunion nicht mehr publizieren. 1970 erhielt Solschenizyn den Nobelpreis für Literatur. Nach der Veröffentlichung des ersten Bands seines Dokumentarwerks *Der Archipel GULAG* im Westen wurde Solschenizyn 1974 ausgewiesen und siedelte in die USA über. In der Perestroika-Ära erschienen seine Werke erstmals auch in der Sowjetunion.

Trotz seiner großen literarischen Verdienste ist Solschenizyn seit seiner Rückkehr nach Russland 1994 eine politisch umstrittene Figur, da er für eine »Wiedergeburt« seiner Heimat unter nationalistischem Vorzeichen eintritt.

Biografien: A. Solschenizyn, *Die Eiche und das Kalb*, 1975; D. M. Thomas, *Solschenizyn*, 1998.

Alexander Solschenizyn (l.) nach seiner Ausweisung mit seinem Gastgeber Heinrich Böll während eines Spaziergangs am 14. Februar 1974 im rheinischen Langenbroich

Die wichtigsten Bücher von Alexander Solschenizyn	
Ein Tag im Leben des Iwan Denissowitsch, 1962	Mit der minuziösen Schilderung des Häftlingsalltags in einem sowjetischen Arbeitslager griff Solschenizyn ein Tabuthema auf. Durch das Buch gelangte der Autor zu Weltruhm. → S. 1011
Matrjonas Hof, 1963	Die alternde Bäuerin Matrjona ist arm und vereinsamt, doch obwohl ihr Alltag nur harte Arbeit ist, hat sie ihre Güte und ihren Glauben an ein erfülltes Leben nicht aufgegeben.
Krebsstation, 1968	Die Krebsstation bildet einen Mikrokosmos der sowjetischen Gesellschaft. Solschenizyn verarbeitet im Buch eigene Erfahrungen während seiner Haftzeit. Das Buch fand im Land nur illegale Verbreitung.
Der erste Kreis der Hölle, 1968	Die hoch qualifizierten Häftlinge eines Speziallagers werden gezwungen, eine Abhörtechnik zu entwickeln, die das stalinistische Terrorsystem weiter perfektionieren soll.
August vierzehn, 1971	Im ersten Teil des unvollendeten Romanzyklus *Das Rote Rad* über die russische Revolution vereint der Autor zahlreiche Einzelgeschehnisse zu einer Chronik des Kriegsbeginns im August 1914.
Der Archipel GULAG, 1973–75	Die literarische Dokumentation über das sowjetische Lagersystem setzt den zahllosen Opfern des stalinistischen Terrors ein Denkmal und führte zu Solschenizyns Ausweisung aus den UdSSR. → S. 1012
Die Eiche und das Kalb, 1975	In dem autobiografisch-essayistischen Werk gibt Solschenizyn Einblicke in die Funktionsweise des sowjetischen Literaturapparats.
November sechzehn, 1984	Der zweite Teil des Romanzyklus *Das Rote Rad* entwirft ein Panorama Russlands wenige Monate vor dem Sturz des Zarentums.
März siebzehn, 1986–88	Der dritte Teil des Romanzyklus *Das Rote Rad* ist den Ereignissen der Februarrevolution 1917 gewidmet.
Wie haben wir Russland einzurichten?, 1990	In dem politischen Manifest legt Solschenizyn seine Gedanken und Visionen eines erneuerten, selbst- und sendungsbewussten russischen Nationalstaats dar.

Ein Tag im Leben des Iwan Denissowitsch

OT Odin den Iwana Denissowitscha **OA** 1962 **DE** 1963
Form Kurzroman **Epoche** Moderne

Ein Tag im Leben des Iwan Denissowitsch von Alexander Solschenizyn zählte zu den größten literarischen Ereignissen der Tauwetter-Periode in den UdSSR. Erstmals wagte ein sowjetischer Autor das Tabuthema des stalinistischen Lagersystems unverblümt darzustellen.

Inhalt: Im Mittelpunkt der Handlung steht der Häftling Nr. S 854 – Iwan Denissowitsch Schuchow, ein Zimmermann, der nach einer absurden Anklage wegen Hochverrats zu zehn Jahren Lager verurteilt wurde, von denen er acht be-

reits abgesessen hat. Das Geschehen beschränkt sich auf einen einzigen Tag im Januar 1951, dessen monotoner Verlauf stellvertretend für die 3653 Tage steht, die Schuchow insgesamt abzusitzen hat. Der Tagesablauf ist von der Lagerverwaltung streng vorgegeben: Wecken, Essen fassen, morgendlicher Zählappell, Filzen auf verbotene Gegenstände, harte körperliche Arbeit in der »Brigade Nr. 105«, die auf die Baustelle eines Kraftwerks abkommandiert ist, Mittagessen, wieder Arbeit, usw. Diesen Ablauf kennt Schuchow mittlerweile in- und auswendig; er

Heinrich Böll in der *Frankfurter Allgemeinen Zeitung* vom 9. Februar 1974 über *Der Archipel GULAG* von Alexander Solschenizyn:

Man fragt sich am Ende: Ist der »Versuch einer künstlerischen Bewältigung« gelungen? Die Antwort kann nur heißen: Ja, ja, und nochmals ja. Der Autor hat ein Musterbeispiel für Dokumentarliteratur geschaffen.

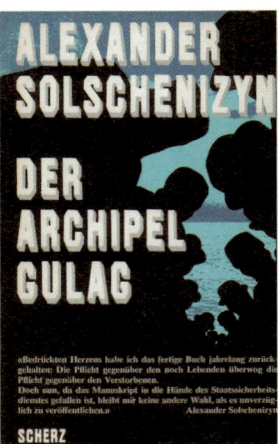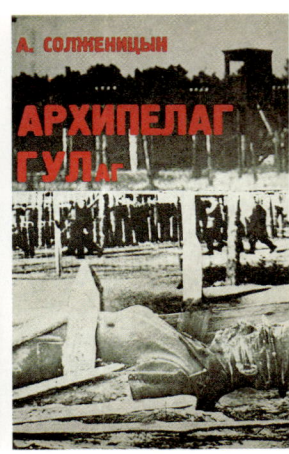

Alexander Solschenizyn; von links: *Ein Tag im Leben des Iwan Denissowitsch*, Einband der ersten deutschsprachigen Taschenbuchausgabe 1968; *Ein Tag im Leben des Iwan Denissowitsch*, Umschlag der deutschsprachigen Erstausgabe 1963; *Der Archipel GULAG*, Umschlag der deutschsprachigen Erstausgabe 1974; Umschlag der offiziellen russischen Erstausgabe 1990 mit dem Foto einer gestürzten Stalin-Statue

Auszug aus *Ein Tag im Leben des Iwan Denissowitsch* von Alexander Solschenizyn:

Der Anklage zufolge saß [Iwan Denissowitsch] Schuchow wegen Landesverrats. Er hatte das zugegeben und ausgesagt, dass er sich habe gefangen nehmen lassen, um sein Land zu verraten, und dass er aus der Gefangenschaft zurückgekehrt sei, um einen Auftrag des russischen Geheindiensts auszuführen. Welcher Art dieser Auftrag gewesen war, dahinter konnte weder Schuchow noch der Untersuchungsrichter kommen... Schuchows Überlegungen waren einfach: Unterschreibst du nicht, ist es dein Tod, unterschreibst du, dann lebst du noch ein paar Jährchen. Also unterschrieb er.

hinterfragt weder die Rituale der Lagerbürokratie noch die Willkür der Bewacher. Schuchow lebt ausschließlich in der Gegenwart, sein Handeln und Denken ist darauf abgestellt, listig und klug sein Überleben zu sichern und innerhalb der Tagesroutine kleine Vorteile für sich herauszuschlagen: etwa für einen Tag ins Krankenrevier eingewiesen zu werden, wo man sich einmal richtig ausruhen kann, oder ein Paar echte Lederstiefel zugeteilt zu bekommen. Insbesondere das Essen besitzt für den ständig hungrigen Häftling eine geradezu obsessive Bedeutung. Über die Welt außerhalb des Lagers erfährt Schuchow so gut wie nichts, und das Wenige, was er in den ein, zwei Briefen erfährt, die ihm seine Frau pro Jahr schreibt, interessiert ihn nicht mehr. Nur indem Schuchow seine sinnlose, entmenschlichte Existenz als Normalzustand akzeptiert, kann er die Kraft zum Überleben finden. Am deutlichsten wird dies in seiner Einstellung zur Arbeit. Die Mitglieder der Brigade kontrollieren sich gegenseitig, da bei schlechter Leistung eines Einzelnen alle bestraft werden, doch nicht nur deshalb packt Schuchow fleißig an. Er ist im positivem Sinne naiv, ein arbeitsamer, bodenständiger Mensch, der es nicht ertragen kann, Dinge halb oder schlecht zu erledigen. Indem er sich mit der Wand, die er mauert, als seinem Werk identifiziert, verleiht er der Zwangsarbeit und seiner ausweglosen Lage einen Sinn, den sie objektiv gesehen nicht haben.

Wirkung: Der Roman löste bei seinem Erscheinen in der Zeitschrift *Novy Mir* eine lebhafte Diskussion aus. Der sowjetische KPdSU- und Ministerratsvorsitzende Nikita Chruschtschow (1894 bis 1971) begrüßte das Werk als einen Beitrag zur Entstalinisierung. Als die Spielräume für kritische Literatur ab 1964 wieder enger wurden, kam das Buch auf den Index. *Ein Tag im Leben des Iwan Denissowitsch* zählt bis heute zu den erschütterndsten literarischen Zeugnissen über die stalinistische Diktatur. *B. F.*

Der Archipel GULAG

OT Archipelag GULAG **OA** 1973–75 **DE** 1974–76
Form Episches Dokumentarwerk
Bereich Geschichte des 20. Jahrhunderts

Alexander Solschenizyn betrachtete sein dreibändiges Werk als »Versuch einer künstlerischen Bewältigung« der Vorgänge im Strafvollzug der Sowjetunion 1918–56. Es wurde daraus das Hauptwerk der im Untergrund entstandenen und verbreiteten Lagerliteratur der Stalin- und Chruschtschow-Ära.

Entstehung: Der ehemalige Offizier der Roten Armee, der 1953 »auf ewig« nach Kasachstan verbannt worden war, begann seine Gesamtdarstellung des sowjetischen Zwangsarbeitslagersystems und der Lebensbedingungen seiner zahllosen Opfer im April 1958 und arbeitete mehr als ein Jahrzehnt daran. Er stützte sich auf seine eigenen Erfahrungen, die Aussagen von mehreren hundert Leidensgenossen, offiziellen und geheimen Dokumenten und Untersuchungen. Das Resultat widmete er all jenen, »die nicht genug Leben hatten, um dies zu erzählen«.

Aufbau: Der Vielfalt der Informationsquellen entspricht die thematische Breite und formale Vielgestaltigkeit des Werks. Die geografische, chronikalische und statistische Dokumentation des über den ganzen Norden und Osten der UdSSR verteilten Lager-Archipels und seiner komplexen Verwaltung (abgekürzt GULAG) wird untermauert durch Augenzeugenberichte und Psychogramme von Sträflingen und Bewachern. Diese Berichte und Exkurse, oft in novellistischer Form dargeboten, gehören zu den erzählerischen Höhepunkten des überwältigend fakten- und gedankenreichen, in sieben Teile gegliederten Werks.

Inhalt: Teil 1 schildert den nach der Oktoberrevolution von 1917 mit chaotischem Eifer betriebenen Ausbau der russischen »Gefängnisindustrie«, Teil II die erzwungene »Besiedlung« des neu geschaffenen Archipels. In Teil III und IV werden die tödlichen Dualismen »Arbeit und Ausrottung«, »Seele und Stacheldraht« analysiert. In Teil V und VI entwirft Solschenizyn eine Psychologie des GULAG-Volks und vergleicht das Los der Verbannung mit dem der Einkerkerung in den berüchtigten Gefängnissen »daheim«. Teil VII gibt einen sorgenvollen Ausblick auf die Zeit nach Stalin, denn: »Die Machthaber wechseln, der Archipel bleibt.«

Wirkung: Die Sowjetführung reagierte auf die Erstveröffentlichung des Werks in Paris mit der Ausweisung des Autors. In der westlichen Welt wurde *Der Archipel GULAG* als literarisch-politisches Zeitereignis ersten Ranges gefeiert und der Titel selbst zum anklagenden Schreckensnamen für die bis dahin namenlose Straflagerregion jenseits des Ural.

Obwohl Solschenizyn betont hatte, dass die von ihm beschriebenen »Torturen des 20. Jahrhunderts überall auf der Welt denkbar sind«, wurden sein biblischer Zorn auf das Sowjetregime und sein Manifest zur Erneuerung des russischen Nationalstaats (*Wie haben wir Russland einzurichten?*, 1990) im Zuge der sukzessiven Annäherung von West und Ost zunehmend kritischer gesehen – eine Beurteilung, die zu Unrecht auch die singuläre Leistung der Archipel GULAG-Dokumentation in Frage zu stellen schien. *G. Woe.*

Sombart, Werner

dt. Sozialökonom, Wirtschaftshistoriker und Soziologe
* 19.1.1863 Ermsleben (Harz), † 18.5.1941 Berlin
📖 *Der moderne Kapitalismus*, 1902

Obgleich vom Ruhm seines Zeitgenossen Max → Weber überschattet, gilt Werner Sombart als einer der bedeutendsten Vertreter der deutschsprachigen Nationalökonomie. Sein Verdienst liegt neben der gründlichen Untersuchung des Sozialismus in der Darstellung und Kritik des Kapitalismus (Stichwort → S. 1013).

Nach dem Studium der Staatswissenschaften promovierte Sombart 1888 an der Berliner Universität und war ab 1890 Professor für Wirtschaftswissenschaften an der Universität Breslau. 1906 kehrte er nach Berlin zurück, zunächst an die private Handelshochschule, ab 1917 an die Universität, wo er als ordentlicher Professor für wirtschaftliche Staatswissenschaft lehrte. Sein 1896 erschienenes Werk *Sozialismus und soziale Bewegung im 19. Jahrhundert*, in dem er sich positiv-kritisch mit der marxschen Lehre auseinandersetzte, festigte seinen Ruf als Sozialist. In nachfolgenden Auflagen des Buchs

manifestiert sich seine Wandlung zum Anhänger der Konservativen Revolution und der nationalsozialistischen Bewegung, von der er sich jedoch in späteren Schriften distanzierte (*Vom Menschen*, 1938).

Biografie: M. Appel, *Werner Sombart: Historiker und Theoretiker des modernen Kapitalismus*, 1992.

Der moderne Kapitalismus

OA 1902 (2 Bde.)
Form Sachbuch **Bereich** Wirtschaftswissenschaften

Neben der umfassenden historischen Untersuchung des Sozialismus und der sozialen Bewegung liegt das Verdienst von Werner Sombart in seinem monumentalen, mehrbändigen Werk über den modernen Kapitalismus. Seine Analyse trug maßgeblich dazu bei, dass der Begriff Kapitalismus (Stichwort → S. 1013) in die politische und wissenschaftliche Auseinandersetzung Eingang fand.

Entstehung: Während der mehrjährigen Arbeit an dem Werk, dessen abschließender dritter Band erst 1928 erschien, verfasste Sombart eine Reihe von vorbereitenden und ergänzenden Einzelstudien, wie etwa über das Proletariat, den »Bourgeois«, die Juden, die Mode, den Luxus, den Krieg sowie über Friedrich → Engels und Karl → Marx.

Inhalt: Sombarts Hauptwerk ist der umfassende Versuch, eine »historisch-systematische Darstellung des gesamteuropäischen Wirtschaftslebens von seinen Anfängen bis zur Gegenwart« vorzulegen, wobei er verschiedene Zeitalter dieser Entwicklung unterscheidet: vorkapitalistische Wirtschaft, Früh-, Hoch- sowie Spätkapitalismus. Ausgangspunkt seiner Einteilung ist der Begriff des »Wirtschaftssystems«, worunter

Werner Sombart

Kapitalismus

Herkunft: Unter dem vielschichtigen Sammelbegriff Kapitalismus werden zunächst die neuzeitlichen Wirtschaftsordnungen der Marktwirtschaft verstanden. Der Begriff Kapitalismus, wohl von Louis Blanc (1811–82) 1850 zum ersten Mal verwendet, wurde maßgeblich von Marx geprägt und zu Beginn des 20. Jahrhunderts u.a. von Werner → Sombart, Max → Weber und Joseph Alois → Schumpeter analysiert.
Bedeutung: Obwohl keine einheitliche Definition vorliegt, dürfte Konsens darüber bestehen, dass Kapitalismus mindestens gekennzeichnet ist durch 1. das Privateigentum an den Produktionsmitteln, 2. die Maximierung des Gewinns sowie 3. die dezentrale Koordination der Wirtschaftspläne durch Angebot und Nachfrage (Preissystem). Darüber hinaus kann Kapitalismus anhand unterschiedlicher Kriterien charakterisiert werden, z.B. durch die Dominanz

des freien und dynamischen Unternehmertums (Schumpeter) oder durch die Betonung der Rechenhaftigkeit und Rationalität (Sombart, Weber). Dem Marxismus zufolge ist Kapitalismus ein System profitorientierten Privateigentums, verstanden als gesellschaftliches Verhältnis, in dem sich die Besitzer der Produktionsmittel (Bourgeoisie) den gesellschaftlich produzierten Mehrwert zum Nachteil der Arbeiterklasse (Proletariat) aneigneten.
Phasen: Auch die Unterscheidung historischer Epochen des Kapitalismus erfolgt überwiegend uneinheitlich. Die einflussreiche Phaseneinteilung in Früh-, Hoch- und Spätkapitalismus geht auf Sombart zurück. Die marxistisch-leninistische Theorie hingegen unterscheidet die Perioden Früh- und Konkurrenzkapitalismus, Monopolkapitalismus bzw. Imperialismus sowie Staatsmonopol- bzw. Spätkapitalismus.

Auszug aus *Der moderne Kapitalismus* von Werner Sombart:

Aus dem tiefen Grunde der europäischen Seele ist der Kapitalismus erwachsen. Derselbe Geist, aus dem der neue Staat und die neue Religion, die neue Wissenschaft und die neue Technik geboren werden: er schafft auch das neue Wirtschaftsleben. Wir wissen: es ist ein Geist der Irdischheit und Weltlichkeit; ein Geist mit ungeheurer Kraft zur Zerstörung alter Naturgebilde, alter Gebundenheiten, alter Schranken, aber auch stark zum Wiederaufbau neuer Lebensformen, kunstvoller und künstlicher Zweckgebilde.

er die »Wirtschaftsordnung« einer empirisch feststellbaren Epoche versteht. Verschiedene Epochen würden jeweils von bestimmten Wirtschaftssystemen dominiert, die sich durch unterschiedliche Wertvorstellungen, Zwecksetzungen und Maximen der die Wirtschaft gestaltenden Personen auszeichneten. Die Wirtschaftsprinzipien gliedert er nach einfachen Gegensatzpaaren, etwa nach Bedarfsdeckungsprinzip und Erwerbsprinzip.

1916 erschien eine Neuauflage, mit der Sombart ein »völlig neues Werk« vorzulegen beabsichtigte. Während er in der ersten Auflage noch stärker das Verwertungsstreben des Kapitals in den Mittelpunkt seiner Definition von Kapitalismus stellte, waren nunmehr wachsende Versachlichung und Rationalisierung dessen vornehmliche Kennzeichen. Neben der Überarbeitung verschiedener Begriffe widmete sich Sombart in der Neuauflage v. a. der ausführlichen Darstellung der vor- und frühkapitalistischen Epochen.

Der dritte Band der Neuauflage behandelt schließlich das »Zeitalter des Hochkapitalismus« und das »Wirtschaftsleben der Zukunft«: Sombart war der Ansicht, dass denjenigen Wirtschaftssystemen, die »irgendwie auf Planwirtschaft beruhen«, eine stetig wachsende Bedeutung zukommen werde.

Wirkung: Sombart gelang es in seinem Hauptwerk, empirisch-historische und theoretisch-systematische Forschungsmethoden zu verei-

nen und damit einen Beitrag zur Beendigung des Methodenstreits in den Sozialwissenschaften zu leisten. Obwohl sein Werk vielfältige Kritik erfuhr, stellt es noch heute eine lesenswerte Einführung in die Geschichte der wirtschaftlichen Entwicklung dar. *J. R.*

Soyinka, Wole

englischsprachiger nigerian. Schriftsteller

* 13.7.1934 Isara

📖 *Der Mann ist tot*, 1972

Wole Soyinka ist vor allem Theaterautor, aber auch Lyriker und Romancier. Die eigentliche Stärke von Soyinka, das gesprochene Wort, wird in seiner Prosa deutlich. Kennzeichen seiner Romane sind schlagfertige Dialoge oder ein verbaler Gedankenaustausch statt einer ausufernden Handlung. Seine Romane weisen intertextuelle Bezüge und Zitate aus der Weltliteratur, philosophische Anspielungen, Bilder aus der griechischen Sagenwelt sowie aus der Mythologie der Yoruba, der Volksgruppe, der Soyinka entstammt, auf. Er kritisiert das Klischee vom idyllischen traditionellen Afrika ebenso wie die Regimes des Neokolonialismus oder die diktatorisch regierenden Machthaber der Gegenwart.

Der Sohn eines Schulrektors und einer Kauffrau gilt als einer der führenden Intellektuellen seines Landes. Nach seinem Studium der Literatur- und Theaterwissenschaften in Leeds arbeitete Soyinka als Dramaturg, Regisseur und Schauspieler in London und Nigeria, wo er an den Universitäten Ife, Lagos und Ibadan lehrte. Seit 1965 war Soyinka wegen seiner Kritik an der Politik der Militärdiktaturen Nigerias Verhaftungen, Repressalien, Hausarrest, Ausreiseverbot und mehrfachem Exil ausgesetzt.

Innerhalb des Gesamtwerks von Soyinka stellen die Jahre der Inhaftierung eine unübersehbare Zäsur dar, die sich sowohl in seiner Prosa als auch in seiner Lyrik und Theaterarbeit niederschlägt. Soyinka beschreibt das Gefühl der Verlassenheit in dem Gedicht *Lebendig begraben* (1969) und in dem Lyrikband *Transfer in der Gruft* (1971); in dem Theaterstück *Die Verrückten und die Spezialisten* (1971) schildert er den Prozess einer Entmenschlichung.

Den Aufzeichnungen *Der Mann ist tot* folgte 1973 Soyinkas zweiter Roman *Zeit der Gesetzlosigkeit*, der den Machtmissbrauch des nigerianischen Regimes am Vorabend des Biafra-Kriegs geißelt. Seit Mitte der 1960er Jahre erhielt Soyinka zahlreiche Literaturpreise, darunter 1986 als erster Schwarzafrikaner den Literaturnobelpreis.

Die wichtigsten Bücher von Wole Soyinka

Tanz der Wälder 1960	Soyinkas erstes Theaterstück sollte zu den Feiern der Unabhängigkeit Nigerias 1960 die Vergangenheit Afrikas verherrlichen, doch schildert er das präkoloniale Afrika als Aneinanderreihung brutaler Herrschaft und Unterdrückung und löste damit einen politischen Skandal aus.
Die Ausleger 1965	Fünf Freunde kehren nach ihrem Studium in Ausland in das unabhängig gewordene Nigeria zurück und kommentieren die Siuation tatenlos mit bissigen Bemerkungen, sodass ihre Analysen folgenlos bleiben.
Der Mann ist tot, 1972	Autobiografische Aufzeichnungen aus dem Gefängnis, die dem Geschichtsverlust in Nigeria als Mahnmal entgegenwirken sollen. → S. 1015
Zeit der Gesetzlosigkeit, 1973	In Anspielung auf den Orpheus-Mythos verfasst, sucht ein Mann seine verschleppte Frau und findet diese Suche als Abstieg in die Unterwelt, in der die Massaker in Nigeria die Kulisse bilden.
Opera Wonyosi 1977	Die nigerianische Version von Bertolt → Brechts *Dreigroschenoper* ist eine Mischung aus westlichem Theater mit Elementen der Yoruba-Oper, Liedern und volkstümlichen Burlesken vor der Kulisse von Militärdiktaturen.
Aké 1981	In den Kindheitserinnerungen stellt Soyinka die städtische vom Bildungsbürgertum geprägte Welt seiner Eltern dar und hält die dörfliche, traditionelle Welt seines Großvaters dagegen, ohne diese zu verklären.
Isarà 1989	Ein Roman über die Welt um Soyinkas Vater, in der die erste Generation europäisch ausgebildeter Nigerianer die Vergangenheit mit dem Wissen der Kolonialisten zu verbinden suchte.
Ibadan 1994	Autobiografische Erinnerungen an die Schulzeit und an die Jahre des Studiums in Europa und der Rückkehr nach Nigeria.
Die Last des Erinnerns, 1999	Die Essays behandeln die moralische Verpflichtung der westlichen Welt, die Sklaverei als Verbrechen gegen die Menschlichkeit anzuerkennen und nach Kompensationen oder der Form einer Entschuldigung zu suchen.

Der Mann ist tot

OT The Man Died: Prison Notes of Wole Soyinka
OA 1972 **DE** 1987
Form Aufzeichnungen **Epoche** Moderne

In seinen Aufzeichnungen schildert Wole Soyinka die 26 Monate seiner Isolationshaft von August 1967 bis Oktober 1969. Das Werk ist beispielhaft für das Schicksal nigerianischer Oppositioneller jener Zeit und damit ein bedeutendes historisches Dokument – der Buchtitel zitiert ein Telegramm, in dem Soyinka nach seiner Haftentlassung der Tod eines regimekritischen Journalisten mitgeteilt wurde.

Entstehung: Wegen seines politischen Engagements gegen die Militärdiktatur und wegen seiner Warnungen vor einem Bürgerkrieg erfolgte die Verhaftung von Soyinka. Ohne Anklage, Urteil oder ärztliche Betreuung blieb Soyinka inhaftiert und wurde nach der Publikation eines aus dem Gefängnis geschmuggelten Briefs in einen Hochsicherheitstrakt verlegt. Soyinka schrieb, teilweise mit selbst hergestellter Tinte, seine Mitteilungen, Aufzeichnungen und Stichworte auf Pack- und Toilettenpapier sowie zwischen die Zeilen von Büchern, die ihm in die Zelle geschmuggelt und von dort wieder heraus gebracht werden konnten.

Inhalt: Soyinka schildert die Vorgeschichte und den Hergang seiner Verhaftung, befragt andere Häftlinge über die Vorgänge »draußen«, realisiert die Einkerkerung vor allem von Igbos, den Bewohnern Südostnigerias, gegen das die nigerianische Zentralregierung Krieg führt. Soyinka vergleicht das Regime in Lagos mit Hitler und dessen Mordmaschinerie, setzt es in Bezug zum Gestapo-Hauptquartier. Das Angebot eines Ministerpostens gegen Preisgabe von Namen und gegen ein Blanko-Geständnis lehnt Soyinka ab. Bei der Verlegung in das Hochsicherheitsgefängnis misslingt Soyinkas Liquidierung.

Sein auf sein Ich zurückgeworfenes Dasein empfindet Soyinka wie ein Leben in einem Sarg; er verwendet wiederholt das Bild der Gruft und der Katakombe. Er beschreibt skandalöse hygienische Bedingungen, Verhöre, Schikanen, wird in Ketten gelegt, geschlagen und leidet unter nicht behandelten Entzündungen am Rücken. Er versucht, Geräusche wie Kettenklirren, Regen, Schmatzen, Schlürfen oder Schritte auf Kies zu orten, mittels Spinnen, Ameisen, Katzen und Geckos eine Ahnung von Lebendigkeit zu erhalten. Schließlich erlischt seine Hoffnung auf Freilassung, er stürzt in Frustration wegen der Ungewissheit, des Gefühls des Ausgeliefertseins. Schließlich zieht er sich in sein Inneres als Flucht aus der unerträglichen Außenwelt zurück.

Struktur: Das Buch ist stilistisch von der Textarbeit im Verborgenen geprägt und setzt die

Wole Soyinka, *Der Mann ist tot,* Umschlag der deutschsprachigen Erstausgabe 1987 (Gestaltung: Penck)

Bruchstücke heimlich niedergeschriebener und herausgeschmuggelter Notizen mit Erinnerungen und recherchierten Rekonstruktionen zusammen. Es ist zugleich Pamphlet, Anklage, Dokument des Überlebenswillens; eine Mischung aus politischem Essay, philosophischem Traktat, lyrischer Prosa und autobiografischem Erlebensbericht. Die Sprache ist impulsiv und ausdrucksstark, dennoch haftet dem Buch ein Endzeitcharakter durch die schonungslose Art der Darstellung an.

Wirkung: Der Roman steht in einer Reihe weiterer erschütternder Gefängnis-Tagebücher, wie sie etwa der Tansanier Ngugi wa Thiong'o mit *Kalt gestellt* (1981) oder der Nigerianer Ken →Saro-Wiwa mit *Flammen der Hölle* (1995) vorlegte. *M.L*

Spengler, Oswald

dt. Geschichtsphilosoph und Kulturkritiker
*29.5.1880 Blankenburg (Harz)
†8.5.1936 München
📖 *Der Untergang des Abendlandes,* 1918/22

Oswald Spengler, einer der umstrittensten Denker der Weimarer Republik, brachte in seinem Hauptwerk *Der Untergang des Abendlandes,* das das moderne Geschichtsbild mitgeprägt hat, die von seiner Generation empfundene Angst um die Grundfesten der Kultur zum Ausdruck und stellte sie gleichzeitig in einen philosophisch-kulturhistorischen Kontext.

Spengler studierte in München, Berlin und Halle Naturwissenschaften und Mathematik. Danach war er drei Jahre Gymnasiallehrer in Hamburg, ehe er als Privatgelehrter nach München zog.

Auszug aus den Aufzeichnungen *Der Mann ist tot* von Wole Soyinka:

Bis jetzt habe ich in ungestörtem Frieden gelebt. Ich nehme nichts wahr, ich existiere nicht – ich bin überzeugt, dass ich sogar meine Existenz aufgehoben habe, so, wie ich die Umwelt ausgelöscht habe –, es bleibt nur noch ein vages, unbestimmtes Gefühl, das weder Raum noch Zeit kennt. Wenn es den Zustand der geistigen Leere, der völligen geistigen Leere gibt, so habe ich ihn erreicht.

OSWALD
SPENGLER
DER
UNTER
GANG
DES
ABEND
LANDES

Gekürzte Ausgabe

C·H·BECK

Oswald Spengler, *Der Unter-gang des Abendlandes*, Um-schlag der ersten Nachkriegs-ausgabe 1959

Unter dem Eindruck »des Niedergangs der Kunst« und des gesellschaftlichen Wandels kam Spengler 1911 zu der seinem späteren Werk zu Grunde liegenden Erkenntnis, die Zeichen einer um sich greifenden Krise seien nicht als »einma-lige Konstellation zufälliger ... Tatsachen« zu deuten, sondern als »Typus einer historischen Zeitwende«. In den nächsten 10 Jahren vollen-dete Spengler, vom Denken → Goethes und Friedrich → Nietzsches stark beeinflusst, sein Werk *Der Untergang des Abendlandes*.

Obwohl das Werk von der politischen Rechten Deutschlands für ihre Zwecke genutzt wurde, blieb Spenglers persönlicher Einfluss – auch nach weiterer Veröffentlichungen (*Neubau des Deutschen Reiches* 1924; *Der Mensch und die Technik* 1931; *Jahre der Entscheidung*, 1933) – beschränkt.

Biografie: J. Naeher, *Oswald Spengler*, 1984.

Der Untergang
des Abendlandes

OA 1918/22 (2 Bde.)
Form Sachbuch **Bereich** Philosophie

Mit seinem Buch *Der Untergang des Abendlan-des* (Untertitel: *Umrisse einer Morphologie der Weltgeschichte*) prägte Oswald Spengler das moderne Geschichtsbild nachhaltig.

Entstehung: Das Werk entstand aus einer klei-neren politischen Schrift Spenglers aus dem Jahr 1911. Im Lauf seiner Recherchen seien ihm die »zuweilen berührten, nie begriffenen« Be-ziehungen – zwischen Formen der bildenden Künste und des Kriegs, zwischen »politischen und mathematischen Gebilden« – aufgefallen. Spengler setzt sich – wie im Untertitel des Werks angekündigt – zum Ziel, eine Morpholo-gie der Weltgeschichte zu umreißen.

Inhalt: Spengler entwirft eine Entwicklungs-geschichte der Kultur, gemäß der alle Hochkultu-ren (die indische, antike, arabische und abend-ländische) in ihren »Altersstufen« eine frappierende Parallelität aufweisen. Als Beweis hierfür führt Spengler so genannte »homologe Bildungen« an; hierunter versteht er kulturelle Erscheinungen, deren Entstehung zwar Jahr-hunderte auseinander liegt und die sich äußer-lich unterscheiden (wie die »antike Plastik und die abendländische Instrumentalmusik, die Py-ramide der 4. Dynastie und die gotischen Dome, der indische Buddhismus und der römi-sche Stoizismus«), die aber denselben Platz in der Phasenaufteilung einnehmen. Ähnlich ver-hält es sich mit dem vom Autor geprägten Be-griff der »Gleichzeitigkeit«: »Ich nenne 'gleich-zeitig' zwei geschichtliche Tatsachen, die, jede in ihrer Kultur, in genau derselben – relativen –

Oswald Spengler 1922 im Vorwort zur 33.–47. Auflage des Buchs *Der Untergang des Abendlandes*:

Ein Denker ist ein Mensch, dem es bestimmt war, durch das eigene Schauen und Ver-stehen die Zeit symbolisch darzustellen. Er hat keine Wahl. Er denkt, wie er denken muss, und wahr ist zuletzt für ihn, was als Bild seiner Welt mit ihm geboren wurde.

Lage auftreten und also eine genau entspre-chende Bedeutung haben. Gleichzeitig voll-zieht sich die Entstehung der Ionik und des Ba-rock. Polygnot und Rembrandt, Polyklet und Bach sind Zeitgenossen. Gleichzeitig erschei-nen in allen Kulturen die Reformation, der Puri-tanismus, vor allem die Wende zur Zivilisation.« Durch die Einordnung solcher funktionsglei-cher »Tatsachen« in die entsprechenden histori-schen Epochen der vier Kulturen entsteht ein komplexes Raster von jeweils »gleichzeitigen« Geistes-, Kunst- und politischen Epochen.

Diese Interpretation, die als eine der frühsten Erscheinungen der strukturalistischen Methode gelten darf, hat nach Spenglers Ansicht nicht nur den Vorteil, dass man im Stil eines Paläon-tologen die fehlenden Stücke des Entwick-lungspuzzles verschollener Kulturen rekonstru-ieren, sondern auch die Weiterentwicklung einer bestehenden Kultur, namentlich der abendländischen, vorherbestimmen könne. So sagt Spengler für das westliche Europa nach der momentanen »Herrschaft des Geldes« (der »De-mokratie«) die »Ausbildung des Cäsarismus« und den »zunehmend primitive(n) Charakter der politischen Formen« voraus.

Aufbau: In der sprachlichen Ausführung bis-weilen brillant, scheint die Analyse jeder Chro-nologie und Systematik zu entbehren. Die teil-weise künstlich anmutenden Definitionen und Periodisierungen der behandelten Kulturen erscheinen willkürlich eingestreut. Auf der an-deren Seite untermauert Spengler seine Argu-mentation mit Erklärungen philosophischer Begriffe wie Ausdehnung, Zeit, Raum, Takt und Tempo sowie mit der Unterscheidung der Prin-zipien des Schicksals und der Kausalität in der Geschichtsschreibung.

Beeindruckend ist die Vorgehensweise Speng-lers, in einzelnen Kapiteln nicht nur den bilden-den Künsten und den Staatsstrukturen, son-dern auch dem mathematischen Wissen der einzelnen Kulturen eine besondere Bedeutung beizumessen. Als wichtigstes Unterscheidungs-kriterium zwischen Kulturen kommt Spenglers Vorstellung von Kulturseelen zum Tragen. So sei die antike Kultur in ihrem Wesen apollinisch, die ägyptische mystisch, die abendländische in ihrem Streben nach dem Unendlichen faustisch.

Bestimmender als dieser Seelencharakter sei indes die unaufhaltsame Entwicklung einer Kultur hin zur Zivilisation, mit der Spengler den Verfall des abstrakten Denkens, die schaffende Kunst sowie den geordneten Staat verbindet.

Wirkung: Die deutlich fatalistische, antidemo-kratische und daher letztlich konventionelle Zi-vilisationskritik Spenglers erfuhr in rechten Kreisen der Weimarer Republik den größten Zu-spruch und verzerrte das Gesamtbild des Werks bis heute.   *B.A.*

Sperber, Manès

österreich.–frz. Schriftsteller, Psychologe und
Philosoph jüd. Herkunft

* 12.12.1905 Zablotów (Galizien), † 5.2.1984 Paris

📖 *Wie eine Träne im Ozean*, 1961

Das Werk von Manès Sperber widmet sich der Analyse der totalitären Ideologien und Systeme des 20. Jahrhunderts. Unter dem Eindruck des Nationalsozialismus und Stalinismus untersucht Sperber das Verhältnis des Individuums zur Diktatur und bilanziert die persönliche Verantwortung, die der Einzelne an den politisch-moralischen Menschheitskatastrophen des Zweiten Weltkriegs und des Holocaust trägt.

Sperber entstammte einer galizischen Rabbinerfamilie und wurde in der Kindheit vor allem vom Chassidismus der Ostjuden und der Lebensgemeinschaft im »Shetl« geprägt. Nachdem die Familie im Ersten Weltkrieg nach Wien flüchtete, trat Sperber der kommunistischen Jugendbewegung bei und engagierte sich in zionistischen Organisationen.

1921 erfolgte die entscheidende Begegnung mit dem Psychologen Alfred Adler (1870 bis 1937): Sperber wurde dessen Assistent; dieser brach jedoch mit seinem Schüler, als Sperber die adlersche Individualpsychologie mit der marxistischen Theorie zu verknüpfen suchte. 1927 wurde Sperber Mitglied der KP und arbeitete in Berlin als Psychologe, Therapeut und Pädagoge. Im Auftrag der KP emigrierte er 1934 nach Paris, von wo aus er u. a. die kommunistische Widerstandsbewegung organisierte. Im Zuge der stalinistischen Säuberungsaktionen und Moskauer Schauprozesse brach Sperber mit der Partei; seine Erfahrungen mit den totalitären bzw. faschistischen Diktaturen werden in mehreren Essays verarbeitet (u. a. *Zur Analyse der Tyrannis*, 1939).

Als bedeutender Beitrag zur deutschsprachigen Literaturgeschichte wird das Gesamtwerk von Sperber erst seit den späten 1960er Jahren verstärkt wahrgenommen und gewürdigt (u. a. Georg Büchner-Preis, 1975; Friedenspreis des Deutschen Buchhandels, 1983).

Autobiografien: M. Sperber, *Die Wasserträger Gottes*, 1974; ders., *Die vergebliche Warnung*, 1975; ders., *Bis man mir Scherben auf die Augen legt*, 1977 (gesammelt u. d. T. *All das Vergangene …*, 1983).

Wie eine Träne im Ozean

OT Der verbrannte Dornbusch; Plus profond que l'abîme (dt. Tiefer als der Abgrund); Die verlorene Bucht
OA 1950;1950;1955; als Sammeltitel 1961
Form Romantrilogie **Epoche** Moderne

Vor dem Hintergrund der europäischen Geschichte der Jahre 1931 bis 1945 schildert die Trilogie von Manès Sperber den Niedergang der kommunistischen Widerstandsbewegung und erörtert die Stellung des Einzelnen zum totalitären Staat. Der autobiografische Schlüsselroman ist zugleich ein Abgesang auf die humanistischen Ideale der Menschheit und den Untergang des jüdischen Volkes.

Entstehung: Das Werk, dessen Niederschrift Sperbers Bruch mit der kommunistischen Partei vorausgegangen war, beruht in weiten Teilen auf autobiografischen Erlebnissen: Seit 1927 Mitglied der KP, im Exil Funktionär der Komintern war Sperber ab 1933 u. a. für den Widerstand in Österreich und Jugoslawien aktiv. Vor diesem Erfahrungshintergrund dokumentiert die Trilogie die Geschichte der kommunistischen Widerstandsbewegung zwischen 1931 und 1945. In Form eines Rechenschaftsberichts schildert Sperber, wie Machtkämpfe, Verrat und Missgunst in den eigenen Reihen den Kampf gegen die Faschisten zunehmend aussichtsloser machen; das Scheitern der desillusionierten Widerstandskämpfer wird unabwendbar, als sie im Zuge der sowjetischen Säuberungsaktionen und des deutsch-russischen Nichtangriffspakts selbst Opfer und Verfolgte des Stalinismus werden.

Inhalt: *Der verbrannte Dornbusch*, der erste Teil der Trilogie, schildert das Schicksal einer von Verrat und inneren Querelen zerrütteten Partisanengruppe in Dalmatien, die der intellektuelle Funktionär Dojno Faber, Protagonist der drei Romane und Sperbers alter ego, auf die Parteilinie einschwören soll. Über Österreich gelangt Faber zurück nach Deutschland, wo er ins KZ verschleppt wird, jedoch durch Fürsprache seines Lehrers und Mentors Stetten in die Tschechoslowakei emigrieren kann. In Prag erfährt Faber, bis dahin Verfechter eines humanen Sozialismus, vom politischen Umschwung in der UdSSR und den stalinistischen Säuberungen

Manès Sperber (l.) bei der Verleihung des Georg Büchner-Preises am 19. Oktober 1975 in Darmstadt mit Carola Bloch, Walter Hoellerer und Heinrich Böll (v. l.)

unter Parteigenossen. Enttäuscht und erschüttert zieht sich Faber von der Partei zurück.

Zu Beginn des zweiten Teils, *Tiefer der Abgrund*, versucht Faber, mittlerweile in Paris, das Erlebte mithilfe seines Freundes Stetten intellektuell zu verarbeiten. Die politische Abwärtsentwicklung Europas bis zum Kriegsausbruch steigert Fabers Agonie und Resignation. Er meldet sich als Freiwilliger zur französischen Armee, wird aber nach dem Fall Frankreichs aufs Land verschlagen, wo er im Untergrund lebt und als Betreuer eines Waisenjungen neue Hoffnung schöpft.

Der letzte Teil, *Die verlorene Bucht*, führt Faber wieder nach Jugoslawien, wo sich sein Schicksal vollendet: Ehemalige Parteifreunde bewegen ihn, sich einer Partisaneneinheit anzuschließen. Von einem Parteigenossen verraten, wird die Gruppe von kommunistischen Widerstandskämpfern niedergemacht; Faber wird im letzten Augenblick gerettet und kann – gleichsam um der Nachwelt Rechenschaft zu geben – ins Ausland entkommen.

Wirkung: Der Trilogie blieb lange die ihr gebührende, vorurteilsfreie Aufmerksamkeit versagt. Das eindringliche Plädoyer des Autors für einen Sozialismus mit menschlichem Antlitz und seine kritische, vielschichtige Auseinandersetzung mit dem Parteikommunismus stieß in der Adenauer-Ära auf Ablehnung: Rechte Kreise sahen ihre Vorurteile über das »Reich des Bösen« bekräftigt; große Teile der Linken empfanden die Darstellung von Sperber als Nestbeschmutzung eines Renegaten. *T. S.*

> *Ich lasse einen jeden nach seiner Natur leben und, wer will, mag für sein Heil sterben: wenn nur ich für die Wahrheit leben darf.*
>
> *Die Liebe zu einem ewigen und unendlichen Ding nährt die Seele mit der einzig wirklichen Freude und ist aller Trauer ledig.*
>
> *Denn wenn das Heil so bequem wäre und ohne große Mühe gefunden werden könnte, wie wäre es dann möglich, dass es fast von jedermann vernachlässigt wird? Aber alle Herrlichkeit ist ebenso schwierig wie selten.*
>
> Baruch de Spinoza

Ethik

Herkunft: Der Begriff Ethik (griech. ethos, Sitte, Brauch) meint die Wissenschaft vom Sittlichen. Sie fragt nach dem Guten als dem höchsten Gut. → Aristoteles war der erste europäische Philosoph, der die Ethik zu einer eigenen Disziplin und zu einem Bestandteil der praktischen Philosophie machte. Aristoteles bestimmt den Menschen in erster Linie als Vernunftwesen; entsprechend besteht das höchste Glück in der vollkommenen Ausbildung der Vernunft. Für Sokrates (um 470–399 v.Chr.) bedeutet Tugend zugleich Wissen. Erst später wird der Zwiespalt zwischen Wollen und Vermögen, zwischen Theorie und Praxis problematisiert. Daraus entsteht zur Zeit des griechischen Stoizismus das Sollen, die sittliche Forderung. Es wird ein Sittengesetz angenommen, das von Natur aus gegeben sei und dem sich das menschliche Leben anzupassen habe. Dieses »natürliche« Sittengesetz wird z.Zt. des Christentums umgewandelt in das »geoffenbarte Wort Gottes«. → Thomas von Aquin ist eine umfassende philosophisch-theologische Synthese gelungen, deren Grundbegriffe bis in die Aufklärung hinein verbindlich blieben. Für Immanuel → Kant ist allein der kategorische Imperativ als vernünftiges Gesetz maßgeblich. Das »moralische Gesetz« in der Brust eines jeden Menschen ist demnach kein subjektives Meinen, sondern eine objektive Nötigung; niemand kann diesem »Sollen« ausweichen. Für die existenzialistische Ethik der Nachkriegsjahre steht nicht mehr die Frage nach dem Sinn von ethischem Verhalten im Vordergrund, sondern das trotzige Dennoch, auch wenn es sich nicht lohnen sollte.

Bedeutung: Die Ethik fragt nach der Verwirklichung ethischer Werte; diese sind Werte der Gesinnung und des Verhaltens. Ethik setzt voraus, dass der Mensch Freiheit besitzt. Je nach ihrer Begründung ist die Ethik heteronom (fremdgesetzlich) oder autonom (eigengesetzlich). In der europäischen Philosophie der Gegenwart lassen sich drei Grundtypen ethischer Systeme unterscheiden: Wertethik – eine Ethik, die sich auf ein Wertgefühl stützt; sozialer Eudämonismus – eine Ethik, die jedem Menschen größtmögliche geistige und körperliche Entfaltungsmöglichkeiten einräumt, zu seiner eigenen und der Glückseligkeit anderer; und die christliche Ethik, die sich auf Gottes Gebote stützt.

Spinoza, Baruch (Benedict[us]) de

niederländ. Philosoph

*24.11.1632 Amsterdam, †21.2.1677 Den Haag

📖 *Die Ethik*, 1677

Baruch de Spinoza wurde beschimpft, verflucht, verspottet und gehasst. Die katholische Kirche setzte seine Werke auf den Index. So heftig, wie ihn die einen hassten, so energisch liebten ihn die anderen. Gotthold Ephraim Lessing (1729–81) hielt Spinozas Philosophie für die einzig mögliche, → Goethe fühlte sich mit ihm leidenschaftlich verbunden. Der Philisoph lebte still und zurückgezogen, ganz seiner Liebe zu Gott hingegeben.

Spinoza wurde als Kind einer jüdischen Kaufmannsfamilie geboren. Schon als 18-Jähriger studierte er den Talmud ebenso wie das Alte Testament; er las Schriften der mittelalterlichen Scholastik und der Griechen. Ebenso intensiv beschäftigte er sich mit der neueren Philosophie, Giordano → Bruno und René → Descartes. Sein kritisches Bewusstsein ließ es nicht zu, offensichtliche Widersprüche in den sog. Heiligen Schriften zu ignorieren. In seinen Zweifeln ging er sogar so weit, die Vorstellung vom auserwählten Volk Gottes und die allgemeine Gültigkeit heiliger Dogmen in Frage zu stellen. Spinoza wandte sich immer mehr von der Vorstellung der Existenz eines persönlichen Gottes ab. 1655 kam es zur offenen Auseinandersetzung mit der Synagoge; der Vorstand sprach über Spinoza den großen Bannfluch aus. Spinoza lebte zunächst in der Nähe von Amsterdam, später in der Umgebung von Den Haag. Seinen Lebensunterhalt bestritt er mit dem Schleifen von Brillengläsern. Zwei Jahre nach Vollendung seiner *Ethik* (Stichwort → S. 1018) starb er an einem Lungenleiden.

Literatur: K. Fischer, *Spinozas Leben, Werke und Lehre,* 1946; T. de Vries, *Spinoza* (rm 50171); H. Wolff, *Spinozas Ethik. Eine kritische Einführung,* 1958.

Die Ethik

OT Ethica – Ordine Geometrico demonstrata

OA 1677 **DE** 1888 **Form** Sachbuch **Bereich** Philosophie

An der *Ethik* (Stichwort → S. 1018), seinem Hauptwerk mit einem Umfang von ca. 200 Seiten, arbeitete Baruch de Spinoza fast 15 Jahre (1661–75). Das Werk übte auf den weiteren Verlauf der Philosophiegeschichte großen Einfluss aus. Der Philosoph verfasste das Werk in lateinischer Sprache nach einer streng geometrischen Ordnung.

Struktur: In jedem der fünf Kapitel der *Ethik* stellt Spinoza zunächst Definitionen auf, die er erläutert, und formuliert Axiome. Darauf gründet er seine Lehrsätze, die jeweils bewiesen und teilweise in ausführlichen Anmerkungen erläutert werden.

Für Spinoza sind die geometrischen Wahrheiten reale Gegebenheiten in der allgemeinen Ordnung und dem übergeordneten Zusammenhang der Dinge. Die Mathematik versteht er als ein Instrument, diese Wahrheit zu entdecken und sie wissenschaftlich zu fundieren. Ebenso geht es ihm in der Konzeption Gottes, des Menschen und der Welt um klare und deutliche, d.h. unwiderlegbare Ideen.

Inhalt: Zunächst erläutert Spinoza den Begriff der Substanz. Mit Substanz meint er das Eine, das Unendliche, das Ursache aller anderen Dinge ist. Die Substanz selbst ist durch nichts als durch sich selbst verursacht. Weil sie alles in sich birgt, ist sie zugleich Gott und Natur. Bei René → Descartes zerfällt die Welt noch in die beiden Bereiche Geist und Natur. Spinoza hebt diese Trennung auf, indem er Denken und Ausdehnung als zwei Eigenschaften der einen unendlichen göttlichen Substanz begreift. Ebenso hält Spinoza Körper und Seele eines Menschen nicht für etwas Getrenntes, weil der Mensch doch nur ein Attribut Gottes ist. Der menschliche Geist ist demnach ein Teil des unendlichen Verstandes Gottes, ebenso ist Gott die Ursache der Idee des menschlichen Körpers. Alles, was Geist und Körper bewegt, bewegt zugleich auch Gott. Für eine Willensfreiheit ist in Spinozas System kein Platz. Unsere Handlungen sind ebenso gesetzmäßig wie der Lauf der Natur. Darum kann es auch keine objektiven Werte wie Gut und Böse geben. Alles, was der Vervollkommnung des einzelnen Subjekts dient, ist gut, was hinderlich ist, ist ein Übel. Laut Spinoza ist der Mensch für sein Handeln verantwortlich. Er wählt nicht zwischen Gut und Böse, sondern ist gehalten, seine Affekte dahingehend zu trainieren, dass sie ihn zur Vollkommenheit leiten. Für Spinoza besteht keine Diskrepanz zwischen Tugendhaftigkeit und Erkenntnis. Die Vernunft liefert beides zugleich. Die größtmögliche Freiheit besteht daher in der Liebe zu Gott, denn wer Gott liebt, liebt damit die Tugend selbst.

Wirkung: 1785 schrieb Friedrich Heinrich Jacobi (1743–1819) an Moses Mendelssohn (1729–86), Spinozas Lehre sei die einzig konsequente Philosophie, aber als reine Verstandesphilosophie sei in ihr kein Raum mehr für Gott. Sie müsse abgelehnt werden, weil sie pantheistisch, wenn nicht gar atheistisch sei. Damit löste er eine wahre Flut von Spinoza-Rezeptionen aus. Johann Gottfried Herder (1744–1803), Friedrich Wilhelm Schelling (1775–1854), Friedrich Schleiermacher (1768–1834) und →

Goethe beteiligten sich an diesem sog. Spinozastreit oder Pantheismusstreit. Auch heute noch scheiden sich an der Lehre von Spinoza die Geister, weil sich bei ihm alles in ein wissenschaftliches, geometrisches System zu fügen scheint, in dem kein Platz mehr ist für eine Willensfreiheit Gottes, für Gut und Böse.   *R. J. S.*

Baruch de Spinoza, Porträtgravur in einem der Werke des Philosophen

Aus dem »Großen Bannfluch« der jüdischen Gemeinde gegen Baruch de Spinoza:

Nach dem Urteil der Engel und der Aussage der Heiligen verbannen, verfluchen, verwünschen und verdammen wir Baruch d'Espinoza... Er sei verflucht bei Tag und verflucht bei Nacht, verflucht sein Hinlegen und verflucht sein Aufstehen, verflucht sein Gehen und verflucht sein Kommen; nimmer möge der Herr ihm vergeben und fortan der Zorn des Herrn und der Eifer Gottes über diesen Menschen kommen und ihn mit allen Flüchen beladen, geschrieben in diesem Buch des Gesetzes.

Spoerl, Heinrich

dt. Schriftsteller

*8.2.1887 Düsseldorf

†25.8.1955 Rottach-Egern

📖 *Die Feuerzangenbowle*, 1933

Mit Romanen wie *Die Feuerzangenbowle* stieg Heinrich Spoerl zu einem der erfolgreichsten Schriftsteller der Unterhaltungsliteratur des »Dritten Reichs« und der westdeutschen Nachkriegsgesellschaft auf. Seine Werke erfreuen sich nach wie vor großer Beliebtheit.

Spoerl hatte zunächst in Marburg, Berlin, Bonn und München Jura studiert und war 1919–37 in seiner Heimatstadt als Rechtsanwalt tätig. Er lebte zunächst mehrere Jahre als freier Schriftsteller in Berlin und ließ sich schließlich am Tegernsee nieder.

Obwohl Spoerl, der sich neben der juristischen Laufbahn seiner schriftstellerischen Neigung widmete, keineswegs der alleinige Autor der *Feuerzangenbowle* war, machte ihn gerade dieser Roman bekannt. Es folgten weitere Werke wie *Der Maulkorb* (1936), *Wenn wir alle Engel wären* (1936) oder *Der Gasmann* (1940), von denen mehrere erfolgreich verfilmt wurden.

In seinen amüsanten Unterhaltungsromanen widmet sich Spoerl in leicht verständlicher Sprache dem Kleinstadtleben seiner Zeit und

Heinz Rühmann als Hans Pfeiffer in der Verfilmung des Romans *Die Feuerzangenbowle* von Heinrich Spoerl (D 1944; Regie: Helmut Weiss)

Heinrich Spoerl über seinen Roman *Die Feuerzangenbowle*:

Dieser Roman ist ein Loblied auf die Schule, aber es ist möglich, dass die Schule es nicht merkt.

den Marotten des Spießbürgers. Es geht ihm hierbei keineswegs um eine konkrete Zeitkritik, sondern um eine heitere Betrachtung menschlicher Schwächen.

Die Feuerzangenbowle

OA 1933 **Form** Roman **Epoche** Weimarer Republik

Der Roman um das Pennälerleben in einer Kleinstadt ist eines der meistgelesenen Werke der deutschsprachigen Unterhaltungsliteratur.

Inhalt: Bei einer Feuerzangenbowle erinnern sich einige ältere, studierte Herren ihrer Gymnasialzeit und der Streiche, die sie einst aushecken. Der ebenfalls anwesende 24-jährige Schriftsteller Dr. Johannes Pfeiffer (»Pfeiffer mit drei f«) hört interessiert zu, kann aber selbst nicht mitreden, denn als Privatschüler hat er nie das Gymnasium besucht. Im Laufe der Unterhaltung kommt die Idee auf, der noch sehr jung aussehende Pfeiffer solle das Versäumte nachholen und noch einmal die Schulbank drücken. Ohne seine Braut Marion von seinem Vorhaben zu unterrichten, reist er in die Kleinstadt Babenberg, um dort unerkannt das Leben eines

Oberprimaners führen zu können. Er nimmt Quartier bei der Pensionswirtin Frau Winscheid und meldet sich beim örtlichen Gymnasium an. Entbunden von den Mühen des Lernens, kann er sich ganz auf das Ersinnen immer neuer harmloser Streiche konzentrieren – sei es, dass er in der Rolle des Chemielehrers Professor Crey den angereisten Oberschulrat täuscht oder seine Mitschüler anstiftet, sich nach dem Genuss des zu Versuchszwecken von Professor Crey mitgebrachten Heidelbeerweins als Betrunkene aufzuspielen. So wird er zum beliebten Mitschüler, bringt seine Lehrer jedoch zunehmend zur Verzweiflung. Kaum einer seiner harmlosen Streiche bleibt unentdeckt, es hagelt Klassenbucheinträge und Arrest für den promovierten Schriftsteller. Als Marion auftaucht und sieht, welches Spiel ihr Verlobter treibt, gibt sie ihm den Laufpass. Nach einer vergnüglichen Zeit in Babenberg droht Pfeiffer schließlich aufgrund seines lausbübischen Treibens der Rausschmiss; er sieht sich gezwungen, die Beteiligten über seine wahre Identität aufzuklären. Zuletzt gelingt es ihm noch, die Tochter des Schuldirektors Knauer, mit der er bereits seit einiger Zeit angebändelt hatte, als Braut zu gewinnen – die heitere Handlung findet einen glücklichen Ausgang.

Wirkung: Origineller Witz, lebendige Dialoge und prägnant karikierte Figuren machen diese »Lausbüberei in der Kleinstadt« zu einem Meisterstück der Unterhaltungsliteratur, das sich noch heute großer Beliebtheit erfreut. Auch der Verfilmung durch Helmut Weiß aus dem Jahr 1944 mit Heinz Rühmann in der Rolle des späten Pennälers Pfeiffer war ein überragender Erfolg beschieden.

Bis 1959 galt *Die Feuerzangenbowle* als alleiniges Werk des Schriftstellers Spoerl. Die 2002 erschienene Autobiografie *Mein blaues Wunder* des satirischen Erzählers, Dramatikers und Feuilletonisten Hans Reimann eröffnete jedoch, dass eben dieser einen wesentlichen Teil des Romans verfasst hatte. *S. D.*

Die bekanntesten Bücher von Heinrich Spoerl	
Die Feuerzangenbowle, 1933	Der Schriftsteller Johannes Pfeiffer beschließt, die verpasste Gymnasialzeit mit all ihren Streichen nachzuholen. → S. 1020
Der Maulkorb 1936	Ein betrunkener Staatsanwalt setzt eines Nachts unerkannt dem Denkmal des Landesherrn einen Maulkorb auf und wird ironischerweise beauftragt, den Übeltäter zu fassen.
Wenn wir alle Engel wären, 1936	Während eines getrennt verlebten Tages geraten ein Kanzleivorsteher und seine Frau vermeintlich auf Abwege.
Der Gasmann, 1940	Ein Gasmann stürzt sich in das Berliner Nachtleben und gerät während des Streifzuges in peinliche und komische Situationen.
Der eiserne Besen 1949	Der Roman ist eine Nachkriegssatire um den Kampf eines rheinischen Gendarmeriewachtmeisters gegen die sittliche Verrrohung. Spoerl schrieb ihn gemeinsam mit seinem Sohn Alexander.

Spyri, Johanna

deutschsprachige Schweizer Schriftstellerin

*12.6.1827 Hitzel, (Zürich), †3.7.1901, ebd.

📖 *Heidi*, 1880, 1881

Mit ihrem Roman *Heidi* wurde Johanna Spyri zur bekanntesten Schweizer Autorin überhaupt und prägte ein idyllisierendes Bild des Landes, hinter dem ihre im Buch ebenfalls vertretene Sozialkritik weitgehend zurücktritt.

Johanna Heusser, Tochter der seinerzeit vielgelesenen pietistischen Erbauungsschriftstellerin Meta Heuser-Schweizer und des Arztes Jakob Heusser, wurde nach dem Besuch der Dorfschule nach Zürich geschickt, um in Musik und modernen Sprachen unterrichtet zu werden. Durch ihre Mitschülerin Betsy Meyer kam Heusser in Kontakt zu Betsys Bruder Conrad Ferdinand → Meyer und Gottfried → Keller.

1852 heiratete Heusser Johann Bernhard Spyri, den Redakteur der *Eidgenössischen Zeitung*. Eheprobleme, eine traumatische Schwangerschaft und ihr Hass auf das Hausfrauendasein stürzten sie in tiefe Depressionen. Ihre in den folgenden Jahren erschienenen Jugendbücher spiegeln eine fatalistische Haltung von Spyri wider: die Menschen sollen sich in ihr Schicksal fügen und Gottes Walten klaglos hinnehmen (u.a. *Ein Blatt auf Vronys Grab*, 1871).

Den Bestrebungen der Frauenbewegung ihrer Zeit stand Johanna Spyri ablehnend gegenüber. Sie vertrat das Prinzip der »sozialen Mutterschaft«, durch welche die Frau ein Gegengewicht zu der von Industrialisierung und Urbanisierung geprägten Lebensweise bilden sollte. Spyri schrieb über 50 kürzere und längere Erzählungen; die *Heidi*-Bände markieren ihren literarischen Höhepunkt.

Biografie: J. Villain, *Johanna Spyri und ihre Zeit*, 1997.

Heidi

OT Heidis Lehr- und Wanderjahre (Bd.1), Heidi kann brauchen, was es gelernt hat (Bd.2)
OA 1880, 1881, als Sammeltitel 1882
Form Kinderroman **Epoche** Moderne

Mit »Heidi« – und in geringerem Ausmaß auch anderen Romanpersonen – schuf Johanna Spyri nicht nur von Kindern geliebte Figuren, die weltweit zum Inbegriff für vermeintlich reine, unverfälschte Schweizer Lebensart und ein naturnahes Leben wurden.

Inhalt: Die *Heidi*-Bücher erzählen die Geschichte des kleinen Mädchens Heidi, die bei ihrem Großvater (Alp-Öhi) auf einer abgelegenen Hütte ihre ersten Lebensjahre verbringt. Dieser, ein kauziger, alter Mann, kann sich nur schweren Herzens damit abfinden, dass ihr Vormund (Tante Dete) sie holt und mit nach Frankfurt nimmt, wo sie in einem reichen Haus in Diensten steht. Dort lebt Heidi im Haus des Witwers Sesemann als Spielkameradin für dessen gelähmte Tochter Klara. Heidi erkrankt jedoch vor Heimweh und muss auf Anraten des Arztes zu ihrem Großvater zurückgeschickt werden.

Im zweiten Band stattet Klara mit ihrer Großmutter Heidi einen Besuch ab. Die kräftige Bergluft und die liebevolle Pflege des Großvaters vollbringen das Wunder, das den Ärzten in Frankfurt nicht gelungen ist: Klara kommt zu Kräften und kann schließlich gehen.

Johanna Spyri, *Heidi;* links: Einband von Band 1 der Ausgabe 1891; rechts: Einband der Ausgabe 1941

Wirkung: *Heidi* wurde innerhalb weniger Jahre zu einem Welterfolg; die Bücher sind in über 50 Sprachen übersetzt und mehrmals verfilmt worden. Noch heute erscheinen zahlreiche Neuauflagen und seit Ablauf der Urheberrechte immer neue Heidi-Geschichten, die mit der Vorlage von Spyri kaum mehr als Namen und Schauplatz gemein haben.

Zeitgenossen der Autorin lobten das Buch als »herzerquickende Lektüre voll tiefen Ernstes und frischen Humors«, andere kritisierten die Abkehr von den Problemen der Gegenwart – nicht ganz zu Recht, denn Spyri beschreibt die elenden Bedingungen der ländlichen Unterschicht, die, wie die Figur Dete, allein in der Abwanderung in die Stadt eine Möglichkeit sieht, dort aber den Launen ihrer neuen Arbeitgeber weiterhin wehrlos ausgesetzt ist. Auswege, außer durch private Wohltätigkeit, zeigt sie jedoch nicht auf. *G.H.*

Staël, Anne Louise Germaine de

frz. Schriftstellerin
*22.4.1766 Paris, † 14.7.1817 ebd.
📖 *Über Deutschland*, 1813

Anne Louise Germaine de Staël war eine der bedeutendsten Personen des französischen Geisteslebens im Übergang von der Aufklärung zur Romantik. Auf ihrem Familiensitz am Genfer See versammelte sie einige der wichtigsten Vertreter der politischen und intellektuellen Welt.

Madame de Staël war das einzige Kind des Bankiers und späteren französischen Finanzministers Jacques Necker und seiner Frau Suzanne Curchod. Von Kindesbeinen an traf sie im Salon

Madame de Staël in einem Brief an Joseph Bonaparte Anfang Dezember 1803:

Was mich betrifft, so würde ich, wenn ich nicht von literarischem Gesichtspunkt aus betrachtet würde, was mir manche Ehrung einbringt, noch mehr fühlen, wie schlecht es einem außerhalb Frankreichs ergeht, wenn man die Grundsätze der Revolution geliebt hat. Man muss Aristokrat von 1789 reinster Sorte sein, wenn man sich mit dem festländischen Adel verstehen will...

ihrer Mutter mit Geistesgrößen der Zeit zusammen, darunter Denis → Diderot, Jean Le Rond d'Alembert (1717–83) und Georges Louis Leclerc Buffon (1707–88).

1786 heiratete sie den schwedischen Gesandten in Paris, Baron Eril Magnus von Staël-Holstein (1749–1802). Die Ehe hatte nur wenige Jahre Bestand. 1794 lernte sie Benjamin Constant (1767–1830) kennen, mit dem sie bis 1808 eine problematische Liebe verband.

Ab 1789 führte Madame de Staël ein unstetes Leben zwischen ihrem Pariser Salon und dem Familiensitz Coppet am Genfer See. Sie bereiste weite Teil Europas, darunter 1803/04 und 1807/08 auch Deutschland. Wegen ihrer liberalen Haltung wurde sie 1803 von Napoleon I. (1769–1821) erstmals aus Paris verbannt. In ihrem Salon im Schweizer Exil scharte sie bedeutende Persönlichkeiten Europas um sich. Von 1804 an war sie mit August Wilhelm Schlegel (1767–1845) befreundet, der ihr als literarischer Berater und Erzieher ihrer Kinder zur Seite stand Nach Napoleons Sturz kehrte sie 1814 nach Paris zurück.

1811 heiratete Madame de Staël heimlich den jungen Offizier Jean de Rocca. Von einem Gehirnschlag im Februar 1817 erholte sie sich nicht mehr und starb noch im Juli desselben Jahres in Paris.

Biografie: C. Pulver, *Madame de Staël*, 1980.

Über Deutschland

OT De l'Allemagne **OA** 1813 (3 Bde.) **DE** 1814 (3 Bde.)
Form Literaturtheoretisches Werk
Bereich Literatur und Philosophie

Wie Publius Cornelius → Tacitus in seiner *Germania* (entst. 98), entfaltet auch Anne Louise Germaine de Staël in ihrem Buch *Über Deutschland* einen Gegenentwurf zu ihrem Heimatland. Die Schilderung deutscher Verhältnisse dient ihr letztlich zur Kritik am Regime von Napoleon I. (1769–1821).

Entstehung: Nach ihrer Ausweisung aus Paris durch Napoleon I. unternahm Madame de Staël in den Jahren 1803/04 und 1807/08 zwei ausgedehnte Reisen durch Deutschland. Ihre Bekanntschaft mit August Wilhelm Schlegel (1767–1845) öffnete ihr die Türen zu den bedeutendsten literarischen Zirkeln der Goethezeit. Sie traf u.a. → Goethe, → Schiller und Christoph Martin → Wieland in Weimar sowie Johann Gottlieb Fichte (1762–1814) und Rahel Varnhagen von Ense (1771–1833) in Berlin. Ihre Eindrücke und scharfsinnigen Beobachtungen fasste sie in *Über Deutschland* zusammen. Ein erster Druck von 1810 wurde von der französischen Zensur beschlagnahmt und auf Geheiß von Napoleon I. vernichtet. Erst drei

Jahre später konne das Werk bei Murray in London erscheinen.

Inhalt: Madame de Staël beschreibt im ersten Teil, überschrieben mit *Deutschland und die Sitten der Deutschen*, regionale Besonderheiten, Landschaften, Kulturzentren, Menschen und deren Nationalcharakter. Sie zeichnet das Bild eines idyllischen, sentimentalen, tugendhaften Deutschland und seiner redlichen, häuslich veranlagten, ernsthaften, fleißigen Bewohner, die sich durch methodischen Sinn, Gründlichkeit und Musikalität auszeichnen. Sie unterteilt Deutschland geografisch in einen naturverbundenen, traditionalistischen, am politischen Leben wenig interessierten katholischen Süden und einen protestantischen, preußischen Norden, der für sie das intellektuelle und kulturelle Deutschland verkörpert, das »Vaterland des Denkens« (eine Formel, aus der sich die Klischeevorstellung vom Land der Dichter und Denker entwickelte). Ihr Vorzug gilt klar dem Norden, wo sie jene Menschen traf, die in ihren Augen Geist und Genie besitzen.

Im zweiten Teil, *Literatur und Kunst,* widmet Madame de Staël sich ausführlich der deutschen Literatur der Goethezeit. Die deutsche Dichtung der Romantik ist für sie von starkem Individualismus, Regelfreiheit, Fantasie und Einbildungskraft bestimmt. Sie folgt der Vorstellung von einer südlichen, die Antike nachahmenden klassischen Kultur und Wesensart auf der einen Seite und einer nordischen, dem Geist des Mittelalters verpflichteten romantischen auf der anderen. Frankreich und Deutschland stehen an den beiden äußersten Enden dieser gegensätzlichen Pole.

In den beiden letzten Teilen *Die Philosophie und die Moral* sowie *Die Religion und der Enthusiasmus* stehen Philosophie und Religion im Mittelpunkt. Die Religiosität der Deutschen sieht Madame de Staël eng verbunden mit deren Begeisterungsfähigkeit. Im Gegensatz zur rationalistischen Aufklärungsphilosophie Frankreichs erscheint ihr die deutsche Philosophie an inneren Werten orientiert, verliebt in die reine Idee, und nicht primär auf praktischen Nutzen ausgerichtet. Diese Praxisferne des politischen Denkens in Deutschland kritisiert sie allerdings auch. Sie bemängelt Steifheit und Trägheit der Deutschen, ihre Unterwürfigkeit und ihr Obrigkeitsdenken.

Wirkung: Das Werk zählt zu den international bekanntesten Büchern über Deutschland und beeinflusste lange Zeit französische Deutschlandvorstellungen. Es trug entscheidend dazu bei, die deutsche Romantik und Literatur ins französische Bewusstsein zu bringen. So weit verbreitet das zuweilen heftig kritisierte Buch im 19. Jahrhundert war, im 20. wurde es kaum mehr gelesen.   *C. Sa.*

Stamm, Peter

deutschsprachiger Schweizer Schriftsteller

* 18.1.1963 Scherzingen am Bodensee

📖 *Ungefähre Landschaft*, 2001

Die literarischen Arbeiten von Peter Stamm zeichnen sich durch eine stille, lakonische Sprachkunst aus. Seiner ebenso schlichten wie eindringlichen Prosa gelingt es, den Geschichten um den Zustand und die Bedingungen menschlicher Existenz eine erstaunliche atmosphärische Dichte zu verleihen.

Nachdem er die Schule vorzeitig verlassen hatte, absolvierte Stamm zunächst eine kaufmännische Lehre und arbeitete in Paris als Buchhalter. In die Schweiz zurückgekehrt, holte er 1984–87 die Matura nach und schrieb sich an der Universität Zürich als Hörer mehrerer Fächer ein. Er verfasste Hörspiele, arbeitete als Werbetexter und Journalist u.a. für die *Neue Zürcher Zeitung* und schrieb 1993–98 ca. 300 Texte für die satirische Zeitschrift *Nebelspalter*. 1998 veröffentlichte Stamm seinen ersten raffiniert konstruierten Roman *Agnes* über eine komplizierte Liebesgeschichte, für den er, ebenso wie für den 1999 veröffentlichten Kurzgeschichtenband *Blitzeis*, von der Kritik großes Lob erfuhr. Seit 1999 ist Stamm Mitglied im schweizerischen Schriftstellerverband und seit 2000 im PEN-Zentrum der Schweiz. Der Autor lebt in Zürich und Winterthur.

Ungefähre Landschaft

OA 2001 **Form** Roman **Epoche** Gegenwart

In seinem Roman *Ungefähre Landschaft* erzählt Peter Stamm auf stille, doch eindrucksvolle Weise von der Einsamkeit des Menschen, einer Einsamkeit, die unvermeidlich, aber zu ertragen ist. Eine junge Frau sucht ihr Lebensglück und findet schließlich einen Abglanz desselben, indem sie einfach aufhört zu suchen.

Inhalt: Kathrine, 28 Jahre alt, lebt in einem norwegischen Dorf nördlich des Polarkreises. Hier ist sie aufgewachsen, hat im Alter von 20 Jahren ein Kind von Helge bekommen und sich wieder von ihm getrennt. Die Zöllnerin an der norwegisch-russischen Grenze kontrolliert tagsüber die einlaufenden Trawler, isst zu Mittag im Fischerheim und trinkt abends ab und an im Elvekroa, der einzigen Bar im Dorf, ein Bier. Die langen Zeiten der Dunkelheit, der Schnee und die Schweigsamkeit der Menschen bestimmen ihr Leben. Die Seelenlandschaft Kathrines entspricht der kargen Landschaft ohne Konturen und Fluchtpunkte. Nur manchmal, wenn im April endlich die Sonne ihr Licht über die weite Schneelandschaft wirft, bricht sie aus dem grau-

en Einerlei der Tage aus, schnallt ihre Langlaufskier unter und fährt zum Leuchtturm. Mit 28 heiratet Kathrine zum zweiten Mal: Thomas, Produktionsleiter in der Fischfabrik, promoviert, sportlich, weitgereist, reiche Eltern. Eine »gute Partie«, ein Mann, der sie mit pedantischem Einsatz gefügig zu machen sucht und von nun an einen Strich durch die ungefähre Landschaft ihres Lebens zieht.

Eines Tages, als ihr Mann sich wieder einmal zu seinem vermeintlichen Lauftraining aufmacht, folgt sie ihm und sieht ihn schon nach wenigen Minuten eine Hütte betreten. Dort sitzt er die Zeit ab und wartet in offensichtlich elendem Gemütszustand darauf, endlich wieder nach Hause laufen zu können. Diese Situation wird für Kathrine zum Sinnbild ihres Lebens, einem Zusammenspiel von Betrug und Selbstbetrug. Doch es bedarf eines zusätzlichen Anstoßes, damit sie endlich die Initiative ergreift: Die Familie ihres Mannes hat von einem Seitensprung Kathrines mit einem Jugendfreund erfahren und ihn im Dorf publik gemacht.

Nun wagt Kathrine tatsächlich die Flucht und besteigt eines Morgens ein Schiff gen Süden. Auf den Spuren einer früheren Zufallsbekanntschaft reist sie nach Dänemark und erfährt dort, dass der Gesuchte mittlerweile in Frankreich arbeitet. Kathrine folgt seinem Weg und gelangt so bis nach Paris und Boulogne. Als sie ihn schließlich findet, gelangt sie zu der Einsicht, dass die Suche nicht lohnt, dass sie bei allem Unbekannten, was sie gesehen hat, nichts Neues zu erfahren war. Kathrine kehrt zurück in ihr Dorf, widersetzt sich jedoch erfolgreich den Schlichtungsbestrebungen der Familie ihres Mannes und heiratet ihren Jugendfreund.

Wirkung: Schon seit seinem Debüt, dem Roman *Agnes* von 1998, von der Kritik aufmerksam begleitet, gelang Stamm mit dem Roman *Ungefähre Landschaft* ein großer literarischer Erfolg: in den Feuilletons hoch gelobt, fand die bescheidene wie bewegende Geschichte eines Schicksals vom Rand Europas zu Recht eine große Leserschaft. *R. F.*

Peter Stamm, *Ungefähre Landschaft*, Umschlag der Originalausgabe 2001

Auszug aus dem Roman *Ungefähre Landschaft* von Peter Stamm:

Die Sonne war schon vor Wochen verschwunden, und es wurde gar nicht mehr hell. Die Nacht lag auf der Landschaft. Das Dorf war eingeschlossen in der Dunkelheit. Das Licht der Straßenlaternen war wie ein Raum, den niemand verließ.

Stanley, Henry Morton

(eigtl. John Rowlands)

engl. Journalist und Afrikareisender

* 28.1.1841 Denbigh (Wales), † 10.5.1904 London

📖 *Wie ich Livingstone fand*, 1872

Der in amerikanischem, britischem und belgischem Auftrag mit verwegenem Mut und sensationellem Erfolg fast 30 Jahre lang Zentral-

Henry Morton Stanleys erstaunter Ausruf bei der Auffindung David Livingstones am 10. November 1871 machte in der Weltpresse Schlagzeilen und ist bis heute unvergessen:

»Doktor Livingstone, vermute ich.«

Henry Morton Stanley 1871 vor seiner Suche nach dem verschollenen David Livingstone

Bücher über die Erforschung Afrikas im 19. Jahrhundert	
Mungo Park 1799–1815	*Reisen ins innerste Afrika* : Nach der Erkundung des Niger-Verlaufs 1795–97 ertrank der 34-jährige schottische Arzt auf seiner zweiten Expedition in dem Fluss.
Johann Ludwig Burckhardt, 1819	*Entdeckungen in Nubien*: Als Araber verkleidet, gelangte der Schweizer Forscher nach Mekka. In Nubien entdeckte er zahlreiche Ruinenstätten aus der Pharaonenzeit und starb kurz darauf in Kairo.
Johann Ludwig Krapf, 1858	*Reisen in Ostafrika*: Der schwäbische Missionar erkundete 1837–55 Ostafrika von Äthiopien bis Tanganjika, speziell das Gebiet um den Kilimandscharo und den Mount Kenia.
Heinrich Barth 1856–58	*Reisen und Entdeckungen in Nord- und Zentral-Afrika:* Der Geograf durchquerte 1849–55 als erster Weißer Zentralafrika.
John Hanning Speke, 1863	*Die Entdeckung der Nilquellen:* Der britische Offizier entdeckte 1858–62 den Tanganjika- und Victoriasee sowie die Nilquellen.
Gerhard Rohlfs 1874/75	*Quer durch Afrika*: Als erster Europäer erkundete Rohlfs 1865–67 Nordafrika von Tripolis bis zum Golf von Guinea.
Gustav Nachtigal 1879	*Sahara und Sudan*: Im Auftrag des preußischen Königs und späteren deutschen Kaisers Wilhelm I. durchquerte der Arzt des Bey von Tunis 1869–75 die Sahara bis Nigeria und durch den Tschad bis in den Sudan.
Georg August Schweinfurth, 1874	*Im Herzen von Afrika*: Der Rigaer Biologe erforschte 1864–71 nicht nur die Flora Ostafrikas, sondern auch als erster die Zwergvölker (insbesondere die Pygmäen) und Kannibalen im Süden des Sudan.
Henry Morton Stanley 1872	*Wie ich Livingstone fand*: Diese Reportage über die Suche des Journalisten Stanley nach dem Afrikaforscher David Livingstone steht am Beginn des so genannten Reisejournalismus. → S. 1024

afrika bereisende Henry Morton Stanley wurde in England zum Volksheld und galt schon im kolonialistischen Europa des 19. Jahrhunderts als besonders rücksichtslos im Umgang mit den Eingeborenen. Dabei war er, wie er gern hervorhob, selbst »ein Mann aus dem untersten Volk«.

Der unehelich geborene Junge war mit sechs Jahren ins Armenhaus eingewiesen worden und mit 15 Jahren von dort entflohen. 1859 gelangte er als Schiffsjunge in die USA, wo ein amerikanischer Kaufmann namens Stanley ihn adoptierte. 1868 erhielt Henry Morton Stanley eine Anstellung als Reisereporter beim *New York Herald*. Dessen Verleger Gordon Bennett erteilte ihm Ende 1869 den Auftrag, den seit zwei Jahren in Afrika verschollenen britischen Forscher David Livingstone (1813–73) zu finden.

Nach erfolgreichem Abschluss der Suchaktion finanzierten der Zeitungskönig Bennett und der Londoner *Daily Telegraph* Stanley eine Expedition zur Erforschung des Victoriasee-Gebiets und des Kongo-Flussverlaufs. Dieser Aufgabe widmete er die nächsten 15 Jahre, ab 1879 auf Rechnung des belgischen Königs Leopold II. (1835–1909).

1888 machte sich der Gründer von Léopoldville, der künftigen Hauptstadt von Belgisch-Kongo (heute Kinshasa), nochmals als Lebensretter verdient: Er kam dem deutschen Forscher Eduard Schnitzer alias Emin Pascha (1840–92) zu Hilfe, der durch den Mahdi-Aufstand in Bedrängnis geraten war.

Am Ende seines Lebens war Sir Henry Morton Stanley Parlamentsabgeordneter seiner walisischen Heimat. Er starb an den Spätfolgen einer Tropenkrankheit.

Biografie: P. W. Lange, *Henry Morton Stanley*, 1990.

Wie ich Livingstone fand

OT How I Found Livingstone **OA** 1872 **DE** 1879
Form Reportage **Bereich** Reisejournalismus

Mit seiner Reportage von der spektakulären Suche nach dem britischen Afrikaforscher David Livingstone (1813–1873), von dem es seit zwei Jahren kein Lebenszeichen mehr gab, wurde der 30-jährige Henry Morton Stanley zum ersten Verfasser eines journalistisch effektvoll aufbereiteten Expeditionsberichts für das Publikum des beginnenden Zeitalters der Moderne – und der Massenpresse.

Entstehung: Stanleys Auftraggeber, der *New York Herald*-Verleger Gordon Bennett, schickte seinen Mitarbeiter 1869 nicht auf dem kürzesten Weg nach Ostafrika, von wo sich Livingstone zuletzt gemeldet hatte, sondern Stanley sollte zuvor noch der Einweihungsfeier des Suezkanals beiwohnen, in Ägypten nach attraktiven Touristenzielen Ausschau halten, dann Jerusalem besuchen, aus Konstantinopel vom Hof des Sultans berichten, die Pläne der Russen am Kaspischen Meer auskundschaften und vom Bau der Eisenbahn durch das Euphrat-Tal berichten. Erst 1871 traf Stanley in Sansibar ein, dem eigentlichen Ausgangspunkt der Suche nach Livingstone.

Inhalt: Mit einem Startbudget von 1000 Pfund Sterling und einer gut ausgerüsteten Truppe beginnt der Marsch von 200 Eingeborenen und vier Weißen landeinwärts durch den Urwald Tanganjikas. Der »Bana Mkuba« (großer Herr) genannte Stanley ist ein besonnener Anführer mit Respekt einflößendem Charisma, doch noch unerfahren hinsichtlich der vielfältigen Herausforderungen des »dunklen Kontinents«, wie Afrika nach dem Titel von Stanleys zweitem Hauptwerk (1878) oft genannt wird. Das Klima, das Gelände, die biologische Umwelt verursachen die unterschiedlichsten, kaum behandelbaren Krankheiten; die Stammesfürsten, deren Gebiet die Karawane passiert, erpressen hohe Tribute, töten Träger und einige der wichtigsten Angehörigen des Expeditionsstabs. Proviantdiebstahl, blutige Streitereien, die Verwicklung in Stammesfehden, Desertion, Sabotage und Panikattacken demoralisieren die Mannschaft. Stanley denkt an den Abbruch des Unternehmens, aber er gibt sein Ziel nicht auf und stößt nach zehn Monaten, am Ende eines 1200 km langen dramatischen Fußmarsches, in dem Dorf Udjidji auf den von Erschöpfung gezeichneten 58-jährigen Livingstone. Die beiden der Erforschung Afrikas Verfallenen beschließen, gemeinsam die noch unbekannten Uferpartien des Tanganjikasees zu erkunden und brechen zu neuen Abenteuern auf.

Wirkung: Stanleys erste Leistung als Afrika-Pionier, die Zeitungsreportagen, die er darüber schrieb und das heute noch fesselnde Buch *Wie ich Livingstone fand*, begründeten seinen Ruhm, der allerdings Schaden nahm, weil er sich im Dienst europäischer Kolonialmächte als typischer weißer Herrenmensch aufführte und nach der Devise handelte: »Der Wilde respektiert nur Macht und Gewalt.« *G. Woe.*

Stein, Gertrude

US-amerikan. Schriftstellerin
* 3.2.1874 Allegheny (Pennsylvania)
† 27.7.1946 Paris
📖 *Autobiografie von Alice B. Toklas*, 1933

Gertrude Stein, deren Werk heute außerhalb des literaturwissenschaftlichen Betriebes nur wenigen vertraut ist, war eine der schillerndsten Persönlichkeiten der Pariser Avantgarde in der ersten Hälfte des 20. Jahrhunderts. Sie ist heute in erster Linie wegen ihrer Verdienste als Kunst-Mäzenin bekannt.

1874 als fünftes Kind einer wohlhabenden deutsch-jüdischen Familie in Pennsylvania geboren, wuchs Stein in Paris und Wien auf. 1892 bis 1903 studierte sie Philosophie, Psychologie und Medizin in Baltimore und an der Harvard-Universität. Nach Abbruch des Studiums ließ sie sich zusammen mit ihrem Bruder Leo in Paris nieder. Ihr Interesse für zeitgenössische Kunst, die das Geschwisterpaar mit einem außerordentlichen Gespür für Qualität zu sammeln begann, ließ ihre gemeinsame Wohnung in der Rue de Fleurus bald zu einem Treffpunkt junger Maler, Schriftsteller und Intellektueller werden. 1905 lernte Stein Pablo Picasso (1881–1973) kennen, mit dem sie eine lebenslange Freundschaft verband. Zwei Jahre darauf begegnete sie Alice B. Toklas, die über beinahe vier Jahrzehnte ihre Lebensgefährtin werden sollte.

Gertrude Stein mit Sergeant Robert Ashley am 30. Oktober 1935 vor Filmaufnahmen in ihrem Pariser Apartment

Gertrude Steins Pariser Salon

Die Kunstsammlung: 1903 ließ sich Gertrude →Stein mit ihrem älteren Bruder Leo, der später als Kunstkritiker zu Ansehen kommen sollte, in der Pariser Rue de Fleurus 27 nieder. Beide Geschwister verfügten über ein reges Interesse an moderner Kunst und über die finanziellen Möglichkeiten, Kunstwerke zu kaufen. Binnen kurzer Zeit legten sie mit dem Erwerb vieler Gemälde, insbesondere von Paul Cézanne, Auguste Renoir, Henri Matisse, Paul Gauguin und Pablo Picasso, den Grundstein für eine der bedeutendsten modernen Sammlungen in Europa.

Der Samstagabend-Salon: Da ihr Haus sich allmählich zu einem Sammelpunkt junger Maler, Schriftsteller und Intellektu-eller entwickelte, richteten die Geschwister den Samstag als Jour fixe für eine große, abendliche Gästerunde ein.

Nach dem Bruch mit Leo 1913 setzte Gertrude, unterstützt von ihrer Lebensgefährtin Alice B. Toklas, die Tradition der Samstagabend-Treffen fort. Die legendäre »Armory-Show«, die 1913 erstmals moderne europäische Künstler in den USA präsentierte, sollte den Kreis der Salon-Gäste noch einmal erweitern. Zu ihnen gehörten u.a. Picasso, Georges Braque, Henri Matisse, Francis Picabia, Juan Gris, Henri Rousseau, Robert Delaunay und Tristan Tzara sowie die Schriftsteller Sherwood →Anderson und Ernest →Hemingway. Der Salon blieb bis zum Ende der 1930er Jahre bestehen.

Gertrude Stein, *Autobiografie von Alice B. Toklas*, Einband der Taschenbuchausgabe 1990

Auszug aus der *Autobiografie von Alice B. Toklas* von Gertrude Stein:

Gertrude Stein und Picasso stritten sich. Keiner von beiden vermochten je ganz genau zu sagen, weshalb eigentlich. Jedenfalls sahen sie sich ein ganzes Jahr lang nicht und dann trafen sie sich zufällig auf einer Gesellschaft bei Adrienne Monnier. Picasso sagte guten Tag und ein paar Worte, etwa, ob sie ihn nicht besuchen wolle. Nein, ich will nicht, erwiderte sie düster.

Auszug aus dem Roman *Früchte des Zorns* von John Steinbeck:

Ein Lichtschein lag über dem Camp und das leise Summen vieler Stimmen. Dann und wann drang eine lautere Stimme hindurch. Der Geruch von Rauch erfüllte die Luft. Jemand spielte leise Harmonika, ein und dieselbe Melodie immer wieder.

Die sprachlichen Experimente von Gertrude Stein hatten u.a. nachhaltigen Einfluss auf die Werke von Sherwood → Anderson und ihres Freundes Ernest → Hemingway.

Biografie: S. Sabin, *Gertrude Stein* (rm 50 530).

Autobiografie von Alice B. Toklas

OT *The Autobiography of Alice B. Toklas* **OA** 1933 **DE** 1955 **Form** Autobiografie **Epoche** Moderne

Die 1933 erschienene *Autobiografie von Alice B. Toklas* gilt als das erfolgreichste literarische Werk von Gertrude Stein. Die Popularität des Buchs, das in einem vergleichsweise konventionellen Erzählstil geschrieben ist und damit eine Sonderstellung im Gesamtwerk der Autorin einnimmt, lässt sich vornehmlich auf seinen unterhaltsamen Kolportagecharakter zurückführen. Stein verknüpfte darin ihre Memoiren mit Anekdoten aus den ihr wohlvertrauten Künstlerkreisen im Paris der Jahre 1903-32.

Inhalt: Das Buch beginnt mit den Kindheits- und Jugenderinnerungen der vermeintlichen Autobiografin Alice B. Toklas (1877-1967) bis zu ihrer ersten Begegnung mit Stein im Jahr 1907. Dass diese frühen Erinnerungen kaum zwei Seiten füllen, das eigentliche Leben der Toklas also erst mit ihrer Beziehung zu Gertrude Stein beginnt, entspricht der im Buch immer wieder zum Ausdruck gebrachten, tiefen Bewunderung für die Freundin. – Wohlgemerkt ist es eigentlich Stein selbst, die hier berichtet und die Perspektive ihrer langjährigen Sekretärin und Lebensgefährtin Alice einnimmt, um ihr eigenes Leben zu schildern.

An das Einleitungskapitel schließen sich sechs umfangreichere Kapitel an, die die Erzählerin Toklas (resp. Stein) wie folgt überschreibt: *Meine Ankunft in Paris – Gertrude Stein in Paris, 1903 bis 1907 – Gertrude Stein, ehe sie nach Paris kam – Die Jahre 1907 bis 1914 – Der Krieg – Nach dem Krieg*.

Im Zentrum des Romans, der mit dem Lebensweg von Stein zugleich eine Erfolgsgeschichte erzählt, stehen ihre unzähligen Begegnungen, Bekanntschaften und Freundschaften mit einigen der berühmtesten Künstler und Schriftsteller ihrer Zeit. Pablo Picasso und seine Gefährtin Fernande, Henri Matisse und seine Frau, Guillaume Apollinaire, Robert Delaunay, Juan Gris, Henri Rousseau, Tristan Tzara, Eric Satie, Djuna Barnes, Man Ray, Max Jacob, Ernest → Hemingway, Sherwood → Anderson und viele andere suchten in der Rue de Fleurus, wo Stein regelmäßig ihren Samstagabend-Salon (Stichwort → S. 1025) veranstaltete, erfolgreich nach Unterhaltung und intellektueller Stimulation. Persönliche Reibereien wie etwa die zwischen Stein und Ezra → Pound oder zwischen Picasso und George Braque werden – gleichsam als Belege eines nicht immer harmonischen Miteinanders – eingestreut und dienen nicht selten dazu, die Hauptperson Stein als einen eigenwilligen, aber genialischen Menschen erlebbar zu machen. Zum Teil illustrieren diese Konflikte jedoch auch das Aufeinandertreffen verschiedener künstlerischer Positionen, so wie andererseits die enge Beziehung zwischen Stein und Picasso auf einem ähnlichen Kunstverständnis beruht.

Der Part, der Alice B. Toklas in dieser illustren Gesellschaft zugewiesen wird, mutet gerade im Hinblick auf ihre Eigenschaft als Steins Lebensgefährtin mitunter befremdlich an: »Wie ich schon sagte, war Fernande die erste Frau eines Genies, neben der ich je gesessen hatte. Die Genies kamen und sprachen mit Gertrude Stein, und ihre Frauen saßen bei mir.«

Wirkung: Der Wert dieses Buchs als Dokument des Pariser Kunstlebens und als Erinnerungsbericht einer in ihrer Zeit viel beachteten Dichterin bleibt unumstritten. Der viel zitierten Aussage des Autors Ernst A. Ekker, Stein sei mit diesem Werk eine »hintersinnige Demontage der Gattung Autobiografie« gelungen, sei jedoch folgender Kritikpunkt hinzugefügt: Mit dem Kunstgriff, ihre Autobiografie in eine Biografie zu verwandeln, umgeht Stein die Schwierigkeiten einer kritischen Selbstreflexion und ersetzt sie durch die Möglichkeit, die eigene Person völlig unverhohlen als Genie zu zelebrieren. *B. S.*

Steinbeck, John

US-amerikan. Schriftsteller
*27.1.1902 Salinas (Kalifornien)
†20.12.1968 New York
📖 *Die Früchte des Zorns*, 1939
📖 *Jenseits von Eden*, 1952

John Steinbeck, bekannt geworden vor allem durch seine sozialkritischen Romane über die Depressionsjahre, gilt als einer der größten US-amerikanischen Schriftsteller des 20. Jahrhunderts. Die Authentizität seiner Romanfiguren und das Einfühlungsvermögen, mit dem er ihr Dasein am Rande der Gesellschaft schilderte, gehören zu den herausragenden Merkmalen des Autors, der sich zeitlebens für ein menschliches und gerechtes Miteinander engagierte.

Steinbeck wuchs in wohlsituierten Verhältnissen auf. 1920–25 studierte er an der Universität von Stanford Meeresbiologie, ohne jedoch einen Abschluss zu erlangen. Schon während des Studiums verdiente er seinen Lebensunterhalt mit zahlreichen Jobs, u.a. als Wanderarbeiter und Erntehelfer. Die Not der kalifornischen Landarbeiter und der aus Oklahoma und Arkansas vertriebenen Farmer rückte immer mehr in den Mittelpunkt seines Interesses. Mit dem Roman *Die Früchte des Zorns* gelang Steinbeck 1939 der Durchbruch als international anerkannter Schriftsteller. Im Zweiten Weltkrieg arbeitete er als Kriegsberichterstatter in Europa, das er später mehrfach ausgiebig bereiste. 1962 erhielt Steinbeck den Literatur-Nobelpreis.

Biografie: A. Pehnt, *John Steinbeck*, 1998.

Früchte des Zorns

OT The Grapes of Wrath **OA** 1939 **DE** 1940
Form Roman **Epoche** Moderne

Mit seinem 1937/38 entstandenen Roman *Früchte des Zorns* schuf John Steinbeck ein bewegendes Dokument der existenziellen Not, in der sich unzählige Farmerfamilien während der Depression in den 1930er Jahren befanden. Der Naturalismus der Darstellung, die Sozialkritik und die Stärke der Hauptcharaktere, die sich allen Widrigkeiten zum Trotz Würde und Menschlichkeit bewahren, begründeten den Weltruhm dieses Buchs. *Früchte des Zorns* gilt heute als ein Klassiker der modernen US-amerikanischen Literatur.
Entstehung: Nach dem Zusammenbruch der New Yorker Börse 1929 sah sich ein Großteil der US-amerikanischen Farmer infolge der Kündigung ihrer Kredite und sinkender Nachfrage nicht mehr im Stande, ihren Pachtzins zu bezahlen. Besonders hart betroffen waren die Farmer im Südwesten des Landes, wo die Erträge aufgrund der herrschenden Dürre, Stürme und Bodenerosionen ausblieben. Von den Grundbesitzern vertrieben, reihten sich immer mehr Familien in den Strom der Migranten Richtung Kalifornien ein. Dort angekommen, mussten die meisten von ihnen erkennen, dass ihre Hoffnung auf Arbeit vergebens war. Steinbeck selbst hatte, um authentisches Material zu sammeln, 1936 einen Treck begleitet und dabei die Zustände in den Auffanglagern kennen gelernt.
Inhalt: Der Roman erzählt das Schicksal der Familie Joad, die ihren Hof in Oklahoma aufgeben muss und sich in einem schrottreifen Lastwagen auf den Weg nach Kalifornien begibt. Mit den Eltern und den Kleinkindern Ruthie und Winfield reisen die beiden Großeltern, ein Onkel, die Söhne Tom, Noah und Al, ihre schwangere Schwester Rose of Sharon sowie deren Mann Connie. Ihnen schließt sich der Wanderprediger Jim Casy an, in dessen Gestalt Steinbeck zu erkennen ist.
Im Mittelpunkt der Familie steht die in ihrem Optimismus durch nichts zu erschütternde Mutter. Während sich der Vater immer mehr in

seine Resignation zurückzieht, übernimmt sie im Lauf der Fahrt die Führungsrolle. Unterstützung erfährt sie von ihrem Sohn Tom, der bereits eine Haftstrafe wegen eines im Affekt begangenen Mords verbüßt hat.
Trotz aller Bemühungen der Mutter bricht die Familie zusehends auseinander. Die Großeltern, welche die Trennung von ihrer Heimat nicht verkraften, sterben noch während der Reise. Kurz vor der kalifornischen Grenze verlässt Noah seine Eltern und Geschwister und aus dem Staub.
In Kalifornien kämpfen die Joads um einen Neuanfang, doch wird der Leser nicht mehr Zeuge seines Gelingens. Von den einheimischen Arbeitern unerwünscht, werden sie wie Eindringlinge behandelt und können sich mit schlecht bezahlten Gelegen-

John Steinbeck, *Früchte des Zorns*, Umschlag der Originalausgabe 1939

Die wichtigsten Bücher von John Steinbeck	
Eine Handvoll Gold 1929	Der historische Roman erzählt von den zahlreichen Reisen und Abenteuern des Freibeuters Sir Henry Morgan, der auf seinem Weg zu Ruhm nach und nach seine Ideale verrät.
Das Tal des Himmels 1932	Im Mittelpunkt dieses episodenhaften Romans stehen die Bewohner eines Dorfes in einem kalifornischen Tal und die neu zugezogene Familie Munroe, auf der ein Fluch zu liegen scheint.
Der fremde Gott 1933	Held des Romans ist der auf mystische Weise mit der Natur verbundene Joseph Wayne. Gemeinsam mit seinen drei Brüdern bricht er von der Ostküste nach Kalifornien auf, um dort fruchtbares Land zu erschließen.
Tortilla Flat 1935	Der gewitzte Kleinganuner Danny und seine trinkfreudigen Kumpane frönen den Freuden des Nichtstuns. Mit einer Mischung aus Gerissenheit, Schalk und Gutmütigkeit mogeln sie sich gemeinsam durchs Leben.
Stürmische Ernte 1936	Der junge Jim Noland tritt als Streikführer für die Rechte der von den Plantagenbesitzern ausgebeuteten Saisonarbeiter ein. Als sein Engagement jedoch in blinden Aktionismus umschlägt, hat das fatale Folgen.
Von Mäusen und Menschen, 1937	Der geistig behinderte Lennie und sein Gefährte George, der sich für den kindlichen Freund verantwortlich fühlt, ziehen als Wanderarbeiter durch Kalifornien – bis Lennie versehentlich die Frau eines Farmers tötet.
Früchte des Zorns 1939	Der mit dem Pulitzerpreis ausgezeichnete Roman erzählt das Schicksal der Familie Joad, die in der Zeit der Depression ihren Hof aufgeben muss und sich in den Strom der Migranten Richtung Kalifornien einreiht. → S. 1027
Die Straße der Ölsardinen 1944	Mack, Hazel, Eddie, Hughie und Jones, denen jede geregelte Tätigkeit zuwider ist, hausen in alten verrosteten Röhren und gehen dem Müßiggang hin. Um dem einsiedlerisch lebenden Meeresbiologen Doc eine Freude zu machen, planen sie eine grandiose Überraschungsparty.
Autobus auf Seitenwegen 1947	Während einer von Pannen begleiteten Autobusreise entwickelt sich zwischen den Reisenden und den beiden Fahrern eine spannungsgeladene Atmosphäre, in der es einerseits zu offener Feindseligkeit, andererseits auch zu amourösen Abenteuern kommt.
Jenseits von Eden 1952	Der groß angelegte Roman erzählt die Geschichte der Familien Trask und Hamilton über drei Generationen hinweg. Einen Haupthandlungsstrang bildet die zur modernen Version des Kainsmythos sich entwickelnde Beziehung zwischen Aaron und Caleb Trask. → S. 1028

Auszug aus dem Roman
Jenseits von Eden von John
Steinbeck:

*Cathy drehte sehr langsam
den Kopf und schaute die
Mutter an. Ihre Augen waren
leer und kalt. Plötzlich bekam
Mrs. Ames Angst vor ihrer
Tochter. Sie ging stumm hinaus und machte die Tür zu. In
der Küche setzte sie sich auf
einen Stuhl, verschränkte die
Hände im Schoß und starrte
durchs Fenster auf die verwit-
ternde Scheune.*

heitsjobs gerade vor dem Verhungern retten.
Als Casy von Hilfstruppen der Landbesitzer erschlagen wird, begeht Tom in seiner Rachsucht
einen zweiten Mord und flieht. In der Schlussszene lässt Rose of Sharon, die eine Totgeburt
erlitten hat, einen verhungernden Landstreicher an ihrer Brust trinken.

Wirkung: Der trotz aller politischen Anfeindungen – in Kalifornien entstanden zahlreiche
Gegenschriften, das Buch wurde verboten und
verbrannt – 1940 mit dem Pulitzerpreis ausgezeichnete Roman wurde zu einem der größten
US-amerikanischen Bucherfolge seiner Zeit.
John Ford verfilmte das Werk 1940.   *B. S.*

James Dean als Caleb und Raymond Massey als Adam Trask in der Verfilmung des Romans
Jenseits von Eden von John Steinbeck (USA 1955; Regie: Elia Kazan)

Hauptfiguren in »Jenseits von Eden« von John Steinbeck

Cyrus Trask: Nach dem Selbstmord seiner
Frau, der Mutter von Adam, heiratet der
militärbegeisterte Kriegsveteran Alice. Sie
gebiert ihm einen zweiten Sohn, Charles.
Herrschsüchtig und ungerecht, lässt er
Charles und Adam um seine Gunst buhlen.
Adam Trask: Der Sohn von Cyrus Trask und
ältere Bruder von Charles lernt Cathy kennen und schenkt ihr seine ganze Zuneigung. Als sie ihn und die Zwillinge Aaron
und Caleb im Stich lässt, verhilft ihm sein
Freund Samuel Hamilton zu neuem Lebensmut.
Charles Trask: Der Sohn von Cyrus Trask
und jüngere Bruder von Adam übernimmt
nach dem Tod des Vaters dessen Farm. Er
betrügt seinen Bruder mit Cathy, die von
ihm schwanger wird und die Zwillinge
Aaron und Caleb zur Welt bringt.
Cathy Ames: Vom Kindesalter an egoistisch und verlogen, täuscht sie Adam Trask
mit ihrer äußerlichen Schönheit. Sie betrügt ihn noch in der Hochzeitsnacht mit
seinem Bruder Charles. Nach der Geburt
von Aaron und Caleb verlässt sie Adam und
ihre Söhne, um sich, wie vor ihrer Ehe, in

einem Bordell zu verdingen.
Aaron Trask: Der bevorzugte Sohn von
Adam Trask und Zwillingsbruder von Caleb.
entwickelt sich zu einem offenherzigen
und frohen Menschen. Durch eine Begeg-
nung mit seiner totgeschwiegenen Mutter
Cathy zutiefst erschüttert, stürzt er sich als
Freiwilliger in den Kriegsdienst.
Caleb Trask: In seiner Sehnsucht nach der
väterlichen Liebe entwickelt sich der Sohn
von Adam Trask und Zwillingsbruder von
Aaron zu einem rastlosen, unzugänglichen
Streuner. Um sich an seinem ahnungslosen
Bruder zu rächen, arrangiert er ein Treffen
zwischen ihm und seiner Mutter Cathy.
Samuel Hamilton: Die Familie des Nachbarn und Freundes von Adam Trask er-
scheint als positiver Gegenentwurf zu den
Verhältnissen im Hause Trask.
Lee: Nach Cathys Verschwinden kümmert
sich der kluge chinesische Diener von Adam
Trask um die Zwillinge Aaron und Caleb. Als
Adam im Sterben liegt, beschwört er ihn,
seinem Sohn Caleb den Segen zu geben und
ihn damit von der Last seiner Schuld an Aarons Tod zu befreien.

Jenseits von Eden

OT East of Eden **OA** 1952 **DE** 1953
Form Roman **Epoche** Moderne

Der Roman *Jenseits von Eden* bildet einen Höhepunkt im Lebenswerk von John Steinbeck und
ist nach *Früchte des Zorns* das berühmteste Buch
dieses Autors.

Inhalt: Mehrfach variiertes Grundthema ist die
Fähigkeit des Menschen, im Konflikt zwischen
Gut und Böse eine Entscheidung zu treffen
sowie das eigene Schicksal selbst zu gestalten.

Erzählt wird die Geschichte zweier Familien
über drei Generationen, beginnend in den
1860er Jahren. Während die Geschicke der Hamiltons weitgehend der Familienhistorie von
Steinbecks Mutter Olive Hamilton entsprechen,
erweist sich die Geschichte der Trasks als eine
allegorische Fiktion, als eine Parabel vom Fall
des Menschen. Steinbeck hat in ihr das Motiv
des Brudermords aus dem alttestamentarischen
Kainsmythos (Genesis 4.1-16) aufgenommen,
neu verarbeitet und damit die Figuren (Hauptfiguren → S. 1028) zu Symbolträgern erhoben.

Im ersten Teil des Romans wird der Leser
zunächst mit der älteren Generation der Hamiltons und Trasks bekannt gemacht: mit dem gebildeten und freundlichen Samuel Hamilton,
der mit seiner Frau Liza und seinen Kindern
eine Ranch im Salinas-Tal bewohnt – und mit
Cyrus Trask, einem groben und tyrannischen
Kriegsveteran, der mit seiner Familie auf einer
Farm in Connecticut lebt. Sein ältester Sohn
Adam heiratet nach seinem Militärdienst und
der Rückkehr auf den väterlichen Hof die schöne, aber gewissenlose Cathy Ames. Noch in der
Hochzeitsnacht betrügt sie ihn mit seinem Bruder Charles.

Im zweiten Teil zieht Adam mit Cathy ins Tal
von Salinas, wo er ihr eine blühende Farm
(einen zweiten Garten Eden) aufbauen und gemeinsam mit ihr Kinder großziehen will. Von
seiner Liebe geblendet, erkennt er ihre Kalther-
zigkeit erst, als sie ihn nach der Geburt der Zwillinge Aaron und Caleb sitzen lässt, um sich in
Salinas in einem Bordell zu verdingen. In seiner
Trauer um das verlorene Glück vernachlässigt
Adam die beiden Kinder, die fast ausschließlich
in der Obhut des chinesischen Dieners Lee aufwachsen.

Ein Gegenbild zu den zerrütteten Verhältnissen im Hause Trask bietet das Familienleben der
benachbarten Hamiltons. Auch sie erleiden
Schicksalsschläge, verlieren darüber jedoch nie
ihren innigen Zusammenhalt. Samuel Hamilton, der sich mit Adam angefreundet hat, liest
ihm die Geschichte Kains und seines Bruders
Abel vor. Adam begreift, dass er – ebenso wie
Kain – die Wahl hat zwischen einem zerstöri-
schen, von Verbitterung erfüllten Leben und

dem durch Vergebung und Nächstenliebe zu erreichenden, inneren Frieden. Im dritten Teil des Romans gelingt es ihm, Cathy in Salinas gegenüberzutreten und ihr zu verzeihen. Auch als sie ihm eröffnet, dass Aaron und Caleb in Wahrheit die Söhne seines Bruders sind, ist er nicht aus der Fassung zu bringen.

Im vierten Teil zieht Adam, um den Zwillingen den Besuch einer höheren Schule zu ermöglichen, mit ihnen und Lee in die Stadt. Während der von Adam bevorzugte Aaron zu einem lebensfrohen und beliebten Jungen heranwächst, entwickelt sich Caleb in seiner Sehnsucht nach der väterlichen Liebe zu einem mit sich selbst unzufriedenen, mürrischen Streuner. Als er herausfindet, wo und wie seine totgeschwiegene Mutter Cathy lebt, konfrontiert er den ahnungslosen Aaron mit ihr.

Aaron, in seinem Innern zutiefst erschüttert, meldet sich freiwillig zum Kriegsdienst und stirbt im Ersten Weltkrieg. Caleb, wie Kain zum Brudermörder geworden, leidet unter seiner Schuld. Adam, der nach dem Tod Aarons einen Schlaganfall erlitten hat und im Sterben liegt, verzeiht ihm jedoch und gibt ihm schließlich seinen Segen.

Wirkung: Der große Erfolg, der *Jenseits von Eden* gleich nach seinem Erscheinen beschieden war, setzte sich in einer kongenialen Verfilmung von Elia Kazan mit James Dean in der Rolle des Caleb aus dem Jahr 1955 fort.   *B. S.*

Steiner, Rudolf

österreich. Anthroposoph

*27.2.1861 Kraljevica, Ungarn (heute Kroatien)

✝30.3.1925 Dornach bei Basel

📖 *Die Geheimwissenschaft im Umriss*, 1910

Als Begründer der Anthroposophischen Gesellschaft und deren Esoterik initiierte Rudolf Steiner neue Entwicklungen in Pädagogik und Heilkunde, Architektur, bildender und darstellender Kunst, Landwirtschaft und Ökonomie.

Der Sohn eines Bahnbeamten studierte ab 1879 an der Technischen Hochschule in Wien Mathematik, Naturwissenschaften und Philosophie. 1882–97 war er Herausgeber der naturwissenschaftlichen Schriften →Goethes und der Weimarer Sophien-Ausgabe seiner Werke. In dieser Zeit promovierte Steiner an der Universität Rostock in Philosophie (1892). 1902 wurde er Generalsekretär der deutschen Sektion der »Theosophical Society«, aus der er 1913 nach Gründung seiner Anthroposophischen Gesellschaft ausgeschlossen wurde.

1919 öffnete in Stuttgart die erste Waldorfschule, im darauf folgenden Jahr begannen

Kurse für Pädagogen, Ärzte, Naturwissenschaftler und Künstler am Goetheanum, der Freien Hochschule für geisteswissenschaftliche Forschung in Dornach bei Basel. 1922 entstand die anthroposophische »Christengemeinschaft« als »Bewegung für religiöse Erneuerung«. Zwei Jahre später wurde auf einem Landgut bei Breslau die biologisch-dynamische Landwirtschaft begründet. Mit seiner Frau in zweiter Ehe, Marie von Sievers (1867–1948), entwickelte Steiner eine Bewegungskunst »getanzter Sprache und Musik« von der Heileurythmie bis zur eurythmischen Bühnenkunst. Mit der Ärztin Ita Wegmann (1876–1943) verfasste er – auf anthroposophischer Basis – *Grundlegendes für eine Erweiterung der Heilkunst* (postum 1925).

Biografien: J. Hemleben, *Rudolf Steiner*, 1963; C. Lindenberg, *Rudolf Steiner* (rm 50 500); R. Steiner, *Mein Lebensgang*, (Autobiografie) 1923–25 ; G. Wehr, *Rudolf Steiner zur Einführung*, 1994.

Rudolf Steiner (Porträtfoto 1923)

Die Geheimwissenschaft im Umriss

OA 1910 **Form** Sachbuch **Bereich** Esoterik

Die Geheimwissenschaft im Umriss von Rudolf Steiner ist die grundlegende Darstellung der Anthroposophie als Geisteswissenschaft und Weg zur Erkenntnis höherer Welten.

Entstehung: Steiner vollzog nach 1900 eine Entwicklung von der jüngsten Ausprägung der Theosophie (= Gottesweisheit) zur neuen Esoterik der Anthroposophie (= Menschenweisheit). Erstere gründete sich in Großbritannien in Gestalt der »Theosophical Society« auf das russische Medium Helena Petrowna Blawatsky (1831–91) und wurde von Annie Besant (1847 bis 1933) geleitet. Diese förderte eine spezifisch anglo-indische Form des Spiritismus und Okkultismus, die auch auf die deutsche Sektion übergriff. Steiner war hingegen fest in der Theosophie der europäischen Mystik verwurzelt.

Inhalt: Steiner fasst vorausgegangene Schriften und Vorträge über moderne Weltanschauung und neuzeitliches Geistesleben (1894, 1901) zusammen und erweitert sie um eine Christologie und eine Kosmologie: Er formuliert, das geistige Wesen des Menschen sei in die Entstehung der Welt eingebunden, deren logos sich auf einzigartige Weise in Jesus Christus inkarniert hat. Dies sei das »Mittelpunktereignis der Erd- und Menschheitsgeschichte« und das Christentum eine mystische Tatsache.

Der im Titel verwendete Begriff »Geheimwissenschaft« meint im Sinne Goethes (Begriff vom »offenbaren Geheimnis« im Märchen *Von der Schlange und der Lilie*, 1795) eine Offenbarungs-Wissenschaft der inneren, esoterischen

Rudolf Steiner 1921 in einem Vortrag über die Absichten der Anthroposophie:

Anthroposophie will nicht nach Erbauung in mystischen Wolkenkuckucksheimen bedürftige Menschen zu einer Weltfremdheit führen. Anthroposophische Geisteswissenschaft will so zu der Wirklichkeit übersinnlicher Welten führen, dass der Mensch den Geist ergreift, um praktisch in das materielle Leben einzugreifen.

(also geheimen) anstelle äußerer, exoterischer (mithin öffentlicher) Erkenntnis. Um Missverständnisse auszuräumen, stellten die 1923 beschlossenen Statuten der neuen Allgemeinen Anthroposophischen Gesellschaft fest, diese solle »eine Vereinigung von Menschen sein, die das seelische Leben im einzelnen Menschen und in der menschlichen Gesellschaft auf der Grundlage der wahren Erkenntnis der geistigen Welt pflegen« solle.

Wirkung: Der endgültige Bruch mit der »Theosophical Society« war unvermeidlich, als der Hindu Jiddu Krischnamurti (1895-1986) als Reinkarnation Christi ausgerufen wurde. Anfang 1913 konstituierte sich die »Anthroposophische Gesellschaft« (der Steiner allerdings nicht als Mitglied angehörte). Dass die Anthroposophie Anlass zu Fehldeutungen gab, zeigt sich in Steiners warnender Bemerkung in einem Vortrag von 1921: »Anthroposophie will nicht nach Erbauung in mystischen Wolkenkuckucksheimen bedürftige Menschen zu einer Weltfremdheit führen. Anthroposophische Geisteswissenschaft will so zu der Wirklichkeit übersinnlicher Welten führen, dass der Mensch den Geist ergreift, um praktisch in das materielle Leben einzugreifen.« *C. W.*

Berühmtheit erlangte, schrieb Novellen, Reiseberichte, kunst- und musikgeschichtliche Werke sowie mehrere Romane, die von der Nüchternheit der Darstellung, scharfer psychologischer Analyse und zeitkritischer Gesellschaftsschilderung gekennzeichnet sind. Ein Roman, so Stendhal, müsse wie ein die große Straße entlanggehender Spiegel sowohl das Blau des Himmels als auch den Schmutz der Straße wiedergeben. Stendhals innovative Konzeption eines Realismus erfuhr, ebenso wie die brillante Darstellung der Charaktere, erst nach seinem Tod die entsprechende Würdigung.

Der Sohn eines Advokaten wurde nach dem frühen Tod der Mutter von seinem strengen Vater erzogen. Durch Protektion erhielt er mit 17 Jahren einen Posten bei der frz. Militärverwaltung. 1800–14 stand er mit Unterbrechungen in napoleonischen Diensten und verbrachte in staatl. Auftrag längere Zeit in Deutschland, Österreich, Italien und Russland, wo der große Bewunderer Napoleons am Feldzug der Grande Armée teilnahm. Nach dem Sturz des Kaiserreiches ließ er sich in Italien nieder, das ihn immer schon angezogen hatte. 1831 wurde Stendhal zum Konsul von Civitavecchia ernannt. 1842 erlitt er während eines Genesungsurlaubs in Paris einen Schlaganfall, an dem er zwei Tage später starb.

Biografie: M. Nerlich, *Stendhal* (rm 50525).

Stendhal

(eigtl. Marie Henri Beyle) frz. Schriftsteller

*23.1.1783 Grenoble, †23.3.1842 Paris

📖 *Rot und Schwarz*, 1830

📖 *Die Kartause von Parma*, 1839

Marie Henri Beyle, der unter dem Pseudonym Stendhal (nach dem Geburtsort des Kunstwissenschaftlers J.J. Winckelmann; 1717-68)

Die wichtigsten Bücher von Stendhal

Über die Liebe, 1822	In seinen zwischen Analyse, Essay und Erzählung angesiedelten Reflexionen gibt Stendhal Aufschluss über seine Gedankenwelt.
Die Kartause von Parma 1839	In dem psychologischen Roman erzählt Stendhal die Geschichte des geistlichen Würdenträgers Fabrizio del Dongo, der an der Unmöglichkeit der Liebe zu einer Frau zu Grunde geht. → S.1031
Lucien Leuwen 1855	Held des unvollendet gebliebenen Romans ist der aus reichem Hause stammende Lucien, dessen Entwicklung vom jungen Idealisten zum desillusionierten Karrieristen, aufgezeigt wird.
Rot und Schwarz. Chronik des 19. Jahrhunderts, 1830	Der Roman erzählt vom Aufstieg und Fall des Kleinbürgers und Provinzlers Julien Sorel, der nach gesellschaftlicher Anerkennung strebt und kurz vor Erreichen seines Ziels scheitert. → S.1030
Das Leben des Henry Brulard, 1890	Autobiografischer Roman, in dem der alternde Schriftsteller im Rückblick das Innenleben des jungen Stendhal kommentiert und Aufschluss gibt über die Psyche seiner Romanhelden.
Erinnerungen aus dem Leben eines Egotisten, 1892	Autobiografisch geprägte moralische Essays, in denen Stendhal den Versuch einer objektiven Selbstanalyse unternimmt. Er setzt sich insbesondere mit dem Phänomen des ennui, dem Gefühl der Melancholie und Langeweile, auseinander.

Rot und Schwarz

OT Le Rouge et le Noir. Chronique du XIX siècle
OA 1830 **DE** 1913 **Form** Roman
Epoche Romantik/Realismus

Psychologisch genau beschreibt Stendhal in seinem Roman *Rot und Schwarz. Chronik des 19. Jahrhunderts* Charakter und Entwicklung seines Helden Julien Sorel und verknüpft diese Beschreibung konsequent mit der kritischen Darstellung der französischen Gesellschaft der Restaurationszeit. Der enge Bezug zur gesellschaftlichen Wirklichkeit stellte ein Novum in der Geschichte der französischen Literatur dar, die damit um den Gattungstyp des realistischen Romans bereichert wurde.

Enstehung: Dem Roman liegt die »Affäre Berthet« zu Grunde, ein Kriminalfall, über den Stendhal in der *Gazette des Tribunaux* las.

Inhalt: Der Roman beschreibt Aufstieg und Scheitern des Individualisten Julien Sorel, der sich im Kampf gegen die Mittelmäßigkeit seiner Zeit in der Kunst der Verstellung übt, um gesellschaftlich voranzukommen.

Die Geschichte spielt zur Zeit der Restauration in dem kleinen Dorf Verrières im Jura. Julien Sorel, der 18-jährige Sohn eines Zimmermanns, ist ein intelligenter, aber physisch schwacher

Junge, der sich vor den Demütigungen der Familie in die Literatur flüchtet. Unter dem Eindruck der *Bekenntnisse* (1782) von Jean-Jacques → Rousseau und dem *Tagebuch von St. Helena* (1823) von Napoleon (1769–1821) beginnt er von Ruhm und gesellschaftlichem Aufstieg zu träumen, den der von Ehrgeiz Besessene um jeden Preis erreichen will. Aus Begeisterung für Napoleon zieht es ihn zur Armee (»rot«). Er tritt jedoch ins Priesterseminar ein, weil ihm ein kirchliches Amt (»schwarz«) am ehesten zur Verwirklichung seiner Ziele geeignet erscheint. Frömmigkeit heuchelnd, lernt er seinen zunehmenden Zynismus hinter einer Maske zu verbergen. Aufgrund seiner guten Lateinkenntnisse gelangt er als Hauslehrer in den Dienst des Bürgermeisters de Rênal, dessen schöne Frau seine Geliebte wird. Als der betrogene Ehemann von der Affäre erfährt, muss Julien das Haus verlassen. Im Priesterseminar von Besançon gewinnt er die Freundschaft des Abbé Pirard, der ihm eine Stellung als Sekretär des Marquis de la Mole in Paris verschafft.

Anfangs unbeholfen und scheu, entwickelt sich Julien immer mehr zum eleganten Dandy, der das Vertrauen des Marquis sowie die Liebe seiner Tochter gewinnen kann. Als Mathilde de la Mole ein Kind von Julien erwartet, willigt ihr Vater ein, Julien zu protegieren und verhilft ihm zu Geld, Adel und militärischem Rang. Auf dem Höhepunkt seines Erfolgs erreicht ein Brief seiner früheren Geliebten Frau de Rênal den Marquis de la Mole, in dem sie Julien als heuchlerischen Emporkömmling entlarvt. Vor Wut außer sich, reist Julien nach Verrières und schießt in der Kirche auf Frau de Rênal, die nur verwundet wird. Im Gefängnis wird er sich seiner nun vom Ehrgeiz befreiten Liebe zu Frau de Rênal bewusst und erlebt trotz der bevorstehenden Hinrichtung die glücklichsten Stunden seines Lebens. Frau de Rênal stirbt drei Tage nach ihm, Mathilde sorgt für eine pompöse Bestattung.

Struktur: In die Hauptfigur Julien Sorel ließ Stendhal eigene Wesenszüge bzw. Idealvorstellungen einfließen: Zynismus, revolutionäre Gesinnung, Verachtung des Klerus, Ablehnung der verkrusteten gesellschaftlichen Strukturen, Selbstverwirklichung jenseits moralischer Schranken. Stendhal gelingt es, die Schwächen der führenden Schichten der Gesellschaft (Klerus, Bürgertum, Aristokratie) zu entlarven. Die chronikalische Erzählweise und der am Code Civil, dem napoleonischen Gesetzbuch, geschulte nüchterne Stil des Autors unterstützen ihn in seinem Bestreben, eine exakte Wiedergabe der tatsächlichen gesellschaftlichen und moralischen Wirklichkeit zu liefern.

Wirkung: Wie Stendhal es vorausgesehen hatte (mit der Widmung »To the happy few« schließt das Buch) wurde seinem von Zeitgenossen als

Danielle Darrieux (als Madame de Rênal) und Gérard Philipe (Julien Sorel) in der Verfilmung des Romans *Rot und Schwarz* von Stendhal (Frankreich/Italien 1954; Regie: Claude Autant-Lara)

Hauptfiguren in »Rot und Schwarz« von Stendhal

Julien Sorel: Der Sohn eines Bauern bzw. Zimmermanns ist ehrgeizig, intelligent und gut aussehend. Er strebt nach Macht sowie gesellschaftlicher Anerkennung und versucht, durch ein kirchliches Amt sein Ziel zu erreichen. Er bewundert Napoleon, muss dies in der nachnapoleonischen Ära verbergen und lernt schon früh, sich hinter einer Maske zu verstecken und Gefühle zu heucheln. Kalt und berechnend benutzt er die Liebe als Mittel zum gesellschaftlichen Aufstieg. Erst im Angesicht des Todes kann er frei von Ehrgeiz und Machtstreben Liebe und Glück empfinden.

Frau de Rênal: Die Frau des Bürgermeisters und Mutter von drei Söhnen ist eine »unverdorbene Kleinstädterin«, die ihren Gatten zwar respektiert, ihn jedoch nicht liebt. Die schöne und schüchterne Dame verliebt sich trotz ihrer Skrupel in den Hauslehrer ihrer Kinder und wird seine Geliebte. Sie empfindet die Erkrankung eines ihrer Kin-

der als Gottesstrafe und schreibt unter Druck ihres Beichtvaters den entlarvenden Brief an Juliens zukünftigen Schwiegervater. Sie liebt Julien aufrichtig und folgt ihm in den Tod.

Herr de Rênal: Der Bürgermeister von Verrières stellt Julien aus Prestigegründen als Hauslehrer ein. Er ist reich, geizig und voller Neid und erfährt durch einen anonymen Brief von der Untreue seiner Frau.

Mathilde de la Mole: Die hochmütige Tochter des Marquis de la Mole langweilt sich in ihrer Gesellschaftsschicht und träumt von heroischen sowie leidenschaftlichen Taten. Sie bewundert Julien für die Verachtung, die er den Salons und ihr entgegenbringt und wird Julien hörig.

Abbé Pirard: Der Freund Juliens ist ein Emporkömmling. Als Jansenist von den Jesuiten verfolgt, vermittelt er Julien die Stelle im Haus de la Mole und berät ihn hinsichtlich seines Verhaltens in den Salons.

---

zynisch und unmoralisch eingestuften Werk erst nach seinem Tod die verdiente Aufmerksamkeit zuteil. Heute zählt das Buch, mit dem Stendhal die innere Form des modernen Romans begründete zu den Paradigmen der Weltliteratur.

Die Kartause von Parma

OT La Chartreuse de Parme **OA** 1839 **DE** 1845
Form Roman **Epoche** Romantik/Realismus

Stendhals Erinnerungen an die heroische Zeit der Napoleon-Kriege (1807/08–12) fließen in den Roman *Die Kartause von Parma* ebenso ein wie seine leidenschaftliche Liebe zu Italien. In

Auszug aus dem Roman Rot und Schwarz von Stendhal:

Anstatt auf die verzückten Regungen leidenschaftlicher Hingabe zu achten, die er hervorrief, oder auf die Gewissensangst, die sie nur um so heißer und hemmungsloser aufflammen ließ, stand ihm unablässig der Gedanke einer Pflicht vor Augen. Er hatte Angst, schrecklichen, selbstquälerischen Gedanken und immerwährender Lächerlichkeit ausgesetzt zu sein, wenn er von seinem vorgefassten Idealbild eines Mannes abgehe.

Stendhal, *Die Kartause
von Parma*, Einband der
Taschenbuchausgabe 1972

Auszug aus *Die Kartause
von Parma* von Stendhal:

*Ach, da bin ich also endlich im
Feuer, sagt er sich. Ich habe
Pulver gerochen. Nun bin ich
ein richtiger Soldat. – In diesem Augenblick sprengte die
Eskorte in rasendem Lauf
dahin, und unser Held begriff,
daß es Einschläge waren, die
die Erde ringsum aufspritzen
ließen. Vergebens spähte er
nach der Richtung, aus der die
Kugeln kamen. Er sah in ungeheurer Entfernung nur den
weißen Rauch der Batterie,
während er inmitten des
gleichmäßigen und ununterbrochenen Kanonendonners
bedeutend nähere Abschüsse
zu vernehmen meinte. Er verstand nichts mehr von alledem.*

seinem Helden Fabrizio del Dongo veranschaulicht Stendhal jenes Lebensgefühl, das er als
»Beylisme« bezeichnete, die Jagd nach dem
Glück, die er von leidenschaftlichen Ausnahme-
menschen unter Missachtung gesellschaftlicher
und moralischer Schranken fordert. Der Roman
gilt heute neben *Rot und Schwarz* als das bedeutendste Werk des Autors.

Entstehung: Stendhal las in einer italienischen
Chronik über das Schicksal des Alexander Far-
nese, dem späteren Papst Paul III. (1468–1549).
Ende 1838 schrieb er innerhalb von 52 Tagen
die Geschichte nieder.

Inhalt: Der Roman erzählt die Lebensgeschichte des Fabrizio del Dongo, der in der napoleonischen Ära in einer reaktionären, österreichtreu-
en Familie aufwächst. Er entwickelt eine starke
Bindung zu seiner Tante Gina, die ihn zeit ihres
Lebens mit ihrer zärtlichen Liebe beschützt.
Gegen den Willen seiner Familie nimmt Fabrizio auf französischer Seite an der Schlacht von
Waterloo (1815) teil. Auf Anraten seiner Tante –
die mit dem alten Herzog Sanseverina verheiratet und die Geliebte des Grafen Mosca, des
mächtigsten Ministers am absolutistischen Hof
zu Parma, ist – schlägt Julien eine kirchliche
Laufbahn ein, um Karriere zu machen, da die
militärische Laufbahn in der Restaurationsepo-
che nicht viel versprechend erscheint. Als junger
Geistlicher wird er infolge einer Intrige verhaftet und in der Festung von Parma festgehalten.
Hier verliebt er sich leidenschaftlich in die junge
Tochter des Kerkermeisters Clelia Conti. Mit
Ginas Hilfe kommt Fabrizio frei und gelangt zu
höchsten geistlichen Würden. Clelia heiratet
ihrem Vater zuliebe einen Mann, den sie nicht
liebt, trifft sich jedoch weiter heimlich mit Fabrizio, der durch spektakuläre Predigten von
sich reden macht. Da Clelia das Gelübde abgelegt hat, Fabrizio nicht wiederzusehen, empfängt sie ihn nur noch bei Dunkelheit. Als Fabrizio es nicht mehr ertragen kann, ihren
gemeinsamen Sohn Sandrino nicht bei sich zu
haben, täuschen sie eine tödliche Krankheit des
Kindes vor, damit das Kind bei seinem Vater
aufwachsen kann, ohne dass Clelias Familie
davon erfährt. Das Kind erkrankt wirklich und
stirbt. Seine Mutter überlebt ihn nur kurze Zeit;
Fabrizio zieht sich in die Kartause von Parma
zurück, wo er ein Jahr später stirbt.

Stendhal wählt als Ort der Handlung ein Land
das – anders als Frankreich – voller Hoffnungen
und Erwartungen künftigen gesellschaftlichen
Veränderungen entgegen sieht. Der vorindustriellen Gesellschaft bieten sich Möglichkeiten,
die in Frankreich längst einer großen Enttäuschung Platz gemacht haben.

Die von Stendhal in die Literatur eingeführte
neue Technik der episodenhaften Schlacht-
schilderung nahmen zahlreiche Schriftsteller

nach ihm auf (u.a. Leo → Tolstoi und Arnold →
Zweig). Stendhal schildert die Schlacht bei Waterloo nicht aus dem Blickwinkel eines alles
überschauenden Beobachters, sondern zerlegt
das Geschehen in einzelne Episoden, die aus der
Sicht und dem Erleben des Helden geschildert
werden. Jede Szene dient der Charakterisierung
des Individuums, der Beschreibung seines veränderten Bewusstseins und trägt durch diese
Beschreibung zur Darstellung des Gesamtver-
laufs der Schlacht bei.

Wirkung: Honoré de → Balzac, der das Buch in
der Zeitschrift *Revue parisienne* vom Oktober
1840 rezensierte, zeigte sich begeistert – wenn
er auch eine stilistische Überarbeitung und
Straffung des Romans empfahl. Auch dem zeitgenössischen Lesepublikum gefiel die Verbindung von abenteuerlicher Geschichte und psychologischem Roman. Die erste Auflage war
bereits nach 18 Monaten vergriffen. Damit war
das letzte vollendete Werk von Stendhal das
einzige, das ihm zu Lebzeiten Aufmerksamkeit
verschaffte.   *S. Na.*

Sternberger, Dolf

dt. Publizist und Politologe

* 28.7.1907 Wiesbaden, † 27.7.1989 Frankfurt / Main

📖 *Aus dem Wörterbuch des Unmenschen*, 1957

Dolf Sternberger wurde mit seinem breiten literarischen und wissenschaftlichen Werk zu
einem der herausragenden Intellektuellen der
Bundesrepublik. Wie nur wenige andere verstand er es, politische Wissenschaft und kritische Publizistik gekonnt zu vereinen.

Sein Studium der Germanistik, Kunstgeschichte, Soziologie und Philosophie schloss
Sternberger 1932 mit der Promotion ab. Nach
seiner Arbeit als Redakteur der *Frankfurter Zeitung* 1934–43 war er Mitherausgeber der Zeitschriften *Die Wandlung* und *Die Gegenwart*. Ab
1955 lehrte er als Professor für Politische Wissenschaften an der Universität Heidelberg. Er
wurde Ehrenpräsident der Deutschen Akademie
für Sprache und Dichtung sowie 1964–70 Präsident des Deutschen P.E.N.-Zentrums.

Sternbergers Werk umfasst so unterschiedliche Titel wie *Begriff des Politischen* (1961), *Die
Politik und der Friede* (1968) oder *Heinrich Heine
und die Abschaffung der Sünde* (1972). Im Mittelpunkt seines politischen Denkens steht der
Friede als »der Beginn, der Grund, das Merkmal
und die Norm des Politischen«. Die Debatte um
die Voraussetzungen und die Stabilität der
bundesdeutschen Demokratie hat Sternberger
u.a. mit dem von ihm geprägten Begriff des
»Verfassungspatriotismus« bereichert.

Aus dem Wörterbuch des Unmenschen

OA 1957 (Vorabdruck 1945–48 in *Die Wandlung*)
Form Sachbuch **Bereich** Gesellschaft

In seinem *Wörterbuch des Unmenschen* versucht Dolf Sternberger aufzuzeigen, dass Teile des nationalsozialistischen Wortschatzes Eingang in die Alltagssprache gefunden haben.

Entstehung: Sternberger, Gerhard Storz und Wilhelm E. Süskind waren gemeinsam Herausgeber der Zeitschrift *Die Wandlung*, in der sie 1945–48 ihre Beiträge zum *Wörterbuch des Unmenschen* nach und nach veröffentlichten. 1957 wurden sie ergänzt und überarbeitet und als Buch herausgegeben. In seinem Vorwort zu dieser Ausgabe betont Sternberger, dass der herrschende deutsche Sprachgebrauch sich unverändert jenes Wortschatzes bediene, den die Autoren als Sprache des nationalsozialistischen Unmenschen entlarvt hatten.

Inhalt: Das *Wörterbuch des Unmenschen* folgt einem zentralen Gedanken, für den es den Leser sensibilisieren will – Sprache dient dem Menschen nicht bloß zur Verständigung und zur Beschreibung einer an sich unveränderlichen Welt, sondern kann vielmehr die Welt des Menschen wie auch ihn selbst verändern. Der »Verderb der Sprache« kann somit zum Verderb des Menschen werden. Die Sprache der totalitären Unmenschlichkeit bereitet das Verbrechen vor, indem sie auf subtile Weise an die Unmenschlichkeit gewöhnt. Für den offiziellen Sprachgebrauch im »Dritten Reich«, wie er z. B. auch in *LTI Lingua Tertii Imperii* (1947) von Viktor → Klemperer analysiert wurde, mag das unmittelbar einleuchten. Dass aber Trümmer dieser »verkümmerten« Grammatik, dieses »monströsen und zugleich krüppelhaften« Wortschatzes unverändert fortleben, dies zu zeigen, ist Anliegen der Autoren. Scharfsinnig und amüsant, engagiert und ironisch zugleich gehen sie Wortgebilden nach, denen der Leser alltäglich in der Sprache der Medien und der Öffentlichkeit, der Werbestrategen und Politiker – und nicht zuletzt in seiner eigenen – begegnet.

Struktur: Das *Wörterbuch des Unmenschen* umfasst Beiträge von jeweils einigen Seiten, auf denen zu (fast) jedem Buchstaben des Alphabets ein bis zwei Stichworte erläutert werden, von »Anliegen« über »Menschenbehandlung« bis »Zeitgeschehen«. Die meisten Beiträge umfassen eine Worterklärung, Gedanken zu Wortgebrauch bzw. Anwendung und Geschichte sowie einen Kommentar des jeweiligen Autors.

Wirkung: Das Buch erzeugte in Fachkreisen wie auch beim breiten Publikum große Resonanz. Mit Blick auf andere Erklärungen und Interpretationen der deutschen Geschichte drangen die Autoren mit ihren scharfsinnigen Analysen in wissenschaftlich kaum behandelte, aber umso vertrautere Bereiche. Nach Inhalt und Gestalt gilt das Werk unverändert als eine der originellsten und geistreichsten Auseinandersetzungen mit dem »Dritten Reich«.

C. S.

Sterne, Laurence

engl. Schriftsteller

*24.11.1713 Clonmell, Irland, †18.3.1768 London

📖 *Leben und Ansichten von Tristram Shandy, Gentleman,* 1759–67

Laurence Sterne gilt als wichtiger Vorläufer der Moderne. Er bereicherte mit seinem Roman *Leben und Ansichten von Tristram Shandy, Gentleman* die Weltliteratur um ein neues Erzählmodell, das die Subjektivität gegenüber äußeren Ereignissen betont und Romane von Kollegen wie Samuel →Richardson sowie Henry → Fielding parodiert. Mit seinem humorvollen und gefühlsbetonten Werk löste Sterne in ganz Europa einen Kult der Empfindsamkeit aus.

Sterne, Sohn eines Fähnrichs, wuchs in ärmlichen Verhältnissen auf. Der Vater war als Soldat in verschiedenen Ländern stationiert und die Familie zog ihm nach. 1735–40 konnte er , unterstützt durch die finanzielle Hilfe seines Cousins, in Cambridge Theologie studieren und übernahm anschließend eine kleine Pfarrei in der Gegend von York. Ab 1741 war Sterne mit Eliza Lumley verheiratet; der unglücklich verlaufenen Ehe wurde eine Tochter beschieden. Nach dem Durchbruch des *Tristram Shandy*-Romans hielt sich Sterne in London auf oder un-

Dolf Sternberger, *Aus dem Wörterbuch des Unmenschen*, Einband der Taschenbuchausgabe 1962

Auszug aus der Vorbemerkung des Sachbuchs **Aus dem Wörterbuch des Unmenschen** von Dolf Sternberger:

Sprache ist die Gabe des Menschen, das verwirrende und befreiende, verräterische und erhellende, ausgreifende und fesselnde, lösende und bindende, selige und gefährliche Medium und Siegel seines Wesens.

Digressionen

Herkunft: In der antiken Rhetorik bezeichnete der lateinische Begriff *digressio* eine Abschweifung als schmückenden Teil einer Rede oder Schrift, die den eigentlichen Gegenstand vorübergehend außer Acht liess und sich einer mit dem Hauptthema nicht oder nur lose verbundenen Geschichte, Erinnerung oder Beschreibung zuwandte. Damit sollte das Publikum bei einem allzu trockenen Stoff zerstreut oder aber vor dem Höhepunkt der Darstellung in besondere Spannung versetzt werden. Zur Zeit der Aufklärung im 18. Jahrhundert, einer Epoche, die sich Vernunft, Klarheit und Eindeutigkeit auf die Fahne geschrieben hatte, stand man solch rhetorischen Tricks äußerst reserviert gegenüber, die Stilfigur »Digression« aber faszinierte viele Autoren. In Jonathan →Swifts satirischer *Erzählung von einer Tonne* (1704) gibt es gar einen langen Abschnitt mit dem Titel *Eine Abschweifung zum Lobe der Abschweifungen.*

Tristram Shandy: Die Abschweifungen in Laurence →Sternes Roman höhlen den traditionellen Digressionsbegriff ironisch aus: Wo es keine Handlung gibt, gibt es keinen »eigentlichen« Gegenstand, der die Abschweifung erst zur Abschweifung macht! Aber auch hier erschöpft sich der Sinn des Textes nicht in der Parodie. Mit der Art und Weise, wie in Tristram ständig vom Hundertsten ins Tausendste fällt, illustriert Sterne vielmehr spielerisch die zu seiner Zeit hochaktuelle Assoziationstheorie des Philosophen John → Locke (1632–1704). Sein Erzähler vergleicht die um sich selbst kreisenden Digressionen derweil ziemlich selbstbewusst mit den Bahnen der Planeten – für ihn gehorcht sein Roman denselben Gesetzen wie das Universum: »Digressionen sind ohne Zweifel der Sonnenschein, das Leben und die Seele des Lesens. Wollte man sie aus diesem Buch entfernen, so könnte man das Buch gleich mitnehmen.«

Auszug aus dem Roman
Leben und Ansichten von Tristram Shandy, Gentleman von Laurence Sterne:

Ich bin diesen Monat ein ganzes Jahr älter als ich es vor zwölf Monaten war. Und da ich mich, wie Sie sehen, schon beinahe in der Mitte meines vierten Bandes befinde – und doch kein Stückchen weiter als bis zum ersten Tag meines Lebens gekommen bin – so ist es offensichtlich, dass ich in diesem Moment dreihundert und vierundsechzig Lebenstage mehr zu beschreiben habe als damals, wo ich anfing; und so bin ich also, statt wie ein normaler Autor durch die getane Arbeit mit meinem Werk vorangekommen zu sein, ganz im Gegenteil um ebenso viele Bände zurückgeworfen.

ternahm Reisen durch Europa, in der Hoffnung auf Heilung seines Lungenleidens. 1962–65 lebte die Familie in Südfrankreich; zwei Jahre später schloss sich seine *Sentimentale Reise durch Frankreich und Italien* (1768) an.

Konservative Zeitgenossen sahen in dem exzentrischen Pfarrer eine Reizfigur: Sein Lebenswandel war nicht eben solide, er liebte es, im Mittelpunkt zu stehen und mit frivolen Scherzen zu provozieren. Sterne starb berühmt, aber vereinsamt und mittellos.

Biografie: D. Thomson, *Laurence Sterne,* 1991.

Leben und Ansichten von Tristram Shandy, Gentleman

OT The Life and Opinions of Tristram Shandy, Gentleman **OA** 1759–67 **DE** 1769
Form Roman **Epoche** Aufklärung

Der Roman von Laurence Sterne, der bis 1767 in neun Bänden erschien, bewirkte im Winter 1759 eine Sensation, da er er eine Parodie des noch jungen englischen Romans darstellte.

Inhalt: Obgleich der Titel eine Lebensbeschreibung des Ich-Erzählers in Aussicht stellt, erfährt der Leser über die Biografie Tristrams kaum etwas, und auch andere Erwartungen des Publikums durchkreuzt Sternes Roman gründlich. Angetreten mit dem Vorsatz, sein Leben gewissenhaft und unter Berücksichtigung aller kausalen Zusammenhänge darzulegen, verstrickt sich der Held – er wird erst im dritten Band geboren! – in zahlreichen Digressionen (Stichwort → S. 1033), die allesamt auseinander hervorgehen. Der chronologische Ablauf wird auf diese Weise nicht nur verlangsamt, sondern zum Stillstand gebracht und schließlich sogar ins Gegenteil verkehrt, da der Roman nach dem Bewusstsein des Protagonisten geordnet ist: Die Erzählung beginnt 1718 – neun Monate vor Tristrams Geburt – und wechselt zwischen verschiedenen Daten anscheinend planlos hin und her; das Buch endet in der Erzählung mit dem Jahr 1713. Dazwischen liegt ein vorgebliches Chaos aus scheinheilig kaschierten Schlüpfrigkeiten, eingeschobenen Erzählungen sowie leeren oder geschwärzten Seiten. Das Vorwort reicht der Erzähler im dritten Teil nach.

Struktur: Was nach erzählerischer Unfähigkeit bzw. purer Spottlust aussieht, ist tatsächlich wohl durchdacht. Sterne parodiert den Ver-

Laurence Sterne, *Leben und Ansichten von Tristram Shandy, Gentleman,* Frontispiz von Band 2 der Originalausgabe, um 1759

nunft- und Ordnungsglauben der Aufklärung, zugleich aber setzt er an die Stelle des klassischen Erzählmodells (das auf dem Prinzip linearer chronologischer Abläufe basiert) einen neuen, »zirkulären« Romantypus.

Der eigentliche literarische Kunstgriff des Buchs liegt darin, dass durch das Fehlen einer stringenten Handlung der Blick vom Erzählten auf den Vorgang des Erzählens selbst gelenkt wird. Der Protagonist Tristram denkt laut über seine Schreibweise nach, erwägt, prüft oder verwirft ausdrücklich den Gebrauch verschiedener Stilmittel und diskutiert solche Fragen mit seinen Lesern, welche ihm wiederholt mit Einwänden ins Wort fallen (herkömmliche Romane hatten dem Publikum dagegen eine nur passive Rolle zugestanden). Dadurch bekommt das Werk den Charakter einer Konversation.

Wirkung: Der Roman war nach seinem Erscheinen sofort erfolgreich. Sein Stil wurde u.a. im *Sentimental Magazine* nachgeahmt. In Frankreich, wo man Sterne den Titel eines »englischen Rabelais« verlieh, inspirierte er Denis → Diderot zu dessen Roman *Jacques der Fatalist und sein Herr* (1778–80).

In Deutschland ist → Jean Paul sein wichtigster Nachfolger. Die sittenstrengen Viktorianer stießen sich an Sternes Albernheiten und Anzüglichkeiten, seit etwa 1920 aber ist seine Aktualität unbestritten. Für Milan → Kundera war Tristram Shandy »der modernste Roman des 18. Jahrhunderts«. Indem Sterne dem Bewusstsein des Helden als erzählerisches Strukturprinzip den Vorrang vor einer chronologischen Darstellung einräumte, wies er bereits auf den Roman der Moderne voraus, wie ihn James → Joyce und Virginia → Woolf erarbeiteten. *N.S.*

Stevenson, Robert Louis

schott. Schriftsteller

* 13.11.1850 Edinburgh, † 3.12.1894 Westsamoa

📖 *Der seltsame Fall des Dr. Jekyll und Mr. Hyde,* 1886

📖 *Die Schatzinsel,* 1897

Die Eingeborenen von Samoa haben Robert Louis Stevenson den Ehrentitel »Tusitala« (»Geschichtenerzähler«) verliehen, was die besondere Begabung des einfallsreichen, unermüdlich fabulierenden Schriftstellers aus Schottland, der in seinem kurzen Leben ein umfangreiches literarisches Werk hinterließ, angemessen charakterisiert. Neben Romanen verfasste Stevenson einige Reiseberichte, autobiografische Skizzen, Essaysammlungen und einen Band mit Kindergedichten.

OT = Originaltitel **EZ** = Entstehungszeit **OA** = Originalausgabe **DE** = Deutsche Erstausgabe 📖 = Verweis auf Werkartikel

Die in Edinburgh ansässigen Eltern von Stevenson waren berühmte schottische Leuchtturmbauer, Stevensons Laufbahn als Ingenieur und Unternehmer schien damit vorbestimmt. Allerdings zeigte sich schon früh seine labile gesundheitliche Verfassung. Zwar absolvierte Stevenson ein Jurastudium an der Universität Edinburgh und wurde Barrister, aber auf seinen Reisen durch die südlichen Länder, zu der ihn seine Tuberkulose zwang, lernte er nicht nur seine spätere Frau, die um zehn Jahre ältere Amerikanerin Fanny van de Grift Osbourne kennen, sondern entdeckte auch seine Leidenschaft für das Schreiben.

In den folgenden Jahren war das Paar immer wieder auf Reisen, was der nach Reiseeindrücken süchtigen Fantasie des Schriftstellers zugute kam, aber seine Gesundheit weiter zerrüttete. Nach zahlreichen nur mäßig erfolgreichen Abenteuer- und historischen Romanen wie *Treasure Island* oder *Entführt* (1886) gelang der literarische Durchbruch mit *Der seltsame Fall des Dr. Jekyll und Mr. Hyde;* der Erfolg der Erzählung mit 40 000 verkauften Exemplaren in nur sechs Monaten machte Stevenson finanziell unabhängig. Eine Südseereise führte ihn auf die Insel Opolu in der damals deutschen Kolonie Samoa, wo er im Alter von nur 44 Jahren an einer Gehirnblutung starb.

Biografie: H. Dölvers, *Der Erzähler Robert Louis Stevenson,* 1969; M. Reinbold, *Robert Louis Stevenson* (rm 50 488).

Der seltsame Fall des Dr. Jekyll und Mr. Hyde

OT The strange case of Dr. Jekyll and Mr. Hyde
OA 1886 **DE** 1889 **Form** Erzählung
Epoche Viktorianisches Zeitalter

Mit seiner Erzählung hat Robert Louis Stevenson die bis heute vielleicht beklemmendste und wirkungsmächtigste Doppelgänger-Geschichte (Stichwort → S. 1034) vorgelegt, die ihren Reiz aus der geschickten Mischung atmosphärischer Schauplätze, interessanter und skurriler Charaktere, einer am Kriminalroman orientierten Rätselhandlung sowie einer komplexen Erzähltechnik bezieht.

Entstehung: In Schottland existiert der keltische Mythos des fetch, des Doppelgängers, den die Menschen erblicken, ehe sie sterben. Nach einem entsprechenden Traum schrieb Stevenson seine Geschichte über eine Persönlichkeitsspaltung in nur drei Tagen nieder, die jedoch wegen ihrer fehlenden Moral nicht die Billigung seiner Frau fand. Daraufhin schrieb Stevenson – wieder binnen drei Tagen – die endgültige zweite Fassung der Geschichte.

Inhalt: Das Wissen um die Identität von Dr. Jekyll und Mr. Hyde verhindert eine Lektüre der

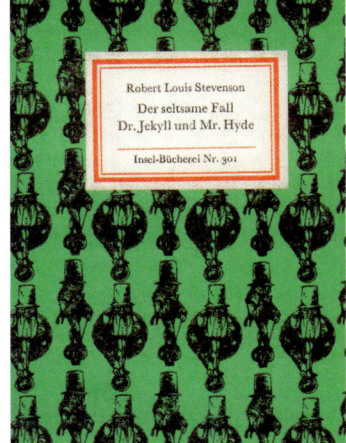

Erzählung als Kriminalgeschichte, wie sie von Stevenson ursprünglich intendiert war. Am Ende der Erzählung sollte der Nachweis der Identität von Jekyll und Hyde als verblüffende Lösung eines Rätsels stehen.

Die Erzählung berichtet vom Sonntagsspaziergang des Notars Gabriel Utterson und seines Begleiters Richard Enfield, die dem unheimlichen, zwergwüchsigen Mr. Hyde begegnen. Dieser Mr. Hyde scheint in einem merkwürdigen Verhältnis zu dem honorigen Dr. Jekyll zu stehen. Nachforschungen Uttersons und ein Brief von Dr. Lanyon, einem langjährigen Freund und Vertrauten des Arztes Dr. Jekyll, bestätigen den Verdacht, dass es sich bei dem Arzt und Mr. Hyde um die gleiche Person handelt. Die nachgelassenen Aufzeichnungen Dr. Jekylls schließlich liefern den sicheren Beweis

Robert Louis Stevenson, *Der seltsame Fall des Dr. Jekyll und Mr. Hyde;* links: als erste Erzählung der deutschsprachigen Ausgabe des Sammelbands *In der Südsee* 1928; rechts: Einband der deutschsprachigen Ausgabe 1969

Doppelgänger

Literarische Verarbeitung: Zwar gibt es schon in der Antike die Figur des Doppelgängers – etwa im Alkmene-Stoff – doch seinen beunruhigenden Charakter gewinnt das Motiv erst vor dem Hintergrund der spezifisch modernen Vorstellung einer kohärenten Persönlichkeit. Irritationen der gesellschaftlichen Systeme, die von Konzept einer mit sich identischen Persönlichkeit ausgehen, privilegieren entsprechend das literarische Motiv: Im Zeitalter der Romantik mit seinen Zweifeln an den Segnungen der Aufklärung sollte das Motiv deshalb Hochkonjunktur haben. Ein typisches Beispiel hierfür bildet E.T.A. → Hoffmanns Roman *Die Elixiere des Teufels* (1815) . Neben das Entsetzen über die Unzuverlässigkeit des eigenen Selbst tritt hier auch eine als beglückend erlebte amoralische Dimension des Motivs: dem einen Ich ist erlaubt, was dem anderen verboten ist, es nimmt sich, was diesem versagt bleibt. In

repressiven sozialen Systemen wie dem puritanischen viktorianischen England blüht der Aspekt des Motivs: Erkennbar bedient sich etwa der Roman *Das Bildnis des Dorian Gray* (1890) von Oscar → Wilde dieses ihrer Robert Louis → Stevensons Erzählung *Der seltsame Fall des Dr. Jekyll und Mr. Hyde* entwickelten kompensatorischen Modells.
Variante: Als sich im Anschluss an die Romantik das psychologische Interesse an Aberrationen des Sozialwesens Mensch entwickelt, etabliert sich eine neue Variante des Motivs, die den Akzent vor allem auf die psychopathologische Bedeutung des Stoffes legt: Die Geschichten von Doppelgängern erscheinen nun als Fallstudien, an denen sich die desintegrativen Kräfte der Gesellschaft und die Dissoziation der Subjekte studieren lassen: *William Wilson* (1839) von Edgar Allan → Poe und *Der Horla* (1887) von Guy de → Maupassant können veranschaulichen diese Facette .

Robert Louis Stevenson,
Die Schatzinsel, Umschlag der
deutschsprachigen Ausgabe
1995 mit Illustrationen von
Robert Ingpen

für die Behauptungen des Arztes Lanyon: Dr. Jekyll, der an einer diffusen Identitätsstörung litt und die düsteren Seiten seines Naturells konsequent unterdrückte, ist es gelungen, ein Elixier herzustellen, das ihm eine Dissoziation in die negative, missgestaltete Figur des Mr. Hyde erlaubt, der all jene negativen Energien auslebt, die Jekyll in sich unterdrückt hat. Zunehmend jedoch gewinnt die Abspaltung des Mr. Hyde Oberhand über die des Dr. Jekyll, was sich auch physisch in ihrem Wachstum und der zunehmenden Dauer der Metamorphosen manifestiert. Um der Gefahr zu entgehen, sich eines Tages nicht mehr zurückverwandeln zu können, scheidet Dr. Jekyll schließlich durch Selbstmord aus seinem Leben.

Struktur: Die komplexe Erzählstruktur mit wechselnden Perspektiven macht eine eindeutige Interpretation schwierig, zumal nicht deutlich wird, dass sich Jekyll seiner Identität mit Hyde bewusst ist. Bis zum Schluss charakterisiert Jekyll sein alter ego als ein zwar aus sich heraus freigesetztes, aber doch von ihm grundsätzlich geschiedenes Wesen, dessen Tod durch seinen Selbstmord keineswegs beschlossene Sache sei. Zumindest eine Deutung des Endes als moralische Läuterung des Helden steht deshalb in Frage. Eher bietet sich eine Lesart der Erzählung als satirische Bloßstellung einer von dem rigiden Normensystem der viktorianischen Ära erpressten Doppelmoral an.

Wirkung: Mit seiner erfolgreichen, von der Kritik hoch gelobten und bald auch dramatisierten Erzählung etablierte Stevenson einen auch heute noch wirksamen viktorianischen Mythos, wenn auch die gängige Interpretation die ursprüngliche Intention von Stevenson verfehlen mag. Eine große Zahl von Verfilmungen (u. a. von Rouben Mamoulian aus dem Jahr 1931 mit Frederick March in der Doppelrolle von Jekyll und Hyde) haben zur Verfestigung dieser Variante des Doppelgängermotivs beigetragen. Auch moderne Varianten des Stoffs wie der skandalumwitterte Roman *American Psycho* (1991) von Bret Easton Ellis oder der Roman *Sünde* von Shusaku Endo lassen sich als Weiterentwicklungen von Stevensons Geschichte begreifen. *H. R. B.*

Die Schatzinsel

OT Treasure Island
OA 1883 (Vorabdruck 1881 in *Young Folks*) **DE** 1897
Form Roman **Epoche** Viktorianisches Zeitalter

Das Jugendbuch von Robert Louis Stevenson darf als einer der Prototypen des Abenteuer- und Seeromans (Stichwort → S. 1036) gelten, der dank seines mitreißenden Erzähltempos auch erwachsene Leser in Bann gezogen hat und mit einer für das Genre unüblichen Differenziertheit die Schwierigkeiten bei der Grenzziehungen zwischen Gut und Böse reflektiert.
Entstehung: Während eines Sommerurlaubs mit seinen Eltern, seiner Frau und seinem zehnjährigen Stiefsohn Lloyd erbat sich dieser eine spannende Geschichte über eine Schatzinsel. Stevenson schrieb in der Folgezeit täglich ein Kapitel, das er abends vorlas. Die ersten Kapitel erschienen in der Zeitschrift Young Folks unter dem Pseudonym Captain North, um dem Werk höhere Authentizität zu verleihen.
Inhalt: Jim Hawkins, der Sohn eines Gastwirts gerät durch Zufall in den Besitz einer Schatzkarte des berüchtigten Piratenkapitäns Flint. Der Gutsherr Squire Trelawney und der Arzt Dr. Livesey wollen den Schatz heben und rüsten deshalb das Schiff Hispaniola im Hafen von Bristol aus. Jim soll sie auf der Reise als Schiffsjunge begleiten.
Durch die Indiskretionen Squires sind die ehemaligen Kumpane des Piratenkapitäns hellhörig geworden und haben auf der Hispaniola angeheuert. Ihr Anführer ist der einbeinige Schiffskoch Long John Silver. Zwischen ihm und Jim entwickelt sich eine intensive, aber auch schwierige Beziehung. Jim beobachtet entsetzt, wie Silver einen loyalen Matrosen hinterrücks ermordet, ist aber auch von der durchsetzungsfähigen und verschlagenen Persönlichkeit des alten Piraten beeindruckt.

Abenteuer- und Seeroman

Charakteristika: Im Zentrum von Abenteuerromanen stehen in der Regel außergewöhnliche, das Alltagsleben sprengende Ereignisse. In der Nachfolge der Waldläuferromane von James Fenimore → Cooper entwickelt sich das Genre v. a. im 19. Jahrhundert. Amerika bleibt in den Romanen von Charles Sealsfield (1793–1864), Friedrich → Gerstäcker und Karl → May der populärste Schauplatz, aber auch der Orient und Afrika werden als pittoreske Kulisse geschätzt. Charakteristisch für den Abenteuerroman sind neben den exotischen Schauplätzen der tapfere Held – zumeist aus einer mittleren gesellschaftlichen Schicht – und der Gegensatz von gewohnter Ordnung und gefahrvoller Fremdheit.
Handlungsverlauf: Das organisierende erzählerische Prinzip ist häufig eine Reise, die den Helden in eine unbekannte Welt führt, wo er außergewöhnliche Menschen trifft und gefährliche Erlebnisse zu bestehen hat – dazu zählen Kämpfe mit wilden Tieren oder Naturgewalten. Das Erlebnis von Not und Kampf wird zur einer Herausforderung für den Charakter des Helden, der an seinen Abenteuern auch moralisch reift. Der Abenteuerroman überführt das Initiationsschema von äußerer Perfektionierung und innerer Bewährung in die komplexe Handlung eines Romans.
Entwicklung des Genres: Mit der Zivilisierung und Kartierung der fremden Welt durch die Entdeckungsreisen des 19. Jahrhunderts wird dem an exotischen Schauplätzen spielenden Abenteuerroman allmählich der Boden entzogen: Zunehmend wird nun das Abenteuer unter der Oberfläche des vertrauten Lebens gesucht, wird der Dschungel der Großstadt (Eugène → Sue: *Die Geheimnisse von Paris*) und die Bereiche von Wissenschaft und Forschung (Jules → Verne) zur neuen Kulisse des Abenteuerromans, der freilich dabei mit anderen Genres wie Fantasy, Sciencefiction und Kriminalroman amalgamiert.

Auf der Insel kommt es zu gewalttätigen Auseinandersetzungen mit den meuternden Piraten. Mehrfach wechselt das Glück, durch die Initiative Jims obsiegt schließlich die Mannschaft um Kapitän Smollet und den Squire. Mit der Hilfe eines vor Jahren auf der Insel ausgesetzten Matrosen wird schließlich auch der Schatz gehoben. Die Piraten werden auf der Insel zurückgelassen, nur Silver als ihr Rädelsführer wird auf die Heimfahrt mitgenommen. Allerdings gelingt es diesem, mit einem Teil des Schatzes das Schiff heimlich zu verlassen. Jim kehrt als reicher Mann nach Hause zurück, wird aber von schrecklichen Alpträumen geplagt.

Struktur: Der Roman besticht durch die Mischung aus literarischer Hochsprache, Matrosenjargon und schottischem Dialekt. Die geradlinig erzählte Handlung orientiert sich an den Gattungsmustern des Abenteuer- und den Schauerromans. Motive wie Freibeutertum, Meuterei und Schatzsuche konnte Stevenson den Romanen von Daniel → Defoe, Frederick Marryat (1792–1848) und Edgar Allan → Poe entnehmen. Die Wahl eines noch jugendlichen, seinen erwachsenen Gegenspielern physisch unterlegenen Helden und die mit der Piraterie verbundenen grausigen Details (Mord und Totschlag, körperliche Verstümmelungen etc.) erlauben es Stevenson, auch mit den unheimlichen Elementen des Schauerromans zu arbeiten; die Ich-Perspektive garantiert dabei von Anfang an das Überleben des jugendlichen Helden. Die Abenteuerhandlung dient als Folie zur Thematisierung allgemeinmenschlicher Probleme, insbesondere der Einsicht in die Ambivalenz der menschlichen Natur. Im Zentrum des Romans steht die widersprüchliche Beziehung Jims zu dem Piraten Long John Silver. Mit ihm verbindet Jim die proletarische Herkunft – während der Kapitän oder der Squire typische Gentlemen sind – und eine Neigung zu Gewalt und Habgier. Gerade wegen der Ambivalenz seiner Darstellung, wegen seines psychologischen Realismus und der Weigerung, die Gesellschaft nach einem einfachen Gut-Böse-Schema einzuteilen, wurde die *Schatzinsel* zu einem vorbildlichen Abenteuerroman.

Wirkung: Der Roman war zunächst ein Misserfolg: Leserbriefe beklagten, dass der Bösewicht am Schluss des Romans ungeschoren davonkomme. Der zwar als Jugendbuch konzipierte, aber auch von Erwachsenen gelesene Abenteuerroman avancierte jedoch zu einem der berühmtesten Werke der Weltliteratur und zur intertextuellen Bezugsgröße zahlreicher anderer Abenteuer- und Jugendromane. Robert Leeson verfasste mit *Silver's Revenge* (1979) eine parodistische Replik, in Björn Larssons *Long John Silver* (1995) wird die Lebensgeschichte Silvers ausgebreitet, in Jo Tenfjords

Mädchenbuch *Sally, die Seeräubertochter* werden die Ereignisse aus der Perspektive der Mulattin Sally, der Tochter Silvers, erzählt. Mehrere Verfilmungen (zuletzt USA 1990) verdeutlichen die anhaltende Popularität des Romans. *H. R. B.*

Stifter, Adalbert

österreich. Schriftsteller

*23.10.1805 Oberplan (heute Horní Planá, Tschechien)
†28.1.1868 Linz

📖 *Der Nachsommer,* 1857

Adalbert Stifter ist der bedeutendste österreichische Erzähler des Realismus. Seinem Gesamtwerk liegt das Prinzip der Ordnung zu Grunde: Der Mensch kann nur Glück und Zufriedenheit erlangen, wenn sein Denken, Fühlen und Handeln von Maß und Ordnung bestimmt werden. Stifter verbindet einen unpsychologischen, um Objektivität bemühten Erzählstil mit detaillierten Landschaftsschilderungen. Natur wird als eine den Menschen sowohl beschützende als auch bedrohende Macht dargestellt.

Stifter, Sohn eines Leinenwebers und -händlers, begann nach dem Besuch des Gymnasiums im Stift Kremsmünster 1826 in Wien das Studium der Rechtswissenschaften und arbeitete nebenbei als Hauslehrer. Eine Zeit lang sah er sich vor allem als Maler, doch mit zunehmendem Erfolg als Autor wurde ihm das Schreiben immer wichtiger. Nach einer unerfüllten Jugendliebe heiratete Stifter 1837 die Modistin Amalie Mohaupt; seine Ehe verlief jedoch glücklos. 1848 übersiedelte er nach Linz, wo er zunächst als Zeitungsredakteur tätig war und dann zum Inspektor der oberösterreichischen Volksschulen ernannt wurde. Schwerkrank starb er an den Folgen eines Selbstmordversuchs.

Biografien: W. Matz, *Adalbert Stifter oder Diese fürchterliche Wendung der Dinge,* 1995; U. Roedl, *Adalbert Stifter* (rm 50086).

Auszug aus dem Roman *Die Schatzinsel* von Robert Louis Stevenson:

Vor seinen Geschichten hatten die Leute am meisten Angst. Schauerliche Geschichten waren es: vom Hängen und vom Plankengehen ... von Stürmen auf See und von Trockenen Tartugas, von wüsten Missetaten und von den Häfen an der südamerikanischen Nordküste. Wenn man ihn so hörte, so musste er ja wohl sein ganzes Leben unter den ruchlosesten Verbrechern zugebracht haben, die der Herrgott je zu Wasser gelassen hat; und die Sprache, in der er diese Geschichte erzählte, entsetzte uns biedere Landbewohner beinahe ebenso wie die Untaten, von denen sie da hören mussten.

Adalbert Stifter; letzte Fotografie des Schriftstellers

Die wichtigsten Werke von Adalbert Stifter	
Studien 1844–50	Den dreizehn Erzählungen des Buchs ist ein fatalistischer, resignativer Grundton gemeinsam. Sie handeln u. a. von verfehlten Liebesbeziehungen (*Brigitta*), gescheitertem Glücksstreben (*Abdias*) oder falschen Lebensentscheidungen (*Der Hagestolz*).
Wien und die Wiener, 1844	In diesen ursprünglich für eine Anthologie geschriebenen Erzählungen thematisiert Stifter das Phänomen der modernen Großstadt.
Bunte Steine 1853	*Ein Festgeschenk:* In der Vorrede zu den Erzählungen der Sammlung formuliert Stifter seineTheorie vom »sanften Gesetz«, »wodurch das menschliche Geschlecht geleitet wird«. In der bekanntesten Erzählung, *Bergkristall,* verirren sich zwei Kinder im Gebirge.
Der Nachsommer, 1857	Stifters Hauptwerk ist ein radikaler Gegenentwurf zu den politischen und gesellschaftlichen Tendenzen seiner Zeit. → S. 1038
Witiko 1865–67	Ursprünglich als vielbändiges Werk geplant, handelt der historische Roman von der Gründung des Königreichs Böhmen im 12. Jahrhundert..

Adalbert Stifter, *Der Nach-sommer*, Titelseite der Originalausgabe 1857

Auszug aus dem Roman
Der Nachsommer
von Adalbert Stifter:

Gegen diesen Einwurf sagte mein Vater, der Mensch sei nicht zuerst der menschlichen Gesellschaft wegen da, son-dern seiner selbst willen. Und wenn jeder seiner selbst willen auf die beste Art da sei, so sei er es auch für die menschliche Gesellschaft. Wen Gott zum besten Maler auf dieser Welt geschaffen hätte, der würde der Menschheit einen schlechten Dienst tun, wenn er etwa ein Gerichtsmann wer-den wollte: wenn er der größte Maler wird, so tut er auch der Welt den größten Dienst, wozu ihn Gott erschaffen hat.

Der Nachsommer

EA 1857 **Form** Roman
Epoche Realismus

Der Nachsommer ist der letzte große deutschsprachige Bil-dungsroman in der Nachfolge von → Goethes *Wilhelm Meis-ters Lehrjahre* (1795/96). Darin entfaltet Adalbert Stifter sein Konzept einer planvollen Er-ziehung und umfassenden Bildung, dessen Ziel die harmo-nische Entwicklung des Men-schen ist.

Entstehung: Der Roman zählt zu Stifters Spätwerk. Er ging aus Entwürfen für eine Erzäh-lung mit dem Titel *Der alte Hof-meister* hervor, an der Stifter ab 1848 gearbeitet hatte. Im Ro-man *Der Nachsommer* verla-gerte er den Schwerpunkt und übertrug die Lebensgeschichte des Hofmeisters Risach auf die Entwicklungs-geschichte des jungen Heinrich Drendorf.

Inhalt: Heinrich Drendorf, Sohn eines wohlha-benden Kaufmanns, macht im Rahmen seines Geologiestudiums auf einer Forschungsreise in den Alpen die Bekanntschaft des Freiherrn von Risach, eines einst einflussreichen Staatsbeam-ten, der zu seinem entscheidenden Erzieher und Mentor wird. Auf Risachs Landgut erwei-tert und vertieft Heinrich seine wissenschaftli-chen und künstlerischen Kenntnisse und lernt Mathilde Tarona und deren Tochter Natalie kennen. Heinrich erfährt, dass Risach einst lei-denschaftlich in Mathilde verliebt war, eine Ver-bindung zwischen den beiden aber nicht zu Stande kam, da ihre Eltern sie damals für zu jung hielten. Risach und Mathilde, die wenige Jahre später einen anderen Mann heiratete, ver-loren sich daraufhin aus den Augen. Erst nach dem Tod ihres Gatten nähern sie sich einander wieder an und leben nun »in Glück und Stetig-keit gleichsam einen Nachsommer ohne vorher-gegangenen Sommer«. Heinrich seinerseits geht mit Natalie eine Ehe ein, die von Harmonie und gegenseitigem Verständnis geprägt ist.

Struktur: Der Roman wird aus der Perspektive Heinrichs in der 1. Person Singular erzählt. Der Protagonist und auch die übrigen Figuren blei-ben undeutlich in der Charakterisierung und darüber hinaus ohne psychologische Tiefe. Stif-ter ging es offensichtlich nicht um eine genaue Darstellung der Charaktere oder eine spannen-de Handlungsführung, sondern um die Präsen-tation eines Ordnungssystems, in welchem alle dargestellten Bereiche das gleiche Maß der er-zählerischen Behandlung verdienen: jene Be-reiche, die ihm selbst zum Erlangen eines er-füllten Lebens wichtig erschienen, von hand-werklichen Fähigkeiten über die Landwirtschaft bis hin zu Kunst und Religion. Der junge Hein-rich gelangt, stets erfüllt von Dankbarkeit ge-genüber seinen Lehrern, ohne Widerstand und innere Kämpfe von einer Erkenntnis- und Le-bensstufe zur nächsten.

Wirkung: *Der Nachsommer* ist ein radikaler Ge-genentwurf zu den Tendenzen seiner Zeit: Den politischen Umbrüchen, naturwissenschaftlich-technischen Neuerungen und der zunehmen-den Verunsicherung des Einzelnen stellte Stif-ter sein Modell einer harmonischen Welt gegenüber, in der Sinnfindung noch möglich zu sein schien. Die rückwärtsgewandte Idylle wurde von den Zeitgenossen nicht verstanden und trug dem Autor den Vorwurf der Welt-fremdheit und Langeweile ein. Friedrich Hebbel versprach demjenigen, der das Werk lese, ohne dazu »als Kunstrichter« gezwungen zu sein, »die Krone von Polen«. Friedrich → Nietzsche hingegen hielt es für einen der Romane, die es verdienten »wieder und wieder gelesen zu wer-den«. Erst im Zuge einer Stifter-Renaissance nach dem Ersten Weltkrieg wurde *Der Nach-sommer* neu gewürdigt, und es blieb der neue-ren Forschung vorbehalten, seine Qualitäten jenseits ideologischer Kontroversen he-rauszuarbeiten. *R. Mi.*

Stoker, Bram

(eigtl. Abraham) anglo-ir. Schriftsteller
†8.11.1847 in Clontarf (Dublin), † 20.4.1912 London
📖 *Dracula*, 1897

Bram Stoker hat eine Reihe von Schauerroma-nen und ein Buch mit Erinnerungen an den englischen Schauspieler Henry Irving (1838–1905) hinterlassen, aber seinen Platz in der Literaturgeschichte verdankt er seinem Roman um den Vampir (Stichwort → S. 1039) Dracula, einem verspäteten Höhepunkt des englischen Schauerromans, mit dem Stoker einen bis heute wirkungsmächtigen Mythos des Bösen in der Literatur geschaffen hat.

Die ersten sieben Jahre seines Lebens war Sto-ker durch eine schwere Krankheit ans Bett ge-fesselt – als Student am Trinity College in Dub-lin jedoch zeigte er beachtliche physische und geistige Leistungen. So war er u.a. der Star einer Fußballmannschaft und Vorsitzender einer historischen und philosophischen Gesell-schaft. Nach dem Studium, das er mit Aus-zeichnung abschloss, arbeitete Stoker als Be-amter, gab eine Zeitschrift heraus und schrieb unbezahlte Theaterkritiken. 1878 wurde er Manager des seinerzeit weltberühmten Shakespeare-Schauspielers Irving. Von den 10 Romanen, die er schrieb, erlangte nur *Dracula* literaturgeschichtliche Bedeutung und erfuhr Anerkennung durch das Lesepublikum.

Biografie: D. Farson, *The Man who wrote Dracula*. 1975

Dracula

OT Dracula **OA** 1897 **DE** 1908
Form Roman **Epoche** Viktorianisches Zeitalter

Der Roman von Bram Stoker kann als Prototyp des Vampirromans bezeichnet werden, insofern sein Autor nach gründlichen literarischen und volkskundlichen Recherchen alle Aspekte des literarischen Vampirismus in einer geschickt montierten Kolportagehandlung zusammengetragen und das bis heute gültige Modell vom Vampir als erotisch bezwingendem Fürsten der Finsternis und des Todes geprägt hat.

Inhalt: Die ersten vier Kapitel des Romans schildern den Besuch des englischen Kanzleiangestellten Jonathan Harker auf dem Schloss des rumänischen Grafen Dracula, um mit diesem über den Ankauf eines Grundstücks in London zu verhandeln. Bald muss Harker Beobachtungen machen, die ihn an der menschlichen Natur seines Gastgebers zweifeln lassen. Dracula ist ein Vampir, ein Untoter, der sich von Blut ernährt, kein Spiegelbild hat, tags in seinem Sarg schläft und nachts sein Unwesen treibt. Wer von ihm gebissen wird, kann sich selbst in einen Vampir verwandeln und dieses Schicksal an andere weitergeben. Entsetzt flieht Harker.

Dracula will seinen Wirkungskreis auf englischen Boden erweitern und sucht seine neuen Opfer im Bekanntenkreis Harkers. Dr. Seward, der Leiter einer Irrenanstalt, bemerkt bald die Anwesenheit numinoser Gewalten: Sein Patient Renfield steht unter dem Einfluss einer dämonischen Macht, Lucy Westenra, eine Freundin von Harkers Verlobter Mina, beginnt an Blutverlust dahinzusiechen. Da Dr. Seward dem Ursprung der Bedrohung mit den Mitteln der Naturwissenschaft seiner Zeit nicht auf den Grund kommen kann, bittet er seinen Lehrer, den holländischen Professor van Helsing, um Hilfe.

Der gewiefte Theologe, Anthropologe und Mediziner durchschaut bald die Vorgänge, schweißt den Irrenarzt, den Verlobten Lucys, Lord Godalming, dessen amerikanischen Freund Quincey Morris und den erfolgreich aus Transsylvanien geflohenen Jonathan Harker zu einem Männerbund zusammen, der es sich zur Aufgabe macht, den Vampir aufzuspüren und zur Strecke zu bringen. Sie legen geweihte Hostien in die von Dracula als Ruhestätte benützten Särge, sie verriegeln Fenster mit Knoblauch und erlösen die zum Vampir mutierte Lucy

Béla Lugosi als Graf Dracula in der Verfilmung des Romans *Dracula* von Bram Stoker (USA 1930; Regie: Tod Browning)

Vampir

Entwicklung in der Literatur: Schon das Altertum kennt zahlreiche Versionen bluttrinkender Gespenster wie die Lamien, Strigien und Harpyen. Aber seinen Siegeszug tritt der Vampir erst im Zeitalter der Aufklärung an. Zwei im Wettbewerb romantischer Dichter in der Villa Diodati am Genfer See entstandene Erzählungen von Lord → Byron und seinem Arzt John Polidori (1795–1821) haben das Motiv als eine Metapher für die Aristokratie geprägt, die sich nach der französischen Revolution an den Töchtern der bürgerlichen Emporkömmlinge rächt und an diese durch vampirische Infektion den Fluch des blutsaugerischen Daseins weitergibt.

Erfolg durch Erotik: Dass die Gestalt des Vampirs unter allen anderen Figuren der literarischen Fantastik sicherlich die erfolgreichste ist, verdankt sich zunächst wohl der erotischen und aristokratischen Aufladung des Stoffs: Im Vampir zeigt sich das Böse und Dämonische von seiner begehrenswerten Seite. Besonders weit geht in dieser Hinsicht die Novelle *Carmilla* (1872) von Sheridan le Fanu, in der die Beziehung zwischen einem weiblichen Vampir aus uraltem Geschlecht und seinem blutjungen Opfer mit seltener, fast fiebriger Intensität und Explizität geschildert wird. Immer wird der Biss des Vampirs mit Angst, aber auch Lust empfangen.

Dimensionen: Darüber hinaus verfügt das Motiv aber auch über eine ungewöhnliche Elastizität, die es erlaubt, im Motiv des Vampirismus staatliche Unterdrückung, aristokratische Ausbeutung, stalinistische Bürokratie oder jesuitischen Gesinnungsterror zu gestalten. Die Tödlichkeit und Unbedingtheit der vampirischen Liebe, aber auch die Dimension eines ewigen Lebens haben immer wieder auch eine utopische Dimension am Vampirismus hervortreten lassen, die auch zwanghaften Charakter seiner Verfolger erklärt. Schon vor Stoker ist auch die Gestalt des Vampirjägers ins Zwielicht geraten, so z.B. in Théophile Gautiers *La morte amoureuse* (1836) ein eifernder Mönch.

durch einen Pfahl, den sie ihr ins Herz treiben, von ihrem Dasein zwischen Leben und Tod.

Dracula flieht zurück in seine Heimat, die Freunde setzen ihm nach; vor seinem Schloss kommt es schließlich zum Entscheidungskampf, bei dem Dracula zur Strecke gebracht wird. Seine Auslöschung erlebt er als Erlösung von dem Fluch, unter dem er seit vierhundert Jahren stand.

Aufbau: Der Roman besteht aus einer geschickt montierten Mischung aus Tagebucheinträgen, Briefen, Protokollen und Memoranden. Diese Darstellung hat den Vorteil, einerseits authentisch den Schrecken der jeweiligen Verfasser bei ihrer Begegnung mit der Macht des Übernatürlichen authentisch wiederzugeben, andererseits wird durch die Modernität von Aufzeichnungsgeräten wie dem Phonografen des Dr. Seward die Archaik des Vampirismus mit modernsten technischen Mitteln konfrontiert, um so das Unheil, das in die moderne Welt Einzug gehalten hat, beglaubigen zu können.

Der Roman bedient sich der im englischen Schauerroman bewährten Gegenüberstellung von weiblichen Opfern und männlichen Tätern. Die hypnotische Gewalt, die der Vampir über Frauen ausübt, ist dabei als Metapher ihrer heimlichen Leidenschaft für eine abweichende, nicht ausschließlich auf den Zweck der Fortpflanzung beschränkte Sexualität zu verstehen, die sich im Vampirbiss in den Hals des weiblichen Opfers offenbart. Dieser erotischen Dimension entsprechen auch die Tötungsweisen des Vampirs: er wird geköpft (kastriert) oder gepfählt (penetriert) – die Pfählung ist als ein Akt der Bekehrung des perversen Vampirs zu einer

gewissermaßen rechtschaffenen Sexualität zu verstehen, für die sich der von seinem Fluch erlöste Vampir mit einem verklärten Lächeln bedankt. In der Figur van Helsings ist dem Vampir ein Gegenspieler erwachsen, dessen Kreuzzug gegen das Abweichende zusammen mit seiner despotischen Mentalität und der Erwartung an bedingungslose Treue und Gehorsam seiner Gefolgsleute auch an die Gestalt des politischen Führers und Demagogen erinnern, gegen den der Graf aus dem Mittelalter kaum Überlebenschancen hat. Der Erfolg des Romans beruht wohl auf dieser Ambivalenz, die es erlaubt, nicht nur der Beseitigung der Vampire, sondern auch dem hoffnungslosen Kampf der Vampire gegen die Mächte der Moderne gewisse Sympathien entgegenzubringen

Wirkung: Stokers Roman ist bis auf den heutigen Tag von unverminderter Bedeutung für jeden literarischen Versuch, aus dem Mythos des Vampirismus neue literarische Funken zu schlagen. Das gilt für die Romane des Engländers Kim Newman (*1959) genauso wie für die der Amerikanerin Ann Rice (*1941). Dramatisierungen des Stoffs, seine frühe und suggestive Verfilmung von 1912 unter dem Titel *Nosferatu – Sinfonie des Grauens* durch Fritz Murnau, eine Anzahl weiterer Verfilmungen (u.a. durch Tod Browning, Terence Fischer und Francis Ford Coppola), sogar Parodien (wie *Tanz der Vampire*, 1967 von Roman Polanski) demonstrieren die Unverwüstlichkeit einer Motivs, das sich auch in weniger populären Darstellungen durchgesetzt hat, wo Vampirismus als Metapher sexueller Hörigkeit und seelischer Auszehrung dienen kann.

H.R.B.

Die wichtigsten Bücher von Theodor Storm

Immensee, 1850	Thema der ersten Novelle des Dichters ist der Widerstreit zwischen bürgerlichem Leben und Künstlerexistenz. → S. 1041
Viola tricolor 1874	Nach dem Tod seiner Frau heiratet der Gelehrte Rudolph Ines. Doch die ständige geistige Präsenz der Verstorbenen macht eine glückliche Ehe unmöglich. Storm verarbeitet Autobiografisches in der Novelle.
Pole Poppenspäler 1874	Paulsen, Sohn eines Handwerkers, verfällt als Kind der Faszination einer Puppenspieler-Bühne. Viele Jahre später verliebt er sich in die Tochter der fahrenden Puppenspieler, die er rein zufällig wiedertrifft. Gegen alle bürgerlichen Widerstände heiratet er sie.
Aquis submersus 1876	Die Chroniknovelle erzählt die Geschichte um die unglückliche Liebe zwischen Johannes und Katharina. Nach langer, ungewollter Trennung finden sie sich wieder. Doch als er sie seiner Liebe versichert, ertrinkt das gemeinsame Kind im nahen Weiher.
Carsten Curator 1878	Carsten Curators Sohn Heinrich ist dem Alkohol verfallen und verschleudert das gesamte Geld seiner Familie. Im Streit gehen Vater und Sohn auseinander. Als Heinrich später tödlich verunglückt, macht Carsten sich Vorwürfe und ihn trifft der Schlag.
Hans und Heinz Kirch 1882	Heinz entspricht nicht den strengen Erwartungen seines Vaters Hans, sodass es bald zum Bruch kommt. Als Heinz das Elternhaus für immer verlässt, geht Hans an der Erfahrung zu Grunde.
Der Schimmelreiter, 1888	Der Gegensatz zwischen Aberglaube und Rationalität, zwischen Tradition und Fortschritt ist das Thema dieser Novelle. → S. 1041

Storm, Theodor

dt. Schriftsteller

*14.9.1817 Husum, † 4.7.1888 Hademarschen

📖 *Immensee*, 1850

📖 *Schimmelreiter*, 1888

Theodor Storm ist neben Theodor → Fontane der bedeutendste Vertreter des poetischen Realismus. Mit seinen 58 Novellen gilt er bis heute als einer der populärsten deutschsprachigen Erzähler.

Storm stammte aus einer alteingesessenen Husumer Patrizierfamilie. Der Sohn eines Advokaten studierte Jura in Kiel und Berlin und ließ sich 1843 als Rechtsanwalt in Husum nieder. 1853 musste er seine Heimatstadt aufgrund seiner Auflehnung gegen die Annektierung Holsteins durch Dänemark verlassen. Er arbeitete als Assessor in Potsdam, wo er mit Fontane, Joseph von → Eichendorff und Paul Heyse

(1830–1914) verkehrte. Ab 1856 war er als Richter in Heiligenstadt tätig. 1864 nach Husum zurückgekehrt, hatte er bis zu seiner Pensionierung 1880 zunächst das Amt des Landvogts, dann des Kreisrichters inne.

In seinem literarischen Werk zeigte sich Storm stets der holsteinischen Heimat verbunden. Seine frühe Lyrik verarbeitet romantische Einflüsse und ist realistisch-impressionistisch getönt. Die »lyrische Novelle« *Immensee* zeigt noch die Mischung von romantischer Stimmungskunst und einer biedermeierlichen Beschränkung auf den kleinen Raum. In späteren Novellen entwickelte Storm die Novelle zu einer strafferen Form (*Aquis submersus*, 1876; *Der Schimmelreiter*, 1888). Grundstruktur seines Werks ist die Spannung zwischen rationalen und irrationalen Elementen, zwischen Realität und Mythischem. Liebe, Familie und Heim waren Werte, an denen der Dichter festhielt. Diese Haltung erklärt die Rückwärtsgewandtheit vieler Werke sowie das häufig verwendete erzählerische Mittel des Erinnerungsrahmens. Dennoch lag Storm eine idyllische Verklärung fern; im Gegenteil ging es ihm um die »tiefsten Probleme des Menschenlebens«.

Biografie: R. Fasold, *Theodor Storm*, 1997; H. Vinçon, *Theodor Storm* (rm 50 186).

Immensee

OA 1850 **Form** Novelle **Epoche** Poetischer Realismus

In der ersten von Theodor Storm veröffentlichten Novelle tritt das Lyrische noch unmittelbar hervor. *Immensee* ist geprägt durch seine idyllischen Bilder, melancholischen Erinnerungssequenzen und symbolhafte Sprache. Thema der Novelle ist der Widerstreit zwischen der bürgerlichen Welt und der Künstlerexistenz.

Inhalt: Der greise Held Reinhard Weber lässt an einem dunklen Herbstabend sein Leben vor seinem inneren Auge vorüberziehen. Gegenstand seiner Erinnerung ist die unerfüllt gebliebene Liebe zu Elisabeth. Gemeinsam auf dem Landgut Immensee aufgewachsen, ist den beiden von Anfang an keine gemeinsame Zukunft vergönnt. Verantwortlich hierfür sind grundverschiedene Lebensentwürfe. Während Elisabeth Schutz hinter den bürgerlichen Normen sucht, meint Reinhard Glück und Schönheit nur jenseits dieser Grenzen finden zu können; er ist der Prototyp des Künstlers. Als Reinhard zum Studium in die Stadt geht, verlässt er zum ersten Mal Elisabeth und überschreitet die bürgerlichen Grenzen . Erst ein Brief von Elisabeth erinnert ihn an die Heimat und die alte Liebe. Als er Elisabeth über Ostern besucht, bemerkt er bei ihr eine Veränderung. Das materiell-bürgerliche Denken hat das poetische Element in ihrem

Leben vollends verdrängt. Erich, ein Schulfreund Reinhards, wird für sie mehr und mehr zum Lebensmittelpunkt; die beiden heiraten schließlich. Als Reinhard nach zweijähriger Abwesenheit wieder nach Immensee kommt, muss er erkennen, dass er Elisabeth endgültig verloren hat. Obwohl er weiß, dass Elisabeths Ehe mit Erich ein Fehler ist, beschließt Reinhard seiner Liebe zu entsagen und kehrt Immensee unwiderruflich den Rücken. Ihm bleibt allein die Erinnerung.

Aufbau: Storm wählte für seine Novelle die für das Genre typische Rahmenkonstruktion. Der sich erinnernde Greis Reinhard steht am Anfang und Ende der Erzählung. Seine Erinnerung an die Jugend bildet die Binnenerzählung. Ihr Aufbau entspricht formal dem eines Gedichts: Die acht Erzählabschnitte erinnern an in Prosa gesetzte Strophen, die einzelne Stimmungsbilder wiedergeben. Diese Funktion kommt auch den eingebauten Gedichten und Liedern zu, die wichtiger Bestandteil des Texts sind, indem sie Einblick in das Seelenleben der Figuren und die Motivationen ihres Handelns geben.

Wirkung: Neben dem *Schimmelreiter* gehört die Novelle *Immensee* zu den erfolgreichsten Prosatexten von Storm. Schon zu seinen Lebzeiten erfuhr die Geschichte einer unglücklichen Liebe 30 Auflagen. *S. W.*

Thodor Storm 1887

Der Schimmelreiter

OA 1888 **Form** Novelle **Epoche** Poetischer Realismus

Der Schimmelreiter von Theodor Storm ist zugleich Gespenstersage und die Tragödie eines Genies. Der Widerstreit zwischen Aberglaube und Rationalität, zwischen Tradition und Fortschritt ist das Thema dieser Novelle.

Inhalt: Hauke Haien ist ein begabter Autodidakt. Schon als Kind keimt in ihm der Gedanke, eines Tages einen neuartigen, flacheren Deich zu bauen, der dem Meer besser trotzen kann. Seine intellektuelle Überlegenheit hat indes eine Schattenseite: Hauke bleibt Außenseiter und wird gemieden. Er wird Kleinknecht des Deichgrafen und übernimmt das Amt schließlich selbst, als er die Tochter des verstorbenen Vorgängers heiratet. Nun endlich kann er sich seinen Lebenstraum erfüllen, den Neubau des Deichs. Mit dem ehrgeizigen Projekt wächst bei den Dörflern der Aberglaube. Nachts sehen sie auf einer Hallig einen gespenstischen Schim-

Auszug aus der Novelle *Immensee* von Theodor Storm:

Nachdem der Alte Hut und Stock in die Ecke gestellt hatte, setzte er sich in den Lehnstuhl und schien mit gefalteten Händen von seinem Spaziergange auszuruhen. – Wie er so saß, wurde es allmählich dunkler; endlich fiel ein Mondstrahl durch die Fensterscheiben auf die Gemälde an der Wand, und wie der helle Streif langsam weiterrückte, folgten die Augen des Mannes unwillkürlich. Nun trat er über ein kleines Bild in schlichtem schwarzem Rahmen. »Elisabeth!« sagte der Alte leise; und wie er das Wort gesprochen, war die Zeit verwandelt – er war in seiner Jugend.

John Phillip Law als Hauke Haien in der Verfilmung des Romans *Der Schimmelreiter* von Theodor Storm (BRD 1977/78; Regie: Alfred Weidenmann)

Hauptfiguren in »Der Schimmelreiter« von Theodor Storm

Hauke Haien: Der Sohn eines Tagelöhners wird später Deichgraf. Er ist ein Vertreter der Aufklärung und des Fortschrittsgedankens. Die Dorfbewohner meiden ihn und dichten ihm schon zu Lebzeiten dämonische Kräfte an. Haukes Schwäche ist seine Eitelkeit; der neue Deich soll nicht zuletzt ein Denkmal für ihn sein. Auf der anderen Seite zeigt er eine tiefe Liebe für seine Frau und seine behinderte Tochter. Deren Tod kann er nicht überwinden; er wählt den Freitod.

Elke Haien: Die Tochter des alten Deichgrafen und Frau Haukes ist die einzige, die dessen wirkliches Ich kennt. Sie weiß um seine Schwächen und Stärken, ist loyal, intelligent und eine liebevolle Mutter.

Ole Petersen: Der Großknecht beim alten Deichgrafen ist Haukes Gegenspieler. Er versucht, den Bau des Deichs zu verhindern und stellt sich gegen die Ausbesserung des alten Deichs. Um sich durchzusetzen, nutzt er einen schwachen Moment Haukes. Er ist unsensibel gegenüber der Gefahr und mitverantwortlich für die Katastrophe.

Der Schulmeister: Der Erzähler der Binnengeschichte ist körperlich gebrechlich, aber von wachem Verstand. Als Aufklärer ist er dem Aberglauben abgeneigt. In Hauke Haien sieht er einen genialen Aufklärer, der durch die Furcht der Dörfler gebrandmarkt wurde.

Antje Vollmers: Die Wirtschafterin, die nur erwähnt wird und selber nicht auftritt, wird dem Schulmeister, der sie einen Drachen nennt, als Alternativerzählerin gegenübergestellt. Sie sieht in Hauke die Verkörperung des Dämonischen.

Auszug aus der Novelle
Der Schimmelreiter
von Theodor Storm:

Jetzt aber kam auf dem Deiche etwas gegen mich heran; ich hörte nichts; aber immer deutlicher, wenn der halbe Mond ein karges Licht herabließ, glaubte ich eine dunkle Gestalt zu erkennen, und bald da sie näher kam, sah ich es, sie saß auf einem Pferde, einem hochbeinigen hageren Schimmel; ein dunkler Mantel flatterte um ihre Schultern, und im Vorbeifliegen sahen mich zwei brennende Augen aus einem bleichen Antlitz an.

mel. Als Hauke eines Tages ein weißes Pferd erwirbt, verschwindet das nächtliche Phantom mit einem Mal. Von nun an sehen die Dörfler in Ross und Reiter die Verkörperung des Dämonischen. Als der Deich fertig gestellt wird, glaubt sich Hauke in seinem Werk verewigt. Doch er muss feststellen, dass der Rest des verbliebenen alten Deichs von Mäusen unterhöhlt ist. Er erkennt die Gefahr, handelt aber nicht, da er sich scheut, die Dorfgemeinschaft erneut zur Arbeit heranzuziehen. In einer stürmischen Nacht bricht der Deich genau an dieser Stelle. Alle Versuche, die Katastrophe zu verhindern, scheitern. Als Hauke mit ansehen muss, wie seine Frau und sein Kind in den Fluten untergehen, stürzt auch er sich samt Schimmel ins tosende Wasser. Was von ihm bleibt, ist der Deich – Wahrzeichen seines Genies und des Fortschritts – und sein Fortleben als gespenstischer Schimmelreiter im volkstümlichen Aberglauben.

Aufbau: *Der Schimmelreiter* ist Storms komplexeste Erzählung. Er wendet hier nicht die für die Novelle übliche einfache Rahmenerzählung an, sondern verschachtelt sie gleich mehrmals. So treten insgesamt drei Erzähler auf. Der erste ist der Dichter selbst, der seine Quelle – *Pappes Hamburger Lesefrüchte* – benennt. Der zweite Erzähler ist der Urheber jenes Berichts, den der Dichter gelesen hatte. Auf seinem Ritt über den Deich war er einem unheimlichen Reiter begegnet. Von einem alten Schulmeister, dem dritten Erzähler, hatte er die Geschichte des Schimmelreiters erfahren. Während dieser für den Lehrer nicht mehr als eine abergläubische Sage ist, sind die Dorfbewohner nach wie vor von seiner gespenstischen Existenz überzeugt. Durch die Rahmentechnik bleibt die Wahrheit indifferent. Der Augenzeuge will das Gehörte erst überschlafen und der Dichter schaltet sich gar nicht mehr ein. So kann sich der Leser für die eine oder andere Position entscheiden.

Wirkung: *Der Schimmelreiter* wurde Storms berühmteste Novelle, die auch heute noch ihren Platz im literarischen Kanon hat. Zum Ruhm beigetragen haben nicht zuletzt drei Verfilmungen (1933, 1978, 1984). *S.W.*

Strauß, Botho

dt. Schriftsteller

* 2.12.1944 Naumburg (Saale)

📖 *Paare, Passanten*, 1981

Botho Strauß gilt als einer der bedeutendsten deutschsprachigen Autoren der Gegenwart sowie als brillanter Intellektueller und Gesellschaftskritiker. 1989 wurde er mit dem Georg-Büchner-Preis ausgezeichnet.

Strauß studierte Germanistik, Soziologie und Theaterwissenschaft in Köln und München. Ab 1967 arbeitete er als Redakteur und Kritiker der Fachzeitschrift *Theater heute*. 1970 holte ihn der Regisseur Peter Stein als dramaturgischen Mitarbeiter an die Berliner Schaubühne. Nach ersten Bühnenstücken Anfang der 1970er Jahre gelang Strauß mit *Trilogie des Wiedersehens* (1976) der Durchbruch als Dramatiker. Als Prosaist errang er mit der Erzählung *Die Widmung* (1977) einen internationalen Erfolg. In der Zeitschrift *Der Spiegel* erschien am 8.2.1993 unter dem Titel *Anschwellender Bocksgesang* ein gesellschaftspolitischer Befund, in dem Strauß u.a. »linke« Enttäuschungen und Irrtümer für »rechte« Verblendungen verantwortlich machte. Es folgte eine kontroverse Diskussion in den Feuilletons, in der Strauß »geistige Brandstiftung« vorgeworfen wurde.

Biografie: S. Willer, *Botho Strauß zur Einführung*, 2000.

Paare, Passanten

OA 1981 **Form** Prosaband **Epoche** Gegenwart

Botho Strauß erweist sich in seinem aus Gedankensplittern und Augenblicksbildern zusammengesetzten Prosaband *Paare, Passanten* als subtiler Beobachter eines im Wesentlichen sinnentleerten Lebens. Der Autor präsentiert die intellektuelle Diagnose einer desolaten Freizeit- und Konsumgesellschaft, in der sich der Mensch in Betriebsamkeit und Geschwätzigkeit geflüchtet hat, und zeichnet ein insgesamt pessimistisches Bild des bundesrepublikanischen Gemütszustands.

Inhalt: Ähnlich wie das ebenfalls 1981 erschienene Theaterstück *Kalldewey, Farce* trägt auch dieser Prosaband einen skizzenhaften, fragmentarisch-flüchtigen Charakter, in dem der belesene Gesellschaftskritiker Strauß sein zentrales Thema vom entmenschlichten Menschen in einer technokratischen Gesellschaft variiert. Der kommentierende und reflektierende Ich-Erzähler notiert Beobachtungen, Verhaltensstudien, Personenskizzen, Reiseeindrücke sowie Gedanken über Bücher und Filme. An verschiedenen Orten, wie etwa in Restaurants, in Bars oder auf der Straße, sammelt der intellektuelle Chronist diverse Originalfundstücke vom »Beziehungsmarkt, aus den Niederungen der erotischen Wirklichkeit«, und schildert die aussichtslosen Versuche der Paare und Passanten, sich und ihre Identität zu finden. Den sich in hohle Phrasen und Sprachhülsen flüchtenden Menschen würden keine engagierten Streitgespräche mehr gelingen, sondern vielmehr würden nur noch »förmliche Weltbilder-Duelle« entstehen. In der heutigen »allgemeinen, gottverdammten Fick- und Ex-Gesellschaft« bestehe das wirkliche Elend darin, »dass sich das wirkliche Elend nicht Luft machen kann. Es erniedrigt das Bewusstsein, es sprengt nicht«. Liebesbeziehungen würden in der heutigen Zeit allenfalls als Beliebigkeiten erfahren, die mit dem Erleben einer wahren Erotik nichts mehr gemein hätten. Als Kronzeugen seiner essayistischen Überlegungen dienen Strauß u.a. Martin → Heidegger, Ernst → Jünger, Friedrich → Nietzsche, Paul Valéry (1871–1945) und Theodor W. → Adorno. Dem dialektischen Denken Adornos erteilt Strauß jedoch im dritten Abschnitt seines Prosabands, in welchem er den Habitus des Schriftstellers in einer postmodernen Welt entwickelt, eine deutliche Absage.

Wirkung: Die kulturpessimistische Gegenwartsanalyse wurde in den bundesdeutschen Feuilletons überwiegend positiv, teils überschwänglich aufgenommen. Der Prosatext avancierte bald zu einer Art Kultbuch linksliberaler Intellektueller. *J. R.*

Strindberg, August

schwed. Schriftsteller

*22.1.1849 Stockholm, † 14.5.1912 ebd.

📖 *Das rote Zimmer*, 1879

Als Schriftsteller, der mit größter Sensibilität die verschiedensten Strömungen seiner Zeit aufgriff, ist August Strindberg der international bedeutendste Vertreter der schwedischen Literatur und insbesondere als Dramatiker einer der wichtigsten Wegbereiter der Moderne.

Strindberg wuchs in kleinbürgerlichen Verhältnissen in Stockholm auf. Nach einem abgebrochenen Medizinstudium arbeitete er 1873–82 u.a. als Journalist und Bibliothekar. Ab 1883 hielt er sich die meiste Zeit im Ausland auf, vor allem in der Schweiz und in Paris, bevor er 1899 endgültig nach Stockholm zurückkehrte. 1894–96 durchlebte er nach der Trennung von seiner zweiten Frau eine schwere persönli-

Auszug aus *Paare, Passanten* von Botho Strauß:

Oft genug aber weiß sie gar nichts aus der Luft zu greifen, die mit sexuellen Geistern überfüllt ist, dann wird ihre Dunkelheit boutiquenhaft, und sie behilft sich mit platten Redensarten aus dem Fernsehvolksschatz. Dann gibt's in ihrem Sommernachtstraum keinen besseren Zauber mehr als einen Laborchef, der sich in einen Saunanackten verwandelt.

August Strindberg mit seiner ersten Frau Sigrid (Siri) von Essen 1886

Die wichtigsten Bücher von August Strindberg	
Das rote Zimmer 1879	In episodischer Form wirft der satirische Roman einen desillusionierenden Blick auf das Stockholmer Bürgertum sowie auf Künstler- und Journalistenkreise. → S. 1044
Der Sohn einer Magd. Entwicklung einer Seele, 1886–1909	Der vierteilige autobiografische Romanzyklus schildert im Stil des Naturalismus die Entwicklung des aus bedrückenden Verhältnissen stammenden Johan zum Schriftsteller.
Die Leute auf Hemsö. Erzählung aus den Schären, 1887	Der Roman stellt in teils naturalistischer, teils idyllisch-humoristischer Form die schwierigen Lebensbedingungen der Bewohner der Schäreninseln vor Stockholm dar.
Am offenen Meer 1890	Ein begabter egozentrische r Wissenschaftler, der als Fischereiinspektor im Konflikt mit der einheimischen Bevölkerung scheitert, steht im Mittelpunkt dieses Romans.
Inferno 1897	Der autobiografische Roman schildert Strindbergs psychische Krise, die dieser zwischen 1894 und 1896 nach der Trennung von seiner zweiten Frau in Paris durchlebte.

che Krise, die er selbst als »Infernokrise« bezeichnete. Seine drei Ehen verliefen allesamt unglücklich und wurden geschieden.

In seinem Werk griff Strindberg neben sozialkritischen Gedanken auch okkultistische Strömungen auf und gestaltete sie in der literarischen Darstellung zu modernistischen Erfahrungen; hierzu gehören etwa die Infragestellung der Identität des Subjekts oder der Konflikt zwischen den Geschlechtern. Mit seiner Stationentechnik und traumartig-assoziativen Verfahrensweisen beeinflusste Strindberg das Drama des 20. Jahrhunderts nachhaltig.

Biografie: L. Marcuse, *Strindberg. Das Leben der tragischen Seele*, 1989; P. Schütze, *August Strindberg* (rm 50383).

Das rote Zimmer

OT Röda rummet. Skildringar ur artist– och författarlivet **OA** 1879 **DE** 1889 **Form** Roman **Epoche** Naturalismus

Die *Schilderungen aus dem Leben der Künstler und Schriftsteller* (Untertitel) von August Strindberg markieren in vielerlei Hinsicht den Beginn einer neuen Epoche in der schwedischen Literaturgeschichte. Mit seinen gesellschaftskritischen Milieuschilderungen entfaltet der Roman erstmals ein breit angelegtes Panorama des großstädtischen Stockholm. Wegweisend für die Herausbildung einer neuen Prosa war vor allem die Darstellungsform, die sich durch einen naturalistisch ausgerichteten Detailreichtum sowie durch satirische Überspitzungen auszeichnet und zudem alltagssprachliche Formulierungen einbezieht.

Inhalt: Der Roman setzt sich mit Wandlungsprozessen in verschiedenen Bereichen des öffentlichen Bewusstseins auseinander, die sich um etwa 1870 vollziehen und sich vor allem im Journalismus, aber auch in Parlamentssitzungen, in Aktienspekulationen, im Theatermilieu oder im geselligen Leben der Salons und Restaurants manifestieren. Im Zentrum des Geschehens steht der junge und etwas naive Assessor Arvid Falk, der aus idealistischen Motiven seine Beamtenlaufbahn abgebrochen hat, um sich als Journalist und Schriftsteller in den Dienst der Wahrheit und des Fortschritts zu stellen. Damit steht er in scharfem Gegensatz zu seinem weitaus älteren Bruder und ehemaligen Vormund Carl Nicolaus Falk, der als ebenso intriganter wie einflussreicher Großhändler zu den repräsentativen Trägern einer korrumpierten Gesellschaft gehört. Arvid erfährt bald, in welcher Weise Erfolge und Misserfolge literarischer Texte durch Kritiker gemacht werden, die wiederum im Interesse von Verlegern und anderen einflussreichen Personen handeln. In diesem Netz von geschäftlichen Beziehungen sind letztlich auch Vertreter der Kirche und karitative Vereine eingebunden. Neue Anregungen bekommt Arvid in einem Bohemekreis von Literaten, Künstlern, Journalisten und Schauspielern, der sich regelmäßig im »Roten Zimmer« eines bekannten Stockholmer Restaurants trifft. Dieser Gruppe gehört auch der autodidaktische Philosoph Olle Montanus an, der sich wie Arvid Falk einer Eingliederung in die bestehende Gesellschaft widersetzt. In beruflicher Hinsicht bleibt Falk als Journalist, Redakteur und Literat nicht ohne Erfolg, allerdings muss er erkennen, dass selbst die von ihm unterstützte liberale Presse und die Arbeiterbewegung von unterschiedlichen Machtinteressen, nicht aber vom Streben nach Wahrheit geleitet werden. Folgenreich für Falk ist eine Begegnung mit dem zynischen Arzt Borg, der ihn von seinem Idealismus kuriert. Während Olle Montanus, der in vielerlei Hinsicht einen Kontrast zum Protagonisten bildet, Selbstmord begeht, nimmt Falk schließlich eine bürgerliche Lebensweise an.

Aufbau: Der Roman besteht aus 29 Kapiteln, die in Form von Episoden ein Gesamtbild der verschiedenen Stockholmer Milieus entwerfen und eher durch eine Vielzahl thematischer Bezüge als durch eine handlungsbestimmte Aufeinanderfolge verbunden sind. In der Art und Weise, wie Arvid Falk der Gesellschaft als Individuum gegenübergestellt wird, gibt es deutliche Anklänge an den Bildungs- und Entwicklungsroman, die aber durch die karikierenden Typisierungen der Figuren oft unterlaufen werden.

Wirkung: Mit *Das rote Zimmer* gelang Strindberg ein außerordentlicher Erfolg. Der gesellschaftskritische Impetus und die Schreibweise übten einen großen Einfluss auf die moderne schwedische Literatur aus, insbesondere auf die Literatur des Naturalismus. *D. G.*

Auszug aus dem Roman *Das rote Zimmer* von August Strindberg:

Das Lärmen und Rufen auf den Stegen der Fischer, die flatternden Segel und Wimpel auf dem Wasser, das Gekreisch der Möwen, die Hornsignale vom Skeppsbro, die Kommandorufe der Wache vom Södermalm-Markt, das Holzschuhgeklapper der Arbeiter – all das machte den Eindruck von Leben und Geschäftigkeit und schien die Energie des jungen Mannes zu wecken; sein Gesicht drückte jetzt Trotz, Lebenslust und Entschlossenheit aus, und als er sich über das Geländer beugte und auf die Stadt hinabblickte, war es, als betrachte er einen Feind.

August Strindberg, *Das rote Zimmer*, Einband (l.) und Titelseite der deutschsprachigen Ausgabe 1919

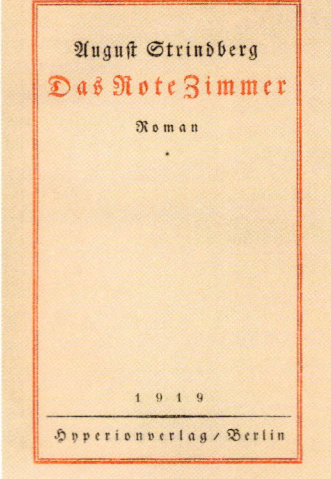

Strittmatter, Erwin

dt. Schriftsteller

* 14.8.1912 Spremberg (Niederlausitz)

† 31.1.1994 Dollgow (Brandenburg)

📖 *Der Laden*, 1983, 1987, 1992 (3 Teile)

Erwin Strittmatter zählte zu den bedeutendsten Autoren der DDR; fünfmal wurde er mit dem Nationalpreis ausgezeichnet. Zentrales Thema seiner Werke sind die Lebensbedingungen und gesellschaftlichen Veränderungen der Landbevölkerung und deren Umgang mit der Umwälzung der Produktionsbedingungen.

Der Sohn eines Bäckers erlernte selbst das Bäckerhandwerk, arbeitete jedoch auch in anderen Berufen, u. a. als Pelztierzüchter. Im Zweiten Weltkrieg wurde Strittmatter als Soldat eingezogen und desertierte kurz vor Kriegsende. Nach dem Rückkehr erhielt er aus der Bodenreform Land, arbeitete als Bäcker und Kleinbauer und wurde, seit 1947 SED-Mitglied, Amtsvorsteher für sieben Gemeinden.

Strittmatter begann zu schreiben, neben Zeitungsartikeln das Theaterstück *Katzgraben* (1953), durch das Bertolt → Brecht auf ihn aufmerksam wurde. Seit 1953 in dritter Ehe mit der Lyrikerin Eva Strittmatter verheiratet, lebte Strittmatter ab 1954 auf dem Schulzenhof in der Mark Brandenburg. Zu seinen wichtigsten Werken zählen neben dem *Laden* die Romane *Ochsenkutscher* (1951), die Trilogie *Der Wundertäter* (1957, 1973, 1980), mit der er den Typus des »sozialistischen Dorfromans« schuf, und *Ole Bienkopp* (1963), der in volkstümlicher und bildhafter Sprache Probleme der Kollektivierung der Landwirtschaft behandelt.

Biografie: G. Drommer, *Erwin Strittmatter. Des Lebens Spiel*, 2000.

Der Laden

OA 1983 (Teil 1), 1987 (Teil 2), 1992 (Teil 3)
Form Roman **Epoche** Moderne

In seiner autobiografisch gefärbten Romantrilogie verfolgt Erwin Strittmatter die Geschicke der Familie Matt und des Dorfes Bossdom vom Beginn der Weimarer Republik bis zur Zwangsvereinigung von SPD und KPD in der DDR und den Anfangsjahren des neuen Staates. **Inhalt:** Die Familie Matt eröffnet 1919 im fiktiven Dorf Bossdom in der Niederlausitz einen Bäcker- und Kolonialwarenladen. Aus Sicht des Sohnes Esau Matt, dargestellt in einer mit mundartlichen Wendungen durchsetzten Sprache, erfährt der Leser alles über das Familienleben, über die Geschehnisse in Bossdom sowie über die Weltereignisse, deren Kunde und Auswirkungen bis in die Niederlausitz dringen.

Der erste Band berichtet von der Ankunft in Bossdom, der allmählichen Etablierung des Ladens und Esaus Kindheit. Im zweiten Band zieht der Junge in die Stadt Grodk, wo er, da ihn der Dorfschullehrer ans Gymnasium empfohlen hat, die höhere Jungenschule besucht. Am Ende geht er nach einer Auseinandersetzung mit einem Lehrer vorzeitig ab. Der dritte Band spielt in den Anfangsjahren der DDR. Esau, inzwischen selbst Vater, kehrt nach Bossdom zurück, da dort Land verteilt wird. Neben dem Aufbau des Sozialismus auf dem Land ist Esau damit beschäftigt, sich die Zeit zum Schreiben zu nehmen. Wichtig geworden ist aber auch das persönliche Glück jedes Einzelnen, wie es zum Beispiel in den Ehen Esaus und seiner Geschwister zu erkennen ist. Der Laden dient noch eine Zeitlang als Konsum, wird dann durch einen Neubau ersetzt und beherbergt schließlich nur noch die Poststelle. **Wirkung:** Schon vor der Veröffentlichung des ersten Bandes las Strittmatter regelmäßig aus seinem *Laden*-Manuskript, wobei seine lebensnahe, die Schwierigkeiten nicht verschweigende Schilderung viel zum Erfolg beitrug. Die Fernsehverfilmung von Jo Baier 1998 machte den Roman schließlich auch im Westen Deutschlands populär. *B. G.*

Auszug aus dem Roman
Der Laden von
Erwin Strittmatter:
Nach Grodk bin ich mehrstenteils geworden, weil mir zu Hause das Gezänk um Geschäfte, Geld und Zinsen das Leben vergällte.

Erwin Strittmatter, *Der Laden*, Umschlag von Teil 2 der Originalausgabe 1987

Hauptfiguren in »Der Laden« von Erwin Strittmatter

Esau Matt: Der Chronist des Dörfchens Bossdom fällt schon früh als ungewöhnlich auf. Dass er nicht missraten ist, glauben die Leute erst, als er Amtsvorsteher wird.

Der Vater: Als Bäcker steuert Herr Matt einen wichtigen Teil zum Warenangebot des Ladens bei. Mit seinen weiteren geschäftlichen Unternehmungen hat der Vater nicht immer Glück.

Die Mutter: Mit resoluter Hand führt Frau Matt den Laden. Mitunter allerdings vergisst sie ihre Umgebung, z. B. wenn ihre »unersättliche Seele« sie zum Lesen treibt.

Die Anderthalbmeter-Großmutter: Als »Detektiv Kaschwalla« hat die Großmutter ihre Augen überall und kann eingreifen, wenn Streitigkeiten in der Familie überhand zu nehmen drohen.

Der Großvater: Da er das Startkapital zur Gründung des Ladens beigesteuert hat, mischt er sich gern in die Geschäfte ein, vor allem, um seinen Schwiegersohn heftig zu kritisieren.

Die amerikanische Großmutter Die Mutter des Familienoberhaupts stammt aus Hamburg und hat zeitweilig mit ihrem Mann in Kanada gelebt.

Marga, Tinko, Heinjak: Esaus Geschwister teilen seine Kindheit. Als Erwachsene stehen sich insbesondere die Brüder wegen ihrer unterschiedlichen Lebensauffassung eher skeptisch gegenüber.

Hanka: Das Kindermädchen der Familie Matt ist Esaus erste große Liebe, bis die Mutter dahinter kommt, dass auch der Vater ihr nicht abgeneigt ist.

Onkel Phile: Der Liebling der Anderthalbmeter-Großmutter ist nach landläufigen Maßstäben eine gescheiterte Existenz, doch den Kindern gefällt sein ungewöhnliches Verhalten.

Ilonka Spadi: Nachdem das Gymnasium in Grodk auch für Mädchen geöffnet worden ist, teilt Ilonka die Schulbank mit Esau. Seine Liebe zu ihr treibt ihn häufig zu rasender Eifersucht.

Nona: Nach Kriegsende heiratet die junge Frau Esau Matt, der bereits zwei Söhne mit in die Ehe bringt. Nach und nach gewinnt Nona ein ganz eigenes Profil.

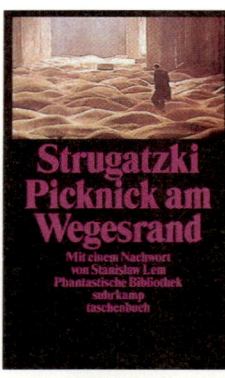

Arkadi und Boris Strugatzki, *Picknick am Wegesrand*, Einband der deutschsprachigen Taschenbuch-Erstausgabe 1981

Strugatzki, Arkadi und Boris

russ. Schriftsteller

Arkadi *28.08.1925 Batumi, †12.10.1991 Moskau

Boris *15.04.1933 Leningrad

📖 *Picknick am Wegesrand*, 1972

Die Brüder Strugatzki gelten weltweit als die bekanntesten russischen Sciencefiction-Autoren. Ihre frühen Werke schrieben sie unter dem Einfluss des sozialistischen Realismus, zunehmend behandelten sie ernsthafte philosophische und gesellschaftskritische Probleme. Mit ihrer eigenen, häufig an Volksmärchen angelehnten, grotesken Form und einer alltäglichen, direkten Sprache erreichen sie eine auf simple Sätze reduzierte Moralbotschaft, die den Leser zum Nachdenken anregt.

Die Autoren stammen aus einer gebildeten Familie – der Vater war Kunsthistoriker, die Mutter Lehrerin. Arkadi war Linguist, Orientalist und Übersetzer. Er absolvierte 1949 die Hochschule für Fremdsprachen in Moskau und diente in der russischen Armee als Offizier. Später war er in verschiedenen wissenschaftlichen Institutionen u.a. als Japanologe tätig. Boris studierte Astronomie in Leningrad und arbeitete in der Sternwarte Pulkowo. Ab 1956 begannen die Brüder mit der schriftstellerischen Tätigkeit und verfassten gemeinsam mehr als 30 Romane.

Biografie: Y. Howell, *Apocalyptic realism. The science fiction of Arkady and Boris Strugatsky*, 1994.

Picknick am Wegesrand

OT Piknik na obotschine **OA** 1972 **DE** 1981
Form Roman **Epoche** Moderne

Picknick am Wegesrand zählt zu den herausragenden Werken der Brüder Strugatzki, für Stanislaw → Lem vor allem wegen der gelungenen Wahrung des Geheimnisvollen.

Inhalt: Kosmische Besucher sind auf der Erde gelandet und hinterließen dort verseuchte Zonen. Die Herkunft der Besucher und ihre Absichten bleiben ungeklärt, doch haben sie in den Zonen unerklärlichen Gegenstände und Phänomene zurückgelassen, die von der irdischen Wissenschaft erforscht werden.

Der Protagonist, Roderick Schuchart, entwickelt sich im Verlauf des Romans vom Laboranten in der US-amerikanischen Filiale des Instituts zum »Schatzsucher«, der aus den Zonen außerirdische Objekte schmuggelt und verkauft. Bei einem seiner legalen Besuche der Zone kommt sein Freund und Vorgesetzter Kirill, ein Russe, ums Leben. Daraufhin gibt Schuchart seine Arbeit im Labor auf.

Bei einer illegalen Übergabe von Gegenständen wird Schuchart verhaftet. Zurück aus dem Gefängnis, versucht er mit Hilfe eines Jungen, dem Sohn seines Auftraggebers, die »goldene Kugel« zu finden, eine Maschine, die jeden Wunsch erfüllt. Um diese Kugel zu bekommen, opfert Schuchart den Jungen. In seiner Verzweiflung, nicht den richtigen Wunsch äußern zu können, wiederholt er die letzten Worte des gestorbenen Jungen. Danach bricht die Geschichte ab – das Ende bleibt offen.

Aufbau: Der Roman ist in vier Kapitel unterteilt, wobei das erste sowie das dritte Kapitel wissenschaftlich-philosophische Diskussionen über den kosmischen Besuch enthalten.

Für Lem stützt sich der Roman auf zwei Konzeptionen: das ungelöste Geheimnis der Besucher – deren Besuch ja lediglich nur ein Picknick am Wegesrand gewesen sein könnte, ohne die Situation eines ersten Kontakts oder einer Invasion. Die zweite Konzeption besteht in der abweichenden Reaktion der Menschen auf die angebliche Landung. Die Autoren zeichnen das düstere Bild einer Gesellschaft, die jegliche moralischen Werte verloren hat – geblieben sind nur materielle Werte und Egoismus. Die Erkenntnis der Unbedeutendheit des Menschen, die Angst vor Unbekannten und Alltagsprobleme werden mit Alkohol betäubt. Die Zonen

Die wichtigsten Bücher von Arkadi und Boris Strugatzki	
Der ferne Regenbogen, 1963	Ein missglücktes kernphysikalisches Experiment vernichtet einen idealen Wissenschaftlerplaneten.
Es ist nicht leicht, ein Gott zu sein 1964	Rumata ist einer der weiterentwickelten irdischen Wissenschaftler, die auf einem rückständigen Planeten die Entwicklung einer feudalistischen Gesellschaft nicht nur beobachten, sondern auch lenken. Weil jedoch der erhoffte gesellschaftliche Wandel nicht eintritt, missachtet Rumata den Befehl der Nichteinmischung.
Die Schnecke am Hang 1966 u. 1968	Im ersten Teil kämpft die Hauptfigur Pfeffer mit der wild wuchernden Bürokratie. Kandid, der »Held« des zweiten Teils, versucht mit aller Kraft, aus dem Objekt der Verwaltung, dem Wald, zu entkommen.
Hotel zum verunglückten Bergsteiger, 1970	Ein kriminalistisches Abenteuer: Inspektor Glebski untersucht im Berghotel einen angeblichen Mordfall und entdeckt dabei außerirdische Besucher, die bei ihrem Fluchtversuch ums Leben kommen.
Picknick am Wegesrand 1972	Geheimnisvolle Invasoren hinterließen auf der Erde sechs verseuchte Zonen. Roderick Schuchart ist einer der Schatzgräber, die in einer der Zonen auf der Jagd nach dem Glück sind. → S. 1046
Die dritte Zivilisation 1973	Ein Konflikt entsteht, als irdische Raumfahrer einen scheinbar leeren Planeten für eine Besiedlung umformen wollen. Am Ende müssen die Menschen den ausgewählten Stern verlassen.
Stadt der Verdammten 1987	Die Chronik einer allegorischen Stadt, in deren Einwohnern der Leser Vertreter der Diktatur und Bürokratie wieder erkennt. Die Unfreiheit und Unterdrückung der Minderheiten lassen eine Ähnlichkeit zum Sowjetregime oder nationalsozialistischen Deutschland erkennen.
Die Last des Bösen 1988	Parallel werden zwei Geschichten erzählt, die sich am Ende des Romans kreuzen. Die Hauptthemen sind Humanismus, Toleranz, Sinnlosigkeit jeder Gewalt, freie Wahl und Verrat. Einem Lehrer wird die Erfüllung seiner geheimvollsten Wünsche angeboten.

OT = Originaltitel EZ = Entstehungszeit OA = Originalausgabe DE = Deutsche Erstausgabe 📖 = Verweis auf Werkartikel

stellen jene Orte dar, an denen die Menschen ihrem Glück hinterherjagen. Die letzte Hoffnung wird in der Figur des Schuchart gezeigt: Obwohl er auch nach materiellem Reichtum strebt, versucht er doch alles für seine Familie zu tun. Am Ende erkennt er, dass sein Handeln falsch und sein Menschenopfer sinnlos waren.

Wirkung: In *Picknick am Wegesrand* wird der modernen Gesellschaft anhand des behandelten Invasionsthemas ein Spiegel vorgehalten. Nach der Vorlage des Romans drehte der russische Regisseur Andrej Tarkowski (1932–86) 1980 den Film *Stalker* (stalk = sich heranschleichen). Er verarbeitete darin den Gegensatz zwischen Naturwissenschaft und Glauben sowie die Zukunft der Menschen angesichts atomarer Bedrohung. Der Film beschreibt eine Reise ins Innere der Seele. *V. M.*

William Styron 1983

Styron, William

US-amerikan. Schriftsteller

*11.6.1925 Newport News (Virginia)

📖 *Sophies Wahl*, 1979

Mit psychologisch angelegten historischen Romanen und brisanten Themen setzte William Styron neue Akzente in der Literatur der US-Südstaaten.

Der Sohn eines Werftarbeiters verlor seine Mutter bereits mit 13 Jahren. Während des Zweiten Weltkriegs war er Marineleutnant. Nach dem Examen 1947 an der Duke University in Durham (North Carolina) arbeitete Styron u. a. in einem New Yorker Verlag. 1951 veröffentlichte er seinen ersten Roman *Geborgen im Schoße der Nacht* über eine Familientragödie in den Südstaaten. Der Roman *Der lange Marsch* (1953) beschreibt die Schinderei in einem Marineausbildungslager.

In dem mit dem Pulitzer-Preis ausgezeichneten historischen Roman *Die Bekenntnisse des Nat Turner* (1967) stellt Styron den Aufstand der schwarzen Sklaven 1831 in Virginia aus der Sicht ihres Rebellenführers (1800–31) dar; radikale Schwarze in den USA warfen Styron allerdings vor, ein oberflächliches und klischeehaftes Bild des von ihnen verehrten Turner gezeichnet zu haben. Ein nicht minder brisantes Thema griff der Autor im Roman *Sophies Wahl* auf; er beschreibt die psychologischen Folgen einer persönlichen Tragödie während des Holocaust. In *Sturz in die Nacht. Die Geschichte einer Depression* (1990) schildert Styron seine eigenen Depressionen Mitte der 1980er Jahre. 1993 veröffentlichte er drei Erzählungen aus seiner Jugendzeit unter dem Titel *A Tidewater Morning*.

Biografie: J. L. West, *William Styron. A Life*, 1998.

Sophies Wahl

OT Sophie's Choice **OA** 1979 **DE** 1980
Form Roman **Epoche** Moderne

In seinem vierten Roman, der als Buch und Film (1982) ein Welterfolg wurde, greift William Styron Themen wie Rassismus, Schuld und Bewältigung der Vergangenheit auf.

Inhalt: Der 22-jährige Stingo, ein angehender Schriftsteller aus dem Süden der USA, ist das Alter Ego des Autors. Er lernt 1947 in einem Haus in New York, in dem er ein Zimmer gemietet hat, zwei Neurotiker kennen: Der drogensüchtige Jude Nathan Landau gibt vor, ein erfolgreicher Physiker zu sein, arbeitet jedoch in einer Bibliothek. Seine Freundin Sophie Zawistowska, eine polnische Christin, hat Auschwitz überlebt. Nach einem Fleischdiebstahl zwangen sie die KZ-Schergen zur unmenschlichen Entscheidung, eines ihrer beiden Kinder (Jan oder Eva) in die Gaskammer zu schicken. Körperlich und seelisch geschädigt, versucht Sophie ausgerechnet beim labilen Nathan Halt zu finden. Der unerfahrene Stingo ist von Nathan beeindruckt und in Sophie verliebt. Sie offenbart dem Jüngling ihre Schuldgefühle und verführt ihn. Die neurotische Menage à trois endet im Gefühlschaos: Auf dem Weg in den Süden wird Stingo von Sophie, die er vor Nathans destruktiven Anfällen schützen will, im Stich gelassen. Sie kehrt nach New York zurück und begeht mit Nathan Selbstmord.

Aufbau: Der Roman, der das individuelle Selbstfindungsthema des Künstlers mit dem kollektiven Grauen des Holocaust verbindet, ist als Rückschau angelegt. Der erfolgreiche Autor Stingo rekonstruiert Ende der 1960er Jahre aus Erinnerungen und Tagebüchern seine Zeit der Selbstfindung 20 Jahre zuvor. Diese Erzählstruktur wird durch referierte, interpretierte und

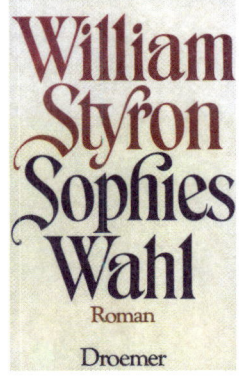

William Styron, *Sophies Wahl*, Umschlag der deutschsprachigen Erstausgabe 1980

SS-Hauptsturmführer Fritzsch in dem Roman *Sophies Wahl* von William Styron:

Ihr seid in ein Konzentrationslager gekommen, nicht in ein Sanatorium, und es gibt von hier nur einen Weg nach draußen hinaus – durch den Schornstein.

Eugène Sue, Brustbild im allegorischen Rahmen; Kupferstich nach Albert Henry Payne (1812–1902)

ergänzte Erzählungen Sophies durchbrochen. Die Nicht-Jüdin liefert historisch genaue Angaben über den »industrialisierten« Massenmord durch die Nationalsozialisten, über die alltägliche »Banalität des Bösen« (Hannah Arendt). Der junge Südstaatler und Nicht-Jude Stingo, selbst inmitten von Gewalt und Rassismus aufgewachsen, verarbeitet diese Erfahrungen viele Jahre später in einem Roman. Ein weiteres Thema des Buches ist die sexuelle Prüderie und die Psychoanalyse-Gläubigkeit der US-amerikanischen Nachkriegsgesellschaft.

Wirkung: Das Buch wurde ein internationaler Bestseller, aber im In- und Ausland durchaus kontrovers diskutiert. Manche Kritiker monierten, Styron relativiere das Schicksal von Millionen ermordeter Juden, indem er sich literarisch auf ein Einzelschicksal konzentriere und die Psyche eines SS-Arztes zu verstehen suche. Andere Kritiker dagegen würdigten Styrons literarischen Ansatz, sich der Frage nach dem Sinn menschlicher Existenz durch Beschäftigung mit einem der größten Verbrechen der Geschichte zu stellen. Für ihre Rolle der Sophie in Alan J. Pakulas Romanverfilmung (1982) erhielt Meryl Streep einen Oscar. *B. B.*

Sue, Eugène

(eigtl. Marie-Joseph Sue) frz. Schriftsteller
* 10.12.1804 Paris, † 3.8.1857 Annecy
📖 *Die Geheimnisse von Paris*, 1842/43

Der Schriftsteller Eugène Sue ist vor allem als Verfasser der ersten französischen Seefahrerromane bekannt geworden, in denen er eine detaillierte Schilderung exotischer Gegenden vornahm.

Der Sohn eines wohlhabenden Arztes studierte ebenfalls Medizin, eröffnete aber keine Praxis, sondern bereiste als Schiffsarzt die Welt. Seine Reiseeindrücke verarbeitete er zunächst zu populären Abenteuerromanen; mit Werken wie *Plick und Plock* (1831) und *Der Salamander* (1832) schrieb er seine bekannt gewordenen Seefahrerromane. Den literarischen Durchbruch brachte das zehnbändige Romanwerk *Die Geheimnisse von Paris*. Besonders begabt für die Schilderung anrüchiger Viertel und unheimlicher Gegenden, vertiefte sich Sue immer mehr in die Lebensweise und die Schicksale der Armen und Rechtlosen. In seinem antiklerikalen Roman *Der ewige Jude* (1844/45, 10 Bde.) verschärfte sich seine Sozialkritik. 1848 und 1850 war Sue Abgeordneter der Nationalversammlung; er hielt sich an die politische Linke und hing einem utopischen Sozialismus nach den Lehren von Pierre Joseph Proudhon (1809–65) an, was Karl → Marx und Friedrich → Engels ihm und seinem Werk vorwarfen. Nach dem Staatsstreich von Napoleon III. (1808–73) 1851 wurde Sue ins Exil nach Savoyen verbannt. Hier vollendete er mit *Die Geheimnisse des Volks* (1849–57, 16 Bde.) eine leidenschaftliche Anklage gegen Napoleon III.

Biografie: J. L. Bory, *Eugéne Súe,* 1962.

Die Geheimnisse von Paris

OT *Les Mystères de Paris* (10 Bde.) **OA** 1843 (Vorabdruck 1842/43 in *Journal des Débats*) **DE** 1843
Form Roman **Epoche** Realismus

Der Roman *Die Geheimnisse von Paris* von Eugène Sue gehört zu den frühen Sozialromanen Frankreichs, die die dunkle Seite der modernen Großstadt literarisch präsentieren. Das Werk erschien als erster französischer Roman im Feuilleton einer Tageszeitung.

Entstehung: Nach dem gesellschaftlichen Skandal, den sein Roman *Mathilde oder die Schicksale einer jungen Frau* (1841) verursacht hatte, entschloss sich Sue nicht ganz freiwillig, das Genre zu wechseln: Er begann für das angesehene *Journal des Débats* einen groß angelegten Fortsetzungsroman zu schreiben. Jules Janin, angesehener Kritiker und Redakteur bei dieser Tageszeitung, hatte eine deutliche Vorliebe für die satirischen Möglichkeiten des Roman Noir, der düstere Gegenstände behandelte. Sue nutzte die Freiheit des großen Themas, um seine sozialistischen Ideen zu exemplifizieren.

Inhalt: Hauptort der Handlung ist die von viel Prominenz bewohnte Avenue Montaigne, die noch wenige Jahrzehnte zuvor einen sehr üblen Ruf hatte. Den feinen Leuten gesellt Sue die bizarren Figuren der Pariser Unterwelt zu. Hauptfigur ist der Großherzog Rudolf von Gerolstein, der inkognito in dieser Gesellschaft lebt und für Recht und Ordnung kämpft. Er hat edle, adelige Freunde wie den Marquis d'Harville und verschlagene Gegner wie den geldgierigen Notar Ferrand. In die Gefahren der Pariser Unterwelt geriet er durch die Suche nach seiner aus einer unglücklichen Ehe hervorgegangenen Tochter Fleur de Marie (Marienblume). Diese war von ihrer Rabenmutter betrügerischen Pflegeeltern übergeben worden, mit 16 Jahren geflohen und lebte in größter Unschuld mitten im Schmutz von Paris. Durch Intrigen wird Fleur de Marie unschuldig eingesperrt und von einer Räubersippe nur befreit, um die reiche Erbin zu ertränken; doch der grausame Plan misslingt. Die Auflösung der zahlreichen Handlungsstränge des Romans bringt nicht das erwartete gemeinsame Glück: Die Beteiligten haben zu viel mitgemacht, auch die Hauptpersonen haben sich gelegentlich versündigt und Fleur de Marie empfindet den übermächtigen Drang, in ein Kloster zu gehen, wo ihr noch einige Jahre als Äbtissin beschieden sind.

Wirkung: *Die Geheimnisse von Paris* waren ein so ungeheurer Erfolg, dass es sehr schnell auch »Geheimnisse« von Berlin, Wien und Sankt Petersburg gab. Immer neue Auflagen des Originalwerks erschienen in allen Weltsprachen.

H. Sch.

Süskind, Patrick

dt. Schriftsteller

*26.3.1949 Ambach (Starnberger See)

📖 *Das Parfum*, 1985

Mit wenigen Werken wurde Patrick Süskind einer der erfolgreichsten deutschen Schriftsteller der Gegenwart, der mit seinem Erstlingsroman *Das Parfum* einen Welterfolg verzeichnete. Seit einem Geschichtsstudium in München und Aix-en-Provence 1968–74 ist Süskind als freier Autor tätig. Sein erstes Drama, das Einpersonenstück *Der Kontrabass*, ein Monolog eines Musikers über Musik und das eigene Leben, wurde 1981 uraufgeführt und von der Kritik

begeistert aufgenommen. Es war in der Spielzeit 1984/85 das meistgespielte Stück im deutschsprachigen Raum und wurde in viele Sprachen übersetzt, u.a. in London und New York aufgeführt. 1987 erschien die Novelle *Die Taube* über einen ordnungsliebenden Menschen, der in seinem Leben am Zufälligen und Unvorhergesehenen, symbolisiert durch eine Taube, scheitert. 1991 publizierte Süskind die kleinere Erzählung *Die Geschichte von Herrn Sommer.* Zusammen mit dem Regisseur Helmut Dietl verfasste der Schriftsteller Drehbücher zu den Fernsehserien »Kir Royal« und »Monaco Franze«.

Süskind erfährt mit seinem Werk bei Kritik und Publikum gleichermaßen positive Resonanz. Gelobt wird vor allem seine souveräne Sprachbeherrschung und die Leichtigkeit des Aufbaus. Der zurückgezogen lebende Autor lebt in München und Paris.

Das Parfum

OA 1985 **Form** Roman **Epoche** Postmoderne

Mit seinem Debütroman *Das Parfum*, einer Kriminalgeschichte über einen Mörder im Frankreich des 18. Jahrhunderts, die zugleich ein Sittengemälde seiner Zeit entwirft, erzielte Patrick Süskind binnen weniger Jahre eine Millionenauflage. Neben der spannend erzählten Geschichte ist Süskinds Verwendung verschiedener literarischer Stile aus unterschiedlichen Epochen sowie seine intertextuellen Bezüge eine Besonderheit des Buchs, das es zu einem typischen Werk der Postmoderne macht.

Inhalt: Jean-Baptiste Grenouille wird 1738 als unehelicher Sohn einer Fischverkäuferin geboren; er überlebt den versuchten Kindsmord seiner Mutter und das entbehrungsreiche Leben als Kostkind sowie die Zeit als Hilfskraft bei einem Gerber, wo er lebensgefährliche Arbeiten verrichten muss. Ausgestattet mit einem absoluten Geruchssinn, ist er selbst jedoch ohne Geruch. »Sie konnten ihn nicht riechen. Sie hatten Angst vor ihm.« Als Mensch ohne Geruch zum Außenseiter verurteilt, erschließt er sich die Welt von Gerüchen und Düften, die er förmlich in sich aufsaugt. So folgt Grenouille über mehrere Pariser Stadtviertel dem Duft eines jungen schönen Mädchens, das er schließlich tötet, um ihren Duft in allen Feinheiten in sich aufzunehmen.

Auszug aus dem Roman *Das Parfum* **von Patrick Süskind:**

Im 18. Jahrhundert lebte in Frankreich ein Mann, der zu den genialsten und abscheulichsten Gestalten dieser an genialen und abscheulichen Gestalten nicht armen Epoche gehörte. Seine Geschichte soll hier erzählt werden.

Patrick Süskind, *Das Parfum*, Umschlag der Originalausgabe 1985

Auszug aus dem Roman *Das Parfum* von Patrick Süskind:

Er besaß die Macht dazu. Er hielt sie in der Hand. Eine Macht, die stärker war als die Macht des Geldes oder die Macht des Terrors oder die Macht des Todes: die unüberwindliche Macht, den Menschen Liebe einzuflößen. Nur eines konnte diese Macht nicht: sie konnte ihn nicht vor sich selber riechen machen. Und mochte er auch durch sein Parfum vor der Welt erscheinen als ein Gott – wenn er sich selbst nicht riechen konnte und deshalb niemals wüsste, wer er sei, so pfiff er drauf, auf die Welt, auf sich selbst, auf sein Parfum.

Bertha von Suttner um 1910

Grenouille erkennt seine Begabung und beschließt, der größte Parfumeur aller Zeiten zu werden. In einer Lehre erwirbt er die Fähigkeit, Düfte zu gewinnen und haltbar zu machen. Erst mit 25 Jahren wird ihm seine eigene Geruchslosigkeit bewusst und so entwickelt er verschiedene Menschendüfte, die er anwendet, um unerkannt zu leben und seinem Ziel näher zu kommen. Im französischen Parfumzentrum Grasse tötet Grenouille 25 junge schöne Frauen, um ihren Duft zu konservieren. Ihr Duft bewahrt den überführten Mörder vor der Todesstrafe, am Tag der Hinrichtung erscheint er den Menschen in seiner Duftmaske nicht mehr als das hässliche Scheusal, sondern als überaus liebenswerter Mensch: »Er hatte sich eine Aura erschaffen, strahlender und wirkungsvoller, als sie je ein Mensch vor ihm besaß. Und er verdankte sie niemandem ... als einzig sich selbst. Er war in der Tat sein eigener Gott, und ein herrlicher Gott als jener weihrauchstinkende Gott, der in den Kirchen hauste.« Der größte Triumph seines Lebens, Macht über andere zu gewinnen und von ihnen geliebt zu werden, bedeutet Grenou-

ille jedoch nichts. Er kehrt nach Paris zurück, wo er sich von Dieben, Mördern und Huren auf dem Cimetière des Innocents, seiner Geburtsstätte, ermorden lässt: Die Begierde, an seinem überwältigenden Duft teilzuhaben ist so groß, dass sie ihn verschlingen.

Wirkung: Als literarische Sensation gefeiert, ist der Roman eine Verbindung von ernsthafter und unterhaltender Literatur und zählt zu den meistverkauften Büchern der deutschen Nachkriegszeit. Der Roman erreichte eine Weltauflage von über sechs Millionen Exemplaren und wurde in mehr als 20 Sprachen übersetzt. *P.Z.*

Suttner, Bertha von

österreich. Schriftstellerin

*9.6.1843 Prag, †21.6.1914 Wien

📖 *Die Waffen nieder!*, 1889

Bertha von Suttner erlangte als Pazifistin (Stichwort → S. 1050) Weltruhm und verhalf mit ihrem Werk bereits im 19. Jahrhundert der modernen Friedensbewegung zur Geltung.

Die Tochter eines Hocharistokraten und einer nicht »hoffähigen«, geadelten Bürgerlichen erhielt in ihrer Kindheit eine gute Sprach- und Musikausbildung. Die gut situierten Verhältnisse erlaubten es ihr, 1856–72 wechselweise in Wiesbaden, Bad Homburg, Baden-Baden, bei Wien, in Paris, Rom und Venedig zu leben. 1873 arbeitete sie als Gesellschafterin und Erzieherin im Hause des Freiherrn Karl von Suttner in Berlin, wo sie ihren späteren Ehemann Artur Gundaccar Freiherr von Suttner kennen lernte. Nach der Heirat zog das Paar nach Mingrelien (Westgeorgien). Dort entstand 1883 mit *Inventarium einer Seele* das Erstlingswerk von Suttner. Die Autorin entfaltete eine rastlose Tätigkeit für den Frieden und trieb ab 1891 die Gründung zahlreicher Friedensgesellschaften in Europa voran. Gleichzeitig versuchte sie den Antisemitismus zu bekämpfen und prangerte die Unterdrückung von Frauen an. 1905 erhielt Suttner als erste Frau den Friedensnobelpreis, nachdem sie Alfred Nobel (1833–96) zur Stiftung dieses Preises bewogen hatte.

Biografie: H. Steffahn, *Bertha von Suttner* (rm 50 604).

Die Waffen nieder!

OA 1889 **Form** Roman **Epoche** Realismus

In *Die Waffen nieder!* beschrieb Bertha von Suttner die schrecklichen Folgen des Kriegs. Sie wandte sich gegen die Normalität der Gewalt in einer Zeit, in welcher der Krieg als legitimes Mittel zur Fortsetzung der Politik erschien.

Pazifismus

Obwohl sich die moderne Friedensbewegung oft auf Bertha von → Suttner und ihr Buch *Die Waffen nieder!* beruft, hat der Pazifismus auch andere Wurzeln.

Begriff: Pazifismus ist ein aus dem Lateinischen (pacificus, friedliebend) abgeleiteter Begriff für eine radikal-idealistische Bewegung, die jede Form der Gewaltanwendung in den internationalen Beziehungen ablehnt. Auch jede militärische Vorbereitung auf den Krieg gilt als verwerflich.

Entwicklung: Eine pazifistische Grundhaltung auf christlicher Grundlage entwickelte bereits im 16. Jahrhundert die Religionsgemeinschaft der Mennoniten. Im 17. Jahrhundert kam die Bewegung der Quäker

in England auf, die nicht nur kirchliche Hierarchie und Sakramente, sondern auch jegliche Form des Kriegsdiensts ablehnten. Sie waren auch Vorkämpfer der Sklavenbefreiung und der Gleichberechtigung der Frau.

Der moderne Pazifismus entwickelte sich im 19. Jahrhundert in den zahlreichen Friedensgesellschaften: So entstand schon 1816 in Großbritannien die Peace Society und 1867 in Frankreich die Ligue internationale de la Paix et de la Liberté. Zur gleichen Zeit wie Suttner wirkte der österreichische Pazifist Alfred Hermann Fried (1864–1921), der 1892 in Berlin die Deutsche Friedensgesellschaft gründete.

OT = Originaltitel   **EZ** = Entstehungszeit   **OA** = Originalausgabe   **DE** = Deutsche Erstausgabe   📖 = Verweis auf Werkartikel

Entstehung: Der Russisch-Türkische Krieg von 1877/78 ließ in Suttner das pazifistische (Stichwort → S. 1050) Gedankengut reifen. Die Berichte von den zahlreichen Opfern weckten in ihr den Wunsch, zusammen mit ihrem Mann beim Roten Kreuz Verwundete zu pflegen. Da man aber nicht bereit war, sie gemeinsam am selben Ort einzusetzen, zog sie einen entsprechenden Antrag zurück. Mit ihrer schriftstellerischen Tätigkeit und insbesondere mit *Die Waffen nieder!* glaubte von Suttner, dem Frieden auf eine andere Art einen Dienst leisten zu können. Sie lehnte es bewusst ab, für ihr Friedensplädoyer die Form eines Sachbuchs zu wählen, weil sie glaubte, mit einem Roman ein größeres Publikum zu gewinnen.

Inhalt: Die zentrale Figur des autobiografisch angelegten Romans ist Martha Gräfin Althaus, deren Leben durch vier Kriege bestimmt wird. Im Österreichisch-Italienischen Krieg von 1859 verliert Martha ihren ersten Mann Graf Arno Dotzky. Daraufhin zieht sich die erst 19-jährige Witwe mit ihrem kleinen Sohn Rudolf aus dem Wiener Gesellschaftsleben zurück und entwickelt sich zu einer überzeugten Pazifistin. In ihrem zweiten Ehemann Baron Friedrich Tilling findet Martha einen Gleichgesinnten, der ihre Auffassung über den Unsinn des Kriegs teilt, obwohl er ein Offizier in österreichischen Diensten ist.

Im Preußisch-Dänischen Krieg von 1864, an dem Österreich auf der Seite Preußens teilnimmt, und im Krieg Österreichs gegen Preußen 1866 muss Martha um das Leben ihres Mannes bangen. Im Gefolge des Kriegs bricht die Cholera aus, an der Marthas Geschwister sterben. Dieser Verlust bricht ihrem Vater, bis dahin ein entschiedener Militarist, das Herz. Er stirbt mit einer Verfluchung des Kriegs auf den Lippen. Friedrich Tilling nimmt seinen Abschied, um sich zusammen mit Martha der Friedensbewegung widmen zu können.

Bei einem Aufenthalt in Paris werden Martha und Tilling vom Ausbruch des Deutsch-Französischen Kriegs (1870/71) überrascht: Tilling wird als vermeintlicher preußischer Spion standrechtlich erschossen. Marthas Sohn Rudolf nimmt die Ziele seiner Mutter und seines Stiefvaters auf und beginnt, sich für den Pazifismus einzusetzen.

Wirkung: *Die Waffen nieder!* löste u.a. deshalb ein breites Echo aus, weil Suttner nicht nur die Friedensthematik, sondern auch Fragen der Stellung der Frau in der Gesellschaft aufgriff. Der Roman wurde überwiegend mit Begeisterung aufgenommen und fand seine prominentesten Fürsprecher in Alfred Nobel (1833–96) und Leo → Tolstoi. Er wurde schon bald in alle Kultursprachen übersetzt und 1916 sowie 1952 verfilmt. *N. H.*

Svevo, Italo

(eigtl. Hector Aron Schmitz, genannt Ettore)

italien. Geschäftsmann und Schriftsteller

* 19.12.1861 Triest, † 13.9.1928 Motto di Livenza

📖 *Zeno Cosini*, 1923

Italo Svevo gilt als erster Vertreter des psychoanalytischen Romans in Italien. Seine Protagonisten sind häufig introvertierte Antihelden.

Im Habsburgischen Schmelztiegel Triest geboren, wählte Schmitz ein Pseudonym, das sowohl auf die deutsch-italienische Herkunft seiner Eltern als auch auf ihn selbst als Bürger zweier Welten und Grenzgänger verwies. Der italienische Kaufmannssohn konnte seine literarischen Ambitionen nach dem finanziellen Ruin des Vaters nur noch eingeschränkt verfolgen. Neben seinem Beruf als Bankangestellter verfasste er Novellen und Komödien, die aber ebenso wie der erste autobiografische Roman *Ein Leben* (1892) erfolglos blieben. Als auch der zweite Roman, *Ein Mann wird älter* (1898), über seine Jugendliebe keine Resonanz fand, gab Svevo, der in der Lackfabrik seines Schwiegervaters tätig war, seine literarische Arbeit auf.

Erst die Bekanntschaft mit James → Joyce ermutigte Svevo zu einem Neubeginn. Aber auch der 1923 erschienene *Zeno Cosini* blieb in Italien nahezu unbesprochen. Durch die Vermittlung von Joyce und dem französischen Literaturkritiker Benjamin Crémieux (1888–1944) wurde Svevo zunächst im Ausland entdeckt und dort als Wegbereiter der Moderne gefeiert. Noch bevor der »italienische Schwabe«, der im übrigen Europa bald in einem Atemzug mit Franz → Kafka und Joyce genannt wurde, auch in seiner Heimat breite Anerkennung fand, starb er an den Folgen eines Autounfalls.

Biografie: F. Bondi/R. M. Gschwend, *Italo Svevo* (rm 50 459).

Bertha von Suttner, *Die Waffen nieder!*, Titelblatt der Originalausgabe 1889

Zeno Cosini

OT La coscienza di Zeno **OA** 1923 **DE** 1928
Form Roman **Epoche** Moderne

Zeno Cosini, die Geschichte eines Durchschnittsbürgers, gilt als erster psychologischer Roman der italienischen Literatur.

Der doppelsinnige Begriff »coscienza« im Originaltitel verweist auf unterschiedliche (Be-)Deutungsebenen des Romans, da er sowohl mit »Bewusstsein«, »Gewissen«, »Erkenntnis« oder auch mit »Bekenntnis« übersetzt werden kann.

Inhalt: Der 57-jährige Zeno Cosini ist so verstrickt in die mannigfachen Möglichkeiten der Selbst- und Fremdtäuschung, dass er der Wahrheit nur durch einzelne Spurensuche näher zu kommen vermag. Auf Anraten seines Psychiaters und im Interesse der eigenen Heilung schreibt er seine Erinnerungen aus großer zeitlicher Distanz nieder.

Die Aufzeichnungen des alten Zeno entwerfen vom jüngeren das Bild eines begüterten Zwangsneurotikers, zu dessen zentralen Problemen die »letzte« Zigarette und andere Laster gehören. Sie markieren Bedeutung in einem Leben, das den Zwängen der Existenzsicherung weitgehend enthoben und damit auch einem Mangel an Erfahrungsräumen ausgesetzt ist. Diesen kompensiert Zeno durch ein Übermaß an Reflexion. So wie er über den Gedanken an die 54 Muskeln, die zur Bewegung des Fußes notwendig sind, ins Straucheln gerät, hindern ihn bloße Vorstellungen daran, das Sterben des Vaters angemessen wahrzunehmen und ihm beizustehen. Also erhält er von diesem in letzter Sekunde eine Ohrfeige und bald darauf das Ja-Wort derjenigen Schwester von vieren, der er zuallerletzt einen Heiratsantrag machen wollte, woraus er das Recht ableitet, der Braut in der Hochzeitsnacht seine Gleichgültigkeit zu bekunden. Während diese Niedertracht für die Ehe keine negativen Konsequenzen zeigt, tragen die dem erfolgreicheren Schwager im Namen von Unterstützung und Hilfe zugefügten Unterlassungssünden zu dessen Tod bei.

Als groteske, aber einleuchtende Folge uneigentlichen Lebens erscheint auch Zenos überraschende Gesundung im Ersten Weltkrieg, nachdem es ihm gelungen ist, als Spekulant und Kriegsgewinnler von den Kämpfen der anderen zu profitieren.

Aufbau: Die am »umorismo« von Luigi → Pirandello geschulten Perspektiven auf die grotesken Folgen neurotischen Lebens ergeben sich aus den Brüchen in der Darstellung des alten Zeno. Therapie und Autobiografie werden so gegeneinander ausgespielt; die Schrift fungiert als ordnende Instanz, die bei Sigmund → Freud dem Analytiker zukommt, und kann daher auch weitgehend auf diesen verzichten.

Entsprechend kurz gehalten ist das Vorwort des Psychiaters, der als Motiv für die Publikation der intimen Aufzeichnungen seines Patienten Rache für die abgebrochene Therapie angibt und die Hoffnung auf Entschädigung durchblicken lässt. Mit dieser verächtlichen Einschätzung des Arztes korrespondiert das Nachwort. Unter dem Titel *Psychoanalyse* entäußert sich der am Krieg gesundete Patient hier

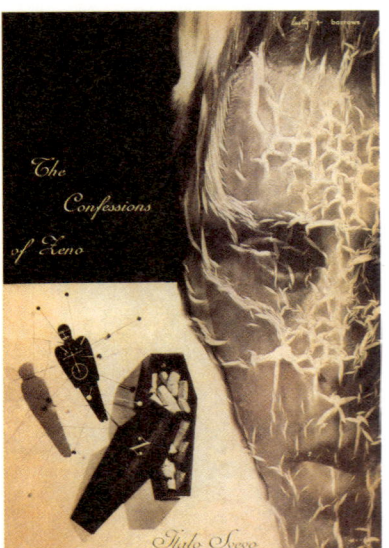

Italo Svevo, *Zeno Cosini*, Umschlag der US-Erstausgabe 1947 (Gestaltung: Alvin Lustig)

Auszug aus dem Roman
Szeno Cosini von Italo Svevo:

Nun aber fühle ich mich krank, aus dem Gleichgewicht gebracht wie noch nie im Leben, und ich glaube, dass mir das Schreiben mehr helfen wird, als es die Kur vermocht hat. Jedenfalls bin ich mir sicher, dass dies die einzig richtige Methode ist, um einer Vergangenheit, die nicht mehr schmerzt, wieder einige Bedeutung zu verleihen und eine verhasste Gegenwart möglichst rasch verschwinden zu lassen.

einer Polemik gegen Arzt und Methode, die ein Musterbeispiel für die freudschen Theorien der Verdrängung und Übertragung abgibt.

Der gesamte Text oszilliert zwischen Würdigung von und Polemik gegen die Psychoanalyse. Er lotete erstmals die Bedeutung und Anwendbarkeit der Erkenntnisse Freuds für die und in der Literatur aus.

Wirkung: Ignoranz und Aggression bestimmten über Jahrzehnte die italienischen Reaktionen auf das Werk von Svevo. Zu den möglichen Gründen für das Schweigen seiner Landsleute gehörte neben den Schwierigkeiten des Autors mit dem Italienischen – er sprach Triestiner Dialekt – möglicherweise auch das Pseudonym, das im Kontext des Irredentismus als Provokation erscheinen musste. Benjamin Crémieux' Einleitung im Heft der Zeitschrift *Le Navir d'Argent* von 1926, das zum größten Teil Svevo gewidmet war, löste gereizte Reaktionen aus: Auch von einem französischen Kenner ihrer Literatur wollten sich die Italiener nicht darüber belehren lassen, wer zu ihren besten Autoren gehört. Die auch kriegsbedingt verzögerte Rezeption des Werks setzte in Italien erst Ende der 1950er Jahre mit der Herausgabe des Gesamtwerks ein und hält dort wie im übrigen Europa noch heute an. Die jüngste Neuübersetzung ins Deutsche (2000) belegt die Aktualität eines Autors, der sich der literarischen Umsetzung jenes schmalen Grads zwischen Bewusstwerdung und Verdrängung widmete. *H.K.*

Swift, Jonathan

ir. Schriftsteller engl. Abstammung

*30.11.1667 Dublin, † 19.10.1745 ebd.

📖 *Gullivers Reisen*, 1726

Jonathan Swift, dessen Werk neben *Gullivers Reisen* auch Gedichte und zahlreiche politische und religiöse Schriften umfasst, gilt als der bedeutendste englischsprachige Satiriker des 18. Jahrhunderts.

Als Sohn englischer Eltern in Irland geboren, wuchs Swift unter der Obhut eines Onkels in Dublin auf. 1689 ging er nach England, wo er als Sekretär bei Sir William Temple, einem erfolgreichen Diplomaten und Essayisten beschäftigt war. In Oxford nahm Swift sein am Trinity College in Dublin begonnenes Theologiestudium wieder auf. 1695 erhielt er die Priesterweihe, arbeitete jedoch weiterhin in seiner Sekretärstellung bei Temple, bis dieser 1699 starb.

1702 erhielt Swift, inzwischen als Vikar in der Nähe von Belfast tätig, den Grad eines Doktors der Theologie. Die folgenden Lebensjahre Swifts wurden zunehmend von seinem politi-

schem Engagement für die konservativen To-
ries bestimmt. In dieser Zeit entstanden erste
satirische Schriften.

Der Verfall der Toryregierung und der Machtwechsel nach dem Tod der Königin Anna 1714
sollten die Hoffungen von Swift auf ein hohes
kirchliches Amt in England vereiteln. Als Dekan
des St.-Patricks-Doms in Dublin verbrachte er
den Rest seines Lebens vorwiegend in Irland.

Seine ironischen Schriften prangerten soziale
Missstände, Unaufrichtigkeit und Korruption in
der Politik an. Mit den *Tuchhändler-Briefen*
(1724), in denen er sich für die Unabhängigkeit
Irlands einsetzte und damit ein literarisch for-
muliertes Bewusstsein irischer Identität formulierte, wurde Swift 1724 zum Nationalhelden.

Biografie: K. Schuhmann/J. Möller, *Jonathan Swift,* 1981.

Gullivers Reisen

OT Travels into several remote nations of the world
OA 1726 **DE** 1728 **Form** Roman **Epoche** Klassizismus

Mit seinem 1726 erschienenen Roman *Gullivers
Reisen* schuf Jonathan Swift einen Klassiker der
englischen Literatur und eines der meistgelesenen Bücher der Welt. Dass *Gullivers Reisen* in
einer gekürzten und redigierten Fassung auch
zu einem Kinderbuch-Klassiker wurde, ist auf
die Märchenhaftigkeit der mit großer Fantasie
entwickelten Geschichten zurückzuführen,
täuscht jedoch über den abgründig satirischen
Charakter des Werkes hinweg.

Inhalt: Der Roman erzählt in vier Büchern von
den abenteuerlichen Reisen des englischen
Schiffsarztes Lemuel Gulliver. Im ersten Buch

Jonathan Swift, *Gullivers Reisen;* links: Einband einer
deutschsprachigen Ausgabe o.
J.; rechts: Gulliver präsentiert
sich auf einem Tisch der Bewunderung der Einwohner
von Brobdingnag; Kupferstich
nach einer Vorlage von Richard Redgrave

Gullivers Reise-Stationen

Liliput: Von einem Kaiser beherrschtes Inselreich,
dessen Bewohner um ein Vielfaches kleiner sind
als Gulliver. Innenpolitisch wird Liliput durch die
Auseinandersetzungen zwischen den beiden Parteien der Tramecksan und Slamecksan zerrissen.
Während die Tramecksan die Ansicht vertreten,
dass höhere Absätze eher der Verfassung entsprechen, behaupten die Slamecksan das Gegenteil.
Außenpolitisch wird Liliput von der Nachbarinsel
Blefuscu bedroht. Streitpunkt zwischen den verfeindeten Monarchien ist die Frage, an welchem
Ende man ein Ei zu öffnen habe.

Brobdingnag: Die Bewohner der königlich regierten Insel sind um ein Vielfaches größer als Gulliver.
Ausgestattet mit einer simplen Gesetzgebung und
einer auf Moral, Geschichte, Poesie und Mathematik beschränkten Wissenschaft, folgt das Zusammenleben der Einwohner den einfachen
Grundsätzen des Menschenverstandes. Da das

Volk abgeschieden vom Rest der Welt existiert,
wurde die Armee aufgebaut, den Frieden unter
den drei Parteien König, Adel und Volk zu sichern

Laputa: Eine fliegende Insel, deren Bewohner
sich fast ausschließlich mit Problemen der Mathematik, Musik und Astronomie befassen und
kaum mehr zwischenmenschliche Beziehungen
pflegen. Auf dem zur laputischen Monarchie
gehörenden Festland Balnibarbi lernt Gulliver
die Akademie der Hauptstadt Lagado kennen.
Hier wird unablässig an absurden Projekten wie
etwa der Herstellung von Kopf- und Nadelkissen
aus Marmor oder der Gewinnung von Sonnenstrahlen aus Gurken gearbeitet.

Glubbdubdrib: Auf der von Zauberern regierten Insel werden die Geister Verstorbener beschworen; Gulliver lernt nicht nur Cäsar und Brutus,
sondern auch René → Descartes, → Aristoteles
und Angehörige des Königshauses kennen.

Luggnagg: In dem von einem egozentrischen
Monarchen regierten Inselreich Luggnagg lernt
Gulliver das Geschlecht der Struldbrugs kennen.
Durch ein besonderes Mal auf der Stirn gekennzeichnet, werden sie als Unsterbliche geboren und
verfallen ab ihrem 30. Lebensjahr zunehmend in einen Zustand der Melancholie. Das
Wissen um die eigene Unsterblichkeit und das
unaufhaltsame Fortschreiten des körperlichen
Alterungsprozesses bewirken bei ihnen Verbitterung und Launenhaftigkeit.

Das Land der Houyhnhnms: Auf seiner letzten
Reise gelangt Gulliver in ein unbekanntes Land,
in dem die Menschen (Yahoos) den Pferden
(Houyhnhnms) untergeordnet sind. Während die
verwilderten Yahoos als Sinnbilder des Irrationalen von äußerster Hässlichkeit sind, erscheinen
die tugendhaften und schönen Houyhnhnms als
Inkarnationen der Vernunft und der Weisheit.

Auszug aus dem Roman
Gullivers Reisen von
Jonathan Swift:

Ich sagte ihm, ein Premierminister, den ich zu beschreiben beabsichtigte, sei ein Geschöpf ohne Freude und Kummer, ohne Liebe und Hass, ohne Mitleid und Zorn; er hege keine anderen Leidenschaften als ein heftiges Verlangen nach Reichtum, Macht und Titeln; er gebrauche seine Rede zu allen Dingen, nur nicht um seine wirklichen Gedanken zu verkünden; er sage nie die Wahrheit, es sei denn in der Absicht, dass man sie für eine Lüge halte, noch eine Lüge, es sei denn in dem Wunsch, dass man sie für Wahrheit halte...

Andrzej Szczypiorski

bricht Gulliver 1699 zu einer Schifffahrt in die Südsee auf. Als die Mannschaft Schiffbruch erleidet, kann er sich an den Strand der Insel Liliput retten. Während er schläft, wird er von den Bewohnern Liliputs, die um ein Vielfaches kleiner sind als er, gefesselt. Gullivers Aufgeschlossenheit für die Gepflogenheiten seiner Gastgeber und seine Bereitschaft, ihnen in einer kriegerischen Auseinandersetzung mit der verfeindeten Monarchie Blefuscu zu helfen, lassen ihn bald zu einem Helden werden. Durch eine Intrige verliert Gulliver schließlich das Vertrauen des Kaisers und sieht sich gezwungen, nach England zurückzukehren.

Bald tritt er seine nächste Reise an, von der im zweiten Buch berichtet wird. In der Nähe von Madagaskar gerät sein Schiff in einen Sturm. Als die Mannschaft eine Insel entdeckt, machen sich Gulliver und einige Matrosen auf, um dort Wasser zu besorgen. Zu spät erkennen sie, dass die Insel, Brobdingnag genannt, von Riesen bewohnt wird. Allein zurückgelassen, gerät Gulliver in die Hände eines Bauern, der ihn auf einer Reise durch Brobdingnag als Attraktion zur Schau stellt und an den Königshof verkauft. Er gewinnt die Gunst des Königs, mit dem er Gespräche über England führt. Nach einigen Abenteuern wird er von einem Adler in die Lüfte entführt und über dem Meer fallen gelassen. Die Besatzung eines Schiffs rettet ihn und bringt ihn im Juni 1706 zurück in die Heimat.

Trotz der erlittenen Gefahren beschließt Gulliver erneut auf Reisen zu gehen. Im dritten Buch wird er von Piraten gefangen genommen und landet auf der fliegenden Insel Laputa. Deren Bewohner befassen sich fast ausschließlich mit Mathematik, Musik und Astronomie, pflegen jedoch kaum mehr zwischenmenschliche Beziehungen. Er verlässt die Insel, um auch das zur laputischen Monarchie gehörende Festland Balnibarbi und seine Hauptstadt Lagado kennen zu lernen. Dort besucht er eine Akademie, in der an absurden Projekten wie etwa der Gewinnung von Schießpulver aus Eis oder der Mischung von Farben durch Blinde gearbeitet wird. Später gelangt Gulliver nach Japan und von dort aus zurück nach England.

Im vierten Buch des Romans sticht Gulliver als Kapitän eines Schiffes in See. Nachdem seine Leute sich gegen ihn verschworen und ihn über längere Zeit in seiner Kajüte festgehalten haben, setzen sie ihn am Ufer eines unbekannten Landes aus. Auf seinem Weg ins Landesinnere begegnet er den ersten Houyhnhnms und Yahoos. Während die affenartigen Yahoos als Sinnbilder des Irrationalen von äußerster Hässlichkeit sind, erscheinen die tugendhaften Houyhnhnms in ihrer schönen Pferdegestalt als Inkarnationen des rein Rationalen. Von den Yahoos als Houyhnhnm und von den Houyhn-

hnms als Yahoo betrachtet, bemüht sich Gulliver um die Gunst der Houyhnhnms, die ihn jedoch des Landes verweisen. Nach seiner Rückkehr flieht Gulliver seine Mitmenschen, wird zum Menschenfeind und verbringt fortan seine Zeit in der Gesellschaft von Pferden.

Struktur: Zahlreiche Passagen in dem Bericht Gullivers enthalten mehr oder weniger verhohlene, bissig-humorvolle Anspielungen auf die sozialen und politischen Zustände in England. Durch den satirischen Charakter der Erlebnisschilderungen wird die eher von Zweifeln überwiegende Haltung des Autors gegenüber der Utopie deutlich. Gleichzeitig beleuchtet der Roman die Relativität aller menschlichen Werte.

Wirkung: Obwohl das satirische Werk zu den meistgelesenen der abendländischen Literatur zählt, stieß es auch auf Kritik: Schriftstellerkollegen wie Sir Walter →Scott oder William Makepeace →Thackeray sahen in der Figur des Gulliver den Verfasser Swift und warfen diesem pathologische Misanthropie vor; noch George →Orwell wollte in dem Werk Swifts politisch unfortschrittliche Gesinnung aufgrund seines konservativen Republikanismus erkennen. *B. S.*

Szczypiorski, Andrzej

poln. Schriftsteller und Publizist

*3.2.1924 Warschau, †16.5.2000 ebd.

📖 *Die schöne Frau Seidenman*, 1986

Zentrales Thema des Werks von Andrzej Szczypiorski ist das Zusammenleben des polnischen, deutschen und jüdischen Volks. Der Autor wirft die Frage der individuellen Schuld vor dem Hintergrund kollektiver Verbrechen im Namen der Nation oder der Religion auf. Ihn interessieren die psychologischen Mechanismen, die einen Menschen zum Mittäter, zum gleichgültigen Zeugen oder zum selbstlosen Helfer machen.

Szczypiorski nahm mit 20 Jahren am Warschauer Aufstand teil und wurde nach dessen Scheitern im KZ Sachsenhausen interniert. Er debütierte 1946 als Publizist und war seither als Presse- und Rundfunkjournalist tätig. Ein erster Band mit Erzählungen erschien 1955; in den nachfolgenden Jahren veröffentlichte er erzählende Bücher Prosa, Hörspiele, Feuilletons, Reportagen, Jugendliteratur sowie (unter dem Pseudonym Maurice S. Andrews) Kriminalromane. Auf deutsch erschienen u.a. der Roman *Eine Messe für die Stadt Arras* (1971) sowie die Erzählungsbände *Amerikanischer Whiskey* (1985) und *Der Teufel im Graben*

(1974). 1976 schloss sich Szczypiorski der Dissidentenbewegung an und wurde nach Verhängung des Kriegsrechts in Polen 1981/82 inhaftiert. Nach dem Ende des kommunistischen Regimes bekleidete er 1989 bis 1991 den Posten eines Senators.

Die schöne Frau Seidenman

OT Poczatek **OA** 1986 **DE** 1988
Form Roman **Epoche** Gegenwart

Andrzej Szczypiorski zeichnet in seinem Roman *Die schöne Frau Seidenman* biografische Porträts von Polen, Juden und Deutschen vor dem Hintergrund des Zweiten Weltkriegs. Jenseits von Nationalitätenschranken, Freund-Feind-Schemata und Schwarzweißmalerei werden gewöhnliche Menschen, Opfer und Täter, Gleichgültige und Mitfühlende, Mutige und Feige, Egoisten und Selbstlose, Helden und Verbrecher vorgestellt. Die Tragödie der Vernichtung der polnischen Juden erweist sich für die Porträtierten als Prüfstein, der ihre wahre Gesinnung zum Vorschein bringt, der Gut von Böse, Menschlichkeit von Unmenschlichkeit, Anstand von Barbarei scheidet. Darüber hinaus zwingt der Autor seine Landsleute, sich mit dem in Polen latenten Antisemitismus auseinander zu setzen.

Entstehung: Wegen kritischer Passagen über Nachkriegspolen und über die kommunistische Ideologie war an eine Veröffentlichung des Buchs in der Volksrepublik Polen nicht zu denken. Der Roman (dessen polnischer Titel *Der Anfang* bedeutet) erschien zunächst in dem angesehenen Pariser Exilverlag Instytut Literacki.

Inhalt: Die Handlung spielt im Winter 1942/43 in dem von den Deutschen besetzten Warschau. In Episodenform wird eine Reihe von einander kreuzenden menschlichen Schicksalen vorgestellt. Die jüdische Arztwitwe Irma Seidenman, die während des Kriegs die Identität einer Polin angenommen hat, wird von dem Juden Bronek Blutman an die Gestapo verraten. Anstrengungen mehrerer Menschen tragen dazu bei, dass man sie aus der Haft entlässt. Nach dem Krieg wird sie aus Polen im Zuge der antisemitischen Kampagne vom Frühjahr 1968 ins französische Exil vertrieben.

Zum Kreis der Helfenden gehört der Deutsche Johann Müller, der sich bei seinem Parteigenossen, dem SS-Mann Stuckler, für die ihm unbekannte Frau verbürgt. Zur Befreiung von Frau Seidenman steuert auch der in sie verliebte Pawel Kryski bei; sein Schulfreund Henryk Fichtelbaum entschließt sich, ins Getto zurückzukehren, um dort zu sterben. Kryski überlebt den Warschauer Aufstand und den Krieg und wird schließlich Anfang der 1980er Jahre als Regimegegner interniert.

Aufbau: Diese und andere Episoden bilden ein komplexes Netz aus persönlichen Beziehungen, Querverweisen auf verschiedene Handlungsstränge und wiederkehrenden Motiven. Einerseits stellt Szczypiorski die Angst, Ohnmacht und Hilflosigkeit vieler Menschen angesichts der Okkupationszeit dar, andererseits dient die Darstellung der Authentizität und unterstreicht die Tatsache, dass Schuld und Unschuld dicht beieinander liegen können. Deshalb ist die häufig ironische Stimme des allwissenden Erzählers, der die Vor- und Nachgeschichte seiner Figuren kennt, stets vernehmbar. Darüber hinaus kommentiert er das Erzählte in essayistischer Form und reflektiert es ideologiekritisch.

Wirkung. *Die schöne Frau Seidenman* wurde vor allem im deutschsprachigen Raum ein großer Erfolg. Gerade wegen seiner provokanten Darstellung, die dem Werk Glaubwürdigkeit verleiht, ist Sczcypiorski ein Roman gelungen, der den Leser nötigt, über sich selbst nachzudenken. Das Buch wurde bereits in 15 Sprachen übersetzt. *M. Sch.*

Andrzej Szczypiorski,
Die schöne Frau Seidenman,
deutschsprachige Erstausgabe
1988

Der Holocaust in der Literatur	
Zofia Nalkowska, 1946	*Medaillons:* Erzählungen über die Verbrechen der Nationalsozialisten und die Grausamkeiten des Vernichtungslagers, basierend auf Berichten.
Primo Levi 1947	*Ist das ein Mensch?:* Autobiografischer Bericht und philosophische Reflexion über die Erlebnisse während eines einjährigen Aufenthalts im Konzentrationslager Auschwitz. → S. 682
Tadeusz Borowski, 1948	*Bei uns in Auschwitz:* Erzählungen über die KZ-Erlebnisse aus der Perspektive eines Kapos: Im Kampf um das Überleben machen sich nicht nur die Täter, sondern auch Opfer schuldig.
Henryk Grynberg 1965	*Der jüdische Krieg:* Autobiografische Erzählung über Verbrechen an der jüdischen Bevölkerung während der deutschen Okkupation: das Werk wird aus dem Blickwinkel eines kleinen Kindes geschildert.
Jean Améry 1966	*Jenseits von Schuld und Sühne. Bewältigungsversuche eines Überwältigten:* In der Essaysammlung verarbeitet der Autor seine eigene Erfahrung als intellektueller KZ-Häftling.
Jurek Becker 1969	*Jakob der Lügner:* Ein Mensch weckt in den Mitbewohnern im Getto Lebensmut, indem er sie ständig mit erfundenen Radioberichten über das Vorrücken der russischen Armee versorgt. → S. 94
Imre Kertész 1976	*Roman eines Schicksallosen:* Schilderung der Gräuel von Auschwitz aus der Perspektive eines ungarisch-jüdischen Knaben. → S. 597
Hanna Krall 1977	*Schneller als der liebe Gott:* Die Autorin berichtet über den Aufstand im Warschauer Getto auf der Grundlage von Gesprächen mit dem einzig überlebenden Anführer des Aufständischen.
Cordelia Edvardson, 1984	*Gebranntes Kind sucht das Feuer:* Erinnerungen an die Kindheit und an die KZ-Haft als 14-jähriges Mädchen in Theresienstadt und Auschwitz.
Andrzej Szczypiorski, 1986	*Die schöne Frau Seidenman:* Die eindringliche Schilderung der Unterdrückung der Polen durch die deutschen Besatzung. → S. 1055
Louis Begley 1991	*Lügen in Zeiten des Krieges:* Roman über das Schicksal eines jüdischen Jungen in Warschau während des Zweiten Weltkriegs. → S. 98

T

Antonio Tabucchi, *Erklärt Pereira*, Umschlag der deutschsprachigen Erstausgabe 1995

Tabucchi, Antonio

italien. Schriftsteller

*23.9.1943 Vecchiano (Pisa)

📖 *Erklärt Pereira*, 1994

Antonio Tabucchi zählt zu den bekanntesten und produktivsten Autoren der italienischen Gegenwartsliteratur. Seine Romane und Erzählungen, die u.a. psychologische Motive im Alltag und in zwischenmenschlichen Beziehungen aufgreifen, sind reich an literarischen Zitaten und versteckten Anspielungen, dennoch durch die klare, einfache Sprache leicht zugänglich.

Tabucchi lehrt als Professor portugiesische Literatur in Genua und ist Übersetzer und Herausgeber des Werks von Fernando → Pessoa. In seinem Romandebüt *Piazza d'Italia* (1975) skizziert er anhand eines toskanischen Familienschicksals die Geschichte Italiens, in der es an sozialer Gerechtigkeit fehlt. Ab 1978 schrieb Tabucchi in schneller Folge überwiegend Erzählungen über die Unvorhersehbarkeit der Lebensumstände und die Kehrseite der Dinge (u.a. *Das Umkehrspiel*, 1981; *Kleine Missverständnisse ohne Bedeutung*, 1985). Mit den in Portugal spielenden Romanen *Erklärt Pereira* und *Der verschwundene Kopf des Damasceno Monteiro* (1997) knüpfte er an seine frühere engagierte und aufklärerische Erzählweise an.

Hauptfiguren in »Erklärt Pereira« von Antonio Tabucchi

Pereira: Der übergewichtige, herzkranke Gewohnheitsmensch und Kulturredakteur ist Übersetzer französischer Erzählungen und lebt in einer eigenen Welt, in der nur die Literatur zählt. Er spricht mit dem Bild seiner verstorbenen Frau und denkt oft an den Tod. Zunächst ist er politisch desinteressiert, bis er Monteiro kennen lernt, dessen gewaltsamer Tod ihn aus seiner Lethargie reißt und zum Handeln bewegt.

Monteiro Rossi: Der junge Halbitaliener und Vollwaise betätigt sich als Widerstandskämpfer gegen das Salazar-Regime und verfasst für Pereira kritische Nachrufe auf Schriftsteller. Er wird von faschistischen Schergen gefoltert und ermordet.

Marta: Die Freundin und Studienkollegin Monteiros ist die Anführerin einer Widerstandgruppe, zu der auch Monteiro gehört. Die grundlegenden Ideen seiner Nachrufe für die Zeitung stammen von ihr. Sie versucht Pereira zu überreden, sich ihnen anzuschließen.

Doktor Cardoso: Der Antifaschist betreut Pereira während eines Kuraufenthalts und rät ihm, mehr Umgang mit der Zukunft zu pflegen und seinem engagierten »Ich« Freiraum zu lassen. Er hilft Pereira bei der Veröffentlichung des Nachrufs über den ermordeten Monteiro.

Don António: Der Beichtvater und antifaschistische Freund Pereiras mit kritischer Einstellung zum Vatikan fordert Pereira auf, sich über politische Ereignisse zu informieren.

Ingeborg Delgado: Die jüdische Deutsche mit portugiesischen Vorfahren wartet in Portugal auf ihr Visum in die USA. Sie fordert Pereira auf, etwas gegen das faschistische Regime zu tun.

Manuel: Der Kellner im Stammcafé Pereiras hört heimlich BBC und informiert Pereira über in der Presse unerwähnte Fakten.

Silva: Der Literaturprofessor und alte Studienkollege Pereiras befürwortet das faschistische Regime, was Pereira abstößt.

Erklärt Pereira

OT Sostiene Pereira. Una testimonianza
OA 1994 **DE** 1995 **Form** Roman **Epoche** Gegenwart

Der Roman von Antonio Tabucchi, der in seiner Ich-bezogenen Sichtweise unter dem Einfluss des Schriftstellers Fernando → Pessoa steht und den Wandel eines Menschen erzählt, stellt das anonyme Protokoll einer Zeugenaussage (so der Untertitel) dar. Weder der Vorname des Zeugen Pereira noch die Gegebenheiten, unter denen er aussagt, werden erwähnt.

Inhalt: Schauplatz ist Lissabon im Sommer 1938 zur Zeit der Salazar-Diktatur. Pereira, verantwortlich für die neue Kulturseite der katholischen Abendzeitung *Lisboa*, sucht einen freien Mitarbeiter, der Nachrufe auf bedeutende Schriftsteller schreiben soll. Er stellt den begabten, jungen Monteiro Rossi an, der gerade seine Dissertation in Philosophie publiziert hat und dringend Geld benötigt. Sein erster Nachruf auf den spanischen Schriftsteller Federico García Lorca (1898–1936), der von seinen politischen Gegnern ermordet wurde, ist wegen seiner antifaschistischen Ansichten »nicht zur Veröffentlichung geeignet« und würde niemals die Zensur passieren. Obwohl Pereira auch alle weiteren Nachrufe Monterios wegen ihres revolutionären Inhalts für unbrauchbar hält, bewahrt er sie auf und bezahlt Monteiro für seine Arbeit.

Das bisher ruhig verlaufene Leben des unpolitischen Pereira, der in der Vergangenheit lebt, wird durch die Nachrufe seines Mitarbeiters und durch weitere Begegnungen mit regimekritischen Menschen in seinen Grundfesten erschüttert. Die Freiheitsideale Monteiros erwecken das Interesse des alternden Journalisten am Leben und an den gegenwärtigen politischen Ereignissen. Monteiro gelingt es, ihn zu überreden, einem spanischen Widerstandskämpfer ein sicheres Versteck zu besorgen. Schließlich ist es der völlig erschöpfte Monteiro, der Zuflucht in Pereiras Wohnung sucht. Doch die Salazar-Polizei entdeckt ihn dort und bringt ihn im Beisein des machtlosen Pereira auf brutale Weise um. Mit Hilfe des befreundeten Arztes Cardoso, der vorgibt, Funktionär der Zensurbehörde zu sein, kann Pereira in der *Lisboa* einen mutigen Nachruf auf Monteiro veröffentlichen und so die Verbrechen des Regimes publik machen. Danach verlässt er mit einem gefälschten Pass das Land.

Wirkung: Der antifaschistische Roman, der Tabucchi international bekannt machte, wurde u.a. mit dem Premio Viareggio ausgezeichnet und 1995 mit Marcello Mastroianni in der Titelrolle verfilmt. Der Amtsantritt des Medienzaren Silvio Berlusconi (*1936), der 1994 unter Beteiligung der Neofaschisten an die Macht kam, verlieh dem Buch größte Aktualität. *C.H.*

Tacitus, Publius Cornelius

röm. Staatsmann und Historiker

*um 55 ?, † nach 117 ?

📖 *Germania*, entstanden 98

Publius Cornelius Tacitus war nach dem Urteil vieler Historiker der bedeutendste römische Historiker der Kaiserzeit. Obwohl er die höchsten politischen Ämter erreichte, weiß man über ihn recht wenig – und das stammt zumeist aus der Feder seines Freundes, des Schriftstellers Plinius der Jüngere (61/62?–um 113).

Tacitus wurde als Sohn eines Ritters und Prokurators der Provinz Gallia Belgica geboren. Seine Herkunft prädestinierte ihn für eine glänzende politische Laufbahn. Die Ehe, die er im Jahr 78 mit der Tochter des Konsuls Gnaeus Julius Agricola einging, sicherte ihm endgültig einen Platz in der engeren Führungsspitze des Imperiums. Im Jahr 88 wurde er Prätor und Mitglied eines Priesterkollegiums. Wie vorgeschrieben, verließ er danach für vier Jahre die Hauptstadt und arbeitete vermutlich als Legat oder als Proprätor. 97/98 zu einem der beiden Konsuln gewählt, wurde er 112/113 Prokonsul für die Provinz Asia und erreichte somit die höchsten Ämter, die ihm als Senator offen standen.

Obwohl Kaiser Tacitus 275/276 verfügte, dass die öffentlichen Bibliotheken des Imperiums die Schriften des Tacitus aufzunehmen hätten, finden sich in der Spätantike kaum Hinweise auf das Werk des großen Historikers. Er drohte deshalb in Vergessenheit zu geraten, bis die Humanisten der Renaissance ihn neu entdeckten (Stichwort → S. 1057). Allerdings war zu diesem Zeitpunkt ein großer Teil seiner Schriften bereits für immer verloren.

Germania

OT De origine et situ Germanorum
EZ 98 **EA** 1470 **DE** 1526
Form Sachbuch **Bereich** Geschichte/Ethnografie

Die Werke des Historikers Publius Cornelius Tacitus wurden eigentlich erst durch die italienischen Humanisten der Renaissance entdeckt (Stichwort → S. 1057) – das kleine Werk *Germania* fand sich zu Beginn des 15. Jahrhunderts in der Bibliothek des Klosters Hersfeld wieder.

Entstehung: Tacitus schrieb die *Germania* kurz nach der Ermordung von Kaiser Domitian im Jahr 96. Wie der lateinische Titel *De origine et situ Germanorum* (Über den Ursprung und Wohnsitz der Germanen) andeutet, werden in dem kleinen Buch die nördlichen Nachbarn der Römer beschrieben. Bekannt ist, dass der Vater

Die wichtigsten Werke von Publius Cornelius Tacitus	
Dialog über die Redner entst. ca. 79/81	In der fiktiven Gesprächsrunde wird über die Verdienste der Redner und Poeten diskutiert. Im Mittelpunkt des Dialogs steht die zentrale Klage über den Verlust der Eloquenz.
Das Buch über das Leben des Iulius Agricola, entst. 98	Tacitus scheibt die Biografie seines Schwiegervaters, des Konsuls Gnaeus Julius Agricola, der in den Jahren von 77 bis 84 die Funktion des Statthalters von Britannien ausgeübt hatte.
Germania entst. 98	Mit diesem Buch liefert Tacitus eine kurze geografisch-ethnografische Studie über das Volk der Germanen. → S. 1057
Historien entst. ca. 104–110	Von der Geschichte des römischen Imperiums vom Tod des Kaisers Nero (68) bis zum Tod von Kaiser Domitian (96) sind lediglich die Bücher 1 bis 4 und der Anfang von Buch 5 – und damit die ausführliche Geschichte der Jahre 69/70 – erhalten.
Annalen entst. um 110	Das Buch enthält die beeindruckende Geschichte des römischen Imperiums vom Tod des Augustus (14) bis zum Beginn der *Historien* (68). Erhalten sind die Bücher 1 bis 6 (die Zeit des Kaisers Tiberius) und 11 bis 15 (die Zeit von Kaiser Claudius bis zum Tod Neros).

des Historikers als römischer Prokurator an der Mosel diente. Ob Tacitus die Länder nördlich der Alpen nur aus Erzählungen des Vaters und des Schwiegervaters kannte oder als Beamter selbst dort tätig war, ist umstritten. Gleiches gilt für den unmittelbaren Zweck der Schrift.

Inhalt: Die 46 kurzen Kapitel oder Sektionen des Buchs lassen sich grob in drei Gruppen aufteilen. In den Kapiteln 1 bis 5 werden Herkunft und Volkstyp der Germanen sowie deren Land beschrieben. Die Kapitel 6 bis 24 befassen sich mit Heerwesen, Religion und Rechtswesen der Germanen sowie deren Sitten und Gebräuche. Die ausführliche Auseinandersetzung mit den germanischen Sitten sowie deren positive Bewertung nährten die Überzeugung vieler Historiker, Tacitus sei es weniger um eine ethnografische Beschreibung der Stämme nördlich der Alpen gegangen, sondern er habe der »dekadenten« römischen Oberschicht den Spiegel vorhalten wollen. Allerdings versäumt es Taci-

Auszug aus *Germania* von Publius Cornelius Tacitus:

Die Germanen glauben sogar, den Frauen wohne etwas Heiliges und Seherisches inne; deshalb achten sie auf ihren Rat und hören auf ihren Bescheid.

Die Wiederentdeckung der »Germania« des Tacitus

Auslöser: Als zu Beginn der Renaissance in Italien das Interesse an der römischen Vergangenheit wieder erwachte, waren die Schriften von Publius Cornelius → Tacitus praktisch vergessen. Mit wachsendem Interesse an der Antike begannen Sammler bald Klosterbibliotheken systematisch nach antiken Manuskripten zu durchsuchen.

Verhandlungen: Während des Konzils von Konstanz (1414–18) dehnten die italienischen Humanisten ihre Suche auch auf deutsche Klöster aus. Im November 1425 schrieb Gian Francesco Poggio Bracciolini an den Humanisten Niccolo Niccoli (1363 bis 1437), er habe von einem Mönch des Klosters Hersfeld erfahren, dass es in dessen Abtei Manuskripte von Tacitus gäbe, von denen er bisher noch nichts gehört habe. Niccolo zeigte sofort Interesse und bot an, sie gegen zeitgenössische Werke einzutauschen, die der Mönch haben woll-

te. In den nächsten Jahren wurden viele Briefe über die Alpen hinweg ausgetauscht. Obwohl Niccolo und Poggio sogar hohe Kirchenfürsten einschalteten und sie um Vermittlung baten, konnte keine Einigung erzielt werden. 1455 tauchte das begehrte Manuskript plötzlich in Rom auf. Wie es dorthin gelangt war, blieb unbekannt. Bekannt ist nur, dass es eine Zeit lang im Besitz von Enoch d'Ascoli war, der zuvor im Auftrag von Papst Nikolaus V. in Deutschland gewesen war. Nur wenige Jahre später wurde die *Germania* zum ersten Mal gedruckt, in Venedig 1470 und in Nürnberg 1473 (in lateinischer Sprache).

Wirkung: Schon 1471 wies Enea Silvio Piccolomini (später Papst Pius II.) den Regensburger Reichstag in einer Rede auf den Inhalt der *Germania* hin und weckte dadurch das Interesse der deutschen Humanisten auch an der Geschichte des eigenen Lands.

tus nicht, auch auf die Schwächen und Laster der Germanen hinzuweisen. Überdies, stellt er fest, läge ein seltsamer Widerspruch im Wesen der Germanen: Ein und dieselben Menschen liebten das Nichtstun über alles und hassten doch gleichzeitig die Ruhe des Friedens.

In den Kapiteln 28 bis 44, die etwa die Hälfte des Buchs ausmachen, stellt Tacitus die einzelnen germanischen Stämme vor und untersucht, inwieweit sie jeweils von dem von ihm selbst zuvor dargestellten allgemeinen Wesen abweichen. Den größten Raum widmet er den Sueben, dem größten der germanischen Stämme, der allerdings in zahlreiche selbstständige Einzelstämme zerfiel (und damit mehr war als nur die Vorläufer der heutigen Schwaben).

Wirkung: Da das kleine Werk in der Spätantike kaum erwähnt wurde, scheint es zunächst nur wenig Wirkung gehabt zu haben. Das änderte sich jedoch mit seiner »Wiederentdeckung« während der Renaissance. Seitdem war es oft Gegenstand intensiver ideologischer Auseinandersetzungen. Galt die *Germania* den einen als Beweis für eine weit zurückreichende Tradition, so wurde es für die anderen zum Sinnbild nationaler Verfehlungen – wobei wohl weder die eine noch die andere Seite den Intentionen von Tacitus gerecht wird. *P. B.*

Auszug aus *Liedopfer*
von Rabindranath Tagore:

Herbst

Licht und Schatten spielen Fang-mich/Heute in den Ähren./Durch den blauen Himmel schweben/Weiße Wolkenfähren./Heute vergessen Hummeln ihren Nektar/Gaukeln hell im Lichtgenuss./Warum sammeln sich die Reiher/Auf der Sandbank heut im Fluss./Oree, heut kehr ich nicht heim, Freund,/geh heut nicht nach Haus!/Oree, den Himmel brech ich auf und plündre/Heut das schöne Leben aus./Hellauf lachend im Flutwasser wehen/Schaumgebirge heut im Wind./Heute werd ich müßig Flöte pfeifen,/meine Zeit vergeht geschwind.

Tagore, Rabindranath

ind. Schriftsteller, Maler und Philosoph

*7.5.1861 Kalkutta, †7.8.1941 ebd.

📖 *Liedopfer*, 1910

Rabindranath Tagore (r.) 1921 mit Mahatma Gandhi im Garten seines Hauses in Bombay

Mit seinem umfangreichen und vielseitigen Gesamtwerk gelang Rabindranath Tagore der Brückenschlag zwischen traditioneller indischer Kultur und westlicher Moderne. Für sein lyrisches Hauptwerk *Liedopfer* wurde er 1913 mit dem Literaturnobelpreis ausgezeichnet.

Tagore wurde von seinem Vater unterrichtet, einem Gutsherrn und hinduistischen Religionsreformer, der seine religiöse und weltliche Einstellung prägte. Mit 17 Jahren ging Tagore nach England; nach dem Abbruch seines Jura-Studiums kehrte er 1880 nach Indien zurück. Ab Mitte der 1880er Jahre verfasste er zahlreiche Gedichte, Geschichten und Dramen in bengalischer Sprache, die er z. T. selbst ins Englische übersetzte. In Shantiniketan/Westbengalen eröffnete Tagore 1901 eine Privatschule, die eine Verbindung indischer und europäischer Denkweisen und Erziehungsmethoden anstrebte. 1910 erschien sein episches Hauptwerk *Gora*, in dem er sich für politische und religiöse Toleranz einsetzte. Angesichts des drohenden Zweiten Weltkriegs wandte Tagore sich nachdrücklich gegen das nationalsozialistische Deutschland.

Der Dichter, dessen lyrisches und philosophisches Werk 28 Großbände umfasst und der außerdem rund 2000 Gemälde schuf, wird in seiner Heimat als Heiliger verehrt. Sein 1911 verfasstes Lied *Du bist der Herrscher über die Seelen aller Menschen* wurde 1950 zur indischen Nationalhymne. Nachdem im Westen vor allem in den 1910er und 1920er Jahren eine wahre Tagore-Euphorie ausgebrochen war, geriet sein Werk nach dem Zweiten Weltkrieg zunehmend in Vergessenheit.

Biografie: M. Kämpchen, *Rabindranath Tagore* (rm 50399).

Liedopfer

OT Gitanjali **OA** 1910 **DE** 1914
Form Gedichtsammlung **Epoche** Moderne

In seinem 157 Lieder und Gedichte umfassenden lyrischen Hauptwerk forderte Rabindranath Tagore eine Besinnung auf indische Werte. Seine Themen – Natur, Liebe, Gottessehnsucht – verschmelzen zu einer von philosophischer Symbolik geprägten mystischen Einheit.

Entstehung: Tagore übersetzte 51 Gedichte der Sammlung während einer Schiffsreise in rhythmische englische Prosa und fügte Übersetzungen aus seinen anderen Lyriksammlungen hinzu. Die oftmals von der Originalvorlage abweichenden Übersetzungen enthalten neue Gedanken und Bilder und lassen andere weg, sodass sie literarisch eigenständig sind. 1912 erschien in London eine Ausgabe mit einem Vorwort von William Butler Yeats (1865–1939), die eine begeisterte Aufnahme fand.

Inhalt: Eine wehmütige, romantisch-mystische Grundstimmung prägt die Gedichte der Liedopfer-Sammlung. Oftmals steht die Zwiespra-

che des Menschen mit Gott, der als »Herr«, »König« oder als geliebte Frau angesprochen wird, im Vordergrund. Liebessehnsucht, Gottessuche, das Lob der göttlichen Schöpfung und die Trauer über die menschliche Unvollkommenheit sind zentrale Themen. Das Zusammenspiel von erotischer Atmosphäre und Tagores philosophischem Idealismus macht den Reiz seiner Dichtung aus.

Aufbau: Die Gedichte tragen einen einfachen liedhaften Charakter. Tagore verwendet nur ein begrenztes Vokabular und wenige Metaphern. Zahlreiche Lieder dieser Sammlung vertonte der Dichter selbst.

Wirkung: Tagore gab *mit Liedopfer* der indischen Dichtung neue Impulse; das Weltbild, das sich darin vermittelt, wurde von den Bengalen wie eine Religion angenommen. Die Sammlung, für die Tagore 1913 den Literaturnobelpreis erhielt, wurde bald in zahlreiche Sprachen übersetzt. André → Gide übertrug sie 1914 ins Französische. Die Rezeption des Werkes litt allerdings unter der Tatsache, dass es nur Übertragungen auf der Grundlage englischer Nachdichtungen gab. Erst nach dem Zweiten Weltkrieg erschienen erste Übersetzungen aus dem Bengalischen. *D. M.*

Seite einer Handschrift des *Talmud* aus dem 15. Jahrhundert mit der Darstellung der Ankunft von Elia

Talmud

EZ 3.–5. (8.) Jahrhundert n. Chr.   **OA** 1520–23 (erste vollständige Ausgabe des babylonischen *Talmud*)
DE 1929–36 (babylonischer *Talmud*), 1975–84 (*Talmud Yerushalmi*)   **Form** Sammlung Heiliger Schriften **Bereich** Religion

Der *Talmud* (hebrä.: Studium, Lehre), die hebräisch-aramäische Kommentierung und Ergänzung der *Mischna* durch die rabbinischen Gelehrten des 3.–5. Jahrhunderts n. Chr., ist das Hauptwerk des jüdischen Glaubens in nachbiblischer Zeit

Entstehung: Etwa im 2. Jahrhundert n. Chr. wurden in den rabbinischen Lehrhäusern Palästinas die mündlichen Traditionen, deren Ziel eine Anpassung des biblischen Religionsgesetzes an veränderte Lebensbedingungen war, in der *Mischna* (von »schana«, hebrä.: wiederholen, durch Wiederholung lernen) zusammengestellt. Sie wurde im 3. Jahrhundert n. Chr. religionsgesetzliche Norm. Die folgenden Rabbinengenerationen Palästinas und Babyloniens, die Amoräer, widmeten sich einer weiteren Bearbeitung der *Mischna*. Ihre Lehren, niedergelegt in der *Gemara* (hebrä.: Vollendung), bilden mit der *Mischna* den *Talmud* (palästinensische und babylonische Version).

Die Rabbinen verstanden sich als Glied einer bis zu Mose zurückreichenden Traditionskette.

In ihren Lehren sahen sie eine Entfaltung der göttlichen Offenbarung am Berg Sinai. Die in den beiden *Talmudim* festgehaltenen Traditionen betreffen vor allem das jüdische Religionsgesetz, die *Halacha* (hebrä.: Norm, Regel), das – mit dem Ziel einer genauen Erforschung und Erfüllung des göttlichen Willens – detailliert die verschiedensten Lebensbereiche regelt. Die Darstellung erfolgte in Form von Diskussionen. Außer der geltenden religionsgesetzlichen Entscheidung wurden auch abweichende Meinungen in den Text aufgenommen.

Neben die *Halacha*, und häufig vermischt mit dieser, traten in den *Talmudim* nichtgesetzliche Passagen, die *Haggada* (hebrä.: Erzählung), wie etwa Bibelauslegungen, Anekdoten aus dem Leben der Gelehrten, Legenden, historische und naturwissenschaftliche Erläuterungen.

Inhalt: Der palästinensische *Talmud*, *Talmud Jeruschalmi* (*Jerusalemer Talmud*) genannt, entstand nicht in Jerusalem, sondern in Tiberias, Sepphoris und Caesarea, den damaligen palästinensischen Zentren rabbinischer Gelehrsamkeit. Die Redaktion des Textes erfolgte in der ersten Hälfte des 5. Jahrhunderts. Er enthält Kommentare zu 39 der insgesamt 63 Traktate der *Mischna*. Ein Sechstel des Werks bilden haggadische Stoffe. Der palästinensische *Talmud* war in Palästina, Ägypten und Nordafrika geltendes Recht, bevor er im 10./11. Jahrhundert vom babylonischen *Talmud* verdrängt und in den folgenden Jahrhunderten kaum noch studiert wurde. 1523 wurde er gedruckt.

Der *Talmud Bavli*, der babylonische Talmud, nach dem sich bis heute die *Halacha* richtet, wurde zum Talmud schlechthin. Bis ins 18. Jahrhundert wurde er vorrangig in jüdischen

Auszug aus *Die Religionen der Menschheit* (1959) von Friedrich Heiler über den Talmud:

Sein Inhalt ist außerordentlich vielgestaltig: Profanes steht neben Religiösem, spitzfindige kasuistische Erörterungen neben erhabenen Weisheitssprüchen und frommen Erzählungen, magische Vorstellungen neben einer geistigen Gottesverehrung... Er trug entscheidend dazu bei, dass das über die ganze Welt verstreute Judentum trotz des Verlustes seines religiösen Mittelpunktes seine rassische und religiöse Einheit bewahrte.

Lehrhäusern studiert. Er kommentiert 36 1/2 *Mischna*-Traktate. Aufgrund haggadischer Ergänzungen, die zwei Drittel des Textes ausmachen, ist er weit umfangreicher als der palästinensische. Während den Amoräern Palästinas für die Schriftauslegung eine eigenständige Literaturgattung, der *Midrasch*, zur Verfügung stand, wurde der gesamte Lehrstoff der babylonischen Akademien im *Talmud* gesammelt. Er erhielt dadurch den Charakter einer Enzyklopädie des babylonisch-rabbinischen Wissens. Die Redaktion des babylonischen *Talmuds* erfolgte vornehmlich im 5. Jahrhundert, doch wurde der Text weiter verändert und ergänzt, bis er in der Mitte des 8. Jahrhunderts als abgeschlossen angesehen wurde.

Wirkung: Der *Talmud* ist das wichtigste Zeugnis der geistigen und realen Welt des Judentums und diente ihm bis in die Neuzeit als enzyklopädisches Fundament allen Wissens und als Richtschnur für Bildung und Erziehung.   *M.K.*

Tausendundeine Nacht

OT Alf Laila wa-Laila **EZ** 10–18. Jh.
DE 1838–41 (3 Bde.) **Form** Anthologie

Tausendundeine Nacht ist zwar weder die älteste noch die umfangreichste, gewiss aber die weltweit bedeutendste orientalische Sammlung von Märchen, Geschichten und Gedichten. Sie beeinflusste Dichter und Denker von Charles de → Montesquieu bis Salman → Rushdie.

Entstehung: Von einer – bereits traditionellen – Erzählungssammlung, die durch die Geschichte von der klugen Wesirstochter Scheherezade zusammengebunden wurde, berichten arabische Texte ab dem 10. Jahrhundert; hierbei handelte es sich um das persische Buch *Tausend Abenteuer*. Während die Rahmenerzählung über mehr als ein Jahrtausend im Wesentlichen konstant blieb, waren die Geschichten, die Scheherezade in tausendundein Nächten erzählt, einem starken Wandel unterworfen. Die heutige Sammlung zeigt Spuren von mindestens vier wichtigen »Rezensionen«, wobei das älteste Material (u. a. der Rahmenerzählung) indischen Ursprungs ist; es folgten eine persische, eine mesopotamische und eine ägyptische Rezension. Schließlich ist das Werk auch bei der Übertragung in die europäischen Sprachen ab dem 18. Jahrhundert beeinflusst worden; eins der beliebtesten Märchen der Sammlung, *Aladin und die Wunderlampe*, zeigt deutlich europäische Einflüsse.

Inhalt: König Schehrijar hat, von seiner Gattin betrogen, die grausame Sitte angenommen, täglich eine neue Jungfrau zu ehelichen und nach der Hochzeitsnacht zu töten. Erst die Tochter seines Wesirs, Scheherezade, heilt ihn von diesem Treiben: Sie erzählt ihm des nachts Geschichten, die stets vom Morgengrauen unterbrochen werden, sodass der König Verlangen hat, in der folgenden Nacht ihr Ende zu hören. Tausendundeine Nacht lang währt dieses Erzählen, dann hat Schehrijar angesichts dreier inzwischen von der Scheherezade geborener Söhne ein Einsehen und verschont sie.

Die Geschichten, die Scheherezade erzählt, sind von unterschiedlichem Charakter: Märchen wechseln sich ab mit Romanen und Novellen, Liebes-, Schelmen- und Seefahrergeschichten, Sagen und Legenden, Fabeln und Parabeln, Humoresken und Anekdoten. Zu den bekanntesten Geschichten gehören *Aladin und die Wunderlampe*, *Ali Baba und die Vierzig Räuber* sowie *Sindbad der Seefahrer*. In den Erzählungen finden zuweilen rhetorische Wettstreite statt, worin Spruchweisheit und Tugendlehren entfaltet werden, sodass man von einer Art »Fürstenspiegel« sprechen kann. Zudem werden

Tausendundeine Nacht, illustrierte Seite aus der deutschsprachigen Ausgabe 1865

in den Erzählfluss immer wieder Gedichte eingeflochten (insgesamt mehr als 1000); die prosaischen Beschreibungen nehmen häufig die Form der »Reimprosa« an.

Wirkungsgeschichtlich waren die märchenhaften Elemente von entscheidender Bedeutung: zaubermächtige Dämonen, Dschinns und Affrits, unermessliche Reichtümer, Zauberringe, Wunderlampen und fliegende Teppiche. Die überschäumende Lebenslust dieser Schilderungen erstreckt sich in verschiedenen Erzählungen auch auf den Bereich der Sexualität, deren freizügige Schilderung gleichwohl mit einer tiefen islamischen Frömmigkeit einhergeht.

Zeitlich und räumlich decken die Geschichten weite Bereiche ab, von biblischen Protagonisten bis hin zu Feuerwaffenträgern, vom Fränkischen Reich bis nach China. Besonders viele Erzählungen sind um den Bagdader Kalifen Harun er-Raschid (763–809) angesiedelt, der nach seinem Tod ebenso zum Kristallisationspunkt von Legenden geworden war wie sein westlicher Zeitgenosse Karl der Große.

Aufbau: Das heterogene Erzählmaterial wurde zu einem Gesamtwerk verbunden, indem die Geschichten in die Rahmenerzählung eingefügt wurden. Der Idee der Rahmenerzählung gemäß sind die zwei Strukturmuster der Sammlung – einerseits die einzelnen Geschichten, andererseits die Folge der 1001 Nächte – nie deckungsgleich: Der Wechsel der Nächte findet stets mitten in einer Geschichte statt.

Wirkung: *Tausendundeine Nacht* gilt in Europa als Paradigma orientalischer Fabulierkunst. Das Buch prägte im 18. und 19. Jahrhundert entscheidend die europäischen Stereotype vom Orient, der einerseits als despotisch, andererseits aber auch als sinnenfrohe Haremslandschaft vorgestellt wurde. Für die Beeinflussung deutscher Dichter durch das Werk kann → Goethe als Beispiel dienen, der dafür hielt, es »möchte wohl schwerlich ein bedeutenderes Werk aufzufinden sein«. *R. H.*

Teilhard de Chardin, Marie-Joseph Pierre

frz. Jesuit und Paläontologe

* 1.5.1881 Schloss Sarcenat bei Clermont-Ferrand

† 10.4.1955 New York

📖 *Der Mensch im Kosmos*, 1955 (postum)

Marie-Joseph Pierre Teilhard de Chardin ist der wohl bekannteste Jesuitenpater des 20. Jahrhunderts. In seinen Schriften will er Naturwissenschaften und Theologie miteinander versöhnen.

Teilhard wuchs in katholischer Frömmigkeit auf und übernahm von seinem Vater das naturwissenschaftliche Interesse. 1899 trat er als Novize in den Jesuitenorden in Aix-sur-Mayenne ein. Nach mehrjähriger Lehrtätigkeit in Physik und Chemie in Ägypten empfing Teilhard 1911 die Priesterweihe. Er las das Buch *Schöpferische Entwicklung* von Henri → Bergson, das ihn in seinem Denken nachhaltig beeinflusste. Im Ersten Weltkrieg arbeitete Teilhard als Sanitäter an der Front. Nach dem Krieg studierte er Geologie und Paläontologie, beendete 1922 seine Dissertation und wurde Präsident der Société géologique de France. Zwischen 1923 und 1946 hielt er sich vorwiegend in China auf, wo er u.a. an seinem Hauptwerk *Der Mensch im Kosmos* arbeitete und durch seine Ausführungen zum fossilen »Pekingmenschen« als Paläontologe internationale Anerkennung fand. 1950 wurde Teilhard als Mitglied in die französische Akademie der Wissenschaften aufgenommen. Die letzten vier Jahre lebte er in New York. Aufgrund seiner »evolutionistischen« Thesen durften die theologischen Schriften Teilhards auf Anordnung des Vatikans Zeit seines Lebens nicht im Druck erscheinen.

Literatur: G. Schiwy, *Ein Gott im Wandel. Teilhard de Chardin und sein Bild der Evolution*, 2001.

Der Mensch im Kosmos

OT Le phénomène humain **OA** 1955 (postum) **DE** 1959
Form Sachbuch **Bereich** Theologie

In seinem Hauptwerk untersucht Marie-Joseph Pierre Teilhard de Chardin den Ursprung und die stammesgeschichtliche Entwicklung des Lebens und Denkens. Aus seinen Beobachtungen leitet er einen transzendenten Endpunkt der Evolution ab.

Pierre Teilhard de Chardin (links im weißen Kittel) mit Schülern im Laboratorium Boule; rechts der Paläontologe Marcellin Boulle (Foto von 1926)

Aus *Das naturphilosophische Werk Teilhard von Chardins* von **Armin Müller (1964):**

Werden die abendländisch bestimmten Völker die Größe von Teilhard de Chardins Werk erfassen, in ihm ein Kernstück des so gefährdeten europäischen Erbes in der heutigen Welt erkennen? Werden ihre führenden Geister sich zusammentun, um jenes Werk in allen Richtungen zu durchforschen, zu durchleuchten, zu befestigen als einen kostbaren Besitz?

Pierre Teilhard de Chardin, *Der Mensch im Kosmos*, Umschlag der deutschsprachigen Erstausgabe 1959

Auszug aus *Der Mensch im Kosmos* von Marie-Joseph Pierre Teilhard de Chardin:

Die Eisenbahn, die vor kurzem erfunden wurde, das Automobil, das Flugzeug ermöglichen es heute, den physischen Einfluss jedes Menschen, der einst auf einige Kilometer beschränkt war, auf Hunderte von Meilen auszudehnen. Ja noch mehr: dank dem wunderbaren biologischen Ereignis der Entdeckung der elektromagnetischen Wellen findet sich von nun an jedes Individuum (aktiv und passiv) auf alles Meeren und Kontinenten gleichzeitig gegenwärtig und verfügt über dieselbe Ausdehnung wie die Erde.

Entstehung: Der Hauptteil des Buchs entstand bereits zwischen 1938 und 1940 in China und den USA. Eine Anfrage des Autors um Druckerlaubnis beim Vatikan blieb 1941 ohne Antwort. Auch sieben Jahre später, nach Umarbeitung und Ergänzung des Texts, wurde das kirchliche Imprimatur nicht erteilt, sodass die Schrift erst postum im Jahr 1955 erscheinen konnte.

Inhalt: Der Autor stellt die Entwicklung des Universums in vier Stufen dar – 1. die Entstehung der Materie als Vorstufe des Lebens (Geogenese), 2. die Entstehung des Lebens aus der Materie (Biogenese), 3. die Entstehung des Denkens (Psychogenese) bzw. des Ich-Bewusstseins (Noogenese) innerhalb des Lebens und 4. der Zusammenschluss des Denkens zu einer »höheren Lebensform« (Konvergenz des Geistes). Die erste Materie bildet sich aus der »Granulation« einer Ur-Energie, dem Licht vergleichbar. In der Materie erscheint diese Energie in zweifacher Form: als »tangentiale«, äußere Energie, welche die physikalischen und chemischen Eigenschaften des Stoffs bestimmt und als »radiale«, innere Energie, die bereits dem einfachen Stoff eine gewisse »Spontaneität«, ein rudimentäres Bewusstsein verleiht und die eigentlich treibende Kraft für den Fortschritt der Evolution darstellt. Die Materie hat von Beginn an eine »zweiseitige Struktur« und neben physischen auch psychische Merkmale.

Die Evolution erscheint Teilhard als eine Reihe »geplanter Zufälle«, die immer wieder zu sprunghafter Komplexitätszunahme in der Anordnung der Elementarteile führen – so etwa beim Übergang von unbelebter zu belebter Materie (vom Makromolekül zur Zelle) oder bei der Herausbildung des denkenden Ich-Bewusstseins beim Homo Sapiens durch Entwicklung des Nervensystems. Gleichzeitig findet eine »Erhitzung oder Konzentration des Psychischen« statt. Die physikalischen Eigenschaften der Materie treten durch die Noogenese in den Hintergrund und es entsteht eine soziale und mentale Gemeinschaft, eine Solidarität im Denken und Handeln, die als »Noosphäre«, als »denkende Schicht«, den gesamten Erdball umschließt. Das reflektive Bewusstsein des Menschen, von der Evolution hervorgebracht, richtet sich nun auf sich selbst und seine Entstehung. Er ist angehalten, die Zielrichtung der natürlichen Evolution zu erkennen, um diese aktiv (also auch mit künstlichen Mitteln wie z.B. der Technik) voranzutreiben. In diesem Sinne setzt die menschliche (Kultur-)Geschichte die »organische Bewegung des Lebens« bis zu ihrem Ende, dem »Punkt Omega«, fort. In Omega addiert und vereinigt sich das durch die Noogenese frei gewordene Bewusstsein zu einem kollektiven, planetarischen Gedächtnis und bringt als »Überpersönliches« die in sich vereinigten Per-

sönlichkeiten zur Vollendung. Der Autor betont, dass sich die einzelnen Persönlichkeiten in der Konvergenz nicht auflösen, sondern ihr jeweiliges Ich-Bewusstsein und damit ihre Einzigartigkeit in Omega erst zur vollen Entfaltung gelangt. Das Streben des Bewusstseinsdrangs »nach immer höheren psychischen Formen« bis hin zu Omega ist unumkehrbar und sehr wahrscheinlich. Omega selbst ist von Anfang an als evolutive Kraft in der Schöpfung präsent und steht als deren Endpunkt außerhalb von Zeit und Raum. Der Gläubige erkennt in Omega Christus wieder, dessen Kraft der Liebe als Gesetz der gegenseitigen Anziehung alles Werden bestimmt, um es am Ende der Zeit in der Ewigkeit zusammenzuschließen.

Wirkung: Teilhards Anerkennung der grundlegenden Thesen der darwinistischen Evolutionstheorie und die Verneinung des Bösen als eigenständige Macht in der Welt brachten ihm von kirchlicher Seite viel Kritik ein. Sein theologisches Werk löste nach der Veröffentlichung jahrelange intensive und kontroverse Diskussionen aus. In jüngerer Zeit bezieht sich auch die US-amerikanische »Cyber-Culture« auf den französischen Jesuitenpater. Der globale Zusammenschluss von Computernetzwerken (Internet) wird hier als technische Realisation der teilhardschen Noosphäre interpretiert.   *S. I.*

Thackeray, William Makepeace

(Pseudonyme M. A. Titmarsh und G. S. Fitz-Boodle)

engl. Schriftsteller

* 18.7.1811 Kalkutta, † 24.12.1863 London

📖 *Jahrmarkt der Eitelkeit*, 1848

William Makepeace Thackeray gehört neben Charles → Dickens und George → Eliot zu den bedeutendsten Romanautoren des viktorianischen England. Seine Romane, die er nach dem Muster seines Vorbilds Henry → Fielding verfasst hat, sind gekennzeichnet vom Abbau des Heroischen. Im Mittelpunkt steht die realistische Schilderung menschlicher Schwächen.

Der Sohn eines Regierungsbeamten wuchs in Internatsschulen auf. Nach einem erfolglosen Besuch des Trinity College in Cambridge arbeitete Thackeray zunächst als Herausgeber einer Zeitschrift für Literatur und Kunst. 1834 ließ er sich als Korrespondent in Paris nieder und nahm ein Studium der Kunst auf. Drei Jahre später kehrte er nach England zurück, um ein Leben als freier Autor zu beginnen.

Thackeray verfasste Essays, Rezensionen und Erzählungen, die er häufig selbst illustrierte.

Erste Erfolge hatte er mit Artikelserien, die in *Frazer's Magazine* und seit 1842 in der satirischen Zeitschrift *Punch* in Fortsetzungen erschienen. Der Durchbruch gelang ihm 1848 mit dem Roman *Jahrmarkt der Eitelkeit*. Es folgten weitere Fortsetzungsromane wie *Die Geschichte von Pendennis* (1848–50) oder *Die Geschichte des Henry Esmond* (1852). Ein wesentliches Strukturelement seiner Gesellschaftsromane, die ein breites Panorama vom Adel bis zur Mittelschicht vom 17. bis zum 19. Jahrhundert präsentieren, ist die ironische Erzählhaltung. Heuchelei, Eitelkeit und Snobismus werden von der Erzählinstanz entlarvt, kommentiert und abqualifiziert.

Biografie: P. L. Shillingsburg, *William Makepeace Thackeray: a literary life*, 2001.

Jahrmarkt der Eitelkeit

OT Vanity Fair, or, A Novel without a Hero
OA 1848 (Vorabdruck 1847/48 in *Monthly Numbers*)
DE 1849 **Form** Roman **Epoche** Viktorianismus

Der erste Sittenroman von William Makepeace Thackeray, der im Untertitel *Ein Roman ohne einen Helden* heißt, entwirft ein panoramisches Bild der englischen Gesellschaft zur Zeit der napoleonischen Kriege. Wie in seinen frühen satirischen Romanen werden Heuchelei, Eitelkeit und Snobismus vorgeführt und auf ingeniöse Art durch die Interaktion von Erzählerkommentar und Figurenrede entlarvt. Der ursprünglich als Titel geplante Untertitel macht Thackerays programmatische Ablehnung der romantischen Konzeption des Helden deutlich.

Inhalt: Im Zentrum des Romans stehen die unterschiedlichen Biografien der zwei Schulfreundinnen Amelia Sedley und Becky Sharp. Amelia, passiv und selbstlos, entspricht dem konventionellen idealisierten Frauentypus. Die selbstbewusst und egoistisch agierende Verführerin Becky verkörpert eine Variation der Femme Fatale. Um sie gruppieren sich mehrere andere Figuren, die für verschiedene Liebeskonzeptionen und Lebensentwürfe stehen. Amelia heiratet den Kaufmannssohn George Osborne, der seine Frau mit der attraktiven Becky betrügt, die mittlerweile den Offizier Rawdon Crawley geehelicht hat, fällt im Krieg. Amelia idealisiert ihren Mann und ist nicht bereit, auf die ehrlichen Absichten Dobbins einzugehen. Die Wende führt ausgerechnet Becky herbei, die nach einer Affäre mit dem Aristokraten Lord Steyne von ihrem Mann verstoßen wurde. Als sie Amelia den wahren Charakter ihres verstorbenen Mannes offenbart, willigt diese in eine Hochzeit mit Dobbin ein. Dobbin heiratet Amelia, obwohl er längst erkannt hat, dass sie nichts weiter ist als ein »kleiner Parasit«.

Aufbau: Zusammengehalten werden die einzelnen Episoden und Handlungsstränge durch die Figur des Erzählers, der sich immer wieder kommentierend in das Geschehen einmischt. Auf den vom Autor angefertigten Skizzen stellt sich der Erzähler als Narr da, der das Geschehen, wie im Prolog angedeutet, präsentiert wie ein Puppenspieler. Der Erzähler ist zwar allgegenwärtig, nicht aber allwissend. Durch seine zahlreichen Versuche, die Handlung zu bewerten, wird der Leser selbst angeregt, sich ein Bild zu machen. Eine thematische Konstante der einzelnen satirischen Charakterskizzen ist die menschliche Eitelkeit, die Thackeray dem Werk *Die Pilgerreise* (1678–1684) von John → Bunyan entlehnt hat.

Wirkung: Das Buch wurde Anfang des 20. Jahrhunderts im Zuge neuerer Romantheorien als veraltet zurückgewiesen, da es Thackeray weniger um ein szenisches Erzählen ging. Später wurden Autor und Werk jedoch rehabilitiert. Der Roman zählt seitdem zu den Klassikern der

Auszug aus dem Prolog zu *Jahrmarkt der Eitelkeit* von William M. Thackeray:

Wenn der Leiter des Puppentheaters vor dem Vorhang auf seiner Bühne sitzt und auf den Jahrmarkt hinunterschaut, dann überfällt ihn beim Anblick des geschäftigen Treibens eine tiefe Melancholie. Da wird tüchtig gegessen und getrunken, geliebt und kokettiert, gelacht (oder das Gegenteil), geraucht, betrogen, gerauft, getanzt und gewedelt. Da drängen sich Raufbolde durch die Menge, Schwerenöter werfen den Frauen Blicke zu, Diebe greifen in fremde Taschen, Schutzleute geben acht, Marktschreier (noch andre außer mir, hol sie die Pest!) grölen vor ihren Buden, und Bauerntölpel gaffen zu den flitterbehangenen Tänzerinnen...«

Heinz Weiss und Sybille Brunner in der Verfilmung des Romans *Jahrmarkt der Eitelkeit* von William M. Thackeray (BRD 1966)

Hauptfiguren in »Jahrmarkt der Eitelkeit« von William M. Thackeray

Amelia Sedley: Die behütet aufgewachsene Kaufmannstochter, selbstlos, sentimental und weltfremd, idealisiert ihren verstorbenen Ehemann und ihre »Freundin« Becky.
Rebecca (Becky) Sharp: Die selbstbewusste und früh verwaiste Tochter eines Malers und einer Tänzerin nutzt andere Menschen skrupellos aus, ist aber auch eine gewitzte Lebenskünstlerin.
George Osborne: Der verwöhnte und egoistische Ehemann von Amelia ist ein oberflächlicher und eitler Zeitgenosse.
William Dobbin: Eine Gegenfigur zu den übrigen Männerfiguren, strebt der treue und aufrichtige Freund von George nach tieferen Gefühlen und Werten.
Captain Rawdon Crawley: Der leichtlebige und -sinnige Offizier und der spätere Ehe-

mann von Becky ist gutmütig und einfältig und lässt sich nur allzu bereitwillig von seiner intelligenten und schönen Frau lenken.
Mr. John Osborne: Georges besitzgieriger und machtausübender Vater und Geschäftsmann enterbt seinen Sohn nach dessen Heirat mit der verarmten Amelia.
Mr. John Sedley: Der gutmütige und schwache Vater von Amelia verliert nach seinem Bankrott seinen Lebenswillen.
Joseph (Jos) Sedley: Der eingebildete und großspurige Bruder von Amelia ist ein einfältiger Kolonialbeamter, der immer nur die eigenen Belange im Auge hat.
Lord Steyne: Ein skrupelloser Aristokrat, der Beckys gesellschaftlichen Aufstieg fördert, sie jedoch später fallen lässt.

Weltliteratur. Das zentrale Thema des Romans, die satirisch-humoristische Darstellung menschlicher Eitelkeit, wurde 1987 von dem amerikanischen Schriftsteller Tom → Wolfe in *Fegefeuer der Eitelkeiten* wieder aufgegriffen. In dem Roman zeichnet Wolfe das realistische Bild einer statusversessenen New Yorker Börsen- und Mediengesellschaft.

K. v. H.

Auszug aus dem Roman *Die Insel des zweiten Gesichts* von Albert Vigoleis Thelen:

Mit ein paar erklärenden Worten beginne ich, entwerfe in raschen Strichen die Situation, Land, Leute stelle ich vor, wobei ich schon vom Hundertsten ins Tausendste komme, während ich noch das Feld abstecke, in dem ich mich zu bewegen gedenke. Da kann es geschehen, dass eine Beiläufigkeit zur Hauptsache wird...

Albert Vigoleis Thelen, *Die Insel des zweiten Gesichts,* Umschlag der Originalausgabe 1953

Thelen, Albert Vigoleis

dt. Schriftsteller

* 28.9.1903 Süchteln (heute Viersen)

† 9.4.1989 Dülken (heute Viersen)

📖 *Die Insel des zweiten Gesichts,*1953

Dem literarischen Einzelgänger Albert Vigoleis Thelen gelang vor allem mit der fiktionalisierten Autobiografie *Die Insel des zweiten Gesichts* ein ebenso überraschender wie nachhaltiger Erfolg.

Thelen wuchs in einer typisch niederrheinischen Kleinstadt auf, durchlief nach dem Abbruch des Gymnasiums mehrere Handwerkslehren, konnte aber ab 1925 an den Universitäten Köln und Münster ein geisteswissenschaftliches Studium absolvieren. 1929 begann er, kleinere Erzähltexte zu veröffentlichen, doch die Heraufkunft des Nationalsozialismus vertrieb Thelen aus Deutschland, sodass er mit seiner späteren Frau, der Schweizerin Beatrice Bruckner, 1931 bis 1936 auf Mallorca lebte. Diesen Aufenthalt hat er in seinem Roman ausführlich, mit viel Humor und Skurrilität erzählt. 1936 musste Thelen aus Spanien in die Schweiz fliehen. Bis 1947 lebte er in Portugal, bis 1954 in Amsterdam.

1953 führte Thelen eine Lesung bei der »Gruppe 47« durch, die zu einem Misserfolg wurde. In Ascona entstand sein zweiter, gleichfalls humorvoll-fantasiereicher Roman *Der schwarze Herr Bahßetup* (1956), der die Erlebnisse des Vigoleis in den Niederlanden fortsetzt. Kleinere Prosatexte *(Der magische Rand, Poetische Märzkälbereien)* griffen den Ton der Romane auf, während Thelen mit Bänden wie *Der Tragelaph* (1955) und *Im Gläs der Worte* (1979) auch als Lyriker hervortrat. Stets hatte sich Thelen als »niemandes Landsmann« bezeichnet, frei von »Reibekuchenpatriotismus«; dennoch siedelte er 1986 in die Nachbarstadt seines Geburtsortes um.

Biografie: J. Pütz (Hrsg.), *Sie tanzte nackt auf dem Söller. Das Leben des Albert Vigoleis Thelen,* 1992.

Die Insel des zweiten Gesichts

OA 1953 **Form** Roman **Epoche** Moderne

Die Synthese aus Autobiografie und modernem Schelmenroman (Stichwort → S. 1064) hat Albert Vigoleis Thelen einen singulären Platz in der deutschen Nachkriegsliteratur gesichert.

Entstehung: 1942 hatte der Verleger Meulenhoff Thelen angeregt, seine mallorquinischen Erfahrungen zu Papier zu bringen. Es dauerte aber zehn Jahre, bis er nach dem Umzug aus Portugal nach Amsterdam das Buch in nur neun Monaten niederschrieb. Im Oktober 1953 wurde es mit dem Untertitel *Aus den angewandten Erinnerungen des Vigoleis* publiziert.

Inhalt: Der Ich-Erzähler Vigoleis schildert, wie er mit seiner späteren Frau Beatrice 1931–36 auf Mallorca lebt. Als ihre Geldmittel erschöpft sind, ziehen sie in eine ärmliche Pension, später in die Torre del Reloj, wo sie, umgeben von Schmugglern, in absoluter Armut vegetieren. Endlich geht es aufwärts: Beatrice gibt Sprachunterricht, Vigoleis wird Fremdenführer, rezensiert deutsche Exilliteratur und übernimmt Sekretärsaufgaben für Harry Graf Kessler (1868 bis 1937) und Robert von Ranke-Graves (1895 bis 1985). Nach der Machtergreifung der Nationalsozialisten und nach Ausbruch des Bürgerkriegs müssen Vigoleis und Beatrice auf einem britischen Schiff fliehen.

Die Insel des zweiten Gesichts ist zugleich Zeitroman und Autobiografie, vereint bunte Abenteuer mit Weltschmerz, Not und Bohèmeleben, bietet ein Gesellschaftspanorama des Exils. Thelens eigenbrötlerische Sprache neigt zu oft komischen, immer aber den Kern einer Sache ins Licht stellenden Neologismen, vom »Unglimpf« bis zur »Häufzeit des Mords«, und bringt die Tragikomik seiner Existenz so auf den Punkt: »Unbeholfen im Leben, in das ich mich immer noch nicht eingelebt habe, des Lebens Untüchte wie ein Zeichen an der Stirn«.

Der moderne Schelmenroman

Herkunft und Bedeutung: Im 16./ 17. Jahrhundert entstand in Spanien eine Spielart des Romans, in welcher der Ich-Erzähler die episodisch gereihten Wechselfälle seines Lebens am Rande der Gesellschaft mit anarchischem Humor, aber auch Selbstironie berichtete. Die Hauptfigur heißt im Spanischen »picaro«, das Genre danach pikaresker Roman oder, da im Frühneuhochdeutschen noch ein »Schelm« ein Gesetzloser ist, »Schelmenroman«.

Anwendung: Der Abenteurer nimmt es mit Moral und Gesetzen nicht immer genau, doch weil der Leser seine Perspektive teilt, erscheint er nicht unbedingt als strafwürdiger Krimineller, vielmehr stellt er als Außenseiter satirisch die Konventionen, Werte und Normen der Gesellschaft bloß. Das Genre, das seit dem anonymen *Lazarillo de Tormes* (1554) mit so berühmten Romanen wie Mateo → Alemáns *Guzman de Alfarache* (1599) oder Quevedos *Buscón* (1626) aufwartete, wurde mit Christoph von → Grimmelshausens *Simplizissimus* (1668) auch im Deutschen heimisch. In der Literatur des 20. Jahrhunderts wurde die Gattung wieder aufgegriffen. Berühmtheit erlangten Thomas → Manns *Bekenntnisse des Hochstaplers Felix Krull* (1922/54) und Günter → Grass' *Die Blechtrommel* (1959), auch Gerold Späths *Stimmgänge* (1972) ist zu nennen. Albert Vigoleis → Thelens Vigoleis-Figur weist zwar eine besondere Nähe zu ihrem empirischen Autor auf, ist aber hinreichend fiktionalisiert, um mit Recht zugleich in die Genres des autobiografischen und des pikaresken Erzählens eingereiht zu werden: »ich treibe mein Spiel mit dem wirklich Erlebten, zur wissenschaftlichen Beschwernis der Erforscher des Schelmenromans«, schreibt er am Ende der *Insel des zweiten Gesichts.*

Aufbau: Das mit über 700 engzeiligen Druckseiten äußerst umfangreiche Werk, das ursprünglich noch um 500 Manuskriptseiten länger war, ist episodisch gegliedert und bietet deshalb eine kurzweilige Lektüre. Es besteht aus vier sehr unterschiedlich langen Büchern sowie einem Epilog. Darin mischt Thelen Ereignisse aus der berichteten Zeit mit solchen aus seiner Jugend, Erlebtes mit Erfahrenem. Er betont, dass er nicht »ins Blaue hinein schreibe«, daher fügt er späteren Auflagen sachliche Korrekturen an. Das Prinzip der permanenten Abschweifung unterläuft alle Lesererwartungen und schafft einen Traditionsbezug zum ironischen Erzählen etwa von Laurence → Sterne einschließlich des metafiktionalen Vorbehalts (»Wäre dies ein Roman und ich sein Verfasser«). Zahlreiche literarische Reminiszenzen durchziehen den Text, von der Übernahme des Ritternamens Vigoleis (aus dem mhd. Epos *Wigalois* des Wirnt von Gravenberg, entst. um 1210), den auch Thelen seit dem Studium führte, bis zur Selbstidentifikation mit der literarischen Figur des Don Quijote.

Wirkung: Als Dokument der Literaturgeschichte ist das Werk von Bedeutung, da Thelen im Exil in intensiven Kontakt mit Persönlichkeiten wie dem Grafen Keyserling (1855–1918) oder Franz Blei (1871–1942) trat. Das Buch wurde im Feuilleton lebhaft begrüßt, 1954 mit dem Fontane-Preis ausgezeichnet und genießt bis heute Kultstatus. *A. H.*

Thoma, Ludwig

dt. Schriftsteller

*21.1.1867 Oberammergau

†26.8.1921 Rottach/Tegernsee

📖 *Lausbubengeschichten*, 1905

Ludwig Thoma, der wohl bedeutendste bayerische Schriftsteller des 20. Jahrhunderts, zeichnete sich vor allem durch seine große Überzeugungskraft und die Plastizität seiner Menschendarstellung in seinen Bauerngeschichten sowie die scharfsinnigen Karikierungen des spießigen Bürgertums aus. Unvergleichlich vermochte er die Verlogenheit des »ehrbaren« Bürgertums bloßzustellen.

Der Sohn eines Oberförsters wuchs in einer Großfamilie mit sechs Geschwistern auf. Durch den Tod seines Vaters 1874 geriet die Familie in finanzielle Not; Thoma wurde bei Pensionseltern und Verwandten untergebracht und besuchte Schulen in mehreren Städten. Nach einem Studium der Forstwissenschaft in Aschaffenburg, das er bald abbrach, studierte er in München und Erlangen Rechtswissenschaf-

ten und ließ sich zuerst in Dachau, später in München als Anwalt nieder. Nebenbei begann er zu schreiben; erste Erzählungen erschienen in der *Abendzeitung* und der *Jugend*. 1899 wurde Thoma Redakteur der satirischen Zeitschrift *Simplicissimus*, 1907 Mitherausgeber der politisch-literarischen Zeitschrift *März* und lebte schließlich als freier Schriftsteller. Thoma, der im Ersten Weltkrieg Sanitäter war, starb an den Spätfolgen einer schweren Ruhrinfektion.

Der produktive Autor schuf 40 Bücher, hunderte von Zeitschriftenartikeln, zahlreiche Theaterstücke und schrieb an seinen Memoiren, die als *Stadelheimer Tagebuch* 1922 postum veröffentlicht wurden. Thoma war ein Meister ernster Romane und Geschichten, in denen er sich als scharfer Beobachter der menschlichen Gesellschaft und des bäuerlichen Lebens seiner oberbayerischen Heimat zeigte.

Literatur: H. Ahrens, *Ludwig Thoma*, 1983; R. Lemp (Hrsg.), *Das Thoma-Buch*, 1986.

Lausbubengeschichten

OA 1905 **Form** Erzählungen
Epoche Moderne

Das bekannteste Werk von Ludwig Thoma stellt treffsicher und amüsant in scheinbarer Naivität die Verlogenheit des Bürgertums mit seiner Doppelmoral und seinem Spießertum wie auch den Klerikalismus bloß. Wie die zeitgleich entstandenen Romane *Professor Unrat* (1905) von Heinrich →

Ludwig Thoma an seinen Verleger Albert Langen:

Ich trage das Gefühl in mir, dass unser Werkeltagsleben und die Äußerlichkeit, die Phrasierung unserer gesellschaftlichen Moral so unendlich viel Humor in sich birgt, dass hier wahre Schätze zu heben sind.

Ludwig Thoma, *Lausbubengeschichten*, Umschlag der Neuausgabe 1968

Wichtige Bücher von Ludwig Thoma	
Lausbubengeschichten 1905	Die Erzählungen dieses Buchs, eines der erfolgreichsten Werke von Thoma, schildert humorvoll die Scheinmoral und Heuchelei der Erwachsenen aus der Sicht eines Jugendlichen. → S. 1065
Tante Frieda – Neue Lausbubengeschichten, 1907	Auch die nicht minder erfolgreiche Fortsetzung der *Lausbubengeschichten* enthält in zahlreiche Episoden lustige Streiche aus der Jugendzeit des bayerischen Volksdichters.
Der Wittiber 1911	In dem naturalistischen Roman wird ein Bauer infolge der strengen Moralbegriffe der Dorfbewohner ins Verderben gestürzt.
Heilige Nacht – Eine Weihnachtslegende, 1917	In der Verserzählung in oberbayerischer Mundart wird das Weihnachtsgeschehen nach dem Evangelium von Lukas dargestellt. Die biblischen Situationen werden in die bäuerlich-dörfliche Alltagsrealität Altbayerns transponiert.
Altaich 1918	Die heitere Sommergeschichte aus Oberbayern erzählt einerseits von blasierten Städtern, andererseits von urwüchsigen Bauern.
Der Ruepp 1922	In diesem Werk beschreibt Thoma das tragische Schicksal eines der Trunksucht verfallenen bayerischen Bauern.
Münchnerinnen, 1922	In dem Roman erzählt Thoma die Geschichte einer unglücklichen Liebe in München zur Zeit der Jahrhundertwende.

Mann und *Unterm Rad* (1906) von Hermann → Hesse nehmen die *Lausbubengeschichten* das Wilhelminische Schulsystem kritisch in Augenschein.

Form: In lebensvoller Sprache wird aus der Perspektive eines Jugendlichen erzählt. Stilmittel wie kleine, mundartliche Grammatikfehler – etwa die »bayerische Verneinung«: »Ich habe doch gar keinen Stein nicht hineingeschmissen«. – und die Naivität des Tonfalls, der gesprochenen Sprache nachgebildet, erzeugen eine Komik sondergleichen.

Inhalt: In zwölf locker verbundenen Episoden werden die Streiche des jungen Ludwig – einer Kunstfigur – erzählt, der sich, im Grunde seines Herzens gut, gegen die autoritären und scheinheiligen Verhaltensweisen der Erwachsenen auflehnt und ihnen durch Vergeltungsmaßnahmen beizukommen versucht. So erzählt Thoma etwa in der Geschichte *Ein vornehmer Knabe* von einer feinen preußischen Familie, deren Überheblichkeit der eigenen armen Familie gegenüber Ludwig straft: Als er gemeinsam mit dem sich als »Vorgesetzten« aufspielenden Arthur, Sohn der vornehmen Familie, dessen Modell-Kriegsschiff »Preußen« zu Wasser lässt, lädt er das Schiff mit Pulver und bringt es so zum Sinken; die anschließende Tracht Prügel bezieht der Besitzer des Modellschiffs.

Die Geschichten sind autobiografisch geprägt; Thoma hatte in seiner Jugend häufig mit Geldnot und dem Schulsystem zu kämpfen.

Wirkung: Die *Lausbubengeschichten* haben in ihrer umwerfenden Komik und hintergründi-

gen Satire bis heute nicht an Wirkung verloren, ebensowenig wie die Fortsetzung *Tante Frieda, Neue Lausbubengeschichten* (1907), deren Episoden den ersten *Lausbubengeschichten* in nichts nachstehen.   *V. R.*

Thomas von Aquin

(Th. Aquinas) italien. Theologe (Heiliger)

* 1225 ? Schloss Roccasecca bei Aquino in Süditalien

† 7.3.1274 Fossanova bei Terracina

📖 *Summa Theologiae* (1267–73)

Thomas von Aquin beeinflusste als Lehrer der katholischen Kirche und als gerühmter Theologe und Philosoph nachhaltig bis heute Theologie und Kirche. Seine Lehre wurde am 4.8.1879 zur Richtschnur der katholischen Kirche erklärt und 1917 im kirchenrechtlichen Gesetzbuch, dem *Codex Iuris Canonici*, zur Vorschrift erhoben. Er gilt als der Meister der Scholastik.

Geboren 1225 als jüngster Sohn des Landgrafen Landulf bei Aquino in Süditalien, wurde Thomas als Fünfjähriger in das nahe gelegene Benediktinerkloster gegeben. Nach dem Studium der Artes liberales und der Philosophie in Neapel (1239–44) trat er gegen den heftigen Widerstand seiner Familie dem umstrittenen Prediger- und Bettelorden der Dominikaner bei. Nachdem er 1256 den Magisterstatus erlangt hatte, lehrte er an der Kurie, an verschiedenen italienischen Dominikanerschulen (1259–68) sowie in Paris (1269–72) und entwickelte in seiner über 25jährigen Arbeit eine reiche schriftstellerische Tätigkeit.

Thomas' Kritik war heftiger Kritik ausgesetzt, die nach seinem Tod in den Verurteilungen zu Paris 1277 und Canterbury 1284 sowie 1286 ihre Höhepunkte erreichte. Schließlich verpflichtete sich der Dominikanerorden auf die Lehre des Thomas. Seine Heiligsprechung durch Papst Johannes XXII. am 18.7.1323 festigte sein Ansehen endgültig. Am 15.4.1567 wurde er von Pius V. zum Doctor ecclesiae erklärt.

Literatur: M.-D. Chenu, *Thomas von Aquin* (rm 50045).

Die wichtigsten Bücher von Thomas von Aquin

Summe gegen die Heiden 1259–64	Ein apologetisch-polemisches Werk und Handbuch für Missionare, in dem sich Thomas von Aquin mit dem heidnischen, besonders dem jüdischen und islamischen Denken auseinander setzt.
Summa Theologiae, 1267–73	In diesem Hauptwerk der Scholastik, der Synthese von Glauben und Wissen, wird die Philosophie der Theologie untergeordnet. → S. 1066
Aristoteles-Kommentare 1268–1273	(u. a. *Erklärung über die Lehre vom Satz, Erklärung über Metaphysik* usw.) Eine Neukommentierung der Aristoteles-Schriften, mit der Absicht, den Dozenten der Philosophie zu dem einzig vorhandenen Kommentar des Averroes eine Alternative zu bieten.
Erörterte Untersuchungen 1256–1272	(*Über das Böse; Über die Wahrheit; Über die Herrschergewalt Gottes; Über die geistigen Geschöpfe; Über die Seele; Über die Tugend; Über die Einheit des Fleisch gewordenen Wortes*): Die Disputation beschreibt die Erörterung einer Frage in Rede und Gegenrede.
Vom Seienden und vom Wesen 1252–1256	Die rein philosophische Untersuchung über das Sein der Substanzen und Akzidenzien und ihr Verhalten zum Wesen mündet in die These, dass die geistigen im Gegensatz zu den körperlichen Substanzen vom Stoff getrennt seien und nur der Form bedürfen.
Wider die Irrtümer der Griechen 1263	Thomas von Aquin behandelt Differenzen in Christologie und Trinitätslehre zwischen Ost- und Westkirche, die darin münden, für die Kirche des Westens die alleinige Rechtgläubigkeit und für den Papst die alleinig letzte Lehrkompetenz in Anspruch zu nehmen.
Gegen (Contra impugnantes Dei cultum et religionem), 1256	Das Werk ist eine Abwehr der Angriffe des Weltklerus gegen die Bettelorden. Hier definierte Thomas von Aquin das Ordensleben und lieferte eine Rechtfertigung der Bettelorden im Hinblick auf die Predigt, die Beichte sowie die Armut.

Summa Theologiae

OT Summa Theologiae **OA** 1267–73
Form Sachbuch **Bereich** Theologie

Die *Summa Theologiae* stellt das umfangreichste und bedeutendste theologisch-systematische Werk Thomas' von Aquin dar, das noch heute seinen Ruhm als großer Synthetiker von Theologie und Philosophie begründet. Auf der Grundlage der aristotelischen Philosophie führt Thomas sein heilsgeschichtliches Schema der

Entstehung der Geschöpfe aus Gott und ihres Weges zurück zu Gott sowie seine Moraltheologie aus. Dabei bezeichnet der Begriff »Summa« eine besondere literarisch-methodische Form der Gestaltung wissenschaftlicher Werke, mit der versucht wird, die Gesamtheit eines Bereichs der Wissenschaft, in diesem Falle der Theologie, nach einem präzisen Strukturprinzip darzustellen.

Entstehung: Ihre Entstehung verdankt die *Summa Theologiae* der Absicht Thomas´ im Unterschied zu den Summen und Sentenzenwerken früherer Scholastiker ein theologisches Lehrbuch für Anfänger zu verfassen, das sich durch klare Anordnung und knappe Darstellung der wesentlichen Fragen auszeichnet. Die *Summa Theologiae* entstand 1267–73 während seiner Lehrtätigkeiten in Italien und Paris. Der während seines Aufenthaltes in Neapel begonnene dritte Teil blieb unvollendet, da Thomas am 6.12.1273 die Arbeit offenbar aus Erschöpfung abbrach.

Inhalt: Die *Summa* bildet eine Gesamtdarstellung der spekulativen Theologie, die den Weg vom Ursprung zum Ziel der Heilsgeschichte in einem Exitus–reditus–Schema behandelt, das von der Gottes- und Schöpfungslehre über die Anthropologie bis hin zur Lehre vom Erlösungswerk Christi reicht. Ziel des Werks ist es, den harmonischen Bau von natürlicher und übernatürlicher Ordnung zu zeigen.

Struktur: Thomas gliederte die *Summa* in drei Teile, Fragen und Artikel.

Teil 1 (*Von Gott*) handelt von Gottes Existenz, Wesen und innerer Tätigkeit, von der Trinität sowie von der Schöpfung und Weltregierung. Vor diesem Hintergrund entwickelt Thomas seinen wirkungsgeschichtlich bedeutsamen Gottesbeweis.

Teil II (*Von der Bewegung der vernunftbegabten Kreatur zu Gott hin*) ist unterteilt in zwei Abteilungen: Die erste befasst sich mit der Bestimmung des Menschen zur Seligkeit, den Bedingungen und Dispositionen des menschlichen Handelns auf die Seligkeit hin sowie mit dem Einfluss Gottes auf den Menschen durch Gnade und Gesetz. Die zweite behandelt die theologischen und moralischen Tugenden sowie die Verschiedenheiten der ethischen Subjekte.

Teil III (*Von Christus, der als Mensch für uns der Weg unseres Strebens zu Gott hin ist*) beschreibt die Bewegung Gottes zur Welt und die der Menschen zu Gott, indem Thomas Christus und die Sakramente als Weg zur Seligkeit beschreibt.

Jeder Artikel der *Summa* ist formal der im Schulbetrieb praktizierten Technik der Frageform nachgebildet und beginnt mit einer Frage. Daraufhin bringt Thomas einige Argumente gegen die These vor, formuliert und begründet

sie als Antwort. Abschließend widerlegt er die Argumente. Insgesamt setzt sich das Werk aus 512 Fragen, 2669 Artikeln und ca. 10000 Einwänden mit ihren Lösungen zusammen.

Wirkung: Der Einfluss der *Summa* auf das katholische Leben und Denken war enorm, besonders durch Zusammenfassungen, freie Wiedergaben und Zitate in für Prediger und Pfarrer geschriebenen Handbüchern.

Heute findet Thomas' Theologie wieder größeres Interesse, was zum einen dem Eingang seiner Lehren in das kirchliche Denken seit dem 19. Jahrhundert zu verdanken ist, und zum anderen der Verankerung seiner Schriften in der theologischen Ausbildung durch den sog. Neuthomismus. Letzteres führte zu einer produktiven Auseinandersetzung mit seinem Werk und einer Weiterentwicklung seiner Gedanken, insbesondere im Hinblick auf das Verhältnis von Theologie und Philosophie. *T.K.*

Auszug aus *Summa Theologiae* von Thomas von Aquin:

Dieses ist das Äußerste menschlichen Gotterkennens: zu wissen, dass wir Gott nicht wissen.

Auszug aus *Summa Theologiae* von Thomas von Aquin:

Von Gott können wir nicht wissen, was er ist, sondern höchstens was er nicht ist, und welche Beziehung alles übrige zu ihm hat.

Thomas von Aquin, *Summa Theologiae*, Handschrift um 1450; in der Miniatur der lehrende Thomas von Aquin

Thoreau, Henry David

US-amerikan. Schriftsteller

* 12.6.1817 Concord (Massachusetts), † 6.5.1862 ebd.

📖 *Walden oder Leben in den Wäldern*, 1854

Henry David Thoreau, *Walden oder Leben in den Wäldern*, Einband der Taschenbuchausgabe 1938 mit einem Holzschnitt von Ethelbert White

Zu seinen Lebzeiten eine Figur mit bescheidener Berühmtheit, ist Henry David Thoreau mit den literarischen Essays von *Walden* und seinen veröffentlichten Tagebüchern heute als zentraler Protagonist der US-amerikanischen Romantik anerkannt. Darüber hinaus beeinflusste sein Prinzip des friedlichen Widerstands gegen eine unethisch handelnde Staatsgewalt zentrale politische Bewegungen des 20. Jahrhunderts. Thoreau sprach sich mit wachsender Intensität für die Abschaffung der Sklaverei aus.

Der Sohn eines Bleistiftherstellers verbrachte eine ereignislose Kindheit in Neuengland und war auch als Harvard-Student eher unauffällig. Eine kurze Anstellung als Lehrer gab er aus Rebellion gegen die Erziehungsmethoden seiner Zeit auf. Schriftstellerisch ambitioniert, begann er konsequent Tagebücher zu führen und poetische Essays zu verfassen. Als er 1841 als Aushilfskraft für Haus und Garten in das Haus der Familie Emerson zog, entwickelte sich ein fruchtbarer Austausch mit der Galionsfigur des Transzendentalismus (Stichwort → S. 1068) Ralph Waldo Emerson (1803–82), der Thoreau u. a. ermöglichte, Essays und Gedichte in der von ihm herausgegebenen Zeitschrift *Dial* zu veröffentlichen.

Biografie: H.-D. Klumpjan / H. Klumpjan, *Henry D. Thoreau* (rm 50 356).

Walden oder Leben in den Wäldern

OT Walden or Life in the Woods **OA** 1854 **DE** 1897
Form Essayzyklus **Epoche** Romantik

Aus der Beobachtung, dass die »große Masse der Menschen [...] ein Leben voll Verzweiflung« führt, erwächst in *Walden* von Henry David Thoreau die Forderung nach dem einfachen, kontemplativen Leben autonomer Individuen, mit der Thoreau die philosophischen Ideen des Transzendentalismus (Stichwort → S. 1068) als persönliche Utopie radikal umsetzt. Die sensiblen Naturbeschreibungen in *Walden* begründeten den literarischen Weltrang des Autors.

Entstehung: 1845–47 lebte Thoreau in einer selbst gebauten, spartanischen Blockhütte am Walden Pond. Dort führte er ein äußerlich reduziertes Leben zur Befreiung des individuellen Geistes und suchte eine spirituelle Beziehung zur Natur. In seinen Tagebüchern sammelte er Naturbeobachtungen, verbunden mit philosophischen Reflexionen über die zunehmend industrialisierte US-amerikanische Gesellschaft, die er nicht nur kritisierte, sondern mit spiritueller Kraft füllen wollte. Sorgfältig überarbeitete Auszüge aus diesen Tagebüchern gab Thoreau als Essayzyklus *Walden* heraus.

Inhalt: Im Einklang mit den Ideen des Transzendentalismus findet Walden göttliche Wahrheiten in der Natur verkörpert; darüber hinaus ist für Thoreau die Natur selbst göttlich. Sie erscheint in *Walden* nicht schwärmerisch verbrämt, sondern wird in ihrer Widersprüchlichkeit angenommen, wobei sie dem Einzelnen die Befreiung von Konventionen und Traditionen ermöglicht, die für Thoreau Voraussetzung für volles Mensch-Sein ist. Das Verhältnis zwischen Natur und Gesellschaft in *Walden* ist komplex: Obwohl Thoreau die Mechanisierung des Menschen im Industriezeitalter scharf kritisiert, begrüßt er etwa die Eisenbahn als Symbol für die natürliche Entwicklung und eine zukünftige demokratische Gesellschaft.

Nach *Walden* erfordert ein erfülltes Leben die Beschränkung auf das Notwendigste in materieller Hinsicht, sodass neben der Arbeit Zeit für Kontemplation bleibt. Im ersten Kapitel, *Ökonomie*, gibt Thoreau beispielsweise Auskunft über seine Ausgaben für den Hüttenbau, lobt in

---

Transzendentalismus

Entstehung: Als fassettenreiche philosophische und literarische Bewegung in Neuengland (ca. 1836–60) entstand der US-amerikanische Transzendentalismus vor allem als Widerstand gegen den Rationalismus des 18. Jahrhunderts einerseits und gegen das verstandesgeleitete Religionsverständnis des Unitarismus andererseits. Der Name stammt aus der *Kritik der praktischen Vernunft* (1788) von Immanuel → Kant, wie die deutsche Philosophie insgesamt einen starken Einfluss auf die Ideen des Transzendentalismus ausübte, z. T. über den Umweg der englischen romantischen Dichter Samuel Taylor Coleridge (1772–1834), Thomas Carlyle (1795 bis 1881) und William Wordsworth (1770 bis 1850). Weitere Quellen waren → Platon, → Konfuzius, islamische, indische und buddhistische Denker sowie die → *Bibel*.
Hauptmerkmale: Zentrale Bedeutung für den Transzendentalismus hat die Einheit allen Seins. Jedes kleinste Ding in der Natur und der Welt enthält einen Mikrokosmos des Alls; die Seele jeden Individuums ist der Weltseele gleich. Weil Gott der Welt innewohnt (Immanenz), ist auch die menschliche Seele göttlich, und es ist die Pflicht des Individuums, diesen göttlichen Funken in der vollen Entwicklung seines Selbst zu entfalten und darin das bloß sinnlich Erfahrbare zu transzendieren. Daraus ergeben sich als weitere Kennzeichen die Ablehnung von Traditionsgläubigkeit und äußerer Autorität, ein radikaler Individualismus und eine optimistische Zukunftserwartung.
Bedeutende Vertreter: Ganz im Sinne der Philosophie des Transzendentalismus interpretierten dessen Hauptvertreter diese Grundideen auf ganz unterschiedliche Weise. Heute werden Henry David → Thoreau und Ralph Waldo → Emerson neben Luisa May Alcott (1832–88) und Margaret Fuller (1810–50) als die bedeutendsten Vertreter dieser Bewegung eingeschätzt.

Das Bohnenfeld den Wert landwirtschaftlicher Handarbeit und lässt im poetischsten Kapitel, *Frühling*, die Natur um den See Walden Pond zu neuem Leben erwachen. Jede dieser alltäglichen Beobachtungen überträgt er auf gesellschaftliche und kosmische Prozesse.

Struktur: *Walden* ist kein philosophisch geschlossenes Werk, sondern lässt gedankliche Widersprüche nebeneinander stehen. Im Aufbau folgen die 18 Kapitel des Essayzyklus' dem Kreislauf eines Jahres, der im Frühling seinen Höhepunkt erreicht. Dieser Kreislauf des Erwachens aus der winterlichen Stille wiederholt sich in minutiösen Naturbeobachtungen und erzeugt so einen Rhythmus, der den Einklang des Individuums mit der Natur symbolisiert. Scheinbar ungeordnet stehen Abrechnungen der Ausgaben Thoreaus, quasi-wissenschaftliche Analysen von Naturphänomenen sowie Wetter- und Tierbeschreibungen neben politischen und philosophischen Überlegungen, ohne eine vereinfachende Einheit zu bilden.

Wirkung: *Walden* übte über Autoren wie Leo → Tolstoi und William Butler Yeats (1865–1939) einen tief greifenden Einfluss auf die Weltliteratur aus und begründete die US-amerikanische Tradition des Naturessays. Das Buch gilt heute als eines der einflussreichsten Werke des 19. Jahrhunderts. Zusammen mit Thoreaus Essay *Über die Pflicht zum Ungehorsam gegen den Staat* (1849) inspirierte es außerdem Mahatma Gandhis (1869–1948) Widerstand gegen die Kolonialmacht, den Widerstand gegen die Naziherrschaft, die US-amerikanische Bürgerrechtsbewegung sowie die Bewegung gegen den Vietnamkrieg. *J. C.*

den Geist der Spätaufklärung, doch beinahe »über Nacht« kam die Wende zur romantischen Intellektualität und ließ Meisterwerke wie das Kunstmärchen *Der blonde Eckbert* oder das illusionsbrechende Theaterstück *Der gestiefelte Kater* (beide 1797) entstehen. Mit dem früh verstorbenen Freund Wilhelm Heinrich Wackenroder (1773–98) schrieb er die *Herzensergießungen eines kunstliebenden Klosterbruders* (1797) und *Phantasien über die Kunst* (1799), die beide in engem Zusammenhang mit *Franz Sternbalds Wanderungen* stehen.

Tieck war nicht nur von → Shakespeare – dem Idol seines Lebens – begeistert, sondern auch von → Dante Alighieri, Miguel de → Cervantes sowie den Minnesängern, die er 1803 sprachlich modernisierte. Ebenso edierte er Zeitgenossen wie Jakob Michael Reinhold Lenz (1751 bis 1792), → Novalis und Heinrich von → Kleist.

1799, auf dem Höhepunkt der Frühromantik, war auch Tieck in Jena. Dann führte ihn sein wechselvolles Reiseleben nach München, Wien, Prag, Paris, London und 1805/06 nach Italien. Mehr als 20 Jahre blieb er in Dresden, wo er als Dramaturg wirkte und halbprivate Leseabende veranstaltete. Als ebenso bibliophiler wie belesener Kritiker wurde Tieck zu einem Gründervater der modernen Literaturwissenschaft. Er genoss ein Ansehen, das dem des alten Goethe nahe kam. Nach dem Tod seiner Tochter, der Übersetzerin Dorothea Tieck (1799–1841), zog er sich 1842 auf Einladung des preußischen Königs nach Berlin zurück.

Biografien: R. Paulin, *Ludwig Tieck. Eine literarische Biografie*, 1985 (dt.1988); K. Rek, *Das Dichterleben des Ludwig Tieck*, 1991.

Auszug aus *Walden oder Leben in den Wäldern* **von Henry David Thoreau:**

Endlich haben die Sonnenstrahlen den rechten Winkel erreicht, warme Winde blasen Nebel und Regen davon und schmelzen den Schnee. Die Sonne zerstreut den Dunst und lacht auf eine braun und weiß gescheckte Landschaft hernieder, die ihren Weihrauch zu ihr emporsendet, eine Landschaft, durch die der Wanderer von Inselchen zu Inselchen seinen Weg sucht, während ihn das Geplauder von tausend kleinen Bächen und Wässerchen erfreut, die in ihren kleinen Adern das Blut des Winters davonschaffen.

Der Bildhauer David d'Angers porträtiert Ludwig Tieck; Gemälde von Carl Christian Vogel von Vogelstein 1834

Tieck, Ludwig

dt. Schriftsteller

* 31.5.1773 Berlin, † 28.4.1853 ebd.

📖 *Franz Sternbalds Wanderungen*, 1798

Ludwig Tieck gilt als Begründer der poetischen Romantik und war zugleich ihr produktivster und vielseitigster Vertreter. Er erzählte fantastisch wie psychologisch versiert, bürgerte virtuos lyrische Formen aus den romanischen Literaturen ein und wurde mit seinen Novellen, die er über einen »Wendepunkt« definierte, zu einem der wichtigsten Autoren des Biedermeier.

Schon als Berliner Schüler hatte Tieck, unermüdlicher Leser und zum Schaurigen neigendes Schreibtalent, Kontakte ins Theater- und Verlagswesen. Zum selbstständigen Berliner Autor, zunächst im Umkreis des Verlegers Nicolai, wurde er nach dem Studium in Halle, Göttingen und Erlangen. Seine Satiren atmen noch

Auszug aus dem Roman
Franz Sternbalds Wanderungen von Ludwig Tieck:

Er hörte in der Trunkenheit wieder die Melodie eines Waldhornes und konnte sich vor Wehmut und süßen, ungewissen Hoffnungen nicht fassen. Bin ich wahnsinnig, oder was ist es mit diesem törichten Herzen? rief er aus. Welche unsichtbare Hand fährt so zärtlich über alle Saiten in meinem Inneren hinweg und scheucht alle Träume und Wundergestalten, Seufzer und Tränen und verklungene Lieder aus ihrem fernen Hinterhalte hervor?

Franz Sternbalds Wanderungen

OA 1798 **Form** Roman **Epoche** Romantik

Franz Sternbalds Wanderungen ist einer der frühesten Künstlerromane der deutschsprachigen Literatur. Ludwig Tieck verbindet in dieser »altdeutschen Geschichte« (so der Untertitel) Kunstenthusiasmus, Italiensehnsucht und Begeisterung für das späte Mittelalter mit romantischem Stimmungszauber.

Entstehung: Als Muster für *Franz Sternbalds Wanderungen* diente Tieck → Goethes Entwicklungsroman *Wilhelm Meisters Lehrjahre* (1795/1796). Göttinger Vorlesungen über italienische Kunst hatten dem jungen Autor Kenntnisse der Renaissancemalerei vermittelt und inspirierten ihn, seinem Roman eine Reise nach Italien zu Grunde zu legen, das er damals noch nicht aus eigener Anschauung kannte.

Inhalt: Franz Sternbald, ein fiktiver Schüler Albrecht Dürers (1471–1528), verlässt seinen Meister, um sich auf Wanderschaft als Künstler zu vervollkommnen. Sein Weg führt ihn zunächst in die Niederlande zu Lucas van Leyden (um 1489–1533). Von Antwerpen aus zieht er mit dem jungen Reisekameraden Rudolf Florestan nach Italien, wo er Raffael (1483–1520) zu treffen hofft. Am Süden faszinieren ihn die

überall blühende Kunst, der ästhetische Reiz des Katholizismus und die mediterrane Lebensfreude, die sein Wanderkamerad verkörpert. Darüber hinaus sucht Sternbald nach seiner Jugendliebe Marie. Das Zusammentreffen mit einer Jagdgesellschaft – spätestens hier zeigt sich der Einfluss von *Wilhelm Meisters Lehrjahre* – führt Franz auf die Spur jener jungen Frau, die er bei einem Unfall gerettet hatte und die ihm auf mysteriöse Weise vertraut erschienen war. Er wird verstrickt in die Schicksale der Gräfin Adelheid und ihres Geliebten Rodrigo, sogar in die Entführung einer Novizin aus einem Kloster. In Rom findet er schließlich Marie, womit die Geschichte abbricht.

Bedeutung: Tieck stellte einen zweiten Teil nie fertig, auch nicht 1843 bei der Überarbeitung des Textes für seine Werkausgabe (Bd. 16). Daran zeigt sich, wie die Frühromantiker das Fragmentarische zum positiven Prinzip erhoben. Wichtiger als eine abgerundete Geschichte waren ihnen Briefe und Kunstgespräche, vor allem aber die Landschaftsschilderungen, in denen sich erst der romantische Stil bildete, die unstillbare Sehnsucht des Helden nach dem Unendlichen und Unerreichbaren sowie die eingefügten Gedichte.

Wirkung: Ungeachtet kritischer Meinungen (etwa Goethes), die mehr Substanz und weniger Stimmung forderten, wurde der Roman zum Modell für eine ganze Reihe romantischer Wanderschaftsromane, u.a. *Florentin* (1801) von Dorothea Schlegel (1764–1839), *Heinrich von Ofterdingen* (1802) von → Novalis und *Ahnung und Gegenwart* (1815) von Joseph von → Eichendorff, aber auch Auslöser eines Aufbruchs vieler deutscher Dichter und Maler nach Italien. Der Einfluss des Werks reichte bis zur Gründung des Malerbunds der »Nazarener«.   *A. H.*

Die wichtigsten Werke von Ludwig Tieck

Geschichte des Herrn William Lovell, 1795/96	Der dreibändige Briefroman schildert den moralischen Niedergang eines vielversprechenden jungen Engländers aufgrund einer von langer Hand eingefädelten Intrige.
Herzensergießungen eines kunstliebenden Klosterbruders, 1796	Mit Wilhelm Heinrich Wackenroder gemeinsam in der Maske eines Mönchs verfasste Bekenntnisse zur Kunstliebe, Episoden über Renaissancemaler und den fiktiven Musiker Berglinger.
Der blonde Eckbert 1797	Ein Ritter veranlasst seine Frau, einem Freund über ihre Mädchenzeit zu erzählen. Auf unheimliche Weise stellt sich heraus, dass der Freund schon alles weiß.
Der gestiefelte Kater, 1797	Als Spiel im Spiel soll das Kindermärchen aufgeführt werden, doch Schauspieler fallen aus der Rolle, Zuschauer revoltieren.
Franz Sternbalds Wanderungen, 1798	Der Malergeselle verlässt seinen Meister Albrecht Dürer, um nach Italien zu ziehen, und erlebt auf seiner Wanderschaft Sehnsucht, Poesie und Abenteuer. → S. 1070
Kaiser Octavianus 1804	Ein Lesedrama, das in vielen Vers- und Strophenformen den alten Volksbuchstoff um den römischen Kaiser gestaltet, der wegen einer Verleumdung seine Gemahlin Felicitas verstößt.
Phantasus 1812–16	Dreibändige Sammlung von Tiecks wichtigsten Dramen und Erzählungen, umrahmt von Gesprächen einer ländlichen Gesellschaft über Kunst und Poesie.
Der Hexensabbat, 1832	Spannende historische Novelle über eine Hexenverfolgung in der Stadt Arras im Jahr 1459, die sich zur Massenhysterie steigert.
Des Lebens Überfluss 1838	Tiecks typische Novelle: Ein junges Ehepaar zieht sich von der Welt zurück, indem es aus Armut die Haustreppe verheizt, wird aber von einem Freund durch einen wunderbaren Zufall gefunden.
Vittoria Accorombona, 1840	Historischer Roman, der den Untergang einer Dichterin im Rom der Spätrenaissance schildert, die vergeblich um Selbstbestimmung kämpft und dadurch ihre Familie mit ins Verderben reißt.

Timmermans, Felix

niederländischsprachiger belg. Schriftsteller

* 5.7.1886 Lier, † 24.1.1947 ebd.

📖 *Pallieter*, 1916

Kein anderer Autor hat das Bild der flämischen Literatur des 20. Jahrhunderts im Ausland so nachhaltig geprägt wie Felix Timmermans. Die außerordentliche Popularität, derer er sich vor allem auch in Deutschland über mehrere Jahrzehnte hin erfreute, gründet sich in erster Linie auf seine Erzählungen und Romane, die zwischen den beiden Weltkriegen in Hunderttausender-Auflagen erschienen. Daneben schrieb Timmermans Theaterstücke und Gedichte und betätigte sich erfolgreich als Zeichner und Maler, der auch viele seiner Bücher illustrierte.

Timmermans arbeitete zunächst im Geschäft seines Vaters und besuchte die Malerakademie. Des politischen Aktivismus beschuldigt, ging er nach dem Ersten Weltkrieg in die Niederlande. 1920 kehrte er nach Belgien zurück.

Während das literarische Debüt von Timmermans, die Erzählungen *Dämmerungen des Todes* (1910), noch düster-symbolistisch die Krise einer Krankheit spiegelt, stehen die Werke seit dem ersten Roman *Pallieter* für unbeschwerte Lebensfreude in der heilen Welt seiner flämischen Heimat. Innere Konflikte und soziale Probleme, wie sie etwa in den Romanen seiner Landsleute Stijn Streuvels (1871–1969) und Gerard Walschap (1898–1989) begegnen, spielen in Timmermans Werken kaum eine Rolle. Seine Stärke ist das anekdotische Erzählen; Figuren mit psychologischer Tiefe gelingen ihm kaum. Eine Ausnahme bildet die Gestalt des Bauern Knoll in dem Roman *Bauernpsalm* (1935), in dem viele den Höhepunkt seines erzählerischen Schaffens sehen.

Biografie: I. Dom, *Felix Timmermans. Ein Dichter aus Flandern*, 2000.

Pallieter

OT Pallieter OA 1916 DE 1921
Form Roman **Epoche** Moderne

Die pralle Lebensfreude ausstrahlende Geschichte des vitalen Naturburschen Pallieter, die während des Ersten Weltkriegs erschien, ist das erfolgreichste Buch von Felix Timmermans; es wurde in dreißig Sprachen übersetzt. Allein in Deutschland brachte es der Roman seit der Erstausgabe auf über 50 Auflagen.

Inhalt: Der lebensfrohe und naturverbundene Pallieter, über dessen Alter und bisheriges Leben der Leser nichts Genaueres erfährt, lebt auf einem kleinen Hof im Tal des Flüsschens Nethe zusammen mit seiner frommen Schwester Charlot, die ihm den Haushalt führt, sowie dem Pferd Beiaard, dem Hund Lubas und einigen anderen Tieren. Zu Pfingsten lernt Pallieter bei einem fröhlichen Kirmesfest Marieke kennen und verliebt sich auf den ersten Blick in sie. Er zeigt ihr die Schönheit der Natur und der Landschaft, mit der er sich in vollem Einklang fühlt. Da Marieke Pallieters Liebe erwidert, steht ihrer baldigen Hochzeit nichts im Wege.

Nachdem zunächst noch einige andere Feste begangen und Pallieters Abschied vom Junggesellendasein gebührend begossen wurde, findet im Herbst das rauschende Hochzeitsfest statt. Während der ausgelassenen Feier schleicht sich das Brautpaar davon und tritt auf einem bereit liegenden, mit Speis und Trank beladenen Schiff seine Hochzeitsreise auf der Nethe an. Das grenzenlose Glück wird getrübt, als Pallie-

ter erfährt, dass die geplante Eisenbahnstrecke durch das Nethetal direkt an ihrem Haus vorbei führen soll. Sie beschließen darauf, die Heimat zu verlassen und mit einem Wohnwagen in die weite Welt zu ziehen. Dieser Plan kann jedoch nicht sofort verwirklicht werden, da Marieke schwanger ist. Im Sommer macht sich Pallieter auf den Weg, um den Wohnwagen zu bestellen. Als er zurückkommt, hat Marieke Drillinge geboren. Nun hält sie nichts mehr auf und sie verlassen das Nethetal.

Aufbau: Timmermans entwickelt in diesem Roman keinen zielgerichteten Handlungsablauf mit Spannungen und dramatischen Höhepunkten. Stattdessen zeigen die 28 ungefähr gleich langen Kapitel seinen Helden in einer

Felix Timmermans in seinem Arbeitszimmer

Die wichtigsten Bücher von Felix Timmermans	
Dämmerungen des Todes, 1910	Die unter dem Eindruck einer schweren Erkrankung des Schriftstellers entstandenen, düsteren und pessimistischen Erzählungen stehen in der literarischen Tradition der flämischen Symbolisten.
Pallieter 1916	Der lebenshungrige Pallieter genießt das Leben, die Liebe und die Schönheit seiner flämischen Heimat. Als die Idylle gestört wird, zieht er mit seiner Familie in die Welt hinaus. → S. 1071
Das Jesuskind in Flandern, 1917	Der künstlerischen Tradition flämischer Maler aus dem Mittelalter folgend, verlegt Timmermans die biblische Geschichte von der Geburt Jesu in eine karge flämische Winterlandschaft.
Bauernpsalm 1935	Timmermans erzählt die Geschichte des Bauern Knoll, den Glaubenszweifel und Konflikte im Beruf in schwere Gewissensnöte bringen. Das Werk gilt vielen als bester Roman des Autors.
Die Familie Hernat 1943	Der groß angelegte Familienroman verfolgt in eindringlichen Schilderungen den Aufstieg und Niedergang der flämischen Familie Hernat zwischen 1780 und 1890 über drei Generationen hinweg.
Adagio 1947	Die in seinen letzten Lebensjahren entstandenen Gedichte zeigen den gläubigen Christen Timmermans als zweifelnden und hoffenden Menschen im Zwiegespräch mit seinem Schöpfer.
Adriaan Brouwer 1948	Das Buch über den flämischen Maler Adriaan Brouwer ist eine von insgesamt drei Romanbiografien von Timmermans. Zuvor hatte er bereits Lebensbeschreibungen des Malers Pieter Breughel (1928) und des heiligen Franziskus (1932) veröffentlicht.

Felix Timmermans, *Pallieter*,
Umschlag der Ausgabe 1954

**Auszug aus *Adriaan Brouwer*
(1948) von Felix Timmermans:**

*Das Leben ist eine Suppe mit
vier tröstenden Markknochen
darin: dem Alkohol, der Liebe,
dem Tabak und der Kunst.*

Aleksandar Tišma

Aneinanderreihung von Anekdoten und Stimmungsbildern, die den Jahreslauf der Natur vom Frühling bis zum Sommer des darauf folgenden Jahres nachzeichnen.

Mit der Gestalt des Pallieter wollte Timmermans weniger ein Individuum darstellen als vielmehr den Prototyp eines Menschen, der mit sich und der Natur in vollem Einklang lebt. Der eindimensionale, durch keine inneren und äußeren Konflikte angetastete Held wird damit zur Verkörperung der Ideale des Vitalismus, einer philosophischen und literarischen Strömung, die der Krise der modernen Welt eine hymnische Verehrung der Natur und des unverdorbenen Instinktmenschen entgegensetzte. In *Pallieter* begegnen viele der typischen vitalistischen Motive: die dionysische Lebensfreude, das Verlangen nach paradiesischer Glückseligkeit auf Erden, die rituelle Verherrlichung der Fruchtbarkeit der »Mutter« Erde wie auch des weiblichen Körpers, der zum Sinnbild unverdorbener, natürlicher Sexualität wird, sowie der Kreislauf der Natur, dem sich der erdverbundene Mensch mit seinen Bräuchen anpasst.

Wirkung: Der überschwängliche Vitalismus seines Titelhelden brachte Timmermans in Konflikt mit der Sittenlehre der katholischen Kirche, der er sich zeitlebens eng verbunden fühlte. Dies führte dazu, dass der Roman zwischenzeitlich nur in einer »entschärften« Fassung erscheinen konnte. In Deutschland begründete Timmermans mit seinen Werken die auch heute teilweise noch vorherrschende Einschätzung der flämischen Literatur als einer romantisch-idyllischen Heimatliteratur.　*H. E.*

Tišma, Aleksandar

jugoslaw. Schriftsteller

* 16.1.1924 Horgos (Nordjugoslawien)

📖 *Kapo*, 1987

In seinem fünfteiligen Romanzyklus über die Kriegs- und Nachkriegszeit in Jugoslawien erweist sich Aleksandar Tišma als rigoroser Chronist der totalitären Gewalt im 20. Jahrhundert. Aus der breiten Landschaft der Holocaust-Literatur ragen seine Werke über die Abgründe menschlicher Existenz als scharf konturierte Gipfel hervor.

Als Sohn eines Serben und einer ungarischen Jüdin in der Vielvölkerstadt Novi Sad an der Donau aufgewachsen, übersiedelte Tišma 1942 nach Budapest, um dem Terror im besetzten Jugoslawien zu entgehen. 1944 wurde er in ein Zwangsarbeitslager nach Siebenbürgen deportiert, wo er ein Großteil jener Gräuel, die er später literarisch sezierte, selbst durchlebte.

Nach dem Krieg absolvierte Tišma in Belgrad ein Sprachenstudium, ehe er 1949 in seine Heimatstadt Novi Sad zurückkehrte, wo er als Journalist tätig wurde und Lyrik, Prosa sowie Theaterstücke schrieb. Sein erster Gedichtband *Die bewohnte Welt* erschien 1956, seit 1961 veröffentlichte er vorwiegend Erzählungen und Romane.

Weltbekannt machte Tišma der eindringliche Roman *Der Gebrauch des Menschen* über den Missbrauch von Menschen als Objekt, 1976 geschrieben und 1980 in Belgrad verlegt. Seine literarischen Arbeiten wurden in viele Sprachen übersetzt und international mit zahlreichen Preisen ausgezeichnet.

Kapo

OT *Kapo* **OA** 1987 **DE** 1997
Form Roman **Epoche** Moderne

Kapo, der vielleicht erschütterndste unter den vorliegenden Holocaust-Romanen, stellt große Anforderungen an das humane Empfinden der Leser. Die erzählerische Kunst dieses Buchs ist in ihrer verstörenden Nüchternheit und Lakonik von atemraubender Gnadenlosigkeit und als solche bestens geeignet, das Unerklärbare des Holocaust zu deuten.

Die wichtigsten Bücher von Aleksandar Tišma	
Das Buch Blam, 1971	Beklemmendes Psychogramm eines Überlebenden des Holocaust, der in der Nachkriegszeit nicht mehr Fuß fassen kann.
Der Gebrauch des Menschen, 1976	Die Geschichte von vier Menschen vor und während des Zweiten Weltkriegs. Ohne Pathos und ohne Sentimentalität wird geschildert, wie der Mensch den Menschen als Objekt missbraucht.
Die Schule der Gottlosigkeit, 1978	Vor dem Hintergrund von Krieg und Gewalt beschreibt Tišma das Verhalten von Menschen in Grenzsituationen und beraubt sie aller Verhaltensnormen und moralischer Richtlinien.
Treue und Verrat 1983	Der Roman erzählt vom Leben des ruhelosen Sergije, eines ehemaligen Partisanen, der seinen Platz in der bleiernen Zeit des Jugoslawiens der 1960er Jahre nicht findet und seinen Freund des Verrats bezichtigt..
Kapo 1987	Tišma schildert in diesem als Gegenstück zum Werk *Das Buch Blam* konzipierten Roman das Psychogramm eines Mitläufers. → S. 1072

OT = Originaltitel   **EZ** = Entstehungszeit   **OA** = Originalausgabe   **DE** = Deutsche Erstausgabe   📖 = Verweis auf Werkartikel

Entstehung: Der Roman war im serbischen Original der abschließende Band von insgesamt fünf Büchern über die Zeit des Zweiten Weltkriegs, die Tišma seinen »Pentateuch« nennt. *Kapo* basiert auf Material aus den Auschwitzer Archiven über das Schicksal eines Juden aus Kroatien.

Inhalt: Der junge getaufte Jude Vilko Lamian wird während des Zweiten Weltkriegs in das Zwangsarbeitslager Jasenovac gebracht. Dort gelingt es ihm, in die Identität des umgebrachten Kommunisten Anton Furfa zu schlüpfen. Er wird nach Auschwitz transportiert, wo er in der Funktion eines Werkstatt-Kapos selbst zum Rädchen in dem mörderischen System des Lagers wird. Er tut es gezwungenermaßen, doch er gewöhnt sich an das Böse und nutzt schließlich seine bevorzugte Stellung innerhalb der Unterdrückten aus, um sich weibliche Häftlinge mit etwas Essen sexuell gefügig zu machen. Eigentlich selbst Opfer, wird er zum Täter, der nicht mehr nur bedauert zu quälen, sondern es auch genießt.

Nach dem Krieg führt Furfa ein bescheidenes Leben in Banja Luka. Als er per Zufall auf die Spur eines seiner Opfer in Auschwitz stößt, wird er von den Erinnerungen an seine Untaten ergriffen und macht sich auf die Suche nach dieser Frau, bei der allein, so denkt er, Verständnis und Vergebung zu finden seien. Als er sie endlich aufgespürt zu haben glaubt, erfährt er, dass sie kurze Zeit zuvor verstorben ist. Die Absolution bleibt dem ehemaligen Kapo versagt, Lamian muss weiterleben, allein, mit seinem Wissen und seinen Erinnerungen.

Struktur: Das Romangeschehen wird ausschließlich aus der Perspektive der Hauptfigur erzählt. Es ist zu einem Großteil ein innerer Monolog in objektivierter Er-Form, der an entscheidenden Stellen in ein »Ich« wechselt.

Die Handlung verknüpft drei eng aufeinander bezogene Zeitebenen: die Jugendjahre Lamians, seine Zeit in den Vernichtungslagern und die erzählerische Gegenwart, die völlig von der obsessiven Suche nach dem einstigen Opfer geprägt ist. Diese Suche wird immer wieder von den Erinnerungen an die eigene schändliche Vergangenheit unterbrochen. Ebenso wie diese Erinnerungen formal die weißen Flecken in der Chronologie füllen, zerstören sie die Existenz der Hauptfigur.

Wirkung: Die kalte Präzision, mit der Tišma in dem Buch die Ausweglosigkeit einer entmenschlichten Welt aufzeigt, hat Kritik und Leserschaft gleichermaßen beeindruckt. Verantwortlich dafür ist wohl die Ahnung, dass man sich in *Kapo*, diesem an Düsternis und Pessimismus kaum zu überbietenden Roman, jener Hölle nahe wähnt, die mit dem Wort Auschwitz verbunden ist. *R.F.*

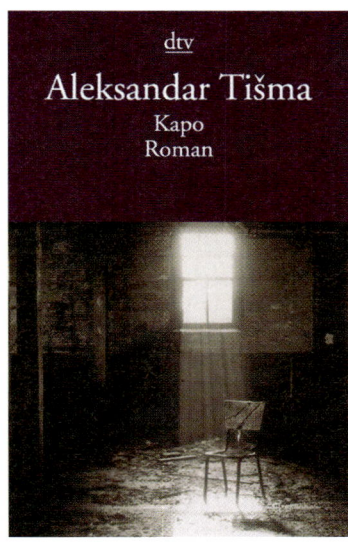

Aleksandar Tišma, *Kapo*; links: Umschlag der deutschsprachigen Erstausgabe 1997; rechts: Einband der ersten deutschsprachigen Taschenbuchausgabe 1999

Tocqueville, Alexis de

frz. Staatsdenker und Politiker

* 29.7.1805 Verneuil-sur-Seine, † 16.4.1859 Cannes

📖 *Über die Demokratie in Amerika*, 1835/40

Alexis de Tocqueville war im 19. Jahrhundert einer der brillantesten Analytiker politischer Zustände und gab mit seinen Arbeiten der Demokratie eine philosophische Theorie.

Tocqueville, der einer alten normannischen Adelsfamilie entstammte, studierte Recht und wurde 1827 Richter am Gericht von Versailles. Nach einer USA-Reise (1831/32) legte er 1832 sein Richteramt nieder, um sich der Politik und der Wissenschaft zu widmen. 1838 wurde er Mitglied der Académie des Sciences Morales et Politiques, drei Jahre später der hoch angesehenen Académie Française. In seiner politischen Laufbahn bekämpfte er nach 1839 als Abgeordneter den französischen Außenminister François Guizot (1787–1874), der eine Reform des französischen Wahlrechts ablehnte und damit zum Ausbruch der Revolution von 1848 beitrug. 1849 wurde Tocqueville für kurze Zeit Außenminister. 1856 veröffentlichte er mit *Das alte Staatswesen und die Revolution* ein Meisterwerk, in dem er nachzuweisen versuchte, dass die zentralistische und nivellierende Tendenz des französischen Absolutismus dem Gleichheitsgedanken der großen Revolution von 1789 den Weg bereitet habe. Nach dem Staatsstreich von Napoleon III. (1851), der mit Terror die französische Demokratie in ein Kaiserreich verwandelte, zog sich Tocqueville ins Privatleben zurück.

Biografie: A. Jardin, *Tocqueville: A Biography*, 1998.

Auszug aus dem Roman *Kapo* von Aleksandar Tišma:

Akrobaten waren sie – den Tod in sich, dem zum Trotz sie sich noch immer anstellten, um in die Zuteilungsliste eingetragen zu werden, mit ihren Töpfchen Essen holten oder zum Schlafen in die Baracken gingen, Akrobaten, die über sich selbst hinauswuchsen, wenn sie noch die Bewegungen und Tätigkeiten des Lebens ausführten, das nicht mehr in ihnen war.

Alexis de Tocqueville am
18. Dezember 1840 an John
Stuart Mill:

Dieser zweite Teil der Demokratie war in Frankreich weniger populär als der erste... Ich bin daher sehr beschäftigt, in mir selbst den Fehler zu suchen, in den ich verfallen bin... Ich glaube, dass das Übel, das ich suche, sich in der Problemstellung des Buches selbst findet. Es schließt etwas Obskures und Problematisches ein, das die große Menge nicht ergreift. Als ich ausschließlich von der demokratischen Gesellschaft der Vereinigten Staaten sprach, verstand man das sofort. Wenn ich von unserer demokratischen Gesellschaft in Frankreich gesprochen hätte, so wie sie sich heute darstellt, hätte man das auch noch gut begriffen. Aber indem ich von Ideen ausging, die mir die amerikanische und französische Gesellschaft zur Verfügung stellten, wollte ich allgemeine Züge demokratischer Gesellschaften zeichnen, von denen noch kein vollständiges Modell existiert.

Über die Demokratie in Amerika

OT De la démocratie en Amérique **OA** 1835/40 **DE** 1836
Form Wissenschaftliche Schrift **Bereich** Politik

Das zweiteilige Werk *Über die Demokratie in Amerika* von Alexis de Tocqueville gilt als glänzendste Analyse des US-amerikanischen Regierungssystems, die wesentlich das Bild von der Demokratie der USA in Europa prägte.

Entstehung: 1832 reiste Tocqueville für ein Jahr in die USA, um im Auftrag der französischen Regierung das Gefängniswesen zu studieren. Gemeinsam mit seinem Freund Gustave de Beaumont, der ihn auf der Reise durch die USA begleitete, veröffentlichte Tocqueville 1833 das Buch *Amerikas Besserungssystem und dessen Anwendung auf Europa*. Doch mehr als der Kontakt mit den Strafgefangenen interessierte ihn das US-amerikanische Verfassungssystem. Der Umgang mit der gelebten und erlebten Wirklichkeit der Demokratie in den USA war für ihn unerlässlich bei der Konzeption seines Buchs.

Inhalt: Im ersten Band beschäftigt sich Tocqueville insbesondere mit der Soziologie des US-amerikanischen Staats. Er analysiert nicht nur die Struktur des Bundesstaats, sondern auch den Aufbau der Einzelstaaten, die er als Ergebnis ihrer ethnisch-geografischen und historischen Voraussetzungen beschreibt. Er setzt sich mit der Allgewalt der Mehrheit in der US-amerikanischen Demokratie auseinander, die er als die größte Gefahr für das Staatswesen betrachtet. In diesem Zusammenhang hebt er u. a. die Bedeutung des unabhängigen Rechtswesens hervor. Mit dem 1840 publizierten zweiten Band beabsichtigt Tocqueville, allgemeine Züge demokratischer Gesellschaften zu zeich-

nen, von denen bis dahin noch kein vollständiges Modell existierte. Er versucht, zur universellen Problematik einer demokratischen Weltordnung vorzudringen, wobei ihm die Demokratie in den USA lediglich als Folie dient. Dabei analysiert er Probleme, die auch in der Gegenwart nicht an Aktualität verloren haben, wie z. B. das Spannungsverhältnis zwischen den Prinzipien Gleichheit und Freiheit.

Wirkung: Der erste Teil war von überragendem Erfolg, sodass er bereits ein Jahr nach der Veröffentlichung ins Deutsche übersetzt wurde und großen Einfluss auf den deutschen Frühliberalismus ausübte. Dem zweiten Teil blieb lange Zeit der gleiche Erfolg versagt, bis beide Teile als Gesamtwerk betrachtet wurden, das die wissenschaftliche Welt überzeugte und Tocquevilles Ruhm als »Montesquieu des 19. Jahrhunderts« begründete. Auch Anfang des 21. Jahrhunderts gelten Tocquevilles Analysen nicht als überholt. *N. H.*

Tolkien, J(ohn) R(onald) R(euel)

engl. Philologe und Schriftsteller,

* 3. 1. 1892 Bloemfontein, Südafrika

† 2. 9. 1973 Bournemouth, England

📖 *Der Herr der Ringe*, 1954/55

Der Mythenforscher und Professor für Englische Literatur des Mittelalters, J. R. R. Tolkien, wurde als Kultautor der Fantasy-Literatur weltbekannt. Seine Romantrilogie *Der Herr der Ringe* schildert den Kampf des Guten gegen das Böse auf dem sagenhaften Kontinent Mittelerde.

Tolkien kam mit drei Jahren nach England. Er studierte englische Sprache und Literatur in Oxford, wohin er nach kurzer Teilnahme am Ersten Weltkrieg und einer Dozententätigkeit in Leeds 1925 zurückkehrte. Bis 1959 war er Professor für Englische Literatur des Mittelalters. Vor dem Hintergrund sprach- und literaturwissenschaftlicher Studien über angelsächsische und altnordische Kultur (*A Middle English Vocabulary*, 1922; *Chaucer as a Philologist*, 1924) schuf Tolkien Erzählungen über die fiktive, keltisch-germanisch geprägte Märchenwelt Mittelerde. 1937 erschien die für Kinder geschriebene Erzählung *Der kleine Hobbit*, Vorstufe der Trilogie *Herr der Ringe*, über den Kampf um die Herrschaft über Mittelerde. Postum erschienen *Das Silmarillion* (1977) und *Das Buch der verschollenen Geschichten* (1983/84), die Teile einer vom Autor geplanten »Mythologie für England« bilden sollten.

Biografie: H. Carpenter, *J. R. R. Tolkien*, 1977.

Alexis de Tocqueville über die Stellung der Schwarzen in den USA

Zu den klarsichtigen Analysen der politischen und sozialen Verhältnisse in *Über die Demokratie in Amerika* gehören Alexis de → Tocquevilles Ausführungen über die Stellung der Schwarzen. Sie wurden zu einer Zeit geschrieben, als es im Süden der USA noch die Sklaverei gab. Sie zeigen, dass Tocqueville den US-amerikanischen Bürgerkrieg schemenhaft voraussah, und scheinen in ihrer soziologischen Analyse auch Anfang des 21. Jahrhunderts ihre Gültigkeit nicht verloren zu haben.

Absonderung: Tocqueville war überzeugt, dass Schwarze und Weiße nicht gleichberechtigt zusammenleben können. Nur einem Despoten könne es gelingen, Schwarz und Weiß »unter dem gleichen Joch« zusammenzubringen. Der Autor vermutete, dass die weißen Amerikaner sich mit der Zeit immer stärker um eine Absonderung von den schwarzen Bürgern bemühen würden.

Konflikt: Tocqueville sah das Ende der Sklaverei in den Südstaaten voraus. Denn »inmitten der demokratischen Freiheit und der Bildung unseres Zeitalters« könne sie nicht fortbestehen. Sie werde entweder durch den Sklaven oder durch den Herrn ihr Ende finden: »In beiden Fällen steht großes Unheil bevor.« Doch auch für eine Zeit nach der Sklaverei vermutete Tocqueville einen unvermeidlichen Konflikt zwischen Schwarz und Weiß. Sobald die Schwarzen freie Menschen geworden sind, werden sie sich darüber empören, weiterhin »fast aller Bürgerrechte beraubt zu sein«. Und da die weiße Rasse sich bemühen werde, die Emanzipation der Schwarzen zu verhindern, komme es in den Südstaaten zwangsläufig zum Kampf.

Der Herr der Ringe

OT The Lord of the Rings (The Fellowship of the Ring, The Two Towers, The Return of the King)
OA 1954, 1954, 1955 , als Sammeltitel 1978
DE Die Gefährten,1969, Die zwei Türme, 1970, Die Rückkehr des Königs, 1970, als Sammeltitel 1978
Form Romantrilogie **Epoche** Moderne

Mit seiner Romantrilogie *Der Herr der Ringe* begründete J.R.R. Tolkien die Gattung Fantasy-Literatur mit, da es ihm gelang, ein in sich geschlossenes fiktives Weltbild überzeugend darzustellen. Das spannend erzählte Werk verkaufte sich allein in Deutschland fünf Millionen Mal, weltweit wurden 50 Millionen Exemplare der Trilogie verkauft.

Entstehung: Nach dem Verkaufserfolg des Romans *Der Kleine Hobbit* (1937), zunächst eine Erzählung für seine Kinder ohne Absicht der Veröffentlichung, drängte der Verlag Allen & Unwin Tolkien zu einer Fortsetzung der Abenteuer in der mythischen Welt Mittelerde.

Insgesamt zwölf Jahre arbeitete Tolkien in seiner Freizeit an dem Manuskript, weitere fünf Jahre vergingen wegen notwendiger Überarbeitungen am Manuskript bis zum Erscheinen 1954 bzw. 1955.

Inhalt: Im dritten Zeitalter spielt die Geschichte um die Vorherrschaft in Mittelerde und den Kampf um den Besitz eines mächtigen Rings und seiner Vernichtung. In grauer Vorzeit vom finsteren Herrscher Sauron geschmiedet, verleiht er dem Träger große Macht. Der wieder erstarkte Sauron braucht den Ring, um ganz Mittelerde unterwerfen zu können. Lange Zeit verschollen, ist der Ring im Auenland wiederaufgetaucht.

Bilbo Beutlin gibt ihn dort an seinen Neffen Frodo weiter. Beide sind Hobbits, menschenähnliche Wesen, jedoch kleiner als Zwerge. Der Ringträger Frodo wird vom Rat der Bewohner Mittelerdes dazu ausersehen, den Ring ins Land des Feindes, Mordor, zu bringen, um ihn dort zu vernichten. Begleitet wird er von acht Gefährten mit Vertretern der Völker Mittelerdes. Die Ringgemeinschaft wird jedoch vom Feind getrennt; jeder beteiligt sich nun auf seine Art am Kampf gegen die Heerscharen

Szene aus der Verfilmung des ersten Teils (Die Gefährten) der Romantrilogie Der Herr der Ringe von J.R.R. Tolkien (NZ/USA 2001; Regie: Peter Jackson)

Hauptfiguren in »Der Herr der Ringe« von J.R.R. Tolkien

Frodo: Der Neffe und Erbe des Hobbits Bilbo ist ein Held wider Willen und wird vom Rat der Völker Mittelerdes als Ringträger bestimmt, der den mächtigen Ring im Herzen des Feindeslandes Mordor zerstören soll. Frodo gewinnt mit der Aufgabe an Größe, vermag seinen Auftrag aber nicht ohne Hilfe zu erfüllen. Er verlässt Mittelerde mit den Elben zu den Ewigen Landen.

Sauron: Der »Finstere Herrscher« schmiedete in grauer Vorzeit den einen Ring, der alle anderen Ringe der Macht beherrscht. Am Ende des dritten Zeitalters von Mittelerde wiedererstarkt, weitet er seinen Einflussbereich von Mordor aus immer weiter aus; mithilfe der neun Ringgeister und riesiger Heerscharen, in denen grausame Wesen wie Orks und andere neu geschaffene Kreaturen kämpfen und die Lande verwüsten. Sauron braucht den einen Ring, um uneingeschränkte

Macht über Mittelwerde zu gewinnen. Letztlich geht er mit der Zerstörung des Rings unter.

Gandalf: Der Zauberer gilt als »der Graue« Führer der Ringgemeinschaft. Nach einem lebensbedrohlichen Kampf mit dem Ungeheuer Balrog übersteigt seine Macht die seines Widersachers Saruman (»der Weiße«). Er leitet den Widerstand aller freien Völker an.

Aragorn: Arathorns Sohn ist vor allem als Waldläufer »Streicher« bekannt. Der Nachfahre des Herrschergeschlechts der Dunédain ist ein edler, tapferer und weiser Krieger. Er führt die Menschen in der Schlacht gegen die Heere des Bösen zum Sieg und kehrt schließlich als rechtmäßiger König auf den Thron von Gondor zurück.

Sam: Der Hobbit ist ein treuer Diener seines Herrn Frodo und unterstützt diesen bis zur Selbstaufgabe. Sam übernimmt den Ring vorü-

bergehend und hat maßgeblichen Anteil an seiner Zerstörung. Er kehrt in die Heimat der Hobbits, das Auenland, zurück, das mit seiner Hilfe von den Schergen des Bösen befreit wird.

Gollum: Der auch Sméagol Genannte tötet einen Freund, um in den Besitz des Rings zu kommen. Der Ring macht aus ihm eine schleimige, unsympathische Kreatur. Er führt Sam und Frodo, der an das Gute in ihm glaubt, nach Mordor und stürzt mit dem Ring in das vernichtende Feuer.

Galadriel: Die Elbenkönigin ist gemeinsam mit Celeborn Herrscherin in Lothlórien, dem Goldenen Wald, einem Ort überirdischer Schönheit, wo Kummer und Not unbekannt sind und Wunden heilen. Sie ist die Trägerin eines Elbenrings. Mit der Zerstörung des mächtigen Rings verblasst auch ihre Macht. Sie verlässt Mittelerde von den Grauen Anfurten aus zu den Ewigen Landen.

Drei Ringe den Elbenkönigen hoch im Licht,
Sieben den Zwergenherrschern in ihren Hallen aus Stein,
Den Sterblichen, ewig dem Tode verfallen, neun,
Einer dem Dunklen Herrn auf dunklem Thron
Im Lande Mordor, wo die Schatten drohn.
Ein Ring, sie zu knechten, sie alle zu finden,
Ins Dunkel zu treiben und ewig zu binden
Im Lande Mordor, wo die Schatten drohn.

J. R. R. Tolkien, *Der Herr der Ringe;* von links: Umschlag von Band 1 der ersten britischen Taschenbuchausgabe 1973; Umschlag der britischen Ausgabe 1991 (Gestaltung: Alan Lee); Umschlag von Band 1 der deutschsprachigen Ausgabe in der Übersetzung von Margaret Carroux 2000; Einband der deutschsprachigen Taschenbuch-Neuausgabe 2001

Saurons. Letztlich siegreich sind die Völker Mittelerdes erst, als es Frodo mit seinem Freund Sam schließlich gelingt, den Ring im Berg des Feuers zu vernichten: Saurons Macht ist damit gebrochen und das dritte Zeitalter beendet. Der König der Menschen tritt letztendlich seine rechtmäßige Herrschaft an; die Hobbits kehren ins Auenland zurück, die unsterblichen Elben verlassen den Kontinent Mittelerde und segeln zu den Ewigen Landen im Westen – begleitet von Bilbo und Frodo.

Aufbau: Das 1000-seitige Werk umfasst drei Teile: *Die Gefährten, Die zwei Türme* und *Die Rückkehr des Königs,* von denen jeder wiederum aus zwei Büchern mit zahlreichen Episoden besteht. Der Prolog enthält neben der Vorgeschichte eine Einführung zum Volk der Hobbits, ein umfangreicher Anhang und ein Register geben historische Überblicke, informieren über Schriften und Sprachen Mittelerdes sowie über Tiere, Orte und Personen.

Wirkung: In den 1960er Jahren zum Bestseller avanciert, gab das groß angelegte Werk der Fantasy-Literatur entscheidende Impulse: Es beeinflusste zahlreiche Autoren wie Michael → Ende in seiner *Unendlichen Geschichte* (1979), Marion Zimmer Bradley (1930–99) mit dem Roman *Die Nebel von Avalon* (1982) und schließlich in jüngster Zeit die britische Autorin Joanne K. →Rowling mit der Serie um den Zauberlehrling *Harry Potter* (Teil 1: 1997), mit der das Genre eine Renaissance erlebte. Ebenso griff US-Filmproduzent und Regisseur George Lucas in seinem Sciencefiction-Epos *Star Wars* (1977) auf den Roman zurück.

Wegen seiner vermeintlichen Trivialität umstritten war *Der Herr der Ringe* jedoch in Teilen der Literaturkritik. Zweimal wurde der Stoff verfilmt: 1978 vom Zeichentrickfilmer Ralph Bakshi, 2001 feierte der erste Teil der aufwändigen und überaus erfolgreichen Verfilmung von Peter Jackson Premiere. *P. Z.*

Tolstoi, Lew N.

russ. Schriftsteller

*9.9.1828 Jasnaja Poljana (Gouvernement Tula)
†20.11.1910 Astapowo (Gouvernement Tambow)

📖 *Krieg und Frieden,* 1868/69
📖 *Anna Karenina,* 1875–77
📖 *Kreutzersonate,* 1891

Lew Nikolajewitsch Tolstoi, Autor der beiden groß angelegten Romane *Krieg und Frieden* und *Anna Karenina* sowie zahlreicher Erzählungen, Dramen und Abhandlungen, zählt zu den berühmtesten Schriftstellern der Weltliteratur. Im Zentrum seiner dem Realismus verpflichteten Werke steht das Thema der Nichtigkeit des Daseins.

Als Nachkomme einer wohlhabenden Adelsfamilie geboren, wuchs Tolstoi nach dem Tod seiner Eltern bei einer Tante in Kasan auf. 1844–47 studierte er an der Universität von Kasan erfolglos Orientalistik und Rechtswissenschaft. Nach Abbruch des Studiums kehrte er als Gutsverwalter nach Jasnaja Poljana zurück, wo er, beeinflusst von den Ideen Jean-Jacques →Rousseaus, das System der Leibeigenschaft zu reformieren suchte. Seine Pläne scheiterten jedoch am Misstrauen der Bauern, sodass Tolstoi sich 1851 freiwillig zum Militärdienst meldete. Bis 1856 nahm er an Kämpfen im Kaukasus und während des Krimkriegs teil. Zwischen 1856 und 1862 unternahm Tolstoi, der nun abwechselnd in Moskau und Jesnaja Poljana lebte, zwei längere Reisen durch Westeuropa.

1862 ließ sich Tolstoi nach seiner Heirat endgültig in Jesnaja Poljana nieder und widmete sich verstärkt pädagogischen Studien. Ab Ende der 1870er Jahre wurde sein literarisches Schaffen zunehmend von ethisch-religiösen Schriften verdrängt. Im November 1910 versuchte Tolstoi, seiner zerrütteten Ehe durch heimliche

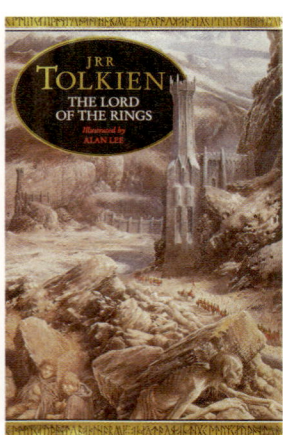

Flucht zu entkommen. Noch im selben Monat starb er auf der Bahnstation von Astapowo an einer Lungenentzündung.

Im Lauf seiner literarischen Entwicklung vervollkommnete Tolstoi seine Technik einer das Oberflächliche entlarvenden und das Unterbewusstsein erhellenden Analyse. Hierzu verwendet er das Verfahren, Handlungen und Gegenstände niemals direkt, sondern stets aus ungewohnter Perspektive zu schildern.

Biografie: J. Lavrin, *Tolstoi* (rm 50057).

Krieg und Frieden

OT Vojna i mir **OA** 1868/69 **DE** 1885
Form Roman **Epoche** Realismus

Mit seinem zwischen 1863 und 1869 entstandenen Roman *Krieg und Frieden* schuf Lew N. Tolstoi ein Werk, das in epischer Breite auf unübertroffen kunstvolle Weise einen Familien-, Historien- und Bildungsroman in sich vereint. Die geschickte Verknüpfung der zahlreichen Handlungsstränge und die sprachliche Intensität, mit der Tolstoi seine Figuren zum Leben erweckte, ließen sein Werk zu einem Meilenstein der russischen Literaturgeschichte und zu einem Klassiker der Weltliteratur werden.

Entstehung: Die Entstehung des vierbändigen Erzählwerks geht auf den Plan des Autors zurück, einen Roman über die Dekabristen zu schreiben, eine Gruppe adeliger Offiziere, die nach dem Tod von Alexander I. (1777–1825) 1825 einen Aufstand gegen die Selbstherrschaft des Zaren Nikolaus I. (1796–1855) initiiert hatten. Nach dem Scheitern des Putsches wurden die Revolutionäre hingerichtet oder zur Zwangsarbeit in Sibirien verurteilt und erst 1856 begnadigt.

Der Held in Tolstois Roman sollte ein Dekabrist sein, der nach 30 Jahren in sibirischer Gefangenschaft ins europäische Russland zurückkehrt. Um die Hintergründe des Militärputsches von 1825 auszuleuchten, plante Tolstoi, den Lebensweg seines Protagonisten bis zum Einmarsch von Napoleon I. (1769–1821) in Russland 1812 zurückzuverfolgen. Nach drei Kapiteln brach er die Arbeit jedoch ab und wandte sich in einem neuen Romanprojekt direkt den historischen Ereignissen im ersten Viertel des Jahrhunderts zu.

Historischer Hintergrund: Den historischen Hintergrund bilden die militärischen Auseinandersetzungen Russlands mit Frankreich. Die Romanhandlung setzt 1805 ein, dem Jahr, in dem sich Russland mit England, Österreich und Schweden gegen Napoleon I. verbündete. Nach der für Napoleon siegreichen Schlacht von Austerlitz und weiteren militärischen Niederlagen Russlands wurde 1807 der Friede von Tilsit ge-

schlossen. Als jedoch Zar Alexander I. trotz der 1806 verhängten Kontinentalsperre britische Schiffe in seinen Häfen zuließ, begann Napoleon mit dem Aufbau der Grande Armée, mit der er 1812 in Russland einmarschierte. Nach der Schlacht von Borodino gelang ihm die Besetzung Moskaus, doch der große Brand von Moskau, der einbrechende Winter, Nahrungsmangel und die Angriffe russischer Einheiten zwangen ihn schließlich zum Rückzug.

Lew Tolstoi im letzten Lebensjahrzehnt mit seinem Freund und Bevollmächtigten Wladimir Tschertkow in Jasnaja Poljana

Die wichtigsten Bücher von Lew N. Tolstoi

Kindheit 1852	Der erste Teil einer autobiografisch angelegten Romantrilogie schildert episodenhaft die noch unbekümmerte Kindheit des Protagonisten Nikolenka.
Knabenalter 1854	Der zweite Teil der Romantrilogie zeigt den inzwischen herangewachsenen Nikolenka, der sich immer häufiger mit quälenden Stimmungen und Fragen nach dem Sinn des Lebens konfrontiert sieht.
Jugend 1857	Im dritten Teil der Romantrilogie versucht sich der junge Aristokrat Nikolenka über seine Ansprüche und über die der Gesellschaft klar zu werden, indem er allmählich eigene Lebensregeln entwirft.
Krieg und Frieden 1868/69	In dem Roman über das Leben des russischen Adels zu Beginn des 19. Jahrhunderts werden die Schicksale dreier Familien mit den historischen Ereignissen während der Napoleonischen Kriege verflochten. → S. 1077
Anna Karenina 1875–77	Der Roman erzählt vom Schicksal der unglücklich verheirateten Anna Karenina, die in ihrer Liebe zu dem jüngeren Graf Wronskij Ehebruch begeht. Nach und nach scheitert sie an der Übermacht der gesellschaftlichen Konventionen und begeht schließlich Selbstmord. → S. 1078
Meine Beichte 1884	In seiner Abhandlung befasst sich der stets von der Suche nach Lebenssinn getriebene Tolstoi mit dem Glauben. Seine moralischen Bedenken gegenüber jeder Form der staatlichen oder kirchlichen Autorität führen ihn zu der Idee eines rationalen »christlichen Anarchismus«.
Der Tod des Iwan Iljitsch 1886	Die Erzählung handelt von einem Bürokraten, der sich nach einem sinnlosen Leben auf einen ebenso sinnlosen Tod vorbereitet und sterbend noch einmal mit der grausamen Verlogenheit seiner Mitmenschen konfrontiert wird. Das Werk ist eine der eindrucksvollsten literarischen Schilderungen des Todes.
Kreutzersonate 1891	Die Erzählung schildert die in einem Mord gipfelnde Ehegeschichte Wasilij Posdnyschews, der sich während einer Zugfahrt einem Mitreisenden anvertraut, ihm seine Geschichte erzählt und ihn von der Brutalität einer jeden Liebesbeziehung zu überzeugen sucht. → S. 1079
Auferstehung 1899	Der Roman erzählt vom Schicksal der wegen Mordes zu Zwangsarbeit in Sibirien verurteilten Prostituierten Maslova und des an ihr schuldig gewordenen Nechljudov. In seinen Bemühungen um Maslovas Rettung bricht Nechljudov mit seinem bisherigen Umfeld und erlebt seine moralische »Auferstehung«.

Auszug aus dem Roman *Krieg und Frieden* von Lew N. Tolstoi:

Platon Karatajew war für alle übrigen Gefangenen ein ganz gewöhnlicher Soldat; sie nannten ihn »Falke« oder Platoscha, foppten ihn gutmütig und schickten ihn zu Besorgungen aus. Aber für Pierre blieb er allezeit das, als was er ihm am ersten Abend erschienen war: die ideale, harmonisch abgerundete, ewige Verkörperung des Geistes der Einfalt und Wahrheit.

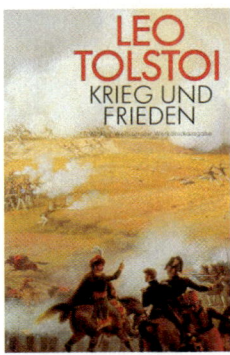

Lew N. Tolstoi, *Krieg und Frieden,* Umschlag der deutschsprachigen Ausgabe 1996

Inhalt: Der mit insgesamt rund 250 Figuren (Hauptfiguren → S. 1078) besetzte Roman schildert die Geschichte dreier Familien, deren Mitglieder über drei Generationen durch mehrere miteinander verflochtene Erzählstränge verbunden sind.

Der ein wenig plumpe, aber gutmütige und idealistische Pierre Besuchow, illegitimer Sohn eines wohlhabenden Grafen, ist mit Andrei Bolkonski befreundet, einem ebenso zweiflerischen wie scharfsinnigen Denker. Aus der Schlacht von Austerlitz zurückgekehrt, verliebt sich Andrei in Natascha, die bezaubernde Tochter des verarmten Grafen Rostow. Nachdem diese eine Affäre mit dem ruchlosen Lebemann Anatol Kuragin begonnen hat, nimmt Andrei an der Schlacht von Borodino teil, wird schwer verletzt und stirbt.

Pierre indes heiratet Anatols Schwester Helene, die in seiner Abwesenheit bei der Abtreibung eines unehelichen Kindes stirbt. Er wird Zeuge der Schlacht von Borodino, erlebt in Moskau den Einzug der napoleonischen Armee und beschließt, Napoleon zu töten. Sein Plan missglückt, und Pierre kommt in ein Kriegsgefangenenlager, wo er den Soldaten Platon Karatajew kennen lernt. In dessen bäuerlicher Weisheit findet er schließlich eine Antwort auf seine Fragen nach dem Lebenssinn, so wie er in Natascha später seine ideale Ehefrau erkennt.

Nataschas Bruder Nikolai seinerseits gibt, um seine Familie vor dem finanziellen Ruin zu retten, die Verbindung zu seiner Cousine Sonja auf und heiratet Andreis Schwester Marja, die nach dem Tod des Bruders über ein beträchtliches Vermögen verfügt. Obschon ihre Ehe weniger bewegt und erfüllt erscheint als die zwischen Pierre und Natascha, finden auch Nikolai und Marja zu einem zufriedenen Dasein.

Aufbau: Im ständigen Wechsel zwischen der Darstellung familiärer Szenen, menschlicher Emotionen, Konflikte und Vergnügungen einerseits sowie der Schilderung von Schlachten und Lagebesprechungen andererseits zeichnet Tolstoi ein umfassendes literarisches Porträt des aristokratischen Lebens in einer Zeit, die zu den glanzvollsten Epochen in der russischen Geschichte zählt. Geschichtsphilosophische Exkurse und die Beschreibung der historischen Persönlichkeiten bringen das ethische Anliegen des Autors ebenso zum Ausdruck wie die Sinnsuche der beiden Protagonisten Pierre und Andrei, deren Charaktere zwei verschiedene Seiten in Tolstois eigenem Wesen widerspiegeln.

Wirkung: Der Autor sprach dem Werk stolz den Rang der *Ilias* (entst. 2. Hälfte des 8. Jahrhunderts v. Chr.) von → Homer zu. Es wurde mehrfach verfilmt, u.a. 1956 von King Vidor mit Audrey Hepburn in einer der Hauptrollen. *B. S.*

Anna Karenina

OT Anna Karenina **OA** 1875–77 **DE** 1885
Form Roman **Epoche** Realismus

Der zwischen 1873 und 1877 entstandene Roman *Anna Karenina* war nach *Krieg und Frieden* das zweite Werk, mit dem Lew N. Tolstoi seinen Weltruhm als Schriftsteller begründete. Der psychologische Feinsinn, mit dem Tolstoi die inneren Konflikte seiner Protagonisten schilderte, gehört zu den literarischen Glanzleistungen eines Autors, dessen eigenes Leben von der Suche nach einer moralisch vertretbaren Denk- und Handlungsweise bestimmt war.

Inhalt: Die Chronik dreier Familien bildet den Handlungsrahmen des Romans, in dessen Mittelpunkt die tragische Liebesbeziehung der Titelheldin Anna Karenina steht.

Annas Bruder Stepan (Stiwa) Oblonskij, charmant und äußerst sinnenfroh, gibt sich in seiner kinderreichen Ehe mit Darja (Dolly) wiederholt Liebesaffären hin, kehrt jedoch stets reumütig zu seiner leidgeprüften Frau zurück. Sein Freund Konstantin Lewin, der sich von der Künstlichkeit des städtischen Lebens auf sein Landgut zurückgezogen hat, liebt Dollys jüngere Schwester Katerina (Kitty). Während eines Besuchs in Moskau muss Lewin erfahren, dass er in seinem Werben um Kitty einen Rivalen hat – den jungen Petersburger Offizier Graf Wronskij, dessen Mittelmäßigkeit zunächst hinter seinem glanzvollen und weltgewandten Auftreten verborgen bleibt.

Hauptfiguren in »Krieg und Frieden« von Lew N. Tolstoi

Andrei Bolkonski: Er ist der zweiflerische Freund von Pierre Besuchow und Bruder von Marja. Nachdem seine Frau bei der Geburt ihres Sohnes stirbt, zieht er in den Krieg und wird in der Schlacht von Austerlitz verletzt. Er verliebt sich in Natascha Rostow. Als sie ein Verhältnis mit Anatol Kuragin beginnt, stürzt er sich erneut in den Krieg, wird in der Schlacht von Borodino schwer verletzt und stirbt.

Marja Bolkonski: Die Schwester Andrei Bolkonskijs heiratet nach dem Tod des Bruders Nikolai Rostow. Ihre Ehe ist von konservativen Vorstellungen geprägt.

Pierre Besuchow: Durch den Tod seines Vaters ist der Sohn eines Grafen und gutmütige Freund von Andrei Bolkonski zu beträchtlichem Wohlstand gelangt. Er gibt sich exzessivem Feiern in der Petersburger Gesellschaft hin. Nach seiner Ehe mit Helena Kuragin, die bei der Abtreibung eines unehelichen Kindes stirbt, heiratet er Natascha Rostow. Mit ihr findet er sein Glück in einem gleichermaßen schlichten wie erfüllten Leben.

Nikolai Rostow: Um die finanzielle Situation seiner Familie zu retten, gibt der Sohn eines verarmten Grafen die Verbindung mit Sonja auf und heiratet Marja Bolkonski. Er entwickelt sich zu einem konservativen, aber tüchtigen Gutsherrn.

Natascha Rosto: Die bezaubernde Schwester von Nikolai verlobt sich mit Andrei, beginnt jedoch in seiner Abwesenheit eine Affäre mit dem charakterlosen Lebemann Anatol Kuragin. Nach dem Tod Andreis heiratet sie Pierre Besuchow, mit dem sie eine erfüllte und kinderreiche Ehe führt.

Anatol Kuragin: Er umwirbt Natascha, während sie mit Andrei verlobt ist. Bei der Schlacht von Borodino begegnet er Andrei, der ihm die versuchte Entführung seiner Verlobten vergibt.

Helene Kuragin: Sie ist die Schwester von Anatol Kuragin. Die von ihrem Vater eingefädelte Heirat mit dem wohlhabenden Pierre Besuchow entpuppt sich für diesen als Fehlentscheidung. Später stirbt Helena in der Abwesenheit Pierres bei der Geburt eines unehelichen Kindes.

Sonja: Die Pflegetochter der Familie Rostow gibt Nikolai, obwohl sie ihn liebt, in ihrer Sorge um die finanzielle Sicherheit der Familie für die Heirat mit Marja frei.

OT = Originaltitel **EZ** = Entstehungszeit **OA** = Originalausgabe **DE** = Deutsche Erstausgabe ▢ = Verweis auf Werkartikel

Beeinflusst durch ihre Mutter, die für die naturverbundene Lebensweise Lewins kein Verständnis aufbringt, entscheidet sich die geblendete Kitty trotz ihrer Zuneigung zu Lewin für Wronskij. Wenig später kommt es zu einer ersten Begegnung zwischen Wronskij und Kittys Tante Anna, die sich augenblicklich zu ihm hingezogen fühlt. Fasziniert von ihrer Schönheit und ihrem warmherzigen Wesen beginnt Wronskij, ihr den Hof zu machen.

Anna kehrt überstürzt nach Petersburg zurück, wo sie in dem alltäglichen Leben an der Seite ihres Mannes Alexej zur Ruhe zu kommen hofft. Wronskij, der weiterhin in ihren Kreisen verkehrt, erkennt jedoch, dass sie in ihrer Ehe unglücklich ist und unter der Gefühlskälte ihres vornehm-distanzierten Mannes leidet. So entwickelt sich zwischen Anna und Wronskij eine leidenschaftliche Liebesbeziehung, die Anna weder vor ihrem Mann noch vor der Gesellschaft zu verheimlichen sucht.

Die Lage spitzt sich dramatisch zu, als Alexej, der stets um die Wahrung des äußeren Scheins bemüht ist, ihr nach dem Ehebruch die Scheidung verweigert. Während Wronskij sich mit der Aussichtslosigkeit ihrer Beziehung abzufinden beginnt, kämpft Anna immer verzweifelter um seine Zuneigung. Von der Gesellschaft geächtet und in der Integrität und Unbedingtheit ihrer Liebe von Wronskij allein gelassen, begeht sie schließlich Selbstmord.

Parallel zur Geschichte Annas erzählt Tolstoi jene Konstantin Lewins, der nach Kittys Abweisung wieder aufs Land zurückkehrt und sich dort als überaus tüchtiger Gutsherr um das Wohl seiner Bauern verdient macht. Er erfährt, dass Wronskij sich von Kitty getrennt hat, unternimmt jedoch in seinem enttäuschten Stolz nichts, um sie für sich zu gewinnen. Erst als er ihr nach langer Zeit erneut begegnet, erkennt er, dass sie seine Liebe erwidert. Anders als Stepan und Darja Oblonskij oder Anna und Alexej Karenin finden Konstantin und Kitty in ihrer Ehe zu gemeinsamem Glück. Wie Pierre Besuchow in *Krieg und Frieden*, so erscheint auch Konstantin Lewin als ein Alter Ego Tolstois. Und wie Besuchow, so erhält auch Lewin die entscheidenden Antworten auf seiner Suche nach Lebenssinn von einem Mann aus dem einfachen Volk.

Wirkung: Anna Karenina wurde neben *Madame Bovary* (1856) von Gustave → Flaubert und *Effi Briest* (1895) von Theodor → Fontane zu einer der berühmtesten Ehebrecherinnen der Weltliteratur. Fjodor → Dostojewski schrieb in seinem *Tagebuch eines Schriftstellers* (1877) eine enthusiastische Würdigung des Romans und schloss mit der Aussage, dass »nichts in der europäischen Literatur damit verglichen werden könne.«   *B. S.*

Die Kreutzersonate

OT Krejcerova Sonata **OA** 1891 **DE** 1890
Form Erzählung **Epoche** Realismus

Die Kreutzersonate gilt als eine der wichtigsten und zugleich umstrittensten Erzählungen von Lew N. Tolstoi. 1887–89 entstanden, gehört sie dem Alterswerk eines Schriftstellers an, der sich im Lauf seines Schaffens immer mehr zu einem rigorosen Moralisten entwickelte.

Entstehung: Der authentische Fall eines Mannes, der seine Frau aus Eifersucht getötet hatte, lieferte Tolstoi 1887 die Idee für eine Novelle über die Ehe und die zerstörerische Kraft der Sexualität. Noch im selben Jahr begann er mit der Niederschrift der ersten Fassung, die er jedoch bis zur Fertigstellung der letzten Version 1889 zahlreichen Veränderungen unterwarf.

Inhalt: Den Handlungsrahmen bildet die zufällige Bekanntschaft des Ich-Erzählers mit einigen Mitreisenden in einem Eisenbahnabteil. Unter ihnen befindet sich der zunächst schweigsame, ein wenig nervös erscheinende Wasilij Posdnyschew. Erst als sich eine lebhafte Diskussion über Liebe, Ehe und Scheidung entspinnt, erwacht auch Posdnyschews Interesse am allgemeinen Gespräch. Wie er den anderen erklärt, glaubt er weder an eine Liebe jenseits des sinnlichen Begehrens noch an die Institution Ehe, die ein Betrug sei. – Ein Betrug, bei dem es um nichts anderes gehe als darum, den Geschlechtstrieb ungehindert ausleben zu kön-

Greta Garbo als Anna Karenina und Freddie Bartholemew als Annas Sohn Sergei in der Verfilmung des Romans *Anna Karenina* von Lew N. Tolstoi (USA 1935; Regie: Clarence Brown)

Auszug aus dem Roman *Anna Karenina* von Lew N. Tolstoi:

Er [Konstatin Lewin] kauerte im Dunkeln auf seinem Bett, hielt seine Knie umfasst und grübelte atemlos vor angestrengtem Denken. Je mehr er aber seine Denkkraft anstrengte, desto klarer wurde ihm nur, dass es in der Tat so sei, dass er wirklich einen kleinen Umstand im Leben vergessen, übersehen habe, nämlich: einmal kommt der Tod, und alles ist zu Ende, sodass es sich eigentlich gar nicht gelohnt hatte, etwas anzufangen. Dagegen gab es kein Mittel. Es war entsetzlich, aber es war so.

Auszug aus der Erzählung *Kreutzersonate* von Lew N. Tolstoi:

Wir waren zwei Sträflinge, die an eine Kette geschmiedet sind, einander hassen, sich gegenseitig das Leben vergiften und sich bemühen, das nicht zu sehen. Ich wusste damals noch nicht, dass von hundert Ehepaaren neunundneunzig in der gleichen Hölle lebten wie ich und dass es nicht anders sein konnte. Damals wusste ich das weder von den anderen noch von mir.

Auszug aus der Erzählung *Kreutzersonate* von Leo Tolstoi:

Man bietet der Frau seinen Platz an, hebt ihr Taschentuch auf; andere sprechen ihr das Recht zu, alle Ämter im Staat zu bekleiden, an der Regierung teilzunehmen und so weiter. Alles das tut man, aber die Grundanschauung der Frau ist die alte geblieben. Das Weib ist ein Genussmittel. Ihr Leib ist zu unserem Genuss da, und sie weiß das. Es ist damit nicht anders als mit der Sklaverei.

nen. Gleichzeitig bedeute die Ehe, sobald das sinnliche Begehren schwinde, für die meisten Menschen die Hölle auf Erden. Er selbst habe, so eröffnet er seinen Zuhörern schließlich, seine Ehefrau ermordet.

Mit dem Ich-Erzähler allein geblieben, berichtet Posdnyschew während der nächtlichen Fahrt, wie es zu der Tat gekommen ist. Durch die Ehe mit einem in seinem Sinne anständigen Mädchen hoffte er den Ausschweifungen seiner Jugendjahre ein Ende zu setzen. Dass diese Heirat eine Fehlentscheidung war, erkennt das Paar schon bald nach seiner Trauung. Zunehmend voneinander enttäuscht, schlägt ihre erste oberflächliche Verliebtheit in Gleichgültigkeit und später in Hass um.

Nach acht Ehejahren und der Geburt von fünf Kindern raten die Ärzte Posdnyschews Gattin, keine Kinder mehr zur Welt zu bringen. Mit Sorge beobachtet Posdnyschew, wie seine Frau, der ständigen Vereinnahmung durch ihre mütterlichen Pflichten allmählich entledigt, aufzublühen beginnt. Er verficht die Ansicht, dass die Zeugung von Kindern der einzig haltbare Grund sei, dem Geschlechtstrieb nachzugeben.

Eines Abends, als Truchatschewskij, ein entfernter Bekannter Posdnyschews, zu Besuch kommt, bemerkt dieser eine starke Anziehungskraft zwischen seiner Frau und seinem Gast. In der Folgezeit beobachtet er mit wachsendem Argwohn die musikalischen Zusammenkünfte seiner Frau mit Truchatschewskij. Es kommt zu einer Aufführung der einstudierten Stücke, darunter auch der *Kreutzersonate* von Ludwig van Beethoven, die einen verstörenden Eindruck auf Posdnyschew hinterlässt. Insbesondere das aufwühlende erste Presto erscheint hier in seiner Wirkung als ein Sinnbild angestachelter Leidenschaft.

Während einer Geschäftsreise, die Posdnyschew zwei Tage später antritt, verfolgt ihn der Gedanke, dass diese Musik Ausdruck der Beziehung zwischen seiner Frau und Truchatschew-

skij sei, und er bricht seine Reise vorzeitig ab. Als er zu vorgerückter Stunde zu Hause eintrifft und den Mantel seines Rivalen im Vorzimmer entdeckt, wird er von rasender Eifersucht gepackt, stürzt sich auf seine Frau und tötet sie.

In einem Nachwort zur *Kreutzersonate* fasste Tolstoi die wichtigsten Lehren dieser Erzählung zusammen, indem er die voreheliche und eheliche Enthaltsamkeit als das kaum erreichbare, nichtsdestoweniger erstrebenswerte Ideal einer moralisch sich weiterentwickelnden Gesellschaft beschrieb.

Wirkung: Obwohl viel gelesen, war die Erzählung seit ihrem Erscheinen umstritten. Die Verfilmungen wurden unter Wegfall der moralisierenden Passagen weltweit erfolgreich. *B. S.*

Tomasi di Lampedusa, Giuseppe

italien. Schriftsteller

* 23.12.1896 Palermo † 23.7.1957 Rom

📖 *Der Leopard*, 1958

Giuseppe Tomasi, Fürst von Lampedusa, schuf mit seinem einzigen Roman *Der Leopard* einen Klassiker der italienischen Literatur, der bis heute das literarische Bild von Sizilien im 19. Jahrhundert prägt.

Tomasi entstammte einem alten sizilianischen Adelsgeschlecht. Auf dem großen Landsitz seiner Eltern, der auch ein Theater enthielt, kam er in ersten Kontakt mit der Welt des Schauspiels. Dort schrieb er kleinere Stücke und Erzählungen, und zwar sowohl auf Italienisch als auch auf Französisch, das seine Mutter ihm beibrachte. Ab 1911 besuchte Tomasi ein humanistisches Gymnasium, zuerst in Rom, dann in Palermo. 1915 schrieb er sich an der juristischen Fakultät der Universität Rom ein, machte jedoch keinen Abschluss. Nachdem er als Offizier am Ersten Weltkrieg teilgenommen hatte, quittierte er 1925 den Dienst und zog sich nach Sizilien zurück. Er verließ die Insel nur noch für literarische Forschungsreisen. Sein besonderes Interesse galt der französischen Literatur des 19. Jahrhunderts. Während der Zeit des Faschismus hielt Tomasi sich vorwiegend im Ausland auf (England, Frankreich, Lettland). Erst im Alter von fast 60 Jahren begann er seinen einzigen Roman zu schreiben. Auf einem Kongress in San Pellegrino lernte er 1954 u. a. die bekannten italienischen Autoren Eugenio Montale und Giorgio Bassani kennen. Bassani war es auch, der nach Tomasis Tod die

---

Hauptfiguren in »Der Leopard« von Giuseppe Tomasi di Lampedusa

Don Fabrizio Corbèra, Fürst von Salina, dominierendes Oberhaupt seiner Familie; von stattlicher Statur und starkem Charakter; Neigung zu den exakten Wissenschaften, besonders zur Astronomie; will durch die Heirat seines Neffen den Fortbestand des Adelsgeschlechts finanziell sichern; zugleich realistisch und resigniert, erkennt er jedoch, dass in einer Zeit des gesellschaftlichen Umbruchs die alten Traditionen seines Standes nicht überleben können.

Tancredi Falconeri, Neffe von Don Fabrizio; leidenschaftlich, elegant und spöttisch; der Anhänger Garibaldis wirbt um die schöne Angelica und bringt es bis zum Offizier und schließlich zum Abgeordneten des neuen Königreichs Italien.

Angelica Sedàra, Tochter des neureichen, bürgerlichen Emporkömmlings Calògero Sedàra, bezaubert alle, besonders den Fürsten, durch ihre natürliche Schönheit und Sinnlichkeit. Durch die Heirat mit Tancredi beschert sie ihrer Familie einen Adelstitel.

Maria Stella Corbèra, Fürstin von Salina, Ehefrau des Fürsten; ängstlich bis zur Hysterie, sehr fromm; ihrem Mann in unterwürfiger Liebe zugetan, aber völlig passiv.

Concetta, eine der drei Töchter des Fürsten; kühl und wenig liebenswert im Wesen; unglücklich in Tancredi verliebt, bleibt sie ebenso wie ihre beiden Schwestern unverheiratet.

Pater Pirrone, Jesuit, Beichtvater der Familie und Vertrauter des Fürsten.

Veröffentlichung von *Der Leopard* durchsetzte (das Manuskript war zuvor von mehreren Verlagen abgelehnt worden) und dem Roman zu Weltruhm verhalf. Nach *Der Leopard* erschienen noch der Erzählungsband *Die Sirene* (*Racconti*, 1961) und Essays über Themen der französischen und englischen Literatur.

Der Leopard

OT Il Gattopardo **OA** 1958 **DE** 1959
Form Roman **Epoche** Moderne

Der einzige, 1955/56 entstandene Roman von Giuseppe Tomasi di Lampedusa erschien erst ein Jahr nach dem Tod des Autors. *Der Leopard* wurde sofort zu einem internationalen Erfolg und wurde 1959 mit dem Strega-Preis ausgezeichnet.

Inhalt: *Der Leopard* erzählt vom Niedergang eines sizilianischen Adelsgeschlechts während des Risorgimento, der Einigung Italiens in der zweiten Hälfte des 19. Jahrhunderts. Nach der Landung Garibaldis auf Sizilien 1860 bricht die alte Bourbonenherrschaft zusammen und die Insel wird Teil des italienischen Königreiches unter König Viktor Emanuel II.

In dieser Zeit gesellschaftlicher und politischer Umbrüche glaubt Don Fabrizio Corbèra, der Fürst von Salina, die alten Traditionen seines Standes bewahren zu können. Gleichzeitig ist er Realist genug, um die veränderten Umstände zu erkennen. Daher unterstützt er die Verbindung seines ehrgeizigen Neffen Tancredi, der auf der Seite Garibaldis für ein vereintes Italien kämpft, mit der schönen Angelica Sedàra, der Tochter eines reichen Emporkömmlings.

Tancredi spricht aus, was der Fürst im Innersten ebenfalls ahnt: »Wenn wir wollen, dass alles bleibt wie es ist, dann ist nötig, dass alles sich verändert.« Doch weder der Name noch der Reichtum der Familie werden überdauern – im Angesicht des Todes erkennt Don Fabrizio, dass mit ihm die alte Welt des sizilianischen Adels untergehen wird.

Wie kein anderer Autor hat Tomasi mit dem Werk *Der Leopard* nicht nur der alten aristokratischen Gesellschaft Siziliens, sondern auch der Insel selbst mit ihrer reichen Kultur und Geschichte, ihren Widersprüchen und großen landschaftlichen Schönheiten ein literarisches Denkmal gesetzt. Seine Landschaftsschilderungen und Interieurs sind immer auch Spiegelbild der Figuren und ihrer Empfindungen.

Aufbau: Die Episoden des Romans, in acht Kapitel gegliedert, kreisen um die Hauptfigur des Fürsten. Während in den ersten vier Kapiteln das Schicksal der Familie in der Umbruchphase zur Zeit Garibaldis weitgehend mit den Mitteln des traditionellen historischen Romans erzählt wird, löst sich diese Komposition im Folgenden mehr und mehr auf, entsprechend der inneren und äußeren Auflösung des alten Familienadels. In den Kapiteln fünf bis acht wird in Zeitsprüngen von jeweils über 20 Jahren der weitere Niedergang punktuell beleuchtet. Höhepunkt ist das siebte Kapitel *Der Tod des Fürsten*, in dem dieser noch einmal sein Leben an sich vorüberziehen lässt und Bilanz zieht: »Er, Don Fabrizio, hatte selber gesagt, die Salina blieben immer die Salina. Er hatte Unrecht gehabt. Der Letzte war er.« Von der glanzvollen Familie bleiben nur die drei alten, unverheirateten Töchter des Fürsten übrig.

Wirkung: *Der Leopard* wurde gleich nach seinem Erscheinen höchst unterschiedlich beurteilt. Vor allem linke Kritiker warfen Tomasi eine einseitig aristokratische Sicht auf die Vorgänge des Risorgimento vor und bezeichneten ihn als reaktionär und dekadent, während andere den Roman aufgrund seiner erzählerischen Qualitäten sogleich als Meisterwerk bejubelten. Seine Bekanntheit verdankt *Der Leopard* vor allem auch der 1963 in Cannes preisgekrönten Verfilmung durch Luchino Visconti mit Burt Lancaster, Alain Delon und Claudia Cardinale in den Hauptrollen. Besonders in Erinnerung geblieben ist die großartige Umsetzung der Ballszene aus dem sechsten Kapitel des Romans. *E. H.*

Giuseppe Tomasi di Lampedusa, *Der Leopard*, Einband der Taschenbuch-Neuausgabe 1984 unter Verwendung einer Filmszene mit Burt Lancaster als Don Fabrizio (l.) und Alain Delon als Tancredi (Regie: Luchino Visconti, 1963)

Auszug aus dem Roman
Der Leopard von Giuseppe Tomasi di Lampedusa:

Es war um die Mittagszeit eines Montags Ende Juli, und das Meer von Palermo, dicht, ölig, unbeweglich, weitete sich vor ihm, unwahrscheinlich reglos und flach hingestreckt wie ein Hund, der bestrebt ist, sich den Drohungen seines Herrn unsichtbar zu machen; aber die Sonne, unverrückbar, senkrecht, stand breitbeinig darüber und peitschte es ohne Erbarmen. Die Stille war vollkommen. Unter dem hohen Licht vernahm Don Fabrizio nur einen einzigen Ton in seinem Innern, den Ton des Lebens, das aus ihm hervorbrach.

Torberg, Friedrich

(eigtl. F. Kantor-Berg) österreich. Schriftsteller, Essayist und Kritiker

* 16.9.1908 Wien, † 10.11.1979 ebd.

📖 *Der Schüler Gerber hat absolviert*, Roman 1930

📖 *Die Tante Jolesch*, 1975

Als Romancier, Essayist und Journalist hat Friedrich Torberg in seinem Werk die vergangene Welt des habsburgischen Kulturkreises, seines jüdischen Bürgertums und seiner Bohème auf originelle Weise gezeichnet und überliefert. In Wien geboren, verbrachte Torberg Schul- und Studienzeit größtenteils in Prag. Dort führte Max Brod (1884–1968) ihn in den »Prager Dichterkreis« ein und vermittelte sein Erstlingswerk *Der Schüler Gerber hat absolviert* an den österreichischen Verleger Paul Zsolnay (1895–1961). 1928–38 war Torberg vor allem als Journalist für das *Prager Tagblatt* tätig, ehe er über die Schweiz, Frankreich und Portugal in die USA emigrierte. In Hollywood und New York verfasste er Drehbücher und Übersetzungen und fand Kontakt zu einer Reihe prominenter Emigranten.

1951 kehrte Torberg nach Wien zurück, wo er bis zu seinem Tod eine zentrale Persönlichkeit der österreichischen Kulturszene war. Er schrieb für mehrere große Tageszeitungen, widmete sich besonders der Theaterkritik und gab 1954–65 die kulturpolitische Zeitschrift *Forum* heraus. Neben der Arbeit an eigenen, zum Teil lange liegen gebliebenen literarischen Projekten gab er auch das Werk von Fritz von → Herzmanovsky-Orlando heraus und trug durch seine kongenialen Übersetzungen zum großen Erfolg von Ephraim → Kishon im deutschsprachigen Raum bei.

Biografie: F. Tichy, *Friedrich Torberg: ein Leben in Widersprüchen*, 1995.

Friedrich Torberg

Der Schüler Gerber hat absolviert

OA 1930 (Neufassung 1954 u. d. T. Der Schüler Gerber)
Form Roman **Epoche** Moderne

Der Roman *Der Schüler Gerber hat absolviert*, ein eindrucksvolles Zeugnis bürgerlicher Schulkritik des frühen 20. Jahrhunderts, machte seinen Autor Friedrich Torberg im Alter von 22 Jahren einem großen Publikum bekannt.

Entstehung: Das Buch ist stark von autobiografischen Bezügen geprägt. Torberg selbst war 1927 durch die Matura gefallen, die er ein Jahr später nur mühsam bestand. Sein eigenes Scheitern sowie Berichte über Schüler-Selbstmorde drängten ihn zur literarischen Aufarbeitung des Themas. Max Brod (1884–1968), der Mentor von Torberg, sandte das Manuskript ohne Wissen des Autors an Paul Zsolnay (1895–1961), der den Roman in sein renommiertes Verlagsprogramm aufnahm.

Inhalt: Der Schüler Kurt Gerber ist ein intelligenter, nicht sehr fleißiger, aber gewandter und beliebter Schüler. Er ist Klassensprecher und ein wenig rebellisch. Zu Beginn des letzten Schuljahres legt er sich mit seinem Klassen- und Mathematiklehrer Kupfer an, dessen autoritäres Gebaren ihm missfällt. »Gott« Kupfer – wie der in Selbstherrlichkeit erstarrte Lehrer allgemein genannt wird – kündigt daraufhin an, er werde Gerber schon »klein kriegen«. Bei jeder sich bietenden Gelegenheit wird der sensible Schüler fortan von dem Lehrer schikaniert und mit Hinweis auf das Notenbuch gedemütigt. Kupfer treibt es soweit, dass Gerber fürchten muss, durch die bevorstehende Reifeprüfung zu fallen. Zu den täglichen Kämpfen im Klassenzimmer gesellen sich bei Gerber die Sorge um die Gesundheit des Vaters und eine unglückliche Liebe. Der empfindsame junge Mann zeigt sich diesen Konflikten nicht gewachsen und stürzt sich am Tag der Zertifikatsausgabe in den Tod. So erfährt er nicht mehr, dass er die Matura trotz Kupfers Manipulationen bestanden hatte.

Struktur: Anhand des klassischen Lehrer-Schüler Konflikts führt Torberg dem Leser das Psychogramm eines jungen Menschen vor Augen, der eigentlich schon der Schule und dem Schülersein entwachsen ist, sich aber noch ihren Ritualen und Machtverhältnissen unterwerfen muss. In den Figuren der beiden ungleichen Antagonisten wird eine Welt von Tyrannei und Willkür, Ohnmacht und Ausgeliefertsein dargestellt, die eine besondere Dichte in der Beschreibung der allgemeinen Schul- und Prüfungsatmosphäre erfährt.

Wirkung: Der Leser des Romans bekommt unweigerlich das Gefühl, das hier erzählte so oder in ähnlicher, zumeist wohl abgeschwächter Form selbst einmal erlebt zu haben. Die präzise und einfühlsame Schilderung all der verdrängten Schul- und Prüfungsängste lässt die Geschichte des gepeinigten Schülers jederzeit aktuell sein. Der Roman habe eingeschlagen »wie eine Bombe«, erklärten Kollegen von Torberg. Es wurden noch in den 1930er Jahren 50 000 Exemplare verkauft, nach dem Krieg dann ein Vielfaches. Zudem wurde das Buch in zehn Sprachen übersetzt und 1981 verfilmt.   *R. F.*

Die wichtigsten Schulromane der deutschsprachigen Literatur	
Robert Musil 1906	*Die Verwirrungen des Zöglings Törleß:* Eine subtile Studie über pubertierende Zöglinge einer Kadettenanstalt, in deren Verhalten sich die Inhumanität kommender Diktaturen ankündigte. → S. 804
Heinrich Mann, 1905	*Professor Unrat:* Die Rivalität zu einem Schüler führt den biederen Schultyrann Unrat auf gesellschaftliche Abwege. → S. 716
Hermann Hesse, 1906	*Unterm Rad:* Ein talentierter und sensibler Junge wird von den Vertretern einer inhumanen Pädagogik zu Grunde gerichtet.
Franz Werfel 1928	*Der Abiturententag:* 25 Jahre nach dem Abitur erinnert sich ein Landgerichtsrat seiner Untat gegen einen ehemaligen Mitschüler.
Friedrich Torberg, 1930	*Der Schüler Gerber hat absolviert:* Der Druck des bevorstehenden Abiturs treibt den Schüler Kurt Gerber in den Selbstmord. → S. 1082

Die Tante Jolesch

OA 1975 **Form** Anekdotensammlung
Epoche Moderne

Die Tante Jolesch mit dem Untertitel *oder Der Untergang des Abendlandes in Anekdoten* ist ein originelles Zeitgemälde aus Anekdoten und Porträts von Zeitgenossen Friedrich Torbergs. Es bietet ein in dieser Form einzigartiges Panorama des habsburgischen Kulturkreises und der ihn prägenden jüdischen Bohème Wiens, Prags und Budapests.

Entstehung: Ein Buch der Wehmut nannte Torberg seine Anekdotensammlung, mit der er der Nachkriegsgesellschaft Kunde geben wollte von einer Welt der namhaften und namenlosen Originale und Sonderlinge, für die in der technokratischen Zeit kein Platz mehr war. Mit dem Werk wollte Torberg ihr Andenken bewahren.

Inhalt: In den Anekdoten begegnen dem Leser Literaturgrößen wie Alfred Polgar (1873–1955), Ferenc Molnár (1878–1952) und Egon Erwin → Kisch ebenso wie heute weitgehend vergessene Schauspieler, Journalisten, Rechtsgelehrte, Rabbiner und auch Oberkellner. Ihnen allen ist eins gemein: die Freude an der wohlgewählten, geschliffenen Formulierung, die immer das Ziel hat, zu einer Pointe zu geraten. So bieten die Geschichten jenseits ihrer eigentlichen Form der Anekdote ein Feuerwerk an Sprachwitz, Bonmots, Sentenzen und Aphorismen.

Neben allem Witz und Humor stellt sich beim Lesen häufig eine wehmütig-melancholische Stimmung ein, resultierend aus einigen eingeflochtenen Anmerkungen, dass die porträtierte Welt durch den Nationalsozialismus gewaltsam zerstört wurde. So sind einige Geschichten bereits im amerikanischen Exil einzelner Personen angesiedelt.

Struktur: Die Anekdoten sind in lockerer Folge Themen zugeordnet, von denen das ergiebigste das des »Kaffeehauses« ist, einer wichtigen Institution des Humanen und des Geistes im alten Österreich. Ein Zusammenhang in der Abfolge der Anekdoten zeigt sich nicht; er ergibt sich aus der zwingenden Notwendigkeit des Apropos an der rechten Stelle und dem bezaubernden Esprit, der das Ganze trägt.

Wirkung: *Die Tante Jolesch* hat keine Aufnahme in die großen Literaturlexika gefunden, da diese Art Anekdotenliteratur hier zu Lande nicht eben hoch geschätzt wird. Die Leserschaft hingegen nahm es mit Begeisterung auf; wohl auch, weil es das letzte Zeugnis eines originellen Humors ist, der im deutschsprachigen Raum nicht mehr heimisch ist. *R. F.*

Hauptfiguren in »Die Tante Jolesch« von Friedrich Torberg

Tante Jolesch: Guter Geist der Familie und begnadete Köchin, hochgeachtet allerdings in gleichem Maße als Schöpferin von Aphorismen zur Lebensweisheit und Gestalterin allgemeiner Lebensregeln.

Franz Hnatek: Oberkellner im Café Herrenhof und als solcher nicht nur eine Institution der Wiener Kaffeehausgeschichte sondern auch der österreichischen Literaturgeschichte.

Dr. Hugo Sperber: Rechtsanwalt und ein Original unter den Wiener Advokaten. Berühmt-berüchtigt als leidenschaftlicher Kartenspieler, der über die nächtelangen Tarock-Partien sein Äußeres vernachlässigte.

Franz Molnár: Ungarischer Schriftsteller und Edelprodukt des habsburgischen Kulturkreises. Das Kaffeehaus wurde ihm zum platonischen Ort, an dem er der innerlichen Bräunung frönte.

Karl Tschuppik: brillanter Journalist und streitbarer Geist, vor dem die Polizisten zu salutieren pflegten, da er einst den Polizeipräsidenten derb beleidigt hatte, ohne dass ihm etwas geschehen war.

Toynbee, Neffe eines gleichnamigen angesehen britischen Ökonoms, studierte am Oxforder Balliol College klassische Philologie, danach kurze Zeit an der Britisch School in Athen. 1912 wurde Toynbee Tutor an seiner Alma Mater, ehe er im Ersten Weltkrieg eine Tätigkeit für den Auslandsnachrichtendienst des britischen Außenministeriums aufnahm. Nach dem Krieg war Toynbee Delegierter an der Versailler Friedenskonferenz. 1919 wurde er zum Professor für Byzantinische und Moderne Griechische Geschichte an der University of London, um dann 1921/22 als Kriegskorrespondent für den Manchester Guardian über den Griechisch-Türkischen Krieg zu berichten.

1925 zum Professor für Internationale Geschichte an der London School of Economics berufen, wurde Toynbee im selben Jahr zum Studiendirektor des angesehenen Royal Institute of International Affairs in London ernannt, wo er 1939–43 Direktor für Auslandsforschung war. 1943–46 war er erneut im Außenministerium tätig, diesmal als Direktor der Forschungsabteilung. Unter seinen zahlreichen Veröffentlichung sind zu nennen: *Kultur am Scheideweg* (1948); *Die Welt und der Westen* (1953); und *Menschheit und Mutter Erde* (1976).

Biografie: W. H. McNeill, *A. J. Toynbee. A Life*, 1989.

Der Gang der Weltgeschichte

OT A Study of History **OA** 1934–61 **DE** 1952
(Zus.fassg.1949 u.d.T. Studie zur Weltgeschichte. Wachstum und Zerfall der Zivilisationen)
Form Sachbuch **Bereich** Geschichte

Das Buch mit dem Untertitel *Aufstieg und Verfall der Kulturen. Kulturen im Übergang* ist eines der wenigen von einem einzelnen Autor verfassten universalgeschichtlichen Werke im 20. Jahrhundert, das von Wissenschaftlern und Laien gleichermaßen geschätzt wurde.

Entstehung: 1921 bekam Toynbee die Idee zu seinem künftigen Hauptwerk *Gang der Weltgeschichte.* Beeinflusst wurde er bei seinem Vorhaben von der Lebensphilosophie von Henri →

Friedrich Torberg, *Die Tante Jolesch,* Umschlag der Originalausgabe 1975

Auszug aus der Anekdotensammlung *Die Tante Jolesch* **von Friedrich Torberg:**

Den Dolch der mörderischen Ablehnung verstand auch Alfred Polgar zu handhaben, dem es die klebrigen Anbiederungsversuche des Stammgastes Weiß angetan hatten. Als er eines Nachmittags das Kaffeehaus verließ, folgte ihm Weiß auf die Straße und stellte ihm die scheinbar ausweglose Frage: »In welche Richtung gehen Sie, Herr Polgar?« Er erhielt den prompten Bescheid: »In die entgegengesetzte.«

Toynbee, Arnold

engl. Historiker

* 14.4.1889 in London, † 22.10.1975 in York

📖 *Der Gang der Weltgeschichte*, 1934–61

Als Akademiker, Diplomat und Journalist war Arnold Toynbee einer der wichtigsten europäischen Zeitzeugen der ersten Hälfte des 20. Jahrhunderts. Größte Bekanntschaft erlangte er indes durch sein 12-bändiges Werk, den *Gang der Weltgeschichte,* in dem Toynbee eine Philosophie der Geschichte entwirft.

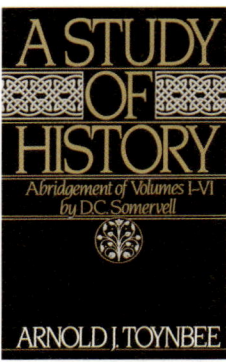

Arnold Toynbee, *Der Gang der Weltgeschichte*, Umschlag der gekürzten Fassung von Band 7–10 der Ausgabe 1957

Auszug aus der Gedichtsammlung *Sebastian im Traum* von Georg Trakl:

Lange lag er auf steinigem Acker und sah staunend das goldene Zelt. Von Fledermäusen gejagt, stürzte er fort ins Dunkel. Atemlos trat er ins verfallene Haus. Im Hof trank er, ein wildes Tier, von den blauen Wassern des Brunnens, bis ihn fror. Fiebernd saß er auf der eisigen Stiege, rasend gen Gott, dass er stürbe.

Bergson, vor allem aber von der Kulturmorphologie von Oswald → Spengler. Erst 1927/28 begann Toynbee mit dem Schreiben, das er durch seine diversen Verpflichtungen häufig unterbrechen musste. Die 12 Bände des Werks erschienen zwischen 1934 und 1961.

Inhalt: Toynbee unternimmt eine Darstellung der Weltgeschichte unter Berücksichtigung kultureller, politischer und religiöser Gesichtspunkte. Hierbei übergeht der Autor den Nationalstaat als Einheit des Vergleichs und konzentriert sich zunächst auf den Begriff der Zivilisationen; nach dem Zweiten Weltkrieg dann auf die der Hochreligionen. Toynbee geht – wie auch Spengler in seinem Werk *Der Untergang des Abendlandes* (1918–22) – von gemeinsamen Entwicklungsstadien der unterschiedlichen Zivilisationen aus. Er betont aber in geringerem Maße als Spengler die strukturelle Gleichheit historischer Ereignisse sowie Altersstufen und lässt den Einfluss verschiedener Faktoren auf die Entwicklung von Kulturen zu.

In seiner Analyse von Zivilisationen (die Zahl der Beispiele schwankt im Verlauf des Werks zwischen 13 und 23 und er unterscheidet zwischen noch existierenden, ehemaligen, abgebrochenen und unterbrochenen Zivilisationen) untersucht Toynbee eine Reihe von Kriterien, u. a. Beziehungen von Zivilisationen untereinander; Zeit und Ort der Entstehung; eine mit der Blütezeit abwechselnde Zeit der Unruhen und den Universalstaat, der einen künstlichen Zusammenhalt der durch innere Spaltungen geschwächten Zivilisation herbeiführt.

Aufbau: Die 12 Bände vom *Gang der Weltgeschichte* sind teils chronologisch nach den Entwicklungsstadien der Zivilisationen, teils nach Sonderthemen geordnet. Band 1 dient als methodologische Einführung; Band II behandelt die Entstehung von Zivilisationen. Hier lehnt der Autor überkommene rassistische oder umweltdeterministische Erklärungsmuster ab und stellt die These von Herausforderungen als Anstoß zur Gründung einer Zivilisation auf. Auf die Vielzahl von Herausforderungen (als Beispiele nennt Toynbee Widrigkeiten der Natur wie die Austrocknung von Gebieten oder Überschwemmungen) habe es ebenso viele unterschiedliche »Lagebeantwortungen« gegeben wie die Bewässerung von Feldern, die Rodung von Wäldern oder aber Auswanderung.

Wirkung: *Der Gang der Weltgeschichte* war der Kritik vieler Historiker ausgesetzt, die die willkürliche Begrifflichkeit Toynbees, seine Betonung der griechischen Zivilisation und seinen Rückgriff auf Mythen als Belege für seine Thesen bemängelten. Dennoch genießt das Werk große Beliebtheit, nicht zuletzt dank seines universalistischen Ansatzes und des unterhaltsamen Erzählstils.   *B. A.*

Trakl, Georg

österreich. Lyriker

* 3.2.1887 Salzburg, † 3.11.1914 Krakau

📖 *Sebastian im Traum*, 1915

Georg Trakl gilt als der bedeutendste österreichische Lyriker des 20. Jahrhunderts. Seine Dichtung, oft pessimistisch in der Aussage, ist von unverwechselbarer sprachlicher Schönheit.

Als viertes von sechs Kindern einer wohlhabenden, liberal eingestellten Familie in Salzburg geboren, verlebte Trakl eine wohlbehütete Kindheit. Bereits als 17-Jähriger begann er, Lyrik und lyrische Feuilletons zu schreiben, 1906 wurden am Stadt-Theater zwei Einakter aus seiner Feder aufgeführt. Seine schulische Karriere hingegen verlief wenig erfolgreich: Das humanistische Gymnasium musste er aufgrund ungenügender Leistungen verlassen. Seiner früh ausgeprägten Neigung zu Rauschmitteln folgend, absolvierte er in der Folge ein Apothekerpraktikum und studierte 1908–10 Pharmazie in Wien, wo er anschließend auch seinen militärischen Dienst als Einjährig-Freiwilliger leistete. Es folgten unstete Jahre der finanziellen Bedrängnis und der verzweifelten Suche nach einer bürgerlichen Existenz.

Ende August 1914 zog Trakl mit einer Sanitätskolonne nach Galizien in den Krieg. Die Schrecken des Krieges verwirrten ihn derart, dass er in eine psychiatrische Abteilung eingewiesen wurde, wo er im November 1914 an einer Überdosis Kokain starb.

Biografie: O. Basil, *Trakl*, 1965.

Sebastian im Traum

OA 1915

Form Gedichtsammlung **Epoche** Expressionismus

Die Sammlung *Sebastian im Traum* stellt das zentrale Werk im Schaffen von Georg Trakl dar. Die Gedichte dieses Bandes bezeugen die singuläre poetische Erscheinung des Dichters und spiegeln seine in sich und der Sprache ruhende wie eingeschlossene Welt.

Entstehung: 1913 war unter dem Titel *Gedichte* ein erster Band *Lyrik* von Georg Trakl im Kurt Wolff Verlag erschienen. Der Autor hatte mit dem Verleger eine heftige Auseinandersetzung um den Umfang dieses Buchs geführt, denn aus der ursprünglich von Trakl zusammengestellten Auswahl wurde nur ein Teil zur Veröffentlichung vorgesehen. Der Verlag stellte Trakl daraufhin in Aussicht, in Kürze einen umfangreicheren Band herauszugeben. Das Erscheinen dieser Sammlung, *Sebastian im Traum*, erlebte Trakl jedoch nicht mehr; sie erschien postum 1915, mit einem Copyright-Vermerk von 1914.

Inhalt: Die 50 Gedichte des Bandes kreisen in melancholisch-schwermütigem Ton um die Themen Verfall und Zerstörung, Verlorenheit und Heimatlosigkeit, Schuld, Trauer und Tod. Stets wiederkehrende Motive sind das der Kindheit, als des verlorenen Paradieses, des rastlosen Wanderers und der abendlichen, zumeist herbstlichen Landschaft. Biblische Bilder, metaphorische und allegorische Motive steigern sich zu traum- und wahnhaften Visionen von Schuld und der vergeblichen Suche nach Erlösung. Trakls »Sündenfall«, die Ursache seiner lebenslangen Schuldgefühle, seiner Angst und Paranoia, war die inzestuöse Bindung an seine jüngere Schwester Grete, die auch in diesen Gedichten des Spätwerks immer wieder geisterhaft in den unterschiedlichsten Bildern und Motiven auftaucht.

Natur- und Landschaftsbilder schwelgen in einer intensiven Farbmotivik. Die Zuordnung von und Charakterisierung durch Farben erstreckt sich dabei auch auf eigentlich Farbloses, das so gezeichnet und mit einem Ton belegt wird. Fügungen wie »purpurner Schlaf«, »schwarzes Schweigen« oder »graue Schwüle« werden dabei zu Chiffren, die die Poesie Trakls prägen, die aber nicht wirklich aufzulösen sind. Sie geben der Dichtung ihre Unverwechselbarkeit, verleihen ihr ihre einzigartige Stimme.

Trotz aller pessimistischer Aussage und verzweifelter Hoffnungslosigkeit, die sich in nahezu jeder Zeile Bahn bricht, strahlen die Gedichte Trakls eine eigenartige Wärme aus. Es ist wohl die Wärme des Mitfühlens mit einem Verlorenen, einem nicht für diese Welt Geschaffenen, der seiner Verlorenheit und Verzweiflung in sprachlicher Reinheit und Schönheit Ausdruck gibt und betörende Bilder entwirft.

Struktur: Der Zyklus *Sebastian im Traum* besteht aus 47 Gedichten in Versform sowie drei Prosagedichten (*Verwandlung des Bösen, Winternacht, Traum* und *Umnachtung*). Die Gedichte sind in fünf Unterzyklen angeordnet: *Sebastian im Traum, Der Herbst des Einsamen, Siebengesang des Todes, Gesang des Abgeschiedenen, Traum und Umnachtung*. In einer Reihe von Gedichten sind die klassischen Versformen aufgelöst, bis hin zu den drei Stücken lyrischer Prosa. Diese Zerstörung der Form korrespondiert mir dem Gehalt der Gedichte, in denen Verfall und Zerstörung zentrale Themen sind.

Wirkung: Trakls *Sebastian im Traum* erfreut sich in den letzten Jahrzehnten wachsender Beliebtheit. 1969 kam die erste historisch-kritische Ausgabe des Gesamtwerks von Trakl heraus, im Jahr 2000 der erste Teil der neuen Innsbrucker Trakl-Ausgabe. Besonders erfolgreich ist eine 1972 erstmals erschienene Taschenbuchausgabe, die mittlerweile bereits in der 15. Auflage vorliegt.   *R. F.*

Traven, B.

(eigtl. Ret Marut)

deutschsprach. Schriftsteller

* 1882 (?) Deutschland (?), † 26.3.1969 Mexiko-Stadt

📖 *Das Totenschiff*, 1926

Über kaum einen anderen Schriftsteller wurde mehr gerätselt und gemutmaßt als über B. Traven, der zeitlebens seine Identität zu verbergen suchte. Hinter dem Autor von 13 Romanen, darunter einige Weltbestseller, zahlreichen Erzählungen und Reiseberichten vermutete man zeitweilig auch Jack → London, einen deutschen Verlagslektor oder gar ein Kollektiv linker Drehbuchautoren in Hollywood. Heute gilt als gesichert, dass sich hinter dem Pseudonym der deutsche Sozialist Ret Marut (Stichwort → S. 1085) verbarg. Traven betrieb die Verschleierung seiner Identität systematisch und benutzte nicht weniger als 27 Namen. So gab er sich u. a. als Hal Croves aus, seinen mexikanischen Pass ließ der Autor, der vermutlich ab 1924 in Mexiko lebte, 1951 auf Traven Torsvan ausstellen.

Traven trat 1924 in Mexiko auf, von wo aus er dem sozialdemokratischen *Vorwärts* den Roman *Die Baumwollpflücker* anbot, der 1925 in 22 Fortsetzungen erschien. Bei der Büchergilde Gutenberg folgten u.a. *Das Totenschiff* (1926), *Der Schatz der Sierra Madre* (1927), *Die Brücke im Dschungel* (1929), Die weiße Rose (1929) und ab 1931 der sechs Romane umfassende »Caoba-Zyklus« über das Schicksal und die Ausbeutung indianischer Lohnarbeiter in Mexiko.

Biografie: K.S. Guthke, *B. Traven*, 1987; W. Wyatt, *B. Traven*, 1980.

Drei Selbstauskünfte von B. Traven über die Gründe, seine Anonymität wahren zu wollen:

Ich fühle mich nicht als Person, die im breiten Licht stehen will. Ich fühle mich als Arbeiter, namenlos und ruhmlos... Der Setzer, der mein Buch setzt, ist genauso wichtig für die Kultur wie ich...

Aber kein Bild von mir. Ich leide an Platzangst, an Platzangst, wenn ich über den Platz der Öffentlichkeit gehen soll...

Die Biografie eines schöpferischen Menschen ist ganz und gar unwichtig...

Das B. Traven-Geheimnis: Wer war Ret Marut?

Suche: 1948 setzte die US-amerikanische Zeitschrift *Life* vergeblich 5000 $ für die Aufdeckung des Geheimnisses um B. → Traven aus. Erst 1966 gelang es dem Stern-Reporter und späteren »Hitler-Experten« G. Heidemann, Travens letzte Frau, die Mexikanerin Rosa Elena Luján, aufzuspüren, als sie dessen Postfach 2701 in Mexiko-Stadt leerte. Die Identifizierung Travens als Ret Marut warf jedoch neue Rätsel auf.

Herkunft: Legenden ranken sich v.a. um Maruts nach wie vor ungeklärte Herkunft. Die abenteuerlichste knüpft die Verbindung zu einer Affäre des Preußenprinzen Wilhelm 1840 in Warmbrunn mit der Schauspielerin E(milie?) v. Sternwaldt, deren Stammbaum sich in die norddt. Orte Traventhal und Marutendorf zurückverfolgen lässt, und die später wahrscheinl. in die USA auswanderte. Erstmals aktenkundig wurde Marut, der um 1892 nach München gekommen sein will, als »Regisseur und Schauspieler« für die Spielzeit 1907/08 im *Neuen Theater-Almanach* (1908).

Revolutionär: In München gab Marut ab 1917 die anarchistische Zeitschrift *Der Ziegelbrenner* heraus, die Kaiser, Reich und bürgerliche Presse attackierte und laut Oskar Maria → Graf der Zensur nur deshalb entging, weil sie von den Behörden als »Maurerfachzeitschrift« missverstanden wurde. 1918/19 zählte Marut als »Volksauftragter für Volksaufklärung« zu den Literaten, die die Münchner Räterepublik unterstützten. Er wurde wegen Hochverrats verurteilt und soll der Erschießung nur entkommen sein, weil sich die Weißgardisten nicht einigen konnten, wem seine Uhr zufallen solle.

Flucht: Marut floh bis London, wo er im November 1923 wegen Verstoßes gegen das Meldegesetz in Untersuchungshaft genommen wurde, und gelangte später wahrscheinlich über die Niederlande nach Mexiko, wo er im Sommer 1924 im Ölhafen Tampico eintraf. Unter dem 26. Juli notierte er in seinem Tagebuch: »Der Bayer aus München ist tot.«

Das Totenschiff

OA 1926 **Form** Roman **Epoche** Moderne

B. Traven, *Das Totenschiff*,
Einband der Originalausgabe
1926

Das Totenschiff ist das erste Werk von B. Traven, das in Buchform erschien. Mit den Mitteln des Abenteuerromans schildert er die Odyssee eines Seemanns ohne Papiere, der schließlich keinen anderen Ausweg sieht, als auf einem Schiff anzuheuern, dessen Mannschaft aus »lebenden Toten« besteht. Ich-Erzähler ist der bereits aus *Die Baumwollpflücker* bekannte Amerikaner Gerard Gale, der später in *Die Brücke im Dschungel* (1929) und der Erzählung *Nachtbesuch im Busch* wiederkehrt.

Entstehung: Schon bei *Die Baumwollpflücker* hatte Traven betont, in Mexiko als »Ölmann, als Farmarbeiter, Tomaten- u. Apfelsinenpflücker, Urwaldroder, Maultiertreiber, Jäger« gearbeitet zu haben. Die Form der Ich-Erzählung und seine Behauptung, nur aus dem eigenen Erleben heraus zu schreiben, legen nahe, das Werk als Schlüsselroman im Hinblick auf seine Identität als Ret Marut (Stichwort → S. 1085) zu lesen. Die Vehemenz, mit der Traven in *Das Totenschiff,* 1923/24 in London in englischer Sprache begonnen, Gales Bemühungen beschreibt, an Papiere zu kommen, legt die Vermutung nahe, dass Traven hier Erlebnisse seiner Flucht nach Mexiko verarbeitet hat: »So gab ich meinen guten Namen auf«, konstatiert Gale, als er an Bord der »Yorikke« geht, »ich hatte keinen Namen mehr.«

Ebenso mag sich die von K. S. Guthke aufgestellte Hypothese, Traven selbst könne seine eigene Herkunft unbekannt gewesen sein, in der »lebensgeschichtlichen Verbindung zwischen Maruts Abschied von Europa und Travens Ankunft in Übersee« niedergeschlagen haben.

Inhalt: Nach einer Liebesnacht verpasst der Matrose Gale in Antwerpen die Abfahrt seines Schiffes und steht nun ohne Geld und Papiere da. Ohne Identitätsbeweis will ihm der US-amerikanische Konsul in Paris keinen neuen Pass ausfertigen und stellt sogar Gales Geburt in Abrede. Er ist zum Opfer einer Bürokratie geworden, der Papiere wichtiger sind als der Mensch: »Jeder konnte mit mir machen, was er wollte.« Gale wird abgeschoben und gerät nach einer Odyssee durch halb Europa schließlich nach Cadiz, wo er als »Kohlenschlepp« auf der schrottreifen »Yorikke« anheuert, die Schmugglerware transportiert.

Zusammen mit seinem polnischen Kameraden Stanislaw Koslowski, ebenfalls ein Entwurzelter, wird er auf die »Empress of Madagascar« verschleppt, die als Versicherungsbetrug versenkt werden soll. Doch bevor es dazu kommt, läuft das »Totenschiff« auf ein Riff, nur Koslowski und Gale überleben. Schließlich zerstört ein Sturm das Wrack; Gale treibt allein im Meer.

Wirkung: *Das Totenschiff* wurde der berühmteste Roman von Traven. Die Wochenschrift *Die Weltbühne* würdigte das Werk nach Erscheinen als »ein Seemannsbuch, das auf eine Art mit der verlogenen Seemannsromantik aufräumt, dass buchstäblich nicht eine Phrase übrig bleibt.« Die fehlende Hoffnung jedoch, dass sich das Schicksal der Rechtlosen, Unterdrückten und Armen wenden ließe, die als Grundtendenz auch die anderen Romane von Traven prägt, fand bei der linken Kritik auch Missfallen. Georg Tressler verfilmte den Roman 1959 mit Horst Buchholz und Mario Adorf in den Hauptrollen.   *A. C. K.*

Trifonow, Juri

russ. Schriftsteller

*28.8.1925 Moskau, †28.3.1981 ebd.

📖 *Das Haus an der Moskwa*, 1976

Juri Trifonow ist einer der wichtigsten Prosaautoren der sowjetischen Literatur. Die Hauptthemen seiner Werke, das Alltagsleben der städtischen Intelligenz nach dem Zweiten Weltkrieg und die Auseinandersetzung mit der Vergangenheit, gestaltet er meist in komplexen Handlungs- und Zeitstrukturen.

Trifonow entstammte einer Angestelltenfamilie, arbeitete während des Krieges in Flugzeugwerken und absolvierte 1949 das Gorki-Literaturinstitut. Sein autobiografischer Debütroman *Studenten* (1951) schildert im Stil des sozialistischen Realismus das Studentenmilieu in Moskau nach dem Krieg. Von diesem Stil

Die wichtigsten Bücher von Juri Trifonow	
Durst 1963	In der autobiografischen Milieustudie stellt der Schriftsteller anhand eines Bewässerungsprojektes den sozialistischen Kampf um die Entwicklung des Menschen dar.
Widerschein des Feuers 1965	In dem Roman schildert Trifonow das Schicksal seines Vaters, der als Altbolschewik den stalinistischen »Säuberungen« im Schreckensjahr 1937 zum Opfer fiel.
Der Tausch 1969	Lena willigt ein, mit der Mutter ihres Mannes zusammenzuziehen. Sie hofft, nach dem Tod der Mutter beide Einzimmerwohnungen gegen Zweizimmerwohnung tauschen zu können.
Zwischenbilanz, 1970	Als Haushälterin Njura nach einem Krankenhausaufenthalt zur Familie zurückkehren möchte, wird sie von allen abgewiesen.
Langer Abschied 1971	Die Schauspielerin Ljalja verlässt ihren Lebensgefährten, den erfolglosen Schriftsteller Rebrow und hofft, durch die guten Beziehungen des Dramatikers Smoljanow Karriere zu machen.
Das andere Leben 1975	Die pragmatische Biochemikerin Olga sinniert nach dem Tod ihres Mannes über ihre Ehe. Eine Auseinandersetzung über den Neuanfang in der Sowjetunion nach dem Tod Stalins.
Das Haus an der Moskwa, 1976	Die Begegnung mit einem Jugendfreund löst in dem gealterten Literaturwissenschaftler Glebow Erinnerungen an die gemeinsame Studienzeit mit einem Geflecht aus gesellschaftlichen Intrigen und opportunistischen Kompromissen aus. → S. 1087
Der Alte 1978	Trifonow schildert die materialistisch orientierte sowjetische Gesellschaft der 1970er Jahre und die Suche des Einzelnen nach Wahrheit.

löste sich Trifonow allerdings schnell. Höhepunkt seines Schaffens ist die sog. Moskauer Trilogie, bestehend aus *Der Tausch* (1969), *Zwischenbilanz* (1970) und *Langer Abschied* (1971). Ähnlich wie Anton →Tschechow beschreibt Trifonow hier mit kritisch-psychologischem Blick die zwischenmenschlichen Probleme sowie die moralische Deformation der Moskauer Intelligenz und zeichnet dabei ein unverblümtes Bild der gesellschaftlichen Stagnation unter Leonid Breschnew (1906–82).

Ein weiteres Thema im Werk von Trifonow sind die Mythen des Bolschewismus und der Stalinzeit, die der Autor häufig mit ironisch-witziger Sprache subtil entkleidet.

Das Haus an der Moskwa

OT Dom na nabereschnoj **OA** 1976 **DE** 1977
Form Roman **Epoche** Moderne

Das Haus an der Moskwa ist ein zentraler Roman im Werk von Juri Trifonow und zugleich eine der künstlerisch gelungensten Abrechnungen mit der gesellschaftlich-moralischen Degeneration der sowjetischen Intelligenz der 1950er, 60er und 70er Jahre. Als solche war das Buch eines der großen Ereignisse in der sowjetischen Literatur und besitzt bis heute ästhetische und – mit seiner Gesellschaftskritik – auch thematische Aktualität.

Inhalt: Der gealterte Literaturwissenschaftler Glebow trifft zufällig seinen Jugendfreund Schulepnikow, der jetzt ein heruntergekommener Arbeiter ist. Diese Begegnung ist Anlass für Glebow, sich die gemeinsame Schul- und Studienzeit in den 1930er und 1940er Jahren in Erinnerung zu rufen.

Glebow wächst in einer kleinen Moskauer Gemeinschaftswohnung am Fluss Moskwa auf, Schulepnikow in einem benachbarten Wohnblock für Privilegierte, wo Glebow ihn häufig besucht. Schulepnikow nutzt die Stellung seines Stiefvaters, eines hohen Parteifunktionärs, rücksichtslos aus, Glebow bewundert ihn zwar, versucht aber, Distanz zu wahren.

Nach dem Krieg studieren beide am Moskauer Institut für Literaturwissenschaften, wo der eigentlich mittelmäßige Schulepnikow weiterhin eine herausragende Rolle spielt. Glebow intensiviert indessen die Bekanntschaft mit Sonja, der Tochter von Professor Gantschuk, einem führenden Vertreter des Instituts. Dessen Familie wohnt wie Schulepnikow im Haus für Privilegierte an der Moskwa, und Glebow beginnt erneut dort zu verkehren.

Gantschuk war in den 1920er und 30er Jahren ein Vertreter der harten Linie der Partei, wird nun aber durch eine nachfolgende junge Generation bedrängt. Als Gantschuk auf einer Institutsver-

sammlung durch eine von Schulepnikow angezettelte Intrige gestürzt werden soll, erscheint Glebow jedoch nicht. Gantschuk verliert seine Stellung, Glebow löst die Verlobung mit Sonja, arrangiert sich mit der neuen Institutsleitung und macht Karriere. Schulepnikow wird von Gewissensbissen geplagt und verkommt zum Alkoholiker.

Durch die Gegenüberstellung der Schicksale der Figuren Glebow und Schulepnikow behandelt Reifonow in dem Buch sowohl die Mechanismen, mit denen Menschen in der Sowjetunion beruflichen und gesellschaftlichen Erfolg erlangten, als auch die Weigerung von Akteuren und Mitläufern, sich mit der stalinistischen Vergangenheit ihres Landes auseinander zu setzen.

Aufbau: Der Roman *Das Haus an der Moskwa* ist ein auf mehreren Ebenen vielschichtig konstruierter Text: Seine Zeitstruktur, Figurenkonstellation und Erzählebenen sind kompliziert miteinander verwoben. Das Zusammentreffen von Glebow und Schulepnikow ist Auslöser für die Binnenhandlung des Romans, die von den Erinnerungen Glebows an die Schul- und Jugendzeit getragen und immer wieder durch die Erzählgegenwart durchbrochen wird. Der nicht-chronologischen Erzählweise entsprechen verschiedene Erzählperspektiven, die unterschiedliche Wertungen der Ereignisse zur Geltung bringen. Der Kreis der äußeren Handlung wird am Ende durch eine Begegnung geschlossen, bei der Gantschuk und der anonyme Erzähler, ein Bekannter der Hauptfiguren im Roman, auf den heruntergekommenen Schulepnikow treffen.

Wirkung: Die sowjetische Literaturkritik nahm – anders als das Lesepublikum – den Roman mit großer Zurückhaltung auf, da Themen, Charaktere und künstlerische Form politisch nicht konform waren. Trifonow entzieht sich durch den Wechsel der Perspektiven einer ideologischen Festlegung und erteilt sogar der üblichen Verklärung der stalinistischen Vergangenheit eine Absage. Das erklärt die Uneinheitlichkeit der Reaktionen auf *Das Haus an der Moskwa*: Während einerseits der Roman erst zehn Jahre nach dem Erstabdruck in einer Zeitschrift im Zuge der Perestroika auch als Buch erscheinen konnte, war andererseits die Aufführung der dramatisierten Fassung des Textes durch Juri Ljubimow (*1917) schon 1980 einer der größten Theatererfolge in der Sowjetunion.   *S. M.*

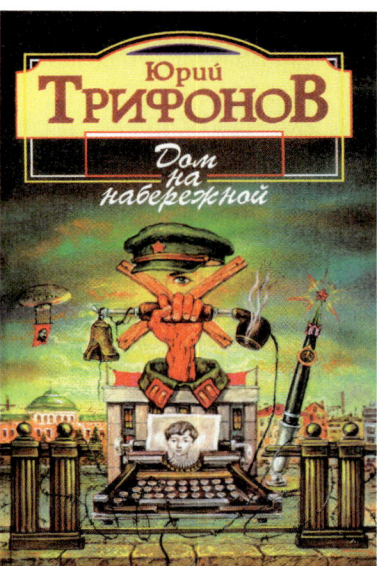

Juri Trifonow, *Das Haus an der Moskwa,* Umschlag der Ausgabe 1997

Auszug aus dem Roman *Das Haus an der Moskwa* von Juri Trifonow:

Glebow wusste nicht, dass eine Zeit anbrechen sollte, da er all das, was ihm in jenen Minuten widerfuhr, zu vergessen trachten würde, und folglich wusste er nicht, dass er ein Leben lebte, das nicht gewesen sein würde.

Anton Tschechow 1891

Auszug aus der Erzählung *Die Dame mit dem Hündchen* von Anton Tschechow:

In Oreanda saßen sie auf einer Bank, nicht weit von der Kirche, schauten auf das Meer und schwiegen. Jalta war im Morgennebel kaum zu sehen, über den Gipfeln der Berge hingen unbeweglich weiße Wolken. Es regte sich kein Blatt an den Bäumen, die Zikaden zirpten, und das eintönige dumpfe Brausen des Meeres, das von unten heraufdrang, sprach von Ruhe, von dem ewigen Schlaf, der uns erwartet. So hatte es dort unten gerauscht, als es hier weder Jalta noch Oreanda gab, so rauscht es jetzt, und ebenso gleichgültig und dumpf wird es rauschen, wenn wir einmal nicht mehr sein werden. Und in dieser Beständigkeit, in der völligen Gleichgültigkeit gegenüber Leben und Tod eines jeden von uns ist möglicherweise das Unterpfand unserer ewigen Erlösung enthalten, der unaufhörlichen Bewegung des Lebens auf der Erde, der unaufhörlichen Vollendung.

Tschechow, Anton P.

russ. Schriftsteller

*29.1.1860 Taganrog

† 15.7.1904 Badenweiler (Baden)

📖 *Die Dame mit dem Hündchen,* 1899

Anton P. Tschechow verknüpft in seiner Prosa realistische, impressionistische und symbolistische Elemente. In der lakonischen Darstellung auch scheinbar unbedeutender Begebenheiten erschließen verborgene Sinnbezüge die menschlichen Existenzen. Themen der Prosa wie auch der Theaterstücke sind die Unzulänglichkeit der Figuren, ihre Dumpfheit, ihr seelisches Absterben, ihre Lebenslügen oder auch ihre pathologischen Fluchten in Traumwelten. Der Autor stellt die verminderte Fähigkeit zur Kommunikation anhand einer Reduktion der Handlung sowie Störungen dialogischer Beziehungen der Menschen zueinander dar.

Tschechow stammte aus einer Kleinbürgerfamilie und finanzierte 1879–84 mit der Schriftstellerei sein Medizinstudium, praktizierte anschließend einige Jahre als Arzt und widmete sich ab 1887 ganz der Literatur. Die Kurzgeschichten der frühen Schaffenszeit, die oft auf einem anekdotischen Kern aufbauen, bezeugen unter der humoristischen Oberfläche eine pessimistische Sicht auf die Möglichkeiten eines Daseins in Menschenwürde.

1890 reiste Tschechow zur Sträflingsinsel Sachalin (vgl. den gleichnamigen Bericht, 1895), ein Jahr später nach Westeuropa sowie einige Male zur Kur auf die Krim, da er an Tuberkulose erkrankt war. 1898 ließ er sich endgültig in Jalta nieder. Unter der Regie von Konstantin Stanislawski wurden die späten Dramen am Moskauer Künstlertheater aufgeführt, u.a. *Die Möwe* (1896) und *Drei Schwestern* (1902), die großen Einfluss auf das Theater der Moderne sowie das Absurde Theater ausübten. Gegenüber den Moskauer Inszenierungen, die das Tragische hervorkehrten, beharrte der Autor auf dem Komödiencharakter der Stücke. Dies weist auf die versöhnliche, nachsichtige Einstellung des späten Tschechow gegenüber seinen Figuren hin.

Biografie: R.-D. Kluge *Anton P. Tschechow: eine Einführung in Leben und Werk,* 1995.

Die Dame mit dem Hündchen

OT Dama s sobackoj **OA** 1899
Form Erzählung **Epoche** Moderne

Anton P. Tschechows Erzählung verschiebt das oft behandelte Ehebruchsthema aus der Sphäre der gesellschaftlichen Moral in die Sphäre des Psychologischen und Überzeitlichen.

Inhalt: Der in Liebesabenteuern erfahrene verheiratete Bankangestellte Dmitri Gurow geht im Badeort Jalta eine, wie er glaubt, flüchtige Affäre mit einer jungen Beamtengattin, der stets mit ihrem Hündchen promenierenden Anna Sergejewna Dideritz, ein. Unerwartet für ihn bleibt Anna ihm nach seiner Rückkehr nach Moskau im Gedächtnis. Er fährt zu ihr in die Provinz und trifft Anna am Abend bei einer Opernpremiere. In der Pause erklärt Gurow Anna seine Liebe. Von nun reist Anna »alle zwei, drei Monate« nach Moskau zu Treffen mit Gurow in einem Hotel der Stadt. Die Erzählung schließt mit den Überlegungen des Paars, sich eine gemeinsame Zukunft aufzubauen.

Aufbau: Die Ehebruch-Geschichte wird, anders als die der *Anna Karenina* (1877) von Lew N. → Tolstoi, nicht zu einem Schluss geführt; sie endet mit einem Ausblick auf die »größten Schwierigkeiten und Komplikationen«, die noch vor den Liebenden liegen. Die irritierende Unabgeschlossenheit der äußeren Handlung lässt die Erzählung rätselhaft erscheinen.

Ein wichtiges Strukturmerkmal der Geschichte bildet die innere Handlung, die vor allem anhand des männlichen Helden dargestellt wird: Das »Interessante«, »Poetische«, »Schöne«, das es in seiner Beziehung zu Anna gibt, begründet für ihn ein zweites, heimliches, sinnhaftes Leben neben dem alltäglichen, trivialen. Reales Bild für diese Sphäre des Wesentlichen ist das nach dem ersten Liebeserlebnis wahrgenommene Meer. Gurov kommt der Gedanke, dass »im Grunde genommen alles schön war auf dieser Welt, außer dem, was wir selber denken und tun, wenn wir den höheren Sinn des Daseins und unsere eigene Menschenwürde vergessen«. Die gesellschaftliche Meinung, lange Zeit präsent in den Selbstvorwürfen Annas, tritt in den Hintergrund. Die zwei Leben sind nicht länger durch die Heimlichkeit der außerehelichen Beziehung bedingt, sondern erscheinen als einander ausschließende Existenzformen. Das offene Ende lässt dieses Absolute, das »neue, wunderschöne Leben«, noch im Bereich des Möglichen, wirft aber zugleich ein skeptisches Licht auf die Bedingungen seiner Realisierung.

Wirkung: Zusammen mit anderen Erzählungen der reifen Schaffenszeit verhalf das Werk mit seinem offenen Erzählschluss und lakonischen Psychologismus den neuen post-realistischen Erzählweisen zum Durchbruch. *A. E.*

Tuchman, Barbara

US-amerikan. Schriftstellerin und Historikerin

* 30.1.1912 New York

† 6.2.1989 Greenwich (Connecticut)

📖 *Die Torheit der Regierenden*, 1984

Barbara Tuchman gilt als eine der bedeutendsten Autorinnen auf dem Gebiet der erzählenden Geschichtsschreibung. Ihre Bücher erreichten in fast allen Ländern des Westens hohe Auflagen, die größten Erfolge waren ihre Bücher *Der ferne Spiegel* (1978) über die geistige und politische Umbruchzeit im 14. Jahrhundert und *Von der Torheit der Regierenden*, das darlegt, wie sich immer wieder im Verlauf der Geschichte unsinniges politisches Handeln mit oft katastrophalen Folgen feststellen lässt.

Die Autorin wurde als Tochter eines New Yorker Privatbankiers geboren. Sie besuchte bis 1933 das Radcliff College; anschließend studierte sie in Yale sowie an der Columbia University und promovierte. 1936 trat Tuchman in die Redaktion von *The Nation* in New York ein und ging nach Spanien.

Nach Ausbruch des Zweiten Weltkriegs arbeitete Tuchman als Korrespondentin in London und heiratete 1940 Lester Tuchman, mit dem sie drei Töchter hatte. Von 1942 an arbeitete sie im Office for War Information in New York. 1956 erschien ihr erstes Buch *Bibel und Schwert* über die Entstehung des Staates Israel. Weitere wichtige Werke sind *Die Zimmermann Depesche* (1958) und *August 1914* (1962) über den Ausbruch des Ersten Weltkriegs. In *Der stolze Turm* (1966) zeichnet sie *Ein Porträt der Welt vor dem Ersten Weltkrieg 1890–1914* (so der Untertitel).

Neben Büchern schrieb Tuchman Reportagen, Essays und Kommentare. Sie wurde mit zwei Pulitzerpreisen ausgezeichnet und mehreren Ehrendoktoraten. 1979 war sie Präsidentin der American Academy of Arts and Letters.

Die Torheit der Regierenden

OT The March of Folly. From Troy to Vietnam
OA 1984 **DE** 1984 **Form** Sachbuch **Bereich** Geschichte

Die Torheit der Regierenden mit dem Untertitel *Von Troja bis Vietnam* von Barbara Tuchman war eines der erfolgreichsten historischen Sachbücher des 20. Jahrhunderts. Die Beziehung zur Gegenwart, welche die Historikerin und Journalistin in den Geschichtsepochen herstellt, machen ihre Werke lebendig und verleihen ihnen einen aktuellen Charakter.
Inhalt: Auch in den Fällen politischer Torheit, die sie ausgewählt hat und deren Folgen sie beschreibt, fühlt sich der Leser einbezogen und betroffen. Auch wenn die Geschichte vom Tro-

janischen Pferd jeder historischen Grundlage entbehrt, wird in deren Wiedergabe deutlich, welche katastrophalen weit reichenden Folgen ein solches Fehlverhalten etwa in unserer Zeit gehabt hätte.

Wie das Fehlverhalten und die Inkompetenz, die Machtgier und Verderbtheit zahlreicher Renaissancepäpste schließlich zur Spaltung der Christenheit und zahllosen blutigen Kriegen führten, beschreibt Tuchman im folgenden Kapitel. Sie schildert, wie die Päpste die Anschauungen und den Lebensstil der »räuberischen Fürsten« der italienischen Stadtstaaten der Epoche übernahmen, deren Habgier und Verschwendungssucht nacheiferten und alle Rufe nach Reform der Kirche überhörten.

Sixtus IV. (1414–84) aus der Familie della Rovere war ein »herrschsüchtiger, unerbittlicher Charakter«, wie Tuchman schreibt, der während seiner Amtszeit nur ein Ziel hatte: sich und seine Familie zu bereichern. Innozenz VIII. (1432–92) gelangte nur durch einen Zufall auf den Papstthron. Der Charakter Alexanders VI. (1431?–1503) wird als verderbt beschrieben. Dieser aus der Borgia-Familie stammende Papst hatte zahlreiche Mätressen und sieben Kinder und hatte seine Papstwürde durch Bestechung erlangt. Sein Sinnen richtete sich mehr auf die Politik als die Religion, und auch er verwandte keinen Gedanken an notwendige Reformen. Auch Julius II. (1443–1513) war mehr Machtpolitiker als geistlicher Vater, selbstherrlich und unerbittlich. Papst Leo X. (1475–1521), ein Medici, war zu sehr damit beschäftigt, seine Macht und seine Stellung zu genießen, als sich wichtigeren Aufgaben zu widmen. Klemens VII. (1478–1534) wurde ein Opfer der politischen Verhältnisse und seiner Unentschlossenheit. Als er Frankreich und Habsburg-Spanien gegeneinander ausspielen wollte, verscherzte er es sich mit beiden Mächten. Unter seiner Ägide kam es 1527 zum Sacco di Roma, der Plünderung und blutgierigen Zerstörung Roms.

In einem weiteren Kapitel untersucht Tuchman, wie es dazu kam, dass Großbritannien seine Kolonie in Nordamerika verlor. Sie beschreibt die politische Situation in Großbritannien, wo die herrschenden Kreise mit Arroganz und ohne jeglichen politischen Weitblick agierten und einen ganzen Kontinent wegen ihrer Rechthaberei verloren.

Im letzten Kapitel liefert Tuchman eine hervorragende

Auszug aus *Die Torheit der Regierenden* von Barbara Tuchman 1984:

Torheit ist ein Kind der Macht. Von Lord Acton stammt der bekannte Ausspruch »Macht korrumpiert«. Weniger bewusst ist uns, dass die Macht häufig auch dumm macht und Torheit erzeugt; dass die Macht, Befehle zu erteilen, häufig dazu führt, das Denken einzustellen; dass die Verantwortlichkeit der Macht in dem Maße schwindet, wie ihr Handlungsspielraum wächst.

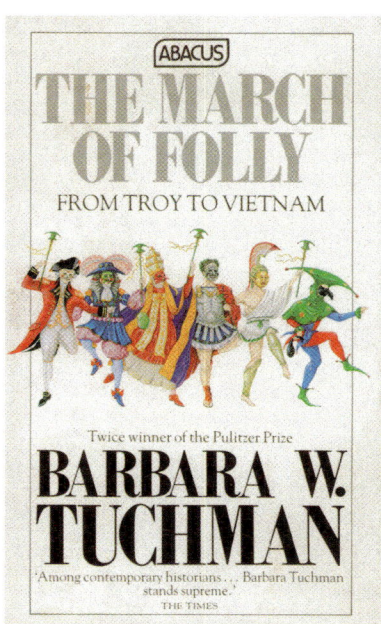

Barbara Tuchman, *Die Torheit der Regierenden*, Einband der ersten britischen Taschenbuchausgabe 1985

Zusammenfassung der Entwicklung des Vietnamkrieges. Immer wieder hatten Berater davor gewarnt, sich in diesem Teil der Welt politisch und militärisch zu verstricken, zumal die USA in Asien als Befürworter der Unabhängigkeit der Völker geachtet waren; dennoch ließen sie sich zu einem militärischen Eingreifen bewegen.

Wirkung: Tuchman war klar, dass ihre plausible Darlegung der offensichtlichen Torheiten der Regierenden und der Machthaber der Vernunft nicht zum Sieg verhelfen würde. Ihr Epilog mit dem Titel *Eine Laterne am Heck*, bezieht sich auf einen Ausspruch des englischen Dichters Samuel Coleridge (1772–1834): »Aber Leidenschaft und Parteigeist machen unsere Augen blind, und das Licht, das die Erfahrung spendet, ist eine Laterne am Heck, die nur die Wellen hinter uns erleuchtet.« Dennoch erreichte ihr Buch, das heute aktueller den je scheint, hohe Auflagen und hat zumindest, den Blick der Menschen für die Machenschaften der Regierenden geschärft. *N. B.*

Nadja Tiller als Billie, Walter Giller als Kurt und Jana Brejchová als Lydia (v. l.) in der Verfilmung des Romans *Schloss Gripsholm* von Kurt Tucholsky (BRD 1963; Regie: Kurt Hoffmann)

Tucholsky, Kurt

dt. Schriftsteller und Journalist

*9.1.1890 Berlin

†21.12.1935 Hindås, Schweden (Selbstmord)

📖 *Schloss Gripsholm*, 1931

Der scharfzüngige und hellsichtige Chronist Kurt Tucholsky gilt als einer der bedeutendsten Gesellschaftskritiker und Satiriker der Weimarer Republik. Mit seiner oft bissigen und vielfach unterhaltsamen Kritik verfolgte der »pessimistische Aufklärer« das Ziel einer demokratischen, humanen und zivilisierten Gesellschaft.

Der promovierte Jurist Tucholsky stammte aus einer gutbürgerlichen, assimilierten jüdischen Familie. Ab 1913 schrieb er für *Die Schaubühne* (ab 1918 *Die Weltbühne*) und legte sich mit zunehmender Publizität vier Pseudonyme (Ignaz Wrobel, Peter Panter, Theobald Tiger, Kaspar Hauser) zu. Seine Erfahrungen im Ersten Weltkrieg und seine Enttäuschung über die »Republik ohne Republikaner« ließen ihn politisch stark nach links tendieren und insbesondere Justiz und Militär der Weimarer Republik scharf angreifen. Der Meister der kleinen Form, der stilsicher von der Glosse zur Reportage oder vom Kabarettsong zum kleinen Roman wechselte, wandte sich auch dem Alltagleben sowie der Literatur- und Theaterkritik zu.

Zunehmend desillusioniert über die politischen Verhältnisse in Deutschland, verstummte Tucholsky, der ab 1924 überwiegend im Ausland gelebt hatte, nach der Machtübernahme der Nationalsozialisten und nahm sich 1935 das Leben.

Biografie: M. Hepp, *Kurt Tucholsky* (rm 50612).

Schloss Gripsholm

OA 1931 **Form** Roman **Epoche** Moderne

Kurt Tucholskys Roman um den Sommerurlaub eines unkonventionellen Liebespaars trägt neben seinen heiter-unbeschwerten Zügen auch einen zeitkritischen Unterton, der auf die Gefährdungen demokratischer Kultur verweist.

Inhalt: *Schloss Gripsholm* beginnt mit einem fiktiven Briefwechsel, in dem der Verleger Ernst Rowohlt seinem Autor nahe legt, eine kleine Liebes- oder Sommergeschichte zu schreiben, welche die Leute »ihrer Freundin schenken können«. Danach setzt die eigentliche Handlung ein – der Schweden-Urlaub des Ich-Erzählers Peter und seiner Freundin, der Sekretärin Lydia. Die beiden mieten sich in einem Anbau von Schloss Gripsholm ein. Dort verleben sie heiter verliebte Tage, mokieren sich über konservative Touristen und lassen die Seele baumeln. Zwischenzeitlich bekommen sie Besuch, zunächst

Die wichtigsten Bücher von Kurt Tucholsky	
Rheinsberg 1912	Der beschwingt und leicht ironisch erzählte Kurzroman schildert den Wochenendausflug der Studentin Claire und ihres Freundes Wolfgang in das Schlossstädtchen Rheinsberg.
Ein Pyrenäenbuch, 1927	Die philosophisch-literarisch geprägten Reiseimpressionen, welche die Pyrenäenlandschaft erschließen und sich vor allem ihren Menschen zuwenden, gelten als »Fibel der Völkerverständigung«.
Mit 5 PS 1927	Der erste einer Reihe von Sammelbänden von Tucholskys in verschiedenen Zeitschriften erschienenen Gedichten und Prosatexten beginnt mit der Vorstellung seiner vier Pseudonyme.
Deutschland, Deutschland über alles, 1929	Tucholskys bissigste, politisch-polemische Textsammlung, mit Fotomontagen von John Heartfield, wendet sich gegen Militarismus und Chauvinismus, eine reaktionäre Justiz und soziales Unrecht.
Schloss Gripsholm 1931	Mit viel Charme erzählt der heiter-unbeschwerte Roman, der auch melancholische und zeitkritische Töne aufweist, vom Sommerurlaub eines unkonventionellen Liebespaars. → S. 1090

von Peters Freund Karlchen, dann von Lydias Freundin Billie, woraus sich eine Nacht zu dritt entwickelt. Auf einem ihrer Spaziergänge lernen Peter und Lydia die kleine, tief verstörte Ada kennen, die im nahen Kinderheim wohnt und unter der tyrannischen Direktorin leidet. Die beiden setzen sich dafür ein, dass die Kleine wieder zu ihrer Mutter nach Zürich zurückkehren kann, und nehmen sie bei ihrer Abreise mit.

Aufbau: Tucholsky erzählt seine Urlaubsgeschichte mit großer Leichtigkeit, unterläuft jedoch vielfach das Genre des unterhaltsamen Reise- bzw. Liebesromans. Die eingestreuten Reflexionen über das Wesen der Liebe oder die Unmöglichkeit, einer Urlaubsidylle Dauer zu geben, verleihen dem Roman melancholische Züge. Auch die mit verschiedenen niederdeutschen Dialekten versetzte oder aus einem Privatidiom bestehende Sprache der Figuren trägt nicht allein zum Bild einer privaten Idylle bei; der Dialekt als eine Form authentischer Sprache unterstreicht darüber hinaus den Anspruch der Personen, angesichts eines uniformer werdenden Alltags ihre Individualität zu wahren.

Das Gegenbild zu der von Zwängen freien Liebesbeziehung und den liberalen, demokratischen Auffassungen des Liebespaars erscheint im zweiten Handlungsstrang des Romans, der Geschichte der kleinen Ada. Die Leiterin des Kinderheims, die machthungrige und brutale Frau Adriani, eine Deutsche, wird als autoritärer Charakter geschildert, der Angst verbreitet und an dem humane Vorstellungen abprallen. Diese Figur verweist auf die antidemokratischen Kräfte, welche die Weimarer Republik zunehmend zersetzten. Ihre Welt, Sinnbild einer Gesellschaft, die nur Herrscher und Beherrschte kennt, löst im Ich-Erzähler die Vision eines Gladiatorenkampfs aus, die – mit prophetischem Blick – deutlich macht, dass es von der Unterdrückung der Schwachen bis zu nackter Gewalt nur ein kleiner Schritt ist.

Wirkung: Die Sommergeschichte wurde rasch ein großer Publikumserfolg. Ihre anhaltende Beliebtheit führte zu mehreren Verfilmungen, zuletzt durch Xavier Koller, der in *Gripsholm* (2000) die zentralen Motive des Romans mit in Berlin spielenden Szenen verband. *P. G.*

Kurt Tucholsky, *Schloss Gripsholm;* links: Einband der Taschenbuchausgabe 1950; rechts: Umschlag der Ausgabe 1970

Kurt Tucholsky 1931 in einem Brief an Marierose Fuchs:

»Gripsholm«: nein, viel Substanz hat das nicht. Mir scheint es nun ein Hauptvorzug einer Omelette soufflée zu sein, möglichst wenig Substanz zu haben, und Rinderbraten stand nicht auf der Speisekarte. Leichtigkeit, das ist im Deutschen ein Vorwurf für den Autor. Tief... tief musste sein. Ach, ist das ein verbogenes Land.

Turgenjew, Iwan

russ. Schriftsteller

*9.11.1818 Orël, † 3.9.1883 Bougival bei Paris

📖 *Väter und Söhne,* 1862

Mit seinen Werken, die sich durch einen poetisch geprägten Realismus und durch virtuose Darstellung von seelischen Zuständen der Helden auszeichnen, ist Iwan Turgenjew Zeitkritiker und Chronist der russischen Wirklichkeit, insbesondere der Kultur des russischen Landadels angesichts neuer geistiger Strömungen und gesellschaftlicher Entwicklungen.

Der aus dem Landadel stammende Turgenjew absolvierte 1833–37 ein Philosophie-Studium in Moskau und Petersburg, das er 1838–41 in Berlin fortsetzte. In den 1840er Jahren debütierte er als Lyriker. Bekannt wurde er mit den ab 1847 veröffentlichten *Aufzeichnungen eines Jägers.* 1852 wurde Turgenjew wegen liberaler Ansichten für über ein Jahr auf sein Landgut verbannt. Die lebenslange platonische Freundschaft, die ihn ab 1843 mit der französischen Opernsängerin Pauline Viardot (1821–1910) verband, war der Hauptgrund für seine häufigen und langen Reisen nach Westeuropa. Ab 1863 wohnte Turgenjew zusammen mit der Familie der Viardot in Baden-Baden; nach 1870 ließ er sich dauerhaft in Frankreich nieder und blieb dort bis zu seinem Tod.

Biografie: P. Brang, *I. S. Turgenev. Sein Leben und sein Werk,* 1977; J. Eduards Zúñiga, *Iwan S. Turgenjew. Eine Biografie,* 2001.

Väter und Söhne

OT Otcy i deti **OA** 1862 **DE** 1869
Form Roman **Epoche** Realismus

Der Titel des Buchs von Iwan Turgenjew steht nicht nur für einen Widerstreit der Generationen, sondern auch für einen gesellschaftlichen, kulturellen und weltanschaulichen Konflikt. Auf Seiten der »Väter«, denen sich der Autor selbst verbunden fühlt, stehen Vertreter einer liberalen, westeuropäisch orientierten Adelskul-

Iwan Turgenjew, *Väter und Söhne;* links: Umschlag der Ausgabe 2001; rechts: Umschlag der deutschsprachigen Ausgabe 1989

tur, die Missstände in Russland durch vorsichtige Reformen unter Wahrung der traditionellen Werte beseitigen wollen. Mit den »Söhnen« dagegen wird ein neuer und zukunftsträchtiger sozialer Typus porträtiert – radikal-demokratisch gesinnte Vertreter des dritten Standes (der nichtadligen Intelligenz), die revolutionäre Veränderungen im Land anstreben.

Entstehung: Turgenjew verfasste *Väter und Söhne* 1861, im Jahr der Aufhebung der Leibeigenschaft in Russland. Die Handlung des Romans ist 1859, am Vorabend dieser viel diskutierten und überfälligen Reform angesiedelt.

Inhalt: Nach der Beendigung des Studiums kehrt Arkadij Kirsanow, begleitet von seinem

Freund und Mentor Jewgenij Basarow, auf das heimatliche Gut seines Vaters Nikolaj Kirsanow zurück. Der alte Kirsanow und sein Bruder, der aristokratische Pawel Kirsanow, stehen den Ansichten des sich zum »Nihilismus« bekennenden Mediziners und Naturwissenschaftlers Basarow verständnislos und ablehnend gegenüber. Auf ihrer Reise durch das Gouvernement besuchen Arkadij und Basarow das Landgut der klugen und anziehenden Witwe Anna Odinzowa. Während Arkadij allmählich ihrer jüngeren Schwester Katja näher kommt, ist Odinzowa von der Persönlichkeit Basarows fasziniert, reagiert jedoch abweisend auf seine Liebeserklärung. In Arkadijs Begleitung besucht der aus dem seelischen Gleichgewicht geratene Basarow seine Eltern, hält es bei ihnen aber nur drei Tage aus. Nach der Rückkehr auf das Gut der Kirsanows kommt es zum ernsthaften Konflikt und zum Duell zwischen Basarow und Pawel Kirsanow, wobei Letzterer leicht verwundet wird. Basarow kehrt in sein Elternhaus zurück; auf dem Weg dorthin besucht er die unverändert kühle und unnahbare Odinzowa. Zuvor schon hat sich Arkadij erneut zum Gut der Odinzowa begeben, um erfolgreich um Katjas Hand anzuhalten. In seinem Heimatort infiziert sich Basarow bei der Leichenöffnung eines Typhuskranken und stirbt wenige Tage später.

Im Mittelpunkt des Romans steht die Figur des »Nihilisten« Basarow, der die Idee der »vollständigen und gnadenlosen Verneinung« der kulturellen und politischen Autoritäten sowie moralischen Werte vertritt. Er vertraut einzig auf empirisch überprüfbare Fakten der Naturkunde; alles, was nicht in ihren Kategorien erfasst werden kann, wird von ihm als »Romantik« und Geschwätz abgelehnt – Poesie, Kunst, Musik, Philosophie, aber auch Naturschönheit, sittliche Grundsätze und nicht zuletzt die Liebe, hinter der er nichts als physiologische Prozesse sieht. Die politische Konsequenz, die er aus seiner Haltung zieht, ist die Überzeugung, dass die althergebrachte Weltordnung von Grund auf zerstört werden muss, bevor sie neu aufgebaut werden kann. Basarow ist selbstbewusst, willensstark und bereit, seine Ideen kompromisslos umzusetzen. Dennoch scheitert er an den inneren Widersprüchen seines Charakters: Ausgerechnet er, der die Liebe zu verneinen meinte, verliebt sich in die Odinzowa – ein Erlebnis, das in ihm wachsende Zweifel an dem Sinn seiner politischen Tätigkeit aufkommen lässt.

Wirkung: Turgenjew erlangte als erster russischer Schriftsteller zu Lebzeiten europäischen Ruhm. Der Roman *Väter und Söhne*, der als sein bedeutendster gilt, löste in Russland heftige politische Diskussionen aus. Durch das Buch fand nicht zuletzt der Ausdruck »Nihilismus« allgemeine Verbreitung. *M. Sch.*

Die wichtigsten Bücher von Iwan Turgenjew	
Aufzeichnungen eines Jägers 1847–52	In dem Zyklus von dokumentarischen Erzählungen wird erstmalig in der russischen Literatur das Leben der leibeigenen Bauern auf ernsthaft-tragische Weise dargestellt.
Rudin 1856	Der psychologische Roman handelt von einem »überflüssigen Menschen« – einem intellektuellen adligen Schwärmer, der aufgrund mangelnder Tatkraft bei der Verwirklichung seiner Ideale scheitert.
Ein Adelsnest 1859	In diesem Gesellschaftsroman kehrt ein willensschwacher Adliger in seine heimatliche Provinz zurück und vermag seine Zukunftspläne nicht in die Tat umzusetzen.
Am Vorabend 1860	Der Roman handelt von einem bulgarischen Freiheitskämpfer, der aus Enthusiasmus für seine revolutionären Ideale die eigene Person vernachlässigt und an Lungenentzündung stirbt.
Väter und Söhne 1862	Als Generationskonflikt gestaltet Turgenjew den Widerstreit von liberaler, an traditionellen Werten festhaltender Adelskultur und den neuen Vertretern einer radikal-demokratischen Gesinnung. → S. 1091
Dunst 1867	Der zeitkritische Roman schildert russische Emigrantenkreise in Baden-Baden sowie ihre wirklichkeitsfremden Erörterungen der politischen und sozialen Verhältnisse in Russland.
Neuland 1877	In diesem Roman scheitert der uneheliche Sohn eines Adligen als Revolutionär an der eigenen Inkonsequenz und seiner inneren Zwiespältigkeit. Er begeht schließlich Selbstmord.

Unamuno, Miguel de

span. Schriftsteller

*29.9.1864 Bilbao, † 31.12.1936 Salamanca

📖 *Nebel*, 1914

Miguel de Unamuno, eine Persönlichkeit von universeller Bildung, zählt zu den bedeutendsten Literaten der spanischen Moderne. Das literarische und politische Leben Spaniens bestimmte der meisterhafte Essayist, Lyriker, Romancier und Dramatiker nicht zuletzt als geistiger Führer der »Generation von 98«, einer spanischen Literaturbewegung, zu der u. a. Azorín (1873–1967), José → Ortega y Gasset, Pío Baroja y Nessi (1872–1956), Antonio Machado y Ruiz (1875–1939) gehörten. Diese strebten eine Rückbesinnung auf die nationale Kultur und den Anschluss an die kulturelle Entwicklung des übrigen Europa an und sprachen sich gegen eine Politik der Restauration und gegen die Konventionen des monarchistischen und klerikalen Gesellschaftssystems in Spanien aus.

Unamuno verbrachte seine Kindheit und Jugend in Bilbao. Das Studium der alten Sprachen und Philosophie an der Universität von Madrid schloss er mit der Promotion ab. 1894 erhielt er den Lehrstuhl für Griechisch in Salamanca. 1900 wurde er zum Rektor der Universität ernannt, 1914 jedoch auf Betreiben des Bischofs von Salamanca seines Postens enthoben. 1924 verbannte ihn der Diktator Primo de Rivera nach Fuerteventura. Unamuno floh von dort nach Paris und Hendaye. 1930 kehrte er nach dem Sturz von Primo de Rivera nach Salamanca zurück. Hier hatte er 1931–34 den Lehrstuhl für spanische Sprachgeschichte inne und war 1936 erneut Rektor. Zahlreiche Reisen und Wanderungen führten Unamuno durch Spanien und Portugal. Nach dem Sturz der Monarchie gehörte er 1931–33 der verfassunggebenden Nationalversammlung an. Bei Ausbruch des Bürgerkriegs 1936 stellte er sich anfänglich auf die Seite der Aufständischen, übte aber wegen militärischer Übergriffe scharfe Kritik an den Franquisten. Er wurde daraufhin unter Hausarrest gestellt und seiner Ämter enthoben.

Unamuno war durch einen verinnerlichten Protestantismus sowie die religiöse Dialektik von Sören → Kierkegaard beeinflusst und beschäftigte sich auch mit Nihilismus und Mystik. Seine Essays behandeln religiöse und aktuelle kulturelle Fragen. In der Figur des Don Quijote sah er die Verkörperung des spanischen Geistes im Gegensatz zum europäischen Rationalismus.

Literatur: F. Schürr, *Miguel de Unamuno*, 1962.

Nebel

OT *Niebla* OA 1914 DE 1926
Form Roman Epoche Moderne

Der Ideenroman *Nebel* ist das erzählerische Hauptwerk von Miguel de Unamuno und wird als Schlüsselwerk der »Generation von 98« bezeichnet.

Aufbau: Unamuno wirft anhand einer unglücklich-tragischen Liebesgeschichte die Frage nach der Verselbstständigung des literarischen Geschöpfs gegenüber dem Autor auf. Von der hohen stilistischen Qualität des Romans zeugt das komplexe Konstrukt mit eingeschobenen Lehrerzählungen, existenzphilosophischen und solipsistischen Erörterungen, Einblendungen aus der Sicht des Autors, dem Motiv vom Roman im Roman sowie Traum- und Nebelmetaphern.

Inhalt: Der junge, reiche Augusto Pérez, der einsam in den Tag hineinlebt, trifft zufällig die Klavierlehrerin Eugenia Domingo del Arco und verliebt sich in sie – oder vielmehr in das Bild, das er sich von ihr gemacht hat. Da Eugenia aber den Tunichtgut Mauricio liebt, lehnt sie Augustos Werbung ab. Als Mauricio Eugenia rät, Augusto wegen seines Geldes zu heiraten, um dann ein Dreiecksverhältnis zu beginnen, willigt die beschämte Eugenia überstürzt in eine Verlobung mit Augusto ein. Die Hochzeit kommt jedoch nicht zu Stande, da Eugenia kurz zuvor zu Mauricio flieht. Augusto sieht sich tief verletzt, ja sogar in seiner Existenz bedroht. Ihm scheint Selbstmord der einzige Ausweg aus seinem Leiden zu sein, ja das letzte Experiment, um sich Gewissheit über sein Dasein zu verschaffen. Vor seinem Suizid fährt Augusto nach Salamanca, um dort den Philosophieprofessor Unamuno zu hören, der über Selbstmord liest. Professor Unamuno will ihm aber diese Autonomie, die Vernichtung seiner selbst, nicht erlauben. Er versucht ihm zu erklären, dass er, Augusto, gar keinen Selbstmord begehen könne, weil er nicht in Wirklichkeit, sondern nur in der Fantasie seines Autors existiere, und er, Unamuno, ihn sowieso in Kürze sterben lassen würde. Augusto pariert mit Unamunos eigener These, dass »nämlich Don

Miguel de Unamuno in einem Brief an seinen Freund Ilundain vom 24. Mai 1899:

Ich habe es satt, mich immer als Gelehrten bezeichnet zu hören. Es ist ein hässliches Wort, und damit nimmt man mich für die Wissenschaft in Beschlag. Mir geht es darum, Wissenschaft und Kunst, Denken und Fühlen zu vermählen, das Gefühl zu denken und den Gedanken zu fühlen, und das Ganze sei aus einem Guss. Und dafür will ich kämpfen, meine Dichterkunst, die Art, wie ich sie verstehe und pflege, durchzusetzen.

Miguel de Unamuno um 1930

Die wichtigsten Bücher von Miguel de Unamuno

Frieden im Krieg, 1897	Der historische Roman, Unamunos erstes erzählerisches Werk, spielt in Bilbao zur Zeit des zweiten Carlistenkriegs.
Das Leben des Don Quijote, 1905	Sinnbild für den Glauben an die Unsterblichkeit ist für Unamuno der Don Quijote dieses Kommentars, der eine Idealisierung des Helden von Miguel de → Cervantes zum Märtyrer und Nationalheiligen vornimmt.
Das tragische Lebens- gefühl 1913	Dieser Essay, Unamunos philosophisch-religiöses Hauptwerk, handelt von der menschlichen Existenz, der Suche nach der Unsterblichkeit der menschlichen Seele, der »Über-Existenz« Gottes und dem Kampf zwi- chen Verstand und Gefühl.
Nebel 1914	In dem erzählerischen Hauptwerk Unamunos werden im Rahmen einer tragischen Liebesgeschichte existenzphilosophische und solipsistische Erörterungen dargelegt. → S. 1093
Der Christus von Veláz- quez 1920	Das lyrische Meisterwerk Unamunos, eine menschliche Deutung der Christusgestalt, besteht aus einer Sammlung poetischer Kommentare in elfsilbigen Blankversen, zu denen den Dichter das Gemälde des gro- ßen spanischen Meisters anregte.
Tante Tula 1921	Dieser Roman, der im Grunde ein religiöses Thema behandelt, erzählt von der Liebe der Protagonistin, Tante Tula, ihrer »reinen und gegen- standslosen« Liebe, ihrem Hunger nach Unsterblichkeit.
Spanische Wan- derungen und Visionen, 1922	Dieser Reisebericht ist wie *Durch Landschaften Portugals und Spa- niens* (1911) weniger eine reine Beschreibung als vielmehr die Deu- tung und Auslegung des Wesens einer Landschaft.
Ein poetisches Tagebuch, 1928	Das poetische Tagebuch schrieb Unamuno während der Verbannung auf der Kanareninsel Fuerteventura.
San Manuel Bueno, der Märtyrer, 1933	Im letzten Roman von Unamuno steht wiederum der Unsterblichkeits- glaube im Mittelpunkt. Er spielt im spanischen Gebirge an einem See, von dem gesagt wird, dass eine Stadt in ihm versunken sei.

Auszug aus dem Roman *Kristin Lavranstochter* von Sigrid Undset:

Erlend! Sie biss die Zähne vor Zorn aufeinander. Er hätte ihr das ersparen können. Denn sie hatte nicht gewollt. Er hätte daran denken sollen, dass früher, als alles so ungewiss für sie gewesen war, als sie auf nichts anderes als seine Liebe vertrauen konnte, dass sie ihm da immer, immer zu Willen ge- wesen war. Er hätte sie lassen sollen, als sie versuchte, sich zu weigern, weil sie fand, es sei nicht schön von ihnen, sich etwas zu erstehlen, nachdem der Vater im Beisein ihrer bei- den Verwandten ihre Hände zusammengelegt hatte. Aber er hatte sie genommen, halb mit Gewalt, und mit Lachen und Liebkosen; so dass es ihr nicht möglich gewesen war, zu zeigen, wie ernsthaft ihr Widerstreben gemeint war.

Quijote und Sancho realer seien als Cervantes. Denn allein die aus Traum und Fantasie ge- schöpften Vorstellungen sind Realität, und das wahre Wesen des Dichters ist wirklich nur in sei- nem Werk.« Augusto Pérez stirbt nach einem allzu üppigen Mahl, nachdem er zuvor mit Un- amuno über die dichterische Welt, ihren Traumcharakter und die Problematik des menschlichen Daseins – die Problematik des Le- bens als Traumwirklichkeit – philosophiert hat. **Wirkung:** Der fast ausschließlich aus Dialogen und Monologen bestehende Ideenroman, der auch als »existenzialistischer Experimentalro- man« bezeichnet wurde, wirkte maßgeblich auf die neuere spanische Literatur und über die Grenzen Spaniens hinaus. *V. R.*

Undset, Sigrid

norweg. Schriftstellerin

* 20.5.1882 Kalundborg, Dänemark

+ 10.6.1949 Lillehammer, Norwegen

📖 *Kristin Lavranstochter*, 1920 – 1922

Sigrid Undset war die erfolgreichste norwegi- sche Autorin in der ersten Hälfte des 20. Jahr- hunderts. Wie ihr Landsmann und Zeitgenosse Knut → Hamsun trat auch Undset in erster Linie als Erzählerin in Erscheinung, die das literari- sche Norwegenbild einiger Lesergenerationen prägte. In ihrem Werk stehen meist Frauen und deren Suche nach Lebensglück im Mittelpunkt.

Nach dem frühen Tod des Vaters, eines Ar- chäologen, musste sich Undset selbst um ihren Lebensunterhalt kümmern und arbeitete zu- nächst als Kontoristin in Kristiania. Anfang des 20. Jahrhunderts veröffentlichte sie ihre ersten literarischen Texte und erhielt daraufhin 1909 ein Stipendium. Fortan konnte sie sich ganz dem Schreiben widmen.

Undset stellte zum ersten Mal in der norwegi- schen Literatur die berufstätige Frau dar, die gezwungen ist, durch Bürotätigkeit als einzig mögliche standesgemäße Beschäftigung ihren Lebensunterhalt zu verdienen. Nach einer Reihe von Gegenwartsromanen wandte sich die Auto- rin in den 1920er Jahren mit zwei großen Ro- manen, *Kristin Lavranstochter* und *Olav Auduns- sohn* (1925–27), dem nordischen Mittelalter zu. 1924 konvertierte sie zum Katholizismus. Vier Jahre später wurde ihr der Literaturnobelpreis verliehen. Als erklärte Gegnerin des National- sozialismus ging Undset während der deutschen Besatzungszeit 1940–45 ins Exil. Nach der Rückkehr verbrachte sie ihre letzten Lebensjah- re in Lillehammer.

Kristin Lavranstochter

OT Kristin Lavransdatter (Kransen, Husfrue, Korset) **OA** 1920, 1921, 1922, als Sammeltitel 1932 **DE** Der Kranz, 1926, Die Frau, 1926, Das Kreuz, 1927, als Sammeltitel 1954 **Form** Roman **Epoche** Moderne

Sigrid Undsets vielgelesenes Buch über ein Frauenschicksal im mittelalterlichen Norwegen ist zugleich historischer Roman, Liebesroman und weiblicher Entwicklungsroman.

Inhalt: *Kristin Lavranstochter* besteht aus drei Teilen. *Der Kranz* erzählt von Kindheit und Ju- gend Kristins, der Tochter eines wohlhabenden und angesehenen Bauern. Schon früh wirbt Simon Darre, Sohn eines Ritters und in der ge- sellschaftlichen Hierarchie höher stehend, um das attraktive und gut erzogene Mädchen. Die beiden werden verlobt, Kristin geht jedoch zunächst für einige Zeit in ein Kloster. Hier lernt sie auf einem Ausflug Erlend Nikulaussohn kennen, der ihr und ihren Begleiterinnen in einer bedrohlichen Situation zu Hilfe kommt. Sie verliebt sich und beginnt ein Verhältnis mit ihm. Es gelingt ihr, Simon zu einem Verzicht auf ihr Eheversprechen zu bewegen und ihren Vater Lavrans zu überreden, in die Ehe mit Erlend ein- zuwilligen. Doch Kristin trägt den Brautkranz mit schlechtem Gewissen: Sie ist zum Zeitpunkt der Hochzeit bereits schwanger. Der erste Band endet mit der Hochzeit und Kristins Umzug auf den Hof Erlends.

OT = Originaltitel **EZ** = Entstehungszeit **OA** = Originalausgabe **DE** = Deutsche Erstausgabe 📖 = Verweis auf Werkartikel

Der zweite Teil, *Die Frau,* handelt von Kristins Ehe mit Erlend. Kristin bringt sieben Söhne zur Welt, und ihrer Tatkraft und Tüchtigkeit ist es zu verdanken, dass der heruntergewirtschaftete Hof des Mannes bald wieder gute Erträge abwirft. Doch Erlend verstrickt sich in politische Machtkämpfe und gerät wegen Landesverrats in Gefangenschaft. Durch den Einfluss Simons, der noch immer zu Kristin hält, kommt er wieder frei, verliert jedoch sein gesamtes Vermögen, sodass der Familie lediglich das Erbteil Kristins – ihr elterlicher Hof – bleibt.

Hier setzt der dritte Teil, *Das Kreuz,* ein: Kristin findet sich mit dem sozialen Abstieg schnell zurecht, Erlend dagegen vernachlässigt Hof und Familie, überwirft sich schließlich mit Kristin und verlässt sie. Als Kristin erneut von ihm schwanger wird, geht das Gerücht um, sie habe ein außereheliches Verhältnis. Erlend kommt ums Leben, als er seiner Frau im Streit gegen ihre Verleumder beistehen will. Die Witwe erfüllt sich schließlich ihren Jugendtraum und geht ins Kloster. Hier stirbt sie nach einigen Jahren während einer Pestepidemie.

Aufbau: Kristins Geschichte wird eher konventionell in der dritten Person erzählt, doch der Leser erhält durch die erlebte Rede Einblick in das Innere der Figuren, vor allem in Kristins Gedanken und Gefühle. Undset entwirft ein um Authentizität bemühtes, aber auch idealisiertes Bild des Mittelalters. Dass sich die Autorin mit aktuellen historischen und archäologischen Forschungen ihrer Zeit intensiv beschäftigt hat, zeigt sich vor allem an der detailreichen Beschreibung der Lebensumstände auf dem Hof und im Kloster.

Undset betont nicht die Distanz zur mittelalterlichen Welt, sondern strebt nach Einfühlung in diese Zeit – ausgehend von der Idee, dass sich die historischen Umstände ändern, das Wesen des Menschen jedoch gleich bleibt. Dies führt besonders in der Personengestaltung zu Anachronismen: Kristins Streben nach Selbstbestimmung, ihre konflikthaft-enge, ödipale Vaterbindung und die reflektierte Religiosität zeigen, dass Undset aktuelle Themen des frühen 20. Jahrhunderts in das Mittelalter übertragen hat.

Wirkung: Bis heute ist *Kristin Lavranstochter* der populärste Roman von Sigrid Undset. Er bescherte der Autorin bereits unmittelbar nach seinem Erscheinen einen großen Publikumserfolg und wurde in viele Sprachen übersetzt. Zusammen mit *Olav Audunssohn* (4 Bde 1925–27), dem männlichen Pendant zu Kristin, sorgte er dafür, dass der Autorin 1928 der Literaturnobelpreis zuerkannt wurde. Die Verfilmung des Romans durch Liv Ullmann 1995 mit Elisabeth Matheson als Kristin Lavranstochter stieß international nicht auf das erhoffte Interesse. *J. G.*

Elisabeth Matheson in der Titelrolle der Verfilmung des Romans *Kristin Lavranstochter* von Sigrid Undset (Norwegen / Dänemark / Schweden 1995; Regie: Liv Ullmann)

Hauptfiguren in »Kristin Lavranstochter« von Sigrid Undset

Kristin Lavranstochter: Die selbstbewusste und attraktive Frau hat eine enge Bindung zu ihrem Vater, setzt sich bei der Wahl ihres Ehemannes jedoch gegen ihn durch. Sie sucht sich ihren Lebensweg zwischen Pflichterfüllung als Tochter, Ehefrau und Christin einerseits und dem Drang nach Erfüllung ihrer persönlichen Wünsche und Bedürfnisse andererseits.

Erlend Nikolaussohn: Der vornehme Herr hat vor seiner Ehe mit Kristin bereits ein bewegtes Leben geführt und genießt keinen sehr guten Ruf. Er ist leidenschaftlich aber auch sehr impulsiv, handelt oft unüberlegt. Er kann sich in seiner neuen Rolle als Bauer nicht zurechtfinden, nachdem er seinen Besitz verloren hat.

Lavrans Björgulfssohn: Kristins Vater ist ein angesehener und wohlhabender Bauer, der sehr an seiner ältesten Tochter hängt. Er hat sich seine gesellschaftliche Stellung durch harte Arbeit und Sinn für das Gemeinwohl erworben. Stets ist er bei menschlichen Konflikten auf einen Ausgleich bedacht.

Ragnfrid Ivarstochter: Kristins Mutter hatte vor deren Geburt bereits drei Söhne als Säuglinge verloren. Sie ist verschlossen, schwermütig und ihrer Tochter gegenüber oft abweisend.

Simon Darre: Der Sohn eines Ritters verlobt sich mit der 15-jährigen Kristin, verzichtet aber auf seine Rechte, als diese ihn um die Auflösung der Verlobung bittet. Er bleibt Kristin freundschaftlich verbunden und heiratet später ihre jüngste Schwester Ramborg.

Eline Ormstochter: Sie ist Erlends langjährige Geliebte, bevor er Kristin kennenlernt. Sie ist verheiratet, hat aber zwei Kinder von Erlend. Als ihr Mann stirbt, verweigert ihr Erlend die Ehe. Im Kampf mit ihm tötet sie sich selbst, nachdem ihr Versuch, Kristin umzubringen, gescheitert ist.

Upanishaden

OT Upanishads
EZ ab ca. 800 v. Chr. **DE** 1897
Form Prosa und Metrik **Epoche** Altindisch

Die *Upanishaden (Geheimlehren)* sind eine Gruppe von anonymen Sanskrittexten, welche das Ende des *Veda* (auch *Vedanta*) bilden, der ältesten religiösen Literatur der Inder. Sie enthalten noch kein fest umrissenes philosophisches System, sondern spiegeln eine spirituelle Wahrheitssuche mit vielfältigen Lösungsvorschlägen. Manche Forscher zählen über 200 Texte mit dem Namen *Upanishaden*, im Mittelpunkt der meisten Kommentare zu diesem Werk stehen jedoch nur 10–14.

Entstehung: Die Ablösung der von der Priesterkaste der Brahmanen beherrschten vedischen Epoche ca. 750–800 v. Chr. spiegelt sich in der Autorenschaft der religiösen Texte, die nun nicht mehr nur von männlichen Brahmanen verfasst wurden, sondern auch von Angehörigen anderer sozialer Gruppen und Frauen.

Die Entstehungszeit der *Upanishaden* wird in drei Phasen eingeteilt: Einige der ältesten sind bereits in die *Aranyakas* (eine an die Brahmatexte anschließende Textgattung) der vier *Veden* integriert und in vedischer Prosa abgefasst. In diese Gruppe gehören *Brihad-Aranyaka-*, *Chandogya-*, *Taittiriya-*, *Aitareya-*, *Kaushitaki-* und *Kena-Upanishad*. Zu den mittleren Vers-*Upanishaden* (ab ca. 500 v. Chr.) werden *Kathaka*, *Isha*, *Mundaka*, *Shvetashvatara* und *Mahanarayana* gezählt. Als mittlere Prosa-*Upanishaden* bezeichnet man *Prashna*, *Maitreya* und *Mandukya*. Deutlich jünger sind die wieder in Prosa abgefassten *Upanishaden* der Spätzeit, zu denen u.a. *Kaivalya*, *Brahma*, *Brahmabindu* und *Paramahansa* gehören. Nachkanonische *Upanishaden* wurden noch bis ins 18. Jahrhundert verfasst. Sie zeigen oft deutliche sektiererische Tendenzen und genießen nicht dieselbe Autorität wie die älteren *Upanishaden*.

Inhalt: Als roter Faden zieht sich die Beantwortung einiger wiederkehrender Fragen durch die upanishadischen Lehren, wie z. B. die Frage nach dem Tod, dem Wesen der Wirklichkeit oder dem Wesen des Göttlichen und seiner Beziehung zum Menschen. Die älteren *Upanishaden* entwickeln die Grundzüge der indischen Philosophie. Die mittleren *Upanishaden* betonen stärker die All-Einheitslehre und die jüngeren konzentrieren sich häufig auf einen bestimmten Aspekt, der die Lehre ihrer jeweiligen Schule legitimieren soll. Die Philosophie der *Upanishaden* hat drei Schwerpunkte:

(1.) Die Lehre von Brahman und Atman beschreibt die Verbindung des göttlichen EINEN (Brahman), welches mit der Weltseele (Atman) identisch ist, zur Individualseele, die wiederum im Kern mit dem Atman identisch ist. Da die Selbst- und Sinneswahrnehmung der Menschen zumeist eine andere ist, muss erörtert werden, warum das Bewusstsein dieser Einheit verloren ist und auf welche Weise es wiederhergestellt werden kann.

(2.) Die Karma-Lehre besagt, dass alle Lebewesen einem ewigen Kreislauf von Wiedergeburten unterworfen sind, solange sie nicht das Bewusstsein der Einheit ihrer Seele mit Brahman realisiert haben. Das Ziel des Lebens ist die Befreiung aus dem Kreislauf durch Erkenntnis der Einheit. Nach dem streng kausalen Gesetz des Karma gestalten sich die Schicksale aufgrund der Taten und Verdienste in früheren Leben.

(3.) In den mittleren und späteren *Upanishaden* ist die Lehre von der Maya ausgebildet, welche bedeutet, dass die Welt der Erscheinungen, wie sie sich der Sinneswahrnehmung darstellt, eine Täuschung ist. Da die Welten und Geschöpfe das sind, was der Atman ist, existierten sie nur in unserem Bewusstsein.

Wirkung: Die Wirkung der *Upanishaden* erstreckt sich über ihren Einfluss auf den orthodoxen Brahmanismus und die sechs traditionellen indischen philosophischen Systeme bis zum Neu-Hinduismus unserer Zeit. Sie inspirierte westliche Philosophen der Romantik, darunter vor allem Arthur → Schopenhauer, ebenso wie einige heutige esoterische Strömungen.　　*R. D.*

Die Romane der Rabbit-Tetralogie

Hasenherz 1960	Harry Angstrom, 26, entflieht dem öden Familienleben mit Sohn Nelson und Frau Janice, die ihre Tage mit Alkohol und Fernsehen zubringt, und sucht bei Ruth, einem leichten Mädchen, Zuflucht. Als seine Frau ihr zweites Kind gebiert, kehrt er zurück, flieht jedoch bald erneut, woraufhin sie im Rausch das Neugeborene in der Badewanne ertrinken lässt. Auch bei Ruth, die ihn unter Hinweis auf ihre Schwangerschaft zur Heirat bewegen will, ist Harry unglücklich; er flieht ein drittes Mal.
Unter dem Astronautenmond 1971	Angstrom, 36, lebt wieder mit seiner Frau zusammen. Als Janice ihn wegen eines Autoverkäufers verlässt, lässt er sich mit dem Hippiemädchen Jill ein. Sie bringt einen schwarzen Revolutionär in seinem Haus unter, in dem auch der 12-jährige Nelson lebt. Die Hausgemeinschaft wird jäh aufgelöst, als Jill bei einem – vermutlich von Nachbarn gelegten – Brand stirbt.
Bessere Verhältnisse 1981	Der erneut mit Janice vereinte 46-jährige Angstrom ist ins Geschäft des Schwiegervaters eingestiegen und Toyota-Händler geworden. Mit Tennis, Golf, Karibik-Urlaub und Partnertausch genießt er nach dem Aufstieg in die obere Mittelschicht nur scheinbar das Leben, denn Todesangst plagt ihn. Nelson heiratet die von ihm geschwängerte Pru, lässt sie dann aber bei seinen Eltern zurück, um zu studieren. Harry macht sich auf die Suche nach der Tochter, die ihm Ruth möglicherweise geboren hat.
Rabbit in Ruhe 1990	Über Harry, 55, und Janice bricht das Unglück herein, da der gemeinsame Sohn Nelson kokainabhängig geworden ist und so die Firma in den Ruin getrieben hat. Janice emanzipiert sich, Harry erleidet zwei Herzinfarkte, die er nicht überleben wird. → S. 1097

Updike, John

US-amerikan. Schriftsteller

*18.3.1932 Shillington (Pennsylvania)

📖 *Rabbit in Ruhe*, 1990

Mit seinen Romanen, Kurzgeschichten, Gedichten und Essays zählt John Updike zu den bedeutendsten Gegenwartsautoren der USA.

Updike studierte Literatur an der Harvard Universität und arbeitete ab Mitte der 1950er Jahre als Kolumnist, Rezensent und Literaturkritiker für die Zeitschrift *The New Yorker*. 25-jährig ließ er sich als freier Schriftsteller in Massachusetts nieder.

Kennzeichnend für Updikes Prosa ist eine genaue Beobachtungsgabe, die es ihm erlaubt, das Alltagsleben des US-Bürgers bis in die für einen bestimmten Zeitraum typischen Verhal-

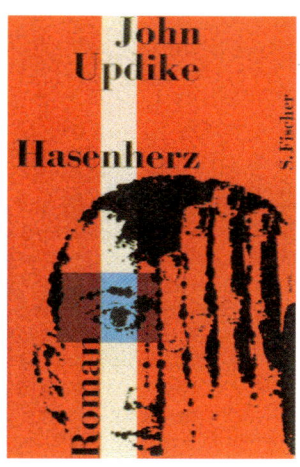

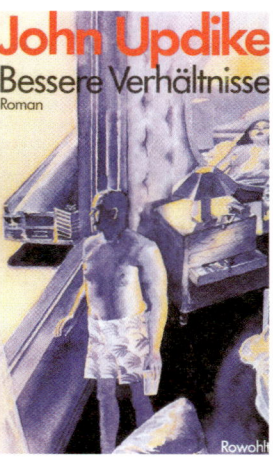
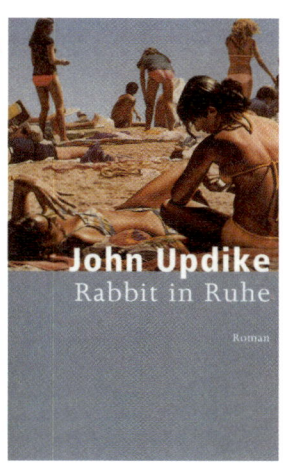

tens- und Sprechweisen überzeugend einzufangen. Viele Romane und Erzählungen Updikes spielen in der wohlhabenden Mittelschicht (*Ehepaare*, 1968) und berichten mit ironischem Unterton von Todesangst und -sehnsucht, von sexuellen Abenteuern und vom Schwinden eines moralisch-religiösen Rahmens, der für das puritanische Amerika lange verpflichtend war. In *Der Sonntagsmonat* (1975) oder *Das Gottesprogramm* (1986) treten religiöse Fragen in den Vordergrund, während Updike u.a. in *Gott und die Wilmots* (1996) nach den historischen Wurzeln derzeitiger Verhaltensmuster der US-Amerikaner fragt.

Autobiografie: J. Updike, *Selbst-Bewusstsein. Erinnerungen*, 1989.

Rabbit in Ruhe

OT Rabbit at Rest **OA** 1990 **DE** 1992
Form Roman **Epoche** Gegenwart

Rabbit in Ruhe von John Updike ist der vierte Teil der Tetralogie über Harry Angstrom, genannt Rabbit. Der erste, *Hasenherz*, erschien 1960, die weiteren folgten im Abstand von jeweils etwa zehn Jahren. Im selben Rhythmus altert auch der im ersten Band 26-jährige Held. Eng verknüpft mit der Handlung um Harry Angstrom wird in jedem der vier Teile jeweils eine Dekade der politischen und gesellschaftlichen Entwicklung der USA porträtiert.

Inhalt: Der 55-jährige Harry Angstrom hat sich aus der Toyota-Vertretung in Brewer (Pennsylvania), die seine Frau Janice von ihrem Vater geerbt hat, zurückgezogen; sein Sohn Nelson führt die Geschäfte. Harry und Janice verbringen die Hälfte des Jahres in ihrem Apartment in Florida. Als Nelson kurz vor der Jahreswende 1988/89 mit seiner Frau Pru und den zwei Kindern zu Besuch kommt, fällt er durch nervöses Benehmen und lange Abwesenheiten auf. Jani-

ce erfährt von Pru, dass er Kokain nimmt. Der unter einer unbändigen Esssucht leidende, stark übergewichtige Harry unternimmt mit seiner neunjährigen Enkelin einen Bootsausflug, erleidet dabei einen Herzinfarkt und kommt ins Krankenhaus.

Nach der Rückkehr nach Brewer besucht Harry seine langjährige Geliebte Thelma, die an einer Autoimmunkrankheit leidet. Sie wirft ihm vor, er habe sie nie geliebt, und will die Beziehung zu ihm abbrechen. Von ihr erfährt nun auch Harry, dass sein Sohn kokainsüchtig ist. Gespräche mit Angestellten der Firma bestätigen seinen Verdacht, dass Nelson und dessen Buchhalter, der aidskranke, schwule Lyle, sich an der Firma bereichert haben. Während Nelson eine dreimonatige Entziehungskur macht, lässt sich Harry im Krankenhaus die Herzkranzgefäße weiten – er hat Angst vor einer Bypass-Operation. Janice, die eine Ausbildung zur Immobilienmaklerin begonnen hat, bringt ihren Mann für den Abend nach der Entlassung bei Pru unter, weil sie eine Prüfung hat und ihn nicht allein zu Haus lassen will. Es kommt zu einer sexuellen Begegnung zwischen Harry und seiner Schwiegertochter.

Harry übernimmt während Nelsons Abwesenheit die Leitung der Firma und muss erleben, dass ihr wegen Nelsons Betrügereien die Lizenz entzogen wird. Nelson kehrt von der Rehabilitation geheilt, aber mit einem für Harry schwer erträglichen Predigerton zurück. Harry bleibt nun zu Hause, Janice und Nelson kümmern sich um die finanziellen Belange: Die Firma soll verpachtet und das Haus verkauft werden, um Nelsons Schulden zu begleichen.

Als Pru vom Seitensprung mit Harry erzählt, entzieht sich dieser einer Konfrontation mit Frau und Sohn, indem er zum Apartment in Florida fährt. Dort führt er ein stilles Leben, beherzigt die Ratschläge der Ärzte, ändert seine Ernährung und geht viel spazieren. Als er – in

Alexandra Kedves 2002 in der *Neuen Zürcher Zeitung* zu den *Rabbit*-Romanen:

Updikes Held Harry »Rabbit« Angstrom... hat Frau und Kind und Geliebte, aber bloß ein Hasenherz, das für niemand anderen schlägt als für ihn selbst und das trommelt und peitscht, derweil er rennt und rennt – dem Tod davon, dem Leben hinterher. Er... stirbt schließlich Ende der Achtziger, feist und unerlöst. Das letzte Wort des vierten Rabbit-Romans lautet »enough« (genug).

seiner Jugend einst ein Basketballstar – einen schwarzen Jungen zum Match herausfordert, erleidet er einen weiteren, diesmal tödlichen Herzinfarkt.

Der Roman bezieht seine Kraft aus der genauen und einfühlsamen Schilderung der Begierden, Ängste, Egoismen und Verbohrtheiten eines Durchschnittsamerikaners, der zwar ein Schuft ist, aber trotz seiner Beschränktheit und Hartherzigkeit doch die Sympathie und das Mitleid des Lesers zu gewinnen vermag. Dem banalen Leben, das Harry Angstrom zwischen Sexualtrieb, Todesangst und Sehnsucht nach Angenommensein in einem wirtschaftlich heruntergekommenen Amerika führt, in dem die Japaner die Macht übernommen zu haben scheinen, weiß Irving eine metaphysische Dimension zu geben.

Wirkung: *Rabbit in Ruhe* wurde von der Kritik begeistert aufgenommen. Vielen gilt das Werk als das gelungenste des Autors. *B. Be.*

Leon Uris, *Exodus;* links: Umschlag der deutschsprachigen Ausgabe der Büchergilde Gutenberg 1961; rechts: Umschlag der deutschsprachigen Erstausgabe 1959

Uris, Leon

US-amerikan. Schriftsteller,

*3.8.1924 Baltimore (Maryland)

📖 *Exodus*, 1958

Leon Uris ist einer der erfolgreichsten US-amerikanischen Autoren des 20. Jahrhunderts. Seine literarische Methode, bedeutende historische Ereignisse der jüngeren Geschichte von einem fiktiven Personal durchleben zu lassen, fand bei Kritikern und Historikern zuweilen wenig Verständnis, stieß bei Lesern jedoch auf Begeisterung da Uris es meisterhaft versteht, Themen auf interessante Art nahe zu bringen.

1924 in Baltimore als Sohn eines Tapezierers geboren, verließ Uris mit 17 Jahren die Schule, um als Freiwilliger ins US-amerikanische Marinekorps einzutreten. Aus den Erlebnissen während der Zeit im Marinekorps entstand sein literarisches Debüt *Urlaub bis zum Wecken* (1953), ein realistischer Kriegsroman im Stil von Norman → Mailer. 1956 erlebte Uris als Korrespondent den arabisch-israelischen Militärkonflikt und begann mit der Arbeit an dem Roman *Exodus*, der ein Welterfolg wurde.

Umfangreiche Recherchen und lange Reisen an den Schauplätzen seiner Bücher kennzeichneten die Arbeitsweise von Uris. Die Themen seiner Romane fand Uris zumeist in der Geschichte der Juden, er verfasste u. a. aber auch ein viel beachtetes Irland-Epos (*Trinity,* 1976) über die Geschichte der Grünen Insel von 1840 bis zum Osteraufstand von 1916.

Biografie: K. Shine Cain, *Leon Uris,* 1998.

Exodus

OT *Exodus* **OA** 1958 **DE** 1959
Form Roman **Epoche** Moderne

In *Exodus,* seinem erfolgreichsten Roman, erzählt Leon Uris vom Aufbruch der verfolgten, gemarterten und enteigneten Juden nach dem Zweiten Weltkrieg in ihre neue Heimat und den problematischen Anfängen des Staates Israel. Das Buch ist von Kritikern als „erschütternder Reißer" bezeichnet worden und diese Charakterisierung trifft Form und Gehalt des Romans sehr gut: auf fesselnde Weise erzählt und geschickt dramatisiert, schildert der Autor die Geschichte eines der bewegendsten Ereignisse des 20. Jahrhunderts.

Entstehung: Für die Recherchen zu diesem Buch reiste Uris zwei Jahre lang durch die Welt und interviewte Hunderte von Zeitzeugen. Das Einwandererschiff Exodus, das der Autor im Roman mit dreihundert jüdischen Flüchtlingskindern von Zypern nach Palästina reisen lässt,

---

Hauptfiguren in »Exodus« von Leon Uris

Mark Parker: Der US-amerikanische Journalist und Kriegsberichterstatter gerät eher zufällig in das Geschehen um die Exodus und stellt seine guten Kontakte sowie journalistischen Fähigkeiten in den Dienst der Sache, um die Weltöffentlichkeit auf die skandalösen Vorgänge um die jüdischen Flüchtlinge aufmerksam zu machen.
Katherine Fremont: Die US-amerikanische Krankenschwester ist im Einsatz an den Brennpunkten in Nahost, da sie den Tod von Mann und Tochter so am ehesten überwinden zu können glaubt. Sie entscheidet sich erst zur Unterstützung der Fluchtaktion, als sie ein jüdisches Mädchen kennen lernt, das sie an ihre verstorbene Tochter erinnert.
Ari ben Kanaan: Der Sohn eines in Russland geborenen Rabbis, der Ende des 19.

Jahrhunderts nach Palästina auswanderte, ist Leiter der Exodus-Aktion. Kanaan ist ein führender Kopf der jüdischen Untergrundsbewegung, der in illegaler Arbeit auf den lang ersehnten Tag der Staatsgründung hinarbeitet.
Karen Clement: Die Tochter eines deutsch-jüdischen Professors aus Köln überlebt als Kind den Krieg unter falscher Identität bei einer dänischen Familie und verlässt ihre neue Heimat, um sich auf die Suche nach ihrer Familie zu machen.
Dov Landau: Der Sohn eines polnischen Juden erlebt als Kind die Zeit im Warschauer Ghetto und kommt als einziger Überlebender seiner Familie nach Auschwitz. Er ist von Hass und Rachegedanken beherrscht, die er jedoch erst in der Liebe zu Karen überwinden kann.

---

hat es tatsächlich gegeben: es fuhr 1947 mit 4500 jüdischen Überlebenden aus Europa nach Palästina, wurde aber von britischen Schiffen aufgebracht. Die Menschen wurden gegen ihren Willen nach Deutschland zurückgebracht. **Inhalt:** Im November 1946 reist Mark Parker, ein US-amerikanischer Journalist, nach Zypern, um seine alte Jugendfreundin Katherine Fremont wiederzusehen, die – um den Tod von Mann und Tochter zu überwinden – in den kriegserschütterten Regionen Europas als Krankenschwester aktiv ist. Zypern steht in diesen Jahren im Blickpunkt der großen Politik, da die Briten dort jene Juden interniert haben, derer sie bei der illegalen Einwanderung nach Palästina habhaft wurden. Jüdische Untergrundorganisationen planen einen spektakulären Ausbruch von dreihundert Kindern aus einem Internierungslager, um sie auf einem maroden Schiff nach Palästina zu bringen, und können Mark und Katherine für die Mithilfe bei ihrer heiklen Mission gewinnen. Als die Kinder sich schließlich auf dem Schiff befinden, weigern sich die britischen Militärs, das Schiff auslaufen zu lassen. Von Mark Parker über die Vorgänge bestens informiert, berichtet die Presse in der ganzen Welt über den aufsehenerregenden Fall. Erst als der Kopf der Flucht-Aktion ankündigt, falls der Exodus nicht erlaubt werde auszulaufen, würden täglich zehn Freiwillige auf der Brücke des Schiffs vor den Augen der Öffentlichkeit Selbstmord begehen, gibt der britische Kommandant nach und erlaubt die Ausreise.

In Palästina geraten die Menschen in die dramatischen Auseinandersetzungen zwischen Juden, Arabern und Engländern. Der Leser erfährt die Vorgeschichte der Hauptfiguren in den NS-Lagern, im Warschauer Ghetto sowie im dänischen Untergrund.
Struktur: Der Roman ist in fünf Kapitel eingeteilt. Die Erzählgegenwart reicht von 1946 bis 1949, über den Zeitpunkt der Gründung des Staates Israel hinaus. In die Handlung sind umfangreiche Rückblicke eingebaut, die zum einen die Vorgeschichte der Hauptfiguren erläutern, aber auch Aufschluss über historische Hintergründe, etwa die Geschichte des Zionismus geben. Die fiktive Handlung wird zuweilen durch Einschübe dokumentarischer Art ergänzt, so etwa die Schilderung der UNO-Abstimmung über die Teilung Palästinas.
Wirkung: Der Roman *Exodus* ist eines der meistgelesenen Bücher der Weltliteratur. Es wurde in den USA der größte Erfolg seit *Vom Winde verweht* (1936) von Margaret → Mitchell und ist, in rund 50 Sprachen übersetzt, weltweit in Millionenauflagen verkauft worden. Die spektakuläre Verfilmung des Stoffs, mit Paul Newman in der Hauptrolle, unternahm 1960 Otto Preminger. *R. F.*

Vanderbeke, Birgit

dt. Schriftstellerin

*8.8.1956 in Dahme (Brandenburg)

📖 *Alberta empfängt einen Liebhaber*, 1997

Kaum einer deutschen Schriftstellerin ist in den letzten Jahren ein so perfekter Start gelungen wie Birgit Vanderbeke. Der Dreiklang des Erfolgs lautet: Ingeborg-Bachmann-Preis, großes Rezensentenlob, gute Verkaufszahlen. Zentrale Themen ihres Werks sind Familie, Liebe und Spießertum, die sie dem Leser mit großem Sprachwitz nahe bringt.

1961, im Alter von fünf Jahren, siedelte Vanderbeke mit ihrer Familie aus der Mark Brandenburg nach Westdeutschland über. Während ihres Studiums arbeitete sie als Sekretärin im Frankfurter Institut für Sozialforschung. Bereits die Kombination ihrer Studienfächer – Jura und Romanistik – zeigte, dass sie nicht zu den Stromlinienförmigen gehört.

Ihre literarische Karriere begann 1990, als Vanderbeke mit einem Auszug aus der Erzählung *Das Muschelessen* (1990) am Klagenfurter Ingeborg-Bachmann-Wettbewerb teilnahm und siegte. Wegen ihrer scharfen Auseinandersetzung mit der bürgerlichen Kleinfamilie wurde Vanderbeke zu dieser Zeit häufig mit Thomas → Bernhard verglichen. In rascher Folge legte die Autorin weitere Erzählungen vor, in denen der Familie stets eine prominente Rolle zukommt. Einen humorvolleren Ton schlägt Vanderbeke seit *Alberta empfängt einen Liebhaber* (1997) an, ihrem bisher größten Erfolg. Die unterhaltsame und gleichzeitig anspruchsvolle Geschichte einer verkorksten Liebe wurde von den Rezensenten und Lesern hoch gelobt.

Seit 1994 lebt Vanderbeke mit ihrer Familie in Südfrankreich. Die Höhen und Tiefen des Wechsels von Deutschland in das sonnigere Nachbarland hat sie zum Thema ihrer Erzählung *Ich sehe was, was du nicht siehst* (1999) gemacht. Zunehmend Gewicht erhält in den neueren Büchern von Vanderbeke die Auseinandersetzung mit der Rolle des Künstlers in der Gesellschaft (*abgehängt*, 2001).

Birgit Vanderbeke

Birgit Vanderbeke über ein Prinzip ihres Schreibens:

Wenn ich weiß, ein Stoff ist mir wichtig, stelle ich ihm Teile meiner Biografie zur Verfügung. Das ist wie ein Leihvorgang. Ich borge der Erzählung Teile meiner Biografie.

Alberta empfängt einen Liebhaber

OA 1997 **Form** Erzählung **Bereich** Gegenwart

In der verqueren Liebesgeschichte über ein Paar, das sich immer wieder über den Weg läuft und jedes Mal nach einem neuen Anfang sucht, entdeckten viele Leser einen Teil ihrer eigenen Biografie wieder.

Birgit Vanderbeke, *Alberta empfängt einen Liebhaber*, Umschlag der Originalausgabe 1997

Entstehung: *Alberta empfängt einen Liebhaber* ist die sechste Erzählung von Birgit Vanderbeke und die dritte, die sie nach dem Umzug ins Languedoc schrieb. Entstanden ist das schmale Buch in wenigen Wochen. Von langem Feilen an einzelnen Sätzen hält die Autorin nichts, wie sie in Interviews immer wieder betont. Ihr Geheimnis liege darin, den einmal gewonnenen Erzählschwung zu nutzen.

Inhalt: Alberta, die Protagonistin, und Nadan, der Astrophysiker, waren schon mehrmals ineinander verliebt. Zuerst in den engagierten 1970er-Jahren. Das zweite Mal kommen die beiden in den 1980er-Jahren zusammen. Sie wollen wollen aus ihrem bisherigen Leben ausbrechen, nach Paris, schaffen es aber nur bis Ludwigshafen, weil sie unterwegs erkennen, dass ihre Liebe für ein gemeinsames Leben der beiden unterschiedlichen Charaktere nicht stark genug ist: Alberta, die Unberechenbare und Nadan, der Ordentliche, wissen, »dass von allen danebengegangenen Geschichten unsere miteinander die danebengegangenste ist, und zwar schon von Anfang an und daher für alle Zeit bis zum jüngsten Tag«. Trotz dieses Wissens kommt es zu einer dritten Begegnung, bei der sich die Voraussetzungen geändert haben: Nadan führt inzwischen eine Familie, Alberta ihr eigenes Leben. Sie empfängt den Bilderbuchspießer als Liebhaber.

Aufbau: Die Geschichte von Alberta und Nadan ist kunstvoll-raffiniert mit einer anderen verknüpft: Diese setzt mit dem zweiten Kapitel (*Jean-Philippe*) ein und enthüllt den Alberta-Nadan-Plot als Fiktion aus der Feder einer Autorin, die mit ihrem französischem Gatten und einem Kind bei ihren Schwiegereltern im Rhône-Tal lebt. Über das Ende der Alberta-Nadan-Geschichte, der im Buch das erste Kapitel (*Eine Mizzebill*) gewidmet ist, kommt es zwischen dem in Frankreich lebenden Paar zum Streit. Um den Ehekrach beizulegen, verfasst die fiktive Autorin schließlich einen neuen Schluss: Sie führt Alberta und Nadan in den 1990er-Jahren das besagte dritte Mal zusammen – im Buch das dritte Kapitel (*Alberta empfängt einen Liebhaber*), dessen Titel Vanderbeke als Buchtitel wählte.

Wirkung: Wie in ihren anderen Texten überzeugte Vanderbeke auch in *Alberta empfängt einen Liebhaber* vor allem durch ihre klare, aufs Wesentliche konzentrierte Sprache, mit der sie aus der Binnensicht die Intellektuellen des ausgehenden 20. Jahrhunderts charakterisiert. Sie beschreibt die Schwierigkeiten der Liebe dabei so überzeugend, dass sich die Kritik und ihre rasch wachsende Lesergemeinde schnell einig waren: Das Buch sei – so *Der Tagesspiegel* – »ein Glücksfall«.

Nicht unerheblichen Anteil an der gelungenen Vermarktung von *Alberta empfängt einen Liebhaber* hat auch der von dem Hamburger Grafikerbüro Buchholz/Hinsch/Hensinger gestaltete Schutzumschlag unter Verwendung des Fotos *Betty* (1988) von Gerhard Richter: Die zurückblickende Halbfigur mit dem Haarknoten wurde für viele Leserinnen zur Ikone der selbstbewussten Frau. *M.E.*

Die wichtigsten Bücher von Mario Vargas Llosa	
Die Stadt und die Hunde 1963	In diesem autobiografischen Roman über das Leben in der Kadettenanstalt Leoncio Prado rechnet Vargas Llosa mit den Idealen der peruanischen Armee und ihrer gesellschaftlichen Funktion ab.
Das grüne Haus 1966	Der Autor zeichnet in diesem aus einer frühen Erzählung entstandenen Roman das düstere, pessimistische Bild seines durch ökonomische, soziale und kulturelle Differenzen zerrissenen Heimatlandes.
Gespräch in der Kathedrale, 1969	Dieser als Gespräch zwischen zwei Menschen, die beide vom Leben enttäuscht sind, konzipierte Roman handelt von den Zuständen unter dem diktatorischen Regime der 1950er Jahre in Peru.
Der Hauptmann und sein Frauenbataillon, 1973	Im Mittelpunkt dieses kritisch-ironischen Romans steht als komische und zugleich tragische Figur der Hauptmann Pantaleón Pantoja, der die peruanische Armee mit Prostituierten versorgen soll. → S. 1101
Tante Julia und der Lohnschreiber, 1977	In diesem autobiografisch geprägten Unterhaltungsroman erzählt Vargas Llosa von einer Liebesbeziehung, die von der Gesellschaft der 1950er Jahre in der peruanischen Hauptstadt Lima angefeindet wird.
Der Krieg am Ende der Welt, 1981	Der Autor beleuchtet in diesem Buch, einem »historischen Abenteuerroman«, eine von einem religiösen Fanatiker angeführte Revolution Ende des 19. Jahrhunderts in Brasilien.
Maytas Geschichte 1984	In diesem politischen Roman erzählt Vargas Llosa in zehn Kapiteln die Lebensgeschichte des alt gewordenen, gescheiterten trotzkistischen Revolutionärs Alejandro Mayta in Peru.
Das Fest des Ziegenbocks, 1999	Dieser Roman über die autokratische Regierung des Diktators Trujillo in der Dominikanischen Republik beleuchtet die Auswirkungen von Machtmissbrauch und menschenverachtender Brutalität. → S. 1101

Vargas Llosa, Mario

peruan. Schriftsteller

*28.03.1936 Arequipa

📖 *Der Hauptmann und sein Frauenbataillon*, 1973

📖 *Das Fest des Ziegenbocks*, 1999

Mario Vargas Llosa gehört seit Ende der 1960er Jahre zu den bekanntesten lateinamerikanischen Autoren. Sein umfangreiches Gesamtwerk, das neben zahlreichen Romanen auch Erzählungen, Theaterstücke und Essays umfasst, spiegelt seine tiefe Verbundenheit mit den Problemen seines Heimatlandes sowie sein starkes politisches Engagement wider.

Vargas Llosa wurde an einer Militärschule erzogen. Bereits sein erster, 1963 veröffentlichter Roman *Die Stadt und die Hunde* wurde ein Welterfolg. Vargas Llosa studierte in Madrid Literaturwissenschaft und lebte in Paris, Barcelona, London und Washington D.C., wo er an der Universität lehrte. 1974 kehrte er nach Peru zurück. 1977 wurde er zum Präsidenten des Internationalen P.E.N.-Clubs gewählt. 1990 trat Vargas Llosa als Kandidat der Konservativen zu den peruanischen Präsidentschaftswahlen an und unterlag Alberto Fujimori (* 1938) in der Stichwahl.

Vargas Llosa ließ sich nie auf nur ein Genre festlegen, sondern überraschte seine Kritiker immer wieder mit historischen Romanen, autobiografischen Erzählungen, politischen Betrachtungen und humoristischer Fiktion.

Biografie: T. M. Scheerer, *Mario Vargas Llosa – Leben und Werk. Eine Einführung*, 1991.

Der Hauptmann und sein Frauenbataillon

OT Pantaleón y las visitadoras **OA** 1973 **DE** 1974
Form Roman **Epoche** Gegenwart

In *Der Hauptmann und sein Frauenbataillon* erzählt Mario Vargas Llosa vom Erfolg und Scheitern des Soldaten Pantaleón Pantoja, des Organisators eines gut funktionierenden Prostituierten-»Services« in der peruanischen Armee. Anhand des Schicksals seines Protagonisten übt der Autor scharfe Kritik an den zu einer bloßen Farce verkommenen Wert- und Moralvorstellungen des peruanischen Militärs.

Inhalt: Hauptmann Pantaleón Pantoja erhält einen brisanten Geheimauftrag – er soll die peruanische Armee in einem abgelegenen Amazonasgebiet mit Prostituierten versorgen und so den bisherigen Schändungen und Vergewaltigungen durch Soldaten entgegenwirken. Gewohnt, Befehle loyal auszuführen, macht sich Pantaleón sogleich an die neue Aufgabe, obwohl sie ihn in seiner militärischen Ehre verletzt und ihn zwingt, Mutter und Ehefrau zu belügen. Bald ist er aufgrund seines organisatorischen Talents und seines Fleißes so erfolgreich, dass sich der »Frauen-Service« kaum noch länger geheim halten lässt und seinen Vorgesetzten, die um den guten Ruf der Armee bangen, mehr und mehr zur Last fällt. Als sich Pantaleón Pantoja dann auch noch in eine seiner »Betreuerinnen« verliebt und seine bislang streng geheime Aufgabe ausplaudert, wird er in eine andere Region versetzt und der »Versorgungsdienst« aufgelöst. Letztlich, und hier wird der komische Held zu einer zutiefst tragischen Figur, erlebt Pantaleón Pantoja am eigenen Leib den Gegenstand seines Auftrags: die Unterdrückung aller Leidenschaft durch bürokratisch-militärische Mittel.

Wie auch in anderen Romanen übt Vargas Llosa scharfzüngige Kritik an der peruanischen Armee, deren strikte militärische Hierarchie »jede Spontaneität tötet« und die den Anspruch erhebt, jede Sphäre der Gesellschaft zu regeln – selbst die Prostitution. Dadurch, dass Pantaleón Pantoja, der nach außen hin aufrechte, stolze Hauptmann, privat als von Mutter und Ehefrau umsorgtes Muttersöhnchen dargestellt wird, demontiert Vargas Llosa den durch den Soldatenberuf symbolisierten lateinamerikanischen Männlichkeitswahn. So erscheint ganz Peru als ein von Lächerlichkeit, Inkompetenz, absurden Moralvorstellungen, falschem Ehrgeiz und Korruption geprägtes Land.

Aufbau: Vargas Llosa situiert den Erzähler weit außerhalb des Geschehens, um den Leser weder zu Solidarität noch zu Sympathie zu veranlassen. Kunstvoll erscheint die Vermischung verschiedener Perspektiven, die den Protagonisten abwechselnd als lächerliche Figur und als tragisches Opfer der eigenen Aufgabe darstellen. Nicht das Erzählen ist jedoch das bevorzugte Darstellungsmittel, sondern das Zitieren von militärischen Berichten, Dekreten, Briefen, Radiosendungen oder Zeitungskommentaren. Daneben beschreibt Vargas Llosa das Innenleben seiner Hauptfigur in mehreren Albträumen.

Wirkung: Kritiker in aller Welt waren zunächst verunsichert über diesen Roman, der auf den ersten Blick ganz anders war als die bis zu diesem Zeitpunkt erschienenen Werke von Vargas Llosa. Doch hinter der spöttischen Komik übt der Autor auch mit *Der Hauptmann und sein Frauenbataillon* beißende Kritik an den Zuständen in der peruanischen Armee und vor allem an ihrem Anspruch, alle Sphären der Gesellschaft zu regeln, selbst die Prostituion. Gleichzeitig demontiert Vargas Llosa in der Figur des Pantaleón Pantoja den durch den Soldatenberuf symbolisierten lateinamerikanischen Männlichkeitswahn. *A. He.*

Mario Vargas Llosa 1989

Das Fest des Ziegenbocks

OT La fiesta del chivo **OA** 1999 **DE** 2001
Form Roman **Epoche** Moderne

In seinem Roman *Das Fest des Ziegenbocks* zeichnet Mario Vargas Llosa ein erschreckendes, düsteres Porträt der Dominikanischen Republik während der über 30-jährigen blutigen Diktatur des Generals Rafael Leónidas Trujillo, der 1961 einem Attentat zum Opfer fiel. Im Mittelpunkt dieses Romans über Macht, Gewalt und Sexualität steht die reale Figur des Diktators, im Volksmund »Ziegenbock« genannt. Den peruanischen Autor interessiert insbesondere die

Auszug aus Der Hauptmann und sein Frauenbataillon *von Mario Vargas Llosa:*

Die maximale Zeit je Dienstleistung beträgt zwanzig Minuten. Ausnahmsweise kann in Einheiten, in denen die Anzahl der Benutzer die minimale Arbeitsziffer der Betreuerinnen (zehn) nicht erreicht, die Zeit pro Dienstleistung auf dreißig Minuten – auf keinen Fall auf mehr – verlängert werden. In den Instruktionen muss den Benutzern erklärt werden, dass die Dienstleistungen von der als normal angesehenen Art sein müssen und die Betreuerinnen nicht verpflichtet sind, irgendein Verlangen ungebräuchlichen oder entarteten Charakters, widernatürliche Vorstellungen, Perversionen oder fetischistische Eigenheiten zu befriedigen.

Hauptfiguren in »Das Fest des Ziegenbocks« vom Mario Vargas Llosa

Rafael Leónidas Trujillo: Der Diktator führt zwischen 1930 und 1961 in der Dominikanischen Republik ein von äußerster Brutalität, Männlichkeitswahn und Menschenverachtung geprägtes Regime. 1961 fällt er einem Attentat zum Opfer.

Joaquín Balaguer: Der Nachfolger von Trujillo, trotz einiger Reformen geistiger Erbe des »Trujillismo«, ist zur Zeit der Diktatur Staatspräsident und wird von Trujillo als »harmloser Schöngeist« verspottet.

Urania Cabral: Die Exildominikanerin ist die Tochter eines ehemaligen Günstlings des Despoten Trujillo. Sie wird als 14-Jährige vom Diktator vergewaltigt und kehrt in ihre Heimat zurück, um mit dem Vater und der eigenen Vergangenheit abzurechnen.

Ramfis Trujillo: Der Sohn des Diktators ist ein verschwenderischer Lebemann und

Frauenheld. Er gilt lange als natürlicher Nachfolger seines Vaters und geht nach dessen Tod ins Exil.

Agustín Cabral: Der ehemalige Senator und Günstling des Diktators fällt später in Ungnade. Er opfert Trujillo die Jungfräulichkeit seiner Tochter Urania. Jahrelang dämmert er in völliger Apathie vor sich hin.

Johnny Abbes: Der mächtige Chef des dominikanischen Geheimdienstes ist einer der engsten Mitarbeiter von Rafael Trujillo und verantwortlich für die Verfolgung und Ermordung unzähliger Oppositioneller.

Antonio de la Maza: Er ist einer der sieben Verschwörer und stammt aus einer Trujillo-kritischen Familie. Vom Regime verschuldeten Tod seines Bruders ist er erfüllt von persönlichen Rachegelüsten. Nach dem Attentat wird er ermordet.

Frage, weshalb das dominikanische Volk den Grausamkeiten und der Willkür des Trujillo-Regimes jahrzehntelang keinerlei Widerstand entgegensetzte.

Inhalt: Urania Cabral kehrt nach langen Jahren des Exils in ihre dominikanische Heimat zurück, um endlich Gewissheit über ihre Vergangenheit und die Rolle ihres Vaters, den sie in völliger Apathie vorfindet, während der Diktatur zu erlangen. Kurz vor dem Tod des Diktators hatte sie mit dem Wissen ihres eigenen Vaters ihre Jungfräulichkeit an den Despoten verloren und war in die USA geflohen.

In verschiedenen Rückblicken, die immer wieder um das entscheidende Jahr 1961 kreisen, präsentiert Vargas Llosa zahlreiche Details einer despotischen Herrschaft, welche die Volksmassen ausbeutete, Militär und Industrie beherrschte, Hunderte politischer Gegner verschwinden ließ und dem »Generalissimus«, wie Trujillo sich selbst zuerkannte, das Recht zuerkannte, die Ehefrauen und Töchter seiner Würdenträger sexuell zu missbrauchen.

Dennoch, und diesen Widerspruch arbeitet der Autor in überzeugender Weise heraus, wurde Trujillo in seiner Heimat eher verehrt als gehasst und bekämpft. *Das Fest des Ziegenbocks* ist somit auch ein Roman über die Passivität eines Volks, in dem Feiglinge und korrupte Mitläufer den Ton angaben.

Gleichzeitig erzählt Vargas Llosa vom langen, zermürbenden Warten der sieben Attentäter, die 1961 dem mittlerweile 70-jährigen Diktator, erfüllt von persönlichen Rachegelüs-

Mario Vargas Llosa
Das Fest des Ziegenbocks
Roman
Suhrkamp

ten, nach dem Leben trachteten. Der Anschlag gelang und dennoch – so das ernüchternde Fazit – starb der »Trujillismo« nicht mit dem Diktator, sondern lebte in Gestalt seines Nachfolgers Balaguer noch viele Jahre fort.

Aufbau: In *Das Fest des Ziegenbocks* kombiniert Vargas Llosa in überzeugender Weise geschichtliche Daten und Persönlichkeiten einerseits und Fiktion andererseits. Auch Urania Cabral, anhand deren Schicksal die Gräuel einer ganzen Ära aufgedeckt werden, ist eine fiktive, wenn auch nach Worten des Autors »ungemein wahrscheinliche« Gestalt. Geschickt verbindet Vargas Llosa die Biografien der Günstlinge wie der Opfer des Diktators zu einer Anklage gegen ein unmenschliches Regime und bewegt sich hierbei abwechselnd in der Gegenwart der 1990er Jahre und der Vergangenheit.

Wirkung: Der kritische, realistische Diktatorenroman wurde auf der ganzen Welt als überzeugendes Lehrstück gegen den Missbrauch der Macht begeistert aufgenommen. Lediglich in der Dominikanischen Republik fühlte man sich angegriffen. Die Verärgerung ging sogar so weit, dass der peruanische Autor bei der Buchpräsentation in Santo Domingo Morddrohungen erhielt. Er selbst sagte einmal, der Roman spiele zwar in der Dominikanischen Republik und sei an die Gestalt von Leónidas Trujillo angelehnt, die »spirituelle Knechtschaft«, um die es ihm in erster Linie gegangen sei, existiere jedoch in jeder Diktatur der Welt. *A. He.*

Vasari, Giorgio

italien. Maler, Bildhauer, Baumeister und Kunstschriftsteller

* 1511 Arezzo, † 1574 Florenz

📖 *Leben der ausgezeichnetsten Maler, Bildhauer und Baumeister von Cimabue bis zum Jahre 1567*

Giorgio Vasari ist heute außer als Architekt vor allem als Autor des biografischen Standardwerks über das *Leben der ausgezeichnetsten Maler, Bildhauer und Baumeister von Cimabue bis zum Jahre 1567* bekannt. Mit dieser Sammlung der Lebensgeschichten der bildenden Künstler vom 13. bis zum 16. Jahrhundert gilt Vasari als Mitbegründer der Kunstgeschichtsschreibung.

In Arezzo ursprünglich als Glasmaler ausgebildet, ging Vasari 1524 nach Florenz und arbeitete im Umfeld der Maler Andrea del Sarto (1486–1530) und Baccio Bandinelli (1493 bis 1560). 1531 kam Vasari im Auftrag des Kardinals Ippolito de' Medici nach Rom, wo er mit Francesco Salviati (1510–63) arbeitete.

Nachdem Vasari in Città di Castelli, Bologna und Venedig (Deckenmalereien im Palazzo Cornaro) tätig war, arbeitete er ab Anfang der

1540er Jahre vor allem in Rom und Florenz. In diese Zeit fällt die Freundschaft und Zusammenarbeit mit Michelangelo (1475–1564). Damals begann er auch mit der Arbeit an seinem Buch der Künstlerbiografien (*Vite*). Nachdem er ab 1550 in Rom mit den Plänen für die Villa Giulia befasst gewesen war, ließ er sich Mitte der 1550er Jahre endgültig in Florenz nieder. Hier entstanden ab 1560 gemeinsam mit dem Baumeister Bernardo Buontalenti (1536–1608) die *Uffizien*, deren Vollendung 1588 Vasari nicht mehr erlebte. Die Villa Giulia wie auch die *Uffizien* weisen ihn als Meister der Herrschaftsarchitektur aus. In Florenz gründete er 1563 der erste Kunst-Akademie nach neuzeitlichem Verständnis.

1568 erschien die zweite, erweiterte Fassung seines Buchs. Neben dieser wichtigen Quelle der Kunstgeschichte hat Vasari mit der Einführung der Wandeldekorationen auch für die Theatergeschichte Bedeutendes geleistet.

Leben der ausgezeichnetsten Maler, Bildhauer und Baumeister von Cimabue bis zum Jahre 1567

OT Le vite de' più eccellenti architetti, pittori, et scultori italiani, da Cimabue insino a' tempi nostri: descritte in lingua Toscana, da Giorgio Vasari Pittore Aretino. Con una sua utile & necessaria introduzione a le arti loro
OA 1550 **DE** 1832–49 (6 Bde.)
Form Sachbuch **Bereich** Kunst

Giorgio Vasari hat mit seinem Buch, in dem er alphabetisch die Lebensgeschichte bildender Künstler sowie deren Werke darstellt und sich zugleich um Wertungen bemüht, den Grundstein für eine stilkritische Kunstgeschichtsschreibung gelegt.
Entstehung: *Leben der ausgezeichnetsten Maler, Bildhauer und Baumeister von Cimabue bis zum Jahre 1567* lautet der Titel der ersten deutschen Gesamtausgabe (1832–49) der *Vite*, deren erster Ausgabe von 1550 im Jahr 1568 eine zweite erweiterte Ausgabe mit den Lebensbeschreibungen weiterer Künstler seiner Zeit folgte (erst 142, dann 159). In der zweiten Ausgabe sind den einzelnen Lebensbeschreibungen in Holz geschnittene Bildnisse der Künstler vorangestellt. Bis heute ist die *Vite* (in der Ausgabe von 1568) eine der wichtigsten Quellenschriften für den Kunsthistoriker, der sich mit der Kunstgeschichte Italiens vom 13. bis zum 16. Jahrhundert befasst.
Inhalt: Neben einer umfassenden Leben-Werk-Darstellung einiger Künstler stellt Vasari die Arbeit seiner Zeitgenossen in einen Kontext, in dem die Wertigkeit der Kunstwerke zueinander deutlich wird. Darin liegt neben dem poetischen und erzählerischen Wert der Lebensbeschreibungen die bis heute wirksame Bedeutung des Buchs.

Im Vorwort sowie in der Abhandlung, *Einführung in die drei Zeichenkünste, nämlich Architektur, Malerei und Bildhauerei* stellt Vasari modellartig dar, unter welchen Aspekten er die Entwicklung der Kunst von der Antike bis zum Jahr 1567 betrachtet und bewertet. So schildert er u.a., warum die Kunst der Bildhauerei eine ebenso komplexe ist wie die Malerei, der bis dahin in der Bewertung der Vorrang gegeben wurde, da das Umsetzen des Räumlichen in die Fläche in der Renaissance als eine bedeutendere Leistung eingestuft worden war. Hat sich der Leser in den alten Sprachgestus der Texte eingelesen, so hat er eine anregende, zeitweilig spannende Lektüre vor sich.
Wirkung: Das Werk bildet die Grundlage für die Bewertung sowie den Vergleich von Kunst. Um einen besonderen Aspekt der *Vite*, Vasaris Entwicklungsmodell der Kunst und deren Zielpunkt, die »Maniera Moderna«, die neue Art künstlerischer Arbeit, aus Sicht der neueren Kunstgeschichte zu beleuchten, hat das Kunstgeschichtliche Institut der Johann Wolfgang Goethe-Universität Frankfurt/Main eine neue Übersetzung des Vorwortes zum dritten Teil, sowie die Lebensbeschreibungen von Leonardo da Vinci, Giorgione und Correggio, als der drei ersten Vertreter der »Maniera moderna«, mit historischem Kommentar auf einer CD-ROM herausgebracht. *M.P.S.*

Giorgio Vasari; Selbstporträt des Künstlers 1566–68

Vatsyayana, Mallanaga

ind. Dichter, um 400

📖 *Das Kamasutra*, entst. um 350

Mallanaga Vatsyayana gehörte der höchsten indischen Kaste an und war Priester. Das *Kamasutra* – das weltweit bekannteste Lehrbuch über die indische Liebeskunst – schrieb er in Sanskritsprache für die gebildeten Städter und vermögenden Lebemänner und der gebildeten Freudenmädchen, denen es zu höherem Liebes- und Lebensgenuss (kama) verhelfen sollte, einem der drei Lebensziele der Hindus.

Als Brahmane betrachtete Vatsyayana seine Botschaft als religiöse Aufgabe, da die Erotik nach hinduistischer Auffassung im Unterschied zur christlichen Moral nicht nur dem Zweck der Fortpflanzung dient, sondern einen wichtigen Teil des Lebens repräsentiert. Über Vatsyayana ist außer seiner vermuteten Lebenszeit nichts

bekannt. Der Dichter selbst beruft sich in den Fragen der Liebeskunst auf neun ältere Autoritäten, die er öfter zitiert.

Kamasutra

OT Kamasutra **EZ** entst. um 350 **EA** 1891 **DE** 1897
Form Lehrbuch **Epoche** Asiatische Antike

Das *Kamasutra* – ein Leitfaden der Erotik – gilt als eines der wichtigsten kulturhistorischen Werke der Weltliteratur. Frei von moralischen Wertungen stellt das Buch Sexualpraktiken vor und vermittelt Einblicke in die antike asiatische Lebensweise.

Entstehung: Altindischen Überlieferungen zufolge verkündete der Schöpfergott Prajapati das *Kamasutra* in 10 000 Kapiteln. Shiva, einer der drei Hauptgötter des Hinduismus, soll es in 1000 Kapiteln zusammengefasst haben, bevor Svetaketu (um 600 v. Chr.), ein berühmter Philosoph der → Upanishaden-Zeit, es auf 500 Kapitel komprimierte. Die nachfolgenden Übersetzungen aus dem Sanskrit stützen sich auf anerkannte Kommentare aus späteren Jahrhunderten, die alle die Bezeichnung »sutra« (konzises, kurz gefasstes Lehrbuch) tragen.

Inhalt: Dem altindischen Leitsatz »Wenn etwas wert ist, getan zu werden, so ist es wert, gut getan zu werden« folgend, dient das Leben des Menschen einem dreifachen Ziel: dem Streben nach dem Guten (dharma), dem Nützlichen (artha) und dem Angenehmen (kama), wobei das Streben nach einem dieser Ziele den Blick auf die anderen nicht beeinträchtigen soll. In dem Maße, wie das *Kamasutra* die Sinnenfreuden des Lebens beschreibt, umfassen die bis ins 5. Jahrhundert v. Chr. zurückgehenden *Dharmasutras* die Gesamtheit der ethischen Normen,

während das *Arthasastra* des Kautilya (4. Jahrhundert v. Chr.) die altindische Lehre vom Welt- und Staatsleben beinhaltet. In diesem Zusammenhang betrachtet das *Kamasutra* Sexualität und Erotik ähnlich wie die Nahrungsaufnahme als wichtige Bestandteile des Lebens, die neben dem sinnlichen Genuss auch dem Fortbestand der Menschheit dienen.

Der erste Hauptteil (aufgeteilt in fünf Kapitel) enthält Kommentare über die Regeln zur Hygiene und die Einweisung junger Mädchen in die Liebeskunst durch buddhistische Nonnen. Der zweite Hauptteil (zehn Kapitel) behandelt den Geschlechtsverkehr, betrachtet die Vor- und Nachteile spezieller Beischlafstellungen und beschreibt besondere Kusstechniken. Im dritten Hauptteil (fünf Kapitel) werden Brautwerbung und Hochzeitsrituale besprochen.

Die beiden folgenden Hauptteile (zwei bzw. sechs Kapitel) veranschaulichen die Lebensumstände der Ehefrau bzw. das Verhalten des Gatten zu den Ehefrauen anderer Männer. Der sechste Hauptteil (sechs Kapitel) ist der Prostitution gewidmet und schildert die verschiedenen Methoden der Hetären, sich zu bereichern. Im letzten Hauptteil (zwei Kapitel) fasst Vatsyayana schließlich Geheimlehren und -rezepte zusammen, die für die sexuelle Stimulierung und für die Wollust nützlich sein können.

Wirkung: Im 11. Jahrhundert verfasste Yasodhara Indrapada mit dem *Jayamangala* den wohl wichtigsten Kommentar zum *Kamasutra*. Zahlreiche Spezialtermini, besonders aus dem letzten Hauptteil, konnten jedoch bis heute nicht vollständig entschlüsselt werden. Obgleich das *Kamasutra* wesentlich mehr als eine Darstellung von Liebestechniken ist, wurde es vor allem durch die teilweise abenteuerlichen Stellungen beim Koitus bekannt. *W. W.*

Illustrationen zum *Kamasutra* von Mallanaga Vatsyayana

Velde, Theodo(o)r Hendrik van de

niederländ. Frauenarzt und Sexualforscher

* 12.2.1873 Leeuwarden

† 27.4.1937 (Flugzeugabsturz)

📖 *Die vollkommene Ehe*, 1926

Der niederländische Frauenarzt und Sexualforscher Theodo(o)r Hendrik van de Velde war ein Pionier der Sexualaufklärung im 20. Jahrhundert. Seine Bücher erreichten Millionenauflagen und gehörten bis in die 1960er Jahre zum festen Bestand in den Bücherschränken bürgerlicher Haushalte und wurden vor den von jeder Aufklärung ferngehaltenen Kindern und Jugendlichen verborgen.

1913 war van de Velde zum Direktor der Frauenklinik in Haarlem berufen worden. Von 1918 an war er stellvertretender Direktor der Frauenklinik in Zürich. 1920 ließ er sich auf einem Gut bei Locarno nieder. Von Anfang an bemühte sich van de Velde, Störungen in den Beziehungen von Ehepartnern zu untersuchen und klinisch zu behandeln. Seine Erfahrungen und den Stand der Forschung seiner Zeit begann er ab 1923 in drei Büchern niederzulegen, von denen bereits das erste *Die vollkommene Ehe* (1926) ein Welterfolg wurde. Schon im Vorwort zur ersten Auflage kündigte der Arzt die Folgebände des als Trilogie geplanten Gesamtwerks an. 1928 erschien *Die Abneigung in der Ehe*, in dem er Ursachen und mögliche Überwindung abstoßender Kräfte zwischen Partnern behandelte. Der letzte der drei Bände *Die Fruchtbarkeit in der Ehe und ihre wunschgemäße Beeinflussung* kam 1929 heraus.

Die vollkommene Ehe

OT Het volkomen huwelijk **OA** 1926 **DE** 1926
Form Sachbuch **Bereich** Medizin

Das Buch *Die vollkommene Ehe* mit dem Untertitel *Eine Studie über ihre Physiologie und Technik* des niederländischen Frauenarztes Theodor Hendrik van de Velde hatte von Anfang an einen überwältigenden Erfolg. Nach der bürgerlichen Prüderie des 19. Jahrhunderts, die noch bis in die Mitte des 20. Jahrhunderts wirkte, erschien das in einer nüchternen, verständlichen und auch verständnisvollen Sprache abgefasste Aufklärungswerk über die sexuellen Beziehungen wie ein Befreiungsschlag.

Entstehung: Erst im Alter von fünfzig Jahren hatte sich van de Velde, wie er eingangs darlegt, zum Schreiben entschlossen, da er zuvor als »Arzt den Forderungen seiner Praxis Rechnung tragen« musste. Er habe sich jedoch verpflichtet gefühlt, dieses Buch zu schreiben. Zuviel Leid habe er in Ehen erlebt; das hätte vermieden werden können. Nun habe er als Arzt, Wissenschaftler und Ehemann genug Erfahrungen gesammelt, um sie weiterzugeben, und genug Gelassenheit erreicht, um auch Unannehmlichkeiten, die ihm aus dem Buch erwachsen würden, hinzunehmen.

Inhalt: Das Buch ist in vier Abschnitte unterteilt. Im ersten befasst sich der Arzt mit den Phänomenen Ehe und sexuelle Anziehung. So verteidigt er die Ehe als die beste aller denkbaren Gemeinschaften: »In der Ehe wird viel gelitten. Ohne die Ehe aber wäre noch weit mehr zu ertragen.« Van de Velde prägt den Begriff der »Hoch-Ehe«, bezugnehmend auf den Begriff der Hochzeit. »Aus Hoch-Zeit soll Hoch-Ehe werden«, umreißt er dabei das Ziel seines Buches. Immer wieder ergreift er die Partei der Frauen, mahnt die Männer, Frauen an ihrer Arbeit teilnehmen zu lassen. Ganz aus dem Geist seiner Zeit heraus sieht er jedoch den Mann als »Führer« im Leben der Frau und in ihrer Hinführung zur Sexualität und mahnt diesen, Verständnis und Entgegenkommen zu zeigen. Neben der »richtigen Gattenwahl«, einer guten psychologischen »Einstellung der Gatten« und einer »den Wünschen des Paares entsprechenden Lösung der Progeniturfrage (der Frage der Nachkommenschaft)« sieht er »ein harmonisches, blühendes Geschlechtsleben« als einen von vier Eckpfeilern für das Gebäude des ehelichen Glücks. Ausführlich geht er daher auf äußere Sinnesreize ein, die sexuelle Gefühle hervorrufen oder fördern, wie vor allem Geruchssinn und Düfte.

Im zweiten Abschnitt befasst sich van de Velde eingehend mit den Geschlechtsorganen von Frau und Mann, wobei er sein anfängliches Versprechen, sich verständlich auszudrücken, einlöst. Er beschreibt Beschaffenheit und Funktion der Organe, ihre Reizbarkeit und Fragen der Hygiene. Er bemüht sich Verständnis für den Biorhythmus im Leben der Frau zu wecken, der durch die Vorgänge in ihrem Körper hervorgerufen wird und zu körperlichen und psychischen Beeinträchtigungen führen kann.

Männer und Frauen warnt der Autor vor einer Abkehr von sexueller Aktivität im Alter, die zu einer Verkümmerung der Organe führe und Nachteile für Körper und Seele habe. Bei der Vereinigung der Partner im Koitus empfiehlt

Theodor Hendrik van de Velde
(Foto aus den 1930er Jahren)

Auszug aus *Die vollkommene Ehe* von Theodor Henrik van de Velde:

Wo wir also an der Ehe festhalten, fragt es sich, ob wir das Manko an Glück und das große Elend, das wir ihr in vielen Fällen vorzuwerfen haben, gleichmütig hinnehmen sollen, oder versuchen werden, Abhilfe zu schaffen. Kein Mensch, der wie der Arzt, – besonders der Sexologe und der Frauenarzt – in der Lage ist, oft hinter die Kulissen des Ehelebens zu schauen, wird mit seiner Antwort auch nur einen Augenblick zögern. Es muss alles daran gesetzt werden, um die Aussicht auf dauerndes Glück in jeder denkbaren Weise zu verbessern.

van de Velde im dritten Abschnitt seines Buches die Phasen Vorspiel, Liebesspiel, Geschlechtsvereinigung und Nachspiel, geht auf den unterschiedlichen und den idealen Verlauf der Kurve der sexuellen Erregung bei Mann und Frau sowie auf die klassischen, von den verschiedenen Kulturen bevorzugten Positionen ein, deren Einfluss auf das Lustempfinden er schildert. Der vierte Abschnitt mit dem Titel *Hygiene der Hochehe* wendet sich offenen Fragen körperlicher Beziehungen in der Ehe zu, u. a. auch den Vorschriften der einzelnen Religionen.

Wirkung: Das Buch erreichte bereits zwei Jahre nach Erscheinen allein in Deutschland seine 19. Auflage, 1967 seine 77. Für Brautpaare war es ein unerlässliches Geschenk, aber auch erfahrene Eheleute erhofften sich Hilfe von diesem ausführlichen Ratgeber eines erfahrenen, unvoreingenommenen Arztes, der das Geschlechtsleben in einer zu seiner Zeit beispiellosen Offenheit und Ausführlichkeit behandelte.

Der Erfolg dauerte bis in die 1960er Jahre. Mit der einsetzenden sexuellen Emanzipation wandte sich die Bevölkerung anderen, weniger behutsamen und bedächtigen Ratgebern zu wie den Büchern von Oswald Kolle (*1928). Dennoch bleibt das Werk auch heute noch lesenswert, wenn der Leser bereit ist, sich über zeitbedingte sprachliche Besonderheiten und Auffassungen sowie überholte medizinische Darstellungen hinwegzusetzen. *N. B.*

Auszug aus der Novelle
Sizilianische Bauernehre
von Giovanni Verga:

Turriddu ging weiterhin die Gasse auf und ab, die Pfeife im Mund, die Hände in den Taschen, scheinbar gleichgültig und den Blick auf die Mädchen gerichtet, innerlich aber verzehrte er sich, dass Lolas Mann all dieses Gold besaß und dass sie so tat, als sehe sie ihn nicht, wenn er vorüberging.

Verga, Giovanni

italien. Schriftsteller

*31.8.1840 Catania, †27.1.1922 ebd.

📖 *Sizilianische Bauernehre*, 1880

Giovanni Verga zählt zu den wichtigsten Vertretern des Verismus (Stichwort → S. 1106) und gilt als bedeutendster italienischer Erzähler des 19. Jahrhunderts. Kennzeichnend für seine Werke ist ein gesellschaftskritischer Pessimismus, den er mit seiner Darstellung des bäuerlichen sizilianischen Milieus verknüpfte.

Verga stammt aus einer reichen Familie des sizilianischen Landadels, genoss eine umfassende humanistische Bildung und schrieb bereits mit 17 Jahren seinen ersten, bislang unveröffentlichten Roman *Amore e Patria*. Erst zwei Jahrzehnte später fand er zu der für ihn charakteristischen veristischen Sprache und Ausdrucksform. In seinen Texten setzte er sich für die nationale Einheit Italiens ein, verbunden mit der Hoffnung auf einen Aufschwung im Süden des Landes.

Nach dem Tod des Vaters lebte Verga in Florenz und Mailand, wo er seine politischen und künstlerischen Überzeugungen gemeinsam mit Autoren wie Luigi Capuana (1839 bis 1915) vertrat. Seine Werke, zu denen vor allem Kurzgeschichten wie *Sizilianische Bauernehre* und *Jeli der Hirt* (1880) zählen, beschreiben authentisch das bäuerliche sizilianische Milieu. Die Erzählung *Nedda* (1874) über ein Landarbeiterinnenschicksal gilt als erster Text des Verismus.

Der heute bekannteste Roman von Verga, *Die Malavoglia* (1881), löste bei seinen Zeitgenossen keine große Resonanz aus, da sie die Geschichten um das Leid der Armen nicht schätzten. Nach einem verlorenen Rechtsstreit mit dem Komponisten Pietro Mascagni (1863 bis 1945) um die *Sizilianische Bauernehre* zog sich Verga 1890 aus der Öffentlichkeit zurück.

Sizilianische Bauernehre

OT Cavalleria Rusticana (im Sammelband Vita dei Campi)
OA 1880 **DE** 1955 (im Sammelband Sizilianische Novellen)
Form Novelle **Epoche** Naturalismus

Sizilianische Bauernehre ist die Geschichte eines Eifersuchtsdramas aus dem 19. Jahrhundert in bäuerlichen Sizilien. Ursprünglich erschien die bekannteste Novelle von Giovanni Verga 1880 in dem Sammelband *Sizilianische Dorfgeschichten*, der das Leben der ländlichen Inselbevölkerung in ihrer milieueigenen Sprache schildert und so ein zentrales Werk des Verismus bildet.

Inhalt: Turriddu Macca kehrt von seinem Dienst in der Armee in sein heimatliches Dorf zurück und muss feststellen, dass sich die ihm versprochene Lola mit dem wohlhabenden Fuhrmann Gevatter Alfio verlobt hat. Turriddu bändelt daraufhin mit Santa, Tochter des reichen Bauern Cola, an und löst erneutes Interesse der nunmehr verheirateten Lola aus. Lola betrügt ihren Ehemann kurze Zeit später mit Turriddu. Als Gevatter Alfio davon erfährt fordert er seinen Widersacher zu einem Duell heraus, das für Turriddu tödlich endet.

Verismus

Herkunft: Der Verismus (von vero, ital. wahr) wurde im 19. Jahrhundert etabliert und orientierte sich am französischen Naturalismus nach Émile → Zola. Inhaltlich und stilistisch fordert die Richtung, deren oberstes Prinzip die Wahrheit ist, eine naturalistische Themen- und Sprachwahl.

Aussagen: Die wahrheitsgetreue Darstellung des Lebens der einfachen Leute ist das Anliegen der Künstler des Verismus. Thema vieler Werke ist der Kampf um das tägliche Überleben und die Überwindung des durch die Gesellschaft festgelegten Schicksals. In einer Zeit, in der die ökonomische Kluft zwischen Nord- und Süditalien besonders groß war, spielen viele Texte im armen Süden Italiens. So verbindet sich mit dem emanzipatorischen Anspruch der Autoren die Forderung nach einer nationalen Einheit des Landes, in dem Norden und Süden gleichberechtigt sind. Auch stilistisch soll durch eine authentische, an den Dialekten angelehnte Sprache der realistische Anspruch erfüllt werden. Neben Giovanni → Verga zählt Luigi Capuana (1839–1915) zu den wichtigsten literarischen Vertretern, der in seinem Roman *Giacinta* (1879) auf nahezu klinische Weise einen Selbstmord und seine Gründe schildert.

Einfluss: Der Verismus beschränkte sich nicht auf die Literatur; auch in Malerei (Veneziano Domenico, Girolamo Induno) und Musik (Mascagni, Giacomo Puccini) wurde er zu einem Wegbereiter der Moderne.

Vergil

röm. Dichter

*15.10.70 v. Chr. Andes bei Mantua

†21.9.19 v. Chr. Brundisium (Brindisi)

📖 *Aeneis*, entst. 29–19 v. Chr.

Aufbau: Unverklärt schildert Verga in der Novelle wie auch in dem Sammelband den harten Alltag der Bauern und Tagelöhner. Ihre Konflikte sind aus dem Leben gegriffen: Sie drehen sich um Liebe, Eifersucht und Armut. In seiner Geschichte zeigt Verga die realistische Logik dieses Milieus und wie sie von Entfremdung und ökonomischen Zwang bestimmt wird. Verga etabliert einen observierenden Erzähler, der das Geschehen detailliert schildert, ohne es zu kommentieren. Durch diese Erzähltechnik soll sich der Leser unmittelbar mit den Fakten des Textes konfrontiert finden. Gesteigert wird der Effekt durch Vergas Einsatz einer neuen Literatursprache, die Wortschatz und Wortwahl des Volks möglichst authentisch wiederzugeben versucht. Verga bediente sich hierbei eines Konstrukts. Weil er wollte, dass seine Werke in ganz Italien gelesen werden, schilderte er das Geschehen nicht im schwer verständlichen sizilianischen Dialekt, sondern in einer Sprachform, die ohne Dialektwörter Syntax und Rhythmus der Sprache der Bauern imitiert.

Wirkung: Der Einfluss von Verga auf die moderne italienische Literatur, vor allem auf Luigi → Pirandello, ist maßgeblich. Die *Sizilianische Bauernehre* diente 1890 dem Komponisten Pietro Mascagni (1863–1945) als Vorlage für seine gleichnamige veristische Oper (1891), die heute zu den wichtigsten Werken der klassischen Musik zählt. *K. G.*

Vergil, der Nationaldichter des Imperium Romanum, weist sich mit seiner hohen Sprachkunst, der Ausgewogenheit seiner Kompositionen, der stringenten Symbolkraft seiner Aussagen und seiner humanistischen Botschaft als vollendeter Meister der römischen Kunstpoesie aus.

Publius Vergilius Maro wurde als Sohn eines einfachen, aber nicht unvermögenden Gutsbesitzers geboren, sodass ihm seine Eltern eine sorgfältige Ausbildung ermöglichen konnten. Nach der Elementarschule in Cremona erhielt er Unterricht in Mailand. 54 v. Chr. ging er nach Rom, wo Parthenios aus Nicäa sein Lehrer in griechischer Sprache und Literatur war. Philosophisch wurde er vor allem von dem Epikureer Siron beeinflusst, den er 50 v. Chr. in Neapel hörte. Nach der Schlacht von Philippi im Jahr 42 verlor Vergil durch Enteignung infolge der Landverteilung des Augustus (63 v. Chr.–14 n. Chr.) den väterlichen Grundbesitz, den er aber später durch Vermittlung eines hochrangigen Gönners wieder zurückerhielt. Im Dichterkreis um seinen Mäzen Maecenas (70–8 v. Chr.), dem

Szene aus der Oper *Cavalleria rusticana* von Pietro Mascagni nach der gleichnamigen Novelle von Giovanni Verga; Inszenierung von Franco Zeffirelli am Teatro alla Scala in Mailand 1981

Cristoforo Landino in seinen *Dissertationes Camaldulenses* (1472) über Vergil:

Was wollen denn Homer und Vergil, die beiden bedeutendsten Dichter, anderes durch ihre Helden darstellen, der eine durch Odysseus, durch Aeneas der andere, als des Menschen höchstes Gut?

Älteste Überlieferung der *Aeneis* von Vergil im *Codex latinus* aus dem 4. Jahrhundert n. Chr.

sellschaft. Ca. 29–19 v. Chr. arbeitete Vergil an seinem Hauptwerk, dem Epos *Aeneas*.

Literatur: M. Giebel, *Vergil* 1986 (rm 50353).

Aeneis

OT Aeneis **EZ** ca. 29–19 v. Chr. **EA** ca. 1469 **DE** 1515
Form Versepos **Epoche** Antike

Die *Aeneis* ist das Hauptwerk von Vergil sowie das bedeutendste und berühmteste Werk der lateinischen Dichtkunst. Es zeichnet sich aus durch die hohe Sprachkunst, die seelische Durchdringung der Gestalten, den ausgewogenen Aufbau und die tiefgründige theologische Geschichtsdeutung. Schon kurz nach seiner Entstehung wurde es zur Pflichtlektüre eines jeden römischen Schülers erhoben.

Entstehung: Nach intensiven Studien an → Homer und den hellenistischen Epikern sowie an Gnaeus Naevius (um 270–um 201 v. Chr.), Quintus Ennius (239–169 v. Chr.), Marcus Porcius Cato (234–149 v. Chr.) und Lukrez (97?–55 v. Chr.) begann Vergil die zuerst als Prosatext angelegte *Aeneis*. Die Aeneassage war zuvor von Naevius im *Bellum Punicum* und von Ennius in den *Jahrbüchern* literarisch gestaltet worden; Vergils *Aeneis* steht in der Nachfolge von Homer. Infolge seines frühen Todes blieb das Werk unvollendet. Das »Nationalepos« der Römer wurde sogleich nach Vergils Tod gegen seinen ausdrücklichen Willen auf Befehl des Augustus (63 v. Chr.–14 n. Chr.) veröffentlicht.

Inhalt: Vergil schildert in zwölf Büchern das Schicksal des Aeneas von der Eroberung Trojas bis hin zum Sieg über den italischen Rutulerfürsten Turnus. Die ersten sechs Bücher handeln von den Irrfahrten des Aeneas bis kurz vor der Landung in Latium, die folgenden sechs enthalten, wie die *Ilias* (2. Hälfte des 8. Jahrhunderts v. Chr.) des Homer, Schilderungen von Kämpfen. Sie enden mit der Niederwerfung der Gegner, welche die Ansiedelung der Fremden vereiteln wollten; der Weg für die Gründung der Stadt Lavinium ist nun frei. Von hier aus soll die Stadt Alba Longa, dann Rom selbst gegründet werden, das unter der Regierung der julischen Familie und in der Friedensherrschaft des Aeneas Nachfolgers Augustus einem Goldenen Zeitalter entgegenschreitet; Kaiser Augustus gehörte infolge der Adoption durch Caesar zum julischen Geschlecht, das seine Abstammung auf Venus, die Mutter des Aeneas, zurückführte. An zwei Stellen bezieht sich Vergil ganz deutlich auf das Imperium Augusti: Bei dem Abstieg des Aeneas in die Unterwelt mit der Heldenschau (Buch VI) und der Schildbeschreibung (Buch VIII) wird das Reich des Prinzeps Augustus als die Erfüllung des vom Schicksal bestimmten Verlaufs der römischen Geschichte

er ab 37 v. Chr. angehörte, entwickelte sich sein dichterisches Schaffen hin zu einer eher staatstragenden Dichtung im Sinne der Reformpolitik des Augustus. Mit seinen nach dem Vorbild des Theokrit (um 300–um 260 v. Chr.) gestalteten *Hirtengedichten* (entst. 42–39 v. Chr.) begründete Vergil die bukolische Poesie in Rom und wurde ab der Renaissance zum Vorbild aller europäischen Hirtendichtung. Das hexametrische Epos *Landleben* (entst. ca. 37–29 v. Chr.), das in der Nachfolge von → Hesiod und Lukrez (97? bis 55 v. Chr.) steht, ist im Kern kein Lehrgedicht über den Landbau, sondern vielmehr ein Leitbild für die durch Bürgerkriege entwurzelte Ge-

Die wichtigsten Werke von Vergil	
Kleinigkeiten	Von den 15 Jugendgedichten vermischten Inhalts stammen zumindest zwei (Nr. 5 und 8) von Vergil selbst. Sie stehen in der Nachfolge des zeitgenössischen Lyrikers Catull (um 84–um 54 v. Chr.).
Hirtengedichte entst. 42–39 v. Chr	Das Hauptwerk der sog. bukolischen Lyrik vereint 10 hexametrische Gedichte, welche die fantastische Idylle des Hirtenlebens schildern. Vergil thematisiert das Leben als Dichter und spielt auf Ereignisse und führende Männer des Römischen Reichs an.
Landleben entst. ca. 37–29 v. Chr	Das dem → Hesiod gewidmete hexametrische Gedicht handelt in vier Büchern von Ackerbau, Baum-, Vieh- und Bienenzucht. Es gibt Beispiele für kulturelle Eigenarten und appelliert an die Verantwortung des Menschen gegenüber der Natur.
Aeneis, entst. ca. 29–19 v. Chr	Das Nationalepos schildert die Geschicke des Aeneas von der Eroberung Trojas bis zum Sieg über Turnus → S. 1108

dargestellt. Die Verherrlichung des Augustus in der *Aeneis* ist offensichtlich und lässt das Werk weniger als Heldenepos, sondern vielmehr als ein vaterländisches, religiös-politisches Epos erscheinen, das sich an der Neuordnung des Reichs durch Augustus orientiert und auf die künftige Größe des römischen Volks hindeutet.

Wirkung: Das Werk fand schon zu Lebzeiten des Dichters höchste Bewunderung. Vergil wurde in der gesamten Antike fortan zum großen Vorbild für alle Dichtung. Die Nachwirkung Vergils reicht von der Renaissance bis in die Neuzeit. Der tragische Dido-Stoff, der die Liebe des Aeneas zur karthagischen Königin Dido thematisiert, auf die er zu Gunsten seines Schicksalsauftrags verzichtet, fand Eingang in Malerei, Oper und Drama. *V. R.*

Verne, Jules

frz. Schriftsteller

*8.2.1828 Nantes, †24.3.1905 Amiens

📖 *20 000 Meilen unter dem Meer*, 1870

Die fantastischen, populärwissenschaftlichen Abenteuerromane von Jules Verne gelten als Vorläufer des Sciencefiction-Genres. Verne schrieb einerseits für Jugendliche, andererseits für ein technisch interessiertes Publikum, dem er komplizierte Sachverhalte unterhaltsam nahe brachte. Seine erfolgreichen Bücher – in denen er teilweise technische Neuheiten vorwegnahm – zählen zu den meistübersetzten der französischen Literatur, andererseits begann mit ihnen auch die Massenproduktion billiger farbig illustrierter Bücher.

Verne studierte in Paris Jura und schrieb nachfolgend Opernlibretti, Novellen und Dramen, die wenig Erfolg hatten. Er war als Sekretär des Théâtre-Lyrique und der Komischen Oper, dann als Börsianer tätig. 1863 begann er, angeregt durch seinen Verleger Pierre Jules Hetzel, der als erster Jugendliteratur verlegte, seine utopischen Abenteuerromane zu schreiben. Während frühe Romane wie *Reise nach dem Mittelpunkt der Erde* (1864) und *Von der Erde zum Mond* (1865) vom Glauben an den Fortschritt der Technik und ihren Segen zeugen, wirkt das Verhältnis zur Technik in *20 000 Meilen unter dem Meer* und *Die geheimnisvolle Insel* (1874) ambivalent; der Machtmissbrauch wird zum Thema. Das Spätwerk ist geprägt von der Erkenntnis, dass Technik auch zerstören kann (*Die 500 Millionen von Begum*, 1879). Den Höhepunkt von Vernes Erfolg bildete die abenteuerliche *Reise um die Welt in 80 Tagen* (1872).

Biografie: V. Dehs, *Jules Verne* (rm 50358); F. Wolzettel, *Verne. Eine Einführung*, 1988.

20 000 Meilen unter dem Meer

OT Vingt milles lieues sous les mers **OA** 1870 **DE** 1873
Form Abenteuerroman **Epoche** Romantik

Der fantastische Abenteuerroman entstand in einer Zeit, die vom Fortschritt und der Faszination der Technik geprägt war. Jules Verne kommt in seinem Werk aber zu einem differenzierten Standpunkt. Der Technik-Euphorie vorangegangener Bücher folgt hier die Desillusionierung: Technik ist Macht, die nur allzu leicht missbraucht werden kann.

Inhalt: Die »Abraham Lincoln« läuft 1867 mit dem Auftrag aus, ein unbekanntes Meeresungeheuer zu suchen. Neben dem Kapitän sind der Erzähler Pierre Aronnax, ein Biologe, sein Diener Conseil und der Harpunier Ned Land an Bord. Bei der Begegnung mit dem vermeintlichen Ungeheuer werden Aronnax, Conseil und Ned Land über Bord gespült. Sie entdecken, dass das Ungeheuer ein 90 Meter langes U-Boot mit allen technischen Finessen ist, das von Kapitän Nemo beherrscht wird. Die drei sind Gefangene auf der »Nautilus«. Neun Monate lang durchfahren sie mit ihr die Ozeane, kommen in den Genuss des Luxus an Bord, sehen die Meerenge von Suez, besuchen die versunkene Stadt Atlantis, retten einen Perltaucher und erfahren dabei, dass Nemo ein indischer Großfürst ist. Insbesondere Aronnax vergisst über der faszinierenden Welt der Wissenschaft an Bord und unter Wasser, dass er nicht freiwillig auf der »Nautilus« ist. Nachdem Nemo sein technisches Wissen kaltblütig missbraucht hat, indem er das Kriegsschiff »Vengeur« sinken ließ

Jules Verne über *20 000 Meilen unter dem Meer*:

Ich werde die ganze Erde beschreiben, das ist ausgemacht. Ich habe hier eine Kugelkarte, auf der ich meine Reisen [er betrachtete die Reisen seiner Buchhelden als seine eigenen] mit roter Tinte in der Weise bezeichnet habe, dass ich genau sehe, welche ich noch zu machen habe; aber der Globus genügt mir nicht. Ich will die Welt, den Raum, die Sterne besuchen. Es fehlen mir die Beförderungsmittel, man wird sie erfinden.

Kupferstich von Hildebrandt; Illustration zur Originalausgabe von *20 000 Meilen unter dem Meer* von Jules Verne, 1870

Die wichtigsten Bücher von Jules Verne

Fünf Wochen im Ballon, 1863	Der fiktive Tatsachenbericht beschreibt eine Forschungsreise im Heißluftballon von Sansibar bis in den Senegal.
Reise nach dem Mittelpunkt der Erde, 1864	Geologieprofessor Lidenbrock steigt nach den Anweisungen einer Handschrift aus dem 16. Jahrhundert in den Sneffel-Vulkan auf Island und begibt sich auf eine Expedition ins Erdinnere.
Von der Erde zum Mond 1865	In dem fiktiven Bericht von der ersten Expedition zum Mond verfehlt das von einer Kanone ins All geschossene Mondfahrzeug sein Ziel und umkreist statt dessen den Mond.
20000 Meilen unter dem Meer, 1869	Als Gefangene auf dem U-Boot »Nautilus« bereisen die drei Helden des Romans die fantastische Unterwasserwelt. → S. 1109
Um den Mond herum, 1870	In der Fortsetzung der Mondexpedition kommen die Reisenden wieder in den Bereich der Erdanziehung und landen im Pazifik.
Reise um die Welt in 80 Tagen, 1872	Phileas Fogg und sein Diener umrunden in diesem humorvollen, gesellschaftskritischen Roman aufgrund einer Wette mit dem Schiff, der Bahn und auf Elefanten in 80 Tagen die Welt.
Die geheimnisvolle Insel, 1874	Das auf *20 000 Meilen unter dem Meer* basierende Buch erzählt von den abenteuerlichen Erlebnissen einer gestrandeten Ballonbesatzung auf einer Südseeinsel.

Auszug aus dem Romanfragment Die Reise *von Bernward Vesper:*

Ich kannte ihn vorher nicht und ich weiß auch nicht, wo er jetzt steckt. [Ich werde also kaum mehr über ihn erfahren, ich bin auf meine Erinnerung angewiesen: ein Schatten unter dem Tamariskenbaum von Rijeka am 2. August 1969,] und dieses verdammte Haus hindert mich daran, mich genau zu erinnern (was heißt hier: verdammt; was heißt hier: was heißt hier; [dieses Land ist] alle diese Häuser sind verdammt [ich bewohnte es, ohne zu merken, dass es meinen Tod zu Lebzeiten bedeutet].

und das Schauspiel genüsslich von seinem Salonfenster aus beobachtete, beschließen die drei zu fliehen. Nemo lässt sie ziehen und sie können nach Frankreich zurückkehren.

Wirkung: Die fantastischen Romane von Verne hatten allesamt einen großen Erfolg. Ihre Wirkung auf zeitgenössische Schriftsteller wie Philippe Auguste Villiers de l'Isle-Adam (1838–89) ist in deren Werken nachweisbar. Mehrere von Vernes Büchern, auch *20000 Meilen unter dem Meer*, wurden verfilmt. *M. S. S.*

Vesper, Bernward

dt. Schriftsteller

* 1.8.1938 Frankfurt / Oder

† 15.5.1971 Hamburg (Selbstmord)

📖 *Die Reise*, 1977

Bernward Vesper hinterließ nur ein einziges Romanfragment. *Die Reise*, ursprünglich als Dissertationsschrift verfasst, wurde erst sechs Jahre

Väterliteratur

Herkunft: Die Bezeichnung aus der germanistischen Literaturwissenschaft etablierte sich in den 1970er Jahren. Die Väterliteratur steht im Kontext der »Neuen Innerlichkeit« und der »Selbsterfahrungs-Literatur«.
Bedeutung: Mit dem Begriff der Väterliteratur werden die in den späten 1960er und 1970er Jahren entstandenen autobiografischen Texte bezeichnet, in denen sich Schriftsteller mit der nationalsozialistischen Vergangenheit ihrer Väter auseinandersetzen. Wesentliches Merkmal dieser Texte ist eine Abrechnung mit der politischen Vergangenheit des Vaters, um die eigene Selbstfindung zu betreiben und das bisherige Bild vom Vater zu dekonstruieren. Die Auseinander-

setzung mit der schuldbelasteten Biografie des Vaters führt zu unbeantworteten Fragen oder Schuldzuweisungen der schreibenden Kinder. In diesem Zusammenhang spricht die Literaturwissenschaft von einem Generationenkonflikt. Gleichzeitig werden häufig väterliche Tagebuchaufzeichnungen zitiert, um die Rhetorik und Ästhetik des Faschismus zu rekonstruieren und so die Verführbarkeit der Väter darzustellen.
Anwendung: Im Zentrum der Väterliteratur stehen neben Bernward → Vesper die Werke *Suchbild* (1980) von Christoph Meckel (*1935), *Wunschloses Unglück* (1972) von Peter → Handke und *Nachgetragene Liebe* (1980) von Peter → Härtling.

nach dem Selbstmord des Autors veröffentlicht. Vielen galt das autobiografisch motivierte Buch als Bekenntnis der 68er-Generation.

Vesper wuchs auf dem niedersächsischen Gut Triangel bei Gifhorn auf. Sein Vater war der von den Nationalsozialisten verehrte Dichter und Schriftsteller Will Vesper (1882–1962). Der Sohn hatte ein zwiespältiges Verhältnis zur Biografie seines Vaters; in den 1960er Jahren gab er gemeinsam mit seiner Freundin, dem späteren RAF-Mitglied Gudrun Ensslin (1940–77), Gedichte aus dem Nachlass Will Vespers heraus. Während seiner Studienzeit in Berlin vertiefte Vesper seine Kontakte zur linksradikalen Szene und begann LSD zu konsumieren. Er gab die *Voltaire-Flugschriften* (ab 1966) und die *Voltaire-Handbücher* (ab 1968) heraus, die zum publizistischen Forum der Studentenbewegung wurden. Nach der Trennung von Ensslin versuchte Vesper mit seinem Sohn Felix vergeblich in Deutschland Fuß zu fassen. 1971 wurde er aufgrund seiner Drogensucht in eine Hamburger Psychiatrie eingewiesen und nahm sich wenige Monate später das Leben.

Die Reise

OA 1977 **Form** Roman **Epoche** Gegenwart

In seinem autobiografischen Romanfragment *Die Reise* erzählt Bernward Vesper illusionslos von seiner Kindheit im nationalsozialistischen Elternhaus und vom Abgleiten aus der linken Studentenbewegung in die Drogenabhängigkeit. Auf verschiedenen Erzählebenen schildert Vesper in essayistischem Stil drei Reisen: eine reale mit dem Sohn Felix von Dubrovnik nach München, eine imaginäre Reise in die Kindheit und einen durch LSD ausgelösten Trip in sein Unterbewusstsein.

Inhalt: Der Roman beginnt mit einer Abrechnung mit der Elterngeneration, die Vesper im Folgenden verächtlich als »vegetables« bezeichnet. Im Verlauf des Romans wird transparent, dass er durch das Schreiben seinen inneren Konflikt zwischen der Liebe zum übermächtigen Vater und seiner eigenen radikalen politischen Überzeugung zu lösen versucht. Die Droge dient in diesem Zusammenhang der inneren Befreiung. Doch die dokumentierten LSD-Trips zeigen, wie illusionslos Vesper auch im Stadium des Rausches seine Existenz beurteilt. Seine Lebensenergie scheint aus einem unkontrollierten Hass (so auch der ursprünglich von ihm gewählte Titel des Romans) bestimmt.

Aufbau: Die drei voneinander unabhängigen Erzählebenen wechseln ohne das Eingreifen einer ordnenden Instanz. Der fragmentarische Charakter des Romans wird verstärkt durch Einschübe von theoretischen Abhandlungen, Gedichten sowie dokumentierenden Zeitungsausschnitten und Rechnungen. Assoziativ verwendete Zitate – im Vorwort etwa von Stokely Charmichael (1941–98, »Go home, kill your father and mother, hang up yourself«) – zeigen Vespers psychische Verfassung. Insbesondere die protokollierten LSD-Trips zeugen von einer Sprache, die zugleich lyrisch dicht und reich an Eindrücken ist. In den Kindheitserinnerungen erschließt sich dem Leser aus Vespers kindlicher Perspektive eine Jugend und Kindheit in einem nationalsozialistischen und autoritären Elternhaus. Durch das Alternieren dieser Rückblenden mit den anderen Erzählebenen stellt Vesper einen kausalen Zusammenhang zwischen seiner gescheiterten persönlichen Entwicklung und der kindlichen Beziehung zu seinem Vater her. Anders als die meisten Autoren der Väterliteratur (Stichwort → S. 1110) beschränkt Vesper seine Darstellung der Beziehung zum Vater nicht allein auf eine bloße Schilderung und Anklage. Vesper versucht sich durch das selbstbekennende Erzählen, insbesondere unter dem Einfluss der Droge, von der Kindheit zu lösen. Das Ergebnis ist eine Selbstzerstörung, die sich im Roman sukzessive offenbart.

Wirkung: *Die Reise* wurde 1977 mit großem Erfolg veröffentlicht. Der Roman zeigt nicht allein das persönliche Zerbrechen des Autors an seiner Biografie, sondern dokumentiert zudem die verlorenen und entgleisten Ideale einer Generation. *K. G.*

Bernward Vesper, *Die Reise*, Einband der ersten Taschenbuchausgabe 1983

zum Skandal; die *New York Times* lehnte Anzeigen für das Buch ab und ignorierte die folgenden Romane des Autors.

Um seinen Unterhalt als Schriftsteller verdienen zu können, schrieb Vidal drei Krimis unter dem Pseudonym Edgar Box, TV- und Broadway-Stücke sowie Filmdrehbücher (*Ben Hur*, 1959). Dann gelangen ihm mit *Julian* (1964), *Washington, D.C.* (1967) und *Myra Breckinridge* (1968) Bestseller; seine Gesellschaftssatire *Duluth wie Dallas* (1983) nannte Italo → Calvino einen »Hyper-Roman«. Für die Essay-Sammlung *United States: Essays 1952–1992* (1993) erhielt Vidal den National Book Award. 1960 kandidierte Vidal erfolglos in New York und 1982 in Kalifornien für die Demokraten und war 1970 Mitbegründer der linksliberalen People's Party. Seit 1972 lebt der Autor überwiegend im italienischen Ravello.

Biografien: F. Kaplan, *Gore Vidal*, 1999; G. Vidal, *Palimpsest*, 1995.

Burr

OT Burr **OA** 1973 **DE** 1975
Form Roman **Epoche** Gegenwart

Der 14. Roman von Gore Vidal bildet den Auftakt zu einer akribisch recherchierten Septologie über die Geschichte der USA, deren Intention die Demontage historischer Mythen ist. Den authentischen Personen, die »weitgehend das gesagt und getan haben, was ich sie sagen und tun lasse«, steht eine fiktive Journalistenfamilie gegenüber, anfangs durch den »schriftstellernden Juristen« Charles Schuyler, in den späteren Bänden durch die Zeitungsverlegerin Caroline Sanford vertreten, durch die Vidals »USA-Chronik« zu einem erzählerischen Kontinuum wird. Mit *Burr* und *Washington, D.C.* (1967) umriss Vidal die Eckpunkte der US-amerikanischen Geschichte von den Gründerjahren bis zum Zweiten Weltkrieg. Bis heute folgten die Bände *1876* (1976), *Lincoln* (1984), *Empire* (1987), *Hollywood* (1990) und *Das goldene Zeitalter* (2000).

Aufbau: In vier Kapiteln schildert der historische Roman Schuylers Recherche der Biografie von Aaron Burr (1756–1836) während der Jahre 1833–36. In diese Rahmenhandlung eingebettet sind die Erinnerungen des einstigen Revolutionshelden, die in die zweite Hälfte des 18. Jahrhunderts zurückblenden und Burrs politischen Aufstieg und Fall dokumentieren. Ein kurzes Schlusskapitel zeigt den nach Burrs Tod nach Europa zurückgekehrten Schuyler 1840 in Italien und dient dem erzählerischen Clou.

Inhalt: Charles S. Schuyler, ein junger Jurist in Burrs Kanzlei, wird von dem Zeitungsverleger William Leggett beauftragt, ein Pamphlet zu

Vidal, Gore

(eigtl. Eugene Luther Vidal) US-amerikan. Schriftsteller und Essayist

* 3.10.1925 West Point (New York)

📖 *Burr*, 1973

Gore Vidal ist einer der bedeutendsten Vertreter der US-amerikanischen Gegenwartsliteratur und gilt mit seiner provokanten Polemik neben Noam → Chomsky als einer der gefürchtetsten Kritiker der amerikanischen Politik.

Vidal stammt aus einer der politisch einflussreichsten US-amerikanischen Familien; er ist verwandt mit den Kennedys, Jimmy Carter und Al Gore. Einen Teil seiner Jugend verbrachte er bei seinem Großvater, dem Senator Thomas P. Gore; mit 14 Jahren nahm er dessen Namen als Vornamen an. In seinem ersten Roman, *Williwaw* (1946), verarbeitete Vidal seine Militärzeit (1943–46) an Bord eines Versorgungsschiffs, in *Geschlossener Kreis* (1948) seine Liebe zu einem im Zweiten Weltkrieg gefallenen Mitschüler. Diese erste offene Darstellung der Homosexualität in der US-amerikanischen Literatur wurde

Gore Vidal 1993 in Rom

Mein Großvater wollte, dass ich in die Politik gehe. Ich sollte in den Senat. Alles war abgesprochen, mit den wichtigen Gouverneuren, der ganzen politischen Maschinerie. Aber ich bin zum Schreiber geboren, ich konnte dagegen nichts machen. Ich bin also nach Mexiko und habe das Buch Geschlossener Kreis geschrieben. Damit bin ich ausgestiegen und zum schwarzen Schaf der Familie geworden.

verfassen, das beweisen soll, dass Burr der Vater des demokratischen Präsidentschaftskandidaten Martin Van Buren ist. Mehr noch als der Makel der unehelichen Herkunft würde Van Buren im Wahlkampf gegen Andrew Jackson die Verwandtschaft mit dem umstrittenen Burr kompromittieren.

Tatsächlich beginnt Burr Schuyler seine Memoiren zu diktieren; es entsteht das Porträt eines politischen Abenteurers und intriganten Machtmenschen, der 1800 Thomas Jeffersons (1743–1826) Vizepräsident wurde, 1804 seinen politischen Gegner Alexander Hamilton (1755 bis 1804) in einem Duell erschoss, der in einem Handstreich Mexiko erobern und dessen Kaiser werden wollte sowie 1807 beinahe wegen Hochverrats verurteilt wurde, weil er unter Verdacht geraten war, die Weststaaten von der jungen Republik abspalten zu wollen.

Schuyler gerät immer stärker in den Bann des widersprüchlichen Objekts seiner Recherchen und gleichzeitig in ein Netz politischer Intrigen um sein Manuskript, auf dessen Veröffentlichung er schließlich verzichtet. Erst Jahre später erfährt er, dass er der Stiefbruder Van Burens und selbst ein Sohn von Burr ist.

Wirkung: Die konsequente Demontage des Revolutionshelden Aaron Burr tat dem Erfolg des Romans keinen Abbruch, die Kritik feierte *Burr* als Vidals bestes Buch.

Die von Vidal in seiner Septologie vertretene zentrale These, dass sich das US-amerikanische Staatswesen durch das Machtstreben seiner politischen Elite konsequent zu einem imperialistischen und kriegerischen System entwickelt habe, dessen prädiktatorische Tendenzen sich in der Missachtung der Verfassung wie der Menschenrechte offenbaren, brachte ihm den Ruf des Enfant terrible der Literaturszene ein.
A. C. K.

Villon, François

(eigtl. François de Montcorbier oder François des Loges)
frz. Dichter

* zwischen 1.4.1431 und 19.4.1432 Paris

† 1463 oder später Saint-Maixent (Poitou)

📖 *Das große und das kleine Testament*, entst. 1456–61

Villons Werk markiert zugleich den Höhepunkt und Abschluss der mittelalterlichen französischen Dichtung. Obwohl er sich formal eher an die traditionellen Gattungsmuster hielt (Ballade, Rondeau), gab er doch zeittypischen Themen wie Einsamkeit, Liebe und Tod durch eine vielschichtige sprachliche und perspektivische Gestaltung eine für seine Epoche ungewöhnliche Intensität und Aussagekraft. Hierin liegt sein Einfluss auch auf Dichter der Moderne begründet.

Die bekannten Lebensdaten Villons stammen weitgehend aus Gerichtsakten. Nach dem Tod seines Vaters übernahm der Prälat Guillaume de Villon die Erziehung des Jungen, der bald den Namen seines Gönners annahm. Nach dem Studium an der Pariser Universität wurde er 1452 Lizenziat und Magister. Er geriet in Kontakt mit dem organisierten Verbrechen und erstach 1455 einen Priester. Villon floh aus Paris, konnte aber nach Gnadengesuchen bereits 1456 zurückkehren. In dieser Zeit entstand das erste erhaltene Werk des Dichters, die parodistische *Ballade des contre-vérités*. Nach Beteiligung an einem spektakulären Einbruch in das zur Universität gehörende Collège de Navarre floh Villon erneut. Aus dieser Zeit stammt die erste längere Dichtung *Lais*, eine parodistische Mischung aus höfischer Liebesklage, literarischem Testament und Traumgedicht.

Villon hielt sich in der Folgezeit in der Provinz, in Angers, Blois, Bourges und Mouline, auf. 1461 saß er in Meung-sur-Loire im Kerker; eine Amnestie Ludwigs XI. (1423–83) befreite ihn. Ende 1462 wurde der nach Paris zurückgekehrte Villon zum Tode verurteilt, die Strafe jedoch in Verbannung abgemildert. Über den weiteren Lebensweg des Dichters gibt es keine gesicherten Kenntnisse.

Die wichtigsten Bücher von Gore Vidal

Geschlossener Kreis 1948	Als der Tennislehrer Jim Willard nach langer Suche endlich seine Jugendliebe Bob Ford wiederfindet, ist der verheiratet und hat die gemeinsame Affäre längst vergessen. Eine unzensierte Fassung erschien erst 1965.
Messias 1954	In seinen fiktiven Memoiren erzählt Eugene Luther (Vidals eigtl. Vorname), wie er in den 1950er Jahren dazu beitrug, die »Todesreligion« des Predigers John Cave in Kalifornien zu verbreiten.
Julian 1964	Flavius Claudius Julianus (331–363), der Neffe des ersten christlichen Kaisers Konstantin der Große, bekennt sich nach seinem Machtantritt gegen den Widerstand der Christen zum alten Götterglauben.
Washington, D. C. 1967	Das US-amerikanische Machtzentrum zwischen Zweitem Weltkrieg und McCarthy-Ära: Vidal begann seine »USA-Chronik« dort, wo er sie 2000 mit dem Roman *Das goldene Zeitalter* über die Jahre 1939–54 beendete.
Myra Breckinridge 1968	Die schizophrene transsexuelle Schauspiellehrerin Myra Breckinridge will die Welt vom Patriarchat erlösen. Eine Fortsetzung des parodistischen Tagebuchromans erschien 1974 mit *Die Sirene von Babylon*.
Burr 1973	Unter Thomas Jefferson steigt Colonel Aaron Burr (1756–1836), ein Abenteurer und Spekulant, zum Vizepräsidenten auf und entgeht 1807 nur knapp der Verurteilung wegen Hochverrats. → S. 1111
1876 1976	Hundert Jahre nach der Unabhängigkeitserklärung ist Washington zum Zentrum der Korruption und der Intrigen geworden.
Duluth wie Dallas 1983	In Duluth, dessen Sheriff sogar ein Raumschiff einsetzt, um die Bürgermeisterwahlen für sich zu entscheiden, verschmelzen Schein und Sein, werden die Bürger zu Helden in Romanen und TV-Serien.
Lincoln 1984	Vidals Schilderung der Amtszeit des 16. Präsidenten der USA (1861–65) ist Demontage des Mythos Lincoln und literarisches Denkmal zugleich.
Empire 1987	Nach dem Triumph über das alte Spanien (1898) beginnt Amerikas Aufstieg zur Weltmacht. Eine die Jahre 1917–23 und den Siegeszug des Kinos behandelnde Fortsetzung folgte 1990 mit *Hollywood*.

Das große und das kleine Testament

OT Le Grand Testament Villon et le Petit
EZ 1456–61 **EA** 1489 **DE** 1907
Form Anthologie **Epoche** Spätmittelalter

Die Anthologie *Das große und das kleine Testament* ist eine Sammlung lyrischer Stücke aus verschiedenen dichterischen Phasen von François Villon. Es enthält fast das gesamte überlieferte Werk des Dichters. In seiner Mischung aus Demut, Aufbäumen und Anklage ist das *Testament* ein einzigartiges Zeugnis echten Dichtertums.

Entstehung: Die meist als Entstehungszeit genannten Jahre 1461/62 bezeichnen lediglich die Zeit der Abrundung und der Ergänzung des Werks. Zweifellos sind wesentliche Teile schon früher entstanden, wie etwa die Balladen aus der Pariser Studentenzeit.

Inhalt: Formal als juristisches Testament angelegt gibt die Sammlung eine Fiktion des letzten Willens ab, in welchem Villon seine Mitmenschen charakterisiert, freundlich und feindlich gesonnene, denen er seine persönlichen Besitztümer, materielle wie ideelle, »vererbt«. Dabei spielt er in ironischer Weise auf Episoden an, die die Schwächen meist der Amtsträger und reichen Bürger von Paris deutlich zutage treten lassen; der Sprecher teilt aber nicht nur aus, sondern stellt sich auch seiner eigenen Schuld.

Der Verlauf des *Testaments* zeigt eine zunehmende Selbstprüfung des Dichters. Die abschließenden Strophen schwanken zwischen Abrechnung und demütiger, resignierender Bitte um Vergebung.

Form: Das *Testament* besteht aus insgesamt 2343 meist achtsilbigen Versen. In die 226 Strophen sind Balladen und Rondeaus eingefügt, die an die Vagantenpoesie erinnern (→ *Carmina burana*). Die Balladen wurden als Gesang vorgetragen und viele dieser Dichtungen hatten offensichtlich Protest-Charakter.

Die Dichtung Villons hat ihren besonderen Wert als Stimme einer Schicht, die sich in der Überlieferung kaum literarisch artikuliert hat: jene der ärmsten Bevölkerungsschicht angehörenden, aber durch ihre Bildung zur Selbstbekundung befähigten Studentenschaft und der vagabundierenden Künstler.

Wirkung: Das Werk des Dichters war zunächst kaum bekannt und geriet erst mit der Aufdeckung biografischer Daten Ende des 18. Jahrhunderts in den Blick. Es wirkte vor allem auf Arthur → Rimbaud, der wörtliche Zitate von Villon in sein Werk aufnahm. Im 20. Jahrhundert zeigte sich Bertolt Brecht von Villon beeinflusst; in seine *Dreigroschenoper* (1928) fügte er Teile verschiedener Balladen ein. *H. Sch.*

Darstellung von François Villon auf der Titelseite einer Ausgabe des *Großen Testaments*

Vitruv

(eigtl. Marcus Vitruvius Pollio)

röm. Ingenieur und Architekt

* 1. Hälfte des 1. Jh. v. Chr., † 14 n. Chr.?

☐ *Über die Architektur*, entst. ca. 25–15 v. Chr.

Der Architekt, Kriegsbaumeister und Schriftsteller Vitruv schuf mit seinem Werk *Über die Architektur* die einzige Gesamtdarstellung der Baukunst und Technik des klassischen Altertums.

Genaue Lebensdaten von Vitruv, der unter dem kunstliebenden Kaiser Augustus (63 v. Chr.–14 n. Chr.) wirkte, sind nicht bekannt. Er war als Ingenieur und Baumeister tätig sowie als Zeichner von technischen Illustrationen (verloren). Als wohl wichtigstes seiner Bauwerke beschreibt er die Basilika, d. h. den öffentlichen Versammlungsraum in Fano (Fanum Fortunae). Ferner soll er Wasserbaumaßnahmen in Rom durchgeführt und vermutlich Rheinbrücken in Gallien errichtet haben. Im römischen Heer hatte er die Oberaufsicht über Teile des Geschützwesens inne. Im Krieg gegen Mithridates dürfte er Halikarnassos besucht haben. Vitruv war der griechischen Sprache mächtig und mit der griechischen Fachliteratur über das gesamte Bau- und Ingenieurwesen einschließlich der Militärtechnik wohl vertraut. Sein Werk *Über die Architektur* widmete Vitruv Kaiser Augustus.

Literatur: H.J. Fritz, *Vitruv. Architekturtheorie und Machtpolitik in der römischen Antike.* 1995.

Auszug aus *Das große und das kleine Testament* von **François Villon:**

Die Mönche, Nonnen, Ablassbeter,/die Priester, tonsurierten Schädel,/die Modegecken, Pflastertreter,/die lieben kleinen süßen Mädel/in ihren hübschen engen Kleidern,/die jungen Herrn, so fesch und fein/in Mänteln von den besten Schneidern –/ich bitte sie, mir zu verzeihn.

Die Mädchen, die die Brüste zeigen,/um leichter Männer zu erwischen,/die Strolche, die nach Händeln äugen,/die Gaukler, die nach Diebstahl fischen,/die Lumpen, Dirnen, Hurentreiber,/die Tagediebe, Vogelfrei'n,/die Mordgesellen, Gauner, Räuber –/ich bitte sie, mir zu verzeihn.

Nicht so die Wachsoldatenhunde,/die jeden Abend, jeden Morgen/nur Rinde ließen meinem Munde,/auch sonst verursacht Mühn und Sorgen./Ich möchte gerne sie verfluchen,/obgleich ich sterbenskrank. Allein/um weitre Händel nicht zu suchen,/bitt auch sie, mir zu verzeihn.

Man schlage ihnen ihre Fressen/mit schweren Eisenhämmern ein./Im übrigen will ich vergessen,/und bitte sie, mir zu verzeihn.

Vitruv, *Über die Baukunst*, Titelblatt der Ausgabe 1659

Über die Baukunst

OT De architectura **EZ** ca. 25–15 v. Chr. **OA** 1487
DE 1548 **Form** Fachschrift **Bereich** Baukunst

Das Architekturtraktat *Über die Baukunst* von Vitruv hatte für das ganze europäische Mittelalter und insbesondere die Renaissancezeit kanonische Geltung. Namhafte Architekten der Renaissance studierten die Schriften des Vitruv und machten sich die antike Baukunst zum Vorbild des eigenen Schaffens.

Entstehung: Die zehn Bücher von der Baukunst, einschließlich der Uhrmacherei und Maschinenherstellung, sind nach griechischen Quellen und mittels eigener Erfahrungen entstanden. Sie dürften zwischen 25 v. Chr. und 15 v. Chr. vollendet worden sein. Vitruvs künstlerischer Geschmack bildete sich an Schöpfungen des Hellenismus; von den hellenistischen Baumeistern bevorzugte er Hermogenes (um 200 v. Chr.). Das Architekturtraktat ist in zahlreichen späteren Abschriften aus dem 9.–15. Jahrhundert erhalten. Eine der Abschriften wurde im Kloster Sankt Gallen wiederentdeckt und erfreute sich großer Popularität. Aus dem Mittelalter sind allein 78 Handschriften von Vitruvs Text bekannt. Es folgten zahlreiche gedruckte Ausgaben, u.a. in Latein, Italienisch, Deutsch und Französisch.

Inhalt: Das Werk beschreibt Wissen, Können und ästhetisches Urteil im Architektenberuf. Vitruv behandelt das Wesen der Baukunst im Allgemeinen, die Entwicklung der Baukunst, die sakrale Architektur, allgemeine Säulenordnungen, städtebauliche Fragen, private Bauten, Allgemeine Fragen der Baukunst (Baugeschichte, bauliche Einzelfragen, wie die Herstellung von Putz und Wandmalerei, Perspektive und Farben), die Thematik der Wasserversorgung, Uhrenkonstruktionen und den Bau von Maschinen (Zugmaschinen, Wasserschöpfer, Wasserorgeln, Belagerungsmaschinen etc.).

Vitruv nennt drei Ziele der Architektur: »firmitas« (Festigkeit), »utilitas« (Zweckmäßigkeit) und »venustas« (Anmut). »Venustas« ruht auf drei Pfeilern: »symmetria«, »eurhythmia« und »decor«. »Symmetria«, das rechte Maßverhältnis, stützt sich vor allem auf den Kanon menschlicher Proportionen und wird als deren Entsprechung verstanden. »Eurhythmia« bezieht den Betrachter ein und bezeichnet die wirksame Schönheit oder Proportion. »Decor«, das Schickliche, verbindet Ethik und Ästhetik und umfasst die anerkannten und natürlichen Zusammenhänge zwischen Bauaufgabe und Formgebung.

Wirkung: Der Rückgriff auf Vitruv durch Leon Battista Alberti (1404–72) leitete um 1450 die Architekturtheorie der Renaissance ein. In Rom wurde 1542 die Accademia Vitruviana gegründet, deren Wirkung weit über Andrea →Palladio hinausreichte. *V. R.*

Auszug aus dem Traktat *Über die Baukunst von Vitruv:*

Eurhythmia ist das anmutige Aussehen und der in der Zusammensetzung der Glieder angemessene Anblick. Sie wird erzielt, wenn die Glieder des Bauwerks in zusammenstimmendem Verhältnis von Höhe zu Breite und von Breite zu Länge stehen, überhaupt alle Teile der ihnen zukommenden Symmetrie entsprechen.

Voltaire

(eigtl. François-Marie Arouet)

frz. Schriftsteller und Philosoph

* 21.11.1694 Paris, † 30.5.1778 ebd.

📖 *Candide oder Der Optimismus,* 1759

Der sich für Gedankenfreiheit und Toleranz einsetzende Schriftsteller und Philosoph Voltaire zählt neben Jean-Jacques →Rousseau und Denis →Diderot zu den markantesten und einflussreichsten Autoren der französischen Aufklärung. Sein umfangreiches Werk besteht aus Versepen, Romanen, Dramen sowie philosophischen und essayistischen Veröffentlichungen. Das 18. Jahrhundert wird wegen der herausragenden Stellung des Denkers auch das Jahrhundert Voltaires genannt.

Voltaire, Sohn eines Notars, wurde am Pariser Jesuitenkolleg Lycée-le-Grand erzogen und studierte anschließend Jura. Nach kritischen Äußerungen gegen den Hof verbannte man ihn 1716. Seinen ersten Erfolg hatte Voltaire mit der Tragödie *Oedipus* (1719). Aufgrund einer persönlichen Auseinandersetzung wurde Voltaire 1726 erneut aus Paris verbannt und ging für drei Jahre nach Großbritannien. Dort beschäftigte er sich mit der englischen Kultur und Philosophie, die seine tolerante und liberale Haltung stärkten. In seinem Werk *Briefe über die englische Nation* (1733) richtete sich Voltaire polemisch gegen französische Rückständigkeit, Dogmatismus sowie Willkürherrschaft und religiöse Herrschaftsansprüche – erstmals wurden hier Vorstellungen der Aufklärung zusammengefasst. Die Briefe wurden ein Skandalerfolg; man erließ einen Haftbefehl gegen Voltaire, der nach Lothringen auf das Schloss Cirey floh und dort bis 1744 blieb. Dort entstand u.a. die naturwissenschaftliche Studie *Prinzipien der newtonschen Philosophie* (1738).

In den 1740er Jahren begrub man den Streit zwischen Voltaire und dem Hof, 1746 wurde er zum Mitglied in der Académie Française gewählt. 1758 ließ sich Voltaire endgültig auf dem Gut Ferney in der Nähe von Genf nieder, blieb aber durch seine Schriften weiterhin gesellschaftlich und politisch aktiv. Er veröffentlichte 1764 das *Philosophische Taschenwörterbuch*, dessen Artikel vor allem aus dem Bereich der Religion stammen und eine Kritik der Kirche darstellt. Mit seinem kulturhistorischen und geschichtsphilosophischen Kompendium *Über den Geist und Sitten der Nationen* (1756) trat Voltaire zudem als Vorläufer moderner Geschichtsschreibung hervor. 1778 reiste Voltaire zur Uraufführung seiner Tragödie *Irene* nach Paris, wo er – nach einem triumphalen Erfolg – wenige Monate später starb.

Biografie: G. Holmsten, *Voltaire* (rm 50 173); J. Orieux, *Das Leben des Voltaire*, 1985.

Candide

OT Candide ou L'optimisme **OA** 1759 **DE** 1776
Form Roman **Epoche** Aufklärung

In seinem philosophischen Roman *Candide oder Der Optimismus* kehrt Voltaire die von Gottfried Wilhelm → Leibniz aufgestellte These von »dieser Welt als der besten aller möglichen« ins Ironische um, indem er die Welt als eine in sich fragwürdige Konstruktion darstellt. Der Roman ist eines der wichtigsten Werke der französischen Aufklärung.

Entstehung: Voltaires Grundüberzeugungen von einer vernünftigen Einrichtung der Welt waren durch die Beendigung seiner Freundschaft mit König Friedrich II. von Preußen (1712–86), durch Berichte über den Siebenjährigen Krieg (1756–63) sowie durch das Erdbeben von Lissabon (1755) erschüttert worden. Seine daraus entstehenden Zweifel an einem optimistischen Weltbild der Metaphysik nahm Voltaire zum Anlass, diese in einem Roman auszudrücken.

Inhalt: Candide (von latein. *canditus*, aufrichtig), ein neugieriger Beobachter der Geschehnisse seiner Zeit, sieht sich mit den Lebensanschauungen seines Lehrers, Maître Pangloss, konfrontiert, die besagt, dass alles, was in der Welt passiere, den Menschen nur zum Besten gereiche, auch die Katastrophen.

Die Suche nach seiner geliebten Cunégonde führt Candide quer durch Europa, über Südamerika nach Portugal, wo er das Erdbeben von Lissabon miterlebt. Schließlich trifft er Cunégonde wieder: Sie wurde aus ihrer Heimat vertrieben, von Soldaten geschändet und befindet sich unter der Kontrolle eines Großinquisitors sowie eines Juden. Um weiteres Unheil zu verhindern, bringt Candide beide Gegner um. Immer wieder begegnet er seiner Geliebten, er gerät in die Hände von Kannibalen und Seeräubern, kann sich aber beide Male befreien.

Als Candide den Gelehrten Martin trifft, erklärt ihm dieser, dass in der Welt nicht alles aufs Beste ausgerichtet sei, sondern dass neben einem guten auch ein böses Prinzip existiere. In Venedig versucht der Edelmann Pococurante dem lernbegierigen Candide zu vermitteln, die einzige Freude in dieser Welt sei zu akzeptieren, dass man an nichts Freude finden könne.

Zuletzt gelangt Candide nach Konstantinopel, wo er Cunégonde wieder begegnet und die inzwischen zur Xanthippe Gewordene heiratet. Nach dem Erwerb eines kleinen Landgutes entdeckt er eine befriedigende Beschäftigung darin, »seinen Garten zu bestellen«.

Aufbau: Voltaires Roman weist viele Elemente des Barockromans auf: Schiffbruch, Trennung und Wiederbegegnung der Liebenden, Katastrophen, Erkundung fremder Länder etc. Diese werden episodenartig miteinander verwoben, sodass Candide Schritt für Schritt zu der Einsicht gelangt, dass die Lehren seines Lehrers Pangloss nicht aufrecht zu erhalten sind.

Hinter zahlreichen satirischen Elementen, die sich vordergründig zu einer humoristischen Erzählung fügen, verbirgt sich zum einen die nachdrückliche Kritik an den politischen und gesellschaftlichen Bedingungen der Zeit; zum anderen wird auf diese Weise der Sinn des Lebens bzw. die Existenz eines alles zum Guten lenkenden Gottes angezweifelt. Die wirkliche Welt bringt Candide dazu, die theoretische Welt, die Welt der Ideale zu ignorieren.

Die Episodenhaftigkeit des Romans beruht nicht nur auf einzelnen Motiven, sondern auch auf einer Vielzahl an geschilderten Utopien und

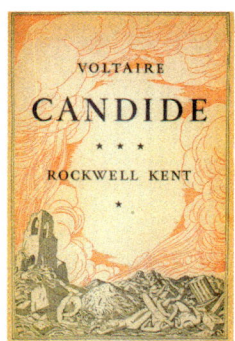

Voltaire, *Candide*, Umschlag der US-Ausgabe 1937 (Gestaltung: Rockwell Kent)

Auszug aus dem Roman *Candide* von Voltaire:

»Meister, wir kommen zu dir, um dich zu fragen, warum und zu welchem Beruf ein so absonderliches Geschöpf wie der Mensch eigentlich geschaffen ist.« –»Was kümmert dich das?« erwiderte der Derwisch. »Geht es dich etwas an?« – »Aber, hochwürdiger Vater«, sagte nun Candide, »es gibt so schauderhaft viel Unglück auf Erden.« – »Was schert es dich«, versetzte der Derwisch«, ob es Unglück gibt oder Glück?«

Die wichtigsten nicht-dramatischen Werke von Voltaire	
Briefe über die englische Nation, 1734	Voltaire verfasste die 25 Briefe im englischen Exil und kritisiert darin die engstirnige Dogmatik des französischen Katholizismus im Gegensatz zu den liberaleren Gewohnheiten in England.
Zadig oder Das Schicksal, 1747	Die philosophische Erzählung zeigt den Aufstieg des Babyloniers Zadig zum Premierminister, seinen tiefen Fall sowie die Einsicht, das Schicksal einfach anzunehmen. Am Ende wird er König.
Das Jahrhundert Ludwigs XIV., 1751	Voltaire gibt einen Überblick über die europäische Staatenwelt vor Ludwig XIV. (1638–1715) und schildert die Phasen der Regierungszeit des »Sonnenkönigs«.
Mikromegas, 1752	Philosophische Erzählung um einen gelehrten Geist, der ins All verbannt wird und dort das Sonnensystem erkundet.
Candide oder Der Optimismus, 1759	Philosophischer Roman, in dem der gutgläubige Candide verschiedene Kulturen kennen lernt und in zahllose Abenteuer gerät, um in einem geordneten Leben sein Glück zu finden. → S. 1115
Über den Geist und Sitten der Nationen, 1756	Ein großes kulturphilosophisches Kompendium, in dem Voltaire verschiedene Kulturen beschreibt und eine liberale, »moderne« Auseinandersetzung mit der Geschichte propagiert.
Traktat über die Toleranz anlässlich des Todes von Jean Calas, 1763	Voltaire bezieht sich in dieser religionskritischen und moralphilosophischen Kampfschrift auf den Tod eines kalvinistischen Kaufmanns. Es ist ein Plädoyer für die Ideale der Aufklärung und gilt bis heute als Musterbeispiel des kritischen Humanismus.
Philosophisches Taschenwörterbuch, 1764	Philosophisch-enzyklopädisches Lexikon, in dem Voltaire Artikel und kurze Abhandlungen über Religionskritik und Religionsgeschichte zusammengestellt hat.
Der Harmlose 1767	Der Roman handelt von der Begegnung eines Indianers mit der Zivilisation. Er wird zum Christentum bekehrt und verliebt sich in das Fräulein von Saint-Yves, die am Ende entehrt stirbt.

Lehren, die darin münden, dass die tägliche Arbeit die beste Möglichkeit darstellt, das Leben in seiner Komplexität zu bewältigen.

Wirkung: *Candide* war Vorbild für Werke verschiedenster Kunstrichtungen. Er eignete sich für Parodien und für Gegenschriften, so etwa der *Anti-Candide* von Justus Möser (1720–94).

Der französische Komponist Jean-Benjamin de La Borde (1734–94) schrieb 1768 eine Oper mit dem Titel *Candide*. Im 20. Jahrhundert bildet Leonard Bernsteins (1918–90) *Candide*-Musical (1956) einen der Höhepunkte der modernen *Candide*-Rezeption. In den 1960er Jahren begann sich auch der Film für den Stoff zu interessieren. In der Malerei war es Paul Klee (1879–1940), den Voltaires Roman zu zahlreichen Illustrationen inspirierte. *C. V.*

Kurt Vonnegut im November 1988

Die wichtigsten Bücher von Kurt Vonnegut	
Das höllische System 1952	In dem noch recht konventionellen Debütroman im Stil zeitgenössischer Sciencefiction wird Amerika nach dem Dritten Weltkrieg von einer Managerklasse mit Hilfe eines riesigen Elektronengehirns regiert.
Die Sirenen des Titan 1959	Die gesamte, Jahrtausende lange Menschheitsgeschichte entpuppt sich als Programm mit dem alleinigen Zweck, einem gestrandeten Außerirdischen ein wichtiges Ersatzteil für sein Ufo zu liefern.
Katzenwiege 1963	Der Schriftsteller John stellt sich mit dem Anfangssatz aus Hermann → Melvilles *Moby Dick* (»Call me Jonah«) vor, schreibt über die Atombombe und entdeckt etwas noch viel Schrecklicheres.
Gott segne Sie, Mr. Rosewater, 1965	In dieser Hommage an die Sciencefiction-Literatur tritt erstmals die Figur des SF-Autor Kilgore Trout auf, der auch in späteren Werken von Vonnegut das Alter Ego des Autors ist.
Schlachthof 5 1969	Billy Pilgrim erleidet ein Kriegstrauma und flüchtet sich in seiner Fantasie aus der Realität auf einen Planeten, auf dem Vergangenheit, Gegenwart und Zukunft eins sind. → S. 1116
Frühstück für starke Männer, 1973	Die Geschichte um den psychisch labilen Autohändler und Sciencefiction-Fan Dwayne Hoover, der die Menschen für roboterhafte Attrappen hält, wurde mit Bruce Willis verfilmt.
Galgenvogel, 1979	Am Fallbeispiel der Watergate-Ära lotet Vonnegut das Spannungsfeld zwischen Ethik und Kapitalismus aus.
Zielwasser 1982	Der exzentrische Otto Waltz wird 1910 in Wien von der Kunstakedemie abgewiesen und freundet sich mit einem anderen Möchtegern-Maler an: einem unscheinbaren Mann namens Adolf Hitler.
Galapagos 1985	Nach einem Bio-Terrorakt während der Buchmesse, durch den alle Frauen unfruchtbar geworden sind, rettet sich eine Gruppe von Menschen auf eine einsame Insel. Die Evolution beginnt noch einmal von neuem.
Zeitbeben 1997	In Vonneguts nach eigener Aussage letztem, etwas schwermütigen Roman erleidet das Universum eine »kosmische Muskelschwäche« und springt um zehn Jahre zurück: Alles geschieht noch einmal.

Vonnegut, Kurt

US-amerikan. Schriftsteller

* 11.11.1922 Indianapolis (Indiana)

📖 *Schlachthof 5 oder Der Kinderkreuzzug*, 1969

Kurt Vonnegut benutzt in seinen Romanen immer wieder Motive der Sciencefiction, um philosophischen oder zivilisationskritischen Fragestellungen nachzugehen. Als programmatisch für sein Gesamtwerk kann eine Bemerkung seines Protagonisten aus *Gott segne Sie, Mr. Rosewater* (1965) gelten: Eliot Rosewater bescheinigt den Teilnehmern eines SF-Kongresses, sie seien die Einzigen, die sich ernsthafte Gedanken um die Zukunft machten und wirklich verstünden, was Kriege und Maschinen den Menschen antun. Rosewaters fiktiver Lieblingsautor Kilgore Trout (dessen Namen sich Philip José Farmer einmal als Pseudonym für seinen SF-Roman *Die Geburt der Venus* borgte) wurde in späteren Werken Vonneguts Stimme.

Der deutschstämmige Vonnegut begann 1940 ein Studium der Biochemie. 1942 wurde er zur Armee eingezogen und erlebte 1945 in deutscher Kriegsgefangenschaft den Angriff der Aliierten auf Dresden. 1945–47 studierte er Anthropologie an der University of Chicago. Danach arbeitete er als Polizeireporter und PR-Mann, bevor er 1950 freier Schriftsteller wurde.

Vonnegut begann mit zumeist konventionellen Kurzgeschichten, die in verschiedenen Magazinen veröffentlicht wurden. 1952 erschien sein erster Roman *Das höllische System*. Mit *Katzenwiege* (1963) gelang ihm ein erster Bestseller in den USA, mit *Schlachthof 5 oder Der Kinderkreuzzug* 1969 schließlich auch international der literarische Durchbruch.

Autobiografie: K. Vonnegut, *Das Aschenputtel-Syndrom*, 1981.

Schlachthof 5 oder Der Kinderkreuzzug

OT Slaughterhouse-Five, or The Children's Crusade
OA 1969 **DE** 1970 **Form** Roman **Epoche** Postmoderne

Der Roman *Schlachthof 5 oder Der Kinderkreuzzug*, mit dem Kurt Vonnegut das traumatische Erlebnis der Bombardierung Dresdens aufarbeitete, gilt heute als einer der bedeutendsten zeitgenössischen US-amerikanischen Romane

OT = Originaltitel   EZ = Entstehungszeit   OA = Originalausgabe   DE = Deutsche Erstausgabe   📖 = Verweis auf Werkartikel

und als wichtigster Anti-Kriegsroman neben *Catch 22* (1961) von Joseph → Heller. Beschrieben wird jedoch nicht die Zerstörung der Stadt, sondern die des Menschen, der »das größte Massaker in der Geschichte Europas« miterlebt hat. Untertitel und Name der Hauptfigur Billy Pilgrim (Pilger) verweisen auf die Kreuzzüge und zeugen von Vonneguts tiefem Pessimismus: Der Mensch ist letztlich unfähig, sein Tun zu begreifen und aus der Geschichte zu lernen.

Entstehung: Im Dezember 1944 war Vonnegut als US-amerikanischer Soldat in den Ardennen in Gefangenschaft geraten und nach Dresden deportiert worden, wo er zusammen mit 150 anderen GIs im Fleischkeller des Schlachthofs eingesperrt wurde. Dort überlebte er den amerikanisch-britischen Bombenangriff, bei dem in der Nacht des 13. Februar 1945 60 000 Menschen starben. Schon unmittelbar nach seiner Rückkehr in die USA wollte er über das erlebte Grauen schreiben, »aber mir fielen damals nicht viele Worte zu Dresden ein – jedenfalls nicht genug für ein Buch«. Erst nachdem er 1967 an den Ort des Schreckens zurückgekehrt war, konnte *Schlachthof 5* entstehen.

Aufbau: Der Roman ist collagenartig zusammengesetzt, entfaltet sich scheinbar assoziativ und behandelt sein Thema auf unterschiedlichen Erzähl- und Zeitebenen und aus verschiedenen Perspektiven, bleibt dabei aber von bemerkenswert leichter Lesbarkeit. Im ersten und letzten Kapitel tritt der Autor selbst durch sein Double Yon Yonson auf, den Schöpfer der Romanfigur Billy Pilgrim, der als Soldat den Feuersturm von Dresden erlebt hat. Nach eigener Behauptung wird er später in einer fliegenden Untertasse auf den Planeten Tralfamadore entführt, der wie eine ideale Gegenwelt zu Billys 20. Jahrhundert erscheint, das von Chaos, Gewalt und Isolation gezeichnet ist.

Inhalt: Der Optiker Billy, der »irdischen Seelen Korrekturlinsen verschreibt, hat sich im Dezember 1944 (Vonneguts Gefangennahme) »von der Zeit losgelöst«, driftet seitdem ohne eigene Kontrolle durch die Episoden seiner Biografie, vor allem der Kriegszeit, und berichtet 1967 (Beginn der Arbeit an *Schlachthof 5*) öffentlich im Radio von seiner Entführung nach Trafalmadore, wo er nackt im Zoo ausgestellt worden sei. Natürlich glaubt ihm niemand. Je näher der (nicht geschilderte) Feuersturm rückt, desto wirrer prasseln die Bruchstücke seines Lebens auf ihn ein, flüchtet sich Billy immer tiefer in die Hirngespinste seines durch das unverarbeitete Grauen bedingten Wahnsinns. Als er das Unfassbare endlich aussprechen kann, hat man ihn längst für verrückt erklärt.

Wirkung: Aufgrund der Synechie aus ernster und trivialer Literatur sowie der Rückgriffe auf Showeffekte der Popkultur, aber auch wegen seines zuweilen sarkastischen Humors war Vonnegut die Zustimmung der Kritik lange versagt geblieben. Seine Bücher wurden der Sciencefiction-Literatur zugerechnet. Dies änderte sich schlagartig mit *Schlachthof 5*. Der Roman machte ihn zum Idol der US-amerikanischen Gegenkultur. Eine Verfilmung folgte 1971 durch George Roy Hill. *A. C. K.*

Kurt Vonnegut, *Schlachthof 5 oder Der Kinderkreuzzug*, Umschlag der Originalausgabe 1969

Vulpius, Christian August

dt. Schriftsteller

* 23.1.1762 Weimar † 26.6.1827 ebd.

📖 *Rinaldo Rinaldini, der Räuberhauptmann*, 1799

Christian August Vulpius war einer der produktivsten und meistgelesenen Unterhaltungsschriftsteller seiner Zeit. Mit seinen abenteuerlichen Romanen kam er der Leselust eines breiten Publikums entgegen, dessen Geschmack er zu treffen suchte, auch wenn er sich damit in der literarisch anspruchsvollen Gesellschaft eher disqualifizierte.

Vulpius stammte aus einer angesehenen bürgerlichen Familie, die jedoch durch die Alkoholsucht seines Vaters, eines Amtsarchivars, und dessen Veruntreuung von Steuergeldern gesellschaftlich in Misskredit und in Armut geriet. Dennoch begann Vulpius ein Jura-Studium in Jena, das er nach dem Tod seines Vaters (1786) abbrach. Die jüngere Schwester, Christiane (1765–1816), bat → Goethe 1788 um Unterstützung für ihren Bruder, der damals bereits mehrere populäre Werke veröffentlicht hatte. Die legendär gewordene Begegnung führte zu einer dauerhaften, in Weimar als Skandal angesehenen Verbindung (Heirat 1807) zwischen dem Mädchen und dem Dichterfürsten. Nachdem Goethe 1791 die Leitung des Weimarer Hoftheaters übernommen hatte, beschäftigte er Vulpius als Dramaturgen. Bescheidene ökonomische Sicherheit gewann dieser, als Goethe ihm 1797 eine Stelle als Registrator an der Herzoglichen Bibliothek verschaffte, wo er durch Fleiß und Kompetenz zum leitenden Bibliothekar aufstieg und 1816 den Ratstitel erhielt.

Neben seiner Tätigkeit in der Bibliothek, als Herausgeber angesehener Zeitschriften und als Kritiker verfasste Vulpius Sachbücher, Dramen, Gedichte und abenteuerliche, heroische und galante Romane. Sein bekanntestes Werk, *Rinaldo Rinaldini*, war ein solch durchschlagender Erfolg, dass er viele seiner späteren Romane nur noch als »Verfasser des Rinaldini« ohne Nennung des eigenen Namens publizierte.

Auszug aus dem Roman *Schlachthof 5* von Kurt Vonnegut:

»*Ihr wart nur kleine Kinder im Krieg – genau wie die im oberen Stockwerk!«*
Ich nickte zustimmend. Wir waren törichte, jungfräuliche Männer im Krieg gewesen, gerade am Ende der Kindheit angelangt.
»*Aber Sie werden es nicht so schreiben, nicht wahr!« Das war keine Frage. Es war eine Anklage.*
»*Ich – ich weiß nicht«, sagte ich.*
»*Nun, aber ich weiß es«, sagte sie. »Ihr werdet vorgeben, Männer statt Kinder gewesen zu sein, und eure Rolle wird in den Filmen von Frank Sinatra und John Wayne oder sonst einem dieser bezaubernden, kriegsbegeisterten alten Männer gespielt werden. Und der Krieg wird einfach wundervoll aussehen, so dass wir eine Menge anderer Kriege haben werden. Und sie werden von Kindern wie unsere Kinder oben ausgefochten werden.«*

Auszug aus dem Roman *Rinaldo Rinaldini, der Räuberhauptmann* von Christian August Vulpius:

»*Rinaldini! lieber Räuber!/ Raubst den Weibern Herz und Ruh./ Ach! wie schrecklich in dem Kampfe,/ Wie verliebt im Schloss bist du!«*

Rinaldo Rinaldini, der Räuberhauptmann

OA 1798/99 **Form** Roman **Epoche** Klassik

Als einer der ersten Romane, die für ein Massenpublikum geschrieben wurden, blieb *Rinaldo Rinaldini* in seiner Popularität unerreicht.

Entstehung: Vulpius fand den Stoff für die Geschichte mit dem Untertitel *Eine romantische Geschichte unseres Jahrhunderts in Drei Teilen oder neun Büchern*, die Ritter-, Räuber-, Rebellen-, Geheimbund-, Don Juan-, Verwechslungs- und viele andere Motive der zeitgenössischen Literatur vermischt, in Büchern und Zeitschriften. Historisch bezeugte Vorbilder der Titelfigur sind der italienische Räuber-Capitano Angelo Duca, der 1784 hingerichtet wurde, und ein Tommaso Rinaldini, der sich 1786 im Kampf gegen päpstliche Truppen hervortat und als angeblicher Marchese rauschende Feste gab, bevor sich seine Spuren verloren.

Inhalt: Wie viele heroische Verbrecher gerät Rinaldo, aufgewachsen als Ziegenhirt, aus Trotz gegen die Willkür der Mächtigen auf die schiefe Bahn und kämpft mit Selbstzweifeln

Christian August Vulpius, *Rinaldo Rinaldini, der Räuberhauptmann*, Einband einer Ausgabe o.J. mit Illustrationen von Erich Hölle

und seiner sentimentalen Sehnsucht nach einem geordneten Leben. Als tapferer, kluger und gerechter Räuberhauptmann genießt er bei seinen Kumpanen hohes Ansehen, schont die Armen und verteidigt die Unschuld. Im Volk gleichermaßen gefürchtet und bewundert – oft lauscht er unerkannt den Balladen und Erzählungen über sich selbst –, ständig auf der Flucht vor der Justiz, lebt er meistens in Wäldern, Höhlen und Ruinen oder in verschiedenen Verkleidungen und mit wechselnden Namen und Adelstiteln in den Städten. Er beherrscht die Umgangsformen aller sozialen Schichten, ist inkognito Gast in vielen Schlössern und bezaubert die Damenwelt vom Bauernmädchen bis zur Gräfin. Unter den vielen Freunden und Feinden, die seine Abenteuer in Italien und Sizilien begleiten, ragt der geheimnisvolle »Alte von Fronteja« hervor, der ihn tötet, um ihn vor der drohenden Verhaftung ehrenvoll zu retten. In späteren Bearbeitungen überlebt der Held, soll von Sardinien aus die Korsen bei ihrem Freiheitskampf unterstützen, findet seine adelige Mutter wieder und in dem Alten, der sich als orientalischer Prinz entpuppt, seinen Vater. Die glückliche Vereinigung mit seiner eigenen jungen Familie, der vor Jahren verlassenen Gräfin Dianora und ihrem kleinen Sohn, macht ein tödlicher Schuss seiner Häscher zunichte.

Aufbau: Der Zufall und unberechenbare magische Schicksalsmächte sind das eigentliche Bewegungselement der weitschweifigen Erzählung, die durch dramatische Dialoge, burleske und lyrische Einschübe Spannung und Farbigkeit gewinnt. Die gelegentlich in sich widersprüchliche, aller Wahrscheinlichkeit zuwider laufende Handlung wird durch volkstümliche Lieder, konventionelle Naturschilderungen, tränenreiche Selbstreflexionen und gefühlvolle Liebesbegegnungen aufgelockert.

Wirkung: Die erste Auflage des Romans war schnell vergriffen. Vulpius ließ ihr bis 1823 vier weitere, um zusätzliche Abenteuer bereicherte folgen, dramatisierte den Stoff, rankte in mehreren Romanen neue Geschichten um Figuren aus dem Dunstkreis des Helden und machte sich z. B. mit *Orlando Orlandino* (1802) auch den einprägsamen Klang des Namens zunutze.

Andere Autoren nahmen das populäre Muster auf; zahllose männliche und weibliche Rinaldini-Nachfolger bevölkerten die Unterhaltungsliteratur des 19. Jahrhunderts. Vulpius wurde mit seinem Hauptwerk nicht nur zum Erfinder der modernen Trivialliteratur, sondern – inkognito – auch zum Urvater der abenteuersüchtigen und immer am Rand der Legalität für das Gute kämpfenden Helden in Film, Fernsehen und Comics des 20. Jahrhunderts. 1968–73 wurde der Roman als dreizehnteilige Fernsehserie ausgestrahlt.

E. E. K.

Räuberromantik

Herkunft: Die mittelalterlichen Ritterromane, die Schelmen- und Abenteuergeschichten des 16. und 17. Jahrhunderts, das im 18. Jahrhundert erwachende psychologische Interesse am Fehlverhalten des Individuums (Die einflussreiche *Sammlung berühmter Verbrechen* 1734–43 von François Gayot de Pitaval), vereinfachtes Ideengut der Aufklärung und Sturm-und-Drang-Helden wie Goethes *Goetz von Berlichingen* 1774 und → Schillers Karl Moor aus dem Drama *Die Räuber* 1781 schufen die Voraussetzungen für den Topos des ruhmreichen, edlen Räubers, der in den populären Romanen, Dramen, Opern (z. B. *Fra Diavolo*, 1830, von Daniel François Esprit Auber) und volkstümlichen Balladen der ersten Hälfte des 19. Jahrhunderts in ganz Europa in vielen Gestalten auftaucht, mit Heinrich von → Kleists Erzählung *Michael Kohlhaas* (1810) aber auch Eingang in die anspruchsvolle Literatur findet. Bekannte Räubergestalten wie Robin Hood oder Schinderhannes sind Vorbilder der neuen Helden.

Bedeutung: Im Gegensatz zum Rebellen verfolgt der romantische Räuber, obwohl zumeist ein Verbrecher wider Willen, keine

politischen Ziele oder übergeordneten Ideale, sondern vornehmlich seine eigenen Interessen. Sein Lebensraum ist die mit Burgen und Schlössern dekorierte Natur, seine Bindungen sind flüchtig. Unwahrscheinliche, oft von weisen Eremiten, Zauberern, brutalen Freunden, Feinden und schönen Frauen begleitete Abenteuer führen ihn durch viele soziale Milieus, die er als Außenseiter souverän beherrscht.

Anwendung: In der Figur des einsamen, offiziell geächteten und inoffiziell bewunderten Outcasts und Selbsthelfers kompensierte das deutsche Bürgertum seine politische Passivität nach der Französischen Revolution 1789. Die Begeisterung für die historisierende Räuberromantik ließ mit der bürgerlichen Emanzipation um die Mitte des 19. Jahrhunderts nach. Der romantische Räuber überlebte jedoch z. B. als Cowboy im Wilden Westen oder als sympathischer Gauner im Untergrund der Städte und wurde zum Paten vieler populärer Helden der Kriminal- und Trivialliteratur sowie der Film- und Fernsehserien des 20. Jahrhunderts, die auch das Erzählmuster der beliebigen Reihung von glücklich überstandenen Gefahren übernehmen.

Wahlöö, Per/ Sjöwall, Maj

schwed. Krimiautoren und Journalisten

Wahlöö, Per * 5.8.1926 Göteborg, † 22.8.1975 Malmö

Sjöwall, Maj * 25.9.1935 Stockholm

📖 *Die Terroristen*, 1975

Das Autoren-Ehepaar Per Wahlöö und Maj Sjöwall gewährte den Lesern mit seinen Kriminalromanen tiefe Einblicke in die schwedische Gesellschaft der 1960er und 70er Jahre. Von einer sozialistischen Position aus – beide waren Mitglied der schwedischen Kommunistischen Partei – kritisierten sie Machtmissbrauch, Korruption und soziale Kälte im vermeintlichen »Wohlfahrtsstaat« Schweden.

Wahlöö begann wie seine spätere Ehefrau Sjöwall (Heirat 1962) seine publizistische Karriere als Journalist; er arbeitete für schwedische Zeitschriften und Zeitungen. Zeitweise lebte er in Spanien, bis er 1956 wegen seiner politischen Einstellung vom Franco-Regime ausgewiesen wurde. Seine Spanienerfahrungen verarbeitete er in den Romanen *Wind und Regen* (1961) und *Das Lastauto* (1962). Sein erfolgreichster Roman wurde *Mord im 31. Stock*, eine Anti-Utopie der schwedischen Presselandschaft.

Sjöwall war nach ihrem Journalistik- und Grafik-Studium in Stockholm als Artdirector bei einer schwedischen Zeitschrift tätig, ehe sie Wahlöö kennen lernte und mit dem Schreiben der Geschichten um Martin Beck begann.

1965 veröffentlichte das Autoren-Ehepaar *Die Tote im Götakanal*, den ersten gemeinsam recherchierten und gemeinsam geschriebenen Kriminalroman mit Martin Beck. Bis 1975 ließen sie jährlich einen Band um den Stockholmer Kommissar und seine Kollegen folgen.

Inhalt: In *Die Terroristen* begegnet Kommissar Beck der organisierten Kriminalität in Form der internationalen Terrorgruppe ULAG, die in Stockholm einen Anschlag auf einen US-amerikanischen Senator plant, der Schweden besucht. Beck soll das Attentat verhindern. Dies gelingt durch eine geschickte Manipulation in den Medien: Zwar geht die Bombe hoch, aber die Polizei hat die Terroristen über die Ankunftszeit und die Fahrtroute des Senators getäuscht. Parallel zum Antiterroreinsatz beginnt der Prozess gegen die Bankräuberin Rebecka Lind, die in höchster persönlicher Verzweiflung versucht, Geld zu erbeuten. Sie will den Vater ihres Kindes, einen amerikanischen Soldaten, dem sie als Deserteur Unterschlupf gewährt hatte, in die USA folgen. Weil sie weder privat noch über die Bank an einen Kredit gelangt, greift sie zum Messer, stürmt eine Bank und wird gefasst. Ihrem Freund wird unterdessen in den USA der Prozess gemacht; er sieht schließlich nur noch im Selbstmord einen Ausweg. Weil sie von den Behörden keine Hilfe erhält, erschießt Rebecka den Regierungspräsidenten. Das unerwartete Attentat nimmt am zweiten Tag des Staatsbesuchs des amerikanischen Senators seinen Lauf, als dieser gerade zusammen mit dem schwedischen Regierungspräsidenten in einer Kirche einen Kranz niederlegen will.

Wirkung: Der im Todesjahr von Wahlöö veröffentlichte Roman war ebenso wie die vorausgegangenen Bände ein großer Erfolg. Die Kritik verglich den Kommissar-Beck-Zyklus mit Honoré de → Balzacs *Menschlicher Komödie*. Für Aufregung sorgte das Buch Jahre nach seinem Erscheinen, als 1986 der schwedische Regierungspräsident Olof Palme analog zum Roman *Die Terroristen* von einem Einzeltäter mit einer Pistole erschossen wurde. *W.Z.*

Per Wahlöö/Maj Sjöwall, *Die Terroristen*, Einband der deutschsprachigen Erstausgabe 1977

Unsere Bücher sind der »Roman eines Verbrechens«, des Verbrechens der Sozialdemokratie an der schwedischen Arbeiterklasse.
Per Wahlöö und Maj Sjöwall (Foto 1971 in Malmö)

Die Terroristen

OT Terroristerna **OA** 1975 **DE** 1977
Form Kriminalroman **Epoche** Gegenwart

Die Terroristen ist der letzte von zehn Bänden des Kommissar-Beck-Zyklus von Per Wahlöö und Maj Sjöwall. Leser konnten nicht nur das Berufsleben, sondern auch die private Entwicklung der überaus menschlich gezeichneten Figuren verfolgen. In seinem Romanleben steigt Martin Beck, ein melancholischer Held mit einer gescheiterten Ehe und romantischen Affären, bis zum Leiter der Reichsmordkommission in Stockholm auf. Zugleich wachsen aber auch seine Zweifel am schönen Schein des bürokratischen Wohlfahrtsstaats Schweden, den Sjöwall/Wallöö als Polizeistaat entlarven.

Walker, Alice

afroamerikan. Schriftstellerin

*9.2.1944 Eatonton (Georgia)

📖 *Die Farbe Lila*, 1982

Alice Walker, *Die Farbe Lila*, Umschlag der Jubiläumsausgabe 1992

Alice Walker zählt zu den profiliertesten Schriftstellerinnen der Gegenwart; ihr Werk ist weit über den englischen Sprachraum hinaus bekannt. Sie veröffentlichte zahlreiche Romane, mehrere Erzähl- und Gedichtbände sowie eine Reihe von Kinderbüchern.

Walker war das jüngste von acht Kindern einer mittellosen Landarbeiterfamilie. Mit acht Jahren wurde sie von einem ihrer Brüder mit einer Waffe am Auge verletzt; sie fühlte sich körperlich entstellt und zog sich zurück. In ihrer häuslichen Isolation las sie viel und begann Gedichte zu schreiben. Ab 1961 studierte sie mit einem Begabtenstipendium am Spelman College für junge afroamerikanische Frauen in Atlanta (Georgia) Literaturwissenschaft. 1965 schloss sie ihr Studium am Sarah Lawrence College in New York ab. In den 1960er Jahren begann Walker sich für die Bürger- und Frauenrechts-

bewegung zu engagieren. Ab 1972 war sie als Dozentin an verschiedenen Universitäten tätig. Die Autorin lebt heute in Kalifornien.

Seit 1968 erschienen Gedichte, Romane und Kurzgeschichten Walkers. Zu ihren bekanntesten Romanen gehören *Das dritte Leben des Grange Copeland* (1970), *Meridian* (1976), *Im Tempel meines Herzens* (1989) und *Sie hüten das Geheimnis des Glücks* (1992).

Literatur: M. Lauret, *Alice Walker*, 2000; C. Lazo, *Alice Walker, Freedom Writer*, 2000.

Die Farbe Lila

OT The Colour Purple **OA** 1982 **DE** 1984
Form Roman **Epoche** Gegenwart

Alice Walker thematisiert in ihrem bekanntesten Roman die zweifache Unterdrückung schwarzer Frauen durch eine rassistische weiße Gesellschaft sowie durch die patriarchale Haltung schwarzer Männer innerhalb der afroamerikanischen Kultur. *Die Farbe Lila* wurde insbesondere durch die gleichnamige Verfilmung von Steven Spielberg aus dem Jahr 1986 mit Whoopi Goldberg in der Hauptrolle einem breiten Publikum bekannt.

Inhalt: Celie, die mit 13 Jahren erstmals von ihrem Vater vergewaltigt wurde, übernimmt mit dem Tod der Mutter nicht nur die Haushaltspflichten, sondern bleibt Objekt der sexuellen Begierde ihres Vaters. Um ihre Schwester Nettie zu schützen, wehrt sie sich nicht. Zweimal wird Celie schwanger, die beiden Kinder gibt der Vater weg. Als der Witwer Albert Nettie heiraten will, bekommt er stattdessen Celie. Diese muss sich nun um die Kinder und den Haushalt von Albert kümmern und die Feldarbeit erledigen. Albert schlägt sie regelmäßig und beutet sie sexuell ebenso aus wie ihr Vater.

Eines Tages bringt Albert seine Geliebte, die glamouröse Sängerin Shug Avery, nach Hause. Celie pflegt die kranke Shug und die beiden gänzlich unterschiedlichen Frauen freunden sich an. Celie erfährt von Shug, dass ihr Mann eigentlich Albert heißt und dass körperliche Liebe schön sein kann. Celie verliebt sich in sie und lernt von ihr eine gewisse Selbstachtung. Als erster Schritt in die Emanzipation beginnt Celie, für sich und Shug Hosen zu nähen; hieraus entwickelt sich später ein florierendes Geschäft, mit dem Celie auch finanzielle Unabhängigkeit erlangt. Als Celie Briefe von Nettie entdeckt, die Albert ihr jahrelang vorenthalten hatte, erfährt sie, dass Nettie inzwischen zusammen mit Celies Kindern in Afrika lebt.

Mit zunehmendem Selbstbewusstsein kann Celie die übermächtige Vaterfigur beiseite schieben; sie entdeckt, dass der Mann, der sie aufzog, nicht ihr leiblicher Vater war. Shug er-

Literatur afroamerikanischer Frauen

Zora Neale Hurston 1937	*Und ihre Augen schauten Gott:* Janie Starks versucht ihre Identität als Frau nicht nur in den Beziehungen zu einer Reihe von Männern, sondern auch als Erzählerin zu finden.
Paule Marshall 1969	*Erwählter Ort, zeitloses Volk:* In einer armen Gemeinde auf einer Karibikinsel leben Schwarze und Weiße zwar gemeinsam, doch in wirtschaftlicher Versklavung.
Maya Angelou 1970	*Ich weiß, dass der gefangene Vogel singt:* Das Buch ist der erste Band der Autobiografie von Angelou, die ihr Selbst- und Rollenverständnis als Frau zwischen US-amerikanischer Kultur und afrikanischem Leitbild abklären möchte.
Alice Walker 1982	*Die Farbe Lila:* Durch die Freundschaft mit der Sängerin Shug Avery, der Geliebten ihres Ehemanns, lernt sich Cecile sowohl als Frau als auch als Schwarze zu emanzipieren. → S. 1120
Gloria Naylor 1982	*Die Frauen vom Brewster Place:* Sieben Geschichten erzählen das Leben von sieben Frauentypen, die in einem Slum, in einer Sackgasse im doppelten Sinne, wohnen.
Audre Lorde 1982	*Zami – eine Mythobiografie:* Erzählungen aus dem eigenen Leben der Autorin in den 1930er bis 1950er Jahren werden vermischt mit afrikanischen und karibischen Mythen.
Toni Morrison 1987	*Menschenkind:* Die Versklavung, ein Fluchtversuch, der Mord an ihrer jüngsten Tochter und die afrikanischen Traditionen werfen lange Schatten über das Leben von Sethe. → S. 794
Terry McMillan 1996	*Männer sind die halbe Miete:* Aus dem Urlaubsflirt der 40-jährigen Karrierefrau Stella wird Liebe. Einziger Schönheitsfehler: Winston Shakespeare ist gerade mal halb so alt wie sie...

OT = Originaltitel   **EZ** = Entstehungszeit   **OA** = Originalausgabe   **DE** = Deutsche Erstausgabe   📖 = Verweis auf Werkartikel

klärt Celie, dass Freude am Leben und an der Schöpfung der Wille Gottes sei und dass es Gott ärgere, »wenn du irgendwo in einem Feld an der Farbe Lila vorbeigehst und sie nicht siehst.« Celie beschließt, ihren Mann zu verlassen und mit Shug nach Memphis zu gehen.

Mit Celies Aufbruch aus ihrer Unterdrückung erfährt auch Albert eine Verwandlung: Er leidet unter seiner Einsamkeit sowie dem Verlust der beiden Frauen. Als Shug mit einem jugendlichen Liebhaber auf Reisen geht, verbindet der Liebeskummer die Verlassenen Celie und Albert; doch trotz der Annäherung lehnt Celie Alberts Antrag ab, zu ihm zurückzukehren. Ihr Herz gehört Shug, mit der sie eine geistige wie körperliche Liebe verbindet und die schließlich zu ihr zurückkehrt. Als ihre Schwester Nettie mit den Kindern in das eigene Haus, das der Vater ihnen vererbt hat, zurückkehrt, beginnt für Celie endlich ein glückliches Leben.

Aufbau: Der Roman ist in Briefform geschrieben. Die Briefe richten sich zunächst an Gott; Wortstellung und Schreibweise sind umgangssprachlich. Im letzten Teil des Romans sind die Briefe an die Schwester Nettie gerichtet, als Antwort auf die Briefe, die Nettie über Jahre hinweg an Celie geschrieben hatte.

Wirkung: Für ihren bedeutendsten Roman erntete Walker neben goßer Anerkennung auch die Kritik, dass sie mit den schwarzen Männern zu hart ins Gericht gegangen sei. Der Roman wurde mit dem Pulitzer-Preis und dem American Book Award ausgezeichnet. *G. Wi.*

Wallace, Edgar

(eigtl. Richard Horatio)
engl. Journalist und Schriftsteller
*1875 Greenwich
† 10. 2. 1932 Hollywood, USA (Kalifornien)
📖 *Der Hexer*, 1927

Edgar Wallace war der wohl erfolgreichste »Vielschreiber« der 1920er Jahre und ist zum Markenzeichen für spannende Unterhaltung geworden: Der Autor veröffentlichte in der Zeit von 1925 bis 1930 in Deutschland über fünfzig Bücher, deren Gesamtauflage 1,5 Mio Exemplare betrug.

Seine Anfangserfolge erzielte Wallace in England wie in Deutschland zunächst als Verfasser populärer »Afrika-Romane«. Dann gelang ihm mit dem 1926 in London und 1927 in Berlin uraufgeführten Theaterstück *Der Hexer* der Durchbruch. Der kurz darauf folgende gleichnamige Roman erzielte in beiden Ländern Rekordauflagen. Zeitweilig war Edgar Wallace nach eigenem Bekunden in Deutschland po-

pulärer als in seiner Heimat England. Ein möglicher Grund: Sein deutscher Verlag startete großzügige Werbekampagnen für den Autor. Dabei verwendete er immer wieder den einprägsamen Slogan: »Es ist unmöglich, von Edgar Wallace nicht gefesselt zu sein.«

Geboren als unehelicher Sohn einer Schauspielerin, hat Wallace seinen Vater nie kennen gelernt. Er wuchs in ärmlichen Verhältnissen bei einer Pflegefamilie auf. Mit zwölf Jahren begann er nach der Schule in London seinen Lebensunterhalt als Druckereigehilfe zu verdienen. Weitere Stationen als Milchhändler und Matrose folgten. Mit 18 Jahren trat Wallace in die Armee ein und verbrachte als Soldat mehrere Jahre in Südafrika (Burenkriege). Anschließend arbeitete er jahrelang als Kriegsberichterstatter und Journalist, bevor erste schriftstellerische Erfolge ihm und seiner Familie ein sorgenfreies Leben ermöglichten.

1931 ging Wallace nach Hollywood, um an einer Verfilmung eines seiner Kriminalromane mitzuarbeiten. Dort starb er ein Jahr später an einer Lungenentzündung.

Biografie: M. Lane, *Edgar Wallace – the Biography of a Phenomenon*, 1938.

Der Hexer

OT The Ringer (The Gaunt Stranger) **OA** 1926 **DE** 1927 **Form** Kriminalroman **Epoche** Moderne

Mit dem Buch *Der Hexer* machte Edgar Wallace Ende der 1920er Jahre den Detektivroman in Deutschland populär – und salonfähig.

Inhalt: Rechtsanwalt Maurice Messer zittert vor der Rückkehr des totgeglaubten Superverbrechers und »Hexers« Henry Arthur Milton, der den Tod seiner Schwester Gwenda rächen will. Der betrügerische Anwalt hatte das von Milton

Edgar Wallace, *Der Hexer*, Einband der deutschsprachigen Ausgabe 2000

Edgar Wallace 1931

Günter Wallraff, *Ganz unten*,
Umschlag der Originalausgabe 1985

Günter Wallraff in einem
Interview über sein Erfahrungen als »Türke«:

*Sicher, ich war nicht wirklich
ein Türke. Aber man muss sich
verkleiden, um die Gesellschaft zu demaskieren, muss
täuschen und sich verstellen,
um die Wahrheit herauszufinden. Ich weiß inzwischen
immer noch nicht, wie ein
Ausländer die täglichen
Demütigungen, die Feindseligkeiten und den Hass verarbeitet. Aber ich weiß jetzt,
was zu ertragen hat und wie
weit die Menschenverachtung
in diesem Land gehen kann.
Ein Stück Apartheid findet
mitten unter uns statt – in
unserer Demokratie. Die Erlebnisse haben alle meine Erwartungen übertroffen. In negativer Hinsicht.*

in seine Obhut gegebene Mädchen in den Tod
getrieben. Dritter im Bunde der Bösen ist der
völlig abgebrannte Aristokratensohn Johnny
Lenley, der sich von Messer zum Diebstahl von
Juwelen verleiten lässt.

Seine Schwester Mary Lenley wiederum, aus
materieller Not gezwungen als Schreibkraft bei
Messer zu arbeiten, widersteht standhaft allen
Annäherungsversuchen des Anwalts. Sie verbindet mehr als Sympathie mit dem soeben
zum Bezirksinspektor beförderten Alan Wembury, der von Scotland Yard auf den »Hexer« angesetzt wird. Wembury ist der Sohn des Obergärtners von Lenley Court und findet daher
zunächst in Johnnys Augen keine Gnade.

Die Klärung des immer verzwickter werdenden Falls wird durch neue Intrigen Messers, das
Auftauchen von dem verdächtig agierenden
Chefinspektor Bliss erschwert.

Messer entgeht schließlich der Rache des »Hexers« nicht und findet einen unschönen Tod.
Der »Hexer« kann dank eines raffinierten Tricks
entfliehen, kehrt als Polizist verkleidet zurück,
flüchtet durch einen Geheimgang und bleibt
bis auf Weiteres verschwunden. Das liebende
Paar Mary und Alan findet – trotz aller »Standesunterschiede« – zueinander.

Struktur: Im *Hexer* wie in seinen übrigen Kriminalromanen bietet Wallace seinen Lesern knisternde Spannung und geheimnisvolle Verwicklungen: Meistens spielen dabei ein smarter und
absolut integrer Polizist sowie ein armes, unschuldiges und schönes Mädchen die Hauptrollen auf der Seite der Guten. Diesen beiden
Lichtgestalten steht eine dämonische Auswahl
von raffinierten und unberechenbaren Schurken gegenüber. Edgar Wallace jongliert mit den
Klischees des Genres und verknüpft seine
Handlungsfäden geschickt miteinander.

Wirkung: Henry Arthur Milton, der intelligente
Verbrecher ohne Gesicht, führte nicht nur Scotland Yard an der Nase herum. Er beschäftigte
zumindest laut Werbung seines Verlags auch
breite Kreise der Bevölkerung mit der Frage:
»Wer ist der Hexer?« Denn die Identität des Unbekannten wird erst auf der letzten Seite dieses
Kriminalromans gelüftet.

Auch in dem zuvor mit großem Erfolg an der
Berliner Max Reinhardt-Bühne aufgeführten
Hexer-Theaterstück erfolgte der Paukenschlag
mit dem Aha-Effekt erst am Ende. Die einfallsreichen Werbefachleute bemühten sich, auch
den literarisch anspruchsvollen Lesern die Lektüre dieses und anderer Wallace-Kriminalromane schmackhaft zu machen. Der englische
Autor schwamm in den Folgejahren auf einer
Welle des Erfolgs.

Allein die deutschen Ausgaben seiner Bücher
haben bis heute eine Gesamtauflage von über
35 Mio Exemplaren erreicht. *K. V.*

Wallraff, Günter

dt. Publizist

* 1. 10. 1942 Burscheid bei Köln

📖 *Ganz unten*, 1985

Günter Wallraff ist der bekannteste deutschsprachige Vertreter einer dokumentarischen und
engagierten Literatur. Als Arbeiter und Redakteur schlich er sich in Betriebe ein, um aus einer
Anteil nehmenden Position heraus über Missstände berichten zu können. Mit seinen Reportagen erreichte er ein Millionenpublikum.

Der Sohn eines Fließbandarbeiters war nach
der mittleren Reife und einer Buchhändlerlehre
ab Mitte der 1960er Jahre als Arbeiter in Industriebetrieben tätig. Er schrieb für eine Gewerkschaftszeitung über seine Erfahrungen, später
wurde er Redakteur bei *Pardon* und *konkret*.
Wegen seiner Reportagen wurde er mehrfach
verklagt, denunziert und bespitzelt; zeitweise
verlegte er seinen Wohnsitz in die Niederlande.
1970 zählte Wallraff zu den Gründern des
»Werkkreises Literatur der Arbeitswelt«. 1974
demonstrierte er in Griechenland aus Protest
gegen die herrschende Militärjunta und kam ins
Gefängnis, zwei Jahre später trug er zur Aufdeckung der Putschpläne eines Generals in
Portugal bei. 1977 schlich sich Wallraff in die
Bild-Redaktion in Hannover ein, um über die
Praktiken dieser Zeitung berichten zu können.
Sein Buch darüber, *Der Aufmacher* (1977),
wurde ein Bestseller. Wallraff engagierte sich
u.a. auch für Salman →Rushdie sowie für Asylbewerber und Roma.

Biografie: U. Hahn / M. Töteberg, *Günter Wallraff*, 1979;
C. Linder, *In Sachen Wallraff*, 1986.

Ganz unten

OA 1985 **Form** Reportage **Epoche** Gegenwart

In *Ganz unten* berichtet Günter Wallraff von seinen Erfahrungen als angeblicher türkischer Arbeiter, als der er sich in Betriebe einschlich, um
die Arbeitswelt von innen zeigen zu können.
Wallraff verdeutlicht, wie mit türkischen Arbeitern umgegangen wird, die sich gegen Ausbeutung oft nicht wehren können.

Inhalt: 1983 verkleidet sich Wallraff als türkischer Arbeiter Ali Levent Sigirlioglu und hält
diese Rolle zwei Jahre lang durch. Er arbeitet als
ungelernte Hilfskraft bei McDonald's, auf einer
Großbaustelle und in einer Leiharbeiter-Kolonne. Bei verschiedensten Gelegenheiten – etwa
auf einer CDU-Feier, auf der er sich als türkischer Abgeordneter ausgibt, oder bei dem Versuch, sich katholisch taufen zu lassen – erlebt er
hautnah, dass Türken beschimpft, bedroht und
nicht akzeptiert werden.

Seine erste längere Anstellung hat Wallraff bei McDonald's. Er bekommt einen sehr geringen Stundenlohn und muss unter Zeitdruck sowie ohne Sicherheitsvorkehrungen zwischen siedendem Frittierfett und Heizplatten arbeiten. Auf dem Bau verrichtet er Schwerstarbeit, wird ausgelacht und von den »Kollegen« schikaniert. Schlimmer noch ist die Situation bei einem Subunternehmen, das für Thyssen und das Atomkraftwerk Würgassen Arbeiter zur Verfügung stellt. Keiner der Arbeiter hat Papiere oder ist sozial- und krankenversichert, der Lohn ist gering. Im Atomkraftwerk werden die Arbeiter gefährlich hohen Strahlendosen ausgesetzt; bei Thyssen muss Wallraff bei Minusgraden, ohne Schutzkleidung und ausreichendes Gerät festgefrorene Schlacke entfernen. Viele Arbeiter werden gezwungen, Doppel- oder Mehrfachschichten zu fahren; Unfälle wegen Übermüdung werden von den Vorarbeitern in Kauf genommen. Wehren können sich die Arbeiter nicht – einige sind illegal in Deutschland, andere von der Ausweisung bedroht.

Struktur: In 13 Kapiteln erzählt Wallraff von seinen Erlebnissen als Arbeiter, der sich »ganz unten« in der Hierarchie befindet, und bezieht auch Berichte anderer Arbeiter ein. Hinter all diesen Geschichten steht die moralische Autorität des Autors, der sich den of unmenschlichen Bedingungen selbst unterworfen und unter ihnen gelitten hat. Überdeutlich ist aber auch der moralische Zeigefinger; aus jeder Zeile spricht die Entrüstung, mit der Wallraff Mitgefühl beim Leser zu wecken versucht.

Wirkung: Das Buch verkaufte sich in nur sechs Wochen 1,6 Millionen Mal. Von seinen Gegnern wurde Wallraff als »sozialistischer Hetzer« beschimpft, bespitzelt und mehrfach verklagt. Wallraffs Buch hatte jedoch auch positive Folgen: Thyssen stellte die meisten Leiharbeiter fest ein, in der Öffentlichkeit wurden die Praktiken der Subunternehmer bekannt, gesetzliche Bestimmungen und Sicherheitsvorschriften wurden verschärft. Auch im Ausland wurde *Ganz unten* zu einem großen Erfolg. Der Verlag publizierte in Deutschland zusätzlich eine türkische Ausgabe. *G. Pa.*

Walpole, Horace

(eigtl. Horatio Walpole) engl. Schriftsteller

*24.9.1717 London, †2.3.1797 ebd.

📖 *Die Burg von Otranto*, 1764

Horace Walpole gilt als der Begründer der Gothic Novel (Stichwort → S. 1123), die eine neue Epoche in der europäischen Romantradition begründete. Bekannt ist er heute vor allem für

Die Burg von Otranto, doch hinterließ er auch eine umfangreiche Korrespondenz von ca. 3000 Briefen, die ein wertvolles Zeitzeugnis abliefert. Walpole war der jüngste Sohn des englischen Premierministers Sir Robert Walpole. Er erhielt seine Ausbildung in Eton und Cambridge. 1739 bis 1741 bereiste er mit dem Dichter Thomas Gray (1716–71) Europa. Nach seiner Rückkehr wurde er ins Parlament gewählt und behielt seinen Sitz bis 1768. Dank seines Vaters hatte er drei lukrative Sinekuren inne, die ihm ein gutes Leben ermöglichten. 1747 kaufte er ein Haus in Twickenham bei London, das er im Laufe seines Lebens in ein kleines neogotisches Schloss umbaute, »Strawberry Hill« nannte und zur beliebten Touristenattraktion machte. Walpole errichtete dort eine kleine Druckerei und verlegte eigene Werke ebenso wie die von Gray und anderen Autoren. 1791 erbte Walpole den Titel des vierten Earl of Orford.

Biografie: R. Wyndham Ketton-Cremer, *Horace Walpole, a biography*, 1964.

Horace Walpole, *Die Burg von Otranto*, Umschlag der deutschsprachigen Ausgabe 2000

Die Burg von Otranto

OT The Castle of Otranto **OA** 1764 **DE** 1768
Form Schauerroman **Epoche** Klassizismus

Horace Walpoles einziger Roman ging als erste Gothic Novel (Stichwort → S. 1123) in die Literaturgeschichte ein. Der Autor brach mit der traditionellen realistischen Erzählweise seiner Zeit, indem er u. a. übernatürliche Geschehnisse in die Romanhandlung einbaute. Damit nahm er entscheidenden Einfluss auf die Entwicklung des europäischen Romans, der noch heute in den verschiedensten Untergattungen des Schauerromans sichtbar ist.

Gothic Novel

Kennzeichen: Die Gothic Novel hob sich bewusst von der vorherrschenden klassizistischen Romantradition und ihrem Anspruch auf realitätsgetreue Wiedergabe ab. Sie orientierte sich vielmehr an der mittelalterlichen Romanze und ließ sich von Edmund Burkes (1729–97) Theorie des Erhabenen beeinflussen. Ihr Schauplatz ist nicht England, sondern meist Italien oder Deutschland. Die Handlung wird bestimmt von einer Flucht-Verfolgung-Struktur, wobei in der Regel die weibliche Unschuld vom männlichen Bösewicht gejagt wird. Wilde Landschaften und dunkle Wälder prägen die Natur. Klöster und Burgruinen, dunkle Kerker und labyrinthartige Gänge bilden die Kulisse für die von mysteriösen Geschehnissen und unheimlichen Begegnungen geprägte Handlung. Der Leser erlebt die Seelenqualen der Hauptfiguren sehr unmittelbar, da die Schreckensmomente sich zunehmend über ihre innersten Gefühle offenbaren.

Mit diesen Charakteristika wandte sich die Gothic Novel gegen die rationalistische Sichtweise einer von der Aufklärung geprägten Gesellschaft und setzte ihr eine dunkle Welt der irrationalen Ängste und Drohungen entgegen.

Bedeutung: Die Gothic Novel fand aufgrund ihres Unterhaltungscharakters bei einem breiten Lesepublikum Anklang. Zur bekanntesten Autorin des Genres avancierte Radcliffe, u. a. mit *Udolphos Geheimnisse* (1794). Lewis wurde mit *Der Mönch* (1796) europaweit bekannt und beeinflusste Autoren wie E. T. A. → Hoffmann. Mit Mary → Shelleys *Frankenstein oder Der moderne Prometheus* (1818) wurde die Wissenschaft in die Gothic Novel einbezogen. In ihren verschiedensten Spielarten erlebte die Gattung bis etwa 1820 ihre Blütezeit. Ihr Einfluss reicht jedoch erheblich weiter und zeigt sich in Sciencefiction- und Kriminalromanen ebenso wie in den modernen Horrorgeschichten von Stephen → King.

Inhalt: Schauplatz des Romans ist die Burg Otranto im mittelalterlichen Italien. Sie wird von dem machtbesessenen Usurpator Manfred beherrscht, der sein Handeln in den Dienst einer alten Prophezeiung stellt. Die besagt, dass seine Familie das Schloss und den Adelstitel verliert, sobald der rechtmäßige Eigentümer für das Schloss »zu groß« geworden ist. Als solcher stellt sich später der ermordete Kreuzritter Alfonso heraus, dessen Statue in der Klosterkirche steht. Nachdem Manfreds einziger Sohn Conrad am Tag seiner Hochzeit von Alofonsos überdimensionalem Helm erschlagen wurde, will Manfred in der Sorge um männliche Nachkommenschaft die hübsche Isabella heiraten und sagt sich von seiner Frau Hippolita los. Isabella flieht vor Manfred durch unterirdische Gänge in die benachbarte Kirche und begibt sich in die Obhut des gütigen Paters Jerome. Jener stellt sich später als Vater des vermeintlichen Bauernjungen Theodore heraus. Nun erscheint Frederic, der Maquis von Vicenza, mit einem riesigen Schwert und Gefolge, um seine Tochter Isabella zurückzufordern. Auf der Suche nach Isabella, die in den Wald geflohen ist, wird Frederic verletzt und zur Genesung auf die Burg gebracht.

Der Plan Manfreds, Frederic mit seiner Tochter Matilda zu verheiraten und Isabella zu ehelichen scheitert, da Frederic von einem Geist gewarnt wird. Als Manfred seine Tochter – im Glauben es sei Isabella – in der Klosterkirche ermordet, brechen die Mauern des Schlosses unter der riesenhaft angewachsenen Statue des Alfonso, sodass sich die Prophezeiung bewahrheitet. Manfred dankt reumütig ab, Theodore stellt sich als der Erbe Otrantos heraus und heiratet Isabella.

Aufbau: Der Roman besteht aus fünf Kapiteln, die eine große Handlungsdichte aufweisen und denen ein Vorwort vorangestellt ist. Während Walpole sein Werk zunächst anonym veröffentlichte und als Übersetzung ausgab, bezog er im Vorwort der zweiten Auflage Stellung. Er definierte die neue Form des Romans als Innovation aus romanzenhafter und moderner, realistischer Tradition und gab ihr im Untertitel den Namen *A Gothic Story*.

Wirkung: Der Roman wurde sofort populär. Allerdings verfehlte er bei vielen Lesern seine Wirkung als Gothic Novel, da die Häufung bizarrer übernatürlicher »Schreckensmomente« eher zum Lachen denn zum Gruseln verleitete. Kritiker bemängelten zudem die hölzerne Charakterisierung der Figuren sowie die im Verhältnis zur Kürze des Romans übergroße Handlungsdichte. Obwohl das Werk inhaltlich eine so unterschiedliche Wirkung entfaltete, besteht auch heute noch große Einigkeit über seine wegweisende Bedeutung als erster Schauerroman. Viele seiner Elemente – wie der fremdländische Handlungsort, die vom Bösewicht verfolgte Unschuld, unterirdische Geheimgänge und übernatürliche Momente – wurden von anderen Autoren aufgegriffen und entwickelten sich zu typischen Gattungskriterien. Autoren wie Ann Radcliffe (1764–1823) und Matthew Gregory Lewis (1775–1818) knüpften mit ihren Romanen an *Die Burg von Otranto* an und führten das Genre in den 1790er Jahren zu einem Höhepunkt.

K. F.

Die wichtigsten Bücher von Martin Walser

Ehen in Philippsburg 1957	In vier Teilen erzählt Walser in seinem Romanerstling vom exemplarischen beruflichen und gesellschaftlichen Auf- und Abstieg einiger Bewohner der fiktiven Stadt Philippsburg.
Halbzeit 1960	Zur Zeit des Wirtschaftswunders vollzieht sich der Aufstieg des sprachgewaltigen Ich-Erzählers Anselm Kristlein. → S. 1125
Das Einhorn, 1966	Im zweiten Teil der Anselm-Kristlein-Trilogie versucht der Protagonist einen Sachroman über die Liebe zu schreiben.
Der Sturz 1973	Nachdem Anselm Kristlein sein gesamtes Geld verspekuliert hat, steht er vor dem gesellschaftlichen Aus; sein Absturz droht.
Ein fliehendes Pferd, 1978	Die Novelle um zwei Ehepaare, die sich zufällig im Urlaub begegnen, wurde das erfolgreichste Werk des Autors. → S. 1126
Seelenarbeit, 1979	Die deformierenden Folgen der Abhängigkeit stehen im Zentrum dieses Romans um den Chauffeur Xaver Zürn.
Brandung 1985	Als Dozent an einer kalifornischen Universität verliebt sich Helmut Halm in eine Studentin. Ein Roman über die Differenz von Schein und Sein sowie die Probleme des Alterns.
Die Verteidigung der Kindheit, 1991	Mit der Geschichte der starken Bindung zwischen dem Außenseiter Alfred Dorn und seiner Mutter legt Walser einen Roman über die Zeit der deutschen Teilung vor.
Ein springender Brunnen, 1998	Ein stark autobiografisch gefärbter Roman über eine Kindheit und Jugend zur Zeit des Nationalsozialismus.
Tod eines Kritikers, 2002	Der Schriftsteller Hans Lach gerät in Verdacht, den Literaturpapst André Ehrl-König ermordet zu haben, mit dem er in Streit geraten war.

Walser, Martin

dt. Schriftsteller

* 24.3.1927 Wasserburg (Bodensee)

📖 *Halbzeit*, 1960

📖 *Ein fliehendes Pferd*, 1978

Martin Walser zählt zu den wichtigsten deutschsprachigen Autoren der Nachkriegszeit. In seinen Romanen verbindet sich eine Analyse der Befindlichkeit des Kleinbürgers mit der kritischen Beobachtung der Entwicklung der Bundesrepublik.

Walser wuchs in kleinbürgerlichen Verhältnissen am Bodensee auf. Bereits während seines Studiums, das er 1951 mit der Promotion zum Dr. phil. abschloss, war er beim SDR in Stuttgart als Reporter und Redakteur tätig. In dieser Zeit entstanden erste Hörspiele und Erzählungen. 1957 kehrte Walser an den Bodensee zurück, wo er seitdem als freier Schriftsteller lebt. Diese

Heimat bildet den Hintergrund für die Prosa-werke des Autors, in denen er sich mit den Aus-wirkungen von Leistungsdruck, Anpassungs-zwängen und Machtausübung beschäftigt. Seit den 1990er Jahren verarbeitet er vermehrt reale Stoffe, nicht zuletzt in dem autobiografischen Roman *Ein springender Brunnen* (1998). Walser, der auch mit Theaterstücken politischen (*Eiche und Angora*, 1962) und privaten (*Die Zimmer-schlacht*, 1967) Inhalts erfolgreich war und zudem in Reden, Interviews und Aufsätzen kontinuierlich Stellung zu aktuellen Themen bezog, erhielt zahlreiche Auszeichnungen, u. a. 1981 den Georg-Büchner-Preis und 1998 den Friedenspreis des Deutschen Buchhandels. Sein neustes Buch *Tod eines Kritikers* (2002) wurde bereits vor Erscheinen zum Medienereig-nis, nachdem die FAZ den Vorabdruck wegen angeblicher »antisemitischer Tendenzen« des Romans verweigert hatte.

Biografie: G. Fetz, Martin Walser, 1997.

Martin Walser im März 1989

Halbzeit

OA 1960 **Form** Roman **Epoche** Gegenwart

Der rund 900 Seiten lange Roman *Halbzeit* ist der erste Teil der sog. Anselm-Kristlein-Trilogie von Martin Walser (*Das Einhorn*, 1966; *Der Sturz*, 1973). In der Geschichte um den gesellschaftli-chen Auf- und Abstieg des Ich-Erzählers An-selm Kristlein spiegelt sich die Entwicklung der Bundesrepublik in den 1950er und 1960er Jah-ren. *Halbzeit* konzentriert sich auf die Zeit des Wirtschaftswunders und bietet ein kritisches Panorama der Konsumgesellschaft.

Inhalt: Der 35-jährige Anselm Kristlein, verhei-ratet und Vater dreier Kinder, versucht sich seit dem Abbruch seines Studiums als Vertreter. Als ihm ein Bekannter das Abgebot unterbreitet, als Werbetexter zu arbeiten, steigt er innerhalb eines Jahres zum gefragten Experten auf. Die-sen Karrieresprung verdankt Anselm seiner aus-geprägten Fähigkeit zur Anpassung. Er ist ein virtuoser Rollenspieler, dem es allerdings auf-grund der beständigen Ausrichtung an gesell-schaftlichen Vorgaben an einer fest umrissenen Identität mangelt.

Doch obwohl Anselm unter dieser steten Außenorientierung leidet, ist er ein ausgespro-chenes Gesellschaftstier. Da er seine Familie als Einschränkung seiner Freiheit erfährt, verbringt er die meiste Zeit im Kreis seiner Freunde oder bei einer seiner Geliebten. Mit dem Einstieg in die Werbeindustrie erhält er überdies Zugang zur höheren Gesellschaft, in der er mittels seines Talents zur »Mimikry« ebenfalls brillieren kann. Diese Fähigkeit erweist sich als unerlässlich, denn ob im privaten oder öffentlichen Bereich – überall stellt sich das Leben als Konkurrenz-

kampf dar. Auch die Gesetze der Konsumwelt, mit der Anselm in seinem neuen Beruf intensiv konfrontiert wird, beanspruchen universelle Geltung. Als Anselm die Verlobte eines Freun-des für sich zu gewinnen versucht, arbeitet er mit den Mitteln des Werbefachmanns, der sich selbst als Produkt anpreist. Die deformierenden Auswirkungen der dauerhaften Konfrontation einer auf Konkurrenz und Konsum abgestellten Gesellschaft werden offenbar, als Anselm von einem Seminar in den USA krank zurückkehrt und sich einer Operation unterziehen muss. Ob er, wie am Ende des Romans angedeutet, seine Familie als Alternative zum gesellschaftlichen Treiben verstehen kann, bleibt offen.

Aufbau: Der Roman ist nicht nach traditionel-lem Handlungsmuster aufgebaut; Wirklichkeit wird hier durch das Bewusstsein des Ich-Er-zählers konstruiert, der seine eigene Geschichte aus der Rückschau berichtet. Darstellungen des äußeren Geschehens, Reflexionen und Rück-blenden fließen ineinander; assoziative Sprün-ge treten an die Stelle einer linearen Abfolge. Der erste Teil des Romans beschreibt auf 366 Seiten einen einzigen Tag im Leben Kristleins. Hier wird der Leser mit dessen engerem Lebens-umfeld – Familie, Freunde, Geliebte – sowie seinem bisherigen Werdegang vertraut ge-macht. Die folgenden zwei Teile zeichnen den beruflichen Aufstieg des Protagonisten nach. Dem privaten Umfeld Kristleins im ersten Teil korrespondiert hier die berufliche Welt und die höhere Gesellschaft um den Fabrikanten Frantzke. Sowohl der Erzähler als auch das ent-worfene Panorama der Wirtschaftswunderwelt der 1950er Jahre sind als typisch gezeichnet.

Obwohl Anselm in das berichtete Geschen in-volviert ist, besitzt er doch als rückschauender Erzähler eine gewisse Distanz, die einen iro-nischen Blick auf das Erzählte ermöglicht und dem Leser so ein kritisches Bild der Konsumge-sellschaft eröffnet.

Martin Walser 1973 in einem Interview über seine Kristlein-Trilogie:

Was nun die Mentalität des Anselm Kristlein betrifft, so ist sie für mich eine modellhafte gewesen, die allerdings genau jener Mentalität entspricht, die innerhalb der Konstitution der Bundesrepublik exempla-risch ist: Diese Selbstverwirkli-chungshoffnung, dieses Wirt-schaftswundergefühl der fünfziger Jahre, wo man sich einfach sehr viel zugetraut hat, im Wirtschaftlichen, im Aufbauenkönnen, im Sich-durchsetzenkönnen.

 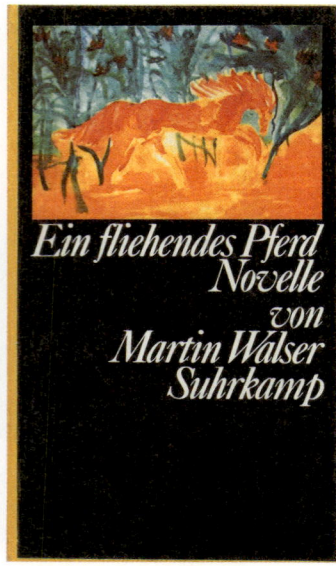

Martin Walser; links: *Halbzeit*, Einband der Taschenbuchausgabe 1973; rechts: *Ein fliehendes Pferd*, Umschlag der Originalausgabe 1978

Inhalt: Helmut Halm, ein 46-jähriger Studienrat aus Stuttgart, und seine Frau Sabine verbringen ihren Urlaub wie gewohnt am Bodensee. Dort läuft ihnen zufällig Klaus Buch, ein ehemaliger Schul- und Studienkollege Helmuts, mit seiner 18 Jahre jüngeren Frau Helene über den Weg. Die Männer haben sich seit 23 Jahren nicht gesehen. Während der folgenden vier Tage, die beide Paare gemeinsam verbringen, kommt es zwischen Helmut und Klaus immer häufiger zu Unstimmigkeiten. Helmut, der sich nach außen stets aufgeschlossen und fortschrittlich gibt, fühlt sich innerlich seit langem überfordert von den öffentlichen Vorgaben der Leistungsgesellschaft. Gern würde er seiner ausgeprägten Lethargie nachgeben, doch glaubt er den gesellschaftlichen Anforderungen entsprechen zu müssen, um sich nicht der Lächerlichkeit preiszugeben.

Der erfolgreiche Klaus in seinem jugendlichen Auftreten ist für Helmut der Inbegriff all jener öffentlichen Gebote. Er sieht ihn als Bedrohung, denn er glaubt sich vor diesem »Macher« nicht rechtfertigen zu können. Hinzu kommt, dass in Helmuts Ehe Probleme aufbrechen, weil sich Sabine von der aktiven Lebensweise Klaus' angezogen fühlt, während Helmut selbst der erotischen Anziehungskraft Helenes erliegt. Die Spannungen zwischen den Männern nehmen zu, bis die Situation auf einer Segeltour der beiden eskaliert; Helmut stößt Klaus in stürmischem Wetter über Bord. Dieser wird von seiner Frau und den Halms für tot gehalten. Helene entlarvt seinen Lebensstil als reine Fassade – in Wirklichkeit ist er seelisch, beruflich und finanziell am Ende. In ihre Erklärungen platzt der totgeglaubte Klaus; wortlos verlässt er mit seiner Frau die Halms.

Aufbau: Das Geschehen wird in personaler Erzählperspektive aus der Sicht Helmut Halms geschildert. Walser macht den Leser mit den Gedanken seines Protagonisten vertraut. Hiermit ist von Beginn an einsehbar, dass Helmut hinter seinem äußeren Auftreten ein gänzlich anderes Wesen verbirgt. Die Figur des Klaus Buch hingegen wird allein von außen gesehen; erst am Ende des Geschehens deckt ein langer Monolog Helenes seine wahre Identität auf. Diese Perspektivierung entspricht den entgegengesetzten (Über-)Lebensstrategien der beiden. Während Helmut sich aus der Gesellschaft zurückzieht, versucht Klaus die öffentlichen Erwartungen möglichst umfassend zu erfüllen.

Hiermit sind zwei Möglichkeiten der Flucht vor dem Druck der Leistungsgesellschaft charakterisiert. Dieses zentrale Thema der Flucht wird durch eine ausgeprägte Leitmotivik vermittelt, die im Symbol (Stichwort →S. 1126) des fliehenden Pferdes gipfelt: Während eines Ausflugs der beiden Paare fängt Klaus übermütig

---

Symbol

Abgrenzung: Unter einem Symbol versteht man ein bildhaftes Zeichen, das auf allgemeine Zusammenhänge (wie z. B. Ideen) verweist. Wesentlich ist die Abgrenzung von der Allegorie, bei der die sichtbare Darstellung auf eine zweite, die eigentliche Bedeutung enthaltende Ebene verweist, und von der Metapher, bei der nicht das im wörtlichen Sinn Gegebene, sondern etwas Ähnliches gemeint ist.

Goethe: → Goethes Bestimmung des Symbolbegriffs durch die Abgrenzung von der Allegorie wurde zu einem wesentlichen Bestandteil der Literaturtheorie. Beim Symbol werde im Besonderen das Allgemeine geschaut; durch dieses Verfahren sei das Wesen der Literatur überhaupt definiert. Wesentlich für das Symbol ist eine gewisse Unbestimmtheit, d. h. das mit dem Symbol Gemeinte ist nicht eindeutig festzulegen, sondern bleibt interpretationsbedürftig.

Einschränkung: Im 19. Jahrhundert fand abweichend von dieser umfassenden Konzeption eine Einschränkung auf die symbolische Akzentuierung einzelner Bereiche oder die Verwendung sog. Dingsymbole (z. B. das fliehende Pferd in Martin → Walsers Novelle) statt.

Wirkung: Die Meinungen zu diesem umfangreichen Werk waren direkt nach seinem Erscheinen geteilt. Viele Kritiker vermissten eine traditionelle Handlungsfolge und bemängelten die ungebremste Redewut des Ich-Erzählers sowie den Detailreichtum. Positiv vermerkt wurde hingegen die hohe Sprachvirtuosität des Autors. Mit zunehmender Distanz erfuhr *Halbzeit* eine freundlichere Bewertung. Der Roman gilt heute als eines der wichtigsten Werke von Walser und bedeutendes Zeugnis der Zeit des Wirtschaftswunders. *S. D.*

Ein fliehendes Pferd

OA 1978 **Form** Novelle **Epoche** Gegenwart

In seinem bis heute erfolgreichsten Werk entwirft Martin Walser eine anschauliche Analyse der aus dem Druck der Leistungsgesellschaft resultierenden Identitätsprobleme.

ein durchgegangenes Pferd ein und führt es zu seinem Besitzer zurück. Helmut sieht hier seine eigene Situation gespiegelt; er fühlt sich von der aufdringlichen, aktiven Art Klaus' bedroht und fürchtet, von diesem in seiner wahren Identität erkannt zu werden. Ihm entgeht, dass sich auch Klaus hinter einer Fassade verbirgt. Erst als dieser Helmut während der gemeinsamen Segeltour drängt, sich seinem eigenen Lebensstil anzuschließen, wird offenbar, dass beide sich gegenseitig etwas vorgemacht haben.

Am Schluss beginnt Helmut, seiner Frau das Geschehene zu erzählen. Walser lässt seinen Protagonisten hierbei den ersten Satz der Novelle wörtlich aufgreifen und macht sie somit zu dessen eigener Erzählung.

Wirkung: Seit ihrem Erscheinen erhielt die Novelle eine positive Einschätzung. Als gelungen wurden vor allem die hohe Komplexität und ökonomische Struktur sowie die treffende Gesellschaftsanalyse hervorgehoben. In seinem 1985 erschienenen Roman *Brandung* machte Walser die Figur Helmut Halm erneut zum Protagonisten.   *S. D.*

Walser, Robert

deutschsprachiger Schweizer Schriftsteller

* 15.4.1878 Biel, † 25.12.1956 Herisau / Aargau

📖 *Der Gehülfe*, 1908

📖 *Jakob von Gunten*, 1909

Robert Walsers autobiografisches Werk besteht aus Gedichten, Romanen und über 1000 Prosastücken (Betrachtungen, Monologe, Porträts, erdachte Gespräche und Briefe, Skizzen, Parabeln, Szenen). Zwar wurde der radikale Einzelgänger von Schriftstellerkollegen wie Walter → Benjamin, Hermann → Hesse, Hugo von Hofmannsthal (1874–1929), Christian → Morgenstern und Robert → Musil geschätzt, doch fand er keine große öffentliche Anerkennung. In den 1970er Jahren wurde der als Vorläufer Franz → Kafkas angesehene Dichter neu entdeckt.

Nach einer Banklehre, der jahrelangen Tätigkeit als Angestellter und dem gescheiterten Versuch, Schauspieler zu werden, ging Walser 1904 als freier Schriftsteller nach Berlin. Hier entstanden seine drei großen Romane *Geschwister Tanner* (1907), *Der Gehülfe* und *Jakob von Gunten*. Nach einer schweren persönlichen Krise kehrte Walser 1913 nach Biel zurück. In ärmlichen Verhältnissen lebend schrieb er dort u.a. sein bekanntestes Prosastück *Der Spaziergang* (1917). In Bern, wo Walser ab 1921 wohnte, entstand der 1925 geschriebene und als Bleistiftentwurf erhaltene Roman *Die Räuber* (1976). Als sich sein Gesundheitszustand ver-

schlechterte – Walser war an Schizophrenie erkrankt – wurde er 1929 in eine Nervenheilanstalt eingeliefert, wo er bis zu seinem Lebensende blieb. Mit dem Schreiben hörte Walser 1933 auf. 23 Jahre später starb er auf einem Schneespaziergang.

Biografie: C. Seelig, *Wanderungen mit Robert Walser*, 1977.

Der Gehülfe

OA 1908 **Form** Roman **Epoche** Moderne

Der Gehülfe ist Robert Walsers zweiter Roman. Wie schon in seinem ersten, *Geschwister Tanner* (1907), steht auch hier ein junger Mann im Mittelpunkt, der sich bis zum Ende des Romans

Robert Walser 1905 in Berlin

Walter Benjamin 1929 in seinem Essay *Robert Walser*:

Denn das Schluchzen ist die Melodie von Walsers Geschwätzigkeit. Es verrät uns, woher seine Lieben kommen. Aus dem Wahnsinn nämlich und nirgendher sonst. Es sind Figuren, die den Wahnsinn hinter sich haben und darum von einer so zerreißenden, so ganz unmenschlichen, unbeirrbaren Oberflächlichkeit bleiben. Will man das Beglückende und Unheimliche, das an ihnen ist, mit einem Worte nennen, so darf man sagen: Sie sind alle geheilt.

Die wichtigsten Bücher von Robert Walser	
Fritz Kochers Aufsätze 1904	Den naiven Schreibstil eines Schülers nachahmend und dem Grundmuster des Schulaufsatzes folgend, verfasst Walser Prosastücke, die er als Nachlass eines Schülers ausgibt.
Geschwister Tanner 1907	Im wortreichen und heitersten Roman des Autors wechselt der 20-jährige Simon Tanner häufig seine Arbeitsstellen und Wohnorte, genießt sein freies Leben, trifft seine Geschwister und hat sich am Ende des Romans kaum weiterentwickelt.
Der Gehülfe 1908	In seinem erfolgreichsten Roman erzählt Walser die Geschichte vom Bankrott eines Hochstaplers und seines Gehülfen, der sich nach familiärer Bindung sehnt und bis zuletzt seinem Dienstherren treu bleibt. → S. 1127
Jakob von Gunten 1909	In diesem als Tagebuch stilisierten Roman schildert der aus gutem Hause kommende Jakob von Gunten seine Erlebnisse, die er als Zögling in einer Internatsschule für angehende Diener gemacht hat. → S. 1128
Der Spaziergang 1917	*Der Spaziergang* ist eines der umfangreichsten Prosastücke Walsers, in dem der Leser den Ich-Erzähler auf einem seiner lebenserhaltenden Spaziergänge durch die Stadt und den Wald begleitet.
Aus dem Bleistiftgebiet. Mikrogramme 1982–90	1925–33 schrieb Walser mit Bleistift in einer Art Privat-Stenografie dramatische, prosaische und lyrische Texte u.a. auf Honorarquittungen, Zeitschriftenseiten, Kalenderblättern und Briefrändern. Unter den mit zwei Millimeter hohen Buchstaben verfassten Texten befanden sich auch die Entwürfe des sog. *Räuber*-Romans (postum 1976) und der *Felix*-Szenen.

Auszug aus dem Roman *Der Gehülfe* von Robert Walser:

Es kam dem Angestellten so schön im Zimmer vor. Das war etwas, das glich einem Heim. Und wie oft war er in früheren Zeiten durch die bewegten und menschenleeren Gassen gegangen mit dem kalten und bösen und niederwerfenden Verlassenheitsgefühl im Herzen. Er war so alt gewesen in seiner Jugend. Wie hatte ihn das Bewusstsein, nirgends zu Hause zu sein, lähmen und innerlich würgen können. Wie schön war es, jemandem anzugehören, in Hass oder in Ungeduld, in Missmut oder in Ergebenheit, in Liebe oder in Wehmut. Dieser Menschenzauber in solchen Heimstätten, wie war Joseph immer davon traurig entzückt gewesen, wenn er ihn aus irgendeinem offen stehen gelassenen Fenster zu sich, dem Einsamen und Umhergeworfenen und Heimatlosen, herab widerspiegeln sah, zu dem auf der kalten Straße Stehenden hernieder.

Robert Walser, *Der Gehülfe*, Einband der Taschenbuchausgabe 1985

kaum entwickelt. Sein Unterwerfungsbedürfnis mit narzisstischen und masochistischen Zügen ist charakteristisch für Walsers Hauptfiguren. Autobiografische Spuren sind hier leichter aufzufinden als in Walsers anderen Werken.

Entstehung: Von Juli 1903 bis zum Jahresanfang 1904 war Walser als Buchhalter und Sekretär bei dem Maschinentechniker Carl Dubler in Wädenswil bei Zürich angestellt. Hier wurde er Zeuge des schnellen Untergangs der Geschäfte seines prahlerischen Chefs. Fünf Jahre später verarbeitete Walser in Berlin seine Eindrücke aus dieser Zeit in dem Roman *Der Gehülfe*, den er in nur sechs Wochen anlässlich eines Romanwettbewerbs niederschrieb.

Inhalt: Der 24-jährige Joseph Marti wird nach längerer Stellenlosigkeit als kaufmännischer Angestellter in das technische Büro des Ingenieurs und Erfinders C. Tobler nach Bärenswil vermittelt. Tobler hat sein gesamtes Vermögen in Erfindungen investiert, für die sich niemand interessiert. Neben den zu führenden Korrespondenzen, in der Regel diktierte hochtrabende Bittschreiben, erstrecken sich Martis Pflichten auch auf häusliche und familiäre Dienste. Dafür bewohnt er das Turmzimmer der repräsentativen toblerschen Villa Abendstern und genießt die großzügigen Mahlzeiten gemeinsam mit der Familie. Je unaufhaltsamer Toblers Bankrott wird, umso mehr wird aus dem kaufmännischen Angestellten ein Diener des Hauses, der von seinem zahlungsunfähigen, hochstaplerischen Prinzipal statt Lohn ein sonntägliches Taschengeld erhält. Ein halbes Jahr nach Dienstantritt verlässt Marti am Neujahrsmorgen das ruinierte toblersche Anwesen. Damit sieht sich der nach Zugehörigkeit und familiärer Bindung sehnende Gehülfe erneut zurückgeworfen auf eine unsichere Existenz, die geprägt ist von Ungewissheit und Ortslosigkeit.

Aufbau: In dem geschlossenen Roman, der mit dem Dienstantritt des Gehülfen beginnt und mit seinem Weggang endet, gibt es zahlreiche Naturbeschreibungen; der Verfall des Hauses entspricht den geschilderten Jahreszeiten.

Hervorzuheben ist die Erzählsituation des Romans. Nur scheinbar dominiert das personale Erzählen aus der Sicht des Gehülfen Marti. Ein allwissender Erzähler mischt sich nicht nur mit Andeutungen und Kommentaren ein, sondern ironisiert, karikiert und pointiert das eben Erlebte, Gesagte oder Gedachte. Die Sehnsucht des Protagonisten nach einer Autorität und die damit einhergehende Selbstentfremdung finden so auch auf formaler Ebene ihre Entsprechung.

Wirkung: *Der Gehülfe* ist bis heute der erfolgreichste der drei Romane Walsers. Christian → Morgenstern empfahl das Manuskript dem Verleger Bruno Cassirer, der noch im Erscheinungs-

jahr eine zweite und ein Jahr später eine dritte Auflage druckte. 1976 wurde *Der Gehülfe* verfilmt und im Schweizer und deutschen Fernsehen gezeigt. *M. Si.*

Jakob von Gunten

OA 1909 **Form** Tagebuchroman **Epoche** Moderne

Jakob von Gunten war Robert Walser das liebste seiner umfangreicheren Werke. In diesem als Tagebuch (so auch der Untertitel) stilisierten Roman griff er verschiedene Motive seiner bereits erschienenen Texte auf (*Fritz Kochers Aufsätze*, 1904; *Geschwister Tanner*, 1907) und variierte sie mit biografischen, märchenhaften und fantastischen Elementen.

Entstehung: 1905 besuchte Walser für einen Monat in Berlin eine Dienerschule und arbeitete anschließend für ein halbes Jahr als Lakai auf einem Schloss in Oberschlesien. Drei Jahre später übertrug er in seinem Werk *Jakob von Gunten* das Milieu der Dienerschule auf das Knabeninstitut Benjamenta.

Inhalt: Der aus adligem Hause stammende Jakob von Gunten sieht seine Berufung im Dienen und wird Zögling des Instituts Benjamenta, einer Internatsschule, in der junge Männer von dem Vorsteher und seiner Schwester Lisa zu Dienern ausgebildet werden. In dem überwiegend aus Auswendiglernen bestehenden Unterricht üben sich die Zöglinge in Geduld und Gehorsam. Jakob sucht seine Zufriedenheit im bedingungslosen Gehorchen. Er will seinen eigenen Willen unterdrückt sehen, will sich ganz und gar unterwerfen. Dabei enthebt ihn seine lebhafte, ausschweifende und hochtrabende Fantasie der gesuchten, erniedrigenden Realität. Gleichzeitig verstößt Jakob mit Lust gegen geltende Werte und Normen, um den Vorsteher zu Gewaltausbrüchen zu provozieren.

Bemerkenswert ist das Verhältnis der Geschwister Benjamenta zu Jakob. Während Lisa von Jakob geliebt werden möchte und ihn zu ihrem Vertrauten macht, gesteht der Vorsteher seine Liebe zu Jakob. Homoerotische Elemente klingen auch in Jakobs Beziehung zu dem von ihm bewunderten Mitschüler Kraus an.

Mit dem Tod der Schwester löst sich das Institut auf. Während alle anderen Zöglinge als Diener vermittelt werden, bleibt Jakob auf Wunsch des Vorstehers bei diesem. Gemeinsam wollen sie der europäischen Kultur entschwinden und planen, in die Wüste zu gehen.

Das Institut Benjamenta ist eine in sich abgeschlossene seltsame, bizarre und obskure Welt. So sollen beispielsweise geheimnisvolle innere Gemächer existieren und ehemalige Lehrer scheinen in einem eigens dafür eingerichteten Ruheraum in eine Art Dauerschlaf gefallen zu

OT = Originaltitel **EZ** = Entstehungszeit **OA** = Originalausgabe **DE** = Deutsche Erstausgabe 📖 = Verweis auf Werkartikel

sein. Umgeben wird dieser rätselhafte, in sich ruhende Mikrokosmos von einer pulsierenden, anregenden Großstadt, in der das Dasein des Einzelnen nichtswürdig erscheint.

Aufbau: Die unterschiedlich langen Einträge des Ich-Erzählers sind ohne Datierungen und folgen keiner klaren Chronologie. Sie bestehen u.a. aus Berichten, Rückblenden, Träumen sowie Reflexionen und enden häufig mit einer rhetorischen Frage oder einem Selbstkommentar. Der Tonfall ist zugleich traurig und heiter, melancholisch und ironisch.

Wirkung: Mit Ausnahme von Franz → Kafka, der *Jakob von Gunten* sehr schätzte, reagierten Kritiker und Schriftstellerkollegen mit Befremden und Verständnislosigkeit auf Walsers dritten Roman. Die überwiegend negativen Reaktionen lösten Walsers schriftstellerische Krise aus und führten zu einer dreijährigen Schaffenspause. Aufgrund des geringen Interesses kam es erst 1950 zu einer zweiten Auflage. Heute ist *Jakob von Gunten* das meistdiskutierte Werk des Dichters. Die unzähligen Deutungsversuche seitens der Literaturwissenschaft verweisen auf den großen Bedeutungsreichtum des Romans, der 1971 verfilmt wurde.　　*M. Si.*

Waltari, Mika

finn. Schriftsteller

* 19. 9. 1908 Helsinki, † 26. 8. 1979 ebd.

📖 *Sinuhe, der Ägypter*, 1945

Mika Waltari war der bekannteste und produktivste finnische Schriftsteller seiner Zeit. Mit seinem Roman *Sinuhe, der Ägypter* erreichte er Weltruhm.

Der Sohn eines Lehrers studierte Philosophie, Theologie und Literatur in Helsinki. Nach Abschluss seines Studiums 1929 und längeren Reisen, u.a. nach Frankreich, arbeitete er als Literaturkritiker, Journalist und Übersetzer; ab 1938 war er als freier Schriftsteller tätig. 1950 erhielt Waltari den Staatlichen Finnischen Literaturpreis. 1957 wurde er Mitglied der finnischen Akademie.

In jungen Jahren wandte Waltari sich zunächst religiöser Lyrik und Kurzgeschichten zu. Mit dem Roman *Die große Illusion* aus dem Jahr 1928, einem plastisch dargestellten Zeitbild Finnlands in den 1920er Jahren, gelang ihm der künstlerische Durchbruch. Nach Schilderungen des Landlebens und des Bildungsbürgertums schuf Waltari ab den 1940er Jahren vor allem groß angelegte historische Romane, wobei dem Werk *Sinuhe, der Ägypter* der größte Erfolg beschieden war. Waltaris historische Romane sind in Tagebuchform gehaltene Be-

kenntnisdichtungen, die anfänglich von einer pessimistisch-zynischen Lebensphilosophie geprägt sind und sich dann immer mehr metaphysischen Fragestellungen widmen.

Der meistübersetzte Schriftsteller Finnlands schuf neben Romanwerken auch Dramen, Kriminalromane, Erzählungen und Märchen.

Sinuhe, der Ägypter

OT Sinuhe, egyptiläinen　**OA** 1945　**DE** 1948
Form Roman　**Epoche** Moderne

Mit dem groß angelegten historischen Roman *Sinuhe, der Ägypter* schuf Mika Waltari ein episches Meisterwerk, dessen Beliebtheit bis heute ungebrochen ist. Durch umfassende historische Studien gelang dem Autor die getreue Erfassung des Milieus; es entstand eine spannende Kultur- und Sittengeschichte des vorchristlichen Orients.

Inhalt: In Form bekenntnishafter Tagebuchaufzeichnungen schildert der alte Arzt Sinuhe in 15 Büchern sein turbulentes Leben um 1390–35 v. Chr. zur Zeit des Pharao Echnaton in Ägypten.

Sinuhe wird in einem Binsenkorb an das Ufer des Nils geschwemmt und von dem Armenarzt Senmut sowie dessen Frau Kipa aufgefunden und großgezogen. Sinuhe (altägyptisch: Arzt) macht sich den Beruf seines Vaters zum Vorbild und beginnt eine Ausbildung zum Arzt im »Haus des Lebens«. Er empfängt die unteren Weihen eines Ammonpriesters, glaubt jedoch nicht an diesen Gott, da ihm das Verhalten der Priester gezeigt hat, dass sie Ammon machtpolitisch missbrauchen. Als der Pharao Amenophis III. im Sterben liegt, soll Sinuhe dem königlichen Schädelöffner assistieren. In der Nacht vor dem Tod des Pharao erteilt dessen Sohn Echnaton Sinuhe den Befehl, ihm in die Wüste zu folgen und mit ihm die Offenbarung seines Gottes Aton zu erleben.

Im »Haus des Lebens« lernt Sinuhe die schöne Kurtisane Nefernefernefer kennen, der er verfällt und die sich an ihm bereichert. Er überschreibt ihr nicht nur sein Hab und Gut, sondern auch das Haus und Grab seiner Eltern, die vor Gram sterben. Entsetzt über sein Vergehen, macht er sich mit seinem getreuen Diener Kaptah nach Syrien auf, um seine ärztliche Kunst weiter zu vertiefen. Ihre Reise führt sie nach Smyrna und Babylon, wo sie die den Göttern geweihte Jungfrau Minea entführen, in die sich

Auszug aus dem Tagebuchroman *Jakob von Gunten* von Robert Walser:

Wie glücklich bin ich, dass ich in mir nichts Achtens- und Sehenswertes zu erblicken vermag! Klein sein und bleiben. Und höbe und trüge mich eine Hand, ein Umstand, eine Welle bis hinauf, wo Macht und Einfluss gebieten, ich würde die Verhältnisse, die mich bevorzugten, zerschlagen, und mich selber würde ich hinabwerfen ins niedrige, nichtssagende Dunkel. Ich kann nur in den untern Regionen atmen.

Mika Waltari, *Sinuhe, der Ägypter*, Umschlag der deutschsprachigen Ausgabe 2000

Auszug aus dem Roman
Sinuhe, der Ägypter von
Mika Waltari:

*Denn ich, Sinuhe, bin ein
Mensch und habe als solcher
in jedem Menschen, der vor
mir war, gelebt und werde in
einem jeden, der nach mir
kommen wird, leben. Ich lebe
in den Tränen und im Jubel des
Menschen, in seinem Kummer
und seiner Furcht, in seiner
Güte und seiner Bosheit, in
Gerechtigkeit und Unrecht, im
Schwachen wie im Starken.
Als Mensch werde ich ewig im
Menschen leben, und darum
ersehne ich keine Opfer für
mein Grab und keine Unsterblichkeit für meinen Namen.*

Ausschnitt aus dem Roman
Caspar Hauser von Jakob
Wassermann:

*»Soweit Caspar sich entsinnen
konnte, war er immer in einem
dunklen Raum gewesen, niemals anderswo, immer in
demselben Raum. Niemals den
Menschen gesehen, niemals
seinen Schritt gehört, niemals
seine Stimme, keinen Laut
eines Vogels, kein Geschrei
eines Tieres, nicht den Strahl
der Sonne erblickt, nicht den
Schimmer des Mondes. Nichts
vernommen als sich selbst,
und doch nichts von sich selber wissend, der Einsamkeit
nicht innewerdend.«*

Jakob Wassermann, *Caspar
Hauser*, Umschlag der Ausgabe 2000

Sinuhe verliebt. Die ganz ihrer göttlichen Berufung verpflichtete Minea lässt sich auf Kreta
dem Gott Minotaurus zum Opfer darbringen.
Als Sinuhe verzweifelt in das Labyrinth eindringt, deckt er den Betrug der Priester auf, die
die Jungfrauen und Jünglinge ermorden, um
die religiöse Legende um das Ungeheuer Minotaurus aus machtpolitischen Gründen am Leben
zu erhalten. Auf seinen weiteren Reisen muss
Sinuhe viele Abenteuer und Gefahren bestehen,
während in Ägypten unter Echnatons Herrschaft
das Reich seinem Untergang entgegenzuschrei-
ten scheint. Echnaton, der die neue Religion des
Sonnengottes Aton eingeführt hat, hat den Am-
monkult verboten und die ehrwürdige Königs-
stadt Theben aufgegeben. Die Priesterschaft des
Ammonkults richtet sich gegen den neuen Gott
und seinen Pharao, bald entsteht ein Bürgerkrieg. Der friedliebende Echnaton vermag nicht
zur Gewalt zu greifen und geht unter. Sinuhe bekennt sich zu dem gestürzten Gott Aton und
wird von dem einstigen Feldherrn Haremhab, der
selbst den Pharaonenthron erringen konnte, in
die Verbannung geschickt, wo er verbittert seine
Lebensgeschichte niederschreibt. Das Geheimnis
um seine eigene Herkunft wird am Ende gelüftet: Er stammt aus dem Harem von Amenophis
III. und war als ältester Sohn des Pharao von dessen Hauptfrau um den Thron gebracht worden.
Aufbau: Der Stil des Romans mit seinen umfangreichen Dialogen, formelhaften Wendungen und seiner orientalisch ausschmückenden,
plastischen Sprache zeichnen ein feinfühliges
Zeitkolorit und vermitteln ein Gefühl von Melancholie sowie Schicksalhaftigkeit. Waltari
scheint nicht nur die Resignation Sinuhes, sondern zugleich auch das Lebensgefühl der Nachkriegszeit in Finnland und ganz Europa wider-
zuspiegeln, einer Zeit des geistigen Umbruchs.
Wirkung: *Sinuhe, der Ägypter* stand nach dem
Zweiten Weltkrieg auf der Bestsellerliste der
USA und wurde zum Welterfolg, der Waltari als
Schöpfer eines Meisterwerks unsterblich werden ließ. Die US-amerikanische Verfilmung von
Michael Curtiz von 1954 verhalf Waltari zu weiterer Popularität.   *V. R.*

Wassermann, Jakob

dt. Schriftsteller
* 10.3.1873 Fürth, † 1.1.1934 Altaussee (Steiermark)
📖 *Caspar Hauser*, 1908

Jakob Wassermann, einer der meistgelesenen
Autoren der Weimarer Republik, profilierte sich
als Verfasser kritischer, von der Psychologie beeinflusster Zeitromane und durch die literarische Verarbeitung historischer Stoffe.

Der gelernte Kaufmann aus jüdischem Elternhaus war ab 1894 als freier Schriftsteller und
Redakteur in München u. a. für den *Simplicissimus* tätig. 1896 veröffentlichte Wassermann
seinen ersten Roman *Melusine*, dem rasch weitere folgten. In *Die Juden von Zinnendorf* (1897)
und *Der Moloch* (1903) setzte er sich mit der
Stellung der Juden in Deutschland auseinander; *Caspar Hauser* und *Das Gänsemännchen*
(1915) beschreiben historische Einzelschicksale
aus seiner fränkischen Heimat.

Nach dem Ersten Weltkrieg wandte sich Wassermann dem Zeitroman zu und verfasste
umfangreiche Werke: *Christian Wahnschaffe*
(1919) und vor allem *Der Fall Maurizius* (1928),
der später in *Etzel Andergast* (1931) und *Joseph
Kerkhovens dritte Existenz* (1934) seine Fortsetzung erfuhr, gewannen durch ihr psychologisches Raffinement eine große Leserschaft.

Die Werke von Wassermann gerieten nach seinem Tod – seine Bücher wurden ab 1933 von
den Nationalsozialisten verboten – schnell in
Vergessenheit und erlebten erst in den 1980er
Jahren eine Neuauflage.

Biografie: R. Koester, *Jakob Wassermann. Köpfe des 20.
Jahrhunderts*, Bd. 122, 1996.

Caspar Hauser

OA 1908 **Form** Roman **Epoche** Moderne

Im Brennpunkt der Roman-Biografie mit dem
vollständigen Titel *Caspar Hauser oder Die Trägheit des Herzens* steht die Lebensgeschichte und
Menschwerdung des unglücklichen, heimatlosen Findlings Caspar Hauser, der als Opfer einer
dynastischen Intrige an einer gefühlskalten,
verständnislosen Umwelt zu Grunde geht.
Entstehung: Wassermann, der sich eng an das
historische, in zahlreichen Quellen dokumentierte Urbild Caspar Hausers (1812–1833) hielt,
war mit dessen tragischem Schicksal, das in
ganz Europa Aufsehen erregte, seit seiner Kindheit vertraut – sein Großvater hatte Caspar noch
persönlich kennengelernt. Er schloss den
Roman im Frühjahr 1907 ab und veröffentlichte ihn zunächst in Fortsetzungen in der Zeitschrift *Über das Land und das Meer*, bevor er
1908 als Buch erschien.
Inhalt: 1828 taucht in Nürnberg ein ca. 17-
jähriger, verängstigter Jüngling auf, der kaum
sprechen und nur mit Mühe seinen Namen Caspar Hauser schreiben kann. Man übergibt ihn
dem Gymnasiallehrer Daumer, der den begabten und sanftmütigen Caspar in seinem Haus
erzieht und ihm das Sprechen beibringt. Dabei
findet er heraus, dass sein Schützling jahrelang
angekettet und ohne menschlichen Kontakt in
einem dunklen Verlies gelebt hat. Er unterzieht
Caspar, dessen Seele noch ein unbeschriebenes

Blatt ist, pädagogischen Experimenten, ist aber enttäuscht, als dieser erste Anzeichen eines eigenen Willens zeigt.

Nachdem ein Unbekannter einen Anschlag auf Caspar verübt hat, übernimmt ein Nürnberger Magistratsrat die Fürsorge für ihn. Doch auch dort findet er kein liebevolles Zuhause und wird wie eine Spielpuppe behandelt. In der Obhut des kalten Pflichtmenschen Freiherr von Tucher lernt er Lord Stanhope kennen, einen englischen Adligen, der ihn beschenkt, sein Vertrauen ausnutzt und verspricht, ihn zu seiner nie gesehenen fürstlichen Mutter zu bringen. Doch in Wirklichkeit will der von hoch gestellten Kreisen bezahlte Scherge Caspar heimlich verschwinden lassen. Der Plan scheitert am Eingreifen Anselm Feuerbachs, Präsident des Ansbacher Appellgerichts und Vormund des Findlings. Caspar siedelt nach Ansbach um, wo er im Haus eines engherzigen Lehrers wohnt, der ihn für einen Betrüger hält, und zunehmend vereinsamt. Als Feuerbach nach intensiven Nachforschungen 1832 publik macht, dass Caspar in Wahrheit der legitime Erbprinz des badischen Fürstenhauses ist, fällt er einem Giftanschlag zum Opfer. Caspar steht jetzt ohne Beschützer da und wird wenige Zeit später von einem Unbekannten in Ansbach ermordet.

Wirkung: Der Roman avancierte nach wenigen Jahren zum Bestseller und gab den Forschungen über den rätselhaften Findling neue Impulse. Bis heute gilt er als die einflussreichste und bekannteste Adaption des Caspar-Hauser-Stoffs, der in zahlreichen literarischen Werken und Filmen verarbeitet wurde.   *C. H.*

André Eisermann als Caspar Hauser in der Verfilmung des gleichnamigen Romans von Jakob Wassermann (BRD 1992; Regie: Peter Sehr)

Caspar Hauser – Rekonstruktion seiner Lebensstationen

1812: Geburt des N.N. (später Caspar Hauser genannt), Sohn des badischen Großherzogs Karl und dessen Ehefrau Stephanie Beauharnais, der Adoptivtochter Kaiser Napoleons. Wenige Tage später wird der Tod des Erbprinzen bekannt gegeben, der mit einem sterbenden Säugling vertauscht und an eine Pflegefamilie weitergegeben wird. Hinter der Intrige stecken Ludwig, der Onkel des Großherzogs, und die rivalisierende Hochbergische Linie.

1813: Tod der Pflegemutter Caspar Hausers, der nach Schloss Beuggen am Oberrhein gebracht wird.

1816–28: Gefangenschaft Caspars im Verlies von Schloß Pilsach (Oberpfalz).

1818: Tod Großherzog Karls, dessen Onkel Ludwig den Thron besteigt.

1828: Caspar Hauser erscheint in Nürnberg, wo er zunächst (man hält ihn für einen Betrüger und entlaufenen Bauernsohn) ins Gefängnis kommt und später beim Gymnasiallehrer Daumer untergebracht wird.

1829: Erster Mordanschlag auf Caspar.

1830: Übersiedlung in das Haus des Kaufmanns Biberbach und später in das seines vorübergehenden Vormunds, des Freiherrn von Tucher.

Mit dem Tod des Großherzogs Ludwig stirbt die zähringisch-badische Linie im Mannesstamm aus. Leopold wird badischer Großherzog. Er entstammt der Hochbergischen Linie.

1831: Lord Stanhope erscheint in Nürnberg, ihm wird die Erziehung Caspars übertragen; er unternimmt eine Ungarnreise mit seinem Zögling und macht Caspar zahlreiche Versprechen, die er nicht einhält. Caspar zieht zu Lehrer Meyer nach Ansbach, der ihn für einen Betrüger hält.

1833: Tod des Juristen Anselm Feuerbach (vermutlich vergiftet), der Caspar von Anfang an protegiert und ein Memoire über dessen fürstliche Herkunft verfasst hat. Zweiter Mordanschlag auf Caspar, den er nicht überlebt.

Watson, James D.

US-amerikan. Biochemiker und Genforscher

* 6.4.1928 Chicago (Illinois)

📖 *Die Doppel-Helix*, 1968

Als 1953 der Forscher James Dewey Watson gemeinsam mit dem britischen Biologen Francis Harry Crick eine Theorie zur Struktur der DNS (Stichwort → S. 1132) veröffentlichte, wurde ihm die Aufmerksamkeit der gesamten wissenschaftlichen Welt zuteil. In einem knapp gehaltenen Fachartikel stellte er seine Forschungsergebnisse über den Aufbau des Erbguts vor. 1962 wurden Watson und Crick dafür (zusammen mit dem britischen Biophysiker Maurice Hugh Wilkins) mit dem Nobelpreis für Medizin und Physiologie ausgezeichnet.

Seine Kindheit und Jugend verbrachte Watson in Chicago. Er studierte an der University of Chicago und an der Indiana University in Bloomington, wo er 1950 promovierte. Danach widmete er sich der Aufklärung der DNS-Struktur. 1951–53 arbeitete er im Cavendish Laboratory in Cambridge (Massachusetts) und veröffentlichte zusammen mit Crick 1953 den Artikel über die erfolgreiche Entschlüsselung der DNS. Es folgten drei Jahre wissenschaftliche Tätigkeit am California Institute of Technology und ein weiteres Jahr im Cavendish Laboratory. 1956 wurde Watson Mitglied der biologischen Abteilung des Harvard Institute, an das er 1961 zum Professor berufen wurde und wo er bis 1976 blieb. 1988–93 leitete er als erster Direktor das Human Genom Project, das sich mit der Aufklärung der Erbsubstanz des Menschen befasst. Seit 1994 ist er Präsident des Cold Spring Habour Laboratory, dessen Direktorium er seit 1968 angehört.

Die Doppel-Helix

OT Double Helix **OA** 1968 **DE** 1969
Form Sachbuch **Bereich** Biologie/Medizin

James D. Watson beschreibt in seinem Buch *Die Doppel-Helix. Ein persönlicher Bericht über die Entdeckung der DNS-Struktur* den Weg zu einer der fundamentalsten naturwissenschaftlichen Entdeckungen des 20. Jahrhunderts. Darüber hinaus entwickelte er damit eine neuartige Form autobiografischer Literatur, wie sie in dieser Art zuvor von keinem Forscher genutzt worden war.
Entstehung: Schon kurz nach der bahnbrechenden Aufklärung der DNS-Struktur hatte Watson die Idee, ein Buch über seine Arbeit zu schreiben. Ihm lag aber fern, nur einen reinen Bericht über sein wissenschaftliches Tun zu verfassen; wichtig erschien ihm die Wiedergabe des Abenteuers Forschung. Regelmäßige Briefe an seine Eltern aus dieser Zeit und seine Erinnerungen waren die wichtigsten Quellen für die Rekonstruktion der Ereignisse. Ungewöhnlich für einen Bericht dieser Art ist außerdem die zeitliche Nähe zum Geschilderten, da Wissenschaftler üblicherweise erst nach Abschluss ihrer Forscherlaufbahn einen Einblick in die Höhepunkte Ihres Schaffens gewähren.
Inhalt: Watson beginnt mit seinem Bericht im Jahr 1951 und beschreibt die Anfänge der Zusammenarbeit mit seinem Kollegen Crick. Ohne den Leser mit wissenschaftlichen Details zu strapazieren, erzählt er dennoch ausführlich über alle Fortschritte und gelegentlichen Rückschläge bis zur endgültigen Aufklärung der DNS-Struktur. Er gibt zu, dass nicht immer die Suche nach dem Wissen oder das Verständnis für die Natur die Motivation dominierte, sondern manches Mal auch der Kampf um Ehre und Geld.

Watson vermittelt dem Leser den spannenden wissenschaftlichen Wettlauf um die Aufklärung der DNS-Struktur und gibt diesem auch Einblick in den Alltag eines Forschers.
Wirkung: Entrüstung über den von vielen Lesern als zu locker empfundenen Stil und die rückhaltlose Darstellung waren die ersten Reaktionen auf das Buch. Konkurrenzdenken und

James D. Watson, *Die Doppel-Helix*, Einband der englischsprachigen Taschenbuchausgabe 1981

Intrigen unter Forschern waren selten zuvor einer breiten Öffentlichkeit so deutlich offenbart worden. Watsons Bericht wirkte insofern bahnbrechend, als seither freimütiger über den Alltag wissenschaftlichen Forscherdrangs geschrieben wird. Nicht zuletzt dank Watsons Offenheit und Gelassenheit wurde *Die Doppel-Helix* zu einem der meist gelesenen naturwissenschaftlichen Sachbücher. *M. S.*

Watzlawick, Paul

österreich.-US-amerikan. Psychotherapeut und Kommunikationsforscher

*25.7.1921 Villach

📖 *Anleitung zum Unglücklichsein*, 1983

Paul Watzlawick errang durch seine Publikationen und Vortragstätigkeit internationale Popularität. Er ist neben Janet H. Beavin und Don D. Jackson Autor des 1967 erstmals publizierten Standardwerks *Menschliche Kommunikation*.

Nach Abitur und Militärdienst studierte Watzlawick an der Universität Venedig Psychologie und Fremdsprachen. 1949 promovierte er zum Dr. phil. und erhielt 1951–54 eine Ausbildung zum Psychotherapeuten und Analytiker am C.-G.-Jung-Institut in Zürich. 1957 wurde Watzlawick Professor an der Universität San Salvador. 1960 wechselte er an das Mental Research Institute in Palo Alto (Kalifornien), wo er seither als Forschungsbeauftragter und Psychotherapeut tätig ist. Seit 1976 lehrt er außerdem an der Stanford University. Watzlawicks wissenschaftliches Interesse gilt insbesondere der Bedeutung der Kommunikation für zwischenmenschliche Beziehungen und ihre Störungen. Als Vertreter der wissenschaftstheoretischen Auffassung des radikalen Konstruktivismus (Stichwort → S. 1133) konstatiert Watzlawick die grundsätzliche Unsicherheit unseres Wissens über die Beschaffenheit der »Wirklichkeit«.
Biografie: E. Marc / D. Picard, *Bateson, Watzlawick und die Schule von Palo Alto*, 2000.

Desoxyribonukleinsäure (DNS)

Desoxyribonukleinsäure (DNS) ist als Träger der genetischen Information in allen Lebewesen vorhanden und besitzt die Fähigkeit zur identischen Verdoppelung. Sie besteht aus Phosphorsäure (H3PO4), Zucker (Pentose) und organischen Basen. Diese drei Elemente bilden die Bausteine (Nukleotide), aus denen die zwei Stränge der DNS gebaut sind. Diese Einzelstränge sind über die Basen der Nukleotide strickleiterartig zu einem Doppelstrang verbunden. Die komplette DNS-Struktur wird als Doppelhelix bezeichnet. Das Gerüst ist spiralig gedreht, wobei zehn Nukleotide eine 360° Drehung ergeben, die 3,4 Nanometer lang ist. Es gibt vier Basen der DNS, die sich spezifisch paaren: Guanin mit Cytosin und Adenin mit Thymin. Beide Stränge der Doppelhelix sind komplementär, d. h. die Basenabfolge der einen Kette bestimmt die Basenabfolge der anderen. Die Stränge der Doppelhelix laufen einander entgegen. Dadurch ist es möglich, mit der Abfolge der Basen die Erbinformation zu kodieren.

Anleitung zum Unglücklichsein

OA 1983 **Form** Sachbuch **Bereich** Psychologie

Paul Watzlawicks kleiner Band *Anleitung zum Unglücklichsein* bricht rigoros mit der Vorstellung, Ziel des Menschen sei das Streben nach Glück. In Form von Metaphern, Aphorismen, Anekdoten und hintergründigen Geschichten beschreibt Watzlawick in amüsanter und ironischer Art die vielfältigen Möglichkeiten, den eigenen Alltag unerträglich zu gestalten und trivialen Ereignissen eine außergewöhnliche Bedeutung beizumessen.

Voraussetzungen: Als theoretischer Hintergrund des Buchs dienten die Erkenntnisse der so genannten Palo-Alto-Schule, zu deren Mitinitiatoren Watzlawick gehört. Die dort entstandene Kommunikationstheorie wurde im Wesentlichen aus der Erforschung von Paradoxien der menschlichen Kommunikation und ihrer Störungen gewonnen.

Inhalt: Während die Regale der Buchhandlungen mit Ratgebern zur Vervollkommnung des eigenen Glücks gefüllt sind, publizierte Watzlawick mit seinem Buch die wohl erste Bedienungsanleitung zur Förderung des eigenen Unglücks. Als ergiebige Quelle hierzu erweist sich die Vergangenheit. Eine einfache Methode ist, alle in der Vergangenheit liegenden Ereignisse zu verherrlichen und mit der – dann zwangsläufig enttäuschend erscheinenden – Gegenwart zu vergleichen. Sollte dieser Mechanismus nicht bereits zum gewünschten Erfolg führen, bleibt immer noch das sture Festhalten »an Anpassungen und Lösungen, die irgendwann einmal durchaus ausreichend, erfolgreich, oder vielleicht die einzig möglichen gewesen waren«. Aber auch in der Gegenwart lassen sich ausreichend Ursachen finden, die zum wohlverdienten Unglücklichsein führen, z.B. indem man in Streit mit eigentlich friedliebenden Nachbarn gerät. Eine weitere Fundgrube des eigenen Unglücks sind Partnerschaften.

Wirkung: *Anleitung zum Unglücklichsein* entwickelte sich rasch zum Sachbuchbestseller und hat mittlerweile eine Auflage von mehr als einer Million Exemplaren erreicht. Das Buch wurde als eine gelungene Parodie auf die Ratgeberliteratur und deren Glücksversprechen gewertet. *J.R.*

Waugh, Evelyn

engl. Schriftsteller

* 28.10.1903 London

† 10.4.1966 Combe Florey (Somerset)

📖 *Tod in Hollywood*, 1948

Der konservative Zyniker und Kulturpessimist Evelyn Waugh warnte in seinen Gegenwartsromanen vor einem drohenden Sinn- und Werteverlust. Neben Graham → Greene zählt Waugh zu den bedeutendsten katholischen Schriftstellern Englands.

Der Sohn eines Verlegers war nach seinem Kunststudium an Privatschulen tätig, bevor ihm erste schriftstellerische Erfolge eine unabhängige Existenz erlaubten. Mit komisch-satirischen Gegenwartsromanen wie *Auf der schie-*

Radikaler Konstruktivismus

Herkunft: Die Ursprünge des Konstruktivismus können bis zu den Vorsokratikern zurückverfolgt werden. Mit dem Satz »Das Wahre ist dasselbe wie das Gemachte« formulierte der italienische Philosoph Giovanni Battista Vico (1668–1744) die Kernaussage des radikalen Konstruktivismus: Menschliches Wissen ist Konstruktion.

Bedeutung: In der Philosophie und der Wissenschaftstheorie werden unter Konstruktivismus im Allgemeinen all jene Ansätze verstanden, die sich mit der Konstitutionsleistung des Subjekts im Erkenntnisprozess auseinander setzen. Die zentrale Aussage des radikalen Konstruktivismus besteht darin, dass die Realität – sofern sie existiert – für den Menschen allenfalls erfahrbar, nicht jedoch erkennbar sei. Zwar wird damit die Existenz einer (objektiven) Wirklichkeit nicht grundsätzlich geleugnet, doch kann der Mensch lediglich Konstruktionen (intellektuelle Deutungen) dieser Wirklichkeit anfertigen: Wirklichkeit ist damit das Ergebnis von Kommunikation. Eine derart »konstruierte« Welt kann aber keinen Anspruch mehr auf endgültige Wahrheiten erheben; an die Stelle des Kriteriums der Objektivität tritt das der Intersubjektivität.

Anwendung: Eine Reihe von radikalen konstruktivistischen Ansätzen hat u.a. in Biologie, Soziologie, Sprach- und Literaturwissenschaft Eingang gefunden. In der Psychologie bzw. Psychotherapie gilt Paul → Watzlawick als prominenter Vertreter des radikalen Konstruktivismus. Dem Patienten, dessen Wirklichkeitskonstruktion nicht »funktioniert«, soll durch die Einführung einer alternativen, positiveren Wirklichkeitskonstruktion geholfen werden – im Gegensatz zur traditionellen Psychotherapie, die eine verzerrte Wirklichkeitswahrnehmung des Patienten unterstellt.

fen Ebene (1928), einer ironischen Darstellung des englischen Privatschulwesens, übte Waugh Kritik an gesellschaftlichen Missständen und an der Vergnügungssucht seiner Generation. Als Journalist unternahm er ab 1928 ausgedehnte Reisen durch Europa, Amerika, Afrika und den Nahen Osten. In seinen Reisebüchern kritisierte Waugh die Entkolonisierung des Empire, was ihm den Ruf eines Reaktionärs eintrug. Viel Beachtung fanden Waughs Biografien. Nach seiner Konversion zum Katholizismus (1930) beklagte Waugh in seinen Werken zunehmend den Werteverlust der modernen Gesellschaft (*Eine Handvoll Staub*, 1934; *Tod in Hollywood*).

Zu den eindrucksvollsten literarischen Auseinandersetzungen mit dem Zweiten Weltkrieg zählt Waughs Kriegstrilogie *Ohne Furcht und Tadel* (1952–61, als Sammelband 1965).

Paul Watzlawick, *Anleitung zum Unglücklichsein*, Umschlag der Originalausgabe 1983

Tod in Hollywood

OT *The Loved One: An Anglo-American Tragedy*
OA 1948 **DE** 1950 **Form** Roman **Epoche** Moderne

Die bissige Satire, mit dem Untertitel *Eine anglo-amerikanische Tragödie*, auf die US-amerikanischen Bestattungsbräuche mit Seitenhieben auf den Filmbetrieb in Hollywood ist typisch für das von Zynismus und Sarkasmus geprägte Frühwerk von Evelyn Waugh.

Evelyn Waugh 1955

ten Rat, Selbstmord zu begehen. Als Joyboy um den Ruf seines Unternehmens fürchtet, sorgt Barlow dafür, dass Aimées Leiche diskret im Tierkrematorium entsorgt wird.

Wirkung: Der kurze Roman, der den Infantilismus des US-amerikanischen Lebens, die Heuchelei und Verantwortungslosigkeit anprangert, löste aufgrund seiner anti-amerikanischen Haltung heftige Kontroversen aus. In Europa förderte er eine US-kritische Einstellung, die sich in der Nachkriegszeit auch auf die allgemein empfundene Ohnmacht gegenüber dem US-amerikanischen Aufstieg zur Weltmacht stützte. Der Roman, der inzwischen zu den großen Satiren der Weltliteratur gezählt wird, wurde 1964 von Tony Richardson verfilmt. *D.M.*

Inhalt: Der Roman spielt im Hollywood der Nachkriegszeit. Durch den Selbstmord seines Protegés, eines abgewirtschafteten britischen Filmautors, kommt der junge Dichter Barlow in Kontakt mit einem exklusiven Beerdigungsinstitut. Hier wird der Tod durch hübsche Leichenkleidung, Schminke, bisweilen sogar operative Verschönerungen der Verblichenen verdrängt. Mit Aimée, einer Kosmetikerin des Instituts, beginnt Barlow eine kurze Affäre. Als Autor in Hollywood bislang ohne Erfolg, nimmt er einen Job in einem ähnlichen Institut an, das jedoch seine Segnungen nicht Menschen, sondern Tieren angedeihen lässt. Das Liebesabenteuer mit Barlow stürzt Aimée in einen tiefen inneren Konflikt: Sie kann sich nicht entscheiden zwischen dem skrupellosen Zyniker Barlow und ihrem Chef und Verlobten Mr. Joyboy, einem infantilen Weichling mittleren Alters. In ihrer Not wendet sie sich an einen Briefkastenonkel und befolgt schließlich dessen zynisch gemein-

Weber, Max

dt. Soziologe

* 21.4.1864 Erfurt, † 14.6.1920 München

📖 *Wirtschaft und Gesellschaft,* 1921 – 1922

Max Weber ist der deutsche Gründervater der Soziologie und entfaltet in dieser Wissenschaft, aber auch in Nachbardisziplinen wie der Geschichtswissenschaft, bis heute einen immensen Einfluss. Viele seiner Konzepte und Begriffe, wie das Postulat einer »Wertfreiheit« wissenschaftlicher Erkenntnis, die Unterscheidung zwischen »Verantwortungs-« und »Gesinnungsethik«, die »Entzauberung der Welt«, sind nachhaltig in Alltagsdiskurse eingedrungen.

Seine wissenschaftliche Laufbahn brachte Weber noch im 19. Jahrhundert auf juristische und nationalökonomische Professuren in Berlin, Freiburg und Heidelberg. Nach einer durch ein Nervenleiden ausgelösten Lebenskrise sah man ihn 1909 als Mitbegründer der Deutschen Gesellschaft für Soziologie. Neben wissenschaftlichen Arbeiten zur Religionssoziologie, zur Wissenschaftstheorie, zur Wirtschafts- und Sozialgeschichte und zur Sozialpolitik widmete sich Weber nun auch intensiv tagespolitischen Fragen, z.B. der Kriegszielpolitik im Ersten Weltkrieg. Auch auf die Entstehung der Weimarer Reichsverfassung nahm Weber entscheidenden Einfluss.

Als Weber 1920 an einer Lungenentzündung starb, waren wichtige Teile seines wissenschaftlichen Schaffens unveröffentlicht oder unfertig. Vieles, so auch sein opus magnum, *Wirtschaft und Gesellschaft,* wurde aus dem Nachlass veröffentlicht.

Biografie: H. N. Fügen, *Max Weber* (rm 50 216); D. Käsler, *Max Weber: Eine Einführung in Leben, Werk und Wirkung,* 1998; M. Weber, *Max Weber. Ein Lebensbild,* 1926.

Die wichtigsten Bücher von Evelyn Waugh	
Auf der schiefen Ebene, 1928	Ohne eigene Schuld wird der biedere Theologiestudent Paul Pennyfeather in Intrigen und Machenschaften von Studenten, Mitgliedern der High-Society und der Kirche verwickelt.
Schwarzes Unheil 1932	Die bitterböse Satire spielt auf einer fiktiven afrikanischen Insel. Nach seinem Studium in Oxford will Kaiser Seth in seiner Heimat die »Segnungen« der Zivilisation einführen.
Eine Handvoll Staub 1934	Der Engländer Tony Last wird bei einer gescheiterten Amazonas-Expedition von einem Mischling gerettet, der sich jedoch weigert, ihn wieder in die Zivilisation zu entlassen.
Wiedersehen mit Brideshead, 1945	Waugh beschreibt den Niedergang der katholischen Familie Marchmain: Während der Sohn dem Alkohol verfällt, verliert die Tochter den Geliebten durch ihre Fixierung auf den Glauben.
Tod in Hollywood 1948	Durch die Beschreibung eines amerikanischen Beerdigungs- sowie eines Tierbestattungsinstituts führte Waugh in dem Roman die Verharmlosung des Todes ad absurdum. → S.1133
Ohne Furcht und Tadel 1965	In seiner zunächst in drei Einzelbänden (*Männer in Waffen,* 1952; *Officers and Gentlemen,* 1955; *Bedingungslose Kapitulation,* 1961) erschienenen Trilogie vertrat Waugh das Geschichtsbild, dass sich alle hehren Kriegsziele in ihr Gegenteil verkehren.

Wirtschaft und Gesellschaft

OA 1922 **Form** Sachbuch **Bereich** Soziologie

Das »nachgelassene Hauptwerk« von Max Weber ist für Soziologen, Staatslehrer, Historiker und andere Kulturwissenschaftler durch seinen theoretischen (z. B. Theorie der Rationalisierung) und seinen methodischen (Idealtypenbildung) Gehalt wichtiger als irgendein zweites Buch eines deutschen Soziologen, wobei seine Rezeption im Laufe der Jahrzehnte eher zu- als abgenommen hat.

Entstehung: Das erst postum zusammenhängend veröffentlichte Werk hat eine komplizierte Entstehungsgeschichte. Konzipiert wurde es als Teil eines seit 1909 unter Webers redaktioneller Leitung geplanten großen Sammelwerks *Grundriß der Sozialökonomik*. Die im ersten Teil entwickelte *Soziologische Kategorienlehre* wurde noch als Teillieferung dieses Werks von Weber selbst zum Druck vorbereitet, erschien aber erst nach seinem Tod 1921. Seine Witwe, Marianne Weber, gab den zweiten, teilweise unvollendeten Teil 1922 aus dem Nachlass heraus; dabei handelte es sich jedoch, wie sie betonte, um Material, welches älter war als jenes des ersten Teils. Die Herausgabe von *Wirtschaft und Gesellschaft* wurde ab der vierten Auflage von Johannes Winckelmann besorgt, der einige Umstellungen vornahm und es als eigenständiges Werk präsentierte.

Inhalt: Weber intendiert eine »verstehende Soziologie«, die soziales Handeln nicht auf einen objektiv bestimmbaren, sondern auf den von den Handelnden subjektiv gemeinten Sinn zurückführt. Mit diesem Ansatz will er u. a. verstehen, warum es gerade im Okzident zu einer solchen Kulmination von Rationalisierungsprozessen kam, wie sie im Kapitalismus, in der modernen Bürokratie, im parlamentarischen Regierungsmodell oder auch in der harmonischen Musik vorliegt. Zu diesem Zweck entwickelt Weber eine feingliedrige Typologie sozialer Verbände und Handlungsformen. Von zentraler Bedeutung ist seine Herrschaftssoziologie, worin er die drei reinen Typen legitimer Herrschaft entwickelt: rationale Herrschaft gründet auf dem Glauben an die Legalität »gesatzter Ordnungen«, traditionale Herrschaft auf dem Glauben an die Heiligkeit althergebrachter Traditionen, und charismatische Herrschaft auf dem Glauben an die außeralltäglichen Qualitäten einer Person oder Ordnung.

Mit den sorgfältig definierten soziologischen Kategorien konstruiert Weber idealtypische Vergesellschaftungsformen (wie den »Feudalismus«, die »Parteien« oder die »Gemeinde«), und verwendet ein umfangreiches kulturvergleichendes historisches Material zur Illustration

dieser Typen; die Idealtypen ihrerseits dienen zur kontrastiven Veranschaulichung der historisch vorgefundenen Formen. Weber vertieft so seine schon früher veröffentlichte These, nach welcher die protestantische Wirtschaftsethik mit ihrem Hang zur Askese für den okzidentalen Rationalisierungsschub verantwortlich war.

Aufbau: Das Werk besteht aus zwei Teilen, die (entsprechend der Entstehungsgeschichte) eine gewisse Redundanz aufweisen. Der erste Teil leistet mit der »Kategorienlehre« die Definitionsarbeit, während im zweiten Teil eine universalhistorische Anwendung der gewonnenen Kategorien stattfindet.

Wirkung: Weber habe, so der Soziologe Ulrich Beck, »die deutsche Soziologie nicht nur begründet, sondern er werde sie wohl auch noch überleben«. Aber während Webers tagespolitische Interventionen schon zu seinen Lebzeiten eine bemerkenswerte Wirksamkeit entfalteten, ist die Bedeutung von *Wirtschaft und Gesellschaft* in der Fachwelt erst allmählich durchgedrungen. In Westdeutschland wurde das Werk nach 1945 nicht zuletzt durch Rückvermittlung US-amerikanischer Soziologen wieder rezipiert. Heute ist es vor allem für historisch orientierte Sozialwissenschaftler weltweit einer der unverzichtbaren Bezugstexte.

Die Trennung zwischen dem Politiker und dem Theoretiker Weber ist freilich eine künstliche: Die – nicht zuletzt infolge seines Einsatzes – in der Weimarer Reichsverfassung festgeschriebene starke Stellung des deutschen Reichspräsidenten findet in *Wirtschaft und Gesellschaft* ihre theoretische Grundierung in der Absage an die »führerlose Demokratie«, die mit einer Herrschaft des »Klüngels« gleichgesetzt wird. So ist auch die Frage erörtert worden, ob das Denken des Demokraten Weber eine Mitschuld am Versinken der Weimarer Republik in die Barbarei getragen habe. *R. H.*

Auszug aus *Wirtschaft und Gesellschaft* von Max Weber:

Macht bedeutet jede Chance, innerhalb einer sozialen Beziehung den eigenen Willen auch gegen Widerstreben durchzusetzen, gleichviel worauf diese Chance beruht.

Max Weber

Klassiker der Soziologie im 19. Jahrhundert	
Auguste Comte (1798 – 1857)	Einer der Hauptvertreter des Positivismus und Erfinder des Begriffs »Soziologie«. Comte entwickelte ein »Dreistadiengesetz« der Gesellschaftsentwicklung mit dem »theologischen«, dem »metaphysischen« und dem »wissenschaftlichen Zeitalter«.
Karl Marx und (1818 – 1883) Friedrich Engels (1820 – 1895)	Die Väter des »wissenschaftlichen Sozialismus« bleiben bedeutsam aufgrund ihrer Analyse der politischen Ökonomie sowie ihrer Entwicklung des evolutionären Geschichtsmodells des »Historischen Materialismus« → S. 743
Émile Durkheim (1858 – 1917)	Tritt hervor mit Arbeiten zur soziologischen Methodologie, Studien über soziale Arbeitsteilung, den Selbstmord, elementare Formen des religiösen Lebens. Gesellschaften werden unterteilt in solche mit »mechanischer« und solche mit »organischer Solidarität«, letztere gekennzeichnet durch komplexere Arbeitsteilung.
Max Weber (1864 – 1920)	Weber stellt seine Forschung in den Dienst der Frage nach dem okzidentalen Sonderweg der Rationalisierung. In diesem Kontext entstehen Arbeiten zur Herrschaftssoziologie, zur vergleichenden Religionssoziologie, Rechtssoziologie, Sozialgeschichte u. a. → S. 1135

Weininger, Otto

österreich. Psychologe und Philosoph

* 3. 4. 1880 Wien, † 4. 10. 1903 ebd.

📖 *Geschlecht und Charakter*, 1903

Die 1903 in erweiterter Fassung erschienene Dissertation *Geschlecht und Charakter* von Otto Weininger wurde zu einem Kultbuch der literarischen und künstlerischen Moderne; es spiegelt den Zeitgeist der Jahrhundertwende – auch in seinen Widersprüchen.

Weininger, Sohn eines jüdischen Goldschmieds, studierte 1898–1902 an der Universität Wien Philosophie, und Psychologie und besuchte mathematische, naturwissenschaftliche und medizinische Vorlesungen. 1902 promovierte er; im selben Jahr konvertierte er zum Protestantismus. Parallel zu Sigmund → Freud und anderen Wissenschaftlern entwickelte Weininger die Theorie der Bisexualität in der Natur und beim Menschen. Die Nachricht vom Selbstmord Weiningers in Beethovens Sterbehaus in Wien am 4. Oktober 1903 erregte großes Aufsehen und machte sein Buch berühmt. Aus dem Nachlass von Weininger erschienen die Schriften *Über die letzten Dinge* (1904) und *Die Liebe und das Weib* (1917).

Biografie: C. Sengoopta, *Otto Weininger*, 2000.

Geschlecht und Charakter

OA 1903 **Form** Sachbuch **Bereich** Sexualpsychologie

Mit *Geschlecht und Charakter* über die Psychologie der Geschlechter entwickelt Otto Weininger biologische, romantische und psychologische Ideen seiner Zeit weiter. Die von ihm entworfene Karikatur der Frau bzw. die Juden entspricht einigen Tendenzen der zeitgenössischen wissenschaftlichen, philosophischen und literarischen Strömung.

Inhalt: Weininger stellt die Theorie der psychisch-physischen Bisexualität des Menschen auf. Jeder und jede Einzelne nimmt eine Zwischenstufe zwischen den idealtypischen Polen »Mann« (M) und »Weib« (W) ein (im Sinne der platonischen Ideen). Alle werden nach einem mathematisch formulierten »Gesetz der sexuellen Anziehung« von ihrem »Komplement« angezogen: Ein Mann mit der Gleichung $^3/_4$ M + $^1/_4$ W sucht eine Frau mit der Gleichung $^3/_4$ W + $^1/_4$ M (männliche Frauen werden von weiblichen Männern angezogen, männliche Männer von weiblichen Frauen, usw.).

Im ersten Teil seines Werks begründet Weininger seine Psychologie auf dem psycho-physischen Parallelismus: Die Sexualität präge sämtliche Teile des Körpers wie auch der Psyche. Daraus leitet Weininger eine Theorie der

Otto Weininger, *Geschlecht und Charakter*, Umschlag der Ausgabe 1980

Homosexualität ab, die seiner Ansicht nach angeboren sei und einen Sonderfall der menschlichen Bisexualität darstelle; beim Homosexuellen seien die »normalen« Anteile an M und W vertauscht. Dem Weib ordnet Weininger den Trieb, dem Mann den Geist zu; die höchste Erscheinungsform des Männlichen sei das Genie, während die Frau aus biologischen Gründen zu keiner geistigen Orientierung oder schöpferischen Produktivität fähig sei.

Im zweiten Teil seines Werks setzt Weininger sein dualistisches Denken fort, indem er die Bipolarität von Wahrheit und Falschheit, Gut und Böse, Gott und Teufel, Heiligem und Verbrecher, Mutter und Prostituierter, anführt. Diese Pole führt er ebenso bei den Geschlechtern sowie bei den menschlichen Rassen der Arier und Juden an. Weininger bezeichnet die rechtliche Gleichstellung von Männern und Frauen, Juden und Nicht-Juden als moralische Pflicht. Die Unterdrückung der Frau werde durch die sexuelle Anbindung des Weibes an den Mann erklärt, sie könne daher nur durch die endgültige Überwindung der männlichen Sexualität beseitigt werden. Weininger wollte mit seinem Werk vor allem vor den Gefahren einer »Verweiblichung« der Kultur seiner Zeit warnen.

Wirkung: Das Werk ist von den Zeitgenossen sehr ernst genommen, von den Gegnern im Detail kritisiert und von vielen Rezensenten mit Lob überhäuft worden. Viele sahen in Weininger den Helden, der ihre innere Unruhe und ihre Revolte verkörperte. Der österreichische Kultur- und Gesellschaftskritiker Karl Kraus (1874 bis 1936) sowie August→ Strindberg haben das Werk begeistert aufgenommen; es beeinflusste Schriftsteller und Philosophen wie Georg → Trakl und Ludwig →Wittgenstein. Vertreter der wissenschaftlichen Psychologie verrissen es jedoch, so z.B. in einer bibliografischen Zusammenstellung der Veröffentlichungen über die Psychologie der Geschlechter im *Psychological Bulletin* von 1910. In dem Artikel wird festgestellt, dass Werke wie *Geschlecht und Charakter* oder *Über den physiologischen Schwachsinn des Weibes* von Paul Julius Moebius (1900) überholt seien und dass die moderne Forschung auf diesem Gebiet zu einer soziologischen Erklärung der psychologischen Unterschiede zwischen Mann und Frau neige.

Die (missverständlichen) Thesen von Weininger dienten als Quelle frauenfeindlicher und antisemitischer Ideologien. Der Philosoph Theodor Lessing (1872–1933) sah in ihm ein Beispiel des sog. »jüdischen Selbsthasses« (1930). Weiningers Leben und Freitod wurden in dem Theaterstück *Weiningers Nacht* (1988) von Joshua Sobol (*1939) und in dem Roman *Weiningers Ende* (1993) von Miklos Hernádi literarisch gestaltet.   *B. W. B.*

OT = Originaltitel **EZ** = Entstehungszeit **OA** = Originalausgabe **DE** = Deutsche Erstausgabe 📖 = Verweis auf Werkartikel

Weiss, Peter

dt. Schriftsteller

*8.11.1916 Nowawes bei Potsdam

†10.5.1982 Stockholm

📖 *Abschied von den Eltern*, 1961

📖 *Die Ästhetik des Widerstands*, 1975/78/81

Peter Weiss gilt heute als eine der zentralen Figuren der Nachkriegsliteratur. Sein Werk kreist um das Thema der lebenslangen Suche nach einem Ort der »Zugehörigkeit«.

Weiss war der älteste Sohn einer süddeutschen Schauspielerin und eines jüdischen Kaufmanns aus Ungarn. Er wuchs in Bremen und Berlin auf; 1933 musste die Familie emigrieren. Nach Aufenthalten in Prag, wo Weiss das Studium der Malerei absolvierte, in der Schweiz und in London lebte er bei seiner Familie in Schweden. Seine Versuche als Maler und Filmemacher verliefen nach einigen Erfolgen enttäuschend. Einen ersten Achtungserfolg als Autor erzielte Weiss mit dem experimentellen Prosatext *Der Schatten des Körpers des Kutschers,* der bereits 1952 entstanden war, aber erst 1960 gedruckt wurde. Mit seinen Theaterstücken *Die Verfolgung und Ermordung des Jean Paul Marat* (1964) sowie *Die Ermittlung* (1965) etablierte sich Weiss auch auf internationaler Ebene als profiliertester Exponent eines politischen Theaters in deutscher Sprache. Auch nachfolgende Stücke sind durch die intensive Aneignung des Marxismus, insbesondere unter dem Aspekt des proletarischen Internationalismus geprägt. Sein Selbstverständnis als Sozialist hat Weiss jedoch nie gehindert, scharfe Kritik an dogmatischen und verbrecherischen Fehlentwicklungen des real existierenden Sozialismus zu üben. Diese (selbst-)kritische Sicht zeigt sich eindrücklich in seinem erzählerischen Hauptwerk *Die Ästhetik des Widerstands.*

Biografie: J. Vogt, *Peter Weiss* (rm 50367).

Abschied von den Eltern

OA 1961 **Form** Erzählung **Epoche** Moderne

Mit *Abschied von den Eltern*, seiner zweiten Publikation in deutscher Sprache, gelang Peter Weiss der endgültige Durchbruch als Prosa-Autor. Das Buch ist, ebenso wie die Fortsetzung *Fluchtpunkt* (1962), deutlich autobiografisch geprägt. Beide Werke zusammen erzählen und analysieren den krisenhaften Weg des »Sohnes« zu einer privaten und künstlerischen – allerdings stets gefährdeten – Autonomie.

Inhalt: Die Erzählung beginnt mit dem fast gleichzeitigen Tod der Eltern des Ich-Erzählers – »Portalfiguren meines Daseins« – in den spä-

ten 1950er Jahren. Erst diese »Befreiung« ermöglicht es ihm zurückzublicken. Erinnernd zeichnet er die prägenden Erfahrungen seiner Kindheit in einer deutsch-jüdischen Bürgersfamilie nach, frühe Schulerfahrungen, die Wirren der Pubertät und das entfremdete Zusammenleben in der Familie, die 1933 in die Emigration gezwungen wird. Nach Aufenthalten in verschiedenen Ländern führt der Weg schließlich nach Schweden, wo der Vater sich beruflich neu etablieren kann. Auseinandersetzungen mit dem Vater, die Schwierigkeiten der Berufsfindung und bei der Aufnahme erotischer Beziehungen, aber auch wegweisende künstlerische Erfahrungen rücken thematisch in den Vordergrund. Die Erzählung endet, durchaus offen, mit dem Ausbruch des Erzählers, der sich zum Künstlertum berufen fühlt, aus dem beengenden bürgerlichen Elternhaus.

Aufbau: Die Verknüpfung der Erzählung mit dem Lebenslauf von Weiss bedingt eine Nähe zur Form der Autobiografie. Mit ihr hat *Abschied von den Eltern* wichtige Strukturelemente gemeinsam: den erzählerischen Blick vom Ende her, die Doppelung von »erinnerndem« und »erlebendem« Ich, die Suche nach den ersten noch fassbaren Erinnerungen sowie die Reflexion über die Probleme des Erinnerns und Erzählens selbst. Sehr eigenständig ist aber der Erzählstil: In Rückerinnerung einerseits, analytischer Reflexion andererseits reihen sich die Erlebnisse und Wahrnehmungen zu einem – auch typografisch – nicht unterbrochenen Erzählstrom. Dieses Vorgehen erinnert an die Stream-of-consciousness-Technik der klassischen Moder-

Peter Weiss während einer Pressekonferenz am 16. Januar 1967 im Scala-Theater in Stockholm anlässlich der Uraufführung seines Theaterstücks *Der Gesang vom Lusitanischen Popanz*

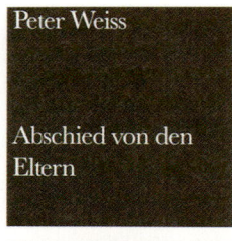

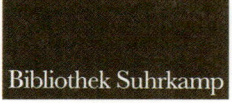

Peter Weiss, *Abschied von den Eltern*, Umschlag der Augabe 1963

ne seit James → Joyce und Virginia → Woolf, aber auch an die Assoziations- und Deutungstechnik der Psychoanalyse. Einzelne Bilder, Figuren und Situationen treten farbig und konturenscharf wie Traumbilder aus dem Handlungsrahmen heraus. Damit gewinnt die Erzählung exemplarischen Charakter über die individuelle Lebensgeschichte hinaus. Sie ruft Bilder der Angst und des alltäglichen Schreckens hervor, die nicht so sehr einer bestimmten Biografie als vielmehr den Grundkonflikten der Familie in einer von historischen Krisen erschütterten spätbürgerlichen Gesellschaft entspringen. Damit reiht sich *Abschied von den Eltern* in eine lange Erzähltradition ein, die sich die Abläufe und insbesondere die Krisen der »Ich«-Werdung des bürgerlichen Subjekts zum Thema wählt.

Wirkung: Der analytische Gehalt wie auch die stilistische Geschlossenheit des Werks wurden durchweg anerkannt. Hermann → Hesse, ein Förderer des jungen Autors Weiss, nannte es »ein ebenso prachtvolles wie schreckliches Buch, das jeden Leser ergreifen und tief bewegen muss.« Ohne Zweifel zählt das Werk nach wie vor zu den klassischen deutschsprachigen Texten im 20. Jahrhundert. Für Weiss hatte die Bearbeitung der eigenen Lebensgeschichte insofern »befreiende« Wirkung, als er sich nach dem Abschluss des Buchs dem Theater und grundsätzlichen politischen Fragen zuwenden konnte.

Die Ästhetik des Widerstands

OA 1975/78/81 (3 Bde.)
Form Roman **Epoche** Gegenwart

Das in zehnjähriger Arbeit entstandene und erst kurz vor dem Tod des Autors Peter Weiss abgeschlossene Werk ist der ehrgeizige Versuch, unter Nutzung fiktionaler Freiheiten ein historisch authentisches Gesamtbild der faschistischen Epoche in Europa zu zeichnen, wobei die antifaschistische Position, der »Widerstand«, die Perspektive bestimmt. Zugleich sollen Funktion und Bedeutung von Kunst-Erfahrung, also von »Ästhetik«, im und für den politischen Kampf der Linken untersucht und dargestellt werden. Dies geschieht in der Absicht, für Gegenwart und Zukunft ein neuartiges Modell des Zusammenspiels von Kunst und Politik zu entwerfen.

Inhalt: Der Roman beginnt im Jahr 1937 an einem konspirativen Ort mitten im Zentrum der Nazi-Herrschaft, vor dem Pergamonaltar auf der Berliner Museumsinsel. Dort führen der Ich-Erzähler, ein namenlos bleibender junger Arbeiter, und seine kommunistischen Genossen Ayschmann und Coppi eine Diskussion um Geschichte, Politik, Kultur, Kunst und Literatur –

vor allem jedoch um die Möglichkeit, das »kulturelle Erbe« der Vergangenheit für den sozialistischen und antifaschistischen Kampf zu nutzen. Im Gespräch mit seinem sozialdemokratischen Vater erfährt der Erzähler von der verhängnisvollen Spaltung der Arbeiterbewegung seit 1918. Er verlässt Berlin, um im Spanischen Bürgerkrieg an der Seite des Arztes Dr. Max Hodann Sanitätsdienste zu leisten. Dort erlebt er die scharfen Konflikte zwischen den verschiedenen linken Gruppen und hört von Stalins Schauprozessen gegen vorgebliche Abweichler und Verräter. Nach der Auflösung der Internationalen Brigaden und dem Zusammenbruch der Spanischen Republik wird der Erzähler zu Beginn des zweiten Bands nach Paris verschlagen. Dort lernt er den kommunistischen Kulturorganisator Willi Münzenberg kennen. In Schweden, wo er als Fabrikarbeiter lebt und in der illegalen KP kleine Aufgaben übernimmt, unternimmt er unter Anleitung von Bertolt → Brecht erste Schreibversuche. In der Tradition Brechts und Münzenbergs will er sozialistische Parteilichkeit und persönliche Kreativität verbinden und fasst den Plan, zum kritischen Chronisten seiner Epoche zu werden. Er wird besonders im dritten Band der *Ästhetik des Widerstands* realisiert; der Erzähler tritt hier zunehmend aus der Handlung zurück und überliefert aus räumlicher und zeitlicher Distanz den konspirativen Widerstand der so genannten Roten Kapelle um Harro Schulze-Boysen und Dr. Arvid Harnack in Berlin sowie deren Verhaftung und Hinrichtung in Plötzensee. Der Roman endet im Jahr 1945, als der Faschismus niedergeworfen, ein Sozialismus mit menschlichem Gesicht aber nach wie vor nur als Utopie vorstellbar ist.

Aufbau: Der Roman gewinnt seine Unverwechselbarkeit durch einige markante Strukturelemente wie die Kombination von historisch authentischen und fiktiven Figuren sowie die Kombination von narrativen und reflexiven Partien, die zu der treffenden Bezeichnung »Roman-Essay«geführt hat. Ein weiteres dominantes Merkmal sind die ausgedehnten dialogischen Partien, teils in direkter, teils in indirekter Rede. Sie sind formaler Ausdruck einer Gedankenbewegung, die in Brechts Nachfolge immer wieder versucht, widersprüchliche Positionen (in Politik, Ideologie, Ästhetik) zu artikulieren und so gegeneinander zu setzen, dass sie zu neuen Erkenntnissen, Konsequenzen, Veränderungen führen. Eine ähnliche Funktion kommt dem Verfahren der Montage zu, mit dem Weiss auf quasi-filmische Weise verschiedene Orte, Zeiten, Figuren und Standpunkte miteinander konfrontiert. Andererseits bewirkt der biografische Erzählrahmen zumindest formal eine »Einheit der Widersprüche«.

Peter Weiss, *Die Ästhetik des Widerstands*, Umschlag der Taschenbuchausgabe 1982

OT = Originaltitel **EZ** = Entstehungszeit **OA** = Originalausgabe **DE** = Deutsche Erstausgabe = Verweis auf Werkartikel

Wirkung: *Die Ästhetik des Widerstands* wurde seit dem Erscheinen des ersten Bands in beiden deutschen Staaten intensiv diskutiert, weil sie wichtige Aspekte verdrängter und verschwiegener Vergangenheit artikulierte sowie in West und Ost stereotype Geschichtsbilder korrigierte. Dies gilt aus westlicher Sicht etwa für die Rolle des kommunistischen Widerstands gegen Hitler, aus östlicher Sicht insbesondere für die autoritäre Herrschaftspraxis des Stalinismus, die als eine wesentliche Ursache der historischen Niederlage der sozialistischen Bewegung gezeigt wird. *J.V.*

Weizsäcker, Carl Friedrich von

dt. Physiker und Philosoph

*28.6.1912 Kiel

📖 *Der bedrohte Friede*, 1981

Der Physiker und Philosoph Carl Friedrich von Weizsäcker warnte nach 1945 intensiv vor den Gefahren der Kernwaffen und setzte sich vehement für die Entwicklung einer »Weltinnenpolitik« ein, die den Weltfrieden herstellen und sichern soll.

Der Sohn eines Marineoffiziers und Diplomaten interessierte sich schon in jungen Jahren für philosophische und religiöse Fragen. Auf Anregung des Freundes und späteren Lehrers Werner → Heisenberg studierte Weizsäcker jedoch zunächst Physik, Mathematik und Astronomie in Berlin, Göttingen und Leipzig, wo er 1936 bei Heisenberg promovierte. Anschließend arbeitete er bei Otto Hahn (1879–1968) im Kaiser-Wilhelm-Institut für Physik in Berlin und veröffentlichte mit *Die Atomkerne* (1937) die erste zusammenfassende Darstellung zu diesem Thema. Zusammen mit Hahn und Heisenberg gehört Weizsäcker zu jenen Wissenschaftlern, welche die Grundlagen für eine mögliche deutsche Atomwaffe schufen.

Nach der Entlassung aus der Kriegsgefangenschaft im englischen Farm Hall wurde Weizsäcker die Leitung des Max-Planck-Instituts für Physik in Göttingen übertragen. 1957 folgte Weizsäcker, der bis dahin als Professor für theoretische Physik (1942–44 in Straßburg und 1947–56 in Göttingen) gelehrt hatte, einem Ruf der Universität Hamburg und übernahm den dortigen Lehrstuhl für Philosophie. 1970–80 leitete Weizsäcker das eigens für ihn eingerichtete Max-Planck-Institut zur Erforschung der Lebensbedingungen der wissenschaftlich-technischen Welt in Starnberg. 1992 erschien sein Hauptwerk *Zeit und Wissen*. Den Vorschlag

Willy Brandts (1913–92), ihn für das Amt des Bundespräsidenten zu nominieren, lehnte er zu Gunsten seines jüngeren Bruders Richard ab.

Literatur: K. Lindner, *Carl Friedrich von Weizsäckers Wanderungen ins Atomzeitalter*, 2002.

Carl Friedrich von Weizsäcker, der in der Nachkriegszeit intensiv vor den Gefahren von Kernwaffen warnte

Der bedrohte Friede

OT Der bedrohte Friede. Politische Aufsätze 1945–1981
OA 1981 **Form** Sachbuch **Bereich** Gesellschaft

Der bedrohte Friede versammelt die wichtigsten Reden, Aufsätze und Stellungnahmen Carl Friedrich von Weizsäckers seit 1945 und spiegelt dessen Engagement für globale Lösungen politischer Probleme.

Inhalt: Am Anfang von Weizsäckers Engagement stehen die Anmerkungen zur Atombombe (1945) sowie die Erklärung der 18 Atomwissenschaftler vom 12. April 1957 (»Göttinger 18«), in der sich die seinerzeit wichtigsten deutschen Physiker, unter ihnen auch Otto Hahn (1879–1968) und Werner → Heisenberg, öffentlich gegen eine Ausstattung der Bundeswehr mit Atomwaffen aussprachen und erklärten, für ein solches Vorhaben als Mitarbeiter nicht zur Verfügung zu stehen. Die eigene Verstrickung als Kernphysiker in die Entwicklung, die letztlich zur Atombombe führte, ist ein Schlüsselerlebnis Weizsäckers, das ihn zur Stellungnahme und Einmischung in politische Fragen bewegt hat. Entsprechend spiegelt *Der bedrohte Friede* auch die Entwicklung der Bundesrepublik aus der Sicht des Physikers, Philosophen und Friedensforschers. Die Beiträge behandeln neben der Wiederbewaffnung (*Kriegsverhütung*, 1950) und Fragen der politischen Kultur (*Tübinger Memorandum*, 1961), der Wiedervereinigung Deutschlands und Europas

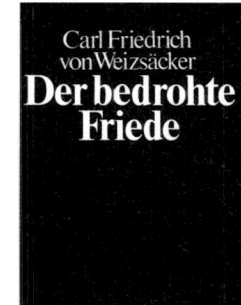

Carl Friedrich von Weizsäcker, *Der bedrohte Friede*, Umschlag der Originalausgabe 1981

Im Vorwort zur Neuauflage unter dem Titel *Der bedrohte Friede – heute* erklärt Carl Friedrich von Weizsäcker rückblickend:

Der politische Bewusstseinswandel ist unterwegs. Es ist nicht unmöglich, dass wir erst durch die größten selbstverschuldeten Katastrophen lernen werden. Ich habe ein Leben lang auf diese Katastrophen hinweisen müssen und bin der Erfahrung des inneren Verzweifelns nicht entgangen. Aber ich habe nie an das absolute Ende geglaubt. Stets habe ich so geredet, dass Mut zum Handeln und nicht Verzagtheit die Folge sein sollte.

(1965) auch Fragen, die in der Folge der Studentenbewegung von 1968 aufgeworfen wurden (*Das moralische Problem der Linken und das moralische Problem der Moral,* 1975, und *Die Hoffnung des revolutionären Marxismus,* 1976) und münden in Aufsätze zur politischen Lage Anfang der 1980er Jahre (*Wissenschaft und Menschheitskrise,* 1980, und *Was folgt?,* 1981), die Weizsäcker als die gefährlichste seit dem Ende des Zweiten Weltkrieges empfand: Die sich verschärfenden Krisen in den Staaten der Dritten Welt, der schleichende Niedergang der Sowjetunion und das neue Aufrüstungsprogramm der USA waren nach Weizsäcker Indizien für ein bedrohliches »Wanken der großen Entwürfe« und offenbarten die Scheinhaftigkeit des Gleichgewichts der Weltmächte.

Als roter Faden, der sich durch alle Beiträge zieht, tritt das Lebensthema Weizsäckers hervor: die Sorge um den stets bedrohten bzw. erst zu verwirklichenden Weltfrieden – einen Welt-

frieden, den er sich durch eine »Weltinnenpolitik« herbeigeführt und gesichert wünscht und mit dem Weizsäcker die Hoffnung auf eine Entwicklung verbindet, die den Krieg als Mittel der Politik überflüssig macht und die nicht wie »in ihrem derzeitigen Zustand einen Missbrauch wissenschaftlicher Erkenntnisse nahezu erzwingt«.

Wirkung: Die Bedeutung dieser Textsammlung liegt in der Wirkungsgeschichte der einzelnen Beiträge – von der spektakulären und provokanten Aktion der »Göttinger 18«, die eine breite öffentliche Debatte ausgelöst und nicht unwesentlich dazu beigetragen hat, eine Ausstattung der Bundeswehr mit Atomwaffen zu verhindern, bis zu eher nachdenklichen Reden, die stets in überfüllten Sälen stattfanden und Weizsäcker in den 1970er Jahren den inoffiziellen Titel eines »geistigen Vaters der Bundesrepublik« eintrugen.

1994 erschien eine Neuauflage des vergriffenen Bandes unter dem Titel *Der bedrohte Friede heute.* Sie ergänzte die ursprüngliche Auswahl durch Texte, die zwischen 1981 und 1994 entstanden und sich mit der veränderten weltpolitischen Lage nach der Auflösung des Ostblocks und der Deutschen Wiedervereinigung beschäftigen. *V.W.*

Rod Taylor in der Verfilmung des Romans *Die Zeitmaschine* von H. G. Wells (USA 1960)

Die wichtigsten Bücher von H. G. Wells	
Die Zeitmaschine 1895	Ein Wissenschaftler reist mit einer Zeitmaschine in die Zukunft, findet dort neue Ausformungen menschlicher Unterdrückung und Konsequenzen des Fortschrittsoptimismus. → S. 1141
Die Insel des Dr. Moreau, 1896	Auf einer Insel im Pazifik versucht ein dämonischer Physiologe, aus Tieren Menschen zu machen. Die Tiermenschen rächen sich an ihm und erhalten ihre ursprüngliche Gestalt zurück.
Der Unsichtbare 1897	Ein Wissenschaftler erfindet ein Mittel, das ihn unsichtbar macht, und nimmt Rache an der Welt. Nach schrecklichen Gewalttaten wird er schließlich von der Polizei getötet.
Krieg der Welten 1898	Der erste Roman der Literaturgeschichte über eine Invasion der Marsbewohner auf der Erde. Die Hörspielversion (1938) von Orson Wells löste eine Massenpanik in den USA aus.
Die ersten Menschen auf dem Mond, 1901	In diesem Roman reisen zwei Engländer mittels Aufhebung der Schwerkraft zum Mond und treffen dort auf eine hoch entwickelte Zivilisation, die sich Seleniten nennt.

Wells, H(erbert) G(eorge)

engl. Schriftsteller

*21.9.1866 Bromley (Kent), † London 13.8.1946

📖 *Die Zeitmaschine,* 1895

Der Gesellschaftssatiriker und Utopist H.G. Wells gilt neben Jules → Verne als Begründer der modernen Sciencefiction. Mit seinen von Wissenschaftsfantasien beeinflussten Romanen und Erzählungen erlangte er Weltruhm.

Wells wuchs in ärmlichen Verhältnissen als Sohn eines Kaufmanns und einer streng calvinistischen Mutter in Bromley auf. Ein Stipendium ermöglichte ihm 1884–87 das Studium der Naturwissenschaften in der Normal School of Science (South Kensington), wo er sich u.a. mit dem Darwinismus auseinander setzte. Nach einigen Jahren als Dozent und Journalist lebte Wells als freier Schriftsteller überwiegend in London. Zu seinen bekanntesten und einflussreichsten Werken, die eine düstere Zukunft zeichnen, gehören sein erster Roman *Die Zeitmaschine*), *Die Insel des Dr. Moreau* (1896) und *Krieg der Welten* (1898).

Biografie: E. Schenkel, *H. G. Wells. Ein Prophet im Labyrinth,* 2001

Die Zeitmaschine

OT *The Time Machine* **OA** 1895 **DE** 1904
Form Roman **Epoche** Moderne

Die Zeitmaschine von H.G. Wells beschreibt die Zukunft der Menschheit als Konsequenz ihrer eigenen Fehler und steht im Zeichen des Evolutionspessimismus.

Entstehung: Der Roman ging aus der Erzählung *The Chronic Argonauts* hervor, die Wells 1888 in der Zeitschrift *The Science School Journal* publizierte und nach mehrfacher Überarbeitung 1895 unter dem Titel *Die Zeitmaschine* in Buchform abdrucken ließ.

Inhalt: Im Kreis seiner Freunde diskutiert ein ehrgeiziger Londoner Wissenschaftler über die Zeit als vierte Dimension. Vor deren Augen verschwindet er schließlich mit seiner selbst konstruierten, fahrradähnlichen Zeitmaschine in die Zukunft und landet im Jahr 802701. Hier leben als Nachfahren der Menschen die kindlich-zutraulichen, sich vegetarisch ernährenden Eloi in einer paradiesisch scheinenden Idylle. In der Nacht wandelt sich jedoch das Bild und die kannibalischen Morlocks, Nachkommen des Industrieproletariats, kommen aus ihren unterirdischen Gängen auf die Erde, um Jagd auf die Eloi zu machen, die sie wie Schlachtvieh züchten. Diese dualistische Welt verweist auf die viktorianischen Klassengegensätze, die bei den Eloi und Morlocks inzwischen degeneriert und biologisiert sind.

Der Zeitreisende kann mit knapper Not den Morlocks entfliehen. Er landet mit seiner Zeitmaschine in einer menschenlosen Zukunft und schließlich unbewohnbaren Welt, die kurz vor dem Wärmetod steht. In die Gegenwart zurückgekehrt, erstattet er seinen Freunden Bericht und bleibt schließlich nach einer weiteren Zeitreise verschollen.

Wirkung: *Die Zeitmaschine,* die zu den erfolgreichsten Sciencefiction-Romanen in der Literaturgeschichte zählt, wurde Vorbild zahlreicher kritischer Zukunftsromane. Durch die amerikanischen Filmversionen von 1960 (Regie: George Pal) und von 2002, in der Simon Wells, ein Urenkel von H. G. Wells, Regie führte, blieb *Die Zeitmaschine* bis heute aktuell. *C.H.*

Wendt, Herbert

dt. Schriftsteller und Wissenschaftsautor

* 16.5.1914 Düsseldorf, † 26.6.1979 Baden-Baden

📖 *Ich suchte Adam*, 1953

Mit dem Buch *Ich suchte Adam*, in dem er auf unterhaltsame Art die Geschichte der Paläontologie und der Paläoanthropologie niederschrieb, gelang dem Schriftsteller Herbert Wendt ein Werk, das ihn bis heute berühmt machte.

Wendt studierte nach dem Abitur Germanistik, Philosophie und Naturwissenschaften und legte zudem eine Dramaturgenprüfung ab. Anschließend war er bis 1940 Verlagslektor. 1939–52 veröffentlichte er mehrere Romane, Novellen und Theaterstücke, bevor er sich dem Schreiben von Sachbüchern zuwandte. An den überraschend großen Erfolg von *Ich suchte Adam* knüpfte Wendt mit weiteren populärwissenschaftlichen Werken an, die sich hauptsächlich mit den Themen Evolution, Paläontologie und Frühgeschichte auseinander setzen.

Die intensive Beschäftigung mit der Unterdrückung der Indianer und dem Kolonialismus mündete 1963–70 in zahlreiche Sachbücher. Große Anerkennung erwarb sich Wendt als Herausgeber der Enzyklopädie *Grzimeks Tierleben* (1967–73) sowie mit Kindlers Enzyklopädie *Der Mensch* (1981), für die er als Autor jeweils mehrere Beiträge verfasst hatte.

Während die Romane und Theaterstücke Wendts kaum noch neu aufgelegt werden, sind seine Sachbücher zu Klassikern geworden.

Ich suchte Adam

OA 1953 **Form** Sachbuch **Bereich** Paläontologie

Mit *Ich suchte Adam*, der spannend erzählten Geschichte der Paläontologie und Paläoanthropologie, wurde Herbert Wendt innerhalb kurzer Zeit international bekannt. In dem Sachbuch zeichnet er nicht nur die Entwicklung des Le-

Die wichtigsten Bücher von Herbert Wendt

Ich suchte Adam, 1953	In diesem spannend erzählten Buch, das Wendt bekannt machte, erzählt der Wissenschaftsautor die Geschichte der Paläontologie und Paläoanthropologie. → S. 1141
Auf Noahs Spuren, 1956	In einer Art populärer Geschichte der Zoologie beschreibt Wendt die Entdeckung unbekannter Tierarten auf allen Kontinenten.
Es begann in Babel, 1958	Seefahrer, Völkerkundler, Historiker und Archäologen entdecken die Menschheit – von der Antike bis zur Gegenwart.
Das Liebesleben in der Tierwelt, 1962	Das mit zahlreichen Bildern ausgestattete Sachbuch befasst sich mit der Fortpflanzung der Tiere.
Rot, Weiß und Schwarzer Kontinent, 1964	Das Buch mit dem Untertitel *Latein Amerika – Land der Reformer und Rebellen* bietet eine Auseinandersetzung mit den politischen und wirtschaftlichen Problemen Lateinamerikas.
Ehe die Sintflut kam, 1965	Die populäre Darstellung zur Entstehung des Lebens auf der Erde (Untertitel: *Forscher entdecken die Urwelt*) ist eine Ergänzung zu Wendts früheren Büchern über Paläontologie.
Das bedrohte Paradies, 1965	In diesem engagierten Buch setzt sich Wendt für die Erhaltung der bedrohten Tierarten in der Welt ein.
Der Affe steht auf, 1971	Die Bilddokumentation zur Entstehung des Menschen schildert die unterschiedlichsten Theorien über die Herkunft des Menschen.
Die Entdeckung der Tiere, 1980	Das Buch ist eine Art Ergänzung zu *Auf Noahs Spuren* mit dem Untertitel *Von der Einhorn-Legende zur Verhaltensforschung*.

Auszug aus *Ich suchte Adam*
von Herbert Wendt:

Das Jahr 1794, in dem Schiller am Jenaer Markt über Goethes Metamorphose den Kopf schüttelte und in dem Kant sich mit den Möglichkeiten einer Menschwerdung der Affen beschäftigte, war auch für den Pariser Jardin des Plantes von historischer Bedeutung. Zu dieser Zeit bewarb sich dort ein junger Mann um eine Stellung als Naturforscher. Er hieß Georg Küfer und nannte sich George Cuvier.

Auszug aus *Ich suchte Adam*
von Herbert Wendt:

Der mährische Bauernsohn Johann Mendel... rasselte mit Pauken und Trompeten durch die Prüfung. Ein hoffnungsloser Bauerndepp, urteilten die Herrn in Wien und gaben ihm den wohlmeinenden Rat, künftig die Finger von der Natur zu lassen. Die uralte Erfahrungstatsache, dass gerade besonders geniale Menschen keine Examenstypen sind, wussten sie auf den Fall Mendel auch beim besten Willen nicht anzuwenden.

bens und der Wissenschaft nach, er feiert damit auch den Triumph der Evolution und des forschenden Geistes – und traf damit exakt den auf Fortschritt hoffenden Zeitgeist.

Struktur: Stärker noch als C.W. → Ceram in *Götter, Gräber und Gelehrte* (1949) setzte Wendt, der sein Buch selbst als einen »wissenschaftlichen Tatsachenroman« bezeichnete, bewusst erzählerische Abschnitte ein, um mit ihrer Hilfe die Darstellung wissenschaftlicher Ergebnisse aufzulockern. So leitet er die Kapitel mit kurzen fiktiven Gesprächen ein, um damit den Leser unterhaltsam an das jeweilige Problem heranzuführen.

Inhalt: Im Mittelpunkt des Buchs steht die Entwicklung der Paläontologie in den letzten 300 Jahren. Das Werk ist in vier Bücher zu jeweils vier Kapiteln gegliedert, die eine markante Entwicklungsstufe der Paläontologie beschreiben. Wendt beginnt seinen Streifzug durch die Forschungsgeschichte in der Barockzeit, greift aber in Rückblenden auf ältere Quellen zurück. Über berühmte Namen und Naturforscher wie → Voltaire, → Goethe, Georges Baron de Cuvier (1769–1832), Jean-Baptiste de Lamarck (1744 bis 1829) und Thomas Henry Huxley (1825–95) nähert er sich kapitelweise dem eigentlichen Durchbruch des Evolutionsgedankens durch Charles → Darwin und Ernst → Haeckel und führt den Leser zu den berühmtesten Fundorten der Anthropologie, wie z.B. das Neandertal, Java, Altamira, Steinheim, Peking oder Oldoway. Wendt zeigt die Paläontologie auch als einen immer während Kampf aufgeklärter

Geister gegen verstockte Traditionalisten. Die paläontologische Zeitreise Wendts endet mit den Jahren unmittelbar vor dem Zweiten Weltkrieg, auch wenn der Autor noch verschiedene große Entdeckungen aus der Zeit um 1950 eingeflochten hat.

Wirkung: In *Ich suchte Adam* wird nicht nur der damalige Wunsch nach einem immer rascheren Fortschritt deutlich, der mitunter leicht ironische Unterton spiegelt auch den rationalistischen Geist der Nachkriegszeit wider. Das Buch wurde zu einem großen Erfolg und in mehr als 20 Sprachen übersetzt. In den USA entwickelte es sich im Lauf der Zeit zu einer Art Zielscheibe für christliche Anti-Darwinisten (»Kreationisten«) und erlebt dort – obwohl es inzwischen nicht mehr den aktuellen Stand der Forschung wiedergibt – noch immer Nachdrucke.   *P. B.*

Werfel, Franz

österreich. Schriftsteller jüd. Herkunft

* 10.9.1890 Prag

✝ 26.8.1945 Beverly Hills, USA (Kalifornien)

📖 *Die vierzig Tage des Musa Dagh*, 1933

Die Gedichte, Erzählungen, Dramen, Romane und Essays von Franz Werfel, deren maßgebende Inspirationsquelle die Hoffnung auf eine universale Erlösung und Verbrüderung der Menschheit bildet, zählen zu den bedeutendsten Werken des Expressionismus und gelten als repräsentative Beispiele der deutschsprachigen Exilliteratur nach 1933.

Werfel, der einer böhmisch-jüdischen Fabrikantenfamilie entstammte, fand früh Kontakt zum prominenten Prager Schriftstellerkreis um Max Brod (1884–1968), Franz → Kafka, Egon Erwin → Kisch u.a. Nach sporadischem Studium und Abbruch einer Kaufmannslehre wurde Werfel 1912 Lektor im Kurt Wolff Verlag und avancierte zu einem der wichtigsten Vertreter des Expressionismus (*Der Weltfreund*, 1911; *Wir sind*, 1913; *Der Gerichtstag;* 1919).

Seit dem Ersten Weltkrieg rückten religiöse Themen und Fragestellungen ins Zentrum des literarischen Werks von Werfel. Seine undogmatische Darstellung der katholischen Volksfrömmigkeit sorgte ebenso für Kontroversen wie sein Judentum und Christentum vereinigendes Religionsverständnis.

Angesichts des militanter werdenden Antisemitismus in Deutschland begann sich Werfel mit Fragen des Judentums auseinander zu setzen (*Paulus unter den Juden*, 1926). Nach der »Machtergreifung« der Nationalsozialisten, die seinen Ausschluss aus der Preußischen Akade-

Die wichtigsten Bücher von Franz Werfel	
Der Gerichtstag, 1919	Gedichte, die unter unmittelbarem Eindruck der erschütternden Weltkriegserlebnisse die Gottesfrage ausgestalten.
Nicht der Mörder, der Ermordete ist schuldig, 1920	Die erste größere Erzählung Werfels schildert den Konflikt zwischen der Generation der Väter und der Söhne als Kampf gegen die patriarchalische Weltordnung.
Verdi. Roman der Oper, 1924	Der Roman handelt vom Leben und Werk des von Werfel bewunderten Komponisten und dessen Verhältnis zu Richard Wagner.
Der Abituriententag, 1928	Ein autobiografisch inspirierter Roman über Werfels vom Konflik mit dem Vater überschattete Schulzeit.
Barbara oder die Frömmigkeit, 1929	Ein zeitkritischer, religiös inspirierter Roman über das Lebensschicksal eines Schiffsarztes zur Zeit der untergehenden österreichischen Doppelmonarchie.
Die vierzig Tage des Musa Dagh, 1933	Der berühmte, von den Nationalsozialisten verbotene Roman beschreibt den Widerstand der Armenier gegen die Türken. → S. 1143
Höret die Stimme, 1937	Der im antiken, belagerten Juda spielende »Schlüsselroman« handelt vom Vordringen des Faschismus und Nationalsozialismus in Europa.
Der veruntreute Himmel, 1940	Die Geschichte einer frommen Dienstmagd, die nach schweren Schicksalsschlägen den wahren Glauben wiederfindet. → S. 1144
Eine blassblaue Frauenschrift, 1941	Ein zeitkritischer Roman über einen österreichischen Ministerialbeamten vor dem Hintergrund des »Anschlusses« Österreichs.
Das Lied von Bernadette, 1941	Als »Gelübde«, glücklich vor den Nationalsozialisten entkommen zu sein, verfasste Werfel diesen Roman über Leben und Marienerscheinungen der Heiligen Bernadette Soubirous.

mie der Künste und das Verbot seiner Werke zur Folge hatte, lebte Werfel in Italien; nach dem »Anschluss« Österreichs emigrierten er und seine Frau 1938 nach Frankreich, 1940 in die USA, wo Werfel die letzten, von Krankheit überschatteten Lebensjahre verbrachte.

Biografie: N. Abels, *Franz Werfel* (rm 50 472); P. Stephan Jungk, *Franz Werfel. Eine Lebensgeschichte,* 2001

Die vierzig Tage des Musa Dagh

OA 1933 **Form** Roman **Epoche** Moderne

Unter dem Eindruck der zunehmenden Judenverfolgung im nationalsozialistischen Deutschland entstanden, schildert Franz Werfels auf historischen Tatsachen beruhender Roman den ersten staatlich organisierten Völkermord der modernen Geschichte: die systematische Vertreibung und Ermordung von mehr als einer Million in der Türkei ansässigen Armeniern während des Ersten Weltkriegs.

Entstehung: 1930 hatte Werfel eine Nahostreise unternommen und war in Damaskus mit dem Elend armenischer Flüchtlinge konfrontiert worden, die über ein Jahrzehnt zuvor aus der Türkei vertrieben worden waren. Erschüttert von dem Erlebnis, beschloss Werfel das Schicksal der Armenier in Romanform zu dokumentieren: Bis Juli 1932, als er mit der Niederschrift von *Die vierzig Tage des Musa Dagh* begann, betrieb Werfel umfangreiche Quellenstudien über die Geschichte und Vertreibung des armenischen Volkes durch die islamisch-nationalistische Partei der Jungtürken unter Kemal Atatürk 1915/16.

Als Vorlage der dreigeteilten Romanhandlung diente dem Autor ein historisches Ereignis: Nachdem der als »Umsiedlungsplan« beschönigte Völkermord, dem über eine Million Menschen zum Opfer fallen sollten, begonnen hatte, schlossen sich an der syrischen Küste 5000 armenische Dorfbewohner zusammen und verschanzten sich auf den Höhen des Musa Dagh (Berg Mosis), von wo aus sie der türkischen Übermacht mehrere Wochen erbitterte Verteidigungskämpfe lieferten, bevor sie von alliierten Truppen gerettet nach Ägypten evakuiert wurden.

Inhalt: Um seinen Lesern einen intensiven Eindruck der realen Ereignisse zu vermitteln, konzentrierte Werfel die historische Rahmenhandlung auf die fiktive Hauptfigur des Intellektuellen Gabriel Bagradian. Nach jahrelangem Aufenthalt in Paris kehrt der gänzlich europäisierte Protagonist in seine vorderasiatische Heimat zurück, um das Erbe des verstorbenen Bruders anzutreten. Der Ausbruch des Ersten Weltkriegs verhindert die geplante Rückreise nach Frankreich; der von seiner Heimat und seinem Volk völlig entfremdete Bagradian durchlebt einen von inneren Kämpfen begleiteten Prozess der Rückbesinnung auf seine angestammte Herkunft. Nachdem die Übergriffe auf die Armenier zunehmen und diplomatische Bemühungen bei der jungtürkischen Regierung ergebnislos bleiben, übernimmt Bagradian die Führung der bedrängten Armenier. Als Sohn des einstigen Dorfoberhaupts für diese Aufgabe prädestiniert, organisiert Bagradian den militärischen Widerstand: Er führt die Dorfbewohner auf den zur Festung ausgebauten Musa Dagh, wo die Armenier den verblüfften türkischen Truppen wochenlang die Stirn zu bieten vermögen.

Der in die Haupthandlung verflochtene, innere Läuterungsweg des Protagonisten vollendet sich: Der ehedem heimatlose Bagradian hat zu seinem Volk und damit zu seiner wahren Identität zurückgefunden. Auf dem Berg Mosis schließt sich der Kreis: Wie sein biblischer Vorgänger Moses, der Retter des jüdischen Volkes, darf Gabriel Bagradian das »Gelobte Land« nur schauen, nicht betreten: Im Augenblick der Rettung durch alliierte Truppen fällt er im Bewusstsein, die ihm anvertrauten Menschen in die Freiheit geführt zu haben.

Wirkung: Kurz nach Erscheinen verboten die Nationalsozialisten den bis heute bedeutendsten Roman von Werfel; im Ausland, vor allem in den USA und unter armenischen Lesern, sorgte *Die vierzig Tage des Musa Dagh* für Furore und trug nachhaltig zu Werfels Weltruhm bei. Als literarisches Dokument über den ersten staatlich legitimierten Völkermord der modernen Geschichte wurde der Roman zugleich als Gleichnis auf die in Deutschland herrschende Judenverfolgung gelesen. *T.S.*

Franz Werfel mit seiner Frau Alma Mahler-Werfel (1879 bis 1964); der Schriftsteller heiratete die Witwe des Komponisten Gustav Mahler (1860–1911) im Jahr 1929

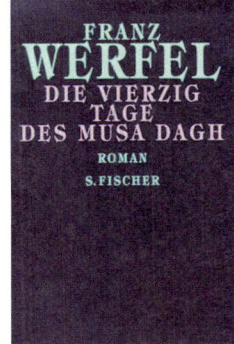

Franz Werfel, *Die vierzig Tage des Musa Dagh,* Umschlag der Ausgabe 2000

Franz Werfel am 18. Juli 1939 an seinen Verleger Gottfried Bermann Fischer über seinen Roman *Der veruntreute Himmel*:

Es ist ein regelrechter und wie ich hoffe, sehr wertvoller Roman geworden, sicher eines der besten Bücher, die mir bisher gelungen sind ... Schon die nackte Handlung ist interessant, spannend und voll von Humor. Ich bin überzeugt, dass auch das Thema den Nervus rerum unserer Zeit berührt.

Franz Werfel, *Der veruntreute Himmel*, Umschlag der Ausgabe 1992

Der veruntreute Himmel

OA 1939 **Form** Roman **Epoche** Moderne

Der im französischen Exil verfasste Roman von Franz Werfel ist eines der wichtigsten Spätwerke des österreichischen Schriftstellers. Er kombinierte die Geschichte der katholischen böhmischen Magd Teta Linek mit autobiografischen Elementen seiner Exilsituation.

Entstehung: Werfel schrieb seinen Roman *Der veruntreute Himmel* im französischen Sanary-sur-Mer und übermittelte das Manuskript im August 1939 an seinen Verleger Gottfried Bermann Fischer nach Schweden, der es noch im selben Jahr in seinem Stockholmer Exilverlag veröffentlichte.

Inhalt: Theo, der Ich-Erzähler des Buchs, erinnert sich – so die Rahmenhandlung – 1938 »an einem fremden Tisch in einem fremden Land« daran, wie er 1936 ein paar Wochen bei der befreundeten Familie Argan auf dem Land verbracht hatte, um einen historischen Roman zu schreiben. Bei den Argans lernte er die Köchin Teta Linek kennen, deren Schicksal Theo aus Briefen und Berichten rekonstruiert und in *Der veruntreute Himmel* erzählt.

Teta hat jahrzehntelang die Ausbildung ihres Neffen Mojmir zum Priester finanziert, um sich durch diesen »privaten Mittler im Himmel gewissermaßen einzukaufen«. Mojmir allerdings ist, wie Teta erst im hohen Alter herausfindet, keineswegs Priester geworden, sondern »ein lumpiger Spitzbube und Gottfopper«, der Tetas Himmel »veruntreut« hat. Um zu retten, was noch zu retten ist, tritt Teta eine Pilgerreise nach Rom an, auf der sie sich dem jungen Kaplan Johannes Seydel anvertraut. Durch den Geistlichen erkennt sie, dass sie eine Mitschuld an Mojmirs Unredlichkeit trägt, da sie ihm keine Liebe geschenkt, sondern ihn nur benutzt hat: »Getan hab' ich's nicht für ihn, sondern für mich«, erklärt sie Seydel bei der entscheidenden Beichte in den Katakomben von San Stefano. Seydel erteilt ihr nach einigem Nachdenken die Absolution. Das Ziel ihrer Pilgerreise erreicht Teta allerdings erst mit der Papstaudienz: Unmittelbar nachdem sie den Segen durch den ebenfalls altersschwachen Pius XI. empfangen hat, bricht sie zusammen und stirbt wenige Tage später zufrieden in einem römischen Krankenhaus.

Wirkung: Der Verkauf des Exilromans lief trotz des renommierten Autors aufgrund der politischen Umstände nur schleppend an, worüber Werfel sehr enttäuscht war. Nach Kriegsende – und damit postum – fand das durch die exakte Beschreibung von Tetas naiv-frommem Dienstbotencharakter tragikomisch wirkende Buch jedoch große Verbreitung. Dazu beigetragen haben vor allem die Dramatisierung (UA 1948 in Heidelberg), die Aufnahme in die Fischer Bücherei (1952) und die Verfilmung (1958) unter der Regie von Ernst Marischka (mit Annie Rosar als Teta und Viktor de Kowa als Theo). *M.E.*

Wernher der Gartenaere

mittelhochdeutscher Autor des 13. Jahrhunderts

📖 *(Meier) Helmbrecht,* zwischen 1237 und 1299

Wernher der Gartenaere (Gärtner) ist nur durch ein einziges Werk, den *Helmbrecht,* als Dichter greifbar. Über ihn selbst gibt es keine gesicherten biografischen Daten.

Die zeitliche Einordnung des urkundlich nicht bezeugten Autors ergibt sich aus der Werkdatierung, die sich aber in recht weiten Grenzen bewegt: 1237 ist das Todesjahr des in Vers 217 als verstorben erwähnten Liederdichters Neidhart, und 1299 soll derjenige Teil des sog. *Seifrid Helbling* – eine Sammlung satirischer Gedichte – abgeschlossen sein, in dem auf den *Helmbrecht* Bezug genommen wird.

Wernher kann, den in seinem Werk aufscheinenden theologischen, juristischen und literarischen Kenntnissen nach zu urteilen, nicht ungebildet gewesen sein, aber das impliziert noch keinen bestimmten Stand. Vermutet wurde, er sei Kleriker, fahrender Berufsdichter oder Angehöriger des niederen Adels gewesen; auch Kombinationen sind möglich (ehemaliger Kleriker ohne Pfründe oder Theologe mit abgebrochenem Studium, der sich berufsmäßig auf die Literatur verlegte). Der Name hilft nicht weiter, da er sowohl Berufsbezeichnung als auch dichterischer »Übername« sein kann. Als Heimat oder zumindest Wirkungsort Wernhers während der Arbeit am *Helmbrecht* kommt Österreich oder Bayern in Frage.

Gesamtüberblick: F. P. Knapp in: *Die deutsche Literatur des Mittelalters, Verfasserlexikon,* 2. Aufl., Bd. 10, 1999, 927–936.

Bauern in der deutschen Dichtung des Mittelalters

Die Rollen der Bauern: Da Schriftliteratur im deutschen Mittelalter überwiegend Standesliteratur ist, Bauern aber (anders als etwa in Skandinavien) weder produktiv noch rezeptiv an der Literatur teilhaben, erscheinen sie zunächst allenfalls als Nebenfiguren. Von Anfang an können sie aber mehrere Rollen übernehmen: die des einfachen, lebensklugen, von den moralischen Gefährdungen der Reichen und Mächtigen nicht Betroffenen; die des Ungebildeten und dadurch Komischen; im Spätmittelalter zunehmend auch die des triebhaft-kreatürlichen Menschen.

Die Charaktere: Ambivalente Charakterzüge literarisch dargestellter Bauern sind selten; meist handelt es sich um typisierende Darstellungen. Im Spätmittelalter und früher Neuzeit gibt es zum Teil Verschmelzungen mit der Narrenfigur (negativ als dumm und triebbesessen, positiv als rücksichtslos die Wahrheit sagend).

(Meier) Helmbrecht

EZ zwischen 1237 und 1299 **DE** 1854 (neuhochdt.)
Form Verserzählung **Epoche** Mittelalter

Über den Sinn der Geschichte vom Bauernsohn, der über seinen Stand hinaus arrivieren will, dabei zum Verbrecher wird und ein schlimmes Ende findet, wird in der Forschung gestritten: Handelt es sich beim *Helmbrecht* um eine allgemeine Zeitklage auf die »verwilderten« Zustände im Deutschen Reich nach 1250, speziell um eine Kritik an reichgewordenen bäuerlichen Parvenus, die das Selbstwertgefühl des verarmenden niederen Adels beschädigen, oder – noch spezieller – um die Kritik an einem ganz bestimmten historischen Fall, in dem ein habsburgischer Landeshauptmann Bauern hatte bewaffnen und für sich kämpfen lassen? Völlig ausschließen müssen sich solche Deutungen nicht.

Überlieferung: Der *Helmbrecht* ist in zwei späten Handschriften des 15. und 16. Jahrhunderts überliefert. Sie unterscheiden sich geringfügig im Umfang (1932 bzw. 1884 Verse), teilweise auch im Inhalt, wovon die Haupthandlung aber nicht betroffen ist. In einer Handschrift wird in der Überschrift der Vater, der Meier Helmbrecht, in der anderen der gleichnamige Sohn als Gegenstand der Erzählung bezeichnet. Nach neuzeitlichem Verständnis ist jedoch auf jeden Fall der Sohn der (negative) »Held«, weshalb der früher gängige Titel *Meier Helmbrecht* aufgegeben wurde.

Inhalt: Helmbrecht ist der Sohn eines gleichnamigen begüterten Bauern, der die Stellung eines Meiers bekleidet, also für seinen adligen Herrn Verwaltungsfunktionen ausübt. Sein Bauernleben gefällt ihm nicht mehr: Er will Ritter werden. Die Warnungen seines Vaters, der gegenüber dem gefährlichen Ritterleben den behaglichen Wohlstand der bäuerlichen Existenz preist, den Verfall der Hofsitten beklagt und durch die Schilderung seiner Träume schon das schlimme Ende seines Sohnes prophezeit, bleiben ohne Wirkung.

Prächtig ausgestattet reitet der junge Mann zu einer Burg, wird dort als Kriegsknecht aufgenommen, profiliert sich als ebenso bedenkenloser wie erfolgreicher Beutemacher und hat damit ein Jahr lang Erfolg. Danach besucht er seine Eltern und begrüßt Familie und Gesinde mit einem angeberischen Kauderwelsch aus Wortbrocken verschiedener Sprachen, so dass sein Vater ihn erst einigen Identitätsprüfungen unterzieht, bevor er ihn beköstigt und beherbergt. Beim Abschied nimmt Helmbrecht seine Schwester mit, die ebenfalls die Sehnsucht nach einem feinen Leben ergriffen hat. Er verheiratet sie mit einem seiner Kumpane. Das Hochzeitsfest ist parodistisch angelegt, die Schilderung

Wernher der Gartenaere, *Meier Helmbrecht,* Seite aus dem 1504–16 entstandenen Ambraser Heldenbuch; in der Randzeichnung Helmbrecht mit langem blonden Haar, das den Hochmut des Bauernsohns symbolisiert

enthält aber auch schon Vorausdeutungen auf das schreckliche Ende. Während der Feier erscheint ein Scherge mit seinen Knechten und nimmt die ganze Gesellschaft fest. Neun werden hingerichtet, der zehnte – Helmbrecht – gemäß altem Brauch nach Blendung und Verstümmelung freigelassen. Er macht sich zum Hof seines Vaters auf, wird aber von diesem verjagt. Ein Jahr zieht er umher; dann wird er von Bauern, die er während seines Räuberlebens geschädigt hat, gelyncht.

Wirkung: Anders als die erst späte und schmale Überlieferung es nahelegt, muss der Text – wie vor allem Erwähnungen bei anderen Autoren zeigen – schon vorher zumindest regional gut bekannt gewesen sein; der Name »Helmbrecht« fand sogar teilweise als Bezeichnung für »Lebemann« o. ä. Verwendung.

In der Neuzeit gründet sich die Bekanntheit der mittelalterlichen Erzählung vor allem auf Übersetzungen, von denen seit 1854 rund 30 verfasst wurden, manche speziell als Jugend- und Schullektüre. Die Zahl dichterischer Bearbeitungen liegt bei über 40, wobei die dramatischen die erzählenden (u. a. von Gustav → Freytag) an Zahl leicht übertreffen. Aus historischen Gründen er-

Nathanael West, *Der Tag der Heuschrecke*, Umschlag der deutschsprachigen Erstausgabe 1964

wähnenswert ist die Verwendung des mittelalterlichen Textes als Vorlage für eine Parabel auf das »Dritte Reich« (*Meier Helmbrecht*, 1946 durch Fritz Hochwälder, 1911–86). Neben den dramatischen Bearbeitungen verweisen auch drei Hörspielfassungen und zwei Opern auf ein entsprechendes Potenzial des Stoffes.   *R. B.*

West, Nathanael

(eigtl. Nathan Wallenstein Weinstein)

US-amerikan. Schriftsteller

* 17.10.1903 New York

† 21.12.1940 bei El Centro (Kalifornien)

📖 *Der Tag der Heuschrecke*, 1939

Nathanael West, der zu den großen Satirikern der US-Literatur zählt, gilt als subtiler Diagnostiker der 1920er und 1930er Jahre. In seinen von einer pessimistischen Weltsicht geprägten Romanen verurteilte der Autor eine als kalt und beziehungslos empfundene Existenz in der modernen Gesellschaft. Er entlarvte den amerikanischen Mythos vom möglichen Glück und Aufstieg für jedermann. Mit seinem surrealistisch beeinflussten Stil und seiner Kritik am Zerfall von Wertvorstellungen gilt West als Vorläufer der neueren US-amerikanischen Literatur.

Der Sohn jüdischer Einwanderer aus Litauen verließ die Schule ohne Abschluss. Mithilfe gefälschter Zeugnisse schrieb sich West an der Tufts-Universität in Medford (Massachusetts) ein und wechselte später an die Brown-Universität in Providence (Rhode Island), wo er 1924 sein Examen ablegte. Nach einem zweijährigen Parisaufenthalt kehrte West 1927 zurück nach New York und arbeitete als Manager kleinerer Hotels. In dieser Zeit entstand sein erster Roman *Das Traumleben des Balso Snell* (1931), die bizarre Geschichte über eine fantastische Reise durch das Trojanische Pferd.

Zu Beginn der 1930er Jahre arbeitete West für Zeitungen und Literaturmagazine. Die Erfahrungen dieser Tätigkeit fanden ihren Niederschlag in seinem zweiten Roman, *Schreiben Sie Miss Lonelyhearts* (1933), der tragikomischen Geschichte eines Briefkastenonkels. Ab 1935 lebte West als Drehbuchautor in Hollywood. Dort entstand sein letzter und erfolgreichster Roman, *Der Tag der Heuschrecke* (1939), in dem er die Glitzerwelt Hollywoods demontierte. West starb mit 37 Jahren zusammen mit seiner Frau Eileen McKenney bei einem Autounfall.

Biografie: J. Martin, *Nathanael West*, 1984.

Der Tag der Heuschrecke

OT *The Day of the Locust* **OA** 1939 **DE** 1964
Form Roman **Epoche** Moderne

Der groteske Hollywood-Roman *Der Tag der Heuschrecke* von Nathanael West gehört zu den bedeutendsten Werken, die im Filmmilieu angesiedelt sind. Der Autor zeichnet darin ein entlarvendes Bild des von Angstträumen verfolgten und seiner Illusionen beraubten Menschen in der Massengesellschaft.

Inhalt: Homer Simpson, ein ehemaliger Buchhalter aus Iowa, hat sein ganzes Leben lang nur gearbeitet. Mit Frauen hat er keinerlei Erfahrung. Um seinem Leben eine neue Wendung zu geben, kratzt er seine Ersparnisse zusammen und geht nach Hollywood. Hier gesellt er sich zu den Underdogs der Filmmetropole: Mit dem dümmlichen Filmsternchen Faye Greener, das seine körperlichen Reize skrupellos einsetzt, um Karriere zu machen und auch Homer nur ausnutzt, beginnt er eine Liaison. Dabei konkurriert er mit einem verkrachten Kunststudenten aus Yale, Tod Hackett, dem stumpfsinnigen Cowboydarsteller Earle Shoop sowie mit dessen brutalem mexikanischem Kumpel Miguel, der Hahnenkämpfe veranstaltet. Zu dem Szenario psychisch deformierter Gestalten gehören zudem ein alter Clown (Fayes Vater), der unter extremen Minderwertigkeitsgefühlen leidende Zwerg Abe Kusich und der Sensationsautor Claude Estee. Frustration, sexuelle Gewalt und Brutalität brodeln unter der Oberfläche der Hollywood-Pseudowelt und entladen sich schließlich in apokalyptischer Gewalt: Bei einer Filmpremiere sorgt ein tobender Mob von Außenseitern für blutige Unruhen.

Wirkung: Über die Schlussszene schrieb der Kritiker Walter Allen: »Es ist, als ob man Zeuge der letzten ironischen Vorstellung des Amerikanischen Traums würde.« *Der Tag der Heuschrecke* ist der erfolgreichste Roman von West. Er blieb jedoch wie alle Bücher des Autors zunächst lange Zeit unbeachtet. Das Werk inspirierte nachfolgende Hollywood-Romane, so z.B. *Tod in Hollywood* (1947) von Evelyn →Waugh.   *D. M.*

Die wichtigsten Bücher von Nathanael West	
Das Traumleben des Balso Snell 1931	Balso Snell ist ein frustrierter Dichter, der sich durch die Eingeweide des Trojanischen Pferdes arbeitet. In seiner allegorischen Satire attackierte West die unkritische Nachahmung von Traditionen und Vorbildern in der modernen Literatur.
Schreiben Sie Miss Lonelyhearts, 1933	Elend und Not schlägt einem Redakteur (alias Miss Lonelyhearts) der New York Post tagtäglich aus den Leserbriefen entgegen, die er beantworten muss. Er flüchtet sich in die Illusion, die Inkarnation von Liebe und Mitgefühl zu sein.
Eine glatte Million oder Die Demontage des Mr. Lemuel Pitkin, 1934	Lemuel Pitkin wird vom kapitalistischen Wirtschaftssystem der USA buchstäblich demontiert: Zunächst büßt er seinen Skalp, dann ein Auge, einen Arm, ein Bein und am Ende sein Leben ein. Von Faschisten wird er schließlich zum Märtyrer stilisiert.
Der Tag der Heuschrecke, 1939	West zeichnet ein beklemmendes Bild der Filmmetropole Hollywood und ihrer Randfiguren, deren Enttäuschungen sich schließlich in unkontrollierter Gewalt entladen. → S. 1146

White, Patrick

(eigtl. P. Victor Martindale W.) austral. Schriftsteller

* 28.5.1912 London, † 30.9.1990 Sydney

📖 *Zur Ruhe kam der Baum des Menschen nie*, 1956

Patrick White ist der bekannteste australische Schriftsteller und der erste und bislang einzige Literaturnobelpreisträger dieses Kontinents. Innerhalb der Literatur des 20. Jahrhunderts entwickelte er eine eigene, dem Existenzialismus nahe stehende Stilrichtung. Den Literaturnobelpreis erhielt er 1973 für seine »epische psychologische Erzählkunst, durch die der Literatur ein neuer Erdteil zugeführt worden ist«.

White wurde während einer Englandreise seiner wohlhabenden australischen Eltern in London geboren und wuchs in Sydney auf. In seiner Autobiografie *Risse im Spiegel. Ein Selbstporträt* (1981) beschreibt er diese Zeit. Die Jahre von 1932 bis 1939 verbrachte er in England und Westeuropa, davon 1937 viele Monate in Hannover. 1939 erschien sein erster Roman *Glückliches Tal*, 1941 *Die Lebenden und die Toten*, in dem er existenzielle Gegensätze herausarbeitete, die Toten als die wahren Lebenden darstellte. Im Zweiten Weltkrieg diente White als Offizier der RAF im Mittleren Osten. Im letzten Kriegsjahr lernte er in Griechenland seinen Lebensgefährten Manoly Lascaris kennen, der ihm nach Australien folgte. 1948 erschien der Roman *Die Geschichte einer Tante*, mit dem White in England und den USA bekannt wurde. Internationale Achtung erlangte White 1956 mit dem Roman *Zur Ruhe kam der Baum des Menschen nie*.

In seinen Werken schildert White vor allem das Außenseitertum, das er selbst als Künstler und Homosexueller erfuhr. Das Geld, das er mit dem Nobelpreis erhalten hatte, verwandte er zur Stiftung eines Patrick White-Preises, den höchst dotierten australischen Literaturpreis.

Literatur: J. Colmer, *Patrick White*, 1984.

Zur Ruhe kam der Baum des Menschen nie

OT The Tree of Man **OA** 1955 **DE** 1957 **Form** Roman

Mit dem Roman *Zur Ruhe kam der Baum des Menschen nie,* in dem er nach eigenen Worten »das Ungewöhnliche hinter dem Gewöhnlichen« entdecken wollte, gelang Patrick White der internationale Durchbruch, zumindest in Literaturkreisen. In diesem umfangreichen Werk zeigt er, wie hinter der Eintönigkeit des Alltags der Menschen – er beschreibt überwiegend Außenseiter und bedenkt die Angepassten und Strebsamen mit deutlichem Spott – Verzweiflung, Angst und Abgründe lauern.

Inhalt: Von seinem Vater hat der junge Stan Parker ein Stück Buschland »hinten in den Bergen« geerbt, von seiner belesenen Mutter, einer Lehrerin, ein Gespür für Literatur, vor allem für → Shakespeare. Doch er erschließt sich das Grundstück, rodet und baut. Er wählt die schüchterne Amy Victoria Fibbens zu seiner Ehefrau, die ihm in die Wildnis folgt. Sie ergreift Besitz von der schäbigen Hütte und pflanzt daneben einen weißen Rosenstrauch, der wie ein Symbol ihrer Träume scheint. Hoffnungsvoll und tatkräftig beginnt das Leben des Paars in einer rauhen, alle Kräfte des Menschen fordernden Natur. Der Kampf mit ihr, die Anstrengung, ihr auf der Farm Erträge abzutrotzen, die Betreuung der Tiere, Kühe vor allem, laugen die Menschen aus. Sengende Hitze und Dürre im Sommer, bittere Kälte im Winter, wochenlange Regengüsse mit verheerenden Überschwemmungen, katastrophale, alles verschlingende Buschbrände bestimmen den Rhythmus dieses Daseins. Kinder werden geboren, die sich von ihren Eltern fort entwickeln, sich schließlich deren bäuerlicher Existenz schämen. Vor allem an den Kindern erfahren die Eltern schmerzlich ihre Unfähigkeit, sich anderen, auch einander mitzuteilen und am Wesen des Nächsten teilzuhaben.

Erschöpft vom alltäglichen Existenzkampf und resigniert von ihrer Sprachlosigkeit, reduzieren Stan und Amy Parker ihren Umgang auf die notwendigsten Formeln. Auch ihre Kontakte mit den ebenfalls alteingesessenen Nachbarn sind durch knappste Begegnungen bestimmt; auch diese sind Außenseiter in der in den Busch

Patrick White, *Zur Ruhe kam der Baum des Menschen nie*, Umschlag der deutschsprachigen Ausgabe 1973

Die wichtigsten Bücher von Patrick White	
Glückliches Tal, 1939	In diesem seinem ersten Roman lässt White bereits sein Hauptthema, das des Außenseiters und des Gegensatzes zwischen städtischem und ländlichem Leben, anklingen.
Die Lebenden und die Toten, 1941	Die Hauptpersonen des Romans sind eine Frau, deren Tochter Eden und Sohn Eliot. Als die Kinder erwachsen werden, wenden sie sich von ihrer beherrschenden Mutter ab.
The Aunt's Story 1947	Erst nach dem Tod ihrer Mutter, die sie ihr Leben lang tyrannisiert hat, ist Theodora Goodman ein freier Mensch. Ihrer Nichte Lou erzählt sie vom Leben auf einem australischen Gut.
Zur Ruhe kam der Baum des Menschen nie, 1955	Stan und Amy Parker ringen dem australischen Busch ihre Farm ab. Die Jahreszeiten und die Elemente, Geburten und Tod bestimmen den Rhythmus dieses von der Einsamkeit erzählenden Romans, der von 1880 bis 1930 spielt. → S. 1147
Voss 1957	Angelehnt an das Schicksal des deutschen Entdeckungsreisenden Leichhardt berichtet White von der Expedition des Forschers Voss in den noch unerschlossenen australischen Kontinent 1848.
Die im feurigen Wagen, 1961	Vier Einzelgänger, die in einem Vorort Sydneys leben, sind die Hauptfiguren. Sie werden, jeder auf andere Weise, zu Opfern ihrer mittelmäßigen, verständnislosen oder bösartigen Umwelt.
Im Auge des Sturms, 1973	Die im Sterben liegende Elizabeth Hunter zieht in ihrem luxuriösen Haus in Sydney eine Bilanz ihres Lebens.
Die Twyborn Affäre 1979	Der letzte Roman von White spielt nicht nur in Australien; auch die französische Riviera und London sind Schauplätze dieses von Lebenserfahrung, Menschenkenntnis und Ironie erfüllten Werks.

Auszug aus dem Roman Zur
Ruhe kam der Baum des Men-
schen nie von Patrick White:

Amy Parker ging gedankenver-
loren auf die Veranda zurück.
Ganze Nachmittage lang war-
tete sie auf andere Zeugen der
Vergangenheit, aber sie sah
nur junge Leute, die damals
noch nicht gelebt hatten, oder
Fremde, die freundlich, aber
nichtssagend waren. Weil sie
sich diesen überlegen fühlte,
hielt sie sich ganz steif. Sie at-
mete hart durch die Nase, sie
hörte nicht auf das, was um sie
her vorging... Sie war es und
war es doch auch wieder nicht.
Sie hatte darauf gewartet,
dass etwas geschehen werde,
dass eine wunderbare Enthül-
lung stattfinden werde, und da
dies nicht geschehen war oder
sie es nicht bemerkt hatte, war
sie verbittert.

Auszug aus der Autobiogra-
fie *Risse im Spiegel von Pa-*
trick White:

Irgendwo treibt ein Floß voller
denkwürdiger Seelen um die
Welt, die preiszugeben das
Schicksal mich zwang.

hineinwuchernden städtischen Welt. Dennoch haben Amy und Stan das Gefühl, das Leben halte noch etwas Bedeutendes für sie bereit. Am Ende ihres Lebens besuchen sie eine Theateraufführung in der Stadt und sehen sich → Shakespeares *Hamlet* (entst. um 1600) an. Einige Motive des Dramas – so das des Ehebruchs, den auch Amy einmal begangen hat – lassen sie an ihr eigenes Leben denken. Das Theatererlebnis wirkt jedoch nicht kathartisch; sie reden nicht über sich und ihr Leben miteinander.

Struktur: Wie in den meisten seiner Romane fließen auch in *Zur Ruhe kam der Baum des Menschen nie* autobiografische Elemente des Autors ein. Die harte Arbeit auf einer Farm erlebte White selbst in der Zeit, in der er a dem Roman schrieb, »am Küchentisch während schlafloser Nächte, in denen ich mich wegen der Asthmaanfälle nicht hinlegen konnte«, wie er in seiner Autobiografie schreibt. Das Landleben, die Rennplatzgeschichten, die Freundschaft mit Hunden, das Leben der gehobenen australischen Gesellschaft, die kühle Beziehung zu den Eltern, die Leidenschaft für Shakespeare hatte er in seiner Kindheit und im späteren Leben in seiner Familie erfahren. Seine Sprache ist noch vom existenziellen Pathos der 1950er Jahre geprägt.

Wirkung: Erst sehr spät hat sich das Werk von White der Weltöffentlichkeit erschlossen. Durch sein eigenwilliges Wesen, das die Medien und jede Publicity verabscheute, stand er seinem Ruhm oft selbst im Weg. In seiner Autobiografie nennt er diesen Roman verbittert einen weiteren Fehlschlag. Als 1973 bekannt wurde, dass White den Nobelpreis des Jahres erhalten sollte, war die Überraschung in der literarischen Welt groß. Ein amerikanischer Kritiker überschrieb seinen Artikel über die Preisverleihung: »Patrick Who? From Where?« (Patrick wer? Woher?). Doch letzlich konnte die Welt diesen großen Romancier des 20. Jahrhunderts, sein Erzähltalent nicht mehr ignorieren. *N. B.*

Whitman, Walt(er)

US-amerikan. Schriftsteller

*31.5.1819 West Hills/ Long Island (New York)

†26.3.1892 Camden (New Jersey)

📖 *Grashalme*, 1855

Mit seinem Lebenswerk, der Gedichtsammlung *Grashalme*, wurde Walt Whitman zum patriotischen Sänger Amerikas und zum Begründer einer neuen freien lyrischen Form (Stichwort → S. 1148).

Whitman, der Sohn eines Zimmermanns, gehört zu den großen Autodidakten der Literatur. Er arbeitete als Druckergehilfe, Schullehrer und auch als Journalist für Tageszeitungen. Auf einer Reise in den Staat Mississippi 1847/48 lernte Whitman den Westen der USA kennen und engagierte sich anschließend als Publizist in New York für die Agrardemokratie. Zahlreiche Theater- und Opernbesuche dokumentieren seine Liebe zur Bühne, die sich in seiner Dichtung in einem Hang zum Theatralischen und Deklamatorischen niederschlug.

Ebenfalls in seiner New Yorker Zeit entstand das Gefühl der innigen Vertrautheit mit dem einfachen Mann auf der Straße, das Whitmans späteres Werk durchzieht. Der amerikanische Bürgerkrieg, den Whitman als Pfleger im Lazarett erlebte, bekräftigte seinen Glauben an Demokratie und Brüderlichkeit. Diese Gesinnung kommt vor allem in seinem kulturkritischen Essay *Demokratische Ausblicke* (1871) zum Ausdruck. 1864–73 wohnte Whitman als Beamter in Washington und führte nach einem Schlaganfall 1873 ein zurückgezogenes Leben im Kreis einer Gruppe von Verehrern.

Biografie: G. Wilson Allen, *Walt Whitman in Selbstzeugnissen und Bilddokumenten*, 1961.

Grashalme

OT Leaves of Grass
OA 1855 (erweitert 1891) **DE** 1889 (Ausw.)
Form Gedichtsammlung **Epoche** Transzendentalismus

Grashalme von Walt Whitman ist die Initialzündung der selbstständigen US-amerikanischen Lyrik und einer der berühmtesten Gedichtzyklen der englischsprachigen Literatur.

Entstehung: Whitman veröffentlichte 1855 im Selbstverlag die ersten zwölf Gedichte anonym; durch Umarbeitungen, Erweiterungen und Korrekturen in den folgenden 36 Jahren wuchs das Werk auf fast vierhundert Gedichte an und erfuhr acht weitere Auflagen. Einige Gedichtgruppen erschienen zunächst in Einzelbänden. Durch die komplizierte Text- und Editionsgeschichte dauerte es bis 1980, bevor erstmals eine definitive kritische Ausgabe erschien.

Freie Verse/Freie Rhythmen

Bedeutung: Unter dem von Walt → Whitman begründeten »free verse« versteht man reimlose und metrisch ungebundene Verse, die in der Länge stark variieren können und sich nur in Ausnahmefällen reimen. In Deutschland wird diese Gedichtform unter »Freie Rhythmen« gefasst, während man als »Freie Verse« gereimte Zeilen ohne metrische und prosodische Regelung bezeichnet, die sich aus dem italienischen Madrigal und dem »vers libre« aus Frankreich herleiten. Der »free verse« wird durch Rhythmisierung, rhetorische Mittel wie Alliteration, Anapher und Parallelismus sowie Enjambements strukturiert.

Anwendung: Die Dichtung in freien Rhythmen wird in der deutschen Literatur durch Friedrich G. → Klopstock in bewusster Ab-

lehnung des metrischen Zwanges begründet (Frühlingsfeier) und findet ihre ersten Höhepunkte beim jungen → Goethe, Friedrich → Hölderlin und → Novalis. Heinrich → Heine bedient sich in seinen Nordseebildern dieser Form ebenso wie Ludwig → Tieck in seinen Reisegedichten.

20. Jahrhundert: Ab der Jahrhundertwende spielen freie Rhythmen in der modernen Lyrik eine immer wichtigere Rolle (Rainer Maria → Rilke, Franz → Werfel, Georg → Trakl, Gottfried → Benn, Bertolt → Brecht). In der englischsprachigen Literatur findet der »free verse« in der Nachfolge Whitmans Verwendung u.a. bei William Carlos Williams (1883–1963), Ezra → Pound, Thomas Stearns → Eliot und Wystan Hugh → Auden.

Inhalt: In seinen Gedichten stilisiert Whitman sich selbst als poeta vates und Nationaldichter, als Sänger des amerikanischen Volkes, der amerikanischen Demokratie und des modernen Menschen. Er preist zugleich das große Ganze und das Individuelle; der einzelne Mensch ist Vertreter der gesamten Menschlichkeit und ebenso wie die Natur eine Offenbarung des Göttlichen. Dazu gehört auch die bis dahin in der Lyrik unerhörte Offenheit bei der Schilderung von Sinnlichkeit und Sexualität *(Ich singe den Leib, den elektrischen)*, die Whitman im puritanischen Amerika einige Schwierigkeiten einbrachte. Unter dem Einfluss von Ralph Waldo Emerson (1803–82) entwickelte Whitman eine pantheistische Naturmystik, in der Körper und Geist, das Selbst und der Kosmos eine untrennbare Einheit bilden. Besonders die frühen Gedichte sind durch eine freudige Selbstbejahung und einen kraftvollen Optimismus in Bezug auf den zu erwartenden evolutionären Fortschritt der Menschheit geprägt.

In seinem Credo *Gesang von mir selbst* entwickelt Whitman das Bild der Grashalme als zentrales Natursymbol. Es ist »Taschentuch Gottes«, »ein Kind«, »eine einzige große Hieroglyphe«, »Haar von Gräbern« – Zeichen des ewigen Kreislaufs der Natur, des göttlichen Rätsels und Stellvertreter des Kosmos: »Ich glaube, ein Grashalm ist nicht geringer als das Tagwerk der Sterne«.

Whitmans spätere Gedichte stehen unter dem Einfluss des Bürgerkriegs *(Der Wundpfleger)* und der Ermordung Lincolns *(O Käpten! mein Käpten!)*, sind melancholischer und weniger optimistisch im Ton. Dennoch gehören gerade einige diese Texte *(Aus der ewig schaukelnden Wiege; Als jüngst der Flieder blühte)* zu den bekanntesten der *Grashalme*.

Aufbau: Whitmans Lyrik ist gekennzeichnet durch die starke Expressivität und Bildlichkeit der Sprache, den musikalischen Rhythmus und die zahllosen Wiederholungen und Variationen, die den berühmten Whitmanschen »Katalogstil« erzeugen. Durch die freien Verse (Stichwort → S. 1148) ist die Grenze zwischen Prosa und Lyrik fließend. Der Stil ist zugleich hymnisch und episch, orgiastisch und litaneihaft und entspricht so Whitmans Absicht, die »amerikanische Religion« der Demokratie zu verkünden und zu feiern.

Wirkung: Die Sammlung *Grashalme* hatte zunächst nicht die von Whitman erhoffte Wirkung, obwohl Emerson ihm nach der ersten Auflage einen anerkennenden Brief schrieb. Erst nach der zweiten Auflage fanden die Gedichte größere, wenn auch sehr ambivalente Beachtung. Sowohl die neue lyrische Form als auch der pathetische Ton, vor allem aber die unverhüllte Thematisierung der Körperlichkeit spalteten die Kritiker. Erst spät fand Whitman Anerkennung im eigenen Land, das ihm die Emanzipation der Lyrik von Europa verdankt.

Walt Whitman 1887

Großes Ansehen genoss Whitman bei den englischen Dichtern Lord Alfred Tennyson (1809–92), Christina Rossetti (1830–94) und Charles Swinburne (1837–1909), auch in Deutschland und Russland war er sehr populär. Direkte Wirkung hatte sein Werk vor allem auf die Lyrik der Beat-Generation (Allen Ginsberg, 1926–97; Jack → Kerouac). Der Komponist Ralph Vaughan Williams (1872–1958) vertonte 1910 fünfzehn whitmansche Gedichte zu *A Sea Symphony*.   *E. H.*

Auszug aus der Gedichtsammlung *Grashalme* **von Walt Whitman:**

Ich singe das Selbst, den Einzelmenschen,
Doch spreche das Wort »demokratisch« aus, das Wort »en masse«.
Ich singe Physiologie vom Scheitel bis zur Sohle,
Nicht Physiognomie noch Hirn allein ist würdig für die Muse,
Ich sage, viel würdiger noch ist die ganze Gestalt,
Ich singe das Weibliche gleichen Rangs mit dem Männlichen,
Das Leben, unermesslich in Leidenschaft, Puls und Kraft,
Freudig, zu freiester Tat geformt nach göttlichem Gesetz,
Ich singe den modernen Menschen.

Widmer, Urs

deutschsprachiger Schweizer Schriftsteller

* 21.5.1938 Basel

📖 *Vor uns die Sintflut*, 1998

Urs Widmer ist einer der profiliertesten Gegenwartsautoren der Schweiz. Seine Bücher handeln von der Diskrepanz zwischen der Welt, wie sie ist, und der Welt, wie sie sein könnte. Weil sie sich mit der oftmals bedrückenden Realität nicht abfinden wollen, machen sich die Helden von Widmer auf zu abenteuerlichen, skurrilen und fantastischen Reisen. Immer in der Hoffnung, das verlorene Paradies wiederzugewinnen, einen Garten Eden für ihre Träume und Sehnsüchte zu finden.

Als Sohn eines Kritikers und Autors in Basel aufgewachsen, studierte Widmer Germanistik, Romanistik und Geschichte in Basel, Montpellier und Paris. 1966 promovierte er mit einer Arbeit über die deutsche Nachkriegsprosa und war anschließend als Lektor im Walter Verlag, später im Suhrkamp Verlag tätig. 1968 debütierte Widmer mit der Erzählung *Alois*. Es folgten in

Urs Widmer 1998 auf der Frankfurter Buchmesse zur Vorstellung von *Vor uns die Sintflut*

Die wichtigsten Bücher von Urs Widmer

Der blaue Siphon, 1992	Ein Buch über das fantastische Reich der Kindheit, die große Macht des Kinos und den Glauben an die Zauberkraft der Dinge.
Liebesbrief an Mary, 1993	Die Geschichte dreier Liebender erzählt Widmer auf ungewöhnliche Art und aus den unterschiedlichsten Perspektiven.
Im Kongo 1996	Kuno, ein Schweizer Altenpfleger, gerät auf der Reise in seine eigenen Abgründe bis hinein ins tiefste Kongo.
Vor uns die Sintflut, 1998	Mit Fantasie, Witz und hintergründiger Ironie werden überraschende Antworten auf schwierige, weil existenzielle Fragen gegeben. → S. 1150
Der Geliebte der Mutter, 2000	Die unerwiderte Liebe einer Mutter zu einem Stardirigenten gerät für die Frau zur stummen Leidenschaft und Lebenstragödie.

Auszug aus *Vor uns die Sintflut* von Urs Widmer:

Endlich waren nur noch zwei Menschen übrig. Zwei uralte natürlich, verhutzelte Tattergreise. Ein John Mills aus Corpus Christi, Texas, USA, und ein Hansueli Äschlimann aus Göschenen, Schweiz. Irgendwie hörten sie voneinander. Irgendwie gelang es ihnen, zueinanderzukommen. Irgendwann standen sie sich endlich im glühenden Sonnenlicht eines hohen Mittags gegenüber... Staub, Hitze, Stille jedenfalls. Das ferne Wiehern von Pferden. Fliegen surrten. Äschlimann zog zuerst, aber Mills traf. Äschlimann, der von der Sonne geblendet gewesen war, starb, »bloody bastard« flüsternd. Das war damals ein Zeichen der höchsten Hochachtung, der Freundschaft beinah. Mills, der Sieger, starb drei Tage später an Einsamkeit.

rascher Folge weitere Erzählbände, Romane und Essays. In Deutschland war er in den späten 1990er Jahren auch und vor allem als Dramatiker sehr erfolgreich. Sein Stück *Top Dogs* (1996), mit dem Mülheimer Dramatikerpreis ausgezeichnet, war auf deutschen Bühnen eines der meistgespielten. Widmer lebt und arbeitet in Zürich.

Vor uns die Sintflut

OA 1998 **Form** Erzählungen **Epoche** Gegenwart

In dem Erzählband *Vor uns die Sintflut* breitet Urs Widmer seine literarische Palette vor dem Leser aus. Die hier versammelten Endzeitminiaturen weisen Geist und Humor als letzte Zufluchtsorte angesichts des Besorgnis erregenden Zustands der Welt aus, der eine neue Sintflut unbedingt erforderlich machte.
Inhalt: In den Geschichten geht es um alles: um die Schöpfung, um das Paradies und um die Apokalypse. Es geht um die Frage, wo Gott wohnt, was die Kaukasen falsch machen und wie sich die beiden letzten Menschen verhalten,

wenn sie aufeinander treffen. Für die Menschen geht diese Begegnung nicht gut aus, die Natur allerdings beginnt gleich darauf zu sprießen und verlorene Welten zurückzuerobern. Der Autor hält allerdings eine letzte Chance für das verdammte Menschengeschlecht parat. Hoch oben in den Bergen des fernen Tibet haben einige wenige Exemplare überlebt, von den Vermessenen als Yetis bezeichnet. Nun ziehen sie hinunter in die menschenleere, paradiesische Ebene und beginnen von vorn.

In diesem apokalyptischen Szenario, wo das Trostlose tröstlich daherkommt und die letzte Hoffnung zur Drohung gerät, führt Widmer den Leser in ferne Welten und Zeiten, konfrontiert ihn und seine respektable Personage mit aberwitzigen Situationen.

Einer der exotischen Orte, die mit Erkenntnisgewinn bereist werden, ist die Schweiz. Am Gotthard geht der Erzähler dem Gerücht nach, dieser sagenumwobene Berg sei innen hohl. Ein Hinweis darauf lässt sich trotz ausgiebiger Inspizierung nicht finden. Den typisch widmerschen Gottesbeweis gibt es im Bahnhofsbuffet von Göschenen, wo der Erzähler missmutig vor einem Bier sitzt, als der Herrgott persönlich eintritt, um einen verlorenen Sohn zurückzuführen. So wird die Vermutung zur Gewissheit: Im Gotthard ist das Paradies, und dort gibt es noch genügend Platz. Als der Erzähler fragt, wie man Einlass finde nach Eden, bekommt er zur Antwort, indem er die Zeche bezahle, und verschwindet. Ein Filou, meint die Wirtin, ein Betrüger. Sicherheitshalber übernimmt der Erzähler die Rechnung.

In den zumeist sehr kurzen Geschichten wird eine Fülle von Themen und Ideen angerissen, die den Keim für prächtige literarische Projekte böten. So in der Skizze *Wir sind das Volk*, wenn der Autor anhebt, 4 559 285 Schweizer Landsleute mit jeweils einem Satz zu charakterisieren. Zwar kommt er nur bis 58 und es werden zuweilen auch zwei bis drei Sätze, doch bietet bereits dieser kleine Ausschnitt einen überraschend intensiven Einblick in die gesellschaftlichen Verhältnisse der Gegenwart. Für diese und viele andere Geschichten des Bandes gilt: Der Fantasie des Lesers sind wie der des Autors keine Grenzen gesetzt.

Struktur: In den 21 Geschichten des Buches spielt Urs Widmer mit den unterschiedlichsten Gattungen: Märchen, Parabeln und Fantasien, Grotesken, Mythen und Skizzen. Die Tonlage weist eine entsprechend große Spannbreite auf, von feiner Ironie und sanfter Wehmut bis hin zum Slapstick und Kalauer, nichts ist dem Autor fremd, wenn es darum geht, eine überraschende Antwort auf die letzten Fragen zu geben, die in diesen Geschichten in erstaunlicher Unnachgiebigkeit gestellt werden. Man kann diese klugen

OT = Originaltitel   EZ = Entstehungszeit   OA = Originalausgabe   DE = Deutsche Erstausgabe   📖 = Verweis auf Werkartikel

wie komischen Miniaturen kaum zusammenfassen, es sei denn mit der Frage: »Was nützt die Sintflut, wenn selbst der Dümmste seinen Kahn schon im Schuppen bereitstehen hat?«

Wirkung: Die Geschichten des Erzählbandes *Vor uns die Sintflut* bieten eine Art literarischer Essenz des bisherigen Werkes von Widmer. Dass man auf ernste Fragen auch spielerisch leichte Antworten geben kann und diese gleichermaßen unterhaltend wie intelligent auf hohem sprachlichen Niveau geschrieben sind, haben Kritik und Leser an diesem Buch besonders geschätzt. *R.F.*

Wieland, Christoph Martin

dt. Dichter

* 5.9.1733 Oberholzheim bei Biberach

† 20.1.1813 Weimar

📖 *Geschichte der Abderiten*, 1781

Christoph Martin Wieland gilt neben Gotthold Ephraim Lessing (1729–81) als einer der bedeutendsten Dichter der deutschen Aufklärung. Anders als Lessing ist Wieland jedoch weniger kritisch-analytischer Aufklärer als vielmehr ein sprach- und formgewandter Schöngeist. Seine Werke sind rokokohaft-graziös, spielerisch-ironisch und ahmen den amüsanten Plauderton adeliger Salons nach. Trotz seines unbestrittenen Stellenwerts, auch als Wegbereiter der deutschen Klassik, wird Wieland immer wieder als unzeitgemäßer Epigone abgetan, da er fast ausschließlich antike Stoffe bearbeitete.

Wieland war der Sohn einer alteingesessenen Biberacher Familie. Sein Vater bekleidete das Amt des obersten Geistlichen. Unter dem Einfluss der pietistischen Erziehung las Wieland schon früh die klassischen römischen und griechischen Dichter im Original, aber auch deutschsprachige Autoren wie Albrecht von Haller (1708–77) und Friedrich Gottlieb → Klopstock blieben ihm nicht fremd. Nach einem abgebrochenen Jurastudium in Tübingen arbeitete Wieland zunächst als Hauslehrer in Bern, übernahm dann aber die Stelle eines Kanzleiverwalters und Senators in Biberach. Später wurde er Professor für Philosophie in Erfurt und Prinzenerzieher am Weimarer Hof Anna-Amalias (1739–1807). Währenddessen verfolgte Wieland seine rege literarische Tätigkeit, übersetzte als erster → Shakespeare und gab mit dem *Teutschen Merkur* die erste wichtige literarische Zeitung Deutschlands heraus.

Biografien: I. Brender, *Christoph Martin Wieland* (rm 50 475); K. Schaefer, *Christoph Martin Wieland*, 1996.

Geschichte der Abderiten

OA 1781 **Form** Roman **Epoche** Aufklärung

Die *Geschichte der Abderiten* gehört noch heute zu den bekanntesten Werken des Aufklärers Christoph Martin Wieland. Dieser hatte Teile des Romans, noch unter dem Namen *Die Abderiten. Eine sehr wahrscheinliche Geschichte*, schon zwischen 1774 und 1780 in seinem *Teutschen Merkur* veröffentlicht. Die erweiterte Buchfassung folgte ein Jahr später.

Der Roman ist sowohl Schildbürgergeschichte als auch Narrenspiegel in antikem Gewand. Durch die Verlegung der Geschichte in eine andere Zeit und an einen anderen Ort – nämlich dem antiken Abdera – gelingt es dem Dichter, harsche Kritik an seiner eigenen Gesellschaft zu üben und für die Zensur unangreifbar zu sein. Dabei lässt er kaum einen Bereich des menschlichen Lebens aus und präsentiert sich somit auch heute noch als aktuell. Scheinheilige Moral und religiöser Fanatismus, künstlerischer Enthusiasmus und politischer Eifer sind seine Hauptthemen.

Inhalt: Der aufgeklärte Naturforscher Demokrit versucht die Abderiten zu toleranten und humanen Kosmopoliten zu erziehen. Die aber – besonders die so genannten Gelehrten – sind der borniertem Enge ihres Denkens und Handelns verhaftet. Also versuchen sie den unbe-

Der Oberpriester Strobylus, der Demokrit hatte verklagen wollen, beim Verspeisen eines mit 100 goldenen Dariken gefüllten gebratenen Pfaus, den Demokrit ihm übersandt hat; Illustration von Johann Heinrich Ramberg zur *Geschichte der Abderiten* aus Band 19 der Göschen'schen Prachtausgabe der Werke von Christoph Martin Wieland 1796

Die wichtigsten Bücher von Christoph Martin Wieland	
Die Abenteuer des Don Sylvio von Rosalva, 1764	Don Sylvio wird in diesem Roman Opfer seines übermäßigen Lesehungers. Besonders Feenmärchen haben es ihm angetan. Aus Motiven und Gestalten der Lektüre baut er sich ein Traumreich.
Geschichte des Agathon 1766/67	Agathon ist in diesem Roman aus seiner Heimatstadt Athen verbannt worden. Nun ist er auf der abenteuerreichen Suche nach einem Ort der Tugend und Glückseligkeit.
Musarion 1768	In der Versdichtung hat sich der Schwärmer Phanias mit seiner Freundin Musarion überworfen. Er entsagt jeglichen Sinnesfreuden. Erst als Musarion alle Reize einsetzt, lässt er sich erweichen.
Der goldne Spiegel 1772	Wie in den Märchenerzählungen → *Tausendundeine Nacht* lässt sich der Sultan Schach-Gabal in der Rahmenhandlung des Romans von dem Philosophen Danischmend und seiner Mätresse so lange Geschichten vortragen, bis er einschläft.
Geschichte der Abderiten, 1781	Der bekannteste Roman Wielands schildert in historischer Maske Kultur, Politik und Gesellschaft der Stadtrepublik Abdera und entlarvt damit die zeitgenössische Gesellschaft. → S. 1151
Oberon 1784	In der Versdichtung erklärt sich der Elfenkönig Oberon bereit, dem Ritter Hüon zu helfen. Als Strafe soll er dafür Backenzähne und Barthaare des Kalifen von Bagdad erbeuten. Er verliebt sich unsterblich in dessen Tochter Rezia.

Auszug aus *Die Geschichte der Abderiten* von Christoph Martin Wieland:

Demokrit war ungefähr zwanzig Jahre alt, als er seinen Vater, einen der reichsten Bürger von Abdera, beerbte. Anstatt nun darauf zu denken, wie er seinen Reichtum erhalten oder vermehren, oder auf die angenehmste oder lächerlichste Art durchbringen wollte, entschloss sich der junge Mensch, solchen zum Mittel – der Vervollkommnung seiner Seele zu machen.

Norbert Wiener am Massachusetts Institute for Technology, wo er rund 40 Jahre lang lehrte

quemen Mahner loszuwerden. Der Arzt Hippokrates soll dessen Geisteskrankheit konstatieren, doch dieser kann nur die Beschränktheit der Abderiten diagnostizieren. Euripides hingegen kämpft an anderer Front. Er will den antiken Schildbürgern mit seinem Drama ihren dilettantischen und verfehlten Kunstgeschmack vor Augen führen. Aber auch er scheitert; an der Schönheit seiner Kunst verlieren sie den Verstand. In einer weiteren Episode wird der sich ins Absurde steigernde politische Fanatismus der Abderiten thematisiert. So entzweien sich die Bürger tumultartig über einen Prozess, der dem Schatten eines Esels gemacht wird. Und am Ende droht der Staat schließlich im fanatischen Sumpf der Froschreligion zu versinken. Die Abderiten müssen ihre Stadt verlassen und zerstreuen sich über die gesamte Welt.

Aufbau: Der auktoriale Erzähler der *Geschichte der Abderiten* beteuert in seinem Vorbericht die historische Wahrheit seiner Erzählung. Damit entzieht er sich der Verantwortung für – natürlich rein zufällige – Parallelen mit seiner Zeit: Er

sei nur der Chronist. Ein weiterer Vorteil der Rolle des Geschichtsschreibers ist die Möglichkeit, die Absurditäten der Abderiten zu kommentieren und zu ironisieren.

Die Geschichte ist in fünf Bücher eingeteilt: Die Bücher eins bis drei schildern die vergeblichen Bemühungen des Demokrit, Hippokrates und Euripides. Buch vier weidet sich genüsslich am Gerichtsprozess um des Esels Schatten und Buch fünf schließt mit der verheerenden Froschreligion. Gemäß einer Geschichtschronik verfolgt Wielands Roman keinen durchgehenden Handlungsfaden, sondern orientiert sich an den Geschehnissen in Abdera.

Wirkung: Wielands Zeitgenossen verstanden die Kritik des Aufklärers auf Anhieb. Bereits 1778 kam es zur Klage: Die Mannheimer bezogen das dritte Buch *Euripides unter den Abderiten* auf ihre desolate Theatersituation. Wieland reagierte gelassen auf dieses Ansinnen und konterte, dass Abdera und die Abderiten überall seien. In seinen *Abderiten* erwies sich der Aufklärer als fortschrittlich: Mit seinen Beschreibungen des kollektiven Wahnsinns griff er den erst viel später aufgestellten Gesetzmäßigkeiten der modernen Massenpsychologie voraus. Mit seinen absurden Episoden wirkte er aber auch auf nachfolgende Autoren. So verarbeitete etwa Ludwig Fulda (1862–1939) den Stoff von Buch vier *Der Prozess um des Esels Schatten* 1920 zu einer Komödie; Friedrich →Dürrenmatt benutzte denselben 1951 für ein Hörspiel. *S.W.*

Wiener, Norbert

US-amerikan. Mathematiker

*26.11.1894 Missouri (Columbia)

+18.3.1964 Stockholm

📖 *Kybernetik*, 1948

Norbert Wiener gilt als »Vater der Kybernetik«, die er als eigenständige Wissenschaft begründete. Er führte die Ergebnisse bislang voneinander getrennter Wissensgebiete zusammen und ermöglichte, dass dort ungelöste Probleme mit den Mitteln der Kybernetik bearbeitet werden können. Seine Ideen trugen zur Weiterentwicklung von Technik und Physik bei. Wiener ist Mitbegründer der modernen Informationstheorie. Bereits 1940 formulierte er Anforderungen an künftige Hochleistungsrechner. 1948 prognostizierte er die automatische Fabrik und die mit der Automatisierung von Produktionsprozessen einhergehenden sozialen Umschichtungen in der Gesellschaft.

Schon als Siebenjähriger las Wiener die Werke von Charles →Darwin und die Reiseberichte anderer Naturforscher. Als Elfjähriger begann er

Die wichtigsten Bücher von Norbert Wiener	
Kybernetik 1948	Wiener beschreibt für den Leser nachvollziehbar seinen Erkenntnisweg bezüglich Nachrichtenübermittlung, Steuerung und Regelung in technischen, organischen und gesellschaftlichen Systemen. → S. 1153
Mensch und Menschmaschine, 1950	Das Werk ist ein für den allgemeinen Gebrauch bestimmtes, populärwissenschaftliches Buch über die Kybernetik. Im Mittelpunkt der Betrachtung stehen Maschinen, die über die Eigenschaft der Lernfähigkeit verfügen.
Ex-Prodigy 1956	Eine autobiografische Schilderung der problematischen Kindheit und Jugend des hoch begabten Kindes Norbert Wiener.
Mathematik – mein Leben 1956	Die Autobiografie hat die »Lehr- und Wanderjahre« eines Gelehrten als Schwerpunkt. Die deutsche Ausgabe wurde ergänzt durch eine Kurzfassung der Kindheitsschilderungen.
Nonlinear Problems in Random Theory 1958	Die Fachlektüre vermittelt im Jahr 1958 völlig neuen Zugang zu nichtlinearen Systemen und Strukturen. Bei der Suche nach Modellen für nichtlineare Eingangs-Ausgangs-Beziehungen eines Systems betrachtet Wiener sowohl organische als auch technische, d. h. vom Menschen geschaffene Systeme.
Gott & Golem, 1964	In mehreren Essays betrachtet Wiener unter ein und demselben Blickwinkel die schöpferische Tätigkeit Gottes, des Menschen und der Maschine.

ein Studium am Tufts-College in Cambridge (Massachusetts). Mit 18 Jahren promovierte er in Mathematik an der Harvard-Universität. Rund 40 Jahre lang lehrte Wiener am Massachusetts Institute for Technology, ab 1932 als Mathematikprofessor. In seinem letzten Lebensjahrzehnt widmete er sich vor allem der Bildungsarbeit hinsichtlich der Kybernetik und arbeitete an der neurophysiologischen Erforschung der Hirnaktionsströme mit.

Biografien: H. J. Ilgauds, *Norbert Wiener*, 1980; N. Wiener, *Mathematik – mein Leben*, 1962.

Kybernetik

OT Cybernetics or Control and Communication in the Animal and the Machine **OA** 1948 **DE** 1963
Form Sachbuch **Bereich** Mathematik

Mit den in diesem Buch (Untertitel: *Regelung und Nachrichtenübertragung im Lebewesen und in der Maschine*) programmatisch zusammengefassten Ergebnissen und Theorien begründete Norbert Wiener Mitte des 20. Jahrhunderts die Kybernetik als interdisziplinäre Wissenschaft vom Verhalten der Systeme unter dem Einfluss ihrer Umwelt. Wiener befasste sich mit Analogien und Unterschieden zwischen so verschiedenen Wissenschaften wie Thermodynamik, Biologie, Astronomie und Nachrichtentechnik. Er erkannte das Steuerungsprinzip als ein für alle Systeme gültiges Prinzip und befasste sich auch mit der philosophischen Seite seiner Erkenntnisse sowie möglichen Einflüssen auf Gesellschaft, Ethik und Religion.

Entstehung: Bei seinen Berechnungen des Verhaltens zielsuchender (Flugabwehr-)Systeme zu Beginn der 1940er Jahre wurde Wiener mit der Problematik der automatischen Steuerung vertraut. Er erkannte, dass besseres Wissen um die Steuerung von Systemen notwendig sei und befasste sich ausgiebig mit den mathematischen Grundlagen von Kommunikation und Steuerung. Zu dieser Zeit gab es weder eine Informationstheorie, noch waren die Phänomene Steuerung, Regelung und Rückkopplung erforscht bzw. erkannt.

Inhalt: Man könnte das Werk als ein skizziertes Forschungstagebuch bezeichnen. Der Autor gibt seine Ideen wieder, die ihn zu seinen Forschungen veranlassten. Sein Gedanke von Strukturanalogien und von ähnlichen Verhaltensweisen ganz unterschiedlicher Systeme zieht sich wie ein roter Faden durch das Buch. Wiener schildert seinen regen Gedankenaustausch mit Wissenschaftlern anderer Disziplinen. Der Leser begleitet ihn bei der Suche nach mathematischen Werkzeugen, mit denen sich die Vorgänge der Informationsverarbeitung und der Steuerung in verschiedenen Systemen

unabhängig von ihrer physikalischen Gestalt beschreiben lassen. Mit seinen Ergebnissen belegt Wiener nachdrücklich seine Einschätzung, dass das »Niemandsland zwischen den anerkannten Disziplinen« besonders fruchtbar sei. Wiener klärte mit dem Rückkopplungsprinzip das Zusammenwirken von Hirnrinde und Kleinhirn in den Reflex-Regelsystemen des menschlichen Organismus auf sowie die Ursachen bestimmter Störungen der Bewegungskoordination und der Wahrnehmung.

Wirkung: Der Autor sah sein Buch als ein allseitig auszuarbeitendes Zukunftsprogramm und beeinflusste damit das wissenschaftliche Denken des 20. Jahrhunderts. Sein kybernetisches Gedankengut produzierte in den Jahrzehnten nach dem Bekanntwerden wirksame Methoden in Technik, Biologie, Medizin und Soziologie. Aus der Kybernetik entwickelten sich Sprache, Methoden und Arbeitstechniken zum Lösen von Steuerungs- und Kommunikationsproblemen in beliebigen Systemen. *G. B.*

Wilde, Oscar

(eigtl. O. Fingal O'Flahertie Wills W.) anglo-ir. Autor
*16.10.1854 Dublin, † 30.11.1900 Paris
📖 *Das Bildnis des Dorian Gray*, Roman 1890

Oscar Wilde gehört zu den umstrittensten Dichterpersönlichkeiten der frühen Moderne, der durch sein scharfzüngiges Schreiben und seinen vermeintlich unmoralischen Lebenswandel die Leserschaft polarisierte.

Der Sohn eines Arztes und einer Dichterin studierte in Dublin und Oxford und wurde, beeinflusst vom Kunstkritiker Walter Pater (1839–94) und den französischen Symbolisten, zum Vorreiter der ästhetizistischen Bewegung in England. Wilde vertrat die Ansicht, die Kunst existiere um ihrer selbst willen und verarbeitete diesen Standpunkt in seinem Werk. Ab 1879 führte er ein dandyhaftes Leben in London und heiratete 1884 Constance Lloyd, mit der er zwei Söhne hatte. Das Jahr 1895 wurde zu einer tragischen Wende in seinem Leben, als ihn der Vater seines langjährigen Freundes Lord Alfred (»Bosie«) Douglas wegen Homosexualität anklagte. Wilde wurde zu zwei Jahren Einzelhaft verurteilt und war damit gesellschaftlich, finanziell und menschlich ruiniert. Nach der Entlassung aus dem Gefängnis in Reading ging Wilde 1897 nach Frankreich.

Wilde wurde besonders durch seine geistreichen Gesellschaftskomödien bekannt (u. a. *Bunbury oder Die Bedeutung ernst zu sein*, UA 1892 und *Lady Windermeres Fächer*, UA 1892); seine Tragödie *Salome* (1891, UA 1896) wurde

Norbert Wiener, *Kybernetik*, Einband der Taschenbuchausgabe 1965

Auszug aus den Bücher-Kommentaren zur zweiten Auflage der *Kybernetik* von Norbert Wiener 1963:

Seit Norbert Wiener vor fünfzehn Jahren seine Kybernetik schrieb, haben Wissenschaft und Technik, die mit diesem Begriff operieren, die zweite industrielle Revolution herbeigeführt. Der Anwendungsbereich der Kybernetik kennt keine Grenzen. Es erscheint nötig, dass der gebildete Mensch unserer Tage sich über die Kybernetik als unsere Zeit beherrschende technische und wissenschaftliche Methode informiert, damit er nicht von Grenzüberschreitungen überrascht wird.

zum Libretto für Richard Strauss' Oper (1905). Neben satirisch-ironischen Erzählungen wie *Das Gespenst von Canterville* (1887) und *Lord Arthur Saviles Verbrechen* (1887) schrieb Wilde Lyrik und zahlreiche Kunstmärchen. Sein Gefängniserlebnis verarbeitete Wilde 1897 in der *Ballade vom Zuchthaus zu Reading* (1898) und einem als *De Profundis* (1905) bekannt gewordenen Brief an seinen Freund Bosie.

Biografien: P. Funke, *Oscar Wilde* (rm 50 148); J. W. Rademacher, *Oscar Wilde*, 2000.

Oscar Wilde, Inbegriff des Dandys, in den frühen 1880er Jahren

Das Bildnis des Dorian Gray

OT The Picture of Dorian Gray
OA 1890 **DE** 1925
Form Roman **Epoche** Moderne

In seinem einzigen Roman treibt Oscar Wilde das Thema des ästhetischen Hedonismus auf die Spitze und distanziert sich zugleich davon, sodass der Roman auch ein Zeugnis seines künstlerischen Selbstverständnisses in der späteren Schaffensphase darstellt. Der reine Ästhetizismus der von Wilde mitinitiierten Literatur der Dekadenz wird hier in Frage gestellt und letztlich verneint – das Schicksal Dorian Grays ist die Geschichte eines unaufhaltsamen menschlichen Niedergangs. **Inhalt:** Der Maler Basil Hallward malt das lebensechte Porträt des außergewöhnlich schönen Jünglings Dorian Gray, den er leidenschaftlich anbetet. Voll unterdrückter Eifersucht muss er mit ansehen, wie sein Freund, der zynische Lord Henry Wotton, ihm Dorian zunehmend entfremdet. Von Lord Henry verführt, gibt sich Dorian skrupellos den sinnlichen Genüssen und Versuchungen des Lebens hin. Von seiner Verlobten, der jungen Schauspielerin Sibyl Vane, trennt er sich nach einer missglückten Theatervorstellung, da sie ihn in seinen künstlerischen Erwartungen enttäuscht hat. Daraufhin nimmt sie sich das Leben. Am Morgen danach zeigt das Porträt Dorians einen ersten »Anflug von Grausamkeit um den Mund« und ihm wird klar, dass sein narzisstischer Wunsch in Erfüllung gegangen ist, statt seiner möge das Bild altern.

Dorian erweist sich als verhängnisvoll für alle, die sich mit ihm abgeben, und sein völlig ruinierter Ruf macht ihn gesellschaftlich unmöglich. Doch seine äußere Erscheinung bleibt stets jung und schön, während das in einem Dachzimmer verborgene Porträt zunehmend die Spuren seines zutiefst unmoralischen Lebenswandels zeigt. In einer plötzlichen Aufwallung des Hasses ersticht er eines Abends Basil Hallward, den Schöpfer des verräterischen Porträts.

Immer stärker sehnt sich Dorian nach der Reinheit seiner Jugend zurück; er will ein neues Leben beginnen und mit dem Bild den Beweis seiner Laster zerstören. Als er jedoch mit einem Messer die Leinwand durchsticht, tötet er sich selbst. Seine Diener finden »an der Wand ein herrliches Porträt ihres Herrn, wie sie ihn zuletzt gesehen hatten, in dem ganzen Zauber seiner unvergleichlichen Jugend und Schönheit. Auf dem Boden lag ein toter Mann im Gesellschaftsanzug mit einem Messer im Herzen. Er war welk, runzlig und Abscheu erregend von Angesicht. Erst als sie die Ringe untersuchten, erkannten sie, wer es war«. **Wirkung:** Mit *Das Bildnis des Dorian Gray* brachte Wilde durch seine symbolisch-allegorisch überhöhte Schreibweise und die Konzentration auf wenige Gestalten die Entwicklung des nachviktorianischen Romans in England voran und beeinflusste zahlreiche Romanautoren des 20. Jahrhunderts. Impressionistische Stimmungsbilder wechseln mit typisch wildeschen geistreichen Dialogen, die zum Erfolg des Romans beigetragen haben. Immer wieder wurden die autobiografischen Bezüge diskutiert, immer wieder wurde Wilde mit seinen Figuren gleichgesetzt, angestoßen durch seine eigene Äußerung: »Basil Hallward, das bin ich, wie ich zu sein glaube; Lord Henry, wie die Welt mich sieht; Dorian, wie ich gern wäre – zu anderen Zeiten, vielleicht«.

Alle drei Figuren enthalten Elemente ihres Schöpfers, doch wird keine idealisiert: weder der idealistische Künstler Basil noch der spöttisch-distanzierte Dandy Lord Henry und auch nicht der hemmungslosen Ästhet Dorian, deren

---

Dandy

Herkunft: Vorbildhaft für diesen literarischen Typus wurde das Leben des Engländers George (»Beau«) Brummell (1778–1840), der um 1810 im Mittelpunkt des gesellschaftlichen Lebens in London stand und mit seiner Kleidung und seinem Stil zum Modell für eine ganze junge Generation wurde. Der extravagante, gelangweilte Lebemann, der snobistisch alles Alltägliche verachtete, wurde um 1830 zur beherrschenden Figur der englischen Gesellschaftsromane und fand von dort aus seine Vertiefung und Stilisierung bei Autoren wie Lord → Byron, Alfred de Musset (1810–57) und Gabriele d' → Annunzio. **Lebensart:** Der Dandy ist ein typischer Vertreter der décadence und des Ästhetizismus: Er ist ein gebildeter, stets perfekt gekleideter und finanziell unabhängiger Großstadtbewohner, der keiner geregelten Arbeit nachgeht, aber aufgrund seines Reichtums und seiner amüsanten Art gesellschaftlich akzeptiert ist. Moralische und emotionale Bindungen lehnt er ab und setzt sich über alles hinweg. **Aussage:** Bei Wilde, der selbst phasenweise die Existenz eines Dandys führte, verkörpert diese Figur auch den Protest gegen die Konventionen und Moralvorstellungen der spätviktorianischen Zeit. **Entwicklung:** Mit Beginn des Ersten Weltkrieges verschwindet der Dandy aus der Literatur, obgleich sich Nachklänge noch in der Figur des Charles Swann in Marcel → Prousts *Auf der Suche nach der verlorenen Zeit* (1913–27) oder in der US-amerikanischen Literatur der »Goldenen Zwanziger« bei F. Scott → Fitzgerald finden.

OT = Originaltitel EZ = Entstehungszeit OA = Originalausgabe DE = Deutsche Erstausgabe ▢ = Verweis auf Werkartikel

Lebensentwürfe alle zum Scheitern verurteilt sind. In der tödlichen Auflösung des Doppelgängermotivs verdeutlicht Wilde gleichnishaft die Vorrangstellung der seelischen Unversehrtheit gegenüber der rein körperlichen Schönheit, der Wirklichkeit gegenüber dem künstlerischen Schein. *E. H.*

Wilder, Thornton

US-amerik. Schriftsteller

* 17.4.1897 Madison (Wisconsin)

† 7.12.1975 Hamden (Connecticut)

📖 *Die Brücke von San Luis Rey*, 1929

📖 *Die Iden des März*, 1949

Der Dramatiker und Romancier Thornton Wilder behandelt in seinem Werk die Bestimmung und das Schicksal des Menschen aus philosophischer und oft christlicher Sicht. Seine Stücke gelten als Klassiker des modernen Dramas.

Wilder erhielt seine Schulbildung auf Missionsschulen in Hongkong und Schanghai, wo sein Vater 1905–09 Generalkonsul war, später in Berkeley (Kalifornien). Ab 1915 studierte Wilder Archäologie und Französisch an der Yale Universität in New Haven (Connecticut) sowie in Rom und lehrte ab 1921 Französische Literatur in Princeton (New Jersey). 1930–36 war er Professor für Klassische Literatur in Chicago und 1950/51 für Poesie in Harvard (Massachusetts).

Schon früh begann Wilder zu schreiben. Durch seine Biografie vorgeprägt, entdeckte er ostasiatische Theaterformen, beschäftigte sich mit antikem Theater, mittelalterlichen Mysterienspielen, Revuetheater sowie Marionettenspiel und entwickelte das Repertoire des epischen Theaters weiter. In seinen Dramen gestaltete Wilder sein Grundthema des Schicksals ebenso überzeugend wie in seiner Prosa, so u. a. in seinen bekanntesten Stücken *Unsere kleine Stadt* (1938) sowie *Die Alkestiade* (1955). Wilder war früh mit seinen Büchern auch kommerziell sehr erfolgreich. Drei Mal bekam Wilder den Pulitzer-Preis. Sein Werk wurde in über zwei Duzend Sprachen übersetzt.

Biografien: H. Beckmann, *Thornton Wilder*, 1976; H. Stresau, *Thornton Wilder*, 1963.

Die Brücke von San Luis Rey

OT The Bridge of San Luis Rey **OA** 1927 **DE** 1929
Form Roman **Epoche** Moderne

In seinem Roman *Die Brücke von San Luis Rey* behandelt Thornton Wilder die Frage, ob das menschliche Leben Zufall ist oder ob ein göttlicher Plan dahinter steht. Wie in einer Versuchs-

anordnung führt Wilder fünf Schicksale zusammen. So entstand sein humanistisches Glaubensbekenntnis, das eine Religion ohne Dogmatismus entwirft. Geschult an seinen literarischen Vorbildern Henry → James und Marcel → Proust, verknüpft Wilder Tiefsinnigkeit mit sparsamem Ausdruck, Poesie mit exakter Beschreibung.

Inhalt: Die Handlung des Romans bezieht sich auf ein historisches Ereignis: Im Sommer 1714 bricht die Brücke von San Luis Rey, die in der Nähe von Lima und Cuzco über eine tiefe Anden-Schlucht führte, plötzlich zusammen und reißt fünf Menschen in den Tod. Der Franziskanermönch Juniper, der auf Missionsfahrt durch Südamerika reist und diesen Todessturz zufällig mit ansieht, bemüht sich schon lange

Auszug aus dem Roman
Das Bildnis des Dorian Gray
von Oscar Wilde:

Es gibt kein moralisches oder unmoralisches Buch. Bücher sind gut geschrieben oder schlecht geschrieben. Das ist alles.

Thornton Wilder; rechts: *Die Brücke von San Luis Rey*, Umschlag der deutschsprachigen Ausgabe 1951; links: *Die Iden des März*, Umschlag der deutschsprachigen Sonderausgabe 1957 (Gestaltung: Martin Kausche)

Die wichtigsten Bücher von Thornton Wilder

Die Cabala 1926	Die magische und realistische Geschichte eines jungen Mannes, der in Rom zu einer geheimnisvollen Gruppe von exzentrischen Individualisten stößt, die sich »Cabala« nennt.
Die Brücke von San Luis Rey, 1927	Der Sturz von fünf Personen von einer Brücke bei Lima 1714 veranlasst Pater Juniper zu einer Recherche über ihr Leben. → S. 1155
Die Frau aus Andros 1930	Ein Roman um Fremdenhass und Hoffnung: Pamphilus verliebt sich in die Schwester der Hetäre Chrysis, sie darf ihn nicht heiraten, weil sie keine Griechin ist. Beide Schwestern sterben.
Dem Himmel bin ich auserkoren, 1934	Der erste Roman von Wilder spielt in der Gegenwart und begleitet einen idealistischen, evangelikalen Handlungsreisenden sowie seine Familie von der Geburt bis zum Tod.
Die Iden des März, 1948	Fiktive Briefe und öffentliche Dokumente erzählen die letzten Tage der Römischen Republik bis zu Cäsars Tod. → S. 1156
Der achte Schöpfungstag, 1967	Ein Roman über einen talentierten Erfinder, der wegen Mordes angeklagt ist. Wilder behandelt die Themen Moral und Selbstverwirklichung im 20. Jahrhundert.
Theophilus North oder Ein Heiliger wider Willen, 1973	In dem Roman mit halb autobiografischem Hintergrund erzählt Wilder das Leben der Reichen in Newport, Rhode Island, aus dem zeitlichen Abstand von fünfzig Jahren.

Thornton Wilder 1939

darum, auch die Theologie als exakte Wissenschaft zu begründen. Er erforscht mehrere
Jahre lang die Lebensläufe der fünf Toten, einer
Marquesa und ihrer Gesellschafterin, Esteban,
Pio und Jaime, um nachzuweisen, dass ihr Tod
nicht ein sinnloser Zufall, sondern im göttlichen Plan notwendig war.

Die verwitwete Marquesa Maria de Monte-
mayor hatte keine glückliche Kindheit und
keine glückliche Ehe, sie liebt aber ihre Tochter
Clara, die in Spanien lebt, über alle Maßen. Die
Tochter scheint die Marquesa jedoch zu verachten. Die Marquesa vereinsamt und wird zum
Gespött der Leute, vor allem der Schauspielerin
Perichole. Mit ihrer Gesellschafterin Pepita unternimmt die Marquesa eine Wallfahrt nach
Cluxambuqua, wo sie sich verändert und mit
Pepita anfreundet: Pepita ist als Waisenkind im
Kloster aufgewachsen, von der Äbtissin dazu
erzogen, ihr karitatives Werk fortzuführen. Auf
der Rückfahrt nach Lima verunglücken die bei-
den tödlich.

Esteban und Manuel, schweigsame junge
Zwillingsbrüder, wuchsen ebenfalls bei der Äbtissin auf und wurden Schreiber, Manuel verliebt sich in die Schauspielerin Perichole, für die
er Briefe schreibt, ohne ihr seine Liebe zu gestehen. Nach einem Unfall stirbt er; Esteban kehrt
zur Äbtissin zurück und behauptet, er sei Manuel. Er bleibt depressiv, beim Einsturz der
Brücke stirbt er. Onkel Pio ist ein Vertrauter von
Perichole, die er aufgezogen hat, bis sie eine gefeierte Schauspielerin ist und Geliebte des Vi-
zekönigs wird. Als sie schwer erkrankt, ver-
schenkt sie ihren gesamten Besitz. Onkel Pio
will ihren Sohn Jaime aufziehen. Mit ihm stürzt
er von der Brücke.

Bruder Juniper bekommt bei seinen Recherchen widersprüchliche Berichte zu hören und
entscheidet sich, dem Geschehen seine eigene
Interpretation zu geben: Stolz und Reichtum
seien bestraft, die Guten vorzeitig in den Himmel gerufen worden. Die Inquisition verurteilt
sein Buch und verbrennt ihn als Ketzer. Später
treffen die Äbtissin, die Tochter der Marquesa
und Perichole noch einmal zusammen, das Geschehen hat sie verändert und geläutert.
Struktur: Die fünf Schicksale sind in eine Rahmenerzählung eingebettet, die Junipers Entschluss und sein eigenes Ergebnis schildert, das
den recherchierten Lebensläufen widerspricht.
Die Rahmenerzählung berichtet am Ende von
den Überlebenden sowie den sozialen Auswirkungen der Todesfälle. In drei Kapiteln erzählt
Wilder die fünf Lebensläufe, den der Marquesa
zusammen mit Pepitas, den Estebans mit Manuels, den Don Pios mit dem Sohn von Perichole.
Sprachlich ist das Buch nicht frei von pathetischen Elementen, es ist aber durchgängig
lebendig erzählt.

Wirkung: Der Roman wurde mit dem Pulitzer-
Preis 1927 ausgezeichnet und war sofort sehr
erfolgreich, 1929 und 1944 wurde er verfilmt
und von dem Komponisten Hermann Reutter
1954 als Vorlage für eine gleichnamige Oper
verwendet. Der Fischer-Verlag hielt dieses Buch
für so wichtig, dass er 1952 seine Ta-
schenbuchreihe mit ihm begann.   *G. Pa.*

Die Iden des März

OT The Ides of March **OA** 1948 **DE** 1949
Form Roman **Epoche** Moderne

Die Iden des März von Thornton Wilder ist kein
historischer, sondern eher ein philosophischer
Roman, der Einblick in das Fühlen und Denken
Cäsars gewährt. Mittels seiner ausgefeilten
Montagetechnik schildert Wilder aus vielen
Perspektiven Cäsar als sozialreformerischen
Diktator und existenzialistischen Menschen.
Reformen und Glück scheinen unmöglich, die
Ergebenheit in sein Schicksal, die Erfüllung der
Pflicht ist Cäsars Lebensziel.
Inhalt: Der Roman erzählt von den letzten Mo-
naten im Leben von Gaius Julius Cäsar (100–44
v. Chr.), der als Diktator und Pontifex Maximus
über Rom herrscht. Durch Verordnungen ver-
sucht er die Prunk- und Verschwendungssucht
der Römer zu bekämpfen und wendet sich
gegen die Abhängigkeit von Orakeln.

Cäsar wird von Clodius Pulcher und seiner
Schwester Clodia zu einem Festmahl eingeladen, auf dem Weg dorthin wird ein Attentat auf
ihn verübt, die aufgebrachte Menge bringt sofort die Pulchers damit in Verbindung. Sie intrigiert tatsächlich gegen Cäsar, es kursieren
außerdem zahlreiche, teils recht grobe Spottverse auf sie, die jede Nacht an die Häuserwän-
de in Rom geschrieben werden. Cäsar hat viele
Feinde, auch Catull, der in Clodia verliebt ist,
gehört dazu. Nach dem Überfall begibt sich
Cäsar wieder zum Festmahl und gibt ein Thema
für ein Symposium vor, in dem die Anwesenden
über ein Thema reden sollen: Ob große Dichtung das Werk von Menschen oder eine Eingebung der Götter sei.

Cleopatra, Königin von Ägypten, kommt zum
Fest zu Ehren der Guten Göttin, es kommt zu
einem Treffen mit Marcus Antonius, der von
Clodia Pulcher dazu bewegt wurde. Cäsar verlässt das Fest, um bei Catull zu sein, der in dieser Nacht stirbt. Nach dem Fest wird Clodia von
Cäsar aus Rom verbannt. Es tauchen Flugblätter auf, die Cäsar als Tyrannen angreifen und
zum Mord aufrufen. Cäsar ruft Brutus aus Galli-
en nach Rom und macht ihn zum Prätor über
die Stadt, er will ihn zu seinem Nachfolger machen. Im März wird er von Verschwörern erstochen, unter ihnen ist auch Brutus.

OT = Originaltitel **EZ** = Entstehungszeit **OA** = Originalausgabe **DE** = Deutsche Erstausgabe ▭ = Verweis auf Werkartikel

Struktur: Der kompliziert komponierte Briefroman *Die Iden des März* beschreibt manche Begebenheiten aus vielen unterschiedlichen, manchmal sich widersprechenden Perspektiven, sodass vieles nicht abschließend geklärt ist. Briefeschreiber sind u. a. Cäsar, Cleopatra, Catull, Cicero, Cäsars Frau, seine Tante und Clodia Pulcher, auch Geheimagenten, Bedienstete, eine Schauspielerin und Personen, die nur einmal auftreten; ergänzt werden die Briefe durch weitere schriftliche Dokumente. Die Komplexität der Struktur erhöht sich dadurch, dass der Roman in vier Bücher aufgeteilt ist, die unterschiedliche Zeiten beschreiben. Der Schwerpunkt liegt in jedem Buch anders, Buch 1 dient der atmosphärischen Einstimmung, in Buch 2 reflektiert Cäsar über die Liebe, in Buch 3 über die Religion, Buch 4 besitzt eine zusammenfassende Funktion.

Wilder betont die Rolle Cäsars als Diktator, der seine Herrschaft damit rechtfertigt, dass das Volk nicht reif für eine wirkliche Demokratie ist; er reflektiert über die Irrationalität der Religion und die Notwendigkeit von tief greifenden Reformen, weiß aber auch, dass er scheitern wird. Es werden nicht nur Fragen der Politik und Wirtschaft angesprochen, sondern auch alltägliche. Wilder knüpft durch Briefe, Tagebuchaufzeichnungen, Auszüge aus öffentlichen Reden, amtliche Schriftstücke und literarische Zeugnisse ein Gewebe von Beziehungen, die er oft humorvoll karikiert. Er bedient sich dabei historischer Geschehnisse, lässt aber auch Personen auftreten, die damals nicht mehr lebten.

Wirkung: Wilder selbst hielt seinen Roman *Die Iden des März* für sein bedeutendstes Werk. Die meisten Kritiker waren zunächst anderer Meinung. Erst spät begann eine allmähliche Neubewertung seiner Prosa. Die komplexe Konstruktion des Romans verhinderte allerdings eine breite Wirkung. *G. Pa.*

Winckelmann, Johann Joachim

dt. Archäologe und Kunstgelehrter
* 9.12.1717 Stendal, † 8.6.1768 Triest
📖 *Geschichte der Kunst des Altertums*, 1764

Johann Joachim Winckelmann bereitete der klassischen Archäologie als einer modernen Wissenschaft den Weg und begründete die neuere Kunstwissenschaft.

Winckelmann studierte 1738–40 Theologie in Halle. Nach einer einjährigen Tätigkeit als Hauslehrer nahm er 1741 ein Medizinstudium in Jena auf. Ab 1743 arbeitete er als Konrektor an der Lateinschule in Seehausen (Altmark), bis er 1748 als Bibliothekar des Reichsgrafen Heinrich von Bünau nach Nöthnitz bei Dresden berufen wurde. 1754 ging er für ein Jahr nach Dresden, um sich dort mit Studien zur bildenden Kunst zu beschäftigen. Auf Vermittlung des Vatikanischen Nuntius am Dresdner Hof trat er zum Katholizismus über. Ab Herbst 1755 lebte Winckelmann in Rom. 1757 trat er als Bibliothekar in die Dienste des Kardinals Archinto ein und wurde so mit der Gelehrtenwelt Roms bekannt. In Florenz stellte er den großen beschreibenden Katalog der Gemmensammlung des verstorbenen Barons Philipp von Stosch zusammen. Nach dem Tod Archintos wurde Winckelmann 1759 Bibliothekar bei Kardinal Alessandro Albani, dem größten Antikensammler in Rom, in dessen Diensten er bis zu seinem Tod stand. 1763 wurde er zum Oberaufseher aller Altertümer in und um Rom und zum Scriptor linguae teutonicae im Vatikan ernannt. In Triest fiel der zu seiner Zeit bedeutendste Kenner der antiken Kunst in Europa einem Raubmord zum Opfer.

Literatur: Th. W. Gaehtgens, *Johann Joachim Winckelmann 1717–1768*, 1986; M. Kunze / M. Gross, *J. J. Winckelmann, Neue Forschungen*, 1990.

Geschichte der Kunst des Altertums

OA 1764 **Form** Sachbuch **Bereich** Archäologie

Die Geschichte der Kunst des Altertums gilt als das Hauptwerk von Johann Joachim Winckelmann. Es leitete eine völlig neue Betrachtungsweise der Kunstwerke ein, in der auf die Grundbedingungen des künstlerischen Schaffens eingegangen wird. Durch Winckelmanns ästhetische Kunstbetrachtung wurde der Blick von der römischen auf die griechische Antike gelenkt, deren Wesen er als »edle Einfalt und stille Größe« charakterisierte. Hiermit beeinflusste er nachhaltig das Schönheitsideal der deutschen Klassik. Winckelmann übte durch das humanistische Pathos seines Griechenbildes aber nicht nur Einfluss auf die klassische deutsche Literatur und Philosophie aus, sondern verströmte seine Wirkung in ganz Europa.

Inhalt: Winckelmann fasst die Ergebnisse seiner ästhetischen Studien wie auch seine antiquarischen Arbeiten hier in einer klaren und zugleich leidenschaftlichen Sprache zu-

Friedrich Nicolai in *Bibliothek der schönen Wissenschaft* (1757) über die *Geschichte der Kunst des Altertums* von Johann Joachim Winckelmann:

Die Schreibart des Herrn Verfassers ist lebhaft und angenehm, und von edlem Geschmack als seine Beurteilung über die Werke der schönen Künste; wir wissen keine deutsche Schrift, die in dieser Schreibart abgefasst wäre… Der Ausdruck ist nachdrucksvoll und körnicht; man wird niemals ein Wort finden, welches unnötig wäre: doch können wir nicht verschweigen, dass er aus allzu großer Kürze zuweilen etwas dunkel wird; auch wird man einige kleine grammatikalische Unrichtigkeiten bemerken.

Johann Joachim Winckelmann, *Geschichte der Kunst des Altertums*, Titelblatt von Teil 1 der Originalausgabe 1764

Johann Winckelmanns,
Präsidentens der Alterthümer zu Rom, und Scrittore der Vaticanischen Bibliothek, Mitglieds der Königl. Englischen Societät der Alterthümer zu London, der Maleracademie von St. Luca zu Rom, und der Hetrurischen zu Cortona,

Geschichte der Kunst des Alterthums.

Erster Theil.

Mit Königl. Pohlnisch. und Churfürstl. Sächs. allergnädigsten Privilegio.

Dresden, 1764.
In der Waltherischen Hof-Buchhandlung.

Josef Winkler, *Natura morta*,
Einband der Originalausgabe
2001

sammen. Er analysiert die sinnlichen Eindrücke der Kunstwerke in klassischen Beschreibungen. Anstelle der älteren, biografisch-chronikalischen Betrachtungsweise entwickelt Winckelmann umfassende historische Fragestellungen. So geht er auf die Lebensformen der Völker, auf Klima, Boden, Staat, Erziehung und Religion ein. Er verfolgt eine Stilgeschichte, welche die allgemeinen geistigen Kräfte sowie den Zusammenhang zwischen Kunst und Leben zu ergründen sucht. Winckelmann kommt zu dem Schluss, dass das Kunstschaffen eines Volks die Stadien von Ursprung, Wachstum, Reife und Verfall durchläuft.

Durch die antike Kunst sah Winckelmann das Ideal der Menschenwürde verkörpert. So bezeichnet er in seiner Beschreibung der Laokoon-Gruppe das Werk als Skulptur von »edler Einfalt und stiller Größe«. An diesen Kriterien hatte sich gemäß Winckelmann die zeitgenössische Kunst zu messen.

Wirkung: Winckelmanns Schriften, die noch zu seinen Lebzeiten in mehrere Sprachen übersetzt wurden, waren ein Erfolg in ganz Europa. Allerdings gab es auch Gegner: Die Romantiker lehnten die von Winckelmann postulierten Ideale der griechischen Antike ab. Für Friedrich Schlegel (1772–1829) war die Antike ein Gegenbild zur Moderne, »nicht aber ein Vorbild, das nachgeahmt werden könnte.« Die *Geschichte der Kunst des Altertums* vermittelte dem 19. Jahrhundert die Grundlagen geisteswissenschaftlicher Disziplinen, indem die Entwicklung der Kunst und eine Systematik des historischen Prozesses herausgearbeitet wurden. Auch heute noch sind die ästhetische Analyse und die historische Darstellung Winckelmanns von großem Wert.　*V. R.*

Winkler, Josef

österreich. Schriftsteller

*3.3.1953 Kamering (Kärnten)

📖 *Natura morta*, 2001

Die patriarchalischen Machtverhältnisse auf dem Land, der alle Lebensbereiche durchdringende Katholizismus, die Homosexualität und der allgegenwärtige Tod sind die Hauptthemen im Werk von Josef Winkler, die er mit größter Präzision zu ausdrucksstarken und eindrucksvollen Bildern verdichtet.

Winkler wurde als Bauernsohn in einem kleinen Kärntner Dorf geboren, dessen provinziellengstirnige, lust- und lebensfeindliche, katholisch durchtränkte Welt den Stoff für seine drei ersten autobiografischen Romane (Romantrilogie *Das wilde Kärnten*, 1979–82) hergab. Ebenso verarbeitet der Autor diese Welt in seinen späteren Büchern immer wieder. Trotz seiner für die Dorfbewohner, seine Familie und ihn selbst schonungslos-schmerzhaften Kritik an den Verhältnissen in Kamering, kehrt Winkler immer wieder in das Dorf zurück, in dem er seine Kindheit und Jugend verbracht hat. Zu einer Art zweiten Heimat ist ihm Italien geworden, wo der ehemalige »Erzministrant« den altvertrauten Katholizismus gleichsam mit den Augen eines Ethnologen studieren kann.

Biografie: G. A. Höfler/G. Melzer (Hrsg.), *Josef Winkler*, 1998.

Natura morta

EA 2001　**Form** Novelle　**Epoche** Gegenwart

Eine römische Novelle nennt Josef Winkler seine streng durchkomponierte und mit höchster sprachlicher Präzision geschriebene Erzählung *Natura morta*, in der wieder seine literarischen Hauptthemen dominieren: das Neben- und Miteinander von Katholizismus und Homoerotik, von blühendem Leben und tragischem Tod.

Inhalt: Der hübsche 16-jährige Piccoletto arbeitet bei einem Fischhändler des Marktes auf der römischen Piazza Vittorio Emanuele. Als er während eines monsunartig niederprasselnden Regens für seine Kollegen eine Pizza holt, wird er von einem Feuerwehrauto erfasst und stirbt an der Unfallstelle, wo er von seinem Freund Frocio verzweifelt beweint wird. Die Erzählung endet mit dem Begräbnis des Jungen und dem Bild des verwirrt umherirrenden Frocio.

Aufbau: Winkler wollte eine Erzählung schreiben, die den *Natura-morta*-Gemälden (Stillleben) alter Meister entspricht, »ein Bild mit Fleisch und Früchten«, wie er in einem Interview sagt. Dementsprechend wählte er für seine

Die Bücher von Josef Winkler	
Das wilde Kärnten (Romantrilogie) 1979–82	Der gemeinsame Selbstmord zweier 17-jähriger Jungen in seinem Heimatdorf steht im Zentrum von Winklers radikal-autobiografischer Anti-Heimatroman-Trilogie *Menschenkind* 1979), *Der Ackermann aus Kärnten* (1980) und *Muttersprache* (1982).
Die Verschleppung, 1984	Eine Russin, die 1943 als 15-Jährige nach Österreich verschleppt wurde, erzählt in dem dokumentarischen Werk dem Autor ihr Leben.
Der Leibeigene, 1987	Mit seinem fünften Buch kehrt Winkler in sein Heimatdorf zurück, das er nun mit mehr Distanz studiert und beschreibt.
Friedhof der bitteren Orangen, 1990	Groteske und grässliche Unglücks- und Todesfälle aus Süditalien ergänzen und erweitern die Kindheits- und Jugenderlebnisse des Ich-Erzählers aus Kärnten.
Das Zöglingsheft des Jean Genet, 1992	Winklers Buch ist keine um Objektivität bemühte Biografie des französischen Autors, sondern eine emotionale Annäherung an den seelenverwandten Dichter Jean → Genet.
Domra. Am Ufer des Ganges, 1996	Minutiös genaue Beschreibungen hinduistischer Einäscherungszeremonien wechseln mit Bildern überbordenden Lebens in der heiligen Stadt Varanasi (Benares).
Wenn es so weit ist, 1998	In seiner ersten »fiktionalen« Erzählung – Kamering heißt hier Pulsnitz – reiht Winkler eine Sterbensgeschichte an die andere.
Natura morta, 2001	In seiner einem Stillleben entsprechenden »römischen Novelle« erreicht Winklers Schreibkunst einen Höhepunkt. → S. 1158

Novelle, die in sechs Kapitel unterteilt ist, einen möglichst objektiven Stil. Wie durch ein Kameraobjektiv beobachtet er das brodelnde Leben vor dem und im Petersdom und auf dem römischen Marktplatz, die dort arbeitenden und umherstreundenden Menschen, beschreibt er minutiös Südfrüchte und Gemüse, lebende, tote und zerteilte Tiere. Aus diesem »lebendigen Stillleben« entwickelt sich die Geschichte vom Unfalltod des Jungen mit der Wucht einer griechischen Tragödie.

Wirkung: Die Erzählung wurde von der Kritik einhellig als Meisterwerk gelobt, als »stiller, souveräner Höhepunkt« (Friedhelm Rathjen) in Winklers Schaffen. Als beeindruckend wurde vor allem die gelungene Verbindung einer kunstgeschichtlichen mit einer literarischen Gattung – des Stilllebens mit der Novelle – angesehen. *Natura morta* wurde 2001 mit dem Alfred-Döblin-Preis ausgezeichnet.   *R. Mi.*

Winter, Leon de

niederländ. Schriftsteller

* 24.2.1954 's-Hertogenbosch

📖 *Hoffmans Hunger*, 1990

Der als Autor und Filmemacher bekannte Leon de Winter gehört zu den erfolgreichsten Schriftstellern der Nachkriegsgeneration in den Niederlanden. Mit dem Roman *Hoffmans Hunger* (1990) gelang ihm in den 1990er Jahren auch international der Durchbruch bei einem breiten Lesepublikum. Besonderer Beliebtheit erfreut er sich in den deutschsprachigen Ländern, wo fast alle seine Romane bei Lesern und Kritik großen Erfolg hatten.

De Winter wuchs als Sohn orthodox-jüdischer Eltern in 's-Hertogenbosch auf und ging 1974 zum Studium an die Filmakademie nach Amsterdam. Als Schriftsteller debütierte er 1976 mit einem Erzählband, dem er den für sein frühes Werk programmatischen Titel *Über die Leere in der Welt* gab. 1978 folgte mit *Die (Ver)Bildung des jüngeren Dürer* der erste von bisher elf Romanen.

Die Protagonisten in den Büchern der ersten Schaffensperiode, die bis Mitte der 1980er Jahre reicht, sind auf der Suche nach Orientierung in einer als chaotisch und beängstigend empfundenen Realität. Mit den Romanen *Kaplan* (1986) und *Hoffmans Hunger* begann eine neue Phase, die einem breiteren Lesegeschmack entgegenkommt. Vor dem Hintergrund seiner eigenen Herkunft spielt das Thema der jüdischen Identität eine zunehmende Rolle in den Romanen von de Winter. Er ist mit der niederländischen Schriftstellerin Jessica Durlacher (* 1961) verheiratet.

Hoffmans Hunger

OT Hoffman's honger **OA** 1990 **DE** 1995
Form Roman **Epoche** Gegenwart

Eine aktuell hinzugefügte Spionagegeschichte, mit der de Winter unmittelbar auf die historischen Umwälzungen des Jahres 1989 in Europa reagierte, macht den Roman *Hoffmans Hunger* oberflächlich zu einem spannenden Thriller aus der Endzeit des Ost-West-Konflikts. In erster Linie aber will das Buch ein psychologischer Roman sein, der die Geschichte des Menschen Felix Hoffman und seinen »Hunger« nach menschlichem Glück beschreibt.

Entstehung: Trotz der aktuellen Zeitbezüge hat das Konzept zu diesem Roman Leon de Winter schon viele Jahre vor Erscheinen des Buchs beschäftigt. Zeugnisse hierfür finden sich in zwei früheren Werken de Winters, die explizit auf *Hoffmans Hunger* vorausweisen. Sowohl in *Verzögerter Roman* (1982) als auch in *Leo Kaplan* (1986) arbeitet ein Schriftsteller – acht bzw. vier Jahre vor seinem wirklichen Erscheinen – an einem Roman dieses Titels.

Inhalt: In den beiden ersten Kapiteln des Romans werden zwei Erzählstränge geknüpft, die zunächst ohne erkennbaren Zusammenhang sind, sich aber im weiteren Verlauf zu einem Geflecht aus Spionageroman und psychologischer Lebensgeschichte vermischen.

Im ersten Kapitel wird der übergewichtige, an krankhafter Fresssucht leidende US-Amerikaner Freddy Mancini vorgestellt, der in der Nacht des 21. Juni 1989 in Prag Zeuge der Entführung eines anderen Amerikaners aus seiner Reisegruppe wird. In den übrigen, verstreut eingefügten Kapiteln der Spionagestory tauchen als weitere Akteure die US-Geheimdienstler

Leon de Winter, *Hoffmans Hunger,* Einband der deutschsprachigen Erstausgabe 1995

Die wichtigsten Bücher von Leon de Winter	
Die (Ver)Bildung des jüngeren Dürer, 1978	In Leon de Winters erstem Roman zieht es den 19-jährigen arbeitslosen Herman Dürer auf den Spuren von Joseph von → Eichendorffs *Aus dem Leben eines Taugenichts* in den Süden.
Leo Kaplan 1986	Die Geschichte des Schriftstellers Leo Kaplan spiegelt das Leben und die Lieben eines jüdischen Autors der »zweiten« Generation, der sich allmählich seiner Herkunft und Identität bewusst wird.
Hoffmans Hunger 1990	Felix Hoffman, niederländischer Botschafter in Prag, der an chronischer Schlaflosigkeit und Fresssucht leidet, wird 1989 in eine Spionageaffäre hineingezogen.→ S. 1159
SuperTex 1991	Max Breslauer, Yuppie, assimilierter Jude und Erbe der Textilkette »SuperTex«, gerät in die Auseinandersetzung mit seinem Vater und dem orthodoxen Judentum in eine Identitätskrise.
Sokolows Universum 1992	Freundschaft und Verrat sind das Thema dieses Romans, der vor dem Hintergrund des Golfkriegs spielt und das Leben zweier aus der Sowjetunion nach Israel ausgewanderter Juden schildert.
Zionoco 1995	Der Rabbiner Sol Meyer fällt durch eine Liebesaffäre vom Starprediger der größten New Yorker Synagoge zum versoffenen Aushilfsprediger in Paramaribo.
Der Himmel von Hollywood, 1997	In einem spannenden Thriller gelingt Tom Green mit zwei gealterten Schauspielerkollegen ein gewagter Coup.

John Marks – ein ehemaliger Geliebter von Hoffmans Frau – und Irena Nová auf, die Journalistin und Doppelspionin, durch die Hoffman selbst in diese Geschichte hineingezogen wird.

Krankhafte Fresssucht ist eines der Leiden von Felix Hoffman, der im zweiten Kapitel eingeführt wird. Der 59-jährige Diplomat hat gerade seinen neuen Posten als Botschafter der Niederlande in der Tschechoslowakei angetreten. Es soll der Höhepunkt und Abschluss einer bis dahin wenig erfolgreichen diplomatischen Karriere werden. Auch familiär war Hoffman im Lauf seines Lebens wenig Glück beschieden. Als jüdisches Kind hat er den Zweiten Weltkrieg auf einem Bauernhof versteckt überlebt, während seine Eltern Opfer der Judenvernichtung wurden. Seine beiden 1960 geborenen Zwillingstöchter Esther und Miriam sind jung gestorben. Auch seine Ehe mit Marian existiert nur noch auf dem Papier.

Seit Esthers Tod im Jahr 1968 leidet Hoffman an chronischer Schlaflosigkeit, die er mit übermäßigem Essen und Trinken sowie mit der Lektüre des Philosophen Baruch de → Spinoza zu vertreiben sucht. Während seiner nächtlichen Gelage schweifen seine Gedanken und Erinnerungen in die Vergangenheit zurück. Die aktuellen Aufgaben Hoffmans als Botschafter werden vom politischen Umbruch in Osteuropa bestimmt. Durch seine Beziehung zu der Spionin Irene Nová, mit der er neues Liebesglück erlebt, wird Hoffman schließlich in die zu Beginn des Romans gesponnene Spionageaffäre verwickelt. Hierdurch wird er als Botschafter untragbar, ihm bleibt nur der Rücktritt. Er zieht sich in die Niederlande zurück und opfert sein gesamtes Vermögen, um alle Kopien eines Pornofilms seiner verstorbenen Tochter zurückzukaufen. Am Ende steht der verbitterte Wunsch, das ihm verhasste 20. Jahrhundert endlich auf dem Friedhof der Geschichte zu begraben. Als einziger Lichtblick bleibt ihm die Versöhnung mit seiner Frau, die Pläne für den gemeinsamen Lebensabend im sonnigen Süden schmiedet.

Struktur: In der Person Hoffmans konzentrieren sich eine Reihe von Themen und Motiven, die für de Winter kennzeichnend sind. Der »Hunger« des Protagonisten ist nicht nur physisch; er versinnbildlicht das psychische Verlangen nach existenziellem Glück und Erlösung von den traumatischen Ereignissen seines Lebens ebenso wie den Wunsch nach philosophischer Sinngebung, der in der Spinoza-Lektüre zum Ausdruck kommt. Das Buch zeichnet sich durch eine fesselnde Dramaturgie aus, die gekonnt filmische Techniken wie Überblendungen und rasche Schnittfolgen erzählerisch umsetzt.

Wirkung: De Winter selbst hat *Hoffmans Hunger* 1993 als Regisseur mit internationaler Starbesetzung in einer vierteiligen Fernsehserie verfilmt. *H. E.*

Wittgenstein, Ludwig

österreich. Philosoph

* 26.4.1889 Wien, †29.4.1951 Cambridge, England

📖 *Tractatus logico-philosophicus*

Ludwig Wittgenstein war der wichtigsten Vertreter der analytischen Philosophie, einer Strömung, die sich im 20. Jahrhundert vor allem im angelsächsischen Raum entwickelte und bei der Logik und Sprache im Zentrum der philosophischen Untersuchungen stehen.

Wittgenstein war das achte Kind einer reichen Wiener Industriellenfamilie, die engen Kontakt zum zeitgenössischen künstlerischen Wiener Milieu pflegte. Nach einem abgebrochenen Ingenieurstudium ging Wittgenstein 1910 nach Cambridge, um bei Bertrand → Russell Philosophie und Logik zu studieren. Im Ersten Weltkrieg meldete sich Wittgenstein freiwillig an die Front. 1918 beendete er sein Frühwerk, den *Tractatus logico-philosophicus*, in dem er Sprache als logisch geregeltes Abbild der Welt versteht. Nach der Fertigstellung des *Tractatus* wandte sich Wittgenstein für ein Jahrzehnt von der Philosophie ab. Er verschenkte sein ererbtes Vermögen und lebte u. a. als Volksschullehrer.

Nach Kontakten mit dem Wiener Kreis, einer Gruppe von neopositivistisch orientierten Wissenschaftlern, kehrte Wittgenstein nach Cambridge zurück und lehrte dort ab 1929. Ab 1939 hatte er eine Professur inne, die er 1947 vorzeitig niederlegte. Bis zu seinem frühen Tod lebte Wittgenstein in England, Irland und Norwegen. In dieser Zeit schuf er sein zweites Hauptwerk, die *Philosophischen Untersuchungen* (postum 1959). Wittgenstein unterzieht darin sein Frühwerk einer umfassenden Kritik und entwickelt eine neue Konzeption von Sprache, die nicht minder einflussreich wurde als jene des *Tractatus*: Sprache gleicht hier eher einem logischen Spiel als einem logischen Kalkül.

Biografie: R. Monk, *Ludwig Wittgenstein. The Duty of Genius*, 1991; K. Wuchterl/A. Hübner, *Ludwig Wittgenstein* (rm 50 275).

Tractatus logico-philosophicus

OT *Logisch-philosophische Abhandlung*
OA 1921 **Form** Abhandlung **Bereich** Philosophie

Der *Tractatus logico-philosophicus* ist einer der Klassiker der modernen Sprachphilosophie, durch den Sprache zum wichtigsten Thema der Philosophie des 20. Jahrhunderts wurde. Bis heute wird die darin entwickelte Bildtheorie von Sprache kontrovers diskutiert.

OT = Originaltitel **EZ** = Entstehungszeit **OA** = Originalausgabe **DE** = Deutsche Erstausgabe 📖 = Verweis auf Werkartikel

Entstehung: Wittgenstein schrieb den *Tractatus* in den Jahren 1911–18, angeregt durch die logischen Untersuchungen von Bertrand → Russell und Gottlob Frege (1848–1925). Zunächst war das Buch als rein logische und sprachphilosophische Abhandlung konzipiert, doch als Wittgenstein im Ersten Weltkrieg an der Front war, begann er, in das Buch auch Themen wie den Sinn des Lebens, Ethik und Ästhetik aufzunehmen. Aufgrund der ungewöhnlichen Struktur des Werks hatte Wittgenstein Probleme, einen Verleger zu finden; erst durch Russells Einfluss konnte es erscheinen.

Struktur: Der *Tractatus* besteht aus streng durchnummerierten Sätzen von 1 bis 7, die durchnummerierte Untersätze (1.1, 1.1.1, 1.1.2 etc.) enthalten. Durch diese strenge Struktur sollen das Ideal einer klaren Sprache und die wichtige Rolle der Logik ausgedrückt werden.

Inhalt: Im *Tractatus* versucht Wittgenstein, eine Grenze zwischen sinnvollen und unsinnigen Sätzen, zwischen dem Sagbaren und dem Unsagbaren zu ziehen.

Wittgenstein vertritt die Auffassung, dass sinnvolle Sätze Bilder der Tatsachen in der Welt sind und Sprache die Welt abbildet. Dieser Bildtheorie zufolge sind Sprache und Welt strukturgleich. Sprache besteht aus Sätzen, und Sätze bestehen aus Namen. Die Welt besteht aus Tatsachen, und diese wiederum bestehen aus Gegenständen. Aus der gleichen Struktur von Sprache und Welt erklärt sich auch, dass beide dieselbe Grenze haben: »Die Grenzen meiner Sprache sind die Grenzen meiner Welt«, lautet Satz 5.6 des *Tractatus*.

Eine wichtige Funktion kommt bei der Abbildung der Welt durch Sprache der Logik zu, da sie die Regeln angibt, durch die sinnvolle Sätze von unsinnigen unterschieden werden können. Alles, was sich klar sagen lässt, sind Tatsachensätze, deren Struktur die Logik beschreibt. Über alles andere, wie z. B. Ethik, Ästhetik, den Sinn des Lebens und Mystik, lässt sich nur schweigen, aber es »zeigt« sich in unserer Sprache und in unserem Leben.

Mit dieser Unterscheidung zwischen Sagen und Zeigen weist Wittgenstein der Sprache eine weitere wichtige Funktion zu. Durch sie wird der Schlusssatz des Buches »Wovon man nicht sprechen kann, darüber muss man schweigen« verständlich. Wittgenstein war der Ansicht, mit seiner Konzeption die philosophischen Probleme im Wesentlichen endgültig gelöst zu haben, denn die Fragestellungen dieser Probleme beruhen, wie er im Vorwort formuliert »auf dem Missverständnis der Logik unserer Sprache«.

Wirkung: Das Buch wurde nach seinem Erscheinen schnell bekannt, insbesondere in England, wo Wittgenstein aufgrund dieses Erfolges zum Professor ernannt wurde.

In Wien beeinflusste das Buch eine Gruppe von Naturwissenschaftlern und Philosophen, die sich »Wiener Kreis« nannte. Viele Mitglieder der Gruppe emigrierten aus politischen Gründen in den 1930er Jahren in die USA und beeinflussten dort die Philosophie nach dem Zweiten Weltkrieg maßgeblich. Neben Frege und Russell wurde Wittgenstein dadurch zu einem der Gründer einer der wichtigsten philosophischen Strömung im 20. Jahrhundert, der analytischen Philosophie. Der *Tractatus* schuf ein Ideal von Klarheit, Ausdrucksschärfe und Genauigkeit, das viele Philosophen übernahmen. Sprachanalyse gehört seit diesem Werk zu den zentralen Aufgaben der modernen Philosophie. Darüber hinaus hatte der *Tractatus* aber auch großen Einfluss auf die Literatur und andere Künste.

Viele Autoren griffen Wittgensteins Unterscheidung zwischen Sagen und Zeigen auf, wie z. B. Thomas → Bernhard, Peter → Handke und Ingeborg → Bachmann. Literatur wird z. B. bei Bachmann als eine Kunst gesehen, bei der die Funktion, etwas Unsagbares zu zeigen, im Vordergrund steht.   *B. Sch.*

Wolf, Christa

dt. Schriftstellerin

* 18.3.1929 Landsberg/Warthe

📖 *Der geteilte Himmel*, 1963

📖 *Kassandra*, 1983

Christa Wolf gilt als literarische Repräsentantin des geteilten Deutschland. In Ost und West fand ihr Werk – geprägt von einem um Wirklichkeitstreue bemühten Schreiben – gleichermaßen Anerkennung, wurde aber auch immer wieder kritisch hinterfragt. Thematische Kon-

Christa Wolf bei einer Pressekonferenz im Januar 1978

Sie hat ihren eigenen Stil gefunden. Und dieser Stil des behutsamen Dreinredens hat Wirkung gezeigt. Über Jahrzehnte hinweg las man sie aufmerksam in beiden deutschen Staaten. Sie ist eine von den vielen Autoren, die dazu beigetragen haben, dass bei allem, was geteilt wurde – wirtschaftlich, politisch, ideologisch –, die Teilung im Bereich Kultur nicht so absolut vollzogen werden konnte. Es entstand ein Dialog zwischen den Literaturen.

Christa Wolf, *Der geteilte Himmel*, Umschlag der DDR-Originalausgabe 1963

Bitterfelder Weg

Bedeutung: »Bitterfelder Weg« war die Bezeichnung für das kulturpolitische Programm der jungen DDR, beschlossen und erweitert auf der ersten und zweiten Bitterfelder Konferenz der SED 1959/1964. **Konzept:** Überwindung der Kluft zwischen Kultur und Leben durch eine »Volkskultur«, Förderung der literarischen Auseinandersetzung von Schriftstellern mit der Arbeitswelt und der schriftstellerischen Tätigkeit von Arbeitern hieß das Konzept. Die Schlagworte der Kampagne lauteten »Dichter in die Produktion«, »Greif zur Feder, Kumpel« und »Schriftsteller an die Basis«. Ziel war die Auseinandersetzung mit den Gegenwartsproblemen im Stil des sozialistischen Realismus. **Wirkung:** Der »Bitterfelder Weg« hat nur wenige künstlerische Ergebnisse hervorgebracht. Neben Christa Wolfs Erzählung *Der geteilte Himmel* und Erwin → Strittmatters *Ole Bienkopp* (1963) sind u. a. Arbeiten von Brigitte → Reimann, Dieter Noll, Max Walter Schulz, Erik Neutsch und Horst Salomon zu nennen, die aber literarisch nicht alle überzeugten.

stante ist der Konflikt zwischen Individualität und Kollektivismus. Deutlich für die sozialistische Idee eintretend, zeigte Wolf die Schwierigkeiten des DDR-Alltags auf. Ihre feministische Position äußert sich vor allem in den Romanen *Kassandra* (1993) und *Medea. Stimmen* (1996).

1945 flüchtete Wolf nach Mecklenburg. Bis 1953 studierte sie Germanistik in Jena und Leipzig. Nach mehrjähriger Tätigkeit als Lektorin ist sie seit 1957 als freie Schriftstellerin tätig. 1949–89 war sie Mitglied der SED und geriet wegen ihrer kritischen Haltung mehrmals in Konflikt mit der Parteiführung. Für kurze Zeit Stasi-Informantin, wurde die Autorin selber jahrelang von der Staatssicherheitsbehörde überwacht. Die Erzählung *Was bleibt* (1990), in der sie diese Erfahrungen verarbeitet hat, löste heftige Diskussionen über die Position der Intellektuellen in der DDR aus.

Biografien: J. Magenau, *Christa Wolf*, 2002; A. Stephan, *Christa Wolf*, 1991.

Der geteilte Himmel

DE 1963 (DDR), 1964 (BRD)
Form Erzählung **Epoche** Gegenwart

Nach ihrem literarischen Debüt mit der *Moskauer Novelle* (1961), die nur in der DDR veröffentlicht wurde, schrieb Christa Wolf 1963 mit *Der geteilte Himmel* ihre erste Erzählung, die in beiden deutschen Staaten starke Beachtung fand. In dieser Liebesgeschichte behandelt sie als eine der ersten Autoren der DDR den Mauerbau (1961). Angeregt durch das Kulturprogramm »Bitterfelder Weg« (Stichwort → S. 1162) setzt sich *Der geteilte Himmel* mit der Arbeitswelt und ihren Produktionsbedingungen auseinander, sprengt dabei aber die engen Grenzen des sozialistischen Realismus.

Inhalt: Im August 1961 erwacht die 20-jährige Rita Seidel nach einem Zusammenbruch im Krankenhaus und wird in ein Sanatorium überwiesen. Während ihrer Genesung rekapituliert sie die Ereignisse der letzten zwei Jahre: Als Büroangestellte in einem kleinen Dorf lernt sie

den zehn Jahre älteren Chemiker Manfred Herrfurth kennen, und die beiden verlieben sich ineinander. Rita wird für ein Lehrerseminar angeworben und nutzt die Gelegenheit, zu Manfred nach Halle/Saale zu ziehen, wo sie ein Arbeitspraktikum in einem Waggonwerk beginnt. Sie identifiziert sich mit den Arbeitern und ihren Aufgaben, vor allem der Brigardier Metternagel weckt in ihr die Bereitschaft, sich für den Aufbau des Sozialismus zu engagieren. Ihr Verlobter steht der DDR kritisch gegenüber. Als eine von ihm entwickelte technische Neuerung von den Planungsbehörden nicht berücksichtigt wird, kehrt Manfred ohne Ankündigung von einem Chemiker-Kongress in West-Berlin nicht zurück – in der Annahme, dass Rita ihm folgen wird. Bei einem Besuch im Westen fühlt Rita sich fremd – wenige Tage vor dem Mauerbau fährt sie nach Halle zurück, wo sie kurz darauf bei einem Einsatz im Waggonwerk zusammenbricht. Nach dem Aufenthalt im Sanatorium findet sie erneut die Kraft, sich den Lebensbedingungen ihres Heimatstaates zu stellen.

Wirkung: Wolf beschreibt in ihrer Erzählung die Schwierigkeiten des geteilten Deutschlands mit den bis ins Privatleben hineinreichenden Auswirkungen. Die Autorin steht dabei deutlich auf der Seite ihrer Protagonistin. Doch die Darstellung einer kritischen Haltung zur DDR widersprach der sozialistischen Literaturdoktrin und wurde heftig kritisiert. Mit der Thematisierung der Republikflucht durchbrach Wolf zudem ein Tabu der DDR-Literatur. Dennoch erhielt sie mit dem Heinrich-Mann-Preis den bedeutendsten Literaturpreis der DDR (1963) und fand auch im Westen große Beachtung.

Mit ihrem Mann Gerhard Wolf erarbeitete die Autorin 1964 das Drehbuch für die DEFA-Verfilmung von *Der geteilte Himmel* (Regie: Konrad Wolf, in den Hauptrollen Renate Blume und Eberhard Esche), die ebenfalls ein großes Publikum fand. *A. K.*

Kassandra

DE 1983 (BRD), 1983 (DDR)
Form Erzählung **Epoche** Gegenwart

Anfang der 1980er Jahre schrieb Christa Wolf mit *Kassandra* einen Text, der zwei Themenkomplexe ihres Werkes zusammenfasst – die Bemühung um Frieden und um weibliche Emanzipation. In einer Zeit des Kalten Krieges, des atomaren Wettrüstens und der noch nicht erreichten Gleichstellung der Frau war Wolfs Erzählung über eine mythologische Frauengestalt von frappierender Aktualität. Anhand des Kassandra-Mythos zeigt die Autorin jahrtausendealte kriegsfördernde Mechanismen auf, etwa die feindliche Abgrenzung nach außen zur Sicherung der eigenen Ideologie. Krieg wird als Ergebnis patriarchaler Machtstrukturen beschrieben, zu deren Aufrechterhaltung die Unterdrückung der Frau unumgänglich ist.

Entstehung: 1982 war Wolf Gastdozentin an der Universität Frankfurt/Main. Ihre Poetik-Vorlesungen trugen den Titel *Voraussetzungen einer Erzählung: Kassandra* und rekonstruierten in einer Mischung aus Reisebericht, Arbeitstagebuch und Briefen den Entstehungsprozess der Erzählung, zu dem die Lektüre der *Orestie* des Aischylos auf einer Griechenlandreise den ersten Anstoß gegeben hatte. Wolf greift verschiedene Varianten des Kassandra-Mythos auf und entwickelt ein eigenes Bild der Figur: Kassandra wird zum Symbol für die »Stimmlosigkeit« der Frau.

Inhalt: In einem Erinnerungsmonolog der Hauptfigur entfaltet sich die Geschichte Kassandras: Der Tochter des trojanischen Königs Priamos wurde von Apoll die Sehergabe verliehen. Da sie sich aber der Liebeswerbung des Gottes verweigert, straft er sie mit dem Fluch, dass niemand ihren Prophezeiungen glaubt. So kann Kassandra, die für wahnsinnig gehalten wird, den Krieg ihres Volks mit den Griechen nicht verhindern. Geführt wird dieser Krieg um ein Phantom: Kassandras Bruder Paris ist es tatsächlich nicht gelungen, die Griechin Helena nach Troja zu bringen. Kassandra weigert sich, für die Strategien der Kriegsführung benutzt zu werden, und wird zur Fremden im eigenen Land. Schutz findet sie nur bei einer Gruppe von Frauen, die aus der Stadt geflüchtet vor deren Toren leben und die Göttin Kybele verehren – die matriarchale Lebensform wird zu einem utopischen Entwurf friedlichen Lebens. Von Agamemnon nach Griechenland verschleppt, wartet Kassandra schließlich vor dem Löwentor von Mykene auf ihre Hinrichtung. Sie ist sich selber treu geblieben, aber bezahlt ihre Haltung mit dem Tod.

Wirkung: *Kassandra* ist Wolfs erfolgreichstes Werk, die Erzählung rangierte monatelang auf den Bestsellerlisten, es entstanden mehrere Hörspielfassungen und Dramatisierungen. Die Poetik-Vorlesungen wurden im Osten erst veröffentlicht, nachdem Wolf mehrere Passagen gestrichen hatte – so z. B. eine Textstelle, in der ein einseitiges Abrüsten durch den Warschauer Pakt erwogen wird. Trotz dieser Streichungen fand der Text in der DDR viele Kritiker, wurde aber zu einem Basistext der Friedens- und Frauenbewegung.

1996 führte die Autorin die Themen der Erzählung in ihrem Roman *Medea. Stimmen* fort: Frühe Quellen berücksichtigend, arbeitete sie heraus, wie Medea von der männlich dominierten Geschichtsschreibung zur Kindesmörderin stilisiert wurde. Erneut wird das Weibliche als

Die wichtigsten Bücher von Christa Wolf	
Der geteilte Himmel, 1963	Deutsch-deutsche Liebesgeschichte am Vorabend des Mauerbaus, in der die politische Situation reflektiert wird. → S. 1162
Nachdenken über Christa T., 1968	Wolf rekonstruiert das Leben ihrer an Leukämie verstorbenen Freundin und stellt die Frage nach Selbstverwirklichung.
Kindheitsmuster, 1976	Erinnerungen an eine Kindheit im Nationalsozialismus vermischen sich mit Stellungnahmen zu aktuellen Ereignissen.
Kein Ort. - Nirgends, 1979	Die fiktive Begegnung zwischen den Schriftstellern Karoline von Günderrode und Heinrich von → Kleist.
Kassandra 1983	Entwurf eines utopisch-weiblichen Gegenbildes zu männlichen Handlungsmustern am Beispiel der antiken Seherin. → S. 1162
Störfall. Nachrichten eines Tages, 1987	Aufarbeitung des Reaktor-Störfalls in Tschernobyl (Ukraine): Schilderung eines Tages in einem mecklenburgischen Dorf.
Was bleibt 1990	Erzählung mit deutlichen autobiografischen Zügen über eine von der Staatssicherheit überwachte Schriftstellerin.
Medea. Stimmen, 1996	Umdeutung des mythologischen Stoffs der Kindesmörderin Medea, die im Roman nicht Täterin, sondern Opfer ist.
Leibhaftig 2002	Die existenzielle Krise einer lebensbedrohlich erkrankten Frau offenbart zugleich den Zusammenbruch einer Gesellschaft.

Angst machendes und deshalb zu unterdrückendes Element gezeigt, die feindliche Abgrenzung gegen alles Fremde als eine den Frieden unmöglich machende Tendenz.   *A. K.*

Wolfe, Thomas

US-amerikan. Schriftsteller

*3.10.1900 Asheville (North Carolina)

†15.9.1938 Baltimore (Maryland)

📖 *Schau heimwärts, Engel!*, 1929

Thomas Clayton Wolfe, dessen literarisches Werk in hohem Maße autobiografisch geprägt ist, gehört neben John → Steinbeck und Ernest → Hemingway zu den meistgelesenen US-amerikanischen Schriftstellern der 1920/30er Jahre. Wolfe, als Sohn eines Steinmetz in Asheville geboren, besuchte 1916–20 die University of North Carolina in Chapel Hill. Hier betätigte er sich als Autor und Herausgeber der Studentenzeitung und unternahm seine ersten Versuche als Theaterschriftsteller. Ab 1920 war Wolfe vier Jahre lang Student der Harvard University. Dort frequentierte er u. a. die praxisbezogenen Dramenseminare von George P. Baker, zu dessen Schülern auch Eugene O'Neill (1888–1953) gehört hatte.

Nach Abschluss des Studiums arbeitete Wolfe bis 1929 als Dozent für englische Literatur an der Universität von New York. Gemeinsam mit seiner Lebensgefährtin, der Bühnenbildnerin Aline Bernstein, unternahm er mehrere Europareisen. Wenige Tage vor dem großen Börsenkrach in New York 1929 erschien Wolfes erster Roman *Schau heimwärts, Engel!* Der unmittelbare Erfolg dieses Buchs und ein Guggenheim-Stipendium ermöglichten Wolfe die Aufgabe

Auszug aus dem Roman *Schau heimwärts, Engel!* von Thomas Wolfe:

Er verfolgte das Gespenst seiner selbst, er versuchte einen Augenblick lang das Leben, an dem er teilgehabt hatte, zurückzugewinnen. Er verstand das Wachstum, den Wandel nicht. Er stand in der Wohnstube und starrte ein Kinderbildnis von sich an; er wandte sich ab: Ihm graute vor seinem Unvermögen, sein Ich auch nur eine Sekunde lang zu fassen, zu greifen, zu halten.

Die wichtigsten Bücher von Thomas Wolfe	
Schau heimwärts, Engel! 1929	In der Jugendgeschichte des Protagonisten Eugene Gant, der als Sohn eines Steinmetz und einer von Immobiliengeschäften besessenen Mutter in einer kinderreichen Familie aufwächst, verarbeitete Wolfe seine eigene Biografie bis ins Jahr 1920. → S. 1164
Von Zeit und Strom 1935	Mit dem Roman setzte Wolfe die in *Schau heimwärts, Engel!* begonnene Geschichte des Eugene Gant fort, der nach seinem Abschluss an der Universität sein Drama-Studium aufnimmt. Nun beginnt für ihn eine rastlose Suche nach einer inneren Heimat.
Geweb und Fels 1939	In diesem dritten autobiografischen Roman hat Wolfe seinen Protagonisten Eugene Grant durch George Webber ersetzt und erzählt seine Jugendgeschichte sowie seine Liebe zu Esther Jack.
Es führt kein Weg zurück, 1940	Zusammengestellt aus unvollendeten Manuskripten, schließt der Roman, der das Schicksal George Webbers 1929–36 schildert, unmittelbar an das Ende von *Geweb und Fels* an.

seiner Lehrtätigkeit. Es folgten weitere Europareisen, die den Schriftsteller wiederholt nach Deutschland führten, zuletzt 1936 zu den Olympischen Spielen.

Wolfe, der nach einer Lungenentzündung an einer tuberkolösen Gehirninfektion erkrankte, starb im September 1938 in Baltimore.

Biografie: D.H. Donald, Look Homeward, *A Life of Thomas Wolfe*, Boston 1987.

Schau heimwärts, Engel!

OT Look Homeward, Angel. A Story of the Buried Life **OA** 1929 **DE** 1932 **Form** Roman **Epoche** Moderne

Mit seinem 1929 erschienenen ersten Roman *Schau heimwärts, Engel!* gelang Thomas Wolfe, der sich bis dahin erfolglos als Theaterschrift-

Schauspieler Anthony Perkins 1958 vor dem New Yorker Barrymore Theater, wo er in Ketti Frings' Bühnenfassung des Romans *Schau heimwärts, Engel!* von Thomas Wolfe die Erstbesetzung spielte

steller versucht hatte, der literarische Durchbruch. Inhaltlich und stilistisch zwischen den Romanen *Porträt des Künstlers als junger Mann* (1916) von James Joyce und *Der Weg allen Fleisches* (1903) von Samuel Butler d.J. angesiedelt, entfaltet sich die Jugendgeschichte des Protagonisten Eugene Gant zu einer ins Epische ausgeweiteten Autobiografie des Schriftstellers Wolfe bis in das Jahr 1920.

Inhalt: Die Romanhandlung setzt zwei Generationen vor der Geburt Eugenes mit der Ankunft des Engländers Gilbert Gaunt in Baltimore 1837 ein. Gaunt, der seinen Nachnamen nun in Gant umändert, heiratet eine junge Witwe, wird Vater von fünf Kindern und erliegt schließlich einem Schlaganfall. Nach der lakonischen Schilderung seines Lebens wendet sich Wolfe dem Schicksal seines zweiten Sohnes Oliver zu. Oliver bemerkt eines Tages, als er die Werkstatt eines Steinmetzes passiert, einen großen gemeißelten Engel. Er erkennt seine Profession und beginnt eine Ausbildung als Steinmetz. Nach dem frühen Tod seiner Frau Cynthia zieht es ihn nach Altamont in North Carolina, er lernt die lebensfrohe Eliza Pentland kennen und heiratet sie. Gleich ihren Geschwistern neigt auch Eliza, durch ihre Armutserfahrung nach dem Bürgerkrieg traumatisiert, zu einem übersteigerten Bedürfnis, Besitz anzusammeln.

Eliza bringt zehn Kinder zur Welt, von denen drei noch im Säuglingsalter sterben. 1885 wird ihr ältester Sohn Steve geboren. Es folgen Daisy, Helen und 1892 das Zwillingspaar Grover und Ben. Zwei Jahre darauf kommt Luke zur Welt. Eugene, das jüngste Kind, wird 1900 geboren.

Wie seine älteren Geschwister leidet auch Eugene unter den Alkoholexzessen seines Vaters und unter den massiven Auseinandersetzungen zwischen den Eltern. Während Steve sich unter den gewaltsamen Zusammenstößen zum impertinenten Gammler entwickelt und Daisy hinter ihrem scheuen und sanftmütigen Auftreten eine Neigung zur Bösartigkeit erkennen lässt, gerät Helen zunehmend in Konflikt mit der Mutter. Sie schlägt sich auf die Seite des Vaters und beginnt, ihn wie ein Kind zu umsorgen. Luke, den die Familie »den Selbstlosen und Großzügigen« nennt, weil er seine Einkünfte als Verkaufstalent freimütig vergibt, wird in seinem Tun von der Sucht nach Anerkennung getrieben. Ben, dessen Zwillingsbruder Grover mit zwölf Jahren an Typhus stirbt, reagiert auf den im Haus herrschenden Lärm, indem er sich in seine Einsamkeit zurückzieht.

Auch Eugene findet eine Möglichkeit, der familiären Zerrissenheit zu entkommen: Er entdeckt seine Liebe zur Literatur. Doch seine von einem exzessiven Nahrungs-, Wissens- und Liebeshunger genährte Sehnsucht nach einem inneren Halt, nach einem »fremden, begrabenen

Leben«, begleitet ihn noch, als er Altamont längst verlassen hat, um an der Universität in Pulpit Hill zu studieren. Am Ende des Romans erklärt ihm sein inzwischen verstorbener Bruder Ben in einer Vision, dass die Antwort auf sein Sehnen in ihm selbst verborgen liegt. Doch seine Botschaft erreicht Eugene nicht. Als er in der Schlussszene an den steinernen Engeln seines Vaters vorübergeht, ist er entschlossen, sein Glück in der Ferne zu finden.

Wirkung: Einen nicht zu unterschätzenden Beitrag zur Popularität dieses Romanes leistete der Schriftsteller Sinclair →Lewis, als er Wolfes Buch in seiner Nobelpreisrede von 1929 eine »kolossalische Schöpfung voll tiefer Lebenslust« nannte. 1957 wurde in New York die von Ketti Frings bearbeitete Bühnenfassung von *Schau heimwärts, Engel!* uraufgeführt. Ein Phänomen in der Rezeptionsgeschichte ist die Wolfe-Begeisterung im Deutschland der 1930er Jahre. Hier gehörten u.a. Gottfried →Benn, Hermann →Hesse und Klaus →Mann zu den Bewunderern des Schriftstellerkollegen.   *B.S.*

Wolfe, Tom

US-amerikan. Schriftsteller

*2.3.1931 Richmond (Virginia)

📖 *Fegefeuer der Eitelkeiten*, 1987

Tom Wolfe, Hauptvertreter des sozialkritischen Neuen Journalismus, vermischt in seinem Werk Fakten und Fiktion. Als Romancier schreibt er breit angelegte Gesellschaftssatiren mit moralischer Akzentuierung.

Nach seiner Promotion an der Yale University in New Haven (Connecticut) 1957 war der Südstaatler Wolfe Reporter der *Washington Post* (1959–62) und des Magazins *New Yorker*, ab 1968 gab er das *New York Magazine* mit heraus. Berühmt wurde er mit seinen Essaysammlungen *Das bonbonfarbene, tangerinrot-gespritzte Stromlinienbaby* (1965) und *Das silikongespritzte Mädchen* (1968). Sein Tatsachenroman *Unter Strom* (1968) beschreibt die Hippie-Drogentour des Autors Ken →Kesey und dessen Freunden 1964 mit dem Bus durch die USA, der dokumentarische Roman *Die Helden der Nation* (1979) erzählt von den ersten US-Astronauten. Wolfes erster rein fiktionaler Roman *Fegefeuer der Eitelkeiten* (1987) über Aufstieg und Fall eines New Yorker Neureichen wurde ein internationaler Bestseller und 1989 von Brian de Palma verfilmt. Ein Immobilien-Tycoon aus Atlanta (Georgia) steht im Mittelpunkt des Romans *Ein ganzer Kerl* (1998). In *Hooking up* (2000) versammelt Wolfe Essays über das in den 1990er Jahren beginnende »digitale Zeitalter.

Fegefeuer der Eitelkeiten

OT The Bonfire of Vanities **OA** 1987 **DE** 1988
Form Roman **Epoche** Moderne

In seinem barock erzählten Großstadtroman entwirft Wolfe ein breites Panorama New Yorks in den 1980er Jahren.

Inhalt: Börsenmakler Sherman McCoy hat den amerikanischen Traum von Erfolg und Reichtum verwirklicht – ein Millionen-Dollar-Jahresgehalt, eine Luxuswohnung in der schicksten Gegend New Yorks, ein nettes Töchterchen, eine Dame der Gesellschaft als Ehefrau und eine sexhungrige Freundin. Doch eines Tages begeht Sherman einen fatalen Fehler. Weil er mit seinem Mercedes die Ausfahrt verpasst hat, kurvt er mit Gespielin Maria durch den verrufenen Stadtteil Bronx. Als zwei schwarze Jugendliche auftauchen, geraten die nach Geld aussehenden Weißen in Panik. Maria, die sich ans Steuer setzt, fährt einen der Schwarzen an und rast mit Sherman davon. Der junge Mann stirbt später an seinen Verletzungen, die Polizei ermittelt und Sherman verstrickt sich in ein Netz aus Ungereimtheiten und Lügen. Als sich auch der Klatschreporter Peter Fallow für die Einzelheiten der Geschichte interessiert, beginnt Shermans gesellschaftlicher Sturz aus dem Kreis der Reichen und Schönen.

Aufbau: Nicht zufällig erinnert das Werk an den Roman *Jahrmarkt der Eitelkeit* (1848) von William Makeoeace →Thackeray aus der Mitte des 19. Jahrhunderts. An einem exemplarischen Ereignis wird in üppigen Stimmungsbildern ein Sittengemälde der Zeit entworfen, hier des vibrierenden Molochs New York am Ende des 20. Jahrhunderts. Wolfe fängt Gerüche, Geräusche und Geschwindigkeit der Metropole mit Lautmalereien und sprachlichen Neuschöpfungen ein. Wirtschaft, Justiz, Politik, Presse und Kirche werden durch stellvertretende Figuren ins Blickfeld gerückt, ihre politischen und persönlichen Interessen fließen ineinander. Sherman McCoy steht für die protzende Schicht der Neu-

Tom Wolfe 1999 in seiner Bibliothek

Hauptfiguren in »Fegefeuer der Eitelkeiten« von Tom Wolfe

Sherman McCoy: Der Aufsteiger an der New Yorker Börse ist zum einen ein machtbesessener »Meister des Universums« und mit allen Statussymbolen des großen Geldes ausgestattet, zum andern ein feiger Schwächling, der sich seiner Verantwortung nicht stellt.

Maria Ruskin: McCoys Geliebte ist jung, attraktiv und lüstern. Sie verletzt einen Schwarzen tödlich, stachelt McCoy zur Fahrerflucht an und stürzt ihn in die persönliche Katastrophe.

Peter Fallow: Fallow, ein Klatschreporter aus England mit Alkoholproblem ist von der Kündigung bedroht. Er hasst die USA, überwindet seine Schreibhemmung mit der brillanten Story über McCoy, die ihm schließlich den Pulitzerpreis einbringt.

Larry Kramer: Der frustrierte Unterstaatsanwalt aus kleinbürgerlichem Milieu verachtet und beneidet zugleich die Neureichen der Stadt. In dem Fall seines Lebens treibt er die Ermittlungen gegen McCoy unerbittlich voran.

Reverend Bacon: Bacon ist ein farbiger Priester, dem Veruntreuung von Sozialgeldern vorgeworfen wird. Der Demagoge stilisiert den toten Schwarzen zum Märtyrer und kanalisiert den Rassismus seiner Brüder auf den weißen Parvenue McCoy, dessen moralische Verfehlungen er gnadenlos verfolgt sehen will.

Tom Wolfe, *Fegefeuer der Eitelkeiten;* links: Umschlag der Originalausgabe 1987; rechts: Umschlag der deutschsprachigen Erstausgabe 1988

Auszug aus dem Roman *Fegefeuer der Eitelkeiten* von Tom Wolfe:

Alle für einen und einer für alle und jede Menge für einen selbst. Und darum... keine Bummelanten erlaubt! Kein Ballast! Keine Mucker! Keine Faulenzer! Man eilte am Morgen direkten Wegs auf seinen Schreibtisch, sein Telefon und sein Computerterminal zu. Der Tag begann nicht mit Geplauder und Kaffee und der Lektüre von »The Wall Street Journal« und dem Wirtschaftsteil der »Times«, ganz zu schweigen von »The Racing Form«. Es wurde von einem erwartet, dass man ans Telefon ging und Geld zu machen begann.

reichen mit ihren kostspieligen Träumen und ihrer herausfordernden Eitelkeit. Seine glänzende Fassade stürzt ein, als er sich zum ersten Mal als Mann mit Charakter erweisen muss. McCoys Niedergang erinnert an die schillernden, aber sündhaft teuren Jahre der konservativen Administration unter US-Präsident Ronald Reagan (1981–89). Deren Ideologie des hemmungslosen Egoismus hinterließ einen verarmten Mittelstand und das größte Haushaltsdefizit der amerikanischen Geschichte.

Wirkung: *Fegefeuer der Eitelkeiten* wurde ein internationaler Bestseller, Kritiker im In- und Ausland rühmten das Buch. Wie ein moderner Honoré de → Balzac habe Wolfe ein »erzähltes morality play« (Hellmuth Karasek) geschaffen, einen »durch und durch komödiantischen Roman« (*FAZ*), der die Ereignisse der Zeitgeschichte auf witzige Art glossiere. In Brian de Palmas Verfilmung (1989) spielten die Hollywood-Stars Tom Hanks, Bruce Willis und Melanie Griffith die Hauptrollen.   *B. B.*

Wolfram von Eschenbach

deutscher Epiker und Liederdichter
* um 1170, † nach 1220 (?)
📖 *Parzival*, zwischen 1200 und 1210

Der wahrscheinlich aus Franken stammende Wolfram ist der meistüberlieferte mittelhochdeutsche Epiker. In Mittelalter und Neuzeit ist er vor allem als Autor des *Parzival* berühmt; im *Wartburgkrieg* (nach Mitte des 13. Jahrhunderts) wurde er selbst zur Figur einer Dichtung.

Über Wolframs Leben ist so gut wie nichts bekannt. Von seinem unvollendeten Versepos *Willehalm* sind mehr als 70 Handschriften erhalten, vom *Parzival* über 90. Daneben sind Bruchstücke eines *Titurel*-Epos sowie neun Lieder überliefert, die in Handschriften unter seinem Namen stehen, von der Forschung aber nicht alle für echt gehalten werden. Wolframs Standesverhältnisse sind ungeklärt (niederer Adel?). Angesichts des Gesamtumfangs seiner Dichtungen ist es nicht unwahrscheinlich, dass er einen Teil seines Lebens als eine Art Berufsdichter an Höfen verbracht hat. Für den *Willehalm* gibt er im Text den Landgrafen Hermann von Thüringen als Mäzen bzw. Auftraggeber an. Umstritten ist Wolframs Bildung: Dass er, wie er im *Parzival* behauptet, »keinen einzigen Buchstaben« beherrschte, muss als Übertreibung verstanden werden, mit der er sich von Autoren wie → Hartmann von Aue abgrenzen wollte, die betonen, dass sie ihren Stoff durch umfassende Lektüre gewonnen haben. Tatsächlich fehlen in Wolframs Werken aber Spuren lateinischsprachiger Standard-Bildungsliteratur, über deren Kenntnis nomalerweise verfügte, wer Lesen und Schreiben bis ins 14. Jahrhundert einzig möglichen Ort erworben hatte: an einer kirchlichen Bildungseinrichtung.

Biografie: J. Bumke, *Wolfram von Eschenbach*, 1964.

Parzival

EZ zwischen 1200 und 1210 **DE** 1833 (neuhochdt.)
Form Reimpaarepos **Epoche** Mittelalter

Im *Parzival* verbindet Wolfram von Eschenbach wie seine Hauptquelle, *Li Contes del Graal* (1180/90) von → Chrétien de Troyes, die rein religiöse Grals- mit der säkularen Parzival-Geschichte aus dem Sagenkreis um König Artus. Kennzeichnend für Wolframs Bearbeitung ist u. a. die enge Verzahnung zwischen Rittertum, Religion (speziell Sündenlehre), weltlicher Liebe und vor allem Eheliebe. Auffällig ist die besondere Rolle, die der Genealogie bei Wolfram zukommt: Zwischen den zahlreichen Personen, die er teils aus seinen Quellen übernommen, teils selbst eingeführt hat, werden immer wieder Verwandtschaftsverhältnisse konstruiert.

Struktur: In Anlehnung an die durch Initialen gekennzeichnete Einteilung einiger Handschriften hat der erste Herausgeber das knapp 25 000 Verse umfassende Epos in 16 »Bücher« eingeteilt. Die Handschriften verfahren aber nicht alle gleich, und es ließen sich auch andere sinnvolle Großabschnitte bilden. Kennzeichnend für die Struktur des Epos ist ein mehrfacher Perspektivenwechsel durch das Nacheinander von personendominierten Handlungsblöcken. Die Grenzen dieser Blöcke decken sich oft mit denen der sog. Bücher oder von Buchgruppen, verlaufen aber teilweise auch innerhalb von Büchern. Wie Wolfram selbst sich die Struktur gedacht hat, ist nicht mehr rekonstruierbar, da keine vom Autor selbst stammende Handschrift erhalten blieb. Auffällig ist in einigen Handschriften auch noch eine Mikrostruktur, die von der Zahl 30 bestimmt wird (Absetzung von je 30 Versen durch Kleininitialen, Teilbarkeit der Gesamtverszahl vieler Bücher durch 30).

Inhalt: Parzivals Vater Gahmuret stirbt im Kampf. Die Mutter Herzeloyde isoliert den Sohn, um ihm ein ähnliches Schicksal zu ersparen, von jedem Kontakt mit der adligen Gesellschaft. Nachdem er aber im Wald drei Ritter getroffen hat, will er an den Artushof ziehen. Trotz seines naiven Wesens erregt er dort auch positive Beachtung. Indem er einen Ritter mit seinem Jagdspieß tötet, erwirbt sich Parzival eine Rüstung und wird wegen deren Farbe »der rote Ritter« genannt. Der alte Gurnemanz nimmt ihn in seine Obhut und unterweist ihn im Kampf und im höfischen Benehmen. Danach zieht Parzival aus, um sich zu bewähren, hilft der Königin Condwiramurs, deren Stadt von einem Bewerber belagert wird, und heiratet sie anschließend. Obwohl sie von ihm schwanger wird, zieht er weiter. Er findet die Gralsburg Munsalvaesche und erlebt das Zeremoniell eines Speisewunders mit. Den kranken Gralskönig Anfortas nach dem Grund für sein Leiden zu fragen, unterlässt er, weil er bei Gurnemanz gelernt hat, im Gespräch zurückhaltend zu sein. Durch diese Frage hätte Anfortas jedoch erlöst werden können. Am nächsten Morgen ist die Gralsburg verschwunden.

Parzival kehrt wieder zum Artushof zurück und wird in die Tafelrunde aufgenommen. Bei einem Fest erscheint die Gralsbotin Cundrie und verflucht ihn wegen der unterlassenen Frage. Viereinhalb Jahre zieht er umher, um den Gral zu finden, fühlt sich von Gott verlassen und sagt ihm sogar Fehde an. An einem Karfreitag kehrt er bei dem Einsiedler Trevrizent ein. Dieser klärt ihn sowohl über die Geschichte des Grals als auch über Details seiner Familiengeschichte auf: Trevrizent und Anfortas sind Brüder von Herzeloyde, und auch der Ritter, den Parzival getötet hat, um seine Rüstung zu erhalten, war mit ihm verwandt. Parzival ist erschüttert, aber es gelingt Trevrizent, ihn von der Barmherzigkeit Gottes zu überzeugen.

Bei seinem nächsten Kampf unterliegt Parzival. Der Sieger ist, wie sich herausstellt, sein Halbbruder Feirefiz, Sohn Gahmurets und der Heidenkönigin Belakane. Gemeinsam ziehen sie zum Artushof, wo erneut Cundrie erscheint – diesmal aber, um zu verkünden, dass Parzival zum Gralskönig berufen worden sei. Feirefiz und Parzival reiten los und finden die Gralsburg

wieder. Diesmal stellt Parzival die »Erlösungsfrage«. Er holt Condwiramurs zu sich und lebt mit ihr zusammen als neuer Gralskönig.

In die Parzivalgeschichte ist die Geschichte Gawans, des »Musterritters« der Tafelrunde, eingelagert. Auch Gawan bricht vom Artushof auf, weil ihn eine schwere Beschuldigung getroffen hat: Er soll ein Mörder sein und wird zum Zweikampf gefordert. Auf dem Weg dorthin wird er in mehrere Kämpfe und Abenteuer verwickelt, gewinnt die Liebe Orgeluses und lädt Artus und seinen Hofstaat zu einem Fest ein. Ohne sich gegenseitig zu erkennen, kämpfen Parzival und Gawan gegeneinander und können nur mit Mühe getrennt werden. Dann gelingt es Artus, alle Feindschaften zu beenden. Es folgt ein Fest, bei dem einige Hochzeiten stattfinden. Parzival verlässt schließlich die feiernde Gesellschaft.

Wirkung: Die große Wirkung des *Parzival* im Mittelalter lässt sich aus der Zahl der Handschriften ebenso erschließen wie aus Bildzeug-

Auszug aus dem *Parzival* des Wolfram von Eschenbach:

Wenn ich nun mit der Erzählung der Geschichte fortfahre und mancherlei überraschende Dinge berichte, so mögen die Frauen dies nicht als Schmeichelei auffassen. Wer aber will, dass ich weitererzähle, darf diese Geschichte keineswegs als gelehrtes Buch betrachten. Ich selbst kann nämlich weder lesen noch schreiben. Es gibt ihrer freilich viele, die Dichtung auf Bildung und Gelehrsamkeit gründen. Diese meine Geschichte fügt sich nicht den Grundsätzen gelehrter Schulweisheit.

Wolfram von Eschenbach, Bildnis im Codex Manesse, 1. Hälfte des 14. Jahrhunderts

Tagebucheintrag von
Virginia Woolf 1931:

*Gäbe es nicht die göttliche
Güte von Leonard, wie
oft müsste ich an den Tod
denken...*

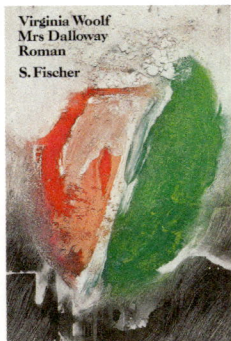

Virginia Woolf, *Mrs. Dalloway*,
Umschlag der deutschspra-
chigen Ausgabe 1987

nissen, Erwähnungen einzelner Personen in anderen Werken und der Tatsache, dass Adlige
ihre Kinder nach Figuren des Epos benannt
haben. Im 14. Jahrhundert entstand eine erheblich erweiterte Neubearbeitung. Seit 1783
haben Editionen und Übersetzungen für ein
reges Weiterleben des Stoffs gesorgt, wobei die
Übersetzungen des 19. und frühen 20. Jahrhunderts eine oft erstaunliche Zahl von Auflagen erreichten. Noch höher ist die Zahl der
dichterischen Bearbeitungen, unter denen die
von Johann Jacob Bodmer (1698–1783), Friedrich de la Motte Fouqué (1777–1843), Ludwig
Uhland (1787–1862), Gerhart → Hauptmann,
Tankred Dorst (*1925), Dieter → Kühn und
Adolf → Muschg die literaturwissenschaftlich
bekanntesten, wenn auch nicht immer folgen-
reichsten sind. Hinzu kommen eigene Fassungen für die »Jugend«, mindestens 15 Dramatisierungen und etwa ebensoviele lyrische, aber
auch zwei parodistische Bearbeitungen. Eine
Bühnenfassung mit Musik von D. L. Meinecke
(1905) ist heute so gut wie vergessen; anders
natürlich das »Bühnenweihfestspiel« *Parsifal*
von Richard Wagner (UA1882), in dem der
Komponist zwar – wie in allen seinen Bearbeitungen mittelalterlicher Stoffe – massive individuelle Umdeutungen vorgenommen, zugleich aber das Interesse am Stoff bis in unsere
Zeit wachgehalten hat.   *R. B.*

Die wichtigsten Werke von Virginia Woolf

Die Fahrt hinaus, 1915	Entwicklungsroman über eine Reise nach Übersee, gleichzeitig eine innere Reise in die Psyche der Hauptfigur Rachel Vinrace.
Jakobs Raum 1922	Der junge Student Jakob begibt sich auf die Suche nach seiner eigenen Identität, seinem inneren, ganz privaten Raum.
Mrs. Dallo-way, 1925	Indem die Zeit voranschreitet, tritt der Leser immer weiter zurück in die Ge-danken und Vergangenheit Clarissa Dalloways. → S. 1168
Die Fahrt zum Leucht-turm, 1927	Woolf verdeutlicht den übergeordneten, einheitsstiftenden Leitgedanken der Harmonie anhand der Geschichte der Familie Ramsay, in deren Mittel-punkt die starke Mrs. Ramsay steht.
Orlando 1928	Eine heitere Roman-Biografie (der Schriftstellerin und Freundin Vita Sack-ville West) mit fantastischem Inhalt: Der androgyne Orlando, ein Mann des 16. Jahrhunderts mit schriftstellerischen Ambitionen, wandert durch verschiedene Zeiten und erlebt dabei zahlreiche Abenteuer. → S. 1170
Ein Zimmer für sich allein, 1929	In dem gesellschaftskritischen Essay betont die Autorin die Notwendigkeit des weiblichen Geschlechts, für sich allein einen eigenen (inneren) Raum zur Persönlichkeitsentfaltung zu besitzen.
Die Wellen 1931	Sechs Lebensläufe werden als Monologpassagen wiedergegeben, denen symbolhaft Naturschilderungen vorangestellt sind.
Flush 1933	Aus der Perspektive von Flush, dem Cockerspaniel von Elizabeth Barret-Browning, wird die ereignisreiche Fahrt der Lyrikerin mit dem Dichter Robert Browning nach Italien geschildert.
Die Jahre 1937	Am Beispiel der Familie Pargiter stellt Woolf den Verfall viktorianischer gesellschaftlicher Konventionen des englischen Bürgertums dar.
Drei Guineen 1938	In der feministischen Streitschrift verknüpft die Autorin die Frage nach der Verwirklichung und Umsetzung der Frauenrechte mit der Schilderung der bestehenden patriarchalen Gesellschaftsstruktur.
Zwischen den Akten, 1941	Der letzte Roman Woolfs ist eine dichterische Meditation über die Men-schen und ihre Geschichte sowie über die Rollenhaftigkeit ihrer Existenz.

Woolf, Virginia

engl. Schriftstellerin

* 25.1.1882 London

† 28.3.1941 im Fluss Ouse bei Rodmell (Sussex)

📖 *Mrs. Dalloway*, 1925

📖 *Orlando*, 1928

In ihrem Werk verarbeitete Virginia Woolf persönliche Erlebnisse, Erfahrungen und Einsichten. Ihre Romane und Erzählungen sind größtenteils Bestandsaufnahmen der eigenen Seele.
Die Autorin begriff ihre Arbeit als einen Beitrag
zur Freisetzung der schöpferischen Kräfte und
versuchte beim Leser ein Bewusstsein für psychische Vorgänge zu erzeugen.

Virginia Stephen wuchs in einer gut situierten Familie auf, die ihr eine humanistische Erziehung ermöglichte. Nach dem frühen Tod
der Eltern zog sie mit ihren Geschwistern in ein
Haus im Londoner Stadtteil Bloomsbury. Dieses Heim wurde zum Treffpunkt kritischer
Künstler und Literaten. Der Kreis, zu dem auch
der Kunstkritiker Clive Bell (1881–1964) sowie
ihr späterer Mann, der Politiker, Verleger und
Schriftsteller Leonard Woolf (Heirat 1912),
gehörten, wurde als Bloomsbury Group bekannt und zum Inbegriff intellektueller Boheme. Mit Leonard gründete Woolf 1917 den
Verlag Hogarth Press, der die Werke der
Schriftstellerin bis heute publiziert.

Woolf litt fortwährend unter einer äußerst
labilen psychischen Konstitution. Aufgrund
schwerer Depressionen nahm sie sich 1941 im
Fluss Ouse bei Rodmell das Leben.

Biografien: Q. Bell, *Virginia Woolf*, 1972; H. Lee, *Virginia
Woolf. Ein Leben*, 1996; W. Waldmann, *Virginia Woolf* (rm
50323).

Mrs. Dalloway

OT Mrs. Dalloway **OA** 1925 **DE** 1928
Form Roman **Epoche** Moderne

Mit dem Roman *Mrs. Dalloway* erweiterte Virginia Woolf die realistische Erzählweise des 19.
Jahrhunderts um die experimentelle Form der
Stream of consciousness-Technik (→ Stichwort
S. 1169). In der Überzeugung, jedes Individuum
erfahre und verarbeite die objektive Realität unterschiedlich und schaffe sich im Bewusstsein
eine eigene Wirklichkeit, schildert die Autorin
Sinneseindrücke und Gedankenströme der Romanfiguren. Die Wiedergabe von Vorgängen in
der äußeren Welt ist von untergeordneter Bedeutung. Woolf sah ihre Aufgabe darin, in die
Psyche der Figuren vorzudringen, um die Dualität von Welt und Mensch zu verdeutlichen, und
schuf mit *Mrs. Dalloway* den Prototyp des Bewusstseinsromans.

Inhalt: Die Handlung des Romans konzentriert sich auf den Ablauf eines Tages. An einem Londoner Junitag 1923 trifft die 52-jährige Hauptfigur Clarissa Dalloway Vorbereitungen für eine Abendgesellschaft, die sie mit ihrem Ehemann Richard in ihrem Haus gibt. Nach ein paar Besorgungen in der Stadt bekommt sie Besuch von ihrem Jugendfreund Peter Walsh. Später bereitet sie sich für den Abend vor, an dem sie die perfekte Gastgeberin ist.

Parallel zu dem Geschehen um Clarissa führt Woolf die Figur des nervenkranken Kriegsveteranen Septimus Warren Smith ein, dessen psychische Instabilität als Folge seiner Erlebnisse während des Ersten Weltkriegs am Ende des Romans zu seinem Selbstmord führt.

Aufbau: Woolf arbeitet in die äußere Romanhandlung ein inneres Geschehen ein. Dabei kontrastiert sie beide nebeneinander existierenden Wirklichkeitsebenen: Die innerlich erlebte Zeit der Figuren (mind-time) steht der äußeren messbaren Zeit (clock-time) gegenüber, verdeutlicht durch die Glockenschläge von Big Ben. Die Stundenschläge bilden ein wesentliches Strukturelement: Sie fungieren als Übergänge vom Bewusstsein einer Person in das Bewusstsein einer anderen.

Für die Romanfiguren sind die Vorgänge der äußeren Welt Anlässe, in ihre eigene Gedankenwelt und Wirklichkeit einzutauchen und durch Assoziationen vergangene Lebenssituationen wieder zu erleben. Clarissa Dalloway erinnert sich an ihre Jugend und an verpasste Möglichkeiten, hervorgerufen durch das Wiedersehen mit ihrem Jugendfreund. Die Begegnung führt Clarissa darüber hinaus die Erkaltung ihrer aus gesellschaftlichen Zwängen bestehenden Ehe vor Augen. Die Figur weist eine polarisierte Spannung auf. Einerseits versucht sie der Gesellschaft zu entfliehen, andererseits vermitteln flüchtige Momente des Glücks und der Freude in ihr den Wunsch, Teil des Lebens zu sein.

Septimus durchlebt die Vergangenheit, den Krieg, immer wieder aufs Neue. Das Leitmotiv »Fürchte nicht mehr Sonnenglut« aus → Shakespeares dramatischer Romanze *Cymbeline* (1608) stellt die Verbindung der beiden Protagonisten her. Woolf entwarf die Septimus-Figur als eine Art Doppelgänger zu Clarissa, indem sie das Schicksal beider kontrapunktisch gegenüberstellt. Clarissa erfährt auf ihrer Abendgesellschaft von Septimus' Tod. In seinem Schicksal erkennt sie ihr mögliches eigenes. Am Ende des Romans entscheidet sie sich für das Leben.

Wirkung: Die formale Art der Darstellung stellte in den 1920er Jahren ein literarisches Novum dar und wurde mit *Ulysses* (1922) von James → Joyce, der Woolf künstlerisch beeinflusste, richtungsweisend für den Roman der Moderne sowie den Nouveau Roman in Frankreich.   *T. R.*

Virginia Woolf 1939 in ihrer Londoner Wohnung

Stream of consciousness

Herkunft: Die Bezeichnung wurde vom US-amerikanischen Philosophen William James (1842–1910) mit Bezug auf den Roman *Die Lorbeerbäume sind geschnitten* (1888) von Édouard Dujardin (1861 bis 1949) erstmals verwendet.

Bedeutung: Der Begriff meint die literarische Darstellung des unkontrollierten, assoziativ-fließenden Gedankenstroms einer Figur in einem epischen Werk. Bei dieser Technik bleibt die auktoriale (allwissende) Erzählperspektive weitgehend unberücksichtigt und tritt zu Gunsten einer (bei Virginia → Woolf oft multiperspektivischen) personalen Erzählhaltung zurück. Sie ist durch die erlebte Rede (dritte Person Singu-lar, Präteritum) und den inneren Monolog (erste Person Singular, Präsens) bestimmt. Die Verwendung dieser Erzähltechnik dient zur Vermittlung der subjektiven, gedanklichen Unmittelbarkeit, um das menschliche Bewusstsein in allen seinen möglichen Dimensionen erzählerisch zu erfassen.

Anwendung: In der modernen Literatur finden sich längere Stream of consciousness-Passagen außer in den bedeutenden Romanen von James → Joyce und Woolf u. a. in *Madame Bovary* (1857) von Gustave → Flaubert, *Schall und Wahn* (1929) von William → Faulkner, *Lord Jim* (1900) von Joseph → Conrad sowie in Alfred → Döblins Großstadtroman *Berlin Alexanderplatz* (1929).

Das Gemüt des Menschen wirkt ... mit ... Seltsamkeit auf die Dauer der Zeit. Eine Stunde lässt sich, sobald sie sich einmal in diesem wunderlichen Element, dem menschlichen Geist, festgesetzt hat, auf das Fünfzig- oder Hundertfache ihrer Uhrlänge strecken; andererseits kann auf dem Zeitmesser des Geistes eine Stunde durch eine einzige Sekunde genau vertreten werden. Diese außerordentliche Unstimmigkeit zwischen der Zeit auf der Uhr und der Zeit im Geist ist weniger bekannt, als sie es sein sollte, und verdient genauere Erforschung.

Humphrey Bogart (r.) als Kapitänleutnant Queeg und Robert Francis als Fähnrich Willie Keith und in der Verfilmung des Romans *Die Caine war ihr Schicksal* von Herman Wouk (USA 1954; Regie: Edward Dmytryk)

Orlando

OT Orlando **OA** 1928 **DE** 1929
Form Romanbiografie **Epoche** Moderne

Dem Roman *Orlando* von Virginia Woolf liegt die Idee einer überzeitlichen Biografie der adeligen englischen Schriftstellerin und Freundin Vita Sackville-West (1892–1962) zu Grunde. *Orlando* vereinigt Elemente des historischen Romans, des Entwicklungsromans sowie der Lebensbeschreibung und stellt damit eine revolutionäre Form der Gattung Biografie dar.

Inhalt: Die Romanbiografie erzählt chronologisch das 400 Jahre umfassende Leben des literarisch ambitionierten Orlando, der abwechselnd das männliche und das weibliche Geschlecht annimmt und lediglich um 20 Jahre altert. Im 16. Jahrhundert ist der adelige Jüngling Orlando ein Günstling Königin Elisabeths I. (1533–1603), später lebt er am Hof Jakobs I. (1566–1625). Als Botschafter Jakobs II. (1633 bis 1701) in Konstantinopel fällt der 30-jährige Orlando in einen tiefen Schlaf, aus dem er als Frau wieder erwacht. Nach England zurückgekehrt lebt Orlando als Dame der Gesellschaft des 17. und 18. Jahrhunderts. Im 20. Jahrhundert ist Orlando eine Schriftstellerin, die einen Literaturpreis erhält, ebenso wie die Autorin

Sackville-West im Jahr 1928. Dank des androgynen Wesens ist Orlando in der Lage, männliche wie weibliche Eigenschaften in sich zu vereinen und diese Erfahrungen zu einem literarischen Werk zu verarbeiten.

Struktur: In chronologischer Reihenfolge stellt *Orlando* anhand der Biografie die englische Kultur-, Sozial- und Literaturgeschichte dar. Das präsentierte Ideal der Androgynität der Hauptfigur ist zugleich das Ideal der Autorin Woolf: Losgelöst von einem geschlechtlichen Korsett, bildet es die Voraussetzung für literarische und künstlerische Kreativität.

Im Werk finden sich deutliche Parallelen zur Familiengeschichte der Sackvilles; so ist das Stammschloss Knole Vorbild für den Familiensitz Orlandos und auch das Wappentier, der Leopard, ist übernommen.

In humorvoller, ironischer Erzählweise behandelt Woolf bevorzugte Themen ihrer literarischen Arbeiten: die Zeit, die Polarität des Menschen sowie den Unterschied der Geschlechter. Ebenso wie in *Mrs. Dalloway* ist auch in *Orlando* die Diskrepanz zwischen äußerlich messbarer Zeit (clock-time) und innerlich erlebter Zeit (mind-time) berücksichtigt. Dadurch wird das subjektive Empfinden der Hauptfigur in den Vordergrund gerückt.

Wirkung: Lange im Buchhandel als Biografie geführt, fand *Orlando* als einziges Werk von Woolf eine breite Leserschaft. Von der Literaturkritik wurde die fiktive Romanbiografie erst spät gewürdigt. *T. R.*

Hauptfiguren in »Die Caine war ihr Schicksal« von Hermann Wouk

Willie Keith: Der junge Offizier, Hauptperson des Romans, wandelt sich vom Princeton-Absolventen mit Hauptfach Literaturgeschichte zum verantwortungsbewussten Mann, der selbst ein Schiff führt.

Philipp F. Queeg: Der Kommandant der Caine, schwach als Persönlichkeit und in seiner Führungsqualität, sucht sein Heil in der minutiösen Einhaltung der Vorschriften.

Steve Maryk: Der Erste Offizier ist überzeugt, mit Queeg einen Geisteskranken vor

sich zu haben und übernimmt als Meuterer die Führung des Schiffes.

Thomas Keefer: Der zynische Intellektuelle ist zwar der eigentliche Drahtzieher der Meuterei, weist jedoch jede Verantwortung von sich.

Barney Greenwald: Dem gewitzten jüdischen Anwalt gelingt vor Gericht die Demontage des Schiffskommandanten Queeg, doch rechtfertigt er anschließend dessen Verhalten.

Wouk, Herman

US-amerikan. Schriftsteller

*27.5.1915 New York

📖 *Die Caine war ihr Schicksal*, 1951

Seine Dienstzeit bei der Marine während des Zweiten Weltkriegs lieferte Herman Wouk den Hintergrund und das Material für seine populären Romane, die das Kriegsgeschehen im Pazifik und in Europa, aber auch die Judenvernichtung durch die Nationalsozialisten zum Thema haben.

Der Sohn eines russischen Emigranten arbeitete nach seinem Studium an der New Yorker Columbia-University zunächst für den Rundfunk und später als Drehbuchautor. Im Zweiten Weltkrieg diente Wouk bei der Marine. 1947 begann Wouk seine literarische Karriere mit dem Roman *Aurora schaumgeboren*, einer Satire auf die US-amerikanische Werbeindustrie. Es folgten eine Reihe von Kriegsromanen, von denen neben *Die Caine war ihr Schicksal* die mit den Kriegsereignissen verknüpfte Familiensaga

Der Feuersturm (1971) sowie *Der Krieg und Weltsturm* (1978) zu Welterfolgen wurden und Wouk als Autor etablierten, der in epischer Breite spannend erzählte Literatur für ein großes Lesepublikum bietet.

Die Caine war ihr Schicksal

OT The Caine Mutiny **OA** 1951 **DE** 1952
Form Roman **Epoche** Moderne

In *Die Caine war ihr Schicksal* stellt Herman Wouk die Frage nach dem Umgang mit militärischer Befehlsgewalt; im Gegensatz zu anderen Autoren der Nachkriegsjahre wie Norman → Mailer oder James → Jones nimmt Wouk keine Anti-Kriegshaltung ein, sondern betrachtet das Militär als Werkzeug zum Schutz von Demokratie und Menschenrechten.

Inhalt: Willie Keith hat 1941 sein Studium abgeschlossen und erwägt eine akademische Karriere. Doch dann wird er zum Militär eingezogen und führt am Ende des Buchs, im Herbst 1945, das Kommando des Minensuchers »Caine« – die Marine hat ihn zu einem Mann gemacht, der sich der Verantwortung stellt.

Zentraler Schauplatz ist das Minensuchboot »Caine«, auf dem Keith arbeitet. Zunächst steht das altersschwache Schiff unter der effektiven, aber nicht immer vorschriftsgemäßen Führung von Kapitän de Vriess, dann übernimmt der als penibel geltende Kapitän Queeg das Kommando. Sein despotisches Verhalten bringt rasch die gesamte Mannschaft gegen ihn auf. Einer der Offiziere, Tom Keefer, überzeugt schließlich den Ersten Offizier Maryk davon, dass Queeg geisteskrank sei.

Als der Kapitän in einer kritischen Situation die Nerven verliert, setzt Maryk ihn schließlich kurzerhand ab. Dafür muss er sich vor dem Kriegsgericht verantworten. Sein Anwalt Greenwald führt dort erbarmungslos Queegs Charakterschwäche vor; Maryk wird freigesprochen, doch bleibt ein Makel an ihm haften. Keefer als der eigentliche Drahtzieher der Meuterei bleibt unbehelligt und verwertet die Vorkommnisse in einem antimilitaristischen Roman. Greenwald ist trotz seines Erfolgs unzufrieden: Er sieht nur durch ein starkes Militär, zu dem auch Typen wie Queeg gehören müssten, den Fortbestand der Demokratie garantiert. Keefer gilt seine ganze Verachtung.

Wirkung: *Die Caine war ihr Schicksal* wurde schnell zu einem Bestseller; Wouk erhielt für den Roman den Pulitzerpreis. Besondere Popularität erreichte die Verfilmung 1954 unter der Regie von Edward Dmytryk, in der Humphrey Bogart die Rolle des Kapitäns Queeg verkörperte. 1988 verfilmte Robert Altman den Stoff ein zweites Mal. *B. G.*

Xenophon

griech. Historiker

*um 430 / 425 bei Athen, †um 355 Korinth

📖 *Anabasis oder Der Zug der Zehntausend*, um 480 v. Chr.

Wegen seines literarischen Fleißes wurde der griechische Historiker Xenophon bereits in der Antike gern als die »attische Biene« bezeichnet. So verwundert es nicht, dass er mit seinen nicht nur sehr zahlreichen, sondern auch thematisch vielfältigen und sprachlich mustergültigen Werken einer der am besten überlieferten altgriechischen Schriftsteller ist. Insgesamt sind 14 seiner Werke mehr oder minder vollständig überliefert.

Xenophon entstammte einer aristokratischen Familie, die ihren Sitz in der Nähe von Athen hatte. Um 403 reihte er sich ein unter den Schülern des Sokrates, den er später durch mehrere Schriften ehrte. Doch 401 ließ er sich überreden, dem Gefolge des persischen Prinzen Kyros beizutreten, der kurz darauf gegen seinen Bruder, König Artaxerxes II. (um 451?–um 363? v. Chr.), rebellierte. Die abenteuerliche Geschichte dieses sinnlosen Feldzugs wird später Inhalt seines bis heute bekanntesten Werks *Anabasis oder Der Zug der Zehntausend*.

Auszug aus dem Roman
Die Caine war ihr Schicksal
von Herman Wouk:

Hat man das Pech, einen unfähigen Kommandeur zu bekommen, dann gibt es nur Eines: Dienst unter ihm so gewissenhaft zu tun, als wäre er der klügste und der beste Mann der Welt.

Die 14 überlieferten Werke von Xenophon	
Das Gastmahl	Siegesfeier für einen schönen Knaben; fiktives Gespräch zwischen Sokrates und Gästen über Liebe und Freundschaft.
Die Verteidigung des Sokrates	Die fiktive Verteidigungsrede des Sokrates vor Gericht zeigt auf, warum Sokrates 399 verurteilt wurde.
Erinnerungen an Sokrates	Das vierbändige Gedenkbuch für seinen Lehrer ist eine wichtige Quelle zur Biografie und Philosophie des Sokrates.
Anabasis oder Der Zug der Zehntausend	Das bekannteste Werk Xenophons beschreibt den leichtsinnigen Feldzug des (jüngeren) Kyros und den Rückzug der griechischen Söldner ans Schwarze Meer. → S. 1172
Lobschrift auf Agesilaos	Die Biografie von Agesilaos (I.), dem König der Spartaner (etwa 444 bis 360 v. Chr.) gilt als Musterbeispiel von Xenophons Stilkunst.
Griechische Geschichte	Xenophons Darstellung der griechischen Geschichte von 411 bis 362 v. Chr. gilt streckenweise als unzuverlässig.
Die Erziehung des Kyros	Dieser erste Erziehungsroman der europäischen Literatur schildert idealisierend den Werdegang von Großkönig Kyros, dem Gründer des persischen Weltreichs (559 v. Chr.).
Hieron	Der sokratische Dialog über die gerechte Herrschaft ist ein fiktives Gespräch zwischen Hieron, dem Tyrannen (König) von Syrakus (um 540–466) und dem Dichter Simonides.
Über den Staat der Lakedämonier	Mit diesem Werk liefert Xenophon eine etwas idealisierte Beschreibung Spartas und seiner Institutionen.
Der Reitergeneral	Die Beschreibung eines idealen Anführers der Kavallerie und seiner Aufgaben weisen Xenophon als erfahrenen Reiteroffizier aus.
Über die Reitkunst	Eine Fortsetzung und Ergänzung zu *Der Reitergeneral*.
Jagdbuch	Ein Buch über Jagd und Hundezucht, speziell über Jagdhunde.
Über den Ökonomen	Ein Dialog im Stil des Sokrates über eine vernünftige Haus- und Hofverwaltung. Auch hier ist Sokrates einer der fiktiven Gesprächspartner.
Die Mittel	Wege und Mittel zur Verbesserung der Einkünfte; Vorschläge, die darnieder liegenden Finanzen Athens zu verbessern.

Auszug aus *Anabasis oder Der Zug der Zehntausend* von Xenophon. Es ist die zweifellos bekannteste Stelle des Buchs. Sie beschreibt, wie die Griechen nach langem Marsch endlich wieder das Meer erblicken (4. Buch):

Als das Geschrei aber immer lauter wurde und näher rückte und die jeweils Nachrückenden eilig auf die fortwährend Schreienden zuliefen und dann das Geschrei noch viel lauter wurde, vermutete Xenophon, es sei doch etwas Bedeutendes vorgefallen. Er schwang sich aufs Pferd, nahm Lykios und die Reiter mit sich und wollte nach vorn zu Hilfe eilen. Aber bald schon hörten sie die Soldaten rufen: Thalatta! Thalatta! (Das Meer! Das Meer!), und der Ruf ging durch die Reihen... Als alle die Berghöhe genommen hatten, da umarmten sie sich unter Tränen, sogar die Strategen und Lochagen (die Feldherren und Offiziere).

Xenophon, *Anabasis oder Der Zug der Zehntausend*, Umschlag der deutschsprachigen Ausgabe 1959 (Gestaltung: Herbert Lorenz)

Nach der glücklichen Rückkehr aus Asien 399 trat Xenophon in die Dienste Spartas. In den Reihen der Peloponnesier kämpfte er 394 in der Schlacht bei Koroneia, die Sparta noch einmal die Hegemonie über Griechenland sicherte. Als Dank für seine Leistungen erhielt er ein kleines Landgut bei Skillos in der Nähe von Olympia, wo er sich die nächsten 20 Jahren aufhielt und die meisten seiner Schriften verfasste. Allerdings musste er Skillos fluchtartig verlassen, als Sparta 371 die Schlacht von Leuktra und die Hegemonie verlor. Den Rest seines Lebens verbrachte er dann hauptsächlich in Korinth, wo er auch starb.

Noch vor seinem Tod hatten seine Werke großen Anklang gefunden; bald wurde sein klares und elegantes Attisch für besonders geeignet als Schullektüre empfunden und für das Studium der griechischen und persischen Geschichte sowie der Beziehungen zwischen den beiden Führungsmächten dieser Zeit herangezogen.

Literatur: R. Nickel, *Xenophon*, 1979.

Anabasis oder Der Zug der Zehntausend

OT Kyrou Anabasis **EZ** um 370 v. Chr. **OA** 1516 **DE** 1540 **Form** Sachbuch **Bereich** Geschichte

»Des Kyros Zug landeinwärts« – wie der griechische Originaltitel übersetzt werden kann – ist zweifellos das bekannteste Werk des Historikers und Schriftstellers Xenophon. In den letzten 200 bis 300 Jahren war das Buch Pflichtlektüre für unzählige Schülergenerationen Europas, die Altgriechisch lernten.

Aufbau: Das Buch ist die sehr lebendig geschriebene Geschichte des Aufstands des persischen Prinzen Kyros gegen seinen älteren Bruder, Großkönig Artaxerxes, und der 13 000 griechischen Söldner, die daran teilnahmen. Einer war der junge griechische Aristokrat Xenophon, dem anscheinend das Lernen in Athen zu wenig aufregend gewesen war. Das in sieben Bücher unterteilte Werk ist somit ein autobiografischer Bericht, in dem der Autor über sich selbst durchweg distanziert (wenn auch manchmal etwas kokettierend) von »einem gewissen Xenophon aus Athen« spricht.

Inhalt: Von einem Freund ließ Xenophon sich überreden, nach Sardes zu kommen, dem Sitz des Prinzen Kyros. Dieser warb Söldner an, mit denen er vorgeblich gegen räuberische Bergstämme vorgehen wollte. Nach Ende des Peloponnesischen Krieges suchten viele griechische Söldner nach Beschäftigung und Brot, sodass in kurzer Zeit über 10 000 von ihnen in Sardes versammelt waren.

Bald begann Kyrios' Marsch landeinwärts. Erst allmählich schöpften die Soldaten Verdacht, dass der Zug nicht, wie angekündigt, gegen widerspenstige Bergbauern gerichtet war, sondern vielmehr gegen den Großkönig. Die immer stärker aufkommende Unruhe wussten ihre Feldherren (zu denen Xenophon nicht gehörte) aber immer wieder zu beruhigen, bis das Heer schließlich den Euphrat erreicht hatte – und dann gab es für alle kein zurück mehr. Kurz darauf verlor Kyros in der Schlacht bei Kunaxa, in der Nähe von Babylon, sein Leben. In den anschließenden Verhandlungen mit dem siegreichen Großkönig wurden die griechischen Anführer in eine Falle gelockt und ermordet. Die führerlosen Soldaten wählten den jungen Aristokraten Xenophon zu einem ihrer neuen Strategen (Heerführer), die den Rückzug der Griechen leiten sollten. Nun begann der schier endlose Rückmarsch, zuerst zum Tigris und dann diesen Fluss aufwärts nach Armenien, über verschneite und vereiste Hochgebirgspässe, dabei immer kämpfend: zuerst gegen die sie verfolgenden Perser, dann gegen die Karduchen (die Vorfahren der Kurden) und zahllose andere Bergvölker, bis die hungernden und frierenden Griechen endlich das Schwarze Meer und die griechische Kolonie Trapezunt (Trabzon) erreichten. Hier endet die Geschichte keineswegs, aber das Gröbste war geschafft. Dafür gab es jetzt kräftigen Streit untereinander und mit den griechischen Städten um Schiffe und Nahrungsmittel. Nach mehr als einundeinhalb Jahren erreichten die Erschöpften schließlich Byzantion (Byzanz), nur noch etwa 6000 der ehemals 13 000 Kämpfer – von dem endlosen Tross und den zahlreichen Hetären (Gefährtinnen) gar nicht zu reden.

Wirkung: Xenophons *Anabasis* fand schnell rege Aufnahme und einer seiner begeistertsten Leser soll 40 Jahre später der junge Prinz Alexander von Makedonien (nachmals Alexander der Große) gewesen sein. Bis heute ist das Buch nicht nur für Militärhistoriker eine spannende Lektüre, denn der mühsame Fußmarsch von der Ägäis zum Tigris und zurück über die hohen Pässe Armeniens wäre auch im 21. Jahrhundert noch eine große Leistung, selbst mit guter Ortskenntnis und moderner Ausrüstung. Darüber hinaus beschreibt Xenophon immer wieder das unterschiedliche Verhalten von Menschen in Bedrängnis und schildert das Land, durch das die Truppen fast unendliche 5000 Kilometer lang marschierten.

P. B.

OT = Originaltitel **EZ** = Entstehungszeit **OA** = Originalausgabe **DE** = Deutsche Erstausgabe ▭ = Verweis auf Werkartikel

Yaşar Kemal

(eigtl. Kemal Sadik Gögceli) türk. Schriftsteller

* 1922 bei Osmaniye (Anatolien)

📖 *Memed mein Falke*, 1955

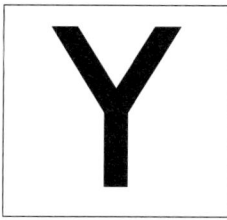

Der Romancier Yaşar Kemal gilt als der meistgelesene türkische Schriftsteller überhaupt und genießt einen hohen internationalen Ruf. Seine Werke wurden in zahlreiche Sprachen übersetzt. Mit seiner reichen, kraftvollen Sprache ist er nicht nur ein »epischer Sänger« seiner Nation, sondern in seiner scharfen Sozialkritik zugleich ein Sprachrohr der Armen. 1997 wurde er mit dem Friedenspreis des Deutschen Buchhandels ausgezeichnet; wiederholt war er für den Literaturnobelpreis vorgeschlagen.

Der Sohn einer kurdischstämmigen Familie der südtürkischen Stadt Adana wuchs unter ärmlichen Verhältnissen auf. Im Alter von fünf Jahren wurde er Zeuge, als sein Vater ermordet wurde. Als erster seiner Familie besuchte er die Schule und lernte als einziger Junge seines Dorfs lesen und schreiben. In seiner Jugend verdiente er seinen Lebensunterhalt als Hirte, Wasserwächter, Traktorfahrer und Schuhmacher, bevor er schriftstellerisch tätig wurde.

Schon früh interessierte Yaşar Kemal sich für die anatolische Volksdichtung. Unter Pseudonym veröffentlichte er Lyrik in Zeitschriften, bis er 1951 als Journalist in Istanbul tätig wurde. Für seine hervorragenden Reportagen erhielt er 1955 den Reportagepreis. Für sein Prosawerk, darunter sein Erstlingswerk *Memed mein Falke*, wurde Yaşar Kemal mit zahlreichen internationalen Preisen ausgezeichnet. Auch als Autor mehrerer Filmdrehbücher und einiger Reportage-Sammelbände machte er sich einen Namen.

Memed mein Falke

OT Ince Memed **OA** 1955 **DE** 1960
Form Roman **Epoche** Gegenwart

Der auf historische Begebenheiten zurückgehende Roman von Yaşar Kemal zeichnet sich durch eine hohe epische Qualität und einen kraftvollen Humor aus; zugleich stellt er eine der schärfsten Sozialkritiken in der türkischen Gegenwartsliteratur dar.

Inhalt: Der Roman spielt in den abgelegenen Dörfern der Cukurova, am Rande des anatolischen Taurusgebirges. Hier liegt die »Distelplatte«, eine karge Ebene mit fünf Dörfern, die der Grundbesitzer Abdi Aga beherrscht. Ihm gehört alles Land und so presst er den Bauern zwei Drittel ihres Ertrags ab. Memed wächst im Dorf Değirmenoluk in armseligen Verhältnissen auf. Sein Vater ist tot, seine Mutter dem übermäch-

tigen Aga ausgeliefert, der den Jungen ausbeutet und züchtigt. Als er die Qual nicht mehr ertragen kann, flieht er, kommt aber nur bis zu einem Nachbardorf, wo er zunächst wohlwollend aufgenommen wird. Doch schon wenige Monate später wird er entdeckt und sein qualvolles Leben beginnt von neuem. Seine Liebe zu Hace bringt ihn schließlich in offenen Konflikt mit Aga, da dieser Hace mit seinem Neffen verheiraten will. Memed entführt Hace und schießt auf Aga und dessen Neffen. Er überlässt Hace der Obhut des Dorfs und flieht in die Berge. Aga gesundet und presst den verschüchterten Dorfbewohnern eine Falschaussage gegenüber der Polizei heraus, woraufhin Hace als Schützin diffamiert und ins Gefängnis gebracht wird. Ihre Zelle teilt sie mit Iraz, einer Frau, die versucht hat, sich an den straffrei ausgegangenen Mördern ihres Sohns zu rächen. Memed kann die beiden befreien, als sie ein ein anderes Gefängnis gebracht werden sollen.

Memed durchlebt viele Abenteuer und versucht Abdi Aga zu verfolgen, doch die Anschläge bleiben zunächst ergebnislos. Aus dem

Die wichtigsten Bücher von Yaşar Kemal	
Memed mein Falke 1955	Memed, ein Bauernsohn am Rande des anatolischen Taurusgebirges, wird zum Räuber, Rebell und Rächer des Volkes gegen den Grundbesitzer, der von jeder Ernte zwei Drittel fordert. → S. 1173
Der Wind aus der Ebene – Anatolische Trilogie I, 1960	Wenn der Wind aus der Ebene die Disteln aufwirbelt, ist das ganze Dorf im Taurusgebirge unterwegs zu den Baumwollfeldern in der Ebene, um Geld für die Schuldentilgung und das Überleben im Winter zu verdienen. Der Weg führt durch eine unbarmherzige Natur.
Eisenerde, Kupferhimmel – Anatolische Trilogie II, 1963	In einem Dorf Anatoliens geht die Angst vor Adil Effendi um, dem die Bauern ihre Schulden nicht zurückzahlen können. Ein uraltes Stück Menschheitsgeschichte wird Realität: Einer, der sich nicht beugen lässt, wird zum Heiligen – bis die weltliche Macht nach ihm greift.
Die Disteln brennen – Memed II, 1969	Eines Nachts klopft ein ausgehungerter Fremder an die Tür: Memed hat sich am Ende des Kampfs verändert, musste er doch lernen, dass ein einsamer Held letztlich nichts ausrichten kann.
Das Unsterblichkeitskraut Anatolische Trilogie III, 1969	Die Bauern aus der Taurusebene sind wieder auf die Baumwollfelder gezogen. Als der Dorfheilige des vergangenen Winters krank zurückkehrt, verspottet ihn der von ihm verfluchte Amtmann. Der Heilige beschließt, sich zu töten, um die Verehrung des Dorfs zurückzugewinnen.
Das Lied der Tausend Stiere 1971	Seit Jahrhunderten ziehen türkische Nomaden aus den Bergen hinunter auf die Ebene. Aber wo sie einst lagerten, erstrecken sich jetzt Reisfelder und Baumwollplantagen. Selbst für karge Weiden müssen sie jetzt bezahlen, bis sie nichts mehr besitzen.
Die Ararat-Legende 1970	Eines Morgens steht ein prächtiger Schimmel vor Ahmets Hütte. Kein Bewohner des Bergs Ararat würde solch ein Geschenk Gottes zurückgeben. Der Pascha aber hält sich nicht an die Tradition, er will sein Pferd zurück. Eine offene Revolte ist die Antwort.
Der Zorn des Meeres 1978	Das Marmara-Meer ist die Heimat des Fischers Selim, der Jagd auf den letzten Schwertfisch macht. Zur gleichen Zeit jagt die Polizei in Istanbul einen jugendlichen Mörder, der mit Selim noch eine Rechnung offen hat. Beider Wege kreuzen sich.
Salman 1980	Ein Epos vom tragischen Schicksal der Völker Südostanatoliens im 20. Jahrhundert, in dessen Mittelpunkt der Junge Salman steht.
Das Reich der Vierzig Augen – Memed III, 1984	Der dritte Roman um den Helden Memed befasst sich mit der Frage, ob Memed von den Märchen und Mythen, die ihn umranken, befreien kann und wieder Mensch wird.

Yaşar Kemal, *Memed mein Falke*, Einband der deutschsprachigen Ausgabe 1990

schmächtigen, ängstlichen Knaben wird ein Räuber, Rebell und Rächer des Volks. Die Bauern setzen ihre Hoffnungen auf ihn, verbreitet er doch seine Ideen von Freiheit und Landverteilung. Doch Memed verliert Hace, die inzwischen einen Sohn geboren hat, als sie von Gendarmen erschossen wird. Memed tötet Abdi Aga und entflieht mit seinem Pferd in einer schwarzen Wolke. Seither brennen die Bauern jedes Jahr die Disteln nieder, säen das Korn in die Asche und führen die Ernten in die eigenen Scheunen. Bei dem Freudenfest vor dem Pflügen erscheint auf dem Berg, hinter dem Memed verschwunden ist, eine Feuerkugel.

Wirkung: Der Roman wurde auf Empfehlung der UNESCO und des internationalen P.E.N.-Clubs in über 30 Sprachen übersetzt und begründete Yaşar Kemals internationalen Erfolg. Durch die scharfe Sozialkritik machte das Buch auf die armseligen Verhältnisse in Anatolien aufmerksam und beeinflusste die oppositionellen Strömungen, die den Umsturz von 1960 in der Türkei auslösten. *V. R.*

Marguerite Yourcenar, *Ich zähmte die Wölfin*, Einband der französischen Ausgabe 1977

Auszug aus dem Roman
Ich zähmte die Wölfin von
Marguerite Yourcenar:

Nur in einem Punkt erhebe ich mich über den Durchschnitt der Menschen: ich bin freier und zugleich gebundener, als die meisten sich zu sein getrauen. Fast alle verkennen ihren Anspruch auf Freiheit wie ihre Verpflichtung zur Gebundenheit, sie verfluchen ihre Ketten oder rühmen sich ihrer... Mir ging es immer mehr um die Freiheit als um die Macht, um die Macht nur, weil sie bis zu einem gewissen Grade frei macht. Nicht die Philosophie der Freiheit kümmerte mich – sie war mir immer langweilig –, sondern die Kunst, sie auszuüben.

Yourcenar, Marguerite

(eigtl. Marguerite de Crayencour)

frz.-US-amerikan. Schriftstellerin

* 8.6.1903 Brüssel

† 18.12.1987 Mount Desert Island (Maine)

📖 *Ich zähmte die Wölfin*, 1951

Marguerite Yourcenar wurde durch ihre psychologisch fundierten historischen Romane, in denen sie sich detailliert mit der Lebensgeschichte berühmter Persönlichkeiten auseinander setzte, einem internationalen Publikum bekannt.

Yourcenar erhielt als Tochter einer französisch-belgischen Adelsfamilie eine umfassende humanistische Ausbildung. Sie studierte in Frankreich, England und der Schweiz und lehrte ab dem Zweiten Weltkrieg französische Literatur in New York.

Schon in frühen Jahren schrieb Yourcenar Gedichte, Essays und Erzählungen (*Alexis oder der vergebliche Kampf*, 1929; *Der Fangschuß*, 1939). Der literarische Durchbruch gelang ihr jedoch erst mit den Romanen *Ich zähmte die Wölfin* und *Die schwarze Flamme* (1969) über den Renaissancegelehrten Zenon, für den sie den Prix Fémina erhielt. 1980 wurde sie als erste Frau in die Académie Française gewählt.

Biografie: J. Savigneau, *Marguerite Tourcenar. Die Erfindung eines Lebens*, 1997

Ich zähmte die Wölfin

OT *Mémoires d'Hadrian* **OA** 1951 **DE** 1953
Form Roman **Epoche** Moderne

Mit den imaginären *Erinnerungen des Kaisers Hadrian* (so der Untertitel des Buchs) versucht Marguerite Yourcenar zum Zeitlos-Menschlichen in der Geschichte vorzudringen. »Die Wölfin« steht sinnbildlich für Rom – laut mythologischer Überlieferung säugte eine Wölfin die ausgesetzten Zwillingsbrüder Romulus und Remus, die Gründer Roms.

Entstehung: Mit 20 Jahren besuchte Yourcenar erstmals die Hadrians-Villa in Tivoli (bei Rom) und fasste den Entschluss, einen Roman über das Leben Hadrians (76–138 n. Chr.) zu schreiben. 1924–29 entwarf sie mehrere Texte, mit denen sie aber nicht zufrieden war und die sie schließlich alle vernichtete. Erst nach umfassenden historischen Recherchen nahm sie ab 1934 erneut einen Anlauf und schrieb eine fingierte Selbstbiografie Hadrians, die sie mehrmals überarbeitete, bis sie sie 1951 mit 48 Jahren endlich veröffentlichte.

Inhalt: In seiner Villa in Tibur (Tivoli) schreibt der todkranke 60-jährige Kaiser Hadrian an seinen 17-jährigen Adoptivenkel, den späteren Herrscher Marc Aurel (121–180). Hadrian meditiert über die wechselnden Gesichter seines eigenen Ichs im Lauf seines Lebens: In Spanien geboren macht er in Rom politisch und gesellschaftlich Karriere und wird von Kaiser Trajan adoptiert. Die Friedenspolitik des feinsinnigen und kunstliebenden Hadrian, die im Gegensatz zur trotzigen Eroberungswut seines Vorgängers Trajan steht, lässt das Römische Reich für kurze Zeit aufatmen. Hadrian versucht, der korrupten Bürokratie durch eine umfassende Verwaltungs- und Heeresreform Einhalt zu gebieten, fördert Kunst und Kultur, lässt beeindruckende Bauwerke im ganzen Römischen Reich errichten und gründet zahlreiche Städte. Seine große Leidenschaft aber gilt Griechenland und dem bithynischen Knaben Antinous. Als Antinous mit 20 Jahren Selbstmord begeht, bricht das private Glück Hadrians auf einen Schlag zusammen. Zum Andenken lässt er seinen Geliebten in unzähligen Skulpturen und Kultstätten im ganzen Reich verewigen und benennt sogar eine Stadt nach ihm. Nur seine politische Verantwortung hält den trauernden und kranken Herrscher letztlich davon ab, seinen Schmerzen durch Selbstmord zu entgehen. Er findet Trost im Mystischen und stirbt schließlich mit seiner Seele versöhnt im Kreis seiner Vertrauten in Baiae/Neapel.

Wirkung: Die durch historische und archäologische Quellen rekonstruierte Biografie zählt zu den bedeutendsten historischen Romanen des 20. Jahrhunderts und erlebt immer wieder Neuauflagen. *C. H.*

OT = Originaltitel **EZ** = Entstehungszeit **OA** = Originalausgabe **DE** = Deutsche Erstausgabe 📖 = Verweis auf Werkartikel

Zola, Emile

frz. Schriftsteller

* 2.4.1840 Paris, † 29.9.1902 ebd.

📖 *Die Rougon-Macquart*, 1871–93

Émile Zola, der letzte der großen französischen Romanciers des 19. Jahrhunderts, ist der Begründer und wichtigste Theoretiker des literarischen Naturalismus, mit seinem Gesamtwerk auch der bedeutendste Autor dieser Richtung in der europäischen Literatur.

Der Sohn eines aus Italien stammenden Bauingenieurs schlug sich ab 1858 in Paris ohne abgeschlossene Schulbildung mit Gelegenheitsarbeiten durch und engagierte sich journalistisch für den Künstlerkreis der jungen Impressionisten. Seinen literarischen Durchbruch erreichte er mit dem »Experimentalroman« *Thérèse Raquin* (1867), dessen drastische Wirklichkeitsschilderung des täglichen, privaten und sozialen Lebens den gängigen Realismus in der Nachfolge Honoré de → Balzacs weit übertraf und den eigenen Weg zur naturalistischen Darstellungsweise programmatisch vorbereitete.

Drei Jahre später erschien *Das Glück der Familie Rougon* (1870), der erste Roman des sorgfältig geplanten Romanzyklus *Die Rougon-Macquart*, den Zola 22 Jahre später mit dem zwanzigsten Band (*Doktor Pascal*, 1893) abschloss und der bis heute seinen Nachruhm sichert.

Zolas zweites historisches Verdienst war sein couragierter Einsatz für die Rehabilitierung des 1897 wegen Landesverrats zu lebenslanger Haft verurteilten jüdischen Hauptmanns Alfred Dreyfus (1859–1935). Der unter dem Originaltitel *J'accuse...* berühmt gewordene *Offene Brief an den Präsidenten der französischen Republik* (1898) führte unmittelbar zur Gründung der Liga für Menschenrechte und schließlich zur vollen Rehabilitierung des zu Unrecht Verurteil-

ten. Zola hingegen wurde wegen Unbotmäßigkeit zu einjähriger Haft verurteilt, der er sich durch die Flucht nach England entzog. Bei seiner Rückkehr wurde er vom Volk begeistert gefeiert. Sein Leichnam ruht seit 1908 im Pantheon, dem Ehrentempel der größten Persönlichkeiten der französischen Nation.

Biografien: M. Bernard, *Émile Zola* (rm 50024); K. Korn, *Zola in seiner Zeit*, 1980.

Die Rougon-Macquart

OT Les Rougon-Macquart **OA** 1871–93 **DE** 1881–99
Form Romanzyklus **Epoche** Naturalismus

Mit *Die Rougon-Macquart* setzte Émile Zola dem monumentalen Zyklus *Die menschliche Komödie* (1829–50) von Honoré de → Balzac ebenso planvoll und ehrgeizig einen Romanzyklus entgegen, in dem erstmals nicht die persönliche Komödie oder Tragödie des Lebens im Vordergrund stand, sondern die Rolle des Einzelnen in der Gesellschaft bzw. in der Masse.

Durch diesen Perspektivwechsel erschloss der Autor dem Roman Themen und Ausdrucksformen, die bis dahin als unerwünscht, sogar als tabu galten. Diese Innovation ging in die Literaturgeschichte unter der Bezeichnung »Naturalismus« ein.

Aufbau: Der Untertitel des Zyklus, *Natur- und Sozialgeschichte einer Familie unter dem Zweiten Kaiserreich*, lässt klar Zolas naturwissenschaftliche, ja »analytische Betrachtungsweise« erkennen und steckt den zeitlichen Rahmen ab: Ihn interessiert das natürliche, wahre Dasein in der Gegenwart, das von Egoismus, Besitzgier und rücksichtslosem Machtstreben beherrscht wird; Kaiser Napoleon III. selbst ist das Vorbild dafür.

Es sind die politischen Vorgänge, die sozialen Bedingungen sowie die Errungenschaften der neu entwickelten Wissenschaften mit all ihrem Für und Wider, die über Wohl und Wehe des In-

Heinrich Mann in seinem Essay über *Émile Zola* (1915):

Wie fest stand er da, dieser Mann, seine Wahrheit im Herzen und im Hirn die Kraft, sie durchzuführen! Wie stand er fest in der Zeit – und die Zeit bestätigte Zolas Wahrheit.

André Gide in seinem Tagebuch über Émile Zolas *Rougon-Macquart*:

Die Personen sind zwar stark vereinfacht, aber doch keine Phantome, und die ihnen eigene Redeweise ist so genau getroffen, wie es bei Balzac selten zu finden ist. Es gibt keinen persönlicheren und repräsentativeren französischen Schriftsteller.

Émile Zola, *Die Rougon-Macquart;* von links: *Der Bauch von Paris*, Umschlag der deutschsprachigen Ausgabe 1957; *Die Sünde des Abbé Mouret*, Umschlag der deutschsprachigen Ausgabe 1964; *Ein Blatt Liebe*, Umschlag der deutschsprachigen Ausgabe 1961; *Die Erde*, Umschlag der deutschsprachigen Ausgabe 1963

Émile Zola, der mit den zwanzig Bänden seiner *Rougon-Macquart* einen der berühmtesten Romanzyklen der Weltliteratur schrieb

dividuums, ob Arm oder Reich, bestimmen. Deshalb hat der Autor die neu aufgekommene Philosophie des Positivismus studiert, die Vererbungs- und Evolutionstheorie von Charles → Darwin, die Lehre von Karl → Marx, und er konfrontiert die Mitglieder der beiden Stammfamilien seines Zyklus mit den geistigen und handfesten Konsequenzen dieses Fortschritts.

Inhalt: Die Handlung beginnt 1851 mit dem Staatsstreich des Napoleon Bonaparte und der gleichzeitigen Wende im Leben der miteinander durch Heirat verbundenen Familien Rougon und Macquart. Der Weg der großbürgerlichen Rougons führt eine Zeitlang steil nach oben, wenn auch oft auf krummem Weg, während einige der kleinbürgerlichen Macquarts ins Proletariat absteigen.

Jene Teile des Zyklus, die vor allem der saturierten Rougon-Klasse gewidmet sind, lassen noch die Nachbarschaft von Balzac-Clans erkennen. In eine für die Geschichte der Romanliteratur neue Umwelt führen dagegen die Macquart-Bände, z.B. *Der Totschläger* (1877) und *Germinal* (1885). Die schonungslosen, detailversessenen Milieuschilderungen aus Pariser Elendsquartieren und die Beschreibung eines blutig beendeten Bergarbeiterstreiks im nordfranzösischen Kohlenrevier erschüttern noch heute, und die in *Nana* (1880) beschriebene Karriere einer Straßendirne in der Gefahrenzone zwischen Kriminellen unter den Brücken und jenen in den Stadtpalais hat zeitlose Gültigkeit. Bezeichnenderweise endet beinahe jeder Band mit einem seherischen Zukunftsbild. Zola ahnt das Inferno der Materialschlachten eines ersten Weltkrieges voraus und den Aufstand der Massen gegen totalitäre Regime. *Germinal* schließt mit der Warnung: »Bald wird dieses Keimen die Erde sprengen«, und der letzte Band des Zyklus, *Le docteur Pascal,* mit der Hoffnung auf eine von der fortschreitenden Evolution zur Erkenntnis der »wahren Lebenswerte« geleiteten Menschheit von morgen.

Wirkung: Kurz nachdem 1893 der letzte der 20 Rougon-Macquart-Bände erschienen war, betrug die französische Gesamtauflage bereits eine halbe Million Exemplare, und es lagen Übersetzungen in allen Kultursprachen vor. Der von Zola ins Leben gerufene Naturalismus inspirierte weniger die nachwachsende Erzählergeneration als die Dramatiker. Die überragenden Beiträge zur naturalistischen Weltliteratur lieferten vorwiegend Bühnendichter wie Henrik Ibsen (1828–1906), August → Strindberg und Gerhart → Hauptmann. Die Perspektive des naturalistischen Romans hingegen verengte sich mehr und mehr ins Völkische, Regionale und schließlich ins Doktrinär-Politische des sozialistischen Realismus und der faschistischen Blut-und-Boden-Belletristik. G. Woe.

Berühmte Romanzyklen	
Honoré de Balzac 1829–50	*Die menschliche Komödie:* 147 Werke sollte der erste und ambitionierteste Romanzyklus laut Plan von 1845 umfassen. 91 Romane und Erzählungen wurden fertig gestellt. → S. 76
Émile Zola 1871–93	*Die Rougon-Macquart* (20 Bde.): Aufstieg und Fall von fünf Generationen aus unterschiedlichen Gesellschaftsschichten. → S. 1175
Romain Rolland 1904–12	*Johann Christof* (10 Bde.): Lebensroman eines deutschen Musikers als Appell zu moralischer Erneuerung und Völkerverständigung vom Träger des Literaturnobelpreises 1915.
John Galsworthy 1906–33	*Die Forsyte-Saga* (3 Trilogien): Für die Geschichte von mehreren Generationen einer Familie des gehobenen Mittelstands bekam der Brite 1932 den Literaturnobelpreis. → S. 388
Marcel Proust 1913–27	*Auf der Suche nach der verlorenen Zeit* (7 Teile): Der sprachlich anspruchsvollste, für die moderne Literatur richtungweisende Romanzyklus der Weltliteratur erschien zur Hälfte postum. → S. 878
Roger Martin du Gard 1922–40	*Die Thibaults* (8 Teile): Für das von Lew N. → Tolstoi inspirierte Romanwerk um zwei Familien des französischen Bürgertums erhielt der Autor 1937 als sechster Franzose den Literaturnobelpreis.
Jules Romains 1932–46	*Die guten Willens sind* (27 Bde.): Musterbeispiel des sog. Unanimismus. Handlungsträger sind nicht einzelne Personen, sondern Gruppen mit gemeinsamer Weltanschauung in der Zeit 1908–33.
John Updike 1960–90	*Rabbit-Romane* (4 Bde.): Lebensgeschichte eines ebenso triebhaften wie frustrierten Durchschnittsbürgers als Spiegelbild des gesellschaftlichen und individualpsychologischen Wandels in den USA. → S. 1097
Alexander Solschenizyn 1971–88	*Das Rote Rad* (bisher 3 »Knoten« =Teile): Der umfangreichste, noch unvollendete Romanzyklus der russischen Literatur behandelt die gesellschaftlichen Veränderungen 1914–17.
Joanne K. Rowling 1997–2000	*Harry Potter* (bisher 4 Bde.): Die totale Vermarktung der aus einer »Parallelwelt« stammenden Titelfigur macht die auf 7 Bände angelegte Serie zum finanziell erfolgreichsten Romanzyklus aller Zeiten. → S. 926

OT = Originaltitel   **EZ** = Entstehungszeit   **OA** = Originalausgabe   **DE** = Deutsche Erstausgabe   ⌑ = Verweis auf Werkartikel

Zweig, Arnold

dt. Schriftsteller

* 10.11.1887 Glogau (Schlesien)

† 26.11.1968 Berlin (Ost)

📖 *Der Streit um den Sergeanten Grischa*, 1927

Der Pazifist und Zionist Arnold Zweig war einer der großen linksliberalen Autoren der späten Weimarer Republik. Der angesehene jüdische Schriftsteller wurde berühmt mit dem Antikriegs- und Justizroman *Der Streit um den Sergeanten Grischa*; in ihm zeichnet er das Gesamtbild einer unbarmherzigen Kriegsmaschinerie, in der Macht eindeutig vor Recht geht.

Der Sohn eines Spediteurs studierte nach seiner Schulausbildung an verschiedenen Universitäten Germanistik, Anglistik, Romanistik, Philosophie, Kunstwissenschaft und Psychologie. Erste literarische Anerkennung erlangte er mit seinem Roman *Die Novellen um Claudia* (1912). Die Werke des Religionsphilosophen Martin → Buber machen ihn mit den Problemen des Ostjudentums bekannt. Mit Sigmund → Freud verband ihn ab 1929 eine enge Freundschaft.

Nach der Teilnahme am Ersten Weltkrieg, unter anderem in Serbien und Frankreich (Verdun), lebte Zweig als freier Schriftsteller zunächst am Starnberger See, dann in Berlin. Mit dem Roman *Der Streit um den Sergeanten Grischa* fand er das literarische Thema, das ihn sein ganzes Leben nicht mehr loslassen sollte: die möglichst konkrete Darstellung des Ersten Weltkriegs, die ihren Niederschlag unter anderem in den Romanen *Junge Frau von 1914* (1931) und *Erziehung vor Verdun* (1935) fand. 1933 emigrierte Zweig nach Palästina, wo er jedoch schriftstellerisch nie richtig Fuß fassen konnte. 1948 kehrte er mit seiner Frau Beatrice nach Berlin (Ost) zurück. Zweig wurde Abgeordneter der Volkskammer und 1950 erster Präsident der Deutschen Akademie der Künste in Berlin. Hier blieb der spätere Sozialist und Marxist, der in allen seinen Werken entschieden für eine humanistische Gesellschaftsordnung eintrat, bis zu seinem Tod.

Biografie: J. Hermand, *Arnold Zweig* (rm 50 381).

Der Streit
um den Sergeanten Grischa

OA 1927 **Form** Roman **Epoche** Moderne

Vom stark sehbehinderten Arnold Zweig an insgesamt 63 Vormittagen diktiert, erregte der ursprünglich als Drama konzipierte pazifistische Roman bei seinem Erscheinen großes Aufsehen. *Der Streit um den Sergeanten Grischa* verhalf seinem Autor zu literarischer Weltgeltung und ist

Arnold Zweig signiert am 18. August 1966 die ersten Exlibris-Dankblätter der Aktiven des Deutschen Schriftsteller-Verbands für »1000 Fahrräder für Vietnam«; im Hintergrund Zweigs Ehefrau Beatrice

mehr als ein reiner Antikriegsroman: Zweig stellt hier das wilhelminische System gnadenlos an den Pranger – ein System, in dem sogar die Unschuldigen zu Mitschuldigen werden.

Entstehung: Noch bei Ausbruch des Ersten Weltkriegs zeigte Zweig wie viele andere wilhelminische Bildungsbürger vaterländische Begeisterung. Er glaubte an die Verteidigung deutscher Kulturwerte, legte eine klar nationalistische Haltung an den Tag und meldete sich freiwillig zum Kriegsdienst. Als Reservist wurde er 1915 eingezogen und den unbewaffneten Arbeitssoldaten zugeteilt. Er erlebte den Krieg in Flandern, Ungarn, Serbien und schließlich in der Nähe von Verdun. Die grausame Härte des Grabenkampfs unmittelbar vor Augen, wurde ihm bewusst, dass es in jenem Krieg nicht um die Verteidigung höherer Werte, sondern um rein materielle Ziele ging.

Ersten Niederschlag fand diese Einsicht in dem Drama *Der Bjuschew*, mit dem Zweig die Inhumanität der deutschen Heeresführung im

Hauptfiguren in »Der Streit um den Sergeanten Grischa« von A. Zweig

Sergeant Grigorij Iljitsch Paprotkin: Der grundanständige und ehrliche Soldat, genannt Grischa, ist bei seinen Kameraden beliebt. Heimweh und Sehnsucht nach Frau und Kind treiben ihn zur Flucht aus dem deutschen Gefangenenlager und in die Fänge der deutschen Kriegsmaschinerie.

Babka: Die Führerin einer Bande von freien Männern lebt in den Wäldern. Das furchtlose und zähe Partisanenmädchen mit dem weißgrauen Zopf verliebt sich in Grischa und gibt ihm den gut gemeinten, aber fatalen Rat, sich bei einer möglichen Ergreifung als Überläufer auszugeben.

General von Lychow: Die weißhaarige, noble Exzellenz verteidigt pflicht- und ehrbewusst die preußischen Tugenden und das Ideal des preußischen Staats. Er hält seine Hand über den unschuldigen Grischa.

Kriegsgerichtsrat Posnanski: Der jüdische Rechtsanwalt und gebildete Bücherfreund stimmt mit von Lychows Überzeugungen überein.

Der Schreiber Bertin: Der jüdische Intellektuelle und Dichter kann als eine Art Selbstporträt des Autors Arnold Zweig verstanden werden. Er will Grischa ebenfalls retten.

Generalmajor Schieffenzahn: Der Machtmensch und autoritäre Pragmatiker ist ein kaum verhülltes Konterfei von Hindenburgs Generalstabschef Ludendorff.

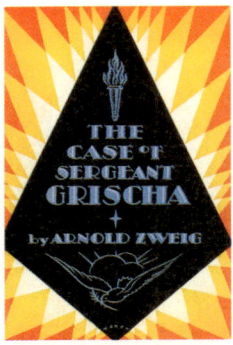

Arnold Zweig, *Der Streit um den Sergeanten Grischa*, Umschlag der US-Erstausgabe 1928

Arnold Zweig über seinen Roman *Der Streit um den Sergeanten Grischa*:

Wie, frage ich, widerlegt man ein System, eine Gesellschaftsordnung und den von ihr schwer wegzudenkenden Krieg? Indem man seine leidenschaftlichen Gegenaffekte abreagiert und Karikaturen vorführt? Meiner Meinung nach widerlegt man ein System, indem man zeigt, was es in seinem besten Falle anrichtet, wie es den durchschnittlich anständigen Menschen dazu zwingt, unanständig zu handeln...

deutschen Osten anprangern wollte. Das Drama schildert den authentischen Fall eines entwichenen und wieder aufgegriffenen russischen Kriegsgefangenen, der erschossen wird, obwohl sich der kommandierende General für Recht und Gerechtigkeit im deutschen Heer und damit gegen ein Todesurteil einsetzt. Mehrere Jahre später weitete Zweig diese novellistische Begebenheit mit großer Erzählfreude zu einem vielfigurigen Roman aus.

Inhalt: Getrieben von der Sehnsucht nach seiner Frau und seiner neugeborenen Tochter flieht der russische Sergeant Grigorij Iljitsch Paprotkin (Grischa) aus einem deutschen Gefangenenlager. Tief in den Wäldern trifft er auf das Partisanenmädchen Babka und seine Männer, die ihm für eine Weile Unterschlupf gewähren. Babka rät ihm, sich im Falle seiner Ergreifung als der Überläufer Bjuschew auszugeben. Doch gerade dies wird Grischa zum Verhängnis: Die deutschen Militärbehörden verdächtigen ihn als russischen Spion und verurteilen ihn zum Tode. Nachdem er seine wahre Identität beweisen kann, wird das Todesurteil zurückgenommen. Doch die Maschinerie ist in Gang gesetzt. Selbst einflussreiche Befürworter wie der den alten preußischen Tugenden verhaftete General von Lychow und seine Freunde können Grischa nicht mehr helfen. Juristische Zuständigkeiten werden ignoriert, das Urteil wird vollstreckt.

Zweig gibt anhand seines kunstvoll ausgesponnenen Präzedenzfalles klar und eindringlich Einblicke in Machtstrukturen und entlarvt ein (Justiz-)System von mörderischer Folgerichtigkeit. Gleichzeitig zeichnet er seine Figuren mit liebevoller Eindringlichkeit und gewinnt selbst von Lychows mächtigem Gegenspieler Schieffenzahn einige sympathische Züge ab.

Wirkung: Als erster Roman von Format, der das hinter dem Krieg stehende Machtprinzip anprangerte, erzielte das Buch bei seinem Erscheinen große Wirkung. Die Zeit war reif für eine kritische Auseinandersetzung mit dem Krieg. Von Linken und Liberalen wurde Zweig als »tapferer Friedenssoldat« gefeiert. In rechten und rechtsradikalen Blättern wurden Autor und Buch auf das Übelste beschimpft und angegriffen. Sofort nach Erscheinen bewarben sich etliche Verleger aus dem Ausland um die Übersetzungsrechte für den Roman, der in New York binnen kürzester Zeit eine Auflage von 25000 Exemplaren erreichte. *K. V.*

Zweig, Stefan

österreich. Schriftsteller

* 28.11.1881 Wien, † 22.2.1942 Petropolis, Brasilien

📖 *Sternstunden der Menschheit*, 1927

📖 *Ungeduld des Herzens*, 1939

📖 *Schachnovelle*, 1941

Stefan Zweig war in den 1920er Jahren einer der meistgelesenen und meistübersetzten deutschsprachigen Autoren. In seinen von Sigmund → Freud beeinflussten Erzählungen verbindet er spannende Handlungen mit einfühlsamen Analysen der psychischen Beweggründe seiner Figuren.

Zweig wurde als Sohn eines reichen jüdischen Textilfabrikanten geboren und wuchs in äußerst behüteten Verhältnissen auf. Er studierte Germanistik, Romanistik und Philosophie, übte aber nie einen bürgerlichen Beruf aus. Seine ersten literarischen Achtungserfolge erzielte er mit Gedichten (*Silberne Saiten*, 1901) und Dramen, wirklich erfolgreich wurde er aber erst mit seinen Erzählungen (*Brennendes Geheimnis*, 1911; *Amok*, 1922; *Verwirrung der Gefühle*, 1927; *Schachnovelle*) und Romanbiografien (*Marie Antoinette*, 1932).

Der Kosmopolit Zweig, der Reisen durch die ganze Welt unternahm, stand mit zahlreichen Persönlichkeiten seiner Zeit in enger und freundschaftlicher Beziehung. Erschütternde Erlebnisse im Ersten Weltkrieg machten ihn zu einem konsequenten Pazifisten, der bis zuletzt an seinem idealistischen Humanismus festhielt. Nach der Machtübernahme Hitlers wanderte Zweig über England nach Brasilien aus, wo er sich 1942 (gemeinsam mit seiner zweiten Frau) das Leben nahm.

Biografie: H. Müller, *Stefan Zweig* (rm 50413); D. A. Prater, *Stefan Zweig. Das Leben eines Ungeduldigen*, 1981.

Die wichtigsten Bücher von Stefan Zweig

Brennendes Geheimnis, 1911	Die Novelle erzählt von dem Jungen Edgar, der dem Geheimnis der Geschlechterbeziehung auf der Spur ist.
Angst 1920	Die Frau eines Anwalts steigert sich in eine schier unerträgliche Angst vor der Entdeckung eines Seitensprungs.
Amok 1922	Die Novelle handelt von der zerstörerischen Leidenschaft eines Arztes, der seine Geliebte zu Grunde richtet.
Verwirrung der Gefühle, 1927	Ein Anglistikprofessor kämpft verzweifelt gegen seine gesellschaftlich verpönte Homosexualität an.
Sternstunden der Menschheit, 1927	Im Zentrum jeder dieser »historischen Miniaturen« stehen einige dramatische Stunden im Leben eines Menschen, welche die Geschichte der ganzen Menschheit prägten. → S. 1179
Joseph Fouché, 1929	Die Biografie schildert die Laufbahn eines skrupellosen Machtpolitikers zur Zeit der Französischen Revolution.
Marie Antoinette, 1932	*Bildnis eines mittleren Charakters* nennt Zweig seine Romanbiografie der Tochter Maria Theresias im Untertitel.
Ungeduld des Herzens, 1939	Zweigs einziger Roman handelt von einem gelähmten Mädchen, das an falschem Mitleid zu Grunde geht. → S. 1179
Die Welt von Gestern, 1941	Die im Exil entstandenen Lebenserinnerungen rufen die untergegangene Welt der Habsburgmonarchie wach.
Schachnovelle, 1942	Zweigs bekannteste Novelle erzählt von einem Mann, dem das Nachspielen von Schachpartien des Leben rettete. → S. 1180

Sternstunden der Menschheit

OA 1927
Form Historische Miniaturen **Epoche** Moderne

Stefan Zweigs populärstes und erfolgreichstes Buch ist eine Sammlung von Texten, die er selbst historische Miniaturen nannte. Jede Miniatur schildert einige dramatische Stunden oder Tage im Leben einer historischen Persönlichkeit, deren Entscheidung den weiteren Verlauf der Menschheitsgeschichte bestimmt.

Inhalt: Die Erstausgabe von 1927 enthielt fünf Texte – *Die Weltminute von Waterloo* (General Grouchy kommt Napoleon zu spät zu Hilfe), *Die Marienbader Elegie* (→ Goethes unerfüllte Liebe zu Ulrike von Levetzow), *Die Entdeckung Eldorados* (Johann August Suter im Wilden Westen), *Heroischer Augenblick* (Fjodor → Dostojewskis Begnadigung in letzter Sekunde) und *Der Kampf um den Südpol* (Robert Scott gegen Roald Amundsen). In die postum erschienene Ausgabe von 1943 wurden sieben weitere Miniaturen aufgenommen: *Flucht in die Unsterblichkeit* (die Entdeckung des Pazifik durch Vasco Núñez de Balboa), *Die Eroberung von Byzanz* (eine angeblich unverschlossen gebliebene Tür ermöglicht die Eroberung der Stadt), *Georg Friedrich Händels Auferstehung* (die Entstehung des Oratoriums *Messias*), *Das Genie einer Nacht* (Rouget de Lisle komponiert die *Marseillaise*), *Das erste Wort über den Ozean* (C. W. Field verlegt das erste transatlantische Kabel), *Die Flucht zu Gott* (Leo → Tolstois letzte Tage) und *Der versiegelte Zug* (Wladimir Iljitsch Lenins Rückkehr nach Russland 1917). 1940 war eine englische Ausgabe erschienen, die neben den fünf Texten der deutschen Erstausgabe zwei weitere Miniaturen enthielt, welche auch der heute erhältlichen deutschen Sammlung angefügt sind (*Cicero* und *Wilson versagt*).

Aufbau: Die Texte sind keine historischen Analysen, sondern novellistisch zugespitzte Erzählungen, in deren Mittelpunkt jeweils eine biografisch überhöhte Person steht. Zwei Miniaturen sind keine novellistischen Prosatexte: In *Heroischer Augenblick* schildert Zweig Dostojewskis Begnadigung in Form eines dramatischen Gedichts, in *Die Flucht zu Gott* Tolstois letzte Stunden als Epilog zu dessen unvollendetem Drama *Und das Licht scheinet in der Finsternis*.

Zweig wollte nicht trockene Geschichtsschreibung betreiben, sondern anschaulich-realistisch einige dramatische Sternstunden der Menschheit schildern, wobei er sich nicht streng an die geschichtliche Wahrheit hielt. Die Texte spiegeln eine Geschichtsauffassung wider, welche die Intuition und den Heroismus des Einzelnen für die Entwicklung der Menschheit wichtiger nimmt als politische und gesellschaftliche Zusammenhänge.

Wirkung: Schon die Erstausgabe von 1927 wurde ein überraschend großer Erfolg – bis Ende 1928 wurden sieben Auflagen (130000 Exemplare) des schmalen Bandes gedruckt. Im Dezember 2000 erschien im Fischer Taschenbuch Verlag bereits die 47. Auflage der nunmehr aus 14 Texten bestehenden Sammlung.

Ungeduld des Herzens

OA 1939 **Form** Roman **Epoche** Moderne

Ungeduld des Herzens ist Stefan Zweigs einziger Roman. Sein Titel weist auf das zentrale Thema der Erzählung hin, das falsche Mitleid, das dem anderen nicht hilft, sondern schadet. Der Roman spielt unmittelbar vor Ausbruch des Ersten Weltkriegs im österreichisch-ungarischen Grenzgebiet.

Inhalt: Der in einem langweiligen ungarischen Garnisonsstädtchen stationierte Leutnant Anton Hofmiller erhält eine Einladung in das Schloss des ungarischen Magnaten Lajos von Kekesfalva. Dessen gelähmte Tochter Edith verliebt sich in den jungen Offizier, Hofmiller aber empfindet nur Mitleid für das »kranke Kind«.

Stefan Zweig, *Sternstunden der Menschheit*, Umschlag der westdeutschen Erstausgabe 1950

Gladys Cooper als Frau Condor, Lillie Palmer als Edith von Kekesfalva und Albert Lieven als Leutnant Anton (v. l.) in der Verfilmung des Romans *Ungeduld des Herzens* von Stefan Zweig (GB 1946; Regie: Maurice Elvey)

Hauptfiguren in »Ungeduld des Herzens« von Stefan Zweig

Anton Hofmiller: Der Leutnant in einem Ulanenregiment ist ein naiver, ganz den gesellschaftlichen Konventionen und dem Ehrenkodex der Armee höriger junger Mann. Durch seine Feigheit und Charakterschwäche verursacht er den Selbstmord Ediths.

Edith: Die Tochter des reichen Lajos von Kekesfalva ist durch ein Virus gehunfähig und daher auf die ständige Hilfe anderer angewiesen. Durch die Krankheit zermürbt, hat sie extreme Stimmungsschwankungen zwischen depressiver Niedergeschlagenheit und Zornesausbrüchen.

Lajos von Kekesfalva: Der ehemals kleine jüdische Händler erwarb sich mit Fleiss und List Reichtum und Adelstitel. Er lebt nach dem Tod seiner Frau nur für seine Tochter und ist bereit, alles für ihre Heilung zu tun.

Ilona: Kekesfalvas Nichte ist etwa genauso alt wie Edith. Die hübsche, lebenslustige junge Frau mit starker erotischer Ausstrahlung stellt ihre eigenen Bedürfnisse in den Hintergrund, um ihrer Cousine zu dienen.

Dr. Emmerich Condor: Ediths Arzt verkörpert im Gegensatz zu Hofmiller das wahre Mitleid bis zur Selbstaufopferung. Er hat eine blinde Patientin, die er nicht heilen konnte, geheiratet, um sie vor der Verzweiflung zu bewahren.

Stefan Zweig; links: *Ungeduld des Herzens*, Umschlag der Ausgabe der Büchergilde Gutenberg 1968; rechts: *Schachnovelle*, Umschlag einer Einzelausgabe

Auszug aus der *Schachnovelle* von Stefan Zweig:

Das Attraktive des Schachs beruht doch im Grunde einzig darin, dass sich seine Strategie in zwei verschiedenen Gehirnen verschieden entwickelt [...]. Bildeten nun Schwarz und Weiß ein und dieselbe Person, so ergäbe sich der widersinnige Zustand, dass ein und dasselbe Gehirn gleichzeitig etwas wissen und doch nicht wissen sollte [...]; gegen sich selbst spielen zu wollen, bedeutet also im Schach eine solche Paradoxie, wie über seinen eigenen Schatten zu springen.

Darum und aus Feigheit verschweigt er Edith seine wahren Gefühle, macht der Unheilbaren Hoffnung auf eine baldige Genesung, verlobt sich sogar mit ihr, steht aber in der Öffentlichkeit aus Angst vor Spott und Verachtung nicht zu seiner Verbindung mit der Gelähmten. Als diese seinen Verrat durchschaut, nimmt sie sich das Leben. Hofmiller flüchtet in den kurz darauf ausbrechenden Weltkrieg »wie ein Verbrecher ins Dunkel« und kehrt als »Held« zurück.

Aufbau: *Ungeduld des Herzens* trägt zwar die Gattungsbezeichnung Roman, ist aber eigentlich eher eine umfangreiche Novelle. Die Erzählung beschränkt sich im Wesentlichen auf wenige, aber prägende Monate im Leben des Protagonisten, dessen psychische Befindlichkeiten bis in die kleinsten Regungen von ihm selbst geschildert werden.

Aufgezeichnet wird seine Geschichte aber von einem Schriftsteller, dem er sie 1938 – ein Vierteljahrhundert nach der Romanhandlung – während mehrerer Tage erzählt und der in seiner Einleitung berichtet, wie er den alten Hofmiller kennen gelernt hatte. Der Leser soll hierdurch den Schriftsteller, der betont, im Bericht Hofmillers »nur weniges verändert« und nichts Wesentliches hinzuerfunden zu haben, mit Zweig selbst gleichsetzen.

Wirkung: Wie seine Novellen und Romanbiografien lebt auch Zweigs einziger Roman vor allem von der minutiösen Beschreibung des Denkens und der Gefühle seines Protagonisten. Diesem Stil und dem Eintauchen in die vergangene Welt des habsburgischen Kaiserreichs, dem Zweig im brasilianischen Exil nachtrauerte und dessen Untergang er letztlich nicht verwinden konnte, verdankt die Erzählung bis heute ihre große Leserschaft.

Schachnovelle

OA 1941 **Form** Novelle **Epoche** Moderne

Die *Schachnovelle* bildet den Höhepunkt von Stefan Zweigs Novellenkunst. Die perfekt gebaute, spannende und psychologisch überzeugende Erzählung kulminiert in der Konfrontation von zwei Meistern des Schachspiels, die unterschiedlicher nicht sein könnten.

Entstehung: Die Novelle entstand 1941 in Petropolis, Zweigs brasilianischem Exil, und spiegelt in den Erlebnissen des Dr. B. die nationalsozialistische Schreckensherrschaft wider, vor welcher der Autor aus Europa geflohen war.

Inhalt: Auf einer Schiffsreise von New York nach Buenos Aires kommt der Ich-Erzähler dem arroganten Schachweltmeister Mirko Czentovic erst nahe, als sich dieser bereit erklärt, gegen alle Hobbyspieler gemeinsam eine Partie zu spielen. Als diese schon verloren scheint, greift ein Dr. B. in das Spiel ein und holt gegen Czentovic noch ein Remis heraus. Durch Dr. B.s seltsames Spielfieber neugierig gemacht, will der Ich-Erzähler mehr von ihm erfahren. Daraufhin berichtet ihm Dr. B. von seiner monatelangen Einzelhaft im Wiener Gestapo-Gefängnis, wo er dem Irrewerden nur dadurch entkam, dass er aus einem entwendeten Schachbuch Meisterpartien nachspielte. Als er danach begann, gegen sich selbst zu spielen, erlitt er eine Art »Schachvergiftung«, die in an den Rand des Wahnsinns brachte, aber auch seine Entlassung aus dem Gefängnis zur Folge hatte. Das Spiel gegen Czentovic war Dr. B.s erste Partie seither. Das zweite Spiel, das er allein gegen den Weltmeister spielt, gewinnt er souverän. Bei der Revanche zeigen sich allerdings wieder alle Symptome der »Schachvergiftung«, woraufhin Dr. B. das Spiel abbricht und keine Schachfiguren mehr anrühren will.

Aufbau: Die Novelle verschränkt kunstvoll eine Rahmenhandlung, die in dem Duell der beiden Schachmeister gipfelt, mit der Binnenerzählung des Dr. B. von seiner Inhaftierung in Wien. Geschickt lässt Zweig durch das bewusst langsame und leidenschaftslose Schachspiel des stumpfsinnigen und habgierigen Weltmeisters bei Dr. B. dieselben Krankheitssymptome auftreten wie in der Gestapohaft und legt damit dem Leser nahe, zwischen dessen Geisteszustand und dem nationalsozialistischen Terrormethoden Parallelen zu ziehen. Dr. B.s Abbruch der Partie symbolisiert somit auch die Hilflosigkeit des bürgerlichen Humanismus gegenüber dem faschistischen Ungeist.

Wirkung: Die Novelle galt sehr rasch als eines der Meisterwerke Zweigs und wurde in über 25 Sprachen übersetzt. Sie gilt als »Bibel« der Schachspieler und erfreut sich im Deutschunterricht ungebrochener Beliebtheit. *R. Mi.*

OT = Originaltitel EZ = Entstehungszeit OA = Originalausgabe DE = Deutsche Erstausgabe ▭ = Verweis auf Werkartikel

Autoren-Verzeichnis

Adams, Barry (B.A.), geb. 1968 in Birmingham (Alabama), Studium der Politikwissenschaft in Tuscaloosa (Alabama) und München; zurzeit Promotion am Lehrstuhl für Politische Systeme von Prof. Margareta Mommsen.

Albersmeier, Prof. Dr. Franz-Josef (F.A.), geb. 1944 in Meseritz; Promotion 1973, Habilitation 1979; seit 1994 Professor für Romanistische Literaturwissenschaft, Komparatistik, Medienwissenschaft an der Universität Bonn.

Arens, Dr. Werner P. (W.A.), Privatdozent für Englische Philologie an der Universität Regensburg.

Balke, Florian (F.B.), geb. 1972 in Bonn, Studium der Russistik, Polonistik und Anglistik in Hamburg und Sankt Petersburg.

Bauer, Stephanie (S.B.), geb. 1975 in Münsingen, Studium der Slavistik und Volkswirtschaftslehre in Würzburg; seit 2002 Aufbaustudium Linguistische Informations- und Textverarbeitung.

Baumgart, Gisela (G.B.), geb. 1950 in Bockau im Westerzgebirge/Sachsen, Studium der technischen und biomedizinischen Kybernetik; seit 1997 freie Wissenschaftsjournalistin.

Bayerlein, Dr. Peter (P.B.), geb. 1944 in Nürnberg, Studium der Ur- u. Frühgeschichte, Geschichte und Philosophie in Heidelberg; Promotion 1980; seit 1989 freier Autor.

Beier, Brigitte (B.Be.), geb. 1950 in Hamburg, Studium der Germanistik und Philosophie; freie Sachbuchautorin und Lektorin.

Bettinger, Sven-Claude (S.C.B.), geb. 1951 in Homburg/Saar, Studium der Rechtswissenschaften in Saarbrücken, der Germanistik, Niederlandistik und Literaturwissenschaft an der Freien Universität Brüssel; Belgien-Korrespondent deutscher Funkanstalten und Autor.

Bocklenberg, Christiane (C.B.), geb. 1965 in Essen, Studium der Skandinavistik, Germanistik und Anglistik; freie Autorin.

Börnsen, Dr. Nina (N.B.), geb. 1937 in Leningrad (heute Sankt Petersburg), Studium der Geschichte, Kunstgeschichte und Journalistik in Frankfurt/M. und Wien; Promotion 1962; seit 1989 freie Autorin.

Brandt, Prof. Dr. Rüdiger (R.B.), geb. 1949 in Düren, Studium der Germanistik und Politikwissenschaft in Aachen; Promotion 1982; Habilitation 1991; Professor für germanistische Mediävistik an der Universität Essen.

Brittnacher, Hans Richard (H.R.B.), geb. 1951 in Trier, Studium der Germanistik, Philosophie und Soziologie in Marburg und Berlin; Promotion 1992; Habilitation 2000; Privatdozent im Fachbereich Philosophie und Geisteswissenschaften an der FU Berlin.

Brockmeyer, Bettina (B.Br.), geb. 1974 in Bonn, Studium der Germanistik, Geschichte sowie Theater-, Film- und Fernsehwissenschaften in Bochum und Cork; seit 2002 Promotion in Neuerer Geschichte.

Budde, Berthold (B.B.) geb. 1960 in Cloppenburg, Studium der Anglistik und Soziologie in Münster/Westf. und Freiburg/Br.; seit 1987 Redakteur in einem Sachbuch-Verlag.

Chevrekouko, Maria (M.C.), geb. 1974 in Moskau, Studium der Philologie und Übersetzungswissenschaften in Moskau und Berlin; seit 1999 freie Autorin und Übersetzerin in Berlin.

Collas, Dr. Wolfgang von (W.v.C.), geb. 1965 in München, Studium der Politikwissenschaft, Kunstgeschichte sowie Sozial- und Wirtschaftsgeschichte; seit 2000 Mitarbeiter in einem Münchner Fachverlag.

Cortiel, Dr. Jeanne (J.C.), geb. 1966 in Salzburg, Studium der Amerikanistik, Anglistik und Germanistik in Graz und Dresden; Promotion 2000 in Dortmund; seit 1994 Mitarbeiterin am Lehrstuhl für Amerikanische Literatur und Kultur an der Universität Dortmund.

Cortjaens, Wolfgang (W.Co.), geb. 1966 in Aachen, Studium der Kunstgeschichte, Baugeschichte und Neueren Deutschen Literaturwissenschaft in Aachen und Gent; seit 2002 wissenschaftlicher Museumsassistent an den Staatlichen Museen Preußischer Kulturbesitz Berlin.

Darga, Dr. Martina (M.D.), geb. 1962 in Walsrode, Studium der Sinologie, Völkerkunde und Psychologie in München; 1998 Promotion; freie Autorin und Redakteurin sowie in der Erwachsenenbildung tätig.

Daub, Janina (J.D.), geb. 1973 in Köln, Studium der Germanistik, Kunstgeschichte und Archäologie in Bochum; seit 2002 Weiterbildung zur Online-Redakteurin in Essen.

Degenhardt, Sandra (S.D.), geb. 1971 in Unna, Studium der Germanistik in Bochum; Promotion 2002; freie Autorin und Redakteurin.

Diedrich, Prof. Dr. Maria I. (M.Di.), geb. 1950 in Chemnitz, Studium der Anglistik/Amerikanistik und Politischen Wissenschaften in Marburg; 1982 Habilitation; seit 1995 Inhaberin des Lehrstuhls für Amerikanistik an der Universität Münster.

Dohrmann, Regina (R.D.), geb. 1954 im Landkreis Helmstedt, Studium der Philosophie und Religionswissenschaft in Göttingen; freie Autorin und seit 2002 Projektleiterin »Region des Lernens« in Holzminden.

Durstewitz, Ebba (E.D.), geb. 1971 in Bad Bentheim, Studium der Anglistik und Lusitanistik in Hamburg und Lissabon; seit 1997 journalistische und übersetzerische Tätigkeiten.

Ebbinghaus, Prof. Dr. Andreas (A.E.), geb. 1953 in Frankfurt/M., Studium der Slavistik und Byzantinistik an der FU Berlin; seit 1998 Professor für Slavische Philologie (Literaturwissenschaft) an der Universität Würzburg.

Ebert, Maria (M.E.), geb. 1963 in Stuttgart, Verlagsausbildung, Studium der Literaturwissenschaft und Kunstgeschichte in Tübingen und Kiel; seit 1999 freie Autorin und Kulturjournalistin in Dortmund.

Echt, Pascal (P.E.), geb. 1970 in Fröndenberg/Ruhr, Studium der Germanistik, Anglistik und Philosophie in Münster/Westf. und Berlin; seit 2002 leitender Redakteur eines Internet-Wissensportals.

Eickmans, Dr. Heinz (H.E.), geb. 1953 in Goch/Niederrhein, Studium der Niederlandistik, Germanistik und Allgemeinen Sprachwissenschaft in Münster/Westf.; Wissenschaftlicher Mitarbeiter am Institut für Niederländische Philologie der Universität Münster.

Einecke-Klövekorn, Elisabeth (E.E.K.), geb. 1950 in Vechta, Studium der Germanistik, Romanistik, Linguistik und Kunstgeschichte in Bonn, Florenz und Toulouse; seit 1993 Lehrbeauftragte für Medienpraxis an der Universität Bonn; freie Theaterkritikerin und Autorin.

Engler, Dr. Erhard (E.E.), geb. 1938 in Weichselburg, Studium der Romanistik und Lateinamerikawissenschaften in Rostock; Promotion 1975; seit 1980 ordentlicher Hochschuldozent an der Humboldt-Universität Berlin.

Erbentraut, Dr. Regina (R.E.), geb. 1956 in Siegen, Studium der Kunstgeschichte, neueren deutschen und italienischen Literaturwissenschaft in Saarbrücken, Münster/Westf. und Genua; seit 1995 Leiterin von Schloss Güstrow.

Fabian, Gudrun (G.F.), geb. 1944 in Wernigerode, Studium der Sinologie, Soziologie und Politologie in Franfurt/M. und an der FU Berlin; seit 1987 freie Autorin und Übersetzerin.

Falk, Barbara (B.F.), geb. 1969 in Witten/Ruhr, Studium der Geschichte, Slavistik und Kunstgeschichte in Bochum, Moskau und Birmingham; freie Autorin.

Feddersen, Arne (A.Fe.), geb. 1970 in Kiel, Studium der Kunstgeschichte, Soziologie und Anglistik in Marburg; seit 1999 freier Autor und Lektor.

Fenner, Dr. Wolfgang (W.F.), geb. 1956 in Wuppertal, Studium der Germanistik, Allgemeinen Literaturwissenschaft und Geschichte in Wuppertal und Marburg; freier Autor in Wuppertal.

Fischer, Dr. Rolf (R.F.), geb. 1954 in Dortmund, Studium der Geschichte und Kunstgeschichte in Bochum; seit 2000 freier Autor in Dortmund.

Friedrich, Katja (K.F.), geb. 1972 in Eslohe (Sauerland), Studium der Anglistik und Geschichte in München und Norwich; seit 2002 im Schuldienst in Leverkusen.

Füglister, Oliver (O.F.), geb. 1974 in Lausanne, Studium der mittelalterlichen Geschichte und Neueren Deutschen Literatur; Lyriker und freier Autor.

Fuhrländer, Marco (M.F.), geb. 1969 in Frankfur/M., Studium der Germanistik, Philosophie, Politologie und Geschichte in Mainz und Hamburg.

Füssel, Prof. Dr. Stephan (S.F.), geb. 1952 in Hildesheim; Studium der Germanistik, Geschichte und Politikwissenschaft in Göttingen; Promotion 1983; Habilitation 1991; seit 1992 Inhaber des »Gutenberg-Lehrstuhls« und Leiter des Instituts für Buchwissenschaft der Universität Mainz.

Gallmeister, Dr. Petra (P.G.), geb. 1952 in Wuppertal, Studium der Germanistik und Pädagogik in Köln und Wuppertal; Promotion 1982; seit 1985 freie Autorin und Lektorin.

Gehlhoff, Beatrix (B.G.), geb. 1956 in Königstein/Taunus, Studium der Musikwissenschaft und Germanistik in Bonn; Verlagsausbildung; seit 1985 freie Autorin, Übersetzerin und Lektorin in Hamburg.

Gerabek, Prof. Dr. Dr. Werner E. (W.G.), geb. 1952 in Gerolzhofen, Studium der Germanistik, Geschichte, Soziologie, Philosophie, Medizingeschichte in Würzburg; Habilitation 1995 und Ernennung zum Privatdozenten; seit 2001 Professor am Institut für Geschichte der Medizin der Universität Würzburg.

Götsch, Dietmar (D.G.), geb. 1964 in Werther/Westf., Studium der Germanistik, Philosophie und Skandinavistik in Münster/Westf., Kopenhagen und Stockholm; seit 1998 Lehrbeauftragter für Skandinavistik und Medienwissenschaft an der Universität Göttingen.

Götting-Frosinski, Jörg (J.G.F.), geb. 1955 in Kassel, Studium der Amerikanistik, Slavistik und Theaterwissenschaft an der Freien Universität Berlin; seit 1998 Presse- und Öffentlichkeitsarbeit im Geschäftsbereich des brandenburgischen Landwirtschafts- und Umweltministeriums; freier Autor.

Grage, Dr. Joachim (J.G.), geb. 1966 in Eutin, Studium der Chemie, Germanistik und Skandinavistik in Marburg, Göttingen und Kopenhagen; Promotion; seit 1999 wissenschaftlicher Assistent am Skandinavischen Seminar der Universität Göttingen.

Grimm, Prof. Dr. Jürgen (J.Gr.), geb. 1934 in Düsseldorf, Studium der Altphilologie und Romanistik in Köln und Freiburg/Br.; Habilitation 1971; seit 1974 Professor am Romanischen Seminar der Universität Münster.

Gudd, Kirsten (K.G.), geb. 1976 in Detmold, Studium der Medien- und Politikwissenschaft sowie Neueren Deutschen Literaturwissenschaft in Marburg und Venedig; seit 2002 Journalistin in Berlin.

Haefs, Dr. Gabriele (G.H.), geb. 1953 in Wachtendonk, Studium der Volkskunde, Vergleichenden Sprachwissenschaft, Keltologie und Skandinavistik in Bonn und Hamburg; Promotion 1982; seither Übersetzerin und freie Autorin in Hamburg.

Hagen, Kirsten von (K.v.H.), geb. 1970 in Lüdenscheid, Studium der Vergleichenden Literaturwissenschaft, Anglistik, Germanistik und Neueren Geschichte in Bonn; Verlagsausbildung; Promotion 2000; seit 2001 Lise-Meitner-Stipendiatin an der Universität Bonn (Habilitationsprojekt).

Hägi, Sara (S.Hä.), geb. 1974 in Baar (Schweiz), Studium der Germanistik und Slavistik in Köln und Sankt Petersburg; seit 2000 Dozentin für Deutsch als Fremdsprache und seine Didaktik u.a. an der Fachhochschule Köln und am Sprachlernzentrum der Universität Bonn.

Hammer, Christina (C.Ha.), geb. 1969 in Kettwig/Ruhr, Studium der Romanistik und Klassischen Archäologie; seit 1997 freie Autorin und Journalistin.

Harras, Prof. Dr. Gisela (G.Ha.), Studium der Germanistik und Romanistik; Promotion; seit 1982 Professorin für Linguistik an der Universität Mannheim und Forschungsleiterin am Institut für deutsche Sprache, Mannheim.

Haude, Beate (B.H.), geb. in Rheydt, Studium der Germanistik, evangelischen Theologie und Philosophie in Aachen; seit 2000 Schulreferentin der Kirchenkreise Barmen und Elberfeld in Wuppertal.

Haude, Dr. Rüdiger (R.H.), geb. 1959 in Erkelenz, Studium der Soziologie, Politologie und Geschichte in Aachen; Promotion 1993; seit 2001 freier Autor und Forscher (auf dem Gebiet der Kultursoziologie) in Wuppertal.

Havel, Stephan (S.Ha.), geb. 1960 in Regensburg, Studium der Romanistik und Germanistik in Regensburg und Sevilla; seit 1990 Gymnasiallehrer in Berlin.

Havemann, Dr. Nils (N.H.), geb. 1966 in Bocholt, Studium der Geschichte, Romanistik und Politischen Wissenschaften in Bonn, Paris und Salamanca; Promotion 1996; seit 1999 freier Autor.

Heinlein, Sabine (S.H.), geb. 1973 in Erlangen, Studium der Kunstgeschichte, Neueren Deutschen Literatur, empirischen Kulturwissenschaften und Russistik in Hamburg; seit 2000 freie Journalistin und Autorin in Hamburg und New York.

Helmerich, Dr. Antje (A.He.), geb. 1971 in München, Studium der Politikwissenschaft, Völkerkunde und Jura; Promotion; seit 2001 wissenschaftliche Assistentin am Geschwister-Scholl-Institut für Politikwissenschaft der Universität München.

Hoécker, Dr. Carola (C.H.), geb. 1967 in Ludwigshafen, Studium der Geschichte, Historischen Hilfswissenschaften, mittellateinischen Philologie und Germanistik in Heidelberg, Paris und Florenz; Promotion 1998; seit 2001 freie Lektorin und wissenschaftliche Museumsmitarbeiterin.

Hölter, Dr. Eva (E.H.), geb. 1973 in Wuppertal, Studium der Germanistik, Anglistik und Geschichte in Wuppertal; Promotion 2001; seit 2002 persönliche Referentin des Rektors der Universität Düsseldorf.

Hölter, Prof. Dr. Achim (A.H.), geb. 1960 in Dülken/ Rheinland, Studium der Germanistik, Romanistik, Mediävistik und Allgemeinen Literaturwissenschaft in Wuppertal und Düsseldorf; Promotion 1988; Habilitation 1993; seit 1997 Inhaber des Lehrstuhls für Komparatistik an der Universität Münster.

Huse, Ulrich (U.H.), geb. 1955 in Gelsenkirchen, Studium der Germanistik, Politikwissenschaft und Pädagogik in Göttingen; seit 1982 (Chef-)Lektor in verschiedenen deutschen Verlagen.

Ingenschay, Prof. Dr. Dieter (D.I.), geb. 1948 in Issum bei Kleve; Promotion 1979 und Habilitation 1987 in Bochum; seit 1995 Professor für Romanische Philologie an der Humboldt-Universität Berlin.

Ingwersen, Sören (S.I.), geb. 1970 in Hamburg, Studium der Germanistik und Philosophie in Hamburg; seit 2001 freier Autor.

Jähnichen, Prof. Dr. Traugott (T.J.), geb. 1959; Studium der evangelischen Theologie und Wirtschaftswissenschaften in Bochum, Bonn und Wuppertal; Promotion 1990; Habilitation 1997; seit 1998 Inhaber des Lehrstuhls für christliche Gesellschaftslehre an der Universität Bochum.

Jung-Schmidt, Regina (R.J.S.), geb. 1960 in Hamm/Westf., Studium der Philosophie, Germanistik und Kunstgeschichte in Bochum; seit 2000 freie Autorin.

Kasack, Dr. phil. Dipl. Dolm. Wolfgang (W.K.), geb. 1927 in Potsdam; ordentlicher emeritierter Professor für Slavische Philologie der Universität Köln, Schwerpunkt russische Literatur.

Kaussen, Dr. Helga (H.K.), geb. 1959 in Stolberg, Studium der Germanistik und Philosophie in Aachen; seit 2000 freie Journalistin in München.

Kavaloski, Josh (J.K.), geb. 1968 in St. Paul (Minnesota), Studium der Germanistik, Anglistik und Psychologie in Wisconsin und Virginia (USA); seit 2001 Dozent am Institut für Anglistik und Amerikanistik der Universität Dortmund.

Kierstein, Thomas (T.K.), geb. 1972 in Essen, Studium der Geschichte und evangelischen Theologie in Bochum; seit 2001 wissenschaftliche Hilfskraft am Lehrstuhl für christliche Gesellschaftslehre an der Universität Bochum.

Knigge, Andreas C. (A.C.K.), geb. 1957 in Hannover; 1983-98 Cheflektor des Carlsen Verlags, 1999-2001 Herausgeber der Filmbibliothek im Europa Verlag; freier Journalist und Sachbuchautor in Hamburg.

Koukou, Kalliopi (K.K.), geb. 1976 in Hagen, Studium der Germanistik, Philosophie, Neugriechischen und Byzantinischen Philologie in Bochum; zurzeit Promotion in Germanistik.

Kresimon, Andrea (A.K.), geb. 1969 in Bottrop, Studium der Germanistik, Theaterwissenschaft, Film- und Fernsehwissenschaft in Bochum; zurzeit Promotion in Germanistik und Studium der Sprecherziehung; freie Mitarbeit im Bereich Theater und in der Erwachsenenbildung.

Krüger, Maren (M.K.), wissenschaftliche Mitarbeiterin am Zentrum für Antisemitismusforschung der TU Berlin.

Lange, Dr. Elisabeth (E.L.), geb. 1949 in Villebadessen, Studium der Romanischen Philologie, Philosophie und Sprachwissenschaft in Bonn und Tübingen; Promotion 1981; seit 1977 Mitarbeiterin an der Universität Bonn.

Loimeier, Manfred (M.L.), geb. 1960 in Passau, Studium der Germanistik, Rhetorik, Kunstgeschichte und Philosophie in Tübingen, Wien, Basel und Berlin; seit 1990 Redakteur des Mannheimer Morgen und freier Literaturkritiker.

Lückemeier, Dr. Kai (K.L.), geb. 1964 in Lindau am Bodensee, Studium der Sozialpädagogik, Philosophie, Soziologie und Religionswissenschaften in Bielefeld, Berlin und Amsterdam; Promotion; seit 2000 freier Autor.

Lüddecke, Dr. Dirk (D.L.), geb. 1969 in Salzgitter, Studium der Philosophie, wissenschaftlichen Politik und Geschichte in Freiburg/Br., Dublin und Basel; Promotion 2002; seit 1997 Mitarbeiter am Geschwister-Scholl-Institut für Politische Wissenschaft der Universität München.

Maier-Solgk, Dr. Frank (F.M.S.), geb. 1959 in München, Studium der Germanistik, Philosophie, Kunstgeschichte und Jura in München und Heidelberg; Promotion 1990; seit 1996 Publizist, freier Journalist und Medienberater in Düsseldorf.

Malerius, Stephan (S.M.), geb. 1968 in Itzehoe, Studium der Russistik, Polonistik und Germanistik in Hamburg und Warschau; seit 1999 Mitarbeiter beim Deutsch-Russischen Austausch in Berlin und Sankt Petersburg.

Maurer, Dr. Doris (D.M.), geb. 1951 in Duisburg, Studium der Germanistik, Anglistik und Philosophie in Bonn und Tübingen; Promotion; seit 1982 freie Autorin und Dozentin.

Merschhemke, Dorothee (D.M.), geb. 1962 in Rhede/Westf., Studium der Anglistik, Philosophie und Pädagogik in Bonn; seit 1989 Redakteurin in einem Dortmunder Sachbuchverlag.

Miklin, Dr. Richard (R.Mi.), geb. 1954 in Klagenfurt, Studium der Germanistik und Geschichte in Wien; Promotion; seit 1990 freier Autor in Wien.

Milhahn, Kirsten (K.M), geb. 1970 in Bautzen, Studium der Biologie in Bielefeld und Hamburg; seit 2001 freiberufliche Wissenschaftsjournalistin.

Müller, Rüdiger (R.M.), geb. 1963 in Bad Driburg, Studium der Germanistik und Politologie in Paderborn; seit 1992 Texter, Autor und Konzeptioner für Kultur, Werbung und Medien in Köln.

Müller, Veronika (V.M.), geb. 1976 in Leningrad (heute Sankt Petersburg), Ausbildung zur Kauffrau im Einzelhandel 1995; seit 1997 Studium der Slavistik und Philosophie in Würzburg und Ljubljana.

Nadolny, Susanne (S.Na.), geb. 1959 in Castrop-Rauxel, Studium der Romanistik und Germanistik in Bochum und Paris; seit 1999 freie Autorin in Dortmund.

Neumann, Dr. Stefan (St.N.), geb. 1965, Studium der Germanistik und Anglistik; Promotion; Schriftsteller und freier Lektor; seit 2000 Dozent für Neuere Deutsche Literaturwissenschaft an der Universität Wuppertal.

Neuwirth, Prof. Dr. Angelika (A.N.), geb. 1943 in Nienburg, Studium der Islamwissenschaft und Klassischen Philologie; Promotion 1972; Habilitation 1977; seit 1991 Professorin für Arabistik an der FU Berlin.

Nitschak, Dr. Horst (H.N.), Dozent an südamerikanischen Universitäten; zurzeit am Ibero-Amerikanischen Institut Berlin.

Oberwahrenbrock, Dirk (D.O.), geb. 1956 in Essen, Studium der Anglistik und Romanistik in Münster/Westf.; seit 1988 Verlagsredakteur in Bremen.

Patzer, Georg (G.Pa.), geb. 1957 in Neuenkirchen/Westf., Studium der Literaturwissenschaft, Germanistik und Geschichte in Bielefeld; Buchhändler, freier Autor und Journalist.

Persché, Gerhard (G.Pe.), geb. 1942 in Graz, Studium der Germanistik und Musikwissenschaften in Graz und Köln; seit 1993 freier Musikschriftsteller.

Pinkernell, Prof. Dr. Gert (G.P.), geb. 1937 in Braunschweig, Studium der Romanistik und Germanistik in Berlin; Promotion in Marburg; Habilitation in Heidelberg; seit 1976 ordentlicher Professor für romanistische Literaturwissenschaft an der Universität Wuppertal.

Plett, Prof. Dr. Heinrich F. (H.P.), geb. 1939 in Neuss/Rhein; Studium der Anglistik, Klassischen Philologie, Allgemeinen und Vergleichenden Literaturwissenschaft in Köln und Bonn; seit 1972 Ordinarius für Anglistik an der Universität Essen; seit 1989 Leiter des Zentrums für Rhetorik- und Renaissance-Studien ebendort.

Ramel, Dr. Jörg (J.R.), geb 1969 in München, Studium der Betriebswirtschaftslehre und Politikwissenschaft; seit 1997 wissenschaftlicher Mitarbeiter am Geschwister-Scholl-Institut für Politische Wissenschaft der Universität München

Reinelt, Tim (T.R.), geb. 1968 in Dortmund, Studium der Anglistik, Germanistik und Publizistik in Bochum; Verlagsausbildung.

Rettig, Maja (M.R.), geb. 1976 in Bruchsal, Studium der Germanistik und Romanistik in Mainz, Dijon und Hamburg; Literaturkritikerin, Übersetzerin und Fremdsprachenlehrerin in Hamburg.

Rohrwasser, Prof. Dr. Michael (M.Ro.), geb. 1949 in Freiburg/Br., Studium der Germanistik und Politologie; Promotion 1979; Habilitation 1989; Literaturwissenschaftler und Literaturkritiker in Berlin.

Rönsch, Viola (V.R.), geb. 1960 in Neustadt/Weinstraße, Studium der Kunstgeschichte, Archäologie und Pädagogik; freie Autorin.

Rössner, Prof. Dr. Dr. Michael (M.Rö.), geb. 1953 in Wien; seit 1989 Professor für Romanistik und Vergleichende Literaturwissenschaft an der Universität München.

Rückwald, Kerstin (K.R.), geb. 1967 in Aachen, Studium der Germanistik und Anglistik in Bonn, Aachen und London; seit 1997 freie wissenschaftliche Mitarbeiterin an der Technischen Hochschule Aachen.

Rumpel, Pamela (P.R.), geb. 1958 in Rheydt, Studium der Germanistik, evangelischen Theologie, Kunstgeschichte in Aachen; seit 1996 freie Autorin.

Sand, Claudia (C.Sa.), geb 1969 in Ansbach, Studium des Bibliothekswesens, der Kommunikationswissenschaft, politischen Wissenschaft und Neuen Deutschen Literatur in München; seit 1999 an der Bibliothek der TU München tätig.

Sander, Dr. Ulrike-Christine (U.C.S.), geb. 1956 in Hannover, Studium der Skandinavistik, Anglistik und Germanistik; Promotion 1996; Lehrbeauftragte an den Universitäten Marburg und Würzburg.

Saß, Nele (N.Sa.), geb. 1967 in Frankfurt/M., Studium der Slavistik, Theaterwissenschaften und Soziologie in Frankfurt/M. und Berlin; zurzeit Promotion über die postsowjetische Gesellschaft.

Schicketanz, Till (T.S.), geb. 1967 in Aachen, Studium der Neueren und Älteren Deutschen Literaturgeschichte sowie der Anglistik in Aachen; seit 2000 wissenschaftlicher Mitarbeiter an der TH Aachen.

Schiltsky, Michael-Peter (M.P.S.), geb. 1947 in Holzminden, Studium der Bildhauerei und Germanistik in Karlsruhe; lebt als Bildender Künstler und freier Autor in Vahlbruch.

Schmidt, Ulf (U.S.), geb. 1966 in Braunschweig, Studium der Theater-, Film und Medienwissenschaft in München, Paris und Frankfurt/M.; zurzeit Promotion; freier Autor und Theaterwissenschaftler.

Schmidt-Grassee, Dr. Thomas (T.S.G.), geb. 1960 in Dortmund, Studium der Romanistik, katholischen Theologie, Erziehungswissenschaften in Münster und Poitiers; Promotion 1992; seit 1992 Gymnasiallehrer in Franzburg/Vorpommern.

Schmitz, Dr. Barbara (B.Sch.), geb. 1968 in Bad Karlshafen, Studium der Philosophie und Germanistik in Tübingen, Freiburg/Br. und Tromsø; Promotion 2000; seit 2001 wissenschaftliche Assistentin im Fach Philosophie an der Universität Basel.

Schnober-Sen, Martina (M.S.S.), geb. 1962 in Solingen, Studium der Germanistik, Romanistik und Pädagogik in Köln; seit 1999 freie Autorin und Redakteurin.

Schott, Prof. Dr. Dr. Heinz (H.S.), geb. 1946 in Bergzabern/Pfalz, Studium der Medizin und Philosophie in Heidelberg, Glasgow und München; Habilitation 1982; seit 1987 Inhaber des Lehrstuhls für Geschichte der Medizin an der Universität Bonn und dort Leiter des Medizinhistorischen Instituts.

Schreiber, Prof. h.c. Dr. Hermann (H. Sch.), geb. 1920 in Wiener Neustadt, Studium der Germanistik und Kunstwissenschaft in Wien; Promotion 1944; freier Autor und Literaturkritiker.

Schröder, Britta (B.S.), geb. 1971 in Ratingen, Studium der Kunstgeschichte, klassischen Archäologie und Italianistik in Marburg; zurzeit Promotion über konkrete Kunst der 1950/60er Jahre.

Schrons, Marlies (M.S.), geb. 1961 in Graz, Studium der Biologie und Geografie in Köln; seit 1994 freie Autorin und Konzeptionerin.

Schruba, Dr. Manfred (M.Sch.), geb. 1962 in Olsztyn/Polen, Studium der Slavistik und Philosophie in Bochum; Promotion 1996; Habilitation 2002; Privatdozent für Slavische Philologie an der Universität Bochum.

Schultz, Tanja (T.Sch.), geb. 1970 in Zeven bei Bremen, Studium der Germanistik und Politikwissenschaften in Konstanz, Bielefeld und Frankfurt/M.; zurzeit Promotion zur Fiktion Europa.

Schwaabe, Dr. Christian (C.S.), geb 1967, Studium der Philiosophie, Politik, Psychologie und Soziologie in München; seit 1997 wissenschaftlicher Mitarbeiter am Geschwister-Scholl-Institut der Universität München.

Siems, Marion (M.Si.), geb. 1967 in Oldenburg; Studium der Germanistik, Publizistik und Soziologie in Göttingen; bis 2001 Schauspieldramaturgin am Saarländischen Staatstheater; seither freie Autorin in Dortmund.

Stahl-Schwaetzer, Dr. Henrike (H.S.S.), geb. 1970 in Osnabrück, Studium der Slavistik, Germanistik und Philosophie in Münster; Promotion 2000; seit 2001 wissenschaftliche Assistentin am Lehrstuhl für slavische Philologie der Universität Heidelberg.

Stewart, Neil (N.S.), geb. 1971 in Köln, Studium der Slavistik, Komparatistik und osteuropäischen Geschichte in Bonn; seit 2000 Mitglied des Graduiertenkollegs »Klassizismus und Romantik im europäischen Kontext« an der Universität Gießen.

Stieve, Rebekka (R.S.), geb. 1965 in Hamburg, Studium der Anglistik, Romanistik und Soziologie in Aachen und Hamburg; seit 1999 in der freien Wirtschaft tätig.

Sugihara, Saki (S.S.), geb. 1967 in Osaka, Studium der Germanistik und Komparatistik in Tokio, Hiroshima und Tübingen; seit 2000 Promotion an der Universität Hiroshima.

Vogt, Kornelia (K.V.), geb. 1954 in Barkhausen/Porta Westfalica, Studium der Germanistik, Soziologie und Philosophie in Göttingen; seit 1987 Referentin für Öffentlichkeitsarbeit beim Landkreis Wolfenbüttel.

Vogt, Prof. Dr. Jochen (J.V.), geb. 1943 in Karlsruhe, Studium der Germanistik und Romanistik in Marburg, Aix-en-Provence und Bochum; Promotion 1968; seit 1973 Professor für Germanistik/Literaturwissenschaft an der Universität Essen.

Vratz, Dr. Christoph (C.V.), geb. 1972 in Mönchengladbach, Studium der Germanistik, Romanistik und Erziehungswissenschaften sowie der Musikwissenschaften in Wuppertal und Paris; Promotion; freier Mitarbeiter verschiedener Medien.

Wahl, Susanne (S.Wa.), geb. 1974 in Herten, Studium der Germanistik, Kunstgeschichte und Geschichte in Bochum.

Wenzel, Jan (J.W.), geb. 1972 in Bautzen, Studium der Germanistik und Kunstgeschichte in Leipzig; seit 2000 Mitherausgeber der Zeitschrift *spector+cut&paste*.

Werner, Dr. Renate (R.W.), geb. 1941 in Gotha, Studium der Literaturwissenschaft, Geschichte und Philosophie in Münster und Bochum; Promotion 1971; seit 1977 Akademische Rätin an der Universität Münster.

Werremeyer, Jörg (J.W.), geb. 1960 in Ibbenbüren, Studium der Ethnologie, Soziologie, Publizistik und Italianistik in Münster/Westf. und Hamburg; seit 2001 freier Lektor und Autor in Hamburg.

Westphal, Dr. Wolfgang (W.W.), geb. 1954 in Düsseldorf, Studium der Germanistik und Philosophie in Düsseldorf; Promotion 1993; seit 1996 freier Autor und Redakteur.

Wetzel, Christoph (C.W.), geb. 1944 in Bautzen, Studium der Kunst und Kunstgeschichte, Germanistik und Geschichte an den Akademien bzw. Universitäten Stuttgart, München, Wien und Konstanz; Tätigkeit u.a. als Kunsterzieher und Verlagslektor sowie Autor literatur-, religions- und kunstgeschichtlicher Sachbücher.

Wetzel, Valentin (V.W.), geb. 1971 in Konstanz, Studium an der Freien Kunstschule Stuttgart sowie der Kunstgeschichte und Kulturwissenschaft in Leipzig; seit 2000 freischaffend.

Wieland, Stefan (S.W.), geb. 1968 in Wuppertal, Studium der Germanistik und Romanistik in Wuppertal und Paris; seit 1999 freier Journalist, hauptsächlich für den WDR in Köln.

Wittwer, Gabriela (G.Wi.), geb. 1971 in Siegen, Studium der Germanistik und Philosophie in Aachen und Zürich; zurzeit Promotion im Bereich deutsch-jüdische Literaturgeschichte.

Woerner, Gert (G.Woe.), geb. 1932 in Berlin, Studium der Germanistik, Romanistik und Theaterwissenschaft in Göttingen und Wien; 1964-68 Chefredakteur von Kindlers Literatur Lexikon, 1968-90 literarischer Leiter der Scherz-Verlag-Gruppe in München; Mitarbeit an mehr als 30 lexikalischen Werken.

Wolf-Braun, Dr. Barbara (B.W.B.), geb. 1954 in Linz, Studium der Psychologie, Philosophie und Pädagogik in Wien; seit 1989 wissenschaftliche Mitarbeiterin am Medizinhistorischen Institut der Universität Bonn.

Wolschin, Dr. Georg (G.W.), geb. 1948 in Bremerhaven, Studium der Mathematik und Physik in Freiburg/Br.; Promotion 1976 in Darmstadt; Habilitation 1982 in Heidelberg; seit 1993 freiberuflicher Wissenschaftsautor und Dozent; Lehrtätigkeit an der Universität Heidelberg.

Zeller, Dr. Christoph (C.Z.), geb. 1968 in Innsbruck, Studium der Germanistik und Geschichte in Stuttgart; Promotion 1998;

Literaturwissenschaftler an der University
of Washington in Seattle.

Zilke, Horst (H.Z.), geb. 1971 in Offenburg, Studium der Germanistik, Geschichte und Philosophie in Freiburg; Lektor in
New York und Freiburg/Br.

Zöller, Welf (W.Z.), geb. 1967 in Wiesbaden, Studium der osteuropäischen Geschichte und Slavistik in Frankfurt/M.;
freier Autor und Journalist; seit 2001 Öffentlichkeitsarbeit für die Fraunhofer-Ge-
sellschaft, München.

Zwickert, Petra (P.Z.), geb. 1961 in Essen,
Studium der Sozialwissenschaften, Ger-
manistik und Publizistik in Münster/
Westf.; seit 1986 Redakteurin und freie
Autorin.

Bildquellenverzeichnis

AKG 49-1, 51-1, 51-2, 53-1, 54-2, 77-1,
132-1, 154-2, 205-2, 231-1, 269-1,
291-2, 349-1, 437-1, 439-1, 513-2,
515-1, 521-2, 521-3, 527-1, 530-1,
533-1, 631-2, 705-1, 742-1, 748-1,
773-1, 811-1, 843-1, 855-1, 869-3,
907-1, 917-1, 924-1, 974-1, 1010-1,
1021-1, 1157-1
amw Pressedienst, München 315-1
Artothek, Weilheim/Christoph Sandig
1069-1
British Library, London 919-1
Chinapix, Hongkong/Hu Yongkai 557-2
Chinapix/National Museum of History,
Peking 212-1
Chinapix/Okayama Prefectual Museum
of Art 649-1
Cinetext Text- und Bildarchiv,
Frankfurt/M. 29-1, 35-1, 40-2, 67-1,
72-2, 87-1, 95-1, 113-1, 132-2,
136-1, 141-2, 143-1, 166-1, 176-1,
184-1, 191-1, 195-1, 223-1, 237-1,
240-1, 261-1, 280-1, 297-1, 304-1,
306-1, 340-2, 351-1, 356-1, 366-1,
378-1, 406-1, 468-1, 473-1, 512-1,
529-2, 530-2, 561-1, 564-1, 583-1,
592-1, 612-1, 615-1, 622-2, 646-1,
688-1, 693-1, 697-1, 717-2, 723-2,
725-1, 739-1, 750-2, 761-1, 763-1,
772-1, 805-1, 807-1, 829-1, 833-1,
844-1, 884-1, 915-1, 921-1, 927-1,
966-1, 985-1, 995-1, 997-1, 1020-1,
1028-1, 1031-1 , 1042-1, 1075-1,
1079-1, 1090-1, 1095-1, 1131-1,
1140-1, 1170-1, 1179-2
Corbis, Düsseldorf 129,1
Corbis/Bettmann Archive 97-2, 81-1,
216-1, 454-2, 509-1, 575-1, 1152-1,
1164-1
Corbis/Hulton-Deutsch Collection
100-1, 1024-1, 1121-2
Corbis/Jeff Albertson 937-1
Corbis/Museum of the City
of New York 1149-1
Corbis/Stephanie Maze 25-2
Deutsches Literaturarchiv, Marbach,
Neckar 594-1, 709-1, 824-1, 1180-2
Deutsche Presse-Agentur, Frankfurt/M.
15-1, 17-2, 20-1, 31-1, 33-1, 47-1,
59-1, 65-1, 85-1, 101-1, 106-1,
121-1, 127-1, 175-1, 177-1, 183-1,
213-1, 241-1, 245-1, 248-1, 256-1,
267-1, 283-1, 290-1, 309-1, 327-1,
336-1, 338-1, 373-2, 381-,1, 384-1,
392-1, 400-1, 417-1, 427-2, 443-1,
453-1, 463-1, 477-2, 485-1, 490-1,

534-1, 539-1, 540-1, 565-1, 571-1,
591-1, 595-1, 619-1, 624-1, 640-1,
655-1, 657-1, 666-1, 674-1, 675-1,
678-1, 687-1 , 704-1, 711-1, 734-2,
749-1, 762-1, 771-1, 777-1, 803-2,
846-1, 863-1, 874-1, 893-1, 897-1,
902-1, 912-1, 926-1, 953-1, 986-1,
988-1, 1001-1, 1006-1, 1011-1,
1017-1, 1037-1, 1058-1, 1082-1,
1093-1, 1119-2, 1137-1, 1143-1,
1150-1, 1161-1, 1177-1
dpa/Hulton Archive 185-1, 236-1,
369-1, 396-2, 654-1, 684-1, 745-1,
814-1, 845-1, 857-1 , 877-2, 888-1,
1025-1, 1034-1, 1134-1
Fischer Verlage, Frankfurt/Stefan Moses
19-1
Goethe-Museum Düsseldorf/Walter
Klein 313-2- 313-3
Insel Verlag, Frankfurt/M./B. Lutoslawski
669-1
Interfoto Pressebild, München 13-1,
40-1, 45-1, 57-3, 74-1, 103-1, 111-1,
141-1, 173-1, 214-1, 215-2, 244-1,
249-1, 264-1, 271-1, 277-2, 288-1,
313-1, 319-2, 348-1, 355-1, 368-1,
374-2, 379-1, 401-1, 425-1, 440-1,
441-1, 445-1, 470-1, 483-1, 494-1,
507-2, 551-1, 587-1, 598-2, 606-1,
647-2, 699-1, 707-2, 743-1, 752-1,
775-1, 785-1, 790-1, 806-1, 819-1,
867-1, 869-2, 929-1, 931-1, 939-2,
972-1, 989-1, 1002-2, 1021-2,
1038-1, 1048-1, 1051-1, 1059-1,
1063-1, 1067-1, 1071-1, 1088-1,
1105-1, 1108-1, 1139-1, 1162-1
Interfoto/A. Koch 403-1
Interfoto/Baptiste 323-1
Interfoto/Braun 501-1
Interfoto/Bridgeman 396-1, 1103-1
Interfoto/Felicitas 108-1
Interfoto/Friedrich Rauch 115-1
Interfoto/Gert Eggenberger 189-1
Interfoto/Hansmann 631-1
Interfoto/Ilse Hegele 179-1
Interfoto/Karger-Decker 147-1, 152-1,
154-1, 188-1, 232-1, 250-1, 298-1,
321-1, 323-2, 405-1, 405-2, 408-1,
477-1, 482-1, 482-2, 482-3, 576-1,
580-1, 668-1, 729-1, 765-1
Interfoto/Rolf Becks 963-2
Interfoto/Victor Radnicky 701-1
International Historical Press Photo
Collection/Bildarchiv SVT, Stockholm
43-2, 202-1, 347-1, 460-1, 508-1,
600-1, 746-2, 831-1, 859-1, 1043-1

Heinz Mollenhauer, Schwalbach im
    Taunus 151-1
National Portrait Gallery, London 61-1,
    165-1, 199-1, 930-1
Isolde Ohlbaum, München 31-2, 123-1,
    139-1, 211-1, 325-1, 373-1, 376-1,
    458-1, 507-1, 550-1, 553-1, 559-2,
    671-1, 679-1, 913-1, 1054-1
Österreichische Nationalbibliothek
    Bildarchiv, Wien 435-1, 969-1
Osterreichischer Bundestheaterverband,
    Wien 882-1
Peter Peitsch, Hamburg 159-1, 451-2,
    629-1, 741-1, 835-1, 1072-2
Peter Rigaud photography, Wien 554-1
Sipa Press, Paris 86-3, 868-1, 1104-1,2,3
Sipa/Arnaud Baumann 948-1
Sipa/Boxce 1101-1
Sipa/Christie's 270-1
Sipa/Gastaud 423-1
Sipa/Giovannetti 810-1
Sipa/Goldner 415-1, 760-1
Sipa/Guner 849-1
Sipa/Kessler Vincent 947-1
Sipa/Minamikawa 361-2, 503-1
Sipa/Namur-Lalance 304-2,
    825-1, 1176-1
Sipa/Nana Productions 193-1
Sipa/Ozok 263.1, 363-2, 644-2
Sipa/Selders 447-1
Sipa/Serge Lido 949-1
Sipa/Sobol 793-1
Sipa/Swanson 603-1
Sipa/Thierry Boccon 990-1
Sipa/Ulf Andersen 82-2, 609-2, 736-1,
    895-1, 904-1, 932-1, 945-1, 1111-2,
    1116-1, 1125-1, 1165-1

Eduard Straub, Meerbusch 801-1
Studio X, Limours 663-1
Studio X/Boyer-Viollet 1061-1
Studio X/gamma/Arthur Beke 1099-1
Studio X/gamma/Carlos Angel 389-1
Studio X/gamma/Jean Guichard 1003-1
Studio X/gamma/Mark Graham 570-1
Studio X/gamma/Montagnani 259-2
Studio X/gamma/Nabokov 1047-1
Studio X/gamma/Pedersen 800-1
Studio X/gamma/Saussier 813-1
Studio X/gamma/Ulf Andersen 68-2,
    380-1, 465-1, 480-1, 505-1, 525-2,
    1008,1
Studio X/gamma/Vioujard 928-2
Studio X/Keystone Press 251-1, 432-2,
    529-1, 569-1, 713-1, 731-1, 778-1,
    815-1
Studio X/Roger Viollet 411-1, 876-1,
    57-1, 57-2, 90-1, 93-1, 97-1, 207-1,
    231-2, 273-2, 277-1, 281-1, 294-1,
    319-1, 335-1, 343-1, 352-1, 409-1,
    492-1, 537-1, 579-1, 651-1, 677-1,
    689-1, 721-1, 780-1, 781-1, 782-1,
    818-1, 826-1, 841-1, 901-1, 925-1,
    982-1, 1013-1, 1019-1, 1050-1,
    1053-2, 1109-1, 1113-1, 1114-1
Studio X/Sygma 41-1, 303-1
Jürgen Wassmuth, Dortmund 821-1

Trotz größter Sorgfalt konnten die
Urheber des Bildmaterials nicht in allen
Fällen ermittelt werden. Wir bitten
gegebenenfalls um Mitteilung.

Wir danken den folgenden Verlagen
für ihre freundliche Unterstützung:
Aufbau-Verlag, Berlin
Berlin Verlag, Berlin
Buchverlage Langen-Müller Herbig,
    München
Carl Hanser Verlag, München
Der Kurier der Zarin, Berlin
Deutsche Verlags-Anstalt, München
Deutscher Taschenbuch Verlag,
    München
diogenes Verlag, Zürich
Dumont Literatur und Kunst Verlag, Köln
Econ-Verlag, München
Europa Verlag, Hamburg
Herder Verlag, Freiburg
Hoffmann & Campe Verlag, Hamburg
Insel Verlag, Frankfurt/M. und Leipzig
Jüdischer Verlag, Frankfurt/M.
Kiepenheuer & Witsch, Köln
Kindler Verlag, Berlin
Limmat-Verlag, Zürich
Luchterhand Literaturverlag, München
Madsack GmbH, Hannover
Manesse Verlag, Zürich
Max Niemeyer Verlag, Tübingen
Neuer Weg Verlag, Essen
Paul List Verlag, München
Piper Verlag, München
Rowohlt Verlag, Reinbek
Rütten & Loening, Berlin
S. Fischer Verlag, Frankfurt/M.
Suhrkamp Verlag, Frankfurt/M.
Unionsverlag, Zürich
Verlag Hinder und Deelmann,
    Gladenbach
Verlag Klaus Wagenbach, Berlin
Verlag Klett-Cotta, Stuttgart
Verlag Philipp Reclam jun., Ditzingen
Verlag Volk und Welt, Berlin
Verlagsgruppe Lübbe, Bergisch-Gladbach
Verlagsgruppe Random House
    C. Bertelsmann, München
Zsolnay Verlag, München

**Dank auch folgenden Antiquariaten,
die Leihgaben zur Verfügung stellten:**
Antiquariat Auktionshaus Huste,
    Dortmund
Antiquariat am Bäckerbrunnen Thomas
    Wiederspahn, Wiesbaden
Antiquariat Carina Lugauer, München
Antiquariat Galerie Verlag Bernhard
    Blanke, Berlin
Antiquariat Mitte Olaf Zander; Berlin
Antiquariat Schweihofen, Bielefeld
Versandantiquariat Klaus Puls, Berlin
Zentralantiquariat Leipzig

Werke-Register

Das Werke-Register führt in alphabetischer Reihenfolge alle im »Buch der 1000 Bücher«
beschriebenen Bücher auf. Bestimmte Artikel sind nicht mit alphabetisiert (z.B. Geisterhaus, Das).
Der Haupteintrag ist fett gedruckt. In Klammern steht der Name des Autors.

Personen-Register

Genannt sind alle Autoren, die mit einem eigenen Artikel (fett hervorgehobene Seitenzahlen) oder mit einer kommentierten Buchempfehlung im *Buch der 1000 Bücher* vertreten sind. Außerdem sind alle Schriftsteller, Künstler und sonstige Personen verzeichnet, die für Leben und Werk der Autoren eine besondere Rolle gespielt haben. Hinter den Namen werden in der Regel die Lebensdaten angeführt.